Reichert/van Look

Handbuch des Vereins- und Verbandsrechts

Handbuch des Vereins- und Verbandsrechts

von

Dr. Bernhard Reichert

und

Prof. Dr. Frank van Look

unter Mitarbeit von

Prof. Dr. Franz Häuser

Sechste, vollständig überarbeitete Auflage

Luchterhand

Die Deutsche Bibliothek – CIP-Einheitsaufnahme
Reichert, Bernhard:
Handbuch des Vereins- und Verbandsrechts / von Bernhard Reichert und Frank van Look. – 6., vollst. überarb. Aufl. – Neuwied ; Kriftel ; Berlin : Luchterhand, 1995

ISBN 3-472-02380-5
NE: Look, Frank van:

Satz: Fotosatz Froitzheim, Bonn
Druck: Wilhelm & Adam, Heusenstamm
Bindung: Buchbinderei Fikentscher, Darmstadt
Printed in Germany, Oktober 1995

Vorwort zur sechsten Auflage

Noch vor Erscheinen der fünften Auflage ist der bisherige Mitautor Dr. Franz J. Dannecker im Juli 1992 verstorben. Durch seine jahrzehntelange engagierte und sachkundige Mitarbeit hat er den Inhalt des Handbuchs in verdienstvoller Weise geprägt. An seine Stelle tritt nunmehr Professor Dr. Frank van Look, der die ihm übertragenen Teile für die Neuauflage grundlegend überarbeitet und z. T. vertieft hat. Gleiches gilt für den Abschnitt über die Koalitionen, für dessen Bearbeitung Professor Dr. Franz Häuser gewonnen werden konnte.

Die Neuauflage berücksichtigt die bis zum 30. Juni 1995 veröffentlichte Rechtsprechung und Literatur. Zwar schreitet die Entwicklung im Vereinsrecht nicht so rasch voran wie bei anderen Gesellschaftsformen. Doch ist jeweils zu prüfen, inwieweit aus neuen Tendenzen in Rechtsprechung und Schrifttum insbes. zur AG und zur GmbH Rückschlüsse auf die allgemeinen Lehren des Gesellschaftsrechts und den Verein als Grundmodell der körperschaftlich organisierten Personenvereinigungen zu ziehen sind. Denn die »Einbettung« des Vereins in das Gesellschaftsrecht und das allgemeine Zivilrecht bildet – wie schon bisher – ein besonderes Anliegen der Autoren.

Angesichts zunehmender Internationalisierung vor allem im Sportbereich wird die Stellung des Vereins in internationalen Rechtsbeziehungen nunmehr im Zusammenhang dargestellt. Ausführlicher ist in der Neuauflage das Sponsoring behandelt. Zur Umwandlung und Verschmelzung war das am 1. Januar 1995 in Kraft getretene UmwG zu berücksichtigen, das auch spezielle Vorschriften für Vereine enthält. Die Darstellung zur Vereinsstrafe, zur Ausschließung und zur »Vereinsgerichtsbarkeit« folgt jetzt dem rechtsgeschäftlichen Ansatz, der – jedenfalls im Schrifttum – immer mehr Anhänger findet. Eine Vertiefung und Erweiterung haben auch die Ausführungen zur Inhaltskontrolle der Satzung, zum Aufnahmeanspruch und zur mitgliedschaftlichen Förder- oder Treuepflicht erfahren.

Mit der Neuauflage sind die Verfasser dazu übergegangen, Nachweise und Anmerkungen in Form von Fußnoten zu dokumentieren. Hierdurch soll im Interesse der Benutzer aus der Praxis – insbesondere der Nichtjuristen – der Text entlastet und seine durchgängige Lesbarkeit erhöht werden. Um einen schnellen Zugriff zu ermöglichen, finden sich vermehrt Verweisungen innerhalb des Bandes. Um die Kontinuität zur Vorauflage zu wahren, wurden die bisherige Gliederung und Randnummerierung weitgehend beibehalten.

Die Autoren hoffen, daß der Band in der Praxis des Vereins- und Verbandsrechts wiederum freundlich aufgenommen wird und bei der Beantwortung dort auftretender Fragen hilfreich ist. Für Anregungen und Kritik sind sie jederzeit dankbar.

Garmisch-Partenkirchen und Leipzig
im September 1995

Schnellübersicht

Inhaltsübersicht

D. Muster für Anmeldungen, Anträge, Gerichtsbeschlüsse und Gerichtsverfügungen, Mustersatzungen und Musterordnungen 1211

Abkürzungsverzeichnis

a. A.	anderer Ansicht
a. a. O.	am angegebenen Ort
abgedr.	abgedruckt
abl.	ablehnend
ABl.	Amtsblatt
Abs.	Absatz
Abschn.	Abschnitt
AcP	Archiv für die civilistische Praxis
ADAC	Allgemeiner Deutscher Automobil-Club e. V.
a. E.	am Ende
a. F.	alter Fassung
AFG	Arbeitsförderungsgesetz
AG	Aktiengesellschaft, Amtsgericht
AGBG	Gesetz zur Regelung des Rechts der Allgemeinen Geschäftsbedingungen
AGBGB	Ausführungsgesetz zum Bürgerlichen Gesetzbuch
AgrarR	Agrarrecht
AktG	Aktiengesetz
allg.	allgemein
ALR	Allgemeines Landrecht für die Preußischen Staaten, gültig ab 1. 6. 1794
Altern.	Alternative
amtl.	amtlich
Amtl. Anz.	Amtlicher Anzeiger, Teil II zum Hamburgischen GVBl.
Amtsbl.	Amtsblatt
AnfG	Gesetz betr. die Anfechtung von Rechtshandlungen außerhalb des Konkursverfahrens
Anh.	Anhang
Anm.	Anmerkung
AnwBl.	Anwaltsblatt, Nachrichten für die Mitglieder des Deutschen Anwaltsvereins
AO	Abgabenordnung 1977
AöR	Archiv des öffentlichen Rechts
AP	Nachschlagewerk des Bundesarbeitsgerichts (bis 1954 Zeitschrift: Arbeitsrechtliche Praxis)
ArbG	Arbeitsgericht
ArbGG	Arbeitsgerichtsgesetz
ArbZG	Arbeitszeitgesetz
arg.	argumentum
Art.	Artikel
ASOG	Allgemeines Sicherheits- und Ordnungsgesetz (Berlin)
Aufl.	Auflage
AusfG	Ausführungsgesetz
AuslG	Ausländergesetz
AV	Allgemeine Verfügung, Ausführungsverordnung

AVBGB	Preußische Ausführungsverordnung zum Bürgerlichen Gesetzbuch
AvD	Automobilclub von Deutschland e. V.
AVO	Ausführungsverordnung
AZO	Arbeitszeitordnung
bad.	badisch
BAG	Bundesarbeitsgericht
BAGE	Entscheidungen des Bundesarbeitsgerichts
BAnz	Bundesanzeiger
BauR	Baurecht
Ba-Wü	Baden-Württemberg
BayBG	Bayerisches Beamtengesetz
BayBS	Bereinigte Sammlung des Bayerischen Landesrechts
bay(er).	bayerisch(e, er)
BayJMBl	Bayer. Justizministerialblatt
BayLandkreisO	Landkreisordnung für den Freistaat Bayern
BayObLG	Bayerisches Oberstes Landesgericht
BayObLGSt.	Entscheidungen des Bayerischen Obersten Landesgerichts in Strafsachen
BayObLGZ	Entscheidungen des Bayerischen Obersten Landesgerichts in Zivilsachen
BayVBl	Bayer. Verwaltungsblätter
BayVerf	Verfassung des Freistaates Bayern
BayVerfGH	Bayer. Verfassungsgerichtshof
BayVGH	Bayer. Verwaltungsgerichtshof
BayVwVfG	Bayer. Verwaltungsverfahrensgesetz
BayZ	Zeitschrift für Rechtspflege in Bayern
BB	Betriebs-Berater
BBG	Bundesbeamtengesetz
Bd.	Band
BdF	Bundesminister der Finanzen
Bek.	Bekanntmachung
Beschl.	Beschluß
BetrAVG	Gesetz zur Verbesserung der betrieblichen Altersversorgung
BetrVG	Betriebsverfassungsgesetz
BeurkG	Beurkundungsgesetz
BFH	Bundesfinanzhof
BFHE	Sammlung der Entscheidungen des Bundesfinanzhofs
BGB	Bürgerliches Gesetzbuch
BGBl. I, II, III	Bundesgesetzblatt Teil I, II, III
BGH	Bundesgerichtshof
BGHSt.	Entscheidungen des Bundesgerichtshofs in Strafsachen
BGHZ	Entscheidungen des Bundesgerichtshofs in Zivilsachen
BJG	Bundesjagdgesetz
BlfG	Blätter für Genossenschaftswesen
BNotO	Bundesnotarordnung
BörsG	Börsengesetz

BRAGO	Bundesgebührenordnung für Rechtsanwälte
Breith.	Sammlung von Entscheidungen aus dem Gebiet der Sozialversicherung, Versorgung und Arbeitslosenversicherung, begründet von Breithaupt
brem.	bremisch
BRRG	Beamtenrechtsrahmengesetz
BSG	Bundessozialgericht
BSGE	Entscheidungen des Bundessozialgerichts
BStBl.	Bundessteuerblatt, Teil I, II, III
BT-Drucks.	Drucksache des Deutschen Bundestages
Buchholz	Sammel- und Nachschlagewerk der Rechtsprechung des Bundesverwaltungsgerichts, hrsg. von K. Buchholz
Buchst.	Buchstabe
BundeswaffenG	Bundeswaffengesetz
BVerfG	Bundesverfassungsgericht
BVerfGE	Entscheidungen des Bundesverfassungsgerichts
BVerfGG	Gesetz über das Bundesverfassungsgericht
BVerwG	Bundesverwaltungsgericht
BVerwGE	Entscheidungen des Bundesverwaltungsgerichts
BW	Baden-Württemberg
BWahlG	Bundeswahlgesetz
BWaldG	Gesetz zur Erhaltung des Waldes und zur Förderung der Forstwirtschaft (Bundeswaldgesetz)
BWNotZ	Zeitschrift für das Notariat in Baden-Württemberg
bzw.	beziehungsweise
can.	Canon
CC	Codice civile; Italienisches Zivilgesetzbuch 1942
CDU	Christlich Demokratische Union
CIC	Codex iuris canonici
CSU	Christlich-Soziale Union in Bayern e. V.
d.	der, des, dem, durch
DAR	Deutsches Autorecht
DB	Der Betrieb
DDR-GBl.	Gesetzblatt der DDR
DEB	Deutscher Eishockey-Bund e. V.
DFB	Deutscher Fußball-Bund e. V.
DFG	Deutsche Freiwillige Gerichtsbarkeit
dgl.	dergleichen
DGVZ	Deutsche Gerichtsvollzieherzeitung
DGWR	Deutsches Gemein- und Wirtschaftsrecht
d. h.	das heißt
Die AG	Die Aktiengesellschaft, Zeitschrift für das gesamte Aktienwesen
Die Justiz	Die Justiz, Amtsblatt des bad.-württ. Justizministeriums
DJ	Deutsche Justiz, Amtliches Blatt der deutschen Rechtspflege
DJZ	Deutsche Juristen-Zeitung

DLV	Deutscher Leichtathletik-Verband
DNotV	Zeitschrift des Deutschen Notarvereins
DNotZ	Deutsche Notar-Zeitschrift
Dok.	Reschke Handbuch des Sportrechts, Dokumentation mit Erläuterungen, Loseblattausgabe (jedes Dokument besitzt eine dreiteilige Nummer)
DÖV	Die Öffentliche Verwaltung
DR	Deutsches Recht
DRiG	Deutsches Richtergesetz
DRiZ	Deutsche Richterzeitung
DRiZRspr.	Rechtsprechung und Schrifttum, Beilage zur Deutschen Richterzeitung
DRsp	Deutsche Rechtsprechung
DSB	Deutscher Sportbund e. V.
DStR	Deutsches Steuerrecht
DtZ	Deutsch-Deutsche Rechts-Zeitschrift
DV	Durchführungsverordnung
DVBl.	Deutsches Verwaltungsblatt
DVO	Durchführungsverordnung
DVO-RabattG	Verordnung zur Durchführung des Gesetzes über Preisnachlässe (Rabattgesetz)
DVO-VereinsG	Verordnung zur Durchführung des Gesetzes zur Regelung des öffentlichen Vereinsrechts (Vereinsgesetz)
DWW	Deutsche Wohnungswirtschaft
DZWiR	Deutsche Zeitschrift für Wirtschaftsrecht
EFG	Entscheidungen der Finanzgerichte
eG	eingetragene Genossenschaft
EG	Europäische Gemeinschaft
EGBGB	Einführungsgesetz zum Bürgerlichen Gesetzbuch
EGHGB	Einführungsgesetz zum Handelsgesetzbuch
EGStGB	Einführungsgesetz zum Strafgesetzbuch
EG-VO	Verordnung der Europäischen Gemeinschaft
EGZPO	Gesetz betreffend die Einführung der Zivilprozeßordnung
Einf.	Einführung
Einl.	Einleitung
einschl.	einschließlich
E. J.	Entscheidungen in Jagdsachen
entspr.	entsprechend
ErbbauVO	Verordnung über das Erbbaurecht
Erg.	Ergänzung
Erl.	Erlaß
EStG	Einkommensteuergesetz
etc.	et cetera
EU	Europäische Union
EuGH	Europäischer Gerichtshof
e. V.	eingetragener Verein
evtl.	eventuell
EWiR	Entscheidungen zum Wirtschaftsrecht

EWiV	Europäische Wirtschaftliche Interessenvereinigung
FamRZ	Zeitschrift für das gesamte Familienrecht
F.D.P	Freie Demokratische Partei
f.	folgende(r)
ff.	fortfolgende(r)
FG	Finanzgericht
FGG	Gesetz über die Angelegenheiten der freiwilligen Gerichtsbarkeit
FGO	Finanzgerichtsordnung
FinMin	Finanzministerium
FischG	Fischereigesetz
FN/Fn.	Fußnote
FS	Festschrift für
GA	Archiv für Strafrecht und Strafprozeß, begründet von Goltdammer
GaststättenG	Gaststättengesetz
GBl.	Gesetzblatt
GBO	Grundbuchordnung
GbR	Gesellschaft bürgerlichen Rechts
gem.	gemäß
Gen.	Genossenschaft
GenG	Gesetz betreffend die Erwerbs- und Wirtschaftsgenossenschaften
GenRegVO	Verordnung über das Genossenschaftsregister
Ges.	Gesetz
GeschO	Geschäftsordnung
GewArch	Gewerbearchiv
GewO	Gewerbeordnung
GG	Grundgesetz für die Bundesrepublik Deutschland
ggf.	gegebenenfalls
GKG	Gerichtskostengesetz
GmbH	Gesellschaft mit beschränkter Haftung
GmbHG	Gesetz betreffend die Gesellschaften mit beschränkter Haftung
GmbHR	GmbH-Rundschau
GOBT	Geschäftsordnung des Deutschen Bundestages
Gruch.	Beiträge zur Erläuterung des Deutschen Rechts, begründet von Gruchot
GRUR	Gewerblicher Rechtsschutz und Urheberrecht
GS	Preußische Gesetzessammlung
GVBl.	Gesetz- und Verordnungsblatt
GVG	Gerichtsverfassungsgesetz
GVGA	Geschäftsanweisung für Gerichtsvollzieher
GVOBl.	siehe GVBl.
GWB	Gesetz gegen Wettbewerbsbeschränkungen
Halbs.	Halbsatz

Hamb.	Hamburgisches
HandwO	Gesetz zur Ordnung des Handwerks (Handwerksordnung)
HansJVBl	Hanseatisches Justizverwaltungsblatt
HansRGZ	Hanseatische Rechts- und Gerichts-Zeitschrift
Hdb.	Handbuch
hess.	hessisch
HEZ	Höchstrichterliche Entscheidungen, Sammlung von Entscheidungen der Oberlandesgerichte und der Obersten Gerichte in Zivilsachen
HGB	Handelsgesetzbuch
HRR	Höchstrichterliche Rechtsprechung
HRV	Handelsregisterverfügung
HVT	Hauptverband für Traber-Zucht und -Rennen e. V.
HVT-TRO	Trabrennordnung
HypBG	Hypothekenbankgesetz
i. d. F.	in der Fassung
i. d. R.	in der Regel
IHKG	Gesetz zur vorläufigen Regelung des Rechts der Industrie- und Handelskammern
ILO	International Labour Organization
IPRG	Schweizerisches Bundesgesetz über das Internationale Privatrecht v. 18. 12. 1987
IPRax	Praxis des Internationalen Privat- und Verfahrensrechts
IPRspr.	Die deutsche Rechtsprechung auf dem Gebiet des internationalen Privatrechts
i. S. d.	im Sinne des (der)
i. V. m.	in Verbindung mit
i. w. S.	im weiteren Sinne
JA	Juristische Arbeitsblätter
JArbSchG	Gesetz zum Schutze der arbeitenden Jugend (Jugendarbeitsschutzgesetz)
JBlSaar	Justizblatt des Saarlandes
JFG	Jahrbuch für Entscheidungen in Angelegenheiten der freiwilligen Gerichtsbarkeit und des Grundbuchrechts
JGG	Jugendgerichtsgesetz
JheringsJ	Jherings Jahrbücher der Dogmatik des bürgerlichen Rechts
JM	Justizminister(ium)
JMBl.	Justizministerialblatt
JMBlNRW	Justizministerialblatt für das Land Nordrhein-Westfalen
JR	Juristische Rundschau
JurBüro	Das juristische Büro
JuS	Juristische Schulung
JVBl.	Justizverwaltungsblatt
JW	Juristische Wochenschrift
JWG	Jugendwohlfahrtsgesetz
JZ	Juristen Zeitung

Kap.	Kapitel
KG	Kammergericht, Kommanditgesellschaft
KGJ	Jahrbuch für Entscheidungen des Kammergerichts
KO	Konkursordnung
Komm.	Kommentar, Kommission
KostO	Gesetz über die Kosten in Angelegenheiten der freiwilligen Gerichtsbarkeit (Kostenordnung)
KostVfg.	Kostenverfügung
KSchG	Kündigungsschutzgesetz
KStG	Körperschaftsteuergesetz
KTS	Zeitschrift für Konkurs-, Treuhand- und Schiedsgerichtswesen
KV	Kostenverzeichnis, Anlage 1 zum Gerichtskostengesetz
KWG	Kreditwesengesetz
L	Leitsatz
LAG/LArbG	Landesarbeitsgericht
LFGG	Landesgesetz zur Ausführung des Gesetzes über die Angelegenheiten der Freiwilligen Gerichtsbarkeit
LG	Landgericht
lit.	litera
LKartB	Landeskartellbehörde
LM	Nachschlagewerk des Bundesgerichtshofs in Zivilsachen, herausgegeben von Lindenmaier und Möhring
LRG	Landesrundfunkgesetz
LSG	Landessozialgericht
LT-Drucks.	Landtagsdrucksache
LuftVG	Luftverkehrsgesetz
LVerwG	Landesverwaltungsgesetz
LVO	Landesverordnung
LZ	Leipziger Zeitschrift für Deutsches Recht
m.	mit
MarkenG	Gesetz über den Schutz von Marken und sonstigen Kennzeichen (Markengesetz)
m. a. W.	mit anderen Worten
MBl.	Ministerialblatt
MfELuF	Minister für Ernährung, Landwirtschaft und Forsten
MdI	Minister(ium) des Innern
MdJ	Minister der Justiz
MDR	Monatsschrift für Deutsches Recht
m. E.	meines Erachtens
MittBayNot	Mitteilungen des bayerischen Notarvereins
MittRhNotK	Mitteilungen der Rheinischen Notar-Kammer
Mot.	Motive zu dem Entwurfe eines Bürgerlichen Gesetzbuches für das Deutsche Reich, Bd. I Allgemeiner Teil
MRK	Menschenrechtskonvention
MünchArbR	Münchener Handbuch zum Arbeitsrecht
MünchKomm	Münchener Kommentar zum Bürgerlichen Gesetzbuch

m. w. N.	mit weiteren Nachweisen
nds.	niedersächsisch
NdsRpfl.	Niedersächsische Rechtspflege
n. F.	neue Fassung
NJW	Neue Juristische Wochenschrift
NJW-RR	NJW-Rechtsprechungsreport Zivilrecht
NJW/RzW	Rechtsprechung zum Wiedergutmachungsrecht (Beilage zur NJW)
NOK	Nationales Olympisches Komitee
Nr.	Nummer
NStZ	Neue Zeitschrift für Strafrecht
NVwZ	Neue Zeitschrift für Verwaltungsrecht
NVwZ-RR	NVwZ-Rechtsprechungsreport
NW	Nordrhein-Westfalen
NWB	Neue Wirtschafts-Briefe
NZA	Neue Zeitschrift für Arbeits- und Sozialrecht
österr.	österreichisch
OGHBrZ	Oberster Gerichtshof für die Britische Zone
OGHZ	Entscheidungen des Obersten Gerichtshofes für die Britische Zone
OHG	Offene Handelsgesellschaft
oldenb.	oldenburgisch
OLG	Oberlandesgericht
OLGE	Die Rechtsprechung der Oberlandesgerichte auf dem Gebiete des Zivilrechts
OLG-NL	OLG-Rechtsprechungsreport Neue Länder
OLGPräs.	Oberlandesgerichtspräsident
OLGZ	Entscheidungen der Oberlandesgerichte in Zivilsachen
OR	schweizerisches Obligationenrecht
OVG	Oberverwaltungsgericht
OWiG	Gesetz über Ordnungswidrigkeiten
PartG/ParteienG	Gesetz über die politischen Parteien (Parteiengesetz)
PartGG	Gesetz über Partnerschaftsgesellschaften Angehöriger Freier Berufe (Partnerschaftsgesellschaftsgesetz)
PatG	Patentgesetz
Pers.Verk.	Personenverkehr
PGR	Das Personen- und Gesellschaftsrecht (Liechtensteinisches Landesgesetzblatt 1926 Nr. 4)
PolZG	Gesetz über die Zuständigkeit der Berliner Polizei- und Ordnungsbehörden (Polizeizuständigkeitsgesetz)
pr./preuß.	preußisch
PrOVG	Preußisches Oberverwaltungsgericht
PrOVGE	Entscheidungen des Preußischen Oberverwaltungsgerichts
PublG	Gesetz über die Rechnungslegung von bestimmten Unternehmen und Konzernen

RabattG	Gesetz über Preisnachlässe (Rabattgesetz)
RAG, RArbG	Reichsarbeitsgericht
RAGE	Entscheidungen des Reichsarbeitsgerichts
RBl.	siehe RegBl.
RBerG	Rechtsberatungsgesetz
RBerV	Verordnung zur Ausführung des Rechtsberatungsgesetzes
RdA	Recht der Arbeit
RdErl.	Runderlaß
RdJ, RdJB	Recht der Jugend und des Bildungswesens
RdL	Recht der Landwirtschaft
Recht	Das Recht (Zeitschrift)
RegBl.	Regierungsblatt
RegE	Regierungsentwurf
Reger	Entscheidungen der Gerichte und Verwaltungsbehörden aus dem Gebiete des auf reichsgesetzlichen und gemeinrechtlichen Bestimmungen beruhenden Verwaltungs- und Polizeistrafrechtes, begründet v. Reger (Band und Seite)
rev.	revidiert
rf. V.	rechtsfähiger Verein
RG	Reichsgericht
RGBl. I, II	Reichsgesetzblatt, Teil I, II
RGRspr.	Rechtsprechung des deutschen Reichsgerichts in Strafsachen
RGSt.	Entscheidungen des Reichsgerichts in Strafsachen
RGZ	Entscheidungen des Reichsgerichts in Zivilsachen
rh.-pf.	rheinland-pfälzisch
RIW/AWD	Recht der internationalen Wirtschaft, Außenwirtschaftsdienst des Betriebs-Beraters
RJA	Entscheidungen in Angelegenheiten der freiwilligen Gerichtsbarkeit und des Grundbuchrechts, zusammengestellt im Reichs-Justizamte
RK	Konkordat zwischen dem Heiligen Stuhl und dem Deutschen Reich (Reichskonkordat)
rkr.	rechtskräftig
RMBl.	Reichsministerialblatt, Zentralblatt für das Deutsche Reich
RMBliV	Reichsministerialblatt des Reichs- und Preußischen Ministeriums des Innern
RMdI	Reichsminister des Innern
Rn./Rdn.	Randnummer
RO	Rechtsordnung
RPfl	Der Deutsche Rechtspfleger
RPflG	Rechtspflegergesetz
Rspr.	Rechtsprechung
RuVO	Rechts- und Verfahrensordnung
RVO	Reichsversicherungsordnung
RzW	Rechtsprechung zum Wiedergutmachungsrecht
S.	Seite
Saarl.	Saarland, saarländisch(e, er, es)

SaBl.	Sammelblatt für Rechtsvorschriften des Bundes und der Länder
sächs.	sächsisch
schl.-h.	schleswig-holsteinisch
SchlHA	Schleswig-Holsteinische Anzeigen
schl.-h.-LVwG	schleswig-holsteinisches Landesverwaltungsgesetz
Schmollers Jb	Jahrbuch für Gesetzgebung, Verwaltung und Volkswirtschaft im Deutschen Reich, herausgegeben von Schmoller
SchPfbrBkG	Gesetz über Schiffspfandbriefbanken (Schiffsbankgesetz)
SeuffA	Seuffert's Archiv für Entscheidungen der obersten Gerichte in den deutschen Staaten
SeuffBl.	Seuffert's Blätter für Rechtsanwendung
SGb	Die Sozialgerichtsbarkeit
SGB/IV	Sozialgesetzbuch, Teil 4, Gemeinsame Vorschriften für die Sozialversicherung
SGB/V	Sozialgesetzbuch, Teil 5, Gesetzliche Krankenversicherung
SGB/X	Sozialgesetzbuch, Teil 10, Verwaltungsverfahren
SGG	Sozialgerichtsgesetz
SJZ	Süddeutsche Juristenzeitung
sog.	sogenannte(r)
Sp.	Spalte
SPD	Sozialdemokratische Partei Deutschlands
SpO	Spielordnung
SpuRt	Sport und Recht (Zeitschrift)
st.	ständig
StAnz.	Staatsanzeiger
StBerG	Steuerberatungsgesetz
StGB	Strafgesetzbuch
StHB	siehe Literaturverzeichnis unter Staatshandbuch
StPO	Strafprozeßordnung
str.	streitig
3. StRG	Drittes Gesetz zur Reform des Strafrechts
StVG	Straßenverkehrsgesetz
StVO	Straßenverkehrsordnung
StVollzG	Strafvollzugsgesetz
StVZO	Straßenverkehrszulassungsordnung
TVG	Tarifvertragsgesetz
u. a.	unter anderem
u. ä.	und ähnliche(s)
Überbl.	Überblick
u. dergl.	und dergleichen
umstr.	umstritten
UmwG	Umwandlungsgesetz
unstr.	unstrittig
unzutr.	unzutreffend

UrhG	Gesetz über Urheberrechte und verwandte Schutzgebiete (Urheberrechtsgesetz)
usw.	und so weiter
u. U.	unter Umständen
UWG	Gesetz gegen den unlauteren Wettbewerb
v.	von, vom
VAG	Gesetz über die Beaufsichtigung der Versicherungsunternehmen (Versicherungsaufsichtsgesetz)
VereinsG	Gesetz zur Regelung des öffentlichen Vereinsrechts (Vereinsgesetz)
VereinsG 1908	Reichsvereinsgesetz v. 19. 4. 1908
Verf.	Verfassung, Verfügung
VergütungsVO	Verordnung über die Vergütung des Konkursverwalters, des Vergleichsverwalters, der Mitglieder des Gläubigerausschusses und der Mitglieder des Gläubigerbeirats
VersammlG	Gesetz über Versammlungen und Aufzüge (Versammlungsgesetz)
VersN	Der Versicherungsnehmer
VersR	Versicherungsrecht, Juristische Rundschau für die Individualversicherung
VerwRspr, VRspr	Verwaltungsrechtsprechung in Deutschland
VG	Verwaltungsgericht
VGBest.	Bestimmungen des Bundesrats über das Vereinsregister und das Güterrechtsregister
VGH	Verwaltungsgerichtshof
vgl.	vergleiche
VglO	Vergleichsordnung
v. H.	vom Hundert
VO	Verordnung
Vorbem.	Vorbemerkung
VRS	Verkehrsrechts-Sammlung
VRspr.	siehe VerwRspr
VVaG	Versicherungsverein auf Gegenseitigkeit
VwGO	Verwaltungsgerichtsordnung
VwVfG	Verwaltungsverfahrensgesetz
VwVG	Bundes-Verwaltungsvollstreckungsgesetz
VwZG	Bundes-Verwaltungszustellungsgesetz
WährG	Erstes Gesetz zur Neuordnung des Geldwesens (Währungsgesetz)
WaffG	Waffengesetz
WahrnG	Gesetz über die Wahrnehmung von Urheberrechten und verwandten Schutzrechten
WarnRspr	Warneyer, Die Rechtsprechung des Reichsgerichts
WEG	Gesetz über das Wohnungseigentum und das Dauerwohnrecht (Wohnungseigentumsgesetz)
WGG	Gesetz über die Gemeinnützigkeit im Wohnungswesen

WGGDV	Verordnung zur Durchführung des Wohnungsgemeinnützigkeitsgesetzes
WiB	Wirtschaftsrechtliche Beratung
wistra	Zeitschrift für Wirtschaft, Steuer, Strafrecht
WuM	Wohnungswirtschaft und Mietrecht
WM	Wertpapier-Mitteilungen Teil IV, Zeitschrift für Wirtschafts- und Bankrecht
WRP	Wettbewerb in Recht und Praxis
WRV	Verfassung des Deutschen Reichs (Weimarer Reichsverfassung)
WuB	Entscheidungssammlung zum Wirtschafts- und Bankrecht
württ.	württembergisch
WuW	Wirtschaft und Wettbewerb
WZG	Warenzeichengesetz
ZAkDR	Zeitschrift der Akademie für Deutsches Recht
z. B.	zum Beispiel
ZBl.	Zentralblatt für das Deutsche Reich
ZBlFG	Zentralblatt für freiwillige Gerichtsbarkeit, Notariat und Zwangsversteigerung
ZDJ	Zeitschrift des Bundes Deutscher Justizamtmänner
ZfgG, ZfG	Zeitschrift für das gesamte Genossenschaftswesen
ZGB	Schweizerisches Zivilgesetzbuch, Zivilgesetzbuch der DDR
ZGR	Zeitschrift für Unternehmens- und Gesellschaftsrecht
ZHR	Zeitschrift für das gesamte Handelsrecht und Wirtschaftsrecht
ZIP	Zeitschrift für Wirtschaftsrecht
ZMR	Zeitschrift für Miet- und Raumrecht
ZPO	Zivilprozeßordnung
ZSEG	Gesetz über die Entschädigung von Zeugen und Sachverständigen
z. T.	zum Teil
zust.	zustimmend
zutr.	zutreffend
ZZP	Zeitschrift für Zivilprozeß

Literaturverzeichnis

Achterberg	in: Kommentar zum Grundgesetz (Bonner Kommentar), Zweitbearbeitung des Art. 82, Stand April 1981
Albrecht	Verbände, in: Staatslexikon, Recht Wirtschaft Gesellschaft, Band 6, Freiburg 1963
Albrecht	Das Spannungsverhältnis zwischen dem privaten und öffentlichen Vereinsrecht in der Vergangenheit und Gegenwart, München 1989
Alternativkommentar	Kommentar zum Bürgerlichen Gesetzbuch (Reihe Alternativkommentare), Neuwied ab 1980
Altmann	Handbuch des Deutschen Vereinsrechts, Berlin 1905
Apel	Waffenrecht, 2. Aufl., Köln 1977
Arndt	Bundesnotarordnung, 2. Aufl., Köln/Berlin/Bonn/München 1982
Baecker	Grenzen der Vereinsautonomie im deutschen Sportverbandswesen, Berlin 1985
Ballerstedt	Mitgliedschaft und Vermögen beim rechtsfähigen Verein, in: Festschrift für Alexander Knur, München 1972, S. 1 ff.
Bartenbach/Fassbender/Kanzleiter	Formularbuch und Praxis der Freiwilligen Gerichtsbarkeit, 19. Aufl., Köln/Berlin/Bonn/München 1987
Bartodziej	Ansprüche auf Mitgliedschaft in Vereinen und Verbänden, ZGR 1991, 517 ff.
Barz	in: Gadow/Heinichen, Großkommentar zum Aktiengesetz, 3. Aufl., Berlin/New York 1970/1975
Bauernfeind	Die Mitgliedschaft in Koalitionen, Düsseldorf 1957
Baumbach/Hefermehl	Warenzeichenrecht, 12. Aufl., München 1985
Baumbach/Hefermehl	Wettbewerbsrecht, 17. Aufl., München 1993
Baumbach/Hopt	Handelsgesetzbuch, 29. Aufl., München 1995
Baumbach/Hueck	Aktiengesetz, 13. Aufl., München 1968
Baumbach/(genannt wird der jeweilige Bearbeiter)	GmbH-Gesetz, 15. Aufl., München 1988

Baumbach/(genannt wird der jeweilige Bearbeiter)	Zivilprozeßordnung, 53. Aufl., München 1995
Baumer/Fischer/Salzmann	Die gesetzliche Unfallversicherung, Neuwied/Kriftel 1981 ff.
Baumgärtel	Handbuch der Beweislast im Privatrecht, Bd. 1, 2. Aufl., 1991
Baums	Eintragung und Löschung von Gesellschafterbeschlüssen, Heidelberg 1981
Bayer	Die liquidationslose Fortsetzung rechtsfähiger Idealvereine, Berlin 1984
Benisch	Gesetz gegen Wettbewerbsbeschränkungen und Europäisches Kartellrecht, Gemeinschaftskommentar, 4. Aufl., §§ 25–33 GWB, Köln/Berlin/Bonn/München 1981 ff.
Beuthien	Die richterliche Kontrolle von Vereinsstrafen und Vertragsstrafen, BB 1968, Beilage 12
Beuthien/Gätsch	Vereinsautonomie und Satzungsrechte Dritter, ZHR 156 (1992), 459 ff.
dies.	Einfluß Dritter auf die Organbesetzung und Geschäftsführung bei Vereinen, Kapitalgesellschaften und Genossenschaften, ZHR 157 (1993), 483 ff.
Bodmer	Vereinsstrafe und Verbandsgerichtsbarkeit, Bern/Stuttgart 1989
Börner	Sportstätten-Haftungsrecht, Berlin 1985
Brüggemann	in: Großkomm. HGB, 3. Aufl., Berlin 1967
Bruhn/Mehlinger	Rechtliche Gestaltung des Sponsoring, Bd. I, München 1992
Buchner, H.	Der Fußballsport in: AR-Blattei (D) Sport II
Buchner, G.	Amtslöschung, Nachtragsliquidation und masselose Insolvenz von Kapitalgesellschaften, Köln/Berlin/Bonn/München 1988
v. Bubnoff	Strafgesetzbuch Leipziger Kommentar, 10. Aufl., Berlin/New York 1978
Busse	Rechtliche Grundsatzfragen des Sports, SGb 1989, 537 ff.
Busse/Starck	Warenzeichengesetz, 6. Aufl., Berlin/New York 1990
v. Campenhausen	Staatskirchenrecht, 2. Aufl., München 1983

Coing	Das Privatrecht und die Probleme der Ordnung des Verbandswesens, in: Festschrift für Werner Flume, Bd. 1 Köln 1978, S. 429 ff.
Cramer	in: Karlsruher Kommentar zum Gesetz über Ordnungswidrigkeiten, München 1989
Damm	Einstweiliger Rechtsschutz im Gesellschaftsrecht, in: ZHR 154 (1990), 413 ff.
Dietel/Gintzel/Kniesel	Demonstrations- und Versammlungsfreiheit, 10. Aufl., Köln/Berlin/Bonn/München 1991
Drees	Sportsponsoring, 3. Aufl., Wiesbaden 1992
Dreher/Tröndle	Strafgesetzbuch und Nebengesetze, 46. Aufl., München 1993
Drobnig/Becker/Remien	Verschmelzung und Koordinierung von Verbänden, Tübingen 1991
Dütz	Tendenzaufsicht im Vereinsrecht, in: Festschrift für Wilhelm Herschel, München 1982 S. 55 ff.
ders.	Abhandlung »Verbandsbezogene Verhaltenspflichten von Koalitionsmitgliedern« in: Festschrift für Marie Luise Hilger und Hermann Stumpf, München 1983 S. 99 ff.
Eichler	Die Verfassung der Körperschaft und Stiftung, Berlin 1986
Engelhardt	Der Austritt aus der Kirche, Frankfurt a. M. 1972
Engelhardt	Verwaltungs-Vollstreckungsgesetz, Verwaltungszustellungsgesetz, 2. Aufl., München 1988
Enneccerus/Nipperdey	Allgemeiner Teil des Bürgerlichen Rechts, 1. Halbband, Allgemeine Lehren, Personen, Rechtsobjekte, 15. Aufl., Tübingen 1959
Entenmann	in: Handbuch für die Vereinsführung, Stuttgart/München/Hannover 1990 ff.
Erbs/Kohlhaas	Strafrechtliche Nebengesetze, Loseblattausgabe, München Stand 1991
Erman/Westermann	Handkommentar zum Bürgerlichen Gesetzbuch, 9. Aufl., Münster 1993
Eyermann/Fröhler/Honig	Handwerksordnung, 3. Aufl., München 1973
Eyermann/Fröhler	Verwaltungsgerichtsordnung, 9. Aufl., München 1988

Fessler/Keller — Österreichisches Vereinsrecht, 7. Aufl., Wien 1990

Fischer, L. — Der Ausschluß aus dem Verein, Göttingen 1985

Fitting/Auffarth/Kaiser/Heither — Betriebsverfassungsgesetz, 16. Aufl., München 1990

Flume — Die Vereinsstrafe, in: Festschrift für Eduard Bötticher, Berlin 1969, S. 101 ff.

ders. — Die Vereinsautonomie und ihre Wahrnehmung durch die Mitglieder hinsichtlich der Selbstverwaltung der Vereinsangelegenheiten und der Satzungsautonomie, in: Europäisches Rechtsdenken in Geschichte und Gegenwart, Festschrift für Helmut Coing, Band II, München 1982, S. 97 ff.

ders. — Allgemeiner Teil des Bürgerlichen Rechts, I. Band, 2. Teil, Die juristische Person, Berlin u. a. 1983, Zitierweise: Jur. Person

Friedrich — Grundlagen und ausgewählte Probleme des Vereinsrechts, DStR 1994, 61 ff. und 100 ff.

v. Gamm — Kartellrecht, 2. Aufl., Köln/Berlin/Bonn/München 1990

Gemeinschaftskommentar — siehe *Benisch*

Gerber — System des Deutschen Privatrechts, 13. Aufl., Jena 1878

v. Gerkan — Gesellschafterbeschlüsse, Ausübung des Stimmrechts und einstweiliger Rechtsschutz, in: ZGR 1985, 167 ff.

ders. — Die Beweislastverteilung beim Schadensersatzanspruch der GmbH gegen ihren Geschäftsführer, in: ZHR 154 (1990), 39 ff.

Geßler/Hefermehl/(genannt wird der jeweilige Bearbeiter) — Aktiengesetz, Kommentar, München 1973 ff.

v. Gierke, O. — Deutsches Privatrecht I, Leipzig 1895

Gitter — Unfallversicherungsrechtliche Fragen zu Risikosportarten, in: Würtenberger, Risikosportarten, Heidelberg 1991

v. Godin/Wilhelmi — Aktiengesetz, 4. Aufl., Berlin/New York 1971/1985

Grawert — Parteiausschluß und innerparteiliche Demokratie, Heidelberg 1987

Grunewald — Vereinsaufnahme und Kontrahierungszwang, in: AcP 182 (1982), 181 ff.

dies. Vereinsordnungen, ZHR 152 (1988), 242 ff.

dies. Die Auslegung von Gesellschaftsverträgen und Satzungen, ZGR 1995, 68 ff.

dies. Der Ausschluß aus Gesellschaft und Verein, Köln/Berlin/Bonn/München 1987, Zitierweise: Ausschluß

Grunsky Arbeitsgerichtsgesetz, 6. Aufl., München 1990

ders. Werbetätigkeit und Sportvermarktung, Heidelberg 1985

ders. Tatsachenfeststellungen im Sportrecht zwischen staatlichen Gerichten und Verbandsgerichten in: Verbandsrechtsprechung und staatliche Gerichtsbarkeit, Stuttgart 1988

Gutzwiller Verbandspersonen Grundsätzliches, in: Schweizerisches Privatrecht, 2. Band, Einleitung und Personenrecht, Basel/Stuttgart 1967

Habicht Die Einwirkung des Bürgerlichen Gesetzbuchs auf zuvor entstandene Rechtsverhältnisse, 3. Aufl., Jena 1901

Hachenburg/(genannt wird der jeweilige Bearbeiter) Gesetz betreffend die Gesellschaften mit beschränkter Haftung, 8. Aufl., Berlin/New York, 1990 ff.

Hadding Kooperationsrechtliche oder rechtsgeschäftliche Grundlagen des Vereinsrechts?, in: Festschrift für Robert Fischer, Berlin/New York 1979, S. 165 ff.

ders. Ergibt die Vereinsmitgliedschaft »quasi-vertragliche« Ansprüche, »erhöhte Treue- und Fürsorgepflichten« sowie ein »sonstiges Recht« im Sinne des § 823 Abs. 1 BGB?, in: Festschrift für Alfred Kellermann, Berlin/New York 1991, S. 91 ff.

Härer Vereine und Gemeinden, in: Handbuch für die Vereinsführung, Stuttgart/München/Hannover 1990

Hartgen Warenzeichengesetz, Köln/Berlin/Bonn 1968

Hartmann Kostengesetze, 26. Aufl., München 1995

Heckelmann Der Idealverein als Unternehmer?, AcP 179 (1979), 1 ff.

Heimann Die Schiedsgerichtsbarkeit der politischen Parteien in der Bundesrepublik Deutschland, Bonn-Bad Godesberg 1977

Hein Die Verbände der Sozialversicherungsträger in der Bundesrepublik Deutschland, München 1990

Heini	Die Vereine, in: Schweizerisches Privatrecht, 2. Band, Einleitung und Personenrecht, Basel/Stuttgart 1967
ders.	Die gerichtliche Überprüfung von Vereinsstrafen, in: Festschrift für Arthur Meier-Hayoz, Bern 1982, S. 223 ff.
Heinsheimer, K.	Mitgliedschaft und Ausschließung in der Praxis des Reichsgerichts, Berlin 1913
Hemmerich	Möglichkeiten und Grenzen wirtschaftlicher Betätigung von Idealvereinen, Heidelberg 1982
Henke	in: Kommentar zum Bonner Grundgesetz (Bonner Kommentar), Erläuterungen zu Art. 21 GG, Zweitbearbeitung 1975
ders.	Das Recht der politischen Parteien, 2. Aufl., Göttingen 1972
Herbert	Der wirtschaftliche Geschäftsbetrieb des gemeinnützigen Vereins, Köln 1988
Heymann/Emmerich	Handelsgesetzbuch, Berlin/New York 1989
Hillach/Rohs	Handbuch des Streitwertes in bürgerlichen Rechtsstreitigkeiten, 8. Aufl., Köln/Berlin/Bonn/München 1991
Hilpert	Organisation und Tätigkeit von Verbandsgerichten, BayVBl 1988 161 ff. und 198 ff.
Höhn	Die Geschäftsleitung der GmbH, Köln 1987
Hornung	Der wirtschaftliche Verein nach § 22 BGB, Diss. Göttingen 1972
Hübschmann/Hepp/Spitaler	Kommentar zur Abgabeordnung und Finanzgerichtsordnung, Loseblattausgabe, 9. Aufl., Köln 1991 ff.
Hueck, G.	Kündigungsschutzgesetz, 10. Aufl., München 1980
Hüffer	Zur Darlegungs- und Beweislast bei der aktienrechtlichen Anfechtungsklage, in: Festschrift für Fleck, Berlin/New York, 1988, S. 151 ff.
ders.	Zur gesellschaftsrechtlichen Treupflicht als richterrechtlicher Generalklausel, in: Festschrift für Ernst Steindorff, Berlin/New-York 1990, S. 59 ff.
ders.	Aktiengesetz, 2. Aufl., München 1995
Hüttemann	Wirtschaftliche Betätigung und steuerliche Gemeinnützigkeit, Köln 1991

Immenga/Mestmäcker/ Markert — GWB, Kommentar zum Kartellgesetz, 2. Aufl., München 1992

Jaeger/(genannt wird der jeweilige Bearbeiter) — Konkursordnung, 9. Aufl., Berlin/New York 1977 ff.

Jansen — FGG, Gesetz über die Angelegenheit der freiwilligen Gerichtsbarkeit mit Nebengesetzen und bundes- und landesrechtlichen Ergänzungs- und Ausführungsvorschriften, 2. Aufl., Berlin 1969–1971

Jurina — Religionsgemeinschaften mit privatrechtlichem Rechtsstatus, in: Handbuch des Staatskirchenrechts der Bundesrepublik Deutschland, Berlin 1974, S. 587 ff.

Kaser — Römisches Privatrecht, 15. Aufl., München 1989

Kauffmann — Verbandsrechtsprechung und Sport, in: Verbandsrechtsprechung und staatliche Gerichtsbarkeit, Stuttgart 1988, S. 6 ff.

Keidel/Kuntze/Winkler — Freiwillige Gerichtsbarkeit, 13. Aufl., München 1992

Keidel/Schmatz/Stöber — Registerrecht, 5. Aufl., München 1991

Keinert — Zur prinzipiellen Funktion statutarischer Vereinsschiedsgerichte. in: Aktuelle Probleme des Unternehmensrechts, Festschrift für Gerhard Frotz, Wien 1993, S. 783 ff.

Kersten/Bühling — Formularbuch und Praxis der Freiwilligen Gerichtsbarkeit, 20. Aufl., München 1994

Kertess — Die Haftung des für einen nichtrechtsfähigen Verein Handelnden gem. § 54 S. 2 BGB, zugleich ein Beitrag zur Eigenhaftung des Vertreters, Diss. Göttingen 1982

Kilger/Schmidt, K. — Konkursordnung, 16. Aufl., München 1993

Kirberger — Die Nebenordnungen im Vereins- und Verbandsrecht, Diss. Marburg 1981; Zitierweise: Nebenordnungen

Kirchhof, F. — Private Rechtsetzung, Berlin 1987

Kissel — Gerichtsverfassungsgesetz, 2. Aufl., München 1994

Kleinknecht/Meyer-Goßner — Strafprozeßordnung, 41. Aufl., München 1993

Kloesel/Christ/Häußer — Deutsches Ausländerrecht, Stuttgart/Berlin/Köln/Mainz, Loseblatt Stand 1991

Klose — Die Rolle des Sports bei der Europäischen Einigung, Berlin 1989

KMR	Müller/Sax/Paulus, Kommentar zur Strafprozeßordnung, 7. Aufl., Darmstadt 1980
Knauth	Die Rechtsformverfehlung bei eingetragenen Vereinen mit wirtschaftlichem Geschäftsbetrieb, Diss. Köln 1976
KölnKomm/(genannt wird der jeweilige Bearbeiter)	Kölner Kommentar zum Aktiengesetz, 2. Aufl., Köln/Berlin/Bonn/München, 1988 ff.
Kohler	Mitgliedschaftliche Regelungen in Vereinsordnungen, Heidelberg 1992
Korintenberg/Lappe/Bengel/Reimann	Kostenordnung, 12. Aufl., Berlin 1991
Kruger	Finanz- und Haushaltswesen der Vereine, in: Handbuch für die Vereinsführung, Stuttgart/München/Hannover 1990
Kübler	Gesellschaftsrecht, 4. Aufl., Heidelberg 1994
Kühl	Die sportrechtlichen Straftatbestände. in: Verbandsrechtsprechung und staatliche Gerichtsbarkeit, Stuttgart 1988, S. 22 ff.
Kühn	Vorläufiger Rechtsschutz und Schiedsgerichtsbarkeit in: Jahrbuch für die Praxis der Schiedsgerichtsbarkeit Band 1, Heidelberg 1987, S. 47 ff.
Kühr	Steuerhandbuch für Vereine und Verbände, Neuwied/Frankfurt/M. 1991
Kuhn/Uhlenbruck	Konkursordnung, 10. Aufl., München 1986
Kummer	Spielregel und Rechtsregel, Bern 1973
Landmann/Rohmer	Gewerbeordnung und ergänzende Vorschriften Band I, 14. Aufl., Loseblattausgabe München, Stand: 1989
Lang/Weidmüller	Genossenschaftsgesetz, 32. Aufl., Berlin/New York 1988
Lange/Kuchinke	Lehrbuch des Erbrechts, 3. Aufl., München 1989
Langen/Bunte	Kommentar zum deutschen und europäischen Kartellrecht, 7. Aufl., Neuwied/Kriftel/Berlin, 1994
Larenz	Zur Rechtmäßigkeit einer »Vereinsstrafe«, in: Festschrift für Rolf Dietz, München 1973, S. 45 ff.
Lauterbach	Gesetzliche Unfallversicherung, 3. Aufl., Stuttgart/Berlin/Köln/Mainz 1990
Leipold	Die richterliche Kontrolle vereinsrechtlicher Disziplinarmaßnahmen, ZGR 1985, 113 ff.

Leist	Untersuchungen zum inneren Vereinsrecht, Jena 1904
Leßmann	Die öffentlichen Aufgaben und Funktionen privatrechtlicher Wirtschaftsverbände, Köln u. a. 1976
Lindacher	Phänomenologie der »Vertragsstrafe«, Frankfurt a. M. 1972
Löwe/Rosenberg	Die Strafprozeßordnung und das Gerichtsverfassungsgesetz, 24. Aufl., Berlin/New York 1989
Löwisch	Der Ausschluß aus politischen Parteien, in: 25 Jahre Bundesparteigericht der CDU 1960–1985
van Look	Vereinsstrafen als Vertragsstrafen, Berlin 1990
ders.	Individualschutz im Vereinsrecht, Aufnahmepflicht – Inhaltskontrolle – Vereinsstrafen, in: WM-Festgabe für Thorwald Hellner, Sonderheft, 1994, S. 46 ff.
Lowe	Fehlerhaft gewählte Aufsichtsratsmitglieder, Köln/Berlin/Bonn/München 1989
Lukes	Erstreckung der Vereinsgewalt auf Nichtmitglieder durch Rechtsgeschäft, in: Festschrift für Harry Westermann, Karlsruhe 1974, S. 325 ff.
Lutter	Theorie der Mitgliedschaft, in: AcP 180, 1980, S. 84 ff.
Lutter/Hommelhoff	GmbH-Gesetz, 14. Aufl., Köln 1994
Maier	Handbuch der Schiedsgerichtsbarkeit, Herne/Berlin 1979
Maunz/Dürig	Grundgesetz, Loseblattausgabe, München, Stand: 1994
Maunz/Schmidt-Bleibtreu/ Klein/Ulsamer	Bundesverfassungsgerichtsgesetz, Loseblattausgabe, München, Stand: 1989
Menzel	Der Ausschluß aus der eingetragenen Genossenschaft, Göttingen 1977
Merten	Vereinsfreiheit, in: Isensee/Kirchhof, Handbuch des Staatsrechts, Bd. VI, Heidelberg 1989, S. 775 ff.
Metz/Werhahn	Die Generalversammlung und die Vertreterversammlung der Genossenschaft, Neuwied 1989
Meyer	in: Erbs/Kohlhaas, Strafrechtliche Nebengesetze, Gesetz über Versammlungen und Aufzüge (Versammlungsgesetz) sowie Vereinsgesetz, Loseblattausgabe Stand: 1991
Meyer-Cording	Die Vereinsstrafe, Tübingen 1957

Meyer/Meulenbergh/Beuthien	Genossenschaftsgesetz, 12. Aufl., München 1983
Michel/Weber/Gries	Das Rabattgesetz, 2. Aufl., München/Berlin 1957
Möschel	Monopolverband und Satzungskontrolle, Tübingen 1978
Müller, K.	Kommentar zum Gesetz betreffend die Erwerbs- und Wirtschaftsgenossenschaften, Band 2, Bielefeld 1980; Bd. 1, 2. Aufl., Bielefeld 1991
Müller-Erzbach	Das private Recht der Mitgliedschaft als Prüfstein eines kausalen Rechtsdenkens, Weimar 1948
Mümmler	Der Spielertransfer im Bundesligafußball, Diss. Bayreuth 1982
v. Münch	Grundgesetz, Band 1, 4. Aufl., München 1992
MünchKomm/(genannt wird der jeweilige Bearbeiter)	Münchener Kommentar zum Bürgerlichen Gesetzbuch, 3. Aufl., München 1992 ff.
Mummenhoff	Gründungssysteme und Rechtsfähigkeit, Köln/Berlin/Bonn/München 1979
Neufang/Geckle	Der Verein – Organisations- und Musterhandbuch für die Vereinsführung, Loseblattausgabe, Planegg, Stand: 1995
Neufang/Schaeberle/Karg	Der Verein und das Finanzamt, 2. Aufl., Freiburg i. Br. 1988
Nicklisch	Gesetzliche Anerkennung und Kontrolle von Verbandsmacht, in: Festschrift für Gerhard Schiedermair, München 1976, S. 459 ff.
ders.	Inhaltskontrolle von Verbandsnormen, Heidelberg 1982
Nipperdey/Säcker	Arbeitsrecht-Blattei (D) Berufsverbände, Entwicklung, Begriff und Rechtsstellung, Loseblattausgabe
Noack	Fehlerhafte Beschlüsse in Gesellschaften und Vereinen, Köln/Berlin/Bonn/München 1989
Obermayer	in: Kommentar zum Bonner Grundgesetz, (Bonner Kommentar), Art. 140 (Zweitbearbeitung 1971/72), Hamburg
Ott	Kommentar zum Bürgerlichen Gesetzbuch, Band 1 Allg. Teil, Neuwied/Darmstadt 1987
ders.	Gesetz über Versammlungen und Aufzüge (Versammlungsgesetz), 5. Aufl., Stuttgart/München/Hannover 1987

Ott, S. Die Vereinssatzung, München 1992

Palandt/ (genannt wird der jeweilige Bearbeiter) Bürgerliches Gesetzbuch, 54. Aufl., München 1995

Peter Steuerberatungsgesetz, 3. Aufl., Herne/Berlin 1981

Peter/v. Bornhaupt/Körner Ordnungsmäßigkeit der Buchführung nach dem Bilanzrichtlinien-Gesetz, 8. Aufl., Herne/Berlin 1987

Pfister Autonomie des Sports, sport-typisches Verhalten und staatliches Recht, in: Festschrift für Werner Lorenz, Tübingen 1991, S. 171 ff.

Plagemann/Plagemann Gesetzliche Unfallversicherung, München 1981

Planck/Knoke Planck's Kommentar zum Bürgerlichen Gesetzbuch nebst Einführungsgesetz, I. Band, Allgemeiner Teil, 4. Aufl., Berlin 1913

Potrykus/Steindorf Waffenrecht, 5. Aufl., München 1982

Redeker/von Oertzen Verwaltungsgerichtsordnung, 10. Aufl., Berlin/Köln/Mainz 1991

Reemann Die Verfassung des Vereins – Notwendiger Inhalt und Individualschutz, Diss. Münster 1988

Reschke Handbuch des Sportrechts, Loseblattausgabe, Neuwied, Stand: 1995

Reuter Grenzen der Verbandsstrafgewalt, ZGR 1980, 101 ff.

ders. Probleme der Mitgliedschaft beim Idealverein, ZHR 145 (1981), 273 ff.

ders. Die Verfassung des Vereins gem. § 25 BGB, ZHR 148 (1984), 523 ff.

ders. 100 Bände BGHZ: Vereins- und Genossenschaftsrecht, ZHR 151 (1987), 355 ff.

ders. Die Mitgliedschaft als sonstiges Recht im Sinne des § 823 I BGB, in: Festschrift für Hermann Lange, Tübingen 1992, S. 707 ff.

ders. Der nichtrechtsfähige wirtschaftliche Verein, in: Festschrift für Johannes Semler, Berlin/New York 1993, S. 931 ff.

RGRK/Steffen Das Bürgerliche Gesetzbuch mit besonderer Berücksichtigung der Rechtsprechung des Reichsgerichts und des Bundesgerichtshofes, Kommentar, herausgegeben von Mitgliedern des Bundesgerichtshofes – Vereinsrecht

	bearbeitet von Steffen – 12. Aufl., Berlin/New York 1974 ff.
Riemer	Berner Kommentar zum schweizerischen Privatrecht, Band I, Einleitung und Personenrecht, Bern 1990
Röhricht	Inhaltskontrolle verbandsrechtlicher Entscheidungen – Bestandsaufnahme und Ausblick, in: Verbandsrechtsprechung und staatliche Gerichtsbarkeit, Stuttgart 1987
Rogier	Die Auslegung von Gesellschaftsverträgen und Satzungen privatrechtlicher Personenverbände, Diss. Köln 1981
Rohs/Wedewer	Kostenordnung, 3. Aufl., Heidelberg/Hamburg 1986
v. Roth	Bayerisches Zivilrecht, 2. Aufl., Tübingen 1881
Rowedder/(genannt wird der jeweilige Bearbeiter)	GmbHG 2. Aufl., München 1990
Rüfner	Rechtsschutz gegen kirchliche Rechtshandlungen und Nachprüfung kirchlicher Entscheidungen durch staatliche Gerichte, in: Handbuch des Staatskirchenrechts der Bundesrepublik Deutschland, Berlin 1974, S. 759 ff.
Rümelin	Die bindende Kraft des Gewohnheitsrechts und ihre Begründung, 1929
Rummel	Privates Vereinsrecht im Konflikt zwischen Autonomie und rechtlicher Kontrolle, in: Festschrift für Rudolf Strasser, Wien 1983, S. 813 ff.
Sachse	Das Aufnahme- und Verbleiberecht in den Gewerkschaften der Bundesrepublik, Köln 1985
Säcker	Probleme der Repräsentation von Großvereinen, München 1986
Sauter/Schweyer	Der eingetragene Verein, 15. Aufl., München 1994
Schaible	Der Gesamtverein und seine vereinsmäßig organisierten Untergliederungen, Baden-Baden 1992
Schappei	Grundsätze des »fair trial« innerhalb nichtstaatlicher Strafgerichtsbarkeit, Diss. Bonn 1980
Schaub	Arbeitsrechts-Handbuch; 7. Aufl., München 1992
Scheffen	Haftung und Nachbarschutz im Sport, Heidelberg 1985
Schlegelberger	Gesetz über die Angelegenheiten der Freiwilligen Gerichtsbarkeit, 7. Aufl., Köln/Berlin 1956

Schlegelberger/Hildebrandt/ Steckhan	Handelsgesetzbuch, 1. Band, 5. Aufl., München 1973
Schlosser	Vereins- und Verbandsgerichtsbarkeit, München 1972
Schmidt, H.	Zur Vollbeendigung juristischer Personen, Bielefeld 1989
Schmidt, K.	Handelsrecht, 4. Aufl., Köln/Berlin/Bonn/München 1994
ders.	Gesellschaftsrecht, 3. Aufl., Köln/Berlin/Bonn/München 1991
ders.	Verbandszweck und Rechtsfähigkeit im Vereinsrecht, Heidelberg 1984; Zitierweise: Verbandszweck
ders.	Die Abgrenzung der beiden Vereinsklassen, Rpfl 1972, 286 ff. und 343 ff.
ders.	Sieben Leitsätze zum Verhältnis zwischen Vereinsrecht und Handelsrecht, ZGR 1975, 477 ff.
ders.	Der bürgerlich-rechtliche Verein mit wirtschaftlicher Tätigkeit, AcP 182 (1982), 1 ff.
ders.	Einhundert Jahre Verbandstheorie im Privatrecht, Göttingen 1987
Schmidt, U.	Die Mitgliedschaft in Verbänden, Frankfurt a. M./Bern/ New York/Paris 1989
Schmidt-Bleibtreu/Klein	Kommentar zum Grundgesetz, 8. Aufl., Neuwied 1995
Schmitt, H.	Die Einrede des Schiedsvertrages im Verfahren des einstweiligen Rechtsschutzes, Diss. Gießen 1987
Schneider, E.	Streitwert-Kommentar für den Zivilprozeß, 9. Aufl., Frankfurt 1991
Schnizer	in: Listl/Müller/Schmitz, Handbuch des katholischen Kirchenrechts, Regensburg 1983
Schnorr	Öffentliches Vereinsrecht, Kommentar zum Vereinsgesetz, Köln/Berlin/Bonn/München 1965
Schockenhoff	Der Grundsatz der Vereinsautonomie, AcP 193 (1993), 35 ff.
Schönke/Schröder	Strafgesetzbuch, 23. Aufl., München 1988
Scholz/(genannt wird der jeweilige Bearbeiter)	Kommentar zum GmbH-Gesetz, §§ 1–44, 8. Aufl., 1993; §§ 45 ff. 7. Aufl., Köln 1986/1988

Scholz-Hoppe	Das Recht der Aufnahme in Wirtschafts- und Berufsvereinigungen (§ 27 GWB), in: Festschrift für Gerd Pfeiffer, Köln/Berlin/Bonn/München 1988, S. 785 ff.
Schreiber	Handbuch des Wahlrechts zum Deutschen Bundestag, Komm. z. Bundeswahlgesetz, 4. Aufl., Köln/Berlin/Bonn/München 1990
Schroif	Genossenschaftliche Gebilde in der Form des rechtsfähigen Vereins, Göttingen 1965
Schubert/Steder	Genossenschafts-Handbuch, Band II, Kommentar zum Genossenschaftsgesetz, Loseblattausgabe, Berlin, Stand: 1994
Schütze/Tscherning/Wais	Handbuch des Schiedsverfahrens, 2. Aufl., Berlin/New York 1990
Schulz	in: Münsterischer Kommentar zum CODEX IURIS CANONICI, 1989
Schumann, H.	Zur Haftung der nicht rechtsfähigen Vereine, Köln 1956
Schwab/Walter	Schiedsgerichtsbarkeit, 4. Aufl., München 1990
Schwendenwein	Das neue Kirchenrecht, 2. Aufl., Graz/Wien/Köln 1984
Schwierkus	Der rechtsfähige ideelle und wirtschaftliche Verein (§§ 21, 22 BGB), Diss. Berlin 1981
Seidl-Hohenveldern/Loibl	Das Recht der Internationalen Organisationen einschließlich der Supranationalen Gemeinschaften, Köln/Berlin/Bonn/München 1992
Seifert	Bundeswahlrecht, 3. Aufl., München 1976
ders.	Die politischen Parteien im Recht der Bundesrepublik Deutschland, Köln/Berlin/Bonn/München 1975
ders.	in: Das Deutsche Bundesrecht, Erläuterungen zum Gesetz zur Regelung des öffentlichen Vereinsrechts (Vereinsgesetz), I F 10, S. 13 ff., Loseblattausgabe, Baden-Baden
Seifert/Hömig	Grundgesetz für die Bundesrepublik Deutschland, 3. Aufl., Baden-Baden 1983
Seiter	Vertrags- und arbeitsrechtliche Probleme der Werbung durch Spitzensportler, in: Grunsky, Werbetätigkeit und Sportvermarktung, S. 41 ff.
Sieg/Leifermann	Gewerbeordnung, 5. Aufl., München 1988

Siepen	Vermögensrecht der klösterlichen Verbände, Paderborn 1963
Soergel/(genannt wird der jeweilige Bearbeiter)	Kommentar zum Bürgerlichen Gesetzbuch, 11. Aufl. 1967 ff. Stuttgart/Berlin/Köln/Mainz, 12. Aufl., 1988 ff.
Sohm/Mitteis/Wenger	Institutionen, Geschichte und System des römischen Privatrechts, 17. Aufl., München/Leipzig 1933
Spörlein/Tausend	Handbuch für den Geschäftsführer der GmbH, 14. Aufl., Stuttgart/München/Hannover 1990
Staatshandbuch	Die Bundesrepublik Deutschland, Staatshandbuch, Teilausgabe, Verbände, Vereinigungen, wissenschaftliche Einrichtungen, juristische Personen des öffentlichen Rechts, Ausgabe 1990, Köln/Berlin/Bonn/München
Staudinger/(genannt wird der jeweilige Bearbeiter)	Kommentar zum Bürgerlichen Gesetzbuch mit Einführungsgesetz und Nebengesetzen, 12. Aufl., Berlin 1978 ff.
Staudinger/Großfeld	Einführungsgesetz zum Bürgerlichen Gesetzbuch, Teil 2 a, Internationales Gesellschaftsrecht, 10./11. Aufl. Berlin 1981
Staudinger/Keidel	Einführungsgesetz zum Bürgerlichen Gesetzbuch, Teil 1, 10./11. Aufl., Berlin 1973
Stein	Evangelisches Kirchenrecht, 3. Aufl., Neuwied 1992
Stein/Jonas/(genannt wird der jeweilige Bearbeiter)	Kommentar zur Zivilprozeßordnung, 21. Aufl., Tübingen 1994
Stelkens/Bonk/Leonhardt	Verwaltungsverfahrensgesetz, 3. Aufl., München 1990
Stern	Das Staatsrecht der Bundesrepublik Deutschland, Band II, München 1980
Stobbe	Handbuch des Deutschen Privatrechts, 1. Band, 2. Aufl., Berlin 1882
Stöber	Vereinsrecht, 6. Aufl., Baden-Baden 1992
Stoltenberg	Bestand, Umwandlung und Verschmelzung konzessionierter Vereine, Frankfurt a. M./Bern/New York/Paris 1989
Summerer	Internationales Sportrecht vor dem staatlichen Richter, München 1990
Teubner	Organisationsdemokratie und Verbandsverfassung, Tübingen 1978

Thomas/Putzo	Zivilprozeßordnung, 19. Aufl., München 1995
Tipke/Kruse	Abgabenordnung/Finanzgerichtsordnung, Loseblattausgabe, Köln, Stand: 1994
Tröger/Vedder	Rechtsqualität der IOC-Zulassungsregel – Anspruch und Wirklichkeit, in: Reuter, Einbindung des nationalen Sportrechts in internationale Bezüge, Heidelberg 1987
Tsatsos/Morlok	Parteienrecht, Heidelberg 1982
v. Tuhr	Der Allgemeine Teil des Deutschen Bürgerlichen Rechts, 1. Band, Allgemeine Lehren und Personenrecht, Berlin 1910
Vieweg	Normsetzung und -anwendung deutscher und internationaler Verbände, Berlin 1990
ders.	Zur Inhaltskontrolle von Verbandsnormen, in: Festschrift für Rudolf Lukes, Köln/Berlin/Bonn/München 1989, S. 809 ff.
Vogel, A.	Die Vereinssatzung (Heidelberger Musterverträge), 7. Aufl., Heidelberg 1995
Vogel	Gesellschafterbeschlüsse und Gesellschafterversammlung, 2. Aufl., Köln 1986
Vollkommer	Sind die »Schiedsgerichte« der politischen Parteien nach dem Parteiengesetz echte Schiedsgerichte im Sinne der Zivilprozeßordnung, in: Festschrift für Heinrich Nagel, Münster 1987, S. 474 ff.
Vollmer	Satzungsmäßige Schiedsklauseln, Bad Homburg v. d. H. 1970
ders.	Der Europäische Verein, ZHR 157 (1993), 373 ff.
Vorderwülbecke	Rechtsform der Gewerkschaften und Kontrollbefugnisse des Gewerkschaftsmitglieds, Berlin 1988
Weisbrod	Europäisches Vereinsrecht, Frankfurt a. M./Bern/New York/Paris 1994
Weisemann	Sport, Spiel und Recht, München 1983
Weitnauer	Vereinsstrafe, Vertragsstrafe und Betriebsstrafe, in: Festschrift für Rudolf Reinhardt, Köln 1972, S. 179 ff.
Werner, F.	Sport und Recht, Tübingen 1968
Werner, O.	Die Aufnahmepflicht privatrechtlicher Vereine und Verbände, unveröffentlichte Habilitationsschrift Göttingen 1980

Westermann — Verbandsautonomie und staatliches Rechtsprechungsmonopol, in: Verbandsrechtsprechung und staatliche Gerichtsbarkeit, Stuttgart 1988

ders. — Die Verbandsstrafgewalt und das allgemeine Recht, Bielefeld 1972

Wiedemann, C. P. — Beiträge zur Lehre von den idealen Vereinen, 1908

Wiedemann, H. — Gesellschaftsrecht, Band I, München 1980

Wiedemann/Stumpf — Tarifvertragsgesetz, 5. Aufl., München 1977

Will — Rechtsgrundlagen der Bindung nationaler Verbände an internationale Sportverbandsregeln, in: Reuter, Einbindung des nationalen Sportrechts in internationale Bezüge, Heidelberg 1987

Wochinger — Gemeinnützige Vereine im Steuerrecht in: Handbuch für die Vereinsführung, Stuttgart/München/Hannover 1990

Wolff/Bachof — Verwaltungsrecht I, 10. Aufl., München 1994, Verwaltungsrecht II, 5. Aufl., München 1987, Verwaltungsrecht III, 4. Aufl., München 1978

Zöller/(genannt wird der jeweilige Bearbeiter) — Zivilprozeßordnung, 18. Aufl., Köln 1993

Zöllner — Die Schranken mitgliedschaftlicher Stimmrechtsmacht bei den privatrechtlichen Personenverbänden, München 1963

ders. — Zur Frage des Gewerkschaftsausschlusses wegen gewerkschaftsschädigender Kandidatur bei Betriebsratswahlen, Stuttgart 1983

Zmarzlik — Arbeitszeitordnung, Heidelberg 1967

Einleitung

1. Der Begriff Verein

Die Rechtsverhältnisse des Vereins sind bürgerlichrechtlich in den §§ 21 ff. BGB geregelt. Im Bereich des öffentlichen Rechts können für den Verein das Grundrecht des Art. 9 GG und das Vereinsgesetz von Bedeutung sein. Der bürgerlichrechtliche Vereinsbegriff stimmt nicht immer mit dem Vereinsbegriff überein, der für den Bereich des öffentlichen Rechts maßgebend ist. 1

Bürgerlichrechtlich ist der Vereinsbegriff vom Gesetz nicht bestimmt worden. Ein Verein muß nach herrschender Auffassung folgende Merkmale aufweisen:

- Es muß ein freiwilliger Zusammenschluß mehrerer Personen auf unbestimmte Zeit oder doch für eine gewisse Zeit gegeben sein
- mit dem Ziel, einen gemeinsamen nichtwirtschaftlichen oder einen wirtschaftlichen Zweck oder beide Zwecke zu verfolgen,
- wobei die Personenvereinigung eine körperschaftliche Verfassung haben,
- einen Gesamtnamen führen und
- in ihrer Existenz vom Wechsel der Mitglieder unabhängig sein muß[1].

Die Vereinsgründung muß auf freiwilliger Basis vorgenommen worden sein. 2
Schon dadurch unterscheidet sich der Verein von den öffentlich-rechtlichen Körperschaften, bei denen eine gesetzlich angeordnete Zwangsmitgliedschaft besteht. Die Freiwilligkeit der Vereinsbildung verbietet z. B. dem Gesetzgeber eine Anordnung, wonach bestimmte Vereine zu einem Vereinsverband zusammengeschlossen werden. Die gesetzliche Umwandlung eines Vereins in eine Körperschaft des öffentlichen Rechts ist dagegen möglich.

Es muß sich um den Zusammenschluß mehrerer Personen handeln. Bei der 3
Satzungsfeststellung sind mindestens drei Personen erforderlich, da nur sie eine Mehrheit bilden können. Träger des Vereins können ausschließlich Einzelpersonen (natürliche Personen) oder nur juristische Personen des privaten oder öffentlichen Rechts sowie nichtrechtsfähige Vereine (korporative Mitglieder) oder sowohl Einzelpersonen als auch Körperschaften sein. Die Mitglieder sind die Träger des Vereins; verliert ein Verein alle seine Mitglieder, so wird damit seine Existenz berührt. Das für den Verein erforderliche personelle Element unterscheidet diesen von den Anstalten und Stiftungen, bei denen das sachliche Element im Vordergrund steht.

Die Personenvereinigung muß die Absicht haben, entweder auf unbestimmte 4
Zeit oder jedenfalls für eine gewisse Zeitdauer zu bestehen. Damit werden nur kurzfristig bestehende Personenverbindungen, selbst wenn sie eine gewisse körperschaftliche Struktur aufweisen, vom Vereinsbegriff ausgenommen. Nach der beabsichtigten gewissen Bestandsdauer beurteilt es sich, ob z. B. eine Bürgerinitiative einen Verein darstellt oder nicht. Das Merkmal der gewissen Dauer ist immer gegeben, wenn der Verein eine nach außen erkennbare Tätigkeit nur wenige Tage entfaltet, wenn diese aber eine längere Zeit der Vorbereitung und der Abwicklung erfordert, wie dies etwa beim Deutschen Juristentag e. V. oder beim Deutschen Evangelischen Kirchentag der Fall ist.

---

1 Vgl. RGZ 143, 212/213; 165, 140/143; *BGH* LM Nr. 11 zu § 31 BGB.

5 Die Personenvereinigung muß eine körperschaftliche Organisation haben. Diese ist erforderlich, weil sich die Personenverbindung von der Person der sie gründenden Mitglieder lösen und diesen, wie auch Dritten, als eine eigene Einheit, als »eigener Körper«, als Körperschaft gegenübertreten muß. Zur Verwirklichung bedarf es einer in der Satzung festzulegenden Organisation, die nicht auf die Person der Vereinsgründer, sondern auf die jeweils vorhandenen Mitglieder angelegt ist. Da ein Verein als Körperschaft handlungsunfähig ist, muß die Satzung die Organe bestimmen, die für den Verein handeln. Es muß ein Vorstand vorgesehen sein, der den Verein nach außen, aber auch nach innen vertritt. Weiter ist eine Mitgliederversammlung erforderlich, in der die Mitglieder die Möglichkeit haben, durch Mehrheitsentscheidung über alle grundlegenden Fragen des Vereins bestimmen zu können. Der Bestand der Mitgliederversammlung muß nicht in der Satzung geregelt sein, da er sich dann aus dem Gesetz (§ 32 Abs. 1 BGB) ergibt. Die verselbständigte Organisation des Vereins führt zur Entstehung von Rechtsbeziehungen zwischen dem Verein und seinen Mitgliedern, die unter dem Begriff Mitgliedschaftsverhältnis zusammengefaßt werden. Das Verhältnis des Vereins zu seinen Mitgliedern ist durch ein gegenseitig bestehendes Treueverhältnis gekennzeichnet. Nach neuerer Auffassung kann das mitgliedschaftliche Treueverhältnis auch im Verhältnis der Mitglieder zueinander gegeben sein.

6 Der Verein muß ferner einen eigenen Namen führen, damit er als verselbständigte Organisation im Außenverhältnis erkennbar ist. Gründen Inhaber des gleichen Familiennamens einen Verein, so ist es nicht unzulässig, den Familiennamen als Vereinsnamen zu führen. Es muß sich dann aber durch einen Namenszusatz ergeben, daß ein Verein gekennzeichnet werden soll. Es ist dann z. B. der Name veranlaßt »Familienverein Döpfer«.

7 Die Existenz der Personenvereinigung als Verein darf nicht dadurch in Frage gestellt werden, daß die Mitglieder wechseln. Dieses Merkmal unterscheidet den Verein z. B. von der Gesellschaft des bürgerlichen Rechts, bei der das Ausscheiden eines Gesellschafters grundsätzlich zur Auflösung der Gesellschaft führt (vgl. § 727 Abs. 1 BGB).

8 Ein Verein kann als solcher auch dann bestehen, wenn er unerlaubte Zwecke verfolgt. Dies kann dann zum Einspruch der Verwaltungsbehörde oder zur Auflösung des Vereins führen, wenn er durch Eintragung in das Vereinsregister die Rechtsfähigkeit erstrebt (§ 61 Abs. 2 BGB).

9 Es ist eine Frage der Rechtsform, ob der Verein nach seiner Gründung als nichtrechtsfähiger fortbesteht oder ob er die Rechtsfähigkeit erlangen will. Die Rechtsform hat mit dem Vereinsbegriff nichts zu tun.

10 Der öffentlich-rechtliche Vereinsbegriff ist in § 2 Abs. 1 VereinsG definiert. Danach ist ein Verein »jede Vereinigung, zu der sich eine Mehrheit natürlicher oder juristischer Personen für längere Zeit zu einem gemeinsamen Zweck freiwillig zusammengeschlossen und einer organisierten Willensbildung unterworfen hat«. Bei diesem Vereinsbegriff kommt es darauf an, ob eine Personenvereinigung in tatsächlicher Hinsicht die Merkmale eines Vereins nach § 2 Abs. 1 VereinsG erfüllt. Verein in diesem Sinne sind auch die rechtsfähigen Körperschaften des Handelsrechts; auch eine Gesellschaft des bürgerlichen Rechts kann danach ein Verein sein[2]. Vom öffentlichen Vereinsbegriff sind u. a. die

---

2 Vgl. *Paetzold* NJW 1964, 2281.

politischen Parteien (wegen ihrer Sonderstellung nach Art. 21 GG) und Religionsgesellschaften sowie die Weltanschauungsgemeinschaften ausgenommen (§ 2 Abs. 2 und 3 VereinsG).

Der Verein im öffentlich-rechtlichen Sinne ist gemeint, wenn das Grundrecht der Vereinigungsfreiheit nach Art. 9 Abs. 1 GG und die Anwendung des VereinsG in Betracht kommen. Hierher gehören auch die in §§ 129, 129a StGB genannten kriminellen und terroristischen Vereinigungen.

Im übrigen ist grundsätzlich der bürgerlichrechtliche Vereinsbegriff maß- **11** gebend. Vorschriften für rechtsfähige Vereine enthalten die §§ 21–53, 55–79 BGB (vgl. auch Art. 85, 165, 166 EGBGB; § 99 UmwG). In anderen Gesetzen wird der Verein selbst in der Regel nicht als solcher bezeichnet. Der rechtsfähige Verein ist angesprochen, wenn im Gesetz von der juristischen Person die Rede ist (vgl. z. B. Art. 19 Abs. 3 GG; § 1092 Abs. 2, § 2044 Abs. 2 Satz 3, § 2101 Abs. 2, § 2105 Abs. 2, § 2106 Abs. 2, § 2163 Abs. 2 BGB; § 3 Abs. 1 Satz 2 LuftVG; §§ 33–35 HGB; § 1 Abs. 2 GWB; § 14 Abs. 1 Nr. 1 KSchG; §§ 30, 88 OWiG; §§ 444, 472b StPO; § 34 Abs. 1, § 79 Abs. 1 Nr. 3 AO; § 11 Nr. 1 VwVfG). Dieser Verein ist auch gemeint, wenn – einer älteren Terminologie entsprechend – das Gesetz eine Korporation (die lateinische Bezeichnung für Vereine lautete auch »corpora«) erwähnt (§ 17 Abs. 1, §§ 22, 171 Abs. 2, § 184 Abs. 1 ZPO) oder von einem Personenverein spricht, der als solcher in bürgerlichen Rechtsstreitigkeiten klagen kann (§ 374 Abs. 3 StPO). Der nichtrechtsfähige Verein wird im Gesetz entweder als solcher benannt (§ 54 BGB; § 50 Abs. 2, § 735 ZPO; § 641 Satz 3 RVO; § 30 Abs. 1 OWiG; § 34 Abs. 1 AO) oder als Verein bezeichnet, der als solcher verklagt werden kann (§ 17 Abs. 1 Satz 1, §§ 22, 171 Abs. 2, § 184 Abs. 1 ZPO; § 213 KO); es finden sich auch die Bezeichnungen Vereinigung, soweit ihr ein Recht zustehen kann (§ 11 Nr. 2 VwVfG; § 61 Nr. 2 VwGO) oder nichtrechtsfähige Personenvereinigungen (§ 58 Abs. 2 FGO; § 70 Nr. 2 SGG).

2. Der Begriff Verband

Etymologisch haben die Worte Verein und Verband die gleiche Bedeutung: Sie **12** bezeichnen eine Vereinigung bzw. Verbindung von Personen zur Erreichung eines gemeinsamen Zwecks. Soweit nachfolgend das Wort »Verband« verwendet wird, stellt dies nur eine andere Bezeichnung für den Verein dar.

Eine an dieser Stelle nicht zu vertiefende Frage ist es, ob ein Verein in seinem **13** Namen den Bestandteil »Verband« führen darf. Die Zulässigkeit wird nur bei Vereinen mit einer größeren Mitgliederzahl, bei Gesamtvereinen und Vereinsverbänden bejaht.

In der Umgangs- und Gesetzessprache hat das Wort »Verband« eine unter- **14** schiedliche Bedeutung. Soweit von der »Macht der Verbände« gesprochen wird, kann der Verbandsbegriff z. B. auch für eine Arbeitsgemeinschaft zutreffen, zu der sich Unternehmen oder Unternehmensverbände in der Rechtsform einer BGB-Gesellschaft zusammengeschlossen haben. Die in Art. 164 EGBGB erwähnten Verbände sind Genossenschaften[3].

3 Vgl. *Palandt/Heinrichs* Art. 164 EGBGB Rn. 1.

3. Der Verein in rechtshistorischer Sicht

15 Vereine als organisierte Personenverbindungen zur Erreichung eines gemeinsamen Zweckes hat es bereits im Altertum gegeben[4].

16 Das römische Recht unterschied zwischen den Vereinen (collegia, sodalitates, später auch corpora) und den Gesellschaften (societates), bei denen in vertraglichem Zusammenschluß von mindestens zwei Personen die Erreichung eines gemeinsamen Zwecks mit vereinten Kräften angestrebt wurde[5]. Eine gesetzliche Regelung der inneren Angelegenheiten der corpora fehlte weitgehend. Es bildeten sich jedoch Rechtsgrundsätze heraus. Es galt z. B. der Satz »tres faciunt collegium«; zur Vereinsbildung waren somit drei Personen erforderlich[6]. Die inneren Angelegenheiten eines Vereins im römischen Rechtskreis blieben der Regelung in der Satzung (lex collegii) vorbehalten[7]. Nach dieser richtete sich z. B. der Ein- und Austritt von Mitgliedern. Es war jedoch anerkannt, daß ein Mitglied für den Fortbestand des Vereins genügte[8]. Es gab seit alters her Kult- und Begräbnisvereine[9]. Es bildeten sich collegia von Berufsverbänden, wie die der Bäcker, Getreide- und Weinhändler, der Schiffer, Schmiede und Bankiers[10], wobei die collegia der Schiffer und Bäcker mit der Getreideversorgung der Bevölkerung beauftragt waren[11]; diese Aufgabe würde heute als eine öffentliche angesehen. Bei bestimmten Berufsverbänden bestand eine vererbliche Zwangsmitgliedschaft[12].

Nach dem römischen 12-Tafelgesetz (8, 27) war die Bildung von Vereinen für jeden nicht gesetzwidrigen Zweck erlaubt[13]. Diese freie Vereinsbildung wurde später eingeschränkt. Der römische Senat konnte die Gründung von Vereinen verbieten und konnte solche auch auflösen, was in der Zeit der späten Republik wegen politischer Mißbräuche oder schwerer Sittenverstöße mehrfach geschehen ist[14]. Caesar erließ ein umfassendes Vereinsverbot[15]. Später folgte die überwiegend Kaiser Augustus zugeschriebene »lex Julia de collegiis«, durch die – mit Ausnahme der Priester- und Handwerkerkollegien – im wesentlichen alle Vereine aufgelöst wurden[16]. Bereits mit Beginn der Kaiserzeit war im römischen Rechtskreis die legale Bildung eines Vereins (collegium licitum) grundsätzlich nur mit behördlicher Erlaubnis (kaiserliche Verfügung in den Kaiser-

---

4 Vgl. z. B. *San Nicolo* Ägyptisches Vereinswesen zur Zeit der Ptolemäer und Römer, II. Teil: Vereinswesen und Vereinsrecht, 2. Aufl. München 1972; *Liebenam* Zur Geschichte und Organisation des römischen Vereinswesens, Leipzig 1890, Neudruck Aalen 1964.

5 *Kaser* S. 86.

6 *Sohm/Mitteis/Wenger* S. 208.

7 *Kaser* S. 88.

8 *Kaser* S. 88.

9 *Kaser* S. 88.

10 *Gutzwiller* S. 431.

11 *Gutzwiller* a. a. O.

12 *Kaser* S. 88.

13 *Kaser* S. 88; *Mummenhoff* S. 20.

14 *Kaser* a. a. O.

15 *Mummenhoff* a. a. O.

16 *Mummenhoff* S. 21.

provinzen, Senatsbeschluß in den Senatsprovinzen) möglich[17]. Erlaubt blieben Hilfskassenvereine der sog. niederen Klassen (collegia tenuiorum, collegia funeraticia), also heutige Armenvereine[18]. Zur Neubildung solcher Hilfsvereine erteilte der Senat die Erlaubnis generell[19]. Ein collegium illicitum unterlag der zwangsweisen Auflösung durch die Verwaltungsbehörde[20].

Eine von der Rechtsfähigkeit von Einzelpersonen zu unterscheidende Rechtsfähigkeit kannte das römische Recht nur bei Verbänden des öffentlichen Rechts[21]. Bei privaten Verbänden wurde als Rechtsträger die Gesamtheit der jeweiligen Mitglieder angesehen[22]. In der späteren Kaiserzeit entwickelten sich jedoch rechtliche Ansätze zu einer Teilrechtsfähigkeit. Schon nach der »lex Julia« war der erlaubte Verein vermögensfähig[23].

Seit Marc Aurel waren diese Vereine vermächtnisfähig und hatten das Recht zur Sklavenfreilassung[24]. Kraft besonderen Privilegs konnten erlaubte Vereine zu Erben eingesetzt werden[25]. Die Teilrechtsfähigkeit erlangten römische Vereine als Folge oder Reflex der staatlichen Gründungserlaubnis[26].

Im germanisch-deutschen Rechtskreis können die Sippen als Vorläufer heutiger **17**
Vereine bezeichnet werden. Diese wie auch die Genossenschaften älteren Rechts beruhten auf verwandtschaftlicher Zusammengehörigkeit. Aus den Sippen hervorgegangen sind die bäuerlichen und ritterlichen Gemeinschaften zur gesamten Hand[27]. In den Städten bildeten sich Berufsgenossenschaften, die als Zünfte (Gilden) bezeichnet wurden[28]. Sie hatten als oberstes Organ die Mitgliederversammlung, die unter Überwachung durch den Stadtrat über das Zunftvermögen verfügen konnte[29].

Karl der Große verbot im Jahre 779 grundsätzlich die Vereinsbildung; Aus- **18**
nahmen waren zur gegenseitigen Unterstützung in Notfällen zugelassen[30]. Das ausgehende Mittelalter kennt die Erlaubnis von Zünften und die allgemeine Genehmigungspflicht für sonstige Vereine[31]. Auch in der Zeit des Absolutismus wirkte der Staat bei der Bildung von Vereinen mit[32].

In der Zeit des Liberalismus wurde der Gedanke der Vereinsbildungsfreiheit **19**
(Assoziationsfreiheit) wieder aufgegriffen. Diese wurde zum Teil auch in Landesverfassungen verankert. So bestimmte z. B. Art. 28 des Grundgesetzes von Sachsen-Meiningen vom 23. 8. 1829[33]: »Es ist zwar den Unterthanen nicht ver-

---

17 *Sohm/Mitteis/Wenger* S. 205; *Mummenhoff* a. a. O.
18 *Sohm/Mitteis/Wenger* S. 205 Fußn. 6.
19 *Kaser* S. 88.
20 *Sohm/Mitteis/Wenger* S. 206.
21 *Sohm/Mitteis/Wenger* S. 203.
22 *Kaser* S. 86.
23 *Sohm/Mitteis/Wenger* S. 206.
24 *Sohm/Mitteis/Wenger* S. 207 Fußn. 8; *Mummenhoff* S. 24.
25 *Sohm/Mitteis/Wenger* a. a. O.
26 *Mummenhoff* S. 25.
27 *Gutzwiller* S. 432.
28 *Gutzwiller* a. a. O.
29 *Gutzwiller* a. a. O.
30 *Mummenhoff* S. 30.
31 *Mummenhoff* a. a. O.
32 *Mummenhoff* S. 32.
33 Zitiert nach *Mummenhoff* S. 36 Fußn. 214.

wehrt, zu Zwecken, welche an sich nicht gesetzwidrig sind, Gesellschaften zu stiften; allein das Recht der Persönlichkeit, die Fähigkeit auf den Namen der Gesellschaft Grundeigenthum zu erwerben, Beamte zu bestellen, ein Siegel zu führen und Statuten zu errichten, erlangen sie nur mit Bewilligung des Staats.«

20 Mit Beginn der Neuzeit bildeten sich neben den sog. Personenvereinen zur Verfolgung von Berufsinteressen, zur Unterstützung von Armen usw. (heutige nichtwirtschaftliche Vereine) Vereinigungen heraus, die heute als Handelsgesellschaften bezeichnet werden. Seit dem 17. Jahrhundert wurden in Holland Handelskompagnien errichtet, die anschließend auch in anderen Ländern entstanden[34]. Die Industrialisierung seit Beginn des 19. Jahrhunderts ermöglichte es einem breiten Publikum, sich an Unternehmen des Handels und Gewerbes kapitalmäßig zu beteiligen. Dazu war ein rechtsfähiger Unternehmensträger erforderlich. Es bildeten sich Aktiengesellschaften, die damals auch Aktienvereine genannt wurden. Das Allgemeine Deutsche Handelsgesetzbuch stellte es in das Ermessen des Landesgesetzgebers, handelsrechtlichen Vereinigungen die Rechtsfähigkeit durch Registereintragung dann zu verleihen, wenn die Vereinigungen bestimmte normative Voraussetzungen erfüllten, sog. Normativsystem[35]. Es wurde reichsgesetzlich durch die Erste Aktienrechtsreform eingeführt und war dann auch maßgeblich für die weiteren Reichsgesetze, durch welche die Rechtsverhältnisse der Erwerbs- und Wirtschaftsgenossenschaften, der Gesellschaften mit beschränkter Haftung, der eingeschriebenen Hilfskassen, der Innungen, der Krankenkassen und der Berufsgenossenschaften geregelt wurden.

21 Der damals herrschenden Auffassung entsprechend hielt das Allgemeine Landrecht für die Preussischen Staaten von 1794 am Konzessionssystem für Vereine fest. Diese – im Gesetz als Gesellschaften und Korporationen bezeichnet – konnten nur durch staatliche Konzession die Rechtsfähigkeit erlangen (ALR II, 6 §§ 25, 81). Es wurden jedoch auch nichtrechtsfähige erlaubte Privatgesellschaften zugelassen (ALR II, 6 § 13).

Vom Konzessionssystem wandten sich zwei Landesgesetze aus der Mitte des 19. Jahrhunderts ab. Nach dem Sächsischen Gesetz vom 15. 6. 1868, die juristischen Personen betreffend, erlangten Personenvereine (Genossenschaften) die juristische Persönlichkeit durch Eintragung in das Genossenschaftsregister[36]. Nach dem Bayer. Gesetz vom 29. 4. 1869, die privatrechtliche Stellung von Vereinen betreffend[37], erlangten rechtlich bestehende oder rechtlich zulässige Vereinigungen die Rechte eines »Anerkannten Vereins« mit der Registrierung, wenn den Vereinigungen jeder beitreten konnte, wenn diese keine öffentlichen Korporationen und auch keine Handels- oder Versicherungsgesellschaften oder Erwerbs- und Wirtschaftsgenossenschaften waren und »auch sonst nicht auf Erwerb, Gewinn oder eigentlichen Geschäftsbetrieb« abzielten (Art. 1).

Diese Landesgesetze sowie das ALR waren Vorbilder bei der Schaffung der vereinsrechtlichen Vorschriften des BGB.

---

34 *Baumbach/Hueck* AktG Einl. Rn. 6.

35 *Mummenhoff* S. 39.

36 Vgl. *Mummenhoff* S. 38 f. Fußn. 228; vgl. auch Art. 166 EGBGB.

37 Gesetzblatt für das Königreich Bayern 1869 S. 60 ff.

4. Der Verein als Grundform aller privatrechtlichen Körperschaften

Die heute bestehenden privatrechtlichen Körperschaften (Kapitalgesellschaften, eingetragene Genossenschaften, bergrechtliche Gewerkschaften, Versicherungsvereine auf Gegenseitigkeit) haben als Grundform den Personenverein[38], wie die aufgezeigte rechtsgeschichtliche Betrachtung ergibt. Der Personenverein – heute nur Verein genannt – war die erste Form eines Personenzusammenschlusses auf einer körperschaftlichen Grundlage; die späteren »Vereine des Handelsrechts« (so heute noch § 6 Abs. 2 HGB) und die heutigen Genossenschaften sind gleichsam Abspaltungen aus den Personenvereinen. Gelten für Kapitalgesellschaften, Genossenschaften usw. nicht vorrangige Rechtsgrundsätze, so wird bei Regelungslücken auf das (kodifizierte und nichtkodifizierte) gegenwärtige Vereinsrecht zurückgegriffen. 22

Einer GmbH wird in entsprechender Anwendung des § 29 BGB ein Notgeschäftsführer[39] oder einer Genossenschaft ein Notvorstand bestellt[40]. Die in § 31 BGB geregelte Haftung des Vereins für seine Organe (Repräsentanten) gilt entsprechend z. B. für Aktiengesellschaften[41], für Gesellschaften mit beschränkter Haftung[42] und für eingetragene Genossenschaften[43]. Ferner beurteilen sich Sonderrechte von Aktionären, Gesellschaftern einer GmbH oder von Genossen in entsprechender Anwendung des § 35 BGB[44]. Nach herrschender Auffassung vollzieht sich die Willensbildung im Aufsichtrat einer AG nach vereinsrechtlichen Grundsätzen. 23

5. Arten, Strukturen und Betätigungen heutiger Vereine

5.1. Rechtsfähige und nichtrechtsfähige Vereine

Jeder gegründete Verein ist zunächst auch dann ein nichtrechtsfähiger Verein, wenn er später die Rechtsfähigkeit erlangt. Im Stadium zwischen der Gründung und der Erlangung der Rechtsfähigkeit wird die Personenvereinigung Vorverein genannt. Der nichtrechtsfähige Verein kann aber als solcher auch auf Dauer bestehen. § 54 Satz 1 BGB bestimmt, daß für den nichtrechtsfähigen Verein die Vorschriften für die Gesellschaft des bürgerlichen Rechts entsprechend gelten. Da diese Vorschriften für einen Verein und seine Mitglieder nachteilig sind, sollte ein indirekter Druck ausgeübt werden, sich durch Registrierung staatlicher Kontrolle zu unterwerfen. Diese Rechtsfolgen hat die Rechtsprechung nach und nach gelockert. Heute herrscht die Auffassung vor,daß ein nichtrechtsfähiger Verein wie ein rechtsfähiger behandelt wird, so- 24

38 Vgl. *BGH* NJW 1991, 1727/1729.
39 Vgl. z. B. *Hachenburg/Ulmer* Einl. Rn. 64.
40 BGHZ 18, 337; *Lang/Weidmüller/Metz* § 9 GenG Rn. 17; vgl. auch § 85 AktG.
41 RGZ 91, 75; *Baumbach/Hueck* § 78 AktG Rn. 19.
42 *Hachenburg/Ulmer* a. a. O.
43 *BGH* BB 1959, 57; *Lang/Weidmüller/Schaffland* § 17 GenG Rn. 2.
44 Vgl. *BGH* NJW 1969, 131; *Hachenburg/Ulmer* a. a. O.; *Lang/Weidmüller/Metz* § 18 GenG Rn. 21.

weit es nicht im Einzelfall auf die Rechtsfähigkeit oder auf eine Registereintragung ankommt[45].

25 Nach dem System der freien Körperschaftsbildung erkennt der Staat einen Verein dann als rechtsfähig an, wenn dieser gesetzlich angeordnete Mindestanforderungen erfüllt. Dazu konnte sich der deutsche Gesetzgeber aus historischen Gründen nicht entschließen[46].

26 Vereine können die Rechtsfähigkeit nach dem (überkommenen) Normativsystem erlangen, wenn sie einen sog. nichtwirtschaftlichen Zweck verfolgen (§ 21 BGB). Sie müssen gesetzlich angeordnete Mindestvoraussetzungen erfüllen (vor allem nach §§ 56–59 BGB) und werden mit der Eintragung in das Vereinsregister rechtsfähig. Wirtschaftliche Vereine und deutsche Vereine mit ausländischem Sitz werden durch Konzessionierung seitens der zuständigen staatlichen Behörde rechtsfähig (§§ 22, 23 BGB).

5.2. Nichtwirtschaftliche und wirtschaftliche Vereine

27 § 23 des Entwurfs II zum BGB hat die nichtwirtschaftlichen Vereine als solche »zu gemeinnützigen, wohltätigen, geselligen, wissenschaftlichen, künstlerischen oder anderen nicht auf einen wirtschaftlichen Geschäftsbetrieb gerichteten Zwecken« näher umschreiben wollen; dieser Vorschlag ist aber nicht Gesetz geworden. Nichtwirtschaftlich ist ein Verein nach § 21 BGB, wenn dessen Zweck nicht auf einen wirtschaftlichen Geschäftsbetrieb gerichtet ist[47]. Der nichtwirtschaftliche Verein wird auch als Idealverein bezeichnet.

28 Ein wirtschaftlicher Verein ist gegeben, wenn dessen Zweck auf einen wirtschaftlichen Geschäftsbetrieb gerichtet ist (§ 22 BGB).

Schwierigkeiten bereitet in der Praxis die Abgrenzung der beiden Vereinstypen bzw. -klassen. Diese werden gesondert dargestellt (Rn. 97 ff.). Der rechtsfähige wirtschaftliche Verein ist ausländischen Rechten zum Teil unbekannt[48].

5.3. »Werbender« Verein und Liquidationsverein

29 Ein Verein verfolgt seinen Zweck in aktiver, »werbender« Form. Der Vereinszweck bestimmt als Leitmotiv das Vereinsleben. Das ändert sich, wenn der Verein nach seiner Auflösung oder nach einem gleichgestellten Tatbestand in das Stadium der Abwicklung tritt. Dann wandelt sich der werbende Zweck in den Liquidationszweck um. Es besteht ein Liquidationsverein.

---

45 Vgl. z. B. BGHZ 50, 325/328 f.; für die »nicht als juristische Personen anerkannten Vereine« des italienischen Rechts ergibt sich die aufgezeigte Rechtsfolge aus den Art. 36 ff. Cod. civ.

46 Dieses System besteht in der Schweiz, vgl. Art. 60 ZGB; dort ist allerdings der Vorverein nach Art. 62 ZGB ebenfalls den einfachen Gesellschaften gleichgestellt, vgl. dazu *Heini* S. 536 f.

47 Art. 60 Abs. 1 ZGB: »Vereine, die sich einer politischen, religiösen, wissenschaftlichen, künstlerischen, wohltätigen, geselligen oder anderen nicht wirtschaftlichen Aufgabe widmen . . .«.

48 Vgl. z. B. Art. 59 Abs. 2 ZGB: »Personenverbindungen, die einen wirtschaftlichen Zweck verfolgen, stehen unter den Bestimmungen über die Gesellschaften und Genossenschaften.«; vgl. dazu *Heini* S. 523.

5.4. Weltlicher Verein und religiöser Verein bzw. Weltanschauungsgemeinschaft

Religionsgesellschaften und Weltanschauungsgemeinschaften genießen eine verfassungsrechtliche Privilegierung (Art. 140 GG; Art. 137 Abs. 3 und 7 WRV), die sich u. a. darin äußert, daß sie aus eigenständigem Recht ihre Angelegenheiten ordnen und demnach bei der Errichtung einer Vereinssatzung nicht auf die für weltliche Vereine bestehende staatliche Ermächtigung in § 25 BGB zurückgreifen müssen. Diese Privilegierung gilt auch für religiöse Vereine, die Teilgliederungen einer Religionsgesellschaft sind oder mit ihr in besonderer Verbindung stehen[49]. **30**

5.5. Monoverein

Beim Monoverein ist durch die Satzung die Erreichung des Vereinszwecks auf **ein** Aufgabengebiet beschränkt[50]. Der Verein widmet sich z. B. nur dem Sport oder der Heimatpflege. Er kann seinen Zweck weiter eingrenzen und sich z. B. nur dem Fußballsport widmen. Monovereine haben in der Regel nur verhältnismäßig wenige Mitglieder, ihr Tätigkeitsbereich ist gewöhnlich örtlich begrenzt. **31**

Bei den Beratungen des BGB Ende des 19. Jahrhunderts war der Monoverein die in Deutschland vorherrschende Vereinsart. Auf ihn sind im wesentlichen die gesetzlichen Bestimmungen zugeschnitten. Der Monoverein hat zwar heute auch noch eine starke Verbreitung, die Vereinsstrukturen haben sich aber weitgehend verändert, wie die nachfolgenden Ausführungen ergeben.

5.6. Mehrspartenverein

Der Mehrspartenverein – auch Mehrzweckverein genannt – ist eine Personenvereinigung, die sich organisatorisch in Vereinsabteilungen gliedert, die aber – im Gegensatz zum Gesamtverein – alle den gleichen räumlichen Mittelpunkt, somit den Vereinssitz teilen[51]. Beispiel: Der Verein Eintracht Frankfurt e. V. widmet sich in Abteilungen den folgenden Sportarten: Boxen, Basketball, Eissport, Fußball, Handball, Hockey, Leichtathletik, Rugby, Tennis, Tischtennis, Turnen und Volleyball. Die im Schrifttum vereinzelt anzutreffende Bezeichnung Gesamtverein[52] sollte vermieden werden, weil so ein Großverein mit territorialen Untergliederungen benannt wird. Der Mehrspartenverein hat den Vorteil, daß er seinen Mitgliedern ein breit gefächertes Angebot für eine Vereinsbetätigung bietet. Nachteilig kann es sich auswirken, daß die finanziellen Mittel des Vereins von der einen oder anderen Abteilung ungleich stärker in Anspruch genommen werden als von den übrigen Abteilungen. In solchen Fällen kommt es nicht selten zur Schließung einer Abteilung oder zu deren Ausgliederung als selbständiger Verein. Vereinsabteilungen haben kaum die Rechtsform eines nichtrechtsfähigen Vereins. Diese setzt voraus, daß die Abteilung (als organisatorische Untergliederung) eine eigene – u. U. vom Mehr- **32**

49 *BVerfG* NJW 1991, 2623/2625.
50 Vgl. *Entenmann* S. 14.
51 Vgl. *Entenmann* II S. 15.
52 *Entenmann* a. a. O.; *Stober* Rn. 294.

zweckverein gegebene – körperschaftliche Verfassung hat, einen Gesamtnamen führt, vom Wechsel ihrer Mitglieder unabhängig ist und neben ihrer unselbständigen Tätigkeit für den Mehrspartenverein auch eigenständige Aufgaben wahrnimmt[53]. Das Bestehen einer eigenen Abteilungsversammlung und eines Abteilungsvorstands sowie einer eigenen Abteilungsordnung reicht nicht aus, wenn die Abteilung nicht auch einen Gesamtnamen führt, der sie vom Mehrspartenverein abgrenzt und kennzeichnet[54].

33 Ein Mehrspartenverein, der verschiedene Sportarten pflegt, kann den für die jeweilige Sportart bestehenden Regeln eines übergeordneten Verbands unterworfen sein, deren Geltung aber auf die jeweils in Betracht kommende Abteilung beschränkt ist. Dann muß der Mehrspartenverein Mitglied der jeweiligen Sportverbände sein. Die Abteilungsmitgliedschaft reicht nur aus, wenn die Abteilung die Rechtsform eines nichtrechtsfähigen Vereins hat. Besteht diese Rechtsform nicht, so ist die Abteilung nicht bei einem Verband mitgliedsfähig.

5.7. Hauptverein

34 Als Hauptverein wird vereinzelt der Gesamtverein, der Untergliederungen in verschiedenen Orten hat, bezeichnet[55]. Die Vereinspraxis versteht unter Hauptverein auch einen Verein, der zunächst als Mutterverein entstanden ist und der dann – z. B. wegen der Ausgliederung von Vereinsabteilungen – Tochtervereine gebildet hat. Es ist dann ein konzernähnliches Verhältnis gegeben. Die Tochtervereine werden oft von Organpersonen oder Mitgliedern des Muttervereins gegründet. Mutterverein und Tochterverein können dieselben Organpersonen haben. Eine Verbindung zwischen dem Mutterverein und den Tochtervereinen wird zumindest dadurch hergestellt, daß die Tochtervereine Mitglieder des Muttervereins sind.

5.8. Vereinsverband

35 Der Vereinsverband hat grundsätzlich nur korporative Mitglieder. Hauptfall ist der Zusammenschluß von selbständigen – rechtfähigen oder nichtrechtsfähigen – Vereinen zu einem Verband[56]. Korporative Mitglieder können aber auch ausschließlich andere Körperschaften des privaten oder öffentlichen Rechts sein. Beispiele: Die genossenschaftlichen Prüfungsverbände, die eingetragene Vereine sind, haben nur Genossenschaften als Mitglieder (vgl. § 63 b GenG); der Bundesverband der landwirtschaftlichen Berufsgenossenschaften e. V. hat nur Berufsgenossenschaften als Mitglieder[57]; Mitglieder des Deutschen Sparkassen- und Giroverbandes e. V. sind nur Körperschaften und Anstalten

---

53 *BGH* NJW 1984, 2223.

54 Vom *LG Regensburg* NJW-RR 1988, 184 wurde das Bestehen eines eigenen Namens nicht geprüft.

55 Vgl. z. B. *BGH* NJW 1984, 2223.

56 Vgl. z. B. *Soergel/Hadding* vor § 21 BGB Rn. 54; *Sauter/Schweyer* Rn. 323; *Stöber* Rn. 293; *Vieweg* S. 23; in Österreich ist die Bezeichnung Dachverein üblich, vgl. *Fessler/Keller* S. 25.

57 StHB S. 810 f.

des öffentlichen Rechts[58]. Es kommen auch Mischformen dergestalt vor, daß die korporative Mitgliedschaft und die Einzelmitgliedschaft gewährt wird[59]. Die besondere gesellschaftliche und auch politische Bedeutung von Vereinsverbänden sollen zwei Beispiele belegen: Der Deutsche Sportbund hat als Mitglieder 11 Landessportbünde, 54 Spitzenverbände des Sports, 12 Sportverbände mit besonderer Aufgabenstellung, sechs Verbände für Wissenschaft und Bildung sowie zwei Förderverbände[60]. Der Hauptverband der gewerblichen Berufsgenossenschaften e. V. ist die Vereinigung der bestehenden 34 gewerblichen Berufsgenossenschaften und der See-Berufsgenossenschaft. Bei diesen waren im Jahre 1985 1 671 145 Unternehmen mit 20 343 523 Versicherten Mitglieder[61].

Der rein korporative Vereinsverband kann sich nur aus Fachverbänden zusam- **36**
mensetzen[62] oder aus Landesverbänden und Fachverbänden[63].

Vereinsverbände können – wie die Gesamtvereine – in gestufter Verbandsform **37**
bestehen[64]. Der Spitzenverband führt als oberste Vereinigungsform in seinem Namen häufig den Bestandteil »Bund« oder »deutsch«. Zunehmende Verbreitung findet der etwas irreführende Namensbestandteil »Arbeitsgemeinschaft«, obwohl es sich um einen Verein handelt[65].

Vereinsverbände gewähren im Regelfall den Einzelmitgliedern der Basisorga- **38**
nisationen keine Mitgliedschaft. Wird sie ausnahmsweise zugebilligt, so erfordert eine »gestufte« Mehrfachmitgliedschaft[66] eine sog. satzungsmäßige Doppelverankerung: Die Satzung des Basisvereins (Verbandsvereins) muß vorsehen, daß der Erwerb der Mitgliedschaft im Verein zugleich die Begründung der Mitgliedschaft im Verband zur Folge hat; die Verbandssatzung muß bestimmen, daß die Aufnahme einer Person in den verbandszugehörigen Verein automatisch die Einzelmitgliedschaft im Verband begründet[67].

Der Verband mit ausschließlich korporativen Mitgliedern unterscheidet sich **39**
vom Monoverein dadurch, daß er keine Einzelpersonen als Mitglieder hat, die ein Vorstandsamt oder ein sonstiges Verbandsamt übernehmen könnten. In Verbandsversammlungen gilt im Regelfall der bei Monovereinen bestehende Grundsatz »ein Mitglied = eine Stimme« jedenfalls dann nicht, wenn die Mitgliedsvereine eine völlig unterschiedliche Zahl von Einzelmitgliedern haben oder wenn die Verbandsabgaben der Mitgliedsvereine der Höhe nach völlig verschieden sind.

---

58 StHB S. 533.

59 Der Deutsche Museumsbund e. V. hat z. B. 343 korporative Mitglieder und 397 Einzelmitglieder, vgl. StHB S. 576.

60 StHB S. 717.

61 Vgl. *Hein* S. 227.

62 So z. B. im Regelfall die Sportverbände sowie z. B. der Deutsche Lehrerverband, vgl. StHB S. 101.

63 So z. B. die Bundesvereinigung der Deutschen Arbeitgeberverbände e. V., vgl. StHB S. 1.

64 Vgl. auch *BVerfG* NJW 1991, 2623/2625.

65 So z. B. Arbeitsgemeinschaft Deutscher Waldbesitzerverbände e. V., vgl. StHB S. 624.

66 Vgl. *BGH* NJW 1979, 1402.

67 BGHZ 105, 306/312.

5.9. Gesamtverein

40 Während Vereinsverbände durch die Basiskörperschaften und evtl. durch Stufenverbände gebildet werden, ist diese Organisation beim Gesamtverein, der auch als Haupt- oder Zentralverein bezeichnet wird[68], gerade gegenläufig. Der Gesamtverein bildet durch seine Satzung die Untergliederungen. Diese können – wie beim Vereinsverband – rechtsfähige und nichtrechtsfähige Vereine sein; sie werden dann als Zweigvereine bezeichnet. Die Untergliederungen können aber auch keine Körperschaften sein, sondern nur organisatorische Außenstellen oder Verwaltungseinheiten des Hauptvereins. Die Gliederung kann – wie beim Vereinsverband – horizontal sein. Ist der Basisverein Mitglied eines Landesverbandes, so sind er und die Landesverbände Mitglieder des Dachverbandes. Im Gegensatz zu den Vereinsverbänden hat die Einzelmitgliedschaft in der Basisorganisation immer die Mitgliedschaft im Gesamtverein und, wenn eine Mittelstufe besteht, auch im Landesverband zur Folge.

5.10. Tätigkeitsgebiete von Vereinsverbänden und Gesamtvereinen

41 Die in der Bundesrepublik Deutschland bestehenden Vereinsverbände und Gesamtvereine nehmen satzungsmäßig die Interessen verbandszugehöriger Mitglieder in folgenden Gruppierungen bzw. Tätigkeitsbereichen wahr (alphabetisch):
Arbeitgeberverbände, Gewerkschaften, berufsständische Zusammenschlüsse,
Bildung, Erziehung, Jugend,
Energiewirtschaft, Wasserwirtschaft,
Familien- und Frauenverbände,
Fremdenverkehr, Bäder, Gaststätten, Hotels,
Geschädigtenverbände,
Gesundheits- und Sozialwesen,
Handels- und Genossenschaftswesen sowie sonstige gewerbliche Dienstleistungen,
Handwerk und handwerksähnliche Berufe,
Industrie,
Internationale Beziehungen, Politik,
Kommunale Verbände,
Kreditwesen, Börsen, Effekten,
Kunst und Kultur,
Land- und Forstwirtschaft,
Makler, Handelsvertreter, Agenten, Weinkommissionäre,
sonstige Vertreter, Auktionatoren, Sachverständige,
Medien,
Raumordnung, Landesplanung, Städtebau, Bau-, Wohnungs- und Siedlungswesen, Umwelt,
Rechtswesen,
Religionsgesellschaften und Weltanschauungsgemeinschaften,
Schutzverbände,

---

68 Vgl. *Sauter/Schweyer* Rn. 328; in Österreich ist die Bezeichnung Hauptverein üblich, vgl. *Fessler/Keller* S. 24.

Sport und Freizeitgestaltung,
Steuerwesen, Wirtschaftsberatung, Wirtschaftsprüfung,
Verkehrswesen,
Versicherungswesen,
Werbung, Messen, Ausstellungen, Wirtschaftsförderung,
Wissenschaft, Forschung, Technologie.

5.11. Heutige Verwendungsformen des Vereins

In der Zusammenschlußform des rechtsfähigen Vereins werden heute nicht nur **42** die geselligen Zwecke eines Gesangsvereins oder die Interessen von Gruppenzugehörigen in Verbänden verfolgt, diese Rechtsform wurde vielmehr auch für die folgenden Zwecke gewählt: Die Bundes-Pressekonferenz e. V. veranstaltet Pressekonferenzen mit Mitgliedern und Sprechern der Regierung; der Verein ist Ansprechpartner in allen Fragen der Bundespolitik[69]. Der Deutsche Akademische Austauschdienst e. V. ist das Selbstverwaltungsorgan der deutschen Hochschulen, deren Mitglieder die in der Rektorenkonferenz vertretenen Hochschulen und deren Studentenschaften sind[70]. Der Verein Max-Planck-Gesellschaft zur Förderung der Wissenschaften e. V. unterhält 62 eigene Forschungsinstitute, Forschungsstellen und Klinische Forschungsgruppen[71]; der Jahresetat 1991 betrug 1 308 Mio DM, von denen 1 239 Mio DM öffentliche Mittel sind[72]. In Vereinsform sind organisiert der Hessische Landkreistag e. V. und der Niedersächsische Landkreistag e. V.[73]. Zur Förderung internationaler Wirtschaftsbeziehungen bestehen: Deutsch-Iranische-Handelskammer e. V.[74], Japanische Industrie- und Handelskammer zu Düsseldorf e. V.[75] und Schwedische Handelskammer in der Bundesrepublik Deutschland e. V.[76].

5.12. Internationaler Verband; Ausländerverein

Ein internationaler Verband ist eine körperschaftliche Organisation, in der sich **43** rechtsfähige oder nichtrechtsfähige Personenmehrheiten (Körperschaften), in Einzelfällen auch natürliche Personen, aus mehreren Staaten zur Erreichung eines gemeinsamen Zwecks zusammengeschlossen haben[77]. Solche internationalen Verbände haben auch ihren Sitz in der Bundesrepublik Deutschland. Sie unterliegen uneingeschränkt den deutschen privat- und öffentlichrechtlichen Vorschriften, die für Vereine bestehen.

Der Ausländerverein ist ein Begriff des öffentlichen Vereinsrechts. Nach § 14 **44** Abs. 1 VereinsG sind dies Vereine, deren Mitglieder oder Leiter sämtlich oder überwiegend Ausländer sind. Es entscheidet also entweder die Eigenschaft der Mehrheit der Mitglieder als Ausländer oder die ausländische Eigenschaft der

69 StHB S. 637.
70 StHB S. 498.
71 StHB S. 836.
72 *Richter* Welt am Sonntag 1991 Nr. 42 S. 39.
73 StHB S. 524.
74 StHB S. 501.
75 StHB S. 502.
76 StHB S. 503.
77 *Vieweg* S. 24.

den Verein repräsentierenden Organe. Ein von Gastarbeitern gebildeter Verein ist ein Ausländerverein, auch wenn die Vorstandsmitglieder Deutsche sind.

45 Ein internationaler Verband ist z. B. der Bundesverband Deutscher Autoren e. V. und Berliner Autorenvereinigung. Die 12 Mitgliedsverbände haben ihren Sitz in der Bundesrepublik, in Österreich und in der Schweiz[78]. Bei dieser Dachorganisation freier in- und ausländischer Autorenverbände kommt es bei der Frage, ob sie ein Ausländerverein ist, darauf an, ob die Zahl der ausländischen Mitgliedsorganisationen überwiegt; ist dies nicht der Fall, so ist entscheidend, ob die Mehrzahl der Vorstandsmitglieder Deutsche oder Ausländer sind.

5.13. Deutsche Sektionen ausländischer Personenvereinigungen

46 In der Bundesrepublik Deutschland haben Zweigvereine (Sektionen) ausländischer Personenvereinigungen ihren Sitz[79].

Für die deutsche Sektion eines internationalen Verbandes gilt uneingeschränkt das deutsche Recht. U. U. ist eine vom internationalen Verband gegebene Satzung dem deutschen Recht anzugleichen. Die Verweisung in der Satzung der deutschen Sektion auf Satzungsbestimmungen des internationalen Verbandes ist nur eingeschränkt zulässig. Unzulässig ist eine sog. dynamische Verweisung auf die Satzung des ausländischen Verbandes in der jeweils geltenden Fassung. Die Verweisung auf die gegenwärtige Fassung der Satzung des ausländischen Verbands ist nur zulässig, wenn die Verweisung widerspruchsfrei und verständlich gefaßt ist und sie sich auf bestimmte einzelne Vorschriften der in Bezug genommenen Satzung bezieht[80].

5.14. Der Verein als Kaufmann

47 Ein rechtsfähiger Wirtschaftsverein kann eines der in § 1 Abs. 2 HGB aufgezählten Grundhandelsgewerbe betreiben. Er kann Inhaber eines sonstigen Handelsgewerbes sein, das einen in kaufmännischer Weise eingerichteten Geschäftsbetrieb erfordert (§ 2 HGB). Weiter kann der Verein Inhaber eines land- oder forstwirtschaftlichen Betriebes sein (§ 3 Abs. 2, 3 HGB). Scheidet die Minderkaufmannseigenschaft aus (§ 4 HGB), so ist der Verein in den Fällen der §§ 1, 2 HGB verpflichtet und im Falle des § 3 Abs. 2, 3 HGB berechtigt, sich in das Handelsregister eintragen zu lassen (§ 33 HGB).

48 Das sog. Nebenzweckprivileg kann es zulassen, daß auch ein eingetragener Verein die Kaufmannseigenschaft unter den vorstehend dargestellten Voraussetzungen erlangt[81]. Er ist dann ebenfalls, wenn die Voraussetzungen der §§ 1, 2

---

78 StHB S. 552.

79 Z. B.: amnesty international – Sektion Bundesrepublik Deutschland e. V., International Police Association – Deutsche Sektion e. V., Internationale Gesellschaft für Menschenrechte – Deutsche Sektion e. V., Internationaler Bauorden – Deutscher Zweig e. V., Internationale Gesellschaft der bildenden Künste – Sektion Bundesrepublik Deutschland e. V.; vgl. StHB S. 509, 519, 547.

80 *OLG Hamm* NJW-RR 1988, 183.

81 Vgl. zum Nebenzweckprivileg näher Rn. 128.

HGB gegeben sind, verpflichtet, sich in das Handelsregister eintragen zu lassen[82].

Da auch beim nichtrechtsfähigen Idealverein das Nebenzweckprivileg anzuer- **49**
kennen ist, kann auch dieser in das Handelsregister eingetragen werden, wenn die Voraussetzungen der §§ 1, 2, 3 Abs. 2, 3 HGB gegeben sind[83].

Der nichtrechtsfähige Wirtschaftsverein, der vollkaufmännisch tätig ist, wird als **50**
OHG behandelt[84]. Die Pflicht zur Anmeldung zum Handelsregister ergibt sich aus § 106 HGB. Bei minderkaufmännischer Betätung des nichtrechtsfähigen Wirtschaftsvereins finden die Vorschriften über die BGB-Gesellschaft uneingeschränkt Anwendung, falls der Verein nicht seine Haftungsbeschränkung nach außen hin deutlich zu erkennen gibt[85].

---

82 § 33 HGB; die gleiche Regelung besteht nach Art. 61 Abs. 2 ZGB.

83 *K. Schmidt* ZGR 1975, 477/484 ff.

84 *KG* KGJ 41, 117/119; BGHZ 22, 240/244; BayObLGZ 1965, 294/305.

85 *Heymann/Emmerich* § 1 HGB Rn. 34; *Soergel/Hadding* § 54 BGB Rn. 25.

A. Das private Vereinsrecht

I. Die Entstehung des rechtsfähigen Vereins

1. Die Vorgründungsgesellschaft

Der Gründung eines Vereins gehen im Regelfall Vorbesprechungen daran Interessierter voraus, die jedoch noch keinen Rechtsgehalt haben. **51**
Im Einzelfall können sich die an einer Vereinsgründung Interessierten verbindlich verpflichten, die Gründung eines Vereins vorzubereiten und als gemeinsamen Zweck zu fördern. Dann ist eine eigenständige Gesellschaft des bürgerlichen Rechts entstanden[1]. Wird aber bereits von den Gesellschaftern unter gemeinsamer Firma ein Grundhandelsgewerbe (§ 1 Abs. 2 HGB) oder ein Handelsunternehmen betrieben, das einen in kaufmännischer Weise eingerichteten Geschäftsbetrieb erfordert (§ 2 HGB), was bei der Vorbereitung der Gründung eines wirtschaftlichen Vereins denkbar ist, so ist eine OHG entstanden[2]. An der Gesellschaft können sich auch Personen beteiligen, die später nicht Mitglieder des Vereins werden wollen. Ein Mitgliederwechsel (durch Anteilsübertragung) ist nur zulässig, wenn dies der Gesellschaftsvertrag vorsieht oder wenn alle Gesellschafter damit einverstanden sind[3]. Eine ordentliche Kündigung der Gesellschaft ist wegen des zeitlich begrenzten Gründungszwecks nicht zulässig; bei Vorliegen eines wichtigen Grundes kann dagegen gekündigt werden (§ 723 Abs. 1 Satz 2 BGB). Ein solcher Grund ist gegeben, wenn durch Mehrheitsbeschluß der Gesellschaftszweck verändert wird[4], etwa weil statt der beabsichtigten Gründung eines Sportvereins eine Rathauspartei gegründet werden soll.

Ist eine OHG entstanden, so haften die Gesellschafter für Gesellschafts- **52**
verbindlichkeiten unbeschränkt (§ 128 HGB). Grundsätzlich gleiches gilt, wenn eine Gesellschaft bürgerlichen Rechts gegeben ist; auch dann haften die Gesellschafter im Regelfall unbeschränkt persönlich als Gesamtschuldner (§§ 714, 427 BGB). Aus § 714 BGB folgt aber, daß die Haftung der für die Gesellschaft Handelnden auf das Gesellschaftsvermögen beschränkt werden kann. Dies kann auf drei Wegen erreicht werden: Mit dem Geschäftspartner wird ausdrücklich diese Haftungsbeschränkung vereinbart; der Geschäftsführer ist verpflichtet worden, die Haftungsbeschränkung auf das Gesellschaftsvermögen von sich aus dem Geschäftspartner offenzulegen; die Haftungsbeschränkung ist für den Geschäftspartner ohne weiteres erkennbar[5]. Letzteres ist z. B. durch eine Rechtsformbezeichnung (Gesellschaft bürgerlichen Rechts oder GbR) möglich[6].

1 Vgl. *BGH* NJW 1984, 2164; 1985, 1828.
2 Vgl. *BGH* NJW 1983, 2822; 1985, 1828.
3 *OLG Hamm* OLGZ 1986, 316/318.
4 *BGH* WM 1980, 868.
5 Vgl. *OLG Hamm* NJW 1985, 1846.
6 *BGH* NJW 1985, 619.

53 Die Vorgründungsgesellschaft wird aufgelöst, wenn der vereinbarte Zweck der Errichtung eines Vereins durch Feststellung der Satzung erreicht ist oder wenn sich endgültig ergibt, daß eine Vereinsgründung scheitert (§ 726 BGB).

54 Als Gesellschaft des bürgerlichen Rechts kann sich die Vorgründungsgesellschaft ohne Identitätsverlust in eine Personenhandelsgesellschaft (OHG oder KG) umwandeln[7]. Die (noch) herrschende Auffassung verneint aber eine Identität der Vorgründungsgesellschaft mit dem später entstandenen Vorverein vor allem mit der Begründung, die Vorgründungsgesellschaft sei nicht körperschaftlich organisiert[8]. Daraus folgt zunächst, daß auf die Vorgründungsgesellschaft Vorschriften des Vereinsrechts (§ 31 oder § 54 Satz 2 BGB) keine Anwendung finden[9]. Weiter hat dies zur Folge, daß ein etwa gebildetes Gesamthandsvermögen (§ 718 BGB) dem Vorverein oder dem rechtsfähig gewordenen Verein übertragen werden muß. Die Verbindlichkeiten der Vorgründungsgesellschaft bleiben bestehen. Sie können jedoch durch Vereinbarung der Mitglieder der Vorgründungsgesellschaft mit dem Vorverein von diesem mit Zustimmung der jeweiligen Gläubiger nach § 415 BGB übernommen werden[10]. Verbleibt das Gesellschaftsvermögen in der Gesamthand der Gesellschafter, so muß es nach der Gesellschaftsauflösung liquidiert werden (§§ 730 ff. BGB).

55 Schulden aus unerlaubter Handlung gehen nur ausnahmsweise auf den Vorverein oder den später rechtsfähig gewordenen Verein über. Ein solcher Ausnahmetatbestand ist gegeben, wenn das Vertretungsorgan und damit der Verein selbst (§ 31 BGB) sich in Kenntnis der (u. U. sittenwidrigen) Merkmale des schadensstiftenden Ereignisses die eingetretenen rechtlichen Folgen zu eigen macht, dieses Verhalten in seinen Rechtsfolgen als auch für den Verein (u. U. stillschweigend) für verbindlich erklärt und wenn weiter die für die Vorgründungsgesellschaft entstandenen Vorteile übernommen und ausgewertet werden[11].

2. Die Vereinsgründung

2.1. Die Fähigkeit, Gründungsbeteiligter sein zu können

2.1.1. Unbeschränkt geschäftsfähige natürliche Personen

56 Gründer und damit Mitglied eines Vereins mit Sitz in der Bundesrepublik Deutschland können unbeschränkt geschäftsfähige natürliche Personen sein, und zwar ungeachtet ihrer Staatsangehörigkeit und eines Wohnsitzes im Inland. Gründungsbeteiligte können allein die Mitglieder einer Familie sein (Familienverein).

---

7 Vgl. *BFH* NJW 1987, 1719.

8 Vgl. für das GmbH-Recht *BGH* NJW 1984, 2164; vgl. jedoch zur steuerlichen Rechtsfähigkeit einer Gesellschaft des bürgerlichen Rechts *BFH* a. a. O. sowie S. 1718.

9 Vgl. *BGH* NJW 1966, 1807/1808; 1984, 2164.

10 Vgl. *BGH* NJW 1982, 932/933.

11 *BAG* BB 1979, 1294.

2.1.2. Geschäftsunfähige und beschränkt geschäftsfähige Personen

Die Vereinsgründung ist zunächst ein Vertrag (vgl. Rn. 65). Geschäftsunfähige 57
können keine rechtlich verbindliche Willenserklärung abgeben (§ 105 Abs. 1 BGB). Deutsche Staatsangehörige sind geschäftsunfähig, wenn sie das siebente Lebensjahr nicht vollendet haben oder wenn sie sich in einem die freie Willensbestimmung ausschließenden Zustand dauernder Störung der Geistestätigkeit befinden (§ 104 BGB). Bei Personen mit ausländischer Staatsangehörigkeit beurteilt sich die Frage der Geschäftsunfähigkeit nach ihrem Personalstatut, somit grundsätzlich nach ihrem Heimatrecht (Art. 7 Abs. 1 EGBGB). Geschäftsunfähige Personen sind von Gesetzes wegen nicht von einer Vereinsgründung ausgeschlossen. Ihre hierfür erforderlichen Erklärungen müssen aber von den gesetzlichen Vertretern abgegeben werden.

Nach deutschem Recht sind beschränkt geschäftsfähig die Minderjährigen 58
(vom vollendeten siebten bis zum Erreichen des 18. Lebensjahres) sowie (ab 1. 1. 1992) die Betreuten nach § 1836 BGB, die zusätzlich einem Einwilligungsvorbehalt nach § 1903 BGB unterliegen. Die beschränkte Geschäftsfähigkeit von Ausländern beurteilt sich grundsätzlich ebenfalls nach deren Heimatrecht (Art. 7 Abs. 1 EGBGB). Ein beschränkt Geschäftsfähiger kann sich dann selbst ohne Mitwirkung seines gesetzlichen Vertreters an einer Vereinsgründung beteiligen, wenn er dadurch lediglich einen rechtlichen Vorteil erlangt (§ 107 BGB). Beispiel: Es soll ein Sportverein mit einer Jugendabteilung gegründet werden; die Mitglieder der Jugendabteilung werden kostenlos für eine bestimmte Sportart ausgebildet, bare Vereinsbeiträge sind nicht zu leisten, an Mitgliederversammlungen sind sie nur teilnahme-, nicht aber stimmberechtigt. Einen solchen Verein gründen sechs Erwachsene unter Beteiligung eines 17jährigen. Ist ein beschränkt Geschäftsfähiger mit Zustimmung des Vormundschaftsgerichts von seinem gesetzlichen Vertreter ermächtigt worden, ein Erwerbsgeschäft selbständig zu betreiben (§ 112 BGB), so kann er sich selbständig an der Gründung eines Vereins, dessen Zweck mit seinem Unternehmen in Zusammenhang steht, wie dies etwa bei der Gründung eines Standesvereins der Fall ist, beteiligen[12]. Von diesen Ausnahmefällen abgesehen, muß bei beschränkt Geschäftsfähigen der gesetzliche Vertreter bei der Vereinsgründung mitwirken, indem er vorher seine Einwilligung (§ 107 BGB) oder zum Vertragsabschluß nachher die Genehmigung erteilt (§ 108 BGB). Ist eine solche erklärt worden, so kann der Minderjährige grundsätzlich selbständig seine Mitgliedschaftsrechte ausüben und muß auch die mitgliedschaftlichen Pflichten erfüllen[13].

Wollen sich an der Vereinsgründung eine geschäftsunfähige oder beschränkt 59
geschäftsfähige Person und zugleich der gesetzliche Vertreter beteiligen, so muß bei der notwendigen gesetzlichen Vertretung ein Ergänzungspfleger bestellt werden[14].

Wird ein Verein gegründet, der zugleich ein Handelsunternehmen betreibt (vgl. 60
§ 33 HGB), so ist die Genehmigung des Vormundschaftsgerichts nach § 1822 Nr. 3 BGB erforderlich.

---

12 Vgl. *Sauter/Schweyer* Rn. 10.

13 Vgl. *KG* OLGE 15, 324.

14 Vgl. §§ 181, 1629 Abs. 2 Satz 1, § 1705 Satz 2, § 1795 Abs. 2, § 1909 BGB; vgl. *Scholz/Emmerich* § 2 GmbHG Rn. 42.

2.1.3. Juristische Personen

61 An einer Vereinsgründung können sich auch inländische und ausländische juristische Personen des öffentlichen und privaten Rechts beteiligen. Behörden als solche können jedoch einen Verein nicht mitgründen; für sie muß die Körperschaft handeln, der sie zugehören. Die nicht selbst handlungsfähigen juristischen Personen werden durch das jeweilige Vertretungsorgan bei der Gründung vertreten, das seinerseits einer Person Vollmacht erteilen kann. Bei inländischen Vereinen und Stiftungen kann die Satzung Beschränkungen der Vertretungsmacht enthalten (§ 26 Abs. 2 Satz 2, § 86 Satz 2 BGB), die eine Gründungsbeteiligung untersagen können. Befinden sich diese juristischen Personen sowie Genossenschaften jedoch im Abwicklungsstadium, so ist die Vertretungsmacht der Liquidatoren durch den Abwicklungszweck begrenzt; die Beteiligung an einer Vereinsgründung ist dann im Regelfall nicht möglich. Falls nicht der Tatbestand des Rechtsmißbrauchs gegeben ist, können sich jedoch aufgelöste Aktiengesellschaften und Gesellschaften mit beschränkter Haftung an der Gründung beteiligen, da deren Liquidatoren keinen Vertretungsbeschränkungen unterliegen[15].

2.1.4. Andere Personengemeinschaften

62 Die Fähigkeit einer OHG oder KG, Gründungsbeteiligte sein zu können, ergibt sich daraus, daß diese Personenhandelsgesellschaften im Außenverhältnis wie juristische Personen behandelt werden (§§ 105, 124, 161 HGB). Die Fähigkeit eines nichtrechtsfähigen Vereins, sich an einer Vereinsgründung beteiligen zu können, ist unbestritten. Bestritten ist jedoch die Beteiligungsfähigkeit einer Gesellschaft des bürgerlichen Rechts. Für eine GmbH hat BGHZ 78, 311 = NJW 1981, 682 klargestellt, daß eine solche Gesellschaft die Fähigkeit zur Gründungsbeteiligung hat (vgl. § 18 GmbHG). Dies gilt auch im Falle einer Vereinsgründung[16]; der *BGH* [17] hat inzwischen auch die Fähigkeit einer Gesellschaft des bürgerlichen Rechts bejaht, Mitglied einer Genossenschaft werden zu können. Die herrschende Ansicht im Vereinsrecht verneint die Fähigkeit anderer Personengemeinschaften (eheliche Gütergemeinschaft, Erbengemeinschaft, Bruchteilsgemeinschaft), Gründungsbeteiligte sein zu können[18]; im GmbH-Recht ist die Literatur einhellig der Meinung, daß diese Personengemeinschaften eine GmbH (mit-)gründen können[19].

2.1.5. Vertragliche Beteiligungsbeschränkungen

63 Die Gründungsbeteiligten sind vertraglich verbunden. Sie können vereinbaren, daß sich an der Gründung nur bestimmte natürliche Personen, keine oder nur bestimmte juristische Personen usw. beteiligen können.

---

15 Vgl. z. B. *Rowedder/Rasner* § 70 GmbHG Rn. 4.

16 Ebenso *Soergel/Hadding* § 38 BGB Rn. 5; a. A. *LG Bonn* NJW 1988, 1596; *Sauter/Schweyer* Rn. 11; *Stöber* Rn. 10.

17 NJW 1992, 499.

18 Vgl. *Soergel/Hadding, Sauter/Schweyer* und *Stöber* a. a. O.

19 Vgl. *Baumbach/Hueck* § 1 GmbHG Rn. 32, 35; *Lutter/Hommelhoff* Rn. 5, *Hachenberg/Ulmer* Rn. 80 ff., *Rowedder/Rittner* Rn. 20, *Scholz/Emmerich* Rn. 51, je zu § 2 GmbHG.

2.1.6. Treuhänderische Gründungsbeteiligung

Größere Körperschaften können Veranlassung haben, sich an einem Verein nicht selbst zu beteiligen. Sie können dann die Gründung und später die Vereinsmitgliedschaft durch einen Treuhänder vornehmen bzw. ausüben. Dieser unterliegt dann den Weisungen der treugebenden Körperschaft (vgl. § 665 BGB); nur der Treuhänder ist aber Vereinsmitglied. **64**

2.2. Der Gründungsakt

2.2.1. Der Abschluß des Gründungsvertrags durch zwei Personen; der Weiterbestand des Vereins mit mindestens drei Mitgliedern

Die Gründung (Errichtung) eines Vereins erfordert zunächst eine dahingehende vertragliche Einigung. Zum Abschluß eines Vertrages sind zwei Personen erforderlich, aber auch ausreichend. **65**

Ist aber der Verein nach der Feststellung der Satzung gegründet worden, so fehlt für die nichtrechtsfähig bleibenden Vereine sowie für die wirtschaftlichen Vereine i. S. d. § 22 BGB eine Vorschrift über die Mindestzahl von Vereinsmitgliedern (für Vereine, welche die Eintragung erstreben, bestimmt § 56 BGB, daß diese nur erfolgen soll, wenn die Zahl der Mitglieder mindestens sieben beträgt). Von einem Verein kann nur gesprochen werden, wenn er durch seine Mitglieder, welche das Organ Mitgliederversammlung bilden, mehrheitsentscheidungsfähig ist. Das ist aber nur bei einer Mindestzahl von drei Mitgliedern möglich (vgl. auch § 73 BGB). Die Rechtsordnung kann also einen nichtrechtsfähigen Verein mit nur zwei Mitgliedern nicht anerkennen. Beim wirtschaftlichen Verein wird sich die Verleihungsbehörde an § 56 BGB orientieren und eine Mindestmitgliederzahl von sieben verlangen. **66**

2.2.2. Die Errichtung des Vereins

Im Regelfall wird ein Verein in einer **Gründungsversammlung** errichtet. Notwendig ist dies jedoch nicht. Soll der Verein später im Vereinsregister eingetragen werden, so genügt die Vorlage einer von sieben Personen unterschriebenen Satzung, welche zugleich den bestellten Vorstand benennen kann. **67**

Eine gesetzliche Regelung der Gründungsversammlung fehlt. Der Gesetzgeber kann jedoch als Voraussetzung für die spätere staatliche Anerkennung oder für die Zulassung zu einer bestimmten Vereinsbetätigung auch den Verlauf einer Gründungsversammlung regeln. Dies ist z. B. durch § 26 (1) Abs. 2 des Rundfunkgesetzes für das Land Nordrhein-Westfalen[20] für die Veranstaltergemeinschaft normiert worden, die nur ein eingetragener Verein i. S. d. § 21 BGB sein kann (§ 25 Abs. 1 LRG NW). **68**

Der eigentliche Gründungsakt besteht darin, daß sich die Gründer über die Errichtung eines Vereins und über die Verbindlichkeit einer Satzung einig sind (Satzungsfeststellung). Diesem nunmehr entstandenen Verein schließen sich die Gründer als Mitglieder an und bestellen einen Vorstand. Will der Verein rechtsfähig werden, so muß die Satzung den in Rn. 296 dargestellten Mindesterfordernissen entsprechen. Erstrebt der Verein keine Rechtsfähigkeit, so genügt an sich eine mündlich vereinbarte Satzung, die aber zumindest den Zweck, **69**

20 I. d. F. v. 11. 1. 1988, GVBl. NW S. 6 = LRG NW.

Namen und Sitz des Vereins ergeben muß. Für die nicht in der Satzung geregelten Gegenstände greifen die gesetzlichen Vereinsvorschriften, z. B. über den Vorstand (§§ 26–28 BGB), über die Mitgliederversammlung (§ 32 BGB) oder die Satzungsänderung (§ 33 BGB), die auch für Vereine ohne Rechtsfähigkeit gelten.

2.2.3. Die Rechtsnatur der Satzung

70 Über die Rechtsnatur der Satzung und damit auch über das Verhältnis zwischen dem Verein und seinen Mitgliedern herrscht wissenschaftlicher Streit. Nach der sog. Normentheorie[21] schaffen die Gründer kraft staatlicher Delegation mit der Feststellung der Satzung objektives Recht. Die Körperschaft hat also im Rahmen des staatlichen Rechts eine Rechtsetzungsbefugnis[22]. Nach der sog. Vertragstheorie ist die Satzung ein Vertrag, und zwar ein Organisationsvertrag, soweit die Organe und deren Zuständigkeit geregelt werden, und zugleich ein schuldrechtlicher Vertrag, soweit Beitragspflichten begründet werden; im Ordnungbereich kann der Verein nur Vertragsstrafen zur Geltung bringen[23].

71 Die Praxis tendiert zur sog. modifizierten Normentheorie. Danach ist die Satzung ein zunächst von den Gründern geschlossener Vertrag; mit der Entstehung des Vereins löst er sich von der Person der Gründer, erlangt ein unabhängiges rechtliches Eigenleben, wird zur körperschaftlichen Verfassung des Vereins und objektiviert fortan das rechtliche Wollen des Vereins als der Zusammenfassung seiner Mitglieder[24]. Danach wird die Satzung ähnlich wie ein Gesetz behandelt, obwohl sie nicht die Qualität einer Rechtsnorm i. S. d. Art. 2 EGBGB hat[25].
Zum Theorienstreit kann hier nicht im einzelnen Stellung genommen werden. Keine der Theorien führt in Einzelheiten zu befriedigenden Ergebnissen. Die Normentheorie krankt daran, daß ein privatrechtlicher Verband kein allgemein verbindliches Recht setzen kann, wenn sich dieses auch nur auf einen bestimmten Rechtskreis beschränkt. Die Vertragstheorie kommt in Schwierigkeiten, wenn es z. B. um die Rechtsnatur von Vereinsbeschlüssen geht, die mit Verträgen auch nicht entfernt etwas gemeinsam haben. Die modifizierte Normentheorie muß auch nach der Entstehung des Vereins auf das Vertragsrecht zurückgreifen, so etwa bei der Aufnahme eines Bewerbers in einen Verein. Gleichwohl ist der modifizierten Normentheorie der Vorzug zu geben, wenn unter Norm ein Mehr an vertraglichen Beziehungen und ein Weniger an staatlich gesetztem Recht verstanden wird.

---

21 Vgl. *v. Gierke* Privatrecht I S. 470/473.

22 Bejaht weiter z. B. von *Meyer-Cording* S. 46 f.; *Baecker* S. 32; MünchKomm/*Reuter* § 25 BGB Rn. 7; *Ebenroth* JZ 1987, 265/267.

23 Vgl. z. B. *Soergel/Hadding* § 25 BGB Rn. 17; *van Look* S. 1 ff.; *Baumbach/Hueck* Rn. 5, *Scholz/Emmerich* Rn. 5, je zu § 2 GmbHG.

24 Vgl. BGHZ 47, 172/179 ff.; vgl. weiter z. B. RGZ 165, 140/143 f.; BGHZ 21, 370/373 ff.; *OLG Frankfurt* WM 1985, 1466/1468.

25 Vgl. RGZ 165, 242/254.

2.3. Mängel der Vereinsgründung

2.3.1. Erheblichkeit bis zur Erlangung der Rechtsfähigkeit

Auf den Gründungsvertrag finden die für Rechtsgeschäfte geltenden gesetzlichen Bestimmungen Anwendung. Es kann die Geschäftsunfähigkeit eines Gründers, das nicht genehmigte vollmachtlose Handeln eines Vertreters gegeben sein; ein Gründer kann zum Vertragsabschluß durch Täuschung (§ 119 BGB) oder Drohung (§ 123 BGB) veranlaßt worden sein; in diesem Fall sind die Gründungserklärungen von Anfang an unwirksam (§ 140 BGB). Sind nur zwei Vertragsschließende vorhanden, so entfällt die Wirkung eines Vertragsschlusses, wenn ein Nichtigkeits- oder Anfechtungstatbestand gegeben ist, da es einen Einmann-Verein nicht gibt. Einem dann in Wirklichkeit nicht errichteten Verein kann auch niemand beitreten. Haben den Verein aber drei Personen gegründet, so ist der Wegfall eines Gründungsbeteiligten ohne rechtliche Wirkung. **72**

Der Inhalt der beschlossenen Satzung kann insgesamt nichtig sein, weil er gegen ein gesetzliches Verbot (Art. 9 Abs. 2 GG; § 134 BGB), die guten Sitten (§ 138 BGB) oder gegen zwingende, allgemeingültige, aber nicht kodifizierte Grundsätze des Vereinsrechts verstößt. Es können aber auch nur Teile oder eine einzelne Vorschrift der Satzung unwirksam sein, etwa wegen des Verstoßes gegen den Grundsatz der gleichmäßigen Behandlung aller Mitglieder. In den Fällen der Teilunwirksamkeit ist § 139 BGB mit der Folge anwendbar, daß zu fragen ist, ob der verbleibende Teil der Satzung ein sinnvolles Vereinsleben ermöglicht[26]. **73**

Nichtigkeits- und Anfechtungstatbestände können sich auch hinsichtlich der Beitrittserklärungen des im übrigen ordnungsgemäß errichteten Vereins ergeben. Sinkt hierbei die Zahl der Mitglieder auf unter drei, so ist nach der hier vertretenen Auffassung ein Verein nicht anerkennungsfähig. Wird aber die Zahl drei nicht unterschritten, so haben Nichtigkeits- und Anfechtungstatbestände auf den Bestand des Vereins keinen Einfluß. **74**

Ist der Verein in Vollzug gesetzt worden, d. h. hat er eine Tätigkeit nach außen aufgenommen (Vorbereitungsgeschäfte genügen) oder ist durch Zahlung von Beiträgen Vereinsvermögen gebildet worden[27], so können Gründungs- und Beitrittsmängel grundsätzlich nicht mehr zur Nichtigkeit des Gründungsvorgangs führen. Es sind dann die Grundsätze entsprechend heranzuziehen, die für eine fehlerhafte Gesellschaft entwickelt worden sind[28]. Dauert der Mangel noch fort, so kann jedes Vereinsmitglied die Beschlußfassung über die Auflösung des Vereins verlangen. Die Anfechtung der Beitrittserklärung ist grundsätzlich nicht mehr möglich; das betroffene Mitglied muß aus dem Verein austreten. **75**

Eine Ausnahme gilt wegen des Minderjährigenschutzes: Ein nicht voll Geschäftsfähiger braucht an seiner Gründungs- oder Beitrittserklärung nicht festhalten; er ist von Anfang an kein Gründungsbeteiligter, wenn er geschäftsunfähig war oder wenn im Falle der beschränkten Geschäftsfähigkeit der gesetzliche Vertreter die erforderliche Einwilligung nicht erteilt hat. **76**

---

26 Vgl. BGHZ 47, 172/180.
27 Vgl. BGHZ 3, 285/288; 13, 320/321.
28 Vgl. *Soergel/Hadding* § 25 BGB Rn. 30.

2.3.2. Erheblichkeit nach der Erlangung der Rechtsfähigkeit

77 Hat der Verein durch Eintragung in das Vereinsregister oder durch staatliche Verleihung die Rechtsfähigkeit erlangt, so können Gründungsmängel grundsätzlich nicht mehr geltend gemacht werden. Wegen der Einzelheiten wird auf Rn. 199 verwiesen.

3. Der Verein im Stadium der werdenden juristischen Person

3.1. Der Vorverein

3.1.1. Begriff

78 Als Vorverein wird der neu gegründete Verein bezeichnet, der nach seiner Satzung die Rechtsfähigkeit erstrebt, sei es als nichtwirtschaftlicher Verein durch Eintragung im Vereinsregister (§ 21 BGB) oder durch staatliche Verleihung (§ 22 BGB). Ein bereits seit längerer Zeit bestehender nichtrechtsfähiger Verein erlangt die Eigenschaft als Vorverein, wenn seine Mitgliederversammlung den Beschluß gefaßt hat, daß der Verein die Rechtsfähigkeit erlangen soll.

3.1.2. Gleichstellung des Vorvereins mit der Vorgründungsgesellschaft einer Kapitalgesellschaft oder mit einer Vorgenossenschaft?

79 Die Rechtsnatur der Vorgesellschaft des Kapitalgesellschaftsrechts (Vor-GmbH, Vor-AG) und der Vorgenossenschaft wird nach heute herrschender Auffassung wie folgt gesehen: Ist die Gesellschaft (Genossenschaft) errichtet und erstrebt sie die Rechtsfähigkeit, so befindet sie sich bis zu deren Erlangung in einem besonderen Status der werdenden juristischen Person, der es ausschließt, diese Personenvereinigung etwa als nichtrechtsfähigen Verein zu behandeln. Sie untersteht bereits dem Recht der eingetragenen Gesellschaft (Genossenschaft), soweit dies mit dem besonderen Zweck vereinbar ist und nicht die Rechtsfähigkeit vorausgesetzt wird. Sie kann in diesem Rahmen als Träger von Rechten und Pflichten nach außen hin im Rechtsverkehr auftreten[29], z. B. als Käufer[30] oder als Versicherungsnehmerin[31]. Sie kann auch Kostenschuldnerin sein[32]. Da aber keine allgemeine Rechtsfähigkeit der Vorgesellschaft besteht, ist jeweils zu prüfen, welche einzelnen für die rechtsfähige Gesellschaft im Außenrecht geltenden Regeln für die Vorgesellschaft anzuwenden sind[33].

---

29 Vgl. BGHZ 20, 281; 21, 242/246; 80, 212/214; *BGH* NJW 1984, 2164; BayObLGZ 1985, 368/370; 1990, 192/197.

30 *BGH* NJW 1987, 1698/1699.

31 *BGH* DB 1990, 273.

32 BayObLGZ 1985, 368.

33 BayObLGZ 1990, 192/197; *Rowedder/Rittner* § 11 GmbHG Rn. 72.

Verfahrensrechtlich wird die Grundbuchfähigkeit der Vorgesellschaft bejaht[34]. Die aktive Parteifähigkeit (die passive ergibt sich aus § 50 Abs. 2 ZPO) wird zum Teil bejaht[35], zum Teil auch verneint[36]. **80**

Dem Grundsatz nach unterscheidet sich der Vorverein nicht von den Vorgesellschaften und Vorgenossenschaften, so daß auch für ihn die oben dargestellten Grundsätze zur Anwendung kommen sollten[37]. Dem Verein braucht zwar nach dem Gesetz kein Mindestkapital zur Verfügung gestellt zu werden. Der wirtschaftliche Vorverein hat aber nur Aussicht auf staatliche Konzession, wenn er die erforderlichen Kapitalmittel hat. Nach heute herrschender Auffassung wird auf den nichtrechtsfähigen Verein – entgegen § 54 Satz 1 BGB – wegen seiner körperschaftlichen Struktur das Recht des rechtsfähigen Vereins angewandt, soweit dem die fehlende allgemeine Rechtsfähigkeit oder das Gesamthandsprinzip nicht entgegensteht[38]; insoweit besteht ein Rechtszustand wie bei der Vorgesellschaft. Der Vorverein kann gleichwohl nach bisher herrschender Auffassung im Außenverhältnis nicht als rechtsfähiges Subjekt auftreten, wie dies fallweise bei Vorgesellschaften der Fall ist. Ein dem Verein zugedachtes Grundstück kann nach bisher herrschender Ansicht nicht dem in Gründung befindlichen Verein X als zustehend eingetragen werden. Auch die wohl zu Recht bejahte Parteifähigkeit der Vorgesellschaft kommt beim nichtrechtsfähigen Verein nicht in Betracht, obwohl sie berechtigt wäre. **81**

Die folgenden Ausführungen müssen daher die noch herrschende Auffassung berücksichtigen.

3.1.3. Zweck und Dauer des Vorvereins

Der Vorverein kann nur zu dem Zweck gegründet worden sein, daß er die Rechtsfähigkeit erlangt. Wird diese jedoch rechtskräftig versagt, so ist eine auflösende Bedingung eingetreten, welche die automatische Auflösung des Vorvereins zur Folge hat[39]. Im Regelfall ist jedoch diese in die Satzung aufzunehmende Zwecksetzung nicht gegeben; der Satzungszweck soll sofort verfolgt werden. Erlangt der Verein die Rechtsfähigkeit, so geht der Vorverein gleichsam im rechtsfähig gewordenen Verein auf, ist mit diesem identisch (vgl. Rn. 234). Wird aber die Rechtsfähigkeit endgültig nicht erlangt, so ist dies auf den Bestand des Vereins, wenn die Satzung diesen Fall nicht regelt, ohne Einfluß[40]. Es hat sich dann nur die Satzungbestimmung, daß der Verein die Rechtsfähigkeit erlangen soll, erledigt. In diesem Fall besteht allerdings kein Vorverein, sondern ein gewöhnlicher nichtrechtsfähiger Verein, dessen Mitglieder die Auflösung beschließen können, aber nicht müssen. **82**

---

34 BGHZ 45, 338/348; BayObLGZ 1979, 172; *OLG Hamm* OLGZ 1981, 410.

35 *Baumbach/Hueck* Rn. 16, *Lutter/Hommelhoff* Rn. 3, *Hachenburg/Ulmer* Rn. 50, *Rowedder/Rittner* Rn. 79, *Scholz/K. Schmidt* Rn. 34, je zu § 11 GmbHG; *Geßler/Hefermehl/Eckardt/Kropff* § 29 AktG Rn. 12.

36 *Baumbach/Hueck* Rn. 5, *Godin/Wilhelmi* Anm. 4, *Barz* in AktG Großkomm. Anm. 8, je zu § 29 AktG; KölnKomm/*Kraft* § 41 Rn. 36.

37 A. A. *Soergel/Hadding* vor § 21 BGB Rn. 64.

38 Vgl. z. B. BGHZ 42, 210/216; 50, 325/329.

39 Vgl. *Soergel/Hadding* vor § 21 BGB Rn. 65.

40 *K. Schmidt* Verbandszweck S. 24.

3.1.4. Innenrecht des Vorvereins

83 Der Vorverein ist nach herrschender Auffassung ein nichtrechtsfähiger Verein, auf den das Recht des rechtsfähigen Vereins anwendbar ist, soweit es nicht im Einzelfall die Rechtsfähigkeit voraussetzt und das bestehende Gesamthandverhältnis nicht entgegensteht.

84 Der Vorverein kann eine Mitgliederversammlung bilden, welche die Gründungssatzung mehrheitlich abändern oder ergänzen kann[41]. Ein Mitgliederwechsel ist möglich, ohne daß der Gründungsvertrag abgeändert werden müßte. Die sieben Mitglieder, die im Zeitpunkt des Eintragungsverfahrens vorhanden sein müssen (§§ 56, 59 Abs. 3 BGB), brauchen keine Gründungsmitglieder zu sein.

85 Sofern dies nicht schon im Gründungsakt geschehen ist, bestellt die Mitgliederversammlung den Vorstand. Diesem obliegt die Geschäftsführung, also die Tätigkeit im Innenbereich des Vereins. Ob sie Beschränkungen unterliegt, hängt vom Zweck des Vorvereins ab (vgl. oben Rn. 82). In jedem Fall hat der Vorstand darauf hinzuwirken, daß alsbald die Rechtsfähigkeit erlangt wird.

86 Die Mitglieder des Vorvereins stehen in einem besonderen Treuverhältnis zu diesem. Auch sie müssen dafür Sorge tragen, daß der Verein alsbald die Rechtsfähigkeit erlangt. Dazu kann die einstimmige Mitwirkung zu erforderlichen Satzungsänderungen gehören, die das Registergericht oder die Verleihungsbehörde verlangt. Diese kann eine Kapitalaufstockung verlangen, die dann die Mitglieder des wirtschaftlichen Vorvereins erbringen müssen.

87 Wird bereits Vereinsvermögen gebildet, so ist dieses Gesamthandsvermögen der Mitglieder des Vorvereins[42].

88 Auflösungsgrund ist die rechtskräftige Ablehnung des Eintragungsantrags/Antrags auf staatliche Verleihung der Rechtsfähigkeit, falls Teilzweck des Vorvereins ausschließlich die Erlangung der Rechtsfähigkeit ist. Es kann auch aus einem sonstigen Grund ein Auflösungsbeschluß entspr. § 41 BGB gefaßt werden. Der Konkurs des Vorvereins ist ebensowenig ein Auflösungsgrund wie der Konkurs oder Tod eines Mitglieds.

3.1.5. Außenrecht des Vorvereins

89 Der Vorverein muß einen Vorstand haben, dem die Außenvertretung, z. B. gegenüber dem Registergericht oder der Verleihungsbehörde, obliegt. Der Umfang der Vertretungsmacht ist auf die Erlangung der Rechtsfähigkeit beschränkt, wenn es der Zweck des Vorvereins ist, nur diese herbeizuführen. Im übrigen ist die Vertretungsmacht des Vorstands bei den Vorvereinen, deren Satzung die sofortige Aufnahme der Vereinstätigkeit zuläßt, nicht beschränkt, es sei denn, die Satzung ordnet auch für diesen Fall bestimmt zu bezeichnende Beschränkungen an. Dies folgt daraus, daß der Vorverein nach herrschender Auffassung ein nichtrechtsfähiger Verein ist, bei dem die Vertretungsmacht des Vorstands grundsätzlich unbeschränkt ist. Der Vorstand handelt im Namen des Vorvereins. Er kann aber Geschäfte unter der aufschiebenden Bedingung, daß der Vorverein die Rechtsfähigkeit erlangt, abschließen[43].

---

41 A. A. lediglich BayObLGZ 1972, 29.

42 Ebenso zum GmbH-Recht BGHZ 80, 129/135.

43 § 158 BGB; vgl. für die Vor-GmbH *Rowedder/Rittner* § 11 GmbHG Rn. 88.

Der Vorverein tritt nach außen unter seinem Namen auf. Der Zusatz »eingetragener Verein in Gründung« ist nicht gestattet. Ein wirtschaftlicher Verein, der bereits ein Grundhandelsgewerbe (§ 1 Abs. 2 HGB) betreibt, ist zur Firmenbildung und -führung verpflichtet; der Vorverein kann jedoch nicht als solcher in das Handelsregister eingetragen werden[44]. Möglich ist die Eintragung als OHG oder KG. **90**

Wird Vermögen erworben, so gehört es dem Vorverein in der gesamthänderischen Verbundenheit der Mitglieder[45]. **91**

Im Prozeß ist der Vorverein passiv parteifähig (§ 50 Abs. 2 ZPO). Die aktive Parteifähigkeit verneint die noch herrschende Auffassung. Er ist konkursfähig (§ 213 KO). **92**

3.1.6. Haftung der Mitglieder des Vorvereins und der für diesen Handelnden

Die Haftung der Mitglieder des nichtwirtschaftlich tätigen Vorvereins beschränkt sich auf ihren Anteil am Vereinsvermögen[46] bzw. auf die Höhe der fälligen, noch nicht geleisteten baren Beitragszahlungen. Hat ein wirtschaftlicher Verein seine Tätigkeit bereits nach außen hin aufgenommen, so haften seine Mitglieder entspr. §§ 128–130 HGB unbeschränkt persönlich, wenn bereits ein Grundhandelsgewerbebetrieb besteht. Gleiches gilt, wenn ein Handelsgeschäft betrieben wird, das nach § 2 HGB eingetragen werden könnte und müßte, wenn der Verein die Rechtsfähigkeit erlangt hat. **93**

Nach § 54 Satz 2 BGB wird jeder, der für einen nichtrechtsfähigen Verein nach außen handelt, persönlich verpflichtet. Durch diese Vorschrift wollte der Gesetzgeber einen Druck dahin ausüben, daß sich der Verein durch Eintragung oder Konzessionierung einer staatlichen Kontrolle unterwirft. Dieser gesetzgeberische Grund für die Anwendung des § 54 Satz 2 BGB ist jedenfalls bei den Vorvereinen nicht gegeben, die zügig dazu beitragen, daß die Rechtsfähigkeit erlangt wird. Das rechtfertigt es, § 54 Satz 2 BGB so anzuwenden, wie sich dies im Recht der Vor-GmbH aus § 11 Abs. 2 GmbHG und im Recht der Vor-AG aus § 41 Abs. 1 Satz 2 AktG ergibt[47]. Danach wird der Begriff des Handelnden eng ausgelegt; er beschränkt sich auf den Geschäftsführer/Vorstand oder denjenigen, der als solcher für die künftige GmbH/AG tätig ist[48]. Beim Verein bedeutet dies, daß Handelnder und damit Haftender der Vorstand, ein evtl. bestellter besonderer Vertreter (§ 30 BGB) ist oder derjenige, der faktisch als solches Organmitglied auftritt[49]. **94**

Die Haftung setzt ein rechtsgeschäftliches Außenhandeln namens des Vorvereins oder des später rechtsfähig gewordenen Vereins voraus. Handlungen im Innenverhältnis gehören nicht hierher. Ein solches ist auch im Verhältnis zu den Mitgliedern gegeben[50]. Ein Außenhandeln durch Bevollmächtigte genügt; auf **95**

44 Vgl. *BayObLG* NJW 1965, 2254/2257.
45 Vgl. BGHZ 50, 325/329.
46 *Soergel/Hadding* vor § 21 BGB Rn. 67.
47 Ebenso *Soergel/Hadding* vor § 21 BGB Rn. 68.
48 Vgl. z. B. BGHZ 47, 25; 91, 148/149; *KG* NJW 1989, 3100/3101.
49 *Soergel/Hadding* vor § 21 BGB Rn. 69.
50 Vgl. *OLG Hamm* NJW 1974, 1472.

die Vertretungsmacht des Handelnden kommt es nicht an[51]. Die Haftung besteht bis zur Erlangung der Rechtsfähigkeit. Rechtsgeschäftliches Handeln kann auch im öffentlich-rechtlichen Bereich stattfinden.

96 Nach GmbH-Recht erlischt die Handelndenhaftung grundsätzlich ohne Mitwirkung des Gläubigers mit der Eintragung der Gesellschaft in das Handelsregister[52]. Das muß auch für den gelten, der für den Vorverein gehandelt hat[53]. Es haftet nunmehr der rechtsfähige Verein für diese Schulden. Dies gilt auch im Falle eines Dauerschuldverhältnisses, das vor der Eintragung begründet worden ist[54]. Handelt jedoch jemand als Vertreter ohne Vertretungsmacht und genehmigt dies der Verein nicht, so wird er nicht verpflichtet, die Haftung des so Handelnden bleibt[55].

4. Erlangung der Rechtsfähigkeit als nichtwirtschaftlicher Verein

4.1. Eintragungsfähigkeit

4.1.1. Aufgabe der §§ 21, 22 BGB

97 Nach § 21 BGB erlangt ein Verein die Rechtsfähigkeit durch Eintragung in das Vereinsregister des zuständigen Amtsgerichts, wenn sein Zweck nicht auf einen wirtschaftlichen Geschäftsbetrieb gerichtet ist. Ist sein Zweck dagegen auf einen wirtschaftlichen Geschäftsbetrieb gerichtet, so handelt es sich um einen wirtschaftlichen Verein, der Rechtsfähigkeit nur durch staatliche Verleihung (Konzessionierung) erlangen kann (§ 22 Satz 1 BGB).

98 Die §§ 21, 22 BGB bezwecken, eine wirtschaftliche Betätigung von Idealvereinen zu verhindern und Vereinigungen mit wirtschaftlicher Zielsetzung und Betätigung auf die dafür zur Verfügung stehenden handelsrechtlichen Gesellschaftsformen (eG, GmbH, AG, KGaA, VVaG) zu verweisen, soweit diese den Rahmen des sog. Nebentätigkeitsprivilegs (vgl. Rn. 128 ff.) überschreitet[56]. In erster Linie dient dies dem Schutz der Gläubiger des Vereins, für den Vorschriften über die Aufbringung und Erhaltung eines Eigenkapitals fehlen. Die Vorschriften sollen aber auch einen Schutz der Vereinsmitglieder erreichen. Denn bei den Kapitalgesellschaften und bei der eG besteht ein unabdingbarer Mindeststandard mitgliederschützender Vorschriften, der beim (wirtschaftlichen) Verein fehlt, z. B. ein Auskunfts- und Einsichtsrecht, eine Bilanzierungspflicht sowie Ansprüche auf Abfindung beim Ausscheiden und auf das

51 BGHZ 53, 210/216.
52 Vgl. BGHZ 80, 182/185; *BGH* NJW 1982, 932.
53 Vgl. *Stöber* Rn. 14; a. A. *Soergel/Hadding* vor § 21 BGB Rn. 70.
54 Vgl. auch *OLG Celle* NJW 1976, 806; *OLG Düsseldorf* MDR 1984, 489.
55 § 179 BGB; vgl. *Scholz/K. Schmidt* § 11 GmbHG Rn. 120.
56 BGHZ 85, 84, 88 f. – ADAC-Rechtsschutzversicherung = NJW 1983, 569 = WM 1983, 394 = DB 1983, 491 = BB 1983, 328 m. Anm. *Hemmerich* = MDR 1983, 193 = Rpfl 1983, 73 = GRUR 1983, 120 = VersR 1983, 55; dazu *K. Schmidt* NJW 1983, 543 ff.; *Reuter* ZIP 1984, 1052 ff.; *BGH* NJW 1986, 3201, 3202 – Fernsehzuschauerforschung = WM 1986, 1505 = WuB II L. § 21 BGB 1.87 *Immenga/Boll* = ZIP 1986, 1354 = EWiR 1986, 1025 *Kreft*.

Liquidationsguthaben[57]. Hinzu kommt, daß beim Verein eine Unternehmensmitbestimmung durch Vertreter der Arbeitnehmer im Aufsichtsrat nicht stattfindet, da die §§ 76, 77 BetrVG 1952 und die Vorschriften des MitbestG hier nicht gelten (Sozialschutz)[58]. Gleichwohl sind die Vorschriften der §§ 21, 22 BGB wertneutral in dem Sinne, daß sie nicht zur Beachtung sittlicher Gebote oder wettbewerbsrechtlicher Verhaltensnormen (z. B. § 1 UWG) anhalten wollen[59].

4.1.2. Idealverein und nichtwirtschaftlicher Verein

Als Idealverein ist eine körperschaftliche Personenvereinigung anzusehen, die **99**
einen gemeinnützigen, wohltätigen, geselligen, wissenschaftlichen oder künstlerischen Zweck verfolgt. Diese Beschreibung des auf ideelle Zwecke gerichteten Vereins durch die Entwürfe zum BGB (Entwürfe II – § 23 Abs. 1 – und II rev. – § 32 Abs. 1 -) ist nicht Gesetz geworden. Vielmehr hat sich der Gesetzgeber wieder der – negativ formulierten – Fassung der Redaktorvorlage angenähert, nach der »Personenvereine ... nicht auf Erwerb, Gewinn oder einen eigentlichen Geschäftsbetrieb abzielen« (§ 4 Abs. 2 TE-JP). Eintragungsfähig sind danach nicht nur Vereine mit ideeller Zwecksetzung, sondern alle Vereine mit anderen als wirtschaftlichen Zielen[60]. Der Begriff des nichtwirtschaftlichen Vereins ist damit weiter gefaßt als der des Idealvereins.

4.1.3. Nachweis der nichtwirtschaftlichen Vereinsbetätigung

Die Satzung eines Vereins, der die Rechtsfähigkeit durch Eintragung anstrebt, **100**
muß den Zweck der Vereinigung angeben (§ 57 Abs. 1 BGB; dazu Rn. 399ff.). Es wurde lange Zeit die Auffassung vertreten, daß aus dieser Zweckangabe auch zu entnehmen sein soll, ob der Verein einen »ideellen« Zweck hat und damit eintragungfähig ist[61]. Diese Ansicht verleitet dazu, in der Satzung einen oder mehrere »ideelle« Zwecke festzulegen und die wahre, beabsichtigte unternehmerische Betätigung zu verschleiern. Mit dem »Zweck« i. S. d. § 21 BGB kann deshalb nur der Gegenstand der Vereinstätigkeit gemeint sein, der von der Zielsetzung sowie von den Mitgliedern und Organen getragen wird[62]. Der Verein muß sich demnach – wie dies in Art. 60 Abs. 1 schweiz. ZGB zum Ausdruck kommt – einer nichtwirtschaftlichen »Aufgabe widmen«. Dementsprechend fordert die Anerkennung steuerbegünstigter gemeinnütziger, mildtätiger oder kirchlicher Zwecke, daß die Tätigkeit und die tatsächliche Geschäfts-

57 Vgl. *BGH* NJW 1986, 3201, 3202 = a. a. O. (Fn. 56); BVerwGE 58, 26 = NJW 1979, 2261, 2264; ebenso *Soergel/Hadding* §§ 21, 22 BGB Rn. 7; MünchKomm/*Reuter* §§ 21, 22 BGB Rn. 11–14; a. M. vor allem *K. Schmidt* Verbandszweck, S. 96ff., der für eine »Typenverfeinerung« des wirtschaftlichen Vereins durch richterliche Rechtsfortbildung eintritt.

58 Vgl. MünchKomm/*Reuter* §§ 21, 22 BGB Rn. 15f. (mit unzutr. Hinweis auf die fehlende Publizität des Vereins; vgl. aber § 3 Abs. 1 Nr. 3 PublG); *Soergel/Hadding* §§ 21, 22 BGB Rn. 8.

59 *BGH* NJW 1986, 3201 = a. a. O. (Fn. 56); vgl. auch *Kübler* ZHR 147 (1983), 454ff.; *M. Lehmann* WRP 1986, 63ff.

60 Nach Art. 60 Abs. 1 schweiz. ZGB »... oder anderen nicht wirtschaftlichen Aufgaben«.

61 Vgl. z. B. *KG* OLGE 44, 184; BayObLGZ 1978, 87.

62 *K. Schmidt* Verbandszweck, S. 33; *ders.* BB 1987, 556, 558ff.

führung der Körperschaft auf die Förderung oder Unterstützung solcher Zwecke gerichtet sind (vgl. §§ 52 – 54, 63 AO). Der Vorstand, der einen Verein zur Eintragung anmeldet, muß dem Registergericht die Überzeugung verschaffen, daß die »ideelle« oder sonstige nichtwirtschaftliche Zweckangabe in der eingereichten Satzung zutrifft und daß der Verein nicht in Wirklichkeit einen wirtschaftlichen Geschäftsbetrieb, also eine unternehmerische Tätigkeit beabsichtigt oder verfolgt.

101 Ist zweifelhaft, ob die Eintragungsvoraussetzungen nach § 21 BGB gegeben sind, hat der anmeldende Vorstand gegenüber dem Registergericht eine Pflicht zur Darlegung aller Umstände, welche die insgesamt nichtwirtschaftliche Betätigung des Vereins begründen sollen[63]. Kommen die Anmelder dieser Informationspflicht nicht nach und wird ein wirtschaftlicher Verein (§ 22 BGB) eingetragen, so muß das Registergericht im Interesse des Verkehrsschutzes die Eintragung und damit die Rechtsfähigkeit durch Löschung von Amts wegen wieder beseitigen (Rn. 2386).

4.1.4. Beispiele nichtwirtschaftlicher Vereinsbetätigung

102 Nichtwirtschaftliche Zwecke verfolgen i. d. R. Vereine mit folgenden Tätigkeiten:

- Altenhilfe: Betrieb von Altenwohn- und Altenpflegeheimen, »Essen auf Rädern«, »Seniorentreff«, »Volkssolidarität«;
- Bildung und Erziehung: Trägervereine von Kinderkrippen, Kindergärten, Kinderhorten und Jugendzentren, Schulvereine, Fördervereine von Eltern, in Vereinsform betriebene Volksbildungs- und Volkshochschuleinrichtungen, Ehe- und Familienberatungsvereine, in Vereinsform betriebene Ausbildungsstätten von Betrieben, Nachhilfevereine, Stadt- oder Kreisjugendringe;
- Brauchtums- und Heimatpflege: Trachtenvereine, Folklorevereine, Altertumsvereine, Mundartvereine, Karnevalsvereine, Schützenvereine, Vertriebenenvereine, Vereine zur Durchführung von Heimatfesten oder zur Herausgabe von Heimatzeitschriften;
- Denkmalschutz: Vereine, welche die Erhaltung oder Errichtung von Kultur- oder Naturdenkmälern bezwecken;
- Entwicklungshilfe: Hilfsvereine für Entwicklungsländer oder -regionen; Aufbauvereine für Genossenschaften in Entwicklungsländern (zu »Dritte-Welt-Läden« vgl. Rn. 118);
- Feuerwehrvereine;
- Freizeitbetätigung: Film-, Video- und Fotoclubs, Kleintierzuchtvereine, Anglervereine, Campingvereine, Vereine zur Pflege der Freikörperkultur, Amateurfunkvereine, Vereine von Briefmarken-, Münz- oder Telefonkartensammlern;
- Gesundheitswesen und Rettungsdienste: Vereine zur Drogenberatung, Aids-Beratung, Bekämpfung des Alkoholismus, Selbsthilfe bei bestimmten Krankheiten (Rheuma-Liga, Multiple-Sklerose-Gesellschaft); Krankentransport, Bergwacht, Deutsche Lebensrettungsgesellschaft; Gesellschaft zur Rettung Schiffbrüchiger;

---

63 Vgl. BayObLGZ 1989, 126, 131; auch *LG Tübingen* Rpfl 1995, 258, 259.

- Jugendhilfe: Kinderschutzbund, Jugendherbergsvereine, Betrieb von Jugendheimen und Jugendzentren, Heime für Auszubildende, Jugendverbände (Pfadfinder, »Jugendweihe«); Vereine, die sich Jugendwandern und Jugendreisen widmen;
- Kunst, Kultur und Wissenschaft: Künstlervereine, Vereine zur Förderung junger Künstler, Literaturclubs, Museumsvereine, Theater(förder)vereine, Laienspielgruppen, Musikschulen, Gesangvereine, Orchestervereine, Musikzüge, wissenschaftliche Gesellschaften, in Vereinsform betriebene Wissenschafts- und Forschungseinrichtungen (Institute);
- Religion und Weltanschauung (vgl. Rn. 2840 ff.): Kolpingvereine, Missionsvereine, in Vereinsform abgehaltene Kirchentage; Vereine, die sich zu einer nichtchristlichen Religion bekennen (z. B. Bahá'i), Freimaurerlogen;
- Mildtätige Vereine: Verein für Behindertenfahrdienste, Betreuung bei Krankheit, Behinderung oder Alter, Asylantenhilfe, Obdachlosenasyle, Frauenhäuser, Telefonseelsorge, Volksküchen, Wärmestuben;
- Sportvereine, jedenfalls im Amateurbereich;
- Tierzuchtvereine;
- Umwelt- und Landschaftsschutz: Vereine, die die natürlichen Lebensgrundlagen von Menschen, Pflanzen und Tieren sowie die Landschaft erhalten oder wiederherstellen wollen, z. B. Tier- oder Vogelschutzvereine, Naturfreunde, Atomkraftgegner;
- Völkerverständigung: Trägervereine für internationalen Schüler- oder Studentenaustausch, Trägervereine für Städtepartnerschaften;
- Wirtschafts- und Berufsverbände: Vereinigungen zur Förderung der Interessen bestimmter Berufsgruppen oder Gewerbezweige, z. B. Richter, Anwälte, Ärzte, Hochschullehrer, Architekten, Ingenieure, Makler; Handwerksverbände, Branchenverbände; Einzelhandelsverbände, Bankenverbände, Industrieverbände, Arbeitgeberverbände (vgl. auch unten Rn. 135);
- Sonstige nichtwirtschaftliche Vereine: Studentenverbindungen, Altherrenvereine, Fremdenverkehrsvereine, Lohnsteuerhilfevereine, örtliche Vereine Gewerbetreibender (Gewerbevereine) oder bestimmter Berufsgruppen (z. B. Rechtsanwälte, Ärzte); Interessenverbände und Selbsthilfegruppen Gleichgesinnter (z. B. von Reservisten, Homosexuellen, Prostituierten, Feministinnen, Alleinerziehenden, Arbeitslosen).

Manche der vorstehend aufgeführten Vereine mit an sich nichtwirtschaftlicher Zwecksetzung unterhalten einen wirtschaftlichen Geschäftsbetrieb; in diesen Fällen kann das sog. Nebentätigkeitsprivileg eingreifen (vgl. dazu Rn. 128 ff.).

4.2. Abgrenzung zwischen nichtwirtschaftlichem und wirtschaftlichem Verein

4.2.1. Typenzwang für wirtschaftliche Vereine

Mehrere Personen können ohne größeren Aufwand einen Verein gründen. Im **103**
Gegensatz zur Gründung von Kapitalgesellschaften und Genossenschaften muß beim Verein kein Eigenkapital aufgebracht und erhalten werden; das Gesetz stellt es frei, ob Beiträge zu leisten sind (vgl. § 58 Nr. 2 BGB). Dies kann einen Anreiz dafür bieten, die Rechtsform des Vereins zu unternehmerischer Betätigung zu mißbrauchen. Aus Gründen des Gläubiger- und Mit-

gliederschutzes sind wirtschaftliche Vereine auf die dafür zur Verfügung stehenden handelsrechtlichen Formen (GmbH, eG, u. U. auch AG, KGaA, VVaG) zu verweisen (vgl. Rn. 98). Insofern üben die §§ 21, 22 BGB einen Typenzwang hin zu den besonderen körperschaftlichen Rechtsformen (Kapitalgesellschaften und eG) aus[64]. Nur wenn der Vereinigung die wirtschaftliche Betätigung in diesen Rechtsformen nicht möglich oder zumutbar ist, kann dem Verein durch die Verwaltungsbehörde die Rechtsfähigkeit verliehen werden (§ 22 BGB)[65]. Dem konzessionierten wirtschaftlichen Verein, der die Grundform der besonderen Vereine des Handelsrechts bildet (vgl. § 6 Abs. 2 HGB), kommt daher im Verhältnis zu diesen Rechtsformen nur eine Auffangfunktion zu.

4.2.2. Abgrenzungsmethoden

104 Für die Abgrenzung des nichtwirtschaftlichen vom wirtschaftlichen Verein wurde früher auf begriffliche Kriterien abgestellt[66]. Nach der subjektiven Theorie kam es darauf an, ob der Vereinszweck auf einen unmittelbaren wirtschaftlichen Vorteil, insbesondere Gewinnerzielung, gerichtet war. Die objektive Theorie stellte dagegen auf das Vorhandensein eines wirtschaftlichen Geschäftsbetriebs, d. h. die Betätigung des Vereins ab; es kam nicht darauf an, welchem Endzweck er diente.

Jahrzehntelang war die sog. gemischte (subjektiv-objektive) Theorie herrschend. Danach war ein wirtschaftlicher Verein nur gegeben, wenn ein wirtschaftlicher Geschäftsbetrieb zur Verfolgung eines wirtschaftlichen Hauptzwecks unterhalten wurde. Verfolgte ein Verein einen nichtwirtschaftlichen Zweck mittels eines wirtschaftlichen Geschäftsbetriebs, so konnte er eingetragen werden, wenn eine Unterordnung des Geschäftsbetriebes unter den nichtwirtschaftlichen Vereinszweck gegeben war (Nebenzweckprivileg)[67]. Diese begrifflichen Abgrenzungsmethoden führten jedoch vielfach zu widersprüchlichen Ergebnissen.

105 Die heute herrschende, durch *Karsten Schmidt*[68] begründete Auffassung nimmt die Abgrenzung durch Einordnung in Fallgruppen vor, die anhand des Schutzzwecks der §§ 21, 22 BGB (oben Rn. 98) nach den tatsächlichen Erscheinungsformen wirtschaftlicher Vereine gebildet sind. Danach sind drei Grundtypen wirtschaftlicher Vereine zu unterscheiden. Ist ein Verein seinem Erscheinungs-

64 Vgl. *K. Schmidt* Verbandszweck, S. 92; anders *Reuter* Festschr. Semler, 1993, S. 931, 938 ff.

65 Vgl. BVerwGE 58, 26 = NJW 1979, 2261; zum nichtrechtsfähigen wirtschaftlichen Verein, der nach h. M. als oHG oder GbR anzusehen ist, vgl. *Flume* ZHR 148 (1984), 503, 517 ff.; *Soergel/Hadding* § 54 BGB Rn. 3; *Grunewald*, Gesellschaftsrecht, Rn. 2 B 3; differenzierend zwischen Außenverhältnis (oHG oder GbR) und Innenverhältnis (Verein) *Reuter* Festschr. Semler, 1993, S. 931, 942 ff.; *ders.* in: MünchKomm, § 54 BGB Rn. 3–7, 9.

66 Vgl. die Darstellung bei *K. Schmidt* Verbandszweck, S. 99 ff.; *Soergel/Hadding* §§ 21, 22 BGB Rn. 20 ff.; MünchKomm/*Reuter* §§ 21, 22 BGB Rn. 5 f.

67 Vgl. z. B. RGZ 83, 231, 233 f.; 154, 343, 351; BGHZ 15, 315, 319; BayObLGZ 1978, 87, 91; 1985, 283, 285; *OLG Oldenburg* Rpfl 1976, 11, 12.

68 Rpfl 1972, 286 ff. und 343 ff.; ZGR 1975, 477 ff.; AcP 182 (1982), 1, 16 ff.; Verbandszweck, S. 103 ff.; Rpfl 1988, 45 ff.

bild nach, das anhand seines satzungsmäßigen Zwecks und seiner tatsächlichen Betätigung zu bestimmen ist, keinem dieser Grundtypen zuzuordnen, liegt ein nichtwirtschaftlicher Verein i. S. d. § 21 BGB vor. Dieser typologische Ansatz hat in Rechtsprechung[69] und Schrifttum[70] weithin Zustimmung gefunden.

Die drei Grundtypen wirtschaftlicher Vereine sind wie folgt zu bestimmen: **106**

- der unternehmerisch tätige Verein, der eine anbietende Tätigkeit nach außen, d. h. am Markt, entfaltet;
- der Verein, der seine Waren oder Dienstleistungen an einem inneren Markt (Binnenmarkt), nämlich seinen Mitgliedern, anbietet;
- der genossenschaftsähnliche Verein als kooperativer Träger ausgelagerter unternehmerischer Teilaufgaben seiner Mitglieder.

Dagegen lassen sich die Vermögensverwaltungs- und Holdingvereine, deren Anerkennung als eigene Fallgruppen vereinzelt gefordert wird[71], durch Zurechnung externer wirtschaftlicher Interessen und Betätigung erfassen (unten Rn. 110 ff.).

4.2.3. Nichtwirtschaftliche Betätigung: innerer Geschäftsbetrieb

Bei Großvereinen mit hoher Mitgliederzahl werden allein zur Mitgliederverwaltung u. a. ein Verwaltungsgebäude, EDV-Einrichtungen und ein umfangreicher Personalbestand benötigt. Ein solcher Verein kann zur Durchführung des inneren Geschäftsbetriebs ständig als Nachfrager, aber auch als Anbieter von Waren und Dienstleistungen am Markt auftreten, z. B. überschüssiges oder zu ersetzendes Material oder freigewordene Arbeitsstellen anbieten sowie Reparaturarbeiten o. ä. in Auftrag geben. Solche Aktivitäten scheiden als wirtschaftlicher Geschäftsbetrieb aus, da sie nur Hilfsgeschäfte bei der Verfolgung des eigentlichen Vereinszwecks bilden[72]. **107**

4.2.4. Nichtwirtschaftliche Betätigung: Verwaltung eigenen Vermögens

Gem. § 14 Satz 1 AO liegt steuerlich ein wirtschaftlicher Geschäftsbetrieb nur dann vor, wenn die Tätigkeit zur Erzielung wirtschaftlicher Vorteile über den Rahmen eigener Vermögensverwaltung hinausgeht. Dementsprechend sind die Merkmale des Gewerbebegriffs i. S. des Handelsrechts (§ 1 Abs. 1 HGB)[73] und des Gewerbeaufsichtsrechts (§ 1 Abs. 1 GewO)[74] nicht erfüllt, wenn die Tätigkeit nur in der Verwaltung eigenen Vermögens besteht. Dieses Kriterium läßt **108**

69 Vgl. z. B. BayObLGZ 1978, 87 = Rpfl 1978, 249; *OLG Düsseldorf* Rpfl 1979, 259; *OLG Bremen* OLGZ 1989, 1 = Rpfl 1988, 532; *OLG Celle* Rpfl 1992, 66; *LG Potsdam* Rpfl 1994, 361; *VG Stuttgart* NVwZ 1994, 612.

70 Vgl. *Heckelmann* AcP 179 (1979), 1, 25 ff.; *Hemmerich* S. 41 f.; *Mummenhoff* S. 105 ff.; *Häuser/van Look* ZIP 1986, 749, 751; *Schubel* DtZ 1994, 132, 134 f.; *Friedrich* DStZ 1994, 61, 62; AK/*Ott*, § 21, 22 BGB Rn. 25 ff.: *Staudinger/Coing* § 21 BGB Rn. 6 ff.; *Soergel/Hadding* §§ 21, 22 BGB Rn. 24 ff.; MünchKomm/*Reuter* §§ 21, 22 BGB Rn. 9 ff.; *Erman/Westermann* § 21 BGB Rn. 3 f.; *Palandt/Heinrichs* § 21 BGB Rn. 3; *Grunewald* Gesellschaftsrecht, Rn. 2 A 27; dagegen *Flume* Jur. Person, § 4 II 1, S. 105.

71 So MünchKomm/*Reuter* §§ 21, 22 BGB Rn. 31 ff., 41 f.

72 Vgl. für Anschaffungen und Bauarbeiten zur Erhaltung des Vereinsvermögens: BayObLGZ 1978, 87, 92.

73 Vgl. zu § 196 Abs. 1 Nr. 1 BGB: BGHZ 74, 273 = NJW 1979, 1650 = WM 1979, 895.

74 Vgl. *BVerwG* DÖV 1977, 245; NJW 1977, 771, 772; *BFH* NJW 1961, 1231; NJW 1990, 2839.

sich auch für die Abgrenzung des wirtschaftlichen vom nichtwirtschaftlichen Verein nach §§ 21, 22 BGB heranziehen. Danach wird durch die bloße Verwaltung eigenen Vermögens, auch wenn sie in erheblichem Umfang erfolgt, ein nichtwirtschaftlicher Verein nicht zum wirtschaftlichen Verein[75]. Eine Vermögensverwaltung liegt vor, wenn der Verein Kapitalvermögen verzinslich anlegt oder als Eigentümer Grundstücke vermietet oder verpachtet (vgl. § 14 Satz 3 AO)[76]. Als Vermögensverwaltung ist es z. B. auch anzusehen, wenn ein Sportverein einer Betriebssportgruppe einen Trainingsplatz oder einem Spediteur eine nicht mehr genutzte Turnhalle als Lagerraum langfristig vermietet oder eine Vereinsgaststätte verpachtet[77]. Unschädlich für die Einordnung als nichtwirtschaftlicher Verein ist es ferner, wenn ein Verein das Verlagsrecht an einer Vereinszeitschrift gegen Entgelt einem Verlag überträgt, der dann das Anzeigengeschäft im eigenen Namen betreibt.

109 Umgekehrt führt jedoch ein über die Vermögensverwaltung hinausgehender wirtschaftlicher Geschäftsbetrieb i. S. d. § 14 Satz 1 AO nicht notwendigerweise zur Annahme eines wirtschaftlichen Vereins nach § 22 BGB. Denn auch ein wirtschaftlicher Geschäftsbetrieb kann als Zweckbetrieb (§§ 65 ff. AO) die steuerbegünstigten Zwecke der Vereinigung insgesamt unberührt lassen. Selbst wenn dies nicht der Fall ist, führt dies aber lediglich dazu, daß die Steuervergünstigungen für den Bereich des wirtschaftlichen Geschäftsbetriebs entfallen, während sie für den Bereich der steuerbegünstigen Zweckverfolgung erhalten bleiben (vgl. § 64 AO). Im Rahmen der zivilrechtlichen Abgrenzung zwischen wirtschaftlichen und nichtwirtschaftlichen Vereinen kann eine derartige wirtschaftliche Betätigung durch das – tatbestandlich weitere – Nebentätigkeitsprivileg (Rn. 128 ff.) gedeckt sein. Ein wirtschaftlicher Geschäftsbetrieb i. S. d. § 14 Satz 1 AO liegt z. B. vor, wenn ein Verein Dritten entgeltlich die Bandenwerbung in seiner Sportstätte überläßt und die Höhe des Entgelts von der Anziehungskraft seiner Sportveranstaltungen beeinflußt wird[78]. Auch die Eigenwerbung des Vereins, insbes. im Bereich des Profisports, ist als wirtschaftlicher Geschäftsbetrieb anzusehen[79].

4.2.5. Halten von Beteiligungen: Vermögensverwaltungs- und Holdingverein

110 Zur Vermögensverwaltung, die nicht zur Annahme eines wirtschaftlichen Vereins führt, zählt grundsätzlich auch die Beteiligung an einer Gesellschaft. Ein nichtwirtschaftlicher Verein kann also Geschäftsanteile an einer GmbH oder einer eG, Aktien, Kommanditanteile oder eine stille Beteiligung halten[80]. Dies gilt jedoch nur, soweit das Halten von Beteiligungen im wirtschaftlichen Interesse der Mitglieder nicht den eigentlichen (Haupt-)Zweck des Vereins bildet. Dann nämlich bietet der Verein seinen Mitgliedern eine unternehmerische Leistung (Vermögensverwaltung) an, was zur Annahme eines wirtschaftlichen

---

75 Ebenso *Soergel/Hadding* §§ 21, 22 BGB Rn. 27; *Erman/Westermann* § 21 BGB Rn. 4.

76 Vgl. zum steuerrechtlichen Begriff der Vermögensverwaltung ausführlich *Kühr* Rn. 273 ff.; *Herbert* S. 73 ff.; *Hüttemann* S. 147 ff.

77 *Wochinger* S. 60; *Neufang/Schaeberle/Karg* S. 82.

78 *BFH* NJW 1991, 2727.

79 *Wochinger* S. 96/3; *Neufang/Schaeberle/Karg* S. 83.

80 Vgl. *K. Schmidt* Verbandszweck, S. 123; *Sauter/Schweyer* Rn. 46.

Geschäftsbetriebs i. S. d. § 22 BGB führt (unten Rn. 119 ff.)[81]. Indiz für einen solchen Vermögensverwaltungsverein können regelmäßige Gewinnausschüttungen an die Mitglieder sein[82], die u. U. mit betragsmäßig unterschiedlichen »Beiträgen« als Gegenleistung für die Vermögensverwaltung korrespondieren.

Dagegen führt die Beteiligung des Vereins als persönlich haftender Gesellschafter einer oHG oder KG, die notwendigerweise ein vollkaufmännisches Handelsgewerbe betreibt (vgl. §§ 105 Abs. 1, 161 Abs. 1 HGB), zu einem wirtschaftlichen Geschäftsbetrieb des Vereins[83]. Denn er haftet den Gläubigern der OHG oder KG aus seiner unternehmerischen Betätigung als Gesellschafter unmittelbar und unbeschränkt (vgl. § 128 HGB). Entsprechendes gilt für die Stellung als Gesellschafter einer GbR, soweit sich diese unternehmerisch (z. B. in minderkaufmännischem Umfang, vgl. § 4 Abs. 2 HGB) betätigt. **111**

Umstritten ist, ob es sich auch um bloße Vermögensverwaltung handelt, wenn der Verein eine 100 %ige oder Mehrheitsbeteiligung an einer unternehmerisch tätigen Kapitalgesellschaft (GmbH, AG, KGaA) oder Genossenschaft hält und damit als herrschendes Unternehmen i. S. d. § 17 AktG anzusehen ist. Nach wohl h. M. steht dies der Annahme eines nichtwirtschaftlichen Vereins nicht entgegen[84]. Denn die wirtschaftliche Betätigung rechtlich selbständiger juristischer Personen soll jeweils für sich zu beurteilen sein. Der Schutz der Gläubiger des abhängigen Unternehmens sei durch die für dessen Rechtsform geltenden Vorschriften zur Kapitalaufbringung und -erhaltung gewährleistet, ergänzt durch die gesamtschuldnerische persönliche Haftung des Vorstands des herrschenden Vereins (§§ 317 Abs. 3, 309 Abs. 4 AktG). Danach wäre die Ausgründung unternehmerisch tätiger Vereinsabteilungen ohne weiteres möglich (z. B. Profiabteilung eines Sportvereins, Rechtsschutzversicherung eines Automobilclubs[85], Inkassobüro als Betriebsgesellschaft eines Gewerbevereins[86]), ebenso die Konsolidierung des Anteilsbesitzes (etwa bei einem Familienunternehmen) unter dem Dach eines Holdingvereins[87]. **112**

---

81 Vgl. BayObLGZ 1985, 284 = Rpfl 1985, 495; *Soergel/Hadding* §§ 21, 22 BGB Rn. 40; i. Erg. auch MünchKomm/*Reuter* §§ 21, 22 BGB Rn. 34 f., der den Vermögensverwaltungsverein jedoch als eigenständige Fallgruppe wirtschaftlicher Vereine ansieht (ihm folgend die Voraufl. Rn. 127); anders *Sauter/Schweyer* Rn. 46 für Mitarbeiterbeteiligung in Form eines Vereins, der als Kommanditist am Unternehmen beteiligt ist.

82 Vgl. den Fall *OLG Stuttgart* OLGZ 1971, 465.

83 Vgl. *K. Schmidt* Verbandszweck, S. 124 f.; *Herbert* S. 107.

84 BGHZ 85, 84, 88 ff. – ADAC-Rechtsschutzversicherung = NJW 1983, 569 = WM 1983, 394 = DB 1983, 491 = BB 1983, 328 m. zust. Anm. *Hemmerich* = MDR 1983, 193 = Rpfl 1983, 73 = GRUR 1983, 120 = VersR 1983, 55 (dazu jeweils ablehnend *K. Schmidt* NJW 1983, 543 ff.; *Reuter* ZIP 1984, 1052 ff.); *Hemmerich* S. 129 ff.; *dies.*, BB 1983, 26; *Mummenhoff* S. 153 f.; *Heckelmann* AcP 179 (1979), 1, 48, 56; *Sauter/Schweyer* Rn. 46 a; AK/*Ott* §§ 21, 22 BGB Rn. 42; *Palandt/Heinrichs* § 21 BGB Rn. 3; zweifelnd *Erman/Westermann* § 21 BGB Rn. 6.

85 So im Fall BGHZ 85, 84 = a. a. O. (Fn. 84).

86 Vgl. *AG Tiergarten* WM 1991, 1139 = WuB II L. § 22 BGB 1.91 *van Look*.

87 Vgl. die bei *K. Schmidt* Verbandszweck, S. 126, genannten Beispiele der Konzernspitze der Gruppe Triumph International und des Versandhauses Quelle.

112 a Dem ist im Hinblick auf den notwendigen Schutz der Mitglieder und Gläubiger des Vereins als herrschendes Unternehmen sowie aus Gründen des Sozialschutzes (Rn. 98) zu widersprechen. Denn einerseits haben die Gläubiger des Vereins ein schutzwürdiges Interesse daran, das Vereinsvermögen nicht mit etwaigen Verlustausgleichsansprüchen wegen unternehmerischer Tätigkeit aus §§ 302, 303 AktG (analog)[88] belastet zu sehen[89]. Andererseits besteht die Gefahr, daß das Vereinsvermögen bei ausgelagerter wirtschaftlicher Tätigkeit der Kontrolle und der Nutznießung der Vereinsmitglieder entzogen wird. Die unternehmerische Betätigung einer durch den Verein konzernrechtlich beherrschten Gesellschaft ist daher dem Verein wie eine eigene wirtschaftliche Betätigung zuzurechnen[90]. Die Beherrschung kann auf einem Unternehmensvertrag oder – faktisch – auf einer Mehrheitsbeteiligung und Ausübung von Leitungsmacht (z. B. bei personengleicher Besetzung der Leitungsorgane von Mutter und Tochter) unter Mißbrauch der Gesellschafterstellung zum Nachteil der beherrschten Gesellschaft beruhen (vgl. §§ 17, 18 AktG)[91]. Auch eine zugerechnete externe wirtschaftliche Betätigung muß jedoch nicht zwingend zur Annahme eines wirtschaftlichen Vereins führen. Sofern ihr nämlich im Verhältnis zu einem nichtwirtschaftlichen Hauptzweck nur eine untergeordnete Bedeutung zukommt, kann das Nebentätigkeitsprivileg zu einer Einordnung als nichtwirtschaftlicher Verein i. S. d. § 21 BGB führen (unten Rn. 132)[92].

4.3. Wirtschaftliche Vereinsbetätigungen

4.3.1. Unternehmerische Betätigung als Marktanbieter

113 Der unternehmerisch tätige Haupttypus eines wirtschaftlichen Vereins beteiligt sich am allgemeinen wirtschaftlichen Verkehr, indem er planmäßig, entgeltlich mit seiner (Haupt-)Betätigung an einem äußeren Markt als Anbieter von Wa-

88 Zur Ausgleichshaftung im qualifizierten faktischen GmbH-Konzern vgl. z. B. BGHZ 122, 123 – TBB = NJW 1993, 1200 = WM 1993, 687 = ZIP 1993, 589 = BB 1993, 814 = JZ 1993, 575 m. Anm. *Lutter*; dazu *U. H. Schneider* WM 1993, 782 ff.; *BGH* NJW 1994, 446 m. Anm. *K. Schmidt* = WM 1994, 203 = ZIP 1994, 207; dazu *Raiser* ZGR 1995, 156 ff.; WM 1994, 2016 = JZ 1995, 519 m. Anm. *Hirte*; WM 1995, 896 = ZIP 1995, 733 = BB 1995, 997.

89 Gegen eine Berücksichtigung des Schutzes der Vereinsgläubiger ohne nähere Begründung MünchKomm/*Reuter* §§ 21, 22 BGB Rn. 31 Fn. 106.

90 Ebenso *K. Schmidt* Verbandszweck, S. 127 f.; *Soergel/Hadding* §§ 21, 22 BGB Rn. 41 f.; i. Erg. auch MünchKomm/*Reuter* §§ 21, 22 BGB Rn. 13 f., 31–33, 41; *ders.* ZHR 151 (1987), 355, 359 ff.

91 Vgl. *Soergel/Hadding* §§ 21, 22 BGB Rn. 42; zu den Voraussetzungen eines qualifizierten faktischen GmbH-Konzerns vgl. *Scholz/Emmerich* GmbHG, Anh. Konzernrecht, Rn. 193 ff; *Burgard* WM 1993, 925 ff.; *Pöggeler* JA 1995, 438 ff. sowie die Nachw. in Fn. 88.

92 Vgl. *K. Schmidt* Verbandszweck, S. 190 ff.; *Soergel/Hadding* §§ 21, 22 BGB Rn. 43; MünchKomm/*Reuter* §§ 21, 22 BGB Rn. 19 f.; unklar BGHZ 85, 84, 92 ff. = a. a. O. (Fn. 84) für »Unterstützungsleistungen« des herrschenden Vereins an die Tochtergesellschaft.

ren oder Dienstleistungen auftritt[93]. Nach der Rechtsprechung des BGH muß es sich handeln um »planmäßige, auf Dauer angelegte und nach außen gerichtete, d.h. über den vereinsinternen Bereich hinausgehende, eigenunternehmerische Tätigkeiten..., die auf die Verschaffung vermögenswerter Vorteile zugunsten des Vereins oder seiner Mitglieder abzielen«[94].

Planmäßigkeit und Dauerhaftigkeit bedeutet, daß ein gezieltes Handeln in **114** Wiederholungsabsicht erforderlich ist; § 14 Satz 1 AO spricht von Nachhaltigkeit. Eine nur gelegentliche Anbietertätigkeit reicht nicht aus[95]. An der Planmäßigkeit fehlt es, wenn ein Verein z. B. ein Jubiläumsfest veranstaltet, hierfür in Zeitungsannoncen wirbt, Musiker, Bedienungen und Ordnungskräfte einstellt sowie eine Haftpflichtversicherung für die Veranstaltung abschließt; ebenso wenn ein Leseverein überschüssige Bücher zum Verkauf anbietet[96] oder wenn ein Verein gelegentlich eine Lotterie veranstaltet[97].

Die Leistungen müssen gegen Entgelt angeboten werden[98]. Entgelt ist die Ge- **115** genleistung i. S. d. §§ 320ff. BGB, die der Empfänger aufzuwenden hat, um eine Lieferung, Leistung oder ein sonstiges Wirtschaftsgut zu erlangen. Eine auf Gewinnerzielung gerichtete Tätigkeit ist dagegen nicht erforderlich[99]. Es kommt also nicht darauf an, ob die vereinnahmten Entgelte die dem Verein entstehenden Kosten (langfristig) übersteigen sollen. Die Gewinnerzielungsabsicht kann aber Indiz für eine unternehmerische Tätigkeit sein. Erzielt der Verein ein Entgelt aus seiner anbietenden Tätigkeit, so kommt es nicht darauf an, ob die Vorteile dem Verein selbst oder seinen Mitgliedern zufließen[100].

Die Angebote des Vereins müssen sich auf einen äußeren Markt beziehen, da **116** der Verein als Unternehmen am allgemeinen Wirtschaftsverkehr teilnimmt. Sie müssen sich an die Allgemeinheit, d. h. an eine unbestimmte Anzahl von Personen außerhalb des Vereins (Nichtmitglieder) richten, wobei aber der potentielle Kundenkreis eng begrenzt sein kann. Ausreichend ist jedoch, wenn sich die Angebote sowohl an außenstehende Dritte (zu denen auch Angestellte des Vereins gehören) als auch an Mitglieder richten. Sofern der Verein ausschließlich gegenüber seinen Mitgliedern als Anbieter auftritt, kommt allerdings eine unternehmerische Tätigkeit an einem Binnenmarkt in Betracht (Rn. 119ff.).

---

93 Vgl. z.B. *K. Schmidt* Verbandszweck, S. 113ff.; *Soergel/Hadding* §§ 21, 22 BGB Rn. 25; MünchKomm/*Reuter* §§ 21, 22 BGB Rn. 21 f.; auch BayObLGZ 1989, 124, 128; *KG* NJW-RR 1993, 187 = Rpfl 1993, 69, 71.

94 BGHZ 85, 84, 92 = a. a. O. (Fn. 84) m. Nachw.

95 BGHZ 45, 395, 397 = NJW 1966, 2007 = WM 1966, 975; BayObLGZ 1978, 87, 92; *OLG Stuttgart* OLGZ 1970, 334.

96 *K. Schmidt* Verbandszweck, S. 115 Fn. 17.

97 *Kühr* Rn. 290.

98 BayObLG Rpfl 1977, 19, 20, BayObLGZ 1985, 284 = Rpfl 1985, 495; *K. Schmidt* Verbandszweck, S. 115; *Hemmerich* S. 70; *Mummenhoff* S. 123; a. A. *OLG Hamm* Rpfl 1981, 66; *KG* OLGZ 1979, 279, 280.

99 RGZ 83, 231, 235; BayObLGZ 1985, 284; BayObLGZ 1989, 124; *VG Stuttgart* NVwZ 1994, 612, 614; *K. Schmidt* Verbandszweck, S. 115 f.; *Soergel/Hadding* §§ 21, 22 BGB Rn. 27; a. A. *OLG Stuttgart* OLGZ 1970, 416, 417; *OLG Düsseldorf* NJW 1983, 2574.

100 Vgl. *LG Hamburg* ZIP 1986, 228 = EWiR 1986, 233 *K. Schmidt; Soergel/Hadding* §§ 21, 22 BGB Rn. 27; *K. Schmidt* Verbandszweck, S. 166; vgl. auch BGHZ 85, 84, 92; a. A. noch RGZ 88, 332, 334.

Es müssen Wirtschaftsgüter angeboten werden, also Gegenstände, die einen kommerziellen Wert haben[101]. In Betracht kommen Warenumsatzgeschäfte (insbes. Verkauf), Vermittlungs-, Bank- oder Versicherungsgeschäfte sowie andere Dienstleistungen. Ob die Güter und Dienstleistungen in den materiellen oder ideellen Bereich fallen (z. B. Buchverkauf oder Seminare einer Weltanschauungsgemeinschaft), ist unerheblich[102].

117 Eine nur nachfragende Tätigkeit des Vereins als Kunde (Käufer, Besteller) führt nicht zu einem wirtschaftlichen Geschäftsbetrieb[103]. Denn zum Schutz gegen hieraus den Gläubigern und Mitgliedern etwa entstehende wirtschaftliche Nachteile reicht die Haftung der für den Verein handelnden Repräsentanten, insbes. bei Verletzung der Konkursantragspflicht (§ 42 Abs. 2 BGB), aus.

118 Einzelne Fälle:

Bei den nachfolgend dargestellten Fällen unternehmerischer Vereinsbetätigung wird nicht immer die Hauptbetätigung herausgestellt, da die wirtschaftliche Tätigkeit bei nichtwirtschaftlichem Hauptzweck durch das Nebentätigkeitsprivileg gedeckt sein kann.

Verein, der einen Schulbuchverlag betreibt; Verein der gegen Entgelt Seminare, Unterricht oder Schulung anbietet; Volkshochschule in Vereinsform; Verein, der ein Krankenhaus, ein Altenwohnheim oder andere Pflegeeinrichtungen (z. B. Werkstätten für Behinderte) betreibt; Verein »Essen auf Rädern«; Verein, der sich der entgeltlichen Betreuung von Körperbehinderten, Jugendlichen, Kindern oder Randgruppen widmet; Verein, der Rettungsdienste oder Krankentransport anbietet; Rennvereine jedenfalls in dem Bereich, in dem ihnen die Erlaubnis zum Betrieb einen Totalisators nach dem Rennwett- und Lotteriegesetz[104] erteilt worden ist, auch wenn die Einnahmen zur Förderung ideeller Zwecke (z. B. der Landespferdezucht) verwendet werden müssen[105], da es auf die Art der Einnahmenverwendung nicht ankommt; Sportvereine, soweit deren Veranstaltungen als steuerpflichtiger wirtschaftlicher Geschäftsbetrieb i. S. d. § 67 a AO anzusehen sind[106]; Sportverbände und Zuchtverbände, die den Mitgliedern angeschlossener Vereine und Außenstehenden die Teilnahme an Veranstaltungen (Wettkämpfen, Zuchtschauen) gegen Entgelt (z. B. Nenngeld) ermöglichen.

Freie Sparkassen; Verein zum Betrieb einer Schauspielbühne[107] oder von Skiliften und Seilbahnen[108]; Verein zur Vermietung von Wohnungen und Tief-

101 *Mummenhoff* S. 123.

102 Vgl. zur Scientology-Sekte *OLG Düsseldorf* NJW 1983, 2574 = Rpfl 1983, 487; WRP 1986, 212, 214; *LG Hamburg* ZIP 1986, 228 = EWiR 1986, 233 *K. Schmidt*; *LG Hamburg* NJW 1988, 2617 = Rpfl 1989, 373; *VG Stuttgart* NVwZ 1994, 612, 615; *K. Schmidt* NJW 1988, 2574 ff.; *v. Campenhausen* Rpfl 1989, 349 ff.; *ders.* NJW 1990, 887 ff. und 2670; *Kopp* NJW 1990, 2498 ff. und 1669; *Guber* NVwZ 1990, 40 ff.; auch *BVerwG* ZIP 1995, 563 (zur Gewerbeanmeldungspflicht gem. § 14 GewO).

103 BayObLGZ 1978, 87; *K. Schmidt* Verbandszweck, S. 114; *Soergel/Hadding* §§ 21, 22 BGB Rn. 25; a. A. *Mummenhoff*, S. 112, 150.

104 Vom 8. 4. 1922 i. d. F. vom 16. 12. 1986, BGBl. I, S. 2441 sowie Ausführungsbestimmungen vom 16. 6. 1922 i. d. F. vom 16. 12. 1986, BGBl. I, S. 2441.

105 *Deselaers* Rpfl 1990, 103, 106.

106 Vgl. dazu *Kühr* Rn. 367 ff.

107 A. A. *AG Stuttgart* DB 1964, 1735.

108 *OLG Stuttgart* OLGZ 1971, 465.

garagenstellplätzen als Treuhänder einer Gemeinschaft von Wohnungseigentümern[109]; Verein, der den Bau von Wohnungen und Siedlerstellen für bedürftige Kreise erstrebt[110]; in Vereinsform betriebene »Dritte-Welt-Läden«, die Produkte aus Entwicklungsländern ohne Einschaltung von Zwischenhändlern absetzen; Fremdenverkehrsverein, der gegen Entgelt Unterkünfte für Feriengäste vermittelt[111]; Sparkassen-Lotterieverein, der über die Sparkassen entgeltlich Lose vertreibt und regelmäßig Verlosungen in Form eines Gewinnspiels durchführt[112].

Bei sog. Abmahnvereinen wird eine unternehmerische Tätigkeit überwiegend verneint[113]. Durch die Neufassung des § 13 Abs. 2 Nr. 2 UWG vom 25. 7. 1994, der eine der Betätigung entsprechende personelle, sachliche und finanzielle Ausstattung verlangt, soll verhindert werden, daß Vereine überwiegend zur Erzielung von Einnahmen aus Kostenerstattung für wettbewerbsrechtliche Abmahnungen tätig werden.

4.3.2. Wirtschaftliche Betätigung an einem Binnenmarkt

Wirtschaftlich betätigt sich ein Verein auch bei einer planmäßigen, entgeltlichen, anbietenden (Haupt-)Tätigkeit an einem nur aus Vereinsmitgliedern bestehenden Binnenmarkt[114]. Der Unterschied zum Haupttypus des wirtschaftlichen Vereins besteht darin, daß der Verein seine Waren oder Dienstleistungen hier nicht der Allgemeinheit, sondern nur seinen Mitgliedern anbietet. **119**

Häufig ist fraglich, ob von dem Verein ein »marktmäßiges Angebot« ausgeht, **120**
da fast jeder Verein Mitgliedsbeiträge erhebt und seinen Mitgliedern auch bestimmte Leistungen bietet. Bei der Abgrenzung ist nicht entscheidend, ob der Leistungsaustausch allein auf dem mitgliedschaftlichen Verhältnis beruht oder ob einzelvertragliche Beziehungen begründet werden. Erforderlich ist vielmehr, daß das Mitglied dem Verein in der Rolle eines anonymen Kunden, d. h. als Marktgegenseite, gegenübertritt. Die Feststellung dieses Merkmals kann allerdings in der Praxis Schwierigkeiten bereiten. Vermietet z. B. ein Tennisverein stundenweise gegen Entgelt einen Spielplatz an Vereinsangehörige, so liegt keine anonyme Kundenstellung vor. Zweifelhaft ist dies jedoch, wenn ein Umweltschutzverein seinen Mitgliedern gegen eine »Nutzungsentschädigung« Kraftfahrzeuge zur Verfügung stellt (Car-Sharing)[115]. Eindeutig dem wirtschaftlichen Bereich zuzurechnen ist jedoch die Vermittlung von Ferienwohn-

---

109 BayObLGZ 1985, 283 = Rpfl 1985, 495.

110 A. A. BayObLGZ 1953, 307.

111 *OLG Celle* Rpfl 1992, 66.

112 *LG Potsdam* Rpfl 1994, 361.

113 Vgl. z. B. *Sauter/Schweyer* Rn. 57 a; *K. Schmidt* Verbandszweck, S. 255 ff.; *ders.* Rpfl 1988, 45, 47; a. A. BayObLGZ 1983, 45 = WM 1983, 608 = Rpfl 1983, 282 m. Anm. *Prelinger* = DB 1983, 767; *VG Schleswig* ZIP 1984, 1229; vgl. auch *OLG Hamm* OLGZ 1993, 24.

114 *K. Schmidt* Rpfl 1972, 343, 347 f.; *ders.* Verbandszweck, S. 144 ff.; *Hemmerich* S. 72; *Heckelmann* AcP 179 (1979), 1, 32; MünchKomm/*Reuter* §§ 21, 22 BGB Rn. 26 ff.; AK-BGB/*Ott* §§ 21, 22 BGB Rn. 28; *Soergel/Hadding* §§ 21, 22 BGB Rn. 28.

115 Für Einordnung als nichtwirtschaftlicher Verein *LG Bremen* Rpfl 1992, 67.

rechten an die Mitglieder (Time-Sharing)[116]. Eine Kundenrolle des Mitglieds ist dann gegeben, wenn die Leistung des Vereins üblicherweise auch durch andere Anbieter an einem äußeren Markt, d.h. unanhängig von mitgliedschaftlichen Beziehungen, zu erlangen ist. Hieran fehlt es z.B. bei Vereinen, die betriebliche Fürsorgeleistungen, etwa in Form einer Unterstützungskasse, erbringen[117]. Das vom Mitglied zu entrichtende Entgelt kann in Form einer Aufnahmegebühr, in Form von regelmäßigen Mitgliedsbeiträgen, aber auch nach dem Umfang der in Anspruch genommenen Leistung erhoben werden.

121 Typische wirtschaftliche Vereine mit Binnenmarkttätigkeit sind die Lohnsteuerhilfevereine als Selbsthilfeeinrichtungen von Arbeitnehmern zur Hilfeleistung in Lohn- und Einkommensteuersachen (§ 13 StBerG). Der BGH[118] hat sie zwar als Gewerbetreibende, gleichwohl aber – obiter dictum – als Vereine nach § 21 BGB qualifiziert, weil sie entsprechend ihrer Satzung nach außen keine auf Erwerb und Gewinn ausgerichtete Tätigkeit ausüben dürften. Der Mitgliedsbeitrag wurde als pauschaliertes Leistungsentgelt angesehen. Hätte der BGH nicht an dem – nach der hier vertretenen Auffassung (Rn. 115) nicht erforderlichen – Erfordernis eines Gewinnstrebens festgehalten, hätte er einen wirtschaftlichen Verein annehmen müssen. Denn die Lohnsteuerhilfevereine gewähren Steuerberatung, die sonst nur als Leistung durch Angehörige rechts- und steuerberatender Berufe angeboten wird, wobei der Mitgliedsbeitrag das Entgelt hierfür bildet[119]. Für die Einordnung als wirtschaftlicher Verein spricht auch § 26 Abs. 2 StBerG, wonach dem Lohnsteuerhilfeverein eine »andere wirtschaftliche Tätigkeit« als die Hilfeleistung in Steuersachen verboten ist[120]; hieraus läßt sich der Schluß ziehen, daß der Gesetzgeber die Hilfeleistung selbst als wirtschaftliche Tätigkeit ansieht. Die Lohnsteuerhilfevereine haben allerdings als Voraussetzung der Anerkennung Normativbestimmungen zu erfüllen und unterliegen einer Geschäftsprüfung (vgl. §§ 14, 22 StBerG). Hieraus kann aber nicht geschlossen werden, daß Lohnsteuerhilfevereine als wirtschaftliche Vereine in das Vereinsregister eingetragen werden können, wobei der Rechtspfleger die Normativbestimmungen sowohl des BGB als auch des StBerG zu prüfen habe[121]. Denn nach dem eindeutigen Wortlaut des § 21 BGB kommt eine Eintragung nur für nichtwirtschaftliche Vereine in Betracht.

122 Wegen ihrer Binnenmarkttätigkeit sind die genossenschaftlichen Prüfungsverbände früher ebenfalls als wirtschaftliche Vereine angesehen worden. Nunmehr

116 Vgl. BayObLGZ 1989, 124, 129, wonach der Verein sogar an einem äußeren Markt tätig sein soll, weil die Mitgliedschaft vom Erwerb des Ferienwohnrechts abhängig ist.

117 Vgl. BayObLGZ 1973, 303 = Rpfl 1974, 13: Werkskantine; BayObLGZ 1975, 435 = Rpfl 1976, 56: betriebliche Unterstützungskasse; *LG Bonn* Rpfl 1991, 423: überbetriebliche Gruppenunterstützungskasse.

118 GRUR 1976, 370, 371 = WM 1976, 458.

119 Ebenso *OLG Stuttgart* OLGZ 1967, 475, allerdings aufgegeben in OLGZ 1970, 416; ähnlich *OLG Celle* NJW 1976, 197 (eintragungsfähiger wirtschaftlicher Verein); *Erman/Westermann* § 21 BGB Rn. 4; *Soergel/Hadding* §§ 21, 22 BGB Rn. 29; MünchKomm/*Reuter* §§ 21, 22 BGB Rn. 38; *K. Schmidt* Verbandszweck, S. 165 ff.; a. A. die wohl h. M., z. B. *Sauter/Schweyer* Rn. 50; *Stöber* Rn. 29; *Palandt/Heinrichs* § 21 BGB Rn. 6.

120 Zur Reichweite dieses Verbots vgl. *BGH* NJW 1993, 1135 = WM 1993, 436.

121 So aber *OLG Celle* NJW 1976, 197; wohl auch BVerwGE 58, 26 = NJW 1979, 2261; abl. *K. Schmidt* Verbandszweck, S. 166 f.; *Mummenhoff* S. 146 f.

bestimmt allerdings § 63 b Abs. 1 GenG, daß ein Prüfungsverband die Rechtsform eines eingetragenen Vereins haben soll. Dies ist auch gerechtfertigt, da die spezifisch genossenschaftlichen Prüfungsleistungen gem. § 53 GenG für die Mitglieder auf einem äußeren Markt nicht zu erlangen wären, sondern grundsätzlich nur durch den Prüfungsverband erbracht werden können (vgl. § 55 GenG)[122].

Die Binnenmarkttätigkeit eines Vereins kann im Einzelfall mit einer in den **123**
ideellen Bereich fallenden Tätigkeit zusammenhängen, wobei zweifelhaft sein kann, welchem Bereich die Betätigung zuzurechnen ist. Dabei ist weiter zu beachten, daß auch einem nichtwirtschaftlichen Verein eine wirtschaftliche Nebentätigkeit gestattet ist (Rn. 128 ff.). Als Beispiel für die Abgrenzungsprobleme sollen im folgenden im Anschluß an *Deselaers*[123] die Betätigungsfelder von Züchtervereinigungen männlicher Tiere den Bereichen nichtwirtschaftlicher (Haupt-) und wirtschaftlicher (Neben-)Tätigkeit zugeordnet werden:

Zum ideellen Bereich gehören danach die
- züchterische Verbesserung der Tierbestände durch Aufstellung und Durchführung von Zuchtprogrammen,
- Durchführung und Auswertung von Leistungsprüfungen und Tierschauen,
- Sicherung der Identität der Nachzucht,
- Beratung der Mitglieder in Fragen der Fütterung, Haltung und Pflege.

Dem wirtschaftlichen Bereich ist zuzurechnen die
- Beschaffung und Erhaltung wertvoller Zuchttiere,
- Förderung des Angebots und des Absatzes von Zuchttieren,
- Durchführung von Absatzveranstaltungen, teilweise als Versteigerungen.

Einzelne Fälle einer Binnenmarkttätigkeit: **124**
Konsumvereine (vgl. § 1 Abs. 1 Nr. 5 GenG) wie Beamteneinkaufsstätten[124]; Verein zur Versorgung der Mitglieder mit Wasser[125]; Vereine, die das Kredit- oder Einlagengeschäft betreiben (vgl. § 1 Abs. 1 Nr. 1 GenG sowie § 1 Abs. 1 Nr. 1 und 2 KWG) wie Gewinnsparvereine[126], Spar- und Darlehensvereine[127]; Wohnungsbauvereine[128]; Wohnungsvermittlungsvereine (vgl. auch § 2 Abs. 1 WoVermittG; dazu Rn. 405)[129]; Vereine, die sich mit Inkasso oder Kreditauskünften befassen (Kreditreformverein)[130]; Freizeit- und Urlaubsvereine[131],

---

122 I. Erg. ebenso MünchKomm/*Reuter* §§ 21, 22 BGB Rn. 40: Wahrnehmung einer kraft Verleihung erlangten Befugnis.

123 Rpfl 1990, 103, 106.

124 Vgl. *K. Schmidt* Verbandszweck, S. 161 f.; auch *AG Alzenau* BB 1961, 7: Einkaufszentrale für Gewerkschaftsmitglieder; a. A. bei bloßer Vertragsvermittlung: *LG Traunstein* MDR 1962, 734.

125 BayObLGZ 1978, 87 = Rpfl 1978, 249.

126 *LG Stuttgart* BB 1952, 702.

127 Vgl. RGZ 154, 343; *Stoltenberg* S. 26 ff.

128 Vgl. *OLG Köln* OLGZ 1977, 65; *LG Hagen* Rpfl 1969, 297; *LG Kassel* Rpfl 1986, 228; a.A. BayObLGZ 1953, 309.

129 *LG Lübeck* WuM 1990, 601.

130 Vgl. *AG Tiergarten* WM 1991, 1139 = WuB II L. § 22 BGB 1.91 *van Look*; *K. Schmidt* Rpfl 1988, 45, 49; MünchKomm/*Reuter*, §§ 21, 22 BGB Rn. 38.

131 Vgl. *OLG Düsseldorf* Rpfl 1979, 259: Fahrten für Mitglieder auf vereinseigenem Segelschiff.

ebenso Time-Sharing-Vereine, die Ferienwohnrechte an ihre Mitglieder vergeben[132] oder Car-Sharing-Vereine, die ihren Mitgliedern Kraftfahrzeuge gegen Kostenbeteiligung zur Verfügung stellen[133]; Vereinigungen, die Gemeinschaftseinrichtungen von Privatleuten halten und verwalten, z. B. Garagen, Antennen, Wochenendhäuser, und meistens aus Gemeinschaften vor Bürgern gem. §§ 266 ff. ZGB (DDR) hervorgegangen sind[134]; in diesen Fällen wird anstelle einer vereinsmäßigen Organisation auch häufig die Gründung einer GbR in Betracht kommen. Zum Vermögensverwaltungsverein vgl. schon Rn. 110.

4.3.3. Wirtschaftliche Betätigung durch genossenschaftsähnliche Kooperation

125 Bei der genossenschaftlichen Kooperation haben die Vereinsmitglieder Teilbereiche ihrer eigenen Unternehmenstätigkeit oder -einrichtungen auf den Verein ausgelagert, der damit teilweise Aufgaben ihrer eigenen unternehmerischen Betätigung wahrnimmt[135]. Dies ist als Umgehung der Rechtsform der Genossenschaft anzusehen, bei der die Gläubiger vor allem durch die Nachschußpflicht (§ 105 GenG), aber auch durch die Prüfungspflichten (§§ 53 ff. GenG) und die unbeschränkbare Vertretungsmacht des Vorstands (§ 27 Abs. 2 GenG) geschützt sind. Dieser Gläubigerschutz wird durch das Zusammenspiel der §§ 21, 22 BGB wieder in Kraft gesetzt. Denn wegen des engen Zusammenhangs zwischen der wirtschaftlichen Betätigung der Mitglieder und der ausgelagerten Tätigkeit wird dem Verein der Erwerbszweck der Mitglieder als wirtschaftlicher Geschäftsbetrieb i. S. d. § 22 BGB zugerechnet. Durch § 22 BGB werden die Mitglieder dann auf die Wahl der Rechtsform der Genossenschaft verwiesen.

126 Der genossenschaftsähnliche Verein muß mittelbar oder unmittelbar die Anbietertätigkeit der Mitglieder fördern, d. h. er muß in den Absatzprozeß der Mitglieder eingeschaltet sein[136]. Eigene Leistungen muß der Verein weder Außenstehenden noch den Mitgliedern anbieten[137]. Vielmehr reicht es aus, daß er gemeinschaftliche Einrichtungen zur Förderung des Geschäftsbetriebs seiner Mitglieder unterhält, ohne nach außen aufzutreten[138].

---

132 BayObLGZ 1989, 124, 129 (allerdings für Angebot an einem äußeren Markt); vgl. auch *Hildenbrand*, NJW 1994, 1992, 1993, der von der grundsätzlichen Zulässigkeit des »Vereins-Modells« ausgeht; zum Verstoß eines Time-Sharing-Vertrags unter dem »Vereins-Modell« gegen das Transparenzgebot nach § 9 Abs. 1 AGBG *LG Köln* JZ 1994, 158 m. Anm. *Wüst*.

133 A. A. *LG Bremen* Rpfl 1992, 67, wo aber insoweit die Anwendung des Nebentätigkeitsprivilegs in Betracht kam.

134 Zu sog. Garagenvereinen vgl. *BezG Chemnitz* DtZ 1993, 158 Nr. 8 und 9 = Rpfl 1993, 162 A und B m. Anm. *Petters*; *LG Chemnitz* DtZ 1994, 412; a. A. *Schubel* DtZ 1994, 132 ff.; *Sauter/Schweyer* Rn. 50.

135 Vgl. *K. Schmidt* Verbandszweck, S. 150 ff.; *Soergel/Hadding* §§ 21, 22 BGB Rn. 30; *Herbert* S. 108 f.

136 Vgl. *OLG Oldenburg* Rpfl 1976, 11: nichtwirtschaftliche Tätigkeit eines Betriebsarztzentrums.

137 BGHZ 45, 395, 397 f.

138 Vgl. *Soergel/Hadding* §§ 21, 22 BGB Rn. 31; MünchKomm/*Reuter* §§ 21, 22 BGB Rn. 29; a. A. BGHZ 45, 395, 397 f.

Einzelne Fälle: **127**
Funktaxizentralen, die Beförderungsverträge vermitteln[139] sowie ein Zusammenschluß von Kraftdroschkenhaltern mit dem Ziel, die Tätigkeit der Einzelunternehmer zu koordinieren und mittels eines gemeinsamen Betriebs zu fördern[140]; Abrechnungsstelle für Angehörige der Heilberufe[141]; Werbegemeinschaft von Gewerbetreibenden[142]; Tätigkeiten, die Werk- und Nutzungsgenossenschaften vorbehalten sind, insbes. Betriebsgemeinschaften und Maschinenringe zur gemeinsamen Nutzung von Gerätschaften durch Landwirte (z. B. Gefriergemeinschaften zur gemeinsamen Nutzung und Unterhaltung einer Tiefgefriertruhe[143]; Mähdreschergemeinschaften[144]), Weide- und Landschaftspflegegemeinschaften zur Betreuung von Tieren der Mitglieder[145]; Lotsengemeinschaften[146], technische Prüf- und Vertriebsstelle des Schornsteinfegerhandwerks[147]; Verbrauchereinkaufsringe, auch wenn sie sich auf die vermittelnde Tätigkeit beschränken[148]; Verwertungsgesellschaften (GEMA, VG Wort, VG Bild-Kunst) nach § 1 Abs. 4 Satz 1 des Gesetzes über die Wahrnehmung von Urheberrechten und verwandten Schutzrechten (rechtsfähig kraft Verleihung[149]); Verbände, die Gebrauchsmuster und ihren Schutz verwalten[150]; Verband, der die ausschließliche Werbetätigkeit für ein bestimmtes Wirtschaftsgut übernimmt, das die Verbandsmitglieder herstellen oder verarbeiten oder an dessen Verkauf und Öffentlichkeitswirkung sie interessiert sind[151]; Rabattsparvereine nach § 4 Abs. 2 RabattG, § 2 Abs. 1 DV RabattG, wenn die Rabattgewährung nicht dem Nebentätigkeitsprivileg zugeordnet werden kann[152]; land- und fischwirtschaftliche Erzeugergemeinschaften nach dem Marktstrukturgesetz sowie Forstbetriebsgemeinschaften nach §§ 16, 17 BWaldG, jedenfalls soweit gemeinschaftliche Betriebseinrichtungen oder Betriebsgegenstände benutzt sowie von den Mitgliedern selbst gewonnene Erzeugnisse bearbeitet oder verwertet werden; eintragungsunschädlich ist dagegen eine ausschließlich beratende Tätigkeit oder eine bloße Qualitätskontrolle[153].

139 BGHZ 45, 395 = NJW 1966, 2007 = WM 1966, 975; *OLG Frankfurt a. M.* Rpfl 1966, 176; vgl. auch BGHZ 127, 388 = NJW 1995, 462 = WM 1995, 679 = ZIP 1995, 62 = BB 1995, 166.

140 BVerwGE 58, 26 = NJW 1979, 2261; vgl. auch *OLG Frankfurt a. M.* DB 1985, 1286.

141 *KG* OLGZ 1979, 279; *OLG Hamm* Rpfl 1981, 66; *LG Hagen* Rpfl 1959, 348; *LG Bonn* MDR 1986, 53.

142 *BayObLG* Rpfl 1977, 20; anders *OLG Bremen* OLGZ 1989, 1 = Rpfl 1988, 532; vgl. auch *BGH* NJW 1979, 2304.

143 *LG Lübeck* SchlHA 1964, 22.

144 *LG Lübeck* SchlHA 1962, 102; vgl. auch *LG Ansbach* AgrarR 1975, 368.

145 *AG Schönau* Rpfl 1993, 203.

146 A. A. *LG Aurich* Rpfl 1960, 269.

147 *LG Oldenburg* Rpfl 1978, 371.

148 A. A. *LG Traunstein* MDR 1962, 734.

149 Vgl. *K. Schmidt* Verbandszweck, S. 163 f.

150 A. A. *KG* Recht 1915 Nr. 417.

151 Vgl. auch *BFH* BStBl 1966 III, 638.

152 *K. Schmidt* Verbandszweck, S. 167 ff.; a. A. *OLG Dresden* JW 1916, 1432.

153 Vgl. BayObLGZ 1974, 242; *OLG Schleswig* Rpfl 1990, 303 = RdL 1990, 147; keine Eintragung von Erzeugergemeinschaften nach dem Marktstrukturgesetz; *K. Schmidt* Verbandszweck, S. 171 ff.; a. A. (eintragungsfähig) *LG Lübeck* RdL 1972, 148; *LG Kiel* AgrarR 1977, 42, *Deselaers* Rpfl 1990, 103 ff.

4.4. Nebentätigkeitsprivileg

4.4.1. Bedeutung

128 Das Nebentätigkeitsprivileg – auch als Nebenzweckprivileg bezeichnet – besagt, daß ein Verein trotz wirtschaftlicher Tätigkeit als nichtwirtschaftlicher Verein ins Vereinsregister eingetragen werden kann, wenn die wirtschaftliche Betätigung einem nichtwirtschaftlichen (Haupt-)Zweck funktional untergeordnet ist[154].

4.4.2. Unentbehrlichkeit des wirtschaftlichen Geschäftsbetriebs

129 Das Nebentätigkeitsprivileg greift zunächst unter folgenden Voraussetzungen ein:

- Der Verein muß in seiner Satzung einen gemeinnützigen, wohltätigen, geselligen, wissenschaftlichen, künstlerischen oder einen sonstigen nichtwirtschaftlichen Zweck festgelegt haben und ihn auch tatsächlich verfolgen (oben Rn. 99 f.).
- Der wirtschaftliche Geschäftsbetrieb muß für eine effektive Verfolgung des nichtwirtschaftlichen Gesamtzwecks unentbehrlich sein[155].

130 Steuerlich wird es sich hierbei um einen wirtschaftlichen Geschäftsbetrieb (§ 14 AO) in Form eines Zweckbetriebs (§§ 65–68 AO) handeln, dessen wirtschaftliche Tätigkeit dann auch der Steuervergünstigung unterfällt (vgl. § 64 Abs. 1 AO); dies setzt insbes. voraus, daß die steuerbegünstigten Zwecke nur durch einen wirtschaftlichen Geschäftsbetrieb erreicht werden können (§ 65 Nr. 2 AO). Dies trifft z. B. auf einen Verein zu, der alte und gebrechliche Personen gegen Entgelt mit Essen versorgt und Pflegedienste leistet.

4.4.3. Funktionale Unterordnung des wirtschaftlichen Geschäftsbetriebs

131 Das Nebentätigkeitsprivileg kann aber auch dann Anwendung finden, wenn die wirtschaftliche Betätigung für die Verfolgung des nichtwirtschaftlichen Vereinszwecks zwar nicht unentbehrlich, wohl aber für ein funktionsfähiges Vereinsleben erforderlich ist. Dies ist vor allem bei entgeltlich angebotenen Leistungen der Fall, die im weitesten Sinne der Kommunikation des Vereins mit der Öffentlichkeit oder seinen Mitgliedern dienen[156]. Stets muß jedoch ein funktionaler Zusammenhang mit dem nichtwirtschaftlichen Zweck gegeben sein. Dies gilt insbes. dann, wenn die aus der wirtschaftlichen Tätigkeit erzielten Einnahmen (auch) zur Finanzierung der Verfolgung des nichtwirtschaftlichen Zwecks dienen sollen. In diesem Fall bedarf es aber eines inhaltlichen Bezugs; besteht der Zusammenhang allein in der Verwendung der Einnahmen zur Finanzierung des ideellen Zwecks, so liegt keine privilegierte wirtschaftliche Ne-

154 Vgl. RGZ 83, 231, 237; 154, 343, 354; BGHZ 15, 315, 319; 85, 84, 93; *BGH* NJW 1986, 2301; BayObLGZ 1974, 242, 249; 1989, 124, 130; *OLG Stuttgart* OLGZ 1970, 416, 417; *Flume* Jur. Person, § 4 II 2; AK/*Ott* §§ 21, 22 BGB Rn. 34 ff.; *K. Schmidt* Verbandszweck, S. 109 ff., 183 ff; *Soergel/Hadding* §§ 21, 22 BGB Rn. 33; *Erman/Westermann* § 21 BGB Rn. 3; MünchKomm/*Reuter* §§ 21, 22 BGB Rn. 17 ff.; abl. *Sack* ZGR 1974, 179, 194; *Knauth* JZ 1978, 339, 341; *Heckelmann* AcP 179 (1979), 1, 22.

155 Vgl. *Hemmerich* S. 104 ff.; *K. Schmidt* Verbandszweck, S. 189; *ders.* NJW 1988, 2574, 2576 und Rpfl 1988, 45, 48.

156 Vgl. *Hemmerich* S. 101 ff.

bentätigkeit vor[157]. Steuerlich handelt es sich dann insoweit um wirtschaftliche Geschäftsbetriebe, die nicht als Zweckbetriebe anzusehen sind und die mit den ihnen zuzuordnenden Besteuerungsgrundlagen keine steuerbegünstigten Zwecke verfolgen (vgl. § 64 Abs. 1 AO).
Danach können beispielsweise vom Nebentätigkeitsprivileg erfaßt werden die Herausgabe einer Vereinszeitschrift mit Anzeigengeschäft, die Werbung im Stadion oder am Spieler (Banden- und Trikotwerbung), der Betrieb einer Vereinsgaststätte oder gesellige Veranstaltungen gegen Eintrittsgeld.

Die wirtschaftliche Betätigung muß dem ideellen Hauptzweck funktional un- **132**
tergeordnet sein, d. h. die nichtwirtschaftliche Zweckverfolgung muß das Erscheinungsbild des Vereins prägen und dominieren[158]. Hierbei sind die Belange des Gläubiger- und Mitgliederschutzes zu berücksichtigen. Ein Indiz für eine durch das Nebentätigkeitsprivileg nicht mehr gedeckte wirtschaftliche Betätigung kann darin liegen, daß der Verein den überwiegenden Teil seiner Gesamteinnahmen nicht mehr für die Verfolgung des ideellen Zwecks verwendet[159]. Eine funktionale Unterordnung kann dagegen z. B. zu bejahen sein, wenn ein Automobilclub sein Leistungsangebot an die Mitglieder durch eine Rechtsschutzversicherung einer als GmbH betriebenen Tochtergesellschaft abrundet (zur gebotenen Zurechnung externer wirtschaftlicher Betätigung vgl. Rn. 112 f.)[160].

Hieraus folgt im Sportbereich z. B. für Fußball- oder Eishockey-Vereine der **133**
Bundesligen I und II, daß sie mit ihren Profiabteilungen einen wirtschaftlichen Geschäftsbetrieb unterhalten. Sofern weitere, nichtwirtschaftlich tätige Amateur-Abteilungen – insbesondere eine Nachwuchsabteilung – vorhanden sind, können sie aber unter das Nebentätigkeitsprivileg fallen. Das setzt voraus, daß eine Abwägung der wirtschaftlichen und nichtwirtschaftlichen Betätigungsfelder eine Haupttätigkeit als Sportverein ergibt, weil die »professionelle« Betätigung (Veranstaltungen etc.) der ideellen Haupttätigkeit funktional untergeordnet ist[161]. Betreiben diese Vereine aber nur den Profisport, insbes. ohne Amateur- und Nachwuchsförderung, so sind sie als wirtschaftliche Vereine anzusehen[162].

---

157 K. *Schmidt* Verbandszweck, S. 190; *Soergel/Hadding* §§ 21, 22 Rn. 36; großzügiger *Hemmerich* S. 107: soweit Gläubigerinteressen nicht gefährdet.

158 Vgl. *K. Schmidt* Verbandszweck, S. 183 ff.; auch BGHZ 85, 84, 89, 93.

159 Für eine entsprechende Nachweispflicht der Vereine *Knauth* Die Rechtsformverfehlung bei eingetragenen Vereinen mit wirtschaftlichem Geschäftsbetrieb, Diss. Köln 1976, S. 76 ff.; *ders.* JZ 1978, 339, 342 f.; für summenmäßige Grenzen *Mummenhoff* S. 134 ff.; *Schwierkus* S. 240 ff.; dagegen *K. Schmidt* Verbandszweck, S. 184 ff.

160 Vgl. BGHZ 85, 84, 88 ff. – ADAC-Rechtsschutzversicherung = NJW 1983, 569 = WM 1983, 394 = DB 1983, 491 = BB 1983, 328 m. zust. Anm. *Hemmerich* = MDR 1983, 193 = Rpfl 1983, 73 = GRUR 1983, 120 = VersR 1983, 55; dazu *K. Schmidt* NJW 1983, 543 ff.; *ders.* Verbandszweck, S. 190 ff.; *Reuter* ZIP 1984, 1052 ff.

161 Vgl. *K. Schmidt* Verbandszweck, S. 203.

162 Zur Möglichkeit der Umwandlung in eine Kapitalgesellschaft vgl. *Hopt* BB 1991, 778 ff.; *Fuhrmann* SpuRt 1995, 12 ff.

4.4.4. Zusammenfassende Würdigung

134 Ist der wirtschaftliche Geschäftsbetrieb zur Verfolgung eines nichtwirtschaftlichen Zwecks unentbehrlich, so kann der Verein eingetragen werden. Eine Abwägung zwischen Mittel und Zweck ist hier nicht vorzunehmen. In allen anderen Fällen, in denen der Verein sich wirtschaftlich betätigt, muß eine bewertende Betrachtung ergeben, daß die nichtwirtschaftliche Zweckverfolgung im Rahmen der Zweck-Mittel-Relation dem wirtschaftlichen Geschäftsbetrieb übergeordnet ist. Überwiegt demgegenüber die wirtschaftliche Betätigung die Verfolgung des »ideellen« Zwecks oder besteht zwischen beiden ein Gleichgewicht, so kann der Verein nicht eingetragen werden[163].

4.5. Einzelne Fälle nichtwirtschaftlicher Vereine im wirtschaftlichen Bereich

135 Folgende im wirtschaftlichen Bereich tätige Personenvereinigungen sind im Regelfall nicht als wirtschaftliche Vereine zu qualifizieren:
Vereinsförmige Kartelle ohne Syndikatsfunktion, soweit sie nach dem GWB noch freigestellt sind (vgl. §§ 2–6 GWB)[164]; Arbeitgeber- und Arbeitnehmervereinigungen (Gewerkschaften, Koalitionen; dazu Rn. 2735 ff.)[165]; Industrie- und Wirtschaftsverbände; berufsständische Vereinigungen wie Anwaltsvereine, Ärztevereine usw.[166]; Vereinigungen Gewerbetreibender, sofern sie nicht in der Hauptsache Leistungen anbieten[167]; Kontroll- und Gütezeichenverbände (z. B. DLG, RAL)[168] ; Haus- und Grundbesitzer- oder Mieter-Vereine[169]; Verbände der Ersatzkassen nach § 212 Abs. 5 SGB V (Verband der Arbeiter-Ersatzkassen e.V. und Verband der Angestellten-Krankenkassen e.V.); in Vereinsform organisierte Spitzenverbände der Sozialversicherung (Hauptverband der gewerblichen Berufsgenossenschaften e. V., dessen Mitglieder die gewerblichen Berufsgenossenschaften und die See-Berufsgenossenschaft sind[170]; Bundesverband der Unfallversicherungsträger der öffentlichen Hand e.V., dessen Mitglieder Gemeindeunfallversicherungsverbände, Feuerwehrkassen, Städte mit Eigenunfallversicherung, Landesausführungsbehörden, Bundesausführungsbehörden und eine Unfallkasse sind[171]; Verband Deutscher Rentenversicherungsträger e. V., dessen Mitglieder die Landesversicherungsanstalten, die Bundesversicherungsanstalt für Angestellte, die Bundesknappschaft, die Bundesbahnversicherungsanstalt und die Seekasse sind[172]); Verbände zur Förderung gewerblicher Interessen nach § 13 Abs. 2 Nr. 2 UWG, § 13

163 Vgl. BayObLGZ 1985, 283, 285; BayObLGZ 1989, 124, 130; *KG* OLGZ 1979, 279, 281 f.; *OLG Düsseldorf* OLGZ 1983, 408, 416.
164 RGZ 95, 91, 94; *K. Schmidt* Verbandszweck, S. 107.
165 Vgl. RGZ 85, 256.
166 Vgl. RGZ 83, 231; *OLG Bremen* JR 1955, 332.
167 Vgl. *Soergel/Hadding* §§ 21, 22 BGB Rn. 45.
168 Vgl. *Erman/Westermann* § 21 BGB Rn. 4.
169 RGZ 88, 334; vgl. auch *BGH* BB 1984, 459.
170 Vgl. *Hein* S. 227.
171 Vgl. *Hein* S. 262 f.
172 Vgl. *Hein* S. 287.

Abs. 2 Nr. 2 AGB-Gesetz[173]; Verbände zur Aufklärung und Beratung von Verbrauchern nach § 13 Abs. 2 Nr. 3 UWG, § 13 Abs. 2 Nr. 1 AGB-Gesetz[174]; Warenzeichenverbände nach § 17 Abs. 1 WZG, soweit sie »keinen auf Herstellung und Vertrieb von Waren gerichteten Geschäftsbetrieb haben«.

5. Die Erlangung der Rechtsfähigkeit durch Eintragung im Vereinsregister

5.1. Die Anmeldung des Vereins

5.1.1. Die Anmeldepflicht

Nach § 59 Abs. 1 BGB hat der Vorstand den Verein zur Eintragung anzumelden. Trotz des Wortlauts »hat«, besteht keine öffentlich-rechtliche, mit Registerzwang durchsetzbare (in § 78 Abs. 1 BGB wird § 59 Abs. 1 BGB nicht erwähnt) Pflicht zur Anmeldung. Den Gründern ist es freigestellt, ob der Verein rechtsfähig werden soll oder nicht. Die Verzögerung der Anmeldung hat aber den Nachteil, daß die Haftung der für den Vorverein Handelnden fortbesteht (§ 54 Satz 2 BGB). **136**

Der Vorstand ist aber kraft seiner Organstellung verpflichtet, den Verein unverzüglich anzumelden, sofern keine erkennbaren Eintragungshindernisse bestehen und Weisungen der Gründungsmitglieder nicht entgegenstehen. Bei schuldhafter Verzögerung der Anmeldung kann der Vorstand wegen Schlechterfüllung des mit ihm bestehenden Auftragsverhältnisses zum Schadensersatz herangezogen werden. Dieser Sachverhalt ist auch ein Grund, den Vorstand abzuberufen und durch einen neuen zu ersetzen. Die Bestellung eines Notvorstands (§ 29 BGB) kommt jedenfalls solange nicht in Betracht, solange die Gründungsmitglieder zur Bestellung eines neuen Vorstands in der Lage sind. **137**

Die heute im GmbH-Recht herrschende Auffassung, daß die Anmeldung auch im Klagewege erzwungen werden kann[175], gilt auch im Vereinsrecht, zumal hier der Vorstand keine höchstpersönlich zu leistenden Versicherungen (vgl. § 8 Abs. 2 und 3 GmbHG) abgeben muß. Die Klage sollen alle Gründungsmitglieder erheben, weil zweifelhaft ist, ob ein Mitglied eine actio pro sozio erheben kann. Der gegen den beklagten Vorstand gerichtete Klageantrag lautet: »Der Beklagte wird verurteilt, den Verein X beim Amtsgericht – Registergericht – Y zur Eintragung anzumelden.« Das Urteil wird nach § 888 ZPO vollstreckt. **138**

5.1.2. Das zuständige Amtsgericht (Registergericht)

Der Verein ist bei dem Amtsgericht anzumelden, in dessen Bezirk er seinen Sitz hat (arg. § 55 Abs. 1 BGB). Maßgebend ist der in der Satzung bestimmte Sitz **139**

173 Vgl. RGZ 78, 80; *K. Schmidt* Verbandszweck, S. 255 ff.; *ders.* Rpfl 1988, 45, 47; *Sauter/Schweyer* Rn. 57 a; anders BayObLGZ 1983, 45; *Stöber* Rn. 28; *Erman/Westermann* § 21 BGB Rn. 4, für den Fall, daß die Vereinsform als Abmahnverein mißbraucht wird; vgl. nunmehr § 13 Abs. 2 Nr. 2 UWG i.d.F. vom 25.7.1994, der eine der Betätigung entsprechende Ausstattung fordert.

174 Vgl. *Soergel/Hadding* §§ 21, 22 Rn. 45.

175 Vgl. z. B. *Scholz/Winter* Rn. 6, *Hachenburg/Ulmer* Rn. 8, je zu § 7 GmbHG.

(vgl. Rn. 389), der grundsätzlich innerhalb der Bundesrepublik Deutschland frei gewählt werden kann. Ein Vorverein, der keinen Sitz im Bundesgebiet hat, kann nicht eingetragen werden.

140 Da die örtliche Zuständigkeit eine ausschließliche ist, muß die Anmeldung bei einem örtlich unzuständigen Amtsgericht zurückgewiesen werden, falls sie auf Hinweis nicht zurückgenommen wird. Ist gleichwohl der Verein von einem unzuständigen Gericht eingetragen worden, so ist dies wirksam[176]; die Eintragung muß aber im Verfahren nach §§ 159, 142 FGG von Amts wegen gelöscht werden[177].

141 Beim Amtsgericht ist das Registergericht funktionell zuständig. Von der Ermächtigungsnorm des § 55 Abs. 2 BGB, die Vereinsregistersachen zu zentralisieren, haben einige Bundesländer Gebrauch gemacht; vgl. dazu näher Rn. 2277.

5.1.3. Die Anmeldung des Vereins durch den Vorstand

142 Der Vorstand hat den Verein zur Eintragung anzumelden (§ 59 Abs. 1 BGB). Besteht der (Vertretungs-)Vorstand aus mehreren Mitgliedern, so müssen bei der Erstanmeldung alle Organmitglieder mitwirken, und zwar unabhängig davon, ob die Satzung Mehrheits- oder Einzelvertretungsbefugnis verleiht. Es besteht im Vereinsrecht kein Grund, von der bei den Kapitalgesellschaften und Genossenschaften gesetzlich ausdrücklich angeordneten Mitwirkung aller Mitglieder des Vertretungsorgans bei der Erstanmeldung (§ 36 Abs. 1 AktG; § 7 Abs. 1, § 78 GmbHG; § 157 GenG) abzuweichen[178]. Keine Vorstandsmitglieder in diesem Sinne sind die Mitglieder des Erweiterten Vorstands oder Gesamtvorstands, die keine Vertretungsbefugnis haben[179].

143 Bei einem Vorstandswechsel während des Anmeldeverfahrens müssen die neuen Vorstandsmitglieder die Antragstellung der ausgeschiedenen übernehmen. Ergibt sich im Verlaufe des Anmeldeverfahrens, daß ein anmeldendes Vorstandsmitglied nicht gültig bestellt worden ist, so fehlt es an einer wirksamen Anmeldung. Kann der Mangel nicht behoben werden, so muß die Anmeldung zurückgewiesen werden. Ist der Verein gleichwohl eingetragen worden, so ist eine Amtslöschung jedenfalls dann nicht veranlaßt, wenn die Eintragung dem Willen des nunmehr gültig bestellten Vorstands entspricht.

144 Die Anmeldeerklärungen müssen nicht gleichzeitig abgegeben werden.

5.1.4. Die Vertretung der Vorstandsmitglieder

145 Bei der Anmeldung einer Genossenschaft ist eine Stellvertretung der Vorstandsmitglieder nicht zulässig[180]; im Kapitalgesellschaftsrecht ist eine Stellvertretung jedenfalls insoweit ausgeschlossen, als die Abgabe von Versiche-

---

176 § 7 FGG; vgl. *KG* KGJ 31 A 206.

177 *Keidel/Kuntze/Winkler* Rn. 12, *Jansen* Rn. 8, je zu § 125 FGG; a. A. *Hachenburg/Ulmer* § 7 GmbHG Rn. 15.

178 Vgl. z. B. *KG* RJA 9, 47 und HRR 1942 Nr. 438; *OLG Hamm* OLGZ 1980, 389 und 1984, 15; *Erman/Westermann* Rn. 1, MünchKomm/*Reuter* Rn. 3, *Ott* Rn. 2, *Palandt/Heinrichs* Rn. 1, *Soergel/Hadding* Rn. 3, *Staudinger/Coing* Rn. 10, je zu § 59 BGB; a. A. *BayObLG* NJW-RR 1991, 958.

179 BayObLGZ 1990, 71/74; *OLG Hamm* OLGZ 1984, 15/18.

180 Vgl. § 6 Abs. 3 GenRegVO; vgl. *Keidel/Schmatz/Stöber* Rn. 903.

rungen in Betracht kommt[181]. Im Vereinsrecht ist die gewillkürte Stellvertretung bei der Anmeldeerklärung zulässig. Ein Vorstandsmitglied kann somit ein anderes, einen Dritten oder auch den Urkundsnotar bevollmächtigen, die Anmeldeerklärung samt den hierfür erforderlichen Urkunden beim Registergericht abzugeben. Die erteilte Vollmacht muß jedoch – falls sie sich nicht auf den Urkundsnotar bezieht – gemäß §§ 77, 129 BGB öffentlich beglaubigt sein[182]. Es genügt, daß die Vollmacht ihrem Inhalt nach zur Anmeldung beim Vereinsregistergericht ermächtigt[183]. Ergeben sich jedoch Zweifel, ob die vorgelegte Vollmacht (noch) dem Willen des Vollmachtgebers entspricht, so kann das Registergericht eine gerade auf diesen Anmeldevorgang sich beziehende Vollmacht oder das persönliche Erscheinen des Vollmachtgebers verlangen[184].

5.1.5. Der Inhalt der Anmeldeerklärung; die Unterschriftsbeglaubigung; die Einreichung durch den Urkundsnotar

Die Anmeldeerklärung kann vom Vorstand oder einem Dritten abgefaßt werden. Sie lautet etwa: **146**

Sportverein Wartberg Wartberg, den . . .

An das
Amtsgericht – Registergericht –
Wartberg

Eintragung eines Vereins in das Vereinsregister
Die Unterzeichneten melden zur Eintragung in das Vereinsregister an
1. den neu gegründeten Sportverein Wartberg, dessen Satzung am . . . errichtet worden ist;
2. die Unterzeichneten als Vorstand.

Der Anmeldung sind beigefügt
1. die am . . . errichtete, von sieben Vereinsmitgliedern unterschriebene Satzung in Ur- und beglaubigter Abschrift sowie eine weitere unbeglaubigte Abschrift;
2. eine Abschrift des Gründungsversammlungsprotokolls vom . . ., aus dem sich auch die Vorstandsbestellung ergibt.

Der nach § 64 BGB weiter erforderliche oder mögliche Eintragungsinhalt – Satzungsbestimmungen, die den Umfang der Vertretungsmacht des Vorstands beschränken oder die Beschlußfassung des Vorstands abweichend von der Vorschrift des § 28 Abs. 1 BGB regeln, der besondere Vertreter (§ 30 BGB) und die Befreiung des Vorstands von den Beschränkungen des § 181 BGB – kann, muß aber nicht angemeldet werden, da das Gesetz (§ 59 Abs. 1 BGB) nur die Anmeldung des Vereins verlangt. **147**

181 § 37 Abs. 2 AktG; § 8 Abs. 2, 3 GmbHG; vgl. *BayObLG* NJW 1987, 136; vgl. auch *OLG Köln* NJW 1987, 135.
182 Vgl. *KG* RJA 4, 31; DR 1942, 725.
183 Vgl. *KG* KGJ 33 A 143.
184 Vgl. *KG* RJA 8, 130; *BayObLG* JFG 1, 273.

148 Die näheren Namensangaben und Anschriften der Vorstandsmitglieder ergeben sich aus der Identitätsfeststellung bei der Unterschriftsbeglaubigung (§ 40 Abs. 3 Satz 1 BeurkG).
Die Unterschriften der Vorstandsmitglieder müssen nach § 77, 129 BGB, § 40 BeurkG von einer Urkundsperson beglaubigt werden. Zuständig sind die inländischen Notare. Aufgrund des Vorbehalts in § 63 BeurkG sind zur Unterschriftsbeglaubigung auch die baden-württembergischen Ratsschreiber, die Vorsteher der hessischen Ortsgerichte sowie die rheinland-pfälzischen Ortsbürgermeister, Gemeinde- und Stadtverwaltungen zuständig[185]. Der Notar kann auch die Anmeldeerklärung entwerfen. Dann ist die Beurkundung einer Willenserklärung gegeben[186]. Die weiter angeführten Urkundspersonen können den Entwurf der Anmeldeerklärung nicht fertigen[187].

149 Die Vorstandsmitglieder können die öffentlich beglaubigte Anmeldeerklärung selbst dem Amtsgericht zuleiten. In der Praxis übernimmt diese Zuleitung der Urkundsnotar.

150 Nicht selten lautet das an das Registergericht gerichtete Schreiben des Urkundsnotars: »Gem. § 129 FGG stelle ich Vollzugsantrag (oder: stelle ich den Antrag, den Verein X. in das Vereinsregister einzutragen) und bitte um Vollzugsnachricht.« Die Anmeldung eines Vereins ist aus öffentlich-rechtlicher Sicht freigestellt; es besteht keine derartige **Anmeldeverpflichtung**. § 129 FGG erfaßt aber, wie sich aus dem Wortlaut dieser Vorschrift ergibt, nur den zu einer Registeranmeldung **Verpflichteten**. Auf die vermutete Vollmacht nach § 129 FGG kann sich ein Notar bei dieser Anmeldung also nicht stützen[188]. Hat der Notar lediglich die Unterschriften beglaubigt, so ist er zum Vollzug nur berechtigt und verpflichtet, wenn er dazu einen Auftrag erhält[189]. Anders ist es, wenn er auch den Anmeldetext entworfen hat[190]. Ob der Entwurf auch vom Notar gefertigt worden ist, kann oft nur aus einem Schrifttypenvergleich mit dem Beglaubigungsvermerk entnommen werden. Kann sich der Notar nicht auf die nach § 129 FGG vermutete Vollmacht stützen, so muß das Gericht eine rechtsgeschäftlich erteilte Vollmacht jedenfalls dann annehmen, wenn der Notar nur die Unterschrift beglaubigt hat.

151 Zweckmäßig ist es, wenn die Vorstandsmitglieder dem Notar in der Anmeldeerklärung Vollmacht erteilen, daß dieser den Verein anmelden kann. Dann liegt eine Antragstellung i. S. d § 29 Abs. 1 FGG vor, welche die Postulationsfähigkeit des Notars im Rechtbeschwerdeverfahren ergibt.

5.1.6. Die der Anmeldung beizufügenden Urkunden

152 Nach § 59 Abs. 2 BGB sind der Anmeldung beizufügen:
- Die Urschrift der Satzung und eine nicht notwendig amtlich beglaubigte Abschrift der Satzung. Die Urschrift soll von mindestens sieben Mitgliedern

---

185 *Keidel/Kuntze/Winkler* § 63 BeurkG Rn. 1.
186 *Keidel/Kuntze/Winkler* § 40 BeurkG Rn. 45.
187 *Keidel/Kuntze/Winkler* § 63 BeurkG Rn. 1.
188 *BayObLG* NJW 1987, 136; *KG* OLGZ 1969, 501; *Keidel/Kuntze/Winkler* Rn. 6, *Jansen* Rn. 6, je zu § 129 FGG; *Sauter/Schweyer* Rn. 16.
189 Vgl. § 53 BeurkG sowie *Keidel/Kuntze/Winkler* § 53 BeurkG Rn. 2.
190 Vgl. *Keidel/Kuntze/Winkler* a. a. O. Rn. 3.

(nicht notwendig Gründungsmitgliedern) unterschrieben sein, sie soll ferner die Angabe des Tages der Errichtung enthalten (§ 59 Abs. 3 BGB). Sieben Unterschriften sind auch erforderlich, wenn ein aus juristischen Personen bestehender Vereinsverband gegründet wird. Die Abschrift der Satzung ist als solche zu bezeichnen; sie muß den gesamten Satzungstext enthalten, die sieben Unterschriften können maschinenschriftlich (gez. Meier) beigefügt werden. Die Beigabe einer weiteren Abschrift empfiehlt sich, weil diese der Verwaltungsbehörde weiterzuleiten ist. Die Satzungsabschrift(en) beglaubigt das Gericht (§ 66 Abs. 2 Satz 2 BGB). Erklärt die Satzung Fremdsatzungsrecht, z. B. eines Vereinsverbandes, für verbindlich, so muß auch dieses dem Registergericht eingereicht werden.

Eine (unbeglaubigte) Abschrift der Urkunde(n) über die Bestellung des Vorstandes. Hier genügt eine Abschrift des Gründungsprotokolls, das die Vorstandsbestellung enthält. Bei schon länger bestehenden nichtrechtsfähigen Vereinen ist das letzte Wahlprotokoll vorzulegen. Sollte seinerzeit kein Protokoll geführt worden sein, so reicht die Vorlage eines Gedächtnisprotokolls aus; kann ein solches nicht mehr erstellt werden, müßte der Wahlvorgang wiederholt und protokolliert werden. Die Vorlage der Bestellungsurkunde soll dem Registergericht die Prüfung ermöglichen, ob der Verein von den wirklich Anmeldeberechtigten, also dem gewählten oder bestimmten Vorstand, zur Eintragung angemeldet worden ist[191]. Ist nach der Satzung die Wahl einem besonderen Vereinsorgan (z. B. einem Kuratorium) übertragen, so ist mit der Anmeldung auch die Urkunde über die Bestellung dieses Vereinsorgans vorzulegen[192].

In besonderen Fällen kann gesetzlich bestimmt sein, daß die Eintragung von **153** einer staatlichen Bewilligung abhängig ist. So bestimmt § 212 Abs. 5 SGB V, daß sich Ersatzkassen zu Verbänden zusammenschließen können, daß aber der Antrag auf Eintragung in das Vereinsregister der Einwilligung der Aufsichtsbehörde (d. i. der Bundesminister für Arbeit und Sozialordnung, vgl. § 214 SGB V) bedarf. In solchen Fällen muß das Registergericht auch die Vorlage der staatlichen Einwilligung verlangen.

5.1.7. Rechtsnatur der Anmeldung

Die Anmeldung ist bis zur Einreichung beim Registergericht ein organschaft- **154** licher Akt[193]. Mit der Einreichung ist ein verfahrensrechtlicher Antrag bei Gericht gestellt. Daraus folgt, daß die Vorschriften über Willenserklärungen nur entsprechend herangezogen werden können. Der Eintragungsantrag setzt Verfahrensgeschäftsfähigkeit und damit unbeschränkte bürgerlichrechtliche Geschäftsfähigkeit voraus. 16jährige können demnach keinen Verein anmelden. Entsprechend § 130 Abs. 2 BGB berührt es die Wirksamkeit der Anmeldung nicht, wenn ein Vorstandsmitglied nach dem Eingang beim Registergericht wegfällt oder seine Geschäftsfähigkeit verliert[194].

---

191 BayObLGZ 1984, 1/3.

192 *BayObLG* a. a. O.

193 Vgl. auch *BayObLG* DB 1985, 1223/1224 sowie *Hachenburg/Ulmer* § 7 GmbHG Rn. 17.

194 Vgl. *OLG Dresden* OLGE 4, 22.

Im Falle des Vorstandswechsels vor der Eintragung des Vereins müssen aber neu bestellte Vorstandsmitglieder der Anmeldung beitreten (vgl. oben Rn. 143[195]).
Die Anmeldung kann bis zum Vollzug formlos widerrufen werden[196]. Widerruft von mehreren Anmeldern nur ein Vorstandsmitglied, so wird die Anmeldung wirkungslos[197].

5.2. Die Prüfung der Anmeldung des Vereins durch das Registergericht

5.2.1. Die Zuständigkeit des Rechtspflegers

155 Nach § 3 Nr. 1 a RPflG sind die sämtlichen Vereinssachen (§§ 29, 37 BGB i. V. m. § 160 FGG) und Vereinsregistersachen (§§ 55–79 BGB; §§ 159, 162 FGG) in vollem Umfang dem Rechtspfleger übertragen. Der Amtsrichter wird mit diesen Angelegenheiten nur befaßt, wenn sie ihm der Rechtspfleger vorlegt (§ 5 RPflG) oder wenn der Rechtspfleger einer nicht befristeten Erinnerung nicht abhilft (§ 11 Abs. 2 Satz 2 RPflG).

5.2.2. Der Rechtsgrund und die Notwendigkeit der Prüfung

156 Das BGB enthält keine Bestimmungen über die Prüfung der Erstanmeldung eines Vereins. § 60 BGB nennt zwar Gründe für die Zurückweisung der Anmeldung. Hieraus ergibt sich aber nur ein gewisser Prüfungsumfang, der im übrigen durch die in § 60 BGB in Bezug genommenen Vorschriften nicht abschließend bestimmt worden ist, weil z. B. die Zurückweisung der Anmeldung wegen des in Wirklichkeit bestehenden wirtschaftlichen Vereins nicht einbezogen wurde[198]. Der Rechtsgrund der gerichtlichen Prüfung folgt vielmehr aus dem System der Normativbestimmungen. Danach ist eine Körperschaftsbildung allgemein erlaubt; will die Körperschaft aber die Rechtsfähigkeit erlangen, so bestimmt der Staat durch Gesetz, welche Mindestanforderungen von der betreffenden Vereinigung zu erfüllen sind, damit der Staat die Rechtsfähigkeit verleiht (vgl. oben Rn. 26). Die Prüfung der Erfüllung dieser Mindestanforderungen ist im Falle der Anmeldung eines Vereins, der die Rechtsfähigkeit durch Eintragung erstrebt, Sache des Registergerichts.
Die Notwendigkeit dieser Prüfung folgt daraus, daß im Falle der Eintragung eine neue jurisitische Person entsteht, was nicht nur für die Gründungsmitglieder des Vereins, sondern auch für Dritte von weitreichender Bedeutung ist. Ein wesentlicher Gesichtspunkt ist auch der, daß infolge der Eintragung Mängel der Vereinsgründung weitgehend nicht mehr geltend gemacht werden können (vgl. Rn. 199).[199]

---
195 A. A. *Hachenburg/Ulmer* § 7 GmbHG Rn. 9 und 18.
196 Vgl. *KG* OLGE 43, 205.
197 Vgl. *Scholz/Winter* § 7 GmbHG Rn. 12.
198 Vgl. *BGH* NJW 1952, 1216.
199 *OLG Düsseldorf* NJW 1990, 328/329.

5.2.3. Allgemeine Grundsätze zum Gegenstand und Umfang der Prüfung sowie deren Zeitpunkt

Gegenstand der Prüfung ist bei einem neu entstandenen Verein die Ordnungsmäßigkeit seiner Gründung mit nichtwirtschaftlicher Zwecksetzung in formeller und materieller Hinsicht sowie die gehörige Form der Anmeldung mit den erforderlichen Unterlagen. Die Anmeldung – auch eines bereits bestehenden nichtrechtsfähigen Vereins – muß ergeben, daß der Verein die Rechtsfähigkeit durch Eintragung erstrebt; der Verein muß außerdem ordnungsgemäß angemeldet worden sein. Hieraus folgt, daß der Prüfungsumfang ein weiterer ist, als sich dies aus § 60 BGB und den dort in Bezug genommenen Vorschriften ergibt. Aus dem System der Normativbestimmungen folgt: Nur was Gegenstand der Prufung des Registergerichts war, wird für den Verein gültiges Satzungsrecht. Wird in der Gründungsversammlung über zwei Satzungsvorschläge abgestimmt, erreicht der Vorschlag A die erforderliche Mehrheit und der Vorschlag B nicht, reicht aber der Vorstand den Vorschlag B als beschlossene Satzung mit sieben Unterschriften dem Registergericht ein, so ist die Satzung B für den eingetragenen Verein verbindlich. Beschließt die Gründungsversammlung neben der Hauptsatzung Nebenordnungen, die aber Satzungsbestandteil sein sollen, so erlangen sie diese Eigenschaft nur, wenn auch die Nebenordnungen dem Registergericht eingereicht und geprüft worden sind[200]. **157**

Das Registergericht hat eine Rechtmäßigkeitskontrolle durchzuführen: Es muß den gesetzlichen Erfordernissen entsprechen, daß der angemeldete Verein aufgrund der eingereichten Unterlagen, u. U. nach deren Vervollständigung oder nach gebotener Sachaufklärung (§ 12 FGG), in das Vereinsregister eingetragen wird und damit die Rechtsfähigkeit erlangt. Grundsätzlich nicht zulässig ist eine registergerichtliche Prüfung, ob sich der Verein eine für die Erreichung seiner Ziele zweckmäßige Verfassung (Satzung) gegeben hat[201]. **158**

Die Satzung muß nicht nur den sich aus den §§ 57, 58 BGB ergebenden gültigen Inhalt haben; sie darf auch die unabdingbaren BGB-Vorschriften nicht mißachten, die für alle Vereine bestehen (vgl. § 40 BGB). Die Satzung darf ferner auch nicht ungeschriebene, aber zwingende allgemeine Grundsätze des Vereinsrechts mißachten[202]. **159**

Eine Zweckmäßigkeitskontrolle ist deshalb unzulässig, weil zum Kernbereich der Vereinigungsfreiheit (Art. 9 Abs. 1 GG) auch die Satzungsautonomie gehört[203]. Deshalb darf eine Anmeldung nicht deshalb beanstandet werden, weil das Registergericht eine an sich wirksame Satzungsbestimmung für unzweckmäßig oder für ungeeignet erachtet, einen späteren Konfliktfall zu lösen[204]. **160**
Eine Ausnahme gilt für Satzungsbestimmungen, die Außenwirkungen haben, wie dies bei der Vertretungsregelung der Fall ist. Hier müssen offensichtliche Unklarheiten oder gar Unrichtigkeiten im Drittinteresse beanstandet werden[205].

---

200 Vgl. *OLG München* BB 1977, 865.

201 Grundsätzliches Verbot der Zweckmäßigkeitskontrolle; vgl. *BayObLG* BB 1985, 546; *OLG Köln* GmbHR 1982, 187/188 und NJW 1992, 1048.

202 Vgl. *BayObLG* BB 1983, 83/84; *KG* KGJ 35 A 178/180; vgl. auch *LG Bremen* RPfl 1990, 262.

203 Vgl. BayObLGZ 1982, 368/373; *BayObLG* BB 1983, 83/84; 1985, 546.

204 Vgl. *BayObLG* a. a. O.; *OLG Stuttgart* Die Justiz 1980, 354/355; *OLG Köln* a. a. O.

205 Vgl. *BayObLG* a. a. O.

Kein Prüfungsgegenstand ist die Frage, ob der Verein aufgrund seiner wirtschaftlichen Lage überlebensfähig ist[206].

161 Die gerichtliche Prüfung beschränkt sich dem Grundsatz nach auf die eingereichten Anmeldeunterlagen. Die Aufklärungspflicht (§ 12 FGG) kann es gebieten, weitere Unterlagen anzufordern. Insoweit kann die Anmelder eine Informationslast treffen[207]. In dem angeführten Beispiel der Einreichung einer von sieben Personen unterschriebenen, aber nicht mehrheitlich beschlossenen Satzung wird aufgrund entsprechender Hinweise von Vereinsmitgliedern die mehrheitlich beschlossene Satzung mit sieben Unterschriften anzufordern sein. Das Gericht kann sich auch auf andere Weise als durch Beteiligung der Anmelder Aufklärung verschaffen. So kann bei der Frage der Täuschungseignung des mitangemeldeten Vereinsnamens eine Stellungnahme der Industrie- und Handelskammer eingeholt werden. Nicht aufklärbare Zweifel hinsichtlich der Berechtigung des Eintragungsbegehrens gehen zu Lasten der Anmelder; die Anmeldung muß zurückgewiesen werden.

162 Im Regelfall entscheidet der Zeitpunkt des Eingangs der Anmeldung, ob ein ordnungsgemäß gegründeter nichtwirtschaftlicher Verein aufgrund der Anmeldeunterlagen eingetragen werden kann. Voraussetzung ist aber, daß keine Veränderungen eingetreten sind. Muß aufgrund einer Beanstandung des Registergerichts die Satzung geändert werden, so ist der nunmehr eingereichte Satzungstext zu überprüfen. Es kann auch ein Anmelder weggefallen sein; dann kommt es darauf an, ob ein neu bestelltes Vorstandsmitglied der Anmeldung beigetreten ist. Ein Einspruch der Verwaltungsbehörde und ein sich anschließender Verwaltungsgerichtsprozeß kann das Eintragungsverfahren auf lange Zeit hinauszögern. Folgt der Anmeldung, die keine Änderung oder Ergänzung erfahren hat, nicht unverzüglich die Eintragung, so kommt es darauf an, ob im Zeitpunkt der Entscheidungsreife, d. h. dem Erlaß der Verfügung über die Eintragung des Vereins, die mit der Anmeldung begehrte Eintragung des Vereins gerechtfertigt ist. Dies ist dann der Prüfungszeitpunkt.

5.2.4. Die Prüfung der Ordnungsmäßigkeit der Anmeldung

163 Das Registergericht prüft

- seine örtliche Zuständigkeit; die Sitzbestimmung in der Satzung muß wirksam sein und sich damit die Zuständigkeit des Registergerichts ergeben, dem die Anmeldung eingereicht worden ist;
- die Anmeldeerklärung (vgl. Rn. 146), welche die von einer Urkundsperson beglaubigten Unterschriften aller zur Anmeldung berechtigten Vorstandsmitglieder trägt; diese müssen durch einen gültigen Bestellungsakt ihre Organstellung erlangt haben;
- das Vorhandensein der nach § 59 Abs. 2 BGB der Anmeldung beizufügenden Urkunden (vgl. Rn. 147).

---

206 Ebenso grundsätzlich zum GmbH-Recht *Hachenburg/Ulmer* § 9 c GmbHG Rn. 9.
207 Vgl. BayObLGZ 1989, 124/131.

5.2.5. Die Prüfung der formellen und materiellen Ordnungsmäßigkeit der Gründung des Vorvereins oder des Bestands eines älteren nichtrechtsfähigen Vereins, der die Eintragung erstrebt

Bei der Anmeldung einer Aktiengesellschaft, einer GmbH und einer Genossenschaft hat das Gericht die ordnungsgemäße Errichtung dieser Gesellschaften/Genossenschaften zu prüfen (§ 38 Abs. 1 AktG; § 9c Satz 1 GmbHG; § 11a Abs. 1 Satz 1 GenG). Auch wenn für Vereine eine entsprechende Vorschrift fehlt und anders als bei den Vorgesellschaften ein Gesellschaftsvertrag in notarieller Form (§ 2 Abs. 1 Satz 1 GmbHG) oder eine notariell beurkundete Feststellung der Satzung (§ 23 Abs. 1 Satz 1 AktG) nicht vorgesehen ist, muß sich die Prüfung des Vereinsregistergerichts gleichwohl darauf erstrecken, ob ein Verein mit nichtwirtschaftlicher Zwecksetzung gegründet worden ist. Sowohl bei neu gegründeten Vorvereinen als auch bei schon länger bestehenden nichtrechtsfähigen Vereinen, welche nunmehr die Eintragung erstreben, muß weiter geprüft werden, ob eine Satzung vorhanden ist, welche nicht nur in ihren wesentlichen Teilen nicht unwirksam ist, sondern ergibt, daß eine körperschaftliche Struktur der Vereinigung gegeben ist. Da die Körperschafts- und Gesellschaftsbildung grundsätzlich frei ist, können Vereinigungen bestehen, die eine Mischform zwischen dem nichtrechtsfähigen Verein und der bürgerlichrechtlichen Gesellschaft aufweisen[208]. Eine solche Vereinigung stellt keinen eintragungsfähigen Verein dar. Der Vereinsgründungsakt darf nicht nichtig sein. Das wäre er z. B., wenn Minderjährige einen Verein gegründet und die gesetzlichen Vertreter die Zustimmung versagt hätten. Auch Schein- und Strohmanngründungen gehören hierher. Solche sind bei folgender Fallkonstellation gegeben (Fall aus der Praxis): Ein Vorstandsvorsitzender will sich in verschiedenen Sparten unternehmerisch betätigen. Mit den vorhandenen sieben Mitgliedern gründet er sechs neue Vereine und verteilt seine unternehmerische Betätigung »scheibchenweise« auf diese Vereine. In den jeweiligen Satzungen werden ideelle Zwecke angegeben. 164

Zum Wesen des Vereins gehört es, daß dieser vor und nach der Eintragung eine gewisse Selbständigkeit haben muß. Hat ein Außenstehender einen starken Einfluß auf den Verein, so müssen hierfür triftige Gründe bestehen; der Vereinszweck muß dann durch diesen Dritten eine entscheidende Förderung erhalten. Sind diese Voraussetzungen nicht gegeben und handelt es sich auch nicht um einen religiösen Verein, so muß das Registergericht einen maßgeblichen Dritteinfluß beanstanden und, wenn dieser nicht beseitigt wird, die Eintragung versagen. 165

Die hier angeführten Fälle einer Nichtigkeit der Vereinsgründung müssen deshalb vom Gericht geprüft werden, weil die Eintragung weitgehend Gründungsmängel heilt. Der Verein ist als Rechtssubjekt entstanden.

5.2.6. Die Prüfung des Rechtsbestands der Satzung

Ein Verein kann nicht eingetragen werden, wenn seine Satzung insgesamt oder in einem wesentlichen Teil unwirksam ist. 166

208 Vgl. *BGH* NJW 1979, 2304/2305.

5.2.6.1. Der Gesetzesverstoß

167 Die Satzung ist nichtig, wenn der Vereinszweck gegen ein gesetzliches Verbot verstößt[209]. Hier kommen u. a. Tätigkeiten in Betracht, die ohne eine behördliche Erlaubnis ausgeübt werden, wie dies bei der geschäftsmäßigen Besorgung fremder Rechtsangelegenheiten der Fall ist, die nach § 1 Abs. 1 Satz 1 RBerG erlaubnispflichtig sind (und ein Ausnahmetatbestand nicht gegeben ist). Ein Verstoß gegen § 3 Abs. 2 des Gesetzes zur Regelung der Wohnungsvermittlung[210] ist gegeben, wenn Vereinszweck (auch) die Wohnungsvermittlung ist und der Verein von seinen Mitgliedern eine Aufnahmegebühr und einen regelmäßigen Beitrag erhebt[211]. In besonders gelagerten Fällen kann der Gesetzgeber den Vereinszweck auf bestimmte Tätigkeiten beschränken (vgl. § 63 b Abs. 4 GenG); dann ist jeder andere Zweck nichtig i. S. d. § 134 BGB. Aus § 160 StVollzG wird gefolgert, daß ein Verein von Strafgefangenen, der Angelegenheiten der Gefangenenmitverantwortung wahrnehmen will, ohne Zustimmung der Anstaltsleitung nicht gegründet werden kann[212].

168 Nichtig können auch einzelne Satzungsbestandteile sein. Die Schiedsgerichtsklausel in der Satzung verstößt gegen § 1025 Abs. 2 ZPO, wenn dem Verein bei der Bildung des Schiedsgerichts eine Übermachtstellung eingeräumt wird[213]. Wegen Verstoßes gegen § 13 GVG ist eine Satzungsbestimmung nichtig, die den ordentlichen Rechtsweg ausschließt, ohne die Anrufung eines Schiedsgerichts zu ermöglichen[214]. Nichtig ist eine Beschränkung des gesetzlich angeordneten Minderheitenschutzes nach § 37 BGB. Gleiches gilt für eine Satzungsregelung, welche entgegen dem nicht abdingbaren § 34 i. V. m. § 40 BGB das gesetzlich ausgeschlossene Stimmrecht zuläßt[215].

169 Das VereinsG ist zwar ein Verbotsgesetz i. S. d. § 134 BGB. Gleichwohl hat das Registergericht die sich aus Art. 9 Abs. 2 GG ergebenden Verbotstatbestände (vgl. Rn. 2918 ff.) nicht zu prüfen[216]. Das Registergericht wird in einer Angelegenheit der Freiwilligen Gerichtsbarkeit tätig. Hierbei darf es nicht in die Zuständigkeit anderer Gerichtsbarkeiten oder von Verwaltungsbehörden eingreifen. Im Falle eines nach dem öffentlichen Recht verbotenen Vereins hat zunächst die Einspruchsbehörde durch Einlegung des Einspruchs eine vorläufige Registersperre herbeizuführen. Wird von der Verbotsbehörde ein wirksam gewordenes Vereinsverbot ausgesprochen (§ 3 Abs. 1 VereinsG), so wird die vorläufige Registersperre aufrechterhalten[217]. Die Verbotsverfügung kann im verwaltungsgerichtlichen Verfahren angefochten werden. Die ergehende Entscheidung bindet das Registergericht ebenso wie die vorangegangene Verfügung der Verbotsbehörde[218]. Die zwingend gebotene Beachtung der jewei-

---

209 § 134 BGB; vgl. RGZ 165, 140/144.

210 V. 4. 11. 1971, BGBl. I S. 1745/1747.

211 Vgl. *LG Essen* Rpfl 1983, 158; *LG Karlsruhe* Rpfl 1984, 22.

212 BayObLGZ 1981, 289/299 f; *OLG Karlsruhe* OLGZ 1983, 397.

213 Vgl. auch BGHZ 51, 262.

214 *Palandt/Heinrichs* § 134 BGB Rn. 22.

215 Vgl. RGZ 136, 245.

216 *Jansen* § 159 FGG Rn. 14; *Wiedemann* Ideale Vereine S. 169 f.; *Mummenhoff* S. 96; a. A. BayObLGZ 1981, 289/294; RGRK/*Steffen* Rn. 2, *Soergel/Hadding* Rn. 3, *Staudinger/Coing* Rn. 3, je zu § 60 BGB.

217 Vgl. *Sauter/Schweyer* Rn. 25.

218 Vgl. *Keidel/Kuntze/Winkler* § 1 FGG Rn. 30.

ligen Zuständigkeiten und die Tatbestands- oder Rechtskraftwirkung versagen es dem Registergericht, den Verbotstatbestand des Art. 9 Abs. 2 GG i. V. m. dem VereinsG zu prüfen. Die vollziehbare Feststellung nach § 8 Abs. 2 Satz 1 VereinsG hat zur Folge, daß die Anmeldung zurückgewiesen werden kann, weil nunmehr jede Betätigung eines Mitglieds in einem verbotenen Verein strafbar ist. – Hat die zuständige Verbotsbehörde es durch Verwaltungsakt abgelehnt, ein Vereinsverbot, etwa wegen angeblicher strafgesetzwidriger Zweckverfolgung, zu erlassen, so ist das Registergericht an einen solchen nicht nichtigen Verwaltungsakt auch dann gebunden, wenn dieser fehlerhaft sein sollte[219].

Nichtig ist eine Satzung auch, wenn sie insgesamt gegen die guten Sitten ver- **170**
stößt (§ 138 Abs. 1 BGB). Dies wäre etwa der Fall, wenn der Vereinszweck, evtl. nach einer Verschleierung im Satzungstext, in Wahrheit auf die Veranstaltung von Glücksspielen[220] oder auf die Schädigung Dritter durch unlautere Geschäftspraktiken gerichtet ist[221].

5.2.6.2. Der Verstoß gegen allgemeine Grundsätze des Vereinsrechts (Körperschaftsrechts)

Die Anmeldung des Vereins kann auch zurückgewiesen werden, wenn die Sat- **171**
zung zwar nicht gegen ein Gesetz, aber gegen zwingende, also unverzichtbare Grundsätze des Vereinsrechts (Körperschaftsrechts) verstößt. Hierher gehört z. B. der Verstoß gegen den Grundsatz der Gleichbehandlung der Mitglieder[222]. Weiter gehört hierher z. B. eine Satzungsbestimmung, wonach der Vorstand ein Aufnahmegesuch ohne Angabe von Gründen ablehnen kann, obwohl es sich um einen Verein mit Monopolstellung oder einen monopolähnlichen Verein handelt[223]. Oder: Die Satzung versagt einer bestimmten Mitgliedergruppe jegliches Teilnahmerecht an der Mitgliederversammlung[224].

5.2.6.3. Die Behandlung der teilnichtigen Satzung

Ist die Satzung insgesamt nichtig, so ist die Anmeldung zurückzuweisen, falls **172**
keine Aussicht besteht, daß die Gründungsmitglieder die Satzung dem Gesetz oder den allgemeinen Grundsätzen des Vereinsrechts entsprechend ändern.

Der Teilnichtigkeit von Satzungsbestimmungen wird manchmal durch die An- **173**
fügung einer »Salvatorischen Klausel« am Ende der Satzung Rechnung getragen. Diese Klausel hat in dem hier interessierenden Zusammenhang keine Bedeutung; sie besagt nur, was an sich selbstverständlich ist, daß an die Stelle der nichtigen Satzungsteile die gesetzlichen Bestimmungen oder solche Satzungsbestimmungen treten, die dem nichtigen Satzungsbestandteil am nächsten kommen. In Fällen der Teilnichtigkeit einer Satzung findet § 139 BGB entsprechende Anwendung[225]. Es ist dann zu prüfen, ob aus dem Satzungszweck

219 Vgl. *BGH* NJW 1991, 700/701; *Keidel/Kuntze/Winkler* § 1 Rn. 30; a. A. *LG Hamburg* NJW-RR 1991, 892.
220 *RG* JW 1920, 961; 1921, 1527.
221 Vgl. *Soergel/Hadding* §§ 21, 22 BGB Rn. 17.
222 Vgl. *KG* NJW 1962, 1917: Die Inhaber von Vereinsämtern haben soviel Stimmen, daß sie ständig die Mehrheit gegenüber den Stimmen der übrigen Vereinsmitglieder haben.
223 Vgl. *KG* a. a. O.
224 *LG Bremen* Rpfl 1990, 262.
225 BGHZ 47, 172/180; *KG* NJW 1962, 1917/1918.

unter Berücksichtigung der Mitgliederbelange geschlossen werden kann, daß der verbleibende (also nicht zu beanstandende) Teil der Satzung diesem Zweck und den Mitgliederbelangen noch gerecht wird und ein sinnvolles Vereinsleben ermöglicht[226]. Bleiben in dieser Hinsicht Zweifel, so geht das zu Lasten des angemeldeten Vereins.

5.2.7. Die Prüfung der nichtwirtschaftlichen Vereinsbetätigung

174 Ein Verein kann nur eingetragen werden, wenn er ein nichtwirtschaftlicher ist (§ 21 BGB). Wegen der Abgrenzung eines solchen Vereins von einem wirtschaftlichen (§ 22 BGB) wird auf Rn. 103 ff. verwiesen.

5.3. Die Beanstandung der Anmeldung durch Zwischenverfügung; die Aussetzung des Eintragungsverfahrens

5.3.1. Die Zwischenverfügung

175 Im formellen Bereich der Anmeldung lassen sich Mängel in der Regel durch Wiederholung der Handlung in fehlerfreier Form beheben. Es kann auch Aussicht bestehen, daß Fehler, die in sachlichrechtlicher Hinsicht unterlaufen sind, behoben werden. In all diesen Fällen greift die Fürsorgepflicht des Gerichts ein, das auf eine Mängelbehebung hinzuwirken hat.

Es liegt im pflichtgemäßen Ermessen des Rechtspflegers, ob er formlos und insoweit unanfechtbar durch eine bloße Meinungsäußerung (mündlich oder schriftlich) auf die Mängelbeseitigung hinwirkt oder ob er eine Art Zwischenverfahren für angezeigt hält, das durch eine Zwischenverfügung eingeleitet wird, die selbständig und ohne Befristung anfechtbar ist[227]. Diese soll den Mangel und damit das Eintragungshindernis aufzeigen, sie soll einen Weg für die Beseitigung angeben und weiter den Empfänger davon unterrichten, daß die Anmeldung im Falle der Nichtbehebung des Mangels innerhalb einer (zweckmäßig, aber nicht notwendig) festzusetzenden Frist zurückgewiesen werden wird[228]. Diese eine Frist enthaltende Zwischenverfügung muß dem von den anmeldenden Vorstandsmitgliedern auch zur Empfangnahme einer Zustellung bevollmächtigten Vertreter bzw. – wenn ein solcher nicht vorhanden ist – sämtlichen anmeldenden Vorstandsmitgliedern förmlich zugestellt werden (§ 16 Abs. 2 FGG).

5.3.2. Die Anfechtung der Zwischenverfügung durch den Vorverein

176 Die Zwischenverfügung kann angefochten werden; eine Frist hierfür ist nicht einzuhalten, da die Beschwerdefrist nach § 160 a Abs. 2 Satz 2 FGG nur bei der Zurückweisung der Anmeldung gilt[229]. Zunächst ist die Erinnerung gegeben, die das Landgericht als Beschwerde behandelt, wenn ihr der Amtsrichter nicht abhilft (§ 11 Abs. 2 Satz 5 RPflG). Gegen die landgerichtliche Entscheidung ist die weitere Beschwerde statthaft.

226 *BGH* und *KG* a. a. O.; *Soergel/Hadding* § 25 BGB Rn. 28.
227 Vgl. BayObLGZ 1976, 21 und 1979, 303/305; *KG* OLGZ 1974, 385.
228 Vgl. *OLG Köln* RPfl 1994, 114.
229 Vgl. BayObLGZ 1984, 293/294.

Das Rechtsmittelverfahren beschränkt sich auf die in der Zwischenverfügung ausgesprochene Beanstandung; es kann nicht auf weitere Gegenstände oder auf die Anmeldung insgesamt ausgedehnt werden[230].

Erinnerungs- und Beschwerdeführer ist der Vorverein[231]. Die bisher vertretene **177** Auffassung, beschwerdeberechtigt sei nur der anmeldende Vorstand, wird aus den nachfolgenden Gründen aufgegeben.

Im Gesetz ist nicht geregelt, wer Beteiligter eines Verfahrens der freiwilligen **178** Gerichtsbarkeit sein kann. Es ist deshalb eine Rechtsfortbildung dahin möglich, daß zwar nicht jeder nichtrechtsfähige Verein, aber der Vorverein Beteiligter und damit Beschwerdeberechtigter eines solchen Verfahrens sein kann. Der *BGH*[232] hat der Vor-AG und der Vor-GmbH eine Beschwerdeberechtigung nach § 20 Abs. 2 FGG zugebilligt, wenn die Anmeldung einer solchen Gesellschaft zurückgewiesen wird. Eine der tragenden Gründe der Entscheidung ist der automatische Übergang der Vermögensrechte und der in Vertretung der Vorgesellschaft begründeten Rechte und Pflichten auf die entstandene juristische Person. Auch der Vorverein ist mit dem eingetragenen und damit rechtsfähig gewordenen Verein grundsätzlich identisch[233]. Dem Vorverein ist daher im Anmeldungsverfahren die Beteiligtenfähigkeit zuzubilligen; dieser kann gegen die Beanstandung seiner Anmeldung und dann auch gegen die Zurückweisung seiner Anmeldung Erinnerung oder Beschwerde einlegen. Mit dieser Rechtsfortbildung wird eine Gleichstellung des nichtwirtschaftlichen mit dem wirtschaftlichen Verein erreicht. Wird einem wirtschaftlichen Verein die Verleihung der Rechtsfähigkeit versagt, so kann er als nichtrechtsfähiger Verein die Verpflichtungsklage erheben, da er als solcher parteifähig ist (§ 61 Nr. 2 VwGO; vgl. Rn. 228).

Haben den Verein mehrere Vorstandsmitglieder angemeldet, so können sie nur **178a** gemeinsam die Erinnerung/Beschwerde einlegen; das Rechtsmittel des Vereins ist unzulässig, wenn nur ein Vorstandsmitglied Erinnerung/Beschwerde einlegt[234].

5.3.3. Satzungsänderungen aufgrund Beanstandung

Wird aufgrund einer formlosen oder förmlichen Beanstandung des Registerge- **179** richts eine Satzungsänderung erforderlich, so ist sie mit der satzungsmäßigen oder gesetzlichen Mehrheit der Mitglieder des Vorvereins zu beschließen. Da die Rechtsfähigkeit erlangt werden soll, ergeben sich aus dem mitgliedschaftlichen Treuverhältnis heraus Stimmpflichten für die vom Gericht geforderte Satzungsänderung. Diese muß nicht von der Gründungsversammlung beschlossen werden[235], sondern von der Mitgliederversammlung des Vorvereins. Die Satzung kann jedoch vorsehen, daß der Vorstand ermächtigt wird, die vom Registergericht verlangten Satzungsänderungen vorzunehmen. Die Satzungs-

230 BayObLGZ 1985, 82/84.
231 *BayObLG* NJW-RR 1991, 958 = RPfl 1991, 207.
232 NJW 1992, 1824.
233 *BGH* WM 1978, 115.
234 *BayObLG* NJW-RR 1988, 873/874; BayObLGZ 1991, 52/57.
235 A. A. BayObLGZ 1972, 29.

änderung wird sofort mit der Beschlußfassung wirksam, da § 71 Abs. 1 BGB (noch) nicht gilt. Sie kann formlos eingereicht werden[236].

5.3.4. Die Aussetzung des Eintragungsverfahrens

180 Streiten sich die Beteiligten wegen der Wirksamkeit der Vereinsgründung, der beschlossenen Gründungssatzung oder wegen des wirksamen Beitritts zum Vorverein, so kann das Registergericht das Eintragungsverfahren nach §§ 159, 127 FGG nach pflichtgemäßem Ermessen aussetzen. Es setzt dann den Beteiligten eine Frist zur Erhebung einer Klage beim Prozeßgericht zur Klärung der Streitfragen.
Die Aussetzung der Eintragung kann vom Prozeßgericht auch durch einstweilige Verfügung angeordnet werden[237].

5.4. Die Zurückweisung der Anmeldung des Vereins

5.4.1. Verfahrensgrundsätze

181 Sind formelle oder materielle Mängel der Anmeldung bzw. der Satzung nicht behebbar oder werden sie auf eine Zwischenverfügung hin nicht behoben, so weist der Rechtspfleger die Anmeldung zurück (vgl. auch § 60 BGB). Auf den Eingang der Stellungnahme der Verwaltungsbehörde kommt es grundsätzlich nicht an. Vorher ist jedoch das rechtliche Gehör zu gewähren. Die Beteiligten müssen in die Lage versetzt werden, sich zu den Gründen, die zur Zurückweisung führen, äußern zu können. Das Gehör ist gewährt, wenn auf die Zwischenverfügung innerhalb der gesetzten Frist keine Antwort eingeht und wenn diese Beanstandung Grund für die Zurückweisung der Anmeldung ist. Kein rechtliches Gehör wäre dagegen gewährt, wenn nicht die in der Zwischenverfügung genannte Beanstandung, sondern ein anderer Mangel Grund für die Zurückweisung wäre und wenn hierauf vom Gericht nicht vor der Entscheidung hingewiesen worden wäre. Auch eine zu kurze Äußerungsfrist kann das Gehör versagen. Der zurückweisende Beschluß ist in jedem Fall – also nicht nur im Falle der Heranziehung einer der in den §§ 56–59 BGB genannten Gründe – zu begründen. Er ist dem Vorstand (den Vorstandsmitgliedern) oder dem bevollmächtigten Urkundsnotar zuzustellen (§ 16 Abs. 2 i. V. m. § 160 a Abs. 2 FGG).

5.4.2. Die Anfechtung

182 Gegen die Verfügung, durch welche die Anmeldung eines Vereins zur Eintragung in das Vereinsregister zurückgewiesen wird, findet die befristete Erinnerung bzw. die sofortige Beschwerde statt (§ 160 a Abs. 1 FGG). Das Rechtsmittel wird namens des Vereins (vgl. Rn. 178) vom anmeldenden Vorstand eingelegt, wobei beim mehrgliedrigen Vorstand die Mitwirkung in vertretungsberechtigter Zahl genügt[238]. Die Frist zur Einlegung der Erinnerung beträgt zwei Wochen ab Zustellung.
Wegen der weiteren Einzelheiten des Rechtsmittelverfahrens vgl. Rn. 2307 ff. Hat das Rechtsmittel Erfolg, so ordnet das Rechtsmittelgericht die Zulassung

236 *BayObLG* MittBayNot 1974, 228: GmbH.
237 Vgl. RGZ 82, 375; *LG Heilbronn* Die AG 1971, 372.
238 *BayObLG* NJW-RR 1991, 958.

der Anmeldung oder – falls die Einspruchsfrist der Verwaltungsbehörde ohne Erhebung des Einspruchs bereits verstrichen ist und die übrigen Voraussetzungen vorliegen – die Eintragung an; das weitere Verfahren obliegt dann wieder dem Rechtspfleger des Registergerichts.

5.5. Die Zulassung der Anmeldung und die Beteiligung der Verwaltungsbehörde

5.5.1. Die Zulassung

Ergeben sich weder in formeller noch in materieller Hinsicht Beanstandungen, **183**
so wird die Anmeldung des Vereins zur Eintragung zugelassen (§ 61 Abs. 1 BGB). Die Zulassung wird üblicherweise in den Akten vermerkt. Eine Mitteilung hierüber an die Anmeldenden ist nicht geboten. Die förmliche Zulassung stellt eine rechtsmittelfähige Verfügung dar[239]. Eine stillschweigend erklärte Zulassung liegt in der Beteiligung der Verwaltungsbehörde.

5.5.2. Vorbemerkung zur Beteiligung der Verwaltungsbehörde

Die Beteiligung der Verwaltungsbehörde am Verfahren betreffend die Ein- **184**
tragung eines Vereins ist ein Relikt aus der Zeit des Obrigkeitsstaates, das beseitigt werden sollte. Es genügt die Ermächtigung für den Landesgesetzgeber, der die Registergerichte verpflichten kann, bei Bekanntwerden von möglichen Verbotstatbeständen nach dem VereinsG den zuständigen Verwaltungsbehörden Mitteilung zu machen, wie dies nach Art. 7 Nr. 5 des Entwurfs eines Gesetzes zur Entlastung der Gerichte in Zivilsachen nach dem Stande vom 22. 11. 1982 vorgesehen war. Eine verbotene Vereinigung ist im Regelfall in der Lage, auf die Rechtsform einer Genossenschaft oder einer GmbH auszuweichen; 50 000 DM Stammkapital bringt z. B. ein Verbrecher-Syndikat ohne weiteres auf. Bei Kapitalgesellschaften und Genossenschaften ist im Eintragungsverfahren die Beteiligung der Verwaltungsbehörde nicht vorgesehen.
In diesem Zusammenhang ist die Initiative des Ministers der Justiz des Landes Niedersachsen hervorzuheben, der in einer Bekanntmachung vom 22. 6. 1983[240] u. a. angeordnet hat:
»Aus Gründen der Verwaltungsvereinfachung haben die Verwaltungsbehörden gegenüber den Amtsgerichten generell bei Sportvereinen, Tierzuchtvereinen, Gesangvereinen und Kleingärtnervereinen auf die Mitteilung der Anmeldung (§ 61 Abs. 1 BGB) und auf die Ausübung des Einspruchsrechts (§ 61 Abs. 2 BGB) zu verzichten. Von diesem Verzicht sind Vereine auszunehmen, bei denen sich für das Amtsgericht aus den vorgelegten Unterlagen, insbesondere aus der Satzung, Anhaltspunkte dafür ergeben, daß sie nach dem öffentlichen Vereinsrecht unerlaubt oder verboten werden könnten.«

5.5.3. Die Beteiligung der Verwaltungsbehörde

Falls nicht eine politische Partei um Eintragung nachsucht (vgl. § 37 PartG), **185**
wird die Zulassung der Anmeldung der zuständigen Verwaltungsbehörde mit-

---

239 Vgl. *KGJ* 28 A 63; *Jansen* § 159 FGG Rn. 17.
240 NdsRpfl. S. 153.

geteilt (§ 61 Abs. 1 BGB), wobei dem Schreiben eine Abschrift der eingereichten Satzung beigegeben wird.
Damit wird die Verwaltungsbehörde Beteiligte in einem Antragsverfahren der freiwilligen Gerichtsbarkeit, sie wird jedoch nicht Antragsgegnerin. Sie kann demgemäß auf das Verfahren nur durch Einlegung des Einspruchs (§ 61 Abs. 2 BGB) einwirken, ansonsten kann sie keinen Sach- bzw. Verfahrensantrag stellen und ist demnach auch nicht beschwerdeberechtigt. Das schließt nicht aus, daß sich die Verwaltungsbehörde außer zur Frage der Erlaubtheit des Vereins zu anderen für die Eintragung bedeutsamen Fragen, etwa der Verfolgung eines wirtschaftlichen Geschäftsbetriebes, äußert. Begründeten Bedenken darf sich das Registergericht nicht verschließen. Diesen Ausführungen kommt jedoch nicht mehr an Gewicht zu, als wenn sich ein Dritter zur Frage der Eintragungsfähigkeit äußert.

5.5.4. Die zuständigen Verwaltungsbehörden

186 Landesrechtlich sind folgende Verwaltungsbehörden zu beteiligen, denen ein Einspruchsrecht zusteht:
Alte Bundesländer:
- Baden-Württemberg: die untere Verwaltungsbehörde (Landratsamt, Große Kreisstadt oder – in Stadtkreisen – die Gemeinde, § 2 Abs. 1 d. Ba.-Wü. AGBGB vom 26. 11. 1974 – GBl. S. 498);
- Bayern: die Kreisverwaltungsbehörde – Landratsamt, kreisunmittelbare Stadt – (Art. 1 bayer. AGBGB vom 20. 9. 1982 – GVBl. S. 803);
- Berlin: der Polizeipräsident (§ 15 Nr. 9 der Verordnung über die Zuständigkeit der Ordnungsbehörden – DVO-ASOG – vom 30. 8. 1978 – GVBl. S. 1900);
- Bremen: das Stadt- und Polizeiamt (brem. AGBGB vom 18. 7. 1899 – Sammlung des bremischen Rechts 400-a-1), in Bremerhaven die Ortspolizeibehörde (Anl. A Nr. 9 des Zweiten Gesetzes zur Einführung bremischen Rechts in Bremerhaven vom 6. 7. 1965 – Sammlung des bremischen Rechts 101-a-2);
- Hamburg: die Behörde für Inneres (Hamb. Anordnung zur Durchführung des Bürgerlichen Gesetzbuches und des hamburgischen Ausführungsgesetzes zum Bürgerlichen Gesetzbuch Abschnitt IV vom 23. 6. 1970 GVBl. II S. 1073);
- Hessen: in den Landkreisen der Landrat als Behörde der Landesverwaltung, in den kreisfreien Städten und kreisangehörigen Städten mit mehr als 50 000 Einwohnern der Magistrat (§ 1 Nr. 2 d. hess. AGBGB vom 18. 12. 1984 – GVBl. S. 344);
- Niedersachsen: der Landkreis bzw. die kreisfreie Stadt (Nds. AGBGB vom 4. 3. 1971 – GVBl. S. 73, i. d. F. vom 14. 7. 1972 – GVBl. S. 387) sowie (gemäß § 11 Abs. 1 d. Nds. Gemeindeordnung i. d. F. vom 22. 6. 1982 – GVBl. S. 229) die großen selbständigen Städte und die selbständigen Gemeinden (vgl. NdsRpfl. 1983, 153);
- Nordrhein-Westfalen: die Kreispolizeibehörde (§ 2 d. VO zur Regelung von Zuständigkeiten auf dem Gebiete des Vereinswesens vom 28. 4. 1970 – GVBl. S. 325);

- Rheinland-Pfalz: die Kreisverwaltung, in kreisfreien Städten die Stadtverwaltung (§ 2 der Landesverordnung vom 20. 12. 1976 – Sammlung des bereinigten Landesrechts Rheinland-Pfalz 400-2);
- Saarland: Landrat als untere staatliche Verwaltungsbehörde, in kreisfreien Städten und Mittelstädten der Oberbürgermeister (§ 8 Abs. 2, § 9 Abs. 2 Saarl. Landesorganisationsgesetz vom 2. 7. 1969 – ABl. S. 445);
- Schleswig-Holstein: der Landrat bzw. der Bürgermeister einer kreisfreien Stadt (§ 2 der Landesverordnung vom 17./31. 12. 1971 – Sammlung des schleswig-holsteinischen Landesrechts 401-0-1).

Neue Bundesländer:

- Brandenburg: das Polizeipräsidium (§ 2 Nr. 1 d. VO zur Regelung von Zuständigkeiten auf dem Gebiet des Vereinswesens v. 29. 4. 1994 – GVBl. II/94 S. 318);
- Mecklenburg-Vorpommern: die (Ober-)Bürgermeister der kreisfreien Städte, die Amtsvorsteher und die Bürgermeister der amtsfreien Gemeinden (§ 2 d. Landesverordnung zur Bestimmung der zuständigen Behörden auf dem Gebiet des bürgerlichen Vereinsrechts v. 26. 4. 1991 – GVBl. S. 148 – i. V. m. Art. 1 der Zweiten VO zur Änderung der Landesverordnung zur Bestimmung der zuständigen Behörden auf dem Gebiet des bürgerlichen Vereinsrechts v. 23. 8. 1994 – GVBl. S. 848);
- Sachsen: das Regierungspräsidium (§ 1 Abs. 4 d. Sächs. Ausführungsgesetzes zum Vereinsrecht des Bürgerlichen Gesetzbuches v. 26. 8. 1992 – GVBl. S. 416);
- Sachsen-Anhalt: Landkreise und kreisfreie Städte (§ 1 Nr. 14 d. Allg. Zuständigkeitsverordnung für die Gemeinden und Landkreise zur Ausführung von Bundesrecht v. 7. 5. 1994 – GVBl. S. 568/569);
- Thüringen: Landrat bzw. kreisfreie Stadt (§ 5 Abs. 1 d. Zweiten Thüringer VO zur Bestimmung der Zuständigkeiten im Geschäftsbereich des Thüringer Innenministeriums v. 12. 2. 1992 – GVBl. S. 66).

5.5.5. Die Prüfung der Einspruchsbehörde

Die für den Einspruch zuständige Verwaltungsbehörde hat anhand der mitgeteilten Abschrift der Satzung zu prüfen, ob der Verein einen der Verbotstatbestände des § 3 Abs. 1, § 8 Abs. 1 oder des § 14 VereinsG oder des § 33 Abs. 1 PartG erfüllt (§ 61 Abs. 2 BGB). Diese Prüfung erübrigt sich, wenn die Verbotsbehörde bereits ein Vereinsverbot ausgesprochen hat (Art. 9 Abs. 2 Satz 2 GG; § 3 VereinsG). Sind die Einspruchs- und die Verbotsbehörde nicht identisch – wie dies nach dem Landesrecht teilweise der Fall ist –, so wird die Einspruchsbehörde unverzüglich die Verbotsbehörde einzuschalten haben, wenn Bedenken gegen die Erlaubtheit des Vereins nach dem öffentlichen Vereinsrecht bestehen. Ist keine Amtsidentität gegeben, so bleibt die Einspruchsbehörde immer »federführend« in der Frage, ob der Verein als unerlaubt anzusehen ist bzw. ob er verboten werden wird. Diese Frage hat somit die Einspruchsbehörde eigenverantwortlich zu prüfen. Um ihre Entschließung treffen zu können, kann die Einspruchsbehörde, evtl. unter Einschaltung der Ordnungspolizei, eigene Ermittlungen anstellen. Diese sind – wie jedes behördliche Verfahren – zügig durchzuführen. 187

5.5.6. Der Einspruch

188 Der Einspruch ist nicht eine bloße behördliche Erklärung in einem Verfahren der freiwilligen Gerichtsbarkeit[241], sondern Verwaltungsakt[242]. Ein solcher ist jede hoheitliche Maßnahme, die eine Behörde zur Regelung eines Einzelfalles auf dem Gebiete des öffentlichen Rechts trifft und die auf unmittelbare Rechtswirkung nach außen gerichtet ist (§ 35 Abs. 1 Satz 1 VwVfG des Bundes und die entsprechenden Vorschriften der Verwaltungsverfahrensgesetze der Länder). Die Eintragungssperre, die der Einspruch bewirkt (§ 63 BGB), ist eine hoheitliche Maßnahme. Man kann allenfalls darüber streiten, ob sie das Gebiet des öffentlichen Rechts betrifft. Auch das ist jedoch zu bejahen. Die Vorschrift des § 61 Abs. 2 BGB hat einen Bezug zum öffentlichen Vereinsrecht. Daß der Einspruch als solcher – nach der Aufhebung des § 62 Abs. 2 BGB – nicht mehr in einem Verwaltungsstreitverfahren anfechtbar ist, da er nur die Überleitung zum Verbotsverfahren nach § 3 VereinsG bilden soll[243], steht dem nicht entgegen. Von der Anfechtungsklage sind auch einen abschließenden Verwaltungsakt vorbereitende hoheitliche Maßnahmen ausgeschlossen (vgl. § 44 a VwGO), obwohl der Charakter als Verwaltungsakte nicht zweifelhaft ist (z. B. Anordnung einer Begutachtung in einem Verwaltungsverfahren).

189 Als Verwaltungsakt ist der Einspruch zu begründen[244]. Würde der Einspruch ausschließlich auf andere als in § 61 Abs. 2 BGB genannten Gründe gestützt, so litte er an einem offenkundigen schwerwiegenden Fehler und wäre – was auch das Registergericht zu beachten hätte – nichtig[245]; eine Eintragungssperre träte nicht ein. Die Ausführungen zur Begründung des Einspruchs wären jedoch als Anregungen zu behandeln.

Die Verwaltungsbehörde soll den Einspruch zwar innerhalb von sechs Wochen ab Eingang der gerichtlichen Mitteilung über die Zulassung der Anmeldung beim Registergericht einreichen (§ 63 Abs. 1 BGB); diese Frist ist jedoch nur eine Ordnungs- und keine Ausschlußfrist. Ein Einspruch nach Ablauf von sechs Wochen ist also zu beachten, sofern der Verein noch nicht eingetragen worden ist.

Eine ersichtlich unbegründete Hemmung des Eintragungsverfahrens durch Einspruch (»vorsorglich«) kann zu Amtshaftungsansprüchen führen.

190 Der Einspruch wird vom Registergericht dem Vorstand mitgeteilt; eine Form ist nicht vorgeschrieben. Bekanntzumachen ist er allen anmeldenden Vorstandsmitgliedern; § 28 Abs. 2 BGB gilt insoweit nicht. Der Vorstand kann nunmehr die Anmeldung zurücknehmen, er kann sie auch aufrechterhalten und durch Verhandlungen mit der Einspruchs-, evtl. auch mit der Verbotsbehörde, eine für den Verein günstige Klärung herbeiführen. Es kann dann gleichwohl ein öffentliches Vereinsverbot ausgesprochen werden.

---

241 So: MünchKomm/*Reuter* §§ 61–63 BGB Rn. 3; *Staudinger/Coing* § 61 BGB Rn. 4; *Schnorr* § 1 VereinsG Rn. 2.

242 Ebenso: RGRK/*Steffen* Rn. 2, *Soergel/Hadding* je zu § 61 BGB Rn. 5.

243 BTDrucks. IV/430 S. 26.

244 Vgl. die § 39 Abs. 1 Satz 1 VwVfG des Bundes entsprechenden Ländervorschriften; die Begründungspflicht wird auch von den oben angeführten Vertretern der Auffassung bejaht, der Einspruch sei kein Verwaltungsakt.

245 Vgl. die § 44 Abs. 1 VwVfG entsprechenden Ländervorschriften.

Der Einspruch bewirkt eine Eintragungssperre, die erst mit dem Verlust der Wirksamkeit des Einspruchs endet. Dies ist einmal der Fall, wenn die Verbotsbehörde nicht binnen eines Monats ab Eingang der Einspruchserhebung beim Registergericht ein Verbot des Vereins ausgesprochen hat (§ 63 Abs. 2 BGB). Das Gesetz sagt nicht, daß eine Ausfertigung oder eine Abschrift der Verbotsverfügung innerhalb dieser Frist auch beim Registergericht eingegangen sein müsse; in diesem Fall obliegt jedoch der Verbotsbehörde der Nachweis gegenüber dem Registergericht, daß die Frist gewahrt worden ist. Die Wirkungen des Einspruchs entfallen weiter mit Wirkung für die Vergangenheit, wenn dieser gegenüber dem Registergericht (formlos, falls das Landesrecht nicht etwas anderes vorschreibt) zurückgenommen wird (§ 63 Abs. 2 BGB). Schließlich entfällt die Sperrwirkung eines Einspruchs auch dann, wenn ein Verwaltungsstreitverfahren wegen des Vereinsverbots zugunsten des Vereins ausgegangen ist und wenn demgemäß eine verwaltungsgerichtliche Instanz das Verbot unanfechtbar aufgehoben hat (§ 63 Abs. 2 BGB). **191**

Die Einspruchsbehörde kann durch den Einspruch einen Stillstand des Eintragungsverfahrens herbeiführen. Damit wird ein Gleichlauf des Eintragungs- und des Verbotsverfahrens bewirkt. Sind der Einspruchsbehörde innerhalb der Sechswochenfrist Verbotsgründe bekannt geworden, legt sie jedoch gleichwohl keinen Einspruch ein, so bewirkt die Eintragung des Vereins unter Beachtung der Fristen des § 63 Abs. 1 BGB einen Ausschluß der bereits bekannten Verbotsgründe[246]. Hier käme allerdings die Amtslöschung der Eintragung des Vereins in Betracht (§§ 159, 142, 143 FGG). **192**

5.6. Die Eintragung des Vereins in das Vereinsregister

5.6.1. Allgemeine Voraussetzungen; gesetzlicher Anspruch auf Eintragung

Die Anmeldung muß formell und materiell ohne Beanstandung sein. Die Verwaltungsbehörde muß dem Registergericht mitgeteilt haben, daß ein Einspruch nicht erhoben werde, oder es muß seit der Mitteilung der Anmeldung an die Einspruchsbehörde ungenutzt eine Frist von sechs Wochen abgelaufen sein, oder der erhobene Einspruch muß seine Wirkung verloren haben (§ 63 Abs. 1 BGB; vgl. oben Rn. 191). **193**

Erfüllt der Verein die gesetzlichen Voraussetzungen für die Eintragung, so hat er einen Rechtsanspruch auf Eintragung zur Erlangung der Rechtsfähigkeit[247]. Der nichtwirtschaftliche Verein kann somit nicht darauf verwiesen werden, in einer anderen Rechtsform seine Zwecke zu verfolgen.

5.6.2. Der Inhalt der Eintragung

Aufgrund einer Verfügung des Rechtspflegers (§ 1 VGBest.; § 3 Nr. 1 a RPflG) trägt der Urkundsbeamte der Geschäftsstelle in das Vereinsregister ein (§ 64 BGB): **194**

- den Namen des Vereins (bereits mit »e. V.«);
- sowie seinen Sitz;

246 Allgemeine Meinung, vgl. z. B. MünchKomm/*Reuter* §§ 61–63 BGB Rn. 8 m. w. N.
247 Vgl. Mot. I S. 89 sowie BGHZ 45, 395/397.

diese beiden Eintragungen sind für die Erlangung der Rechtsfähigkeit des Vereins unerläßlich;

- den Tag der Errichtung der Satzung (die Satzung selbst wird – im Gegensatz zur Eintragung einer Genossenschaft nach § 10 Abs. 1 GenG, § 15 GenRegVO – nicht eingetragen, sondern in den Registerakten aufbewahrt);
- die sämtlichen Mitglieder des (zur Außenvertretung befugten) Vorstands mit Namen, Vornamen, Beruf und Wohnort;
- Bestimmungen, die den Umfang der Vertretungsmacht des Vorstands beschränken;
- Satzungsbestimmungen, durch welche die Vertretungsbefugnis beim mehrgliedrigen Vorstand näher ausgestaltet worden ist, also Einzel- und Gesamtvertretungsbefugnis und überhaupt jede von der gesetzlichen Regelung abweichende Vertretungsbefugnis[248];
- Bestimmungen, welche die Beschlußfassung des Vorstands abweichend von § 28 Abs. 1 BGB regeln.

195 Auch ohne eine dahingehende gesetzliche Ermächtigung müssen in das Vereinsregister Tatsachen oder Rechtsverhältnisse eingetragen werden, die unerläßlich sind, damit die Registerpublizität gewährleistet ist[249]. Einzutragen ist deshalb – auch ohne eine dahingehende Anmeldung – die aus der Satzung entnehmbare

- Befreiung von Vorstandsmitgliedern vom Verbot des In-sich-Geschäfts (Selbstkontrahierens) entspr. § 181 BGB, da insoweit die gesetzlich eingeschränkte Vertretungsmacht erweitert wird[250];
- Bestellung eines besonderen Vertreters nach § 30 BGB[251].

196 Künftige Ereignisse werden grundsätzlich nicht in das Vereinsregister eingetragen. Sieht z. B. die Satzung vor, daß die Inhaber zweier Vereinsämter gesamtvertretungsbefugt sind, daß aber im Falle der Vereinigung dieser Ämter in einer Person Einzelvertretungsbefugnis besteht, so ist dies erst nach Anmeldung dieser Änderung und nicht schon bei der Eintragung des Vereins einzutragen[252]. Gleiches gilt hinsichtlich der Ermächtigung der Mitgliederversammlung in der Satzung, Einzelvertretungsmacht einzuräumen oder von den Beschränkungen des § 181 BGB zu befreien[253].

197 Bei der Eintragung eines fremdsprachigen Namens muß der Zusatz »eingetragener Verein« (oder die Abkürzung) in deutscher Sprache erscheinen[254].

---

248 Vgl. RGZ 85, 138/143: Gen.; BGHZ 69, 250/253 = NJW 1977, 2310.

249 Vgl. *BGH* NJW 1992, 1452/1453 f.

250 Vgl. zur GmbH: BGHZ 87, 59/61 = NJW 1983, 1676; *BayObLG* WM 1982, 1033/1034; *OLG Frankfurt* NJW 1983, 944.

251 *KG* JFG 2, 280; BayObLGZ 1981, 71 = RPfl 1981, 310; *OLG Hamm* OLGZ 1978, 21/26; *Soergel/Hadding* § 64 BGB Rn. 5; *Palandt/Heinrichs* §§ 64–66 BGB Rn. 3; *Sauter/Schweyer* Rn. 27; a. A. *Keidel/Schmatz/Stöber* Rn. 1093.

252 *Sauter/Schweyer* Rn. 27; a. A. *OLG Düsseldorf* RPfl 1982, 477.

253 Vgl. *Hachenburg/Ulmer* § 10 GmbHG Rn. 11.

254 *KG* HRR 1930 Nr. 2168.

5.6.3. Die Rechtswirkungen der Eintragung

5.6.3.1. Das Entstehen einer juristischen Person

Durch die Eintragung im Vereinsregister erlangt der bisher nichtrechtsfähige Vorverein die Funktion eines rechtsfähigen Vereins (§ 21 BGB), also einer juristischen Person des Privatrechts. Für den Beginn der Rechtsfähigkeit ist das Datum der Eintragung im Vereinsregister maßgebend. Beim EDV-Vereinsregister wird die Eintragung wirksam, sobald sie in den für die Registereintragungen bestimmten Datenspeicher aufgenommen worden ist, wobei die Eintragung den Tag angeben soll, an dem sie wirksam geworden ist (§ 55 a Abs. 4 Satz 1, 3 BGB). Da der staatliche Hoheitsakt der Eintragung eine juristische Person entstehen läßt, ist sie rechtsbegründend. Ist der Verein, gedeckt durch das Nebentätigkeitsprivileg, Inhaber eines Grundhandelsgewerbes nach § 1 HGB, so wird er mit der Vereinsregistereintragung Kaufmann; die sämtlichen Mitglieder des Vorstands müssen den Verein zur Eintragung im Handelsregister anmelden (§ 33 Abs. 1 HGB). **198**

Ein Verein kann nur in das Vereinsregister eingetragen werden, wenn die gerichtliche Prüfung ergibt, daß die gesetzlichen Eintragungsvoraussetzungen gegeben sind. Ist die Eintragung vorgenommen worden, so kommt deren Verkehrsschutzfunktion zur Geltung; verfahrensrechtlich greift der Grundsatz der Erhaltung einer Eintragung ein[255]. **199**

Die konstitutive Wirkung der Eintragung des Vereins bleibt auch dann erhalten, wenn der Errichtung des Vereins schwere Mängel anhaften und wenn sich ergibt, daß das Eintragungsverfahren erhebliche Fehler aufweist. Auch in solchen Fällen ist mit inter-omnes-Wirkung klargestellt, daß eine juristische Person des Privatrechts entstanden ist. Dies kann auch in Prozessen nicht in Frage gestellt werden[256].

Die folgenden Mängel des Eintragungsverfahrens sind für die Entstehung einer rechtsfähigen Körperschaft des Privatrechts ohne Auswirkung: Die Eintragung hat ein örtlich unzuständiges Gericht vorgenommen; nach § 7 FGG sind auch Handlungen eines örtlich unzuständigen Gerichts wirksam[257]. Die Eintragung ist vorgenommen worden, obwohl es an einer Anmeldung, somit an der Stellung eines Verfahrensantrags auf Eintragung, fehlt[258]. Demgemäß ist es auch unerheblich, daß eine Anmeldung nicht von hierzu legitimierten Personen oder vom Vorstand in ungenügender Zahl getätigt worden ist. Gleiches gilt, wenn der Verein ohne Beteiligung der Verwaltungsbehörde eingetragen worden ist. **200**

---

255 Vgl. *Keidel/Kuntze/Winkler* § 144 FGG Rn. 1.

256 RGZ 81, 206/210; *BGH* NJW 1983, 993; *BGH* GRUR 1984, 457/459; *OLG Düsseldorf* NJW 1990, 328 f.

257 *Jansen* § 7 FGG Rn. 9 und § 125 FGG Rn. 8; *Keidel/Kuntze/Winkler* § 7 FGG Rn. 30; a. A. *KG* KGJ 31 A 206 und JFG 20, 134 = DR 1939, 1453.

258 In der freiwilligen Gerichtsbarkeit führt das Fehlen eines Antrags nur in einer echten Streitsache zur Nichtigkeit einer Entscheidung, vgl. *Jansen* Rn. 22, *Keidel/Kuntze/Winkler* Rn. 42 a, je zu § 7 FGG; das Eintragungsverfahren ist zwar ein Antragsverfahren, aber keine echte Streitsache; a. A.: *Paschke* ZHR 155 1991 – S. 1/8.

200 a Bei den folgenden materiellrechtlichen Mängeln, die ebenfalls das Entstehen einer juristischen Person nicht hindern, kommen die Unterschiede zum Tragen, die zwischen dem System der freien Körperschaftsbildung und dem System der Normativbestimmungen bestehen[259]. Nach beiden Systemen bestimmt der Staat gesetzlich, welche Mindestanforderungen von einer Personenvereinigung zu erfüllen sind, damit diese die Rechtsfähigkeit erlangt. Während nach dem System der freien Körperschaftsbildung, das z. B. in der Schweiz herrscht (Art. 60 ZGB), nach Erfüllung dieser Mindestanforderungen der Verein ohne weitere staatliche Prüfung anerkannt wird, wird nach dem in Deutschland geltenden System der Normativbestimmungen die Einhaltung der Mindestanforderungen staatlich (gerichtlich) überprüft. Ist danach die Eintragung vorgenommen worden, so sind materiellrechtliche Gründungsmängel ohne Einfluß auf das Entstehen einer juristischen Person. Nach dem System der freien Körperschaftsbildung wären die nachfolgend angeführten Fälle geeignet, die Anerkennung als juristische Person zu versagen, es bestünde also kein rechtsfähiger Verein[260]:

Die Rechtsfähigkeit des Vereins wird nicht dadurch in Frage gestellt, daß diesen Geschäftsunfähige oder Minderjährige ohne Zustimmung ihrer gesetzlichen Vertreter gegründet haben. Gleiches gilt bei sonstiger Unwirksamkeit der Gründung z. B. eines Glücksspielvereins[261]. Auch die Eintragung eines Wirtschaftsvereins hat Bestand.

201 Aus all dem folgt, daß es eine nichtige Eintragung des Vereins aus den oben angeführten Gründen nicht gibt. Eine solche kann aber – in wohl nur theoretischen – Ausnahmefällen wirkungslos sein. Dies ist einmal der Fall, wenn es an einem Personenverband überhaupt fehlt[262]. Mängel der technischen Eintragung des Vereins sind zwar in der Regel auch unschädlich[263]; läßt aber die Eintragung die Identität des Vereins nicht erkennen, weil der Name nicht oder so unrichtig eingetragen worden ist, daß eine Zuordnung zu einer bestimmten Vereinigung nicht möglich ist, so ist auch diese Eintragung ebenfalls wirkungslos[264]. Wirkungslos ist schließlich auch eine Eintragung, die gegen den Willen des zuständigen Rechtspflegers vorgenommen worden ist.

5.6.3.2. Beseitigung der Rechtswirkungen der Eintragung

202 Eine Beschwerde gegen eine Registereintragung ist unzulässig[265]. Dies gilt auch, wenn geltend gemacht wird, eine Eintragung sei unvollständig und unzutreffend[266].

Es ist nur möglich, die Eintragung des Vereins durch Amtslöschung der Gesamteintragung mit ex-nunc-Wirkung nach §§ 159, 142, 143 FGG zu beseitigen.

259 Vgl. dazu *Soergel/Hadding* Vor § 21 BGB Rn. 19, 20.

260 Vgl. *Riemer* Art. 62 ZGB Rn. 10 ff.

261 Vgl. *KG* OLGE 36, 188.

262 MünchKomm/*Reuter* § 55 BGB Rn. 2; *Paschke* ZHR 155 – 1991 – S. 1/8.

263 Vgl. zur GmbH: *OLG Hamm* GmbHR 1971, 59; *Hachenburg/Ulmer* § 10 GmbHG Rn. 16.

264 Vgl. zur GmbH-Firmeneintragung: *Hachenburg/Ulmer* Rn. 17, *Scholz/Winter* Rn. 18, je zu § 10 GmbHG; vgl. zur Genossenschaft: *Lang/Weidmüller/Metz* § 10 GenG Rn. 14.

265 *BayObLG* WM 1985, 480 = DNotZ 1986, 48.

266 *BayObLG* a. a. O.

Vom Zeitpunkt der Wirksamkeit der Eintragung an bis zur durchgeführten Löschung ist der Verein rechtsfähig.
Die Löschung einzelner Eintragungen, z. B. des Namens (die im übrigen unzulässig ist), berührt die Rechtsfähigkeit des Vereins nicht[267].

5.6.3.3. Die Pflicht zur Führung des Namenzusatzes »eingetragener Verein«

Mit der Eintragung erhält der Name des Vereins ohne weiteres den Zusatz »eingetragener Verein«, der auch abgekürzt »e. V.« geführt werden kann (§ 65 BGB). Damit wird der kraft Eintragung rechtsfähig gewordene Verein von anderen rechtsfähigen Körperschaften des Privatrechts, aber auch vom nichtrechtsfähigen Verein unterschieden. Bei rechtsfähigen Wirtschaftsvereinen ist die Abkürzung »rf. V.« üblich[268]. **203**
Der Verein ist zur Führung des Namenszusatzes »e. V.« verpflichtet[269]. Auch wenn der Namenskern fremdsprachig ist, muß der Zusatz in deutscher Sprache geführt werden[270]. Es stellt eine Verletzung des Namensrechts des Vereins dar, wenn eine andere Person oder Körperschaft den Vereinsnamen ohne Zusatz »e. V.« führt[271]. Läßt der Verein den Zusatz weg, so kann hierdurch eine Irreführung des Verkehrs mit der Folge eintreten, daß der Verein nach § 826 BGB haftet[272].

5.6.4. Die Bekanntmachungen

Die Eintragung wird den anmeldenden Vorstandsmitgliedern oder einem Bevollmächtigten bekanntgemacht (§§ 159, 130 Abs. 2 FGG). Zugleich wird die Urschrift der Satzung, die mit der Bescheinigung der Eintragung versehen ist, zurückgereicht (§ 66 Abs. 2 Satz 1 BGB); diese Bescheinigung dient dem Verein als urkundlicher Nachweis für seine Rechtsfähigkeit. Die Abschrift der Satzung wird vom Amtsgericht beglaubigt und zu den Vereinsregisterakten genommen (§ 66 Abs. 2 Satz 2 BGB). **204**
In dem vom Amtsgericht für amtliche Bekanntmachungen bestimmten Blatt werden veröffentlicht: der Name, der Sitz des Vereins und der Tag der Eintragung (§ 66 Abs. 1 BGB). Der weitere Eintragungsinhalt wird nicht veröffentlicht. Die Information über die Vertretungsverhältnisse kann durch Registereinsicht (vgl. Rn. 2340) gewonnen werden. Die unterlassene Veröffentlichung kann zu Amtshaftungsansprüchen führen.
Die Gültigkeit der Eintragung wird nicht dadurch berührt, daß Fehler bei diesen Bekanntmachungen unterlaufen oder daß diese unterlassen werden.

5.6.5. Rechtsmittel im Zusammenhang mit der Eintragung

Die Erinnerung bzw. Beschwerde gegen eine bereits vollzogene Eintragung mit dem Ziel der Löschung ist unzulässig, weil die Eintragung sofort die Wirkung **205**

---

267 *BGH* MDR 1984, 118.
268 Vgl. zur Pflicht zur Führung der folgenden Firmenzusätze – auch in abgekürzter Form: »Aktiengesellschaft«: § 4 Abs. 1 Satz 2 AktG; »mit beschränkter Haftung«: § 4 Abs. 2 GmbHG; »eingetragene Genossenschaft«: § 3 Abs. 2 Satz 1 GenG.
269 BayObLGZ 1987, 161/171.
270 *KG* JW 1930, 3777.
271 Vgl. *RG* JW 1927, 1584.
272 *Soergel/Hadding* § 65 BGB Rn. 2.

herbeigeführt hat, daß der Verein die Rechtsfähigkeit erlangt hat[273]. Bei diesen Rechtsbehelfen bzw. Rechtsmitteln ist jedoch zu prüfen, ob nicht das veränderte Verfahrensziel der Herbeiführung der Amtslöschung gewollt ist bzw. ob das Amtslöschungsverfahren einzuleiten ist[274].
Nicht anfechtbar ist auch der innerdienstliche Vorgang der Eintragungsverfügung[275].
Die noch nicht vollzogene und den Beteiligten bekanntgemachte Eintragungsverfügung kann jedoch angefochten werden[276].

5.6.6. Steuerliche Anzeigepflicht

206 Der Vorstand hat den Erwerb der Rechtsfähigkeit innerhalb eines Monats ab Eintragung im Vereinsregister dem Finanzamt, in dessen Bezirk sich die Geschäftsleitung befindet, anzuzeigen (§ 20 Abs. 1, § 34 Abs. 1, § 137 AO). Diese Anzeigepflicht besteht auch gegenüber der für die Erhebung von Realsteuern zuständigen Gemeinde (§ 137 Abs. 1 AO).

6. Die Verleihung der Rechtsfähigkeit an einen wirtschaftlichen Verein sowie an einen ausländischen Verein

6.1. Die Verleihung der Rechtsfähigkeit an einen inländischen Wirtschaftsverein

6.1.1. Allgemeines

207 Nach § 22 BGB können wirtschaftliche Vereine (vgl. zum Begriff Rn. 113) die Rechtsfähigkeit durch staatliche Verleihung desjenigen Bundeslandes erlangen, in dessen Gebiet der Verein seinen Sitz hat. Die Verleihung der Rechtsfähigkeit ist ein staatlicher Hoheitsakt, somit ein solcher, der dem öffentlichen Recht zuzurechnen ist. Es finden für das Verleihungsverfahren und – wenn eine Konzessionierung stattgefunden hat – für die weiteren Rechtsbeziehungen zwischen der Verleihungsbehörde und dem rechtsfähigen Wirtschaftsverein die Verwaltungsverfahrensvorschriften der betreffenden Bundesländer Anwendung.
Bundesgesetzlich ist das Erfordernis der Genehmigung einer Satzungsänderung (§ 33 Abs. 2 BGB) geregelt; weiter sind Gründe für die Entziehung der Rechtsfähigkeit durch die Verwaltungsbehörde genannt (§ 41 Abs. 1 und 4 BGB).
Im Verleihungsverfahren wird sich die Verwaltungsbehörde an den für den einzutragenden Verein bestehenden Vorschriften orientieren (z. B. §§ 56, 59 Abs. 1 BGB), soweit nicht registerspezifische Bestimmungen in Betracht kommen.
Nachfolgend wird das Verwaltungsverfahrensgesetz des Bundes zitiert, das in dem hier interessierenden Zusammenhang mit den Verwaltungsverfahrensgesetzen der Länder übereinstimmt.

---

273 Allgemeine Meinung, vgl. z. B. BayObLGZ 1988, 170/173; *OLG Frankfurt* OLGZ 1983, 189/190; *Keidel/Kuntze/Winkler* § 19 FGG Rn. 5.
274 Vgl. *Keidel/Kuntze/Winkler* a. a. O.
275 Vgl. *Keidel/Kuntze/Winkler* § 142 FGG Rn. 4.
276 Vgl. *OLG Stuttgart* OLGZ 1970, 419; *OLG Hamm* OLGZ 1980, 389/390.

6.1.2. Die für die Verleihung zuständigen Behörden

Die Verleihung der Rechtsfähigkeit ist Sache des Bundeslandes, in dessen Gebiet der Verein seinen Sitz hat (§ 22 Satz 2 BGB). Maßgebend ist der in der Satzung angegebene Sitz (vgl. § 24 BGB). Die Konzessionierung ist an sich Angelegenheit der obersten Verwaltungsbehörde eines Bundeslandes; diese Zuständigkeit kann jedoch gesetzlich delegiert werden. Die dann zuständige Behörde wird ebenfalls durch den in der Satzung genannten Sitz bestimmt (§ 3 Abs. 1 Nr. 3 lit. b VwVfG). **208**

Wirtschaftliche Vereine ohne forstwirtschaftliche Zusammenschlüsse oder Erzeugergemeinschaften

Für die Verleihung sind zuständig: **209**

Alte Bundesländer

- Baden-Württemberg: das Regierungspräsidium (§ 1 Abs. 1 ba.-wü. AGBGB vom 26. 11. 1974 – GBl. S. 498);
- Bayern: das Staatsministerium für Wirtschaft und Verkehr (Art. 2 Abs. 1 bayer. AGBGB vom 20. 9. 1982 – GVBl. S. 803);
- Berlin: der Senator für Justiz (Abschnitt IX Nr. 22 der Geschäftsverteilung des Senats vom 24. 9. 1981 – ABl. I S. 1831);
- Bremen: der Senator für Inneres (§ 2 brem. AGBGB vom 18. 7. 1899 – Sammlung des bremischen Rechts 400-a-1);
- Hamburg: der Senat [Senatskanzlei] (Anordnung zur Durchführung des BGB und des hamb. AGBGB Teilziffer II vom 23. 6. 1970 – Amtl. Anz. S. 1073);
- Hessen: in kreisfreien Städten und in kreisangehörigen Gemeinden mit mehr als 50 000 Einwohnern der Magistrat, im übrigen der Landrat (§ 1 Nr. 1 d. hess. AGBGB vom 18. 12. 1984 – GVBl. I S. 344);
- Niedersachsen: der Regierungspräsident in Hannover bzw. die Präsidenten der Verwaltungsbezirke Braunschweig und Oldenburg (§ 1 Abs. 1 d. nds. AGBGB vom 4. 3. 1971 – GVBl. S. 73 – i. d. F. vom 14. 7. 1972 – GVBl. S. 387);
- Nordrhein-Westfalen: der Regierungspräsident (§ 1 Nr. 1 der VO zur Regelung von Zuständigkeiten auf dem Gebiete des Vereinswesens vom 28. 4. 1970 – GVBl. S. 325);
- Rheinland Pfalz: die Bezirksregierung (§ 1 der Landesverordnung über die Zuständigkeit nach dem Bürgerlichen Gesetzbuch auf dem Gebiete des Vereinsrechts und der Vollziehung von Auflagen vom 20. 12. 1976 – Sammlung des bereinigten Landesrechts Rheinland-Pfalz 400-2);
- Saarland: der Minister des Innern (§ 2 der preuß. VO vom 18. 2. 1936 – Sammlung des bereinigten saarländischen Landesrechts Nr. 401-2 –, sowie – ehemals bayer. Teil – § 4 bayer. AGBGB vom 9. 6. 1899 – Sammlung des bereinigten saarländischen Landesrechts Nr. 400-2);
- Schleswig-Holstein: der Innenminister (§ 1 Abs. 1 Nr. 1 der Landesverordnung zur Bestimmung der zuständigen Behörden nach den §§ 22, 33, 43, 61 und 71 des Bürgerlichen Gesetzbuchs vom 17. 12. 1971 – GVOBl. S. 480 = Sammlung des schleswig-holsteinischen Landesrechts 401-0-1).

Neue Bundesländer

- Brandenburg: Ministerium des Innern (§ 1 Nr. 1 d. VO zur Regelung von Zuständigkeiten auf dem Gebiet des Vereinswesens v. 29. 4. 1994 – GVBl. II/94 S. 318);

- Mecklenburg-Vorpommern: der Innenminister (§ 1 Nr. 1 d. Ersten VO zur Änderung der Landesverordnung zur Bestimmung der zuständigen Behörden auf dem Gebiet des bürgerlichen Vereinsrechts v. 27. 10. 1993 – GVBl. S. 902);
- Sachsen: die Regierungspräsidien (§ 1 Abs. 1 d. Sächs. Ausführungsgesetzes zum Vereinsrecht des Bürgerlichen Gesetzbuches v. 26. 8. 1992 – GVBl. S. 416);
- Sachsen-Anhalt: die Regierungspräsidien (Beschluß der Landesregierung zur Bestimmung zuständiger Behörden auf dem Gebiet des bürgerlichen Vereinsrechts v. 11. 2. 1992 – MBl. S. 182 – i. V. m. Beschluß der Landesregierung über den Verwaltungsaufbau in der Mittelinstanz v. 27. 4. 1993 – MBl. S. 1556);
- Thüringen: das Innenministerium im Benehmen mit dem Thüringer Ministerium für Wirtschaft und Technik (§ 5 Abs. 2 Satz 1 d. Zweiten Thüringer VO zur Bestimmung der Zuständigkeiten im Geschäftsbereich des Thüringer Innenministeriums v. 12. 2. 1992 – GVBl. S. 66/67).

Forstwirtschaftliche Vereine sowie Erzeugergemeinschaften

210 Hat ein forstwirtschaftlicher Zusammenschluß von Waldgrundbesitzern die Rechtsform eines wirtschaftlichen Vereins gewählt oder trifft dies bei forstwirtschaftlichen Vereinigungen zu, so kann diesen Vereinigungen durch die für die Anerkennung zuständige Behörde gleichzeitig mit der Anerkennung die Rechtsfähigkeit nach § 22 BGB verliehen werden (§§ 16, 19, 37, 38 Abs. 1 und 3 BWaldG).

Diesen forstwirtschaftlichen Vereinen kann die Rechtsfähigkeit verleihen in

Baden-Württemberg: die Forstdirektion (§ 1 Abs. 1 der VO vom 14. 2. 1970 – GBl. S. 97, i. V. m. § 1 Abs. 2 ba.-wü. AGBGB; ebenso den Waldgemeinschaften nach § 56 Abs. 1, § 57 Abs. 2 des Landeswaldgesetzes vom 10. 2. 1976 – GBl. S. 524);

Hessen: die Bezirksdirektion für Forsten und Naturschutz (§ 1 der Anordnung über die zuständigen Behörden nach den Vorschriften des Bundeswaldgesetzes über forstwirtschaftliche Zusammenschlüsse vom 22. 6. 1978 – GVBl. I S. 409 = Sammlung des bereinigten hessischen Landesrechts 86-20);

Niedersachsen: der Regierungspräsident (Runderlaß des Niedersächsischen Ministers für Ernährung, Landwirtschaft und Forsten vom 2. 3. 1970, abgedruckt in Das Deutsche Forstrecht, Landwirtschaftsverlag GmbH, Hiltrup/Westfalen, Stand Juli 1974 S. 32-5, i. V. m. § 1 Abs. 2 nds. AGBGB);

Nordrhein-Westfalen: die höhere Forstbehörde (§ 2 Abs. 2 der VO über Zuständigkeiten nach dem Bundeswaldgesetz vom 25. 5. 1976 – GVBl. S. 237 = Sammlung des bereinigten Gesetz- und Verordnungsblattes für das Land Nordrhein-Westfalen 790);

Saarland: der Minister für Wirtschaft, Verkehr und Landwirtschaft (§ 1 der VO zur Bestimmung der zuständigen Behörden und zur Übertragung von Befugnissen nach dem Bundeswaldgesetz vom 26. 6. 1980 – Amtsbl. S. 717 = Sammlung des bereinigten saarländischen Landesrechts 790-15);

Schleswig-Holstein: der Minister für Ernährung, Landwirtschaft und Forsten (§ 1 der Landesverordnung zur Bestimmung der zuständigen Behörden und zur Übertragung von Ermächtigungen nach dem Gesetz über forstwirtschaftliche Zusammenschlüsse vom 30. 4. 1970 – GVOBl. S. 130 = Sammlung des schleswig-holsteinischen Landesrechts 790-0, i. V. m. § 1 Abs. 2 der Landesverordnung vom 17. 12. 1971 – GVOBl. S. 480 = Sammlung des schl.-h. Landesrechts 401-0-1).

Thüringen: das Landesverwaltungsamt als obere Forstbehörde (§ 38 Abs. 4, § 40 Abs. 1 d. Thüringer Waldgesetzes v. 6. 8. 1993 – GVBl. S. 470).

Einer Erzeugergemeinschaft oder einer Vereinigung von Erzeugergemein- **210 a**
schaften nach dem Marktstrukturgesetz[277], welche die Rechtsform des wirtschaftlichen Vereins gewählt hat, kann mit der Anerkennung zugleich die Rechtsfähigkeit nach § 22 BGB verliehen werden; zuständig ist in

- Bayern: das Staatsministerium für Ernährung, Landwirtschaft und Forsten (Art. 2 d. Ausführungsgesetzes zum Marktstrukturgesetz v. 18. 12. 1960 – GVBl. S. 398);
- Brandenburg: das Ministerium für Ernährung, Landwirtschaft und Forsten (§ 1 d. VO über Zuständigkeiten nach dem Bürgerlichen Gesetzbuch v. 19. 9. 1992 – GVBl. II/92 S. 618);
- Mecklenburg-Vorpommern: der Landwirtschaftsminister (§ 1 Abs. 2 der Landesverordnung zur Bestimmung der zuständigen Behörden auf dem Gebiet des bürgerlichen Vereinsrechts v. 26. 4. 1991 – GVBl. S. 148 – i. V. m. Art. 1 der Ersten VO zur Änderung der Landesverordnung zur Bestimmung der zuständigen Behörden auf dem Gebiet des bürgerlichen Vereinsrechts v. 27. 10. 1993 – GVBl. S. 902);
- Nordrhein-Westfalen: Landesamt für Ernährungswirtschaft (§ 2 d. VO über Zuständigkeiten nach dem Marktstrukturgesetz v. 5. 11. 1960 – Sammlung des bereinigten Gesetz- und Verordnungsblattes für das Land Nordrhein-Westfalen 7840).

6.1.3. Der Verleihungsantrag und die vorzulegenden Urkunden

Im Verleihungsverfahren wird die zuständige Behörde nur auf Antrag tätig (vgl. **211**
§ 22 Satz 2 VwVfG). Bei der Konzessionierung handelt es sich um einen mitwirkungsbedürftigen Verwaltungsakt[278]. Wird der Antrag zurückgenommen, so ist die Hauptsache erledigt[279].

Den Antrag kann nur der Vorstand des Vereins oder ein von diesem besonders Beauftragter stellen, der Mitglied des Vereins ist[280]. Ein Außenstehender bedarf dazu einer Vollmacht des Vorstands (§ 14 VwVfG).

Fehlt es an einem Antrag oder ist dieser von einer dazu nicht legitimierten Person gestellt worden, so ist die Verleihung der Rechtsfähigkeit im Interesse der Rechtsklarheit und des Verkehrsschutzes allerdings nicht nichtig, sondern im Verwaltungsgerichtsverfahren anfechtbar[281].

Eine Form ist für den Antrag nicht vorgeschrieben (vgl. auch § 10 VwVfG). Es bedarf demnach keiner notariellen Beglaubigung der Unterschrift der Vorstandsmitglieder (vgl. für das Eintragungsverfahren § 77 BGB).

Mit dem Antrag ist die Satzung in Urschrift und unbeglaubigter Abschrift vorzulegen; außerdem ist eine Abschrift der Urkunde über die Bestellung des Vorstands beizufügen (entspr. § 59 Abs. 2 BGB). Die Vorlage der Urschrift der

277 I. d. F. v. 26. 9. 1990 – BGBl. S. 2134, geänd. d. Ges. v. 26. 6. 1992 – BGBl. I S. 1159.
278 Vgl. *Stelkens/Bonk/Leonhardt* § 35 VwVfG Rn. 137.
279 Vgl. auch *VG Frankfurt* NJW 1971, 638.
280 § 12 Abs. 1 Nr. 3 VwVfG; vgl. *Stelkens/Bonk/Leonhardt* § 12 VwVfG Rn. 13.
281 Sehr streitig, vgl. *Stelkens/Bonk/Leonhardt* § 35 VwVfG Rn. 150.

Satzung ist deshalb erforderlich, weil die Unterschrift von sieben Mitgliedern ersichtlich sein muß (entspr. §§ 56, 59 Abs. 3 BGB); diese Mindestzahl muß auch und gerade beim wirtschaftlichen Verein jedenfalls dann gegeben sein, wenn Mitglieder natürliche Personen sind; Verbände von Vereinen erstreben kaum die Rechtsfähigkeit durch Verleihung.

6.1.4. Die Prüfung der Verleihungsbehörde

212 Ist der Antrag auf Verleihung der Rechtsfähigkeit nicht offensichtlich aussichtslos, etwa wegen klarer Rechtsformverfehlung, so hat sich die Antragsprüfung auf folgende Punkte zu erstrecken:

213 a) Bedenkenfreie Vereinsgründung: Die vorgelegten Urkunden müssen ergeben, daß – wie beim Idealverein – Bedenken gegen die Vereinsgründung nicht bestehen. Insoweit wird auf Rn. 164 verwiesen.

214 b) Die Mindesterfordernisse der Satzung nach dem BGB: Für den wirtschaftlichen Verein gelten die §§ 22, 24–53 BGB. Soweit § 40 BGB nicht eine abweichende Satzungsregelung zuläßt, muß sich aus der Gesamtsatzung ergeben, daß die zwingenden vereinsrechtlichen Vorschriften beachtet worden sind. Der Verein muß danach u. a. einen Vorstand haben (§ 26 BGB), es können besondere Vertreter bestellt werden (§ 30 BGB), die Organhaftung (§ 31 BGB) ist nicht abdingbar; es muß eine Mitgliederversammlung vorhanden sein, die zumindest über die Vereinsauflösung Beschluß fassen muß; sie ist im übrigen in den in der Satzung bestimmten Fällen sowie dann zu berufen, wenn es das Interesse des Vereins erfordert (§ 36 BGB); das Minderheitenrecht auf Versammlungsberufung muß gewährleistet sein (§ 37 BGB).

Die Satzung muß den Zweck, den Namen und den Sitz des Vereins enthalten und muß ergeben, daß der Verein die Rechtsfähigkeit durch Verleihung erstrebt (entspr. § 57 Abs. 1 BGB). Der Vereinsname muß sich von den an demselben Ort oder in derselben Gemeinde bestehenden eingetragenen Vereinen deutlich unterscheiden (entspr. § 57 Abs. 2 BGB); der heute bei rechtsfähigen wirtschaftlichen Vereinen teilweise übliche Zusatz »r. V.« allein reicht zur deutlichen Unterscheidung nicht aus. Der Vereinsname darf auch nicht täuschend sein (entspr. § 18 Abs. 2 HGB; vgl. Rn. 374). Die Satzung muß weiter Bestimmungen über den Ein- und Austritt der Mitglieder enthalten (entspr. § 58 Nr. 1 BGB). Eine allgemeine Beitragsfreiheit wird beim wirtschaftlichen Verein nicht in Betracht kommen. Die Art der einzelnen Beitragsleistungen – periodische Geldleistungspflicht, evtl. Dienstleistungspflicht, Abnahmeverpflichtung – sind in der Satzung genau festzulegen. Sie hat auch Bestimmungen über die Bildung des Vorstands und über die Voraussetzungen, unter denen die Mitgliederversammlung zu berufen ist, zu enthalten; es muß eine Aussage über die Form der Berufung sowie über die Beurkundung der Beschlüsse vorhanden sein (entspr. § 58 Nrn. 3, 4 BGB).

215 c) Der Verkehrsschutz: Eine Verleihung der Rechtsfähigkeit kann nur in Betracht gezogen werden, wenn der Verein, der sich den für Handelsgesellschaften bzw. Genossenschaften geltenden Normativbestimmungen nicht unterwirft, Gewähr dafür bietet, daß die Verleihung einer eigenen Rechts-

persönlichkeit nicht zu Schädigungen Dritter[282], aber auch der Vereinsmitglieder selbst führen kann. Stehen anderslautende Verwaltungsanweisungen nicht entgegen, so kann – entsprechend § 5 Abs. 1 GmbHG – ein Mindestkapital von 50 000 DM verlangt werden. Es kann weiter gefordert werden, daß der Vorstand jährlich eine Bilanz, eine Gewinn- und Verlustrechnung aufzustellen hat, daß die Bücher und Rechnungen jährlich von einem Wirtschaftsprüfer zu prüfen sind und daß weiter jährlich die Bilanz, die Gewinn- und Verlustrechnung sowie der Geschäftsbericht mit dem Prüfungsergebnis den Mitgliedern vorgelegt werden[283].
Dem Verkehrsschutz müssen auch die Vertretungsverhältnisse dienen. Im Innenverhältnis kann satzungsmäßig zwar angeordnet werden, daß der Vorstand bei bestimmten Geschäften an die Zustimmung der Mitgliederversammlung (eines Aufsichtsrates) gebunden ist; eine Beschränkung der Außenvertretung sollte – entsprechend z. B. § 27 Abs. 2 GenG, § 37 Abs. 2 GmbHG – nicht zugelassen werden. Der sog. erweiterte Vorstand, dem nur Beratungsfunktion und keine Außenvertretung zukommt, ist beim wirtschaftlichen Verein nicht zulässig; jedes Vorstandsmitglied muß somit Vertretungsbefugnis – nicht unbedingt allein – haben[284]. Es gilt der Grundsatz der Gesamtvertretung, jedoch ist sog. unechte Gesamtvertretung durch ein Vorstandsmitglied und einen Prokuristen möglich (entspr. § 78 Abs. 3 Satz 1 AktG).
Im Regelfall muß der wirtschaftliche Verein einen Aufsichtsrat mit Überwachungsfunktionen haben (entspr. §§ 9, 38 GenG).
Der Vorstand (die Liquidatoren) ist in der Satzung zu verpflichten, auch im Falle der Zahlungsunfähigkeit den Antrag auf Eröffnung des Konkurs- oder gerichtlichen Vergleichsverfahrens stellen zu müssen.

d) Die Erfüllung besonderer landesrechtlicher Verleihungsvoraussetzungen: **216**
Nach dem Landesrecht kann die staatliche »Anerkennung« eines Vereins Voraussetzung für die Verleihung der Rechtsfähigkeit sein. In solchen Fällen muß der Verein die Anerkennungsvoraussetzungen beachten. So bestimmt z. B. das Hessische Forstgesetz in § 51 Abs. 3 (i. d. F. vom 4. 7. 1978 – GVBl. I S. 424), daß Forstbetriebsvereinigungen eine genügende Flächengröße aufweisen müssen, die Waldgrundstücke müssen nach einem genehmigten gemeinsamen Betriebsplan oder nach Einzelbetriebsplänen bewirtschaftet werden, es müssen forstliche Fachkräfte angestellt oder herangezogen werden, welche die für den Staatsdienst vorgeschriebene Ausbildung nachweisen, das Ausscheiden von Mitgliedern muß an eine Kündigungsfrist von mindestens zwei Jahren gebunden sein. Nach § 57 Abs. 2 des Waldgesetzes für Baden-Württemberg (vom 10. 2. 1976 – GBl. S. 99) können Waldgemeinschaften die Rechtsfähigkeit nach § 22 BGB erlangen, wenn sie sich eine Verfassung geben, die den Vorschriften des § 18 Abs. 1 BWaldG entspricht; danach muß die Satzung u. a. regeln: die Verpflichtung der Mitglieder, das zur Veräußerung bestimmte Holz ganz oder teilweise durch die

282 RGZ 133, 170/174.

283 Vgl. dazu auch Runderlaß des Nds. Ministers für Ernährung, Landwirtschaft und Forsten vom 5. 3. 1970 in Das Deutsche Forstrecht Niedersachsen Nr. 33-5.

284 Entspr. dem Genossenschaftsrecht, vgl. *Lang/Weidmüller/Schaffland* § 27 GenG Rn. 2.

Forstbetriebsgemeinschaft zum Verkauf anbieten zu lassen, sofern sie den Holzabsatz zu ihrer Aufgabe gemacht hat; die Festlegung von Ordnungsmitteln oder Vertragsstrafen bei schuldhaftem Verstoß gegen wesentliche Mitgliedschaftspflichten; die Kündbarkeit der Mitgliedschaft frühestens zum Schluß des dritten vollen Geschäftsjahres bei einer Kündigungsfrist von mindestens einem Jahr. In Niedersachsen ist Voraussetzung der Verleihung der Rechtsfähigkeit für land- und fischwirtschaftliche Erzeugergemeinschaften und für forstwirtschaftliche Zusammenschlüsse, daß nach der Verleihung die gesetzlichen Voraussetzungen der Anerkennung aufgrund des Marktstrukturgesetzes oder des Bundeswaldgesetzes erfüllt sind[285]; das Marktstrukturgesetz[286] enthält in § 3 etwa die Regelungen, die in § 18 BWaldG getroffen worden sind.

217 e) Die Unzumutbarkeit der Wahl einer anderen Rechtsform: Nur »in Ermangelung besonderer reichsgesetzlicher Vorschriften« (jetzt: bundesgesetzlicher Vorschriften) kann die Rechtsfähigkeit verliehen werden (§ 22 Satz 1 BGB). Das bedeutet: Der Verein muß hinsichtlich der Frage der Erlangung der Rechtsfähigkeit »heimatlos« sein, weil diese anderweitig aufgrund Unterwerfung unter bundesgesetzliche Normativbestimmungen (z. B. des Genossenschaftsgesetzes oder des GmbH-Gesetzes) nicht erwerbbar ist[287]. Den Verein trifft die volle Darlegungslast[288], daß er mit dem Verleihungsantrag nicht bezweckt, die spezialgesetzlichen Normativbestimmungen zu umgehen[289]. Die Anforderungen sind hoch; das Bundesverwaltungsgericht (a. a. O.) verlangt die Darlegung »besonderer – atypischer – Umstände, aus denen sich ergibt, daß die Verweisung auf die gesetzlichen Normativbedingungen unzumutbar und eine Freistellung von diesen Normativbedingungen deshalb gerechtfertigt und geboten ist«.

Es darf – in Beachtung des Grundsatzes der Alternativität[290] – kein Verein die Verleihung erstreben, der einen wirtschaftlichen Geschäftsbetrieb nur als Mittel zur Förderung oder Unterstützung seiner idealen Zwecksetzung unterhält[291]. Das ist anhand der Gesamtsatzung, der bisherigen Tätigkeit des Vereins und der damit übereinstimmenden Organisation und seiner Einrichtungen zu prüfen[292]. Es darf allerdings nicht übersehen werden, daß es Grenzfälle gibt, die eine Unterscheidung der beiden Vereinsklassen bedeutend erschweren.

Entscheidungen der Verwaltungsgerichte, die ablehnende Bescheide der Verwaltungsbehörden bestätigen, werden häufig mit dem Hinweis begründet, dem Verein sei die Rechtsform einer eingetragenen Genossenschaft möglich[293]. Der Verein hat demnach darzulegen, daß ihm diese Rechtsform, u. U. die einer GmbH, nicht zuzumuten ist. Der Gründungsaufwand einer Genossenschaft ist kaum größer als der eines Vereins, auch

285 Vgl. den Erlaß vom 5. 3. 1970, Fundstelle Rn. 215.
286 BGBl. 1990 I S. 2134.
287 Vgl. BVerwGE 58, 26/30; *Mummenhoff* S. 100.
288 BVerwGE a. a. O. S. 32.
289 Vgl. *Mummenhoff* a. a. O.
290 Vgl. *K. Schmidt* AcP 182 – 1982 – S. 1/33.
291 *BVerwG* NJW 1979, 2265.
292 *BVerwG* a. a. O.
293 Vgl. z. B. BVerwGE 58, 26/35; *OVG Lüneburg* VerwRspr. 28 (1977), 287/291.

die Haftpflicht der Genossen (§ 2 GenG) wird bei einer sich wirtschaftlich betätigenden Personenvereinigung hinzunehmen sein; gleiches gilt hinsichtlich der inneren Organisation der Genossenschaft. Unzumutbar kann sein, daß jeder Genosse ohne Rücksicht auf die Zahl seiner Geschäftsanteile in der Generalversammlung nur eine Stimme hat (§ 43 Abs. 3 Satz 1 GenG). Das kann sich bei einer wirtschaftlich stark unterschiedlichen Beteiligung der Mitglieder an dem Unternehmen sehr nachteilig auswirken und kann demnach zum Nachweis der Unzumutbarkeit genügen[294].

6.1.5. Das Ermessen der Verleihungsbehörde; Ausnahmen

Einen verfassungsrechtlichen Anspruch auf Verleihung (Art. 9 Abs. 1 GG) hat **218**
der Wirtschaftsverein (wie auch der Idealverein) nicht, da zwar dessen Recht auf Entstehen und Bestehen gewährleistet ist, aber »unbeschadet der Frage seiner Rechtsfähigkeit«[295]. Die Verleihung liegt grundsätzlich im pflichtgemäßen Ermessen der Behörde[296]. Dies hat eine unterschiedliche Verwaltungspraxis zur Folge, die hinzunehmen ist.

Von diesem Grundsatz gibt es Ausnahmen: Bestimmt ein Erlaß eines sachlich **219**
zuständigen Ministeriums, daß die Rechtsfähigkeit auf Antrag zu verleihen ist, wenn bestimmte Voraussetzungen erfüllt sind, so ist eine Selbstbindung der Verwaltung eingetreten, welche die Ermessensausübung verdrängt[297]. Die Konzession kann und muß auch erteilt werden, wenn spezialgesetzliche Normativbestimmungen für wirtschaftliche Vereine vorhanden sind, die vom um die Verleihung nachsuchenden Verein erfüllt sind. In einem solchen Fall hat der Verein ein subjektiv-öffentliches Recht auf Verleihung der Rechtsfähigkeit[298]. Ein solcher Anspruch auf Verleihung der Rechtsfähigkeit kommt in Betracht: bei den Verwertungsgesellschaften nach dem Gesetz über die Wahrnehmung von Urheberrechten und verwandten Schutzrechten; bei den Rabattsparvereinen nach § 4 Abs. 2 RabattG; bei den Erzeugergemeinschaften nach dem Marktstrukturgesetz sowie bei den Forstbetriebsgemeinschaften und forstwirtschaftlichen Vereinigungen nach dem Bundeswaldgesetz[299]. Lohnsteuerhilfevereine, die an sich zu den wirtschaftlichen Vereinen zu rechnen sind, müßten bei Erfüllung der normativen Voraussetzungen nach dem Steuerberatungsgesetz ebenfalls konzessioniert werden[300].

6.1.6. Die Verleihung der Rechtsfähigkeit

Die Verleihung ist ein rechtsgestaltender Verwaltungsakt, da damit eine juri- **220**
stische Person zur Entstehung gelangt. Über die Verleihung wird dem Verein eine Urkunde erteilt, damit dieser seine Rechtsfähigkeit nachweisen kann. Die Urkunde ist dem Verein zu Händen des Vorstands zuzustellen (vgl. § 41 Abs. 1 und 5 VwVfG), da Zweifel über den Zeitpunkt der Bekanntgabe des Verwal-

294 Vgl. auch *v. Bar/Schnorr von Carolsfeld* ZfG 1981, 57 f.
295 BVerfGE 13, 174/175.
296 Vgl. z. B. BVerwGE 58, 26/35; *OVG Lüneburg* VerwRspr. 28 (1977) 287/289.
297 *K. Schmidt* AcP 182 – 1982 – S. 1/42 f.
298 *Soergel/Hadding* §§ 21, 22 BGB Rn. 52; *K. Schmidt* Verbandszweck S. 217.
299 *Soergel/Hadding* a. a. O.
300 *Soergel/Hadding* a. a. O.

tungsakts der Verleihung nicht aufkommen dürfen; mit der Bekanntgabe wird der Verwaltungsakt wirksam[301].
Die Verleihungsbehörde erteilt zugleich ein Legitimationszeugnis des Inhalts, daß benannte Vorstandsmitglieder den Verein vertreten; evtl. Beschränkungen der Vertretungsmacht, die Dritten gegenüber wirksam sind, sind anzuführen (nach der hier vertretenen Auffassung sollen solche Beschränkungen nicht zugelassen werden). Ist ein besonderer Vertreter bestellt, so ist auch dieser sowie der Umfang seiner Vertretungsbefugnis anzugeben[302].

6.1.7. Die Zulässigkeit von Nebenbestimmungen

221 Unzulässig ist es, den rechtsgestaltenden Verwaltungsakt der Verleihung von einer Bedingung abhängig zu machen[303].
Es ist aber zulässig, daß die Rechtsfähigkeit nur für einen bestimmten Zeitraum gewährt wird[304].

222 In die Verleihungsurkunde kann ein Widerrufsvorbehalt aufgenommen werden (vgl. § 36 Abs. 2 Nr. 3 VwVfG). Ein solcher wäre nur dann nicht statthaft, wenn in § 43 Abs. 1 und 4 BGB abschließend geregelt worden wäre, unter welchen Voraussetzungen dem Verein die Rechtsfähigkeit entzogen werden kann[305]. Diesem muß jedoch konkret mitgeteilt werden, unter welchen Voraussetzungen mit einem Widerruf zu rechnen ist[306], etwa im Falle einer Namensänderung, die zu Täuschungen Anlaß gibt oder falls er nicht unverzüglich die Änderungen im Vorstand der Verleihungsbehörde anzeigt[307]. Ist die Verleihung trotz eines täuschenden Vereinsnamens ausgesprochen worden, so kann von dem Widerrufsvorbehalt jedenfalls dann Gebrauch gemacht werden, wenn der Verein einer Aufforderung zur Namensänderung, die die Täuschungsgefahr bannt, nicht nachgekommen ist[308].

223 Keinen Bedenken begegnet es auch, wenn mit der Verleihung Auflagen verbunden werden[309]. Von der Auflagemöglichkeit soll im Interesse des Verkehrsschutzes Gebrauch gemacht werden. Besonders wesentlich erscheint die Auflage, Vorstandsänderungen unverzüglich anzuzeigen und das erteilte Legitimationszeugnis zurückzugeben; ist der Verein nicht im Handelsregister eingetragen, so versagt jeglicher Verkehrsschutz, da § 68 BGB nicht zur An-

---

301 *Stelkens/Bonk/Leonhardt* § 43 VwVfG Rn. 12 b.

302 Vgl. die ausdrückliche Regelung in § 1 der Bremischen VO über die Ausstellung von Legitimationszeugnissen vom 6. 3. 1940 – Brem. GBl. S. 54 = Sammlung des bremischen Rechts 401-b-1.

303 Vgl. *OVG Hamburg* NJW 1975, 1900/1902; *Stelkens/Bonk/Leonhardt* § 36 VwVfG Rn. 50.

304 Vgl. § 36 Abs. 2 Nr. 1 VwVfG; einschränkend *Soergel/Hadding* §§ 21, 22 BGB Rn. 53.

305 Vgl. BVerwGE 45, 235/241; *Stelkens/Bonk/Leonhardt* § 36 VwVfG Rn. 48.

306 *OVG Münster* MDR 1979, 963.

307 Vgl. *OVG Münster* a. a. O.

308 Vgl. auch *OVG Münster* a. a. O.

309 § 36 Abs. 2 Nr. 4 VwVfG; zustimmend *Staudinger/Coing* Rn. 6 und *Soergel/Hadding* Rn. 53, je zu § 22 BGB; im Stiftungsrecht wird es für unzulässig angesehen, daß die nach § 80 BGB erforderliche staatliche Genehmigung unter einer Auflage erteilt wird; § 6 Abs. 1 des Stiftungsgesetzes von Rheinland-Pfalz vom 22. 4. 1966 – Sammlung des bereinigten Landesrechts Rheinland-Pfalz 401-1 – untersagt ausdrücklich die Hinzufügung einer Auflage.

wendung kommen kann. Es kann weiter zur Auflage gemacht werden, daß die Vermögensverhältnisse des Vereins alljährlich von einem Wirtschaftsprüfer geprüft werden müssen und daß das Prüfungsergebnis der Verleihungsbehörde innerhalb einer bestimmten (kurzen) Frist vorzulegen ist. Eine Auflage, die Geschäftsführung der staatlichen Aufsicht zu unterstellen, erweist sich meist als nicht zweckmäßig; kommt der Verein in wirtschaftliche Schwierigkeiten, so kann ein leer ausgehender Gläubiger unter Berufung auf mangelhafte Aufsicht Amtshaftungsansprüche erheben. Als weitere Auflagen kommen in Betracht: unverzügliche Mitteilungspflichten bei Eröffnung des gerichtlichen Vergleichsverfahrens oder des Konkursverfahrens sowie bei der Auflösung des Vereins.

6.1.8. Kosten

Für die Verleihung der Rechtsfähigkeit erhebt die Behörde Kosten, die nach **224**
den Landeskostenbestimmungen unterschiedlich hoch sind.

6.1.9. Steuerliche Anzeigepflicht

Siehe Rn. 206.

6.1.10. Die Aufhebung des Verwaltungsakts der Verleihung

War die Verleihung rechtswidrig (es ist z. B. übersehen worden, daß wesentliche **225**
Teile der Satzung nichtig sind), so kann sie unter den Voraussetzungen der § 48 VwVfG entsprechenden Ländervorschriften zurückgenommen werden (Ermessensentscheidung). Eine Rücknahme mit Wirkung für die Vergangenheit kommt regelmäßig nicht in Betracht, da die Rechtsfähigkeit im Interesse des Verkehrsschutzes nicht mit Wirkung vom Tage der Wirksamkeit des Verleihungsakts an wieder beseitigt werden kann. Eine Ausnahme gilt dann, wenn einer Vereinigung, die keine korporativen Merkmale aufweist, die Rechtsfähigkeit verliehen worden ist.

Der rechtmäßige Verwaltungsakt der Verleihung kann ausschließlich mit Wir- **226**
kung für die Zukunft u. a. dann widerrufen werden, wenn der Widerruf in der Verleihungsurkunde vorbehalten worden ist oder wenn in dieser eine Auflage enthalten war, die der Verein nicht oder nicht innerhalb der ihm gesetzten Frist erfüllt hat (§ 49 Abs. 2 Nrn. 1, 2 VwVfG). Der Widerrufsgrund der Verhütung schwerer Nachteile für das Gemeinwohl (§ 49 Abs. 2 Nr. 5 VwVfG) scheidet regelmäßig deshalb aus, weil die Entziehung der Rechtsfähigkeit nach § 43 Abs. 1 BGB möglich ist.

6.2. Die Verleihung der Rechtsfähigkeit an einen ausländischen Verein

6.2.1. Die gesetzliche Ermächtigung und ihr Zweck

Vgl. dazu Rn. 3042 ff. **227**

6.3. Die Anfechtung von Nebenbestimmungen des Verleihungsakts, der Versagung der Verleihung sowie der Aufhebung der Verleihung

6.3.1. Ziele der Anfechtung

228 Ist die Rechtsfähigkeit nur unter Beifügung von Nebenbestimmungen (Befristung, Widerrufsvorbehalt, Auflagen) erteilt worden, so kann der Verein Verpflichtungsklage auf Erteilung einer unbedingten Verleihung erheben[310].

Ist die Verleihung der Rechtsfähigkeit abgelehnt worden, so kann der Verein die Verpflichtungsklage (Bescheidungsklage) erheben[311]. Der nichtrechtsfähige Vorverein ist nach § 61 Nr. 2 VwGO parteifähig.

Ist der Verwaltungsakt der Verleihung aufgehoben worden, so ist hiergegen die Anfechtungsklage mit dem Ziel der Aufhebung dieses Verwaltungsaktes gegeben (§ 42 Abs. 1 VwGO).

6.3.2. Das Widerspruchsverfahren und die verwaltungsgerichtliche Klage

229 Sind die angeführten Verwaltungsakte nicht vom Bundesminister des Innern (§ 23 BGB) oder von einer obersten Landesbehörde erlassen worden, so muß vor der Erhebung der Anfechtungsklage sowie der Verpflichtungsklage, sofern der Antrag auf Erlaß des beantragten Verwaltungsakts abgelehnt worden ist, das Widerspruchsverfahren stattfinden (§ 68 VwGO). Der Widerspruch ist innerhalb eines Monats, nachdem der Verwaltungsakt dem Verein bekanntgemacht worden ist, schriftlich oder zur Niederschrift der Behörde zu erheben, die den Verwaltungsakt erlassen oder seinen Erlaß abgelehnt hat (§ 70 VwGO). Hat dieses Verfahren keinen Erfolg, so ist die verwaltungsgerichtliche Klage innerhalb eines Monats nach Zustellung des Widerspruchsbescheides zu erheben (§ 74 VwGO).

230 Für die Klage ist das Verwaltungsgericht zuständig, in dessen Bezirk der bekämpfte Verwaltungsakt erlassen worden ist (§ 52 Nr. 3 VwGO)[312].

Zur Bezeichnung des Klagegegners genügt die Angabe der Behörde, die den Verwaltungsakt erlassen oder den beantragten Verwaltungsakt unterlassen hat (§ 78 Abs. 1 Nr. 1 Halbs. 2 VwGO).

Anwaltszwang besteht nur für das Revisionsverfahren (§ 67 Abs. 1 und 2 VwGO).

Die Anfechtungsklage hat – ebenso wie der vorausgehende Widerspruch – auch bei rechtsgestaltenden Verwaltungsakten aufschiebende Wirkung (§ 80 Abs. 1 VwGO). Die Aufhebung der Verleihung wird somit erst mit der Rechtskraft im verwaltungsgerichtlichen Verfahren wirksam. Die Behörde, die den Verwaltungsakt erlassen hat, oder die Widerspruchsbehörde kann jedoch die sofortige Vollziehung des Verwaltungsakts im öffentlichen oder im überwiegenden Interesse eines Beteiligten anordnen (§ 80 Abs. 2 Nr. 4 VwGO); auf Antrag des Vereins kann jedoch das Verwaltungsgericht die aufschiebende Wirkung wiederherstellen (§ 80 Abs. 5 Satz 1 VwGO).

231 Gegen das verwaltungsgerichtliche Urteil kann binnen eines Monats ab Zustellung vom unterlegenen Verfahrensbeteiligten Berufung zum Oberverwal-

---

310 Vgl. *Stelkens/Bonk/Leonhardt* § 36 VwVfG Rn. 70.

311 § 42 Abs. 1 VwGO; vgl. *OVG Lüneburg* VerwRspr. 28, 287.

312 Bei Klagen gegen Verwaltungsakte des Bundesministers des Innern ist das Verwaltungsgericht Köln zuständig, vgl. § 52 Nr. 2 VwGO.

tungsgericht (in Süddeutschland zum Verwaltungsgerichtshof) eingelegt werden (§ 124 VwGO).

Die Revision zum Bundesverwaltungsgericht ist nur aufgrund einer Zulassung des Oberverwaltungsgerichts zulässig (§ 132 Abs. 1 und 2 VwGO). Die Nichtzulassung kann mit der Beschwerde angefochten werden, die innerhalb eines Monats nach Zustellung des Urteils beim entscheidenden Oberverwaltungsgericht einzulegen ist (§ 133 Abs. 2 VwGO). **232**

Zu beachten ist, daß die hier regelmäßig in Betracht kommenden Ermessensentscheidungen der Verleihungsbehörde vom Verwaltungsgericht nur daraufhin überprüft werden können, ob der Verwaltungsakt rechtswidrig ist, weil die gesetzlichen Grenzen des Ermessens überschritten sind oder weil von dem Ermessen in einer dem Zweck der Ermächtigung nicht entsprechenden Weise Gebrauch gemacht worden ist (§ 114 VwGO).

7. Bedeutung, Inhalt und Umfang der Rechtsfähigkeit

7.1. Die Bedeutung der Rechtsfähigkeit für den Verein

7.1.1. Die Identitätstheorie und die Kontinuitätstheorie

Der Vorverein ist zwar eine Körperschaft; mangels Rechtsfähigkeit können aber vermögensrechtlich nur seine Mitglieder in gesamthänderischer Verbundenheit Träger von Rechten und Pflichten sein. Nach der Eintragung im Vereinsregister oder nach der Verleihung der Rechtsfähigkeit ist der Verein eine selbständige, von der Person der Mitglieder losgelöste juristische Person geworden. **233**

Hinsichtlich des Verhältnisses zwischen dem Vorverein und dem rechtsfähig gewordenen Verein streiten zwei Theorien:

Nach der Identitätstheorie ist der Vorverein nur eine Durchgangsstation des später rechtsfähigen Vereins. Beide Vereine haben eine körperschaftliche Organisation mit einem Mitgliederbestand und mit Organen, auch die Zwecke sind gemeinsam; ist Vermögen gebildet worden, so wechselt nur der Vermögensträger. All dies rechtfertigt es, eine Identität zwischen dem Vorverein und dem rechtsfähig gewordenen Verein anzunehmen[313]. **234**

Eine Identität wird verneint, wenn sich die Zielsetzung des rechtsfähig gewordenen Vereins gegenüber dem Vorverein wesentlich verändert[314] oder wenn die Satzung eine wesentliche Veränderung, insbesondere hinsichtlich des Namens, erfahren hat[315]. Auch ein Mitgliederwechsel wurde als identitätshindernd angesehen[316].

Im GmbH-Recht ist die Kontinuitätstheorie im Vordringen, wonach die Vorgesellschaft mit der Entstehung der juristischen Person untergeht und diese im Wege der Gesamtrechtsnachfolge Träger der Rechte und Pflichten der Vorge- **235**

---

313 Vgl. RGZ 85, 256/259; *RG* SeuffA 77 Nr. 53; RGZ 151, 86/91; BGHZ 17, 385/387; *BGH* WM 1978, 115; *Staudinger/Coing* § 21 BGB Rn. 33.

314 Wobei geringfügige Abweichungen nicht schaden, vgl. *BGH* a. a. O.

315 RGZ 85, 256/258.

316 *KG* JW 1931, 545.

sellschaft einschließlich des Vermögens wird[317]. Die Gesamtrechtsnachfolge wird auch im Vereinsrecht vertreten[318]. Gegenüber der Identitätstheorie hat die Kontinuitätstheorie den Vorteil, daß hier Veränderungen im Satzungswerk oder im Mitgliederbestand nicht schaden.

7.1.2. Der Übergang der vom Vorverein begründeten Rechtsverhältnisse einschließlich der Verbindlichkeiten auf den rechtsfähigen Verein

236 Nach der sog. Trennungstheorie handelt es sich beim Vorverein und beim rechtsfähig gewordenen Verein um verschiedene Vereinigungen, so daß danach eine Einzelübertragung der Rechte und Pflichten vom Vorverein auf den rechtsfähigen Verein stattfinden müßte[319]. Sowohl nach der Identitätstheorie als auch nach der Kontinuitätstheorie ergibt sich: Die vom Vorverein gesamthänderisch erworbenen Rechte werden ohne weiteres solche des rechtsfähigen Vereins. Dies gilt für alle Vermögensgegenstände. Fällige, aber noch nicht bezahlte Beiträge werden z. B. nunmehr dem rechtsfähigen Verein geschuldet. Hatte der Vorverein ein auf den Namen der Mitglieder eingetragenes Grundstück, so geht auch dieses ohne Auflassung und Eintragung auf den rechtsfähigen Verein über; es ist lediglich das Grundbuch zu berichtigen[320]. Es fällt auch keine Grunderwerbsteuer an[321].
Die ältere Rechtsprechung erkannte den automatischen Übergang von Verbindlichkeiten des Vorvereins (der Vorgründungsgesellschaft) auf die rechtsfähig gewordene Körperschaft nur bei satzungsgemäßen oder gründungsnotwendigen Geschäften an und verlangte bei anderen Geschäften eine Genehmigung oder Vertragsübernahme durch die rechtsfähige Körperschaft[322]. Bei Deliktsschulden wurde die Meinung vertreten, die rechtsfähig gewordene Körperschaft müsse sich das deliktsrechtliche Verhalten des Organs des Vorvereins zu eigen machen[323].

237 Diese Ansichten lassen sich heute nicht mehr aufrechterhalten. Die durch den Vorverein begründeten Verbindlichkeiten, mögen sie rechtsgeschäftlicher oder deliktischer Natur sein, gehen ohne weiteres (also ohne Mitwirkung der Gläubiger) auf den rechtsfähigen Verein über[324]. Dessen Genehmigung ist allerdings erforderlich, wenn für den Vorverein ein Vertreter ohne Vertretungsmacht gehandelt hat[325]. Im Vereinsrecht kommt eine Differenzhaftung der Gründer – wie sie bei der GmbH bestehen kann[326] – nicht in Betracht, da ein Verein ohne

---

317 BGHZ 80, 129/138/140 = NJW 1981, 1373; *BGH* NJW 1982, 932 und 1989, 710; *Hachenburg/Ulmer* § 11 GmbHG Rn. 71; a. A. Identitätstheorie: *Lutter/Hommelhoff* Rn. 2, *Rowedder/Rittner* Rn. 126, *Scholz/K. Schmidt* Rn. 133, je zu § 11 GmbHG.

318 *Soergel/Hadding* vor § 21 BGB Rn. 72.

319 Vgl. *v. Tuhr* S. 588; *Enneccerus/Nipperdey* § 107 VII.

320 Vgl. BGHZ 45, 338/345: GmbH.

321 *BFH* BStBl. 1957 III 28; *Scholz/K. Schmidt* § 11 GmbHG Rn. 133.

322 Vgl. z. B. RGZ 134, 121/122; BGHZ 17, 385/391.

323 *BAG* BB 1979, 1294; RGZ 151, 86/91: GmbH.

324 *Soergel/Hadding* vor § 21 BGB Rn. 74; ständige *BGH*-Rechtsprechung zur GmbH, vgl. z. B. NJW 1989, 710.

325 Vgl. *Scholz/K. Schmidt* § 11 GmbHG Rn. 134.

326 BGHZ 80, 129/140.

Vermögen gegründet werden kann und somit Gläubigerschutzvorschriften über Aufbringung und Erhaltung des Kapitals fehlen[327].
Haben sich die Gründer bei einem Rechtsgeschäft persönlich verpflichtet, so erlischt deren Haftung durch die Erlangung der Rechtsfähigkeit nicht[328].

7.1.3. Prozesse

Prozesse, an denen der Vorverein beteiligt war, werden nicht unterbrochen, sondern vom rechtsfähigen Verein unter Berichtigung der Parteibezeichnung fortgesetzt[329]; dies gilt auch für Aktivprozesse[330]. Rechtskräftige Urteile, welche den Vorverein als Partei bezeichnen, wirken für und gegen den rechtsfähigen Verein[331]. **238**

7.2. Inhalt und Umfang der Rechtsfähigkeit

7.2.1. Allgemeines; die »ultra-vires-Lehre«

Ist eine Personenvereinigung vom Staat als juristische Person anerkannt worden, so verselbständigt sich diese rechtlich von den sie bildenden Personen. Der rechtsfähige Verein wird selbst Träger von Rechten und Pflichten sowohl im Bereich des privaten als auch des öffentlichen Rechts. Augenscheinlich kommt die Verselbständigung durch die Führung eines Namens des Vereins zum Ausdruck. **239**
In besonderen Fällen schließt jedoch die rechtliche Verselbständigung der juristischen Person von den sie bildenden Mitgliedern es nicht aus, daß gleichsam durch die juristische Person hindurch auf die Mitglieder zurückgegriffen wird. Durch die Satzung kann zwar nicht bestimmt werden, daß die Mitglieder anstelle des Vereins für dessen Schulden haften sollen; der Verein kann jedoch durch eine entsprechende Satzungsgestaltung die Mithaftung seiner Mitglieder begründen. Deren Alleinhaftung kann in Betracht kommen, wenn der Verein in der durch seine Organe verwirklichten Absicht der sittenwidrigen Gläubigerschädigung (§ 826 BGB) seine Vermögenslosigkeit herbeiführt (sog. Durchgriffshaftung, vgl. dazu Rn. 1971). Der Verein hat weiter keinen Bestand mehr, wenn nicht einmal mehr die Mitgliedschaft einer Person besteht; sinkt die Zahl der Mitglieder auf unter drei herab, so kann die Entziehung der Rechtsfähigkeit (§ 73 BGB) in Betracht kommen.
Das Gesetz gestattet nicht, daß beim staatlichen Anerkennungs- oder Verleihungsakt die Rechtsfähigkeit des Vereins irgendwie beschränkt wird. Auch der Verein selbst kann seine Rechtsfähigkeit satzungsmäßig nicht beschränken. Der in der Satzung genannte Zweck läßt eine nur hiernach bestimmte Rechtsfähigkeit nicht eintreten. Im Bereich des privaten Körperschaftsrechts hat die **240**

---

327 *Soergel/Hadding* a. a. O., die allerdings einen Fortbestand der Haftung des Handelnden nach § 54 Satz 2 BGB auch nach der Eintragung annehmen.
328 Vgl. *BGH* NJW 1983, 2822.
329 RGZ 85, 256/259.
330 Vgl. *OLG Jena* JW 1937, 1659.
331 Vgl. *Scholz/K. Schmidt* § 11 GmbHG Rn. 137.

sog. »ultra-vires-Lehre«[332] keine Geltung[333]. Eine nur zur Verfolgung der in der Satzung festgelegten Zwecke eingeschränkte Rechtsfähigkeit besteht somit nicht.

241 Der Umfang und die Grenzen der Rechtsfähigkeit einer juristischen Person des Privatrechts, somit auch eines Vereins, ergeben sich bei der gebotenen vergleichsweisen Heranziehung der Rechtsgestaltung, die sich aus der Rechtsfähigkeit natürlicher Personen ergibt. Die Fähigkeit, Träger von Rechten und Pflichten zu sein, ist bei der juristischen Person in all den Bereichen verschlossen, die eine natürliche Person als Rechtssubjekt zur Voraussetzung haben. Das Gesetz kann darüber hinaus weitere Beschränkungen der rechtlich relevanten Betätigung juristischer Personen anordnen.

242 Eine Normsetzung wird auch durch die Adressaten bestimmt. Da diese in der Regel natürliche Personen sind, werden sie oft in einer Norm ausdrücklich angesprochen. Dies ist jedoch nicht immer der Fall. Dann ist es Sache der Auslegung, ob nur natürliche oder auch juristische Personen erfaßt werden sollen. Nur vereinzelt bestimmen Normen, daß die für natürliche Personen geltenden Normsätze auch entsprechend für juristische Personen zur Anwendung kommen, »soweit deren Wesen nicht entgegensteht« (vgl. z. B. Art. 19 Abs. 3 GG). In Ausnahmefällen werden nur juristische Personen in eine Regelung einbezogen (vgl. z. B. §§ 1059 a, 1061 Satz 2, § 1092 Abs. 2, § 1098 Abs. 3, § 2044 Abs. 2 Satz 3, § 2101 Abs. 2, § 2163 Abs. 2 BGB; §§ 33–36 HGB; §§ 17, 22 ZPO).

7.2.2. Die Rechtsfähigkeit im privatrechtlichen Bereich

243 Der rechtsfähige Verein kann sich als Gründer oder Mitglied an anderen Vereinigungsformen beteiligen, etwa an einem Vereinsverband oder an einer Gesellschaft ohne und mit eigener Rechtspersönlichkeit oder an einer Genossenschaft. Auch die Mitgliedschaft in einer Körperschaft des öffentlichen Rechts ist möglich. Der Verein kann Kaufmann sein.

Als juristische Person kann der Verein einzelne Persönlichkeitsrechte haben. Sein obligatorischer Name genießt Namensschutz (vgl. Rn. 377); er hat eine schützenswerte Geheimsphäre[334]. Der Ehrenschutz ist anerkannt, soweit der »soziale Geltungsanspruch« im »Aufgabenbereich« des Vereins »betroffen wird«[335].

244 Dem Verein kann eine privatrechtliche Vollmacht erteilt werden. Im Bereich des Verfahrensrechts ist jedoch die Bevollmächtigung einer juristischen Person wegen der fehlenden Prozeßfähigkeit (§ 79 ZPO) unzulässig; eine gleichwohl erteilte Vollmacht kann in der Regel dahin ausgelegt werden, daß sich die Vollmacht auf die zur Vertretung der juristischen Person berufene natürliche Person bezieht[336]. Gleiches gilt, wenn eine juristische Person als Schiedsrichter bestellt wird[337].

332 Die im anglo-amerikanischen Rechtskreis herrschend ist und für inländische Körperschaften des öffentlichen Rechts gilt, vgl. BGHZ 52, 283; *OLG Karlsruhe* NJW 1991, 1487.

333 Heute überwiegende Auffassung, vgl. *Soergel/Hadding* vor § 21 BGB Rn. 24.

334 Vgl. *Scholz/Emmerich* § 13 GmbHG Rn. 12.

335 BGHSt. 6, 186/191; *BGH* NJW 1981, 675 und 1983, 1138.

336 *BGH* LM Nr. 4 zu § 12 LVO; *KG* WM 1964, 844; BayObLGZ 1975, 137/140; *Keidel/Kuntze/Winkler* § 13 FGG Rn. 11; vgl. auch § 1791 a Abs. 3 BGB.

337 *Schütze/Tscherning/Wais* Rn. 178.

Die heute wohl überwiegende Auffassung geht mit Recht dahin, daß eine juristische Person Vertretungsorgan einer anderen juristischen Person des Privatrechts sein kann[338]; Schwierigkeiten bei einer erforderlichen Anmeldung und Unterschriftszeichnung ergeben sich nicht, diese Pflichten treffen die Organmitglieder jener juristischen Person. Der rechtsfähige Verein kann folgende amtsähnliche Stellungen bekleiden: Testamentsvollstrecker, Konkursverwalter, Nachlaßverwalter und Nachlaßpfleger[339]. **245**

Handelsrechtliche Vollmachtsverhältnisse werden in der Praxis allenfalls bei rechtsfähigen wirtschaftlichen Vereinen von Bedeutung sein. Die juristische Person kann Handlungsvollmacht haben, sie kann auch Handelsvertreter sein; ihr kann dagegen keine Prokura erteilt werden, außerdem ist sie nicht befähigt, Handlungsgehilfe zu sein[340]. **246**

Im Bereich des Schuldrechts wird die juristische Person wie eine natürliche behandelt. Ein haftungsbegründendes Ereignis wird ihr dann zugerechnet, wenn es in der Person eines Organvertreters oder eines besonderen Vertreters entstanden ist (§§ 31, 278 BGB).

Im sachenrechtlichen Bereich ist eine juristische Person uneingeschränkt rechtsfähig. Sie ist selbst unmittelbarer Besitzer ihrer Gegenstände; die Besitzausübung wird durch die vertretungsberechtigten Organe vorgenommen, die weder selbst Besitzer noch Besitzdiener sind[341]. Der Verein kann als juristische Person mit dem Sitz im Inland uneingeschränkt am Vermögensverkehr teilnehmen, insbesondere Rechte an Grundstücken und grundstücksgleiche Rechte ausüben; er wird in das Grundbuch eingetragen. Besondere Regelungen bestehen für juristische Personen nach den §§ 1059 a, 1061 Satz 2, § 1092 Abs. 2, § 1098 Abs. 3 BGB. **247**

Da das Familienrecht den Menschen in der überwiegenden Zahl der Regelungsfälle voraussetzt, besteht hier in der Regel keine Rechtsfähigkeit. Für eine juristische Person kann eine Abwesenheitspflegschaft nur nach § 10 des Zuständigkeitsergänzungsgesetzes (vom 7. 8. 1952 – BGBl. I S. 407) sowie im Falle eines unbekannten Beteiligungsverhältnisses gem. § 1913 BGB[342] bestellt werden; im übrigen ist eine Pflegschaft für eine juristische Person unzulässig[343]. **248**

Ein rechtsfähiger Verein ist aktiv erbfähig sowie befähigt, Vermächtnisnehmer zu sein[344]. Erwerbsbeschränkungen (Art. 86 EGBGB) bestehen für inländische Vereine nicht mehr[345]. **249**

Dem Verein können als juristischer Person Patent-, Geschmacksmuster- und Markenrechte (§ 7 Nr. 2 MarkenG) zustehen. Erfinder (§ 3 PatG) kann er nicht sein. Gleiches gilt hinsichtlich der Urhebereigenschaft (§ 7 UrhG); er kann jedoch Erbe eines Urheberrechts sein (§§ 28 ff. UrhG), desgleichen können ihm Nutzungsrechte an urheberrechtlich geschützten Werken (§§ 31 ff. UrhG) zustehen[346]. **250**

338 Vgl. z. B. *Soergel/Hadding* vor § 21 BGB Rn. 29 und § 27 BGB Rn. 5.
339 Vgl. *Soergel/Hadding* vor § 21 BGB Rn. 29.
340 Vgl. *Scholz/Emmerich* § 13 GmbHG Rn. 14.
341 Vgl. BGHZ 57, 166/168; *Soergel/Hadding* vor § 21 BGB Rn. 27.
342 *KG* JW 1920, 497; *OLG Düsseldorf* OLGZ 1976, 385/386.
343 Vgl. *Palandt/Diederichsen* Einf. v. § 1909 BGB Rn. 4.
344 Vgl. § 2044 Abs. 2, § 2101 Abs. 2, § 2105 Abs. 2, § 2163 Abs. 2 BGB.
345 Vgl. *Palandt/Heinrichs* Art. 86 EGBGB Rn. 1.
346 Vgl. *Scholz/Emmerich* § 13 GmbHG Rn. 15.

251 Der Verein kann zwar Arbeitgeber, aber als solcher nicht Arbeitnehmer sein. Er kann jedoch Dienstverschaffungsverträge abschließen und kann sich zur Dienstleistung durch seine Bediensteten verpflichten[347].
Die in der Regel rechtsfähigen Arbeitgeberorganisationen haben als Koalitionen (Art. 9 Abs. 3 GG) die Befugnis, mit den ebenfalls als Koalitionen bestehenden Arbeitnehmerorganisationen Arbeitsbedingungen festzulegen.

7.2.3. Die Rechtsfähigkeit im Bereich des öffentlichen Rechts

252 Die Grundrechte gelten auch für inländische juristische Personen, soweit sie ihrem Wesen nach auf diese anwendbar sind (Art. 19 Abs. 3 GG). Die Bildung und Betätigung einer juristischen Person muß »Ausdruck der freien Entfaltung der natürlichen Personen« sein[348].
Eine Staatsangehörigkeit besitzt die juristische Person nicht. Man kann allenfalls von einer Staatszugehörigkeit sprechen.

253 Als juristische Person hat der Verein die aktive und passive Parteifähigkeit in einem Zivilprozeß einschließlich eines Schiedsgerichtsverfahrens (§ 50 ZPO). Er kann auch Beteiligter an einem Verfahren der freiwilligen Gerichtsbarkeit sowie Kläger, Beklagter bzw. Beteiligter anderer gerichtlicher Verfahren sein (§ 57 FGO; § 61 Nr. 1 VwGO; § 70 Nr. 1 SGG). Da eine juristische Person nicht prozeß- bzw. verfahrenshandlungsfähig ist, handeln für sie ihre gesetzlichen Vertreter (§ 51 ZPO; § 58 Abs. 2 FGO; § 62 Abs. 2 VwGO; § 71 Abs. 3 SGG). Die sog. Verbandsklage ist nur zulässig, wenn sie das Gesetz erlaubt.

254 Als juristische Person kann der Verein auch Beteiligter an einem Verwaltungsverfahren sein (§ 11 Nr. 1 VwVfG sowie die entsprechenden Bestimmungen der Verwaltungsverfahrensgesetze der Länder; § 78 AO; § 10 SGB X); auch hier handeln für den Verein die gesetzlichen Vertreter bzw. besonders Beauftragte (§ 12 Abs. 1 Nr. 3 VwVfG; § 79 AO; § 11 SGB X).

255 Der rechtsfähige Verein kann auch Beteiligter eines Strafprozesses bzw. eines Ordnungswidrigkeitenverfahrens sein. Er wird strafrechtlich nicht nur im Bereich des Ehrenschutzes, sondern auch etwa im Bereich der Vermögensdelikte geschützt. Hier kann er das Klageerzwingungsverfahren durchführen (§ 172 StPO), er kann als Nebenkläger (§ 395 StPO) zugelassen werden.
Nach § 393 AO a. F. konnte gegen eine juristische Person eine Kriminalgeldstrafe festgesetzt werden; unter bestimmten Voraussetzungen konnte ihre Mithaftung für Geldstrafen, Geldbußen und Verfahrenskosten in Betracht kommen (§ 416 AO a. F.). Die heute überwiegende Auffassung geht dahin, daß einer juristischen Person kein sozial-ethischer Schuldvorwurf gemacht werden kann. Der juristischen Person können jedoch Vorteile aus dem unrechtmäßigen Verhalten ihrer Vertretungsorgane zufließen, so daß eine völlige Sanktionslosigkeit im Hinblick auf natürliche Personen in der gleichen Lage nicht vertretbar wäre. Deshalb bestimmt § 30 OWiG: »Hat jemand als vertretungsberechtigtes Organ einer juristischen Person oder als Mitglied eines solchen Organs . . . eine Straftat oder Ordnungswidrigkeit begangen, durch die Pflichten, welche die juristische Person treffen, verletzt worden sind oder die juristische Person bereichert worden ist oder werden sollte, so kann gegen diese als Nebenfolge der Straftat oder Ordnungswidrigkeit eine Geldbuße festgesetzt werden.« Eine ähnliche

347 Vgl. *Scholz/Emmerich* a. a. O. Rn. 14.
348 BVerfGE 21, 362/369.

Form einer Maßnahme sieht § 75 StGB vor: In den dort aufgeführten Fällen kann eine im Eigentum der juristischen Person stehende Sache oder ein ihr zustehendes Recht eingezogen, die juristische Person zum Wertersatz herangezogen und ihr eine Entschädigung wegen Entziehung oder Beeinträchtigung ihrer Drittrechte versagt werden, wenn gegenüber dem Organvertreter, wäre er Eigentümer der Sache oder Rechtsinhaber, diese Maßnahmen (Einziehung usw.) zulässig wären. Können diese Maßnahmen gegen eine juristische Person ergriffen werden, so kommt für diese eine Verfahrensbeteiligung (§ 444 Abs. 2 StPO) in Form einer Nebenbeteiligung[349] in Betracht.

Die steuerrechtliche Rechtsfähigkeit stimmt nicht immer mit der bürgerlich- **256**
rechtlichen Rechtsfähigkeit eines Vereins überein. Die Steuerpflicht wird unter wirtschaftlichen Gesichtspunkten betrachtet; diese kann deshalb schon vor der Erlangung der Rechtsfähigkeit und erst nach deren zivilrechtlicher Beendigung eintreten[350]. Hat der Gründungsverein bereits eine nach außen in Erscheinung tretende geschäftliche Tätigkeit aufgenommen, so kann er bereits wie die künftige juristische Person zur Körperschaftsteuer (Vermögensteuer) herangezogen werden[351]. Der Verein wird nicht wie eine natürliche Person einkommensteuer-, sondern körperschaftsteuerpflichtig.

Die für natürliche Personen geltenden Vorschriften des öffentlichen Rechts **257**
sind grundsätzlich auch für juristische Personen verbindlich.

Der Grundsatz der Gewerbefreiheit (Art. 12 GG) gilt auch für juristische Per- **258**
sonen[352]. Zum Teil ist ausdrücklich bestimmt, daß ein Gewerbe von einer juristischen Person (zum Teil auch von nichtrechtsfähigen Vereinen) betrieben werden kann[353]. Dem Verein ist es jedoch nicht erlaubt, jede gewerbliche oder berufliche Tätigkeit auszuüben. Eine Apotheke kann z. B. in der Rechtsform einer juristische Person betrieben werden (§ 8 des Gesetzes über das Apothekenwesen vom 15. 10. 1980 – BGBl. I S. 1993, geänd. d. Ges. v. 23. 7. 1988 – BGBl. I S. 1077). Es wird die Auffassung vertreten, das Standesrecht erlaube es Ärzten, Rechtsanwälten und Notaren nicht, eine Praxisgemeinschaft in der Rechtsform eines Vereins zu betreiben[354]. Hier könnte sich die Rechtsauffassung wandeln. Der juristischen Person ist der Betrieb eines solchen Gewerbes verschlossen, für das ein durch Prüfung zu erbringender Befähigungsnachweis gesetzlich vorgeschrieben ist[355]. Als juristische Person kann der Verein in die Handwerksrolle eingetragen werden, wenn der Betriebsleiter, bei einem handwerklichen Nebenbetrieb dessen Leiter, die Meisterprüfung für das in Betracht kommende Handwerk bestanden hat oder wenn eine Ausnahmebewilligung erteilt wird[356]. Kommt es bei der Erteilung einer Gewerbeerlaubnis auf eine charakterliche Eignung (Zuverlässigkeit) bei der Erlaubnisbe-

---

349 *OLG Hamm* NJW 1973, 1852.

350 Vgl. *Hübschmann/Hepp/Spitaler* § 33 AO Rn. 33.

351 Vgl. *Hübschmann/Hepp/Spitaler* a. a. O. Rn. 33 b m. w. N.

352 Vgl. auch § 15 a Abs. 3 Satz 3 GewO.

353 Vgl. z. B. § 1 Abs. 1, § 7 HandwO; § 2 Abs. 1 Satz 2 Gaststättengesetz; § 14 Abs. 2 Milchgesetz.

354 Vgl. *Soergel/Hadding* §§ 21, 22 BGB Rn. 13 a; *Sauter/Schweyer* Rn. 51.

355 Vgl. *Landmann/Rohmer* § 1 GewO Rn. 29.

356 §§ 1, 2, 3, 7 Abs. 3 bis 5, § 8 HandwO; vgl. dazu *Landmann/Rohmer* a. a. O. sowie *Eyermann/Fröhler* § 7 HandwO Rn. 11, 12.

werbung an[357], so ist die Zuverlässigkeit der Personen entscheidend, die den Verein tatsächlich »leiten«[358]; das kann, muß jedoch nicht immer das Vertretungsorgan sein; es kann auch auf die Zuverlässigkeit eines bestellten Betriebsleiters ankommen[359]. Das Versteigerergewerbe setzt jedoch ein besonderes persönliches Vertrauensverhältnis voraus, das juristischen Personen den Zugang zu diesem Gewerbe verschließt[360]. Der Verein stellt andererseits z. B. häufig eine sog. wirtschaftliche Unternehmung dar, die ihn befähigt, eine Erlaubnis nach § 7 WaffG zu erlangen[361].

357 Vgl. §§ 30, 33 a, 33 d, 34, 34 a GewO; § 8 WaffG.

358 Vgl. *Landmann/Rohmer* § 1 GewO Rn. 31; *Apel* § 8 WaffG Anm. 6.

359 Vgl. *Landmann/Rohmer* a. a. O.

360 *Landmann/Rohmer* § 1 GewO Rn. 30.

361 Nr. 7.1 der Allg. Verwaltungsvorschrift zum WaffG, abgedruckt bei *Potrykus* Waffenrecht zu § 7 WaffG; dies ist für Schützenvereine von Bedeutung.

II. Für den Verein geltende Vorschriften und Regelungen

1. Verfassung des Vereins

1.1. Bedeutung der Vereinsverfassung

Nach § 25 BGB wird die Verfassung eines rechtsfähigen Vereins durch gesetzliche Vorschriften – die §§ 26–39 BGB – sowie durch die Satzung bestimmt. **259**
Bei den gesetzlichen Vorschriften, die notwendige Bestandteile der Verfassung jedes rechtsfähigen Vereins sind, ist zu unterscheiden, ob es sich um zwingende oder durch die Satzung abänderbare (abdingbare, dispositive) Bestimmungen handelt (§ 40 BGB). Die Abänderung durch eine nicht zum Satzungsbestandteil erklärte Vereinsordnung reicht nicht aus. § 40 BGB nennt nur die Bestimmungen, die durch die Satzung abgeändert werden können; im Umkehrschluß heißt dies, daß dort nicht genannte Vorschriften zwingende Bestandteile der Vereinsverfassung sind. Nicht abdingbar ist z. B. § 26 BGB, wonach der Verein einen Vorstand haben muß, der den Verein gerichtlich und außergerichtlich vertritt. Dispositiv ist z. B. § 27 Abs. 1 BGB, wonach der Vorstand durch Beschluß der Mitgliederversammlung bestellt wird. Soweit die Satzung keine vom Gesetz abweichende Regelung trifft, sind die §§ 26–39 BGB und die nicht abänderbaren Vorschriften über die Auflösung des Vereins (§ 41 BGB) und über die Liquidation des Vereinsvermögens nach §§ 47–52 BGB Bestandteile der Verfassung jedes Vereins.

Die Verfassung des Vereins wird weiter durch die Regelungen der Vereinssatzung bestimmt, deren Inhalt die Gründer und später die Mitgliederversammlung durch Satzungsänderungsbeschluß (vgl. § 33 Abs. 1 BGB) im Rahmen der Privatautonomie frei bestimmen können. Beim eingetragenen Verein stellen die §§ 57, 58 BGB registerrechtliche Mindesterfordernisse für den Satzungsinhalt auf. Die Satzung muß den Zweck, den Namen und den Sitz des Vereins enthalten und ergeben, daß er eingetragen werden soll. Weiter soll die Satzung Bestimmungen enthalten über den Eintritt und Austritt der Mitglieder, über Mitgliedsbeiträge, über die Bildung des Vorstands, über die Einberufung der Mitgliederversammlung und über die Beurkundung ihrer Beschlüsse. **260**

Um die Vereinssatzung von nachrangigen Vereinsordnungen (unten Rn. 310 ff.) horizontal abzugrenzen, hat der BGH[1] den Grundsatz aufgestellt, daß «die das Vereinsleben bestimmenden Grundentscheidungen« als Verfassungsregelung i. S. d. § 25 BGB in die Satzung aufzunehmen sind[2]. **261**

Schon der historische Gesetzgeber der Redaktorvorlage verstand unter der Verfassung einer Körperschaft den »Inbegriff der Normen, welche Zweck und Grundlage des Vereins, die Mitgliedschaft, sowie die Bestellung, den Wir- **262**

1 BGHZ 47, 172, 177 = NJW 1967, 1268 = WM 1967, 606; dazu *Wiedemann* JZ 1968, 219; BGHZ 105, 306, 313 f. = NJW 1989, 1724 = WM 1989, 184 = WuB II L. § 25 BGB 1.89 *Beuthien* = ZIP 1989, 14 = ZfgG 41 (1991), 247 m. Anm. *Beuthien/Kießler*.

2 Zustimmend *Staudinger/Coing* § 25 BGB Rn. 3; *Soergel/Hadding* § 25 BGB Rn. 1; MünchKomm/*Reuter* § 25 BGB Rn. 1; *van Look* S. 95; ausführlich *Kohler* S. 60 ff.; vgl. auch *Reemann* S. 16 f.

kungskreis und die sonstigen Verhältnisse der Organe des Gesellschaftswillens bestimmen... Die Verfassung beruht auf Gesetz oder Statut«[3].

263 Danach regelt die Satzung als Vereinsverfassung

- die Identität der Vereinigung, z. B. Rechtsform, Zweck, Name, Sitz (unten Rn. 362 ff.),
- die Grundlagen der Organisation, d. h. die Einrichtung, Bildung und Zuständigkeit der Organe (unten Rn. 264 ff., 717 ff.) und
- Die Grundlagen der Mitgliedschaft, d. h. des Verhältnisses zwischen Verein und Mitgliedern, insbes. deren Rechte und Pflichten (unten Rn. 278, 470 ff.).

Bei den vorgenannten Regelungsgegenständen handelt es sich um materielles Satzungsrecht im engeren Sinn[4], die wegen ihres für die Vereinsverfassung grundlegenden Charakters zwingend in der Satzung zu regeln sind. Dies folgt nicht etwa aus einer Anlehnung an den staatsrechtlichen Verfassungsbegriff[5], der auf eine Personenvereinigung des Zivilrechts nicht zutrifft. Vielmehr dient der »Satzungsvorbehalt« in erster Linie dem Schutz der Mitglieder (Rn. 315 ff.); daher müssen die satzungsmäßigen Regelungen der Vereinsverfassung eine hinreichende Regelungsdichte aufweisen (unten Rn. 279).

263 a Darüber hinaus zählen zur Vereinsverfassung aber auch alle diejenigen Regelungsgegenstände, die die Gründer oder das für Satzungsänderungen zuständige Organ für so grundlegend ansehen, daß sie sie kraft ihrer privatautonomen Regelungszuständigkeit zum Inhalt der Satzung machen (materielles Satzungsrecht im weiteren Sinn)[6]. So kann z. B. in der Satzung das Verfahren der Vereinsorgane oder die konkrete Ausgestaltung mitgliedschaftlicher Rechte (z. B. Benutzung von Vereinseinrichtungen) oder Leistungspflichten (z. B. Beitragshöhe) detailliert geregelt werden.

1.2. Satzungsmäßige Regelung der Vereinsorganisation

264 Der Verein ist gekennzeichnet durch eine körperschaftliche Organisation, die unabhängig von einem Wechsel der Mitglieder besteht und als juristische Person rechtsfähig ist. Hierdurch unterscheidet er sich von den Personalgesellschaften, u. a. von der Gesellschaft bürgerlichen Rechts (§§ 705 ff. BGB), für die die Handlungshoheit aller Mitglieder, das Einstimmigkeitsprinzip und die Bindung der Vereinigung an den Personenbestand kennzeichnend sind (vgl. §§ 709 Abs. 1, 727 Abs. 1 BGB). Eine verselbständigte Organisation besteht auch dann, wenn z. B. bei einem kleinen Verein alle Mitglieder nicht nur die Mitgliederversammlung, sondern auch den Vorstand bilden, was zulässig ist.

265 Die Selbstbestimmung über die Vereinsorganisation in der Satzung als privatautonom festgelegter Bestandteil der Vereinsverfassung ist durch das Grund-

---

3 *Gebhard* in: *Schubert* (Hrsg.), Die Vorlagen der Redaktoren für die erste Kommission zur Ausarbeitung des Entwurfs eines Bürgerlichen Gesetzbuches, Allgemeiner Teil, Teil 1, 1981, Abschn. II, Tit. 1. II. Juristische Person § 5 Verfassung, S. 85 (= S. 599); teilweise abw. Voraufl. Rdn. 262 unter Berufung auf § 26 II, 6 ALR und Art. 8 des bayer. Vereinsgesetzes vom 29. 4. 1869.

4 Vgl. *Soergel/Hadding* § 25 BGB Rn. 21.

5 So aber *Reuter* ZHR 148 (1984), 523, 525 ff.; *ders.* in: MünchKomm, § 25 BGB Rn. 1: »Integrationsfunktion«; gegen ein staatsrechtliches Verständnis schon *Lukes* NJW 1972, 121 ff.; krit. auch Voraufl. Rn. 261 f.

6 Vgl. *Soergel/Hadding* § 25 BGB Rdn. 22.

recht auf Vereinigungsfreiheit (Vereinsfreiheit, Vereinsautonomie) aus Art. 9 Abs. 1 GG gegen staatliche Eingriffe geschützt (vgl. Rn. 2904 ff.). Der Schutzbereich der Vereinigungsfreiheit garantiert allen Deutschen im Rahmen freier sozialer Gruppenbildung das Recht auf freie interne Funktionsentfaltung. Es umfaßt sowohl für die Mitglieder als auch für die Vereinigung selbst (vgl. Art. 19 Abs. 3 GG) die Selbstbestimmung über die eigene Organisation, das Verfahren ihrer Willensbildung und die Führung der Geschäfte[7]. Den Regelungsrahmen für diese privatautonome Organisationshoheit setzt dabei der (einfache) Gesetzgeber (für Vereine z. B. durch die §§ 25 ff. BGB sowie das VereinsG), der sich hierbei jedoch an den verfassungsrechtlich vorgegebenen Grundsätzen freier Assoziation, kollektiver Selbstbestimmung und organisatorischer Funktionsfähigkeit zu orientieren hat[8].

Zur organisatorischen Verselbständigung gehört zunächst die privatautonome **266** Festlegung der Rechtsform sowie des Zwecks, des Namens und des Sitzes des Vereins[9] (»Identitätsausstattung«[10]) in der Satzung (§ 57 Abs. 1 BGB).

Durch die Satzung schafft sich der Verein eine Handlungsorganisation, indem **267** er Organe bildet und besetzt, die für ihn handeln. Notwendig sind nach dem Gesetz der Vorstand (§ 26 BGB) und die Mitgliederversammlung (§ 32 BGB).

Die Mitgliederversammlung kann ohne weiteres aus dem Kreis der vor- **268** handenen Mitglieder gebildet werden. In der Satzung sind die Voraussetzungen (z. B. jährliche Abhaltung) und die Form der Einberufung (etwa brieflich oder durch Bekanntmachung) sowie die Beurkundung ihrer Beschlüsse (z. B. Protokollierung) zu regeln (vgl. § 58 Nr. 4 BGB sowie unten Rn. 764 ff.).

Hat ein Großverein anstelle der Mitgliederversammlung eine Delegierten- **269** oder Vertreterversammlung gebildet, so bedarf es detaillierter Regelungen über die Bildung dieses Organs, z. B. über die Anzahl und Auswahl der Delegierten, das aktive und passive Wahlrecht zur Delegiertenversammlung, die Dauer der Delegierteneigenschaft (unten Rn. 2687 ff.). Insbesondere ist darauf zu achten, daß alle Mitglieder hinreichend durch Delegierte repräsentiert sind[11].

Beim Vorstand, über dessen »Bildung« die Satzung Bestimmungen enthalten **270** soll (§ 58 Nr. 3 BGB), ist vor allem die Anzahl der Vorstandsmitglieder fest-

---

7 Vgl. BVerfGE 38, 281, 302 f. = NJW 1975, 1265; BVerfGE 50, 290, 354 = NJW 1979, 699, 706 = WM 1979, 389 (sog. Mitbestimmungsurteil); BVerfGE 80, 244 = NJW 1990, 37, 38; für religiösen Verein auch BVerfGE 83, 341 = NJW 1991, 2623, 2625 = JZ 1992, 248 (dazu *Flume* JZ 1992, 238 ff.; *Schockenhoff* NJW 1992, 1013 ff.; *ders.* AcP 193 [1993], 35, 43 f.; *Jeand'Heur* JuS 1992, 830 ff.); *Scholz* in: Maunz/Dürig, Art. 9 GG Rn. 43, 68 f., 81 ff.; *Merten* in: Isensee/Kirchhof (Hrsg.), Handbuch des Staatsrechts, Bd. VI, 1989, § 144 Rn. 42 f.; *van Look* S. 61 ff.; *Pfister* Festschr. Lorenz, 1991, S. 171, 180 f.

8 *Scholz* in: Maunz/Dürig, Art. 9 GG Rn. 69.

9 Vgl. *Seifert* S. 116 f.

10 Vgl. *John* Die organisierte Rechtsperson, 1977, S. 74 ff., der bei juristischen Personen folgende Merkmale für kennzeichnend hält: Identitätsausstattung, Handlungsorganisation, Haftungsverband; zustimmend MünchKomm/*Reuter* Vor § 21 BGB Rn. 3.

11 Vgl. *OLG Frankfurt a. M.* WM 1985, 1466, 1468 (IG Bau-Steine-Erden) = ZIP 1985, 213 = EWiR § 32 BGB 1/85 *Schüren*; Vorinstanz: *LG Frankfurt a. M.* ZIP 1983, 1337; *Säcker* S. 16 ff.

zulegen. Sind mehrere Vorstandsmitglieder vorgesehen, so empfehlen sich Regelungen über die Form der Vertretung (Gesamtvertretung, Mehrheitsvertretung, Einzelvertretung; vgl. unten Rn. 1401 ff.). Die Satzung kann auch eine Beschränkung der Vertretungsmacht festlegen (vgl. § 26 Abs. 2 Satz 2 BGB sowie unten Rn. 1398 f.).

271 Für bestimmte Aufgaben kann die Satzung besondere Vertreter i. S. d. § 30 BGB vorsehen. Die privatautonome Organisationsfreiheit kann auch zur Organisationspflicht werden. Ist der Vorstand überlastet, so soll der Verein verpflichtet sein, ggf. durch Satzungsänderung und Bestellungsakt einen oder mehrere besondere Vertreter zu bestellen. Wird dies unterlassen, so wird der Verein nach der Rechtsprechung haftungsrechtlich so behandelt, als sei ein besonderer Vertreter tätig geworden, für dessen Handeln sich der Verein nicht entlasten kann (unten Rn. 1577 f.). Der Annahme eines fiktiven besonderen Vertreters ist jedoch aus rechtssystematischen und methodischen Gründen eine Haftung wegen Organisationsverschuldens eines vorhandenen Organs nach § 31 BGB vorzuziehen[12].

272 In der Satzung als Teil der Vereinsverfassung ist auch zu regeln, ob neben der Mitgliederversammlung, dem Vorstand und ggf. besonderen Vertretern weitere Vereinsorgane gebildet werden, was nach § 32 Abs. 1 Satz 1 BGB zulässig ist. Zu denken ist z. B. an einen Spiel- oder Wettbewerbsausschuß, ein Festkomitee, ein »Vereinsgericht«, einen Beirat oder ein Kuratorium mit Aufsichts- und Kontrollaufgaben. Soweit die Satzung zusätzliche Organe einrichtet, sind auch deren Besetzung und Aufgaben zu regeln.

273 Hinsichtlich der Mitglieder der Organe, der Organpersonen, kann es geboten sein, Bestimmungen über Voraussetzungen zu treffen, die in ihrer Person vorliegen müssen (»Amtsfähigkeit«), z. B. Mindestalter. Insbesondere ist nach dem Gesetz nicht erforderlich, daß die Organperson gleichzeitig Mitglied des Vereins ist (Zulässigkeit der Fremdorganschaft). Soll die Amtsfähigkeit an die Mitgliedschaft geknüpft sein (Selbstorganschaft), so bedarf es einer entsprechenden Satzungsregelung. Ratsam sind auch Bestimmungen über die Dauer der Organstellung und über ihre Beendigung gegen des Willen des Betroffenen (zum Widerruf der Vorstandsbestellung vgl. § 27 Abs. 2 BGB).

274 Im Rahmen der Organisationsregelung sind auch die Aufgaben der Organe zu beschreiben und damit ihre Zuständigkeiten gegeneinander abzugrenzen. Wenigstens in den Grundzügen sollte bei mehrgliedrigen Organen auch das Verfahren der Willensbildung (Beschlußfassung) geregelt werden[13].

275 Zu den organisatorischen Grundentscheidungen des Vereinslebens ist auch die Frage zu rechnen, ob der Verein interne Streitigkeiten durch ein Schiedsgericht i. S. d. §§ 1025 ff. ZPO entscheiden lassen und damit der ordentlichen Gerichtsbarkeit weitgehend entziehen will (unten Rn. 2530 ff.). Das Schiedsgericht ist als unabhängiges Gericht zwar kein Vereinsorgan; die Zuständigkeit eines nichtstaatlichen Gremiums zur Streitentscheidung berührt jedoch die Grundlagen der Vereinsorganisation und der Mitgliedschaft, so daß in der sat-

---

12 *Soergel/Hadding* § 30 BGB Rn. 6; MünchKomm/*Reuter* § 30 BGB Rn. 2.

13 Vgl. *Reuter* ZHR 148 (1984), 523, 530 ff.; auch BGHZ 106, 67, 72 = WM 1989, 366, 368: Listenwahl statt Mehrheitswahl.

zungsmäßigen Schiedsklausel wenigstens die Zuständigkeit und Zusammensetzung des Schiedsgerichts, die Auswahl und Bestellung der Schiedsrichter sowie die Grundzüge des Schiedsverfahrens zu regeln sind[14].

Bei Großvereinen und Vereinsverbänden muß die Satzung die Organisationsstruktur der Untergliederungen regeln (vgl. unten Rn. 2664 ff.). Es ist festzulegen, ob die Untergliederungen als rechtlich selbständige (rechtsfähige oder nicht rechtsfähige) Vereine organisiert sind oder als bloße unselbständige Abteilungen. Im letzteren Fall kann der Untergliederung selbst oder ihrem Leitungsgremium die Eigenschaft eines Organs des Gesamtvereins zukommen. Bei selbständigen Untergliederungen ist die horizontale, vertikale und regionale Struktur zu regeln, z. B. Gliederung in Ortsvereine, Landes- und Kreisverbände. **276**

Nicht nur bei Großvereinen, sondern auch bei Vereinen mit hoher Mitgliederzahl oder diversifizierten Vereinszwecken (Mehrspartenverein, vgl. Rn. 32) kann eine Festlegung der Organisationsstruktur in der Satzung erforderlich sein, insbes. eine Gliederung in mehrere unselbständige Abteilungen mit eigenen Leitungsorganen. Dies gilt z. B. für Sportvereine, die mehrere Sportarten pflegen, wobei jede Sportart eigenen Regelungswerken übergeordneter Fachverbände unterworfen ist. Ebenso ist – vor allem aus steuerlichen Gründen – bei Sportvereinen eine Trennung zwischen Profi- (z. B. Bundesliga-) und Amateurabteilungen (z. B. Jugend- und Nachwuchsabteilung) erforderlich. **277**

1.3. Satzungsmäßige Regelung der Mitgliedschaft

In der Satzung als privatautonom gesetztem Teil der Vereinsverfassung sind die Grundlagen der Mitgliedschaft, d. h. des Rechtsverhältnisses zwischen dem Verein und seinen Mitgliedern, zu regeln. Hierzu zählen zunächst Bestimmungen über die Entstehung und Beendigung der Mitgliedschaft (§ 58 Nr. 1 BGB: »Eintritt und Austritt der Mitglieder«), z. B. Aufnahmevoraussetzungen und Gründe für die Kündigung der Mitgliedschaft. Weiter sind sämtliche mitgliedschaftlichen Rechte und Rechtspflichten wenigstens dem Grunde nach in der Satzung festzulegen, insbes. die Beitragspflicht (§ 58 Nr. 2 BGB). Ebenso sind Sonderrechte einzelner Mitglieder (§ 35 BGB) in die Satzung aufzunehmen. Zu den Einzelheiten vgl. unten Rn. 516 ff., 578 ff. **278**

1.4. Regelungsdichte der satzungsmäßigen Verfassungsbestimmungen

Die Satzung kann nur unter den Voraussetzungen der §§ 33, 71 BGB, d. h. durch Mehrheitsbeschluß und Eintragung ins Vereinsregister, geändert werden. Ihr Inhalt genießt also einen gewissen Bestandsschutz, der wiederum zu einem Schutz der Minderheit und der einzelnen Mitglieder führt (Minderheiten- und **279**

14 BGHZ 88, 314, 316 = NJW 1984, 1355 = WM 1984, 230 = LM § 91 GWB Nr. 4; *OLG München* BB 1977, 865 = KTS 1977, 178; *OLG Hamm* NJW-RR 1993, 1535. Zu der Frage, ob aus Gründen des Mitgliederschutzes neben der satzungsmäßigen Schiedsklausel eine gesonderte Schiedsvereinbarung notwendig ist, vgl. *van Look* S. 155 ff.

Individualschutz)[15]. Zudem dürfen der Satzung nachrangige Neben- oder Vereinsordnungen (unten Rn. 310 ff.) oder Beschlüsse der Mitgliederversammlung (vgl. § 32 Abs. 1 Satz 1 BGB) oder des Vorstands nicht gegen die Satzung verstoßen. Nach diesem Schutzzweck ist die erforderliche Regelungsdichte und Bestimmtheit der satzungsmäßigen Grundlagen der Vereinsorganisation und -mitgliedschaft zu ermitteln.

279 a Die Zuständigkeiten und Besetzung der Vereinsorgane müssen im Interesse der vereinsinternen und externen (z. B. hinsichtlich der Vertretungsregelung) Rechtssicherheit und Rechtsklarheit hinreichend bestimmt bezeichnet sein[16]. Die mitgliedschaftlichen Rechte und Rechtspflichten muß die Satzung zumindest bestimmbar umschreiben, während die nähere Ausgestaltung einer Vereinsordnung (z. B. Beitragsordnung, Benutzungsordnung) oder Beschlüssen der Vereinsorgane vorbehalten sein kann (vgl. Rn. 315 ff.; zur Beitragspflicht Rn. 579 ff.). Soweit es sich um schuldrechtliche Leistungspflichten i. S. d. § 241 BGB handelt, folgt dies schon aus den allgemeinen Vorschriften, nach denen der konkrete Inhalt einer dem Grunde nach nur bestimmbar vereinbarten Leistung durch einen Vertragspartner festgelegt werden kann (vgl. § 315 BGB)[17].

279 b Wegen der weitreichenden Auswirkungen auf die Mitglieder hat der BGH es im Einzelfall für erforderlich gehalten, die Art und Weise der Zweckverfolgung in der Satzung näher zu präzisieren, z. B. bei einer Pferdezüchtervereinigung das Zuchtprogramm, die Zuchtziele und die Voraussetzungen für die Eintragung und Streichung im Zuchtbuch[18]. Ebenso sollen bei einer Sicherungseinrichtung eines Spitzenverbands des Kreditgewerbes für die angeschlossenen Institute die Form der Einrichtung, ihre Ziele (Einlagensicherung oder Institutsschutz), die Art der Unterstützungsleistungen sowie die Grundzüge der Beitragspflichten, insbes. der Höchstbetrag einer Sonderumlage, in der Satzung zu regeln sein[19].

1.5. Zwingende gesetzliche Bestandteile der Vereinsverfassung

280 Das BGB enthält bestimmte vereinsrechtliche Vorschriften, die im Interesse des Verkehrsschutzes und des ordnungsgemäßen Bestands des Vereins einer abweichenden Regelung durch die Satzung entzogen sind. Das sind diejenigen Bestimmungen, die in § 40 BGB nicht genannt sind; sie enthalten zwingendes Recht (Umkehrschluß aus § 40 BGB). Trifft die Satzung dennoch abweichende Bestimmungen, so sind sie nichtig (§ 134 BGB). Insoweit sind folgende Gegenstände der satzungsmäßigen Regelung entzogen:

---

15 Vgl. BGHZ 105, 306, 314 = a. a. O. (Fn. 1); *Kohler* S. 86 ff., 93 ff.; *Grunewald* ZHR 152 (1988), 242, 247; a. M. MünchKomm/*Reuter* § 25 BGB Rn. 5 f.: Sicherung der Integrationsfunktion der Vereinsverfassung.

16 Vgl. BGHZ 105, 306, 314 f. = a. a. O. (Fn. 1), der allerdings zusätzlich auf die Verlautbarung und Publikation der Satzung abstellt, die das Gesetz nicht vorsieht.

17 Vgl. für Vereinsstrafen unten Rn. 1592 d; allg. z. B. MünchKomm/*Kramer* § 241 BGB Rn. 3.

18 *BGH* LM § 25 BGB Nr. 22 = RdL 1983, 317; WM 1984, 552; AgrarR 1986, 112; dazu *Reuter* ZHR 148 (1984), 523, 535 f.; vgl. auch BVerfGE 88, 366 = NJW 1993, 2599; *BVerfG* NJW-RR 1994, 663.

19 *BGHZ* 105, 306, 315 f. = a. a. O. (Fn. 1); dazu *Brandner* EWiR § 33 BGB 1/89, 122; *Bunte* ZGR 1991, 316 ff.

- Der Verein muß einen Vorstand haben (§ 26 Abs. 1 BGB), dem die gerichtliche und außergerichtliche Vertretung obliegt (§ 26 Abs. 2 Satz 1 BGB). Besteht der Vorstand aus mehreren Personen, so muß stets die Passivvertretung durch ein Vorstandsmitglied gewährleistet sein (§ 28 Abs. 2 BGB). Läßt sich die Vakanz eines notwendigen Vorstandsmitglieds nicht alsbald beheben, so kann dem Verein auf Antrag eines Beteiligten (auch eines außenstehenden Dritten) vom Registergericht ein Notvorstand bestellt werden (§ 29 BGB). Der Verein muß mindestens die Möglichkeit haben, den von ihm bestellten Vorstand aus wichtigem Grund abberufen zu können (§ 27 Abs. 2 Satz 2 BGB).
- Für die Liquidatoren gelten diese Grundsätze entsprechend (§ 48 Abs. 2 BGB).
- Der Verein kann die Außenhaftung für seine Organe, deren Verhalten er sich nach § 31 BGB zurechnen lassen muß, satzungsmäßig nicht ausschließen.
- Die Vereinsmitglieder müssen in einer Mitgliederversammlung Beschlüsse fassen können, zumindest über die Auflösung (§ 41 BGB). Die übrigen Zuständigkeiten der Mitgliederversammlung (vgl. §§ 32, 33 BGB) können durch die Satzung grundsätzlich auf ein anderes Vereinsorgan verlagert werden. Unabdingbar ist auch die Pflicht zur Einberufung der Mitgliederversammlung, wenn es das Interesse des Vereins erfordert (§ 36 BGB), sowie dann, wenn dies eine Mitgliederminderheit verlangt (§ 37 BGB).
- Befindet sich ein Vereinsmitglied in einem Interessenwiderstreit, so entfällt sein Stimmrecht (§ 34 BGB). Dies gilt auch für die Beschlußfassung des Vorstands oder anderer Vereinsorgane.
- Die Satzung kann nicht bestimmen, daß Sonderrechte eines Mitglieds ohne seine Zustimmung beeinträchtigt werden können (§ 35 BGB).
- Eine Satzungsänderung wird nur wirksam, wenn sie im Vereinsregister eingetragen (§ 71 BGB) bzw. – bei Vereinen nach §§ 22, 23 BGB – durch die zuständige Behörde genehmigt worden ist (§ 33 Abs. 2 BGB).
- Die Mitgliedschaft im Verein kann stets durch Austritt – mit einer Kündigungsfrist von höchstens zwei Jahren – beendet werden (§ 39 BGB).
- Der Vorstand hat im Falle der Überschuldung des Vereinsvermögens entweder die Eröffnung des Konkurs- oder des Vergleichsverfahrens zu beantragen (§ 42 Abs. 2 Satz 1 BGB).
- Fällt das Vereinsvermögen nach Eintritt eines Beendigungstatbestands nicht an den Fiskus, so muß es liquidiert werden (§ 47 BGB). Der Verein muß einen oder mehrere Liquidatoren bestellen (§ 48 BGB), die die Aufgaben und Pflichten nach §§ 49 – 53 BGB haben.

1.6. Abdingbare gesetzliche Bestandteile der Vereinsverfassung

Die folgenden gesetzlichen Regelungen sind nur dann Bestandteil der Ver- **281**
einsverfassung, wenn ihre Geltung nicht durch die Satzung ausgeschlossen oder abgeändert worden ist (§ 40 BGB):

- Der Umfang der Vertretungsmacht des Vorstands ist an sich unbeschränkt; die Satzung kann jedoch mit Wirkung gegen Dritte den Umfang der Vertretungsmacht beschränken (§ 26 Abs. 2 Satz 2 BGB; zur Wirkung vgl. §§ 68, 70 BGB).

- Der jederzeit mögliche Widerruf der Vorstandsbestellung (§ 27 Abs. 2 Satz 1 BGB) kann auf den Fall beschränkt werden, daß ein wichtiger Grund für den Widerruf vorhanden sein muß (§ 27 Abs. 2 Satz 2 BGB).
- Die Zuständigkeit zur Vorstandsbestellung kann der Mitgliederversammlung entzogen werden (§ 27 Abs. 1 BGB).
- Für die Geschäftsführung des Vorstands sind die Auftragsvorschriften maßgebend (§ 27 Abs. 3, §§ 662 – 670 BGB); der Verein kann ein anderes Rechtsverhältnis wählen, im Regelfall einen Geschäftsbesorgungsvertrag, der auf eine Dienstleistung gerichtet ist (§§ 675, 611 ff. BGB); dies wird in Anstellungsverträgen mit den den Vorstand bildenden Personen geregelt.
- Der aus mehreren Personen bestehende Vorstand faßt seine Beschlüsse nach den gleichen Grundsätzen, wie die Mitgliederversammlung, d. h. mit einfacher Mehrheit (§§ 28 Abs. 1, 32 Abs. 1 Satz 3 BGB); die Satzung kann eine beliebig abweichende Regelung treffen (z. B. Einstimmigkeit).
- Die Haftungszurechnung nach § 31 BGB für Organhandeln kann der Verein in der Satzung im Verhältnis zu seinen Mitgliedern abbedingen.
- Für die Beschlußfassung der Mitgliederversammlung ist im Falle der Satzungsänderung und der Vereinsauflösung eine Mehrheit von 3/4 der erschienenen (und abstimmenden) Mitglieder (§ 33 Abs. 1 Satz 1, § 41 Satz 2 BGB), für die Zweckänderung die Zustimmung aller Mitglieder (§ 33 Abs. 1 Satz 2 BGB) und für sonstige Beschlüsse die einfache Mehrheit erforderlich (§ 32 Abs. 1 Satz 3 BGB); die Satzung kann andere Mehrheitsverhältnisse festlegen (§§ 40, 41 Satz 2 BGB).
- Zur Gültigkeit eines Beschlusses ist es erforderlich, daß der Gegenstand bei der Einberufung der Mitgliederversammlung bezeichnet wird (§ 32 Abs. 1 Satz 2 BGB); von diesem Erfordernis kann die Satzung grundsätzlich absehen.
- Die Satzung kann die nach dem Gesetz mögliche Beschlußfassung im schriftlichen Verfahren (§ 32 Abs. 2 BGB) ausschließen.
- Der Ausschluß vom Stimmrecht (§ 34 BGB) kann verschärft werden.
- Für die Pflicht zur Berufung der Mitgliederversammlung auf Verlangen des zehnten Teils der Mitglieder kann die Satzung eine geringere Minderheit festlegen (§ 37 Abs. 1 BGB).
- Der Ausschluß der Übertragbarkeit und Vererblichkeit der Mitgliedschaft und das Verbot, die Ausübung der Mitgliedschaftsrechte einem anderen zu übertragen (§ 38 BGB), können aufgehoben oder abgeändert werden.
- Der an sich sofort wirksame Austritt (§ 39 Abs. 1 BGB) kann nach § 39 Abs. 2 BGB an das Ende des Geschäftsjahrs oder eine höchstens zweijährige Kündigungsfrist gebunden werden.
- Der Verein kann für den Fall seiner Auflösung oder der Entziehung der Rechtsfähigkeit durch die Satzung einen anderen Anfallberechtigten für sein Vermögen bestimmen als die Mitglieder oder den Fiskus (§ 45 BGB).
- Die Satzung kann die nach dem Gesetz erforderliche einstimmige Beschlußfassung der Liquidatoren abbedingen, z. B. durch das Mehrheitsprinzip (§ 48 Abs. 3 BGB).

2. Durch den Verein privatautonom gesetzte Regelungen

2.1. Rechtliche Einordnung der Vereinssatzung

282 Die rechtliche Einordnung der Vereinssatzung und ihr nachrangiger sog. Vereinsordnungen ist umstritten:
Nach der sog. Normtheorie (korporationsrechtliche Betrachtungsweise), die auf der durch *Otto von Gierke*[20] entwickelten Genossenschaftstheorie aufbaut, ist die Satzung eine objektive Rechtsnorm. Dies soll aus ihrer abstrakt-generellen Formulierung und ihrer Geltung für eine unbestimmte Vielzahl von Personen (Mitglieder) folgen. Sie stimme daher nach Ziel und Wirkungsweise für den Bereich des Vereinlebens funktional mit dem staatlichen Gesetz überein[21]. Die Befugnis des Vereins zur Rechtsetzung gegenüber seinen Mitgliedern durch »schöpferischen Gesamtakt« soll sich entweder aus dem »Wesen« der Korporation als »autonome« Vereinigung[22], einer staatlichen Delegation oder Anerkennung (Art. 9 Abs. 1 GG, § 25 BGB)[23] oder dem Einverständnis der Mitglieder (Unterwerfung unter eine »institutionelle Wahlnorm«)[24] ergeben.

283 Demgegenüber stellt die Lehre von den rechtsgeschäftlichen Grundlagen des Vereinsrechts (Vertragstheorie) darauf ab, daß Entstehungstatbestand des Vereins die vertragliche Vereinbarung der Satzung zwischen den Gründern ist, die einerseits organisationsrechtliche Regelungen (hinsichtlich der Bildung der Organe), anderseits aber auch schuldrechtliche Elemente enthält (z. B. Leistungspflichten des Vereins und der Mitglieder)[25]. Ebenso ist der satzungsändernde (Mehrheits-)Beschluß als mehrseitiges Rechtsgeschäft eigener Art anzusehen; soweit durch die Satzungsänderung der Inhalt mitgliedschaftlicher Rechtsverhältnisse geändert wird, läßt § 33 BGB das Abweichen vom vertraglichen Konsensprinzip (vgl. § 305 Fall 2 BGB) ausdrücklich zu. Ebenfalls auf vertraglichen Vereinbarungen beruht die Geltung des Inhalts der Satzung für Mitglieder und Organpersonen, nämlich auf der Beteiligung an der Gründung, dem Beitritt oder der Bestellung zum Organ.

---

20 *v. Gierke* Die Genossenschaftstheorie und die deutsche Rechtsprechung, 1887, S. 127 ff.; *ders.* Deutsches Privatrecht, Bd. 1, 1895, S. 142 f., 150 f., 496 ff., 534 ff.; *ders.* Das Wesen der menschlichen Verbände, 1902, S. 31; dazu krit. *Soergel/Hadding* § 25 BGB Rn. 12; *van Look* S. 40 ff.

21 Vgl. *Meyer-Cording* Die Rechtsnormen, 1971, S. 70 ff. (dazu *M. Wolf* JZ 1973, 229, 231); *F. Kirchhof* Private Rechtsetzung, 1987, S. 267 ff. (dazu *Reuter* AcP 188 [1988], 649 ff.); *Kohler* S. 39 ff.; MünchKomm/*Reuter* § 25 BGB Rn. 10.

22 *v. Gierke* Privatrecht I (Fn. 20), S. 142 f., 147 f.

23 *F. Kirchhof* a. a. O. (Fn. 21), S. 78 ff., 265 ff.; vgl. auch *Vieweg* S. 319 ff.

24 *Meyer-Cording* a. a. O. (Fn. 21), S. 74 ff., 83 ff., 90 ff., 97 ff.; ähnlich *Kohler* S. 39 ff.; MünchKomm/*Reuter* § 25 BGB Rdn. 11, der zusätzlich auf die »Austrittsfreiheit« abstellt.

25 Vgl. *Staudinger/Coing* Vor § 21 BGB Rn. 5 g, § 25 BGB Rn. 6; *Soergel/Hadding* § 25 BGB Rn. 17 m.w.N. in Fn. 19; *K. Schmidt* § 5 I; *Hadding* Festschr. R. Fischer, 1979, S. 165, 188 ff.; *van Look* S. 89 ff. Ebenso die Rechtsordnungen anderer europäischer Staaten (vgl. den Überblick bei *Weisbrod* S. 178 ff., nach dem die Vereinsgründung »in allen europäischen Ländern Vertragscharakter hat« [a. a. O. S. 189]).

284 Die Rechtsprechung vertritt die vermittelnde sog. modifizierte Normtheorie (vgl. auch Rn. 71). In seiner Leitentscheidung BGHZ 47, 172, 179 f.[26] hat der BGH ausgeführt, die Vereinssatzung sei »zunächst ein von den von den Gründern geschlossener Vertrag... Mit der Entstehung des Vereins löst sie sich aber völlig von deren Person. Sie erlangt ein unabhängiges rechtliches Eigenleben, wird zur körperschaftlichen Verfassung des Vereins und objektiviert fortan das rechtliche Wollen des Vereins als der Zusammenfassung seiner Mitglieder.« Damit trete eine »Wandlung der Rechtslage« ein. Dies soll dazu führen, daß bei Nichtigkeit einzelner Satzungsbestandteile § 139 BGB nicht anwendbar ist (unten Rn. 305 ff.) und die Satzung nach ihrem objektiven Inhalt, d. h. ohne Berücksichtigung der Entstehungsgeschichte und der Vorstellungen der Gründer, auszulegen ist (unten Rn. 301 f.).

285 Stellungnahme: Gegen die Normtheorie spricht zunächst, daß die Rechtsordnung unter dem GG wegen des staatlichen Rechtsetzungsmonopols keine originäre Autonomie i. S. einer Rechtsetzungsbefugnis kennt. Eine Delegation oder Anerkennung einer Normsetzung durch bürgerlich-rechtliche Vereine aufgrund Art. 9 Abs. 1 GG oder § 25 BGB scheidet aus, da diese Vorschriften als Ermächtigung zur Normsetzung nicht hinreichend bestimmt sind (vgl. demgegenüber §§ 1 Abs. 1, 4 Abs. 1 TVG) und eine Verlagerung von Rechtsetzungsbefugnissen auf Rechtssubjekte des Zivilrechts gegen das Rechtsstaatsprinzip (Art. 20 Abs. 3 GG) verstieße[27]. Die Vereinssatzung ist daher weder als Rechtsnorm i. S.d. Art. 2 EGBGB noch als Rechtsnorm eigener Art (etwa als »Wahlnorm«) zu qualifizieren. Aus der abstrakt-generellen Fassung kann eine Normqualität nicht hergeleitet werden[28], wie schon die Einordnung von Allgemeinen Geschäftsbedingungen als Vertragsbedingungen (vgl. § 1 Abs. 1 AGBG) zeigt. Im übrigen kann die modifizierte Normtheorie den Wandel vom Vertrag zur Norm nicht methodisch schlüssig erklären[29].

286 Zu folgen ist daher aus rechtssystematischen Gründen der rechtsgeschäftlichen Betrachtungsweise. Die inhaltliche Gestaltungsfreiheit der Satzung ist als Teilbereich der Vereinsautonomie und damit als besondere Ausprägung der (all-

---

26 = a. a. O. (Fn. 1); vgl. auch RGZ 165, 140, 143 f.; BGHZ 21, 370, 373 ff. = NJW 1956, 1793 = WM 1956, 1356; BGHZ 105, 306 = a. a. O. (Fn. 1) im Leitsatz: »Normen eines Vereins«; *OLG Frankfurt a. M.* WM 1985, 1466, 1468 = ZIP 1985, 213; *OLG Hamm* OLGZ 1993, 24, 27 f. = Rpfl 1993, 249; ebenso RGRK/*Steffen* § 25 BGB Rn. 5; *Erman/Westermann* § 25 BGB Rn. 12; Voraufl. Rn. 286; für eine potentielle Doppelqualität, bei der dem Verein ein Wahlrecht zwischen Rechtsnorm oder Rechtsgeschäft zustehen soll, dagegen *Vieweg* S. 319 ff.

27 Vgl. ausführlich *van Look* S. 79 ff.; auch *BGH* BB 1954, 1043, 1044; zum (durch Art. 9 Abs. 3 GG gerechtfertigten) Ausnahmefall der Normwirkung von Tarifverträgen BVerfGE 28, 295 = NJW 1970, 1635; 64, 208, 215 = NJW 1984, 1225.

28 Vgl. schon *Gerber* AcP 37 (1854), 35, 60 f.; *ders.* JherJb 3 (1859), 411, 412; dazu *van Look*, S. 77 f.

29 *Soergel/Hadding* § 25 BGB Rn. 15 f.; *van Look* S. 100 f.; i. Erg. ebenso MünchKomm/*Reuter* § 25 BGB Rn. 12, der von einer »Metamorphose« spricht, deren Vollzug »rätselhaft« bleibe; weshalb aber ein Gründungsvertrag ähnlich einem Tarifvertrag oder einer Betriebsvereinbarung »von vornherein Normen« erzeugen soll (so *Reuter* a. a. O.), wenn es an einer entsprechenden gesetzlichen Grundlage fehlt, versteht sich eben nicht »von selbst« (so *Reuter* a. a. O. Rn. 11 Fn. 59 in unschlüssiger Replik auf die kritischen Fragen *Haddings* a. a. O. Rn. 14).

gemeinen) Privatautonomie anzusehen, die der Freiheit zur inhaltlichen Gestaltung von (Austausch-)Verträgen (Vertragsfreiheit) entspricht[30]. Die Regelform der Verwirklichung privatautonomer Gestaltungsfreiheit ist das Rechtsgeschäft, typischerweise in Gestalt des Vertrags. Entstehungstatbestand und Geltungsgrund der Satzungsregelungen beruhen auf Rechtsgeschäften, nämlich dem Gründungs- und dem Beitrittsvertrag sowie Satzungsänderungsbeschlüssen[31]. Dies entspricht auch der Beurteilung bei anderen körperschaftlich organisierten Gesellschaftsformen, deren Grundform der Verein ist (vgl. § 6 Abs. 2 HGB) und deren privatautonom vereinbarte Grundlage das Gesetz ausdrücklich als Gesellschaftsvertrag bezeichnet (vgl. z. B. §§ 2, 3, 45 GmbHG; § 2 AktG). Da die Satzung die Grundlage einer auf Dauer und Mitgliederwechsel angelegten Personenvereinigung bildet und z.T. organisationsrechtliche Regelungen enthält, bedürfen allerdings einzelne allgemeine Vorschriften (z. B. § 139 BGB), die auf Austauschverträge zugeschnitten sind, einer modifizierten Anwendung (z. B. einer teleologischen Reduktion)[32]. Dies ändert allerdings nichts an der ausschließlich rechtsgeschäftlichen Qualifikation der Satzung.

2.2. Privatautonome Selbstregelungsbefugnis durch Satzung, Vereinsordnungen und Beschlüsse

Jeder Verein, der deutschem Recht unterliegt, kann nach §§ 25 ff. BGB seine Angelegenheiten selbst regeln. Dieses Recht auf freie interne Funktionsentfaltung ist für Deutsche durch Art. 9 Abs. 1 GG verfassungsrechtlich garantiert (oben Rn. 265). Als Regelungsformen stellt das BGB die Satzung (§ 25 BGB) und den Beschluß der Mitgliederversammlung (§ 32 BGB) sowie des Vorstands (§ 28 Abs. 1 BGB) zur Verfügung. Weiter dienen der Selbstregelung alle Maßnahmen der Geschäftsführung und Vertretung in Form von Rechtsgeschäften oder Realakten (d. h. tatsächlichem Handeln), die der Vorstand (vgl. §§ 26 Abs. 2 Satz 1, 27 Abs. 3 BGB) oder andere Vereinsorgane in Verfolgung des Vereinszwecks treffen. **287**

Der Verein kann und muß seine Organisation und die Rechtsbeziehungen zwischen ihm und den Mitgliedern in einer Satzung festlegen. Diese ist die ranghöchste Regelungsform des Vereinslebens. Ihr nachrangige Regelungen (z. B. Beschlüsse der Mitgliederversammlung oder des Vorstands) dürfen nicht gegen die Satzung verstoßen. Soweit dies der Fall ist, sind sie nichtig. **288**

In der Praxis hat sich die Regelungsform der Vereins- und der Geschäftsordnung herausgebildet, die die Satzung von abstrakt-generellen Detailregelungen entlasten soll (unten Rn. 310 ff., 333 ff.)[33]. Im Organisationsbereich des Vereins kommen Geschäftsordnungen oder Versammlungsordnungen für Vereinsorgane, aber auch Finanzordnungen vor. **289**

Vereinsordnungen sind aber nicht nur im internen Organisationsbereich erforderlich, sondern auch für bestimmte, nach außen gerichtete Tätigkeits-

---

30 *van Look* S. 67 ff., 101 f.
31 *van Look* S. 91 ff., 102 ff.
32 *van Look* S. 99 f.
33 Zu den Erscheinungsformen und zur Typologie vgl. *Kohler* S. 23 ff.

bereiche. Bei Sportvereinen sind zu nennen: Spielordnung, Schiedsrichterordnung, Übungsleiter- und Trainerordnung, Rechts- und Verfahrensordnung, Gebührenordnung sowie im Bereich des DFB das Lizenzspielerstatut. Weiter bestehen z. B. bei Tierzuchtverbänden Zuchtbuchordnungen (vgl. aber oben Rn. 279 b). Enthält die Satzung eine Schiedsklausel, so kann das Verfahren vor dem Schiedsgericht durch eine Schiedsgerichtsordnung näher geregelt werden.

290 Sportwettkämpfe werden weitgehend nach internationalen Regeln durchgeführt, die internationale Verbände aufgestellt haben. Da diese Verbände keine unmittelbar für die Mitglieder der angeschlossenen Vereine und die einzelnen Teilnehmer geltenden Regelungen setzen können, müssen solche internationalen Regeln durch den deutschen Verband zum Bestandteil seines Regelwerks erklärt und damit für die einzelnen Mitglieder verbindlich gemacht werden (unten Rn. 2718 ff.).

291 In Sonderfällen können sich vom Verein gesetzte Regeln ausschließlich an Nichtmitglieder wenden. Als Beispiel ist die Norm DIN 820 »Normungsarbeit, Grundsätze« zu nennen, welche vom DIN Deutsches Institut für Normung e.V. erlassen worden ist. »Das DIN ist der runde Tisch, an dem sich Hersteller, Handel, Verbraucher, Handwerk, Dienstleistungsunternehmen, Wissenschaft, technische Überwachung, Staat, jedermann, der ein Interesse an der Normung hat, zusammensetzen, um den Stand der Technik zu ermitteln und unter Berücksichtigung neuer Erkenntnisse in Deutschen Normen niederschreiben«.[34] Die Normen des DIN sind vereinsinterne Vereinsordnungen, mögen sie auch für externe Anwender usw. nur Empfehlungen i. S. d. § 676 BGB sein.

292 Rechtlich problematisch ist die Anerkennung ungeschriebenen Vereinsgewohnheitsrechts (sog. Observanz; vgl. unten Rn. 354 ff.). Als im Verein herrschende ständige Übung kann sie z. B. bei der Auslegung der Satzung beachtlich sein.

Keinen verbindlichen Regelungscharakter haben im Regelfall vom Verein (meist vom Dachverband) erlassene Richtlinien. Anderes gilt nur, wenn die Richtlinien ausdrücklich zu Satzungsbestandteilen erklärt worden sind, wie z. B. bei einem Gesamtverein, der hierdurch seine Organisation und die seiner Unterverbände festgelegt hat.

3. Die Vereinssatzung

3.1. Materielle und formelle Satzungsbestandteile

293 Satzung im materiellen Sinne ist die privatautonom aufgrund des Willens der (qualifizierten Mehrheit der) Mitglieder geschaffene Grundordnung des Vereins. Sie ergänzt die gesetzlich vorgesehene Grundordnung (§§ 26 ff. BGB) oder ändert sie im Rahmen der Möglichkeit zur Abdingung des dispositiven Gesetzesrechts nach § 40 BGB ab (zur Unterscheidung zwischen Satzungsrecht im engeren und im weiteren Sinn vgl. oben Rn. 263, 263 a). Diese grundlegenden

34 So: Vorwort DIN-Normenheft 10, Grundlagen der Normungsarbeit des DIN, 5. Aufl. 1987.

Regelungen der Organisation und der Mitgliedschaft (oben Rn. 264 ff., 278) werden auch als korporative oder körperschaftsrechtliche Regelungen bezeichnet[35]. Sie werden für Mitglieder und Organe nur verbindlich, wenn sie in den Satzungstext aufgenommen worden sind. Die Aufnahme hat somit rechtsbegründende (konstitutive) Wirkung.

Als Satzung im formellen Sinne wird die Satzungsurkunde als solche ver- **294**
standen. Sie kann Bestimmungen enthalten, die den materiellen Satzungsbegriff nicht erfüllen und auch außerhalb der Satzung hätten geregelt werden können[36]. Hierbei kann es sich etwa handeln um die Bestellung der ersten Vorstands in der Gründungssatzung, eine Vergütungsregelung für Organpersonen (z. B. Vorstandsmitglieder) oder Schiedsrichter sowie um Einzelvereinbarungen zwischen dem Verein und bestimmten Mitgliedern (sog. individualrechtliche oder »rein« schuldrechtliche Regelungen). Solche Regelungen haben nur Wirkung unter den Beteiligten, während die Satzung im materiellen Sinne für alle gegenwärtigen und zukünftigen Mitglieder und Organe verbindlich ist. Die Aufnahme nichtkorporativer Regelungen in die Satzung hat meistens nur rechtsbekundende (deklaratorische) Wirkung. Ihre Änderung unterliegt nicht den für Satzungsänderungen geltenden Vorschriften (§§ 33, 71 BGB), sondern richtet sich nach den für das zugrundeliegende Rechtsverhältnis geltenden Regelungen. So kann eine Vorstandsbestellung durch Beschluß der Mitgliederversammlung widerrufen werden (vgl. § 27 Abs. 2 BGB) oder eine Vergütung durch Vertragsänderung erhöht werden (vgl. § 305 BGB). Allenfalls können der Verein und die ihm angehörenden Personen durch die satzungsmäßige Regelung einseitig gebunden werden und sich im Innenverhältnis schadenersatzpflichtig machen[37].

Abgrenzung: Ob eine Regelung als materieller oder als formeller Satzungsbe- **295**
standteil anzusehen ist, ist durch Auslegung zu ermitteln. Zu fragen ist, ob die Regelung (nur) unter den Voraussetzungen der §§ 33, 71 BGB geändert oder aufgehoben werden kann[38]. Hierfür wird die Aufnahme in den Satzungstext regelmäßig ein Anzeichen (Indiz) bilden, falls es sich nicht offenkundig um eine bloß deklaratorische Aufnahme in die Satzungsurkunde handelt (etwa die Vorstandsbestellung in der Gründungssatzung). Wird aufgrund materiellen Satzungsrechts einem bestimmten Mitglied ein Vorteil eingeräumt, kann sich die weitergehende Frage stellen, ob dem Begünstigten hiermit auch ein Sonderrecht i. S. d. § 35 BGB eingeräumt worden ist, das ihm nur mit seiner Zustimmung wieder entzogen werden kann (unten Rn. 554 ff.).

---

35 Vgl. z. B. für Gerichtsstandsklausel in der Satzung einer AG: BGHZ 123, = NJW 1994, 51, = WM 1993, 2123, 2124 = WuB VII B 1. Art. 17 EuGVÜ 1.94 *Ebenroth/Reiner.*

36 Vgl. *Soergel/Hadding* § 25 BGB Rn. 22 f.; für Kapitalgesellschaften ausführlich *Priester* DB 1979, 681 ff.

37 *Soergel/Hadding* § 25 BGB Rn. 23 a. E.; *Baumbach/A.Hueck/Zöllner* § 53 GmbHG Rn. 5 – 7.

38 Vgl. für eine Schiedsklausel im Gesellschaftsvertrag einer GmbH BGHZ 38, 155, 161 = WM 1962, 1314

3.2. Mindestinhalt der Satzung

296 Will ein Verein die Eintragung ins Vereinsregister und damit die Rechtsfähigkeit als eingetragener Verein i. S. d. § 21 BGB erreichen, so muß die Satzung mindestens folgende Regelungen enthalten (vgl. §§ 57 Abs. 1, 58 BGB):
- einen nichtwirtschaftlichen Zweck (vgl. Rn. 97 ff., 399 ff.),
- Name (vgl. Rn. 362 ff.),
- Sitz (vgl. Rn. 389 ff.),
- die Erklärung, daß der Verein eingetragen werden soll,
- Bestimmungen über den Eintritt (vgl. Rn. 623 ff.) und
- über den Austritt von Mitgliedern (vgl. Rn. 664 ff., 1611 ff.),
- eine Regelung, ob die Mitglieder überhaupt Beiträge zu leisten haben, und – falls ja – in welcher Form (periodische Zahlungen, einmalige Umlagen oder Dienstleistungen) sie zu leisten sind (vgl. Rn. 586 ff.),
- Bestimmungen über die Bildung des Vorstands, insbesondere die Anzahl der Vorstandsmitglieder (vgl. Rn. 1221 ff.),
- eine Festlegung der Voraussetzungen, unter denen eine Mitgliederversammlung einzuberufen ist (vgl. Rn. 780 ff.),
- eine Regelung der Art und Weise (Form, Frist) der Einberufung (vgl. Rn. 832 ff.) und
- Bestimmungen über die »Beurkundung« (z. B. Schriftform) der Beschlüsse der Mitgliederversammlung (vgl. Rn. 1109 ff.).

Enthält die Satzung diese registerrechtlichen Mindestvoraussetzungen nicht, so darf der Verein nicht eingetragen werden (vgl. § 60 BGB; vgl. Rn. 156 ff.). Ist das Fehlen satzungsmäßiger Mindestvoraussetzungen übersehen worden und der Verein danach in das Vereinsregister eingetragen worden, so hat er gleichwohl die Rechtsfähigkeit als juristische Person erlangt, bis die Eintragung gelöscht worden ist (vgl. Rn. 198 ff.). Entsprechendes gilt für die Verleihung der Rechtsfähigkeit an einen wirtschaftlichen oder ausländischen Verein i. S. d. §§ 22, 23, BGB (vgl. Rn. 207 ff., 226 ff.).

3.3. Übernahme von Fremd- oder Mustersatzungen; Verweisungen

297 Die vereinsinterne Zuständigkeit zur privatautonomen Festlegung der Vereinsverfassung durch eine eigene Satzung ist ein Teilbereich der Vereinsautonomie. Er verbietet eine »Selbstentmündigung« (vgl. § 138 Abs. 1 BGB) des Vereins, durch die die Zuständigkeit zur verbindlichen Festlegung des Inhalts der Satzung auf einen außerhalb des Vereins stehenden Dritten übertragen wird (vgl. zur Satzungsänderung unten Rn. 418 ff.). Vielmehr gebietet der Grundsatz der Verbandssouveränität[39], daß der Satzungsinhalt durch ein eigenes Organ des Vereins beschlossen wird (zur Zulässigkeit von Zustimmungsvorbehalten zugunsten Dritter bei Satzungsänderungen vgl. unten Rn. 429). Auch die vollständige oder teilweise Übernahme einer von einem Dritten formulierten Satzung (Fremdsatzung), z. B. eines anderen Vereins oder eines übergeordneten

---
39 Vgl. *K. Schmidt* Gesellschaftsrecht, § 5 I 3, S. 75; *Wiedemann* Festschr. Schilling, 1973, S. 105 ff.

Verbands, ist daher zulässig, sofern der Wille hierzu durch ein Vereinsorgan gebildet worden ist[40]. Denn die Privatautonomie umfaßt es auch, daß ein Vereinsorgan den Willen eines Dritten sich zu eigen macht.

Eine Verweisung auf eine Fremdsatzung ist grundsätzlich zulässig und kommt häufig bei verbandsangehörigen Vereinen vor. Die verweisende Bestimmung muß widerspruchsfrei, verständlich gefaßt und hinsichtlich der Bestimmungen, auf die verwiesen wird, hinreichend bestimmt sein[41]. Der Wortlaut der Regeln, auf die verwiesen wird, muß in der Verweisung nicht wiederholt werden[42]. Zulässig ist aber nur eine statische Verweisung auf die Fremdsatzung in einer bestimmten Fassung, da die Willensbildung über die »Inkorporation« nicht auch zukünftige Änderungen umfassen kann[43]. Unzulässig und daher unwirksam ist eine dynamische Verweisung (auf eine Fremdsatzung »in ihrer jeweils geltenden Fassung«). Wird die Regelung, auf die verwiesen wird (z. B. eine Verbandssatzung) geändert, so muß auch jeweils die Satzung des Mitgliedsvereins entsprechend angepaßt werden. **297 a**

Bei Vereinen, die als selbständige (Zweig-)Vereine Untergliederungen eines Zentralvereins sind (unten Rn. 2668), hat die Rechtsprechung es für zulässig gehalten, daß der übergeordnete Hauptverein seinen Untergliederungen eine Verfassung gibt oder seine Satzung als für die Zweigvereine verbindlich erklärt[44]. Dies läßt sich aus der Eingliederung der Zweigvereine in die Organisation des Gesamtverein rechtfertigen, sofern – wie beim nicht rechtsfähigen Verein i. S. d. § 54 BGB – keine Satzungsurkunde des Zweigvereins erforderlich ist (vgl. § 59 Abs. 2 Nr. 1 und Abs. 3 BGB) und die Mitglieder der Zweigvereine an der Willensbildung des Hauptvereins mitwirken können. **298**

In der Praxis sind Mustersatzungen verbreitet, in denen die Erfordernisse des Vereinslebens berücksichtigt worden sind. Diese können von einem übergeordneten Verband empfehlend vorgegeben und durch ein Organ des Anschlußvereins für diesen übernommen werden.

3.4. Richterliche Inhaltskontrolle der Satzung

3.4.1. Ausgangspunkt

Für den Inhalt der Vereinssatzung und von Vereinsordnungen besteht weitgehende inhaltliche Gestaltungsfreiheit (»Satzungsautonomie«), soweit nicht **299**

40 Anders zur vollständigen Übernahme Voraufl. Rn. 297.

41 *OLG Hamm* OLGZ 1987, 397 = NJW-RR 1988, 183, 184; vgl. auch *OLG Frankfurt a. M.* SpuRt 1994, 87, 88.

42 BAGE 27, 163, 170; *Sauter/Schweyer* Rn. 132; a. A. *Stöber* Rn. 17.

43 BayObLGZ 1986, 528; *OLG Hamm* a. a. O. (Fn. 41); vgl. auch *BGH* NJW-RR 1989, 276 = WM 1988, 1879, 1882 = WuB II L. § 32 BGB *van Look* (zu III); *BGH* NJW 1995, 583 = WM 1995, 802, 804 = ZIP 1995, 752 = JZ 1995, 461 m. Anm. *Pfister* = EWiR § 25 BGB 1/95, 221 *van Look* = SpuRt 1995, 43.

44 So BGHZ 90, 331, 334 = NJW 1984, 2223 = WM 1984, 806 = ZIP 1984, 701 unter Berufung auf *RG* JW 1927, 2363; RGZ 118, 196, 198; vgl. auch BayObLGZ 1977, 6, 9; MünchKomm/*Reuter* Vor § 21 BGB Rn. 126; zum Ganzen *Schaible* Der Gesamtverein und seine vereinsmäßig organisierten Untergliederungen, 1992.

zwingende gesetzliche Vorschriften über die Vereinsverfassung (vgl. § 40 BGB) entgegenstehen (oben Rn. 280). Darüber hinaus dürfen Regelungen der Satzung auch nicht gegen gesetzliche Verbote (§ 134 BGB) oder die guten Sitten verstoßen (§ 138 BGB). Ob und inwieweit vereinsinterne Regelungen einer darüber hinausgehenden richterlichen Inhaltskontrolle unterliegen, war lange Zeit umstritten[45]. Das AGBG, dessen §§ 8 ff. eine Inhaltskontrolle vorsehen, ist nach der ausdrücklichen Bestimmung in § 23 Abs. 1 nicht auf »Verträge auf dem Gebiet des Gesellschaftsrechts« anwendbar, zu denen auch die Vereinssatzung zählt[46].

3.4.2. Stand der Rechtsprechung

299 a Gleichwohl hat der BGH schon frühzeitig bei körperschaftlich strukturierten Personalgesellschaften (insbes. der Publikums-KG) eine auf § 242 BGB gestützte Inhaltskontrolle daraufhin anerkannt, ob der Gesellschaftsvertrag das einzelne Mitglied oder eine Minderheit unbillig benachteiligende Regelungen enthält[47]. Beim Verein hat er jedoch allenfalls eine verdeckte Inhaltskontrolle vorgenommen, wenn er die Vereinsordnung eines Dachverbands, die auch für die Mitglieder der Anschlußvereine verbindlich war[48], oder die satzungsmäßigen Aufnahmevoraussetzungen eines Monopolverbands[49] oder die – nach § 40 BGB zulässige – Abdingung der Pflicht zur Mitteilung der Tagesordnung der Mitgliederversammlung (vgl. § 32 Abs. 1 Satz 2 BGB)[50] auf ihre inhaltliche Unangemessenheit hin geprüft hat[51]. Zu einer offenen, auf § 242 BGB gestützten Inhaltskontrolle ist der BGH mit seiner Grundsatzentscheidung

45 Abl. etwa *Säcker/Rancke* AuR 1981, 1, 11 f.; *Baecker* S. 34 ff.; *Reemann* S. 179 ff.; vgl. zum folgenden *van Look* S. 179 ff.; *ders.* WM-Festgabe für Th. Hellner, Sonderheft, 1994, S. 46, 48 ff.

46 Ganz h. M., vgl. *BGH* WM 1995, 27, 29 = ZIP 1995, 33, 34 = BB 1995, 423, 424 = JZ 1994, 458 (für VVaG); *OLG Frankfurt a. M.* DB 1977, 2181; *Ulmer* in: Ulmer/Brandner/Hensen, § 23 AGBG Rn. 22; *Soergel/Hadding* § 25 BGB Rn. 25; für das Statut der Genossenschaft auch BGHZ 103, 219 = NJW 1988, 1729 = WM 1988, 707 = WuB II D. § 18 GenG 1.88 *van Look* = ZIP 1988, 910 = EWiR § 18 GenG 1/88 *Beuthien/Michel* = ZfgG 39 (1989), 136 m. Anm. *Junker*; a. A. *Eickmann* Rpfl 1978, 6; *Erman/Werner* § 23 AGBG Rn. 8.

47 Grundlegend BGHZ 64, 238 = NJW 1975, 1318 = WM 1975, 767 ; vgl. auch BGHZ 84, 11, 14 ff. = NJW 1982, 2303 = WM 1982, 760; BGHZ 102, 172, 177 f. = NJW 1988, 969 = WM 1988, 23 = WuB II J. § 712 BGB 1.88 *Hüffer*; *BGH* WM 1982, 40; WM 1983, 1407; aus dem Schrifttum z. B. *U. H. Schneider* ZGR 1978, 1, 6 ff.; *Hönn* JA 1987, 337 ff.

48 *BGH* WM 1972, 1249 = LM § 25 BGB Nr. 10; dazu *Flume* Jur. Person, S. 321 f.; *Grunewald* ZHR 152 (1988), 242, 258 ff.

49 BGHZ 63, 282, 285 = NJW 1975, 771 = WM 1975, 269 (dazu *Nicklisch* JZ 1976, 105).

50 BGHZ 99, 119, 123 = NJW 1987, 1811 = WM 1987, 373 = WuB II L. § 32 BGB 1.87 *van Look*.

51 Aus der Rechtsprechung der Instanzgerichte vgl. *OLG Frankfurt a. M.* NJW 1973, 2208 m. Anm. *H. P. Westermann*; OLGZ 1979, 3; OLGZ 1981, 391; NJW 1983, 2576 (dazu *Machanek* JuS 1985, 440); ZIP 1984, 61, 63; WRP 1985, 500, 505; *OLG Köln* ZIP 1988, 19 = EWiR § 39 BGB 1/88 *Häuser/van Look* (Vorinstanz zu BGHZ 105, 306); *OLG Celle* WM 1988, 495 m. Anm. *Grunewald* = WuB II L. § 38 BGB 2.88 *van Look*.

BGHZ 105, 306, 318 ff.[52] übergegangen, die eine Vereinsordnung betraf, nämlich das Statut der Sicherungseinrichtung des Bundesverbands der Deutschen Volksbanken und Raiffeisenbanken e.V. (BVR). In dem Fehlen einer Obergrenze für die Beiträge zu deren Sicherungseinrichtung hat der II. Zivilsenat des BGH eine unangemessene und unbillige Beeinträchtigung der schutzwürdigen Belange der Mitglieder gesehen, was zur Unwirksamkeit der Regelung führte[53]. Hiermit wurde der Schritt zu einer entsprechenden höchstrichterlichen Rechtsfortbildung vollzogen[54].

3.4.3. Aufgreifkriterien

Als maßgebliches Aufgreifkriterium hat der BGH zunächst hervorgehoben, **299 b**
daß das einzelne Mitglied beim Vereinsbeitritt rechtstatsächlich regelmäßig nicht die Möglichkeit hat, eine Änderung des bestehenden Satzungsrechts zu erreichen[55]. Die Situation beim Vereinsbeitritt ist damit dem «Stellen« von AGB (§ 1 Abs. 1 Satz 1 AGBG) vergleichbar[56]. Besteht im Rahmen der Privatautonomie in bestimmten typisierbaren Situationen ein Verhandlungsungleichgewicht zwischen den Vertragsparteien, so ist eine richterliche Inhaltskontrolle des Vertrags, z. B. gestützt auf §§ 138, 242 BGB, auch von Verfassungs wegen geboten, um die allgemeine Handlungsfreiheit (Art. 2 Abs. 1 GG) und damit die Privatautonomie des strukturell unterlegenden Teils zu sichern[57].

Ein weiteres Aufgreifkriterium für eine Inhaltskontrolle ist in der Geltung des **299 c**
Mehrheitsgrundsatzes für Satzungsänderungen zu sehen (vgl. § 33 Abs. 1 Satz 1 BGB). Diese – durch § 305 BGB zugelassene – Ausnahme vom vertraglichen Konsensprinzip stellt sich für Angehörige der überstimmten Minderheit stets als Fremdbestimmung dar, die die abstrakte Gefahr eines Machtmißbrauchs der Mehrheit in sich birgt (z. B. durch Einschränkung mitgliedschaftlicher Rechte oder Auferlegung mitgliedschaftlicher Pflichten)[58]. Auch insoweit besteht eine

52 = NJW 1989, 1724 = WM 1989, 184 = WuB II L. § 25 BGB 1.89 *Beuthien* = ZIP 1989, 14 = ZfgG 41 (1991) m. Anm. *Beuthien/Kießler*; dazu *Brandner* EWiR § 33 BGB 1/89, 122; *Bunte* ZGR 1991, 316 ff.; bestätigt durch *BGH* NJW 1995, 583 = WM 1995, 802 = ZIP 1995, 752 = JZ 1995, 461 m. Anm. *Pfister* = ZIP 1995, 752 = EWiR 1995, 221 *van Look* = SpuRt 1995, 43; dazu *Vieweg* SpuRt 1995, 97, 99 f.; zur weiteren Entwicklung des durch BGHZ 105, 306 entschiedenen Rechtsstreits nach der Zurückverweisung vgl. *LG Bonn* DB 1992, 879; *OLG Köln* ZIP 1992, 1617 = DZWir 1993, 196 m. Anm. *Claussen* = EWiR § 242 BGB 3/93, 343 *Hunecke*; dazu *Dreher* ZIP 1992, 1597 ff.

53 BGHZ 105, 306, 320 = a.a.O. (Fn. 52).

54 So auch *Kohler* S. 210 f.

55 BGHZ 105, 306, 318 = a. a. O. (Fn. 52); krit. *Zöllner* Festschr. 100 Jahre GmbHG, S. 85, 102 ff.

56 Vgl. *Vieweg* Festschr. Lukes, 1989, S. 809, 812 f.; *Bunte* ZGR 1991, 316, 321.

57 Vgl. in anderem Zusammenhang, nämlich der Abschluß- und Inhaltskontrolle von Bürgschaftsverträgen vermögensloser Angehöriger, *BVerfG* NJW 1994, 24 = WM 1993, 2199, 2203 = JZ 1994, 508 m. Anm. *Wiedemann*; zum Wettbewerbsverbot für Handelsvertreter schon BVerfGE 81, 242 = NJW 1990, 1469 = WM 1990, 559, 561 = JZ 1990, 691 m. zust. Anm. *Wiedemann*; krit. *Zöllner* Festschr. 100 Jahre GmbHG, S. 85, 113 ff.; allg. zur Legitimation der Inhaltskontrolle im Zivilrecht *Fastrich* Inhaltskontrolle im Privatrecht, 1992, passim, insbes. S. 70 ff.; *Preis* Grundfragen der Vertragsgestaltung im Arbeitsrecht, 1993, S. 216 ff., 249 f.

58 BGHZ 105, 306, 318 f. = a. a. O. (Fn. 52); zust. *Bunte* ZGR 1991, 316, 322; abl. *Zöllner* Festschr. 100 Jahre GmbHG, S. 85, 108 f.

Parallele zum Verhältnis Verwender/Kunde bei der Vereinbarung von AGB. Besteht dort nur eine faktische Möglichkeit zur einseitigen Setzung einer Regelung durch das »Übergewicht« des Verwenders, die eine Inhaltskontrolle fordert[59], so muß dies erst recht gelten, wo diese Möglichkeit kraft des Mehrheitsgrundsatzes durch des Gesetz eingeräumt wird. Dies zeigt auch § 315 Abs. 3 BGB, der bei einseitigen Leistungsbestimmungen im Rahmen von Schuldverhältnissen eine richterliche Inhaltskontrolle der getroffenen Regelung auf Angemessenheit und Billigkeit anordnet.

299 d Ein drittes Aufgreifkriterium bildet die weitgehende Abdingbarkeit (Dispositivität) der gesetzlichen Vorschriften über die Vereinsverfassung (vgl. § 40 BGB und oben Rn. 281), die es – anders als z. B. bei der AG und der eG – ermöglicht, die gesetzlich vorgesehenen mitgliedschaftlichen Rechte durch Satzungsregelung zu beschneiden (z. B. durch Stimmrechtsbeschränkung).

299 e Als viertes Aufgreifkriterium wird bei Vereinen »mit überragender Machtstellung im wirtschaftlichen oder sozialen Bereich« die »Angewiesenheit« auf die Mitgliedschaft genannt[60].

3.4.4. Anwendungsbereich

300 Der BGH[61] hat sich für eine Inhaltskontrolle »jedenfalls« bei Vereinen ausgesprochen, auf die das Aufgreifkriterium einer »überragenden Machtstellung im wirtschaftlichen oder sozialen Bereich« zutrifft; er hat damit eine weitergehende Anwendung auf Vereine, denen eine solche Machtstellung nicht zukommt, offen gelassen. Im Schrifttum wird dagegen eine Beschränkung auf Vereine mit einer Monopol- oder Oligopolstellung befürwortet, die einer Aufnahmepflicht unterliegen[62].

300 a Dem ist zu widersprechen: Der Anwendungsbereich der Inhaltskontrolle ergibt sich daraus, daß die drei wesentlichen Aufgreifkriterien (oben Rn. 299 b – d) bei jedem Verein vorliegen. Andernfalls müßte das Mitglied eines Vereins ohne Aufnahmepflicht u. U. gegen seinen Willen unbillige und unangemessene Beeinträchtigungen seiner Rechtsstellung durch Mehrheitsbeschluß hinnehmen. Die Austrittsfreiheit (vgl. § 39 BGB) bildet hierfür kein taugliches Korrektiv, da der Betroffene zur Beseitigung der Beeinträchtigung seine Mitgliedschaft aufgeben müßte, obgleich er sich – als aus seiner Sicht milderes Mittel – auf die Unangemessenheit und damit die Unwirksamkeit der Regelung berufen

59 Vgl. BVerfGE 81, 242, 255; *BVerfG* WM 1993, 2199, 2203 = jeweils a. a. O. (Fn. 57).

60 BGHZ 105, 306, 318 f. = a. a. O. (Fn. 52); *Bunte* ZGR 1991, 316, 323; dagegen hält *Kohler* S. 217 ff., die »Angewiesenheit« für verzichtbar und entwickelt als weiteres Aufgreifkriterium die »Veränderung der Beitrittsmotivation«, bei der der Grund für die Mitgliedschaft nicht in der Verfolgung des eigentlichen Vereinszwecks liegt, sondern sich auf die Inanspruchnahme wirtschaftlich attraktiver Leistungen des Vereins reduziert. Jedoch dürfte die »entscheidende« Feststellung, »daß die 'Apathie' der Mehrzahl der Mitglieder durch den Verein... bewußt in Kauf genommen ist und durch verbandspolitische Maßnahmen (...) getragen wird« (so *Kohler* S. 220), erhebliche praktische Schwierigkeiten bereiten. Das Aufgreifkriterium ist daher wegen seiner begrifflichen Unschärfe abzulehnen (vgl. *van Look* WM 1993, 1398, 1399).

61 A. a. O. (Fn. 60).

62 So *Möschel* S. 19 ff.; *Nicklisch* Inhaltskontrolle, S. 39 ff.; *U. Schmidt* S. 72 ff.; *Kohler* S. 208 ff.; *Ulmer* in: Ulmer/Brandner/Hensen, § 23 AGBG Rdn.29; MünchKomm/*Reuter* Vor § 21 BGB Rdn. 116 ff., 124, § 25 Rn. 15.

könnte. Die Möglichkeit eines Mitglieds, sich einer von ihm als unangemessen empfundenen Regelung durch Austritt zu entziehen, ist im Rahmen der Angemessenheitsprüfung der konkreten Regelung (unten Rn. 300 b) zu berücksichtigen, bei der es auf die Realstruktur der Vereinigung ankommt. Umgekehrt hat auch ein Verein ohne Aufnahmepflicht kein schutzwürdiges Interesse daran, unbillige Regelungen zu treffen und durchzusetzen. Die richterliche Inhaltskontrolle von Vereinssatzungen und -ordnungen ist daher als allgemeines Institut des Vereinsrechts für Vereine aller Art anzuerkennen[63].

3.4.5. Maßstab der Inhaltskontrolle

Als aus § 242 BGB herzuleitender Maßstab der Inhaltskontrolle gelten in erster **300 b**
Linie gesellschaftsrechtliche Kriterien. Die Regelung muß der Förderung des Vereinszwecks dienen und auf die Interessen der betroffenen Mitglieder hinreichend Rücksicht nehmen, da auch den Verein gegenüber seinen Mitgliedern eine Treupflicht i. S. einer Rücksichtspflicht trifft (vgl. Rn. 615). Anhand des aus dem Verfassungsrecht bekannten Verhältnismäßigkeitsgrundsatzes (Übermaßverbot)[64], der ein allgemeines Rechtsprinzip enthält, ist dies dahin zu konkretisieren, daß die Regelung geeignet sein muß, den Vereinszweck zu fördern, erforderlich zur Erreichung des verfolgten Ziels und angemessen in bezug auf das (vermögensbezogene) Integritätsinteresse des Mitglieds. Hieraus ist das Verbot einer wesentlichen Pflichtenmehrung entwickelt worden (vgl. Rn. 604 ff.)[65]. Abzuwägen sind die Interessen des Vereins gegen die des Mitglieds unter dem Gesichtspunkt, ob das einzelne Mitglied durch die Regelung unangemessen oder unbillig betroffen wird (Individualschutz). Hierbei spielt eine Rolle, ob es dem Mitglied zuzumuten ist, sich der Regelung durch Austritt (vgl. § 39 BGB) zu entziehen.

Zu berücksichtigen sind auch Gesichtspunkte des Minderheitenschutzes[66], wo- **300 c**
bei es auf die Abstimmungsverhältnisse bei Einführung der in Rede stehenden Regelung, d. h. die vereinsinterne Akzeptanz, ankommen kann. Zu beachten ist weiter der Grundsatz der Gleichbehandlung aller Mitglieder (vgl. Rn. 543 ff.) und das sog. Transparenzgebot, das eine eindeutige und verständliche Formulierung der Satzungsregelungen fordert.

Nur wenn durch die Satzung eine mitgliedschaftliche Austauschbeziehung ge- **300 d**
regelt wird, können die Wertungsmaßstäbe der §§ 9 ff. AGBG herangezogen werden[67]. Dies kann bis hin zur entsprechenden Anwendung einzelner Klau-

63 Vgl. schon *van Look* S. 184; *ders.* WM-Festgabe Th. Hellner, 1994, S. 46, 50; ebenso AK/*Ott* § 25 BGB Rn. 21a; *Soergel/Hadding* § 25 BGB Rn. 25; *Palandt/Heinrichs* BGB, § 25 Rn. 9; *Grunewald* ZHR 152 (1988), 242, 261; *Vieweg* Festschr. Lukes, 1989, S. 809, 817; *ders.* Normsetzung, S. 234 f.

64 Vgl. *Bunte* ZGR 1991, 316, 324; MünchKomm/*Reuter* Vor § 21 BGB Rn. 115.

65 *Beuthien* BB 1987, 6, 10 f.

66 Vgl. *Beuthien* BB 1987, 6 ff.

67 Ebenso *Röhricht* in: Verbandsgerichtbarkeit, S. 75, 78; weitergehend *Grunewald* ZHR 152 (1988), 242, 260 f.; *Bunte* ZGR 1991, 316, 324, die auf Vereinsordnungen § 9 Abs. 1 AGBG analog anwenden wollen; dagegen zu Recht *Kohler* S. 197 ff. Auf ein vor Inkrafttreten des AGBG begründetes Versicherungsverhältnis mit einem VVaG wendet *BGH* WM 1995, 27, 29 = ZIP 1995, 33, 34 = BB 1995, 423, 424 = JZ 1995, 458 dagegen die Rechtsprechungsgrundsätze an, die sich in § 9 AGBG niedergeschlagen haben.

selverbote (§§ 10, 11 AGBG) gehen, wenn nämlich der Verein gleiche (Austausch-)Geschäfte auch mit Nichtmitgliedern abschließt. Zu berücksichtigen ist jedoch, daß die Vorschriften des AGBG auf die Schuldvertragstypen des BGB zugeschnitten sind, die eine synallagmatische Austauschbeziehung und damit einen Interessengegensatz voraussetzen[68]. Dagegen werden schuldrechtliche Austauschbeziehungen zwischen Verein und Mitglied durch mitgliedschaftliche Rechte und Rechtspflichten, insbes. zur Förderung des gemeinsamen Zwecks, überlagert, so daß in die Abwägung die gesamte vermögens- und organisationsrechtliche Stellung des Mitglieds einzubeziehen ist[69].

300 e Soweit die Geltung vereinsinterner Regelungen (Satzungsregeln, Vereinsordnungen) einzelvertraglich mit Nichtmitgliedern vereinbart wird (unten Rn. 351 f.), sollen für deren Inhaltskontrolle die gleichen Maßstäbe wie für Mitglieder gelten[70]. In dieser Allgemeinheit trifft dies jedoch nicht zu. Vielmehr sind im Rahmen der Angemessenheitsprüfung nur diejenigen Rechte und Pflichten zu berücksichtigen, die zum Gegenstand der einzelvertraglichen Vereinbarung gemacht worden sind. Mitgliedern stehen typischerweise weitergehende Rechte (z. B. die Möglichkeit, an Änderungen der vereinsinternen Regelungen mitzuwirken) und Pflichten (z. B. die Förderpflicht) zu, so daß die Interessenabwägung gegenüber Nichtmitgliedern durchaus anders ausfallen kann als gegenüber Mitgliedern. Danach mögen zwar bei Sportwettbewerben, an denen sowohl Mitglieder als auch Nichtmitglieder teilnehmen, gleiche Maßstäbe gelten. Anderes kann aber z. B. bei der entgeltlichen Benutzung von Vereinseinrichtungen oder Inanspruchnahme von Vereinsleistungen durch Nichtmitglieder der Fall sein, bei denen im Vergleich zu Mitgliedern verstärkt die Wertungsmaßstäbe des AGBG heranzuziehen sind[71].

3.5. Auslegung der Satzung

301 Sofern der Wortlaut der Satzung nicht eindeutig ist, muß sie ausgelegt werden. Für die Auslegung materieller und formeller Satzungsbestandteile (oben Rn. 293 f.) einer Körperschaft – also auch des Vereins – sollen nach h. M. besondere Auslegungskriterien gelten, da sie sich an einen unbestimmten Perso-

---

68 Vgl. *BGH* NJW 1995, 583 = WM 1995, 803 = JZ 1995, 541 m. Anm. *Pfister* = ZIP 1995, 752 = EWiR 1995, 221 *van Look* = SpuRt 1995, 43; *Vieweg* Festschr. Lukes, 1989, S. 809, 812 ff.; *Pfister* Festschr. Lorenz, 1991, S. 171, 184 f.; für die statutarisch geregelte Fördergeschäftsbeziehung bei der Genossenschaft BGHZ 103, 219, 224 = a. a. O. (Fn. 46).

69 Sofern jedoch in der Satzung Leistungsbeziehungen geregelt werden, die außerhalb des Vereinszwecks liegen, ist dagegen das AGBG unmittelbar anzuwenden (vgl. für eine stille Gesellschaft *BGH* NJW-RR 1992, 379 = WM 1992, 99, 100 = WuB IV B. § 23 AGBG 1.92 *v. Westphalen*; *OLG Hamburg* WM 1994, 499, 501).

70 So für die Teilnahme an Sportwettbewerben – hier einem Reitturnier – *BGH* NJW 1995, 583 = WM 1995, 802 = JZ 1995, 461 m. Anm. *Pfister* = ZIP 1995, 752 = EWiR 1995, 221 *van Look* = SpuRt 1995, 43; dazu *Vieweg* SpuRt 1995, 97, 99 f.; ähnlich schon *Pfister* Festschr. Lorenz, 1991, S. 171, 184 f.

71 In diesem Sinne – allerdings vor Inkrafttreten des AGBG – *BGH* LM § 25 BGB Nr. 10 = WM 1972, 1249; dazu *Flume* Jur. Person, S. 321 f.; *Grunewald* ZHR 152 (1988), 242, 258 ff.

nenkreis wenden, zu dem auch zukünftige Mitglieder und/oder Gläubiger der Gesellschaft gehören[72]. Die Vereinssatzung ist »objektiv«, d. h. »aus sich« oder »ihrem Inhalt« heraus auszulegen, wobei dem Wortlaut in seiner typischen Bedeutung, dem Sinn und Zweck sowie dem systematischen Bezug der Regelung zu anderen Satzungsbestimmungen maßgebende Bedeutung zukommen[73]. Außerhalb des Wortlauts liegende Umstände, wie z. B. die Vorstellungen der Gründer, tatsächliche Umstände aus der Entstehungsgeschichte oder der späteren Vereinsentwicklung, können nur eingeschränkt berücksichtigt werden[74], wenn sie nämlich den Mitgliedern und Organen allgemein bekannt sind[75] oder sich aus den Registerakten ergeben[76]. Eine teleologische Auslegung hat sich an objektiv bekannten Umständen zu orientieren[77], wobei der Vereinszweck und die Interessen der Mitglieder im Vordergrund stehen[78]. Als Auslegungskriterium zu berücksichtigen ist auch eine ständige vereinsinterne Übung, die z. B. in Beschlüssen der Mitgliederversammlung zum Ausdruck kommen kann[79]. Sofern deren Inhalt konkret die Satzung auslegt (sog. satzungsauslegende Beschlüsse), bindet dies aber nur den Verein, seine Organe und seine Mitglieder, nicht etwa auch außenstehende Dritte oder Gerichte.

Die noch h. M. leitet diese besonderen Auslegungskriterien, die sich an den für **302**
staatliche Gesetze geltenden Grundsätzen orientieren[80], aus dem angeblichen Normcharakter der Satzung her (oben Rn. 282)[81]. Dabei lassen sie sich aus rechtsgeschäftlicher Sicht der Grundlagen des Vereinsrechts (oben Rn. 283, 286), nach der im Ausgangspunkt die §§ 133, 157 BGB anwendbar sind, methodisch schlüssiger damit begründen, daß die Satzung Grundlage einer auf

72 Vgl. zusammenfassend *BGH* NJW 1994, 51 = WM 1993, 2123, 2124 = WuB VII B 1. Art. 17 EuGVÜ 1.94 *Ebenroth/Reiner* (zur Gerichtsstandsklausel in der Satzung einer AG) m. zahlr. weit. Nachw.

73 Vgl. BGHZ 47, 172, 180 = a. a. O. (Fn. 1); 106, 67, 71 = WM 1989, 366 f. m. weit. Nachw.; für die Satzung einer AG auch *BGH* NJW 1994, 51 = WM 1993, 2123, 2124.

74 Enger BGHZ 47, 172, 180 = a. a. O. (Fn. 1); 96, 245, 250 = NJW 1986, 1033 = WM 1986, 289, 290 = ZIP 1986, 368 = JZ 1986, 285; BayObLGZ 1989, 124, 131; *OLG Hamm* OLGZ 1993, 24, 26 = Rpfl 1993, 249: »Verwertungsverbot«.

75 So BGHZ 63, 282, 290 = a. a. O. (Fn. 49); vgl. auch *OLG Hamm* OLGZ 1980, 326, 330.

76 Vgl. *BGH* NJW 1983, 1910 = WM 1983, 334 (für GmbH), dagegen *Grunewald* ZGR 1995, 68, 83.

77 BGHZ 106, 67, 71, der aber auch auf den »Empfängerhorizont« abstellt.

78 BGHZ 47, 172, 180 = a. a. O. (Fn. 1); vgl. auch *BGH* NJW 1971, 879, 880; *BAG* NJW 1965, 887; BayObLGZ 1971, 178, 181.

79 Vgl. *RG* JW 1936, 2387; *OLG Hamburg* OLGE 32, 332; *OLG Nürnberg* VersR 1955, 226; *OLG Frankfurt a.M.* WM 1985, 1466 = ZIP 1985, 213, 215; *OLG Hamburg* WRP 1985, 431, 433; auch *Reuter* ZGR 1987, 475, 477 f.; a. A. *Grunewald* ZGR 1995, 68, 82, soweit neue Mitglieder hinzugekommen sind.

80 Aus Sicht der Normtheorie erscheint allerdings der weitgehende Verzicht auf eine – für staatliche Gesetze anerkannte – historische Auslegung in Form der Vorstellungen der Gründer inkonsequent (zur historischen Auslegung vgl. statt aller *Engisch* Einführung in das juristische Denken, 8. Aufl. 1983, S. 86 ff.; MünchKomm/*Säcker* BGB, Bd. 1 [AT], Einl. Rn. 123; zum Rang dieser Auslegungsmethode *Lenz* Das Ungewöhnlichste im Recht, 1991, S. 50 f.).

81 Z. B. BGHZ 47, 172, 180 = a. a. O. (Fn. 1); *Reuter* ZGR 1987, 475, 477 ff.; *ders.* in: MünchKomm., § 25 BGB Rn. 14; *Säcker* S. 38 ff.; *Kohler* S. 165 ff.; auch Voraufl. Rn. 301.

Dauer und wechselnden Mitgliederbestand ausgerichteten Organisation ist[82]. Danach geht schon der Wille der Gründer einer solchen Organisation dahin, eigene Vorstellungen als Auslegungskriterium ihrer Verfassung zurücktreten zu lassen.

3.6. Auslegung der Satzung durch das Revisions- und das Rechtsbeschwerdegericht

303 Im Ausgangspunkt ist die Auslegung eines Rechtsgeschäfts (insbes. eines Vertrags) eine Tatfrage, die der Beurteilung durch das Revisionsgericht (im streitigen Verfahren; vgl. §§ 549, 550, 561, 562 ZPO) oder durch das Rechtsbeschwerdegericht im Verfahren der Freiwilligen Gerichtsbarkeit (vgl. § 27 FGG) entzogen ist. Denn es kann auf die Vorstellungen der Beteiligten und die Umstände des Vertragsabschlusses etc. ankommen, die durch Beweiserhebung der Tatsacheninstanz festzustellen sind. Da außerhalb der Urkunde liegende Umstände bei der Auslegung der Vereinssatzung jedoch nur eingeschränkt verwertet werden können, diese vielmehr »objektiv« auszulegen ist (oben Rn. 301), ist es bei einer funktionalen Abgrenzung zwischen Tat- und Rechtsfrage gerechtfertigt, die Auslegung materieller und formeller Satzungsbestandteile dem Bereich der Rechtsfragen zuzurechnen (ebenso wie z. B. die Auslegung von AGB[83]). Das Revisions- oder Rechtsbeschwerdegericht kann die Satzung daher »frei«, d. h. ohne Bindung an die Feststellungen der Tatsacheninstanz, auslegen. Dies entspricht gefestigter Rechtsprechung[84].

304 Allerdings hat die Rechtsprechung früher – ebenso wie bei AGB – als Voraussetzung der Revisibilität ensprechend § 549 Abs. 1 ZPO gefordert, daß sich der Wirkungsbereich der Satzung über einen OLG-Bezirk hinaus erstreckt und hierfür an den Wohnsitz der Mitglieder angeknüpft[85]. Ebenso soll die Satzungsauslegung ausländischer Vereine dem Tatsachengericht obliegen[86]. Diese Einschränkung erscheint aber nicht sachgerecht, da damit die Wohnsitzwahl der Mitglieder und die Grenzen eines OLG-Bezirks eher zufällig über die Sat-

---

82 Vgl. *Wiedemann* DNotZ 1977, Sonderheft, S. 99 ff.; *ders.* Gesellschaftsrecht I, S. 168 ff.; *Coing* ZGR 1978 659 ff.; *ders.* in: *Staudinger*, § 25 BGB Rn. 16; *Lutter* AcP 180 (1980), 84, 95 f.; *Häuser/van Look* ZIP 1986, 749, 752 f.; *van Look* S. 99 f.; *Soergel/Hadding* § 25 BGB Rn. 32; *Grunewald* ZGR 1995, 68, 80 ff.; differenzierend nach dem Zeitpunkt des Beitritts nicht an der Gründung Beteiligter *Rogier* Die Auslegung von Gesellschaftsverträgen und Satzungen privatrechtlicher Personenverbände, Diss. Köln 1971, S. 179 ff.; ähnlich *Grunewald* a. a. O. S. 82 f.

83 Vgl. z. B. BGHZ 112, 204 = NJW 1991, 37 = WM 1990, 1825, 1827.

84 Vgl. *RG* HRR 1932 Nr. 1287 (für Sonderrecht i. S. d. § 35 BGB); BGHZ 21, 370, 374 = NJW 1956, 1793 = WM 1956, 1356; 47, 172, 176 = a. a. O. (Fn. 1); 89, 153 = WM 1984, 492; 96, 245, 250 = a. a. O. (Fn. 74); *BGH* NJW 1971, 879, 880 = WM 1971, 539, 540 (insoweit nicht in BGHZ 55, 381); NJW 1980, 443 (insoweit nicht in BGHZ 75, 158); *BayObLG* DB 1971, 1428; abw. *OLG Hamm* OLGZ 1980, 326, 328; zust. *Grunewald* ZGR 1995, 68, 91 f.

85 Vgl. *RG* WarnR 1937 Nr. 127; *BGH* NJW 1967, 879 f. = WM 1967, 606 (insoweit nicht in BGHZ 47, 172); NJW 1971, 879 f. = WM 1971, 539; DB 1973, 864; ferner *BGH* NJW 1980, 2799, 2800; zust. MünchKomm/*Reuter* § 25 BGB Rn. 16.

86 *BGH* WM 1982, 1249.

zungsauslegung entscheiden und zudem zukünftige Mitglieder oder Wohnsitzwechsel noch nicht berücksichtigt werden können. Ebenso wie bei Kapitalgesellschaften[87] sollte deshalb die freie Auslegung durch das Revisionsgericht unabhängig vom räumlichen Geltungsbereich, d. h. vom Wohnsitz der Mitglieder, sein[88]. Ohne eine entsprechende Einschränkung hat auch der BGH für in einem Rechtsbeschwerdeverfahren nach § 27 FGG darauf hingewiesen, daß es »keinen Grund [gibt], die Rechtsfrage (§ 133 BGB), wie eine Satzung auszulegen ist, dem Rechtsbeschwerde- (oder Revisions-)gericht zu entziehen«[89].

3.7. Teilnichtigkeit der Satzung; salvatorische Klauseln

Sind einzelne oder mehrere Bestimmungen einer Satzung unwirksam, z. B. weil **305** sie gegen ein gesetzliches Verbot (§ 134 BGB) verstoßen oder einer Inhaltskontrolle nicht standhalten (oben Rn. 299 ff.), so hätte diese objektive Teilnichtigkeit nach der Auslegungsregel des § 139 BGB zur Folge, daß die gesamte Satzung unwirksam wäre. Hierbei handelt es sich jedoch um eine Auslegungsregel, die nur dann zur Anwendung kommt, wenn nicht anzunehmen ist, daß das Rechtsgeschäft auch ohne den nichtigen Teil vorgenommen sein würde. Dies ist jedoch meistens der Fall, da die Satzung die Grundlage einer auf Dauer und Mitgliederwechsel angelegten Organisation bildet. I. d. R. liegt es im Interesse der Mitglieder, den Bestand eines Vereins, der »ins Leben getreten ist« (z. B. durch Geschäftsaufnahme), zu wahren.

Zu fragen ist daher im Rahmen objektiver Auslegung des wirksamen Sat- **305 a** zungsinhalts, ob dieser auch ohne den nichtigen Teil dem Vereinszweck und den Mitgliederbelangen gerecht wird und eine sinnvolle Regelung des Vereinslebens ergibt; trifft dies zu, bleibt es bei der Teilnichtigkeit und die Satzung ist im übrigen wirksam[90]. Die durch die teilnichtige Regelung entstehende Lücke ist nach allgemeinen Grundsätzen durch ergänzende Satzungsauslegung (unten Rn. 309) oder dispositives Gesetzesrecht zu schließen. Wenn dagegen schon der Vereinszweck gegen ein gesetzliches Verbot oder die guten Sitten verstößt (§§ 134, 138 Abs. 1 BGB), hat dies die Gesamtnichtigkeit der Satzung zur Folge.

Während die wohl noch h. M.[91] die regelmäßige Widerlegung der Vermutung **305 b** des § 139 BGB aus dem angeblichen Normcharakter der Satzung herleitet (oben Rn. 282, 284), folgt dies nach der hier vertretenen Auffassung schon daraus, daß es sich – ebenso wie bei anderen Gesellschafts- und Unternehmensverträgen[92] – um die vertragliche Grundlage einer Organisation (»Organisa-

87 Vgl. RGZ 164, 129; BGHZ 14, 25, 36; 36, 296, 314 = WM 1962, 236; *BGH* GmbHR 1974, 107, 108.

88 Vgl. *Soergel/Hadding* § 25 BGB Rn. 36.

89 BGHZ 96, 245, 250 = a. a. O. (Fn. 74); vgl. auch BayObLGZ 1988, 170, 176.

90 BGHZ 47, 172, 180 = a. a. O. (Fn. 1); vgl. auch *RG* SeuffA 65 Nr. 205; BGHZ 47, 293, 301; *KG* NJW 1962, 1917 = Rpfl 1963, 292; *Kohler* S. 167; *Erman/Westermann,* § 25 BGB Rn. 13; *Palandt/Heinrichs,* § 25 BGB Rn. 5.

91 BGHZ 47, 172, 180 = a. a. O. (Fn. 1); MünchKomm/*Reuter* § 25 BGB Rn. 16; Voraufl. Rn. 305.

92 Vgl. z. B. *OLG Hamburg* NJW 1990, 3024, 3025 = WM 1990, 1741, 1744; MünchKomm/*Mayer-Maly* § 139 BGB Rn. 7 c.

tionsvertrag«) handelt (oben Rn. 283, 286), an deren Bestand die Beteiligten regelmäßig ein schutzwürdiges Interesse haben[93].

305 c Soweit eine Satzungsregelung wegen quantitativen Übermaßes unwirksam ist – z. B. Ausschließung »nach freiem Ermessen« oder übermäßig lange Kündigungsfrist (vgl. § 39 Abs. 2 BGB) – kann die Regelung u.U. im Wege geltungserhaltender Reduktion mit ihrem rechtlich zulässigen Inhalt entsprechend § 139 BGB aufrecht erhalten werden[94].

306 Die dargestellte Einschränkung des § 139 BGB gilt jedoch nur für materielle (»körperschaftliche«) Satzungsbestandteile, nicht aber für formelle Satzungsbestandteile und individualrechtliche Abreden im Rahmen der Satzung (oben Rn. 293 ff.). Hier ist die Auslegungsregel des § 139 BGB uneingeschränkt anwendbar[95].

307 Sind einzelne Willenserklärungen bei der Vereinsgründung oder einzelne Stimmabgaben bei Satzungsänderungen nichtig (z. B. wegen Geschäftsunfähigkeit oder nach erfolgreicher Anfechtung), liegt subjektive Teilnichtigkeit vor. Hier ist § 139 BGB nicht anwendbar, da die Vorschrift einen abtrennbaren (unwirksamen) Teil eines einheitlichen Rechtsgeschäfts voraussetzt. Die Wirksamkeit der Gründungsvereinbarung oder Satzungsänderung wird hierdurch nicht berührt, sofern eine hinreichende Anzahl wirksamer Willenserklärungen verbleibt[96].

308 Am Schluß des Satzungstextes findet sich zuweilen eine salvatorische (»rettende«) Klausel (Bestandsklausel), die z. B. lauten kann: »Erweist sich eine Bestimmung der Satzung (oder der zum Satzungsbestandteil erklärten Vereinsordnung) als unwirksam, so bleiben die übrigen Bestimmungen wirksam.« Eine solche Klausel ändert nichts daran, daß die Teil- oder Gesamtnichtigkeit der Satzung nach den vorstehenden Grundsätzen geprüft werden muß.

3.8. Ergänzende Satzungsauslegung

309 Hat die Satzung einen im Vereinsleben auftretenden Sachverhalt nicht geregelt und läßt sich die Frage auch nicht im Wege erläuternder Satzungsauslegung (oben Rn. 301 f.) beantworten, so ist die festgestellte Lücke durch ergänzende Satzungsauslegung (Satzungsergänzung) zu schließen[97]. Dies folgt daraus, daß es sich bei der Satzung um eine rechtsgeschäftliche Regelung handelt, für die die allgemeinen Vorschriften zur Auslegung von Willenserklärungen und Ver-

---

93 *Teichmann* Gestaltungsfreiheit in Gesellschaftsverträgen, 1970, S. 136 f.; *van Look* S. 99; *Soergel/Hadding* § 25 BGB Rn. 28.

94 Vgl. für Ausschließungsklausel bei einer KG: BGHZ 107, 351 = WM 1989, 1093, 1095 = JZ 1989, 956 m. Anm. *Grunewald*.

95 Unklar, aber wohl weitergehend für Aufsichtsratsbeschlüsse bei der AG BGHZ 124, 111, 122 = NJW 1994, 520 = WM 1994, 22, 25 = ZIP 1993, 1862, der § 139 BGB schon dann anwenden will, »wenn sie auf die Begründung, Änderung oder Aufhebung sozial- oder individualrechtlicher Befugnisse oder Pflichten gerichtet sind und ihnen bereits deswegen ein rechtsgeschäftlicher Inhalt zuerkannt werden kann«; krit. dazu *Hüffer* WuB II A. § 256 AktG 1.94; *Kropff* ZGR 1994, 628, 640 f.

96 Vgl. BGHZ 47, 172, 180: »Etwaige Willensmängel der Gründer können die Satzung in ihrem Bestand nicht mehr beeinträchtigen«; auch *Soergel/Hadding* § 25 BGB Rn. 29.

97 Vgl. *Kohler* S. 167; *Soergel/Hadding* § 25 BGB Rn. 32.

trägen gelten (vgl. §§ 133, 157 BGB)[98]. Teilweise wird allerdings wegen des angeblichen Normcharakters der Satzung die Auffassung vertreten, daß eine Satzungsergänzung dem vereinsinternen »Satzungsgeber« vorbehalten bleiben müsse und nicht im Wege »richterlicher Rechtsfortbildung« vorgenommen werden könne[99].

Zu fragen ist danach, durch welche Rechtsfolge die aufgetretene Regelungslücke der Satzung unter Würdigung ihres Gesamtinhalts, des Vereinszwecks und der -organisation sowie der Interessen der Mitglieder in angemessener Weise ausgefüllt werden kann (zu den Auslegungskriterien vgl. oben Rn. 301). Hierzu können andere Satzungsbestimmungen analog oder der ihnen zugrundeliegende Regelungszweck herangezogen werden, ferner allgemeine Grundsätze des Vereins-, Gesellschafts- und Zivilrechts. Erst wenn sich hieraus keine Ausfüllung der Lücke ergibt, sind die dispositiven Vorschriften des Gesetzes anzuwenden[100].

4. Vereinsordnungen

4.1. Erscheinungsformen

Häufig kommen bei Vereinen abstrakt-generell formulierte Regelungswerke **310**
außerhalb der eigentlichen Vereinssatzung vor, in denen einzelne Teilbereiche des Vereinslebens geregelt sind. Dies gilt insbesondere für (Groß-)Vereine mit mehreren Betätigungsfeldern oder verzweigter Organisation. Diese Regelungswerke werden als Vereins- oder Nebenordnungen bezeichnet[101]. Bei den Vereinsordnungen kann es sich um Satzungsbestandteile (materielles Satzungsrecht im engeren oder weiteren Sinne, vgl. oben Rn. 263 f.) handeln, aber auch um satzungsausfüllende nachrangige Regelungen, die typischerweise aufgrund einer Ermächtigungsgrundlage in der Satzung durch ein vom Satzungsgeber verschiedenes Organ erlassen werden (z. B. dem Vorstand oder einem besonderen Regelausschuß).

Beispiele:

Für den Galopp-Rennsport ist das Direktorium für Vollblutzucht und Rennen e.V. der Dachverband. Die Satzung umfaßt 23 Seiten, die Rennordnung und die Zuchtbuchordnung sind in einem Kompendium von ca. 400 Seiten enthalten. Beide Ordnungen sind Bestandteile der Satzung des Direktoriums (§ 4 Nr. 2 und 3). Die Satzung des Hauptverbandes für Traber-Zucht und -Rennen e. V. erklärt in § 4 Nr. 3 die Trabrennordnung, die Zuchtbuchordnung, die Schiedsgerichtsordnung und die Gebührenordnung zu Satzungsbestandteilen.

98 Vgl. für Personalgesellschaften etwa *BGH* NJW 1979, 1705, 1706 = WM 1979, 327, 328; WM 1984, 1506; BGHZ 107, 351 = WM 1989, 1093, 1094 = a. a. O. (Fn. 94).

99 Vgl. MünchKomm/*Reuter* § 25 BGB Rn. 16; *ders.* ZHR 148 (1984), 523, 544, mit Ausnahme bei Handlungsunfähigkeit des Satzungsgebers; auch Voraufl. Rn. 309.

100 Vgl. allg. zur ergänzenden Auslegung MünchKomm/*Mayer-Maly* § 157 BGB Rn. 24 ff.

101 Überblick über die Typologie bei *Kohler* S. 24 ff., der sie einteilt in: Rechts-, Schieds- und Verfahrensordnungen, Verwaltungsordnungen, »Gruppenordnungen«, Leistungs- und Benutzungsordnungen, zweckbedingte Verhaltensordnungen und Geschäftsordnungen; vgl. auch *Kirberger* S. 115 – 189.

Nach § 1 Nr. 5 der Satzung des Deutschen Eishockey-Bunds e.V. (DEB) sind Satzungsbestandteile: die Spielordnung, die Schiedsrichterordnung, die Übungsleiter- und Trainerordnung, die Gebührenordnung, die Schiedsgerichtsordnung, die Verbandsgerichtsordnung, die Rechtsordnung mit Anhang, die Geschäftsordnung (für die Organe), die Finanzordnung und die Ehrenordnung. Die Satzung des Deutschen Fußball-Bunds e.V. (DFB) ermächtigt in § 5 Nr. 1 zum Erlaß folgender Ordnungen: Spiel-, Schiedsrichter- und Jugendordnung zur Durchführung der Bundesspiele, Rechts- und Verfahrensordnung zur Durchführung der Bundesspiele, Rechts- und Verfahrensordnung, Geschäftsordnung, Finanzordnung und Ehrungsordnung. Alle diese Ordnungen sind keine Satzungsbestandteile. Nach § 5 Nr. 4 DFB-Satzung haben die Mitgliedsverbände dafür zu sorgen, daß sie selbst, ihre Mitgliedsvereine und deren Einzelmitglieder für sie geltenden Verpflichtungen sinngemäß in ihre Satzungen aufnehmen. Dabei hat der DFB als ordentliche Mitglieder nur die Regional- und Landesverbände (§ 6 Nr. 2 DFB-Satzung); die Bundesligavereine sind außerordentliche Mitglieder (§ 6 Nr. 3 DFB-Satzung). Die Bundesligavereine, die in erster Linie von der Spiel-, Rechts- und Verfahrensordnung erfaßt werden, sind nicht nur korporationsrechtlich, sondern auch vertraglich mit dem DFB verbunden. Die außerordentliche Mitgliedschaft im DFB wird mit der Erteilung der sog. Lizenz erworben (§ 7 Nr. 4 DFB-Satzung). Diese Lizenz ist ein Vertrag mit dem DFB, der u. a. die Zulassung des Vereins, die verbindliche Unterwerfung unter die Satzung, das Lizenzspielerstatut und die Ordnungen des DFB regelt. Die Lizenz wird stets nur für ein Spieljahr erteilt; sie erlischt mit dem Ablauf der Spielzeit, womit auch die außerordentliche Mitgliedschaft beendet wird (§ 9 Nr. 1 Buchst. a Lizenzspielerstatut)[102].

Von großer praktischer Bedeutung ist das Regelungswerk eines technisch-wissenschaftlichen Vereins, des DIN Deutsches Institut für Normung e.V.: Nach § 9 der Satzung wird die Normungstätigkeit von Arbeitsausschüssen (Normenausschüssen) durchgeführt, deren Aufgaben, Stellung, Arbeitsweise und Finanzierung sich nach Festlegungen richtet, die in DIN 820 oder in Richtlinien oder ergänzenden Bestimmungen veröffentlicht sind oder werden. Weder die DIN 820 noch die vom Präsidium des DIN erlassene Geschäftsordnung für das Schiedsverfahren sind Bestandteile der Satzung.

311 Die Praxis kennt nicht nur Ordnungen, sondern auch Richtlinien. So hat z. B. ein bundesweit tätiger Gesamtverband für seine Untergliederungen Richtlinien über folgende Gegenstände erlassen: die Grundsätze der Verbandsarbeit, die Aufgaben, den Aufbau, die Versammlungen, die Vorstände und Ausschüsse, die Rechte und Pflichten der Miglieder, das Aufsichtsrecht und die Aufsichtspflicht, die Vermögensverwaltung und die Finanzwirtschaft, die Aufbringung der finanziellen Mittel, den Ausschluß von Mitgliedern einschließlich der Kosten des Ausschließungsverfahrens. Die Richtlinien beschließt die Mitgliederversammlung; sie sind in der Satzung des Gesamtverbands zum Satzungsbestandteil erklärt worden.

---

102 Vgl. dazu *Roth* in: Grunsky (Hrsg.), Der Sportverein in der wirtschaftlichen Krise, S. 25 f.

4.2. Gründe für den Erlaß von Vereinsordnungen

Als Gründe für die Verwendung der Regelungsform der Vereinsordnung, die typischerweise (aber nicht notwendigerweise) kein Bestandteil der Satzung und damit ihr »nachrangig« ist, werden genannt[103]: 312

- Entlastung der Satzung aus Gründen der Übersichtlichkeit und Praktikabilität;
- größere Sachnähe und Änderungsflexibilität bei Verlagerung der Zuständigkeit zum Erlaß und zur Änderung auf ein vom Satzungsgeber verschiedenes Organ (z. B. den Vorstand oder einen besonderen Ausschuß);
- einheitliche Anwendbarkeit und erleichterte Übernahme von Regelwerken übergeordneter oder internationaler Verbände, z. B. im technischen Bereich oder im Sport[104];
- Vermeidung des Aufwands und der Kosten einer Registereintragung.

4.3. Abgrenzung zu anderen Regelungsformen

Vereinsordnungen als abstrakt-generelle Regelungsform des Vereinsrechts sind 313 zu unterscheiden von »einfachen« Beschlüssen der Mitgliederversammlung in »Angelegenheiten des Vereins« (vgl. § 32 Abs. 1 Satz 1 BGB), die meistens einen konkreten Sachverhalt einzelfallbezogen regeln, während Vereinsordnungen sich nicht auf eine bestimmbare Regelungssituation beschränken[105]. Konkret-individuelle Regelungen werden auch durch Geschäftsführungsmaßnahmen des Vorstands oder eines anderen Vereinsorgans getroffen, die in einem rechtsgeschäftlichen Handeln (insbes. bei Vertretung des Vereins nach außen) oder tatsächlichen Maßnahmen bestehen können.

Ist die Vereinsordnung Bestandteil der Vereinssatzung (z. B. infolge einer Verweisung) und unterliegt sie damit den für Satzungsänderungen geltenden Vorschriften, so erfolgt die Abgrenzung zur Satzung rein formal danach, ob sie aus der eigentlichen Satzung(surkunde) ausgegliederte Bestimmungen enthält. Ist sie dagegen – wie in der Praxis typischerweise – nicht Bestandteil der Satzung, so handelt es sich um eine ihr nachrangige Regelung, die besonderen Wirksamkeitsanforderungen unterliegt (unten Rn. 315 ff.).

Hieraus ergibt sich eine Stufenfolge vereinsinterner Regelungsformen: Auf der 314 untersten Stufe stehen konkret-individuelle Geschäftsführungsmaßnahmen der hierfür zuständigen Organe, gefolgt von einzelfallbezogenen Beschlüssen der Mitgliederversammlung; diesen übergeordnet sind die abstrakt-generellen (satzungsnachrangigen) Vereinsordnungen, während die Satzung die oberste Ebene vereinsinterner Regelungen enthält. Der Satzung übergeordnet ist wiederum das zwingende Gesetzesrecht, während die dispositiven Vorschriften des Gesetzes erst beim »Ausfall« satzungsmäßiger privatautonomer Regelungen zur Anwendung kommen (vgl. §§ 25, 40 BGB sowie oben Rn. 280 f.). Allen Regelungsformen gemeinsam ist, daß sie jeweils nicht gegen höherrangige Bestimmungen verstoßen dürfen; in diesem Fall sind sie unwirksam (nichtig). Eine

---

103 Vgl. *Lukes* NJW 1972, 121, 125; *Kirberger* S. 22 ff.; *Soergel/Hadding* § 25 BGB Rn. 7; *Kohler* S. 27 ff.; krit. allerdings Voraufl. Rn. 317.

104 Vgl. *Pfister* Festschr. Lorenz, 1991, S. 171, 173 f.; für das Verhältnis zwischen nationalen und internationalen Sportverbänden *Vieweg* S. 67 ff.;.

105 Vgl. *Kohler* S. 47 ff.; auch *Lohbeck* MDR 1972, 381, 382.

Ausnahme soll nur für sog. satzungsdurchbrechende Beschlüsse der Mitgliederversammlung gelten, durch die eine punktuelle, von der Satzung abweichende einzelfallbezogene Regelung getroffen werden kann (unten Rn. 465 f.)

4.4. Wirksamkeitsanforderungen für Vereinsordnungen

4.4.1. Der Satzung vorbehaltene Regelungsgegenstände

315 Das entscheidende Wirksamkeitserfordernis für Vereinsordnungen ergibt sich daraus, daß die das Vereinsleben bestimmenden Grundentscheidungen zur Organisation und Mitgliedschaft (das materielle Satzungsrecht im engeren Sinn) in der Vereinssatzung als Grundordnung des Vereins enthalten sein müssen und nicht in einer ihr nachrangigen Vereinsordnung geregelt sein dürfen (vgl. schon oben Rn. 261, 263). Schwierigkeiten bereitet die Abgrenzung dieser zwingend der Satzung vorbehaltenen Regelungsgegenstände von solchen Materien, bei denen dem Verein ein Wahlrecht zusteht, ob er sie in der Satzung regelt (dann handelt es sich um materielles Satzungsrecht im weiteren Sinn, vgl. oben Rn. 263 a) oder in einer ihr nachrangigen Vereinsordnung.

316 Das Abgrenzungskriterium ist nicht etwa ein an den staatsrechtlichen angelehnter Verfassungsbegriff (vgl. § 25 BGB)[106], sondern der Individual- und Minderheitenschutz der Mitglieder, die nach dem gesetzlichen Grundmodell an der Einführung, Änderung und Aufhebung satzungsmäßiger Regelungen in qualifizierter Mehrheit mitzuwirken haben (vgl. § 33 Abs. 1 BGB)[107]. Ergänzend treten dritt- und mitgliederschützende formale Kriterien hinzu[108], nämlich das Erfordernis einer Registereintragung unter Prüfung durch das Registergericht[109] sowie das Publizitäts- und Informationsinteresse der Mitglieder sowie außenstehender Dritter[110].

317 Die Rechtsprechung hatte sich schon wiederholt mit Abgrenzungsfragen zu beschäftigen. Zu den grundlegenden organisationsrechtlichen Regelungsgegenständen, die notwendigerweise in der Satzung und nicht in einer ihr nachrangigen Vereinsordnung zu regeln sind, hat sie z. B. die Einführung der Listenwahl (»Stimmenhäufung«) anstelle der Mehrheitswahl nach § 32 Abs. 1 Satz 3 BGB[111], die Festlegung der Zuchtziele eines Pferdezuchtverbands[112]

---

106 So aber MünchKomm/*Reuter* § 25 BGB Rn. 6: »Sicherung der Integrationsfunktion der Vereinsverfassung«; *ders.* ZHR 148 (1984), 523, 547 f.; *Lukes* NJW 1972, 121, 126 f.; wohl auch BGHZ 47, 172, 177 = a. a. O. (Fn. 1); wie hier *Kohler* S. 60 ff.

107 BGHZ 105, 306, 314 = a.a.O (Fn. 52); ausführlich in diesem Sinne auch *Kohler* S. 86 ff.; ebenso *Grunewald* ZHR 152 (1988), 242, 247; abl. MünchKomm/*Reuter* § 25 BGB Rn. 5.

108 Zurückhaltend *Kohler* S. 72 ff.

109 Zur Reichweite der Prüfung vgl. *OLG Köln* NJW 1992, 1048; Rpfl 1994, 114; Rpfl 1995, 163, 165; ferner *BayObLG* NJW-RR 1993, 494 (für GmbH).

110 BGHZ 105, 306, 314 f. = a. a. O. (Fn. 52): »satzungsmäßige Verlautbarung«.

111 BGHZ 106, 67, 72 f. = NJW 1989, 1212 = WM 1989, 366, 368 (Delegiertenversammlung einer politischen Partei); a. A. MünchKomm/*Reuter* § 25 Rdn. 7 Fn. 42; vgl. auch *BGH* NJW 1974, 183, 185 = WM 1974, 179; *OLG Frankfurt a. M.* Rpfl 1984, 360.

112 *BGH* LM § 25 BGB Nr. 22 = RdL 1983, 317; WM 1984, 552; AgrarR 1986, 112; dazu *Reuter* ZHR 148 (1984), 523, 535 f.; vgl. auch BVerfGE 88, 366 = NJW 1993, 2599; *BVerfG* NJW-RR 1994, 663.

oder die Einrichtung einer Delegiertenversammlung[113], eines Schiedsgerichts[114] sowie eines Sicherungssystems bei einem Spitzenverband des Kreditgewerbes angesehen[115] (vgl. oben Rn. 264 ff.). Einer Regelung in der Satzung bedarf auch die Ausfüllung oder Abdingung der (dispositiven) gesetzlichen Vorschriften über die Vereinsverfassung (oben Rn. 281), da das Gesetz hier jeweils die satzungsmäßige Regelungsform der ausfüllenden oder abweichenden Bestimmungen vorschreibt.

Als grundlegende und damit notwendigerweise satzungsförmig zu regelnde **318** mitgliedschaftliche Bestimmungen hat die Rechtsprechung etwa die Möglichkeit zur Festsetzung von Vereinsstrafen (insbesondere der Ausschließung) angesehen[116], und zwar nicht nur hinsichtlich der Voraussetzungen (d.h. des »strafwürdigen« Verhaltens) und der Rechtsfolgen (Strafarten), sondern auch hinsichtlich der »Nebenfolgen« wie Kostentragungspflicht und vereinsinterne Veröffentlichung[117]; ebenso die Beschränkung des Rechts zur Teilnahme an Vereinsveranstaltungen (z.B. einem Tennisturnier)[118], ferner die Grundlagen der Beitragspflicht, insbes. Art und Regelmäßigkeit der Beiträge, ggf. auch der Höchstbetrag einer Sonderumlage[119]. Mitgliedschaftliche Rechte und Pflichten müssen in der Satzung selbst bestimmbar geregelt sein, d.h. eine hinreichende Regelungsdichte aufweisen (oben Rn. 279 ff.)[120]. Durch eine Vereinsordnung können sie in abstrakt-genereller Weise konkretisiert und ausgefüllt werden. Zusätzliche Leistungspflichten, die nicht schon dem Grunde nach bestimmbar in der Satzung geregelt sind, darf eine Vereinsordnung dagegen nicht aufstellen[121]. Insoweit ist auch eine satzungsmäßige Verweisung auf Vereinsordungen übergeordneter oder internationaler Verbände nicht ausreichend[122].

---

113 *OLG Frankfurt a. M.* WM 1985, 1466, 1468 = ZIP 1985, 213 = EWiR § 32 BGB 1/85 *Schüren*; Vorinstanz: *LG Frankfurt a. M.* ZIP 1983, 1337.

114 BGHZ 88, 314, 316 = NJW 1984, 1355 = WM 1984, 230 = LM § 91 GWB Nr. 4.

115 BGHZ 105, 315 = a. a. O. (Fn. 52).

116 Vgl. schon RGZ 73, 187; 125, 338; 151, 229, 232; *RG* JW 1928, 2208; JW 1929, 847, 848; auch *OLG München* BB 1977, 865 = KTS 1977, 178; aus dem Schrifttum z.B. *van Look* S. 177 ff.; *Kohler* S. 125 ff.

117 BGHZ 47, 172, 178 = a. a. O. (Fn. 1); krit. *Lukes* NJW 1972, 121, 126; *Schlosser* S. 61 f.

118 *OLG Celle* WM 1988, 495 m. Anm. *Grunewald* = WuB II L. § 38 BGB 2.88 *van Look*; zur erforderlichen satzungsmäßigen Ausgestaltung der sich aus der Mitgliedschaft ergebenden Vorteils- und Mitverwaltungsrechte vgl. *Kohler* S. 111 ff.

119 BGHZ 105, 306, 315 f.; vgl. auch *Kohler* S. 115 ff.

120 Vgl. *Kohler* S. 119 ff.; für die Festlegung von Nebenleistungspflichten bei der GmbH *BGH* NJW-RR 1989, 228 f. = WM 1989, 189, 190 f. = WuB II C. § 3 GmbHG 1.88 *Emmerich*.

121 I. Erg. ebenso *BGH* WM 1984, 552, 553; *OLG Frankfurt a. M.* WRP 1985, 564, 566; *Schlosser* S. 61 f.; *Röhricht* in: Verbandsrechtsprechung, S. 75; großzügiger *Reuter* ZHR 148 (1984), 523, 534 ff., 544 ff.; *Grunewald* ZHR 152 (1988), 242, 247 ff.

122 Vgl. *OLG Frankfurt a. M.* SpuRt 1994, 87, 88, wo aber eine zusätzliche einzelvertragliche Vereinbarung bestand; zu Dopingverstößen (Fall Katrin Krabbe) auch DLV-Rechtsausschuß NJW 1992, 2588, 2590; dazu *Vieweg* NJW 1992, 2539; Gegendarstellung DLV, ebenda S. 2941; Stellungnahme *Vieweg* NJW 1993, 911; *LG Neubrandenburg* NJW-RR 1994, 1269 = SpuRt 1994, 149, 150; ferner *Vieweg* NJW 1991, 1511, 1514.

4.4.2. Satzungsmäßige Ermächtigungsgrundlage

319 Der Erlaß einer Vereinsordnung bedarf einer Grundlage in der Satzung. Dies folgt daraus, daß die Verwendung einer im Gesetz nicht vorgesehenen Regelungsform als organisationsrechtliche Grundlagenentscheidung anzusehen ist[123]. Die Ermächtigung muß das zum Erlaß der Vereinsordnung zuständige Organ bezeichnen. Ist dies nicht der Fall, so ist die Mitgliederversammlung zuständig, da es sich um eine »Angelegenheit des Vereins« i. S. d. § 32 Abs. 1 Satz 1 BGB handelt[124]. Diese entscheidet – soweit die Satzung nichts anderes bestimmt – nicht mit der für Satzungsänderungen geltenden qualifizierten Mehrheit des § 33 Abs. 1 Satz 1 BGB, sondern mit einfacher Mehrheit gem. § 32 Abs. 1 Satz 3 BGB.

320 Die satzungsmäßige Ermächtigung muß nach Inhalt, Zweck und Umfang hinreichend bestimmt sein. Zumindest muß sich ihre Reichweite aus ihrem Sinn und Zweck und dem systematischen Zusammenhang mit anderen Bestimmungen der Satzung ergeben. Dies folgt nicht etwa aus einer entsprechenden Anwendung des Art. 80 Abs. 1 Satz 2 GG[125], der nur für Delegation des staatlichen Gesetzgebers zum Erlaß von Rechtsverordnungen auf die Exekutive gilt und Ausprägung des verfassungsrechtlichen Demokratie- und des Gewaltentrennungsgebots ist. Innerhalb zivilrechtlicher Rechtsverhältnisse gilt vielmehr der Grundsatz, daß eine durch eine Partei oder einen Dritten näher zu bestimmende Leistung in der vertraglichen Grundlage des Schuldverhältnisses (hier der Vereinssatzung) zumindest bestimmbar, d. h. rahmenmäßig, umschrieben sein muß (vgl. z. B. § 315 Abs. 1 BGB)[126].

4.4.3. Publizitätserfordernisse bei Vereinsordnungen

321 Es besteht weitgehend Einigkeit, daß eine vereinsinterne Bekanntmachung an die betroffenen Mitglieder und Organe Wirksamkeitsvoraussetzung von Vereinsordnungen ist[127]. Mindestens muß der Erlaß, die Änderung oder Aufhebung einer Vereinsordnung vereinsintern bekanntgemacht werden (z. B. durch Aushang, Rundschreiben oder in einer Vereinszeitschrift) und den Mitgliedern die Möglichkeit einer Kenntnisnahme gegeben werden. Dies fordert die Treupflicht des Vereins gegenüber seinen Mitgliedern[128] und – soweit es sich um die Konkretisierung schuldrechtlicher Leistungspflichten handelt (z. B. Beitrags- oder Benutzungsordnung) – die Vorschrift des § 315 Abs. 2 BGB, wonach das

---

123 *Soergel/Hadding* § 25 BGB Rn. 8; *Kohler* S. 135 ff.

124 *OLG Frankfurt a. M.* NJW-RR 1986, 133, 135 = WM 1986, 302, 304 = WuB V A. § 26 GWB 2.86 *Teichmann*; dazu *Teichmann/Theis* JuS 1987, 695 ff.; *OLG Düsseldorf* DB 1986, 793 = WRP 1986, 216; anders *Kohler* S. 137 ff., der auch für die Zuständigkeit der Mitgliederversammlung eine ausdrückliche Zuweisung in der Satzung fordert.

125 So aber *Reemann* S. 70 ff., 210 ff.; *Kohler* S. 141 ff.

126 Vgl. allg. MünchKomm/*Kramer* § 241 BGB Rn. 3; auch MünchKomm/*Gottwald* § 315 BGB Rn. 7 und speziell für »Vereinsverwaltungsakte« Rn. 11 im Anschluß an *van Look* S. 108 ff., 111 ff.

127 *Lohbeck* MDR 1972, 381, 384; *Kohler* S. 157 ff.; *Soergel/Hadding* § 25 BGB Rn. 8.

128 Vgl. *KG* MDR 1985, 230.

Leistungsbestimmungsrecht durch empfangsbedürftige Willenserklärung gegenüber dem Schuldner ausgeübt wird[129].

4.4.4. Praktische Folgerungen

Hieraus folgt für in der Praxis häufig vorkommende Erscheinungsformen von Vereinsordnungen: 322

Spielordnungen von Sportverbänden können als der Satzung nachrangige Vereinsordnungen erlassen werden, soweit sie sportlich-technische Regelungen ohne Sanktionsdrohungen enthalten. Zulassungsregelungen müssen aber Satzungsbestandteile sein. So erlischt z. B. eine Lizenz, die ein Verband für die Teilnahme an Ligaspielen erteilt, nach dem Ablauf der Spielperiode und muß für die folgende Saison neu erteilt werden. Die hierzu erforderlichen Voraussetzungen (sportliche Qualifikation, Auf- und Abstiegsregelungen, Punktabzug und wirtschaftliche Leistungsfähigkeit) sind regelmäßig in der Spielordnung geregelt, die insoweit materielles Satzungsrecht enthält und zum Satzungsbestandteil erklärt werden muß. Einen Sonderweg geht der DFB, indem er die Verbindlichkeit der Spielordnung mit den Bundesligavereinen (zusätzlich) vertraglich vereinbart. Darüber hinaus kann die Spielordnung grundsätzlich während der laufenden Saison nicht geändert werden, weil sonst eine Wettbewerbsverzerrung einträte[130]. Um die notwendige Flexibilität zu gewährleisten, kann die Satzung für einen kurzfristig auftretenden Regelungsbedarf eine Eilzuständigkeit z. B. eines Fachausschusses vorsehen, um eine vorläufige Regelung im Rahmen der Spielordnung zu treffen (so § 5 Nr. 4 der Satzung des DEB).

Disziplinar- oder Strafordnungen enthalten regelmäßig verfahrensmäßige 323
Rechtsnachteile für das betroffene Mitglied, z. B. bei Fristversäumnis, so daß sie zum Satzungsbestandteil erklärt werden sollten (vgl. Rn. 1655 f.)[131]. Nur soweit sie ausschließlich die Besetzung und das Verfahren des zuständigen Organs bei der Straffestsetzung regeln, ohne in die Rechtsstellung des Mitglieds einzugreifen, ist eine satzungsnachrangige Regelung möglich. Entsprechendes gilt für Schiedsordnungen, wenn durch eine satzungsmäßige Schiedsklausel für

129 Vgl. auch *Kohler* S. 158 ff., der sich – ausgehend von der Qualifizierung der Vereinsordnungen als Rechtsnormen – darum bemüht, das (öffentlich-rechtliche) Veröffentlichungserfordernis als »konstitutives Merkmal von Normen« und die Ausführungsbedürftigkeit von Beschlüssen zivilrechtlicher Personenvereinigungen miteinander zu vereinbaren. Er gelangt hierbei (S. 163 f.) zu dem – wenig überzeugenden – Ergebnis, daß nur der Erlaß der Vereinsordnung durch ein von der Mitgliederversammlung verschiedenes Organ der Ausführung durch Bekanntmachung bedarf. Dabei wird jedoch nicht berücksichtigt, daß sich die Ausführungsbedürftigkeit nur nach dem Gegenstand der beschlossenen Regelung (z. B. Abschluß eines Vertrags, Ausübung eines Leistungsbestimmungsrechts) und nicht nach dem für die Beschlußfassung zuständigen Organ richten kann.

130 Zur Änderung der Auf- und Abstiegsregelung des während des laufenden Spieljahrs aus aktuellem Anlaß vgl. den Fall *LG München* I SpuRt 1995, 77 m. Anm. *Bär*.

131 Allerdings kann die Geltung einer Strafordnung, die nicht Satzungsbestandteil ist, auch einzelvertraglich vereinbart werden (vgl. *OLG Frankfurt a. M.* SpuRt 1994, 87, 88 f.; *BGH* NJW 1995, 583 = WM 1995, 502 = ZIP 1995, 752 = EWiR 1995, 221 *van Look*).

Streitigkeiten zwischen Verein und Mitglied ein Schiedsgericht i. S. d. §§ 1025 ff. ZPO zuständig sein soll.

324 Durch Benutzungsordnungen (z. B. Platz-, Heim-, Hütten- oder Gartenordnung) können die in der Satzung dem Grunde nach geregelten Rechte und Pflichten der Mitglieder bei der Benutzung der Vereinseinrichtungen näher ausgestaltet und konkretisiert werden. Ihre Einhaltung kann ggf. auch durch zusätzliche vertragliche Vereinbarungen mit den Mitgliedern abgesichert werden.

325 Eine Finanz- oder Haushaltsordnung, die nur an das hierfür zuständige Organ gerichtete Regelungen (z. B. über Kassen- und Haushaltsführung) enthält, kann als satzungsnachrangige Vereinsordnung erlassen werden.

326 Bei einer Beitragsordnung muß die Satzung den Gegenstand der Beiträge (Geld-, Dienst- oder Sachleistungen) sowie ihre Entrichtungsform (periodischer Regelbeitrag, Sonderumlagen, Ein- und Austrittsgelder, Darlehen) regeln[132]. Die Höhe der Beiträge kann grundsätzlich durch eine Vereinsordnung festgelegt werden, die auch die Zahlungsmodalitäten enthalten kann (vgl. Rn. 578 ff.).

327 In einer Ehrenordnung kann das Verfahren der Verleihung der Ehrenmitgliedschaft oder des Ehrenvorsitzes an einen Außenstehenden, ein verdientes Mitglied oder eine verdiente Organperson vorgesehen werden. Die Möglichkeit einer Ehrenmitgliedschaft oder des Ehrenvorsitzes selbst muß jedoch in der Satzung vorgesehen sein (Rn. 508).

4.5. Änderung und Aufhebung von Vereinsordnungen

328 Die Zuständigkeit für Änderungen und eine Aufhebung von Vereinsordnungen liegt bei dem für ihren Erlaß zuständigen Organ. Fehlt eine Zuständigkeitsregelung in der Satzung, ist dies die Mitgliederversammlung (§ 32 Abs. 1 Satz 1 BGB), die mit einfacher Mehrheit beschließt (§ 32 Abs. 1 Satz 3 BGB).

4.6. Registerrechtliche Behandlung der Vereinsordnungen

329 Soweit die Vereinsordnungen Satzungsbestandteile sind, sind sie zusammen mit der Gründungssatzung der Anmeldung des Vereins zur Eintragung beizufügen (vgl. § 59 Abs. 2 Nr. 1 BGB). Bei der Eintragung müssen sie mit dem Tag ihrer Errichtung (vgl. § 64 Satz 1 BGB) miterwähnt werden (z. B. Tag der Errichtung der Hauptsatzung mit Spielordnung, Schiedsgerichtsordnung usw.). Änderungen solcher Ordnungen müssen gem § 71 Abs. 1 BGB zur Eintragung in das Vereinsregister angemeldet werden.

330 Vereinsordnungen, die nicht Satzungsbestandteil sind, sind nicht eintragungsfähig. Werden sie zur Eintragung angemeldet, so ist der Eintragungsantrag zurückzuweisen. Dasselbe gilt, wenn zusammen mit der Gründungssatzung oder einer Satzungsänderung Vereinsordnungen angemeldet werden, die zum Teil Satzungsbestandteile, zum Teil der Satzung nachrangige Regelungen enthalten. Registerrechtlich können solche »gemischten« Ordnungen nicht berücksichtigt werden. Insoweit ist die Anmeldung zurückzuweisen. Der

132 Vgl. BGHZ 105, 305, 315 f. = a. a. O. (Fn. 52) mit Ausnahme für Sonderumlagen, die die satzungsmäßige Festlegung einer Obergrenze erfordern.

Verein hat nur die Möglichkeit, die Ordnung insgesamt zum Satzungsbestandteil zu erklären und zur Eintragung anzumelden.

4.7. Nichtigkeit und Teilnichtigkeit von Vereinsordnungen

Unwirksam sind Regelungen in einer Vereinsordnung, die nicht Satzungsbe- **331**
standteil ist, wenn sie wegen des grundlegenden Charakters ihres Regelungsgegenstands als materielles Satzungsrecht im engeren Sinn anzusehen sind, das notwendigerweise nach den für satzungsmäßige Bestimmungen geltenden Vorschriften zu erlassen oder zu ändern gewesen wäre (oben Rn. 315 ff.). Nichtigkeitsgrund ist nicht ein Verstoß gegen § 71 BGB, sondern der hierin liegende innerverbandliche Kompetenzverstoß[133]. Unwirksam sind Vereinsordnungen auch, wenn die satzungsmäßige Ermächtigungsgrundlage nicht hinreichend bestimmt ist oder der Inhalt der Regelung sich nicht im Rahmen der Ermächtigungsgrundlage hält (oben Rn. 319). Ein formeller Nichtigkeitsgrund liegt vor, wenn die Vereinsordnung nicht durch das zuständige Organ erlassen worden oder nicht nach den für dieses Organ geltenden gesetzlichen oder satzungsmäßigen Verfahrensregeln zustande gekommen ist (oben Rn. 318). Der Inhalt der Vereinsordnung darf nicht gegen die Satzung oder (zwingendes) Gesetzesrecht verstoßen (oben Rn. 314). Er unterliegt ebenso wie die Bestimmungen der Satzung einer Inhaltskontrolle aufgrund § 242 BGB durch die Zivilgerichte (oben Rn. 299 ff.)[134].

Sind Bestimmungen einer Vereinsordnung unwirksam, so können sie keine entsprechenden Rechte oder Pflichten der Mitglieder (z. B. zur Beitragsleistung) begründen. Auf ihrer Grundlage beruhende Beschlüsse der Mitgliederversammlung oder Sanktionen (z. B. Ausschließung eines Mitglieds) oder Geschäftsführungsmaßnahmen sind ebenfalls unwirksam[135]. Allerdings soll die Möglichkeit einer Heilung bestehen, wenn der Verein rückwirkend eine wirksame Regelung schafft[136].

Soweit die Nichtigkeit nur einzelne Bestimmungen erfaßt, wird diese Teilnich- **332**
tigkeit entgegen der Auslegungsregel des § 139 BGB nicht zur Gesamtnichtigkeit der Vereinsordnung führen, soweit der wirksame Restbestand eine sinnvolle Regelung ergibt (oben Rn. 305).

5. Geschäftsordnungen

5.1. Kennzeichnung

Die Geschäftsordnung bildet eine Sonderform der Vereinsordnung. In ihr sind **333**
typischerweise das Verfahren und die Willensbildung oder die Art und Weise der Geschäftsführung bestimmter Vereinsorgane geregelt, z. B. in einer Geschäftsordnung des Vorstands (vgl. für die AG § 77 Abs. 2 AktG), eines

133 *Kohler* S. 146 ff.
134 BGHZ 105, 306, 316 ff. = a. a. O. (Fn. 52); *Kohler* S. 184 ff.
135 BGHZ 105, 306, 323 = a. a. O. (Fn. 52).
136 BGHZ 105, 306, 322 f. = a. a. O. (Fn. 52); berechtigte Kritik bei *Beuthien* WuB II L. § 25 BGB 1.89 zu V; *Kohler* S. 154 ff.

»Vereinsgerichts« (Rn. 1656)[137] oder in einer Geschäftsanweisung für die Geschäftsstelle.

334 Rechte und Rechtspflichten des einzelnen Mitglieds werden durch derartige Geschäftsordnungen allenfalls näher konkretisiert und ausgestaltet, z. B. das Rederecht und die Stimmrechtsausübung in der Mitgliederversammlung durch deren Geschäftsordnung[138].

5.2. Ermächtigung und Zuständigkeit zum Erlaß einer Geschäftsordnung

335 Geschäftsordnungen, die nur das betreffende Vereinsorgan und dessen Mitglieder in ihrer Funktion als Organwalter binden, können auch ohne Grundlage in der Satzung durch das betreffende Organ selbst aufgestellt werden[139]. Denn aus der gesetzlichen oder satzungsmäßigen Einrichtung eines Organs folgt nach allgemeinen Grundsätzen auch dessen Befugnis, sich selbst zu organisieren und sich damit zur effektiven Erfüllung seiner Aufgaben in Stand zu setzen[140].

336 Soweit dagegen durch eine Geschäftsordnung nicht nur organschaftliche Befugnisse geregelt, sondern mitgliedschaftliche Rechte eingeschränkt oder mitgliedschaftliche Pflichten erweitert werden[141], bedarf es hierfür aus Gründen des individuellen Mitgliederschutzes einer – hinreichend konkreten – Grundlage in der Satzung (oben Rn. 319 f.)[142]. Dies gilt auch für die Einschränkung von Mitverwaltungsrechten des einzelnen Mitglieds (z. B. des Stimmrechts, des Auskunfts- oder Rederechts) durch eine von der Mitgliederversammlung beschlossene Geschäftsordnung dieses Organs, soweit es sich nicht um eine bloße Konkretisierung der immanenten Schranken dieser Rechte aus der gesellschaftsrechtlichen Treupflicht handelt[143].

337 Zuständig zum Erlaß ist – auch ohne entsprechende satzungsmäßige Kompetenzzuweisung – das Organ, dessen Verfahren und Willensbildung durch die Geschäftsordnung geregelt werden soll[144]. Die Satzung kann die Zuständigkeit aber auch einem anderen Vereinsorgan zuweisen, z. B. die Mitgliederversammlung zum Erlaß einer Geschäftsordnung des Vorstands ermächtigen, oder die Zustimmung eines anderen Vereinsorgans fordern, etwa der Mitgliederversammlung zu einer durch den Vorstand beschlossenen Geschäftsordnung. Soweit keine satzungsmäßige Zuständigkeit besteht, kann die Mitgliederver-

137 BGHZ 47, 172, 177 = a. a. O. (Fn. 1).

138 Vgl. *Soergel/Hadding* § 25 BGB Rn. 8; krit. gegenüber diesem Abgrenzungskriterium *Kohler* S. 44 ff.; MünchKomm/*Reuter* § 25 BGB Rn. 7.

139 Grundlegend BGHZ 47, 172, 177 = a. a. O. (Fn. 1); vgl. auch *Schlosser* S. 62.

140 Vgl. zur Reichweite der Regelungsbefugnis des Bundestags durch seine Geschäftsordnung BVerfGE 80, 188 = NJW 1990, 371 = JZ 1989, 1055, 1056; i. Erg. auch MünchKomm/*Reuter* § 25 BGB Rn. 7.

141 Z. B. Pflicht zur Duldung der Veröffentlichung einer Vereinsstrafe und zur Kostentragung im Vereinsstrafverfahren (BGHZ 47, 172, 178 = a. a. O. [Fn. 1]).

142 BGHZ 47, 172, 178 = a. a. O. (Fn. 1).

143 Unklar MünchKomm/*Reuter* § 25 BGB Rn. 7; entgegen *Kohler* S. 47, macht es auch durchaus einen Unterschied, ob für eine Geschäftsordnung der Mitgliederversammlung eine satzungsmäßige Grundlage vorhanden ist.

144 Teilw. a.A. – Erfordernis einer Ermächtigung bei anderen Organen als der Mitgliederversammlung – Voraufl. Rn. 337.

sammlung einem anderen Vereinsorgan durch Beschluß gem. § 32 Abs. 1 Satz 1 BGB eine Geschäftsordnung geben (oben Rn. 319). Dementsprechend liegt auch die Kompetenz für die Änderung und Aufhebung von Geschäftsordnungen grundsätzlich bei dem für ihren Erlaß zuständigen Organ.

5.3. Einzelne Geschäftsordnungen

Regelungsgegenstand einer Versammlungsordnung kann die technische **338**
Durchführung der Mitgliederversammlung sein, z. B. Einzelheiten der Einberufung (vgl. aber § 58 Nr. 4 BGB), Form und Frist für Anträge der Mitglieder zur Tagesordnung, Behandlung und Abwicklung der Tagesordnung, Begrenzung der Redezeit und Wortentzug, Zulassung der Öffentlichkeit, Art und Weise der Stimmabgabe (unten Rn. 1037 ff.), Voraussetzungen geheimer Abstimmung. In einer Wahlordnung kann das Verfahren bei Wahlen näher ausgestaltet werden, soweit nicht Wahlrechtsgrundsätze berührt werden (oben Rn. 317), z. B. die Durchführung mehrerer Wahlgänge oder von Stichwahlen, die Einsetzung eines Wahlausschusses oder von Wahlhelfern.

Die Geschäftsordnung des Vorstands, die für die AG in § 77 Abs. 2 AktG vor- **339**
gesehen ist[145], kann die interne Zuständigkeitsverteilung, die Vertretung der Vorstandsmitglieder im Verhinderungsfall, das Verfahren bei Vorstandssitzungen oder der Zusammenarbeit mit anderen Vereinsorganen bestimmen (vgl. aber §§ 28 Abs. 1, 40 BGB). In einer Geschäftsanweisung für die Geschäftsstelle kann die Aufgabenstellung des Geschäftsführers näher umschrieben (vgl. aber § 30 BGB) und die Organisation der Vereinsgeschäftsstelle festgelegt werden. Zu Verfahrensordnungen bei der Festsetzung von Vereinsstrafen vgl. Rn. 1655 ff.

6. Verbindlichkeit der Satzung sowie von Vereins- und Geschäftsordnungen

6.1. Zeitliche Grenzen

Die Satzung wird mit Wirksamwerden der übereinstimmenden Willens- **340**
erklärungen der Gründer für diese verbindlich (vgl. § 130 Abs. 1 BGB), in denen sie erklären, mit dem Satzungsinhalt einverstanden zu sein und Mitglieder des Vereins sein zu wollen. Auf die Unterzeichnung der Satzungsurkunde zwecks Einrichtung beim Registergericht (vgl. § 59 Abs. 3 BGB) kommt es nicht an[146].

Für jedes nach der Gründung eintretende Mitglied wird die Satzung mit Wirk- **341**
samwerden des Eintrittsvertrags verbindlich (Rn. 623 ff.), sofern dem Mitglied die Kenntnisnahme möglich ist[147]; ob das Mitglied tatsächlich vom Satzungs-

145 Für die GmbH vgl. *U. H. Schneider* Festschr. Mühl, 1981, S. 633 ff.; für die eG *K. Müller* § 24 GenG Rn. 17 ff., § 27 GenG Rn. 10; *Lang/Weidmüller/Schaffland* § 27 GenG Rn. 11.

146 Anders bei der Genossenschaft, vgl. *Lang/Weidmüller/Metz* § 5 GenG Rn. 10; *K. Müller* § 4 GenG Rn. 21.

147 BGHZ 47, 172, 174 – a. a. O. (Fn. 1).

inhalt Kenntnis genommen hat, ist unerheblich. Aus der gesellschaftsrechtlichen Treupflicht folgt ein Anspruch des eintretenden Mitglieds auf Aushändigung eines Exemplars der Satzung[148].

342 Die Satzung kann bereits Vorwirkungen für einen Aufnahmebewerber enfalten, wenn er z. B. materielle Aufnahmevoraussetzungen erfüllen oder Aufnahmehindernisse beseitigen muß (Rn. 630 ff.). Auch für das Aufnahmeverfahren kann die Satzung besondere Regelungen treffen, die dann für den Bewerber verbindlich sind (Rn. 629 f.), z. B. der Verzicht auf den Zugang der Annahmeerklärung des Aufnahmegesuchs (§ 151 Satz 1 BGB)[149] oder ein vereinsinterner »Rechtsbehelf« gegen die Ablehnung des Aufnahmegesuchs (Rn. 634 ff.)[150]. Soweit die Satzung aber nicht ausdrücklich dem Bewerber das Recht einräumt, Satzungsverstöße im Aufnahmeverfahren geltend zu machen, kann er diese im Rahmen eines Rechtsstreits um die Aufnahme nicht rügen[151].

343 Wird die Mitgliedschaft beendet, so endet auch die Rechtswirkung der Satzung für den Ausgeschiedenen (Rn. 703 ff.). Eine Regelung, nach der während der Kündigungs- oder Austrittsfrist die Rechte eines Mitglieds ruhen oder geschmälert werden, während seine Pflichtenstellung in vollem Umfang weiterbesteht, hält einer Inhaltskontrolle i. d. R. nicht stand (Rn. 683 ff.). Die Satzung kann ein ehemaliges Mitglied nicht über den Zeitpunkt seines Ausscheidens hinaus an einzelne Regelungen binden, ihm z. B. bestimmte Verhaltenspflichten auferlegen (zu Ausnahmen vgl. Rn. 712 ff.). Daher kann die Satzung eines wirtschaftlichen Vereins keine »Nachhaftung« eines ausgeschiedenen Mitglieds begründen.

Nachwirkungen der Satzung bestehen jedoch insoweit, als sie für Sachverhalte verbindlich bleibt, die sich während der Mitgliedschaft des Ausgeschiedenen ereignet haben. So kann sich ein Mitglied nicht durch Austritt einer Erhöhung der Mitgliedsbeiträge oder der Verhängung einer Vereinsstrafe entziehen, wenn der Entstehungstatbestand (Beschluß über Beitragerhöhung, Eintritt der Verfallvoraussetzungen der Vereinsstrafe) während der Dauer der Mitgliedschaft eingetreten ist (vgl. Rn. 704 ff., 1610 a).

6.2. Abteilungssatzung und (Haupt-)Satzung beim Mehrspartenverein

344 Bei Mehrspartenvereinen (Rn. 32 f.) kommt es vor, daß für einzelne Vereinsabteilungen besondere Satzungen erlassen worden sind[152]. Hier kann die Frage auftreten, inwieweit die (Haupt-)Satzung des Mehrspartenvereins noch für die Abteilung verbindlich ist, die eine eigene Satzung hat. Im Rang geht die (Haupt-)Satzung des als Gesamtverein bestehenden Mehrspartenvereins der Abteilungssatzung vor (wenn die Abteilung selbst kein nichtsrechtsfähiger Verein ist). Bestimmt z. B. die Satzung des Gesamtvereins, daß jährliche Prü-

148 *LG Karlsruhe* Rpfl 1987, 164.

149 *van Look* WuB II L. § 38 BGB 1.88 unter II; anders wohl BGHZ 101, 193, 196 = WM 1987, 1392, 1393 = NJW 1987, 2503 = JZ 1987, 1076 m. Anm. *Henke* = EWiR § 25 BGB 1/87 *Reuter*.

150 Vgl. RGZ 106, 120, 127.

151 BGHZ 101, 193, 198 f. = a. a. O. (Fn. 149).

152 Vgl. den Fall *LG Regensburg* NJW-RR 1988, 184.

fungen der Geschäftsführung vorzunehmen sind und schweigt hierzu die Abteilungssatzung, so ist jede Vereinsabteilung dieser Prüfung unterworfen.

6.3. Mehrstufiger Gesamtverein

Bei einem Gesamtverein mit räumlich getrennten Untergliederungen in **345**
Vereinsform (Rn. 40) besteht im Regelfall eine Mehrfachmitgliedschaft (Rn. 493 ff.), und zwar immer im Zweigverein, u. U. in einer in Vereinsform bestehenden Mittelstufe (z. B. Landesverband) und im (Dach-)Gesamtverband (z. B. Bundesverband)[153]. Für das Mitglied des Zweigvereins sind infolge seiner gestuften Mehrfachmitgliedschaft sowohl die Satzung seines Zweigvereins als auch die Satzungen der ranghöheren Organisationsstufen verbindlich, falls diese Satzungen nicht etwas anderes besagen.

6.4. Verbandssatzung

Für das Mitglied eines verbandsangehörigen Vereins (vgl. Rn. 35 – 39) ist zu- **346**
nächst dessen Satzung verbindlich. Die bloße Mitgliedschaft eines Vereins in einem Verband hat nicht zur Folge, daß die Verbandssatzung auch für die Mitglieder der Anschlußvereine verbindlich ist[154]. Denn der Anschlußverein und seine einzelnen Mitglieder sind jeweils selbständige Rechtssubjekte, wobei es für die Mitglieder an einem rechtsgeschäftlichen Einverständnis mit der Geltung der Verbandssatzung fehlt.

Allerdings kann die Verbindlichkeit des Verbandsrechts für die einzelnen Mit- **347**
glieder der verbandsangehörigen Vereine auf mehrfache Weise erreicht werden:

- Wie beim Gesamtverein (Rn. 345, 493) wird das Mitglied des verbandsangehörigen Vereins auch Einzelmitglied des Vereinsverbands. Dann muß die Satzung des Mitgliedsvereins eine Regelung enthalten, wonach der Erwerb der Mitgliedschaft im Anschlußverein zugleich die Mitgliedschaft im Vereinsverband begründet; zugleich muß die Verbandssatzung vorsehen, daß die Aufnahme in den Mitgliedsverein automatisch die Einzelmitgliedschaft im Verband zur Folge hat (Doppel- oder Mehrfachmitgliedschaft; vgl. Rn. 494 f.)[155]. Diese Rechtsfolge muß den Mitgliedern beim Beitritt auch hinreichend deutlich gemacht werden. In der Praxis kommen Doppelmitgliedschaften wenig vor, weil Vereinsverbände überwiegend korporative Mitgliedschaften der Anschlußvereine als juristische Personen vorsehen.
- Die zweite Möglichkeit besteht in der satzungsmäßigen Begründung einer **348**
sog. mittelbaren Mitgliedschaft (Rn. 512). Hier bestimmt die Verbandssatzung, welche ihrer Bestandteile (meistens nur die Schiedsklausel) und

153 Vgl. BGHZ 89, 153, 155 = WM 1984, 492.

154 Vgl. BGHZ 28, 131, 134 = NJW 1958, 1867 (dazu *Bauernfeind* NJW 1959, 379); 105, 306, 311 = a. a. O. (Fn. 52); *Bauernfeind* S. 35 f.: »unechte indirekte Mitgliedschaft«; *Soergel/Hadding* vor § 21 BGB Rn. 54, § 38 BGB Rn. 11; *Röhricht* in: Verbandsrechtsprechung, S. 75, 82; *Beuthien* ZGR 1989, 255, 258; anders noch *RG* SeuffA 59 Nr. 118; auch *OLG Karlsruhe* OLGZ 1970, 300, 303 f.

155 So BGHZ 105, 306, 311 f. = a. a. O. (Fn. 52); *Beuthien* ZGR 1989, 255 ff.; krit. *Soergel/Hadding* § 38 BGB Rn. 11.

welche Verbandsordnungen für die Mitglieder der Mitgliedsvereine verbindlich sein sollen. Die Satzung des verbandsangehörigen Vereins erklärt durch (statische) Verweisung (Rn. 297 a) diese Verbandsregelungen als für seine Mitglieder verbindlich und inkorporiert diese damit als eigene Satzungsbestandteile; auch hier ist eine Doppel- oder Mehrfachverankerung in den Satzungen beider Vereine erforderlich[156].

349 – Das Mitglied des Anschlußvereins erkennt durch Einzelvertrag das Regelungswerk des Verbands als für sich verbindlich an und begründet hierdurch eine mittelbare Mitgliedschaft (Rn. 511; zur teilweisen Anerkennung unten Rn. 350 ff.).

6.5. Einzelvertragliche Anerkennung von Verbandsregeln

350 Häufig erweist es sich als erforderlich, einzelne Teile von Verbandssatzungen und -ordnungen (z. B. eine Wettkampf- oder Benutzungsordnung) für außenstehende Dritte verbindlich zu machen, z. B. für
- Einzelmitglieder von Vereinen, die Mitglieder eines Vereinsverbands sind (oben Rn. 349),
- Personen, die als Organperson (z. B. Vorstandsmitglied), in einem Dienstverhältnis (z. B. Geschäftsführer) oder Arbeitsverhältnis (z. B. Lizenzspieler) oder ehrenamtlich für den Verein tätig sind, ohne Mitglied zu sein,
- Personen, die Vereinseinrichtungen benutzen,
- Teilnehmer an Vereinsveranstaltungen.

351 Diese Personen können die für sie maßgeblichen Teile der Vereinssatzung, Vereinsordnungen oder sonstigen Regelwerke – auch internationaler Verbände – durch Einzelvertrag als für sich verbindlich vereinbaren. Eine Form ist für den Anerkennungsvertrag nicht vorgeschrieben; aus Beweisgründen ist aber die Schriftform zu empfehlen. Der Anerkennungsvertrag stellt auf die im Zeitpunkt seines Abschlusses geltende Fassung der Verbandsregelungen ab. Eine spätere Änderung kann jedoch durch Vereinbarung eines Rechts zur Leistungsbestimmung (§ 315 Abs. 1 BGB) zugunsten des Verbands verbindlich gemacht und damit die Wirkung einer dynamischen Verweisung erreicht werden[157]. Soll die Schiedsgerichtsbarkeit des Vereins oder Verbands für Streitigkeiten zuständig sein, so ist ein gesonderter Schiedsvertrag schriftlich abzuschließen (§ 1027 Abs. 1 Satz 1 ZPO).

352 Nach den Umständen des Einzelfalles kann ein solcher Anerkennungsvertrag auch durch schlüssiges Verhalten oder durch eine Rahmenvereinbarung (vgl. § 2 Abs. 2 AGBG) zustande kommen[158]. Organpersonen (z. B. Vorstandsmitglieder), die nicht Vereinsmitglied sind, erkennen mit der Annahme ihres Amtes auch die Satzung als für sich verbindlich an (Rn. 489, 513 ff., 721 f.). In der Erlangung einer generellen Start- oder Spielerlaubnis (Sportler- oder Spielerausweis, Lizenz usw.) oder einer Teilnahmeberechtigung an einem konkreten Sportwettbewerb (Meldung) wird i. d. R. die Anerkennung des Regelwerks eines übergeordneten – auch internationalen – Dachverbands liegen, unter dem

---

156 BGHZ 28, 131, 134; BayObLGZ 1986, 528.

157 Vgl. *Lukes* Festschr. H. Westermann, 1974, S. 325, 335 f.; *Pfister* Festschr. Lorenz, 1991, S. 171, 185 f.

158 *Soergel/Hadding* § 25 BGB Rn. 35; für Vereinsstrafen vgl. *van Look* S. 209 f.

der Wettbewerb veranstaltet wird[159]. Im Rahmen der Einbeziehungskontrolle (vgl. § 2 Abs. 1 AGBG) ist zu prüfen, ob die Regelung so ungewöhnlich oder intransparent ist, daß der Anerkennende mit ihr nicht zu rechnen brauchte; in diesem Fall wird sie nicht Vertragsbestandteil (§ 3 AGBG analog). Ebenso gehen Unklarheiten zu Lasten des Vereins (§ 5 AGBG analog). Die einzelvertraglich vereinbarten Satzungsbestandteile oder Vereinsordnungen unterliegen einer Inhaltskontrolle nach § 242 BGB (oben Rn. 300 e).

6.6. Verbindlichkeit von Geschäftsordnungen

Geschäftsordnungen sind nur für die Mitglieder desjenigen Organs für das die Geschäftsordnung gilt, verbindlich. Ein nicht diesem Organ angehörendes Mitglied kann nicht geltend machen, ein Organ habe sich nicht an die Geschäftsordnung gehalten. Anderes gilt nur dann, wenn ein Mitglied durch die Nichtbeachtung der Geschäftsordnung unmittelbar nachteilig in seinen mitgliedschaftlichen Rechten oder seiner Rechtssphäre betroffen wird. **353**

7. Ständige Übung und Vereinsgewohnheitsrecht (Vereinsobservanz)

Eigenständige Bedeutung als Rechtsquelle der Vereinsverfassung i. S. d. § 25 BGB soll nach h. M. einer ständigen vereinsinternen Übung unter allgemeiner Akzeptanz der Mitglieder und Organe zukommen, wenn nämlich gleichartige Tatbestände über einen längeren Zeitraum hinweg unter entsprechendem Rechtsgeltungswillen wiederholt gleichmäßig behandelt werden. Entsprechend dem Gewohnheitsrecht im staatlichen Bereich, das als Rechtsnorm i. S. d. Art. 2 EGBGB anzusehen ist, soll sich hierdurch eine auf die Vereinssphäre begrenzte Observanz (Vereinsherkommen) herausbilden[160]. **354**

So hat der BGH es für möglich gehalten, unwirksame satzungsändernde Beschlüsse durch längere Akzeptanz der Mitglieder zu heilen[161]. Ebenso soll es zulässig sein, fehlendes Satzungsrecht durch eine praktizierte ständige Übung zu ergänzen[162] oder sogar gesetzliche Vorschriften im Rahmen des § 40 BGB durch Observanz abzubedingen[163]. **355**

---

159 *BGH* NJW 1995, 583 = WM 1995, 502 = JZ 1995, 461 m. Anm. *Pfister* = ZIP 1995, 752 = EWiR 1995, 221 *van Look* = SpuRt 1995, 43; dazu *Vieweg* SpuRt 1995, 97 ff.; *Haas/Adolphsen* NZW 1995, 2146 ff.; vgl. auch *Pfister* Festschr.Lorenz, 1991, S. 171, 185: »Regelanerkennungsvertrag« im Sport als Vertrag sui generis.

160 Vgl. *RG* HRR 1936 Nr. 863; *KG* HRR 1934 Nr. 1579; *OLG Hamburg* OLGE 32, 332, 333; *OLG Frankfurt a. M.* WM 1985, 1466, 1468 = ZIP 1985, 213; *OLG Köln* WM 1990, 1968, 1070 = WuB II L. § 32 BGB 1.90 *van Look*; *Säcker* S. 54 ff.; MünchKomm/*Reuter* § 25 BGB Rn. 2.; *ders.* ZHR 148 (1984), 523, 549 ff.; auch Voraufl. Rn. 355.

161 BGHZ 16, 143, 150; 23, 122, 129; 25, 311, 316.

162 *OLG Frankfurt a. M.* WM 1985, 1466, 1468 = ZIP 1985, 213 = EWiR § 32 BGB 1/85 *Schüren* zur Delegiertenwahl bei einer Gewerkschaft; Vorinstanz: *LG Frankfurt a. M.* ZIP 1983, 1337.

163 Vgl. *OLG Köln* WM 1990, 1068, 1070, wo bei einer Gewerkschaft eine Abdingung des § 32 Abs. 1 Satz 2 BGB für Dringlichkeitsanträge durch entsprechende Observanz an der fehlenden Dringlichkeit des Antrags scheiterte.

356 Die Bildung von Verfassungsregeln des Vereins durch Observanz soll aber nur bei nicht rechtsfähigen Vereine i. S. d. § 54 BGB möglich sein. Denn beim eingetragenen Verein i. S. d. § 21 BGB müssen Satzungsänderungen und -ergänzungen schriftlich niedergelegt (vgl. § 59 Abs. 2 Satz 1 BGB) und zu ihrer Wirksamkeit ins Vereinsregister eingetragen werden (§ 71 BGB); beim konzessionierten Verein i. S. d. § 22 BGB werden sie nur bei Genehmigung durch die Konzessionsbehörde wirksam (§ 33 Abs. 2 BGB). Dagegen kann eine – nicht förmlich beschlossene und schriftlich niedergelegte – Observanz weder ins Vereinsregister eingetragen noch durch die Behörde genehmigt werden.

357 Anderes gilt nur für sog. altrechtliche Vereine, die bereits vor dem Inkrafttreten des BGB am 1. 1. 1900 bestanden haben (vgl. Art. 82 EGBGB). Bei den Beratungen der Kommission wurde eine Vorschrift vorgeschlagen, nach der neben den reichsgesetzlichen Bestimmungen und dem Statut das Herkommen als ergänzende und abändernde Rechtsquelle für die Verfassung der Körperschaft gesetzlich anerkannt werden sollte. Dies wurde mit der Begründung abgelehnt, bereits bei Inkrafttreten des BGB bestehende Observanzen gälten ohnedies weiter[164]. Hieraus läßt sich der Schluß ziehen, daß der historische Gesetzgeber für nach dem Inkrafttreten den BGB gegründete Vereine die Geltung von Vereinsobservanz ausschließen wollte.

358 Die Anerkennung von Vereinsobservanz beim nicht rechtsfähigen Verein beruht auf der – hier abgelehnten – Prämisse, daß die privatautonom gebildeten Regeln über die Vereinsverfassung als Rechtsnormen anzusehen seien (korporationsrechtlicher Ansatz, oben Rn. 282 ff.). Neben die Vereinssatzung als förmlich »gesetztes« Recht soll als eigenständige Rechtsquelle die Observanz treten. Dies erscheint schon aus der Sicht des korporationsrechtlichen Ansatzes fragwürdig, da auf den nicht rechtsfähigen Idealverein nach ganz h.M. die §§ 25 ff. BGB entsprechend anzuwenden sind, soweit sie nicht die Eintragung voraussetzen[165]. Danach kann aber die Vereinsverfassung außerhalb der gesetzlichen Vorschriften aus Gründen der Rechtssicherheit und des Mitgliederschutzes nur durch die Satzung geregelt werden (§ 25 BGB), für deren Ergänzung und Änderung besondere Förmlichkeiten vorgesehen sind (vgl. §§ 32, 33 BGB); dies trifft auch auf den nicht rechtsfähigen Verein zu, bei dem nur das Publizitätserfordernis des § 71 BGB entfällt.

359 Deutet man die Grundlagen des Vereinsrechts dagegen rechtsgeschäftlich (oben Rn. 286), so kann einer ständigen vereinsinternen Übung nur Bedeutung für eine – ggf. ergänzende – Satzungsauslegung zukommen (oben Rn. 301, 309). Eine Schaffung. Änderung oder Aufhebung von Satzungsbestimmungen durch ständige Übung wäre allenfalls als Beschlußfassung durch schlüssiges (konkludentes) Verhalten zu deuten, die wegen der formellen Erfordernisse der §§ 32, 33 BGB auch beim nicht eingetragenen Verein kaum möglich erscheint[166].

360 Dagegen können vereinsinterne Regelungen ohne »Verfassungsrang«, die Gegenstand einer der Satzung nachrangigen Vereinsordnung (Rn. 315 ff.) oder einer Geschäftsordnung (Rn. 335 f.) sein könnten, durch ständige Übung als konkludentes rechtsgeschäftliches Verhalten sowohl bei eingetragenen als auch

164 Prot. I, S. 531 f.
165 Vgl. statt aller MünchKomm/*Reuter* § 54 BGB Rn. 20.
166 Vgl. auch *OLG München* NJW-RR 1991, 893, 894.

bei nicht rechtsfähigen Vereinen zustande kommen. Dies gilt etwa für den formellen Ablauf der Mitgliederversammlung, etwa für die Zulassung von Gästen oder der Öffentlichkeit, für die Befugnisse des Versammlungsleiters, für die Wahl des Versammlungsorts oder der Versammlungszeit, ggf. auch für das Erfordernis einer Selbstorganschaft oder die Zulässigkeit einer Fremdorganschaft oder einen Haftungsausschluß von Organpersonen bei nur leicht fahrlässigem Verhalten.

Eine ständige Übung kann durch eine – auch erstmalige – abweichende Übung **361**
konkludent inhaltlich geändert werden. Durch länger andauernde Nichtübung tritt sie außer Kraft. Jedenfalls erlischt sie, wenn zu ihrem Gegenstand ein ausdrücklicher Beschluß der Mitgliederversammlung gemäß § 32 Abs. 1 Satz 1 BGB gefaßt oder eine Satzungsregelung nach § 33 BGB getroffen wird.

8. Name, Sitz und Zweck des Vereins

8.1. Vereinsname

8.1.1. Freie Namenswahl

Nach § 57 Abs. 1 BGB muß die Satzung den Namen des Vereins enthalten. Da **362**
die Führung eines Gesamtnamens kennzeichnend für den Verein als juristische Person ist, muß auch der Vorverein als Vorstufe der juristischen Person einen Namen haben. Hierdurch bringt der Verein der Allgemeinheit gegenüber seine Individualität, seine Identität und seine Eigenart zum Ausdruck (»Identitätsausstattung«).

Der Verein kann seinen Namen grundsätzlich frei wählen. Das Recht zur Na- **363**
menswahl und -führung ist Teil der verfassungsrechtlich geschützten Vereinsbetätigung nach Art. 9 Abs. 1 oder 3 GG[167]. Die freie Namenswahl gilt sowohl für den Namenskern als auch für Namenszusätze (wird z. B. der Name »Mittenwalder Sportclub 1992« gewählt, so ist »Sportclub« der Namenskern, »Mittenwalder« und »1992« sind Namenszusätze). Der Namenskern muß nicht so gewählt sein, daß er einen Schluß auf den Vereinszweck zuläßt[168]. Die Aufnahme des Tätigkeitsbereichs in den Vereinsnamen kann jedoch wegen der Öffentlichkeits- und Werbewirkung (etwa für Beitrittswillige) angezeigt sein. Namenskern kann auch der Name einer Person sein; hier muß jedoch wegen des Namensschutzes nach § 12 BGB der Träger dieses Namens oder seine Erben der Verwendung im Vereinsnamen zustimmen. Wird der Name eines Gründers gewählt, so erteilt dieser mit der Gründungsbeteiligung seine Zustimmung. Scheidet er aus dem Verein aus, so kann der Name weitergeführt werden, sofern nicht der Namensträger die Zustimmung zur Aufnahme seines Namens in den Vereinsnamen nur für die Dauer der Mitgliedschaft im Verein erteilt hat[169]. Zulässig ist auch die Bildung eines Fantasienamens. Wahlfreiheit besteht auch hinsichtlich der Namenszusätze, die etwa geographischer Art sein können (z. B. den Vereinssitz nennen) oder das Gründungsjahr angeben.

167 BVerfGE 30, 227, 241 ff.

168 So aber § 4 Abs. 3 Satz 2 des Österr. Vereinsgesetzes 1951.

169 Vgl. zur Firma der GmbH BGHZ 58, 322 = NJW 1972, 1419.

364 Ein Lohnsteuerhilfeverein muß diese Bezeichnung in seinen Namen aufnehmen (§ 18 StBerG), der außerdem keinen Bestandteil mit besonderem Werbecharakter enthalten darf (§ 14 Abs. 1 Nr. 3 StBerG).

365 Bei Großvereinen mit in Vereinsform bestehenden Untergliederungen oder Vereinsverbänden kann der Verein auf der obersten Organisationsstufe den nachgeordneten Vereinen in seiner Satzung Richtlinien für die Namenswahl vorgeben oder diese in ihrer Namenswahl beschränken[170]; dies folgt aus der Eingliederung in die Gesamtorganisation. Bei einer unselbständigen Untergliederung (Rn. 2677) muß deren Bezeichnung dagegen immer mit der des Gesamtvereins übereinstimmen, wenn auch ein Zusatz – etwa Ortsgruppe X. – zulässig ist.

366 Jeder Verein kann grundsätzlich nur einen Namen führen; hier gilt der handelsrechtliche Grundsatz der Firmeneinheit entsprechend, wonach der gleiche Unternehmensträger nur eine Firma führen darf[171]. Eine Ausnahme ist dann möglich, wenn der Verein ein kaufmännisches Unternehmen mit dem Recht auf Firmenfortführung nach § 22 HGB erworben hat; dann ist er berechtigt, diese von seinem Namen sich unterscheidende Firma fortzuführen.

367 Namenskern und Namenszusätze müssen nicht der deutschen Sprache entnommen sein. Beim eingetragenen Verein muß jedoch diese Bezeichnung oder abgekürzt »e. V.« stets in deutscher Sprache geführt werden (vgl. § 65 BGB)[172]. Gleiches gilt für die Bezeichnung und Abkürzung »r. V.« eines rechtsfähigen Wirtschaftsvereins i. S. des § 22 BGB.

368 Der Name des Vereins entsteht, sobald die Gründer die Satzung und damit auch die Wahl eines Namens beschlossen und von diesem Gebrauch gemacht haben.

369 Im Liquidationsstadium ändert sich der Name des Vereins nicht. Es kann der Zusatz »i. L.« (»in Liquidation«) geführt werden. Im Konkursfall ist der Zusatz »i. K.« (»in Konkurs«) zulässig, aber nicht geboten.

370 Die Führung des zunächst gewählten Namens wird durch eine Namensänderung beendet, die stets Satzungsänderung ist. Tritt ein Beendigungstatbestand ein (z. B. Auflösungsbeschluß, Konkurseröffnung), so erlischt der Vereinsname erst mit Vollbeendigung des Vereins (Rn. 2207 ff.). Bei Verschmelzung endet der Name des übertragenden Vereins mit der Vermögensübertragung auf den aufnehmenden oder neu gebildeten Verein. Bei einer Neugründung ist ein Vereinsname nicht deshalb unzulässig, weil vor 50 Jahren ein Verein selben Namens am Ort bestand, der auf politischen Druck (unwirksam) aufgelöst wurde, dessen Tätigkeit nach Beseitigung des politischen Drucks aber nicht unmittelbar wieder aufgenommen worden ist[173]. Ein vollziehbares Vereinsverbot (Art. 9 Abs. 2 GG, § 3 VereinsG) enthält auch ein Verbot zur Führung des Vereinsnamens (vgl. auch § 9 VereinsG).

---

170 Vgl. *OLG Frankfurt a. M.* WRP 1985, 500, 503 f. – »Jägermeister Braunschweig«; aufgehoben durch BGHZ 99, 119; ferner *BVerfG* NJW-RR 1989, 636 – »Dynamo Windrad«; *KG* NJW-RR 1993, 183, 184 – »Vorspiel – Schwuler Sportverein«.

171 Vgl. RGZ 113, 213, 216; BGHZ 67, 166 für KG.

172 *KG* JW 1930, 3777.

173 *OLG Jena* OLG-NL 1994, 42, 43 m. Anm. *O. Werner* = NJW-RR 1994, 698 = Rpfl 1994, 217: Johannes-Loge.

8.1.2. Unterscheidungsfähigkeit des Namens

Für den einzutragenden Verein bestimmt § 57 Abs. 2 BGB, daß sich sein Name von den Namen der an demselben Orte oder in derselben Gemeinde bestehenden eingetragenen Vereine deutlich unterscheiden soll (vgl. für Firmen § 30 Abs. 1 HGB, auf den § 3 Abs. 2 Satz 2 GenG verweist). **371**

Nach h. M. wirkt der Grundsatz der Priorität nur im Verhältnis des bereits eingetragenen zum einzutragenden Verein. Er soll nicht im Verhältnis zu einem bereits bestehenden nicht rechtsfähigen Verein[174], einem konzessionierten wirtschaftlichen Verein oder einer bestehenden Firma[175] gelten[176]. Berücksichtigt man den Zweck der §§ 57 Abs. 2 BGB, 30 Abs. 1 HGB, den (örtlichen) Rechtsverkehr vor Verwechslungen gleichnamiger Personenvereinigungen und Unternehmen zu schützen, so spricht viel für eine teleologische Extension dieser Vorschriften, die zu einer »registerübergreifenden« örtlichen Unterscheidbarkeitsprüfung führt[177]. Danach muß sich der Vereinsname auch von bereits am Ort bestehenden und in das Handels-, Genossenschafts- oder Partnerschaftsregister eingetragenen Firmen sowie von den Namen bestehender konzessionierter oder nicht eingetragener Vereine – soweit diese gerichtsbekannt sind – unterscheiden. Allein durch den Zusatz »e. V.« wird eine sonst bestehende Verwechslungsgefahr nicht beseitigt[178]. Mögliche Unterlassungsansprüche Dritter (z. B. aus §§ 12 BGB, 15 Abs. 4 MarkenG) sind dagegen nicht zu berücksichtigen[179]. Der Grundsatz der Priorität greift dann nicht mehr ein, wenn der Vereinsname erloschen ist (oben Rn. 370). Wenn ein Verein seinen Sitz in eine Gemeinde verlegt, in der ein gleichnamiger Verein besteht, muß derjenige Verein seinen Namen ändern, der die Sitzverlegung vorgenommen hat[180]. § 57 Abs. 2 BGB ist auch dann anzuwenden, wenn durch Satzungsänderung der Vereinsname geändert wird (vgl. §§ 71 Abs. 2, 60 BGB). Im Fall der Erstanmeldung von zwei Vereinen mit gleichem Namen entscheidet die frühere Eintragung und nicht die Reihenfolge der Anmeldungen. **372**

Das Erfordernis der deutlichen Unterscheidbarkeit des Namens bezieht sich auf Vereine und Firmenträger, die in derselben politischen Gemeinde bestehen, d. h. dort ihren Sitz i. S. der §§ 24, 55 Abs. 1 BGB haben (vgl. auch unten Rn. 397). Hat eine Gemeinde mehrere Orte oder Ortsteile, so wird auf denselben Ort abgestellt; gleiches gilt, wenn ein Ort zu verschiedenen Gemeinden gehört. **373**

Bei der Prüfung der Unterscheidbarkeit werden die beiden Namen in ihrer vollständigen Form verglichen, so wie sie im Vereins- oder Handelsregister eingetragen sind bzw. eingetragen werden sollen[181]. Die Namen unterscheiden sich dann deutlich, wenn nach dem Gesamteindruck und unter Berück-

174 BayObLGZ 1986, 370; *BayObLG* NJW-RR 1991, 958, 960.

175 BayObLGZ 1990, 71, 76; für den umgekehrten Fall der Berücksichtigung eines bestehenden Vereins bei der Behandlung des Eintragungsantrags einer Firma vgl. aber *OLG Stuttgart* OLGE 42, 211.

176 Vgl. MünchKomm/*Reuter* § 57 BGB Rn. 5; Voraufl. Rn. 372.

177 Vgl. *Soergel/Hadding* § 57 BGB Rn. 10.

178 Vgl. *RG* WarnR 1927 Nr. 9; auch BGHZ 46, 7, 12 = NJW 1966, 1813.

179 BayObLGZ 1986, 370; 1990, 71, 76; *BayObLG* NJW 1992, 2362, 2364; NJW-RR 1993, 184, 185; *OLG Jena* a.a.O (Fn. 173).

180 Vgl. BayObLGZ 1987, 161, 166.

181 Vgl. zu § 30 HGB: *RG* DR 1943, 1218.

sichtigung des Wortsinns einschließlich des Wort- und Klangbildes jede ernsthafte Gefahr einer Verwechslung ausgeschlossen ist. Hierei ist entscheidend auf die Unterscheidbarkeit des Namenskerns abzustellen. Fehlt es an der deutlichen Unterscheidbarkeit, so ist der Eintragungsantrag zurückzuweisen (§ 57 Abs. 2 i. V. m. § 60 BGB; vgl. Rn 2306); ist der Mangel übersehen worden, so kommt eine Amtslöschung (§§ 159, 142 FGG; dazu Rn. 2374 ff.) nicht in Betracht, da es sich um eine bloße Sollvorschrift handelt.

8.1.3. Grundsatz der Namenswahrheit

374 Es ist anerkannt, daß für den Vereinsnamen der handelsrechtliche Grundsatz der Firmenwahrheit (§ 18 Abs. 2 HGB) entsprechend gilt. Danach darf der Name eines zur Eintragung angemeldeten Vereins oder ein durch Satzungsänderung gebildeter neuer Name nicht Anlaß geben, über Art, Größe, Alter, Bedeutung, Zweck oder sonstige wesentliche Verhältnisse des Vereins zu täuschen[182]. Zur Täuschungseignung genügt es, daß eine nicht ganz entfernt liegende Möglichkeit der Irreführung bei einem nicht unbeachtlichen Teil der durch den Namen angesprochenen Verkehrskreise besteht; eine Täuschungsabsicht oder eine schon eingetretene Täuschung braucht nicht gegeben zu sein[183]. Zur Täuschung geeignet sein kann ein Vereinsname allein durch seinen Kern, aber auch durch seine Zusätze oder durch das »Zusammenspiel« zwischen Kern und Zusätzen. Die Täuschungseignung kann das Rechtsbeschwerdegericht ohne Bindung an die tatrichterliche Auffassung jedenfalls dann selbst beurteilen, wenn sich der Verein mit seinem Namen an die Allgemeinheit wendet und der Name nur aus Begriffen der Umgangssprache (im entschiedenen Fall: »Sozis gegen Filz«) zusammengesetzt ist[184]. Maßgebend ist dann der Eindruck, den dieser Name bei der Allgemeinheit nach objektiven Maßstäben erweckt oder erwecken kann, wobei nur solche Vorstellungen in Betracht kommen, die nach durchschnittlichen Überlegungen eindeutig mit dem verwendeten Begriff verbunden sind[185].

8.1.4. Einzelne Fälle

375 **Adelsname:** Darf bei einem Familienverein nicht geführt werden, wenn kein Vereinsgründer zur Führung eines solchen Namens berechtigt ist (*RG* Recht 1919 Nr. 871).

»Anwalt des Kindes«: Darf als Namensbestandteil von einem Verein geführt werden, der satzungsgemäß die Interessen von Kindern und Jugendlichen vertritt und entsprechende Beratungsstellen unterhält (*OLG Hamburg* NJW-RR 1991, 1005).

---

182 BayObLGZ 1990, 71, 77 = NJW-RR 1990, 996; *BayObLG* NJW-RR 1990, 1125; BayObLGZ 1993, 24, 29; *OLG Celle* OLGZ 1980, 266, 267 = Rpfl 1980, 303; *LG Tübingen* Rpfl 1995, 258; *Soergel/Heinrich* § 12 BGB Rn. 124 ff.

183 BayObLGZ 1984, 293, 295 f.; 1989, 44, 46; *BayObLG* NJW-RR 1991, 958, 960; 1993, 184, 185; *OLG Jena* OLG-NL 1994, 42 m. Anm. *O. Werner* = NJW-RR 1994, 698 = Rpfl 1994, 217.

184 BayObLGZ 1990, 71 = NJW-RR 1990, 996.

185 BayObLGZ 1982, 278, 281; BayObLGZ 1992, 168 = NJW-RR 1993, 184, 185.

Auf »ag« endender Zusatz: Ist unzulässig, da er auf eine Aktiengesellschaft hindeutet.
Akademie: Der Verein muß Träger einer Lern- oder Fortbildungsstätte sein, deren Zweck die künstlerische oder berufliche Förderung der Besucher ist (vgl. *OLG Bremen* NJW 1972, 164).
Artikel »der«: Die Verwendung des bestimmten Artikels (»der«) vor einer Berufsbezeichnung im Zusammenhang mit geographischen Zusätzen erweckt den Eindruck, daß eine wesentliche, nicht unbeachtliche Anzahl (nicht sämtliche) der Angehörigen dieser Berufsgruppe in diesem Raum Mitglieder des Verein sind; ist dies nicht der Fall, kann die Verwendung des bestimmten Artikels täuschend sein (vgl. BayObLGZ 1992, 168 = NJW-RR 1993, 184, 185 = Rpfl 1992, 397 – »Landesarbeitsgemeinschaft Bayern der Gebärdensprachdolmetscher«; *OLG Hamm* OLGZ 1978, 428, 432 = MDR 1978, 575 = Rpfl 1978, 132: Täuschungseignung bejaht bei »Aktionsgemeinschaft der Deutschen Rechtsanwälte«, wenn nicht einmal 1 % der deutschen Rechtsanwälte Mitglieder sind).
Behördenbezeichnung: Die Angehörigen einer Behörde oder einer sonstigen Institution der öffentlichen Hand, die einen Verein bilden, können einen Namenszusatz führen, der auf die Behörde hinweist, z. B. Polizeisportverein X; im übrigen darf der Behördenname verwendet werden, wenn der Vereinsname klarstellt, daß bestimmte Interessen gegenüber einer Behörde vertreten werden; danach ist zulässig »Interessengemeinschaft von Versicherten und Rentnern in der AOK X e.V.« (*OLG Hamm* OLGZ 1981, 432, 433) oder »Verein der Freunde des Gymnasiums X e.V.« (*OLG Hamm* a. a. O. S. 437). Unzulässig ist jedoch z. B. die Bezeichnung »Bundeszentrale für Fälschungsbekämpfung«, wenn nicht zugleich klargestellt wird, daß es sich um eine private Vereinigung ohne öffentlich-rechtlichen Charakter handelt (*BGH* GRUR 1980, 794).
Bund: Kann an sich Namenszusatz eines jeden Vereins sein; wird ein geographischer Zusatz geführt, so kann der Zusatz wie das Wort »Verband« (siehe dort) zu werten sein.
Bundesverband: Darf nur bei bundesweiter Betätigung, wenn sich der Name auf eine bestimmte Berufsgruppe bezieht und auch nur dann geführt werden, wenn im Verband eine größere Anzahl der Angehörigen dieser Berufsgruppe vereinigt ist (*BGH* GRUR 1984, 457, 460; vgl. auch *BGH* GRUR 1973, 371, 373).
Freiwillige Feuerwehr X – Stadt e.V.: Zulässig (BayObLGZ 1984, 293).
Gemeinnützig: Den Zusatz darf ein Verein, der Leistungen anbietet (z. B. Begräbnisverein), nur dann führen, wenn für diese nur das Entgelt gefordert wird, das die Selbstkosten deckt (*RG* GRUR 1935, 686; *BGH* GRUR 1981, 670); vgl. auch § 52 AO.
Gemeinschaft: Darf geführt werden, insbesondere soweit der Verein aus einer Gemeinschaft von Bürgern i. S. der §§ 266 – 273 ZGB (DDR) hervorgegangen ist.
Geographische Zusätze: Kommen als Länderbezeichnungen (deutsch, hessisch), Gebietsbezeichnungen (westdeutsch), Ortsbezeichnungen (Berliner) oder Stadtteilbezeichnungen (Schwabinger), aber auch als »International« bzw. »Euro« vor. Hier kann der firmenrechtliche Grundsatz übernommen werden, daß einen solchen geographischen Zusatz nur ein Unternehmen führen darf, das in dem fraglichen Gebiet eine führende oder zumindest bedeutende Stel-

lung hat (*BGH* WM 1968, 993; WM 1973, 693; WM 1975, 249; *BayObLG* WM 1983, 1430; Rpfl 1985, 447; *OLG Hamm* OLGZ 1982, 303, 305; WM 1991, 1953 = WuB II D. § 3 GenG 1.92 van Look; *LG Schweinfurt* Rpfl 1985, 496); zumindest muß das Tätigkeitsgebiet des Vereins den fraglichen Raum umfassen. Unzulässig ist deshalb der Zusatz »Association Europa« bei einem nur regional tätigen Verein (*LG Bremen* Rpfl 1994, 362; vgl. auch *LG Tübingen* Rpfl 1995, 258). Aus dem Firmenzusatz »deutsch« kann heute nicht mehr der Schluß gezogen werden, es handle sich um ein für die deutsche Wirtschaft beispielhaftes oder besonders wichtiges Unternehmen (*BGH* WM 1982, 560 = DB 1982, 691 = GRUR 1982, 239, 240; *OLG München* WM 1988, 1898, 1900; aber auch *LG Tübingen* a. a. O.; zum Zusatz »Euro-« vgl. BGHZ 53, 339, 343 = NJW 1970, 1364; NJW 1978, 822 = WM 1978, 332; zu »international« *LG Hagen* Rpfl 1971, 428).

Gesellschaft: Ist unbedenklich, wenn kein Hinweis auf eine Handelsgesellschaft anzunehmen ist.

Institut: Diese Bezeichnung kann Anlaß zu der Vorstellung geben, es handle sich um eine öffentliche oder unter öffentlicher Aufsicht oder Förderung stehende, der Allgemeinheit und der Wissenschaft dienende Einrichtung mit wissenschaftlichem Personal, nicht aber um eine private Vereinigung (vgl. *BGH* NJW-RR 1987, 753). Ein Verein, der diese Voraussetzungen nicht erfüllt, muß entweder einen weiteren Namenskern oder Namenszusätze hinzufügen, die den Charakter einer öffentlichen Einrichtung ausschließen (*BGH* a. a. O.; *BayObLG* NJW-RR 1990, 1125, 1126; vgl. auch *OLG Celle* OLGZ 1985, 266 = Rpfl 1985, 303; *LG Verden* Rpfl 1985, 152). Ein noch strengerer Maßstab ist anzulegen, wenn am selben Ort öffentliche wissenschaftliche Anstalten und Einrichtungen (Universitäten, Hochschulen, Kliniken usw.) bestehen (BayObLGZ 1985, 215). Der Name »Institut für Steuerwissenschaftliche Information« ist bei einem Verein mit Sitz in einer Universitätsstadt zur Täuschung geeignet; dabei kommt es nicht darauf an, ob Vorstandsmitglieder die Lehrbefugnis auf dem Gebiet des Steuerrechts haben oder in anderer Weise bei einer Universitätseinrichtung tätig sind (BayObLG NJW-RR 1990, 1125).

Jahreszahl: Wird als Hinweis auf das Jahr der eigenen Gründung verstanden; ist unzulässig, wenn das Gründungsjahr einer Vorläuferorganisation angegeben wird (BayObLGZ 1971, 329, 333; *KG* OLGZ 1983, 272, 274).

Kammer: Weist auf eine öffentlich-rechtliche Institution (Industrie- und Handelskammer, Handwerkskammer, Rechtsanwaltskammer, Ärztekammer) hin und darf somit von einem privatrechtlichen Verein nicht geführt werden (*KG* JW 1925, 2013; *OLG Frankfurt a. M.* Rpfl 1974, 261).

Kollektiv: Bedeutet Gemeinschaft; kann jedoch auch auf eine bestimmte politische Zielrichtung hinweisen (vgl. *O. Werner,* S. 346).

Partei: Das Wort kann nur Namensbestandteil sein, wenn die Vereinigung die Merkmale des § 2 ParteienG erfüllt (unten Rn. 2771 ff.). Hier ist der Name der Partei in die Satzung aufzunehmen (§ 6 Abs. 2 Nr. 1 ParteienG); dies gilt auch für Kurzbezeichnungen (SPD, CDU). Der Name muß sich von denen einer bereits bestehenden Partei deutlich unterscheiden (§ 4 Abs. 1 Nr. 1 ParteienG); dies prüft das Registergericht, soweit die Partei die Eintragung als Verein beantragt.

Stiftung: Darf im allgemeinen als Namenszusatz nicht verwendet werden, weil auf die Rechtsform einer Stiftung des öffentlichen bzw. privaten Rechts (§§ 80 ff. BGB) hingewiesen wird (vgl. *BayObLG* NJW 1973, 249; a. A. *OLG Stuttgart*

NJW 1964, 1231 bei einer GmbH); zulässig allerdings bei Hinzufügung klarstellender weiterer Zusätze (»Verein der Förderer der Stiftung X«).
-tag: Die Nachsilbe -tag, z.B. Deutscher Juristentag e.V., wird in der Allgemeinheit nicht als Hinweis auf eine öffentlich-rechtliche Körperschaft verstanden und ist daher nicht täuschend (BayObLGZ 1992, 47 = NJW 1992, 2362 = Rpfl 1992, 354 – »Ärztetag für Medizin ohne Nebenwirkungen«).
Verband: Diesen Namenszusatz führen sowohl nach dem öffentlichen Recht bestehende wie auch privatrechtliche Vereinigungen. Der Zusatz ist zunächst zweifelsfrei zulässig, wenn der Verein die Merkmale eines Vereinsverbands oder Großvereins erfüllt (Rn. 2662 ff.). Im übrigen ist der Zusatz »Verband« zulässig, wenn die Vereinigung eine größere Zahl von natürlichen Personen als Mitglieder (nicht unter 500) hat oder – unabhängig von der Zahl der Mitglieder – mindestens auf Landes-, regelmäßig jedoch auch auf Bundesebene die gemeinsamen Interessen der Mitglieder (vornehmlich öffentlich-rechtliche oder zivilrechtliche Personenvereinigungen) vertritt oder fördert (vgl. BayObLGZ 1974, 299 = Rpfl 1975, 18 = MDR 1975, 51). Bilden Betriebe einen »Fachverband«, so müssen sie selbst Fachbetriebe sein (*OLG Frankfurt a. M.* BB 1966, 262; *LG Bremen* Rpfl 1989, 202). Verbände können ihrerseits eine Dachorganisation bilden, die sich »Gesamtverband«, »Hauptverband«, »Zentralverband« oder »Bundesverband« nennt. Im Bereich des Sports ist die Bezeichnung »Bund« üblich (Deutscher Sportbund, Deutscher Eishockey-Bund, Deutscher Fußball-Bund usw.). Die Dachorganisation kann territorial und fachlich gegliedert sein.

8.1.5. Ablehnung der Eintragung und Amtslöschung

Verstößt der Name eines einzutragenden Vereins gegen den Grundsatz der **376**
Namenswahrheit, so wird durch eine Zwischenverfügung auf eine Änderung hingewirkt (Rn. 175); wird dem nicht entsprochen, so muß die Eintragung abgelehnt werden (Rn. 181, 2306). Stellt sich nach der Eintragung heraus, daß der gewählte Vereinsname gegen den Grundsatz der Namenswahrheit verstößt (§ 18 Abs. 2 HGB analog), so darf nicht ein Firmenmißbrauchsverfahren analog § 37 Abs. 1 HGB; § 140 FGG) eingeleitet werden[186]. Vielmehr kann ein Amtslöschungsverfahren nach §§ 159, 142 FGG (Rn. 2374 ff.) durch das Registergericht – auch auf Anregung eines Dritten – eingeleitet werden[187]. In einem solchen Fall kommt die Löschung der Gesamteintragung des Vereins und nicht bloß des unzulässigen Namens oder Namensteils in Betracht[188]. Ist im Register nur der Name gelöscht worden, so wird hiervon die Rechtsfähigkeit des Vereins als juristische Person nicht berührt.[189]

186 *OLG Hamm* OLGZ 1978, 428, 429.
187 Vgl. BayObLGZ 1975, 332, 335; *BayObLG* NJW-RR 1992, 2362, 2363.
188 *KG* OLGE 44, 184; *BayObLG* NJW 1972, 957; a. A. (nur Löschung des Namens): *OLG Hamm* OLGZ 1978, 428 und 1981, 433; *OLG Karlsruhe* OLGZ 1982, 385.
189 *BGH* NJW 1984, 668.

8.2. Schutz des Namens und des Allgemeinen Persönlichkeitsrechts des Vereins

8.2.1. Reichweite des Namensschutzes

377 Nach heute herrschender Auffassung ist der Namensschutz nach § 12 BGB nicht nur auf natürliche Personen beschränkt; er erstreckt sich vielmehr auch auf juristische Personen, somit rechtsfähige Vereine[190] und auf nicht als juristische Person rechtsfähige Personenvereinigungen, somit nicht eingetragene Vereine[191] wie z. B. Gewerkschaften[192] und politische Parteien (vgl. § 4 ParteienG)[193].

Der Schutzbereich des § 12 BGB umfaßt den Vereinsnamen, seine Bestandteile, auch schlagwortartige Abkürzungen; es genügt jede individualisierende Kennzeichnung, der eine namensmäßige Unterscheidungskraft (Namensfunktion) entweder aus sich heraus oder durch Verkehrsgeltung zukommt.[194] Das ist der Fall, wenn die angesprochenen Verkehrskreise sie als Hinweis auf eine bestimmte Personenvereinigung verstehen. Die Unterscheidungskraft kann fehlen, wenn der Name nur die Vereinsbetätigung bescheibt (z. B. »Schachclub«, »Sportclub«); hier muß durch einen (z. B. geographischen) Zusatz die Unterscheidungskraft herbeigeführt werden; er darf allerdings nicht allein in »e.V.« bestehen[195]. Einzelne Namensbestandeile, Schlagworte oder Abkürzungen genießen dann Schutz, wenn sie sich im Verkehr als Hinweis auf den Namensträger durchgesetzt haben.[196] Abkürzungen aus Buchstabenzusammenstellungen, die kein aussprechbares Wort ergeben, sind nicht aus sich heraus unterscheidungskräftig und müssen daher Verkehrsgeltung erworben haben[197].

378 Der Schutz beginnt mit der tatsächlichen Ingebrauchnahme und endet mit der Vollbeendigung oder mit dem Anfall des Vereinsvermögens an den Fiskus. Im Rahmen der Verkehrsgeltung kommt es einmal darauf an, ob sich die Bezeichnung bei den angesprochenen Verkehrskreisen als namensmäßiger Hinweis auf den Namensträger durchgesetzt hat und zum anderen darauf, zu welchem Zeitpunkt der Mitbewerber in Erscheinung getreten ist, da über die Frage der Namensverletzung das Prioritätsprinzip entscheidet[198]. Ist ein Vereinsname von einem Gesamtverein und seinen Untergliederungen verwendet worden, so wird der Schutz nicht durch eine hoheitliche Zwangsauflösung und dadurch erzwungende zeitweilige Untätigkeit unterbrochen; vielmehr steht das prioritäts-

190 RGZ 74, 114, 115; *RG* HRR 1931 Nr. 575, 576; *BGH* GRUR 1953, 446; GRUR 1955, 586; NJW 1970, 1270; *BGH* GRUR 1976, 644, 645 = MDR 1977, 27; *BGH* NJW 1994, 2830 = BB 1994, 1805; *Soergel/Heinrich* § 12 BGB Rn. 29 f.; MünchKomm/*Schwerdtner* § 12 BGB Rn. 31 m.w.N.

191 Vgl. RGZ 78, 101, 102; *RG* JW 1927, 1684 m. Anm. *Adler*; WarnR 1930 Nr. 48.

192 BGHZ 43, 245 = NJW 1965, 859 = JZ 1965, 524 m. Anm. *v. Münch* = GRUR 1965, 377 m. Anm. *Klaka*.

193 *BVerfG* DtZ 1991, 27; BGHZ 79, 265 = NJW 1981, 914; *OLG Köln* DtZ 1991, 27.

194 Vgl. *Fezer* GRUR 1976, 647, 648.

195 *RG* WarnR 1927 Nr. 9; vgl. auch *OLG Frankfurt a. M.* WRP 1980, 564, 565: Vereinsverband; *OLG Bremen* MDR 1984, 842 – »Graue Panther«.

196 *BGH* NJW 1970, 1270: »Weserklause«; vgl. auch *RG* JW 1930, 1733; *RG* JW 1933, 1385 Nr. 1.

197 BGHZ 43, 245, 252 f. – »GdP« = a. a. O. (Fn. 192).

198 Vgl. BGHZ 43, 245, 252 f. = a. a. O. (Fn. 192).

ältere Namensrecht des Gesamtvereins diesem auch im Verhältnis zu Zweigvereinen zu, die während der Untätigkeit des Gesamtvereins fortbestanden haben[199].

Der Namensschutz nach § 12 BGB ist nicht örtlich oder gebietlich beschränkt; **379**
er erstreckt sich vielmehr auf das gesamte Bundesgebiet. Da der Schutz ein Interesse des Berechtigten und damit Verwechslungsgefahr voraussetzt, kommt es aber auf die räumlichen Beziehungen der Beteiligten zueinander an. Führen die Sportvereine von Dörfern bei Berchtesgaden und bei Rendsburg den Namen »Sportverein A-Dorf« und haben die Dörfer den gleichen Namen, wo wird keine Verwechslungsgefahr vorliegen. Andererseits kann ein Verein, der in einer bestimmten Region noch nicht tätig ist, aber sich dorthin ausweiten möchte, dort bereits ein schutzwürdiges Interesse an der »Freihaltung« seines Namens haben[200].

8.2.2. Bestreiten des Vereinsnamens

Eine Namensleugnung (§ 12 Satz 1 Fall 1 BGB) ist gegeben, wenn jemand den **380**
Bestand des Namensrechts in Frage stellt, wenn also dem Berechtigten das Recht zum Gebrauch seines Namens abgesprochen wird. Das Bestreiten braucht nicht ausdrücklich zu sein; die dauernde Benennung mit einem nicht zutreffenden Namen genügt[201]. Das Bestreiten muß nicht gegenüber dem Berechtigten erfolgen, sondern kann auch gegenüber einem Dritten geschehen.

8.2.3. Unbefugter Gebrauch des Vereinsnamens (Namensanmaßung)

Eine Namensanmaßung ist gegeben, wenn der Vereinsname von einem anderen **381**
unbefugt gebraucht wird und wenn dadurch ein schutzwürdiges Interesse des Berechtigten verletzt worden ist. Die unbefugte Verwendung kann im privaten Bereich (nicht ausreichend für die Anwendung des § 15 Abs. 4 MarkenG) oder im Geschäftsleben vorgenommen worden sein.

Erfaßt werden folgende Fälle:

Ein Dritter führt den Vereinsnamen (Namensbestandteil) als eigenen. Beispiele: Eine Gewerkschaft führt eine Namensabkürzung, die Verkehrsgeltung erlangt hat, die gleiche Namensabkürzung gebraucht eine politische Partei[202]; ein in einem Gesamtverein eingegliederter Verein führt den Namen des Gesamtvereins trotz Verbots nach dem Ausscheiden aus dem Gesamtverein weiter[203]. Eine Namensanmaßung kann auch gegeben sein, wenn unbefugt ein Vereinsname zur Bezeichnung eines Gewerbebetriebs, einer Ware oder einer bestimmten Einrichtung verwendet wird. Beispiel: Zur Bezeichnung einer Gaststätte wird der Name eines am gleichen Ort ansässigen Vereins verwendet[204].

---

199 *BGH* GRUR 1976, 644 m. Anm. *Fezer* = WRP 1976, 609 = MDR 1977, 27 = LM § 12 BGB Nr. 44 – »Kyffhäuser«; vgl. auch *OLG Jena* OLG-NL 1994, 42 m. Anm. *O. Werner* = NJW-RR 1994, 698.

200 Vgl. *OLG München* WRP 1976, 720, 721.

201 Vgl. *LG Bonn* AP § 54 BGB Nr. 1 m. Anm. *Stahlhacke.*

202 BGHZ 43, 245 = a. a. O. (Fn. 192).

203 *BGH* GRUR 1976, 644 = a. a. O. (Fn. 199).

204 *BGH* NJW 1970, 1270 – »Weserklause«.

382 Der unbefugt geführte Name muß entweder gleich wie der zu schützende oder zumindest sehr ähnlich sein[205]. Das kann hinsichtlich des Namenskerns oder eines Bestandteils zutreffen. Bei bloßer Namensähnlichkeit ist das Interesse des Berechtigten nur dann verletzt, wenn die Gefahr einer Identitätstäuschung oder einer »Zuordnungsverwirrung« besteht, indem die beteiligten Verkehrskreise personelle oder organisatorische Zusammenhänge oder eine Zustimmung des Namensträgers vermuten[206]. Erfaßt wird jedes berechtigte Interesse des Namensträgers, mag es ein persönliches, wirtschaftliches, ideelles oder auch nur ein Affektionsinteresse sein[207]. Eine Verwechslungsgefahr i. S. des § 15 Abs. 2 MarkenG (unten Rn 386 a) ist nicht erforderlich, aber in jedem Fall ausreichend. An einem schutzwürdigen Interesse soll es jedoch fehlen, wenn ein Studentenbund als Abkürzung eine Buchstabenfolge (»KSB«) verwendet, die mit dem Firmenbestandteil eines Unternehmens identisch ist[208].

383 Der Vereinsname muß von einem anderen unbefugt gebraucht werden; ihm muß somit das Recht zur Benutzung fehlen. Hieran fehlt es, wenn der Namensträger einem anderen gestattet, seinen Namen zu führen. Regelmäßig wird ein Gestattungs- oder Lizenzvertrag geschlossen, durch den sich der Namensträger verpflichtet, auf die Geltendmachung von Unterlassungsansprüchen zu verzichten[209]. Die Gestattung kann sich auch aus dem Mitgliedschaftsverhältnis zwischen Vereinsverband und Ortsverein ergeben[210].

384 An die Beurteilung des Registergerichts ist der Richter, der über eine Namensverletzung zu entscheiden hat, nicht gebunden; es ist nicht Pflicht des Registergerichts zu prüfen, ob der gewählte und eingetragene Vereinsname die Rechtsstellung Dritter verletzt (oben Rn. 372 a. E.)[211].

8.2.4. Vereinswappen und Vereinsembleme

385 In entsprechender Anwendung des § 12 BGB genießen auch Vereinswappen, -embleme und -wahrzeichen Kennzeichnungsschutz, soweit sie individualisierende Unterscheidungskraft aufweisen und damit zur namensmäßigen Kennzeichnung geeignet sind[212].

---

205 *RG* HRR 1931 Nr. 575.

206 BGHZ 43, 245 = NJW 1965, 859; BGHZ 119, 237, 245 = WM 1993, 472, 475 = BB 1992, 2381 = JZ 1993, 1166 m. Anm. *Berger*; *BGH* NJW 1994, 2820 = BB 1994, 1805; WM 1994, 1988, 1992 – Mc Laren Honda.

207 *BGH* GRUR 1976, 644 = a. a. O. (Fn. 199).

208 *BGH* WM 1976, 122 = GRUR 1976, 379.

209 Vgl. *BGH* GRUR 1970, 528, 531; BGHZ 119, 237 = WM 1993, 472, 473; BayObLGZ 1986,370, 377; *OLG München* SpuRt 1994, 233 m. Anm. *v. Linstow*; *RG* JR 1927 Nr. 105.

210 *BGH* GRUR 1976, 644, 646.

211 BayObLGZ 1986, 370; BayObLGZ 1992, 47 = NJW 1992, 2362, 2364; BayObLGZ 1992, 168 = NJW-RR 1993, 184, 185; a. A. *OLG München* WRP 1976, 720.

212 *BGH* GRUR 1976, 644, 646 m. Anm. *Fezer* = WRP 1976, 609 = MDR 1977, 27 = LM § 12 BGB Nr. 44 – »Kyffhäuser«; NJW 1994, 2820 = BB 1994, 1805 – »Rotes Kreuz«; *OLG München* SpuRt 1994, 233 m. Anm. *v. Linstow*; auch BGHZ 119, 237, 245 = WM 1993, 472 = BB 1992, 2381 = JZ 1993, 1166 m. Anm. *Berger*: Universitätsemblem.

8.2.5. Namensschutz nach § 15 MarkenG

Der Namens- und Bezeichnungsschutz nach § 15 MarkenG (früher § 16 Abs. 1 UWG) tritt ergänzend neben § 12 BGB, soweit der Name als Unternehmenskennzeichen verwendet wird (§ 5 Abs. 2 MarkenG)[213]. Bei Idealvereinen ist dies dann der Fall, wenn sie gegenüber ihren Mitgliedern oder Dritten am geschäftlichen Verkehr in Wettbewerbsabsicht teilnehmen, z. B. als Wirtschaftsverbände Maßnahmen zur Förderung der Wettbewerbsfähigkeit ihrer Mitglieder gegenüber konkurrierenden Nichtmitgliedern treffen[214] oder als Gewerkschaften ihren Mitgliedern Versicherungsleistungen vermitteln[215]. **386**
Die Mitgliederwerbung von Idealvereinen (Rn. 642 ff.) gehört allerdings grundsätzlich nicht zum geschäftlichen Verkehr[216]. Anders kann es sein, wenn öffentliche Werbung um Mitglieder zugleich dazu dient, den wirtschaftlichen Wettbewerb der Mitglieder gegenüber Nichtmitgliedern zu fördern[217]. Verbraucherverbände handeln nicht zu wettbewerblichen Zwecken, soweit sie Warentests oder Preisvergleiche veröffentlichen[218].

Der Unterlassungsanspruch nach § 15 Abs. 4 MarkenG setzt voraus, daß zwi- **386 a**
schen dem Namen oder dem von dem Verein geführten Kennzeichen (vgl. § 5 Abs. 2 MarkenG) und der von dem Wettbewerber verwendeten Bezeichnung eine Verwechslungsgefahr besteht (§ 15 Abs. 2 MarkenG). Bei Namens- oder Bezeichnungsidentität wird dies regelmäßig der Fall sein. Bei bloßer Ähnlichkeit der einander gegenüberstehenden Bezeichnungen ist auf die Kennzeichnungskraft der Bezeichnung und auf die Betätigungsfelder des Vereins und des Wettbewerbers abzustellen (»Branchennähe«; vgl. auch § 15 Abs. 3 MarkenG). Zwischen beiden Beurteilungskriterien besteht eine Wechselwirkung, nach der Ähnlichkeit und Kennzeichnungskraft um so größer sein können, je weiter die Betätigungsgebiete der Wettbewerber voneinander entfernt liegen[219]. Liegt eine Verwechslungsgefahr vor, so hat der prioritätsältere Verwender einen Unterlassungsanspruch gegen den prioritätsjüngeren Wettbewerber, der – bei Verschulden – durch einen Schadenersatzanspruch nach § 15 Abs. 5 MarkenG ergänzt wird.

---

213 BGHZ 43, 245, 253; zur Fortgeltung der zu § 16 UWG entwickelten Grundsätze im Rahmen der §§ 5, 15 MarkenG vgl. *Berlit* NJW 1995, 365, 366 f.

214 Vgl. *BGH* NJW 1973, 279 = GRUR 1973, 371 – Gesamtverband; *Baumbach/Hefermehl* UWG Einl. Rn. 210, 242.

215 Vgl. den Fall *BGH* ZIP 1990, 670 – »HBV -Familien- und Wohnungsrechtsschutz«.

216 *BGH* NJW 1970, 378, 380 = GRUR 1970, 182 – Sportkommission; *OLG Stuttgart* WRP 1975; *Baumbach/Hefermehl* UWG Einl. Rn. 243.

217 *BGH* GRUR 1968, 205, 207 = LM § 824 BGB Nr. 11 = BB 1968, 8; GRUR 1972, 427, 428.

218 Vgl. *Baumbach/Hefermehl* UWG Einl. Rn. 244 m. Nachw.

219 Vgl. BGHZ 120, 103 = NJW 1993, 459 = WM 1993, 108, 110 = ZIP 1993, 144 = BB 1993, 163 = DB 1993, 271 = GRUR 1993, 404 = Rpfl 1993, 247 – Columbus; zur umfangreichen Kasuistik vgl. *Baumbach/Hefermehl* § 16 UWG Rn. 58 ff. und 114.

8.2.6. Namensschutz politischer Parteien

387 Für den Namensschutz politischer Parteien ist ebenfalls § 12 BGB maßgeblich[220]. Er wird ergänzt durch § 4 Abs. 1 Satz 1 ParteienG, wonach der Name und die Kurzbezeichnung einer Partei sich von dem Namen einer bereits bestehenden Partei deutlich unterscheiden müssen.

8.2.7. Gerichtlicher Schutz

388 Gegen die Namensleugnung und die Namensanmaßung kann der Verein in erster Linie Beseitigung der Beeinträchtigung verlangen (§ 12 Satz 2 BGB). Im Falle der Namensleugnung ist der Anspruch auf Widerruf zu richten. Bei der Namensanmaßung hat der Verpflichtete alle Auswirkungen der widerrechtlichen Namensführung zu beseitigen; u.U. kommt ein Anspruch auf Löschung in öffentlichen Registern oder auf Annahme eines Namenszusatzes in Betracht. Ist eine künftige Namensanmaßung zu besorgen (§ 12 Satz 1 BGB), so kann auf Unterlassung geklagt werden (vgl. § 12 Satz 2 BGB). Für die Annahme der Wiederholungsgefahr genügt die Behauptung des Beklagten im Prozeß, diesen Namen führen zu dürfen[221]. Ihm ist u.U. die Führung des Namens während einer sog. Aufbrauchfrist zu gestatten[222].
Das Namensrecht ist ein sonstiges Recht i. S. d. § 823 Abs. 1 BGB. Schuldhafte Beeinträchtigungen können daher zu Schadenersatzansprüchen führen[223]. Es kann auch ein Bereicherungsanspruch aus Eingriffskondiktion (§ 812 Abs. 1 Satz 1 Fall 2 BGB) in Betracht kommen, wenn sich der Verletzer auf Kosten des Vereins einen ausgleichbaren Vermögensvorteil verschafft hat[224]. Auch bei politischen Parteien ist für Klagen wegen Verletzung des Namensrechts der Rechtsweg zu den Zivilgerichten gegeben[225].

8.2.8. Allgemeines Persönlichkeitsrecht des Vereins

388 a Aus dem Namensrecht (§ 12 BGB) sowie den Grundrechten auf Menschenwürde und freie Selbstbestimmung (Art. 1 Abs. 1, 2 Abs. 1 GG) hat die Rechtsprechung in richterlicher Rechtsfortbildung – zunächst beschränkt auf natürliche Personen – ein Allgemeines Persönlichkeitrecht als »sonstiges Recht« i. S. d. § 823 Abs. 1 BGB hergeleitet[226]. Mittlerweile ist anerkannt, daß auch Personenvereinigungen, insbes. juristische Personen, Persönlichkeitsschutz genießen und Träger eines Allgemeinen (Verbands-)Persönlichkeitsrechts sein

---

220 Vgl. BGHZ 79, 265 = NJW 1981, 914; *OLG Frankfurt a. M.* NJW 1952, 794 m.Anm. *Lent*; *OLG Hamburg* NJW 1959, 1917; *OLG Karlsruhe* NJW 1972, 1810; *LG Bremen* NJW 1989, 1864 – »republikanisch«; *OLG Köln* DtZ 1991, 27 – »Deutsche Soziale Union«; auch *BVerfG* DtZ 1991, 27; *Schlüter* JuS 1975, 558; MünchKomm/*Schwerdtner* § 12 BGB Rn. 33.

221 Vgl. *BGH* GRUR 1957, 342, 347.

222 Vgl. *BGH* GRUR 1974, 735, 737.

223 Vgl. MünchKomm/*Schwerdtner* § 12 BGB Rn. 151 ff.; aus der Rechtsprechung z. B. BGHZ 81, 75 = NJW 1981, 2402 – Carrera.

224 Vgl. BGHZ 81, 75 = NJW 1981, 2402, 2403.

225 BGHZ 79, 265 = NJW 1981, 914.

226 Grundlegend BGHZ 13, 334 = NJW 1958, 827; zur historischen und begrifflichen Entwicklung vgl. *Erman/Ehmann* Anh. § 12 BGB Rn. 1 ff., 14 ff.

können (vgl. auch Art. 19 Abs. 3 GG)[227]. Danach kann auch ein eingetragener[228] oder nicht eingetragener[229] Verein im Rahmen seiner Zwecksetzung und -verfolgung Persönlichkeitsschutz beanspruchen.

Der Schutzbereich des Allgemeinen Persönlichkeitsrechts umfaßt bei Perso- **388 b**
nenvereinigungen folgende Fallgruppen: Der Verein ist im Rahmen seiner satzungsmäßigen Aufgaben geschützt gegen Herabsetzungen seines Ansehens durch Äußerungen, die seinen sozialen Geltungsanspruch (äußere Ehre) mindern[230]. Dieser zivilrechtliche Ehrenschutz ergänzt den – tatbestandsmäßig engeren – strafrechtlichen Ehrenschutz gegen Beleidigung, üble Nachrede und Verleumdung nach §§ 185 ff. StGB, die freilich auch Schutzgesetze i. S. d. § 823 Abs. 2 BGB bilden. Zum Ehrenschutz rechnen auch der Schutz gegen unrichtige Tatsachenbehauptungen (vgl. zur Kreditgefährdung § 824 BGB) sowie die Unterstellung oder entstellende Wiedergabe von Äußerungen der Vereinsorgane[231]. Weiter ist eine Geheimsphäre von Verbänden anzuerkennen, soweit sich das Interesse der Mitglieder an ihrer Privatsphäre im Vereinszweck niederschlägt[232]. Die dritte Fallgruppe bildet der unbefugte kennzeichenmäßige Gebrauch des Vereinsnamens oder von Vereinsemblemen, soweit nicht die speziellen Regelungen des Namens- und Kennzeichenschutzes (§§ 12 BGB, 15 MarkenG; oben Rn. 377 ff., 386 f.) eingreifen oder ein Eingriff in den eingerichteten und ausgeübten Gewerbebetrieb vorliegt[233]. Dies kann der Fall sein, wenn der Name des Vereins im Rahmen einer unbefugten kommerziellen

---

227 Vgl. z. B. BGHZ 81, 75 – Carrera = NJW 1981, 2402 = WM 1981, 1077; 98, 94 – BMW = NJW 1986, 2951 = WM 1986, 1376 = ZIP 1986, 1146 m. Anm. *Dunz* = JZ 1986, 1108 m. Anm. *Hubmann*; *BGH* NJW 1975, 1882 – Geist von Oberzell; NJW 1994, 1281, 1282 = WM 1994, 641 = ZIP 1994, 648 – Heberger Bau; *Leßmann* AcP 170 (1970), 266 ff.; *Wronka* WRP 1975, 333 ff.; *Kraft* Festschr. Hubmann, 1985, S. 201 ff.; *Klippel* JZ 1988, 625 ff.; *Wenzel* Das Recht der Wort- und Bildberichterstattung, 4. Aufl. 1994, Rn. 5.105 ff.; *Erman/Ehmann* Anh. § 12 BGB Rn. 101 ff.; MünchKomm/*Schwerdtner* § 12 BGB Rn. 199 ff.

228 Vgl. *BGH* GRUR 1973, 550 – halbseiden; *BGH* NJW 1974, 1762 = LM Art. 5 GG Nr. 36 – Deutschland-Stiftung; BGHZ 78, 274 = NJW 1981, 675; *OLG Stuttgart* NJW-RR 1993, 733 – beide betr. Scientology-Sekte.

229 Vgl. *BGH* NJW 1971, 1655 = LM Art. 33 GG Nr. 33 – Gewerkschaft; *OLG Köln* NJW 1987, 1415 – SPD.

230 *BGH* NJW 1974, 1762; *OLG Köln* NJW 1987, 1415; *Erman/Ehmann* Anh. § 12 BGB Rn. 104 ff.

231 Vgl. *OLG Stuttgart* NJW-RR 1993, 733; *Klippel* JZ 1988, 625, 632.

232 Vgl. *Klippel* JZ 1988, 625, 632; auch *Druey* Die Geheimsphäre von Unternehmen, Basel 1977; ferner *BGH* NJW 1994, 1281, 1282 – Heberger Bau = WM 1994, 641 = WuB IV A. § 823 BGB 2.94 *Ehmann* = ZIP 1994, 648 m. Anm. *Siekmann* = EWiR 1994, 469 *Hirte* = DZWir 1994, 328 m. Anm. *Leßmann*, die im Ergebnis aber zu weit geht, indem sie einem Wissenschaftler die kritische Bewertung des veröffentlichten Jahresabschlusses eines Unternehmens verbietet (vgl. die Kritik von *Lutter* Die AG 1994, 347; *Hager* ZHR 158 [1994], 675 ff.; bestätigend allerdings *BVerfG* NJW 1994, 1784 = WM 1994, 998 = ZIP 1994, 972 = EWiR 1994, 991 *Großfeld* = Die AG 1994, 369 m. Anm. *Mertens*).

233 Vgl. auch *BGH* NJW 1970, 381 wo die – zu bejahende – Frage, ob einem Verein (ADAC) ein Recht am eingerichteten und ausgeübten Gewerbebetrieb zustehen kann, offen gelassen worden ist.

Auswertung besonders herausgestellt oder in satirischem Zusammenhang verwendet oder verfremdet wird[234].

388 c Wird das Allgemeine Persönlichkeitsrecht als »sonstiges Recht« i. S. d. § 823 Abs. 1 BGB verletzt, so kann der Verein – auch vorbeugend – Unterlassung, Berichtigung, Widerruf (jeweils i. V. m. § 1004 BGB) sowie – bei Verschulden – Schadenersatz verlangen (zum Namensrecht vgl. oben Rn. 388)[235]. Da es sich beim Allgemeinen Persönlichkeitsrecht um ein Rahmenrecht handelt, indiziert die Beeinträchtigung des Rechts jedoch nicht die Rechtswidrigkeit im konkreten Fall. Diese ist vielmehr aufgrund einer umfassenden Interessen- und Güterabwägung festzustellen. Insbesondere können Ehrverletzungen durch Wahrnehmung berechtigter Interessen, z. B. bei Presseberichterstattung, gerechtfertigt sein (vgl. § 193 StGB)[236]. Erfolgte der Eingriff auch schuldhaft, so kann die Vereinigung Ersatz des Vermögensschadens verlangen, der bei ungefugter kommerzieller Verwendung des Namens auch eine entgangene Lizenzgebühr umfaßt[237]. Bei Ehrverletzungen kann entsprechend § 847 BGB auch Ersatz des immateriellen Schadens verlangt werden, wenn die Schwere der Verletzung oder des Verschuldens eine Genugtuung durch ein »Schmerzensgeld« fordert[238].

8.3. Sitz des Vereins

8.3.1. Satzungsmäßiger Sitz und Verwaltungssitz

389 Für Vereine, welche die Registereintragung anstreben, bestimmt § 57 Abs. 1 BGB, daß die Satzung den Sitz des Vereins enthalten muß. Diese Vorschrift bringt einen allgemeinen Rechtsgedanken zum Ausdruck, so daß sie entsprechend auch für die wirtschaftlichen Vereine i. S. d. § 22 BGB und für die nicht eingetragenen Vereine i. S. d. § 54 BGB gilt. Der Verein muß an seinem statutarisch festgelegten Sitz erreichbar sein (vgl. auch unten Rn. 397). Fehlt eine satzungsmäßige Festlegung des Sitzes oder ist sie unwirksam, so greift die Fiktion des § 24 BGB ein, wonach als Sitz des Vereins der Ort gilt, an welchem die Verwaltung geführt wird (ebenso: § 17 Abs. 1 Satz 2 ZPO). Daraus folgt, daß neben dem statutarisch festgelegten Sitz, auch Rechtssitz genannt, ein tatsächlicher Sitz (sog. Verwaltungssitz) bestehen kann, der mit dem Rechtssitz nicht identisch ist[239].

---

234 Vgl. für Wirtschaftsunternehmen BGHZ 81, 75, 78 = a. a. O. (Fn. 227); *BGH* WM 1994, 1988, 1993; *Erman/Ehmann* Anh. § 12 BGB Rn. 107 ff.; ferner *BGH* NJW 1994, 1954 – Markenverunglimpfung I (»Mars-Kondom«) = JZ 1995, 202 m. Anm. *Götting* = EWiR 1994, 493 *Schricker*; bestätigt durch *BVerfG* NJW 1994, 3342; *BGH* NJW 1995, 571 = WRP 1995, 92 – Markenverunglimpfung II (»Nivea«).

235 Ausführlich *Erman/Ehmann* Anh. § 12 BGB Rn. 432 – 520.

236 Vgl. dazu eingehend *Wenzel* a. a. O. (Fn. 227), Rn. 6.26 – 6.84; ferner *BGH* NJW 1993, 525 – Ketten-Mafia = WM 1993, 69 = WuB IV A. § 823 BGB 1.93 *Bunte* = ZIP 1993, 107 = EWiR § 823 BGB 1/93 *Schiemann* = BB 1993, 169.

237 Daneben kann ein Bereicherungsanspruch aus Eingriffskondiktion (§ 812 Abs. 1 Satz 1 Fall 2 BGB) bestehen.

238 Vgl. BGHZ 78, 274, 280 = NJW 1981, 675; *Erman/Ehmann* Anh. § 12 BGB Rn. 106; *Friedrich* DStR 1994, 61; a. A. *Klippel* JZ 1988, 625, 634 f.

239 So hat z. B. der Hauptverband der gewerblichen Berufsgenossenschaften e.V. seinen Rechtssitz in Berlin und die Geschäftsstelle Bonn (vgl. *Hein* S. 228).

Hat der Verein eine Geschäftsstelle, so ist deren Ort der Verwaltungssitz. Ist eine solche nicht vorhanden, so kann der Wohnort des Vorstandsvorsitzenden in Betracht kommen[240]. Sind Büros oder Geschäftsstellen an mehreren Orten, kommt es darauf an, wo die Vereinsorgane (insbes. der Vorstand) schwerpunktmäßig tätig werden, d. h. die Verwaltung führen[241]. Der Verwaltungssitz kann (z. B. als Sitz der Geschäftsstelle) neben dem Rechtssitz in der Satzung festgelegt werden[242]; notwendig ist dies aber für den Verwaltungssitz nicht, da er an die tatsächlichen Verhältnisse anknüpft. **390**

8.3.2. Freie Festlegung des Satzungssitzes

In der Wahl des Satzungssitzes sind die Vereinsgründer und später die Mitgliederversammlung, welche ggf. über die Sitzverlegung beschließt, grundsätzlich frei[243]. Am statutarisch bestimmten Sitz muß demnach der Verein weder eine Geschäftsstelle, einen Geschäftsbetrieb noch Vermögen haben[244]; die Einschränkung der Sitzwahl nach § 5 Abs. 2 AktG gilt im Vereinsrecht nicht. **391**

Für die freie Festlegung des Satzungssitzes gelten aber folgende Einschränkungen: **392**

- Der Verein muß seinen Sitz an einem Ort in der Bundesrepublik Deutschland wählten, da es sich sonst um einen ausländischen Verein i. S. d. § 23 BGB handelt.
- Der Verein muß am Satzungssitz postalisch erreichbar sein[245], da Zustellungen und sonstige Mitteilungen erforderlich sein können (vgl. § 17 Abs. 1 ZPO)[246].
- Es ist der Bestimmtheitsgrundsatz zu beachten, so daß in der Regel eine politische Gemeinde als Sitz zu wählen ist. Zulässig ist es auch, Teile von Städten oder Gemeinden als Sitz zu bezeichnen, sofern diese hinreichend bestimmt sind[247] . Dagegen ist es unzulässig, als Satzungssitz den jeweiligen Wohnsitz des Vorstandsvorsitzenden oder einen Landkreis zu bestimmen.
- Der Verein kann nur einen satzungsmäßigen Sitz haben[248]. Auch wenn sich zwei Vereine durch Aufnahme verschmelzen, muß der übertragende Verein seinen Sitz aufgeben[249]. Die für Kapitalgesellschaften wegen der Teilung

240 Vgl. *Tipke/Kruse* § 10 AO Rn. 2.

241 Vgl. auch *OVG Hamburg* VRspr 27 (1976) Nr. 89.

242 *RG* JW 1918, 305; *BayObLG* JFG 7, 235, 237 = JW 1930, 2733.

243 Vgl. *RG* JW 1918, 305; *BayObLG* JFG 7, 235 = JW 1930, 2723; ebenso zum GmbH-Recht: BayObLGZ 1987, 267 = NJW-RR 1988, 96 = BB 1987, 1970 = DB 1987, 2194 = DNotZ 1988, 53 = Rpfl 1988, 27; *Soergel/Hadding* § 24 BGB Rn. 2; a. A. MünchKomm/*Reuter* § 24 BGB Rn. 2, der in Parallele zum Wohnsitz natürlicher Personen einen »sachlichen Anknüpfungspunkt« fordert; hierbei wird jedoch übersehen, daß die Anerkennung der Rechtsfähigkeit als juristische Person auf dem Gesetz beruht, das zudem in § 24 BGB der privatautonomen Sitzwahl den Vorrang einräumt.

244 Vgl. *OLG Stuttgart* BB 1977, 413, 414.

245 BayObLGZ 1987, 267 = a. a. O. (Fn. 243); *OLG Köln* BB 1984, 1065, 1066.

246 Nach § 17 Abs. 3 ZPO könnte die Satzung zwar den Verwaltungssitz als Gerichtsstand bestimmen; dieser ist dann aber nur als weiterer allgemeiner Gerichtsstand zusätzlich zum Sitzgerichtsstand nach § 17 Abs. 1 ZPO anzusehen.

247 BayObLGZ 1976, 21 = Rpfl 1976, 179 = DB 1976, 1102 = BB 1976, 622; *OLG Hamm* Rpfl 1977, 275.

248 *OLG Hamburg* MDR 1972, 417.

249 Vgl. *BayObLG* DB 1985, 1280.

Deutschlands zugelassene Möglichkeit eines Doppelsitzes hat heute keine Bedeutung mehr. Auch Groß- oder Gesamtvereine können nur einen Sitz haben; allerdings haben ihre Untergliederungen, soweit sie selbständige Vereine sind, einen vom Hauptverein unabhängigen Sitz. Geht es in einem Rechtsstreit um die Frage, inwieweit sich der Hauptverein das Verhalten eines Repräsentanten eines Zweigvereins zurechnen lassen muß, so kann der Kläger als Gerichtsstand abweichend von § 17 Abs. 1 Satz 1 ZPO den Sitz des Zweigvereins wählen.

8.3.3. Sitzverlegung als Satzungsänderung

393 Wird der in der Satzung festgelegte Sitz verlegt, so handelt es sich um eine Satzungsänderung i. S. d. § 33 BGB, die beim eingetragenen Verein erst mit der Eintragung im Vereinsregister (§ 71 Abs. 1 BGB) und beim konzessionierten Verein mit der Genehmigung der Verleihungsbehörde wirksam wird (§ 33 Abs. 2 BGB). Gleiches gilt, wenn der Verein in der Satzung neben dem Rechtssitz einen Verwaltungssitz (vgl. oben Rn. 390 sowie § 17 Abs. 3 ZPO) bestimmt hat. Die Sitzverlegung ist auch noch im Abwicklungsstadium möglich.

8.3.4. Sitzverlegung eines wirtschaftlichen Vereins in ein anderes Bundesland

394 Für die Verleihung der Rechtsfähigkeit an einen wirtschaftlichen Verein ist das durch den Vereinssitz bestimmte Bundesland örtlich zuständig (§ 22 Satz 2 BGB). Verlegt ein konzessionierter wirtschaftlicher Verein seinen Sitz in ein anderes Bundesland (z. B. von Baden-Württemberg nach Bayern), so liegt ein interlokaler Statutenwechsel vor. Damit verliert der Verein seine in dem vorherigen Sitzland erlangte Rechtsfähigkeit als juristische Person. Früher wurde daher der Sitzverlegungsbeschluß als Auflösungstatbestand mit der Folge einer Liquidation angesehen[250]. Dem ist aber nur für den Fall zuzustimmen, daß der Verein die Konzessionierung in dem neuen Sitzland nicht erlangt. Wird er dagegen in dem Bundesland des neuen Sitzes ebenfalls konzessioniert, kommen Auflösung und Liquidation nicht in Betracht.

8.3.5. Sitzverlegung ins Ausland

395 Verlegt ein Verein seinen Sitz ins Ausland, so geht jedenfalls die in Deutschland erlangte Rechtsfähigkeit verloren, da er damit zum ausländischen Verein i. S. d. § 23 BGB wird. Nach noch herrschender Auffassung soll der Verlegungsbeschluß – auch gegen den Willen der Vereinsmitglieder – als Auflösungs- und Liquidationstatbestand zu werten sein (vgl. dazu weiter Rn. 2071)[251].

---

250 Vgl. z. B. *RG* JW 1918, 510; *BGH* DB 1955, 916.

251 Vgl. z. B. RGZ 107, 94, 97; *RG* JW 1934, 2969; BGHZ 25, 134, 144; weit. Nachw. bei *Soergel/Lüderitz* vor Art. 7 EGBGB Rn. 242 Fn. 33; a. A. für den Fall der Gläubigersicherung *Hachenburg/Behrens* GmbHG, Einl. Rn. 170 m. weit. Nachw. in Fn. 211.

8.3.6. Sitzverlegung eines ausländischen Vereins in das Inland

Verlegt ein Verein mit Sitz im Ausland diesen ins Inland, so verlangt die h. M. 396
eine Neugründung nach dem Recht des BGB[252]. Dagegen sprechen verfahrensökonomische Gesichtspunkte für die Ansicht, daß der ausländische Verein seine Satzung den deutschen Vorschriften anpassen muß und dann die Eintragung oder Konzessionierung beantragen kann[253].

8.3.7. Registerrechtliche Behandlung der Sitzverlegung

Vgl. dazu Rn. 2278.

8.3.8. Rechtliche Anknüpfungen an den Sitz

An den in der Satzung angegebenen Sitz wird angeknüpft, wenn das für die 397
Eintragung des nichtwirtschaftlichen Vereins örtlich zuständige Amtsgericht (Registergericht) zu bestimmen ist (§§ 21, 55 BGB). Dieses Gericht ist dann z. B. zuständig für die Notvorstandsbestellung und die gerichtliche Ermächtigung zur Einberufung einer Mitgliederversammlung (§§ 29, 37 Abs. 2 Satz 2 BGB). Der satzungsmäßige Sitz ist auch für die Bestimmung des anfallberechtigten Fiskus nach § 45 Abs. 3 BGB maßgebend und bestimmt den allgemeinen Gerichtsstand des Vereins (§ 17 Abs. 1 Satz 1 ZPO) sowie den Gerichtsstand für Klagen aus dem Mitgliedschaftsverhältnis (§ 22 ZPO). Soweit dies überhaupt zulässig ist (vgl. § 57 Abs. 1 BGB), wird auf den Verwaltungssitz nur dann zurückgegriffen, wenn es an einer satzungsmäßigen Festlegung des Sitzes fehlt oder wenn diese unwirksam ist (vgl. § 24 BGB; § 17 Abs. 1 Satz 2 ZPO). Dies gilt insbesondere für den nicht rechtsfähigen Verein i. S. d. § 54 BGB. Der Satzungssitz ist weiter maßgebend, wenn es um die Unterscheidbarkeit des Vereinsnamens i. S. d. § 57 Abs. 2 BGB geht (vgl. oben Rn. 373). Der Rechtssitz ist auch maßgebend für die örtliche Zuständigkeit der Verleihungsbehörde (§ 22 BGB i.V.m. den § 3 Abs. 1 Nr. 3 b VwVfG entsprechenden Ländervorschriften). Entsprechendes gilt für die Behördenzuständigkeit für die Entziehung der Rechtsfähigkeit (§ 44 Abs. 1 BGB).

Das internationale Privatrecht knüpft nach der herrschenden Sitztheorie für die 398
Bestimmung des Personalstatuts an den Verwaltungssitz an[254]. Dies gilt auch für die Frage, ob ein ausländischer Verein i. S. d. § 23 BGB gegeben ist. Im Steuerrecht ist für die Art der Steuerpflicht und die Zuständigkeit der Finanzverwaltung in erster Linie der Verwaltungssitz und nur hilfsweise der Rechtssitz maßgebend (§§ 10, 11 AO)[255].

---

252 Vgl. BGHZ 97, 269, 272 = NJW 1986, 2194, 2195 = WM 1986, 641 (für GmbH); *OLG Nürnberg* WM 1985, 259 (für KG) = IPRax 1985, 342 (m. Bespr. *Rehbinder* S. 324) = RIW 1985, 494; *OLG München* NJW 1986, 2197, 2198 = WM 1986, 937; *Soergel/Hadding* § 24 BGB Rn. 5.

253 Vgl. *Hachenburg/Behrens* GmbHG, Einl. Rn. 170 m. weit. Nachw. in Fn. 213.

254 Vgl. z. B. BGHZ 97, 269, 271 = NJW 1986, 2194 = WM 1986, 641; *OLG Saarbrücken* NJW 1990, 647; *Panthen* Der »Sitz«-Begriff im internationalen Gesellschaftsrecht, Diss. Mainz 1987; krit. z. B. *Meilicke* BB 1995, Beil. 9, S. 18 f.

255 Vgl. *Dziadkowski* BB 1976, 1407, 1410.

8.4. Zweck des Vereins

8.4.1. Vereinszweck und Vereinsbetätigung

399 Kennzeichnend für jede auf privatautonomer Grundlage gebildete Personenvereinigung (Gesellschaft i. w. S.) ist eine gemeinsame Zielsetzung i. S. eines »Verbandszwecks«[256], der sowohl die Mitglieder verbindet als auch die Grundlage für die Organisation der Vereinigung und das Handeln ihrer Organe bildet[257]. So spricht das Gesetz bei der Gesellschaft bürgerlichen Rechts von der »Erreichung eines gemeinsamen Zwecks« (§ 705 BGB), während der Zweck der Personalhandelsgesellschaften (oHG und KG) auf den »Betrieb eines Handelsgewerbes...« gerichtet ist (§§ 105 Abs. 1, 161 Abs. 1 HGB)[258]. Bei den körperschaftlich organisierten (Handels-)Gesellschaften (z. B. AG, GmbH, eG) unterscheidet das Gesetz zwischen dem Gesellschaftszweck und dem Gegenstand des Unternehmens (vgl. §§ 23 Abs. 3 Nr. 2 AktG; 1, 3 Abs. 2 Nr. 1, 61 Abs. 1 GmbHG; 1 Abs. 1, 6 Nr. 2 GenG)[259]. Beim Verein, der das Grundmodell der körperschaftlich organisierten Gesellschaften bildet (vgl. § 6 Abs. 2 HGB), ist der Zweck z. B. in den §§ 21, 22, 33 Abs. 1 Satz 2, 43 Abs. 2 und Abs. 4 BGB erwähnt (vgl. auch Art. 9 Abs. 2 GG, § 3 Abs. 1 Satz 1 VereinsG). Insbesondere bestimmt § 57 Abs. 1 BGB, daß die Satzung eines Vereins, der durch Registereintragung die Rechtsfähigkeit als juristische Person erlangen will (also der sog. Idealverein i. S. d. § 21 BGB), den Zweck angeben muß. Dies gilt entsprechend für den wirtschaftlichen Verein i. S. d. § 22 BGB, der durch staatliche Verleihung rechtsfähig werden will. Auch für den nicht eingetragenen Verein i. S. d. § 54 BGB ist ein Vereinszweck begriffsnotwendig.

399 a Die Verwendung des Wortes »Zweck« in den vorgenannten vereinsrechtlichen Vorschriften sagt noch nichts darüber aus, ob das BGB damit jeweils einen einheitlichen Begriff des Vereinszwecks zugrundelegt. So dient die Bestimmung des Vereinszwecks in den §§ 21, 22, 43 Abs. 2 und 4 BGB dazu, Idealvereine von nichtwirtschaftlichen Vereinen abzugrenzen (oben Rn. 97 ff.). Demgegenüber kommt der Bedeutung des Vereinszwecks bei seiner Änderung nach § 33 Abs. 1 Satz 2 BGB eine mitglieder- und minderheitsschützende Aufgabe zu (unten Rn. 412 ff.). Die nach § 57 Abs. 1 BGB erforderliche Aufnahme in die Satzungsurkunde soll zunächst dem Registergericht die Prüfung der Eintragungsvoraussetzungen ermöglichen, um die Allgemeinheit vor eingetragenen Vereinen zu schützen, die gesetz- oder sittenwidrige sowie wirtschaftliche Ziele verfolgen (§§ 134, 138 Abs. 1, 22 BGB). Darüber hinaus stellt § 71 BGB sicher, daß eine Zweckänderung als Satzungsänderung der Eintragungspflicht unterliegt, wobei das Registergericht die formelle und materielle Wirksamkeit der Satzungsänderung zu prüfen hat (unten Rn. 445 ff.). Im Zusammenwirken mit

---

256 Vgl. den Titel der grundlegenden Schrift von *K. Schmidt* Verbandszweck und Rechtsfähigkeit im Vereinsrecht, 1984.

257 Vgl. *Wiedemann* Gesellschaftsrecht I, § 1 I 1 b; *Mummenhoff* S. 104 ff.; *Soergel/Hadding* §§ 21, 22 BGB Rn. 9; *K. Schmidt* BB 1987, 556, 557.

258 Zum gemeinsamen Zweck bei den Personalgesellschaften vgl. *Ballerstedt* JuS 1963, 253 ff.; *Schulze-Osterloh* Der gemeinsame Zweck der Personengesellschaften, 1973; *Böhmer* JZ 1994, 982 ff.

259 Vgl. zur AG KölnKomm/*Kraft* § 23 AktG Rn. 43; *Hüffer* § 23 AktG Rn. 21 f.; zur GmbH *Wallner* JZ 1986, 721 ff.; *Scholz/Emmerich* § 1 GmbHG Rn. 2; *Lutter/Hommelhoff* § 1 GmbHG Rn. 2; zur eG *K. Müller* § 6 GenG Rn. 14 ff.

§ 33 Abs. 1 Satz 2 BGB schützen daher die §§ 57 Abs. 1, 71 BGB auch die Interessen der Mitglieder, insbesondere einer überstimmten Minderheit[260]. Es liegt daher nahe, den Vereinszweck nicht als einheitlich zu definierenden Begriff zu verstehen, sondern seine Bedeutung funktional unter Berücksichtigung des Regelungszwecks der jeweiligen Vorschrift zu bestimmen[261]. Auch bei funktionaler Betrachtungsweise ist jedoch dem Begriff des Vereinszwecks ein gemeinsamer Bedeutungskern eigen.

Die Festlegung des Vereinszwecks in der Gründungsatzung (§ 57 Abs. 1 BGB) **400** ist danach zunächst eine »Zielvorgabe« der Gründer, welche »Leitidee« durch den Verein verfolgt werden soll. Er bildet den Grund für den Zusammenschluß und die »verbandsrechtliche Geschäftsgrundlage«[262] für die Mitgliedschaft. Gleichzeitig unterscheidet der Vereinszweck die Vereinigung von anderen Personenzusammenschlüssen und kennzeichnet damit – ebenso wie der Name – ihre Identität[263]. Um Zweckänderungen im Rahmen des § 33 Abs. 1 BGB von Änderungen der Vereinsbetätigung (unten Rn. 401) abzugrenzen, hat der Bundesgerichtshof in einer Grundsatzentscheidung[264] den Begriff des Vereinszwecks eng eingegrenzt auf den »obersten Leitsatz für die Vereinstätigkeit . . ., mit dessen Abänderung schlechterdings kein Mitglied bei seinem Beitritt zum Verein rechnen kann« und als Zweck nur die »große Linie angesehen.., um deretwillen sich die Mitglieder zusammengeschlossen haben«[265]. Wegen der – auch – mitgliederschützenden Funktion des Eintragungserfordernisses gilt dies ebenso im Rahmen der §§ 57 Abs. 1, 71 BGB. Als Vereinszweck anzugeben ist danach nur die »oberste Leitidee« für die Vereinstätigkeit, die seinen »Charakter« prägt. Sie bestimmt als Auslegungskriterium das Handeln der Vereinsorgane sowie den Umfang der mitgliedschaftlichen Rechte und Pflichten, insbes. die allgemeine Pflicht, den Vereinszweck zu fördern (Treu- oder Rücksichtspflicht).

So ist z. B. der Vereinszweck heranzuziehen, wenn zu ermitteln ist, ob ein Mit- **400 a** glied den Tatbestand eines »vereinsschädigenden Verhaltens« als Grundlage einer Vereinsstrafe verwirklicht hat. Der Vereinszweck begrenzt auch das Handeln der Vereinsorgane, da Beschlüsse oder Maßnahmen, die gegen den Vereinszweck verstoßen, Ansprüche wegen positiver Forderungsverletzung auslösen können oder – im Innenverhältnis – nichtig sind. Beim eingetragenen Verein i. S. d. § 21 BGB ist der Vereinszweck notwendigerweise auf ideelle Ziele gerichtet, z. B. Förderung einer bestimmten Sportart oder Freizeitbetätigung, einer Wissenschaft, einer Kunstrichtung, einer Religion oder Philosophie, der

260 Vgl. *K. Schmidt* Verbandszweck, S. 33 f.; *ders.* BB 1987, 556, 558 f.; *Häuser/van Look* ZIP 1986, 749, 751 f.

261 Vgl. vor allem *K. Schmidt* Verbandszweck, S. 29 ff.; *ders.* BB 1987, 556 ff.; ihm folgend *Häuser/van Look* ZIP 1986, 749, 751; *Soergel/Hadding* § 33 BGB Rn. 8; *Erman/Westermann* § 33 BGB Rn. 1; abl. *Reuter* ZHR 151 (1987), 237, 239 f.; *ders.* ZGR 1987, 475, 479 f.; *ders.* in: MünchKomm § 33 BGB Rn. 2.

262 *K. Schmidt* BB 1987, 556, 558.

263 Vgl. RGZ 119, 184, 186 = JW 1928, 644 m. Anm. *Heinsheimer*.

264 BGHZ 96, 245 = NJW 1986, 1033 = WM 1986, 289 = ZIP 1986, 368 = EWiR § 33 BGB 1/86 *Weipert* = JZ 1986, 285 = BB 1986, 551 = DB 1986, 473 = Rpfl 1986, 184; zustimmend *Häuser/van Look* ZIP 1986, 749, 752; *K. Schmidt* BB 1987, 556 ff.; *Reuter* ZGR 1987, 475, 479 ff.; vgl. auch *Beuthien* BB 1987, 6 ff.

265 BGHZ 96, 245, 252 = a. a. O. (Fn. 264).

Interessen, der Bildung, Erziehung oder Wohlfahrt bestimmter Bevölkerungsgruppen sowie kultureller oder geselliger Betätigungen. Ggf. ist der (eigentliche) Vereinszweck erst durch Auslegung der entsprechenden Satzungsbestimmung zu ermitteln, sofern diese nämlich nur die Vereinsbetätigung (unten Rn. 401) umschreibt. Hierbei kann auch die tatsächliche Betätigung des Vereins heranzuziehen sein.

Der »werbende« Zweck eines Vereins ändert sich kraft Gesetzes mit dem Eintritt eines Auflösungstatbestands, der zur Liquidation führt; Vereinszweck ist nunmehr die Abwicklung des Vereinsvermögens (vgl. § 49 Abs. 2 BGB). Dieser Zweck erlischt seinerseits mit der Vollbeendigung des Vereins.

401 Vom Vereinszweck sind die Mittel zu unterscheiden, durch welche diese Zielsetzung verwirklicht werden soll (z. B. Durchführung bestimmter Veranstaltungen, Beratung, Öffentlichkeitsarbeit, »Lobbying«, Herausgabe einer Schriftenreihe). Auch Art. 9 Abs. 2 GG trennt zwischen dem Zweck und der Tätigkeit von Vereinigungen. Die Art und Weise der Zweckverfolgung läßt sich als Vereinsbetätigung oder Vereinstätigkeit umschreiben; gelegentlich wird sie auch als »Aufgaben« bezeichnet (vgl. § 212 Abs. 5 Satz 2 SGB V; zu § 60 AO unten Rn. 402). Die Vereinsbetätigung ist mit dem Unternehmensgegenstand bei den körperschaftlichen Handelsgesellschaften vergleichbar, deren Zweck typischer-, aber nicht notwendigerweise in der Gewinnerzielung besteht und aus dem Unternehmensgegenstand herzuleiten ist (vgl. §§ 23 Abs. 2 Nr. 2 AktG; 3 Abs. 1 Nr. 2 GmbHG; aber auch §§ 1 Abs. 1, 6 Nr. 2 GenG)[266]. Ebenso wie der Vereinszweck ist auch die Vereinsbetätigung – auf niedrigerer Stufe – kennzeichnend für die Identität des Vereins und bestimmt den Umfang der Rechte und Pflichten der Mitglieder und Organe. Auch die Vereinsbetätigung muß in der Satzung hinreichend bestimmt umschrieben sein. Dies fordert einerseits § 57 Abs. 1 BGB, der dem Registergericht im Hinblick auf die Vereinsklassenabgrenzung (§§ 21, 22 BGB) die Prüfung der Eintragungsfähigkeit ermöglichen soll[267]. Darüber hinaus handelt es sich auch bei der Vereinsbetätigung um eine organisationsrechtliche und mitgliedschaftliche Grundlagenentscheidung des Vereinslebens, die der Aufnahme in die Satzung als privatautonom festgelegter Teil der Vereinsverfassung i. S. d. § 25 BGB bedarf (oben Rn. 264 ff.). Erforderlich ist danach eine Beschreibung der wesentlichen Betätigungsfelder (Aufgaben) des Vereins, durch die sein Zweck verwirklicht werden soll. Diese müssen freilich nicht abschließend aufgezählt sein, sondern können vielmehr durch die Vereinsorgane (Mitgliederversammlung, Vorstand) im Rahmen des Vereinszwecks erweitert, aufgegeben oder ergänzt werden. Eine Änderung der satzungsmäßigen Angaben über die Vereinsbetätigung oder -aufgaben bedarf nicht der für Zweckänderungen (§ 33 Abs. 1 Satz 2 BGB), sondern nur der für »einfache« Satzungsänderungen erforderlichen Stimmenmehrheit der Mitgliederversammlung (§ 33 Abs. 1 Satz 1; dazu unten Rn. 412 ff.).

---

266 Vgl. *Reuter* ZGR 1987, 475, 482 f.; *ders.* in: MünchKomm § 33 BGB Rn. 2. Entgegen *Reuter* (ZGR a. a. O.) gilt dies allerdings auch für die Personalhandelsgesellschaften, da der Betrieb eines (bestimmten) Handelsgewerbes (§§ 105 Abs. 1, 161 Abs. 1 HGB) als Unternehmensgegenstand den Zweck einer Gewinnerzielungsabsicht als Merkmal des Gewerbebegriffs umfaßt; für ein einheitliches Verständnis von Vereins- und Gesellschaftszweck auch *Mummenhoff* S. 104 ff.

267 So *K. Schmidt* BB 1987, 556, 559.

Angaben zur Vereinsbetätigung sind auch aus steuerrechtlichen Gründen erforderlich, wenn nämlich der Verein ausschließlich und unmittelbar steuerbegünstigte gemeinnützige, mildtätige oder kirchliche Zwecke i. S. d. §§ 51 ff. AO verfolgt[268]. Um eine entsprechende Anerkennung durch die Finanzverwaltung zu erreichen, fordert § 60 Abs. 1 AO, daß die »Satzungszwecke und die Art ihrer Verwirklichung« so genau bestimmt sind, »daß auf Grund der Satzung geprüft werden kann, ob die satzungsmäßigen Voraussetzungen für Steuervergünstigungen gegeben sind«. Hierdurch soll vermieden werden, daß der Verein unter dem »Deckmantel« eines steuerbegünstigten Zwecks auf Gewinnerzielung gerichtete Tätigkeiten entfaltet. Daher muß auch die tatsächliche Vereinsbetätigung (»Geschäftsführung«) diesen Satzungsbestimmungen entsprechen (§ 59 Halbs. 2 AO). Die Satzung muß daher hinreichend konkret die Art und Weise bestimmen, wie der Vereinszweck erreicht werden soll[269]. Nicht ausreichend ist etwa die bloße Angabe, daß der Verein »Veranstaltungen« durchführt oder ein Verweis auf die »Tranzendentale Meditation«[270]. 402

8.4.2. Festlegung des Vereinszwecks

Die Gründer und Vereinsorgane sind in der Wahl des Vereinszwecks grundsätzlich frei. Die Vereinigungsfreiheit nach Art. 9 Abs. 1 GG umfaßt auch die freie Wahl des Vereinszwecks, der allerdings nicht den Strafgesetzen zuwiderlaufen oder sich gegen die verfassungsmäßige Ordnung oder den Gedanken der Völkerverständigung richten darf (Art. 9 Abs. 2 GG; dazu Rn. 2918 ff.). Die freie Zweckwahl gilt sowohl für die Festlegung in der Gründungssatzung als auch für spätere Zweckänderungen nach §§ 33 Abs. 1 Satz 2, 71 BGB. Zulässig ist auch, daß der Verein mehrere Zwecke verfolgt oder einen von mehreren Zwecken später aufgibt. 403

Wegen seiner Bedeutung für die Identität des Vereins muß die Zweckangabe in der Satzung nach § 57 Abs. 1 BGB umfassend, transparent sowie hinreichend konkret und individualisiert sein[271]. Die Zielsetzung muß sich unmittelbar aus der Vereinssatzung ergeben. Das schließt es aus, daß die Satzung zur Bestimmung des Vereinszwecks auf die Satzung eines anderen Vereins oder übergeordneten Verbands verweist[272]. Die Angabe ist nicht bestimmt genug, wenn als Zweck nur die Sportförderung genannt ist; vielmehr muß angegeben werden, welche Sportart gefördert werden soll. Als Mittel der Sportförderung könnte in diesem Fall die Förderung sportlicher Übungen und Leistungen sowie die Durchführung von Wettbewerben und Veranstaltungen sowie die Teilnahme an Wettbewerben eines übergeordneten Verbands angeführt werden. 404

Grenzen sind der freien Zweckwahl durch die Rechtsordnung gesetzt (zu Art. 9 Abs. 2 GG vgl. schon oben Rn. 403 sowie unten Rn. 2918 ff.). Zulässig ist da- 405

268 Vgl. ausführlich *Kühr* Rn. 59 ff.
269 Vgl. *Kühr* Rn. 242 ff. m. Nachw.
270 Vgl. *FG Düsseldorf* EFG 1990, 2; *Kühr* Rn. 244.
271 Zur notwendigen Individualisierung des Unternehmensgegenstands der GmbH vgl. *BayObLG* WM 1994, 1748: unzureichend »Produktion von Waren aller Art«.
272 Vgl. zu § 60 AO: *BFH* BStBl II 1989, 595.

nach nur die Wahl eines erlaubten Vereinszwecks[273]. Hier sind zunächst die Fälle gesetzlichen Rechtsformzwangs zu nennen: Ein einzutragender oder eingetragener Verein darf keinen wirtschaftlichen Vereinszweck i. S. d. § 22 BGB wählen (oben Rn. 97 ff.). Versicherungsunternehmen können nur als AG oder VVaG betrieben werden (§ 7 Abs. 1 VAG), private Bausparkassen nur als AG (§ 2 Abs. 1 BausparkG), Hypotheken- und Schiffspfandbriefbanken nur als AG oder KGaA (§ 2 HypBG; § 2 Abs. 1 SchiffsBG), Kapitalanlagegesellschaften nur als AG oder GmbH (§ 1 Abs. 3 Satz 1 KAGG), Steuerberatungs- und Wirtschaftsprüfungsgesellschaften nur als Handelsgesellschaften (§ 49 Abs. 1 StBerG; § 27 Abs. 1 WPO), Apotheken nur von natürlichen Personen, einer Gesellschaft bürgerlichen Rechts oder oHG (§ 8 ApothekenG), das Versteigerergewerbe nur von natürlichen Personen (§ 34 b Abs. 3 Satz 1 GewO). Standesrechtliche Grundsätze können einer als Verein organisierten Ausübung Freier Berufe (z. B. Rechtsanwälte, Notare, Ärzte) entgegenstehen (vgl. aber § 1 Abs. 1 und 2 PartGG)[274]. Der Zweck eines Vereins darf nicht gegen die guten Sitten (§ 138 Abs. 1 BGB; Schulbeispiel: Bordellbetrieb) oder ein gesetzliches Verbot verstoßen (§ 134 BGB; Schulbeispiele: verbotenes Glücksspiel[275] oder gewerbsmäßiger Schmuggel)[276]. Vereinszweck darf nicht die nach dem RBerG erlaubnispflichtige geschäftsmäßige Besorgung fremder Rechtsangelegenheiten sein, soweit es sich nicht um die Beratung der Mitglieder durch berufsständische Vereinigungen im Rahmen ihres Aufgabenbereichs[277] oder durch genossenschaftliche Verbände handelt (Art. 1 § 1 Abs. 1 Satz 1, § 3 Nr. 7, § 7 RBerG; zur Steuerberatung, insbes. durch Lohnsteuerhilfevereine, vgl. § 4 Nr. 6, 7 und 11 StBerG[278]). Ferner darf ein Vereinszweck nicht gegen das Verbot erfolgsunabhängiger Wohnraumvermittlung verstoßen (§§ 2 Abs. 1, 3 Abs. 2 WoVermittG)[279]. § 160 StVollzG soll einer Vereinsgründung durch Strafgefangene zur Gefangenenmitverantwortung ohne Zustimmung der Anstaltsleitung entgegenstehen[280]. Soweit der Zweck eines Vereins durch gesetzliche

273 Vgl. *Soergel/Hadding* §§ 21, 22 BGB Rn. 13 ff.

274 Zur Zulässigkeit einer Rechtsanwalts-GmbH vgl. *BayObLG* WM 1995, 23 = BB 1994, 2433 = JZ 1995, 364; dazu *Schlosser* JZ 1995, 345 ff.; *Henssler* ZIP 1994, 844 ff.; einer Zahnbehandlungs-GmbH BGHZ 124, 224 = ZIP 1994, 381.

275 Vgl. *KG* OLGE 36, 188.

276 Vgl. *LG Hamburg* NJW-RR 1991, 892: Eintragung eines Vereins für Meeresangler zulässig, da Wettfischen nicht gegen § 17 TierSchG verstößt; *LG Bonn* Rpfl 1995, 302: Schuldenbeitreibung durch »Schwarze Männer«.

277 Vgl. für Hauseigentümer- und Mietervereine als Vereinigungen i. S. d. Art. 1 § 7 RBerG *BGH* GRUR 1986, 79; für einen Verein zum Schutz von Grundeigentum im Ausland *OLG Karlsruhe* NJW-RR 1990, 685; zu den fehlenden Voraussetzungen des Art. 1 § 7 RBerG bei einer Aktionärsvereinung, die Ansprüche auch für Nichtmitglieder geltend macht, vgl. *OLG Düsseldorf* WM 1993, 150 (bestätigt durch *BGH* WM 1994, 2214); ferner *BayObLG* EWiR Art. 1 RBerG 1/94, 1017 Chemnitz.

278 Zur Reichweite der Erlaubnis zur Hilfe in Lohnsteuersachen für Lohnsteuerhilfevereine vgl. *BGH* NJW 1993, 1135: zulässig auch Mitwirkung an der Vorfinanzierung von Lohnsteuererstattungsansprüchen der Mitglieder.

279 Vgl. *LG Karlsruhe* Rpfl 1974, 221; Rpfl 1984, 22; *LG Essen* Rpfl 1983, 158 m. Anm. *Heitgreß*; *N. Meier* ZMR 1985, 258; auch *LG Lübeck* WuM 1994, 601: wirtschaftlicher Verein i. S. d. § 22 BGB.

280 So BayObLGZ 1981, 289, 299 f.; *OLG Karlsruhe* OLGZ 1983, 397 f.; a. A. *LG Mannheim* Rpfl 1982, 430.

Vorschriften abschließend festgelegt ist, darf der Verein daneben keine anderen Zwecke verfolgen oder ihn ändern; dies gilt z. B. für genossenschaftliche Prüfungsverbände gem. § 63 b Abs. 4 GenG und Verbände der Ersatzkassen gem. § 212 Abs. 5 SGB V[281].

9. Satzungsänderung

9.1. Abänderbarkeit der Satzung

9.1.1. Satzungsmäßiger Ausschluß der Abänderbarkeit

Nach § 40 BGB können die Vorschriften über die Satzungsänderung (§ 33 BGB) durch satzungsmäßige Regelung abbedungen werden. Hieraus könnte der Schluß gezogen werden, daß in der Satzung bestimmt sein kann, daß sie insgesamt oder einzelne ihrer Bestimmungen nicht geändert werden kann. Eine solche Perpetuierung des Satzungsinhalts, die z. B. für bestimmte Vorschriften des GG die »Ewigkeitsklausel« in Art. 79 Abs. 3 GG vorsieht, auch gegen den Willen sämtlicher Mitglieder würde jedoch gegen den Grundsatz der Verbandssouveränität verstoßen, nach dem der Wille einer privatautonom gebildeten Personenvereinigung durch ihre eigenen Organe und Mitglieder in ihrer aktuellen Besetzung gebildet wird[282]. Jedenfalls könnte die entsprechende Bestimmung mit Zustimmung aller Mitglieder aufgehoben werden. Dies entspricht dem allgemeinen Grundsatz, daß jeder Vertrag mit Zustimmung aller Beteiligten geändert oder aufgehoben werden kann (vgl. § 305 BGB). Im übrigen wäre es unökonomisch, die Mitglieder auf eine Auflösung des Vereins und Neugründung mit dem geänderten Satzungsinhalt zu verweisen. Auch Satzungsbestandteile, deren Änderung ausgeschlossen ist, können daher mit Zustimmung aller Mitglieder geändert werden (§ 33 Abs. 1 Satz 2 BGB analog)[283]. **406**

9.1.2. Grenzen der Abänderbarkeit

Der Inhalt der Satzungsänderung darf nicht gegen zwingendes Recht verstoßen (§ 134 BGB). Das wäre etwa der Fall, wenn beschlossen würde, den Vorstand als notwendiges Vereinsorgan abzuschaffen (vgl. §§ 26, 40 BGB) oder nunmehr von Verfassungs wegen verbotene Zwecke (Art. 9 Abs. 2 GG) zu verfolgen. Der Inhalt der Satzungsänderung darf auch nicht gegen die guten Sitten verstoßen (§ 138 Abs. 1 BGB). Schließlich darf die geänderte Satzungsregelung nicht zu einer sachlich nicht gerechtfertigten Ungleichbehandlung der Mitglieder führen (vgl. Rn. 543 ff.) und hat die gesellschaftsrechtliche Rücksichtspflicht des Vereins gegenüber den Mitgliedern zu beachten, die einen Machtmißbrauch der Mehrheit verbietet. Weiter muß jede Satzungsänderung sich inhaltlich am Vereinszweck orientieren, sofern nicht zugleich eine Zweckänderung beschlossen **407**

281 So *Hein* S. 170.

282 Für die Nichtigkeit einer entsprechenden Klausel daher *Flume* Festschr.Coing, Bd. II, S. 97, 102 Fn. 17.

283 Ebenso *Staudinger/Coing* § 33 BGB Rn. 6; *Soergel/Hadding* § 33 Rn. 7; *Sauter/Schweyer* Rn. 137; für Ausnahmen bei Verfolgung eines vorübergehenden Zwecks oder befristetem Ausschluß der Abänderbarkeit in der Gründungssatzung Voraufl. Rn. 406.

wird. Ferner darf die Satzungsänderung nicht in unentziehbare Mitgliedschaftsrechte (vgl. Rn. 531) und in Sonderrechte (vgl. § 35 BGB) eingreifen, sofern die Betroffenen nicht zustimmen.

9.2. Satzungsänderung und Zweckänderung

9.2.1. Änderung materieller Satzungsbestandteile

408 Die Förmlichkeiten einer Satzungsänderung sind nur einzuhalten, wenn materielle Satzungsbestandteile geändert werden (sog. korporative Regelungen). Lediglich formelle oder individualrechtliche Bestandteile der Satzung (nichtkorporative Satzungsbestimmungen) werden nach den Regeln des ihnen zugrundeliegenden Rechtsverhältnisses geändert (vgl. oben Rn. 294 f.).

9.2.2. Bedeutung einer Satzungsänderung

409 Gegenstand einer Satzungsänderung kann sowohl der materielle Inhalt als auch die bloße sprachliche Fassung einzelner Satzungsbestimmungen oder der Satzung insgesamt sein. Eine Satzungsänderung ist demnach gegeben, wenn der vorherige Text erweitert, gekürzt oder in sonstiger Weise abgeändert wird, und zwar unabhängig davon, ob die neue Bestimmung den materiellen Regelungsgehalt verändert oder nur die sprachliche Fassung[284].

Bloße redaktionelle oder Fassungsänderungen kommen insbesondere in Betracht, wenn der bisherige Satzungstext sich in der Praxis als mehrdeutig und auslegungsbedürftig oder sprachlich antiquiert erwiesen hat, wenn sich durch die Entwicklung des Vereinslebens eine Satzungsbestimmung als überflüssig erwiesen oder – selten – wenn eine neue gesetzliche Bestimmung die Satzungsvorschrift obsolet gemacht hat. Durch eine inhaltliche Änderung wird dagegen typischerweise eine Satzungsbestimmung geänderten Verhältnissen, gewandelten Vorstellungen der Vereinsmehrheit oder abgeänderten Zielsetzungen angepaßt.

410 Die Änderung betrifft i. d. R. die mit »Satzung« überschriebene Grundordnung des Vereins. Zu beachten ist jedoch, daß Vereinsordnungen, die zum Satzungsbestandteil erklärt worden sind, ebenfalls dem förmlichen Änderungsverfahren unterliegen. Bei satzungsnachrangigen Vereinsordnungen ist dies nicht der Fall (vgl. oben Rn. 315 ff., 328).

411 Besonderheiten bestehen bei der Änderung von Verbandssatzungen oder -ordnungen, die zu Bestandteilen der Satzungen der angeschlossenen Vereine geworden sind. Die ordnungsgemäß beschlossene Änderung der Verbandsregeln bindet die Vereine als juristische Personen und Mitglieder des Verbands. Eine Verbindlichkeit für die Einzelmitglieder der Anschlußvereine tritt nicht von selbst ein, da eine dynamische Verweisung auf die Verbandssatzung (»in ihrer jeweils geltenden Fassung«) unzulässig ist (oben Rn. 297 a). Vielmehr bedarf es einer Änderung der Satzung des Anschlußvereins durch das hierfür zuständige Organ. Die Mitgliederversammlung des angeschlossenen Vereins muß deshalb als Satzungsänderung beschließen, daß das geänderte Verbandsrecht übernommen und zum Bestandteil der eigenen Satzung gemacht wird.

---

284 Vgl. BayObLGZ 1975, 435, 438 = Rpfl 1976, 56; BayObLGZ 1978, 282, 286; *KG* OLGZ 1974, 385, 386.

9.2.3. Bedeutung einer Zweckänderung

Die Zweckänderung ist als Sonderfall der Satzungsänderung von »einfachen« Satzungsänderungen abzugrenzen, da für die Zweckänderung die Zustimmung aller Mitglieder erforderlich ist (§ 33 Abs. 1 Satz 2 BGB). **412**

Um festzustellen, ob eine Zweckänderung vorliegt, ist zunächst der bisherige Zweck des Vereins i. S. seiner »Leitidee« oder des »obersten Leitsatzes«[285] seiner Tätigkeit, zu ermitteln, u. U. im Wege der Auslegung der entsprechenden Satzungsbestimmung (oben Rn. 400). Sodann ist zu fragen, ob hierin eine Änderung eintreten soll, mit der schlechterdings kein Mitglied bei seinem Beitritt zu rechnen brauchte. Entsprechend dem individual- und minderheitenschützendem Zweck des § 33 Abs. 1 Satz 2 BGB (oben Rn. 399 a) ist entscheidend, ob aus der Sicht und der Interessenlage des einzelnen Mitglieds der Charakter des Vereins sich derart ändert, daß zu dieser Änderung die Zustimmung jedes Mitglieds erforderlich ist[286]. **413**

Eine Zweckänderung liegt danach vor, wenn **414**

- der in der Satzung genannte Zweck durch einen anderen ersetzt wird,
- der bisherige Zweck durch einen zusätzlichen Zweck erweitert wird,
- von mehreren Zwecken einer aufgegeben wird,
- aus der Satzung eine Gewichtung mehrerer Zwecke zu entnehmen ist, die entscheidend geändert wird,
- der bisherige Zweck wesentlich erweitert oder eingeengt wird.

Keine Zweckänderung ist die bloße redaktionelle Neufassung der Zweckbestimmung in der Satzung[287]. Gleiches gilt, wenn der (Haupt-)Zweck infolge Veränderung der tatsächlichen Verhältnisse unmöglich wird; in einem solchen Fall »schrumpft« der Vereinszweck auf Restaufgaben (z. B. Vermögensverwaltung) zusammen[288]. **414 a**

Die Änderung der Vereinsbetätigung (oben Rn. 401) allein, also der in der Satzung beschriebenen Vereinsaufgaben, ist grundsätzlich nicht als Zweckänderung anzusehen[289]. Von diesem Grundsatz gibt es Ausnahmen: Haben die bisher zur Zweckerreichung eingesetzen Mittel das Erscheinungsbild und die »Identität« des Vereins (mit-)geprägt, so wirkt sich eine Erweiterung des Aufgabenkreises als Zweckänderung aus[290]. Entsprechendes gilt für die Aufgabe einer das Erscheinungsbild des Vereins kennzeichnenden Vereinsbetätigung. Dies ist z. B. dann der Fall, wenn ein wettbewerbsrechtlicher »Mischverband« seine Betätigung als Verbraucherverband aufgibt und die – unveränderte – **415**

---

285 BGHZ 96, 245, 252 = a. a. O. (Fn. 264); dazu *Häuser/van Look* ZIP 1986, 749, 752 f.; *K. Schmidt* BB 1987, 556 ff.; *Reuter* ZGR 1987, 475, 479 ff.; vgl. auch *Beuthien* BB 1987, 6, 7.

286 Vgl. *OLG Hamm* OLGZ 1980, 326, 328: Einrichtung eines Garantiefonds durch einen genossenschaftlichen Prüfungsverband; *Häuser/van Look* ZIP 1986, 749, 751 f.; auch *LG Bremen* Rpfl 1989, 415.

287 *LG Lübeck* SchlHA 1982, 26.

288 BGHZ 49, 175, 179 = NJW 1968, 545 = WM 1968, 226.

289 BGHZ 96, 245, 252 = a. a. O. (Fn. 264).

290 *LG Nürnberg-Fürth* Rpfl 1988, 151; *Sauter/Schweyer* Rn. 147; *Beuthien* BB 1987, 6, 7; anders bei bloßer Erweiterung der Förderung des Vereinszwecks: *LG Bremen* Rpfl 1989, 415.

Zielsetzung der Bekämpfung unlauteren Wettbewerbs nur noch als Verband zur Förderung gewerblicher Interessen verfolgt (vgl. § 13 Abs. 2 Nr. 2 und 3 UWG)[291].

416 Nach der älteren Rechtsprechung soll sich eine Zweckänderung auch «außerhalb der Satzung« durch tatsächliche Maßnahmen der Vereinsorgane vollziehen können[292]. Hiergegen bestehen Bedenken, da § 33 Abs. 1 Satz 2 BGB eine Zweckänderung an bestimmte Förmlichkeiten knüpft (einstimmiger Beschluß der Mitgliederversammlung und schriftliche Zustimmung der nicht erschienenen Mitglieder), deren Nichtbeachtung nach § 242 BGB allenfalls in Ausnahmefällen überwunden werden kann (Verwirkungsgedanke). Jedenfalls beim eingetragenen Verein ist eine solche Zweckänderung »außerhalb der Satzung« wegen fehlender Eintragung nach § 71 BGB unwirksam[293].

416 a Eine Zweckänderung findet auch statt, wenn sich der »werbende« Verein nach Eintritt eines Auflösungstatbestands in einen Liquidationsverein verwandelt und umgekehrt, wenn dieser durch Fortsetzungsbeschluß reaktiviert wird (vgl. Rn. 2117, 2222 ff.)[294].

417 Einzelne Fälle: Ob der Austritt des Vereins aus einem Verband zu einer Zweckänderung führt, ist nach den Umständen des jeweiligen Falles zu beurteilen (Auslegungsfrage). Ergibt die Auslegung der Satzung, daß die Verbandszugehörigkeit nicht dem Vereinszweck zuzuordnen ist, sondern nur ein Mittel zur Zweckerreichung bildet, so liegt keine Zweckänderung vor[295]. Dagegen kann bei einem Wechsel in einen Verband mit entgegengesetzter Zielrichtung eine Zweckänderung vorliegen[296]. Werden die Merkmale der Vereinsmitgliedschaft geändert, so wird hierin nur in Ausnahmefällen eine Zwekkänderung zu sehen sein[297]. Ebenso liegt keine Zweckänderung vor, wenn die bisherige korporative Mitgliedschaft in einem Landesverband über Bezirksverbände in Einzelmitgliedschaften umgewandelt wird[298]; entsprechendes gilt im umgekehrten Fall.

9.3. Verfahren der Satzungsänderung einschließlich der Zweckänderung

9.3.1. Zuständiges Organ

418 Bestimmt die Satzung nicht ein anderes Organ (vgl. § 40 BGB), so ist für die Satzungsänderung einschließlich der Zweckänderung kraft dispositiven Gesetzesrechts die Mitgliederversammlung zuständig (§§ 32, 33 BGB). Die Sat-

291 So *Häuser/van Look* ZIP 1986, 749, 753 f.; a. A. BGHZ 96, 245, 252 = a. a. O. (Fn. 264); *Reuter* ZGR 1987, 475, 480 f.; *Erman/Westermann* § 33 BGB Rn. 1.

292 *RG* JW 1931, 1450 m. Anm. *Hirsch* und *Bewer*; SeuffA 84 Nr. 135; HRR 1932 Nr. 1640; WarnR 1929 Nr. 59; dagegen MünchKomm/*Reuter* § 33 BGB Rn. 5; *ders.* ZHR 151 (1987), 355, 375 f.

293 Vgl. *OLG Hamm* OLGZ 1980, 326, 328; *Soergel/Hadding* § 33 BGB Rn. 10.

294 Vgl. BGHZ 96, 253, 255 = NJW 1986, 1604 = WM 1986, 160.

295 *BGH* NJW 1980, 2799, 2800.

296 Vgl. *RG* Recht 1924 Nr. 588; RGZ 119, 184 = JW 1928, 644 m. Anm. *Heinsheimer*.

297 BGHZ 55, 381, 386 (obiter dictum).

298 *BGH* NJW 1980, 2707 = WM 1980, 1064, wonach allerdings wegen der Entziehung der Mitgliedschaften die Zustimmung sämtlicher bisheriger Mitglieder erforderlich ist.

zung kann auch vorsehen, daß die (Haupt-)Satzung als Grundordnung durch die Mitgliederversammlung, eine zum Satzungsbestandteil erklärte Vereinsordnung jedoch durch ein anderes Organ, etwa den Gesamtvorstand oder einen Beirat geändert wird. Bloße redaktionelle Änderungen können durch die Satzung einen anderen Vereinsorgan (z. B. dem Vorstand) übertragen werden (vgl. für die AG § 179 Abs. 1 Satz 2 AktG). Für diesen Fall kann die Satzung vorsehen, daß innerhalb bestimmter Frist Widerspruch zur Mitgliederversammlung eingelegt werden kann, die dann entweder die redaktionelle Änderung bestätigt oder aufhebt.

Umstritten ist, inwieweit die Zuständigkeit zur Satzungsänderung einem an- **418 a**
deren Vereinsorgan als der Mitgliederversammlung oder einem außenstehenden Dritten übertragen werden kann. Von der h. M. wird dies im Ausgangspunkt bejaht, da nach § 40 BGB die Regelung in § 33 Abs. 1 Satz 1 BGB durch die Satzung abbedungen werden kann. Danach soll es durch die Satzungsautonomie gedeckt sein, wenn sich die Mitgliederversammlung, der nach dem gesetzlichen Leitbild die Befugnis zur Satzungsänderung zusteht, dieser Zuständigkeit begibt, indem sie sie durch eine entsprechende Satzungsbestimmung auf ein anderes Vereinsorgan (z. B. den Vorstand, eine Delegiertenversammlung oder einen Ausschuß) oder einen Dritten überträgt. Unzulässig sollen derartige Kompetenzübertragungen nur dann sein, wenn die Selbstbestimmung und Selbstverwaltung innerhalb des Vereins in weitem Umfang ausgeschlossen ist, so daß er nicht mehr als selbständige, vom Willen ihrer Mitglieder bestimmte Personenvereinigung erscheint, sondern nur als »Verwaltungsstelle« oder »Sondervermögen« einer außenstehenden Person oder Institution[299]. Nach der Gegenauffassung verlangt der Grundsatz der Verbandssouveränität, daß die Zuständigkeit zur Satzungsänderung zwingend bei der Mitgliederversammlung verbleibt[300]. Eine Ausnahme soll nur für religiöse Vereine gelten, denen aus verfassungsrechtlichen Gründen (Art. 4 Abs. 1, 140 GG, 137 WRV) auch eine freiwillige Einordnung in hierarchisch gegliederte Glaubensgemeinschaften gestattet sein soll, kraft derer auch außenstehende »Autoritäten« zur Satzungsänderung befugt sein können[301].

---

299 Vgl. *KG* OLGZ 1974, 385 = Rpfl 1974, 394 = MDR 1975, 140; BayObLGZ 1975, 435 = Rpfl 1976, 56; BayObLGZ 1979, 903 = NJW 1980, 1756 = Rpfl 1979, 419 = BayVBl 1979, 759; *OLG Frankfurt a M.* NJW 1983, 2576 = Rpfl 1982, 291 (abl. dazu *Machanek* JuS 1985, 440); *OLG Stuttgart* OLGZ 1986, 259 = NJW-RR 1986, 995; *OLG Köln* NJW 1991, 1048 = Rpfl 1992, 112 (Berufungsentscheidung zu *LG Bonn* Rpfl 1991, 156), die überwiegend religiöse Vereine betreffen; *Dütz* Festschr. Herschel, 1982, S. 55, 71 f.; RGRK/*Steffen* vor § 21 BGB Rn. 35; *Staudinger/Coing* § 33 BGB Rn. 6; *Erman/Westermann* § 25 BGB Rn. 2; großzügiger wohl *Schockenhoff* AcP 193 (1993), 35, 66 f.; differenzierend zwischen Vereinen mit und ohne Aufnahmefreiheit MünchKomm/*Reuter* § 33 BGB Rn. 7–10.

300 *Flume* Festschr. Coing II, 1982, S. 97, 102 ff.; *ders.* Jur. Person, § 7 I, S. 193 ff.; *K. Schmidt* Gesellschaftsrecht, § 5 I 3, S. 75 f.; AK/*Ott* § 25 BGB Rn. 18; *Kohler* S. 95; *Grunewald* Gesellschaftsrecht, Rn. 2 A 20 und 42; für Vereine ohne Aufnahmefreiheit auch MünchKomm/*Reuter* § 33 BGB Rn. 10.

301 Vgl. BVerfGE 83, 341 ff. = NJW 1991, 2623 = JZ 1992, 248 (dazu *Schockenhoff* NJW 1992, 1013; *Jeand'Heur* JuS 1982, 830); *LG Oldenburg* JZ 1992, 250; zu beiden Entscheidungen *Flume* JZ 1992, 238; *auch OLG Köln* NJW 1992, 1048 = Rpfl 1992, 112 (gegen *LG Bonn* Rpfl 1991, 156); *Erman/Westermann* § 25 BGB Rn. 2 a.

418 b Stellungnahme: Grenzen für die Gestaltungsfreiheit der Vereinssatzung ergeben sich zunächst aus §§ 138 Abs. 1, 242 BGB, die eine »Selbstentmündigung« des Vereins und eine unangemessene Benachteiligung seiner Mitglieder zugunsten außenstehender Dritter verbieten[302]. Daneben ist es für eine rechtlich verselbständigte Personenvereinigung wie den Verein als juristische Person kennzeichnend, daß sie ihren Willen durch eigene Organe bildet[303]. Damit gebietet der Grundsatz der Verbandssouveränität zwar nicht zwingend, daß es sich bei dem Willensbildungsorgan, insbes. bei Satzungsänderungen, stets um die Mitgliederversammlung handeln muß. Eine Übertragung der Kompetenz zur Satzungsänderung an einen außenstehenden Dritten ist danach allerdings ausgeschlossen (zu Zustimmungserfordernissen vgl. unten Rn. 429). Soweit die Zuständigkeit zur Satzungsänderung auf ein anderes Vereinsorgan übertragen ist, gebieten es der Grundsatz der Verbandssouveränität und der Gedanke des Mitgliederschutzes, daß mit Zustimmung aller Mitglieder (analog § 33 Abs. 1 Satz 2 BGB) die Kompetenzübertragung rückgängig gemacht werden kann. Insoweit besteht eine (ungeschriebene) Zuständigkeit der Mitgliederversammlung; entgegenstehende Satzungsbestimmungen sind unwirksam. Hat die Gesamtheit der Mitglieder die Zuständigkeit für Satzungsänderungen wieder an sich gezogen, so liegt sie – dem gesetzlichen Leitbild entsprechend – wieder bei der Mitgliederversammlung[304].

9.3.2. Ankündigung in der Einberufung

419 Nach § 32 Abs. 1 Satz 2 BGB muß der Gegenstand der Mitgliederversammlung bei der Einberufung den Mitgliedern mitgeteilt werden. Beim Verein muß zwar nicht – wie bei der Aktiengesellschaft (§ 124 Abs. 2 Satz 2 AktG) – der Wortlaut der vorgeschlagenen Satzungsänderung, wohl aber deren Inhalt – mindestens stichwortartig – mitgeteilt werden. Die Unterrichtung über den Gegenstand der Beschlußfassung in der Einladung muß so bestimmt und klar umrissen sein, daß jedes Mitglied seine Bedeutung erfassen und darüber entscheiden kann, ob es an der Versammlung teilnehmen möchte und sich ggf. auf die Diskussion und Abstimmung vorbereiten kann[305]. Denn das Mitglied muß Beschlüsse, die ohne oder gegen seine Stimme gefaßt werden, wegen des Anwesenheits- und Mehrheitsgrundsatzes gegen sich gelten las-

---

302 Vgl. *Soergel/Hadding* § 33 BGB Rn. 7.

303 Vgl. *Beuthien/Gätsch* ZHR 156 (1992), 459, 473 f.: »körperschaftliche Selbstbestimmung«. Dies verkennt *Schockenhoff* AcP 193 (1993), 35, 64 ff., wenn er die Vereinsautonomie nicht als begriffliches, sondern nur als »typisches« Merkmal des Vereins ansehen will.

304 Vgl. MünchKomm/*Reuter* § 33 BGB Rn. 8; ähnlich *Beuthien/Gätsch* ZHR 156 (1992), 459, 475 f., die das körperschaftliche Selbstbestimmungsrecht des Vereins nur dann als gewahrt ansehen, wenn die Mitgliederversammlung das Zustimmungsorgan beseitigen oder den Dritten als Mitglied dieses Organs abberufen kann.

305 Vgl. *BGH* NJW-RR 1989, 376 = WM 1988, 1879, 1882 = WuB II L. § 32 BGB 1.89 *van Look*; auch BGHZ 99, 119, 122 = NJW 1987, 1811 = WM 1987, 373 = WuB II L. § 32 BGB 1.87 *van Look* = ZIP 1987, 446 = EWiR § 32 BGB 1/87, 339 *Weipert* = DB 1987, 479; *OLG Köln* WM 1990, 1068, 1070 = WuB II L. § 32 BGB 1.90 *van Look*..

sen[306]. Danach genügt es grundsätzlich nicht, nur »Satzungsänderung« oder »Neufassung der Satzung« anzukündigen[307], es sei denn, den Mitgliedern ist aus anderen Quellen bereits bekannt, welche Satzungsbestimmungen geändert werden sollen[308]. Ist ein solcher Ausnahmefall nicht gegeben, so muß mitgeteilt werden, welche Bestimmungen der Satzung mit welchem Inhalt geändert werden sollen[309]. Empfehlenswert ist es, den Mitgliedern zugleich den Text der Satzungsänderung oder -neufasssung zu übersenden (wie dies bei Vereinsverbänden üblich ist). Bei stichwortartiger Mitteilung des Inhalts der Satzungsänderung reicht auch der Hinweis aus, daß der gesamte Text auf der Geschäftsstelle des Vereins eingesehen werden kann.

9.3.3. Abstimmung über die Satzungsänderung

Im allgemeinen ist der neue Text der zu ändernden Satzungsbestimmungen **420** oder der Neufassung vor der Abstimmung zu verlesen. Dies ist nicht erforderlich, wenn er den Mitgliedern bereits mit der Einladung zur Mitgliederversammlung übermittelt worden ist. Auch mehrere Bestimmungen umfassende Satzungsänderungen können insgesamt zur Abstimmung gestellt werden[310]. Dies gilt auch im Falle einer Neufassung. Der Versammlungsleiter sollte jedoch auf das Recht eines jeden Mitglieds hinweisen, eine Diskussion und die getrennte Beschlußfassung zu den einzelnen Änderungsvorschlägen zu verlangen.

Nach § 33 Abs. 1 Satz 1 BGB ist für die Änderung der Satzung, die keine **421** Zweckänderung ist, eine Mehrheit von 3/4 der erschienenen Mitglieder erforderlich. Ungültige Stimmen sowie Stimmenthaltungen werden nicht mitgezählt[311]. Maßgebend sind die tatsächlichen Mehrheitsverhältnisse, nicht das durch den Versammlungsleiter verkündete Ergebnis (vgl. Rn. 1053, 1073 ff.).

Die Satzung kann eine von der gesetzlichen Regelung abweichende Mehrheit **422** vorsehen; sie kann die Mehrheitserfordernisse bei einer Satzungsänderung mildern oder verschärfen. So kann vorgeschrieben werden, daß die einfache Mehrheit genügt; die Anforderungen können jedoch bis hin zur Einstimmigkeit gesteigert werden. Es kann auch bestimmt werden, daß Satzungsänderungen nur in einer ordentlichen, d. h. regelmäßigen Mitgliederversammlung zulässig sind oder daß eine bestimmte Anzahl (etwa 2/3 oder 3/4) der Mitglieder erschienen sein muß, damit die Beratung und Abstimmung über eine Satzungsänderung überhaupt zulässig ist (sog. Quorum). In diesem Fall kann wei-

306 Vgl. auch *BGH* ZIP 1994, 1523 = EWiR § 709 BGB 1/94, 1179 *van Look* = WM 1994, 1925 = DB 1994, 2226, der § 32 Abs. 1 Satz 2 BGB deshalb nur auf solche Personalgesellschaften entsprechend anwenden will, bei denen der Einstimmigkeitsgrundsatz abbedungen ist.

307 Vgl. *BayObLG* Rpfl 1979, 196; *OLG Frankfurt a. M.* WM 1985, 1466 = ZIP 1985, 213, 220; auch *BGH* WM 1994, 1925 = ZIP 1994, 1523 = EWiR § 709 BGB 1/94, 1179 *van Look*.

308 Vgl. BayObLGZ 1972, 33 = Rpfl 1972, 132; *LG Bremen* Rpfl 1988, 533.

309 Vgl. *KG* JW 1934, 2161.

310 Vgl. *OLG Schleswig* DNotZ 1973, 482.

311 BGHZ 83, 35 = NJW 1982, 1585 = WM 1982, 484; ebenso BGHZ 106, 179, 182 = NJW 1989, 1090 = WM 1989, 309, 311 zur Wohnungseigentümerversammlung; abl. *Trouet* NJW 1983, 2865; zur Möglichkeit abweichender Satzungsregelung *BGH* NJW 1987, 2430 = WM 1987, 651 = WuB II L. § 32 BGB 2.87 *Stützle*.

ter vorgesehen sein, daß auf die erste Mitgliederversammlung, in der das Quorum nicht erreicht worden ist, eine zweite zu folgen hat, in der zur Beschlußfähigkeit eine Mindestanzahl anwesender Mitglieder nicht erforderlich ist. Diese Wiederholungsversammlung kann auch unmittelbar im Anschluß an die erste, nicht beschlußfähige Versammlung stattfinden. Daher kann auch die Einladung zu der Wiederholungsversammlung mit der Einladung zu der Erstversammlung verbunden werden (sog. Eventualeinberufung)[312]. Auf die geringeren Anforderungen an die Beschlußfähigkeit bei der Wiederholungsversammlung ist in der Einladung hinzuweisen. Die Satzung kann weiter vorsehen, daß eine Abstimmung über Satzungsänderungen nur zulässig ist, wenn vorher ein anderes Vereinsorgan – z.B. eine Satzungskommission – hierzu Stellung genommen hat. Das Wirksamwerden der Änderung kann auch von der Zustimmung dieses oder eines anderen Vereinsorgans abhängig sein (oben Rn. 418a und b). Die Änderung der für eine Satzungsänderung erforderlichen Mehrheitsverhältnisse sowie weiterer Voraussetzungen und Erschwerungen ist – als Satzungsänderung – wiederum nur in der erschwerten Form möglich[313].

423 Eine Satzungsänderung, die in mitgliedschaftliche Rechte eingreift oder mitgliedschaftliche Pflichten erweitert, kann – auch wenn dies die Satzung nicht ausdrücklich bestimmt – der Zustimmung der betroffenen Mitglieder bedürfen. Dies gilt z.B. bei Sonderrechten i.S.d. § 35 BGB oder wenn beschlossen wird, daß der Verein keine natürlichen Personen als Mitglieder mehr haben soll, sondern nur Körperschaften[314]. Diese Zustimmung ist nicht Bestandteil des Änderungsbeschlusses, sondern eine weitere Wirksamkeitsvoraussetzung[315]. Die Zustimmung kann formlos erklärt werden; sie ist in der Mitwirkung an der Beschlußfassung über die Änderung zu sehen, soweit die betroffenen Mitglieder ihr zugestimmt haben. Solange die Zustimmung nicht erteilt ist, ist der Beschluß schwebend unwirksam (vgl. dazu Rn. 1129).

Sofern die Wiederaufnahme der Beratung und Abstimmung über einen erledigten Tagesordnungspunkt überhaupt zulässig ist (vgl. Rn. 1067), kann der satzungsändernde Beschluß vor Eintragung in das Vereinsregister wieder aufgehoben werden; dafür ist die Mehrheit erforderlich, die das Gesetz oder die Satzung für die Satzungsänderung vorschreibt.

9.3.4. Mehrheitserfordernisse bei der Zweckänderung

424 Nach dem Gesetz ist für eine Zweckänderung die Zustimmung sämtlicher Vereinsmitglieder erforderlich (§ 33 Abs. 1 Satz 2 BGB). Maßgebend war dabei die Erwägung, daß die Zweckänderung auch die »Identität« der Körperschaft verändert; da die Mitglieder ihre Träger sind, brauchen sie sich nicht einem Mehrheitsentscheid zu unterwerfen[316]. Die Vorschrift dient daher dem Minderheiten- und Individualschutz (oben Rn. 399a).

---

312 *BGH* NJW-RR 1989, 376 = WM 1988, 1879, 1881 = WuB II L. § 32 BGB 1.89 *van Look.*

313 Vgl. *RG* HRR 1932 Nr. 1639; *LG Stuttgart* Die Justiz 1971, 144, 145.

314 Vgl. *BGH* NJW 1980, 2707 = WM 1980, 1064.

315 Vgl. BGHZ 20, 363, 368.

316 Vgl. Mot. I, S. 108.

Die Einstimmigkeit muß grundsätzlich in einer Mitgliederversammlung erreicht werden. Hiervon kann abgesehen werden, wenn sämtliche Mitglieder ihre Zustimmung (Ja-Stimme) zur Zweckänderung in einer an den Vorstand des Vereins gerichteten (§ 28 Abs. 2 BGB) schriftlichen Erklärung erteilen (§ 126 BGB; nicht ausreichend: Telegramm[317] oder Fernkopie [Telefax]), sofern die Satzung ein solches Verfahren nicht verbietet. Die Wirksamkeit einer solchen Abstimmung setzt voraus, daß die Mitglieder in dem Anschreiben des zuständigen Organs (in der Regel des Vorstands) über den Inhalt und die Gründe der Zweckänderung hinreichend informiert werden (§ 32 Abs. 1 Satz 2 BGB analog). Läßt sich in der Mitgliederversammlung die erforderliche Mehrheit nicht erreichen, weil nur eine Nein-Stimme abgegeben worden ist, so ist die Zweckänderung gescheitert. Haben in der Versammlung Mitglieder gefehlt, so können diese nachträglich ihre Zustimmung schriftlich erteilen (§ 33 Abs. 1 Satz 2 Halbs. 2 BGB). Es genügt nicht, daß diese Mitglieder vom Verein zur Zustimmung mit der Maßgabe aufgefordert werden, wenn binnen einer gesetzten Frist keine Mitteilung eingehe, gelte die Zustimmung als erteilt. Denn einerseits ist nach allgemeinen Grundsätzen Schweigen nicht als Willenserklärung zu qualifizieren; andererseits fehlt es für die Zustimmung des Mitglieds an der erforderlichen Schriftform. **425**

Bei der Berechnung der Vereinsmitglieder werden nur die Stimmberechtigten gezählt. Wird insgesamt schriftlich abgestimmt (§ 32 Abs. 2 BGB), so ist der Mitgliederbestand am Tag des Eingangs der letzten Stimme maßgebend, da dann erst der Beschluß gefaßt ist. Müssen dem Änderungsbeschluß abwesende Mitglieder zustimmen, so ist der Mitgliederbestand am Tag der Beschlußfassung maßgebend; denn der Beschluß über die Zweckänderung ist bereits gefaßt und nur bis zum Eingang der letzten Zustimmungserklärung schwebend unwirksam. **426**

Die Satzung kann das gesetzliche Erfordernis der Einstimmigkeit mildern bis zur einfachen Mehrheit der erschienenen und abstimmenden Mitglieder[318]. Üblich ist jedoch die Bestimmung einer Mehrheit von mindestens 3/4. Wie bei der Satzungsänderung kann die Satzung auch bei der Zweckänderung weitere Voraussetzungen und Erschwerungen anordnen (oben Rn. 422). Diese können nur mit der Mehrheit und unter den Voraussetzungen wieder abgeändert werden, die für jede Zweckänderung erforderlich ist[319]. **427**

Soweit die Satzung allgemein für Satzungsänderungen die modifizierte Geltung des Mehrheitsgrundsatzes bestimmt (z. B. »Änderungen und Ergänzungen der der Satzung erfolgen mit 2/3-Mehrheit«), bezieht sich dies nicht ohne weiteres auch auf Änderungen des Vereinszwecks. Wegen des Ausnahmecharakters einer Zweckänderung und der systematischen Unterscheidung zwischen »einfachen« Satzungsänderungen und Zweckänderungen in § 33 Abs. 1 Satz 1 und 2 BGB muß sich aus der Satzung eindeutig, d. h. ausdrücklich und bestimmt, **427 a**

317 A. A. *KG* JW 1938, 1824.

318 Nunmehr einhellige Meinung, vgl. MünchKomm/*Reuter* § 33 BGB Rn. 13 (abw. die 2. Aufl. Rn. 9 für Vereine ohne Aufnahmefreiheit; dagegen *Soergel/Hadding* § 33 BGB Rn. 12).

319 Vgl. *KG* JW 1934, 2161.

ergeben, daß das Mehrheitsprinzip auch für den Beschlußgegenstand einer Zweckänderung gelten soll[320]. In der Sache hat der BGH damit den für Personalgesellschaften, die dem gesetzlichen Leitbild entsprechen, entwickelten sog. Bestimmtheitsgrundsatz auf den Verein übertragen, gegen den allerdings wegen seines Formalismus Bedenken bestehen[321]. Soweit eine eindeutige Satzungsbestimmung eine Zweckänderung durch Mehrheitsbeschluß ermöglicht, ist dem Schutzbedürfnis der Minderheit und der einzelnen Mitglieder durch eine Ausübungskontrolle des Zweckänderungsbeschlusses im konkreten Fall unter dem Gesichtspunkt eines Machtmißbrauchs der Mehrheit (§ 138 Abs. 1 BGB) und der gesellschaftsrechtlichen Rücksichtspflicht (Treupflicht) Rechnung zu tragen[322].

9.3.5. Schriftform (Protokollierung)

428 Wegen des Formerfordernisses in § 71 Abs. 1 Satz 3 BGB ist der Beschluß über die Satzungsänderung (einschließlich der Zweckänderung) im Wortlaut zu protokollieren. Dabei ist auch die Zahl der Ja-Stimmen, der Nein-Stimmen, der Stimmenthaltungen und der ungültigen Stimmen anzugeben. Beispiel: »Der Versammlungsleiter gibt den Antrag des Vorstands (TOP 11) bekannt, wonach die §§ 7 und 11 der Satzung folgende Fassung erhalten: . . . Der Antrag wird mit 104 Stimmen gegen 29 Stimmen angenommen.«

9.3.6. Zustimmung Dritter bei Satzungsänderungen

429 Da die Übertragung der Zuständigkeit zur Satzungsänderung grundsätzlich unzulässig ist (oben Rn. 418 a und b), wird gelegentlich versucht, die Wirksamkeit einer durch die Mitgliederversammlung oder ein anderes Vereinsorgan beschlossenen Satzungsänderung von der bloßen Zustimmung (Genehmigung, auch in Form eines Vetorechts) eines außerhalb des Vereins stehenden Dritten oder einer externen Institution abhängig zu machen. Bei Kapitalgesellschaften ist dies unzulässig[323]. Auch im Vereinsrecht kann die Wirksamkeit einer Satzungsänderung aus den oben (Rn. 418 b) erwähnten Gründen grundsätzlich

320 BGHZ 96, 245, 249 = NJW 1986, 1033 = WM 1986, 289 = ZIP 1986, 368 = EWiR § 33 BGB 1/86 *Weipert* = JZ 1986, 285 = BB 1986, 551 = DB 1986, 473 = Rpfl 1986, 184; zustimmend *Häuser/van Look* ZIP 1986, 749, 753; *Reuter* ZGR 1987, 475 ff.; ebenso schon *OLG Hamm* OLGZ 1980, 326 = Rpfl 1980, 417; *KG* NJW 1985, 2608 (nur Leitsatz; Vorlegungsbeschluß zu *BGH* a. a. O.); a. A. *OLG Karlsruhe* Rpfl 1976, 396 (dagegen *Stöber* Rpfl 1976, 377).

321 Ausführlich *Häuser/van Look* ZIP 1986, 749, 753 ff.; zust. *Soergel/Hadding* § 33 BGB Rn. 12; ebenso *Hüffer* § 179 AktG Rn. 33; abl. *Reuter* ZGR 1987, 475, 485 ff.; *ders.* in: MünchKomm, § 33 BGB Rn. 12; *Erman/Westermann* § 33 BGB Rn. 2; *Grunewald* Gesellschaftsrecht, Rn. 2 A 52 Fn. 21.

322 *Häuser/van Look* ZIP 1986, 749, 755; i. Erg. ähnlich MünchKomm/*Reuter* § 33 BGB Rn. 13, der jedoch bei Vereinen ohne Aufnahmefreiheit den Zweckänderungsbeschluß in Parallele zum Aktienrecht anhand des Verhältnismäßigkeitsgrundsatzes überprüfen will, hierbei jedoch übersieht, daß dieser Maßstab nach h. M. nicht für zweckbeendende und damit auch zweckändernde Beschlüsse gilt (vgl. BGHZ 103, 183 = NJW 1988, 1579 m. Anm. *Timm* = WM 1988, 325, 327 f. = JZ 1989, 443 m. Anm. *Wiedemann*; *Lutter* ZHR 153 [1989], 446, 448 f.).

323 Vgl. RGZ 169, 65, 80; BGHZ 43, 261, 264.

nicht von der Zustimmung eines vereinsfremden Dritten abhängig gemacht werden.

Eine Ausnahme gilt zunächst bei kirchlichen und religiösen Vereinen für das Zustimmungserfordernis von Stellen der Religionsgemeinschaft (z. B. des Bischofs oder des geistigen Rats der Bahá'í), weil insoweit das Verfassungsrecht (Art. 4 Abs. 1 und 2, 140 GG; 137 WRV) diesen mit einer Religionsgemeinschaft institutionell oder organisatorisch verbundenen Vereinen eine Sonderstellung einräumt (vgl. Rn. 2846 ff.)[324]. **429 a**

Bei Vereinen ohne verfassungsrechtliche Sonderstellung ist aufgrund einer Gesamtwürdigung der Satzung unter Berücksichtigung der Interessen und der Rechtsstellung des Dritten im konkreten Fall zu prüfen, ob das Zustimmungserfordernis gegen den Grundsatz der Verbandssouveränität verstößt und zu einer Selbstentmündigung des Vereins führt[325]. Dabei ist zu berücksichtigen, daß der Dritte i. d. R. die Möglichkeit hat, Mitglied des Vereins zu werden und sich das Zustimmungsrecht als Sonderrecht i. S. d. § 35 BGB einräumen zu lassen[326]. Im einzelnen Fall kann auch in der satzungsmäßigen Begründung des Zustimmungserfordernisses die Einrichtung eines für Zustimmungen zur Satzungsänderung zuständigen Vereinsorgans zu sehen sein, als dessen Mitglied der »Dritte« bestellt wird (zu den Auswirkungen oben Rn. 419 b)[327]. **429 b**

Darüber hinaus sind sachlich beschränkte Zustimmungserfordernisse denkbar, die sich nur auf die Änderung bestimmter Satzungsregelungen beziehen, an deren Mitgestaltung der Dritte aufgrund eines zwischen ihm und dem Verein bestehenden Rechtsverhältnisses ein besonderes Interesse hat. Zu denken ist z. B. an eine Förderbeziehung als Mäzen eines Künstlervereins oder ein Handelsunternehmen, das eine betriebliche Unterstützungseinrichtung in der Rechtsform eines Vereins gegründet hat und am Erlaß oder der Änderung von Leistungsrichtlinien mitwirken möchte[328]. In Fällen dieser Art bestehen gegen ein Zustimmungserfordernis bei Änderung derjenigen Satzungsregelungen, die sich auf das Rechtsverhältnis zu dem Dritten beziehen, keine Bedenken. **429 c**

9.3.7. Satzungsänderungen im Gründungs-, Liquidations- und Konkursstadium

Zur Satzungsänderung beim Vorverein vgl. Rn. 179. Nach der Eröffnung des Konkurs- oder Gesamtvollstreckungsverfahrens oder Eintritt eines Auflö- **430**

---

324 Vgl. *KG* OLGZ 1974, 385 = Rpfl 1974, 394 = MDR 1975, 140; BayObLGZ 1979, 903 = NJW 1980, 1756 = Rpfl 1979, 419 = BayVBl 1979, 759; *OLG Köln* NJW 1992, 1048 = Rpfl 1992, 112 (Berufungsentscheidung zu *LG Bonn* Rpfl 1991, 156); *LG Aachen* DVBl 1976, 914; *LG Oldenburg* JZ 1992, 250; enger *OLG Frankfurt a. M.* NJW 1983, 2576 = Rpfl 1982, 291 (abl. dazu *Machanek* JuS 1985, 440); *OLG Stuttgart* OLGZ 1986, 259 = NJW-RR 1986, 995; aufgehoben durch BVerfGE 83, 341 ff. = NJW 1991, 2623 = JZ 1992, 248 (dazu *Schockenhoff* NJW 1992, 1013; *Jeand'Heur* JuS 1982, 830; *Flume* JZ 1992, 238).

325 Vgl. *Soergel/Hadding* § 33 BGB Rn. 7.

326 Bedenken gegen die Einräumung eines Genehmigungsrechts als Sonderrecht wegen der möglichen »Entrechtung« der Mitglieder bei *Grunewald* Gesellschaftsrecht, Rn. 2 A 42 Fn. 4.

327 Vgl. *Beuthien/Gätsch* ZHR 156 (1992), 459, 467 ff.

328 Vgl. den Fall *BAG* NJW 1982, 1773.

sungstatbestands, der zur Liquidation führt, kann noch eine Satzungsänderung beschlossen werden, sofern diese dem Abwicklungszweck nicht widerspricht[329].

9.3.8. Befristete, bedingte und rückwirkende Satzungsänderungen

431 Eine Satzungsänderung kann aufschiebend oder auflösend befristet werden (vgl. § 163 BGB). Der Eintritt des maßgeblichen Zeitpunkts muß jedoch für Dritte – aus Gründen der Rechtssicherheit – eindeutig feststellbar sein. Eine kalendermäßige Bestimmung ist jedoch nicht erforderlich. Z. B. kann beschlossen werden, daß die geänderte Satzung insgesamt oder einzelne Bestimmungen erst am 1. Januar des folgenden Jahres oder einen Monat nach der Eintragung ins Vereinsregister in Kraft treten[330]. Vorher können bereits Folgebeschlüsse gefaßt werden, die dann unter der aufschiebenden Bedingung der Eintragung der Satzungsänderung stehen, die insoweit eine Vorwirkung entfaltet (vgl. Rn. 457)[331]. Ist durch die Satzungsänderung z. B. die Zahl der Vorstandsmitglieder erhöht worden, so können die zusätzlichen Vorstandsmitglieder sogleich gewählt werden; ihre Organstellung beginnt allerdings erst mit Eintragung der Satzungsänderung im Vereinsregister. Aufschiebend befristete Beschlüsse über eine Satzungsänderung können angemeldet und vor Fristbeginn auch eingetragen werden[332]. Die Befristung muß aber bei der Eintragung hinreichend deutlich zum Ausdruck kommen. Die Eintragung kann allenfalls dann abgelehnt werden, wenn ein so weit in der Zukunft liegender Zeitpunkt gewählt worden ist, daß mit einer anderweitigen Beschlußfassung zu diesem Beschlußgegenstand zu rechnen ist[333].

432 Nach herkömmlicher Auffassung kann eine Satzungsänderung aus Gründen der Rechtssicherheit nicht unter eine aufschiebende oder auflösende Bedingung (§§ 158 ff. BGB) gestellt werden[334]. Dies trifft zu, soweit sie vor Eintritt der Bedingung mit diesem Inhalt ins Vereinsregister eingetragen werden soll, da wegen der Ungewißheit des Bedingungseintritts unklar ist, ob die entsprechende Satzungsregelung gilt oder nicht[335]. Dagegen tritt keine Rechtsunsicherheit ein, wenn schon der Satzungsänderungsbeschluß unter einer aufschiebenden Bedingung steht. Solange sie nicht eingetreten ist, ist die Satzungsänderung (schwebend) unwirksam und nicht eintragungsfähig[336]. Der Satzungsänderungsbeschluß kann auch die Weisung an den Vorstand enthalten,

---

329 Vgl. *KG* JW 1936, 3636, 3638 (Änderung des Anfallberechtigten); für Kapitalgesellschaften auch RGZ 107, 31, 33; BGHZ 24, 279, 286; *OLG Frankfurt a.M.* NJW 1974, 463; *BayObLG* BB 1995, 741.

330 Vgl. KGJ 28 A 216, 224; *Eckardt* NJW 1967, 369, 372, *Ziegler* Rpfl 1984, 320, 321.

331 Vgl. *Sauter/Schweyer* Rn. 139; *DEB-Schiedgericht* SpuRt 1994, 258, 264.

332 *Ziegler* Rpfl 1984, 320, 321; a. A. *LG Bonn* Rpfl 1984, 192.

333 *Ziegler* Rpfl 1984, 320 ff. schlägt eine Frist von höchstens sechs Monaten vor.

334 Vgl. etwa *Ziegler* Rpfl 1984, 320 ff.; MünchKomm/*Reuter* § 33 BGB Rn. 14 a. E.; auch Voraufl. Rn. 432.

335 Vgl. für die AG *Geßler/Hefermehl/Bungeroth* § 179 AktG Rn. 67; KölnKomm/*Zöllner* § 179 AktG Rn. 199.

336 Ebenso *Sauter/Schweyer* Rn. 139 a; vgl. für GmbH und AG *LG Duisburg* BB 1989, 257; *Lutter/Hommelhoff* § 53 GmbHG Rn. 26; *Hüffer* § 179 AktG Rn. 26.

die Satzungsänderung erst nach Eintritt eines bestimmten Ereignisses zur Eintragung ins Vereinsregister anzumelden (sog. unechte Bedingung)[337].

Differenzierend ist auch die Frage zu beantworten, inwieweit durch eine Sat- **433**
zungsänderung in der Vergangenheit liegende Tatbestände anders geregelt werden können[338]. Die Zulässigkeit einer solchen Rückwirkung beurteilt sich allerdings nicht nach § 71 BGB, wonach die Satzungsänderung erst mit Eintragung wirksam wird (beim konzessionierten Verein i. S. d. § 22 BGB mit Genehmigung nach § 33 Abs. 2 BGB). Vielmehr kommt es darauf an, ob ein schutzwürdiges Vertrauen der Allgemeinheit, eines Dritten, der Mitglieder oder Organpersonen auf den Fortbestand der bisherigen Regelung vorliegt. Bei Satzungsregelungen mit Außenwirkung wird eine rückwirkende Änderung regelmäßig unzulässig sein. So kann z. B. der Vereinszweck, der Vereinsname, die Anzahl der Vorstandsmitglieder oder die Geschäftsführungs- und Vertretungsregelung des Vorstands nicht rückwirkend geändert werden. Im Verhältnis zwischen Migliedern und Verein können zwar die Verhaltensregeln nicht rückwirkend verschärft werden, wohl aber die Voraussetzungen der Mitgliedschaft[339]. Eine rückwirkende Vermehrung mitgliedschaftlicher oder organschaftlicher Pflichten (z. B. Beitragserhöhung) oder Verringerung von Rechten (z. B. Kürzung der Vorstandsvergütung) wird dagegen wegen des schutzwürdigen Vertrauens der Betroffenen regelmäßig ausgeschlossen sein[340]. Soweit aber für Mitglieder und Organpersonen keine Nachteile eintreten oder diese hiermit einverstanden sind (z. B. bei einstimmiger Beschlußfassung), ist eine Rückwirkung zulässig.

9.3.9. Bindung an den Satzungsänderungsbeschluß vor Eintragung

Eine Satzungsänderung ist vor Eintragung in das Vereinsregister (§ 71 BGB) **434**
bzw. beim wirtschaftlichen Verein vor der staatlichen Genehmigung (§ 33 Abs. 2 BGB) weder im Außen- noch im Innenverhältnis des Vereins verbindlich[341]. Gebunden ist allerdings das Organ, das den satzungsändernden Beschluß gefaßt hat. Soll er vor seinem Wirksamwerden wieder aufgehoben werden, so bedarf schon die erneute Behandlung dieses Beschlußgegenstands eines Beschlusses dieses Organs, der mit derjenigen Mehrheit gefaßt werden muß, die für den satzungsändernden Beschluß erforderlich war; mit dieser Mehrheit muß auch ggf. die Aufhebung beschlossen werden[342].

337 Vgl. für die AG *Grunewald* AG 1990, 133 ff.; *Lutter* Festschr. Quack, 1991, S. 301 ff.; *Hüffer* § 179 AktG Rn. 26.

338 Aus der älteren Rechtsprechung vgl. KGJ 53, 101; *OLG Hamburg* JFG 2, 231; *KG* DR 1942, 735.

339 Vgl. BGHZ 55, 381, 385 ff. = NJW 1971, 879 = WM 1971, 538; *BGH* WM 1978, 1066 f.; *OLG Düsseldorf* WuW 1981, 366; NJW-RR 1987, 503, 504.

340 Für rückwirkende Heilungsmöglichkeit einer wegen mangelnder Satzungsförmigkeit unwirksamen Beitragsregelung aufgrund der mitgliedschaftlichen Treupflicht in einem Ausnahmefall BGHZ 105, 306, 322 f. = NJW 1989, 1724 = WM 1989, 184 = WuB II L. § 25 BGB 1.89 *Beuthien* = ZIP 1989, 14 = EWiR § 25 BGB 1/89 *Brandner.*

341 Vgl. *RG* WarnR 1925 Nr. 13 und 1933 Nr. 90; BGHZ 23, 122, 128.

342 Vgl. *Scholz/Priester,* § 53 GmbHG Rn. 184.

9.3.10. Ausführung des Satzungsänderungsbeschlusses durch den Vorstand

435 Dem Vorstand obliegt die Ausführung aller Beschlüsse der Mitgliederversammlung, somit auch eines satzungsändernden Beschlusses. Der Vorstand hat vor der Einreichung der Anmeldung zum Vereinsregister oder vor dem Einholen der staatlichen Genehmigung (§§ 71, 33 Abs. 2 BGB) zu prüfen, ob der Änderungsbeschluß den formellen Anforderungen des Gesetzes und der Satzung entspricht (Einberufung und Verfahren der Mitgliederversammlung, insbesondere bei der Beschlußfassung; Erreichung der erforderlichen Stimmenmehrheit). Hierbei darf der Vorstand im allgemeinen von der Richtigkeit der entsprechenden Vereinsunterlagen (Durchschriften der Einladungen, Versammlungsprotokoll, Zustimmungsschreiben) ausgehen. Einen aus materiellrechtlichen Gründen klar erkennbar unwirksamen Satzungsänderungsbeschluß darf der Vorstand nicht ausführen, d. h. nicht zur Eintragung oder Genehmigung einreichen. Bei rechtlichen Zweifeln oder der bloßen Möglichkeit, daß ein Beschluß durch Feststellungsklage vor dem staatlichen Gericht oder dem Vereinsschiedsgericht angefochten und für unwirksam erklärt wird, muß der Beschluß ausgeführt werden. Bei der Einreichung kann der Vorstand auf die Anfechtung hinweisen und seine Stellungnahme beifügen. Bei bestimmten Vereinen können staatliche Genehmigungen einzuholen sein. So bedürfen Satzungsänderungen bei Verbänden der Ersatzkassen der Genehmigung des Bundesarbeitsministers (§ 212 Abs. 5 Satz 3 SGB V); bei Landesinnungsverbänden oder dem Bundesinnungsverband muß eine Genehmigung der obersten Landesbehörde oder des Bundesministers für Wirtschaft (§§ 80 Satz 2, 85 Abs. 2 Satz 2 HandwO) eingeholt werden.

9.4. Anmeldung und Eintragung der Satzungsänderung

9.4.1. Bedeutung des § 71 BGB

436 Die Gründungssatzung eines Vereins, der die Eintragung anstrebt, unterliegt der Prüfung durch das Registergericht (vgl. Rn. 166 ff.). Diese setzt sich fort, wenn die Satzung später geändert wird. In § 71 BGB schreibt das Gesetz die Anmeldung vor und schiebt die Wirksamkeit der Satzungsänderung auf, bis die Eintragung vorgenommen worden ist. Die Eintragung hat daher für die Satzungsänderung rechtsbegründende (konstitutive) Wirkung.

9.4.2. Anmeldung als Eintragungsvoraussetzung

437 Jede Satzungsänderung, also auch die bloße redaktionelle Neufassung, ist beim Registergericht anzumelden. Ohne Anmeldung ist zwar die Eintragung unstatthaft, aber nicht unwirksam. Es ist unschädlich, wenn die Anmeldeerklärung ein Datum hat, das vor der Beschlußfassung liegt, sofern alle der Anmeldung beizufügenden Urkunden zusammen eingereicht werden[343]. Bei Großvereinen führen Satzungsänderungen nicht selten zu Widersprüchen durch die Mitglieder, so daß das Eintragungsverfahren sich auf Jahre erstrecken kann; wird in dieser Zeit die Satzung erneut geändert, so muß dies gesondert angemeldet werden[344]. Eine formlose Einreichung genügt, wenn ein satzungsändernder

343 Vgl. *LG Frankfurt a.M.* GmbHR 1986, 435.
344 Vgl. *Scholz/Priester* § 54 GmbHG Rn. 4.

Beschluß, der bereits zur Eintragung angemeldet worden ist, durch rechtskräftiges Urteil für unwirksam erklärt worden ist (vgl. auch § 248 Abs. 2 AktG).

9.4.3. Zuständigkeit des Vorstands

Zur Anmeldung ist der Vorstand berechtigt und verpflichtet. Dies gilt auch im Konkurs- oder Gesamtvollstreckungsstadium; der Verwalter hat keine Anmeldebefugnis. Befindet der Verein sich in Liquidation, so haben die Liquidatoren die Satzungsänderung anzumelden. **438**

Betrifft die Satzungsänderung die Bildung des Vorstands (z. B. Erweiterung oder Reduzierung der Anzahl der Vorstandsmitglieder), so muß die Anmeldung von dem nach der bisherigen Satzungsregelung gebildeten Vorstand vorgenommen werden. Ist dieser nicht mehr im Amt, so muß auf Antrag ein Notvorstand bestellt werden (§ 29 BGB). Der aufgrund der Satzungsänderung neu zusammengesetzte Vorstand ist für die Anmeldung noch nicht zuständig[345]. Gleiches gilt, wenn sich die Vertretungsbefugnis ändert; die Voraussetzungen einer wirksamen Vertretung müssen nach der bisherigen Satzungsregelung noch gegeben sein. Wird z. B. durch Satzungsänderung die Zahl der vertretungsbefugten Vorstandsmitglieder von zwei gesamtvertretungsbefugten Vorstandsmitgliedern auf ein Organmitglied verringert, so müssen zwei Vorstandsmitglieder anmelden, sofern sie noch im Amt sind; ist ein Vorstandsmitglied ausgeschieden, muß für dieses ein Notvorstand bestellt werden. Zweckmäßigerweise ist daher in diesen Fällen der Widerruf der Bestellung oder die Amtsniederlegung durch die Anmeldung aufschiebend zu bedingen. Besteht der Vertretungsvorstand aus mehreren Personen, so genügt die Anmeldung durch Vorstandsmitglieder in vertretungsberechtigter Zahl, z. B. ein alleinvertretungsberechtigtes Vorstandsmitglied[346]. **439**

Die Anmeldung durch Bevollmächtigte (§ 13 Satz 2 FGG) ist zulässig. Der Urkundsnotar hat die vermutete Vollmacht aus § 129 Satz 1 FGG, da die Anmeldung erzwingbar ist (§ 78 Abs. 1 BGB). **440**

9.4.4. Form und Inhalt der Anmeldung; beizufügende Urkunden

Die Anmeldung ist gem. § 77 BGB in öffentlich beglaubigter Form (§ 129 BGB) vorzunehmen (vgl. Rn. 2287). Gleiches gilt nach § 13 Satz 3 FGG für die Anmeldevollmacht, die einem Nichtnotar erteilt wird[347]. **441**

In der Anmeldeerklärung müssen nur die geänderten Satzungsbestimmungen bezeichnet werden. Eine Anmeldung beinhaltet zwar einen Eintragungsantrag; hier ist aber kein Gegner vorhanden, dem gegenüber der Antrag näher präzisiert werden müßte. Es ist somit nicht erforderlich, den Text der geänderten Satzungsbestimmungen in die Anmeldeerklärung aufzunehmen. Wenn die Änderung sich allerdings auf Angaben bezieht, die nach § 64 BGB im Vereinsregister einzutragen sind, müssen die geänderten Satzungsbestandteile in der **442**

---

345 Vgl. BayObLGZ 10, 81; *OLG Bremen* NJW 1955, 1925.

346 BGHZ 96, 245, 247 f. = NJW 1986, 1033 = WM 1986, 289 = ZIP 1986, 368 = EWiR § 33 BGB 1/86 *Weipert* = JZ 1986, 285 = BB 1986, 551 = DB 1986, 473 = Rpfl 1986, 184; zust. *Kirberger* ZIP 1986, 346 ff.; *Reuter* ZGR 1987, 475, 476.

347 Vgl. *KG* KGJ 26 A 232.

Anmeldung stichwortartig hervorgehoben sein (z. B. »§ 7: Vertretungsmacht des Vorstands«)[348].

443 Der Anmeldung ist der die Satzungsänderung enthaltende Beschluß in Urschrift, d. h. im Original, und – wegen der Weiterleitung an die Verwaltungsbehörde gem. §§ 61 Abs. 1, 71 Abs. 2 BGB – in Abschrift (z. B. Fotokopie) beizufügen. Dabei genügt ein Auszug aus dem Protokoll der Mitgliederversammlung, das die Eingangsformalien (Vereinsname, Ort und Zeit der Versammlung), den wörtlichen Inhalt des Beschlusses, das Abstimmungsergebnis samt der Unterschrift der für die Führung des Protokolls zuständigen Person (z. B. des Schriftführers) – soweit nach der Satzung erforderlich, auch des Versammlungsleiters – enthält. Die Abschrift braucht nicht beglaubigt zu sein. Muß nach der Satzung deren Änderung in einer weiteren Mitgliederversammlung bestätigt werden, so müssen beide Versammlungsbeschlüsse in Ur- und Abschrift mit dem vorgenannten Inhalt vorgelegt werden[349].

9.4.5. Rücknahme der Anmeldung

444 Die Anmeldung kann bis zum Vollzug der Eintragung durch Vorstandsmitglieder in vertretungsberechtigter Zahl formlos zurückgenommen werden. Reicht sie der Notar ein, der die Eintragung beantragt hat, so genügt eine von ihm unterschriebene und mit seinem Amtssiegel versehene Rücknahmeerklärung; eine Unterschriftsbeglaubigung ist nicht erforderlich (§ 24 Abs. 2 BNotO).

Zur Rücknahme sind die anmeldenden Vorstandsmitglieder im Verhältnis zum Verein nur dann berechtigt, wenn sie später erkannt haben, daß der Satzungsänderungsbeschluß unwirksam ist. In allen anderen Fällen bedürfen sie einer entsprechenden Weisung durch die Mitgliederversammlung.

9.4.6. Prüfung durch das Registergericht

445 Der Rechtspfleger (vgl. § 3 Nr. 1 Buchst. a RpflG) prüft die formelle Ordnungsmäßigkeit der Anmeldung, z. B. Anmeldebefugnis (Rn. 438 ff.), Form und Beifügung der Änderungsbeschlüsse in Ur- und Abschrift (Rn. 441 ff.).

446 Inhaltlich muß sich aus der Anmeldung ergeben, daß eine einzutragende Satzungsänderung vorliegt. Sie muß von dem zuständigen Vereinsorgan (regelmäßig der Mitgliederversammlung) in formell ordnungsgemäßer Weise, also mit der satzungsmäßig oder gesetzlich erforderlichen Mehrheit, beschlossen worden sein. Grundsätzlich kann auf die Angaben im eingereichten Auszug aus dem Versammlungsprotokoll vertraut werden. Eine Aufklärung von Amts wegen nach § 12 FGG ist erst dann geboten, wenn von Mitgliedern begründete Bedenken vorgebracht werden, ob die Satzungsänderung formell ordnungsgemäß beschlossen worden ist.

447 Anhand des Textes der Satzungsänderung wird geprüft, ob die Beschlußfassung aus materiellrechtlichen Gründen noch nicht wirksam (vgl. Rn. 1129 f.) oder nichtig ist (vgl. Rn. 1139 ff.), z. B. weil der Beschluß inhaltlich gegen ein gesetzliches Verbot (§ 134 BGB), die guten Sitten (§ 138 Abs. 1 BGB), zwingende Grundsätze des Vereinsrechts oder die registerrechtlichen Voraussetzungen der

348 *BGH* NJW 1987, 3191 = WM 1987, 1100, 1101 = BB 1987, 2324 = GmbHR 1987, 423 (zu § 54 GmbHG); *Soergel/Hadding* § 71 BGB Rn. 3; a. A. Voraufl. Rn. 442.

349 BayObLGZ 1987, 161, 170 = Rpfl 1988, 97.

§§ 56 – 59 BGB verstößt. Nichtig ist auch eine Satzungsänderung, durch die der Verein den Charakter eines nichtwirtschaftlichen Vereins (§ 21 BGB) verliert und zum wirtschaftlichen Verein i. S. d. § 22 BGB wird[350]. Die Eintragung einer nichtigen Satzungsänderung muß abgelehnt werden[351]. Bei fehlerhaften, nur durch Feststellungsklage für unwirksam zu erklärenden Beschlüssen (vgl. Rn. 1155 ff.) besteht kein Eintragungshindernis. Eine Aussetzung nach §§ 159, 127 Satz 2 FGG kommt nicht in Betracht, weil der Beschlußmangel aus dem Kreis der Mitglieder geltend gemacht werden muß. Ist jedoch bereits eine Feststellungsklage erhoben worden, so wird das Anmeldeverfahren nach §§ 159, 127 Satz 1 FGG auszusetzen sein.

Das Registergericht prüft die Satzungsänderung grundsätzlich nur auf Recht- **448** mäßigkeit, nicht auf Zweckmäßigkeit. Ergibt die Durchsicht der geänderten und nicht geänderten Satzungsbestandteile, daß nunmehr offensichtlich mehrdeutige, unklare oder widersprüchliche Satzungsbestimmungen bestehen, so wird das Registergericht hierauf in einer Zwischenverfügung hinweisen, wenn und soweit diese Satzungsbestimmungen für Dritte (Nichtmitglieder) relevant werden[352]. Unklare oder widersprüchliche Satzungsregelungen von nur vereinsinterner Bedeutung können nicht beanstandet werden, auch wenn das Registergericht sie für unzweckmäßig oder redaktionell überarbeitungsbedürftig hält.[353] Ist eine Neufassung der gesamten Satzung eingereicht worden, so erstreckt sich die Nichtigkeitsprüfung auch auf die Satzungsteile, die unverändert geblieben sind[354].

9.4.7. Zwischenverfügung

Behebbare Mängel werden den Anmeldern (dem Notar) in einer Zwischen- **449** verfügung mitgeteilt, die eine Fristsetzung zur Mängelbehebung enthält. Die Verfügung wird dem Verein, d. h. seinem Vertreter, förmlich zugestellt (§ 16 Abs. 2 FGG).

Gegen die Zwischenverfügung ist die unbefristete Erinnerung statthaft (§ 11 Abs. 1 Satz 1 RpflG), die bei mangelnder Abhilfe durch den Rechtspfleger und den Amtsrichter als Beschwerde gilt (§§ 11 Abs. 2 RpflG, 19 FGG). Bei deren Erfolglosigkeit ist die ebenfalls nicht befristete weitere Beschwerde zulässig (§ 27 Abs. 1 FGG). Beschwerdeberechtigt ist der Verein, vertreten durch die anmeldenden Vorstandsmitglieder (§ 20 Abs. 2 FGG).

9.4.8. Zurückweisung der Anmeldung

Die Anmeldung wird bei nicht behebbaren Mängeln sofort, bei behebbaren **450** Mängeln nach fruchtlosem Ablauf der in einer Zwischenverfügung gesetzten Frist durch mit Gründen versehenem Beschluß des Rechtspflegers zurückgewiesen. Einer Anmeldung kann nur insgesamt stattgegeben werden. Deshalb

350 Vgl. *OLG Stuttgart* OLGZ 1971, 465.
351 Vgl. BayObLGZ 1972, 126 = DB 1972, 1015 (für GmbH); *OLG Köln* NJW 1992, 1048 = Rpfl 1992, 112.
352 Vgl. BayObLGZ 1982, 368, 373 = WM 1983, 248 = ZIP 1983, 57 = BB 1983, 83; *BayObLG* WM 1985, 572 = BB 1985, 545 = Rpfl 1985, 197; NJW-RR 1993, 494, 495 (jeweils für GmbH).
353 Vgl. *OLG Köln* NJW 1992, 1048 = Rpfl 1992, 112; Rpfl 1994, 114; Rpfl 1995, 163, 165.
354 *Sauter/Schweyer* Rn. 141.

ist es nicht zulässig, bei der Änderung mehrerer Satzungsvorschriften die Anmeldung nur teilweise zurückzuweisen[355].
Der zurückweisende Beschluß wird dem Verein, vertreten durch die anmeldenden Vorstandsmitglieder, durch Zustellung bekanntgemacht (§ 16 Abs. 2 FGG).

451 Gegen den Beschluß ist die befristete Erinnerung (§ 160 a Abs. 1 FGG; § 11 Abs. 1 Satz 2 RpflG) zulässig, die nach Nichtabhilfe durch das Amtsgericht vom Landgericht als sofortige Beschwerde behandelt wird (§ 11 Abs. 2 Satz 5 RpflG). Sie ist innerhalb einer Frist von zwei Wochen einzulegen (§ 22 Abs. 1 FGG; § 11 Abs. 1 Satz RpflG). Beschwerdeberechtigt ist der Verein, vertreten durch die anmeldenden Vorstandsmitglieder (§ 20 Abs. 2 FGG). Einzelne Vereinsmitglieder sind nicht beschwerdeberechtigt. Gegen die Entscheidung des Landgerichts findet die sofortige weitere Beschwerde statt (§§ 160 a Abs. 1, 27 Abs. 1, 29 Abs. 2 FGG), die wiederum innerhalb einer Zwei-Wochen-Frist einzulegen ist (§§ 22 Abs. 1, 29 Abs. 4 FGG).

9.4.9. Beteiligung der Verwaltungsbehörde

452 Läßt das Registergericht die Anmeldung der Satzungsänderung zu, so beteiligt es unter Übersendung einer Abschrift des eingereichten satzungsändernden Beschlusses die Verwaltungsbehörde (§ 71 Abs. 2 i.V.m. § 61 BGB), deren Zuständigkeit, Prüfungsbefugnis und Einspruchsmöglichkeit dem Eintragungsverfahren entspricht (vgl. oben Rn. 184 ff.).

9.4.10. Inhalt der Eintragung; Bekanntmachung

453 Betrifft die Änderung den Namen und/oder den Sitz des Vereins, so werden diese Änderungen in Spalte 2 Buchst. a und/oder Buchst. b des Vereinsregisters unter Angabe des Tages der Satzungsänderung neu eingetragen. Hat die Änderung einen anderen Inhalt, so wird in Spalte 4 der Tag der Satzungsänderung unter Hinzufügung einer allgemeinen Bezeichnung des Gegenstandes der Änderung eingetragen. Betrifft jedoch die Satzungsänderung eine Beschränkung oder eine Erweiterung der bisher beschränkten Vertretungsmacht des Vorstands bzw. der Liquidatoren oder wird die Beschlußfassung des Vorstands bzw. der Liquidatoren abweichend von den Vorschriften der §§ 28 Abs. 1, 48 Abs. 3 BGB geregelt oder eine solche Regelung wieder abgeändert, so ist der genaue Inhalt des satzungsändernden Beschlusses einzutragen[356]. In Spalte 5 a wird der Tag der Eintragung vermerkt und vom Urkundsbeamten der Geschäftsstelle unterschrieben; in Spalte 5 b wird auf den satzungsändernden Beschluß durch Angabe der in Betracht kommenden Blattzahlen in den Registerakten hingewiesen[357].

355 *KG* JFG 5, 237; BayObLGZ 1987, 74 = NJW-RR 1987, 927; *Keidel/Schmatz/Stöber* Rn. 29 b.

356 So die Ländervorschriften über die Führung des Vereinsregisters in Karteiform, vgl. z. B. § 7 Abs. 1 Nr. 4 d und f des Runderlasses des Hessischen Ministers der Justiz vom 6. 11. 1981 – JMBl. S. 587, 589.

357 Vgl. z. B. § 7 Abs. 1 Nr. 5 der hessischen Regelung (Fn. 356) sowie Nr. 2.5 der Bekanntmachung des Bayerischen Staatsministeriums der Justiz vom 4. 9. 1981 – JMBl. S. 170.

Eine Eintragung etwa des Inhalts, die Satzung sei »nach Maßgabe des eingereichten Protokolls der Mitgliederversammlung vom ... geändert« worden, wäre unwirksam[358] und müßte von Amts wegen ohne förmliches Verfahren wieder gelöscht werden. Wird die Satzung insgesamt geändert oder neu gefaßt, so sind die in § 64 BGB genannten Tatsachen, soweit sie sich geändert haben, neu einzutragen; im übrigen genügt es, in Spalte 4 einzutragen, daß die Satzung neu gefaßt worden ist[359]. In Spalte 5 b ist auf die geänderte Satzung und den satzungsändernden Beschluß durch Angabe der Blattzahlen der Registerakten hinzuweisen; hierdurch wird den Bedürfnissen des Verkehrsschutzes Rechnung getragen. Das Vereinsregister kann auch in maschineller Form als automatisierte Datei geführt werden (vgl. § 55 a BGB).

Die Eintragung wird den Anmeldern bekanntgemacht (§§ 159, 130 Abs. 2 Satz 1 FGG). Hierbei wird die Urschrift der Niederschrift über den Satzungsänderungsbeschluß mit der Bescheinigung der Eintragung zurückgegeben (§ 71 Abs. 2 i. V. m. § 66 Abs. 2 Satz 1 BGB). Die Abschrift wird beglaubigt und zu den Registerakten genommen (§ 71 Abs. 2 i. V. m. § 66 Abs. 2 Satz 2 BGB).

9.4.11. Keine Anfechtung der Eintragung

Die eingetragene Satzungsänderung nehmen überstimmte Mitglieder nicht selten zum Anlaß, gegen die Eintragung Erinnerung/Beschwerde einzulegen. Ein Rechtsbehelf oder Rechtsmittel gegen eine Registereintragung ist jedoch wegen des mit der Eintragung verbundenen Gutglaubensschutzes nicht zulässig. Es bleibt die Möglichkeit, beim Registergericht anzuregen, daß insoweit ein Amtslöschungsverfahren eingeleitet wird (§§ 159, 142 FGG). Eine Erinnerung oder Beschwerde kann entsprechend umgedeutet werden (vgl. ergänzend Rn. 2374 ff.). **454**

9.4.12. Wirkung der Eintragung

Mit dem Tag der Eintragung der Satzungsänderung – nicht mit der Bekanntmachung nach § 130 FGG – wird diese wirksam. Die Eintragung wirkt demnach rechtsbegründend (konstitutiv). Eine Ausnahme gilt für aufschiebend befristete Satzungsänderungen (oben Rn. 431), die eingetragen werden können, wenn hierbei die Befristung miteingetragen wird[360]. Sie werden erst mit dem Eintritt des Anfangstermins wirksam. **455**

Die Eintragung bewirkt nur, daß ein rechtswirksamer Satzungsänderungsbeschluß für den Vereinsinnen- und -außenbereich nunmehr Bestand hat. Die tatsächliche materielle Rechtslage wird durch die Eintragung nicht verändert. Insbesondere werden unwirksame Beschlüsse durch die Eintragung nicht geheilt. Die Unwirksamkeit kann auch nach Eintragung geltend gemacht und durch Urteil zeitlich unbegrenzt festgestellt werden. Demgegenüber tritt bei der AG und der GmbH drei Jahre nach Eintragung eine Heilung nichtiger Beschlüsse ein (§ 242 AktG [analog]). Ist z. B. die Satzungsänderung über die Vorstandsbildung nichtig, so sind die aufgrund der geänderten Satzung gewählten Vorstandsmitglieder nur faktisch, aber nicht rechtswirksam im Amt. **456**

---

358 Vgl. *Sauter/Schweyer* Rn. 144.

359 Vgl. *Stöber* Rn. 328.

360 Vgl. *KG* KGJ 19 A 3; *Keidel/Schmatz/Stöber,* Rn. 1110; a. A. *LG Bonn* Rpfl 1984, 192, 193 m. abl. Anm. *Ziegler; Sauter/Schweyer* Rn. 139 a.

9.4.13. Wirksamwerden ausführender Beschlüsse

457 Die Mitgliederversammlung kann eine Satzungsänderung und zugleich deren Durch- und Ausführung beschließen (sog. Folgebeschlüsse; vgl. Rn. 531). Dies ist z. B. dann der Fall, wenn die Einführung einer Umlage für die nächsten drei Geschäftsjahre und die sofortige Erhebung dieser Umlage für das erste Geschäftsjahr beschlossen wird oder wenn die Einrichtung eines Beirats als neues Vereinsorgan beschlossen und dessen Mitglieder sogleich gewählt werden, ebenso wenn eine Schiedsklausel eingeführt und gleichzeitig die Mitglieder des Schiedsgerichts gewählt werden. In diesen Fällen ist das Wirksamwerden der ausführenden Folgebeschlüsse von der Eintragung der Satzungsänderung als »Basisbeschluß« abhängig, die als aufschiebende Bedingung i. S. d. § 158 Abs. 1 BGB anzusehen ist. Sobald diese eingetreten ist, wird der ausführende Beschluß (Einfordern einer Umlage, Wahl der Mitglieder des Beirats oder des Schiedsgerichts) wirksam, ohne daß diese Akte zu wiederholen oder zu bestätigen wären[361]. Wird aber z. B. beschlossen, daß der Vertretungsvorstand von drei Mitgliedern auf eine Person verringert wird und wird diese bereits gewählt, so ist ein Handeln des gewählten Einzelvorstands vor Eintragung der Satzungsänderung unwirksam; es kann aber von diesem nach Eintragung genehmigt werden (vgl. § 177 Abs. 1 BGB).

9.5. Staatliche Genehmigung bei konzessionierten Vereinen

458 Bei rechtsfähigen konzessionierten wirtschaftlichen und ausländischen Vereinen (§§ 22, 23 BGB) hat der (Vertretungs-)Vorstand um die staatliche Genehmigung der Satzungsänderung nachzusuchen (§ 33 Abs. 2 BGB).
Zuständig sind (im allgemeinen) die Behörden, welche die Rechtsfähigkeit verliehen haben (vgl. Rn. 209); bei ausländischen Vereinen ist der Bundesminister des Innern zuständig (Rn. 226).
Die Behörde prüft die formelle Seite der Satzungsänderung uneingeschränkt nach. In materieller Hinsicht besteht eine Prüfungspflicht nur dann, wenn sich aus den vorhandenen Unterlagen Bedenken gegen die Wirksamkeit ergeben. Bei wirtschaftlichen Vereinen wird besonders darauf zu achten sein, daß durch die Satzungsänderung die Gläubigerinteressen nicht gefährdet werden.
Die Genehmigung ist ein privatrechtsgestaltender Verwaltungsakt i. S. d. § 35 Satz 1 VwVfG bzw. den entsprechenden landesrechtlichen Vorschriften[362]; sie kann mit Auflagen verbunden werden und wird erst mit Bekanntmachung an den Verein wirksam (§ 43 Abs. 1 VwVfG). Erst von diesem Zeitpunkt an ist die Satzung wirksam geändert. Die abgelehnte oder nicht antragsgemäß erteilte Genehmigung kann mit der Verpflichtungsklage (§ 42 Abs. 1 Fall 2 VwGO) im Verwaltungsrechtsweg erstritten werden[363].

9.6. Anzeige- und Mitteilungspflichten

459 Für den Verein als Steuersubjekt hat der Vorstand dem zuständigen Finanzamt (§ 20 AO) und den für die Erhebung der Realsteuern zuständigen Gemeinden

361 Vgl. *KG* OLGE 42, 225.
362 Vgl. *OVG Berlin* NJW 1967, 749.
363 Vgl. *OVG Münster* NJW 1959, 1700.

innerhalb eines Monats die Verlegung des Sitzes und – auch wenn dem kein satzungsändernder Beschluß zugrunde liegt – die Verlegung der Geschäftsleitung anzuzeigen (§ 137 AO). Ferner sind diesen Stellen die Umstände anzuzeigen, die für die steuerliche Erfassung von Bedeutung sind (§ 137 Abs. 1 AO). Dies trifft bei einer Satzungsänderung eines als gemeinnützig anerkannten Vereins zu, die vom Grundsatz der Vermögensbindung vgl. § 55 Abs. 1 Nr. 4 AO abweicht; hier kann eine Nachversteuerung in Betracht kommen (§ 61 Abs. 3 AO; vgl. auch § 60 Abs. 2 AO).

Der Vorstand eines Lohnsteuerhilfevereins hat jede Satzungsänderung – unab- **460**
hängig von einer Eintragung – der zuständigen Oberfinanzdirektion innerhalb eines Monats nach Beschlußfassung anzuzeigen (§ 15 Abs. 3 StBerG).

Der Vorstand einer Verwertungsgesellschaft muß jede Satzungsänderung un- **461**
verzüglich unter Übersendung einer Abschrift des Beschlusses dem zuständigen Patentamt bekanntgeben (§ 20 WahrnG).

Der Vorstand eines Vereins kann gegenüber einem übergeordneten Verband **462**
verpflichtet sein, diesem Satzungsänderungen unter Beifügung einer Abschrift des Änderungsbeschlusses oder der neu gefaßten Satzung mitzuteilen.

9.7. Sonderfälle

9.7.1. Sog. Vereinsabspaltung

Die gescheiterte Beschlußfassung über eine Zweckänderung soll zu einer sog. **463**
Vereinsabspaltung führen können. Ist die gesetzlich oder satzungsmäßig bestimmte Mehrheit nicht erreicht worden, so kann sich der für die Zweckänderung eintretende Teil der Mitglieder – i.d.R. eine (nicht qualifizierte) Mehrheit – über die Belange der an sich entscheidenden (Sperr-)Minderheit hinwegsetzen, indem er die nicht wirksam beschlossene Zweckänderung tatsächlich durchführt. Die Minderheit kann dann die »Macht der Tatsachen« hinnehmen und sich mit der Zweckänderung nachträglich konkludent einverstanden erklären, wodurch es zu einer Heilung des unwirksamen Zweckänderungsbeschlusses kommen soll[364]. Bleibt jedoch die Minderheit bei der Verfolgung des satzungsmäßigen Vereinszwecks, so bildet sich eine Sondergruppe innerhalb des Vereins, soweit der alte und der neue Vereinszweck miteinander verträglich sind. Widersprechen sich die beiden nebeneinander verfolgten Vereinszwecke, so soll nach der älteren höchstrichterlichen Rechtsprechung die satzungsuntreue Mehrheit aus dem Verein ausscheiden[365]; sie kann einen neuen Verein bilden[366]. Die auf dem Boden der bisherigen Satzung gebliebenen Mitglieder setzen, auch wenn sie einen neuen Vereinsnamen annehmen, den ursprünglichen Verein fort. Wird der »zwecktreuen« Minderheit das Vereinsvermögen nicht freiwillig überlassen, kann sie auf Herausgabe klagen[367]. Die verbliebene Minderheit kann jedoch auch kein Interesse an der Fortsetzung des Vereins mehr haben und sich ausdrücklich oder stillschweigend

364 Vgl. *RG* JW 1925, 237; BGHZ 16, 143, 150 = NJW 1955, 457.
365 Vgl. *RG* HRR 1929 Nr. 1.
366 Vgl. *RG* HRR 1928 Nr. 507.
367 Vgl. RGZ 119, 184, 187 = JW 1928, 644 m. Anm. *Heinsheimer*; BGHZ 16, 143, 150 = NJW 1955, 457; 49, 175, 180 = NJW 1968, 545.

außerhalb des Vereins stellen[368]. In diesem Fall soll das Vereinsvermögen zu liquidieren sein, falls nicht der Fiskus Anfallberechtigter ist.

463 a Die Lehre von der Vereinsabspaltung ist in ihrer Praktikabilität und ihrer dogmatischen Begründung zweifelhaft und sollte aufgegeben werden[369]. Denn in den meisten Fällen wird eine Rechtsunsicherheit darüber entstehen, ob und wann es zu einem kollektiven »Austritt« des zweckwidrig handelnden Teils der Mitglieder gekommen ist. Darüber hinaus beruht die Herleitung dieser Rechtsfolge auf einer Willensfiktion für diese Mitglieder, die die unwirksame Zweckänderung gerade nicht außerhalb des Vereins durchführen wollen. Nach der neueren Rechtsprechung stehen den »zwecktreuen« Mitgliedern hinreichende rechtliche Möglichkeiten zur Verfügung, um die Verwirklichung des satzungsmäßigen Zwecks auch gegen den Willen einer Mehrheit zu erreichen, nämlich eine – bei der AG anerkannte[370] – Unterlassungs- und Wiederherstellungsklage gegen den Verein sowie (vorbeugende) Unterlassungsansprüche gegen die Beeinträchtigung der mitgliedschaftlichen Rechte aus positiver Forderungsverletzung und § 823 Abs. 1 (i. V. m. § 1004) BGB[371]. Die »zwecktreue« Minderheit muß daher die einen satzungswidrigen Zweck verfolgende Mehrheit klageweise »auf den Boden des Rechts zurückführen«[372]. Äußerstenfalls können die zweckwidrig handelnden Mitglieder durch die Mitgliederversammlung ausgeschlossen werden, wobei sie bei der Beschlußfassung gem. § 34 BGB kein Stimmrecht haben[373].

9.7.2. Ausgliederung von Vereinsabteilungen

464 Hat ein (größerer) Verein mehrere Abteilungen oder Sparten (vgl. Rn. 32), so kann er sich, z. B. aus wirtschaftlichen Gründen entschließen, eine oder mehrere Abteilung(en) auszugliedern. Dazu ist im Regelfall ebenfalls ein Zweckänderungsbeschluß erforderlich, durch den der von der auszugliedernden Abteilung verfolgte Zweck aufgegeben wird, soweit er in der Satzungsbestimmung des »Muttervereins« über dessen Zweck erwähnt wird. Die ausgegliederte Abteilung kann einen eigenen Verein bilden (u. U. aber auch eine GmbH oder AG), der im Verhältnis zum bisherigen Verein die Stellung eines Zweigvereins hat. In den Satzungen beider Vereine kann die personelle und institutionelle Verbindung der beiden Vereine festgelegt werden, z. B. Personalunion bei der Besetzung der Vorstände. Schwierigkeiten können bei der Namenswahl des neu gebildeten Zweigvereins auftreten. Er hat häufig ein Interesse daran, den Namen des bisherigen (Gesamt-)Vereins, u.U. in abgewandelter Form, weiterzuführen; hierbei ist jedoch zu beachten, daß sich der Name des aus-

---

368 Vgl. *RG* HRR 1928 Nr. 507.

369 So auch *K. Schmidt* Verbandszweck, § 2 IV 2, S. 41 ff.; *Soergel/Hadding* § 33 BGB Rn. 15; MünchKomm/*Reuter* § 33 BGB Rn. 6; wohl auch *Erman/Westermann* § 33 BGB Rn. 4.

370 BGHZ 83, 123 = NJW 1982, 1703, 1706 – Holzmüller; zur Übertragbarkeit auf den Verein vgl. *Flume* Jur. Person, S. 312 f.; *Grunewald* ZIP 1989, 962, 965.

371 Vgl. BGHZ 110, 323 = NJW 1990, 2877 = WM 1990, 1539 = WuB II L. § 31 BGB 1.91 *Beuthien/Kießler* = ZIP 1990, 1067 = EWiR § 31 BGB 2/90, 745 *Hadding*.

372 In diesem Sinne auch BGHZ 49, 175, 180 ff. = NJW 1968, 545; BayObLGZ 1970, 120, 125; *OLG Hamburg* NJW-RR 1987, 1342.

373 Vgl. MünchKomm/*Reuter* § 33 Rn. 6 a. E.; ähnlich *K. Schmidt* Verbandszweck, § IV 2, S. 46: Ausschließungsrecht der Minderheit als Gestaltungsrecht.

gegliederten Zweigvereins nach § 57 Abs. 2 BGB von dem Namen des bisherigen Vereins deutlich unterscheiden muß, wenn der neue Verein eingetragen werden soll.

9.7.3. Satzungsdurchbrechung

Eine Satzungsdurchbrechung liegt dann vor, wenn ein Beschluß der Mitgliederversammlung nur für einen Einzelfall bewußt von der geltenden Satzung abweicht, ohne diese auf Dauer ändern zu wollen[374]. Hauptfall ist die Bestellung eines Organmitglieds, das nicht die satzungsmäßigen persönlichen Voraussetzungen erfüllt. **465**

Eine Satzungsdurchbrechung ist wirksam, wenn die Voraussetzungen einer Satzungsänderung eingehalten worden sind: Der Beschlußgegenstand muß – unter Hinweis auf die Abweichung von der Satzung – in der Einladung zur Mitgliederversammlung ordnungsgemäß angekündigt worden sein; bei der Beschlußfassung muß die für Satzungsänderungen erforderliche Mehrheit erreicht und der Beschluß muß ins Vereinsregister eingetragen worden sein (etwa: »Herr X. ist entgegen § 5 Abs. 1 der Satzung zum Vorstandmitglied gewählt worden«)[375]. Umstritten ist allerdings, ob die Registereintragung aus Gründen des Verkehrsschutzes nur bei Satzungsdurchbrechungen mit Dauerwirkung erforderlich ist, die einen satzungsabweichenden rechtlichen Zustand begründen, während sie bei »punktuellen« Satzungsdurchbrechungen (z. B. Verfahrensverstoß bei der Vorstandsbestellung) unterbleiben kann, bei denen sich die Wirkung des Beschlusses in der betreffenden Maßnahme erschöpft[376]. Um Abgrenzungsprobleme zu vermeiden, sollte auch in diesem Fall eine Registereintragung erfolgen[377]. Im Fall der satzungswidrigen Vorstandsbestellung wird diese daher erst mit Eintragung des Beschlusses wirksam. Fehlt es an einer der Voraussetzungen einer Satzungsänderung, kann die Nichtigkeit des satzungsdurchbrechenden Beschlusses auf Klage eines Mitglieds oder eines Vereinsorgans durch das Gericht festgestellt werden. **466**

9.7.4. Satzungsverletzung

Weicht ein Vereinsbeschluß nicht nur für einen Einzelfall oder unbewußt von der geltenden Satzung ab, so ist er fehlerhaft und – bei Verletzung mitgliederschützender Regelungen erst auf Rüge eines Mitglieds – unwirksam (vgl. Rn. 1132 ff.). Zu beachten ist, daß eine Satzungsverletzung auch bei einem Verstoß gegen den Vereinszweck oder die Pflicht, diesen zu fördern, vorliegen kann. Durch eine Satzungsänderung (evtl. Zweckänderung) kann allerdings für die Zukunft ein satzungswidriger Zustand geheilt werden. **467**

---

374 Vgl. BGHZ 32, 17, 19 = NJW 1960, 866 (für GmbH).

375 Vgl. *Sauter/Schweyer* Rn. 134; zur GmbH BGHZ 123, 15, 19 = NJW 1993, 2246 = WM 1993, 1337 = WuB II C. § 53 GmbHG 1.94 *Schöne* = ZIP 1993, 1074 = EWiR 1993, 991 *Scheuch*; dazu *Habersack* ZGR 1994, 354 ff.; *Tieves* ZIP 1994, 1341 ff.

376 So *Priester* ZHR 151 (1987), 40, 51 ff.; *ders.* in: *Scholz* § 53 GmbHG Rn. 29; offen gelassen in *BGH* WM 1981, 1218, 1219; BGHZ 123, 15, 19 = a. a. O. (Fn. 375); differenzierend *Hachenburg/Ulmer* § 53 GmbHG Rn. 32, 36; *Habersack* ZGR 1994, 354, 363.

377 Ebenso für die GmbH *Baumbach/A. Hueck/Zöllner* § 53 GmbHG Rn. 23; *Lutter/Hommelhoff* § 53 GmbHG Rn. 14; für die AG *Hüffer* § 179 AktG Rn. 8.

9.7.5. Faktische Satzungsänderung

468 Trifft das Geschäftsführungsorgan – regelmäßig der Vorstand – eine Maßnahme, die durch die Satzung – insbesondere den Vereinszweck – nicht gedeckt ist, so wird gelegentlich – irreführend – von einer faktischen Satzungsänderung gesprochen[378]. Tatsächlich liegt eine Kompetenzüberschreitung vor, die im Außenverhältnis grundsätzlich wirksam ist, im Innenverhältnis aber einen wichtigen Grund zur Abberufung der Organmitglieder bilden kann[379]. Wird die Zuständigkeitsüberschreitung in einer Mitgliederversammlung beanstandet, aber gleichwohl von der Vereinsmehrheit toleriert, so kann die überstimmte Minderheit gegen den Verein auf Unterlassung weiterer Kompetenzüberschreitungen und Wiederherstellung des vorherigen Zustands klagen (vgl. zur faktischen Zweckänderung oben Rn. 416, zur Vereinsabspaltung Rn. 463, zur Mitgliederklage Rn. 1765, 1772)[380].

9.7.6. Verpflichtung zur Satzungsänderung

469 Der Vorstand kann den Verein Dritten gegenüber nur dann zu einer Satzungsänderung wirksam verpflichten, wenn ein Ermächtigungs- oder Zustimmungsbeschluß des im Innenverhältnis hierfür zuständigen Organs – i. d. R. also der Mitgliederversammlung – vorliegt. Dieser muß die Voraussetzungen eines Satzungsänderungsbeschlusses einschließlich der Eintragung ins Vereinsregister erfüllen[381]. Hiervon zu unterscheiden sind Vereinbarungen unter Mitgliedern oder zwischen einem Mitglied und einem Dritten (z. B. durch Stimmrechtsbindung), durch entsprechendes Abstimmungsverhalten auf eine Satzungsänderung hinzuwirken, die ohne weiteres wirksam sind[382].

---

378 Vgl. z. B. *OLG Hamburg* DB 1981, 74, 75; auch BGHZ 83, 122 = NJW 1982, 1703, 1705.

379 Vgl. *Scholz/Priester* § 53 GmbHG Rn. 32.

380 Vgl. zur AG BGHZ 83, 122, 133 = NJW 1982, 1703, 1706 – Holzmüller; *Hüffer* § 179 AktG Rn. 9.

381 Vgl. zur GmbH *Priester* Festschr. W. Werner, 1984, S. 675 ff.; *Fleck* ZGR 1988, 104, 110 ff.; zur AG *Hefermehl/Geßler/Bungeroth* § 179 AktG Rn. 191; *Hüffer* § 179 AktG Rn. 32.

382 Vgl. zur GmbH BGHZ 123, 15, 20 = a. a. O. (Fn. 375) m. Nachw.

III. Die Mitgliedschaft im Verein

1. Bedeutung der Mitgliedschaft

1.1. Mitgliedschaft als Stellung im Rechtsverhältnis zum Verein

Mit der Beteiligung an der Gründung des Vereins oder dem Beitritt zu einem **470** bestehenden Verein entsteht für den Beteiligten eine Rechtsstellung, aus der einzelne aktuelle und potentielle Rechte und Rechtspflichten gegenüber dem Verein erwachsen. Die Gesamtheit dieser Mitgliedschaftsrechte und -pflichten bildet das Rechtsverhältnis der Mitgliedschaft[1]. Diese Unterscheidung zwischen der Mitgliedschaft als Stellung im Rechtsverhältnis und den einzelnen Mitgliedschaftsrechten und -pflichten entspricht dem Wortlaut des § 38 BGB, der in den Sätzen 1 und 2 zwischen der Mitgliedschaft (i. S. eines Inbegriffs mitgliedschaftlicher Rechte und Rechtspflichten) und der Ausübung der (einzelnen) Mitgliedschaftsrechte unterscheidet. Z. T. wird allerdings die Mitgliedschaft insgesamt als ein subjektives Recht qualifiziert[2]. Die wohl überwiegende Meinung im Schrifttum erkennt ihr dagegen eine Doppelnatur sowohl als subjektives Recht (soweit sie Gegenstand von Verfügungen ist) als auch als Sonderrechtsverhältnis zwischen Mitglied und Verein zu[3].

Die Mitgliedschaft wird einerseits durch organisationsrechtliche Elemente ge- **471** kennzeichnet, die z. T. auch als »personen-« oder »korporationsrechtlich« bezeichnet werden. Zu nennen sind etwa das Recht des Mitglieds auf Teilnahme an und Abstimmung in der Mitgliederversammlung (vgl. § 32 Abs. 1 BGB), das Stimmverbot nach § 34 BGB, das Einberufungsrecht als Angehöriger einer Minderheit (vgl. § 37 BGB) und das Austrittsrecht (vgl. § 39 BGB). Schwächer ausgeprägt sind – der ideellen Zwecksetzung des Vereins i. S. d. § 21 BGB entsprechend – die vermögensrechtlichen, d. h. schuldrechtlichen Elemente der Mitgliedschaft, zu denen beispielsweise die Beitragspflicht (vgl. § 58 Nr. 2 BGB), das Anfallrecht nach § 45 Abs. 3 Fall 1 BGB sowie Ansprüche auf satzungsmäßig vorgesehene vermögenswerte Leistungen des Vereins an seine Mitglieder zu rechnen sind.

Grundlage der Mitgliedschaft ist die Vereinssatzung, mit deren Geltung sich das **472** Mitglied durch Beteiligung an der Gründung oder durch Beitrittsvertrag zu einem bestehenden Verein einverstanden erklärt. Aus der Satzung müssen sich

1 Ausführlich *Soergel/Hadding* § 38 BGB Rn. 2 ff.; *ders.* Festschr. Steindorff, 1990, S. 31, 35 ff.; *ders.* Festschr. Kellermann, 1991, S. 91, 103 f.; vgl. auch *Staudinger/Coing* § 35 BGB Rn. 25; *Kübler* Gesellschaftsrecht, § 10 IV 1.

2 Unklar BGHZ 110, 323 = NJW 1990, 2877 = WM 1990, 1539 = WuB II L. § 31 BGB 1.91 *Beuthien/Kießler* = ZIP 1990, 1067 = EWiR § 31 BGB 2/90, 745 *Hadding* = JZ 1991, 192 = LM § 31 BGB Nr. 34, der zu § 823 Abs. 1 BGB »das Mitgliedschaftsrecht«, »das Mitgliedschaftsverhältnis« und die »Mitgliedschaft ... in ihrem Kern« ohne sachliche Unterscheidungen gleichsetzt; krit. zu dieser Entscheidung *Hadding* Festschr. Kellermann, 1991, S. 91 ff.

3 So z. B. *Wiedemann* Gesellschaftsrecht I, 1980, S. 95 und 383; *Lutter* AcP 180 (1980), 84, 97 ff., 102; *Flume* Jur. Person, § 8 I; *K. Schmidt* Gesellschaftsrecht, S. 444 f.; Münch-Komm/*Reuter* § 38 BGB Rn. 6; *Erman/Westermann* § 38 BGB Rn. 1.

die mitgliedschaftlichen Rechte und Rechtspflichten wenigstens dem Grunde nach ergeben. Durch der Satzung nachrangige Vereinsordnungen, Beschlüsse der Mitgliederversammlung und Handlungen der Vereinsorgane (z. B. des Vorstands) können sie näher ausgestaltet, erweitert oder eingeschränkt werden. Geltungsgrund ist die für jede privatautonom gebildete Personenvereinigung kennzeichnende Pflicht, den gemeinsamen Zweck zu fördern (vgl. für die GbR § 705 BGB). Aus dieser Förderpflicht (Treupflicht) können sich sowohl für den Verein als auch für das einzelne Mitglied und die Mitglieder untereinander Handlungs- sowie Unterlassungspflichten ergeben (Rn. 608 ff.). Daneben besteht für den Verein die Pflicht, alle Mitglieder in gleichgelagerten Sachverhalten gleich zu behandeln (Gleichbehandlungspflicht, vgl. für die AG § 53 a AktG); dazu Rn. 543 ff.

1.2. Mitgliedschaftsrechte als sonstige absolute Rechte i. S. d. § 823 Abs. 1 BGB

473 In jüngerer Zeit hat der BGH[4] »das Mitgliedschaftrecht« bzw. »das Mitgliedschaftsverhältnis« in einem Verein ohne nähere Begründung als sonstiges absolutes Recht i. S. d. § 823 Abs. 1 BGB angesehen, dessen Verletzung Schadenersatzansprüche nach deliktischen Grundsätzen auslösen kann. Dabei soll im Ausgangspunkt der Verein auch im Innenverhältnis gegenüber seinen Mitgliedern für Beeinträchtigungen der Mitgliedschaft durch Handlungen der Vereinsorgane nach §§ 30, 31 BGB haften. Daneben haften die handelnden Organmitglieder auch persönlich. Dies kann zu weitreichenden Konsequenzen führen, wenn man – was der gesetzlichen Systematik entspräche – für eine Haftung jede auch nur leicht fahrlässige Beeinträchtigung ausreichen ließe[5]. Der BGH hat dies allerdings offen gelassen und die Frage aufgeworfen, ob für die Haftungsfolge nicht ein »unmittelbar gegen den Bestand der Mitgliedschaft oder die in ihr verkörperten Rechte und Betätigungsmöglichkeiten gerichteter Eingriff von erheblichem Gewicht erforderlich ist«, der die Mitgliedschaft »in ihrem Kern« betrifft.

473 a Sieht man die Mitgliedschaft als Stellung im Rechtsverhältnis an (oben Rn. 470), so kommen als Schutzobjekt i. S. d. § 823 Abs. 1 BGB nur einzelne subjektive Rechte aus dem Mitgliedschaftsverhältnis in Betracht. Auf einer zweiten Stufe ist dann zu fragen, ob das konkret beeinträchtigte Mitgliedschaftsrecht in seinem Zuweisungsgehalt als sonstiges absolutes Recht anzusehen ist, etwa in Parallele zum Allgemeinen Persönlichkeitsrecht oder zum Recht am eingerichteten und ausgeübten Gewerbebetrieb[6]. Danach wird eine Rechtsverletzung nicht nur dann vorliegen, wenn ein aus dem Mitgliedschaftsverhältnis sich ergebendes Herrschafts-, Teilnahme- oder Vermögensrecht be-

---

4 BGHZ 110, 323, 334 = a. a. O. (Fn. 2); zust. Voraufl. Rn. 473.

5 Ablehnend daher – bei jeweils unterschiedlichen Ausgangspunkten – *Beuthien/Kießler* WuB II L. § 31 BGB 1.91; *Hadding* Festschr. Kellermann, 1991, S. 91, 102 ff.; *K. Schmidt* JZ 1991, 157, 159 f.; *Reuter* Festschr. H. Lange, 1992, S. 707, 721 ff.; *ders.* in: MünchKomm, § 38 BGB Rn. 10 f.; *Erman/Westermann* § 38 BGB Rn. 9; *Grunewald* Gesellschaftsrecht, Rn. 2 A 73 f.; *dies.* ZHR 157 (1993), 451, 457 f.

6 Vgl. *Hadding* Festschr. Kellermann, 1991, S. 91, 104 f.; ähnlich *Reuter* Festschr. H. Lange, 1992, S. 707, 718 ff.

seitigt oder verkürzt wird, sondern auch bei einem organisationsrechtlichen Kompetenzübergriff der Vereinsorgane in einzelne Teilhabezuständigkeiten des Mitglieds[7]. Nicht ausreichend ist jedoch die bloße Beeinträchtigung eines mitgliedschaftlichen Interesses, auch wenn sich dies auf die vermögensrechtliche Stellung des Mitglieds nachteilig auswirkt.

1.3. Unteilbarkeit der Mitgliedschaft

Im gleichen Verein kann nur eine Mitgliedschaft begründet werden und be- 474
stehen (anders z. B. im Genossenschaftsrecht nach § 15 b GenG). Diese ist nicht teilbar in dem Sinne, daß mehrere Personen zusammen Inhaber einer Mitgliedschaft sein können. Auch wenn die Satzung die Mitgliedschaft vererblich gestaltet (§ 38 Satz 1 i. V. m. § 40 BGB), erwerben Miterben nur jeweils eine Mitgliedschaft (vgl. Rn. 486).

1.4. Rechtsbeziehungen unter Mitgliedern

Früher sind aus der Mitgliedschaft sich ergebende Rechtsbeziehungen zwischen 475
den Mitgliedern einer Körperschaft verneint worden, weil solche nur zwischen dem einzelnen Mitglied und der rechtlich verselbständigten Gesellschaft bestehen könnten[8]. Inzwischen sind bei Kapitalgesellschaften Rechtsbeziehungen unter Mitgliedern anerkannt worden[9]. Sie bestehen grundsätzlich auch bei Vereinen. Denn die Mitglieder solcher Vereinigungen sind auch gegenseitig und untereinander verpflichtet, die gemeinsamen Ziele des Vereins zu fördern und alles zu unterlassen, was den Vereinszweck gefährdet (Rn. 616). Die Satzung kann solche körperschaftsrechtlichen Beziehungen unter Vereinsmitgliedern auch ausdrücklich festlegen. So sind z. B. die korporativen Mitglieder von Sportverbänden aufgrund der Verbandsregeln verpflichtet, den Wechsel eines Spielers dadurch zu ermöglichen, daß dieser auf die Transferliste gesetzt wird und daß der abgebende Verein zugunsten des aufnehmenden Vereins – u. U. gegen Leistung einer Transferentschädigung (»Ablösesumme«) oder gegen Erstattung der Ausbildungskosten – die Freigabe des Spielers erklärt, soweit die verbandsrechtlichen Voraussetzungen gegeben sind[10]. Ebenso kann die Verbandssatzung bei gemeinsamen Veranstaltungen zweier Vereine eine Aufteilung der von dem veranstaltenden Verein erzielten Einnahmen vorsehen (zur möglichen Zuständigkeit eines Verbandsgerichts in diesen Fällen vgl. Rn. 1654).

1.5. Höchstpersönlichkeit der Mitgliedschaft

Für eine Körperschaft ist der Wechsel der Mitglieder kennzeichnend. Er wird 476
für Kapitalgesellschaften und Genossenschaften durch das Gesetz ausdrücklich zugelassen (§ 68 AktG; § 15 GmbHG; § 76 GenG). Beim Verein handelt es sich

7 Vgl. *K. Schmidt* JZ 1991, 157, 159.
8 Vgl. z. B. *RG* JW 1929, 1373; *RG* SeuffA 83, 144.
9 Vgl. BGHZ 65, 15, 18, 19 = NJW 1976, 191 (für GmbH); 103, 184 = NJW 1988, 1579, 1581 f. = ZIP 1988, 301; *BGH* WM 1995, 882 = ZIP 1995, 819, 821 (für AG).
10 Vgl. *OLG Schleswig* NJW-RR 1992, 249, 250; *OLG Hamm* NJW-RR 1992, 1210 und 1211; *LG Traunstein* SpuRt 1995, 75.

um eine primär auf die Person der Mitglieder ausgerichtete Vereinigung[11], die zwar unabhängig vom Wechsel der Mitglieder bestehen kann, bei der aber nach dem Gesetz ein Mitgliederwechsel ohne Kontrolle des Vereins nicht möglich sein soll. Deshalb bestimmt § 38 Satz 1 BGB, daß die Mitgliedschaft nicht übertragbar – und damit weder pfändbar noch verpfändbar (§ 851 Abs. 1 ZPO; § 1274 Abs. 2 BGB) – und auch nicht vererblich ist. Aus der Unpfändbarkeit ergibt sich, daß die Mitgliedschaft nicht vom Konkursbeschlag erfaßt wird (§ 1 Abs. 1 KO). Der Konkurs- oder Gesamtvollstreckungsverwalter z. B. eines Sportvereins mit fünf und mehr Millionen DM Jahresetat kann daher die Mitgliedschaft dieses Vereins beim übergeordneten Sportverband nicht kündigen.

477 Der gesetzliche Ausschluß der Übertragung oder Vererbung der Mitgliedschaft gilt aber nur für die Rechtsstellung insgesamt. Von dem Verbot werden nicht erfaßt die mit der Mitgliedschaft verbundenen vermögensrechtlichen Ansprüche, wie ein Gewinnbezugsrecht bei einem Wirtschaftsverein, der Anspruch auf Leistung der Mitgliedsbeiträge oder ein Anspruch auf den Liquidationserlös. Der Erbe eines Vereinsmitglieds kann deshalb auch ohne satzungsmäßige Gestattung das Gewinnbezugsrecht oder einen Anspruch auf den Liquidationserlös geltend machen. Ein Vereinsgläubiger kann den fälligen Anspruch des Vereins gegen ein Mitglied auf Beitragsleistung pfänden lassen.

478 Nach § 38 Satz 2 BGB ist es unzulässig, daß die Ausübung der Mitgliedschaftsrechte einem anderen überlassen wird (vgl. für die GbR § 717 Satz 1 BGB). Mitgliedschaftsrechte sind daher persönlich wahrzunehmen und können nicht durch Bevollmächtigte i. S. d. §§ 164 ff. BGB ausgeübt werden, soweit die Satzung dies nicht zuläßt (§ 40 BGB). Denn das Mitglied ist mit der aus der ideellen Zielsetzung des Vereins sich ergebenden besonderen Wertordnung i. d. R. näher vertraut als ein externer Stellvertreter[12]. Von der Ausübung der Mitgliedschaftsrechte durch Dritte zu unterscheiden ist die Übertragung (Abtretung) einzelner Mitgliedschaftsrechte, die – soweit es sich nicht um vermögensrechtliche Ansprüche handelt (Rn. 477) – ebenfalls unzulässig ist (sog. Abspaltungsverbot). Das Verbot der Überlassung der Ausübung der Mitgliedschaftsrechte bezieht sich zunächst auf die Mitverwaltungsrechte, wie das Recht auf Teilnahme an der Mitgliederversammlung, das Rede- und Antragsrecht und vor allem auf das Stimmrecht (zur satzungsmäßigen Gestattung vgl. unten Rn. 488). Unzulässig sind auch Umgehungsformen einer unzulässigen Abspaltung oder Überlassung zur Ausübung, z. B. eine unwiderrufliche Vollmacht, aufgrund derer der Bevollmächtigte das Stimmrecht wie ein eigenes ausübt[13]. Wegen des Gebots persönlicher Wahrnehmung der Mitgliedschaftsrechte kann sich ein Mitglied in vereinsinternen Angelegenheiten (z. B. Festsetzung einer Vereinsstrafe) grundsätzlich nicht durch einen außenstehenden Dritten vertreten lassen, es sei denn, vereinsinterne Regelungen oder das Gebot der »Waffengleichheit« (der Verein wird durch einen Rechtsanwalt vertreten) ließen dies zu (Rn. 1675 ff.)[14].

479 Weder vom Abspaltungsverbot noch vom Verbot des § 38 Satz 2 BGB wird jedoch die gesetzliche Vertretung eines Mitglieds erfaßt. Das minderjährige Ver-

---

11 Vgl. *Heini* S. 546.

12 Vgl. auch AK/*Ott* § 38 BGB Rn. 6: »Homogenitätsinteresse« des Vereins.

13 Vgl. *BGH* NJW 1970, 468 und 1987, 780, 781.

14 Vgl. *BGH* NJW 1975, 160; *van Look* S. 201 f.

einsmitglied kann deshalb von seinen Eltern nach § 1629 Abs. 1 Satz 1 BGB vertreten werden. Juristische Personen und Personalgesellschaften als Mitglied eines Vereins werden durch ihr Vertretungsorgan (Vorstand, Geschäftsführung, geschäftsführende Gesellschafter) vertreten, das die Stellung eines gesetzlichen Vertreters hat (vgl. für den Verein § 26 Abs. 2 Satz 1 Halbs. 2 BGB). Soweit die Mitgliedschaftsrechte, z. B. das Stimmrecht, durch gewillkürte Stellvertreter (z. B. einen Prokuristen) ausgeübt werden sollen, muß dies in der Vereinssatzung zugelassen sein[15].

Persönlich wahrzunehmende Mitgliedschaftsrechte sind schließlich auch die Vorteilsrechte, z. B. das Recht, Vereinseinrichtungen zu benutzen oder an geselligen Veranstaltungen des Vereins teilnehmen zu dürfen. Auch für sie gilt das Überlassungsverbot nach § 38 Satz 2 BGB. **480**

§ 38 Satz 2 BGB untersagt nicht die Erfüllung von Mitgliedschaftspflichten durch Dritte. Eine befreiende Schuldübernahme durch ein anderes Vereinsmitglied oder einen außenstehenden Dritten ist aber nur mit Einverständnis des Vereins wirksam (§§ 414, 415 BGB). Ohne Mitwirkung des Vereins ist es aber zulässig, daß die Erfüllung einzelner schuldrechtlicher Mitgliedschaftspflichten von einem anderen als dem hierzu verpflichteten Vereinsmitglied übernommen wird, z. B. nach § 267 oder § 329 BGB. Dies gilt z. B. für Geldleistungspflichten gegenüber dem Verein. Soweit jedoch Mitverwaltungspflichten bestehen, ist die Übernahme durch einen Dritten nur mit Einverständnis des Vereins möglich[16]. **481**

1.6. Satzungsmäßige Zulassung der Übertragung der Mitgliedschaft sowie der Überlassung der Ausübung der Mitgliedschaftsrechte

§ 38 BGB ist durch die Satzung abdingbar (§ 40 BGB). Die Satzung kann deshalb die Übertragung und/oder die Vererblichkeit der Mitgliedschaft zulassen. Bei einem Wirtschaftsverband kann daher z. B. durch die Satzung bestimmt sein, daß im Falle der Veräußerung eines Handelsunternehmens, dessen Inhaber ein Vereinsmitglied ist, der Erwerber die Mitgliedschaft erlangt[17]. Die Satzung kann weiter die Überlassung einzelner Mitgliedschaftsrechte zur Ausübung an einen Dritten, insbesondere durch Bevollmächtigung, zulassen. **482**

Bei der Übertragung wechselt der Inhaber der Mitgliedschaft, wobei alle zum Übertragungszeitpunkt bestehenden Rechte und Pflichten auf das neue Mitglied übertragen werden. Mitgliedschaftsrechte sind auch die Sonderrechte i. S. d. § 35 BGB, die somit mitübertragen werden. Ist der Übertragende Inhaber einer Organstellung, so wird dieser von der Übertragung (oder Vererbung) nicht erfaßt; das Amt des Übertragenden erlischt, soweit es die Mitgliedschaft voraussetzt, und muß anderweitig besetzt werden.

15 *OLG Hamm* OLGZ 1990, 257 = NJW-RR 1990, 532 = WM 1990, 879 = WuB II L. § 74 BGB 1.90 *van Look* = Rpfl 1990, 369 (m. Anm. *Buchberger* Rpfl 1991, 24) = DB 1990, 679.

16 Vgl. *Soergel/Hadding* § 38 BGB Rn. 30.

17 Vgl. *RG* WarnR 1918 Nr. 48; zum Ganzen ausführlich *Sernetz* Die Rechtsnachfolge in die Verbandsmitgliedschaft insbesondere beim Unternehmerwechsel, 1973.

Nach Auffassung des BGH[18] hat eine Funktionsnachfolge (bisher Körperschaft des öffentlichen Rechts, nunmehr eingetragener Verein) nicht die Wirkung einer Übertragung der Mitgliedschaft; der Funktionsnachfolger wird danach gegen seinen Willen nicht »automatisch« Mitglied des Vereins, dem der Funktionsvorgänger angehört hat; er hat vielmehr nur ein Eintrittsrecht.

483 Das Gesetz bestimmt nicht, wie die Übertragung der Mitgliedschaft vorzunehmen ist. Sieht man die Mitgliedschaft – wie hier – als Stellung im Rechtsverhältnis an, so ist eine Übertragung durch Abtretungsvertrag zwischen Veräußerer und Erwerber nicht möglich (§§ 398, 413 BGB), da die Mitgliedsrechte nach dem Spezialitätsgrundsatz einzeln übertragen werden müssen und die Übertragung der Mitgliedspflichten sich nach §§ 414, 415 BGB richtet[19]. Vielmehr bedarf es wie bei einer Vertragsübernahme eines dreiseitigen Rechtsgeschäfts zwischen Veräußerer, Erwerber und dem Verein[20]. Die Satzung kann jedoch die Art und Weise der Übertragung anderweitig regeln. Z. B. kann die rechtsgeschäftliche Mitwirkung des Vereins schon i. S. einer antizipierten Zustimmung in der Satzungsregelung vorweggenommen sein, durch die die Mitgliedschaft übertragbar ausgestaltet ist (Auslegungsfrage). Die Satzung kann auch bestimmen, daß die Übertragung – wie bei der GmbH (vgl. § 15 Abs. 3 GmbHG) – durch »Abtretung«, also durch ein Übertragungsgeschäft zwischen dem übertragenden und dem erwerbenden Mitglied ohne Mitwirkung des Vereins, vorzunehmen ist. Nach der Satzung kann auch eine bestimmte Form – z. B. Schriftform (§§ 126, 127 BGB) – für die Übertragung erforderlich sein oder die Zustimmung (Einwilligung, Genehmigung) eines bestimmten Vereinsorgans (z. B. der Mitgliederversammlung; vgl. für die GmbH § 15 Abs. 5 GmbHG, für die AG § 68 Abs. 2 AktG). Besteht ein satzungsmäßiger Zustimmungsvorbehalt für den Verein und wird die Zustimmung versagt, so kann das übertragende Mitglied den Verein auf Zustimmung verklagen. Allerdings besteht eine Zustimmungspflicht nur dann, wenn die Satzung konkrete Voraussetzungen für die Zustimmung aufstellt und diese erfüllt sind. Sonst wird sich eine Zustimmungspflicht nur in Ausnahmefällen aus der Rücksichtspflicht des Vereins gegenüber dem Mitglied oder dem Gleichbehandlungsgebot ergeben[21]. Fehlt eine satzungsmäßige Regelung, ist für die rechtsgeschäftliche Mitwirkung an der Übertragung seitens des Vereins der Vorstand als Vertretungsorgan zuständig.

484 Ist die Mitgliedschaft übertragbar, so sind die aus ihr sich ergebenden Rechte auch verpfändbar (vgl. § 1273 Abs. 1, § 1274 Abs. 2 BGB) und pfändbar (§§ 851 Abs. 1, 857 ZPO) und können Gegenstand eines Nießbrauchs sein (§ 1068 Abs. 1, § 1069 Abs. 2 BGB). Wirtschaftlich sinnvoll ist dies allerdings nur für Vermögensrechte. Der Pfandgläubiger kann die Mitgliedschaftsrechte, die nicht Vorteils- oder Wertrechte sind, nicht ausüben; er hat demnach kein Teilnahmerecht an der Mitgliederversammlung.

18 NJW 1980, 2707 = WM 1980, 1064.

19 Anders, soweit man die Mitgliedschaft – auch – als subjektives Recht ansieht.

20 *Soergel/Hadding* § 38 BGB Rn. 28.

21 Vgl. zur Vinkulierung von Gesellschaftsanteilen bei der GmbH und der AG *BGH* NJW 1987, 1091 = WM 1987, 174; *LG Aachen* WM 1992, 1485 = ZIP 1992, 924; dazu *Lutter* Die AG 1992, 369 ff.; *Scholz/Winter* § 15 GmbHG Rn. 94; *Grunewald* Gesellschaftsrecht, Rn. 2 E 161.

Gestattet die Satzung die Vererbung der Mitgliedschaft, so geht sie mit Eintritt des Erbfalls auf den oder die Erben über (§ 1922 Abs. 1 BGB). Die Satzung kann auch hinsichtlich des Erben persönliche Voraussetzungen aufstellen, z. B. eine bereits bestehende Mitgliedschaft im Verein. Liegen diese nicht vor, so ist die Mitgliedschaft mit dem Tod des Erblassers erloschen. Erfüllt der Erbe die persönlichen Voraussetzungen oder stellt die Satzung solche nicht auf, so wird der Erbe auch gegen seinen Willen Mitglied, da er in die Rechte und Pflichten eintritt, die der Erblasser im Zeitpunkt seines Todes innehatte. Diese Folge kann nur vermieden werden, wenn der Erbe die Erbschaft insgesamt nach §§ 1942 ff. BGB ausschlägt. Anderenfalls bleibt ihm nur das Austrittsrecht nach § 39 BGB. **485**

Erwerben mehrere Erben die Rechtsposition des Erblassers (vgl. §§ 2032 ff. BGB), so spaltet sich die Mitgliedschaft in mehrere Mitgliedschaften auf. Jeder Miterbe wird Inhaber einer Einzelmitgliedschaft, da die Erbengemeinschaft als solche wegen fehlender Mitgliedsfähigkeit nicht Mitglied werden kann[22]. Die Satzung kann bestimmen, daß die Miterben binnen einer angemessenen Frist die Mitgliedschaft einem Miterben oder einem Dritten zu übertragen haben (vgl. § 77 Abs. 2 Satz 3 GenG). **486**

Erwirbt ein Vereinsmitglied eine Mitgliedschaft durch Übertragung oder von Todes wegen, so verbleibt es bei dem Grundsatz, daß im gleichen Verein nur eine Mitgliedschaft bestehen kann (oben Rn. 474). Die bereits bestehenden Mitgliedschaftsrechte und -pflichten erweitern sich aber um die erworbenen[23]. **487**

Die Satzung kann schließlich auch gestatten, daß ein Mitglied die Ausübung seiner Mitgliedschaftsrechte einem anderen Vereinsmitglied oder einem Dritten überläßt. Hauptanwendungsfall ist die Stimmrechtsvertretung durch Erteilung einer Stimmrechtsvollmacht an einen Dritten oder ein anderes Mitglied (unten Rn. 901 ff.)[24]. Sie ist nur dann zulässig, wenn die Satzung dies ausdrücklich vorsieht[25], und erstreckt sich dann auch auf das Teilnahme-, Rede- und Antragsrecht in der Mitgliederversammlung. **488**

2. Arten von Mitgliedschaften

2.1. Mitgliedschaft und Organschaft

Ein Mitglied hat die aus dem Gesetz und der Satzung sich ergebenden Rechte und Rechtspflichten gegenüber dem Verein und den übrigen Mitgliedern. Erlangt es eine Organstellung im Verein (z. B. ein Vorstandsamt), so bleiben seine mitgliedschaftlichen Rechte und Pflichten hiervon unberührt. Durch die Or- **489**

22 Vgl. *Soergel/Hadding* § 38 BGB Rn. 32: § 139 HGB analog; a. A. MünchKomm/*Reuter* § 38 Rn. 13, der die Erbengemeinschaft für mitgliedsfähig hält.

23 Vgl. *Soergel/Hadding* § 38 BGB Rn. 28.

24 Vgl. *RG* Recht 1928 Nr. 2244; *Soergel/Hadding* § 32 BGB Rn. 27; MünchKomm/*Reuter* § 32 BGB Rn. 22 f.; enger *Staudinger/Coing* § 38 Rn. 4; RGRK/*Steffen* § 38 BGB Rn. 1: Stimmrechtsvollmacht nur an Vereinsmitglieder zulässig;.

25 Vgl. *OLG Hamm* OLGZ 1990, 257 = NJW-RR 1990, 532 = WM 1990, 879 = WuB II L. § 74 BGB 1.90 *van Look* = Rpfl 1990, 369 m. Anm. *Buchberger* Rpfl 1991, 24; großzügiger *Grunewald* Gesellschaftsrecht, Rn. 2 A 46: bei Großvereinen Stimmrechtsvertretung u. U. aufgrund ergänzender Satzungsauslegung zulässig.

ganstellung werden aber besondere organisationsrechtliche und schuldrechtliche Rechte und Pflichten begründet, z. B. bei Vorstandsmitgliedern das Recht und die Pflicht zur Geschäftsführung und Vertretung (vgl. §§ 26 Abs. 2, 27 Abs. 3 BGB), die Konkursantragspflicht (§ 42 Abs. 2 Satz 1 BGB) sowie die registerrechtlichen Anmeldepflichten (vgl. §§ 59 Abs. 1, 67 Abs. 1, 71 Abs. 1, 72, 74 Abs. 2, 76 BGB). Weitere Rechte und Pflichten ergeben sich aus dem der Organstellung kraft Gesetzes zugrundeliegenden Auftragsverhältnis (vgl. §§ 664 – 670 i. V. m. 27 Abs. 3 BGB) oder einem ggf. besonders vereinbarten Anstellungsverhältnis, z. B. einem Dienstvertrag nach §§ 611 ff. BGB. Zwischen mitgliedschaftlichen und organschaftlichen Pflichten ist daher zu unterscheiden. Dies folgt auch daraus, daß zum Organ nicht nur Mitglieder bestellt werden können; anders als bei den Personalgesellschaften und der Genossenschaft, bei denen der Grundatz der Selbstorganschaft gilt (vgl. §§ 709 BGB, 114 HGB, 9 Abs. 2 Satz 1 GenG), ist beim Verein und bei Kapitalgesellschaften auch eine Dritt- oder Fremdorganschaft zulässig (Rn. 719 f.). Wird ein außenstehender Dritter zum (Fremd-)Organ bestellt, so wird jedoch auch für ihn aufgrund der Bestellung der Inhalt der Satzung verbindlich, soweit er sich auf die Organstellung auswirkt (Rn. 513 f., 721 f.). Die Satzung kann allerdings eine Selbstorganschaft vorschreiben, indem sie bestimmt, daß zum Organ nur Mitglieder bestellt werden können.

2.2. Ordentliche Mitgliedschaft

2.2.1. Inhalt einer ordentlichen Mitgliedschaft

490 Einem ordentlichen Mitglied (auch »Vollmitglied«) stehen alle sich aus dem Gesetz und der Satzung ergebenden Rechte und Pflichten aus der Mitgliedschaft in dem konkreten Verein zu. Das Gesetz kennt – bis auf die Sonderrechte nach § 35 BGB – keine abgestuften (»außerordentlichen«) Formen der Mitgliedschaft (z. B. Ehrenmitgliedschaft, fördernde oder passive Mitgliedschaft); es geht davon aus, daß sämtliche Mitglieder die gleichen Rechte und Pflichten treffen. Dies entspricht dem allgemeinen gesellschaftsrechtlichen Grundsatz der Gleichbehandlung aller Mitglieder (vgl. für die AG § 53 a AktG) und ergibt sich im Umkehrschluß aus § 35 BGB. Die Satzung kann aber durchaus Differenzierungen vorsehen, indem sie bestimmten Mitgliedergruppen weitergehende oder eingeschränkte Rechte und/oder Pflichten zuerkennt als den ordentlichen Mitgliedern.

2.2.2. Ordentliche Mitgliedschaft in einer selbständigen Vereinsabteilung

491 Es bestehen Vereine, die kraft Satzung verselbständigte Vereinsabteilungen haben, z. B. wenn ein Sportverein mehrere Vereinsabteilungen unterhält, in denen verschiedene Sportarten betrieben werden. Jede Abteilung ist eine organisatorische Einheit innerhalb des (Gesamt-)Vereins. Sie kann rechtlich selbständig sein (als nichtrechtsfähiger oder rechtsfähiger Verein, z. B. Tennisabteilung e.V. im Verein X); sie kann aber auch ein rechtlich unselbständiger Teil (Verwaltungsstelle) des (Gesamt-)Vereins sein. Bei rechtlicher Verselbständigung einer Vereinsabteilung ist die Mitgliedschaft allein in dieser möglich. Im Wege der Doppelverankerung in den Satzungen des Hauptvereins und der ebenfalls als Verein bestehenden Abteilung kann die Mitgliedschaft

aber auch in beiden Vereinen begründet werden. Ist die Abteilung ein rechtlich unselbständiger Teil des Gesamtvereins, so kann dessen Satzung gleichwohl eine eigene Abteilungsverwaltung vorsehen; satzungsmäßig kann dann bestimmt sein, daß mit der Aufnahme eines Mitglieds eine Mitgliedschaft im Gesamtverein besteht, daß die Rechte und Pflichten aus der Mitgliedschaft aber nur innerhalb dieser Abteilung ausgeübt werden[26]. In solchen Fällen kann die Abteilung für die Aufnahme eines Mitglieds für zuständig erklärt werden; deren Repräsentant kann auch für den Empfang der Austrittserklärung zuständig sein.
Vor allem im Sportbereich ist es üblich, daß der Verein mit seiner für eine bestimmte Sportart zuständigen Abteilung Mitglied eines für diese Sportart zuständigen übergeordneten Verbands ist. Bei entsprechender satzungsmäßiger Doppelverankerung in den Satzungen beider Vereine gilt dann für das Mitglied einer Vereinsabteilung nicht nur das von seinem Verein gesetzte Regelwerk, sondern auch dasjenige des übergeordneten Verbands (Rn. 509 ff.).

2.2.3. Korporative Mitgliedschaft in Vereinsverbänden

Der Verein kann in seiner Satzung die Mitgliedschaft auf Körperschaften, z. B. **492**
andere Vereine, beschränken und die Mitgliedschaft natürlicher Personen ausschließen (sog. korporative Mitgliedschaft). Der Übergang von der korporativen Mitgliedschaft auf die Einzelmitgliedschaft natürlicher Personen und umgekehrt ist eine Satzungsänderung, die – abweichend von § 33 Abs. 1 Satz 1 BGB – der Zustimmung aller bisherigen Mitglieder bedarf[27]. Die korporative Mitgliedschaft besteht vor allem in Vereinsverbänden. Sie kommt aber auch bei Großvereinen vor (zur Unterscheidung vgl. Rn. 2663 f.).
Der Begriff korporatives Mitglied wird auch mit anderer Bedeutung verwandt. § 4 Nr. 2 der ADAC-Satzung bestimmt z. B.: »Korporative Mitglieder sind Personen, die einer durch Korporativ-Vertrag als ordentliches Mitglied dem ADAC beigetretenen Organisation (juristische Person oder nicht-rechtsfähige Vereinigung) angehören. Die Rechte und Pflichten der korporativen Mitglieder regelt ein Korporativ-Vertrag zwischen ADAC und Korporativ-Organisation . . .«.

2.3. Gestufte Mehrfachmitgliedschaft

2.3.1. Großverein mit eingegliederten Zweigvereinen

Ein Großverein kann so gegliedert sein, daß seine Zweigvereine auf Orts-, **493**
Kreis- und Bezirksebene bestehen (vgl. Rn. 2664). Oft gliedern sich Großvereine auch auf Orts-, Landes- und Bundesebene. Die Satzung des Gesamtvereins kann bestimmen, daß seine Mitglieder sämtlich vereinsmäßig organisierte Untergliederungen sind und daß die in die Untergliederung der untersten Stufe eintretenden Mitglieder zugleich die Mitgliedschaft in den Zwischenstufen und im Gesamtverein erwerben. Die Mitgliedschaft kann auch auf die unterste Stufe des vereinsmäßigen Zusammenschlusses und auf den Gesamtverein beschränkt sein. Die unterste Organisationsstufe muß aber in Vereins-

26 Vgl. *Entenmann* II S. 17.
27 *BGH* NJW 1980, 2707 = WM 1980, 1064.

form bestehen; ist sie lediglich eine unselbständige Untergliederung, so kann sie keine Mitglieder haben; die Mitgliedschaft wird dann nur in der nächsthöheren Organisationsstufe, die einen Verein bildet, begründet (vgl. Rn. 2665 ff.).

2.3.2. Mehrfache Mitgliedschaft durch satzungsmäßige Doppel- oder Mehrfachverankerung

494 Ein horizontaler Aufbau eines Dach- oder Spitzenverbands (z. B. Bundesverband) kann auch durch korporative Mitgliedschaften (Rn. 492), z. B. von Regionalverbänden, gebildet werden. Die Regelwerke (Satzungen und Vereinsordnungen) des Dachverbands sind zunächst nur für die angeschlossenen Vereine als juristische Personen kraft ihrer (korporativen) Mitgliedschaft verbindlich, nicht aber für deren Einzelmitglieder, z. B. natürliche Personen oder als Gesellschaften organisierte Unternehmen. Um die Einzelmitglieder der Vereine der untersten Stufe (Ortsverein o. ä.) auch an die Regelwerke des Dachverbands zu binden, besteht zunächst die Möglichkeit, diese in die Satzung des Anschlußvereins zu »inkorporieren«, insbes. durch eine Verweisung (vgl. Rn. 348 und unten Rn. 509 ff.). Darüber hinaus soll es möglich sein, daß die Mitglieder des Anschlußvereins zugleich mit der Mitgliedschaft in diesem Verein auch die Einzelmitgliedschaft in dem übergeordneten Regional-, ggf. auch im Dachverband, erwerben (vgl. schon Rn. 347). Hierzu bedarf es einer Doppel- oder Mehrfachverankerung durch korrespondierende Bestimmungen sowohl in der Satzung des Anschlußvereins als auch in den Satzungen des Regional- und des Dachverbands[28]. Die Satzung des jeweils übergeordneten Verbands muß die Bestimmung enthalten, daß der Beitretende zugleich mit der Mitgliedschaft in dem Anschlußverein (»automatisch«) auch die Einzelmitgliedschaft im Regional- und im Dachverband erwirbt. Entsprechendes muß auch die Satzung des Anschlußvereins vorsehen. Durch mehrheitlichen Satzungsänderungsbeschluß kann aber den Mitgliedern des Anschlußvereins nachträglich eine Zweitmitgliedschaft nicht vermittelt werden; vielmehr kann der Anschlußverein seine Mitglieder nur zum Verbandsbeitritt verpflichten[29].

494 a Es erscheint jedoch zweifelhaft, ob der rechtsgeschäftlichen Beitrittserklärung ohne weiteres so weitreichende Folgen wie der Erwerb einer Zweitmitgliedschaft zugerechnet werden können[30]. Für Pflichtverbände, z. B. Prüfungsverbände nach § 54 GenG, hat der BGH dies ausgeschlossen[31]. Jedenfalls muß dem Beitretenden der Erwerb der Zweitmitgliedschaft hinreichend deutlich gemacht werden (z. B. durch ausdrücklichen Hinweis), damit er deren Erwerb in seinen Willen zum Beitritt in den Anschlußverein aufnehmen kann[32]. Andernfalls wird eine entsprechende Klausel in der Satzung des Anschlußvereins nicht

---

28 Vgl. BGHZ 28, 131, 134 = NJW 1958, 1867 m. Anm. *Bauernfeind* NJW 1959, 379; BGHZ 105, 306, 312 = WM 1989, 184 = WuB II L. § 25 BGB 1.89 *Beuthien* = NJW 1989, 1724 = ZIP 1989, 14 = EWiR § 33 BGB 1/89, 122 *Brandner* = ZfgG 41 (1991), 247 m. Anm. *Beuthien/Kießler*; *Beuthien* ZGR 1989, 255 ff.; *Beuthien/Hüsken* Jura 1989, 96 f.

29 Vgl. *Beuthien* ZGR 1989, 255, 268 ff.

30 Vor allem *Soergel/Hadding* § 38 BGB Rn. 11; auch MünchKomm/*Reuter* Vor § 21 BGB Rn. 123.

31 BGHZ 105, 306, 312 f. = a. a. O (Fn. 28).

32 I. Erg. ebenso MünchKomm/*Reuter* Vor § 21 BGB Rnn. 123.

Bestandteil des Beitrittsvertrags und der Erwerb der Zweitmitgliedschaft scheitert an deren »Überraschungseffekt« (Gedanke des § 3 AGBG).

2.3.3. Mehrfache Mitgliedschaft durch Einzelbeitritt

Die Begründung einer Mehrfachmitgliedschaft ist auch dadurch möglich, daß ein Aufnahmewilliger in die vereinsmäßige Organisation jeder Stufe eines Verbands durch jeweils separate Aufnahmeverträge eintritt. **495**

2.3.4. Faktische Doppelmitgliedschaft

Satzungen von Sportspitzenverbänden verlangen als Aufnahmevoraussetzung meistens die Mitgliedschaft des um Aufnahme nachsuchenden Vereins im zuständigen Landesfachsportbund. Dieser selbst ist Mitglied des Sportspitzenverbands. Auch hier entsteht eine Art Doppelmitgliedschaft. Der aufgenommene Verein wird Mitglied des Spitzenverbands. Durch die Mitgliedschaft im Landesfachsportbund kann der Mitgliedsverein daneben auf die Willensbildung im Spitzenverband einwirken. So sind im Hauptverband für Traber-Zucht und -Rennen e.V. u. a. Trabrennvereine, Vereine der Traber-Züchter, -besitzer und Amateurfahrer sowie Vereine der Traber-Trainer vereinigt. Alle diese Vereine müssen einem der drei wiederum in Vereinsform bestehenden Aufsichtsorganisationen angehören, die ihrerseits Mitglied des Dachverbands sind (§§ 6 Nr. 1 HVT-Satzung, 5 Nr. 2 HVT-TRO). Weder die Landesfachsportverbände noch die Aufsichtsorganisationen vermitteln eine Mitgliedschaft im Dachverband. Über die »Seitenlinie« des zwischengeschalteten Mittelverbands gilt das Recht des Dachverbands bei satzungsmäßiger Verankerung für die Mitglieder des Basis-Mitgliedsvereins auch dann, wenn dieser zeitweise aus dem Dachverband ausscheidet. **496**

2.4. Außerordentliche Mitgliedschaft

Die Durchbrechung des Grundsatzes, daß alle Mitglieder die gleichen Rechte und Pflichten haben, ist durch ausdrückliche Satzungsregelung möglich. Auf diese Weise können Mitgliedschaften so ausgestaltet werden, daß sie vom Gleichbehandlungsgrundsatz abweichen. Die Abweichung vom Regelfall der ordentlichen oder Voll-Mitgliedschaft rechtfertigt für Rechtsverhältnisse dieser Art den Sammelbegriff außerordentliche Mitgliedschaft. Sie ist im Regelfall mit weniger Rechten und Pflichten verbunden als die ordentliche Mitgliedschaft (z. B. Beitragsfreiheit). Dies gilt jedoch nicht ausnahmslos. Auch der Sonderrechtsinhaber (vgl. § 35 BGB) ist ein außerordentliches Mitglied, weil bei ihm vom Grundsatz der Gleichbehandlung abgewichen wird. Gleiches gilt aber auch für das Mitglied, dem die Satzung Sonderpflichten auferlegt (§ 35 BGB analog). Wegen der Abweichung vom Grundsatz der gleichmäßigen Behandlung aller Mitglieder (Rn. 543 ff.) muß die unterschiedliche Behandlung der Mitglieder auf sachlichen Gründen beruhen[33]. Außerdem muß in der Satzung genau bestimmt sein, welche Rechte und Pflichten die jeweilige Katego- **497**

---

33 Vgl. *RG* JW 1938, 1329; *KG* NJW 1962, 1917

rie von Mitgliedern hat und wie die Angehörigen der Mitgliedergruppen zu bestimmen sind[34].

498 Unproblematisch ist die Begründung neuer Mitgliedschaften im Rang unter der Vollmitgliedschaft, da das beitretende Mitglied die Mitgliedschaft mit den durch die Satzung vorgesehenen Beschränkungen erwirbt. Werden bestehende ordentliche Mitgliedschaften durch Satzungsänderung in außerordentliche umgewandelt, so müssen alle hiervon betroffenen Mitglieder der Satzungsänderung zustimmen. Hiervon hat der BGH für den Fall eine Ausnahme gemacht, daß sich im Verein die Verhältnisse wesentlich geändert haben und durch den Weiterbestand der Vollmitgliedschaft aller Vereinsmitglieder die Verwirklichung des Vereinszwecks gefährdet wird (z. B. durch Unterwanderung). In diesem Fall kann die Abwägung des Interesses am Fortbestand der ordentlichen Mitgliedschaft einerseits und des Vereinsinteresses andererseits es rechtfertigen, daß der Verein die objektiven Voraussetzungen für die Zugehörigkeit zu einer bestimmten Mitgliedergruppe verschärft und Mitglieder, die den geänderten Merkmalen dieser Gruppe nicht mehr entsprechen, herabstuft[35].

2.4.1. Mindestrechte eines außerordentlichen Mitglieds

499 Die Satzung muß auch einem außerordentlichen Mitglied die Mindestrechte eines Mitglieds gewähren. Dazu gehört das Teilnahmerecht an der Mitgliederversammlung[36] und das Einberufungsrecht als Angehöriger eine Minderheit nach § 37 BGB[37]. Entgegenstehende Satzungsbestimmungen verstoßen gegen allgemeine Grundsätze des Vereinsrechts und sind deshalb unwirksam.

2.5. Formen außerordentlicher Mitgliedschaft

500 Nachfolgend werden einige Grundmodelle einer außerordentlichen Mitgliedschaft dargestellt, deren Ausgestaltung durch die Satzung abgewandelt werden kann.

2.5.1. Auswärtiges Mitglied

501 Sog. auswärtige Mitgliedschaften sind u. a. bei Golfclubs üblich. So bestimmt z. B. die Satzung eines Golfclubs, daß auswärtiges Mitglied nur sein kann, wer Vollmitglied in einem anderen Golfclub ist und dessen ständiger Wohnsitz mehr als 150 km vom Sitz des Gastvereins entfernt ist. Die auswärtige Mitgliedschaft ähnelt einer Gastmitgliedschaft (Rn. 503). Die Rechte eines auswärtigen Mitglieds können auf die Benutzung von Einrichtungen des Gastvereins beschränkt werden. Ein Teilnahmerecht an der Mitgliederversammlung dieses Vereins braucht nicht gewährt zu werden, weil das auswärtige Mitglied seine Rechte im Heimatverein ausüben kann.

---

34 Vgl. *RG* JW 1906, 500; für einen wirtschaftlichen Verein (GEMA) auch *Schulze* NJW 1991, 3264, 3265.

35 BGHZ 55, 381 = NJW 1971, 879 = WM 1971, 538.

36 *LG Bremen* Rpfl 1990, 260; *Sauter/Schweyer* Rn. 196.

37 *LG Bremen* a. a. O. (Fn. 36).

2.5.2. Förderndes Mitglied

Fördernde Mitglieder leisten dem Verein regelmäßige oder unregelmäßige Beiträge durch Geldzahlungen, auch Sach- und Dienstleistungen. Das Teilnahmerecht an der Mitgliederversammlung kann nicht versagt werden[38]. Satzungsmäßig kann bestimmt sein, daß fördernde Mitglieder die Einrichtungen des Vereins unentgeltlich in Anspruch nehmen und an geselligen Veranstaltungen teilnehmen können. Von weiterer aktiver Tätigkeit im Verein können sie ausgeschlossen sein. Die Satzung kann einen regelmäßigen Mindestbeitrag für fördernde Mitglieder vorsehen, der meistens über dem Beitrag für ordentliche Mitglieder liegt. Die fördernde Migliedschaft kann auch ausschließlich für Unternehmen vorgesehen sein. 502

2.5.3. Gastmitglied

In ihrer Grundform ist die Gastmitgliedschaft an sich eine Vollmitgliedschaft auf Zeit. Sie kann im Heimatverein wegen längerer Abwesenheit nicht ausgeübt werden; sie wird deshalb auf Zeit bei einem auswärtigen Verein während der Dauer des Aufenthalts in dessen Bereich begründet. Die Gastmitgliedschaft wird aber auch als eine besondere Form der Mitgliedschaft mit »beratender Stimme« verstanden. 503

2.5.4. Jugendmitglied

Die Satzung kann die Rechte und Pflichten jugendlicher Mitglieder besonders ausgestalten. Die aktive Betätigung im Jugendbereich des Vereins kann zur Pflicht gemacht werden. Das Teilnahmerecht an Mitgliederversammlungen, ausgeübt durch den Jugendlichen selbst oder durch seinen gesetzlichen Vertreter, kann nicht versagt werden. Ein Rede- oder Stimmrecht braucht ihm aber nicht zuzustehen. Die Satzung kann bestimmen, daß die Jugendmitgliedschaft mit der Vollendung des 18. Lebensjahres erlischt, daß aber – »automatisch« oder auf Antrag – eine Übernahme als ordentliches Mitglied erfolgt. 504

2.5.5. Korrespondierendes Mitglied

Im Regelfall unterstützen korrespondierende Mitglieder die Vereinsarbeit nur durch ihre geistige Verbundenheit, die sich in schriftlichen, der Vereinsbetätigung dienlichen Äußerungen manifestieren kann. Die unterstützende Tätigkeit beruht meist auf freiwilliger Basis; in der Regel bestehen keine Pflichten gegenüber dem Verein. Nach § 5 ADAC-Satzung ist die Ernennung zum korrespondierenden Mitglied eine Ehrung für Verdienste; es ist ordentliches Mitgliedern gleichgestellt, jedoch von der Beitragspflicht befreit. 505

2.5.6. Passives Mitglied

Die sog. Passivmitglieder nehmen nicht (mehr) an der nach außen gerichteten Vereinsbetätigung (Sportwettkämpfe, Gesangsveranstaltungen usw.) teil. Die Pflicht zur Beitragszahlung ist oft reduziert. Das Teilnahmerecht an der Mitgliederversammlung kann nicht entzogen werden; im Regelfall wird auch das Rede- und Stimmrecht schon wegen der Erfahrung von Senioren gewährt. 506

38 *LG Bremen* a. a. O. (Fn. 36), S. 262.

2.6. Ehrenmitglied/Ehrenvorstand

2.6.1. Ehrentitel oder Mitgliedschaft bzw. Organstellung

507 Es ist seit jeher üblich, daß ein Verein Personen ehrt, welche die Ziele des Vereins besonders gefördert haben (z. B. langjährige Vorstandstätigkeit). Auch wenn die Ehrung satzungsmäßig verankert ist, muß immer geprüft werden, ob dem Geehrten lediglich ein Ehrentitel verliehen wird oder ob der Geehrte eine «echte« Mitgliedschaft, im Fall der Ernennung zum Ehrenvorstand sogar eine Organstellung, erlangt[39]. Möglich ist der Erwerb einer Mitgliedschaft insbesondere deshalb, weil im Vereinsrecht – im Gegensatz zum Kapitalgesellschaftsrecht – keine zwingende Beitragspflicht besteht, dem Geehrten somit keine Belastung zugemutet wird.

2.6.2. Rechtsgrundlage einer Ehrung und Befugnisse des Geehrten

508 Soll der Ehrenvorstand organschaftliche Befugnisse und Pflichten erhalten, so muß eine satzungsmäßige Grundlage für die Organstellung vorhanden sein. In anderen Fällen muß die Satzung die Ehrung nicht notwendigerweise vorsehen. Für die Ehrung ist bei Fehlen einer Satzungsregelung die Mitgliederversammlung gem. § 32 Abs. 1 Satz 1 BGB zuständig; sie kann – mit Ausnahme des Ehrenvorstands mit Organstellung – auch Ehrenstellungen schaffen. Die Verleihung einer Ehrenmitgliedschaft kann auch in einer der Satzung nachrangigen Vereinsordnung vorgesehen sein.

509 Eine Ehrung kann der Verein niemals einseitig vornehmen; sie bedarf immer des Einverständnisses des Geehrten. Ist durch die Ehrung eine Mitgliedschaft oder eine Organstellung begründet worden, so ist der Geehrte befugt, an der Mitgliederversammlung teilzunehmen, er hat ein Antrags- und Rederecht. Ein Stimmrecht muß die Satzung besonders verleihen. Ein solches besteht z. B., wenn die Satzung bestimmt, Ehrenmitglieder haben alle Rechte eines ordentlichen Mitglieds. Ohne satzungsmäßige Grundlage trifft die Ehrenmitglieder keine Beitragspflicht. Dem Ehrenvorsitzenden kann in der Satzung die Leitung der Mitgliederversammlung übertragen werden. Der Disziplinargewalt des Vereins unterliegen Ehrenmitglieder oder Ehrenvorstandsmitglieder nur, wenn dies die Satzung ausdrücklich bestimmt[40]; solche Regelungen sind – aus naheliegenden Gründen – in Satzungen kaum zu finden. Geregelt ist aber u.U., unter welchen Voraussetzungen eine Ehrung entzogen werden kann.

2.7. Mittelbare Mitgliedschaft

2.7.1. Begriff und Notwendigkeit

510 Im Sportbereich ist es erforderlich, daß die von einem internationalen Verband und vom nationalen Dachverband aufgestellten Regeln von den Mitgliedsvereinen des nationalen Dachverbands, aber auch von den Einzelmitgliedern und Organen (z. B. Sportfunktionären) der Mitgliedsvereine befolgt werden. Der Dachverband kann außerdem Veranstalter von Sportveranstaltungen sein, an denen Einzelmitglieder der Mitgliedsvereine teilnehmen. Es besteht aber auch

---

39 Vgl. *RG* Recht 1917 Nr. 755; BGHZ 28, 131, 134 = NJW 1958, 1867.

40 *RG* Recht 1917 Nr. 755; BGHZ 28, 131, 134.

die Möglichkeit, daß diese Einzelmitglieder nicht über ihren Verein, sondern nur über den zuständigen Landessportfachverband mit dem Dachverband verbunden sind (vgl. oben Rn. 496). In diesen Fällen ist zunächst die Begründung einer ordentlichen gestuften Mehrfachmitgliedschaft möglich (oben Rn. 494 ff.). Wegen der dann sehr hohen Anzahl von Einzelmitgliedschaften im Verband – u. U. neben korporativen Mitgliedern – ist dies aber regelmäßig unpraktikabel. Der Dachverband kann daher für die Einzelmitglieder der angeschlossenen Vereine oder eines Landesfachsportverbands einzelne mitgliedschaftliche Rechte und Pflichten vorsehen, ohne daß diese die (Voll-)Mitgliedschaft im Verband erwerben. Danach werden die durch den Verband geschaffenen Regelwerke (z. B. Wettkampfordnungen) auch für die Einzelmitglieder der Anschlußvereine verbindlich. Diese Rechtsstellung wird als mittelbare Mitgliedschaft bezeichnet[41]. Das mittelbare Mitglied hat insbes. kein Teilnahmerecht an der Mitgliederversammlung des Dachverbands. Es hat aber z. B. ein Teilnahmerecht an Sportveranstaltungen nach einer entsprechenden Zulassung und kann zur Teilnahmepflicht an Veranstaltungen, zur Pflicht zur Beachtung des Regelwerks oder zur Duldung von Disziplinarmaßnahmen der Verbandsgerichtsbarkeit verpflichtet sein. Dem mittelbaren Mitglied kommt daher nur ein Ausschnitt aus der Rechtsstellung eines ordentlichen Mitglieds zu.

2.7.2. Begründung der mittelbaren Mitgliedschaft

2.7.2.1. Vertragliche Vereinbarung

Die Verbindlichkeit von Teilbereichen des Verbandsrechts kann für Nichtmit- **511**
glieder zunächst durch eine entsprechende vertragliche Regelung erreicht werden. Die Vertragslösung kommt in erster Linie in Betracht, wenn keine Mitgliedschaft im Mitgliedsverein des Dachverbands besteht[42]. Der Spieler (u. U. Trainer, Schiedsrichter usw.) schließt mit dem Dachverband einen ausdrücklichen Vertrag, durch den das genau zu bezeichnende Regelwerk des Dachverbands einschließlich der Sanktionsmöglichkeit durch sog. Vereinsstrafen als für den Vertragspartner verbindlich anerkannt wird. Ein erforderlicher Schiedsvertrag ist zu gesonderter Urkunde abzuschließen (§ 1027 Abs. 1 Satz 1 Halbs. 2 ZPO). Eine solche vertragliche Vereinbarung der vom Verband gesetzten Regelungen, insbes. sportlicher Regelwerke (Wettkampfordnungen o. ä.) kann auch im Erwerb einer allgemeinen Start- oder Spielerlaubnis für Wettbewerbe liegen, die unter dem Regelwerk des Verbands veranstaltet werden, oder in einer Anmeldung zu einem konkreten Wettbewerb, wobei dem Teilnehmer jedoch eine zumutbare Möglichkeit der Kenntnisnahme vom Inhalt des Regelwerks gegeben sein muß[43].

41 Schon *RG* SeuffA 59 Nr. 118 spricht von »gewissen unmittelbaren Beziehungen« zwischen den Mitgliedern der Anschlußvereine und dem Verband (hier bei Teilnahme an Regatten des Deutschen Seglerverbands).

42 So z. B. nach § 10 Satz 2 DFB-Lizenzspielerstatut. Im Eishockey-Bereich sind die Trainer im Regelfall nicht Mitglieder des dem DEB angeschlossenen Vereins.

43 Vgl. *BGH* NJW 1995, 583 = ZIP 1995, 752, 755 = WM 1995, 802 = JZ 1995, 461 m. Anm. *Pfister* = EWiR 1995, 221 *van Look* = SpuRt 1995, 43; dazu *Vieweg* SpuRt 1995, 97 ff.; *Haas/Adolphsen* NJW 1995, 2146 ff.

2.7.2.2. Satzungsmäßige Mehrfachverankerung

512 Die Möglichkeit einer Einzelmitgliedschaft im Dachverband (oben Rn. 494 ff.) ist häufig unzweckmäßig, weil der Mitgliederbestand zu groß und die Verwaltung des Dachverbandes damit erschwert wird. Hier bietet sich eine andere satzungsrechtliche Lösung an. Der Dachverband, dessen Spielordnung einschließlich der Rechts- und Verfahrensordnung verbindlich sein soll, bestimmt in seiner Satzung, daß diese Verbandsregelungen auch für die Einzelmitglieder der Anschlußvereine gelten sollen; die Satzung des Mitgliedsvereins muß diese Teile des vom Dachverband gesetzten Rechts auch für seine Einzelmitglieder als verbindlich erklären (sog. Doppelverankerung)[44]. Hier werden also nur Teile des Verbandsrechts für die Einzelmitglieder der Anschlußvereine verbindlich. Ist zwischen dem Verein und dem Dachverband ein Mittelverband zwischengeschaltet, so ist eine dreifache Satzungsverankerung erforderlich. U. U. kann nur die Mitgliedschaft des Vereins in einem Landesverband zu dieser Doppel- oder Mehrfachverankerung führen. Die Übernahme vom Verband gesetzter Regelungen und damit eine mittelbare Mitgliedschaft kann auch durch Verweisung in der Satzung des Anschlußvereins zustande kommen (oben Rn. 297 f.). Hierbei ist jedoch zu beachten, daß eine sog. dynamische Verweisung (auf das Regelwerk des Verbands »in der jeweils geltenden Fassung«) unzulässig ist, die Satzungen der Anschlußvereine also bei jeder Änderung der Verbandsregelungen entsprechend geändert werden müssen (vgl. Rn. 348, 411)[45]. Gerade bei Sportvereinen, die mehrere Sportarten betreiben und damit die Regelwerke mehrerer Verbände inkorporieren müssen, dürfte dies nur schwer durchführbar sein, so daß eine vertragliche Vereinbarung der Verbandsregelungen (oben Rn. 511) zu bevorzugen ist.

2.8. Mitgliedschaftliche Rechte bei Fremdorganschaft

2.8.1. Notwendigkeit mitgliedschaftlicher Rechte

513 Im Vereins- und Kapitalgesellschaftsrecht gilt der Grundsatz der Dritt- oder Fremdorganschaft, wonach der Inhaber einer Organstellung nicht Mitglied des Vereins oder der Gesellschaft sein muß. Im Gegensatz dazu läßt der Grundsatz der Selbstorganschaft die Bestellung eines Verbandsfremden in eine Organstellung nicht zu (vgl. § 9 Abs. 2 GenG; für die Personalgesellschaften §§ 709 BGB, 114 HGB). Die Mitgliedschaft in einer Personenvereinigung ist Voraussetzung für die Ausübung eines der wichtigsten Mitgliedschaftsrechte, des Anwesenheits- und Stimmrechts in der Versammlung der Mitglieder. Daher mußte § 118 Abs. 2 AktG den Mitgliedern des Vorstands und des Aufsichtsrats einer Aktiengesellschaft für den Fall der Fremdorganschaft ein Teilnahmerecht an der Hauptversammlung einräumen. Dementsprechend wird bei der nicht mitbestimmten GmbH (bei der mitbestimmten gilt § 118 Abs. 2 AktG entsprechend) die Auffassung vertreten, der Fremd-Geschäftsführer habe kein Recht auf Teilnahme an der Gesellschafterversammlung[46]. Im Kapitalgesellschafts-

44 Vgl. BayObLGZ 1986, 528, 534.

45 Vgl. *BGH* NJW-RR 1989, 376 = WM 1988, 1879, 1882 = WuB II L. § 32 BGB 1.89 *van Look*; *BGH* NJW 1995, 583 = ZIP 1995, 752, 754 (obiter dictum); *OLG Hamm* NJW-RR 1988, 183.

46 Vgl. z. B. *Lutter/Hommelhoff* § 48 GmbHG Rn. 5.

recht ist jedoch die kapitalmäßige Beteiligung Voraussetzung für eine Gesellschafterstellung. Dies ist im Vereinsrecht nicht der Fall. Schon aus diesem Grund besteht kein Anlaß, die Grundsätze des GmbH-Rechts beim Verein zu übernehmen.
Die Notwendigkeit quasi-mitgliedschaftlicher Rechte von Organmitgliedern, die nicht Mitgliedschaft des Vereins sind, veranschaulichen in der Praxis täglich vorkommende Fälle: Ein Sportspitzenverband veranstaltet einen Verbandstag (= Mitgliederversammlung). Er gewährt die Mitgliedschaft nur Vereinen als korporativen Mitgliedern (Rn. 492). Anwesend beim Verbandstag sind 300 Vertreter von Vereinen und 30 Personen, die Organstellungen im Spitzenverband bekleiden, angefangen vom Präsidenten bis hin zu den Mitgliedern des Präsidiums, des Verbandsausschusses, den Ligenleitern, den Mitgliedern der Verbandsgerichte usw. Alle diese Organpersonen hätten bei konsequenter Anwendung des Grundsatzes, daß nur Mitglieder ein Anwesenheitsrecht haben, kein Teilnahmerecht. Der Präsident könnte keinen Rechenschaftsbericht erstatten, hätte überhaupt kein Rederecht und demgemäß auch kein Stimmrecht. Die Verbandsmitglieder müßten über die Entlastung des Prädisiums abstimmen, ohne daß dessen Mitglieder zu der Entlastung dienenden Fragen hätten Stellung nehmen können, es sei denn, es wird ein Gastrederecht eingeräumt. Dies erscheint kaum tragbar.
Mit Annahme der Bestellung zum Organ erlangt die hierzu bestimmte Person die mit der Organstellung verbundenen Rechte und Pflichten. Kraft des organisationsrechtlichen Bestellungsvertrags ist für sie auch der Inhalt der Satzung verbindlich, soweit er sich auf die Organstellung auswirkt. Um der Organperson aber die ordnungsgemäße Ausübung ihrer organschaftlichen Pflichten zu ermöglichen, die über die mitgliedschaftlichen Pflichten z. T. erheblich hinausgehen, muß ihr aber auch der Mindestbestand mitgliedschaftlicher Rechte zustehen, soweit dies zu einer pflichtgemäßen Amtsausübung erforderlich ist.

2.8.2. Arten und Umfang mitgliedschaftlicher Rechte und Pflichten

Dem nicht verbandsangehörigen Organmitglied sind die folgenden mitglied- **514**
schaftlichen Rechte und Pflichten zuzubilligen: das Recht auf Teilnahme an der Mitgliederversammlung sowie das Antrags- und Rederecht. Diese Rechte bestehen auch, wenn die Satzung hierzu nichts sagt. Das Stimmrecht muß die Satzung dagegen ausdrücklich gewähren. Damit unterliegt jedes dieser Organmitglieder auch der Ordnungsgewalt des Leiters der Versammlung und ist z. B. an Redezeitbeschränkungen gebunden. Das Recht, die absolute Nichtigkeit eines Versammlungsbeschlusses geltend zu machen (Rn. 1139 ff.), steht ohnehin jedermann zu, somit auch einem Fremdorganmitglied. Für die Geltendmachung der zu rügenden Nichtigkeit (Rn. 1155 ff.) ist eine satzungsmäßige Ermächtigung der Organperson erforderlich. Ist jedoch die Entlastung einer Organperson abgelehnt worden, so ist sie zur (gerichtlichen) Anfechtung berechtigt, da sie hiervon unmittelbar betroffen ist. Auch Fremdorgane können zur Leistung einer Vereinsstrafe verpflichtet sein, soweit der Tatbestand und die Rechtsfolge der Strafbestimmung in der Satzung auf sie zutreffen (Rn. 1604)[47]. Weitere mitgliedschaftliche Rechte und Pflichten werden dem Fremdorgan ohne ausdrückliche Regelung in der Satzung nur zustehen, wenn sie in un-

47 Vgl. *van Look* S. 205.

mittelbaren Sachzusammenhang mit seinen organschaftlichen Rechten und Pflichten stehen und soweit sie zu deren Wahrnehmung erforderlich sind. An die Stelle des Vereinsausschlusses tritt die Abberufung von dem betreffenden Amt. Das Austrittsrecht wird durch das Rücktrittsrecht des Organmitglieds verdrängt.

2.8.3. Vertragliche Ausgestaltung

515 Soweit sie sich nicht aus dem Sachzusammenhang mit der Organstellung ergeben, müssen mitgliedschaftliche Rechte eines Fremdorgans (z. B. das Stimmrecht) zumindest dem Grunde nach in der Satzung des Vereins geregelt sein, da es sich um organisationsrechtliche Grundlagenentscheidungen des Vereinslebens handelt. In dem ggf. abzuschließenden Anstellungsvertrag können die quasi-mitgliedschaftlichen Rechte und Pflichten der Organperson aber näher ausgestaltet und konkretisiert sein. Hieraus darf sich aber kein Widerspruch zu der satzungsmäßigen Regelung ergeben, die im Verhältnis zum Verein der vertraglichen Regelung vorgeht.

3. Mitgliedschaftsrechte

3.1. Arten der Mitgliedschaftsrechte

3.1.1. Allgemeine Rechte und Sonderrechte

516 Die allgemeinen Mitgliedschaftsrechte stehen jedem Mitglied oder – bei abgestufter Mitgliedschaft – jedem Angehörigen einer Mitgliedergruppe gleichmäßig zu. Sonderrechte, die eine satzungsmäßige Verankerung erfordern (vgl. § 35 BGB), stehen nur bestimmten Mitgliedern oder bestimmten Mitgliedergruppen zu (Rn. 554 ff.). Begrifflich können das gleiche Sonderrecht nicht alle Mitglieder innehaben[48]. Die Mitgliedschaft selbst ist kein Sonderrecht[49].

3.1.2. Mitverwaltungsrechte

517 Die Mitverwaltungsrechte – auch Organschafts- oder Teilhaberechte genannt – gewähren dem Mitglied vor allem die Befugnis, »aktiv« an der Verfolgung des Vereinszwecks mitzuwirken. Zu den gesetzlichen, aus § 32 Abs. 1 BGB sich ergebenden Mitverwaltungsrechten gehören: Einladung und Teilnahme an der Mitgliederversammlung, Rede-, Auskunfts- (§ 131 AktG analog) und Antragsrecht, ggf. das Recht, geheime Abstimmung verlangen zu können und vor allem das Stimmrecht bei der Beschlußfassung einschließlich des aktiven und passiven Wahlrechts.

Diese gesetzlichen Mitverwaltungsrechte kann die Satzung erweitern, z. B. durch ein Antragsrecht zur Tagesordnung der Mitgliederversammlung. Aus allgemeinen Grundsätzen (§§ 810 Fall 1, 811 BGB; auch § 242 BGB) kann sich ein Anspruch des Mitglieds auf Einsicht in die Bücher und Schriften des Vereins

48 A. A. *RG* HRR 1929 Nr. 1558 = SeuffA 83 Nr. 141 zum Eintrittsrecht des Geschäftsnachfolgers eines Mitglieds.

49 Vgl. *RG* WarnR 1918 Nr. 133.

ergeben[50]. In Ausnahmefällen kann ein Auskunftsanspruch auch außerhalb der Mitgliederversammlung bestehen (vgl. Rn. 889).

3.1.3. Schutzrechte

Zu den Mitverwaltungsrechten zählen auch die sog. Schutzrechte, z. B. das Recht der Angehörigen einer Vereinsminderheit auf Einberufung einer Mitgliederversammlung (§ 37 Abs. 1 BGB), einschließlich des Rechts auf Ergänzung der Tagesordnung. Jedes Mitglied ist weiter berechtigt, die Ungültigkeit von Beschlüssen der Mitgliederversammlung im Klageweg feststellen zu lassen (vgl. Rn. 1176 f., 1737 f.)[51]. In Registerangelegenheiten seines Vereins ist ein Mitglied zwar nicht antragsberechtigt; es kann sich aber mit Anregungen an das Registergericht wenden. Ist eine gerichtliche Entscheidung ergangen, so ist ein Mitglied beschwerdeberechtigt, wenn es die Verletzung eines eigenen sachlichen Rechts geltend machen kann (§ 20 Abs. 1 FGG). Eine solche Beschwerdeberechtigung besteht z. B. dann, wenn das Registergericht es abgelehnt hat, eine Registereintragung aufgrund eines Beschlusses der Mitgliederversammlung zu löschen, den das Mitglied mit der Klage auf Feststellung der Unwirksamkeit anfechten könnte[52]. Zu den Schutzrechten gehört auch der klagbare Anspruch jedes Mitglieds auf Schutz und Förderung seiner Interessen gegenüber Dritten sowie das Recht, durch die Vereinsorgane nicht entgegen den gesetzlichen oder vereinsinternen Bestimmungen, namentlich der Satzung oder ihr nachrangigen Vereinsordnungen oder Beschlüssen der Mitgliederversammlung, behandelt zu werden, insbes. durch Beseitigung und Verkürzung mitgliedschaftlicher Rechte oder Kompetenzübergriffe in mitgliedschaftliche Teilhabepositionen (vgl. oben Rn. 473 a)[53]. Als weiteres Schutzrecht ist der Anspruch auf rechtliches Gehör in einem Disziplinarverfahren (einschließlich des Ausschlußverfahrens) zu nennen (Rn. 1666 ff.). Schließlich gehört hierher das Recht auf gleichmäßige Behandlung (vgl. Rn. 543 ff.) und auf Rücksichtnahme auf die Interessen des Mitglieds aus der Treuepflicht des Vereins gegenüber seinen Mitgliedern (vgl. Rn. 608 ff.). Letztlich zählt zu den Schutzrechten auch das zwingende Austrittsrecht nach § 39 BGB, durch das sich das Mitglied von sämtlichen mitgliedschaftlichen Bindungen befreien kann (Rn. 664 ff.). **518**

3.1.4. Vorteilsrechte

Vorteilsrechte – auch Wert- oder Genußrechte genannt – können in Form von Teilhaberechten oder in Form von Vermögensrechten bestehen. Diese Art der Mitgliedschaftsrechte ist – abgesehen vom Fall des § 45 Abs. 3 BGB – gesetzlich nicht geregelt. Sie ergeben sich unmittelbar aus der Mitgliedschaft in dem konkreten Verein oder werden durch die Satzung ausdrücklich zuerkannt. **519**

50 Vgl. für wirtschaftlichen Verein *LG Mainz* WM 1989, 537 m. Anm. *van Look* WuB II L. § 38 BGB 1.89, mit Hinweis auf die Möglichkeit einer Gesetzesanalogie zu § 43 Abs. 3 Satz 2 GenG; zum Anspruch auf Aushändigung eines Exemplars der Vereinssatzung *LG Karlsruhe* Rpfl 1987, 164.

51 Vgl. *BayObLG* NJW 1972, 1377, 1378; *KG* NJW 1988, 3159; *Lepke* NJW 1966, 2099 ff.; *K. Schmidt* Informationsrechte in Gesellschaften und Verbänden, 1984, S. 56 f.

52 BayObLGZ 1988, 170, 173 f.

53 Vgl. BGHZ 110, 323, 327= NJW 1990, 2877 = WM 1990, 1539 = WuB II L. § 31 BGB 1.91 *Beuthien/Kießler* = ZIP 1990, 1067 = EWiR § 31 BGB 2/90, 745 *Hadding* = JZ 1991, 192 = LM § 31 BGB Nr. 34; MünchKomm/*Reuter* § 38 BGB Rn. 20.

520 Vorteilsrechte sind zunächst die Teilhaberechte, die sich aus der Beteiligung des Mitglieds an der Verfolgung des Vereinszwecks ergeben[54]. Dazu gehören die Benutzung der Vereinsräume oder von Vereinseinrichtungen[55] (z. B. Sportplatz, Vereinsbibliothek, Gerätschaften), die Teilnahme an Veranstaltungen und Wettbewerben des Vereins (z. B. Training oder Clubwettbewerbe beim Sportverein[56], Ausstellung auf einer Vereinsmesse[57]), die Führung vom Verein verliehener Bezeichnungen (z. B. eines Gütezeichens[58]) sowie eine fachliche oder rechtliche Beratung[59] oder der Bezug einer Vereinszeitschrift.

521 Vorteilsrechte sind auch bestehende Vermögensrechte des Mitglieds. Nach dem Gesetz kommt nur der Anspruch auf den Anfall des restlichen Vereinsvermögens nach dessen Liquidation gem. § 45 Abs. 3 BGB in Betracht. Im übrigen kann die Satzung nicht anordnen, daß Mitglieder anteilige Rechte am Vereinsvermögen erlangen[60]. Die Satzung kann aber freiwillige Leistungen des Vereins an seine Mitglieder vorsehen, z. B. Pannenhilfe bei Automobilclubs, Krankentransport durch einen Flugrettungsverein[61], Unterstützungsbeiträge eines Sterbevereins[62] oder finanzielle Sanierungsleistungen der Sicherungseinrichtung eines Spitzenverbands der Kreditwirtschaft[63]. Der Ausschluß eines Rechtsanspruchs der Mitglieder auf durch Sonderbeiträge finanzierte vermögenswerte Leistungen gegen den Verein, der z. B. aus versicherungsrechtlichen Gründen erforderlich sein kann (vgl. § 1 Abs. 3 Nr. 1 VAG)[64], führt nicht ohne weiteres zu einer unangemessenen Benachteiligung der Mitglieder, so daß die entsprechende Satzungsregelung einer Inhaltskontrolle standhält[65]. Die Satzung kann den Mitgliedern aber auch Ansprüche auf anteilige Ausschüttung von durch den Verein erzielten Einnahmen oder Gewinnen einräumen; dies kann im einzelnen Fall jedoch zur Annahme einer wirtschaftlichen Zielsetzung i. S. d. § 22 BGB führen (vgl. Rn. 115). Vermögensrechtliche Ansprüche, allerdings nicht notwendigerweise von Mitgliedern, bestehen z. B. bei Unterstützungskassen, die Arbeitnehmern der Mitglieds- und Trägerunternehmen Leistungen der betrieblichen Altersversorgung gewähren[66]. Ist der Zweck des Vereins von vornherein auf einen wirtschaftlichen Geschäftsbetrieb i. S. d. § 22 BGB angelegt, so kann für die Mitglieder ein Gewinnbezugsrecht begründet

---

54 Vgl. *Soergel/Hadding* § 38 BGB Rn. 18.

55 Vgl. für Flugsportvereine BGHZ 88, 70, 75 f.: Beförderungsleistungen; *BGH* NJW-RR 1992, 507 = EWiR 1992, 231 *Grunewald*: Nutzung von Flugzeugen und des Flugplatzes.

56 Vgl. *OLG Celle* WM 1988, 495 m. Anm. *Grunewald* = WuB II L. § 38 BGB 2.88 *van Look*: Vereinsmeisterschaft eines Tennisvereins.

57 Vgl. *OLG Düsseldorf* WuW 1981, 366; WRP 1987, 734.

58 Vgl. *OLG Frankfurt a.M.* NJW-RR 1986, 133 = WM 1986, 302 = WuB V A. § 26 GWB 1.86 *Teichmann*; Bespr. *Teichmann/Theis* JuS 1987, 695 ff.: Verleihung des Deutschen Weinsiegels durch die DLG.

59 Vgl. *AG Bückeburg* NJW-RR 1991, 1107.

60 Vgl. *Ballerstedt* Festschr. Knur, 1972, S. 6 ff.

61 Vgl. *BVerwG* NJW-RR 1987, 474.

62 Vgl. *BVerwG* NJW 1987, 1900.

63 Vgl. *OLG Köln* ZIP 1992, 1617 = EWiR 1993, 343 *Hunecke* = DZWir 1993, 196 m. Anm. *Claussen*; dazu *Dreher* ZIP 1992, 1597 ff.

64 Vgl. *BVerwG* NJW 1987, 1900, 1901.

65 *OLG Köln* a. a. O. (Fn. 63).

66 Vgl. BAGE 54, 176 = ZIP 1987, 1278 = EWiR 1987, 1059 *Blomeyer* = AP § 1 BetrAVG Unterstützungskassen Nr. 17; *BAG* ZIP 1992, 1498 = EWiR 1992, 955 *Reichold*.

werden. Die Satzung kann für den Fall des Ausscheidens eine Abfindung, die Rückgewähr von geleisteten Beiträgen oder überlassenen Gegenständen vorsehen (vgl. aber § 55 Abs. 1 Nr. 2 AO); dazu Rn. 707 ff.

3.1.5. Drittgläubigerrechte

522 Der Verein kann wie mit jedem Dritten auch mit einem seiner Mitglieder ein Schuldverhältnis begründen. Dies ist z. B. der Fall, wenn ein Mitglied dem Verein ein Erbbaurecht bestellt, damit ein Vereinsheim errichtet werden kann oder wenn ein Mitglied dem Verein ein Darlehen gewährt oder eine Dienstleistung erbringt, die nicht als Erfüllung einer Mitgliedschaftspflicht anzusehen ist. In allen diesen Fällen trifft die Gläubiger-/Schuldnerstellung zwischen dem Verein und dem Mitglied mehr oder weniger zufällig mit der Mitgliedstellung zusammen. Das Mitglied erwirbt gegenüber dem Verein deshalb wie ein außenstehender Dritter ein sog. Drittgläubigerrecht und wird dessen Drittschuldner. Die hierbei sich ergebenden Rechtsbeziehungen sind nicht mitgliedschaftlicher Art, sondern vielmehr allein nach den Regeln des ihm zugrundeliegenden Schuldverhältnisses zu beurteilen (z. B. Kauf, Miete, Darlehen). Die Drittgläubigerrechte eines Mitglieds gehen bei einer Übertragung der Mitgliedschaft nicht auf den Erwerber über; vielmehr sind sie selbständig abtretbar, verpfändbar und pfändbar. Nur in Ausnahmefällen können sich aus der mitgliedschaftlichen Rücksichtspflicht (Treupflicht), die insoweit dann auf das Drittverhältnis »durchschlägt«, Beschränkungen in der Geltendmachung von Drittgläubigeransprüchen ergeben, z. B. wenn die kurzfristige Rückzahlung einer fälligen Darlehensforderung zur Überschuldung des Vereins führen würde.

523 Ergeben sich solche Drittrechte aus Arbeits- oder Dienstverhältnissen, so ist zu beachten, daß bei einem Vereinsmitglied mitgliedschaftliche und arbeits- (dienst-)vertragliche Rechte und Pflichten nebeneinander bestehen können. Im Einzelfall kann eine Arbeits- bzw. Dienstleistung einen Vereinsbeitrag darstellen, der nach dem Vereinszweck zu leisten ist, auch wenn dies die Satzung nicht ausdrücklich festlegt (vgl. Rn. 583, 599, 612)[67]. Auch soweit ein Mitglied Werkleistungen im Zusamenhang mit einer Organstellung erbringt, kommt die Annahme eines Werkvertrags mit einem stillschweigend vereinbarten Vergütungsanspruch gem. § 632 BGB als Drittgläubigeranspruch nicht in Betracht[68].

3.1.6. Gläubigerrechtsähnliche Vorteilsrechte

524 Die gläubigerrechtsähnlichen Vorteilsrechte (auch Gläubigerrechte der Vereinsmitglieder genannt) nehmen eine Zwischenstellung zwischen den Drittgläubigerrechten und den Mitgliedschaftsrechten ein. Der Entstehungstatbestand dieser Ansprüche liegt ausschließlich in der Mitgliedschaft, so daß ein Außenstehender sie nicht erwerben kann. Die Ansprüche lösen sich nach ihrer Entstehung jedoch von der Mitgliedschaft und werden selbständige Forderungen mit der Folge, daß ein Erlöschen der Mitgliedschaft auf ihren Bestand keinen Einfluß mehr hat. Die Ablösung von der Mitgliedschaft kann schon bei Vorliegen der satzungsmäßigen Voraussetzungen eintreten; es kann jedoch

67 Vgl. BAGE 27, 163, 170 für mitgliedschaftliche Arbeitsleistungspflicht bei Rote-Kreuz-Schwestern.

68 Vgl. *OLG Hamm* OLGZ 1990, 233: Architektenleistungen als »Baubeauftragter« eines Sportvereins

auch ein Beschluß des zuständigen Vereinsorgans erforderlich sein. Die Verselbständigung hat zur Folge, daß der Anspruch wie ein Drittgläubigerrecht übertragen und im Konkurs des Vereins selbständig geltend gemacht werden kann. Trotz der Verselbständigung unterliegt die Geltendmachung mitgliedschaftlichen Treubindungen.
Beispiele: Ein Pferdesportverein schließt mit seinen Mitgliedern einen Veranstaltungsvertrag, wobei jeder Teilnehmer der Veranstaltung ein Nenngeld zu zahlen hat; der Sieger erhält eine Siegprämie, die ein Vielfaches des Nenngelds beträgt. Ein wirtschaftlicher Verein schüttet an seine Mitglieder nach Feststellung durch das zuständige Organ einen Gewinn aus. Ein Verein gewährt seinen Mitgliedern bei Vorliegen bestimmter Tatbestandsmerkmale eine Unterstützungsleistung, eine Versicherungsleistung oder einen Rentenanspruch.

3.2. Änderung, Einschränkung und Entziehung der Mitgliedschaftsrechte

3.2.1. Ausgangspunkt und Vergleich mit anderen Gesellschaftsformen

525 Das Innenverhältnis des Vereins zu seinen Mitgliedern kann durch die Satzung weitgehend frei ausgestaltet werden. Daher können im Ausgangspunkt die meisten mitgliedschaftlichen Rechte durch oder aufgrund einer entsprechenden Regelung in der Satzung geändert, eingeschränkt oder entzogen werden. Zwingend sind nur diejenigen mitgliedschaftlichen Rechte, die auf in § 40 BGB nicht genannten gesetzlichen Vorschriften beruhen. Darüber hinausgehend ist jedoch bei allen Gesellschaftsformen ein »mehrheitsfester« Kernbereich mitgliedschaftlicher Rechte anerkannt, die den einzelnen Mitgliedern nicht ohne ihre Zustimmung entzogen werden können.

525 a Für den Bereich der Personalgesellschaften (GbR, oHG, KG) ist die sog. Kernbereichslehre entwickelt worden, wonach auch bei Geltung des Mehrheitsgrundsatzes dem einzelnen Gesellschafter ein Kernbereich von Rechten verbleiben muß, der nicht zur beliebigen Disposition der Mehrheit steht[69]. Die Schranken der Mehrheitsmacht sind allerdings beweglich und von der Struktur der konkreten Gesellschaft und der Stellung des betroffenen Gesellschafters abhängig. Entscheidend ist, ob der Gesellschafter die Beeinträchtigung wegen seiner Förder- und Treupflicht gegenüber der Gesellschaft im Gesellschaftsinteresse hinzunehmen hat, insbes. an der entsprechenden Änderung des Gesellschaftsvertrags mitzuwirken verpflichtet wäre[70]. Zum Kernbereich der mitgliedschaftlichen Rechte werden etwa das Stimm-, das Gewinn-, das Geschäftsführungs-, das Informationsrecht sowie die Beteiligung am Liquidationserlös gezählt[71].

---

69 Vgl. *Löffler* NJW 1989, 2656 ff.; *Röttger* Die Kernbereichslehre im Recht der Personenhandelgesellschaften, 1989, S. 124 ff., 159 ff.; *Göbel* Mehrheitsentscheidungen in Personengesellschaften, 1992, S. 107 ff., 178 ff.; *Hermanns* Unverzichtbare Mitverwaltungsrechte des Personengesellschafters, 1993, S. 102 ff.; *Grunewald* Gesellschaftsrecht, Rn. 1 A 83.

70 Vgl. *BGH* NJW 1985, 972 = WM 1985, 256; NJW 1985, 974 = WM 1985, 195.

71 Vgl. *BGH* NJW 1995, 194, 195 = ZIP 1994, 1942 m. Anm. *Flume* ZIP 1995, 651 = JZ 1995, 311 m. Anm. *K . Schmidt*; zum Recht auf Anfechtung fehlerhafter Gesellschafterbeschlüsse *BGH* WM 1995, 615 = ZIP 1995, 460 = BB 1995, 692.

Im GmbH-Recht wird zwischen absolut und relativ unentziehbaren Gesellschafterrechten unterschieden. Zu den absolut geschützten Gesellschafterrechten, die trotz § 45 Abs. 1 GmbH weder im ursprünglichen Gesellschaftsvertrag noch später durch Satzungsänderungsbeschluß ausgeschlossen oder eingeschränkt werden können, zählen z. B. das Recht der Minderheit auf Einberufung der Gesellschafterversammlung (§ 50 GmbHG), das Recht zur Geltendmachung der Nichtigkeit und Anfechtbarkeit der Gesellschafterbeschlüsse (entspr. §§ 241 ff. AktG), das Austrittsrecht, das Recht auf Teilnahme an der Gesellschafterversammlung, das Recht auf Auskunft und Einsicht nach § 51 a GmbHG[72]. Dagegen sind relativ unentziehbare Mitgliedschaftsrechte wie das Stimmrecht, das Gewinnrecht und das Recht auf den Liquidationsanteil nur in ihrem Kernbereich geschützt; ohne Zustimmung des betroffenen Gesellschafters können diese Rechte nicht völlig beseitigt werden; zulässig sind aber Einschränkungen unter Wahrung des Gleichbehandlungsgrundsatzes, der gesellschaftrechtlichen Rücksichts- und Treupflicht sowie des Grundsatzes der Verhältnismäßigkeit[73]. **526**

Im Genossenschaftsrecht wird aus § 43 Abs. 3 Satz 1 GenG, wonach jeder Genosse eine Stimme hat, gefolgert, daß das Stimmrecht an die Mitgliedschaft gebunden und demnach unentziehbar ist[74]. Im übrigen darf das Statut das Rechtsverhältnis zwischen den Genossen und der Genossenschaft nur insoweit abweichend von den Vorschriften des GenG ausgestalten, als das GenG dies ausdrücklich zuläßt (§ 18 Satz 2 GenG). In diesem Rahmen sind die mitgliedschaftlichen Rechte des Genossen jedoch einer Gestaltungskompetenz (i. S. einer Duldungspflicht) durch Änderungen des Statuts, »einfache« Beschlüsse der Generalversammlung und Maßnahmen anderer Organe unterworfen, bei deren Ausübung wiederum der Gleichbehandlungsgrundsatz, die Rücksichts- und Treupflicht und der Verhältnismäßigkeitsgrundsatz zu beachten sind[75]. Entsprechendes gilt für die AG, bei der ebenfalls der Grundsatz der Satzungsstrenge gilt (vgl. § 23 Abs. 5 AktG, zum Gleichbehandlungsgrundsatz § 53 a AktG). Für Eingriffe in Aktionärsrechte stellt das Gesetz hier i. d. R. qualifizierte Mehrheitserfordernisse auf (vgl. z. B. zum Bezugsrechtsausschluß § 186 Abs. 3 AktG) oder fordert die Zustimmung der betroffenen Aktionäre (vgl. z. B. zur Gattungsänderung § 179 Abs. 3, zur Vinkulierung § 180 Abs. 2 AktG). Wegen der kapitalmäßigen Beteiligung der Gesellschafter am Gesellschaftsvermögen können die vorstehend skizzierten Grundsätze nicht ohne weiteres auf den Verein übertragen werden, bei dem die Mitglieder am Vereinsvermögen nicht beteiligt sind. Gleichwohl lassen sie jedoch einen allgemeinen gesellschaftsrechtlichen Grundsatz erkennen, wonach auch beim Verein ein »mehrheitsfester« Kernbereich absolut unentziehbarer Mitgliedschaftsrechte sowie relative Schranken für Eingriffe in mitgliedschaftliche Rechte bestehen. **527**

72 Vgl. *Lutter/Hommelhoff* § 14 GmbHG Rn. 6; *Hachenburg/Raiser* § 14 GmbHG Rn. 28.

73 Vgl. *Baumbach/A. Hueck/G. Hueck* § 14 GmbHG Rn. 14–16; *Hachenburg/Raiser* § 14 GmbHG Rn. 29; *Rowedder/Koppensteiner* § 14 GmbHG Rn. 6; *Winter* Mitgliedschaftliche Treubindungen im GmbH-Recht, 1988.

74 Vgl. *Lang/Weidmüller/Metz* § 43 GenG Rn. 83.

75 Vgl. *K. Müller* § 18 GenG Rn. 58 f., 62 ff.

3.2.2. Grundsätze für Eingriffe in Mitgliedschaftsrechte im Vereinsrecht

528 Absolut unentziehbar sind zunächst diejenigen mitgliedschaftlichen Schutzrechte, deren gesetzliche Grundlage zwingend ist und die damit nicht zur Disposition durch die Satzung stehen (Umkehrschluß aus § 40 BGB), z. B. das Einberufungsrecht als Angehöriger einer Minderheit (§ 37 BGB) und das Austrittsrecht (§ 39 BGB). Entsprechendes gilt für gläubigerrechtsähnliche Vorteilsrechte, nachdem ihr Entstehungstatbestand erfüllt ist und sie damit selbständig übertragbar geworden sind (vgl. Rn. 524, 541)[76]. Darüber hinaus können allgemeine Mitgliedschaftsrechte grundsätzlich durch Satzungsänderung oder – soweit sie nicht durch die Satzung als unentziehbar ausgestaltet sind – durch Mehrheitsbeschluß der Mitgliederversammlung ohne Zustimmung des oder der Betroffenen eingeschränkt oder entzogen werden (anders bei Sonderrechten i. S. d. § 35 BGB)[77].

529 Darüber hinausgehend unterliegt eine Einschränkung oder Entziehung mitgliedschaftlicher Rechte je nach den Umständen des konkreten Falls beweglichen Schranken, die zu einem relativen Schutz mitgliedschaftlicher Rechte führen. Eine solche Schranke ergibt sich zunächst aus dem Grundsatz der gleichmäßigen Behandlung aller Mitglieder, der Einschränkungen zu Lasten bestimmter Mitglieder oder bestimmter Mitgliedergruppen ohne sachlich gerechtfertigtes Differenzierungskriterium verbietet (Rn. 543 ff.)[78]. Eine weitere Schranke bildet die aus der Pflicht zur Förderung des Vereinszwecks herzuleitende Rücksichts- oder Treupflicht des Vereins gegenüber seinen Mitgliedern (Rn. 615). Diese verbietet zunächst einen Machtmißbrauch der Mehrheit gegenüber einer Mindeheit oder einzelnen Mitgliedern. Weiter fordert der Grundsatz der Verhältnismäßigkeit, daß jeder Eingriff in mitgliedschaftliche Rechte der Verfolgung des Vereinszwecks dient (Geeignetheit), kein milderes und gleich wirksames Mittel zur Erreichung des mit dem Eingriff verfolgten Ziels ersichtlich ist (Erforderlichkeit) und daß die Auswirkungen der Beeinträchtigung nicht außer Verhältnis zum angestrebten Erfolg stehen (Angemessenheit), daß m. a. W. das Interesse des Vereins an der Veränderung des bestehenden Zustands das Interesse des Mitglieds an der Beibehaltung des bisherigen Zustands überwiegt[79].

530 Nach der Rechtsprechung können durch die Satzung oder aufgrund der Satzung durch Beschluß des zuständigen Vereinsorgans die Rechte von Mitgliedergruppen verschieden ausgestaltet werden, wenn hierfür ein sachlicher Grund vorliegt[80]. Insbesondere können durch satzungsändernden Beschluß die objektiven Voraussetzungen für die Zugehörigkeit zu einer bestimmten Mitgliedergruppe verschärft werden, wenn dies durch einen Wandel der tatsächlichen Verhältnisse erforderlich wird; zusätzlich ist erforderlich, daß eine Abwägung der Interessen der betroffenen Mitglieder am Bestand der erlangten Rechtsposition mit denen des Vereins zu bestimmen, mit welchen Mitgliedern

76 Vgl. MünchKomm/*Reuter* § 38 BGB Rn. 33.

77 Vgl. *Soergel/Hadding* § 35 BGB Rn. 6.

78 Vgl. *Soergel/Hadding* § 38 BGB Rn. 19, 25; *Erman/Westermann* § 35 BGB Rn. 2; *Sauter/Schweyer* Rn. 341.

79 Vgl. MünchKomm/*Reuter* § 38 BGB Rn. 33 mit weitergehenden Einschränkungen für Vereine ohne Aufnahmefreiheit.

80 *RG* JW 1938, 1329; vgl. auch *BAG* NJW 1956, 806.

er künftig die satzungsmäßigen Ziele verfolgen will, zugunsten des Vereins ausfällt[81]. Zulässig soll eine Satzungsänderung sein, nach der die Vereinsmitgliedschaft ohne weiteres mit dem Wegfall des Grunds für ihren Erwerb endet; dies soll auch gegenüber früher beigetretenen Mitgliedern möglich sein einschließlich solchen, die diese Voraussetzungen schon vor dem Zeitpunkt des Inkrafttretens der Satzungsänderung nicht mehr erfüllten[82]. Allerdings sollen erworbene Mitgliedschaftsrechte nicht schrankenlos durch satzungsändernden Beschluß nachträglich entzogen werden können[83].

3.2.3. Absolut unentziehbare Mitgliedschaftsrechte

Weder die Gründungssatzung noch ein späterer satzungsändernder Beschluß **531**
können die folgenden Mitgliedschaftsrechte einschränken oder entziehen: Das Recht, einen fehlerhaften Beschluß der Mitgliederversammlung im Klagewege anzufechten[84], und zwar auch dann, wenn eine Delegiertenversammlung besteht; das Einberufungsrecht als Angehöriger einer Minderheit nach § 37 BGB; das Austrittsrecht nach § 39 Abs. 1 BGB; das Recht auf Teilnahme an der Mitgliederversammlung[85].

Die Satzung kann durch ausdrückliche Regelung weitere unentziehbare Mit- **532**
gliedschaftsrechte gewähren, z. B. das Anfallrecht der bei Beendigung der Liquidation noch vorhandenen Mitglieder hinsichtlich des Liquidationsüberschusses oder das Gewinnbezugsrecht bei einem wirtschaftlichen Verein.

3.2.4. Nur mit Zustimmung des Betroffenen entziehbare Mitgliedschaftsrechte

Einzelne Mitgliedschaftsrechte können nur mit Zustimmung der betroffenen **533**
Mitglieder entzogen oder eingeschränkt werden. Soll der Vereinszweck geändert werden, so bedarf es dazu der Zustimmung aller Mitglieder (§ 33 Abs. 1 Satz 2 BGB), soweit nicht die Satzung das Einstimmigkeitserfordernis abbedungen hat (vgl. § 40 BGB). Systematisch gehört hierher auch das Sonderrecht, das ein unentziehbares (z. B. erhöhtes) Mitgliedschaftsrecht gewährt; es kann nur mit Zustimmung des Sonderbegünstigten abgeändert werden (§ 35 BGB; dazu Rn. 570 ff.). Die Satzung kann durch ausdrückliche Regelung weitere nur mit Zustimmung des Berechtigten unentziehbare Mitgliedschaftsrechte gewähren.

3.2.5. Relativ unentziehbare Mitgliedschaftsrechte

Relativ unentziehbar sind gesetzliche oder durch die Satzung gewährte Mit- **534**
verwaltungs- und Teilhaberechte. Sie sind nur in ihrem Kernbereich geschützt und können durch die Satzung oder Beschlüsse der Mitgliederversammlung aufgrund einer satzungsmäßigen Ermächtigungsgrundlage eingeschränkt werden. Ein gänzlicher Entzug wird dagegen nur in Ausnahmefällen zulässig sein.

---

81 BGHZ 55, 381 ff. = NJW 1971, 879 = WM 1971, 538.

82 *BGH* WM 1978, 1066.

83 *BGH* WM 1978, 1066, 1067.

84 Vgl. *Sauter/Schweyer* Rn. 342; für Personalgesellschaften *BGH* WM 1995, 615 = ZIP 1995, 460 = BB 1995, 692.

85 Vgl. *LG Bremen* Rpfl 1990, 262.

535 Der Eingriff in die mitgliedschaftliche Rechtsstellung muß in jedem Fall dem Gleichbehandlungsgrundsatz und der Rücksichts- und Treupflicht Rechnung tragen (oben Rn. 529). Beim Eingriff in dispositive gesetzliche Mitgliedschaftsrechte (vgl. § 40 BGB) ist überdies die Leitbildfunktion der gesetzlichen Vorschriften zu berücksichtigen. Ihre Abdingung kann die betroffenen Mitglieder unangemessen benachteiligen, so daß eine richterliche Inhaltskontrolle zu einer Unwirksamkeit der abdingenden Regelung führen kann[86]. Einen Sonderfall bildet die Einschränkung oder Entziehung mitgliedschaftlicher Rechte als Vereinsstrafe, die besonderen Regeln unterliegt (vgl. unten Rn. 1589, 1600).

536 Zu den relativ unentziehbaren Mitverwaltungsrechten gehören das Rede-, Antrags- und Auskunftsrecht in der Mitgliederversammlung (zum Teilnahmerecht vgl. oben Rn. 531). Das Rederecht kann zwar nicht gänzlich entzogen werden, aber durch Maßnahmen des Versammlungsleiters (Redezeitbeschränkung, Wortentziehung, Saalverweis) im konkreten Fall aus sachlichem Grund eingeschränkt werden[87]. Das Auskunftsrecht kann entsprechend den in § 131 Abs. 3 AktG vorgesehenen Gründen und bei der Gefahr einer rechtsmißbräuchlichen Ausübung eingeschränkt werden.

537 Das Stimmrecht unterliegt zunächst den sich aus § 34 BGB ergebenden Beschränkungen; die Satzung kann den Kreis der Stimmverbote noch erweitern (vgl. Rn. 930). Im übrigen gilt der Grundsatz, daß jedem Mitglied ein gleiches Stimmrecht zusteht (»One member – one vote«)[88]. Als »Grundrecht« auf Mitbestimmung in Vereinsangelegenheiten genießt das Stimmrecht erhöhten Bestandsschutz gegen Entzug und Beschränkungen. Jedenfalls ordentlichen Mitgliedern, deren Mitgliedschaft in einer für den konkreten Verein typischen Weise ausgestaltet ist, muß deshalb ein Stimmrecht in der Mitgliederversammlung zustehen. Seine Ausübung kann aber durch die Satzung von bestimmten, sachlich gerechtfertigten Voraussetzungen (z. B. angemessene Mindestdauer der Mitgliedschaft, pünktliche Beitragszahlung) abhängig gemacht werden[89]. Einzelne Mitgliedergruppen können auch gänzlich vom Stimmrecht ausgeschlossen sein, sofern dies sachlich gerechtfertigt ist (z. B. fördernde, passive oder auswärtige Mitglieder, Ehrenmitglieder; dazu oben Rn. 501 ff.)[90]. In Ausnahmefällen, insbes. bei Gefährdung des Vereinszwecks, ist auch ein (vorübergehender) Stimmrechtsentzug für bestimmte Mitglieder möglich, sofern zur Erreichung des angestrebten Ziels (z. B. einer Zweckänderung) die Annahme einer positiven Stimmpflicht, mit einem bestimmten Inhalt abzustimmen, nicht ausreicht.

538 Ein Mehrfachstimmrecht kann einzelnen Mitgliedern oder Angehörigen einer Mitgliedergruppe als Sonderrecht i. S. d. § 35 BGB zustehen; es kann dann nur

---

86 Vgl. zur Mitteilung der Tagesordnung der Mitgliederversammlung bei Satzungsänderungen BGHZ 99, 119, 123 = NJW 1987, 1811 = WM 1987, 373 = WuB II L. § 32 BGB 1.87 *van Look* = ZIP 1987, 446 = EWiR 1987, 339 *Weipert*.

87 Vgl. für die AG BGHZ 44, 245, 247 f. = NJW 1966, 43; *LG Stuttgart* WM 1994, 1845 = WuB II A. § 119 AktG 1.95 *Butzke*; *OLG Stuttgart* WM 1995, 617; *Stützle/Walgenbach* ZHR 155 [1991], 516 ff.; *Hüffer* § 129 AktG Rn. 20 f.

88 Vgl. BGHZ 106, 67, 72 = NJW 1989, 1212 = WM 1989, 366 zur satzungsmäßigen Zulassung einer Stimmhäufung.

89 Vgl. *Staudinger/Coing* § 32 BGB Rn. 19; *Soergel/Hadding* § 32 BGB Rn. 22; MünchKomm/*Reuter* § 32 BGB Rn. 21.

90 Vgl. *Sauter/Schweyer* Rn. 198.

mit deren Zustimmung eingeschränkt oder entzogen werden. Das Mehrfachstimmrecht kann aber auch als allgemeines Mitgliedschaftsrecht bestehen, und zwar insbesondere bei Mitgliederversammlungen von Vereinsverbänden oder Delegiertenversammlungen. Richtet sich die Zahl der Delegiertenstimmen nach der Zahl der vertretenen Mitglieder und hat sich die Mitgliederzahl verringert, so kann dies automatisch eine Verminderung der Stimmenzahl des betreffenden Delegierten zur Folge haben. Bei Wirtschaftsverbänden kann sich die Stimmenzahl nach der Leistungsfähigkeit der Mitgliedsunternehmen (z. B. Umsatz, Gewinn, Beschäftigtenzahl) richten und sich bei deren Rückgang entsprechend reduzieren[91].

Andere durch die Satzung gewährte Mitverwaltungs-, Schutz- und Vorteils- **539**
rechte können durch Satzungsänderung (§§ 33 Abs. 1 Satz 1, 71 BGB) entzogen oder eingeschränkt werden. Die geänderte Satzungsregelung unterliegt jedoch einer richterlichen Inhaltskontrolle daraufhin, ob das Interesse des Vereins an dem Eingriff in die mitgliedschaftliche Rechtsstellung das Interesse der betroffenen Mitglieder am unveränderten Fortbestand ihrer Rechte überwiegt (Gleichbehandlungsgrundsatz, Rücksichts- und Treupflicht); zumindest bedarf es eines sachlichen Grunds für die Änderung[92]. Fehlt es hieran, ist der Satzungsänderungsbeschluß auf Rüge der betroffenen Mitglieder für unwirksam zu erklären (vgl. Rn. 1156). Die Satzung kann auch eine Ermächtigung an die Mitgliederversammlung vorsehen, unter bestimmten Voraussetzungen Mitgliedschaftsrechte einzuschränken oder zu entziehen. Dann ist der von der Ermächtigung Gebrauch machende Beschluß der Mitgliederversammlung auf Klage der betroffenen Mitglieder zusätzlich einer Ausübungskontrolle auf Vorliegen der satzungsmäßigen Voraussetzungen zu unterziehen. Ohne eine Grundlage in der Satzung ist eine Entziehung oder Einschränkung mitgliedschaftlicher Rechte unwirksam[93].

Die Mitgliedschaft insgesamt kann durch Ausschließung aus dem Verein ent- **540**
zogen werden. Hierbei handelt es sich um die (einseitige) Kündigung des Mitgliedschaftsverhältnisses durch den Verein. Nach den allgemein für Dauerschuldverhältnisse geltenden Grundsätzen (§ 242 BGB) ist eine Ausschließung aus wichtigem Grund auch ohne Grundlage in der Satzung zulässig (Rn. 1613 ff.)[94]. Die Satzung kann aber auch den Tatbestand eines wichtigen Grunds näher konkretisieren sowie Gründe für eine Kündigung oder ein automatisches Erlöschen der Mitgliedschaft (z. B. Beitragsrückstand) vorsehen (Rn. 691 ff., 1621 ff.), die die Intensität eines wichtigen Grunds nicht erreichen (einfaches Kündigungsrecht). Die Ausschließung kann auch als Vereinsstrafe ausgestaltet sein (Rn. 1630)[95].

---

91 Vgl. *Leßmann* S. 253; zust. MünchKomm/*Reuter* § 32 BGB Rn. 21.

92 Vgl. BGHZ 55, 381, 386 = NJW 1971, 879 = WM 1971, 538; *BGH* NJW-RR 1992, 507, 508 = EWiR 1992, 231 *Grunewald*; *BVerwG* NJW-RR 1987, 474, 475.

93 Vgl. *OLG Celle* WM 1988, 495 m. Anm. *Grunewald* = WuB II L. § 38 BGB 2.88 *van Look*: Ausschluß bestimmter Mitglieder von der Clubmeisterschaft eines Tennisvereins.

94 Vgl. *BGH* NJW 1972, 1892 = WM 1973, 30 = JR 1973, 192 m. Anm. *H. P. Westermann*; NJW 1990, 40 = WM 1989, 1508 = WuB II L. § 39 BGB 1.89 *van Look*; *Grunewald* Ausschluß, S. 39 ff.

95 Vgl. *van Look* S. 131 ff., 145 f.

3.2.6. Änderung von Drittgläubigerrechten und Vorteilsrechten

541 Drittgläubigerrechte (Rn. 522 f.) können vom Verein nicht einseitig geändert oder aufgehoben werden; da es sich um die Änderung eines Vertragsverhältnisses handelt, ist gem. § 305 BGB die Zustimmung des berechtigten Mitglieds erforderlich[96]. Veräußert z. B. ein Vereinsmitglied sein Hausgrundstück dem Verein mit der Absprache, einige Räume im Haus auch im Falle seines Ausscheidens aus dem Verein weiterbenutzen zu dürfen, so kann die Mitgliederversammlung dieses Wohnrecht nicht durch Mehrheitsbeschluß entziehen[97]. Ein solcher Beschluß ist unwirksam.

Gläubigerrechtsähnliche Vorteilsrechte (Rn. 524) eines Vereinsmitglieds sind mit ihrer Entstehung ebenfalls einer einseitigen Einschränkung oder Entziehung durch den Verein entzogen. Auch hier bedarf es eines Änderungs- oder Aufhebungsvertrags (§ 305 BGB) mit dem Anspruchsinhaber.

3.2.7. Schadenersatz bei unberechtigter Beeinträchtigung von Mitgliedschaftsrechten

542 Die unberechtigte und schuldhafte Verletzung eines Mitgliedschaftsrechts durch einen Beschluß oder eine sonstige Maßnahme eines Vereinsorgans, aber auch durch eine satzungswidrige Vereinsordnung, verpflichtet den Verein zum Ersatz eines dem Mitglied hieraus entstandenen Schadens. Da das Mitgliedschaftsverhältnis als schuld- und organisationsrechtliche Sonderverbindung zwischen dem Verein und dem Mitglied anzusehen ist, verpflichtet die schuldhafte Nicht- oder Schlechterfüllung der Pflicht der Vereinsorgane, gesetzliche und vereinsinterne Regelungen (Satzung, Vereinsordnungen, Beschlüsse der Mitgliederversammlung) in Bezug auf mitgliedschaftliche Rechte zu beachten, zum Schadenersatz[98]. Anspruchsgrundlagen sind mithin § 280 Abs. 1 BGB[99] oder die Grundsätze der positiven Forderungsverletzung[100], die für Organe über § 31 BGB, für Erfüllungsgehilfen über § 278 BGB zu einer Haftung des Vereins führen. Dies gilt z. B. bei einer unberechtigten Ausschließung[101] oder einer unzutreffenden Auskunft oder Beratung[102]. Da für eine Haftung schon leicht fahrlässiges Verhalten ausreicht (vgl. § 276 Abs. 1 Satz 2 BGB), bestehen

96 Vgl. *RG* Recht 1917 Nr. 2; 1925 Nr. 1960; BGHZ 15, 177, 181.

97 Vgl. *RG* Recht 1925 Nr. 1960.

98 Vgl. BGHZ 90, 92, 95 = NJW 1984, 1884 = JZ 1984, 536; BGHZ 110, 323, 334 = NJW 1990, 2877 = WM 1990, 1539 = WuB II L. § 31 BGB 1.91 *Beuthien/Kießler* = ZIP 1990, 1067 = EWiR § 31 BGB 2/90, 745 *Hadding* = JZ 1991, 192 = LM § 31 BGB Nr. 34; auch *AG Bückeburg* NJW-RR 1991, 1107.

99 So *Hadding* Festschr. Kellermann, 1991, S. 91, 96 ff.

100 So jeweils *BGH* a. a. O. (Fn. 98): »ähnlich der positiven Vertragsverletzung«; zustimmend *K. Schmidt* JZ 1991, 157, 160.

101 BGHZ 90, 92 = a. a. O (Fn. 98); vgl. auch *BGH* WM 1994, 2127, 2129: Ausschluß aus einer Herdbuchgenossenschaft als Verletzung einer *Vertrags*pflicht.

102 BGHZ 110, 323 = a. a. O. (Fn. 98): Auskunft über Teilnahmeberechtigung an einer Regatta; auch *OLG München* NJW 1988, 1030: fehlerhafte Beratung durch einen Lohnsteuerhilfeverein; *AG Bückeburg* NJW-RR 1991, 1107: unwirksame Kündigung eines Wohnraummietverhältnisses durch einen Mieterverein ohne Vorlage einer schriftlichen Vollmacht; wohl zu weitgehend *Wochner* BB 1993, 515 ff.: Haftung der Gewerkschaft für Arbeitsplatzverlust des Mitglieds wegen überhöhten Lohnabschlusses.

erhebliche Haftungsrisiken für ein etwaiges Fehlverhalten von Organpersonen oder sonst im Interesse des Vereins Tätigen. Darüber hinaus sollen nach Auffassung des BGH[103] Mitgliedschaftsrechte als sonstige absolute Rechte dem Schutz des § 823 Abs. 1 BGB unterfallen, für deren Verletzung der Verein über §§ 31, 831 BGB ebenfalls haftet (dazu Rn. 473 f.).

3.3. Gleichbehandlungsgrundsatz

3.3.1. Anspruch des Mitglieds auf Gleichbehandlung

Der Grundatz der gleichmäßigen Behandlung aller Mitglieder ist als all- 543
gemeiner Grundsatz des Gesellschaftsrechts anzusehen, der bei allen Formen zivilrechtlicher Personenvereinigungen gilt[104]. Seine Grundlage liegt nicht etwa im Verfassungsrecht (vgl. Art. 3 GG), sondern in dem organisationsrechtlichen Verbot willkürlicher, sachlich nicht gerechtfertigter Ausübung von Mehrheitsmacht innerhalb rechtlich verfaßter Personenvereinigungen[105]. Für die AG ist der Gleichbehandlungsgrundsatz seit 1978 in § 53 a AktG, für den VVaG in § 21 Abs. 1 VAG positiv-rechtlich normiert. Bei politischen Parteien (vgl. § 10 Abs. 2 Nr. 1 ParteienG) ist darüber hinausgehend wegen des Gebots innerparteilicher Demokratie (Art. 21 Abs. 1 Satz 3 GG) eine formale Gleichbehandlung aller Mitglieder erforderlich, aufgrund derer unterschiedliche Mitgliederkategorien und Sonderrechte grundsätzlich ausgeschlossen sind[106].

Inhaber des Anspruchs auf Gleichbehandlung sind die Vereinsmitglieder. 544
Nichtmitglieder, die mit dem Verein in rechtliche Verbindung treten, haben grundsätzlich keinen Anspruch auf Gleichbehandlung mit den Vereinsmitgliedern. Von diesem Grundsatz gibt es aber Ausnahmen: Wer sich vertraglich einer Verbandsordnung unterwirft (z. B. durch Teilnahme an einem Sportwettbewerb, vgl. Rn. 511), hat innerhalb des Geltungsbereichs der Vereinbarung einen Anspruch auf gleichmäßige Behandlung mit den Vereinsmitgliedern. Der auswärtige Gast eines Pferderennens kann nicht einer anderen Rennordnung unterliegen als die Mitglieder des gastgebenden Vereins. Ein Verband, der die Geltung seiner Ordnungen auf die Einzelmitglieder der Mitgliedsvereine er-

103 BGHZ 110, 323 = a. a. O. (Fn. 98).

104 Vgl. für den Verein RGZ 120, 177, 180; *RG* JW 1938, 1329; *BGH* NJW 1954, 953; LM § 39 BGB Nr. 2; BGHZ 47, 381, 386 = NJW 1967, 1657 = WM 1967, 654; BGHZ 55, 381, 390 = NJW 1971, 879 = WM 1971, 538; BVerwGE 75, 155 = NJW 1987, 1900, 1902; für die AG BGHZ 33, 175, 186, = NJW 1961, 26; BGHZ 44, 245, 256 = NJW 1966, 43; *BGH* NJW 1978, 1316, 1317; für die eG *BGH* NJW 1960, 2142, 2143; NJW 1970, 1917, 1919; *Großfeld/Aldejohann* BB 1987, 2377 ff.; *K. Müller* § 18 GenG Rn. 34 ff.; für die GmbH *BGH* WM 1972, 931, 933; NJW 1990, 2625 = WM 1990, 1195; *Hachenburg/Raiser* § 14 GmbHG Rn. 67 ff.

105 Vgl. *Müller-Erzbach* S. 68 ff.; *L. Raiser* ZHR 111 (1948), 75 ff.; *G. Hueck* Der Grundsatz der gleichmäßigen Behandlung im Privatrecht, 1958, S. 222 ff.; *Zöllner* Die Schranken mitgliedschaftlicher Stimmrechtsmacht bei den privatrechtlichen Personenverbänden, 1963, S. 301 ff.; *Wiedemann* Gesellschaftsrecht I, § 8 II 2 a; *K. Schmidt* Gesellschaftsrecht, § 16 II 4 b; differenzierend MünchKomm/*Reuter* § 38 BGB Rn. 17, nach dem der Gleichbehandlungsgrundsatz bei Vereinen mit Aufnahmefreiheit zwar als Auslegungsgrundsatz, nicht aber als Schranke der Mehrheitsherrschaft zur Anwendung kommen soll.

106 Vgl. *Seifert* S. 219.

streckt (vgl. Rn. 512), muß diese mittelbaren Mitglieder gleich behandeln. Verpflichtet zur Gleichbehandlung ist der Verein und damit die für ihn handelnden Organe, insbesondere die (Mehrheit der) Mitgliederversammlung. Untereinander und gegenüber dem Verein sind die Mitglieder nicht zur Gleichbehandlung verpflichtet.

3.3.2. Inhalt des Anspruchs; zulässige Differenzierungen

545 Der Anspruch auf Gleichbehandlung besteht nicht darin, allen Mitgliedern gleiche Rechte zu gewähren und gleiche Pflichten aufzuerlegen, also die Mitglieder formal gleichzustellen. Es besteht nur ein Anspruch auf relative Gleichbehandlung, nach dem unter gleichen Voraussetzungen jedes Mitglied das Recht auf Zuerkennung gleicher Rechte und Auferlegung gleicher Pflichten hat (vgl. § 53 a AktG). Differenzierungen und damit eine Schlechterstellung einzelner Mitglieder oder einer Gruppe von Mitgliedern sind nur dann ausgeschlossen, wenn sie ungerechtfertigt und sachwidrig, d. h. willkürlich sind[107].

546 Zulässige Differenzierungen sind etwa: unterschiedliche Mitgliedschaftsrechte aufgrund abgestufter Mitgliedschaften (vgl. zum Stimmrecht oben Rn. 537); bei einem Sportverein besondere Qualifikation, z. B. Zugehörigkeit zur ersten Mannschaft; zeitliche Priorität bei der Anmeldung, z. B. bei der Vergabe von Nutzungsrechten an Sportplätzen oder Gerätschaften.

547 Eine Verletzung des Gleichbehandlungsgrundsatzes ist in folgenden Fällen angenommen worden:

- Von der Benutzung von Vereinseinrichtungen wird ein Teil der Mitglieder ausgenommen; es werden unterschiedliche Nutzungsentgelte oder von einer Gruppe besondere Beitragsleistungen verlangt[108].
- Mehrere Mitglieder haben sich satzungswidrig verhalten, wobei eine Disziplinarmaßnahme nur gegen einige dieser Mitglieder verhängt wird[109].
- Durch Satzungsänderung wird für eine bestimmte Gruppe von Mitgliedern ohne nachvollziehbaren Grund ein Stimmrechtsentzug beschlossen und Organmitgliedern ein Mehrfachstimmrecht eingeräumt, damit gegen den Willen dieser Organmitglieder keine Satzungsänderung vorgenommen werden kann[110].

548 Kein Verstoß gegen den Gleichbehandlungsgrundsatz ist in folgenden Fällen angenommen worden:

- Träger eines Unterstützungsvereins sind zwei Unternehmen, wobei die Mitglieder, die bei dem Unternehmen mit der günstigeren wirtschaftlichen Entwicklung beschäftigt sind, höhere Vereinsleistungen erhalten als die Mitglieder, die bei dem anderen Unternehmen tätig sind[111].
- Eine Vereinssatzung muß nicht von vornherein alle denkbaren gleichgelagerten Sachverhalte erfassen, die im Verein auftreten können (z. B. Unterwanderung durch unterschiedliche Mitgliedergruppen mit Fremdin-

---

107 Vgl. z. B. *BGH* WM 1972, 931, 933 (für GmbH); *BVerwG* NJW 1987, 1900, 1902; *Soergel/Hadding* § 38 BGB Rn. 19.

108 *BGH* LM § 39 BGB Nr. 2; *BGH* NJW 1960, 2142, 2143.

109 BGHZ 47, 381, 385 = NJW 1967, 1657 = WM 1967, 654; *BGH* NJW 1970, 1917, 1919 (für eG).

110 *KG* NJW 1962, 1917 = Rpfl 1963, 292.

111 *BAG* AP § 242 BGB Nr. 10 »Ruhegehalt«.

teressen); es genügt im allgemeinen, daß der Verein später seine Satzung anpaßt, sobald er erkennt, daß weitere Fälle unter dem Gesichtspunkt der Gleichbehandlung regelungsbedürftig geworden sind[112].

Die Gründungssatzung kann die Rechte und Pflichten der Mitglieder unterschiedlich festlegen. Da auf relative Gleichbehandlung verzichtet werden kann, liegt im allgemeinen in der Gründungsbeteiligung ein Verzicht der Gründungsmitglieder, welche weniger Rechte oder mehr Pflichten erlangen als die übrigen Mitglieder. Beim Beitritt zu einem bestehenden Verein erklären sich die neuen Mitglieder ggf. mit dem Erwerb einer »minderen« Rechtsstellung einverstanden[113]. Eine ungleiche Behandlung aufgrund einer nachträglichen Satzungsänderung ist zulässig, wenn alle davon betroffenen Mitglieder zustimmen[114]. **549**

3.3.3. Rechtsfolgen einer ungerechtfertigten Ungleichbehandlung

Ist die Ungleichbehandlung willkürlich, so hat das benachteiligte Mitglied gegen den Verein einen Anspruch auf Abwehr und Beseitigung (status negativus), z.B. einer Beeinträchtigung eigener mitgliedschaftlicher Rechte oder einer Bevorzugung anderer Mitglieder. Beruht die Ungleichbehandlung auf einem Beschluß der Mitgliederversammlung, so muß er aufgehoben oder entsprechend dem Gleichbehandlungsgrundsatz abgeändert werden. Sofern der Beschluß nicht zugleich gegen ein gesetzliches Verbot oder gegen die guten Sitten verstößt, ist er nur bei einem besonders schwerwiegenden Verstoß gegen den Gleichbehandlungsgrundsatz nichtig (vgl. Rn. 1146). Anderenfalls muß der Beschlußmangel gerügt werden (vgl. Rn. 1156), weil der Gleichbehandlungsgrundsatz vor allem dem Minderheitenschutz dient. Liegt die Ungleichbehandlung in anderen Maßnahmen von Vereinsorganen als in Beschlüssen der Mitgliederversammlung – etwa in Geschäftsführungsmaßnahmen des Vorstands –, so sind diese unwirksam[115]. **550**

Aus dem Gleichbehandlungsgrundsatz kann sich auch ein (klagbarer) Leistungsanspruch ergeben (status positivus), nämlich auf die Gewährung eines dem Mitglied willkürlich vorenthaltenen Vorteils, der anderen Mitgliedern zugeflossen ist[116]. In erster Linie muß der Verein jedoch den gleichheitswidrig gewährten Vorteil von den anderen Mitgliedern zurückfordern. Nur soweit dies nicht möglich ist – z.B. wegen Unbilligkeit (§ 242 BGB) oder aufgrund der §§ 814, 818 Abs. 3 BGB –, besteht ein Leistungsanspruch der benachteiligten Mitglieder auf Gleichstellung durch – u. U. anteilige – Gewährung ebensolcher Vorteile[117]. In Ausnahmefällen kommt auch ein Schadenersatzanspruch wegen positiver Forderungsverletzung des Mitgliedschaftsverhältnisses in Betracht[118]. **551**

---

112 BGHZ 55, 381 ff. = NJW 1971, 879 = WM 1971, 538, 541 (instruktiver Fall).

113 Vgl. RGZ 62, 303, 308.

114 RGZ 90, 408; *K. Müller* § 18 GenG Rn. 37; *Baumbach/A. Hueck/G. Hueck* § 13 GmbHG Rn. 37.

115 Vgl. *BGH* NJW 1960, 2142, 2143 (für eG); *Lang/Weidmüller/Metz* § 18 GenG Rn. 20; *BGH* NJW 1987, 1890 = WM 1987, 71, 73 (für GmbH); *Baumbach/A. Hueck/G. Hueck* § 13 GmbHG Rn. 39.

116 Vgl. *BGH* NJW 1960, 2142, 2143 (für eG); *Soergel/Hadding* § 38 BGB Rn. 19.

117 *BGH* a. a. O. (Fn. 116).

118 Vgl. *RG* JW 1930, 3473; JW 1938, 1329.

552 Im Einzelfall kann ein Mitglied auch einen Anspruch gegen den Verein haben, durch Satzungsänderung eine zwingend gebotene Differenzierung festzulegen, um eine gleiche Behandlung wesentlich ungleicher Sachverhalte zu vermeiden oder zu beseitigen. Beispiel: Ein Bundesverband ist durch 12 Landesverbände und 15 natürliche Personen gegründet worden. Im Laufe der Zeit ist die Zahl der Landesverbände gleichgeblieben, die Zahl der natürlichen Personen hat sich vervielfacht. Im Verband hat jedes Mitglied eine Stimme. Zwei der Landesverbände bestreiten nunmehr die Hälfte des Finanzbedarfs des Bundesverbands. Hier ist es geboten, diesen beiden Landesverbänden ein erhöhtes Stimmrecht einzuräumen. Der Satzungsänderung müssen die übrigen Verbandsmitglieder aus dem Gesichtspunkt der Treupflicht zustimmen, die auch die Mitglieder im Verhältnis zum Verein und zu anderen Mitgliedern verpflichtet (vgl. Rn. 608, 613).

3.3.4. Gleichbehandlungspflicht aufgrund des Diskriminierungsverbots nach Art. 48 Abs. 2 EG-Vertrag

553 Nach Art. 48 Abs. 2 EG-Vertrag hat jeder Angehörige eines EU-Mitgliedstaats das Recht, sich in jedem Mitgliedstaat um jede angebotene Stelle zu bewerben und eine entsprechende Tätigkeit auszuüben. Dieses Diskriminierungsverbot wirkt auch unmittelbar zwischen Rechtssubjekten des Zivilrechts (Art. 7 Abs. 4 EG-VO 1612/68)[119]. Es gilt auch für Profisportler als Arbeitnehmer von Sportvereinen, deren Betätigung als Teil des Wirtschaftslebens i. S. d. Art. 2 EG-Vertrag anzusehen ist[120]. Soweit die Regelwerke von Sportverbänden sog. Ausländersperrklauseln vorsehen, wonach bei Meisterschaftsspielen nur ein bestimmter Ausländeranteil zulässig ist, soll dies aber aus sportlichen (»National«-Mannschaften, Nachwuchsförderung) – nicht wirtschaftlichen – Gründen zulässig sein[121].

3.4. Sonderrechte

3.4.1. Begriff des Sonderrechts

554 Nach § 35 BGB können Sonderrechte eines Mitglieds nicht ohne dessen Zustimmung durch Beschluß der Mitgliederversammlung beeinträchtigt werden. Eine Begriffsbestimmung des Sonderrechts, das auch als Vorzugsrecht bezeichnet wird, enthält das Gesetz nicht. Nach h. M. sind Sonderrechte durch die Satzung gewährte, mit der Mitgliedschaft verbundene und ohne Zustimmung des Inhabers grundsätzlich unentziehbare Rechte gegen den Verein, durch die der Begünstigte in zulässiger Ausnahme vom Grundsatz der Gleichbehandlung al-

119 Vgl. *Palme/Hepp-Schwab/Wilske* JZ 1994, 343, 346.

120 Vgl. *Klose* Die Rolle des Sports bei der europäischen Einigung, 1989, S. 81 ff.

121 Vgl. *OLG Frankfurt a. M.* MDR 1993, 1251; *LG Frankfurt a. M.* NJW-RR 1994, 1270 = SpuRt 1994, 102 m. zust. Anm. *Kahlenberg* S. 129; *EuGH* Slg. 1974, 1405, 1419 = NJW 1975, 1093 – Walrave; Slg. 1976, 1333, 1341 – Donà; *Renz* in: Will (Hrsg.), Sportrecht in Europa, 1993, S. 191 ff.; dagegen mit beachtlichen Gründen *Palme/Hepp-Schwab/Wilske* JZ 1994, 343, 344 f.; *H. G. Fischer* SpuRt 1994, 174 ff.; zum Kartellverbot gem. Art. 85, 86 EG-Vertrag vgl. auch *Karpenstein* in: Will (Hrsg.), a. a. O., S. 171 ff.

ler Mitglieder eine gegenüber anderen Mitgliedern bevorzugte Stellung erlangt[122].

Sonderrechte sind immer mit der Mitgliedschaft verbunden (vgl. § 35 BGB: »Sonderrechte eines Mitglieds . . .«). Einem Außenstehenden kann kein Sonderrecht gewährt werden. Räumt z. B. die Satzung einem Dritten eine Mitwirkungsbefugnis bei der Vorstandsbestellung, bei einer Satzungsänderung oder bei der Auflösung des Vereins ein, so kann dies wegen der fehlenden Mitgliedschaft des Dritten kein Sonderrecht sein[123]. Organmitglieder, die nicht Vereinsmitglieder sind (sog. Fremdorgane), können keine Sonderrechte innehaben. Soweit der Verein abgestufte Mitgliedschaften gewährt, reicht für die Zubilligung eines Sonderrechts jede – auch die »schwächste« – Form der Mitgliedschaft aus. Sonderrechtsfähig ist auch der Mitgliedsverein eines Vereinsverbands. Einer unselbständigen Untergliederung kann ein Großverein keine Sonderrechte gewähren, wohl aber den einzelnen Mitgliedern dieser Untergliederung. 555

In der Praxis werden Sonderrechte selten in der Satzung ausdrücklich als solche bezeichnet. Dies ist auch nicht erforderlich. Es reicht aus, wenn sich aus der Satzung – u.U. durch Auslegung – ergibt, daß einem Mitglied oder einer Mitgliedergruppe

- eine im Vergleich mit den Rechten anderer Mitglieder bevorzugte Rechtsstellung eingeräumt wird[124], und daß diese
- unentziehbar ist.

Zur Abgrenzung von allgemeinen Mitgliedschaftsrechten und anderen Rechten sind die nachfolgend dargestellten Kriterien maßgebend.

3.4.2. Keine Sonderrechte für alle Mitglieder

Sonderrechte können schon begrifflich nicht allen Vereinsmitgliedern zustehen[125]. So ist das Recht auf Gleichbehandlung nur ein allgemeines Mitgliedschaftsrecht und kein Sonderrecht[126]. Auch das unentziehbare Minderheitsrecht auf Einberufung einer Mitgliederversammlung (§ 37 BGB) ist kein Sonderrecht, da es potentiell sämtlichen Mitgliedern zusteht. 556

3.4.3. Keine Sonderrechte bei Anknüpfung an besondere Qualifikation

Kein Sonderrecht besteht, soweit der Verein bestimmten Mitgliedern Teilhabe- und Vorteilsrechte, z. B. als Erlaubnis, Lizenz, Nutzungsrecht oder Ausschüttung, gewährt, wobei an bestimmte Merkmale oder Qualifikationen des Mitglieds angeknüpft wird. Denn diese Rechte werden regelmäßig nicht als unentziehbare gewährt, sondern erlöschen, sobald das qualifizierende Merkmal wegfällt. Ein Sportverein, der in der Bundesliga I spielt, hat z. B. insofern eine bevorzugte Stellung gegenüber anderen Mitgliedern eines Sportverbands, als er eine Ausschüttung aus Einnahmen des Verbands (etwa aus der Vermarktung 557

122 Vgl. z. B. RGZ 170, 358, 368; *BGH* NJW 1969, 131 = WM 1968, 1350; NJW 1974, 1996, 1997; *BGH* MDR 1970, 913 = LM § 50 ZPO Nr. 23 = WarnR 1970 Nr. 77; BGHZ 63, 14, 19 (bergrechtl. Gewerkschaft); *G. Hueck* a. a. O. (Fn. 105), S. 88 ff.; *Zöllner* a. a. O. (Fn. 105), S. 109 ff.; *K. Schmidt* Gesellschaftsrecht, § 19 III 3 c bb.
123 Vgl. *Beuthien/Gätsch* ZHR 157 (1993), 483, 484.
124 Vgl. BGHZ 84, 209, 218: »besondere Umstände«, die zur Mitgliedschaft hinzutreten.
125 Vgl. *RG* HRR 1932 Nr. 1287; *Soergel/Hadding* § 35 BGB Rn. 6.
126 Vgl. z. B. *RG* JW 1938, 1329; *BGH* NJW 1954, 593.

von Übertragungsrechten gegenüber Fernsehanstalten) erhält. Gleichwohl ist keinem Bundesliga I-Verein eine unentziehbare Vorzugsstellung eingeräumt, weil die Zugehörigkeit zu dieser Liga allen verbandsangehörigen Vereinen aufgrund entsprechender sportlicher Qualifizierung und nach Bestehen der Wirtschaftlichkeitsprüfung offensteht. Wegen diesem potentiellen Erwerbs- und Erlöschenstatbestand für alle Mitglieder sind auch vom Verband erteilte Erlaubnisse oder Lizenzen für verbandsangehörige Vereine oder deren Mitglieder keine Sonderrechte.

3.4.4. Keine Sonderrechte bei allgemeinen Mitgliedschaftsrechten

558 Die Mitgliedschaft selbst ist kein Sonderrecht, da es sich nicht um ein Recht, sondern um ein Rechtsverhältnis handelt (oben Rn. 470)[127]. Die allen Mitgliedern zustehenden (allgemeinen) Mitgliedschaftsrechte sind keine Sonderrechte, auch soweit es sich um absolut oder relativ unentziehbare Rechte handelt (vgl. Rn. 528 ff.)[128]. Es muß sich nämlich aus der Satzung ein »besonderer Umstand« ergeben, der das besondere Mitgliedschaftsrecht auf einzelne oder einen zumindest bestimmbaren Teil der Mitglieder beschränkt. So ist das Recht, geheime Abstimmung verlangen zu können, kein Sonderrecht[129]. Auch wenn der Verein abgestufte Mitgliedschaften oder unterschiedliche Mitgliedergruppen bildet, handelt es sich bei den bevorzugten Mitgliedern nicht ohne weiteres um Sonderrechtsinhaber. Vielmehr kann deren Rechtsstellung (unter Wahrung des Gleichbehandlungsgrundsatzes und der Rücksichtspflicht) geändert werden (vgl. Rn. 529 f.).

3.4.5. Keine Sonderrechte: Drittgläubigerrechte und Vorteilsrechte

559 Keine Sonderrechte stellen die Ansprüche dar, die ein Mitglied gegen den Verein aufgrund eines Rechtsgeschäfts erlangt hat, bei dessen Vornahme es dem Verein wie ein außenstehender Dritter gegenübersteht (sog. Drittgläubigerrechte; vgl. Rn. 522 f.).

560 Keine Sonderrechte sind weiter die gläubigerrechtsähnlichen Vorteils- oder Wertrechte. Sie beruhen zwar auf einem mitgliedschaftlichen Entstehungstatbestand, können aber – bei Vorliegen der satzungsmäßigen Voraussetzungen – potentiell in der Person sämtlicher Mitglieder entstehen (Rn. 524). Diese Rechte können nach ihrer Entstehung – wie Drittgläubigerrechte – nur durch Änderungs- oder Aufhebungsvertrag, nicht aber durch Beschluß eines Vereinsorgans eingeschränkt oder entzogen werden (vgl. Rn. 541)[130].

3.4.6. Entstehung des Sonderrechts

561 Ein Sonderrecht kann nur durch Regelung in der Satzung begründet werden[131]. Erforderlich ist deshalb entweder die Aufnahme in die Gründungssatzung oder

127 So i. Erg. auch *RG* WarnR 1918 Nr. 133; *Planck/Knoke* § 35 BGB Anm. 5 d.

128 Vgl. *Soergel/Hadding* § 35 BGB Rn. 6.

129 Vgl. BGHZ 84, 209, 218.

130 Vgl. *Soergel/Hadding* § 35 BGB Rn. 5; MünchKomm/*Reuter* § 35 BGB Rn. 4; für eG auch BGHZ 15, 178, 184; für Schadenersatzanspruch wegen Verletzung mitgliedschaftlicher Rechte bei der AG *OLG Frankfurt a. M.* WM 1986, 1144, 1149.

131 Vgl. *BGH* MDR 1970, 930 = LM § 50 ZPO Nr. 23 = WarnR 1970 Nr. 77; auch *BGH* NJW 1969, 131 = WM 1968, 1350; WM 1981, 438; NJW-RR 1989, 542 = WM 1989, 250 (für GmbH).

die Einfügung durch Satzungsänderung, z. B. anläßlich des Beitritts des zu bevorrechtigenden Mitglieds[132].

562 Heißt es in der Gründungssatzung, die Gründer X und Y sind die Vorstandsmitglieder, so ist damit für sie i. d. R. kein Sonderrecht begründet worden, da es sich um einen nur formellen Satzungsbestandteil handelt (vgl. Rn. 294 f.)[133]. Ein solches kann aber z. B. dann bestehen, wenn sich Gründer in der Satzung eine Vorstandsstellung auf Lebenszeit vorbehalten oder wenn es in der Gründungssatzung heißt, daß die Gründer von fünf Vorstandsmitgliedern immer zwei bestellen können, während die restlichen drei von der Mitgliederversammlung gewählt werden.

563 Wird ein Sonderrecht durch Satzungsänderung begründet (vgl. §§ 33 Abs. 1 Satz 1, 71 BGB), so stellt dies eine Durchbrechung des Grundsatzes der gleichmäßigen Behandlung aller Mitglieder (oben Rn. 543 ff.) dar. Der Satzungsänderung müssen deshalb alle diejenigen Mitglieder zustimmen, denen diese Vorzugsstellung nicht eingeräumt wird, auch soweit sie in der Mitgliederversammlung nicht anwesend sind (§ 33 Abs. 1 Satz 2 BGB analog)[134]. Eine solche Zustimmung kann in der Stimmabgabe der benachteiligten Mitglieder für eine Satzungsänderung zu sehen sein, durch die die Sonderrechte begründet werden. Da niemandem eine Vorzugsstellung aufgezwungen werden kann, ist auch die Zustimmung des oder der Begünstigten erforderlich. Hierfür muß dem abwesenden Sonderbegünstigten die Gewährung eines Sonderrechts gem. § 130 BGB bekannt gemacht werden[135].

Eine Zustimmung der nicht sonderbegünstigten Mitglieder ist nicht erforderlich, wenn die (Gründungs-)Satzung bereits die Begründung von Sonderrechten durch satzungsändernden Mehrheitsbeschluß zugelassen hat[136] oder wenn die Einräumung eines Sonderrechts die übrigen Mitglieder nicht benachteiligt, z. B. bei Verleihung eines Ehrenamts (Ehrenvorsitz) als Sonderrecht. Eine Satzungsänderung, welche die Einräumung eines Sonderrechts vorsieht, ist schwebend unwirksam, solange die erforderliche Zustimmung auch nur eines Mitglieds fehlt. Wird die Genehmigung verweigert, wird sie endgültig unwirksam. Da § 35 BGB zwingend (vgl. § 40 BGB) nur die einseitige Beeinträchtigung des Sonderrechts untersagt, kann es schon mit der Einschränkung begründet werden, daß es durch Mehrheitsbeschluß der Mitgliederversammlung oder Satzungsänderung abänderbar ist[137]. Es kann auch unter den Vorbehalt eines Widerrufs aus wichtigem Grund gestellt werden[138]. Ein ohne

132 Vgl. *RG* JW 1938, 3229, 3230.

133 Vgl. *BGH* LM § 35 BGB Nr. 4.

134 Vgl. *Staudinger/Coing* § 35 BGB Rn. 8; *Soergel/Hadding* § 35 BGB Rn. 9; abw. MünchKomm/*Reuter* § 35 BGB Rn. 5, der bei Vereinen mit Aufnahmefreiheit den Gleichbehandlungsgrundsatz nicht anwenden und bei Vereinen ohne Aufnahmefreiheit eine Heilung des Gleichheitsverstoßes durch Zustimmung der Betroffenen nicht zulassen will.

135 Vgl. für eG RGZ 147, 201, 206.

136 Vgl. *Hachenburg/Ulmer* § 5 GmbHG Rn. 163.

137 Vgl. *Kübler* Gesellschaftsrecht, § 10 IV 2 b; auch *BGH* GmbHR 1963, 212; *Hachenburg/Ulmer* § 5 GmbHG Rn. 165.

138 *Enneccerus/Nipperdey* § 112 Fn. 20.

Widerrufsmöglichkeit begründetes Sonderrecht kann aber nicht ohne Zustimmung des Berechtigten in ein widerrufliches umgewandelt werden[139].

564 Ein Sonderrecht kann nicht allein durch den Vorstand im Aufnahmevertrag eingeräumt werden. Zumindest muß die Satzung den Vorstand zur Einräumung ermächtigen[140].

3.4.7. Einzelne Sonderrechte

565 Entsprechend den allgemeinen Mitgliedschaftsrechten lassen sich Sonderrechte in Mitverwaltungs- und Vorteilsrechte einteilen.

3.4.7.1. Mitverwaltungsrechte

566 Als Sonderrechte ausgestaltete Mitverwaltungsrechte gewähren dem begünstigten Mitglied eine Vorzugsstellung innerhalb der Vereinsorganisation. Es kann eine dauernde, somit durch keine Bestellung beeinflußbare Organstellung[141] begründet werden (zur Abberufungsmöglichkeit vgl. unten Rn. 576), etwa als Vorstandsmitglied[142], als Mitglied des Ehrenrats[143] oder eines anderen Vereinsorgans[144]. In Betracht kommt weiter das Recht auf Bestellung und Abberufung von Organpersonen, insbesondere des Vorstands[145] oder das Recht, einen Kandidaten für eine Organstellung in einer die Mitgliederversammlung bindenden Weise vorzuschlagen (sog. Präsentationsrecht)[146]. Ein erhöhtes Stimmrecht (Mehrfachstimmrecht) kann als Sonderrecht ausgestaltet sein, wenn es nicht als allgemeines Mitgliedschaftsrecht an besondere Merkmale geknüpft ist (z.B. Anzahl der vertretenen Mitglieder bei Delegiertenversammlung; Zugehörigkeit zu bestimmten Spielklassen [Bundesliga]; vgl. Rn. 557).

567 Weiter können als Sonderrechte gewährt werden das Recht auf jederzeitige Einberufung oder auf Leitung einer Mitgliederversammlung; Zustimmungs- oder Vetorechte, etwa zu bestimmten Geschäftsführungsmaßnahmen des Vorstands[147] oder zu bestimmten Vereinsbeschlüssen (etwa zu einer Satzungsänderung oder zum Beschluß über die Auflösung des Vereins[148]), ein jederzeitiges Auskunfts- oder Einsichtsrecht sowie das Recht, Mitglieder aus dem Verein ausschließen zu können[149].

568 Auch Schutzrechte können als Sonderrechte eingeräumt werden, z.B. die Erschwerung oder Unmöglichkeit der Ausschließung[150] oder der Einschränkung oder Entziehung mitgliedschaftlicher Rechte oder Erhöhung mitgliedschaft-

---

139 *Planck/Knoke* § 35 BGB Anm. 5 g.
140 Vgl. *LG Wiesbaden* NJW 1975, 1033.
141 RGZ 104, 182, 186.
142 Vgl. RGZ 104, 182, 186; *BGH* NJW 1969, 131 = WM 1968, 1350; *BGH* WM 1981, 438 = GmbHR 1982, 129 (für GmbH).
143 *RG* JW 1912, 907.
144 Vgl. BGHZ 49, 396, 398: Geschäftsausschuß.
145 Vgl. *RG* WarnR 1925 Nr. 12; RGZ 170, 358, 368.
146 Vgl. *BGH* WM 1984, 29; *BGH* NJW-RR 1989, 542 = WM 1989, 250; *OLG Hamm* ZIP 1986, 1188, 1191 m. Anm. *Lutter* (für GmbH).
147 *RG* JW 1911, 747.
148 Vgl. auch *BayObLG* NJW 1980, 1756; *AG Mannheim* MDR 1960, 840.
149 Vgl. *RG* Recht 1924 Nr. 1103.
150 *RG* WarnR 1925 Nr. 12.

licher Pflichten. Die Rechte aus der Mitgliedschaft können als Sonderrechte übertragbar oder vererblich ausgestaltet werden. Ein Verein von Gewerbetreibenden kann einem Mitglied ein Sonderrecht auf Aufnahme eines Geschäftsnachfolgers in den Verein einräumen[151].

3.4.7.2. Vorteilsrechte

Die Satzung kann als Sonderrecht Beitragsfreiheit oder die Leistung geringerer Beiträge als andere Mitglieder sowie das Recht auf erhöhte oder bevorzugte Benutzung von Vereinseinrichtungen vorsehen (z. B. Wohnung im Vereinsheim oder das Recht auf einen bestimmten Begräbnisplatz), ferner das Recht bestimmter Mitglieder auf Anfall des Liquidationsüberschusses (u. U. steuerschädlich gem. §§ 55 Abs. 1 Nr. 4, 61 Abs. 1 AO)[152]. Bei einem wirtschaftlichen Verein können als Sonderrechte Gewinnvorzugs- oder Abfindungsrechte beim Ausscheiden in Betracht kommen. **569**

3.4.8. Schutz des Sonderrechts

Sonderrechte eines Mitglieds können nach § 35 BGB nicht ohne dessen Zustimmung durch Beschluß der Mitgliederversammlung entzogen oder beeinträchtigt werden. Durch diese Regelung werden sie der Mehrheitsherrschaft (vgl. §§ 32 Abs. 1 Satz 3, 33 Abs. 1 Satz 1 BGB) entzogen und dem vertraglichen Konsensprinzip unterstellt (vgl. § 305 BGB). Das Gesetz nennt als beeinträchtigende Handlung nur den Beschluß der Mitgliederversammlung. Das Verbot gilt aber auch für Beschlüsse anderer Vereinsorgane, z. B. des Vorstands oder des Rechtsorgans. Über den Wortlaut des § 35 BGB hinaus können auch tatsächliche Handlungen von Vereinsorganen das Sonderrecht beeinträchtigen, z. B. Geschäftsführungsmaßnahmen des Vorstands; nach dem Sinngehalt dieser Vorschrift sind auch derartige Maßnahmen ohne Zustimmung des Begünstigten unzulässig. Der Sonderrechtsinhaber ist dagegen geschützt, daß durch Vereinsmaßnahmen das Sonderrecht selbst oder seine Ausübung beschränkt oder völlig beseitigt wird. Unzulässig ist nicht nur eine unmittelbare Einwirkung auf das Sonderrecht, sondern auch eine mittelbare Beeinträchtigung durch einen Vereinsbeschluß oder eine Vereinsmaßnahme, die notwendigerweise nachteilige Folgen für das Sonderrecht erwarten läßt[153]. Beispiel: Die Mitgliederversammlung bestellt den Vorsitzenden des Vorstands, obwohl ein Gründer diesen kraft Sonderrechts ernennen darf. **570**

3.4.9. Zustimmung des Sonderrechtsinhabers

Zu einer das Sonderrecht beeinträchtigenden Maßnahme (oben Rn. 570) muß der Begünstigte grundsätzlich seine Zustimmung erteilen (§ 35 BGB). Sie kann vorher als Einwilligung (§ 183 BGB) oder nachträglich als Genehmigung (§ 184 BGB) gegenüber dem Vorstand (vgl. § 28 Abs. 2 BGB) erklärt werden[154]. Eine Form ist nicht erforderlich, es sei denn, die Satzung schreibt dies vor. Die Ge- **571**

---

151 Vgl. *RG* HRR 1929 Nr. 1558 = SeuffA 83 Nr. 141: dort stand dieses Recht allerdings allen Mitgliedern zu; eine Einschränkung wäre daher nach dem Gleichbehandlungsgrundsatz zu beurteilen gewesen.

152 RGZ 136, 185, 190; *RG* HRR 1931 Nr. 98.

153 Vgl. *RG* WarnR 1918 Nr. 133.

154 Vgl. RGZ 68, 263, 266.

nehmigung eines beeinträchtigenden Beschlusses kann auch in der Mitgliederversammlung (gegenüber dem Leiter) erklärt werden; u.U. liegt die Zustimmung in der Stimmabgabe des betroffenen Mitglieds für den entsprechenden Beschlußgegenstand (Auslegungsfrage). Steht das Sonderrecht jeweils den Angehörigen einer Mitgliedergruppe zu, so müssen alle betroffenen Mitglieder zustimmen; eine mehrheitliche Zustimmung innerhalb dieser Gruppe reicht nicht aus.

3.4.10. Rechtsfolgen fehlender Zustimmung

572 Fehlt die erforderliche Zustimmung des oder der Sonderrechtsinhaber(s), so ist ein Beschluß der Mitgliederversammlung oder eines anderen Vereinsorgans zunächst schwebend unwirksam; wird die Genehmigung versagt, wird der Beschluß endgültig unwirksam[155]. Einer besonderen Geltendmachung der Unwirksamkeit durch den Sonderrechtsinhaber bedarf es nicht[156]. Ist dem Begünstigten infolge der unzulässigen Beeinträchtigung ein Schaden entstanden, so wird das Verhalten des handelnden Vereinsorgans dem Verein nach § 31 BGB zugerechnet; dieser wird bei schuldhaftem Verhalten der Organpersonen zum Schadenersatz aus positiver Forderungsverletzung, u. U. auch aus § 823 Abs. 1 BGB, verpflichtet (s. Rn. 473 f., 542)[157].

3.4.11. Wegfall des Sonderrechts durch Beendigung der Mitgliedschaft

573 Das Sonderrecht ist mit der Mitgliedschaft untrennbar verbunden (Abspaltungsverbot). Endet die Mitgliedschaft des Sonderrechtsinhabers, etwa durch Ausschluß oder Austritt, so erlischt damit auch das Sonderrecht. Ist die Mitgliedschaft durch die Satzung übertragbar oder vererblich ausgestaltet (vgl. §§ 38, 40 BGB), so geht das Sonderrecht auf den Rechtsnachfolger des ausscheidenden Mitglieds über; die Satzung kann allerdings den Übergang des Sonderrechts – bei Übertragbarkeit der Mitgliedschaft im übrigen – ausschließen und damit an die Person eines bestimmten Mitglieds binden.

3.4.12. Einschränkung oder Entziehung des Sonderrechts ohne Zustimmung des Begünstigten

574 Es wird die Auffassung vertreten, das Sonderrecht könne bereits dann entzogen werden, wenn hierfür ein wichtiger Grund gegeben ist[158]. Dies steht mit dem Wortlaut und Zweck des § 35 BGB, der zwingendes Recht enthält (vgl. § 40 BGB), nicht im Einklang, der ausdrücklich eine Zustimmung des Berechtigten fordert. Auch aus § 242 BGB oder der gesellschaftsrechtlichen Förder- oder Treupflicht läßt sich nicht herleiten, daß bei Vorliegen eines wichtigen Grunds einzelne aus einem Rechtsverhältnis sich ergebende Rechte einseitig entzogen werden können. Allerdings kann die Verweigerung der Zustimmung oder die Ausübung des Sonderrechts im konkreten Fall wegen Verstoßes gegen die dem Mitglied obliegende Rücksichtspflicht unwirksam sein, z. B. bei mißbräuch-

---

155 Vgl. *Soergel/Hadding* § 35 Rn. 19.

156 Vgl. RGZ 148, 175, 186; BGHZ 15, 177, 181 (für eG).

157 Vgl. *RG* JW 1930, 3473; JW 1938, 1329.

158 Vgl. z. B. *Wiedemann* Gesellschaftsrecht I, § 7 III 1; *K. Schmidt* Gesellschaftsrecht, § 24 IV 2 c; a. A. *Soergel/Hadding* § 35 BGB Rn. 18; *Baumbach/A. Hueck/G. Hueck* § 14 GmbHG Rn. 18; *Rowedder/Koppensteiner* § 14 GmbHG Rn. 9.

licher Ausübung eines Mehrfachstimmrechts oder eines Ausschließungsrechts. Nur soweit für den Verein die Fortdauer der Mitgliedschaft des Berechtigten wegen der Innehabung des Sonderrechts unzumutbar ist (z. B. bei Gefährdung des Vereinszwecks) und damit ein wichtiger Grund für die Ausschließung des Berechtigten besteht (vgl. Rn. 1613 ff.), kann eine einseitige Entziehung des Sonderrechts – als gegenüber der Ausschließung milderes Mittel – gerechtfertigt sein[159].

Mangels gesetzlicher Grundlage ist auch ein gerichtliches Verfahren auf 575
»Nichtigkeitserklärung« oder Entziehung des Sonderrechts aus wichtigem Grund weder möglich noch erforderlich[160].

Eine Ausnahme von dem grundsätzlich bestehenden Zustimmungserfordernis 576
ist nur dann zu machen, wenn sich das Sonderrecht auf eine Organstellung bezieht (oben Rn. 566). Denn durch ein Sonderrecht kann die zwingende (vgl. § 40 BGB) Befugnis des Bestellungsorgans zur Abberufung der Organperson aus wichtigem Grund nach § 27 Abs. 2 Satz 2 BGB nicht umgangen werden[161]; diese Befugnis gilt für die Mitglieder anderer Organe als des Vorstands entsprechend. Ist danach dem Berechtigten eine Organstellung als Sonderrecht eingeräumt worden, so kann er aus wichtigem Grund, insbes. bei grober Pflichtverletzung oder Unfähigkeit zur ordnungsmäßigen Geschäftsführung (vgl. § 27 Abs. 2 Satz 2 Halbs. 2 BGB), abberufen und damit das Sonderrecht entgegen § 35 BGB ohne seine Zustimmung beeinträchtigt werden. Bei Einräumung eines Bestellungs- und Abberufungsrechts als Sonderrecht kann die Mitgliederversammlung die Bestellung widerrufen, wenn in der Person des Bestellten ein wichtiger Grund für eine Abberufung besteht. Handelt es um das Bestellungsorgan bindendes Vorschlagsrecht (sog. Benennungs- oder Präsentationsrecht), so kann das Bestellungsorgan bei Vorliegen eines wichtigen Grunds die Bestellung verweigern[162].

3.4.13. Rechtsschutz gegen Beeinträchtigungen des Sonderrechts

Der Sonderberechtigte kann auf Feststellung der Unwirksamkeit eines Ver- 577
einsbeschlusses klagen (§ 256 ZPO), durch den sein Sonderrecht beeinträchtigt oder entzogen worden ist. Bei Vorliegen eines Feststellungsinteresses (z. B. wenn der Verein den Fortbestand des Sonderrechts bestreitet), kann der Klageantrag dahin ergänzt werden, daß das Sonderrecht uneingeschränkt fortbesteht[163]. Bei tatsächlichen Beeinträchtigungen kommt die vorbeugende Unterlassungsklage in Betracht, wenn (weitere) Beeinträchtigungen zu befürchten sind. In Eilfällen kann der Erlaß einer einstweiligen Verfügung (§§ 935 ff. ZPO) beantragt werden. Auch für den Verein kann Veranlassung bestehen, auf Feststellung zu klagen, daß das Sonderrecht eines Mitglieds nicht (mehr) besteht. Im Prozeß um ein Sonderrecht prüft das Gericht uneingeschränkt die für ein Feststellungsurteil

159 In diesem Sinne auch MünchKomm/*Reuter* § 35 BGB Rn. 7; vgl. auch Voraufl. Rn. 576.

160 So aber *Sauter/Schweyer* Rn. 344.

161 Vgl. *Soergel/Hadding* § 35 BGB Rn. 18; auch MünchKomm/*Reuter* § 35 BGB Rn. 7, der auf § 117 HGB hinweist.

162 Vgl. für GmbH *BGH* NJW-RR 1989, 542 = WM 1989, 250; *OLG Hamm* ZIP 1986, 1188, 1194 m. Anm. *Lutter*.

163 Vgl. *RG* WarnR 1918 Nr. 133.

erforderlichen Tatsachen und die Subsumtion nach; die richterliche Überprüfung ist nicht – wie die h. M. bei Vereinsstrafen annimmt (Rn. 1801 ff.) – auf Satzungs- oder Sittenwidrigkeit sowie (grobe) Unbilligkeit beschränkt[164].

4. Mitgliedschaftspflichten

4.1. Beitragspflicht

578 Die Satzung eines Vereins, der durch Eintragung die Rechtsfähigkeit als juristische Person erstrebt, muß eine Bestimmung darüber enthalten, ob die Mitglieder Beiträge zu entrichten haben, und – wenn sie darauf nicht (ausdrücklich) verzichtet – welcher Art die von den Mitgliedern zu erbringenden Beiträge sind (§ 58 Nr. 2 BGB). Fehlen entsprechende Angaben, so muß der Eintragungsantrag grundsätzlich zurückgewiesen werden (§ 60 BGB). Beiträge sind alle primär geschuldeten Leistungen der Vereinsmitglieder zur Förderung des Vereinszwecks (Beiträge im weiteren Sinn). Die Beitragsleistung kann in einem Tun oder Unterlassen bestehen (vgl. § 241 BGB). Regelmäßig handelt es sich um periodische Geldzahlungen der Mitglieder an den Verein (Beiträge im engeren Sinn). Die Satzung kann aber auch über Geldbeiträge hinaus andere schuldrechtliche Leistungspflichten (z. B. Dienstleistungen) sowie Mitverwaltungs- und andere Verhaltenspflichten der Mitglieder festlegen.

4.2. Festlegung von Beitragspflichten in der Satzung

579 Bei den Kapitalgesellschaften und Genossenschaften, die – jedenfalls typischerweise – wirtschaftliche Zwecke verfolgen, legt das Gesetz die Beitragspflichten fest, beim GmbH-Gesellschafter oder beim Mitglied einer Genossenschaft z. B. die Pflicht zur Leistung der Einlage (Einzahlung) auf den Geschäftsanteil (§ 7 Abs. 2 GmbHG, § 7 Nr. 1 GenG). Dem Verein, selbst soweit er wirtschaftliche Zwecke verfolgt, hat der Gesetzgeber es dagegen in § 58 Nr. 2 BGB freigestellt, ob er überhaupt von seinen Mitgliedern Beiträge verlangt. Selbst wenn keine Beiträge als primäre schuldrechtliche Leistungen der Mitglieder vorgesehen sind, soll die Satzung dies ausdrücklich bestimmen (z. B. »Die Mitgliedschaft ist beitragsfrei« oder »Beiträge werden nicht erhoben«). Wird der Verein dennoch eingetragen, besteht keine Beitragspflicht[165]. Nur in Ausnahmefällen wird man aus dem Vereinszweck – u. U. im Zusammenhang mit anderen Satzungsbestimmungen (z. B. Einräumung kostenintensiver Vorteilsrechte an die Mitglieder) – die konkludente Festlegung einer Beitragspflicht herleiten können[166]. I. d. R. sind periodisch wiederkehrende Geldleistungspflichten festgelegt (näher unten Rn. 586 ff.).

---

164 *RG* HRR 1929 Nr. 1558; *BGH* LM § 35 BGB Nr. 2 = BB 1956, 481; *LG Bonn* MDR 1975, 139.

165 Vgl. *OLG Hamm* DB 1976, 93.

166 Vgl. *Soergel/Hadding* § 58 BGB Rn. 3; *Erman/Westermann* § 58 BGB Rn. 2; *Stöber* Rn. 83; a. A. Voraufl. Rn. 585; ferner den Fall *LG Itzehoe* NJW-RR 1989, 1531, wo es an einem Beschluß der Mitgliederversammlung zur Ausfüllung der satzungsmäßigen Grundlage fehlte, sich die Beitragspflicht aber aus dem Dienstleistungsangebot des Vereins (sozialpädagogische Betreuung von Kleinkindern) ergab.

Die Satzung kann auch bestimmen, daß jedes Mitglied beim Eintritt eine einmalige Sonderzahlung zu entrichten hat (»Eintrittsgeld«, »Aufnahmegebühr«)[167], um Leistungen auszugleichen, die die bisherigen Mitglieder erbracht haben und an deren Ergebnis das eintretende Mitglied nunmehr teilhaben kann (zu sog. Umlagen vgl. unten Rn. 595 ff.). Die Erhebung eines »Austrittsgelds« ist jedoch als unzulässige Erschwerung des Austritts unwirksam (Rn. 685 f.) **580**

Vor allem Sportverbände verlangen von ihren Mitgliedern Entgelte für bestimmte Leistungen des Verbands, z. B. für die Erteilung einer Lizenz oder als Paß-, Melde- oder Startgebühren. Meistens werden diese Geldzahlungen innerhalb eines in der Satzung oder einer Beitragsordnung festgelegten Betragsrahmens erhoben, wobei die Entgelte um so höher sind, je weitreichender die von Verband erteilte Erlaubnis oder je umfangreicher die erbrachte Verbandsleistung ist. Weiter erheben Sportverbände von ihren korporativen Mitgliedern Spiel- oder Veranstaltungsbeiträge (»Abgaben«), deren Höhe sich in der Regel nach dem Betrag der vom veranstaltenden Verein erzielten Zuschauereinnahmen richtet. Einzelne Sportverbände verpflichten ihre Mitglieder, als Veranstalter von Wettkämpfen oder Spielen für die Kosten der Schiedsrichter ganz oder zum Teil aufzukommen. **581**

Als vermögensrechtliche Leistungspflicht kommt weiter die Pflicht zur Erbringung oder Duldung sog. Vereinsstrafen in Betracht, insbes. in Form einer Geldstrafe oder -buße (unten Rn 1589, 1600 ff.). Hierbei kann auch die Pflicht festgelegt werden, die Kosten des Verfahrens vor dem Vereinsgericht zu tragen (vgl. Rn. 1694)[168]. **582**

Die Satzung kann als Beiträge auch Dienst- oder Werkleistungen der Mitglieder vorsehen. Hierbei kann es sich etwa handeln um – z. B. stundenweise festgelegte – Leistungen bei der Errichtung oder Unterhaltung von Vereinseinrichtungen (Vereinsheim, Sportplatz) – sog. Hand- und Spanndienste – oder bei der Beaufsichtigung oder Leitung von Vereinsveranstaltungen (Ordnungsdienste, Training)[169]. Soweit die Mitglieder derartige Leistungen nicht erbringen wollen oder können, kann die entsprechende Verpflichtung u. U. durch Geldzahlung »abgelöst« werden[170]. Für die Durchführung können die Vorschriften des Auftragsrechts (§§ 664 ff. BGB) entsprechend herangezogen werden (vgl. auch § 27 Abs. 3 BGB für die Geschäftsführung des Vorstands). Bei Leistungsstörungen gelten die allgemeinen Vorschriften, z. B. über Verzug oder Unmöglichkeit (§§ 275 ff. BGB), die Grundsätze der positiven Forderungsverletzung[171], nicht dagegen die §§ 320 ff. BGB oder die Regeln des besonderen Schuldrechts (z. B. über Dienst- und Werkverträge, §§ 611 ff., 631 ff. BGB), die einen Leistungsaustausch voraussetzen[172]. **583**

---

167 Vgl. *OLG Hamm* DB 1976, 93.

168 Vgl. BGHZ 47, 172, 178 = NJW 1967, 1267 = WM 1967, 606.

169 Zu den sozialversicherungsrechtlichen Folgen vgl. *BSG* SpuRt 1994, 251 ff.; *Summerer/Ernst* SpuRt 1994, 230 ff.

170 Vgl. den Fall *AG Grevenbroich* NJW 1991, 2646 = MDR 1991, 345; bestätigt durch *BVerfG* NJW 1991, 2626.

171 Vgl. für mangelhafte Dienstleistung bei Personalgesellschaften *BGH* NJW 1983, 1188 = WM 1982, 1226.

172 Vgl. MünchKomm/*Reuter* § 38 BGB Rn. 26.

584 Durch die Beiträge der Mitglieder werden dem Verein die finanziellen und sonstigen Mittel zur Verfolgung des Vereinszwecks zur Verfügung gestellt. Nach §§ 25, 58 Nr. 2 BGB gehört die Beitragsregelung zu den Grundentscheidungen des Vereinslebens, die in der Satzung zu regeln sind[173]. Soweit es sich um regelmäßige, d.h. periodisch zu leistende Mitgliedsbeiträge handelt, muß die Satzung dies dem Grund nach festlegen, also regeln, daß und für welche Zeiträume eine Zahlungspflicht besteht. Die Beitragshöhe kann dagegen durch Beschluß eines Vereinsorgans (Mitgliederversammlung, Vorstand), auch in Form einer Vereinsordnung (Beitragsordnung), bestimmt werden[174]. Hierdurch wird der erhöhte Aufwand häufiger Satzungsänderungen vermieden. Zu berücksichtigen sind u. a. die Geldentwertung, der Finanzbedarf des Vereins, die bisherige Beitragshöhe, ferner der Vereinszweck und die Beitragshöhe in vergleichbaren Vereinen[175]. Entsprechendes gilt für regelmäßige Dienstleistungspflichten der Mitglieder, deren Inhalt und Voraussetzungen die Satzung mindestens in bestimmbarer Weise festlegen muß.

585 Bei außerordentlichen Beitragspflichten (»Sonderbeiträgen«), z. B. zu einer besonderen Einrichtung des Vereins, oder Umlagen ist dagegen aus Gründen des Mitgliederschutzes eine weitergehende Regelung in der Satzung erforderlich. Hier ist zunächst der Entstehungstatbestand der Beitragspflicht in der Satzung zu regeln, z. B. die Struktur und die Ziele der Vereinseinrichtung oder die Voraussetzungen der Erhebung einer Umlage[176]. Zur Beitragshöhe muß die Satzung einen Berechnungsmodus und Obergrenzen vorgeben[177]. Auch bei Vereinsstrafen ist die Angabe einer Obergrenze in der Satzung erforderlich (unten Rn. 1601).

4.3. Regelmäßige Mitgliedsbeiträge in Geld

4.3.1. Zahlungspflicht

586 Die Satzung kann sich auf die Anordnung beschränken, daß die Mitglieder zur Entrichtung eines Geldbeitrags verpflichtet sind. Daneben muß die Satzung festlegen, in welchen Zeitabständen die Beiträge fällig sind (monatlich, viertel- oder halbjährlich, jährlich). Die Bestimmung der Beitragshöhe kann aufgrund einer satzungsmäßigen Ermächtigung der Mitgliederversammlung oder einem anderen Vereinsorgan – z. B. dem Vorstand – überlassen werden. Sie kann auch – u. U. unter Festlegung eines Mindestbeitrags – jedem Vereinsmitglied selbst anheimgestellt werden (»Selbsteinschätzung«); dies kommt vor allem bei Beiträgen mit Spendencharakter in Betracht.

---

173 Vgl. BGHZ 105, 306, 315 f. = WM 1989, 184 = WuB II L. § 25 BGB 1.89 *Beuthien* = NJW 1989, 1724 = ZIP 1989, 14 = EWiR § 33 BGB 1/89, 122 *Brandner* = ZfgG 41 (1991), 247 m. Anm. *Beuthien/Kießler*.

174 Vgl. *BGH* a. a. O. (Fn. 173); *Kohler* S. 115 ff.; zweifelnd *Erman/Westermann* § 58 BGB Rn. 2.

175 Vgl. *Beuthien* BB 1987, 6, 11; *Kohler* S. 117.

176 *BGH* a. a. O. (Fn. 173) für die Sicherungseinrichtung (»Garantiefonds«) eines Spitzenverbands des Kreditgewerbes; vgl. auch *OLG Köln* ZIP 1992, 1617, 1620 f. = EWiR 1993, 343 *Hunecke*; *Dreher* ZIP 1992, 1597, 1606 ff.

177 *BGH* a. a. O. (Fn. 173), S. 320; vgl. auch *Kohler* S. 117 f.

Die abgestufte Festsetzung der Beitragshöhe ist unter Beachtung des Grundsatzes der Gleichbehandlung aller Mitglieder zulässig. Sachgerecht ist es, für jugendliche Mitglieder geringere Beiträge festzusetzen als für Erwachsene. Für fördernde Mitglieder oder Unternehmen können höhere Beiträge bestimmt werden als für ordentliche Mitglieder oder Privatpersonen. Wirtschaftsverbände können die Beitragshöhe nach der Ertragskraft der Mitgliedsunternehmen abstufen. Bei Vereinsverbänden kann der Mitgliederstand der Anschlußvereine wegen des unterschiedlichen Beitragsaufkommens Differenzierungen bei den Verbandsbeiträgen rechtfertigen. **587**

Eine Freistellung von der Beitragspflicht kann für Mitglieder, die eine Organstellung innehaben oder Dienstleistungen für den Verein erbringen, vorgesehen sein. Beitragsfreiheit kann als Sonderrecht i. S. d. § 35 BGB gewährt werden (Rn. 569). Ehrenmitglieder und außerordentliche Mitglieder sind im allgemeinen nicht zur Beitragsleistung verpflichtet.

Hat bisher Beitragsfreiheit bestanden, so ist die Einführung einer Beitragspflicht eine Satzungsänderung, die grundsätzlich eines Beschlusses der Mitgliederversammlung mit Dreiviertel-Mehrheit und der Eintragung in das Vereinsregister bedarf (§§ 33 Abs. 1 Satz 1, 71 BGB; vgl. Rn. 406 ff.). Der Beginn der Beitragspflicht muß so gewählt werden, daß hiermit ggf. nicht einverstandene Mitglieder unter Einhaltung einer evtl. Kündigungsfrist ausscheiden können[178]. Die rückwirkende Einführung einer Beitragspflicht ist grundsätzlich nicht zulässig (vgl. Rn. 433). **588**

Die Beitragspflicht besteht auch während einer Austritts- oder Kündigungsfrist. Sie endet mit dem Ausscheiden aus dem Verein. Soweit Beiträge im voraus gezahlt worden sind, sind sie für den Zeitraum nach dem Ausscheiden anteilig zu erstatten, da der Rechtsgrund für die Leistung, nämlich die Mitgliedschaft, weggefallen ist (§ 812 Abs. 1 Satz 2 Fall 1 BGB). **589**

Die Beitragspflicht dient zur Förderung des Zwecks des werbenden, aktiven Vereins. Sie endet daher mit Eintritt eines Auflösungstatbestands, der den Zweck des werbenden Vereins zum Liquidationszweck ändert[179]. Wenn Beiträge auch während der Abwicklung des Vereinsvermögens entrichtet werden sollen, muß dies die Satzung ausdrücklich vorsehen[180].

4.3.2. Zahlungsverzug

Die aus der Vereinsmitgliedschaft folgende Pflicht zur Zahlung von Beiträgen in Geld ist als schuldrechtliche Leistungspflicht i. S. d. § 241 BGB anzusehen. Für die Fälligkeit, den Verzug, die Verjährung usw. gelten die allgemeinen Vorschriften des BGB, z. B. für den Zahlungsort und die Leistungszeit die §§ 270, 271 BGB. Ist die Beitragspflicht nach dem Kalender (z. B. am 1. 4. eines Jahres) festgelegt, so kommt das schuldhaft nicht leistende Mitglied ohne Mahnung in Verzug (§ 284 Abs. 2 BGB). Ansonsten wird ein Mitglied nur durch eine Mahnung in Verzug gesetzt, die nach dem Eintritt der Fälligkeit zugeht (§ 284 Abs. 1 BGB). Falls die Satzung keinen höheren Zinssatz festlegt, kann **590**

178 *Sauter/Schweyer* Rn. 120.

179 So für Konkurseröffnung (§ 42 Abs. 1 BGB) BGHZ 96, 253, 255 = WM 1986, 160 = WuB II L. § 42 BGB 1.86 *Hüffer* = NJW 1986, 1604 = JZ 1986, 300; vgl. aber auch *Soergel/Hadding* § 42 BGB Rn. 9.

180 *BGH* a. a. O. (Fn. 179).

der Verein als Folge des Verzugs 4 % Zinsen ab dem Tag des Verzugseintritts verlangen (§ 288 Abs. 1 Satz 1 BGB); höhere Zinsen können auch ohne Satzungsfestlegung als Verzugsschaden gefordert werden, wenn der Verein darlegen kann, daß er Bankkredit in Anspruch nehmen mußte, weil der Beitrag nicht verfügbar gewesen ist (§§ 286 Abs. 1, 288 Abs. 2 BGB). Hat jedoch ein Verein längere Zeit (etwa fünf bis zehn Jahre) von einer Zinsforderung Abstand genommen, so kann ein konkludenter Verzicht oder eine Verwirkung vorliegen. Sein Unvermögen zur Beitragsleistung, z. B. infolge Zahlungsunfähigkeit, hat ein Mitglied stets zu vertreten, da es sich um eine Wertsummenschuld handelt (§ 279 BGB analog).

4.3.3. Verjährung

591 Der Anspruch auf Zahlung einmaliger Leistungen (Aufnahmegebühr, Geldbußen, Verfahrenskosten, Umlage) verjährt in 30 Jahren (§ 195 BGB). In vier Jahren verjähren die Ansprüche auf Zahlung wiederkehrender Leistungen wie Vereinsbeiträge, Abgaben, periodisch zu leistende Umlagen usw. (§ 197 BGB). Die kurze Verjährung beginnt mit dem Schluß des Jahres, in welchem die Zahlung zu leisten war (§ 201 BGB).

4.3.4. Zurückbehaltung, Aufrechnung, Abtretung, Pfändung

592 Steht dem Mitglied aus der Mitgliedschaft ein fälliger Anspruch gegen den Verein zu, so kann es die Beitragsleistung so lange verweigern, bis der Verein leistet (Zurückbehaltungsrecht nach § 273 BGB). Allerdings kann die Beitragszahlung nicht allgemein mit der Begründung verweigert werden, der Vorstand oder sonstige Vereinsorgane hätten ihre Pflichten nicht erfüllt. Zulässig ist die Aufrechnung gegen die Beitragsforderung mit einer fälligen Geldforderung, welche dem Mitglied gegen den Verein zusteht (§§ 387 ff. BGB).
Der Verein kann seinen Anspruch auf Geldleistungen seiner Mitglieder abtreten (§§ 398 ff. BGB), z. B. durch Sicherungszession an ein Kreditinstitut. Der Anspruch auf Zahlung von Mitgliedsbeiträgen, Umlagen, Abgaben usw. kann durch einen Gläubiger des Vereins im Wege der Zwangsvollstreckung gepfändet werden (§§ 829 ff. ZPO)[181].

4.3.5. Sanktionsmöglichkeiten bei Beitragsverzug; gerichtliche Geltendmachung

593 Die Satzung kann für den Verzug mit der Beitragszahlung Sanktionen (Vereinsstrafen) vorsehen (vgl. Rn. 1588). Es kann z. B. bestimmt werden, daß nach zweimaliger vergeblicher Mahnung das Stimmrecht ruht oder daß das Mitglied aus der Liste der Mitglieder gestrichen, d. h. ausgeschlossen wird (vgl. Rn. 695, 1625, 1631)[182]. Auch ohne Grundlage in der Satzung und Vorliegen der Verzugsvoraussetzungen kann der Verein bei einem Rückstand mit fälligen Beiträgen gegenüber vermögensrechtlichen Ansprüchen des Mitglieds sein Zurückbehaltungsrecht nach § 273 BGB geltend machen, ihm z. B. die Benutzung von Vereinseinrichtungen oder die Übersendung der Vereinszeitschrift verweigern. Steht dem Mitglied ein erfüllbarer Gegenanspruch in Geld zu, so kann der Verein mit der Beitragsforderung gem. §§ 387 ff. BGB aufrechnen.

181 Vgl. *LG Hamburg* Recht 1936 Nr. 5157.
182 Vgl. *OLG Saarbrücken* NJW-RR 1994, 251.

Die Rückstände können gerichtlich beigetrieben werden durch Erwirkung eines Zahlungsurteils oder eines Mahn- und Vollstreckungsbescheids, aus dem dann die Zwangsvollstreckung stattfindet (§§ 688 ff., 704 ff., 803 ff. ZPO). Ggf. kann der Verein auch Konkursantrag gegen das Mitglied stellen. Sieht die Satzung für Streitigkeiten zwischen dem Verein und seinen Mitgliedern die Zuständigkeit eines Schiedsgerichts vor (Rn. 2530 ff.), so sollte sich der Verein bei Beitragsrückständen die wahlweise Anrufung auch des staatlichen Gerichts vorbehalten. Der Schiedsspruch ist kein Vollstreckungstitel; vielmehr muß er durch das staatliche Gericht für vollstreckbar erklärt werden (§ 1042 ZPO), was zeitaufwendig sein kann. **594**

4.4. Umlagen

Die Satzung kann die Mitglieder nicht verpflichten, im Außenverhältnis für Schulden des Vereins aufzukommen. Für seine Verbindlichkeiten haftet nur der Verein als juristische Person, sofern nicht ausnahmsweise eine Durchgriffshaftung in Betracht kommt (Rn. 1971 ff.). **595**

Hat der Verein einen – meist zunächst nicht vorhersehbaren – größeren Finanzbedarf (infolge Anwachsens des Schuldenstands oder wegen eines beabsichtigten kostenintensiven Projekts), so erhebt sich die Frage, ob er von den Mitgliedern eine sog. Umlage zur Deckung dieses konkreten sachbezogenen Finanzbedarfs verlangen kann. Bestimmt die Satzung nur, daß die Mitglieder Beiträge im engeren Sinn, also periodische Zahlungen schulden, so ist darin keine Rechtsgrundlage für die Erhebung einer Umlage zu sehen[183]. Es bedarf vielmehr einer ausdrücklichen satzungsmäigen Regelung, aufgrund derer die Mitglieder verpflichtet sind, neben den periodischen Zahlungen für den Fall eines außerordentlichen Finanzbedarfs eine Umlage zu entrichten[184]. Aus Gründen des Mitgliederschutzes muß die Satzung die Voraussetzungen der Umlageerhebung hinreichend bestimmt regeln und eine Obergrenze, ggf. auch einen Berechnungsmodus, festlegen (oben Rn. 585). Die Festsetzung und Berechnung der Umlage im konkreten Fall kann dann durch Beschluß der Mitgliederversammlung mit einfacher Mehrheit (§ 32 Abs. 1 Satz 1 und 3 BGB) erfolgen. Dieser Beschluß unterliegt dann allerdings einer richterlichen Ausübungskontrolle dahin, ob durch die Pflicht zur Leistung der Umlage die Mitgliedspflichten nicht wesentlich und unvorhersehbar und damit unzumutbar vermehrt werden[185]; ist dies der Fall, müssen dem Beschluß sämtliche von der Umlage betroffenen Mitglieder zustimmen. Entsprechendes gilt für die Einführung einer Umlagepflicht durch Satzungsänderung; bei einer wesentlichen Pflichtenmehrung ist hier entsprechend § 33 Abs. 1 Satz 2 BGB die Zustimmung aller betroffenen Mitglieder erforderlich. **596**

Die Satzung kann die Mitglieder auch verpflichten, bestimmte dem Verein laufend entstehende Kosten zu erstatten. Unterhält ein Verband eine umfangreiche Verbandsverwaltung mit dem erforderlichen Personal, so kann die Ver- **597**

183 Vgl. *A. Müller* MDR 1992, 924, 925; *Sauter/Schweyer* Rn. 120; *Stöber* Rn. 84; a. A. *BGH* NJW 1968, 543; vgl. für eG auch BGHZ 56, 106, 108; *BGH* WM 1978, 1005 f.

184 Vgl. *A. Müller* MDR 1992, 924, 925.

185 Vgl. für Beitragserhöhungen *Wiedemann* Gesellschaftsrecht I, § 7 IV 1 b; *Beuthien* BB 1987, 6, 10 f.

bandssatzung die Mitglieder zur anteiligen Tragung der Personalkosten allgemein oder nur für den Fall verpflichten, daß die Verbandsmittel hierfür nicht mehr ausreichen.

4.5. Mitverwaltungspflichten

598 Das Gesetz verpflichtet die Mitglieder nicht, aktiv am Vereinsleben teilzunehmen, also Mitgliederversammlungen zu besuchen, vom Stimmrecht Gebrauch zu machen oder die Bestellung zum Organ anzunehmen. Grundsätzlich kann die Satzung solche Mitverwaltungspflichten festlegen[186]. Allerdings würde ein satzungsmäßig angeordneter »Zwangsbesuch« jeder Mitgliederversammlung gegen §§ 138 Abs. 1, 242 BGB verstoßen. Keine Bedenken bestehen aber gegen Differenzierungen, etwa eine Teilnahmepflicht bei umfangreichen Satzungsänderungen oder bei der Vereinsauflösung. Auch in solchen Fällen ist jedoch selbstverständlich ein Fernbleiben aus wichtigem Grund, etwa wegen Krankheit, möglich.

599 Mitverwaltungspflichten müssen dann nicht in der Satzung festgelegt sein, wenn sie sich schon aus der allgemeinen Pflicht jedes Mitglieds ergeben, den Vereinszweck zu fördern (Rn. 612 ff.). Wer z. B. einem Verein von Schwestern beitritt, welcher sich die Krankenpflege zum Ziel gesetzt hat, ist zur Dienstleistung allein aufgrund des durch den Beitritt gebilligten Vereinszwecks verpflichtet[187]. Ebenfalls aus der Förderpflicht ergibt sich z. B. die Pflicht zur Übernahme der Tätigkeit als Stimmenzähler oder zur Mitwirkung bei der Vorbereitung eines Vereinsfestes.

4.6. Sonstige satzungsmäßige Pflichten

600 Die Satzung kann den Mitgliedern außer den Vermögens- und Mitverwaltungspflichten weitere Pflichten auferlegen, die der Verfolgung des Vereinszwecks dienen. Die in Satzungen gelegentlich ausdrücklich enthaltene Verpflichtung, den Vereinszweck zu fördern, ergibt sich bereits aus der Eigenschaft des Vereins als einer Personenvereinigung auf vertraglicher Grundlage zur Verfolgung eines gemeinsamen Zwecks (Gesellschaft i. w. S.); diese Pflicht muß nicht ausdrücklich in die Satzung aufgenommen werden (zur Förderpflicht vgl. Rn. 608 ff.).
Die Satzung kann den Mitgliedern Verhaltenspflichten auferlegen, deren Verletzung mit einer Vereinsstrafe geahndet wird (vgl. dazu Rn. 1598 ff.). Hierher gehört auch die Pflicht zur Einhaltung von Regelwerken übergeordneter Verbände (z. B. Wettkampf- oder Spielordnungen von Sportverbänden, Zuchtordnungen o.ä.; vgl. Rn. 346 ff., 512),

601 Bei Vereinsverbänden können korporative Mitglieder durch die Verbandssatzung verpflichtet werden, die Befugnis zur Verhängung von Vereinsstrafen gegen die Einzelmitglieder dem Verband einzuräumen (Rn. 1607, 1644 ff.). Sollen Regelungen des Verbands auch für die Einzelmitglieder der Anschlußvereine verbindlich sein, so muß die Verbandssatzung anordnen, welche Sat-

---

186 *Soergel/Hadding* § 38 BGB Rn. 22; vgl. auch *Lang/Weidmüller/Metz* § 18 GenG Rn. 4; *Hachenburg/Raiser* § 14 GmbHG Rn. 50.

187 BAGE 27, 163, 170.

zungsbestandteile und Verbandsordnungen die Anschlußvereine zu Bestandteilen ihrer Satzung zu erklären haben. Die korporativen Mitglieder sind dann weiter zu verpflichten, auch Änderungen der Verbandsregelungen jeweils durch Änderung der eigenen Satzung zu übernehmen. Weiter kann eine Verbandssatzung vorsehen, daß die Anschlußvereine einzelne ihnen zustehende Rechte (z.B. Fernseh- und Rundfunkübertragungsrechte[188] oder Vermarktungsrechte für Bandenwerbung bei Wettkämpfen) auf den Verband zu übertragen haben. In der Verbandssatzung kann auch die Pflicht begründet werden, bei Aufnahme eines von einem anderen Anschlußverein ausgeschlossenen Mitglied die Zustimmung dieses Vereins einzuholen.

Bei Vereinsverbänden besteht häufig eine Pflicht der Anschlußvereine, die **602**
Mitglieder des Vertretungsorgans und ihren Wechsel sowie die Zahl der Einzelmitglieder dem Verband mitzuteilen, weil sich hieraus die Anzahl oder Stimmenzahl der Delegierten oder die Höhe des Verbandsbeitrags ergeben.

Ein wirtschaftlicher Verein i. S. d. § 22 BGB kann seinen Mitgliedern durch die **603**
Satzung ein Konkurrenz- oder Wettbewerbsverbot auferlegen, wobei allerdings – vor allem für die Zeit nach dem Ausscheiden – die Grenze des § 138 Abs. 1 BGB (i. V. m. Art. 12 Abs. 1 Satz 1 GG) zu beachten ist[189].

4.7. Begründung neuer und Erhöhung bestehender Pflichten

4.7.1. Erhöhung des periodischen Geldbeitrags

Ist die Höhe der Zahlungspflicht schon in der Satzung festgelegt, so kann sie nur **604**
durch Satzungsänderung erhöht werden. Unterschiedlich ist die Frage zu beantworten, welche Mehrheitsverhältnisse dabei gegeben sein müssen. War die Pflichtenmehrung für das einzelne Mitglied schon beim Eintritt in den Verein erkennbar und ist sie ihm zumutbar, so genügt die für Satzungsänderungen erforderliche Mehrheit (vgl. § 33 Abs. 1 Satz 1 BGB)[190]. Übersteigt die Beitragserhöhung jedoch die Wesentlichkeits- und Zumutbarkeitsgrenze, so müssen alle diejenigen Mitglieder zustimmen, die von dieser Erhöhung betroffen sind (vgl. auch § 53 Abs. 3 GmbHG und § 179 Abs. 3 AktG). Die nicht in der Mitgliederversammlung erschienenen Mitglieder müssen schriftlich oder in sonstiger Weise zustimmen. Im Ergebnis wird dieser Vorgang so behandelt wie eine Zweckänderung des Vereins (vgl. § 33 Abs. 1 Satz 2 BGB).

Zumutbar ist jedenfalls eine inflationsbedingte Beitragserhöhung. Überschaubar wäre z. B. auch die Mittelaufbringung für einen in der Satzung vorgesehenen, jedoch bisher noch nicht verfolgten Teilzweck oder für eine Renovierung des Vereinsheims. Problematisch wäre jedoch die Finanzierung des Neubaus eines wesentlich aufwendigeren Vereinshauses anstelle des bisherigen Gebäudes durch eine Beitragserhöhung (zur Möglichkeit einer Umlage vgl. Rn. 596).

---

188 Kartellrechtliche Bedenken gegen die Übertragung der Rundfunk- und Fernsehübertragungsrechte an Bundesligaspielen im DFB-Lizenzspielerstatut bei *Hausmann* BB 1994, 1089, 1092 ff.; vgl. auch *BKartA* SpuRt 1995, 118; *A. Fikentscher* SpuRt 1995, 149.

189 Vgl. für GmbH *BGH* WM 1986, 1982; *OLG Karlsruhe* WM 1986, 1473, 1475; für eG *BGH* WM 1986, 1572 – Taxigenossenschaft I.

190 Vgl. *Beuthien* BB 1987, 6, 10 f.: Verbot wesentlicher Pflichtenmehrung.

Das Verbot wesentlicher Pflichtenmehrung gilt auch, wenn die Mitgliederversammlung oder der Vorstand kraft einer Ermächtigung in der Satzung die Erhöhung des Beitrags beschließt. Ist die Zumutbarkeitsschwelle überschritten, müssen die betroffenen Mitglieder zustimmen.

605 Eine rückwirkende Erhöhung über das laufende Geschäftsjahr hinaus, in dem der Beschluß gefaßt wird, ist unzulässig. Dagegen ist die Berücksichtigung der zukünftigen Geldentwertung bis zum Ende des laufenden Geschäftsjahrs oder einer längeren Beitragsperiode zulässig. Bei weitergehenden Erhöhungen ist das Inkrafttreten auf den Ablauf einer etwaigen Austrittsfrist hinauszuschieben, um mit der Beitragserhöhung nicht einverstandenen Mitgliedern ein Ausscheiden zu ermöglichen[191]. Im Einzelfall kann es die Rücksichtspflicht gebieten, bei nicht zustimmenden Mitgliedern von der Einhaltung einer Austrittsfrist abzusehen. Eine zumutbare Beitrags- oder Umlagenerhöhung bildet keinen wichtigen Grund für einen fristlosen Austritt[192].

4.7.2. Einführung und Vermehrung nichtvermögensrechtlicher Pflichten

606 Soweit Mitgliederpflichten in die Satzung aufgenommen werden müssen (vgl. 579 ff., 599), ist die Einführung einer mitgliedschaftlichen Pflicht oder deren Veränderung, insbesondere Verschärfung, nur durch Satzungsänderung möglich. Grundsätzlich genügt hierfür die durch Gesetz (§ 33 Abs. 1 Satz 1 BGB: 3/4) oder Satzung bestimmte Mehrheit.

Auch hier gilt jedoch das Verbot einer wesentlichen Pflichtenmehrung. Das in § 53 Abs. 3 GmbHG und § 180 Abs. 1 AktG verankerte Erfordernis der Zustimmung aller betroffenen Gesellschafter kann auf das Vereinsrecht nicht schematisch übertragen werden. Das zeigt schon § 16 Abs. 2 Nr. 2 – 4 und Abs. 2 GenG, wonach einzelne vermögensrechtliche Pflichten der Genossen (Pflichtbeteiligung, Nachschuß, Benutzungs- und Ablieferungspflichten) durch Änderung des Statuts mit qualifizierter Mehrheit eingeführt oder erweitert werden können. Vielmehr ist beim Verein auf die Umstände des konkreten Falls abzustellen. Ist die Pflichtenbegründung oder -mehrung von einer solchen Tragweite, daß damit beim Eintritt in den Verein nicht zu rechnen war und ist sie deshalb gegen den Willen der Betroffenen unzumutbar, so ist ihre Zustimmung erforderlich. Dies wird bei der Begründung von Pflichten zu Dienstleistungen, die in die Handlungsfreiheit der Mitglieder eingreifen, meistens der Fall sein. Bei der Vermehrung bestehender Pflichten ist auf die Wesentlichkeit der Erhöhung abzustellen. Mit Rückwirkung können grundsätzlich neue Pflichten nicht begründet oder bestehende Verhaltensanforderungen nicht verschärft werden, soweit die betroffenen Mitglieder nicht damit einverstanden sind.

4.8. Sonderpflichten

607 Sonderpflichten bedürfen – ebenso wie Sonderrechte – einer satzungsmäßigen Grundlage (vgl. Rn. 561 ff.). Sie können nur ein bestimmtes Mitglied oder

---

191 Vgl. *Sauter/Schweyer* Rn. 120.

192 Vgl. *AG Aurich* Rpfl 1987, 115; *AG Grevenbroich* NJW 1991, 2646 = MDR 1991, 345 (bestätigt durch *BVerfG* NJW 1991, 2626); *A. Müller* MDR 1992, 924, 925; anders *AG Nürnberg* Rpfl 1988, 109 für 25 %ige, nicht hinreichend begründete Beitragserhöhung.

mehrere, nicht aber alle Mitglieder treffen (vgl. zu Sonderrechten Rn. 554 ff.). Als Sonderpflicht kommt z. B. eine gegenüber den übrigen (ordentlichen) Mitgliedern erhöhte Beitragsleistung in Betracht. Weiter kann durch einen wirtschaftlichen Verein einem Mitglied die Sonderpflicht auferlegt sein, mit dem Verein nicht in Wettbewerb zu treten. Als Sonderpflicht kann die Tätigkeit eines vereinsangehörigen Rechtsanwalts als Rechtsberater des Vereins ausgestaltet sein. Da die Sonderpflicht an die Mitgliedschaft gebunden ist, geht sie auf einen Erwerber über, falls die Satzung die Übertragung der Mitgliedschaft gestattet. Sie kann aber auch als höchstpersönliche Verpflichtung ausgestaltet sein, insbesondere wenn sie an Eigenschaften in der Person des Mitglieds anknüpft (z. B. Zulassung als Rechtsanwalt).

Sonderpflichten können nur mit Zustimmung des Betroffenen begründet wer- **607 a**
den (§ 35 BGB analog; vgl. Rn. 571 f.). Diese liegt beim Beitritt im Beitrittsvertrag. Wird eine Sonderpflicht durch Satzungsänderung eingeführt oder vermehrt, so kann die Zustimmung des betroffenen Mitglieds in der Stimmabgabe für den betreffenden Beschlußgegenstand (Satzungsänderung) liegen.

5. Förder- oder Treupflicht

5.1. Bedeutung

Durch die Beteiligung an der Gründung eines Vereins oder dem Beitritt zu ei- **608**
nem bestehenden Verein wird die mitgliedschaftliche Pflicht begründet, den aus der Satzung sich ergebenden Vereinszweck zu fördern. Diese Förder- oder Treupflicht besteht bei allen auf privatautonomer Grundlage gebildeten Personenvereinigungen des Zivilrechts, für die ein gemeinsamer Zweck kennzeichnend ist (Gesellschaften i. w. S.)[193], also den Personalgesellschaften (GbR, oHG, KG, stille Gesellschaft, PartG, EWIV)[194], den Kapitalgesellschaften (AG, KGaA, GmbH)[195] und anderen Körperschaften (Verein, eG, VVaG). Für die GbR bestimmt § 705 BGB ausdrücklich, daß die Gesellschafter sich verpflichten, die Erreichung des gemeinsamen Zwecks »in der durch den Vertrag bestimmten Weise zu fördern«. Die Beitragspflicht ist nur eine besondere, wenngleich für die materielle Ausstattung der Vereinigung wesentliche, Ausprägung dieser allgemeinen Förderpflicht. Die Förderpflicht bildet mithin die Hauptpflicht aus dem Mitgliedschaftsverhältnis; da sie zudem zu (aktiven) Handlungspflichten des Mitglieds führen kann, ist sie von der allgemein bei Schuldverhältnissen bestehenden Pflicht, die Leistung im Einklang mit Treu und Glauben zu bewirken (§ 242 BGB), qualitativ zu unterscheiden. Soweit nämlich die gesellschaftsrechtliche Treupflicht nur als quantitative Steigerung

---

193 Grundlegend *Lutter* AcP 180 (1980), 84, 102 ff.; auch *Wiedemann* Gesellschaftsrecht I, § 8 II 3, S. 431 ff; *ders.* Festschr. Heinsius, 1991, S. 949 ff.; *Hüffer* Festschr.Steindorff, 1990, S. 59 ff.; *K. Schmidt* Gesellschaftsrecht, § 20 IV.

194 Vgl. z. B. *Wiedemann* WM 1992, Sonderbeilage 7, S. 17 ff.; *Staub/Ulmer* § 105 HGB, Rn. 232 ff.

195 Vgl. zur GmbH *M. Winter* Mitgliedschaftliche Treubindungen im GmbH-Recht, 1988, S. 63 ff., 95 ff.; zur AG *Hüffer* WM 1991, 481 ff.

des Grundsatzes von Treu und Glauben verstanden wird[196], wird hierbei übersehen, daß dieser sich nur auf Nebenpflichten des Schuldverhältnisses bezieht und i. d. R. nur eine Ausübungsschranke vertraglicher Rechte bildet[197]. Wegen der möglichen erheblichen Reichweite und Unbestimmtheit der Pflicht zur Förderung des Vereinszwecks ist die Förderpflicht als besondere gesellschaftsrechtliche Generalklausel anzusehen, die im einzelnen Fall – im Rechtsstreit durch den Richter – der Konkretisierung anhand der Zwecksetzung und dem weiteren Inhalt der Satzung sowie der tatsächlichen Verhältnisse innerhalb des konkreten Vereins bedarf (unten Rn. 611). Dabei bildet die Förderpflicht einerseits ein Auslegungskriterium für gesetzliche und in der Satzung geregelte mitgliedschaftliche oder organschaftliche Rechte und Pflichten. Zum anderen kann sich die Förderpflicht aber auch unmittelbar anspruchsbegründend, -beschränkend oder -vernichtend auswirken.

609 Ihrem Inhalt nach lassen sich die Ausprägungen der Förderpflicht systematisieren[198] in aktive Förderpflichten, kraft derer das Mitglied zu einem bestimmten Verhalten verpflichtet sein kann (unten Rn. 612 f.), und passive Förderpflichten (Loyalitätspflichten) zur Unterlassung eines die Verfolgung des Vereinszwecks störenden Verhaltens (Rn. 614 f.).

610 Adressaten der Förderpflicht sind zunächst die Mitglieder des Vereins kraft ihrer vertraglichen Einbindung in die durch den Vereinsweck bestimmte Organisation. In stärkerem Maße gilt dies noch für die Organpersonen, deren organschaftliches Handeln sich in erster Linie am Vereinszweck auszurichten hat (organschaftliche Förderpflicht; dazu Rn. 617).

Die Förderpflicht wirkt sich andererseits auch als Verpflichtung des Vereins aus, auf die mitgliedschaftlichen Belange der einzelnen Mitglieder Rücksicht zu nehmen und diese nicht in der Verfolgung des Vereinszwecks zu behindern (Rn. 615). Letztlich besteht auch eine – wenngleich schwächer ausgeprägte – Rücksichtspflicht der Mitglieder untereinander (Rn. 616). In Ausnahmefällen kann auch die Rücksichtnahme auf außerhalb der Vereinssphäre liegende, private Belange eines Mitglieds geboten sein, wenn diese sich mittelbar auch auf das Vereinsleben auswirken können (Rn. 615 a, 616 a).

5.2. Inhalt und Umfang der Förderpflicht

611 Mit welchem Inhalt und mit welcher Intensität eine Förderpflicht im Verein entsteht, kann nur unter Berücksichtigung aller Umstände des Einzelfalls beurteilt werden. Von Bedeutung sind in erster Linie der festgelegte Vereinszweck[199] und die Art und Weise seiner Verfolgung. Zu berücksichtigen ist die Größe, d. h. die Mitgliederzahl, sowie der Grad der Geschlossenheit der Ver-

---

196 So wohl die – uneinheitliche – Rechtsprechung, die von »gegenüber dem allgemeinen Grundsatz des« 242 BGB erhöhte[n] Treue- und Förderpflichten« ausgeht (vgl. BGHZ 110, 323 = NJW 1990, 2877, 2879 = WM 1990, 1539, 1541 = ZIP 1990, 1067, 1069); ebenso *Hennrichs* AcP 195 (1995), 221, 228 ff. m. weit. Nachw.

197 Differenzierend zwischen Verhaltenspflichten (dann Förderpflicht) und Ausübungsschranken (dann § 242 BGB) daher *Häuser* Unbestimmte »Maßstäbe« als Begründungselement richterlicher Entscheidungen, 1981, S. 176 ff., 182; ihm folgend *M. Winter* a. a. O. (Fn. 195), S. 12 ff.

198 Nach *Lutter* AcP 180 (1980), 84, 108 ff.

199 Vgl. BGHZ 65, 15, 19 für GmbH.

einigung[200] und die hieraus sich ergebende mehr oder weniger starke persönliche – u.U. auch wirtschaftliche – Verbundenheit der Mitglieder, ggf. auch die Dauer der Mitgliedschaft. Es kommt mithin sowohl auf die satzungsmäßige Ausgestaltung der mitgliedschaftlichen Rechte und Pflichten als auch auf die tatsächliche Durchführung des Mitgliedschaftsverhältnisses und die Bedeutung des Mitgliedschaftsverhältnisses für das einzelne Mitglied an; die genannten Kriterien lassen sich unter dem Begriff der Realstruktur der Mitgliedschaft in dem konkret zu beurteilenden Verein zusammenfassen[201]. Bei abgestufter Mitgliedschaft ist der satzungsmäßige Status der jeweiligen Mitgliedergruppe im Verein zu berücksichtigen[202].

5.3. Aktive Förderpflichten

Die Mitglieder sind verpflichtet, den festgelegten Vereinszweck aktiv zu fördern. **612** Allerdings ist bei der Herleitung neu- oder andersartiger als in der Satzung festgelegter Handlungspflichten aus der Förderpflicht Zurückhaltung geboten, da nach allgemeinen schuldrechtlichen Grundsätzen der Inhalt der Pflicht sich aus der Vereinssatzung zumindest bestimmbar ergeben muß[203]. Die Grenze einer ergänzenden Auslegung der Satzung darf hierbei nicht überschritten werden. Nur in Ausnahmefällen besteht daher eine Verpflichtung zur unentgeltlichen Leistung von Diensten; z. B. kann ein Mitglied einer politischen Partei verpflichtet sein, im Wahlkampf Plakate zu kleben, ein Gewerkschaftsmitglied Streikposten zu beziehen oder ein Mitglied bei der Vorbereitung und Durchführung eines Vereinsfests mitzuwirken haben (oben Rn. 599).

Häufiger wird es sich um aktive Förderpflichten handeln, die sich durch Aus- **613** legung im Zusammenhang mit bereits bestehenden gesetzlichen oder satzungsmäßigen Pflichten oder Rechten ergeben oder diese erweitern. So liegt es im Interesse des Mitglieds an der Wahrnehmung seiner Mitverwaltungsrechte, dem Verein eine Anschriftenänderung mitzuteilen, damit die Einladung zur Mitgliederversammlung ihm rechtzeitig zugeht. Dem korporativen Mitglied eines Vereinsverbands obliegt die Benachrichtigung des Verbands über alle für diesen bedeutsamen Umstände, z. B. über wesentliche Satzungsänderungen, über Änderungen in der Person der Vertretungsorgane oder über den Verlust der steuerlichen Gemeinnützigkeit. Bei der Ausübung der Mitverwaltungsrechte kann die Förderpflicht den Mitgliedern ein bestimmtes Verhalten gebieten, z. B. die Zustimmung zu einer Anpassung der Satzung an geänderte Verhältnisse, die mit Rücksicht auf den Vereinszweck dringend geboten und den Mitgliedern unter Berücksichtigung ihrer eigenen schutzwürdigen Belange zumutbar ist (Stimmpflicht). Hat etwa der Vorstand zu hochgreifende Pläne, die zu erheblichen finanziellen Belastungen der Mitglieder oder gar der Gefahr einer Insolvenz des Vereins führen, so müssen die Mitglieder dem mit ihren Stimmen entgegentreten. Den Angehörigen einer Mehrheit in der Mitglieder-

200 *Müller-Erzbach* S. 314.
201 Vgl. *Lutter* AcP 180 (1980), 84, 105 ff.
202 Vgl. *Dütz* Festschr. Hilger und Stumpff, 1983, S. 99, 106.
203 Ebenso *U. Schmidt* S. 201 ff., gegen *Dütz* Festschr. Hilger und Stumpff, 1983, S. 99, 121.

versammlung gebietet die Förder- und Treupflicht, ihr Stimmrecht nicht mißbräuchlich zum Nachteil des Vereins auszuüben[204].

613 a Bei einem Streit zwischen einem Mitglied und dem Vorstand über mitgliedschaftliche Rechte und Pflichten kann die Treupflicht es gebieten, gegen den Verein Klage auf Erfüllung zu erheben, anstatt den (rechtsirrigen) Forderungen des Vorstands nachzukommen und den entstandenen Schaden gegen den Verein geltend zu machen[205]. Hält ein Mitglied vereinsinterne Regelungen und Beschlüsse für unwirksam, so muß es dies rechtzeitig offenlegen und ggf. gerichtlich klären, anstatt sich über die Regelung ohne weiteres hinwegzusetzen[206]. Erlangt ein Mitglied Kenntnis von erheblichen Verfehlungen eines Vereinsangestellten (Unterschlagung von Vereinsgeldern), so muß der Vorstand benachrichtigt werden[207]. Bei Verstößen gegen die Tatbestände von Vereinsstrafen (z. B. einem vereinsschädigenden Verhalten) besteht allerdings i. d. R. keine »Anzeigepflicht« (vgl. auch Rn.1657).

5.4. Passive Förderpflichten

614 Eine Förderpflicht hat auch zum Inhalt, sich loyal gegenüber dem Verein zu verhalten und jedes Verhalten zu unterlassen, das den Vereinszweck schädigt oder das Ansehen des Vereins beeinträchtigt. Inwieweit sich ein Verhalten außerhalb der Vereinssphäre nachteilig auf die Verfolgung des Vereinzwecks auswirkt und daher aufgrund der Förderpflicht zu unterlassen ist, ist in besonderem Maße Frage der Realstruktur der konkreten Vereinigung. Insbesondere wird die mitgliedschaftliche Sphäre erst durch den Vereinszweck von der Privatsphäre abgegrenzt. Insbesondere bei Tendenzvereinen, die eine bestimmte Weltanschauung, Religion oder politische Richtung auch durch öffentliches Wirken verfolgen, sind die Mitglieder aber auch außerhalb des Vereinslebens zu einem zweckkonformen Verhalten verpflichtet (z. B. Verzicht auf Alkoholgenuß bei Abstinenzlerverein, auf Fleischgenuß bei Vegetarierverein)[208]. So stellt es einen Verstoß gegen die Loyalitätspflicht dar, wenn ein Gewerkschaftsmitglied einer gewerkschaftsfeindlichen Partei angehört oder beitritt[209], wenn es für eine neu zu gründende konkurrierende Organisation wirbt[210] oder

---

204 Vgl. für GmbH *BGH* WM 1991, 1951, 1952 = ZIP 1991, 1427.

205 Vgl. BGHZ 110, 323 = NJW 1990, 2877, 2879 = WM 1990, 1539, 1541 = ZIP 1990, 1067, 1069: Umbau eines Schärenkreuzers für mehr als 70 000.- DM, um die Teilnahmevoraussetzungen für eine Regatta zu erfüllen.

206 Vgl. *BGH* NJW 1994, 2610 = WM 1994, 1110 = ZIP 1994, 875: parteiinterne Beschränkung der Wahlwerbung.

207 Vgl. für eG *OLG Frankfurt a. M.* ZfgG 1963, 156.

208 Vgl. *Dütz* Festschr. Herschel, 1982, S. 55 ff.; *ders.* Festschr. Hilger und Stumpff, 1983, S. 99 ff.; für Vereinsstrafen auch *van Look* S. 210 ff.

209 Vgl. *BGH* NJW 1973, 35; NJW 1991, 485 = WM 1991, 98, 99 = WuB II L. § 39 BGB 1.91 *van Look* (bestätigt durch *BVerfG* NZA 1993, 655); NJW-RR 1991, 888 = WM 1991, 942, 947 = EWiR § 25 BGB 1/91 *Grunewald*; dazu *Wank* JR 1994, 356, 358 f.; *BGH* NJW 1994, 43 = WM 1993, 2172 = WuB II L. § 39 BGB 1.94 *van Look* = ZIP 1994, 33 = EWiR § 25 BGB 1/94, 19 *Grunewald*; *OLG Düsseldorf* NJW-RR 1994, 1402, 1403.

210 *BGH* WM 1977, 1166, 1167 = LM Art. 9 GG Nr. 6 = AP Art. 9 GG Nr. 25 m. Anm. *Grunsky*.

wenn es (Schmäh-)Kritik an den Gewerkschaftsvertretern im Betriebsrat[211] oder am Wahlvorschlag des Hauptvorstands für die Gewerkschaftsvertreter im Aufsichtsrat eines Unternehmens übt (vgl. aber § 20 Abs. 2 BetrVG)[212]. Entsprechende Solidaritätspflichten gelten für die Mitglieder politischer Parteien, z. B. zur Unterlassung einer Kandidatur auf konkurrierenden Listen für sog. Rathausparteien oder Bürgerinitiativen[213].

Die Loyalitätspflicht verbietet allerdings nicht eine sachlich und formal gerechtfertigte Kritik an der Vereinspolitik und den Vereinsorganen, sei es als Beitrag zur Willensbildung innerhalb des Vereins[214] oder – wenn auch in zurückhaltenderem Umfang – in der Öffentlichkeit. So kann ein Verstoß gegen die Loyalitätspflicht darin liegen, daß ein vereinsinterner Streit oder andere geheimhaltungsbedürftige Tatsachen in die Öffentlichkeit getragen werden; u. U. besteht eine entsprechende Geheimhaltungspflicht als Ausprägung der Förderpflicht. Bei einem wirtschaftlichen Verein kann aus der Förderpflicht ohne ausdrückliche Regelung in der Satzung nicht ohne weiteres ein Wettbewerbs- oder Konkurrenzverbot für die Mitglieder hergeleitet werden.

Gegen die passive Förderpflicht verstößt es regelmäßig, wenn ein Mitglied in **614 a**
Ausnutzung einer formalen Rechtsposition ohne Rücksicht auf das Vereinswohl nach längerer Zeit einen Beschluß der Mitgliederversammlung (z. B. wegen Einberufungsmängeln) anficht und deshalb Feststellungsklage erhebt[215]. Dabei kann eine Zeitspanne bis zur nächsten Mitgliederversammlung genügen, wenn eine solche nur einmal im Jahr stattfindet. Aufgrund der Förderpflicht kann ein Mitglied auch gehalten sein, rückwirkende Änderungen der Satzung (z. B. zur Heilung formaler Mängel) hinzunehmen, wenn durch die Rückwirkung schutzwürdige Interessen des Mitglieds nicht berührt werden (Vertrauensschutz) und sich das Beharren auf der Unwirksamkeit als bloße Ausnutzung einer formalen Rechtsposition darstellt[216]. Im Regelfall verbietet es die Förderpflicht einem Mitglied jedoch nicht, sich auf die Formnichtigkeit eines Vertrags zu berufen, bei dem es dem Verein wie ein Dritter gegenübertritt[217].

Zu den passiven Förderpflichten können auch Duldungspflichten gehören. Die Angehörigen einer Minderheit müssen rechtmäßige Mehrheitsbeschlüsse der Mitgliederversammlung hinnehmen und sich entsprechend verhalten. Ein Mitglied muß weiter die Regelungen dulden, die von einem anderen Vereinsorgan aufgrund Gesetzes, der Satzung oder einer Vereinsordnung getroffen werden.

---

211 BGHZ 102, 265, 278 = NJW 1988, 552 = WM 1987, 1422 = WuB II L. § 25 BGB 1.88 *Westermann* = ZIP 1987, 1536 = EWiR § 25 BGB 1/88 *Reuter*..

212 *BGH* NJW-RR 1992, 246 = WM 1991, 948, 950 = WuB II L. § 39 BGB 2.91 *van Look* = EWiR § 20 MitbestG 1/91 *Plander*; dazu *Wank* JR 1994, 356, 359 f.; vgl. auch *U. Schmidt* S. 212 ff.

213 Vgl. BGHZ 73, 275 = NJW 1979, 1402; ferner *BGH* NJW 1994, 2610 = WM 1994, 1110 = ZIP 1994, 875, 876.

214 Vgl. *BGH* DB 1973, 237; *Dütz* Festschr. Hilger und Stumpff, S. 99, 107; *U. Schmidt* S. 208 ff.

215 Vgl. für eG *RG* JW 1936, 181; für Wohnungseigentümergemeinschaft *OLG Hamm* NJW-RR 1993, 468, 469.

216 So *BGH* LM § 25 BGB Nr. 25 = RdL 1983, 317; BGHZ 105, 306, 322 = NJW 1989, 1724 = WM 1989, 184 = WuB II L § 25 BGB 1.89 *Beuthien* = ZIP 1989, 14 = EWiR § 25 BGB 1/89, 121 *Brandner*.

217 Vgl. *BGH* NJW 1989, 166 = WM 1988, 1367, 1369 f. (für GmbH).

5.5. Rücksichtspflicht des Vereins gegenüber seinen Mitgliedern

615 Im Rahmen der Förderpflicht hat auch der durch seine Organe handelnde Verein auf die schützenswerten Belange seiner Mitglieder Rücksicht zu nehmen. Dabei handelt es sich in erster Linie um die mitgliedschaftlichen Rechte und Interessen der einzelnen Mitglieder. Die Vereinsorgane sind verpflichtet, die gesetzlichen und vereinsinternen Regelungen, soweit sie im Interesse des einzelnen Mitglieds bestehen, zu beachten sowie die mitgliedschaftlichen Interessen auch gegenüber Dritten zu schützen und zu fördern[218]. Die Treupflicht gebietet es dem Verein, den Mitgliedern eine effektive Ausübung ihrer mitgliedschaftlichen Rechte zu ermöglichen und die von den Mitgliedern aufgebrachten finanziellen Mittel sparsam zu verwenden. So dürfen Organmitglieder nicht durch unangemessen hohe Spesen den Vereinshaushalt belasten; kein Vereinsorgan darf den Mitgliedern eines anderen Vereinsorgans übermäßig hohe Vergütungen zubilligen. Ein Sportverband kann Wettkampftermine nur nach Abstimmung mit den teilnehmenden Vereinen ansetzen. Aus der Förderpflicht können sich Auskunfts- und Informationspflichten gegenüber dem Mitglied ergeben[219]. So kann das Mitglied eines wirtschaftlichen Vereins einen Anspruch auf Einsicht in die Geschäftsberichte haben (vgl. auch § 48 Abs. 3 Satz 2 GenG)[220]. Über einen bestehenden Unfallversicherungsschutz muß ein Mitglied jedenfalls dann unterrichtet werden, wenn es einen Sportunfall im Vereinsbereich erlitten hat[221].

Bei der Inanspruchnahme von Leistungen des Vereins, z. B. der Teilnahme an Veranstaltungen oder Benutzung von Einrichtungen des Vereins, muß jedes Mitglied darauf vertrauen können, daß es keinen Nachteilen ausgesetzt ist, wenn es sich zu den in der Satzung festgelegten Regelungen nicht in Widerspruch setzt. Schließt z. B. ein Verein mit seinem Mitglied einen Vertrag über die Benutzung eines dem Verein gehörenden Segelboots, so muß der Umfang der Haftung für eventuelle Beschädigungen des Boots eindeutig festgelegt sein; Unklarheiten in den Vertragsbestimmungen gehen zu Lasten des Vereins[222]. Eingriffe in mitgliedschaftliche Rechte oder Interessen müssen zur Verfolgung des Vereinszwecks geeignet, zur Erreichung des mit dem Eingriff angestrebten Erfolgs erforderlich und dürfen im Verhältnis zum verfolgten Zweck nicht unangemessen sein (Grundsatz der Verhältnismäßigkeit)[223]. So ist eine Ausschließung als Vereinsstrafe nur dann möglich, wenn kein milderes Mittel in Betracht kommt, um eine ungestörte Zweckverfolgung durch die übrigen Mitglieder zu ermöglichen (Rn. 1619, 1682). Bei der gebotenen Interessenabwägung verdient das Interesse des Vereins den Vorrang, wenn es sich um einen Eingriff in vereinsbezogene Mitgliedsrechte (z. B. das Stimm-

---

218 Vgl. BGHZ 110, 323 = NJW 1990, 2877 = WM 1990, 1539 = ZIP 1990, 1067, 1068; dazu *Hadding* Festschr. Kellermann, 1991, S. 91, 93 f., 97.

219 Vgl. *Grunewald* ZIP 1989, 462, 463 f.

220 *LG Mainz* WM 1989, 537 = WuB II L. § 38 BGB 1.89 *van Look*.

221 *LG Münster* VersR 1989, 155.

222 *KG* MDR 1985, 230; vgl. auch *AG Bückeburg* NJW-RR 1991, 1107, das einen satzungsmäßigen Haftungsausschluß auch für Vorsatz und grobe Fahrlässigkeit nach Treu und Glauben für unwirksam hält.

223 Vgl. BGHZ 55, 381, 386 = NJW 1971, 879 = WM 1971, 538; *Lutter* AcP 180 (1980), 84, 123.

recht) handelt; dagegen geht bei eigennützigen Mitgliedsrechten (z. B. einem vermögenswerten Vorteilsrecht) regelmäßig das Individualinteresse des Mitglieds vor.

Nur in Ausnahmefällen hat der Verein auch auf private Belange und Interessen des Mitglieds Rücksicht zu nehmen, die außerhalb des Vereinszwecks liegen (zu entsprechenden passiven Förderpflichten des Mitglieds vgl. schon oben Rn. 614)[224]. Dies ist dann der Fall, wenn ein Konflikt zwischen den Interessen des Vereins und privaten Interessen durch die Mitgliedschaft vermittelt ist und sich auf die weitere Verfolgung des Vereinszwecks nachteilig auswirken kann, also – zumindest mittelbar – in die Vereinssphäre hineinwirkt. I. S. einer Unterlassungspflicht ist der Verein jedoch stets verpflichtet, die Privat- und Intimsphäre seiner Mitglieder zu respektieren. **615 a**

5.6. Rücksichtspflicht der Mitglieder untereinander

Auch im Verhältnis der Vereinsmitglieder untereinander bestehen Treubindungen. Insbes. sind die Mitglieder verpflichtet, bei der Ausübung mitgliedschaftlicher Rechte auf die mitgliedschaftlichen Belange der übrigen Mitglieder Rücksicht zu nehmen. Dies verbietet z. B. eine mißbräuchliche Ausübung des Stimmrechts (insbes. eines Mehrfachstimmrechts) als Angehöriger einer Mehrheit in der Mitgliederversammlung zur Erlangung von Sondervorteilen gegenüber einer Minderheit[225]. Ebenso ist jedes Mitglied bei der Abstimmung in der Mitgliederversammlung, der Teilnahme an Vereinsveranstaltungen oder bei Benutzung von Vereinseinrichtungen verpflichtet, den übrigen Mitgliedern die Ausübung ihnen zustehender gleichgearteter Rechte in satzungsmäßiger Weise zu ermöglichen, sie hierbei nicht zu behindern oder zu schädigen. Dies kann z. B. der Fall sein, wenn Verbandsmitglieder eine Absprache treffen, daß während der Dauer von zwei Jahren keine Spieler aus den neuen Bundesländern im Gebiet der alten Bundesrepublik verpflichtet werden sollen; ein Verein, der sich nicht an diese Absprache hält, handelt den anderen Verbandsvereinen gegenüber pflichtwidrig. Gegen die Rücksichtspflicht verstößt es auch, wenn ein Profisportverein einen Spieler verpflichtet, obwohl dieser bereits mit einem anderen, dem gleichen Verband angehörenden Verein einen Spielvertrag abgeschlossen hat. **616**

In Ausnahmefällen besteht auch eine Rücksichtspflicht des einzelnen Mitglieds gegenüber privaten Interessen anderer Mitglieder, wenn diese – insbes. bei enger persönlicher Verbindung der Mitglieder – auf den mitgliedschaftlichen Bereich »durchschlagen« können[226]. **616 a**

---

224 Vgl. *Lutter* AcP 180 (1980), 84, 128 f.; *Grunewald* Gesellschaftsrecht, Rn. 2 A 71.

225 Vgl. für die AG BGHZ 103, 184, 194 f. – Linotype = NJW 1988, 1579 m. Anm. *Timm* = WM 1988, 325 = WuB II A. § 262 AktG 2.88 *Baums* = ZIP 1988. 301 = EWiR 1988, 529 *Drygala* = JZ 1989, 443 m. Anm. *Wiedemann*; dazu *Lutter* ZHR 153 (1989), 446 ff.; *Kort* ZIP 1990, 294 ff.; *Timm* WM 1991, 481 ff.; *Hennrichs* AcP 195 (1995), 221, 242 ff.; zur Rücksichtspflicht des Minderheitsaktionärs gegenüber den Mitaktionären *BGH* WM 1995, 882 = ZIP 1995, 819 – Girmes; auch *Hennrichs* a. a. O., S. 240 f., 255 ff.

226 Vgl. für die AG *BGH* NJW 1992, 3167 = WM 1992, 1812, 1818 = WuB II A. § 185 AktG 1.93 *Drygala* = ZIP 1992, 1464 = BB 1992, 2163.

5.7. Organschaftliche Förderpflichten

617 Für Organmitglieder besteht eine gegenüber den allgemeinen mitgliedschaftlichen Pflichten erhöhte Förderpflicht gegenüber dem Verein. Diese organschaftliche Förderpflicht wirkt sich dahingehend aus, daß sämtliche Geschäftsführungs- und Vertretungsmaßnahmen sowie sonstige organschaftliche Handlungen (z. B. als Mitglied eines Beirats) sich an der sachgerechten Verfolgung des Vereinszwecks zu orientieren haben. Eigene, d. h. private Interessen der Organpersonen (z. B. am Abschluß eines vorteilhaften Rechtsgeschäfts) sind demgegenüber zurückzustellen[227]. Für geheimhaltungsbedürftige vereins- oder organinterne Angelegenheiten besteht eine Verschwiegenheitspflicht[228]. An Mehrheitsbeschlüsse des Vorstands als Kollegialorgan sind auch die überstimmten Mitglieder dieses Organs gebunden und verpflichtet, den Beschluß im Außenverhältnis mitzutragen, d. h. auszuführen.

5.8. Rechtsfolgen eines Verstoßes gegen die Förderpflicht

618 Ein Beschluß der Mitgliederversammlung, der inhaltlich gegen die Förderpflicht verstößt, ist im allgemeinen nicht nichtig, sondern fehlerhaft mit der Folge, daß der Mangel gerügt werden muß (Rn. 1156). Läßt sich eine vereinsinterne Behebung des Mangels (Aufhebung des Beschlusses) nicht herbeiführen, so kann auf Feststellung der Unwirksamkeit geklagt werden. Stimmen nur einzelne Mitglieder treuwidrig ab, so ist die Stimmabgabe unwirksam und bei der Berechnung des Ergebnisses der Abstimmung, d. h. des Beschlußergebnisses, nicht mitzuzählen[229]. Treuwidrige Rechtsgeschäfte und Handlungen anderer Vereinsorgane sind unwirksam und damit unbeachtlich.

619 Verlangt die Treupflicht ein positives Tun eines Vereinsmitglieds (oder Organmitglieds), so kann es durch eine Klage erzwungen werden, z. B. auf Abgabe einer Ja-Stimme zu einem bestimmten Tagesordnungspunkt. Bei einem Verstoß gegen passive Förderpflichten kann auch eine Unterlassungsklage in Betracht kommen[230]. Bei einem schuldhaften Verstoß gegen die Treupflicht seitens eines Mitglieds oder des Vereins kann ein Schadenersatzanspruch wegen positiver Forderungsverletzung des Mitgliedschaftsverhältnisses gegeben sein[231]. Verstößt ein Mitglied gegen die Treupflicht, so kann die Festsetzung einer Vereinsstrafe in Betracht kommen (Rn. 1598 ff.). Verletzt der Verein seine Rücksichtspflicht, so kann dies einen wichtigen Grund für den sofortigen Austritt aus dem Verein bilden.

227 Vgl. für GmbH-Geschäftsführer *BGH* WM 1977, 361, 362; *BGH* NJW 1989, 2697 = WM 1989, 1335, 1339 = WuB II C. § 43 GmbHG 1.90 *Teichmann* = ZIP 1989, 1390; für Kommanditisten *BGH* WM 1989, 1216 = ZIP 1989, 986.

228 Vgl. *Stöber* Rn. 124.

229 Vgl. *Lutter* AcP 180 (1980), 84, 119.

230 Vgl. BGHZ 110, 323 = WM 1990, 1539 = ZIP 1990, 1067, 1069: »echte Rechtspflicht«; offen *BGH* WM 1977, 1166, 1167; a. A. *RG* HRR 1928 Nr. 1551.

231 Vgl. *BGH* WM 1977, 1166, 1168; auch *BGH* NJW 1992, 3167 = WM 1992, 1812, 1818 = a. a. O. (Fn. 226); ZIP 1995, 819, 827 (jeweils für AG).

6. Entstehung der Mitgliedschaft

6.1. Mitgliedsfähigkeit

Wer sich an einer Vereinsgründung beteiligen kann, hat auch die Fähigkeit, Mitglied eines Vereins zu werden (vgl. ausführlich Rn. 56 ff.). 620

6.2. Arten des Erwerbs der Mitgliedschaft

Die Mitgliedschaft kann durch Beteiligung an der Gründung oder durch Beitritt zu einem bestehenden Verein erworben werden. In beiden Fällen entsteht die Mitgliedschaft neu (originär) in der Person des Gründungsbeteiligten oder Beitretenden. 621

Läßt die Satzung die Übertragung oder Vererbung der Mitgliedschaft zu (vgl. §§ 38 Satz 1, 40 BGB), so erlangt ein Erwerber oder Erbe eine von dem bisherigen Mitglied abgeleitete Mitgliedschaft. Er rückt aufgrund eines Übertragungsgeschäfts oder im Wege der Gesamtrechtsnachfolge (Universalsukzession) nach § 1922 Abs. 1 BGB in die Rechtsstellung des bisherigen Mitglieds ein (Rn. 482 ff.).

Im Falle der Verschmelzung oder Spaltung von Vereinen gehen die Mitgliedschaften im Wege der (teilweisen) Gesamtrechtsnachfolge (Universalsukzession) auf den übernehmenden oder neuen Rechtsträger über (§§ 20 Abs. 1 Nr. 3, 36 Abs. 131 Abs. 1 Nr. 3, 135 Abs. 1 UmwG; dazu Rn. 2245 ff., 2257). Bei einem Formwechsel bleibt der Rechtsträger dagegen identisch, während für die Mitgliedschaften die für die neue Rechtsform bestehenden gesetzlichen, satzungsmäßigen oder gesellschaftsvertraglichen Regelungen gelten (§ 202 Abs. 1 Nr. 2 UmwG; dazu Rn. 2271 ff.). 622

6.3. Vereinsbeitritt

6.3.1 Abschluß des Aufnahmevertrags

Die Mitgliedschaft in einem bestehenden Verein wird durch Abschluß eines Aufnahmevertrags zwischen dem Beitrittswilligen und dem Verein begründet[232]. Ausgeschlossen ist, daß die Mitgliedschaft einseitig durch den Verein begründet wird, indem z. B. die Satzung bestimmt, daß die Mitgliedschaft auf den »Funktionsnachfolger« eines Mitglieds übergeht[233] oder daß eine 623

232 Vgl. BGHZ 101, 193, 196 = NJW 1987, 2503 = WM 1987, 1392, 1393 = WuB II L. § 38 BGB 1.88 *van Look* = JZ 1987, 1076 m. Anm. *Henke* = ZIP 1987, 1108, 1109 = EWiR § 25 BGB 1/87 *Reuter*; *AG Grevenbroich* NJW 1991, 2646, 2647; *Staudinger/Coing* § 35 BGB Rn. 26; *Soergel/Hadding* § 38 BGB Rn. 7; MünchKomm/*Reuter* § 38 BGB Rn. 34; *Erman/Westermann* § 38 BGB Rn. 4; *Palandt/Heinrichs* § 38 BGB Rn. 4; *Kübler* Gesellschaftsrecht, § 10 IV 3; *K. Schmidt* Gesellschaftsrecht, § 24 IV 1 b; *Grunewald* Gesellschaftsrecht, Rn. 2 A 76; *Sauter/Schweyer* Rn. 71; *van Look* S. 102 f.; *ders.* WM-Festgabe Hellner, 1994, S. 46; auch BGHZ 28, 131, 134; BayObLGZ 1959, 457, 463; 1972, 114 = NJW 1972, 1323; *BVerwG* NJW-RR 1987, 474 f.; a. A. noch *Ruth* ZHR 88 (1926), 454, 487 ff.: »körperschaftlicher Gesamtakt«; *Schopp* Rpfl 1959, 335, 337.

233 *BGH* WM 1980, 1286; dazu *Reuter* ZHR 145 (1981), 273, 279 ff.

Spende als Beitrittserklärung aufzufassen ist[234]. Die Satzung kann auch nicht bestimmen, daß eine Person kraft ihres Amtes oder ihrer Funktion Mitglied ist[235]; anderes gilt bei kirchlichen Vereinen oder Glaubensgemeinschaften wegen Art. 4 Abs. 1 und 2, 140 GG[236]. Ebenso ist ausgeschlossen, daß Dritte[237] oder der Bewerber selbst die Mitgliedschaft einseitig durch Erklärung gegenüber dem Verein begründen können[238].

623 a Bei Vereinsverbänden soll die Einzelmitgliedschaft im Dachverband auch – gleichsam »automatisch« – durch korrespondierende Bestimmungen in den Satzungen beider Vereine (sog. Doppelverankerung) begründet werden können (vgl. Rn. 494 f.).

624 Der Abschluß des Eintrittsvertrags kommt nach den §§ 145 ff. BGB durch Antrag (Angebot) und Annahme zustande, die als empfangsbedürftige Willenserklärungen mit Zugang wirksam werden (vgl. § 130 BGB). Das Angebot wird i. d. R. von dem Eintrittswilligen abgegeben (»Aufnahmeantrag«, »Eintrittsgesuch«). Es kann auch in einem schlüssigen Verhalten (z. B. Überweisung des ersten Mitgliedsbeitrags) liegen[239]. Die Abgabe gegenüber einem Vorstandsmitglied reicht aus (§ 28 Abs. 2 BGB). Das Angebot kann jedoch, z. B. im Fall der Mitgliederwerbung, auch von dem Verein ausgehen. In Ausnahmefällen kann schon die Satzung einen bindenden Antrag i. S. des § 145 BGB (»ad incertas personas«) auf Abschluß eines Aufnahmevertrags enthalten, dessen Annahme der Bewerber nur noch gegenüber dem Verein zu erklären braucht.

624 a Das Angebot auf Abschluß eines Eintrittsvertrags muß von dem Empfänger angenommen werden. Meistens wird die Annahme durch den Verein ausdrücklich erklärt (»Aufnahmeerklärung«). Auch wenn die Satzung die einseitige Beitrittserklärung des Bewerbers ausreichen läßt, bedarf es der Annahmeerklärung durch den Verein[240]. Sie kann auch in einem schlüssigen Verhalten liegen, z. B. in der Eintragung in die Mitgliederkartei, der Aushändigung eines Mitgliedsausweises, der Übersendung einer Beitragsrechnung, der Einziehung von Beiträgen, der Einladung zur Mitgliederversammlung oder der Zulassung zu Vereinsveranstaltungen. Eine Verkehrssitte, nach der die Erklärung der Annahme beim Vereinsbeitritt nicht zu erwarten ist (vgl. § 151 Satz 1 Fall 1 BGB), kommt nicht in Betracht. Allerdings kann die Vereinssatzung bestimmen, daß der Zugang der Annahmeerklärung des Vereins entbehrlich ist; diese Regelung wirkt als Verzicht des Antragenden (§ 151 Satz 1 Fall 2 BGB),

---

234 *BayObLG* NStZ 1982, 387 = BayVBl 1982, 474.

235 BayObLGZ 1973, 303 = DB 1973, 2518: Betriebsratsvorsitzender als »geborenes« Mitglied.

236 Vgl. *OLG Köln* NJW 1992, 1048 f. = Rpfl 1992, 112; *OLG Hamm* NJW-RR 1995, 119, 120 = Rpfl 1995, 24: Kirchenvertreter als »geborene« Mitglieder.

237 Vgl. *OLG Stuttgart* OLGZ 1986, 275, 260 = NJW-RR 1986, 995, 996 = Rpfl 1986, 262 zur Unzulässigkeit der Wahl der Mitglieder eines religiösen Vereins durch ein außerhalb des Vereins stehendes Gremium; aufgehoben wegen Verstoßes gegen Art. 4 Abs. 1 und 2 GG durch BVerfGE 83, 341 = NJW 1991, 2623, 2626 = JZ 1992, 248; dazu *Flume* JZ 1992, 238 ff.; *Schockenhoff* NJW 1992, 1013 ff.; *Jeand'Heur* JuS 1992, 830.

238 A. A. *Schopp* Rpfl 1959, 335, 337.

239 Vgl. BGHZ 105, 306, 313 = NJW 1989, 1724 = WM 1989, 184 = ZIP 1989, 14.

240 So BGHZ 101, 193, 196 = NJW 1987, 2503 = WM 1987, 1392 = WuB II L.§ 38 BGB 1.88 *van Look*; a. A. *Sauter/Schweyer* Rn. 71.

da sein Angebot auf Abschluß des Aufnahmevertrags das Einverständnis mit dem Gesamtinhalt der Satzung und damit auch mit der Verzichtsregelung enthält[241]. In diesem Fall wird der Aufnahmevertrag mit der (positiven) vereinsinternen Willensbildung über die Aufnahme wirksam.

Welches Organ seitens des Vereins für die Willensbildung über die Aufnahme zuständig ist, richtet sich in erster Linie nach dessen Satzung (vgl. § 58 Nr. 1 BGB; dazu Rn. 629). Enthält die Satzung keine Regelung, so ist aufgrund der Realstruktur der Vereinigung zu bestimmen, ob es sich bei der Aufnahme des konkreten Mitglieds um eine Geschäftsführungsmaßnahme handelt, für die gem. § 27 Abs. 2 BGB der Vorstand zuständig ist, oder um eine der eher grundlegenden Angelegenheiten, die gem. § 32 Abs. 1 Satz 1 BGB durch die Mitgliederversammlung zu regeln sind[242]. Beim Verein als einer auf Mitgliederwechsel angelegten Vereinigung wird es sich i. d. R. um eine Geschäftsführungsmaßnahme handeln, so daß für die Willensbildung über die Aufnahme ein Vorstandsbeschluß mit einfacher Mehrheit ausreicht (§ 28 Abs. 1 i. V. m. § 32 Abs. 1 Satz 3 BGB). Ein Beschluß der Mitgliederversammlung kann dagegen bei einer engen Verbundenheit der Vereinsmitglieder, einer besonderen Exklusivität der Vereinigung oder einer besonderen Bedeutung der Person des Beitrittswilligen erforderlich sein. **625**

Für die Willenserklärung gegenüber dem Bewerber ist der Vorstand als Vertretungsorgan des Vereins zuständig (§ 26 Abs. 2 Satz 1 BGB). An der Erklärung müssen Vorstandsmitglieder in vertretungsberechtigter Anzahl, nach dem Gesetz also die einfache Mehrheit, mitwirken. Die Satzung kann aber auch einen besonderen Vertreter (§ 30 BGB) mit der Zuständigkeit für Erklärungen über die Aufnahme vorsehen, z. B. den Leiter einer Untergliederung bei einem Gesamtverein oder einer Abteilung bei einem Mehrspartenverein. Der Vorstand kann auch entsprechende Funktionsträger oder einfache Mitglieder zur Abgabe der Aufnahmeerklärung nach §§ 164 ff. BGB bevollmächtigen. **625 a**

Der Abschluß des Aufnahmevertrags erfordert seitens des Bewerbers volle Geschäftsfähigkeit, d. h. Volljährigkeit (§ 2 BGB). Bei beschränkt Geschäftsfähigen ist nach § 107 BGB die Zustimmung des gesetzlichen Vertreters erforderlich, da mit der Mitgliedschaft im Regelfall Rechtspflichten verbunden sind, so daß der Minderjährige durch den Beitritt nicht lediglich einen rechtlichen Vorteil erlangt (zur Gründungsbeteiligung vgl. Rn. 58). **626**

6.3.2. Bedingter oder befristeter Aufnahmeantrag

Der Aufnahmebewerber kann seinem Antrag eine aufschiebende Bedingung beifügen[243], etwa daß er eine Organstellung erhält oder daß ihm bestimmte Sonderrechte eingeräumt werden. Akzeptiert der Verein die Bedingung, so entsteht die Mitgliedschaft erst dann, wenn die Bedingung eingetreten ist (§ 158 Abs. 1 BGB). Lehnt der Verein die Annahme unter der Bedingung ab, so gilt dies als Aufnahmeangebot des Vereins ohne die gestellte Bedingung (§ 150 **627**

---

241 *Van Look* WuB II L.§ 38 BGB 1.88 unter II.; a. A. *BGH* a. a. O. (Fn. 240); vgl. auch RGZ 106, 120, 127.

242 Vgl. *Soergel/Hadding* § 38 BGB Rn. 7 a; für Zuständigkeit der Mitgliederversammlung *Erman/Westermann* § 38 BGB Rn. 4; *Stöber* Rn. 58; *Sauter/Schweyer* Rn. 71.

243 Vgl. *RG* JW 1938, 3229.

Abs. 2 BGB). Will der Verein dies vermeiden, so sollte die Erklärung hinzugefügt werden, daß damit kein Aufnahmeangebot verbunden ist. Aufgrund einer Regelung im Aufnahmevertrag oder in der Satzung, mit der sich der Beitretende einverstanden erklärt, kann der Beitritt auch aufschiebend befristet sein. Ist etwa bestimmt, daß die Mitgliedschaft mit dem folgenden 1. Januar beginnen soll, wird der Beitritt erst mit Eintritt dieses Anfangstermins wirksam (§§ 158 Abs. 1, 163 BGB).

6.3.3. Ende der Aufnahmemöglichkeit

628 Nach Eintritt eines Beendigungstatbestands, der zur Liquidation des Vereins führt (z. B. Auflösungsbeschluß) können neue Mitgliedschaften nicht mehr begründet werden. Gleiches gilt, wenn eine vollziehbare Auflösungsverfügung der Verbotsbehörde vorliegt. Ein gleichwohl geschlossener Aufnahmevertrag ist nichtig[244].

6.3.4. Satzungsbestimmungen über den Eintritt; Aufnahmeverfahren

629 § 58 Nr. 1 BGB verlangt als registerrechtliche Eintragungsvoraussetzung (§ 60 BGB) eine Satzungsbestimmung über den Eintritt von Mitgliedern. Das bedeutet zunächst, daß die zur Zeit der Erstanmeldung des Vereins vorhandenen Mitglieder die Aufnahme weiterer Mitglieder nicht durch die Satzung ausschließen können; ein geschlossener Mitgliederkreis würde der körperschaftlichen Struktur widersprechen, die ein Verein aufweisen muß; diese verlangt, daß ein Wechsel der Mitglieder jederzeit möglich sein muß. Erforderlich ist eine Satzungsregelung, wie sich der Eintritt in den Verein vollzieht. Es muß also bestimmt werden, ob eine formfreie Beitrittserklärung und deren Annahme genügen oder ob vor der Annahme ein Aufnahmeverfahren stattfinden muß[245].

629 a Ein etwa in der Satzung vorgesehenes Aufnahmeverfahren kann darin bestehen, daß bestimmte Vereinsorgane – z. B. ein Ausschuß – über die Aufnahme beschließen müssen oder daß die Zustimmung eines Vereinsorgans, eines Mitglieds (u. U. als Sonderrecht i. S. d. § 35 BGB) oder eines außenstehenden Dritten (z. B. eines übergeordneten Verbands) eingeholt werden muß. Zweckmäßigerweise wird die Satzung auch das für die Willensbildung über die Aufnahme zuständige Organ (z. B. den Vorstand) ausdrücklich bestimmen. Die Satzung kann verlangen, daß der Aufnahmeantrag von einem Mitglied oder einer bestimmten Anzahl der Mitglieder unterstützt wird (Vorschlagsrecht) oder daß einzelnen oder einer bestimmten Anzahl oder Gruppe von Mitgliedern ein Vetorecht gegen die vorgesehene Aufnahme zusteht. Der Bewerber kann verpflichtet sein, ein oder mehrere Mitglied(er) als Gewährsperson(en) – »Bürgen« – zu benennen oder sich in der Mitgliederversammlung vorzustellen. Es kann die Ableistung einer »Probezeit« – z. B. von einem Jahr – vorgesehen werden (»Schnuppermitgliedschaft«)[246].

629 b Die Satzung kann für den Aufnahmevertrag eine bestimmte Form (z. B. Schriftform, §§ 126, 127 BGB) vorsehen, ggf. auch nur für den Aufnahmeantrag oder die Annahmeerklärung des Vereins. Aus Beweisgründen ist dies auch zu empfehlen. Dem Bewerber kann auch das Ausfüllen eines Anmeldeformulars

---

244 Vgl. RGZ 50, 127, 130.

245 BayObLGZ 1972, 114 = NJW 1972, 1323; *LG Münster* MDR 1974, 309.

246 Vgl. *LG Lübeck* MDR 1993, 292.

mit bestimmten Angaben auferlegt werden. Das Wirksamwerden des Aufnahmevertrags kann an weitere Förmlichkeiten geknüpft werden, z. B. Aushändigung eines Mitgliedsausweises[247]. Enthält die Satzung keine Regelung über die Form des Eintritts, gilt der Grundsatz der Formfreiheit, d. h. der Aufnahmevertrag kann auch mündlich abgeschlossen werden[248].

6.3.5. Satzungsmäßige Voraussetzungen der Mitgliedschaft

Der Verein darf die materiellen Voraussetzungen der Mitgliedschaft im Rahmen der Satzungsautonomie frei festlegen. Ihre Grenzen ergeben sich aus den allgemein im Privatrecht geltenden Grundsätzen, namentlich den §§ 134, 138, 242, 826 BGB. **630**

In der Satzung kann festgelegt werden, daß nur natürliche Personen Mitglied werden können. Es kann auch bestimmt werden, daß diese bestimmte Merkmale erfüllen müssen, z. B. ein bestimmtes Alter, Geschlecht, Konfession, die deutsche Staatsangehörigkeit, einen bestimmten Beruf, Wohnsitz, Ausbildung oder Herkunft (Landsmannschaft oder Adel) aufweisen müssen. Ein Verband kann bestimmen, daß die ordentliche Mitgliedschaft nur rechtsfähige oder nichtrechtsfähige Vereine oder sonstige juristische Personen erlangen können (Rn. 492). Schließlich kann der Verein auch eine Höchstzahl der Mitglieder bestimmen. Wird diese erreicht, besteht eine Aufnahmesperre auf Zeit[249]. **631**

Auch wenn die satzungsmäßigen Aufnahmevoraussetzungen in der Person des Bewerbers vorliegen, ist der Verein in seiner Entscheidung über die Annahme des Aufnahmeantrags grundsätzlich frei (zur Aufnahmepflicht vgl. Rn. 643 ff.).

Die Satzung kann auch formelle Aufnahmevoraussetzungen festlegen. Es kann die Zahlung eines einmaligen Aufnahmebeitrags (»Eintrittsgeld«; dazu Rn. 580) oder des ersten Jahresbeitrags im voraus verlangt werden. Ein Vereinsverband, der als steuerlich gemeinnützig anerkannt ist (§ 52 AO), kann z. B. folgende Aufnahmevoraussetzungen festlegen: Nachweis der steuerlichen Gemeinnützigkeit des um Aufnahme nachsuchenden Vereins, Vorlage seiner Satzung, Liste seiner Vorstandsmitglieder, Mitteilung der Zahl der Einzelmitglieder, Nachweis der Eintragung im Vereinsregister. **632**

6.3.6. Keine Begründung der Ablehnung des Aufnahmeantrags

Die Ablehnung der Aufnahme eines Bewerbers durch den Verein bedarf keiner Begründung, da der Verein in der Entscheidung über seinen Mitgliederbestand grundsätzlich frei ist. Kommt ein Aufnahmeanspruch (Rn. 643 ff.) in Betracht, ist es gleichwohl zweckmäßig, dem Eintrittswilligen die Gründe für die Ablehnung bekanntzugeben, um ihm die Prüfung der Erfolgsaussichten eines Rechtsstreits zu ermöglichen. Allerdings ist der Verein nicht gehindert, die Gründe für die Ablehnung erst im Rechtsstreit um den Aufnahmeanspruch vorzutragen oder neue Gründe nachzuschieben[250]. **633**

---

247 Vgl. BGHZ 101, 193 = NJW 1987, 2503 = WM 1987, 1392 = WuB II L.§ 38 BGB 1.88 *van Look* = ZIP 1987, 1108 = EWiR § 25 BGB 1/87 *Reuter*.

248 *BayObLG* a. a. O. (Fn. 245); a. A. *Stöber* Rn. 55.

249 Vgl. *Sauter/Schweyer* Rn. 70.

250 *BGH* NJW 1985, 1214, 1216 = WM 1985, 386 = ZIP 1985, 474 = JZ 1985, 532 m. Anm. *Reuter*.

6.3.7. Vereinsinterne »Rechtsbehelfe« gegen die Ablehnung der Aufnahme

634 Hat die Mitgliederversammlung über die Aufnahme zu entscheiden und lehnt sie den Aufnahmeantrag ab, so ist dies – nach Mitteilung an den Beitrittswilligen (vgl. § 146 BGB) – endgültig. Der Bewerber kann vor dem ordentlichen Gericht gegen den Verein Klage auf Aufnahme erheben, wenn er der Auffassung ist, daß ihm ein Aufnahmeanspruch zusteht. Ein Ausschluß des Rechtswegs in der Satzung ist unwirksam.
Sieht die Satzung in einer Schiedsklausel für Streitigkeiten aus der Mitgliedschaft die Zuständigkeit eines Schiedsgerichts vor (Rn. 2536 ff.), so gilt diese nicht für Streitigkeiten um die Aufnahme, da durch den bloßen Aufnahmeantrag noch keine Schiedsvereinbarung i. S. d. §§ 1025 ff. ZPO zwischen dem Verein und dem Bewerber zustande gekommen ist. Möglich ist allerdings der Abschluß eines individuellen Schiedsvertrags für die Entscheidung über die Aufnahme, der gem. § 1027 ZPO der Schriftform bedarf (vgl. Rn. 2564 ff.).

635 Hat über den Aufnahmeantrag ein anderes Organ als die Mitgliederversammlung zu entscheiden (z. B. der Vorstand oder eine Aufnahmekommission), so kann die Satzung gegen die ablehnende Entscheidung dieses Organs einen vereinsinternen »Rechtsbehelf« an ein weiteres Organ vorsehen (z. B. »Berufung« an die Mitgliederversammlung oder ein »Vereinsgericht«; dazu Rn. 1649), das dann für den Verein endgültig entscheidet. Zweckmäßigerweise sollte in der Satzung ergänzend bestimmt werden, daß das Organ innerhalb einer bestimmten Frist über den Aufnahmeantrag zu entscheiden, seine ablehnende Entscheidung dem Bewerber bekanntzumachen hat (ggf. per Einschreiben) und daß die Anfechtungsschrift innerhalb einer bestimmten Frist einzureichen ist. An derartige Satzungsbestimmungen über das Aufnahmeverfahren ist der Bewerber gebunden[251]. Diese Vorwirkung der Satzung rechtfertigt sich daraus, daß der Aufnahmeantrag des Eintrittswilligen das Einverständnis mit dem Inhalt der Satzung enthält. Sich insoweit darauf zu berufen, daß die Satzung für ihn (noch) nicht gilt, wäre treuwidrig (§ 242 BGB). Eine trotz der Möglichkeit eines vereinsinternen »Rechtsbehelfs« vor dem Zivilgericht erhobene Klage wäre (vorübergehend) unzulässig (vgl. Rn. 1690)[252].

636 Die Geltendmachung eines vereinsinternen »Rechtsbehelfs« bedeutet rechtlich auch die Erneuerung des Aufnahmeantrags; der erste Antrag ist durch die Ablehnung seitens des Vereins erloschen (§ 146 BGB). Das nunmehr zuständige Vereinsorgan entscheidet selbständig und ohne Bindung an die Entscheidung der »Vorinstanz«. Die Ablehnung oder Annahme des Aufnahmeantrags durch das Rechtsbehelfsorgan ist dem Bewerber – wiederum durch den Vorstand oder einen besonderen satzungsmäßigen oder bevollmächtigten Vertreter (z. B. den Vorsitzenden des Rechtsausschusses) – mitzuteilen.

6.3.8. Beitrittsmängel (fehlerhafter Beitritt)

637 Da die Aufnahme durch Vertrag zustande kommt, können auf beiden Seiten Nichtigkeitstatbestände für Willenserklärungen gegeben sein, wie Scheinabgabe (§ 117 BGB), Scherzerklärung (§ 118 BGB), Verstoß gegen § 134 BGB (z. B. Aufnahme trotz Vereinsverbots) oder Sittenwidrigkeit (§ 138 Abs. 1

251 Vgl. RGZ 106, 120, 127.
252 *RG* a. a. O. (Fn. 251).

BGB) und seitens des Bewerbers Geschäftsunfähigkeit (§§ 104, 105 BGB). Beide Teile können Anfechtungsgründe wegen Irrtums (§ 119 BGB), Drohung oder arglistiger Täuschung (§ 123 BGB) geltend machen.

Es ist zu fragen, ob die Wirkungen des Vereinsbeitritts rückwirkend wieder be- **638**
seitigt werden können (vgl. zur Anfechtung § 142 Abs. 1 BGB). Anzuwenden sind die Grundsätze über den fehlerhaften Beitritt zu einer Gesellschaft[253]. Danach kann ein Nichtigkeitsgrund nicht rückwirkend, sondern nur für die Zukunft durch sofortige Kündigung (Austritt oder Ausschließung) geltend gemacht werden, wenn die Mitgliedschaft in Vollzug gesetzt worden ist und die Wahrnehmung mitgliedschaftlicher Rechte und Pflichten nicht ohne weiteres rückgängig gemacht werden kann. Dies kann z. B. der Fall sein, wenn der fehlerhaft Beigetretene an der Beschlußfassung der Mitgliederversammlung mitgewirkt oder Leistungen des Vereins in Anspruch genommen oder Leistungen an den Verein erbracht hat. Soweit sich seine Mitwirkung allerdings nur auf die Leistung von Beiträgen in Geld beschränkt hat, kann diese auch rückwirkend nach § 812 Abs. 1 Satz 2 Fall 1 BGB durch Rückzahlung rückgängig gemacht werden.

Von diesen Grundsätzen gibt es Ausnahmen, in denen die Nichtigkeit mit **639**
Rückwirkung geltend gemacht werden kann: Dies ist zunächst der Fall, wenn die Beitrittserklärung dem »Erklärenden« nicht zugerechnet werden kann, etwa weil die Unterschrift gefälscht worden ist oder weil sie von einem Vertreter ohne Vertretungsmacht (§§ 177 – 179 BGB) abgegeben worden ist[254]. Andererseits ist eine Rückwirkung der Nichtigkeit dort geboten, wo gewichtige Interessen der Allgemeinheit oder einzelner schutzwürdiger Personen dies fordern. Dies ist z. B. der Fall, wenn ein (partiell) Geschäftsunfähiger oder beschränkt Geschäftsfähiger ohne Mitwirkung seines gesetzlichen Vertreters einem Verein beitritt[255]. Interessen der Allgemeinheit sind tangiert, wenn sowohl der Verein als auch der Beitretende durch den Beitritt gegen ein gesetzliches Verbot (§ 134 BGB) oder die guten Sitten (§ 138 Abs. 1 BGB) verstoßen.

6.3.9. Rechtswirkungen der Aufnahme

Der Aufnahmevertrag ist der Entstehungstatbestand für das Mitgliedschafts- **640**
verhältnis mit sämtlichen sich daraus ergebenden Rechten und Pflichten zwischen dem Verein und dem neuen Mitglied. Er enthält das rechtsgeschäftliche Einverständnis des Mitglieds mit den vereinsintern geltenden gesetzlichen Vorschriften (z. B. dem Mehrheitsgrundsatz nach § 32 Abs. 1 Satz 3 BGB) und den privatautonom durch den Verein gesetzten Regelungen (Satzung, Vereinsordnungen, Beschlüsse der Mitgliederversammlung, des Vorstands und anderer Vereinsorgane). Mit Wirksamwerden des Aufnahmevertrags werden diese Regelungen für das beitretende Mitglied bindend; dies gilt unabhängig davon, ob es deren Inhalt kannte, da regelmäßig eine Möglichkeit der Kenntnisnahme

---

253 Vgl. z. B. *Walter* NJW 1975, 1033; MünchKomm/*Reuter*, § 38 BGB Rn. 34; *Soergel/Hadding* § 38 BGB, Rn. 10; *Sauter/Schweyer* Rn. 75; *Stöber* Rn. 59; *Grunewald* Gesellschaftsrecht, Rn. 2 A 87.

254 Vgl. für Personalgesellschaften *BGH* NJW 1988, 1321 = WM 1988, 414, 416 f.; NJW 1992, 1501 = WM 1992, 490, 492.

255 Vgl. für Personalgesellschaften BGHZ 17, 160, 168; *BGH* NJW 1992, 1503 = WM 1992, 693, 694 (zu § 105 Abs. 2 BGB).

besteht[256] und sowohl der Verein als auch das Mitglied aus der Förderpflicht verpflichtet sind, sich hierüber zu informieren[257]. Hieraus ergibt sich insbes. ein Anspruch des Mitglieds auf Aushändigung eines Exemplars der Satzung[258] und etwaiger Vereinsordnungen sowie auf Bekanntgabe sonstiger Regelungen, die seine mitgliedschaftlichen Interessen berühren.

6.3.10. Wiederaufnahme

641 Der Verein kann in seiner Satzung die Wiederaufnahme einmal ausgeschiedener Mitglieder ausschließen. Er kann aber auch andere Voraussetzungen für eine Wiederaufnahme als für Erstbewerber festlegen. Allerdings kann die Wiederaufnahme nicht mit der Begründung verweigert werden, der Bewerber habe in der Zwischenzeit ein vereinsschädigendes Verhalten gezeigt, da er in dieser Zeit nicht zu einem zweckkonformen Verhalten verpflichtet war. Sieht die Satzung vor, daß über die Aufnahme endgültig erst nach Ableistung einer Probezeit entschieden wird, so kann die Gewährung einer Probemitgliedschaft im Fall einer Wiederaufnahme verweigert werden, da der Bewerber den übrigen Mitgliedern bekannt ist; dies ergibt sich aus einer einschränkenden Auslegung der entsprechenden Satzungsregelung[259].

6.3.11. Einzelfragen zur Mitgliederwerbung

642 Schließt ein gemeinnütziger Verein mit einer Werbegesellschaft einen Vertrag über die Werbung neuer Mitglieder, so ist dieser wegen Sittenwidrigkeit nichtig (§ 138 Abs. 1 BGB), wenn die Werbegesellschaft einen erheblichen Teil des von dem geworbenen Mitglied zu zahlenden Beitrags – 49 % des ersten, 18 % des zweiten sowie 15 % des in den Folgejahren zu entrichtenden Jahresbeitrags – erhalten soll[260].

642 a Maßnahmen der Mitgliederwerbung können im einzelnen Fall gegen das Verbot unlauteren oder täuschenden Verhaltens im Wettbewerb (§§ 1, 3 UWG) verstoßen, wenn zwischen mehreren Vereinen oder anderen Unternehmen ein Wettbewerbsverhältnis besteht und der Verein gegenüber den Konkurrenten, den potentiellen Mitgliedern (»Kunden«) oder der Allgemeinheit sich sittenwidrig verhält[261]. Dies kann z. B. bei Gewährung von Versicherungsleistungen der Fall sein[262].

642 b Auch soweit die Mitgliederwerbung im Wohnbereich, am Arbeitsplatz, bei Freizeitveranstaltungen oder in Verkehrsmitteln sowie im Bereich öffentlicher Verkehrswege stattfindet, handelt es sich bei den dabei abgeschlossenen Beitrittsverträgen nicht um widerrufliche Haustürgeschäfte, da der Aufnahmeantrag nicht auf den Abschluß eines Vertrags über eine entgeltliche Leistung

---

256 Vgl. BGHZ 47, 172, 175 = NJW 1967, 1268 = WM 1967, 606.

257 Vgl. *KG* MDR 1985, 230.

258 Vgl. *LG Karlsruhe* Rpfl 1987, 164.

259 *LG Lübeck* MDR 1993, 292.

260 *OLG Stuttgart* NJW 1985, 1401.

261 Vgl. BGHZ 56, 327, 333 = NJW 1971, 2027- Verbandszeitschrift; BGHZ 85, 84, 95 ff. = NJW 1983, 569 = WM 1983, 394 = BB 1983, 328 (m. Anm. *Hemmerich*) – ADAC-Verkehrsrechtsschutz; *BGH* GRUR 1984, 283 – Erbenberatung; *M. Lehmann* WRP 1986, 63 ff.; *Baumbach/Hefermehl* Einl. UWG Rn. 242 ff.

262 Vgl. BGHZ 85, 84, 95 ff. = a. a. O. (Fn. 261); *BGH* ZIP 1990, 126 – Anwaltswahl durch Mieterverein; ZIP 1990, 670 – HBV-Familien- und Wohnungsrechtsschutz.

i. S. d. § 1 Abs. 1 HWiG gerichtet ist[263]; in Ausnahmefällen, wenn der mit der Mitgliedschaft verfolgte Zweck in der Erbringung von Leistungen durch den Verein gegen Entgelt (Beiträge) liegt, kann jedoch ein Umgehungsgeschäft i. S. d. § 5 Abs. 1 HWiG vorliegen[264].

Die sammlungsrechtliche Erlaubnispflicht nach den Sammlungsgesetzen der Länder für eine persönliche Mitgliederwerbung steht in Einklang mit der Vereinigungsfreiheit (Art. 9 Abs. 1 GG), wenn die Mitgliederwerbung als Straßen- oder Haussammlung vorgenommen wird und auf Erbringung von Spenden an den Verein abzielt[265]. **642 c**

7. Anspruch auf Aufnahme in einen Verein

7.1. Grundsatz: Aufnahmefreiheit

643 Grundsätzlich ist der Verein in seiner Entscheidung darüber frei, ob er einen Bewerber aufnimmt oder nicht (vgl. schon Rn. 633). Da die Mitgliedschaft durch Vertrag begründet wird, handelt es sich um eine Ausprägung der Privatautonomie (hier in Form der Vereinsautonomie), die sich im allgemeinen Vertragsrecht als Abschlußfreiheit, im Gesellschaftsrecht aus Sicht der Vereinigung als Aufnahmefreiheit darstellt.

Auf verfassungsrechtlicher Ebene wird die Aufnahmefreiheit im Rahmen der Vereinsautonomie durch Art. 9 Abs. 1 GG gegen staatliche Eingriffe geschützt (Rn. 2913 ff.)[266]. Dieses Grundrecht steht i. V. m. Art. 19 Abs. 3 GG auch dem Verein als juristischer Person zu und verdrängt als lex specialis insoweit die allgemeine Privatautonomie nach Art. 2 Abs. 1 GG. Im Wege mittelbarer Drittwirkung der Grundrechte beeinflußt die Vereinsautonomie auch das zivilrechtliche Verhältnis zwischen dem Mitgliedschaftsbewerber und dem Verein[267], wobei ein Individualrecht des Bewerbers auf Beitritt mit dem Gruppenrecht auf Fernhaltung des Bewerbers kollidieren kann[268]. Ein solches Recht auf Aufnahme kann sich als Ausnahme vom Grundsatz der Aufnahmefreiheit aus den allgemeinen zivilrechtlichen Regelungen ergeben, die nachfolgend dargestellt werden.

7.2. Einzelvertraglicher oder satzungsmäßiger Aufnahmeanspruch

7.2.1. Einzelvertrag

644 Der Verein kann sich einzelvertraglich verpflichten, einen Beitrittswilligen aufzunehmen. Dann handelt es sich um einen rechtlich bindenden Vorvertrag

263 Vgl. *OLG Karlsruhe* NJW 1991, 433 = ZIP 1990, 1279 m. abl. Anm. *Teske*; *OLG München* ZIP 1991, 756 m. abl. Anm. *Teske*; a. A. *LG München* I ZIP 1994, 1191.

264 Vgl. *Erman/Klingsporn* § 1 HWiG Rn. 5 c.

265 *BVerwG* NJW 1991, 2037; vgl. auch *BVerfG* NJW 1993, 1253.

266 Vgl. *Scholz* in: Maunz/Dürig, Art. 9 GG Rn. 98; *Merten* in: Isensee/Kirchhof (Hrsg.), Handbuch des Staatsrechts, Bd. VI, 1989, § 144 Rn. 46; auch *BVerfG* NJW 1991, 2626.

267 *Scholz* in: Maunz/Dürig, Art. 9 GG Rn. 96; *Merten* a. a. O. (Fn. 266), § 144 Rn. 20.

268 Vgl. *Traub* WRP 1985, 591, 594 ff.; *Scholz-Hoppe* Festschr. Pfeiffer, 1988, S. 785, 790 ff.; auch *Wendeling-Schröder* ZGR 1990, 107, 127 f.

mit dem Inhalt, demnächst einen Aufnahmevertrag mit dem Bewerber abzuschließen. Allerdings kann es sich auch um eine rechtlich unverbindliche Absichtserklärung des Vorstands handeln, den Bewerber aufzunehmen. Ob ein ensprechender Rechtsbindungswille des Vorstands vorliegt, ist durch Auslegung (§§ 133, 157 BGB) seiner Erklärung aus Sicht des Bewerbers (Empfängerhorizont) zu ermitteln. Ein Rechtsbindungswille wird regelmäßig dann fehlen, wenn – für den Bewerber erkennbar – das für die Willensbildung über die Aufnahme zuständige Vereinsorgan noch nicht tätig geworden ist.

7.2.2. Satzungsmäßiger Aufnahmeanspruch

645 Ein Anspruch auf Abschluß eines Aufnahmevertrags kann sich aus der Satzung ergeben, die dann insoweit als Vertrag zu Rechten (außenstehender) Dritter i. S. d. § 328 Abs. 1 BGB zu qualifizieren ist[269]. Die Satzung kann einen Aufnahmeanspruch ausdrücklich vorsehen. Die Auslegung entsprechender Satzungsregelungen kann einen Aufnahmeanspruch ergeben, wenn die Aufnahmevoraussetzungen konkret umschrieben sind und der Bewerber sie erfüllt. Allerdings ist eine solche Selbstbindung des Vereins gegenüber ihm noch unbekannten Bewerbern so ungewöhnlich, daß sich hierfür gesicherte Anhaltspunkte aus dem Satzungstext ergeben müssen; im Zweifel ist ein Rechtsanspruch auf Aufnahme nicht gewollt[270].

646 Der Verein kann in seiner Satzung auch die Frage der Rechtsnachfolge in die Mitgliedschaft regeln (§§ 38 Satz 1, 40 BGB). Es kann bestimmt sein, daß dem Rechtsnachfolger (z. B. Erbe oder Geschäftsnachfolger) ein Recht auf Eintritt in den Verein zusteht (Eintrittsklausel)[271]. Dann steht dem Rechtsnachfolger ein Anspruch auf Abschluß eines Aufnahmevertrags zu.

7.3. Gesetzliche Aufnahmepflicht

647 Eine Aufnahmepflicht, der ein Aufnahmeanspruch des Bewerbers korrespondiert, kann sich aus einer besonderen gesetzlichen Bestimmung oder einem aufgrund gesetzlicher Vorschrift erlassenen Verwaltungsakt oder einer mit dem Verwaltungsakt verbundenen Auflage (§ 36 Abs. 2 Nr. 4 VwVfG) ergeben[272]. Dies gilt insbes. für genossenschaftliche Prüfungsverbände (vgl. § 63 b Abs. 1 GenG), da jede Genossenschaft einem Prüfungsverband angehören muß (vgl. § 54 Abs. 1, aber auch § 64 b GenG). Die Verleihung des Prüfungsrechts an den Verband kann mit einer Auflage zur Aufnahme beitrittswilliger Genossenschaften verbunden werden (vgl. §§ 63, 63 a GenG).

---

269 Vgl. RGZ 106, 120, 126; auch *BGH* WM 1980, 1286, 1288 (Eintrittsklausel); WM 1985, 386.

270 *BGH* NJW 1985, 1214, 1215 = WM 1985, 386 = ZIP 1985, 474 = JZ 1985, 532 m. Anm. *Reuter*; BGHZ 101, 193, 200 = NJW 1987, 2503 = WM 1987, 1392, 1395 = WuB II L.§ 38 BGB 1.88 *van Look* = ZIP 1987, 1108 = EWiR § 25 BGB 1/87 *Reuter*.

271 Vgl. *BGH* WM 1980, 1286, 1288; dazu *Reuter* ZHR 145 (1981), 273 ff.

272 Vgl. BGHZ 21, 1, 7.

7.4. Aufnahmepflicht von Wirtschafts- oder Berufsvereinigungen (§§ 26 Abs. 2, 27 GWB)

7.4.1. Anwendungsbereich

Für bestimmte Vereinigungen besteht eine öffentlich-rechtliche Verpflichtung, einen Bewerber aufzunehmen. Die hierfür maßgebende Vorschrift des § 27 Abs. 1 GWB lautet: **648**

»Wird die Aufnahme eines Unternehmens in eine Wirtschafts- oder Berufsvereinigung abgelehnt, so kann die Kartellbehörde auf Antrag des betroffenen Unternehmens die Aufnahme in die Vereinigung anordnen, wenn die Ablehnung eine sachlich nicht gerechtfertigte ungleiche Behandlung darstellt und zu einer unbilligen Benachteiligung des Unternehmens im Wettbewerb führt. Wirtschaftsvereinigungen im Sinne dieses Gesetzes sind auch Gütezeichengemeinschaften.«

Zweck des Gesetzes ist es, eine mißbräuchliche Ausnutzung der Verbandsmacht auszuschließen, die Wettbewerbsbeschränkungen zur Folge hat[273]. Hierdurch wird das allgemeine kartellrechtliche Diskriminierungsverbot nach § 26 Abs. 2 Satz 1 GWB konkretisiert. Danach dürfen marktbeherrschende Unternehmen und Vereinigungen von Unternehmen

»ein anderes Unternehmen in einem Geschäftsverkehr, der gleichartigen Unternehmen üblicherweise zugänglich ist, weder unmittelbar noch mittelbar unbillig behindern oder gegenüber gleichartigen Unternehmen ohne sachlich gerechtfertigten Grund unmittelbar oder mittelbar unterschiedlich behandeln.«

Wirtschaftsvereinigungen sind freiwillige Verbindungen von Unternehmen eines Wirtschaftszweigs, die nicht nur Einzelzwecke im Interesse ihrer Mitglieder verfolgen, sondern eine umfassende Wahrnehmung und Förderung der gemeinsamen unternehmerischen Wirtschaftsinteressen ihrer Mitglieder bezwekken[274]. Berufsvereinigungen sind ebenfalls freiwillige Unternehmenszusammenschlüsse eines Berufszweigs, deren Zwecksetzung der Schutz und die Förderung gemeinschaftlicher Berufs- und Wirtschaftsinteressen einschließlich gemeinsamer sozialer Interessen ist[275]. Diese Vereinigungen müssen eine verbandspolitische Zielsetzung verfolgen. Sie müssen als Repräsentanten der Interessen ihrer Mitglieder in der Öffentlichkeit, insbesondere gegenüber den staatlichen Organen sowie anderen Interessengruppierungen erscheinen[276]. **649**

Die Vereinigung muß Unternehmen i. S. d. GWB als Mitglieder haben. Der – weit auszulegende – funktionale Unternehmensbegriff umfaßt jedwede Tätigkeit im geschäftlichen Verkehr auf dem Gebiet des Güterabsatzes mit Waren oder Dienstleistungen, die nicht hoheitlich geregelt oder auf private Betätigung beschränkt ist. **650**

Vereinigungen i. S. d. § 27 GWB sind z. B. Tierzüchterverbände, die Dienstleistungen bei der Zucht und beim Absatz der Tiere erbringen sowie die gemeinsamen Interessen ihrer Mitglieder durch Beratung und Aufstellung von Qualitätsrichtlinien für die Zucht wahrnehmen[277], ein Verband zur Förderung gemeinsamer Interessen der Großhändler der sanitären Installations-, Gas- und

273 Vgl. *v. Gamm* § 27 GWB Rn. 1.
274 Vgl. *Immenga/Mestmäcker/Markert* § 27 GWB Rn. 4.
275 Vgl. *v. Gamm* § 27 GWB Rn. 6.
276 Vgl. *BGH* GRUR 1980, 940, 941.
277 *BGH* NJW-RR 1986, 339; *KG* WuW 1979, 256.

Wasserleitungsbranche[278]. Ein Haus- und Grundbesitzerverein kann als Wirtschaftsvereinigung i. S. d. § 27 GWB anzusehen sein, wenn ein Großteil der Mitglieder als Vermieter oder Verpächter unternehmerisch tätig ist. Als Gütezeichengemeinschaft i. S. d. § 27 Abs. 1 Satz 2 GWB ist z. B. die Deutsche Landwirtschaftsgellschaft (DLG) anzusehen, die an ihre Mitglieder verschiedene Gütezeichen (etwa das Deutsche Weinsiegel) verleiht[279], oder das Deutsche Institut für Gütesicherung und Kennzeichnung (RAL)[280]. Gütezeichen sind Wort- oder Bildzeichen, die als Garantieausweis zur Kennzeichnung von Waren oder Leistungen Verwendung finden, die bestimmte an objektiven Maßstäben gemessene, nach der Verkehrsauffassung für die Güte einer Ware wesentliche Eigenschaften erfüllen[281].

651 Keine Wirtschafts- oder Berufsvereinigungen sind Verbände, deren Zweck ausschließlich auf die Interessen ihrer Mitglieder auf arbeitsrechtlichem Gebiet beschränkt ist, also Arbeitgeberverbände und Gewerkschaften[282]. Überwiegend private und nicht unternehmerische Interessen verfolgen auch die Amateursportverbände. Für die Qualifizierung als Wirtschaftsvereinigung reicht es somit nicht aus, daß eine Vereinigung nur bestimmte (Dienst-)Leistungen für ihre Mitglieder erbringt, wie dies etwa bei einer Molkereigenossenschaft oder bei einer Taxiunternehmervereinigung der Fall ist[283].

652 Für die Anwendung des § 27 GWB ist es erforderlich, daß auch der Aufnahmebewerber Unternehmer i. S. d. GWB ist[284]. Verlangt ein Verein Aufnahme in einen Wirtschaftsverband, so muß er nach seiner satzungsmäßigen Zwecksetzung als Unternehmen, d. h. Anbieter von Waren oder gewerblichen Leistungen anzusehen sein. Die nichtwirtschaftliche Zielsetzung i. S. d. § 21 BGB steht dem nicht entgegen, da auch ein Idealverein jedenfalls im Rahmen des sog. Nebentätigkeitsprivilegs (Rn. 128 ff.) wirtschaftlich tätig sein darf. Dies gilt z. B. für einen Hundezuchtverband, der Urkunden über die Abstammung der in seinem Zuchtbuch aufgeführten Hunde – auch für Nichtmitglieder – ausstellt und dadurch deren Verkaufswert steigert[285]. Die unternehmerische Betätigung kann auch nur ein Teilgebiet der Vereinstätigkeit sein[286].

652 a Ein Aufnahmeanspruch kann sich aus dem Diskriminierungsverbot nach § 26 Abs. 2 GWB ergeben. Dies setzt voraus, daß es sich bei dem Verein um ein marktbeherrschendes Unternehmen i. S. d. § 22 Abs. 1 – 3 GWB handelt oder

278 *BGH* NJW 1959, 880.

279 Vgl. *OLG Frankfurt a. M.* NJW-RR 1986, 133 = WM 1986, 302 = WuB V A. § 26 GWB 1.86 *Teichmann*; Bespr. *Teichmann/Theis* JuS 1987, 695 ff.; auch *OLG Düsseldorf* WuW 1991, 640: Gütegemeinschaft Kachelöfen.

280 Vgl. den Fall *BGH* NJW-RR 1995, 304 – Betonerhaltung: keine Haftung der RAL als wettbewerbsrechtlicher Störer nach § 3 UWG durch Anerkennung einer irreführenden Bezeichnung als Vereinsname und Gütezeichen.

281 So die Begriffsbestimmung durch den Reichsausschuß für Lieferbedingungen und Gütersicherung beim deutschen Normenausschuß (RAL) – heute: Deutsches Institut für Gütesicherung und Kennzeichnung e.V.

282 *Immenga/Mestmäcker/Markert* § 27 GWB Rn. 9; *Küttner* NJW 1980, 968.

283 *BGH* NJW-RR 1986, 339, 340.

284 Vgl. *BGH* NJW 1969, 316.

285 *KG* WuW 1979, 256, WuW 1980, 846; *BGH* WuW 1980, 827 – Deutscher Landseer Club.

286 Vgl. *LKartB Baden-Württemberg* WuW 1973, 809.

um eine Vereinigung von Unternehmen, die als Kartell i. S. d. §§ 2 – 8, 99 Abs. 1 Nr. 1 und 2, 100 Abs. 1 und 7, 102 – 103 GWB anzusehen ist. Eine örtlich marktbeherrschende Stellung kann z. B. Taxifunkzentralen zukommen, die als wirtschaftlicher Verein i. S. d. § 22 BGB organisiert sind[287].

7.4.2. Aufnahmeverweigerung

Das Anordnungsverfahren durch die Kartellbehörde wegen Aufnahmeverweigerung kann grundsätzlich erst dann in Betracht kommen, wenn der Aufnahmebewerber das in der Satzung vorgesehene Aufnahmeverfahren durchgeführt und die vereinsintern zur Verfügung stehenden Rechtsbehelfe erfolglos ausgeschöpft hat (vgl. Rn. 629 ff., 634 ff.)[288]. Als Aufnahmeverweigerung ist es jedoch auch anzusehen, wenn der Verband über das Aufnahmegesuch nicht innerhalb angemessener Frist entschieden hat[289] oder seine Annahme an unzumutbare Bedingungen geknüpft wird (z. B. Eintritt in ein Kartell oder Übernahme höherer Verpflichtungen als für vergleichbare Mitglieder)[290]. **653**

Im Ergebnis wie eine Aufnahmeverweigerung zu behandeln ist auch der Ausschluß aus einer Wirtschafts- oder Berufsvereinigung[291]. Soweit gegen den Ausschluß vereinsinterne »Rechtsbehelfe« vorgesehen sind, hat das ausgeschlossene Mitglied diese vor Einleitung des kartellrechtlichen Anordnungsverfahrens auszuschöpfen (vgl. Rn. 1690). Bei drohenden Nachteilen kommt aber der Erlaß einer einstweiligen Anordnung nach § 56 Nr. 3 GWB in Betracht, wonach bis zum Abschluß der Prüfung der Ausschlußgründe im Hauptverfahren nach § 27 GWB der Ausschluß nicht vollzogen wird[292]. **654**

7.4.3. Interessenabwägung

Eine Aufnahmepflicht nach § 27 Abs. 1 GWB setzt voraus, daß der Bewerber durch die Ablehnung der Aufnahme ohne sachliche Rechtfertigung gegenüber anderen Wettbewerbern, insbes. Mitgliedern der Vereinigung, ungleich behandelt und hierdurch im Wettbewerb benachteiligt wird. Entsprechendes gilt für das allgemeine Diskriminierungsverbot nach § 26 Abs. 2 GWB[293]. Erforderlich ist danach eine umfassende Abwägung der Interessen der Vereinigung an der freien Entscheidung über die Zusammensetzung ihres Mitgliederkreises einerseits und des Interesses des Bewerbers an der Teilhabe an der Verbandstätigkeit andererseits[294]. **654 a**

---

287 Vgl. *BGH* NJW 1995, 462 = ZIP 1995, 62 = BB 1995, 166 = JZ 1995, 314 = WiB 1995, 128 *Emmerich*; auch BGHZ 120, 161, 175 – Taxigenossenschaft II = NJW 1993, 1710 = WM 1993, 917 = ZIP 1993, 384, 389 = EWiR § 1 GWB 1/93, 267 *Niederleithinger*; ferner *BGH* DB 1987, 151; *OLG Hamburg* WuW 1983, 982; *OLG Frankfurt a. M.* WuW 1984, 77.

288 Vgl. *v. Gamm* § 27 GWB Rn. 8; anders *KG* WuW 1987, 1021.

289 *KG* WuW 1979, 256.

290 Vgl. BGHZ 21, 1, 7.

291 *Immenga/Mestmäcker/Markert* § 27 GWB Rn. 15 m. Nachw.

292 *Immenga/Mestmäcker/Markert* § 27 GWB Rn. 15.

293 Vgl. *Immenga/Mestmäcker/Markert* § 26 GWB Rn. 233 f.

294 Vgl. *BGH* NJW-RR 1986, 339, 340; *Immenga/Mestmäcker/Markert* § 27 GWB Rn. 16.

654 b Eine Ungleichbehandlung liegt vor, wenn der Verein andere gleichartige Unternehmen bereits aufgenommen hat. Eine sachliche Rechtfertigung für die Ungleichbehandlung kann darin liegen, daß der Bewerber die satzungsmäßigen Aufnahmevoraussetzungen nicht erfüllt oder seine Mitgliedschaft gegen eine bisher geübte Aufnahmepraxis verstoßen würde. Satzungsmäßige Aufnahmevoraussetzungen unterliegen jedoch einer abstrakt-generellen Inhaltskontrolle darauf, ob sie für eine effektive Verfolgung des Vereinszwecks geeignet und erforderlich sind und ob ihre Erfüllung potentiellen Bewerbern zumutbar ist[295]. Keinesfalls dürfen sie dazu dienen, gezielt einzelne Bewerber fernzuhalten. Bei einem überwiegenden Interesse des Bewerbers hat der Verein die Aufnahmevoraussetzungen durch Satzungsänderung auf das erforderliche und zumutbare Maß herabzusetzen[296].

Die Ablehnung der Aufnahme kann auch wegen besonderer Eigenschaften (z. B. der Art der vertriebenen Produkte) oder wegen eines bestimmten Marktverhaltens des konkreten Bewerbers (z. B. Wettbewerbsverstöße) sachlich gerechtfertigt sein (sog. Imagedivergenz)[297].

654 c Eine unbillige Benachteiligung des Aufnahmewilligen im Wettbewerb ist gegeben, wenn dieser als Mitglied des Vereins erfolgreicher am geschäftlichen Verkehr teilnehmen könnte als in der Position des »Außenseiters«, z. B. weil die Marktgegenseite überwiegend mit Vereinsmitgliedern kontrahiert oder der Verein notwendige Beratungs- und Förderleistungen erbringt[298].

654 d Da die Anordnung der Aufnahme durch die Kartellbehörde in die durch Art. 9 Abs. 1 GG geschützte Aufnahmefreiheit des Vereins (Rn. 643), u. U. auch in andere Grundrechte (Art. 2 Abs. 1, 12 Abs. 1, 14 Abs. 1 GG), eingreift, muß sie dem aus dem Rechtsstaatsprinzip sich ergebenden Grundsatz der Verhältnismäßigkeit entsprechen. Eine Anordnung der Aufnahme ist z. B. nicht erforderlich, wenn der Bewerber einem konkurrierenden Verein beitreten kann, der ihm vergleichbare Wettbewerbsvorteile bietet, oder wenn der Verein seine Leistungen auch Nichtmitgliedern gewährt und zum Abschluß eines entsprechenden Vertrags bereit ist oder die Behörde dies anordnen kann[299].

7.4.4. Durchsetzung des Aufnahmeanspruchs

654 e Aus §§ 26 Abs. 2, 27 GWB ergibt sich i. V. m. §§ 35 GWB, 249 Satz 1 BGB für den Bewerber ein unmittelbarer zivilrechtlicher Aufnahmeanspruch, den er durch Leistungsklage vor dem ordentlichen Gericht durchsetzen kann[300]. Mit

---

295 Vgl. eingehend *Immenga/Mestmäcker/Markert* § 27 GWB Rn. 19 – 26.

296 Vgl. zum Aufnahmeanspruch gegen Sportverbände BGHZ 63, 282, 292 f. = NJW 1975, 711 = WM 1975, 269 – Rad- und Kraftfahrerbund (dazu *Nicklisch* JZ 1976, 105 ff.; *Möschel* S. 16 ff.); *BGH* NJW-RR 1986, 583, 584 – Aikido-Verband = GRUR 1986, 332 = WRP 1986, 204 = EWiR § 27 GWB 1/86, 379 *Seifert*; auch *BVerfG* NJW 1989, 636 – Dynamo Windrad.

297 Vgl. *BGH* LM § 27 GWB Nr. 4 – Zeitungsgroßhandel II; *Immenga/Mestmäcker/Markert* § 27 GWB Rn. 27 f.

298 Vgl. BGHZ 21, 1, 7; *Immenga/Mestmäcker/Markert* § 27 GWB. Rn 29 – 33.

299 Vgl. *BGH* NJW 1995, 462 = ZIP 1995, 62 = BB 1995, 166 = JZ 1995, 314 = WiB 1995, 128 *Emmerich*; *Scholz-Hoppe* Festschr. Pfeiffer, S. 785, 795; auch *OLG Köln* ZfgG 1989, 216 (eG) m. Anm. *W. Blomeyer*.

300 Vgl. BGHZ 29, 344, 348 f. = NJW 1959, 880; *Reuter* ZHR 151 (1987), 355, 381 ff.; *Immenga/Mestmäcker/Markert* § 27 GWB Rn. 46 – 50.

Rechtskraft des der Klage stattgebenden Urteils gilt die Aufnahmeerklärung des Vereins nach § 894 ZPO als abgegeben.

Der Bewerber kann auch das Anordnungsverfahren nach § 27 Abs. 1 GWB bei der zuständigen Kartellbehörde beantragen. Zuständig ist das Bundeskartellamt[301], wenn die Wettbewerbsbeschränkung über das Gebiet eines Bundeslands hinausreicht, andernfalls die Landeskartellbehörde (§ 44 GWB). Die Anordnung liegt im pflichtgemäßen Ermessen der Kartellbehörde und ergeht als Verwaltungsakt nach den Vorschriften des VwVfG bzw. den Verwaltungsverfahrensgesetzen der Länder; sie enthält die Verpflichtung des Vereins, den Bewerber aufzunehmen, kann mit Auflagen verbunden (§ 27 Abs. 2 GWB) und bei einer Änderung der Verhältnisse nachträglich widerrufen, geändert oder mit Auflagen versehen werden (§ 11 Abs. 4 Nr. 1 i. V. m. § 27 Abs. 3 GWB). Der Widerruf ist zwingend, wenn die Anordnung durch rechtswidrige Einwirkung wie arglistige Täuschung herbeigeführt worden ist (§ 11 Abs. 5 Nr. 1 i. V. m. § 27 Abs. 3 GWB). Die Verfügung kann durch Verwaltungszwang (§§ 6 ff. VwVG) vollstreckt oder durch Geldbußen durchgesetzt werden (§ 38 Abs. 1 Nr. 4 GWB). In Eilfällen kann gem. § 56 Nr. 3 GWB eine einstweilige Anordnung erlassen werden. Gegen die Anordnung steht dem Verein die Beschwerde zum OLG, bei Anordnungen des Bundeskartellamts zum Kartellsenat des Kammergerichts zu (§§ 62 ff. GWB). **654 f**

Bei einer nach § 26 Abs. 2 GWB verbotenen Diskriminierung durch Verweigerung der Aufnahme kann der Bewerber das Untersagungsverfahren nach § 37 Abs. 2 GWB beantragen. In diesem Fall kann die Kartellbehörde dem Verein untersagen, die Aufnahme des Bewerbers abzulehnen, was im Ergebnis ebenfalls zu einem Aufnahmeanspruch führt, da es für den Verfügungsadressaten nur eine Möglichkeit gibt, dem Verbot nachzukommen[302].

7.5. Aufnahmepflicht wirtschaftlich oder sozial mächtiger Vereine

7.5.1. Grundlage der Aufnahmepflicht

7.5.1.1. Entwicklung der Rechtsprechung

Die Rechtsprechung hat eine Aufnahmepflicht auch bei bestimmten Vereinen bejaht, die keine Wirtschafts- und Berufsvereinigungen i. S. d. § 27 Abs. 1 GWB sind. Zunächst hat sie – unter Bezugnahme auf das Verbot sittenwidriger vorsätzlicher Schädigung in § 826 BGB – einen Aufnahmeanspruch gegen Vereinigungen für möglich gehalten, denen eine Monopolstellung zukommt[303]. Das Erfordernis einer Monopolstellung hat der BGH später dahingehend gelockert, daß die Vereinigung »im wirtschaftlichen oder sozialen Bereich eine überragende Machtstellung innehat und der Beitrittswillige ein wesentliches oder **655**

301 Anschrift: Mehringdamm 129, 10965 Berlin.

302 BGHZ 127, 388 = NJW 1995, 462 = ZIP 1995, 62 = BB 1995, 166 = JZ 1995, 314 = WiB 1995, 128 *Emmerich*.

303 *BGH* NJW 1969, 316 = WM 1969, 189 – Marburger Universitätssportclub; BGHZ 63, 282, 284 f. = NJW 1975, 771 = WM 1975, 269 – Deutscher Sportbund; dazu *Nicklisch* JZ 1976, 105 ff.; *Möschel* S. 16 ff.; vgl. schon *Birk* JZ 1972, 343 ff.

grundlegendes Interesse an der Mitgliedschaft hat«[304]. Hinzukommen muß allerdings im konkreten Fall, »daß die Ablehnung der Aufnahme ... zu einer ... sachlich nicht gerechtfertigten ungleichen Behandlung und unbilligen Benachteiligung eines die Aufnahme beantragenden Bewerbers führen würde«[305]. Dies entspricht der bei Aufnahmeansprüchen gegen Vereinigungen i. S. d. § 27 Abs. 1 GWB vorzunehmenden Interessenabwägung (Rn. 654 a – d). Diese Grundsätze werden als »an die §§ 826 BGB, 27 GWB angelehnte Formel« bezeichnet. Macht die Vereinssatzung die Aufnahme des Bewerbers von besonderen Voraussetzungen abhängig oder sieht diese Aufnahmebeschränkungen vor (z. B. Ein-Platz-Prinzip bei Sportverbänden), so werden diese – ebenso wie bei § 27 Abs. 1 GWB (oben Rn. 654 b) – im Wege einer Inhaltskontrolle auf ihre »sachliche Rechtfertigung« hin überprüft[306].

7.5.1.2. Kritik an der »Formel« der Rechtsprechung

656 Im Schrifttum hat diese Rechtsprechung – jedenfalls im Ergebnis – überwiegend Zustimmung gefunden[307]. Gelegentlich wird jedoch die Unschärfe der durch den BGH entwickelten »Formel« kritisiert und auf die mangelnde Eignung des § 826 BGB als Grundlage für einen Aufnahmeanspruch hingewiesen[308]. Denn die bloße Aussicht auf die mit der Mitgliedschaft verbundenen Vorteile stellt noch keinen Vermögensbestandteil des Bewerbers dar, der durch die Ablehnung der Aufnahme beeinträchtigt werden könnte. Durch die Ablehnung der Aufnahme tritt beim Bewerber kein Schaden in Gestalt einer Vermögensdifferenz ein, die der Verein durch Aufnahme als Naturalrestitution (vgl. § 249 Satz 1 BGB) auszugleichen hätte. Auch ist der Aufnahmeanspruch – im Gegensatz zu § 826 BGB – verschuldensunabhängig[309]. Ebenso scheidet eine Einordnung als quasinegatorischer Beseitigungs- oder Unterlassungsanspruch (analog §§ 823, 1004 BGB) aus, da es an einem beeinträchtigten Rechtsgut fehlt[310]. Zweifelhaft ist die Herleitung einer Aufnahmepflicht aus dem Gleichbehandlungsgebot als Ausprägung des »allgemeinen Gerechtigkeitsgebots«[311], da zwischen Rechtssubjekten des Zivilrechts keine Pflicht zur Gleichbehandlung beim Vertragsabschluß besteht und der gesellschaftsrechtliche Gleichbehandlungsgrundsatz (Rn. 543 ff.) gegenüber dem Bewerber (noch) nicht gilt.

---

304 BGHZ 93, 151, 152 – IG Metall = NJW 1985, 1216 = WM 1985, 387 = ZIP 1985, 276 = JZ 1985, 534 m. Anm. *Reuter*; andeutungsweise schon *BGH* NJW 1980, 186 m. Anm. *Redeker* und *Scharf* (S. 1844) = WM 1979, 1114 – Hamburger Anwaltverein; vgl. auch *LG Lübeck* MDR 1993, 292.

305 BGHZ a. a. O. (Fn. 304).

306 BGHZ 63, 282, 285 = NJW 1975, 771 = WM 1975, 269 = DB 1975, 592.

307 Vgl. z. B. MünchKomm/*Reuter* Vor § 21 BGB Rn. 107 ff.; *Sauter/Schweyer* Rn. 77 f.; *Grunewald* Gesellschaftsrecht, Rn. 2 A 77 ff.

308 Vgl. *Nicklisch* JZ 1976, 108 ff.; *Grunewald* AcP 182 (1982), 181, 196; *Baecker* S. 71 ff.; *Bartodziej* ZGR 1991, 517, 518 f.

309 *K. Schmidt* Gesellschaftsrecht, § 24 V b.

310 Vgl. *Grunewald* AcP 182 (1982), 181, 196 f.; a. A. *U. Schmidt* S. 129 ff., der allerdings auf §§ 826, 1004 BGB abstellen will.

311 So *Baecker* S. 74 ff.; vgl. schon *O. Werner* S. 623 ff.

7.5.1.3. Abschlußpflicht und Analogie zu § 27 Abs. 1 GWB

Mit Recht ist darauf hingewiesen worden, daß die Aufnahmepflicht von Vereinen nur als besondere Ausprägung des allgemeinen Kontrahierungszwangs bei Vorliegen einer Monopolstellung zu qualifizieren ist, der ebenfalls auf §§ 826, 249 BGB gestützt wird[312]. **657**

Soweit es um die Aufnahmepflicht von Vereinigungen geht, ist jedoch eine gesetzesanaloge Anwendung des § 27 Abs. 1 GWB zu befürworten, der als spezialgesetzliche Ausprägung eines allgemeinen Kontrahierungszwangs anzusehen ist. Dessen Tatbestandsmerkmale hat die Rechtsprechung schon weitgehend in die »Formel« zur Herleitung einer Aufnahmepflicht anderer Vereinigungen als Wirtschafts- und Berufsverbände inkorporiert (Rn. 655). Methodisch liegt es daher nahe, zu einer offenen Gesetzesanalogie überzugehen und die Vorschrift bei vergleichbarer Interessenlage entsprechend auf Vereinigungen anzuwenden, die keine Wirtschafts- oder Berufsverbände sind[313].

7.5.2. Voraussetzungen einer Aufnahmepflicht

Als Voraussetzungen der Aufnahmepflicht lassen sich die zur Interessenabwägung im Rahmen des § 27 GWB entwickelten Kriterien (Rn. 654 a – d) auf Vereinigungen mit anderer Zielsetzung übertragen[314]. Aufnahmeansprüche sind dort zu gewähren, wo ein Verein auf dem durch seinen Zweck und potentiellen Mitgliederkreis abgegrenzten Markt keinem wirksamen Wettbewerb um Mitglieder ausgesetzt ist. Auf seiten des Vereins ist anstelle der von der Rechtsprechung verlangten »überragenden Machtstellung« an das Merkmal einer »überragenden Marktstellung« anzuknüpfen (vgl. § 22 Abs. 1 Satz 1 Halbs. 2 GWB)[315]. Hierbei sind die Besonderheiten eines »Marktes« von Vereinigungen mit ideeller Zielsetzung zu berücksichtigen; maßgeblich für den »Marktanteil« ist der Anteil am »Mitgliedermarkt«, d. i. der Anteil der in dem fraglichen Verein organisierten Personen im Verhältnis zu vergleichbaren Vereinen und Unorganisierten. Weiter spielt das Vorhandensein konkurrierender Organisationen eine Rolle sowie Marktzugangsschranken, die einer Neugründung entgegenstehen (z. B. bei Sportvereinen Ein-Platz-Prinzip, Verbandszugehörigkeit, Verbindungen zu Staat, Parteien, Wirtschaft etc.). Letztlich kommt es auch auf die finanziellen Ressourcen der Vereinigung an, insbesondere den Zugang zu öffentlichen Subventionen. **658**

Dagegen erscheint es zweifelhaft, daneben an das (subjektive) Selbstverständnis des Vereins anzuknüpfen und zu fragen, ob dieser eine «Samm- **658 a**

---

312 So insbes. *Grunewald* AcP 182 (1982), 181, 184 ff., die für Vereinigungen eine entsprechende höchstrichterliche Rechtsfortbildung fordert (S. 197 f., 210); ebenso *K. Schmidt* Gesellschaftsrecht, § 24 V 2 b; auch *Merten* in: Isensee/Kirchhof, Handbuch des Staatsrechts, Bd. VI, 1989, § 144 Rn. 46.

313 Vgl. schon *van Look* WuB II L. § 38 BGB 1.88 unter I 2.; zurückhaltend *Traub* WRP 1985, 591, 598: Ausdehnung nur auf Vereine, die ihren Mitgliedern wirtschaftliche Förderung angedeihen lassen.

314 Überzeugende Begründung bei *Bartodziej* ZGR 1991, 517, 526 ff.; ihm folgend *van Look* WM-Festgabe für Hellner, 1994, 46, 48.

315 Ähnlich schon *O. Werner* S. 319 ff.

lungs-«[316] oder «Repräsentationsfunktion«[317] anstrebt. Denn im Rahmen des § 22 GWB sind ausschließlich objektive Kriterien maßgebend; dies muß auch bei einer entsprechenden Anwendung gelten[318]. Im übrigen kann das Selbstverständnis einer Vereinigung einerseits von der objektiven Sachlage abweichen und anderseits auch – bei Änderung der »Vereinspolitik« oder unter taktischen Gesichtspunkten – Schwankungen unterworfen sein, was jeweils zu einer unterschiedlichen Behandlung von Aufnahmebewerbern führen würde. Warum sollte eine tatsächlich marktbeherrschende Vereinigung, die hinsichtlich ihres »Repräsentationsanspruchs« tiefstapelt, einem Aufnahmeanspruch entgehen?

659 Aus Sicht des Bewerbers liegt die von der Rechtsprechung geforderte «Angewiesenheit« auf die Mitgliedschaft vor, wenn er seine Interessen, die sich mit dem von der Vereinigung verfolgten Zweck – mindestens teilweise – decken, außerhalb der konkreten Vereinigung nicht gleichermaßen effektiv verwirklichen kann, z.B. durch Beitritt zu einer konkurrierenden Vereinigung, Neugründung oder individuelle Zweckverfolgung[319]. Satzungsmäßige Aufnahmevoraussetzungen müssen zur effektiven Verfolgung des Vereinszwecks geeignet, erforderlich und dem Bewerber zumutbar sein (oben Rn. 654 b)[320]. Insbesondere kann die Aufnahme abgelehnt werden, wenn der Bewerber den Bestand oder die Funktion der Vereinigung beseitigen oder verändern will (Recht auf »Selbstbewahrung«)[321]. Problematisch sind dagegen Fälle, in denen der Beitrittswillige eine Änderung des Vereinszwecks (vgl. § 33 Abs. 1 Satz 2 BGB) oder der Vereinspolitik, d. h. der Art und Weise der Zweckverfolgung, anstrebt. Sofern er dies mit den gesetzlichen und satzungsmäßigen Mitteln verwirklichen will und ihm eine Neugründung unzumutbar wäre, wird man ihm einen Aufnahmeanspruch nicht verwehren dürfen[322]. Andererseits kann es dem Bewerber zumutbar sein, Maßnahmen zu ergreifen, um die Aufnahmevoraussetzungen zu erfüllen; beim Beitritt eines Vereins zu einem Verband kann es z.B. dem Verein zugemutet werden, einen Namen zu wählen, der mit der »Verbandspolitik« im Einklang steht[323].

316 So *Bartodziej* ZGR 1991, 517, 532.

317 So MünchKomm/*Reuter* Vor § 21 BGB Rn. 110f.; *ders.* JZ 1985, 536ff.; *ders.* ZHR 151 (1987), 355, 383. Bedenken bestehen einerseits gegen die begriffliche Unschärfe dieses Kriteriums; andererseits soll es auf ein individuelles Interesse des Bewerbers an den Vorteilen aus der Mitgliedschaft nicht ankommen; zivilrechtliche Ansprüche (hier auf Aufnahme) bestehen jedoch immer im individuellen Interesse des Inhabers.

318 Vgl. zur vergleichbaren Situation bei der Tariffähigkeit von Koalitionen *BVerfG* 58, 233 = NJW 1982, 815, 816; *BAG* AP § 2 TVG Nr. 25, 30, 34 und 36 = NZA 1987, 492; zur »Verbandsstärke« bei der Erteilung der Erlaubnis zur Rechtsberatung (Art. 1 § 7 RBerG) *BGH* WM 1993, 2214 = WuB VIII D. Art. 1 § 1 RBerG 1.94 *R. Müller*.

319 Vgl. *Bartodziej* ZGR 1991, 517, 537.

320 Vgl. *LG München* I NJW-RR 1993, 890: Aufnahmeanspruch einer Frau gegen die Bergwacht, nach deren Dienstordnung nur Männer Mitglied werden können.

321 Vgl. zur Ausschließung *BGH* NJW 1973, 35; NJW 1991, 485 = WM 1991, 98 = WuB II L. § 39 BGB 1.91 *van Look*; NJW-RR 1991, 888 = WM 1991, 942 = EWiR § 25 BGB 1/91 *Grunewald*; NJW 1994, 43 = WM 1993, 2172 = WuB II L. § 39 BGB 1.94 *van Look* = ZIP 1994, 33 = EWiR § 25 BGB 1/94, 19 *Grunewald*.

322 Vgl. *Bartodziej* ZGR 1991, 517, 540ff.

323 Vgl. *BVerfG* NJW-RR 1989, 636 – »Dynamo Windrad«; *KG* NJW-RR 1993, 183 – »Vorspiel – Schwuler Sportverein«.

7.5.3. Einzelne Fälle

Als wirtschaftlich oder sozial mächtige Vereine, gegen die im Einzelfall Auf- **660**
nahmeansprüche bestehen können, hat die Rechtsprechung Sportverbände (z. B. den Deutschen Sportbund e. V.[324] und entsprechende Landessportbünde[325]) sowie Gewerkschaften (z. B. die IG Metall[326]) angesehen, ebenso Spitzenverbände des Kreditgewerbes[327], einen Stadtjugendring[328], die Bergwacht im Bayerischen Roten Kreuz[329].
Keine Aufnahmepflicht besteht dagegen für politische Parteien (vgl. § 10 Abs. 1 ParteienG; dazu Rn. 2804)[330] oder einen örtlichen Anwaltverein[331]. Aufgrund einer Interessenabwägung im konkreten Fall ist ein Aufnahmeanspruch verneint worden für einen Universitätssportclub[332], eine als Verein organisierten Landespressekonferenz[333], einen Verband freier Berufe gegenüber einem Heilpraktikerverband[334], einen Mieterverein[335] und eine Wohnungsbaugenossenschaft[336].

7.5.4. Durchsetzung des Aufnahmeanspruchs

Nach Ablehnung des Aufnahmeantrags und ggf. der Ausschöpfung vereins- **661**
interner »Rechtsbehelfe« (Rn. 634 ff.) kann der Bewerber seinen Aufnahmeanspruch durch Leistungsklage auf Annahme seines Aufnahmeantrags gegen den Verein vor dem Zivilgericht geltend machen (vgl. schon Rn. 654 e). Die Darlegungs- und Beweislast für das Bestehen eines Aufnahmeanspruchs trägt im Rechtsstreit der Bewerber; dagegen hat der Verein darzulegen und zu beweisen, daß er sachlich gerechtfertigte Gründe für die Ablehnung des Aufnahmeantrags hat; diese kann er auch erst im Prozeß geltend machen, da die Ab-

324 BGHZ 63, 282, 285 = NJW 1975, 771 = WM 1975, 269 = DB 1975, 592.

325 *BGH* NJW-RR 1986, 583 = WRP 1986, 204 = WuW 1986, 496 = EWiR § 27 GWB 1/86, 379 *Seifert*; *OLG Frankfurt a. M.* WRP 1986, 281 = WuW 1986, 816; *OLG Düsseldorf* NJW-RR 1987, 503 – alle betr. Aikido-Verband; *KG* NJW-RR 1993, 183 – Leichtathletik-Dachverband; vgl. auch *OLG München* WuW 1983, 231 – Trabrennverein; *KG* WuW 1987, 1021 – Deutscher Pool-Billiard-Bund; ferner *BVerfG* NJW-RR 1989, 636 – »Dynamo Windrad«.

326 BGHZ 93, 151, 152 = a. a. O. (Fn. 304); *BGH* NJW 1985, 1214 = WM 1985, 386 = JZ 1985, 532 m. Anm. *Reuter*; vgl. zur Ausschließung auch BGHZ 102, 265, 276 f. sowie die Nachw. oben Fn. 321.

327 BGHZ 105, 206, 319 = NJW 1989, 1724 = WM 1989, 184 = ZIP 1989, 14.

328 *LG Heidelberg* NJW 1991, 927 = MDR 1990, 625.

329 *LG München* I NJW-RR 1993, 890.

330 BGHZ 101, 193 – F.D.P. = NJW 1987, 2503 = WM 1987, 1392 = WuB II L.§ 38 BGB 1.88 *van Look* = ZIP 1987, 1108 = EWiR § 25 BGB 1/87 *Reuter* = JZ 1987, 1076 m. Anm. *Henke*; Urteil des *OLG Hamburg* v. 24. 2. 1995 – 11 U 184/94 (unveröff.) – Statt-Partei.

331 *BGH* NJW 1980, 186 m. Anm. *Redeker* und *Scharf* (S. 1844) = WM 1979, 1114 = BB 1980, 176 = DB 1979, 2317 = GRUR 1979, 788 m. Anm. *Gaedertz*.

332 *BGH* NJW 1969, 316 = WM 1969, 189.

333 *OLG Stuttgart* NJW 1972, 877 = JZ 1972, 490 m. Anm. *Kübler*.

334 *OLG Düsseldorf* VersR 1986, 116 = WuW 1986, 196.

335 *LG Münster* MDR 1974, 309 m. Anm. *Weimar*.

336 *OLG Köln* OLGZ 1966, 132.

lehnung der Aufnahme gegenüber dem Bewerber nicht zu begründen ist (Rn. 633)[337].

8. Beendigung der Mitgliedschaft

8.1. Übersicht über die Beendigungstatbestände

662 Das Gesetz nennt als Tatbestand für das Erlöschen der Mitgliedschaft nur den Fall des Austritts aus dem Verein (§ 39 BGB; vgl. auch § 58 Nr. 1 BGB)[338]. Weiterhin folgt aus der Tatsache, daß die Mitgliedschaft grundsätzlich nicht vererblich ist (vgl. §§ 38 Satz 1, 40 BGB), daß der Tod die Mitgliedschaft beendet. Aus allgemeinen Grundsätzen sind jedoch noch weitere Beendigungstatbestände herzuleiten.

663 Danach wird die Mitgliedschaft beendet

a) mit Rückwirkung (ex tunc)

- bei Geltendmachung eines Nichtigkeitsgrunds hinsichtlich der Beteiligung am Gründungs- oder späteren Aufnahmevertrag, falls der Minderjährigenschutz oder überwiegende Belange der Allgemeinheit eingreifen (vgl. Rn. 639),

b) mit Wirkung für die Zukunft (ex nunc)

- mit Austritt (Rn. 664 ff.),
- grundsätzlich mit dem Tod eines Mitglieds (§§ 38 Satz 1, 40 BGB; dazu Rn. 702),
- bei Mitgliedern, die rechtsfähige Personenvereinigungen sind, mit deren Vollbeendigung (Rn. 702),
- durch Aufhebungsvertrag (§ 305 BGB),
- durch Kündigung (Ausschluß) seitens des Vereins (Rn. 690, 1611 ff.),
- mit Wegfall satzungsmäßiger Voraussetzungen der Mitgliedschaft (Rn. 691 ff.)
- durch Streichung aus der Liste der Mitglieder (Rn. 695 ff.),
- durch Satzungsänderung, die zur Beendigung bestimmter Mitgliedschaften führt (Rn. 700 f.),
- infolge Verschmelzung (Rn. 2249 ff.),
- mit der Vollbeendigung des die Mitgliedschaft gewährenden Vereins (Rn. 2207 ff.).

8.2. Austritt des Mitglieds

8.2.1. Austrittsfreiheit

664 Grundlage der Austrittsfreiheit ist § 39 Abs. 1 BGB, wonach die Mitglieder zum Austritt aus dem Verein berechtigt sind. Nach § 39 Abs. 2 BGB kann durch die Satzung bestimmt werden, daß der Austritt nur am Schluß eines Geschäfts-

337 Vgl. *BGH* NJW 1985, 1214, 1216 = WM 1985, 386 = JZ 1985, 532 m. Anm. *Reuter; OLG Düsseldorf* NJW-RR 1989, 503.

338 Nach Art. 3 BayVereinsG 1869 mußten die Statuten die Bedingungen der Ausschließung von Mitgliedern enthalten.

jahres oder erst nach dem Ablauf einer Kündigungsfrist zulässig ist, die höchstens zwei Jahre betragen darf.

Die nähere Ausgestaltung des Austritts ist der Satzung überlassen, die bereits 665
als Gründungssatzung hierüber eine Regelung zu treffen hat (§ 58 Nr. 1 BGB). Den Gestaltungsmöglichkeiten sind jedoch durch § 39 BGB Grenzen gesetzt, der in erster Linie dem Individualschutz des einzelnen Mitglieds, aber auch dem Minderheitenschutz dient[339]. Die zivilrechtliche Regelung wird überdies verfassungsrechtlich überlagert durch die negative Vereinigungsfreiheit (Art. 9 Abs. 1 GG), die auch das Recht umfaßt, aus einer Vereinigung jederzeit wieder auszutreten[340]. Allerdings ist damit nicht gewährleistet, daß der Austretende selbst die Voraussetzungen seines Austritts festlegen könnte[341]. Das Austrittsrecht kann aber weder durch die Satzung (z. B. Mitgliedschaft »auf Lebenszeit«)[342] noch durch Einzelvertrag[343] ausgeschlossen werden.

Gegen die Austrittsfreiheit verstoßende Satzungsbestimmungen sind nach § 134 666
BGB nichtig. Dies gilt etwa für die Satzungsregelung, daß Mitglieder nicht ausscheiden können, solange sie ein bestimmtes Amt innehaben[344].

8.2.2. Austrittserklärung

Die Austrittserklärung ist Ausübung eines Gestaltungsrechts des Mitglieds, 667
nämlich der Kündigung der Mitgliedschaft. Als einseitiges Rechtsgeschäft besteht sie aus einer auf Beendigung der Mitgliedschaft gerichteten, empfangsbedürftigen, in der Regel formlosen Willenserklärung des Mitglieds[345]. Die Mitgliedschaft wird mit Zugang der Austrittserklärung nur dann beendet, wenn eine Austrittsfrist (Rn. 676 ff.) nicht zu wahren ist, weil die Satzung eine solche nicht vorsieht oder weil ein fristloser Austritt erklärt worden ist. Das Wort »Austritt« oder »Kündigung« muß nicht verwendet werden. Es genügt jede Erklärung, aus der sich – zumindest durch Auslegung (§ 133 BGB) – der Wille des Ausscheidens aus dem Verein ergibt; danach kann auch ein schlüssiges Verhalten als Austrittserklärung anzusehen sein[346]. Die Mitgründung eines »konkurrierenden« Vereins ist aber nicht als konkludenter Austritt aus einem bestehenden Verein zu werten, wenn dessen Satzung die Einhaltung einer besonderen Form als Wirksamkeitsvoraussetzung des Austritts vorsieht[347]. Ebenso kann selbst bei längerem Ausbleiben der Beitragszahlung und sonstiger »Passivität« eines Mitglieds nicht ohne weiteres von einem Austritt durch schlüssiges Verhalten ausgegangen werden.

Die Austrittserklärung darf grundsätzlich keine Bedingung enthalten. Eine 668
Ausnahme besteht für solche Bedingungen, deren Eintritt ausschließlich von

339 Vgl. *Röhricht* Festschr. Kellermann, 1991, S. 361, 372, der gegen eine Verallgemeinerung durch Übertragung auf die GmbH eintritt.

340 BVerfGE 10, 89, 102; BVerfGE 50, 290 = NJW 1979, 699, 706 = WM 1979, 389; *Scholz* in: Maunz/Dürig, Art. 9 GG Rn. 42 und 88.

341 *KG* OLGZ 1969, 77, 79.

342 Vgl. RGZ 78, 134, 136; 88, 395, 398; *Delius* VerwA 22, 209, 256.

343 RGZ 71, 388, 390.

344 *BayObLG* DB 1973, 2518: Bindung der Mitgliedschaft in einem Werkskantinen-Verein an Amt und Funktion als Betriebsratsmitglied.

345 RGZ 78, 134; BayObLGZ 1986, 528, 533.

346 *RG* Recht 1912 Nr. 541.

347 BayObLGZ 1986, 370, 378 und 528, 534.

Entscheidungen der Vereinsorgane abhängt (sog. Potestativbedingung), z. B. bei einer Kündigung für den Fall, daß die Mitgliederversammlung eine Umlage oder den Ausschluß des Erklärenden beschließt.

669 Die Austrittserklärung kann ein Stellvertreter (Bevollmächtigter oder gesetzlicher Vertreter) abgeben; eine schriftliche Vollmacht ist nicht erforderlich. Im Konkurs- oder Gesamtvollstreckungsverfahren eines Mitglieds kann der Verwalter nicht den Austritt erklären, da die Mitgliedschaft grundsätzlich unübertragbar ist und nicht in die Konkursmasse fällt; zuständig bleibt vielmehr der Gemeinschuldner.

670 Adressat der Austrittserklärung ist der Verein. Sie wird wirksam, sobald sie dem Einzelvorstand oder einem von mehreren vertretungsberechtigten Vorstandsmitgliedern zugeht (§ 28 Abs. 2 BGB). Die Entgegennahme der Kündigungserklärung ist Maßnahme der Vertretung des Vereins, die nur dem Vorstand als Vertretungsorgan (§ 26 Abs. 2 Satz 1 BGB) obliegt. Eine satzungsmäßige Kündigungsfrist beginnt mit dem Tag des Zugangs der Austrittserklärung beim Vorstand (§§ 130, 187 Abs. 2 Satz 1 BGB).

671 Der Austritt kann noch im Liquidationsstadium und während eines Vergleichs-, Konkurs- oder Gesamtvollstreckungsverfahrens über das Vermögen des Vereins erklärt werden.

672 Ist die Austrittserklärung sofort wirksam geworden (bei Fehlen einer satzungsmäßigen Kündigungsfrist oder fristloser Kündigung), so kann die Kündigung nicht zurückgenommen werden. Es bleibt nur die Möglichkeit der Wiederaufnahme in den Verein. Während des Laufs einer Kündigungsfrist kann die Austrittserklärung nur mit Zustimmung des Vereins zurückgenommen werden[348].

8.2.3. Satzungsmäßige Form der Austrittserklärung

673 Die Satzung kann für die Austrittserklärung als Wirksamkeitsvoraussetzung Formvorschriften vorsehen; ihre Erfüllung muß dem Mitglied jedoch ohne weiteres möglich und zumutbar sein. Die überwiegend verlangte Schriftform (§ 127 Satz 1 BGB) ist unbedenklich[349]. Die telegraphische Übermittlung der Austrittserklärung wahrt die einfache Schriftform (§ 127 Satz 2 BGB), ebenso wohl die Übermittlung durch Fernkopie (Telefax)[350]. Keinen Bedenken unterliegt es auch, wenn die Satzung die Austrittserklärung mittels eingeschriebenen Briefs verlangt; hat die nicht eingeschriebene Sendung den Empfänger (ein Vorstandsmitglied) gleichwohl erreicht, so ist die Austrittserklärung wirksam[351], ebenso wenn die Austrittserklärung in einem Klageschriftsatz enthalten ist oder einem Vorstandsmitglied persönlich übergeben wird[352]. Anderes kann jedoch dann gelten, wenn die Satzung ausdrücklich bestimmt, daß die Einschreibsendung Wirksamkeitsvoraussetzung des Austritts ist[353].

---

348 Vgl. *KG* JFG 13, 413 (eG).
349 *OLG Stuttgart* Recht 1911 Nr. 2498; BayObLGZ 1986, 528, 533.
350 Vgl. allg. *Ebnet* NJW 1992, 2985, 2989; *Daumke* ZIP 1995, 722.
351 Vgl. RGZ 77, 70; *BAG* NJW 1957, 358.
352 *RG* JW 1914, 460.
353 Vgl. *LAG Hamburg* DB 1972, 980.

Die Satzung kann die Abgabe der Austrittserklärung durch das Vereinsmitglied persönlich verlangen und damit eine an sich zulässige Stellvertretung (Rn. 669) ausschließen. **674**

Unzulässig und damit nichtig ist es dagegen – schon aus Kostengründen –, für die Austrittserklärung eine öffentliche Beglaubigung der Unterschrift des Austretenden (§ 129 BGB) oder gar notarielle Beurkundung (§ 128 BGB) zu verlangen. **675**

8.2.4. Satzungsmäßige Austrittsfristen

§ 39 Abs. 2 BGB gestattet es dem Verein, Austritts- bzw. Kündigungsfristen von bis zu zwei Jahren in der Satzung festzulegen[354]. Hierdurch soll vermieden werden, daß beim Austritt einer größerer Zahl von Mitgliedern mit sofortiger Wirkung das fehlende Beitragsaufkommen den Verein in eine finanziell schwierige Lage bringt. Die Fristen müssen für alle Mitglieder – wenn der Verein abgestufte Mitgliedschaften gewährt, für die Gruppenmitglieder – gleich lang sein[355]. **676**

Die Satzung kann vorsehen, daß ein Austritt nur zum Ende eines Geschäftsjahrs zulässig ist (§ 39 Abs. 2 Halbs. 1 Fall 1 BGB). Dies kann mit einer Kündigungsfrist kombiniert werden[356], so daß z. B. bestimmt werden kann, daß die Austrittserklärung zum Ende des Geschäftsjahrs spätestens am 30.6. eingegangen sein muß. Die Höchstdauer der Frist von zwei Jahren darf hierdurch aber nicht überschritten werden. Sieht die Satzung lediglich die Möglichkeit des Austritts am Schluß eines Geschäftsjahrs vor, so kann der Austritt auch noch am 31.12. erklärt werden (sofern dieser Tag nicht ein Samstag oder Sonntag ist, § 193 BGB). Geschäftsjahr ist bei Fehlen einer satzungsmäßigen Bestimmung das Kalenderjahr. **677**

Die Höchstdauer der zweijährigen Kündigungsfrist endet an dem Tag, der seiner Zahl nach dem Tag entspricht, an dem die Austrittserklärung dem Vorstand zugegangen ist (§§ 39 Abs. 2, 130, 187 Abs. 2 BGB). Keine Bedenken bestehen auch gegen eine Bestimmung, nach der der Austritt grundsätzlich zum Schluß eines Kalenderjahrs zulässig ist, sich die Kündigungsfrist aber auf zwei Jahre erhöht, falls ein bestimmter Anteil der Mitglieder (z. B. 20 % und mehr) austritt. Eine in der Satzung etwa enthaltene, zwei Jahre übersteigende Kündigungsfrist ist nicht etwa unwirksam, sondern auf das gesetzlich zulässige Höchstmaß von zwei Jahren zurückzuführen[357]. Erklärt ein Mitglied seinen Austritt zu einem bestimmten Termin, geht seine Erklärung aber verspätet ein, so gilt sie für den nächsten möglichen Zeitpunkt[358]. Entsprechendes gilt, wenn das Mitglied die Frist falsch berechnet hat. **678**

Das austretende Mitglied muß im Streitfall nicht nur den Zugang der Austrittserklärung, sondern auch dessen Zeitpunkt, d. h. Rechtzeitigkeit des Zugangs, beweisen. Deshalb empfiehlt sich die persönliche Abgabe der Austrittserklärung in der Geschäftsstelle des Vereins oder bei einem vertretungsbe- **679**

---

354 Vgl. RGZ 108, 160, 162; BGHZ 48, 207, 211.
355 Vgl. KGJ 36 A 264 (eG).
356 Vgl. RGZ 90, 306, 311.
357 *RG* JW 1937, 3236.
358 Vgl. KGJ 23 A 112.

rechtigten Vorstandsmitglied gegen Empfangsbestätigung oder eine postalische Übersendung durch Einschreiben mit Rückschein[359].

680 Kündigungsfristen können durch satzungsändernden Beschluß (§ 33 Abs. 1 Satz 1 BGB) eingeführt, verlängert oder verkürzt werden. Ist der sofort wirksame Austritt vor der Eintragung der Satzungsänderung bereits zugegangen, so verbleibt es bei der vorherigen Regelung (z. B. der bisherigen Kündigungsfrist)[360]. Im Falle der Fristverkürzung ist ab dem Tag der Eintragung des satzungsändernden Beschlusses zu berechnen, ob die alte oder die neue Frist für den Ausscheidenden kürzer ist[361].

681 Die Mitglieder einer politischen Partei sind »jederzeit zum sofortigen Austritt« berechtigt (§ 10 Abs. 2 Satz 3 ParteienG); Kündigungsfristen sind hier nicht zulässig.

682 Bei der Mitgliedschaft in einer Gewerkschaft fordert die unmittelbare Drittwirkung der Koalitionsfreiheit (Art. 9 Abs. 3 Satz 2 GG) nach Auffassung der Rechtsprechung, daß die Kündigungsfrist nicht mehr als drei bis sechs Monate beträgt[362].

8.2.5. Mitgliedschaftliche Rechte und Pflichten während der Austrittsfrist

683 Grundsätzlich bestehen die mitgliedschaftlichen Rechte und Pflichten auch während des Laufs einer Kündigungsfrist unverändert fort (Rn. 703 ff.). Vereinzelt sehen Satzungen jedoch vor, daß während der Kündigungsfrist der Austrittswillige keine oder nur eingeschränkte Mitgliedschaftsrechte, aber uneingeschränkte Mitgliedspflichten hat. Hiergegen bestehen aber wegen des Verbots von Austrittserschwerungen (Rn. 685 ff.) Bedenken. Unwirksam ist eine Satzungsbestimmung, wonach das Mitglied während der Austrittsfrist nur noch Pflichten, aber keine Rechte mehr hat[363]. Auch im GmbH-Recht ist anerkannt, daß der kündigende Gesellschafter bis zu dem nach § 16 GmbHG maßgebenden Zeitpunkt grundsätzlich alle mitgliedschaftlichen Rechte und Pflichten behält, einschließlich der erst nach Kündigung entstandenen[364].

684 Die Austrittserklärung eines Vereinsmitglieds ändert demnach nichts an der Bindung an die Satzung. Der Verein kann ggf. Vereinsstrafen gegen den Austrittswilligen festsetzen oder ihn ausschließen (Rn. 1610 f., 1632). Beschließt die Mitgliederversammlung eine Erhöhung des Beitrags oder wird eine Umlage eingeführt, so hat das ausscheidende Mitglied die während des Fristlaufs fällig

---

359 Zu Zugangs- und Beweisfragen im Zusammenhang mit Fernkopien (Telefax) und anderen Telekommunikationsmitteln vgl. allg. *BGH* BB 1995, 221 m. Anm. *Burgard*; *Burgard* AcP 195 (1995), 74, 99 ff., 124 ff.; *Daumke* ZIP 1995, 722, 725 f.

360 *KG* RJA 14, 160 (für eG).

361 Vgl. *Sauter/Schweyer* Rn. 82.

362 So *BGH* MDR 1978, 29, 30 = LM Art. 9 GG Nr. 6; NJW 1981, 340, 341 = WM 1980, 1363 = ZIP 1980, 999 = BB 1981, 238 = DB 1981, 1403 = LM § 39 BGB Nr. 14 = AP Art. 9 GG Nr. 25; *AG Hamburg* NJW 1987, 2380; enger *AG Ettenheim* NJW 1985, 979: jederzeitiger Austritt möglich (§ 10 Abs. 2 Satz 3 ParteienG analog); vgl. auch *AG Köln* NJW 1987, 2450: fristlose Kündigung wegen Zusammenarbeit mit DKP.

363 Vgl. *RG* LZ 1927, 1531.

364 BGHZ 88, 320 = NJW 1984, 489, 490 = WM 1983, 1310; *Rowedder* § 34 GmbHG Rn. 59.

gewordenen Leistungen zu erbringen; eine Zahlungspflicht entsteht jedoch nicht für erst nach Fristablauf fällige Leistungen[365].

8.2.6. Unzulässige Erschwerungen des Austritts

Wer mit den Zielen seines Vereins nicht mehr einverstanden ist, wer sich den **685**
Mehrheitsbeschlüssen nicht mehr unterordnen will oder wer die verlangten Beiträge nicht mehr aufbringen kann, hat nach § 39 Abs. 1 BGB das Recht zum Austritt, das nur durch eine satzungsmäßige Austrittsfrist (§ 39 Abs. 2 BGB) beschränkt werden kann (Rn. 676 ff.). Da § 39 Abs. 1 BGB zwingendes Recht enthält (Umkehrschluß aus § 40 BGB) und die Austrittsfreiheit als Ausprägung der negativen Vereinigungsfreiheit auch verfassungsrechtlich durch Art. 9 Abs. 1 GG gewährleistet ist, sind weitergehende Voraussetzungen des Austritts sowie der Ausübung des Austrittsrechts unzulässig (zu Formvorschriften vgl. schon Rn. 675). Satzungsregelungen, die als Erschwerung des Austritts anzusehen sind, sind unwirksam, auch wenn sie in das Vereinsregister eingetragen worden sind[366]. Dies gilt z. B. für die Bestimmung, daß der Beitritt – etwa bei einer studentischen Verbindung – »auf Lebenszeit« erfolgt[367], daß der Austritt begründet[368] oder in der Mitgliederversammlung erklärt werden muß oder daß Beiträge über die Austrittsfrist hinaus zu leisten sind. Zulässig sind dagegen Satzungsbestimmungen, nach denen ein dem Mitglied gewährtes Darlehen vor Fälligkeit mit dem Ausscheiden zurückzuzahlen ist[369] oder daß ein aus dem Verband ausscheidender Verein erhaltene Beihilfen zurückzuerstatten hat. Auch durch einen Einzelvertrag mit dem Mitglied kann eine Erschwerung des Austrittsrechts nicht vereinbart werden[370]. Bei einer Mischform zwischen nicht rechtsfähigem (wirtschaftlichen) Verein und GbR kann jedoch das Austrittsrecht vom Vorliegen eines wichtigen Grunds abhängig gemacht werden[371].

Im einzelnen hat die Rechtsprechung als unwirksame Austrittserschwerungen **686**
angesehen: Festsetzung eines Austrittsgelds[372] oder einer Vertragsstrafe[373]; keine Anerkennung des Austritts, solange fällige Beiträge oder sonstige Schulden nicht bezahlt werden[374]; Androhung von Vermögensnachteilen oder Auferlegung von Wettbewerbsbeschränkungen[375]; Erfordernis der »Anerkennung« des Austritts durch den Vorstand oder durch ein sonstiges Vereinsorgan[376]; Entzug der Mitgliedschaftsrechte ab Zugang der Austrittserklärung, jedoch Beitragspflicht bis zum Wirksamwerden des Austritts[377]; ein freiwilliges Aus-

365 Vgl. BGHZ 48, 207, 211 = NJW 1967, 2303.
366 *OLG Stuttgart* Recht 1911 Nr. 2498.
367 RGZ 78, 134, 136.
368 BayObLGZ 9, 39, 42 = OLGE 19, 360 Fn. 1.
369 RGZ 91, 335 (eG); dagegen MünchKomm/*Reuter* § 39 BGB Rn. 5.
370 RGZ 71, 388, 390.
371 So für eine Werbegemeinschaft (»Forum S«) *BGH* NJW 1979, 2304 = WM 1979, 969 = DB 1979, 2173 = Rpfl 1979, 373 = JA 1980, 244 m. Anm. *Häuser*; dazu *Reuter* ZGR 1981, 364 ff.
372 *LG München* I NJW 1987, 847, 848; auch RGZ 33, 65 (für eG).
373 RGZ 130, 209, 212 (für eG).
374 Vgl. *Delius* S. 69.
375 Vgl. RGZ 71, 391; 108, 160; *RG* JW 1914, 1084.
376 *KG* LZ 1930, 994.
377 *RG* LZ 1927, 1531.

scheiden während des Laufs eines »ehrengerichtlichen« Verfahrens wird nicht »anerkannt«[378]; Mitglieder, die sich Ordnungsmaßnahmen durch Austritt entziehen, werden auf eine »schwarze Liste« gesetzt[379]; erschwerte Voraussetzungen für einen Wiedereintritt[380].

687 Will im Sportbereich ein Profisportler als Mitglied eines Vereins zu einem anderen Verein wechseln, so bedarf er der »Freigabe« seines Vereins zugunsten des aufnehmenden Vereins. Es stellt eine Erschwerung des bereits vollzogenen Austritts dar, wenn der abgebende Verein die Freigabe verweigert, etwa weil er sich mit dem aufnehmenden Verein noch nicht über alle Bedingungen des Wechsels – z. B. die Ablösesumme – geeinigt hat. Läuft dagegen die Austrittsfrist noch, so ist eine Freigabeverweigerung grundsätzlich nicht als Austrittserschwerung anzusehen[381].

8.2.7. Fristloser Austritt aus wichtigem Grund

688 Auch wenn die Satzung für den Austritt die Einhaltung einer Kündigungsfrist vorsieht, kann ein Mitglied gleichwohl mit sofortiger Wirkung austreten, wenn es hierfür einen wichtigen Grund hat[382]. Dies folgt aus dem allgemeinen zivilrechtlichen Grundsatz, daß jedes Dauerrechtsverhältnis aus wichtigem Grund fristlos beendet werden kann (§ 242 BGB). Ein wichtiger Grund liegt vor, wenn ein Verbleiben im Verein bis zum Ablauf der satzungsmäßig vorgesehenen Austrittsfrist für den Austrittswilligen eine unzumutbare und untragbare Belastung bedeuten würde[383]. Hauptfall ist der Bruch des Vertrauensverhältnisses, das zwischen dem Verein und den Mitgliedern bestehen muß, z. B. wenn der Verein nicht mehr die Interessen aller Mitglieder, sondern nur noch die Interessen einzelner Mitglieder verfolgt[384]. Der wichtige Grund kann in der Sphäre des Vereins, jedoch auch im Bereich eines oder einzelner Vereinsmitglieder entstanden sein. Verschulden ist nicht erforderlich. Stets sind die Umstände des Einzelfalls zu berücksichtigen sowie die Belange des Vereins und des Austrittswilligen. Bei der Frage der Zumutbarkeit kommt der Länge der Austritts- bzw. Kündigungsfrist Bedeutung zu. Z. B. kann eine unverschuldete Notlage einen wichtigen Grund ergeben, aufgrund derer das Mitglied den Beitrag nicht bis zum Fristende leisten kann. Die Beweislast für die Umstände, aus denen sich der wichtige Grund ergibt, trifft den Austrittwilligen.

688 a Eine satzungsmäßig beschlossene, maßvolle Beitragserhöhung berechtigt das mit der Erhöhung nicht einverstandene Mitglied nicht zum fristlosen Austritt[385]; gleiches gilt, wenn ein Tennisverein eine Umlage in einer tragbaren Höhe beschließt[386]. Eine Beitragserhöhung erheblichen Umfangs, für die keine nachvollziehbare Begründung gegeben wird, kann aber eine fristlose Kündigung

---

378 RGZ 108, 160; 122, 266, 268; a. A. *Delius* Recht 1913 Sp. 23; *ders.* VerwA 22, 209, 254 ff.

379 RGZ 143, 1, 3.

380 Vgl. *AG Mannheim* ZfgG 13, 258 (für eG).

381 Vgl. *LG Lübeck* NJW-RR 1988, 122; *OLG Schleswig* NJW-RR 1992, 249.

382 RGZ 130, 375, 378 = JW 1931, 1024 m. Anm. *Riezler*; *BGH* LM § 39 BGB Nr. 2; *LG Itzehoe* NJW-RR 1989, 1531.

383 Vgl. *LG Itzehoe* NJW-RR 1989, 1531.

384 Vgl. *BGH* NJW 1979, 2304, 2306.

385 Vgl. *AG Essen* DWW 1961, 119.

386 *LG Aurich* Rpfl 1987, 115, 116; vgl. auch *A. Müller* MDR 1992, 924.

rechtfertigen[387]. Es bildet auch keinen wichtiger Grund zum Austritt, wenn ein Mitglied eines Mietervereins wiederholt vergeblich im Büro seines Vereins erschienen ist, jedoch wegen starken Andrangs nicht abgefertigt werden konnte[388].

8.2.8. Prüfung der Austrittserklärung

Der Vorstand ist berechtigt und verpflichtet, die Austrittserklärung auf Einhaltung der vorgeschriebenen Form und Frist zu prüfen (Rn. 673 ff., 676 ff.). Eine Austrittserklärung, die den Formvorschriften der Satzung nicht entspricht, ist unwirksam; sie kann auch nicht dadurch wirksam werden, daß der Vorstand sie als wirksam ansieht[389]. Allerdings kann der Vorstand namens des Vereins auf die Einhaltung der satzungsmäßigen Form und/oder Frist verzichten[390]; dies setzt jedoch einen entsprechenden Verzichtswillen voraus, der nur dann vorliegt, wenn ihm der Form- oder Fristmangel bekannt ist. Soweit eine Austrittserklärung wegen Form- oder Fristmangels zurückgewiesen wird, ist dies nur dann von rechtlicher Bedeutung, wenn der Mangel tatsächlich vorliegt; anderenfalls ist der Austritt wirksam. Dem ausscheidenden Mitglied ist eine Austrittsbescheinigung zu erteilen, soweit dies die Satzung vorsieht oder bei dem konkreten Verein üblich ist. 689

8.3. Beendigung der Mitgliedschaft durch den Verein (Ausschließung)

Ebenso wie das Mitglied seine Mitgliedschaft durch Austritt beenden kann, steht auch dem Verein das Recht zu, die Mitgliedschaft(en) einer bestimmten Person oder einer Gruppe von Mitgliedern einseitig zu beenden. Dieses Gestaltungsrecht ist als Kündigungsrecht zu qualifizieren. Es kann dem Verein kraft Gesetzes als Ausschließungsrecht aus wichtigem Grund zustehen oder aufgrund der Satzung vom Vorliegen bestimmter tatbestandlicher Voraussetzungen abhängig sein. Da eine Ausschließung meistens aus in dem Verhalten des Mitglieds liegenden Gründen erfolgt, ist darauf im Zusammenhang mit den sog. Vereinsstrafen näher einzugehen (Rn. 1611 ff.). Eine Beendigung der Mitgliedschaft ist jedoch auch aufgrund anderer satzungmäßig festgelegter Tatbestände möglich, die im folgenden zu erörtern sind. 690

8.4. Wegfall satzungsmäßiger Voraussetzungen der Mitgliedschaft

In der Satzung können die Voraussetzungen für die Mitgliedschaft im Rahmen der Privatautonomie frei festgelegt werden. Daher kann die Satzung auch bestimmen, daß ein Mitglied aus dem Verein ausscheidet, wenn es diese Voraussetzungen nicht mehr erfüllt[391]. Derartige Bestimmungen sollen 691

---

387 *AG Nürnberg* Rpfl 1988, 109.
388 Vgl. *AG Münster* ZMR 1965, 43.
389 Vgl. *OLG Hamburg* Recht 1936 Nr. 4191.
390 Ähnlich *Grunewald* Gesellschaftsrecht, Rn. 2 A 81.
391 Vgl. *BGH* WM 1978, 1066 = DB 1978, 1973 = Rpfl 1978, 362 = LM § 25 BGB Nr. 17.

ohne weiteres zur (»automatischen«) Beendigung der Mitgliedschaft führen[392].

692 Rechtlich ist eine derartige Regelung als auflösende Bedingung (§ 158 Abs. 2 BGB) des Beitrittsvertrags zu qualifizieren, durch den sich das Mitglied mit dem Satzungsinhalt einverstanden erklärt. Durch Auslegung der Satzung ist zu ermitteln, ob den dort festgelegten Voraussetzungen für die Mitgliedschaft eine derart hohe Bedeutung zukommen soll, daß sie nicht nur eine Zutrittsschranke zu dem Verein, sondern auch ein konstituierendes Merkmal für den Fortbestand der Mitgliedschaft bilden sollen, so daß sie mit Wegfall dieser Voraussetzungen ipso iure erlischt[393]. Meistens wird dies nicht der Fall sein; vielmehr wird sich der Verein die Entscheidung darüber vorbehalten wollen, ob er die Mitgliedschaft aufgrund des Wegfalls der satzungsmäßigen Merkmale beendet, so daß es sich um die Einräumung eines Kündigungsrechts handelt, das der Ausübung durch empfangsbedürftige Willenserklärung bedarf (unten Rn. 1631)[394]. Auch aus Gründen der Rechtssicherheit über das Fortbestehen der Mitgliedschaft wird eine auflösende Bedingung nur dann anzunehmen sein, wenn die Voraussetzungen der Mitgliedschaft (z. B. persönliche Eigenschaften des Mitglieds) in der Satzung eindeutig und bestimmt festgelegt sind und sich hieraus ihr konstitutiver Charakter für den Bestand der Mitgliedschaft ergibt. Ebenso muß als Rechtsfolge des Wegfalls dieser Voraussetzungen ein »automatisches« Erlöschen der Mitgliedschaft eindeutig festgelegt sein, möglichst verbunden mit dem Hinweis, daß es hierfür einer Erklärung an den Betroffenen nicht bedarf.

693 Danach kann eine auflösende Bedingung für die Mitgliedschaft in Betracht kommen, wenn eine Verbandssatzung bestimmt, daß die Mitgliedschaft eines korporativen Mitglieds endet, falls über dessen Vermögen das Konkurs- oder Gesamtvollstreckungsverfahren eröffnet oder ein Konkursantrag mangels Masse abgewiesen worden ist, falls das Mitglied die Mitgliedschaft beim Landesfachverband verliert, falls seine Mitgliederversammlung die Auflösung beschlossen hat oder wenn ihm die Rechtsfähigkeit entzogen worden ist. Sportverbände erklären die Mitgliedschaft für beendet, wenn dem Mitgliedsverein die Lizenz entzogen wird oder wenn er mit seiner Mannschaft aus einer höheren Spielklasse (Liga) absteigt. Ein steuerlich gemeinnütziger Verband kann einen Wegfall der Mitgliedschaft vorsehen, wenn der Mitgliedsverein die Gemeinnützigkeit auf Dauer verliert.

694 Ein Verein mit natürlichen Personen als Mitgliedern kann durch die Satzung die Mitgliedschaft für beendet erklären, wenn das Mitglied geschäftsunfähig wird, wenn es rechtskräftig zu einer bestimmten Freiheitsstrafe verurteilt worden ist oder wenn es in einen konkurrierenden Verein oder in einen Verein mit entgegengesetzten Zielen eintritt[395]. Der BGH hat bei einer Postgewerkschaft

---

392 Vgl. RGRK/*Steffen* § 38 Rn. 7; MünchKomm/*Reuter* § 38 Rn. 34; *Sauter/Schweyer* Rn. 119; *Grunewald* Ausschluß, S. 202 f.; auch Voraufl. Rn. 697.

393 Vgl. *Soergel/Hadding* § 38 Rn. 14; *K. Schmidt* Gesellschaftsrecht, § 24 IV 1 c.

394 Vgl. auch *OLG Celle* NJW-RR 1989, 313, 314, das selbst bei einer in der Satzung vorgesehenen »automatischen« Beendigung der Mitgliedschaft ein »vereinfachtes Ausschlußverfahren« annimmt.

395 Vgl. aber BGHZ 73, 275 = NJW 1979, 1402, der eine satzungsmäßige Austrittsfiktion wegen Kandidatur auf einer konkurrierenden Liste bei politischen Parteien wegen § 10 Abs. 4 und 5 ParteienG für unwirksam hält.

aufgrund der Bestimmung, daß die Mitgliedschaft mit Wegfall ihrer Voraussetzungen »ohne weiteres« endet, das Ausscheiden aus dem Postdienst als Grund für die sofortige Beendigung der Mitgliedschaft angesehen[396]. Dagegen hat das OLG Celle[397] bei einem Verein zur Pflege der baltischen Ritterschaften die Satzungsregelung, daß die Mitgliedschaft »automatisch« endet, wenn ein weibliches Mitglied seinen Geburtsnamen zum Ehenamen bestimmt, als Ausschließungsgrund qualifiziert, der durch den Verein (durch Kündigung der Mitgliedschaft) geltend gemacht werden muß.

8.5. Streichung aus der Liste der Mitglieder

Der Verein kann die Mitgliedschaft einseitig dadurch beenden, daß er das betroffene Mitglied aus der Liste der Mitglieder »streicht«[398]. Auch hier kann es sich um die satzungmäßige Festlegung auflösender Bedingungen für die Mitgliedschaft (Rn. 692) oder um ein vereinfachtes Ausschließungsverfahren handeln (unten Rn. 1631)[399]. **695**

Soll es sich bei der Voraussetzung der Streichung um eine auflösende Bedingung der Mitgliedschaft handeln, so ist aus Gründen des Mitgliederschutzes und der Rechtssicherheit zu fordern, daß die Satzung den Tatbestand eindeutig und bestimmt umschreibt, der zur Streichung führt. Daher muß es sich um leicht feststellbare Tatbestände handeln, z. B. Verlegung des Wohnsitzes, unentschuldigtes Fehlen bei einer bestimmten Zahl von Vereinsveranstaltungen, Beitragsrückstand trotz mehrmaliger erfolgloser Anmahnung. Eine Verbandssatzung führt als weitere Gründe für eine Streichung die »Aufnahmeerschleichung« sowie den Fall an, daß ein Mitgliedsverein nicht innerhalb einer angemessenen Zeit seine Satzung an die geänderte Verbandssatzung angleicht. **696**

Die Satzung muß ferner das Organ bestimmen, daß für die Streichung zuständig ist; im Regelfall wird dies der Vorstand sein. Die vorherige Anhörung des Betroffenen ist grundsätzlich nicht geboten, wenn der zur Streichung führende Tatbestand zweifelsfrei vorliegt, etwa wenn der Verein die Mitgliedschaft an einen bestimmten Wohnsitz knüpft und dieser aufgegeben wird. Aus der Rücksichtspflicht des Vereins gegenüber dem betroffenen Mitglied kann sich jedoch im einzelnen Fall eine Anhörungspflicht ergeben[400]. Die erfolgte Streichung ist dem Betroffenen mitzuteilen. **697**

Gegen die Streichung kann ein vereinsinternes »Rechtsmittelverfahren« (z. B. Beschluß der Mitgliederversammlung) in der Satzung vorgesehen werden. Das betroffene Mitglied kann bei Gericht auf Feststellung klagen, daß die Voraussetzungen der Streichung nicht vorlagen und daß es noch Mitglied des Vereins ist. **698**

---

396 *BGH* WM 1978, 1066 = DB 1978, 1973 = Rpfl 1978, 962 = LM § 25 BGB Nr. 17.

397 NJW-RR 1989, 313, 314 f. = FamRZ 1989, 50 m. Anm. *Beyrodt*; bestätigt durch *BVerfG* FamRZ 1989, 1047.

398 Vgl. *RG* WarnR 1912 Nr. 147; *LG Bonn* MDR 1975, 139.

399 Vgl. *OLG Bamberg* NVwZ 1983, 672; auch *Risse* NVwZ 1983, 529; *Sauter/Schweyer* Rn. 93.

400 Gegen jegliche Anhörungspflicht *Stöber* Rn. 77.

699 Bei politischen Parteien dürfte die Streichung aus der Liste der Mitglieder wegen Beitragsrückstands ohne parteischiedsgerichtliches Verfahren nicht zulässig sein[401].

8.6. Verlust der Mitgliedschaft durch Satzungsänderung

700 Grundsätzlich ist kein Mitglied dagegen geschützt, daß es nicht durch satzungsändernden Beschluß die Mitgliedschaft verliert (Ausnahme: § 35 BGB; vgl. dazu Rn. 568). Zulässig ist deshalb eine Satzungsänderung, aufgrund derer die Voraussetzungen der Mitgliedschaft neu festgelegt werden und diejenigen Mitglieder, die diese Voraussetzungen nicht erfüllen, ihre Mitgliedschaft verlieren. Eine solche «Bereinigung« des Mitgliederbestands wirkt auch gegenüber vor der Satzungsänderung beigetretenen Mitgliedern einschließlich derjenigen, die die Voraussetzungen schon vor Inkrafttreten der Satzungsänderung nicht erfüllt haben[402].

701 Soweit jedoch durch die Satzungänderung alle bisherigen Mitglieder ihre Mitgliedschaft verlieren (z. B. bei »Auswechslung« von Mitgliedsverbänden durch Einzelmitglieder oder umgekehrt), müssen sämtliche bisherigen Mitglieder zustimmen[403].

8.7. Erlöschen der Mitgliedschaft durch Wegfall des Mitglieds

702 Die Mitgliedschaft endet mit dem Tod eines Mitglieds, falls die Satzung nicht die Vererblichkeit der Mitgliedschaft anordnet (§§ 38 Satz 1, 40 BGB; vgl. dazu Rn. 482).

Ist eine Personalgesellschaft, eine juristische Person oder ein nichtrechtsfähiger Verein Mitglied, so erlischt die Mitgliedschaft dieser Vereinigung erst mit deren Vollbeendigung. Dies ist regelmäßig erst mit Abschluß der Auseinandersetzung oder Liquidation (Vermögensverteilung) der Fall, mit dem die Fähigkeit der Vereinigung wegfällt, Träger von Rechten und Pflichten zu sein. Allerdings kann die Satzung des Vereins, bei dem die Mitgliedschaft besteht, vorsehen, daß die Mitgliedschaft der Vereinigung bereits mit Eintritt eines Auflösungstatbestands endet (Rn. 693).

8.8. Rechtsfolgen der Beendigung der Mitgliedschaft

8.8.1. Auswirkungen auf mitgliedschaftliche Rechte und Pflichten

703 Mit Wirksamwerden des Beendigungstatbestands, insbes. der Austrittserklärung oder der Ausschließung, erlischt das Rechtsverhältnis zwischen dem Verein und dem betreffenden Mitglied. Damit entfällt die Bindung an die Satzung[404], an Vereinsordnungen oder Maßnahmen der Vereinsorgane[405]. Ist das Mitglied Antragsteller in einem anhängigen registergerichtlichen Verfahren

401 Vgl. *BGH* NJW 1979, 969; *Risse* NVwZ 1983, 529 f.

402 *BGH* WM 1978, 1066 = a. a. O. (Fn. 396); auch *BGH* NJW 1980, 2707, 2708 = WM 1980, 1064.

403 *BGH* NJW 1980, 2707 = WM 1980, 1064.

404 RGZ 88, 395, 398.

405 RGZ 122, 266; 143, 1.

gegen den Verein, z.B. auf Bestellung eines Notvorstands gem. § 29 BGB, so fällt mit dem Ausscheiden die Antragsbefugnis und damit der Verfahrensgegenstand weg; soweit der Antragsteller die Hauptsache nicht für erledigt erklärt, ist sein Antrag unabhängig von der materiellen Rechtslage zurückzuweisen[406].

Diese Beendigungswirkung tritt jedoch nur für den Zeitraum ab dem Tag des Ausscheidens ein. Die bis zu diesem Zeitpunkt bereits entstandenen Rechte und Pflichten bleiben bestehen, es sei denn, die Satzung bestimmt etwas Abweichendes. Der Ausscheidende muß die bis zum Tag seines Ausscheidens fällig gewordenen Beiträge leisten[407], bei Monats- oder Jahresbeiträgen anteilig, soweit er während der Beitragsperiode ausscheidet. Eine satzungsmäßige Erstreckung der Beitragspflicht über diesen Zeitpunkt hinaus ist allenfalls bis zum Ende des laufenden Geschäftsjahrs zulässig. Hat die Mitgliederversammlung die Erhebung einer Umlage in Raten beschlossen, so ist der Ausscheidende nur zur Entrichtung der bis zu seinem Ausscheiden fällig gewordenen Raten verpflichtet[408]. **704**

Soweit die Satzung die Festsetzung von Vereinsstrafen vorsieht, können diese auch noch nach Ausscheiden des Mitglieds festgesetzt werden, sofern die Verfallvoraussetzungen vor Wirksamwerden des Ausscheidens eingetreten sind und die als Strafe versprochene Leistung nicht den Bestand der Mitgliedschaft voraussetzt (Rn. 1610 a; zu den Auswirkungen des Ausscheidens auf ein anhängiges Verfahren vor dem Vereinsgericht Rn. 1642 a). **705**

Auch die mitgliedschaftlichen Rechte und Ansprüche bestehen bis zum Tag des Ausscheidens fort. Dies gilt nicht nur für Geldleistungen, sondern auch für nicht vermögenswerte Ansprüche. Hat sich z.B. ein Mitglied zu einer Prüfung angemeldet und hierfür bereits die Gebühr bezahlt, so kann der Verein wegen des Austritts nicht die Abnahme der Prüfung verweigern. Bestimmt die Satzung eines Sportverbands, der Abstieg in die nächstniedrigere Spielklasse führe das Ende der Mitgliedschaft im Verband herbei, so wird der Streit um die Abstiegsvoraussetzungen von dem betroffenen Verein noch als Mitglied des Verbands ausgetragen. **706**

Für die mitgliedschaftlichen Rechte, die vor dem Ausscheiden bestanden oder begründet worden sind, gilt die Zuständigkeit eines Vereinsgerichts oder ein satzungsmäßig vorgesehener vereinsinterner »Rechtsmittelzug« fort (vgl. Rn. 1642 f.). Auch eine Schiedsklausel bleibt verbindlich[409]. Für die Beurteilung des Bestehens des Rechts sind die im Zeitpunkt des Ausscheidens geltende Satzung nebst Vereinsordnungen und sonstigen vereinsinternen Regelungen maßgebend[410]. **706 a**

8.8.2. Vermögensrechtliche Ansprüche beim Ausscheiden

Auch ohne Regelung in der Satzung besteht ein Anspruch des Vereins gegen das ausscheidende Mitglied auf Rückgabe ihm – etwa zur Nutzung – über- **707**

---

406 *BayObLG* NJW-RR 1994, 832.
407 Vgl. *AG Grevenbroich* NJW 1991, 2646; bestätigt durch *BVerfG* NJW 1991, 2626.
408 BGHZ 48, 207, 211 = WM 1967, 954.
409 Vgl. RGZ 113, 321.
410 Vgl. *RG* Recht 1914 Nr. 2834.

lassener Gegenstände des Vereins und umgekehrt auch ein entsprechender Anspruch des Mitglieds gegen den Verein (§ 732 BGB analog).

708 Vor allem bei Vereinsverbänden kommt es vor, daß dem ausgeschiedenen Verein finanzielle Zuwendungen zugeflossen sind in der Erwartung, die Mitgliedschaft werde weiterhin bestehen bleiben. Die Rückabwicklung bestimmt sich nach der Satzung, wenn diese entsprechende Regelungen enthält. Soweit sich ein Erstattungsanspruch nicht wenigstens im Wege der Auslegung aus der Satzung entnehmen läßt, besteht ein Bereicherungsanspruch gem. §§ 812 Abs. 1 Satz 2 Fall 1, 818 BGB.

709 Alle vermögenswerten Leistungen der Mitglieder sind Bestandteil des Vereinsvermögens geworden, an dem die Mitglieder keinen »Anteil« i.S. eines Gesellschafts- oder Geschäftsanteils haben. Deshalb hat ein ausscheidendes Mitglied keinen Anspruch auf Rückerstattung seiner Leistungen in Form eines Abfindungsanspruchs auf ein Auseinandersetzungsguthaben[411]. Durch die Satzung oder eine ständige vereinsinterne Übung[412] kann allerdings ein Anspruch auf eine Abfindung eingeräumt werden. Im Interesse des Bestands- und des Gläubigerschutzes darf jedoch die Abfindung nicht so hoch sein, daß hierdurch Konkursreife eintritt[413]. Um dem steuerrechtlichen Erfordernis der Selbstlosigkeit (§ 55 Abs. 1 Nr. 2 AO) zu genügen, ordnen Vereinssatzungen zuweilen an: »Im Falle des Ausscheidens erhält das Mitglied nicht mehr als seine geleisteten Bareinlagen und den gemeinen Wert geleisteter Sacheinlagen zurück. Mitgliedsbeiträge und Spenden werden nicht zurückerstattet.«

710 Für streitige Rückgabe- und Abfindungsansprüche ist ggf. die satzungsmäßige Zuständigkeit eines Vereinsgerichts oder eines Schiedsgerichts noch verbindlich, da der Anspruch aus der Mitgliedschaft mit dem Zeitpunkt des Ausscheidens entsteht.

711 Sieht die Satzung eine Haftung des ausgeschiedenen Mitglieds für Verbindlichkeiten des Vereins für einen bestimmten Zeitraum nach dem Ausscheiden vor, so beschränkt sich diese auf im Zeitpunkt des Ausscheidens bestehende Verbindlichkeiten und umfaßt nicht nach diesem Termin begründete Forderungen[414].

8.8.3. Nachwirkungen der Mitgliedschaft

712 Die beendete Mitgliedschaft kann rechtliche Nachwirkungen haben. Wie bei jedem Vertragsverhältnis bestehen gegenseitige nachwirkende Treupflichten[415], aufgrund derer das ausgeschiedene Mitglied die seinerzeit im Rahmen der Mitgliedschaft verfolgten Ziele nicht durch ein nachträgliches Verhalten gefährden darf. Entsprechendes gilt für den Verein. Auf die Erfüllung dieser nachwirkenden Pflichten aus der Mitgliedschaft steht dem Berechtigten ein klagbarer Erfüllungsanspruch zu. Eine schuldhafte Verletzung der Pflicht be-

411 Vgl. für Einzahlungen auf einen Sonderfonds *OLG Hamburg* BB 1980, 122 m. Anm. *Meinert.*

412 *OLG Hamburg* OLGE 32, 332.

413 Vgl. *Soergel/Hadding* § 39 BGB Rn. 9.

414 Vgl. *RG* SeuffA 89 Nr. 15.

415 Vgl. allg. *Strätz* Festschr. Bosch, 1976, S. 999 ff.; *v. Bar* AcP 179 (1979), 452 ff.; *Soergel/Teichmann* § 242 BGB Rn. 167 ff.; *Soergel/Wiedemann* Vor § 275 BGB Rn. 518 ff.; MünchKomm/*Emmerich* Vor § 275 BGB Rn. 401 ff.

gründet einen Schadenersatzanspruch wegen positiver Forderungsverletzung. Danach kann der Ausgeschiedene gehalten sein, dem Verein noch Auskünfte zu erteilen, die für diesen von erheblicher Bedeutung sind und die er nur vom Ausgeschiedenen zuverlässig erlangen kann. Ist z. B. Streit über die Richtigkeit des Abstimmungsergebnisses einer Mitgliederversammlung entstanden, so kann der Ausgeschiedene, der über die Zählung zuverlässig Auskunft geben kann, diese nicht verweigern.

Durch die Satzung oder einen Beschluß der Mitgliederversammlung kann den 713
Mitgliedern eine Verschwiegenheitspflicht über bestimmte geheimhaltungsbedürftige vereinsinterne Angelegenheiten auferlegt werden, die dann auch für die Zeit nach dem Ausscheiden gilt. Ohne eine ausdrückliche Verpflichtung wird man bei »einfachen« Mitgliedern eine Schweigepflicht nicht annehmen können, es sei denn, daß die Geheimhaltungsbedürftigkeit der Angelegenheit offenkundig ist.

Bei ausscheidenden Organmitgliedern können sich aus dem organschaftlichen 714
Rechtsverhältnis und/oder dem Anstellungsvertrag nachwirkende Verpflichtungen gegenüber dem Verein ergeben. Hier wird die Pflicht zur Verschwiegenheit auch ohne ausdrückliche Verpflichtung bestehen.

8.9. Ruhen der Mitgliedschaft (Suspendierung)

Die Satzung kann vorsehen, daß die Mitgliedschaft bei Vorliegen bestimmter 715
Voraussetzungen innerhalb eines zu bezeichnenden Zeitraums ruht. Dies hat zur Folge, daß das betroffene Mitglied innerhalb dieses Zeitraums weder seine Mitgliedschaftsrechte ausüben kann noch daß es die mitgliedschaftlichen Pflichten zu erfüllen hat[416]. Ein Ruhen der Mitgliedschaft kann z. B. angeordnet werden für die Dauer eines vom Mitglied gegen den Verein geführten Prozesses, eines Vereinsstrafverfahrens oder bis zur Entrichtung des (wiederholt) angemahnten Vereinsbeitrags. Da es sich um eine zeitweilige Entziehung sämtlicher Mitgliedschaftsrechte handelt, sind der Grundsatz der Gleichbehandlung und der Grundsatz der Verhältnismäßigkeit zu beachten.

Während des Ruhens besteht die Mitgliedschaft jedoch fort. Wenn auch ein 716
rechtlich relevantes Handeln innerhalb des Vereins zeitweilig nicht mehr möglich ist, so bleibt das Mitglied gleichwohl befugt, z. B. die Unwirksamkeit einer Satzungsbestimmung oder von Beschlüssen der Mitgliederversammlung gerichtlich geltend zu machen[417].

Das Ruhen tritt im Regelfall unmittelbar (ipso iure) mit der Verwirklichung des in der Satzung vorgesehenen Tatbestands ein. Eine etwaige Feststellung des Vorstands, dieser Tatbestand sei eingetreten, hat nur deklaratorische Bedeutung. Desgleichen leben die mitgliedschaftlichen Rechte und Pflichten ohne weiteres wieder auf, wenn die Voraussetzungen des Ruhens entfallen sind, sofern die Mitgliedschaft nicht auf andere Weise endet. Das Ruhen der Mitgliedschaft ist zu unterscheiden vom Ausschluß eines Mitglieds auf Zeit, bei dem die Mitgliedschaft zeitweise, d. h. auflösend befristet (§§ 158 Abs. 2, 163 BGB), gänzlich erlischt (Rn. 1635 f.).

---

416 BayObLGZ 1979, 351, 357 = Rpfl 1980, 15; vgl. auch *OLG Celle* BB 1973, 1140.
417 BayObLGZ 1979, 351, 359; *LG Hamburg* NJW 1992, 440.

IV. Die Vereinsorgane

1. Abschnitt
Allgemeine Grundsätze zu den Vereinsorganen und Organmitgliedern

1. Der Begriff Organ

717 Der Verein ist als Körperschaft, als juristische Person, willens- und handlungsunfähig. Er bedarf deshalb zur Bildung und Äußerung seines Willens sowie zur Besorgung seiner Angelegenheiten, also zu seiner Handlungsfähigkeit, natürlicher Personen, die als Organe bezeichnet werden[1]. Es ist allerdings anerkannt, daß auch eine juristische Person Vertretungsorgan eines Vereins sein kann; gleichwohl handeln dann für den Verein natürliche Personen, nämlich die Mitglieder des Vorstands dieser juristischen Person. Soweit die Auffassung vertreten wird, Organe seien nur Einrichtungen der Willensbildung (vgl. z. B. § 8 Abs. 2 Satz 1 PartG), trifft diese Begriffsbestimmung nur für Vereine zu, die lediglich eine Mitgliederversammlung und einen Vorstand als Organe haben. Bei größeren Vereinen tritt die Beschlußfassung der Mitgliederversammlung und des mehrgliedrigen Vorstands gegenüber der Verwaltung der Vereinsangelegenheiten, die keine Beschlußfassung erfordert, zurück, da weitere Organe als nur die Mitgliederversammlung und der Vorstand bestehen. Die Organe Kontrollkommission und Sportgericht eines Sportverbandes dienen nicht der Willensbildung, sondern der Durchsetzung der Ordnung im Verband. Der besondere Vertreter, der als Geschäftsführer amtiert, ist ebenfalls kein Willensbildungsorgan; ihm kann der Schwerpunkt der Verbandsverwaltung obliegen.

718 Der Verein handelt durch seine Organe sowohl im Vereinsinnenbereich als auch durch das Organ Vorstand nach außen hin. Es entspricht einer herkömmlichen Ausdrucksweise, Organbefugnisse als Vereinsamt und Organmitglieder als Amtsträger zu bezeichnen.

2. Die Selbst- und Drittorganschaft

719 Eine Selbstorganschaft ist gegeben, wenn Mitglieder von Organen nur Vereinsmitglieder sein können. Das Organ Mitgliederversammlung kann nur aus Vereinsmitgliedern gebildet werden. Für die weiteren Organe besteht beim Verein keine gesetzliche Vorschrift über die Selbstorganschaft (nach § 9 Abs. 2 Satz 1 GenG können nur Genossen Mitglieder des Vorstands und des Aufsichtsrats sein). Grundsätzlich bedarf es einer satzungsmäßigen Regelung, ob die Mitglieder weiterer Organe nur Vereinsmitglieder sein können. Fehlt eine solche Regelung, so kann sich der Grundsatz der Selbstorganschaft aus dem Vereinszweck ergeben; ein Feuerwehrverein oder ein religiöser Orden kann vom Zweck her keine Außenstehenden mit einer Organstellung betrauen. Es

1 Vgl. *RG* HRR 1939 Nr. 855.

kann auch ein ständige Übung dahin bestehen, daß nur Vereinsmitglieder Vereinsämter erlangen können.

Eine Drittorganschaft ist gegeben, wenn Organe durch Nichtmitglieder gebildet werden können. Eine solche ist naturgemäß für andere Organe als die Mitgliederversammlung gegeben, wenn, wie dies regelmäßig z.B. bei Vereinsverbänden der Fall ist, natürlichen Personen keine Mitgliedschaft gewährt wird, dann müssen zwangsläufig der Vorstand oder weitere Organe durch Nichtverbandsmitglieder besetzt werden. Bei den Mitgliedern von Delegiertenversammlungen ist Drittorganschaft gegeben, wenn z.B. ein Dachverband keine Mitgliedschaft natürlicher Personen zuläßt. Bei anderen Vereinen kann die Satzung vorsehen, daß bestimmte Organstellungen (z.B. hinsichtlich eines Kontrollfunktionen ausübenden Beirats oder Verwaltungsrats) auch an außenstehende Personen vergeben werden können. Die Satzung kann z.B. bestimmen, daß die Liquidation einer Wirtschaftsprüfungsgesellschaft obliegt. 720

3. Die Einbindung der nichtvereinszugehörigen Organmitglieder in die Vereinsordnung

Wird ein Nichtmitglied in ein Vereinsamt berufen, so erlangt es zwar eine Organstellung, wird Organmitglied, erlangt damit aber nicht die »gewöhnliche« Vereinsmitgliedschaft. Eine solche ist aber Voraussetzung dafür, daß die Satzung und bestehende Nebenordnungen verbindliches Körperschaftsrecht werden. Soweit die Satzung bestimmte Funktionen des Organs beschreibt, ist sie auch für nichtvereinszugehörige Organmitglieder verbindlich. Aber es fragt sich bereits, ob der nichtvereinsangehörige Vorstand ein Teilnahme- und Rederecht in der Mitgliederversammlung hat, da das Teilnahmerecht sich aus der »gewöhnlichen« Vereinsmitgliedschaft ergibt. Die angeschnittene Frage wird bejaht werden können (vgl. Rn. 873), weil die Organmitgliedschaft der »gewöhnlichen« Mitgliedschaft insoweit gleichgesetzt werden kann. Keinesfalls ist aber bei einer Drittorganschaft der Verein befugt, die Ordnungsgewalt über das Organmitglied auszuüben; es bleibt bei einem Ordnungsverstoß nur die Möglichkeit der Abberufung. 721

Die volle (oder teilweise) Geltung des gesamten vom Verein gesetzten Rechts läßt sich nur durch eine (schuldrechtliche) Vereinbarung zwischen dem Verein und dem Organmitglied erreichen, die im Anstellungsvertrag getroffen werden kann. Eine solche Vereinbarung ist unerläßlich, wenn der Verein wie gegenüber seinen »gewöhnlichen« Mitgliedern die Ordnungsgewalt ausüben will. 722

4. Die Mitglieder-/Vertreterversammlung und der Vorstand als notwendige Vereinsorgane

Bei reiner Wortinterpretation des § 40 BGB kann die Vorschrift des § 32 BGB über die Mitgliederversammlung durch die Satzung insgesamt abbedungen werden. Daraus ist geschlossen worden, die Mitgliederversammlung sei kein notwendiges Vereinsorgan[2]. Dem kann für weltliche Vereine nicht gefolgt wer- 723

2 Vgl. *KG* DJ 1936, 1948: Gutachten.

den. Die Satzung kann nur einzelne Verfahrensvorschriften des § 32 BGB für Mitgliederversammlungen außer Kraft setzen, diese selbst aber nicht abschaffen, da die Regelungen in den §§ 36, 37, 41 BGB eine Mitgliederversammlung voraussetzen. Der Verein kann überdies ohne Mitgliederversammlung nicht im Vereinsregister eingetragen werden, wie sich aus § 58 Nr. 4 BGB ergibt. Allerdings kann die Zuständigkeit der Mitgliederversammlung weitgehend satzungsmäßig beschränkt werden. Belassen werden muß aber stets die Befugnis, die Auflösung des Vereins beschließen zu können.

724 Anders ist die Rechtslage bei den religiösen Vereinen und Weltanschauungsgemeinschaften, die nach Art. 140 GG, Art. 137 Abs. 3, 7 WRV privilegiert sind. Die Mitgliederversammlung ist ein sog. Innenorgan des Vereins; ihr Bestand berührt »das für alle geltende Gesetz« i. S. d. Art. 137 Abs. 3 WRV nicht. Damit kommt das originäre Selbstbestimmungsrecht zum Zuge, das von einer Mitgliederversammlung absehen kann[3]. Es kann z. B. ein Konvent gebildet werden, dem nicht alle Mitglieder eines religiösen Ordens angehören.

725 Gesetzlich muß der Verein weiter einen Vorstand haben[4], dem zwingend die Außenvertretung[5] und grundsätzlich auch die Innenvertretung obliegt. Die Befugnis zur Außenvertretung ist durch die Satzung nicht entziehbar, sie ist aber beschränkbar[6].

5. Die fakultativen Vereinsorgane

726 Fakultative Vereinsorgane sind solche, die der Verein nach einer gesetzlichen Vorgabe bilden kann, wie dies beim besonderen Vertreter der Fall ist (§ 30 BGB). Es ist aber dem Verein im Rahmen seiner Organisationsautonomie überlassen, weitere Vereinsorgane zu bilden, wie sich aus § 32 Abs. 1 Satz 1 BGB ergibt.

727 Alle diese fakultativen Vereinsorgane müssen eine Grundlage in der Satzung haben. Deshalb ist auch die Bezeichnung statutarisches Vereinsorgan üblich. Ist außer der Mitgliederversammlung und dem Vorstand ein Gremium für den Verein tätig, obwohl sein Bestand als Organ nicht in der Satzung vorgesehen ist, so handeln die Mitglieder eines solchen Gremiums entweder im Auftrag eines anderen Vereinsorgans oder als faktisches Organ (vgl. Rn. 739).

728 Hinsichtlich der fakultativen Vereinsorgane muß die Satzung folgende Regelungen enthalten:
- die Bezeichnung des Organs;
- eine Aufgabenbeschreibung, welche auch eine Kompetenzabgrenzung zu anderen Vereinsorganen ergibt; mit Ausnahme des besonderen Vertreters, dem Teilaufgaben eines Vorstands für den Außenvertretungsbereich übertragen werden dürfen, können fakultative Vereinsorgane nicht Vorstandsfunktionen ausüben, die Außenwirkung haben;
- die Art der Bestellung des Organs, z. B. durch Wahl;
- die Organfähigkeit und die Zahl der Organmitglieder;

3 BayObLGZ 1987, 161/171.
4 § 26 Abs. 1 BGB.
5 § 26 Abs. 2 Satz 1 BGB.
6 § 26 Abs. 2 Satz 2 BGB; vgl. auch § 64 Satz 2 BGB.

- die Dauer der Bestellung;
- Verfahrensvorschriften für die Tätigkeit dieser Organe, also z. B. über Einberufung, Beschlußfassung und Zustandekommen der Beschlüsse.

Sind satzungsmäßige Regelungen lückenhaft, so muß versucht werden, durch Auslegung der Satzung die erforderlichen Normen zu gewinnen[7]. Ergänzend können auch einzelne gesetzliche Regelungen des Vereinsrechts über den Vorstand oder die Mitgliederversammlung herangezogen werden. **729**

Für die Anfechtung der Beschlüsse fakultativer Vereinsorgane gelten in der Regel die Grundsätze, die für die Anfechtung von Beschlüssen der Mitgliederversammlung bestehen. **730**

Für ein schadensstiftendes Verhalten statutarischer Organe haftet der Verein nach § 31 BGB.

Von dem organschaftlichen Verhältnis statutarischer Organmitglieder zum oder im Verein ist das weiter gegebene schuldrechtliche Verhältnis zum Verein zu unterscheiden. Das Mitglied eines fakultativen Vereins hat im Regelfall die Stellung eines Beauftragten, wie dies auch beim Vorstand der Fall ist[8]. Das Mitglied eines solchen Organs kann deshalb vom Verein Aufwendungsersatz nach § 670 BGB verlangen. **731**

Im Einzelfall kann auch mit dem Verein ein Dienstvertrag mit Vergütungsanspruch bestehen (§§ 675, 611, 612 BGB). Auch wenn ein solches Vertragsverhältnis besteht, kann das Mitglied eines fakultativen Organs jederzeit abberufen werden, unbeschadet des Anspruchs auf die vertragsmäßige Vergütung (entspr. § 27 Abs. 2 Satz 1 BGB).

Die Satzung kann auch die Ermächtigung enthalten, daß fakultative Organe Unterorgane einsetzen können[9]. Ein Unterorgan kann immer durch einen Beschluß des Gesamtorgans gebunden werden[10]. Das Handeln des Unterorgans wird dem Gesamtorgan zugerechnet. **732**

Groß- bzw. Gesamtverbände können fakultative Organe auch nur für den Bereich territorialer Untergliederungen haben, die rechtlich unselbständig sind (vgl. dazu Rn. 2677). Bestimmt z. B. die Satzung eines solches Verbandes, daß die Delegierten für den Zentralverband in regionalen Versammlungen gewählt werden, so sind diese Versammlungen fakultative Organe des Zentralverbandes. Dessen Satzung kann weiter vorsehen, daß der Leiter einer Untergliederung für den sachlichen und regionalen Zuständigkeitsbereich den Zentralverband nach § 26 Abs. 2 BGB vertreten kann. **733**

Fakultative Verbandsorgane sind die Delegiertenversammlungen (vgl. dazu näher Rn. 2687 ff.), da nach § 32 Abs. 1 BGB die Mitglieder die Mitgliederversammlung eines Vereins bilden. Für die politischen Parteien ist die Vertreterversammlung (andere Bezeichnung für Delegiertenversammlung) gesetzlich vorgesehen (§ 9 Abs. 1, § 13 PartG). Es ist allgemein anerkannt, daß auch nichtpolitische Vereine Delegiertenversammlungen bilden können[11]. **734**

---

7 Vgl. für den Beirat einer GmbH: *Baumbach/Hueck/Zöllner* § 45 GmbHG Rn. 13.
8 Vgl. § 27 Abs. 3 BGB.
9 Nach Parteienrecht ist das Präsidium ein Unterorgan des Vorstands, vgl. *Seifert* S. 244.
10 Vgl. *Seifert* a. a. O.
11 Vgl. z. B. *KG* HRR 1929 Nr. 2071; *OLG Frankfurt* OLGZ 1973, 137/130 und WM 1985, 1466.

735 § 30 BGB ermächtigt zur Bestellung eines besonderen Vertreters (vgl. dazu näher Rn. 1557). Gehört dem Vorstand eines als eingetragener Verein bestehenden genossenschaftlichen Prüfungsverbandes (§ 63 b Abs. 1 GenG) kein Wirtschaftsprüfer an, so muß ein solcher als besonderer Vertreter des Verbandes bestellt werden (§ 63 b Abs. 5 Satz 2 GenG).

736 Vorstand im Sinne des Gesetzes ist nur ein Vereinsorgan, das den Verein vertreten kann (vgl. § 26 Abs. 2 BGB). Im Rahmen seiner – auch verfassungsrechtlich nach Art. 9 Abs. 1 GG garantierten – Organisationsfreiheit kann der Verein einen sog. Erweiterten bzw. Gesamt-Vorstand bilden, dessen Mitglieder den Verein nicht, jedenfalls nicht nach außen, vertreten können (vgl. dazu näher Rn. 1585). Politische Parteien können als fakultatives Organ den geschäftsführenden Vorstand (Präsidium) bilden (§ 11 Abs. 4 PartG). Sie können somit einen »Beschluß«-Vorstand und einen Vertretungsvorstand haben[12]. Im übrigen muß auch nach dem öffentlichen Körperschaftsrecht nicht jedes Vorstandsmitglied befugt sein, die Körperschaft zu vertreten[13].

737 In Abweichung vom gesetzlichen Grundbild des Vereins kann durch die Satzung ein Organ eingesetzt werden, das den Vorstand berät und/oder überwacht. Solche Organe werden als Beirat, Verwaltungsrat und selten auch als Aufsichtsrat bezeichnet (vgl. dazu Rn. 1579). Einem solchen Organ können auch Kompetenzen der Mitgliederversammlung übertragen werden, wie etwa Bestellung und Abberufung des Vorstands oder Beschlußfassung über die Entlastung oder Nichtentlastung des Vorstands. Hierher gehört auch eine Vereins- bzw. Verbandsgerichtsbarkeit, da an sich die Entscheidung über Ordnungsmaßnahmen der Mitgliederversammlung zusteht. Die Satzung kann weiter einem Organ die Ermächtigung erteilen, in der tagungsfreien Zeit Beschlüsse zu fassen, die an sich der Mitgliederversammlung vorbehalten sind; hier muß aber die Satzung die Zuständigkeit näher umschreiben; diese muß immer hinter derjenigen der Mitgliederversammlung zurückbleiben, da sonst in unzulässiger Weise die Rechte der Mitglieder ausgeschlossen würden, welche die Mitgliederversammlung zu bilden haben.

738 Sieht die Satzung Rechnungsprüfer oder Vereinsrevisoren vor, so sind diese im Regelfall auch fakultive Organe des Vereins. In Ausnahmefällen werden jedoch solche Prüfer als Beauftragte der Mitgliederversammlung tätig; dann sind diese Personen ein Unterorgan der Mitgliederversammlung.

6. Das faktische Vereinsorgan

739 Sind Personen als Organmitglieder praktisch tätig, obwohl es an einer gültigen Bestellung fehlt, so spricht man von einem faktischen Organschaftsverhältnis. Dies ist etwa der Fall, wenn ein Amtsunfähiger bestellt wird (vgl. Rn. 1222), weiter wenn etwa ein Vorstand tätig wird, der nicht gültig gewählt worden ist oder dessen Amtszeit abgelaufen war, ohne daß die Satzung eine Verlängerungsklausel dahin enthalten hat, daß das Amt erst mit der Neubestellung eines Vorstands endet. Vgl. zum faktischen Vorstand näher Rn. 1288 ff.

---

12 *Seifert* S. 139.
13 Vgl. z. B. § 35 Abs. 1 SGB/IV.

Hierher gehört auch der Fall, daß eine Person zur Erfüllung des Vereinszwecks effektiv eine maßgebliche, leitende Funktion innehat, ohne aber als Organ bestellt worden zu sein. Hier wird der Verein haftungsrechtlich so behandelt, als habe er eine solche Person zum besonderen Vertreter bestellt (vgl. dazu näher Rn. 1576 ff.).

7. Zur Zulässigkeit der Mitgliedschaft in mehreren Vereinsorganen

Die Frage, ob es zulässig ist, daß die gleiche Person eine Organfunktion in zwei **740**
oder mehreren Organen haben kann, stellt sich zunächst bei den Verbänden, die Delegiertenversammlungen haben. Der Delegierte in der Versammlung des Dachverbandes kann nicht zugleich Vorstandsmitglied dieses Verbandes sein. Er vertritt eine größere Anzahl von Mitgliedern und muß in dieser Funktion sein Amt unabhängig ausüben können. Daran fehlt es, wenn der Delegierte Mitglied des Vorstands des Dachverbandes ist, da er dann Verbandsinteressen zu vertreten hat.

Bei den übrigen Vereinen stellt sich die Frage der zulässigen Personalunion nur im Verhältnis zu den fakultativen Organen. So kann z. B. ein Mitglied des Vorstands nicht Mitglied in einem Organ sein, das den Vorstand zu kontrollieren hat. Bei Sportverbänden entscheidet jährlich ein sog. Zulassungsausschuß über die Zulassung von Vereinen zum Wettkampfbetrieb; der Ausschuß ist ein Organ oder Unterorgan. Vorstandsmitglieder können dem Zulassungsausschuß dann nicht angehören, wenn der verbandsinterne Rechtszug gegen die Ablehnung zum Vorstand geht. Nach heutiger Praxis wird ein Vorstandsmitglied nicht in den Kontrollausschuß gewählt, der Sportverfehlungen zu verfolgen hat, und auch nicht in die Sportgerichtsbarkeit.

Die Satzung kann die Frage der Zulässigkeit der Personalunion in mehreren fakultativen Verbandsorganen regeln.

8. Hierarchie und Gleichordnung der Vereinsorgane

8.1. Die Mitglieder-(Vertreter-)Versammlung als oberstes Vereinsorgan

Die Mitglieder- oder Vertreterversammlung ist grundsätzlich das oberste Ver- **741**
einsorgan. Dies ist allerdings gesetzlich nicht bestimmt worden[14], ersichtlich jedoch deshalb, weil das Gesetz es ermöglicht, daß sich die Mitgliederversammlung selbst »entmündigt«, indem sie ihre Zuständigkeiten weitgehend anderen Vereinsorganen abgibt. Eine solche Satzungsgestaltung stellt aber einen seltenen Ausnahmefall dar. Falls die Satzung nicht etwas anderes besagt, bestellt die Mitgliederversammlung die Mitglieder übriger Vereinsorgane und beruft diese auch wieder ab. Sie überwacht die Amtsführung der anderen Vereinsorgane und billigt oder mißbilligt die Amtsführung der Mitglieder der weiteren Vereinsorgane, wobei sie bei schuldhaften Pflichtverletzungen auch dar-

14 Wie dies z. B. der Fall ist in § 9 Abs. 1 Satz 1 PartG oder Art. 64 Abs. 1 Schweiz. ZGB.

über entscheidet, ob Ersatzansprüche geltend gemacht werden sollen oder nicht.

742 Die Mitgliederversammlung hat die sog. Kompetenz-Kompetenz, d. h. sie kann grundsätzlich ihre gesetzliche oder satzungsmäßige Zuständigkeit auf andere Vereinsorgane übertragen und kann die Zuständigkeit dieser anderen Organe festlegen[15]. Diese Kompetenz-Verteilung kann bereits die Gründungsversammlung vornehmen und die Organe und deren Aufgabenkreis in der Satzung festlegen. Später ist eine Satzungsänderung erforderlich, mit der neue Organe geschaffen und ihnen Organfunktionen zugewiesen werden. Eine bloße Geschäftsordnung genügt hierfür nicht.

743 Von der Übertragung ausgenommen ist die Beschlußfassung über die Auflösung des Vereins (§ 41 BGB) sowie die Befugnis der Mitgliederversammlung, den Anfallberechtigten im Falle des § 45 Abs. 2 Satz 2 BGB zu bestimmen. Bei der Kompetenz-Verteilung ist zu beachten, daß die Zuständigkeit des Vorstands zur Außenvertretung des Vereins nicht abgeändert werden kann (§ 26 Abs. 2 Satz 1 BGB). Einem Organ dürfen weiter nicht Kompetenzen zugewiesen werden, die das damit betraute Organ von der Sache her nicht wahrnehmen kann. So kann z. B. dem Vorstand nicht seine eigene Entlastung oder Abberufung zugewiesen werden[16].

744 In der Vereinspraxis kommt fast nur eine verdrängende Zuständigkeit eines anderen Vereinsorgans dergestalt in Betracht, daß die satzungsmäßig begründete Zuständigkeit eine ausschließliche ist, d. h. das hierfür bestimmte Organ kann allein für den Verein handeln. Die konkurrierende Zuständigkeit wird kaum begründet. Eine solche ist gegeben, wenn z. B. neben der Mitgliederversammlung noch ein anderes Vereinsorgan zuständig ist. Hat ein solches eine Entscheidung getroffen, so kann die Mitgliederversammlung diese zwar nicht aufheben; sie kann aber die Entscheidung des anderen Organs durch eine gegenläufige mit Wirkung für die Zukunft ersetzen[17]. Nicht um einen Fall einer konkurrierenden Zuständigkeit handelt es sich, wenn nach der Satzung ein Organ (Mitgliederversammlung oder Vereinsgericht) eine Entscheidung eines anderen Organs abändern kann.

745 Die Mitgliederversammlung kann durch Festlegung in der Satzung u. a. folgende eigene Aufgaben einem anderen Vereinsorgan zuweisen:

- die Bestellung und Abberufung des Vorstands, der Liquidatoren sowie deren Abberufung (§ 27 Abs. 1, Abs. 2 Satz 1, § 48 Abs. 1 Satz 2 Halbs. 2 und Abs. 2 i. V. m. § 40 BGB),
- die Bestellung und Abberufung weiterer Vereinsorgane,
- das Weisungsrecht gegenüber dem Vorstand, den Liquidatoren und gegenüber anderen Vereinsorganen (soweit hier zulässig),
- die Entlastung des Vorstands, der Liquidatoren und eines Geschäftsführers,
- die Ordnungsgewalt über die Mitglieder,
- die Bestimmung des Anfallsberechtigten im Falle des § 45 Abs. 2 Satz 1 BGB.

15 Vgl. BGHZ 84, 209/213 f.: Gewerkensache.

16 Vgl. *BGH* NJW 1965, 1378.

17 Vgl. *Scholz/K. Schmidt* § 45 GmbHG Rn. 9.

Die herrschende Auffassung bejaht auch die Zuweisung der Satzungsänderung an ein anderes Organ, die an sich nach § 40 i. V. m. § 33 Abs. 1 BGB zulässig ist[18]. Hier bestehen aber Bedenken, weil nach anderen Körperschaftsrechten die Selbstordnung der inneren Verhältnisse durch Satzungsänderung zwingend der Haupt-, General- oder Gesellschafterversammlung zugewiesen ist (§ 119 Abs. 1 Nr. 5 AktG; § 53 Abs. 1 GmbHG; § 16 Abs. 1 GenG). Die Zuweisungsbefugnis bedarf einer Eingrenzung: Die Übertragung der Zuständigkeit auf ein anderes Vereinsorgan ist dann zulässig, wenn der Mitgliederversammlung ein Restrecht zur Satzungsänderung dahin bleibt, daß die Kompetenz des anderen Organs wieder beseitigt und die Zuständigkeit wieder zurückgerufen werden kann. Unbedenklich ist es stets, die Vornahme nur redaktioneller Änderungen der von der Mitgliederversammlung beschlossenen Satzungsänderung einem anderen Organ (meist Vorstand) für dauernd zu übertragen. **746**

Die Mitgliederversammlung beschränkt selbst ihre Rechte, wenn sie ihre Aufgaben anderen Vereinsorganen zuweist. Eine solche Beschränkung kann auch dadurch eintreten, daß einzelnen Mitgliedern Sonderrechte eingeräumt werden, z. B. auf Bestellung des Vorstands. Weiter können Entscheidungen der Mitgliederversammlung an die Zustimmung eines anderen Vereinsorgans gebunden werden. Mit Einschränkungen ist es auch zulässig, daß die Entscheidungskompetenz der Mitgliederversammlung auf außenstehende Dritte verlagert wird (vgl. Rn. 2847) oder daß Dritte der Entscheidung der Mitgliederversammlung zustimmen müssen. Schließlich kann die Mitgliederversammlung sich in der Weise beschränken, daß sie ein Unterorgan einsetzt; einem solchen kann die Vorberatung und auch eine Entscheidungsbefugnis nur in vorgegebenen Grenzen übertragen werden. All diese Einschränkungen der Kompetenzen der Mitgliederversammlung sind ohne deren Mitwirkung nicht möglich. Ein Sonderrecht z. B. muß in der Gründungsversammlung beschlossen oder später durch Satzungsänderung eingeführt werden. Mit Ausnahme der Einsetzung eines Unterorgans (dem keine Satzungsänderung übertragen wird) ist eine Festlegung der von der Mitgliederversammlung abgegebenen Kompetenzen an andere Organe in der Satzung erforderlich. **747**

Wird ein Vereinsorgan – ausgenommen der Vorstand – handlungsunfähig, so wird die Mitgliederversammlung zuständig[19]. Sie hat insoweit eine Ersatzkompetenz. **748**

Weiter kann die Mitgliederversammlung eine aufgegebene Zuständigkeit durch Satzungsänderung wieder an sich ziehen. Eine solche Rückrufung von Zuständigkeiten ist jederzeit möglich. Nach der hier vertretenen Auffassung gilt dies auch dann, wenn die Mitgliederversammlung die Zuständigkeit für Satzungsänderungen einem anderen Organ übertragen hat. **749**

Zur Kompetenz-Kompetenz gehört es auch, daß die Mitgliederversammlung durch Satzungsänderung bestehende Organzuständigkeiten ändern und bestehende Organe – mit Ausnahme des Vertretungsvorstands – wieder aufheben kann. Sie kann dem Vorstand die Geschäftsführung entziehen und einem anderen Organ übertragen. **750**

---

18 Vgl. MünchKomm/*Reuter* Rn. 5, RGRK/*Steffen* Rn. 2, 7, *Staudinger/Coing* Rn. 6, *Soergel/Hadding* Rn. 6, je zu § 33 BGB; a. A. *Flume* Festschrift Coing II 1982 S. 97/102 f.; *Ott* § 33 BGB Rn. 5.

19 Vgl. auch *BGH* NJW 1954, 338.

751 Die Mitgliederversammlung hat eine – allerdings durch die Satzung abänderbare – Auffangzuständigkeit für Angelegenheiten, die in der Satzung nicht ausdrücklich einem bestimmten Vereinsorgan zugewiesen sind.
Daraus folgt, daß die Mitgliederversammlung einen Zuständigkeitsstreit unter Vereinsorganen, sonstige Streitigkeiten zwischen Organmitgliedern untereinander[20] oder zwischen Mitgliedern desselben Organs[21] zu entscheiden hat, sofern hierfür in der Satzung nicht ein Vereinsgericht bestimmt worden ist.
Die Mitgliederversammlung ist als oberstes Vereinsorgan auch zuständig für vereinsinterne Rechtsmittel von »gewöhnlichen« Mitgliedern und Organmitgliedern. Eine solche Entscheidungskompetenz besteht aber nur dann, wenn die Satzung dies anordnet oder wenn sich dies wenigstens durch Satzungsauslegung ergibt. In einem solchen Fall kann z. B. die vom Vorstand beschlossene Ausschließung aus dem Verein der Mitgliederversammlung zur Entscheidung unterbreitet werden. Die Satzung kann aber für all diese Angelegenheiten die Zuständigkeit eines Vereinsgerichts vorsehen.

752 Vor der Erschöpfung eines vereinsintern möglichen Rechtszuges kann grundsätzlich das staatliche Gericht oder das satzungsmäßig vorgesehene Schiedsgericht nicht angerufen werden.

753 Gegenüber dem Vorstand kann die Mitgliederversammlung ihre Zuständigkeit insofern erweitern, als sie die Außenvertretung des Vorstands von Zustimmungsvorbehalten abhängig machen kann, falls dies die Satzung vorsieht.

8.2. Der grundsätzliche Gleichrang der übrigen Vereinsorgane

754 Das Verhältnis anderer Organe als der Mitgliederversammlung wird vom Grundsatz des Gleichrangs geprägt. Daraus folgt, daß sich die Organe nicht gegenseitig zu überwachen haben. Es besteht aber eine gegenseitige Unterrichtungspflicht hinsichtlich der Umstände, die für ein anderes Organ von Bedeutung sein können.
Eine gewisse Sonderstellung nimmt aber eine satzungsmäßig gebildete Vereinsgerichtsbarkeit ein. Dieser kann die Überprüfung aller Entscheidungen von Vereinsorganen satzungsmäßig übertragen werden. Das Gerichtsorgan kann dann zwar Entscheidungen anderer Vereinsinstanzen abändern und aufheben, kann aber grundsätzlich keine ersetzenden Entscheidungen treffen, soweit die Willensbildung im Verein in Betracht kommt.

8.3. Die grundsätzliche Unwirksamkeit von Entscheidungen oder Maßnahmen bei Unzuständigkeit eines Organs

755 Beachtet ein Organ die gesetzlich zwingende oder satzungsmäßig angeordnete Zuständigkeit eines anderen Vereinsorgans nicht, so ist die getroffene Entscheidung oder Maßnahme eines sonach unzuständigen Organs unwirksam. Trifft dies bei einem anderen Organ als der Mitgliederversammlung zu, so kann diese, wenn ein dahingehender Rechtsmittelzug besteht, die Entscheidung oder

20 Vgl. RGZ 79, 409: Zugehörigkeit zu einem Organ.
21 BGHZ 49, 396: Streit um satzungsmäßige Willensbildung im Verein.

Maßnahme des unzuständigen Organs aufheben und kann sie durch eine andere, fehlerfreie Entscheidung oder Maßnahme ersetzen.
Die Mitgliederversammlung kann aber die satzungsmäßig angeordnete Zuständigkeit eines anderen Organs, falls sie keine Rechtsmittelinstanz ist, nicht fallweise an sich ziehen[22]. Dazu ist eine Satzungsänderung erforderlich, die erst mit der Eintragung im Vereinsregister (§ 71 Abs. 1 BGB; beim Wirtschaftsverein mit der Genehmigung nach § 33 Abs. 2 BGB) wirksam wird. Erst dann kann die Mitgliederversammlung in dieser ihr nunmehr zugewiesenen Angelegenheit entscheiden.

9. Organstellung und Anstellungsverhältnis – ehrenamtliche und besoldete Organstellung

Mit dem einseitigen Bestellungsakt erlangt der Träger eines Vereinsamtes eine nur nach korporationsrechtlichen Grundsätzen zu beurteilende Organstellung. Die sich hieraus ergebenden Rechte und Pflichten decken aber die Rechtsbeziehungen zwischen dem Organmitglied und dem Verein nicht völlig ab. Kein Bestellungsakt regelt z. B. die Frage, ob das Organmitglied Aufwendungsersatz oder eine Vergütung erhält oder ob ihm der Verein wegen seiner vereinsamtlichen Tätigkeit einen privaten Versicherungsschutz angedeihen läßt. Wird weiter ein Außenstehender in ein Vereinsamt gewählt und soll für ihn die Satzung (und evtl. Nebenordnungen) vollinhaltlich gelten, so wird dies mit dem Bestellungsakt allein nicht erreicht. 756

Die nähere Ausgestaltung der Rechtsbeziehungen zwischen dem Organmitglied und dem Verein kommt durch den Abschluß eines schuldrechtlichen Anstellungsvertrages zustande. Soweit nicht das Organ Mitgliederversammlung in Betracht kommt, ist der Abschluß eines solchen Vertrages bei jeder Neubegründung einer Organstellung erforderlich, also mit den Delegierten, den Vorstandsmitgliedern und den Mitgliedern weiterer fakultativer Organe. Soweit § 27 Abs. 3 BGB für den Vorstand auf die Vorschriften über den Auftrag (§§ 662 ff. BGB) verweist, gilt dies nur für den organschaftlichen Bereich, in dem der Vorstand tätig ist. Auch mit ihm ist ein Anstellungsvertrag abzuschließen[23]. Nichts anderes gilt, wenn andere Organstellungen in Betracht kommen (wie z. B. diejenige als Delegierter, als besonderer Vertreter), für die ohnedies eine auf das Auftragsrecht verweisende Vorschrift fehlt. Im GmbH-Recht und im Genossenschaftsrecht ist es unstreitig, daß ein Anstellungsvertrag auch dann abgeschlossen wird, wenn der Geschäftsführer, der Vorstand oder der Aufsichtsrat keine Vergütung erhält[24]. 757

Der Anstellungsvertrag bedarf keiner Form; er kann somit auch konkludent zustande kommen[25]. Wird der Vertrag nicht ausdrücklich abgeschlossen, so

22 *RG* Warn. 1913 Nr. 392: Nichtbeachtung der Zuständigkeit des Ehrengerichts.
23 MünchKomm/*Reuter* § 27 BGB Rn. 1, 17; a. A. *Soergel/Hadding* § 27 BGB Rn. 12.
24 Vgl. z. B. *RG* JW 1936, 2312: Vorstand einer Genossenschaft; RGZ 146, 152: Aufsichtsrat; *Lutter/Hommelhoff* Anh. § 6 GmbHG Rn. 1, 6 und § 52 GmbHG Rn. 45; *Rowedder/Koppensteiner* § 35 GmbHG Rn. 64.
25 Vgl. z. B. *Lutter/Hommelhoff* a. a. O. Rn. 6.

wird er zwischen dem Organmitglied und dem Verein konkludent mit der Annahme des Amtes vereinbart. Bei der besoldeten Organstellung richtet sich dann die Vergütung nach § 612 BGB.

Der Anstellungsvertrag ist Dienstvertrag, gerichtet auf eine Geschäftsbesorgung, wenn eine Vergütung vereinbart wird (§§ 611, 675 BGB). Soll das Organmitglied für seine vereinsamtliche Tätigkeit keine Vergütung erhalten, so wird ein Auftragsverhältnis (§§ 662 ff. BGB) begründet; das Organmitglied erhält nur Aufwendungsersatz (§ 670 BGB).

758 Die Organtätigkeit, für die nur ein Auslagenersatz in Betracht kommt, wird als ehrenamtliche Tätigkeit bezeichnet.

Bis vor etwa 30 Jahren war die Organtätigkeit in Vereinen fast ausschließlich eine ehrenamtliche. Es gab den Vorstandsvorsitzenden, seinen Stellvertreter, den Schriftführer und den Kassier als ehrenamtliche Organmitglieder. U. a. die Kommerzialisierung des Sports, der vereinsmäßig organisiert ist, aber auch die vermehrte Bildung von Dach- und Spitzenverbänden als der obersten Vereinigung zur Erreichung gemeinsamer Ziele von Unternehmungen, Berufsgruppen usw. hat dazu geführt, daß Vereinsämter in diesen Bereichen nicht mehr ehrenamtlich geführt werden. Die besoldete Organstellung ist im Vordringen.

759 In der Praxis werden bei Vereinen Anstellungsverträge nur selten ausdrücklich abgeschlossen. Solche Verträge können aber – wie ausgeführt – auch stillschweigend zustande kommen. Oft ist in der Satzung oder in einer Finanzordnung eine mehr oder weniger klare Regelung der finanziellen Seite der Organtätigkeit enthalten, die aber nicht eindeutig ergibt, ob der Inhaber einer Organstellung eine Vergütung erhält (dann Dienstvertrag gerichtet auf eine Geschäftsbesorgung) oder nur einen Aufwendungsersatz, auch als Aufwandsentschädigung bezeichnet (dann ehrenamtliches Auftragsverhältnis). Es ist somit die Vergütung vom Aufwendungsersatz abzugrenzen.

760 Der Verein gewährt **Aufwendungsersatz** wenn er die Vermögensopfer des beauftragten Organmitglieds mit Ausnahme der Zurverfügungstellung der eigenen Arbeitszeit und Arbeitskraft entschädigt, die das Organmitglied zum Zwecke der Ausführung seines Auftrags freiwillig, auf Weisung (z. B. des Vorsitzenden des Organs oder aufgrund einer Geschäftsanweisung) oder als notwendige Folge der Auftragsausführung erbringt[26]. Dazu zählen Auslagen, die dem Organmitglied in dieser Eigenschaft und damit im Interesse des Vereins entstanden sind, wie Reisekosten, Post- und Telefonspesen, zusätzliche Verpflegungs- und Beherbergungskosten[27]. U. U. können je nach dem Zuschnitt des Vereins auch verauslagte Repräsentationskosten dazu gehören[28]. All diese Kosten müssen tatsächlich angefallen sein; sie müssen zur Ausführung des Auftrags erforderlich gewesen sein und müssen sich in einem angemessenen Rahmen halten[29]. Zum Bereich Aufwendungsersatz gehört es auch, wenn der Verein die Reparaturkosten für den PKW des Organmitglieds übernimmt, die wegen eines Unfalls auf einer dienstlich veranlaßten Fahrt entstanden sind[30]. Auch noch in

---

26 *BGH* WM 1988, 531/532.

27 *BGH* a. a. O.

28 Vgl. *Lang/Weidmüller/Schaffland* § 24 GenG Rn. 28.

29 *BGH* a. a. O.

30 Vgl. *BAG* NJW 1981, 702; *AG Bochum* NJW-RR 1989, 96; einschränkend: *LAG Hamm* DB 1980, 214.

diesen Bereich dürfte es fallen, wenn der Verein zugunsten eines Organmitglieds eine private Haftpflichtversicherung abschließt und die Prämien bezahlt, um einen Versicherungsschutz bei der vereinsamtlichen Tätigkeit zu gewährleisten.

Alle darüber hinausgehenden Vereinsleistungen sind Vergütung (mit der Folge, **761**
daß ein Dienstvertrag besteht), da eine solche dann ein Entgelt für die Zurverfügungstellung der eigenen Arbeitskraft oder dafür ist, daß diese Arbeitskraft nicht im eigenen Beruf oder Unternehmen eingesetzt werden konnte, es also zu einem Verdienstausfall gekommen ist[31]. Für die Vergütung ist deren Bezeichnung nicht wesentlich, auch nicht, ob auf eine solche ein Rechtsanspruch besteht oder nicht, ob sie einmalig oder laufend in Form von Geldzahlungen oder Sachbezügen gewährt wird[32]; es gehören dazu alle geldwerten Vorteile, die nur mit Rücksicht auf die Organstellung eingeräumt worden sind[33]. Der Verein, der z. B. seinem Vorstandsvorsitzenden einen vom Verein gekauften PKW auch für Privatfahrten zur Verfügung stellt, leistet eine Vergütung.

Werden Pauschalen gewährt, so müssen sie den tatsächlich entstandenen und **762**
belegbaren Aufwand für die Ausführung des Auftrags abdecken, um als Aufwendungsersatz anerkannt werden zu können[34]; steuerlich führt pauschaler Auslagenersatz regelmäßig zur Annahme eines Arbeitslohns, es sei denn, es handelt sich um Bezüge, die erfahrungsgemäß den Aufwand nicht übersteigen[35]. Sitzungsgelder, die zusätzlich zu nachgewiesenen Auslagen gewährt werden, sind im Regelfall Vergütung für Arbeitsleistung oder für entgangenen Verdienst[36].

Soweit in öffentlich-rechtlichen Vorschriften die ehrenamtliche Tätigkeit **763**
rechtlich anders gesehen wird, sind solche Vorschriften im Vereinsrecht nicht entsprechend anwendbar, wenn es um die Abgrenzung geht, ob ein Vereinsamt ehrenamtlich geführt wird oder ob ein Dienstverhältnis begründet worden ist. So ist z. B. nach § 4 Nr. 26 UStG die ehrenamtliche Tätigkeit in Vereinen von der Umsatzsteuer befreit, wenn das Entgelt für diese Tätigkeit nur in Auslagenersatz und in einer angemessenen Entschädigung für Zeitversäumnisse besteht[37]. Die Mitglieder der Selbstverwaltungsorgane der Träger der Sozialversicherung üben ihre Tätigkeit (ebenfalls) ehrenamtlich aus (§ 40 SGB/IV). Ersetzt wird aber neben baren Auslagen auch der tatsächlich entgangene Bruttoverdienst; es kann auch ein Pauschbetrag für den Zeitaufwand für eine Sitzung gewährt werden (§ 41 Abs. 2, 3 SGB/IV).

31 *BGH* a. a. O.; *RG* BlfG 1936, 682; *BFH* BStBl. 1988 II S. 726.
32 Vgl. auch § 14 Abs. 1 SGB/IV.
33 Vgl. *BFH* a. a. O.
34 Vgl. *BGH* a. a. O.
35 Vgl. *BFH* BStBl. 1966 III S. 607.
36 *BGH* a. a. O.
37 Vgl. *Kühr* Rn. 762.

2. Abschnitt
Die Mitgliederversammlung

1. Die Einberufung der Mitgliederversammlung durch das zuständige Vereinsorgan

1.1. Die satzungsmäßig bestimmte Zuständigkeit

764 Im Vereinsrecht fehlt es an einer gesetzlichen Regelung, wer die Mitgliederversammlung einzuberufen hat (eine solche gesetzliche Regelung besteht nach § 111 Abs. 3, § 121 Abs. 2 AktG, § 44 Abs. 1 GenG und § 49 Abs. 1 GmbHG). § 58 Nr. 4 BGB verlangt nur eine Satzungsbestimmung über die Voraussetzungen, unter denen die Mitgliederversammlung zu berufen ist. Das Einberufungsorgan kann die Satzung bestimmen (§ 25 BGB). Da die Einberufung jedenfalls kein Akt der Außenvertretung des Vereins ist, muß die Satzung nicht notwendig den Vorstand für zuständig erklären, wenn auch im Regelfall der Vorstandsvorsitzende die Mitgliederversammlung zu berufen hat. Die Satzung kann ein besonderes Einberufungs- und Sitzungsleitungsorgan vorsehen. In Anlehnung an die Regelung in § 62 Abs. 1 Satz 1, § 63 Abs. 2 SGB/IV ist z. B. in den Satzungen der in Vereinsform bestehenden Spitzenverbände der Träger der Sozialversicherung bestimmt, daß von der Mitgliederversammlung auf die Amtsdauer von sechs Jahren (entspr. § 58 Abs. 2 SGB/IV) jeweils ein Leiter der Mitgliederversammlung und sein Stellvertreter gewählt werden, denen die Einberufung und Leitung der Mitgliederversammlung obliegt. Die Satzung kann die Einberufungszuständigkeit allgemein oder für bestimmte Angelegenheiten z. B. eines Beirats begründen. Hat das zur Einberufung zuständige Organmitglied einen Stellvertreter, so ist dieser im Falle der Verhinderung des zunächst bestimmten Organmitglieds zur Einberufung befugt; der Begriff Verhinderung ist weit auszulegen; darunter fällt auch die grundlose Weigerung der Einberufung.

765 Die Mitgliederversammlung als solche kann im Falle der Nichterledigung aller Tagesordnungspunkte eine neue (also nicht nur unterbrochene) Mitgliederversammlung nicht selbst einberufen, wenn die Satzung für die Berufung den 1. Vorsitzenden und bei dessen Verhinderung den 2. Vorsitzenden vorsieht[38]. Ein dahingehender Beschluß der Mitgliederversammlung stellt eine nicht zulässige Satzungsdurchbrechung dar.
Die Einberufungszuständigkeit kann auch einem Vereinsmitglied kraft eines satzungsmäßig begründeten Sonderrechts (§ 35 BGB) zustehen.

766 Die Zuständigkeit einer außerhalb des Vereins stehenden Person kann die Satzung nicht begründen, da hier ein Organhandeln für den Verein gegeben ist, das begrifflich einem Außenstehenden nicht übertragen werden kann[39]. Der Firmeninhaber, der etwa mit seinem Unternehmen Träger eines Werkskantinen- oder Unterstützungsvereins ist, kann die Mitgliedschaft erwerben und kann sich ein Sonderrecht auf Einberufung einräumen lassen.

---

38 BayObLGZ 1989, 298/303 f.

39 A. A. *Stöber* Rn. 168.

1.2. Die Einberufungszuständigkeit des Vorstands bei Schweigen der Satzung

Legt die Satzung die Einberufungszuständigkeit nicht fest, so ist der (Vertretungs-)Vorstand das Einberufungsorgan, da er für den Verein auch im Innenbereich handelt[40]. Diese Einberufungszuständigkeit setzt nur eine wirksame Bestellung, nicht aber die Eintragung des Vorstands im Vereinsregister voraus[41]. Nach herrschender Auffassung im GmbH-Recht kann von mehreren Geschäftsführern jeder die Gesellschafterversammlung einberufen[42], da hier als Korrelat nicht die Vertretungsmacht, sondern die Verantwortlichkeit eines jeden Geschäftsführers angesehen wird[43]. Es spricht viel dafür, diese Auffassung auch für das Vereinsrecht zu übernehmen. Die hier herrschende Auffassung stellt aber noch auf die Vertretungsbefugnis ab und verlangt deshalb beim mehrgliedrigen Vorstand ohne Einzelvertretungsbefugnis die Mitwirkung aller Organmitglieder[44]; ein Vorstandsbeschluß ist aber nicht in Abschrift beizufügen[45]. Das Einberufungsschreiben muß dann die Unterschriften aller Organmitglieder enthalten. Bei Einzelvertretungsbefugnis kann jedes Vorstandsmitglied einberufen[46]. **767**

Im Abwicklungsstadium haben die Liquidatoren das Einberufungsrecht[47]. **768**

Im Konkursfall bleibt das Einberufungsrecht des Vorstands bestehen. Ein solches des Konkursverwalters wird bei der GmbH zunehmend dann bejaht, wenn dieser Leiter eines Unternehmens der GmbH wird[48]. Im Vereinsrecht bestehen deshalb Bedenken gegen ein solches Einberufungsrecht, weil der Konkursverwalter kein Organ des Vereins ist. **769**

1.3. Das Einberufungsrecht des ausgeschiedenen, aber noch eingetragenen Vorstands sowie des faktischen Vorstands

Hat der Vorstand seine Amtsstellung durch Amtsniederlegung oder Abberufung verloren und ist auch nicht der Fall der Geschäftsunfähigkeit gegeben, ist er aber noch im Vereinsregister als Vorstand eingetragen, so kann er (in Anwendung des Rechtsgedankens in § 68 BGB) noch eine Mitgliederversammlung einberufen, wie dies für den Vorstand einer Aktiengesellschaft in § 121 Abs. 2 Satz 2 AktG bestimmt ist[49]. Ob der Eingetragene gültig bestellt worden ist, bleibt gleich[50]. Die danach gegebene Zuständigkeit zur Einberufung wird auch nicht dadurch in Frage gestellt, daß durch eine rechtskräftige gerichtliche Ent- **770**

40 Vgl. BayObLGZ 1985, 24/29; *OLG Hamm* NJW-RR 1989, 1532/1533.
41 *Lang/Weidmüller/Metz* § 44 GenG Rn. 11.
42 *KG* OLGZ 1965, 166/168; *OLG Frankfurt* GmbHR 1976, 110; *Lutter/Hommelhoff* Rn. 3, *Rowedder/Koppensteiner* Rn. 2, *Scholz/K. Schmidt* Rn. 4, je zu § 49 GmbHG.
43 *Scholz/K. Schmidt* a. a. O.
44 Vgl. z. B. *Stöber* Rn. 168.
45 A. A. *Stöber* a. a. O.
46 *OLG Hamm* a. a. O.
47 Vgl. § 48 Abs. 2 BGB.
48 Vgl. z. B. *Lutter/Hommelhoff* Rn. 3, *Scholz/K. Schmidt* Rn. 6, je zu § 49 GmbHG.
49 *KG* OLGZ 1971, 480/481; BayObLGZ 1985, 24/27 und 1988, 410/412; ebenso zum Genossenschaftsrecht: BGHZ 18, 334/340; *BGH* WM 1961, 1296.
50 Vgl. *RG* JW 1936, 2311; *KG* WM 1959, 513/516.

scheidung die Ungültigkeit der Bestellung des Eingetragenen festgestellt wird[51].
Ein Einberufungsrecht hat auch der faktisch tätige Vorstand, und zwar unabhängig davon, ob er in das Vereinsregister eingetragen worden ist oder nicht[52].

1.4. Grundsätzlich kein Vorstandsbeschluß über Einberufung

771 Nach einer älteren Auffassung in der Rechtsprechung war beim mehrgliedrigen Vorstand ein Vorstandsbeschluß als Wirksamkeitsvoraussetzung der Einberufung erforderlich[53]. Dem kann nicht zugestimmt werden. Die Außenvertretung des Vereins hängt grundsätzlich nicht von einer (gültigen) Beschlußfassung des mehrgliedrigen Vorstands ab[54]. Für die Innenvertretung, deren Bereich die Einberufung zugerechnet werden kann, kann nichts anderes gelten. Ein Vorstandsbeschluß ist jedenfalls dann nicht erforderlich, wenn die Satzung beim mehrgliedrigen Vorstand die Vertretung regelt. Ist dies nicht der Fall, so müssen nach der hier vertretenen Auffassung ohnedies alle Vorstandsmitglieder gemeinsam bei der Einberufung handeln.
Die Satzung kann allerdings den aus mehreren Personen bestehenden Vorstand verpflichten, über die Frage der Einberufung einen Beschluß zu fassen. Hier ist dann ein nicht vollständig besetzter Vorstand nicht beschlußfähig[55]. Auf die Ursächlichkeit des Fehlers kommt es nicht an[56].

1.5. Keine Delegierung des Einberufungsrechts

772 Eine Delegierung des Einberufungsrechts auf Personen, denen die Satzung ein solches Recht nicht einräumt, ist nicht zulässig[57]. Hat ein Unbefugter einberufen, so kann das Einberufungsorgan hierzu weder vorher ermächtigen noch kann es dieses Handeln nachträglich genehmigen[58]. Die Bevollmächtigung einer Person zur Einberufung ist ebenfalls nicht zulässig[59].

773 Keinen Bedenken begegnet es jedoch, wenn die Mitglieder des Vorstands einen Kollegen mit der tatsächlichen Durchführung der Einberufung betrauen. Das Einberufungsorgan kann sich stets der technischen Hilfe, z. B. eines Boten, bedienen[60]. Dann muß aber aus der Einberufung hervorgehen, daß nicht dieser Dritte, sondern das Einberufungsorgan der Urheber der Einberufung ist[61].

51 Vgl. auch *BayObLG* NJW-RR 1991, 531: WEG.
52 RGRK/Steffen § 26 BGB Rn. 4; a. A. *Stöber* Rn. 169; wie im Text ebenso im GmbH-Recht: *Scholz/K. Schmidt* Rn. 5, *Lutter/Hommelhoff* Rn. 3, *Rowedder/Koppensteiner* Rn. 2, je zu § 49 GmbHG.
53 *OLG Schleswig* NJW 1960, 1862; BayObLGZ 1963, 15/18; *KG* OLGZ 1978, 272/276.
54 BGHZ 69, 250/253.
55 BayObLGZ 1985, 24/29 und 1988, 170/174.
56 *Stöber* Rn. 168 Fußn. 13; a. A. *OLG Köln* OLGZ 1983, 269.
57 Vgl. *Scholz/K. Schmidt* § 49 GmbHG Rn. 10.
58 Vgl. *KG* OLGE 24, 158/159: GmbH.
59 Vgl. *Scholz/K. Schmidt* a. a. O.
60 Vgl. BayObLGZ 28, 492/493 f. = JFG 6, 230/232.
61 Vgl. *Scholz/K. Schmidt* a. a. O.

1.6. Zuständigkeit des Einberufungsbefugten auch bei schriftlicher Abstimmung

Das Recht, eine Mitgliederversammlung einberufen zu können, umfaßt auch die Befugnis, das schriftliche Abstimmungsverfahren nach § 32 Abs. 2 BGB einzuleiten und durchzuführen. **774**

1.7. Widerruf der Einberufung und Verlegung

Wer zur Einberufung befugt ist, kann diese auch wieder zurücknehmen bzw. widerrufen[62]. Haben die Vorstandsmitglieder A und B Einzelvertretungsbefugnis, so kann B die Einberufung des A wieder zurücknehmen. Hierbei braucht die Einberufungsform nicht gewahrt zu werden, die Absage muß aber unzweideutig sein[63]. Die Absageerklärungen werden erst mit dem jeweiligen Zugang wirksam; damit entfallen die Rechtswirkungen der Einberufung[64]. Ist der Zugang bei einem Teil der Mitglieder nicht zu verzeichnen, so bilden die erschienenen Mitglieder zwar eine Mitgliederversammlung, aber eine solche, die fehlerhaft einberufen worden ist. Eine trotz ordnungsgemäßer Absage gleichwohl gebildete Versammlung von Mitgliedern kann keine gültigen Beschlüsse fassen[65]. **775**

Ein grundloser Widerruf des Termins einer Mitgliederversammlung oder die Unterlassung eines geeigneten raschen Verständigungsmittels kann zur Schadensersatzhaftung des Vereins wegen schuldhaft fehlerhaften Verhaltens des Einberufungsorgans führen (§§ 31, 276 BGB), wenn Mitgliedern hierdurch Reisekosten entstehen[66]. **776**

Vor deren Beginn kann eine Versammlung nicht verlegt oder vertagt werden; gebraucht das Einberufungsorgan gleichwohl diese Ausdrücke, so sind sie in eine Rücknahme der Einberufung umzudeuten. Eine solche Verlegung ist mit einer Neueinberufung verbunden, für welche eine satzungsmäßige Einberufungsfrist[67] und Einberufungsform zu beachten sind. Formlos möglich ist die Berichtigung von Modalitäten der Versammlung, etwa, daß diese eine Stunde später beginnt oder daß sie in einem anderen Hotel stattfindet[68].

1.8. Doppeleinberufungen

Zu Doppeleinberufungen kann es einmal kommen, weil die Satzung die Einberufungszuständigkeit überhaupt nicht oder nicht klar genug regelt. Sind z. B. drei Vorstandsmitglieder einzelvertretungsberechtigt, so kann jeder mit anderen Tagesordnungspunkten einberufen. Gleiches gilt, wenn ein Mitglied kraft Sonderrechts einberufen kann und die Einberufungszuständigkeit des Vorstands nicht beseitigt worden ist. Zum anderen ist eine Doppeleinberufung möglich, wenn das Gericht eine Minderheit nach § 37 Abs. 2 BGB zur Ein- **777**

62 Vgl. RGZ 166, 129/133; *OLG Hamm* OLGZ 1981, 24/25.
63 *RG* a. a. O.
64 Vgl. *Scholz/K. Schmidt* § 51 GmbHG Rn. 24.
65 *KG* NJW 1988, 3159/3161.
66 Vgl. *Scholz/K. Schmidt* a. a. O.
67 Vgl. *BGH* NJW 1987, 2580: GmbH.
68 Vgl. *Scholz/K. Schmidt* § 51 GmbHG Rn. 25.

berufung ermächtigt hat und wenn nunmehr der Vorstand von seinem Einberufungsrecht Gebrauch macht, das durch die gerichtliche Ermächtigung nicht verdrängt worden ist[69].

778 Hier ist zu unterscheiden:
Erreichen beide Einberufungen mit gleichen Tagesordnungspunkten die Mitglieder zur selben Zeit, so sind beide Einberufungen wegen Verwirrung unwirksam[70].
Sind beide Einberufungen zeitlich miteinander unvereinbar, so gilt die erste Einberufung[71].
Sind die Doppeleinberufungen nur von der mitgeteilten Tagesordnung her unvereinbar, so können beide Einberufungen wirksam sein. Die zuerst stattfindende Versammlung kann ein Ergebnis haben, das die zweite überflüssig macht[72].

1.9. Rechtsfolgen der Einberufung durch Unbefugte

779 Hat eine hierzu nicht befugte Person zu einer Mitgliederversammlung eingeladen, so ist eine gültige Beschlußfassung nicht möglich[73]. Eine Prüfung der Ursächlichkeit des Einberufungsmangels für das Beschlußergebnis findet nicht statt. Vgl. dazu näher Rn. 1149.

2. Die Pflicht zur Einberufung der Mitgliederversammlung

2.1. Der durch die Satzung bestimmte Einberufungsgrund

780 Erstrebt ein Verein die Rechtsfähigkeit durch Eintragung, so soll seine Satzung die Voraussetzungen festlegen, unter denen die Mitgliederversammlung zu berufen ist (§ 58 Nr. 4 BGB). Fehlt eine solche Regelung, so muß der Eintragungsantrag zurückgewiesen werden (§ 60 BGB). Die Vorschrift des § 58 Nr. 4 BGB gilt für einen Wirtschaftsverein entsprechend. Die Einberufung der Mitgliederversammlung in den durch die Satzung bestimmten Fällen ist in § 36 BGB zur gesetzlichen Pflicht erklärt worden. Pflichtadressat ist das Einberufungsorgan.

781 Die Satzung kann sog. periodische, d. h. »ordentliche« Mitgliederversammlungen festlegen, wobei Einberufungsgründe nicht benannt werden müssen. Erfahrungsgemäß hat sich nach dem Ablauf von ein oder zwei Jahren eine Veränderung oder Entwicklung im Verein ergeben, die diskutiert werden und einer Beschlußfassung zugänglich sein muß. Außerdem muß periodisch die Geschäftsführung des Vorstands überprüft und diesem entweder Entlastung erteilt oder verweigert werden.
Die Satzung kann außerdem vorschreiben, daß eine außerordentliche Mitgliederversammlung einberufen werden kann, wenn sie der Vorstand oder eine bestimmte Vereinsminderheit für erforderlich hält.

---

69 Vgl. *OLG Naumburg* JW 1938, 1827 mit zust. Anm. v. *Ruth.*
70 Vgl. KölnKomm/*Zöllner* § 121 AktG Rn. 42.
71 Vgl. *Scholz/K. Schmidt* § 49 GmbHG Rn. 13.
72 Vgl. *Scholz/K. Schmidt* a. a. O.
73 Vgl. z. B. *OLG Hamm* NJW-RR 1989, 1532.

2.2. Der gesetzliche Einberufungsgrund: Vereinsinteresse

Die Mitgliederversammlung ist unabhängig von satzungsmäßigen Festlegungen immer dann einzuberufen, wenn es das Vereinsinteresse erfordert (§ 36 BGB). Die Satzung kann diesen Einberufungsgrund nicht abändern, einschränken oder gar aufheben (§ 40 BGB). Vereinsinteressen sind nur solche, die den Verein in seiner Gesamtheit betreffen; auf die Sonderinteressen einzelner Mitglieder kann es in der Regel nicht ankommen. Es muß ein für das Vereinsleben bedeutender Sachverhalt gegeben sein, der ohne Verzögerung den Mitgliedern zu unterbreiten ist, damit diese über das Vorkommnis beraten und evtl. Beschluß fassen. Es kann z. B. die sofortige Abberufung eines Organmitglieds erforderlich werden, es kann der Zuständigkeitsstreit zweier Vereinsorgane Anlaß zur Einberufung geben. Es kann sich die Notwendigkeit einer sofortigen Satzungsänderung ergeben haben, die Veränderung der Vertretungsverhältnisse kann angezeigt sein. Im Vereinsinteresse kann die Einberufung der Mitgliederversammlung auch dann geboten sein, wenn ihr keine Entscheidungskompetenz zukommt, wenn es sich jedoch um ungewöhnliche und für den Verein wichtige Maßnahmen bzw. Vorkommnisse handelt[74]. Zu denken ist an die Fälle, in denen sich der an sich zuständige Vorstand der Zustimmung der Mitgliederversammlung versichert, wie dies etwa beim Abschluß eines auch finanziell bedeutsamen Vertrags, beim Anschluß an einen Verband oder beim Austritt aus einem solchen der Fall sein kann; auch der Austritt zahlreicher Mitglieder kann die Einberufung einer Mitgliederversammlung gebieten. Die sich ungünstig gestaltende wirtschaftliche Lage des Vereins bildet stets einen gesetzlichen Einberufungsgrund[75]. **782**

2.3. Die Folgen der Verletzung der Einberufungspflicht

Die in der Satzung angeordnete periodische Mitgliederversammlung muß das zuständige Organ einberufen. Insoweit verbleibt kein Beurteilungsermessen. Dieses greift jedoch (im Regelfall) für die in der Satzung benannten Gründe der Berufung einer außerordentlichen Mitgliederversammlung sowie im Falle des gesetzlichen Einberufungsgrundes ein. Um das Ermessen rechtsfehlerfrei ausüben zu können, muß sich das Einberufungsorgan stets über die Verhältnisse im Verein informieren. Andererseits sind auch die übrigen Vereinsorgane verpflichtet, das Einberufungsorgan über mögliche Einberufungsfälle zu informieren. **783**

Wird die Einberufungs- bzw. Informationspflicht schuldhaft verletzt, so kann dies zu Schadensersatzansprüchen gegen die Verantwortlichen führen; in diesem Fall ist eine Verletzung der sich aus dem Anstellungsverhältnis ergebenden Pflichten gegeben. Anspruchsberechtigt ist nur der Verein, nicht einzelne Mitglieder. **784**

Das Registergericht kann das Einberufungsorgan nicht gem. §§ 159, 132 ff. FGG zwingen, eine Mitgliederversammlung einzuberufen[76]. **785**

---

74 Vgl. *v. Tuhr* S. 507.

75 Vgl. auch § 49 Abs. 3 GmbHG: Verlust der Hälfte des Stammkapitals.

76 Vgl. auch *KG* RJA 12, 35/36.

786 Zweifelhaft ist, ob einzelnen Mitgliedern das Recht zusteht, die Einberufung durch Klage oder – wegen der Dringlichkeit – durch einstweilige Verfügung zu erzwingen. Das RG hat in älteren, einen nichtrechtsfähigen Verein[77] und eine (nach dem Preußischen Allgemeinen Landrecht zu beurteilende) »erlaubte Privatgesellschaft« betreffenden Entscheidungen[78] ein Klagerecht einzelner Mitglieder bejaht. Das zivilgerichtliche Einschreiten scheitert am Rechtsschutzbedürfnis, wenn die Anrufung des Gerichts der freiwilligen Gerichtsbarkeit nach § 37 Abs. 2 BGB möglich ist[79]. Findet sich jedoch keine Mehrheit i. S. d. § 37 Abs. 1 BGB, so erhebt sich die Frage der Zulässigkeit einer Mitgliederklage (vgl. dazu Rn. 1772). Eine solche scheitert nicht schon deshalb, weil eine Einberufungspflicht nur gegenüber dem Verein besteht[80]. Jedes Mitglied hat einen Anspruch, nach Gesetz und/oder Satzung behandelt zu werden[81]. Verstößt das Einberufungsorgan klar und in erheblicher Weise gegen seine Einberufungspflicht, so wird die Zulässigkeit der Mitgliederklage bejaht werden können[82]. Dabei kann es auch von Bedeutung sein, daß die Satzung die Ausübung des Minderheitsrechts dadurch erschwert, daß sie das Quorum etwa auf 40 % festsetzt. Die Klage auf Einberufung einer Mitgliederversammlung ist gegen den Verein zu richten und nicht gegen das Einberufungsorgan.

2.4. Die Einberufungspflicht aufgrund Minderheitsverlangens

2.4.1. Der gesetzliche Minderheitenschutz

787 Es kann im Ermessen des Einberufungsorgans liegen, ob es nach der Satzung oder aus Gründen des Vereinsinteresses (§ 36 BGB) eine Mitgliederversammlung einberuft. Dieses Ermessen ist aufgrund des Minderheitenschutzes, den § 37 BGB gewährt, im Ergebnis auf Null reduziert[83]. Nach § 37 Abs. 1 BGB ist die Mitgliederversammlung zu berufen, wenn der durch die Satzung bestimmte Teil oder in Ermangelung einer Bestimmung der zehnte Teil der Mitglieder die Berufung schriftlich unter Angabe des Zweckes und der Gründe verlangt. Die Vorschrift bezweckt, einer Vereinsminderheit, welche den Verein mitträgt, die Möglichkeit zu geben, ihre Anliegen und Belange dem obersten Willensbildungsorgan zur Beratung und Beschlußfassung zu unterbreiten. Das Minderheitsrecht ist ein Mitgliedschaftsrecht.

Die Satzung kann nur die gesetzlich vorgesehene Zahl der antragsberechtigten Mitglieder, nicht jedoch § 37 Abs. 1 BGB im übrigen zum Nachteil der Minderheit abändern[84]. Die Satzung kann eine unverzügliche Verbescheidung des Antrags bzw. eine – gegenüber anderen Einberufungsgründen – verkürzte Einberufungsfrist vorsehen. Eine Verweisung auf eine schriftliche Beschlußfassung

---

77 RGZ 79, 409/411.

78 Warn. 1912 Nr. 147.

79 *OLG Hamm* MDR 1973, 929.

80 Vgl. *Soergel/Hadding* § 36 BGB Rn. 5.

81 *BGH* NJW 1990, 2877/2878.

82 im Ergebnis ebenso: *Staudinger/Coing* § 37 BGB Rn. 16; *Scholz/K. Schmidt* § 50 GmbHG Rn. 8.

83 Vgl. *OLG Frankfurt* Rpfl 1973, 54.

84 § 40 BGB; vgl. auch *OLG Stuttgart* NJW 1974, 1566/1568.

gem. § 32 Abs. 2 BGB ist jedenfalls dann unzulässig, wenn die antragstellende Minderheit damit nicht einverstanden ist[85].

Das Berufungsrecht besteht bis zum Erlöschen des Vereins. Die Liquidation bzw. der Vereinskonkurs begrenzt nur die Gegenstände der Beratung und Beschlußfassung; diese dürfen über den Liquidations- bzw. Konkurszweck nicht hinausgehen[86]. **788**

2.4.2. Der Adressat des Einberufungsverlangens

Das Minderheitsverlangen richtet sich an den Verein; er ist Anspruchsgegner **789** und nicht der Vorstand oder ein besonderes Einberufungsorgan[87]. Es genügt die Adressierung »An den Verein X«; das Einberufungsorgan kann mit aufgeführt werden.

2.4.3. Die erforderliche Minderheit

Nach dem Gesetz (§ 37 Abs. 1 BGB) kann der zehnte Teil der Vereinsmitglieder **790** das Einberufungsverlangen stellen. Hierbei zählen alle Vereinsmitglieder mit, die ein Teilnahmerecht an der Mitgliederversammlung haben; ob sie auch stimmberechtigt sind, ist unerheblich. Deshalb kann das Minderheitsverlangen auch von teilnahmeberechtigten außerordentlichen Mitgliedern und Ehrenmitgliedern unterstützt werden. Da die Zahl der einzelnen Mitgliedschaften entscheidend ist, ist es unerheblich, ob ein Mitglied oder – bei Vereinsverbänden – ein Delegierter ein Mehrstimmrecht hat. Der zehnte Teil errechnet sich nach dem Mitgliederstand zur Zeit des Eingangs des Verlangens beim Einberufungsorgan. Das Quorum kann auch durch Beitrittserklärungen erreicht werden[88], mag die Unterstützung der Minderheit allein Veranlassung zum Beitritt gewesen sein. Ist jedoch ein besonderes Aufnahmeverfahren vorgesehen, das noch nicht durchgeführt worden ist, so reichen die Beitrittserklärungen, die bei der Errechnung des Quorums ausschlaggebend sein sollen, nicht aus[89].

Die Satzung kann die Mindestzahl auf weniger als 10 % der Mitglieder fest- **791** legen. Bei kleineren Vereinen kann eine solche Regelung jedoch unzweckmäßig sein, weil eine zu kleine Gruppierung in der Regel ihr Anliegen nicht durchsetzen kann.

Die bisher herrschende Ansicht im Vereinsrecht geht dahin, daß die Satzung die Minderheit auf bis unter 50 % der Mitglieder festsetzen kann[90]. Eine § 37 Abs. 1 BGB vergleichbare Regelung enthält § 50 Abs. 1 GmbHG, wonach Gesellschafter ein Selbstberufungsrecht haben, wenn deren Geschäftsanteile zusammen mindestens dem zehnten Teil des Stammkapitals entsprechen. Hier hat die ältere Rechtsprechung und Lehre angenommen, die Satzung könne diese

85 Vgl. auch *OLG Stuttgart* a. a. O.

86 Vgl. auch *BayObLG* JW 1925, 628: AG.

87 Vgl. *Baumbach/Zöllner* Rn. 4, *Scholz/K. Schmidt* Rn. 13, je zu § 50 GmbHG; *Lang/Weidmüller/Metz* Rn. 10, *Schubert/Steder* Rn. 3, je zu § 45 GenG.

88 *BayObLG* Recht 1921 Nr. 9.

89 *Sauter/Schweyer* Rn. 160.

90 Vgl. z. B. *KG* NJW 1962, 1917; BayObLGZ 1986, 459/464.

gesetzliche Regelung zuungunsten der Minderheit abändern[91]. Nach der heute herrschenden Meinung in der Literatur wird eine solche Abänderung für unzulässig erachtet, weil danach der Minderheitenschutz nicht gewahrt ist[92]. Dem ist auch für das Vereinsrecht zuzustimmen. Das Minderheitsrecht ist in der Regel nicht gewahrt, wenn die Satzung mehr als 10 % der Mitglieder verlangt[93]. Heute haben Verbände 500 000 und mehr Mitglieder. Der Minderheitenschutz ist nicht gewahrt, wenn bei einem Verband mit 500 000 Mitgliedern ein Einberufungsverlangen etwa von 220 000 Mitgliedern gestellt werden muß. § 37 Abs. 1 BGB muß daher wie nach dem Wortlaut des § 45 Abs. 1 GenG angewendet werden: »der zehnte Teil oder der im Statut bezeichnete geringere Teil der Genossen.«

792 Die Satzung kann anstelle eines Vomhundertsatzes eine bestimmte Mitgliederzahl festlegen. Dann muß die Satzung aber auch die Möglichkeit berücksichtigen, daß sich die Mitgliederzahl verringert. Hatte der Verein z. B. zur Zeit der Gründung 20 Mitglieder und können fünf das Einberufungsverlangen stellen, verringert sich später aber die Zahl auf 10, so wären fünf Mitglieder keine Minderheit mehr[94].

2.4.4. Der Anspruch auf Kenntniserlangung von Mitgliederanschriften

793 Um die Mindestzahl von Vereinsmitgliedern zu erreichen, kann es erforderlich sein, daß Mitglieder die Anschriften der übrigen Mitglieder vom Verein erfahren. Es besteht dann ein dahingehender klagbarer Anspruch von Vereinsmitgliedern gegen den Verein[95]. Nach herrschender Auffassung besteht zur Durchsetzung des Minderheitsrechts im übrigen auch ein Anspruch auf Einsicht in die Gesellschafterliste bzw. Liste der Genossen und u. U. auf einen EDV-Ausdruck[96]. Datenschutzrechtliche Bedenken stehen nicht entgegen. Beim Datenschutzgesetz handelt es sich um ein Auffanggesetz, das zurückzutreten hat, wenn es um die Wahrung des Einberufungsrechts der Mitglieder geht[97].

2.4.5. Die Form und der Inhalt des Verlangens

794 Der Antrag auf Einberufung muß schriftlich gestellt werden. Es genügen einzelne gleichlautende Eingaben[98]. Die einzelne Eingabe muß vom jeweiligen Antragsteller, eine Gesamteingabe muß von den jeweiligen Antragstellern unterschrieben werden (§ 126 BGB); anonyme Eingaben sind unbeachtlich. Eine telegraphische Übermittlung reicht nicht aus, weil § 127 Satz 1 Halbs. 1 BGB

---

91 Vgl. RGZ 68, 210/212; *RG* JW 1933, 2904; vgl. auch *OLG Stuttgart* NJW 1974, 1566/1568.

92 Vgl. z. B. *Baumbach/Zöllner* Rn. 2, *Lutter/Hommelhoff* Rn. 2, *Rowedder/Koppensteiner* Rn. 2, *Scholz/K. Schmidt* Rn. 6, je zu § 50 GmbHG.

93 *Soergel/Hadding* § 37 BGB Rn. 5.

94 Vgl. *OLG Stuttgart* OLGZ 1986, 257/258 = Rpfl 1986, 262.

95 *OLG Hamm* MDR 1973, 929; *OLG München* Urt. v. 15. 11. 1990 – 19 U 3483/90.

96 *Schopp* GmbHR 1976, 129; *Baumbach/Zöllner* Rn. 13, *Scholz/K. Schmidt* Rn. 25, je zu § 50 GmbHG; *Lang/Weidmüller/Metz* § 18 GenG Rn. 8 und § 45 GenG Rn. 7.

97 *Lang/Weidmüller/Metz* § 45 GenG Rn. 7; im Ergebnis ebenso: *OLG München* a. a. O.

98 Vgl. *KG* HRR 1935 Nr. 250: Gen.

nur für den Fall der gewillkürten, nicht aber für die gesetzliche Schriftform gilt[99]. Auch Übermittlung durch Telefax reicht nicht aus[100].

Es ist zulässig, daß nur ein Mitglied oder einige Mitglieder das Verlangen beim Einberufungsorgan stellen und daß weitere erforderliche Mitglieder Vollmacht erteilen. Das Einberufungsorgan kann jedoch (entspr. § 174 BGB) die Vorlage der Vollmachten verlangen[101]. Das Verlangen muß mindestens einem Mitglied des Einberufungsorgans zugehen[102]. **795**

Es muß klar und deutlich zum Ausdruck kommen, daß die Einberufung einer Mitgliederversammlung verlangt wird; bloße unverbindliche Anregungen reichen nicht aus. Dem Einberufungsorgan müssen der Zweck und der Grund (die Gründe) für die Einberufung dargelegt werden. Der Zweck ist dargelegt, wenn ein oder mehrere Tagesordnungspunkte angegeben werden. Beschlußgegenstände müssen nicht in jedem Fall dargelegt werden[103]. § 37 Abs. 1 BGB will den Mitgliedern die Möglichkeit einräumen, selbst aktiv zu werden, wenn sie eine Mitgliederversammlung für erforderlich halten, um erforderlich erscheinende Auskünfte einzuholen, um anstehende Probleme zu diskutieren, aber auch um verbindliche Beschlüsse zu fassen[104]. Ist eine Angelegenheit dringend zu diskutieren, aber noch nicht entscheidungsreif, so kann aus dem Begriff Zweck nicht hergeleitet werden, dazu sei eine Mitgliederversammlung nicht aufgrund Minderheitsverlangens einzuberufen. Eine Beschlußfassung kann somit, muß aber nicht beabsichtigt sein. In keinem Fall ist es erforderlich, daß Beschlußanträge bereits ausformuliert sind[105]. Eine Ausnahme besteht dann, wenn eine Satzungsänderung gewünscht wird. Dann muß angegeben werden, welche Satzungsbestimmungen abgeändert werden sollen und warum dies erforderlich erscheint. **796**

Um Blankoanträge, aber auch um einen Mißbrauch zu verhindern, müssen Gründe für das Einberufungsverlangen angegeben werden. Es muß also begründet werden, warum es gerade jetzt erforderlich ist, daß dieser Beratungsgegenstand bzw. diese Beratungsgegenstände (evtl. Beschlußgegenstände) bereits jetzt zu behandeln sind und ein Zuwarten bis zur nächsten ordentlichen Mitgliederversammlung nicht zugemutet werden kann. Im Einzelfall kann die Zweckangabe eine Begründung ersetzen[106]. Es genügt z. B. die Angabe »Einberufung der ordentlichen Mitgliederversammlung«, wenn der Vorstand den satzungsmäßig festgesetzten Termin hat verstreichen lassen. Es reicht »Neuwahl des 1. Vorsitzenden« aus, wenn dieses Amt vakant geworden ist und der Stellvertreter in angemessener Zeit keine Mitgliederversammlung einberuft. **797**

---

99 *Soergel/Hadding* § 37 BGB Rn. 7.

100 *OLG Hamburg* NJW 1990, 1613.

101 *KG* HRR 1935 Nr. 250.

102 § 28 Abs. 2 BGB – oder entspr. § 28 Abs. 2 BGB, falls das Einberufungsorgan kein Vorstandsmitglied ist – i. V. m. § 130 BGB; vgl. *BayObLG* OLGE 41, 17/19.

103 A. A. die herrschende Meinung, vgl. z. B. *Soergel/Hadding* § 37 BGB Rn. 8.

104 Vgl. *Lang/Weidmüller/Metz* § 45 GenG Rn. 2.

105 Vgl. *KG* OLGE 43, 313; *OLG Köln* WM 1959, 1402: AG.

106 *KG* HRR 1929 Nr. 2071.

2.4.6. Das Verlangen nach Ankündigung von Tagesordnungspunkten

798 Die gesetzlich oder satzungsmäßig vorgesehene Minderheit kann auch verlangen, daß vom Einberufungsorgan Tagesordnungspunkte angekündigt werden[107]. Der Antrag kann im Zusammenhang mit dem Einberufungsverlangen oder im Hinblick auf die ohnehin vorgesehene Mitgliederversammlung gestellt werden. Im letzteren Fall handelt es sich im Regelfall um eine Erweiterung der Tagesordnung. Die Minderheit, die das Einberufungsverlangen gestellt hat, braucht mit der Minderheit nicht identisch zu sein, welche die Ankündigung von Tagesordnungspunkten verlangt.

799 Bei der nachträglichen Ankündigung von Tagesordnungspunkten können sich Fristprobleme ergeben. Die satzungsmäßigen Fristen, die für die Ankündigung von Tagesordnungspunkten bestehen, werden durch das Minderheitsverlangen nicht außer Kraft gesetzt. Solche muß auch das nach § 37 Abs. 2 BGB ermächtigende Gericht beachten.

2.4.7. Die Rücknahme des Verlangens

800 Das Verlangen auf Einberufung einer Mitgliederversammlung oder nach Ankündigung von Tagesordnungspunkten kann von der Minderheit insgesamt oder von einzelnen antragstellenden Mitgliedern wieder zurückgenommen werden. Wird infolge der Rücknahme die satzungsmäßig oder gesetzlich erforderliche Mindestzahl von Mitgliedern unterschritten, so fehlt es an einem formell wirksamen Verlangen.

Eine gleichwohl wirksam bereits einberufene Versammlung kann wieder abgesagt werden. Wird dies unterlassen, so ist die Mitgliederversammlung ordnungsgemäß einberufen[108].

2.4.8. Die Prüfung des Verlangens durch das Einberufungsorgan

801 Das Einberufungsorgan prüft uneingeschränkt, ob die formellen Voraussetzungen für das Verlangen nach § 37 Abs. 1 BGB erfüllt sind, ob also die satzungs- oder gesetzmäßig erforderliche Mindestzahl von Mitgliedern erreicht ist, ob die Unterschriften unter dem Verlangen oder auf Vollmachten von Mitgliedern herrühren, ob Zweck und Gründe für das Verlangen ausreichend dargelegt worden sind.

Ein materielles Prüfungsrecht hat das Einberufungsorgan nur aus dem Gesichtspunkt des Rechtsmißbrauchs. Es muß die Unzuständigkeit der Versammlung oder Gegenstandslosigkeit oder Sinnlosigkeit des Begehrens offensichtlich sein[109]. Da die Rechtsmißbrauchsprüfung hier dieselbe ist, die auch das nach § 37 Abs. 2 BGB angerufene Gericht vorzunehmen hat, wird auf Rn. 810 verwiesen. Kann ein Ausnahmetatbestand des Rechtsmißbrauchs nicht bejaht werden, so muß das Einberufungsorgan eine Mitgliederversammlung einberufen, mag der Erfolg des Begehrens auch kaum zu erwarten und mag die Mitgliederversammlung mit Kosten verbunden sein[110].

---

107 Entspr. § 122 Abs. 2 AktG, § 45 Abs. 2 GenG und § 50 Abs. 2 GmbHG; vgl. *OLG Hamm* MDR 1973, 929.

108 Vgl. *Scholz/K. Schmidt* § 50 GmbHG Rn. 16.

109 Vgl. *Scholz/K. Schmidt* § 50 GmbHG Rn. 17.

110 Heute herrschende Auffassung, vgl. z. B. *Soergel/Hadding* § 37 BGB Rn. 9.

2.4.9. Die Ablehnung des Verlangens und die Einberufung der Mitgliederversammlung

Lehnt das Einberufungsorgan das Verlangen einer Minderheit ab, so muß es die Antragsteller hiervon in einem mit Gründen versehenen Bescheid unterrichten[111]. Diese Pflichten ergeben sich aus der organschaftlichen Stellung und aus der Treupflicht den antragstellenden Mitgliedern gegenüber. Dem Verlangen wird aber auch dann (im Sinne des § 37 Abs. 2 Satz 1 BGB) nicht entsprochen, wenn das Einberufungsorgan innerhalb angemessener Frist nichts unternimmt, also untätig bleibt[112]. **802**

Wird die Mitgliederversammlung einberufen, so müssen die Antragsteller nicht gesondert unterrichtet werden. Für die Einberufung gelten die gesetzlichen oder satzungsmäßigen Vorschriften. Ist bei der Prüfung des Verlangens übersehen worden, daß die formellen Voraussetzungen für das Minderheitsbegehren nicht gegeben sind, so ist eine Einberufung nicht aus diesem Grunde fehlerhaft; es können somit wirksame Beschlüsse gefaßt werden[113]. **803**

2.5. Die Vereinsminderheit als Einberufungsberechtigte nach gerichtlicher Ermächtigung

2.5.1. Die Einleitung des gerichtlichen Verfahrens; der Verein als Antragsgegner

Kommt das Einberufungsorgan – regelmäßig der Vorstand – dem Verlangen der Minderheit nicht nach, so kann die Minderheit die Einberufung nicht selbst vornehmen. Ein Selbstberufungsrecht, das § 50 Abs. 3 GmbHG vorsieht, besteht im Vereinsrecht nicht. Die Minderheit kann ihr Begehren nur mit gerichtlicher Ermächtigung durchsetzen. **804**

Der hierzu erforderliche Antrag ist schriftlich oder zu Protokoll des Amtsgerichts zu stellen (§ 11 FGG), in dessen Bezirk der Verein seinen Sitz hat und in dessen Vereinsregister er eingetragen ist (§ 37 Abs. 2 Satz 2 BGB). Bei wirtschaftlichen Vereinen ist das Amtsgericht des Vereinssitzes zuständig. Die Antragsteller des gerichtlichen Verfahrens müssen mit denen identisch sein, die vorher ihr Verlangen vergeblich beim Einberufungsorgan gestellt haben[114]. Der Wegfall einzelner Mitglieder ist unschädlich, solange die nach Gesetz oder Satzung erforderliche Mindestzahl sich am Verfahren beteiligt. Eine Verfahrensbeteiligung von Vereinsmitgliedern, die vorher das Verlangen nicht beim Einberufungsorgan gestellt haben, ist unzulässig; die neue Minderheit muß sich zunächst mit ihrem Begehren an das Einberufungsorgan wenden. **805**

Der an das Amtsgericht gerichtete Antrag braucht nicht von allen Antragstellern persönlich unterschrieben zu sein; es genügt die Vertretung durch ein Mitglied oder durch eine dritte Person[115]; das Gericht kann jedoch einen Vollmachtsnachweis verlangen[116].

111 Vgl. *Lang/Weidmüller/Metz* § 45 GenG Rn. 12.
112 *BayObLG* OLGE 41, 17/19.
113 Vgl. auch RGZ 103, 195/199.
114 Vgl. BayObLGZ 1986, 289/291; *OLG Frankfurt* OLGZ 1973, 137.
115 § 13 FGG; vgl. *KG* HRR 1935 Nr. 250; *OLG Frankfurt* OLGZ 1973, 137/140.
116 *KG* a. a. O.

806 Der Antrag soll den Zweck der Versammlung und die Gründe des Verlangens bezeichnen und soll außerdem ergeben, daß das Einberufungsorgan dem Antrag entweder ausdrücklich nicht entsprochen hat oder daß es innerhalb angemessener Frist keine Versammlung einberufen hat[117]. Das an das Einberufungsorgan gerichtete Verlangen und dessen ablehnende Stellungnahme sollen dem Antrag in Abschrift beigefügt werden.
Eine Antragsfrist besteht nicht. Ein längeres Zuwarten mit dem Antrag nach dem erkennbar ablehnenden Verhalten des Einberufungsorgans kann zur Unzulässigkeit des Antrags führen.
Der Antrag leitet ein sog. echtes Streitverfahren der freiwilligen Gerichtsbarkeit ein. Auf der Aktivseite ist die Vereinsminderheit als Antragsteller. Antragsgegner ist der Verein und nicht der Vorstand oder das Einberufungsorgan[118].
Das Ermächtigungsverfahren nach § 37 Abs. 2 BGB ist funktionell dem Rechtspfleger zugewiesen (§ 3 Nr. 1 a RpflG).

2.5.2. Die Anhörung des Vorstands und evtl. des Einberufungsorgans

807 Nach § 160 Satz 1 FGG soll das Gericht vor seiner Entscheidung den Vorstand des Vereins hören, soweit dies tunlich ist. Diese Vorschrift wird überlagert durch Art. 103 Abs. 1 GG, wonach das Gericht seiner Entscheidung nur diejenigen Tatsachen (und Beweisergebnisse) zugrunde legen darf, zu denen sich der Verfahrensgegner (somit der Verein) äußern konnte. Der Vorstand wird als Vertretungsorgan des Vereins angehört (§ 26 Abs. 2 BGB). Der Verein kann durch den Vorstand auch von sich aus zum Verfahren Stellung nehmen, also bevor eine gerichtliche Aufforderung ergeht. Dem Ermessen des Gerichts ist es überlassen, ob es den Vorstand mündlich oder schriftlich anhört. Auch der Freibeweis und die förmliche Beweiserhebung sind dem Gericht freigestellt. Die Anhörung soll auch vorgenommen werden, wenn das Gericht die Zurückweisung des Antrags beabsichtigt[119].
Ist die Anhörung des Vorstands nicht möglich (etwa weil dieser längere Zeit verreist oder infolge Krankheit nicht Stellung nehmen kann), so darf sie unterbleiben.
Ist ein vom Vorstand verschiedenes Einberufungsorgan vorhanden und hat es nicht durch den Vorstand bereits Stellung genommen, so ist im Rahmen des § 12 FGG auch dieses Organ anzuhören.

2.5.3. Die gerichtliche Prüfung in formeller Hinsicht

808 Der Rechtspfleger prüft neben der Gerichtszuständigkeit, ob die Antragsteller ihrer Zahl nach die satzungsmäßige oder die gesetzliche Minderheit darstellen. U. U. ist diese Zahl an Hand einer beim Vorstand anzufordernden Bescheinigung über die Zahl der Mitglieder (§ 72 BGB), durch Befragung (§ 12 FGG) des Kassiers oder in sonstiger Weise festzustellen. Geprüft wird weiter, ob das vereinsinterne Vorschaltverfahren ordnungsgemäß durchgeführt worden ist. Die antragstellende Minderheit muß vorher unter Beachtung der Formvor-

117 Vgl. *BGH* NJW 1983, 1677/1678.
118 Heute herrschende Ansicht, vgl. BayObLGZ 1986, 289/291.
119 *Keidel/Kuntze/Winkler* § 160 FGG Rn. 5.

schriften des § 37 Abs. 1 BGB das Einberufungsverlangen (bzw. Verlangen auf Ergänzung der Tagesordnung) gestellt haben; die Antragsteller bei Gericht müssen also die gleichen sein, die sich vorher vergeblich an das Einberufungsorgan gewandt haben[120]. Es reicht deshalb nicht aus, daß sich die erforderliche Minderheit erst bei der gerichtlichen Antragstellung findet[121]. Es müssen sich andererseits nicht alle Antragsteller, die sich vergeblich an das Einberufungsorgan gewandt haben, am gerichtlichen Verfahren beteiligen, sofern die Antragsteller die erforderliche Minderheit erreichen. Das Gericht prüft weiter, ob das Einberufungsverlangen vom Verein abgelehnt worden ist. Im Einzelfall kann auch die Prüfung veranlaßt sein, ob die Mindestzahl noch z. Zt. der gerichtlichen Entscheidung vorhanden ist[122].

Für die Zulässigkeit eines Antrags in einem Verfahren der freiwilligen Gerichtsbarkeit ist ein Rechtsschutzbedürfnis zu fordern, an das allerdings nicht zu hohe Anforderungen gestellt werden dürfen[123]. Ein solches fehlt, wenn ein Verlangen an das Einberufungsorgan noch gar nicht gestellt worden ist, aber auch dann, wenn dessen Untätigkeit noch nicht zu verzeichnen ist[124], weil ihm eine angemessene Handlungsfrist zusteht[125].

2.5.4. Die beschränkte sachliche Antragsprüfung

Nach § 37 Abs. 2 Satz 1 BGB **kann** das Amtsgericht die Minderheit zur Ein- **809**
berufung einer Mitgliederversammlung ermächtigen. Diese Kannvorschrift darf nicht dahin ausgelegt werden, daß das Gericht den Antrag bereits dann zurückweisen darf, wenn es eine Mitgliederversammlung nicht für geboten erachtet[126]. Die Kannvorschrift drückt (lediglich) die Befugnis des Gerichts aus, rechtsgestaltend in die Vereinsverhältnisse eingreifen zu dürfen; sind die formellen Antragsvoraussetzungen erfüllt, so hat das Gericht keinen Ermessensspielraum[127]. Es ist nicht zu prüfen, ob die Minderheit für ihre Anträge in der Mitgliederversammlung die erforderliche Anzahl von Ja-Stimmen erhalten wird[128]; damit würde der sachlichen Entscheidung des Vereinsorgans vorgegriffen[129]. Es darf auch nicht erwogen werden, ob etwa erzielte Beschlüsse zweckmäßig und im Interesse des Vereins geboten sind[130]. Auch wirtschaftliche Erwägungen dürfen nicht angestellt werden[131]. Grundsätzlich darf auch nicht in die Prüfung der Frage eingetreten werden, welche Kosten dem Verein durch die Mitgliederversammlung entstehen; der Minderheitenschutz kann in der Regel nicht aus Kostengründen scheitern.

---

120 *BayObLG* OLGE 41, 17/19 und NJW-RR 1986, 1499 = Rpfl. 1986, 457.
121 *OLG Frankfurt* OLGZ 1973, 137/140 = Rpfl. 1973, 54.
122 Vgl. RGZ 170, 83/93.
123 *Keidel/Kuntze/Winkler* § 12 FGG Rn. 28.
124 Vgl. *BGH* NJW 1983, 1677/1678.
125 Vgl. *BGH* WM 1985, 567/568.
126 So noch BayObLGZ 20, 328/333.
127 Im Ergebnis ebenso: RGZ 122, 312/314; *OLG München* HRR 1940 Nr. 17; *BayObLG* Die AG 1968, 330/331.
128 Vgl. KölnKomm/*Zöllner* § 122 AktG Rn. 4.
129 Vgl. KGJ 32 A 140/143.
130 Vgl. BayObLGZ 33, 16/18.
131 Vgl. *BayObLG* Die AG 1968, 330/331.

810 Eine Grenze und Schranke findet jedoch das Minderheitenrecht, wenn es rechtsmißbräuchlich ausgeübt wird. Das muß das Gericht im Ermächtigungsverfahren beachten[132]. Das wäre etwa der Fall, wenn ohne Veränderung des Sachverhalts über einen Gegenstand entschieden werden soll, der vor nicht allzu langer Zeit bereits Beschlußgegenstand gewesen ist. Das Minderheitenrecht würde mißbraucht, wenn gesetz- oder satzungswidrige Beschlüsse gefaßt werden sollen[133] oder wenn über Gegenstände beraten und abgestimmt werden soll, die nicht zur Zuständigkeit der Mitgliederversammlung gehören[134]. Das zu erwartende Beschlußergebnis kann ausnahmsweise die Annahme eines Mißbrauchstatbestandes rechtfertigen, wenn das ablehnende Ergebnis mit Sicherheit voraussehbar ist[135]; eine vage dahingehende Erwartung genügt jedoch nicht. Ist ein Mißbrauchstatbestand zu verzeichnen, so kann unterstützend auch auf die Kostenfrage zurückgegriffen werden. Befindet sich der Verein in der Vermögensabwicklung, so kommt eine Beschlußfassung nur für abwicklungsfördernde Maßnahmen (z. B. Wahl anderer Liquidatoren, Änderung des Anfallberechtigten oder Fortsetzung des Vereins) in Betracht[136].

2.5.5. Die Zurückweisung des Antrags

811 Ergibt die Prüfung, daß das Einberufungsverlangen nicht gerechtfertigt ist, so wird der Antrag durch einen begründeten Beschluß zurückgewiesen; dieser ist den Antragstellern sowie dem Verein (zu Händen eines Vorstandsmitglieds) zuzustellen (§ 16 Abs. 2 Satz 1 i. V. m. § 160 Satz 2 FGG).

Wird der Beschluß rechtskräftig, so ist das Minderheitenverlangen gescheitert. Nur wenn sich neue Tatsachen ergeben haben, kann sich die Minderheit wiederum an das Einberufungsorgan wenden. Dann muß es sich (und auf Antrag auch das Gericht) wiederum mit dem Minderheitenverlangen befassen[137].

2.5.6. Die gerichtliche Ermächtigung und ihre Wirksamkeit

812 Gibt das Gericht dem Antrag statt, so werden die Antragsteller gemeinsam ermächtigt, eine Mitgliederversammlung des Vereins X mit einer (im Tenor anzugebenden) bestimmten Tagesordnung einzuberufen. Sind die Antragsteller im Beschlußrubrum aufgeführt, so brauchen sie im Tenor nicht nochmals namentlich bezeichnet zu werden. Die Ermächtigung kann auch nur dahin gehen, daß die Antragsteller einen oder mehrere (näher zu bezeichnende) Beratungsgegenstände auf die Tagesordnung der Mitgliederversammlung des Vereins X setzen dürfen, die am 12. 7. 1996 in M. stattfindet. Die Bestimmung des Ortes und der Zeit der Versammlung soll nach Möglichkeit der Minderheit überlassen werden. Eine gerichtlich bestimmte Frist zur Einberufung soll nicht zu knapp bemessen werden.

813 Das Gericht kann im Ermächtigungsbeschluß oder später eine Bestimmung über den Vorsitz treffen (§ 37 Abs. 2 Satz 1 Halbs. 2 BGB), ohne daß ein da-

---

132 Vgl. z. B. *KG* JFG 12, 218; *BayObLG* Die AG 1968, 330/331; *OLG Frankfurt* OLGZ 1973, 137/140.

133 Und eine Satzungsänderung nicht beabsichtigt ist; vgl. *KG* JW 1935, 3636.

134 Vgl. KGJ 32 A 140.

135 Vgl. *KG* JFG 12, 218.

136 Vgl. *KG* JW 1936, 3636.

137 Vgl. *Eckardt* § 122 AktG Anm. 40.

hingehender Antrag gestellt worden ist[138]. Diese Anordnung erweist sich schon dann als zweckmäßig, wenn zu befürchten ist, daß der vereinsrechtlich bestimmte Vorsitzende (Versammlungsleiter) den Belangen der Minderheit nicht mit der erforderlichen Objektivität gegenübersteht. Der vom Gericht bestimmte Versammlungsleiter kann von der Versammlung nicht abgewählt werden[139]. Die Anordnung über den Vorsitz kann auch getroffen werden, wenn die Ermächtigung nur dahin geht, bestimmte Punkte auf die Tagesordnung setzen zu dürfen; in diesem Fall ist jedoch die gerichtliche Bestimmung des Vorsitzenden auf die Behandlung der gerichtlich erzwungenen Tagesordnungspunkte zu beschränken[140]. – Fehlt eine Anordnung über den Vorsitz, so kann die zur Berufung der Mitgliederversammlung ermächtigte Minderheit durch einen Sprecher nur die Versammlung eröffnen[141]. Die Versammlung wird vom satzungsmäßig, durch ständige Übung oder durch Wahl bestimmten Versammlungsleiter geleitet, wenn eine gerichtliche Vorsitzanordnung fehlt, wenn sie sich nicht auf die zu behandelnden Tagesordnungspunkte erstreckt oder wenn der gerichtlich bestimmte Leiter den Vorsitz nicht übernimmt[142].

Da der Ermächtigungsbeschluß mit der befristeten Erinnerung anfechtbar ist **814** (§ 160 Satz 2 i. V. m. § 22 Abs. 1 FGG, § 11 Abs. 1 RpflG), bedarf er zu seiner Wirksamkeit der Zustellung (§ 16 Abs. 1, Abs. 2 FGG). Wird der Beschluß nur formlos bekanntgemacht, so ist nach § 187 Satz 1 ZPO (anwendbar nach § 16 Abs. 2 Satz 1 Halbs. 1 FGG) eine unter Formverletzung vorgenommene Bekanntmachung dann wirksam, wenn der Adressat sie erhalten hat und wenn das Gericht die Zustellung als bewirkt ansehen will[143]. Eine mangelfreie Zustellung ist aber nach § 187 Satz 2 ZPO erforderlich, wenn durch sie der Lauf einer Notfrist in Gang gesetzt werden soll. Diese Vorschrift ist auch im Verfahren der freiwilligen Gerichtsbarkeit anwendbar, das aber grundsätzlich keine Notfrist kennt[144]. Die formlose Bekanntmachung des Ermächtigungsbeschlusses führt somit dessen Wirksamkeit nicht herbei[145].

Nach bisher herrschender Auffassung wird der Ermächtigungsbeschluß bereits mit der Zustellung an die Antragsteller wirksam[146]. Seinem Inhalt nach ist der Beschluß für die antragstellende Minderheit bestimmt; dieser muß somit die gerichtliche Entscheidung zugestellt werden. Sie ist ihrem Inhalt nach aber auch für den Verein i. S. d. § 16 Abs. 1 FGG bestimmt, weil dieser ein Ersatz-Einberufungsorgan erhält; damit wirkt die gerichtliche Ermächtigung unmittelbar in die rechtlichen Belange des Vereins ein, was ihre Bekanntmachung auch an den Verein erfordert[147]. Der Be-

138 Vgl. *OLG München* JFG 20, 303/310 f.

139 Vgl. KölnKomm/*Zöllner* § 122 AktG Rn. 32.

140 Vgl. KölnKomm/*Zöllner* a. a. O.

141 *Sauer/Schweyer* Rn. 165.

142 Vgl. KölnKomm/*Zöllner* § 122 AktG Rn. 35.

143 *Keidel/Kuntze/Winkler* § 16 FGG Rn. 37 m. w. N.

144 *Keidel/Kuntze/Winkler* a. a. O.

145 BayObLGZ 1970, 120; a. A. *Stöber* Rn. 178.

146 BayObLGZ 1970, 120/123; *Keidel/Kuntze/Winkler* Rn. 7, *Jansen* Rn. 5, je zu § 160 FGG; *Keidel/Schmatz/Stöber* Rn. 1153; *Palandt/Heinrichs* Rn. 4, *Soergel/Hadding* Rn. 17, je zu § 37 BGB; *Sauter/Schweyer* Rn. 166.

147 *Keidel/Kuntze/Winkler* § 16 FGG Rn. 12.

schluß muß somit, um wirksam werden zu können, auch dem Verein zugestellt werden[148].

815 Die gerichtliche Ermächtigung zur Einberufung einer Mitgliederversammlung oder zur Ergänzung einer Tagesordnung wird demnach nur wirksam, wenn die Zustellung sowohl an die Antragsteller als auch an den Verein (zu Händen eines Vorstandsmitglieds) vorgenommen worden ist. Es entscheidet die letzte Zustellung. Dies gilt auch, wenn an jeden der Antragsteller zugestellt werden muß, weil kein Zustellungsbevollmächtigter bestellt worden ist; die gerichtliche Ermächtigung ist nämlich ihrem Inhalt nach untrennbar[149].

816 Voraussetzung für den Eintritt der Wirksamkeit ist weiter, daß die Ermächtigung Vereinsmitgliedern erteilt worden ist. Ein Beschluß, der für Nichtmitglieder eine Ermächtigung enthält, berechtigt nicht zur Einberufung einer Mitgliederversammlung[150]. Aufgrund eines nur formlos bekanntgemachten Beschlusses können – wie ausgeführt – ebenfalls keine gültigen Versammlungsbeschlüsse gefaßt werden[151]. Dieser Zustellungsmangel wird aber durch die Zustellung der Beschwerdeentscheidung geheilt, durch welche das Rechtsmittel gegen den Ermächtigungsbeschluß zurückgewiesen worden ist; die Versammlung kann danach einberufen werden[152].

817 Setzt das Beschwerdegericht (gem. § 24 Abs. 3 FGG) den Vollzug des Ermächtigungsbeschlusses aus, so darf die Minderheit die Versammlung nicht einberufen[153]. Weist es aber das Rechtsmittel gegen den Ermächtigungsbeschluß zurück, so ist durch eine trotz der Aussetzung einberufene Mitgliederversammlung die Ermächtigung nicht verbraucht[154].

2.5.7. Die Durchführung der gerichtlichen Ermächtigung

818 Der wirksam gewordene Ermächtigungsbeschluß verleiht der Minderheit vorübergehend die Rechte und Pflichten eines Einberufungsorgans (sog. Notorgan). Soweit diese Aufgaben nunmehr nicht der Vorstand oder das Einberufungsorgan übernimmt, muß die Minderheit insgesamt oder ein von dieser ermächtigtes Mitglied für die Vorbereitung der Versammlung, verbunden mit dem evtl. Suchen und Mieten eines Versammlungsraums, sorgen. Soweit die Minderheit Einsicht in Vereinsunterlagen benötigt, bleibt ihr, wenn diese verweigert wird, nur der Klageweg gegen den Vorstand oder das sonst zuständige Organ, dessen Mitglieder eine persönliche Pflicht zu erfüllen haben[155].

Auch beim Gebrauchmachen von der gerichtlichen Ermächtigung muß noch die gesetzlich oder satzungsmäßig bestimmte Minderheit vorhanden sein[156]. Das nach der Satzung bestehende Einberufungsorgan wird durch das Notorgan nicht verdrängt; jenes kann nunmehr die Einberufung mit den von der Minder-

148 BayObLGZ 1986, 289/293; vgl. auch *Stöber* Rn. 174.
149 *Keidel/Kuntze/Winkler* § 16 FGG Rn. 14.
150 BayObLGZ 1986, 459.
151 BayObLGZ 1970, 120/124.
152 BayObLGZ 1971, 187.
153 *OLG Frankfurt* OLGZ 1973, 137/138.
154 *OLG Frankfurt* a. a. O.
155 Vgl. zur Vollstreckung eines auf Einsicht in Unterlagen ermächtigenden Urteils: *OLG Hamm* OLGZ 1974, 251.
156 Vgl. RGZ 170, 83/94.

heit geforderten Tagesordnungspunkten übernehmen[157]; in diesem Fall erledigt sich die gerichtliche Ermächtigung[158].

Bei der Einberufung durch die Minderheit sind die nach der Satzung bestehenden Einberufungsförmlichkeiten zu beachten. Zusätzlich muß noch angegeben werden, daß die »Einberufung aufgrund gerichtlicher Ermächtigung« vorgenommen werde (§ 37 Abs. 2 Satz 3 BGB). Wird dies unterlassen, so wird gegen eine gesetzliche Mußvorschrift verstoßen; in der Versammlung können dann keine gültigen Beschlüsse gefaßt werden[159]. Der Ermächtigungsbeschluß muß nicht wörtlich wiedergegeben werden; gefordert wird aber die Angabe des Aktenzeichens[160]. Auf die gerichtliche Ermächtigung ist auch hinzuweisen, wenn weitere Tagesordnungspunkte angekündigt werden, wozu das Gericht die Befugnis erteilt hat. Die im gerichtlichen Beschluß aufgeführten Beratungsgegenstände dürfen nicht verändert oder vermehrt werden. Wird durch einen Bevollmächtigten einberufen, so soll den Einladungsschreiben eine Ablichtung der Vollmacht beigefügt werden, weil anderenfalls jeder Ladungsempfänger das Zurückweisungsrecht gem. § 174 BGB hat[161]. **819**

Von der Ermächtigung kann (innerhalb der vom Gericht gesetzten Frist) so oft Gebrauch gemacht werden, bis eine beschlußfähige Mitgliederversammlung zustande kommt; durch eine Wiederholung der Einberufung können evtl. Einberufungsfehler beseitigt werden[162].

Die gerichtliche Ermächtigung erlischt mit dem ungenutzten Ablauf der gesetzten Frist; danach können keine gültigen Beschlüsse mehr gefaßt werden[163]. Einer förmlichen Aufhebung des Ermächtigungsbeschlusses bedarf es nicht[164]. Der Verbrauch der Ermächtigung tritt ein, wenn eine Mitgliederversammlung ordnungsgemäß einberufen worden ist[165]. **820**

2.5.8. Mängel der gerichtlichen Ermächtigung

Hat das Gericht die Ermächtigung erteilt, obwohl die Voraussetzungen nicht gegeben waren, so sind gefaßte Beschlüsse nicht nichtig[166]. Dies gilt jedoch dann nicht, wenn das Amtsgericht Nichtmitgliedern die Ermächtigung erteilt hat; es haben dann Unbefugte mit der Folge einberufen, daß die Versammlungsbeschlüsse unwirksam sind[167]. **821**

Wird die Ermächtigung im Rechtsmittelwege wieder aufgehoben, so ist die Einberufung wieder abzusagen bzw. die Ankündigung weiterer Tagesordnungspunkte zurückzunehmen; gleichwohl gefaßte Beschlüsse wären nichtig. Hat das Beschwerdegericht erst nach der Durchführung der Versammlung

157 Vgl. auch *BGH* WPM 1985, 567/568.
158 Vgl. *OLG Naumburg* JW 1938, 1827.
159 *Sauter/Schweyer* Rn. 169.
160 *Lang/Weidmüller/Metz* § 45 GenG Rn. 27.
161 Vgl. *Schopp* GmbHR 1976, 126/130.
162 Vgl. *KG* OLGE 41, 207.
163 BayObLGZ 1971, 84.
164 *BayObLG* a. a. O.
165 Vgl. *Keidel/Schmatz/Stöber* Rn. 1155.
166 Vgl. RGZ 170, 83/93; *OLG Colmar* LZ 1908, 871; *Schopp* GmbHR 1976, 129.
167 BayObLGZ 1986, 459.

entschieden, so berührt dies die Gültigkeit der Beschlüsse nicht[168]. Es hat sich dann die Hauptsache erledigt.

2.5.9. Rechtsmittel und Erledigung der Hauptsache

822 Gegen die Entscheidung des Rechtspflegers ist die innerhalb von zwei Wochen ab Zustellung einzulegende befristete Erinnerung gegeben (§ 160 Satz 2, § 22 Abs. 1 FGG; § 11 Abs. 1 Satz 1 und 2 RpflG), die nach Vorlage durch den Amtsrichter vom Landgericht als sofortige Beschwerde behandelt wird (§ 11 Abs. 2 Satz 4, 5 RpflG).

823 Rechtsmittelberechtigt sind im Falle der Ablehnung oder teilweiser Nichtstattgabe des Antrags die Antragsteller (§ 20 Abs. 2 FGG). Sie können die Erinnerung nur gemeinschaftlich in dem Sinne einlegen, daß sie die gesetzliche oder satzungsmäßige Minderheit bilden, welche zuvor das Einberufungsverlangen (Verlangen auf Ergänzung der Tagesordnung) beim Einberufungsorgan gestellt haben. Wird diese Mindestzahl im Rechtsmittelverfahren erreicht, so schadet es nicht, daß sich einzelne Mitglieder, die in der ersten Instanz als Antragsteller aufgetreten sind, nicht mehr am Rechtsmittelverfahren beteiligen. Andererseits können nunmehr solche Mitglieder Rechtsmittel mit einlegen, die zwar das Verlangen beim Einberufungsorgan gestellt, die sich aber nicht am amtsgerichtlichen Verfahren beteiligt haben; die Beschwerdeberechtigung beurteilt sich dann allerdings nach § 20 Abs. 1 FGG, die aber in aller Regel gegeben ist. Wird die Zahl der satzungsmäßig oder gesetzlich erforderlichen Mitglieder unterschritten, so ist das Rechtsmittel unzulässig[169].
Wird dem Antrag ganz oder teilweise stattgegeben, so ist (auch) der Verein beschwerdeberechtigt, nicht aber der Vorstand oder das Einberufungsorgan[170]. Vgl. auch Rn. 2325.

824 Das Landgericht kann den Vollzug des amtsgerichtlichen Ermächtigungsbeschlusses aussetzen (§ 24 Abs. 3 FGG). Diese Befugnis haben Rechtspfleger und Amtsrichter nicht.
Hebt das Landgericht die amtsgerichtliche Ermächtigung auf und ist die Mitgliederversammlung noch nicht abgehalten worden, so ist die Einberufung zu widerrufen bzw. von der Ermächtigung, Punkte auf die Tagesordnung setzen zu dürfen, kein Gebrauch mehr zu machen. Die Beschwerdeentscheidung wird den Antragstellern und dem Verein (zu Händen eines Vorstandsmitglieds) zugestellt[171]. Hat das Landgericht in Unkenntnis der bereits durchgeführten Mitgliederversammlung entschieden und ist in dieser der bisherige Vorstand abgewählt worden und ist weiter die Gültigkeit dieser Wahl zweifelhaft, so kann in entsprechender Anwendung des § 68 BGB an den eingetragenen Vorstand zugestellt werden[172]. Ist die Erstbeschwerde ohne Erfolg geblieben, so können die hierdurch beschwerten Beteiligten sofortige weitere Beschwerde einlegen. Das Rechtsbeschwerdegericht kann jedoch die landgerichtliche Entscheidung nur auf Rechtsfehler nachprüfen. Hat es das Landgericht abgelehnt, den Vollzug des Ermächtigungsbeschlusses bis zur Beschwerdeentscheidung auszusetzen

168 Vgl. BayObLGZ 1986, 459/463.
169 *KG* Recht 1929 Nr. 2009.
170 BayObLGZ 1986, 289/292.
171 § 16 Abs. 1 und 2 FGG i. V. m. § 171 ZPO; vgl. BayObLGZ 1986, 289/291.
172 *BayObLG* a. a. O. S. 294.

(§ 24 Abs. 3 FGG), so hat eine auf Zweckmäßigkeitsgründe gestützte weitere Beschwerde keinen Erfolg[173].

Im Ermächtigungsverfahren kann die Erledigung der Hauptsache eintreten, wenn dem Einberufungsverlangen vom zuständigen Vereinsorgan entsprochen wird. Ab Beginn der von der Minderheit mit gerichtlicher Ermächtigung einberufenen Mitgliederversammlung tritt die Hauptsacheerledigung auch in einem Beschwerdeverfahren ein[174]. Die (weitere) Beschwerde wird unzulässig: sie kann auch nicht auf die Kosten beschränkt werden[175]. Die Kostenbeschränkung ist nur zulässig, wenn die Hauptsacheerledigung nach der Einlegung der (weiteren) Beschwerde eingetreten ist. Mit der Begründung, das Amtsgericht habe Nichtmitglieder zur Einberufung ermächtigt, bleibt die sofortige (weitere) Beschwerde auch dann zulässig, wenn die Versammlung inzwischen bereits stattgefunden hat[176]. **825**

2.5.10. Kosten

Wird dem Antrag stattgegeben oder wird dieser abgelehnt, so haben die Antragsteller als Gesamtschuldner die Gerichtskosten zu tragen (§ 2 Nr. 1, § 5 Abs. 1, § 121 KostO). In der ersten Instanz wird im allgemeinen nicht angeordnet, daß ein Beteiligter die dem Verfahrensgegner entstandenen außergerichtlichen Kosten zu erstatten hat (vgl. § 13 a FGG). **826**

Die Kosten der von der Minderheit einberufenen Versammlung treffen den Verein[177]. Die Mitgliederversammlung hat an sich der Vorstand vorzubereiten. Unterläßt er dies, so kann die Minderheit (gesamtschuldnerisch) einen Mietvertrag über einen Versammlungssaal im eigenen Namen abschließen. Die Kosten sind unter dem Gesichtspunkt der Geschäftsführung vom Verein zu erstatten, soweit sie erforderlich waren[178]. Aus diesem Rechtsgrund können auch von der Minderheit verauslagte Gerichtskosten vom Verein verlangt werden[179]. Über diese Verpflichtungen des Vereins kann die Versammlung einen Beschluß fassen[180].

2.5.11. Die Anwendung des § 37 BGB bei Delegiertenversammlungen

Die Delegierten- bzw. Vertreterversammlung ist eine besondere Form der Mitgliederversammlung[181]. Daraus folgt, daß bei einer Delegiertenversammlung die Vorschrift des § 37 BGB unmittelbar Anwendung findet[182]. **827**

Durch eine obergerichtliche Entscheidung ist bisher die Frage, ob das Einberufungsverlangen und bei dessen Fehlschlagen das gerichtliche Verfahren von den (durch die Delegierten vertretenen) Mitgliedern oder nur von den

173 Vgl. *BayObLG* Recht 1908 Nr. 2451.
174 Vgl. BayObLGZ 1978, 205.
175 *BayObLG* a. a. O. S. 206.
176 BayObLGZ 1986, 459/463.
177 Entspr. § 122 Abs. 4 AktG; vgl. auch *Lang/Weidmüller/Metz* § 45 GenG Rn. 29.
178 § 670 BGB; vgl. RGRK/*Steffen* § 37 BGB Rn. 4; *Lang/Weidmüller/Metz* a. a. O.
179 Vgl. auch § 122 Abs. 4 AktG.
180 Vgl. auch § 50 Abs. 3 Satz 2 GmbHG.
181 Vgl. *BGH* NJW 1982, 2558; *Lang/Weidmüller/Metz* § 43 a GenG Rn. 5.
182 Vgl. *KG* JW 1930, 1224; *OLG Frankfurt* OLGZ 1973, 137/139; dort allerdings entsprechende Anwendung.

Delegierten oder von beiden beantragt werden kann[183], nicht geklärt. Bei Vorhandensein einer Mitgliederversammlung kann das Mitglied, das kein Teilnahmerecht an dieser hat, einen Antrag nach § 37 BGB nicht stellen. Da die Mitglieder, die von Delegierten vertreten werden, kein Teilnahmerecht an der Delegiertenversammlung haben[184], könnte der Schluß gezogen werden, daß sie auch kein Antragsrecht nach § 37 BGB haben, weil sie sich nicht an Versammlungsbeschlüssen beteiligen können. Die Mitglieder haben jedoch trotz ihrer Vertretung durch Delegierte das Recht, gesetz- oder satzungswidrige Beschlüsse der Vertreterversammlung anzufechten[185] Diese Befugnis muß bei Bestehen einer Vertreterversammlung ausreichen, den Mitgliedern auch das Minderheitsrecht nach § 37 BGB zuzubilligen[186].

Die Ausübung des Minderheitsrechts steht aber auch den Delegierten zu, da sie das Teilnahme- und Stimmrecht in der Versammlung haben[187]. Die Satzung kann bestimmen, wieviele Delegierte das Minderheitsrecht ausüben können. Dabei ist die Zahl der vertretenen Mitglieder zu berücksichtigen. Eine Bestimmung der Zahl nach Köpfen ist nur zulässig, wenn die Delegierten eine ungefähr gleiche Zahl von Mitgliedern vertreten, was aber in der Praxis selten vorkommen dürfte.

2.5.12. Die entsprechende Anwendung des § 37 BGB

828 Eine Vereinsminderheit kann in entsprechender Anwendung des § 37 BGB Anträge beim Einberufungsorgan und beim Amtsgericht auch stellen, wenn zwar eine Mitgliederversammlung einberufen, jedoch ein ersichtlich ungeeigneter Zeitpunkt oder ein ebensolcher Versammlungsort (oder -raum) gewählt worden ist[188].

Nach früherer Auffassung konnte § 37 BGB beim nichtrechtsfähigen Verein, jedenfalls soweit die gerichtliche Tätigkeit nach § 37 Abs. 2 BGB in Betracht kommt, nicht entsprechend zur Anwendung kommen[189]. Heute wird die entsprechende Anwendung des § 37 BGB insgesamt überwiegend bejaht[190]. Damit ist diese Vorschrift auch für politische Parteien anwendbar, da § 37 PartG die Anwendbarkeit nicht ausschließt[191]. Gem. § 22 BGB, Art. 82 EGBGB ist weiter § 37 BGB entsprechend anwendbar auf Vereine, deren Rechtsfähigkeit auf staatlicher Verleihung beruht, sofern nicht abweichendes Landesrecht besteht[192]. Entsprechend gilt schließlich § 37 BGB für die Einberufung einer Wohnungseigentümerversammlung[193].

---

183 *OLG Frankfurt* a. a. O. ist eine fallbezogene Entscheidung.

184 Vgl. z. B. *Stöber* Rn. 207 a. E.

185 *BGH* a. a. O.: Gen.

186 Im Ergebnis ebenso: *KG* LZ 1930, 994; *Soergel/Hadding* § 37 BGB Rn. 4; *Sauter/Schweyer* Rn. 170.

187 *Soergel/Hadding* und *Sauter/Schweyer* a. a. O.; RGRK/*Steffen* § 37 BGB Rn. 1.

188 BayObLGZ 20, 328/334.

189 RGZ 78, 52; *RG* JW 1912, 410; *KG* JFG 13, 140; *Jansen* § 160 FGG Rn. 6.

190 *LG Heidelberg* NJW 1975, 1661; MünchKomm/*Reuter* Rn. 6, *Palandt/Heinrichs* Rn. 2, RGRK/*Steffen* Rn. 5, *Soergel/Hadding* Rn. 3, je zu § 37 BGB; *Staudinger/Coing* Rn. 41, *Erman/Westermann* Rn. 7, je zu § 54 BGB; *Stöber* Rn. 393.

191 *Seifert* S. 235 f.

192 *Keidel/Kuntze/Winkler* Rn. 3, *Jansen* Rn. 6, je zu § 160 FGG.

193 *BayObLG* WuM 1990, 320; *Palandt/Bassenge* § 24 WEG Rn. 2.

3. Die Vornahme der Einberufung

3.1. Ort und Zeit der Mitgliederversammlung

3.1.1. Der Ort und der Raum der Versammlung

Die Hauptversammlung einer AG soll am Sitz der Gesellschaft stattfinden, **829** wenn die Satzung nichts anderes bestimmt (§ 271 Abs. 4 Satz 1 AktG). Diese Vorschrift gilt entsprechend für die GmbH[194] und für die Genossenschaft[195]. Für den Verein kommt eine entsprechende Anwendung nicht in Betracht. Dieser kann den Versammlungsort in der Satzung festlegen, muß dies aber nicht. Fehlt eine Satzungsanordnung, so steht die Bestimmung des Versammlungsortes der Mitgliederversammlung zu, wobei für die Festlegung des nächsten Tagungsortes zwar eine Mehrheit vorhanden sein muß, es aber keiner förmlichen Beschlußfassung bedarf. Macht die Mitgliederversammlung von ihrem Bestimmungsrecht keinen Gebrauch, so legt das Einberufungsorgan den Versammlungsort fest, wobei es aber eine etwa bestehende ständige Übung beachten muß.

Es besteht kein Grundsatz, daß Mitgliederversammlungen am Ort des Vereinssitzes stattfinden müssen[196]. Das grundsätzlich freie Bestimmungsrecht ist nur insofern eingeschränkt, als den Mitgliedern eine Teilnahme nicht ungebührlich erschwert und auch ein sonst unzumutbarer Ort nicht gewählt werden darf[197]. Hier sind die Mitgliederstruktur des betreffenden Vereins und dessen räumliche Betätigung in Betracht zu ziehen. Ein bundesweit tätiger Dachverband kann schon aus Gründen der Repräsentanz abwechselnd in verschiedenen Großstädten der Bundesrepublik seine Mitgliederversammlungen (Delegiertenversammlungen) abhalten. Ein Verein, dessen Tätigkeitsbereich auf eine bestimmte Region beschränkt ist, darf nicht ohne triftigen Grund einen weit entfernten Versammlungsort wählen.

Jedenfalls bei überwiegender Zustimmung aller Mitglieder kann als Versammlungsort auch ein Ort im Ausland gewählt werden.

Der Grundsatz, daß ein zumutbarer Versammlungsort gewählt werden muß, dient dem Schutz der Mitglieder[198]. Wird dieser Grundsatz nicht beachtet, so sind gefaßte Beschlüsse nicht absolut nichtig, sondern in dem Sinne anfechtbar, daß eine Beschlußrüge (vgl. Rn. 1171) erforderlich ist[199].

Bei einer erforderlichen Raumwahl muß darauf geachtet werden, daß die vor- **830** aussichtlich teilnehmenden Mitglieder einen angemessenen Platz finden können. Ist ein zu kleiner Raum gewählt worden und haben sich deshalb Mitglieder wieder entfernt, so kann auch dies jedenfalls dann zur Nichtigkeit dort gefaßter Beschlüsse führen, wenn ein Vereinsraum oder ein anderer Raum zur Verfügung steht, der groß genug ist[200].

---

194 *OLG Hamm* OLGZ 1974, 149/153.
195 *BayObLG* NJW 1959, 485.
196 BayObLGZ 30, 102/104 = JW 1930, 2723.
197 Vgl. *OLG Frankfurt* OLGZ 1984, 333: WEG; vgl. auch *BGH* WM 1985, 568.
198 Vgl. BayObLG NJW 1959, 485/486.
199 Vgl. *BayObLG* a. a. O.; vgl. auch *BGH* NJW 1994, 320: AG.
200 Vgl. *RG* Recht 1930 Nr. 2.

Einen aus einem solchen oder anderen triftigen Grund (z. B. unvorhergesehene Schwierigkeiten mit dem Raumvermieter) erforderlich werdenden Wechsel des angekündigten Versammlungsraums kann das Einberufungsorgan vornehmen; hiervon sind die Mitglieder in jeder geeigneten Form, aber rechtzeitig, zu unterrichten.

3.1.2. Die Versammlungszeit

831 Die Zeit der ordentlichen Mitgliederversammlungen legen Vereinssatzungen vielfach mehr oder weniger genau fest (Beispiele: Die Versammlung muß in den ersten drei Monaten eines Jahres stattfinden bzw. sie ist am 2. Samstag im November eines Jahres einzuberufen). Hier sind geringfügige Terminverschiebungen unschädlich. Die grobe Nichtbeachtung des festgelegten Termins kann einer Vereinsminderheit Anlaß geben, sie durch das Amtsgericht zur Einberufung ermächtigen zu lassen.

Fehlt eine Regelung in der Satzung, so bestimmt entweder die Mitgliederversammlung Tag und Stunde der nächsten ordentlichen Versammlung oder sie überläßt dies der Wahl des Einberufungsorgans. Es bestimmt auch die Zeit einer außerordentlichen Versammlung. Das Bestimmungsrecht kann auch auf eine vom Amtsgericht zur Einberufung der Mitgliederversammlung ermächtigte Vereinsminderheit übergehen. Die Versammlungszeit darf ebenfalls nicht willkürlich gewählt werden[201]. Die Tageszeit muß verkehrsüblich sein[202]. Die Terminansetzung auf einen Freitag oder Samstag ist heute weitgehend üblich. Am Sonntag darf die Versammlung nicht vor 11 Uhr beginnen[203].

Der tageszeitliche Beginn ist um so früher anzusetzen, je länger voraussichtlich die Aussprache andauern wird. Es soll nach Möglichkeit keine Beschlußfassung weit nach Mitternacht stattfinden.

Eine falsche Terminwahl allein stellt im allgemeinen die gefaßten Beschlüsse nicht in Frage. Ist jedoch etwa die Haupturlaubszeit gewählt worden und sind deshalb viele Mitglieder nicht erschienen, so können Beschlüsse fehlerhaft sein[204]. Gleiches kann gelten, wenn sich viele Mitglieder wegen der – vermeidbaren – späten Nachtstunde vor dem Ende der Versammlung entfernt haben.

3.2. Form und Frist der Einberufung sowie die Bekanntmachung der Tagesordung

3.2.1. Gründe für Form und Frist

832 Die Mitglieder eines Vereins können sich aus verschiedenen Gründen an einem Ort versammeln, etwa aus geselligem Anlaß, um einen Vortrag zu hören oder um über Vereinsangelegenheiten zu diskutieren und hierüber Beschluß zu fassen. Es ist deshalb erforderlich, daß sich die Versammlung der Mitglieder, sofern sie Organcharakter haben soll, von der gewöhnlichen Versammlung ohne Rechtsqualität abhebt. Sieht man vom Sonderfall der Vollversammlung und der

201 Vgl. *H. M. Schmidt* GmbHR 1961, 215.
202 *OLG Frankfurt* OLGZ 1982, 418.
203 Vgl. *BayObLG* NJW-RR 1987, 1362: WEG.
204 Vgl. *H. M. Schmidt* GmbHR 1961, 215: im GmbH-Recht anfechtbar.

Beschlußfassung im schriftlichen Wege (§ 32 Abs. 2 BGB) ab, so bedarf die Einladung der Mitglieder zur Bildung eines Vereinsorgans der Einhaltung bestimmter Formen und Fristen. Deshalb muß die Gründungssatzung eines Vereins Bestimmungen darüber enthalten, in welcher Form die Mitgliederversammlung zu berufen ist (§ 58 Nr. 4 BGB). Weiter muß der Gegenstand der Beschlußfassung bei der Berufung bezeichnet werden, widrigenfalls keine gültigen Beschlüsse gefaßt werden können (§ 32 Abs. 1 Satz 2 BGB); diese Vorschrift ist jedoch abdingbar (§ 40 BGB), wovon in der Praxis allerdings kaum Gebrauch gemacht wird.

3.2.2. Die Form der Berufung

Für den Verein, der die Rechtsfähigkeit durch Eintragung erstrebt, bestimmt **833**
§ 58 Nr. 4 BGB, daß die Satzung eine Bestimmung über die Form der Berufung der Mitgliederversammlung zu enthalten hat. Für den wirtschaftlichen Verein gilt diese Vorschrift entsprechend. Es besteht der Grundsatz der Freiheit der Formwahl, sofern sichergestellt ist, daß alle teilnahmeberechtigten Mitglieder ohne besondere Erschwernisse, insbesondere ohne unzumutbare Erkundigungen, von der einberufenen Mitgliederversammlung Kenntnis nehmen können. Das Teilnahmerecht ist eines der wichtigsten Mitgliedschaftsrechte; der Verein hat durch eine entsprechende Satzungsgestaltung darauf zu achten, daß dieses Mitgliedschaftsrecht auch wahrgenommen werden kann.

Bei kleineren Vereinen ist eine mündliche Einladung durch Boten unbedenklich; eine fernmündliche setzt voraus, daß alle Mitglieder in dieser Weise erreichbar sind. In allen Fällen ist die schriftliche Einladung, also durch einfachen Brief, Einschreiben, Telegramm oder Rundschreiben zulässig. Diese Einberufungsarten können wahlweise vorgenommen werden, wenn die Satzung lediglich die schriftliche Einladung vorschreibt[205]. Die sicherste Einladung geschieht durch »Einschreiben mit Rückschein«; der unterschriebene Rückschein beweist den Zugang. Muß durch »Einschreiben« geladen werden und wird ein einfacher Brief versandt, so ist das unschädlich, wenn die Sendung die Mitglieder erreicht hat. Bestreitet ein Mitglied, die Einschreibsendung erhalten zu haben, so genügt die Vorlage des Postscheins über die Einlieferung[206]. Als weitere Einladungsform ist die Veröffentlichung in der Vereinszeitschrift zulässig; deren Bezug kann dem Mitglied zur Pflicht gemacht werden[207]. Bei Einladungen zu ordentlichen Mitgliederversammlungen, deren Zeitpunkt in der Satzung festgelegt ist oder die regelmäßig zu einer bestimmten Jahreszeit (etwa im November) stattfinden, ist die Einrückung der Einberufung unter Bekanntgabe der Tagesordnung in einer in der Satzung konkret bezeichneten Tageszeitung[208] unbedenklich, wenn der Verein nur im Verbreitungsgebiet des Presseorgans tätig ist. Wer aus diesem Gebiet verzogen ist, kann das Einberufungsorgan um eine schriftliche Benachrichtigung bitten. Für außerordentliche Mitgliederversammlungen ist diese Einberufungsform nicht zu empfehlen; hier sollte immer schriftlich eingeladen werden. Es ist nicht zumut-

---

205 *Kölsch* Rpfl 1985, 137/138.
206 *Kölsch* a. a. O.
207 *Kölsch* a. a. O.
208 Vgl. *LG Bremen* Rpfl 1992, 304.

bar, die Anzeigenseiten der Tageszeitung ständig daraufhin zu überprüfen, ob eine Einberufung zu einer außerordentlichen Mitgliederversammlung enthalten ist. Schließlich ist auch ein Aushang an der für Bekanntmachungen an Mitglieder dienenden Stelle zulässig, sofern es sich um einen kleineren Verein handelt. Bei einem bundesweit tätigen Verband ist diese Einberufungsform unzulässig.

Bei der Beantwortung der Frage, ob alternativ mehrere Einberufungsmöglichkeiten zulässig sind, ist zu unterscheiden, ob die Mitglieder bei der Wahrnehmung des Termins einer Mitgliederversammlung eine aktive Mitwirkungspflicht, nämlich eine Pflicht zur Erkundigung des Termins, trifft oder nicht. Keine Mitwirkungsobliegenheiten haben die Mitglieder bei einer individuellen Einladung in mündlicher, fernmündlicher und schriftlicher Form. Hier können alternativ mehrere Einberufungsarten festgelegt werden[209]. Die Einberufungsform der Veröffentlichung in einem Presseorgan oder durch Aushang an der Vereinstafel erfordert eine Erkundigung durch die Mitglieder; hier ist nur eine Einberufungsform zulässig[210]. Gleiches gilt, wenn in einer Mitgliederversammlung der Termin für die nächste bekanntgegeben wird; die nicht anwesenden Mitglieder müssen sich erkundigen, ob ein solcher Beschluß gefaßt worden ist; hier ist jedoch zu fordern, daß den nicht anwesenden Mitgliedern das Terminsprotokoll übersandt wird. Eine Einberufungsform »durch ortsübliche Bekanntmachung oder durch Aushang« ist schon deshalb unzulässig, weil diese Berufungsform zu unbestimmt ist[211]. Die Satzung darf es nicht der Wahl des Einberufungsorgans überlassen, welches von zwei bestimmten Blättern für die Bekanntmachung der Einladung in Betracht kommt[212].

834 Die Nichtbeachtung der in der Satzung angeordneten Form der Einladung kann zur Ungültigkeit der in der Versammlung gefaßten Beschlüsse führen[213]. Ist statt der vorgeschriebenen Einladung durch eingeschriebenen Brief die Einberufung durch einfachen Brief vorgenommen worden, erscheinen von 20 Mitgliedern 17 und haben sich drei wegen ihres Nichterscheinens entschuldigt, so wäre in diesem Fall die formelle Fehlerhaftigkeit der gefaßten Beschlüsse zu verneinen[214]. Eine die Satzung verletzende ständige Übung hinsichtlich der Einladungsform kann dazu führen, daß nicht die Ungültigkeit, sondern nur die Fehlerhaftigkeit der gefaßten Beschlüsse gegeben ist[215]. Wird jedoch statt durch öffentliche Bekanntmachung durch Verteilen von Handzetteln eingeladen und ist nicht sichergestellt, daß auf diese Weise alle Vereinsmitglieder erreicht werden, so können gültige Beschlüsse selbst dann nicht gefaßt werden, wenn eine dahingehende längere Übung besteht[216].

209 *OLG Stuttgart* Rpfl 1986, 262; *Kölsch* Rpfl 1985, 137.
210 *OLG Stuttgart* und *Kölsch* a. a. O.
211 *OLG Zweibrücken* Rpfl 1983, 31.
212 *OLG Stuttgart* Rpfl 1978, 57/58.
213 Weitergehend *OLG Kassel* HRR 1937 Nr. 1220: stets Nichtigkeit der Beschlüsse.
214 A. A. *OLG Kassel* a. a. O.
215 Vgl. RGZ 141, 230/234: Gen.
216 Vgl. *RG* SeuffA 77 Nr. 53.

3.2.3. Die Einberufungsfrist

Auch wenn beim Verein eine Ladungsfrist gesetzlich nicht vorgeschrieben ist **835**
(zum Vergleich: ein Monat nach § 123 Abs. 1 AktG, jeweils mindestens eine Woche nach § 46 Abs. 1 GmbHG und § 51 Abs. 1 GenG), muß eine solche eingehalten werden. Sie erfüllt einen Schutzzweck zugunsten der Mitglieder. Diesen soll eine ausreichende Vorbereitungszeit hinsichtlich der Beratungs- und Beschlußgegenstände verbleiben; außerdem sollen die Mitglieder in die Lage versetzt werden, sich für den Zeitpunkt der Versammlung von anderen Verpflichtungen freizuhalten und die erforderliche Anreise zum Ort der Versammlung rechtzeitig zu bewirken[217]. Diesen Schutzzweck muß die Satzung bei der Bestimmung der Ladungsfrist beachten; dieser muß auch zur Geltung kommen, wenn die Satzung über die Ladungsfrist schweigt und wenn deren Einhaltung dem Einberufungsorgan überlassen wird.

Steht der Zeitpunkt der ordentlichen Mitgliederversammlung bereits durch Satzungsregelung fest (am 2. Samstag im November eines jeden Jahres), so kann die Einberufungsfrist kurz bemessen werden, etwa zwei Wochen. Ansonsten kommt es auf die Verhältnisse im jeweiligen Verein an, vor allem, wie verstreut die Mitglieder wohnen. Bei großen Verbänden sehen die Satzungen fast ausnahmslos Einladungsfristen zwischen vier und acht Wochen vor.

Die satzungsmäßige Frist berechnet sich nach den §§ 186 ff. BGB. Sie ist vom Tag der Mitgliederversammlung an rückwärts zu berechnen, nach § 187 Abs. 1 BGB ist dieser Tag nicht mitzuberechnen. Soll die Mitgliederversammlung an einem Freitag stattfinden, so muß die schriftliche Einladung spätestens am Donnerstag der vergangenen Woche zugehen (§ 188 Abs. 2 BGB), wenn die Satzung eine Einladungsfrist von einer Woche vorsieht. Soll dagegen die Mitgliederversammlung an einem Sonntag stattfinden, so ist die am Samstag der vergangenen Woche zugegangene Ladung zu spät, weil nach § 193 BGB die einwöchige Frist erst am Montag zu laufen beginnt.

Bei schriftlicher Einladung, insbesondere mittels Einschreibsendung, ist früher **836**
angenommen worden, daß für die Fristberechnung der Tag der Absendung der Einladung maßgebend sei[218]. Dagegen sollte es bei einer gewöhnlichen Briefsendung auf den tatsächlichen Zugang bei den Mitgliedern ankommen[219]. Der BGH hat bei einer Einberufung mittels Einschreiben (§ 51 Abs. 1 Satz 1 GmbHG) zu Recht angenommen, daß die Vorschrift des § 130 Abs. 1 BGB über den Zugang von Willenserklärungen nicht anwendbar ist, weil die Einberufung und Ladung eine rein innerverbandliche Verfahrenshandlung ist. Die Ladungsfrist setzt sich zusammen aus der (nach § 51 Abs. 1 Satz 2 GmbHG) erforderlichen wöchentlichen »Dispositionsfrist« und der zu erwartenden Zustellungsfrist für Einschreiben[220]. Die Zustellfrist wird innerhalb der Bundesrepublik Deutschland mit zwei Tagen angenommen[221]. Diese zum Recht der GmbH ergangene Rechtsprechung gilt auch für das Vereinsrecht. Sie ist auch bei Einladungen durch gewöhnliche Briefsendung maßgebend; die satzungsmäßige Frist beginnt – sofern die Satzung nichts anderes bestimmt – erst

217 Vgl. BGHZ 100, 264/266 = NJW 1987, 2580: GmbH.
218 RGZ 60, 144; *KG* NJW 1965, 2157/2158.
219 *RG* Recht 1912 Nr. 3257; *OLG Frankfurt* NJW 1974, 189.
220 BGHZ 100, 264/267 – NJW 1987, 2580.
221 Vgl. *Lutter/Hommelhoff* § 51 GmbHG Rn. 8.

an dem Tag, an dem die Einberufung und Ladung bei normalem Zustellverlauf dem letzten Mitglied zugeht[222].
Die Satzung kann eine Zugangsfiktion aufstellen; sie kann bestimmen, daß die Einladung zwei Tage vor dem Beginn der Frist zur Post gegeben sein muß[223]. Sie kann aber auch anordnen, daß das schriftliche Einberufungsschreiben innerhalb der bestimmten Frist den Mitgliedern zugegangen sein muß[224].
Wird durch unmittelbare Benachrichtigung aller Mitglieder (durch Boten, durch Aushang an der Bekanntmachungstafel des Vereins) einberufen, so ist § 130 Abs. 1 BGB entsprechend anwendbar; es kommt auf den Tag des Zugangs an[225].
Wird durch Veröffentlichung in einer Tageszeitung einberufen, so ist für die Fristberechnung der Tag des Erscheinens maßgebend. Muß nach der Satzung die Einberufung durch Veröffentlichung in mehreren Blättern bewirkt werden, so ist der Tag der letzten Bekanntmachung entscheidend[226].
Die Einberufung durch persönliche unmittelbare Benachrichtigung sollte nach Satzungsanordnung immer mit einer Publikation in einem öffentlichen Blatt im Tätigkeitsgebiet des Vereins kombiniert werden, weil der Beweis der ordnungsgemäßen Einberufung mit dem Erscheinen des Blattes leicht zu führen ist[227].

837 Ist für die Ladung der Mitglieder eine unangemessen kurze Frist gewählt worden, so können Versammlungsbeschlüsse fehlerhaft sein, weil dann ein Einberufungsmangel gegeben sein kann[228].
Wird bei einer Einladungsfrist von vier oder sechs Wochen die Frist um einen Tag oder zwei Tage nicht eingehalten, so kann es im Einzelfall treuwidrig sein, wenn sich betroffene Mitglieder auf die Nichteinhaltung einer satzungsmäßig angeordneten Frist berufen. Bei solch langer Frist wird jedem Mitglied im Regelfall noch eine »Dispositionsfrist« verbleiben.

838 Es ist kein Einberufungsmangel gegeben, wenn ein Mitglied ständig seinen Aufenthaltsort wechselt und wenn es deshalb vom Verein nicht postalisch erreicht werden kann[229]. Bei unbekanntem Aufenthalt eines Mitglieds ist die öffentliche Zustellung der Ladung nach § 132 Abs. 2 BGB, § 204 ZPO möglich[230]. Die Unterlassung wird dem Verein nicht zugerechnet werden können, wenn ein Mitglied ständig den Aufenthalt wechselt.
Den Beweis der Ordnungsmäßigkeit der Ladung und bei schriftlicher postalischer Einladung der fristgemäßen Postanlieferung unter der vom Mitglied zuletzt angegebenen Anschrift hat der Verein zu führen.

---

222 *Palandt/Heinrichs* § 32 BGB Rn. 3.
223 Vgl. *Lang/Weidmüller/Metz* § 44 GenG Rn. 2.
224 *RG* Warn. 1912 Nr. 445: Gen.
225 Vgl. *Lang/Weidmüller/Metz* § 46 GenG Rn. 13.
226 *Lang/Weidmüller/Metz* a. a. O. Rn. 12.
227 *Lang/Weidmüller/Metz* a. a. O. Rn. 13.
228 Vgl. RGZ 53, 101/104; *KG* RPfl 1971, 396.
229 Vgl. *OLG Düsseldorf* WM 1990, 1022/1024: GmbH.
230 *Lutter/Hommelhoff* § 51 GmbHG Rn. 11.

3.2.4. Die Mitteilung der Tagesordnung und deren Ergänzung

3.2.4.1. Gesetzliche Regelung sowie der Zweck der Tagesordnung

Nach § 32 Abs. 1 Satz 2 BGB setzt eine gültige Beschlußfassung in einer Mitgliederversammlung voraus, daß der Gegenstand bei der Berufung bezeichnet wird[231]. Soweit in anderen Gesetzen vom Zweck der Versammlung die Rede ist (§ 51 Abs. 2 GmbHG; § 46 Abs. 2 GenG), ist ebenfalls der Gegenstand der Beschlußfassung gemeint (§ 51 Abs. 4 GmbHG; § 46 Abs. 2 Satz 2 GenG). Die Gegenstände der beabsichtigten Beratung und Beschlußfassung werden in einer Tagesordnung zusammengefaßt und als Punkte der Tagesordnung (abgekürzt TOP) bezeichnet. In der Praxis ist aber der Begriff Tagesordnung umfassender, weil er auch z. B. die Berichte von Organmitgliedern einschließt, die bei manchen großen Verbänden ein Drittel der für die Versammlung angesetzten Zeit beanspruchen. Bei den Berichten kommt es nur beim Rechenschaftsbericht des Vorstands zur Abstimmung (Frage der Entlastung). Ist nur die Beratung eines Gegenstandes angekündigt worden, so kann über diesen nicht abgestimmt werden[232]. **839**

Die Tagesordnung ist »bei der Berufung« mitzuteilen. Damit läßt es das Gesetz nicht zu, daß die Einladung zur Mitgliederversammlung zeitlich von der Mitteilung der Tagesordnung getrennt wird, wie dies z. B. nach § 51 Abs. 4 GmbHG und § 46 Abs. 2 Satz 2 GenG zulässig ist. **840**

Der Zweck der Mitteilung der Beschlußgegenstände, also der Tagesordnung ist es, die Mitglieder vorab darüber zu informieren, welche Gegenstände in der nächsten Mitgliederversammlung zur Beratung und Abstimmung gelangen. Die Mitglieder sollen damit in der Versammlung vor Überraschungen geschützt werden, die nicht angekündigte Beschlußgegenstände bringen können. Die Mitglieder sollen Gelegenheit erhalten, sich über die Notwendigkeit einer Teilnahme zu entscheiden und auf die zur Beratung anstehenden Themen vorzubereiten[233]. Für die Mitglieder muß somit eine Vorbereitung auf die Versammlung möglich und es müssen die Folgen des Nichterscheinens erkennbar sein. Nicht notwendig ist die Überschaubarkeit des Beschlußergebnisses und seiner Rechtsfolgen[234]. An diesem gesetzlichen Zweck der Mitteilung der Tagesordnung orientiert es sich auch, wie genau die Vorausinformation der Mitglieder sein muß, wobei deren Durchschnittsverständnis zugrunde gelegt wird[235].

3.2.4.2. Abweichende Satzungsregelungen

Die Regelung in § 32 Abs. 1 Satz 2 BGB über das Erfordernis der Mitteilung der Tagesordnung ist, wie sich aus § 40 BGB ergibt, nachgiebiges Recht; die Satzung kann also grundsätzlich etwas anderes bestimmen[236]. Die abändernde Bestimmung muß aber die Satzung ausdrücklich und eindeutig treffen[237]. **841**

---

231 Vgl. auch § 124 Abs. 1 Satz 1 AktG.
232 Vgl. *OLG Karlsruhe* BB 1988, 2003.
233 *BGH* WM 1987, 373/374; *OLG Köln* WM 1990, 1068/1070.
234 *OLG Stuttgart* NJW 1974, 2137.
235 *Scholz/K. Schmidt* § 51 GmbHG Rn. 19.
236 *BGH* NJW 1987, 1811/1812.
237 BayObLGZ 32, 331; *LG Frankfurt* ZIP 1983, 1336/1339 und 1985, 213/219 ff.

Die Satzung kann vorsehen, daß die Mitteilung einer Tagesordnung überhaupt nicht erforderlich ist. Eine solche Regelung ist allerdings in der Praxis kaum zu verzeichnen. Die Satzung kann – wie dies für ordentliche Mitgliederversammlungen üblich ist – die Tagesordnung bereits selbst festlegen[238]. Beispiel: Eröffnung der Mitgliederversammlung durch den Vorstandsvorsitzenden (bei einem Vereinsverband: Feststellung des Stimm- und Vertretungsrechts der anwesenden Delegierten), Jahresbericht des Vorstands, Jahresbericht der Obmänner von Verbandsabteilungen, Jahresbericht des Schatzmeisters, Bericht der Kassenprüfer, Entlastung des Vorstands, Neuwahl des Vorstands, der Kassenprüfer sowie der Mitglieder des Rechtsorgans, Genehmigung des Haushaltsvoranschlags, Anträge, Verschiedenes.

Die Satzung kann weiter die Fristen für die Einberufung (Ladung) und für die Mitteilung der Tagesordnung trennen. Sie kann regeln, bis wann Anträge zur Mitgliederversammlung aus den Kreisen der Mitglieder eingehen müssen, damit sie auf die Tagesordnung gesetzt werden (vgl. dazu näher Rn. 843). Schließlich kann die Satzung sog. Dringlichkeitsanträge nach der Bekanntmachung der Tagesordnung zulassen (vgl. Rn. 846) und kann weiter sog. Initiativanträge in der Versammlung selbst zulassen, wenn sie von einer bestimmten Mehrheit unterstützt werden (vgl. Rn. 848).

3.2.4.3. Die Aufstellung der Tagesordnung

842 Ist die Tagesordnung nicht schon durch die Satzung festgelegt, so stellt sie – vorläufig – das Einberufungsorgan auf[239]. Es ist dies ein Teil der Vorbereitung der Mitgliederversammlung. Ist Einberufungsorgan nicht der Vorstand, so kann die Satzung weiter bestimmen, daß es sich mit dem Vorsitzenden des Vorstands wegen des Erstellens der Tagesordnung ins Benehmen zu setzen hat. Bei einem Mehrspartenverein ist es zweckmäßig, die einzelnen Abteilungen schon bei der Vorbereitung der Tagesordnung miteinzubeziehen, damit nachträgliche Änderungen der Tagesordnung vermieden werden.

Nach der Bekanntmachung der Tagesordnung ist deren Abänderung nicht mehr möglich, es sei denn, die Satzung läßt sog. Dringlichkeitsanträge zu.

3.2.4.4 Die Aufnahme von Mitgliederanträgen in die Tagesordnung

843 Das Teilnahmerecht eines jeden (Voll-)Mitglieds in der Mitgliederversammlung hat eine Vorwirkung dergestalt, daß grundsätzlich jedes Mitglied verlangen kann, daß sein Antrag für die bevorstehende Versammlung in die Tagesordnung aufgenommen wird. Anderenfalls hätte es das Einberufungsorgan in der Hand, die Beschlußgegenstände der Mitgliederversammlung allein zu bestimmen. Als Antrag wird hier nur der Sachantrag verstanden, da Verfahrensanträge aus dem Gang der Beratungen heraus ohne Vorankündigung möglich sind. Greifen nicht die nachfolgend dargestellten Ausübungsschranken ein, so besteht ein Anspruch gegen den Verein auf Aufnahme in die Tagesordnung. Entspricht dem das für den Verein handelnde Einberufungsorgan nicht, so ist die Tagesordnung nicht vollständig den Mitgliedern bekannt gemacht und es liegt ein Einberufungsfehler vor[240].

---

238 *Stöber* Rn. 180.

239 *OLG Hamm* MDR 1973, 929.

240 Vgl. auch *VGH München* NVwZ 1988, 83: Einberufung zur Gemeinderatssitzung.

Dieses aus der Mitgliedschaft sich ergebende Recht kann durch die Satzung näher ausgestaltet und bei Vorliegen sachlicher und nachvollziehbarer Gründe eingeschränkt werden. **844**

Die Satzung – nicht eine Versammlungsordnung[241] – kann Formvorschriften für den Antrag aufstellen. Es kann bestimmt werden, daß der Antrag schriftlich bei der Geschäftsstelle des Vereins anzubringen ist und daß er kurz zu begründen ist. Durch eine solche Formvorschrift wird sichergestellt, daß die beantragten Beratungsgegenstände richtig wiedergegeben werden; die Begründung erleichtert die Prüfung der Zulassung durch das Einberufungsorgan.

Weiter kann die Satzung eine Frist zur Einreichung solcher Anträge bestimmen. Auch diese soll die Prüfung durch das Einberufungsorgan ermöglichen und soll außerdem sicherstellen, daß die Tagesordnung mit Anträgen aus den Kreisen der Mitglieder diesen vor der Versammlung rechtzeitig zur Kenntnis gebracht werden. Ist der Zeitpunkt für die Mitgliederversammlung durch die Satzung bestimmt, so kann diese eine Einreichungsfrist von vier Wochen vor der Versammlung vorsehen. Ist ein solcher Zeitpunkt nicht bestimmt, so kann die Satzung anordnen, daß der Termin für die Mitgliederversammlung etwa drei Monate vorher den Mitgliedern in geeigneter Weise voranzukündigen ist. Auch dann ist die Einhaltung der angeführten Frist von vier Wochen möglich. Wird davon kein Gebrauch gemacht, so ermöglicht eine lange Ladungsfrist, z. B. von sechs Wochen, eine Antragstellung, wenn die Satzung anordnet, daß Mitgliederanträge bis spätestens drei Wochen vor dem Termin der Mitgliederversammlung eingehen müssen. Steht für Mitgliederanträge nur noch eine Frist von ein oder zwei Wochen zur Verfügung, so können solche im allgemeinen nur noch als Dringlichkeitsanträge behandelt werden und bedürfen einer besonderen Zulassung durch die Satzung (vgl. Rn. 847).

Bei Vorliegen sachlicher Gründe kann die Satzung außerdem verlangen, daß Mitgliederanträge von einer bestimmten Zahl von Mitgliedern unterstützt werden müssen. Ein solcher Grund kann wegen der Größe der Mitgliederzahl gegeben sein.

Schließlich kann die Satzung dem Einberufungsorgan ein Prüfungsrecht hinsichtlich der Mitgliederanträge einräumen. Ein solches ist ohnedies gegeben, wenn Form- und Fristvorschriften bestehen. Ein sachliches Prüfungsrecht ist jedenfalls dann gerechtfertigt, wenn es sich – wie im Falle des Minderheitsverlangens auf Einberufung einer Mitgliederversammlung – auf Rechtsmißbrauch beschränkt (vgl. dazu Rn. 810).

Wird einem Antrag auf Aufnahme in die Tagesordnung insgesamt oder teilweise nicht entsprochen, so ist dem/den Antragsteller/n ein begründeter Bescheid zu erteilen. Die Aufnahme des Antrags kann gerichtlich erzwungen werden, falls das erforderliche Quorum erreicht wird und noch genügend Zeit bis zur Mitgliederversammlung zur Verfügung steht. **845**

Wird dem Antrag auf Aufnahme in die Tagesordnung stattgegeben, so kann dieser zwar stichwortartig gekürzt werden[242], es dürfen aber keine sachlichen Änderungen vorgenommen werden[243].

241 Vgl. *OLG Frankfurt* ZIP 1985, 213/223.
242 Vgl. *VGH München* NVwZ 1988, 83.
243 Vgl. *KG* OLGE 43, 313.

845 a Vorschläge zu Personalentscheidungen (Wahlen) sind unverbindlich[244] und sind keine Anträge im Sinne der vorstehenden Ausführungen.

3.2.4.5. Dringlichkeitsanträge und Initiativanträge

846 Nach § 32 Abs. 1 Satz 2 BGB muß die Tagesordnung mit der Einberufung den Mitgliedern mitgeteilt werden. Damit ist eine Sperre für die Aufnahme weiterer Beschlußgegenstände in die Tagesordnung eingetreten. Dies gilt aber nicht für Anträge, die lediglich auf die Beratung einer Angelegenheit abzielen. Die Sperre für neue Sachanträge selbt erstreckt sich auch auf die Versammlung selbst; in dieser können nicht neue Initiativanträge sachlicher Art gestellt werden. Auch hier fehlt es an der rechtzeitigen Ankündigung der Beschlußgegenstände.

847 Nach § 40 BGB kann die Satzung ausdrücklich anordnen, daß auch nach der Bekanntmachung der Tagesordnung im Zusammenhang mit der Einberufung der Mitgliederversammlung noch Sachanträge zulässig sind. Solche Anträge werden als Dringlichkeitsanträge bezeichnet. Von der Zulassung sollte die Satzung nur einen vorsichtigen Gebrauch machen und umfangreiche oder auch nur wesentliche Satzungsänderungen und sonst bedeutsame Angelegenheiten ausschließen. Kündigt das Einberufungsorgan jedoch umfangreiche Satzungsänderungen an und ergibt sich, daß hierbei die notwendige Abänderung einer weiteren Satzungsvorschrift erforderlich ist, deren Abänderung nicht angekündigt worden ist, so ist gegen einen Dringlichkeitsantrag nichts einzuwenden.

Die Zulassung von Dringlichkeitsanträgen führt in der Regel zu einer Verkürzung der Möglichkeit für jedes Mitglied, sich ausreichend auf den Inhalt dieses weiteren Beratungsgegenstandes vorzubereiten. Es ist deshalb ein Mitgliederschutz erforderlich. Die Satzung – und nicht bloß eine Versammlungsordnung – muß sicherstellen, daß ein Dringlichkeitsantrag den Mitgliedern noch so rechtzeitig vor dem Zusammentritt der Versammlung mitgeteilt wird, daß ihnen genügend Zeit bleibt, sich mit der durch die Dringlichkeit der Angelegenheit gebotenen Eile auf den neuen Beratungsstoff sachgerecht vorzubereiten. Reicht die Zeit für die Wahrung einer solchen Nachfrist, deren Länge sich nach den Umständen des jeweiligen Einzelfalles bemißt, nicht mehr aus, so muß der betreffende Dringlichkeitsantrag in einer gesonderten Mitgliederversammlung beraten werden[245]. Besteht eine Ladungsfrist von vier Wochen, so sollten Dringlichkeitsanträge, die nicht mindestens eine Woche vor der Versammlung noch mitgeteilt werden können, von der Satzung nicht zugelassen werden. Eine Frist von drei Tagen stellt in jedem Fall die Mindestfrist dar.

848 Einige Satzungen lassen auch Initiativanträge in der Versammlung zu, erschweren sie durch ein Quorum, aber nicht in der Sache. Danach werden solche Anträge, die erstmals in der Versammlung gestellt werden, z. B. zugelassen, wenn mindestens ein Viertel der anwesenden Stimmberechtigten zustimmt; die Beschlußfassung wird jedoch bis zur nächsten Mitgliederversammlung ausgesetzt, wenn mindestens ein Viertel der anwesenden Stimmberechtigten der so-

---

244 Vgl. *OLG Hamm* ZIP 1986, 1194 = GmbHR 1987, 268.

245 So: BGHZ 99, 119/124 = NJW 1987, 1811 f. für im Wege der Dringlichkeit eingebrachte Satzungsänderungen; diese Grundsätze gelten auch für sonstige Beschlüsse mit einschneidender Bedeutung, vgl. *Stöber* Rn. 191 a.

fortigen Beschlußfassung widerspricht. Solche Initiativanträge sollten – wie Dringlichkeitsanträge auch – in der Sache beschränkt werden. Es kann sich im Verlaufe der Beratung die Notwendigkeit ergeben, die Änderung einer einzigen Satzungsbestimmung vorzunehmen, die keine wesentliche Bedeutung für das Vereinsleben hat, wie etwa die Verringerung der Zahl der Vorstandsmitglieder von fünf auf drei, weil sich nicht genügend Kandidaten finden. Läßt sich eine sachliche Beschränkung der Zulassung nicht erzielen, so sollte das Quorum so erhöht werden, daß die Beschlußfassung über einen Initiativantrag auf eine möglichst breite Basis gestellt wird; Zulassung nur bei Zustimmung von ⅔ oder ¾ der Mitglieder.

3.2.4.6. Inhaltliche Anforderungen an die Ankündigung von Tagesordnungspunkten mit beabsichtigter Beschlußfassung

Nach § 32 Abs. 1 Satz 2 BGB muß bei der Berufung der Versammlung der Gegenstand der Beschlußfassung bezeichnet werden. Welche inhaltlichen Anforderungen an die Ankündigung von solchen Tagesordnungspunkten zu stellen sind, richtet sich nach dem Zweck der Vorschrift, die Mitglieder vor Überraschungen zu schützen und ihnen ausreichende Gelegenheit zur Vorbereitung auf den Stoff der Tagesordnung zu geben[246] und nach den Erfordernissen des jeweiligen Einzelfalles[247]. Dem Grundsatz nach reicht es aus, daß die Mitglieder mit dem Verhandlungs- und Abstimmungsgegenstand im allgemeinen vertraut gemacht werden. Die Unterrichtung muß aber andererseits so konkret sein, daß jedes Mitglied die Bedeutung des Beschlußgegenstandes erfassen, eine sinnvolle Entscheidung über die Notwendigkeit seiner Anwesenheit treffen und, wenn es dies wünscht, in die Meinungsbildung darüber eintreten kann, wie es sich in der Abstimmung verhalten soll. Dies gilt besonders bei Satzungsänderungen[248]. Der Inhalt der Beschlußgegenstände muß mindestens schlagwortartig umschrieben sein[249]. **849**

Bei Satzungsänderungen ist es zwar im allgemeinen nicht erforderlich, daß den Mitgliedern der Text der neuen Satzung übermittelt wird[250], wie dies § 124 Abs. 2 Satz 2 AktG bestimmt. Es ist dies aber zweckmäßig, vor allem in der Art, daß den bisherigen Satzungsbestimmungen die neu vorgeschlagenen gegenübergestellt werden; eine solche Gewohnheit besteht bei einigen Vereinsverbänden. Die Ankündigung »Satzungsänderungen« allein reicht grundsätzlich nicht aus; es müssen zumindest die zu ändernden Satzungsbestimmungen bezeichnet werden[251]. Es genügt auch eine stichwortartige Mitteilung des wesentlichen Inhalts einer Satzungsänderung[252]. Sind die zu ändernden Satzungsbestimmungen aus früheren Beratungen bekannt, die noch nicht abgeschlossen sind, so genügt die Angabe »Satzungsänderung entsprechend früherer Erörterung«[253]. Auch die bloße Ankündigung »Neufassung der Satzung« reicht nicht **850**

---

246 *BGH* NJW 1987, 1811/1812.
247 *BGH* NJW-RR 1989, 376/378.
248 *BGH* a. a. O.
249 *van Look* WuB II L. § 32 BGB 1.89.
250 *BGH* NJW-RR 1989, 376/378.
251 Vgl. *KG* JW 1934, 2161; *BayObLG* RPfl 1979, 196; *OLG Frankfurt* ZIP 1985, 213/220.
252 *Sauter/Schweyer* Rn. 178.
253 *LG Bremen* RPfl 1988, 533.

aus, wenn den Mitgliedern nicht zugleich der neue Text übermittelt oder zumindest der Hinweis in der Einberufung gegeben wird, daß er in der Geschäftsstelle des Vereins eingesehen oder bei dieser angefordert werden kann[254]. Ist diese Informationsmöglichkeit nicht gegeben, so muß bei einer Satzungsneufassung bei sachlichen Änderungen auf die zu ändernden Bestimmungen und bei bloßen redaktionellen Änderungen auf diese hingewiesen werden[255].

851 Die folgenden Ankündigungen wurden für ausreichend angesehen: »Interne Angelegenheiten (§ 7 der Satzung)« im Falle des Ausschlusses eines Mitglieds, wenn § 7 dies vorsieht[256]; gebilligt worden ist auch die fehlende Mitteilung des Namens des Betroffenen[257]; dies kann jedoch nur dann zutreffend sein, wenn die Einleitung des Ausschlußverfahrens nicht nur dem Betroffenen, sondern auch allen Vereinsmitgliedern bekannt war; »Ausschließung von Vereinsmitgliedern« deckt die Ausschließung nur eines Mitglieds auch mit Organstellung[258]; »Vorstand, Nr. 5 der Satzung«, der die Amtsenthebung betrifft[259], wobei bei der Abberufung aus wichtigem Grund dieser nicht mitgeteilt zu werden braucht[260]; »zeitweiliger Ausschluß« genügt zur »Ausstoßung eines Mitglieds«[261]; »Wahl eines Ehrengerichts« deckt Ordnungsmaßnahmen[262]; »Entlastung des Vorstands« genügt für die Entlastung eines Teils der Vorstandsmitglieder und für die Verweigerung der Entlastung hinsichtlich der übrigen[263].
Die folgenden Ankündigungen wurden als nicht ausreichend angesehen: »Neuwahl des Vorstands«, wenn sie infolge des in der Versammlung ausgesprochenen Widerrufs der Bestellung des bisherigen Vorstands erforderlich geworden war[264]; »Ergänzungswahlen zum Vorstand«, wenn es um die Abwahl von Vorstandsmitgliedern und eine Vorstandsneuwahl geht[265]; »Verhalten des Vorstands bei den Verhandlungen über die Gründung des Verbandes X«, wenn aus diesem Anlaß der Vorstand aus dem Verein ausgeschlossen werden soll[266]; »Vorstandsangelegenheiten« läßt nicht die Abberufung eines Vorstandsmitglieds zu[267]; »Abberufung des Vorstandsmitglieds X aus wichtigem Grund« deckt nicht die Abberufung ohne Grund[268]; »Feststellung des Kassenvoranschlags« genügt nicht für eine Beitragsfestsetzung[269]; »Satzungsänderung zur Einführung einer Vertreterversammlung« kündigt die Wahl der Vertreter nicht

---

254 Vgl. *Lang/Weidmüller/Metz* § 46 GenG Rn. 20; *Metz/Werhahn* Rn. 115.
255 *Soergel/Hadding* § 32 BGB Rn. 13; *Sauter/Schweyer* Rn. 178; a. A. *Stöber* Rn. 181.
256 *RG* JW 1908, 674 = Warn 1909 Nr. 1.
257 *RG* Recht 1913 Nr. 1960.
258 *RG* Recht 1905 Nr. 2740.
259 *BGH* WM 1960, 859/860.
260 *BGH* NJW 1962, 393.
261 Vgl. *RG* Recht 1913 Nr. 1960.
262 Vgl. *OLG Hamburg* OLGE 20, 34.
263 Vgl. RGZ 65, 241: AG.
264 Vgl. *RG* JW 1915, 1366 = LZ 1916, 327: Gen.
265 *OLG Köln* OLGZ 1984, 401.
266 Vgl. *OLG Hamburg* OLGE 45, 106.
267 *OLG Stuttgart* WM 1985, 600/601.
268 *BGH* WM 1985, 567/570.
269 *Palandt/Heinrichs* § 32 BGB Rn. 4.

an[270]; »Genehmigung der Geschäftsführung« reicht nicht aus, wenn diese zu einem wichtigen Geschäft (damals: Hypothekenbestellung) erteilt werden soll[271]. Die Ankündigung »Verschiedenes« konkretisiert keinen Beschlußgegenstand[272] und läßt deshalb z. B. eine Beitragserhöhung[273] oder den Ausschluß eines Mitglieds nicht zu[274]. Dieser Tagesordnungspunkt ermöglicht nur Beratungen[275]. Die gleichen Grundsätze gelten für die Ankündigung »Anträge«[276].

3.2.4.7. Die Zugänglichmachung von Versammlungsunterlagen

Bei größeren Vereinen ist Beratungsgegenstand etwa der Bericht einer Wirtschaftsprüfungsgesellschaft und der mit einem umfangreichen Zahlenwerk versehene Haushaltsplan. Mit solchen Unterlagen dürfen die Vereinsmitglieder nicht erst in der Versammlung überrascht werden. Sofern die Satzung nicht die Zusendung von Versammlungsunterlagen vorschreibt, sind diese auf der Vereinsgeschäftsstelle zur Einsichtnahme für jedes Vereinsmitglied zu hinterlegen. Hierauf ist in der Einladung hinzuweisen. Jedem Mitglied steht das Recht zu, auf seine Kosten eine Ablichtung oder Abschrift der Unterlagen zu verlangen. Gleiches gilt für umfangreiche Satzungsänderungen. In Eigeninitiative müssen solche Unterlagen nicht beschafft werden[277]. Es entspricht der Treupflicht des Vereins, daß dieser insoweit von sich aus die Mitglieder informiert. **852**
Vgl. zur Information der Mitglieder auch Rn. 889.

3.2.4.8. Ankündigungsfehler

Sofern die gesetzliche Ankündigungspflicht (§ 32 Abs. 1 Satz 2 BGB) durch die Satzung nicht ausdrücklich abbedungen worden ist (§ 40 BGB), können in der Versammlung über ungenügend angekündigte Gegenstände grundsätzlich keine gültigen Beschlüsse gefaßt werden[278]. Von diesem Grundsatz gibt es Ausnahmen: Wie im Falle der Nichteinladung stimmberechtigter Mitglieder[279] kann der Verein den einwandfreien Nachweis erbringen, daß die Mehrheit auch bei ordentlicher Ankündigung nicht anders entschieden hätte[280]. Der Verein kann ferner darlegen, daß der Ankündigungsmangel deshalb für das Beschlußergebnis nicht ursächlich war, weil allen Mitgliedern auf andere Weise bereits bekannt gewesen ist, über welche Gegenstände beraten und Beschluß gefaßt werden soll[281]. **853**

270 *BGH* NJW 1960, 1447.
271 RGZ 89, 367/377 f.: GmbH.
272 *OLG Stuttgart* OLGZ 1974, 399/400; *BayObLG* NJW-RR 1990, 784: WEG.
273 *KG* RJA 14, 289.
274 BayObLGZ 28, 492 = JFG 6, 230.
275 *OLG München* GmbHR 1994, 259.
276 *BayObLG* OLGE 32, 331.
277 A. A. *BGH* NJW-RR 1989, 376/378.
278 Vgl. *RG* JW 1908, 674/675; *BayObLG* RPfl 1979, 196; *OLG Köln* OLGZ 1984, 401; a. A. BGHZ 84, 209/217 f.: nur »anfechtbar« = fehlerhaft.
279 Vgl. dazu BGHZ 59, 369.
280 Vgl. *RG* JW 1915, 1366; *RG* LZ 1917, 1057; *RG* JW 1931, 2931.
281 Vgl. *KG* OLGE 24, 158 und JW 1934, 2161; BayObLGZ 1972, 29/34.

3.2.5. Die Eventualeinberufung; die Einberufung zu einer Wiederholungsversammlung

854 Bei einer Eventualeinberufung wird zunächst zu einer Mitgliederversammlung an einem bestimmten Tag, etwa um 18 Uhr, einberufen, der Einladung aber hinzugefügt, läßt sich in dieser Versammlung eine Beschlußfähigkeit nicht erreichen, so wird auf den gleichen Tag zu einer späteren Stunde (oder auf den folgenden Tag um 10 Uhr) zu einer zweiten Mitgliederversammlung einberufen, die dann ohne Rücksicht auf die Zahl der erschienenen Mitglieder beschlußfähig ist.

Eine Eventualeinberufung ist nur dann zulässig, wenn sie die Satzung ausdrücklich zuläßt[282]. Es muß dann aber die Tagesordnung zur zweiten Mitgliederversammlung die gleiche sein wie bei der Einladung zur ersten, es sei denn, die Satzung gestattet auch eine solche Abweichung. Ist dies aber nicht der Fall, so ist bei Änderung der Tagesordnung die Einberufung zur zweiten Versammlung fehlerhaft[283].

In der Einladung zur zweiten Mitgliederversammlung muß ausdrücklich darauf hingewiesen werden, daß bei der weiteren Mitgliederversammlung keine besonderen Anforderungen an die Beschlußfähigkeit gelten[284]. Der unterlassene Hinweis ist dann unschädlich, wenn in der zweiten Versammlung die satzungsmäßig angeordnete Beschlußfähigkeit erreicht wird[285].

855 Die Eventualeinberufung birgt die Gefahr in sich, daß die Vereinsleitung befähigt wird, ihre mit der Mitgliedermehrheit nicht übereinstimmenden Vorhaben durchzusetzen. Vor der Zulassung der Eventualeinberufung muß somit gewarnt werden. Dies auch deshalb, weil eine Satzungsgestaltung dahin möglich ist, nach der eine zunächst nicht beschlußfähige Versammlung nach Ablauf einer gewissen Wartezeit ohne Rücksicht auf die Zahl der erschienenen Mitglieder beschlußfähig wird, sofern hierauf in der Einladung hingewiesen worden ist[286]. Eine zweite Versammlung am gleichen Tag ist aber nur zulässig, wenn dies die Satzung ausdrücklich erlaubt (vgl. oben Rn. 854). Ist dies nicht der Fall, so darf die zweite Versammlung erst nach Abhaltung der ersten Versammlung förmlich einberufen werden[287].

856 Die Satzung kann vorschreiben, daß über wichtige Gegenstände, z.B. eine Zweckänderung oder die Auflösung des Vereins, nur in zwei Versammlungen Beschluß gefaßt werden kann. Die zweite Versammlung wird hier als Wiederholungsversammlung verstanden. Schreibt die Satzung eine Mindestfrist für die Wiederholungsversammlung zwingend vor, so führt eine Fristunterschreitung zur Ungültigkeit des zweiten Versammlungsbeschlusses, weil eine zwingende Satzungsbestimmung nicht beachtet worden ist[288]. Besagt die Satzung nichts Abweichendes, so muß die Wiederholungsversammlung wie die Erstversammlung einberufen werden. Es muß dann auch die Tagesordnung der zweiten

---

282 *BGH* NJW-RR 1989, 376; *LG Nürnberg-Fürth* RPfl 1990, 427.

283 *Sauter/Schweyer* Rn. 204; vom *BGH* a. a. O. ist dieser Gesichtspunkt nicht geprüft worden.

284 *BGH* a. a. O. S. 377.

285 *OLG Frankfurt* OLGZ 1983, 29: WEG.

286 *BGH* a. a. O.

287 Vgl. *KG* Recht 1935 Nr. 1335: Gen.

288 BayObLGZ 1987, 161/170.

Versammlung mitgeteilt werden; es kann dann nicht lediglich auf die Tagesordnung der zu wiederholenden Versammlung verwiesen werden[289].

3.2.6. Die individuelle Einladung aller Teilnahmeberechtigten

Die Einberufung der Mitglieder-(Vertreter-)versammlung ist eine vereins- **857**
interne Verfahrenshandlung, somit eine rechtsgeschäftsähnliche Handlung, bei der die Vorschriften über Willenserklärungen grundsätzlich keine Anwendung finden. Eine irrtümliche Einberufung rechtfertigt nicht die Anfechtung nach §§ 119, 142 BGB; sie kann nur zurückgenommen werden[290].

Wird die Mitgliederversammlung nicht durch Veröffentlichung einberufen, so **858**
muß das Einberufungsorgan dafür Sorge tragen, daß die individuelle Einladung alle teilnahmeberechtigten Mitglieder erhalten. Es kommt hier allein auf die Teilnahmeberechtigung, nicht aber darauf an, ob das betreffende Mitglied in der Versammlung auch stimmberechtigt ist. Deshalb muß bei abgestufter Mitgliedschaft z. B. auch ein förderndes Mitglied eingeladen werden[291]. Das teilnahme-, aber nicht stimmberechtigte Mitglied kann durch Beteiligung an der Aussprache Einfluß auf das Stimmergebnis nehmen. Befindet sich der Verein im Konkurs, so muß auch der Konkursverwalter eingeladen werden, wenn Gegenstände zur Abstimmung gelangen, die in den Verwaltungsbereich des Konkursverwalters fallen (§ 6 KO), wie dies z. B. bei Entlastungsbeschlüssen der Fall ist. Hat ein Mitglied gekündigt, so ist es gleichwohl einzuladen, wenn die Kündigungsfrist noch nicht abgelaufen ist.

Ist eine juristische Person des Privatrechts oder ein nichtrechtsfähiger Verein **859**
Mitglied, so geht die Einberufung an sie/ihn, vertreten durch das Vertretungsorgan. Gleiches gilt im Falle der Vereinsmitgliedschaft einer öffentlich-rechtlichen Körperschaft. Ist eine Gemeinde, ein Landkreis usw. Mitglied, so ist die Einladung an die zuständige Fachbehörde zu richten. Bei einem geschäftsunfähigen Mitglied muß die Einladung an den gesetzlichen Vertreter gerichtet werden[292]. Bei einem minderjährigen Mitglied, dessen gesetzlicher Vertreter die Ausübung der Mitgliedschaftsrechte durch den Minderjährigen gestattet hat, genügt an sich die an diesen gerichtete Einladung. Hier kann aber die Möglichkeit bestehen, daß die Ermächtigung zurückgenommen worden ist; deshalb ist die an den gesetzlichen Vertreter gerichtete Einladung der sichere Weg. Im Falle einer Abwesenheitspflegschaft für ein Vereinsmitglied ist ausschließlich der Pfleger Adressat der Einberufung. Im Falle der Betreuung (§ 1896 BGB) steht oft nicht fest, ob das unter Betreuung stehende Mitglied auch geschäftsfähig ist; hier ist es zweckmäßig, die Einladung sowohl an das betreute Mitglied als auch an den Betreuer zu richten. Soweit ein Einwilligungsvorbehalt nach § 1903 BGB besteht, ist die Einladung nur an den Betreuer zu richten. Ist ein Mitglied verstorben und ordnet die Satzung an, daß die Mitgliedschaft vererblich ist, so sind die Erben oder an deren Stelle ein evtl. vorhandener Testamentsvollstrecker (u. U. Nachlaßpfleger) einzuladen.

Besteht eine Vertreter-(Delegierten-)Versammlung, so sind alle Vertreter **860**
(Delegierten) einzuladen. Hier kommt es auf die Verbandsmitgliedschaft, die

289 Vgl. *Lang/Weidmüller/Metz* § 46 GenG Rn. 21; *Metz/Werhahn* Rn. 122.
290 Vgl. *Scholz/K. Schmidt* § 51 GmbHG Rn. 5.
291 *LG Bremen* RPfl 1990, 262.
292 Vgl. zur GmbH: *BGH* WM 1984, 473; *BayObLG* GmbHR 1993, 223/224.

Delegierte in der Regel nicht haben, nicht an. Sind Träger eines Verbands (auch) korporative Mitglieder, so müssen sie (u. U. neben den Delegierten) ebenfalls zur Verbandsversammlung eingeladen werden.

Das Teilnahmerecht an einer Mitgliederversammlung ist nicht unbedingt an die »gewöhnliche« Vereinsmitgliedschaft gebunden. Es steht dem Grundsatz nach auch Organmitgliedern zu, welche die »gewöhnliche« Vereinsmitgliedschaft nicht haben; auch solche Organmitglieder müssen eingeladen werden.

Ist dem Verein (Verband) die Erteilung einer Stimmrechtsvollmacht bekannt, so ist damit das Teilnahmerecht des vollmachtgebenden Mitglieds (Delegierten) nicht ausgeschlossen. Es ist das Mitglied einzuberufen, der Bevollmächtigte allein aber dann, wenn sich aus der Stimmrechtsvollmacht auch ein Verzicht des Mitglieds auf das Teilnahmerecht ergibt[293].

861 Die Einladung ist an die dem Verein zuletzt bekannte Anschrift des Mitglieds (Vertreters) zu richten[294]. Wird dem genügt, so ist die Einladung auch wirksam, wenn das Mitglied sie nicht erreicht hat, weil es verzogen ist und die Sendung von der Post als unzustellbar zurückkommt[295].

Vgl. zu Einberufungsfehlern Rn. 1149.

862 Die Einladung kann dem Registergericht nachzuweisen sein, wenn in der Versammlung eintragungsbedürftige Beschlüsse (z. B. Vorstandsbestellung oder Satzungsänderung) gefaßt worden sind und die Einladung aller Mitglieder zweifelhaft ist. Wird durch gewöhnliche Briefsendung eingeladen, so empfiehlt es sich, daß auf der fotokopierten Mitgliederliste, welche die Anschriften enthält, von der Geschäftsstelle des Vereins die Absendung vermerkt wird. Im Falle der Einladung mittels »Einschreiben« dienen die Posteinlieferungsscheine als Beweismittel. Bei Einladung durch »Einschreiben mit Rückschein« beweist der unterschriebene Rückschein, daß die Sendung in den Empfangsbereich des Mitglieds gelangt ist.

Ist ein Vereinsmitglied unerreichbar, so kann eine öffentliche Zustellung nach § 132 Abs. 2 BGB, § 204 ZPO in Betracht kommen, die aber den Nachteil hat, daß die Tagesordnung öffentlich bekanntgemacht wird[296].

Die Einladung durch Boten kommt in der Praxis kaum mehr vor. Sie ist nur zulässig, wenn dies die Satzung ausdrücklich vorsieht. Der Bote hat dem Empfänger das Einberufungsorgan, Ort und Zeit der Versammlung und die Tagesordnung bekanntzumachen.

3.2.7. Die Ladung anwesenheitsberechtigter Personen

863 Personen, die zwar in der Mitgliederversammlung zugegen sein dürfen, aber kein aus der Mitgliedschaft oder einem Organschaftsverhältnis sich ergebendes Teilnahmerecht haben, deren Anwesenheit jedoch geboten oder jedenfalls erwünscht ist, werden geladen[297]. Diese Verständigungsform kann z. B. bei Vereinsgeschäftsführern, bei Mitgliedern anderer Vereinsorgane als der Mitgliederversammlung, u. U. bei Sachverständigen in Betracht kommen.

---

293 Vgl. *Scholz/K. Schmidt* § 51 GmbHG Rn. 9.

294 BayObLGZ 1988, 170/177; *RG* SeuffA 88 Nr. 12: Gen.

295 Vgl. *RG* a. a. O.; *KG* JW 1936, 334/335.

296 Vgl. *Scholz/K. Schmidt* § 51 GmbHG Rn. 10.

297 Vgl. *OLG Stuttgart* NJW 1973, 2027; *Scholz/K. Schmidt* § 51 GmbHG Rn. 12.

3.3. Die Vollversammlung (Universalversammlung)

Eine Vollversammlung wird dann gebildet, wenn die sämtlichen teilnahmeberechtigten, nicht notwendig auch stimmberechtigten Mitglieder (evtl. ihre Vertreter) aus irgend einem Grund anwesend sind und wenn alle Mitglieder ausdrücklich oder stillschweigend ihr Einvernehmen mit der Abhaltung einer Mitgliederversammlung zum Zwecke der Beschlußfassung erklären[298]. **864**

Wo die sämtlichen Mitglieder oder ihre Vertreter räumlich zusammengekommen sind, ist gleich. Wird ein Mitglied durch einen Stimmrechtsbevollmächtigten vertreten, so muß die Legitimationsurkunde vorhanden sein. Das Vorhandensein eines vollmachtlosen Vertreters hindert die Annahme einer Vollversammlung. Es fehlt dann das Merkmal der gleichzeitigen Anwesenheit sämtlicher Mitglieder. Nicht »anwesend« ist auch ein Mitglied, das entweder der Durchführung einer Versammlung überhaupt oder nur einer Beschlußfassung ausdrücklich oder konkludent widerspricht[299]. Am Merkmal der Anwesenheit fehlt es z. B., wenn ein Mitglied bereits einem Verfahrensantrag widerspricht. Wird der Widerspruch übergangen und kommt es zur Abstimmung über einen Sachantrag, so bleibt er auch dann bestehen, wenn der Widersprechende hier mitstimmt[300]. Fehlt es an einem ausdrücklichen oder konkludenten Widerspruch, so ist das Stimmverhalten einzelner Mitglieder zu Verfahrens- und Sachanträgen ohne Bedeutung. Der Widerspruch ist nur dann nicht entscheidend, wenn für ein Mitglied ein Rügeverbot aus dem Gesichtspunkt der Treupflicht zum Verein besteht. **865**

Die Vollversammlung heilt Einberufungs- und Ankündigungsmängel. **866**

Der Versammlungsleiter hat in der Niederschrift zum einen die Anwesenheit der sämtlichen Mitglieder (evtl. Vertreter) und zum anderen die rügelose Beteiligung festzuhalten. **867**

4. Die Rechte und Pflichten der Mitglieder sowie Teilnahmeberechtigter in der Mitgliederversammlung

4.1. Übersicht über die Rechte

Bei der Darstellung der Rechte der Mitglieder einer Mitgliederversammlung ist zu berücksichtigen, daß viele Vereine in ihren Satzungen nicht die Mitgliedschaft schlechthin gewähren, wie dies auch der Gesetzgeber gemeint hat (§ 38 BGB), sondern eine abgestufte Mitgliedschaft. Es wird dann zwischen ordentlichen und außerordentlichen, fördernden und korrespondierenden Mitgliedern, Ehrenmitgliedern und vereinzelt auch Gastmitgliedern unterschieden. Es kommen auch die Bezeichnungen aktive und passive Mitglieder vor. **868**

Diese abgestuften Mitgliedschaften wirken sich auf die Mitgliederrechte in der Mitgliederversammlung aus. Dies wird im einzelnen bei der Behandlung der Mitgliederrechte in der Versammlung dargestellt.

---

298 Vgl. zu § 51 Abs. 3 GmbHG: *BGH* NJW 1987, 2580/2581.

299 Vgl. RGZ 92, 409/410 f.; *BGH* a. a. O.

300 ebenso: *Scholz/K. Schmidt* § 51 GmbHG Rn. 43.

Bei Vereinen, die nur die Mitgliedschaft schlechthin gewähren, hat jedes Mitglied
- das Teilnahmerecht,
- das Rederecht,
- das Antragsrecht einschließlich des Vorschlagsrechts,
- das Auskunftsrecht,
- das Stimmrecht,
- das Widerspruchsrecht gegen Versammlungsbeschlüsse,
- sowie das nachwirkende Recht der gerichtlichen Anfechtung.

Diese Rechte sind im wesentlichen satzungsfest. Das Rederecht unterliegt jedenfalls bei Vereinen mit einer größeren Mitgliederzahl aus zwingenden praktischen Gründen einer damit naturgemäßen Beschränkung im Einzelfall.

4.2. Das Teilnahmerecht

4.2.1. Der Inhalt des Rechts

869 Das Recht zur Teilnahme an der Mitgliederversammlung ist zunächst ein solches auf Anwesenheit vom Beginn bis zum Ende der Versammlung. Darüber hinaus gewährt es die Befugnis, sich an der Willensbildung der Mitgliederversammlung zu beteiligen, also das Recht auf Gehör und damit das Rederecht. Das Stimmrecht ist nicht notwendig Bestandteil des Teilnahmerechts. Jedes teilnahmeberechtigte Vereins- oder Organmitglied hat das Recht, gegen verkündete Versammlungsbeschlüsse Widerspruch zum Protokoll einzulegen; es kann einen fehlerhaften oder nichtigen Versammlungsbeschluß gerichtlich anfechten. Zum Teilnahmerecht gehört es schließlich auch, Kenntnis vom Versammlungsprotokoll zu erlangen und dieses zu billigen oder zu beanstanden.

870 Eine Teilnahmepflicht besteht nicht. Sie kann auch nicht die Satzung anordnen[301]. Die Treuepflicht kann es jedoch im besonderen Einzelfall gebieten, daß ein sonst nicht verhindertes Mitglied durch Teilnahme an der Versammlung mitwirkt, daß z. B. ein dringend erforderlicher Personal- oder Satzungsänderungsbeschluß gefaßt wird.

4.2.2. Satzungsregelungen

871 Statutarische Regelungen der Teilnahmeberechtigung sind zulässig. Sie dürfen aber nicht in den unverzichtbaren Kernbereich der Mitgliedschaft eingreifen, der aber grundsätzlich erst dann berührt wird, wenn dem Mitglied eine von seinem eigenen Willen getragene Wahrnehmung seiner Mitgliedschaftsrechte nicht mehr zugestanden wird[302]. Solche Satzungsregelungen können sich auf die Zahl der gesetzlichen Vertreter eines Mitglieds beziehen[303]. Hat z. B. ein Verband Körperschaften als Mitglieder, so kann die Satzung bestimmen, daß nur ein vertretungsberechtigtes Vorstandsmitglied in der Versammlung erscheinen darf, obwohl die Körperschaft nach ihrer Satzung Gesamtvertretung hat[304]. Satzungsregelungen können sich weiter auf die Legitimation von Delegierten beziehen. Eine Satzungsregelung dahin, daß nur ein Elternteil eines minder-

---
301 A. A. *Scholz/K. Schmidt* § 48 GmbHG Rn. 14, 15.
302 Vgl. *BGH* WM 1989, 63.
303 *BGH* a. a. O.
304 Vgl. *BGH* a. a. O.

jährigen Mitglieds mit Vollmacht des anderen Elternteils in der Versammlung erscheinen dürfe, wird aber unzulässig sein.
Im Fall eines (nicht unbedingt schuldhaften) Verstoßes gegen die Mitgliederpflichten kann die Satzung Sanktionen anknüpfen, die das Teilnahmerecht entziehen können. Dies ist etwa der Fall, wenn die Satzung für die Dauer des Beitragsrückstandes trotz Mahnung das Ruhen der Mitgliedschaft anordnet. Da dann bis zur Behebung des pflichtwidrigen Zustandes die Mitgliedschaftsrechte und -pflichten ausgesetzt sind[305], kann auch das Teilnahmerecht nicht ausgeübt werden. Satzungen sehen aber in solchen Fällen auch nur das Ruhen des Stimmrechts vor; dann besteht das Teilnahmerecht des betroffenen Mitglieds.

4.2.3. Der Träger des Rechts (ohne Vertretungsfall)

Zur Teilnahme sind alle Vereinsmitglieder berechtigt, auch wenn sie im Ein- **872**
zelfall kein Stimmrecht haben[306]. Auf eine etwaige Abstufung der Mitgliedschaft (ordentliche, außerordentliche, aktive und passive, fördernde oder korrespondierende Mitglieder) kommt es nicht an. Dies gilt auch für Ehrenmitglieder. Ein Verein, der eine geringstufige Mitgliedschaft gewährt, aber die Teilnahme an der Mitgliederversammlung versagt, hat in Wirklichhkeit keine Mitgliedschaft im vereinsrechtlichen Sinn begründet[307].
Ist die Mitgliedschaft erloschen, so besteht kein Recht zur Teilnahme des Betroffenen mehr. Hat ein Mitglied gekündigt, so besteht das Teilnahmerecht bis zum Ablauf einer Kündigungsfrist weiter. Der Ausschluß aus einem Verein beendet die Mitgliedschaft. Bestimmt aber die Satzung, daß die Einlegung eines vereinsinternen Rechtsmittels die Wirksamkeit des Ausschlusses aufschiebt, so besteht ein Teilnahmerecht des Betroffenen, wenn er rechtzeitig von einem Rechtsmittel Gebrauch macht.
Wegen des Ruhens der Mitgliedschaft vgl. oben Rn. 715.

4.2.4. Das Teilnahmerecht bei Drittorganschaft

Das Teilnahmerecht folgt aus der Mitgliedschaft im Verein. Im Falle der Dritt- **873**
organschaft (vgl. dazu Rn. 720) könnte das Organmitglied nicht an der Mitgliederversammlung teilnehmen, weil ihm die »gewöhnliche« Vereinsmitgliedschaft fehlt[308]. Demgemäß könnte der Präsident eines Vereinsverbandes mit ausschließlich korporativen Mitgliedern mangels Verbandsmitgliedschaft nicht an der Verbandsversammlung teilnehmen und seinen erforderlichen Rechenschaftsbericht nicht erstatten. Hier muß es (im Wege der Rechtsfortbildung) genügen, daß eine organschaftliche Stellung gegeben ist, die zur Teilnahme berechtigt und auch verpflichtet. Dies gilt für alle Mitglieder von Verbandsorganen.

---

305 BayObLGZ 1979, 351.
306 Vgl. *BGH* WM 1985, 567/568: GmbH.
307 Vgl. *Sauter/Schweyer* Rn. 196.
308 Demgemäß wird im GmbH-Recht ein Teilnahmerecht des Fremdgeschäftsführers an der Gesellschafterversammlung verneint, vgl. *Scholz/K. Schmidt* § 48 GmbHG Rn. 16.

4.2.5. Kein Teilnahmerecht Geschäftsunfähiger

874 Geschäftsunfähige Personen (Kinder unter sieben Jahren und dauernd Geistesgestörte i. S. d. § 104 Nr. 2 BGB) haben kein Teilnahmerecht. Es wird für sie vom gesetzlichen Vertreter (Eltern, Vormund, u. U. Betreuer) ausgeübt.

4.2.6. Zum Teilnahmerecht beschränkt Geschäftsfähiger (insbesondere Minderjähriger)

875 Beschränkt geschäftsfähige Personen sind Kinder und Jugendliche von sieben bis 18 Jahren (§§ 2, 106 BGB). Der Minderjährige bedarf zum Vereinsbeitritt der Einwilligung seiner/seines gesetzlichen Vertreter/s. Im allgemeinen ist anzunehmen, daß diese Einwilligung die Zustimmung zu allen Handlungen umfaßt, die der Minderjährige in Ausübung seiner Mitgliedschaft vornehmen wird[309]. Dem Minderjährigen steht danach das Teilnahmerecht selbst zu, falls die Satzung dies nicht ausschließt. Wegen der freien Widerruflichkeit der Einwilligung (§ 183 BGB) kann aber der gesetzliche Vertreter auch selbst das Teilnahmerecht ausüben, sofern die Satzung dies nicht untersagt[310].

876 Ein Betreuter (§ 1896 ff. BGB) übt grundsätzlich die Mitgliedschaftsrechte selbst aus. Es darf aber nicht der Tatbestand einer dauernden Geistesstörung gegeben sein (vgl. oben). Besteht jedoch im Falle der Betreuung ein Einwilligungsvorbehalt (§ 1903 Abs. 1 Satz 1 BGB), so wird der Betreute wie ein beschränkt Geschäftsfähiger behandelt (§ 1903 Abs. 1 Satz 2 i. V. m. §§ 108 ff. BGB). Es gelten dann hinsichtlich des Teilnahmerechts die für Minderjährige dargestellten Grundsätze.

4.2.7. Teilnahmerecht der gesetzlichen Vertreter von Körperschaften, Kapitalgesellschaften usw.

877 Mitglieder von Vereinen können auch Körperschaften des öffentlichen oder privaten Rechts, Kapitalgesellschaften, Personenhandelsgesellschaften, Stiftungen, Genossenschaften (§§ 54, 63 b Abs. 1 GenG) sein. Bei diesen Mitgliedern übt das Teilnahmerecht der gesetzliche Vertreter aus, der sich aus dem Organisationsrecht der jeweiligen Vereinigung ergibt. Hier ist zu beachten, daß z. B. der Oberbürgermeister einer bayer. Großstadt, die Vereinsmitglied ist, nicht seinen Rechtsrat in eine Vereinsversammlung entsenden kann, wenn die Satzung – wie meist – die Ausübung der Mitgliedschaft nicht übertragbar gestaltet (§§ 38, 40 BGB). Ohne diese Satzungsgestaltung muß der Oberbürgermeister oder der 2. Bürgermeister selbst in der Mitgliederversammlung erscheinen. Die Teilnahme an einer Mitgliederversammlung ist Mitgliedschaftsrecht (Mitverwaltungsrecht); von diesem kann nicht ein Teilnahmerecht abgespalten und übertragbar gestaltet werden. Das muß vielmehr der Verein in seiner Satzung (in Abänderung des § 38 BGB, die nach § 40 BGB gestattet ist) ausdrücklich zulassen. Der im Beispielsfall entsandte Rechtsrat ist bevollmächtigter Vertreter des Oberbürgermeisters.

---

309 *KG* OLGE 15, 324; *Soergel/Hadding* § 32 BGB Rn. 26; *Sauter/Schweyer* Rn. 345; *Stöber* Rn. 200; str.; a. A. z. B. *Lang/Weidmüller/Metz* § 43 GenG Rn. 13: Anwesenheitsrecht nur der gesetzlichen Vertreter.

310 *Soergel/Hadding* a. a. O.

4.2.8. Zum Teilnahmerecht des Konkursverwalters über das Vermögen des Vereins sowie eines Vereinsmitglieds

Der Konkursverwalter tritt an die Stelle des Gemeinschuldners, soweit das vom Konkursbeschlag erfaßte Vereinsvermögen seiner Verwaltung unterliegt (§§ 1, 6 KO). Ein allgemeines Teilnahmerecht hat danach der Konkursverwalter nicht. Es kommt auf den Gegenstand der Beratung und Beschlußfassung an. Geht es um den Rechenschaftsbericht des Vorstands und seine Entlastung, so ist der Konkursverwalter teilnahmeberechtigt. Soll aber nur über die Fortsetzung des Vereins Beschluß gefaßt werden, so besteht kein Teilnahmerecht des Konkursverwalters. Entschließt sich dieser z. B., den Sportbetrieb der Profiabteilung, die einen wirtschaftlichen Geschäftsbetrieb darstellt, fortzuführen, so ist der Konkursverwalter in all den Fällen teilnahmeberechtigt, in denen Beratung und Beschlußfassung auch diese Vereinsabteilung betreffen. **878**

Eine Teilnahmeberechtigung des Konkursverwalters über das Vermögen einer natürlichen Person, die Vereinsmitglied ist, kommt kaum in Betracht. Anders kann es sein, wenn das Mitglied eine Körperschaft ist. Der Verein X befindet sich im Konkurs; der Verwalter hat die Fortsetzung des Profispielbetriebs, den ein Verband veranstaltet, angeordnet. Der Verband hält eine Verbandsversammlung ab, wobei Beratungs- und Beschlußgegenstand etwa die Änderung der Spielordnung ist. An der Verbandsversammlung hat der Konkursverwalter ein Teilnahmerecht.

In Zweifelsfällen sollte ein Konkursverwalter jedenfalls als Gast teilnehmen dürfen.

4.2.9. Teilnahmerecht rechtsgeschäftlich Bevollmächtigter

Siehe Stimmrechtsvollmacht Rn. 901 ff. **879**

4.3. Das Rederecht

4.3.1. Das Rederecht als Mitgliedschaftsrecht

Die Willensbildung in der Mitgliederversammlung erfordert i. d. R. eine Aussprache über den zur Beschlußfassung anstehenden Gegenstand. Unter dem Tagesordnungspunkt »Verschiedenes« können die Vereinsbelange erörterungsbedürftig sein, die jedenfalls in dieser Versammlung mangels Ankündigung nicht zur Beschlußfassung kommen können. Aus dem Mitverwaltungsrecht ergibt sich, daß grundsätzlich jedem Mitglied in der Versammlung das Rederecht zusteht. Gewährt der Verein eine abgestufte Mitgliedschaft, so hat dies auf das Rederecht keinen Einfluß. **880**

Im Falle gesetzlicher oder gewillkürter Vertretung steht das Rederecht dem Vertreter zu.

Das Rederecht ist nicht davon abhängig, daß auch das Stimmrecht besteht. Es kann somit auch von einem Ehrenmitglied oder von einem i. S. d. § 34 BGB befangenen Mitglied in Anspruch genommen werden.

Das Rederecht besteht nur, wenn sich seine Ausübung sachlich auf den aufgerufenen Tagesordnungspunkt bezieht; außerhalb der Tagesordnung sind Anträge zur Geschäftsordnung (Verfahrensanträge) zulässig[311].

---

311 Vgl. *Lang/Weidmüller/Metz* § 43 GenG Rn. 36.

4.3.2. Die Besonderheiten bei Vereinsverbänden und bei Delegiertenversammlungen

881 Die Satzung eines Verbands, der natürlichen Personen keine Mitgliedschaft gewährt, kann bestimmen, daß entweder die Vorstände der angeschlossenen Vereine oder besonders gewählte Delegierte (die keine Vorstandsmitglieder sind, sondern ihren Auftrag nach Wahl in einer besonderen Versammlung erhalten) die Mitglieder der Verbandsversammlung bilden. Soweit die Vorstände in Betracht kommen, können sie das Rederecht als gesetzliche Vertreter der Mitgliedsvereine in Anspruch nehmen. Die Delegierten sind weder Vertretungsorgane der Anschlußvereine noch Mitglieder des Verbands. Sie haben das Rederecht allein aufgrund ihrer Stellung als Mitglieder eines Verbandsorgans. Das gleiche gilt für alle sonstigen Mitglieder der Verbandsorgane (Verbandsvorstand, Verbandsausschuß usw.), die teilnahmeberechtigt sind.

4.3.3. Vereinsregelungen zum Rederecht

882 Das Rederecht ist das schwächste Recht des Mitglieds in einer Versammlung. Es kann zunächst zeitlichen Beschränkungen in der Satzung oder in einer Versammlungsordnung unterworfen sein (etwa beschränkt auf 5 oder 10 Minuten). Auch ohne Vereinsregelungen kann das Rederecht formalen und inhaltlichen Schranken unterworfen sein, weil sich hierfür zwingende Gründe eines zügigen Ablaufs einer Mitgliederversammlung ergeben. Vgl. dazu näher Rn. 1002 ff.

4.3.4. Die Beachtung des Grundsatzes der Gleichbehandlung

883 Auch bei der Ausübung des Rederechts muß der Grundsatz der gleichmäßigen Behandlung aller Mitglieder beachtet werden. Eine Mehrheit kann nicht grundlos einer Minderheit das Wort durch Beschlußfassung (»Schluß der Debatte«) entziehen.

4.3.5. Bedeutung des Rederechts für die Beschlußanfechtung

884 Sind etwa 10 % der Mitglieder nicht eingeladen worden oder sind Mitglieder zu Unrecht von der Versammlung ausgeschlossen worden und werden deshalb Versammlungsbeschlüsse angefochten, so obliegt dem Verein der Nachweis, daß die verhinderte Ausübung des Rederechts für das Zustandekommen des Beschlusses nicht kausal war[312].

4.4. Das Auskunftsrecht

4.4.1. Das Auskunftsrecht in der Mitgliederversammlung

885 Im Vereinsrecht des BGB fehlt eine Bestimmung darüber, ob der Vorstand dem einzelnen Mitglied auf Frage Auskunft über Angelegenheiten des Vereins zu erteilen hat, soweit dies zur sachgemäßen Beurteilung der Tagesordnung erforderlich ist, wie dies in § 131 Abs. 1 Satz 1 AktG für Aktionäre bestimmt ist[313]. Aus § 27 Abs. 3, § 666 BGB folgt, daß der Vorstand dem Verein, d. h. der Mit-

312 Vgl. BGHZ 59, 369.

313 Vgl. den weitergehenden Auskunftsanspruch auch außerhalb einer Gesellschafterversammlung nach § 51 a Abs. 1 Satz 1 GmbHG; vgl. zum Auskunftsanspruch des Mitglieds einer Wohnungseigentümergemeinschaft z. B. *OLG Celle* OLGZ 1983, 177; *OLG Frankfurt* OLGZ 1984, 258; BayObLGZ 1984, 133.

gliederversammlung, zur Auskunft verpflichtet ist. Dieses Auskunftsrecht ist auch als Teil des Mitgliedschaftsrechts jedem Mitglied zuzubilligen, soweit dies zur Meinungsbildung und zur ordnungsgemäßen Erledigung von Tagesordnungspunkten erforderlich ist[314].

Gegenstand des Auskunftsbegehrens können die tatsächlichen und rechtlichen Verhältnisse des Vereins sein, soweit diese nicht schon erschöpfend im Rechenschaftsbericht des Vorstands behandelt worden sind, die Tätigkeit von Vorstand und sonstigen Vereinsorganen. Häufig wird vom Auskunftsrecht Gebrauch zu machen sein, wenn im Zusammenhang mit einem Wirtschaftsprüfungsbericht oder mit dem Haushaltsplan den Mitgliedern ein Zahlenwerk vorgelegt wird, das aus sich heraus oft nicht verständlich ist.

Auskunftspflichtig ist in erster Linie der Vorstand; es kann aber auch allein die **886**
Auskunft eines anderen Vereinsorgans in Betracht kommen, wenn sich die Frage auf dessen Tätigkeitsbereich bezieht. Die Mitglieder eines Vereinsgerichts sind im Regelfall nicht auskunftspflichtig.

Die Auskunft ist grundsätzlich mündlich zu erteilen. Wenn die Auskunft im Einzelfall nicht sofort erteilt werden kann, so ist auch eine spätere schriftliche Auskunftserteilung zulässig.

Großvereine und Vereinsverbände legen durch Vorlage eines Wirtschafts- **887**
prüfungsberichts und eines Haushaltsplans oft in Millionenhöhe Rechnung wie eine mittelgroße Aktiengesellschaft. Es ist deshalb in solchen Fällen geboten, dem Verein bei Vorliegen bestimmter Tatbestände oder Rechtsverhältnisse ein Recht zur Verweigerung der Auskunft zuzubilligen[315]. Solche Fälle sind:

- Die Erteilung fügt dem Verein nach vernünftiger kaufmännischer Beurteilung einen nicht unerheblichen Nachteil zu;
- die Frage bezieht sich auf steuerliche Wertansätze oder die Höhe einzelner Steuern;
- die Erteilung der Auskunft wäre strafbar oder sie würde eine gesetzliche, satzungsmäßige oder vertragliche Geheimhaltungspflicht (Bankgeheimnis) verletzen[316].

Sind Anhaltspunkte für schwerwiegende Pflichtverletzungen von Organmitgliedern gegeben, so kann die Auskunft nicht mit Hinweis darauf verweigert werden, die Beantwortung füge dem Verein einen erheblichen Nachteil zu[317].

Die Entscheidung, ob eine Auskunft erteilt oder verweigert wird, trifft allein die **888**
auskunftspflichtige Person. Ein Beschluß der Mitgliederversammlung bindet nicht[318].

4.4.2. Das Auskunftsrecht außerhalb der Mitgliederversammlung

Es wird die Auffassung vertreten, außerhalb einer Mitgliederversammlung sei **889**
der Vorstand nicht verpflichtet, einem Mitglied Auskunft zu geben[319]. Dieser

---

314 Ebenso zum Genossenschaftsrecht: *Lang/Weidmüller/Metz* § 43 GenG Rn. 39; *Metz/Werhahn* Rn. 144 ff.

315 Vgl. § 131 Abs. 3 AktG.

316 Vgl.*Metz/Werhahn* Rn. 149.

317 Vgl. *Metz/Werhahn* Rn. 153.

318 Vgl. *Metz/Werhahn* Rn. 152.

319 *Sauter/Schweyer* Rn. 281, vgl. jedoch auch Rn. 336; *Stöber* Rn. 127; MünchKomm/*Reuter* Rn. 16, *Staudinger/Coing* Rn. 24, je zu § 27 BGB; *Soergel/Hadding* § 27 BGB Rn. 22 a, vgl. jedoch auch § 38 Rn. 17; *Lepke* NJW 1966, 2099.

Meinung kann in dieser Allgemeinheit nicht gefolgt werden. Das Aktienrecht beschränkt den Auskunftsanspruch des Aktionärs auf die Hauptversammlung[320]; nach GmbH-Recht hat ein Gesellschafter einen Auskunftsanspruch auch außerhalb der Gesellschafterversammlung (§ 51a Abs. 1 GmbHG). Der Aktionär will sich über die tatsächlichen (wirtschaftlichen) und rechtlichen Verhältnisse der Gesellschaft unterrichten, an der er sich kapitalmäßig beteiligt hat. Anders liegen die Verhältnisse beim Verein. Dieser ist errichtet worden, weil in der Gemeinschaft Ziele eher zu erreichen sind. Es bestehen also wechselseitige Beziehungen, die bei der AG fehlen. Spitzenverbände der Wirtschaft oder des Sports bestehen in Vereinsform. Als Verbandsaufgaben werden oft Beratung der Mitglieder in Fachfragen genannt; die Errichtung der Sportverbände dient auch der gemeinsamen Durchführung von Meisterschaftsrunden. All diese Aufgabenstellungen erfordern ein enges Zusammenarbeiten von Verband und Mitglied. Das Mitglied eines Wirtschaftsverbandes, das in einer Fachfrage eine Auskunft benötigt, kann nicht auf die nächste Mitgliederversammlung verwiesen werden. Einem Sportverein muß der zuständige Landes- oder Bundesverband jederzeit Auskunft erteilen, wenn es etwa um Fragen einer Lizenzierung des Vereins für die nächste Meisterschaftsrunde oder um die Spielberechtigung eines Spielers geht. Diese Verbände unterhalten Geschäftsstellen, die den ständigen Verkehr mit den Mitgliedsvereinen abwickeln. Die Geschäftsstellen handeln, sofern der Leiter nicht als besonderer Vertreter i. S. d. § 30 BGB bestellt worden ist, im Auftrag des Vorstandes.

Nicht nur bei den erwähnten Spitzenverbänden ist ein Auskunftsanspruch außerhalb der Mitgliederversammlung anzuerkennen, sondern bei allen Vereinen, sofern das Mitglied an der Erteilung der Auskunft ein berechtigtes Interesse nachweisen kann[321]. Das Auskunftsrecht kann im Einzelfall auch das Recht einschließen, Einsicht in Bücher und Schriften des Vereins zu erhalten[322]. Dies kann etwa der Fall sein, wenn Einsicht in die Mitgliederlisten gewünscht wird, weil dies Voraussetzung für die Ausübung des Minderheitsrechts nach § 37 BGB ist.

4.5. Das Antragsrecht

4.5.1. Begriff

890 Das bisher in der Rechtswissenschaft kaum behandelte Antragsrecht eines Mitglieds ist Mitverwaltungsrecht. Unter Antrag wird das formale Ersuchen verstanden, eine Entscheidung durch die zuständige Instanz herbeizuführen. Den Antrag stellt das Mitglied gegenüber dem Verein, vertreten durch das zuständige Organ. Aus dem Mitverwaltungsrecht folgt aber auch, daß ein mitgliedschaftliches Recht besteht, sich an das Gericht zu wenden. Bei Fehlen eines Vertretungsvorstands kann jedes Mitglied bei Gericht beantragen, daß dieses einen Vorstand bestellt (§ 29 BGB). Der Minderheitsschutz nach § 37 Abs. 2

320 § 131 Abs. 1 Satz 1 AktG; vgl. *BGH* NJW 1960, 1151; 1962, 104.

321 *Palandt/Heinrichs* Anm. 1a, *Soergel/Hadding* Rn. 17, je zu § 38 BGB; *Sauter/Schweyer* Rn. 336.

322 *Soergel/Hadding* und *Sauter/Schweyer* a. a. O.

BGB kann allerdings nur erlangt werden, wenn das gesetzliche oder satzungsmäßige Quorum erreicht ist.

Ein weniger als der Antrag ist die Anregung, die ein Mitglied ebenfalls geben kann. Sie ist in oder außerhalb einer Mitgliederversammlung dem Verein gegenüber möglich. Auch dem Registergericht gegenüber sind Anregungen von Mitgliedern statthaft. So z. B. wenn es darum geht, daß Bedenken gegen die Gültigkeit eines angemeldeten Versammlungsbeschlusses vorgebracht werden oder wenn die Anregung gegeben wird, eine Registereintragung, die aufgrund eines angemeldeten Versammlungsbeschlusses vorgenommen wird, von Amts wegen zu löschen. **891**

4.5.2. Das Antragsrecht vor der Mitgliederversammlung

Vgl. dazu Rn. 787 ff., 843 ff. **892**

4.5.3. Die Antragstellung in der Mitgliederversammlung

Läßt dies die Satzung nicht ausdrücklich zu, so kann kein Mitglied in der Versammlung einen nicht vorher angekündigten Sachantrag stellen. Jedem Mitglied steht jedoch ein Vorschlagsrecht zu. Es kommt bei Wahlen zum Tragen. Sieht die Satzung hierfür nicht eine bestimmte Mehrheit vor, so kann jedes Vereinsmitglied – auch das vom Stimmrecht ausgeschlossene, falls die Satzung nichts Gegenteiliges bestimmt – einen Wahlvorschlag machen. **893**

Falls die Satzung oder Versammlungsordnung nicht etwas anderes bestimmt, kann jedes Mitglied in der Versammlung zu einem Hauptantrag einen Abänderungsantrag stellen, der den Hauptantrag entweder einschränkt oder erweitert. Es können auch nicht ankündigungspflichtige Verfahrensanträge gestellt werden. **894**

4.6. Das Stimmrecht

4.6.1. Das Stimmrecht als Mitgliedschaftsrecht

Das Stimmrecht gehört zu den grundsätzlich unentziehbaren Mitverwaltungsrechten eines Mitglieds. **895**

Ausnahmsweise läßt das flexible Vereinsrecht es zu, daß die Satzung das Stimmrecht auch Personen zubilligen kann, die nicht Vereinsmitglieder sind, sondern im Verein nur eine Organstellung haben. Dies ist etwa beim Stimmrecht des Vorstands eines Vereinsverbandes der Fall, der natürlichen Personen keine Mitgliedschaft gewährt und weiter bei Delegierten, die zwar dieses Amt, aber keine Mitgliedschaft im Ober- oder Dachverband haben.

Das Stimmrecht steht allen ordentlichen Mitgliedern zu. Es ist insofern satzungsfest, als es der Verein nicht grundlos einschränken oder gar entziehen kann. Ordentliche Mitglieder sind auch Gastmitglieder.

Bei außerordentlichen Mitgliedern kann die Satzung das Stimmrecht ausschließen. Ist dies nicht der Fall, so haben außerordentliche Mitglieder grundsätzlich das Stimmrecht.

Vom Stimmrecht ausgeschlossen sind – falls die Satzung nichts anderes besagt – die fördernden oder die korrespondierenden Mitglieder sowie die Ehrenmitglieder.

Das Stimmrecht ist kraft Gesetzes in den in § 34 BGB genannten Fällen ausgeschlossen (vgl. dazu Rn. 911). Dieser Ausschluß kann durch die Satzung erweitert werden, falls hierfür triftige Gründe vorhanden sind. Zu nennen ist etwa der Stimmrechtsausschluß bei Verzug mit der Beitragszahlung trotz Mahnung. Nichtvereinsmitgliedern kann durch die Satzung ein Stimmrecht nicht eingeräumt werden (Verbot der Stimmrechtsabspaltung). Eine Ausnahme gilt für (Fremd-)Organe (vgl. oben).

Das Stimmrecht muß einem eintretenden Mitglied nicht sofort gewährt werden. Wird nach der Satzung das Stimmrecht etwa erst zwei Monate ab Eintrittsdatum gewährt, so wird vermieden, daß der bisher amtierende und dafür zuständige Vorstand Mitglieder aufnimmt, die in einer bevorstehenden Mitgliederversammlung im Sinne der Vorstellungen des Vorstandes abstimmen werden.

4.6.2 Die Stimmenzahl

896 Es gilt der Grundsatz, daß jedes Mitglied nur eine Stimme hat[323].

Über die Stimmenzahl enthält das Vereinsrecht des BGB keine Vorschriften. Deshalb ist es nicht unzulässig, daß die Satzung ein Mehrstimmrecht einräumt (wie dies für Genossenschaften § 43 Abs. 3 Satz 2 GenG bestimmt). Hierbei muß aber der Grundsatz der gleichmäßigen Behandlung aller Mitglieder beachtet werden. Es kann z.B. nicht den außerordentlichen Mitgliedern ein Mehrstimmrecht eingeräumt werden und bei den ordentlichen Mitgliedern verbleibt es beim Grundsatz ein Mitglied = eine Stimme. Ob das Mehrstimmrecht Sonderrecht ist (§ 35 BGB), muß sich zweifelsfrei aus der Satzung ergeben; dort muß die grundsätzliche Unentziehbarkeit verankert sein.

Verbandssatzungen kennen das Mehrstimmrecht und das Stimmrecht nach Köpfen. Vor allem bei Verfahrensfragen in der Verbandsversammlung wird durch die Satzung bestimmt, daß nur das Kopfstimmrecht zum Zuge kommt. Dann kommt es darauf an, wieviele anwesende Stimmberechtigte für einen Verfahrensantrag sind und wieviele dagegen.

897 Fragen des Stimmrechts können nur in der Satzung geregelt werden; eine Versammlungsordnung (Geschäftsordnung), die nicht zum Satzungsbestandteil erklärt worden ist, reicht nicht aus. Ist das Mehrstimmrecht kein Sonderrecht, so sind Satzungsänderungen, welche die Aufhebung oder die Einschränkung bereits gewährter Mehrstimmrechte zum Gegenstand haben, ohne Zustimmung der betroffenen Mitglieder (Organmitglieder) möglich, die aber bei der Abstimmung hierüber mitstimmen können. Sie behalten mangels Wirksamwerdens der Satzungsänderung mit der bloßen Beschlußfassung[324] ihr Mehrstimmrecht in dieser Versammlung[325].

4.6.3. Die Stimmrechtsausübung bei mehreren Vertretern eines Mitglieds sowie im Falle eines Mehrstimmrechts

898 Wird ein Mitglied gesetzlich durch zwei oder mehr Personen vertreten (Minderjährige und gleichgestellte Personen, der Mitgliedsverein hat Gesamtvertretung), so erhöht sich hierdurch die Stimmenzahl nicht. Hat das vertretene

323 Vgl. *BGH* NJW 1989, 1212.

324 Vgl. § 71 Abs. 1 BGB.

325 A. A. *Lang/Weidmüller/Metz* GenG § 43 Rn. 93: nur eine Stimme.

Mitglied nur eine Stimme, so wird sie durch die Zahl der Vertreter nicht vermehrt. Diese müssen sich auf die Ausübung des Stimmrechts einigen. Würde ein Vertreter mit »Ja« und der andere mit »Nein« stimmen, so wäre das eine unzulässige uneinheitliche Stimmabgabe; dies muß als Stimmenthaltung gewertet werden[326]. Auch die Satzung kann eine uneinheitliche Stimmabgabe nicht zulassen.

Anders liegt der Fall bei der rechtsgeschäftlichen Vertretung von Mitgliedern, **899**
welche die Satzung zuläßt. Aus dem Auftragsverhältnis heraus ist der Auftraggeber (= Vollmachtgeber) weisungsberechtigt (§ 665 BGB). Wenn ein Nichtmitglied mehrere Mitglieder vertritt, so kann es weisungsgemäß unterschiedlich (gespalten) abstimmen. Gleiches gilt, wenn ein Mitglied andere Mitglieder vertritt.

Gewährt die Satzung einem Mitglied ein Mehrstimmrecht, so kann dieses nur einheitlich ausgeübt werden[327]. Mit einem Teil der Stimmen kann jedoch Enthaltung ausgeübt werden. Die Satzung kann die uneinheitliche Stimmabgabe zulassen. Die unzulässige uneinheitliche Stimmenabgabe wird als Stimmenthaltung gewertet.

4.6.4. Unzulässigkeit einer Stimmrechtsbündelung

Unter Stimmrechtsbündelung wird die satzungsmäßige Festlegung verstanden, **900**
daß bestimmten Personen von vornherein ein bestimmter prozentualer Anteil an der Summe aller in der Mitgliederversammlung wahrnehmbarer Stimmrechte zugesprochen wird[328]. Damit wird nicht in zulässiger Weise ein Mehrstimmrecht eingeräumt, die Stimmenwertigkeit ist vielmehr entgegen dem Gleichbehandlungsgrundsatz mehr oder weniger einem Zufall überlassen, weil es auf die Zahl der erschienenen und stimmberechtigten Mitglieder ankommt und die Veränderung der Mitgliederzahl schon auf die Stimmenwertigkeit einen Einfluß hat. Es ist somit nicht zulässig, daß die Satzung eine Stimmrechtsbündelung vorsieht[329].

4.6.5. Die Stimmvollmacht

Der Ausdruck Stimmvollmacht ist an sich ungenau, weil diese nicht nur zur **901**
Stimmabgabe für einen anderen ermächtigt, sondern dem bevollmächtigten Nichtmitglied ein abgeleitetes Teilnahme-, Rede-, Antrags- und Auskunftsrecht gewährt[330].

Nach § 38 BGB ist die Mitgliedschaft im Verein nicht übertragbar (anders im **902**
Kapitalgesellschaftsrecht). Damit sind auch Teile der Mitgliedschaftsrechte – wie das Stimmrecht – nicht übertragbar. Die Satzung kann jedoch die Mitgliedschaft insgesamt als übertragbar ausgestalten (§ 40 BGB) und demnach auch das Teilrecht Stimmbefugnis durch einen anderen als den Träger dieses

326 Vgl. RGZ 118, 67/69; *Scholz/K. Schmidt* § 47 GmbHG Rn. 71.

327 *Sauter/Schweyer* Rn. 200; *Stöber* Rn. 196; *Soergel/Hadding* § 32 BGB Rn. 24; im Kapitalgesellschaftsrecht heute nahezu unstreitig vgl. *BGH* GmbHR 1965, 32; *Hachenburg/Hüffer* Rn. 58, *Rowedder/Koppensteiner* Rn. 35, *Scholz/K. Schmidt* Rn. 70, je zu § 47 GmbHG.

328 Vgl. *Sauter/Schweyer* Rn. 198.

329 *Kirberger* BB 1974, 1000; *Soergel/Hadding* § 32 BGB Rn. 24 a; *Stöber* Rn. 196; *Sauter/Schweyer* a. a. O.

330 Vgl. *Lang/Weidmüller/Metz* § 43 GenG Rn. 104.

Rechts ausüben lassen. Schweigt die Satzung hierzu, so ist eine gleichwohl erteilte Stimmvollmacht einem Unbefugten erteilt, der, wenn er nicht Vereinsmitglied ist, kein Anwesenheits-, Rede-, Antrags- und Auskunftsrecht hat. Seine »Stimme« darf nicht mitgezählt werden. Die Zulassung der Stimmvollmacht muß in der Satzung vorgenommen werden; eine nicht zum Satzungsbestandteil erklärte Versammlungsordnung reicht hierzu nicht aus.
In Vertretung kann eine Stimme nur dann wirksam abgegeben werden, wenn
- dies die Satzung zuläßt,
- im Namen des vertretenen Vereinsmitglieds gehandelt wird und wenn
- eine Vertretungsmacht vorhanden ist.

Die Vertretungsmacht wird durch ein Rechtsgeschäft erlangt (§ 166 Abs. 2 BGB); in der Regel ist ein Auftragsverhältnis gegeben.

903 Einer Form bedarf die Vollmacht nicht. Sie kann gegenüber dem Vertreter (Innenvollmacht) oder gegenüber dem Geschäftsgegner (= Verein; Außenvollmacht) erklärt werden (§ 167 Abs. 1 BGB). Aus dem Inhalt der Vollmacht muß sich ergeben, daß der Bevollmächtigte namens des vollmachtgebenden Mitglieds über alle Tagesordnungspunkte oder – wenn sich ein Mitglied vorzeitig entfernt – über die restlichen Tagesordnungspunkte abstimmen darf. Beschränkt sich die Vollmacht auf eine bestimmte Versammlung, so geht sie im Zweifel nicht über die angekündigte Tagesordnung hinaus[331]; kann satzungsgemäß noch in der Verhandlung ein Dringlichkeitsantrag gestellt werden, so kann der Bevollmächtigte über diesen Punkt nicht mitstimmen, es sei denn, die Auslegung der für eine bestimmte Versammlung erteilten Vollmacht geht dahin, daß stellvertretend über alle Sachanträge abgestimmt werden kann. Eine Generalvollmacht reicht aus. Unzulässig ist aber eine unwiderrufliche Vollmacht, durch die der Vollmachtgeber auf sein Stimmrecht endgültig verzichtet[332].

904 Das vollmachtgebende Mitglied behält sein Teilnahme- und Stimmrecht[333]. Daraus folgt: Ein Mitglied kann mit einem Bevollmächtigten erscheinen; beide – falls die Satzung nicht eine andere Regelung trifft – können sich abwechselnd – also nicht gemeinsam – an der Diskussion beteiligen, abstimmen kann nur einer. Der bevollmächtigte Berater kann allein in Erscheinung treten, wenn seine Sachkunde gefragt ist[334].

905 Die Vollmacht ist grundsätzlich jederzeit widerruflich (§ 168 BGB). Der Widerruf beseitigt das Teilnahme- und Stimmrecht. Ist aber eine schriftliche Vollmacht erteilt worden und erklärt das anwesende Mitglied nicht den Widerruf, so folgt aus §§ 172, 173 BGB: Ist die Vollmachtsurkunde nicht an den Vollmachtgeber zurückgegeben oder für kraftlos erklärt worden, so gilt der Vertreter der Mitgliederversammlung gegenüber als befugter Stimmrechtsträger, es sei denn, ihm ist der Widerruf der Vollmacht bekannt oder infolge Fahrlässigkeit nicht bekannt[335]. Nach der Stimmabgabe kann die Vollmacht für diesen Abstimmungsvorgang nicht mehr widerrufen werden.

331 *Scholz/K. Schmidt* § 47 GmbHG Rn. 86.
332 *BGH* DB 1976, 229.
333 Vgl. *OLG München* JW 1933, 1037.
334 Vgl. *Lang/Weidmüller/Metz* § 43 GenG Rn. 109.
335 *Scholz/K. Schmidt* § 47 GmbHG Rn. 88.

Hat ein Teilnehmer ohne Vertretungsmacht abgestimmt, so kann dies das vertretene Mitglied nachträglich nach § 180 Satz 2 BGB genehmigen[336].
Über die Zulassung eines Bevollmächtigten hat der Leiter der Versammlung zu entscheiden. Beanstandet er die Vollmacht, so kann über diese Geschäftsordnungsmaßnahme die Versammlung beschließen[337].
Es stellt jeweils einen Verfahrensfehler dar, wenn die Stimme eines nicht ver- **906**
tretungsberechtigten Teilnehmers mitgezählt worden ist oder wenn die Bevollmächtigung zu Unrecht beanstandet und die Stimme des Vertreters nicht mitgezählt worden ist. Dies kann zur gerichtlichen Feststellung der Unwirksamkeit des Versammlungsbeschlusses führen, wenn der Fehler für das Abstimmungsergebnis ursächlich war.

4.6.6. Satzungsregelungen zur Stimmvollmacht

Die Satzung soll die Schriftlichkeit der Vollmachterteilung anordnen. Diese **907**
Form ist auch gewahrt, wenn ein sich entfernendes Mitglied zu Protokoll einem anderen Mitglied Vollmacht erteilt.
Die Satzung kann die Person des Bevollmächtigten bestimmen, etwa daß nur **908**
ein Vereinsmitglied oder ein naher Angehöriger bevollmächtigt werden kann, daß die Vollmachterteilung an bestimmte Personen unzulässig ist usw. Es kann auch angeordnet werden, daß die Erteilung einer Untervollmacht[338] unzulässig ist. Weiter kann bestimmt werden, daß die Vertretung eines anwesenden Mitglieds unzulässig oder nur mit mehrheitlicher Zustimmung der Versammlung zulässig ist. Die Zulassung von mehr als einem Vertreter muß die Satzung ausdrücklich gestatten[339].

4.6.7. Die grundsätzliche Freiheit zur Stimmrechtsausübung

Jedem stimmberechtigten Mitglied steht es grundsätzlich frei, ob es überhaupt **909**
von seinem Stimmrecht Gebrauch machen will oder ob es zum Beschlußgegenstand mit »Ja« oder »Nein« stimmen will.
Jedes Mitglied schuldet jedoch dem Verein Treue. Dieser Treuegedanke kann es ausnahmsweise gebieten, daß jedes Mitglied eine positive Stimmpflicht hat. Hierfür müssen jedoch schwerwiegende Gründe bestehen. Wenn etwa bei einem größeren Verein eine Vereinsabteilung finanziell nicht mehr tragbar ist, muß für die Ausgliederung oder für die Schließung dieser Abteilung gestimmt werden. Die Satzung kann durch die Entwicklung des Vereinslebens überholt sein; hier besteht die Pflicht, für eine Satzungsänderung zu stimmen. Kann der Verein seine Ziele nicht mehr verwirklichen, so muß für die Auflösung gestimmt werden.
Ein diese Grundsätze nicht beachtender Beschluß ist inhaltlich mangelhaft[340].
Es besteht die Möglichkeit, daß der Verein Klage auf Feststellung erhebt, den (negativen) Beschluß für unwirksam zu erklären; zugleich können die Mitglieder, die mit »Nein« gestimmt haben, auf Abgabe einer Willenserklärung

336 *BayObLG* NJW-RR 1989, 807/808.
337 Vgl. *Scholz/K. Schmidt* § 47 GmbHG Rn. 91.
338 Zu der der Bevollmächtigte befugt sein kann, vgl. *Palandt/Heinrichs* § 167 BGB Rn. 12.
339 Vgl. *Scholz/K. Schmidt* § 47 GmbHG Rn. 80.
340 *Scholz/K. Schmidt* § 47 GmbHG Rn. 32.

verklagt werden (§ 894 ZPO), zu dem Beschlußantrag (der näher zu bezeichnen ist) mit »Ja« zu stimmen.

4.6.8. Beginn und Ende des Stimmrechts

910 Beginn und Ende des Stimmrechts sind einer Satzungsregelung zugänglich, die allerdings im Interesse der Gleichbehandlung aller Mitglieder einer Rechtfertigung bedarf.
Grundsätzlich beginnt das Stimmrecht mit der Errichtung des Vereins durch die Gründer. Später wird es durch Beitritt erworben. Die Satzung kann jedoch bestimmen, daß jedes Mitglied erst nach einem Jahr Mitgliedschaft das Stimmrecht erlangt, weil bei den besonderen Verhältnissen im Verein Gründe für eine Probezeit bestehen. In der Satzung kann z. B. weiter bestimmt werden, daß Personen ab dem 16. Lebensjahr die Mitgliedschaft erlangen dürfen, daß sie erst mit der Vollendung des 18. Lebensjahres stimmberechtigt werden und in der Zwischenzeit das Stimmrecht auch nicht durch gesetzliche Vertreter ausgeübt werden kann.
Das Stimmrecht endet mit der Mitgliedschaft im Verein. Während des Laufs einer Kündigungsfrist besteht das Stimmrecht; gleiches gilt, wenn eine Ausschlußentscheidung vereinsintern angefochten und hierüber noch nicht entschieden worden ist.

4.7. Die gesetzlichen und statutarischen Stimmverbote

4.7.1. Die gesetzlichen Stimmverbote als zwingendes Recht

911 Nach § 34 BGB ist ein Mitglied nicht stimmberechtigt, wenn die Beschlußfassung die Vornahme eines Rechtsgeschäfts mit ihm oder die Einleitung oder Erledigung eines Rechtsstreits zwischen ihm und dem Verein betrifft. Dieser gesetzlich angeordnete Stimmrechtsausschluß ist zwingend und durch die Satzung nicht abdingbar[341], aber erweiterungsfähig.
Bei den Stimmverboten geht das Gesetz davon aus, daß das an einem Rechtsgeschäft oder einem Prozeß mit dem Verein beteiligte Mitglied seine Privatinteressen über das Vereinsinteresse stellt und schließt das Mitglied vom Stimmrecht unabhängig davon aus, wie es sich bei einer Abstimmung verhalten hätte.

4.7.2. Allgemeines zum sachlichen Geltungsbereich der gesetzlichen Stimmverbote

912 Das Stimmverbot greift auch beim Vorverein ein, es besteht beim aktiven Verein und beim Liquidationsverein.

913 Das Verbot gilt auch, wenn Vorstandsbeschlüsse anstehen (§ 28 Abs. 1, § 34 BGB). Dabei wird nicht darauf abgestellt, ob das Vorstandsmitglied auch eine Vereinsmitgliedschaft hat. Das Stimmverbot ist auch bei der Beschlußfassung anderer Vereinsorgane maßgebend.
Da die Beschlußfassung nur die Vornahme eines Rechtsgeschäfts oder einen Prozeß mit einem Mitglied betreffen muß, greift das Stimmverbot nicht nur bei einschlägigen Sachentscheidungen, sondern bereits bei zugehörigen Verfah-

341 Vgl. § 40 BGB.

rensentscheidungen, wie etwa dem Antrag auf Absetzung von der Tagesordnung ein[342].

Es ist lediglich die Teilnahme an der Abstimmung selbst untersagt; das Teilnahmerecht an der Versammlung wird hierdurch auch dann nicht berührt, wenn etwa einziger Tagesordnungspunkt der Abschluß eines Rechtsgeschäfts ist. An der Aussprache kann sich das vom Stimmverbot betroffene Mitglied auch zu dem Punkt beteiligen, zu dem es seine Stimme nicht abgeben darf. **914**

Bei einem Verein mit ganz kleiner Mitgliederzahl ist es denkbar, daß dieser mit allen Mitgliedern ein Rechtsgeschäft abschließen will. Würde hier das Stimmverbot eingreifen, so wäre Beschlußunfähigkeit gegeben. In solchen Fällen besteht das Stimmverbot nicht. Das Rechtsgeschäft muß aber dann alle Mitglieder betreffen und nicht nur diejenigen, die zur Versammlung erschienen sind.

4.7.3. Der persönliche Geltungsbereich des Stimmverbots

Das Gesetz (§ 34 BGB) erwähnt das Mitglied des Vereins oder das Mitglied des Vorstands (§ 28 Abs. 1 i. V. m. § 34 BGB), das wegen Befangenheit nicht abstimmen darf, wenn es um ein vorzunehmendes Rechtsgeschäft oder um die Führung eines Vereinsprozesses geht. Die vergleichbaren gesetzlichen Stimmverbote des Kapitalgesellschafts- und Genossenschaftsrechts sehen vor, daß niemand das Stimmrecht für sich oder für einen anderen ausüben kann, wenn bestimmte Befangenheitstatbestände gegeben sind[343]. Das Verbot der Ausübung des Stimmrechts »für einen anderen« gilt auch im Vereinsrecht. Das bedeutet: Ist ein Vereinsmitglied befangen, dann darf auch der an sich unbefangene gewillkürte Vertreter vom Stimmrecht keinen Gebrauch machen. Dies gilt auch für einen Untervertreter. Andererseits ist der bevollmächtigte Vertreter auch dann nicht befugt, von der Vollmacht zur Vertretung bei der Stimmabgabe Gebrauch zu machen, wenn nur bei ihm ein Befangenheitstatbestand gegeben ist, dagegen nicht beim vertretenen Vereinsmitglied[344]. **915**

Hat ein Mitglied einen gesetzlichen Vertreter, so kann auch dieser das (originäre) Stimmrecht nicht ausüben, wenn dieses Mitglied befangen ist. Das Stimmverbot greift auch ein, wenn ein Befangenheitstatbestand beim gesetzlichen Vertreter eines minderjährigen Mitglieds gegeben ist. Beim gesetzlichen Vertreter einer Körperschaft, bei dem an sich der Befangenheitstatbestand verwirklicht ist, kommt es darauf an, ob er der Körperschaft zugerechnet werden kann; dies ist dann der Fall, wenn der befangene gesetzliche Vertreter einen bestimmenden Einfluß in der Körperschaft dergestalt hat, daß die Befangenheit dieses Vertreters auf die Stimmabgabe der Mitgliedskörperschaft durchschlägt[345].

4.7.4. Das Stimmverbot wegen Vornahme eines Rechtsgeschäfts zwischen dem Verein und einem Mitglied

Das Stimmrecht darf nach § 34 BGB nicht von einem Mitglied ausgeübt werden, wenn die Beschlußfassung ein Rechtsgeschäft des Vereins mit diesem Mitglied betrifft. **916**

---

342 Vgl. *BGH* NJW 1973, 1039/1042: GmbH.
343 § 136 Abs. 1 Satz 1 AktG; § 47 Abs. 4 Satz 1 GmbHG; § 43 Abs. 6 GenG.
344 Vgl. *Rowedder/Koppensteiner* § 47 GmbHG Rn. 50.
345 Vgl. BGHZ 49, 183/194; *Rowedder/Koppensteiner* a. a. O. Rn. 53.

Hier werden eindeutig diejenigen Rechtsgeschäfte erfaßt, in denen der Verein wie ein Dritter mit dem Mitglied ein Rechtsgeschäft abschließt. Hier mögen die korporationsrechtlichen Beziehungen zwischen dem Verein und dem Mitglied der Beweggrund für das Zustandekommen des Geschäfts sein; dessen rechtliche Wurzel ist jedoch ein Individualvertrag – um das Hauptbeispiel eines Rechtsgeschäfts herauszugreifen – und nicht ein korporatives (mitgliedschaftliches oder personenrechtliches) Verhältnis. Beispiele: Der Verein vermietet Anlagen, über die er verfügungsberechtigt ist, z. B. ein Bootshaus oder einen Campingplatz; bei einem Sportverein soll ein Mitglied besoldeter Trainer, bei einem Gesamtverein besoldeter Geschäftsführer werden.

Als Rechtsgeschäfte kommen zweiseitige (Verträge) und einseitige (Kündigung, Anfechtung, Rücktritt), aber auch rechtsgeschäftsähnliche Handlungen, wie z. B. die Mahnung in Betracht[346]. Hierher gehört auch die Vertragsänderung.

917 Die Beschlußfassung muß ein Rechtsgeschäft »betreffen«. Sie muß deshalb nicht z. B. den Abschluß eines Anstellungsvertrages selbst betreffen. Es genügt, daß der Beschluß im Außenverhältnis Wirksamkeitsvoraussetzung für das Rechtsgeschäft ist. Beispiel: Im Vereinsregister ist eingetragen, daß der Vorstand für Rechtsgeschäfte über 20 000 DM der Einwilligung der Mitgliederversammlung bedarf. Es soll ein Geschäftsführer angestellt werden, der eine monatliche Nettovergütung von 5 000 DM erhält. Bei dem Einwilligungsbeschluß darf der Geschäftsführer als Mitglied nicht mitstimmen. Bedarf ein Vertretungsorgan nur im Innenverhältnis einer Ermächtigung der Mitgliederversammlung, so greift das Stimmverbot nur ein, wenn Beschlußgegenstand sowohl die Ermächtigung wie auch Inhalt des Geschäfts und die Festlegung der daran Beteiligten sind[347].

Unter den Begriff Vornahme eines Rechtsgeschäfts fällt es auch, wenn die Beschlußfassung die Befreiung des Vorstands vom Verbot des Insichgeschäfts (§ 181 BGB) betrifft[348].

918 Nach § 136 Abs. 1 Satz 1 AktG und § 43 Abs. 6 GenG greift das Stimmverbot auch ein, wenn die Beschlußfassung die Befreiung von einer Verbindlichkeit betrifft; in § 47 Abs. 4 GmbHG ist sowohl dieser Tatbestand wie auch die Vornahme eines Rechtsgeschäfts erwähnt. Im Regelfall läßt sich die Befreiung von einer Verbindlichkeit unter den Begriff Vornahme eines Rechtsgeschäfts einreihen. Soweit dies nicht der Fall ist, sind die angeführten Vorschriften des Aktien- und Genossenschaftsgesetzes entsprechend auch im Vereinsrecht anwendbar. Es wird zwar die Auffassung vertreten, § 34 BGB könne nicht ausdehnend ausgelegt werden[349]. Dem kann hier aber nicht gefolgt werden. Der im Kapitalgesellschafts- und Genossenschaftsrecht normierte Ausschluß von der Abstimmung über einen Vorgang, durch den ein Mitglied von einer Verbindlichkeit befreit werden soll, bringt einen allgemeinen Grundsatz des Körperschaftsrechts zum Ausdruck, der somit auch im Vereinsrecht trotz fehlender Normierung zu gelten hat.

346 Vgl. *BGH* NJW 1991, 172/173.
347 Vgl. BGHZ 68, 107/112.
348 Vgl. *Baumbach/Zöllner* § 47 GmbHG Rn. 57.
349 *OLG Köln* NJW 1968, 992.

Soll von einer Verbindlichkeit befreit werden, so kommt es auf Art und Gegenstand nicht an. Die Verbindlichkeit, von der befreit werden soll, kann ein positives Tun oder ein Unterlassen sein; es kann sich um individualrechtliche oder um körperschaftliche Verbindlichkeiten (z. B. Vertragsstrafen) handeln[350]. Beispiele: Abschluß eines Erlaßvertrages mit einem Vereinsmitglied oder Organmitglied, Verzicht des Vereins auf die Geltendmachung einer Forderung, Gewährung einer Stundung[351]. Genügend für den Stimmausschluß ist, daß das betroffene Mitglied mithaftet[352]. **919**

4.7.5. Kein Stimmverbot bei Geschäften mit eindeutig körperschaftsrechtlichem Charakter (körperschaftliche Sozialakte)

§ 34 BGB, der schlechthin von Rechtsgeschäften spricht, könnte hier auch solche rein korporationsrechtlicher Art meinen. Die gebotene teleologische Reduktion[353] erfordert eine Einschränkung des Stimmverbots bei Geschäften mit eindeutigem korporationsrechtlichem Charakter oder bei solchen, die mit diesen in einem untrennbaren Zusammenhang stehen. **920**

Das hiervon betroffene Vereinsmitglied kann bei folgenden Beschlußgegenständen mitstimmen:

- Bestellung als Organmitglied[354],
- Festlegung der Anstellungsbedingungen[355],
- Abberufung aus Organstellung, die nicht auf wichtige Gründe gestützt ist[356],
- Kündigung eines Anstellungsvertrages ohne Geltendmachung eines wichtigen Grundes[357],
- Beschluß über die Einforderung rückständiger Beiträge[358],
- Beschluß über die Auflösung des Vereins mit der Folge, daß das nach der Liquidation übrig bleibende Vereinsvermögen einem Mitglied (z. B. einer Stadt) anfällt[359].

4.7.6. Das Stimmverbot bei der Einleitung oder Erledigung eines Rechtsstreits

Ein Vereinsmitglied (auch wenn ihm Sonderrechte zustehen) ist vom Stimmrecht dann ausgeschlossen, wenn die Beschlußfassung die Einleitung oder Erledigung eines Rechtsstreits zwischen dem Verein und dem betroffenen Mitglied betrifft. Bei diesem Stimmverbot kommt es nicht darauf an, ob der gerichtlich verfolgte Anspruch seine Wurzel im Körperschaftsrecht oder in einem Individualrecht hat[360]. **921**

---

350 *Baumbach/Zöllner* § 47 GmbHG Rn. 47.
351 *Rowedder/Koppensteiner* § 47 GmbHG Rn. 55.
352 Vgl. BGHZ 97, 28.
353 *Baumbach/Zöllner* § 47 GmbHG Rn. 50.
354 Vgl. BGHZ 18, 205/210; 51, 209/215 f.; *BGH* NJW 1991, 172/173.
355 BGHZ 18, 205/210.
356 *BGH* WM 1984, 1313/1314; 1987, 71/72; 1989, 1809/1810.
357 *OLG Düsseldorf* GmbHR 1989, 468/469.
358 Vgl. *OLG München* GmbHR 1990, 263.
359 Vgl. *Baumbach/Zöllner* § 47 GmbHG Rn. 55.
360 Vgl. *Soergel/Hadding* § 34 BGB Rn. 6; ebenso zu § 47 Abs. 2 Satz 2 GmbHG: *BGH* NJW 1991, 172/173.

922 Der Begriff Rechtsstreit ist weit auszulegen. Es gehören hierher nicht nur das Erkenntnis- und Vollstreckungsverfahren einschließlich der Eilverfahren (einstweilige Verfügung und Arrest) des Zivilprozesses, sondern auch das schiedsgerichtliche Verfahren, das Verfahren der freiwilligen Gerichtsbarkeit sowie der Arbeits- und Verwaltungsgerichtsprozeß. Im Regelfall stehen sich der Verein und das vom Stimmausschluß betroffene Mitglied als Gegner im (evtl. erst künftigen) Prozeß oder sonstigen gerichtlichen Verfahren gegenüber. Auf die Parteistellung kommt es nicht an; auch wenn ein Mitglied gegen den Verein klagt, ist es über die Beschlußfassung über die Erledigung des Prozesses vom Stimmrecht ausgeschlossen. Hierfür ist es auch ausreichend, daß sich Verein und Mitglied in einem Prozeß als Nebenintervenient oder als Streithelfer gegenüberstehen. Das Stimmverbot greift aber nicht ein, wenn der Verein einem Mitglied den Streit verkündet und dieses dem Prozeß aber nicht beitritt oder wenn ein Mitglied dem Verein als Streithelfer beitritt[361]. Ein Stimmverbot läßt sich nicht aus der Möglichkeit herleiten, daß sich evtl. aus dem Abstimmungsergebnis ein Rechtsstreit ergeben könnte[362].

923 Zur Einleitung eines Rechtsstreits gehört nicht nur die Klageerhebung oder der Antrag auf Erlaß eines Mahnbescheides bzw. einer einstweiligen Verfügung (Arrest), sondern auch den Prozeß unmittelbar vorbereitende Handlungen, wie z. B. die Beschlußfassung über die Bestellung eines Prozeß- bzw. Verfahrensbevollmächtigten oder im schiedsgerichtlichen Verfahren etwa die Aufforderung an den Gegner, einen Schiedsrichter zu benennen[363].

924 Zur Erledigung eines Rechtsstreits gehören nicht nur Prozeßhandlungen, die diesen beenden (Vergleich, Klage- bzw. Rechtsmittelrücknahme), sondern auch jede Entscheidung über den Fortgang des Verfahrens, wie die Anweisung an den Prozeßbevollmächtigten, kein Rechtsmittel einzulegen oder das Ruhen des Verfahrens eintreten zu lassen[364].

925 Kein Stimmverbot besteht im Falle des bloßen Interesses am Ausgang eines Prozesses, etwa weil das Mitglied als Rückgriffsschuldner oder als Gesamtschuldner in Betracht kommen kann.

Sind mehrere Vereinsmitglieder Beklagte eines Vereinsprozesses, so kommt es für den Stimmrechtsausschluß auf die jeweilige Behandlung bei der Abstimmung an. Wird einheitlich darüber abgestimmt, ob gegen mehrere Vereinsmitglieder ein Prozeß zu führen ist, so sind alle als künftige Prozeßgegner in Betracht kommenden Mitglieder von der Abstimmung ausgeschlossen. Bei Teilbarkeit eines Gegenstandes der (künftigen) Prozeßführung muß getrennt abgestimmt werden[365]. Wird dies beachtet, so kommt es darauf an, ob es sich – abgesehen von der Beteiligung verschiedener Personen – um denselben Streitgegenstand handelt. Ist dies der Fall, so sind alle Betroffenen vom Stimmrecht ausgeschlossen[366]. Sind verschiedene Streitgegenstände gegeben und wird getrennt darüber abgestimmt, ob gegen die Mitglieder A und B ein Prozeß zu

361 *Rowedder/Koppensteiner* § 47 GmbHG Rn. 61.
362 Vgl. *OLG Köln* NJW 1968, 992.
363 Vgl. *BGH* NJW 1991, 172/173; *Zöllner* S. 215.
364 Vgl. *Zöllner* S. 213.
365 *Rowedder/Koppensteiner* § 47 GmbHG Rn. 61.
366 Vgl. BGHZ 97, 28/33; *Rowedder/Koppensteiner* a. a. O.

führen ist, so kann das Mitglied B bei dem das Mitglied A betreffenden Prozeß mitstimmen usw.

4.7.7. Das Stimmverbot aus dem Gesichtspunkt der Billigung oder Mißbilligung eigenen Verhaltens

Der Verein kann vor die Frage gestellt sein, ob er gegen ein Mitglied oder Organmitglied eine Maßnahme ergreift oder ob er dessen Verhalten billigen will oder nicht. Würde hier das betroffene Mitglied mitstimmen können, so könnte seine Stimme den Ausschlag für ein Vorgehen oder Nichtvorgehen des Vereins gerade gegen dieses Mitglied geben. Das Mitglied ist hier wegen seiner eigenen Beteiligung vom Stimmrecht ausgeschlossen. Der BGH bezeichnet solche Fälle als »Richten in eigener Sache«[367]; bei der Stimmabgabe geht es aber nicht um ein »Richten«. Das Stimmverbot ergibt sich daraus, daß niemand mitstimmen darf, wenn es um die Billigung oder Mißbilligung eigenen Verhaltens geht. **926**

Hierher gehört die Beschlußfassung über die Entlastung[368], bei der nach § 136 Abs. 1 Satz 1 AktG, § 47 Abs. 4 Satz 1 GmbHG, § 43 Abs. 6 GenG ein gesetzliches Stimmverbot besteht. Soweit der Entlastung eine Verzichtswirkung zukommt, könnte auch der Stimmrechtsausschluß wegen Befreiung von einer Verbindlichkeit in Betracht kommen[369]. Unter Entlastung ist hier aber (wie im Kapitalgesellschafts- und Genossenschaftsrecht) nicht eine solche im engen technischen Sinne anzusehen; es genügt vielmehr, daß die Tätigkeit einer Person vom zuständigen Entlastungsorgan inhaltlich gebilligt wird oder nicht[370]. Es kommt auch die bei größeren Vereinen übliche Entlastung des Geschäftsführers in Betracht, der keine Organstellung (nach § 30 BGB) hat[371]. Von der Entlastung betroffen ist regelmäßig nur der Vorstand. Bei einzelnen Vereinen ist es üblich, auch anderen Organen, etwa einem Beirat (Kontrollorgan), Entlastung zu erteilen. Wird über die Entlastung eines Vereinsorgans abgestimmt, so sind alle Mitglieder desselben von der Abstimmung ausgeschlossen, sofern es sich nicht um eine bestimmte Einzelmaßnahme eines Organmitglieds handelt, das dann allein nicht mitstimmen kann[372]. **927**

Hierher gehört weiter das Stimmverbot in folgenden Beschlußangelegenheiten: **928**
- Abberufung eines Organmitglieds aus wichtigem Grund[373],
- Kündigung des Anstellungsvertrages aus wichtigem Grund[374],

---

367 Vgl. z. B. BGHZ 97, 28/33.

368 Vgl. RGZ 49, 142/149; vgl. auch *BayObLG* NJW-RR 1987, 595; *KG* WuM 1989, 102: WEG.

369 Vgl. *Baumbach/Zöllner* § 47 GmbHG Rn. 47.

370 Vgl. *Baumbach/Zöllner* § 47 GmbHG Rn. 45; *Lang/Weidmüller/Metz* § 43 GenG Rn. 115.

371 Vgl. auch *Baumbach/Zöllner* a. a. O.: Entlastung eines Prokuristen.

372 Vgl. BGHZ 108, 21: GmbH.

373 Vgl. BGHZ 86, 177/179; *OLG Düsseldorf* GmbHR 1989, 468/469; *OLG Hamm* DB 1989, 168: jeweils GmbH.

374 *BGH* und *OLG Düsseldorf* a. a. O.

- Ausschluß aus dem Verein aus wichtigem Grund[375],
- Verhängung eines Ordnungsmittels[376].

929 Es greift hier der Grundsatz ein, daß niemand Maßnahmen durch seine Stimme behindern darf, die sich aus wichtigem Grund gegen ihn richten[377]. Sind danach mehrere Mitglieder vom Stimmverbot betroffen, so entfällt dieses nicht deshalb, weil nur gegen einzelne Mitglieder Maßnahmen beschlossen werden[378].

4.7.8. Regelung des Stimmverbots durch die Satzung

930 Im GmbH-Recht ist anerkannt, daß der Gesellschaftsvertrag Regelungen enthalten kann, der das gesetzliche Stimmverbot (§ 47 Abs. 4 GmbHG) erweitert[379]. Gleiches gilt im Vereinsrecht[380]. Damit ist auch eine Klarstellung von Stimmverboten zulässig, für die sich im Vereinsrecht noch keine gefestigte Rechtsauffassung gebildet hat. In der Satzung sollte deshalb aus Gründen der Zweckmäßigkeit bestimmt werden, daß auch ein Stimmverbot besteht, wenn Beschlußgegenstand die Befreiung von einer Verbindlichkeit eines Mitglieds oder Organmitglieds ist. Weiter sollte die Satzung vorsehen, daß ein Mitglied nicht mitstimmen kann, wenn Beschlußgegenstand seine Ausschließung aus wichtigem Grund oder die Verhängung eines Ordnungsmittels ist.

931 Die gesetzlichen Stimmverbote[381] enthalten kein Stimmverbot bei einer Interessenkollision oder bei Nähebeziehungen[382]. Das kann aber die Satzung berücksichtigen. Sie kann anordnen, daß das Stimmverbot auch gilt, wenn der Beschlußgegenstand die Vornahme eines Rechtsgeschäfts mit einer einem Vereinsmitglied nahestehenden Person (Ehegatte, Verwandte und Verschwägerte bis zum zweiten Grad) betrifft. Das Stimmverbot kann auf die Beschlußfassung in bestimmten inneren Angelegenheiten des Vereins ausgedehnt werden. Es kann für jede Abberufung eines Vereinsorgans angeordnet werden, daß der Betroffene kein Stimmrecht hat.

4.7.9. Rechtsfolgen des Stimmverbots

932 Eine trotz eines gesetzlichen oder statutarischen Verbots abgegebene Stimme ist unwirksam und darf deshalb nicht mitgezählt werden[383]. Ein Versammlungsbeschluß ist dann fehlerhaft, wenn ein Beschlußergebnis verkündet worden ist, bei dem das Mitzählen der nichtig abgegebenen Stimme entscheidend war. Ist mit dieser Stimme ein positives Beschlußergebnis bekannt gemacht

---

375 Vgl. BGHZ 9, 157/178; *BGH* WM 1990, 677/678; *OLG Stuttgart* GmbHR 1989, 466/467: jeweils GmbH; *Zöllner* S. 244; MünchKomm/*Reuter* Rn. 12, *Soergel/Hadding* Rn. 7, je zu § 34 BGB; a. A. *OLG Köln* NJW 1968, 992; *Staudinger/Coing* § 34 BGB Rn. 16; *Sauter/Schweyer* Rn. 202; *Stöber* Rn. 203; soweit sich die Vertreter der Gegenauffassung auf *RG* Warn. 1913 Nr. 182 berufen, ist diese Entscheidung durch *BGH* NJW 1981, 744 überholt.

376 MünchKomm/*Reuter, Soergel/Hadding* und *Zöllner* a. a. O.; a. A. *Meyer-Cording* S. 80; *Sauter/Schweyer* und *Stöber* a. a. O.

377 *OLG Düsseldorf* GmbHR 1989, 468/469.

378 *Soergel/Hadding* § 34 BGB Rn. 7.

379 Vgl. z. B. BGHZ 92, 386/395; *Scholz/K. Schmidt* § 47 GmbHG Rn. 172.

380 vgl. z. B. *Soergel/Hadding* § 34 BGB Rn. 10.

381 § 136 Abs. 1 AktG; § 47 Abs. 4 GmbHG; § 43 Abs. 6 GenG; § 34 BGB.

382 Vgl. z. B. BGHZ 80, 69/71; 97, 28/33.

383 BGHZ 104, 66/75.

worden, so ist in Wirklichkeit ein ablehnender Beschluß gegeben. Wird dies nicht in der Versammlung bereinigt, so ist das richtige Beschlußergebnis durch eine Feststellungsklage geltend zu machen.

4.8. Stimmbindungsvereinbarungen

4.8.1. Zulässigkeit und Rechtsnatur

Im Kapitalgesellschaftsrecht ist die Zulässigkeit von Stimmbindungen außerhalb der Satzung allgemein anerkannt[384]. Stimmbindungen sind nach heute herrschender Auffassung auch im Vereinsrecht zulässig[385]. Die grundsätzlich bestehende Pflicht, Mitgliedschaftsrechte persönlich auszuüben (§ 38 BGB), steht einer Stimmbindung deshalb nicht entgegen, weil mit dieser die persönliche Wahrnehmung des aus der Mitgliedschaft fließenden Stimmrechts im Kern unberührt bleibt. Stimmbindungen sind somit auch zulässig, wenn die Satzung die Anwendbarkeit des § 38 BGB nicht ausschließt[386]. **933**

Die Stimmbindung stellt eine schuldrechtliche Vereinbarung dar. Sie ist regelmäßig Auftrag, u. U. auch ein rein schuldrechtliches Gesellschaftsverhältnis i. S. d. §§ 705 ff. BGB[387]. Einer Form bedarf die Vereinbarung nicht. Immer muß aber ein rechtsgeschäftlicher Verpflichtungswille der Beteiligten vorhanden sein. Beispiel aus der Praxis: Dem Verbandstag eines Sport-Dachverbandes liegen zahlreiche Änderungen der Satzung und der als Satzungsbestandteil erklärten Ordnung vor. Die Delegierten gliedern sich in die Vertreter der vier den Verband bildenden Ligen sowie in Vertreter der Landesverbände. Die Vertreter der einzelnen Gruppierungen besprechen die bevorstehenden Beschlußgegenstände und kommen fallweise zu dem Ergebnis, daß zu dem einen Tagesordnungspunkt mit »Ja« und zu dem anderen mit »Nein« gestimmt werden soll. Hier fragt es sich, ob nur unverbindliche Absichtserklärungen oder schuldrechtliche Verpflichtungen hinsichtlich des Abstimmungsverhaltens gegeben sind. **934**

4.8.2. Partner der Stimmbindung

Die Stimmbindung können die Vereinsmitglieder untereinander eingehen, z. B. vor Personalentscheidungen (Wahlabsprachen). Sie kann auch zwischen Mitgliedern und dem Verein bestehen. Eine Stimmbindung kann auch unter Delegierten eines Verbands begründet werden, die keine Verbandsmitgliedschaft i. S. d. § 38 BGB haben. Mit diesem Kreis Beteiligter ist die Stimmbindung unbedenklich. **935**

Die Stimmbindung zwischen einem Vereinsmitglied und einem außenstehenden Dritten ist dann zulässig, wenn zwischen beiden ein Rechtsverhältnis besteht, das in die Mitgliedschaft hineinwirkt. Bei einem wirtschaftlichen Verein, bei dem satzungsgemäß die Mitgliedschaft übertragbar ist, ist es denkbar, daß diese zum Gegenstand eines Pfandrechts gemacht worden ist. Schon wegen der Vertretungsschwierigkeiten (persönliches Erscheinen z. B. des Bürger- **936**

---

384 Vgl. z. B. BGHZ 48, 163; *BGH* NJW 1983, 1910/1911; 1987, 1890/1892; NJW-RR 1989, 1056; *OLG Köln* WPM 1988, 974; *Mayer* GmbHR 1990, 61 ff.

385 Vgl. z. B. *Soergel/Hadding* § 32 BGB Rn. 23.

386 Vgl. § 40 BGB; a. A. *Staudinger/Coing* § 32 BGB Rn. 21.

387 Vgl. *Scholz/K. Schmidt* § 47 GmbHG Rn. 36.

meisters in einer Mitgliederversammlung, vgl. Rn. 877) kann eine Gebietskörperschaft anstelle der eigenen Gründungsbeteiligung einen Treuhänder bestimmen, der einen Verein mitgründet und dann die Mitgliedschaft ausübt. Zwischen dem Pfandgläubiger bzw. dem Treugeber und dem Mitglied kann eine Stimmbindung vereinbart werden[388]. Es sind dies Fälle einer berechtigten Stimmbindung. Eine solche besteht auch dann, wenn sie dazu dient, einem Außenstehenden Mitgliedschaft und Organstellung im Verein zu verschaffen[389]. In Fällen sonstiger Stimmbindung eines Vereinsmitglieds mit einem Nichtmitglied kommt es hinsichtlich der Zulässigkeit auf die Umstände des Einzelfalles an (vgl. nachfolgend).

4.8.3. Unwirksame Stimmbindungen

937 Die Freiheit zum Abschluß von Verträgen (vgl. § 305 BGB) besteht bei Stimmbindungen nicht uneingeschränkt. Der Vertrag darf nicht nach §§ 134, 138 BGB nichtig sein. Sittenwidrig ist eine Vereinbarung, nach Weisung eines im konkreten Fall vom Stimmrecht Ausgeschlossenen (§ 34 BGB) abzustimmen[390]. Fließt dem stimmgebundenen Mitglied ein Entgelt zu (Stimmkauf), so kann dies unter dem Gesichtspunkt der Ausbeutung (§ 138 Abs. 1 BGB) zur Unwirksamkeit der Stimmbindung führen[391].

938 Die Stimmbindung kann auch nach übergeordneten verbandsrechtlichen Gründen unwirksam sein. Hier kommt vor allem der Grundsatz der Freiheit innerverbandlicher Willensbildung in Betracht, wenn ein Vereinsmitglied eine Stimmbindung mit einem außenstehenden Dritten eingeht[392]. Eine solche ist nicht schlechthin unzulässig, wenn ein rechtfertigender Grund vorhanden ist (z. B. Treuhandverhältnis). Die innerverbandliche Willensbildung ist kaum beeinträchtigt, wenn sich in einem Verein, der 500 Mitglieder hat, zwei bei der Frage der Stimmabgabe binden. Anders ist es etwa bei einem Verein mit zehn Mitgliedern und einer Bindung von fünf derselben. Bei Delegierten, die nach der hier vertretenen Auffassung nicht der Weisung des bestellenden Gremiums unterliegen, ist eine Stimmbindung grundsätzlich unzulässig, wenn damit der Wille des den Delegierten wählenden Gremiums verfälscht wird.

4.8.4. Satzungsklausel zur Stimmbindung

939 Es geht hier um die Frage, ob die Satzung den Mitgliedern (Delegierten) untersagen kann, eine schuldrechtliche Stimmbindung einzugehen. Davon zu trennen ist die Frage, ob die Satzung die Mitglieder korporationsrechtlich (also nicht schuldrechtlich) verpflichten kann, bei Vorliegen bestimmter Tatbestände vom Stimmrecht einen positiven Gebrauch zu machen, was zu bejahen sein dürfte[393]. Die Verbotsfrage kann nicht allgemein beantwortet werden[394]. Ein Verein mit sieben Mitgliedern kann eine Stimmbindung schlechthin satzungs-

388 Vgl. *Soergel/Hadding* § 32 BGB Rn. 23.

389 *Sauter/Schweyer* Rn. 201.

390 Vgl. BGHZ 48, 163/166 f.; *OLG Koblenz* NJW-RR 1986, 1039/1040: GmbH.

391 Vgl. *OLG Colmar* OLGE 6, 503; die Stimmkaufverbote nach § 405 Abs. 3 Nrn. 6, 7 AktG und § 152 GenG gelten im Vereinsrecht nicht.

392 *Soergel/Hadding* § 32 BGB Rn. 23.

393 Ebenso für das GmbH-Recht: *Baumbach/Zöllner* § 47 GmbHG Rn. 76 b.

394 Für ein generelles Satzungsverbot *Sauter/Schweyer* Rn. 201.

mäßig verbieten, ein Verein mit 500 Mitgliedern nicht. Für die Befugnis des Satzungsgebers zum Verbot kommt es darauf an, ob die Stimmbindung geeignet sein kann, die Freiheit zur innerverbandlichen Willensbildung zu beeinträchtigen.
Einschränkungen der Stimmbindung können satzungsgemäß angeordnet werden. Es kann die Offenlegung zur mitgliedschaftlichen Pflicht gemacht werden. Es kann bestimmt werden, daß Stimmbindungen für Satzungsänderungen der Zustimmung der Mitgliederversammlung bedürfen. Es kann eine unkündbare Stimmbindung untersagt werden.

Hält sich ein Mitglied nicht an zulässige und eindeutige satzungsmäßige **940** Stimmverbote oder -einschränkungen, so ist die Stimmabgabe ungültig[395]. Der Verein kann gegen das Mitglied nur mit Sanktionen vorgehen, falls solche in der Satzung verankert sind.

4.8.5. Nichtbefolgung der Stimmbindung

Hält sich das Mitglied nicht an die Vereinbarung über die Stimmbindung, so ist **941** das im Verhältnis zum Verein ohne Bedeutung. Die Stimme ist unter dem Gesichtspunkt der schuldrechtlichen Bindung gültig abgegeben[396]. Dem geschädigten Partner der Stimmbindung hilft es dann wenig, daß er auf Schadensersatzansprüche angewiesen ist, da die Stimme entgegen seinen Erwartungen abgegeben und dieser Vorgang nicht mehr reparabel ist. Die Vereinbarung einer Vertragsstrafe für den Fall des nicht vereinbarungsgemäßen Stimmverhaltens kann einen gewissen Druck auf das verpflichtete Mitglied ausüben.

4.8.6. Die gerichtliche Durchsetzung der Stimmbindung

Die Erklärung des gebundenen Mitglieds bereits vor der Mitgliederver- **942** sammlung, es werde nicht nach Weisung des Vertragspartners abstimmen, kann diesem Veranlassung geben, eine einstweilige Verfügung gegen das Mitglied mit dem Gebot eines bestimmten Stimmverhaltens zu erwirken (vgl. Rn. 1852). Regelungsverfügungen (§ 940 ZPO) sind nach herrschender Auffassung auch bei Vorwegnahme der Hauptsache zulässig, wenn eine Klage wegen der langen Dauer einer Entscheidung über sie keinen Rechtsschutz gewähren könnte[397]. Kommt eine Klage in Betracht – etwa weil vor der nächsten Mitgliederversammlung noch eine Entscheidung zu erwarten ist oder weil sich der im Stimmrecht Gebundene generell weigert, nach der Bindung abzustimmen –, so kommen folgende Klaganträge in Betracht[398]: Unterlassung bestimmter Stimmabgabe (Vollstreckung nach § 890 ZPO); Abgabe einer Ja-Stimme zu einem (im Klagantrag näher zu formulierenden) Beschlußantrag (Vollstreckung nach § 894 ZPO).

Die Erwirkung eines Stimmbindungsurteils ist nur dann sinnvoll, wenn die **943** Stimme des Gebundenen auf das Beschlußergebnis einen Einfluß hat. Ist ein rechtskräftiges Urteil hinsichtlich einer inhaltlich bestimmbaren Abstimmungsverpflichtung nach § 894 ZPO ergangen, so wird hierdurch nur die

---

395 *Sauter/Schweyer* Rn. 210.
396 Allgemeine Meinung, vgl. z. B. *Soergel/Hadding* § 32 BGB Rn. 23.
397 *Baumbach/Hartmann* § 938 ZPO Rn. 2.
398 *Scholz/K. Schmidt* § 47 GmbHG Rn. 57.

Stimme des verurteilten Vereinsmitglieds (Delegierten) ersetzt. Es muß dann eine Mitgliederversammlung einberufen werden. Der obsiegende Kläger muß das Urteil dem Versammlungsleiter zustellen lassen; in der Versammlung ist dann das Beschlußergebnis unter Berücksichtigung der durch Urteil ersetzten Stimme neu bekanntzugeben[399].

5. Der Ablauf der Mitgliederversammlung

5.1. Die Versammlungsleitung

5.1.1. Vereinsregelungen zum Leiter und zur Leitung

944 Das Vereinsrecht des BGB enthält – ebenso wie das AktG oder das GmbHG – keine Regelung entspr. § 6 Nr. 4 GenG, wonach die Satzung einer Genossenschaft, welche die Eintragung erstrebt, eine Vorschrift über den Vorsitz in der Generalversammlung enthalten muß. Im GmbH-Recht ist anerkannt, daß bei einfachen Gesellschafterbeschlüssen, d. h. solchen, die der notariellen Beurkundung[400] nicht bedürfen, ein Vorsitz in der Versammlung nicht erforderlich ist[401]. Dieser Grundsatz gilt an sich im Vereinsrecht auch, sofern es sich um die Versammlung eines kleinen Vereins mit wenigen Mitgliedern handelt und in dieser keine zum Registergericht einzureichenden Beschlüsse gefaßt werden.

945 Im Regelfall ist ein Vorsitz in der Mitgliederversammlung erforderlich. Dieser ist in der Satzung zu regeln. Eine Vereinsordnung, die nicht zum Satzungsbestandteil erklärt ist, reicht hierfür nicht aus, da diese Regelung ein wesentliches Element der Verfassung des jeweiligen Vereins ist. Fehlt eine Vereinsregelung, so wählt die Versammlung einen Leiter, was keine Ankündigung in der Tagesordnung erfordert.

Der Verein kann auch das Verfahren in der Mitgliederversammlung regeln. Soweit hierbei Eingriffe in die Mitgliedschaftsrechte für zulässig erklärt werden (Beschränkung des Rederechts, Saalverweis), muß auch dies in der Satzung verankert werden. Eine bloße Vereinsordnung reicht in diesem Falle nicht aus. Dagegen bestehen keine Bedenken, den verfahrensmäßigen Ablauf der Mitgliederversammlung in einer Vereinsordnung zu regeln.

5.1.2. Zur Zulässigkeit der Wahl eines Versammlungsleiters in Abweichung von der Satzung

946 Häufig bestimmen Satzungen, daß die Mitgliederversammlung der 1. Vorsitzende des Vorstands und bei dessen Verhinderung der 2. Vorsitzende leitet. Ohne zwingende Gründe kann die Versammlung nicht eine dritte Person zum Leiter wählen[402]. Im Wege der Satzungsdurchbrechung ist eine Wahl dann zulässig, wenn die satzungsmäßig bestimmten Leiter verhindert sind oder wenn der danach bestimmte Leiter durch sein Nichterscheinen glaubt, die Mit-

---

399 Vgl. *BGH* NJW-RR 1989, 1056 mit Anm. von *Kirberger* in *BGH* EWiR § 894 ZPO 1/89, 1037.

400 Vgl. § 53 Abs. 2 Satz 1 GmbHG.

401 BGHZ 51, 209/213 = NJW 1969, 841/842; BGHZ 76, 154/156 = NJW 1980, 1527.

402 *RG* JW 1909, 411; *LG Bonn* RPfl 1985, 198; *Staudinger/Coing* § 32 BGB Rn. 12; a. A. KölnKomm/*Zöllner* § 119 AktG Rn. 48.

gliederversammlung verhindern zu können[403]. Gleiches gilt, wenn der satzungsgemäß bestimmte Leiter als Vorstand sein Amt niedergelegt hat[404]; in einem solchen Fall muß aber die Versammlung nach deren Eröffnung sogleich einen neuen Vorstand wählen[405], falls sich nicht der noch eingetragene (zurückgetretene) Vorstand bereit erklärt, die Versammlung bis zur Bestellung eines Nachfolgers zu leiten, was zulässig ist[406].

Es können sich auch Verhinderungsfälle in der Versammlung selbst ergeben. **947**
Kommen Gegenstände zur Abstimmung, die den Leiter vom Stimmrecht ausschließen (vgl. dazu Rn. 916 ff.), so soll er die Leitung abgeben. Dies ist etwa bei Entlastungsbeschlüssen der Fall. Gleiches gilt, wenn der Leiter für ein Vereinsamt kandidiert[407]. Hierzu bestehen aber oft Vereinsregelungen dahin, daß ein besonderer Wahlausschuß gebildet wird, dessen Leiter dann den Vorsitz für die Dauer des Wahlverfahrens übernimmt.

Versammlungen von Dachverbänden können eine Dauer von zwei bis drei Ta- **948**
gen haben. Hier wird der Leiter stark gefordert. Da dieser Hilfspersonen hinzuziehen kann, ist es unbedenklich, wenn er etwa einer solchen die Verlesung umfangreicher Schriftstücke überläßt[408]. Es dürften in solchen Fällen auch keine Bedenken bestehen, wenn der Leiter einem Vorstandskollegen, der satzungsmäßig keine Leitungsbefugnisse hat, etwa bei einer längeren Diskussion die Leitung kurzfristig überträgt. Bei wichtigen Vorgängen, z. B. bei der Abstimmung, ist eine solche Delegierung unzulässig.

Es wird die Auffassung vertreten, werde die Versammlungsleitung ohne zwin- **949**
gende Gründe einer anderen Person als der satzungsmäßig bestimmten übertragen, so seien alle in der Versammlung gefaßten Beschlüsse nichtig[409]. Dem kann nicht gefolgt werden. Die Beschlüsse können nur fehlerhaft sein (vgl. dazu Rn. 1155), d. h. sie sind gültig, bis auf gerichtliche Klage hin die Unwirksamkeit festgestellt wird. Dazu ist aber Voraussetzung, daß das Ergebnis der Beschlußfassung durch die Leitung eines hierzu nicht Befugten beeinflußt worden ist[410].

Ist eine Minderheit vom Gericht nach § 37 Abs. 2 BGB ermächtigt worden, eine **950**
Mitgliederversammlung einzuberufen und trifft der Ermächtigungsbeschluß auch eine Bestimmung über die Leitung derselben, so können satzungsmäßig bestimmte Leiter diese Funktion nicht ausüben. Fehlt eine solche Leitungsbestimmung, so wählt die Mitgliederversammlung aus ihrer Mitte einen Leiter, wobei bis zur Wahl ein von der Minderheit ermächtigtes Mitglied die Leitung übernehmen kann.

5.1.3. Rechtsstellung des Versammlungsleiters

Eine auf vereinsrechtliche Vorschriften des BGB zurückzuführende Rechts- **951**
stellung hat der Leiter einer Mitgliederversammlung nicht. Dessen Rechte und

403 Vgl. BayObLGZ 1972, 329/330.
404 Vgl. *RG* a. a. O.
405 Vgl. *RG* a. a. O.
406 *LG Aurich* RPfl 1987, 115.
407 *OLG Köln* RPfl 1985, 447.
408 *Stöber* Rn. 188.
409 *RG* JW 1909, 411; *LG Bonn* RPfl 1985, 198; *Stöber* Rn. 188.
410 Vgl. *OLG Köln* RPfl 1985, 447/448.

Pflichten ergeben sich aber aus seiner Funktion. Er hat die Aufgabe, für den sachgemäßen, möglichst reibungslosen und zügigen Ablauf der Mitgliederversammlung zu sorgen[411]. Aus dieser Aufgabe ergeben sich die Befugnisse des Leiters, aber auch seine Grenzen[412]. Dieser übt in dem Organ Mitgliederversammlung eine Funktion aus; die regelmäßig gegebene eigene Organstellung als Vorstand tritt zurück. Die Mitgliederversammlung steht gleichsam über dem Leiter und kann diesen, falls nicht dessen originärer Zuständigkeitsbereich in Betracht kommt, durch Beschlüsse binden[413]. In Extremfällen kann die Mitgliederversammlung sogar den Leiter abwählen.

5.1.4. Allgemeines zu den Aufgaben des Leiters

952 Die Willensbildung in Mitgliederversammlungen von Vereinen vollzieht sich heute unter Beachtung gewisser demokratischer Grundsätze[414], wie dies auch für Generalversammlungen von Genossenschaften anerkannt ist[415]. Der Leiter hat die in der Satzung oder in einer Versammlungsordnung niedergelegten Grundsätze über den technischen Ablauf der Mitgliederversammlung zu beachten. In jedem Fall – also auch wenn solche Vereinsregelungen fehlen – hat er in eigener Verantwortung darauf hinzuwirken, daß die Tagesordnung zügig und sachgemäß erledigt wird[416] und auf der Grundlage demokratischer Verfahrensregeln eine eindeutige Willensbildung der Versammlung zustandekommt[417]. Dazu stehen dem Leiter unentziehbare Ordnungsbefugnisse, aber auch verfahrensrechtliche Kompetenzen zu[418]. Der Leiter hat jede Störung zu unterbinden, die den ordnungsgemäßen Ablauf der Versammlung beeinträchtigt, wobei es nicht darauf ankommt, ob der Störer ein stimmberechtigtes oder nur teilnahmeberechtigtes Mitglied, ein Organmitglied oder ein Gast ist.

953 Bei seinen Maßnahmen muß der Leiter den Grundsatz der Erforderlichkeit[419], der Verhältnismäßigkeit und der Gleichbehandlung aller Mitglieder beachten. An Diskussionen kann sich grundsätzlich jedes Mitglied beteiligen; das Rederecht ist nur bei Vorliegen bestimmter Tatbestände beschränkbar. Es kann der Schutz einer Minderheit vor einer Majorisierung in Betracht kommen; andererseits kann es auch geboten sein, der Obstruktion einer Minderheit oder eines einzelnen entgegenzutreten[420].

954 Der Leiter muß darauf achten, daß Abstimmungen nicht in unzulässiger Weise beeinflußt werden. An der vorhergehenden Aussprache kann er sich – ohne an eine Rednerliste gebunden zu sein – beteiligen. Ihn trifft keine Neutralitätspflicht. Er darf auf eine bestimmte Beschlußfassung hinwirken oder darf zu erkennen geben, welcher Kandidat für ein Vereinsamt ihm am geeignetsten erscheint[421]. Bei seiner Meinungskundgabe muß aber der Leiter lautere Argu-

411 Vgl. BGHZ 44, 245/248: AG.
412 Vgl. *BGH* a. a. O.
413 Vgl. *KG* NJW 1957, 1680.
414 A. A. noch *RG* Warn. 1920 Nr. 173 = LZ 1920, 763.
415 *KG* NJW 1957, 1680; *Lang/Weidmüller/Metz* § 43 GenG Rn. 5.
416 Vgl. *RG* a. a. O.; BGHZ 44, 245/248 = NJW 1966, 43: AG.
417 *LG Frankfurt* WM 1984, 502; *Lang/Weidmüller/Metz* § 43 GenG Rn. 133.
418 *Martens* WM 1981, 1010 ff.
419 *BGH* a. a. O.
420 Vgl. *RG* LZ 1920, 763.
421 Vgl. *RG* a. a. O.

mente ins Feld führen. Er darf die Willensbildung nicht durch unwahre oder nicht beweisbare Angaben oder gar durch Einschüchterungsversuche zu beeinflussen versuchen; letzteres wäre der Fall, wenn der Leiter eine persönliche Haftung der gegen einen Antrag Stimmenden behaupten würde, was aber in Wirklichkeit nicht zutrifft[422]. Rücktrittsdrohungen des Leiters sind aber im allgemeinen keine unzulässigen Einschüchterungsversuche[423]. Mit Beginn der Abstimmung hat sich der Leiter jeder Äußerung zu enthalten, die objektiv die Abstimmung und deren Ergebnis beeinflussen könnte[424].
Sofern dies nicht schon die Satzung oder eine Versammlungsordnung zuläßt, kann sich der Leiter zur Erledigung seiner Aufgaben Helfer bedienen (z. B. Ordner, Stimmzähler, Stenographen, bei großen Vereinen der Mitglieder der Stimmprüfungskommission usw.).

5.1.5. Übersicht über die Befugnisse des Leiters

Der Leiter hat unentziehbare und entziehbare Befugnisse; letztere werden nachfolgend mit »u. U.« gekennzeichnet: 955

- Eröffnung der Mitgliederversammlung (vgl. Rn. 961);
- Feststellung ordnungsgemäßer Einberufung;
- Bekanntgabe der erschienenen und stimmberechtigten Mitglieder; Feststellung der derzeit gegebenen Beschlußfähigkeit (vgl. Rn. 962, 967);
- u. U. Führung einer Anwesenheitsliste;
- u. U. Entscheidung über die Zulassung von Gästen (vgl. dazu Rn. 973);
- Bekanntgabe der Tagesordnung;
- u. U. Festlegung von Verhandlungs- und Abstimmungmodalitäten (vgl. Rn. 959);
- u. U. Vorziehen oder Zurückstellung von Tagesordnungspunkten (vgl. Rn. 959);
- Aufruf und u. U. Erläuterung von Tagesordnungspunkten;
- Worterteilung und Entgegennahme von Anträgen (vgl. Rn. 1002);
- Ordnungsmaßnahmen, wie Ordnungsruf, Wortentziehung und Saalverweis (vgl. Rn. 1008, 1011);
- Leitung der Beratung und Abstimmung (vgl. Rn. 1027);
- evtl. Wiederholung der Abstimmung (vgl. Rn. 1066);
- Feststellung und Verkündung des Abstimmungsergebnisses (vgl. Rn. 1073);
- bei Wahlen Frage an den Gewählten, ob er das Amt annimmt (vgl. Rn. 1104);
- u. U. vorübergehende Unterbrechung der Versammlung (vgl. Rn. 1022);
- Überwachung der Protokollführung;
- Schließung der Versammlung (vgl. Rn. 1076).

5.1.6. Gerichtliche Anfechtung von Leitungsfehlern

Fehler der Versammlungsleitung allein führen kaum zur Nichtigkeit eines Versammlungsbeschlusses. Sie können aber das Abstimmungsergebnis beeinflussen. Dann kommt es darauf an, ob der Leitungsfehler für das Beschlußer- 956

422 Vgl. *RG* JW 1936, 181; *OLG Königsberg* Recht 1935 Nr. 3859.
423 *KG* OLGE 30, 319.
424 *KG* NJW 1957, 1680: Gen.

gebnis ursächlich war[425]; insoweit verbleibende Zweifel gehen allerdings zu Lasten des Vereins, wenn ein Mitglied gegen diesen auf Feststellung klagt, der Beschluß sei infolge eines Leitungsfehlers nicht wirksam[426]. Beispiel: Mit der Stimme des von der weiteren Versammlung Ausgeschlossenen, der auch keine Stimmvollmacht erteilen konnte, wäre ein Beschlußantrag angenommen worden; der Verein kann den Einwand des klagenden Vereinsmitglieds nicht widerlegen, der Ausgeschlossene sei nicht der Störer gewesen.

5.1.7. Anfechtung von Leitungsmaßnahmen in der Versammlung

957 Der Leiter steht zwar in einem auftragsähnlichen, allerdings dem Körperschaftsrecht zuzurechnenden Verhältnis zum Verein[427]; gleichwohl ist aber der Leiter nur beschränkt Weisungen[428] des Vereins, repräsentiert durch die Mitgliederversammlung, unterworfen.

958 Im Ordnungsbereich besteht keine Weisungsmöglichkeit. Hier ist die Mitgliederversammlung keine abhelfende Beschwerdeinstanz gegen Maßnahmen des Leiters. Einen Antrag des von einer Ordnungsmaßnahme Betroffenen, die Versammlung möge über deren Zulässigkeit abstimmen lassen, kann der Leiter unberücksichtigt lassen[429]. Er kann jedoch stets die Versammlung befragen, wie sie über seine (evtl. erst beabsichtigten) Maßnahmen denkt; die Äußerung hierzu ist kein echter Versammlungsbeschluß, sondern eine unverbindliche Meinungskundgabe[430].

959 Soweit der Leiter Befugnisse im verfahrensrechtlichen Bereich hat, kann der Antrag auf Änderung durch die Versammlung gestellt werden. Es sind dies folgende Gegenstände:

- Zulassung von Gästen; falls in dieser Frage nicht bereits eine Bindung besteht (vgl. Rn. 975), ist eine originäre Zuständigkeit der Versammlung gegeben[431], die aber dem Leiter die Entscheidung überlassen[432] und demgemäß auch korrigieren kann;
- Festlegung von Verhandlungs- und Abstimmungsmodalitäten (Art der Abstimmung); die Versammlung kann diese Gegenstände dem Leiter überlassen, kann hierüber aber auch Beschluß fassen[433];
- Vorziehen und Zurückstellung von Tagesordnungspunkten; falls die Satzung (Versammlungsordnung) nicht ohnedies die Reihenfolge der Tagesordnungspunkte festlegt, kann die Versammlung den Leiter an die Reihenfolge binden[434];

---

425 Vgl. *OLG Köln* ZIP 1985, 1139; *OLG Hamburg* NJW 1990, 1120/1121 f.
426 Vgl. BGHZ 59, 369/375; 106, 67/83; *LG Frankfurt* WM 1984, 502/506.
427 Vgl. *Baumbach/Zöllner* § 48 GmbHG Rn. 11.
428 Vgl. § 665 BGB.
429 Vgl. *Eckardt* Vorbem. 42 vor § 118 AktG.
430 Vgl. BGHZ 44, 245/248.
431 *Vogel* S. 142; a. A. *Metz/Werhahn* Rn. 254.
432 *Sauter/Schweyer* Rn. 196; *Stöber* Rn. 186.
433 *KG* MDR 1985, 412: WEG-Sache; *Stöber* Rn. 195; a. A. Leiter zuständig: *Vogel* S. 152; *Metz/Werhahn* Rn. 254.
434 *KG* NJW 1957, 1680: Gen.; *Sauter/Schweyer* Rn. 183; a. A. Leiter zuständig: *KG* MDR 1985, 412; *Baumbach/Zöllner* § 48 GmbHG Rn. 9; *Vogel* S. 146.

– vorübergehende Unterbrechung; sie bestimmt zwar der Leiter[435]; die Versammlung kann jedoch beschließen, daß eine Unterbrechung unterbleibt oder daß sie von kürzerer Dauer ist, als dies vom Leiter verfügt worden ist[436].

5.1.8. Ausschließliche Zuständigkeit der Mitgliederversammlung (Übersicht)

– Generelle Beschränkung der Redezeit[437]; **960**
– Schluß der Rednerliste bzw. der Debatte[438];
– Absetzung einiger Punkte der Tagesordnung[439];
– Vertagung (vorzeitiger Abbruch) der Versammlung[440];
– Entscheidung über Anträge zur Tagesordnung;
– Benutzung von Tonbandgeräten[441];
– Gestattung des Rauchens[442].

5.2. Eröffnung der Mitgliederversammlung und die hierbei zu treffenden Prüfungen, Feststellungen und Bekanntmachungen

5.2.1. Die Versammlungseröffnung

Zunächst besteht nur eine Zusammenkunft der Mitglieder eines Vereins in einem Saal. Die Bekanntgabe der Eröffnung der Mitgliederversammlung ist ein wichtiger Akt, den der Leiter vornimmt. Damit wird aus der Mitgliederzusammenkunft das Organ Mitgliederversammlung gebildet. **961**

Der Leiter soll hierbei die in der Einladung mitgeteilte Stunde der Mitgliederversammlung beachten. Er kann hiervon aber bei Vorliegen wichtiger Gründe abweichen, wenn z. B. offensichtlich ist, daß Mitglieder wegen eines Unwetters oder wegen eines Verkehrsstaus zur vorgesehenen Stunde nicht anwesend sein konnten.

5.2.2. Feststellung und Bekanntgabe der erschienenen und stimmberechtigten Mitglieder bzw. der Vertreter

Es ist weitgehend üblich, daß am Saaleingang eine Anwesenheitsliste ausgelegt wird, in die sich die Mitglieder eintragen. Dann kann anhand dieser Liste vom Leiter die Zahl der erschienenen Mitglieder bekanntgegeben werden. **962**

---

435 RGZ 81, 332/334; *Soergel/Hadding* § 32 BGB Rn. 20; *Sauter/Schweyer* Rn. 190.

436 Vgl. KölnKomm/*Zöllner* § 119 AktG Rn. 68.

437 *Stöber* Rn. 189; *Vogel* S. 149; *Metz/Werhahn* Rn. 255; *OLG Stuttgart* NJW-RR 1986, 1277: WEG; a. A. *Soergel/Hadding* § 32 BGB Rn. 20; *Martens* WM 1981, 1010/1013; *Quack* Die AG 1985, 145/146; die für Hauptversammlung von Aktiengesellschaften bestehenden Grundsätze lassen sich nicht auf die Vereinsversammlung übertragen.

438 *CDU-Bundesparteigericht* NVwZ 1982, 159/160; *Sauter/Schweyer* Rn. 189; *Stöber* Rn. 189; *Soergel/Hadding* § 32 BGB Rn. 20; *Vogel* S. 151; *Martens* WM 1981, 1010/1013 f.; *Quack* Die AG 1985, 145/149.

439 *Stöber* Rn. 189; *Soergel/Hadding* a. a. O.; *Metz/Werhahn* Rn. 255; *Vogel* S. 151.

440 *Stöber* Rn. 189; *Sauter/Schweyer* Rn. 195; *Soergel/Hadding* § 32 BGB Rn. 20; *Vogel* S. 147, 151; *Metz/Werhahn* Rn. 255.

441 *Stöber* Rn. 189; a. A. *Sauter/Schweyer* Rn. 188: Leiter.

442 *Stöber* a. a. O.

963 Ist dies nicht üblich und werden Gäste ohne Beschränkung zugelassen, so ist eine Trennung der Gäste und Mitglieder dadurch möglich, daß den Mitgliedern Stimmkarten ausgehändigt werden. Anhand der ausgegebenen Stimmkarten kann die Mitgliederzahl festgestellt werden.

964 Stimmkarten erhalten dann auch die von einem Mitglied rechtsgeschäftlich Bevollmächtigten; sie müssen sich grundsätzlich durch eine von einem stimmberechtigten Mitglied unterschriebene Vollmacht ausweisen. Bei gesetzlichen Vertretern von minderjährigen Mitgliedern wird diese Eigenschaft im allgemeinen bekannt sein, da die Mitgliedschaft meist nur bei kleineren Vereinen besteht. Eine bestehende Amtswalterstellung (Konkursverwalter) oder gesetzliche Vertretung eines Mitglieds (Körperschaft usw.) ist durch ein amtlich erteiltes Zeugnis (Konkursverwalter, Pfleger) oder durch einen Registerauszug (Vertreter von Vereinen, Kapitalgesellschaften usw.) erforderlichenfalls nachzuweisen.

Bei Großvereinen oder Vereinsverbänden wird die Prüfung der Legitimation von Vertretern oder Delegierten von Unterorganisationen bzw. von Mitgliedsvereinen zum Teil einer besonderen Prüfungskommission übertragen.

965 Es kann u. U. geboten sein, bereits zu Beginn der Versammlung die Frage der Stimmberechtigung zu klären. Veranlassung dazu gibt eine Satzungsbestimmung, wonach das Stimmrecht ruht, solange ein Mitglied mit seiner Beitragszahlung trotz Anmahnung in Verzug ist und wenn gleichzeitig satzungsmäßig bestimmt ist, daß eine Versammlung nur bei Erscheinen einer bestimmten Zahl stimmberechtigter Mitglieder beschlußfähig ist.

Die Feststellung und Bekanntgabe der erschienenen Mitglieder und u. U. der stimmberechtigten Mitglieder durch den Leiter ist zweckmäßig, da Einwendungen gegen diese Feststellungen erhoben werden können. Bleiben Zweifel, ob z. B. ein Anwesender Vereinsmitglied (Delegierter) oder stimmberechtigt ist, so kann hierüber weder der Leiter noch die Versammlung selbst eine verbindliche Entscheidung treffen; dann kann u. U. nur das Gericht diese Frage klären, wenn ihm der Streitfall unterbreitet wird[443].

5.2.3. Feststellung der ordnungsgemäßen Einberufung

966 In der Praxis ist es üblich und es ist dies z. T. auch in Versammlungsordnungen vorgeschrieben, daß der Leiter zu Beginn die ordnungsgemäße Einberufung feststellt. Hierdurch wird nur den Mitgliedern Gelegenheit gegeben, Einwendungen gegen eine ordnungsgemäße Einberufung vorzubringen. Der Ansicht, wer die ordnungsgemäße Einberufung nicht beanstande, habe bei einer gerichtlichen Anfechtung eines Versammlungsbeschlusses infolge eines Einberufungsmangels die dafür maßgebenden Tatsachen voll zu beweisen[444], kann nicht beigetreten werden. Wer sich auf die ordnungsgemäße Einberufung in einem Prozeß beruft, hat dies zu beweisen; das ist regelmäßig der Verein. An dieser Beweislast ändert auch ein Verhalten des klagenden Mitglieds in der Versammlung nichts. Es ist z. B. anerkannt, daß die Beschlußanfechtung nicht daran scheitert, daß ein klagendes Mitglied mitgestimmt hat[445]. Die Nichtrüge der nicht ordnungsgemäßen Einberufung kann allenfalls zu der Frage führen,

---

443 Vgl. *BGH* NJW-RR 1990, 166.
444 *Stöber* Rn. 190.
445 Vgl. *BayObLG* NJW-RR 1988, 1168: WEG.

ob es gegen Treu und Glauben verstößt, daß das Mitglied diese Rüge erst im Prozeß erhebt; es kann eine Verwirkung des mit der Klage verfolgten Anspruchs gegeben sein.

5.2.4. Feststellung der Beschlußfähigkeit u. U. vor der Abstimmung über jeden Beschlußgegenstand

Da eine Pflicht zur Teilnahme an einer Mitgliederversammlung grundsätzlich **967** nicht besteht, ist mangels abweichender Satzungsbestimmung auch **ein** erschienenes Mitglied beschlußfähig, sofern es nicht vom Stimmrecht ausgeschlossen ist. Das Gesetz stellt nur auf die erschienenen Mitglieder ab (§ 32 Abs. 1 Satz 3, § 33 Abs. 1 Satz 1, § 41 Satz 2 BGB). Um dies zu verhindern, muß die Satzung festlegen, ab welcher (Prozent-)Zahl erschienener Mitglieder die Versammlung beschlußfähig ist.
Die Feststellung der Beschlußfähigkeit bedeutet zweierlei: Reicht die Zahl der erschienenen Mitglieder aus, um über einen Beratungsgegenstand abstimmen zu lassen. Hierbei kommt es mangels abweichender Satzungsbestimmung nur auf die Zahl der erschienenen und abstimmungsberechtigten Mitglieder an; die nicht stimmberechtigten Mitglieder werden also nicht mitgezählt[446]. Zum anderen betrifft die Beschlußfähigkeit die Frage, ob es überhaupt zulässig ist, über diesen Beratungsgegenstand abstimmen zu lassen. In einem weiteren Sinn ist die Beschlußfähigkeit auch nicht gegeben, wenn ein Gegenstand zwar der Beratung, aber nicht der Abstimmung zugänglich ist. Das ist z. B. dann der Fall, wenn über einen Gegenstand abgestimmt werden soll, der keinem der bei der Einladung mitgeteilten Tagesordnungspunkte zugeordnet werden kann, die Satzung die Stellung von Dringlichkeitsanträgen in der Versammlung nicht ausdrücklich erlaubt und wenn auch keine Vollversammlung gegeben ist[447].

Die Voraussetzungen der Beschlußfähigkeit müssen im Zeitpunkt einer jeden **968** Abstimmung gegeben sein[448]. Während der Versammlung kann Beschlußunfähigkeit mit Wirkung ex nunc eintreten[449].

Die in der Praxis übliche Feststellung der Beschlußfähigkeit zu Beginn der **969** Versammlung wird als verwirrend bezeichnet, weil sich die Zahl der teilnehmenden Mitglieder erfahrungsgemäß bei längeren Beratungen ständig ändere[450]. Letzteres trifft zu. Gleichwohl muß die zu Beginn festgestellte Beschlußunfähigkeit dem Leiter Veranlassung geben, die Versammlung sofort förmlich zu schließen[451], sofern mit alsbaldigem Eintritt der Beschlußfähigkeit durch Erscheinen der erforderlichen Zahl von Mitgliedern nicht zu rechnen ist. Die Anordnung in einer Versammlungsordnung, die Beschlußfähigkeit zu Beginn der Versammlung festzustellen, kann dazu führen, daß sie zum maßgeblichen Zeitpunkt nicht mehr ermittelt wird. Zunächst sind die Berichte des Vorstands, bei größeren Vereinen einer Wirtschaftsprüfungsgesellschaft die an-

---

446 Vgl. *BayObLG* NJW-RR 1987, 595; *OLG Frankfurt* OLGZ 1989, 429; a. A. *KG* NJW-RR 1989, 17: jeweils WEG.

447 Vgl. *BGH* WM 1985, 567/570; ebenso zu einem Gemeinderatsbeschluß: *VGH München* BayVBl 1988, 83.

448 *BayObLG* NJW-RR 1987, 595/596.

449 Vgl. *BayObLG* WuM 1989, 459: WEG.

450 *Lang/Weidmüller/Metz* § 43 GenG Rn. 140.

451 Vgl. KölnKomm/*Zöllner* § 119 AktG Rn. 69.

stehenden Behandlungsgegenstände. An diese Berichte schließen sich Diskussionen an. Bis es zu den Abstimmungen kommt, kann sich die Zahl der Mitglieder entscheidend verändert haben.

970 Läßt der Leiter über die Beschlußfähigkeit abstimmen, so bindet das Ergebnis in einem gerichtlichen Verfahren nicht. Es kommt auf die in Wirklichkeit fehlende oder auch vorhandene Beschlußfähigkeit an.

971 Das Unterlassen eines Widerspruchs gegen die Beschlußfähigkeit hindert ein Mitglied regelmäßig nicht, einen Beschluß wegen nicht vorhandener Beschlußfähigkeit anzufechten. Der Verein und nicht das klagende Mitglied muß die Beschlußfähigkeit im Streitfall beweisen[452].

5.2.5. Bekanntgabe der Tagesordnung und deren Genehmigung

972 Legt die Satzung die Tagesordnung für eine Mitgliederversammlung fest, so ist deren mündliche Bekanntgabe durch den Leiter nicht erforderlich. Bekanntgegeben wird im allgemeinen die vom Einberufungsorgan vorläufig erstellte Tagesordnung. Über diese entscheidet allein die Mitgliederversammlung, die auch die Reihenfolge der einzelnen Tagesordnungspunkte festlegen kann. Die Mitgliederversammlung muß demnach die nicht satzungsmäßig festgelegte Tagesordnung genehmigen. Ist dies der Fall, so legt die Versammlung auch bindend für den Leiter die Reihenfolge der zu behandelnden Tagesordnungspunkte fest, indem entweder die vom Einberufungsorgan aufgestellte Reihenfolge übernommen oder entsprechend abgeändert wird.

Hat eine Vereinsminderheit die Aufnahme von Tagesordnungspunkten durch einen gerichtlichen Ermächtigungsbeschluß erzwungen, so hat die Versammlung keine Möglichkeit, diese Beratungspunkte nicht zuzulassen. Sie kann aber den Zeitpunkt der Behandlung bestimmen, falls der gerichtliche Ermächtigungsbeschluß dem nicht entgegensteht.

5.3. Die Zulassung nichtteilnahmeberechtigter Personen

5.3.1. Gäste in der Mitgliederversammlung

973 Gast in einer Mitgliederversammlung ist, wer kein aus der Mitgliedschaft oder aus einem Organschafts- bzw. Vertretungsverhältnis sich ergebendes Teilnahmerecht, aber die Erlaubnis oder sogar die Befugnis hat, im Versammlungsraum anwesend sein zu dürfen (das evtl. bestehende Anwesenheitsrecht der Polizei wird hier nicht behandelt; vgl. dazu Rn. 1207).

974 Mangels eines Teilnahmerechts hat der Gast in der Mitgliederversammlung keine Befugnis zur Rede, zur Antragstellung usw.; er kann keinen Versammlungsbeschluß anfechten. Bei den heutigen Verhältnissen in Vereinen und Verbänden ist die geduldete Anwesenheit eines Gastes von dessen Anwesenheitsbefugnis zu unterscheiden.

Im allgemeinen wird beim Gast nur die Anwesenheit geduldet. Lädt z. B. ein Verein öffentlich zu einer Mitgliederversammlung ein und heißt er Gäste willkommen, so liegt es in der Disposition der Versammlung, welche Personen als Gäste zugelassen werden. Gleiches trifft zu, wenn nach individueller Einladung der Mitglieder Nichtmitglieder im Versammlungsraum erscheinen. Dies gilt

452 Möglicherweise a. A. *Sauter/Schweyer* Rn. 182.

auch für Vertreter der Presse, die über die Mitgliederversammlung berichten wollen.

Nichtteilnahmeberechtigte Personen können jedoch eine Befugnis zur Anwesenheit haben, die ihnen nur aus Ordnungsgründen entzogen werden kann. **975** Auch solche Personen sind Gäste im weiteren Sinne, weil sie den Ablauf der Mitgliederversammlung nicht beeinflussen können, da ihnen schon das Rederecht nicht zusteht. Diese Anwesenheitsbefugnis kann sich aus dem Gesetz oder aus der Satzung ergeben. Nach § 29 Abs. 2 StBerG ist die Oberfinanzdirektion als Aufsichtsbehörde befugt, Vertreter zur Teilnahme an der Mitgliederversammlung von Lohnsteuerhilfevereinen zu entsenden. Die Satzung eines Gesamtvereins kann anordnen, daß Organmitglieder der obersten Organisationsstufe eine Anwesenheitsbefugnis in den Mitgliederversammlungen der mittleren oder unteren Organisationsstufen haben.

Bei einigen Dachverbänden ist es üblich, daß zur Mitgliederversammlung vom Einberufungsorgan Personen geladen werden, die entweder mit dem Verband in Verbindung stehen (wie dies z. B. bei den Mitgliedern des Verbandsschiedsgerichts der Fall ist) oder die als Berater oder als Vortragende zur Verfügung stehen sollen. Auch diese Personen sind Gäste der Versammlung, können aber aus anderen als Ordnungsgründen nicht von der Versammlung ausgeschlossen werden.

5.3.2 Die Zulassung eines Beistands oder Beraters

Hat die Mitgliederversammlung über die Ausschließung eines Mitglieds oder **976** darüber zu entscheiden, ob gegen ein Mitglied ein Vereinsordnungsmittel verhängt werden soll, so gelten bei der Frage der Zulassung eines Beistandes die Ausführungen Rn. 1675 ff.

Ist die Mitgliederversammlung für andere Beratungsgegenstände zuständig, so ist für die Frage, ob ein Mitglied in der Versammlung sich durch einen Beistand beraten lassen kann, in erster Linie eine dahingehende Satzungsbestimmung maßgebend, die aber in der Praxis in der Regel fehlt. Trifft dies zu, so besteht der Grundsatz, daß ein Mitglied nicht mit einem Beistand in der Mitgliederversammlung erscheinen kann. Das Mitglied ist darauf zu verweisen, daß es vor der Mitgliederversammlung sachkundigen Rat einholen kann[453]. Ausnahmsweise kann jedoch aus dem Gesichtspunkt der Treupflicht heraus der Verein verpflichtet sein, einen Berater in der Mitgliederversammlung zuzulassen, und diese Treupflicht kann auch die übrigen Mitglieder verpflichten, der Anwesenheit eines Beistandes nicht zu widersprechen[454]. Ist ein solcher Ausnahmefall gegeben, so entscheidet zunächst der Leiter über die Zulassung eines Beistandes[455]. Widerspricht aber ein stimmberechtigter Versammlungsteilnehmer, so muß ein Mehrheitsbeschluß herbeigeführt werden[456]. Der Zulassung eines Beistands steht der Umstand nicht entgegen, daß die Mitgliedschaftsrechte nach § 38 BGB persönlich auszuüben sind, also eine Vertretung nicht zulässig ist; denn der Beistand in beratender Funktion nimmt nach außen hin keine

453 Vgl. *KG* OLGZ 1986, 51/55: WEG.
454 Vgl. *Lutter/Hommelhoff* § 48 GmbHG Rn. 4.
455 Vgl. *Lang/Weidmüller/Metz* § 43 GenG Rn. 21.
456 Vgl. *Scholz/K. Schmidt*, § 48 GmbHG Rn. 22.

fremden Rechte wahr[457]. Hat ein Mitglied ein schützenswertes Interesse, daß sein Berater in der Mitgliederversammlung anwesend ist, so steht dem das Interesse der Teilnehmer der nichtöffentlichen Mitgliederversammlung gegenüber, »unter sich bleiben« zu wollen, das ebenfalls schützenswert ist. Es ist deshalb eine Abwägung der beiderseitigen Interessen erforderlich[458]. Das einzelne Mitglied kann ein vorrangiges Interesse haben, wenn es z. B. aus persönlichen Gründen (z. B. Alter) eines Beistandes bedarf. Für das einzelne Mitglied kann aber auch ein überwiegendes Interesse deshalb bestehen, weil es wegen des Schwierigkeitsgrades oder wegen der wirtschaftlichen Auswirkungen einer von der Mitgliederversammlung zu behandelnden Angelegenheit selbst nicht in der Lage ist, seine Rechte in der Versammlung angemessen wahrzunehmen[459].
Hat ein Mitglied (ausnahmsweise) einen aus der Treupflicht sich ergebenden Anspruch auf Zulassung eines Beistandes in der Mitgliederversammlung und wird die Zulassung versagt, so kann dies ein Grund zur Anfechtung gefaßter Beschlüsse sein[460], wenn vom Verein nicht ausgeschlossen werden kann, daß die Nichtzulassung das Abstimmungsergebnis unter keinen Umständen beeinflußt haben kann.
Bei einem Spitzenverband, nach dessen Satzung die Erteilung einer Stimmrechtsvollmacht zulässig ist und in dessen Mitgliederversammlungen stets der Verbandsjustitiar anwesend ist, wird dieses Problem dadurch gelöst, daß Präsidenten von dem Verband angeschlossenen Vereinen vor der Behandlung eines rechtlich schwierigen Gegenstandes ihren anwesenden Rechtsberatern eine Stimmrechtsvollmacht erteilen; dieser meldet sich zu Wort und stimmt auch ab.

5.4. Sachanträge und Verfahrensanträge in der Versammlung

5.4.1. Die Begrenzung der Sachanträge durch die Tagesordnung; Ausnahmen kraft ausdrücklicher Satzungsanordnung

977 In der Einladung zur Mitgliederversammlung werden die Tagesordnungspunkte im Regelfall nur schlagwortartig bezeichnet. Ihre nähere Ausformulierung in der Versammlung ist zulässig und u. U. geboten. Jeder Tagesordnungspunkt muß als Antrag so formuliert sein, daß er mit »Ja« oder »Nein« zur Abstimmung gestellt werden kann. Ein Antrag kann zu einem Gegenantrag führen. Zu einem Antrag können Zusatz- oder Unteranträge gestellt werden; dann wird der Antrag als Hauptantrag bezeichnet.
All diese zur Abstimmung führenden Anträge müssen aber in einem inneren Zusammenhang zu einem bestimmten bekanntgemachten Tagesordnungspunkt stehen und dürfen über diesen nicht hinausgehen[461]. Dieser Zusammenhang ist stets gewahrt, wenn zu einem zulässigen Hauptantrag Gegen-, Zusatz- oder Unteranträge oder den Hauptantrag erweiternde oder einschränkende Anträge gestellt werden, die nicht in der Tagesordnung angekündigt werden mußten. Fehlt dieser sachliche Bezug zur Tagesordnung, so darf der Leiter über einen solchen Antrag, wenn nicht der nachfolgend behandelte Ausnahmetatbestand

---

457 *BGH* NJW 1993, 1329: WEG.
458 *BGH* a. a. O. S. 1331.
459 Vgl. *BGH* a. a. O.; *Schlosser* S. 193.
460 Vgl. *BGH* a. a. O.
461 Vgl. *Martens* WM 1981, 1010/1015.

gegeben ist, nicht abstimmen lassen. Wird dies nicht beachtet, so kann jedenfalls ein nicht erschienenes Mitglied die Beschlußfassung über einen nicht zur Tagesordnung gehörigen Gegenstand als fehlerhaft anfechten.

Über nicht angekündigte Sachanträge darf dann jedoch abgestimmt werden, **978** wenn eine Vollversammlung gegeben ist und demnach alle stimmberechtigten Teilnehmer mit der Abstimmung einverstanden sind. Die Abstimmung über solche Sachanträge ist auch zulässig, wenn die Satzung in Abänderung der Ankündigungspflicht hinsichtlich der Tagesordnung (§ 32 Abs. 1 Satz 2 BGB) ausdrücklich eine Sachantragstellung über einen neuen Tagesordnungspunkt in der Versammlung zuläßt; vgl. dazu Rn. 848.

In der Versammlung sind jedoch Sachanträge zulässig, die lediglich eine Bera- **979** tung oder eine Auskunft bezwecken. Die Ankündigungspflicht nach § 32 Abs. 1 Satz 2 BGB betrifft nur Beschlußgegenstände. Die Satzung kann jedoch auf Beratung abzielende Sachanträge einschränken.

5.4.2. Die Verfahrensanträge

In der Versammlung können Anträge gestellt werden, die vornehmlich den **980** Verfahrensablauf betreffen. Auch sie müssen so formuliert sein, daß sie in einem inneren Zusammenhang zu einem von der Mitgliederversammlung gebilligten Tagesordnungspunkt stehen.

Verfahrensanträge sind **981**

- Anträge zur Tagesordnung. Sie betreffen die anstehende Tagesordnung. Es kann der Antrag gestellt werden, Tagesordnungspunkte zu verbinden, bei Trennbarkeit abzutrennen oder solche überhaupt abzusetzen; weiter gehören hierher Anträge auf Änderung der festgelegten Reihe der Tagesordnungspunkte oder auf Erklärung der Unzuständigkeit der Versammlung und Verweisung an das zuständige Vereinsorgan.
- Anträge zur Geschäftsordnung. Sie betreffen die geschäftsordnungsgemäße Behandlung von Beratungsgegenständen. Beispiele: Antrag auf Übergang zur Tagesordnung (die Rede steht mit dem aufgerufenen Tagesordnungspunkt nicht im Zusammenhang), Antrag auf Festsetzung oder Verkürzung der Redezeit, auf Schluß der Rednerliste, Antrag auf Beschlußfassung durch die Versammlung in Gegenständen, die die Versammlung der Versammlungsleitung überlassen hat (vgl. Rn. 959), Antrag auf Abänderung verfahrensleitender Maßnahmen des Versammlungsleiters.
- Antrag auf Einberufung einer außerordentlichen Mitgliederversammlung, etwa wegen fehlender Beschlußfähigkeit der gegenwärtigen Versammlung oder weil sich in dieser ergeben hat, daß eine Beschlußfassung über erst anzukündigende Tagesordnungspunkte erforderlich ist.

Verfahrensanträge bedürfen keiner Ankündigung in der den Mitgliedern vor **982** der Versammlung mitgeteilten Tagesordnung.

Kann ein Verfahrensantrag einem Sachantrag zugeordnet werden, so ergreift das Stimmverbot, das an sich für den Sachantrag besteht, auch die Abstimmung über den Verfahrensantrag[462].

---

462 Vgl. *BGH* NJW 1973, 1039.

5.4.3. Die Behandlung von Verfahrensanträgen

983 Es besteht der Grundsatz, daß Verfahrensanträge vor den Sachanträgen zur Beratung und Abstimmung gestellt werden[463]. Herrin des Verfahrens ist die Versammlung; sie kann dem Leiter die Bestimmung der Reihenfolge überlassen, in der über mehrere Verfahrensanträge abgestimmt wird; dem Ermessen des Leiters kann es auch überlassen werden, ob ausnahmsweise ein Sachantrag vor einem Verfahrensantrag zur Abstimmung gestellt wird. Die Versammlung kann hierüber aber auch selbst entscheiden.

984 Grundsätzlich kann ein Verfahrensantrag von jedem stimmberechtigten Teilnehmer gestellt werden. Die Satzung oder eine Versammlungsordnung kann jedoch die Unterstützung durch eine Mindestzahl Stimmberechtigter verlangen. Die Zahl der Redner zu einem Verfahrensantrag kann, wenn die Satzung oder Versammlungsordnung nicht entgegensteht, auf den Antragsteller und einen Gegenredner beschränkt werden. Die durch eine Vereinsordnung beschränkte Redezeit für Sachanträge gilt für Verfahrensanträge nicht. Zunächst der Leiter und bei Beanstandung die Versammlung können eine Redezeit anordnen bzw. beschließen. Einem Redner ist es nicht gestattet, über den Verfahrensantrag hinaus zur Sache Stellung zu nehmen, soweit dies nicht zur Begründung oder Verneinung des Verfahrensantrags erforderlich ist. Für die Abstimmung kann ein anderes Quorum als für diejenige über Sachanträge durch eine Vereinsregelung vorgeschrieben sein. Verbandsordnungen sehen z. T. vor, daß über Verfahrensanträge nach Köpfen (also nicht mit der Zahl der einem Delegierten zustehenden Stimmen) abgestimmt wird.

5.5. Der Bericht des Vorstands, sonstiger Vereinsorgane oder von Vereinsabteilungen

5.5.1. Allgemeines zur Berichterstattung in Vereins- und Verbandsversammlungen

985 Der ehrenamtlich tätige Vorstand ist verpflichtet, dem Verein über seine Auftragstätigkeit Auskunft zu erteilen und über seine mit Einnahmen und Ausgaben verbundene Verwaltung Rechenschaft abzulegen (§ 27 Abs. 3, §§ 666, 259 BGB). Gleiches gilt für den besoldeten Vorstand (§§ 611, 675, 666, 259 BGB). Diese Pflichten hat der Vorstand gegenüber dem durch die Mitgliederversammlung repräsentierten Verein zu erfüllen.

Der Vorstand erstattet diesen Bericht in einer ordentlichen Mitgliederversammlung als ersten sachlichen Beratungspunkt.

986 Bei größeren Vereinen mit nicht geringer Vermögensverwaltung ist es z. T. nach der Satzung vorgeschrieben, daß die mit Einnahmen und Ausgaben verbundene Tätigkeit des Vorstands von einem Wirtschaftsprüfungsunternehmen geprüft wird und daß der Prüfungsbericht der Versammlung unterbreitet wird.

987 Größere Vereine, insbesondere Dachverbände, haben verschiedene Abteilungen oder Untergremien, die ebenfalls der Mitgliederversammlung Bericht erstatten. Diese Einzelberichte werden vor der Verbandsversammlung eingeholt und den Mitgliedern zur Verfügung gestellt. Insoweit handelt es sich dann

---

463 Vgl. z. B. *Stöber* Rn. 192; *Metz/Werhahn* Rn. 203; KölnKomm/*Zöllner* § 119 AktG Rn. 58; *Scholz/K. Schmidt* § 48 GmbHG Rn. 48.

nicht mehr um einen Bericht des Vorstands, der diesen für die einzelnen Abteilungen bzw. Untergremien gar nicht geben könnte. Auch bei diesen Vereinen und Verbänden verbleibt es aber bei der Berichtspflicht des Vorstands (durch seinen Vorsitzenden) über die wesentlichen Gegenstände der Geschäftsführung und über die Rechenschaftslegung hinsichtlich der Mittelverwendung.
Im Anschluß an diese Berichte wird den Mitgliedern (Delegierten) größerer Vereine und Verbände der Entwurf eines Haushaltsplans für die Zeit bis zur nächsten ordentlichen Mitgliederversammlung zur Genehmigung vorgelegt.
Die Vielschichtigkeit dieser Berichterstattungen in größeren Vereinen und Verbänden kann hier nicht näher dargestellt werden. Es erscheint lediglich der Hinweis veranlaßt, daß den Mitgliedern (Delegierten) die Unterlagen vor der Versammlung rechtzeitig zur Verfügung gestellt werden müssen, auch wenn eine entsprechende Satzungsanordnung fehlt. Die Mitglieder (Delegierten) dürfen z. B. nicht erst in der Versammlung mit einem umfangreichen Zahlenmaterial überrascht werden, das in der Versammlung selbst nicht überprüfbar ist.
Die nachfolgende Darstellung beschränkt sich auf den Vorstandsbericht in kleineren Vereinen.

5.5.2. Der Bericht des Vorstands

Nach Auftragsgrundsätzen (§ 666 BGB) hätte der Vorstand dem durch die **988** Mitgliederversammlung repräsentierten Verein nur über seine eigene Tätigkeit Bericht zu erstatten. Der Vorstand kennt aber am besten die Verhältnisse des Vereins; sein Bericht hat deshalb gewohnheitsrechtlich die »Lage« des Vereins in dem Berichtszeitraum darzustellen[464]. Üblich sind hierbei die Bezeichnungen Geschäftsbericht oder – bei jährlich stattfindenden Mitgliederversammlungen – Jahresbericht. Da dem Vorstand außerdem die Verwaltung des Vermögens des Vereins obliegt, besteht weiter die Pflicht zur Rechenschaftslegung (§ 259 BGB); insoweit ist der Geschäftsbericht auch ein Rechenschaftsbericht.
Geschäfts- und Rechenschaftsbericht müssen die Vereinsmitglieder so ausreichend informieren, daß sie in der Lage sind, zu beurteilen,
- ob dem Vorstand Entlastung erteilt werden kann und
- ob dieser Vorstand – falls er sich dazu stellt – wieder gewählt werden kann.

Der Geschäftsbericht hat sich über die Verwirklichung der Vereinsziele in dem **989** Berichtszeitraum zu äußern. Dazu können Veranstaltungen, Teilnahme an Wettbewerben, Werbemaßnahmen, u. U. Beziehungen zu einem Sponsor zählen. Es sind abgeschlossene Verträge zu erwähnen, die sich nicht unter den Begriff der laufenden Geschäftsführung einreihen lassen. Der Zu- und Abgang von Mitgliedern ist darzustellen, wobei nach Möglichkeit die Gründe für das Ausscheiden anzugeben sind. Bestehen außer dem Vorstand und der Mitgliederversammlung noch weitere Organe, so sind auch wesentliche Vorkommnisse im Bereich dieser Organe darzustellen, falls ein Repräsentant solcher Organe nicht selbst Bericht erstattet. Falls möglich, soll sich der Bericht auch über die künftige Entwicklung des Vereins verhalten. Vgl. zum Geschäftsbericht weiter Rn. 1525.
Während der Geschäftsbericht mündlich erstattet werden kann (falls eine Ver- **990** einsregelung nicht einen schriftlichen Bericht vorschreibt), geht die dem Vor-

464 Vgl. auch § 33 Abs. 1 Satz 2 GenG; § 289 HGB.

stand obliegende Rechnungslegung dahin, eine geordnete Aufstellung der Einnahmen und Ausgaben **vorzulegen**[465]. Unter geordneter Zusammenstellung ist eine zweckmäßige und übersichtliche Aufgliederung in Abrechnungsposten zu verstehen, wobei sowohl die Einzelangaben als auch die Abrechnung insgesamt klar, übersichtlich und aus sich heraus verständlich sein muß; hierbei ist auf das durchschnittliche Verständnisvermögen eines juristisch und betriebswirtschaftlich nicht geschulten Vereinsmitglieds abzustellen[466]. Im unmittelbaren Anwendungsbereich der §§ 259, 260 BGB gilt der Grundsatz, daß der Auftraggeber bei Unvollständigkeit oder Unrichtigkeit einer gelegten Rechnung nur dann eine Ergänzung verlangen kann, wenn dies auf unverschuldeter Unkenntnis oder auf einem entschuldbaren Irrtum des Rechenschaftspflichtigen beruht[467]. Dieser Grundsatz gilt im Vereinsrecht nicht. Dem Vorstand kann von einer Mitgliedermehrheit zur Pflicht gemacht werden, eine unrichtige Rechnungslegung zu berichtigen und eine unvollständige zu ergänzen. Zur Abrechnung erforderliche Belege sind zur Nachprüfung bereitzuhalten[468]. Vgl. zum Rechenschaftsbericht weiter Rn. 1526.

Die Pflicht zur Rechnungslegung kann durch die Satzung näher ausgestaltet werden. Es kann z. B. bestimmt werden, daß der Rechnungsprüfer oder der Schatzmeister in Zusammenarbeit mit einem Wirtschaftsprüfer eine Bilanz sowie eine Gewinn- und Verlustrechnung zu erstellen hat, die im Falle der Zuständigkeit der Rechnungsprüfer vom Vorstandsvorsitzenden zu unterschreiben ist. In solchen Fällen ist Gegenstand des Rechenschaftsberichts die Erläuterung der Bilanz samt Gewinn- und Verlustrechnung.

Der Rechenschaftsbericht muß in der Mitgliederversammlung schriftlich vorliegen. Jedes Mitglied hat ein Einsichtsrecht (vgl. Rn. 1528); entgegenstehende Satzungsbestimmungen sind unwirksam. Jedes stimmberechtigte Mitglied muß sich durch Einsicht in den Rechenschaftsbericht überzeugen können, ob eine zur Entlastung geeignete Rechnungslegung vorhanden ist (vgl. zur Entlastung Rn. 1530 ff.).

5.5.3. Der Bericht der Rechnungs- bzw. Kassenprüfer

991 Nach dem Bericht des Vorstands folgt der Bericht der Rechnungs- oder Kassenprüfer (vgl. zum Inhalt Rn. 1522).

5.6. Grundsätze für die Beratung (Aussprache, Debatte)

5.6.1. Die Verwirklichung des Rede-, Antrags- und Auskunftsrechts

992 Nach dem Bericht des Vorstands und der Kassenprüfer findet im Regelfall die erste Aussprache in einer Mitgliederversammlung statt. Aus den Berichten können sich Unklarheiten ergeben, die näherer Aufklärung bedürfen. Jedes teilnahmeberechtigte (nicht notwendig auch stimmberechtigte) Mitglied (jeder Delegierte) hat das Recht, zu den Berichten Ausführungen zu machen und bei Unklarheit oder Unvollständigkeit derselben Fragen zu stellen. Auch das Antragsrecht kann zum Tragen kommen, etwa dahin, daß Einsicht in die Belege

465 Vgl. *BGH* NJW 1985, 1693/1694.
466 Vgl. *BGH* NJW 1982, 573/574.
467 Vgl. *BGH* NJW 1984, 484/485; 1988, 2729/2730.
468 Vgl. *Stöber* Rn. 128.

begehrt wird, die zum Rechenschaftsbericht bereitzuhalten sind. Bei den weiter anstehenden Tagesordnungspunkten hat der Leiter dafür Sorge zu tragen, daß vor jeder Abstimmung der Tagesordnungspunkt mündlich erörtert werden kann.

Durch das Rederecht (vgl. Rn. 880 ff.), das Antragsrecht (vgl. Rn. 890 ff.) und das Auskunftsrecht (vgl. Rn. 885 ff.) kann jedes Mitglied zur Willensbildung in dem obersten Organ Mitgliederversammlung beitragen. Die Beratung kann ergeben, daß ein Punkt der Tagesordnung noch nicht zur Abstimmung reif ist; dann kann dieser Punkt abgesetzt werden. Weiter kann die Beratung ergeben, daß der vorgeschlagene Beschlußantrag in der Fassung, wie er vom Einberufungsorgan vorgeschlagen worden ist, nicht zur Abstimmung gelangen kann, daß die Fassung vielmehr abgeändert werden muß. Es können Gegenanträge, Zusatzanträge, den Hauptantrag erweiternde oder einschränkende Anträge gestellt werden. Der Verlauf der Versammlung kann auch Verfahrensanträge erfordern. **993**

Es kommt vor, daß abwesende Mitglieder schriftlich ihr Fernbleiben begründen und schriftlich zu Punkten der Tagesordnung Stellung nehmen. Solche schriftlichen Eingaben soll der Leiter verlesen, falls dies im Interesse der Versammlung tunlich und zumutbar ist[469].

5.6.2. Die Freiheit der Meinungsäußerung

Nach Art. 5 Abs. 1 Satz 1 GG hat jeder das Recht, seine Meinung in Wort, Schrift und Bild frei zu äußern; dieses Grundrecht findet seine Schranken in den Vorschriften der allgemeinen Gesetze und in dem Recht der persönlichen Ehre (Art. 5 Abs. 2 GG). **994**

Dieser Grundrechtsartikel gilt zwar in Mitgliederversammlungen nicht unmittelbar, da Grundrechte Abwehrrechte gegen den Staat sind. Die insoweit geltenden Grundsätze können jedoch im Regelfall Richtschnur für die Zulässigkeit von Äußerungen in Mitgliederversammlungen sein. Kommt es wegen einer Äußerung in einer solchen Versammlung zu einem Rechtsstreit – etwa, weil ein Mitglied oder Organmitglied auf Widerruf einer Äußerung klagt oder weil es wegen einer Äußerung zum Ausschluß des Redners aus der Versammlung gekommen ist und nunmehr ein gefaßter Versammlungsbeschluß gerichtlich angefochten wird –, so muß der Richter die zu Art. 5 GG entwickelten Grundsätze beachten.

Grundgesetzlich geschützt sind Äußerungen in der Form von Meinungen, Werturteilen oder auch Rechtsansichten, die durch Elemente der subjektiven Stellungnahme, des Dafürhaltens oder Meinens geprägt sind[470]. Mit seiner Meinungsäußerung will der Redner eine geistige Wirkung auf die Zuhörer ausüben; er will meinungsbildend und überzeugend wirken[471]. Der Grundrechtsschutz greift ohne Rücksicht auf Inhalt, Form, Wert und Begründung ein[472]; es kommt also nicht darauf an, ob die Meinung oder das Werturteil richtig oder falsch, begründet oder grundlos ist[473]. Hier ist die Richtigkeit oder

469 Vgl. *Scholz/K. Schmidt* § 48 GmbHG Rn. 49.

470 BVerfGE 85, 1/14 = NJW 1992, 1439/1440.

471 *BVerfG* NJW 1983, 1415; *BGH* NJW 1987, 1398/1399.

472 BVerfGE 85, 1/14 f.; *BVerfG* NJW 1993, 1462 – Kammerentscheidung.

473 *BVerfG* a. a. O.

Unrichtigkeit der Ausführungen eine Sache der persönlichen Überzeugung des Redners[474]. Geäußerte Meinungen usw. sind auch dann vom Grundrechtsschutz umfaßt, wenn sie in scharfer und abwertender Kritik bestehen, wenn sie mit übersteigerter Polemik vorgetragen oder in ironischer Weise formuliert werden[475].

Von der Meinungsäußerung ist die Mitteilung einer Tatsache zu unterscheiden. Eine Tatsachenbehauptung ist gegeben, wenn der Gehalt der Äußerung einer objektiven Klärung zugänglich ist und als etwas Geschehenes oder Bestehendes dem Beweis zugänglich ist[476]. Der Mitteilung einer Tatsache fehlen an sich die charakteristischen Merkmale einer Meinung. Gleichwohl ist eine solche Mitteilung vom Grundrechtsschutz mitumfaßt, weil auch sie Voraussetzung für die Bildung einer Meinung ist[477].

995 Nicht vom Grundrechtsschutz der freien Rede sind erfaßt:

- die erwiesen oder bewußt unwahre Tatsachenbehauptung, da eine solche zur verfassungsrechtlich vorausgesetzten Meinungsbildung nichts beitragen kann[478]; unrichtige Tatsachenbehauptungen sind Einschränkungen aufgrund allgemeiner Gesetze (§ 823 Abs. 1, § 1004 BGB) leichter zugänglich als Meinungsäußerungen[479];
- Äußerungen beleidigenden Inhalts[480];
- jegliche Äußerung, wenn physischer, wirtschaftlicher oder vergleichbarer Druck zur Verstärkung der geäußerten Meinung eingesetzt wird[481];
- die Äußerung besteht in einer Schmähkritik[482]; dies ist bei einer Äußerung der Fall, wenn es dem Redner nicht mehr um die Auseinandersetzung in der Sache geht, wenn für diesen vielmehr die Diffamierung des Angegriffenen im Vordergrund steht[483]; hier wird der grundgesetzlich geschützte Achtungsanspruch nicht beachtet;
- das Anführen unrichtiger Zitate; (auch) hier schützt das allgemeine Persönlichkeitsrecht vor unrichtigen, verfälschten oder entstellten Wiedergaben einer Äußerung[484].

Bei all diesen grundgesetzlich nicht geschützten und damit zivil- und u. U. auch strafrechtlich verfolgbaren Äußerungen kommt es auf das Verständnis des Durchschnittshörers an[485].

995 a Da bei Meinungsäußerungen die Elemente des Dafürhaltens, der Stellungnahme oder des Meinens im Vordergrund stehen, tritt hier im Rahmen des Disputs die Überzeugungsarbeit an die Stelle des Richtigkeitsbeweises[486]. Sol-

474 *OLG Köln* NJW 1993, 1486/1487.
475 *BVerfG* NJW 1991, 91/94; *BGH* NJW 1987, 1398 und 2225/2227.
476 *BVerfG* NJW 1991, 1475/1476; *BGH* NJW 1993, 930/931; *OLG Köln* NJW 1993, 1486/1487.
477 BVerfGE 85, 1/14 f. – NJW 1992, 1439/1440.
478 *BVerfG* a. a. O.; *BVerfG* NJW 1993, 916/917.
479 *BVerfG* NJW 1991, 1475/1476.
480 *BVerfG* NJW 1990, 1980/1981 und 1993, 1845.
481 *BVerfG* NJW 1989, 381/382.
482 BVerfGE 82, 43/51 = NJW 1990, 1980.
483 *BVerfG* NJW 1993, 1462.
484 *BVerfG* NJW 1993, 2925/2926.
485 *BVerfG* NJW 1989, 1789; *Soehring* NJW 1994, 16/17.
486 *Soehring* a. a. O.

che Meinungsäußerungen werden aber oft durch die Anführung von Tatsachen erhärtet. Werden in einer Äußerung unrichtige Tatsachen und Meinungen vermengt, so ist eine Abwägung geboten, ob die Mitteilung unrichtiger Tatsachen oder die Meinungsäußerung im Vordergrund steht. Kann festgestellt werden, daß insoweit die Äußerung durch die Elemente der Stellungnahme, des Dafürhaltens oder Meinens geprägt ist, wird sie als Meinung von dem Grundgesetz geschützt; dies gilt vor allem dann, wenn eine Trennung der wertenden und der tatsächlichen Gehalte den Sinn der Äußerung aufhöbe oder verfälschte[487]. Das Prinzip »Im Zweifel Meinungsäußerung« gilt jedoch nicht uneingeschränkt. Wird z. B. durch Verwendung eines Rechtsbegriffs (»illegal«) dem Hörer der Eindruck eines bestimmten feststehenden Sachverhalts vermittelt, so kann es sich auch bei Rechtsbegriffen (die Meinungen sind) um Tatsachenbehauptungen handeln[488].

Beispiele: Der von einem Redner erhobene Vorwurf, der Vorstand habe **995 b** schlecht gewirtschaftet, stellt ein Werturteil dar[489]. Unzulässige Schmähkritik stellte es dar, wenn der Redner, ohne hierfür konkrete Tatsachen anführen zu können, dem Vorstand vorwerfen würde, bestimmte Straftaten begangen zu haben[490]. Auf den Grundrechtsschutz kann sich ein Redner auch nicht berufen, der durch unwahre Tatsachenbehauptungen ein anderes Mitglied gleichsam an den Pranger stellt[491].

Auf den Grundrechtsschutz der freien Meinungsäußerung kommt es – wie aus- **996** geführt (vgl. oben Rn. 994) – an, wenn eine Äußerung Gegenstand eines Rechtsstreits ist. Meinungsäußerungen sind vom Grundrechtsschutz nicht umfaßt, wenn physischer, wirtschaftlicher oder vergleichbarer Druck zur Verstärkung der geäußerten Meinung eingesetzt wird[492]. Kommt es in Mitgliederversammlungen zu Abstimmungen, so kommt der Grundsatz der freien Entschließung und damit der Grundsatz der freien Stimmrechtsausübung zum Tragen[493]. Die Abstimmungen dürfen nicht unzulässig beeinflußt werden, etwa durch Einschüchterungen, mögen sie im vereinsinternen Bereich vorgenommen worden sein oder mögen sie von außen kommen[494]. Die Stimmabgabe ist Willenserklärung. Bei einer solchen dürfen keine Willensmängel gegeben sein. Jeder Stimmberechtigte muß sein Stimmrecht ohne physischen Zwang oder psychologischen Druck oder sonstige unzulässige direkte oder indirekte Einflußnahme auf die Entschließungsfreiheit ausüben können.

Eine solche unzulässige Beeinflussung durch Einschüchterung stellt es dar, wenn der Versammlungsleiter die persönliche Haftung der für oder gegen einen Antrag Stimmenden in Aussicht stellt[495]. Hier äußert der Leiter eine Rechtsansicht, die Meinung im Sinne des Art. 5 Abs. 1 Satz 1 GG ist; eine solche ist

487 BVerfGE 85, 1/15 f. = NJW 1992, 1439; *BVerfG* NJW 1993, 1845 f.; *BGH* NJW 1994, 124/125.
488 *BGH* NJW 1993, 930.
489 *LG Oldenburg* GRUR 1984, 835.
490 *LG Oldenburg* a. a. O.
491 *OLG Düsseldorf* GRUR 1985, 224/225.
492 *BVerfG* NJW 1989, 381/382.
493 Vgl. *BGH* NJW 1953, 740/741.
494 *BGH* a. a. O.
495 Vgl. RGZ 119, 243; *RG* JW 1936, 181; *OLG Königsberg* Recht 1935 Nr. 3859; vgl. auch *KG* NJW 1957, 1680.

trotz verfassungsrechtlicher Zulässigkeit vereinsrechtlich als Einschüchterung nicht zulässig. Solche unzulässigen Beeinflussungen können auch von anderen Versammlungsteilnehmern ausgehen. Erforderlich ist hier, daß sie eine Autorität besitzen, die sie aus dem Kreis übriger Redner herausheben. Das kann dann ein anderer Funktionär als der Leiter sein[496]. Es kann dies z. B. auch ein Redner sein, der sich als Rechtsanwalt vorstellt und der ausführt, jeder, der für die Entlastung der amtierenden Vorstandschaft stimme, hafte für die Vereinsschulden persönlich.

5.6.3. Die für die Beratung und Abstimmung erforderliche ausreichende Information der Mitglieder

997 In Vereinsversammlungen ergibt es sich immer wieder, daß die Mitglieder die für eine Aussprache und für die Willensbildung bei der Abstimmung erforderliche Information nicht haben. Diese Informationsdefizite sind nicht immer Mängel der Ankündigung der Tagesordnung. Es reicht die Ankündigung »Jahresbericht des Vorstands« und »Beschlußfassung über die Entlastung des Vorstands« aus, um über diese Gegenstände beraten und abstimmen zu können. Berichte, die oft umfangreich sind, liegen aber den Mitgliedern nicht vor. Gerade wenn solche ein Zahlenwerk enthalten, ist es unerläßlich, daß dieses den Mitgliedern visuell unterbreitet wird, da es durch bloßes Hören nicht aufgenommen werden kann. Gleiches gilt etwa für den Beratungsgegenstand »Verkauf der Parzelle X des Vereins an Y«. Hier muß den Mitgliedern der etwa bereits vom Notar gefertigte Vertragsentwurf zumindest in der Versammlung zur Einsichtnahme zur Verfügung gestellt werden. Bei umfangreichen Satzungsänderungen soll ebenfalls der Änderungsentwurf den Mitgliedern bereits bei der Einladung zugehen.

998 Eine nicht geringe Zahl von Vereinen ist Mitglied eines übergeordneten Vereinsverbandes, dessen Satzungsrecht Bestandteil der Satzung des Mitgliedsvereins ist. Wird das Verbandsrecht geändert, so muß auch die Satzung des angeschlossenen Vereins geändert werden, da eine Verweisung auf ein anderes Satzungswerk nur dynamisch und nicht statisch sein kann. Soll z. B. beschlossen werden, daß eine geänderte Satzung eines übergeordneten deutschen Verbands oder Bestimmungen eines internationalen Verbands als Vereinssatzungsrecht verbindlich sein soll, so müssen die Verbandsbestimmungen den Versammlungsteilnehmern vorliegen[497].

999 Verantwortlich für die genügende Unterrichtung der Mitglieder ist das Einberufungsorgan, im Regelfall also der Vorstand.

1000 Bestehen Informationsdefizite, so kann ein Versammlungsbeschluß fehlerhaft oder gar nichtig sein. Liegen z. B. den Mitgliedern die Satzungsbestimmungen eines übergeordneten Verbands, die Bestandteil der Vereinssatzung werden sollen, überhaupt nicht vor, so fehlt es insoweit an einer gültigen Beschlußfassung darüber, daß Verbandsbestimmungen im Wege der Verweisung Vereinsverbindlichkeit haben sollen[498].

---

496 Vgl. *OLG Frankfurt* WM 1985, 1466/1474 = ZIP 1985, 213/225 f.

497 Vgl. *van Look* WuB II L. § 32 BGB 1.89 S. 352/354.

498 Vgl. *van Look* a. a. O.

5.7. Der verfahrensmäßige Ablauf der Beratung

5.7.1. Vereinsregelungen

Der technische Ablauf der Mitgliederversammlung kann in der Satzung oder in einer Versammlungsordnung geregelt sein. Soweit Rechte der Mitglieder beschränkt werden, die nicht mit Ordnungsgründen zusammenhängen, muß die entsprechende Regelung in einer Satzung enthalten sein. Dies gilt z. B. für eine Anordnung, daß die Versammlung keine weiteren Redner zu einem Beratungsgegenstand durch Mehrheitsbeschluß zulassen kann. Das Rederecht hat jedes Mitglied; Anträge auf Schluß der Rednerliste oder der Debatte bringt eine Versammlungsmehrheit ohne weiteres zu einem positiven Abstimmungsergebnis; die Minderheit kommt dann nicht zu Wort. Solche Einschränkungen des aus der Mitgliedschaft fließenden Rederechts müssen aus der Satzung entnehmbar sein. Gleiches gilt für den Saalverweis, mag er auch gerechtfertigt sein, da der Betroffene nicht nur das Rederecht, sondern auch das Teilnahmerecht verliert und das Stimmrecht nicht mehr ausüben kann, wenn keine Stimmvollmacht erteilt wird. Es empfiehlt sich, die Versammlungsordnung insgesamt zum Satzungsbestandteil zu erklären (so: § 1 Nr. 5 lit. h DEB-Satzung). **1001**

Falls nicht eine Vereinsregelung besteht, gestaltet sich der verfahrensmäßige Ablauf der Aussprache nach den folgenden Grundsätzen.

5.7.2. Worterteilung und Rednerliste

Das Wort wird grundsätzlich nach dem Aufruf eines Tagesordnungspunktes erteilt; eine Ausnahme bilden die Berichte von Vorstand und Kassenprüfern, die nach der Erstattung diskutiert werden. **1002**

Wortmeldungen wird der Leiter der Versammlung grundsätzlich in der Reihenfolge berücksichtigen, wie sie eingegangen sind. Bei mehreren Wortmeldungen ist eine Rednerliste üblich, die vom Schriftführer geführt wird. Der Versammlungsleiter bestimmt auch, ob der Redner von seinem Platz aus oder von einem Rednerpult zu sprechen hat. Hat ein Redner Fragen aufgeworfen, die den Vorstand betreffen, so kann der Leiter dem zuständigen Vorstandsmitglied oder dem zuständigen Mitglied eines anderen Vereinsorgans das Wort zur Beantwortung erteilen, auch wenn weitere Wortmeldungen vorliegen[499]. Besteht Personalunion zwischen dem Vorstand und dem Leiter, so braucht er, wenn er antwortet, grundsätzlich die Leitung nicht abzugeben. **1003**

Während einer Rede kann der Leiter kurze Zwischenfragen zulassen. Die Übung im Verein entscheidet, ob hierfür das Einverständnis des Redners erforderlich ist oder nicht.

Eine wiederholte Worterteilung ist grundsätzlich nicht möglich. Ausnahmen gelten dann, wenn der Tatbestand für eine »persönliche Bemerkung« gegeben ist. Dies ist dann der Fall, wenn eigene Ausführungen richtigzustellen sind. Hat sich ein Redner in bezug auf die Person eines Teilnahmeberechtigten geäußert, so muß es der Leiter dieser Person ermöglichen, unzutreffende Äußerungen zurückzuweisen, auch wenn bisher vom Rederecht noch kein Gebrauch gemacht worden ist. **1004**

Außer der Reihe wird das Wort dann erteilt, wenn es zur Tagesordnung oder zur Geschäftsordnung verlangt wird.

---

499 *Metz/Werhahn* Rn. 275.

1005 Bei größeren Vereinen kommt es vor, daß zu einem Beratungsgegenstand ein Berichterstatter bestellt wird. Diesem wird dann nicht nur das erste Wort zu dem anstehenden Tagesordnungspunkt, sondern auch das letzte erteilt. Auch einem Antragsteller kann das letzte Wort erteilt werden.

1006 Der Versammlungsleiter hat das Wort jederzeit. Wird dies auch anderen Personen zugebilligt (mehrgliedriger Vorstand, Ausschußmitglieder usw.), so muß dies zumindest in einer Versammlungsordnung geregelt sein.

5.7.3. Festsetzung der Redezeit

1007 Die Satzung oder eine Versammlungsordnung kann eine Begrenzung der Redezeit (etwa auf zehn Minuten) anordnen.

Fehlen solche Vereinsregelungen, so kann nur die Mitgliederversammlung mit einfacher Stimmenmehrheit die Begrenzung der Redezeit beschließen (vgl. Rn. 960). Ein unzulässiger Eingriff in das Rederecht ist damit nicht verbunden, weil die Begrenzung den Redner zur Konzentration zwingt und Abschweifungen vermeiden hilft. Die Mitgliederversammlung kann jedoch (stillschweigend) dieses Begrenzungsrecht dem Leiter überlassen und kann demnach mit Mehrheit später anders als der Leiter entscheiden. Eine originäre Zuständigkeit des Leiters kann deshalb nicht anerkannt werden, weil dieser dann »über« der Mitgliederversammlung stünde; er ist aber nur ein Funktionär derselben.

5.7.4. Der Wortentzug aus Ordnungsgründen

1008 Das Rederecht hat nicht nur formale Schranken (Leiterzulassung, Zeitbegrenzung), sondern auch inhaltliche Schranken.

Ist ein Verfahrensantrag Gegenstand der Beratung, so darf ein Redner sich nur mit diesem Antrag befassen; zur Sache (also zu einem weiter anstehenden Sachantrag) darf der Redner nur Ausführungen machen, soweit dies zur Begründung oder Verneinung des Verfahrensantrags erforderlich ist.

Ist die Redeerlaubnis bei der Behandlung eines Sachantrages (z. B. Satzungsänderung oder Entlastung) erteilt worden, so müssen sich die Ausführungen mit diesem bestimmten Antrag befassen, sie müssen in einem inneren Zusammenhang mit dem anstehenden Beratungsgegenstand stehen.

Läßt der Redner nicht nur vorübergehend diesen inneren Zusammenhang vermissen, so hat der Leiter das Recht und die Pflicht, »zur Sache« zu rufen.

Mißachtet dies der Redner und hat der Leiter die weitere Aufforderung »zur Sache« ausgesprochen, so kann er dem Redner das Wort entziehen.

1009 Das Rederecht kann aus anderen Ordnungsgründen verwirkt sein. Dies gilt einmal, wenn es vom Grundrecht der Meinungsäußerungsfreiheit nicht mehr gedeckt ist, also bei Formalbeleidigungen, bei unrichtigen Tatsachenbehauptungen und bei einer Schmähkritik (vgl. Rn. 995). Zum anderen gilt dies bei sonstigem ungebührlichem Benehmen, wie Schreien, unangemessener Gestik usw. In solchen Fällen wird der Redner vom Leiter »zur Ordnung« gerufen. Je nach der Intensität der Störung entscheidet es sich, ob der Leiter nach einmaligem oder einem zwei- oder dreimaligen Ordnungsruf dem Redner das Wort entzieht.

Dem Redner, dem das Wort entzogen worden ist, kann es – vom Fall einer persönlichen Bemerkung abgesehen – nicht mehr zum selben Beratungsgegenstand erteilt werden.

Die Wortentziehung und der Anlaß hierzu werden in das Protokoll aufgenommen.

5.7.5. Der Saalverweis

Der Saalverweis ist das schärfste, aber auch äußerste Mittel, das dem Leiter zur Verfügung steht, um einen ordnungsgemäßen Ablauf der Versammlung zu gewährleisten. Er kommt nur bei einzelnen Störern in Betracht. Ist ein allgemeiner Tumult entstanden, so kann der Leiter nicht mehr oder weniger willkürlich die Hälfte der Teilnehmer ausschließen und die andere Hälfte nicht. Hier kommt nur eine Unterbrechung der Versammlung in Betracht. **1010**

Diese Ordnungsmaßnahme kann sich gegen jeden Anwesenden richten, also gegen Teilnahmeberechtigte und gegen Gäste. Da aber bei Gästen die zeitweise Entziehung mitgliedschaftlicher Befugnisse nicht in Betracht kommt, ist deren Ausschluß leichter möglich als der von Teilnahmeberechtigten. Bei Gästen genügt eine Ordnungsstörung, die nicht nachhaltig zu sein braucht. **1011**

Fälle, die zum Saalverweis berechtigen können, sind erhebliche Ordnungsstörungen, durch die der ordnungsgemäße Fortgang der Beratungen oder Abstimmungen unmöglich gemacht oder jedenfalls wesentlich erschwert wird[500]. Verlangt hierfür die Satzung oder Versammlungsordnung eine fortgesetzte erhebliche Störung, so genügt es, daß ein Versammlungsteilnehmer mindestens zweimal die Ursache für die aufgezeigte erhebliche Ordnungsstörung gesetzt hat[501]. Es kann die Mißachtung des Wortentzugs und das Weiterreden trotz Abmahnung genügen. Es können aber auch einmalige Vorfälle, wie tätlicher Angriff gegen den Versammlungsleiter, sinnloses Lärmen oder langandauernde übermäßige Zwischenrufe genügen. **1012**

Das vom Leiter beanstandete Verhalten eines Versammlungsteilnehmers muß aber für die Unmöglichkeit oder jedenfalls erhebliche Erschwerung eines geordneten Versammlungsablaufs **ursächlich** sein. Dies ist regelmäßig aber nicht der Fall, wenn der Versammlungsverlauf bereits durch andere Umstände so beeinflußt ist, daß eine weitere gedeihliche Zusammenarbeit nicht mehr erwartet werden kann. Wurde ein auszuschließender Teilnehmer zu seinen an sich zu beanstandenden Ausfällen durch nicht gerügte Angriffe anderer provoziert, so kann das Gleichbehandlungsgebot zu dem Ergebnis führen, daß ein Ausschluß nur gerechtfertigt ist, wenn der Betroffene sein störendes Verhalten so weit steigert, daß es sich im Hinblick auf den bisherigen Sitzungsverlauf als besonders gravierend darstellt[502]. **1013**

Die Behebung der Störung darf anders als durch den Saalverweis nicht aussichtsreich sein. Grundsätzlich ist der Störer zu ermahnen und ihm ist der Saalverweis anzudrohen; dies gilt etwa bei der Mißachtung des Wortentzugs. U. U. kann zunächst nur eine Unterbrechung der Versammlung in Betracht kommen. Im Einzelfall kann es nur geboten sein, den Störer von der Beratung und Abstimmung nur des Gegenstandes auszuschließen, der den »Zündstoff« geliefert hat. Die Störung kann aber an Intensität so groß sein, daß ein sofortiger Saalverweis ausgesprochen werden muß, weil sich der Störer so sehr außerhalb des **1014**

500 Vgl. *VGH München* BayVBl. 1988, 16/17.
501 *VGH München* a. a. O.
502 Vgl. *VGH München* a. a. O.

Zwecks der Versammlung gestellt hat, daß dieser die weitere Anwesenheit des Störers unter keinen Umständen mehr zugemutet werden kann.

1015 Der des Saales Verwiesene verliert sein Teilnahmerecht und hat sich sofort zu entfernen. Die Versammlungsordnung eines Sportverbandes läßt gegen den Saalverweis die Antragstellung des Störers zu, daß die Versammlung über die Maßnahme des Leiters abstimmt. Von einer solchen Regelung ist abzuraten, weil das die Störung nur noch fortsetzen kann. Vor dem Vollzug des Ausschlusses kann sich aber der Leiter der formlosen Zustimmung der Versammlung versichern. Ist im Einzelfall ein Ausschluß von der Versammlung nicht gerechtfertigt, so kann der Betroffene gefaßte Beschlüsse durch Klage anfechten, wenn es auf seine Stimme angekommen wäre.

1016 Das Stimmrecht verliert der Ausgeschlossene nur, wenn die Satzung keine Stimmrechtsvollmacht zuläßt oder eine solche für den Fall des Saalverweises untersagt. Ansonsten kann der Ausgeschlossene einem Versammlungsteilnehmer eine Stimmvollmacht erteilen.

1017 Wird dem Saalverweis nicht Folge geleistet, so erfüllt der Störer den Tatbestand des Hausfriedensbruchs (§ 123 StGB). Verhält sich der Betroffene im Saal ruhig, so muß die Entfernung der herbeizurufenden Polizei überlassen werden (vgl. § 229 BGB). Bei fortgesetzter grober Störung kann der Leiter selbst die Gewaltanwendung, etwa durch Saalordner oder Versammlungsteilnehmer, anordnen.

5.7.6. Zur Zulässigkeit des Antrags auf »Schluß der Rednerliste« und auf »Schluß der Debatte«

1018 Unter »Schluß der Rednerliste« wird hier die Nichtzulassung weiterer Redner verstanden; »Schluß der Debatte« soll eine mehr oder weniger unkontrollierte Debatte, vor allem durch kurze Zwischenrufe für und gegen einen Antrag, beenden.

Der Antrag auf »Schluß der Debatte« in dem hier verstandenen Sinn ist ohne weiteres zulässig. Die Entscheidung hierüber kann die Mitgliederversammlung dem Leiter überlassen; sie kann hierüber auch durch Mehrheit beschließen.

1019 In der Literatur werden Anträge auf »Schluß der Rednerliste« meist ohne nähere Begründung für zulässig erachtet[503], z. T. wird ein solcher Antrag mit Einschränkungen für zulässig erklärt[504], es wird auch abgeraten, einen solchen Antrag zuzulassen[505]. Die Auffassungen in der Praxis sind unterschiedlich[506].

1020 Das Rederecht ist ein Mitgliedschaftsrecht, das nicht ohne weiteres durch Mehrheitsbeschluß beseitigt werden kann. Dies gilt auch dann, wenn die Sat-

---

503 Vgl. z. B. *Sauter/Schweyer* Rn. 189; *Stöber* Rn. 189, 192; *Soergel/Hadding* § 32 BGB Rn. 20.

504 Vgl. *CDU-Bundesparteigericht* NVwZ 1982, 159/160 »unter Umständen«; *Vogel* S. 151: Leiter soll Antrag nicht zur Abstimmung zulassen, wenn die Fragen nach seiner Meinung noch nicht genügend diskutiert sind und insbesondere noch Wortmeldungen von Gesellschaftern vorliegen, die bisher zu diesen Fragen noch nicht zu Wort gekommen sind.

505 *Quack* Die AG 1985, 145/149.

506 Nach § 5 Abs. 2 Satz 2 DFB-GeschO kann die Rednerliste auf Antrag durch Mehrheitsbeschluß geschlossen werden; nach Art. 4 Nr. 7 b DEB-GeschO kann ein Antrag auf »Schluß der Debatte« gestellt werden, jedoch nach Art. 4 Nr. 7 c nicht ein solcher auf »Schluß der Rednerliste«.

zung dies zuläßt. Für einen Antrag auf »Schluß der Rednerliste« müssen triftige Gründe gegeben sein, wenn es um Sachanträge geht. Bei Verfahrensanträgen kann eine Rednerliste entweder nicht für zulässig oder für geschlossen erklärt werden. Das Erfordernis auf »Schluß der Rednerliste« ist oft darauf zurückzuführen, daß das Einberufungsorgan die erforderliche Versammlungszeit nicht richtig eingeschätzt hat. Sind Sachanträge noch nicht genügend ausdiskutiert, so ist vor der Stattgabe eines Antrags auf »Schluß der Rednerliste« die Frage der Vertagung in Betracht zu ziehen. Es darf auch nicht versäumt worden sein, die Redezeit zu verkürzen. Erst wenn diese Möglichkeiten ausscheiden und etwa um 21 Uhr erkennbar wird, daß infolge der zahlreichen Wortmeldungen die Versammlung nicht bis 24 Uhr beendet sein wird, muß es ein redeberechtigter Versammlungsteilnehmer nach der Macht des Faktischen hinnehmen, daß er sein dahingehendes Recht nicht verwirklichen kann. Bei wiederholbaren Abstimmungsgegenständen (vgl. Rn. 1071) kann es Pflicht des Einberufungsorgans sein, den Tagesordnungspunkt, der zur Redezeitbeschränkung geführt hat, unter günstigerer Plazierung nochmals bei der nachfolgenden Mitgliederversammlung auf die Tagesordnung zu setzen.

5.7.7. Die Unterbrechung

Bei der Unterbrechung wird die Beratung und Beschlußfassung auf meist kurze **1021**
Zeit ausgesetzt und danach die Versammlung als dieselbe fortgesetzt[507]. Es muß sich um eine verkehrsübliche Unterbrechung handeln, d. h. die abgebrochene und die fortgesetzte Versammlung müssen nach natürlicher Betrachtungsweise noch als eine Einheit angesehen werden können. Um Mitternacht kann die Unterbrechung bis zum nächsten Vormittag angeordnet werden. Eine Unterbrechung auf mehrere Tage ist keine solche, sondern eine Vertagung (vgl. nachfolgend). Anlaß zur Unterbrechung sind: Essenspausen, späte Nachtstunde, Ermüdung, Herbeiführung einer Beruhigung.

Die Unterbrechung ordnet grundsätzlich der Leiter an. Ausgenommen ist eine **1022**
solche auf den nächsten Tag. Hier müssen die Mitglieder einverstanden sein, weil sie für diesen Tag schon anderweitig disponiert haben können. Es genügt ein Mehrheitsbeschluß.

Bei der Anordnung der Unterbrechung gibt der Leiter den Zeitpunkt der Fortsetzung bekannt. Grund und Zeitpunkt der Fortsetzung werden im Protokoll vermerkt. Da die fortgesetzte Versammlung mit der unterbrochenen identisch ist, wird bei einer Unterbrechung auf den folgenden Tag nicht mehr geladen.

In der fortgesetzten Versammlung muß, wenn Anlaß zu der Annahme besteht, daß nicht alle bisher anwesenden Mitglieder zurückgekommen sind, das Teilnehmerverzeichnis berichtigt und eine zu beachtende Beschlußfähigkeit überprüft werden.

5.7.8. Die Vertagung

Eine Vertagung ist gegeben, wenn die Versammlung vor der vollständigen Ab- **1023**
wicklung der vorgesehenen Tagesordnungspunkte nicht nur für eine verhältnismäßig kurze Zeit unterbrochen, sondern erst zu einem Zeitpunkt fortgesetzt wird, der nicht mehr als Unterbrechungszeitraum angesehen werden

507 Vgl. *Metz/Werhahn* Rn. 311.

kann[508]. Gründe für eine Vertagung können sein: Vorliegen zahlreicher Entschuldigungsschreiben, der Leiter stellt bereits bei der Eröffnung der Versammlung Beschlußunfähigkeit fest, die Versammlung kann ohne Beschaffung einer Urkunde oder einer Zustimmung über Tagesordnungspunkte nicht beschließen.

Vertagt werden kann eine Mitgliederversammlung nur unter Bestimmung eines verhältnismäßig nahen anderweitigen Termins, also regelmäßig nur um ein oder zwei Wochen[509].

1024 Die Vertagung beschließt die Versammlung[510]. Der Beschluß muß den neuen Termin und u. U. den Versammlungsort bezeichnen[511]. Kann er einstimmig gefaßt werden, so ist eine Einberufung zum neuen Versammlungstermin nicht erforderlich[512]. Kommt nur ein Mehrheitsbeschluß zustande, so muß neu einberufen werden[513], wobei die Einberufungsförmlichkeiten zu beachten sind.

1025 Die Vertagung führt zur Verweigerung der Sachentscheidung in dieser Versammlung und ist nur bei Vorliegen eines sachlichen Grundes zulässig[514]. Hier kommt vor allem der Schutz von Minderheiten zum Tragen. Ein Mehrheitsbeschluß ist willkürlich und damit zumindest fehlerhaft, wenn unliebsame Minderheitsbeiträge verhindert werden sollen[515]. Hat eine Minderheit mit gerichtlicher Ermächtigung eine Mitgliederversammlung einberufen oder die Aufnahme von Tagesordnungspunkten durch gerichtliche Verfügung erreicht (§ 37 Abs. 2 BGB) und ist kein sachlicher Grund zur Vertagung gegeben, so muß der Leiter über Sachanträge der Minderheit abstimmen lassen.

5.7.9. Der vorzeitige Abbruch

1026 Eine Mitgliederversammlung wird vorzeitig beendet (abgebrochen), wenn ihr Ende angeordnet wird, obwohl nicht alle Tagesordnungspunkte erledigt sind, ohne daß eine Fortsetzung beschlossen wird. Gründe hierfür können nicht behebbare Ordnungsstörungen oder fehlende Beschlußreife von Tagesordnungspunkten sein. Den vorzeitigen Abbruch beschließt die Versammlung[516]. Der Leiter ist nicht zuständig[517]; er kann allenfalls die Unmöglichkeit der weiteren Fortsetzung dieser Versammlung feststellen[518].

Der vorzeitige Abbruch gibt regelmäßig dem Einberufungsorgan Veranlassung, alsbald eine außerordentliche Mitgliederversammlung mit den hierbei zu beachtenden Formen und Fristen einzuberufen.

---

508 Vgl. *Metz/Werhahn* Rn. 313.

509 A. A. *Stöber* Rn. 189: Vertagung auf ein anderes Wochenende bereits unzulässig.

510 *Sauter/Schweyer* Rn. 190; *Baumbach/Zöllner* Rn. 10, *Scholz/K. Schmidt* Rn. 35, je zu § 48 GmbHG; *Vogel* S. 151; *Martens* WM 1981, 1010/1013; *Metz/Werhahn* Rn. 315.

511 *Sauter/Schweyer* a. a. O.

512 *Scholz/K. Schmidt* und *Vogel* a. a. O.; weitergehend KölnKomm/*Zöllner* § 119 AktG Rn. 67: stets Neueinberufung erforderlich.

513 *Scholz/K. Schmidt* und *Vogel* a. a. O.; a. A. *Sauter/Schweyer* Rn. 195.

514 Vgl. *Zöllner* a. a. O. Rn. 66.

515 *Martens* WM 1981, 1010/1013 Fußn. 20.

516 *Stöber* Rn. 189; *Vogel* S. 151; *Scholz/K. Schmidt* § 48 GmbHG Rn. 35.

517 A. A. *Metz/Werhahn* Rn. 314.

518 *Scholz/K. Schmidt* a. a. O.

5.8. Die Abstimmung

5.8.1. Die u. U. erforderliche Feststellung der Beschlußfähigkeit

Verlangt die Satzung für die Mitgliederversammlung insgesamt oder für einzelne Abstimmungsgegenstände (z. B. Satzungsänderung oder Auflösung des Vereins) die Anwesenheit einer Mindestzahl von Mitgliedern, so muß der Leiter die Beschlußfähigkeit feststellen. Ist diese durch die Satzung nicht auf bestimmte Abstimmungsgegenstände beschränkt, so muß die Beschlußfähigkeit vor jeder Abstimmung gegeben sein und u. U. festgestellt werden (vgl. Rn. 967). Bei beschlußunfähiger Versammlung ist ein Beschluß unwirksam (vgl. Rn. 1152). **1027**

5.8.2. Die Reihenfolge der Abstimmungsgegenstände

Legt die Satzung für die ordentliche Mitgliederversammlung die Tagesordnung fest, so kann sie durch die Versammlung nicht abgeändert werden. Ist die Tagesordnung vom Einberufungsorgan vorläufig festgelegt worden, so sind bei ordentlichen Mitgliederversammlungen einige Tagesordnungspunkte nicht abänderbar. Der Vorstand muß erst seinen Bericht erstatten, dann kann über seine Entlastung entschieden werden. Im übrigen ist die vom Einberufungsorgan erstellte Tagesordnung durch den Leiter abänderbar (vgl. Rn. 959). **1028**

Über Verfahrensanträge wird grundsätzlich sofort abgestimmt. Werden solche während der Beratung über einen Sachantrag gestellt, so besteht der Grundsatz, daß Verfahrensanträge vor einem Sachantrag zur Abstimmung gebracht werden[519]. **1029**

Bei mehreren alternativen Sachanträgen ist, sofern alle die gleiche Materie betreffen, über den weitestgehenden zuerst abzustimmen, da bei dessen Annahme im Regelfall die anderen Anträge automatisch erledigt werden. Beispiel: Hauptantrag: Erhöhung des jährlichen Mitgliedsbeitrags von 500 DM auf 750 DM; 1. Änderungsantrag: auf 600 DM; 2. Änderungsantrag: auf 1 000 DM. Über den 2. Änderungsantrag ist zuerst abzustimmen[520]. Anträge können auch eine logische Reihenfolge dergestalt haben, daß ein Antrag vom andern abhängt oder auf diesem aufbaut. Diese logische Reihenfolge ist dann bei der Abstimmung zu beachten[521]. Neben diesen sachlich untrennbaren Gegenständen kann es auch sachlich unvereinbare Gegenstände geben; diese müssen jedenfalls für die Aussprache zusammengefaßt[522] und sollten auch unmittelbar nacheinander zur Abstimmung gebracht werden (Beispiel: Vorstand soll entlastet werden; Vorstand soll Entlastung verweigert werden; oder: A beantragt, den B auszuschließen; B stellt den umgekehrten Antrag).

Über das Vorziehen von Verfahrensanträgen und über die Reihenfolge der oben dargestellten Sachanträge entscheidet der Leiter.

---

519 *Metz/Werhahn* Rn. 203; KölnKomm/*Zöllner* § 119 AktG Rn. 58; *Scholz/K. Schmidt* § 48 GmbHG Rn. 48.

520 Vgl. *Metz/Werhahn* Rn. 202; *Vogel* S. 147; *Scholz/K. Schmidt* § 48 GmbHG Rn. 48.

521 *Metz/Werhahn* Rn. 206.

522 *Scholz/K. Schmidt* § 48 GmbHG Rn. 48.

5.8.3. Abstimmungsunfähige Anträge

1030 Der Leiter ist nicht gleichsam eine Vorprüfungsinstanz für nichtige und gültige Beschlüsse. Verfahrens- und Sachanträge, deren rechtliche Wirksamkeit zweifelhaft ist, muß der Leiter zur Abstimmung stellen.
Der Leiter darf aber Anträge dann nicht zur Abstimmung zulassen, wenn es sich um offensichtlich unzulässige Anträge handelt.

1031 Der Leiter hat aufgrund seiner auftragsähnlichen Stellung originäre Ordnungsbefugnisse und außerdem die Befugnis zur Verfahrensleitung (vgl. Rn. 959). Die Ordnungsbefugnisse (Ordnungsruf, Wortentzug und Saalverweis) können nicht von der Mitgliederversammlung durch Abstimmung überprüft werden, es sei denn (wovon aber abzuraten ist), die Satzung oder Versammlungsordnung läßt dies ausdrücklich zu.

1032 Über nicht angekündigte Sach-Tagesordnungspunkte darf der Leiter nicht abstimmen lassen, wenn die Satzung die Vorschrift des § 32 Abs. 1 Satz 2 BGB über die Mitteilung der Tagesordnung nicht abbedungen hat.

1033 Wegen Unzuständigkeit der Mitgliederversammlung darf der Leiter auch nicht über Gegenstände abstimmen lassen, die das Individualverhältnis von Mitgliedern zum Verein betreffen. Beispiel: Der Verein vermietet Gegenstände an bestimmte Mitglieder gegen Zahlung eines besonderen Entgelts. Es wird beantragt, diese Verträge zu kündigen. Zuständig für die Vertragskündigung ist der Vorstand (§ 26 Abs. 2 Satz 1 BGB). Ihm kann die Versammlung allenfalls einen abstimmungsfähigen Weisungsbeschluß erteilen. Zu den abstimmungsunfähigen Gegenständen können auch mitgliedschaftliche Verhältnisse mit stark schuldrechtlicher Prägung gehören. Es ist Sache eines jeden Mitglieds, wie es seinen baren Beitrag leistet; die Versammlung kann nicht beschließen – und es kann dies deshalb auch nicht zur Abstimmung gebracht werden –, daß das Bankeinzugsverfahren für alle Mitglieder verbindlich sein soll[523].

5.8.4. Zur Zulässigkeit von »en-bloc«- bzw. »Paket«-Abstimmungen

1034 Bei einer »en-bloc«- oder »Paket«-Abstimmung werden an sich erforderliche oder jedenfalls mögliche mehrere Abstimmungsvorgänge zu einer Abstimmung zusammengefaßt. Dies ist grundsätzlich nur zulässig, wenn die Satzung eine solche Abstimmungsart erlaubt oder wenn alle Versammlungsteilnehmer damit einverstanden sind. Fehlt eine satzungsmäßige Gestattung, so muß bei Widerspruch eines stimmberechtigten Versammlungsteilnehmers die erforderliche Einzelabstimmung durchgeführt werden.
Die »Paket«-Abstimmung darf auch die Satzung nicht gestatten, wenn sie bestimmte Mitglieder (auch Organmitglieder) betrifft und wenn bei der Abstimmung deren Verhalten zu würdigen ist, weil eine Disziplinarmaßnahme oder der Ausschluß aus dem Verein Abstimmungsgegenstand ist. Ein Gruppenausschluß z. B. ist unzulässig (vgl. Rn. 1636).

5.8.5. Die Formulierung des Beschlußantrags

1035 Der Leiter muß dafür sorgen, daß über einen inhaltlich bestimmten Antrag abgestimmt wird, der einer Fragestellung dahin zugänglich ist, ob er angenom-

---

523 Vgl. *Lang/Weidmüller/Metz* § 43 GenG Rn. 72.

men oder abgelehnt und demgemäß mit »Ja« oder »Nein« gestimmt werden kann[524].

Beschlußanträge können sowohl positiv wie auch negativ gestellt werden. Dabei ist aber zu beachten, daß eine erforderliche positive Entscheidung nur durch einen positiv gestellten Beschlußantrag herbeigeführt werden kann. Wird z. B. der Antrag zur Abstimmung gebracht, dem Vorstand die Entlastung zu verweigern und wird dieser Antrag abgelehnt, so ist damit die Entlastung nicht erteilt[525].

Die Beschlußanträge sind gleichsam die Vorgabe des dann zu fassenden Beschlusses[526]. An die inhaltliche Genauigkeit sind unterschiedliche Anforderungen zu stellen. Die Frage der Entlastungserteilung ist z. B. einfach zu formulieren. Soll aber der Beschluß Außenwirkung dergestalt haben, daß er als Satzungsänderung dem Registergericht einzureichen ist (§ 71 BGB) oder daß er die Genehmigung zu einem Rechtsgeschäft enthält, so ist eine Antragstellung erforderlich, die inhaltlich zu keinen Mißverständnissen oder Ungenauigkeiten führen kann.

Während einer Abstimmung sind Wortmeldungen grundsätzlich nicht mehr zu **1036**
berücksichtigen. Die Versammlungsordnung kann jedoch in diesem Verfahrensstadium noch die Verbesserung des Wortlauts eines Beschlußantrages zulassen.

5.8.6. Die Art und Weise der Stimmabgabe

Die Art und Weise der Abstimmung wird bestimmt durch **1037**

- die Satzung oder Versammlungsordnung,
- bei Fehlen einer solchen Regelung durch Mehrheitsbeschluß der Versammlung,
- den Leiter, falls ihm die Satzung (Versammlungsordnung) diese Entscheidung zuweist oder bei Fehlen einer Satzungsbestimmung oder eines Mehrheitsentscheids der Versammlung[527].

Ist die Zuständigkeit des Leiters nicht nach der Satzung gegeben, so kann die Mitgliederversammlung jederzeit durch Mehrheitsbeschluß die Art und Weise der Abstimmung festlegen. Eine Anordnung des Leiters bezieht sich grundsätzlich nur auf den einzelnen Akt der Abstimmung[528], kann also für spätere Abstimmungen geändert werden.

Zu unterscheiden ist zwischen **1038**

- offener Abstimmung, bei der Abstimmender und sein Abstimmungsverhalten von anderen Versammlungsteilnehmern wahrnehmbar sind, und der
- geheimen Abstimmung, bei der sichergestellt sein muß, daß der Stimmberechtigte und sein Abstimmungsverhalten unbekannt bleiben.

---

524 Vgl. *RG* HRR 1928 Nr. 239.

525 Vgl. RGZ 80, 189/195; *Baumbach/Zöllner* § 47 GmbHG Rn. 8.

526 *Baumbach/Zöllner* a. a. O. Rn. 6.

527 Vgl. *Soergel/Hadding* § 32 BGB Rn. 30; *Stöber* Rn. 195; *Baumbach/Zöllner* § 47 GmbHG Rn. 10; vgl. auch BGHZ 52, 297/299 f. = NJW 1970, 46; BGHZ 84, 209/219 = NJW 1984, 1038; *BGH* NJW 1989, 1150/1151; *KG* MDR 1985, 412; a. A. nur falls Satzung schweigt, entscheidet der Leiter: *Sauter/Schweyer* Rn. 209; *Lang/Weidmüller/Metz* § 43 GenG Rn. 66; *Scholz/K. Schmidt* § 48 GmbHG Rn. 50.

528 *Metz/Werhahn* Rn. 259.

1039 Arten der offenen Abstimmung sind z. B. Handzeichen, Zuruf, Erheben einer Stimmkarte (evtl. mit Farbzeichen für Zustimmung, Ablehnung oder Enthaltung), Aufstehen, Stillschweigen auf die Frage nach Gegenstimmen. Die Abstimmung durch Vortreten wird mit der Begründung für unzulässig erachtet, daß keine unbefangene Stimmabgabe gewährleistet sei[529]; dagegen bestehen Bedenken, weil dies auch z. B. beim Handzeichen oder beim Aufstehen der Fall sein kann.

1040 Geheim wird mittels Stimmzettel oder mittels einer elektronischen Abstimmungsanlage abgestimmt. Hier ist die Ausgabe numerierter Stimmzettel nicht zulässig, wenn dadurch das Abstimmungsgeheimnis – wie regelmäßig – nicht gewahrt wird.

1041 Hat ein Teilnehmer ein Mehrstimmrecht, wie dies bei Delegiertenversammlungen der Fall sein kann, so kann die Geheimhaltung durch Ausgabe von soviel Stimmzetteln herbeigeführt werden, wie dem Teilnehmer Stimmen zukommen[530].

1042 Das Teilnahmerecht beinhaltet nicht zugleich das Recht eines jeden Abstimmungsberechtigten, eine geheime Abstimmung verlangen zu können. Der *BGH*[531] hat ausgeführt, es gebe auch keinen Verfassungsgrundsatz, wonach bei Wahlen von öffentlich-rechtlichen Standesorganisationen geheim abzustimmem sei. Die Satzung (Versammlungsordnung) kann allerdings ein solches Antragsrecht ausdrücklich zubilligen. Es entscheidet dann aber die Versammlung mit Mehrheit, ob einem solchen Antrag stattgegeben wird oder nicht. Überläßt die Satzung die Form der Abstimmung dem Leiter, so muß er einen solchen Antrag nicht zur Abstimmung stellen, wenn er die geheime Abstimmung nicht anordnet[532]. Die Verweigerung geheimer Abstimmung kann jedoch auch bei anderen Abstimmungen als Wahlen fehlerhaft sein, wenn die Offenlegung der Person des Abstimmenden und seines Abstimmungsverhaltens an der unbeeinflußten Stimmabgabe hindern, wie dies etwa bei Ausschlußentscheidungen oder bei der Verhängung von Disziplinarmaßnahmen der Fall sein kann[533].

1043 Der Stimmzettel darf außer mit »Ja« oder »Nein« grundsätzlich nicht weiter beschriftet sein. Er darf also nicht etwa lauten »Ich stimme für die vorgeschlagene Änderung der Satzung«[534].

5.8.7. Die kombinierte Abstimmung

1044 Die Mitglieder eines Vereins fassen ihre Beschlüsse entweder in einer Versammlung (§ 32 Abs. 1 Satz 1 BGB) oder im Falle der Einstimmigkeit schriftlich (§ 32 Abs. 2 BGB). Geht es um eine Änderung des Vereinszwecks, so läßt das Gesetz die schriftliche Zustimmung der nicht in der Versammlung erschienenen Mitglieder zu (§ 33 Abs. 1 Satz 2 BGB).

---

529 *Sauter/Schweyer* Rn. 209.
530 Vgl. *Lang/Weidmüller/Metz* § 43 GenG Rn. 66.
531 NJW 1970, 46/47.
532 Vgl. *BGH* NJW 1984, 1038/1040.
533 Vgl. auch *Scholz/K. Schmidt* § 48 GmbHG Rn. 51.
534 RGZ 119, 243/246: Gen.

Handelt es sich um andere Gegenstände als die Änderung des Vereinszwecks, so ist eine kombinierte Abstimmung, also eine solche in und außerhalb einer Versammlung nicht zulässig. Da jedoch § 32 Abs. 1 BGB über die Mitgliederversammlung durch die Satzung abdingbar ist (§ 40 BGB), kann diese eine kombinierte Abstimmung ausdrücklich zulassen[535]. Fehlt es an einer solchen Satzungsbestimmung und wird gleichwohl die kombinierte Abstimmung durchgeführt, so ist bei vorherigem Einverständnis aller stimmberechtigten Mitglieder mit einem solchen Verfahren ein gültiger Beschluß zustandegekommen, der dann auch wegen des allseitigen Einverständnisses keiner begründeten Anfechtung unterliegen kann[536]. Ist aber der Versammmlungsbeschluß etwa wegen Einberufungsfehler nichtig, so kann auch die schriftliche Beschlußzustimmung nicht erschienener Mitglieder diese Nichtigkeitsfolge nicht beseitigen[537]. **1045**

Die Stimmen nicht erschienener Mitglieder können schriftlich vor und nach der Versammlung beim Verein abgegeben werden. Es kommen hier die verfahrensmäßigen Grundsätze in Betracht, die für die schriftliche Abstimmung ohne Versammlung gelten (vgl. Rn. 1125).

5.8.8. Die Stimmabgabe als Willenserklärung

Die körperschaftliche Willensbildung vollzieht sich in zwei, evtl. in drei Stufen: Zunächst geben die Mitglieder ihre Stimme ab. Die Wertung dieser Stimmen ergibt den Beschluß. Dieser kann u. U. einer Ausführung (z. B. Anmeldung einer Satzungsänderung nach § 71 BGB) bedürfen. **1046**

Die Stimmabgabe ist eine empfangsbedürftige, keiner Bedingung zugängliche Willenserklärung[538], die auf die Rechtsfolge der Gesamtwillensbildung im Verein durch Beschlußfassung gerichtet ist[539]. Erklärungsempfänger ist der Verein[540], der in der Versammlung durch den Leiter repräsentiert wird und außerhalb einer solchen (schriftliche oder kombinierte Abstimmung) durch ein Vorstandsmitglied vertreten wird (§ 28 Abs. 2 BGB). Der Vorgang der Stimmabgabe vollzieht sich in zwei Phasen: In der durch Satzung, Versammlungsbeschluß oder Leiteranordnung bestimmten Form muß zu einem zur Abstimmung gestellten Sach- oder Verfahrensantrag eine Stimmerklärung abgegeben werden; diese wird mit dem Zugang an den Versammlungsleiter (u. U. an ein Vorstandsmitglied) wirksam. Als Willenserklärung ist die Stimmabgabe durch ein nach § 894 ZPO ergangenes rechtskräftiges Urteil ersetzbar, das dem Versammlungsleiter zugestellt werden muß[541]; die Abgabe der Stimme kann andererseits gerichtlich verboten werden[542]. **1047**

Auf die Stimmabgabe sind die allgemeinen Vorschriften über Willenserklärungen, also diejenigen über die Geschäftsfähigkeit (§§ 105 ff. BGB), Nichtigkeit und Anfechtbarkeit (§§ 116, 134 ff., 142 ff. BGB) sowie über die

---

535 Vgl. *OLG München* BB 1978, 471: GmbH.
536 Vgl. *Rowedder/Koppensteiner* § 48 GmbHG Rn. 3.
537 Vgl. *OLG München* und *Rowedder/Koppensteiner* a. a. O.; str.
538 BGHZ 48, 163/173; 65, 93/97.
539 *Soergel/Hadding* § 32 BGB Rn. 25.
540 *Soergel/Hadding* a. a. O.
541 *BGH* GmbHR 1990, 68.
542 Vgl. *OLG Koblenz* NJW 1986, 1692; *LG Mainz* und *Fleck* EWiR § 47 GmbHG 1/90 S. 267.

Wirksamkeit (§§ 130 ff. BGB) anwendbar. Die Stimme eines Geschäftsunfähigen hat ebensowenig Wirksamkeit wie die eines Minderjährigen, der zur Stimmabgabe nicht die ad-hoc-Einwilligung oder den Generalkonsens seines gesetzlichen Vertreters hat. Wegen Irrtums kann eine Stimmabgabe z. B. angefochten werden, wenn ein Mitglied infolge eines Mißverständnisses versehentlich statt des gewollten »Ja« mit »Nein« gestimmt hat oder wenn der Beschlußantrag nicht richtig verstanden worden ist[543]. Sind die Anfechtungstatsachen bereits in der Mitgliederversammlung erkennbar, so muß »unverzüglich« (§ 121 BGB) dem Leiter gegenüber die Anfechtung erklärt werden; war die Erkennbarkeit erst nach der Versammlung gegeben, so muß die Anfechtungserklärung einem Vorstandsmitglied zugehen (§ 28 Abs. 2 BGB). Ungültig ist eine Stimmabgabe auch, wenn ein Stimmverbot nicht beachtet oder eine Bedingung hinzugefügt worden ist oder wenn ersichtlich treuwidrig gestimmt worden ist, weil eine positive oder negative Stimmpflicht besteht (vgl. hierzu Rn. 613).

1048 Bis zum Wirksamwerden der Stimmerklärung, also bis zum Zugang an den Leiter, kann die Erklärung widerrufen werden, nach dem Wirksamwerden nicht mehr[544].

1049 Ist die Stimmabgabe wegen Irrtums angefochten worden, so muß der Leiter dies durch Wiederholung der Abstimmung bereinigen.

1050 Eine unwirksame Stimme ist wie eine Stimmenthaltung zu werten[545]. Stimmenthaltungen sind bei der Berechnung der Stimmenmehrheit nicht mitzuzählen[546].

5.8.9. Stimmabgabe durch gewillkürte oder gesetzliche Vertreter

1051 Vgl. dazu Rn. 898 f.

5.8.10. Die einheitliche und uneinheitliche Stimmabgabe bei Mehrstimmrechten

1052 Vgl. dazu Rn. 899.

5.9. Die für die Annahme eines Beschlußantrags erforderlichen Mehrheiten

5.9.1. Die einfache Stimmenmehrheit

1053 Nach § 32 Abs. 1 Satz 3 BGB entscheidet bei der Beschlußfassung die Mehrheit der erschienenen Mitglieder[547]. Der *BGH* legt diese Vorschrift dahin aus, daß es

543 Vgl. *RG* HRR 1928 Nr. 239.

544 Vgl. *Messer* Festschrift Fleck 1988, 221 ff.; *Scholz/K. Schmidt* § 45 Rn. 22.

545 *Palandt/Heinrichs* Rn. 8, *Soergel/Hadding* Rn. 39, je zu § 32 BGB; *Scholz/K. Schmidt* § 45 GmbHG Rn. 98; *OLG Stuttgart* OLGZ 1985, 259/262: WEG.

546 BGHZ 83, 35 = NJW 1982, 1585; *BGH* NJW 1987, 2430; 1989, 1090/1091.

547 Sofern es sich nicht um Satzungsänderungen einschl. der Zweckänderung sowie um die Auflösungsentscheidung handelt, vgl. dazu § 33 Abs. 1, § 41 Satz 2 BGB.

auf die Mehrheit der (gültig) Abstimmenden ankommt[548], so daß Stimmenthaltungen nicht mitzählen[549].
Bei der nach § 32 Abs. 1 Satz 3 BGB genügenden einfachen Stimmenmehrheit muß mindestens eine Ja-Stimme mehr für den Beschlußantrag abgegeben worden sein als Nein-Stimmen gezählt worden sind. Dabei kann der Beschlußantrag eine positive Fassung (»Wer ist für die Entlastung«) oder eine negative Fassung (»Wer ist für Verweigerung der Entlastung«) haben. Bei Stimmengleichheit ist der Beschlußantrag abgelehnt. Bei der Ermittlung des Verhältnisses der Ja-Stimmen zu den Nein-Stimmen werden ungültige Stimmen sowie Stimmenthaltungen – wie ausgeführt – nicht mitgezählt. Bedarf der Beschluß der Zustimmung (z. B. eines Sonderberechtigten oder eines Außenstehenden), so ist diese nicht eine berücksichtigungsfähige Stimme.

5.9.2. Die qualifizierte Mehrheit

Die qualifizierte Mehrheit ist größer als die einfache Mehrheit, erreicht aber nicht die Einstimmigkeit. Für eine Satzungsänderung und für den Beschluß über die Auflösung des Vereins ist eine ¾-Mehrheit der abgegebenen Stimmen erforderlich (§ 33 Abs. 1 Satz 1, § 41 Satz 2 BGB). **1054**
Ergibt sich bei der Berechnung des Abstimmungsergebnisses der Bruchteil einer Stimme, so zählt er nicht als Ja-Stimme; er fällt vielmehr weg[550]. Dies gilt auch dann, wenn der Bruchteil 0,5 und mehr beträgt.

5.9.3. Die Einstimmigkeit

Nach § 33 Abs. 1 Satz 2 Halbs. 1 BGB ist zur Änderung des Vereinszwecks die Zustimmung aller Mitglieder erforderlich; nicht erschienene Mitglieder können später schriftlich zustimmen (Halbs. 2 a. a. O.). Bei der Einstimmigkeit gibt es nur Ja-Stimmen. Diese ist auch für die Bildung einer Vollversammlung erforderlich; es müssen alle Mitglieder erschienen und mit der Abhaltung einer Vollversammlung einverstanden sein; in der Versammlung ist dann die gesetzliche oder satzungsmäßig bestimmte Mehrheit entscheidend. **1055**

5.9.4. Die relative Mehrheit

Die vereinsrechtlichen Bestimmungen des BGB erwähnen diese Mehrheit nicht; es ist deshalb eine Anordnung in der Satzung erforderlich. Eine relative (verhältnismäßige) Mehrheit ist nur bei zwei oder mehr Anträgen in der Weise denkbar, daß z. B. die erste Abstimmungsalternative mehr Stimmen erhalten hat als die andere oder jede der beiden anderen[551]. Die jeweils erreichten Stimmen können hinter der einfachen Mehrheit zurückbleiben. Die relative Mehrheit kommt im Regelfall bei Personalentscheidungen (Wahlen) in Betracht (vgl. Rn. 1102). **1056**

---

548 BGHZ 83, 35 = NJW 1982, 1585; *BGH* NJW 1987, 2430; ebenso in Wohnungseigentumssachen *BGH* NJW 1989, 1090/1091.

549 Auf die abgegebenen Stimmen stellen ab: § 133 Abs. 1 AktG; § 47 Abs. 1 GmbHG; § 43 Abs. 2 Satz 1 GenG.

550 *Metz/Werhahn* Rn. 219.

551 *Lang/Weidmüller/Metz* § 8 GenG Rn. 9.

5.9.5. Die absolute Stimmenmehrheit

1057 Satzungen ordnen gelegentlich eine absolute Stimmenmehrheit an. Im Regelfall ist dies nur ein anderer Ausdruck für einfache Mehrheit. Erreicht ein Beschlußantrag eine Ja-Stimme mehr als Gegenstimmen bestehen, so stellen die Ja-Stimmen auch eine absolute Stimmenmehrheit dar.
Sollte mit der Bezeichnung absolute Mehrheit gemeint sein, daß es auf
- die Mehrheit der bei der Abstimmung anwesenden Mitglieder ankommt (wobei sich Stimmenthaltungen als Nein-Stimmen auswirken) oder auf
- die Mehrheit der Vereinsmitglieder überhaupt (also auch der nicht erschienenen oder sich nicht an der Abstimmung beteiligenden Mitglieder),

so müssen sich aus der Satzung weitere Anhaltspunkte für eine solche Auslegung ergeben; fehlen solche, so ist die einfache Mehrheit gemeint[552].

5.9.6. Satzungsgestaltungen

1058 Soll es bei der Berechnung der einfachen Mehrheit nicht auf die Zahl der abstimmenden, sondern der erschienenen Mitglieder ankommen, so muß dies in der Satzung eindeutig zum Ausdruck kommen[553]. Eine nicht zum Satzungsbestandteil erklärte Vereinsordnung reicht für eine solche Anordnung nicht aus. Die Vorschrift des § 32 Abs. 1 Satz 3 BGB über die einfache Mehrheit ist durch die Satzung abdingbar (§ 40 BGB). Es können unbedenklich für einzelne Abstimmungsgegenstände größere Mehrheiten an Ja-Stimmen verlangt werden.

1059 Es fragt sich aber, ob die Satzung auch die Unterschreitung der einfachen Stimmenmehrheit anordnen kann. Dies wird dann bejaht werden können, wenn hierfür sachliche Gründe vorhanden sind. Aus dem Gesichtspunkt des Schutzes von Minderheiten ist es zulässig, daß kraft Satzungsanordnung eine Minderheit von ¹⁄₁₀ genügt, um etwa eine geheime Abstimmung verlangen zu können[554]. Gleiches gilt für andere Verfahrensanträge. Bei Sachanträgen ist eine Unterschreitung der einfachen Stimmenmehrheit zur Sicherung einer demokratischen Willensbildung zulässig[555]. Die Satzung kann deshalb für Personalentscheidungen eine relative Stimmenmehrheit anordnen, bei der es möglich ist, daß die einfache Stimmenmehrheit nicht erreicht wird. Ohne sachlich gerechtfertigten Grund darf im übrigen bei Sachanträgen die Unterschreitung der einfachen Stimmenmehrheit nicht durch die Satzung zugelassen werden.

1060 Die Satzung kann die gesetzlich angeordnete ¾-Mehrheit für Satzungsänderungen und für den Beschluß über die Vereinsauflösung (§ 33 Abs. 1 Satz 1, § 41 Satz 2 BGB) abändern (§§ 40, 41 Satz 2 BGB) und kann sie verschärfen (etwa ¾) oder bis zur einfachen Mehrheit abmildern. Auch die Einstimmigkeit bei der Zweckänderung (§ 33 Abs. 1 Satz 2 BGB) kann die Satzung bis zur einfachen Mehrheit abändern (§ 40 BGB).
Schließlich kann die Satzung bei bestimmten Gegenständen die Wiederholung der Abstimmung in derselben oder in der nächsten Versammlung anordnen.

---

552 *Sauter/Schweyer* Rn. 208.
553 *BGH* NJW 1987, 2430.
554 Vgl. *Lang/Weidmüller/Metz* § 8 GenG Rn. 11.
555 *Lang/Weidmüller/Metz* a. a. O.

5.10. Rechtsnatur, Wirksamkeit und Abänderbarkeit von Versammlungsbeschlüssen

5.10.1. Rechtsnatur

Nach Auffassung des *BGH*[556] ist der Beschluß der Gesellschafter einer GmbH **1061**
ein Gesamt- oder Sozialakt der körperschaftlichen Willensbildung durch Mehrheitsentscheid. In der Literatur überwiegt die Auffassung, der Beschluß der Mitglieder einer Körperschaft sei ein mehrseitiges Rechtsgeschäft eigener Art[557].

Jede dieser Begriffsbestimmungen hat ihre Schwächen. Ein Gesamt- oder Sozialakt läßt sich nicht unter die Rechtsquellen einordnen[558]. Das mehrseitige Rechtsgeschäft versagt, wenn **ein** Mitglied zur Versammlung erscheint und einen Beschluß, genauer gesagt, eine Entschließung faßt. Der Beschluß läßt sich – da der Mehrheitsentscheid die Regel bildet – als ein Rechtsgeschäft bezeichnen, das grundsätzlich mehrseitig ist.

Unabhängig vom Theorienstreit herrscht aber Einigkeit darüber, daß der Beschluß kein Vertrag ist, weil sich bei diesem die Beteiligten einigen, also eine gleichlaufende Willensrichtung besteht; beim Beschluß, der nicht einstimmig gefaßt wird, bestimmt eine Mehrheit und bindet damit die Minderheit.

Auf den Beschluß können fallweise die Vorschriften über Willenserklärungen **1062**
und Verträge Anwendung finden. So kann ein Beschluß mit einer aufschiebenden oder auflösenden Bedingung gefaßt werden; er kann auch befristet werden. Der Beschluß kann – wie die Stimmabgabe als Willenserklärung – nach §§ 134, 138 BGB nichtig sein[559]. Dagegen kann der Beschluß – im Gegensatz zur Stimmabgabe – nicht nach den §§ 119, 123 BGB angefochten werden. Die Vorschriften über den Zugang von Willenserklärungen finden keine Anwendung, da der Beschluß nicht zugangsbedürftig ist; er bindet auch diejenigen, welche die Feststellung des Beschlußergebnisses nicht wahrgenommen haben. Eine Ausnahme bilden jedoch Organbestellungen; sie müssen bekanntgemacht werden, der Gewählte muß das Amt annehmen. Anwendbar ist die Vorschrift des § 139 BGB bei der Teilnichtigkeit eines Beschlusses; ferner § 141 BGB, wonach ein aus formellen oder materiellen Gründen nichtiger Beschluß unter Behebung des Mangels ab erneuter Beschlußfassung ohne rückwirkende Kraft geheilt werden kann.

5.10.2. Wirksamkeit

Es besteht der Grundsatz, daß ein nicht befristeter oder bedingter Beschluß der **1063**
Mitgliederversammlung, der keiner Zustimmung, Ausführung oder keiner Eintragung im Vereinsregister mit konstitutiver Wirkung bedarf, sofort mit seinem Entstehen, also mit der Bekanntgabe der Stimmauswertung wirksam wird, sofern er gültig zustande gekommen ist. Wirksamkeit bedeutet, daß der Beschluß als Entscheidung verbindliche Kraft hat und die Wirkungen äußert, die

556 BGHZ 52, 316/318.
557 Vgl. z. B. *Soergel/Hadding* § 32 BGB Rn. 21 m. w. N. in Fußn. 10.
558 *Soergel/Hadding* a. a. O.
559 Die Einschränkungen des Kapitalgesellschafts- und Genossenschaftsrechts infolge der Mangelhaftigkeit von Beschlüssen durch die unmittelbare oder entsprechende Anwendung des § 241 AktG gelten im Vereinsrecht nicht.

er seinem Inhalt nach herbeizuführen geeignet und bestimmt ist[560]. So führt der Beschluß über die Auflösung des Vereins ohne Angabe eines Auflösungszeitpunkts die sofortige Auflösung herbei[561]; die Entscheidung über die vereinsintern nicht anfechtbare Ausschließung eines Mitglieds wird sofort wirksam[562]. Die Wirksamkeit eines Beschlusses der Mitgliederversammlung wird nicht dadurch suspendiert, daß dieser beim Staatsgericht oder nach Satzungsanordnung beim Schiedsgericht angefochten werden kann[563]. Die Satzung kann jedoch in einem solchen Fall die aufschiebende Wirkung anordnen[564].

1064 Die Mitgliederversammlung ist das oberste Willensbildungsorgan, dem grundsätzlich kein anderes Vereinsorgan übergeordnet sein und demgemäß die Entscheidung der Mitgliederversammlung korrigieren kann. Die Satzung kann diesen Grundsatz durchbrechen und die Überprüfung durch ein Verbandsgericht zulassen, das Verbandsorgan und kein echtes Schiedsgericht ist. So bestimmt z. B. Art. 3 Nr. 1 DEB-Verbandsgerichtsordnung, daß das Verbandsgericht »als rechtswidrig erkannte Beschlüsse der Mitgliederversammlung aufheben« und die Zurückverweisung anordnen kann. In einem solchen Fall ist anerkannt, daß die Satzung bei einem verbandsinternen Rechtsmittel bestimmen kann, daß dieses keine aufschiebende Wirkung hat[565]. In zwei, jeweils einen Vereinsausschluß betreffenden Entscheidungen ist das *KG*[566] zu dem Ergebnis gelangt, die Satzung müsse bei einem vereinsinternen Rechtsmittel ausdrücklich dessen aufschiebende Wirkung anordnen; das *BayObLG*[567] ist umgekehrt zu dem Ergebnis gelangt, werde einem Rechtsmittel die aufschiebende Wirkung versagt, so müsse dies die Satzung ausdrücklich anordnen[568]. Für die beispielhaft angeführte Überprüfung von Beschlüssen der Mitgliederversammlung im DEB-Bereich ist der Auffassung des KG der Vorzug zu geben. Das Verbandsgericht kann nur als rechtswidrig erkannte Beschlüsse aufheben; es kann nicht in der Sache selbst entscheiden. Damit ist ein uneingeschränkter verbandsinterner Rechtsweg nicht gegeben. Es muß somit bei der sofortigen Wirksamkeit etwa einer Ausschlußentscheidung des DEB-Verbandstages verbleiben, es sei denn, die Satzung ordnet eine aufschiebende Wirkung an.

1065 Versammlungsbeschlüsse sind nicht sofort wirksam, wenn sie befristet sind und das Fristende noch aussteht. Die Wirksamkeit ist auch hinausgeschoben, wenn der Beschluß unter einer aufschiebenden Bedingung zustande gekommen ist; er wird erst mit dem Eintritt der Bedingung wirksam. Die gleiche Rechtsfolge ist gegeben, wenn der Beschluß einer Zustimmung bedarf; solange diese nicht erteilt ist, ist die Wirksamkeit hinausgeschoben.

1065 a Zur Feststellung, welche Mehrheitsverhältnisse gegeben sein können, werden vereinzelt Probeabstimmungen vorgenommen. Das Ergebnis solcher Abstimmungen hat keine rechtliche Bedeutung[569].

---

560 Vgl. *KG* OLGZ 1965, 332/334.
561 Vgl. *OLG Düsseldorf* EWiR § 66 GmbHG 1/89 S. 595.
562 *KG* OLGE 24, 245; BayObLGZ 1979, 351/360.
563 *BayObLG* a. a. O.; vgl. auch *KG* OLGZ 1978, 179/180.
564 *BayObLG* a. a. O.
565 Vgl. RGZ 129, 45; *OLG Stuttgart* NJW 1955, 833/834.
566 OLGE 24, 245.
567 BayObLGZ 1988, 170/176.
568 Ebenso: *Sauter/Schweyer* Rn. 104; *Stöber* Rn. 255 b.
569 Vgl. *KG* NJW-RR 1992, 720: WEG.

5.10.3. Die Wiederholung der Abstimmung bei unklarem Abstimmungsergebnis, bei behebbaren Verfahrensfehlern sowie kraft Satzungsanordnung in derselben Versammlung

Ist das Abstimmungsergebnis unklar, etwa weil die Stimmenzähler nicht sorgfältig gezählt haben, weil einzelne Abstimmende die Hand zu früh heruntergenommen haben oder weil mehr Stimmen gezählt worden sind als stimmberechtigte Mitglieder anwesend sind, so darf der Versammlungsleiter das Beschlußergebnis nicht bekanntgeben und muß die Abstimmung wiederholen lassen[570]. U. U. ist die schriftliche Abstimmung anzuordnen[571]. **1066**

Auch bei behebbaren Verfahrensfehlern ist die Wiederholung der Abstimmung zulässig[572]. Vor einer solchen Anordnung wird sich der Leiter aber der Zustimmung der Mehrheit der anwesenden stimmberechtigten Mitglieder versichern. Auch bei materiellen Beschlußmängeln ist die Bereinigung durch erneute mangelfreie Beschlußfassung möglich (vgl. Rn. 1194). Oft sind jedoch solche Mängel in der gleichen Versammlung nicht erkennbar oder jedenfalls nicht mit hinreichender Sicherheit feststellbar.

Die Satzung kann für Gegenstände von besonderer Wichtigkeit und Tragweite anordnen, daß ein Beschluß nur nach zweimaliger Abstimmung in derselben Versammlung Wirksamkeit erlangt.

5.10.4. Die nur eingeschränkt mögliche Aufhebung eines fehlerfreien Sachbeschlusses und die Unzulässigkeit der Aufhebung einer Personalentscheidung

Verfahrensbeschlüsse kann die Mitgliederversammlung grundsätzlich wieder aufheben oder abändern[573]. Sie kann somit die durch Beschluß abgelehnte Vertagung später beschließen; eine zunächst beschlossene Abstimmungsart kann durch Beschluß wieder geändert werden. **1067**

Diese Dispositionsbefugnis der Mitgliederversammlung besteht bei fehlerfrei zustandegekommenen Sachbeschlüssen und fehlerfreien Wahlen nicht. Im Vereinsrecht können insoweit nicht die Grundsätze herangezogen werden, die z. B. im GmbH-Recht bestehen. Dort ist die Aufhebung eines wirksam gefaßten Beschlusses dann möglich, wenn noch keine rechtlichen Bindungen gegenüber bestimmten Personen herbeigeführt worden sind[574]. Im Genossenschaftsrecht wird die Aufhebung eines Sachbeschlusses in der gleichen Generalversammlung oder in einer späteren dann für zulässig erachtet, soweit durch den ersten Beschluß Sonderrechte für Mitglieder oder Rechte Dritter nicht begründet worden sind[575]; zum Teil wird auch die Meinung vertreten, eine wiederholte Beschlußfassung in der gleichen Versammlung sei schon dann zulässig, wenn Zweifel an der Zweckmäßigkeit eines Beschlusses aufkämen[576]. Nach *BGH*[577] ist die Wohnungseigentümergemeinschaft befugt, über eine schon ge- **1068**

---

570 *Metz/Werhahn* Rn. 306.

571 *Metz/Werhahn* Rn. 307.

572 Vgl. BayObLGZ 1977, 226/232.

573 Vgl. *KG* NJW 1957, 1680: Gen.

574 Vgl. BGHZ 48, 163/172 = NJW 1967, 1966; *LAG Hamm* EWiR § 305 BGB 2/86 S. 131; *Baumbach/Zöllner* Rn. 22, *Rowedder/Zimmermann* Rn. 7, je zu § 47 GmbHG.

575 Vgl. *Metz/Werhahn* Rn. 309.

576 *Lang/Weidmüller/Metz* § 43 GenG Rn. 145.

577 NJW 1991, 979.

regelte Angelegenheit kraft ihrer autonomen Beschlußzuständigkeit gleich aus welchen Gründen erneut zu beschließen; der neue Beschluß muß jedoch schutzwürdige Belange eines Wohnungseigentümers aus Inhalt und Wirkungen eines Erstbeschlusses beachten.

1069 Für das Vereinsrecht gelten folgende Grundsätze, wobei immer vorausgesetzt wird, daß ein fehlerfreier Beschluß existent geworden ist: Ist eine Abstimmung durchgeführt worden, so ist damit der entsprechende Tagesordnungspunkt für diese Versammlung erschöpft[578]. Für eine erneute Beschlußfassung in der gleichen oder in einer späteren Versammlung muß noch eine entsprechende Dispositionsbefugnis der Mitgliederversammlung bestehen.

Eine solche Dispositionsbefugnis besteht in folgenden Fällen nicht, wobei die Aufzählung nur beispielhaft ist: Es sind Wahlen durchgeführt worden, die Gewählten haben ihr Amt angenommen. Hier ist jede Abänderung oder gar Aufhebung der Wahlentscheidung unzulässig. Der Gewählte hat sein Amt erlangt; ein solches kann nur durch Widerruf der bereits wirksam gewordenen Bestellung wieder beseitigt werden[579]. Hat die Mitgliederversammlung einem Vertragsabschluß zugestimmt und ist der Vertragspartner in dieser Versammlung anwesend, so ist eine Aufhebung dieses Beschlusses nicht mehr möglich. Dies gilt etwa für den Abschluß eines Aufnahmevertrages oder für die Organbestellung und den Abschluß eines Anstellungsvertrages etwa mit dem Vorstandsvorsitzenden oder für den Vertragsabschluß mit einem Vereinsgeschäftsführer. Ist Mitgliedern eines Vereinsorgans Entlastung erteilt worden, so ist damit eine Verzichtswirkung eingetreten; diese kann nicht durch eine aufhebende Vereinsentscheidung wieder beseitigt werden. Ist die Auflösung des Vereins beschlossen worden und ist Anfallberechtigter der Fiskus, so ist dieser Beschluß mit der Bekanntgabe des Beschlußergebnisses wirksam geworden (vgl. Rn. 2061) und der Verein hat sein rechtliches Ende gefunden (vgl. Rn. 2113); eine Aufhebung dieses Beschlusses ist nicht möglich. Fällt nach dem Auflösungsbeschluß das Vereinsvermögen nicht an den Fiskus, so ist der Liquidationszustand eingetreten, der nicht durch Aufhebung des Auflösungsbeschlusses, sondern nur durch Fassung eines Fortsetzungsbeschlusses wieder beseitigt werden kann (vgl. Rn. 2061). Ist der Ausschluß aus dem Verein oder die Ergreifung einer Disziplinarmaßnahme durch die Mitgliederversammlung abgelehnt worden, so kann sie bei unveränderter Sachlage nicht später auf Ausschluß oder auf eine Sanktion erkennen[580]. Beschließt die Mitgliederversammlung eines Sportverbandes auf Rechtsmittel hin, die vom Zulassungsausschuß verweigerte Zulassung zum Spielbetrieb zu gewähren, so ist auch dieser Beschluß einer Aufhebung nicht fähig, es sei denn der Begünstigte stimmt dem zu.

1070 Ist ein Zweitbeschluß über denselben Sachantrag zulässig, so kann sich ein solcher auf die Aufhebung des Erstbeschlusses beschränken. Er kann aber auch den Erstbeschluß ausdrücklich oder stillschweigend aufheben und eine Neuregelung treffen[581].

---

578 Vgl. *OLG Breslau* OLGE 34, 351/352: Gen.

579 Ebenso: *Rowedder/Koppensteiner* § 47 GmbHG Rn. 7.

580 Vgl. RGZ 51, 81/89; *Soergel/Hadding* § 32 BGB Rn. 11.

581 Vgl. *Scholz/K. Schmidt* § 45 GmbHG Rn. 32.

Grundsätzlich ist eine Aufhebung oder Abänderung eines Erstbeschlusses durch einen Zweitbeschluß in folgenden Fällen zulässig: Der Erstbeschluß ist zwar existent, aber noch nicht wirksam geworden. Das ist bei den satzungsändernden Beschlüssen der Fall, da diese erst mit der Eintragung im Vereinsregister wirksam werden (§ 71 Abs. 1 Satz 1 BGB). Aufhebungsfähig sind ferner Versammlungsbeschlüsse, die der Zustimmung eines anderen Vereinsorgans oder eines außenstehenden Dritten bedürfen, die aber noch nicht erteilt worden ist. Weiter können Beschlüsse aufgehoben werden, die einer Ausführungshandlung meist des Vorstands bedürfen. Der Entlastungsbeschluß, der ein abwesendes Organmitglied betrifft, muß diesem mitgeteilt werden; solange dies nicht geschehen ist, kann der Beschluß aufgehoben werden. Nimmt ein in ein Vereinsamt Gewählter die Wahl nicht an, so kann und muß regelmäßig ein anderer Bewerber gewählt werden.

Ist in der gleichen Versammlung ein aufhebender oder abändernder Beschluß **1071**
zulässig, so kommen zwei Beschlußmehrheiten in Betracht. Zunächst ist der Verfahrensantrag zu behandeln, über den bereits entschiedenen Abstimmungsgegenstand erneut abzustimmen. Bei der Bemessung des Quorums ist folgendes in Betracht zu ziehen: Gegen Ende einer Mitgliederversammlung werden erfahrungsgemäß weniger wichtige Gegenstände behandelt, weshalb Teilnehmer die Versammlung verlassen. Würde nunmehr noch auf 2/3 oder gar auf mehr als die Hälfte der anwesenden stimmberechtigten Mitglieder abgestellt, so könnte rechtsmißbräuchlich der Erstbeschluß aufgehoben werden. Es ist deshalb der Auffassung zuzustimmen, daß noch alle diejenigen Mitglieder anwesend sein müssen, die beim Erstbeschluß an der Abstimmung teilgenommen haben, und daß diese ausnahmslos dem erwähnten Verfahrensantrag auf nochmalige Behandlung und Abstimmung zustimmen müssen[582]. Die Satzung kann allerdings andere Erfordernisse aufstellen; sie kann etwa die Anwesenheit von 3/4 aller Mitglieder genügen lassen und kann die gleiche Mehrheit für den Verfahrensantrag festlegen; sie kann auch anordnen, daß über den Aufhebungsantrag nur in einer weiteren Mitgliederversammlung abgestimmt werden darf. – Für den erneut zur Abstimmung kommenden Sachantrag genügt für die Abstimmung die einfache Mehrheit, soweit allein die Aufhebung des Erstbeschlusses in Betracht kommt. Dies gilt auch, wenn diese Aufhebung eine beschlossene Satzungsänderung betrifft[583]. Die Satzung kann aber andere Mehrheiten festlegen.

Soll ein Beschluß in einer späteren Mitgliederversammlung aufgehoben werden, so ist diese Tatsache in der Einberufung anzukündigen. Eine beabsichtigte ersetzende Entscheidung muß ebenfalls angekündigt werden. Ist eine Satzungsänderung bereits eingetragen worden, so kann der zugrundeliegende Beschluß nicht mehr aufgehoben werden[584]. Es muß dann die Satzung mit der gesetzlichen ¾-Mehrheit oder mit der durch die Satzung bestimmten Mehrheit geändert werden.

---

582 Vgl. *LG Berlin* JZ 1976, 603/604; *Stöber* Rn. 193.

583 Ebenso zum GmbH-Recht: *Baumbach/Zöllner*, § 47 GmbHG Rn. 22; *Scholz/K. Schmidt* § 45 GmbHG Rn. 33.

584 Vgl. *Scholz/K. Schmidt* a. a. O.

5.10.5. Der einen Beschluß bestätigende Beschluß

1072 Ist zumindest zweifelhaft, ob ein gefaßter Beschluß verfahrensfehlerfrei zustandegekommen ist oder bestehen Zweifel hinsichtlich des festgestellten Abstimmungsergebnisses, so kann grundsätzlich ein bestätigender Beschluß gefaßt werden. Dieser beinhaltet somit keine anderweitige Regelung und ändert damit den ersten Beschluß nicht ab; der bestätigende Beschluß dient vielmehr der Heilung eines evtl. verfahrensfehlerhaften Beschlusses[585]. Auch ein solcher bestätigender Beschluß darf nicht in Rechtspositionen eingreifen, die durch den zu bestätigenden Beschluß erworben worden sind[586]. Der bestätigende Beschluß heilt grundsätzlich nicht Mängel des Erstbeschlusses[587]. Hat dieser Beschluß Bestandskraft, so wird durch den bestätigenden Beschluß nichts geändert, weil es an der dann erforderlichen Aufhebung des Erstbeschlusses fehlt[588]. Werden Mängel sowohl des Erstbeschlusses als auch des bestätigenden Beschlusses geltend gemacht, so sind regelmäßig beide Beschlüsse gerichtlich durch Erhebung einer Feststellungsklage anzufechten[589].

5.11. Die Feststellung des Abstimmungsergebnisses

5.11.1. Die Stimmauswertung

1073 Nach jeder Abstimmung stellt der Versammlungsleiter (bei Wahlen u. U. der Vorsitzende einer Wahlkommission) das Abstimmungsergebnis fest. Dabei dürfen nur gültig abgegebene Stimmen berücksichtigt werden. Nicht mitgezählt werden dürfen: Stimmen von Nichtmitgliedern, von Mitgliedern, deren Stimmrecht ruht oder von einem Stimmverbot betroffen ist, Stimmen, die nach §§ 104 ff., §§ 116 ff. BGB unwirksam sind sowie ersichtlich treuwidrig abgegebene Stimmen. Stimmenthaltungen dürfen mangels abweichender Satzungsbestimmung weder den Ja- noch den Nein-Stimmen hinzugerechnet werden; sie werden gesondert festgestellt. Es ist nicht zulässig, daß eine Zählung unterbleibt und nur festgestellt wird, der Antrag sei mit großer Mehrheit angenommen oder abgelehnt worden.

Unterbleibt in einem Einzelfall die Stimmauswertung, so ist gleichwohl ein Beschluß zustande gekommen. Hier kann es jedoch zu Beweisschwierigkeiten kommen.

5.11.2. Die Bekanntgabe des Abstimmungsergebnisses

1074 Das Gesetz schreibt die Bekanntgabe des Abstimmungsergebnisses nicht vor; diese ist aber üblich und zweckmäßig. Die Mitteilung des Leiters kann etwa lauten: »Der Antrag Nr. ... ist mit 50 Ja-Stimmen gegen 30 Nein-Stimmen angenommen worden, drei Stimmberechtigte haben sich der Stimme enthalten« (oder: »Auf den Kandidaten X wurden 70 Stimmen, auf den Kandidaten Y 40 Stimmen und auf den Kandidaten Z 10 Stimmen abgegeben«).

Im Kapitalgesellschafts- und Genossenschaftsrecht hat die Feststellung eines bestimmten Beschlußergebnisses (positiver oder negativer Beschluß) durch den

585 Vgl. *Scholz/K. Schmidt* § 45 GmbHG Rn. 32.
586 Vgl. *BGH* NJW 1972, 1321.
587 Vgl. *BGH* NJW 1989, 1097.
588 Vgl. *OLG Stuttgart* OLGZ 1988, 437/439: WEG.
589 Vgl. *BGH* und *OLG Stuttgart* a. a. O.

Leiter die vorläufige Verbindlichkeit des Beschlusses zur Folge, der nur durch Anfechtungsklage beseitigt werden kann[590]. Mit der Begründung, im Vereinsrecht gebe es diese Anfechtungsklage nicht, wird der Verkündung des Abstimmungsergebnisses die Bedeutung eines das Beschluß-(Wahl-)Ergebnis fixierenden Akts versagt[591]. Beim Verein sind Zähl- und Verkündungsfehler unbeachtlich; es kommt darauf an, was tatsächlich beschlossen worden ist.
Die Satzung kann ausdrücklich vorsehen, daß die Verkündung (Feststellung) des Abstimmungsergebnisses Wirksamkeitsvoraussetzung für einen Beschluß (eine Wahl) ist[592]. Eine solche Vereinsregelung hat zur Folge, daß auch ein unrichtig festgestelltes Abstimmungsergebnis vorläufig verbindlich ist, solange nicht auf Feststellungsklage durch rechtskräftiges Urteil das zutreffende Abstimmungsergebnis festgestellt wird. Eine Satzungsregelung, die lediglich besagt, daß der Leiter das Abstimmungsergebnis bekanntzugeben hat, erfüllt diese Voraussetzung nicht. Insoweit handelt es sich nur um eine an den Leiter gerichtete Ordnungsvorschrift.

5.11.3. Die Beanstandung des verkündeten Abstimmungsergebnisses

Beanstanden Mitglieder die Richtigkeit des festgestellten Abstimmungsergebnisses, so kommt es auf die Umstände an, wie sich der Leiter weiter zu verhalten hat. Sind z. B. Zählfehler nicht auszuschließen, so wird der Leiter die Abstimmung wiederholen. Ist er von der Richtigkeit des verkündeten Ergebnisses überzeugt, so weist er einen Einspruch zurück. Hiergegen können Mitglieder zu Protokoll Widerspruch erheben. **1075**

5.12. Die Schließung der Versammlung und deren ausnahmsweise zulässige Fortsetzung

5.12.1. Die unbedingte Verbindlichkeit der Schließungserklärung nach Erledigung aller Tagesordnungspunkte

Wie die Eröffnungserklärung ist auch die Erklärung des Leiters, daß die Versammlung geschlossen ist, ein wesentlicher und unverzichtbarer Vorgang. Sind alle Tagesordnungspunkte erledigt, so wird mit der Erklärung über die Schließung das Organ Mitgliederversammlung aufgelöst. Die weiterhin noch Versammelten bilden dann nur noch eine Zusammenkunft von Mitgliedern. Würden nunmehr Mitglieder gleichwohl Beschlüsse fassen, so wären diese nichtig, da dann eine neue Mitgliederversammlung gebildet worden wäre, die aber nicht ordnungsgemäß einberufen worden ist[593]. **1076**

5.12.2. Die grundsätzliche Verbindlichkeit der Schließungserklärung vor der Erledigung aller Tagesordnungspunkte

Erklärt der Leiter die Versammlung für geschlossen, obwohl noch nicht alle Tagesordnungspunkte erledigt sind, so gebietet die Rechtssicherheit die An- **1077**

590 *BGH* NJW 1975, 2101; *BGH* GmbHR 1988, 304; *KG* OLGZ 1990, 316/318.
591 *BGH* NJW a. a. O.; *BGH* NJW 1987, 2430.
592 *Soergel/Hadding* § 32 BGB Rn. 34.
593 Vgl. *OLG Breslau* OLGE 34, 351; *KG* OLGZ 1990, 316/318: Gen.

nahme, daß auch dann die Mitgliederversammlung beendet wird[594]. Auch dann können keine gültigen Beschlüsse mehr gefaßt werden[595]. Dabei kommt es nicht darauf an, ob sich die Zahl der Versammelten unmittelbar vor und nach der Schließungserklärung verändert hat und die Versammelten die Fortsetzung beschließen[596].

5.12.3. Die Fortsetzung der Versammlung nach rechtlich unverbindlicher Schließungserklärung

1078 Der Schließungserklärung des Leiters kann im Einzelfall die rechtliche Verbindlichkeit fehlen. Läßt man den Fall der sinnlosen Trunkenheit außer Betracht, so kommen hier die Fälle des erkennbar willkürlichen Handelns aus persönlichen Gründen in Betracht[597]. Hier muß aber die Fehlerhaftigkeit der Schließungserklärung eindeutig und »handgreiflich« sein[598].
In solchen Fällen kommt eine Fortsetzung der Mitgliederversammlung grundsätzlich nur dann in Betracht, wenn noch nicht alle Tagesordnungspunkte behandelt worden sind. Ist dies der Fall, so ist eine weitere Beschlußfassung nur noch ausnahmsweise möglich (vgl. oben Rn. 1067 ff.).

1079 War der bisher zuständige Leiter durch die Satzung bestimmt worden und kann er – wie regelmäßig – für eine Fortsetzung seiner Leitungstätigkeit nicht mehr gewonnen werden, so ist eine Satzungsdurchbrechung dahin gestattet, daß die Versammlung einen anderen Leiter wählt. Hier ist aber Voraussetzung für die Fortsetzung der Versammlung, daß die Zahl der teilnahmeberechtigten Mitglieder vor und nach der Schließungserklärung ungefähr gleich geblieben ist. Dieses Erfordernis ist aus folgendem Grund gerechtfertigt: Nach einer Schließungserklärung vor Erledigung aller Tagesordnungspunkte kommt es in der Regel zu einer heftigen Debatte, die sich meist über einen längeren Zeitraum erstreckt. Da oft schon eine späte Nachtstunde erreicht ist, verlassen erfahrungsgemäß nach und nach Teilnehmer die Versammlung. Es soll nicht möglich sein, daß nach drei Stunden Debatte von 50 ursprünglichen Teilnehmern drei beschließen, die Versammlung fortzusetzen (wenn die Satzung die Beschlußfähigkeit nicht regelt).

5.13. Die Kosten der Versammlung

1080 Die durch das Abhalten der Mitgliederversammlung entstehenden Kosten trägt der veranstaltende Verein als Verwaltungskosten.
Die Kosten, die teilnehmenden Mitgliedern entstehen, gehören nicht zu diesen Verwaltungskosten. Die Aufwendungen trägt das Mitglied grundsätzlich selbst. Vereine mit Untergliederungen haben die Kosten ihres Vertreters zu übernehmen, falls dies die Satzung (Finanzordnung und dgl.) vorsieht.

---

594 *KG* OLGE 40, 202; BayObLGZ 1989, 298/303; *KG* OLGZ 1989, 51/52: WEG und 1990, 316/318: Gen.

595 *KG* a. a. O.

596 A. A. *Sauter/Schweyer* Rn. 193; *Soergel/Hadding* § 32 BGB Rn. 20.

597 Vgl. *KG* OLGE 40, 200/201; *KG* OLGZ 1990, 316/319; *KG* OLGZ 1989, 51/53: WEG.

598 *KG* OLGZ 1989, 51/53.

Die Satzung (Nebenordnung) kann Abweichendes vorsehen. Bei vielen Vereinsverbänden werden – in Anlehnung an staatliche Bestimmungen – Reisekosten und Tagegelder sowie Übernachtungskosten erstattet. Die Einführung der Auslagenerstattung kann Satzungsänderung sein und bedarf zu ihrer Wirksamkeit der Eintragung. Der Beratungsgegenstand ist deutlich anzukündigen; er kann nicht unter »Verschiedenes« zur Abstimmung gebracht werden. **1081**

6. Die Wahl von Organmitgliedern

6.1. Das Vorschlagsrecht

Das grundsätzlich jedem Mitglied zustehende Mitverwaltungsrecht umfaßt die Befugnis, vor oder in der Mitgliederversammlung Anträge stellen zu können. Dem entspricht das Recht eines Mitglieds, zu anstehenden Personalentscheidungen (Wahlen) Vorschläge unterbreiten zu können. Dieses Vorschlagsrecht ist jedoch mit dem Antragsrecht nicht identisch. Im Gegensatz zum Antrag ist der Vorschlag unverbindlich[599]. Ein von der gesetzlichen (§ 37 Abs. 1 BGB) oder satzungsmäßigen Minderheit eingebrachter Vorschlag kann nicht im Verfahren nach § 37 BGB in der Weise erzwungen werden, daß der Minderheitsvorschlag auch zur Abstimmung gebracht werden muß. Es besteht nur das Recht, daß der Vorschlag der Mitgliederversammlung zur Kenntnis gebracht wird[600]. Wird eine Kandidatenliste geführt, so hat das vorschlagende Mitglied grundsätzlich einen Anspruch darauf, daß sein Vorschlag in die Liste aufgenommen wird[601]. Das Vorschlagsrecht steht auch dem Mitglied zu, das vom Stimm-(*aktiven Wahl-*)Recht ausgeschlossen ist. Auch Organmitglieder, die Vereinsmitglieder sind, haben ein Vorschlagsrecht. Fehlt bei diesen Organmitgliedern die Mitgliedschaft, so muß die Satzung ein Recht zu Vorschlägen begründen. Das Vorschlagsrecht kann vor und während der Mitgliederversammlung ausgeübt werden. Vorschläge, die vor der Mitgliederversammlung eingehen, sollen, müssen aber nicht vorher angekündigt werden. Sieht die Satzung vor, daß Anträge innerhalb einer bestimmten Frist vor der Mitgliederversammlung eingehen müssen, so gilt dies nicht für Personalvorschläge. Dies ergibt sich schon daraus, daß in der Versammlung andere Kandidaten vorgeschlagen werden können, wenn die vor der Versammlung vorgeschlagenen Kandidaten in dieser nicht die erforderliche Mehrheit erlangen. **1082**

Hat ein Verein ein Kontrollorgan, das vor allem die Geschäftsführung des Vorstands zu überprüfen hat, so muß zwischen diesen beiden Organen Unabhängigkeit bestehen. Es darf dann der Vorstand keine Vorschläge für die Wahl der Mitglieder des Kontrollorgans unterbreiten, wie dies auch umgekehrt nicht zulässig ist[602].

Kraft seiner Autonomie kann der Verein das Wahlverfahren und damit auch das Vorschlagsrecht durch die Satzung – eine nicht zum Satzungsbestandteil er- **1083**

599 Vgl. *OLG Hamm* GmbHR 1987, 268 = ZIP 1986, 1194.

600 Vgl. *Scholz/K. Schmidt* § 46 GmbHG Rn. 83.

601 Vgl. *Lang/Weidmüller/Metz* § 43 GenG Rn. 27 a.

602 Vgl. *OLG Hamm* ZfG 1986, 154/157: Vorstand einer Genossenschaft darf keine Vorschläge für die Wahl der Mitglieder des Aufsichtsrates unterbreiten.

klärte Nebenordnung genügt nicht – näher regeln, ohne daß damit die Wahlfreiheit beeinträchtigt wird[603]. Hiervon wird in der Praxis im Regelfall nur dann Gebrauch gemacht, wenn ein entsprechendes Bedürfnis besteht, etwa weil bei der großen Zahl von Mitgliedern zu viele Kandidatenvorschläge eingehen. Die Satzung kann dann vorsehen, daß konkrete Ausschlußfristen für die Einreichung von Wahlvorschlägen festgelegt werden und/oder daß Wahlvorschläge von einer bestimmten Anzahl von Mitgliedern unterstützt werden müssen[604]. Die notwendige Unterschriftenzahl darf aber nicht so hoch sein, daß einem neuen Bewerber die Teilnahme an der Wahl praktisch unmöglich gemacht oder wesentlich erschwert wird[605]. Die Satzung kann den Mitgliedern nicht das Vorschlagsrecht völlig entziehen und auf ein bestimmtes Vereinsorgan (Vorstand) beschränken.

Auch wenn für die (schriftliche) Einreichung von Wahlvorschlägen satzungsmäßige Ausschlußfristen bestehen, können in der Mitgliederversammlung selbst Wahlvorschläge jedenfalls dann gemacht werden, wenn bisher vorgeschlagene Kandidaten nicht die erforderliche Mehrheit erlangt haben.

6.2. Das Präsentations- und Benennungsrecht

1084 In einer Vereinssatzung ist zwei Gründungsmitgliedern das Recht eingeräumt worden, bei jeder Wahl des fünfköpfigen Vorstands drei Vorstandsmitglieder »benennen« zu können. Eine solche Satzungsbestimmung ist mehrdeutig und bedarf der Auslegung. Mit der »Benennung« ist noch nicht die Bestellung verbunden. Benennen in dem angeführten Beispiel die Gründungsmitglieder drei Personen, so müssen sie nach der Satzung noch von der Mitgliederversammlung gewählt werden. Satzungsmäßig ist den Gründungsmitgliedern entweder ein Benennungs- oder ein Präsentationsrecht eingeräumt worden. Hierfür gelten in Anlehnung an im GmbH-Recht bestehende Grundsätze folgende Abgrenzungskriterien: Teil des Mitgliedschaftsrechts ist das Antragsrecht in einer Mitgliederversammlung, das bei Wahlen als Vorschlagsrecht bezeichnet wird. Ein solches kann die Satzung verstärken[606]. Sie kann ein relativ verbindliches Benennungsrecht einräumen, das die Mitglieder verpflichtet, zugunsten des Benannten zu stimmen, solange sie nicht ihre Stimme aus sachlichen, im Interesse des Vereins liegenden Gründen verweigern können, etwa wegen fehlender Eignung[607]. Die Satzung kann aber das Vorschlagsrecht auch als verbindliches Präsentationsrecht ausgestalten. Dann können die Mitglieder dem Vorgeschlagenen ihre Stimme nur unter der Voraussetzung versagen, unter der sie zugleich die Abberufung des zum Vorstand Bestellten beschließen könnten[608].

603 Vgl. *BGH* NJW 1989, 1212/1213.

604 Vgl. *Lang/Weidmüller/Metz* § 43 GenG Rn. 27 a; *Metz/Werhahn* Rn. 226.

605 Vgl. *BVerfG* NJW 1986, 1093/1094.

606 *OLG Hamm* mit Anm. v. *Lutter* ZIP 1985, 1188/1194.

607 Vgl. *BGH* WM 1989, 250/252; *OLG Hamm* ZIP 1986, 1194; *Lutter/Hommelhoff* § 46 GmbHG Rn. 12; vgl. auch *OLG Düsseldorf* NJW 1990, 1122.

608 *OLG Hamm* und *Lutter/Hommelhoff* a. a. O.

6.3. Satzungsmäßige Regelung des passiven Wahlrechts

Unter Beachtung des Gleichbehandlungsgrundsatzes und des Erfordernisses einer sachlichen Berechtigung kann die Satzung die Voraussetzungen für die Wählbarkeit, also für das passive Wahlrecht, durch die Regelung der Amtsfähigkeit (vgl. Rn. 1217 ff.) näher umschreiben. **1085**

6.4. Wahlabsprachen

Wahlabsprachen sind grundsätzlich zulässig. Es gelten im wesentlichen die Grundsätze, die für Stimmbindungen bestehen (vgl. dazu Rn. 933 ff.). **1086**

6.5. Wahlvorstand

Die in der Praxis häufig anzutreffende Bildung eines Wahlvorstands (auch Wahlausschuß genannt) ist auch ohne satzungsmäßige Grundlage zulässig[609]. Es kann sich hierbei nur um die Frage handeln, ob die Mitgliederversammlung noch ordnungsgemäß geleitet ist, wenn der Vorsitzende die Leitung der Versammlung vorübergehend an die Mitglieder des Wahlvorstands abgibt. Dies ist jedenfalls dann unbedenklich, wenn der Vorsitzende des Vorstands und sein Stellvertreter selbst für die (Wieder-)Wahl kandidieren[610]. **1087**

Aufgabe des Wahlvorstands ist die Vorbereitung und Durchführung der Wahl sowie die Feststellung des Wahlergebnisses. Dieser hat vor der Abstimmung die Zahl der wahlberechtigten Mitglieder festzustellen und hat u. U. weiter zu prüfen, ob die Kandidaten die satzungsmäßigen Voraussetzungen für die Wählbarkeit (für das passive Wahlrecht) besitzen. Üblich ist die Vorstellung neuer Kandidaten und die Befragung aller (anwesenden) Kandidaten, ob sie die Wahl annehmen. Bestimmt die Satzung eine Mindest- oder Höchstzahl von Organmitgliedern, so muß der Wahlvorstand vor der Abstimmung bekanntgeben, wieviele Mitglieder in das Organ gewählt werden. Hierüber entscheidet aber endgültig die Mitgliederversammlung mit einfacher Mehrheit (falls die Satzung nicht etwas anderes bestimmt)[611]. **1088**

Der Wahlvorstand kann sich bei der Durchführung der Stimmabgabe und Stimmauszählung der Unterstützung durch Wahlhelfer bedienen. Die Auswahl der Wahlhelfer, die keine Mitglieder des Wahlvorstands sind, obliegt dessen Ermessen.

Der Wahlvorstand hat das Ergebnis der Wahl festzustellen und bekanntzugeben. Die Verkündung des Wahlergebnisses hat aber beim Verein nicht die Bedeutung eines fixierenden Akts; es kommt auf das wirkliche Wahlergebnis an[612]. Mit der Durchführung der Wahl und mit der Bekanntgabe des Wahlergebnisses – evtl. nach seiner Berichtigung – hat der Wahlvorstand seine Aufgabe erfüllt und besteht nicht mehr[613]. Die Leitung der Versammlung übernimmt der (neu oder wiedergewählte) Vorstandsvorsitzende. **1089**

---

609 *Sauter/Schweyer* Rn. 258.
610 *OLG Köln* RPfl 1985, 447.
611 Vgl. *Metz/Werhahn* Rn. 229.
612 *BGH* NJW 1975, 2101.
613 *BGH* NJW 1991, 1183/1184.

6.6. Die offene Wahl

1090 Die Satzung oder eine Versammlungsordnung ist für die Frage maßgebend, ob offen oder geheim über die Kandidaten abgestimmt wird. Fehlt eine derartige Regelung, so ist die offene Abstimmung jedenfalls dann unbedenklich, wenn kein Versammlungsteilnehmer widerspricht.
Sind mehrere Kandidaten vorhanden, so soll über sie in der Reihenfolge der eingegangenen Vorschläge abgestimmt werden.

6.7. Die geheime Wahl

1091 Bei der geheimen Wahl muß der Wahlvorgang so gestaltet werden, daß es Dritten unbekannt bleibt, welche Wahlentscheidung der Wahlberechtigte getroffen hat[614]. Diese Voraussetzungen können bei der Benutzung einer (vorhandenen) elektronischen Abstimmungsanlage gegeben sein. Ansonsten ist schriftliche Abstimmung erforderlich. Es genügt, daß jeder Wähler die Stimmzettel verdeckt vor der Einsichtnahme anderer Personen kennzeichnen und abgeben kann[615].

6.8. Wahlarten, insbesondere die gemeinsame Wahl

1092 Es ist eine Frage der Wahlart, ob dann, wenn z. B. fünf Vorstandsmitglieder zu wählen sind, über jeden Kandidaten einzeln abgestimmt wird oder ob die mehreren Wahlen zu einem Vorgang zusammengefaßt werden, ob also eine gemeinsame Wahl durchgeführt wird, die auch als Gruppenwahl[616], als Gesamtwahl[617], als Globalwahl[618], als Blockwahl oder als Sammelwahl bezeichnet wird[619]. Bei der Gesamtwahl verteilt sich die abgegebene Stimme gebündelt auf die Bewerber; zu werten sind deshalb mehrere Stimmen eines Wahlberechtigten für jeden Kandidaten.

1093 Die Gesamtwahl ist nur zulässig, wenn sie in der Satzung vorgesehen ist; eine Regelung in einer bloßen Versammlungsordnung genügt nicht[620]. Hier wird von dem Grundsatz abgewichen, daß jeder Wahlberechtigte die Möglichkeit haben muß, für oder gegen jeden Kandidaten zu stimmen[621]. Die satzungsmäßige Verankerung ist aus Gründen des Minderheitenschutzes erforderlich, weil hier das aktive Wahlrecht im Sinne eines Wahlzwangs eingeschränkt ist[622].

1094 Auch bei der Gruppenwahl kann offen oder geheim abgestimmt werden.

---

614 Vgl. *Schreiber* § 1 BWG Rn. 24.
615 Vgl. *Seifert* S. 266.
616 *BAG* NJW 1991, 514/516.
617 *BGH* NJW 1989, 1212/1213.
618 *BGH* NJW 1989, 1150/1151.
619 *Seifert* S. 264.
620 *BGH* NJW 1974, 183/184 und 1989, 1212/1213.
621 *Metz/Werhahn* Rn. 242.
622 *Soergel/Hadding* § 32 BGB Rn. 33; nach dem öffentlichen Wahlrecht ist die Gruppenwahl ausgeschlossen, soweit der Grundsatz uneingeschränkt gilt, daß eine »allgemeine, geheime, gleiche und unmittelbare Wahl« stattfindet, vgl. *BAG* NJW 1991, 514/516.

Für die Sammelwahl bestehen Varianten, die bei Delegiertenwahlen zum Tragen kommen, seltener aber bei Vorstandswahlen. **1095**

Beim strengen Blockwahlsystem müssen von den wahlberechtigten Mitgliedern alle benannten Kandidaten gewählt werden oder diesen muß insgesamt die Stimme versagt werden. Das gemäßigte Blockwahlsystem kommt in zwei Formen vor: Der Stimmberechtigte muß zumindest der Hälfte der Kandidaten seine Stimme geben[623]. Es ist auch möglich, daß der Wähler zwar alle Kandidaten wählen muß, daß er aber auf Leerzeilen Kandidaten hinzufügen kann[624]. **1096**

Solche Wahlen werden in der Regel geheim als sog. Listenwahlen durchgeführt. Bei der Einheitsliste stehen die auf dieser einzigen Liste bezeichneten Kandidaten zur Wahl an. Bei einer Gruppenbildung können auch mehrere Listen vorhanden sein. Beim strengen Blockwahlsystem werden die Wählerstimmen allen Kandidaten auf der Liste gegeben und nicht einem bestimmten Kandidaten[625]. Der Wähler kann im Ergebnis nur die Liste als solche wählen oder ablehnen; er kann dagegen keine auf der Liste stehende Person streichen oder nicht auf dieser stehende Bewerber hinzusetzen, widrigenfalls die Stimme ungültig ist[626]. **1097**

Bei der Listen-Mehrheitswahl, die ebenfalls einer satzungsmäßigen Grundlage bedarf[627], wird die Vorschlagsliste nicht geschlossen gewählt oder abgelehnt; jeder Wahlberechtigte kann vielmehr so viele Kandidaten auf der Liste ankreuzen, als Organstellungen zu besetzen sind[628]. **1098**

6.9. Mehrheitsverhältnisse; Stimmwertungen

Wahlentscheidungen sind Beschlüsse der Mitgliederversammlung[629]. Es gilt daher – falls nicht besondere Wahlarten in Betracht kommen, vgl. vorstehend – § 32 Abs. 1 Satz 3 BGB, wonach die Mehrheit der gültig abgegebenen Stimmen entscheidend ist[630], falls nicht die Satzung hinsichtlich der Stimmenthaltungen ausdrücklich etwas anderes bestimmt[631]. Ist dieser besondere Fall nicht gegeben, so werden Stimmenthaltungen ebensowenig mitgezählt wie ungültige Stimmen. Die Kandidatur schließt vom Stimmrecht nicht aus[632]. **1099**

Der vom *BGH*[633] aufgestellte Grundsatz »ein Mitglied = eine Stimme« gilt für Vereinsverbände und Großvereine mit Delegiertenversammlungen weitgehend nicht. Bei diesen Verbänden sind satzungsmäßig abgestufte Stimmgewichtungen anzutreffen, die sich teilweise nach der Mitgliederstärke der Grundverbände richten[634]; z. T. wird auch ein abgestuftes Mehrstimmrecht nach **1100**

623 Vgl. *Schreiber* § 21 BWG Rn. 23.
624 *Metz/Werhahn* Rn. 242.
625 Sog. gebundene oder starre Listen, vgl. *Schreiber* § 1 BWG Rn. 13.
626 Vgl. *Fitting/Auffarth/Kaiser/Heither* § 14 BetrVG Rn. 26.
627 Vgl. *BGH* NJW 1989, 1212/1213; *OLG Frankfurt* RPfl 1984, 360.
628 *Fitting/Auffarth/Kaiser/Heither* a. a. O. Rn. 33; vgl. zur Zulässigkeit der Listenmehrheitswahl von Delegierten einer Genossenschaft: *BGH* NJW 1982, 2558.
629 *BGH* NJW 1989, 1212.
630 BGHZ 83, 35 = NJW 1982, 1585; ebenso zum WEG: *BGH* NJW 1989, 1090.
631 *BGH* NJW 1987, 2430.
632 BGHZ 51, 209/215 f.; 97, 28/33.
633 NJW 1989, 1212.
634 *Papier* NJW 1987, 1308.

sachlichen Gesichtspunkten gewährt, etwa aufgrund der Gründungsbeteiligung oder wegen der völlig unterschiedlichen Höhe, in der die Mitglieder Beiträge an den Verband leisten.

1101 Bei der Wahl nach gebundenen Listen hat jedes Mitglied so viele Stimmen, wie durch den Wahlakt Ämter zu besetzen sind.

1102 Ist bei der Wahl die einfache Mehrheit maßgebend, so ist derjenige gewählt, der mehr als die Hälfte der (gültig) abgegebenen Stimmen auf sich vereinigt. Wird diese Mehrheit nicht erreicht, so wird die Wahl ein- oder zweimal wiederholt.
Die Satzung kann beim ersten oder zweiten fehlgeschlagenen Versuch einer Mehrheitswahl anordnen, daß für die wiederholte Wahl die relative Mehrheit maßgebend ist. Es ist dann derjenige gewählt, der mehr Stimmen als irgendein anderer Bewerber erlangt, wobei deshalb der Vorsprung von einer Stimme genügen kann[635]. Die Satzung kann statt der relativen Mehrheit eine Stichwahl unter den beiden Kandidaten anordnen, welche die meisten Stimmen auf sich vereinigen konnten. Weiter kann die Satzung an Stelle einer Stichwahl den Losentscheid durch den Wahlvorstand vorsehen[636]. Bei Wahlen in Parteien steht § 15 PartG einem Losentscheid entgegen[637].

1103 Schriftlich abgegebene Stimmen abwesender Mitglieder dürfen nicht berücksichtigt werden, es sei denn, die Satzung ordnet eine Berücksichtigung an.
Die gesamte Wahl kann schriftlich nur dann durchgeführt werden, wenn alle Mitglieder für den/die Kandidaten stimmen (§ 32 Abs. 2 BGB).

6.10. Notwendige Annahme der Bestellung

1104 Die Wahl ist ein einseitiger körperschaftlicher Akt, welcher der Annahme durch den Bestellten als Wirksamkeitsvoraussetzung bedarf. Dies gilt für jede Art der Bestellung, somit nicht nur durch Wahl, sondern auch im Falle der Bestellung durch Benennung kraft Sonderrechts durch ein Vereinsmitglied[638]. Die Satzung kann den Bestellten nicht zur Annahme verpflichten[639]; ist der Kandidat jedoch gegenüber dem Verein oder dem Bestellungsberechtigten eine schuldrechtliche Verpflichtung zur Amtsübernahme eingegangen, so muß er diese erfüllen[640]. Bis zur Annahme der Bestellung ist diese schwebend unwirksam[641].
Ist der Bestellte beim Bestellungsakt anwesend, so kann er die Annahme ausdrücklich, aber auch stillschweigend erklären[642]. Die Mitwirkung bei der Anmeldung des Vorstands zur Eintragung im Vereinsregister ist immer eine konkludente Erklärung der Annahme[643]. Ist der Bestellte abwesend, so muß ihm die Bestellung vom Verein mitgeteilt werden. Die Annahmeerklärung muß

---

635 Vgl. *Schreiber* § 1 BWG Rn. 30.
636 Vgl. zum Losentscheid auch *BGH* NJW 1989, 904.
637 *Seifert* S. 264 Fußn. 386.
638 Vgl. *BGH* NJW 1975, 2101; BayObLGZ 1981, 270/277.
639 *Soergel/Hadding* § 27 BGB Rn. 9.
640 Vgl. *Lutter/Hommelhoff* § 6 GmbHG Rn. 26.
641 *Lutter/Hommelhof* a. a. O.
642 Einnahme eines Sitzes an dem Vorstandstisch; vgl. auch BGHZ 52, 316/321.
643 *Lutter/Hommelhoff* § 46 GmbHG Rn. 27; a. A. *BayObLG* RPfl 1981, 487 und *Sauter/Schweyer* Rn. 251: Feststellung der Annahme im Protokoll erforderlich.

dann dem Verein zugehen. Sie ist, wenn das gewählte Vorstandsmitglied bei der Anmeldung nicht mitwirkt, der Anmeldeerklärung beizufügen[644].

Wird die Annahme des Amtes abgelehnt, so kann die Satzung bestimmen, daß der Kandidat mit der nächsthöheren Stimmenzahl gewählt ist. Ohne eine dahingehende Satzungsbestimmung ist jedoch ein Verzicht zugunsten eines anderen Kandidaten nicht möglich. Es muß dann der Bestellungsakt wiederholt werden. **1105**

Mit der Annahme ist in der Regel sofort das Vorstandsamt erlangt. Die Bestellung kann aber auch für einen künftigen Zeitpunkt vorgenommen werden, etwa weil die Zahl der Vorstandsmitglieder erhöht wird und die dahingehende Satzungsänderung erst eingetragen werden muß, um wirksam zu werden (§ 71 Abs. 1 BGB). **1106**

6.11. Anfechtung des Wahlergebnisses

Bei der Wahlanfechtung kann es sich um die Ordnungsmäßigkeit der Wahl oder um deren Ergebnis handeln[645]. Es können Satzungsverstöße bestehen, es können aber auch allgemeine Wahlrechtsgrundsätze verletzt sein. Bei Verfahrensverstößen ist regelmäßig Voraussetzung für eine erfolgreiche Anfechtung, daß der Mangel in der Versammlung oder unverzüglich danach gerügt wird. **1107**

Für die gerichtliche Anfechtung gelten dieselben Grundsätze wie für die Anfechtung von Beschlüssen der Mitgliederversammlung (vgl. Rn. 1139 ff.). **1108**

Im Einzelfall kann dem Verein der Nachweis obliegen, daß die beanstandete Wahl nicht auf dem Mangel beruht[646].

Hat eine gerichtliche Anfechtung der Wahl Erfolg und war der Vorstand für den Verein tätig, so ist ein faktisches Vorstandsverhältnis gegeben (vgl. dazu Rn. 1288). Für die Zeit der Tätigkeit des faktischen Vorstands ist ein evtl. geschlossener Anstellungsvertrag als gültig zu behandeln[647]. Er kann aber jederzeit ohne Vorliegen eines wichtigen Grundes aufgelöst werden[648].

7. Das Versammlungsprotokoll

7.1. Das Beurkundungserfordernis

Ein Verein, der die Rechtsfähigkeit durch Eintragung in das Vereinsregister erstrebt, soll in seiner Satzung eine Bestimmung über die Beurkundung der Beschlüsse der Mitgliederversammlung haben (§ 58 Nr. 4 BGB; vgl. auch § 130 Abs. 1 AktG; § 47 Abs. 1 GenG). Fehlt eine solche Satzungsbestimmung, so führt dies eine Eintragungssperre herbei (§ 60 BGB). **1109**

Es wird die Auffassung vertreten, die Satzung könne bestimmen, daß von einer Beurkundung der Beschlüsse abgesehen werde[649]. Dem kann beim rechts-

---

644 *Sauter/Schweyer* a. a. O.

645 *BGH* NJW 1991, 1183.

646 Vgl. *BGH* NJW 1989, 1212/1215.

647 *BAG* NJW 1986, 2133; *BGH* NJW 1991, 1727/1729.

648 *BGH* a. a. O.

649 RGRK/*Steffen* Rn. 2, *Staudinger/Coing* Rn. 8, *Soergel/Hadding* Rn. 7, je zu § 58 BGB.

fähigen Verein jedenfalls in den Fällen nicht zugestimmt werden, in denen Beschlüsse dem Registergericht oder der Verleihungsbehörde urkundlich nachzuweisen sind, wie dies bei Satzungsänderungen, bei Vorstandsänderungen und Auflösungsentscheidungen der Fall ist[650]. Bei anderen Beschlüssen ist eine (private) Beurkundungspflicht nicht gegeben[651].

7.2. Das Ablauf- und das Ergebnisprotokoll

1110 Die vom Gesetz geforderte Beurkundung bedeutet das Herstellen eines Schriftstücks, das Wahrnehmungen von Tatsachen bezeugt, die der Errichtende gemacht hat; dabei ist es gleichgültig, ob die wahrgenommenen Tatsachen Willenserklärungen, Erklärungen nicht rechtsgeschäftlichen Inhalts oder sonstige Vorgänge oder Zustände betreffen[652]. Das Schriftstück kann eine Privatperson oder (als öffentliche Urkunde) eine Urkundsperson herstellen. Die Zuziehung eines Notars zur Beurkundung der Vorgänge in der Mitgliederversammlung ist bei Vereinen nicht üblich.

Mit der Forderung, daß Versammlungsbeschlüsse zu beurkunden sind, verlangt das Gesetz ein Ergebnisprotokoll. Bei der erforderlichen Beurkundung von Beschlüssen – zu denen auch Wahlen gehören – kommt es nicht darauf an, ob ein Antrag angenommen oder abgelehnt worden ist. Gleiches gilt für Verfahrensbeschlüsse[653].

Während beim Ergebnisprotokoll nur die gefaßten Beschlüsse beurkundet werden[654], werden beim Ablaufprotokoll die geführten Diskussionen im Ansatz, die Anträge und Erklärungen hierzu, die gefaßten Beschlüsse und besondere Ereignisse in der Niederschrift festgehalten[655].

Fehlt es an einer entsprechenden Vereinsregelung, so bestimmt der Leiter nach seinem Ermessen, ob ein Ergebnis- oder Ablaufprotokoll geführt wird[656].

7.3. Bedeutung statutarischer Protokollierungsbestimmungen

1111 Ordnet die Satzung an, daß Beschlüsse der Mitgliederversammlung zu beurkunden sind, so kommt der Niederschrift nur eine Beweisfunktion zu. Die Satzung kann aber die privatschriftliche Beurkundung zur Wirksamkeitsvoraussetzung für einen Beschluß erklären; sie kann auch anordnen, daß nur die Niederschrift den Beschlußinhalt verbindlich festlegt[657]. Wirksamkeitsvoraussetzung oder inhaltliche Festlegung des Beschlusses muß sich aber unzweideutig aus der Satzung ergeben. Ist dies nicht der Fall, so hat die Niederschrift nur Beweisfunktion.

---

650 Vgl. § 33 Abs. 2, § 67 Abs. 1 Satz 2, § 71 Abs. 1 Satz 3, § 74 Abs. 2 Satz 2, § 76 Abs. 2 Satz 2 BGB.

651 Vgl. auch BGHZ 76, 153/156: GmbH.

652 Vgl. *Keidel/Kuntze/Winkler* BeurkG § 1 Rn. 2.

653 *Lang/Weidmüller/Metz* § 47 GenG Rn. 4.

654 *KG* WuM 1989, 102.

655 Vgl. *BayObLG* WuM 1990, 173/174.

656 Vgl. *KG* WuM 1989, 102; *OLG Hamm* OLGZ 1989, 314/316.

657 Vgl. *Scholz/K. Schmidt* § 48 GmbHG Rn. 55.

7.4. Funktion und Beweiskraft des Protokolls

Das Sitzungsprotokoll bildet für den Verein, seine Organe und für sämtliche an der Versammlung beteiligten und nichtbeteiligten Mitglieder eine gesicherte Grundlage dafür, was nach Auffassung des Versammlungsleiters und der nicht widersprechenden anwesenden Vereinsmitglieder tatsächlich beschlossen worden ist[658]. Gehen Widersprüche gegen den Protokollinhalt ein, so gibt dies dem Versammlungsleiter Veranlassung, die Berechtigung von Widersprüchen zu prüfen; evtl. muß das Protokoll berichtigt werden. Besteht dazu keine Veranlassung, so ist es Sache der Widersprechenden, eine gerichtliche Klärung der Wirksamkeit gefaßter Beschlüsse herbeizuführen. Wird dies innerhalb angemessener Frist unterlassen und sind somit etwaige »Anfechtungs«-Rechte verwirkt, so kommt dem Protokoll ein gewisser Beweiswert wie auch in dem Fall zu, daß das Protokoll unwidersprochen geblieben ist. **1112**

Dem ordnungsgemäß geführten und unterschriebenen Protokoll kommt ein Beweiswert, aber hinsichtlich der Richtigkeit und Vollständigkeit seines Inhalts keine gesetzliche Beweiskraft zu[659]. Es handelt sich um eine private Beurkundung, d. h. um die Herstellung eines Schriftstücks, das die Wahrnehmungen von Tatsachen betrifft, die der Errichtende gemacht hat[660]. Eigene Erkärungen i. S. d. § 416 ZPO enthält die Urkunde überhaupt nicht, soweit sie vom Protokollführer unterschrieben ist; eigene Erklärungen des ebenfalls unterschreibenden Leiters sind im wesentlichen nur die Feststellungen hinsichtlich des Abstimmungsergebnisses. Die Vorschrift des § 416 ZPO ist somit nur entsprechend anwendbar. Nach dieser Bestimmung erbringt das Protokoll vollen Beweis nur dafür, daß die Urkundenaussteller bestimmte Tatsachen als geschehen bezeugt haben. Auf die Überzeugung des Gerichts kommt es im Streitfall insoweit nicht an[661]. Diese Beweisregel in formeller Hinsicht ergreift nicht auch den materiellen Inhalt der Privaturkunde. Ob die in dem Privatprotokoll bestätigten tatsächlichen Vorgänge wirklich so geschehen sind oder nicht, unterliegt im Streitfall der freien Würdigung des Gerichts (§ 286 ZPO)[662] und ist jedem Gegenbeweis zugänglich;[663]. Dieser ist – im Gegensatz zum Hauptbeweis – bereits dann geführt, wenn durch ihn die Überzeugung des Gerichts von der zu beweisenden Tatsache erschüttert ist; der Beweis des Gegenteils ist nicht erforderlich[664]. **1113**

Dem Registergericht als Gericht der freiwilligen Gerichtsbarkeit gegenüber gibt es keine Beweislast, da das Amtsermittlungsprinzip gilt (§ 12 FGG). Hier genügt es aber, wenn der »Glaube« an die Richtigkeit der im Protokoll festgehaltenen Tatbestände erschüttert ist.

Aus all dem folgt: Ein beurkundeter Beschluß ist als gültig anzusehen, wenn sich aus dem Protokoll keine gegenteiligen Umstände ergeben. Solche können aber auch an das Registergericht durch Eingaben herangetragen werden. Die gerichtliche Aufklärung kann dann die Unwirksamkeit eines Beschlusses ergeben.

---

658 Vgl. BGHZ 66, 82/87 = NJW 1976, 958: KG.
659 *BayObLG* WuM 1990, 93/94.
660 Vgl. *Keidel/Kuntze/Winkler* BeurkG § 1 Rn. 2.
661 *BGH* NJW 1986, 3086.
662 Vgl. *BGH* a. a. O.; vgl. auch *BGH* NJW 1988, 2741.
663 *BGH* WM 1979, 1157.
664 Vgl. *BGH* WM 1979, 1157.

7.5. Der Inhalt eines Ergebnisprotokolls

1114 Das Ergebnisprotokoll kann folgenden Inhalt haben:
- Ordentliche oder außerordentliche Mitgliederversammlung des X-Vereins;
- Ort, Tag und Stunde der Versammlung;
- Namen des Versammlungsleiters und Protokollführers;
- Zahl der erschienenen Mitglieder, evtl. aufgeschlüsselt nach der Zahl der stimm- und nichtstimmberechtigten Mitglieder oder Hinweis auf die Anwesenheitsliste, die dem Protokoll als Anlage beigefügt ist; bei Delegiertenversammlungen: Feststellung des Stimm- und Vertretungsrechts der anwesenden Delegierten;
- Eröffnung durch den Versammlungsleiter;
- evtl. Wahl oder Bestellung des Protokollführers;
- Feststellung der satzungsgemäßen Einberufung der Mitgliederversammlung unter Mitteilung der Tagesordnung (oder: daß Mitteilung nach der Satzung nicht erforderlich war); Bekanntgabe der Tagesordnung;
- evtl. Feststellung der Beschlußfähigkeit der Versammlung, falls die Satzung eine Mindestzahl erschienener Mitglieder verlangt;
- Bericht des Vorstandsvorsitzenden;
- Bericht des Schatzmeisters;
- Bericht der Rechnungsprüfer;
- Ergebnis der Wahl des Wahlausschusses (Namen des Vorsitzenden und der Mitglieder); Vermerk, daß der Vorsitzende des Wahlausschusses nunmehr die Versammlungsleitung übernimmt;
- Entlastung des Vorstands und Geschäftsführers;
- Wahl des Vorstands; zum 1. Vorsitzenden wurde Herr X, zum 2. Vorsitzenden Herr Y und zum Schatzmeister Herr Z gewählt, die das jeweilige Amt angenommen haben;
- Vermerk, daß nunmehr der 1. Vorsitzende Herr X die Versammlungsleitung übernimmt;
- Anträge zu Satzungsänderungen;
- die zur Abstimmung gelangten Sachanträge (und evtl. Verfahrensanträge) mit (genauem) Wortlaut;
- die Art der Abstimmung (durch Stimmzettel, Handaufheben, Zuruf);
- das Abstimmungsergebnis, aufgeschlüsselt nach Ja-Stimmen, Nein-Stimmen, Stimmenthaltungen, ungültigen Stimmen (kurze Begründung für das Nichtmitzählen);
- evtl. Widersprüche zum verkündeten Abstimmungsergebnis;
- Schließung der Versammlung.

1115 Es folgen die Unterschriften des Versammlungsleiters und des Protokollführers. Die Unterschrift einer der beiden Personen genügt, wenn die andere dauernd verhindert ist. Eine ordentliche Mitgliederversammlung hat im Regelfall mehrere Leiter, weil der Vorstand bei der Entlastung und bei seiner evtl. Wiederkandidatur die Leitung abgibt; in diesem Fall hat der Leiter den Teil des Protokolls zu unterschreiben, der Vorgänge unter seiner Leitung wiedergibt[665].

665 *Sauter/Schweyer* Rn. 128; a. A. *Stöber* Rn. 212: es unterschreibt nur der letzte Leiter.

Bei Vereinen mit überwiegend Ausländern als Mitglieder kann das Protokoll in der betreffenden Landessprache abgefaßt werden. Einreichungen bei Gericht müssen in deutscher Übersetzung vorgenommen werden (§ 184 GVG). **1116**

Die Verantwortung für den Inhalt des Protokolls hat in erster Linie der Leiter. Er muß auch dafür Sorge tragen, daß das Protokoll alsbald nach der Versammlung erstellt wird. Die Fertigung des Protokolls in der Versammlung ist in der Regel nicht möglich. Solange das Protokoll nicht gefertigt ist, beginnt keine Frist zur Anfechtung von Versammlungsbeschlüssen. **1117**

7.6. Änderung und Berichtigung des Protokolls

Die Änderung des Protokolls ist nur mit Zustimmung aller Unterzeichner möglich[666]. Es ist ein gesonderter Vermerk über die Änderung anzufertigen und vom betreffenden Leiter und dem Protokollführer zu unterschreiben. **1118**

Ob Mitglieder einen Anspruch auf Berichtigung des Protokolls haben, muß sich aus der Satzung ergeben. Schweigt sie, so gelten folgende Grundsätze: **1119**
Ein Berichtigungsanspruch kann sich aus der Verletzung des Persönlichkeitsrechts ergeben, wenn das Protokoll bloßstellende oder sonst diskriminierende Äußerungen in bezug auf den Antragsteller enthält[667]. Ein Berichtigungsanspruch besteht weiter, wenn eine bestimmte Erklärung eines Versammlungsteilnehmers in das Protokoll aufgenommen worden ist, wenn dieser aber dartun kann, daß insoweit eine Unrichtigkeit oder Unvollständigkeit gegeben ist und wenn die Berichtigung weiter für die Auslegung oder rechtliche Tragweite des Beschlusses von Bedeutung ist[668]. In anderen Fällen besteht im allgemeinen kein Berichtigungsanspruch. Die Anregung zur Berichtigung kann jedoch jederzeit gegeben werden.

7.7. Einsicht in das Protokoll

Die Satzung kann vorsehen, daß jedem Versammlungsteilnehmer eine Abschrift des Protokolls zuzusenden ist. Fehlt eine solche Satzungsregelung, so hat ein Mitglied – auch wenn es nicht an der Versammlung teilgenommen hat – jedenfalls dann ein Recht auf Einsichtnahme, wenn ein berechtigtes Interesse dargelegt werden kann[669]. Ein solches Recht kann sich aber nicht auf die Notizen beziehen, die der Leiter für die spätere Anfertigung des Protokolls gemacht hat[670]. **1120**

7.8. Die Folgen des unterlassenen Widerspruchs gegen den Protokollinhalt

Vereinssatzungen sehen vor, daß das Protokoll in der nächsten Mitgliederversammlung durch Mehrheitsbeschluß zu genehmigen ist; es finden sich auch Satzungsbestimmungen, wonach innerhalb einer bestimmten Frist nach Zusen- **1121**

666 *Lang/Weidmüller/Metz* § 47 GenG Rn. 14.
667 *BayObLG* WuM 1990, 173/174; *OLG Hamm* OLGZ 1989, 314/315: WEG.
668 Vgl. *OLG Hamm* a. a. O. S. 316.
669 *Soergel/Hadding* § 32 BGB Rn. 17; *Sauer/Schweyer* Rn. 128.
670 Vgl. *KG* NJW 1989, 532: WEG.

dung des Protokolls Widerspruch eingelegt werden muß, widrigenfalls das Protokoll als genehmigt gilt. Durch die Übermittlung des Protokolls gibt der Verein seinen Mitgliedern Gelegenheit zur Anregung, die in der Niederschrift enthaltenen Tatsachen zu berichtigen, zu ergänzen oder Widerspruch gegen ihre Richtigkeit zu erheben. Damit erhält der Verein die Möglichkeit, rechtliche Bedenken gegen die gefaßten Beschlüsse auszuräumen oder den als nichtig erkannten Beschluß zum Gegenstand einer neuen Abstimmung zu machen. Wird vom Widerspruchsrecht kein Gebrauch gemacht, so wird damit eine spätere Geltendmachung des Mangels eines Beschlusses grundsätzlich nicht ausgeschlossen. Ein Ausschluß kann z. B. bei Verstößen gegen verzichtbare, allein dem Schutz der Mitglieder dienende Verfahrensvorschriften angenommen werden. Kein Ausschluß kommt in Betracht bei materiellen Mängeln des Beschlusses oder bei nicht dem Schutz der Mitglieder dienenden Verfahrensvorschriften, wie Mitzählen der Stimmen von Nichtmitgliedern, Abstimmung bei beschlußunfähiger Versammlung. Solche Mängel können auch noch geltend gemacht werden, wenn die gesetzte Widerspruchsfrist ungenutzt verstrichen ist oder wenn die Mitgliederversammlung mehrheitlich die Niederschrift genehmigt hat. Leidet aber der Beschluß an einem **Verfahrensmangel**, so muß nach dem Unterlassen eines fristgemäßen Widerspruchs oder nach der Genehmigung durch die Mitgliederversammlung jeder später Widersprechende die **Vermutung** gegen sich gelten lassen, die in der Niederschrift festgehaltenen Abstimmungen und Beschlüsse seien unter Beachtung des satzungsmäßigen Verfahrens zustande gekommen, es sei denn, aus der Niederschrift selbst ergäbe sich etwas anderes. Ist der zuletzt genannte Tatbestand nicht gegeben und kommt es zu einem Rechtsstreit, so gehen die Beweisschwierigkeiten zu Lasten des klagenden Mitglieds, das die **formelle** Fehlerhaftigkeit eines Beschlusses erst nachträglich rügt. Es ist dann Sache des Klägers, diejenigen Tatsachen darzutun und zu beweisen, aus denen sich die Rechtsunwirksamkeit des Beschlusses ergeben soll[671].

7.9. Die Anlagen (Belege) zum Protokoll

1122 Dem Protokoll wird als Anlage eine geführte Anwesenheitsliste beigefügt. Anlagen gehören grundsätzlich nicht zu den dem Registergericht einzureichenden Urkunden, wenn eine Vorstands- oder Satzungsänderung angemeldet wird. Eine Ausnahme besteht bei der Satzungsneufassung, wenn diese Anlage zum Protokoll über die Beschlußfassung der Satzungsänderung ist (auch eine Neufassung ist Satzungsänderung). Es müssen dann beide Urkunden dem Registergericht eingereicht werden. Dabei muß sich die Zusammengehörigkeit der beiden Urkunden ergeben. Das ist der Fall, wenn in der Niederschrift auf die Anlage verwiesen wird **und** die Anlage von denselben Personen unterschrieben ist, die auch das Protokoll unterschrieben haben[672].

Es empfiehlt sich eine Satzungsregelung, wonach auch die Belege über die Einberufung der Versammlung als Anlagen beizufügen sind (wie dies § 47

---

671 Vgl. zu alledem: BGHZ 49, 209/212 = NJW 1968, 543; teilweise a. A. *BayObLG* ZMR 1987, 389 in einer WEG-Sache, soweit überstimmte oder nicht anwesende Wohnungseigentümer in Betracht kommen.

672 Vgl. *KG* RJA 13, 24/26; *Sauter/Schweyer* Rn. 128.

Abs. 2 Satz 2 GenG bestimmt). Dazu gehören alle schriftlichen Unterlagen, nach denen die Ordnungsmäßigkeit der Einberufung beurteilt werden kann, wobei die Belege in Urschrift beizufügen sind[673]. Wurde persönlich eingeladen, so ist Beleg das vom Einberufungsorgan abgezeichnete Original; wurde durch Veröffentlichung eingeladen, so ist der betreffende Zeitungsabschnitt der Beleg[674]. Die Tagesordnung kann als Beleg beigefügt werden. All diese Belege können von Bedeutung sein, wenn es zum Streit über die Ordnungsmäßigkeit der Einberufung kommt. Dann kann das Registergericht oder das Prozeßgericht die Belege anfordern.

8. Die schriftliche Abstimmung ohne Mitgliederversammlung

8.1. Die Beschlußfassung in einer Mitgliederversammlung und ohne eine solche

Nach § 32 Abs. 1 Satz 1 BGB werden die Angelegenheiten des Vereins, soweit sie nicht von dem Vorstand oder einem anderen Vereinsorgan zu besorgen sind, durch Beschlußfassung in einer Versammlung der Mitglieder geordnet. Es ist jedoch nach § 32 Abs. 2 BGB auch ohne Versammlung ein Beschluß gültig, wenn alle Mitglieder ihre Zustimmung zu dem Beschluß schriftlich erklären. **1123**

Schweigt die Satzung, so ist beim Verein die Abstimmung in den aufgezeigten zwei Verfahrensweisen möglich. Die schriftliche Beschlußfassung ohne Versammlung kann die Satzung ausschließen (§ 32 Abs. 2 BGB i. V. m. § 40 BGB). Sieht sie die Beschlußfassung in einer Mitgliederversammlung vor, so kann daraus nicht ohne weiteres geschlossen werden, daß damit auch die schriftliche Beschlußfassung ohne Versammlung abbedungen worden ist. Ein solcher Ausschluß muß sich entweder eindeutig aus der Satzung oder durch deren Auslegung ergeben; für eine solche müssen sich aus der Satzung Anhaltspunkte dahin ergeben, daß die schriftliche Beschlußfassung ohne Versammlung als ausgeschlossen anzusehen ist[675]. **1124**

Vereinssatzungen verhalten sich meist nicht darüber, ob eine Abstimmung nach § 32 Abs. 2 BGB ausgeschlossen ist. Ist eine Auslegung dahin nicht möglich, daß der Ausschluß des § 32 Abs. 2 BGB als einer gesetzlich vorgesehenen Abstimmungsart nicht gewollt ist, so kann dies zu folgender Fallkonstellation in einem Verein mit einer kleinen Mitgliederzahl führen. Der Vorstand erhält einen von den 20 Mitgliedern unterschriebenen Brief, daß er abgewählt ist. Dieser Beschluß ist gültig. Ihn haben alle 20 Mitglieder in schriftlicher Form gefaßt. Abstimmungsförmlichkeiten sind nicht einzuhalten, weil der Verein in seiner Satzung auch das schriftliche Abstimmungsverfahren nicht geregelt hat.

673 Vgl. RGZ 114, 202/203; *KG* KGJ 32 A 148.
674 Vgl. *Metz/Werhahn* Rn. 331.
675 Vgl. BGHZ 15, 324/328 = NJW 1955, 220: GmbH.

8.2. Satzungsregelungen zur schriftlichen Beschlußfassung ohne Versammlung

1125 Der Satzungsgeber eines Vereins mit einer größeren Mitgliederzahl sollte die schriftliche Beschlußfassung ohne Versammlung ausschließen oder auf nur wenige Gegenstände beschränken. Die erforderliche Einstimmigkeit ist erfahrungsgemäß bei einer größeren Mitgliederzahl nicht zu erreichen. Das dann nutzlose Versenden von Abstimmungsunterlagen kann dann vermieden werden.

Bei kleinen Vereinen ist die schriftliche Abstimmung sinnvoll, vor allem wenn die Mitglieder weit verstreut wohnen und die Kosten einer Anreise zu einem Versammlungsort sparen können.

Im Vereinsrecht sind keine Gegenstände von der schriftlichen Beschlußfassung ausgenommen, da eine öffentliche Beurkundung des Abstimmungsergebnisses nach dem Gesetz nicht in Betracht kommt[676]. Der Satzungsgeber kann aber die Beschlußgegenstände begrenzen.

Das Abstimmungsverfahren nach § 32 Abs. 2 BGB leitet das Einberufungsorgan ein (vgl. oben Rn. 774).

Die Satzung sollte ferner festlegen, wer zur Formulierung des Beschlußantrags zuständig ist. Dieses Recht kann dem Vorstand oder einer bestimmten Vereinsminderheit zugebilligt werden. Bei den nach dieser Abstimmungsart zulässigen Satzungsänderungen sollte sich der Vorstand die Formulierung allein vorbehalten, damit nach Möglichkeit Beanstandungen durch das Registergericht vermieden werden.

Eine schriftliche Abstimmung ist durch Einzelstimmen, aber auch durch einen Zirkularbeschluß zulässig, der von den Mitgliedern unterschrieben wird[677].

Die Satzung sollte den Vorstand zur Setzung einer Frist ermächtigen, bis zu der Einzelstimmen beim Verein eingegangen sein müssen. Weder die Satzung noch der Vorstand können jedoch anordnen, daß bei Schweigen eines Mitglieds die Zustimmung zu dem Beschluß angenommen wird[678]. Trifft die Satzung keine Regelung, so gilt für die Schriftlichkeit der Stimmabgabe § 126 Abs. 1 BGB nicht; es ist deshalb auch die telegraphische, fernschriftliche oder die Übermittlung durch Telekopie möglich[679].

Bei der Aufforderung zur schriftlichen Stimmabgabe ist darauf hinzuweisen, daß die satzungsmäßigen Voraussetzungen für dieses Verfahren gegeben sind[680].

1126 Nach § 32 Abs. 2 BGB muß der schriftliche Beschluß einstimmig gefaßt werden. Jedenfalls dann, wenn der Beschluß beim Registergericht einzureichen ist (Satzungs- oder Vorstandsänderung, Auflösung des Vereins), muß diesem urkundenmäßig sowohl die Mitgliederzahl wie auch die einstimmige Beschlußfassung nachgewiesen werden. Auch hierüber sind Anordnungen in der Satzung zu treffen. Bei der Berechnung der Einstimmigkeit werden vom Stimmrecht ausgeschlossene Mitglieder nicht berücksichtigt[681]. Der Ausschluß

---

676 Vgl. für das GmbH-Recht: *KG* NJW 1959, 1446.

677 Vgl. *Baumbach/Zöllner* § 48 GmbHG Rn. 18.

678 Vgl. *OLG Hamburg* OLGE 22, 113/115.

679 Vgl. *Rowedder/Koppensteiner* § 48 GmbHG Rn. 20.

680 Vgl. BGHZ 28, 355/358 f.

681 Vgl. *OLG Düsseldorf* MDR 1977, 846.

vom Stimmrecht – z. B. wegen Verzugs mit der Beitragszahlung – muß dann dem Registergericht ebenfalls nachgewiesen werden.
Die Vorschrift des § 32 Abs. 2 BGB ist durch die Satzung auch nur teilweise abänderbar und zwar dahin, daß das Erfordernis der Einstimmigkeit entfällt. Wird nur von dieser Möglichkeit Gebrauch gemacht, so sollte die Satzung festlegen, ob ein mehrheitlich gefaßter Beschluß oder ein solcher etwa mit ⅔-Mehrheit zustande kommen muß.

Die schriftliche Beschlußfassung ist mit dem Eingang aller Stimmen beim Verein, vertreten durch den Vorstand, beendet. Die Bekanntgabe des Abstimmungsergebnisses ist gesetzlich nicht vorgeschrieben. Die Satzung muß zwar nicht[682], kann aber bestimmen, daß der Vorstand das Beschlußergebnis den einzelnen Mitgliedern formlos bekanntzugeben hat. Wer die Stimmen auszuzählen hat, muß die Satzung nicht bestimmen[683]. Ist Einstimmigkeit erforderlich, so ist der Beschlußantrag nicht angenommen worden, wenn eine Nein-Stimme eingeht, wenn Stimmenthaltung geübt wird oder wenn nach gesetzter Frist eine Stimme nicht fristgerecht eingeht; diese wird als Stimmenthaltung gewertet[684]. **1127**

8.3. Keine fernmündliche Beschlußfassung

Die Satzung kann nicht bestimmen, daß eine Beschlußfassung auch durch telefonische Zustimmung zu einem Beschlußgegenstand zulässig ist. Beschlüsse müssen entweder mit möglicher Aussprache in einer Mitgliederversammlung oder auf schriftlichem Wege gefaßt werden. Die telefonische Abstimmung erfüllt keine dieser Voraussetzungen. Hier wären außerdem die Teilnahmeberechtigung und die Personenidentität nicht immer gewährleistet[685]. **1128**

9. Der unwirksame (noch nicht wirksame) Beschluß der Mitgliederversammlung

Ein formell und materiell nicht zu beanstandender Mehrheitsbeschluß oder auch ein einstimmiger Beschluß kann der Wirksamkeit entbehren, weil er der Zustimmung eines Vereinsmitglieds, einer Mitgliedergruppe oder eines Dritten bedarf[686]. Ein solcher hinsichtlich der Außenwirkung noch in der Schwebe bleibender Beschluß wird als unwirksamer Beschluß bezeichnet. Ein Eingriff in ein Sonderrecht (§ 35 BGB) ist grundsätzlich nur mit Zustimmung des Begünstigten zulässig. Die Satzung kann vorsehen, daß bestimmte Beschlüsse der Mitgliederversammlung der Zustimmung eines Vereinsorgans (Kontrollorgan) bedürfen. Die Mitgliedermehrheit kann nicht über Rechte einzelner Mitglieder verfügen, die diesen als Dritten (z. B. Mieter von vereinseigenen Gegenständen) zustehen[687]. Die Satzung eines religiösen Vereins kann vorsehen, daß **1129**

682 *OLG Köln* NJW-RR 1994, 1547.
683 *OLG Köln* a. a. O.
684 Vgl. *Rowedder/Koppensteiner* § 48 GmbHG Rn. 21.
685 Vgl. auch *KG* JFG 18, 251: Aufsichtsrat einer GmbH.
686 Vgl. *Baums* S. 91.
687 Vgl. *Baums* a. a. O.

etwa zu Satzungsänderungen die Genehmigung einer kirchlichen Aufsichtsstelle erforderlich ist. Es sind Delegierte zu einer Vertreterversammlung zugelassen worden, deren Legitimation nachzureichen ist[688]. Hat die Mitgliedermehrheit durch ihre Beschlußfassung in unentziehbare Mitgliedschaftsrechte eingegriffen, so ist die Zustimmung der betroffenen Minderheit erforderlich. Es ist ohne satzungsmäßige Grundlage nicht zulässig, daß einzelne Mitglieder oder Mitgliedergruppen ohne deren Zustimmung schlechter gestellt werden als die anderen[689]. Der Zustimmung aller Vereinsmitglieder bedarf, wenn die Satzung nichts Abweichendes bestimmt, die Änderung des Zwecks des Vereins (§ 33 Abs. 1 Satz 2 BGB).

Kein unwirksamer Beschluß ist gegeben, wenn dieser zu seiner Wirksamkeit der Eintragung in das Vereinsregister bedarf, wie dies bei Satzungsänderungen der Fall ist (§ 71 Abs. 1 BGB).

1130 Der unwirksame Beschluß hat noch nicht die sich aus dem Beschluß ergebenden Rechtswirkungen[690]. Der Vorstand darf einen solchen Beschluß nicht ausführen. Er ist aber verpflichtet, die Beendigung des Schwebezustandes herbeizuführen (vgl. auch § 108 Abs. 2, § 177 Abs. 2 BGB). Der Vorstand muß den Zustimmungsberechtigten unter Fristsetzung auffordern, die Zustimmung zu erteilen. Wird innerhalb der gesetzten Frist die Zustimmung verweigert oder geht keine Erklärung ein, so wird der Beschluß voll unwirksam. Mit der Genehmigung wird er voll wirksam. Die Unwirksamkeit tritt aber nach Ablauf einer gewissen Zeit auch ein, wenn nunmehr feststeht, daß von den Beteiligten die Beseitigung des Schwebezustandes endgültig nicht mehr gewollt ist[691].

1131 Die Unwirksamkeit eines Beschlusses berechtigt zur Feststellungsklage (§ 256 ZPO).

Einen unwirksamen Beschluß darf das Registergericht, sofern sich dies aus den eingereichten Unterlagen ergibt, nicht eintragen. Solange aber der Schwebezustand noch besteht, kann die Eintragung eines unwirksamen Beschlusses nicht nach §§ 159, 142 FGG von Amts wegen gelöscht werden[692].

10. Der fehlerhafte Beschluß der Mitgliederversammlung

10.1. Die fehlende gesetzliche Regelung

1132 In nahezu allen Körperschaftsrechten wird zwischen dem nichtigen und dem anfechtbaren Beschluß des obersten Willensbildungsorgans unterschieden. Der nichtige Beschluß ist mit einem besonders schweren Mangel behaftet; dieser hat Inter-omnes-Wirkung und kann, muß jedoch nicht durch die sog. Nichtigkeitsklage geltend gemacht werden. Der Beschluß, der an weniger schweren Mängeln leidet, aber gleichwohl Gesetz oder statutarische Bestimmungen nicht beachtet, ist wirksam, es sei denn, er wird durch eine nur befristet mögliche Klage angefochten. Hat die Anfechtungsklage Erfolg, so wird durch Rechtsgestaltungsurteil der Beschluß rückwirkend für nichtig erklärt.

688 Vgl. *RG* JW 1934, 2906/2908.
689 *Sauter/Schweyer* Rn. 341.
690 Vgl. *Scholz/K. Schmidt* § 45 GmbHG Rn. 58.
691 Vgl. RGZ 121, 238/244.
692 Vgl. *Scholz/K. Schmidt* § 45 GmbHG Rn. 60.

Die Nichtigkeit und Anfechtbarkeit eines Beschlusses des obersten Willensbildungsorgans ist nicht immer gesetzlich geregelt. Im Aktienrecht sind die Nichtigkeitstatbestände gesetzlich abschließend bestimmt (§§ 241, 250, 253, 256 AktG). Ein Beschluß der Hauptversammlung kann nach § 243 Abs. 1 AktG wegen Verletzung des Gesetzes oder der Satzung angefochten werden[693]. Die gleichen Anfechtungsgründe nennt § 51 Abs. 1 GenG; für nichtige Beschlüsse werden die §§ 241 ff. AktG entsprechend angewendet, soweit nicht spezifische Verhältnisse des Aktienrechts entgegenstehen[694]. Im GmbH-Gesetz fehlt eine Regelung des nichtigen und anfechtbaren Beschlusses. In der Begründung des Entwurfs eines GmbHG von 1892 heißt es u. a.: »Rücksichtlich der Befugnis jedes einzelnen Mitglieds, Gesellschaftsbeschlüsse wegen Verletzung des Gesetzes oder des Gesellschaftsvertrages durch Klage anzufechten, bedarf es keiner besonderen Bestimmung, da diese Befugnis sich aus allgemeinen Grundsätzen ergibt«[695]. Die Nichtigkeit und Anfechtbarkeit von Beschlüssen der Gesellschafterversammlung einer GmbH wird in sinngemäßer Anwendung der §§ 241 ff. AktG bestimmt; es gibt folglich die Nichtigkeits- und Anfechtungsklage, wobei aber die Besonderheiten bei der GmbH zu berücksichtigen sind[696]. Aufgrund der Legalverweisung in § 36 VAG wird beim großen Versicherungsverein auf Gegenseitigkeit ebenfalls das aktienrechtliche Beschlußmängelrecht (§§ 241 ff. AktG) entsprechend angewendet[697]. Das Recht der bergrechtlichen Gewerkenversammlungen[698] kennt die Nichtigkeitsklage, wenn zwingende Vorschriften verletzt sind, ohne deren Beachtung ein Beschluß einer Gewerkenversammlung im Rechtssinn nicht vorliegen kann, und für weniger schwerwiegende Mängel die Anfechtungsklage, z. B. bei Rechtsverletzungen im Verlaufe des Abstimmungsverfahrens[699]. **1133**

Die Versammlung von Wohnungseigentümern ist nicht eine solche einer Körperschaft. Gleichwohl wird auch hier zwischen dem nichtigen Beschluß[700] und (nach § 23 Abs. 4 WEG) dem anfechtbaren Beschluß unterschieden, der vom Gericht nach § 43 Abs. 1 Nr. 4 WEG auf Antrag für ungültig erklärt werden kann.

Bei den Beratungen der vereinsrechtlichen Vorschriften des BGB ist beantragt worden, auch für Vereine eine den Vorschriften des Rechts der Aktiengesellschaften entsprechende Regelung der befristeten Anfechtungsklage für fehlerhafte Beschlüsse der Mitgliederversammlungen in das BGB aufzunehmen. Dies wurde von der 2. Kommission mit folgender Begründung abgelehnt[701]: Die vorgeschlagene Regelung sei so kompliziert, daß schon mit Rücksicht hierauf nur ein dringendes praktisches Bedürfnis ihre Annahme rechtfertigen könne; bei den hier in Rede stehenden Vereinen, deren vermögensrechtliche Bedeu- **1134**

693 Vgl. auch §§ 251, 254, 255, 257 AktG.
694 Vgl. RGZ 170, 83; BGHZ 70, 384/387.
695 Vgl. Entwurf eines Gesetzes betreffend Gesellschaften mit beschränkter Haftung, 1891, S. 96 – zu § 46 –.
696 Vgl. BGHZ 11, 231/235; 51, 209/210; vgl. bereits RGZ 85, 311/313 und 131, 141/144.
697 Vgl. für den kleinen VAG § 53 VAG.
698 Vgl. Art. 67 EGBGB und § 176 BBergG v. 13. 8. 1980 – BGBl. I 1310.
699 BGHZ 84, 209; *BGH* WM 1987, 210.
700 Vgl. z. B. *BGH* NJW 1989, 2059.
701 Protokoll der Kommission für die zweite Lesung des Entwurfs des Bürgerlichen Gesetzbuchs, Bd. I, 1897, S. 536 ff.

tung jedenfalls keine große sei, sei für die vorgeschlagenen Beschränkungen, insbesondere für eine so kurze und von der Kenntnis des Beschlusses unabhängige Ausschlußfrist, welche vielfach mit dem Rechtsgefühl sich in Widerspruch setzen würde, ein Bedürfnis um so weniger anzuerkennen, als auch das GmbHG die Aufnahme ähnlicher Bestimmungen nicht für erforderlich gehalten habe. Das Recht des Mitglieds, Beschlüsse der Körperschaft wegen Gesetzes- oder Verfassungswidrigkeit durch Richterspruch für ungültig erklären zu lassen, könne nicht bezweifelt werden. Ein allgemeines Mittel zur Durchsetzung dieses Rechts biete die Feststellungsklage. – Im Jahre 1914 führte das *RG*[702] aus: »Es ist aber den Mitgliedern rechtsfähiger Personenvereine und Gesellschaften die Anfechtungsklage gegen gesetz- oder statutenwidrige Beschlüsse der Vereinsorgane in der Rechtsprechung stets zugestanden worden.«

10.2. Die erforderliche Unterscheidung zwischen dem absolut nichtigen und dem zu rügenden unwirksamen Vereinsbeschluß

1135 Unter Hinweis auf die Entstehungsgeschichte, wenn auch in Anerkennung inzwischen wesentlich veränderter Verhältnisse bei den Vereinen lehnt die Rechtsprechung es ab, die §§ 241 ff. AktG auf Beschlüsse der Mitgliederversammlung von Vereinen entsprechend anzuwenden[703].

Wie schon früher[704], wird auch heute die entsprechende Anwendung der §§ 241 ff. AktG für Beschlüsse der Mitgliederversammlungen von Vereinen teilweise uneingeschränkt befürwortet[705]; z. T. werden Einschränkungen vorgenommen; zum einen soll eine AG-ähnliche Organisation der Willensbildung und Abstimmung in der Mitgliederversammlung vorhanden sein[706], zum anderen soll es sich um Vereine mit einer Mehrgliedrigkeit ihres Aufbaus handeln[707].

1136 Die folgende Auffassung ist im Vordringen: Nichtigkeit eines Versammlungsbeschlusses ist gegeben, wenn dieser gegen zwingende gesetzliche oder satzungsmäßige Bestimmungen verstößt, die dem Schutz aller Mitglieder an einer ordnungsgemäßen Willensbildung im Verein dienen[708]. Bei bestimmten Rechtsverstößen hängt die Rechtsbeständigkeit des Beschlusses davon ab, daß der Verstoß innerhalb angemessener Frist gerügt wird. Es muß sich aber um Schutzbestimmungen zugunsten der Mitglieder handeln[709].

1137 Zu all dem ist wie folgt Stellung zu nehmen: Es fragt sich, ob nicht eine Gesetzeslücke besteht, welche durch richterliche Rechtsfortbildung, die insoweit zulässig ist, geschlossen werden sollte. Den »kleinen« Verein, der nahezu kein

---

702 RGZ 85, 311/313.

703 BGHZ 59, 369/372; *BGH* NJW 1971, 879; 1975, 2101; *OLG Schleswig* NJW 1960, 1862; *KG* OLGZ 1971, 480/483.

704 *v. Tuhr* DJZ 1901, 445/447; *Richert* NJW 1957, 1543/1545.

705 *K. Schmidt* Die AG 1977, 243 ff.; *ders.* Festschrift Stimpel S. 217 ff.; *Grunewald* Ausschluß S. 270 ff.

706 MünchKomm/*Reuter* § 32 BGB Rn. 34.

707 *Noack* S. 167.

708 *OLG Frankfurt* WM 1985, 1466/1472.

709 *Staudinger/Coing* Rn. 26, *Soergel/Hadding* Rn. 18, 37, *Palandt/Heinrichs* Rn. 10, je zu § 32 BGB; *Sauter/Schweyer* Rn. 212; *Stöber* Rn. 210; vgl. auch *KG* OLGZ 1971, 480/482.

Vermögen hat, gibt es heute nicht mehr als anzuführenden Regelfall. Die Bundesligen I und II des Fußball- oder Eishockeysports z.B. sind heute Wirtschaftsbetriebe von mindestens mittlerer Größenordnung mit einem Haushaltsvolumen von 1 Mio DM aufwärts, um nur ein Beispiel herauszugreifen. Eine Ausschlußfrist braucht für die Anfechtungsklage nicht normiert zu werden; sie gilt im übrigen auch im GmbH-Recht nicht. Der Hinweis der 2. Kommission, auch das GmbHG habe die Anfechtung nicht geregelt, ist an sich richtig, aber es finden nach unbestrittener Auffassung die §§ 241 ff. AktG entsprechende Anwendung. Ein weiteres Beispiel der Bedeutung heutiger Vereine: Dem Hauptverband der gewerblichen Berufsgenossenschaften e.V. gehören 34 gewerbliche Berufsgenossenschaften und die Seeberufsgenossenschaft an, denen wiederum nach dem Stande 1985 1 671 Unternehmen mit 20 343 000 Versicherten angehörten[710]. Wird dieser in Vereinsform bestehende Spitzenverband mit einer auf dörflicher Ebene tätigen, zehn Mitglieder zählenden eingetragenen Genossenschaft in Beziehung gesetzt, so ist es ein Anachronismus, daß für Beschlüsse der Mitgliederversammlung des Spitzenverbandes kein gesetzlich geregeltes Anfechtungsrecht besteht, aber ein solches für die kleine Genossenschaft.

Für die entsprechende Anwendung aktienrechtlicher Nichtigkeits- und Anfechtungsvorschriften sprechen nicht so sehr die sich aus dem AktG ergebenden Nichtigkeits- und Anfechtungstatbestände, sondern die Inter-omnes-Wirkung des Nichtigkeits- und Anfechtungsurteils (§ 248 Abs. 1 Satz 1, § 249 Abs. 1 Satz 1 AktG). Das dem Verein zugestandene Feststellungsurteil wirkt bei der an sich gebotenen alleinigen prozessualen Betrachtung nur unter den Parteien des Prozesses, falls kein Nachfolgeverhältnis gegeben ist (§ 325 Abs. 1 ZPO). Da es im Verein aber nur ein einheitliches Recht geben kann, muß ein solches Urteil »aus praktischen Gründen« eine inter-omnes-Wirkung haben. Dogmatisch begründen läßt sich dies jedoch nicht (vgl. Rn. 1729).

Solange eine richterliche Rechtsfortbildung im Sinne der entsprechenden An- **1138**
wendung der aktienrechtlichen Nichtigkeits- und Anfechtungstatbestände fehlt, ist es gleichwohl im Vereinsrecht geboten, bei den fehlerhaften Beschlüssen zwischen solchen zu unterscheiden, deren Mängel so schwer sind, daß die Nichtigkeit des Beschlusses nicht gerügt werden muß. Bei weniger schweren Mängeln ist ein Vereinsbeschluß zwar auch fehlerhaft; die Mängel müssen aber aus dem Gesichtspunkt der Treupflicht, die das Mitglied dem Verein schuldet, gerügt werden. Erst dann tritt Beschlußunwirksamkeit ein. Eine andere Betrachtung würde der Bedeutung der heutigen Vereine nicht gerecht, die z.T. als Massenorganisationen bestehen und die weiter im Gegensatz z.B. zu mancher GmbH, deren Mitglieder etwa 50 000 DM Kapitaleinsatz aufbringen, mittlere Wirtschaftsunternehmen sind.

Hier können nur diese Vereinsverhältnisse Orientierungspunkte setzen und nicht die weiterhin bestehenden kleinen Vereine mit nahezu keinem Vermögen. Das Vereinsrecht muß einheitlich sein. Auf eine AG-artige Organisation kann mangels genügend brauchbarer Abgrenzungskriterien nicht zurückgegriffen werden. Nur Großvereine mit Untergliederungen zu berücksichtigen, würde die vielen Vereinsverbände nicht einschließen, die nur Körperschaften oder Gesellschaften als Mitglieder haben.

---

710 *Hein* S. 227.

Die hier vertretene Auffassung stimmt mit derjenigen des *BGH* insoweit überein, als dieser[711] ausgeführt hat, nicht jedes Vereinsmitglied könne wegen irgendeines Gesetzes- oder Satzungsverstoßes ohne Rücksicht auf dessen **Schwere** und der Bedeutung der betreffenden Angelegenheit die Nichtigkeit des Beschlusses unbegrenzt geltend machen.
Bei der Beantwortung der Frage, wann ein weniger schwerer und damit zu rügender Beschlußmangel gegeben ist, kann es von Bedeutung sein, ob es sich um die Verletzung bloßer Schutzvorschriften zugunsten der Mitglieder handelt. Entscheidend ist das Vorliegen eines Beschlußmangels, der aber nicht so schwer ist, daß die Nichtigkeit auch ohne Rüge gegeben ist. *Grunewald*[712] hat zu Recht darauf hingewiesen, daß es unter die Verletzung bloßer Schutzvorschriften kaum einzureihen ist, wenn etwa der für die Ausschließung zuständigen Mitgliederversammlung Subsumtionsfehler bei der Bestimmung des Begriffes des wichtigen Grundes unterlaufen.

10.3. Der aus materiellen Gründen absolut nichtige Vereinsbeschluß

10.3.1. Vorbemerkung

1139 Nachfolgend werden Fälle nichtiger Beschlüsse aufgeführt, denen im Regelfall besonders schwere Mängel anhaften. Im Einzelfall kann es sich ergeben, daß der Mangel gleichwohl weniger schwer ist und damit der Rüge bedarf.

10.3.2. Materielle Nichtigkeitsgründe

1140 Der Vereinsbeschluß ist als Gesamtakt zwar keine Willenserklärung; gleichwohl finden auf ihn aber nach allgemeiner Meinung die Vorschriften über nichtige Willenserklärungen Anwendung.

1141 Der Beschluß verstößt gegen zwingendes Gesetzesrecht; es tritt Nichtigkeit nach § 134 BGB ein[713]. Beispiele sind: Abschaffung des Vorstands (Verstoß gegen § 26 Abs. 1 Satz 1 BGB), Erschwerung des Austritts (Verstoß gegen § 39 BGB), Verzicht auf eine erforderliche Vermögensliquidation (Verstoß gegen §§ 45–47 BGB), gesetzwidrige Weisungen an den Vorstand, z. B. trotz Konkursreife keinen Konkursantrag zu stellen (Verstoß gegen § 42 Abs. 2 Satz 1 BGB), Verstöße gegen das Vereinsgesetz, gegen Kartellbestimmungen, gegen das Strafrecht oder gegen zwingende Vorschriften des öffentlichen Rechts.

1142 Die Nichtigkeit eines Beschlusses der Mitgliederversammlung kann sich auch daraus ergeben, daß sich dieser auf eine Satzungsbestimmung stützt, die ihrerseits gegen zwingende Gesetzesvorschriften verstößt[714].

1143 Nichtig ist ein Beschluß weiter, wenn er gegen die guten Sitten verstößt (§ 138 Abs. 1 BGB), etwa, weil er die Schädigung Dritter bezweckt[715] oder einen Machtmißbrauch der Mehrheit gegenüber der Minderheit darstellt, z. B. wenn er Sondervorteile zum Nachteil der Mitglieder oder des Vereins bezweckt[716]. Der Beschluß muß aber »für sich genommen« gegen die guten Sitten verstoßen;

711 BGHZ 59, 369/372.
712 Ausschluß S. 269.
713 *Soergel/Hadding* § 32 BGB Rn. 36.
714 Vgl. *OLG Karlsruhe* NJW 1980, 2137.
715 Vgl. BGHZ 15, 382/385.
716 Vgl. *RG* JW 1938, 748/751; *Soergel/Hadding* § 32 BGB Rn. 36.

danach kommt es auf den Wortlaut, möglicherweise auf den objektiven Sinn des Beschlusses, nicht aber darauf an, ob Motiv, Zweck oder Art des Zustandekommens unsittlich sind[717].

Die Nichtigkeit eines Beschlusses kann sich auch daraus ergeben, daß dieser gegen zwingende Vorschriften der einschlägigen Satzung verstößt; hieraus können sich sachliche, aber auch verfahrensmäßige Beschlußmängel ergeben. Besagt die Satzung z. B., daß über eine Satzungsänderung in zwei mindestens sechs Monate auseinanderliegenden Versammlungen abgestimmt werden muß, wird die 2. Versammlung aber schon nach vier Monaten abgehalten, so ist die beschlossene Satzungsänderung unwirksam[718]. Ob es sich um eine zwingende Satzungsvorschrift handelt, ist oft nur durch Auslegung zu ermitteln. Der Verstoß gegen Ordnungsvorschriften, welche in die Soll-Form gekleidet sind, ist im allgemeinen kein absoluter Nichtigkeitsgrund. Er kann zum einen überhaupt keine rechtlichen Folgen haben; es kann zum anderen eine zu rügende Fehlerhaftigkeit anzunehmen sein, wenn schützenswerte Interessen berührt werden[719]. Häufig ist auch hier eine Satzungsauslegung geboten. Die Nichtigkeit eines Beschlusses folgt nicht immer daraus, daß entgegen dem Wortlaut der Satzung gehandelt worden ist; es genügt auch, daß der Vereinszweck nicht beachtet worden ist. **1144**

Nichtig kann ein Beschluß deshalb sein, weil die Mitgliederversammlung die Kompetenz des Vereins nicht beachtet. Dies kann der Fall sein, wenn ein Beschluß in nicht gerechtfertigter Weise in die Rechte Dritter eingreift[720]. **1145**

Die Nichtigkeit eines Beschlusses kann sich schließlich auch daraus ergeben, daß dieser mit dem Wesen des Vereins oder mit allgemeinen Grundsätzen des Körperschaftsrechts nicht vereinbar ist[721]. Unvereinbar mit dem Wesen des Vereins ist der Ausschluß etwa des Austrittsrechts, des Rechts, Vereinsbeschlüsse durch Anrufung eines (Schieds-) Gerichts anfechten zu können, die Anordnung, daß die Mitglieder eines rechtsfähigen Vereins unmittelbar für Vereinsschulden zu haften haben. Hierher gehört auch der Fall, daß ein Beschluß in unentziehbare Mitgliederschaftsrechte oder Minderheitenrechte eingreift. Unvereinbar mit dem Wesen des Vereins ist es z. B. weiter, wenn eine Delegiertenversammlung besteht und die Mitglieder bei der Wahl der Delegierten keine Mitwirkungschance haben. So etwa, wenn die Listenwahl in der Form der einfachen Mehrheitswahl zur Folge hat, daß allein die Wählergruppe, deren Liste die meisten Stimmen erhält, die Mitglieder der Vertreterversammlung stellt und die übrigen Wähler von jedem Einfluß in der Versammlung durch Vertreter ihres Vertrauens ausgeschlossen sind[722]. Wenn es sich nicht um nach Art. 140 GG i. V. m. Art. 137 Abs. 3 WRV privilegierte religiöse Vereine handelt und wenn bei anderen Vereinen nicht hierfür triftige Gründe bestehen, so sind Beschlüsse nichtig, die einen Dritten ermächtigen, Vereinsorgane zu bestellen, die Zustimmung zu Satzungsänderungen oder zur Vereinsauflösung **1146**

717 Vgl. BGHZ 101, 113/116.
718 Vgl. BayObLGZ 1987, 161/170.
719 Vgl. *OLG Köln* NJW-RR 1990, 1182/1183.
720 Vgl. *Scholz/K. Schmidt* § 45 GmbHG Rn. 71.
721 Vgl. *Soergel/Hadding* § 32 BGB Rn. 36.
722 Vgl. *BGH* NJW 1982, 2558/2559. Gen.: keine Bedenken bestehen in diesem Fall, die Wahl als Verhältniswahl durchzuführen.

erteilen zu müssen. Es sind dies die Fälle des unzulässigen Fremdeinflusses auf den Verein. Dieser kann aber nicht nur durch einen außenstehenden Dritten, sondern auch durch einen übergeordneten Verband gegeben sein. Die Unvereinbarkeit mit dem Wesen des Vereins kann sich auch aus der Beschlußfassung aufgrund einer nichtigen Satzungsbestimmung ergeben. Dies ist etwa der Fall, wenn es der Satzung entspricht, daß der Vorstand über seine eigene Entlastung oder über seine Nichtabberufung beschließt[723]. – Zu den ungeschriebenen Regeln des Körperschaftsrechts gehört die Beachtung des Grundsatzes der Gleichbehandlung aller Mitglieder und die Treupflicht, die sich Verein und Mitglieder gegenseitig schulden (vgl. Rn. 543 ff., 608 ff.). Ein Beschluß, der hiergegen verstößt, ist jedoch nur dann absolut nichtig, wenn er diese Grundsätze in besonders schwerer Weise mißachtet. Dies ist etwa der Fall, wenn der Beschluß auf sachlich nicht gerechtfertigten und damit willkürlichen Stimmrechtsregelungen beruht[724].

1147 Für Beschlüsse der Mitgliederversammlung gilt der Bestimmtheitsgrundsatz. Er ist verletzt, wenn ein Beschluß in sich widersprüchlich oder wegen sachlicher Unklarheit praktisch nicht durchführbar ist[725]. Es stellt auch einen Verstoß gegen den Bestimmtheitsgrundsatz dar, wenn z. B. die Satzung eines Tennisvereins lediglich bestimmt, daß die Mitglieder die von der Mitgliederversammlung festgesetzten Beiträge zu zahlen haben und wenn dann beschlossen wird, daß die Mitglieder körperliche Arbeitspflichten (Frühjahrs- und Herbstreinigung der Plätze) oder Verzehrpflichten (Benutzung der Clubkantine bis zu einem Jahresmindestbetrag) zu erfüllen haben[726].

1148 Absolut nichtig ist ein Versammlungsbeschluß, wenn er einer Grundlage in der Satzung bedarf, die aber fehlt. Dies ist etwa der Fall, wenn die Satzung an sich das Recht der Mitglieder vorsieht, an allen Vereinsveranstaltungen teilnehmen zu können, wenn aber ein Versammlungsbeschluß dieses Teilnahmerecht für einen bestimmten Kreis der Mitglieder einschränkt[727].

10.4. Der aus formellen Gründen absolut nichtige Versammlungsbeschluß

10.4.1. Vorbereitungs- und Einberufungsmängel

1149 In den nachfolgend aufgeführten Fällen ist keine Nichtigkeit gegeben, wenn eine Vollversammlung besteht, in welcher der Mangel nicht gerügt wird[728].

Nichtig sind Beschlüsse, die in einer vom Einberufungsorgan wieder abgesagten Mitgliederversammlung gefaßt werden[729].

Die Satzung ordnet als zwingende Einberufungsvoraussetzung eine Beschlußfassung des Gesamtvorstands an, der Vorsitzende beruft ohne eine solche ein.

Die Einberufung gibt Ort und Zeit der Versammlung nicht an[730].

---

723 Vgl. *BGH* NJW 1965, 1378.

724 Vgl. *BGH* NJW 1960, 2142/2143; *KG* NJW 1962, 1917.

725 *Soergel/Hadding* § 32 BGB Rn. 36.

726 Vgl. *Beuthien* BB 1987, 6/12.

727 *OLG Celle* WM 1988, 495.

728 BGHZ 59, 369/373.

729 *KG* NJW 1988, 3159/3160.

730 Vgl. *KG* NJW 1965, 2157/2159; *Rowedder/Koppensteiner* § 47 GmbHG Rn. 80.

Die Einberufung nimmt eine nach Gesetz oder Satzung hierzu nicht zuständige Person vor[731]. Beispiele: Der 2. Vorsitzende beruft gegen den Willen des 1. Vorsitzenden ein. Das Amtsgericht hat die Ermächtigung Nichtmitgliedern erteilt, welche die Einberufung vorgenommen haben[732].
Ein vor der Versammlung eingebrachter Dringlichkeitsantrag führt zur Beschlußfassung, obwohl dieser vor der Versammlung nicht allen Mitgliedern bekannt gemacht worden ist[733].
Die individuell erforderliche Einberufung wird nicht gegenüber allen Mitgliedern vorgenommen; die Einberufungsform entspricht nicht der Satzung[734]. Im Einzelfall kann aber kein schwerer Einberufungsmangel bestehen, wenn z. B. von tausend Mitgliedern eines nicht eingeladen wird[735] oder wenn der Nichtgeladene aus Rechtsgründen nicht gegen den einzig gefaßten Beschluß stimmen durfte[736]. Jedenfalls bei Vereinen mit einer größeren Mitgliederzahl kann der Verein im Streitfall den Nachweis führen, daß der Beschluß nicht auf der unterbliebenen Einladung beruhen kann[737] (vgl. dazu Rn. 1181 ff.). Nach *OLG Frankfurt*[738] bleibt die Nichtigkeit ohne Folgen, wenn das nicht geladene Mitglied die Beschlußfassung nachträglich genehmigt.

Es wird die Auffassung vertreten, die Nichtbeachtung der Satzungsvorschriften **1150**
über Ort und Zeit der Versammlung sowie der Einberufungsfrist führe nicht zur absoluten Nichtigkeit der Beschlußfassung, sondern die Nichtigkeit sei zu rügen, da es sich um mitgliederschützende Satzungsbestimmungen handle[739]. In dieser Allgemeinheit kann dieser Meinung nicht zugestimmt werden. Es kommt auf die Schwere des Mangels an. Schreibt die Satzung eine Einberufungsfrist von vier Wochen vor, wird aber nur eine Frist von einer Woche eingehalten, so können sich im allgemeinen Mitglieder nicht mehr ordnungsgemäß vorbereiten und u. U. auch nicht mehr den Termin freihalten. Dagegen führt die Nichtbeachtung der Einberufungsfrist von ein oder zwei Tagen nicht zur absoluten Nichtigkeit gefaßter Beschlüsse.

10.4.2. Fehler in der Versammlung

Nichtigkeit der Beschlußfassung wird angenommen, wenn die Mitgliederver- **1151**
sammlung nicht von einer hierzu befugten Person geleitet wird[740]. Nach einer anderen Auffassung ist Nichtigkeit nur gegeben, wenn der Leitungsfehler für

---

731 *RG* Recht 1908 Nr. 3385; BayObLGZ 1989, 298/305; *OLG Hamm* NJW-RR 1989, 1532/1533 f.; ebenso BGHZ 18, 334/337 f.: Gen.; BGHZ 87, 1/3: GmbH.

732 BayObLGZ 1986, 459/462.

733 Vgl. *BGH* NJW 1987, 1811.

734 Vgl. *RG* Warn. 1912 Nr. 285; BGHZ 59, 369/373; BayObLGZ 1986, 528/536 und 1988, 170/177; *OLG Hamm* OLGZ 1965, 65/68 und RPfl 1966, 177; *OLG Schleswig* 1960, 1862; ebenso zum GmbH-Recht: bei Einladung nicht aller Gesellschafter: BGHZ 36, 207/211; *BGH* WM 1983, 1354/1355; *OLG Celle* GmbHR 1983, 273/274; *OLG Frankfurt* OLGZ 1984, 11/14; *OLG Düsseldorf* BB 1990, 947.

735 Vgl. *KG* DNotZ 1934, 855: GmbH.

736 *BGH* NJW 1965, 1376/1377.

737 Vgl. BGHZ 59, 369/375.

738 A. a. O. S. 15.

739 *KG* OLGZ 1971, 480/482; *Sauter/Schweyer* Rn. 213.

740 *KG* NJW 1988, 3159/3160; *LG Bonn* RPfl 1985, 198.

die Beschlußfassung kausal war[741]. Bei einem schweren Leitungsfehler (»Leitung durch Mann von der Straße«) wird es bei der absoluten Nichtigkeit verbleiben, da der Leiter immerhin die Person ist, die den Verein in der Versammlung repräsentiert, da diesem als Vertreter des Vereins die Stimmen zugehen müssen[742]. Bei weniger schwerwiegenden Leitungsfehlern kommt es auf die Ursächlichkeit für das Beschlußergebnis an.

1152 Nichtig sind Versammlungsbeschlüsse weiter, wenn die in der Satzung angeordnete Beschlußfähigkeit fehlt, die dann bei jeder Beschlußfassung gegeben sein muß[743]. Ein Auflösungsbeschluß ist nichtig, wenn die erforderliche Zahl von Mitgliedern nicht anwesend ist[744]. Weiteres Beispiel: In die Einladung zu einer Wiederholungsversammlung wird ein neuer, bisher nicht behandelter Tagesordnungspunkt aufgenommen, für den die allgemeine satzungsmäßig angeordnete Beschlußfähigkeit gegeben sein muß, für den also die erleichterte Beschlußfähigkeit für eine Wiederholungsversammlung nicht gilt, weil bezüglich des neuen Tagesordnungspunktes eine Erstversammlung gegeben ist; die Abstimmung über den neuen Tagesordnungspunkt ist bei fehlender Beschlußfähigkeit nichtig[745].

Nichtig ist ein Beschluß, wenn er einen Gegenstand betrifft, der in der den Mitgliedern vorher bekannt gemachten Tagesordnung nicht oder nur mangelhaft angekündigt worden ist, sofern die Satzung über die Zulassung von Dringlichkeitsanträgen in der Versammlung schweigt[746]. Gleiches gilt für die Abstimmung über einen Dringlichkeitsantrag, der nur in einer Geschäftsordnung vorgesehen ist[747].

Nichtig ist ferner ein Beschluß der Mitgliederversammlung, wenn diese Gegenstände an sich zieht, die in der Satzung eindeutig einem anderen Organ zugewiesen sind. Beispiel: Es wird in der Versammlung die Ausschließung eines Mitglieds beschlossen, obwohl für sie ein Ehrenrat zuständig ist[748].

Sind die Aufgaben und die Zusammensetzung einer Delegiertenversammlung nur in einer Verbandsordnung, nicht aber in der Satzung geregelt, so können die Delegierten keine gültigen Beschlüsse fassen[749].

Ein nichtiger Beschluß ist auch gegeben, wenn er über einen Antrag entscheidet, der nicht den satzungsmäßig angeordneten Form- und/oder Fristvorschriften entspricht[750].

---

741 *OLG Köln* RPfl 1985, 447/448.

742 BayObLGZ 1989, 298/305.

743 Die frühere Rechtsprechung nahm hier einen Scheinbeschluß an, vgl. RGZ 76, 170 und *KG* JFG 4, 249: jeweils Gen.; später ist zutreffend Nichtigkeit angenommen worden, vgl. *KG* OLGE 32, 129 und JW 1935, 715: Gen.

744 *KG* OLGE 46, 277.

745 Vgl. *OLG Frankfurt* OLGZ 1983, 29/30: WEG.

746 Und somit § 32 Abs. 1 Satz 2 BGB nicht abbedungen ist, vgl. *OLG Celle* OLGE 5, 430; *OLG Hamburg* OLGE 28, 8; *KG* JW 1934, 2126; *BayObLG* RPfl 1979, 196; *OLG Köln* OLGZ 1984, 401/404.

747 *OLG Frankfurt* WM 1985, 1466/1473.

748 BayObLGZ 1986, 528/535; vgl. weiter *RG* Warn. 1913 Nr. 392; *OLG München* BayZ 1932, 180/181.

749 *Stöber* Rn. 209.

750 *Soergel/Hadding* § 32 BGB Rn. 37.

Als Nichtigkeitsgrund wird weiter der Fall angenommen, daß ein Beschluß entgegen der Satzung nicht protokolliert worden ist[751]. Dem kann nur eingeschränkt zugestimmt werden. Sieht die Satzung oder eine Vereinsordnung vor, daß Versammlungsbeschlüsse zu protokollieren sind, so soll eine solche Vorschrift im Regelfall nur die Beweisführung für eine bestimmte Beschlußfassung erleichtern. Nur dann, wenn sich aus der Satzung ergibt, daß die Protokollierungsvorschrift als Wirksamkeitsvoraussetzung für eine gültige Beschlußfassung gewollt war, hat die Nichtbeachtung die Nichtigkeit des nicht protokollierten Beschlusses zur Folge[752].

Nichtigkeit ist dagegen gegeben, wenn die Mitglieder Beschlüsse fassen, obwohl **1153**
der Leiter die Vertagung oder die Verlegung der Versammlung verkündet hat[753]. Gleiches gilt für eine Beschlußfassung, nachdem der Leiter die Versammlung für geschlossen erklärt hat[754]. Das *KG*[755] sieht in der Fortsetzung der Versammlung die Bildung einer neuen Mitgliederversammlung, die aber nicht von einer hierzu befugten Person einberufen worden ist[756]. Etwas anderes gilt nur dann, wenn die Schließungserklärung des Leiters wegen offensichtlichen Mißbrauchs unwirksam ist (vgl. Rn. 1078); dann können nach der (nach der Satzung möglichen) Wahl eines anderen Leiters gültige Beschlüsse gefaßt werden.

10.4.3. Fehler bei schriftlicher Abstimmung

Stimmen bei schriftlicher Abstimmung nicht alle Mitglieder dem Beschluß zu **1154**
und hat die Satzung § 32 Abs. 2 BGB über das Erfordernis der Einstimmigkeit nicht abbedungen, so ist der Beschluß unwirksam.

10.4.4. Rechtsfolgen der absoluten Nichtigkeit

Der absolut nichtige Beschluß hat von Anfang an keine Wirksamkeit und ist **1154 a**
deshalb für das Vereinsleben nicht existent. Nach § 256 Abs. 1 ZPO ist die Klage auf Feststellung der Nichtigkeit zulässig. Ein nichtiger Beschluß kann nicht in das Vereinsregister (oder Handelsregister) eingetragen werden[757].

10.5. Die zu rügende Unwirksamkeit von Versammlungsbeschlüssen

10.5.1. Allgemeines

Das Vereinsrecht kennt nach der Rechtsprechung des *BGH* keine Beschlüsse, **1155**
die durch richterliches Gestaltungsurteil mit Rückwirkung für nichtig erklärt werden (vgl. oben Rn. 1134). Es sind dies im Kapitalgesellschafts- und Genossenschaftsrecht Beschlüsse, die an weniger schweren Mängeln leiden als die nichtigen Beschlüsse. Die Unterscheidung nach der Schwere des Fehlers ist auch im Vereinsrecht erforderlich. Der an einem weniger schweren Fehler lei-

---

751 *Soergel/Hadding* § 32 BGB Rn. 37 unter Bezugnahme auf *OLG Stuttgart* BB 1983, 1050 zum GmbH-Recht.

752 Ebenso: *Lang/Weidmüller/Metz* § 47 GenG Rn. 3.

753 Vgl. *Scholz/K. Schmidt* § 51 GmbHG Rn. 35.

754 Vgl. *KG* OLGE 40, 202: AG; vgl. auch BayObLGZ 1989, 298/302 f.

755 OLGZ 1990, 316/319 f.

756 Vgl. auch *BayObLG* a. a. O. S. 304.

757 *BayObLG* GmbHR 1993, 223.

dende Beschluß ist nicht wie im Kapitalgesellschaftsrecht zunächst wirksam[758], sondern von Anfang an nichtig. Hier gebietet aber die Treupflicht, die jedes Mitglied dem Verein schuldet, daß es die Nichtigkeit alsbald rügt. Wird dies unterlassen, so ist das Recht, die Nichtigkeit geltend zu machen, ein Verstoß gegen Treu und Glauben (Verwirkung). Der Verein kann und muß dann den Beschluß als verbindlich behandeln, da er wegen der unterlassenen Rüge wirksam wird. Eine klagweise Geltendmachung der Nichtigkeit ist nicht mehr möglich[759].

Das Registergericht muß einen an weniger schweren Fehlern leidenden Beschluß jedenfalls dann eintragen, wenn eine angemessene Anfechtungsfrist ungenutzt verstrichen ist. Es ist nicht Aufgabe des Registergerichts, Personen zu schützen, die weder seines Schutzes bedürfen noch einen solchen begehren[760].

10.5.2. Rüge der Beschlußnichtigkeit aus materiellen Gründen

1156 Eine zu rügende Beschlußnichtigkeit aus materiellen Gründen kann bei einem Verstoß gegen den Gleichbehandlungsgrundsatz sowie bei einem Verstoß gegen die Treubindungen gegeben sein, die zwischen dem Verein und den Mitgliedern bestehen, sofern von einem solchen Verstoß nur ein Mitglied oder wenige Mitglieder betroffen sind (sonst absolute Nichtigkeit). Zu nennen ist weiter der Ausschluß eines Mitglieds ohne Rechtsgrundlage. Hierher gehört ferner der Fall, daß der Beschluß gegen eine Soll-Vorschrift der Satzung verstößt. Aber hier ist zu prüfen, ob diese nur einen reinen Ordnungscharakter hat, der überhaupt keine Nichtigkeitsfolge nach sich zieht[761].

10.5.3. Rüge der Beschlußnichtigkeit aus formellen Gründen

1157 Eine zu rügende Nichtigkeit kann im Einzelfall auch bei einem an sich absoluten Nichtigkeitstatbestand gegeben sein. Besagt die Satzung z. B., daß die persönliche Einladung zur Mitgliederversammlung vier Wochen vor der Versammlung abgesandt werden muß und liegt eine Fristunterschreitung von einem Tag vor, so ist dieser Mangel zu rügen, um eine Beschlußnichtigkeit herbeizuführen. Die Satzung kann den Versammlungsort festlegen. Wird hiervon abgewichen, so kann eine absolute Nichtigkeit der Beschlußfassung vor allem dann gegeben sein, wenn ein Ort gewählt worden ist, der eine Teilnahme erschwert oder sonst unzumutbar macht[762]. Ist dies nicht der Fall, so muß die Nichtigkeit der Beschlußfassung an einem anderen als dem in der Satzung bezeichneten Ort gerügt werden.

1158 Bei Mitgliederversammlungen von Vereinen im Ausland stellt sich das Problem der notariellen Beurkundung durch einen ausländischen Notar kaum, da Beschlüsse nicht notariell beurkundet werden. Die Beschlußfassung im Ausland kann unter dem Gesichtspunkt der Erschwerung der Besuchsmöglichkeit zu prüfen sein; danach beurteilt sich, ob eine absolute oder eine zu rügende Nichtigkeit gegeben ist.

---

758 So aber: *Soergel/Hadding* § 32 BGB Rn. 18.
759 Vgl. *OLG Frankfurt* WM 1985, 1466/1472; vgl. auch *KG* OLGZ 1971, 480/483 f.
760 *KG* OLGE 34, 348; *BayObLG* NJW 1959, 485/486.
761 Vgl. *OLG Köln* NJW-RR 1990, 1182/1183.
762 Vgl. *OLG Frankfurt* OLGZ 1984, 333: WEG.

Die Wahl des Versammlungsraumes kann fehlerhaft sein. Dies ist etwa der Fall, wenn die Versammlung zunächst für die Mitglieder geschlossen im Nebenraum einer Gaststätte stattgefunden hat, wenn aber dann der nicht ganz ausgefüllte Nebenraum von Gaststättenbesuchern mitbenutzt wird und ein Lärm entsteht, daß das von Mitgliedern gesprochene Wort oft nicht zu verstehen ist[763]. **1159**

Mängel des Teilnehmerverzeichnisses können zu einer zu rügenden Nichtigkeit gefaßter Beschlüsse führen. Hier muß sich aber der Fehler eindeutig auf das Beschlußergebnis ausgewirkt haben[764]. **1160**

Die Beschlußfassung zur Unzeit kann zu einer zu rügenden Nichtigkeit führen. Es muß eine verkehrsübliche und zumutbare Zeit gewählt werden, damit allen Mitgliedern die Teilnahmemöglichkeit eröffnet wird. Der Fehler kann aber auch so schwer sein, daß absolute Nichtigkeit der Beschlußfassung gegeben ist[765]. Dies gilt auch für eine Beschlußfassung nach sehr langer Verhandlungsdauer, insbesondere weit nach Mitternacht. **1161**

Die Grenzen zwischen absoluter und zu rügender Nichtigkeit sind auch flüssig, wenn gegen den Grundsatz der unbeeinflußten Willensbildung verstoßen wird. Bei der einseitigen Beeinflussung der Willensbildung durch den Leiter wird im Regelfall absolute Nichtigkeit angenommen[766]. Das kann nur bei besonders massiven Beeinflussungen zutreffen. Ansonsten ist die Beschlußfassung ohne Beachtung des Grundsatzes der unbeeinflußten Willensbildung zu rügen. **1162**

Nehmen an der Mitgliederversammlung Nichtberechtigte teil, so kann dies folgenlos bleiben, es kann eine absolute oder eine zu rügende Nichtigkeit gefaßter Beschlüsse in Betracht kommen. Es kommt darauf an, welchen Einfluß die Nichtberechtigten auf die Willensbildung oder gar auf das Abstimmungsergebnis hatten. **1163**

Der unberechtigte Ausschluß Teilnahmeberechtigter ist im Regelfall ein zu rügender Nichtigkeitstatbestand für gefaßte Beschlüsse. **1164**

Der Ausschluß oder der unberechtigte Abbruch der Aussprache begründet eine zu rügende Nichtigkeit der Beschlußfassung. **1165**

Läßt die Satzung eine Vertretung in der Mitgliederversammlung zu, so ist die unbegründete Zurückweisung eines Vertreters ein Grund, die Nichtigkeit der Beschlußfassung zu rügen[767]. **1166**

Das Vorenthalten von Informationen, die z. B. für die Willensbildung über die Entlastung erforderlich sind, kann einen absoluten, aber auch einen zu rügenden Nichtigkeitstatbestand darstellen. **1167**

Der unberechtigte Ausschluß von der Abstimmung muß als Nichtigkeitsgrund gerügt werden. **1168**

Im GmbH-Recht wird das Nichtzählen berechtigter Stimmen und das Mitzählen von Stimmen Nichtberechtigter als Grund für die Anfechtung von Beschlüssen genannt[768]. Da im Vereinsrecht die Feststellung des Beschlußergeb- **1169**

763 Vgl. *OLG Hamm* OLGZ 1990, 57/59: WEG.
764 Vgl. *OLG Hamburg* NJW 1990, 1120/1121.
765 Vgl. *OLG Frankfurt* OLGZ 1982, 418: WEG.
766 Vgl. RGZ 119, 243/245 f.; *KG* NJW 1957, 1680: jeweils Gen.; *OLG Frankfurt* WM 1985, 1466/1474; *Noack* S. 26 f.
767 Vgl. *OLG Karlsruhe* OLGZ 1976, 273; *OLG Frankfurt* OLGZ 1984, 146/147: jeweils WEG.
768 Vgl. z. B. *Lutter/Hommelhoff* Anh. § 47 GmbHG Rn. 46.

nisses kein fixierender Akt ist (vgl. Rn. 1074), kommt hier nur ausnahmsweise eine Nichtigkeitsrüge in Betracht. Hat ein Beschlußantrag z. B. 500 Ja-Stimmen und 100 Nein-Stimmen erhalten, so kommt es auf zwei Stimmen nicht an, die zu Unrecht als Ja-Stimmen mitgezählt worden sind. Ist aber nur eine knappe Mehrheit erzielt worden, so ist die Nichtigkeitsrüge im allgemeinen angebracht. Das Stimmverhalten der unberechtigt Abstimmenden kann einen Einfluß auf andere Abstimmende ausgeübt haben. Beim Nichtmitzählen von Stimmen Berechtigter kann sich das Beschlußergebnis ändern. Bei einer fehlerhaften Feststellung des Beschlußergebnisses kann die sog. positive Beschlußfeststellungsklage mit dem Ziel erhoben werden, daß der wirkliche und rechtmäßige Inhalt des Versammlungsbeschlusses vom Gericht festgestellt wird[769].

1170 Unterlaufen der Mitgliederversammlung bei der Abstimmung über Sachverhalte, die auf die Satzung gestützt sind, Subsumtionsfehler (bei der Ausschlußentscheidung wurde der Begriff »vereinsschädigendes Verhalten« verkannt), so stellt dies einen zu rügenden Nichtigkeitstatbestand dar[770].

10.5.4. Die erforderliche Geltendmachung des Beschlußmangels durch Widerspruch

1171 Der mit einem minder schweren Mangel behaftete Beschluß der Mitgliederversammlung eines Vereins ist mit Einschränkung mit einem anfechtbaren Beschluß der Hauptversammlung einer AG oder der Generalversammlung einer Genossenschaft vergleichbar. Zur (gerichtlichen) Anfechtung eines Beschlusses verlangen § 245 Nr. 1 AktG und § 51 Abs. 2 GenG den Widerspruch des erschienenen Aktionärs oder Genossen zu Protokoll. Die aktienrechtliche Vorschrift findet im GmbH-Recht nicht unmittelbare Anwendung[771]; die unterlassene Mängelrüge trotz Kenntnis des Mangels kann aber als Verzicht auf das Anfechtungsrecht gewertet werden[772]. Der Widerspruch ist auch im Vereinsrecht bei Beschlüssen erforderlich, denen weniger schwere Mängel anhaften[773]. Die Pflicht zum Widerspruch folgt aus der Treupflicht, die das vom Mangel betroffene Mitglied dem Verein schuldet. Wird der Widerspruch noch in der Versammlung erhoben, so kann ein Mangel durch erneute Beschlußfassung behebbar sein. Gelangt der Widerspruch nach der Versammlung zur Kenntnis des Vorstands, so hat dieser Veranlassung, aufgrund der Rüge zu prüfen, ob ein Mangel besteht, der für das Beschlußergebnis relevant ist (vgl. nachfolgend Rn. 1181). Die Bereinigung des Beschlußmangels durch mangelfreie Neuvornahme kann in die Wege geleitet werden. Im Falle der unterlassenen rechtzeitigen Rüge kann der Verein vom nunmehrigen Rechtsbestand des Beschlusses ausgehen, da die Ausübung eines etwa bestehenden Anfechtungsrechts verwirkt ist.

---

769 Vgl. BGHZ 97, 28/30: GmbH.

770 Vgl. auch *BGH* WM 1977, 1276/1277 sowie *Grunewald* Ausschluß S. 263.

771 Vgl. z. B. *Rowedder/Koppensteiner* § 47 GmbHG Rn. 96.

772 *Lutter/Hommelhoff* Rn. 53, *Baumbach/Zöllner* Rn. 73, je Anh. § 47 GmbHG; *Scholz/K. Schmidt* § 45 GmbHG Rn. 139.

773 Vgl. *KG* OLGZ 1971, 480/482/484; ebenso, aber unter Beschränkung auf Verstöße gegen Schutzvorschriften zugunsten der Mitglieder: *Soergel/Hadding* Rn. 18, *Staudinger/Coing* Rn. 26, *Palandt/Heinrichs* Rn. 10, je zu § 32 BGB; *Sauter/Schweyer* Rn. 212; *Stöber* Rn. 210; vgl. auch *Noack* S. 73: nur einem intern nichtigen Beschluß ist zu widersprechen.

Vom erschienenen und betroffenen Mitglied ist der erkennbare Mangel grundsätzlich in der Mitgliederversammlung zu rügen. Der Widerspruch ist so deutlich zu erklären, daß ein gewissenhafter Protokollführer sich zu einer Protokollierung verpflichtet fühlt[774]. Erklärungsempfänger ist aber der Leiter. Fehlt ein solcher, so sind Erklärungsempfänger die übrigen Versammlungsteilnehmer[775]. Als Widerspruch gilt das Anmelden rechtlicher Bedenken gegen den Beschluß oder gegen die Beschlüsse[776]. Außer der Aufzeigung des Mangels bedarf der Widerspruch keiner näheren Begründung[777]. Wird gegen den Entzug des Stimmrechts Widerspruch erhoben, so ist dieser als gegen alle folgenden Beschlüsse gerichtet anzusehen[778].

Entscheidend ist der in der Versammlung erhobene Widerspruch. Die Protokollierung ist nicht Wirksamkeitsvoraussetzung; sie dient lediglich der Beweiserleichterung für den Widerspruch[779].

Ein in der Versammlung erschienenes Mitglied kann ausnahmsweise auch noch **1172**
nach der Versammlung einen Mangel rügen, wenn er in dieser nicht erkennbar war oder wenn der Beschluß materiell fehlerhaft war[780].

Ein nicht erschienenes oder ein von der Versammlung nach seiner Meinung zu **1173**
Unrecht ausgeschlossenes Mitglied rügt den Mangel durch Erklärung gegenüber einem Vorstandsmitglied[781]. Wird die Rüge in einer Eingabe an das Registergericht erhoben, so ist dieses an sich nicht Adressat des Widerspruchs[782]. Das Gericht hat den Widerspruch dem Vorstand weiterzuleiten. Für den Widerspruch außerhalb der Versammlung ist die Darlegung von Tatsachen, soweit bekannt, erforderlich, aus denen sich ein Beschlußmangel ergeben kann[783]. Sofern nicht den Mitgliedern das Versammlungsprotokoll übersandt wird, hat sich das nicht erschienene Mitglied grundsätzlich über die in der Versammlung gefaßten Beschlüsse zu informieren[784].

Es ist Aufgabe des Vorstands, die übrigen Mitglieder über den Widerspruch in **1174**
geeigneter Weise zu verständigen[785], falls hierfür nicht ohnedies eine Satzungsbestimmung besteht.

10.5.5. Die Widerspruchsberechtigten

Der absolut nichtige Beschluß berechtigt jedermann, sich auf die Be- **1175**
schlußnichtigkeit zu berufen[786]. Muß die Beschlußnichtigkeit gerügt werden, so ist hierzu nicht jeder berechtigt.

Die Widerspruchsberechtigung setzt zunächst die Vereinsmitgliedschaft voraus. **1176**
Jedes Mitglied ist Träger einer gemeinschaftlichen rechtmäßigen Willens-

---

774 *OLG Hamm* OLGZ 1976, 392/395 f.: Gen.
775 *Noack* S. 78.
776 *OLG Hamm* a. a. O. S. 396.
777 Vgl. *Lang/Weidmüller/Metz* § 51 GenG Rn. 73.
778 *Lang/Weidmüller/Metz* § 51 GenG Rn. 68; a. A. *OLG Oldenburg* NJW 1975, 1790.
779 Vgl. *Blomeyer* ZfG 1986, 161/162; *Noack* S. 78.
780 *Noack* S. 76.
781 Vgl. § 28 Abs. 2 BGB.
782 A. A. *KG* OLGZ 1971, 480/483; *Soergel/Hadding* § 32 BGB Rn. 18.
783 *Noack* S. 78.
784 *Noack* S. 76.
785 *Noack* S. 78.
786 Vgl. *BGH* NJW 1989, 2059: WEG; *OLG Frankfurt* OLGZ 1984, 11/14: GmbH.

bildung und ist deshalb durch einen rechtswidrigen Beschluß zumindest abstrakt in seinen Mitgliedschaftsrechten betroffen[787]. Die Mitgliedschaft muß zur Zeit der Mitgliederversammlung bestehen, in welcher der rechtswidrige Beschluß gefaßt worden ist. Ein Ausscheiden danach aus dem Verein beendet die Widerspruchsberechtigung grundsätzlich nicht[788]. Wird ein Mitglied (berechtigt oder unberechtigt) aus der Versammlung ausgeschlossen, so ist es berechtigt, gegen alle in der Versammlung gefaßten Beschlüsse Widerspruch einzulegen, also auch gegen die Beschlüsse, die nach der Ausschließung aus der Versammlung gefaßt worden sind[789].
Widerspruch wird in erster Linie das Mitglied einlegen, daß durch den ihm rechtswidrig erscheinenden Beschluß unmittelbar betroffen ist. Eine unmittelbare Betroffenheit ist aber, wie ausgeführt, grundsätzlich nicht erforderlich.

1177 Hat ein Mitglied trotz Kenntnis des Mangels für einen Beschluß gestimmt, so ist es dann nicht widerspruchsberechtigt, wenn dieses Verhalten mit der Treupflicht, das ein Mitglied dem Verein schuldet, nicht vereinbar ist[790]. Dieser Treueverstoß dürfte bei einem Mitstimmen trotz Kenntnis eines formellen Mangels im Regelfall gegeben sein. Anders ist es, wenn es sich um Inhaltsmängel handelt; da solche oft nicht sofort erkennbar sind, sind ein Mitstimmen und ein anschließender Widerspruch regelmäßig nicht treuwidrig.

1178 Die Satzung kann die Widerspruchsberechtigung von Organmitgliedern, die nicht Vereinsmitglieder sind, regeln. Fehlt, wie regelmäßig, eine Satzungsvorschrift über die Widerspruchsberechtigung, so ist jedenfalls der Vorstand (als Gesamtorgan) dann widerspruchsberechtigt, wenn ihm die Ausführung des fehlerhaften Versammlungsbeschlusses obliegt[791]. Jedes Organmitglied ist weiter widerspruchsberechtigt, soweit es mit der Ausführung einen Straftatbestand oder eine Ordnungswidrigkeit begehen würde oder soweit es mit der Ausführung zum Schadensersatz herangezogen werden könnte[792].

1179 Besteht eine Vertreterversammlung, so steht das Widerspruchsrecht nur den gewählten oder bestellten Vertretern und unter den oben dargestellten Voraussetzungen auch den Organmitgliedern des meist in Betracht kommenden Gesamtvereins zu[793]. Mitglieder des Gesamtvereins, die nicht Vertreter sind, können gegen einen Beschluß der Vertreterversammlung dann Widerspruch einlegen, wenn dieser unter Verstoß gegen elementare Rechtsgrundsätze gefaßt worden ist und wenn er in ihre Mitgliedschaftsrechte eingreifen kann[794].

10.5.6. Die Widerspruchsfrist

1180 Ein in der Mitgliederversammlung erkennbarer Mangel ist grundsätzlich vom erschienenen Mitglied in dieser zu rügen.

---

787 Vgl. *Scholz/K. Schmidt* § 45 GmbHG Rn. 128.

788 Vgl. auch RGZ 119, 97/99; *BGH* NJW 1965, 1378.

789 Vgl. *Lang/Weidmüller/Metz* § 51 GenG Rn. 78.

790 Vgl. jedoch auch *BayObLG* NJW-RR 1988, 1168: Das Recht, einen Wohnungseigentümerbeschluß anzufechten, wird nicht dadurch ausgeschlossen, daß der Anfechtende dem Beschluß zugestimmt hat.

791 Vgl. auch § 51 Abs. 2 Satz 2 GenG sowie *OLG Hamburg* NJW-RR 1987, 1342.

792 Vgl. neben § 51 Abs. 2 Satz 2 GenG § 245 Nr. 5 AktG.

793 Vgl. auch *Lang/Weidmüller/Metz* § 51 GenG Rn. 75.

794 Vgl. *BGH* NJW 1982, 2558 f.: Gen.

Nicht erschienene oder von der Versammlung ausgeschlossene Mitglieder sowie die in der Mitgliederversammlung erschienenen Mitglieder, die aber in dieser den Mangel noch nicht erkennen konnten, müssen nach Bekanntwerden des Mangels diesen alsbald gegenüber dem Vorstand rügen. Hierfür steht im allgemeinen nur eine Frist zwischen einem und zwei Monaten zur Verfügung[795]. Die Frist rechnet ab der Übersendung des Versammlungsprotokolls, wenn eine solche vorgenommen wird; ansonsten ab dem Tag der Mitgliederversammlung. Nach dem Ablauf dieser Frist wird die Geltendmachung eines Beschlußmangels im allgemeinen verwirkt.

10.5.7. Die Kausalität bzw. Relevanz von Verfahrensfehlern

Das Aktienrecht kennt die absoluten Nichtigkeitsgründe, die in § 241 AktG **1181**
aufgezählt sind. Hiergegen verstoßende Beschlüsse sind nichtig, ohne daß es auf die Frage ankommt, auf welchem Fehler der Beschluß beruht[796]. Die Rechtsprechung behilft sich bei Vorliegen eines in § 241 AktG genannten Mangels damit, diesen Fehler als nicht so schwer zu werten, daß er als Nichtigkeitsgrund angesehen werden kann, wenn die Anwendung einer Bestimmung des § 241 AktG zu untragbaren Ergebnissen führen würde[797].

Nach dem Wortlaut des § 243 Abs. 1 AktG genügt jede Verletzung des Gesetzes oder der Satzung, um die Anfechtung eines Beschlusses der Hauptversammlung zu begründen. Dies erfordert eine Einschränkung der Anfechtungsgründe. Dies wird durch das Erfordernis erreicht, daß der angefochtene Beschluß auf dem Verfahrensverstoß beruhen muß. Der Gesetzes- oder Satzungsverstoß muß also für das Beschlußergebnis ursächlich sein. Den Beweis, daß der Verstoß auf den Beschluß keinen Einfluß hätte, muß aber nicht der Anfechtungskläger führen; beweisbelastet ist vielmehr die Gesellschaft. Hierbei geht jeder Zweifel zu deren Lasten. Die Ursächlichkeit des Verstoßes für das Beschlußergebnis wird vermutet. Eine Kausalbeziehung zwischen dem Fehler und dem Beschlußergebnis muß nicht nur unwahrscheinlich sein, sie darf vielmehr bei vernünftiger Beurteilung unter keinen Umständen in Betracht kommen[798].

In der Literatur ist die Relevanztheorie am Vordringen[799]. Danach ist darauf **1182**
abzustellen, ob der Zweck der verletzten Gesetzes- oder Satzungsvorschrift die Anfechtbarkeit des Beschlusses fordert. Im Vordergrund steht nach dieser Auffassung die Mitgliedschaft eines Aktionärs oder Gesellschafters als ein diesem zustehendes subjektives Recht. Über dieses könne die Mehrheit nicht hinsichtlich der für die Vorbereitung und Durchführung eines Beschlußverfahrens geltenden Regeln disponieren. Es komme also nicht darauf an, ob die Mehrheit den Beschluß auch bei Vermeidung des Fehlers gefaßt habe. Immer dann, wenn die Teilhabe an der Willensbildung, das Informations- oder Mitspracherecht der Aktionäre oder Gesellschafter beeinträchtigt werde (Mängel der Ankündigung

795 Vgl. auch *BGH* NJW 1988, 1844.

796 Vgl. z.B. RGZ 92, 409/411; BGHZ 11, 231/239; *Scholz/K. Schmidt* § 45 GmbHG Rn. 69.

797 Vgl. *BGH* NJW 1965, 1376/1377.

798 Sog. potentielle Kausalität, vgl. z.B. BGHZ 14, 264/267; 36, 121/139; *BGH* NJW 1987, 1890/1891; *Hüffer* in *Geßler/Hefermehl/Eckhardt/Kropff* § 243 AktG Rn. 25.

799 Vgl. z.B. *Hüffer* a.a.O. Rn. 28 ff.; *Baumbach/Zöllner* Anh. § 47 GmbHG Rn. 67; *Rowedder/Koppensteiner* § 47 GmbHG Rn. 108.

der Tagesordnung, Wahl von Versammlungsort und -zeit, rechtswidriger Ausschluß von der Versammlung, rechtswidrige Redezeitbeschränkungen) sei ein »absoluter« Anfechtungsgrund gegeben[800].

1183 Die Rechtsprechung wendet die aktienrechtlichen Kausalitätsgrundsätze auch im Vereinsrecht an, ohne allerdings zwischen absoluten und zu rügenden Nichtigkeitsgründen zu unterscheiden. So z. B. beim unberechtigten Mitstimmen Nichtstimmberechtigter[801], bei der Nichteinladung einiger Mitglieder, allerdings bei einem Verein mit über 500 Mitgliedern[802], Einberufung durch neun Vorstandsmitglieder bei einem vakanten Vorstandsamt[803], bei gleichem Sachverhalt, aber nach Amtsniederlegung durch drei von sieben Vorstandsmitgliedern[804], bei Leitung einer Wahl durch einen Unbefugten[805], bei einem sonstigen Verstoß gegen die Satzung über die Versammlungsleitung[806]. Die Literatur stimmt dem zu[807].

Danach wird – wie bei der aktienrechtlichen Anfechtungsklage nach § 243 AktG – vermutet, daß der Verfahrensfehler für das Beschlußergebnis ursächlich war[808]. Dies zu widerlegen, ist Sache des Vereins. Eine Kausalbeziehung zwischen dem Beschlußmangel und dem Beschlußergebnis muß nicht nur unwahrscheinlich sein; sie darf vielmehr bei vernünftiger Beurteilung unter keinen Umständen in Betracht kommen. Der Verein muß deshalb den sicheren Nachweis führen, daß der beanstandete Beschluß nicht auf dem Mangel beruhen kann. Dieser Beweis ist z. B. schon dann gescheitert, wenn vor der Beschlußfassung eine Aussprache vorgesehen war und es sich im Einzelfall nicht ausschließen läßt, daß die nicht eingeladenen Mitglieder, wären sie erschienen, die Stimmabgabe auch der anderen Mitglieder in einer dem tatsächlichen Ergebnis entgegengesetzten Richtung wesentlich beeinflußt hätten[809].

Soweit das aktienrechtliche Kausalitätserfordernis auf das Vereinsrecht übertragen wird, sollen ersichtlich die Wirkungen abgemildert werden, die nach der Rechtsprechung des BGH dadurch entstehen, daß dieser nicht zwischen absolut nichtigen und nur auf Rüge nichtigen Vereinsbeschlüssen unterscheidet. Im Falle BGHZ 49, 209 hätte auf das Verhältnis der gültig abgegebenen Stimmen abgestellt werden können. Im Falle BGHZ 59, 369 war die Nichteinladung einiger Mitglieder bei einer Gesamtmitgliederzahl von 500 ein so geringer Verstoß, daß ein schwerer Einberufungsmangel nicht festgestellt werden konnte; es hätten die vom BGH in NJW 1965, 1376/1377 über den nicht schweren Mangel nach § 241 AktG entwickelten Grundsätze herangezogen werden können.

1184 Zutreffender ist es, auch im Vereinsrecht auf die Relevanz, somit auf die Schwere des Mangels abzustellen. Dann ergibt es sich, daß bei den hier dargelegten absoluten Nichtigkeitsgründen im Regelfall ein minderschwerer

---

800 Vgl. *Rowedder/Koppensteiner* a. a. O.; a. A. *BGH* DB 1987, 1829/1830.
801 BGHZ 49, 209.
802 BGHZ 59, 369; vgl. auch BayObLGZ 1988, 170/178.
803 *OLG Köln* OLGZ 1983, 269.
804 *OLG Köln* OLGZ 1984, 401.
805 *OLG Frankfurt* WM 1985, 1466/1473.
806 *OLG Köln* ZIP 1985, 1139.
807 Vgl. z. B. *Palandt/Heinrichs* Rn. 11, *Soergel/Hadding* Rn. 17, je zu § 32 BGB; *Sauter/Schweyer* Rn. 214; *Stöber* Rn. 210.
808 Vgl. z. B. *BGH* NJW 1987, 1890/1891.
809 BGHZ 59, 369/375 f.

Mangel anzunehmen ist. Wird von 500 Versammlungsteilnehmern ein Mitglied zu Unrecht ausgeschlossen, so ist seine Klage mangels eines schweren Fehlers schon deshalb ohne Erfolg, wenn die Ja-Stimmen mehr als 251 waren.
Die Kausalitätsprüfung wird im übrigen vereinzelt zu großzügig vorgenommen. Wie kann ein Gericht wissen, daß dann, wenn von sieben Vorstandsmitgliedern drei fehlen, die vier Vorstandsmitglieder den gleichen Beschluß fassen wie sieben?

10.6. Der teilnichtige Beschluß; Folgewirkungen eines nichtigen Beschlusses

Wird über mehrere Gegenstände, die an sich einer getrennten Beschlußfassung **1185**
zugänglich sind, einheitlich abgestimmt, so ist dies ein (einheitlicher) Beschluß. Es kann sein, daß nur ein Beschlußteil aus materiellen Gründen nichtig ist. In diesem Fall kommt § 139 BGB entsprechend zur Anwendung: Im Zweifel ist von der Nichtigkeit des gesamten Beschlusses auszugehen[810]. Beispiel: Die Mitgliederversammlung wählt einen Vorstand, der nicht die satzungsmäßigen Bestellvoraussetzungen erfüllt; mit dem Wahlakt entscheiden die Mitglieder zugleich über den Abschluß eines Anstellungsvertrages mit dem Gewählten. Die Wahl und der Anstellungsvertrag hätten zwei Beschlußgegenstände bilden können. Wäre den Mitgliedern der Bestellungsmangel bewußt gewesen, so hätten sie auch den Anstellungsvertrag nicht abgeschlossen. Der nicht nichtige Beschlußteil hat Bestand, wenn feststeht, daß er auch dann beschlossen worden wäre, wenn den Mitgliedern die Unwirksamkeit des weiteren Beschlußteils bekannt gewesen wäre. Das kann in folgendem Fall angenommen werden: Der Beschlußteil A beruht auf den Stimmen von vier Mitgliedern, die vom Stimmrecht ausgeschlossen waren, hinsichtlich des Beschlußteiles B bestand kein Stimmverbot.

Die Nichtigkeit eines an sich selbständig gefaßten Beschlusses kann Folge- **1186**
wirkungen haben einmal dadurch, daß ein späterer Beschluß ausdrücklich oder stillschweigend auf den nichtigen Beschluß Bezug nimmt und zum anderen dadurch, daß der nichtige Beschluß mit einem weiteren Beschluß seinem Inhalt nach in einem engen inneren Zusammenhang steht. Hier kann der an sich nicht nichtige spätere Beschluß nach dem in § 139 BGB zum Ausdruck gekommenen Rechtsgedanken ebenfalls nichtig sein[811]. Beispiele: Es wird ein Beschluß gefaßt, der auf einer nichtigen Satzungsänderung beruht. In einem engen inneren Zusammenhang stehen meist Entlastungs- oder Nichtentlastungsbeschlüsse mit den anschließenden Vorstandswahlen.

Die vorstehend aufgeführten Grundsätze gelten auch für Beschlüsse anderer **1187**
Vereinsorgane als die Mitgliederversammlung.

810 Vgl. *RGZ* 146, 385/394: AG; *BGH* NJW 1988, 1214; a. A. *OLG Hamburg* Die AG 1970, 230/231: Im Zweifel Wirksamkeit.
811 Vgl. RGZ 140, 174/177: Gen.; *BGH* ZIP 1983, 1862/1863: GmbH.

10.7. Die Heilung der Nichtigkeit

10.7.1. Heilung durch Vollzugsgeschäft

1188 Ein nichtiger Beschluß der Mitgliederversammlung kann Innen- und Außenwirkung haben. Die Nichtigkeit im Innenverhältnis muß nicht immer eine solche auch im Außenverhältnis nach sich ziehen. Beispiel: Die Satzung eines Großvereins sieht vor, daß Mitglieder nur rechtsfähige Körperschaften werden können. Die Vertreterversammlung beschließt, einen nichtrechtsfähigen Verein aufzunehmen. In Ausführung dieses Beschlusses schließt der Vorstand mit dem nichtrechtsfähigen Verein einen Aufnahmevertrag. Die Aufnahme ist rechtswirksam[812].

10.7.2. Mängelheilung durch rügelose Vollversammlung

1189 Einberufungsmängel werden dadurch geheilt, daß eine rügelose Vollversammlung stattfindet (vgl. dazu Rn. 864). Ist von dem Mangel nur ein einzelnes Mitglied betroffen[813], so kann dieses in der Versammlung (u. U. stillschweigend) einen Rügeverzicht erklären.

10.7.3. Keine Beschlußbemängelung infolge Ablaufs einer langen Zeit

1190 Nach § 242 AktG ist ein Beschluß der Hauptversammlung einer AG u. a. dann nicht mehr mit der Nichtigkeitsklage anfechtbar, wenn er in das Handelsregister eingetragen worden ist und wenn seitdem drei Jahre verstrichen sind.

1191 Diese Vorschrift ist zwar im Vereinsrecht nicht entsprechend anwendbar. Aus ihr läßt sich aber der Grundsatz ableiten, daß die Bemängelung eines nichtigen Beschlusses der Mitgliederversammlung dann nicht mehr zulässig ist, wenn die Nichtigkeit sehr lange Zeit hingenommen worden ist[814]. In der Rechtsprechung ist dies bereits fallweise anerkannt worden. So etwa für den Fall, daß eine Zweckänderung nur von der Mehrheit und nicht gem. § 33 Abs. 1 Satz 2 BGB mit der Zustimmung aller beschlossen worden ist und es dann zur widerspruchslosen Fortsetzung des Vereins mit dem veränderten Zweck kommt[815]. Auch unwirksame Satzungsänderungen können durch längere Akzeptanz der Mitglieder geheilt werden. Anerkannt ist dies allerdings bisher nur für den nichtrechtsfähigen Verein[816]. Hier kommt dann der Gedanke des Vereinsgewohnheitsrechts (Observanz) zum Tragen. Dabei ist es ohne Bedeutung, ob die Mitglieder wissen, daß sie über einen längeren Zeitraum hinweg widerspruchslos einen unwirksamen Beschluß hinnehmen[817].

---

812 *KG* JW 1928, 240; vgl. auch *BGH* NJW 1980, 2799/2800.

813 Z. B. Nichtabsendung einer Einladung.

814 Vgl. *RG* DR 1944, 775: GmbH.

815 *RG* JW 1925, 237; BGHZ 16, 143/150 f. = NJW 1955, 457; vgl. auch BGHZ 23, 122 = NJW 1957, 497 und BGHZ 25, 311/316 = NJW 1957, 1800.

816 BGHZ 25, 311; *OLG Frankfurt* WM 1985, 1466/1468.

817 *BGH* a. a. O. S. 316; *OLG Frankfurt* a. a. O.

10.8. Die Bereinigung der Beschlußnichtigkeit durch den Verein

10.8.1. Die Prüfungspflicht des Vorstands

Der Vorstand hat die Rechtmäßigkeit von Versammlungsbeschlüssen zu prüfen, wenn er – wie regelmäßig – zu deren Ausführung berufen ist. **1192**
Einen absolut nichtigen Beschluß darf der Vorstand nicht ausführen. Ist eine zu rügende Nichtigkeit gegeben und ist diese nicht schon in der Mitgliederversammlung bereinigt worden, so hat der Vorstand aufgrund eines eingegangenen Widerspruchs ebenfalls die Rechtmäßigkeit des beanstandeten Beschlusses zu prüfen. Erscheint der Widerspruch begründet, so muß der Vorstand auf eine Bereinigung des rechtswidrigen Beschlusses hinwirken.

10.8.2. Keine Bestätigung nichtiger Vereinsbeschlüsse

Nach § 244 Satz 1 AktG kann ein anfechtbarer Hauptversammlungsbeschluß **1193**
durch einen mangelfreien Beschluß bestätigt werden. Eine Bestätigung in Anlehnung an diese Vorschrift ist im Vereinsrecht nicht möglich. Der Bestätigungsbeschluß hält an dem bereits gefaßten Beschluß fest, der dann infolge der Bestätigung als verbindliche Regelung der betreffenden Angelegenheit angesehen wird[818]. Die Bestätigung setzt einen zunächst (schwebend) wirksamen Beschluß voraus, der durch Urteil für nichtig erklärt werden kann. Einen solchen vernichtbaren Beschluß kennt das Vereinsrecht nicht.

10.8.3. Die Wiederholung der mängelfreien Beschlußfassung

Bei der Wiederholung oder Neuvornahme eines Beschlusses wird nicht – wie **1194**
bei der Bestätigung – an dem fehlerhaften, früheren Beschluß festgehalten; dieser wird vielmehr infolge seiner Mangelhaftigkeit durch einen neuen ersetzt[819]. Der Gegenstand des nichtigen Beschlusses muß somit unter Vermeidung des inhaltlichen oder formalen Mangels in satzungsmäßig einwandfreier Weise erneut zur Abstimmung gebracht werden[820]. Die mangelfreie Beschlußwiederholung hat keine rückwirkende Kraft.
Sind alle in einer Mitgliederversammlung gefaßten Beschlüsse nichtig, so ist es zumindest bedenklich, wenn all diese Beschlußgegenstände in einer weiteren Mitgliederversammlung en-bloc zur Abstimmung gebracht werden, wie dies in der Vereinspraxis vereinzelt vorkommt. Unzulässig ist dieses Verfahren in jedem Fall, wenn neben anderen Gegenständen auf diese Weise eine geheime Wahl nunmehr offen en-bloc wiederholt wird. Auch wenn dieser Fall nicht gegeben ist, besteht die nicht auszuschließende Möglichkeit, daß die Willensbildung insofern nicht mehr ganz frei ist, als aus Bequemlichkeit allen in der früheren Versammlung gefaßten Beschlüssen zugestimmt wird.

818 Vgl. *Hüffer* in *Geßler/Hefermehl/Eckhardt/Kropff* § 244 AktG Rn. 4.
819 *Hüffer* a. a. O.
820 BGHZ 49, 209/211; vgl. auch BGHZ 21, 354/356.

11. Die Verbindlichkeit des Versammlungsgesetzes in Mitgliederversammlungen

11.1. Verbotstatbestände auch bei nichtöffentlichen Mitgliederversammlungen

11.1.1. Das Uniformverbot; Ausnahmen

1195 Nach § 3 Abs. 1 VersammlG ist es verboten, in einer Versammlung Uniformteile oder gleichartige Bekleidungsstücke als Ausdruck einer gemeinsamen politischen Gesinnung zu tragen. Dieses Verbot bezieht sich auf alle Mitgliederversammlungen, mag es sich hierbei um öffentliche i. S. d. VersammlG oder um nichtöffentliche handeln[821]. Uniformen sind Kleidungsstücke, die nach Form, Farbe, Schnitt oder Ausstattung gleichartig sind und von der allgemeinen üblichen Kleidung abweichen[822]. Sofern sie Uniformen und Uniformteilen ähnlich sind, gehört hierher auch das Tragen einheitlicher Hemden, Jacken, Hosen, Röcke, Kopfbedeckungen, Gürtel oder Stiefel, auch wenn sie gegenüber entsprechenden zivilen Kleidungsstücken unverändert geblieben sind[823]. Zum Eingreifen des Verbots muß noch hinzukommen, daß das Tragen von Uniformen usw. Ausdruck einer gemeinsamen politischen Gesinnung ist. Das setzt eine gemeinsame politische Gesinnung der Uniformträger voraus, bedeutet allerdings nicht, daß mehrere Personen gemeinsam in Uniform auftreten müssen. Auch wer allein in Uniform usw. erscheint und dadurch eine gemeinsame politische Gesinnung zum Ausdruck bringt, erfüllt den Verbotstatbestand[824]. Treten die Mitglieder der Musikkapelle einer Parteiorganisation, die bei einer Wahlkundgebung eingesetzt wird, uniformiert auf, so kann das Ausdruck einer gemeinsamen politischen Gesinnung sein[825]. Dies trifft jedoch nicht zu, wenn ein uniformiertes Auftreten einer Musikkapelle bei einem Schützenfest gegeben ist[826].

Vom Uniformverbot kann Jugendverbänden, die sich vorwiegend der Jugendpflege widmen, auf Antrag Befreiung erteilt werden. Jugendverbände sind Vereinigungen, deren Mitglieder zwar nicht ausschließlich, aber überwiegend Jugendliche sind[827].

11.1.2. Das Verbot der Sprengung und der groben Störung der Versammlung

1196 Unzulässig und strafbar ist die absichtliche Versammlungssprengung bzw. die grobe Versammlungsstörung, sofern die Versammlung nicht nach §§ 5, 15 Abs. 1 VersammlG verboten ist (§ 21 VersammlG). Ob es sich bei der Mitgliederversammlung um eine öffentliche oder nichtöffentliche handelt, ist unerheblich[828].

---

821 *Härer* S. 48; *Dietel/Gintzel/Kniesel* § 3 VersammlG Rn. 10.

822 *BayObLG* NJW 1987, 1778; vgl. auch *BVerfG* – Vorprüfungsausschuß – NJW 1982, 1803.

823 *BayObLG* a. a. O.

824 *BayObLG* a. a. O.

825 *Dietel/Gintzel/Kniesel* § 3 VersammlG Rn. 9.

826 *Dietel/Gintzel/Kniesel* a. a. O.

827 *Dietel/Gintzel/Kniesel* § 3 VersammlG Rn. 14.

828 Vgl. *Dietel/Gintzel/Kniesel* Rn. 3, *Meyer* in *Erbs/Potrykus* Anm. 2, *Ott* Rn. 1, je zu § 21 VersammlG.

Unter Sanktion gestellt sind: Versuchte oder vollendete Androhung oder Verwirklichung von Gewalttaten mit der bewußten Zielrichtung, eine Versammlung zu verhindern, zu sprengen oder sonst ihre Durchführung zu vereiteln sowie die mit dieser Zweckrichtung verursachte grobe Störung. Der Fall der Verhinderung ist gegeben, wenn die Versammlung nicht so, wie es in der Tagesordnung vorgesehen ist, stattfinden kann[829], wenn wegen Gewalttätigkeiten Versammlungszeit oder -ort verlegt werden müssen[830]. Gesprengt wird eine Versammlung, wenn die Teilnehmer wegen Gewalttätigkeiten oder grober Störungen sich genötigt sehen, den Versammlungsort zu verlassen, mag sie auch später am gleichen Ort fortgesetzt werden[831]. Eine sonstige Versammlungsvereitelung ist gegeben, wenn eine sachgemäße, den Plänen und Vorstellungen des Leiters entsprechender weiterer Versammlungsablauf unmöglich gemacht wird, weil Gewalttaten oder grobe Störungen begangen werden[832]. Hier genügt z. B. ein ständiges Applaudieren ohne Grund, die Bildung von Sprechchören oder länger andauernder Lärm[833]. Nicht erforderlich ist, daß die Teilnehmer den Versammlungsort wegen dieses Zustandes verlassen haben[834]. Täter kann ein teilnehmendes Vereinsmitglied, ein sonstiger Versammlungsteilnehmer oder auch ein Dritter sein.

11.2. Die Verbindlichkeit weiterer Vorschriften des Versammlungsgesetzes bei öffentlichen Mitgliederversammlungen

11.2.1. Der Begriff öffentliche Versammlung

1197 Eine öffentliche Versammlung i. S. d. VersammlG setzt zunächst voraus, daß grundsätzlich jedermann die Möglichkeit hat, sich an der Versammlung durch seine Anwesenheit zu beteiligen[835]. Zu solchen Versammlungen wird öffentlich eingeladen[836]. Der Begriff der öffentlichen Versammlung entfällt aber nicht allein deshalb, weil in der öffentlichen Einladung aufgrund der Ermächtigung in § 6 Abs. 1 VersammlG bestimmte Personen oder Personengruppen von der Teilnahme ausgeschlossen werden. Mitgliederversammlungen, die nur bestimmten Personen zugänglich sind, erfüllen den öffentlich-rechtlichen Versammlungsbegriff nicht[837]. Zum grundsätzlich jedermann möglichen Zutritt zum Versammlungsraum muß noch hinzukommen, daß verbindender Zweck der Zusammenkunft (Versammlung) die gemeinsame Meinungsbildung oder

829 Vgl. *Dietel/Gintzel/Kniesel* § 21 VersammlG Rn. 4.
830 *Meyer* in *Erbs/Potrykus* § 21 VersammlG Anm. 4 b aa.
831 Vgl. *Meyer* in *Erbs/Potrykus* Anm. 4 b bb, *Ott* Rn. 3, je zu § 21 VersammlG.
832 Vgl. *Meyer* in *Erbs/Potrykus* § 21 VersammlG Anm. 4 b cc.
833 Vgl. *Meyer* a. a. O.; *Dietel/Gintzel/Kniesel* § 21 VersammlG Rn. 6.
834 *Meyer* a. a. O.
835 *Eidenmüller* NJW 1991, 1439/1442; *Dietel/Gintzel/Kniesel* § 1 VersammlG Rn. 162.
836 *Dietel/Gintzel/Kniesel* a. a. O. Rn. 172.
837 *Eidenmüller* a. a. O.

Meinungskundgabe in öffentlichen Angelegenheiten ist[838]. Es ist aber nicht erforderlich, daß jeder Teilnehmer öffentliche Angelegenheiten erörtert; es genügt vielmehr, daß dies einer oder einige der Versammelten unternehmen[839]. Zu den öffentlichen Angelegenheiten zählen immer die politischen, welche also die Verfassung, Verwaltung und Gesetzgebung des Staates, die internationalen Beziehungen der Staaten untereinander sowie die staatsbürgerlichen Rechte und Pflichten betreffen. Öffentliche Angelegenheiten sind aber auch solche, welche die Allgemeinheit berühren, mögen sie im lokalen, regionalen, nationalen oder internationalen Bereich zutage getreten sein[840]. Beispiele: Die Mitgliederversammlung beauftragt den Vorstand, bei der Gemeinde vorstellig zu werden, daß eine bestimmte Straße ausgebaut werden soll; die Mitgliederversammlung nimmt zu einem in Aussicht genommenen Flächennutzungsplan oder zu einem Entwurf eines Bebauungsplans Stellung; Gegenstand der Beratung eines Organs eines beim Deutschen Bundestag registrierten Verbandes ist eine Stellungnahme zu einem Gesetzentwurf. Keine öffentliche Angelegenheit stellt es dagegen dar, wenn der Kreisverein einer politischen Partei darüber berät, wer das ausscheidende Vorstandsmitglied X ersetzen soll; eine politische Angelegenheit wird hingegen beraten, wenn es darum geht, wer als Kandidat für die nächste anstehende Landtags- oder Bundestagswahl aufzustellen ist.

11.2.2. Die Bekanntgabe des Einladenden

1198 Wer zu einer öffentlichen Versammlung i. S. d. vorstehenden Ausführungen einlädt, muß nach § 2 Abs. 1 VersammlG als Veranstalter in der Einladung seinen Namen angeben. Beim Verein genügt es, daß sein Name und sein Sitz genannt werden[841]. Der Name des die Einladung durchführenden Vorstandsvorsitzenden kann hinzugefügt werden.

11.2.3. Das Waffenführungsverbot

1199 Nach § 2 Abs. 3 VersammlG darf bei öffentlichen Versammlungen niemand ohne behördliche Erlaubnis Waffen oder sonstige Gegenstände, die ihrer Art nach zur Verletzung von Personen oder zur Beschädigung von Sachen geeignet oder bestimmt sind, mit sich führen. Bei den zuletzt genannten Gegenständen handelt es sich um Waffen im nichttechnischen Sinne; sie müssen objektiv zur Verletzung von Personen oder zur Beschädigung von Sachen geeignet sein; subjektiv ist die Bestimmung des Trägers für eine solche Verwendung der Gegenstände erforderlich[842].

---

838 *BVerwG* NJW 1967, 1191; *BayObLG* NJW 1979, 1895/1896; *KG* NJW 1985, 209; *Eidenmüller* a. a. O.; *Dietel/Gintzel/Kniesel* § 1 VersammlG Rn. 164; der Begriff Versammlung i. S. d. Art. 8 Abs. 1 GG ist weiter, da hier das ungehinderte Zusammenkommen von Personen zum Zwecke der gemeinsamen Meinungsbildung und Meinungsäußerung – auch ohne Bezug auf öffentliche Angelegenheiten – geschützt ist, vgl. *BVerwG* NJW 1978, 1933/1935; *Dietel/Gintzel/Kniesel* a. a. O. Rn. 9.

839 *BayObLG* a. a. O.

840 Vgl. *Dietel/Gintzel/Kniesel* Rn. 164, *Meyer* in *Erbs/Potrykus* Anm. 5 a aa, je zu § 1 VersammlG.

841 *Dietel/Gintzel/Kniesel* Rn. 3, *Ott* Rn. 3, *Meyer* in *Erbs/Potrykus* Anm. 1 b, je zu § 2 VersammlG.

842 *Kühl* NJW 1986, 874/879.

11.2.4. Die versammlungsrechtliche Zulässigkeit der Beschränkung des Teilnehmerkreises; die Privilegierung der Pressevertreter

Unter dem Vorbehalt des Diskriminierungsverbots können bestimmte Personen oder Personenkreise in der öffentlichen Einladung von der Teilnahme an der Versammlung ausgeschlossen werden (§ 6 Abs. 1 VersammlG). Ist die Beschränkung nicht in der Einladung ausgesprochen worden, so kann sie später nicht mehr nachgeholt werden[843]; dies gilt jedoch nur für den Fall, daß die Versammlung durchgehend eine öffentliche ist; die Mitgliederversammlung kann jederzeit beschließen, daß in nichtöffentlicher Versammlung weiterberaten und der nunmehrige Teilnehmerkreis auf bestimmte Gäste beschränkt wird oder daß überhaupt nur noch Vereinsmitglieder teilnahmeberechtigt sind. **1200**

Das VersammlG versteht unter Teilnehmer an einer Versammlung jeden, der an dieser Anteil nimmt, was z. B. beim Bedienungspersonal ausscheidet[844].

Von der Beschränkung des Teilnehmerkreises sind immer Pressevertreter (Bild- und Wortberichterstatter), auch ohne besonderen Auftrag[845], einschl. evtl. erforderlicher Hilfspersonen[846] ausgenommen (§ 6 Abs. 2 VersammlG). Auf Verlangen haben sich Pressevertreter gegenüber dem Versammlungsleiter oder einem bestellten Ordner durch einen Presseausweis auszuweisen; zur Ausstellung eines solchen Ausweises sind berechtigt: der Deutsche Journalistenverband e. V., die Deutsche Journalistenunion in der IG Medien, die Deutsche Angestellten-Gewerkschaft – Berufsgruppe Journalisten –, der Bundesverband Deutscher Zeitungsverleger e. V. und der Verband Deutscher Zeitschriftenverleger e. V.[847]. Der Ausschluß von Pressevertretern und ihrer Hilfspersonen ist jedoch dadurch möglich, daß die Mitgliederversammlung beschließt, nur noch nichtöffentlich weiterzuberaten. **1201**

11.2.5. Der notwendige Leiter der Versammlung und seine versammlungsrechtlichen Befugnisse

Jede öffentliche Versammlung muß einen Leiter haben (§ 7 Abs. 1 VersammlG), der mit dessen Zustimmung bestellt worden ist[848]. Fehlt ein solcher, so kann die Polizei seine Einsetzung verlangen[849]. Eine – jedenfalls grundlose – Niederlegung des Leitungsamtes ist versammlungsrechtlich unzulässig und damit unbeachtlich[850]. Bei Mitgliederversammlungen von Vereinen ist der Vorstandsvorsitzende der Leiter (§ 7 Abs. 2 VersammlG); als Veranstalter kann der Verein – durch Satzung, Versammlungsordnung oder -beschluß – einer anderen Person die Leitung übertragen (§ 7 Abs. 3 VersammlG). **1202**

---

843 Vgl. *Meyer* in *Erbs/Potrykus* Anm. 1 b, *Dietel/Gintzel/Kniesel* Rn. 5, je zu § 6 VersammlG.

844 *Dietel/Gintzel/Kniesel* § 1 VersammlG Rn. 189.

845 *Dietel/Gintzel/Kniesel* Rn. 9, *Meyer* a. a. O. Anm. 2 b, *Ott* Rn. 5, je zu § 6 VersammlG.

846 Z. B. Kameraleute, Tontechniker, vgl. *Dietel/Gintzel/Kniesel* a. a. O. Rn. 11.

847 Vgl. *Ott* § 6 VersammlG Rn. 6.

848 *OLG Köln* NStZ 1981, 227.

849 Vgl. *Meyer* in *Erbs/Potrykus* § 7 VersammlG Anm. 1 b bb.

850 *OLG Köln* a. a. O.

Die Auffassung, Leiter sei derjenige, der insbesondere die Versammlung eröffne, unterbreche und schließe[851], berücksichtigt die Verhältnisse beim Verein nicht genügend; legt der Vorstandsvorsitzende wegen der Vorstandswahl die Versammlungsleitung für die Dauer der Wahl nieder und übernimmt sie der Vorsitzende der Wahlkommission oder das älteste anwesende Mitglied, so ist eine dieser Personen versammlungsrechtlich der Leiter für die Dauer des Wahlvorgangs.

1203 Der Leiter übt das – ihm zivilrechtlich übertragene – Hausrecht aus (§ 7 Abs. 4 VersammlG). Die daraus sich ergebenden öffentlich-rechtlichen Befugnisse können nur gegenüber Nichtteilnehmern geltend gemacht werden[852]. Das (zivil-)vereinsrechtliche Hausrecht kann der Leiter auch gegenüber Mitgliedern ausüben. Das Hausrecht aus § 7 Abs. 4 VersammlG kommt zum Tragen, wenn ausgeschlossene Personen aus dem Saal entfernt werden[853].

1204 Über die Rechte und Pflichten des Leiters ordnet § 8 VersammlG an: Dieser bestimmt den Ablauf der Versammlung. Er hat während der Versammlung für Ordnung zu sorgen. Er kann die Versammlung jederzeit unterbrechen oder schließen. Er bestimmt, wann die unterbrochene Versammlung fortgesetzt wird. Die sich hieraus ergebenden Befugnisse des Leiters sind öffentlich-rechtlicher Natur[854]. Aus dieser Qualifizierung folgt, daß die gesetzlichen Leitungsbefugnisse denen vorgehen, welche das private Versammlungsrecht eines Vereins gewährt. Unter Berufung darauf, die Ordnung erfordere dies (§ 8 Satz 2 VersammlG), soll der Leiter öffentlich-rechtlich nach seinem freien Ermessen[855] »jederzeit« die Unterbrechung oder Schließung der Versammlung verfügen können. Bei Vereinsversammlungen läßt sich diese Vorschrift nicht mit Art. 9 Abs. 1 GG in Einklang bringen. Zu der dort garantierten Autonomie gehört auch das Recht der Ordnung in einer Mitgliederversammlung. Sieht das Vereinsrecht vor, daß über die Unterbrechung oder die Schließung der Versammlung nur diese eine mehrheitliche Entscheidung treffen kann, so verbleibt es hierbei[856]. Da dieser Problemkreis in der Rechtswissenschaft kaum erörtert worden ist und sich demgemäß noch keine herrschende Ansicht gebildet hat, wird empfohlen, die Nichtöffentlichkeit der Versammlung zu beschließen, wenn die gesetzlichen Leitungsrechte mit dem Vereinsrecht nicht übereinstimmen und wenn es der Wille der Versammlung ist, daß der eigenen Ordnung Geltung verschafft wird. Läßt sich ein solcher Beschluß nicht mehr fassen, so wird weiter empfohlen, den Anordnungen des Leiters gleichwohl Folge zu leisten; denn Widerstand und Angriff gegen die Versammlungsleitung können Strafen zur Folge haben (§ 22 VersammlG); außerdem besteht eine öffentlich-rechtliche Folgepflicht[857] für alle Versammlungsteilnehmer (§ 10 VersammlG).

1205 Der Leiter hat nach § 11 VersammlG das Recht, Teilnehmer einer öffentlichen Versammlung in geschlossenen Räumen[858], welche die Ordnung gröblich stö-

---

851 Vgl. *OLG Celle* NJW 1977, 444; *OLG Düsseldorf* NJW 1978, 118.

852 *Dietel/Gintzel/Kniesel* § 7 VersammlG Rn. 14.

853 Vgl. *Meyer* in *Erbs/Potrykus* Anm. 4 und wohl auch *Ott* Rn. 6, je zu § 7 VersammlG.

854 *Dietel/Gintzel/Kniesel* § 8 VersammlG Rn. 2; *Wolff/Bachof* III § 131 Rn. 12.

855 *Dietel/Gintzel/Kniesel* a. a. O. Rn. 5 und 10; *Ott* § 8 VersammlG Rn. 3.

856 Im Ergebnis ebenso: *Ott* § 8 VersammlG Rn. 5.

857 Vgl. *Dietel/Gintzel/Kniesel* § 10 VersammlG Rn. 3.

858 *VGH Baden-Württemberg* DÖV 1990, 572.

ren, von der Versammlung auszuschließen; die Ausgeschlossenen haben die Versammlung sofort zu verlassen. Diese Befugnis hat der Leiter auch vereinsrechtlich. Wenn er jedoch dazu eines Beschlusses der Versammlung bedarf, stellt sich die gleiche Problematik wie im Falle der jederzeitigen Unterbrechung und Schließung der Versammlung; vgl. oben. Das aus § 11 VersammlG folgende Ausschlußrecht ist ebenfalls öffentlich-rechtlicher Natur[859]; es ist nicht Ausübung des Hausrechts[860]. Die Ausschließung des in grober Weise störenden Teilnehmers liegt im Ermessen des Leiters; diese Maßnahme muß jedoch verfügt werden, wenn der Leiter feststellt, daß ein oder mehrere Teilnehmer Waffen oder sonst zur Verletzung von Personen oder zur Beschädigung von Sachen geeignete und bestimmte Sachen mit sich führen (§ 2 Abs. 3, § 13 Abs. 1 Nr. 3 VersammlG).

Der Leiter kann sich zur Durchsetzung seiner Leitungsbefugnisse (§ 8 Ver- **1206**
sammlG) sowie seines Rechts, grob die Ordnung störende Teilnehmer auszuschließen (§ 11 VersammlG), der Hilfe einer angemessenen Zahl ehrenamtlicher Ordner bedienen, die keine Waffen oder sonstige zur Verletzung oder Sachbeschädigung geeigneten Gegenstände (§ 2 Abs. 3 VersammlG) mit sich führen dürfen (§ 9 Abs. 1 Satz 1 VersammlG); die Ordner müssen volljährig sein und müssen ausschließlich durch weiße Armbinden, die nur die Bezeichnung »Ordner« tragen dürfen, kenntlich sein (§ 9 Abs. 1 Satz 2 VersammlG). Ordner dürfen demgemäß keine Uniform tragen. Das Waffenverbot gilt auch dann, wenn ein Ordner zur Waffenführung behördlich ermächtigt ist[861]. Die Ordner sind Gehilfen des Leiters und unterliegen dessen Anordnungs- und Weisungsrecht, dagegen nicht dem der Versammlung[862]. Auf Anforderung ist der Leiter verpflichtet, der Polizei die Zahl der bestellten Ordner mitzuteilen; die Polizei kann eine zu große Zahl von Ordnern auf das angemessene Maß beschränken (§ 9 Abs. 2 VersammlG).

11.2.6. Das Anwesenheitsrecht der Polizei sowie ihre Befugnis, die Versammlung aufzulösen

Bei öffentlichen Mitgliederversammlungen hat die Polizei ein Zutritts- und **1207**
Anwesenheitsrecht (§ 12 Satz 1 VersammlG). Den entsandten Polizeibeamten, die sich stets dem Leiter zu erkennen geben müssen, muß ein angemessener Platz eingeräumt werden (§ 12 Satz 2 VersammlG).

Nur der dorthin entsandte Polizeibeamte kann (nicht muß) die Versammlung **1208**
durch einen schriftlich oder mündlich erlassenen rechtsgestaltenden Verwaltungsakt auflösen, wenn folgende Tatbestände gegeben sind:

- Dem veranstaltenden Verein steht das Versammlungsrecht nicht zu (§ 13 Abs. 1 Nr. 1 VersammlG), weil er nach Art. 9 Abs. 2 GG rechtskräftig verboten oder weil er als Partei durch das BVerfG nach Art. 21 Abs. 2 GG für verfassungswidrig erklärt worden ist; sind diese Tatbestände nicht gegeben, so ist das Versammlungsrecht auch verwirkt, wenn der veranstaltende Verein durch die Durchführung (oder Teilnahme an) einer Versammlung die

859 *Dietel/Gintzel/Kniesel* Rn. 2, *Meyer* in *Erbs/Potrykus* Anm. 1 a, je zu § 11 VersammlG.

860 Vgl. *Meyer* a. a. O. Anm. 4, *Ott* Rn. 6, je zu § 7 VersammlG.

861 Vgl. *Dietel/Gintzel/Kniesel* § 9 VersammlG Rn. 11.

862 *Ott* § 9 VersammlG Rn. 2.

Ziele einer für verfassungswidrig erklärten Partei oder deren Teil- oder Ersatzorganisation fördern will oder auch, wenn das BVerfG festgestellt hat, daß der Verein das Grundrecht der Versammlungsfreiheit verwirkt hat (Art. 18 GG).

- Die Versammlung nimmt einen gewalttätigen oder aufrührerischen Verlauf oder es besteht unmittelbare Gefahr für Leben und Gesundheit der Teilnehmer (§ 13 Abs. 1 Nr. 2 VersammlG); diesen Tatbestand können auch Nichtvereinsmitglieder herbeiführen[863].
- Der Leiter schließt Personen, die Waffen oder sonstige zur Verletzung oder Beschädigung geeignete und bestimmte Gegenstände mit sich führen, nicht sofort aus bzw. er sorgt nicht für die Durchführung des aus einem dieser Gründe ausgesprochenen Ausschlusses (§ 13 Abs. 1 Nr. 3 VersammlG).
- Der Leiter unterbindet es nicht unverzüglich, daß »durch den Verlauf der Versammlung«, d. h. wenn dies der Versammlung zugerechnet werden kann[864], gegen Strafgesetze verstoßen wird, die ein Verbrechen oder ein von Amts wegen zu verfolgendes Vergehen zum Gegenstand haben, oder der Leiter schreitet nicht sofort dagegen ein, daß in der Versammlung – auch nur durch einen Teilnehmer, etwa einen Redner[865] – zu solchen Straftaten aufgefordert oder angereizt wird (§ 13 Abs. 1 Nr. 4 VersammlG).

Mit Ausnahme des Falles der Verwirkung des Versammlungsrechts ist der Grundsatz der Erforderlichkeit zu beachten; reicht eine Unterbrechung oder der Ausschluß einzelner Störer aus, so darf die Versammlung nicht für aufgelöst erklärt werden (§ 13 Abs. 1 Satz 2 VersammlG).

1209 Mit der behördlichen Auflösung hat die Versammlung ihr Ende gefunden. Eine Debatte über die Rechtmäßigkeit der Auflösungsverfügung darf nicht stattfinden. Die Versammelten – auch der Leiter und der an der Versammlung teilnehmende Vermieter des Lokals[866] – haben sich augenblicklich zu entfernen (§ 13 Abs. 2 VersammlG).

Die Auflösungsverfügung kann durch Widerspruch und verwaltungsgerichtliche Klage angefochten werden (§§ 68, 42 VwGO). Der Widerspruch hat jedoch keine aufschiebende Wirkung (§ 80 Abs. 2 Nr. 2 VwGO).

11.2.7. Das Präventivverbot einer öffentlichen Mitgliederversammlung in geschlossenen Räumen

1210 Das Abhalten einer Versammlung kann nur im Einzelfall und nur dann verboten werden, wenn (§ 5 VersammlG)

- dem veranstaltenden Verein das Versammlungsrecht fehlt (vgl. oben Rn. 1208),
- der Veranstalter oder Leiter der Versammlung Teilnehmern Zutritt gewährt, die unberechtigt Waffen oder waffenähnliche Gegenstände mit sich führen; stillschweigendes Dulden genügt[867]; der Zutritt muß jedoch tatsächlich gewährt werden[868];

---

863 Vgl. *Ott* § 13 VersammlG Rn. 6.
864 *Dietel/Gintzel/Kniesel* § 13 VersammlG Rn. 21.
865 *Dietel/Gintzel/Kniesel* a. a. O.
866 Vgl. RGSt. 40, 300 und 363.
867 Vgl. *Meyer* in *Erbs/Potrykus* § 5 VersammlG Anm. 2 b.
868 *Meyer* a. a. O.

- Tatsachen festgestellt sind, aus denen sich ergibt, daß der veranstaltende Verein oder die mit ihm in einer gesinnungsmäßigen Verbindung stehenden Personen[869] einen gewalttätigen oder aufrührerischen Verlauf der Versammlung anstreben; solche Tatsachen können sich z. B. ergeben, wenn gefährliche Gegenstände – z. B. Schlagstöcke – im oder nahe beim Versammlungsraum niedergelegt worden sind[870];
- Tatsachen festgestellt sind, aus denen sich ergibt, daß der veranstaltende Verein oder sein Anhang Ansichten vertreten oder Äußerungen dulden werden, die ein Verbrechen oder ein von Amts wegen zu verfolgendes Vergehen zum Gegenstand haben; diese Meinungsäußerung ist nicht nur in Form des Wortes, sondern auch in darstellender Form (Spruchbänder, Fahnen, Bilder) möglich[871].

Die zuständigen Verbotsbehörden sind durch Landesrecht bestimmt. In Bayern sind z. B. die Kreisverwaltungsbehörden, bei Unaufschiebbarkeit der Maßnahme die Polizei[872], und in Nordrhein-Westfalen die Kreispolizeibehörden[873] zuständig.
Reicht ein milderes Mittel aus, darf das Verbot nicht ausgesprochen werden[874].
Das Verbot ist ein Verwaltungsakt, der mit dem Widerspruch und mit der Anfechtungsklage bekämpft werden kann (§§ 68, 42 VwGO); hat die Behörde die sofortige Vollziehung aus Gründen des öffentlichen Interesses angeordnet, so hat die Anfechtung keine aufschiebende Wirkung (§ 80 Abs. 2 Nr. 4 VwGO). **1211**

3. Abschnitt
Der Vorstand

1. Allgemeines

1.1. Die zwingende Vorstandsbestellung

Der Verein ist als Körperschaft, unabhängig davon, ob er rechtsfähig ist oder nicht, handlungsunfähig. Er bedarf deshalb natürlicher Personen, die für ihn handeln. Der Verein muß somit eine Organisation aufweisen, die für seine Vertretung, d. h. für jedes nach außen wirkende rechtsgeschäftliche Handeln in seinem Namen sorgt. Das Gesetz schreibt deshalb – unter Ausschluß der Möglichkeit der Abänderung durch die Satzung (vgl. § 40 BGB) – zwingend vor, daß der Verein einen Vorstand haben muß (§ 26 Abs. 1 Satz 1 BGB), der den Verein gerichtlich und außergerichtlich vertritt (§ 26 Abs. 2 Satz 1 BGB). **1212**
Die Geschäftsführung, d. h. die Erledigung der Angelegenheiten des Vereins mit Innenwirkung, ist dem Vorstand nur dann gesetzlich zugewiesen, wenn die Satzung nichts Abweichendes bestimmt (§ 27 Abs. 3 i. V. m. § 40 BGB). Die Geschäftsführung wird heute auch als Vereinsverwaltung (im engeren Sinne) bezeichnet. Sie obliegt also nicht zwingend dem Vorstand.

---

869 Sog. Anhang, vgl. *Meyer* a. a. O. § 5 VersammlG Anm. 2 c bb.
870 Vgl. *Dietel/Gintzel/Kniesel* § 5 VersammlG Rn. 23.
871 Vgl. *Meyer* a. a. O. § 5 VersammlG Anm. 2 d.
872 Ges. v. 15. 7. 1957 – GVBl. S. 160.
873 VO v. 2. 2. 1987 – GVBl. S. 62 –.
874 Vgl. *Dietel/Gintzel/Kniesel* Rn. 6, *Ott* Rn. 4, je zu § 5 VersammlG.

1.2. Die Freiheit der Organbezeichnung

1213 Das Gesetz bezeichnet das notwendige Vertretungs- und mögliche Geschäftsführungsorgan eines Vereins als Vorstand[875]. Das Gesetz versteht unter dem Begriff »Vorstand« nur das Vereinsorgan, dem die Vertretung des Vereins nach § 26 Abs. 2 Satz 1 BGB obliegt[876]. An die gesetzliche Bezeichnung muß sich der Verein aber nicht halten. Er kann dieses Organ auch als Präsidium oder Direktorium benennen. Es ist auch zulässig, daß die Satzung einen Gesamtvorstand und innerhalb dieses Organs ein Präsidium festlegt. Hier ist wesentlich, daß die zur Vertretung befugten Organmitglieder klar festgelegt werden und daß die Satzung im übrigen eine eindeutige Aufgabenabgrenzung vornimmt, beim Präsidium etwa dahin, daß dieses für alle Verbandsorgane als Berater zur Verfügung steht oder dahin, daß nur das Präsidium den Verband im erforderlichen internationalen Verkehr vertritt.

Der vom Gesetz gebrauchte Ausdruck »Vorstand« muß aber bei der Eintragung in das Vereinsregister wieder verwendet werden. Es wird z. B. eingetragen: »Der Präsident und der Vizepräsident sind jeweils einzelvertretungsberechtigte Vorstandsmitglieder i. S. d. § 26 Abs. 2 Satz 1 BGB«.

1.3. Die Rechtsfolgen bei Fehlen eines Vorstands

1214 Die »Lebensfähigkeit« des Vereins hängt vom Vorhandensein eines Vorstands nicht ab. Im Regelfall führt das Fehlen jedoch die Handlungsunfähigkeit herbei. Von diesem Grundsatz gibt es Ausnahmen: In Teilbereichen kann ein satzungsmäßig bestellter besonderer Vertreter für den Verein handeln. Hat der ausgeschiedene Vorstand Vereinsmitgliedern oder Vereinsangestellten rechtsgeschäftliche Vollmacht erteilt, so ist sie weiterhin rechtsbeständig, bis sie ein neu bestellter Vorstand widerruft[877].

All diese Vertretungsregelungen ermöglichen es dem Verein nur, gleichsam über eine »Durststrecke« hinweg beschränkt handlungsfähig zu sein. Auf längere Sicht gesehen muß der Verein oder – falls ihm dies nicht möglich sein sollte – das Gericht (§ 29 BGB) einen Vorstand bestellen.

1215 Am nachhaltigsten und sofort wirkt sich das Fehlen eines Vorstands im registergerichtlichen Verfahren aus. Im Verkehr mit dem Registergericht kann die Vertretungsmacht des Vorstands nicht beschränkt (§ 26 Abs. 2 Satz 2 BGB) und evtl. auf einen besonderen Vertreter übertragen werden. Es muß vielmehr ein Vorstand vorhanden sein. Ohne einen solchen kann z. B. der nichtrechtsfähige Verein, der die Rechtsfähigkeit erstrebt, nicht zur Eintragung angemeldet werden (§ 59 Abs. 1 BGB); die Anmeldung von anderen Personen als den rechtsgültig bestellten Vorstandsmitgliedern muß zurückgewiesen werden. Ist der Vorstand nach dem Eingang der Anmeldung des Vereins, einer Satzungsänderung oder einer sonstigen Anmeldung weggefallen, so bleibt diese zwar wirksam (entspr. § 130 Abs. 2 BGB); das Registergericht kann jedoch vor einer Neubestellung des Vorstands nicht eintragen[878]. Diese Grundsätze gelten bei

875 Vgl. z. B. §§ 26, 27 BGB.
876 *BayObLG* NJW-RR 1992, 802.
877 Vgl. §§ 168, 671 BGB sowie KGJ 32 A 187 und *BayObLG* NJW 1959, 2119.
878 Vgl. auch § 64 Satz 1 BGB, wonach die Registereintragung auch die Mitglieder des Vorstands umfaßt.

einem wirtschaftlichen Verein, der die Rechtsfähigkeit durch staatliche Verleihung erstrebt oder bereits erlangt hat, entsprechend, soweit der Verkehr mit der Verleihungsbehörde in Betracht kommt.

Das Fehlen des Einmannvorstands oder des Vorstands in vertretungsberech- 1216
tigter Zahl bewirkt nicht, daß die Verjährung eines Anspruchs des Vereins oder seines Gläubigers in ihrem Ablauf gehemmt wird; die eine solche Folge anordnende Vorschrift des § 206 BGB stellt nur auf die natürliche Person ab, die ohne gesetzlichen Vertreter ist[879]; auch das Vorliegen höherer Gewalt wird verneint[880].

2. Die Vorstandsfähigkeit

2.1. Amtsfähigkeit nicht voll Geschäftsfähiger

Ein Geschäftsunfähiger kann nicht zum Vorstand bestellt werden, da er keine 1217
rechtswirksame Willenserklärung abgeben kann (§ 105 BGB). Geschäftsunfähig ist, wer das 7. Lebensjahr noch nicht vollendet hat (§ 104 Nr. 1 BGB) und wer sich nicht nur vorübergehend in einem die freie Willensbestimmung ausschließenden Zustand krankhafter Störung der Geistestätigkeit befindet (§ 104 Nr. 2 BGB).

Ein beschränkt Geschäftsfähiger, also eine Person, die das 7. Lebensjahr vollendet hat, aber noch nicht 18 Jahre alt ist (§ 106 BGB i. V. m. § 2 BGB), kann Vorstand sein[881]. Mit Wirkung ab 1. 1. 1992 steht einem beschränkt Geschäftsfähigen gleich, wer als Betreuter nach § 1836 BGB zusätzlich einem Einwilligungsvorbehalt nach § 1903 BGB unterliegt. Die Vorstandsbestellung eines beschränkt Geschäftsfähigen wird aber erst mit der Einwilligung (vorherige Zustimmung oder nachträgliche Genehmigung) des gesetzlichen Vertreters wirksam, weil die Amtsführung mit Verpflichtungen verbunden ist (§ 107 BGB). Da ein achtjähriges Kind gleichwohl aus tatsächlichen Gründen nicht vorstandsfähig ist, sollte die Satzung ein Mindestalter, etwa von 16 Jahren, festlegen. Ein Minderjähriger dieses Alters kann eine Vorstandsposition in einer Jugendabteilung innehaben.

2.2. Vorstandsfähigkeit von Ausländern

In Deutschland bestehen von Ausländern gebildete Vereine, deren Vorstands- 1218
ämter ebenfalls von Ausländern besetzt sind. Das Gesetz stellt beim Vereinsvorstand keine Anforderungen an die Staatsangehörigkeit oder an den Wohnsitz. Gegen die Vorstandsfähigkeit von Ausländern in Ausländervereinen, aber auch in Vereinen mit überwiegend deutschen Mitgliedern, bestehen daher keine Bedenken. Der Ausländer muß aber seine Pflichten als Vorstand erfüllen können. Verstößt ein Ausländer – Angehörige der EG-Staaten stehen Inländern gleich – gegen ausländerrechtliche oder gewerbepolizeiliche Vorschriften, so ist das kein Grund für das Registergericht, die Eintragung eines Vorstands

879 RGZ 156, 291/300; *BGH* NJW 1968, 692/693 f.
880 *BGH* BB 1971, 369.
881 Vgl. *KG* JW 1934, 3000.

mit ausländischer Staatsangehörigkeit zu versagen, da im Regelfall keine Auswirkung auf den Bestellungsakt gegeben ist. Anders ist es jedoch, wenn ein Nicht-EG-Ausländer keine inländische Aufenthaltserlaubnis hat oder wenn ihm diese bestandskräftig entzogen worden ist; in einem solchen Fall ist die Bestellung zum Vorstand nach § 134 BGB nichtig, was das Registergericht beachten muß[882].

2.3. Vorstandsfähigkeit von juristischen Personen oder nichtrechtsfähigen Personengemeinschaften

1219 Das Gesetz verbietet die Bestellung von juristischen Personen zum Vorstand von Vereinen, die nicht politische Parteien sind[883], nicht[884], so daß insoweit die Vorstandsfähigkeit zu bejahen ist. Im aktiven Status eines Vereins kommt allerdings die Bestellung von juristischen Personen in der Praxis kaum vor. Für das Abwicklungsverfahren kann z. B. eine Treuhandgesellschaft mbH als Liquidator bestellt werden. Das Vorstands- oder Liquidatorenamt wird bei der Bestellung einer juristischen Person durch deren Vertretungsorgane ausgeübt. Gleiches gilt, wenn ein nichtrechtsfähiger Verein zum Vorstand bestellt wird, was ebenfalls zulässig ist. Die Vorstandsfähigkeit ist auch bei Personenhandelsgesellschaften (OHG, KG) gegeben, weil diese Gesellschaften unter ihrer Firma Träger von Rechten und Pflichten sein können (§ 124 Abs. 1, § 161 Abs. 2 HGB). Andere nichtrechtsfähige Personengemeinschaften, wie Erbengemeinschaften oder Gesellschaften des bürgerlichen Rechts sind ebensowenig vorstandsfähig wie etwa ein Betriebsrat[885].

2.4. Dienstrechtliche Beschränkungen

1220 Dienstrechtliche Verbote oder Beschränkungen bestehen für die Übernahme des Vorstandsamts bei einem Idealverein nicht, jedoch beim wirtschaftlichen Verein[886].

2.5. Satzungsregelungen zur Vorstandsfähigkeit

1221 Die Satzung kann die Frage der Selbst- oder Drittorganschaft regeln; vgl. dazu Rn. 719.

Unter Beachtung des Verbots einer Diskriminierung und einer Ungleichbehandlung, aber auch des Vereinszwecks, kann die Satzung beliebige Voraussetzungen für die Vorstandsfähigkeit festlegen. Beispiele: Alter, Staatsangehö-

---

882 Vgl. zum GmbH-Geschäftsführer: *LG Köln* GmbHR 1984, 157; *Hachenburg/Ulmer* Rn. 10, *Lutter/Hommelhoff* Rn. 14, je zu § 6 GmbHG; a. A. *OLG Frankfurt* NJW 1977, 1595; *OLG Düsseldorf* GmbHR 1978, 110; *Baumbach/Zöllner* § 39 GmbHG Rn. 12.

883 Vgl. insoweit § 14 Abs. 4 PartG.

884 Anders: § 76 Abs. 3 Satz 1 AktG; § 6 Abs. 2 Satz 1 GmbHG.

885 *LG Augsburg* RPfl 1975, 87.

886 Vgl. z. B. Art. 55 Abs. 2, Art. 66 GG; Art. 53 Abs. 2 der Verfassung von Baden-Württemberg; Art. 57 der Bayer. Verfassung; § 65 Abs. 1 Nr. 3 BBG; Art. 74 Abs. 1 Nr. 3 BayBG; § 8 Abs. 2 Nr. 2 BNotO.

rigkeit, Religion, Vorbildung und Kenntnisse, Zugehörigkeit zu einer Familie bei einem Familienverein.
Besteht nach der Satzung ein Kontrollorgan, so ist eine Personalunion mit dem Vorstandsamt unzulässig.
Fehlt eine Satzungsregelung, so kann auch eine ständige Übung zu beachten sein, z. B. hinsichtlich der Bestellung nicht volljähriger Personen oder von Nichtdeutschen.
Müssen Vorstandsmitglieder Vereinsmitglieder sein, so genügt es, wenn der Bestellte zu Beginn der Organtätigkeit die Mitgliedschaft erworben hat[887].

2.6. Rechtsfolgen der Bestellung Amtsunfähiger

Die Bestellung einer geschäftsunfähigen Person ist nichtig. Gleiches gilt, wenn **1222**
eine nach allgemeinen Rechtsgrundsätzen bestellungsunfähige Personengemeinschaft als Vorstand berufen wird.
Die Nichtbeachtung statutarischer Bestellungsvoraussetzungen bewirkt nicht die Nichtigkeit der Bestellung. Es ist dann aber regelmäßig ein Grund zur sofortigen Abberufung gegeben. Beruht die Bestellung auf einem Vereinsbeschluß, so kann dieser wegen Satzungsdurchbrechung mit der Klage auf Feststellung der Unwirksamkeit der Bestellung angefochten werden[888].

3. Die Bestellung des Vorstands nach dem jeweiligen Organisationsrecht des Vereins

3.1. Bestellung durch die Satzung

Nach § 27 Abs. 1 BGB wird der Vorstand durch Beschluß der Mitgliederver- **1223**
sammlung bestellt. In entsprechender Anwendung dieser Vorschrift wird der Vorstand durch die Gründungsversammlung durch Mehrheitsbeschluß (§ 32 Abs. 1 Satz 3 BGB) berufen[889]. In seltenen Fällen wird die Bestellung in die Vereinbarung der Satzung aufgenommen, was zulässig ist[890].
Da § 27 Abs. 1 BGB durch die Satzung abdingbar ist (§ 40 BGB), kann diese **1224**
auch selbst die Bestellung vornehmen oder regeln.
Die Satzung kann zunächst ein anderes Vereinsorgan – etwa ein Kuratorium oder einen Verwaltungsrat – als Bestellungsorgan bestimmen[891]. Sie kann auch der Mitgliederversammlung die Bestellungszuständigkeit nur teilweise entziehen. Nach einigen Verbandssatzungen ist z. B. der Geschäftsführer Mitglied des Vorstands (allerdings nur mit beratender Stimme); er wird vom Vorstand bestellt und von diesem auch angestellt; im übrigen werden die Mitglieder des Vorstands von der Mitgliederversammlung gewählt.

---

887 Vgl. RGZ 144, 384: Gen.
888 Ebenso zum GmbH-Recht: *Hachenburg/Ulmer* Rn. 15, *Lutter/Hommelhoff* Rn. 20, je zu § 6 GmbHG; vgl. zum Genossenschaftsrecht: *Lang/Weidmüller/Schaffland* § 24 GenG Rn. 24.
889 Vgl. auch *BGH* DNotZ 1982, 171: GmbH.
890 *Soergel/Hadding* § 27 BGB Rn. 8
891 BayObLGZ 1984, 1/3.

1225 Der Mitgliederversammlung wird die Bestellungszuständigkeit weiter dann entzogen, wenn der Vorstand durch die Satzung ermächtigt wird, sich selbst ergänzen zu dürfen. Bei dieser Befugnis zur Kooptation sind aber Einschränkungen erforderlich. Unbedenklich ist es, wenn die Ermächtigung dahin geht, daß der Vorstand etwa ein Drittel seiner Mitglieder selbst bestellen darf. Auch die Selbstergänzung im Falle der Vakanz eines Vorstandsamtes ist zulässig. Die Ermächtigung für den Vorstand, alle Vorstandsämter selbst bestellen zu dürfen, ist aber zu weitgehend und jedenfalls dann unzulässig, wenn die Mitgliederversammlung nicht auch die Befugnis hat, die Satzung insoweit ändern zu können. Es besteht z. B. seit ca. 40 Jahren ein Versicherungsverein auf Gegenseitigkeit, bei dem noch nie ein Mitglied einen Vertreter für die Vertreterversammlung gewählt hat, weil diese das uneingeschränkte Recht der Kooptation hat. Ohne Beteiligung der Mitgliederbasis wählen diese Vertreter den Vorstand. Diese Art der Ausschaltung aller (gewöhnlichen) Mitglieder von der auch nur mittelbaren Mitwirkung bei der Bestellung von Organpersonen verstößt gegen allgemeine Grundsätze des Körperschaftsrechts. Die Rechtsposition der Mitglieder kann nicht allein auf die Zahlung von Mitgliedsbeiträgen reduziert werden.

1226 Die Satzung kann auch sog. »geborene« Mitglieder des Vorstands vorsehen. Beim Vereinsverband kann sie z. B. bestimmen, daß die Vorstandsvorsitzenden der Mitgliedsvereine (oder der sonstigen Mitgliedskörperschaften) den Verbandsvorstand bilden. Beim Gesamtverein mit Untergliederungen können durch die Satzung Vorstandsmitglieder der Untergliederungen zu ebensolchen des Gesamtvereins bestimmt werden.

Falls dies sachlich oder nach dem Vereinszweck gerechtfertigt ist, kann die Satzung auch bestimmen, daß z. B. einem örtlichen Fremdenverkehrsverein immer der Bürgermeister des betreffenden Ortes, einem religiösen Verein immer der Ortspfarrer oder einem in Vereinsform bestehenden wissenschaftlichen Institut der für diesen Wissenschaftszweig zuständige Dekan der ortsnahen Universität als Vorstandsvorsitzender angehört[892].

3.2. Die Bestellung durch Wahl in der Mitgliederversammlung

1227 Im Regelfall wird der Vorstand in der Mitgliederversammlung gewählt. Vgl. dazu Rn. 1082 ff.

3.3. Sonderrecht auf Vorstandsstellung oder -bestellung

1228 Die Gründungssatzung kann allen oder bestimmten Gründungsmitgliedern das Sonderrecht gewähren (§ 35 BGB), Mitglied des Vorstands auf Lebenszeit zu sein. Sie kann Gründungsmitgliedern oder bestimmten später beitretenden Mitgliedern ein Sonderrecht zur Bestellung des (meist Einmann-) Vorstands einräumen. Einem Nichtmitglied kann ein Sonderrecht nicht bewilligt werden. Bestellungsrechte werden in Satzungen oft nicht ausdrücklich als Sonderrechte bezeichnet. Besteht hierfür ein Anlaß, so ist durch Auslegung der Satzung zu ermitteln, ob ein Sonderrecht gewollt war. Es müssen sich dann aus der Satzung

892 Vgl. *BayObLG* OLGE 15, 306; *Soergel/Hadding* § 27 BGB Rn. 7.

selbst besondere Umstände ergeben, die im Wege der objektiven Auslegung Gründe für ein Sonderrecht ergeben[893].
Vgl. zum Benennungs- und Präsentationsrecht Rn. 1084.

3.4. Zulässigkeit der Bestellung durch Dritte

Die Bestellung des Vorstands durch außerhalb des Vereins stehende Dritte **1229**
kraft Satzungsermächtigung ist mit Einschränkungen zulässig[894]. Voraussetzung ist zunächst, daß die Bestellung durch den Dritten eine Förderung des Vereinszwecks darstellt[895]; sodann müssen rechtliche und tatsächliche Beziehungen zwischen dem Verein und dem bestellungsberechtigten Dritten bestehen[896]. Der Verein darf jedoch durch das Bestellungsrecht nicht derart unter fremden Einfluß geraten, daß er nur noch eine Art Sonderverwaltung des bestellungsberechtigten Dritten ist[897]. Die Mitgliederversammlung muß in der Lage sein, das Bestellungsrecht des Dritten durch satzungsändernden Beschluß wieder zu beseitigen[898]; ferner muß die Abberufung des vom Dritten bestellten Vorstandsmitglieds zumindest aus wichtigem Grund (§ 27 Abs. 2 Satz 2 BGB) gewährleistet sein; dem Bestellten darf somit satzungsmäßig kein Sonderrecht (§ 35 BGB) auf eine unantastbare Vorstandsstellung eingeräumt werden. Beim mehrgliedrigen Vorstand muß das Bestellungsrecht grundsätzlich auf einzelne Vorstandsmitglieder beschränkt sein[899].
Unter diesen Voraussetzungen ist die Bestellung des Vorstands einer in Vereinsform bestehenden betrieblichen Unterstützungskasse durch den Arbeitgeber zulässig, wenn außerdem noch ein ausreichender Schutz gegen Mißbrauch u.a. durch das Mitwirkungsrecht des Betriebsrats bei der Kassenverwaltung gem. BetrVG gewährleistet ist[900].
Das Bestellungsrecht einer kirchlichen Behörde bei einem religiösen Verein, der mit einer Kirche personell oder institutionell verbunden ist, gehört nicht hierher; hier gelten vorrangige Verfassungsgrundsätze. Vgl. dazu näher Rn. 2847.
Die angeführten Beschränkungen einer Bestellung gelten nicht, wenn sog. mittelbare Vereinsmitglieder mitwirken. So kann z.B. die Satzung eines Verbandes, der nur juristische Personen als Mitglieder hat, bestimmen, daß die Mitglieder der Anschlußvereine befugt sind, jeweils eine Person zu wählen, die mit der Annahme der Wahl zum Mitglied des Verbandsvorstands bestellt ist.

---

893 Vgl. *BGH* NJW 1969, 131; *BGH* GmbHR 1982, 129/130.
894 Vgl. auch *BGH* WM 1973, 1295.
895 Vgl. *RG* DRW 1942, 1327; *KG* OLGZ 1974, 385/388.
896 Vgl. *KG* WM 1966, 330.
897 Vgl. *OLG Frankfurt* OLGZ 1979, 5/7; *LG Hildesheim* NJW 1965, 2400; *Staudinger/Coing* § 27 BGB Rn. 4.
898 Vgl. *LG Krefeld* RPfl 1968, 17.
899 Vgl. *KG* OLGZ 1974, 385/388; *Staudinger/Coing* a.a.O.
900 Vgl. BAGE 16, 177 = BB 1965, 1028; vgl. auch *LG Siegen* RPfl 1964, 267: unzulässig, wenn Mitgliederversammlung nicht das Recht zur Abberufung nach § 27 Abs. 2 BGB zusteht oder wenn dem Arbeitgeber auch noch ein Genehmigungsvorbehalt hinsichtlich Satzungsänderungen eingeräumt ist; vgl. weiter *KG* WM 1966, 330: ohne ausdrückliche Satzungsbestimmung kein automatisches Recht eines bestellungsberechtigten Dritten, sich selbst als Vorstand zu bestellen.

Hier besteht eine Variationsmöglichkeit dahin, daß die danach bestellten etwa 12 Vorstandsmitglieder aus ihrer Mitte einen ersten und zweiten Vorstandsvorsitzenden zu wählen haben; weiter kann durch die Satzung bestimmt sein, daß den 12 Vorstandsmitgliedern auch die Wahl von vier weiteren Vorstandsmitgliedern aus einer Kandidatenliste obliegt, die der Vorstandsvorsitzende aufgestellt hat.

3.5. Die Unzulässigkeit einer nur bedingten Bestellung zum Mitglied des Vertretungsvorstandes

1230 Nach § 94 AktG, § 35 GenG und § 44 GmbHG ist es zulässig, Stellvertreter des Vorstandes/Geschäftsführers zu bestellen. All diese Organpersonen werden zwar unbedingt bestellt, streitig ist jedoch, ob sie auch eine unbedingte Vertretungsbefugnis haben oder nur dann, wenn der Vorstand/Geschäftsführer verhindert ist [901]. Für den Verein besteht eine solche gesetzliche Ermächtigung zur Bestellung stellvertretender Vorstandsmitglieder nicht. Hier ist es unzulässig, eine Person nur bedingt zum Vorstand zu bestellen oder diese Person zwar unbedingt zum Vorstand zu bestellen, die Ausübung der Vertretung aber von bestimmten Umständen, z. B. Verhinderung, abhängig zu machen [902]. Unzulässig und nicht eintragungsfähig ist eine Satzungsbestimmung, wonach Vorstand im Sinne des BGB der Vorsitzende und bei dessen Verhinderung der stellvertretende Vorsitzende ist [903].
Zulässig ist es jedoch, einem an sich zur Vertretung berechtigten Vorstandsmitglied im Innenverhältnis Beschränkungen in der Ausübung der Vertretung aufzuerlegen. Dies kann durch die Satzung, eine Vereinsnebenordnung oder in einem Anstellungsvertrag geschehen. Die Satzung kann dann lauten: »Vorstand im Sinne des § 26 Abs. 2 BGB sind der 1. Vorsitzende und der 2. Vorsitzende. Der 2. Vorsitzende wird im Innenverhältnis angewiesen, von seiner Vertretungsbefugnis nur Gebrauch zu machen, wenn der 1. Vorsitzende verhindert ist.« Satzungen sehen auch vor, daß der 1. Vorstandsvorsitzende Alleinvertretungsbefugnis hat und daß im Falle seiner Verhinderung zwei Vorstandsmitglieder den Verein zu vertreten haben.
Sofern die (Voll-)Mitgliedschaft im Vertretungsvorstand besteht, sind Rangbezeichnungen, wie erster, zweiter, dritter oder stellvertretender Vorstandsvorsitzender, zulässig.
Bei personeller Trennung der Mitglieder des Vertretungs- und des Geschäftsführungsvorstands können stellvertretende Mitglieder des Geschäftsführungsvorstands für den Verhinderungsfall bestellt werden. Verkehrsschutzinteressen werden nicht berührt; die Zugehörigkeit nur zum Geschäftsführungsvorstand wird nicht im Vereinsregister verlautbart. Erschwerungen bei einer möglichen Haftungszurechnung nach § 31 BGB sind kaum denkbar.

---

901 Vgl. *Scholz/Schneider* § 44 GmbHG Rn. 8 m. w. N. in Fußn. 8.

902 Vgl. z. B. BayObLGZ 1969, 33/38; *BayObLG* NJW-RR 1992, 802; *OLG Celle* NJW 1969, 326.

903 *BayObLG* NJW-RR a. a. O.

3.6. Die notwendige Annahme der Bestellung

Da niemand die Übernahme eines mit Vor- und Nachteilen verbundenen Vereinsamtes aufgezwungen werden kann, ist eine Organstellung noch nicht mit der Wahl oder dem sonstigen Bestellungsakt erlangt, es bedarf noch der Annahme des Bestellten[904]. Vgl. dazu näher Rn. 1104 ff. **1231**

3.7. Dauer der Bestellung

Über die Dauer der Bestellung von Vorstandsmitgliedern kann (nicht muß) die Satzung eine Bestimmung treffen. Sie kann (meist als Sonderrecht nach § 35 BGB) eine Bestellung auf Lebenszeit vorsehen (unzulässig nach § 11 Abs. 1 PartG). Sie kann die Bestellung befristen, etwa auf die Dauer von zwei Jahren; für die einzelnen Vorstandsmitglieder kann auch eine unterschiedliche Bestelldauer angeordnet werden. Weiter kann die Satzung eine Altersgrenze vorsehen. **1232**

Um keine Vorstandsvakanz eintreten zu lassen, sehen Satzungen vor, daß bei einer z. B. auf zwei Jahre befristeten Bestelldauer das Organmitglied solange im Amt bleibt, bis der Amtsinhaber wiedergewählt oder ein anderer Amtsinhaber gewählt ist. Eine solche Satzungsklausel hat in der Praxis wiederholt zu Unklarheiten geführt, wenn diese Wahl angefochten wird und vor allem, wenn die Anfechtung Erfolg hat. Entweder es wird formuliert, »bis zur gültigen Wahl« eines Nachfolgers, oder es wird die Verlängerungsklausel bis zur Eintragung des Amtsnachfolgers im Vereinsregister erstreckt; in diesem Fall werden Streitigkeiten hinsichtlich der Gültigkeit der Wahl des Nachfolgers entweder vom Registergericht geklärt oder dieses gibt die gerichtliche Feststellungsklage auf und setzt das Eintragungsverfahren aus (§§ 159, 127 FGG).

Eine satzungsmäßig festgelegte Frist beginnt in der Regel mit der Annahme des Amtes durch ein Vorstandsmitglied; ist die Wahl vorgezogen worden, etwa weil die Zahl der Vorstandsmitglieder erhöht worden ist, so beginnt sie mit der Eintragung der Satzungsänderung oder mit dem sonst bei der Bestellung vorgesehenen Zeitpunkt. Enthält die Satzung keine Verlängerungsklausel, so endet eine am 1. 2. 1995 vorgenommene Bestellung auf die Dauer von zwei Jahren mit dem Ablauf des 1. 2. 1996 (§ 188 Abs. 2 i. V. m. § 187 Abs. 1 BGB).

Mit dem Eintritt des satzungsmäßig festgesetzten Fristendes (Ablauf von zwei Jahren, Erreichen der Altersgrenze) ist das Vorstandsamt beendet, ohne daß es eines Widerrufs dieser Amtsstellung bedarf[905]; der Vorstand kann nicht eigenmächtig die satzungsmäßig festgelegte Bestelldauer verlängern[906].

Ist das Vorstandsamt nach der Satzung eines religiösen Vereins an die Inhaberschaft eines kirchlichen Amtes gebunden und endet dieses Amt, so stellt dies keine Befristung, sondern eine (auflösende) Bedingung dar, die das Vorstandsamt wegen ihres Eintritts beendet[907].

Die satzungsmäßige Befristung des Vorstandsamtes kann nur durch Satzungsänderung verlängert oder verkürzt werden. Die geänderte Satzung gilt **1233**

---

904 Vgl. *BGH* NJW 1975, 2101.

905 Entspr. § 163 Fall 2 BGB i. V. m. § 158 Abs. 2 BGB; vgl. *Soergel/Hadding* § 27 BGB Rn. 15.

906 RGZ 78, 52/53 f.; *OLG München* WM 1970, 770.

907 Vgl. *Lutter/Hommelhoff* § 38 GmbHG Rn. 39; a. A. *Stöber* Rn. 107.

dann aber grundsätzlich nicht für die bereits im Amt befindlichen Organmitglieder[908]. Sieht jedoch die Satzung (ausnahmsweise) eine unbefristete Bestellung vor, wird aber durch Satzungsänderung die Amtsdauer auf vier Jahre befristet, so bleiben gegenwärtig im Amt befindliche Organmitglieder noch vier Jahre ab der Eintragung der Satzungsänderung im Amt[909].

1234 Regelt die Satzung die Bestelldauer nicht, so kann sie das Bestellungsorgan, regelmäßig die Mitgliederversammlung, im Bestellungsbeschluß vornehmen[910]. Ist ausnahmsweise ein außerhalb des Vereins stehender Dritter zur Bestellung berechtigt und legt er eine lange Bestelldauer fest, so ist dies jedenfalls dann unbedenklich, wenn die Mitgliederversammlung das Bestellungsrecht des Dritten durch satzungsändernden Beschluß wieder beseitigen kann. Die Eintragung einer Bestelldauer, die nicht aus der Satzung ersichtlich ist, sieht das Gesetz nicht vor[911].

Kraft Ermächtigung in der Satzung oder seitens der Mitgliederversammlung kann die Bestelldauer auch in einem Anstellungsvertrag festgelegt werden.

Sieht die Satzung keine Übergangsklausel vor und ist deshalb das Vorstandsamt durch Fristablauf beendet, so kann der noch eingetragene Vorstand eine Mitgliederversammlung einberufen, damit Neuwahlen stattfinden (vgl. Rn. 770). Wird dies unterlassen, so kann eine Minderheit beim noch amtierenden oder beim noch eingetragenen Vorstand das Einberufungsverlangen nach § 37 Abs. 1 BGB stellen und bei dessen Erfolglosigkeit die gerichtliche Einberufungsermächtigung nach § 37 Abs. 2 BGB beantragen.

3.8. Die Rechtsnatur der Bestellung

1235 Falls – wie regelmäßig – die Bestellung ein Vereinsorgan oder – kraft Sonderrechts – ein Mitglied vornimmt, so stellt diese einen einseitigen körperschaftlichen Organisationsakt dar, durch den dem Bestellten mit der Annahme der Bestellung die Organstellung als (Vertretungs-)Vorstand sowohl im Verhältnis nach außen gegenüber Dritten als auch im Verhältnis nach innen gegenüber dem Verein verliehen wird[912]. Als Rechtsfolge erhält der Betreffende die Befugnisse und hat die Pflichten zu erfüllen, die sich aus der Organstellung nach dem Gesetz und nach dem jeweiligen Organisationsrecht des Vereins ergeben. Der Vertretungsvorstand wird aber nicht Bevollmächtigter i. S. d. §§ 164 ff. BGB[913], wenn auch einige Regeln der gewillkürten Stellvertretung entsprechend anwendbar sind.

908 Vgl. *Lang/Weidmüller/Schaffland* § 24 GenG Rn. 58.

909 Vgl. *Lang/Weidmüller/Schaffland* a. a. O.

910 Vgl. *BGH* WM 1960, 1272: Gen.

911 Aufgabe des gegenteiligen Standpunktes in Rn. 1015 der 4. Aufl.; a. A. *Staudinger/Coing* § 27 BGB Rn. 13.

912 Vgl. BGHZ 3, 90/92: AG.

913 Vgl. BGHZ 33, 189/194: GmbH.

4. Das Anstellungsverhältnis mit Vorstandsmitgliedern

4.1. Organstellung und Anstellung

Der einseitige Akt der körperschaftlichen Bestellung ist vom schuldrechtlichen **1236**
(zweiseitigen) Anstellungsverhältnis zu unterscheiden, das mit jedem Vorstandsmitglied begründet wird. Vgl. dazu näher Rn. 756 ff.

4.2. Der nach Auftragsgrundsätzen tätige ehrenamtliche Vorstand

Erhalten die Mitglieder des Vorstands nur den Ersatz ihrer Aufwendungen **1237**
(§ 670 BGB), so sind sie nach Auftragsgrundsätzen tätig. Mit der organschaftlichen Bestellung wird automatisch ein Anstellungsverhältnis in der Rechtsform eines Auftragsverhältnisses begründet; vgl. zur Abgrenzung ehrenamtliche und besoldete Organstellung Rn. 756 ff.
Die sich hieraus ergebenden Rechtsgrundsätze werden bei der Behandlung der Aufgaben des Vorstands dargestellt; vgl. Rn. 1498 ff.

4.3. Der entgeltliche Geschäftsbesorgungsvertrag mit Vorstandsmitgliedern

4.3.1. Allgemeines

Vor allem bei Verbänden tritt heute auch das besoldete Vorstandsamt in Er- **1238**
scheinung, wobei dieses sich auf alle Vorstandsmitglieder oder nur auf den Vorstandsvorsitzenden erstrecken kann. In solchen Fällen besteht zwischen dem Verein (Verband) und dem Vorstandsmitglied ein Dienstvertrag in der Form eines Geschäftsbesorgungsvertrages (§§ 611 ff. i. V. m. § 675 BGB).

4.3.2. Zuständigkeit zum Vertragsabschluß

Nach Auffassung des BGH[914] liegt die Zuständigkeit für den Abschluß und die **1239**
Lösung des Anstellungsvertrages mit dem Vorstand eines rechtsfähigen Vereins in der Regel allein bei dem Vereinsorgan, das nach Gesetz oder Satzung zur organschaftlichen Bestellung und Abberufung des Vorstandes berufen ist. Damit übernimmt der BGH im Kapitalgesellschaftsrecht bestehende Grundsätze für das Vereinsrecht. Für das GmbH-Recht hat der BGH nunmehr die Auffassung vertreten[915], daß die Gesellschafterversammlung auch für Änderungen des Dienstvertrages und für dessen Aufhebung mit einem Geschäftsführer zuständig ist, soweit nach Gesetz oder Satzung keine anderweitige Zuständigkeit begründet ist. Nach dieser Ansicht ist regelmäßig die Mitgliederversammlung als Bestellungsorgan für den Abschluß des Anstellungsvertrages zuständig. Es ist schon fraglich, ob die Mitgliederversammlung überhaupt den Verein vertreten kann[916]. Die Meinung des BGH berücksichtigt jedenfalls die Vereinspraxis zu wenig. In Mitgliederversammlungen, in denen ein besoldetes Vereinsamt durch Wahl begründet wird, werden Anstellungsmodalitäten nicht festgelegt. Der Abschluß des Anstellungsvertrages etwa mit dem Vorstandsvorsitzenden wird

914 NJW 1991, 1727.
915 NJW 1991, 1680.
916 Verneint von *Reuter* in: *BGH* EWiR § 27 BGB 1/91, 537 f.

dem (Gesamt-)Vorstand überlassen. U. U. wird von den Beschränkungen des § 181 BGB befreit. Schon aus Kostengründen kann nicht wegen jeder erforderlich werdenden Änderung des Anstellungsvertrages die Mitgliederversammlung einberufen werden.
Die Rechtsprechung des BGH gibt jedenfalls Anlaß, in der Satzung die Zuständigkeit der Mitgliederversammlung für den Abschluß von Anstellungsverträgen abzubedingen. Es handelt sich hierbei um einen unechten Satzungsbestandteil, da Vertragsregelungen überhaupt und auch die Zuständigkeit für Vertragsabschlüsse keinen korporativen Charakter haben. Der Vorstand kann einmal von den Beschränkungen des § 181 BGB befreit werden; es kann zum anderen die Zuständigkeit eines besonderen Organs (Beirat, besonderer Vertreter) begründet werden.

4.3.3. Inhalt des Anstellungsvertrages

1240 Inhalt des Anstellungsvertrages mit Vorstandsmitgliedern sind stets die sich aus dem Organschaftsverhältnis aus dem Gesetz, der Satzung und aus Vereinsordnungen ergebenden Rechte und Pflichten, sofern Selbstorganschaft besteht. Im Falle der Drittorganschaft muß der Vertrag die Verbindlichkeit des vom Verein selbst gesetzten Rechts festlegen. Dies gilt insbesondere, wenn das Organmitglied der Ordnungsgewalt des Vereins unterworfen werden soll. Soll ein Schiedsgericht für Streitigkeiten zuständig sein, so muß eine Schiedsvereinbarung zu gesonderter Urkunde getroffen werden (vgl. Rn. 2565).
Im übrigen regelt der Anstellungsvertrag die Rechte und Pflichten, die sich nicht schon aus der Organstellung ergeben, wie konkrete Dienstobliegenheiten, Urlaub und Gehalt.
Der Dienstvertrag wird im Regelfall hinsichtlich seiner Laufzeit mit der Bestelldauer gekoppelt, also etwa auf vier Jahre abgeschlossen. Es kann vereinbart werden, daß der Dienstvertrag nur aus wichtigem Grund gekündigt werden kann.

4.3.4. Der Vergütungsanspruch

1241 Mit dem in einem Anstellungsverhältnis beschäftigten Vorstand wird in der Regel eine feste, periodisch zu zahlende Vergütung vereinbart. Auf deren Bezeichnung, etwa als »Aufwandsentschädigung« kommt es nicht an; wesentlich ist, daß für die Zurverfügungstellung der Arbeitszeit und -kraft ein Entgelt gewährt wird (vgl. Rn. 761). Die Höhe der Vergütung können die Vertragsparteien frei vereinbaren. Sie muß aber den Umfang der organschaftlichen Tätigkeit des Vorstandsmitglieds, aber auch die wirtschaftliche Lage und den Zweck des Vereins berücksichtigen. Außerdem müssen steuerlich als gemeinnützig anerkannte Vereine beachten, daß eine Körperschaft keine Person durch unverhältnismäßig hohe Vergütungen begünstigen darf. Bei wirtschaftlichen Vereinen ist auch eine Vergütung in Form einer Gewinnbeteiligung denkbar. Wegen der derzeitigen Geldentwertung werden etwa jährlich Anpassungen vorgenommen, die eine Vertragsänderung darstellen. Statt dessen können im Anstellungsvertrag von vorneherein sog. Spannungsklauseln vereinbart werden, die nicht nach § 3 WährG der Genehmigung durch die Landeszentralbank unterliegen. Von einer Spannungsklausel spricht man, wenn der zum Maßstab der Geldschuld genommene Wertmesser mit der Gegenleistung, für die die

Geldschuld zu entrichten ist, gleichwertig oder zumindest vergleichbar ist[917]. Es stellt eine Spannungsklausel dar, wenn die Vergütung des Vorstands der Höhe nach an die jeweilige Besoldung einer bestimmten Beamtengruppe geknüpft wird[918].

Der Vergütungsanspruch verjährt in vier Jahren nach dem Schluß des Fällig- **1242**
keitsjahres (§ 197 BGB)[919]. Die Pfändungsschutzbestimmungen der ZPO gelten auch für Vergütungsansprüche von Vorstandsmitgliedern, sofern sie am Verein »nicht oder nicht wesentlich beteiligt« sind [920].

Besteht kein Anspruch aus der gesetzlichen Rentenversicherung, so kann eine **1243**
Ruhestands- und Hinterbliebenenversorgung vereinbart werden. Der Verein kann es übernehmen, bei einer privaten Versicherung (z.B. Pensionssicherungsverein) die Versicherungsbeiträge einzuzahlen[921]. Ein Anspruch hierauf besteht jedoch im allgemeinen nicht[922].

4.3.5. Zur Geltung arbeitsrechtlicher Grundsätze und von Schutzbestimmungen für persönlich Dienstleistende

Obwohl das Dienstverhältnis mit dem Vorstandsmitglied kein Arbeitsverhältnis **1244**
ist, gelten gleichwohl gewisse arbeitsrechtliche Grundsätze entsprechend. Dies gilt vor allem hinsichtlich der vom Verein als Dienstherr geschuldeten Treue- und Fürsorgepflicht. Hierher gehört es z.B., daß der Verein seine Organmitglieder in den erforderlichen privaten Versicherungsschutz einbezieht und die geschuldeten Prämien bezahlt.

Vorstandsmitglieder sind keine Arbeitnehmer im arbeitsrechtlichen Sinn[923]. **1245**
Bei Verletzung normaler Dienstpflichten können sie sich nicht auf die arbeitsrechtlichen Grundsätze über die Haftungsbeschränkung bei gefahrgeneigter Arbeit berufen[924]. Nicht anwendbar sind die Vorschriften der Arbeitsschutzgesetze, wie z.B. das Arbeitnehmererfindungsgesetz[925]. Von der Geltung der Arbeitszeitordnung nimmt § 1 Abs. 2 Nr. 1 »Generalbevollmächtigte und die im Handelsregister oder Genossenschaftsregister eingetragenen Vertreter eines Unternehmens« aus; von dieser unscharfen Formulierung werden auch Vorstandsmitglieder von Vereinen erfaßt[926]. Nach § 5 Abs. 2 Nr. 1 BetrVG gelten nicht als Arbeitnehmer (i.S.d. Gesetzes) »in Betrieben einer juristischen Person die Mitglieder des Organs, das zur Vertretung der juristischen Person berufen ist«. Sofern die übrigen Voraussetzungen des BetrVG gegeben sind, gelten diese Bestimmungen somit für die Vorstandsmitglieder ohne Vertretungs-

917 *BGH* NJW 1976, 422.
918 *BGH* NJW 1974, 273.
919 Vgl. BGHZ 36, 142: AG.
920 Vgl. *BGH* WM 1978, 109/113.
921 Vgl. *BGH* WM 1978, 1122.
922 Vgl. *BGH* WM 1973, 506; 1978, 1402; vgl. zur Anwendung des BetrAVG auf Pensionszusagen § 17 Abs. 1 BetrAVG sowie *OLG Köln* BB 1978, 1169f. und das Merkblatt des Pensionssicherungsvereins in Köln in GmbHR 1977, 65; vgl. zur Versorgung von Organmitgliedern eingehend *Fleck* WM Sonderbeilage Nr. 3/1981 S. 14ff.
923 Vgl. z.B. § 5 Abs. 1 Satz 3 ArbGG; § 14 Abs. 1 Nr. 1 KSchG.
924 *BGH* WM 1975, 467/469.
925 *BGH* GRUR 1965, 302.
926 Vgl. *Zmarzlik* § 1 AZO Rn. 13.

befugnis. Wörtlich die gleiche Regelung wie § 5 Abs. 2 Nr. 1 BetrVG enthält § 14 KSchG. Von ihm sind also ebenfalls nur die Mitglieder des Vertretungsorgans ausgenommen[927]. Verliert das Vorstandsmitglied seine Organstellung und setzt es seine Tätigkeit als Arbeitsverhältnis mit dem Verein fort, so gilt das Kündigungsschutzgesetz[928]. Gleiches gilt, wenn z. B. der Vorstandsvorsitzende in Personalunion das Amt des Vereinsgeschäftsführers übernimmt. Nach § 1 Abs. 3 des 2. VermBG gelten dessen Bestimmungen nicht für vermögenswirksame Leistungen juristischer Personen an Mitglieder des Organs, das zu seiner gesetzlichen Vertretung berufen ist[929]. Keine Verbindlichkeit hat schließlich auch das Bundesurlaubsgesetz.
Für die Vorstandsmitglieder gelten jedoch folgende Schutzbestimmungen für persönliche Dienstleistende: der Pfändungsschutz nach §§ 850 ff. ZPO[930], der Anspruch auf Zeugniserteilung nach § 630 BGB[931] oder auf Urlaubsabgeltung[932], die Kündigungsfrist des § 622 Abs. 1 BGB[933] sowie die Streitwertregelung des § 17 Abs. 3 GKG[934] und schließlich für evtl. bestehende Ruhegehaltsansprüche die Konkursvorrechte nach § 59 Abs. 1 Nr. 3 d, § 61 Abs. 1 Nr. 1 d KO[935].

4.3.6. Die ordentliche Kündigung des Anstellungsvertrages

1246 Im Dienstvertrag kann vereinbart werden, daß die ordentliche Kündigung ausgeschlossen ist. Ist dies nicht der Fall, so kann sowohl der Verein wie auch das Vorstandsmitglied den Dienstvertrag mit der gesetzlichen Kündigungsfrist von sechs Wochen gem. § 622 Abs. 1 BGB kündigen[936].
Die Kündigungsfrist kann sich unter den Voraussetzungen des § 2 des Gesetzes über die Fristen für die Kündigung von Angestellten (AngKSchG) bei langer Beschäftigungsdauer verlängern[937].
Ist ein Vorstandsmitglied auf Lebenszeit, auf länger als fünf Jahre oder auf die Dauer des Bestehens des Vereins angestellt, so kann es – nicht der Verein – nach einer Anstellungsdauer von fünf Jahren mit einer Kündigungsfrist von sechs Monaten kündigen (§ 624 BGB).

4.3.7. Die Kündigung aus wichtigem Grund

1247 Der Anstellungsvertrag kann vom Verein oder vom Vorstandsmitglied aus wichtigem Grund nach § 626 Abs. 1 BGB außerordentlich (mit sofortiger Wirkung) gekündigt werden, sofern dem Kündigenden wegen des Vorliegens bestimmter Umstände die Fortsetzung des Dienstverhältnisses und auch die Ein-

927 Vgl. *Hueck* § 14 KSchG Rn. 3.
928 Vgl. *BAG* AP Nr. 19 zu § 5 ArbGG 1953; *Hueck* a. a. O.
929 Vgl. dazu *BFH* BStBl. 1970 II 243 = DB 1970, 714.
930 *BGH* WM 1978, 109/113.
931 BGHZ 49, 30.
932 *BGH* WM 1963, 159.
933 BGHZ 79, 291: GmbH.
934 *BGH* WM 1981, 567.
935 BGHZ 78, 73/79.
936 Vgl. *BGH* WM 1981, 759/760: GmbH.
937 Vgl. z. B. *BAG* DB 1986, 2132/2133; *BGH* ZIP 1987, 707/708; *OLG München* WM 1984, 896/897: GmbH.

haltung der ordentlichen Kündigungsfrist nicht zugemutet werden kann[938]. Die Satzung oder der Anstellungsvertrag kann diese Kündigungsmöglichkeit nicht ausschließen. Der Anstellungsvertrag kann jedoch erleichterte Kündigungsmöglichkeiten vorsehen, z. B. Entzug des Vertrauens der Mitgliederversammlung. Es ist auch eine Kündigungsklausel im Vertrag möglich, wonach die Kündigung aus denselben Gründen zulässig ist, aus denen die Bestellung zum Vorstandsmitglied widerrufen werden kann[939]. Bei solchen Vereinbarungen greift aber gleichwohl eine außerordentliche Kündigung nicht durch, wenn der Vertrauensentzug aus offenbar unsachlichen Gründen ausgesprochen worden ist, vor allem bei Geringfügigkeit oder Fehlen eines schuldhaften Verhaltens des betroffenen Vorstandsmitglieds[940].

Die Wirksamkeit einer außerordentlichen Kündigung setzt die Abwägung der beiderseitigen Interessen voraus (§ 626 Abs. 1 BGB). Zugunsten des betroffenen Organmitglieds wird zu berücksichtigen sein: die Länge der Dienstzeit, das Alter des Betroffenen, besondere Verdienste um den Verein, die sozialen Folgen und die diskriminierende Wirkung einer fristlosen Kündigung. Für das Interesse des Vereins wird sprechen: die Schwere einer Verfehlung und deren Folgen für das Vereinsleben, die Größe des Verschuldens und der Wahrscheinlichkeitsgrad einer Wiederholungsgefahr[941]. **1248**

Wichtige Gründe, die den Verein zur außerordentlichen Kündigung berechtigen, können sein: Eine nicht berechtigte Amtsniederlegung[942]; die Aufstellung eines irreführenden Geschäftsberichts und irreführender Bilanzen[943]; Vorlegen gefälschter Zeugnisse, Verschweigen von Vorstrafen erheblicher Art[944]; Dienstpflichtverletzungen, sofern Vorsatz und Beharrlichkeit gegeben ist[945]; Ausübung einer nicht genehmigten Nebentätigkeit[946]; regelmäßig verspäteter Dienstantritt[947]; provozierende parteipolitische Betätigung im Vereinsbereich[948]; Nichtausführung von Beschlüssen oder Weisungen der Mitgliederversammlung (u. U. genügt ein Fall); Unfähigkeit zur Erfüllung von Repräsentationsverpflichtungen[949]; Treuepflichtverletzungen, die jedoch in der Regel vorsätzlich begangen sein müssen[950], wie Mißbrauch der Vertretungsmacht[951], Annahme von Schmiergeldern[952], Nichtbeachtung der Verschwiegenheitspflicht über Vorgänge im Vereinsleben, verbotswidrige Benutzung eines dem Verein gehörenden Kraftfahrzeugs[953], Veröffentlichung eines **1249**

---

938 Vgl. *BGH* NJW 1987, 1889 f.; *BAG* NJW 1991, 2307/2309.
939 Vgl. *BGH* NJW 1989, 2683/2684: AG.
940 *BGH* a. a. O.
941 Vgl. *BGH* WM 1975, 761; 1976, 77.
942 Vgl. *BGH* WM 1978, 319; BGHZ 78, 82/85.
943 Vgl. auch *BGH* WM 1970, 1394.
944 *BAG* BB 1970, 803; *OLG Düsseldorf* Die AG 1982, 225.
945 Vgl. *Palandt/Putzo* § 626 BGB Rn. 43.
946 *BAG* BB 1971, 397.
947 *LAG Düsseldorf* DB 1975, 156.
948 Vgl. *BAG* NJW 1978, 1872 und 1874.
949 Vgl. *BGH* WM 1976, 53.
950 Vgl. *Palandt/Putzo* a. a. O. Rn. 46.
951 Vgl. *BAG* AP Nr. 53 zu § 626 BGB.
952 Vgl. *BAG* AP Nr. 65 zu § 626 BGB.
953 Vgl. *LAG Stuttgart* BB 1970, 534.

vereinsschädigenden Zeitungsartikels[954]; strafbare Handlungen, die unstreitig sind[955], wie vorsätzliche Handlungen, die sich gegen das Vermögen des Vereins richten[956], Beteiligung an einer Schlägerei im Vereinsbereich[957]; bei sonstigen Straftaten nur, wenn die Zuverlässigkeit in Frage gestellt ist[958]; Verdacht strafbarer Handlungen, nur wenn er sich auf schwere Verfehlungen bezieht und wenn das Vertrauensverhältnis erschüttert ist[959]; der Verdacht muß sich jedoch auf konkrete Umstände stützen können; altersbedingter Leistungsschwund[960]; bei längerer Krankheit ist jedoch die Fürsorgepflicht des Vereins besonders zu beachten; ständige und erhebliche Unstimmigkeiten unter Vorstandsmitgliedern[961].

1250 Für den Vorstand können die folgenden wichtigen Kündigungsgründe gegeben sein:

Widerruf der Bestellung, wiederholte Nichtzahlung oder verzögerte Zahlung der Vergütung, Fürsorgepflichtverletzungen des Vereins, dauernde Arbeitsunfähigkeit, strafbares gegen den Vorstand gerichtetes Verhalten anderer Organmitglieder, u. U. von Vereinsmitgliedern, auch Ehrverletzungen erheblichen Ausmaßes, Verletzung der Beschäftigungspflicht durch im Ergebnis unberechtigtes Suspendieren[962].

Eine wirtschaftliche Krise des Vereins oder gar drohender Konkurs allein geben dem Vorstand kein außerordentliches Kündigungsrecht[963].

Die Frist zur Erklärung der Kündigung beträgt zwei Wochen (§ 626 Abs. 2 BGB). Sie ist eine Ausschlußfrist[964] und dient der Überlegung, ob der bekanntgewordene Sachverhalt Anlaß für eine außerordentliche Beendigung des Anstellungsverhältnisses sein soll. Entscheidend ist der Zugang der Erklärung (§ 130 BGB) innerhalb der Frist[965].

Bei Versäumung der Frist fehlt ein wichtiger Grund zur Kündigung[966].

1251 Die Frist beginnt zu laufen, wenn alle Mitglieder des für die Bestellung und den Widerruf zuständigen Organs (im Regelfall die Mitgliederversammlung) positive Kenntnis von dem Kündigungsgrund erlangen[967]. Wird der Vorfall in einer Versammlung erörtert, so gilt er allgemein als bekannt, auch wenn einzelne Mitglieder zu der Versammlung nicht erschienen sind[968]. Werden Nachprüfungsmaßnahmen für erforderlich gehalten, so müssen diese zügig durchgeführt

---

954 Vgl. *Palandt/Putzo* a. a. O.

955 Verurteilung ist jedoch nicht erforderlich, vgl. *BAG* NJW 1985, 3094.

956 Diebstahl, Betrug, Untreue, Fälschung von Buchungsunterlagen, vgl. *OLG Hamm* GmbHR 1985, 119.

957 Vgl. *LAG Frankfurt* NJW 1978, 444.

958 Vgl. auch *Palandt/Putzo* a. a. O. Rn. 48.

959 *BAG* NJW 1986, 3159/3160; vorherige Anhörung des Betroffenen ist Wirksamkeitsvoraussetzung einer Verdachtskündigung, vgl. *BAG* NJW 1991, 2307/2308.

960 *BGH* WM 1976, 53.

961 Vgl. *OLG Koblenz* ZIP 1986, 1120.

962 Vgl. *BAG* BB 1972, 1191.

963 Vgl. BGHZ 78, 82/84.

964 *BAG* NJW 1987, 1038/1039.

965 *BAG* a. a. O.

966 *Palandt/Putzo* § 626 BGB Rn. 30.

967 Vgl. *BGH* NJW 1984, 2689.

968 Vgl. *BGH* WM 1976, 379; 1980, 957 und 1139.

werden, damit die Kündigungsfrist gewahrt bleibt[969]. Die Frist zur Abgabe der Kündigungserklärung kann sich verlängern, wenn der Zusammentritt und die rechtswirksame Beschlußfassung des zuständigen Organs aus anerkennenswerten satzungsmäßigen Gründen vor Ablauf von zwei Wochen nicht möglich war[970].
Das Gesetz schreibt die vorherige Anhörung des betroffenen Vorstands nicht vor. Sie ist jedoch in aller Regel ein Gebot der Fürsorgepflicht, die den Verein trifft.

4.3.8. Die Gerichtszuständigkeit bei Kündigungsstreitigkeiten

Für Streitigkeiten aus dem Anstellungsvertrag sind die ordentlichen Gerichte zuständig (§ 5 Abs. 1 Satz 3 ArbGG)[971]. Diese Regelung gilt jedoch nur für die Vorstandsmitglieder, die zur Vertretung des Vereins berechtigt sind; [972], somit nicht für diejenigen, die von der Vertretung ausgeschlossen sind, weil sie nur Verwaltungsaufgaben erledigen. Die Zuständigkeit der Arbeitsgerichte kann jedoch vereinbart werden (§ 2 Abs. 4 ArbGG). Nach der Auffassung des BAG sind jedoch auch ohne Vereinbarung die Arbeitsgerichte zuständig, wenn der Anstellungsvertrag in der Zeit vor der Begründung der Organstellung abgeschlossen und später nicht geändert worden ist[973] oder wenn die Organtätigkeit als ein unselbständiger Teil eines Arbeitsvertrages anzusehen ist[974]. **1252**

4.3.9. Sonstige Gründe für die Beendigung des Anstellungsverhältnisses

Außer durch Kündigung endet der Anstellungsvertrag mit dem Ablauf der festgelegten Dienstzeit, durch vertragliche Aufhebung[975], durch Tod, Eintritt einer auflösenden Bedingung, z. B. Erreichen der Altersgrenze[976] und u. U. durch Wegfall der Geschäftsgrundlage[977]. **1253**

4.3.10. Das Verhältnis des Endes der Organstellung und des Anstellungsvertrages zueinander

Das körperschaftliche Organverhältnis und das schuldrechtliche Anstellungsverhältnis sind rechtlich zu trennen mit der Folge, daß das Ende des einen Verhältnisses nicht immer zugleich das Ende des anderen herbeiführt[978]. Endet die Organstellung, so besteht das Anstellungsverhältnis grundsätzlich bis zu seinem Ablauf oder seiner Kündigung fort[979]. **1254**
Ist der Vorstand ehrenamtlich tätig, so führt das Ende der Organstellung im Regelfall auch zur Beendigung des Auftragsverhältnisses. Ein Auftragsverhältnis ohne Organstellung kann nicht bestehen.

---

969 Vgl. *BGH* NJW 1981, 166: AG.
970 Vgl. *BGH* WM 1980, 957.
971 Vgl. *BAG* GmbHR 1994, 547/548: GmbH-Geschäftsführer.
972 *BAG* NJW 1981, 302.
973 BAGE 24, 383/386; *BAG* GmbHR 1994, 547/548.
974 *BAG* DB 1972, 2358.
975 Vgl. *BGH* WM 1978, 109/110: AG.
976 *BAG* NZA 1986, 325.
977 Vgl. *BGH* WM 1967, 540.
978 Vgl. *BGH* NJW-RR 1990, 1123/1124: GmbH.
979 *BAG* GmbHR 1994, 547/548.

Ist das Vorstandsamt besoldet, so führt das Ende der Organstellung nicht automatisch zum Ende des schuldrechtlichen Anstellungsverhältnisses, also des auf eine Dienstleistung gerichteten Geschäftsbesorgungsvertrages. Nach § 27 Abs. 2 Satz 1 BGB ist die Bestellung des Vorstands jederzeit widerruflich, aber unbeschadet des Anspruchs auf die vertragsmäßige Vergütung. Die beiden Rechtsverhältnisse können jedoch durch eine auflösende Bedingung miteinander verknüpft werden, so daß sie gemeinsam erlöschen[980]. Im Falle einer solchen Koppelung darf aber die in § 622 Abs. 1 Satz 2 BGB zwingend vorgeschriebene Mindestfrist von einem Monat nach Ende des Monats, in dem gekündigt wird, nicht außer Kraft gesetzt werden[981].

Ist diese Verknüpfung nicht gegeben, so ist z. B. die Amtsniederlegung regelmäßig, aber nicht immer, auch die Kündigung des Anstellungsverhältnisses, was durch Auslegung zu ermitteln ist[982]. Wird der Vorstand aus wichtigem Grund abberufen, so kann der wichtige Grund zugleich die Kündigung des Anstellungsverhältnisses rechtfertigen[983]. Wird nicht ausdrücklich gekündigt, so ist durch Auslegung zu ermitteln, ob die Abberufungsentscheidung auch den Dienstvertrag durch außerordentliche Kündigung beenden sollte.

1255 Ist das Dienstverhältnis beendet, so erlischt regelmäßig auch die damit verbundene Bestellung als Organmitglied, weil ein solches nicht ohne vertragliche Grundlage Arbeitslast und Verantwortung seines Amtes weitertragen und es deshalb sein Amt, wenn es nicht ohnedies zusammen mit dem Dienstverhältnis ausläuft oder widerrufen ist, berechtigterweise niederlegen wird[984].

5. Die Vorstandsbestellung durch das Gericht (Notvorstand)

5.1. Rechtsgrundlage und Anwendungsbereich

§ 29 BGB bestimmt:

1256 *Soweit die erforderlichen Mitglieder des Vorstandes fehlen, sind sie in dringenden Fällen für die Zeit bis zur Behebung des Mangels auf Antrag eines Beteiligten von dem Amtsgericht zu bestellen, das für den Bezirk, in dem der Verein seinen Sitz hat, das Vereinsregister führt.*

Die Vorschrift gilt unmittelbar für den rechtsfähigen Verein kraft Eintragung oder Konzessionierung (§§ 21 bis 23 BGB) und entsprechend für die rechtsfähigen altrechtlichen Vereine (vgl. zu diesen Rn. 2884 ff.).

Nach nunmehr herrschender Auffassung kann auch einem nichtrechtsfähigen Verein entsprechend § 29 BGB ein Notvorstand bestellt werden[985].

1257 Streitig ist, ob einer politischen Partei nach oder entspr. § 29 BGB ein Notvorstand bestellt werden kann. Die Gerichtszuständigkeit wird bejaht, wenn der Wirkungskreis des Notvorstands auf die Einberufung einer Mitgliederver-

---

980 Vgl. *BGH* WM 1989, 1246; 1991, 1727/1728: GmbH.

981 *BGH* NJW 1990, 2622/2624.

982 Vgl. *OLG Düsseldorf* GmbHR 1989, 468/469: GmbH.

983 *Soergel/Hadding* § 27 BGB Rn. 13.

984 BGHZ 79, 38/41 f.

985 *LG Berlin* NJW 1970, 1047; *Palandt/Heinrichs* Rn. 1, MünchKomm/*Reuter* Rn. 2, *Ott* Rn. 2, RGRK/*Steffen* Rn. 1, *Staudinger/Coing* Rn. 4 a, *Soergel/Hadding* Rn. 2, je zu § 29 BGB; a. A. *RG* Recht 1922 Nr. 1996 und RGZ 147, 121/124.

sammlung zur Wahl eines neuen Vorstands[986] oder auf unpolitische Angelegenheiten (z. B. solche vermögensrechtlicher Natur) beschränkt wird[987]. Die gerichtliche Bestellungszuständigkeit wird überhaupt verneint, weil es unzulässig sei, daß ein staatliches Gericht den Willensbildungsprozeß innerhalb der Partei hoheitlich unterbreche[988]; zuständig für die Notbestellung ist nach dieser Auffassung das Parteischiedsgericht. Die Bestellungsbefugnis des Gerichts wird auch bejaht, da das Amtsgericht mit dem Notvorstand keineswegs eine politische Spitze verordne[989]. Dieser Auffassung ist zuzustimmen. Für eine politische Partei, welche die Rechtsform eines eingetragenen Vereins hat (CSU), schließt § 37 PartG die Anwendung des § 29 BGB nicht aus. Meldet eine solche Partei eine Satzungsänderung oder einen Vorstandswechsel an, so ist sie der formellen und materiellen Richtigkeitskontrolle des Gerichts unterworfen und zwar auch dann, wenn die angemeldeten Vorgänge einen politischen Charakter haben. Das Gericht kann die Anmeldung zurückweisen und so die Partei zwingen, erneut eine Entscheidung auch im politischen Bereich zu treffen. Es ist jedenfalls eine Bestellung zulässig, die den Bestellten zur Einberufung einer Mitgliederversammlung zum Zwecke der Vornahme einer Neuwahl ermächtigt. Gegen die Zuständigkeit des Parteischiedsgerichts bestehen insofern Bedenken, als es eine private Institution ist, welche nicht die hoheitlichen Aufgaben nach § 29 BGB[990] übernehmen kann. Die Parteisatzung kann allerdings die Zuständigkeit des Schiedsgerichts für eine Vorstandsbestellung begründen.

§ 29 BGB ist schließlich entsprechend anwendbar bei sonstigen rechtsfähigen **1258**
Körperschaften des Privatrechts, soweit keine Sondervorschriften[991] bestehen[992].

Nicht anwendbar ist § 29 BGB bei Körperschaften des öffentlichen Rechts[993].

5.2. Die Bestellungsvoraussetzung: Fehlen der erforderlichen Vorstandsmitglieder

Das Gesetz versteht unter dem Vorstand nur solche Mitglieder dieses Organs, **1259**
die den Verein auch nach außen vertreten können. Da aber die heutige Vorstandschaft auch Organmitglieder hat, die zur Außenvertretung nicht berechtigt sind, kann für solche Vorstandsmitglieder § 29 BGB nur entsprechend zur Anwendung kommen, wenn wegen des Fehlens eine Beschlußfassung des Vorstands (§ 28 Abs. 1 BGB) nicht mehr möglich ist[994]. Oft wird es aber bei solchen Organmitgliedern am Erfordernis der Dringlichkeit fehlen. Dies ist etwa der Fall, wenn für die Einberufung der Mitgliederversammlung eine Beschlußfassung des Vorstands nicht erforderlich ist und wenn der Verein die Vakanz durch Neuwahl selbst beseitigen kann.

---

986 *LG Berlin* a. a. O. S. 1048.

987 *Roellecke* DRiZ 1968, 117/119; vgl. auch *Seifert* S. 242.

988 *OLG Hamm* NJW-RR 1989, 1532/1533; *Hahn* NJW 1973, 2012/2013.

989 MünchKomm/*Reuter* § 29 BGB Rn. 6.

990 Vgl. auch § 85 AktG; § 66 Abs. 2 GmbHG; § 83 Abs. 3 GenG; § 146 Abs. 2 HGB.

991 Vgl. § 85 AktG.

992 so z. B. bei eingetragenen Genossenschaften, vgl. BGHZ 18, 334/337.

993 *KG* NJW 1960, 151.

994 Vgl. auch *BayObLG* RPfl 1980, 258/260.

1260 Es muß ein zur Vertretung des Vereins (oder zur Beschlußfassung des Vorstands) unentbehrliches Vorstandsmitglied entweder fehlen oder aus rechtlichen oder tatsächlichen Gründen nicht nur vorübergehend an der Amtsführung gehindert sein. Die Verhinderung kann auf Dauer bestehen und kann auf einen Einzelfall beschränkt sein. Fehlen eines Vorstandsmitglieds ist in folgenden Fällen gegeben: Tod, Eintritt der Geschäftsunfähigkeit[995], Betreuung mit Einwilligungsvorbehalt (wenn Satzung volle Geschäftsfähigkeit verlangt), nichtige Vorstandswahl[996], Ablauf der Amtsdauer[997], Amtsniederlegung, Abberufung[998], Entziehung der Vertretungsbefugnis etwa durch einstweilige Verfügung[999], Wegfall der satzungsmäßigen Bestellvoraussetzung. Der Amtsniederlegung steht hier gleich die dauernde Weigerung, die Vorstandsgeschäfte zu führen[1000]. Eine vorübergehende rechtliche Verhinderung besteht im Falle des Verbots des In-sich-Geschäfts, wenn eine Befreiung (§ 181 BGB) durch die Satzung fehlt oder sie auch das Bestellungsorgan nicht erteilen kann[1001]. Der Stimmrechtsausschluß nach § 28 Abs. 1, § 34 BGB kann nur in einem besonders gelagerten Ausnahmefall zur gerichtlichen Vorstandsbestellung Veranlassung geben. Stehen sieben Tagesordnungspunkte in der Vorstandssitzung an und ist ein Vorstandsmitglied bei einem Punkt vom Stimmrechtsausschluß betroffen, so ist ein Notvorstand entbehrlich. Tatsächliche Verhinderungsfälle sind längere schwere Erkrankung, ein längerer nicht abbrechbarer Auslandsaufenthalt[1002] oder eine längere Strafhaft.

1261 Fehlen oder Verhinderung eines Vorstandsmitglieds ist jedoch dann nicht gegeben, wenn ein solches gelegentlich – sei es zu Recht oder zu Unrecht – einzelne Vertretungs- oder Geschäftsführungsmaßnahmen verweigert[1003] oder wenn zerstrittene Vorstandsmitglieder sich gegenseitig bei der Amtsführung blockieren[1004]. Solche Mängel muß der Verein durch Ab- und Neuwahl beheben.

1262 Im Abwicklungsstadium werden bei Fehlen oder Verhinderung von Abwicklern solche unter den Voraussetzungen des § 29 BGB vom Gericht bestellt, da Liquidatoren die rechtliche Stellung von Vorstandsmitgliedern haben (§ 48 Abs. 2 BGB). Für einen nicht mehr bestehenden Verein kann ein Vorstandsmitglied

---

995 Vgl. *BayObLG* BB 1982, 1508: GmbH.

996 *LG Düsseldorf* RPfl 1987, 72.

997 *OLG Hamm* OLGZ 1965, 329/330.

998 BGHZ 86, 177/183; *BayObLG* NJW-RR 1986, 523: GmbH.

999 Vgl. *BayObLG* NJW-RR 1986, 523.

1000 Vgl. *KG* JW 1937, 1730; *OLG Frankfurt* NJW 1966, 504: GmbH.

1001 Vgl. *BayObLG* OLGE 44, 116; vgl. weiter BayObLGZ 1989, 298/306: Hat das Registergericht den Vollzug der Anmeldung neuer Vorstandsmitglieder ausgesetzt und bisherigen Vorstandsmitgliedern aufgegeben, durch Klageerhebung feststellen zu lassen, ob ihre Abwahl wirksam ist oder nicht, so können die hiervon betroffenen Vorstandsmitglieder den beklagten Verein im Prozeß auch bei offensichtlicher Ungültigkeit der Abwahl nicht vertreten, auch soweit der 2. Vorsitzende nicht als Kläger auftritt, wenn eine ihnen ungünstige Entscheidung des Prozeßgerichts zu der rechtskräftigen Feststellung führen würde, daß sie den Verein nicht vertreten können.

1002 Vgl. *OLG Frankfurt* GmbHR 1986, 432.

1003 *KG* JW 1937, 1730; *OLG Frankfurt* a. a. O.

1004 Vgl. *BayObLG* RPfl 1983, 74; *OLG Frankfurt* NJW 1966, 504.

oder Liquidator gerichtlich nicht bestellt werden; anders ist es, wenn um den Bestand des Vereins gestritten wird[1005]. Erweist sich eine Nachtragsliquidation als erforderlich, so muß ein Nachtragsliquidator vom Gericht bestellt werden (vgl. dazu Rn. 2217).

Die gerichtliche Vorstandsbestellung ist nur für den **fehlenden** Vorstand (das **1263**
fehlende Vorstandsmitglied) möglich. Dies ist dann der Fall, wenn überhaupt kein Vorstand vorhanden ist oder wenn es an der für die Gesamtvertretung erforderlichen Zahl fehlt oder wenn eine Beschlußfassung wegen des Fehlens (der Verhinderung) eines Vorstandsmitglieds nicht möglich ist. Unzulässig ist eine Notbestellung, wenn z. B. die Vertretungsregelung des betreffenden Vereins für die Aktiv- oder Passivvertretung ausreicht. Die Bestellung eines alleinvertretungsberechtigten Notvorstands kommt dann nicht in Betracht, wenn der Vertretungsmangel durch die Bestellung eines gesamtvertretungsberechtigten Notvorstands behoben werden kann, der den Verein zusammen mit einem noch handlungsfähigen gesamtvertretungsberechtigten Vorstandsmitglied vertreten kann[1006]. Weiter ist eine Ersatzbestellung nicht zulässig, wenn der nach Ablauf seiner Amtszeit noch eingetragene Vorstand eine Mitgliederversammlung zum Zwecke einer Neuwahl einberufen kann. Eine Ersatzbestellung ist jedoch trotz dieser Behelfsmöglichkeit dann erforderlich, wenn z. B. ein ständiger Zahlungsverkehr dringend abzuwickeln ist[1007]. An der Erforderlichkeit der Notbestellung fehlt es z. B. weiter, wenn das Bestellungsorgan von den Beschränkungen des § 181 BGB befreien kann oder wenn für die Prozeßvertretung des Vereins ein nach § 57 ZPO bestellter Prozeßvertreter ausreicht. Eine Beschlußfassung des Vorstands ist allerdings bei der Vakanz auch nur eines Organmitglieds nicht möglich.

5.3. Die Bestellungsvoraussetzung: dringender Fall

Durch die Notbestellung greift das Gericht in die Bestellungskompetenz des **1264**
hierfür zuständigen Vereinsorgans ein. Dies wird dadurch beschränkt, daß die gerichtliche Bestellung nur in dringenden Fällen zulässig ist (§ 29 BGB). Die Dringlichkeit kann nur bejaht werden, wenn der Verein sich nicht mehr durch eigene Maßnahmen, z. B. Einberufung einer Mitgliederversammlung zwecks Vorstandswahl, helfen kann. Sodann ist weiter Voraussetzung, daß ohne Notbestellung einem Beteiligten oder dem Verein ein Nachteil entstehen würde oder eine alsbald erforderliche Handlung nicht vorgenommen werden könnte[1008]. Der Nachteil muß nicht wirtschaftlicher Art sein. Beispiele: Der Verein muß durch den fehlenden Vorstand laufend wirtschaftliche und sportliche Angelegenheiten wahrnehmen[1009]. Der Verein, der keinen Vorstand hat, soll verklagt werden[1010]; gegen ihn soll ein Urteil vollstreckt werden[1011]. Es ist eine Frist einzuhalten, etwa um die Bestandskraft eines Verwaltungsakts

1005 Vgl. *OLG Frankfurt* JZ 1952, 565; *BayObLG* RPfl 1983, 443: GmbH.
1006 BayObLGZ 1989, 298.
1007 *KG* OLGZ 1971, 480/485.
1008 *Lutter/Hommelhoff* vor § 35 GmbHG Rn. 15.
1009 *KG* OLGZ 1971, 480/485.
1010 BayObLGZ 26, 144.
1011 BayObLGZ 34, 196; *OLG Düsseldorf* RPfl 1976, 358: GmbH.

(Steuerbescheid) nicht eintreten zu lassen. Die Frage der Dringlichkeit prüft auch das Rechtsbeschwerdegericht.
Die Bestellung eines Prozeßpflegers (§ 57 ZPO) läßt die Dringlichkeit einer Notvorstandsbestellung im allgemeinen nicht entfallen. Der Prozeßvertreter kann den Verein nur im Prozeß vertreten, nicht aber im Vereinsbereich, da er hier keine organschaftlichen Befugnisse hat[1012].

5.4. Das gerichtliche Bestellungsverfahren

5.4.1. Zuständigkeit

1265 Zuständig für die gerichtliche Vorstandsbestellung ist das Amtsgericht, das für den Bezirk, in dem der Verein seinen Sitz hat, das Vereinsregister führt (§ 29 BGB), falls es sich um einen eingetragenen Verein handelt. Beim Wirtschaftsverein und beim altrechtlichen Verein ist das Amtsgericht zuständig, in dessen Bezirk der Verein seinen (Satzungs-)Sitz hat. Fehlt es an einem inländischen Sitz (Verein nach § 23 BGB), so muß entspr. § 5 Abs. 1 Satz 2 FGG ein örtlich zuständiges Gericht bestimmt werden[1013].
Funktionell zuständig ist der Rechtspfleger (§ 3 Abs. 1 Nr. 1 a RPflG).
Das Amtsgericht wird nicht als Registergericht, sondern als Abteilung Freiwillige Gerichtsbarkeit tätig[1014].

5.4.2. Ausnahmsweise amtswegiges Verfahren

1266 Nach § 29 BGB wird ein Notvorstand nur auf Antrag vom Gericht bestellt. Ausnahmsweise kann dieses von Amts wegen einen Notvorstand bestellen. Dies ist einmal der Fall, wenn dem Verein die Rechtsfähigkeit entzogen werden soll, weil die Zahl der Mitglieder unter drei herabgesunken ist (§ 73 BGB), und wenn ein Vorstand fehlt[1015]. Zum anderen ist eine amtswegige Vorstandsbestellung auch zulässig, wenn die Löschung des im Vereinsregister eingetragenen Vorstands erforderlich ist, dessen Amtszeit seit langem abgelaufen ist, eine Neubestellung durch das satzungsmäßige Vereinsorgan nicht zustande kommt und mit Sicherheit von keinem Beteiligten ein Antrag auf Bestellung eines Notvorstands zu erwarten ist[1016].

5.4.3. Die Antragstellung

1267 Das Gericht kann grundsätzlich nur auf Antrag einen Notvorstand bestellen. Ist nicht der oben erwähnte Ausnahmetatbestand gegeben, so ist eine ohne Antragstellung vorgenommene gerichtliche Bestellung fehlerhaft und muß auf Rechtsmittel aufgehoben werden[1017].

1012 Vgl. *Scholz/Schneider* § 6 GmbHG Rn. 44.
1013 Vgl. zu § 85 AktG *BGH* WM 1985, 126.
1014 Vgl. *OLG Frankfurt* RPfl. 1976, 335; *Keidel/Kuntze/Winkler* Rn. 1, *Jansen* Rn. 2, je zu § 145 FGG.
1015 *BayObLG* NJW-RR 1989, 765/766.
1016 *BayObLG* a. a. O.
1017 *KG* JW 1936, 335.

Antragsberechtigt ist jeder an der dringlich zu besorgenden Angelegenheit Beteiligte. Das ist jeder, dessen Rechte und Pflichten durch die beantragte Regelung unmittelbar beeinflußt werden[1018].
Antragsberechtigt ist jedes Vereinsmitglied[1019], jedes Vorstandsmitglied[1020], auch ein ausgeschiedenes[1021], Mitglieder sonstiger Vereinsorgane, u. U. auch der Vorstand eines übergeordneten Verbands sowie Dritte dann, wenn sie ein Recht gegen den Verein verfolgen oder ihm gegenüber eine Pflicht erfüllen wollen[1022]. – Kein Antragsrecht hat das Konkursgericht[1023], wohl aber ein Konkursgläubiger.

Der Antrag ist schriftlich zu stellen oder zu Protokoll der Geschäftsstelle zu **1268**
erklären (§ 11 FGG). Die Bevollmächtigung einer Person ist zulässig (§ 13 FGG). Die Voraussetzungen der Notvorstandsbestellung sind darzulegen, aber nicht glaubhaft zu machen[1024], da eine Glaubhaftmachung von Tatsachen das Gesetz anordnet[1025], was im Falle des § 29 BGB ausscheidet. Antragstellende Dritte müssen aber ihr Recht konkretisieren[1026]. Besteht dieses Recht offensichtlich nicht, muß der Antrag als unzulässig zurückgewiesen werden[1027].
Der Antragsteller kann eine Person als Notvorstand vorschlagen.

5.4.4. Evtl. erforderliche Beteiligungen und Anhörungen

Hat der Verein noch ein zur Vertretung berechtigtes Vorstandsmitglied, so ist er **1269**
am Bestellungsverfahren zu beteiligen. Da dem Verein ein Vertretungsorgan bestellt werden soll, erlangt er die materielle Beteiligtenstellung, die grundsätzlich auch die formelle Beteiligung erfordert.

Befindet sich der Verein im Konkurs und hat er einen bedeutenden wirtschaft- **1270**
lichen Geschäftsbetrieb, so kann die Beteiligung des Konkursverwalters angezeigt sein[1028], zumindest ist er anzuhören.
Noch vorhandene Vorstandsmitglieder werden vom Gericht nach § 12 FGG angehört[1029]. Die Anhörung von Vereinsmitgliedern ist zulässig, aber nicht geboten[1030].
Anhörungen oder Stellungnahmen können auch hinsichtlich der zu bestellenden Person erforderlich sein. Es kann die Einschaltung der Industrie- und Handelskammer oder der Handwerkskammer veranlaßt sein, damit ein geeigneter Vorstand vorgeschlagen wird. Die in Aussicht genommene Person muß zur Amtsübernahme bereit sein.

1018 BayObLGZ 1971, 178/180.
1019 BayObLGZ 1989, 298/302; mit dem Verlust der Mitgliedschaft erlischt jedoch die Antragsberechtigung, vgl. *BayObLG* NJW-RR 1994, 832.
1020 *KG* NJW 1967, 933.
1021 BayObLGZ 34, 286/287.
1022 BayObLGZ 1971, 178/180; *KG* NJW 1967, 933.
1023 BayObLGZ 1948–1951, 340.
1024 A. A. z. B. *Keidel/Schmatz/Stöber* Rn. 1100.
1025 *Keidel/Kuntze/Winkler* § 15 FGG Rn. 57.
1026 Vgl. *Lutter/Hommelhoff* vor § 35 GmbHG Rn. 16.
1027 Vgl. *Lutter/Hommelhoff* a. a. O.
1028 Vgl. BayObLGZ 1988, 61: AG.
1029 BayObLGZ 1989, 298/307.
1030 Anders bei der Notbestellung eines GmbH-Geschäftsführers: BayObLGZ 1980, 306/313.

5.4.5. Die Prüfung des Gerichts; Erfordern eines Kostenvorschusses

1271 Neben seiner Zuständigkeit prüft das Gericht, ob ein ordnungsgemäßer Antrag eines hierzu Berechtigten vorliegt, ob die Notbestellung erforderlich ist[1031], u. U., ob die Abberufung des bisherigen Vorstands wirksam ist[1032]; ferner muß die Dringlichkeit feststehen.

Das Gericht darf seine Ermittlungen nicht darauf erstrecken, ob die vom Notvorstand vorzunehmenden Maßnahmen für den Verein zweckmäßig sind bzw. ob ein beabsichtigter Aktivprozeß Aussicht auf Erfolg hat[1033].

Es ist nicht Aufgabe des Gerichts, im Bestellungsverfahren auftauchende schwierige Rechtsfragen, etwa über die Beendigung des Vorstandsamtes, zu klären; im Zweifel ist die Bestellung vorzunehmen. In keinem Fall darf das Gericht das Verfahren aussetzen und eine streitgerichtliche Klärung der Rechtsfragen aufgeben.

1272 Ist nicht gesichert, daß der Verein die Ansprüche des Notvorstands auf Vergütung seiner Tätigkeit oder auf Ersatz seiner Auslagen erfüllen kann, so kann das Gericht jedenfalls bei einer Antragstellung durch Vereinsgläubiger einen Kostenvorschuß verlangen, der zur Deckung dieser Ansprüche dient[1034].

5.4.6. Der Bestellungsbeschluß und seine Wirksamkeit

1273 Ist der Antrag zulässig und begründet, so muß das Gericht einen Notvorstand bestellen. In dem Bestellungsbeschluß entscheidet das Gericht über die Person des Notvorstandes und regelmäßig auch über seine Vertretungsmacht oder den sonstigen Aufgabenbereich. Eine Bestellung ist nur insoweit vorzunehmen, als dies zur Behebung der Vorstandsvakanz oder -verhinderung erforderlich ist[1035]. Dabei hat das Gericht die Bestimmungen der Satzung über die Zusammensetzung des Vorstands[1036] und auch über die Vorstandsfähigkeit zu beachten, soweit dies möglich ist. Verbietet die Satzung Drittorganschaft und kommt ein Vereinsmitglied als Notvorstand nicht in Betracht, so kann ein Nichtmitglied bestellt werden. Wenn die Satzung einen mehrgliedrigen Vorstand vorsieht, sind soviele Vorstandsmitglieder zu bestellen, wie sie in der zur Beschlußfassung oder Vertretung erforderlichen Zahl fehlen[1037]. Durch die Bestellung greift das Gericht in das Selbstbestimmungsrecht des Vereins über seine Organmitglieder ein. Sieht die Satzung z. B. die Vertretung des Vereins durch den 1. oder 2. Vorsitzenden des Vorstands zusammen mit einem weiteren Vorstandsmitglied vor, so stellt es einen fehlerhaften Eingriff in die Autonomie des Vereins dar, wenn ein alleinvertretungsberechtigter Notvorstand bestellt wird.

Hinsichtlich der Person des Notvorstands ist das Gericht an Vorschläge nicht gebunden[1038].

Die Bestellung kann befristet vorgenommen werden; sie kann beim werbenden Verein auf einen einzelnen Aufgabenkreis oder auf einzelne Vertretungsbe-

---

1031 Fehlen erforderlicher Vorstandsmitglieder, vgl. BayObLGZ 34, 196/198.
1032 *BayObLG* a. a. O. S. 199.
1033 Vgl. *OLG Hamm* OLGZ 1965, 329/331.
1034 Vgl. *Fleck* EWiR § 38 GmbHG 2/88, 796.
1035 BayObLGZ 1989, 298/307.
1036 *BayObLG* a. a. O.
1037 *BayObLG* a. a. O.
1038 BayObLGZ 1980, 306/309.

reiche (Vorstandsbeschlußgegenstände) beschränkt werden[1039]; unzulässig ist eine Vertretungsbeschränkung beim Liquidationsverein. Maßgebend ist die Begrenzung der Befugnisse des Notvorstands, wie sie im Bestellungsbeschluß vorgenommen worden ist. Kommt dies in der Registereintragung nicht zum Ausdruck, so kann sich der Verein nicht hierauf berufen, da die Vorschriften der §§ 68, 70 BGB (vgl. dazu Rn. 2348) zugunsten eines Dritten, nicht aber zugunsten des Vereins bestehen[1040].

Der Bestellungsbeschluß ist kurz zu begründen. Die Beteiligten müssen er- **1274** kennen können, auf welchen Erwägungen des Gerichts die Notbestellung (die einen Eingriff in die Vereinsautonomie bedeutet) und u. U. die Auswahl des Notvorstands beruht. Begründet werden muß, warum einem Vorschlag hinsichtlich der zu bestellenden Person nicht gefolgt werden konnte[1041].

Der Bestellungsbeschluß wird wirksam mit der Bekanntmachung an den- **1275** jenigen, für welchen er seinem Inhalte nach bestimmt ist (§ 16 Abs. 1 FGG). Erforderlich ist somit die (formlose) Bekanntmachung an den Bestellten[1042]; die Bekanntmachung an den Antragsteller ist zwar ebenfalls erforderlich, ist aber für die Wirksamkeit ohne Bedeutung[1043]. Seinem Inhalt nach ist der Bestellungsbeschluß auch für den Verein bestimmt, da in dessen autonomes Bestellungsrecht eingegriffen wird. Ist somit noch ein zur Empfangnahme einer Zustellung nach § 171 Abs. 3 ZPO ermächtigtes Vorstandsmitglied vorhanden, so wird der Beschluß erst wirksam, wenn er auch dem Verein bekanntgemacht worden ist[1044].

Die Bestellung ist ein rechtsgestaltender Akt der freiwilligen Gerichtsbarkeit[1045]. Als solcher bindet er selbst bei Fehlen der Bestellungsvoraussetzungen oder bei Mängeln des gerichtlichen Verfahrens (ausgenommen Fehlen der sachlichen Zuständigkeit) bis zur Aufhebung im Rechtsmittelverfahren[1046].

5.4.7. Die Organstellung des Bestellten und sein Rechtsverhältnis zum Verein

Die gerichtliche Bestellung ist mit einer Vereinswahl vergleichbar; mit dieser **1276** allein wird eine Organstellung im Verein nicht erlangt. Erforderlich ist somit auch bei gerichtlicher Bestellung, daß der Bestellte die Bestellung annimmt[1047], wozu er nicht gezwungen werden kann[1048]. Die Annahme kann gegenüber dem Gericht oder einem noch vorhandenen Vorstandsmitglied (§ 28 Abs. 2 BGB) erklärt werden.

Inhalt und Umfang der Organbefugnisse des gerichtlich bestellten Vorstands **1277** richten sich nach dem Bestellungsbeschluß und nicht nach einer abweichenden

---

1039 Vgl. *BayObLG* NJW-RR 1986, 523.

1040 Vgl. *LAG Breslau* Recht 1937 Nr. 6944.

1041 BayObLGZ 1980, 306/309.

1042 BGHZ 6, 232 = NJW 1952, 1009; BayObLGZ 1980, 306/310.

1043 *Keidel/Kuntze/Winkler* § 160 FGG Rn. 9 Fußn. 22.

1044 Ebenso hinsichtlich der erforderlichen Bekanntmachung an die GmbH: *Lutter/Hommelhoff* vor § 35 GmbHG Rn. 19; a. A. die bisher herrschende Auffassung.

1045 *KG* OLGZ 1965, 332/334.

1046 Vgl. *RG* JW 1918, 361; BGHZ 24, 47/51; BayObLGZ 1980, 306/310; *KG* a. a. O.

1047 BayObLGZ 1980, 306/310.

1048 Vgl. *BGH* WM 1985, 149.

Eintragung im Vereinsregister[1049]. Beschränkt der Bestellungsbeschluß den Wirkungskreis nicht, so unterscheidet sich der gerichtlich bestellte Vorstand von dem satzungsmäßig berufenen nur dadurch, daß sein Amt bis zur Behebung des Mangels zeitlich begrenzt ist, nicht aber im Umfang seiner Befugnisse[1050]. Ist nach der Vertretungsordnung des Vereins ein mehrgliedriger Vorstand vorgesehen, bestellt das Gericht aber nur einen alleinvertretungsberechtigten Notvorstand, so ist die satzungsmäßige Vertretungsordnung für die Dauer der Notbestellung verdrängt worden; dieser Notvorstand erlangt die Organstellung des mehrgliedrigen Vorstands[1051]. Beschränkt der Bestellungsbeschluß die Vertretungsbefugnis des Notvorstands, so gelten für diesen die Vorschriften der §§ 64, 68, 70 BGB[1052].

Die gerichtliche Bestellung bewirkt aber nicht das Ausscheiden des in Wirklichkeit nicht fehlenden Vorstandsmitglieds aus seinem Amt[1053].

1278 Der Notvorstand ist eine Organperson i. S. d. § 31 BGB, für welche der Verein haftet.

Auch beim Notvorstand ist zwischen der Organstellung und dem Anstellungsverhältnis zu unterscheiden. Mit der Annahme der Bestellung kommt zwischen dem Notvorstand und dem Verein dieses (zweiseitige) Anstellungsverhältnis zustande. Im allgemeinen ist dieses mit dem Anstellungsverhältnis des ersetzten Vorstandsmitglieds identisch. Im Regelfall kommt ein Auftragsverhältnis zustande. Hatte der Ersetzte ein vergütetes Amt inne, so wird auch mit dem Notvorstand ein entgeltlicher Geschäftsbesorgungsvertrag abgeschlossen. Von dem vorerwähnten Regelfall besteht eine Ausnahme dann, wenn der Bestellte nur bereit ist, das Amt gegen eine Vergütung zu übernehmen. Den Verein vertritt beim Vertragsabschluß ein noch vorhandenes vertretungsberechtigtes Vorstandsmitglied. Ist dies nicht möglich, so kann der Notvorstand für sich und zugleich in Vertretung des Vereins handeln; durch die gerichtliche Bestellung ist die Gestattung des In-sich-Geschäfts (§ 181 BGB) als gegeben anzusehen[1054].

1279 Der Notvorstand hat immer Anspruch auf Ersatz seiner notwendigen Aufwendungen (§ 670 BGB). U. U. besteht ein Anspruch auf Vergütung, wenn mit dem Verein ein entgeltlicher Geschäftsbesorgungsvertrag abgeschlossen worden ist. Dann kann der Notvorstand evtl. die Höhe seiner Vergütung selbst festsetzen[1055].

Da beim Verein § 85 Abs. 3 Satz 2 AktG nicht entsprechend anwendbar ist, kann das Gericht die Vergütung des Notvorstands nicht festsetzen[1056]. Das Ge-

---

1049 *RAG* JW 1937, 3187.

1050 *KG* OLGZ 1965, 332/333.

1051 *KG* a. a. O. und OLGZ 1968, 200/207.

1052 *BayObLG* NJW-RR 1986, 523.

1053 *OLG Schleswig* NJW 1960, 1862.

1054 *Soergel/Hadding* § 29 BGB Rn. 14.

1055 § 612 Abs. 2 i. V. m. § 316 BGB; vgl. auch *Lutter/Hommelhoff* vor § 35 GmbHG Rn. 21.

1056 *BayObLG* NJW-RR 1988, 1500: GmbH; MünchKomm/*Reuter* Rn. 3, *Staudinger/Coing* Rn. 12, *Soergel/Hadding* Rn. 14, je zu § 29 BGB; *Keidel/Kuntze/Winkler* Rn. 9, *Jansen* Rn. 13, je zu § 160 FGG; *Keidel/Schmatz/Stöber* Rn. 1101; *Rowedder/Koppensteiner* § 35 GmbHG Rn. 63; *Scholz/Schneider* § 6 GmbHG Rn. 43; a. A. *LG Hamburg* MDR 1971, 298; *Palandt/Heinrichs* § 29 BGB Rn. 9; *Sauter/Schweyer* Rn. 301; *Stöber* Rn. 149.

richt ist gesetzlich nur ermächtigt, bei der Begründung eines Organschaftsverhältnisses mitzuwirken; es kann aber mangels einer gesetzlichen Ermächtigung nicht rechtsgestaltend in das weiter gegebene schuldrechtliche Verhältnis zwischen dem Verein und dem Notvorstand eingreifen.

5.4.8. Das Ende des Notvorstandsamtes

Der gerichtlich bestellte Vorstand hat nur eine Ersatzstellung inne. Seine Organstellung endet automatisch, wenn die Verhinderung des ersetzten Vorstandsmitgliedes entfallen ist. Beispiele: Das nach § 181 BGB verbotene Geschäft ist vom Bestellten vorgenommen worden; der Ersetzte ist wieder gesund geworden. Ersetzt das zuständige Vereinsorgan ein fehlendes Vorstandsmitglied in gültiger Weise, so ist die durch das Gericht erlangte Organstellung ebenfalls beendet[1057]. Gleiches gilt, wenn durch Satzungsänderung (und Eintragung, § 71 BGB) das vakante Vorstandsamt in Fortfall gekommen ist. Die Organstellung des Bestellten endet schließlich auch mit Ablauf der im Bestellungsbeschluß genannten Frist, mag der Verein bis dahin die Bestellung (durch Wahl) noch nicht vorgenommen haben. Hier kann das Amtsgericht aufgrund eines vor Fristablauf dahingehend gestellten Antrags die Frist verlängern; nach dem Fristablauf muß ein Beteiligter einen neuen Bestellungsantrag stellen[1058]. Nach heute herrschender Auffassung bedarf es in all diesen Fällen keiner Entlassungsverfügung des Amtsgerichts[1059]. **1280**

Der Notvorstand kann sein Amt durch Rücktrittserklärung gegenüber dem Amtsgericht oder einem vertretungsberechtigten Vorstandsmitglied (§ 28 Abs. 2 BGB) niederlegen. Er ist hierbei jedoch evtl. einschränkenden Bestimmungen der Satzung unterworfen, wonach die Amtsniederlegung keine rechtliche Wirksamkeit haben kann. Die berechtigte Amtsniederlegung hat den Bestellungsbeschluß, der auf diese Person zugeschnitten ist, verbraucht. Das Bestellungsverfahren ist erneut durchzuführen; es bedarf somit eines Antrags eines hierzu Berechtigten[1060]. **1281**

Der Verein kann die gerichtliche Bestellung nicht dadurch unterlaufen, daß er durch das Bestellungsorgan den Notvorstand wieder abberuft, obwohl dessen Amtszeit noch nicht beendet ist. Die Abberufung kann nur das Gericht vornehmen[1061]. Diese Maßnahme darf jedoch nicht willkürlich erfolgen, es muß vielmehr ein wichtiger Grund[1062] gegeben sein[1063]. Das Gericht kann die Abberufung von Amts wegen oder auf Antrag aussprechen. Das Antragsrecht ist hier jedoch nicht mit dem Recht zum Bestellungsantrag nach § 29 BGB identisch. Das Ende einer Organstellung ist eine Angelegenheit, auf die Vereinsfremde keinen Einfluß nehmen dürfen. Den Abberufungsantrag können deshalb nur Vereinsmitglieder oder Vorstandsmitglieder stellen[1064]. Dritte können aber die amtswegige Entlassung anregen. **1282**

1057 BayObLGZ 1988, 170/171.

1058 Vgl. *Sauter/Schweyer* Rn. 304.

1059 Vgl. *Soergel/Hadding* § 29 BGB Rn. 15; *Sauter/Schweyer* a. a. O.

1060 Vgl. *Staudinger/Coing* Rn. 10, MünchKomm/*Reuter* Rn. 12, je zu § 29 BGB; *Sauter/Schweyer* Rn. 305.

1061 Vgl. *OLG München* GmbHR 1994, 259; vgl. auch § 18 FGG.

1062 Z. B. Unfähigkeit zur Amtsführung.

1063 BayObLGZ 1978, 243/247.

1064 Vgl. *KG* OLGZ 1967, 97 = NJW 1967, 933; *BayObLG* a. a. O.

Nach Beendigung seines Amtes hat der Notvorstand die ihm in dieser Eigenschaft überlassenen Gegenstände seinem Nachfolger herauszugeben und die verlangten Auskünfte zu erteilen[1065].

5.4.9. Die Rechtsbehelfe und Rechtsmittel

1283 Gegen die im Bestellungsverfahren ergangene Erstentscheidung des Rechtspflegers (§ 3 Nr. 1 a RPflG) ist die an keine Frist gebundene[1066] Erinnerung (§ 11 RPflG) gegeben, die vom Landgericht als Beschwerde behandelt wird, wenn ihr der Amtsrichter nicht abgeholfen hat.

1284 Gegen die Ablehnung der Notvorstandsbestellung ist nur der Antragsteller beschwerdeberechtigt (= erinnerungsberechtigt).[1067]

1285 Gegen die Bestellung und die Ablehnung der Abberufung ist ein außenstehender Dritter, dem an sich ein Antragsrecht nach § 29 BGB zustünde, nicht beschwerdeberechtigt (§ 20 Abs. 1 FGG). Es handelt sich um auf den Verein, seine Organ- und Vereinsmitglieder auswirkende Maßnahmen, die keine Einmischung durch einen Dritten vertragen[1068]. Hier steht das Beschwerderecht dem Verein zu, sofern die Vertretungsverhältnisse die Ausübung des Beschwerderechts zulassen; es unterliegt jedoch keinen durchgreifenden Bedenken, wenn der Bestellte für den Verein Erinnerung bzw. Beschwerde einlegt, sofern seine Vertretungsmacht hierzu ausreicht. Beschwerdeberechtigt sind weiter die Vereins- und Vorstandsmitglieder[1069], auch der »ersetzte« Vorstand[1070] und gegen die Ablehnung der Abberufung auch der Bestellte. Gegen die Abberufung ist dieser Personenkreis, jedoch auch der zur Antragstellung nach § 29 BGB Befugte beschwerdeberechtigt[1071].

1286 Das Rechtsmittel gegen die Bestellung kann auf Teilgegenstände beschränkt werden, wie z. B. auf den Umfang der übertragenen Aufgaben, die Befristung oder auf die Rüge, es sei nicht die nach der Satzung erforderliche Zahl von Notvorstandsmitgliedern bestellt worden. Ist der Bestellungsbeschluß insgesamt angefochten, so kann das Landgericht auch die Person des Bestellten ändern[1072]; es handelt sich nicht um einen neuen Verfahrensgegenstand. Wird der Abberufungsbeschluß des Amtsgerichts aufgehoben, so erlangt der Abberufene nicht von selbst die Stellung eines Notvorstands wieder[1073].

Die Aufhebung des Bestellungsbeschlusses hat auf die Wirksamkeit der von dem Bestellten oder ihm gegenüber vorgenommenen Rechtshandlungen keinen Einfluß (§ 32 FGG).

5.4.10. Die Registereintragungen

1287 Gerichtlich bestellte Vorstandsmitglieder werden von Amts wegen in das Vereinsregister eingetragen (§ 67 Abs. 2 BGB). Die Eintragung hat nur de-

1065 § 27 Abs. 2 und 3, §§ 666, 667 BGB; vgl. BGHZ 24, 47/53.
1066 Vgl. BayObLGZ 1978, 243/247.
1067 Vgl. § 20 Abs. 2 FGG.
1068 Vgl. *KG* NJW 1967, 933/934.
1069 BayObLGZ 1989, 298/302; *KG* JFG 15, 101.
1070 BayObLGZ 34, 286/287.
1071 Vgl. *Jansen* § 160 FGG Rn. 15; vgl. weiter Rn. 2324.
1072 BGHZ 24, 47/51.
1073 BayObLGZ 1978, 243/248.

klaratorische Bedeutung[1074]. Evtl. Beschränkungen der Vertretungsmacht und evtl. Befristungen der Amtsdauer sind miteinzutragen[1075]. Es wird die Auffassung vertreten, bei einer Bestellung nur für einzelne, kurzfristig vorzunehmende Rechtsakte könne eine Eintragung unterbleiben[1076].
Gutgläubige Dritte sind bis zur Eintragung des Ausscheidens des Notvorstandes im Vereinsregister geschützt (§ 68 BGB).
Die Eintragungen im Vereinsregister werden mit dem Ende des Notvorstandsamts wieder von Amts wegen gelöscht[1077].
Wird der gerichtlich Bestellte in der Mitgliederversammlung als Mitglied des Vorstands gewählt, so stellt dies keine Wiederwahl dar; die Bestellung durch den Verein muß als Vorstandsänderung in der vorgeschriebenen Form (vgl. Rn. 1350) angemeldet werden[1078].

6. Der faktische Vorstand

6.1. Entstehung faktischer Organschaftsverhältnisse

Ein faktisches Organschaftsverhältnis besteht, wenn ein Organmitglied sein **1288**
Amt ausübt, der Bestellungsakt aber unwirksam ist[1079]. Beispiel aus der Praxis: Das bei einem Sportverband eingerichtete Schiedsgericht hat nach einem halben Jahr Amtszeit des Verbandsvorstands und weiterer Verbandsorgane die Wahl für ungültig erklärt, weil infolge nicht rechtzeitiger Beitragszahlung Verbandsmitglieder von ihrem Stimmrecht keinen Gebrauch machen durften und deshalb die satzungsmäßige Beschlußfähigkeit für die Wahlen nicht gegeben war. Der Vorstand und die anderen Organe haben in der Zwischenzeit ihr Amt tatsächlich ausgeübt.
Da für faktisch tätige Mitglieder anderer Organe die Rechtslage die gleiche ist, wird nachfolgend nur der faktisch tätige Vorstand dargestellt.
Ein faktisches Vorstandsverhältnis kann weiter dann bestehen, wenn die Bestelldauer abgelaufen ist, die Satzung die Verlängerung der Amtsdauer bis zu einer Neuwahl nicht vorschreibt und diese aus irgendeinem Grunde unterbleibt, der bisherige Vorstand aber im Amt bleibt.

6.2. Das Rechtsverhältnis zwischen dem faktischen Vorstand und dem Verein

Ist eine Person faktisch in einem Vereinsorgan tätig, so entstehen zwischen ihr **1289**
und dem Verein gleichwohl Rechtsbeziehungen, auch wenn der Organbestellungsakt unwirksam ist. Diese Rechtsbeziehungen können nicht nach bereicherungsrechtlichen Grundsätzen behandelt werden. Heranzuziehen sind

1074 RAGE 19, 1 = JW 1937, 3187.
1075 *Keidel/Schmatz/Stöber* Rn. 1104.
1076 Vgl. zu § 85 AktG: *Baumbach/Hueck* Rn. 7, *Hefermehl* Rn. 15, KölnKomm/*Mertens* Rn. 10 sowie *Meyer-Landrut* Anm. 4.
1077 BayObLGZ 1988, 170/177.
1078 *Sauter/Schweyer* Rn. 304.
1079 Vgl. *BGH* NJW 1991, 1727.

vielmehr die Grundsätze, die für ein faktisches Arbeitsverhältnis bestehen[1080]. Während der Dauer eines solchen richten sich die Rechte und Pflichten von Arbeitgeber und Arbeitnehmer grundsätzlich nach den Vorschriften, die für ein wirksames Arbeitsverhältnis gelten[1081]. Für das Vereinsrecht folgt daraus: Ist der Vorstand ehrenamtlich tätig, so gelten auch für den faktischen Vorstand die Auftragsvorschriften nach §§ 662 ff. BGB entsprechend; wird der tatsächlich amtierende Vorstand besoldet, so gelten im Verhältnis zwischen ihm und dem Verein die Dienstvertragsvorschriften (§§ 675, 611 ff. BGB) entsprechend.
Danach hat der faktische Vorstand u. a. einen Anspruch auf Ersatz seiner Aufwendungen (entspr. § 670 BGB), er hat eine Berichtspflicht gegenüber dem Verein (entspr. § 666 BGB), er hat nach dem Ablauf seiner faktischen Amtszeit einen Anspruch gegen den durch die Mitgliederversammlung repräsentierten Verein auf Entlastung. Der dienstvertraglich tätige Vorstand hat Anspruch auf die vereinbarte Vergütung[1082].
Das nicht auf einem wirksamen Dienstvertrag oder Auftrag beruhende faktische Anstellungsverhältnis kann jederzeit ohne Vorliegen eines wichtigen Grundes aufgelöst werden[1083].

6.3. Das Außenhandeln des faktisch tätigen Vorstands; Anwendung der Grundsätze der Rechtsscheinvollmacht

1290 Der vermeintlich gültig gewählte Vorstand wird als eines seiner ersten Amtshandlungen seine Bestellung zum Registergericht anmelden. Ist aber die Bestellung nichtig, so fehlt eine Befugnis zur Anmeldung. Wird der Anmelder gleichwohl als Vorstand eingetragen, so stellt dies eine rechtsbekundende Eintragung dar[1084]. Ein Verfahrensfehler im Eintragungsverfahren (hier: fehlende Anmelde- und damit Antragsbefugnis) führt bei deklaratorischen Eintragungen dann zur Amtslöschung nach §§ 159, 142 FGG, wenn die Eintragung sachlich nicht richtig ist[1085]. Ein Löschungsermessen besteht hier nicht, weil der Anmelder infolge seiner nicht wirksamen Vorstandsbestellung nicht in das Vereinsregister eingetragen werden durfte und infolgedessen die sich aus § 68 BGB ergebende negative Publizität des Vereinsregisters (vgl. dazu Rn. 2348) wieder zu beseitigen ist. Meldet der faktisch tätige Vorstand später eine Satzungsänderung an und wird diese eingetragen, so liegt gleichfalls ein Verfahrensfehler vor, weil dem Anmelder die Antragsbefugnis fehlte. Die Eintragung einer Satzungsänderung ist rechtsbegründend (vgl. § 71 Abs. 1 BGB). Bei rechtsbegründenden Eintragungen kann bereits ein Mangel des Eintragungsverfahrens die Zulässigkeit der Eintragung in Frage stellen; es greift das Löschungsermessen nach §§ 159, 142 Abs. 1 FGG ein[1086].

1080 Vgl. BGHZ 41, 282/286.
1081 *BAG* NJW 1986, 2133; *BGH* NJW 1991, 1727/1729.
1082 Vgl. *Lowe* S. 10.
1083 *BAG* und *BGH* a. a. O.
1084 Die Eintragung des Vertretungsorgans hat immer nur deklaratorische Bedeutung, vgl. BayObLGZ 1989, 411/414.
1085 Vgl. BayObLGZ 1956, 303/317; *KG* OLGZ 1986, 296/299; *Keidel/Kuntze/Winkler* § 142 FGG Rn. 13.
1086 Vgl. *BayObLG, KG* und *Keidel/Kuntze/Winkler* a. a. O.

Führt der faktisch tätige Vorstand für den Verein einen Prozeß, so ist dies nach herrschender Auffassung ein Fall des § 579 Abs. 1 Nr. 4 ZPO; ist ihr Vertretungsorgan nicht wirksam bestellt worden, so ist eine juristische Person nicht nach den Vorschriften des Gesetzes vertreten[1087]. Es darf dann kein Urteil ergehen; ein gleichwohl erlassenes Urteil ist anfechtbar; gegen ein rechtskräftig gewordenes Urteil kann Nichtigkeitsklage erhoben werden. Richtiger dürfte es sein, die Nichtigkeitsfolge zugunsten gutgläubiger Kläger nach den nachfolgend darzustellenden Grundsätzen der Rechtsscheinvollmacht einzuschränken; die auf einen Bestellungsakt zurückzuführende prozessuale Vertretungsmacht unterliegt nämlich grundsätzlich den Regeln des materiellen Rechts und damit auch Rechtsscheinregeln[1088]. **1291**

Soweit ein rechtsgeschäftliches Außenhandeln eines faktischen Vorstands einer AG oder des faktischen Geschäftsführers einer GmbH in Betracht kommt, der im Handelsregister eingetragen ist, ist die positive Publizität des Handelsregisters nach § 15 Abs. 3 HGB einschlägig: Der Dritte kann auf die unrichtige Bekanntmachung des Vertretungsorgans vertrauen, es sei denn, daß er die Unrichtigkeit (also die unwirksame Bestellung des Vertretungsorgans) kannte[1089]. Danach sind für den gutgläubigen Dritten die Willenserklärungen des faktischen Vorstands wirksam[1090]. Im Vereinsrecht ist nur eine negative Publizität hinsichtlich der Eintragungen im Vereinsregister nach §§ 68, 70 BGB gegeben. Es kann sich deshalb ein Dritter nicht auf die Richtigkeit der Eintragung verlassen; ist ein Vorstandsmitglied zu Unrecht eingetragen, so begründet dies keinen Vertrauensschutz des Dritten[1091]. **1292**

Hier können aber die Grundsätze der Rechtsscheinvollmacht in Betracht kommen. Die Duldungsvollmacht setzt voraus, daß der Vertretene das Handeln des nicht zu seiner Vertretung Berechtigten positiv kennt, es duldet, und der Geschäftsgegner diese Duldung nach Treu und Glauben so wertet und werten darf, als habe der Handelnde Vollmacht[1092]. Die sinngemäße Anwendung dieser Grundsätze scheitert nur scheinbar durch die Erwägung, daß dem handlungsunfähigen und damit wahrnehmungsunfähigen Verein dieses Wissen nicht vermitteln kann, wer ihn mangels gültiger Bestellung nicht organschaftlich vertreten kann. Hier muß auf das Wissen der Mitgliederversammlung zurückgegriffen werden, die den Vorstand unwirksam bestellt hat. Dies ist nicht unzulässig, wie die Heranziehung des Genossenschaftsrechts zeigt. Bei der Genossenschaft beginnt die Zweiwochenfrist des § 626 Abs. 2 BGB für die Kündigung eines Vorstandsmitglieds grundsätzlich erst, wenn die Generalversammlung Kenntnis von den Kündigungstatsachen erhält. Der Verein wird bei der Bestellung durch die Mitgliederversammlung repräsentiert. Bestellt sie fehlerhaft, so muß sich das der Verein mit der Folge zurechnen lassen, daß ihm

1087 *Baumbach/Hartmann* § 579 ZPO Rn. 20; *Lowe* S. 61.

1088 Vgl. *BGH* MDR 1964, 134; *Lowe* S. 62 und Fußn. 84; vgl. weiter hinsichtlich der Anwendung der Rechtsscheinvorschrift des § 68 BGB im Verfahrensrecht: BayObLGZ 1986, 289/294; *OLG Frankfurt* RPfl 1978, 134/135.

1089 Vgl. *Lowe* S. 38; ebenso zu der ähnlich lautenden Vorschrift des § 29 Abs. 3 GenG: *Lang/Weidmüller/Schaffland* § 24 GenG Rn. 56.

1090 *Lowe* und *Lang/Weidmüller/Schaffland* a. a. O.

1091 *RG* Warn. 1929 Nr. 73; *BayObLG* RPfl 1983, 74; *Soergel/Hadding* § 68 BGB Rn. 5.

1092 *BGH* WM 1976, 507; *BAG* NJW 1975, 710.

das Handeln des an sich nicht zu seiner Vertretung Berechtigten positiv bekannt ist.
Damit sind die vom faktischen Vorstand namens des Vereins abgeschlossenen Rechtsgeschäfte jedenfalls mit einem gutgläubigen Dritten wirksam. Nach der hier vertretenen Auffassung muß das auch für Zivilprozesse gelten, in denen der Verein durch den faktischen Vorstand vertreten wird.
Beim noch eingetragenen Vorstand, der aber seine Amtsstellung etwa infolge Zeitablaufs bereits verloren hat, ist der Dritte nach Maßgabe der §§ 68, 70 BGB geschützt. Er kann in gutem Glauben darauf vertrauen, daß er mit dem – zu Unrecht noch – eingetragenen Vorstand kontrahieren kann. Diesem Vorstand gegenüber können auch wirksam verfahrensrechtliche Handlungen vorgenommen werden[1093].

6.4. Das Innenhandeln des faktischen Vorstands

1293 Das Innenhandeln, also insbesondere die Geschäftsführung des faktischen Vorstands, ist gültig.
Sind alle Vorstandsmitglieder nicht wirksam bestellt worden, so sind sie allerdings nicht fähig, gültige Vorstandsbeschlüsse zu fassen.
Der im Vereinsregister eingetragene Vorstand kann eine Mitgliederversammlung einberufen (vgl. Rn. 770).

6.5. Die Erfüllung gesetzlicher Pflichten

1294 Dem faktischen Vorstand obliegt die Erfüllung der einen Vorstand oder den Verein treffenden gesetzlichen Pflichten, und zwar vom Beginn der tatsächlichen Amtsausübung bis zur endgültigen Aufgabe dieses Amtes[1094]. Ihn trifft z. B. eine steuerliche Buchführungspflicht[1095] und die Verpflichtung zur Stellung des Konkursantrages[1096] oder des Antrags auf Eröffnung des gerichtlichen Vergleichsverfahrens (§ 42 Abs. 2 BGB).

6.6. Die Haftung des Vereins für den faktischen Vorstand

1295 Die Anwendung der Haftungszurechnungsnorm des § 31 BGB bereitet beim faktischen Vorstand keine Schwierigkeiten. Die dort normierte Haftung knüpft nämlich nicht an die Vertretungsmacht, sondern an die Fähigkeit eines Organs an, für die juristische Person zu handeln, wobei das Handeln nur in den zugewiesenen Wirkungskreis fallen muß[1097]. Für die Zurechnung nach § 31 BGB genügt im übrigen eine Tätigkeit, die einem verfassungsmäßigen Vertreter gleichgesetzt werden kann, wenn dieser eine dem Vorstand ähnliche Selbständigkeit und Verantwortung besitzt[1098].

1093 BayObLGZ 1986, 289/294; *OLG Frankfurt* RPfl 1978, 134/135.
1094 Vgl. *Rowedder/Koppensteiner* § 43 GmbHG Rn. 46.
1095 Vgl. *Baumbach/Schulze-Osterloh* § 41 GmbHG Rn. 20.
1096 Vgl. BGHSt 31, 118/121; *BGH* WM 1973, 1354.
1097 *BGH* NJW 1986, 2941/2942.
1098 *BGH* NJW 1984, 921/922.

6.7. Die Haftung des faktischen Vorstands gegenüber Dritten und dem Verein

Außer dem Fall des Begehens einer unerlaubten Handlung (§§ 823 ff. BGB) 1296
kommt eine zivilrechtliche Eigenhaftung des faktischen Vorstands u. a. dann in Betracht, wenn die Grundsätze der Rechtsscheinsvollmacht nicht eingreifen, weil die fehlerhafte Bestellung dem Verein nicht zugerechnet werden kann. Dies ist etwa bei einer Bestellung durch einen außenstehenden Dritten, welche die Satzung in zulässiger Weise erlaubt, der Fall, ferner, wenn der faktische Vorstand ohne Bestellung eigenmächtig tätig ist. Dann kommt z. B. die Haftung nach § 179 Abs. 1 BGB in Betracht.
Den faktischen Vorstand, der rechtlich und wirtschaftlich in der Lage ist, über die Mittel des Vereins zu verfügen, trifft auch die steuerliche Haftung[1099] und die Haftung wegen Nichtabführung von Arbeitgeberanteilen zur Sozialversicherung (vgl. dazu Rn. 1946).
Das Rechtsverhältnis zwischen dem Verein und dem faktischen Vorstand wird nach dienstvertraglichen oder auftragsrechtlichen Grundsätzen bestimmt. Für die schuldhafte Schlechterfüllung seiner Aufgaben haftet der Vorstand dem Verein wie ein ordnungsgemäß bestellter Vorstand (vgl. dazu Rn. 1923 ff.).

7. Das Ende des Vorstandsamtes

7.1. Die Abberufung des Vorstands

7.1.1. Die jederzeitige Abberufungsmöglichkeit

Nach § 27 Abs. 2 Satz 1 BGB ist die Bestellung des Vorstands jederzeit wider- 1297
ruflich, unbeschadet des Anspruchs auf die vertragsmäßige Vergütung. Schweigt die Satzung zur Abberufung des Vorstands, so ist diese Regelung zwingend (vgl. § 40 BGB). Die Satzung kann jedoch die ins Ermessen des Abberufungsorgans gestellte Abberufung dadurch einschränken, daß diese nur aus einem wichtigen Grund möglich ist (§ 27 Abs. 2 Satz 2 BGB). Diese Regelungen stimmen mit denen für GmbH-Geschäftsführer überein (§ 38 Abs. 1 und 2 GmbHG). Der Vorstand einer Genossenschaft kann zu jeder Zeit abberufen werden (§ 24 Abs. 3 Satz 2 GenG; die Satzung kann dies nicht abändern, vgl. § 18 GenG). Der Vorstand einer Aktiengesellschaft kann nur aus wichtigem Grund abberufen werden (§ 84 Abs. 3 Satz 1 AktG), wobei aber schon der nicht auf offenbar unsachlichen Gründen beruhende Vertrauensentzug durch die Hauptversammlung genügt (§ 84 Abs. 3 Satz 2 AktG)[1100].
Die Abberufung des Vorstands ist somit, wenn die Satzung nichts anderes besagt, jederzeit möglich. Das Abberufungsorgan entscheidet hierbei nach seinem Ermessen, da es kein Recht auf Fortbestand der Organstellung als Vorstand gibt[1101], sofern kein Sonderrecht (§ 35 BGB) besteht. Ein Grund für die Abberufung muß nicht vorhanden sein. Es ist auch unerheblich, ob die in der Satzung vorgesehene Bestelldauer schon abgelaufen ist und ob der Verein infolge der

1099 Vgl. BGHZ 41, 282/287; *BFH* BStBl 1989 II 491.
1100 Nach Schweizer Recht ist nur die Abberufung aus wichtigem Grund zwingend, vgl. Art. 65 Abs. 3 ZGB.
1101 Vgl. *BGH* NJW 1960, 1861: Gen.

Abberufung ohne Vertretungsorgan ist. Selbst wenn die Beteiligten bei der Bestellung darüber einig gewesen sind, daß keine vorzeitige Abberufung vorgenommen wird, ist sie möglich. Auch ein etwa in dem Anstellungsvertrag enthaltener Verzicht auf die vorzeitige Abberufung ist ohne rechtliche Wirkung[1102].

1298 Vom Grundsatz der freien Abberufung gibt es zwei Ausnahmen: Steht dem Vorstand als Vereinsmitglied ein Sonderrecht (§ 35 BGB) auf Beibehaltung dieser Amtsstellung zu, so ist eine Abberufung nur möglich, wenn der Betroffene damit einverstanden ist oder wenn ein wichtiger Grund für die Beendigung dieser Sonderrechtsstellung vorhanden ist[1103]. Ein Sonderrecht kann sich unmittelbar aus der Satzung oder aus objektiv allgemein erkennbaren Anhaltspunkten ergeben[1104]. Beispiel: Die Gründungssatzung enthält die Bestimmung, daß der benannte Vorstand diese Amtsstellung auf Lebensdauer oder für die Zeit der Zugehörigkeit zum Verein haben soll. Die Abberufung ohne wichtigen Grund hat ferner dann keine Wirksamkeit, wenn sie in einer gegen die guten Sitten verstoßenden Weise (§ 826 BGB) oder schikanös (§ 226 BGB) vorgenommen wird[1105].

7.1.2. Die Beschränkung der freien Abberufung durch die Satzung, insbesondere auf das Vorliegen eines wichtigen Grundes

1299 Nach § 27 Abs. 2 Satz 2 BGB kann die Abberufung des Vorstandes auf den Fall beschränkt werden, daß hierfür ein wichtiger Grund gegeben sein muß.

Das Gesetz schließt es nicht aus, daß durch die Satzung eine Zwischenlösung angeordnet wird, die zwischen einer freien Abberufung und einer Abberufung aus einem wichtigen Grund liegt. So kann die Satzung u. a. anordnen, daß der Vorstand abzuberufen ist, wenn er ein bestimmtes Alter erreicht hat oder wenn er seinen Wohnsitz über eine bestimmte Kilometerentfernung hinaus verlegt. Die Satzung kann aber wichtige Gründe nicht als unwichtig erklären oder die Abberufung auf bestimmte wichtige Gründe beschränken[1106]. Bei solchen Zwischenlösungen muß die Satzung zumindest die Abberufung aus einem wichtigen Grund anordnen.

Nur die Satzung kann die freie Abberufung auf wichtige Gründe beschränken. Eine nicht zum Satzungsbestandteil erklärte Vereinsnebenordnung, die dem Gericht nicht eingereicht worden ist, kann diese Beschränkung ebensowenig herbeiführen wie eine Vereinbarung in einem Dienstvertrag. Die Beschränkung kann sich jedoch durch Auslegung der Satzung ergeben; so z. B. wenn sich aus der Satzung eine Bestellung auf Lebenszeit ergibt[1107].

1300 Ist der Vorstand aufgrund eines Sonderrechts im Amt, so kann dieses aus einem wichtigen Grund entzogen und aus einem solchen Grund auch die Organstellung beseitigt werden. Hier muß aber vor der Abberufung geprüft werden, ob nicht ein milderes Mittel den Interessen den Vereins in gleicher Weise ge-

---

1102 Vgl. *RG* LZ 1902, 309.
1103 Vgl. *BGH* WM 1968, 808 = DB 1968, 2166.
1104 *BGH* a. a. O.
1105 Vgl. auch *BGH* NJW 1954, 998/999.
1106 Vgl. *Baumbach/Zöllner* § 38 GmbHG Rn. 4.
1107 Vgl. *Scholz/Winter* § 38 GmbHG Rn. 39.

recht wird, wie eine Abberufung[1108]. In Betracht kommen kann die Bestellung eines zweiten Vorstandsmitglieds oder die Einführung einer Gesamtvertretung[1109]. Der sonderberechtigte Vorstand muß im übrigen seine Zustimmung zu einer Satzungsänderung erteilen, durch welche die bisher angeordnete Abberufung aus wichtigem Grund durch eine freie Abberufung ersetzt wird[1110].

Ein wichtiger Grund zur Abberufung ist dann gegeben, wenn nach den Um- **1301**
ständen des Einzelfalles es für den Verein unzumutbar geworden ist, daß der Vorstand bis zum Ablauf seiner Amtsperiode im Amt bleibt[1111]. Der wichtige Grund braucht nicht in der Person des Vorstands zu liegen. Es ist deshalb nicht erforderlich, daß der Vorstand pflichtwidrig oder schuldhaft gehandelt hat; es ist auch nicht entscheidend, ob der Verein durch das Verhalten des Vorstands einen Schaden erlitten hat[1112]. Der wichtige Grund zur Abberufung muß nicht zugleich ein wichtiger Grund zur Kündigung des Anstellungsvertrages sein[1113]. Ein wichtiger Grund kann sich auch aus der Sphäre des Vereins ergeben, wenn er z. B. Veranlassung hat, den Vorstand zu verkleinern.

Da die Abberufung den Verlust einer Organstellung zur Folge hat, ist § 626 BGB und damit auch die Zweiwochenfrist zur Geltendmachung (der außerordentlichen Kündigung) nicht anwendbar. Hier greift jedoch der Treuegedanke ein. Ein zu langes Zuwarten nach Bekanntwerden eines wichtigen Abberufungsgrundes kann zur Verwirkung der Geltendmachung führen (§ 242 BGB)[1114].

An den wichtigen Grund im Sinne des § 27 Abs. 2 Satz 2 BGB müssen nicht die Anforderungen gestellt werden, die für einen wichtigen Grund nach § 626 BGB gegeben sein müssen[1115].

Benennt die Satzung keine wichtigen Gründe, so sind die (subjektiv vorwerfbare) grobe Pflichtverletzung oder die (u. U. nur objektiv gegebene) Unfähigkeit zur ordnungsgemäßen Geschäftsführung (im weiteren Sinne, wozu auch die Außenvertretung zählt) immer wichtige Abberufungsgründe (§ 27 Abs. 2 Satz 2 BGB).

Grobe Pflichtverletzung ist dann gegeben, wenn der ehrenamtlich tätige Vorstand gegen seine Pflichten aus dem Auftragsverhältnis oder der besoldete Vorstand gegen seine Pflichten aus dem Dienstvertrag verstößt. In beiden Fällen wird vom Vorstand verlangt, daß dieser sein Amt als treuer und gewissenhafter Sachwalter führt, widrigenfalls er bei Verschulden wegen positiver Vertragsverletzung schadensersatzpflichtig wird (§ 276 BGB) und aus wichtigem Grund abberufen werden kann.

Die Unfähigkeit zur ordnungsgemäßen Geschäftsführung (richtiger: zur Amtsführung) muß, wie ausgeführt, nicht immer verschuldet sein. Diese Unfähigkeit hat der Vorstand jedoch zu vertreten, wenn er sein Amt antritt, obwohl er die persönlichen oder fachlichen Voraussetzungen für dieses Amt nicht hat.

1108 Vgl. BGHZ 4, 111/112.
1109 Vgl. *Scholz/Winter* a. a. O. Rn. 41.
1110 Vgl. *BGH* WM 1962, 201; *Scholz/Winter* a. a. O. Rn. 42.
1111 Vgl. *BGH*, NJW 1991, 846; *OLG Düsseldorf* NJW 1989, 172: GmbH.
1112 Vgl. *OLG Düsseldorf* a. a. O.
1113 Vgl. *BGH* DB 1978, 481.
1114 Vgl. *BGH* WM 1991, 2140/2144: GmbH.
1115 Vgl. *OLG Karlsruhe* DB 1973, 1446: AG.

1302 Die nachfolgend angeführten Fälle können wichtige Abberufungsgründe sein, auch wenn sie sich nicht immer unter die Begriffe grobe Pflichtverletzung und Unfähigkeit zur ordnungsgemäßen Amtsführung einreihen lassen, zumal wichtige Gründe sich auch aus der Sphäre des Vereins ergeben können:
Strafbares Verhalten zum Nachteil des Vereins, ohne Rücksicht darauf, ob dem Verein daraus ein Schaden entstanden ist[1116]; Steuerhinterziehung und Bestechlichkeit[1117]; unberechtigte Entnahmen aus der Vereinskasse[1118]; Falschbuchungen, Fälschung von Abrechnungsbelegen, unrichtige Bilanzerstellung[1119]; Ausnutzen der Vorstandsposition zu eigenen Zwecken[1120]; Geheimhaltung mitteilungsbedürftiger Tatsachen[1121]; Erstellen eines offensichtlich unrichtigen Geschäfts-(Jahres-)Berichts; fortlaufende Verletzung der Aufsichtspflicht; Unverträglichkeit bzw. persönliche Zerwürfnisse der Vorstandsmitglieder untereinander[1122]; Mißachtung der Kompetenzordnung für Vorstandsmitglieder[1123]; Nichtbeachtung von Weisungen. Bei einem strafbaren Verhalten im privaten Bereich ist ein wichtiger Grund in der Regel nur gegeben, wenn dieses Rückschlüsse auf die charakterliche Unzuverlässigkeit erlaubt oder wenn dadurch das Ansehen des Vereins nicht unerheblich geschädigt worden ist oder werden kann.
Anders als bei der Aktiengesellschaft ist der bloße Vertrauensentzug durch die Mitgliederversammlung kein wichtiger Grund für eine Abberufung[1124]. Wird der Vertrauensentzug jedoch auf Umstände gestützt, die auch für einen objektiven Dritten den weiteren Verbleib des Vorstands in diesem Amt als unzumutbar erscheinen lassen, so ist ein wichtiger Grund gegeben[1125]. Die gleiche Rechtslage ist gegeben, wenn dem Vorstand Erfolglosigkeit in der Verfolgung der Vereinsziele vorgeworfen wird. Die Abberufung aus wichtigem Grund kann weiter nicht auf Vorgänge gestützt werden, die dem Verein (Mitgliederversammlung) bereits bei der Bestellung bekannt waren[1126]. Auch der nahe bevorstehende Ablauf der Amtsperiode kann einer Abberufung entgegenstehen[1127].

1303 Besteht ein Sonderrecht auf Innehabung eines Vorstandsamtes, so kann ein solches aus wichtigem Grund entzogen werden (vgl. oben Rn. 1300). Ein solcher kann dann im Regelfall auch die Abberufung aus wichtigem Grund rechtfertigen. Hier ist jedoch das Abberufungsorgan gehalten, zu prüfen, ob nicht ein milderes Mittel ebenfalls den Interessen des Vereins gerecht wird, indem z. B.

1116 Vgl. *OLG Hamm* GmbHR 1985, 119; diese und die meisten der nachfolgend zitierten Entscheidungen sind zur GmbH ergangen.
1117 Vgl. *BGH* WM 1967, 679.
1118 Vgl. *BGH* WM 1984, 29.
1119 Vgl. *BayObLG* NJW 1955, 1678/1679.
1120 Vgl. *BGH* WM 1967, 679.
1121 Vgl. BGHZ 20, 239/246; *OLG Düsseldorf* Die AG 1982, 225.
1122 Vgl. *OLG Düsseldorf* NJW 1989, 172.
1123 Vgl. *OLG Hamburg* GmbHR 1992, 46.
1124 Ebenso zur GmbH: *OLG Köln* GmbHR 1989, 79.
1125 Vgl. *OLG Köln* GmbHR 1988, 979.
1126 Vgl. BGH NJW-RR 1993, 1253 = DB 1993, 1814.
1127 Vgl. *BGH* WM 1962, 811.

die Gesamtvertretung eingeführt oder der Vorstand mit einem anderen Ressort betraut wird[1128].

Ein wichtiger Grund zur Abberufung kann sich auch aus Verhältnissen des Vereins ergeben. Die Zahl der Vorstandsmitglieder kann zu verringern sein, Vorstandsämter können wegen einer Fusion oder wegen Rechtsformumwandlung in Fortfall kommen. **1304**

7.1.3. Die Abberufungszuständigkeit

Regelt die Satzung die Abberufungszuständigkeit nicht, so ist die Mitgliederversammlung (Delegiertenversammlung) das Abberufungsorgan. Sie hat den Vorstand zu bestellen (§ 27 Abs. 1 BGB); das Bestellungsorgan ist mangels abweichender Anordnung in der Satzung auch das Abberufungsorgan[1129]. **1305**

Die Satzung kann grundsätzlich die Abberufung einem anderen Vereinsorgan, etwa einem Beirat, zuweisen. Bei politischen Parteien ist dies unzulässig. Deren Vorstandsmitglieder müssen durch die Hauptversammlung gewählt werden (§ 9 Abs. 4, § 15 Abs. 2 PartG), sofern die in § 11 Abs. 2 PartG genannten Personen nicht dem Vorstand »kraft Satzung« angehören. Nur die bestellungsberechtigte Hauptversammlung kann Vorstandsmitglieder wieder abberufen[1130]. **1306**

In konsequenter Befolgung des Grundsatzes, daß das Bestellungsorgan auch das Abberufungsorgan ist, kann der Gesamtvorstand, der sich nach der Satzung selbst ergänzen (kooptieren) kann, Vorstandsmitglieder auch wieder abberufen. Besteht eine Befugnis zur Kooptation nicht, so kann die Satzung dem Gesamtvorstand die Abberufung ohne Grund (§ 27 Abs. 2 Satz 1 BGB) zuweisen. Bei einer Abberufung aus wichtigem Grund ist eine solche Kompetenzzuweisung nicht möglich. Hier gilt dann der Grundsatz entsprechend, daß der Gesamtvorstand nicht einen Vorstandskollegen aus dem Verein ausschließen kann[1131]. **1307**

Das Abberufungsrecht kann auch einem Vereinsmitglied kraft eines Sonderrechts zustehen[1132].

Die Satzung eines Gesamt- bzw. Zentralverbandes kann vorsehen, daß ein Verbandsorgan den Vorstand eines Zweigvereins abberufen kann.

Sind hierfür triftige Gründe vorhanden, so kann die Satzung vorsehen, daß der Vorstand durch eine außerhalb des Vereins stehende Person oder Stelle bestellt wird[1133]; diese Person oder Stelle ist dann auch für die Abberufung zuständig. Danach ist es z. B. zulässig, daß die Satzung bei einem Werksportverein, der von einem Unternehmer gesponsert wird, die Bestellung und Abberufung des Vorstands durch den Unternehmer vorsieht. Ein kirchlicher Verein kann nach seiner Satzung der kirchlichen Aufsichtsbehörde das Bestellungs- und Abberufungsrecht einräumen.

1128 Vgl. BGHZ 4, 108/111 f.; *Pabst* BB 1978, 892.

1129 *BayObLG* OLGE 32, 330; *OLG Düsseldorf* NJW 1990, 1122/1123.

1130 *Seifert* S. 242; vgl. aber zur Amtsenthebung als Ordnungsmaßnahme Rn. 1320.

1131 BGHZ 90, 92 = NJW 1984, 1884; a. A. *Stöber* Rn. 253 a.

1132 Vgl. *RG* Warn. 1925 Nr. 12; *Soergel/Hadding* § 35 BGB Rn. 13; vgl. zur GmbH: *OLG Düsseldorf* NJW 1990, 1122.

1133 *KG* OLGZ 1974, 385/388; *OLG Frankfurt a. M.* OLGZ 1981, 391 f.; *OLG Köln* NJW 1992, 1048/1049.

Solange satzungsmäßig einem anderen Organ als der Mitgliederversammlung das Abberufungsrecht zusteht, muß diese die Kompetenzverteilung beachten. Die Mitgliederversammlung kann nur die Satzung ändern und die Bestellungs- sowie Abberufungszuständigkeit des anderen Vereinsorgans beseitigen. Die Mitgliederversammlung ist auch nicht zuständig, wenn einem Sonderberechtigten allein das Abberufungsrecht zusteht. Steht das Abberufungsrecht einem Dritten zu, so ist die Mitgliederversammlung daneben zur Abberufung aus einem wichtigen Grund zuständig[1134].

Die Mitgliederversammlung hat eine Auffangzuständigkeit, wenn das an sich zur Abberufung zuständige Organ (die Person oder Stelle) wegfällt[1135].

1308 Kein Abberufungsrecht hat der Konkursverwalter; er kann nur den Anstellungsvertrag nach § 22 KO kündigen[1136].

7.1.4. Verfahrensfragen

7.1.4.1. Mitteilung der Tagesordnung

1309 Ist die Mitgliederversammlung für die Abberufung zuständig, so muß den Mitgliedern die beabsichtigte Abberufung eines Vorstandsmitglieds mitgeteilt werden (§ 32 Abs. 1 Satz 2 BGB), sofern die Ankündigungspflicht durch die Satzung nicht abbedungen worden ist (vgl. § 40 BGB), was in der Praxis selten vorkommt. Genügend ist die Ankündigung »Widerruf der Bestellung des bisherigen Vorstands«[1137]. Soll von mehreren Vorstandsmitgliedern nur ein Mitglied abberufen werden, so muß zumindest die Amtsstellung des Abzuberufenden (z.B. »2. Vorsitzender«) angegeben werden[1138]. Es braucht nicht angekündigt zu werden, daß die Abberufung aus einem wichtigen Grund vorgenommen werden soll[1139]. Ist aber die Abberufung aus wichtigem Grund angekündigt worden, so ist eine Abberufung ohne wichtigen Grund nicht ordnungsgemäß angekündigt[1140]. Nicht ausreichend ist auch »Änderung der Vorstandschaft«, wenn es um die Abberufung geht[1141]. Über die Abberufung kann auch nicht beschlossen werden, wenn »Ergänzungswahlen zum Vorstand«[1142] oder »Neuwahl des Vorstands« angekündigt worden ist[1143]. Eine nicht ordnungsgemäße Ankündigung führt grundsätzlich zur Nichtigkeit der Beschlüsse über die Abberufung[1144].

7.1.4.2. Stimmrecht des Betroffenen

1310 Ist das betroffene Vorstandsmitglied auch Vereinsmitglied, so kann es sich an der Aussprache und Abstimmung beteiligen, wenn eine Abberufung ohne Grund in Betracht kommt[1145].

1134 Vgl. *LG Hildesheim* NJW 1965, 400; *LG Krefeld* RPfl 1968, 17.
1135 Vgl. *BGH* WM 1970, 251.
1136 Vgl. *KG* KGJ 48 A 136.
1137 Vgl. *RG* LZ 1916, 327; *OLG Köln* OLGZ 1984, 401/404.
1138 Vgl. *Scholz/K. Schmidt* Rn. 19, *Baumbach/Zöllner* Rn. 21, je zu § 51 GmbHG; str.
1139 Vgl. *BGH* NJW 1962, 393.
1140 Vgl. *BGH* WM 1985, 567/570.
1141 Vgl. *BGH* LM Nr. 3 zu § 51 GmbHG.
1142 Vgl. *OLG Köln* a. a. O.
1143 Vgl. *RG* JW 1915, 1366.
1144 *BGH* und *OLG Köln* a. a. O.
1145 Vgl. zur GmbH: *BGH* NJW 1969, 1483; 1983, 938 f.; 1987, 1889/1891.

Wird aber für die Abberufung ein wichtiger Grund geltend gemacht (es genügt somit eine nicht völlig haltlose Behauptung, die einen wichtigen Grund ergeben kann), so darf das betroffene Vorstandsmitglied nicht mitstimmen[1146], da dies einem »Richten in eigener Sache« gleichkommt. Der Betroffene darf dann auch nicht bei Verfahrensanträgen mitabstimmen, die unmittelbar mit dem Abberufungsantrag im Zusammenhang stehen[1147]. Sind an einem Vorgang mehrere Vorstandsmitglieder beteiligt, wird aber wegen dieses Vorfalls nur gegen ein Vorstandsmitglied der Abberufungsantrag aus einem wichtigen Grund gestellt, so sind alle Vorstandsmitglieder vom Stimmverbot betroffen[1148].
Stimmt der vom Stimmrecht Ausgeschlossene gleichwohl mit ab, so kommt es darauf an, ob diese unwirksame Stimme für das Beschlußergebnis ursächlich war. Diese Stimme ist als nicht abgegeben zu behandeln.

7.1.4.3. Anhörung des Betroffenen

Eine Abberufung ohne wichtigen Grund ist nicht deshalb fehlerhaft, weil das **1311** betroffene Vorstandsmitglied vor der Abberufungsentscheidung nicht angehört worden ist. Auch bei der Abberufung aus einem wichtigen Grund wird die Anhörung nicht für erforderlich erachtet[1149]. Dagegen bestehen Bedenken. Die Satzung kann bestimmen, daß mit der Abberufung aus wichtigem Grund zugleich der Ausschluß aus dem Verein vorgenommen wird; in diesem Fall muß der Betroffene angehört werden (vgl. Rn. 1666). Aber auch in anderen Fällen gebietet die Treupflicht dem Verein, daß sich ein Vorstandsmitglied zu dem gegen es erhobenen Beschuldigungen äußern können muß.

7.1.5. Der Abberufungsbeschluß

Der Abberufungsbeschluß wird mit einfacher Mehrheit gefaßt (§ 32 Abs. 1 Satz **1312** 3 BGB). Die Satzung kann eine qualifizierte Mehrheit vorschreiben[1150]. Zum GmbH-Recht wird die Auffassung vertreten, daß bei der Abberufung aus einem wichtigen Grund nur die einfache Mehrheit in Betracht kommen könne. Durch eine höhere Mehrheit werde die jederzeitige Abberufbarkeit des Geschäftsführers unzulässig eingeschränkt; dieser müsse wegen seiner gegenständlich unbeschränkten Vertretungsmacht nach § 37 Abs. 2 GmbHG zur Vermeidung einer Schädigung der Gesellschaft mit einfacher Mehrheit abberufen werden können[1151]. Diese Grundsätze gelten im Vereinsrecht nicht[1152]. Die Vertretungsbefugnis des Vereinsvorstands kann beschränkt werden (§ 26 Abs. 2 Satz 2 BGB). Der Verein kann sich gegen einen pflichtwidrig handelnden oder unfähigen Vorstand dadurch schützen, daß er in seiner Satzung die Möglichkeit einer vorläufigen Amtsenthebung eröffnet (vgl. Rn. 1323). Gleichwohl darf die Abberufung aus wichtigem Grund nicht zusehr erschwert werden. Die Satzung kann etwa eine 2/3-Mehrheit, nicht aber Einstimmigkeit verlangen.

1146 *BGH* a. a. O.
1147 Vgl. *BGH* NJW 1973, 1039/1041.
1148 Vgl. BGHZ 97, 28/33 f. = NJW 1986, 2051; *BGH* NJW 1989, 2694/2695.
1149 Vgl. *BGH* NJW 1984, 2689.
1150 Vgl. § 40 i. V. m. § 32 Abs. 1 Satz 3 BGB.
1151 BGHZ 86, 177/179 = NJW 1983, 938; *BGH* WM 1988, 23.
1152 Ebenso zum Genossenschaftsrecht: *Lang/Weidmüller/Schaffland* § 24 GenG Rn. 69; a. A. für das Vereinsrecht: *Soergel/Hadding* § 27 BGB Rn. 19; *Sauter/Schweyer* Rn. 269.

1313 Bei der Abberufung kann es erforderlich sein, daß die Interessen des Vereins und des betroffenen Vorstandsmitglieds gegeneinander abgewogen werden[1153]. Hierbei kann zugunsten des Betroffenen die Dauer seines Amtes und die Länge der Zeit, in der sich das Vorstandsmitglied einwandfrei verhalten hat, zu berücksichtigen sein[1154]. Zugunsten des Vereins kann aber überwiegend der Umstand sprechen, daß eine neue Führung erforderlich ist.

1314 Ist die Abberufung wegen schwerwiegender Gründe erforderlich, so kann die Treupflicht eingreifen, die es jedem Stimmberechtigten gebietet, für die Abberufung zu stimmen, wenn das Verbleiben des betroffenen Vorstandsmitglieds in seinem Amt für den Verein unzumutbar geworden ist[1155]. Stimmen, die gleichwohl für ein Verbleiben des Vorstandsmitglieds in seinem Amt abgegeben werden, können rechtsmißbräuchlich und deshalb nichtig sein. Bei der Feststellung des Beschlußergebnisses sind sie nicht mitzuzählen[1156]. Werden sie gleichwohl mitgezählt, so kann gegen den Verein Feststellungsklage erhoben werden mit dem Ziel, daß die Abberufung (nach Abzug der mißbräuchlich abgegebenen Stimmen) festgestellt wird.

7.1.6. Wirksamwerden der Abberufung und die Rechtsfolgen

1315 Der Abberufungsbeschluß (bzw. die Abberufungsentschließung) muß dem betroffenen Vorstandsmitglied mitgeteilt werden. Ist dieses in der Mitgliederversammlung anwesend, so wird die Abberufung mit der Bekanntgabe des Abstimmungsergebnisses sofort wirksam, ohne daß es noch einer besonderen Abberufungserklärung bedarf[1157]. Im Falle der Abwesenheit des betroffenen Vorstandsmitglieds muß diesem die Abberufungsentscheidung eröffnet werden. Dies kann durch den neu bestellten Vorstand oder durch eine vom Abberufungsorgan beauftragte Person geschehen[1158]. Eine vom Betroffenen nur zufällig erlangte Kenntnis reicht nicht aus.

Mit dem Zugang der Abberufungserklärung treten die Wirkungen der Abberufung ein. Eine Ausnahme besteht, wenn die Abberufung befristet vorgenommen wird (eine bedingte Abberufung ist unzulässig); dann treten die Wirkungen mit Fristablauf ein. Mit dem Wirksamwerden der Abberufung endet die Organstellung und es erlischt die Geschäftsführungs- und Vertretungsbefugnis. Die Abberufung ist zwar alsbald zum Vereinsregister anzumelden und dort einzutragen; dies ist jedoch keine Voraussetzung für die Wirksamkeit[1159]. Solange die Eintragung des Erlöschens des Vorstandsamtes nicht vorgenommen worden ist, kann ein gutgläubiger Dritter auf die Richtigkeit der (unrichtig gewordenen) Eintragung vertrauen (vgl. Rn. 2349).

Wegen der Auswirkungen der Abberufung auf das Anstellungsverhältnis vgl. Rn. 1254.

1153 Vgl. *BGH* WM 1985, 567: GmbH.
1154 Vgl. *BGH* WM 1968, 1347: GmbH.
1155 Vgl. *BGH* NJW 1991, 846: GmbH.
1156 *BGH* a. a. O.
1157 Vgl. *BGH* DB 1961, 978.
1158 Vgl. *BGH* WM 1968, 570.
1159 Vgl. *BGH* GmbHR 1960, 185.

7.1.7. Die fehlerhafte Abberufung; der Streit um deren Wirksamkeit

Die Abberufung kann schwebend unwirksam sein, wenn die nach der Satzung erforderliche Zustimmung eines anderen Vereinsorgans oder ausnahmsweise eines Dritten noch nicht erteilt worden ist[1160]. Wird die Zustimmung verweigert, so ist die Abberufung endgültig unwirksam. 1316

Ist die Abberufung aus formellen oder materiellen Gründen zwar fehlerhaft, aber nicht absolut nichtig (vgl. Rn. 1135 ff.), so ist sie solange als wirksam zu behandeln, als nicht durch rechtskräftiges Urteil die Unwirksamkeit der Abberufung festgestellt worden ist. Zur gerichtlichen Anfechtung ist das betroffene Vorstandsmitglied auch dann befugt, wenn es z. B. von einem formell unterlaufenen Einberufungsfehler nicht persönlich benachteiligt worden ist.

Die Abberufungsentscheidung kann aus formellen oder materiellen Gründen absolut nichtig sein (vgl. Rn. 1139 ff.). Eine nicht heilbare Unwirksamkeit tritt vor allem ein, wenn die Abberufung aus einem wichtigen Grund vorgenommen worden ist, wenn aber ein solcher tatsächlich nicht vorliegt[1161]. Auf die Nichtigkeit kann sich jedermann berufen, das betroffene Vorstandsmitglied, ein Vereinsmitglied oder ein Dritter[1162].

Das Recht des Vereins zur Abberufung kann schließlich durch Verwirkung verlorengehen, wenn der Verein (Mitgliederversammlung) den Vorstand in Kenntnis des Abberufungsgrundes über eine längere Zeit hinweg im Amt beläßt, und der Vorstand aufgrund dieses Verhaltens nach Treu und Glauben davon ausgehen darf, der Verein wolle auf diese Umstände nicht mehr zur Begründung einer Abberufung zurückkommen[1163]. 1317

Entsteht Streit über die Rechtmäßigkeit bzw. Wirksamkeit der Abberufung, so ist eine ungeklärte Rechtslage gegeben, die einer gerichtlichen Klärung bedarf. Wird das Vorstandsmitglied einer Aktiengesellschaft aus wichtigem Grund abberufen, so ist diese Abberufung wirksam, bis ihre Unwirksamkeit rechtskräftig festgestellt worden ist (§ 84 Abs. 3 Satz 4 AktG). Damit ist kein allgemeiner Grundsatz des Körperschaftsrechts zum Ausdruck gekommen; die angeführte aktienrechtliche Vorschrift gilt für den Verein nicht entsprechend[1164]. 1318

Der Verein, aber auch der abberufene Vorstand, kann Veranlassung haben, durch ein Feststellungsurteil klären zu lassen, daß die Abberufung wirksam bzw. (wenn der Vorstand klagt) unwirksam ist. Hier können Vertretungsschwierigkeiten auftreten. Sind von drei jeweils alleinvertretungsberechtigten Vorstandsmitgliedern zwei abberufen worden, so bereitet die Vertretung des Vereins keine Schwierigkeiten, da sie dem dritten Vorstandsmitglied obliegt. Ist von zwei oder drei gesamtvertretungsberechtigten Vorstandsmitgliedern eines abberufen worden, so erhebt sich die Frage der Vertretung des Vereins ebenso wie dies nach der Abberufung des Einmann-Vorstands der Fall ist. Der *BGH*[1165] ist bei der Abberufung eines GmbH-Geschäftsführers der Auffassung, daß

1160 Die Zustimmung eines Dritten ist dann nicht zulässig, wenn – wie bei politischen Parteien – die Mitgliederversammlung ausschließlich für die Bestellung und Abberufung zuständig ist, vgl. *BGH* NJW 1973, 1122/1123: Gen.

1161 Vgl. *BGH* GmbHR 1962, 212: AG.

1162 Vgl. *Scholz/Winter* § 38 GmbHG Rn. 58.

1163 Vgl. *BGH* NJW-RR 1993, 1253/1254: GmbH.

1164 *BGH* WM 1977, 168 = BB 1977, 263 = DB 1977, 84; *Soergel/Hadding* § 27 BGB Rn. 19; a. A. *Sauter/Schweyer* Rn. 270 für größere Vereine.

1165 NJW 1981, 1041.

derjenige die Gesellschaft im Abberufungsstreit zu vertreten hat, der im Falle des Obsiegens der Gesellschaft als deren Geschäftsführer anzusehen ist. Das läßt sich aber vor Beginn eines Prozesses meist nicht feststellen. Richtiger erscheint es, im Prozeß von der Fiktion der Wirksamkeit der Abberufung auszugehen, soweit es um die Vertretung des Vereins geht[1166]. Dies erfordert in der Regel die Bestellung eines Notvorstands (§ 29 BGB). Die gerichtliche Bestellung ist eine rechtsgestaltende Verfügung, die der Nachprüfung durch das Prozeßgericht auf ihre Richtigkeit nicht unterliegt[1167] und die außerdem den Vorteil hat, daß der zu Unrecht abberufene Vorstand trotz dieser Bestellung sein Amt nicht verliert[1168]. Nach GmbH-Recht können die Gesellschafter die Vertretung der Gesellschaft in Prozessen regeln, welche die Gesellschaft gegen den Geschäftsführer zu führen hat (§ 38 Nr. 8 GmbHG). Falls eine dieser Vorschrift entsprechende Satzungsbestimmung vorhanden ist, kann die Mitgliederversammlung durch Wahl einen Prozeßvertreter bestimmen, der dann regelmäßig besonderer Vertreter im Sinne des § 30 BGB ist.

1319 Stellt das Gericht rechtskräftig die Unwirksamkeit der Abberufung fest, so hat das abberufene Vorstandsmitglied grundsätzlich sein Amt behalten. Ist in einem Wahlgang die Abberufung eines Vorstandsmitglieds und die Neubestellung eines anderen vorgenommen worden, so ergreift die Unwirksamkeit der Abberufung auch die Unwirksamkeit der Neubestellung (entspr. § 139 BGB). Sind Abberufung und Neuwahl in getrennten Abstimmungen vorgenommen worden, so ist im Falle des Erfolgs der Klage des Abberufenen die Neubestellung wirkungslos[1169]. All dies gilt nur dem Grundsatz nach. Die Rechtskraft eines für den abberufenen Vorstand günstigen Urteils kann auch erst nach langer Zeit eintreten. Inzwischen kann das betroffene Vorstandsmitglied widerspruchslos seine Amtstätigkeit für den Verein eingestellt haben mit der Folge, daß eine faktische Amtsniederlegung anzunehmen ist[1170]. In diesem Fall ist eine Neubestellung erforderlich.

7.1.8. Einstweiliger Rechtsschutz

1319 a Erfährt ein Vorstandsmitglied, daß in einer bald stattfindenden Mitgliederversammlung über seine Abberufung abgestimmt werden soll, so kann es sich hiergegen nicht mit einer einstweiligen Verfügung wenden, weil in unzulässiger Weise auf die Willensbildung der Versammlung eingewirkt würde[1171].

1319 b Gegen die beschlossene Abberufung kann der Betroffene einstweiligen Rechtsschutz in Anspruch nehmen[1172]. Der gegen den Verein gerichtete Antrag auf Erlaß einer einstweiligen Verfügung kann lauten: »Dem Antragsgegner wird bei Meidung eines vom Gericht festzusetzenden Ordnungsgeldes und, für den Fall, daß dieses nicht beigetrieben werden kann, einer am 2. Vorstandsvorsitzenden Y. zu vollziehenden Ordnungshaft aufgegeben, den Antragsteller

1166 So zur GmbH: *OLG Hamm* GmbHR 1985, 119; *Lutter/Hommelhoff* § 38 GmbHG Rn. 23.

1167 BGHZ 24, 47; *Jansen* § 160 FGG Rn. 13.

1168 *OLG Schleswig* NJW 1960, 1862; *Jansen* a. a. O.

1169 Nach *Stöber* Rn. 112 a gegenstandslos.

1170 Vgl. *Baumbach/Zöllner* § 38 GmbHG Rn. 20.

1171 Vgl. *OLG Celle* GmbHR 1981, 264; *OLG Frankfurt* WM 1982, 282 = RPfl 1982, 154.

1172 *OLG Celle* und *OLG Frankfurt* a. a. O.; *OLG Düsseldorf* NJW 1989, 172: jeweils GmbH.

in seiner Tätigkeit als 1. Vorstandsvorsitzender des Antragsgegners nicht zu behindern; dem Antragsgegner wird außerdem untersagt, den Widerruf der Bestellung des Antragstellers zum Vereinsregister anzumelden«[1173].

7.2. Amtsenthebung, Tätigkeitsverbot und vorläufige Amtsenthebung

7.2.1. Die Amtsenthebung bzw. das Tätigkeitsverbot aus disziplinären Gründen

Im wesentlichen wie eine Abberufung ist die Amtsenthebung oder das Tätigkeitsverbot zu behandeln, das sich gegen Vorstandsmitglieder richtet. Dies gilt insbesondere hinsichtlich der Pflicht zur Anmeldung zum Vereinsregister. **1320**
Gesetzlich geregelt ist die Amtsenthebung im PartG. Danach kann ein Organ eines oberen Parteiverbandes die Amtsenthebung von Organen nachgeordneter Gebietsverbände wegen schwerwiegender Verstöße gegen die Grundsätze oder die Ordnung der Partei verfügen (§ 16 Abs. 1 PartG). Eine solche Maßnahme richtet sich in erster Linie gegen die Vorstände nachgeordneter Parteigliederungen[1174] und zwar unabhängig davon, ob diese Vorstände auch zur Außenvertretung berufen sind (vgl. § 11 Abs. 3 Satz 2 PartG). Zuständig ist hierfür der Vorstand der Partei oder eines übergeordneten Gebietsverbandes, der für seine Maßnahme der Bestätigung durch ein. höheres Organ, nämlich durch die Hauptversammlung bedarf[1175]. Wird die Bestätigung nicht auf dem nächsten Parteitag ausgesprochen, so tritt die Maßnahme außer Kraft. Gegen die Amtsenthebung, auch wenn sie bestätigt worden ist, kann das Parteischiedsgericht angerufen werden (§ 16 Abs. 3 PartG). Ist dieses ein sog. unechtes Schiedsgericht, also nicht ein solches nach §§ 1048, 1025 ff. ZPO, so kann der Rechtsweg zu den Zivilgerichten beschritten werden.

Gegen Vorstandsmitglieder, wie überhaupt gegen alle Organpersonen, können **1321**
bei entsprechender Anordnung in der Satzung ihres Vereins oder Verbandes oder in der Satzung eines übergeordneten Vereinsverbandes Tätigkeitsverbote verhängt werden. So heißt es in der Satzung eines Sportfachverbandes, daß als Strafe das Tätigkeitsverbot auf Zeit oder auf Dauer ausgesprochen werden kann, im Fachverband, in seinen Mitgliedsverbänden oder deren Vereinen ein Vorstandsamt zu bekleiden. In anderen Sportverbandssatzungen ist für Offizielle (das sind auch Vorstandsmitglieder) bei bestimmten Ordnungstatbeständen ein zeitlich begrenztes oder dauerndes Tätigkeitsverbot vorgesehen.

7.2.2. Das gerichtliche Tätigkeitsverbot

Auf Klage oder einstweiligen Verfügungsantrag des Vereins kann durch eine **1322**
gerichtliche Entscheidung gegen ein Vorstandsmitglied ein befristetes Verbot ausgesprochen werden, die Vertretung und Geschäftsführung auszuüben[1176]. Dieser Vorgang ist in etwa mit der vorläufigen Amtsenthebung vergleichbar. Im Unterschied zu dieser kann aber ein Gericht die Organstellung auch nicht vorläufig beseitigen. Diese besteht bei einem gerichtlichen Tätigkeitsverbot for-

1173 Vgl. auch *OLG Düsseldorf* a. a. O.
1174 *Seifert* S. 276.
1175 *Seifert* S. 277.
1176 Vgl. den Fall BayObLGZ 1989, 81.

mell weiter; es dürfen nur die sich aus der Organstellung ergebenden Rechte und Pflichten nicht mehr ausgeübt werden[1177].
Das gerichtliche Tätigkeitsverbot ist im Vereinsregister zu verlautbaren, da der hiervon betroffene Vorstand für einen gutgläubigen Dritten weiterhin als zur Vertretung des Vereins aufgrund der fortbestehenden Registereintragung befugt gilt (§ 68 BGB). Die Registervorschriften sehen die Eintragung eines gerichtlichen Tätigkeitsverbots nicht vor. Es sind deshalb die Vorschriften über den Vorstandswechsel entsprechend heranzuziehen. Auf Anmeldung verbliebener vertretungsberechtigter Vorstandsmitglieder oder, wenn eine solche nicht möglich ist, von Amts wegen ist im Vereinsregister die Eintragung des betroffenen Vorstandsmitglieds zu löschen[1178].

7.2.3. Die vorläufige Amtsenthebung (Suspension)

1323 § 40 GenG ermächtigt den Aufsichtsrat einer Genossenschaft, Mitglieder des Vorstands vorläufig, bis zur Entscheidung der ohne Verzug zu berufenden Generalversammlung, von ihren Geschäften zu entheben und wegen einstweiliger Fortführung der Geschäfte das Erforderliche zu veranlassen. Hierbei handelt es sich um eine speziell für Genossenschaften geschaffene Regelung, die keinen allgemeinen körperschaftlichen Grundsatz zum Ausdruck bringt. Die angeführte Vorschrift gilt daher im Vereinsrecht nicht entsprechend. Die Satzung kann jedoch die vorläufige Amtsenthebung vorsehen. Die Zulässigkeit einer vorläufigen Amtsenthebung kann sich auch durch Satzungsauslegung ergeben[1179]. Eine solche Regelung ist insbesondere angezeigt, wenn Mitgliederversammlungen nur in größeren Abständen stattfinden und die Einberufung einer außerordentlichen Mitgliederversammlung nur wegen der Amtsenthebung eines Vorstandsmitglieds aus Kostengründen unterbleiben soll. Daraus folgt, daß die vorläufige Amtsenthebung einem anderen Organ als der Mitgliederversammlung zu übertragen ist, etwa einem Ausschuß, Beirat oder Aufsichtsrat oder dem Vorsitzenden eines Vereinsschiedsgerichts. Es ist dann weiter eine Bestimmung darüber zu treffen, daß über die endgültige Abberufung die Mitgliederversammlung entscheidet.

1324 Die vorläufige Amtsenthebung erfordert keinen vollen Beweis, daß endgültig ein Abberufungstatbestand gegeben sein wird. Das betroffene Vorstandsmitglied ist vor der Entscheidung grundsätzlich anzuhören[1180]. Die zu eröffnende vorläufige Amtsenthebung hat zur Folge, daß dem betroffenen Vorstandsmitglied einstweilen die Geschäftsführungs- und Vertretungsbefugnis entzogen worden ist. Ordnet dies die Satzung an, so kann das für die vorläufige Amtsenthebung zuständige Organ ein Vorstandsmitglied ernennen, das für die Dauer der vorläufigen Amtsenthebung die Stelle des betroffenen Vorstandsmitglieds einnimmt.

1325 Die vorläufige Amtsenthebung ist als vorläufiges Ausscheiden des Betroffenen zum Vereinsregister anzumelden (entspr. § 18 Abs. 1 GenRegVO); gleiches gilt, falls vorübergehend ein anderes Vorstandsmitglied bestellt worden ist.

1177 *BayObLG* a. a. O. S. 85.
1178 BayObLGZ 1989, 81.
1179 *BayObLG* OLGE 32, 330; vgl. auch *BGH* NJW 1984, 1884.
1180 Ebenso *Lang/Weidmüller/Metz* § 40 GenG Rn. 3.

Über die endgültige Abberufung eines Vorstandsmitglieds entscheidet die Mitgliederversammlung, die mit dem anzukündigenden Tagesordnungspunkt »Bestätigung der vorläufigen Amtsenthebung des Vorstandsmitglieds X« einzuberufen ist. Die endgültige Entscheidung kann nach der Satzung auch einem Rechtsorgan oder einem Schiedsgericht zugewiesen werden. Bis zu einer solchen Entscheidung behält das Vorstandsmitglied seinen ihm nach dem Anstellungsvertrag zustehenden Gehaltsanspruch[1181]. Wird die vorläufige Amtsenthebung bestätigt, so handelt es sich um eine Abberufungsentscheidung i. S. d. § 27 Abs. 2 BGB[1182]. **1326**

Lehnt es dagegen die Mitgliederversammlung ab, die vorläufige Amtsenthebung zu bestätigen, so wird die vorläufige Amtsenthebung wirkungslos; vom Augenblick dieser Beschlußfassung an darf das betroffene Vorstandsmitglied sein Amt wieder mit den bisherigen Befugnissen ausüben. **1327**

Der Wegfall der vorläufigen Amtsenthebung ist vom Vorstand zum Vereinsregister anzumelden.

7.3. Die entsprechende Anwendung der Grundsätze für die Vorstandsabberufung bei der Abberufung anderer Organmitglieder

Die Grundsätze, die für die Abberufung eines Vorstandsmitglieds gelten, sind in der Regel auch für Liquidatoren anwendbar, da diese die rechtliche Stellung des Vorstands haben, soweit sich nicht aus dem Zweck der Liquidation ein anderes ergibt (§ 48 Abs. 2 BGB). Vgl. dazu näher Rn. 2136. **1328**

Soweit das Gesetz (vgl. z. B. §§ 26, 27 BGB) den Vorstand erwähnt, meint es nur den zur Vertretung berufenen Vorstand (vgl. § 26 Abs. 2 Satz 1 BGB). Die Abberufungsvorschriften des § 27 Abs. 2 BGB gelten somit nur für diese Organmitglieder. Die entsprechende Anwendung dieser Vorschriften und der dazu entwickelten Rechtsgrundsätze ist jedoch beim besonderen Vertreter geboten, da dieser eine vorstandsähnliche Amtsstellung innehat. Für andere Organmitglieder, z. B. Vorstandsmitglieder ohne Vertretungsbefugnis, Mitglieder eines Beirats, eines Vereinsordnungsorgans oder für Delegierte sind hinsichtlich der Abberufbarkeit die Bestimmungen der Satzung maßgebend. Fehlen solche, so kommt es auf die Umstände an, ob ein Organmitglied ohne Grund oder nur bei Vorliegen eines wichtigen Grundes wieder abberufen werden kann. Oft wird hier eine etwa bestehende Übung oder gar ein Vereinsgewohnheitsrecht maßgebend sein. Auch Absprachen bei der Bestellung können von Bedeutung sein[1183]. Im Zweifel ist davon auszugehen, daß Organmitglieder, die diese Stellung nur aufgrund ihrer besonderen Zuverlässigkeit oder Sachkunde erlangt haben, nicht ohne Grund abberufen werden können. Dies wird etwa bei Kassenprüfern oder bei den Mitgliedern der Vereinsgerichte der Fall sein. Auch der Delegierte kann im Zweifel nicht grundlos wieder durch Abwahl abberufen werden. Ein Delegierter kann im übrigen nur von dem Gremium wieder abberufen werden, das ihn durch Wahl bestellt hat[1184]. **1329**

1181 Vgl. *BGH* NJW 1960, 1006/1008: Gen.
1182 Vgl. *Lang/Weidmüller/Metz* § 40 GenG Rn. 10.
1183 Vgl. auch *BGH* NJW 1987, 1891/1892: GmbH.
1184 Vgl. *Müller* § 43 a GenG Rn. 62.

7.4. Die Amtsniederlegung (der Rücktritt) des Vorstands

7.4.1. Die jederzeit mögliche Amtsniederlegung des ehrenamtlich tätigen Vorstands

1330 Bei der Abberufung beendet der Verein durch sein für ihn handelndes Organ (meist Mitgliederversammlung) das Organschaftsverhältnis mit dem Vorstand. Bei der Amtsniederlegung ist es dieser, der die Beendigung seiner Organstellung herbeiführt.

Der ehrenamtlich, also nach Auftragsgrundsätzen tätige Vorstand kann sein Amt grundsätzlich jederzeit niederlegen, ohne dafür Gründe benennen zu müssen[1185]. Die einseitige Amtsniederlegung ist – im Gegensatz zur Abberufung (§ 27 Abs. 2 BGB) – im Gesetz allerdings nicht geregelt. Sie wird aber auch ohne dahingehende Satzungsbestimmung für zulässig erachtet, weil der Vorstand als Beauftragter jederzeit sein Auftragsverhältnis kündigen kann (§ 671 Abs. 1 BGB). Damit wird zwar ein organschaftliches Verhältnis mit einem schuldrechtlichen Verhältnis zum Verein verknüpft, gleichwohl sind aber beide Rechtsverhältnisse so eng miteinander verbunden, daß der herrschenden Auffassung zuzustimmen ist.

1331 Ist die Amtsniederlegung dem Adressaten dieser Erklärung zugegangen, so ist die Organstellung beendet. Die Niederlegung soll zwar nicht zur »Unzeit« erklärt werden (§ 671 Abs. 2 Satz 1 BGB); wird dies nicht beachtet, so führt aber gleichwohl die Rücktrittserklärung den Amtsverlust herbei. In einem solchen Fall kann allerdings der Vorstand dem Verein zum Schadensersatz verpflichtet sein (§ 671 Abs. 2 Satz 2 BGB).

1332 Ist die Amtsniederlegung jederzeit möglich, so kann sie grundsätzlich nicht rechtsmißbräuchlich mit der Folge sein, daß die Beendigung der Organstellung nicht anzuerkennen sei. Legt der Vorstand sein Amt mit sofortiger Wirkung deshalb nieder, weil er keinen Konkursantrag stellen will, so bleibt die Möglichkeit der Bestellung eines Notvorstands zu dieser Antragstellung. Ist das Motiv der Amtsniederlegung die Ladung zur Offenbarungsversicherung, so ist auch in diesem Fall die Beendigung des Amtes anzuerkennen[1186]. Richtiger ist es hier, Nachwirkungen des Vorstandsamtes anzunehmen und deshalb die Pflicht des ausgeschiedenen Vorstands zu bejahen, die eidesstattliche Versicherung abgeben zu müssen, wenn dieser vor der Niederlegung bereits eine Terminsladung erhalten oder wenn er die Erwartung einer solchen Ladung zum Anlaß genommen hat, sein Amt niederzulegen[1187].

7.4.2. Die Amtsniederlegung des dienstvertraglich tätigen Vorstands aus wichtigem Grund

1333 Ist der Vorstand gegen Vergütung tätig, so besteht mit ihm ein Anstellungsvertrag (Dienstvertrag, der eine Geschäftsbesorgung zum Gegenstand hat, §§ 675, 611 ff. BGB). Dieses schuldrechtliche Verhältnis zwischen dem Verein und dem Vorstand hat Auswirkungen auf die Organstellung, wenn es um die

---

1185 Vgl. *KG* KGJ 29 A 98/100; *OLG Frankfurt* RPfl 1978, 134/135.

1186 *Scholz/Schneider* § 38 GmbHG Rn. 84; a. A. *Sauter/Schweyer* Rn. 243 m. w. N.

1187 Vgl. *OLG Stuttgart* ZIP 1984, 113; *Scholz/Schneider* a. a. O.; a. A. *OLG Hamm* WM 1984, 1343; vgl. auch *OLG Köln* RPfl 1983, 361.

Frage geht, ob der Vorstand diese einseitig aufgeben kann. Er muß sich entspr. § 626 BGB (die Voraussetzungen des § 627 BGB werden beim Vorstand kaum gegeben sein) auf einen wichtigen Grund berufen können, der sein weiteres Verbleiben im Vorstandsamt vor dem Ablauf der vereinbarten oder gesetzlichen Kündigungsfrist als unzumutbar erscheinen läßt[1188]. Der Vorstand ist jedoch nicht gehalten, zugleich mit der Amtsniederlegung aus wichtigem Grund seinen Anstellungsvertrag nach § 626 BGB zu kündigen[1189].
Solche wichtigen Gründe können sein: dauernde Dienstunfähigkeit, längere Erkrankung, Vertrauensentzug durch die Mitgliederversammlung, fortwährende Eingriffe in die Geschäftsführung durch ein anderes Vereinsorgan als die Mitgliederversammlung, schwerwiegende Zerwürfnisse mit anderen Vorstandsmitgliedern, häufiger Verzug mit der Zahlung der Vergütung, die Bedingungen der Amtsführung haben sich so verschlechtert, daß für den Vorstand ein Haftungsrisiko entsteht[1190].

7.4.3. Die grundsätzlich sofort wirksame Amtsniederlegung aus wichtigem Grund

Die vom Vorstand eindeutig, unbedingt und unbefristet aus wichtigem Grund **1334**
erklärte Amtsniederlegung ist grundsätzlich sofort wirksam. Dies gilt auch dann, wenn um die objektive Berechtigung des wichtigen Grundes gestritten wird. Die grundsätzlich sofortige Wirksamkeit der Amtsniederlegung tritt sogar dann ein, wenn diese nicht auf einen angeblich wichtigen Grund gestützt ist. Damit wird vermieden, daß der Verein, seine übrigen Organe, aber auch der Rechtsverkehr unklare Vertretungsverhältnisse hinnehmen muß. Diese Rechtsfolge der sofortigen Wirksamkeit ist bisher vom BGH nur für die GmbH und die Genossenschaft anerkannt worden[1191]. Diese Grundsätze gelten auch im Vereinsrecht[1192].
Eine Amtsniederlegung kann wegen Rechtsmißbrauchs unwirksam sein[1193]. Der Rechtsmißbrauch muß aber hier offensichtlich sein (Beispiel: der Vorstand beruft sich auf Arbeitsunfähigkeit, verhandelt aber gleichzeitig über die Aufnahme einer anderen Tätigkeit, die ihn ebenso beansprucht wie der Verein).

7.4.4. Der Adressat der Rücktrittserklärung

Der Rücktritt stellt eine einseitige, empfangsbedürftige organschaftliche Er- **1335**
klärung des Vorstands dar, die mangels abweichender Satzungsbestimmung keiner Schriftform bedarf[1194]. Er ist einer Beschlußfassung nicht zugänglich. Ein

---

1188 Vgl. *KG* KGJ 29 A 98; *Soergel/Hadding* § 27 BGB Rn. 16; ebenso zum GmbH-Recht: BGHZ 78, 82 = NJW 1980, 2415; BayObLGZ 1981, 266 = GmbHR 1982, 43; *OLG Hamm* OLGZ 1988, 411/413.

1189 Vgl. *BGH* NJW 1978, 756 und 1435/1436: GmbH.

1190 Vgl. dazu *BGH* NJW 1978, 1435/1436.

1191 BGHZ 78, 82/92; *BGH* WM 1984, 532; *BGH* NJW 1993, 1198; *OLG Frankfurt* NJW-RR 1994, 105.

1192 Vgl. *Soergel/Hadding* § 27 BGB Rn. 16; *Sauter/Schweyer* Rn. 274; *Stöber* Rn. 114.

1193 BayObLGZ 1981, 266/268 f. = RPfl 1981, 486; *BayObLG* GmbHR 1992, 671/672; *OLG Hamm* OLGZ 1988, 411/413.

1194 *BGH* NJW 1993, 1193/1200.

gleichwohl gefaßter Vorstandsbeschluß bindet den Widersprechenden nicht[1195]. Der Rücktritt ist dem Bestellungsorgan gegenüber abzugeben. Das ist im Regelfall die Mitgliederversammlung. Dabei repräsentiert sie als Organ den Verein. Kann der Vorstand nicht bis zur nächsten Mitgliederversammlung zuwarten, so ist die Rücktrittserklärung beim mehrgliedrigen und vertretungsberechtigten Vorstand an einen Vorstandskollegen zu richten[1196]. Ist diese Vertretungszahl nicht mehr erreichbar oder legt der Einmann-Vorstand sein Amt nieder, so muß er entweder bis zur nächsten Mitgliederversammlung zuwarten, die er ohnedies nach § 36 BGB alsbald einberufen muß, oder um die Bestellung eines Notvorstands nachsuchen, dem er den Rücktritt erklärt.
Die Wirkung des Rücktritts kann nicht durch einen Erklärungswiderruf beseitigt werden. Ist es wegen des wichtigen Niederlegungsgrundes zu einem Prozeß gekommen, so ist der Rücktritt, wie ausgeführt, grundsätzlich als wirksam zu behandeln (vgl. Rn. 1334). Kommt das Gericht zur Feststellung der Unwirksamkeit, so kann sich der frühere Vorstand nur wieder neu bestellen lassen[1197]. Gleiches gilt, wenn der Vorstand sein Amt mit der Erklärung niederlegt, er werde dieses noch bis zur Erledigung einer bestimmten Angelegenheit weiterführen[1198].

7.4.5. Satzungsmäßige Rücktrittsregelungen

1336 Der Rücktritt des Vorstands ist gesetzlich nicht geregelt. Die Satzung kann deshalb Rücktrittsbestimmungen treffen. Der jederzeitige Rücktritt des ehrenamtlich tätigen Vorstands kann auf das Vorliegen eines wichtigen Grundes beschränkt werden. Beim dienstvertraglich tätigen Vorstand kann die Amtsniederlegung aus wichtigem Grund nicht ausgeschlossen werden. Es kann jedoch eine bestimmte Form und die Einhaltung einer zumutbaren Frist vorgeschrieben werden[1199]. Weiter kann satzungsmäßig bestimmt werden, daß der Rücktritt einem jederzeit einberufungsfähigen anderen Organ als der Mitgliederversammlung zu erklären ist.

7.5. Der Aufhebungsvertrag

1337 Einem möglichen Streit über die Berechtigung eines Rücktritts kann dadurch begegnet werden, daß zwischen dem rücktrittswilligen Vorstand und dem Verein ein Aufhebungsvertrag abgeschlossen wird, der sowohl die Organstellung als auch das Anstellungsverhältnis beendet[1200]. Dieser Vertrag wird zwischen dem Vorstand und dem Organ abgeschlossen, das ihn bestellt hat[1201]; das ist regelmäßig die Mitgliederversammlung, die u. U. außerordentlich einzuberufen ist.

1195 *OLG Königsberg* OLGE 41, 86.
1196 § 28 Abs. 2 BGB; vgl. *Soergel/Hadding* § 27 BGB Rn. 16.
1197 Vgl. BGHZ 78, 82/92.
1198 *BayObLG*-Recht 1914 Nr. 734.
1199 Vgl. *Baumbach/Zöllner* § 38 GmbHG Rn. 38.
1200 Vgl. *Lang/Weidmüller/Schaffland* § 24 GenG Rn. 74.
1201 Vgl. *Hadding* ZfG 1987, 102; *Lang/Weidmüller/Schaffland* a. a. O. Rn. 74 a.

7.6. Das Ende des Vorstandsamtes aus anderen Gründen

7.6.1. Ablauf der Bestelldauer

Vereinssatzungen sehen nur selten eine Befristung des Vorstandsamtes vor. **1338**
Vielfach schreibt die Satzung periodische Mitgliederversammlungen (etwa alle zwei Jahre) und zwingend den Tagesordnungspunkt »Vorstandswahlen« vor. Hier ist klar bestimmt, daß der Vorstand nur bis zur nächsten Mitgliederversammlung im Amt ist. Dieses Amt dauert an, bis der Tagesordnungspunkt »Vorstandswahlen« in der Mitgliederversammlung aufgerufen wird. Ob dann das Amt beendet ist, ergibt das Ergebnis der Wahl. Stellt sich ein Vorstandsmitglied nicht mehr zur Wahl, so ist sein Amt mit dem Erreichen dieses Tagesordnungspunktes beendet. Gleiches gilt, wenn seine Wiederkandidatur keinen Erfolg hat. Wegen des Ablaufs der Bestelldauer ist dann mit der Nichtwahl nicht zugleich die Bestellung widerrufen[1202].

Hat der Tagesordnungspunkt »Abberufung des Vorstandsmitglieds X« die erforderliche Mehrheit gefunden, erweist sich aber die Abberufung aus einem formellen oder materiellen Grund als unwirksam, so hat X in dem oben angeführten Fall gleichwohl seine Organstellung verloren, weil er nicht wiedergewählt worden ist. Ist er aber vorzeitig abberufen und Y in seine Amtsstellung gewählt worden, so hat X sein Amt behalten und die Wahl von Y ist gegenstandslos[1203].

7.6.2. Austritt und Ausschluß aus dem Verein

Nach dem Grundsatz der Selbstorganschaft kann nur ein Mitglied der Vereini- **1339**
gung Vorstandsmitglied werden (so nach § 9 Abs. 2 Satz 1 GenG). Im Vereinsrecht gilt – wie grundsätzlich im Recht anderer Körperschaften auch – die Drittorganschaft, d. h. der Vorstand muß kein Mitglied der Vereinigung sein.

Bestimmt die Satzung, daß der Vorstand Vereinsmitglied sein muß, so verliert **1340**
er mit dem Wirksamwerden des Austritts oder Ausschlusses seine Organstellung.

Schweigt die Satzung, so berührt der Austritt des Vorstands aus dem Verein allein seine Organstellung nicht. Das Bestellungsorgan kann den Austritt allerdings als wichtigen Grund zur Abberufung behandeln. Beim Vereinsausschluß kommt es bei Schweigen der Satzung darauf an, aus welchem Grund ein Ausschluß beschlossen worden ist. Beruht er auf einem persönlichen Schuldvorwurf, der so erheblich ist, daß dem Verein ein weiteres Verbleiben in der Organstellung nicht mehr zumutbar ist, so ist jedenfalls dann, wenn die Mitgliederversammlung für den Ausschluß zuständig ist, auch die Organstellung beendet[1204]. Ist dagegen ein anderes Organ als die Mitgliederversammlung zuständig, so bedarf es einer satzungsmäßigen Regelung, daß der Vereinsausschluß auch die Vorstandsstellung beendet[1205]; mangels ausdrücklicher Zulassung in der Satzung kann ein anderes Organ als das Bestellungsorgan eine Organstellung nicht beenden. Die Vereinsmitgliedschaft einerseits und die Organstellung andererseits sind in ihrem Rechtsgehalt nicht identisch. Ist der

1202 A. A. *Stöber* Rn. 112 a.
1203 *Stöber* a. a. O.
1204 Im Ergebnis ebenso: *RG* SeuffA 77 Nr. 17; *OLG Celle* OLGZ 1980, 359/360 f.
1205 Im Ergebnis ebenso: *OLG Hamburg* OLGE 46, 298/299.

Vereinsausschluß aus sachlichen Gründen vorgenommen worden – der Verein löst eine Vereinsabteilung auf, eine Überführung der Mitglieder in eine andere Abteilung scheidet aus –, so berührt dies mangels abweichender Satzungsbestimmung ebenfalls die Organstellung des Mitglieds nicht.

7.6.3. Auflösung des Vereins

1341 Bei Auflösung des Vereins und in sonstigen Liquidationsfällen endet das Amt des Vorstands, wenn die Satzung die Liquidation anderen Personen als den amtierenden Vorstandsmitgliedern überträgt (§ 48 Abs. 1 Halbs. 1 BGB). Benennt die Satzung die Liquidatoren, so ist das Vorstandsamt bereits mit dem Beschluß über die Auflösung (oder bei Eintritt eines anderen, die Liquidation herbeiführenden Tatbestands) beendet. Ansonsten endet das Amt mit der Bestellung der Liquidatoren durch das zuständige Bestellungsorgan.

7.6.4. Aufhebungsvertrag

1342 Das Vorstandsmitglied und der Verein können durch Vertrag die Beendigung der Organstellung und des Auftrags-/Dienstvertragsverhältnisses vereinbaren[1206]. Vgl. Rn. 1337.

7.6.5. Geschäftsunfähigkeit

1343 Das Amt des Vorstands erlischt automatisch, wenn dessen Inhaber geschäftsunfähig wird[1207]. Sollte eine solche Person die Geschäftsfähigkeit wiedererlangen, so lebt das Amt nicht wieder auf; es ist vielmehr eine Neubestellung erforderlich [1208];

7.6.6. Tod

1344 Mit dem Tode erlischt das Vorstandsamt. Bei einem Familienverein ist es denkbar, daß die Satzung als Sonderrecht die Vererblichkeit des Vorstandsamts vorsieht; das ist zulässig[1209].

7.6.7. Verschmelzung

1345 Verschmelzen zwei Vereine durch Neubildung eines Vereins, so enden die Vorstandsämter in beiden verschmelzenden Vereinen. Wird die Verschmelzung in der Weise vorgenommen, daß ein Verein in einen anderen aufgenommen wird, so endet die Vorstandsstellung im aufgenommenen Verein.

7.6.8. Wegfall der satzungsmäßigen Bestellungsvoraussetzungen

1346 Die Satzung kann vorsehen, daß bei Wegfall der in ihr angeordneten Bestellungsvoraussetzungen (bestimmter Wohnort, Zugehörigkeit zu einer bestimmten Berufsgruppe usw.) die Amtsstellung automatisch endet, wenn der Amtsinhaber diese Voraussetzungen nicht mehr erfüllt. Schweigt die Satzung

---

1206 Vgl. *BGH* WM 1978, 109/110: AG.

1207 Vgl. BGHZ 115, 78/80 = NJW 1991, 2566; *BayObLG* GmbHR 1993, 223/224: GmbH.

1208 *BayObLG* a. a. O.

1209 Vgl. *Scholz/Schneider* § 38 GmbHG Rn. 4; a. A. *Baumbach/Zöllner* § 38 GmbHG Rn. 38.

hinsichtlich des Wegfalls, so muß deren Auslegung ergeben, ob die Organstellung beendet ist oder nicht[1210].

7.6.9. Tätigkeitsverbot

Wird gegen den Vorstand ein einstweiliges Tätigkeitsverbot durch gerichtliche 1346 a
Entscheidung angeordnet (vgl. Rn. 1855), so darf dieser Vorstand für die Dauer des Verbots sein Amt nicht ausüben.

Dies kommt dem Ende des Vorstandsamtes gleich und ist zum Vereinsregister anzumelden. Wird die gerichtliche Anordnung aufgehoben, so ist der gelöschte Vorstand neu einzutragen, braucht aber nicht neu bestellt zu werden[1211].

7.6.10. Grundsätzlich kein Beendigungsgrund: der Verlust der Rechtsfähigkeit des Vereins

Sieht dies die Satzung nicht ausdrücklich vor, so ist der Konkurs oder die Ent- 1347
ziehung der Rechtsfähigkeit durch die Verwaltungsbehörde kein Grund für die Beendigung der Vorstandsstellung[1212].

7.7. Die Folgen der Beendigung des Vorstandsamtes

Das Ende seiner Organstellung verpflichtet den Vorstand, Rechnung zu legen 1348
und die überlassenen Gegenstände des Vereins zurückzugeben (§§ 27, Abs. 3, 666, 667 BGB). Zurückzugeben ist dem Verein zu Händen des Amtsnachfolgers. Hinsichtlich der Unterlagen sind dies sowohl diejenigen, die der ausgeschiedene Vorstand von seinem Vorgänger erhalten hat, als auch diejenigen, die in seiner Amtszeit angefallen sind. Ein Zurückbehaltungsrecht (§ 273 BGB) kann weder wegen rückständiger Vergütungsansprüche noch mit der Begründung ausgeübt werden, Unterlagen würden für eine Rechtsverteidigung benötigt[1213]. Der ausgeschiedene Vorstand kann sich aber bei Vorliegen eines berechtigten Interesses Ablichtungen anfertigen; ihm steht auch das Recht zur Einsicht in die an seinen Nachfolger übergebenen Unterlagen zu[1214]. Falls dies die Satzung bestimmt oder es sich aus einer ständigen Übung ergibt, hat der Vorstand einen Anspruch auf Entlastung. Auch innerhalb eines gewissen Zeitraumes nach seinem Ausscheiden kann das Recht auf Einsicht in Bücher und evtl. Bilanzen gegeben sein, wenn ein berechtigtes Interesse dargetan wird[1215]. Es kann weiter ein Anspruch auf Erteilung eines Zeugnisses (entspr. § 630 BGB) gegeben sein[1216]. Selbst bei einer außerordentlichen Kündigung des Anstellungsverhältnisses kann ein erworbener Anspruch auf eine Urlaubsabgeltung in Betracht kommen[1217]. Der ausgeschiedene Vorstand unterliegt einer nachvertraglichen Treuepflicht; er darf z. B. nicht Vereinsmitglieder für den

---

1210 Vgl. *Soergel/Hadding* § 27 BGB Rn. 15.
1211 Vgl. *BayObLG* GmbHR 1993, 223/224: GmbH.
1212 Vgl. *OLG Hamburg* OLGE 37, 9.
1213 Vgl. RGZ 105, 392/395; *BayObLG* WuM 1992, 644: WEG.
1214 Vgl. *BayObLG* a. a. O.
1215 Vgl. *RG* JW 1917, 657.
1216 Vgl. BGHZ 49, 30: GmbH; *KG* BB 1979, 988.
1217 Vgl. *BGH* LM Nr. 5 zu § 35 GmbHG.

Verein abwerben, für den er nunmehr tätig ist, sofern nicht ein längerer Zeitraum seit dem Ausscheiden verflossen ist.

1349 Wird ein ausgeschiedener Vorstand in ein gerichtliches Verfahren einbezogen, indem z. B. noch eine Zustellung an ihn bewirkt wird, so wird zunächst dem Gericht gegenüber auf den Verlust der Organstellung hingewiesen. Bleibt dann seine Hinzuziehung bestehen, so kann der Betroffene, obwohl er nicht Verfahrensbeteiligter geworden ist, sich mit Rechtsmitteln (z. B. Erinnerung bzw. Beschwerde) hiergegen wehren[1218].

7.8. Die Anmeldung und Eintragung der Vorstandsänderung

7.8.1. Die Änderung des Vorstands

1350 Zusammen mit dem Verein werden auch die Mitglieder des Vorstands in das Vereinsregister eingetragen (§ 64 Satz 1 BGB) und zwar mit Vor- und Familiennamen, Beruf und Wohnort[1219]. Damit ist für den Rechts- und Geschäftsverkehr erkennbar, welche Organpersonen den Verein vertreten (vgl. § 26 Abs. 2 Satz 1 BGB). Um die Aktualität der Eintragung des Vorstands zu sichern, ordnet § 67 Abs. 1 Satz 1 BGB an, daß jede Änderung des Vorstands zum Vereinsregister anzumelden ist. Diese Vorschrift erfaßt – ebenso wie diejenige nach § 64 Satz 1 BGB – nur Vorstandsmitglieder, die nach § 26 Abs. 2 BGB zur Vertretung des Vereins berechtigt sind, also nicht Mitglieder eines Erweiterten Vorstands, die keine Vertretungsbefugnis haben[1220].

Eine Änderung des Vorstands ist eine solche im Personalbestand oder in der Organisation dieses Vereinsorgans[1221]. Eine Änderung im Mitgliederbestand des Vorstands tritt durch Neubestellung und durch Ausscheiden ein, sei es durch Abberufung, (vorläufige) Amtsenthebung, Amtsniederlegung, Tod oder Amtsablauf, Wegfall der satzungsmäßigen Bestellvoraussetzungen, Eintritt der Geschäftsunfähigkeit. Die Organisation wird verändert, wenn die Satzung die Verminderung oder Vermehrung von Vorstandsämtern erlaubt[1222]. Ist eine solche Organisationsveränderung durch Satzungsänderung eingetreten, so muß diese, aber auch die Vorstandsänderung angemeldet werden. Der Wegfall eines Notvorstandes vor dem Ende der Bestellzeit ist nicht förmlich anzumelden (a. A. Voraufl.); es genügt eine formlose Mitteilung, weil dann die Eintragung des Notvorstands von Amts wegen gelöscht wird[1223].

Anzumelden ist auch ein Vorstandsmitglied, das gültig bestellt, aber vor seiner Eintragung bereits wieder aus dem Amt ausgeschieden ist[1224]. Dies ist wegen der negativen Publizitätswirkung nach § 68 BGB erforderlich. Änderungen, die nicht im Register eingetragen sind, können einem Dritten nur entgegengehalten werden, wenn er sie positiv kannte. Umgekehrt muß der Dritte einge-

---

1218 *OLG Köln* OLGZ 1977, 240: GmbH.

1219 *Keidel/Schmatz/Stöber* Rn. 1182.

1220 Vgl. *KG* Recht 1929 Nr. 1454.

1221 Vgl. *KG* KGJ 29 A 213/214.

1222 Vgl. *LG Frankenthal* RPfl 1975, 354.

1223 *Keidel/Schmatz/Stöber* Rn. 1104.

1224 *LG Berlin II* JW 1929, 2171; *Soergel/Hadding* § 67 BGB Rn. 4; *Stöber* Rn. 322 a; a. A. *BayObLG* RPfl 1986, 295.

tragene Änderungen gegen sich gelten lassen, es sei denn, daß er sie nicht kennt und nicht kennen muß (vgl. Rn. 2348).

Da das Vereinsregister nur den aktuellen Stand zum Zeitpunkt der Eintragung wiedergibt, sind spätere Änderungen der persönlichen Merkmale der eingetragenen Vorstandsmitglieder, wie Änderungen des Vor- und Familiennamens, des Standes und Wohnortes nicht anmeldepflichtig[1225]. Diese Änderungen sowie der Erwerb eines Doktor-Titels können, ähnlich wie im Grundbuchverfahren, dem Registergericht formlos mitgeteilt und von diesem im Wege der Berichtigung eingetragen werden[1226]. 1351

Die Wiederwahl des Vorstands oder die Verlängerung seiner Amtszeit ist nicht anzumelden, es sei denn, daß die Amtszeit im Register eingetragen worden ist[1227], was aber in der Praxis kaum vorkommt. Vgl. dazu Rn. 1358. 1352

7.8.2. Die Anmeldung der Änderung der Vertretungsbefugnis

Nach § 81 Abs. 1 AktG, § 28 Abs. 1 Satz 1 GenG ist auch eine Änderung der Vertretungsbefugnis des Vorstands (einer Aktiengesellschaft oder Genossenschaft) zur Eintragung im Handels- bzw. Genossenschaftsregister anzumelden. Die in § 39 Abs. 1 GmbHG enthaltene Formulierung, daß jede Beendigung der Vertretungsbefugnis eines Geschäftsführers anzumelden ist, wird ebenfalls dahin verstanden, daß jede Änderung der Vertretungsbefugnis anzumelden ist. Nach § 67 Abs. 1 Satz 1 BGB ist nur jede Änderung des Vorstands eines Vereins anzumelden. Eine Änderung der Vertretungsbefugnis des Vorstands ist im Regelfall als Satzungsänderung anzumelden (§ 71 Abs. 1 Satz 1 BGB). Hier werden die Fälle des Übergangs von der Gesamtvertretung zur Einzelvertretung und umgekehrt erfaßt. Es gibt aber auch beim Verein Änderungen in der Vertretungsbefugnis des Vorstands, die nicht Satzungsänderungen sind. In diesem Fall müssen die § 81 Abs. 1 AktG, § 28 Abs. 1 Satz 1 GenG entsprechend zur Anwendung kommen. Es sind dies vor allem die Fälle der Umbesetzung in den Vorstandsämtern. Beispiel: Der 1. Vorstandsvorsitzende muß bei Geschäften mit Wert ab 10 000 DM zusammen mit dem Schatzmeister vertreten, was im Vereinsregister eingetragen ist. Der Schatzmeister wird, was die Satzung zuläßt, aus irgend einem Grund 2. Vorstandsvorsitzender, der bisherige Inhaber dieses Amtes wird Schatzmeister. Die Satzung gestattet dem Beirat, die Einzelvertretung in eine Gesamtvertretung umzuwandeln. Die Satzung enthält die Ermächtigung, daß die Mitgliederversammlung den Vorstand von den Beschränkungen des § 181 BGB befreien kann, wovon die Mitgliederversammlung Gebrauch macht; auch dies ist eine Änderung der Vertretungsbefugnis[1228]. 1353

7.8.3. Die Anmeldung durch den Vorstand und ihr Inhalt

Die Änderung des Vorstands ist von dem Vorstand zur Eintragung im Vereinsregister anzumelden (§ 67 Abs. 1 Satz 1 BGB). Gleiches gilt hinsichtlich der Änderung der Vertretungsbefugnis. 1354

1225 Vgl. *KG* KGJ 29 A 213 und 30 B 32.

1226 Vgl. *Keidel/Schmatz/Stöber* Rn. 756; *Scholz/Schneider* § 39 GmbHG Rn. 4; a. A *Lang/Weidmüller/Schaffland* § 28 GenG Rn. 7: Änderungen des Familiennamens müssen angemeldet werden.

1227 Vgl. *Lang/Weidmüller/Schaffland* § 28 GenG Rn. 3.

1228 Vgl. *Keidel/Schmatz/Stöber* Rn. 734 c.

Die Anmeldepflicht obliegt dem Verein, der durch den Vorstand vertreten wird[1229]. Es kann also nur der zur Vertretung berechtigte Vorstand anmelden. Deshalb ist ein ausgeschiedener Vorstand nicht mehr, der neu bestellte Vorstand schon anmeldebefugt und ist dazu auch verpflichtet[1230]. Es meldet also der neue Vorstand sein Amt und das Ausscheiden seines Vorgängers an. Ist der Einmannvorstand mit sofortiger Wirkung ausgeschieden und ist kein Nachfolger bestellt worden, so muß auf Antrag eines Beteiligten ein Notvorstand bestellt werden, der das Ausscheiden anmeldet[1231]. Der bisher amtierende Vorstand kann jedoch die Beendigung seines Amtes anmelden, wenn er die Amtsniederlegung mit Wirkung auf den Zeitpunkt der Anmeldung (oder Eintragung) erklärt[1232]. Dies kann das betreffende Vorstandsmitglied auch dann, wenn noch andere, nicht abberufene Vorstandsmitglieder vorhanden sind[1233]. Besteht der Vorstand aus mehreren Personen, so ist jedes zur Einzelvertretung berechtigte Vorstandsmitglied allein zur Anmeldung befugt[1234].

Eine Satzungsänderung, welche die Änderung der Zusammensetzung oder der Vertretungsbefugnis des Vorstands betrifft, muß die nach der bisherigen Satzung erforderliche Zahl von Vorstandsmitgliedern anmelden, da die Änderung erst mit der Eintragung wirksam wird. Die Anmeldung der neuen Vorstandsmitglieder nach Eintragung der Satzungsänderung haben die neuen Vorstandsmitglieder in vertretungsberechtigter Zahl vorzunehmen[1235]. Dies kann dadurch vereinfacht werden, daß der alte Vorstand die Satzungsänderung mit der Maßgabe anmeldet, daß sein Ausscheiden erst mit der Eintragung wirksam werden soll; dann kann der alte Vorstand auch die neuen Vorstandsmitglieder anmelden[1236].

Da die Anmeldung nicht mehr als eine dem Vorstand persönlich obliegende Pflicht angesehen wird, kann sich der Vorstand durch eine ausdrücklich ermächtigte Person, der er eine öffentlich beglaubigte Vollmacht erteilt hat[1237], vertreten lassen[1238].

Die Anmeldung ist mittels öffentlich beglaubigter Erklärung vorzunehmen (§ 77 BGB) und muß alsbald nach der Änderung erfolgen.

Die Anmeldung selbst ist ein Verfahrensantrag, gerichtet auf Eintragung einer Tatsache oder eines Rechtsverhältnisses in das Vereinsregister. Danach bestimmt sich der Inhalt der Anmeldeerklärung. Wird die Änderung des Vorstands angemeldet, so hat die Anmeldeerklärung die aus dem Vorstand ausscheidenden und die in diese Organstellung neu eintretenden Personen namentlich zu bezeichnen, wobei bei letzteren auch Vor-, Familienname, Beruf

---

1229 *BayObLG* NJW-RR 1991, 958.

1230 *KG* JW 1927, 1703; *OLG Frankfurt* OLGZ 1983, 385.

1231 Vgl. BayObLGZ 1981, 227: GmbH.

1232 BayObLGZ a. a. O.; *OLG Hamm* OLGZ 1988, 411/413; *OLG Frankfurt* NJW-RR 1994, 105.

1233 *LG Frankfurt* MittRhNotK 1989, 222.

1234 BayObLGZ 1981, 270.

1235 BayObLGZ 10, 81; *KG* bei Trojan DNotZ 1925, 56 Nr. 6 a.

1236 Vgl. KölnKomm/*Mertens* § 81 AktG Rn. 12.

1237 *KG* KGJ 26 A 232.

1238 Vgl. *KG* JW 1932, 2626; *BayObLG* WM 1982, 647/649; *OLG Köln* BB 1986, 2088; vgl. auch *OLG Köln* NJW 1987, 135.

und Wohnort anzugeben sind. Angegeben werden kann auch die Funktion im Vorstand (1. Vorsitzender, 2. Vorsitzender, Schriftführer, Kassenwart).

7.8.4. Vorzulegende Urkunden

Der Anmeldung ist eine Abschrift der Urkunde beizufügen, aus der sich die 1355
Änderung des Vorstands ergibt (§ 67 Abs. 1 Satz 2 BGB). Vorzulegen sind auch Urkunden, die die Änderung der Vertretungsbefugnis belegen, falls eine solche angemeldet wird. Durch die eingereichten Urkunden soll das Registergericht zur Prüfung in der Lage sein, ob die Anmeldung die Eintragung einer Vorstandsänderung oder einer Änderung der Vertretungsbefugnis rechtfertigt[1239]. – Das vorzeitige Ende eines Vorstandsamtes wird im Falle des Todes durch Vorlage einer Sterbeurkunde nachgewiesen, im Falle der Abberufung durch Vorlage des entsprechenden Beschlußprotokolls und bei Amtsniederlegung durch Einreichung eines Schreibens, in dem der Vorstand seinen Rücktritt erklärt; eine Rücktrittserklärung allein gegenüber dem Gericht genügt nicht[1240]. Im Falle eines gerichtlichen Tätigkeits- oder Vertretungsverbotes ist eine beglaubigte Urteilsabschrift vorzulegen. Ist Abberufungsorgan ein anderes Vereinsorgan als die Mitgliederversammlung, so muß neben der Abberufungsentscheidung dieses Organs dessen Zuständigkeit nur dann nachgewiesen werden, wenn diese sich nicht aus der dem Gericht vorliegenden Satzung ergibt[1241]; die Bestellung der Mitglieder dieses Vereinsorgans ist nicht nachzuweisen[1242]. – Die Bestellung neuer Vorstandsmitglieder wird im Regelfall durch die Vorlage des Versammlungsprotokolls über die Wahl belegt; es ist nur das Wahlergebnis (mit Ja- und Neinstimmen, evtl. Widersprüchen) vorzulegen und nicht auch der Nachweis zu führen, daß die Versammlung ordnungsgemäß einberufen worden ist, auch die Art der Wahl ist nicht zu belegen[1243]. Die Annahme der Wahl ist dann zu belegen, wenn sie sich nicht aus dem Versammlungsprotokoll oder aus der Tatsache ergibt, daß der Gewählte die Anmeldung unterschrieben hat[1244]. Urkunden sind nur in Abschrift vorzulegen; sie müssen nicht beglaubigt sein[1245]. – Bei der Anmeldung der Änderung der Vertretungsbefugnis müssen die sich hierauf beziehenden Urkunden eingereicht werden.

7.8.5. Die Prüfung des Registergerichts

Das Registergericht prüft die Ordnungsmäßigkeit und Vollständigkeit der An- 1356
meldung. Die Anmeldung muß beim mehrgliedrigen Vorstand in vertretungsberechtigter Zahl vorgenommen worden sein. Aus den Urkunden muß sich formell ergeben, daß eine Vorstandsänderung oder eine Änderung der Vertretungsbefugnis stattgefunden hat. Dazu gehört etwa die Prüfung, daß das zuständige Vereinsorgan die Abberufung und Neubestellung des Vorstands mit der erforderlichen Mehrheit vorgenommen hat. Die materielle Wirksamkeit der Vorstandsänderung hat das Gericht grundsätzlich nicht zu prüfen, da es von

1239 Vgl. *KG* KGJ 34 A 200/201.
1240 *KG* JW 1927, 1703.
1241 Vgl. BayObLGZ 1984, 1.
1242 Vgl. *KG* KGJ 18 A 36.
1243 Vgl. *KG* KGJ 34 A 200.
1244 Vgl. BayObLGZ 1981, 270/277 f.; vgl. auch *BGH* WM 1984, 1605/1606.
1245 Vgl. *KG* KGJ 35 A 157.

der zu vermutenden Richtigkeit der angemeldeten Tatsache der Vorstandsänderung ausgehen kann[1246]. Ergeben sich aber aus den eingereichten Unterlagen oder durch Einsprüche von Vereinsmitgliedern oder abgewählten Vorstandsmitgliedern Bedenken gegen die materielle Richtigkeit der Anmeldung, so ist das Gericht zur Sachaufklärung verpflichtet (§ 12 FGG), da die Eintragungen, die den Vorstand betreffen, eine sog. negative Publizität nach § 68 BGB genießen[1247]. Bedenken gegen die Richtigkeit der Abberufung ergeben sich z. B. dann, wenn die Satzung hierfür eine Mehrheit von 3/4 verlangt, die nicht erreicht worden ist[1248]. Ein wichtiger Abberufungsgrund ist nicht schlechthin zu prüfen, sondern nur bei begründeten Zweifeln. Ergeben bereits die eingereichten Unterlagen, daß ein wichtiger Abberufungsgrund offensichtlich nicht gegeben war, so muß die Anmeldung zurückgewiesen werden[1249]. Bei Bestehen von begründeten Bedenken ist auch das formelle Verfahren, das zur Abberufung und Neubestellung geführt hat, aufzuklären. Im Falle *OLG Hamburg* (a. a. O.) hatten Mitglieder gerügt, daß mehrere nicht bzw. nicht rechtzeitig eingeladen worden waren. Es kann sich auch die Pflicht zur Aufklärung ergeben, ob die an der Beschlußfassung beteiligten Personen überhaupt Vereinsmitglieder waren[1250].

7.8.6. Die Zwischenverfügung; die Ablehnung der Eintragung

1356 a Bei behebbaren Mängeln der Anmeldung erläßt der Rechtspfleger des Registergerichts eine Zwischenverfügung (vgl. dazu Rn. 175) Dies gilt insbesondere bei Zweifeln hinsichtlich der Wirksamkeit einer Vorstandsänderung. Kommt es daraufhin zur erneuten Beschlußfassung etwa über die Abberufung und Neubestellung, so können die sich hierauf beziehenden Unterlagen formlos dem Registergericht eingereicht werden.

Wird die Anmeldung zurückgewiesen, so findet hiergegen – nach Durchlauf des Erinnerungsverfahrens (§ 11 Abs. 1, 2 RPflG) – die unbefristete Beschwerde statt. Beschwerdeberechtigt ist der Verein, aber auch das Vorstandsmitglied, dessen Eintragung abgelehnt worden ist[1251].

7.8.7. Die Wirkung der Eintragung

1357 Die Eintragung der Vorstandsänderung bzw. der Änderung der Vertretungsbefugnis hat nur rechtsbekundende, deklaratorische Bedeutung[1252]. Dies bedeutet, daß die Rechtsänderung (Bestellung, Abberufung, Änderung der Vertretungsmacht) sich außerhalb des Registers vollzieht. Ist die Abberufung oder Bestellung unwirksam, so tritt keine Heilung durch die Eintragung ein. Gleichwohl genießt die Eintragung einen gewissen Vertrauensschutz (vgl. § 68 BGB und dazu Rn. 2348).

1246 *KG* JW 1937, 549; *BayObLG* NJW 1973, 2066/2069.

1247 *OLG Hamburg* OLGE 32, 335; BayObLGZ 1981, 270/277.

1248 *KG* JW 1937, 549.

1249 Vgl. BayObLGZ 1981, 266.

1250 Vgl. auch *OLG Köln* GmbHR 1990, 82/83.

1251 Ebenso zur AG: KölnKomm/*Mertens* § 81 AktG Rn. 19.

1252 *BAG* AP Nr. 2 zu § 242 BGB »Prozeßwirkung«; ebenso zur GmbH: *BGH* WM 1973, 1171; BayObLGZ 1981, 270/276; *OLG Frankfurt* NJW-RR 1994, 105.

Wird auf Anmeldung eine Satzungsänderung betreffend die Verringerung oder Vermehrung von Vorstandsämtern eingetragen, so sind diese vom Tag der Eintragung an weggefallen oder vermehrt worden (§ 71 Abs. 1 Satz 1 BGB). Diese Eintragung ist rechtsbegründend (konstitutiv). Die zusätzlich geschaffenen Vorstandsämter können bereits nach der Beschlußfassung über die Satzungsänderung durch Wahl besetzt und die neuen (zusätzlichen) Vorstandsmitglieder können zur Eintragung angemeldet werden, wenn die Bestellung erst mit der Eintragung der Satzungsänderung wirksam werden soll.

7.8.8. Die Wiedereintragung des Vorstands im Wege der Löschung

Bringt ein Vorstandsmitglied, dessen Eintragung gelöscht worden ist, vor, die **1357 a**
Löschung sei zu Unrecht vorgenommen worden, so regt es damit ein Verfahren an, das die Löschung der Eintragung des Vorstandsmitglieds wiederum durch Löschung beseitigen soll[1253]. Die Löschung ist eine Eintragung. An diesem Amtslöschungsverfahren (§§ 159, 142 FGG) sind der Verein und das Vorstandsmitglied Beteiligte. Beide sind zur Beschwerde berechtigt, wenn das Amtslöschungsverfahren abgelehnt wird[1254].

7.8.9. Die formlose Mitteilung der erneuten Bestellung

Da insoweit die Vertretungsverhältnisse unverändert bleiben, ist die erneute **1358**
Bestellung des bisher amtierenden Vorstands nicht anmeldepflichtig. Gleiches gilt bei einer Verlängerung der Amtszeit, falls diese nicht im Register eingetragen ist. Diese Vorgänge sind jedoch formlos dem Registergericht mitzuteilen, das verpflichtet ist, zu ermitteln (§ 12 FGG), ob bei befristeter Amtszeit eine erneute Vorstandswiederbestellung vorgenommen worden oder ob die Anmeldung einer Vorstandsänderung herbeizuführen ist. Bestehen insoweit für das Registergericht Unklarheiten, so kann es die Amtslöschung des eingetragenen Vorstands herbeiführen[1255].

7.8.10. Die Erzwingung der Anmeldung; die Rechte ausgeschiedener Vorstandsmitglieder; Amtslöschung

Erfährt das Registergericht, daß eine Vorstandsänderung nicht angemeldet **1359**
worden ist, so leitet es – falls nicht ein formloser Hinweis eine Befolgung erwarten läßt – das Zwangsgeldverfahren ein (vgl. Rn. 2354ff.). Zuständig ist der Rechtspfleger (§ 3 Nr. 1a RPflG). Das Verfahren richtet sich gegen die anmeldepflichtigen Personen[1256]. Es kann ein Zwangsgeld von 5 bis 1 000 DM festgesetzt werden (Art. 6 EGStGB).

Wird die Vorstandsänderung nicht angemeldet, so kann dies der Ausgeschiedene dem Registergericht formlos mitteilen[1257]. Er kann auch Klage mit dem Antrag erheben, daß die beklagte Partei verurteilt wird, gegenüber dem Registergericht X folgende Anmeldeerklärung abzugeben: ... Die Klage richtet sich gegen den Verein und nicht gegen die anmeldepflichtigen Vorstands-

1253 Vgl. *BayObLG* RPfl 1983, 443: GmbH.
1254 *BayObLG* NJW-RR 1993, 698.
1255 *Stöber* Rn. 319.
1256 § 67 Abs. 1, § 78 Abs. 1 BGB; vgl. KGJ 26 A 232.
1257 Vgl. auch *KG* JW 1927, 1703.

mitglieder. Mit der Rechtskraft des Urteils gilt die Anmeldung als vorgenommen[1258]. Der Kläger übersendet die (anwaltsbeglaubigte) Abschrift einer Ausfertigung dem Registergericht. Das Urteil ersetzt nach allgemeiner Meinung die öffentliche Form der Anmeldung.
Läßt sich eine Anmeldung nicht erzwingen, so kommt die Einleitung eines Amtslöschungsverfahrens mit dem Ziele in Betracht, den zu Unrecht noch eingetragenen Vorstand zu löschen (§§ 159, 142 FGG).

7.9. Die Mitteilung an die Verleihungsbehörde

1360 Die Vorstandsänderung hat der Vorstand des konzessionierten Vereins der Verleihungsbehörde unter Vorlage einer Abschrift der diese Änderung ergebenden Urkunde mitzuteilen.

8. Die (grundsätzlich) dem Vorstand obliegende Vertretung des Vereins vor Gerichten und Verwaltungsbehörden

8.1. Allgemeines

8.1.1. Vertretungsgrundsätze und Ausnahmen

1361 Der rechtsfähige Verein ist zwar in Verfahren vor Gerichten parteifähig[1259] und in Verfahren vor Verwaltungsbehörden beteiligungsfähig[1260], ihm fehlt jedoch als Körperschaft die Fähigkeit, selbst Verfahrenshandlungen vornehmen zu können, er ist somit nicht prozeßfähig i. S. d. § 52 ZPO, § 62 Abs. 1 VwGO, § 71 Abs. 1 SGG, § 58 Abs. 1 FGO und nicht verfahrenshandlungsfähig i. S. d. Verwaltungsverfahrensgesetze nach § 12 VwVfG, § 79 Abs. 1 AO, § 11 Abs. 1 Nr. 3 SGB/X. Verfahrensrechtlich ist entweder angeordnet, daß sich die Vertretung nicht prozeßfähiger Parteien nach den Vorschriften des bürgerlichen Rechts bestimmt (§ 51 Abs. 1 ZPO; § 374 Abs. 3 StPO; § 58 Abs. 2 FGO) oder daß diese Parteien durch ihre gesetzlichen Vertreter handeln müssen (§ 62 Abs. 2 VwGO; § 71 Abs. 3 SGG; § 12 Abs. 1 Nr. 3 VwVfG; § 79 Abs. 1 Nr. 3 AO; § 11 Abs. 1 Nr. 3 SGB/X).

1362 § 26 Abs. 2 Satz 1 BGB bestimmt, daß der Vorstand den Verein gerichtlich und außergerichtlich vertritt; er hat die Stellung eines gesetzlichen Vertreters. Befindet sich der Verein im Abwicklungsstadium, so steht diese Vertretung den Liquidatoren zu (§ 48 Abs. 2 BGB). Die gesetzliche Vertretungsregelung wird beim eingetragenen Verein ergänzt durch die dem Vorstand/den Liquidatoren zugewiesenen Anmeldeberechtigungen (Anmeldung des Vereins nach § 59 Abs. 1 BGB; Anmeldung der Beendigung der Liquidation) und durch Anmeldepflichten (§ 67 Abs. 1 Satz 1, § 71 Abs. 1 Satz 2, § 74 Abs. 2 Satz 1 BGB; § 33 Abs. 1, § 34 Abs. 3 HGB). Die in § 26 Abs. 2 Satz 1 BGB normierte gerichtliche und außergerichtliche Vertretung des Vereins durch den Vorstand und nach § 48 Abs. 2 BGB durch die Liquidatoren gilt nur für den Regelfall; ausnahmsweise darf der Vorstand nicht vertreten oder die Vertretung kann

1258 § 894 ZPO; vgl. *KG* RJA 10, 253.
1259 Vgl. § 50 Abs. 1 ZPO; § 61 Nr. 1 VwGO.
1260 Vgl. § 11 VwVfG und die entsprechenden Ländervorschriften; § 10 Nr. 1 SGB/X.

auch ein besonders Beauftragter sowohl im gerichtlichen Verfahren wie auch im Verwaltungsverfahren übernehmen.

Soll der Verein verklagt werden und hat er keinen Vorstand, so ist ihm, falls mit 1363
dem Verzuge Gefahr verbunden ist, auf Antrag bis zum Eintritt des gesetzlichen Vertreters ein besonderer Vertreter (Prozeßpfleger) vom Vorsitzenden des Prozeßgerichts zu bestellen (§ 57 Abs. 1 ZPO; § 62 Abs. 3 VwGO; § 72 SGG; § 58 Abs. 2 Satz 2 FGO).

Befindet sich der Verein im Konkurs, so kann den Verein nur der Konkursver- 1364
walter in den Angelegenheiten vertreten, die dessen Verwaltungs- und Verfügungsbefugnis unterliegen (§ 6 KO). In Gegenständen, die allein konkursfreies Vermögen betreffen, hat nur der Vorstand die gesetzliche Vertretungsbefugnis. In Angelegenheiten, die sog. Überschneidungsbereiche betreffen, müssen Konkursverwalter und Vorstand gemeinsam den Verein vor Gerichten und Verwaltungsbehörden vertreten.

Die in § 26 Abs. 2 Satz 1 BGB normierte gerichtliche und außergerichtliche 1365
Vertretung wird verfahrensgesetzlich zum Teil modifiziert. Danach kann der Verein sowohl vom Vorstand (als dem gesetzlichen Vertreter) als auch durch besonders Beauftragte vertreten werden[1261]. Die Befugnis zur Vertretung des Vereins in Verwaltungsverfahren und im Verwaltungs- und Sozialgerichtsprozeß dient der Verfahrensvereinfachung, weil aufgrund des Prinzips der Gesamtvertretung das ressortmäßig zuständige Vorstandsmitglied, aber auch der Sachbearbeiter, der keine Organstellung hat, oder der örtliche Leiter der Untergliederung eines Großvereins für den Verein die Vertretung übernehmen kann. Der besonders Beauftragte kann eine originäre, sich aus der Satzung ergebende Vertretungsberechtigung als besonderer Vertreter i. S. d. § 30 BGB haben. Es genügt aber auch, daß der besonders Beauftragte seine Befugnis lediglich aus einem Rechtsgeschäft mit dem Verein (Auftrag , Dienstvertrag und damit verbundene Vollmacht) hat. Der besonders Beauftragte handelt, wie sich aus diesem Begriff ergibt, immer in Vollmacht für den Verein.

Seine Vertretungsbefugnis kann der Vorstand nur aus dem Gesetz (§ 26 Abs. 2 Satz 1 BGB) oder aus der Satzung ableiten, wenn sie beschränkt ist (§ 26 Abs. 2 Satz 2 BGB). Die Änderung der Vertretungsbefugnis ist nur durch Satzungsänderung und nicht dadurch möglich, daß ein Vereinsorgan, ohne die Satzung zu ändern, die Vertretungsberechtigung erteilt[1262].

8.1.2. Einschränkungen der Vertretungsbefugnis des Vorstands

Beim Vereinsvorstand kann der Umfang seiner Vertretungsbefugnis in der Sat- 1366
zung mit Wirkung gegen Dritte beschränkt werden (§ 26 Abs. 2 Satz 2 BGB); entsprechendes gilt für die Liquidatoren nach § 48 Abs. 2 BGB, was dann aber im Interesse des Rechtsverkehrs der Verlautbarung im Vereinsregister bedarf (§ 64 Satz 2 BGB). Solche Beschränkungen sind bei den Vertretungsorganen von Kapitalgesellschaften und Genossenschaften nicht zulässig (§ 82 Abs. 1 AktG; § 37 Abs. 2 Satz 1 GmbHG; § 24 Abs. 1 GenG). Diese satzungsmäßigen Vertretungsbeschränkungen können gerade für Prozesse (kaum für Verwal-

1261 § 12 Abs. 1 Nr. 3 VwVfG und die entspr. Ländervorschriften; § 11 Abs. 1 Nr. 3 SGB/X; § 79 Abs. 1 Nr. 3 AO; § 62 Abs. 2 VwGO; § 71 Abs. 3 SGG; diese Regelung gilt nicht im finanzgerichtlichen Verfahren, vgl. § 58 Abs. 2 Satz 1 FGO.

1262 Vgl. *KG* OLGE 40, 198: GmbH.

tungsverfahren) bestehen; solche Beschränkungen können aber auch allgemein gehalten sein, so daß sie lediglich Auswirkungen auf die Prozeß- oder Verfahrensvertretung haben. Hier sind der Satzungsregelung aber Grenzen gesetzt, soweit die passive Beteiligung des Vereins an einem Prozeß oder Verwaltungsverfahren in Betracht kommt. Es darf unter Heranziehung des Grundgedankens, der in § 28 Abs. 2 BGB zum Ausdruck kommt, keine Beschränkung in der Passivvertretung angeordnet werden. Anderenfalls müßte u. U. die Satzung erst abgeändert, um Vertretungsbeschränkungen zu beseitigen, oder es müßte nach § 29 BGB ein Notvertreter bestellt werden, was problematisch ist, weil der Verein ohne weiteres in der Lage ist, den Vertretungsmangel durch eine andere Satzungsgestaltung zu beheben.

1367 Eine Einschränkung der Vertretungsbefugnis besteht für den Vorstand dann, wenn dieser selbst in einem Vereinsprozeß Partei ist. Nach dem entspr. anwendbaren § 181 BGB kann nicht eine Person zugleich Partei und Vertreter der Gegenpartei sein. Ist dies beim Einmann-Vorstand der Fall, so muß auf Antrag nach § 29 BGB ein Notvorstand bestellt werden, wenn der Verein zu einer Ersatzbestellung nicht in der Lage ist. Gleiches gilt, wenn beim mehrköpfigen Vorstand die vertretungsberechtigte Zahl nicht mehr erreicht wird.

1368 Geht es in einem Vereinsprozeß um die Gültigkeit von Vorstandswahlen und glauben zwei Personen, sie seien der jeweils gültig gewählte Vorstand, so wird der Verein wirksam von der Person vertreten, die im Falle des Sieges des Vereins als Vorstand anzusehen ist[1263]. Falls nicht andere vertretungsberechtigte Vorstandsmitglieder vorhanden sind, werden die beiden rivalisierenden Personen zunächst als Vorstandsmitglieder zu behandeln sein.

1369 Der Vorstand kann für den Verein Strafantrag stellen (vgl. § 77 Abs. 1 StGB), z. B. wegen Sachbeschädigung (§§ 303, 303 c StGB), Hausfriedensbruchs (§ 123 Abs. 1, 2 StGB) oder Beleidigung[1264]. Durch einen Ehrangriff auf Vorstandsmitglieder kann auch der Verein beleidigt worden sein. Es wird die Auffassung vertreten, daß dann das beleidigte Vorstandsmitglied den Verein nicht in einem Privatklageverfahren vertreten könne[1265]. In einem solchen Fall wäre ein beleidigter Richter von der Ausübung des Richteramtes ausgeschlossen (§ 22 Nr. 1 StPO) und könnte mit Erfolg abgelehnt werden (§ 24 StPO). Solche Ausschluß- oder Befangenheitsgründe führen aber nicht zur entsprechenden Anwendung des § 181 BGB. Der so beleidigte Vorstand kann deshalb den Verein vertreten.

8.1.3. Der mehrgliedrige Vorstand als Vertretungsorgan

1370 Hat beim mehrgliedrigen Vorstand jedes Mitglied Einzelvertretungsbefugnis, so genügt die Vertretung durch ein Vorstandsmitglied. Ansonsten müssen bei der Vertretung des Vereins vor Gericht oder vor Verwaltungsbehörden soviele Vorstandsmitglieder mitwirken, als dies nach der Satzung für die Außenvertretung erforderlich ist. Trifft die Satzung keine Regelung, so gilt der Grundsatz der Gesamtvertretung auch in Prozessen und in Verfahren vor Verwaltungsbehörden.

1263 Vgl. BGHZ 32, 114/119; *BGH* NJW 1981, 1041; *OLG Hamm* GmbHR 1985, 119: jeweils GmbH.

1264 §§ 185 ff., 194 Abs. 1 Satz 1 StGB; vgl. *OLG Düsseldorf* NJW 1979, 2525.

1265 *Staudinger/Coing* § 26 BGB Rn. 21.

Vom Grundsatz der Gesamtvertretung kann das Gesetz Ausnahmen zulassen. Nach §§ 213, 208 Abs. 1 KO kann jedes Vorstandsmitglied (jeder Liquidator) den Konkursantrag stellen. Diese Modifizierung gilt nicht für die Stellung des Antrags auf Eröffnung des gerichtlichen Vergleichsverfahrens; hier bleibt es bei dem Grundsatz der Gesamtvertretung, weil der Antrag vom Verein als Schuldner zu stellen ist (§ 2 Abs. 1 Satz 2 VerglO).

8.2. Die gerichtliche Vertretung im einzelnen

8.2.1. Die Vertretung im Erkenntnisverfahren

Der Vorstand vertritt den Verein (grundsätzlich) in allen gerichtlichen Ver- **1371** fahren, also in Zivil-, Arbeits-, Verwaltungs-, Sozial- und Finanzgerichtsprozessen, in Verfahren der freiwilligen Gerichtsbarkeit einschl. des Grundbuchverfahrens, in Privatklageverfahren[1266], im Verwaltungs- und Gerichtsverfahren wegen einer Ordnungswidrigkeit sowie in Strafverfahren mit Beteiligung des Vereins (§§ 30, 88 OWiG; § 444 StPO) und schließlich in allen Verwaltungsverfahren.

Nachfolgend werden einzelne Grundsätze der Vorstandsvertretung dargestellt, die für das zivilprozessuale Erkenntnisverfahren verbindlich sind, die aber z. T. entsprechend auch für die übrigen Verfahrensarten gelten.

Der Vorstand nimmt im Prozeß für den handlungsunfähigen Verein all die **1372** Rechte und Pflichten wahr, die für eine natürliche Person als Prozeßpartei bestehen[1267]. Daneben sind die Verfahrensvorschriften, die den gesetzlichen Vertreter erwähnen, grundsätzlich auch für den Vorstand anwendbar[1268].

Dem Vorstand obliegt es, den Prozeßstoff zu sammeln und eine Entschlie- **1373** ßung darüber zu treffen, ob er den Prozeß selbst führen will (§ 79 ZPO), was in allen Prozessen möglich ist, die nicht vor einem Landgericht beginnen (§ 78 Abs. 1 ZPO)[1269]. Wird ein Rechtsanwalt mit der Prozeßvertretung beauftragt, so verbleibt es dabei, daß der Verein vom Vorstand vertreten wird; der Anwalt ist Prozeßbevollmächtigter. Die Prozeßvollmacht (§ 80 ZPO) erteilt der Vorstand; beim mehrgliedrigen Vorstand, dessen Mitglieder keine Einzelvertretungsbefugnis haben, müssen Mitglieder in vertretungsberechtigter Zahl die Vollmacht unterschreiben (die Ermächtigung für ein Vorstandsmitglied zum Außenhandeln durch andere Vorstandsmitglieder kann hier zu Zweifelsfällen führen und sollte daher unterbleiben). Ein Vorstandswechsel oder eine Vorstandsvakanz hat auf die vorher wirksam erteilte Vollmacht keinen Einfluß[1270].

Die Vorstandsmitglieder (jeweils in vertretungsberechtigter Zahl) sind auf **1374** der Aktiv- oder Passivseite in die Klageschrift sowie in das Urteil aufzunehmen (§ 51 Abs. 1, § 130 Nr. 1, § 253 Abs. 2 Nr. 1, Abs. 4, § 313 Abs. 1 Nr. 1 ZPO).

1266 Vgl. § 374 Abs. 3 StPO.

1267 Vgl. z. B. §§ 79, 141 ZPO.

1268 Vgl. z. B. § 41 Nr. 4, §§ 57, 130 Nr. 1, §§ 171, 184, 241, 246, 313 Abs. 1 Nr. 1, § 551 Nr. 5, § 579 Abs. 1 Nr. 4 ZPO.

1269 Vgl. jedoch auch § 62 Satz 2 FGO.

1270 *OLG Dresden* OLGE 30, 24; *OLG Hamburg* FamRZ 1983, 1262.

1375 Ist vom Verein ein Prozeßbevollmächtigter bestellt worden, so wird ihm zugestellt (§ 176 ZPO). Ansonsten sind Zustellungen an den Verein zu Händen des Vorstands zu richten (§ 171 Abs. 2 ZPO); bei mehreren vertretungsberechtigten Vorstandsmitgliedern genügt die Zustellung an ein Mitglied (§ 171 Abs. 3 ZPO; entspr. § 28 Abs. 2 BGB). Letzteres gilt auch dann, wenn ein Vorstandsmitglied selbst Prozeßpartei ist[1271]. An sich selbst kann aber dieses Vorstandsmitglied nicht zustellen lassen (§ 185 ZPO); unzulässig ist auch eine Ersatzzustellung[1272].

1376 Wechselt der Vorstand und wird der Verein nicht durch einen Prozeßbevollmächtigten vertreten, so wird entspr. § 241 ZPO der Prozeß unterbrochen[1273]. Fällt beim mehrgliedrigen Vorstand ein Vorstandsmitglied weg, so tritt eine Unterbrechung nur ein, wenn die verbleibenden Vorstandsmitglieder keine ausreichende Vertretungsbefugnis mehr haben[1274].

1377 Die Vorstandsmitglieder, die den Verein im Prozeß vertreten oder auch nur vertreten können, können nur als Partei, auch eidlich, nicht aber als Zeugen vernommen werden[1275]. Aus dem Vorstand ausgeschiedene Personen können dagegen als Zeugen (auch) über Angelegenheiten vernommen werden, die sich in ihrer Amtszeit ereignet haben[1276]. Sie können jedoch ein Aussageverweigerungsrecht nach § 383 Abs. 1 Nr. 6 ZPO haben, sofern sie nicht nach § 385 Abs. 2 ZPO von der Verschwiegenheitspflicht entbunden werden; für die Entbindung ist die Mitgliederversammlung zuständig. Vertretungsberechtigte Vorstandsmitglieder können allerdings immer dann als Zeugen vernommen werden, wenn allein dem Konkursverwalter die Prozeßvertretung obliegt[1277].

1378 Es stellt einen wesentlichen Verfahrensmangel nach § 539 ZPO, einen unbedingten Revisionsgrund (§ 551 Nr. 5 ZPO) und einen Wiederaufnahmegrund (§ 579 Abs. 1 Nr. 4 ZPO) dar, wenn eine Entscheidung ergangen ist, obwohl der Verein nicht nach den Vorschriften des Gesetzes oder der Satzung vertreten war und die Prozeßführung nicht nachträglich ausdrücklich oder stillschweigend genehmigt worden ist. Ein Vertretungsmangel kann darin bestehen, daß die Bestellung des vertretenden Vorstands unwirksam war, aber auch darin, daß die erforderliche Zahl von Vorstandsmitgliedern bei der Vertretung nicht mitgewirkt hat.

1379 Handelt der Vorstand in berechtigter Vertretung des Vereins, so kann nur dieser, nicht dagegen der Vertreter kostenpflichtig sein.

8.2.2. Die Vertretung im Vollstreckungsverfahren (der ZPO)

1380 Der Vorstand (Liquidator) vertritt (grundsätzlich; Ausnahme Konkursfall) den Verein auch im Zwangsvollstreckungsverfahren. Er hat die Pflichten und Rechte, die eine natürliche Person im Zwangsvollstreckungsverfahren hat.

1271 Vgl. *Scholz/Schneider* § 35 GmbHG Rn. 141.

1272 *BAG* BB 1974, 1535.

1273 *Baumbach/Hartmann* § 241 ZPO Rn. 3.

1274 *Baumbach/Hartmann* a. a. O.

1275 RGZ 46, 318/319; *OLG Koblenz* WM 1987, 480/481; a. A. soweit keine Prozeßvertretung wahrgenommen wird: *OLG Hamburg* OLGE 27, 97; *Lang/Weidmüller/Schaffland* § 24 GenG Rn. 9.

1276 *OLG Koblenz* a. a. O.

1277 *RG* LZ 1914, 776.

Da der Vorstand für den Verein den Besitz ausübt, werden bei ihm körperliche Sachen gepfändet (§ 808 ZPO).
Ist der Verein Vollstreckungsschuldner, so wird Zwangsgeld (§ 888 Abs. 1 ZPO) oder Ordnungsgeld (§ 890 ZPO) in sein Vermögen vollstreckt; wird auf Zwangshaft (§ 888 Abs. 1 ZPO) erkannt oder wird zu Ordnungshaft verurteilt (§ 890 ZPO), so wird bei Vereinen die Vollziehung an dem Vorstand angeordnet. Hier ist eine namentliche Benennung des in Betracht kommenden Vorstands erforderlich.
Der Verein kann in Vollstreckungsverfahren auch die Drittschuldnerstellung erlangen (§§ 829, 857 ZPO). Die Erklärungspflicht des Drittschuldners (§ 840 ZPO) trifft den Vorstand. Bei Wirtschaftsvereinen ist es möglich, daß die Mitgliedschaft übertragbar und damit pfändbar satzungsmaßig ausgestaltet ist; die Pfändung wird nach § 857 ZPO vorgenommen, der Verein erlangt die Drittschuldnerstellung.

8.2.3. Die Vertretung des Vereins in Verfahren auf Abgabe einer eidesstattlichen Versicherung

Der Verein kann – wie eine natürliche Person – materiellrechtlich[1278], voll- **1381**
streckungsrechtlich wegen Herausgabe von Sachen (§ 883 Abs. 2 ZPO; § 315 Abs. 3 AO) oder wegen fruchtloser Pfändung (§§ 807, 899 ff. ZPO; § 284 AO) und insolvenzrechtlich (§ 125 KO; § 69 VglO) zur Abgabe einer eidesstattlichen Versicherung verpflichtet sein; eine solche kann auch im Verwaltungsverfahren zur Sachaufklärung in Betracht kommen (§ 27 VwVfG und die entspr. Ländervorschriften; § 95 AO; § 23 SGB/X). Die Abgabe dieser Versicherung obliegt dem Vorstand (§ 26 Abs. 2 Satz 1 BGB), im nichtkonkursmäßigen Abwicklungsfall den Liquidatoren (§ 48 Abs. 2 BGB). Hinsichtlich des vom Konkursbeschlag erfaßten Vermögens hat die Versicherung der Konkursverwalter abzugeben[1279], hinsichtlich des konkursfreien Vermögens hat wiederum der Vorstand zu versichern[1280].

Bei einem Vorstandswechsel trifft die Versicherungspflicht nicht den Vorstand, **1382**
der zur Zeit der Zustellung der Ladung im Amt war[1281], sondern den Vorstand, der im Termin zur Abgabe der eidesstattlichen Versicherung (u. U. im Termin zu deren Ergänzung) im Amt ist, mag er auch noch nicht im Vereinsregister eingetragen sein[1282]. Bei diesem Stichtag bleibt es auch, wenn eine Haftanordnung (§ 901 ZPO) erforderlich ist[1283].

Vor allem beim Geschäftsführer einer GmbH wird die Auffassung vertreten, **1383**
dieser könne sich der Versicherungspflicht nicht dadurch entziehen, daß er nach Kenntnis des Antrags oder nach Erhalt der Ladung zur Abgabe der eidesstattlichen Versicherung sein Amt niederlege, wenn dies darauf abziele, der Versicherung zu entgehen und wenn kein neuer Geschäftsführer bestellt wor-

1278 Vgl. z. B. § 259 Abs. 2, § 260 Abs. 2, §§ 261, 2006 BGB i. V. m. § 79 FGG, § 2314 BGB i. V. m. § 163 FGG oder § 889 ZPO.
1279 Vgl. *OLG Hamm* MDR 1988, 153.
1280 Vgl. *LG Düsseldorf* MDR 1958, 172.
1281 So z. B. *KG* JW 1932, 3196; *OLG Frankfurt* RPfl 1976, 27.
1282 *OLG Düsseldorf* MDR 1961, 328; *OLG Schleswig* RPfl 1979, 73; *OLG Köln* RPfl 1983, 361; *OLG Hamm* DB 1984, 1927; *OLG Stuttgart* ZIP 1984, 113/114; *Behr* RPfl 1988, 1/3.
1283 *OLG Stuttgart* a. a. O.

den sei[1284]. Zunächst ist darauf hinzuweisen, daß diese Grundsätze für die vollstreckungsrechtliche eidesstattliche Versicherung entwickelt worden sind. Sodann können die für einen GmbH-Geschäftsführer bestehenden Grundsätze nicht ohne weiteres auf den Vereinsvorstand übertragen werden. Der GmbH-Geschäftsführer ist im Regelfall aufgrund eines Dienstvertrages tätig und bedarf, wenn die Satzung nicht ausdrücklich etwas anderes besagt, eines wichtigen Grundes, wenn er sein Amt mit sofortiger Wirkung niederlegen will[1285]. Fehlt es ersichtlich an einem solchen wichtigen Grund, so dauert die Organstellung bis zur wirksamen ordentlichen Kündigung des Anstellungsvertrages fort[1286]. Im Regelfall ist der Vereinsvorstand ehrenamtlich, d. h. nur nach Auftragsgrundsätzen tätig (§ 27 Abs. 3 BGB) und kann jederzeit und ohne Angabe von Gründen sein Amt niederlegen[1287]. Im Vereinsrecht kann eine durch die bevorstehende Abgabe einer eidesstattlichen Versicherung motivierte Amtsniederlegung nur wegen unzulässiger Rechtsausübung und damit wegen Verstoßes gegen Treu und Glauben (§ 242 BGB) unbeachtlich sein. Es müssen aber immer die Umstände des Einzelfalles berücksichtigt werden, die u. U. das Vollstrekkungsgericht aufzuklären hat[1288]. Zu berücksichtigen ist das Maß der Gläubigerbenachteiligung. Es muß positiv feststehen, daß die Amtsniederlegung nur in Gläubigerbenachteiligungsabsicht vorgenommen worden ist. Im Extremfall reicht auch diese Feststellung nicht aus, um die Unwirksamkeit der Amtsniederlegung annehmen zu können. Beispiel: Wenige Tage vor einer Mitgliederversammlung, in der Vorstandswahlen anstehen, erhält der Einmann-Vorstand die Ladung zur Abgabe der eidesstattlichen Versicherung. Es wird ein anderer Vorstand gewählt, dem die Ladung unbekannt geblieben ist. Er kann das Amt niederlegen.

1384 Beim mehrgliedrigen Vorstand und bei Gesamtvertretung müssen an sich alle Vorstandsmitglieder die eidesstattliche Versicherung (nicht notwendig im gleichen Termin) abgeben. Es sind dann jedenfalls bei einer Versicherungspflicht wegen fruchtloser Pfändung, u. U. auch bei den Versicherungspflichten nach § 125 KO und § 69 VglO so viele, vom Gericht auszuwählende Vorstandsmitglieder zu laden, als dies zur Vertretung des Vereins erforderlich ist[1289]. Besteht nach der Satzung Einzelvertretungsbefugnis, so wählt der Gläubiger in der Antragsschrift das Organmitglied aus, das die Versicherung abgeben soll. Der Gläubiger hat aber keinen Anspruch darauf, daß der Benannte von seiner Einzelvertretungsbefugnis Gebrauch macht. Im Falle der Weigerung des Benannten, allein die Versicherung abzugeben, müssen die weiteren einzelvertretungsberechtigten Vorstandsmitglieder geladen werden.

Der Auffassung, daß bei bestehender Mehr- oder Gesamtvertretung das vom Gläubiger oder vom Gericht ausgewählte Vorstandsmitglied allein die Ver-

1284 Vgl. *KG* JW 1929, 2164 und 1932, 3196; *OLG Stuttgart* ZIP 1984, 113; *OLG Zweibrücken* DGVZ 1990, 41; *Schneider* MDR 1983, 724/725 f.; *Behr* RPfl 1988 1/3; a. A. *OLG Schleswig* RPfl 1979, 73.

1285 *BGH* DB 1978, 878; BGHZ 78, 82/85 ff. = NJW 1980, 2415.

1286 Vgl. z. B. *Rowedder/Koppensteiner* § 38 GmbHG Rn. 26 m. w. N.

1287 Vgl. *KG* KGJ 29 A 98; *OLG Frankfurt* RPfl 1978, 134/135.

1288 Vgl. *OLG Köln* RPfl 1983, 361.

1289 *Sauter/Schweyer* Rn. 243.

sicherung abgeben könne[1290], ist für den Versicherungsfall nach fruchtloser Pfändung oder der insolvenzrechtlichen Versicherungspflicht (§ 125 KO; § 69 VglO) nicht zuzustimmen. Geht es aber um den Verbleib von Sachen oder Urkunden (§ 883 Abs. 2 ZPO; § 315 Abs. 3 AO) oder ist eine eidesstattliche Versicherung zur Sachaufklärung veranlaßt, so genügt die Versicherung durch das ressortmäßig zuständige Vorstandsmitglied, falls nur dieses allein die Sache oder die Urkunde verwaltet hat.

In das Schuldnerverzeichnis (§ 915 ZPO) darf nur der Verein, nicht dagegen der **1385**
Vorstand eingetragen werden[1291].

8.3. Die Vertretung des Vereins durch den Vorstand bei Rechtsgeschäften mit Dritten

Der Vorstand vertritt den nicht handlungsfähigen Verein bei allen Rechtsge- **1386**
schäften mit außenstehenden Dritten, etwa bei Kaufverträgen, Werkverträgen (Reparaturauftrag), Mietverträgen usw.

Hat der Verein Bedienstete, so wird seine Stellung als Arbeit- oder Dienstgeber **1387**
vom Vorstand wahrgenommen, der die erforderlichen Arbeits- oder Dienstverträge abschließt, Kündigungen entgegennimmt oder ausspricht und die erforderlichen Weisungen an die Arbeit- oder Dienstnehmer erteilt. Der Vorstand ist auch zuständig, wenn Verträge des kollektiven Arbeitsrechts wie Betriebsvereinbarungen oder Tarifverträge in Betracht kommen. Den Vorstand treffen auch die gesetzlichen Meldepflichten, die dem Arbeitgeber auferlegt sind[1292].

Hierher gehören auch Rechtsgeschäfte, die der Verein mit den Vereinsmitgliedern abschließt, indem er z. B. einen in seiner Verfügungsgewalt befindlichen Gegenstand vermietet oder von einem Vereinsmitglied ein Grundstück kauft oder einem solchen ein Darlehen gewährt.

Der Verein wird weiter durch den Vorstand vertreten, wenn er Beteiligungen **1388**
oder Mitgliedschaften in Gesellschaften, bei einem anderen Verein oder bei einem übergeordneten Verband erwirbt. Die Ausübung der Beteiligungs- oder Mitgliedschaftsrechte obliegt ebenso dem Vorstand wie die Aufgabe dieser Beteiligungen oder Mitgliedschaften. Bei einer Vereinsverschmelzung ist der Vorstand berufen, die Vorverhandlungen zu führen, den Verschmelzungsvertrag abzuschließen und den Verein beim Vollzug der Verschmelzung zu vertreten (vgl. dazu Rn. 2249).

Im Zusammenhang mit solchen Außengeschäften kann die Erteilung einer Vollmacht (vgl. dazu Rn. 1438), deren Widerruf, die Erteilung oder Versagung einer Zustimmung (§§ 182 ff. BGB) erforderlich sein. Diese obliegen dem Vorstand ebenso wie die Vornahme von Rechtshandlungen mit rechtsgeschäftsähnlichem Charakter, wie Fristsetzungen, Mahnungen, Anzeigen usw.

1290 *LG Köln* RPfl 1970, 406; *Behr* RPfl 1978, 41 und 1988, 1/4; *Stein/Jonas/Münzberg* § 807 ZPO Rn. 44.

1291 *LG Braunschweig* NdsRpfl. 1982, 139; *Sauter/Schweyer* Rn. 243; nach *Behr* RPfl 1988, 1/3 hält sich die Praxis nicht immer an diesen Grundsatz.

1292 Vgl. z. B. § 28 a SGB/IV; § 198 SGB/V.

8.4. Das erkennbare Handeln für den Verein

1389 Die Vorstandsmitglieder werden persönlich berechtigt und verpflichtet, wenn ihr Wille, im Namen des Vereins zu handeln, nicht erkennbar hervortritt (§ 164 Abs. 2 BGB). Um das eigenbestimmte Handeln von der Ausübung der (gesetzlichen) Vertretungsbefugnis abzugrenzen, muß der Vorstand nach außen hin »im Namen« oder »in Vertretung« des Vereins handeln. Der Wille, im Namen des Vereins zu handeln, kann sich auch aus den Umständen ergeben, muß dann aber für den Geschäftspartner objektiv erkennbar zum Ausdruck gekommen sein[1293].

Ist der Vorstand eines Vereins zugleich Mitglied des Vertretungsorgans eines übergeordneten Verbands und besteht jeweils Einzelvertretungsbefugnis, so muß der Vorstand zu erkennen geben, für welche der beiden juristischen Personen er handeln will. Läßt sich dies nicht ausreichend feststellen, so müssen Verein und Verband die Erklärung des Vorstands gegen sich gelten lassen[1294].

8.5. Die Vertretung des Vereins im Innenverhältnis

8.5.1. Die Vertretung durch den Vorstand

1390 Soweit die Satzung keine abweichenden Bestimmungen enthält, vertritt der Vorstand den Verein auch im Vereinsinnenbereich.

Zunächst gehören hierher Rechtshandlungen, die einzelne Mitglieder betreffen. Der Vorstand schließt im Regelfall den Aufnahmevertrag mit einem Aufnahmebewerber ab. Er nimmt die Kündigung des Mitgliedschaftsverhältnisses entgegen. Er ist zuständig für den Einzug der baren Mitgliedsbeiträge, die bei begründetem Anlaß auch gestundet werden können. Die von der Mitgliederversammlung (oder einem sonstigen Vereinsorgan) beschlossene Ausschließung teilt der Vorstand dem Betroffenen mit. Hat ein Mitglied ausnahmsweise ein Auskunftsrecht außerhalb der Mitgliederversammlung, so ist für die Erteilung der Vorstand zuständig. Hat ein Vereinsgericht eine Disziplinarmaßnahme gegen ein Mitglied ausgesprochen, so obliegt dem Vorstand im Zweifel der Vollzug dieser Maßnahme.

Zur Ausübung des Minderheitsrechts (§ 37 Abs. 1 BGB) müssen sich die Mitglieder an den Vorstand wenden, wenn er Einberufungsorgan ist.

1391 Dieser vertritt den Verein mangels abweichender Satzungsbestimmung auch gegenüber anderen Vereinsorganen. Ihm obliegt die Vorbereitung und Durchführung der Mitgliederversammlung. Beim mehrgliedrigen Vorstand hat der Vorsitzende die Vorstandssitzungen vorzubereiten, die Einladungen vorzunehmen, die Sitzungen zu leiten und ist für den Protokollinhalt verantwortlich.

8.5.2. Die Vertretung des Vereins im Innenbereich durch andere Organe

1392 Die Bestellung und Abberufung von Vorstandsmitgliedern sowie von Mitgliedern anderer Vereinsorgane obliegt im Zweifel der Mitgliederversammlung (§ 27 BGB). Die hierzu erforderlichen Ausführungshandlungen (Erklärung an einen Abwesenden z. B., daß er in eine Organstellung gewählt worden ist) obliegen an sich auch dem Bestellungsorgan, das ein Mitglied mit der er-

1293 Vgl. *BGH* WM 1988, 466.
1294 Vgl. *BGH* WM 1978, 1151.

forderlichen Mitteilung betrauen kann; oft wird aber die Zuständigkeit des Vorstands begründet sein, da diesem die Ausführung von Beschlüssen der Mitgliederversammlung obliegt.

Der Organstellung liegt ein schuldrechtliches Anstellungsverhältnis zugrunde, **1393** das Auftrag oder Geschäftsbesorgung mit Dienstvertragscharakter sein kann. Auch der Abschluß des Anstellungsvertrages obliegt dem Bestellungsorgan, das auch für die Beendigung des Anstellungsverhältnisses zuständig ist[1295]. Durch die Satzung kann jedoch bestimmt werden, daß ein vorhandenes Vorstandsmitglied den erforderlichen Anstellungsvertrag abschließen kann[1296].

Ist die Bestellung von Vorstandsmitgliedern oder von anderen Organmitgliedern von der Mitgliederversammlung durch die Satzung auf ein anderes Vereinsorgan verlagert worden, so ist dieses für den Abschluß des Anstellungsvertrages sowie für den Widerruf der Bestellung und für die Beendigung des Anstellungsverhältnisses zuständig. In diesem Fall lebt aber die Bestellungszuständigkeit der Mitgliederversammlung wieder auf, wenn das andere Organ funktionsunfähig wird oder von seiner Bestellungsbefugnis keinen Gebrauch macht[1297].

Besteht eine Verbandsgerichtsbarkeit, ist oft ein Organ zur Verfolgung von **1394** Ordnungswidrigkeiten gebildet, das allein für die Verfahrenseinleitung zuständig ist; dieses Organ ist in solchen Verfahren der Antragsteller, der Betroffene der Antragsgegner. Gelangt ein solches Verfahren nach Erschöpfung des verbandsinternen Rechtswegs an ein Schiedsgericht oder an das staatliche Gericht, so greift die gesetzliche Vertretung durch den Vorstand (§ 26 Abs. 2 Satz 1 BGB) wieder ein. Die Verbandssatzung kann auch sog. Organklagen in dem Sinne zulassen, daß ein Organmitglied gegen sein Organ oder ein Verbandsorgan gegen ein anderes beim Verbandsgericht klagt; in solchen Fällen sind nur die streitbeteiligten Organe oder Organmitglieder die Verfahrensbeteiligten.

8.6. Der Umfang der (Außen-)Vertretungsbefugnis des Vorstands

8.6.1. Die nach dem Gesetz grundsätzlich unbeschränkte Vertretungsmacht und deren Grenzen

Wird durch die Satzung die Vertretungsmacht des Vorstands nicht mit Wirkung **1395** gegen Dritte beschränkt (§ 26 Abs. 2 Satz 2, § 64 Satz 2 BGB), so ist sie nach § 26 Abs. 2 Satz 1 BGB umfassend und sachlich unbeschränkt[1298].

Die Vertretungsbefugnis des Vorstands wird nicht dadurch eingeschränkt, daß dieser nach der Satzung an Zustimmungsvorbehalte der Mitgliederversammlung oder eines sonstigen Organs gebunden ist. Solche Bindungen hat der Vorstand im Innenverhältnis zu beachten; sie beschränken aber nicht die Vertretungsmacht. Der Austritt aus einem Verband, den der Vorstand erklärt hat, ist auch dann wirksam, wenn hierüber vorher die Mitgliederversammlung einen Beschluß hätte fassen müssen[1299]. Die von einem Vorstand erklärte Auflassung

1295 Vgl. *BGH* NJW 1991, 1727.
1296 Vgl. *BGH* WM 1968, 1328: GmbH.
1297 Vgl. auch *Rowedder/Koppensteiner* § 35 GmbHG Rn. 13.
1298 Vgl. *BGH* NJW 1980, 2799/2800.
1299 *BGH* a. a. O.

eines Vereinsgrundstücks ist nicht deshalb unwirksam, weil die Mitgliederversammlung die satzungsmäßig erforderliche Zustimmung versagt hat[1300].

1396 Die in der Voraufl. Rn. 876 vertretene Auffassung, der Vorstand habe keine Vertretungsbefugnis, wenn er Geschäfte vornehme, die offensichtlich nicht mehr vom Vereinszweck gedeckt seien[1301], wird nicht mehr aufrecht erhalten. Sie läßt sich mit den heutigen Vereinsstrukturen mit weitgehender wirtschaftlicher Betätigung nicht mehr vereinbaren. In solchen Fällen fragt es sich bereits, wo die Grenzen des Vereinszwecks zu ziehen sind. Sieht man von den Teilgebieten ab, in denen der Verein keine Rechtsfähigkeit hat, weil im Regelfall eine natürliche Person vorausgesetzt wird, so ist die Rechtsfähigkeit eine umfassende, die nicht durch den gesetzten Zweck begrenzt ist[1302]. Wesentlich ist, daß weder der Verein noch außenstehende Dritte insoweit eines Schutzes bedürfen. Der Verein kann die umfassende Vertretungsbefugnis durch die Satzung beschränken (§ 26 Abs. 2 Satz 2, § 64 Satz 2 BGB). Wird dies unterlassen, so werden zweckfremde Geschäfte dem Verein nach den Grundsätzen des Mißbrauchs der Vertretungsmacht nicht oder nicht voll zugerechnet (vgl. dazu Rn. 1448 ff.).

1397 Für den Vorstand können sich aber Grenzen seiner Vertretungsbefugnis ergeben, wenn er ein Geschäft vornimmt, das ihm nach der gesetzlichen Zuständigkeitsregel nicht zugewiesen ist. So kann sich der Vorstand nicht verpflichten, die Auflösung des Vereins herbeizuführen, da dies Sache der Mitgliederversammlung ist (§ 41 BGB). Gleiches gilt für Gegenstände, die nach gesetzlicher Regel der Mitgliederversammlung zugewiesen sind und wenn von der Abänderungsbefugnis durch die Satzung zugunsten des Vorstands kein Gebrauch gemacht worden ist. Dann kann sich der Vorstand nicht zur Änderung der Satzung[1303] oder zur Vorstandsbestellung oder -abberufung verpflichten, ohne daß dem vorher die Mitgliederversammlung zugestimmt hat[1304].

8.6.2. Sachliche Vertretungsbeschränkungen durch die Satzung

1398 Nach § 26 Abs. 2 Satz 2 BGB kann die Vertretungsbefugnis des Vorstands durch die Satzung mit Außenwirkung beschränkt werden (unzulässig nach § 82 Abs. 1 AktG; § 37 Abs. 2 Satz 1 GmbHG; § 27 Abs. 2 GenG). Ist die satzungsmäßige Beschränkung im Vereinsregister eingetragen (§ 64 Satz 2 BGB), so muß sie ein Dritter gegen sich gelten lassen, es sei denn, daß die Unkenntnis nicht auf Fahrlässigkeit beruht; ist die Beschränkung nicht eingetragen, so ist sie für einen Dritten nur dann verbindlich, wenn er sie positiv kennt (§§ 68, 70 BGB). Die Beschränkung der Vertretungsbefugnis muß sich unmittelbar aus dem Vereinsregister selbst ergeben; eine Eintragung, in der lediglich auf ein die Beschränkung enthaltendes Beschlußprotokoll verwiesen wird, genügt nicht[1305].

1300 *OLG Frankfurt* RPfl 1977, 103.

1301 So auch *RG* Recht 1907 Nr. 2497; RGZ 145, 311/314; *BGH* BB 1953, 368.

1302 *Soergel/Hadding* Rn. 20, MünchKomm/*Reuter* Rn. 14, je zu § 26 BGB; a. A. allerdings die wohl noch herrschende Meinung in der Literatur.

1303 Auch nicht zur Namensänderung, a. A. *OLG München* ZIP 1981, 615.

1304 Vgl. *BGH* BB 1953, 368; vgl. auch RGZ 162, 370/374.

1305 Vgl. BGHZ 18, 303.

Die Satzungsbestimmung muß eindeutig erkennen lassen, daß eine Beschränkung der Vertretungsmacht gewollt ist und muß ebenso ihren Umfang ergeben[1306]. Es genügt nicht, daß z. B. in einer Finanzordnung, die nicht Satzungsbestandteil ist, angeordnet ist, der 1. Vorsitzende kann unbeschränkt über Konten des Vereins verfügen, der Schatzmeister nur bei Beträgen bis 1 000 DM. Bloße Zustimmungserfordernisse in der Satzung reichen ebenfalls nicht aus; sie muß der Vorstand zwar im Innenverhältnis beachten; ist dies jedoch nicht der Fall, so ist die Befugnis zur Außenvertretung nicht beschränkt. Gleiches gilt, wenn Beschränkungen der Vertretungsbefugnis nur in einen Anstellungsvertrag aufgenommen werden, der mit dem Vorstand abgeschlossen worden ist.

In sachlicher Hinsicht kann die Satzung folgende Vertretungsbeschränkungen **1399**
anordnen:

- Sie kann bestimmte Geschäfte überhaupt verbieten, z. B. den Erwerb von Beteiligungen, die Begründung von Mitgliedschaften bei Verbänden, spekulative Geschäfte;
- sie kann die Vertretungsbefugnis auf bestimmte Arten von Geschäften beschränken, z. B. auf diejenigen, die in einem bestimmten Ressort anfallen[1307];
- sie kann für alle Geschäfte eine bestimmte Form vorschreiben, z. B. Unterzeichnung mit dem Namen des Vorstands und mit demjenigen des Vereins[1308];
- sie kann bestimmte Geschäfte – z. B. Grundstücksgeschäfte oder Kreditaufnahmen – von der Zustimmung der Mitgliederversammlung oder des Beirats abhängig machen; auch hier gilt aber, daß die Zustimmung Voraussetzung für die Wirksamkeit der Außenvertretung ist, wenn die Vertretungsbeschränkung im Vereinsregister eingetragen ist[1309]; ansonsten muß der Vorstand einen Vorbehalt in den Vertrag aufnehmen, daß dieser erst mit der Genehmigung der Mitgliederversammlung wirksam wird[1310].

Beschränkungen sind auch in persönlicher Hinsicht möglich. So kann die Satzung bestimmen, daß an sich jedes Vorstandsmitglied Einzelvertretungsbefugnis hat, daß aber z. B. bei Grundstücksgeschäften Gesamtvertretung gilt, daß also alle Vorstandsmitglieder nach außen hin vertreten müssen. Die Satzung kann weiter z. B. dem Vorsitzenden unbeschränkte Verfügung über die Konten des Vereins gestatten, dem Schatzmeister und – bei Verhinderung des 1. Vorsitzenden – dem 2. Vorsitzenden sowie dem Geschäftsführer die Verfügungsbefugnis bei Beträgen nur bis zu 1 000 DM einräumen. Schließlich kann die Satzung vorsehen, daß bei bestimmt zu benennenden Geschäften Vorstand und besonderer Vertreter (Geschäftsführer) nur zusammen vertreten können.

1306 *BGH* NJW 1980, 2799.
1307 *Soergel/Hadding* § 26 BGB Rn. 21 a.
1308 Vgl. *KG* HRR 1933 Nr. 188; dort nur Sollvorschrift.
1309 Vgl. BGHZ 69, 250/253.
1310 Vgl. *KG* OLGE 42, 221.

8.6.3. Die Grenzen der satzungsmäßigen Beschränkung der Vertretungsbefugnis

1400 Die satzungsmäßige Beschränkung der Vertretungsbefugnis darf nicht soweit gehen, daß der Verein nach außen nicht mehr handlungsfähig ist. Wird einem Vorstandsmitglied nach der Satzung überhaupt keine Vertretungsbefugnis eingeräumt, so ist dies an sich zulässig; es handelt sich dann allerdings nicht um ein Vorstandsmitglied i. S. d. vereinsrechtlichen Bestimmungen des BGB.
Unzulässig sind satzungsmäßige Beschränkungen, wenn dem Verein oder dem Vorstand persönlich vom Gesetz – meist öffentlich-rechtliche – Verpflichtungen auferlegt werden, so z. B. Meldepflichten als Arbeitgeber, steuerliche Pflichten, die Pflicht zur Stellung des Konkursantrags durch jedes Vorstandsmitglied, die Pflichten des Vereins als Gemeinschuldner oder als Beteiligter eines gerichtlichen Vergleichsverfahrens sowie die Pflichten, die der Vorstand dem Registergericht gegenüber zu erfüllen hat[1311].
Nicht beschränkbar ist die gesetzliche Anordnung in § 28 Abs. 2 BGB, daß beim mehrgliedrigen Vorstand jedes Vorstandsmitglied die Passivvertretung hat, also Willenserklärungen für den Verein in Empfang nehmen zu können.
Satzungsbestimmungen, die in unzulässiger Weise die Vertretungsbefugnis des Vorstands beschränken, sind unwirksam.

8.7. Die Ausübung der Aktivvertretung beim mehrgliedrigen Vorstand

8.7.1. Gesamtvertretung oder mehrheitliche Vertretung

1401 Der Vorstand kann aus mehreren Personen bestehen (§ 26 Abs. 1 Satz 2 BGB). Im Kapitalgesellschafts- und Genossenschaftsrecht gilt nach gesetzlicher Regel das Prinzip der Gesamtvertretung, wobei aber eine satzungsmäßige Abänderung auf das Mehrheitsprinzip zugelassen wird (§ 78 Abs. 2 Satz 1 AktG; § 35 Abs. 2 Satz 2 GmbHG; § 25 Abs. 1 Satz 1 und 2 GenG). Auch im Recht der öffentlichen Körperschaften gilt der Grundsatz der Gesamtvertretung[1312].

1402 Im Vereinsrecht ist streitig, ob (ebenfalls) der Grundsatz der Gesamtvertretung gilt[1313] oder ob – entspr. § 28 Abs. 1 i. V. m. § 32 Abs. 1 Satz 3 BGB – das Mehrheitsprinzip maßgebend ist[1314]. Auch im Vereinsrecht kann die Satzung bestimmen, daß alle Vorstandsmitglieder vertreten müssen; sie kann auch anordnen, daß die Vertretung durch die Mehrheit der Mitglieder genügt. Schweigt die Satzung insoweit, so sprechen die besseren Argumente für das Prinzip der Gesamtvertretung, das primär auch in anderen Körperschaftsrechten gilt. Nach heute wohl herrschender Auffassung ist die Beschlußfassung des mehrgliedrigen Vorstands grundsätzlich nicht Voraussetzung für ein wirksames Außenhandeln des Vorstands, weshalb die Regelung in § 28 Abs. 1 i. V. m. § 32 Abs. 1 Satz 3 BGB nicht für die Geltung des Mehrheitsprinzips herangezogen

1311 Vgl. § 78 BGB; §§ 33 f. HGB.

1312 Vgl. z. B. *BGH* NJW 1984, 606.

1313 So z. B. *Staudinger/Coing* § 26 BGB Rn. 13; *Stöber* Rn. 136; *Danckelmann* NJW 1973, 735; *Wolfsteiner* DNotZ 1972, 81.

1314 So z. B.: MünchKomm/*Reuter* § 28 BGB Rn. 3; *Palandt/Heinrichs* Rn. 6, RGRK/*Steffen* Rn. 4, *Soergel/Hadding* Rn. 16, je zu § 26 BGB; dahin tendierend: BGHZ 96, 245/247: genügend vertretungsberechtigte Zahl.

werden kann. Für den Grundsatz der Gesamtvertretung spricht auch die Entstehungsgeschichte: In den Motiven (I S. 99) wird unter Bezugnahme auf die Regelungen u. a. des Bayer. Vereinsgesetzes vom 29. 4. 1869 auf den Grundsatz der Gesamtvertretung verwiesen, dessen Art. 14 gelautet hat: »Ist nichts anderes bestimmt, so ist die Zeichnung durch sämtliche Mitglieder des Vorstandes erforderlich.« Das Mehrheitsprinzip kommt jedenfalls dann nicht zum Tragen, wenn gesetzlich ausdrücklich die Mitwirkung aller Vorstandsmitglieder verlangt wird, wie dies § 33 Abs. 1 HGB für den Fall anordnet, daß der Verein sich oder seine Firma anzumelden hat.
Der Streit hat praktisch keine große Bedeutung, weil Satzungen im Regelfall die Vertretungsbefugnisse mehrerer Vorstandsmitglieder regeln.
Bei der Gesamtvertretung müssen alle Vorstandsmitglieder bei der Vertretungshandlung mitwirken, wenn sie auch nicht nach außen hin alle Erklärungen abzugeben oder sonstige Handlungen vorzunehmen haben. Beim Mehrheitsprinzip müssen sich z. B. von fünf Vorstandsmitgliedern drei an der Vertretungshandlung beteiligen.

8.7.2. Satzungsgestaltungen

Da es wohl herrschender Auffassung entspricht, daß das Mehrheitsprinzip gilt, **1403**
muß die Satzung eine Abweichung hiervon ausdrücklich anordnen.

Die Satzung kann jedem Vorstandsmitglied Einzelvertretungsbefugnis ver- **1404**
leihen. Einzelvertretung ist im übrigen nicht gleichbedeutend mit Alleinvertretung. Besteht der Vorstand aus einer Person, so übt er als Einzelvertreter die Alleinvertretung aus. Sind mehrere Vorstandsmitglieder vorhanden, so können sie nach der Satzung alle Einzelvertretungsbefugnis haben[1315]. Beim Vertretungsvorstand ist es aber nicht zulässig, einem Vorstandsmitglied die Alleinvertretung unter Ausschluß der übrigen Vorstandsmitglieder zu übertragen[1316]. Dies schließt Satzungsgestaltungen etwa folgenden Inhalts aus: »Vorstand i. S. d. § 26 BGB sind A, B und C, die Einzelvertretungsbefugnis haben. B und C können jedoch nur dann vertreten, wenn A verhindert ist.« Möglich sind aber die folgenden Satzungsgestaltungen:

- A hat Einzelvertretungsbefugnis, B und C haben Gesamtvertretungsbefugnis;
- der Verein wird durch zwei Vorstandsmitglieder gemeinsam vertreten;
- bei Rechtsgeschäften, die den Verein bis zu einem Betrag oder einem Geldwert bis zu 5 000 DM verpflichten, wird der Verein vom Vorstandsvorsitzenden vertreten; bei anderen Gegenständen sind der Vorsitzende, sein Stellvertreter und der Schatzmeister nur gemeinsam zur Vertretung befugt;
- (bei Sportvereinen) im Ressort »1. Mannschaft« und in allen ressortmäßig nicht aufgeteilten Angelegenheiten wird der Verein durch den Vorstandsvorsitzenden und seinen Stellvertreter gemeinsam vertreten; im Nachwuchsbereich vertritt allein der Leiter dieser Abteilung, Herr X, den Verein; die Abteilung »Eiskunstlauf« vertritt allein der Leiter dieser Abteilung, Herr Y.

1315 Vgl. *Spörlein/Tausend* S. 150.

1316 Vgl. zum GmbH-Recht: *BGH* WM 1975, 8 und NJW 1988, 1199/1200.

Alle von der gesetzlichen Mehrheitsvertretung abweichenden Satzungsbestimmungen müssen aus Gründen des Verkehrsschutzes (§§ 68, 70 BGB) im Vereinsregister nach § 64 Satz 2 BGB eingetragen sein[1317].
Es sind noch folgende Hinweise für die Satzungsgestaltung veranlaßt: Es ist nicht zulässig, daß die Befugnis zur Außenvertretung von irgendwelchen Bedingungen abhängig gemacht wird. Wird einem oder zwei Vorstandsmitgliedern Einzelvertretungsbefugnis eingeräumt, so wird diesen Organpersonen großes Vertrauen entgegengebracht. Die Anordnung der Gesamtvertretung verteilt nicht nur die Verantwortung auf mehrere Personen, sie ist auch ein Instrument der gegenseitigen Kontrolle[1318], die je nach den Verhältnissen in einem Verein angebracht sein kann.

8.7.3. Mögliche Gestaltungen des Außenhandelns bei notwendiger gemeinsamer Vertretung

1405 Sind zwei oder mehr Vorstandsmitglieder zur Aktivvertretung berufen, so sind folgende Gestaltungen des Außenhandelns möglich[1319]:

- Alle Vorstandsmitglieder geben gemeinsam eine einheitliche Erklärung nach außen hin ab.
- Die Vorstandsmitglieder geben zeitlich getrennte Teilerklärungen ab, die grundsätzlich formfrei sind[1320]. Bei Unwirksamkeit einer Teilerklärung sind auch die übrigen Erklärungen der Vorstandsmitglieder unwirksam[1321].
- Ein Vorstandsmitglied gibt die Erklärung nach außen ab; dieser haben die übrigen Vorstandsmitglieder zugestimmt (entspr. § 183 BGB). Möglich ist auch eine spätere Genehmigung[1322], die gegenüber dem nach außen handelnden Vorstandsmitglied oder gegenüber dem Erklärungsempfänger erklärt werden kann (entspr. § 182 Abs. 1 BGB). Mit der Genehmigung wird die Erklärung auch dann wirksam, wenn sie das nach außen handelnde Vorstandsmitglied widerruft[1323].
- Möglich ist auch eine von vornherein erteilte Ermächtigung der übrigen Vorstandsmitglieder zum alleinigen Außenhandeln eines bestimmten Vorstandsmitglieds. Die insoweit bestehenden gesetzlichen Regelungen in § 78 Abs. 4 AktG und § 25 Abs. 3 Satz 1 GenG können auch im Vereinsrecht entsprechend zur Anwendung kommen[1324]. Hier brauchen die ermächtigenden Vorstandsmitglieder bei der Abgabe der (Außen-)Erklärung nicht mehr mitzuwirken[1325].

1317 Herrschende Auffassung, vgl. z. B. *Soergel/Hadding* § 26 BGB Rn. 17.

1318 *Lutter/Hommelhoff* § 35 GmbHG Rn. 31.

1319 Vgl. *Lutter/Hommelhoff* § 35 GmbHG Rn. 26 ff.

1320 Anders z. B. nach §§ 20, 29 GBO, wonach sämtliche Teilerklärungen die Form wahren müssen.

1321 Vgl. BGHZ 53, 210/215.

1322 Entspr. § 177 Abs. 1 BGB; vgl. auch *BGH* NJW 1984, 606.

1323 *Lutter/Hommelhoff* a. a. O.; *Baumbach/Zöllner* Rn. 65, *Scholz/Schneider* Rn. 62, je zu § 35 GmbHG; a. A. *BGH* LM Nr. 15 zu § 164 BGB.

1324 *Soergel/Hadding* § 26 BGB Rn. 18; *Sauter/Schweyer* Rn. 237; *Stöber* Rn. 139.

1325 *Lutter/Hommelhoff* § 35 GmbHG Rn. 27.

Die Ermächtigung kann in der Satzung vorgesehen sein[1326]; notwendig ist dies nicht. Es kann eine Geschäftsordnung ausreichen[1327]. Fehlt es an solchen Regelungen, so reicht ein Beschluß der Vorstandsmitglieder aus, bei dem das Vorstandsmitglied, dem die Ermächtigung erteilt werden soll, mitstimmen darf[1328]. **1406**

Die Ermächtigung kann sich auf ein bestimmtes Geschäft beziehen, z. B. auf eine Belastung des Vereinsgrundstücks. Bei einer weitergehenden Ermächtigung muß beachtet werden, daß diese sich[1329] nur auf bestimmte Geschäfte oder bestimmte Arten von Geschäften erstrecken kann[1330]. Die zulässig erteilte Ermächtigung hat zur Folge, daß dem ermächtigten Vorstandsmitglied die organschaftliche Stellung der übrigen vertretungsberechtigten Vorstandsmitglieder übertragen wird, wodurch der Ermächtigte Einzelvertretungsbefugnis erlangt[1331]. Diese muß sich aber – wie ausgeführt – auf Einzelbereiche beziehen, da den übrigen Vorstandsmitgliedern die Vertretungsbefugnis nicht völlig entzogen werden kann[1332]. Unzulässig ist danach die Ermächtigung, Geschäfte aller Art (u. U. unter Beschränkung auf eine bestimmte Wertgrenze) vorzunehmen; eine solche Generalermächtigung stellt die Einräumung der Einzelvertretungsbefugnis dar, die dem Satzungsgeber vorbehalten und die eintragungsbedürftig (§ 64 Satz 2 BGB) ist[1333]. Unzulässig ist auch die Ermächtigung zur alleinigen Außenvertretung in Angelegenheiten eines bestimmten Ressorts oder Aufgabengebietes, da auch dies einer unzulässigen Generalermächtigung gleichkäme[1334]. Hier muß die Satzung dem Ressortleiter Einzelvertretungsbefugnis verleihen. **1407**

Die Ermächtigung ist gegenüber dem ermächtigten Vorstandsmitglied oder dem Geschäftspartner zu erklären (entspr. § 167 Abs. 1 BGB). Sie bedarf keiner Form, auch wenn die Erklärung des ermächtigten Vorstandsmitglieds formbedürftig ist[1335]. Es genügt daher auch, wenn kein Vorstandsbeschluß über die Erteilung der Ermächtigung gefaßt worden ist, eine konkludente Ermächtigung[1336].

Jedes ermächtigende Vorstandsmitglied kann die Ermächtigung durch Erklärung gegenüber dem ermächtigten Vorstandsmitglied frei und ohne Angabe von Gründen widerrufen. Damit entfallen auch die übrigen Ermächtigungen und die Einzelvertretungsbefugnis des ermächtigten Vorstandskollegen[1337].

Das schadensverursachende Verhalten des ermächtigten Vorstandsmitglieds wird dem Verein nach § 31 BGB zugerechnet. Dies kann auch bei den er- **1408**

1326 *Staudinger/Coing* § 26 BGB Rn. 14 a.
1327 *Lang/Weidmüller/Schaffland* § 25 GenG Rn. 12.
1328 Vgl. RGZ 81, 325/328.
1329 Entspr. § 78 Abs. 4 Satz 1 AktG; § 25 Abs. 3 Satz 1 GenG.
1330 Vgl. *BGH* NJW 1988, 1199/1200.
1331 BGHZ 64, 72/75 = NJW 1975, 1117/1118.
1332 Vgl. *BGH* NJW 1988, 1199/1200.
1333 *Soergel/Hadding* § 26 BGB Rn. 18; *Lang/Weidmüller/Schaffland* § 25 GenG Rn. 11; *Lutter/Hommelhoff* § 35 GmbHG Rn. 28.
1334 Vgl. *BGH* BB 1988, 291 f.; *Lang/Weidmüller/Schaffland* und *Lutter/Hommelhoff* a. a. O.
1335 Entspr. § 167 Abs. 2 BGB; vgl. *BGH* WM 1982, 425/426.
1336 *Lutter/Hommelhoff* § 35 GmbHG Rn. 27.
1337 *Lutter/Hommelhoff* a. a. O. Rn. 30.

mächtigenden Vorstandsmitgliedern der Fall sein, wenn sie z. B. eine zu weit gehende und damit unzulässige Ermächtigung erteilen.

1409 Vertretungshandlungen eines Vorstandsmitglieds aufgrund einer Ermächtigung haben für den Geschäftspartner das von diesem zu tragende Risiko, ob die Ermächtigung wirksam erteilt worden ist und ob die Grenzen der Ermächtigung beachtet worden sind[1338]. Diesem Risiko kann der Geschäftspartner dadurch begegnen, daß er Teilerklärungen oder Genehmigungen der übrigen Vorstandsmitglieder verlangt[1339].

Wird dies unterlassen, so kann sich der Geschäftspartner nur noch eingeschränkt auf die Regeln der Anscheins- oder Duldungsvollmacht (vgl. dazu Rn. 1457 f.) berufen. Der Verein ist nach diesen Regeln an die Erklärung eines ohne hinreichende Vertretungsmacht auftretenden Vorstandsmitglieds nicht deshalb gebunden, weil er vom Auftreten dieses Vorstandsmitglieds weiß; um dem Verein die Kenntnis zurechnen zu können, muß der Entschluß der übrigen Vorstandsmitglieder hinzukommen, gegen die Verhaltensweise des allein handelnden Vorstandsmitglieds nicht einzuschreiten[1340].

8.7.4. Verhinderung und Wegfall eines Gesamtvertreters

1410 Wird der Auffassung gefolgt, daß auch im Vereinsrecht Gesamtvertretung gilt, so entsteht ein Vertretungsmangel, wenn ein Gesamtvertreter rechtlich[1341] oder für längere Zeit tatsächlich an der Ausübung der Vertretung verhindert ist oder wenn ein Gesamtvertreter aus dem Amt ausscheidet. Dies führt nicht dazu, daß nunmehr die übrigen Gesamtvertreter in verminderter Zahl vertretungsberechtigt werden[1342]. Die Satzung kann auch nicht den allein verbliebenen Vorstandsmitgliedern die alleinige Vertretungsbefugnis verleihen; denn dadurch würde eine bedingte Vertretungsbefugnis geschaffen, die mangels Klarheit unzulässig wäre[1343]. Falls der Verein den Vertretungsmangel durch Nachbestellung nicht beheben kann, kommt eine Notvorstandsbestellung in Betracht (§ 29 BGB).

Wird der Auffassung Folge geleistet, daß im Vereinsrecht hinsichtlich der Vertretung das Mehrheitsprinzip gilt, so ist die Verhinderung oder der Wegfall gesamtvertretungsberechtigter Vorstandsmitglieder dann unschädlich, solange noch Vorstandsmitglieder in vertretungsberechtigter Zahl vorhanden sind.

Fällt von zwei gesamtvertretungsberechtigten Vorstandsmitgliedern eines weg, so wird das verbleibende Vorstandsmitglied nicht einzelvertretungsbefugt.

Ist der Vorstand zur Außenvertretung nicht mehr in der Lage, so ist dies unschädlich, solange ein gewillkürter Vertreter (Geschäftsführer, Sachbearbeiter) vorhanden ist, dem Vollmacht erteilt worden ist, die infolge des Wegfalls von Vorstandsmitgliedern nicht in ihrer Wirksamkeit berührt wird (vgl. Rn. 1442).

1338 *Lutter/Hommelhoff* § 35 GmbHG Rn. 29.
1339 *Lutter/Hommelhoff* a. a. O.
1340 Vgl. *BGH* NJW 1988, 1199/1200.
1341 Vgl. wegen eines verbotenen Insichgeschäfts § 181 BGB.
1342 Vgl. RGZ 116, 116/117; BGHZ 34, 27/29; *BGH* WM 1975, 157/158: GmbH.
1343 Vgl. RGZ 103, 417; *KG* JW 1934, 988; offen gelassen in BGHZ 34, 27/29.

8.7.5. Widersprechende Erklärungen bei Einzelvertretungsbefugnis

Haben mehrere Vorstandsmitglieder Einzelvertretungsbefugnis, so können widersprechende Erklärungen abgegeben werden. 1411

Sind solche Erklärungen gleichzeitig dem Empfänger zugegangen, so heben sie sich gegenseitig auf[1344]. Werden die widersprechenden Erklärungen in zeitlicher Folge abgegeben, so kommt es bei empfangsbedürftigen Willenserklärungen auf die Reihenfolge des Zugangs an; die zuerst zugegangene Erklärung ist entscheidend[1345]. Die dann eingetretene Rechtsfolge kann die später zugehende widersprechende Erklärung nicht mehr beseitigen. Läßt es die Rechtsordnung jedoch zu, daß die Wirkung der Willenserklärung wieder beseitigt werden kann (z. B. durch Anfechtung oder durch Widerruf), so kommt allein der zeitlich nachfolgenden Willenserklärung Bedeutung zu[1346].

8.7.6. Die Passivvertretung des Vereins durch jedes Mitglied des Vorstands

Hat ein Verein mehrere Vorstandsmitglieder, so genügt die Abgabe einer Willenserklärung einem Vorstandsmitglied gegenüber (§ 28 Abs. 2 BGB). Diese Vorschrift dient dem Interesse des Rechts- und Geschäftsverkehrs; der Erklärende wird der Nachforschung nach allen Vorstandsmitgliedern enthoben. Sie ist daher zwingend und kann somit durch die Satzung nicht abgeändert werden (vgl. § 40 BGB). Erklärungsempfänger muß aber ein Vorstandsmitglied sein, das entweder Einzelvertretungsbefugnis hat oder die Vertretung nur zusammen mit anderen Vorstandsmitgliedern ausüben kann. Wird die Erklärung gegenüber einem Mitglied des Gesamtvorstands abgegeben, das nicht zur Vertretung befugt ist, so ist § 28 Abs. 2 BGB nicht anwendbar, es sei denn, dieses Mitglied des erweiterten Vorstands leitet die Erklärung an ein vertretungsberechtigtes Vorstandsmitglied weiter. Gleiches gilt, wenn die Erklärung gegenüber einem besonderen Vertreter (§ 30 BGB) abgegeben wird. Die Weiterleitung jedenfalls einer schriftlichen Erklärung wird aber im Regelfall der geschuldeten Treupflicht entsprechen. 1412

Bei der Passivvertretung des Vereins durch einen mehrgliedrigen Vorstand hat somit jedes Vorstandsmitglied gesetzlich die Einzelvertretungsbefugnis. Für das die Erklärung in Empfang nehmende Vorstandsmitglied darf aber keine satzungsmäßige Vertretungseinschrankung (§ 26 Abs. 2 Satz 2, § 64 Satz 2 BGB) bestehen. Ist z. B. beim Schatzmeister die Vertretung auf Haushaltsangelegenheiten beschränkt, so kann diesem nicht mit der Wirkung des § 28 Abs. 2 BGB die Kündigung der Mitgliedschaft überreicht werden. Hier wird allerdings die aus dem Organschaftsverhältnis sich ergebende Pflicht bestehen, die Kündigungserklärung dem Vorsitzenden des Vorstands weiterzuleiten. Auch im Falle eines nicht erlaubten In-sich-Geschäfts oder der Doppelvertretung kann ein betroffenes Vorstandsmitglied die Willenserklärung nicht mit der Wirkung des § 28 Abs. 2 BGB entgegennehmen, es sei denn, ein anderes Vorstandsmitglied genehmigt dies (§ 177 Abs. 1 BGB)[1347] oder das verhinderte Mitglied leitet die Erklärung dem nicht verhinderten weiter. 1413

1344 Vgl. RGZ 81, 92/95; *AG Dortmund* BB 1979, 272.
1345 *Scholz/Schneider* § 36 GmbHG Rn. 8.
1346 *Scholz/Schneider* a. a. O. Rn. 9; a. A. *OLG Hamm* BB 1957, 448.
1347 Vgl. *Soergel/Hadding* § 28 BGB Rn. 11.

1414 Über den Wortlaut des § 28 Abs. 2 BGB hinaus bewirkt nicht nur der Zugang einer Willenserklärung bei einem Vorstandsmitglied den Zugang beim Verein[1348], sondern auch der Zugang rechtsgeschäftsähnlicher Erklärungen. In Betracht kommen z. B. Kündigungen (auch Austrittserklärungen), Fristsetzungen, Zahlungsaufforderungen, ein Vertragsantrag oder eine Vertragsannahme, aber auch Mahnungen, Mängelrügen oder Wechselproteste. Für Prozesse besteht die Sondervorschrift des § 171 Abs. 3 ZPO.

Der Verein muß sich den Zugang einer Erklärung bei einem Vorstandsmitglied auch dann zurechnen lassen, wenn dieses die Erklärung (absichtlich) unterdrückt, also die erforderliche Weiterleitung an den Gesamtvorstand unterläßt[1349]. Auch das Ausscheiden aus dem Amt steht der Zurechnung nicht entgegen[1350].

1415 Jedes zur Passivvertretung zuständige Vorstandsmitglied kann seinerseits wieder rechtsgeschäftlich vertreten werden. Bei schriftlichen Erklärungen reicht es aus, daß diese in den Besitz eines Vereinsbediensteten gelangen, der vom Vorstand zur Empfangnahme von Sendungen (Erklärungen) ermächtigt worden ist. Da eine dahingehende Vollmacht im Einzelfall zweifelhaft sein und ein vom Verein behaupteter Vollmachtsentzug von einem Außenstehenden schwer widerlegt werden kann, empfiehlt es sich jedenfalls, wichtige Erklärungen an ein Vorstandsmitglied (u. U. Einschreiben mit Rückschein) zu richten. Hat der Verein ein Telefaxgerät, so muß er sich eine Bevollmächtigung der Personen zurechnen lassen, die für dieses Gerät zuständig sind.

1416 Auf Willenserklärungen, die der Verein selbst abzugeben hat, findet § 28 Abs. 2 BGB keine Anwendung[1351]. Hat ein (vertretungsberechtigtes) Vorstandsmitglied dem Verein gegenüber eine Willenserklärung abzugeben, so muß diese einem Vorstandskollegen zugehen, da hier Absender und Empfänger nicht identisch sein können[1352].

8.7.7. Die Vereinszurechnung von Umständen in der Person eines Gesamtvertreters

8.7.7.1. Die Wissens- bzw. Kenntniszurechnung

1417 Die Kenntnis von Tatsachen oder Rechtsverhältnissen kann rechtlich von Bedeutung sein. Beispiele: Kenntnis einer nicht im Handels- oder Vereinsregister eingetragenen Tatsache (§ 15 Abs. 1 HGB; § 68 Satz 1 BGB); Kenntnis von Kündigungstatsachen (§ 626 Abs. 2 Satz 2 BGB), der Nichtschuld (§ 814 BGB), der Rechtsgrundlosigkeit eines Empfangs (§ 819 BGB) oder Kenntnis vom Schaden und der Person eines Ersatzpflichtigen bei einer unerlaubten Handlung (§ 852 BGB).

In bestimmten Fällen ist ein Kennenmüssen rechtserheblich in dem Sinne, daß eine Unkenntnis auf Fahrlässigkeit beruht. Beispiele: Kennenmüssen einer Registereintragung (§ 15 Abs. 2 Satz 2 HGB; § 68 Satz 2 BGB); Ausschluß des Schadensersatzanspruchs nach § 122 Abs. 1 BGB, wenn der Geschädigte den

1348 § 130 BGB; vgl. auch § 164 Abs. 3 BGB.
1349 *RG* JW 1927, 1675; BGHZ 20, 149/153.
1350 *BGH* WM 1959, 81/84 und NJW 1990, 975/976.
1351 *RG* LZ 1909, 230.
1352 Vgl. RGRK/*Steffen* § 28 BGB Rn. 6.

Nichtigkeits- oder Anfechtungsgrund infolge Fahrlässigkeit nicht kannte (§ 122 Abs. 2 BGB); kein gutgläubiger Erwerb, wenn dem Erwerber infolge grober Fahrlässigkeit unbekannt ist, daß die Sache nicht dem Veräußerer gehört (§ 932 Abs. 2 BGB).

Aus § 166 Abs. 1 BGB ergibt sich: Wer andere mit der eigenverantwortlichen Erledigung bestimmter Angelegenheiten betraut, muß sich die Kenntnis dieser sog. Wissensvertreter zurechnen lassen und kann sich nicht auf eigene Unkenntnis berufen[1353]. Diese Vorschrift gilt nicht nur für rechtsgeschäftliche Vertreter, sondern entsprechend auch für gesetzliche Vertreter und für Vertretungsorgane juristischer Personen[1354]. Das Kennen- oder Wissenmüssen des Vertreters (Vertretungsorgans) wird, wenn es fehlt, ebenfalls dem Vertretenen zugerechnet[1355].

Nachfolgend wird nur die Kenntnis und das Kennenmüssen des Vorstands be- **1418**
handelt. Im Regelfall gilt Entsprechendes, wenn der Verein durch besondere Vertreter (§ 30 BGB) oder durch rechtsgeschäftlich Bevollmächtigte vertreten wird.

Hat der Verein einen Einmannvorstand, so wird ihm dessen Kenntnis zugerechnet; kommt es auf ein Kennenmüssen an, so schadet dem Verein die nicht auf Fahrlässigkeit beruhende Unkenntnis des Vorstands nicht.

Besteht der (zur Vertretung berechtigte) Vorstand aus mehreren Personen, so **1419**
kommt bei der Kenntnis oder beim Kennenmüssen die Organeinheit zum Tragen, die bei der Passivvertretung nach § 28 Abs. 2 BGB unbeschränkt gilt. Die Kenntnis **eines** in dieser Angelegenheit vertretungsberechtigten Organmitglieds ist als Wissen des Gesamtorgans anzusehen und ist demgemäß auch dem Verein zuzurechnen[1356]. Auf die vereinsinterne Ressortzuständigkeit kommt es ebensowenig an, wie darauf, daß das Kenntnis erlangende Vorstandsmitglied in der Sache keine Einzelvertretungsbefugnis hat, sondern nur zusammen mit Vorstandskollegen vertreten kann.

Hat danach ein in der Angelegenheit vertretungsberechtigtes Vorstandsmitglied Kenntnis erlangt, so ist es für die Zurechnung nicht entscheidend, daß

- dieses Vorstandsmitglied seine Kenntnis den Vorstandskollegen unterdrückt hat[1357],
- es an dem betreffenden Rechtsgeschäft nicht mitgewirkt hat, bei dem Kenntnis (oder Kennenmüssen) von Bedeutung ist[1358], etwa, weil es von dem Rechtsgeschäft nichts gewußt hat[1359],
- es nach Kenntniserlangung aus dem Vorstandsamt ausgeschieden ist[1360],
- es das Wissen nicht vereinsamtlich, sondern privat erlangt hat[1361].

Soll z. B. einem Vereinsangestellten außerordentlich nach § 626 Abs. 1 BGB gekündigt werden, so reicht es für die Kenntnis des Kündigungsgrundes i. S. d. § 626 Abs. 2 Satz 2 BGB aus, daß die Kündigungstatsachen einem Vorstands-

---

1353 *BGH* NJW 1989, 2879/2881; *Palandt/Heinrichs* § 166 BGB Rn. 3.
1354 *Palandt/Heinrichs* a. a. O.
1355 *BGH* a. a. O.; *Palandt/Heinrichs* a. a. O. Rn. 4.
1356 Vgl. BGHZ 41, 282/287; *BGH* NJW 1990, 975/976; *BAG* DB 1985, 237.
1357 BGHZ 20, 149/153.
1358 *RG* JW 1935, 2044.
1359 *BGH* NJW 1984, 1953/1954; 1995, 2159/2160.
1360 *BGH* WM 1959, 81/84 und NJW 1990, 975/976.
1361 *BGH* WM 1955, 830/832.

mitglied bekannt sind[1362]. Dieses muß dann u. U. dafür Sorge tragen, daß alsbald – wegen der Zwei-Wochenfrist nach § 626 Abs. 2 Satz 1 BGB – der Gesamtvorstand einen Beschluß über das Aussprechen der außerordentlichen Kündigung faßt[1363].

1420 Ausnahmsweise kommt es auf die Kenntnis der Mehrheit eines anderen Vereinsorgans als des Vorstands an. Ist z. B. die Mitgliederversammlung das Bestellungsorgan für den Vorstand und war sie auch für den Abschluß eines Anstellungsvertrages zuständig, so kommt es auf die Kenntnis einer Mehrheit der Mitgliederversammlung an, wenn das Anstellungsverhältnis mit einem Vorstandsmitglied außerordentlich gekündigt werden soll. Hat ein Vorstandskollege Kenntnis von dem außerordentlichen Kündigungsgrund, so muß er die Mitgliederversammlung alsbald unterrichten[1364].

Die Rechtsprechung nimmt aber an, daß die Strafantragsfrist nach § 77 b StGB erst dann zu laufen beginnt, wenn die für die Vertretung erforderliche Zahl von Vorstandsmitgliedern von einer Straftat zum Nachteil des Vereins Kenntnis erlangt hat[1365].

8.7.7.2. Die Zurechnung von Willensmängeln

1421 Willensmängel (§§ 116 ff. BGB) werden dem Verein nur zugerechnet, wenn sie in der Person des nach außen handelnden Organvertreters vorhanden waren (§ 166 Abs. 1 BGB). Der Irrtum eines von mehreren nach außen handelnden Vorstandsmitgliedern genügt für eine Anfechtung nach § 119 BGB[1366]. Hier kann aber die Anfechtung rechtsmißbräuchlich sein, wenn eine notwendige und mögliche Unterrichtung der übrigen Vorstandskollegen unterblieben ist[1367]. Der Irrtum eines bei der Außenvertretung zwar mitwirkungsberechtigten, aber nicht mitwirkenden Vorstandsmitglieds ist ohne Bedeutung und berechtigt nicht zur Anfechtung.

1422 Hat ein in der Angelegenheit vertretungsberechtigtes Vorstandsmitglied einen Dritten arglistig getäuscht und schließt ein anderes vertretungsberechtigtes Vorstandsmitglied mit diesem Dritten einen Vertrag, so ist die Anfechtung durch den Vertragsgegner nach § 123 BGB begründet, wenn der Täuschende von dem bevorstehenden Vertragsschluß Kenntnis hat und die Täuschung nicht beseitigt[1368].

8.7.7.3. Die Zurechnung tatsächlichen Verhaltens

1423 Dem Verein wird ein tatsächliches Verhalten des Vorstands nur dann zugerechnet, wenn die sich anknüpfenden Rechtsfolgen persönlichkeitsbezogen sind. Solche fehlen z. B., wenn der Verein als juristische Person Schenker oder Beschenkter ist und wenn es um den Widerruf der Schenkung wegen groben Undanks geht (§ 530 BGB). Der Schenker kann die Schenkung an den Verein nicht deshalb widerrufen, weil sich der Vorstand ihm gegenüber grob undank-

---

1362 *BGH* NJW-RR 1990, 1330.
1363 Vgl. *BGH* NJW 1984, 2689; *BAG* NJW 1989, 733.
1364 *BGH* NJW-RR 1990, 1330; *Palandt/Putzo* § 626 BGB Rn. 24: Gen.
1365 RGSt. 47, 338/339; BayObLGSt. 1955, 225/229.
1366 RGZ 78, 347/354.
1367 Vgl. *Rowedder/Koppensteiner* Rn. 54; *Scholz/Schneider* Rn. 84, je zu § 35 GmbHG.
1368 Vgl. RGZ 81, 433.

bar verhalten hat[1369]. Umgekehrt berechtigt ein grob undankbares Verhalten des Beschenkten gegenüber dem Vorstand den Verein nicht zum Widerruf seiner Schenkung[1370].

8.8. Die zulässige und unzulässige gemischte Gesamtvertretung

8.8.1. Vertretung durch ein Vorstandsmitglied und durch den besonderen Vertreter

Die Satzung kann anordnen, daß in dem Bereich, in dem der besondere Vertreter i. S. d. § 30 BGB eine originäre, sich aus ihr ergebende Vertretungsbefugnis hat, diese nur zusammen mit einem Vorstandsmitglied ausüben kann[1371]. 1424

8.8.2. Vertretung durch Vorstand und Prokuristen bzw. Handlungsbevollmächtigten

Ist der Verein Inhaber eines Handelsgewerbes (§§ 1–3 HGB), so können Prokuristen (§§ 48 ff. HGB) und Handlungsbevollmächtigte (§ 54 HGB) bestellt werden. 1425

Die Satzung kann anordnen, daß der Verein im Bereich des Handelsunternehmens organschaftlich nur von einem Vorstandsmitglied und einem Prokuristen vertreten werden kann[1372].

8.8.3. Keine Gesamtvertretung durch Vorstand und Vereinsbediensteten

Die Satzung kann nicht anordnen, daß der Verein durch ein Vorstandsmitglied (einzelne Vorstandsmitglieder) in Gemeinschaft mit einem Vereinsmitglied oder einem Vereinsbediensteten (Geschäftsführer, der nicht besonderer Vertreter i. S. d. § 30 BGB ist) vertreten wird[1373]. Eine solche Anordnung überschreitet die gesetzliche Vertretungsregelung in § 26 Abs. 2, § 30 BGB und ist deshalb unzulässig[1374]. Die Satzung kann aber bestimmen, daß der Vorstand für alle oder bestimmte Rechtsgeschäfte intern der Zustimmung eines Vereinsmitglieds (Sonderrecht nach § 35 BGB) oder des Geschäftsführers (der nur in Vollmacht des Vorstands nach außen handeln kann) bedarf. Soll diese Beschränkung auch Außenwirkung haben, so muß das Zustimmungserfordernis als Beschränkung der Vertretung (§ 26 Abs. 2 Satz 2 BGB) in das Vereinsregister eingetragen werden (§ 64 Satz 2, §§ 68, 70 BGB), es sei denn, sie ist dem Geschäftsgegner positiv bekannt[1375]. 1426

1369 *OLG Düsseldorf* NJW 1966, 550; *Soergel/Hadding* § 26 BGB Rn. 12; a. A. RGRK/*Steffen* § 26 BGB Rn. 3.
1370 *BGH* NJW 1962, 955/956.
1371 Vgl. aus der Verbandspraxis: *Hein* S. 276.
1372 Vgl. auch § 78 Abs. 3 Satz 1 AktG; § 42 GenG sowie BGHZ 62, 166 = NJW 1974, 1194.
1373 *OLG Hamm* OLGZ 1978, 21.
1374 *Sauter/Schweyer* Rn. 229; *Stöber* Rn. 138 d; a. A. *Kirberger* RPfl 1979, 5 ff./48.
1375 Vgl. *Sauter/Schweyer* a. a. O.

8.9. Gesetzliche Vertretungsbeschränkung durch das Verbot des In-sich-Geschäfts sowie der Doppelvertretung und die Befreiung von dem Verbot

8.9.1. Das Vertretungsverbot

1427 Nach § 181 BGB kann ein Vertreter nicht im Namen des Vertretenen mit sich im eigenen Namen oder als Vertreter eines Dritten ein Rechtsgeschäft vornehmen, es sei denn, daß das Rechtsgeschäft ausschließlich in der Erfüllung einer Verbindlichkeit besteht oder daß dies dem Vertreter gestattet ist.

Diese für gesetzliche und gewillkürte Vertreter geschaffene Vorschrift gilt auch für die organschaftlichen Vertreter juristischer Personen. Das Verbot hat beim Verein besondere Bedeutung, wenn er einen Einmann-Vorstand hat. Sind mehrere Vorstandsmitglieder vertretungsberechtigt, so kommt es auf die Vertretungsregelung an, ob sich das Verbot auswirkt. Sind mehrere Vorstandsmitglieder einzelvertretungsberechtigt, so muß sich das vom Verbot betroffene Mitglied der Vertretung enthalten. Reicht aber wegen des Verbots des In-sich-Geschäfts die Zahl der vertretungsberechtigten Vorstandsmitglieder nicht mehr aus, so stellt es keine Umgehung des § 181 BGB dar, wenn z. B. bei einer Gesamtvertretung durch zwei Vorstandsmitglieder das vom Verbot betroffene Mitglied den Vorstandskollegen ermächtigt, für diesen Einzelfall den Verein allein zu vertreten und wenn dann das Rechtsgeschäft abgeschlossen wird[1376].

1428 Nach § 181 BGB ist es grundsätzlich verboten, daß der Vorstand einmal Organvertreter des Vereins und zugleich dessen Geschäftsgegner ist. Gleiches gilt, wenn der Vorstand zwar nicht Beteiligter eines Rechtsgeschäfts ist, wenn er aber den Geschäftsgegner rechtsgeschäftlich oder gesetzlich oder als Organ vertritt. Das zuerst angeführte Vertretungsverbot ist z. B. gegeben, wenn der Vorstand vom Verein einen Gegenstand mietet (Vorstand eines Pferdezuchtvereins mietet für seine Pferde Ställe im vereinseigenen Stallgebäude). Über seinen Wortlaut hinaus gilt § 181 BGB auch bei Prozessen, so daß das Vertretungsverbot eingreift, wenn zwischen dem Verein und dem Vorstand ein Rechtsstreit geführt wird. Das weiter angeführte Vertretungsverbot kommt z. B. zum Tragen, wenn zwischen einem Vereinsverband und einem Anschlußverein eine Vereinbarung getroffen wird und wenn der Vorstand des Mitgliedsvereins zugleich Vorstand des Verbands ist.

Das Vertretungsverbot kann nicht dadurch umgangen werden, daß der nach § 181 BGB verhinderte Vorstand einen Unterbevollmächtigten bestellt[1377] oder daß er sich als Geschäftsgegner von seinem Ehegatten vertreten läßt[1378]. Nach BGHZ 91, 334[1379] soll es jedoch zulässig sein, daß ein Rechtsgeschäft zwischen einer GmbH und einem Verein abgeschlossen wird, welche die gleiche Person als (alleiniges) Vertretungsorgan haben, sofern die GmbH durch einen Prokuristen vertreten wird. Das ist nicht unbedenklich, da der Prokurist der Weisung des Geschäftsführers unterliegt und von diesem auch abberufen werden kann[1380].

1376 Vgl. BGHZ 64, 72 = NJW 1975, 1117: KG.
1377 BGHZ 64, 72/74.
1378 *OLG Hamm* NJW 1982, 1105.
1379 = NJW 1984, 2085.
1380 Vgl. *Rowedder/Koppensteiner* § 35 GmbHG Rn. 28.

Wirkt der Vorstand verbotswidrig bei einem In-sich-Geschäft mit oder beachtet er das Verbot der Doppelvertretung nicht, so ist das Rechtsgeschäft schwebend unwirksam; es kann aber genehmigt werden (§ 177 BGB). Prozeßhandlungen des Vorstands, der nach § 181 BGB nicht vertreten kann, sind unwirksam.

8.9.2. Ausnahmen vom Vertretungsverbot, insbesondere die Gestattung

Das Verbot des In-sich-Geschäfts oder der Doppelvertretung greift nach § 181 **1429**
BGB nicht ein, wenn das Geschäft in der Erfüllung einer bereits fälligen Verbindlichkeit besteht. Danach kann der Vorstand sein Gehalt oder Geld als Ersatz seiner notwendigen Aufwendungen für den Verein aus der Vereinskasse entnehmen.

Das Vertretungsverbot nach § 181 BGB dient u. a. dem Schutz des Vertretenen. Es kann daher nicht eingreifen, wenn das Geschäft für den vertretenen Verein nur rechtliche Vorteile bringt[1381].

Dem Vertreter kann nach § 181 BGB »ein anderes gestattet« sein.

Diese Gestattung der Vornahme eines In-sich-Geschäfts oder der Doppel- **1430**
vertretung kann in der Gründungssatzung enthalten sein, und zwar in abstrakter Form für den gegenwärtigen Vorstand und für die künftigen Inhaber des Vorstandsamts; die Gestattung kann auch konkret einem bestimmten Vorstand erteilt werden. Eine spätere Gestattung kann durch Satzungsänderung eingeführt werden[1382].

Die Satzung kann aber auch von einer Befreiung absehen und kann diese einem Vereinsorgan (meist Mitgliederversammlung) generell oder für einen Einzelfall übertragen[1383].

Fehlt eine satzungsmäßige Grundlage für die Befreiung, so ist es zulässig, daß **1431**
eine auf den **Einzelfall** bezogene Befreiung das Organ erteilt, das für die Anstellung und Abberufung des Vorstands zuständig ist[1384]. Die Mitgliederversammlung, die regelmäßig Bestellungsorgan ist, kann nach § 177 BGB mit Rückwirkung ein nach § 181 BGB schwebend unwirksames Rechtsgeschäft genehmigen (§ 184 BGB), wobei das betroffene Vorstandsmitglied nicht mitstimmen darf; sie kann auch eine auf den Einzelfall bezogene vorherige Gestattung beschließen.

Eine generelle Befreiung kann das Bestellungsorgan nicht ohne satzungsmä- **1432**
ßige Grundlage erteilen[1385]. Das Verbot des In-sich-Geschäfts oder der Mehrfachvertretung stellt eine gesetzliche Beschränkung der Vertretungsbefugnis des Vorstands dar[1386]. Jede Gestattung erweitert die gesetzlich durch § 181 BGB eingeschränkte Vertretungsmacht. Dies bedarf im Interesse des Verkehrsschutzes, dem diese Vorschrift auch dient, der Verlautbarung, falls eine nicht auf den Einzelfall bezogene, sondern eine generelle Gestattung in Betracht kommt. Ein einfacher Gestattungsbeschluß, der die Satzung nicht ändert, ist aber einer

---

1381 BGHZ 59, 236/240; 94, 232/235.

1382 Vgl. BGHZ 87, 59/60; BayObLGZ 1985, 189/193: jeweils GmbH.

1383 Vgl. *BGH* NJW 1991, 1731; *BayObLG* a. a. O. S. 191 und BB 1989, 2426.

1384 *Soergel/Hadding* § 26 BGB Rn. 22; *Sauter/Schweyer* Rn. 239; ebenso zum GmbH-Recht: *BGH* WM 1975, 157; *Fleck* WM 1985, 677/678.

1385 *Palandt/Heinrichs* und *Stöber* a. a. O.; BGHZ 87, 59/60; BayObLGZ 1985, 189/193: GmbH.

1386 Vgl. *BayObLG* a. a. O.

Registereintragung nicht fähig und wird auch nicht zu den Registerakten gereicht.

1433 Ist dem Vorstand in der Satzung die Befreiung erteilt worden, so ist durch Auslegung zu ermitteln, ob die Befreiung auch für den Vorstand gilt, wenn er »geborener« Liquidator wird[1387].

8.9.3. Registereintragung der Befreiung

1434 Die generell satzungsmäßig gestattete Befreiung von den Beschränkungen des § 181 BGB ist in das Vereinsregister einzutragen[1388]. Mangels einer gesetzlich festgelegten Anmeldepflicht kann aber kein Registerzwang ausgeübt werden. Dies ist aber deshalb ohne Belang, weil die Befreiung aus der Gründungssatzung oder aus einer angemeldeten Satzungsänderung entnommen werden kann.

Die in der Satzung vorgesehene Möglichkeit, daß ein Vereinsorgan generell von den Beschränkungen des § 181 BGB befreien kann, braucht nicht zur Eintragung angemeldet zu werden. Macht aber das Vereinsorgan von der Ermächtigung Gebrauch und befreit es den Vorstand generell, so ist die Befreiung auf Anmeldung einzutragen; einer Eintragung der Ermächtigung selbst bedarf es nicht[1389].

8.10. Die Vertretung des Vereins durch einen Geschäftsführer oder durch einen Bevollmächtigten

8.10.1. Zur heutigen Vertretungsstruktur von Verbänden

1435 Viele Groß- oder Spitzenverbände haben folgende Struktur zur Bewältigung der Verbandsverwaltung: Diese obliegt einer Verbandsgeschäftsstelle, die mit mehreren Vereinsbediensteten vorwiegend im Angestelltenverhältnis, selten auch im Arbeitsverhältnis, besetzt ist. Die Geschäftsstelle gliedert sich in Verwaltungsabteilungen unter der Leitung eines Abteilungsleiters. Die Gesamtleitung der Geschäftsstelle obliegt kraft Satzungsanordnung einem (hauptamtlich angestellten) Geschäftsführer, dem die Geschäfte der laufenden Verwaltung übertragen werden. Das Kommunalrecht versteht unter Geschäften der laufenden Verwaltung solche, die in mehr oder weniger regelmäßiger Wiederkehr vorkommen und zugleich nach Größe, Umfang der Verwaltungstätigkeit und Finanzkraft der Gemeinde von sachlich weniger erheblicher Bedeutung sind[1390]. Zeichnungsberechtigt in Angelegenheiten des Verbandsinnenbereichs sind die Sachbearbeiter/innen, immer der Abteilungsleiter und im Verbandsinnen- und -außenbereich der Geschäftsführer. In der Finanzordnung kann bestimmt werden, daß der Geschäftsführer zeichnungsberechtigt für Rechnungsbeträge etwa bis zu 1 000 DM ist. Bei darüber hinausgehenden Beträgen ist der Vorstandsvorsitzende (oder der Schatzmeister) zeichnungsberechtigt.

Aus einer solchen Verbandsstruktur folgt: Die Mitgliedskörperschaften wickeln ihren Verkehr mit dem Verband über die Geschäftsstelle ab; dies ist auch um-

1387 *OLG Düsseldorf* GmbHR 1989, 465.
1388 Vgl. z. B. *LG Ravensburg* RPfl 1990, 26; *Bärwaldt* RPfl 1990, 102.
1389 Vgl. BayObLGZ 1982, 41.
1390 *BGH* DÖV 1986, 748.

gekehrt der Fall, so daß ein Verkehr mit Vorstandsmitgliedern kaum stattfindet. Die Geschäfte der laufenden Verwaltung bedingen auch ein Außenhandeln, das vorwiegend über den Geschäftsführer abgewickelt wird, da das Betragslimit von etwa 1 000 DM zur Begleichung anfallender Rechnungen im Regelfall ausreicht.

Dem (Gesamt-)Vorstand obliegt die Verantwortung im organisatorischen Bereich und im Bereich der Überwachung der in der Geschäftsstelle tätigen Bediensteten (vgl. Rn. 1493).

8.10.2. Die Außenvertretung durch den Geschäftsführer

Für die erforderliche Außenvertretung durch den Geschäftsführer stehen die folgenden Gestaltungsmöglichkeiten zur Verfügung: **1436**

- Der Geschäftsführer wird in der Satzung als besonderer Vertreter bestellt (§ 30 BGB), der den Verein bei Geschäften der laufenden Verwaltung vertritt. Diese Vertretungsregelung ist nicht zu unbestimmt, da auch dem Geschäftsführer eines öffentlich-rechtlichen Trägers der Sozialversicherung in dem Bereich »Führung der laufenden Verwaltungsgeschäfte« gesetzliche Vertretungsbefugnis in § 36 Abs. 1 SGB/IV eingeräumt worden ist.
- Er wird Mitglied des Vorstands, u. U. nur mit beratender Stimme[1391], und erhält Vertretungsbefugnis nach § 26 Abs. 2 BGB, aber mit der satzungsmäßig angeordneten und im Vereinsregister einzutragenden Einschränkung (§ 64 Satz 2 BGB), daß er den Verein (Verband) nur bis zu einem Betrag bis 1 000 DM verpflichten kann; im übrigen vertritt der 1. Vorsitzende (u. U. zusammen mit einem oder mehreren weiteren Vorstandsmitgliedern) den Verein.
- Der Vorstand (in vertretungsberechtigter Zahl) erteilt dem Geschäftsführer rechtsgeschäftliche Vollmacht (Grundverhältnis ist der Anstellungsvertrag in der Form eines Geschäftsbesorgungsvertrages mit Dienstvertragscharakter), wobei der Umfang der Vertretung näher zu regeln ist.

8.10.3. Personalunion zwischen dem Vorstandsvorsitzenden und dem Vereinsgeschäftsführer

Fall aus der Praxis: Bei einem Verein mit einer umfangreichen Verwaltung, vor allem des eigenen Vermögens, ist der gut dotierte Posten des Geschäftsführers frei geworden, zugleich waren Vorstandswahlen fällig. Für das Amt des Vorstandsvorsitzenden konnte eine Person gewonnen werden, die eine gut bezahlte Stellung in der Wirtschaft hatte. Wegen der steuerlichen Gemeinnützigkeit des Vereins konnte für das Amt des Vorstandsvorsitzenden eine hohe Vergütung nicht bezahlt werden. Die Steuerverwaltung erklärte es aber als steuerlich unbedenklich, daß das Amt des Vorstandsvorsitzenden und des Geschäftsführers zusammengelegt wird und daß der Kandidat in seiner Eigenschaft als Geschäftsführer die in Aussicht genommene Vergütung erhält. Es wurde eine Satzungsänderung beschlossen, wonach die Ämter des Vorstandsvorsitzenden und des Vereinsgeschäftsführers zusammengelegt werden. Vereinsrechtlich sind hiergegen dann keine Bedenken anzumelden, wenn der Geschäftsführer die Stellung eines besonderen Vertreters hat (§ 30 BGB). Es ist anerkannt, daß ein **1437**

1391 Vgl. § 31 Abs. 1 SGB/IV.

Vorstandsmitglied zugleich besonderer Vertreter sein kann[1392]. Diese Personalunion wäre aber unzulässig gewesen, wenn der Geschäftsführer nicht die Vertretungsbefugnis aus der Satzung gehabt hätte, wenn er also nur als Bevollmächtigter des Vorstands tätig geworden wäre. Denn niemand kann organschaftlicher Vertreter und zugleich dessen bevollmächtigter Vertreter sein; der Vorstandsvorsitzende kann nicht sich selbst bevollmächtigen.

8.11. Die Vollmachterteilung durch den Vorstand

8.11.1 Hierzu bestehende Grundsätze

1438 Untersagt dies die Satzung nicht, so kann der Vorstand einem Dritten, der nicht ein zur Vertretung befugtes Vorstandsmitglied oder ein besonderer Vertreter ist, durch Rechtsgeschäft Vollmacht zur Vertretung des Vereins erteilen[1393].

1439 Beim mehrgliedrigen Vorstand ist ein Beschluß dieses Organs grundsätzlich nicht Voraussetzung für die Vollmachterteilung[1394]. Ein solcher ist nur dann zu fassen, wenn ein zur Gesamtvertretung erforderliches Vorstandsmitglied sich weigert, bei der Vollmachterteilung, die Vertretungshandlung ist, mitzuwirken[1395]. Die Vollmacht muß vom Vorstand in vertretungsberechtiger Zahl erteilt werden[1396].

1440 Die Vollmacht muß sachlich beschränkt sein, etwa auf eine bestimmte Art von Geschäften (auf ein bestimmtes Ressort), da eine umfassende Generalvollmacht unzulässig ist (vgl. nachfolgend). Eine unwiderrufliche Vollmacht darf nur für ein einzelnes, bestimmtes Rechtsgeschäft erteilt werden, da anderenfalls die Möglichkeit des jederzeitigen Widerrufs der Vorstandsbestellung oder jedenfalls aus wichtigem Grund (§ 27 Abs. 2 BGB) umgangen würde[1397].

1441 Die Vollmachterteilung ist nicht nur Vertretungshandlung, sondern auch ein Akt der Vereinsverwaltung, für die der (Gesamt-)Vorstand verantwortlich ist. Es muß darauf geachtet werden, daß der Vereinsbedienstete als Vollmachtnehmer auch die für die Vertretung erforderlichen fachlichen Kenntnisse hat und daß er auch zuverlässig ist.

1442 Ein Vorstandswechsel berührt die Weitergeltung der Vollmacht nicht[1398].

1443 Schreibt die Satzung für Erklärungen des Vorstands eine bestimmte Form vor, so gilt diese grundsätzlich nicht auch für rechtsgeschäftliche Erklärungen des Bevollmächtigten[1399].

8.11.2. Unzulässigkeit einer Generalvollmacht

1444 Eine Generalvollmacht berechtigt grundsätzlich zur Vornahme aller Rechtsgeschäfte, die einer Vertretung zugänglich sind. Die in der Satzung angeordnete

1392 Vgl. z. B. *Soergel/Hadding* § 30 BGB Rn. 8.

1393 § 166 Abs. 1 BGB; zur Möglichkeit, daß der Gesamtvorstand einzelne Vorstandsmitglieder bevollmächtigen kann, vgl. z. B. *BAG* BB 1956, 79; BayObLGZ 1971, 266/271 und oben Rn. 1405.

1394 *Stöber* Rn. 139; a. A. *Sauter/Schweyer* Rn. 237.

1395 *Stöber* a. a. O.

1396 *Soergel/Hadding* § 26 BGB Rn. 19.

1397 *OLG München* OLGZ 1965, 1.

1398 *KG* KGJ 32 A 187; *LG Stuttgart* DB 1982, 638.

1399 *OLG Kiel* SchlHA 1921, 82.

Gesamtvertretungsbefugnis dient dem Schutz des Vereins vor seinen ihn vertretenden Organpersonen[1400]. Erteilen die übrigen Vorstandsmitglieder einem Vorstandskollegen Generalvollmacht, so wird dieser zum Alleinhandeln ermächtigt, was nach der Satzung gerade unzulässig ist. Eine derartige Generalvollmacht ist deshalb nichtig[1401]. Auf die Widerruflichkeit der Generalvollmacht kommt es nicht an[1402]. Aus diesen Grundsätzen folgt, daß der Vorstand auch nicht einem Dritten eine Generalvollmacht erteilen kann[1403].

Solche unzulässigen Generalvollmachten kommen in der Vereinspraxis vor. Beispiel: Ein Vorstandsvorsitzender hat nach der Konkurseröffnung dem Konkursverwalter Generalvollmacht erteilt und hat sich um den Verein nicht mehr gekümmert. Der Konkursverwalter hätte von dieser Generalvollmacht schon deshalb keinen Gebrauch machen dürfen, weil er nicht die verfahrensrechtlichen Konkursrechte und -pflichten des Vereins als Gemeinschuldner ausüben konnte, die durch den Vorstand (im Beispielsfall war der Vorstandsvorsitzende allein vertretungsberechtigt) zu erfüllen sind.

Gestattet die Satzung die Erteilung einer Generalvollmacht, so sollte eine so weitgehende Ermächtigung auf Geschäfte unterhalb einer gewissen Wertgrenze beschränkt werden[1404]. Eine solche – nicht zu empfehlende – Vertretungsregelung muß nach § 64 BGB im Vereinsregister eingetragen werden.

8.11.3. Grenzen des Weisungsrechts des Vorstands

Aufgrund des der Vollmacht zugrundeliegenden Rechtsverhältnisses (Auftrag **1445**
oder Geschäftsbesorgungsvertrag) ist der Verein durch den Vorstand gegenüber dem Bevollmächtigten weisungsberechtigt (§ 665 BGB u. U. i. V. m. § 675 BGB). Hier sind vor allem im Sportbereich Grenzen gesetzt. Soweit sich der Verein zur Erfüllung seiner Aufgaben eines fachlich geschulten Personals bedient (z. B. Arzt, Physiotherapeut, Masseur usw.), besteht im fachlichen Bereich grundsätzlich kein Weisungsrecht des Vorstands. Gleiches gilt für den Trainer. Der Vorstand bestimmt zwar – u. U. im Einvernehmen mit dem Trainer –, welche Spieler z. B. für die 1. Mannschaft in Betracht kommen. Die Ausbildung der Spieler, das Training selbst, liegt unter der alleinigen Verantwortung des Trainers, der ebenfalls allein dafür zuständig ist, welche Spieler in einem Spiel eingesetzt werden und welche nur auf der Ersatzbank Platz zu nehmen haben.

8.12. Die fehlerhafte Vertretung des Vereins

8.12.1. Handeln für einen nicht existierenden Verein

Tritt jemand mit dem Vorbringen, es handle sich um einen rechtsfähigen Verein, **1446**
für diesen auf, obwohl ein solcher in Wirklichkeit nicht existiert oder obwohl der Verein infolge Vollbeendigung seine rechtliche Existenz verloren hat, so ist der sonach Handelnde Vertreter ohne Vertretungsmacht i. S. d. §§ 177 ff.

1400 *OLG München* NJW-RR 1991, 893; ebenso zur GmbH: BGHZ 34, 27/31 = NJW 1961, 506.

1401 *BGH* und *OLG München* a. a. O.; *BGH* GmbHR 1979, 271.

1402 A. A. *KG* KGJ 32 A 187/189; *Stöber* Rn. 139.

1403 Vgl. *Scholz/Schneider* § 35 GmbHG Rn. 57.

1404 Vgl. auch *BGH* WM 1982, 426.

BGB[1405]. Da hier eine Genehmigung durch ein Vereinsorgan ausscheidet, ist ein einseitiges Rechtsgeschäft unwirksam; bei einem Vertragsschluß haftet der Handelnde dem Vertragsgegner auf Erfüllung oder Schadensersatz (§ 179 Abs. 1 BGB). Ist für einen nicht existierenden Verein Klage erhoben worden, so muß diese als unzulässig abgewiesen werden; der Handelnde haftet wegen der Prozeßkosten (vgl. Rn. 1719).

8.12.2. Handeln für den Verein durch einen nicht wirksam bestellten oder bereits ausgeschiedenen Vorstand

1447 Der Verein kann von Personen vertreten werden, die meinen, wirksam zum Vorstand bestellt worden zu sein, während in Wirklichkeit der Bestellungsakt unwirksam ist. Weiter kommt es vor, daß ein Vorstand weiter im Amt bleibt, obwohl seine Bestelldauer bereits abgelaufen ist. All diese für den Verein handelnden Personen sind Vertreter ohne Vertretungsmacht i. S. d. §§ 177 ff. BGB. Insoweit sind im Regelfall faktische Vorstandsverhältnisse gegeben, bei dem sich der Verein das Handeln dieser Personen nach den Grundsätzen der Anscheins- oder Duldungsvollmacht zurechnen lassen muß.

Die sich mit der Tätigkeit des faktischen Vorstands ergebenden Rechtsfragen sind in Rn. 1288 ff. dargestellt.

8.12.3. Die Überschreitung der Vertretungsbefugnis durch den Vorstand sowie durch sonstige den Verein nach außen vertretende Personen

8.12.3.1. Die grundsätzliche Eigenhaftung

1448 Zu einer Überschreitung der an sich dem Vorstand zustehenden Vertretungsbefugnis kann es in folgenden Fällen kommen: Der Vorstand beachtet die Beschränkungen nicht, welche ihm die Satzung auferlegt (§ 26 Abs. 2 Satz 2 BGB); er nimmt ein ihm danach überhaupt verbotenes Geschäft vor oder er holt die satzungsmäßig für die Wirksamkeit der Außenvertretung erforderliche Zustimmung eines anderen Vereinsorgans nicht ein. Weiter gehört hierher der Fall, daß bei der Vertretung nicht die erforderliche Zahl von Vorstandsmitgliedern mitwirkt.

Der besondere Vertreter (§ 30 BGB) überschreitet seine Vertretungsbefugnis, wenn er ohne satzungsmäßige Deckung Rechtsgeschäfte vornimmt, die außerhalb des ihm zugewiesenen Wirkungskreises liegen. Läßt sich der Verein durch einen Bevollmächtigten vertreten (z. B. durch einen Geschäftsführer), so kann dieser ebenfalls die ihm vom Vorstand nur für bestimmte Geschäfte erteilte Vollmacht überschreiten, indem er namens des Vereins von der Vollmacht nicht gedeckte Rechtsgeschäfte vornimmt (der Geschäftsführer kauft einen Gegenstand im Wert von 1 500 DM, obwohl er den Verein nur bis zu einem Betrag von 1 000 DM verpflichten kann).

In all diesen Fällen wird der Vorstand oder sonstige Vertreter, falls der Verein das vollmachtlos vorgenommene Rechtsgeschäft nicht genehmigt, im vertraglichen Bereich grundsätzlich selbst verpflichtet (§ 179 Abs. 1 oder 2 BGB), sofern sich der Verein auch nicht eine Rechtsscheinvollmacht zurechnen lassen muß (vgl. nachfolgend Rn. 1456 ff.).

1405 Vgl. *BGH* NJW 1989, 894; *OLG Köln* WM 1987, 1081; vgl. jedoch bei endgültigem Verlust der Rechtsfähigkeit während eines schwebenden Prozesses Rn. 2210.

8.12.3.2. Keine Eigenhaftung des Vereinsvertreters bei Fahrlässigkeit des Vertragsgegners; zur Erkundigungspflicht über die Vertretungsverhältnisse in einem Verein

Der Vertragspartner des seine Vertretungsbefugnis überschreitenden Vorstands **1449**
oder sonstigen Vereinsvertreters verdient keinen Schutz, wenn er den Mangel der Vertretungsbefugnis kennt oder wenn ihm der Mangel infolge Fahrlässigkeit unbekannt geblieben ist; in diesen Fällen haftet der seine Vertretungsbefugnis überschreitende Vereinsvertreter nicht persönlich (§ 179 Abs. 3 Satz 1 BGB).

In solchen Fällen ist i. d. R. die fahrlässige Nichtkenntnis der Vertretungsver- **1450**
hältnisse des Vereins zu prüfen, der im konkreten Fall Vertragspartner war. Hier müssen es die Umstände des Falles als geboten erscheinen lassen, sich über die Vertretungsbefugnis des für den Verein Handelnden näher zu erkundigen[1406]. Die Höhe der vereinbarten Vertragsleistung kann ein solcher Grund für eine Erkundigung sein. Handelt für den Verein der Vorstand oder ein besonderer Vertreter, so ist regelmäßig ein fahrlässiges Verhalten des Vertragsgegners gegeben, wenn dieser beim eingetragenen Verein nicht Einsicht in das Vereinsregister nimmt oder sich nicht einen Auszug aus dem Vereinsregister übermitteln läßt[1407]. Beim rechtsfähigen Wirtschaftsverein kann die Einsicht in die von der Verleihungsbehörde erteilte Vertretungsbescheinigung oder die Einsicht in die Satzung in Betracht kommen. Beim Handeln eines vom Vorstand Bevollmächtigten kann eine Rückfrage beim Vorstand über die Vertretungsbefugnis veranlaßt sein.

8.12.3.3. Verpflichtung des Vereins trotz Überschreitung der Vertretungsbefugnis

Hat sich der satzungsmäßig berufene Vertreter eines Vereins (Vorstand und **1451**
besonderer Vertreter) im Rahmen rechtsgeschäftlicher Betätigung zwar innerhalb des ihm (allgemein) zugewiesenen Wirkungskreises gehalten, aber die Grenzen seiner Vertretungsmacht überschritten, so haftet der Verein für diesen Vertreter nach § 31 BGB. Diese Voraussetzungen sind regelmäßig nicht gegeben, wenn beim Vorstand nicht die erforderliche Zahl von Vorstandsmitgliedern mitgewirkt hat. Gleiches gilt, wenn sich das Außenhandeln des Vorstands außerhalb des (allgemein) zugewiesenen Wirkungskreises bewegt. Beim vom Vorstand Bevollmächtigten greift ohnedies die Vereinszurechnung nach § 31 BGB nicht ein, wenn der Vorstand bei der Auswahl und Überwachung des Bevollmächtigten sorgfältig verfahren ist.

Kommt eine Zurechnung nach § 31 BGB nicht in Betracht, so kann der Verein **1452**
bei der Überschreitung der Vertretungsbefugnis der für ihn handelnden Personen so zu behandeln sein, als habe er diesen Personen (in der Satzung oder bei der Bevollmächtigung) eine auf dieses Geschäft sich beziehende Vollmacht erteilt. Es können die Grundsätze der Rechtsscheinsvollmacht (Anscheins- oder Duldungsvollmacht) in Betracht kommen. Es haftet dann allein der Verein; für eine Haftung des seine Vertretungsbefugnis überschreitenden Vorstands oder

---

1406 Vgl. *BGH* NJW 1989, 894 und 1990, 387/388.

1407 Vgl. *RG* Recht 1907 Nr. 2497; *BGH* NJW 1972, 940/942; vgl. auch *OLG Celle* OLGZ 1976, 440/443.

sonstigen Vereinsvertreters nach § 179 BGB ist dann kein Raum mehr[1408]; vgl. zur Rechtsscheinsvollmacht Rn. 1456.

1453 In den Fällen der mangelnden Überwachung, die vor allem beim Vereinsbediensteten mit Vollmacht zum Außenhandeln in Betracht kommen kann, haftet der Verein ebenfalls selbst, wenn er sich wegen der mangelnden Überwachung nach Treu und Glauben (§ 242 BGB) nicht auf die Überschreitung der Vertretungsbefugnis berufen kann[1409].

8.12.3.4. Haftung des Vereins oder seines Vertreters bei Verschulden bei einem Vertragsschluß

1454 Eine Schadensersatzpflicht wegen Verschuldens beim Vertragsschluß kann insbesondere in Betracht kommen, wenn

- das Vertrauen des Geschäftsgegners in das Zustandekommen des Geschäfts infolge grundlosen Abbruchs von Verhandlungen enttäuscht worden ist,
- Aufklärungs- oder ähnliche Sorgfaltspflichten verletzt worden sind, die für den anderen Teil erkennbar von Bedeutung sind und
- wenn ein Vertrag wegen eines Vertretungsmangels scheitert.

In solchen Fällen haftet grundsätzlich der Verein, wenn ihm das Verhalten seines verfassungsmäßigen Vertreters nach § 31 BGB zugerechnet wird. Bei einem Vertretungsmangel kann auch die Haftung des Vertreters nach § 179 BGB in Betracht kommen.

1455 Der Vertreter des Vereins kann regelmäßig – unabhängig von einem Vertretungsmangel – für ein ihn treffendes Verschulden bei Vertragsverhandlungen haftbar gemacht werden, wenn er

- in besonderem Maße Vertrauen für sich in Anspruch genommen hat,
- er selbst am Vertragsschluß wirtschaftlich stark interessiert ist und aus dem Geschäft eigenen Nutzen erstrebt[1410].

8.13. Die Bindung des Vereins an eine Rechtsscheinsvollmacht

8.13.1. Allgemeines

1456 Handelt eine Person für den Verein nach außen und duldet dies der Verein durch seine zuständigen Organe, obwohl der Handelnde keine ausreichende satzungsmäßige oder rechtsgeschäftliche Vertretungsbefugnis hat, so kann damit der Verein den Rechtsschein erzeugen, daß der Handelnde hierzu eine satzungsmäßige oder rechtsgeschäftliche Bevollmächtigung hat. Beispiele: Der Verein duldet es durch seinen Gesamtvorstand, daß das nicht einzelvertretungsberechtigte Vorstandsmitglied A ständig die Außenvertretung übernimmt. Der Verein unternimmt durch seinen Vorstand nichts dagegen, daß der Geschäftsführer nicht nur vereinzelt für den Verein Verpflichtungen eingeht, welche die rechtsgeschäftliche Vertretungsbefugnis des Geschäftsführers überschreitet. Ein wichtiger Hauptanwendungsfall der Grundsätze der Anscheinsvollmacht (seltener der Duldungsvollmacht) bildet das Außenhandeln

1408 *BGH* NJW 1983, 1308.
1409 *BGH* WM 1974, 407.
1410 *BGH* NJW 1987, 2511/2512.

des nicht (mehr) gültig bestellten und damit einer nur faktisch als Vorstand handelnden Person.

8.13.2. Die Anscheinsvollmacht

Eine Anscheinsvollmacht ist gegeben und der Verein wird aufgrund einer solchen berechtigt und verpflichtet, wenn **1457**

- die Vertretungshandlung des Vereinsvertreters weder durch Gesetz, Satzung oder durch Vollmacht gedeckt war,
- der Verein dieses Handeln zwar nicht gekannt hat, es aber durch seine zuständigen Organe (Vorstand oder Mitgliederversammlung) bei pflichtgemäßer Sorgfalt hätte erkennen und verhindern können,
- der Geschäftsgegner das Verhalten des Vereinsvertreters nach Treu und Glauben und mit Rücksicht auf die Verkehrssitte dahin auffassen durfte, daß es dem vertretenen Verein bei gehöriger Sorgfalt nicht habe verborgen bleiben können[1411].

8.13.3. Die Duldungsvollmacht

Bei der Duldungsvollmacht ist ein Vertretungsmangel wie bei der Anscheinsvollmacht gegeben. Hinzu kommen muß, daß **1458**

- der Verein es **wissentlich** geschehen läßt, daß der nicht (allein) Vertretungsberechtigte für ihn wie eine vertretungsbefugte Person auftritt,
- der Geschäftsgegner dieses Dulden nach Treu und Glauben dahin auffassen durfte, daß der als Vertreter Handelnde eine satzungsmäßige oder rechtsgeschäftliche Vertretungsbefugnis hat[1412].

Besteht Mehrfachvertretung, so müssen alle zur Vertretung des Vereins erforderlichen Vorstandsmitglieder das Auftreten des Scheinvertreters geduldet haben[1413].

8.14. Der Mißbrauch der Vertretungsbefugnis

Bei einem Mißbrauch der Vertretungsmacht hält sich der Vorstand (oder Bevollmächtigte) formal an die ihm durch Gesetz oder Satzung (oder durch Bevollmächtigung) verliehene Vertretungsbefugnis. Er verletzt aber seine Pflichten im Innenverhältnis, weil er entweder den satzungsmäßigen Vereinszweck oder intern bestehende Vertretungsbeschränkungen nicht beachtet oder weil das mit Einzelvertretungsbefugnis ausgestattete Vorstandsmitglied gegen den Widerspruch seiner Vorstandskollegen handelt. **1459**

Wirken das seine Vertretungsmacht mißbrauchende Vorstandsmitglied und der Geschäftsgegner in der Absicht der Schädigung des Vereins zusammen, um gemeinsam einen Vorteil zu erzielen (Kollusion), so ist das Geschäft nach § 138 Abs. 1, § 826 BGB nichtig[1414]. Ist ein Schaden eingetreten (was aber nicht Voraussetzung für die Annahme einer Kollusion ist), so kann der Verein vom handelnden Vorstand wegen positiver Verletzung des mit ihm bestehenden An- **1460**

1411 Vgl. *BGH* NJW 1981, 1727/1728 und NJW-RR 1990, 404.

1412 Vgl. *BGH* NJW-RR 1990, 404.

1413 *BGH* NJW 1988, 1199/1200.

1414 *BGH* WM 1985, 997/998 und 1988, 1380/1381.

stellungsvertrages Schadensersatz verlangen; Vorstand und Geschäftsgegner haften dem Verein aber auch aus unerlaubter Handlung nach §§ 826, 840 BGB.

1461 Ist kein kollusives Zusammenwirken gegeben, so wird der Verein grundsätzlich gebunden, wenn der Vorstand seine Vertretungsmacht mißbraucht. Beispiel: Die Satzung bestimmt, daß der Vorstand bei Geschäften von mehr als 10 000 DM der Zustimmung der Mitgliederversammlung bedarf; insoweit ist aber die Vertretungsbefugnis des Vorstands nicht beschränkt worden, weshalb auch eine entsprechende Eintragung im Vereinsregister fehlt. Der Vorstand erwirbt ohne Einschaltung der Mitgliederversammlung einen Gegenstand im Wert von 20 000 DM. Dieser Erwerb ist grundsätzlich für den Verein verbindlich. Denn dieser hat im Regelfall das Risiko des Mißbrauchs der Vertretungsmacht zu tragen[1415]. Dem redlichen Verkehr sollen Nachforschungen erspart bleiben, ob der Vorstand bei einer an sich nach außen unbeschränkten Vertretungsbefugnis im Innenverhältnis gebunden ist[1416].

1462 Unter bestimmten Voraussetzungen braucht der vertretene Verein das Rechtsgeschäft seines Vorstands, der seine Vertretungsbefugnis mißbraucht, nicht gegen sich gelten lassen, weil er den Einwand der Arglist oder der unzulässigen Rechtsausübung erheben kann. Hier ist zunächst Voraussetzung, daß der Vorstand bewußt die Innenbeschränkung nicht beachtet[1417]; er kann aber insoweit auch fahrlässig handeln[1418]. Es muß weiter ein nicht schutzwürdiges Verhalten des Geschäftsgegners gegeben sein. Dieser muß entweder die Umstände erkannt haben, aus denen sich ein pflichtwidriges Verhalten des Vorstands ergibt, oder der Geschäftsgegner muß grob fahrlässig die Augen vor der Erkenntnis dieser sich ihm aufdrängenden Umstände verschlossen haben[1419]. Die Frage zumindest der groben Fahrlässigkeit des Geschäftspartners stellt sich sonach erst, wenn ein »ersichtlich verdächtiges Verhalten« des Vorstands festgestellt worden ist[1420].

Führt der Mißbrauch der Vertretungsbefugnis einen Schaden herbei, so kann unter den Voraussetzungen des § 254 BGB eine Schadensteilung zwischen dem Geschäftsgegner und dem Verein in Betracht kommen, wenn dieser gebotene Kontrollmaßnahmen unterlassen hat[1421].

9. Die Beschlußfassung beim mehrgliedrigen Vorstand

9.1. Allgemeines und Erforderlichkeit einer Vorstandsbeschlußfassung

1463 Nach § 28 Abs. 1 BGB faßt der aus mehreren Personen bestehende Vorstand seine Beschlüsse nach den für die Beschlußfassung der Mitgliederversammlung geltenden Vorschriften der §§ 32, 34 BGB. Diese sind allerdings durch die Satzung abdingbar (§ 40 BGB). Macht hiervon die Gründungssatzung Gebrauch, so müssen Satzungsbestimmungen, wonach der Vorstand seine Beschlüsse nicht

1415 Vgl. *BGH* WM 1989, 1068.
1416 *BGH* NJW 1984, 1461/1462 und NJW-RR 1989, 642.
1417 *BGH* NJW 1990, 384/385.
1418 *BGH* NJW 1988, 3011/3013.
1419 BGHZ 50, 112/114 = NJW 1968, 1379; *BGH* NJW 1991, 1812/1813.
1420 *BGH* NJW-RR 1989, 642.
1421 BGHZ 50, 112/115.

nach den für die Mitgliederversammlung geltenden gesetzlichen Vorschriften faßt, in das Vereinsregister eingetragen werden (§ 64 Satz 2 BGB). Diese Eintragungspflicht besteht auch, wenn später durch Satzungsänderung eine solche abweichende Gestaltung eingeführt wird.

Eine gesetzliche Regelung der Vorstandsbeschlußfassung besteht nur für **1464**
(rechtsfähige) Vereine, nicht aber für die mehrgliedrigen Vertretungsorgane der Kapitalgesellschaften und Genossenschaften[1422]. Die Regelung der Beschlußfassung ist in diesen verwandten Rechtsgebieten der Selbstordnung überlassen[1423]. Die gesetzliche Regelung für den Vereinsvorstand ist früher in ihrer Bedeutung dahin überschätzt worden, daß verlangt worden ist, jedem Außenhandeln des mehrgliedrigen Vorstands müsse ein Vorstandsbeschluß zugrundeliegen. Dem kann heute nicht mehr gefolgt werden (vgl. nachfolgend Rn. 1477). Dieser Zusammenhang läßt sich allenfalls noch bei Monovereinen begründen. Heute hat die Mehrzahl der größeren Vereine (Mehrspartenvereine, Vereinsverbände, Großvereine mit Untergliederungen) eine Struktur, die eine Symbiose von Vorstandsbeschlüssen mit anschließender Außenvertretung nicht mehr erfordert. Die Verbandsverwaltung wird in Ressorts geführt; jedes Ressort wird eigenverantwortlich verwaltet; Vorstandsbeschlüsse sind grundsätzlich nicht erforderlich. Den Ressorts sind Haushaltsmittel zugewiesen, über die ein Vorstandsmitglied als Ressortleiter oder ein Geschäftsführer verfügen kann, soweit Geschäfte der laufenden Verwaltung in Betracht kommen. Es ist z. B. kein Vorstandsbeschluß zu fassen, wenn der Auftrag zur Reparatur eines Kopiergerätes zu erteilen ist, wenn die Telefonrechnung zu bezahlen ist oder wenn ein Bundesligaverein Eintrittskarten verkauft, die ihm einen Umsatz von 100 000 DM und mehr erbringen. Bei solchen Verbandsstrukturen beschränken sich Vorstandsbeschlüsse im wesentlichen auf verbandspolitisch bedeutsame Entscheidungen.

In § 28 Abs. 1 BGB sind nur die Mitglieder des Vorstands angesprochen, die zur **1465**
Außenvertretung des Vereins berufen sind. Werden Monovereine außer Betracht gelassen, so sind heute die Vorstandsämter ab einem Mehrspartenverein bis hin zum Großverband mit fünf, zehn oder fünfzehn Personen besetzt; von diesen haben entweder nur der Vorsitzende, dieser (oder dessen Stellvertreter) zusammen mit einem weiteren Vorstandsmitglied oder allenfalls bis zu fünf Vorstandsmitglieder eine Vertretungsbefugnis. Insoweit hat sich im Vereinsrecht ein scharfer Gegensatz zum Kapitalgesellschafts- und Genossenschaftsrecht herausgebildet, da dort im Außenverhältnis die Vertretungsbefugnis der Vorstandsmitglieder oder der Geschäftsführer nicht beschränkbar ist (§ 82 Abs. 1 AktG; § 37 Abs. 2 Satz 1 AktG; § 26 GenG). In der Praxis kommt es sehr selten vor, daß der Vertretungsvorstand ein Teilorgan des Gesamtvorstands ist. Regelmäßig bilden alle Vorstandsmitglieder, auch die nicht zur Außenvertretung berechtigten, das Organ Vorstand. Die Beschlußfassung in einem solchen Organ kann nur einheitlich sein. Dies bedeutet: Für die vertretungsberechtigten Vorstandsmitglieder gilt § 28 Abs. 1 BGB unmittelbar und für die nicht vertretungsberechtigten entsprechend.

1422 Der Aufsichtsrat einer Aktiengesellschaft kann zwar auch Vertretungsorgan sein – § 112 AktG –; die gesetzliche Regelung der Beschlußfassung dieses Organs in den §§ 107 ff. AktG kann hier außer Betracht bleiben

1423 Vgl. § 77 Abs. 2 AktG.

9.2. Verfahrensrechtliche Erfordernisse für Vorstandsbeschlüsse nach gesetzlicher Regel

1466 Beim mehrgliedrigen Vorstand ist eine Willensbildung nur durch Beschlußfassung möglich. Dabei ist es unerheblich, ob und welche Wirkungen dieser Beschluß im Vereinsinnen- oder -außenbereich hat; die Willensbildung kann u. U. eine Angelegenheit betreffen, die sich nur auf die Vorstandsmitglieder auswirkt.

Im Regelfall wird ein Beschluß in einer Vorstandssitzung gefaßt (§ 28 Abs. 1 i. V. m. § 32 Abs. 1 Satz 1 BGB).

Sind alle Vorstandsmitglieder versammelt – gleich zu welcher Zeit und welcher Gelegenheit –, so ist bei Einverständnis aller eine sofortige Beschlußfassung möglich, ohne daß Einberufungsformalitäten beachtet werden müssen (Vorstandsuniversalversammlung).

Telefonische Abstimmungen sind auch bei Einverständnis aller Vorstandsmitglieder nicht zulässig, da die Möglichkeit der Aussprache unter den Vorstandsmitgliedern gegeben sein muß, falls nicht schriftlich ein Beschluß gefaßt wird.

Eine schriftliche Abstimmung (auch eine solche mittels Telefaxrundfrage) ist nur möglich, wenn alle Vorstandsmitglieder einem Beschluß zustimmen (§ 28 Abs. 1 i. V. m. § 32 Abs. 2 BGB).

1467 Bei Vorstandssitzungen sind die folgenden Einberufungsformalitäten zu beachten:

Zuständig für die Einberufung der Sitzung ist der Vorstandsvorsitzende oder sein Stellvertreter. Letzterer kann nur dann einberufen, wenn der Vorsitzende verhindert ist oder wenn er grundlos eine erforderliche Einberufung unterläßt[1424]. Die zur Einberufung befugten Personen erstellen auch die Tagesordnung, die dann der Billigung durch die Vorstandsmitglieder bedarf.

Ein Einberufungszwang kann nicht ausgeübt werden; § 37 Abs. 1 BGB über das Minderheitsrecht von Vereinsmitgliedern kann nicht entsprechend angewendet werden. Der Vorsitzende (oder sein Stellvertreter) ist jedoch aus dem Organschaftsverhältnis heraus zur Einberufung verpflichtet, wenn es das Interesse des Vereins erfordert (entspr. § 36 BGB), z. B. bei drohender Insolvenz oder zur Ausübung der Kontrolle durch das gesamte Kollegium bei einer Ressortaufteilung.

Wer zur Einberufung befugt ist, kann diese auch wieder absagen. Ein wichtiger Grund hierfür muß nicht gegeben sein. Eine nicht eindeutige Absage bewirkt den Fortbestand der Einberufung[1425]. Gleiches gilt, wenn die Absage nicht an alle Vorstandsmitglieder gerichtet worden ist.

Es sind alle bestellten und nicht wirksam ausgeschiedenen Vorstandsmitglieder zu laden[1426], es sei denn, es liegt ein eindeutiger Ladungsverzicht vor[1427].

Mit der Einladung muß die Tagesordnung mitgeteilt werden (§ 28 Abs. 1 i. V. m. § 32 Abs. 1 Satz 2 BGB). Dies gilt auch dann, wenn die Sitzungen terminlich bereits feststehen[1428].

1424 *BayObLG* JFG 6, 230.

1425 Vgl. *Sauter/Schweyer* Rn. 245 f.

1426 Vgl. *OLG Schleswig* NJW 1960, 1862.

1427 *Lang/Weidmüller/Schaffland* § 27 GenG Rn. 23.

1428 *OLG Hamburg* ZMR 1963, 176.

Für die Form und Frist der Einberufung bestehen keine gesetzlichen Bestimmungen. Regelt die Satzung diese Punkte für die Einberufung der Mitgliederversammlung, so gilt sie insoweit nicht für Vorstandssitzungen[1429]; für diese muß eine flexiblere Einberufungsmöglichkeit bestehen als für Mitgliederversammlungen. Zwischen der Einberufung und der Sitzung muß im Regelfall eine Frist liegen, die unter Beachtung der evtl. gegebenen Dringlichkeit der zu behandelnden Angelegenheit einerseits und den Dispositionsmöglichkeiten der Vorstandsmitglieder andererseits angemessen sein muß[1430].
Es liegt im Ermessen des Einberufers, einen zumutbaren Ort und eine zumutbare Zeit zu bestimmen (bei Mitgliederversammlungen von Verbänden ist es üblich, daß der Vorstand zeitlich vor der Mitgliederversammlung tagt).

Der Vorsitzende oder sein Stellvertreter eröffnet, leitet und schließt die Sitzung; **1467 a**
er hat auch die Ordnungsgewalt über alle Sitzungsteilnehmer.
Teilnahmeberechtigt sind alle Vorstandsmitglieder (auch der Ehrenvorstand) ohne Rücksicht darauf, ob sie auch stimmberechtigt sind. Das Teilnahmerecht schließt das Aussprache- und Antragsrecht sowie das Recht zur Beschlußanfechtung ein.
Vorstandssitzungen sind nicht öffentlich. Über die Zuziehung des Geschäftsführers oder eines Justitiars entscheidet vorläufig der Einberufer; die endgültige Entscheidung trifft die Versammlung. Gleiches gilt hinsichtlich einer sonstigen fachkundigen Person, deren Anwesenheit im Einzelfall in Betracht kommen kann. Gäste werden grundsätzlich nicht zugelassen. Ein Vereinsmitglied hat keinen Anspruch, zur Vorstandssitzung zugelassen zu werden[1431]. Das Vorstandsamt ist höchstpersönlich auszuüben (vgl. § 664 Abs. 1 Satz 1 BGB). Deshalb ist eine Stellvertretung durch eine dem Vorstand nicht angehörige Person nicht zulässig[1432].

Das Gesetz ordnet eine Beschlußfähigkeit nicht an (vgl. § 32 Abs. 1 BGB). Eine **1468**
solche muß aber insofern gegeben sein, als eine gültige Beschlußfassung immer voraussetzt, daß zu diesem Zeitpunkt alle Vorstandsämter, welche die Satzung vorsieht, besetzt sind[1433]. Ist dies der Fall, so kann ein allein erschienenes Mitglied einen Beschluß (genauer gesagt: eine Entschließung) fassen[1434].
In Vorstandssitzungen wird wegen der persönlichen Verantwortung der Vorstandsmitglieder grundsätzlich offen abgestimmt[1435].
Ein Vorstandsmitglied ist von der Ausübung des Stimmrechts ausgeschlossen, wenn die Beschlußfassung die Vornahme eines Rechtsgeschäfts mit ihm oder die Einleitung oder Erledigung eines Rechtsstreits zwischen ihm und dem Verein betrifft (§ 28 Abs. 1 i. V. m. § 34 BGB; vgl. dazu Rn. 911 ff.).
Ein Beschlußantrag ist angenommen, wenn er die einfache Mehrheit der gültig abgegebenen Stimmen erhält (§ 28 Abs. 1 i. V. m. § 32 Abs. 1 Satz 3 BGB). Stimmenthaltungen und ungültige Stimmen werden nicht mitgezählt. Enthalten

---

1429 *Sauter/Schweyer* Rn. 245 c.
1430 Vgl. *OLG Stuttgart* WM 1985, 600/601: Aufsichtsrat.
1431 Vgl. *OLG Hamm* OLGE 44, 118.
1432 *OLG Hamm* OLGZ 1978, 26/29.
1433 BayObLGZ 1985, 24/29; *BayObLG* RPfl 1988, 416.
1434 *KG* KGJ 42 A 164/166.
1435 Vgl. *Lang/Weidmüller/Schaffland* § 27 GenG Rn. 23.

sich von fünf anwesenden Vorstandsmitgliedern zwei der Stimme, so ist mit zwei Ja-Stimmen der Beschlußantrag angenommen.

1469 Die Führung eines Sitzungsprotokolls ist nicht vorgeschrieben, aber in der Praxis üblich. Enthält das Protokoll keine Angabe über die Stimmenzahl, so kann davon ausgegangen werden, daß Beschlüsse einstimmig gefaßt worden sind[1436]. Verantwortlich für den Protokollinhalt ist der Leiter der Sitzung, der das Protokoll unterschreibt und es den Sitzungsteilnehmern zur Genehmigung in Abschrift zuleitet. Falls innerhalb einer zu bestimmenden Frist kein Widerspruch eingelegt wird, gilt das Protokoll als genehmigt.

9.3. Die Regelung des Verfahrens für Vorstandssitzungen in der Satzung oder in einer Geschäftsordnung

1470 Das Verfahren für Vorstandssitzungen kann der Verein selbst regeln. Die Mitgliederversammlung kann eine Geschäftsordnung für Vorstandssitzungen beschließen. Die Satzung kann die Ermächtigung enthalten, daß sich der Vorstand selbst eine Ordnung für seine Sitzungen gibt. Fehlt es an solchen Satzungsregelungen, so kann der Vorstand von sich aus eine Geschäftsordnung für seine Sitzungen beschließen[1437].

Die von der Mitgliederversammlung beschlossene Ordnung für Vorstandssitzungen stellt grundsätzlich keine beim Registergericht zur Eintragung einzureichende Satzungsänderung dar, wenn sie die gesetzlichen Regelungen für Mitgliederversammlungen (§ 28 Abs. 1 i. V. m. §§ 32, 34 BGB) nicht abändert. Bei einer Abänderung besteht Anmeldepflicht.

Diese gesetzlichen Regelungen kann schon gar nicht eine Geschäftsordnung abändern, gleich, wer eine solche beschlossen hat. Eine Milderung oder eine Verschärfung der für die Mitgliederversammlung geltenden Verfahrensvorschriften kann nur die Satzung abändern (§§ 32, 40 BGB). Hierfür ist aber grundsätzlich die Mitgliederversammlung zuständig (§ 33 Abs. 1 BGB). Die Satzung kann allerdings die ausdrückliche Vorschrift enthalten, daß sich der Vorstand eine Geschäftsordnung für seine Sitzungen geben und hierbei (anstelle der Mitgliederversammlung) auch die Satzung abändern kann, um vom Gesetz abweichende Verfahrensvorschriften für Vorstandssitzungen festzulegen.

1471 Ist ein solcher Ausnahmetatbestand nicht gegeben, so kann ein bloßer Mitgliederversammlungsbeschluß (ohne Satzungsänderung) oder eine bloße vom Vorstand beschlossene Geschäftsordnung die folgenden Verfahrensgegenstände nicht anordnen oder abweichend von der gesetzlichen Regelung gestalten:

In Eilfällen können Vorstandsbeschlüsse auch telefonisch gefaßt werden; der entspr. anwendbare § 32 BGB sieht eine telefonische Beschlußfassung der Mitglieder nicht vor.

Bei der Einberufung ist eine Mitteilung der Tagesordnung nicht erforderlich (Abänderung des entspr. anwendbaren § 32 Abs. 1 Satz 3 BGB).

Es wird die Beschlußfähigkeit durch Benennung einer Mindestzahl erschienener Vorstandsmitglieder festgelegt. Das Gesetz kennt für Mitglieder-

---

1436 Vgl. *OLG Hamm* OLGE 44, 118.

1437 Vgl. auch § 77 Abs. 2 Satz 1 AktG.

versammlungen keine Beschlußfähigkeit. Diese gehört auch bei Vorstandssitzungen zu den Leitprinzipien des körperschaftlichen Zusammenlebens und muß deshalb in der Satzung eine Grundlage haben[1438]. Regelt diese die Beschlußfähigkeit für Vorstandssitzungen, so ist bei der Feststellung, ob Beschlußfähigkeit gegeben ist, nicht von der Ist-Zahl amtierender Vorstandsmitglieder, sondern von der in der Satzung festgelegten Soll-Zahl auszugehen[1439]. Es entscheidet eine andere Mehrheit als die einfache; hier wird die Regelung in § 32 Abs. 1 Satz 3 BGB abgeändert.

Ohne satzungsmäßige Festlegung kann auch eine bloße Geschäftsordnung nicht vorsehen, daß bei Pattsituationen die Stimme des Vorsitzenden den Ausschlag gibt. In der Vorstandssitzung hat jedes Vorstandsmitglied nur eine Stimme. Die maßgebliche Stimme des Vorsitzenden ändert den entspr. anwendbaren § 32 Abs. 1 Satz 3 BGB ab, was nur eine Satzung kann (§ 40 BGB). Läßt diese einen Stichentscheid des Vorsitzenden zu, so kann hiervon der stellvertretende Vorsitzende Gebrauch machen, wenn er die Sitzungsleitung wegen eines den Vorsitzenden betreffenden Tagesordnungspunktes übernommen hat[1440].

Auch Milderungen oder Verschärfungen des gesetzlichen Stimmverbots nach § 28 Abs. 1 i. V. m. § 34 BGB kann eine Geschäftsordnung nicht anordnen, da selbst der Satzung eine solche Abänderungsbefugnis versagt ist (vgl. § 40 BGB). Nur die Satzung (nicht aber eine bloße Geschäftsordnung) kann z. B. folgende Verschärfung des Stimmverbots anordnen: »Ein Mitglied des Vorstands darf bei der Beratung und Abstimmung nicht anwesend sein, wenn ein Beschluß ihm selbst oder den nach § 383 Abs. 1 Nr. 1–3 ZPO genannten Personen einen unmittelbaren Vorteil oder Nachteil bringen kann.«

Die folgenden Gegenstände können allein in einer Geschäftsordnung für Vor- **1472**
standssitzungen geregelt werden: Zuständigkeit für die Aufstellung der Tagesordnung und für die Vornahme der Einberufung; Berechtigung und Frist für Anträge auf Ergänzung der Tagesordnung; Form und Frist für die Einberufung; Ort und Zeit der Sitzung; Befugnisse des Versammlungsleiters (ohne Entzug des Teilnahmerechts); Wiederholung einer Abstimmung bei Stimmengleichheit; Teilnahmebefugnis nicht vorstandszugehöriger Personen; Frist für die Abgabe schriftlicher Zustimmungen; Widerspruchsberechtigung bei geplanter schriftlicher Abstimmung.

9.4. Wirksamkeit und Fehlerhaftigkeit von Vorstandsbeschlüssen

Vorstandsbeschlüsse werden grundsätzlich mit der Beendigung des Abstim- **1473**
mungsvorgangs wirksam. Eine fehlerhafte Feststellung des Abstimmungsergebnisses ist nicht entscheidend, sondern nur das wirklich erzielte Ergebnis. Hat ein Vorstandsbeschluß Außenwirkung (z. B. Ausschluß aus dem Verein), so muß der Beschluß, um wirksam werden zu können, dem Betroffenen bekannt gemacht werden[1441]. In solchen Fällen kann der Vorstandsbeschluß bis zum Wirksamwerden geändert und aufgehoben werden.

1438 So wohl auch *Sauter/Schweyer* Rn. 245 a.
1439 Vgl. *BGH* NJW 1952, 343: Aufsichtsrat.
1440 *OLG Düsseldorf* NJW-RR 1988, 1271.
1441 Vgl. *RG* Recht 1920 Nr. 3229.

1474 Vorstandsbeschlüsse können, wie Beschlüsse der Mitgliederversammlung, fehlerhaft sein.

Ein Beschluß kann inhaltlich gegen zwingende Gesetzesvorschriften oder gegen zwingende Satzungsbestimmungen verstoßen und kann deshalb nichtig sein.

Eine Beschlußnichtigkeit ist auch gegeben, wenn die Bestellung der als Vorstandsmitglieder tätigen Personen unwirksam war oder wenn dies nur bei einzelnen Vorstandsmitgliedern der Fall gewesen ist, deren Stimmen für das Beschlußergebnis maßgebend waren. Nichtigkeit tritt weiter ein, wenn der Beschlußgegenstand der Kompetenz des Vorstands entzogen war.

Auch Verfahrensfehler können zur Beschlußnichtigkeit führen. Beispiele: Die Sitzung ist von einem Nichtberechtigten einberufen worden[1442]; es sind nicht alle Vorstandsmitglieder eingeladen worden[1443]; es waren nicht alle satzungsmäßig vorgesehenen Vorstandsämter besetzt[1444]; es ist entspr. einer Geschäftsordnung verfahren worden, obwohl eine Satzungsregelung erforderlich gewesen wäre (z. B. schriftliche Abstimmung nach dem Mehrheitsprinzip). Bei formellen Fehlern kommt es jedoch darauf an, ob diese für das Beschlußergebnis ursächlich gewesen sind[1445].

1475 Fehlerhafte Vorstandsbeschlüsse können dadurch geheilt werden, daß eine vereinsinterne Anfechtungsmöglichkeit (zur Mitgliederversammlung oder zu einem Vereinsgericht) gegeben ist und die zweite Vereinsinstanz unter Vermeidung des (materiellen oder formellen) Fehlers entscheidet[1446].

1476 Im übrigen gelten für fehlerhafte Vorstandsbeschlüsse die Grundsätze entsprechend, die für fehlerhafte Beschlüsse der Mitgliederversammlung bestehen; vgl. Rn. 1132 ff.

Gleiches gilt für die gerichtliche Anfechtung; vgl. Rn. 1698 ff. Anfechtungsberechtigt ist jedes Vorstandsmitglied; Vereinsmitglieder oder gar Dritte haben ein Anfechtungsrecht nur, wenn der Vorstandsbeschluß unmittelbar in deren Rechtssphäre nachteilig eingreift, wie dies z. B. bei einem Vereinsausschluß der Fall ist (und keine Anfechtungsmöglichkeit innerhalb des Vereins besteht).

9.5. Aktivvertretung durch den Vorstand bei fehlendem Vorstandsbeschluß

1477 Früher war herrschende Auffassung, daß der Vorstand als Vertreter ohne Vertretungsmacht handelt, wenn er die Aktivvertretung für den Verein ausübt, obwohl es an einem dieses Rechtsgeschäft betreffenden Vorstandsbeschluß fehlt[1447]. Diese Meinung wird heute nur noch vereinzelt vertreten[1448]. In BGHZ 69, 250 ist es bejaht worden, daß durch die Satzung die Beschlußfassung einem anderen Organ als dem Vorstand übertragen werden kann. Zu der hier zu behandelnden Frage hat der BGH nicht abschließend Stellung genommen; er hat

---

1442 BayObLGZ 1928, 328/335.
1443 *OLG Schleswig* NJW 1960, 1862.
1444 BayObLGZ 1985, 24/29.
1445 *Soergel/Hadding* § 28 BGB Rn. 10; *Stöber* Rn. 136; a. A. *OLG Schleswig* a. a. O.
1446 Vgl. *RG* Warn. 1913 Nr. 182.
1447 Vgl. die Nachweise bei *Soergel/Hadding* § 28 BGB Rn. 8 Fußn. 25.
1448 Vgl. *Erman/Westermann* § 28 BGB Rn. 2.

aber ausgeführt, es sei naheliegend für ein wirksames Vertretungshandeln, daß ein insoweit wirksamer Vorstandsbeschluß bestehe, wenn es die Satzung bei der gesetzlichen Regelung belasse, da diese anderenfalls ins Leere laufe. Eine dahingehende Tendenz ist sicher bei Monovereinen oder sonstigen Vereinen ohne größeren Verwaltungsaufbau richtig. Anders ist es jedoch bei den Vereinen und Verbänden, die eine Verwaltung etwa wie ein mittleres Unternehmen haben. In einem solchen Fall ist ein einwandfreies Vertretungshandeln für den Verein entscheidend und grundsätzlich nicht, ob dieses durch einen entsprechenden Vorstandsbeschluß gedeckt ist[1449]. Dabei ist auch der Umstand zu berücksichtigen, daß größere Vereine durch Geschäftsführer oder sonstige Vereinsbedienstete auch im Außenverkehr (kraft Vollmacht) vertreten werden und daß der Vorstand nicht für jedes Vertretungsgeschäft einen Beschluß fassen kann (Großverein mit vielen unselbständigen Untergliederungen, bei denen fortlaufend Außengeschäfte, wie z.B. Bezahlung von Rechnungen der Gemeindewerke, der Post usw. anfallen). Es ist somit entscheidend darauf abzustellen, ob bei der Vertretung des Vereins die Vertretungsordnung beachtet worden ist, ob z.B. ein Einzelvertretungsberechtigter gehandelt hat oder ob bei einer Gesamtvertretung die erforderliche Zahl von Vorstandsmitgliedern mitgewirkt hat[1450] oder ob das Außenhandeln eines Vereinsbediensteten durch eine dahingehende Vorstandsvollmacht gedeckt war.

Eine Ausnahme von diesen Grundsätzen besteht nur dann (für die Außenver- **1478**
tretung ist ein Vorstandsbeschluß erforderlich), wenn sich aus der Eintragung im Vereinsregister ergibt, daß ein intern gefaßter Beschluß des Vorstands Voraussetzung dafür ist, daß in dieser Angelegenheit der Vorstand auch nach außen hin handeln kann. In einem solchen – meist seltenen – Fall greift wegen der erwähnten Registereintragung ein Vertrauensschutz ein (§ 64 Satz 2 i.V.m. § 68 Satz 2, § 70 BGB), wonach ein Vorstandsbeschluß erforderlich ist für die Außenvertretung, wenn

- eine Person bevollmächtigt worden ist, die nicht schon aufgrund der Satzung Vertretungsmacht hat (wie dies beim Vorstand und beim besonderen Vertreter der Fall ist),
- ein wegen Vertretung ohne Vertretungsmacht schwebend unwirksames Rechtsgeschäft gegeben ist, das nunmehr zu genehmigen ist,
- die Satzung – wie ausgeführt – die Außenvertretung durch den Vorstand von einer Beschlußfassung abhängig macht oder
- wenn die Satzung die Beschlußfassung des Vorstands abweichend von § 28 Abs. 1, § 32 BGB regelt[1451].

9.6. Zum (Anmelde- und) Eintragungsgebot von Satzungsbestimmungen für die vom Gesetz abweichende Vorstandsbeschlußfassung

Nach § 64 Satz 2 BGB sind bei der Eintragung des Vereins Satzungsbestim- **1479**
mungen miteinzutragen, welche die Beschlußfassung des Vorstands abweichend von der Vorschrift des § 28 Abs. 1 BGB regeln.

1449 Vgl. z.B. *Soergel/Hadding* Rn. 8, *Palandt/Heinrichs* Rn. 1, je zu § 28 BGB.
1450 *Soergel/Hadding* a.a.O.
1451 BGHZ 69, 250/253; *Soergel/Hadding* a.a.O.

Das Eintragungsgebot gilt auch für spätere Satzungsänderungen, die ihrerseits § 28 Abs. 1 BGB abändern (§ 40 BGB).
Eintragungsfähig sind u. a. folgende vom Gesetz abweichenden Satzungsbestimmungen:
- Die Tagesordnung braucht nicht mitgeteilt zu werden;
- bei schriftlichen Abstimmungen genügt eine bestimmte Mehrheit; die Stimme des Vorsitzenden ist bei Stimmengleichheit maßgebend;
- es können außerhalb einer Sitzung Beschlüsse auch telefonisch gefaßt werden;
- der Vorstand ist nur beschlußfähig bei Anwesenheit einer bestimmten Mindestzahl seiner Mitglieder[1452].

1480 Die Vorschrift des § 64 Satz 2 BGB ist jedoch restriktiv anzuwenden. Eine Registereintragung dient u. a. dem Verkehrsschutz. Die erwähnten (möglichen) Registereintragungen sind entbehrlich, wenn sie das Verkehrsschutzinteresse nicht erfordert. Das Eintragungsgebot entfällt daher, wenn sich aus dem Gesamtinhalt der Satzung und vor allem aus der darin enthaltenen Vertretungsordnung ergibt, daß die Wirksamkeit der Aktivvertretung nicht von einem ordnungsgemäßen Vorstandsbeschluß abhängig ist[1453]. Das ist der Fall, wenn die Satzung
- jedem Vorstandsmitglied Einzelvertretungsbefugnis verleiht,
- Gesamtvertretung durch alle Vorstandsmitglieder angeordnet hat (hier ersetzt ein Gesamthandeln ohnedies einen Beschluß),
- bestimmt, daß der Verein jeweils durch zwei Vorstandsmitglieder vertreten wird.

Das Eintragungsgebot besteht aber, wenn die Satzung z. B. dem Vorstandsvorsitzenden Alleinvertretungsbefugnis einräumt, hinsichtlich der Vertretungsbefugnis der übrigen Vorstandsmitglieder aber schweigt[1454].

10. Der Vorstand als Geschäftsführungsorgan

10.1. Allgemeines

10.1.1. Der Begriff Geschäftsführung

1481 In Körperschaftsrechten wird z. T. zwischen der Geschäftsführung als einer Angelegenheit des Innenverhältnisses und der Vertretung als dem Außenhandeln für die Körperschaft unterschieden[1455]. Das kodifizierte Vereinsrecht trifft diese Unterscheidung nicht und weist – ersichtlich ausgehend vom Monoverein, der um 1900 vorwiegend bestanden hat – dem Vorstand auch in seiner

1452 Vgl. *Sauter/Schweyer* Rn. 246.
1453 *Sauter/Schweyer* Rn. 246.
1454 *Sauter/Schweyer* a. a. O.
1455 Vgl. § 77 AktG einerseits und § 78 AktG andererseits, sowie *Baumbach/Hueck* Üb vor § 76 AktG Rn. 9; vgl. weiter § 34 Abs. 1 GenG einerseits und § 24 Abs. 1 GenG andererseits, sowie *Lang/Weidmüller/Schaffland* § 27 GenG Rn. 3; der Oberbegriff ist die Leitung der Gesellschaft – § 76 Abs. 1 AktG – bzw. Genossenschaft – § 27 Abs. 1 GenG; vgl. *Lang/Weidmüller/Metz* § 34 GenG Rn. 12.

Eigenschaft als Vertretungsorgan (§ 26 Abs. 2 BGB) die Geschäftsführung zu[1456].

Auch im Vereinsrecht ist es geboten, die Geschäftsführung von der Vertretung abzugrenzen und zu unterscheiden. Da die Vorschrift des § 27 Abs. 3 BGB nicht außer acht gelassen werden kann, ist Geschäftsführung des Vorstands im weiteren Sinne sowohl das Handeln des Vorstands für den Verein im Vereinsinnenbereich als auch das Vertretungshandeln im Außenbereich[1457]. Geschäftsführung im engeren Sinne ist nur das Handeln im Vereinsinnenbereich, mag es rein tatsächlicher Natur (Aufstellung des Haushaltsplans) oder rechtsgeschäftlicher Art (Einforderung, Anmahnen von Mitgliedsbeiträgen) sein.

Nicht zur Geschäftsführung gehört der Vereinsrechtsetzungsbereich, der vor- 1482
wiegend der Mitgliederversammlung vorbehalten ist (§§ 32, 33 BGB). Damit kann aber auch der Vorstand betraut sein, indem er satzungsmäßig ermächtigt wird, sich eine Vorstandsgeschäftsordnung zu geben.

10.1.2. Die weiteren Geschäftsführungsorgane

Dem Vorstand obliegt nur notwendig die Vertretung des Vereins (§ 26 Abs. 2 1483
BGB). Die Geschäftsführung im engeren Sinne, also das Innenhandeln für den Verein, kann einem anderen Organ als dem Vertretungsorgan zugewiesen werden (§ 27 Abs. 3 i. V. m. § 40 BGB), etwa einem erweiterten Vorstand[1458] oder einem nicht als Vorstand benannten Organ. Zu beachten ist jedoch, daß bei anderer Organzuständigkeit dem Vorstand die diesem nach dem Gesetz obliegenden Pflichten, wie z. B. die Konkursantragspflicht[1459], obliegen. Hat ein Verein ein Organ zur Kontrolle der Geschäftsführung, so hat ein solches keine Geschäftsführungsaufgaben, da die Kontrolle immer der Geschäftsführung nachfolgt[1460].

Nachfolgend wird der Regelfall dargestellt, daß der (u. U. erweiterte) Vorstand auch die Vereinsgeschäftsführung oder Vereinsverwaltung allein übernimmt.

10.2. Die Aufteilung der Gegenstände der Gesamtgeschäftsführung auf einzelne Sachgebiete (Ressorts)

10.2.1. Der Grundsatz der Gesamtgeschäftsführung

Bilden den Vorstand mehrere Personen, so besteht dem Grundsatz nach Ge- 1484
samtgeschäftsführung, d. h. alle Vorstandsmitglieder müssen bei Geschäftsführungsmaßnahmen mitwirken oder mitwirken können. Dieser Grundsatz läßt sich bei Vereinen mit besonderen Organisationsstrukturen nicht durchführen, wie die nachfolgenden Ausführungen ergeben.

10.2.2. Gründe für eine Ressortaufteilung

Vereine mit unternehmerischer Tätigkeit (z. B. Betrieb eines Krankenhauses), 1485
Vereine mit mehreren Vereinsabteilungen sowie in Vereinsform bestehende

1456 § 27 Abs. 3 BGB; auch im GmbH-Recht fehlt diese Unterscheidung, vgl. § 35 GmbHG.

1457 So im Ergebnis auch: *Soergel/Hadding* § 26 BGB Rn. 10.

1458 BGHZ 69, 250.

1459 § 42 Abs. 2 BGB.

1460 Vgl. *Lang/Weidmüller/Schaffland* § 27 GenG Rn. 3 a.

Spitzenverbände haben eine Verwaltungsarbeit zu bewältigen, die eine Ressortaufteilung erforderlich macht. Die Verwaltung = Geschäftsführung des Vereins obliegt an sich dem aus mehreren Personen bestehenden Vorstand. Das auch im Vereinsrecht bestehende Prinzip der Gesamtgeschäftsführung hindert eine Ressortaufteilung nicht, zumal es im Vereinsrecht nicht gesetzlich festgelegt ist[1461]. Die Aufteilung des gesamten Geschäftsanfalls auf einzelne Sachgebiete führt einerseits zur Entlastung der Vorstandsmitglieder und andererseits dazu, daß jedes Vorstandsmitglied entsprechend seinen individuellen Kenntnissen und Fähigkeiten eingesetzt werden kann[1462]. Die Sach- und Fachkunde des als Ressortleiter eingesetzten Vorstandsmitglieds befähigt zur erforderlichen Anleitung und Beaufsichtigung der Hilfskräfte, die in dem betreffenden Ressort tätig sind.

10.2.3. Die erforderliche satzungsmäßige Grundlage

1486 Ressortaufteilungen sind nicht nur bei den oben erwähnten Vereinen, sondern auch bei Gesellschaften mit beschränkter Haftung und bei Genossenschaften üblich. Nach dem Recht dieser Körperschaften kann ein Gesellschafterbeschluß bzw. ein Beschluß der Generalversammlung die Ressortaufteilung anordnen[1463]. Fehlt es an einer Bestimmung im Gesellschaftsvertrag (in der Satzung), an einem Gesellschafterbeschluß (Generalversammlungsbeschluß) oder an einer satzungsmäßigen Delegierung, so können die Geschäftsführer bzw. Vorstandsmitglieder die Aufteilung selbst durch Beschluß anordnen[1464]. Gegen die Übernahme dieser Grundsätze in das Vereinsrecht bestehen Bedenken. Die Aufteilung der dem Vorstand obliegenden Gesamtgeschäftsführung auf einzelne Ressorts berührt in der Regel die Organisation des Vereins. Damit werden die tragenden Grundlagen des Lebens im Verein angesprochen, die eine satzungsmäßige Regelung erfordern. Dies gilt jedenfalls dann, wenn die Ressortaufteilung sich auf die Rechtsbeziehungen zu den Mitgliedern auswirkt. Beispiel: Ein Sportdachverband hat u. a. eine Paßabteilung. In Angelegenheiten der Spielerpässe haben es die Mitgliedsvereine, aber auch die Spieler, allein mit dem Leiter der Paßabteilung zu tun. Eingaben an den Gesamtvorstand werden an die Paßabteilung zur zuständigen Erledigung weitergeleitet. Die Mitgliedsvereine müssen auf die Bildung und u. U. auf die Besetzung der Paßabteilung einen Einfluß nehmen können. Dies ist nur möglich, wenn sie bei der Satzungsgestaltung über die Ressortaufteilung mitwirken können. Es ist jedenfalls die Ermächtigung in der Satzung zur Ressortaufteilung zu empfehlen. In Übereinstimmung mit der herrschenden Auffassung im GmbH- und Genossenschaftsrecht genügt es keinesfalls und es bleibt dann bei der Gesamtverantwortung aller Vorstandsmitglieder, wenn diese nur eine tatsächliche (faktische)

1461 Vgl. für die GmbH: § 37 Abs. 2 GmbHG.

1462 *Grossfeld/Schulte* ZfG 1985, 187/191.

1463 Vgl. RGZ 98, 98/100; *BFH* BStBl 1984 II 776/778; *Rowedder/Koppensteiner* § 37 GmbHG Rn. 40; *Scholz/Schneider* § 43 GmbHG Rn. 35; *Sina* GmbHR 1990, 65; *Lang/Weidmüller/Metz* § 34 GenG Rn. 40; *Großfeld/Schulte* ZfG 1985, 187/189.

1464 Vgl. z. B. *Rowedder/Koppensteiner, Scholz/Schneider* sowie *Sina* a. a. O.; *Höhn* S. 13; vgl. aber *RG* a. a. O.: keine Aufteilung durch bloße Abrede der Geschäftsführer.

Aufteilung in Arbeitsgebiete vornehmen[1465]. Solche vorstandsinternen Aufteilungen stellen lediglich klar, daß die einzelnen Vorstandsmitglieder nur abgeleitete Befugnisse des Vorstandskollegiums wahrnehmen[1466]; bei der satzungsmäßig abgesicherten Ressortaufteilung ist aber, wie noch näher auszuführen ist, der Ressortleiter in erster Linie für sein Aufgabengebiet zuständig und verantwortlich.

10.2.4. Die Zuweisungsfähigkeit

Rechtlich kann eine Ressortaufteilung nur anerkannt werden, wenn es sich um **1487** zuweisungsfähige Angelegenheiten handelt, wenn eine klare Abgrenzung der Ressorts vorgenommen wird und wenn der Ressortleiter die erforderliche Qualifikation hat.

Aufgaben, die dem Leiter des Ressorts zugewiesen sind, sind keine An- **1488** gelegenheiten der Geschäftsführung als Ganzes mehr[1467]. Es können also keine Angelegenheiten in einzelne Ressorts verwiesen werden, die den Gesamtvorstand erfordern. Zuweisungsunfähig sind alle Angelegenheiten der Vereinspolitik. Die Ressortaufteilung kann sich auf die Außenvertretung erstrecken. Zuweisungsunfähig sind alle Angelegenheiten, in denen das Gesetz vom Vorstand eine Pflichterfüllung verlangt[1468]. Nicht ressortfähig sind auch die Angelegenheiten, die dem Vorsitzenden des Vorstands nach der Satzung obliegen, wie die Vorbereitung und Durchführung von Vorstandssitzungen.

Im übrigen schließt die Erfüllung von gesetzlichen Pflichten, die der Vorstand **1489** für den Verein zu erfüllen hat, die Zuweisungsfähigkeit nicht aus. Dies gilt etwa für Gegenstände, bei denen Schutzgesetze i. S. d. § 823 Abs. 2 BGB zu beachten sind[1469] oder bei der Erfüllung bußgeldbewerter gesetzlicher Pflichten[1470]; hier genügt es aber für die Verantwortlichkeit bereits, daß die übrigen Vorstandsmitglieder hätten Kenntnis haben können, daß der zuständige Ressortleiter z. B. seiner Aufsichtspflicht über Mitarbeiter nicht nachgekommen ist[1471]. Zuweisungsfähig ist u. a. auch die Erfüllung steuerlicher Pflichten (vgl. nachfolgend).

10.2.5. Die genaue schriftliche Zuweisung

Eine Ressortaufteilung kann rechtlich weiter nur anerkannt werden, wenn in **1490** der Satzung oder aufgrund Satzungsermächtigung in der Geschäftsordnung eindeutig klargestellt wird, welches Aufgabengebiet welchem jeweiligen In-

1465 Vgl. RGZ 98, 98/100; *BFH* GmbHR 1989, 170/171; *Höhn* S. 13; *Kust* WM 1980, 758/761; *Rowedder/Koppensteiner* § 43 GmbHG Rn. 10; *Lang/Weidmüller/Metz* § 34 GenG Rn. 40.

1466 *Kust* a. a. O.

1467 *Höhn* S. 15.

1468 Vgl. die in § 78 BGB; § 33 Abs. 1, § 34 Abs. 3 HGB erwähnten Anmeldungen und Einreichungen zum Registergericht sowie die Konkursantragspflicht nach § 42 Abs. 2 BGB, vgl. dazu *BGH* GmbHR 1994, 460/461.

1469 Vgl. RGZ 91, 72/76 f.

1470 *OLG Hamm* NJW 1971, 817; *OLG Koblenz* GewArch 1987, 242; *Cramer* § 130 OWiG Rn. 75; a. A. *OLG Düsseldorf* NStZ 1981, 265; *Sauter/Schweyer* Rn. 250.

1471 Vgl. *OLG Hamm* und *Cramer* a. a. O.

haber eines Vorstandsamtes zugewiesen ist[1472]. Es genügt nicht, daß die Satzung nur den 1. und 2. Vorstandsvorsitzenden, den Schatzmeister und Schriftführer erwähnt[1473]. Der BFH[1474] verlangt in jedem Fall bei der Zuweisung steuerlicher Pflichterfüllungen die Schriftform. Die genaue Aufgabenteilung ist auch erforderlich, damit Ressortüberschneidungen vermieden werden. Die klar beschriebenen Aufgaben eines Ressorts sind keine Angelegenheiten mehr, für welche der Gesamtvorstand zuständig ist; die anderen Vorstandsmitglieder tragen keine volle Verantwortung für das einem Ressort zugewiesene Gebiet[1475] (vgl. nachfolgend Rn. 1492).

10.2.6. Die erforderliche Qualifikation

1491 Voraussetzung für die rechtliche Anerkennung einer Ressortzuweisung ist schließlich die persönliche und fachliche Qualifikation des Ressortleiters[1476]. Dieser muß vertrauenswürdig sein[1477], er muß die Kenntnisse besitzen bzw. muß sie sich aneignen, die für die Führung des Ressorts erforderlich sind. Er muß sein Ressort ordnungsgemäß verwalten und die Gewähr dafür bieten, daß er wichtige Vorkommnisse den Vorstandskollegen mitteilt. Dies gilt vor allem bei dem mit dem Haushaltswesen betrauten Ressortleiter; es muß unbedenklich davon ausgegangen werden können, daß er seine Vorstandskollegen unverzüglich unterrichtet, wenn es zur Überschreitung des Haushaltsvolumens kommen sollte oder wenn sich gar die Vermögenslage so sehr verschlechtert, daß die Liquidität gefährdet ist[1478]. Sind dem Ressortleiter Mitarbeiter unterstellt, so muß er die Gewähr dafür bieten, daß er ihnen die erforderlichen Anweisungen gibt und sie stichprobenartig überwacht.

10.2.7. Vorrangige Zuständigkeit des Ressortleiters; Überwachungspflicht der übrigen Mitglieder des Kollegiums

1492 Sind die zu 10.2.4. bis 10.2.6. genannten Voraussetzungen gegeben, so leitet das zuständige Vorstandsmitglied sein Ressort eigenverantwortlich und trifft in seinem Zuständigkeitsbereich allein die Entscheidungen[1479]. Ein Vorstandskollege und selbst der Vorstandsvorsitzende können in diesem Bereich keine Anordnungen treffen oder Weisungen erteilen. Widerspricht ein Vorstandskollege einer Maßnahme des Ressortleiters, so führt dies nicht automatisch dazu, daß diese unterbleibt; notfalls muß das Vorstandskollegium entscheiden[1480]. Der Ressortleiter übernimmt die Handlungsverantwortung, aber auch die Haftung.

1493 Ist eine ordnungsgemäße Ressortaufteilung vorgenommen worden, so trifft das Vorstandskollegium gleichwohl eine Überwachungspflicht hinsichtlich des

1472 Vgl. *BFH* BStBl 1984 II 776/778 und GmbHR 1989, 170/171; *Fleck* WM Sonderbeilage Nr. 2/1988 S. 11.

1473 *Sauter/Schweyer* Rn. 277.

1474 A. a. O.

1475 *Fleck* a. a. O.

1476 Vgl. z. B. *Scholz/Schneider* § 43 GmbHG Rn. 36; *Sina* GmbHR 1990, 65/66.

1477 Vgl. RGZ 91, 72/77; *BFH* BStBl 1984 II 776/778.

1478 Vgl. *BFH* a. a. O.

1479 Vgl. z. B. *Lang/Weidmüller/Metz* § 34 GenG Rn. 39; *Höhn* S. 13, 15.

1480 Vgl. *Höhn* S. 62.

Ressortleiters[1481]. Dieser muß nicht nur zum Zeitpunkt seiner Bestellung, sondern während der gesamten Amtsausübung den Anforderungen an die Qualifikation für dieses Ressort genügen. Deshalb hat das Kollegium die erforderlichen Maßnahmen zu ergreifen, wenn die Qualifikationsvoraussetzungen nicht mehr gegeben sind[1482]. Der erforderliche Informationsfluß zwischen dem Ressortleiter und dem Vorstandskollegium muß gesichert sein. Ist dies nicht der Fall, so haben sich die Vorstandskollegen die erforderlichen Informationen zu verschaffen. Wird informiert, so haben die Vorstandskollegen die danach gebotenen Maßnahmen zu ergreifen. Wird die Information nicht wahrgenommen, so trifft das Vorstandskollegium ein Informationsverschulden[1483]. Das Vorstandskollegium hat schließlich eine Kontrollverantwortung. Ergibt es sich, daß der Ressortleiter in seinem Arbeitsbereich die Geschäfte nicht ordnungsgemäß führt, so sind hieraus Konsequenzen vom Gesamtvorstand zu ziehen[1484]. Es können Anweisungen des Vorstandkollegiums oder es kann die Umbesetzung von Ressorts in Betracht kommen. Als angemessene Maßnahme eines Kontrollergebnisses kann auch die Zurückholung des gesamten Aufgabenbereichs ins Kollegium angezeigt sein[1485].
Kommen die Mitglieder des Gesamtkollegiums ihrer Überwachungspflicht schuldhaft nicht nach und entsteht infolge nicht ordnungsgemäßer Ressortausführung ein Schaden für den Verein, so können hierwegen sowohl der Ressortleiter als auch die übrigen Vorstandskollegen zur Verantwortung gezogen werden.

10.2.8. Die Beschränkung der Ressortzuweisung auf das Haushaltswesen

Je nach den Verhältnissen in einem Verein kann es genügen, daß die Ressort- **1494**
aufteilung auf das Haushaltswesen beschränkt wird, daß die übrigen Verwaltungsaufgaben in der Hand des Gesamtvorstands verbleiben. Auch bei einer so beschränkten Ressortzuweisung müssen die zu 10.2.4. bis 10.2.6. dargestellten Voraussetzungen gegeben sein. Erforderlich ist insbesondere die schriftliche Festlegung der auf das Haushaltswesen und damit auch auf die Erfüllung steuerlicher Pflichten beschränkten Ressortzuweisung. Als Ressortleiter wird in diesem Fall der Kassenwart/Schatzmeister bestimmt. Es kann durch die Satzung oder in einer Haushaltsordnung bestimmt werden, daß der Schatzmeister allein über Beträge von X DM verfügen kann, daß er für darüber hinausgehende Beträge der Zustimmung (Mitunterschrift) des Vorstandsvorsitzenden bedarf.

10.2.9. Änderung und Aufhebung der Ressortzuweisung

Ist die Ressortzuweisung in der Satzung angeordnet, so ist jede Änderung in der **1495**
Sache oder die Aufhebung der Zuweisung eine Satzungsänderung, die der gesetzlichen oder satzungsmäßig bestimmten Mehrheit bedarf.
Hat die Satzung die Vorstandsmitglieder zu einer Geschäftsordnung ermächtigt, welche die Ressortaufteilung in sich schließt, so ist eine Änderung

1481 Vgl. *BGH* WM 1985, 1293/1294 und 1986, 789: GmbH.
1482 Auswahlverschulden, vgl. *Höhn* S. 78.
1483 Vgl. *Höhn* a. a. O.
1484 Vgl. *BGH* a. a. O.
1485 Vgl. *Scholz/Schneider* § 43 GmbHG Rn. 37.

oder Aufhebung durch die Vorstandsmitglieder mit Mehrheitsentscheid möglich.

10.2.10. Die Delegierung von Geschäftsführungsaufgaben auf Mitarbeiter

1496 Aus der besonderen Struktur eines größeren Vereins können sich folgende Abstufungen ergeben:
- die Mitgliederversammlung als oberstes Vereinsorgan,
- der Gesamtvorstand,
- Vorstandsmitglieder als Ressortleiter,
- den Ressortleitern nachgeordnete Kräfte, wie Abteilungsleiter, Gruppenleiter und Sachbearbeiter[1486], bei Sportvereinen weiter z. B. Trainer, Cotrainer, Mannschaftsarzt, Materialwart usw.

Der an sich auch nicht seltene Fall, daß die Mitarbeiter unmittelbar dem Gesamtvorstand unterstellt sind, soll hier ausgeklammert bleiben.

1497 Nach dem Organisationsplan eines Vereins kann der Ressortleiter befugt sein, einzelne Sachfunktionen auf nachgeordnete Mitarbeiter zu delegieren[1487]. Dies ist grundsätzlich formfrei möglich; ausgenommen ist die Erfüllung steuerlicher Pflichten, welche die Schriftform für die Delegierung verlangt (vgl. oben Rn. 1490).

Der Ressortleiter ist dafür verantwortlich, daß Mitarbeiter ordnungsgemäß ausgewählt werden (fachliche Qualifikation nach entsprechender Ausbildung, u. U. erforderliche Erfahrung, charakterliche Eignung und Zuverlässigkeit), daß sie ordnungsgemäß eingewiesen, mit den erforderlichen Richtlinien versehen und auch sonst fachgerecht informiert werden; ferner, daß die Mitarbeiter im gebotenen Umfang überwacht werden. Sind diese Voraussetzungen erfüllt, so hat der Ressortleiter nicht für Fehler der Mitarbeiter einzustehen[1488].

10.3. Die Geschäftsführung nach Auftragsgrundsätzen; die Weisungsgebundenheit des Vorstands und die Grenzen der Folgepflicht

10.3.1. Die einschlägigen Auftragsbestimmungen des BGB

1498 Nach § 27 Abs. 3 BGB gelten für die Geschäftsführung des Vorstands die Auftragsvorschriften des BGB (§§ 662 ff.). Dabei ist es unerheblich, ob der Vorstand für seine Amtsführung eine Vergütung erhält (dann gelten die Auftragsvorschriften nach § 675 BGB) oder nur den Ersatz seiner Aufwendungen (§ 670 BGB). Der Verein kann jedoch in seiner Satzung die Unverbindlichkeit der Auftragsvorschriften anordnen; er kann sie auch nur teilweise für verbindlich erklären und im übrigen eine abweichende Regelung treffen (vgl. § 40 BGB). Eine solche kann auch in dem Anstellungsvertrag enthalten sein, der mit dem Vorstand abgeschlossen wird.

1499 Die **Pflicht zur persönlichen Amtsführung** (§ 664 Abs. 1 Satz 1 BGB) ergibt sich schon aus einem Grundsatz des Körperschaftsrechts; eine Organstellung kann

---

1486 Vgl. *Höhn* S. 14.

1487 Vgl. *Sina* GmbHR 1990, 65/66; *Scholz/Schneider* § 43 GmbHG Rn. 38.

1488 Vgl. *Kust* WM 1980, 758/761; *Grossfeld/Noelle* Die AG 1986, 275/279; *Höhn* S. 75; *Sina* GmbHR 1990, 65/66; *Scholz/Schneider* § 43 GmbHG Rn. 38; vgl. auch BFHE 112, 539.

ihr Träger nicht übertragen. Der Verein kann allerdings die Vollübertragung der Geschäftsführung auf eine andere Person (§ 664 Abs. 1 Satz 2 BGB) gestatten; dies begegnet körperschaftsrechtlich jedenfalls dann keinen Bedenken, wenn die Vertretungsbefugnis, die dem Vorstand zugewiesen ist, wenigstens in Teilbereichen bei ihm verbleibt. Die Zuziehung von Gehilfen (§ 664 Abs. 1 Satz 3 BGB) kann genehmigungsfrei und genehmigungsbedürftig sein. Im allgemeinen ist der Vorstand ermächtigt, von sich aus eine kurzfristige und unentgeltliche Tätigkeit eines Vereinsangehörigen oder auch eines Dritten in Anspruch zu nehmen; so z. B. für Mahnungen, den fälligen Vereinsbeitrag einzuzahlen oder für die Betrauung eines Vereinsmitglieds mit der tatsächlichen Durchführung der Einladung zu einer Mitgliederversammlung[1489]. Die Einstellung von Personal für die Vereinsverwaltung bedarf schon aus Haushaltsgründen der Bewilligung durch das zuständige Organ, im Regelfall also der Mitgliederversammlung. Vereinsangestellte sind sorgfältig auszuwählen, zu unterweisen und stichprobenartig zu überwachen (vgl. § 664 Abs. 1 Satz 2 BGB). Verschulden von Gehilfen muß sich der Vorstand, falls er dem Verein gegenüber haftet, gem. § 278 BGB zurechnen lassen. Ein Fall dieser sog. Substitution ist die Beauftragung eines Rechtsanwalts zur Führung eines Vereinsprozesses.

Der Vorstand hat seinen **Informationspflichten** nachzukommen (§ 666 BGB). **1500**
Über Ausführungshindernisse ist dem zuständigen Organ ohne besonderes Verlangen unverzüglich zu berichten. Die Auskunftspflicht außerhalb einer Mitgliederversammlung erfordert ein dahingehendes Verlangen des zuständigen Organs. Die Pflichterfüllung kann z. B. ein gerichtliches oder behördliches Verfahren auslösen, an dem der Verein beteiligt ist. Die den Vorstand auf Verlangen treffende **Rechenschaftspflicht**[1490] ist gegenüber der Mitgliederversammlung und bei der Amtsbeendigung zu erfüllen.[1491].

Die **Herausgabepflicht** (§ 667 BGB) nach dem Ende des Amtes umfaßt alles, **1501**
was der Vorstand zur Amtsführung erhalten oder was er bei der Amtsführung erlangt hat (z. B. Ehrengeschenke, die nicht ausdrücklich dem Vorstand persönlich zugewandt worden sind). Die Herausgabepflicht umfaßt weiter die sämtlichen dem Vorstand zur Verfügung gestellten Verwaltungsmittel, also die Schriftstücke, Bücher, Geld, Wertpapiere usw. Verwendet der Vorstand Geld – erlaubterweise oder unerlaubt – für sich, das er dem Verein herauszugeben hat, so hat er es vom Zeitpunkt der Verwendung an mit 4 % zu verzinsen (§ 668 i. V. m. § 246 BGB).

Wendet der Vorstand eigene Mittel auf, um seine Amtsführung zu er- **1502**
möglichen, so hat er gegen den Verein einen Anspruch auf Ersatz (§ 670 BGB), der auch die Aufwendungen umfaßt, die der Vorstand für erforderlich halten durfte. Geht er zu diesem Zweck eine Verbindlichkeit ein (z. B. Scheckbegebung), so kann er vom Verein Befreiung von dieser Verbindlichkeit verlangen (§ 257 BGB);[1492]. Benutzt der Vorstand seinen eigenen PKW bei Fahrten, welche die Vereinsgeschäfte erfordern, weiß und billigt dies das Bestellungsorgan und erspart sich so der Verein die Gestellung eines Kraftfahrzeugs, wird das Fahrzeug des Vorstands bei einer solchen Fahrt be-

1489 Vgl. *BayObLG* BayZ 1928, 343.
1490 Vgl. §§ 259 ff. BGB.
1491 Vgl. zum Rechenschaftsbericht des Vorstands Rn. 1524.
1492 Vgl. *Delius* S. 52.

schädigt, so hat der Verein gem. §§ 670, 254 BGB einen Teil des Unfallschadens jedenfalls dann zu ersetzen, wenn den Vorstand an dem Ereignis kein Verschulden trifft[1493]. Ist in der Satzung bestimmt, daß die Vorstandsmitglieder die Vereinsgeschäfte ehrenamtlich zu führen haben, jedoch eine Aufwandsentschädigung erhalten, so können sie keine (zusätzliche) Entschädigung für die im Verein geleistete Arbeit und für entgangenen Arbeitsverdienst beanspruchen (vgl. oben Rn. 760). Die Vorstandsmitglieder können auch nicht selbst allgemein ihre Aufwandsentschädigung festsetzen[1494]; hierfür ist das Anstellungsorgan zuständig.

Der Vorstand ist nicht gehalten, eigene Mittel vorzuschießen, um seinen Pflichten nachkommen zu können. Er hat einen Anspruch auf Zahlung eines Vorschusses (§ 669 BGB), z. B. zur Bestreitung von Reisekosten.

10.3.2. Die Weisungsgebundenheit und die Grenzen der Folgepflicht

1503 Daß der Vorstand in seiner Eigenschaft als Geschäftsführungsorgan von Weisungen des obersten Willensbildungsorgans, der Migliederversammlung, abhängig ist, folgt schon aus körperschaftsrechtlichen Gründen. Für das Innenverhältnis zwischen Vorstand und dem Verein ergibt sich die Weisungsgebundenheit aus § 665 BGB. Weisungen an den Vorstand können allgemeiner Art sein, indem die Mitgliederversammlung eine Geschäftsordnung für den Vorstand erläßt. Die Satzung kann dem Vorstand weiter in der Gestalt Einzelweisungen erteilen, daß für bestimmte Maßnahmen die Zustimmung der Mitgliederversammlung (oder eines anderen Organs, z. B. eines Aufsichtsrats oder Beirats oder auch eines sonderberechtigten Mitglieds) erforderlich ist. Eine schuldhafte Nichtbeachtung der Weisungsgebundenheit kann zu einem Schadensersatzanspruch des Vereins gegen ein Vorstandsmitglied (oder gegen alle) führen.

1504 Die Weisungsabhängigkeit entbindet den Vorstand jedoch nicht von der Pflicht, die Weisung daraufhin zu überprüfen, ob sie dem Gesetz oder der Satzung (bzw. einer nicht abgeänderten Vereinsnebenordnung) entspricht. Einen nichtigen Beschluß der Mitgliederversammlung darf der Vorstand nicht ausführen. Ein solcher wäre insbesondere gegeben, wenn der Beschluß gegen zwingende Vorschriften des im BGB geregelten Vereinsrechts, aber auch sonstigen Vorschriften des öffentlichen Rechts (Steuerrecht, Sozialversicherungsrecht), gegen gesetzliche Verbote (§ 134 BGB) oder die guten Sitten (§ 138 BGB) sowie bei Vereinen mit Vermögensverwaltung gegen die zum Schutz der Vereinsgläubiger erlassenen Bestimmungen (Konkursantragspflicht) verstößt. Bei einem noch nicht gültigen Versammlungsbeschluß muß der Vorstand im Zweifel das Ereignis herbeiführen (vgl. Rn. 1130), das zur Vollwirksamkeit führt. Bei fehlerhaften Beschlüssen (vgl. Rn. 1155 ff.), die Gegenstand einer gerichtlichen Klage auf Feststellung der Unwirksamkeit sein können, darf die Ausführung zurückgestellt werden, bis über die Klage entschieden ist. Ist die Nichtigkeit oder Fehlerhaftigkeit zweifelhaft, so liegt die Ausführung im pflichtgemäßen Ermessen des Vorstands[1495].

1493 *BAG* NJW 1981, 702.

1494 *RG* Recht 1936 Nr. 5421: Gen.

1495 Vgl. für die GmbH: *Scholz/Schneider* § 37 GmbHG Rn. 61.

Hatte das weisungsberechtigte Organ irrige Vorstellungen über tatsächliche Umstände oder haben sich die Verhältnisse geändert (z.B. der Verkäufer ist zum Abschluß eines Kaufvertrages nur noch gegen Zahlung eines 10 % höheren Kaufpreises, als ursprünglich genannt, bereit), so kann der Vorstand nach pflichtgemäßem Ermessen von der Weisung abweichen (§ 665 BGB). Nach § 665 Satz 2 BGB hat jedoch der Beauftragte vor der Abweichung dem Auftraggeber Anzeige zu machen und dessen Entschließung abzuwarten, es sei denn, es ist mit dem Aufschub Gefahr verbunden. Diese Benachrichtigungspflicht bereitet in der Praxis Schwierigkeiten, wenn Adressat die nicht ständig tagende Mitgliederversammlung ist. Ist z.B. ein sog. Hauptausschuß vorhanden, der in geringem Umfang vereinsrechtssetzende Befugnis hat, so ist er der Adressat. Ansonsten kann nur bis zur nächsten Mitgliederversammlung zugewartet werden; das Geschäft kann ausgeführt werden, wenn bei einer »Gefahr«, die abgewendet werden soll, mit einer Billigung gerechnet werden kann[1496]. Die nicht gerechtfertigte Abweichung kann bei Verschulden (§ 276 BGB) zu Schadensersatzansprüchen führen[1497]. **1505**

10.4. Insbesondere: die Vermögensverwaltung

10.4.1. Allgemeines

Das Vorhandensein von Vereinsvermögen ist nicht Voraussetzung für die Erlangung der Rechtsfähigkeit des eingetragenen Vereins. Der wirtschaftliche Verein wird ohne Vereinsvermögen keine Konzession erlangen können. **1506**

Die Vermögensverhältnisse der heutigen Vereine sind sehr vielschichtig. Sie reichen vom Verein, der keine baren Mitgliedsbeiträge erhebt, bis hin zum Verein, der den Umsatz eines mittleren Industriebetriebes erreicht; ein Vereinsverband führte in seiner Jahresstatistik 1991 in einer bestimmten Sparte der Betätigung seiner Mitglieder eine Umsatzzahl von 408 073 876 DM auf[1498].

Auf die Besonderheiten, die sich aus der Verwaltung des aus erheblichem Grundbesitz bestehenden Vereinsvermögens ergeben (z.B. Grundbuchrecht, Baurecht, Natur- und Umweltschutz usw.), kann im Rahmen dieser Darstellung ebensowenig eingegangen werden wie auf die Erfüllung handelsrechtlicher Pflichten eines Vereins, der ein vollkaufmännisches Gewerbe betreibt. Es können nur Leitprinzipien einer geordneten Vermögensverwaltung eines Durchschnittsvereins dargestellt werden.

10.4.2. Der Verein als Träger des Vereinsvermögens

Der inländische rechtsfähige Verein ist wie eine natürliche Person unbeschränkt fähig, Vermögensträger zu sein. Das Vermögen gehört der juristischen Person, nicht den Mitgliedern; sie haben keinen Anteil am Vereinsvermögen. Die Verteilung eines evtl. erwirtschafteten Gewinns ist jedenfalls bei Idealvereinen nicht zulässig[1499]. Nach dem Abschluß der Vermögensliquidation können Vereinsmitglieder Anfallberechtigte werden (vgl. Rn. 2186). **1507**

1496 Vgl. *BGH* VersR 1977, 421.
1497 Vgl. *Palandt/Thomas* § 665 BGB Rn. 11.
1498 Trabrenn-Kalender 1992 Nr. 1 S. 1.
1499 *BGH* NJW 1986, 3201/3202.

1508 Im Falle des Ausscheidens eines Mitglieds besteht kein Anspruch auf ein Auseinandersetzungsguthaben. Die Satzung kann jedoch Abweichendes bestimmen. Beim wirtschaftlichen Verein wird dies die Regel sein. Auch beim steuerlich als gemeinnützig anerkannten Verein ist eine Satzungsbestimmung zulässig, wonach beim Ausscheiden eines Mitglieds dessen geleistete Bareinlagen und der gemeine Wert gegebener Sacheinlagen zurückgegeben bzw. erstattet werden; Mitgliedsbeiträge und Spenden des Ausscheidenden dürfen nicht zurückerstattet werden.

Diese Grundsätze muß der Vorstand bei der Vermögensverwaltung beachten. Er muß darauf Bedacht nehmen, daß das von ihm treuhänderisch verwaltete Vermögen dem Verein auch erhalten bleibt und nach Möglichkeit, sofern der Satzungszweck nicht entgegensteht, auch vermehrt wird.

10.4.3. Die Regelung der Vereinsfinanzwirtschaft in einer Finanzordnung

1509 Die Vermögensverhältnisse des Vereins können es geboten erscheinen lassen, Grundsätze für eine ordnungsgemäße Finanzwirtschaft in einer Finanzordnung aufzustellen. Sie kann folgenden Inhalt haben: Aufzählung der Einnahmen und Ausgaben des Vereins; Verpflichtung des Kassenwarts (Schatzmeisters) zur einwandfreien Führung der Finanzgeschäfte unter Beachtung der Satzung, der Finanzordnung sowie der Beschlüsse der Mitgliederversammlung und des Vorstands; Verpflichtung des Kassenwarts, über die Finanzlage in jeder Mitgliederversammlung Bericht zu erstatten und dem Vorstand jederzeit Auskunft zu erteilen; Verpflichtung zur Verwaltung des Vermögens nach kaufmännischen Grundsätzen und es u. U. zinsbringend anzulegen; Verpflichtung des Kassenwarts zur Überwachung der Bar-Kasse, die von der Geschäftsstelle geführt wird und in der ein Tagesbestand von 500 DM nicht überschritten werden soll; Regelung des Zeichnungsrechts für die Bank- und Postgirokonten etwa dahin, daß der Kassenwart für Zahlungen bis zu 1 000 DM allein und bei höheren Zahlungen nur unter Mitzeichnung des Vorstandsvorsitzenden und bei dessen Verhinderung des zweiten Vorstandsvorsitzenden zeichnungsberechtigt ist; Verpflichtung des Kassenwarts zur Einrichtung und ordnungsgemäßen Erledigung der Buchführung, aus der alle Vorgänge im Rahmen eines Kontenplanes ersichtlich sein müssen, wobei alle Einnahmen und Ausgaben stets zu belegen sind; Zuweisung der Verantwortung in steuerlichen Angelegenheiten an den Kassenwart.

Enthält die Finanzordnung keine Regelung der Beitragspflicht der Mitglieder, so braucht sie nicht Satzungsbestandteil zu sein.

10.4.4. Der Haushaltsplan

1510 Satzungen von mittleren und größeren Vereinen ordnen an, daß vor einer ordentlichen Mitgliederversammlung ein Haushaltsplan zu erstellen ist. Ein solcher dient der Feststellung der Mittel, die zur Erfüllung der Aufgaben des Vereins in einem Haushaltsjahr voraussichtlich erforderlich sind. Der Haushalt ist in Einnahme und Ausgabe auszugleichen. Der Haushaltsplan wird vom Vorstand auf- und von der Mitgliederversammlung festgestellt. Durch den Haushaltsplan werden Ansprüche oder Verbindlichkeiten weder begründet noch aufgehoben[1500]. Es empfiehlt sich eine Verpflichtung des Kassenwarts/Schatz-

1500 Vgl. auch § 68 Abs. 2 SGB/IV.

meisters in der Satzung oder Finanzordnung, dem Gesamtvorstand laufend über die Abwicklung des Haushaltsplanes Bericht zu erstatten und den Gesamtvorstand unverzüglich zu unterrichten, wenn es zu Überschreitungen des Haushalts kommt.

Muster eines Haushaltsplans[1501] **1511**

EINNAHMEN

1. Mitgliedsbeiträge ....
2. Spenden..
   a) Barspenden ....
   b) Sachspenden.............................
3. Öffentliche Zuschüsse ....
4. Vermögensverwaltung.................
   Mieteinnahmen ....
   Zinserträge...................................
5. Einnahmen Zweckbetrieb ....
   (sportliche Veranstaltungen)
   Dauerkartenverkauf ....
   sonstige Eintrittsgelder................
6. Einnahmen gesellige Veranstaltungen..
   Eintrittsgelder..............................
   Verkaufserlöse, Lotterien ....
7. Einnahmen wirtschaftlicher Geschäftsbetrieb...............................
   Vereinsgaststätte ....
   Banden- und Trikotwerbung........
   Verkauf der Stadionzeitschrift.....
   Inserateinnahmen ....

AUSGABEN

1. Personalkosten ....
   Vereinsverwaltung ....
   Anlagen des Vereins ....
   Zweckbetrieb...............................
2. Sachkosten ....
   Energiekosten..............................
   Instandsetzung/Instandhaltung...
   Geschäftsführung ....
   (Telefon, Porto) ....
   Steuern und Gebühren ....
   Mitgliederverwaltung ....
   Kosten der Mitgliederversammlung ....
   Werbung ....
   Anzeigen ....
   PR-Veranstaltungen ....
3. Kapitaldienst ....
   Zins/Tilgung ....
4. Beiträge/Versicherungen ....
   Verbandsabgaben.........................
   Verbandsbeitrag ....
   Versicherungsbeiträge ....
5. Kosten des Zweckbetriebs einzelne Veranstaltungen ....
   Jahreskosten.................................
6. Kosten gesellige Veranstaltungen ....
   Raumkosten..................................
   Wareneinkäufe ....
7. Neuanschaffungen ....

1501 Vgl. *Kruger* S. 25; *Lutter* BB 1988, 489/496.

8. Sonstige Einnahmen	8. Kosten wirtschaftlicher Geschäftsbetrieb .... Vereinsgaststätte .... Vergütungen für Spieler, Trainer, Ordner, Schiedsrichter .... Inseratenwerbung .... 9. Sonstige Kosten ....

10.4.5. Aufzeichnungs- und Buchführungspflichten

1512 Der Vorstand ist verpflichtet, nach § 27 Abs. 3 i. V. m. §§ 666, 259 BGB eine geordnete Zusammenstellung der Einnahmen und Ausgaben an sich am Ende seiner Amtszeit[1502] zu erstellen. Daraus folgt, daß eine periodische Rechnungslegung durch die Satzung angeordnet werden muß. Im Regelfall hat danach der Vorstand für jede ordentliche Mitgliederversammlung die Einnahmen-Ausgabenrechnung zu erstellen.

1513 Kommt der Vorstand dieser privatrechtlichen Rechenschaftspflicht nach und ist der Verein steuerlich gemeinnützig (§§ 61 ff. AO), so erfüllt er damit auch die in § 63 Abs. 3 AO normierte öffentlich-rechtliche Pflicht, ordnungsgemäße Aufzeichnungen über Einnahmen und Ausgaben zu führen. Damit wird nachgewiesen, daß die tatsächliche Geschäftsführung den Erfordernissen für die Inanspruchnahme von steuerlichen Vergünstigungen entspricht. Es gelten die Vorschriften der §§ 140 ff. AO über Aufzeichnungen[1503].

1514 Auch bei Fehlen einer steuerlichen Buchführungspflicht kann der Verein steuerlich verpflichtet sein, Aufzeichnungen zu machen nach[1504]

- § 143 AO: Aufzeichnung des Wareneingangs,
- § 144 AO: Aufzeichnung des Warenausgangs,
- § 22 UStG: Aufzeichnungspflicht für alle Lieferungen und Leistungen, getrennt nach steuerpflichtigen und steuerfreien Umsätzen[1505],
- § 4 Abs. 3 EStG: Aufzeichnung der Betriebseinnahmen und -ausgaben,
- § 6 Abs. 2 EStG: Aufzeichnung der im wirtschaftlichen Geschäftsbetrieb abgesetzten geringwertigen Wirtschaftsgüter über 100 DM,
- § 7 a Abs. 8 EStG: Aufzeichnungen bei erhöhten Abschreibungen,
- § 41 EStG: Pflicht zur Führung eines Lohnkontos bei Auszahlung von Arbeitslohn[1506].

1515 Vereine sind nach § 141 Abs. 1 Satz 1 AO buchführungspflichtig, wenn nach den Feststellungen der Finanzbehörde für den einzelnen Betrieb eines Vereins

- ein Gesamtumsatz (einschl. steuerfreier Umsätze, aber ohne steuerfreie Lotterieumsätze) von mehr als 500 000 DM im Kalenderjahr oder
- ein Betriebsvermögen von mehr als 125 000 DM oder
- ein Gewinn aus dem wirtschaftlichen Geschäftsbetrieb von mehr als 36 000 DM im Wirtschaftsjahr

---

1502 *Lutter* BB 1988, 489/490.
1503 Vgl. auch § 145 Abs. 2 AO.
1504 Vgl. *Kruger* S. 5.
1505 Vgl. auch § 63 UStDV.
1506 Vgl. zum Inhalt des Lohnkontos § 4 LStDV.

ermittelt worden ist. Der Verein ist bei Überschreitung einer der vorgenannten Grenzen buchführungspflichtig. Das zuständige Finanzamt muß eine förmliche Feststellung treffen, daß die Buchführungsgrenze überschritten worden ist[1507].
Für die Buchführung gelten die §§ 238, 240 bis 242 Abs. 1 und die §§ 243 bis 256 HGB entsprechend, soweit sich nicht aus den Steuergesetzen etwas anderes ergibt (§ 141 Abs. 1 Satz 1 AO).
Eine Buchführungspflicht kann sich handelsrechtlich nach den §§ 238 ff. HGB ergeben, wenn der Verein Kaufmann ist.
Politische Parteien sind nach § 28 PartG zur Buchführung verpflichtet.

Für die Aufzeichnungspflicht (im Sinne einer Einnahmenüberschußrechnung) **1516**
oder für die Buchführung ist der Vorstand und im Falle einer Ressortaufteilung in erster Linie der Kassenwart/Schatzmeister verantwortlich (vgl. oben Rn. 1492). Den Gesamtvorstand trifft eine Überwachungs- und Informationspflicht. Bei schuldhaften Pflichtverletzungen haftet der Vorstand dem Verein auf Schadensersatz; dieser hat wiederum für den Vorstand nach § 31 BGB einzustehen.

10.5. Die Prüfung der Vermögensverwaltung des Vorstands

10.5.1. Gesetzliche Pflichtprüfungen

Das Vereinsrecht kennt keine allgemeine Pflichtprüfung der Vermögensver- **1517**
waltung des Vorstands in der Form der Überprüfung der jährlichen Rechnungslegung, wie dies z. B. bei den eingetragenen Genossenschaften (hier auch hinsichtlich der Ordnungsmäßigkeit der Geschäftsführung) in § 53 GenG angeordnet worden ist.
Gesetzlich sind jedoch Pflichtprüfungen angeordnet für Rabattsparvereine (§ 4 Abs. 2 RabattG);[1508], gemeinnützige Wohnungsbauvereine (§§ 14, 19 Abs. 2 § 26 WGG[1509], Lohnsteuerhilfevereine (§ 22 StBerG) sowie für politische Parteien (§ 29 PartG).
Eine öffentliche Rechnungslegung besteht bei nichtpolitischen Vereinen[1510] grundsätzlich nicht. Öffentlich rechnungslegungspflichtig sind jedoch Wirtschaftsvereine nach § 22 BGB (§ 3 Abs. 1 PublG), sofern bei ihnen mindestens zwei der drei nachstehenden Merkmale zutreffen (§ 1 Abs. 1 PublG):

- Bilanzsumme von mehr als 125 Mio DM,
- Umsatzerlöse in den letzten zwölf Monaten vor dem Bilanzstichtag mehr als 250 Mio DM,
- durchschnittlicher Beschäftigungsstand in den letzten zwölf Monaten vor dem Bilanzstichtag mehr als 5 000 Arbeitnehmer.

10.5.2. Freiwillige Prüfung durch Außenstehende

Die Satzung kann vorsehen, daß außenstehende Sachverständige den Rech- **1518**
nungsabschluß zu erstellen oder den vom Vorstand erstellten Rechnungsabschluß zu überprüfen haben. Der Prüfungsbericht ist den Mitgliedern zur Einsicht zur Verfügung zu stellen.

1507 *Kühr* Rn. 12.
1508 Vgl. auch § 6 DVO-RabattG.
1509 Vgl. auch § 23 Abs. 3, 4 WGGDV.
1510 Vgl. § 23 PartG: Pflicht zur öffentlichen Rechnungslegung.

10.5.3. Vereinsinterne Prüfung durch Rechnungsprüfer, Revisoren oder Kassenprüfer

1519 Satzungen bestimmen, daß die Vermögensverwaltung des Vorstands in Teilaspekten von vereinsangehörigen Personen zu prüfen sind. Diese werden als Kassenprüfer, Revisoren oder Rechnungsprüfer bezeichnet. Die Benennung ist aber nicht entscheidend; wesentlich ist die Festlegung des Aufgabengebiets der Prüfung. Dieses kann durch die Satzung, durch eine Finanzordnung, aber auch durch einen Beschluß der Mitgliederversammlung näher beschrieben werden. Der Kassenprüfer hat bei wörtlicher Auslegung dieses Begriffs an sich nur die Kassenführung und weiter zu prüfen, ob die Mittel wirtschaftlich verwendet worden sind, ob die Ausgaben sachlich richtig sind und ob sie mit dem Haushaltsplan übereinstimmen[1511]. Die Vereinspraxis verleiht aber einem »Kassenprüfer« auch eine Prüfungsbefugnis, die derjenigen eines Rechnungsprüfers entspricht. Nachfolgend wird die Rechnungsprüfung dargestellt.

1520 Als Prüfer werden im Regelfall Vereinsmitglieder bestellt. Amtsunfähig sind die Mitglieder des Organs, das geprüft werden soll, u. U. aber auch Mitglieder anderer Organe und in allen Fällen Personen, die in einem Angestelltenverhältnis zum Verein stehen[1512].

Die Prüfer kann die Satzung oder eine Vereinsordnung benennen; ist dies nicht der Fall, so werden sie von der Mitgliederversammlung bestellt.

Die Satzung oder eine Vereinsordnung oder die bestellende Mitgliederversammlung soll die Prüfer zur gewissenhaften und unparteiischen Wahrnehmung ihrer Aufgaben sowie zur Verschwiegenheit verpflichten[1513].

Weiter soll die Satzung oder eine Vereinsordnung die Mitglieder des zu prüfenden Organs, also im Regelfall des Vorstands, verpflichten, den Prüfern die zur Prüfung erforderlichen Unterlagen zugänglich zu machen und die erforderlichen Auskünfte zu erteilen[1514].

1521 Der Prüfungsumfang wird im Regelfall dahin festgelegt, daß zu prüfen sind: die Unterlagen für die Zusammenstellung des Rechenschaftsberichts (der Jahresrechnung), die vorhandenen Bücher oder Aufzeichnungen samt den zugehörigen Schriftstücken (Belege) sowie die Kassen- und Vermögensbestände[1515].

1522 Die Prüfung beinhaltet eine Bestandskontrolle des Bargeldes und der Bankguthaben sowie eine Summenkontrolle sämtlicher Einnahmen und Ausgaben[1516]. Das Bargeld wird gezählt und sein Bestand mit dem Kassenbuch verglichen. Barbelege werden einzeln oder stichprobenartig geprüft. Dies trifft vor allem für Reisekostenbelege zu. Die Einnahmen und Ausgaben müssen auf dem hierfür vorgesehenen Konto verbucht sein[1517]. Bei einem steuerlich als gemeinnützig anerkannten Verein kann sich die Prüfung auch darauf erstrecken, ob die Einnahmen

- zum ideellen Bereich,
- zur Vermögensverwaltung,

1511 *BGH* WM 1988, 531/536.
1512 Vgl. auch § 31 Abs. 1 PartG.
1513 Vgl. auch § 31 Abs. 2 PartG.
1514 Vgl. auch § 29 Abs. 2 Satz 1 PartG.
1515 Vgl. auch § 29 Abs. 2 Satz 2 PartG.
1516 *Peter/von Bornhaupt/Körner* Rn. 662.
1517 *Neufang/Geckle* Gruppe 2/1 S. 11.

- zum Zweckbetrieb oder
- zum wirtschaftlichen Geschäftsbetrieb gehören[1518].

Die Belegprüfung muß ggf. ergeben, daß die Vorsteuer auf dem Beleg richtig ausgewiesen und daß diese Vorsteuer verbucht worden ist[1519]. Weiter wird der Eingang der Mitgliedsbeiträge sowie die Liste der noch ausstehenden Verbindlichkeiten überprüft[1520]. Bei den Ausgaben kann die Prüfung veranlaßt sein, ob für Beträge, die über den Rahmen des laufenden Geschäftsverkehrs hinausgehen, ein Beschluß des zuständigen Organs vorhanden ist, der diese höhere Ausgabe billigt oder genehmigt[1521].

Der Prüfungsbericht wird im Regelfall schriftlich erstellt. Er schließt mit der **1523**
Angabe, in welcher Art und in welchem Umfang die Geschäftsführung während des Geschäftsjahres geprüft worden ist und ob die Prüfung zu wesentlichen Beanstandungen Anlaß gegeben hat[1522]. Der Prüfungsbericht ist eine Grundlage für die Entlastung des Vorstands oder eines sonstigen Vereinsorgans (z. B. des Geschäftsführers). Der Bericht kann einen Vorschlag zur Entlastung enthalten. Empfänger des Prüfungsberichts ist der Vorstand.

10.6. Der Geschäfts- und Rechenschaftsbericht des Vorstands in der Mitgliederversammlung

10.6.1. Vorbemerkung

Im Einzelfall kann der Vorstand verpflichtet sein, kraft Satzungsanordnung **1524**
oder nach § 242 HGB einen Jahresabschluß, somit eine Bilanz und eine Gewinn- und Verlustrechnung zu erstellen. Dieser Sonderfall wird nachfolgend nicht behandelt. Es wird der Fall dargestellt, daß der Vorstand lediglich eine Einnahmen-/Ausgabenrechnung zu erstellen und in der Mitgliederversammlung zu erläutern hat.

10.6.2. Der Geschäftsbericht

Zur Erstattung eines Geschäftsberichts (vgl. auch Rn. 989) ist der Vorstand in **1525**
einer ordentlichen Mitgliederversammlung dann verpflichtet, wenn eine dahingehende satzungsmäßige Anordnung oder eine ständige Übung besteht. Der Geschäftsbericht hat – ähnlich wie der Lagebericht nach § 289 HGB – den Verlauf der Vereinstätigkeit und die Lage des Vereins darzustellen. Da der Geschäftsbericht zusammen mit dem Rechenschaftsbericht der Meinungsbildung der Mitglieder über die Entlastungsfrage dient, muß er wahr, vollständig und verständlich sein.

Der Geschäftsbericht soll die Mitglieder über alle wichtigen Vorkommnisse im Verein im Berichtszeitraum informieren. Dazu können je nach dem Zuschnitt des Vereins gehören: Zu- und Abgang von Mitgliedern, Beziehungen zum übergeordneten Verband, Teilnahme an Meisterschaften und Ergebnisse für den Verein, Zusammenarbeit mit der Gemeinde oder Stadt, Vereinsveranstaltungen, Beschreibung laufender oder künftiger Projekte, Ausgang von

1518 Vgl. *Neufang/Geckle* a. a. O.
1519 Vgl. *Neufang/Geckle* a. a. O.
1520 *Neufang/Geckle* a. a. O.
1521 *Neufang/Geckle* a. a. O. S. 12.
1522 *Sauter/Schweyer* Rn. 314.

Prozessen, Abschluß bedeutender Verträge, Ereignisse, die für den Verein ungünstig waren.
Beim Mehrspartenverein berichten die Abteilungsvorstände über wesentliche Vorkommnisse in den Abteilungen.
Bei Großvereinen und Vereinsverbänden sind auch Berichte der Vorsitzenden weiterer Verbandsorgane üblich.
Der Rechnungsprüfer trägt kurz das Ergebnis seiner Prüfung vor und nimmt zur Entlastungsfrage Stellung.

10.6.3. Der Rechenschaftsbericht

1526 Es wird vom Regelfall ausgegangen, daß die Rechnungslegung jedem Mitglied entweder vor der Versammlung schriftlich übermittelt worden ist oder daß sie zumindest vor dieser einsehbar war und in der Versammlung vorliegt. Dann kann sich der Vorstandsvorsitzende i. d. R. darauf beschränken, Fragen zum Rechnungsabschluß zu erläutern. Es kann sich als notwendig erweisen, auf Abweichungen vom vorhergehenden Rechnungsabschluß näher einzugehen. Erforderlich ist es aber, eine evtl. vorgenommene Rücklagenbildung zu erläutern, da eine solche nicht immer im Sinne der Mitglieder oder Spender ist[1523].
Besteht keine Pflicht zur schriftlichen Rechnungslegung, so muß der Vorstand zumindest eine für die Mitglieder verständliche Einnahmen-/Ausgabenrechnung mündlich darlegen.
Vgl. zum Rechenschaftsbericht auch Rn. 990.

10.6.4. Zum Auskunftsrecht der Mitglieder

1527 Zum Geschäfts- und Rechenschaftsbericht können die teilnahmeberechtigten Mitglieder Fragen stellen und nähere Auskünfte verlangen (s. zum Fragerecht Rn. 885), die der Vorstand(svorsitzende) grundsätzlich nicht verweigern darf. Läßt die Einnahmen-/Ausgabenrechnung z. B. nur die Gesamtbezüge der Vorstandsmitglieder ersehen, so kann nach den Bezügen eines jeden Vorstandsmitglieds gefragt werden[1524].

10.6.5. Einsichtsrecht der Mitglieder

1528 In den schriftlichen Geschäfts- und Rechenschaftsbericht des Vorstands hat jedes Mitglied ein Einsichtsrecht[1525].

1529 Lohnsteuerhilfevereine unterliegen einer gesetzlich angeordneten Geschäftsprüfung. Den Mitgliedern ist der wesentliche Inhalt der Prüfungsfeststellungen schriftlich bekanntzugeben (§ 22 Abs. 7 Nr. 2 StBerG).

1523 *Lutter* BB 1988, 489/495.

1524 Vgl. *Sauter/Schweyer* Rn. 282 und *BGH* NJW 1962, 104: AG.

1525 Vgl. *LG Mainz* BB 1989, 812; die Entscheidung ist zwar zu einem wirtschaftlichen Verein ergangen, die Grundsätze treffen auch beim nichtwirtschaftlichen Verein zu.

10.7. Die Entlastung des Vorstands, eines sonstigen Vereinsgorgans sowie des Geschäftsführers

10.7.1. Satzungsregelungen; zum Anspruch auf Entlastung

Beim Verein fehlt es an einer gesetzlichen Regelung, ob und durch welches **1530**
Organ über die Entlastung des Geschäftsführungsorgans, also regelmäßig des Vorstands, eine Entscheidung zu treffen ist[1526]. Diese Fragen kann die Satzung regeln, sie muß es aber nicht. Gewöhnlich besagen Satzungen, daß über die Entlastung des Vorstands die Mitgliederversammlung beschließt, was sich schon aus § 32 Abs. 1 BGB ergibt.

Im Regelfall hat der Vorstand (oder ein sonstiges Vereinsorgan, wie der besondere Vertreter oder ein Kontrollorgan) keinen Anspruch auf Entlastung. Von diesem Grundsatz gibt es Ausnahmen. Besteht ein Anstellungsvertrag mit einem besoldeten Vorstand, so kann in diesem ein Anspruch auf Entlastung festgelegt werden, sofern im Entlastungszeitraum eine ordnungsgemäße Geschäftsführung zu verzeichnen ist. Eine gleiche Regelung kann die Satzung enthalten. Schließlich kann sich ein Anspruch auf Entlastung aus einer im Verein bestehenden ständigen Übung ergeben.

10.7.2. Die Funktion der Entlastung

Mit der Entlastung billigt das hierfür zuständige Vereinsorgan die Geschäfts- **1531**
führung des Vorstands oder eines sonstigen Organs[1527]. Wird ordnungsgemäß Entlastung erteilt, so werden spätere Streitigkeiten im Verein über die ordnungsgemäße Amtsführung im Regelfall vermieden. Hat die Mitgliedermehrheit die Entlastung beschlossen, so muß sich die dagegen stimmende Minderheit mit diesem Ergebnis abfinden. Die Entlastung hat somit auch eine Streitschlichtungsfunktion[1528]. Wird nach der Entlastung der Vorstand wiedergewählt oder ist dessen Amtszeit noch nicht abgelaufen, so wird ihm zugleich das Vertrauen für die Zukunft ausgesprochen[1529].

10.7.3. Die Rechtsnatur der Entlastung

Die Entlastung ist früher als Vertrag zwischen der Körperschaft und dem be- **1532**
troffenen Organmitglied angesehen worden[1530], der die Wirkungen eines negativen Schuldanerkenntnisses nach § 397 Abs. 2 BGB hat[1531]. Danach tritt die Wirkung der Entlastung erst mit dem Zugang des Entlastungsbeschlusses beim Entlasteten ein, und zwar selbst gegen dessen Willen[1532].

Heute wird der Entlastungsbeschluß als einseitiger, keiner Annahme bedürftiger organschaftlicher Akt angesehen[1533]. Da die Vorschriften über Wil-

---

1526 Anders: § 119 Abs. 1 Nr. 3 AktG, § 46 Nr. 5 GmbHG, § 37 Abs. 2, § 48 Abs. 1 Satz 2 GenG.

1527 Vgl. BGHZ 94, 324/326 f. = NJW 1986, 129: GmbH.

1528 Vgl. MünchKomm/*Reuter* § 27 BGB Rn. 19.

1529 *BGH* a. a. O.

1530 Vgl. RGZ 106, 250/252; 115, 246/250.

1531 *RG* DR 1941, 506; *BGH* NJW 1959, 192.

1532 *RG* a. a. O.

1533 Vgl. *Lang/Weidmüller/Schaffland* § 48 GenG Rn. 13; *Lutter/Hommelhoff* Rn. 14, *Scholz/K. Schmidt* Rn. 91, je zu § 46 GmbHG.

lenserklärungen somit nicht zur Anwendung kommen, kann die Entlastungserklärung auch nicht nach §§ 119, 123 BGB angefochten werden; die Entlastungswirkung kann ferner nicht aus dem Gesichtspunkt der ungerechtfertigten Bereicherung (§§ 812 ff. BGB) beseitigt werden[1534].

10.7.4. Der Entlastungszeitraum

1533 Auf welchen Zeitraum sich die Entlastung zu erstrecken hat, kann die Satzung bestimmen. Sie kann ein oder zwei Geschäftsjahre als Entlastungszeit festlegen. Fehlen Satzungsregelungen, so kann auch eine Vereinsordnung oder eine ständige Übung den Entlastungszeitraum bestimmen. Das Ausscheiden eines Vorstandsmitglieds allein ist dann nicht Anlaß für eine Entlastung, wenn z. B. das Geschäftsjahr maßgebend ist, das Ausscheiden aber im Sommer des folgenden Jahres zu verzeichnen ist. Die Entlastung kann sich auch auf eine einzelne Geschäftsführungsmaßnahme beschränken.

10.7.5. Die Entlastung in persönlicher Hinsicht

1533 a Die Entlastung bezieht sich auf die Geschäftsführung. Da sie im Regelfall dem Vorstand obliegt, ist dieser von einer Entlastungsentscheidung betroffen. Ob auch Befugnis zur Außenvertretung besteht, bleibt gleich. Der Vorstand muß nicht mehr im Amt sein; auch ein verstorbenes Vorstandsmitglied ist zu entlasten oder nicht zu entlasten. Beim Gesamtvorstand kann bei Einzelabstimmung einigen Mitgliedern die Entlastung erteilt und anderen versagt werden.

Ob auch ein besonderer Vertreter in die Entlastungsentscheidung miteinzubeziehen ist, hängt von der Regelung in der Satzung oder von einer ständigen Übung ab. Gleiches gilt für andere Vereinsorgane, die ebenfalls Geschäftsführungsaufgaben erledigen oder die solche überwachen. Die Mitglieder von Rechtsorganen können begrifflich nicht entlastet werden, da dies eine Überprüfung ihrer Entscheidungen bedeuten würde.

Satzungen sehen zum Teil auch die Entlastung des Vereinsgeschäftsführers vor. Er kann dem (Gesamt-)Vorstand mit beratender Stimme angehören. Ist der Geschäftsführer aber kein Organmitglied, sondern nur Angestellter des Vereins und wird Entlastung erteilt oder versagt, so ist dies an sich nur eine Empfehlung an den Vorstand als Dienstvorgesetzter des Geschäftsführers, eine Entlastung oder Nichtentlastung nicht anders zu sehen als das Entlastungsorgan. Die Entlastung ist ein organschaftlicher Vorgang, der sich nur auf Vereinsorgane beziehen kann, dem Geschäftsführer fehlt aber diese Eigenschaft.

10.7.6. Der Entlastungsbeschluß

10.7.6.1. Die Zuständigkeit der Mitgliederversammlung

1534 Die Entlastung beschließt mangels abweichender Satzungsgestaltung die Mitgliederversammlung. Diese Zuständigkeit ist jedoch nicht zwingend[1535]. Wegen der Präklusionswirkung der Entlastung (vgl. Rn. 1537) sollte jedoch die Satzung kein anderes Vereinsorgan mit dieser Aufgabe betrauen.

1534 *Lang/Weidmüller/Schaffland* a. a. O. Rn. 15; *Rowedder/Koppensteiner* § 46 GmbHG Rn. 23.

1535 Vgl. § 32 Abs. 1 i. V. m. § 40 BGB; bei Genossenschaften ist nur die Generalversammlung zuständig, vgl. § 48 Abs. 1 Satz 1 GenG.

10.7.6.2. Die erforderliche Ankündigung in der Tagesordnung

Über die Entlastung kann grundsätzlich nur dann ein gültiger Beschluß gefaßt **1535**
werden, wenn sie als Tagesordnungspunkt in der Einladung zur Versammlung mitgeteilt worden ist. Der mitgeteilte Tagesordnungspunkt »Beschlußfassung über die Entlastung des Vorstands« deckt nicht nur, daß die gesamte Vorstandschaft entlastet wird, sondern auch, daß einzelne Vorstandsmitglieder entlastet werden und andere nicht[1536]. Die Entlastung kann in jeder ordentlichen oder außerordentlichen Mitgliederversammlung Beschlußgegenstand sein.

10.7.6.3. Die Freiheit des Abstimmungsverhaltens; unzulässige Beeinflussungen

Jedes stimmberechtigte Mitglied (jeder Delegierte) kann frei darüber ent- **1535 a**
scheiden, ob dem Vorstand Entlastung erteilt wird oder nicht. Das Vereinsrecht ist hier wesentlich freier ausgestaltet als z. B. das Recht der Wohnungseigentümergemeinschaft oder der Gesellschafter einer GmbH. Da allen Wohnungseigentümern die ordnungsgemäße Verwaltung obliegt, darf dem Verwalter keine Entlastung erteilt werden, wenn gegen diesen Schadensersatzansprüche entstanden sind; setzt sich die Mehrheit von Wohnungseigentümern über diese Grundsätze hinweg, so hat die Minderheit die Möglichkeit, den Entlastungsbeschluß nach § 43 WEG anzufechten[1537]. Die Gesellschafter einer GmbH sind freier gestellt. Sie haben eine breite Spanne des Ermessens, die es ihnen erlaubt, die Entlastung zu versagen oder zu erteilen; sie müssen aber beachten, daß Ansprüche gegen den Geschäftsführer bestehen können, die nach §§ 43 Abs. 3, § 9 Abs. 1, §§ 30, 31 GmbHG im Interesse der Gesellschaftsgläubiger unverzichtbar sind[1538]. Die Mitgliederversammlung als das oberste Organ des Vereins kann beschließen, daß selbst erkannte und berechtigte Ansprüche gegen den Vorstand nicht erhoben werden sollen[1539]. Die Entlastung ist auch möglich, wenn die Rechnungslegung des Vorstands unvollständig ist[1540]. Auf Ansprüche kann als Folge der Entlastung auch dann verzichtet werden, wenn dies als den Belangen des Vereins abträglich erscheint[1541]. Selbst bei schweren Verfehlungen kann Entlastung erteilt werden. Da für den Verein – wird von der Konkursantragspflicht abgesehen – keine Vorschriften zum Schutze von Vereinsgläubigern bestehen, müssen diese es hinnehmen, daß die mit der Entlastung verbundene Präklusion des Vereins, Schadensersatzansprüche geltend machen zu können, dazu führt, daß Vereinsgläubiger nicht in der Lage sind, nach Erlangung eines Titels einen Vereinsanspruch pfänden und sich zur Einziehung überweisen lassen zu können.

Aussprachen über die Entlastungsfrage werden vor allem dann heftig und kontrovers geführt, wenn die bisherige Vorstandschaft durch eine neue ersetzt werden soll. Hier endet die Freiheit der Meinungsäußerung, wenn z. B. gedroht wird, jedes Mitglied, das für die Entlastung stimmt, kann persönlich zur Haf-

---

1536 Vgl. RGZ 65, 241/244.
1537 Vgl. BayObLG Rpfl 1980, 192; BayObLGZ 1983, 314; *KG* ZMR 1987, 31.
1538 *BGH* NJW 1986, 129/130.
1539 *BGH* NJW 1957, 832/833.
1540 *BGH* NJW 1987, 2430.
1541 Vgl. auch *RG* JW 1935, 921.

tung herangezogen werden. Das ist ein Verhalten, das durch Einschüchterung die Freiheit der Entschließung zu beeinträchtigen geeignet ist[1542]. In unzulässiger Weise kann so der Leiter auf die Willensbildung einwirken[1543]. Es kann dies aber auch eine andere Person sein, die an Autorität einem Versammlungsleiter gleichsteht[1544].

10.7.6.4. Die Mehrheiten; Stimmrechtsausschluß

1536 Mangels abweichender Satzungsbestimmung genügt die einfache Mehrheit, daß Entlastung erteilt oder eine solche versagt wird. (§ 32 Abs. 1 Satz 3 BGB).
Der Einmannvorstand darf nicht mitstimmen[1545] und zwar unabhängig davon, ob der Beschlußantrag auf Erteilung oder Versagung der Entlastung lautet. Auch ein evtl. Vertreter des Vorstands darf nicht mitstimmen. Wird eine Gesamtabstimmung vorgenommen, so dürfen alle Vorstandsmitglieder nicht mitstimmen. Wird über die Entlastung oder Nichtentlastung einzeln abgestimmt, so kann dem Grunde nach jedes Vorstandsmitglied bei der ein anderes Vorstandsmitglied betreffenden Abstimmung von seinem Stimmrecht Gebrauch machen. Sind aber in der vorausgegangenen Aussprache gemeinsam begangene Pflichtverletzungen erörtert worden, so darf kein Vorstandsmitglied bei der Entlastung oder Nichtentlastung eines anderen Vorstandsmitglieds mitstimmen[1546]. Hat der Verein ein Kontrollorgan, das die Tätigkeit des Vorstands überwacht, so dürfen auch die Mitglieder dieses Organs nicht mitstimmen[1547].

10.7.6.5. Der Inhalt des Entlastungsbeschlusses; konkludente Entlastung

1537 Der Entlastungsbeschluß soll ausdrücklich als solcher gefaßt werden. Es genügt aber auch ein Beschluß, daß die Geschäftsführung gebilligt oder mißbilligt wird. Wesentlich ist, daß sich aus dem Beschluß durch Auslegung ergibt, daß Entlastung gewollt war[1548].
In Ausnahmefällen kann auch eine konkludente Entlastung in Betracht kommen, vor allem dann, wenn die Mitgliederversammlung nachträglich ein Geschäft des Vorstands genehmigt, über das dieser umfassend informiert hat.
Vor der Entlastung wird oft über die Jahresrechnung oder den Haushaltsplan abgestimmt. Eine Billigung wirkt aber noch nicht entlastend[1549], da die Beschlußfassung hierüber und die Entlastung zwei zu unterscheidende Gegenstände sind, die selbst bei einer zusammengefaßten Abstimmung jeweils rechtlich verschiedene Vorgänge sind[1550].

10.7.6.6. Grundsätzlich keine Aufhebung des Entlastungsbeschlusses

1537 a Die rechtmäßig erteilte Entlastung ist nicht widerruflich. Die Wirkungen der Entlastung sind sofort mit der Beschlußfassung eingetreten und können nachträglich nicht wieder beseitigt werden.

1542 Vgl. *RG* JW 1936, 181/182; *OLG Königsberg* Recht 1935 Nr. 3859.
1543 *RG, OLG Königsberg* a. a. O.
1544 Vgl. *OLG Frankfurt* ZIP 1985, 213/225/226.
1545 Vgl. *BGH* NJW 1986, 2051/2052; so ausdrücklich z. B. § 43 Abs. 6 GenG.
1546 Vgl. *BGH* NJW 1989, 2694/2695: GmbH.
1547 Vgl. *Lang/Weidmüller/Schaffland* § 48 GenG Rn. 20.
1548 RGZ 106, 258/262.
1549 Vgl. RGZ 112, 19/26.
1550 Vgl. *BayObLG* WuM 1988, 419; *KG* NJW-RR 1992, 845: WEG.

Der Entlastungsbeschluß darf aber ausnahmsweise in seinem formellen Bestand durch einen Widerrufsbeschluß beseitigt werden, wenn nunmehr klar zutage tritt, daß z. B. Pflichtverletzungen aus den gebilligten Vorlagen nicht unmittelbar erkennbar waren[1551]. Es darf dann aber kein längerer Zeitraum verstrichen sein, der zwischen dem formell Entlasteten und dem Verein einen Vertrauenstatbestand geschaffen hat.

10.7.6.7. Die Vertagung der Entlastungsentscheidung

Die Mitgliederversammlung kann zu dem Ergebnis gelangen, dem Vorstand **1537 b**
aufzugeben, die Rechnungslegung oder den Geschäftsbericht zu vervollständigen. Dann wird die Entlastungsentscheidung bis zur nächsten Mitgliederversammlung zurückgestellt.

10.7.7. Die Präklusionswirkung der Entlastung

Die sachliche Wirkung der Entlastung besteht darin, daß der Verein gegen den **1538**
Vorstand keine Schadensersatzansprüche oder Bereicherungsansprüche und auch keine Gründe für eine außerordentliche Kündigung eines bestehenden Dienstverhältnisses mehr geltend machen kann, soweit solche Ansprüche oder Kündigungsgründe dem entlastenden Organ positiv bekannt sind oder ihm bei sorgfältiger Prüfung aller ihm gemachten Vorlagen und erstatteten Berichte erkennbar waren[1552]. Es kann auch eine privat erlangte Kenntnis genügen, was aber nur bei kleineren Vereinen in Betracht kommen dürfte.

Das Erfordernis der Bekanntheit oder der Erkennbarkeit verlangt vom Vorstand, daß er die Mitglieder lückenlos über die Vorgänge aufklärt, die Anlaß zur Entlastungsentscheidung sind. Der Vorstand kann sich hierbei z. B. der Hilfe eines Bediensteten oder eines vom Verein beauftragten Wirtschaftsprüfungsunternehmens bedienen. Auch der Bericht des Kassenprüfers dient der Information der Mitglieder. Größere Vereine oder Verbände übermitteln den Mitgliedern vor der Versammlung die Jahresrechnung und den Haushaltvoranschlag oder diese Unterlagen können vor der Versammlung in der Vereinsgeschäftsstelle eingesehen werden. Die Mitglieder sind zur sorgfältigen Prüfung all dieser Unterlagen verpflichtet. Die Entlastung muß sich aber nicht immer nur auf wirtschaftliche Vorgänge gründen. Von der Entlastungsentscheidung soll die gesamte Geschäftsführung des Vorstands erfaßt werden. Ist es z. B. wegen ständiger Zerwürfnisse innerhalb des Vorstands zu zahlreichen Austritten von Mitgliedern gekommen, so muß sich die Vorstandschaft in dieser Hinsicht rechtfertigen und die Mitglieder entsprechend aufklären.

Die sorgfältige Prüfung verlangt aber nicht, daß Mitglieder etwa verpflichtet wären, die mitgeteilten wirtschaftlichen Daten durch einen Sachverständigen überprüfen zu lassen. Die Erkennbarkeit muß in der Mitgliederversammlung bestehen.

Die Erkennbarkeit von Tatsachen, welche Ansprüche gegen die Vorstandsmitglieder begründen, führt dann nicht eine Präklusion herbei, wenn die Entla-

1551 Vgl. RAGE 17, 250.

1552 Vgl. für den Verein: *BGH* NJW 1987, 2430/2431 und NJW-RR 1988, 745/748; vgl. für die GmbH: *BGH* NJW 1959, 192/193; 1975, 1273; 1986, 129/130 und 2250/2251.

stung dadurch erschlichen wird, daß der Vorstand Bedenken durch unwahre Angaben zerstreut[1553].
Jede unvollständige Berichterstattung ist zugleich auch eine unrichtige mit der Folge, daß trotz eines dahin lautenden Beschlusses keine Entlastung erteilt worden ist[1554]. Bei Unvollständigkeit der Berichterstattung oder von zugehörigen Unterlagen können die Mitglieder die Tragweite der von ihnen abverlangten Entlastungsentscheidung bei Anlegung eines lebensnahen und vernünftigen Maßstabes nicht überblicken[1555]. Dies gilt insbesondere für solche Ansprüche, die erst nach eingehendem Vergleich und rechtlicher Auswertung verschiedener Unterlagen ersichtlich sind, die aber den Mitgliedern nicht oder jedenfalls nicht vollständig vorliegen[1556].

10.7.8. Keine Präklusion beim Konkursverein

1538 a Besonderheiten bestehen, wenn über das Vermögen des Vereins das Konkursverfahren eröffnet worden ist. Hier bleibt zwar die Mitgliederversammlung für die Entlastungsentscheidung zuständig. Sie kann aber nicht mehr über dem Verein zustehende Ansprüche verfügen, da dies Sache des Konkursverwalters ist (§ 6 KO). Wegen evtl. Ersatzansprüche des Vereins ist nur ein Vergleich zwischen dem Konkursverwalter und dem zu Entlastenden möglich[1557].

10.7.9. Die vereinsinterne Wirkung der Entlastung

1539 Es kommt vor, daß eine spätere Mitgliederversammlung Vorgänge aufgreift, die bereits in einer früheren Mitgliederversammlung zur Entlastung Vorstands geführt haben. Die rechtlich einwandfreie Entlastung hat auch eine vereinsinterne Sperre in der Weise herbeigeführt, daß zwar über diese Vorgänge diskutiert werden darf, daß sie aber nicht erneut als Gründe für eine Entlastungsverweigerung hinsichtlich des nunmehr anstehenden Entlastungszeitraums angeführt werden dürfen. Ausnahmsweise ist letzteres aber dann zulässig, wenn einwandfrei feststeht, daß in früheren Mitgliederversammlungen nur ein formell, nicht aber ein materiell gültiger Entlastungsbeschluß gefaßt worden ist; es muß also die fehlende Erkennbarkeit von Ansprüchen in einer früheren Mitgliederversammlung feststehen. Ein solcher Ausnahmetatbestand greift aber oft deshalb nicht ein, weil die frühere Mitgliederversammlung so weit zurückliegt, daß ein Umstand eingetreten ist, der wie eine Anspruchsverwirkung zu behandeln ist, weil eine rechtzeitige Anfechtung des früheren Entlastungsbeschlusses unterlassen worden und ein Vertrauenstatbestand beim Vorstand dahin eingetreten ist, daß eine evtl. Anspruchsverfolgung unterbleibt.
Ist dem Vorstand rechtmäßig (auch im Sinne vorstehender Ausführungen) Entlastung erteilt worden, so trifft den Vorstand keine Auskunftspflicht hinsichtlich der von der Entlastung umfaßten Vorgänge[1558].

1553 Vgl. *RG* DR 1941, 506.
1554 Vgl. RGZ 152, 273.
1555 Vgl. *BGH* NJW-RR 1988, 745/748.
1556 *BGH* a. a. O.
1557 Vgl. RGZ 63, 203; *Lang/Weidmüller/Schaffland* § 48 GenG Rn. 23.
1558 Vgl. *BayObLG* RPfl 1979, 266: WEG.

10.7.10. Die fehlerhafte Entlastungsentscheidung und deren Anfechtung

10.7.10.1. Nichtigkeit

Die Entlastungsentscheidung kann aus formellen Gründen (z. B. keine Ankündigung in der Tagesordnung) und ausnahmsweise aus materiellen Gründen nichtig sein. Letzteres ist aber nur dann der Fall, wenn alle für die Entlastung stimmenden Mitglieder grobe Pflichtwidrigkeiten des zu entlastenden Organmitglieds erkannt haben und die Stimmen für die Entlastung nur zu dem Zweck abgegeben worden sind, Vereinsgläubiger zu schädigen (§ 826 BGB)[1559]. **1540**

10.7.10.2. Sonstige Fehler

Soll die Entlastung verweigert werden und sind beim mehrgliedrigen Vorstand innerhalb des Entlastungszeitraums Änderungen eingetreten (Ausscheiden, Tod), so muß geprüft werden, ob der oder die Nachrücker überhaupt an den Pflichtwidrigkeiten beteiligt waren. War dies nicht der Fall, so ist eine Gesamtabstimmung, die zu einer Entlastungsverweigerung führt, unzulässig. Wird sie gleichwohl vorgenommen, so dürfte der Beschluß nicht insgesamt unwirksam sein; die Nachrücker sind dann in Wirklichkeit von der Entlastungsverweigerung nicht betroffen. **1541**

10.7.10.3. Die Anfechtung

Gegen eine fehlerhafte Entlastungsentscheidung kann auf Feststellung der Unwirksamkeit geklagt werden. **1542**
Zur Klage ist jedes Vereins-, aber auch jedes betroffene Organmitglied berechtigt (vgl. Rn. 1787).
Ist vom Kläger ein Verfahrensfehler dargelegt worden, so muß der beklagte Verein den sicheren Nachweis erbringen, daß der angefochtene Beschluß nicht auf dem gerügten Mangel beruhen kann[1560], daß also der Verfahrensfehler das Abstimmungsergebnis unter keinen Umständen beeinflußt haben kann[1561] bzw. daß der Beschluß unter keinen Umständen anders ausgefallen wäre[1562].

10.7.11. »Durchschlagen« eines Entlastungsfehlers auf anschließende Vorstandswahlen

Es ist anerkannt, daß sich die Fehlerhaftigkeit eines Versammlungsbeschlusses auch auf die zu dessen Ausführung erforderlichen Beschlüsse und Maßnahmen »durchschlagen« kann[1563]. Dies ist auch dann der Fall, wenn zwei Versammlungsbeschlüsse in einem untrennbaren inneren Zusammenhang stehen[1564]. Ein solcher Zusammenhang kann auch zwischen einer fehlerhaften Entlastungsverweigerung und den anschließenden Vorstandswahlen gegeben sein. Im Regelfall muß aber die Nichtentlastung auf besonders groben Fehlern beruhen. Beispiel: In der Mitgliederversammlung werden der amtierenden Vorstandschaft Vorgänge vorgeworfen, die bereits bei früheren Mitgliederversamm- **1542 a**

1559 Vgl. auch *RG* JW 1935, 921: AG.
1560 BGHZ 59, 369/375 = NJW 1973, 235; *BGH* NJW 1989, 1212/1215.
1561 *BGH* NJW 1987, 1262/1263.
1562 *BGH* NJW 1987, 2580/2582.
1563 Vgl. *BGH* NJW 1987, 1890/1892: GmbH.
1564 Vgl. *BGH* NJW 1954, 385/387: AG.

lungen bekannt waren und die jeweils zur Entlastung geführt haben. Diese Vorwürfe werden von einer Gruppierung erhoben, welche die bisherigen Vorstandsmitglieder ablösen will. Ein Sprecher dieser Gruppierung teilt der Versammlung mit, er habe sich kundig gemacht, jedes Mitglied, das für die Entlastung der amtierenden Vorstandsmitglieder stimme, hafte dem Verein persönlich auf Ersatz der Schäden, welche diese Vorstandschaft dem Verein verursacht habe. Mit knapper Mehrheit wird Nichtentlastung beschlossen. Anschließend werden die bisherigen Mitglieder des Vorstands abgewählt. Als neue Vorstandsmitglieder werden solche aus den Reihen der opponierenden Gruppierung gewählt. Hier ist nicht nur die Nichtentlastung mit Fehlern behaftet, diese »schlagen« auch auf die Neuwahlen »durch«.

10.7.12. Rechte des nicht entlasteten Organmitglieds

1543 Sieht die Satzung vor, daß in einer ordentlichen Mitgliederversammlung über die Entlastung des Vorstands zu beschließen ist und wird dieser Tagesordnungspunkt grundlos vertagt, so hat der Vorstand grundsätzlich einen klagbaren Anspruch, daß in der nächsten Mitgliederversammlung über die Entlastung entschieden wird[1565].

1543 a Wird die Entlastung zu Unrecht durch Versammlungsbeschluß verweigert, so kann der Vorstand (oder ein sonst nicht entlastete Organmitglied) sein Amt mit sofortiger Wirkung niederlegen und kann den bestehenden Dienstvertrag außerordentlich kündigen (§ 626 Abs. 1 BGB) und u. U. Schadensersatz nach § 628 BGB verlangen.

1543 b Besteht ausnahmsweise ein korporationsrechtlicher Anspruch auf Entlastung (vgl. Rn. 1530) und wird eine solche grundlos verweigert, kann der Vorstand (oder ein sonstiges Organmitglied) Klage gegen den Verein mit dem Antrag erheben, daß der Verein die Entlastungserklärung abgibt, die dann mit der Rechtskraft des Urteils nach § 894 ZPO als abgegeben gilt[1566]. Der Kläger hat dem Gericht die für die Überprüfung einwandfreier Geschäftsführung und Rechenschaftslegung erforderlichen Unterlagen vorzulegen[1567].

10.7.13. Die Verfolgung von Ansprüchen gegen nicht entlastete Organmitglieder

1544 Wird dem Vorstand (oder einem sonstigen Organ) die Entlastung verweigert, so liegt hierin eine Mißbilligung der Geschäftsführung und ein Vorbehalt der Geltendmachung von Ersatzansprüchen. Der nunmehr amtierende Vorstand ist i. d. R. verpflichtet, diese Ansprüche geltend zu machen. Die Mitgliederversammlung kann allerdings beschließen, daß von einer Anspruchsverfolgung abgesehen wird[1568]. Fehlt es an einem solchen Beschluß, so muß der amtierende Vorstand bei Vermeidung eigener Haftung die Ansprüche alsbald realisieren[1569]. Diese entstehen kraft Gesetzes und sind deshalb sofort fällig; eine Geldschuld ist ab dem Zeitpunkt der Anspruchsentstehung zu verzinsen[1570].

1565 Vgl. *Lang/Weidmüller/Schaffland* § 48 GenG Rn. 16.
1566 Vgl. RGZ 89, 396; *RG* HRR 1936 Nr. 863; *OLG Hamburg* BB 1960, 996/997.
1567 *OLG Celle* OLGE 27, 350.
1568 Vgl. BGHZ 24, 47/54.
1569 *BGH* a. a. O.
1570 *BGH* a. a. O.

10.7.9. Die Generalbereinigung

Bei der Generalbereinigung verzichtet der Verein durch Vertrag mit einem Organmitglied über die Entlastung hinaus auf alle (nicht nur die erkennbaren) Ersatzansprüche[1571]. Der Vertrag darf aber nicht gegen Gesetz oder Satzung verstoßen. Ein Anspruch auf Abschluß eines solchen Verzichtsvertrages (§ 397 BGB) besteht nicht. 1545

10.8. Die Pflicht des Vorstands zur Stellung des Konkurs- oder Vergleichsantrags

10.8.1. Der Konkursgrund Überschuldung

Der Vorstand hat im Falle der Überschuldung die Eröffnung des Konkursverfahrens oder des gerichtlichen Vergleichsverfahrens zu beantragen (§ 42 Abs. 2 Satz 1 BGB); die gleiche Verpflichtung trifft die Liquidatoren (§ 48 Abs. 2 BGB; vgl. auch § 53 BGB). 1546

Überschuldung ist gegeben, wenn das Aktivvermögen des Vereins nicht mehr die Schulden deckt[1572]. Sie ergibt sich aus einer Vermögensübersicht, die eine nachvollziehbare Gegenüberstellung der Aktiven und Passiven mit Wert- und Schuldansätzen enthalten muß[1573].

10.8.2. Der Konkursgrund Zahlungsunfähigkeit

Über das Vermögen des Vereins kann das Konkursverfahren auch eröffnet werden, wenn Zahlungsunfähigkeit gegeben ist (§ 207 Abs. 1, § 213 KO). Sie zeigt sich in dem nach außen in Erscheinung tretenden auf dem Mangel an Zahlungsmitteln beruhenden, voraussichtlich dauernden Unvermögen des Vereins, seine sofort zu erfüllenden Geldschulden im wesentlichen noch zu befriedigen. Festgestellt wird die Zahlungsunfähigkeit durch eine stichtagsbezogene Gegenüberstellung der fälligen und eingeforderten Verbindlichkeiten und der zu ihrer Tilgung vorhandenen oder herbeizuschaffenden Mittel[1574]. 1547

Ein nur vorübergehender Geldmangel (Zahlungsstockung) genügt nicht.

10.8.3. Die organschaftliche Pflicht zur Stellung des Konkurs- oder Vergleichsantrags

Ist Überschuldung gegeben, so besteht für den Vorstand eine gesetzliche Pflicht zur Stellung des Konkurs- oder Vergleichsantrags. Einer dieser Anträge kann wahlweise gestellt werden. Das Gesetz (§ 42 Abs. 2 BGB) erwähnt zwar die Zahlungsunfähigkeit nicht; ist sie gegeben, so muß einer der Anträge jedoch in Erfüllung der aus dem Anstellungsverhältnis mit dem Verein sich ergebenden Pflichten gestellt werden. Adressat der Pflichterfüllung ist jedes Mitglied des zur Vertretung berechtigten Vorstands. Nach dem Eintritt der Liquidation haben die Abwickler den Antrag zu stellen. Vgl. zur Stellung des Konkursantrags im einzelnen Rn. 2014 und zur Stellung des Antrags auf Eröffnung des gerichtlichen Vergleichsverfahrens näher Rn. 2047. Die Amtsniederlegung nach Fest- 1548

1571 BGHZ 97, 382/389 = NJW 1986, 2250.
1572 Vgl. die Legaldefinitionen in § 92 Abs. 2 Satz 2 AktG; § 98 Abs. 1 Nr. 2 GenG und § 64 Abs. 1 Satz 2 GmbHG.
1573 *BGH* NJW 1991, 3146/3147.
1574 *BGH* NJW 1990, 1055/1056.

stellung der Krise befreit von der Antragspflicht nicht; zumindest muß der Nachfolger veranlaßt werden, den Antrag zu stellen[1575]. Es genügt, daß einer von mehreren Vorstandsmitgliedern oder Liquidatoren die Antragstellung vornimmt. Wird das Konkurs- oder Vergleichsverfahren auf Antrag eines Vereinsgläubigers eingeleitet, so ist eine organschaftliche Antragstellung grundsätzlich entbehrlich[1576]; dem Vorstand kann jedoch u. U. zum Vorwurf gemacht werden, daß er den Antrag früher hätte einbringen müssen.

Jedes an sich antragspflichtige Vorstandsmitglied muß sich stets über die wirtschaftliche Lage des Vereins auf dem laufenden halten. Ist danach festzustellen, daß sich der Verein im Vorfeld einer Krise befindet, so muß für die sofortige Erstellung einer Vermögensübersicht Sorge getragen werden. Ist Konkursreife gegeben, so muß der Vergleichs- oder Konkursantrag unverzüglich gestellt werden, wenn eine Sanierung nicht erwartet werden kann.

10.8.4. Die Antragspflicht des faktischen Vorstands

1548 a Die Pflicht zur Stellung des Konkurs- oder Vergleichsantrags trifft auch den faktischen Vorstand, der also ohne gültige Vorstandsbestellung tatsächlich wie ein Vorstand für den Verein handelt und dessen Geschäfte führt[1577]; vgl. zum faktischen Vorstand Rn. 1288 ff.

10.8.5. Die Haftung

1549 Die verspätete Antragstellung kann zur Haftung des Vorstands bzw. der Liquidatoren den Vereinsgläubigern, aber auch dem Verein gegenüber führen (vgl. Rn. 1923 u. 1942 ff.).

10.9. Die Erfüllung der den Verein treffenden steuerlichen Pflichten durch den Vorstand (die Liquidatoren)

10.9.1. Die steuerlichen Pflichten (Übersicht)

1550 Nach § 34 Abs. 1 AO haben die gesetzlichen Vertreter juristischer Personen deren steuerliche Pflichten zu erfüllen; sie haben dafür zu sorgen, daß die Steuern aus Mitteln entrichtet werden, die sie verwalten.

1551 Steuerliche Pflichten sind u. a.:

- Bücher und Aufzeichnungen zu führen (§§ 140 bis 148 AO; vgl. oben Rn. 1515),
- Steuererklärungen abzugeben und evtl. zu berichtigen (§§ 149 bis 153 AO).
- Steuern aus Mitteln des verwalteten Vermögens zu entrichten (§ 34 Abs. 1 Satz 2 AO),
- die Vollstreckung in das verwaltete Vermögen zu dulden (§ 77 AO),
- die Auskünfte an die Finanzbehörde zu erteilen, die für die Feststellung eines für die Besteuerung erheblichen Sachverhalts erforderlich sind (§ 93 AO),
- die Anzeige von Umständen an das zuständige Finanzamt (§ 20 AO) und an die für die Erhebung der Realsteuern zuständigen Gemeinden, die für die

1575 Vgl. *BGH* NJW 1952, 554.
1576 A. A. *BGH* GmbHR 1957, 131.
1577 Vgl. *BGH* NJW 1988, 1789: GmbH.

steuerliche Erfassung von Bedeutung sind, namentlich die Gründung, den Erwerb der Rechtsfähigkeit, die Änderung der Rechtsform, die Verlegung der Geschäftsleitung oder des Sitzes sowie die Auflösung, innerhalb eines Monats seit dem meldepflichtigen Ereignis (§ 137 AO),
- die Anzeige über eine Erwerbstätigkeit (§ 138 AO), u. U. die Anmeldung der in § 139 AO aufgeführten Betriebe,
- in den Fällen der § 38 Abs. 3, § 41 a Abs. 1 Nr. 2, § 44 Abs. 3 EStG Steuern für Rechnung eines Dritten einzubehalten und an das Finanzamt abzuführen,
- von den Verwaltungsakten der Finanzbehörden, die dem Verein bekanntgemacht worden sind, Kenntnis zu nehmen[1578].

Für die Steuerabführung gilt: Steuern können nur abgeführt werden, soweit die vorhandenen Geldmittel reichen; der gesetzliche Vertreter braucht eigene Mittel nicht einzusetzen (sofern kein eigener Haftungstatbestand eingreift). Reichen die Mittel nicht aus, um sämtliche Verbindlichkeiten zu erfüllen, so muß der Vorstand zwar nicht vorrangig die Mittel zur Tilgung von Steuerschulden einsetzen; er darf aber den Steuergläubiger auch nicht benachteiligen. Steuern sind vielmehr in etwa gleicher Weise zu tilgen wie die Forderungen anderer Vereinsgläubiger[1579]. Im Falle von Zahlungsschwierigkeiten darf somit der Vorstand nicht vorrangig die Arbeitnehmer und die Lieferanten des Vereins bezahlen, die mit der Einstellung weiterer Lieferungen drohen. Die noch vorhandenen Mittel müssen vielmehr so verwendet werden, daß Steuer- und sonstige Verbindlichkeiten in Höhe eines annähernd gleichen Prozentsatzes getilgt werden[1580]. Zu den sonstigen Schulden gehören auch die Löhne einschl. der darauf entfallenden Abgaben[1581]. Im übrigen ist bei Löhnen zu beachten: Der Arbeitnehmer ist beim Lohnsteuerabzug zwar Steuerschuldner (§ 38 Abs. 2 EStG); er kann aber nicht mehr in Anspruch genommen werden, wenn der Verein als Arbeitgeber die Lohnsteuer vorschriftsmäßig vom Arbeitslohn einbehalten und sie dem Finanzamt angemeldet hat[1582]. Als Arbeitgeber haftet der Verein für die Einbehaltung und Abführung der Lohnsteuer seiner Arbeitnehmer (§ 42 d EStG). 1552

10.9.2. Die Pflichterfüllung durch den Vorstand (die Liquidatoren)

Die steuerlichen Pflichten des Vereins hat der Vorstand zu erfüllen, da er dessen gesetzlicher Vertreter ist (§ 34 Abs. 1 AO; § 26 Abs. 2 Satz 1 BGB). Die in § 34 Abs. 1 AO normierte Pflichterfüllung ist öffentlich-rechtlicher Natur; sie kann deshalb weder durch die Satzung noch durch eine Individualvereinbarung abbedungen werden[1583]. Beschränkungen der Vertretungsmacht (§ 26 Abs. 2 BGB) greifen nicht ein. Es ist immer zu fragen, ob die in Betracht kommende Person ein gesetzlicher Vertreter des Vereins ist. Unerheblich sind deshalb 1553

1578 Vgl. *Hübschmann/Hepp/Spitaler* § 34 AO Rn. 39.
1579 Vgl. *BFH* GmbHR 1991, 478/479: GmbH.
1580 Vgl. *BFH* ZIP 1987, 1545.
1581 *BFH* a. a. O.; *Philipowski BFH* EWiR § 34 AO 1/88, 111.
1582 *BFH* GmbHR 1987, 444/445.
1583 *BFH* BStBl. 1969 II 539; *Tipke/Kruse* Rn. 2, *Hübschmann/Hepp/Spitaler* Rn. 48, je zu § 34 AO.

Satzungsbestimmungen über eine Gesamtvertretung[1584]; die Finanzverwaltung kann die Pflichterfüllung von jedem der Gesamtvertreter verlangen; es ist dessen Sache, die evtl. erforderliche Zustimmung der anderen Vorstandsmitglieder zu erlangen[1585]. Vgl. jedoch im Falle einer Ressortaufteilung Rn. 1490.

10.9.3. Die Pflichterfüllung durch einen gem. § 81 AO bestellten Vertreter

1554 Wird bei einer erforderlich werdenden Nachtragsliquidation (vgl. Rn. 2214 ff.) die Bestellung eines Liquidators verzögert, so kann das Finanzamt beim Vormundschaftsgericht, in dessen Bezirk das Finanzamt seinen Sitz hat, den Antrag auf Bestellung eines Vertreters stellen (§ 81 Abs. 1 Nr. 5, Abs. 2 AO)[1586]

10.9.4. Der Beginn und das Ende der steuerlichen Vertretung

1555 Die steuerliche Vertretung beginnt mit der Erlangung der Organstellung als Vorstand.

Die Pflichten enden mit dem Verlust der Organstellung. Das Erlöschen der Vertretungsbefugnis läßt jedoch die nach § 34 AO entstandenen Pflichten unberührt, soweit diese den Zeitraum betreffen, in dem die Vertretungsbefugnis bestanden hat und soweit der Verpflichtete sie noch erfüllen kann (§ 36 AO). Die Eröffnung des gerichtlichen Vergleichsverfahrens über das Vereinsvermögen läßt die Befugnisse des Vertretungsvorstands unberührt[1587]. Wird jedoch über das Vermögen des Vereins das Konkursverfahren eröffnet, so geht die Verwaltungs- und Verfügungsbefugnis über das Vereinsvermögen auf den Konkursverwalter über (§ 6 Abs. 2 KO), den dann auch die steuerlichen Pflichten treffen[1588].

10.9.5. Die steuerliche Haftung

1556 Die Verantwortlichkeit für die Steuerabführung trifft alle Vorstandsmitglieder und nicht nur den Vorsitzenden[1589].

Vgl. im übrigen zur steuerlichen Haftung Rn. 1948 ff.

4. Abschnitt
Weitere Vereinsorgane

1. Der besondere Vertreter

1.1. Bestellung nur kraft Satzungsanordnung

1557 Nach § 30 Satz 1 BGB kann durch die Satzung bestimmt werden, daß neben dem Vorstand für gewisse Geschäfte besondere Vertreter bestellt werden. Diese Vorschrift beruht auf der Erwägung, daß die Bestellung besonderer Per-

---

1584 *Hübschmann/Hepp/Spitaler* Rn. 46, *Tipke/Kruse* Rn. 12, je zu § 34 AO.
1585 *Hübschmann/Hepp/Spitaler* sowie *Tipke/Kruse* a. a. O.
1586 Vgl. *Tipke/Kruse* § 34 AO Rn. 18.
1587 Vgl. *Hübschmann/Hepp/Spitaler* § 34 AO Rn. 56.
1588 *Hübschmann/Hepp/Spitaler* Rn. 53, *Tipke/Kruse* Rn. 12, je zu § 34 AO.
1589 *FG Saarland* BB 1970, 910.

sonen als Organe des Vereins für einen begrenzten Geschäftskreis neben dem Vorstand bei Vereinen von größerem Umfang häufig unentbehrlich ist[1590].

Bestellen bedeutet nach der Gesetzessprache des Körperschaftsrechts, einer Person eine Organstellung verschaffen[1591]. Da der besondere Vertreter kein notwendiges Vereinsorgan ist, ist es dem Satzungsgeber überlassen, ob er von der gesetzlichen Bestellungsbefugnis Gebrauch machen will. Ist eine entsprechende Bestimmung in die Gründungssatzung aufgenommen worden, so können die Gründer selbst bereits einen besonderen Vertreter bestellen; es kann aber auch dieses Vereinsamt nur in der Satzung vorgesehen sein, die Bestellung kann dann der künftigen Entwicklung vorbehalten werden. Die Einführung des Amts des besonderen Vertreters ist auch durch Satzungsänderung möglich. **1558**

Das weitere Vereinsorgan muß nicht in der Satzung ausdrücklich als besonderer Vertreter bezeichnet werden. Dann muß aber die Auslegung ergeben, daß etwa dem Kassenwart/Schatzmeister diese Organstellung verschafft werden soll. Satzungen zählen regelmäßig in einer besonderen Bestimmung ihre Organe auf; danach folgt deren Funktionsbeschreibung usw. Ist z. B. bei der Organaufzählung der Vorstand und weiter der Kassenwart erwähnt, so ist dieser ein besonderer Vertreter. Enthält die Satzung eine Aufgabenbeschreibung eines Organs, die nicht den Vorstand betrifft und ist bestimmt, daß dieses Organ im Rahmen seines Wirkungskreises den Verein gerichtlich und außergerichtlich vertreten kann, so ist auch dieses Organ ein besonderer Vertreter.

Eine weitergehende Auslegung der Satzung ist nicht zulässig. Es genügt z. B. nicht, daß die Satzung eines größeren Vereins Abteilungen vorsieht; der Abteilungsleiter ist nur dann organschaftlich ein besonderer Vertreter, wenn für ihn in der Satzung eine Organstellung vorgesehen ist. Die Situation ist vergleichbar mit einem staatlichen Haushaltsplan, der für jeden Bediensteten eine Planstelle vorsehen muß, damit das Amt geschaffen werden kann. Soweit in der Literatur eine abweichende Ansicht vertreten wird – es genüge, daß nach der Satzung eine sachlich oder örtlich getrennte Abteilung bestehe –, wird sie auf Zitate gestützt, die ausschließlich die von der Rechtsprechung erforderlich erachtete ausdehnende Auslegung des § 30 BGB aus Haftungsgründen (vgl. nachfolgend Rn. 1576) betreffen[1592]. Dem inländischen Verein ist die Selbstbestimmung über die eigene Organisation durch Art. 9 Abs. 1 GG als Grundrecht garantiert[1593]. Zur Frage der Organisation gehört es, ob der Verein das Amt des besonderen Vertreters schaffen will oder nicht. Der Richter, der über die Haftung eines Vereins auf Schadensersatz oder wegen einer Ordnungswidrigkeit zu entscheiden hat, kann zu dem Ergebnis kommen, der Verein hätte bei seiner verzweigten Organisation einen besonderen Vertreter bestellen müssen; er kann aber, wenn der Verein dieses Amt nicht haben will, nicht gegen dessen Willen die Satzung dahin auslegen, er habe gleichwohl dieses Amt geschaffen, weil nur so z. B. einem Analogieverbot begegnet werden kann[1594]. **1559**

1590 Vgl. RGZ 157, 228/235.

1591 Vgl. z. B. § 84 Abs. 1 Satz 1 AktG; § 48 Abs. 1 Satz 1 BGB; § 24 Abs. 2 Satz 2 GenG; § 46 Nr. 5 GmbHG.

1592 Vgl. z. B. *Soergel/Hadding* § 30 BGB Rn. 5; *Stöber* Rn. 158.

1593 BVerfGE 50, 290/354 = NJW 1979, 699; *BVerfG* NJW 1990, 37/38.

1594 A. A. *BGH* wistra 1989, 144/145.

1.2. Insbesondere: der Verbandsgeschäftsführer

1560 Die Größe eines vor allem bundesweit tätigen Verbands erfordert Verwaltungsaufgaben, die der Vorstand allein nicht bewältigen kann. Dessen Tätigkeitsbereich kann sich auf die Vorbereitung und Einberufung der Mitgliederversammlung, auf die Verbandsrepräsentation national und international und auf die Vertretung in Angelegenheiten beschränken, die über den Begriff der laufenden Verwaltung hinausgehen. Ferner behält der Vorstand die Oberaufsicht über die Verbandsverwaltung samt Einstellung und Entlassung von Personal. Die Leitung der Vereinsverwaltung wird einem Geschäftsführer (Generalsekretär) übertragen. Ist die Verbandsverwaltung so groß, daß Abteilungen gebildet werden müssen, so kann der Abteilungsleiter Geschäftsführer und der Leiter der Gesamtverwaltung Hauptgeschäftsführer sein.

1561 Der Verbandsgeschäftsführer kann satzungsmäßig besonderer Vertreter sein. Das ist z. B. bei Spitzenverbänden der Sozialversicherungsträger der Fall, die in der Rechtsform eines eingetragenen Vereins bestehen. Der Hauptverband der gewerblichen Berufsgenossenschaften e. V. und der Bundesverband der landwirtschaftlichen Berufsgenossenschaften e. V. haben jeweils einen Hauptgeschäftsführer[1595]. Der Verband der Deutschen Rentenversicherungsträger e. V. hat einen Geschäftsführer. In Anlehnung an die Regelung in § 36 Abs. 1 SGB/IV ist satzungsmäßig bestimmt, daß der Hauptgeschäftsführer bzw. der Geschäftsführer die laufenden Verwaltungsgeschäfte des Verbands führt und ihn insoweit gerichtlich und außergerichtlich als besonderer Vertreter nach § 30 BGB vertritt. Beim Bundesverband der Unfallversicherungsträger der öffentlichen Hand e. V. leitet der Geschäftsführer die Verbandsgeschäftsstelle und vertritt den Verband neben dem Vorstandsvorsitzenden[1596].

Nicht jeder bundesweit tätige Verband gewährt dem Geschäftsführer (Generalsekretär) in der Satzung die Organstellung eines besonderen Vertreters. Heißt es in der Satzung nur, »Der Vorstand bedient sich zur Durchführung seiner Aufgaben der vom Verband unterhaltenen Geschäftsstelle« (§ 36 Nr. 1 DFB-Satzung) oder »Zur Führung der laufenden Geschäfte des Verbands unterhält dieser eine Geschäftsstelle; sie wird von einem Geschäftsführer geleitet und untersteht dem Präsidenten« (§ 14 DEB-Satzung), so muß der Geschäftsführer immer im Auftrag des Vorstands handeln und ist kein besonderer Vertreter.

1.3. Bestellungsorgan; Amtsfähigkeit

1562 Den besonderen Vertreter bestellt die Mitgliederversammlung. Die Satzung kann jedoch auch ein anderes Organ als Bestellungsorgan vorsehen. Wird mit Organstellung ein Geschäftsführer bestellt, so muß er ständig eng mit dem Vorstand zusammenarbeiten; dieser kann deshalb als Bestellungsorgan satzungsmäßig bestimmt werden. Es ist auch möglich, daß dem Vorstand gegenüber der Mitgliederversammlung satzungsmäßig ein Vorschlagsrecht eingeräumt wird.

1595 *Hein* S. 227, 255, 314, 320.
1596 *Hein* S. 262, 276.

Hinsichtlich der Amtsfähigkeit kann die Satzung Anordnungen treffen. Sie kann die Vereinsmitgliedschaft oder bei einem Großverein eine Repräsentantenstellung in einer Untergliederung verlangen. Schweigt die Satzung, so kann auch ein Nichtmitglied bestellt werden. Bei nur aus Körperschaften bestehenden Verbänden kann nur ein Nichtmitglied bestellt werden, da natürlichen Personen keine Verbandsmitgliedschaft gewährt wird. Wird der Vorstand eines verbandsangehörigen Vereins zum besonderen Vertreter des Verbands bestellt, so kann in Angelegenheiten des Mitgliedsvereins beim besonderen Vertreter eine Kollision eintreten[1597]. **1563**

1.4. Anstellung

Bei Bundesverbänden ist der Geschäftsführer im Regelfall hauptamtlich tätig. Mit ihm wird ein auf eine Geschäftsbesorgung gerichteter Dienstvertrag abgeschlossen. Zuständig ist mangels abweichender Satzungsbestimmungen das Bestellungsorgan, im Zweifel also die Mitgliederversammlung. **1564**

1.5. Personalunion zwischen Vorstandsvorsitzenden und Geschäftsführer

Vgl. dazu Rn. 1437. **1565**

1.6. Kein besonderer Vertreter bei nur Innenbereichszuständigkeit

In der Literatur wird die Auffassung vertreten, die Satzung könne eine Außenvertretung des besonderen Vertreters ausschließen[1598]. Das ist herrschende Auffassung beim sog. Haftungsvertreter[1599]. Dem organschaftlich bestellten besonderen Vertreter muß ein eingeschränktes Außenhandeln begriffsmäßig zustehen. Die Geschäftsstelle eines Sportverbandes ist z. B. mit der Erteilung von Spielberechtigungen, mit Paßangelegenheiten sowie Wirtschaftlichkeitsprüfungen im Verbandsinnenbereich voll ausgelastet. Denkbar ist somit ein solches Innenorgan. Dessen Leiter ist aber mit einer bloßen Aufgabenbeschreibung nicht ein besonderer Vertreter. Der Verein kann neben der Mitgliederversammlung, dem Vorstand und dem besonderen Vertreter organisationsrechtlich beliebig viele Organe haben. Für ein reines Innenorgan muß zur Vermeidung von Irreführungen eine andere Bezeichnung gewählt werden als diejenige eines besonderen Vertreters. **1566**

1.7. Innen- und Außenzuständigkeit

Es muß nicht nur das Amt des besonderen Vertreters eine satzungsmäßige Grundlage haben; es muß vielmehr auch der Aufgabenkreis in der Satzung umschrieben sein[1600]. Dies ist schon aus Gründen der Abgrenzung der Zuständigkeiten der einzelnen Vereinsorgane erforderlich. **1567**

1597 Vgl. auch § 56 Abs. 1 GenG.
1598 Vgl. z. B. *Kirberger* RPfl 1979, 5/9.
1599 Vgl. z. B. BGHZ 49, 19/21.
1600 BayObLGZ 1981, 71/76.

1568 Soweit der Vereinsinnenbereich in Betracht kommt, fehlt es im Vereinsrecht an einer Bestimmung, wonach der Vorstand den Verein zu leiten hat, wie dies im Aktienrecht der Fall ist (§ 76 Abs. 1 AktG). Soweit der Verbandsinnenbereich in Betracht kommt, bestehen vereinsrechtlich keine Bedenken dagegen, einem (Haupt-)Geschäftsführer die gesamten Geschäfte der laufenden Verbandsverwaltung zu übertragen. Eine andere Frage ist es, wie das Verhältnis zwischen Vorstand und Geschäftsführer gestaltet ist. Schweigt die Satzung, so kann der Vorstand jedes Innenhandeln des Geschäftsführers an sich ziehen. Dieser soll den Vorstand im Regelfall nur entlasten[1601].

1569 Dem besonderen Vertreter muß, wie ausgeführt, ein Außenhandeln zugestanden werden. Dazu kann in der Satzung nähere Anordnung getroffen werden. In dieser Hinsicht besteht aber eine Grenze: Die Vertretungsbefugnis muß inhaltlich immer geringer sein als diejenige des Vorstands (§ 26 Abs. 2 Satz 1 BGB). Ist dies nicht der Fall, so ist die Bezeichnung »besonderer Vertreter« falsch gewählt worden; dann besteht in Wirklichkeit ein Vorstandsamt. Im Gesetz kommt die eingeschränkte Außenzuständigkeit dadurch zum Ausdruck, daß der besondere Vertreter nur für »gewisse Geschäfte« bestellt werden kann (§ 30 Satz 1 BGB).

Die Vertretungsbefugnis des besonderen Vertreters ist immer eine originäre, sich aus der Satzung ergebende Berechtigung; sie wird somit nicht aus der Vertretungsberechtigung des Vorstands abgeleitet. Die Vorschriften über den rechtsgeschäftlich Bevollmächtigten finden grundsätzlich keine Anwendung. Eine von der Vertretungsbefugnis des besonderen Vertreters umfaßte Kündigung eines Arbeitsverhältnisses kann nicht mit der Begründung zurückgewiesen werden, der Kündigungserklärung sei keine Vollmacht nach § 174 Satz 1 BGB beigefügt worden[1602].

Satzungsmäßig kann bestimmt werden, daß der besondere Vertreter eine Außenzuständigkeit für die Geschäfte der laufenden Verwaltung hat. In Anlehnung an das Kommunalrecht sind dies solche, die in mehr oder weniger regelmäßiger Wiederkehr vorkommen und zugleich nach Größe bzw. Umfang der Verwaltungstätigkeit und Finanzkraft des Vereins von sachlich weniger erheblicher Bedeutung sind[1603]. In der Satzung kann dies dadurch begrenzt werden, daß ein Höchstbetrag der Verpflichtung des Vereins festgelegt wird. Ist der besondere Vertreter für ein vom Verein betriebenes Unternehmen bestellt worden, so kann die Vertretung alle Unternehmensangelegenheiten umfassen. Der Leiter der Untergliederung eines Verbands kann durch die Satzung zu deren Vertretung befugt werden, sofern es sich um eine unselbständige (also nicht vereinsmäßig organisierte) Untergliederung handelt. Eine Satzungsbestimmung, daß der besondere Vertreter nur zusammen mit dem Vorstandsvorsitzenden vertreten kann, ist an sich zulässig. Davon macht aber die Praxis keinen Gebrauch; der Vorstand soll entlastet werden.

Die alleinige Zuständigkeit des Vorstands zur Außenvertretung greift ein, wenn diejenige des besonderen Vertreters von der Satzung nicht mehr gedeckt ist.

Enthält die Satzung keine Vertretungsregelung, so greift § 30 Satz 2 BGB ein, wonach nur der zugewiesene Geschäftsbereich zur Außenvertretung berechtigt.

1601 Vgl. z. B. *Kirberger* RPfl 1979, 5/9.
1602 *BAG* DB 1990, 1471 = BB 1990, 1130.
1603 *BGH* NJW 1986, 1758; vgl. auch BSGE 26, 129/131.

Der Kassenwart/Schatzmeister kann dann den Verein nur in finanziellen Angelegenheiten, der Leiter einer unselbständigen Untergliederung kann nur diese vertreten.

1.8. Von der Satzung/dem Gesetz nicht gedeckte Vertretung

Dem Verein kann es nach den Grundsätzen der Anscheins- oder Duldungs- **1570**
vollmacht zuzurechnen sein (vgl. Rn. 1456ff.), daß z.B. ein Geschäftsführer seine sich aus der Satzung oder dem Gesetz (§ 30 Satz 2 BGB) ergebende Zuständigkeit nicht beachtet. Der Verein wird dann durch ein Rechtsgeschäft des Geschäftsführers verpflichtet. Ansonsten handelt der besondere Vertreter ohne Vertretungsmacht und haftet grundsätzlich selbst, wenn der Verein das Geschäft nicht genehmigt (§ 177 Abs. 1, § 179 Abs. 1 BGB). Nach § 179 Abs. 3 Satz 1 BGB tritt aber keine Haftung des besonderen Vertreters ein, wenn der Geschäftspartner den Mangel der Vertretungsmacht kannte oder kennen mußte. Ob dieser Ausnahmetatbestand eingreift, hängt davon ab, ob der besondere Vertreter und seine Vertretungsbefugnis im Vereinsregister eingetragen waren (vgl. § 68 BGB). Ist dies der Fall, so besteht Erkundigungspflicht über die Vertretungsverhältnisse beim Verein. Fehlt es an einer solchen Eintragung, so dürfte ein Verlangen, der Geschäftsgegner habe sich bei einem eingetragenen Verein durch Einsicht in die Satzung zu erkundigen, welche Vertretungsbefugnisse ein besonderer Vertreter hat, zu weit gehen; der Geschäftsgegner kann auf die Eintragung des Vorstands (und eine evtl. eingetragene Vertretungsbeschränkung) als dem alleinigen Vertretungsorgan vertrauen und braucht nicht nachforschen, ob evtl. ein weiteres Vertretungsorgan vorhanden ist.

1.9. Die Beendigung der Organstellung

Beim Vorstand ist gesetzlich die freie Widerrufsmöglichkeit der Bestellung ge- **1571**
regelt, die durch die Satzung auf das Vorliegen eines wichtigen Grundes beschränkt werden kann (§ 27 Abs. 2 BGB). Die entsprechende Anwendung dieser Bestimmung für den besonderen Vertreter begegnet Bedenken, weil der Gesetzgeber ersichtlich bewußt eine Regelung unterlassen hat. Die Abberufung des besonderen Vertreters ist durch die Satzung zu regeln. Es kann z.B. bestimmt werden, daß der Vorstand den besonderen Vertreter nach dessen Anhörung abberufen kann, wenn Tatsachen vorliegen, die das Vertrauen in die weitere Amtsführung ausschließen[1604]. Desgleichen ist die Amtsniederlegung durch den besonderen Vertreter in der Satzung zu regeln. Kündigt dieser den Anstellungsvertrag, so ist im Zweifel auch seine Organstellung beendet.
Hinsichtlich der übrigen Beendigungsgründe gelten die für den Vorstand dargestellten Grundsätze entsprechend; auf Rn. 1297 ff. wird verwiesen.

1.10. Parteivernehmung des besonderen Vertreters

In einem Zivilprozeß kann der gesetzliche Vertreter einer Partei nicht als **1572**
Zeuge, sondern nur als Partei vernommen werden (§ 455 ZPO). Der besondere Vertreter ist zwar nicht gesetzlicher, sondern satzungsmäßiger Vertreter; er ist

1604 Vgl. *Hein* S. 255.

aber auch kein gewillkürter Vertreter (der zeugnisfähig ist). Da er haftungsrechtlich dem Vorstand gleichgestellt ist (§ 31 BGB), ist § 455 Abs. 1 ZPO entspr. anwendbar. Der besondere Vertreter kann also nur als Partei vernommen werden[1605].

1.11. Die Eintragung im Vereinsregister

1573 Nach der Rechtsprechung ist der besondere Vertreter auf Anmeldung des Vorstands hin in das Vereinsregister einzutragen, obwohl dies § 64 BGB nicht anordnet[1606]. Die Literatur stimmt dem z. T. zu[1607], teilweise spricht sie sich auch dagegen aus[1608].

Ein nur im Vereins-(Verbands-)Innenbereich zuständiges Organ ist nach der hier vertretenen Auffassung kein besonderer Vertreter, da für diesen eine Befugnis zum Außenhandeln, somit zur Vertretung gegeben sein muß. Der Inhaber eines solchen Organs kann nicht eingetragen werden. Gleiches gilt für den sog. Haftungsvertreter (vgl. nachfolgend Rn. 1576), der nicht die vereinsrechtlichen Merkmale eines besonderen Vertreters erfüllt[1609].

1574 Der besondere Vertreter i. S. d. § 30 BGB ist im Vereinsregister einzutragen. § 64 BGB regelt den Eintragungsinhalt nicht abschließend. Nach den Länderbestimmungen über die Registerführung kann z. B. die Beendigung der Liquidation und die Fortsetzung des Vereins eingetragen werden, obwohl dies § 64 BGB oder eine andere Gesetzesvorschrift nicht vorsieht. Die Eintragung des besonderen Vertreters und auch der Umfang seiner Vertretungsbefugnis sind aus Publizitätsgründen erforderlich (vgl. auch § 68 BGB). Interessierte Kreise müssen aus dem Register entnehmen können, daß den Verein nicht nur der Vorstand, sondern in Teilbereichen auch der besondere Vertreter vertreten kann. Das Eintragungserfordernis mag eine (wenn auch nicht repräsentative) Rechtstatsache belegen: Der Hauptverband der gewerblichen Berufsgenossenschaften e. V. hat als Mitglieder alle 34 gewerblichen Berufsgenossenschaften und die See-Berufsgenossenschaft; diesen gehörten 1985 1 671 145 Unternehmen mit 20 343 523 Versicherten an[1610]. Dem Hauptgeschäftsführer des Hauptverbandes obliegt die Führung der laufenden Verwaltungsgeschäfte; als besonderer Vertreter des Verbandes i. S. d. § 30 BGB ist er insoweit zur gerichtlichen und außergerichtlichen Vertretung des Hauptverbands befugt[1611]. Die Eintragung eines solchen besonderen Vertreters ist für den Rechtsverkehr wichtiger als etwa die Eintragung der Vertretungsbeschränkung des Vorstands eines Vereins mit 20 Mitgliedern.

1605 MünchKomm/*Reuter* § 30 BGB Rn. 8; *Baumbach/Hartmann* Übers. § 373 ZPO Rn. 13 Stichwort »Gesellschaft«; a. A. u. a. *Barfuß* NJW 1977, 1273/1274; *Soergel/Hadding* § 30 BGB Rn. 11.

1606 *KG* JFG 2, 280; BayObLGZ 1981, 71; *OLG Köln* MittRhNotK 1986, 225; dahin tendierend auch *OLG Hamm* OLGZ 1978, 21/26.

1607 *Palandt/Heinrichs* Rn. 3, *Staudinger/Coing* Rn. 8, je zu § 64 BGB; *Sauter/Schweyer* Rn. 313.

1608 RGRK/*Steffen* § 64 BGB Rn. 3; *Soergel/Hadding* § 30 BGB Rn. 14; *Stöber* Rn. 159; *Kirberger* RPfl 1979, 5/10.

1609 *Palandt/Heinrichs* a. a. O.

1610 *Hein* S. 227.

1611 *Hein* S. 255.

Kein durchgreifendes Gegenargument ist die ins Feld geführte mögliche Unübersichtlichkeit des Registers. Der Eintragungsinhalt ist jedenfalls seinem Umfang nach weit geringer als z. B. derjenige einer Aktiengesellschaft mit zehn oder 20 Zweigniederlassungen; solche Register weisen zahlreiche Eintragungen wegen der Änderungen der Zweigniederlassungsverhältnisse und vor allem wegen der ständigen Prokurenänderungen auf. Es kann auch nicht ausschlaggebend sein, daß z. B. beim Aufsichtsrat einer Aktiengesellschaft die Vertretungsverhältnisse nicht eingetragen werden; diese ergeben sich nämlich aus dem Gesetz (§§ 112, 246 Abs. 2, § 249 Abs. 1 AktG) und müssen nicht aus einem Register entnommen werden.
Auf Anmeldung ist auch ein Wechsel der Person des besonderen Vertreters einzutragen.

1.12. Zur Frage der Eintragung einer Vertretungsbeschränkung beim Vorstand bei Bestellung eines besonderen Vertreters

Nach § 64 Satz 2 BGB sind in das Vereinsregister Satzungsbestimmungen ein- 1575
zutragen, welche den Umfang der Vertretungsmacht des Vorstands beschränken. Der besondere Vertreter soll den Vorstand entlasten, aber nicht verdrängen. Hat der besondere Vertreter die sich aus der Satzung oder bei deren Schweigen die gesetzlich vorgesehene Vertretungsbefugnis (§ 30 Satz 2 BGB), so ist im Regelfall anzunehmen, daß sie eine zusätzliche Befugnis zur Außenvertretung ist. Der Vorstand kann im Zweifel jederzeit die Zuständigkeit des besonderen Vertreters zur Außenvertretung selbst wahrnehmen. Dann ist aber dessen Vertretungsmacht i. S. d. § 64 Satz 2 BGB nicht beschränkt. Die Satzung kann aber ausdrücklich eine solche Beschränkung mit der Folge ergeben, daß diese auf Anmeldung hin auch einzutragen ist. Gleiches gilt, wenn etwa in der Satzung vorgesehen sein sollte, daß Vorstand und besonderer Vertreter in dessen Außenzuständigkeitsbereich zusammenwirken müssen, was aber in der Praxis kaum vorkommt.

1.13. Der Haftungsvertreter (Repräsentantenhaftung)

Der besondere Vertreter, wie ihn § 30 BGB versteht, muß eine gegenüber dem 1576
Vorstand eingeschränkte Befugnis zur Außenvertretung haben. In ausdehnender Anwendung dieser Vorschrift hat die Rechtsprechung den Begriff des Haftungsvertreters herausgebildet, der keine Befugnis zur Vertretung des Vereins haben muß. Die nachfolgend dargestellten Grundsätze gelten für alle privatrechtlichen Körperschaften sowie für die Personenhandelsgesellschaften; im Bereich der öffentlich-rechtlichen Körperschaften (Anstalten, Stiftungen) einschl. des Staates gelten sie im privatrechtlichen (fiskalischen) Tätigkeitsbereich.
Die Rechtsprechung des RG hatte sich zumeist mit dem Fall zu befassen, daß in 1577
der Zweigniederlassung einer Körperschaft (Handelsgesellschaft) die Verkehrssicherung verletzt und ein Schaden entstanden war. Das Gericht hat zunächst – in Anlehnung an § 30 BGB – verlangt, daß die Stellung z. B. eines Geschäftsführers als besonderer Vertreter in der Satzung vorgesehen sein müsse; handle der Geschäftsführer im Auftrag des Vorstands, so sei er kein besonderer

Vertreter[1612]. Ein solcher müsse eine Außenvertretungsbefugnis haben[1613] und sei es auch nur für ein einziges Geschäft[1614]. Dann ist nicht mehr auf das satzungsmäßig vorgesehene Amt des besonderen Vertreters abgestellt worden, sondern darauf, daß satzungsmäßig eine Einrichtung (Filiale) vorhanden ist, deren Leiter dann ohne weiteres besonderer Vertreter sei[1615]. Die einen besonderen Vertreter erfordernde Einrichtung ergebe sich, wenn eine Satzung fehle (wie beim Staat), aus den die Verwaltungsorganisation regelnden Vorschriften[1616]. Schließlich wurde es als Organisationsmangel bezeichnet, wenn für eine solche Einrichtung nur eine geeignete Person bestellt werde, hinsichtlich der sich die Körperschaft nach § 831 BGB entlasten könne; es müsse ein besonderer Vertreter bestellt werden. Werde dies unterlassen, so sei fiktiv von der Bestellung eines besonderen Vertreters auszugehen; haftungsrechtlich seien dann die §§ 30, 31 BGB i. V. m. mit der entsprechenden Haftungsvorschrift anwendbar[1617]. Es stehe nicht im freien Belieben der Körperschaft, ob sie sich in bestimmten Aufgabengebieten durch eine nach der Satzung vertretungsberechtigte Person (§§ 30, 31 BGB) vertreten lassen wolle oder ob sie es vorziehe, diesen Kreis von Geschäften lediglich durch einen Verrichtungsgehilfen erledigen zu lassen, für dessen Fehler die Körperschaft sich entlasten könne (§ 831 BGB). Anforderungen des täglichen Lebens und des wirtschaftlichen Verkehrs brächten es mit sich, daß bestimmte Geschäftskreise der Körperschaft durch einen besonderen Vertreter wahrgenommen werden müßten[1618].

1578 Die Rechtsprechung des BGH hat diejenige des RG fortgeführt. Danach sind verfassungsmäßig berufene Vertreter nicht nur Personen, deren Tätigkeit in der Satzung der juristischen Person vorgesehen ist. Die Einräumung einer Vertretungsmacht ist nicht wesentlich. Für die Bejahung der Eigenschaft als besonderer Vertreter genügt es, daß einer Person durch eine allgemeine Betriebsregelung und Handhabung bedeutsame, wesensmäßige Funktionen der Körperschaft zur selbständigen, eigenverantwortlichen Erfüllung zugewiesen sind, daß der Vertreter also die Körperschaft auf diese Weise repräsentiert[1619]. Entscheidend ist, ob der für eine Einrichtung »Berufene« für einen Geschäftskreis bestellt ist, der eine dem Vorstand ähnliche – wenn auch sachlich begrenzte – Selbständigkeit und Eigenverantwortung verlangt[1620].

Nach diesen Grundsätzen haftet ein Verband für einen Geschäftsführer, auch wenn ihm satzungsmäßig nicht die Stellung eines besonderen Vertreters eingeräumt worden ist. Ein Gesamtverein kann für das Fehlverhalten eines regionalen Ortsgruppenvorstands haften müssen[1621]. Ein Verein, der ein Krankenhaus

---

1612 Recht 1912 Nr. 3317.

1613 RGZ 74, 250/257.

1614 Recht 1909 Nr. 790.

1615 Warn. 1915 Nr. 317; RGZ 91, 1/3; 94, 318/320; 117, 61/64.

1616 RGZ 121, 382/385; 157, 228/237.

1617 RGZ 157, 228/235; 162, 129/166.

1618 DR 1944, 287.

1619 BGHZ 49, 19/21; *BGH* NJW 1972, 334; 1977, 2259/2260; vgl. auch *BGH* NJW 1980, 1901/1902.

1620 *BGH* NJW 1977, 2259/2260; 1982, 1144/1145.

1621 Vgl. *BGH* NJW 1982, 1144.

betreibt, kann für Behandlungsfehler von Chefärzten[1622] u. U. von Assistenzärzten[1623] haften müssen.

2. Der Aufsichtsrat

Art. 20 des Bayer. Vereinsgesetzes 1869 erlaubte den Vereinen ausdrücklich, in den Statuten zu bestimmen, daß ein Aufsichtsrat gebildet werden kann, der die Geschäftsführung des Vorstands überwacht. Solche Überwachungsorgane sind vor allem bei Vereinen angezeigt, die einen verhältnismäßig regen Vermögensverkehr haben. **1579**

Ein Wohnungsbauverein i. S. d. Wohnungsgemeinnützigkeitsgesetzes[1624] muß einen Aufsichtsrat oder ein anderes Organ haben, das im wesentlichen die Rechte und Pflichten eines Aufsichtsrates (sog. Aufsichtsorgan) hat[1625].

Es bleibt dem Verein überlassen, ob er dieses Aufsichtsorgan als Aufsichtsrat oder etwa Verwaltungsrat benennt.

Bestellt der Verein einen Aufsichtsrat, so sind nicht – wie nach GmbH-Recht **1580** (§ 52 GmbHG) – aktienrechtliche Vorschriften (§§ 95 ff. AktG) oder die Bestimmungen des Genossenschaftsgesetzes (§§ 36 ff. GenG) entspr. anwendbar. Allerdings ist auch beim Verein das Amt des Aufsichtsratsmitglieds unvereinbar mit der gleichzeitigen Zugehörigkeit zum Vorstand[1626]; bei einem Vereinsverband kann sich die Unzulässigkeit der Bestellung des Vorstandsmitglieds eines Anschlußvereins ergeben, wenn eine besonders enge Bindung an das Verbandsrecht besteht[1627]. Eine gerichtliche Bestellung fehlender Aufsichtsratsmitglieder (§ 104 AktG) kommt in keinem Fall in Betracht.

Die Satzung soll die Aufgaben des Aufsichtsrats möglichst genau umschreiben. **1581** Werden in wirtschaftlichen Angelegenheiten besonders erfahrene Personen bestellt, so kann bestimmt sein, daß der Aufsichtsrat den Vorstand in Fragen der kaufmännischen Geschäftsführung nicht nur überwacht, sondern auch berät. Die Satzung kann z. B. weiter anordnen, daß der Aufsichtsrat vom Vorstand jederzeit einen Bericht über die Angelegenheiten des Vereins verlangen kann. Satzungsmäßig kann der Aufsichtsrat ferner ermächtigt werden, jederzeit die Bücher und Schriften sowie die Vermögensgegenstände des Vereins, insbesondere die Vereinskasse, zu prüfen. Dem Aufsichtsrat kann die Satzung schließlich das Recht verleihen, die Mitgliederversammlung einberufen zu dürfen, wenn es das Wohl des Vereins verlangt.

Bewährt hat sich die Regelung, daß der Aufsichtsrat bei der Aufstellung und Genehmigung des Haushaltsplans beteiligt wird. Der vom Vorstand aufzustellende Rechnungsabschluß kann der Genehmigung des Aufsichtsrats bedürfen. Die Satzung kann weiter dem Aufsichtsrat die Pflicht auferlegen, der

---

1622 *BGH* NJW 1980, 1901; *OLG Koblenz* NJW 1990, 1534.

1623 *RG* DR 1944, 287.

1624 Vom 29. 2. 1940 – RGBl. I 438 –.

1625 § 1 d. VO zur Durchführung des Wohnungsgemeinnützigkeitsgesetzes v. 24. 11. 1969 – BGBl. I 2142 –.

1626 Vgl. § 105 Abs. 1 AktG; § 37 Abs. 1 GenG.

1627 Vgl. auch § 100 Abs. 1 Nr. 2 AktG.

Mitgliederversammlung über das Ergebnis der Prüfung des Jahresabschlusses zu berichten.

1582 Dem Verein gegenüber haften die Mitglieder des Aufsichtsrats – wie diejenigen des Vorstands – für jedes Verschulden, somit auch für leichte Fahrlässigkeit. Die haftungsmäßige Inanspruchnahme setzt regelmäßig einen Beschluß der Mitgliederversammlung voraus. Der Verein kann über § 31 BGB für die Mitglieder des Aufsichtsrats haften müssen.

1582 a Sieht die Satzung bei fakultativen Vereinsorganen eine feste Zahl von Organmitgliedern vor, dann ist das Organ – ebenso wie der mehrgliedrige Vorstand – beschlußunfähig, wenn ein Mitglied wegfällt[1628].

3. Der Ausschuß und der Hauptausschuß

1583 Ein Ausschuß kann eine Hilfseinrichtung sein, die ein bestimmtes Vereinsorgan unterstützt. Die Ausschußmitglieder werden dann im Regelfall aus der Mitte der Mitglieder des Vereinsorgans bestellt; ihnen kann die Aufgabe übertragen werden, die Beratung und Beschlußfassung des Organs vorzubereiten und die Ausführung der Beschlüsse zu überwachen[1629].

Ein Ausschuß kann aber auch die Eigenschaft eines (Haupt-)Organs haben. Ihm wird satzungsmäßig meist die Abwicklung technisch-organisatorischer Maßnahmen übertragen. Im Sportbereich kann es Aufgabe des Sportausschusses sein, die Heranbildung des Nachwuchses und die Weiterbildung der Aktiven zu überwachen, den Spielbetrieb zu regeln und die Spielorganisation so zu gestalten, daß den Anforderungen einschlägiger Verbandsordnungen und evtl. Ausschreibungsbedingungen Genüge geleistet wird.

1584 Bei einzelnen Großvereinen sowie Vereinsverbänden kann ein Organ erforderlich sein, das teilweise in der tagungsfreien Zeit die Funktion der Mitgliederversammlung übernimmt und sie dadurch entlastet. Häufig wird dieses Organ als Hauptausschuß bezeichnet. Die Mitglieder werden entweder von der Mitgliederversammlung gewählt oder die Satzung bestimmt die »geborenen« Mitglieder, meist aus dem Kreis des Gesamtvorstands und der Vorstandschaft angeschlossener Vereine. Da die Mitgliederzahl zwischen 15 und 25 schwankt, ist die Beschlußfähigkeit erleichtert.

Die Satzung eines Verbands weist diesem Organ u. a. folgende Aufgaben zu: Wahl der Mitglieder der durch die Mitgliederversammlung eingesetzten Ausschüsse; Beschlußfassung über die Sportordnung einschließlich der Schiedsordnung und der Gebührenordnung; Beratung des Jahresberichts, des Jahresabschlusses und des Haushaltsvoranschlags; Erlaß einer Geschäftsordnung; Beschlußfassung über die Aufnahme neuer Mitglieder sowie über den Ausschluß eines Mitglieds; Aufstellung der Tagesordnung für die Mitgliederversammlung; Bestellung und Abberufung des Geschäftsführers; Festsetzung der Aufwandsentschädigung für den Vorsitzenden des Vorstands.

1628 Vgl. *OLG Hamburg* Recht 1937 Nr. 6158: Gen.

1629 Vgl. auch § 107 Abs. 3 Satz 1 AktG.

4. Das Präsidium, der geschäftsführende bzw. erweiterte Vorstand und der Gesamtvorstand

Die Größe des Vereins, die wirtschaftlich weitgehende Verselbständigung von **1585**
Vereinsabteilungen, aber auch Gründe der Repräsentanz können es erforderlich machen, daß ein Vorstand gebildet wird, dem nicht nur die Vertretungsaufgaben (§ 26 BGB), sondern die Bewältigung der gesamten Vereinsverwaltung obliegt. Durch die Satzung kann bestimmt sein: Vier Personen bilden den geschäftsführenden Vorstand, dem zugleich die Vertretung nach § 26 BGB übertragen wird, wobei für die Außenvertretung das Handeln des ersten Vorsitzenden zusammen mit einem Mitglied des geschäftsführenden Vorstands erforderlich ist; vier weitere Personen, denen die Satzung bestimmte Aufgaben übertragen hat, bilden den erweiterten Vorstand; der Gesamtvorstand besteht aus dem geschäftsführenden und dem erweiterten Vorstand.

5. Das für die Durchsetzung der Vereinsordnung zuständige Organ (Rechtsorgan)

Die Ausübung bzw. Durchsetzung der Ordnungsgewalt obliegt grundsätzlich **1586**
der Mitgliederversammlung. Bei manchen Vereinen und Vereinsverbänden hat sich die Notwendigkeit ergeben, die Ordnungsgewalt nicht der Mitgliederversammlung zuzuweisen, da sie mit der Behandlung dieser Angelegenheiten überlastet würde; es findet satzungsmäßig eine Übertragung auf ein bestimmtes Organ statt. Die Bezeichnungen sind verschieden; sie reichen vom »Ehrenrat«, »Ältestenrat«, »Spruchausschuß« bis zum »Rechtsorgan«, »Vereinsgericht«, »Sportgericht« und »Verbandsgericht«. Die auch anzutreffende Benennung »Schiedsgericht« sollte vermieden werden, weil eine Verwechslung mit einem echten Schiedsgericht im Sinne der ZPO möglich ist. Die Aufgabenzuweisung kann sich auf den Ausschluß eines Mitglieds beschränken; dem Organ können jedoch alle Streitfälle innerhalb der Vereinstätigkeit zur Behandlung zugewiesen werden.

Wegen der näheren Einzelheiten wird auf Rn. 1657 ff. verwiesen.

Bei einzelnen Sportverbänden sind Organe gebildet, denen die Vorermittlungen zur Verfolgung von Ordnungswidrigkeiten übertragen sind und die den Streitfall beim »Sportgericht« bzw. »Verbandsgericht« zur »Anklage« bringen; sie sind auch berechtigt, gegen die Entscheidung der Vereinsinstanz Rechtsmittel einzulegen.

V. Vereinsstrafe, Ausschließung und Verfahren des »Vereinsgerichts«

1. Erscheinungsformen und rechtliche Einordnung der Vereinsstrafe

1.1. Bedeutung

1587 Schon vor Inkrafttreten des BGB nahmen Vereine das Recht für sich in Anspruch, zur Aufrechterhaltung der «Vereinsdisziplin« ihren Mitgliedern in der Satzung eine Bestrafung für Fehlverhalten anzudrohen und bei einem Verstoß eine entsprechende Strafe auch zu verhängen. So berichtet *Otto von Bismarck* im Jahr 1853, damals noch als Gesandter beim Bundestag in Frankfurt a. M., von der Gerichtsbarkeit einer berufsständischen Vereinigung der Gesellen des Hutmachergewerbes, die »Abweichungen von den Vereinsbeschlüssen« bestraft und aufgrund derer ein Geselle die »nachdrückliche körperliche Züchtigung, zu welcher das Gesellengericht ihn verurteilte, in Empfang genommen hat, ohne daß die Polizeibehörde. . . ihn zum Eingeständnis des Vorgefallenen oder zur Klage habe bewegen können«[1]. In den 70er Jahren unseres Jahrhunderts führte der sog. Bundesliga-Skandal (der »Kauf« des Spielgewinns durch Fußballvereine) zur Verhängung zahreicher und weitreichender Strafen durch den Deutschen Fußball-Bund gegen Mitgliedsvereine, deren Organe und Lizenzspieler[2]. Anfang der 90er Jahre rückten im Zusammenhang mit Vereinsstrafen im Sport die Doping-Problematik[3] und das Zusammenspiel nationaler und internationaler Regelwerke[4] in den Vordergrund. Für den Bereich des Sports dürfte von rund 500 000 jährlich verhängten Vereinsstrafen auszugehen sein. Die rechtliche Wirksamkeit einer verhängten Vereinsstrafe (einschließlich der Ausschließung) hat die Gerichte häufig beschäftigt; allein die Bände 1 – 100 der Amtlichen Sammlung der Entscheidungen des Bundesgerichtshofes in Zivilsachen enthalten elf Urteile, die sich mit Vereinsstrafen beschäftigen[5].

---

1 Zit. nach *Leist* SchmollersJb 26 (1902), 67, 103 f. Fn. 3.

2 Vgl. hierzu insbes. die Untersuchungen von *H. P. Westermann* Die Verbandsstrafgewalt und das allgemeine Recht, 1972, und *Schlosser* Vereins- und Verbandsgerichtsbarkeit, 1972.

3 Vgl. *Meinberg/Olzen/Neumann*, in: Schild (Hrsg.), Rechtliche Fragen des Dopings, 1986, S. 63 ff.; *Steiner* NJW 1991, 2729, 2736; *Turner* MDR 1991, 569 ff.; *ders.* NJW 1991, 2943 ff.; *Vieweg* NJW 1991, 1511 ff.; *OLG Frankfurt a. M.* NJW 1992, 2576; *DSV-Schiedsgericht* SpuRt 1994, 210 ff.; zum »Fall Katrin Krabbe«: *DLV-Rechtsausschuß* NJW 1992, 2588, 2590 (zustimmend *Vieweg* ebenda S. 2539 ff.; Gegendarstellung des *DLV* NJW 1992, 2941; Stellungnahme *Vieweg* NJW 1993, 911); *LG Neubrandenburg* NJW-RR 1994, 1269 = SpuRt 1994, 148; *LG München I* SpuRt 1995, 161.

4 Vgl. *Vieweg* Normsetzung und -anwendung deutscher und internationaler Verbände, 1990, S. 49 ff, 127 ff. (dazu *Mummenhoff* AcP 191 [1991], 586 ff.); zur »Autonomie des Sports« *Busse* SGb 1989, 537 ff.; *Pfister* Festschr. Lorenz, 1991, S. 171 ff.

5 Vgl. die zusammenfassende Würdigung dieser Rechtsprechung durch *Reuter* ZHR 151 (1987), 355, 386 – 389.

Das BGB enthält zur Vereinsstrafe keine Regelung; ihre rechtliche Einordnung ist daher umstritten (unten Rn. 1591 ff.). Einigkeit besteht jedoch darüber, daß Vereinsstrafen grundsätzlich zulässig sind, um die Mitglieder zu einem »zweckkonformen« Verhalten zu veranlassen und eine ungestörte Verfolgung des Vereinszwecks zu ermöglichen. Ebenso ist unstreitig, daß eine Vereinsstrafe der Grundlage in der Satzung des Vereins bedarf (zu den Anforderungen vgl. unten Rn. 1596 ff.)

1.2. Erscheinungsformen

1.2.1. Tatbestandsseite

Vereinssatzungen sehen die Festsetzung einer Vereinsstrafe für ein Verhalten **1588**
vor, das die Verfolgung des Vereinszwecks stört und mithin gegen die mitgliedschaftliche Förderpflicht (Rn. 608 ff.) verstößt. Aus der Rechtsprechung lassen sich folgende Sachverhalte entnehmen, die im konkreten Fall den Anlaß zur Festsetzung einer Vereinsstrafe bildeten:

- Nichterfüllung der Beitragspflicht[6];
- Beleidigung oder Kritik gegenüber Vereinsorganen[7];
- Verstoß gegen Berufs- oder Standespflichten bei berufs- oder standesspezifischen Vereinigungen[8];
- Fehlen bei obligatorischen Vereinsveranstaltungen (z. B. Training beim Sportverein)[9];
- mißbräuchliche Inanspruchnahme von Vereinseinrichtungen[10];

6 Vgl. *OLG Bamberg* NVwZ 1983, 572 (Streichung aus Mitgliederliste einer politischen Partei); *OLG Saarbrücken* NJW-RR 1994, 251 (Nichtzahlung von Trainingsentgelten); zur Ausschließung aus der Sicherungseinrichtung eines Spitzenverbands des Kreditgewerbes BGHZ 105, 305 = NJW 1989, 1724 = WM 1989, 184 = WuB II L. § 25 BGB 1.89 *Beuthien* = ZIP 1989, 14 – ZfgG 41 (1991), 247 (Vorinstanzen: *OLG Köln* ZIP 1988, 19 = EWiR § 39 BGB 1/88 *Häuser/van Look* = ZfgG 38 [1988], 222 m. Anm. *Pleyer*; *LG Bonn* WM 1987, 1074 f.); auch *Schlosser* S. 68; ferner RGZ 108, 160 f. zur Nichterfüllung der Pflicht zur Zahlung der Verfahrenskosten; *RG* JW 1932, 1010 zur Nichterfüllung der Beitragspflicht bei einer eG.

7 Vgl. RGZ 82, 248, 250; *RG* JW 1915, 1424; BGHZ 102, 265, 278 f. = NJW 1988, 552 = WM 1987, 1422 = WuB II L. § 25 BGB 1.88 *Westermann* = ZIP 1987, 1536 = EWiR 1988, 19 *Reuter* (dazu *Hadding/van Look* ZGR 1988, 270 ff.); *BGH* NJW-RR 1992, 507 = EWiR 1992, 231 *Grunewald*; *OLG Hamm* BB 1976, 1191; *OLG Düsseldorf* NJW-RR 1986, 675; *OLG Köln* NJW-RR 1993, 891 (nur Leitsatz); *OLG Innsbruck* JBl 1987, 391.

8 Vgl. RGZ 73, 187; 107, 386; 147, 11, 16 (jeweils für Ärztevereine); RGZ 125, 338 f. (Apothekerverein); BGHZ 29, 352, 355 = NJW 1958, 2633 = WM 1959, 636 (Spediteurverein); *BGH* WM 1961, 942 (Börsenverein des deutschen Buchhandels); *OLG Celle* NJW-RR 1989, 313 (Adelsverein).

9 Vgl. *RG* JW 1927, 2996; auch *BAG* DB 1986, 1979; *LAG Hamm* ZIP 1984, 1396 f. (Vertragsstrafe für DFB-Lizenzspieler).

10 Vgl. *LG Wiesbaden* SpuRt 1994, 241; *AG Wiesbaden* SpuRt 1995, 79: unberechtigter Gebrauch eines Golf-Carts.

- Nichtbeachtung einheitlicher Konditionen für Verträge der Mitglieder mit Dritten bei Kartellen und kartellähnlichen Vereinigungen (z. B. hinsichtlich Verkaufskonditionen, Preisen, Löhnen)[11];
- Nichterfüllung von Ablieferungs- oder Bezugsverpflichtungen, insbes. bei genossenschaftsähnlichen Vereinigungen[12];
- Verstoß gegen allgemeine (Straf-)Gesetze[13] oder Wettbewerbsregeln[14];
- Verstoß gegen ungeschriebene, vereinsinterne oder vom übergeordneten Verband aufgestellte Sport- oder Spielregeln (z. B. Doping)[15];
- sog. Streikbrecherarbeit durch Gewerkschaftsmitglieder[16];
- Unterstützung konkurrierender Gruppen durch Mitglieder politischer Parteien oder Gewerkschaften (z. B. durch Kandidatur auf fremder Liste)[17];
- gleichzeitige Mitgliedschaft von Gewerkschaftsmitgliedern in radikalen politischen Parteien (Verstoß gegen sog. Unvereinbarkeitsbeschlüsse)[18];
- unzulässige Wahlwerbung bei Kandidaten politischer Parteien[19].

Dabei ist das strafwürdige Verhalten in der Vereinssatzung – u.U. konkretisiert durch eine Vereinsordnung – vielfach tatbestandlich nicht fest umrissen (wie

---

11 Vgl. RGZ 151, 229 f.; 153, 267 f.; *RG* JW 1906, 396 (für nicht eingetragenen Verein); ZAkDR 1937, 655; DR 1939, 1915; BGHZ 21, 370, 371 = NJW 1956, 1793 = WM 1956, 1356 = JZ 1957, 122 m. Anm. *Meyer-Cording*; *KG* DR 1939, 2156; *LG Frankfurt a. M.* JW 1935, 3493; *LG Köln* JW 1938, 2300.

12 Vgl. RGZ 75, 159; *RG* JW 1927, 691; *OLG Stettin* OLGE 28, 97; *OLG Oldenburg* NJW-RR 1988, 675; *LG Hanau* WM 1986, 887 = ZfgG 38 (1988), 353 m. Anm. *Hofmann*; auch *BGH* WM 1994, 2127 (jeweils für eG); ferner *OLG Frankfurt a. M.* NJW-RR 1991, 1276: Nichtabführung von Honoraren.

13 Vgl. *RG* JW 1927, 847; HRR 1942 Nr. 779; *BGH* WM 1961, 942; *OLG Frankfurt a. M.* NJW-RR 1986, 133 = WM 1986, 302.

14 Vgl. BGHZ 36, 105, 111, 115; *OLG Düsseldorf* DB 1986, 793.

15 Vgl. *BGH* NJW 1972, 1892 = WM 1973, 50 = JR 1973, 192 m. Anm. *H. P. Westermann*; *BGH* NJW 1995, 583 = WM 1995, 802 = JZ 1995, 461 m. Anm. *Pfister* = ZIP 1995, 752 = EWiR 1995, 221 *van Look* = SpuRt 1995, 43 (Vorinstanz: *OLG Frankfurt a. M.* SpuRt 1994, 87); *OLG Karlsruhe* OLGZ 1970, 300, 305; *OLG Frankfurt a. M.* WRP 1985, 564; NJW 1992, 2576; *BAG* NJW 1980, 470; *LG Neubrandenburg* NJW-RR 1994, 1269 = SpuRt 1994, 148; *DSV-Schiedsgericht* SpuRt 1994, 210; *LG München I* SpuRt 1995, 161; *Kühl* in: Verbandsrechtsprechung, S. 22, 33 ff. (zum Fußballsport); auch *OLG Saarbrücken* NJW-RR 1994, 1549 (Tierquälerei durch Mitglied eines Hundevereins).

16 Vgl. *BGH* NJW 1978, 990 = WM 1978, 297 = BB 1978, 555 = DB 1978, 687 = SAE 1980, 18 m. Anm. *Konzen* (Vorinstanz: *KG* NJW 1977, 720); *OLG Celle* NJW 1980, 1004.

17 Vgl. BGHZ 45, 314 = WM 1966, 772; 71, 126 = WM 1978, 549; 73, 275; 75, 158; 87, 337 = WM 1983, 1208; 102, 265, 277 ff. = WM 1987, 1422; *BGH* NJW 1981, 2178 = WM 1981, 739; NJW-RR 1992, 246 = WM 1991, 948 = WuB II L. § 39 BGB 2.91 *van Look* = EWiR 1991, 707 *Plander*; dazu *Wank* JR 1994, 356 ff.; eingehend *Zöllner* Gewerkschaftsausschluß, S. 30 ff.; *Wendeling-Schröder* ZGR 1990, 107 ff.

18 Vgl. *BGH* NJW 1973, 35; NJW 1991, 485 = WM 1991, 98 = WuB II L. § 39 BGB 1.91 *van Look* (bestätigt durch *BVerfG* NZA 1993, 655); NJW-RR 1991, 888 = WM 1991, 942 = EWiR 1991, 535 *Grunewald*; NJW 1994, 43 = WM 1993, 2172 = WuB II L. § 39 BGB 1.94 *van Look* = ZIP 1994, 33 = EWiR 1994, 19 *Grunewald*; *OLG Düsseldorf* NJW-RR 1994, 1402.

19 *BGH* NJW 1994, 2610 = WM 1994, 1110 = ZIP 1994, 875; dazu *Gehrlein* ZIP 1994, 852 ff.

z. B. in den Regelwerken für Wettkämpfe bei Sportverbänden)[20]. Vielmehr wird die Festsetzung einer Vereinsstrafe häufig auf generalklauselartige Bestimmungen gestützt, z. B. das Verbot »vereins-«[21], »gewerkschafts-«[22] oder »parteischädigenden« sowie »unwürdigen« oder »unsportlichen«[23] Verhaltens (zur erforderlichen Bestimmtheit vgl. unten Rn. 1597 ff.).

1.2.2. Rechtsfolgenseite

Die Arten vorkommender Vereinsstrafen lassen sich in folgender Weise typisieren[24]: **1589**

- förmlicher Verweis (auch als Rüge, Verwarnung, Abmahnung, Mißbilligung, Beanstandung oder Ermahnung bezeichnet)[25];
- Zahlung einer Geldbuße oder Geldstrafe[26], wobei die Höhe bereits in der Satzung festgelegt sein kann oder im einzelnen Fall innerhalb eines durch die Satzung vorgegebenen Rahmens durch ein Vereinsorgan festgesetzt wird;
- Entzug oder Einschränkung von Mitgliedschaftsrechten, z. B. Ausschluß von der Benutzung von Vereinseinrichtungen (z. B. Platzverbot bei Sportanlagen)[27], von Vereinsveranstaltungen (z. B. Teilnahme an der Mitgliederversammlung oder an Wettbewerben)[28], Veranstaltungssperre oder Rückstufung in eine niedrigere Spielklasse bei verbandsangehörigen (Sport-)

---

20 Vgl. etwa RGZ, 75, 158 f.; *RG* JW 1927, 691 (für Bezugs- und Ablieferungspflichten in eG); weiteres Tatsachenmaterial bei *Schlosser* S. 53 f.; *Kirberger* S. 119 ff.

21 Vgl. BGHZ 36, 105, 113 f.: Gebot »sauberen Geschäftsgebarens« und Verbot das Ansehen des Vereins schädigender Handlungen; auch *RG* JW 1929, 847, 848: Ausschließung bei »gröblicher« Verletzung der Interessen des Vereins oder des Standes; ähnlich im Fall *OLG Köln* ZIP 1988, 19; *LG Bonn* WM 1987, 1074 f.

22 Z. B. *BGH* NJW-RR 1992, 246 = WM 1991, 948; *OLG Köln* WM 1990, 1068 = WuB II L. § 32 BGB 1.90 *van Look.*

23 Vgl. § 9 Abs. 1 Nr. 3 DFB-Satzung: ». . .wenn das Mitglied in grober Weise gegen die Grundsätze der geschriebenen und ungeschriebenen Sportgesetze verstößt«; auch BGHZ 47, 381, 384; *OLG Düsseldorf* NJW-RR 1986, 675; *BAG* NJW 1980, 470; *OLG Hamm* NJW-RR 1993, 1535, 1536; *Kühl* in: Verbandsrechtsprechung, S. 22, 32 f. (zu den einzelnen Sportstrafen des DFB).

24 Vgl. das Tatsachenmaterial bei *Schlosser* S. 62 f.; auch *Kirberger* S. 165 ff.; *Vollkommer* RdA 1982, 16, 19.

25 Vgl. *OLG Karlsruhe* OLGZ 1970, 300, 301.

26 Vgl. RGZ 75, 159 (eG); 125, 338; 151, 229; 153, 267; 165, 140 f.; *RG* JW 1906, 396; JW 1927, 691 (eG); JW 1928, 2208 und 2209; ZAkDR 1937, 655; DR 1939, 1915, 1917; BGHZ 21, 370; 36, 105, 108; *BGH* NJW 1995, 583 = WM 1995, 802 = JZ 1995, 461 m. Anm. *Pfister* = ZIP 1995, 752 = EWiR 1995, 221 *van Look* = SpuRt 1995, 43 (Vorinstanz: *OLG Frankfurt a. M.* SpuRt 1994, 87); *OLG Kassel* SeuffA 48 Nr. 174 (eG); *OLG Stettin* OLGE 28, 97; *KG* JW 1926, 1600; JW 1937, 554; DR 1939, 2156; *OLG Düsseldorf* DB 1986, 793; *LG Frankfurt a. M.* JW 1935, 3493; *LG Köln* JW 1938, 2300.

27 Vgl. *BGH* NJW-RR 1992, 507: Geländebenutzungssperre bei einem Flugsportverein; *OLG Köln* NJW-RR 1993, 891 (nur Leitsatz): dreimonatiges Nutzungsverbot für Hundeübungsplatz.

28 Vgl. *RG* Gruchot 38, 1123; SeuffA 59 Nr. 118; JW 1915, 1424; *BAG* NJW 1980, 470; *LG München I* SpuRt 1995, 161; auch *OLG Celle* WM 1988, 495 m. Anm. *Grunewald* = WuB II L. § 38 BGB 2.88 *van Look.*

Vereinen[29], Entzug des aktiven oder passiven Wahlrechts für Vereinsämter[30], Entzug des Stimmrechts, Verlust einer Organ- oder Ehrenstellung, Entzug einer durch den Verein erteilten Lizenz[31], Aberkennung von Wettkampfleistungen (Punktabzug, Titelverlust)[32], Wegfall der Befugnis zur Führung eines Gütezeichens[33]; Maßnahmen dieser Art können bis hin zum zeitweiligen Verlust sämtlicher Mitgliedsrechte im Verein gehen (»Ausschluß auf Zeit«)[34];

- Ausschließung, d. h. endgültige Beendigung der Mitgliedschaft durch den Verein (unten Rn. 1611 ff., 1630)[35]; zum Ausschluß aus einer politischen Partei vgl. § 10 Abs. 4 ParteienG[36].

Als «Nebenfolgen« kann die Satzung die öffentliche oder vereinsinterne Bekanntmachung der Straffestsetzung[37] (z. B. als Eintragung in eine sog. schwarze Liste oder Eintragung in ein »Strafenbuch«, vgl. § 144 HVT-TRO) vorsehen oder die Pflicht, die Verfahrenskosten zu tragen[38].

1590 Die Festsetzung der Vereinsstrafe kann in das Ermessen des hierfür zuständigen Vereinsorgans gestellt sein: Zum einen kann dem Organ ein Ermessen zustehen, ob überhaupt ein Verfahren zur Verhängung einer Vereinsstrafe eingeleitet wird. Wird der satzungsmäßige Tatbestand im Verfahren festgestellt, so kann das zuständige Organ häufig nach seinem Ermessen entscheiden, ob hierfür eine Vereinsstrafe festgesetzt wird (Entschließungsermessen). Wird dies bejaht, so obliegt ihm in vielen Fällen auch die Auswahl unter mehreren in der Satzung vorgesehenen Strafarten sowie die Bestimmung der Strafhöhe bei quantitativ abstufbaren Strafen (Auswahlermessen). Dies gilt jedoch nur, soweit nicht schon die Satzung bestimmten Tatbeständen einzelne Strafarten bindend zuweist[39].

---

29 Vgl. *H. P. Westermann* S. 47 ff.

30 BGHZ 29, 352 f. = NJW 1958, 2633 = WM 1959, 636.

31 Vgl. *OLG Frankfurt a. M.* NJW 1973, 2208 f.; WRP 1985, 500; *H. P. Westermann* S. 47 ff. (DFB).

32 Vgl. *OLG Frankfurt a. M.* WRP 1985, 564 (Motorradsport).

33 Vgl. *OLG Frankfurt a. M.* NJW-RR 1986, 133 = WM 1986, 302 (DLG); dazu *Teichmann/Theis* JuS 1987, 695.

34 Vgl. *RG* JW 1929, 847; *OLG Frankfurt a. M.* NJW 1974, 189; *OLG Saarbrücken* NJW-RR 1994, 1549; auch BGHZ 90, 92 (Suspendierung vom Vorstandsamt als vorläufige Maßnahme).

35 Vgl. RGZ 49, 150; 73, 187; 80, 189; 82, 248; 107, 386; 108, 160; 147, 11; *RG* JW 1900, 417; JW 1905, 315; JW 1906, 416; JW 1927, 2996; HRR 1942 Nr. 779; BGHZ 13, 5; 45, 314; 47, 172; 47, 381; 71, 126; 75, 158; 87, 337; 102, 265; *BGH* NJW 1973, 35; NJW 1991, 485; NJW-RR 1991, 888; NJW-RR 1992, 246; NJW 1994, 43; *BayObLG* SeuffA 51 Nr. 168 und 169; *OLG Hamm* BB 1976, 663 und 1191; *OLG Frankfurt a. M.* WRP 1985, 500; *OLG Düsseldorf* NJW-RR 1994, 1402; *LG Hamburg* MDR 1971, 132.

36 Vgl. *BGH* NJW 1994, 2610 = WM 1994, 1110 = ZIP 1994, 875.

37 Vgl. RGZ 143, 1; BGHZ 47, 172, 178; *BGH* WM 1961, 942, 943; *Schlosser* S. 64 f.

38 Vgl. BGHZ 29, 352 f.; 36, 105, 108; 47, 172, 178; ferner RGZ 125, 338 f.: Pflicht zur Sicherheitsleistung für künftiges Wohlverhalten.

39 Zu den vorkommenden Kombinationen zwischen Tatbestands- und Rechtsfolgenseite vgl. *Schlosser* S. 53 ff.

1.3. Rechtliche Einordung und Aufgabe der Vereinsstrafe

1.3.1. Korporationsrechtlicher Ansatz

Die noch h. M. einschließlich der Rechtsprechung sieht in der Vereinsstrafe ein **1591**
– gleichsam gewohnheitsrechtlich anerkanntes – Rechtsinstitut eigener Art[40]. Sie ist dabei maßgeblich durch *Otto von Gierkes* Vorstellung einer personenrechtlichen »Körperschaftsgewalt« des Vereins über seine Mitglieder beeinflußt[41]. Kraft der Vereinsautonomie, zu deren Begründung an § 25 BGB oder Art. 9 Abs. 1 GG angeknüpft wird, soll der Verein in der Lage sein, gegenüber seinen Mitgliedern durch die Vereinssatzung einseitig Rechtsnormen zu setzen (vgl. schon Rn. 282 ff.) und diese durch Selbstverwaltung eigenverantwortlich zu vollziehen. Teilbereich dieser Selbstverwaltung soll eine aufgrund der Satzung bestehende selbständige Strafgewalt sein, der sich die Mitglieder durch Beteiligung an der Vereinsgründung oder späteren Eintritt unterwerfen[42]. Die Regeln für die rechtliche Behandlung der Vereinsstrafe werden dabei unmittelbar aus der Vereinsautonomie hergeleitet, aus der sich insbes. eine Einschränkung des gerichtlichen Kontrollmaßstabs ergeben soll (Rn. 1801 ff.)[43]. Wegen ihres »disziplinarischen« Charakters sollen sich Vereinsstrafen von Vertragsstrafen i. S. d. §§ 339 ff. BGB grundlegend unterscheiden[44]. Daher wird auch gelegentlich versucht, auf eine Parallele zum Disziplinarrecht innerhalb sog. besonderer Gewaltverhältnisse (Sonderstatusverhältnisse) des öffentlichen Rechts zu ziehen[45]. Da der Geltungsgrund der Vereinsstrafe aus den Besonderheiten des Innenverhältnisses des Vereins als Körperschaft hergeleitet wird, läßt sich diese Auffassung als »korporationsrechtlich« kennzeichnen[46].

40 Vgl. statt vieler MünchKomm/*Reuter* § 25 BGB Rn. 21 ff.; *ders.* ZHR 151 (1987), 355, 385; *Röhricht* in: Verbandsrechtsprechung, S. 75, 83; *Larenz* Gedächtnisschr. Dietz, 1973, S. 45, 49; *Erman/Westermann* § 25 BGB Rn. 5; *Palandt/Heinrichs* § 25 BGB Rn. 12; auch Voraufl. Rn. 1587, 1600 f.; für die Schweiz *Bodmer* Vereinsstrafe und Verbandsgerichtsbarkeit, 1989, S. 76 ff.

41 Vgl. dazu ausführlich *van Look* S. 40 ff.

42 So vor allem die Rechtsprechung, vgl. z. B. BGHZ 13, 5, 11; 21, 370, 373; 87, 337, 344; auch *Friedrich* DStR 1994, 61, 66; zur Entwicklung der Rechtsprechung des BGH und des RG vgl. *van Look* S. 22 ff.; *Gehrlein* ZIP 1994, 852 ff.

43 Vgl. MünchKomm/*Reuter* § 25 BGB Rn. 26 ff., der zudem zwischen Vereinen mit und ohne Aufnahmefreiheit differenzieren will, wobei dem von Zugangskontrollen befreiten Verein eine – in den Grenzen des ordre-public-Vorbehalts (Art. 6 EGBGB, § 328 Abs. 1 Nr. 4 ZPO) – weitgehend »gerichtsfreie« Strafgewalt zustehen soll; dagegen *van Look* S. 54 f.

44 Vgl. vor allem BGHZ 21, 370, 373 = WM 1956, 1356 = NJW 1956, 1793 = JZ 1957, 122 m. Anm. *Meyer-Cording* = LM § 25 BGB Nr. 1 (Leitsatz) m. Anm. *R. Fischer*; auch *Gernhuber* Das Schuldverhältnis, 1989, § 34 I 7 b, S. 760 f.; *Erman/Westermann* § 25 BGB Rn. 5; *Palandt/Heinrichs* § 25 BGB Rn. 12; MünchKomm/*Reuter* § 25 BGB Rn. 32 f.; für die Genossenschaft *K. Müller* § 7 GenG Rn. 25.

45 Vgl. insbes. *Meyer-Cording* S. 70 ff.; ansatzweise auch *Schlosser* S. 49 f.; *H. P. Westermann* S. 41 ff.; MünchKomm/*Reuter* BGB, § 25 BGB Rn. 34 für Vereine ohne Aufnahmefreiheit.

46 So treffend *Hadding* Festschr. R. Fischer S. 165 ff., der diese Auffassung jedoch ablehnt.

1.3.2. Vereinsstrafen als Vertragsstrafen (rechtsgeschäftlicher Ansatz)

1592 Sieht man die Vereinsautonomie als besondere Ausprägung der Privatautonomie an, nämlich der inhaltlichen Gestaltungsfreiheit für Rechtsverhältnisse des Zivilrechts, und qualifiziert man die Vereinssatzung als ausschließlich rechtsgeschäftliche Grundlage der Vereinsstrafen (Rn. 285 f.)[47], so können sie zwanglos als Vertragsstrafen i. S. d. §§ 339 ff. BGB erklärt werden[48]. Dies ergibt sich aus ihrem rechtlichen Regelungsgehalt und ihrer Aufgabe, die ordnungsgemäße Erfüllung mitgliedschaftlicher Pflichten zu sichern.

1.3.2.1. Rechtsgeschäftliche Grundlage

1592 a Das vertragliche Strafversprechen i. S. d. § 339 Satz 1 BGB ist bei der Vereinsstrafe Bestandteil des Gründungs- oder des Beitrittsvertrags (Rn. 65 ff., 623 ff). Durch Beteiligung an der Gründung oder den späteren Beitritt zu einem bestehenden Verein erklärt sich das Mitglied mit dem Inhalt der Satzung einverstanden. Da Vereinsstrafen nach einhelliger Meinung einer Grundlage in der Satzung bedürfen, enthält der Gründungs- oder Beitrittsvertrag insoweit die Vereinbarung einer Vertragsstrafe. Wird die Strafregelung durch Satzungsänderung eingeführt, so wird das fehlende Einverständnis etwa überstimmter oder in der Mitgliederversammlung nicht anwesender Mitglieder kraft gesetzlicher Zulassung (vgl. § 305 BGB) durch den qualifizierten Mehrheitsbeschluß gem. § 33 Abs. 1 Satz 1 BGB ersetzt.

1.3.2.2. Gesicherte Verbindlicheit (Tatbestand und Verfallvoraussetzungen)

1592 b Die durch die Vereinsstrafe gesicherten Verbindlichkeiten bestehen in den jeweiligen mitgliedschaftlichen Rechtspflichten (Rn. 578 ff.), deren Verletzung die Verhängung einer Vereinsstrafe nach sich ziehen soll. Diese sind in der Satzung als Tatbestandsmerkmale des »Vereinsstraftatbestands« umschrieben. I. d. R. wird es sich um Unterlassungspflichten handeln (vgl. §§ 339 Satz 2, 241 Satz 2 BGB). Dies gilt insbesondere für den generalklauselartigen Tatbestand, ein »vereinsschädigendes Verhalten« zu unterlassen, als Kehrseite der gesellschaftsrechlichen Förderpflicht. Sofern die Verhaltensanforderung nicht die Intensität einer Rechtspflicht erreicht, handelt es sich um ein selbständiges Strafversprechen nach § 343 Abs. 2 BGB. Als Verfallvoraussetzung wird regelmäßig die Erfüllung »nicht in gehöriger Weise« (vgl. §§ 339 Satz 1, 341 Abs. 1 BGB) vereinbart sein[49].

1.3.2.3. Strafleistung (Rechtsfolge)

1592 c Als satzungsmäßig vereinbarte Strafleistung kommen neben Geldleistungspflichten (vgl. § 339 Satz 1 BGB) auch »andere Leistungen« i. S. d. § 342 BGB in

---

47 *Van Look* S. 65 ff. und 72 ff. im Anschluß an *Hadding* Festschr. R. Fischer S. 165 ff., und in: *Soergel* § 25 BGB Rn. 17.

48 *Van Look* S. 107 ff.; *ders.* WM-Festgabe Hellner, 1994, S. 46, 51 ff.; *Soergel/Hadding* § 25 BGB Rn. 38 ff.; in diesem Sinn schon *Bötticher* Gestaltungsrecht und Unterwerfung im Privatrecht, 1964, S. 28 ff.; *ders.* ZfA 1970, 3, 44 ff.; *Flume* Festschr. Bötticher, 1969, S. 101 ff.; *ders.* Jur. Person, S. 315 ff.; auch *Staudinger/Coing* Vorbem. §§ 21–54 BGB Rn. 35 ff.; *ders.* Festschr. Flume, Bd. I, 1978, S. 429, 436 ff.; MünchKomm/*Gottwald* Vor § 339 BGB Rn. 17; *Pfister* JZ 1995, 464, 466 f.; ferner *K. Schmidt* Gesellschaftsrecht, § 24 V 3; *Grunewald* Gesellschaftsrecht, Rn. 2 A 68 ff.

49 *Van Look* S. 120 f., 137 ff.

Betracht. Hierzu zählen insbes. das Dulden eines Verweises sowie eines Entzugs oder einer Einschränkung mitgliedschaftlicher Rechte[50]. Auch die Duldung der Ausschließung kann als Vertragsstrafe vereinbart werden (unten Rn. 1630).

1.3.2.4. Leistungsbestimmung durch den Verein

Soweit die Festsetzung der Vereinsstrafe im konkreten Fall im Ermessen des **1592 d** Vereins steht (Rn. 1590), handelt es sich um die Einräumung eines Leistungsbestimmungsrechts i. S. d. § 315 Abs. 1 BGB, das als Gestaltungsrecht durch empfangsbedürftige Willenserklärung gegenüber dem Betroffenen ausgeübt wird (vgl. § 315 Abs. 2 BGB)[51]. Die Satzung kann bestimmte Verfahrensmodalitäten (»Vereinsstrafverfahren«) als Voraussetzungen einer wirksamen Ausübung des Leistungsbestimmungsrechts vorsehen (Rn. 1655 ff.). Ein dem zuständigen Vereinsorgan eingeräumtes Entschließungsermessen (»Ob« der Straffestsetzung) oder Auswahlermessen (Strafart und Strafmaß) ist nach der Auslegungsregel des § 315 Abs. 1 BGB unter dem Maßstab der Billigkeit auszuüben (Rn. 1682 ff.)[52].

1.3.2.5. Erfüllungssicherung als Aufgabe der Vereinsstrafe

Der Einordnung der Vereinsstrafe als Vertragsstrafe wird häufig entgegen- **1592 e** gehalten, daß sich die von einem Verein gegen seine Mitglieder verhängten »Disziplinarmaßnahmen« von der Vertragsstrafe funktional unterscheiden[53]. Dabei dient auch die Vertragsstrafe nicht nur der Schadenskompensation, sondern auch und überwiegend der »Vertragsdisziplin«, indem sie auf den Schuldner einen »Druck« ausübt, seine Verbindlichkeit ordnungsgemäß zu erfüllen[54]. Für die Angemessenheit einer Vertragsstrafe, z. B. zur Sicherung einer wettbewerbsrechtlichen Unterlassungsverpflichtung, kommt es in erster Linie auf den Sanktionscharakter und ihre Funktion der Vermeidung weiterer Zuwiderhandlungen an[55]. Diese spezialpräventive Element, nämlich das betroffene Mitglied von weiteren Verstößen abzuhalten, ist ebenso kennzeichnend für die Vereinsstrafe.

---

50 *Van Look* S. 122 f.

51 Zur Vertragsstrafe ist – insbesondere im Wettbewerbsrecht – anerkannt, daß für den Fall einer künftigen Zuwiderhandlung gegen eine Unterlassungspflicht dem Gläubiger die Bestimmung der Strafhöhe nach seinem billigen Ermessen überlassen werden kann (vgl. *BGH* NJW 1985, 191; NJW-RR 1990, 1390 = WM 1990, 1714; NJW 1994, 45, 46 = WM 1994, 114; *Soergel/M. Wolf* § 315 BGB Rn. 27; *Teplitzky* Wettbewerbsrechtliche Ansprüche, 6. Aufl. 1992, Kap. 8 Rn. 22). Vgl. für »Vereinsverwaltungsakte« auch MünchKomm/*Gottwald* § 315 BGB Rn. 11.

52 Ebenso MünchKomm/*Gottwald* § 315 BGB Rn. 17 a. E.; vgl. auch *Gernhuber* Das Schuldverhältnis, § 12 II 5, S. 286 ff.

53 So spricht MünchKomm/*Reuter* § 25 BGB Rdn. 33 von einem »Umtaufungsakt«; ihm folgend *Röhricht* AcP 189 (1989), 386, 391.

54 Vgl. z. B. BGHZ 82, 398, 401 = WM 1982, 203; 85, 305, 312 f. = WM 1983, 87; 105, 24, 27 f. = WM 1988, 1569, 1570; *BGH* WM 1983, 1264 = NJW 1984, 919, 920; WM 1993, 1471, 1473 = NJW 1993, 1786 = ZIP 1993, 703; *Gernhuber* Das Schuldverhältnis, § 34 I 3, S. 757 f.; *Erman/Westermann* Vor § 339 BGB Rn. 1; *Köhler* Festschr. Gernhuber, 1993, S. 207, 213; für ausschließlich erfüllungssichernde Funktion dagegen *Lindacher* Phänomenologie der ›Vertragsstrafe‹, 1972, S. 57 ff.; *ders.* in: *Soergel* Vor § 339 BGB Rn. 5 f.

55 So *BGH* WM 1994, 114, 116 = NJW 1994, 45, 46 f.; ähnlich *Rieble* WM 1995, 828, 830.

Darüber hinaus kommt der Androhung und der im konkreten Fall festgesetzten Vereinsstrafe auch eine generalpräventive, d. h. abschreckende Wirkung auf die übrigen Vereinsmitglieder zu, die in vergleichbaren Fällen ebenfalls mit einer Vereinsstrafe rechnen müssen[56]. Dies gilt ebenso für Vertragsstrafen, die auf andere potentiell Betroffene in vergleichbarer Situation (z. B. Wettbewerbsverletzer oder Subunternehmer) ebenfalls abschreckend wirken[57].
Bei der Ausschließung wird die spezialpräventive Funktion durch die Aufgabe ersetzt, den Vereinszweck zukünftig ohne Störungen durch den Auszuschließenden zu verfolgen[58].

1.3.2.6. Vereinsstrafe als Ehrenstrafe?

1592 f Über die spezial- und generalpräventive Aufgabe hinaus sollen der Vereinsstrafe nach h. M. noch Elemente der Vergeltung oder Sühne oder eines sozialethischen Unwerturteils über den Betroffenen zukommen; es soll sich um eine Art vereinsinterner »Ehrenstrafe« handeln[59]. Hiergegen ist zunächst einzuwenden, daß juristischen Personen als Mitgliedern eines Vereinsverbands – ebenso wie im Kriminalstrafrecht (vgl. aber § 30 OWiG) – die »Strafempfänglichkeit« hinsichtlich sozialethischer Unwerturteile fehlt[60]. Wird dagegen an die Verwandtschaft zur beamtenrechtlichen Disziplinarstrafe angeknüpft[61], so kommt dieser nach heute ganz h. M. ausschließlich spezialpräventiver Charakter zu[62].
Stellt man dagegen darauf ab, daß sich das Mitglied durch seinen Beitritt einer entsprechenden Gestaltungsbefugnis des Vereins rechtsgeschäftlich unterworfen und sich damit schon vorab mit entsprechenden Unwerturteilen einverstanden erklärt habe[63], so stellt sich die Frage, inwieweit das Mitglied seine Ehre – sei es auch nur auf den Teilbereich des »Vereinslebens« beschränkt – rechtsgeschäftlich zur Disposition eines anderen Rechtssubjekts des Zivilrechts stellen kann. Einen Anhaltspunkt gibt § 74 a Abs. 2 Satz 2 HGB, wonach ein Wettbewerbsverbot für einen Handlungsgehilfen nichtig ist, »wenn sich der Prinzipal die Erfüllung auf Ehrenwort oder unter ähnlichen Versicherungen versprechen läßt«. Hieraus ist der Rechtsgrundsatz herzuleiten, daß die Ehre

---

56 *Van Look* S. 124 ff.

57 Zur Generalprävention als »objektiver Finalgrund« der als Vertragsstrafe verwirkten Sanktion vgl. *Lindacher* Phänomenologie der 'Vertragsstrafe', 1972, S. 89.

58 Zu diesem Aspekt vgl. insbes. *Grunewald* Ausschluß, S. 17 ff., 44.

59 Vgl. z. B. *Meyer-Cording* S. 62, 70, 72 f.; *ders.* NJW 1966, 225, 227; *Schlosser* S. 47 ff.; *H. P. Westermann* S. 42 f.; *ders.* JZ 1972, 537, 541; *Wiedemann* Gesellschaftsrecht I, 1980, S. 185; *Baecker* S. 118; *Bodmer* (Fn. 40), S. 78 f.; *Gernhuber* Das Schuldverhältnis, § 34 I 7, S. 761; RGRK/*Steffen* § 25 BGB Rn. 13; MünchKomm/*Reuter* § 25 BGB Rn. 22; zurückhaltend allerdings die Rechtsprechung, z. B. BGHZ 21, 370, 376: »kein Unwerturteil, sondern... eine privatrechtliche Sanktion«; ähnlich BGHZ 29, 352, 357 f.

60 Vgl. z. B. *Eidam* Unternehmen und Strafe, 1993, S. 80 und 97; *Otto* Die Strafbarkeit von Unternehmen und Verbänden, Schriftenreihe der Jur. Gesellschaft zu Berlin, Heft 133, 1993, passim.

61 So vor allem *Meyer-Cording* S. 71 ff.

62 Vgl. *OVG Berlin* NJW 1979, 1175; *Wolff/Bachof/Stober*, Verwaltungsrecht II, 5. Aufl. 1987, § 115 Rn. 4.

63 So *Bötticher* ZfA 1970, 3, 48 f.; *Schlosser* S. 47 ff.

einer Person nicht zur rechtsgeschäftlichen Disposition steht und die Verpfändung des Ehrenworts zur Sittenwidrigkeit und damit zur Nichtigkeit (§ 138 Abs. 1 BGB) der abgesicherten Verpflichtung führt[64]. Soweit Vereinsstrafen daher der rechtliche Regelungsgehalt eines sozialethischen Unwerturteils zukäme, wären diese als unwirksam anzusehen[65]. Nach dem rechtstatsächlichen Erscheinungsbild der Vereinsstrafen liegt jedoch das vermeintliche Unwerturteil nicht in ihrem rechtlichen Regelungsgehalt, sondern in ihrer Beurteilung durch das soziale Umfeld des Betroffenen, insbesondere die übrigen Vereinsmitglieder und die Vereinsorgane[66]; insoweit ist die Vereinsstrafe nur als soziale Sanktion anzusehen[67].

1.4. Abgrenzung zu anderen einseitigen Maßnahmen des Vereins

1.4.1. Vergabe, Entzug oder Einschränkung mitgliedschaftlicher Rechte

Keine Vereinsstrafen sind einseitige Maßnahmen des Vereins, die in einer Vergabe, einem Entzug oder der Einschränkung mitgliedschaftlicher Rechte bestehen und nicht der Sicherung der ordnungsmäßigen Erfüllung mitgliedschaftlicher Pflichten dienen, mithin keinen »diziplinarischen« Charakter tragen. Zu denken ist z.B. an Erlaubnisse, Lizenzen, die Übertragung von Werberechten[68], die Zulassung zu einer bestimmten Spielklasse oder zum Spielbetrieb, die Wertung von Wettkampfergebnissen, die Genehmigung eines Vereinswechsels, Ausstellung von Abstammungsnachweisen oder Eintragung ins Zuchtbuch bei Zuchtverbänden, Erteilung von Ein- und Ausfuhrbescheinigungen. Hierbei handelt es sich um »Vereinsverwaltungsakte« ohne Strafcharakter[69]. Die rechtliche Beurteilung derartiger einseitiger Maßnahmen richtet sich nach den allgemeinen Regeln über die Gewährung oder den Entzug mitgliedschaftlicher Rechte aufgrund der Satzung oder von Beschlüssen der Mitgliederversammlung (vgl. Rn. 525 ff., für Sonderrechte Rn. 570 ff.) **1593**

1.4.2. Maßnahmen eines Feldschiedsrichters (»Spielstrafen«)

Von den Beteiligten werden auch Nachteile, die ein Schiedsrichter während eines Wettkampfs wegen eines Regelverstoßes gegen einen Spieler oder eine Mannschaft verhängt, als »Strafe« angesehen. Gelegentlich wird hier von **1594**

64 So RGZ 68, 229, 231; 74, 332, 333; 78, 258, 263; *Soergel/W. Hefermehl* § 138 BGB Rn. 28; MünchKomm/*Mayer-Maly* § 138 BGB Rn. 63.

65 So vor allem *Flume* Festschr. Bötticher, 1969, S. 101, 114, 124; ihm folgend *Coing* Festschr. Flume, Bd. I, 1978, S. 429, 438; *ders.* in: *Staudinger* Vor § 21 BGB Rn. 39 f.; *Grunewald* Ausschluß, S. 41 ff.

66 *Van Look* S. 127 ff.

67 Zur Unterscheidung zwischen sozialen Normen und Rechtsnormen sowie zwischen sozialen und rechtlichen Sanktionen vgl. aus rechtssoziologischer Sicht *Röhl* Rechtssoziologie, 1987, S. 204 ff.

68 Vgl. *DEB-Schiedsgericht* SpuRt 1994, 258, 264: Zustimmung eines Ligavereins zum Generalsponsorvertrag des Verbands.

69 Vgl. *Schlosser* MDR 1967, 884 ff. und 961 ff.; *ders.* (Fn. 2), S. 49 f., 68 ff., der allerdings auch Vereinsstrafen als Unterfall belastender Vereinsverwaltungsakte ansieht; krit. zur terminologischen »Anleihe« beim öffentlichen Recht *van Look* S. 110.

Spielstrafen oder persönlichen Strafen gesprochen[70]. Z. B. kann im Bereich des Fußballs der Schiedsrichter folgende Strafen aussprechen (FIFA-Regel XII):
- direkter und indirekter Freistoß,
- Strafstoß (»Elfmeter«),
- Verwarnung (»gelbe Karte«),
- Verweisung vom Spielfeld (»rote Karte«).

Der Eishockeyschiedsrichter kann folgende Maßnahmen verhängen (Regel Nr. 401 des Internationalen Eishockeyverbands):
- Kleine Strafe (Platzverweis eines Feldspielers für zwei Minuten, Regel Nr. 402 a),
- Kleine Bankstrafe (gegen eine Mannschaft, Regel Nr. 402 a),
- Große Strafe (Platzverweis eines Feldspielers für fünf Minuten, Regel 403 a),
- Disziplinarstrafe (Platzverweis für zehn Minuten mit Vertretungsmöglichkeit, Regel 404),
- Matchstrafe (Platzverweis für den Rest des Spiels und Ausschluß von weiteren Spielen bis zur Entscheidung des zuständigen Verbandsgremiums; Regel 405),
- Strafschuß.

1594 a Für die meisten dieser Maßnahmen ist kennzeichnend, daß sie nicht über das Ende des Spiels hinaus auf den Rechtskreis des Betroffenen einwirken. Soweit sich der Regelungsgehalt einer Maßnahme darin erschöpft, das laufende Spielgeschehen durch einen Nachteil zu beeinflussen, handelt es sich um die Anwendung einer Spielregel, die für den Betroffenen oder die betroffene Mannschaft keine rechtliche Regelungswirkung entfaltet[71]. Sie kann daher nicht als schuldrechtliche Leistung (§ 241 BGB) gedeutet und als Vereinsstrafe behandelt werden[72]. Soweit die Maßnahme jedoch über das laufende Spielgeschehen hinauswirkt (z. B. Disqualifikation, Wertung von Wettkampfergebnissen, Sperre für zukünftige Spiele), kommt ihr ein rechtlicher Regelungsgehalt als Vereinsstrafe zu[73]. Hiervon zu trennen ist allerdings die Frage, inwieweit Spielstrafen einer Überprüfung unterliegen können (Rn. 1696 f.).

1594 b Maßnahmen eines Schiedsrichters sind auch nicht als Entscheidung über eine Preisbewerbung anzusehen, die für die Beteiligten »verbindlich« ist (§ 661 Abs. 2 Satz 2 BGB)[74]. Denn sie beruht nicht auf der (einseitigen) Auslobung des Preises, sondern auf dem durch die Satzung vertraglich geregelten mitgliedschaftlichen Verhältnis zwischen Veranstalter (Verein) und Bewerber[75].

---

70 Zur Abgrenzung vgl. *Kühl* in: Verbandsrechtsprechung, S. 22, 25 ff.

71 Vgl. *Kummer* Spielregel und Rechtsregel, 1973, S. 45 ff.; *Wax* in: Einstweiliger Rechtsschutz, S. 7, 30 f.; *H. P. Westermann* und *Grunsky* in: Verbandsrechtsprechung, S. 41, 57 f. und S. 63, 70 ff.; a. A. Voraufl. Rn. 1602; auch *Vieweg* JuS 1983, 825, 828 f., der jede Sportregel auch als Rechtsregel auffaßt; *Pfister* Festschr. Lorenz, 1991, S. 171, 174 ff., der jedoch für sport-typische Regeln von einer weitgehenden Autonomie gegenüber dem staatlichen Recht ausgeht.

72 Vgl. aber *AG Ettenheim* NJW-RR 1992, 353: Fußballschiedsrichter als Schiedsgutachter.

73 Vgl. *Schlosser* S. 89; *Leipold* ZGR 1985, 113, 121 Fn. 13.

74 Vgl. aber *BGH* LM § 661 BGB Nr. 2.

75 Vgl. *Schlosser* S. 112.

1.4.3. Ausschließung als Kündigung

Die Ausschließung, d. h. die einseitige Beendigung der Mitgliedschaft durch den Verein, kann in der Satzung als Vereinsstrafe ausgestaltet sein (Rn. 1629). Sie kann aber auch als einfaches Kündigungsrecht oder als Konkretisierung des allgemeinen gesetzlichen Kündigungsrechts aus wichtigem Grund bei Dauerschuldverhältnissen geregelt sein (ausführlich unten Rn. 1611 ff.). **1595**

2. Anforderungen an die satzungsmäßige Grundlage einer Vereinsstrafe

2.1. Vorhandensein einer Grundlage in der Satzung

Einigkeit besteht darüber, daß Vereinsstrafen einer Rechtsgrundlage in der Vereinssatzung bedürfen[76]. Nach der hier vertretenen Auffassung folgt dies schon daraus, daß das Mitglied dem Verein die Strafe im Gründungs- oder Beitrittsvertrag »versprochen« haben muß (§ 339 Satz 1 BGB). Die Strafregelung ist als materielles Satzungsrecht im engeren Sinn (Rn. 263) anzusehen, da sie an die Nicht- oder Schlechterfüllung mitgliedschaftlicher Pflichten eine Sanktion in Gestalt einer zusätzlichen schuldrechtlichen Leistungspflicht knüpft; dies berührt die Grundlagen der Mitgliedschaft. Daher bestimmt § 55 Abs. 2 AktG ausdrücklich, daß Vertragsstrafen für die Nichterfüllung von Aktionärspflichten in der Satzung zu regeln sind; ebenso sind nach § 10 Abs. 3 ParteienG Bestimmungen über Ordnungsmaßnahmen in der Satzung einer politischen Partei zu treffen; dasselbe gilt gem. § 18 Abs. 1 Nr. 3 d BWaldG für Ordnungsmittel und Vertragsstrafen einer Forstbetriebsgemeinschaft. **1596**

Die Strafregelung muß in der Vereinssatzung enthalten sein und kann nicht etwa in eine ihr nachrangige Vereinsordnung (Strafordnung, Ehrenordnung, Disziplinarordnung) aufgenommen werden (Rn. 318; zur Möglichkeit einer Konkretisierung vgl. Rn. 1597 a). Wenn die Vereinsordnung allerdings Bestandteil der Satzung ist und damit den Anforderungen der §§ 33, 71 BGB unterliegt, ist dem Erfordernis einer satzungsmäßigen Grundlage genügt.

2.2. Erforderliche Bestimmtheit; Konkretisierung durch Vereinsordnungen

Die Strafregelung in der Vereinssatzung muß eine ausreichende Regelungsdichte aufweisen. Daher muß die als Strafe versprochene Leistung zumindest dem Grunde nach in der Satzung hinreichend bestimmbar bezeichnet sein (näher unten Rn. 1600 f.). Dies gilt auch für die Pflicht, die formelle Veröffentlichung der Straffestsetzung in einem Vereinsblatt als »Nebenstrafe« zu dulden und die Kosten des Straffestsetzungsverfahrens zu tragen[77]. Auch das »inkriminierte« Verhalten muß sich der Satzung zumindest durch (u. U. er- **1597**

---

76 Vgl. RGZ 88, 193, 196; 129, 45, 48; 147, 11, 15 f.; 151, 229, 232; *RG* LZ 1917, 1245; JW 1932 1010; BGHZ 27, 297, 298 (für eG); 29, 352, 355; *BGH* WM 1961, 942, 943; *Meyer-Cording* S. 88 f., 114; *Stöber* Rn. 246; *H. P. Westermann* in: Verbandsrechtsprechung, S. 41, 47 ff.

77 Vgl. BGHZ 47, 172, 178; *Schlosser* S. 64; krit. hinsichtlich der Kostentragungspflicht *Lukes* NJW 1972, 121, 126; *Grunewald* ZHR 152 (1988), 242, 251.

gänzende) Auslegung entnehmen lassen, wobei auf die allgemeine mitgliedschaftliche Förderpflicht zurückgegriffen werden kann (unten Rn. 1598 ff.).

1597 a In einer der Satzung nachrangigen Vereinsordnung kann die satzungsmäßige Strafregelung jedoch näher ausgestaltet werden. So können die Verfallvoraussetzungen in einer »Disziplinarordnung« tatbestandsmäßig konkretisiert werden[78], da der Verein aufgrund des ihm eingeräumten Rechts zur Leistungsbestimmung in abstrakt-genereller Form im voraus festlegen kann, bei welchen Verhaltensweisen seine Organe von der Strafregelung in der Satzung Gebrauch machen werden. Entsprechendes gilt für das Verfahren, das zur Straffestsetzung führt[79], und für die »Strafzumessung«, d. h. das »Ob« und »Wie« der Leistungsbestimmung (Rn. 1655 ff.)[80]. In allen Fällen handelt es sich um eine vorweggenommene »Selbstbindung« des dem Gläubiger der Vereinsstrafe satzungsmäßig eingeräumten billigen Ermessens zur Leistungsbestimmung (vgl. § 315 Abs. 1 BGB).

1597 b Ein höheres Maß an Bestimmtheit ist jedoch erforderlich, wenn das Mitglied zu seinem Verein in eine besondere, das allgemeine Mitgliedschaftsverhältnis überlagernde Beziehung tritt, die durch Regelwerke weitgehend «durchnormiert« ist. Dies gilt z. B. für Sportveranstaltungen und Wettbewerbe. Aus der weitgehenden Verrechtlichung dieser Bereiche, die sich z. B. in den umfangreichen Regelwerken der Sportverbände zeigt, ergeben sich auch erhöhte Anforderungen an die Regelungsdichte der Straftatbestände und die Zuordnung der vorgesehenen Strafen[81]. Aus Gründen des Mitgliederschutzes müssen die Teilnehmer hier schon vorab übersehen können, bei welchen Regelverstößen sie mit Rechtsnachteilen rechnen müssen und welcher Art und Höhe diese Sanktionen sind. Die »Straftatbestände«, z. B. Verstoß gegen bestimmte Teilnahme- und Spielregeln, sind daher möglichst konkret zu umschreiben. Ebenso müssen den einzelnen Straftatbeständen bestimmte Strafmaßnahmen zuordnet sein, die ggf. in der Höhe abgestuft werden können (z. B. Sperre auf Zeit).

2.3. Inhaltliche Anforderungen an die Strafregelung

2.3.1. Inhaltliche Anforderungen an den Tatbestand

1598 Die Festsetzung einer Vereinsstrafe wird häufig auf ausfüllungsbedürftige generalklauselartige Wendungen und unbestimmte Rechtsbegriffe gestützt (Rn. 1588). Hierdurch wird dem Bestimmtheitserfordernis genügt, da im Rahmen eines Schuldverhältnisses die bloße Bestimmbarkeit der versprochenen Leistung – hier des »zweckkonformen« Verhaltens – ausreicht[82]. Da eine Vielzahl von Verhaltensweisen denkbar ist, die gegen die aus der mitgliedschaftlichen Förderpflicht sich ergebenden Unterlassungs- oder Loyalitätspflichten

78 Ebenso *Lukes* NJW 1972, 121, 127; MünchKomm/*Reuter* § 25 BGB Rn. 4; vgl. auch *Lohbeck* MDR 1972, 381 ff.; *Kirberger* S. 119 ff.

79 I. Erg. ebenso BGHZ 47, 172, 177; auch *Kirberger*, S. 45, 212 f.

80 Vgl. *Kirberger* S. 170.

81 Vgl. *Kühl* und *H. P. Westermann* in: Verbandsrechtsprechung, S. 22, 23 f., 32 f. und S. 41, 49 ff.

82 Vgl. statt aller *Staudinger/Mayer-Maly* § 315 BGB Rn. 2, 20 f.; MünchKomm/*Kramer* § 241 BGB Rn. 3; insbes. zur Vertragsstrafe *OLG Koblenz* WRP 1986, 694.

verstoßen (vgl. Rn. 614 f.), können diese nur – zulässigerweise – durch Generalklauseln und unbestimmte Rechtsbegriffe erfaßt werden[83]. Die Konkretisierung der Tatbestandsmerkmale als Voraussetzungen des Leistungsbestimmungsrechts obliegt dann in konkreten Fall dem für die Verhängung der Vereinsstrafe zuständigen Vereinsorgan, dem im Rahmen billigen Ermessens ein Beurteilungsspielraum zusteht (vgl. Rn. 1681 a).

Soweit durch Auslegung der entsprechenden Satzungsbestimmung anhand des Vereinszwecks, der Realstruktur des Vereins, einer ständigen vereinsinternen Übung sowie der Interessen der Mitglieder ermittelt werden kann, daß ein Verhalten im konkreten Fall den Straftatbestand erfüllt, sind dessen Voraussetzungen hinreichend bestimmt. Dies zeigt auch § 10 Abs. 4 ParteienG, der als Voraussetzung der Ausschließung aus einer politischen Partei u. a. generalklauselartig einen »erheblichen Verstoß gegen Grundsätze oder Ordnung der Partei« nennt. **1598 a**

Abgesehen vom Bestimmtheitserfordernis unterliegt der Straftatbestand im Streitfall einer Inhaltskontrolle durch durch das Zivilgericht (Rn. 299 ff.)[84]. Hieraus ergeben sich folgende Anforderungen: Die Verpflichtung zu dem geschuldeten Verhalten, das den Tatbestand der Vereinsstrafe bildet, darf nicht unwirksam sein (vgl. § 344 BGB), indem er ein gesetz- oder sittenwidriges (§§ 134, 138 Abs. 1 BGB) oder objektiv unmögliches (§ 306 BGB) Verhalten verlangt. Ein Gesetzesverstoß liegt z. B. vor, wenn durch das geforderte Verhalten Betriebsratswahlen beeinflußt (§ 20 Abs. 2 BetrVG)[85] oder Mitglieder wettbewerbswidrig diskriminiert werden können (vgl. § 26 Abs. 2 GWB)[86]. **1598 b**

Das tatbestandsmäßige Verhalten muß, insbes. bei ausformulierten Tatbeständen, bei einer generell-typisierenden Betrachtungsweise geeignet sein, die Verfolgung des Vereinszwecks zu stören. Denn die Rücksichtspflicht des Vereins gegenüber seinen Mitgliedern (Rn. 615 f.) fordert einen sachlichen Grund dafür, an ein bestimmtes Verhalten eine Vereinsstrafe zu knüpfen. Andererseits kann der Verein im Rahmen der Billigkeit (§ 242 BGB) selbst festlegen, welchen Verhaltensweisen er nachteilige Auswirkungen auf die Verfolgung des Vereinszwecks zumißt. Abzuwägen ist das Interesse des Mitglieds an der Vornahme der »inkriminierten« Handlung gegen das Interesse des Vereins an ihrem Unterbleiben. Hierbei sind nicht nur Vermögensinteressen, sondern auch sonstige berechtigte Interessen zu berücksichtigen (vgl. § 343 Abs. 1 Satz 2 BGB). Im Rahmen der Interessenabwägung ist auch zu fragen, inwieweit es für ein Mitglied möglich und zumutbar ist, sich durch Austritt (§ 39 BGB) von dem Verein zu lösen, insbes. welche rechtlichen und tatsächlichen (z. B. sozialen und wirtschaftlichen) Auswirkungen die Beendigung der Mitgliedschaft hat. **1598 c**

---

83 I. Erg. ebenso *Schlosser* S. 58 f. (allerdings unter Berufung auf die beamtenrechtlichen Disziplinartatbestände); *Beuthien* BB 1968, Beil. 12, S. 5; *Reuter* ZGR 1980, 101, 117; *ders.* in: MünchKomm § 25 BGB Rn. 30; *Röhricht* in: Verbandsrechtsprechung, S. 75, 85; RGRK/*Steffen* § 25 BGB Rn. 16; *Soergel/Hadding* § 25 BGB Rn. 40; Bedenken bei *Busse* SGb 1989, 537, 539.

84 Vgl. *BGH* NJW-RR 1992, 246 = WM 1991, 948, 949 = WuB II L. § 39 BGB 2.91 *van Look*; *Vieweg* NJW 1991, 1511, 1515.

85 Vgl. BGHZ 45, 314; 71, 126; 87, 337; 102, 265, 277 = NJW 1988, 552 = WM 1987, 1422; *BGH* NJW 1981, 2178 = WM 1981, 739; NJW-RR 1992, 246 = WM 1991, 948, 949.

86 Vgl. *OLG Frankfurt a. M.* WRP 1985, 500, 503 (Verbot von Werbenamen für Fußballvereine innerhalb des DFB).

Weiter darf der Tatbestand der Strafregelung nicht gegen das Gebot der gleichmäßigen Behandlung aller Mitglieder verstoßen, indem einzelne Mitglieder oder Mitgliedergruppen ohne sachlichen Grund gegenüber anderen Mitgliedern bevorzugt oder benachteiligt werden (vgl. Rn. 543 ff.)[87].

2.3.2. Erfordernis eines Verschuldens

1599 Grundsätzlich setzt die Verhängung einer Vereinsstrafe einen schuldhaften, d. h. vorsätzlichen oder fahrlässigen (vgl. § 276 Abs. 1 BGB) Verstoß gegen den in der Satzung festgelegten Straftatbestand voraus[88]. Qualifiziert man Vereinsstrafen – wie hier – als Vertragsstrafen, so ergibt sich dies schon aus § 339 BGB, der auf die Verzugsvoraussetzungen und damit auf §§ 285, 276 ff. BGB verweist[89]. Aber auch wenn man Vereinsstrafen als Disziplinarmaßnahmen eigener Art ansieht, dürfte wegen der Anknüpfung an personbezogene mitgliedschaftliche Verhaltenspflichten ein persönlichen Schuldvorwurf i. S. einer Vorwerfbarkeit des Verstoßes zu fordern sein. Für Forstbetriebsgemeinschaften verlangt der Gesetzgeber ausdrücklich, daß Satzungsbestimmungen über »Ordnungsmittel und Vertragsstrafen« einen schuldhaften Verstoß gegen wesentliche Mitgliederpflichten voraussetzen müssen (§ 18 Abs. 1 Nr. 3 d BWaldG). Nicht zugestimmt werden kann deshalb – auch aus Gründen der Rechtssicherheit – dem BGH, wenn er in einer älteren Entscheidung »jedenfalls für die Verhängung der kleineren Vereinsstrafen« auf ein Verschulden verzichten will[90].

1599 a Umstritten ist, ob die Vereinssatzung von dem Verschuldenserfordernis ausdrücklich absehen kann[91]. Dies ist nicht der Fall, da die Vereinsstrafe regelmäßig an ein persönliches Fehlverhalten des Mitglieds anknüpft und dessen Vermeidung für die Zukunft sichern soll (Spezialprävention); dies setzt ein vorwerfbares Verhalten voraus. Eine das Verschuldenserfordernis abdingende Satzungsregelung hält daher einer Inhaltskontrolle nicht stand[92]. Eine Ausnahme ist nur für den Fall zu machen, daß die als Vereinsstrafe versprochene Leistung in erster Linie der Schadenspauschalierung dient, also dem Ausgleich von Vermögensnachteilen des Vereins[93]. Eine Ausschließung aus wichtigem Grund, die nicht als Vereinsstrafe ausgestaltet ist, kann dagegen an Eigenschaften in der Person des Mitglieds anknüpfen, die es nicht zu vertreten hat (Rn. 1618).

---

87 Vgl. *Röhricht* in: Verbandsrechtsprechung, S. 75, 87.

88 Vgl. RGZ 148, 225, 234; 163, 200, 206; *Meyer-Cording* S. 30; RGRK/*Steffen* § 25 BGB Rn. 17; MünchKomm/*Reuter* § 25 BGB Rn. 30; differenzierend zwischen Maßnahmen mit und ohne Unwerturteil *OLG Frankfurt a. M.* NJW-RR 1986, 133 = WM 1986, 302, 304; offen gelassen in *BGH* NJW 1972, 1892, 1893 = WM 1973, 50 = JR 1973, 192 m. Anm. *H. P. Westermann*.

89 *Van Look* S. 140.

90 BGHZ 29, 352, 359 = NJW 1958, 2633 = WM 1959, 636.

91 Bejahend *RG* JW 1932, 1010 f.; *KG* DR 1939, 2156 f.

92 Ebenso AK/*Ott* § 25 BGB Rn. 36; *Palandt/Heinrichs* § 25 BGB Rn. 14; *H. Kauffmann* und *Röhricht* in: Verbandsrechtsprechung, S. 6, 15 und S. 75, 85; i. Erg. auch *Meyer-Cording* S. 62.

93 Vgl. *van Look* S. 187 f.

2.3.3. Inhaltliche Anforderungen an die Rechtsfolge

2.3.3.1. Strafarten

Die als Vereinsstrafe versprochenen Leistungen, d. h. die einzelnen Strafarten, **1600**
müssen in der Satzung hinreichend bestimmt benannt sein[94]. Unzulässig sind inhaltlich nicht bestimmbare Begriffe wie »Maßnahmen«, »Auflagen«, »Beschränkungen«. Die Vereinssatzung muß daher einen Katalog möglicher Strafmaßnahmen enthalten, der die vom Mitglied gegebenenfalls zu erbringende oder zu duldende Leistung ihrem Inhalt nach konkret umschreibt. Zu unbestimmt wäre es, die Bestimmung der Art der zu erbringenden Leistung dem Ermessen des zuständigen Vereinsorgans zu überlassen[95]. Die Satzung kann die einzelnen Strafarten bestimmten Tatbeständen zuordnen oder es in das Ermessen des für die Festsetzung zuständigen Vereinsorgans stellen, eine der Schwere des Verstoßes entsprechende Strafart zu bestimmen. Sofern die Satzung dies vorsieht, können auch mehrere Strafarten kumulativ, d. h. nebeneinander, verhängt werden (z. B. Veröffentlichung der festgesetzten Strafe in einer Vereinszeitschrift als »Nebenstrafe«[96]).

Als Strafe kann z. B. vorgesehen werden die Duldung eines förmlichen Ver- **1600 a**
weises, des Entzugs oder der Beschränkung mitgliedschaftlicher oder organschaftlicher Rechte, der Ausschließung oder die Zahlung einer Geldsumme (zu den rechtstatsächlich vorkommenden Strafarten vgl. oben Rn. 1589). Unzulässig sind jedoch anfänglich unmögliche Leistungen (§ 306 BGB) sowie Leistungen, die gegen ein gesetzliches Verbot (§ 134 BGB) oder die guten Sitten (§ 138 Abs. 1 BGB) verstoßen; letzteres gilt z. B. für Körper- oder Freiheitsstrafen, aber auch für eine Leistung, deren rechtlicher Regelungsgehalt in der Duldung eines sozialethischen Unwerturteils besteht (oben Rn. 1592 f).

2.3.3.2. Erfordernis einer Obergrenze

Problematisch ist, ob die Satzung bei quantitativ abstufbaren Strafarten eine **1601**
Obergrenze vorsehen muß, z. B. bei Geldstrafen, dem zeitweiligen Ausschluß von der Benutzung von Vereinseinrichtungen oder der Teilnahme an Vereinsveranstaltungen. Im Schrifttum wird dies überwiegend gefordert[97]. Demgegenüber hat der BGH die Androhung eines höhenmäßig nicht begrenzten »Reugelds« in der Satzung zwar für »nicht ganz unbedenklich«, im Ergebnis aber für wirksam gehalten[98].

Dem BGH ist zu widersprechen: Das Mitglied muß seine Rechte und Rechtspflichten im wesentlichen aus der Vereinssatzung ersehen können; dies gilt insbesondere für finanzielle Verpflichtungen, wobei allerdings aus Gründen der Flexibilität für regelmäßige Beiträge eine Ausnahme zu machen ist. Auch Vereins(geld)strafen sind als besondere Verpflichtung anzusehen, deren maximale Höhe sich aus der Satzung ergeben muß (Rn. 579 ff.). Durch die Androhung

---

94 Vgl. RGZ 125, 338, 340; 151, 229, 232; BGHZ 47, 172, 177.

95 Vgl. *Schlosser* S. 55.

96 Vgl. die Fälle BGHZ 29, 352, 357; 47, 172, 177; *BGH* WM 1961, 942, 943.

97 So z. B. *Schlosser* S. 103; *Soergel/Hadding* § 25 BGB Rn. 40; *Sauter/Schweyer* Rn. 120; *Kühl* in: Verbandsrechtsprechung, S. 22, 30; wohl auch *Meyer-Cording* Vereinsstrafe, S. 56; a. A. *Stöber* Rn. 249 a.

98 BGHZ 21, 370, 375; anders *OLG Köln* ZIP 1988, 19, 22 (obiter dictum).

eines nach oben offenen Strafrahmens würde das Mitglied potentiell unübersehbaren Verpflichtungen ausgesetzt und hierdurch unangemessen benachteiligt[99]. Die Satzung muß daher wegen der erforderlichen Transparenz und Rechtssicherheit für das einzelne Mitglied eine Obergrenze des Strafrahmens vorsehen[100]. Hierbei wird nicht verkannt, das das Erfordernis einer satzungsmäßigen Obergrenze ein eher formales Kriterium darstellt, da sie durch Satzungsänderung auch gegen den Willen des einzelnen Mitglieds erhöht werden kann (Rn. 606). Ein effektiver Mitgliederschutz kann erst durch eine gerichtliche Angemessenheitskontrolle der Straffestsetzung im konkreten Fall erreicht werden (§ 315 Abs. 3 BGB).

2.3.3.3. Ermessensmaßstab

1602 Soweit die Festsetzung einer Vereinsstrafe in das Ermessen des zuständigen Vereinsorgans gestellt ist, gilt für seine Ausübung nach der hier vertretenen Auffassung gem. § 315 Abs. 1 BGB der Maßstab der Billigkeit (Rn. 1590, 1592 d; auch Rn. 1682 ff.). Dieser Maßstab kann nicht zugunsten des Vereins abbedungen werden, indem z. B. für die Straffestsetzung das freie oder willkürliche Ermessen des Vereins maßgebend sein soll[101]. Denn unter dem Gesichtspunkt des Individualschutzes würde es den Betroffenen unangemessen benachteiligen, sich von vornherein der Willkür oder dem freien Ermessen der Vereinsorgane bei der Straffestsetzung auszuliefern[102].

2.3.4. Angemessenheit zwischen Tatbestand und Rechtsfolge

1603 Sieht man Vereinsstrafen als Vertragsstrafen an, so muß schon das aus der satzungsmäßigen Strafregelung sich ergebende Verhältnis zwischen Tatbestand (Verfallvoraussetzungen) und der als Strafe versprochenen Leistung in einem angemessenen Zweck-Mittel-Verhältnis stehen (§ 343 Abs. 1 Satz 1 BGB)[103]. Dies gilt besonders dann, wenn konkreten Tatbeständen eine bestimmte Strafe oder ein bestimmtes »Strafmaß« zugeordnet ist. Die als Strafe vorgesehene Leistung darf bei generell-typisierender Betrachtung nach ihrer Art und Höhe nicht übermäßig sein, um die Einhaltung der »strafbewehrten« mitgliedschaftlichen Pflichten sicherzustellen. Es gilt das Gebot des geringstmöglichen erforderlichen Eingriffs in den Rechtskreis des Mitglieds. Dabei sind allerdings auf seiten des Vereins weniger materielle Interessen (Schadensausgleich), als vielmehr sein Interesse an der Einhaltung seiner besonderen, aus der ideellen

---

99 Vgl. für Vertragsstrafen in AGB BGHZ 85, 305 = NJW 1983, 385 = WM 1983, 87; *BGH* WM 1988, 170; WM 1989, 449 und 1389; *OLG Hamm* NJW-RR 1992, 1906.

100 A. A. noch *van Look* S. 189 f. Die dort vertretene Auffassung wird hiermit aufgegeben.

101 Vgl. *Hadding/van Look* ZGR 1988, 270, 280.

102 Zur Unzulässigkeit der Abdingung des Maßstabs billigen Ermessens nach § 315 Abs. 1 BGB in AGB vgl. BGHZ 93, 29, 35; *Soergel/M. Wolf* § 315 BGB Rn. 41.

103 Zur Nichtigkeit eines Strafversprechens wegen Sittenwidrigkeit (§ 138 Abs. 1 BGB) vgl. *RG* JW 1927, 691 m. Anm. *Waldecker* = Gruchot 69, 90, wo für jeden Fall der Zuwiderhandlung gegen Ablieferungspflichten bei einer eG eine Vertragsstrafe von 100 Pfund Molkereibutter vorgesehen war, was im Fall des betroffenen Mitglieds zu einer Summe von 10 900 Pfund im Wert von 21 800 RM geführt hätte.

Zwecksetzung sich ergebenden Wertordnung zu berücksichtigen (vgl. § 343 Abs. 1 Satz 2 BGB)[104].
Das Angemessenheitserfordernis gilt trotz §§ 348, 351 HGB auch dann, wenn die Vereinsmitglieder Vollkaufleute sind, da § 343 BGB hier durch die gesellschaftsrechtliche Inhaltskontrolle überlagert wird[105]. Ist die satzungsmäßige Strafregelung unangemessen, so ist sie nicht etwa unwirksam; vielmehr ist im Fall ihrer gerichtlichen Überprüfung (Rn. 1826 ff.) von einer herabgesetzten, nämlich der angemessenen Strafandrohung auszugehen.

2.4. Reichweite der Strafregelung

2.4.1. Vereinsstrafen gegen Mitglieder und Organpersonen

Der personelle Wirkungsbereich einer Strafregelung erfaßt zunächst die Mit- **1604**
glieder und Organpersonen des Vereins. Diese haben sich bei der Gründung, dem Beitritt oder der Organbestellung mit der Geltung der Satzung, die die Strafregelung enthält, einverstanden erklärt (Rn. 640, 721 f.). Soweit eine Strafregelung einem außenstehenden Dritten, in dessen Person kein rechtsgeschäftlicher Verpflichtungstatbestand gegenüber dem Verein besteht, Nachteile androht (z. B. den Angestellten oder Angehörigen eines Mitglieds), ist sie unwirksam[106].

2.4.2. Zurechnung des Verhaltens von Erfüllungsgehilfen

Das Verhalten und Verschulden ihrer Erfüllungsgehilfen (§ 278 BGB), das den **1605**
Straftatbestand erfüllt, kann den Mitgliedern nicht zugerechnet werden, weil die Ausübung mitgliedschaftlicher Pflichten an die Person des Mitglieds gebunden ist (§ 38 Satz 2 BGB; dazu Rn. 478)[107]. Dasselbe gilt für die Geschäftsführungspflicht als Organ, da eine Übertragung an Dritte unzulässig ist (§ 664 Abs. 1 Satz 1 i. V. m. § 27 Abs. 3 BGB).

Soweit die Satzung allerdings die Ausübung mitgliedschaftlicher Rechte oder **1605 a**
organschaftlicher Befugnisse durch Dritte zuläßt (vgl. §§ 40, 664 Abs. 1 Satz 2 und 3 BGB), kann das Verhalten und Verschulden von Erfüllungsgehilfen oder Substituten, derer sich das Mitglied oder Organ bedient, diesem nach § 278 BGB zugerechnet werden. Dies kann sich auch durch Auslegung der Satzung ergeben, wenn nach dem Zweck des Vereins, der Art und Weise der Zweckverfolgung, der Bindung des Mitglieds an den Verein und der Ausgestaltung mitgliedschaftlicher Rechte und Pflichten die Einschaltung von Erfüllungsge-

---

104 Vgl. hierzu und zum folgenden ausführlich *van Look* S. 191 ff.

105 Zum entsprechenden Verhältnis zwischen § 343 BGB und der Inhaltskontrolle nach § 9 AGBG vgl. BGHZ 85, 305 = WM 1983, 87 = NJW 1983, 385; *Rieble* WM 1995, 828, 831, 832.

106 Vgl. *BGH* WM 1980, 869, 870.

107 Vgl. *Soergel/Hadding* § 25 BGB Rn. 42; i. Erg. ebenso *BGH* NJW 1972, 1892, 1893 = WM 1973, 50 = JR 1973, 193 m. Anm. *H. P. Westermann*; *Kirberger* NJW 1973, 1732 ff.; anders wohl BGHZ 29, 352, 361, der die Zurechnung der Handlungsweise eines »untergeordneten Angestellten« – allerdings ohne auf § 31 oder § 278 BGB Bezug zu nehmen – unbeanstandet läßt.

hilfen naheliegt[108]. Die Rechtsfolgen einer Vereinsstrafe können aber nur das Mitglied oder die Organperson selbst und nicht den Erfüllungsgehilfen treffen, da zwischen dem Erfüllungsgehilfen und dem Verein kein Verpflichtungstatbestand besteht. Dies schließt auch mittelbare Nachteile aus einer gegen das Mitglied festgesetzten Vereinsstrafe für dessen Hilfspersonen aus. So hat der BGH[109] bei einer gegen einen Taxiunternehmer als Vereinsmitglied verhängten Vermittlungssperre einen Beseitigungsanspruch des hiervon mittelbar betroffenen Angestellten aus § 826 BGB bejaht.

2.4.3. Zurechung des Verhaltens von Organpersonen von Mitgliedsvereinigungen

1606 Ist eine juristische Person oder eine als Gesamthand rechtsfähige Personenvereinigung (z. B. eine GbR, oHG oder KG) Mitglied, so wird ihr ein schuldhaftes Verhalten ihrer Organpersonen nach § 31 BGB (entsprechend) zugerechnet, das den Tatbestand einer Vereinsstrafe erfüllt. Ebenso wie bei Erfüllungsgehilfen (Rn. 1605 a) kann aber die Rechtsfolge einer Vereinsstrafe, d. h. die aus der Strafregelung sich ergebende Leistungspflicht, nur die Personenvereinigung als selbständiges Rechtssubjekt, nicht aber deren Organpersonen »persönlich« treffen; denn zwischen ihnen als natürlichen Personen und dem die Strafe festsetzenden Verein, in dem ihre Vereinigung Mitglied ist, besteht keine mitgliedschaftliche oder organschaftliche Rechtsbeziehung. Sobald sich die auszusprechende Vereinsstrafe »persönlich« gegen eine Organperson der Mitgliedsvereinigung richtet, bedarf es eines selbständigen Verpflichtungstatbestands in deren Person, z. B. durch korrespondierende Satzungsbestimmungen oder Einzelvertrag (unten Rn. 1607, 1608). So kann zwar einer Mitgliedsvereinigung die Fähigkeit aberkannt werden, durch ihre Organpersonen eine Organstellung im Verein zu bekleiden; unzulässig ist es jedoch, gegen eine bestimmte Organperson einer Mitgliedsvereinigung den Rechtsnachteil festzusetzen, daß diese keine Ehrenämter im Verein wahrnehmen darf. Problematisch ist daher die Entscheidung BGHZ 29, 352, 359 f.[110], wo die Strafe zwar gegen eine oHG als Vereinsmitglied festgesetzt worden war, die Aberkennung der Fähigkeit zur Bekleidung von Ehrenämtern im Verein aber auf einen bestimmten persönlich haftenden Gesellschafter der oHG beschränkt wurde; für den letztgenannten Rechtsnachteil fehlte es an einem Verpflichtungstatbestand in der Person des betroffenen Komplementärs.

1606 a Hiervon ist der Fall zu unterscheiden, daß die Organperson der Mitgliedsvereinigung gleichzeitig auch eine Organstellung im Verein innehat (Doppelorganschaft); dann liegt mit der Bestellung ein Verpflichtungstatbestand der (»doppelten«) Organperson im Verhältnis zum Verein vor, aufgrund dessen gegen den Betroffenen eine Vereinsstrafe festgesetzt werden kann.

---

108 Ebenso i. Erg. *BGH* NJW 1972, 1892, 1893 = WM 1973, 50 = JR 1973, 193 m. Anm. *H. P. Westermann*; vgl. auch *Kirberger* NJW 1973, 1732 ff.

109 WM 1980, 869, 870.

110 = NJW 1958, 2633 = WM 1959, 636; dazu *Meyer-Cording* JZ 1959, 649, 650; *Schlosser* S. 81.

2.4.4. Vereinsstrafen gegen mittelbare Mitglieder (insbes. verbandsangehöriger Vereine)

Bei mehrstufig organisierten Vereinsverbänden (z. B. Sportverbänden) ist die Strafregelung häufig nicht in der Satzung des Anschlußvereins, sondern in der Satzung oder einer Vereinsordnung des übergeordneten – u. U. sogar internationalen – Verbands enthalten, wobei die Mitglieder der Anschlußvereine nicht zugleich (Einzel-)Mitglieder des Verbands sind (zur Möglichkeit einer Mehrfachmitgliedschaft vgl. Rn. 347, 494 ff.)[111]. Besteht aufgrund korrespondierender Bestimmungen in den Satzungen des Verbands und des Anschlußvereins eine – u. U. mehrfach gestufte – mittelbare Mitgliedschaft der Einzelmitglieder im Verband, so gilt die Strafregelung in der Verbandssatzung auch für die Mitglieder der Anschlußvereine (Rn. 348, 509 ff.). Dies setzt jedoch eine lückenlose Verweisungskette (Mehrfachverankerung) von der Verbandssatzung, die die Strafregelung enthält, bis hin zu der für die Einzelmitglieder verbindlichen Satzung ihres lokalen Vereins voraus[112]. Wegen der notwendigen Bestimmtheit der verweisenden Bestimmung, der Unzulässigkeit dynamischer Verweisungen (Rn. 297 f.) und der erforderlichen Vielzahl von Verweisungen bei Mehrspartenvereinen, die mehreren Verbänden angehören, dürfte eine ordnungsgemäße Mehrfachverankerung jedoch häufig auf praktische Schwierigkeiten stoßen. **1607**

Soweit dem Verband kraft Verweisung die »Gerichtsbarkeit« über die (mittelbaren) Mitglieder der Anschlußvereine zusteht, handelt es sich bei der in die Satzung des Anschlußvereins »inkorporierten« Strafregelung der Verbandssatzung um ein Strafversprechen des Mitglieds gegenüber dem Anschlußverein, aber zu Rechten eines Dritten (§ 328 BGB), nämlich des Verbands[113]. Da das die Strafe festsetzende Verbandsorgan gegenüber dem Mitglied eine Aufgabe des Anschlußvereins wahrnimmt, ist es nicht als Dritter i. S. d. § 317 – 319 BGB, sondern als Vertragspartei des Strafversprechens i. S. d. § 315 BGB zu qualifizieren[114]. **1607 a**

2.4.5. Vereinsstrafen aufgrund einzelvertraglicher Vereinbarung

Durch Einzelvertrag können sich auch außenstehende Dritte der Strafgewalt eines Vereins unterstellen, indem sie sich mit der Strafregelung einverstanden erklären, ohne Mitglied des Vereins zu sein. Nach h. M. soll es sich dabei nicht etwa um eine Vertragsstrafe i. S. d. §§ 339 ff. BGB handeln, sondern um eine partielle vertragliche Unterwerfung von Nichtmitgliedern unter die »Vereins- **1608**

111 Vgl. schon *RG* SeuffA 59 Nr. 118 zur Teilnahme an Regatten des Deutschen Seglerverbands.

112 Vgl. BGHZ 28, 131, 134 = NJW 1958, 1867; BayObLGZ 1986, 528, 534; BAGE 27, 163, 170; *LG Neubrandenburg* NJW-RR 1994, 1269 = SpuRt 1994, 148; *van Look* S. 206 ff.; *Vieweg* NJW 1991, 1511, 1514.

113 Vgl. *Schlosser* S. 78 ff.; *Pfister* JZ 1995, 464, 467; a. A. MünchKomm/*Reuter* § 25 BGB Rn. 20.

114 *Van Look* S. 197 ff.; insoweit a. A. wohl *Pfister* JZ 1995, 464, 467.

gewalt«[115]. Dies ist selbst aus Sicht des korporationsrechtlichen Ansatzes (Rn. 1591) wenig systemgerecht, da die – angeblich von einer Vertragsstrafe zu unterscheidende – »Strafgewalt« des Vereins gerade aus dem »personenrechtlichen« Charakter des Mitgliedschaftsverhältnisses hergeleitet wird, das bei außenstehenden Dritten gerade nicht besteht. Dagegen ermöglicht es die generelle Einordnung der Vereinsstrafe als Vertragsstrafe (Rn. 1592 ff.), gleichgelagerte Sachverhalte, nämlich Vereinsstrafen gegenüber Mitgliedern und Nichtmitgliedern, rechtlich einheitlich zu qualifizieren und zu behandeln[116].

1608 a Einzelvertraglich werden Vereinsstrafen vor allem vereinbart bei Lizenzspielern und -trainern im Berufssport. Diese sind häufig nicht Mitglieder, sondern Angestellte ihres Vereins, können aber dennoch aufgrund des Lizenzvertrags und des Arbeitsvertrags durch den übergeordneten Verband (z. B. den DFB) mit einer Vereinsstrafe belegt werden[117]. Ebenso kommt eine einzelvertragliche Vereinbarung in Betracht bei der Benutzung von Vereinseinrichtungen (z. B. Sportanlagen) oder der Teilnahme an Vereinsveranstaltungen (»offene« Wettbewerbe). Hierbei erklärt sich der Dritte vertraglich mit denjenigen Bestimmungen der Vereinssatzung oder einer Nebenordnung einverstanden, die den Ablauf der Veranstaltung oder die Benutzung der Vereinseinrichtung regeln. Dies kann auch das Regelwerk eines übergeordneten Verbands sein (z. B. Wettkampfordnung[118]), das die Teilnahmevoraussetzungen und die Regeln für den Ablauf der Veranstaltung enthält. Durch Einzelvertrag können sich nicht nur außenstehende Dritte, sondern auch die Mitglieder verbandsangehöriger Anschlußvereine dem Regelwerk des Verbands unterstellen, ohne daß es einer lückenlosen Mehrfachverankerung in den Satzungen der beteiligten Vereine bedarf (vgl. Rn. 1607)[119].

---

115 So *BGH* NJW 1995, 583 = WM, 1995, 802 = ZIP 1995, 752 = EWiR 1995, 221 *van Look* = JZ 1995, 461 m. Anm. *Pfister* = SpuRt 1995, 43 (dazu *Vieweg* SpuRt 1995, 97 ff.; *Haas/Adolphsen* NJW 1995, 2146 ff.; Vorinstanz: *OLG Frankfurt a. M.* SpuRt 1994, 87, 88 f.); *OLG Düsseldorf* SpuRt 1995, 171, 172; *LG München I* SpuRt 1995, 161; *Schlosser* S. 76 ff.; *Lukes* Festschr. Harry Westermann, 1974, S. 325, 334 ff.; *Baecker* S. 120 ff.; *Elten* SchlHA 1985, 33 ff.; MünchKomm/*Reuter* § 25 BGB Rn. 19; für Vertragsstrafe dagegen *BAG* NJW 1980, 470 f. (DFB); *Burmeister* DÖV 1978, 1, 9; *Pfister* JZ 1995, 464, 466 f.; vermittelnd *H. P. Westermann* S .38 f.: Typenvermischung von Vereinsstrafe und Vertragsstrafe; für Einordnung als Betriebsbuße bei DFB-Lizenzspielern aber *LAG Hamm* ZIP 1984, 1396, 1399; *Eilers* in: Das Recht des Fußballspielers, 1980, S. 76, 86 f.; *Buchner* NJW 1976, 2242, 2245; *Meyer-Cording* RdA 1982, 13, 15; offen gelassen in *LAG Köln* SpuRt 1995, 51, 54.

116 *Van Look* S. 208 ff.; *ders.* EWiR 1995, 221, 222 (unter 4).

117 Vgl. z. B. DFB-Lizenzspielerstatut Anh. 4; Art. 49 Nr. 2 Anl. 1 DEB-Spielordnung. Zur arbeitsrechtlichen Problematik des »Dreiecksverhältnisses« zwischen Lizenzspieler, Anschlußverein und DFB vgl. *Dieckmann*, *Grunsky*, *Schnarr* und *Eilers* in: Das Recht des Fußballspielers, 1980, S. 24 ff., 50 ff., 65 ff., 76 ff; *Füllgraf* Eine vertragliche Dreierbeziehung im Arbeitsrecht – Der Lizenzfußball, 1980, S. 29 ff.; *Buchner* RdA 1982, 1, 6 ff.; *Meyer-Cording* RdA 1982, 13 ff.; *Reuter* NJW 1983, 649, 652.

118 Etwa die DFB-Fußballregeln, die Internationalen Eishockey-Regeln des Internationalen Eishockeyverbands (IIHF), oder die Leistungsprüfungsordnung der Deutschen Reiterlichen Vereinigung (Fédération Equestre Nationale – FN).

119 Vgl. *BGH* a. a. O. (Fn. 115).

Fehlt eine ausdrückliche Einbeziehung, so ist zunächst ist zu prüfen, welche Bestandteile vereinsinterner Regelungen (Satzung, Vereinsordnung) zwischen dem Verein und dem Dritten vereinbart sind. Erst in einem zweiten Schritt ist zu fragen, ob die hieraus sich ergebenden Pflichten (z. B. zur Einhaltung bestimmter Spielregeln) auch durch die entsprechende Strafregelung in der Satzung oder Vereinsordnung gesichert sind. Dies ist durch Auslegung (§§ 133, 157 BGB) zu ermitteln. Knüpft der Tatbestand der Strafbestimmung konkret an die Veranstaltung oder Benutzung von Vereinseinrichtungen an, so wird i. d. R. auch die Sanktionierung von Regelverstößen durch Vereinsstrafen vereinbart sein[120]. Knüpft der Tatbestand der Vereinsstrafe dagegen an die mitgliedschaftliche Förderpflicht an (z. B. als Verbot »vereinsschädigenden Verhaltens«), so wird die Strafbestimmung im Verhältnis zu Dritten nicht Vertragsbestandteil, da Nichtmitglieder keiner Förderpflicht, sondern einer Sorgfaltspflicht unterliegen. **1608 b**

Die einzelvertragliche Vereinbarung kann bei der Teilnahme an Wettbewerben und Sportveranstaltungen in der Erteilung einer allgemeinen Starterlaubnis (z. B. Spielerausweis, Lizenz) liegen oder in der Meldung zu einem konkreten Wettbewerb, der unter dem Regelwerk eines Verbands ausgeschrieben ist[121]. Für den Teilnehmer muß eine zumutbare Möglichkeit der Kenntnisnahme von dem Regelwerk bestehen (§ 2 AGBG analog), das ihm zweckmäßigerweise vorher auszuhändigen ist. Für die abstrakte Inhaltskontrolle der Strafregelung und die gerichtliche Überprüfung der Straffestsetzung im konkreten Fall sollen nach Auffassung des BGH[122] dieselben Maßstäbe gelten wie gegenüber Mitgliedern (dazu krit. Rn. 300 e). Als Strafe können nur Leistungen vereinbart werden, die nicht an eine – nicht vorhandene – mitgliedschaftliche Stellung des Betroffenen anknüpfen, z. B. Geldstrafe, Ausschluß von der Teilnahme an der Veranstaltung oder der Benutzung der Einrichtung; als unmögliche Strafleistung unwirksam (§ 275 Abs. 2 BGB) ist dagegen der Verlust mitgliedschaftlicher Rechte oder eine Ausschließung[123].

2.4.6. Sachliche Reichweite der Strafregelung, insbes. im öffentlichen und privaten Bereich

Der Tatbestand der Strafregelung wird regelmäßig an ein Verhalten anknüpfen, das im räumlichen, zeitlichen oder sachlichen Zusammenhang mit der Betätigung als Mitglied oder Organ im Verein steht, z. B. die Beitragsleistung oder die Teilnahme an Vereinsveranstaltungen, Benutzung von Vereinseinrichtungen, Mitwirkung an Willensbildung, Geschäftsführung oder Vertretung des Vereins. Denn die mitgliedschaftlichen oder organschaftlichen Pflichten sind in erster Linie innerhalb der Vereinssphäre zu erfüllen. **1609**

Die Pflicht, den Vereinszweck zu fördern und Störungen der Zweckverfolgung zu unterlassen, kann jedoch über die Vereinssphäre hinausreichen. Sie kann auch im öffentlichen oder privaten Bereich (z. B. im Berufsleben, in der Politik, bei der Religionsausübung), d. h. im Verhältnis zu Dritten, ein Verhalten for- **1609 a**

120 Vgl. *BGH* und *OLG Düsseldorf* a. a. O. (Fn. 115).

121 *BGH* a. a. O. (Fn. 115); dazu *Vieweg* SpuRt 1995, 97, 99; *Haas/Adolphsen NJW 1995, 2146 ff., insbes. zur Bindung der Sportler außerhalb des Wettkampfs.*

122 A. a. O. (Fn. 115); anders vor Inkrafttreten des AGBG wohl *BGH* WM 1972, 1249.

123 Vgl. *Oellers* ZIP 1995, 701.

dern, das im Einklang mit der ideellen Zwecksetzung und der hieraus sich ergebenden Wertordnung des Vereins steht (vgl. Rn. 614 f.). Ob und inwieweit dies der Fall ist, hängt von der Realstruktur des Vereins, der Bindung der Mitglieder und Organe an seine Zielsetzung und der »Öffentlichkeitswirkung« seiner Betätigung ab. Ist ein Verein darauf angelegt, seine Zielsetzung durch öffentliche Betätigung zu verfolgen, so geht auch die Pflicht der Mitglieder und Organe zu zweckkonformem Verhalten im öffentlichen oder privaten Bereich weiter als bei einem Verein, der seinen Zweck nur innerhalb der Vereinssphäre verfolgt (etwa bei einem geselligen Verein). Dies ist z. B. bei Interessenverbänden, Gewerkschaften, politischen Parteien, religiösen oder weltanschaulichen Vereinen der Fall[124].
Durch eine Vereinsstrafe können danach folgende Verhaltensweisen außerhalb der Vereinssphäre im öffentlichen Bereich erfaßt sein, die im Widerspruch mit der Zielsetzung des Vereins stehen: öffentliche Schmähkritik an den Vereinsorganen, Mandatsträgern oder der Vereinspolitik[125]; Kandidatur für konkurrierende politische Gruppierungen[126], bei Gewerkschaftsmitgliedern sog. Streikbrecherarbeit[127] oder gleichzeitige Mitgliedschaft in radikalen politischen Parteien[128].

1609 b In Ausnahmefällen kann auch ein ehrenrühriges oder gesetzwidriges Verhalten im privaten Bereich, das keinen unmittelbaren Bezug zum Vereinszweck aufweist, Rückwirkungen auf das Ansehen des Vereins in der Öffentlichkeit oder die vereinsinterne Sphäre haben, z. B. aufsehenerregende Straftaten eines Vereinsmitglieds[129] oder private Streitigkeiten unter Vereinsmitgliedern, die zu Unstimmigkeiten im Verein führen. Sobald sich Handlungen dieser Art durch ihre öffentliche oder vereinsinterne Behandlung nachteilig auf die ungestörte Verfolgung des Vereinszwecks auswirken, können sie durch einen satzungsmäßigen Straftatbestand erfaßt werden.

1609 c Soweit der Vereinszweck ein bestimmtes Verhalten außerhalb der Vereinssphäre fordert (z. B. Einhaltung religiöser Pflichten), wird es sich allerdings meistens nicht um eine (klagbare) Rechtspflicht handeln, sondern um ein Verhalten, das durch eine selbständige Vertragsstrafe (§ 343 Abs. 2 BGB) gesichert ist.

---

124 Zur Ausschließung vgl. *Grunewald* Ausschluß, S. 196 f.

125 Vgl. BGHZ 102, 165, 278 = NJW 1988, 552 = WM 1987, 1422, 1425 f. = WuB II L. § 25 BGB 1.88 *Westermann* = ZIP 1987, 1536 = EWiR 1988, 19 *Reuter* (zum Gewerkschaftsausschluß).

126 Vgl. BGHZ 73, 275 = NJW 1979, 1402; BGHZ 75, 158.

127 Vgl. *BGH* NJW 1978, 990 = WM 1978, 297 = BB 1978, 555 = DB 1978, 687 = SAE 1980, 18 m. Anm. *Konzen* (Vorinstanz: *KG* NJW 1977, 720); *OLG Celle* NJW 1980, 1004.

128 Vgl. *BGH* NJW 1973, 35; NJW 1991, 485 = WM 1991, 98 = WuB II L. § 39 BGB 1.91 *van Look* (bestätigt durch *BVerfG* NZA 1993, 655); NJW-RR 1991, 888 = WM 1991, 942 = EWiR 1991, 535 *Grunewald*; dazu *Wank* JR 1994, 356 ff.; NJW 1994, 43 = WM 1993, 2172 = WuB II L. § 39 BGB 1.94 *van Look* = ZIP 1994, 33 = EWiR 1994, 19 *Grunewald*; *OLG Düsseldorf* NJW-RR 1994, 1402; auch *Wendeling-Schröder* ZGR 1990, 107 ff.

129 Vgl. *RG* HRR 1942 Nr. 779: Ausschließung wegen Vergehens gegen Kriegswirtschaftsbestimmungen; im Ergebnis jedoch zu weitgehend (NS-Zeit !); auch *Schlosser* S. 67: Beteiligung eines (aktiven) Mitglieds eines Boxvereins an Schlägereien.

Soweit neben der Mitgliedschaft eine (einzel-)vertragliche Rechtsbeziehung zwischen dem Mitglied und dem Verein besteht (sog. Drittverhältnisse, vgl. Rn. 522 f.)[130], kann eine Vereinsstrafe nicht wegen Nicht- oder Schlechterfüllung von Ansprüchen aus diesem Rechtsverhältnis verhängt werden, da sie der Sicherung der Erfüllung mitgliedschaftlicher Pflichten dient[131]. Der Verein kann vielmehr nur die für Leistungsstörungen in diesem Rechtsverhältnis vorgesehenen Sanktionen geltend machen (z. B. Schadenersatz, Rücktritt oder Kündigung wegen Verzugs, Nichterfüllung oder positiver Forderungsverletzung). **1609 d**

2.4.7. Zeitliche Reichweite der Strafregelung

Die Rechtswirkung der Strafregelung beginnt für die Gründungsbeteiligten mit Wirksamwerden des Gründungsvertrags (Rn. 340), für später beitretende Mitglieder mit Wirksamwerden des Beitrittsvertrags (Rn. 640), für Organpersonen mit Annahme der Bestellung (Rn. 1104 ff.). Wird die Strafregelung durch satzungsändernden Beschluß (§ 33 Abs. 1 Satz 1 BGB) eingeführt oder geändert, so gilt die Neuregelung erst ab Eintragung der Satzungsänderung in das Vereinsregister (§ 71 BGB). Eine Rückwirkung kann der Strafregelung grundsätzlich nicht beigelegt werden, jedenfalls soweit durch sie Verhaltenspflichten für die Vergangenheit verschärft werden (Rn. 433, 606)[132]. **1610**

Der zeitliche Wirkungsbereich des Strafversprechens endet mit der Beendigung der Mitgliedschaft (Rn. 703 ff.) oder der Stellung als (Fremd-)Organ (Rn. 1348). Mit Wirksamwerden des Austritts, einer Ausschließung sowie der Abberufung oder Amtsniederlegung als Organ enden die aus einer Strafregelung in der Satzung sich ergebenden, ggf. »strafbewehrten« Verhaltenspflichten des Mitglieds oder der Organperson. Grundsätzlich kann deshalb gegen ein ausgeschiedenes Mitglied oder eine ausgeschiedene Organperson keine Vereinsstrafe mehr festgesetzt werden[133]. Soweit allerdings der Straftatbestand einer Vereinsstrafe vor Wirksamwerden der Beendigung der Mitgliedschaft oder Organstellung erfüllt worden ist, kann die als Strafe versprochene Leistung auch nach Beendigung der Mitgliedschaft noch verbindlich festgesetzt werden[134]. Denn mit Eintritt der Verfallvoraussetzungen, d. h. der Tatbestandsmerkmale der satzungsmäßigen Strafregelung, vor Beendigung der Mitgliedschaft ist die Vereinsstrafe dem Grunde nach verwirkt, auch wenn die Art und Höhe der von dem Mitglied zu erbringenden oder zu duldenden Leistung erst durch ein Organ des Vereins gem. § 315 BGB bestimmt werden muß[135]. Zum Zeitpunkt der Festsetzung muß der Betroffene nicht mehr Mitglied sein, da die Wirkungen des Strafversprechens und das Recht zur Leistungsbestimmung mit Erfüllung des satzungsmäßigen Tatbestands entstanden sind. **1610 a**

130 Z. B. müssen im Bereich des DEB die Spieler Vereinsmitglieder sein, schließen aber daneben Arbeitsverträge (Spielerverträge) mit dem Verein ab.

131 Vgl. *OLG Düsseldorf* DB 1969, 2130 für Ausschluß aus einer eG.

132 Vgl. BGHZ 55, 381, 385 = NJW 1971, 879 = WM 1971, 538; auch RGZ 125, 338, 340; BGHZ 47, 172, 178.

133 Vgl. RGZ 51, 66, 67; 122, 266, 268; 143, 1, 3; *RG* JW 1905, 315; JW 1929, 245, 246; a. A. *Schlosser* S. 84 f., der »nachwirkende Verpflichtungen« für möglich hält, die durch eine Vereinsstrafe sanktioniert werden könnten; auch *Delius* Recht 1913, Sp. 23.

134 Vgl. *van Look* S. 212 f.

135 Im Ausgangspunkt ebenso RGZ 114, 327, 332; *Schlosser* S. 83 f.; a. M. *Meyer-Cording* S. 115 f.

Der Verein kann allerdings gegen ein ausgetretenes Mitglied keine Strafen mehr festsetzen, die in der Entziehung oder Beschränkung mitgliedschaftlicher Rechte bestehen, oder es ausschließen, da die Mitgliedschaft und die sich aus ihr ergebenden Rechte nicht mehr bestehen[136]. Knüpft die Strafleistung dagegen nicht an die Mitgliedschaft an, wie z. B. eine Geldstrafe oder ein Hausverbot, so ist sie auch gegen ein ausgeschiedenes Mitglied möglich. Zu den Auswirkungen der Beendigung der Mitgliedschaft auf ein anhängiges Verfahren vor dem Vereinsgericht vgl. Rn. 1642 a.

3. Ausschließung aus dem Verein

3.1. Bedeutung und Arten der Ausschließung

1611 Unter Ausschließung ist die einseitige Beendigung der Mitgliedschaft durch den Verein zu verstehen. Ebenso wie das Mitglied selbst die Mitgliedschaft durch Austritt beenden kann (vgl. § 39 BGB; dazu Rn. 664 ff.), kann auch der Verein bei Vorliegen bestimmter Voraussetzungen einem Mitglied seine Rechtsstellung als Beteiligter des Rechtsverhältnisses zu dem Verein einseitig, d. h. ohne seine Zustimmung, entziehen. Dies entspricht dem allgemeinen zivilrechtlichen Grundsatz, daß jedes Dauerrechtsverhältnis – jedenfalls aus wichtigem Grund – durch jeden der Beteiligten einseitig beendet werden kann[137]. Bei Gesellschaften i. w. S., zu denen auch der Verein zählt, kommt das Interesse der übrigen Mitglieder hinzu, den Gesellschaftszweck zukünftig ohne das auszuschließende Mitglied effektiver verfolgen zu können; insoweit hat der Ausschluß auch den Charakter eines gruppenbezogenen Verteidigungsrechts[138]. Eine Ausschließung ist daher sowohl bei Personalgesellschaften (vgl. §§ 737 BGB, 140 HGB)[139] als auch bei der AG[140], der eG (vgl. § 68 GenG)[141] und der GmbH[142] möglich.

---

136 Ebenso RGZ 122, 266, 268; 143, 1, 3; *RG* JW 1905, 315; *Soergel/Hadding* § 25 BGB Rn. 34, 42; a. M. offenbar *Schlosser* S. 83.

137 Vgl. BGHZ 9, 157, 161 (für GmbH).

138 Diesen Aspekt betont *Grunewald* Ausschluß, S. 19 ff., die den Ausschluß deshalb als eigenständiges, rechtsformübergreifendes, gesellschaftsrechtliches Institut erklärt und die Einordnung als Sonderform der Kündigung von Dauerrechtsverhältnissen ablehnt; krit. dazu *Röhricht* AcP 189 (1989), 386, 388.

139 Zur KG vgl. z. B. *BGH* NJW-RR 1993, 1123; WM 1995, 250 = WuB II F. § 140 HGB 1.95 *Sieker*.

140 Vgl. *M. Becker* ZGR 1986, 383 ff.; *Reinisch* Der Ausschluß von Aktionären aus der Aktiengesellschaft, 1992, S. 35 ff.

141 Vgl. z. B. *OLG Frankfurt a. M.* WM 1988, 1162 = WuB II D. § 68 GenG 1.88 *van Look* = EWiR § 68 GenG 1/88 *K. Müller* = BB 1988, 1621 m. Anm. *Schaffland*; *Menzel* Der Ausschluß aus der eingetragenen Genossenschaft, 1977, S. 127 ff.; zum Kündigungsrecht des Genossen *U. H Schneider* Festschr. *Fleck* 1988, S. 297 ff.

142 Vgl. z. B. BGHZ 9, 157, 164; 16, 317, 322; 80, 346, 349; *Soufleros* Ausschließung und Abfindung des GmbH-Gesellschafters, 1983; *Spitze* Der Ausschluß eines GmbH-Gesellschafters aus wichtigem Grund bei Schweigen der Satzung, 1985; *Scholz/Winter* § 14 GmbHG Rn. 130 ff.; zur Zwangseinziehung gem. § 34 Abs. 2 GmbHG z. B. *BGH* NJW-RR 1991, 1249; ZIP 1995, 567, 569 = WM 1995, 752; ZIP 1995, 835.

Nach allgemeinen zivilrechtlichen Grundsätzen ist die Möglichkeit zur Ausschließung als Gestaltungsrecht, nämlich zur Kündigung der Mitgliedschaft durch den Verein, zu qualifizieren. Während dies für die übrigen Gesellschaftsformen weitgehend unstreitig ist, wird beim Verein die Ausschließung von den Anhängern des korporationsrechtlichen Ansatzes (Rn. 1591) als Rechtsinstitut eigener Art, nämlich als »schwerste Vereinsstrafe« angesehen. Soweit sie auf eine entsprechend ausgestaltete satzungsmäßige Grundlage gestützt ist, soll ihre rechtliche Beurteilung besonderen Regeln folgen, insbes. durch das Zivilgericht nur in eingeschränktem Umfang überprüft werden können (Rn. 1826 ff.)[143]. Auch ohne Grundlage in der Satzung soll aber nach allgemeinen Grundsätzen eine Ausschließung aus wichtigem Grund als Kündigung möglich sein. Insoweit soll eine Zweigleisigkeit zwischen »Straf-« und »Kündigungsausschluß« bestehen[144]. Demgegenüber ist die Ausschließung aus rechtsgeschäftlicher Sicht der Grundlagen des Vereinsrechts und der Vereinsstrafe (oben Rn. 1592 ff.) in allen Fällen als Kündigung der Mitgliedschaft anzusehen[145]. Soweit sie in der Satzung als Vereinsstrafe vorgesehen ist, wird der »Verfall« der Mitgliedschaft (vgl. § 360 BGB) unter die Voraussetzungen einer Vertragsstrafe gestellt, wobei an die Stelle des Rücktritts bei Dauerrechtsverhältnissen die Kündigung tritt (unten Rn. 1630).

Je nach dem Vorhandensein und der Ausgestaltung einer satzungsmäßigen **1612**
Grundlage für die Kündigung der Mitgliedschaft durch den Verein ergeben sich folgende Arten einer Ausschließung:

- Ausschließung aus wichtigem Grund ohne satzungsmäßige Grundlage (dazu Rn. 1613 ff.),
- Ausschließung aus wichtigem Grund aufgrund einer Satzungsbestimmung, die den wichtigen Grund näher konkretisiert (Rn. 1621 ff.),
- Ausschließung aufgrund satzungsmäßig bestimmter Kündigungsgründe, die die Tragweite eines wichtigen Grunds nicht erreichen (»einfaches Kündigungsrecht«; dazu Rn. 1625 f.; zur vereinfachten Ausschließung Rn. 1631),
- Ausschließung ohne satzungsmäßig festgelegte Gründe (nach »freiem Ermessen«; dazu Rn. 1627 f.).
- Ausschließung als Vereinsstrafe (Rn. 1630).

---

143 Vgl. die Leitentscheidungen BGHZ 87, 337, 343 = NJW 1984, 918 = WM 1983, 1208 = ZIP 1983, 1195 (dazu *Baecker* NJW 1984, 906; *Vieweg* JZ 1984, 167 ff; *Leipold* ZGR 1985, 113 ff.); BGHZ 102, 265, 276 f. = NJW 1988, 552 = WM 1987, 1422 = WuB II L. § 25 BGB 1.88 *Westermann* = ZIP 1987, 1108 = EWiR 1988, 19 *Reuter* (dazu *Hadding/van Look* ZGR 1988, 270 ff.); zusammenfassend *BGH* NJW 1994, 2610 = ZIP 1994, 875 f. = WM 1994, 1110 (dazu *Gehrlein* ZIP 1994, 852 ff., der – a. a. O. S. 855 f. – für eine erweiterte Subsumtionskontrolle eintritt); ferner *Friedrich* DStR 1994, 61, 66.

144 Vgl. vor allem *Reuter* NJW 1987, 2401 ff.; *ders.* in: MünchKomm § 25 Rn. 29, § 38 BGB Rn. 27 ff.; auch *Röhricht* AcP 189 (1989), 386, 390 f.; *Erman/Westermann* § 25 BGB Rn. 10; dagegen wendet *BGH* NJW 1990, 40 = WM 1989, 1508, 1510 = WuB II L. § 39 BGB 1.89 *van Look* = EWiR 1989, 1068 *Grunewald* inkonsequenterweise die zur Überprüfung eines »Strafausschlusses« entwickelten Grundsätze ohne nähere Begründung auch auf einen »Kündigungsausschluß« ohne satzungsmäßige Grundlage an.

145 Vgl. *Flume* Festschr. Bötticher, 1969, S. 101, 122; *Grunewald* Ausschluß, S. 44 ff.; *Soergel/Hadding* § 39 BGB Rn. 10.

Zu weiteren Möglichkeiten der Beendigung der Mitgliedschaft durch den Verein vgl. Rn. 690ff.

3.2. Ausschließung aus wichtigem Grund ohne Grundlage in der Satzung

3.2.1. Grundlage des Kündigungsrechts aus wichtigem Grund

1613 Zwischen dem Verein und dem Mitglied besteht ein Dauerrechtsverhältnis. Es entspricht allgemeinen zivilrechtlichen Grundsätzen, daß jedes Dauerrechtsverhältnis aus wichtigem Grund durch jeden der Beteiligten mit Wirkung für die Zukunft gekündigt werden kann, wenn seine Fortsetzung für den Kündigenden nach Treu und Glauben unzumutbar ist. Grundlage dieses Kündigungsrechts ist letztlich § 242 BGB, der seine gesellschaftsrechtliche Ausprägung bei den Personalgesellschaften in §§ 737 BGB, 140 HGB gefunden hat. Auch bei politischen Parteien besteht eine besondere gesetzliche Grundlage für die Ausschließung in § 10 Abs. 4 ParteienG, der einen vorsätzlichen Verstoß gegen die Satzung oder einen erheblichen Verstoß gegen Grundsätze und Ordnung der Partei voraussetzt. Ein solches Kündigungsrecht besteht auch beim Verein, ohne daß es einer Grundlage in der Satzung oder den vereinsrechtlichen Bestimmungen des BGB bedürfte. Danach ist eine Ausschließung möglich, wenn der Fortbestand der mitgliedschaftlichen Stellung des zu Kündigenden für den Verein unzumutbar ist aus Gründen, die in der Person oder dem Verhalten des Mitglieds liegen[146].

3.2.2. Anforderungen an den wichtigen Grund

1614 Um die an einen wichtigen Grund zu stellenden Anforderungen zu erfüllen, muß der zur Ausschließung führende Sachverhalt so schwerwiegend sein, daß dem Verein der Fortbestand der Mitgliedschaft des Betroffenen unter Abwägung aller Umstände nicht zumutbar ist. Das Interesse der übrigen Mitglieder an zukünftig ungestörter Verfolgung des Vereinszwecks muß das Interesse des Betroffenen daran, weiterhin Mitglied zu sein, deutlich überwiegen. Hierbei kommt es einerseits auf die Realstruktur des Vereins, seinen Zweck, die Art und Weise der Zweckverfolgung, seine Mitgliederzahl, die Intensität der Bindung der Mitglieder an den Vereinszweck, die satzungsmäßige Ausgestaltung der Mitgliedschaft, andererseits auf die Auswirkungen des zur Kündigung Anlaß gebenden Sachverhalts auf die vorgenannten Kriterien an[147]. Schon eine Gefährdung des Vereinszwecks kann einen wichtigen Grund zur Ausschließung ergeben. Ausreichend ist daher auch eine »ideelle« Beeinträchtigung der Zweckverfolgung, ein (drohender) Vermögensschaden ist nicht erforderlich. Ausreichend kann dabei schon ein dringender, durch Tatsachen belegter, aber

---

146 *BGH* NJW 1971, 879 , 880 = WM 1971, 538 (insoweit nicht in BGHZ 55, 381); NJW 1972, 1892, 1893 = WM 1973, 50 = JR 1973, 192 m. Anm. *H. P. Westermann*; NJW 1990, 40 = WM 1989, 1508, 1510 = WuB II L. § 39 BGB 1.89 *van Look* = EWiR 1989, 1068 *Grunewald* = LM § 25 BGB Nr. 28; NJW-RR 1992, 507, 508 = EWiR 1992, 231 *Grunewald*; BayObLGZ 1986, 528, 535; *OLG Frankfurt a. M.* NJW-RR 1991, 1276; *Reuter* NJW 1987, 2401, 2402 f.; *Soergel/Hadding* § 25 BGB Rn. 41, § 39 BGB Rn. 14; *Palandt/Heinrichs* § 25 BGB Rn. 27; auch RGZ 49, 150, 154; 73, 187, 190; BGHZ 29, 352, 355.

147 Vgl. eingehend *Grunewald* Ausschluß, S. 62 ff.

durch weitere Ermittlungen nicht näher aufklärbarer »Tatverdacht« sein[148]. Die Ausschließung muß das »letzte Mittel« (ultima ratio) sein, um eine zuküftig ungestörte Verfolgung des Vereinszwecks zu ermöglichen. Zu prüfen ist deshalb, ob nicht als milderes Mittel die Entziehung oder Einschränkung mitgliedschaftlicher Rechte in Betracht kommt (vgl. Rn. 528 ff., 574; zur Ausschließung auf Zeit Rn. 1635) und ob mit einer Wiederholung des Verstoßes zu rechnen ist[149]. Bei mehrfachen Verstößen oder einem andauernden Verhalten kann eine vorherige Abmahnung geboten sein. Zur Ausübung des Ausschließungsrechts vgl. Rn. 1619.

Der wichtige Grund kann in der Person des Mitglieds liegen, z. B. in einer **1615** schwerwiegenden Erkrankung oder dem Alter des Mitglieds, die es ihm unmöglich machen, seine mitgliedschaftlichen Pflichten zu erfüllen; ebenso können die satzungsmäßigen Voraussetzungen der Mitgliedschaft weggefallen sein, etwa die Zugehörigkeit zu einer bestimmten Berufsgruppe oder der Verlust der steuerlichen Gemeinnützigkeit. Auch die Eröffnung des Konkurses oder der Gesamtvollstreckung über das Vermögen des Mitglieds(-unternehmens) kann einen wichtigen Grund für dessen Ausschließung bilden.

Meistens wird ein Verhalten des Mitglieds oder der Organperson den Anlaß für **1616** eine Ausschließung aus wichtigem Grund geben, nämlich ein schwerwiegender Verstoß gegen die sich aus der Satzung ergebenden mitgliedschaftlichen Pflichten oder die allgemeine Pflicht zur Förderung des Vereinszwecks, die sich auch als Loyalitätspflicht zum Unterlassen zweckstörender Handlungen auswirkt (vgl. Rn. 608 ff., 614). Dies kann z. B. der Fall sein bei andauernder Nichterfüllung der Beitragspflicht, schwerwiegenden Regelverstößen und Täuschungsversuchen bei Vereinswettbewerben[150], Unterschlagung von Geldern des Vereins (insbes. durch Organe)[151], Erschleichen von Leistungen des Vereins oder Vergütungen, gravierenden Verstößen gegen die vereinsinterne Zuständigkeitsordnung[152], Schmähkritik an den Vereinsorganen oder der Vereinspolitik in der Öffentlichkeit[153]. In Ausnahmefällen können auch vereinsinterne oder private Streitigkeiten unter Mitgliedern und Organpersonen, die den »Vereinsfrieden« erheblich stören, zu einer Ausschließung führen[154].

---

148 Vgl. *BGH* NJW 1990, 40 = WM 1989, 1508, 1511 = WuB II L. § 39 BGB 1.89 *van Look* = EWiR 1989, 1068 *Grunewald*; zum Parallelfall der Verdachtskündigung im Arbeitsrecht z. B. *BAG* NJW 1986, 3159; BB 1987, 1114; BB 1987, 2020; *Grunsky* ZfA 1977, 167 ff.; *Erman/Hanau* § 626 BGB Rn. 71.

149 Vgl. *OLG Frankfurt a. M.* NJW-RR 1991, 1276.

150 *BGH* NJW 1972, 1892 = WM 1973, 50 = JR 1973, 192 m. Anm. *H. P. Westermann:* Täuschungsversuch beim Flugwettbewerb eines Taubenvereins, der allerdings durch den Vater des Mitglieds begangen worden war.

151 Vgl. den Fall *OLG Frankfurt a. M.* NJW-RR 1991, 1276, wo den Mitgliedern jedoch ein Anspruch auf Auszahlung der für den Verein vereinnahmten Erlöse an sich zustand.

152 Vgl. für GmbH & Co. KG *BGH* NJW-RR 1993, 1123, 1125.

153 Vgl. *BGH* NJW 1990, 40 = WM 1989, 1508 = WuB II L. § 39 BGB 1.89 *van Look* = EWiR 1989, 1068 *Grunewald* = LM § 25 BGB Nr. 28: »Anschwärzen« eines Flugsportvereins gegenüber der Aufsichtsbehörde, wo jedoch der bloße Verdacht der »Täterschaft« des Mitglieds für eine Ausschließung nicht ausreichte.

154 Vgl. für KG *BGH* NJW 1973, 92 = WM 1973, 11; WM 1995, 250 = WuB II F. § 140 HGB 1.95 *Sieker.*

3.2.2.3. Zurechnung des Verhaltens von Erfüllungsgehilfen und Organen

1617 Das Verhalten dritter Personen (z. B. Verwandter oder Angestellter) kann dem Mitglied nicht als zu einem Ausschluß führender wichtiger Grund zugerechnet werden, da die mitgliedschaftlichen Rechte und Pflichten grundsätzlich persönlich auszuüben sind (§ 38 Satz 2 BGB)[155]. Anderes gilt jedoch, wenn die Satzung – u. U. aufgrund ergänzender Auslegung – die Einschaltung von Hilfspersonen zuläßt (vgl. § 40 BGB), die als Erfüllungsgehilfen (§ 278 BGB) anzusehen sind (vgl. zur Vereinsstrafe oben Rn. 1605 f.)[156]. Ist eine Personenvereinigung – etwa eine Personal- oder Kapitalgesellschaft – Mitglied des Vereins, so wird der Mitgliedsvereinigung das Verhalten ihrer Organe analog § 31 BGB zugerechnet, was zu ihrer Ausschließung führen kann (vgl. zur Vereinsstrafe oben Rn. 1606 f.)[157].

3.2.2.4. Verschulden hinsichtlich des wichtigen Grunds

1618 Nach h. M. setzt die Ausschließung aus wichtigem Grund kein Verschulden des von ihr Betroffenen voraus[158]. Dies trifft sicherlich zu, soweit die Fortsetzung der Mitgliedschaft für den Verein wegen (fehlenden) Eigenschaften der Person oder Mitgliedsvereinigung unzumutbar wird, die diese nicht zu vertreten hat (z. B. Krankheit, Alter, Voraussetzungen der Mitgliedschaft). Insoweit reicht die objektive Unzumutbarkeit des Fortbestands der Mitgliedschaft aus. Soweit der Kündigungsgrund jedoch auf einem Verhalten des Mitglieds oder der Organperson beruht, muß dieses dem Betroffenen aber auch vorwerfbar i. S. eines Verschuldens sein (vgl. zur Vereinsstrafe oben Rn. 1599 f.)[159]. Ausreichend ist jedoch leichte Fahrlässigkeit (vgl. § 276 Abs. 1 Satz 2 BGB). Sie liegt schon dann vor, wenn das Mitglied hätte erkennen können, daß sein Verhalten oder Unterlassen sich nachteilig auf die Verfolgung des Vereinszwecks auswirkt und zur Unzumutbarkeit der Fortsetzung der Mitgliedschaft für den Verein führt. In den meisten Fällen wird dies zutreffen.

3.2.2.5. Ausübung des Ausschließungsrechts

1619 Zur Willensbildung über die Ausübung des Ausschließungsrechts ist die Mitgliederversammlung zuständig, da eine »Angelegenheit des Vereins« i. S. d. § 32 Abs. 1 Satz 1 BGB vorliegt und nicht eine Geschäftsführungsmaßnahme, die gem. § 27 Abs. 3 BGB in die Zuständigkeit des Vorstands fiele[160]. Da es sich um ein Gestaltungsrecht handelt, steht es ihr frei, ob sie – bei Vorliegen eines wichtigen Grunds – von der Ausschließungsmöglichkeit Gebrauch macht. Sie

---

155 I. Erg. ebenso *Grunewald* Ausschluß, S. 72 ff.

156 Vgl. *BGH* NJW 1972, 1892, 1893 = WM 1973, 50 = JR 1973, 192 m. Anm. *H. P. Westermann.*

157 Vgl. zur Ausschließungsklage bei der KG *H. P. Westermann* NJW 1977, 2185, 2186 f.

158 Vgl. *BGH* NJW 1972, 1892, 1893; RGRK/*Steffen* § 25 BGB Rn. 14 und 17; *Staudinger/Coing* Vor § 35 BGB Rn. 39; *Soergel/Hadding* § 39 BGB Rn. 11; *Grunewald* Ausschluß, S. 44 und 75; a. M. für die eG noch RGZ 148, 225, 234; 163, 200, 206; *RG* JW 1938, 1010, 1011.

159 Ebenso schon Voraufl. Rn. 1623, 1639.

160 Vgl. *Grunewald* Ausschluß, S. 118; *Soergel/Hadding* § 39 Rn. 14; *Sauter/Schweyer* Rn. 95.

entscheidet hierüber durch Beschluß mit einfacher Mehrheit[161]. Hierbei ist auch die aus Förderpflicht sich ergebende Rücksichtspflicht des Vereins gegenüber dem betroffenen Mitglied zu berücksichtigen (vgl. Rn. 615 f.). Diese wird es i. d. R. gebieten, dem Betroffenen vor der Entscheidung Gelegenheit zur Stellungnahme zu geben und die Ausschließung ggf. zu begründen[162]. Ebenso ist aufgrund der Rücksichtspflicht die Prüfung geboten, ob nicht mildere Maßnahmen in Betracht kommen (z. B. eine Abmahnung oder die Einschränkung mitgliedschaftlicher Rechte), um eine zukünftig ungestörte Verfolgung des Vereinszwecks zu gewährleisten (vgl. schon Rn. 1614)[163]. Daneben verbietet der Gleichbehandlungsgrundsatz eine Ausschließung, wenn der Verein bei einem früheren oder gleichzeitigen vergleichbaren Verhalten anderer Mitglieder – u. U. sogar an dem konkreten Verstoß beteiligter – von einer Ausschließung abgesehen hat; zu den Anforderungen an das Ausschließungsverfahren vgl. ergänzend Rn. 1664 a ff.

Für die Erklärung der Ausschließung, die durch empfangsbedürftige Willens- **1620**
erklärung gegenüber dem Betroffenen erfolgt, ist der Vorstand als Vertretungsorgan zuständig (§ 26 Abs. 1 Satz 1 BGB), soweit der Betroffene nicht bei der Beschlußfassung der Mitgliederversammlung anwesend ist (Rn. 1689).

3.3. Satzungsmäßige Regelung der Ausschließung

3.3.1. Satzungsmäßige Regelung der Ausschließung aus wichtigem Grund

3.3.1.1. Ausschließung aufgrund einer »Generalklausel«

Durch eine Regelung in der Vereinssatzung kann das gesetzliche Aus- **1621**
schließungsrecht aus wichtigem Grund deklaratorisch wiederholt werden. Dies ist insbes. dann der Fall, wenn die Ausschließung als Sanktion für ein Verhalten vorgesehen ist, das die Satzung generalklauselartig umschreibt, z. B. als »vereinsschädigendes Verhalten«, »schwerwiegende Nichterfüllung der Mitgliedspflichten«, »grober Verstoß gegen die Satzung oder Anordnungen der Vereinsorgane« oder »Schädigung der Interessen des Vereins« (oben Rn. 1588). Derartig weite Ausschließungstatbestände sind zwar zulässig (zur Vereinsstrafe oben Rn. 1598 f.); sie sind aber aus Gründen des Mitgliederschutzes so auszulegen, daß das Verhalten, daß den Anlaß für die Ausschließung bildet, die Tragweite eines wichtigen Grunds erreichen muß, der die Fortsetzung der Mitgliedschaft für den Verein unzumutbar macht (oben Rn. 1614 ff.)[164].

---

161 A. A. *Grunewald* Ausschluß, S. 118 f.: satzungsändernde Mehrheit gem. § 33 Abs. 1 Satz 1 BGB erforderlich; für Ausschließungsklage dagegen *K. Schmidt* Gesellschaftsrecht, § 24 V 3 c.

162 Vgl. *BGH* NJW 1990, 40 = WM 1989, 1508.

163 Vgl. *OLG Frankfurt a. M.* NJW-RR 1991, 1276; *Schulze* NJW 1991, 3264, 3265 für einen wirtschaftlichen Verein (GEMA).

164 Vgl. *Soergel/Hadding* § 39 BGB Rn. 11; in diesem Sinne auch *BGH* NJW 1990, 40 = WM 1989, 1508, wo die Satzung nur bestimmte, daß der Ausschluß durch die Mitgliederversammlung ausgesprochen werden kann; in diesem Fall hätte eine Auslegung dieser Bestimmung aus dem Zusammenhang der Satzung, die bei Vorliegen eines wichtigen Grunds ein Recht des Vorstands zur sofortigen Suspendierung der Mitgliedschaft vorsah, eher ein »freies« Ausschlußrecht (Rn. 1627 ff.) ergeben können; ferner *LG Freiburg* SpuRt 1995, 169, 170.

3.3.1.2. Ausschließung aufgrund eines bestimmten Ausschließungstatbestands

1622 Die Satzung kann auch konkrete Ausschließungsgründe benennen, z.B. die gleichzeitige Mitgliedschaft in einer Organisation, die mit dem Vereinszweck nicht in Einklang stehende Ziele verfolgt[165] Hierbei ist dem Satzungsgeber aufgrund der Privatautonomie ein weiter Ermessensspielraum eingeräumt, vorab festzulegen, welche konkreten Tatbestände er als wichtige Gründe für eine Ausschließung ansieht[166]. Zulässig ist es daher, jeden groben oder schwerwiegenden Verstoß gegen bestimmte, konkret benannte Mitgliedspflichten als Ausschließungstatbestand vorzusehen. Häufig wird hier eine vorherige Abmahnung verlangt. Vom Erfordernis eines Verschuldens kann die Satzung bei verhaltensbedingten Ausschließungsgründen nicht absehen (vgl. Rn. 1618; für Vereinsstrafen Rn. 1599 a). Soweit der Ausschließungstatbestand nicht als wichtiger Grund anzusehen ist, kommt eine Einordnung als einfacher Kündigungsgrund in Betracht (unten Rn. 1625). Zählt die Satzung die Ausschließungstatbestände (abschließend) auf, so kann der Verein dennoch auf das gesetzliche Kündigungsrecht (Rn. 1613) zurückgreifen, wenn ein anderer als in der Satzung genannter wichtiger Grund vorliegt; insoweit steht ihm ein Wahlrecht zu[167].

3.3.1.3. Kombination zwischen Generalklausel und konkreten Ausschließungstatbeständen als Regelbeispielen

1623 Für die Satzungsgestaltung zu empfehlen ist aus Gründen der Flexibilität eine Kombination zwischen der Festlegung konkreter Kündigungstatbestände und einem generalklauselartigen »Auffangtatbestand«[168]. Hierfür bietet sich die Anführung von Regelbeispielen an.
Formulierungsvorschlag: »Eine Ausschließung ist aus wichtigem Grund (oder: bei einem grob vereinsschädigendem Verhalten) möglich. Ein wichtiger Grund liegt insbesondere (oder: in der Regel) vor, wenn . . .«.

3.3.1.4. Ausübung des Ausschließungsrechts

1624 Die Satzung kann ein besonderes Ausschließungsverfahren vorsehen, insbes. die Zuständigkeit für die Ausschließung einem besonderen Organ zuweisen oder vereinsinterne »Rechtsbehelfe« gegen die Ausschließung vorsehen (unten Rn. 1639 ff.). Enthält die Satzung keine Regelungen zur Ausübung des Ausschließungsrechts, gelten die oben zu Rn. 1619 f. dargestellten Grundsätze.

3.3.2 Ausschließung aufgrund satzungsmäßiger einfacher Kündigungsgründe (ordentliche Kündigung)

1625 Die Satzung kann auch konkrete Ausschließungsgründe festlegen, die die Schwere eines wichtigen Grunds, der zur Unzumutbarkeit des Fortbestands der

---

165 Vgl. zum Gewerkschaftsausschluß *BGH* NJW 1994, 43 = WM 1993, 2172 = WuB II L. § 39 BGB 1.94 *van Look* = ZIP 1994, 33 = EWiR 1994, 19 *Grunewald*; *OLG Düsseldorf* NJW-RR 1994, 1402.

166 Vgl. *Grunewald* Ausschluß, S. 170, die eine »gewisse Plausibilität« verlangt.

167 Vgl. MünchKomm/*Reuter* § 38 BGB Rn. 28; *Sauter/Schweyer* Rn. 88; a. A. BayObLGZ 1986, 528, 535.

168 Vgl. die Wiedergabe der entsprechenden Bestimmungen in den Regelwerken der GEMA bei *Schulz* NJW 1991, 3264, 3265.

Mitgliedschaft führt, nicht erreichen[169], z. B. Verzug mit der Beitragszahlung. Dann handelt es sich um die Vereinbarung eines ordentlichen (»einfachen«) Kündigungsrechts, die grundsätzlich zulässig ist[170].

Erforderlich ist jedoch, daß der Ausschließungstatbestand in der Satzung hinreichend bestimmt bezeichnet ist, so daß das Mitglied erkennen kann, in welchen Fällen es mit einer Beendigung der Mitgliedschaft rechnen muß. Bei »einfachen« Kündigungsgründen ist ein höheres Maß an Bestimmtheit zu fordern als bei wichtigen Kündigungsgründen, da hier nicht auf das Auslegungskriterium der Unzumutbarkeit des Fortbestands der Mitgliedschaft zurückgegriffen werden kann. Der Ausschließungstatbestand muß als sachlicher, d. h. vertretbarer Grund für die Beendigung der Mitgliedschaft anzusehen sein[171]. Das zur Ausschließung führende Verhalten muß daher bei abstrakt-genereller Betrachtung geeignet sein, die effektive Verfolgung des Vereinszwecks zu erschweren. In der Satzung genannte einfache Kündigungsgründe sind als abschließend anzusehen; eine ergänzende Auslegung der Satzung, die zur Ausschließung wegen eines ähnlich gelagerten Sachverhalts führt, der nicht als wichtiger Grund anzusehen ist, wird regelmäßig nicht möglich sein[172]. **1626**

3.3.3. »Freie« Ausschließung aufgrund der Satzung

Umstritten ist, ob die Satzung ein Ausschließungs- oder Kündigungsrecht vorsehen kann, das nicht an dort festgelegte Gründe geknüpft ist[173]. Gelegentlich wird sogar ausdrücklich eine Ausschließung »nach freiem Ermessen« zugelassen. Bei Personalgesellschaften[174] und bei der GmbH[175] hat die Rechtsprechung derartige sog. Hinauskündigungsklauseln als sittenwidrig (§ 138 Abs. 1 BGB) und damit als unwirksam angesehen. Im Vereinsrecht wird ein »freies Ausschließungsrecht«, d. h. der Verzicht auf satzungsmäßige Aus- **1627**

---

169 Vgl. *L. Fischer* Der Ausschluß aus dem Verein, 1985, S. 43 ff.; auch *Grunewald* S. 193 ff., die derartige Gründe aber als wichtige Gründe behandeln will.

170 Vgl. MünchKomm/*Reuter* § 38 BGB Rn. 29.

171 Vgl. *BGH* NJW-RR 1992, 507, 508 = EWiR 1992, 231 *Grunewald*.

172 Vgl. *OLG Saarbrücken* NJW-RR 1994, 251, 252: Unzulässigkeit einer analogen Anwendung satzungmäßiger Ausschließungsgründe.

173 Vgl. z. B. § 5 Nr. 2 Satz 1 des Verbands für das Deutsche Hundewesen e.V.; auch §§ 6 Abs. 4, 8 Abs. 1 Nr. 5 der Mustersatzung des Arbeiter-Samariter-Bundes Deutschland e.V., wonach korporative Mitglieder nicht ausgeschlossen, sondern diesen nur gekündigt werden kann

174 Vgl. BGHZ 68, 212 = NJW 1977, 1292 = WM 1977, 685; 81, 263 = NJW 1981, 2565 = WM 1981, 1023; 84, 11, 14 f. = WM 1982, 760; 104, 50, 57 f. = WM 1988, 939 = WuB II F. § 161 HGB 2.88 *Baums*; 105, 213, 217 = NJW 1989, 834 = WM 1989, 133 = WuB II G. § 140 HGB 1.89 *Kübler/Klose*; *BGH* NJW 1985, 2421; NJW 1989, 1681 = WM 1989, 1093, 1094 = WuB II F. § 140 HGB 1.89 *v. Feldmann*; WM 1994, 593 = WuB II H. § 230 HGB 1.95 *Schöne*; zust. *Wiedemann* WM 1990, Beil. 8, S. 21; *Schöne* Gesellschafterausschluß bei Personengesellschaften, 1993, S. 56 ff. (dazu *Loritz* WM 1993, 1943 f.); abl. *Loritz* JZ 1986, 1080 ff.; *Flume* DB 1986, 629 ff.; *Sigle* Festschr. Nirk, 1992, S. 971 ff.; *ders.* Festschr. Semler, 1993, S. 767, 782 f.; differenzierend zwischen Korporationen mit geringer und großer Mitgliederzahl *Grunewald* Ausschluß, S. 216 ff., 228 ff.

175 BGHZ 112, 103 = NJW 1990, 2622 = WM 1990, 1457 = WuB II C. § 34 GmbHG 2.90 *Teichmann*; dazu *Westermann/Menger* DWiR 1991, 143 ff.; *Westermann* Festschr. 100 Jahre GmbHG, 1992, S. 447, 465 f.

schließungsgründe, dagegen überwiegend für zulässig gehalten[176]. Hieran trifft zu, daß die Rechtsprechung zu den Personalgesellschaften und zur GmbH sich nicht unbesehen auf den Verein übertragen läßt, da der »hinausgekündigte« Gesellschafter dort seine kapitalmäßige Beteiligung am Gesellschaftsvermögen verliert, die beim Verein i. d. R. nicht besteht. Allerdings scheidet eine »freie Ausschließung« bei Vereinen aus, die einer Aufnahmepflicht unterliegen (Rn. 647 ff.); hier bedarf es stets eines wichtigen oder satzungsmäßig bestimmten sachlichen Grunds[177]; ebenso umschreibt für politische Parteien § 10 Abs. 4 ParteienG die Voraussetzungen einer Ausschließung abschließend.

1628 Darüber hinaus kann die Satzung jedoch eine Ausschließung zulassen, ohne bestimmte Kündigungsgründe vorzusehen[178]. Dies ist z. B. der Fall, wenn die Satzung eine Probezeit vorsieht, in der dem Mitglied ohne Angabe von Gründen gekündigt werden kann, oder wenn ein Kündigungsrecht gegenüber Mitgliedern im Rang unter der Vollmitgliedschaft besteht (Mitglieder »minderen Rechts«). Der Verein ist dann jedoch bei Ausübung des »freien« Ausschließungsrechts an seine Rücksichtspflicht gegenüber dem betroffenen Mitglied und den Gleichbehandlungsgrundsatz gebunden. Er kann daher sein Ausschließungsrecht nicht willkürlich i. S. eines »freien« Ermessens ausüben[179]. Vielmehr bedarf es im konkreten Fall eines sachlichen Grunds für die Beendigung der Mitgliedschaft, der jedoch die Tragweite eines wichtigen Grundes nicht erreichen muß. In diesem Sinne hat auch der BGH ein nicht an bestimmte Gründe geknüpftes Recht, einzelne Mitglieder von der Benutzung von Vereinseinrichtungen auszuschließen, als wirksam angesehen, aber so ausgelegt, daß »die Ausschließung aus jedem sachlichen Grund möglich sein sollte, ohne daß an dessen Vorliegen allzu hohe Anforderungen gestellt werden dürfen«[180]. Mit einer derartigen gerichtlichen Ausübungskontrolle im konkreten Fall ist dem Anliegen des Individualschutzes des betroffenen Mitglieds hinreichend Rechnung getragen[181].

3.3.4. Kündigungsfrist

1629 Die Satzung kann vorsehen, daß eine ordentliche oder »freie« Kündigung durch den Verein nur unter Einhaltung einer Kündigungsfrist erfolgen kann. Die Länge der Kündigungsfrist unterliegt – anders als bei der Kündigung durch das Mitglied (vgl. § 39 Abs. 2 BGB) – keinen gesetzlichen Beschränkungen. Um eine Beitragsrückerstattung zu vermeiden, ist es zweckmäßig, das Ende der Kündigungsfrist auf das Ende einer Beitragsperiode zu legen (z. B. Kündigung zum Ende des Geschäftsjahrs).

---

176 Vgl. RGZ 73, 190; 147, 13; 151, 229; *BayObLG* JFG 230, 234; *Heinsheimer* Mitgliedschaft und Ausschließung in der Praxis des Reichsgerichts, 1913, S. 25 ff.; *Bötticher* ZfA 1970, 3, 54 ff.; anders *L. Fischer* (Fn. 169), S. 6 ff.

177 Zutr. *Grunewald* Ausschluß, S. 228 f.; MünchKomm/*Reuter* § 38 BGB Rn. 30.

178 Anders noch *van Look* S. 146. Die dort vertretene Meinung wird aufgegeben.

179 Ebenso *Erman/Westermann* § 25 BGB Rn. 10.

180 *BGH* NJW-RR 1992, 507, 508 = EWiR 1992, 231 *Grunewald*.

181 A. A. *Reuter* NJW 1987, 2401, 2405 f.; *ders.* in: MünchKomm § 38 BGB Rn. 30 wegen des bloßen »Eindrucks« der beliebigen Ausschließbarkeit, der die Mitglieder von der Ausübung der zwingenden Individual- und Minderheitenrechte abhalten könne; ähnlich *Flume* Jur. Person, § 9 IV, S. 336.

3.3.5. Ausschließung als Vereinsstrafe

Die Ausschließung kann in der Satzung auch am Ende einer Stufenfolge als **1630** »schwerste« Vereinsstrafe vorgesehen sein[182]. Nach der hier vertretenen Auffassung wird damit die Kündigung unter die Voraussetzungen einer Vertragsstrafe (§§ 339 ff. BGB) und ihrer Ausgestaltung in der Satzung gestellt, wobei als Strafe die Duldung der Kündigung versprochen wird (Rn. 1592 c)[183]. Dann handelt es sich um eine Art der Verfallklausel (§ 360 BGB), die bei Nichterfüllung der mitgliedschaften Pflichten den Verlust sämtlicher Rechte aus der Mitgliedschaft und damit der Mitgliedschaft selbst vorsieht[184]. Als Voraussetzungen der Ausschließung als Vereinsstrafe können – auch generalklauselartig Tatbestände vorgesehen werden, die als wichtiger Grund anzusehen sind (oben Rn. 1614 ff., 1621 ff.), aber auch »einfache« Kündigungsgründe (oben Rn. 1625 f.). Die Feststellung der Voraussetzungen und die Ausübung des Ausschließungsrechts sind dann gem. § 315 Abs. 1 BGB in das billige Ermessen des hierfür zuständigen Vereinsorgans gestellt. Für die Anforderungen an die satzungsmäßige Strafregelung, die zu einer Ausschließung führt, gelten die oben zu Rn. 1596 ff. dargestellten Grundsätze, insbes. die Erfordernisse eines Verschuldens (Rn. 1599 f.) und der Angemessenheit (Rn. 1603); zu den Anforderungen an das zur Straffestsetzung führende Verfahren vgl. Rn. 1664 a ff.

3.3.6. Vereinfachte Ausschließung bei Eintritt satzungsmäßiger Beendigungsgründe

In der Satzung kann vorgesehen sein, daß die Mitgliedschaft bei Eintritt oder **1631** Wegfall konkret festgelegter und leicht feststellbarer Voraussetzungen ohne weiteres (ipso iure) endet. Hierin kann eine auflösende Bedingung der Mitgliedschaft liegen (oben Rn. 691 ff.). Meistens wird es sich jedoch um ein an konkrete Tatbestandsmerkmale gebundenes einfaches Ausschließungsrecht handeln (Rn. 1625 f.), wobei entweder seitens des Vereins keine Willensbildung über die Ausübung des Ausschließungsrechts stattfindet[185] oder das Ermessen des hierfür zuständigen Organs (z. B. des Vorstands) dahingehend gebunden ist, daß es bei Vorliegen des satzungsmäßigen Tatbestands die Ausschließung festzustellen hat[186]. Einen Sonderfall dieses vereinfachten Ausschließungsverfahrens bildet die Streichung von der Mitgliederliste (vgl. Rn. 695 ff.), z. B. falls die Zahlung der Mitgliedsbeiträge unterbleibt[187]. Die Beendigung der Mitgliedschaft durch Eintritt des satzungsmäßigen Beendigungstatbestands ist dem Mitglied mitzuteilen. Zu einer faktischen Ausschließung kann auch eine Sat-

---

182 Vgl. *Reuter* NJW 1987, 2401, 2403 f.; *ders.* in MünchKomm § 25 BGB Rn. 29, § 38 Rn. 27 ff., der zwischen »Strafausschluß« und »Kündigungsausschluß« unterscheiden will; für einen wirtschaftlichen Verein (GEMA) auch *Schulze* NJW 1991, 3264, 3265.

183 *Hadding/van Look* ZGR 1988, 270, 275 ff.; *van Look* S. 146 f.

184 Zur entsprechenden Anwendung der §§ 339 ff. BGB auf Verfallklauseln vgl. *BGH* WM 1972, 1277, 1278 = NJW 1972, 1893; WM 1991, 1384, 1387; WM 1993, 420, 425 = NJW-RR 1993, 243; WM 1993, 907, 908 = NJW-RR 1993, 464; WM 1994, 171, 173; *Gernhuber* Das Schuldverhältnis, 1989, § 34 I 5, S. 759; zum teilweisen Verfall von Abfindungsansprüchen bei der Ausschließung aus einer GmbH *BGH* WM 1983, 1207, 1208: »eine Art Vertragsstrafe«.

185 So *Grunewald* Ausschluß, S. 202.

186 So *OLG Celle* NJW-RR 1989, 313, 314: »vereinfachtes Ausschlußverfahren«.

187 Vgl. *RG* WarnR 1912 Nr. 147; *LG Bonn* MDR 1975, 139; *Sauter/Schweyer* Rn. 93.

zungsänderung führen, durch die der Mitgliederbestand »ausgewechselt« wird (Rn. 700 f.), oder eine Verschmelzung für diejenigen Mitglieder, die nicht Mitglieder des übernehmenden oder neugegründeten Vereins werden (vgl. Rn. 2245 ff.).

3.4. Einzelfragen

3.4.1. Bestand der Mitgliedschaft als Voraussetzung der Ausschließung

1632 Die Ausschließung ist nur dann wirksam, wenn der Betroffene im Zeitpunkt des Wirksamwerdens durch Zugang der Kündigungserklärung (noch) Mitglied des Vereins ist (vgl. schon oben Rn. 1610 a). Hat ein Mitglied eine Ausschließung zu erwarten, so kann es ihr durch einen freiwilligen Austritt zuvorkommen und ihr damit die Grundlage entziehen[188]. Der Ausschluß eines bereits ausgetretenen Mitglieds geht »ins Leere« und ist unwirksam[189]. Ebenso ist ist eine Satzungsbestimmung unwirksam, nach der ein Mitglied als ausgeschlossen gilt, wenn es sich dem Ausschluß durch Austritt entzieht[190]. Unzulässig ist auch der Ausspruch der Feststellung, daß der Betroffene bei Fortbestehen der Mitgliedschaft ausgeschlossen worden wäre[191].

3.4.2. Ausschließung von Organpersonen

1633 Die satzungsmäßigen Ausschließungstatbestände gelten ohne weiteres auch für Mitglieder, die eine Organstellung innehaben (z. B. als Mitglied des Vorstands). An den Verschuldensmaßstab hinsichtlich des Ausschließungsgrunds sind bei Organpersonen kein anderen Anforderungen zu stellen als bei einfachen Mitgliedern[192]. Setzt die Organstellung die Mitgliedschaft der Organperson im Verein voraus, so fällt mit der Ausschließung auch die Organstellung weg (Rn. 1340). Andernfalls kann der Ausschließungstatbestand einen Grund für die Abberufung, ggf. auch für die Kündigung des Anstellungsverhältnisses bilden (vgl. Rn. 1247 ff., 1297 ff.). Für den Ausschluß eines Vorstandsmitglieds oder anderer Organpersonen ist stets die Mitgliederversammlung oder das sonstige Bestellungs- und Abberufungsorgan zuständig, auch wenn nach der Satzung die Zuständigkeit für die Ausschließung beim Vorstand liegt (zur Zuständigkeit eines »Vereinsgerichts« vgl. Rn. 1638).

3.4.3. Bedingte Ausschließung

1634 Als Ausübung eines Gestaltungsrechts ist die Ausschließung grundsätzlich bedingungsfeindlich, da über die Wirksamkeit der vom Eintritt eines zukünftigen ungewissen Ereignisses abhängigen Kündigung eine Rechtsunsicherheit entstehen kann (vgl. § 158 Abs. 1 BGB)[193]. Anderes gilt jedoch, wenn der Eintritt der aufschiebenden Bedingung allein vom Willen des von der Ausschließung betroffenen Mitglieds abhängt (sog. Potestativbedingung), z. B. der Nachzah-

---

188 Vgl. *Sauter/Schweyer* Rn. 91

189 Vgl. RGZ 51, 66; 122, 266, 268; auch *RG* JW 1927, 2996 m. abl. Anm. *Heinsheimer.*

190 RGZ 143, 1.

191 *RG* JW 1929, 245.

192 Vgl. für eG *BGH* DB 1963, 480.

193 Vgl. RGZ 82, 248, 250; *Schlosser* S. 56 f.

lung rückständiger Beiträge[194] oder der Entrichtung einer als milderes Mittel zunächst festgesetzten Geldstrafe; das Wirksamwerden der Ausschließung kann auch davon abhängig gemacht werden, daß das betroffene Mitglied einen vom Vereinsgericht bei Streitigkeiten mit dem Verein oder unter den Mitgliedern vorgesehenen Vergleichsvorschlag nicht annimmt[195] oder einen für die Bestätigung der Ausschließung vorgesehenen vereinsinternen – u. U. befristeten – »Rechtsbehelf« (z. B. Anrufung der Mitgliederversammlung) nicht ergreift (unten Rn. 1690).

3.4.4. Ausschließung auf Zeit

Die Satzung kann die Ausschließung auf Zeit, d. h. eine auflösend befristete Beendigung der Mitgliedschaft (§§ 158 Abs. 2, 163 BGB), als Disziplinarmaßnahme (Vereinsstrafe) ausdrücklich vorsehen[196]. Auch ohne Grundlage in der Satzung ist eine Ausschließung auf Zeit als quantitativ milderes Mittel im Verhältnis zu einer endgültigen Ausschließung jedoch möglich[197]. Es muß jedoch feststehen, daß die Voraussetzungen der Ausschließung tatsächlich vorliegen; eine Ausschließung auf Zeit kann nicht damit begründet werden, es bestünden Zweifel, ob der Betroffene den Ausschließungstatbestand verwirklicht hat[198]. **1635**

Die Ausschließung auf Zeit, bei der die Mitgliedschaft vorübergehend erlischt, ist zu unterscheiden vom Ruhen der Mitgliedschaft (Suspendierung), bei der die mitgliedschaftlichen Rechte und Pflichten zwar fortbestehen, der Betroffene sie aber nicht ausüben kann (Rn. 715 f.)[199], und der Entziehung einzelner Mitgliedsrechte (Teilausschließung); beide Arten von Maßnahmen bedürfen als qualitativ andersartig einer Grundlage in der Satzung[200]. **1636**

3.4.5. Einzelne Fälle unwirksamer Ausschließung

Die Ausschließung kann aus Verfahrensgründen (zum Verfahren vgl. Rn. 1664 a ff.) oder aus materiell-rechtlichen Gründen unwirksam sein; bei den materiell-rechtlichen Gründen ist zu unterscheiden, ob bereits die satzungsmäßige Grundlage unwirksam ist (z. B. weil sie einer Inhaltskontrolle nicht standhält; dazu oben Rn. 1596 ff., 1621 ff.) oder ob die Ausübung des Ausschließungsrechts im konkreten Fall nicht den satzungsmäßigen Voraussetzungen entspricht oder gegen höherrangiges Recht verstößt (zum Maßstab einer gerichtlichen Überprüfung vgl. unten Rn. 1801 ff.). Im Einzelfall hat die Rechtsprechung eine Ausschließung aus folgenden Gründen für unwirksam angesehen: **1637**

---

194 *KG* OLGE 22, 115; zur Streichung von der Mitgliederliste einer politischen Partei vgl. auch *OLG Bamberg* NVwZ 1983, 572; dazu *Risse* NVwZ 1983, 529.

195 Vgl. *RG* HRR 1930 Nr. 199.

196 Vgl. z. B. § 43 Nr. 1 Buchst. g DFB-Satzung.

197 Vgl. *Soergel/Hadding* § 39 Rn. 13; *Sauter/Schweyer* Rn. 90.

198 *OLG Frankfurt a. M.* NJW 1974, 189

199 Insoweit a. A. *Sauter/Schweyer* Rn. 90: Ausschluß auf Zeit führt zum Ruhen der Mitgliedschaft.

200 Vgl. *RG* JW 1929, 847 m. Anm. *Heinsheimer*: zeitweiliger Ausschluß vom Börsenbesuch; *Schulze* NJW 1991, 3264, 3265: Teilausschluß aus der GEMA, unter Hinweis auf *KG* Urteile v. 27. 10. 1989 – Kart U 1494/89 und Kart U 3767/89 (unveröffentlicht).

- Die Ausschließung ist durch eine Mitgliederversammlung beschlossen worden, bei deren Einberufung die Ausschließung nicht als Beschlußgegenstand, d. h. als Tagesordnungspunkt, hinreichend deutlich angekündigt (§ 32 Abs. 1 Satz 2 BGB) worden war (*BayObLG* JFG 6, 230; *OLG Köln* WM 1990, 1068[201]; *OLG Hamm* NJW-RR 1993, 1535, 1536); vgl. dazu Rn. 851, 1665.
- Der Betroffene hat vor dem Beschluß über die Ausschließung keine Gelegenheit zur Stellungnahme erhalten, sog. »rechtliches Gehör« (RGZ 171, 205, 206; BGHZ 29, 352, 355; *BGH* NJW 1980, 443, 444; *OLG Hamm* BB 1976, 663)[202]; vgl. dazu Rn. 1666 ff.
- Der Ausschluß wurde durch ein satzungsmäßig nicht zuständiges oder nicht ordnungsgemäß besetztes Vereinsorgan beschlossen (BayObLGZ 1986, 528, 535; 1988, 170, 174); vgl. dazu Rn. 1640 ff.
- Es wurde en bloc über den Ausschluß mehrerer Mitglieder abgestimmt, sog. Gruppenausschluß (BayObLGZ 1988, 170, 174 f.; *OLG Köln* OLGZ 1968, 248[203]); vgl dazu Rn. 1686.
- Die Mitgliederversammlung hat eine Ausschließung abgelehnt, bei unveränderter Sachlage aber später nochmals (positiv) über den Ausschluß beschlossen (RGZ 51, 89; *OLG Hamburg* HRR 1928 Nr. 1695); vgl. dazu Rn. 1695.
- Die Ausschließung ist auf einen in der Satzung nicht vorgesehenen Tatbestand, sondern auf die analoge Anwendung eines anderen Ausschlußtatbestands gestützt (*OLG Saarbrücken* NJW-RR 1994, 251, 252); vgl. dazu Rn. 1626.
- Die der Ausschließung zugrunde gelegten Tatsachen lassen sich der Begründung des Ausschließungsbeschlusses nicht hinreichend eindeutig und konkret – auch nicht durch Bezugnahme auf den Ausschließungsantrag – entnehmen (*BGH* NJW-RR 1990, 40, 41[204]; *OLG Köln* WM 1990, 1068); vgl. dazu Rn. 1691 ff.
- Zukünftige Pflichtverletzungen könnten durch mildere Maßnahmen vermieden werden (*OLG Frankfurt a. M.* NJW-RR 1991, 1276); vgl. dazu Rn. 1619, 1682 ff.
- Ein Gewerkschaftsmitglied ist aufgrund eines sog. Unvereinbarkeitsbeschlusses wegen der gleichzeitigen Mitgliedschaft in einer radikalen politischen Partei ausgeschlossen worden; aus dem Parteiprogramm und der tatsächlichen Betätigung ergibt sich jedoch, daß die Partei die Gewerkschaften nicht aktiv bekämpft (*BGH* NJW 1994, 43[205]; vgl. aber auch *BGH* NJW 1991, 485[206]; NJW-RR 1991, 888[207]; *OLG Düsseldorf* NJW-RR 1994, 1402); vgl. dazu Rn. 1681 a.

---

201 = WuB II L. § 32 BGB 1.90 *van Look*.

202 Vgl. auch BGHZ 27, 297, 298 (eG).

203 = NJW 1968, 992.

204 = WM 1989, 1508 = WuB II L. § 39 BGB 1.89 *van Look* = EWiR 1989, 1068 *Grunewald*.

205 = WM 1993, 2172 = WuB II L. § 39 BGB 1.94 *van Look* = ZIP 1994, 33 = EWiR 1994, 19 *Grunewald*.

206 = WM 1991, 98 = WuB II L. § 39 BGB 1.91 *van Look*; bestätigt durch *BVerfG* NZA 1993, 655.

207 = WM 1991, 942 = EWiR 1991, 535 *Grunewald*; dazu *Wank* JR 1994, 356 ff.

- Die Ausschließung wegen einer Kandidatur zu Betriebsratswahlen auf einer nicht von der Gewerkschaft unterstützten Liste erfüllt den Tatbestand einer gegen § 20 Abs. 2 BetrVG verstoßenden Wahlbeeinflussung (BGHZ 45, 314; 71, 126; 87, 337; 102, 265, 277 f.[208]; *BGH* NJW 1981, 2178; NJW-RR 1992, 246[209]); vgl. dazu Rn. 2758.

4. Zuständigkeit und Verfahren von »Vereinsgerichten«

4.1. Zuständigkeit der Mitgliederversammlung oder des Vorstands

Hat ein Verein oder Verband kein besonderes Organ für die Festsetzung von **1638** Vereinsstrafen oder die Ausschließung eingerichtet, so ist für die Willensbildung hierüber die Mitgliederversammlung zuständig (für die Ausschließung aus wichtigem Grund vgl. schon Rn. 1619)[210]. Denn es handelt sich um eine außergewöhnliche »Angelegenheit des Vereins« (§ 32 Abs. 1 Satz 1 BGB), die nach der gesetzlichen Zuständigkeitsordnung nicht in die Kompetenz des Vorstands fällt; diese umfaßt im Innenverhältnis nur die Führung der laufenden Geschäfte (vgl. § 27 Abs. 3 BGB). Die Satzung kann jedoch die Zuständigkeit dem Vorstand zuweisen (vgl. § 40 BGB). Für den Fall, daß das betroffene Mitglied mit der Entscheidung des Vorstands nicht einverstanden ist, kann als vereinsinterner »Rechtsbehelf« (»Berufung«, »Beschwerde«) eine Beschlußfassung der Mitgliederversammlung vorgesehen werden, durch die der Vorstandsbeschluß bestätigt oder aufgehoben wird. Auch ein solches vereinsinternes Rechtsbehelfsverfahren bedarf jedoch einer Grundlage in der Satzung. Zu beachten ist, daß die satzungsmäßige allgemeine Zuständigkeit des (mehrgliedrigen) Vorstands nicht die Ausschließung anderer Vorstandsmitglieder umfaßt, da andernfalls die zwingende Zuständigkeit der Mitgliederversammlung zur Abberufung (§§ 27 Abs. 2, 40 BGB) umgangen würde[211]. Vielmehr fällt die Zuständigkeit zur Ausschließung auch bei Zuweisung an ein anderes Organ wieder an die Mitgliederversammlung zurück, wenn es um den Ausschluß eines Vorstandsmitglieds geht. Entsprechendes gilt für die Ausschließung anderer Organmitglieder, die durch die Mitgliederversammlung bestellt und abberufen werden.

---

208 = NJW 1988, 552 = WM 1987, 1422 = WuB II L. § 25 BGB 1.88 *Westermann* = ZIP 1987, 1536 = EWiR 1988, 19 *Reuter*; dazu *Hadding/van Look*, ZGR 1988, 270 ff.

209 = WM 1991, 948 = WuB II L. § 39 BGB 2.91 *van Look* = EWiR § 20 MitbestG 1/91 *Plander*; dazu *Wank* JR 1994, 356 ff.

210 Ganz h. M., vgl. *RG* LZ 1909, 141 Nr. 13; WarnR 1919 Nr. 20; *Meyer-Cording* S. 79; *van Look* S. 195.

211 BGHZ 90, 92, 94 f. = NJW 1984, 1884 = WM 1984, 601 = Rpfl 1984, 239 = LM § 27 BGB Nr. 2; auch *KG* OLGZ 1978, 272 = Rpfl 1978, 1978, 133; *BayObLG* NJW-RR 1991, 832; *OLG Celle* OLGZ 1980, 359; *OLG Düsseldorf* NJW-RR 1988, 1271, 1273; *LG Freiburg* NJW-RR 1989, 1021; *Sauter/Schweyer* Rn. 98.

4.2. Zuständigkeit eines besonderen Organs (»Vereinsgericht«)

4.2.1. Zulässigkeit privater »Gerichtsbarkeit«

1639 Gelegentlich sind wegen den staatlichen Rechtsprechungsmonopols (Art. 92 GG) Zweifel geäußert worden, ob Vereine eine eigene »Gerichtsbarkeit« über ihre Mitglieder in Anspruch nehmen dürfen[212]. Im Gegenzug ist auf der Grundlage des korporationsrechtlichen Ansatzes (Rn. 1591) versucht worden, die »Strafgewalt« des Vereins über seine Mitglieder und Durchsetzung durch eigene Organe als Mittel zur Wahrung seiner besonderen Wertordnung aus der »Vereinsautonomie« (Art. 9 Abs. 1 GG; § 25 BGB) zu rechtfertigen[213]. Dagegen bestehen aus rechtsgeschäftlicher Sicht der Grundlagen des Vereinsrechts keinerlei Berührungspunkte zur staatlichen Gerichtsbarkeit. Denn bei der Festsetzung von Vereinsstrafen (einschließlich der Ausschließung) handelt es sich um die Geltendmachung vertraglicher Ansprüche oder Ausübung eines vertraglichen oder gesetzlichen Gestaltungsrechts durch ein besonderes Organ des Vereins als Beteiligter eines zivilrechtlichen Rechtsverhältnisses in einem vertraglich vereinbarten formalisierten Verfahren. Dabei wird nicht verkannt, daß derartige Organe und deren Verfahren häufig den staatlichen Gerichten nachgebildet sind; ihre rechtstatsächliche Erscheinung hat jedoch keine Auswirkungen auf die rechtliche Einordnung. Daß »Strafen« auch durch Rechtssubjekte des Zivilrechts vereinbart und durchgesetzt werden können, zeigen die §§ 339 ff. BGB sowie die sog. Betriebsjustiz, d. h. die Verhängung von Vertragsstrafen und Betriebsbußen durch den Arbeitgeber gegen den Arbeitnehmer. Der Rechtsschutz durch die staatlichen Gerichte wird durch ein vereinsinternes »Strafverfahren« nicht verkürzt, da die Möglichkeit zur Anrufung der Zivilgerichte gegen eine durch ein »Vereinsgericht« festgesetzte Vereinsstrafe nicht ausgeschlossen werden kann (Rn. 1699 f.)[214]. Anderes gilt nur, wenn für die Überprüfung der Vereinsstrafe aufgrund einer Schiedsklausel ein Schiedsgericht vorgesehen ist, das die Anforderungen der §§ 1025 ff. ZPO erfüllt (dazu Rn. 2530 ff.).

4.2.2. Satzungsmäßige Einrichtung und Zuständigkeitsregelung

1640 Soll für Rechtsangelegenheiten innerhalb des Vereins ein besonders Organ zuständig sein, so muß dies in der Satzung vorgesehen sein, da es sich um eine Grundlagenentscheidung des Vereinslebens handelt. In der Satzung sind die Einrichtung des Organs, seine Besetzung (d. h. die Bestellung seiner Mitglieder) sowie seine Zuständigkeit und die Grundzüge seines Verfahrens (z. B. Beschlußfassung) zu regeln (vgl. allg. Rn. 272 ff.). Die nähere Ausgestaltung kann aufgrund einer satzungsmäßigen Ermächtigung einer der Satzung nachrangigen

212 Vgl. BGHZ 29, 352, 358; *Baur* JZ 1965, 163, 164; dagegen *H. P. Westermann* S. 56 ff.; *ders.* in: *Erman*, § 25 BGB Rn. 6; *Schlosser* S. 50 ff.; auch *Burmeister* DÖV 1978, 1, 7 ff.; *Busse* SGb 1989, 537, 539 f.

213 Vgl. z. B. MünchKomm/*Reuter* § 25 BGB Rn. 26; *Stern* Staatsrecht II, 1980, § 43 III 3 b, S. 922; *Hilpert* BayVBl 1988, 161, 162; auch *Stöber* NJW 1979, 2001, 2006, der eine »abschließende vereinsinterne Schiedsgerichtsbarkeit« sogar zum Kernbereich der durch Art. 9 Abs. 1 GG geschützten Vereinstätigkeit zählen will; ebenso *Turner* MDR 1991, 569.

214 Ständ. Rspr. seit *RG* JW 1906, 396, z. B. BGHZ 29, 352, 354; *OLG Celle* WM 1988, 495 m. Anm. *Grunewald* = WuB II L. § 38 BGB 2.88 *van Look*.

Vereinsordnung, ggf. auch einer Geschäftsordnung, überlassen werden (vgl. Rn. 1655 ff.; allg. Rn. 310 ff.). Durch die Einrichtung eines besonderen Organs wird die gesetzliche Zuständigkeit der Mitgliederversammlung (Rn. 1638) verdrängt und auf das »Vereinsgericht« übertragen. Die Mitgliederversammlung kann daher die satzungsmäßige Zuständigkeit eines besonderen Organs nicht ohne weiteres wieder an sich ziehen; hierzu bedarf es einer Satzungsänderung gem. §§ 33, 71 BGB.

4.2.3. Vereinsgericht als Vereinsorgan

Das Vereinsgericht ist als satzungsmäßiges Rechtsorgan – ebenso wie die Mitgliederversammlung und der Vorstand – in die Organisation des Vereins eingegliedert. Es wird in seinem Zuständigkeitsbereich als besonderer Vertreter i. S. d. § 30 BGB tätig; das Verhalten der Mitglieder dieses Organs wird dem Verein gem. § 31 BGB als eigenes zugerechnet. Besteht es aus mehreren Personen, so gelten für seine Beschlußfassung die für den mehrgliedrigen Vorstand gegebenen Vorschriften (§ 28 BGB) entsprechend, z. B. Beschlußfassung mit einfacher Mehrheit und Stimmverbot eines Mitglieds in eigenen Angelegenheiten (§§ 32 Abs. 1 Satz 3, 34 i. V. m. § 28 Abs. 1 BGB). Gegen die Entscheidung des Vereinsgerichts kann die Satzung die Anrufung der Mitgliederversammlung als (weiteren) vereinsinternen Rechtsbehelf (»Instanzenzug«) vorsehen[215]. **1641**

Kein Vereinsorgan ist dagegen ein Schiedsgericht, das die Anforderungen der §§ 1025 ff. ZPO, insbes. an die Unabhängigkeit seiner Mitglieder, erfüllt und den Rechtsweg zu den staatlichen Gerichten ausschließt (vgl. § 1027 a ZPO). Für die Bildung und das Verfahren des Schiedsgerichts gelten nicht die vereinsrechtlichen Vorschriften, sondern die §§ 1028, 1034 ff. ZPO. Gelegentlich wird – mißverständlicherweise – auch bei Vereinsorganen von »Vereinsschiedsgerichten« gesprochen[216]; im Interesse begrifflicher Eindeutigkeit sollte dies vermieden werden (zur Abgrenzung vgl. Rn. 2530 ff.).

In der Praxis bestehen als Vereinsgerichte das Sport- und das Bundesgericht des DFB (§ 37 DFB-Satzung), im Bereich des DEB das Spielgericht und das Verbandsgericht (§§ 8, 9 DEB-Satzung), im Bereich des HVT die Rennleitungen und -ausschüsse (§§ 54, 96 Nr. 1 TRO). Daneben finden sich auch die Bezeichnungen Schlichtungsausschuß oder Ehrenrat. Vereinzelt besteht auch neben den Rechtsorganen ein besonderes Organ für den Bereich der »persönlich-sportlichen Ehre«, z. B. das Ehrengericht nach § 44 DFB-Satzung.

4.2.4. Zeitlicher Geltungsbereich der Vereinsgerichtsbarkeit bei Mitgliedern

Mitglieder sind einer Vereinsgerichtsbarkeit vom Wirksamwerden der Mitgliedschaft an bis zu deren Beendigung unterworfen, da die Satzung während dieses Zeitraums für sie verbindlich ist (Rn. 340 ff., 623 ff., 703 ff.). Das Vereinsgericht kann auch schon für Streitigkeiten um die Aufnahme zuständig sein **1642**

---

215 Vgl. den Fall *OLG Nürnberg* OLGZ 1975, 437.

216 Anders im österreichischen Recht, das in §§ 522 Abs. 2 ZPO, 4 Abs. 2 Buchst. j VereinsG »Vereinsschiedsgerichte« als Vereinsorgane zur (empfehlenden) Schlichtung von Streitigkeiten zwischen dem Verein und den Mitgliedern vorsieht (dazu *Keinert* Festschr. Frotz, 1993, S. 783 ff.).

(Rn. 635 f.). Ebenso besteht eine nachwirkende Zuständigkeit für Streitigkeiten, deren Entstehungstatbestand vor Wirksamwerden der Beendigung der Mitgliedschaft liegt – z. B. Beitragspflicht oder Verfall einer Vereinsstrafe (Rn. 1610 a) –, die durch das Ausscheiden veranlaßt sind (vgl. Rn. 703 ff.) oder bei denen es um die Wirksamkeit der Beendigung der Mitgliedschaft geht (z. B. einer Ausschließung).

1642 a Soweit wegen des Ausscheidens des an einem Verfahren vor dem Vereinsgericht Beteiligten eine Fortsetzung nicht möglich ist (z. B. weil die mitgliedschaften Rechte, die den Gegenstand des Verfahrens bilden, erloschen sind), ist ein noch nicht abgeschlossenes Verfahren einzustellen. Ist durch das zunächst zur Entscheidung berufene Organ (die »erste Instanz«) eine Maßnahme (z. B. Entzug mitgliedschaftlicher Rechte) abgelehnt worden und scheidet dann das Mitglied aus, so wird ein »Rechtsmittel« des Vorstands oder einer sonstigen »Anklageinstanz« zum Vereinsgericht unzulässig. Hat die erste Vereinsinstanz eine Vereinsstrafe verhängt, scheidet dann das betroffene Mitglied aus, so ist die Ordnungsmaßnahme durch Ausübung des Leistungsbestimmungsrechts bereits wirksam geworden (Rn. 1610 a); die Rechtsmittelinstanz überprüft lediglich Bestand und Höhe der Maßnahme. Bestimmt jedoch die Satzung (Disziplinarordnung), daß ein Rechtsmittel »aufschiebende Wirkung« i. S. einer aufschiebenden Bedingung (§ 158 Abs. 1 BGB) hat, so ist das in der ersten Instanz verhängte Ordnungsmittel nicht wirksam geworden und die Fortführung des Verfahrens in einer Rechtsmittelinstanz unzulässig (vgl. Rn. 1690).

4.2.5. Geltungsbereich der Vereinsgerichtsbarkeit für Organpersonen

1643 Soweit Organpersonen nicht Mitglieder des Vereins sind, gilt für sie die Satzung und damit auch die Zuständigkeit eines Vereinsgerichts kraft ihrer organschaftlichen Bestellung während ihrer Amtszeit ebenso wie für Mitglieder (Rn. 513 f., 721 f.). Die Entscheidung über Streitigkeiten um organschaftliche Befugnisse kann daher durch die Satzung einem Vereinsgericht übertragen werden (unten Rn. 1651). Soweit es jedoch um Streitigkeiten aus dem der Geschäftsführung des Vorstands zugrundeliegenden Auftragsverhältnis (vgl. § 27 Abs. 3 BGB) oder aus dem Anstellungsverhältnis geht, muß die Zuständigkeit des Rechtsorgans mit der Organperson besonders vereinbart werden. Entsprechendes gilt für die Mitglieder anderer Organe.

4.2.6. Verbandsgerichtsbarkeit bei Großvereinen und Vereinsverbänden

1644 Bei Großvereinen mit eingegliederten, selbständigen Zweigvereinen (Rn. 2664 ff.) erstreckt sich die Zuständigkeit eines auf der obersten Organisationsstufe gebildeten Vereinsgerichts auf sämtliche Mitglieder der Zweigvereine, da diese regelmäßig auch Mitglied der höheren Organisationsstufe(n) sind.

1645 Bei Vereinsverbänden, deren Mitglieder nur die angeschlossenen Vereine oder Gesellschaften und nicht deren Einzelmitglieder sind, ist die Verbandsgerichtsbarkeit nicht ohne weiteres für Auseinandersetzungen mit den Einzelmitgliedern zuständig[217]. Eine Zuständigkeit der Verbandsgerichtsbarkeit kann aber dadurch erreicht werden, daß der Anschlußverein das Verbandsgericht in seiner Satzung für zuständig erklärt und die Verbandssatzung diese Verweisung

---

217 Anders wohl noch *RG* SeuffA 59 Nr. 118.

»annimmt«, indem sie die Ordnungsbefugnisse des Verbands und die Zuständigkeit seines Rechtsorgans auf die einzelnen Mitglieder der Anschlußvereine erstreckt (sog. Doppelverankerung). Bei mehrfach gestuften Vereinsverbänden bedarf es einer lückenlosen Verweisungskette in den Satzungen der Vereine und Verbände aller Stufen (vgl. Rn. 1607 f.; auch Rn. 512).

Sowohl Mitglieder der Anschlußvereine als auch außenstehende Dritte können **1646** durch einzelvertragliche Vereinbarung die Verbandsgerichtsbarkeit für zuständig erklären. Dies ist dann der Fall, wenn sie an Veranstaltungen (z. B. Sportwettbewerben) eines Anschlußvereins teilnehmen, die unter dem Regelwerk eines Dachverbands veranstaltet werden, das für die Ahndung von Regelverstößen die Zuständigkeit eines – u. U. auf einer anderen Organisationsstufe gebildeteten – Verbandsgerichts vorsieht (vgl. Rn 1608 ff.)[218]. Dann wird mit der einzelvertraglichen Anerkennung des Verbandsregelwerks und der darin enthaltenen Sanktionen (z. B. durch Erteilung einer allgemeinen Spielerlaubnis oder Zulassung zu dem konkreten Wettbewerb) – zumindest konkludent – auch die Zuständigkeit des in der Verbandssatzung vorgesehenen Organs für aus der Teilnahme sich ergebende Streitigkeiten vereinbart. Entsprechendes gilt für die Benutzung von Einrichtungen oder Inanspruchname sonstiger Leistungen des Verbands durch Mitglieder der Anschlußvereine sowie durch außenstehende Dritte. So kann z. B. nach den Regelungen des Deutschen Instituts für Normung e. V. (DIN) jedermann zum Inhalt eines Normentwurfs Stellungnahmen (Zustimmung, Einspruch, Änderungs- und Ergänzungsvorschläge) einreichen (DIN 820 2.4.2). Jeder Stellungnehmende kann die vorgesehenen Rechtsbehelfe ergreifen, wenn er mit der Entscheidung des zuständigen Arbeitsausschusses nicht einverstanden ist (DIN 820 2.4.7).

4.2.7. Sachliche Zuständigkeit zur Ausschließung

Zur Zuständigkeit eines Vereinsgerichts kann die Willensbildung über die **1647** Ausschließung gehören. Rechtstatsächlich ist dies allerdings nur selten der Fall[219]. Da bei Vorliegen eines Ausschließungsgrunds regelmäßig eine kurzfristige Entscheidung geboten ist, wird die (»erstinstanzliche«) Zuständigkeit zweckmäßigerweise meistens zunächst dem Vorstand als Geschäftsführungsorgan, bei größeren Verbänden z. T. einem besonderen Ausschuß zugewiesen. Gegen die Entscheidung dieses Organs kann dann aber in der Satzung als vereinsinterner Rechtsbehelf die Anrufung des Rechtsorgans (Vereinsgericht) vorgesehen werden, das die Ausschließung bestätigen oder aufheben kann[220].

4.2.8. Sachliche Zuständigkeit für Vereinsstrafen

Den Kernbereich der sachlichen Zuständigkeit von Vereinsgerichten bildet ty- **1648** pischerweise die Verhängung von Vereinsstrafen. Zwar kann die Satzung vor-

---

218 Vgl. *BGH* NJW 1995, 583 = WM 1995, 802 = ZIP 1995, 752, 756 f. = EWiR 1995, 221 *van Look* = JZ 1995, 461 m. Anm. *Pfister*; dazu *Vieweg* SpuRt 1995, 97 ff.; *Haas/Adolphsen* NJW 1995, 2146 ff.

219 Vgl. z. B. §§ 9, 43 Nr. 1 Buchst. g DFB-Satzung, wonach über den Ausschluß aus dem DFB sowohl durch den DFB-Bundestag als auch im Sportrechtsweg beschlossen werden kann.

220 Vgl. den Fall *OLG Hamm* NJW-RR 1993, 1535, wo es sich entgegen der Bezeichnung in der Satzung nicht um ein Schiedsgericht, sondern um ein Vereinsorgan handelte.

sehen, daß die Vereinsstrafe »automatisch« bei Vorliegen des »Straftatbestands« verwirkt ist (§§ 339 – 341 BGB), was u. U. noch der Feststellung durch ein Vereinsorgan bedarf. Meistens wird jedoch die Entscheidung darüber, ob überhaupt eine Strafe festgesetzt wird, sowie die Auswahl unter mehreren in Betracht kommenden Strafarten und – bei quantitativ abstufbaren Strafarten – das »Strafmaß« in das billige Ermessen des Vereinsgerichts gestellt, das dann nach § 315 BGB als Organ des Gläubigers der Vereinsstrafe tätig wird (vgl. Rn. 1592 d, für Verbandsgerichte Rn. 1607 a).

4.2.9. Weitere mögliche sachliche Zuständigkeiten

4.2.9.1. Ausgangspunkt

1649 Dem Satzungsgeber steht es grundsätzlich frei, welche vereinsinternen Streitigkeiten er der Zuständigkeit des Vereinsgerichts zuweist. Dabei kann es sich im Verhältnis zu den Mitgliedern um Konflikte handeln, die sich aus der Begründung und der Beendigung der Mitgliedschaft sowie aus den mitgliedschaftlichen Rechten und Pflichten ergeben. Daneben kann auch die Wirksamkeit organschaftlichen Handelns (z. B. von Beschlüssen der Vereinsorgane) und die Reichweite organschaftlicher Befugnisse (z. B. Zuständigkeit des Vorstands oder der Vorstandsmitglieder) einer Überprüfung durch das Rechtsorgan des Vereins unterliegen. Rechtstatsächlich steht daher bei manchen Vereinsgerichten nicht die disziplinarische Tätigkeit (Verhängung von Vereinsstrafen), sondern die Entscheidung anderer mitgliedschaftlicher oder organschaftlicher Streitigkeiten im Vordergrund; so mußte sich das DEB-Schiedsgericht in den ersten zehn Jahren seines Bestehens nur in zehn von rd. 330 Streitfällen mit Disziplinarmaßnahmen (Vereinsstrafen) befassen.

4.2.9.2. Überprüfung von Beschlüssen der Vereinsorgane

1650 Die Satzung kann vorsehen, daß über die Wirksamkeit von Beschlüssen und anderen Entscheidungen der Vereinsorgane das Vereinsgericht entscheidet. Hierbei kann es sich z. B. um Vorstandsbeschlüsse (§ 28 Abs. 1 BGB), aber auch um Beschlüsse der Mitgliederversammlung (§§ 32, 33 BGB) handeln. Z. B. ist nach Art. 1 Nr. 1 DEB-Verbandsgerichtsordnung das Verbandsgericht u. a. zuständig bei allen Streitigkeiten zwischen den Mitgliedern und der Mitgliederversammlung. Es kann nach Art. 3 Nr. 1 als rechtswidrig erkannte Beschlüsse der Mitgliederversammlung aufheben und zurückverweisen.

Die umstrittene Frage der Schiedsfähigkeit von Beschlüssen der Mitgliederversammlung (Rn. 1866 ff.) stellt sich hier nicht, da nur bei einem Schiedsgericht der Verfahrensgegenstand vergleichsfähig sein muß (§ 1025 Abs. 1 ZPO); ein Vereinsgericht ist aber nicht als Schiedsgericht, sondern als Vereinsorgan zu qualifizieren (Rn. 1641). Soweit die Satzung den Mitgliedern und Organen ein Recht zur Anfechtung der Beschlüsse der Mitgliederversammlung oder anderer Vereinsorgane vor dem Vereinsgericht einräumt, wird die Rechtmäßigkeit des Beschlusses anhand der gesetzlichen Vorschriften, den Regelungen der Satzung oder anderer höherrangiger vereinsinterner Regelwerke (Vereinsordnungen) und allgemeinen zivil- und gesellschaftsrechtlichen Grundsätzen (Gleichbehandlungsgrundsatz, Treupflicht) überprüft. Eine Prüfung auf Zweckmäßigkeit (z. B. Wirtschaftlichkeit der Maßnahme) findet jedoch nicht statt, da hierdurch das Vereinsgericht in die Zuständigkeit des beschlußfassenden Organs eingreifen würde.

4.2.9.3. Streitigkeiten innerhalb oder zwischen Organen

Aufgrund einer satzungsmäßigen Zuweisung kann das Vereinsgericht für Kon- **1651**
flikte zwischen den einzelnen Organen des Vereins (z. B. zwischen Vorstand und Verwaltungsrat) oder zwischen den Mitgliedern eines Kollegialorgans (z. B. zwischen Vorstandsmitgliedern) zuständig sein (sog. Organstreitigkeiten; vgl. schon Rn. 1643). So weist Art. 1 Nr. 1 DEB-Verbandsgerichtsordnung dem Verbandsgericht Streitigkeiten zwischen dem Vorstand und dessen Einzelmitgliedern zu. Meistens wird es dabei um die Reichweite organschaftschaftlicher Befugnisse (Zuständigkeiten) gehen, etwa wenn aufgrund eines Vorstandsbeschlusses trotz satzungsmäßiger Einzelgeschäftsführungsbefugnis für Geschäfte über 5 000.- DM die Zustimmung eines weiteren Vorstandsmitglieds erforderlich ist[221] und ein Vorstandsmitglied den Verstoß dieses Vorstandsbeschlusses gegen die Satzung geltend macht. Durch Einzelvertrag mit der Organperson können dem Vereinsgericht auch Streitigkeiten aus dem der Organstellung zugrundeliegenden Auftrags- oder Anstellungsverhältnis (z. B. über die Vergütung) zugewiesen werden, dem dann insoweit Leistungsbestimmungsrecht nach § 315 BGB zusteht[222].

4.2.9.4. Streitigkeiten um mitgliedschaftliche Rechte und Pflichten

Zwischen dem Verein und seinen Mitgliedern können sich – auch außerhalb des **1652**
disziplinarischen Bereichs der Vereinsstrafen – zahlreiche Konflikte um das Bestehen oder den Umfang mitgliedschaftlicher Rechte und Pflichten ergeben, z. B. über die Beitragspflicht[223]. Dies ist insbesondere der Fall, wenn der Verein seinen Mitgliedern Leistungen gewährt (z. B. Erlaubnisse oder Lizenzen erteilt) oder über die Teilnahme an Veranstaltungen eines Verbands entscheidet (z. B. Zulassung zu einer bestimmten Spielklasse). Aus der Fülle der denkbaren Streitigkeiten, die der Zuständigkeit eines Vereinsgerichts unterfallen können, seien im folgenden einige Beispiele herausgegriffen:

Nach § 28 HVT-TRO dürfen an Trabrennen nur Pferde teilnehmen, die im Zuchtbuch des HVT eingetragen sind. Aus der Führung des Zuchtbuchs (§ 4 HVT-TRO) können sich Streitigkeiten ergeben, wenn die Eintragung in das Zuchtbuch abgelehnt wird oder das Pferd im Zuchtbuch gelöscht wird[224].

Im Sportbereich können sich wegen der Erteilung einer Lizenz zur Teilnahme **1653**
an einer bestimmten Spielklasse (z. B. Bundesliga) Streitigkeiten ergeben[225], z. B. im Rahmen der Wirtschaftlichkeitsprüfung[226]. Weiter sind Differenzen

---

221 Vgl. den Fall *BGH* NJW 1993, 191 = WM 1992, 2055 = WuB II L. § 27 BGB 1.93 *van Look* = ZIP 1993, 35 = EWiR 1993, 337 *Grunewald* = BB 1992, 2457 = DB 1993, 219.

222 A. A. Voraufl. Rn. 1654.

223 Vgl. den Fall *OLG Nürnberg* OLGZ 1975, 437.

224 Vgl. den Fall *BGH* LM § 25 BGB Nr. 22 = RdL 1983, 317; WM 1984, 552; auch BVerfGE 88, 366 = NJW 1993, 2599; *BVerfG* NJW-RR 1994, 663.

225 Vgl. den Fall *LG München I* SpuRt 1995, 77: Änderung der Auf- und Abstiegsregelung.

226 Vgl. die Fälle *LG Frankfurt a. M.* NJW 1983, 761 m. Bespr. *Vollkommer* S. 726; *Ständiges Schiedsgericht für Lizenzvereine des DFB* SpuRt 1994, 107.

denkbar wegen der Übertragung von Werberechten auf den Verband[227], wegen der an den Verband zu leistenden Abgaben oder wegen der Spielberechtigung eines Spielers[228] oder einer Mannschaft[229]. Häufig haben Verbandsgerichte nach dem Protest eines beteiligten Vereins wegen eines angeblichen Regelverstoßes des Gegners über die Wertung eines Spiels zu entscheiden. Derartige Wertungsstreitigkeiten werden z. B. als Protestverfahren (Art. 4 DEB-RO; §§ 124 ff. HVT-TRO) oder Einspruchsverfahren (§ 25 DFB-SpO) bezeichnet. Gegen andere als wertende Entscheidungen von Verbandsorganen kann die Satzung das sog. Nachprüfungsverfahren zulassen (z. B. nach Art. 5 DEB-RO).

4.2.9.5. Streitigkeiten unter Mitgliedern

1654 Bei kleineren Vereinen werden i. d. R. durch die Satzung keine bestimmten Rechte und Pflichten zwischen den Mitgliedern begründet (zu der aus der Förderpflicht sich ergebenden allgemeinen Rücksichtspflicht vgl. aber oben Rn. 616). Anders ist dies bei Großvereinen und Vereinsverbänden, wo das Zusammenwirken der Zweig- und Anschlußvereine, z. B. bei der Durchführung von Wettbewerben, durch den übergeordneten Hauptverein oder Verband organisiert und koordiniert wird. Durch dessen Satzung können konkrete Rechtsbeziehungen unter den Mitgliedern begründet werden (vgl. schon Rn. 475). Dies trifft etwa bei Sportvereinen zu, deren Spielbetrieb durch den jeweils übergeordneten zuständigen (Dach-)Verband aufgrund seiner Satzung und ihr nachrangiger Regelwerke, die für die Mitgliedsvereine verbindlich sind, geregelt wird. Weiter ist denkbar, daß ein Wirtschaftsverband Verhaltensregeln für den Geschäftsverkehr unter den Mitgliedern aufstellt. Für hieraus sich ergebende Streitigkeiten zwischen den Mitgliedern kann in der Verbandssatzung die Zuständigkeit eines Verbandsgerichts vorgesehen werden. Bei mehrfach gestuften Vereinsverbänden bedarf die Begründung der Zuständigkeit eines Verbandsgerichts für Streitigkeiten unter den Mitgliedern der Anschlußvereine einer Mehrfachverankerung in den Satzungen der Vereine sämtlicher Stufen oder einzelvertraglicher Vereinbarung (oben Rn. 1645 f.). Trifft das Verbandsgericht in einem Streit unter Mitgliedern eine Leistungsbestimmung oder wird es als Schiedsgutachter tätig, gelten hierfür die §§ 317–319 BGB (entsprechend), insbes. der Maßstab billigen Ermessens (§ 317 Abs. 1 BGB) und die gerichtliche Überprüfung auf offenbare Unbilligkeit oder Unrichtigkeit (§ 319 Abs. 1 BGB)[230].

1654 a Die Zuständigkeit eines Vereins- oder Verbandsgerichts kann grundsätzlich auch für Streitigkeiten unter Mitgliedern vereinbart werden, die nicht im Zusammenhang mit der Mitgliedschaft stehen[231], z. B. wenn zwei Mitglieder eines Tierzuchtvereins einen Kaufvertrag über ein Tier abschließen und der Käufer

227 Vgl. den Fall *DEB-Schiedsgericht* SpuRt 1994, 258 ff.

228 Vgl. die Fälle *LG Neubrandenburg* NJW-RR 1994, 1269 = SpuRt 1994, 148; *LG Stuttgart* SpuRt 1995, 73; *OLG München* SpuRt 1995, 131; *DFB-Sportgericht* SpuRt 1995, 139 und 140.

229 Vgl. den Fall *DBV-Bundesgericht* SpuRt 1994, 161 ff.: kein Übergang der Spielrechte durch geschlossenen Vereinswechsel einer Mannschaft.

230 Zur entsprechenden Anwendung der §§ 317–319 BGB auf Schiedsgutachten vgl. z. B. BGHZ 43, 374, 376; *BGH* WM 1994, 1778; MünchKomm/*Gottwald* § 317 BGB Rn. 13, 17 ff.

231 A. A. Voraufl. Rn. 1654.

Gewährleistungsansprüche geltend macht, für deren Beurteilung den Parteien das Verbandsgericht besonders sachkundig erscheint. In diesem Fall bedarf es jedoch einer einzelvertraglichen Vereinbarung zwischen den beteiligten Mitgliedern über die Zuständigkeit des Vereinsgerichts, für dessen Tätigkeit dann die §§ 317 – 319 BGB (entsprechend) gelten (s. o. Rn. 1654).

4.3. Verfahren des Vereinsgerichts

4.3.1. Verfahrensordnung

Während die Einrichtung und Zuständigkeit eines Vereinsgerichts in der Sat- **1655**
zung geregelt sein muß (Rn. 1640), können die Einzelheiten seines Verfahrens außerhalb der Vereinssatzung in einer Vereinsordnung festgelegt sein. Um die Satzung von umfangreichen Detailregelungen zu entlasten, wird sich dies im allgemeinen auch empfehlen (vgl. allg. zu Vereinsordnungen Rn. 312.). So haben zahlreiche Großvereine und Verbände eigene, das Ordnungsverfahren betreffende Verfahrensordnungen erlassen, z. B. der DFB die Rechts- und Verfahrensordnung (vgl. § 5 DFB-Satzung), der DEB die Rechts- und Verbandsgerichtsordnung (vgl. § 1 Nr. 5 Buchst. f und g DEB-Satzung), der HVT die Trabrennordnung (TRO, vgl. § 4 Nr. 3 HVT-Satzung)[232].

Soweit eine Verfahrensordnung für das an dem Verfahren vor dem Vereinsge- **1656**
richt beteiligte Mitglied zusätzliche Rechtsnachteile zu der in der Satzung vorgesehenen Strafregelung enthält, muß die entsprechende Bestimmung entweder in die Satzung aufgenommen werden oder die Verfahrensordnung zum Satzungsbestandteil erklärt werden. Denn die mitgliedschaftlichen Rechte und Pflichten sind, zumindest dem Grunde nach, in der Vereinssatzung als privatautonom festgelegter Verfassung des Vereins zu regeln (Rn. 315 ff.). Dies gilt z. B. für die materiell-rechtlichen »Nebenfolgen« einer Vereinsstrafe wie die Pflicht, die Kosten des Verfahrens vor dem Vereinsgericht zu tragen oder eine Veröffentlichung der Strafausspruchs zu dulden (vgl. schon Rn. 1596 ff.)[233]. Entsprechendes muß aber auch für verfahrensmäßige Rechtsnachteile gelten wie Ausschlußfristen für die Anrufung des Vereinsgerichts (Rn. 1690)[234], den Verlust eines Antrags- oder Anfechtungsrechts bei Mißachtung bestimmter Förmlichkeiten[235] oder der Pflicht zur Zahlung eines Kostenvorschusses[236]. Um Abgrenzungsschwierigkeiten zu vermeiden, empfiehlt es sich, derartige Verfahrensordnungen insgesamt zum Bestandteil der Satzung zu erklären (so etwa die Rechts- und Verbandsgerichtsordnung des DEB und die TRO). Nur soweit eine Verfahrensordnung keine zusätzlichen Rechtsnachteile für den oder die Verfahrensbeteiligten enthält, kann sie aufgrund einer Ermächtigungsgrund-

232 Zur Sportgerichtsbarkeit vgl. ausführlich *Hilpert* BayVBl 1988, 161 ff. und 198 ff.

233 BGHZ 47, 172, 177 f. = NJW 1967, 1268 = WM 1967, 606; dazu *Wiedemann* JZ 1968, 219.

234 Vgl. z. B. § 10 Nr. 10 DFB-RuVO, wonach Fristversäumnis den Rechtsverlust des Antragstellers nach sich zieht.

235 Vgl. z. B. § 106 HVT-TRO, wonach mangelhafte Anträge verworfen werden.

236 Vgl. z. B. Art. 7 Nr. 7 DEB-RO, wonach bei Versäumung der Antrags- und Einzahlungspflicht der Antrag als unzulässig verworfen wird; § 25 Nr. 1 DFB-RuVO, wonach die Nichtzahlung von Gebühren trotz Nachfristsetzung zur Einstellung des Verfahrens oder zur Verwerfung des Rechtsmittels führt.

lage in der Satzung als ihr nachrangige Vereinsordnung oder – auch ohne Ermächtigungsgrundlage – als Geschäftsordnung des Vereinsgerichts erlassen werden (vgl. Rn. 318, 323, 1690 ff.).

4.3.2. Verfahrenseinleitung

4.3.2.1. Antragsverfahren

1657 Trifft die Satzung keine Regelung, so steht es im durch das Vereinsinteresse bestimmten Ermessen des für die Festsetzung von Vereinsstrafen oder die Ausschließung zuständigen Organs, ob es von sich aus ein entsprechendes Verfahren einleitet, wenn es von einem Verstoß Kenntnis erlangt. Die Satzung kann aber auch ein Antragsrecht der einzelnen Mitglieder, anderer Organe oder Organmitglieder – ohne daß es auf die Vereinsmitgliedschaft der Organperson ankommt – vorsehen. Dann kann und muß das Vereinsgericht (nur) auf Antrag eines hierzu Berechtigten tätig werden. Es reicht aus, wenn der Antrag einem Mitglied des Vorstands zugeht (§ 28 Abs. 2 BGB)[237]. Der Zeitpunkt des Zugangs ist entscheidend für die Frage nach einer etwaigen Fristversäumnis, »Verjährung« oder Verwirkung des Rechts auf Festsetzung einer Vereinsstrafe (vgl. Rn. 1659 ff.). Zweifelhaft ist, ob die Satzung für die Mitglieder eine »Anzeigepflicht« bestimmter Verstöße gegen die Vereinsordnung festlegen kann[238]; dies dürfte nur für bestimmte, schwerwiegende und die Existenz des Vereins bedrohende Verstöße zulässig sein. Dagegen trifft den Vorstand eine weitergehende organschaftliche Pflicht, eine ungestörte und effektive Verfolgung des Vereinszwecks durch geeignete Maßnahmen zu ermöglichen; hierzu kann auch die Einleitung eines Verfahrens zur Festsetzung einer Vereinsstrafe gehören.

4.3.2.2. Antragsbefugnis des Vorstands oder besonderer Organe

1658 Die Satzung kann nur dem Vorstand die Befugnis zuweisen, ein Vereinsstrafverfahren einzuleiten. In diesem Fall kann aber jedes Mitglied beim Vorstand eine Verfahrenseinleitung anregen. Für bestimmte Verstöße sind insbes. im Sportbereich auch besondere Organe zur Verfahrenseinleitung vorgesehen, z. B. der Kontrollausschuß beim DFB[239] und beim DEB[240] und die Ermittlungsorgane beim HVT[241]. Diese Organe sind jedoch regelmäßig nur für die Verfolgung von Verstößen gegen Sportregeln zuständig. Außerhalb des sportlichen Bereichs steht diesen Organen dann keine Antragsbefugnis zu, z. B. wegen Beleidigung der Verbandsorgane oder zur Einleitung eines Ausschließungsverfahrens.

4.3.2.3. Antragsfrist und -form zur Verfahrenseinleitung

1659 Für den Antrag auf Einleitung des Verfahrens kann die Satzung oder eine Vereinsordnung bestimmte Fristen und Förmlichkeiten (z. B. Schriftform) vorsehen. Werden diese Voraussetzungen nicht beachtet, so ist das Gestaltungsrecht des Vereins zur Straffestsetzung nicht entstanden, ohne daß der Be-

237 Vgl. RGZ 129, 45, 49.
238 Vgl. *OLG Düsseldorf* NJW-RR 1986, 675, 676.
239 Vgl. § 47 DFB-Satzung.
240 Vgl. § 10 DEB-Satzung,.
241 Vgl. § 96 Nr. 2 HVT-TRO.

troffene sich hierauf berufen müßte; rechtlich handelt es sich um eine entstehungshindernde Einwendung i. S. eines »Verfahrenshindernisses«. So müssen nach § 25 DFB-SpO Einsprüche gegen die Wertung von Bundesligaspielen innerhalb von zwei Tagen nach Ablauf des Spieltags bei der DFB-Geschäftsstelle schriftlich eingelegt werden. Im Bereich des DEB ist eine Frist von zwei Wochen zur Einleitung des Ordnungs-, des Feststellungs- und des Nachprüfungsverfahrens bestimmt[242]. Im Bereich des Trabrennsports müssen Proteste gegen Plazierungen bei Vorfällen, die sich während des Rennens ereignet haben, sogar innerhalb von drei Minuten nach Bekanntgabe der vorläufigen Plazierung von einem Protestführer und von der Aufsichtsorganisation innerhalb von fünf Tagen nach dem Renntag eingelegt werden. Wird der Protest auf die Anwendung unerlaubter Mittel oder auf bestimmte Straftatbestände gestützt, so beträgt die Protestfrist ein Jahr ab dem Renntag[243].

4.3.2.4. Satzungsmäßige »Verjährungsfristen«

Von Antragsfristen zu unterscheiden ist die Möglichkeit, daß die Satzung für **1660**
den Straftatbestand bestimmte »Verjährungsfristen« vorsieht, nach deren Ablauf die Festsetzung einer Vereinsstrafe nicht mehr möglich sein soll. So sieht § 6 Nr. 1 Satz 1 DFB-RuVO vor, daß die in §§ 4 und 5 DFB-RuVO genannten Verstöße in vier Monaten verjähren. Rechtlich sind derartige Fristen nicht als Einräumung eines Leistungsverweigerungsrechts an den Betroffenen zu qualifizieren, auf das sich dieser berufen müßte (vgl. § 222 BGB), sondern als Ausschlußfristen, nach deren Ablauf das Gestaltungsrecht zur Festsetzung einer Vereinsstrafe ohne weiteres erlischt (»Verfahrenshindernis«).

4.3.2.5. Verzicht und Verwirkung des Rechts zur Straffestsetzung oder Ausschließung

Hat ein Mitglied einen Tatbestand verwirklicht, der zur Festsetzung einer Ver- **1661**
einstrafe oder einer Ausschließung führen kann, so kann der Verein sein – unverjährbares – Gestaltungsrecht nicht zeitlich unbegrenzt ausüben, auch wenn Fristen für die Verfahrenseinleitung und -durchführung fehlen. Vielmehr gebietet es die Rücksichtspflicht gegenüber dem betroffenen Mitglied, dieses nicht längere Zeit über eine mögliche Sanktion im Unklaren zu lassen.

Nur in Ausnahmefällen wird ein Verzicht des Vereins auf sein Gestaltungsrecht **1662**
durch schlüssiges Verhalten in Betracht kommen[244]. Dies setzt zunächst die Kenntnis des für die Straffestsetzung oder Ausschließung zuständigen Vereinsorgans, zumindest aber eines vertretungsberechtigten Vorstandsmitglieds (vgl. §§ 28 Abs. 2, 166 Abs. 1 BGB), von dem Verstoß voraus. Weiterhin müssen die Vereinsorgane gegenüber dem Betroffenen ein Verhalten gezeigt haben, aus dem dieser berechtigterweise auf einen entsprechenden Willen zum Verzicht schließen durfte, etwa durch Zulassung oder Einladung zu Vereinsveranstaltungen, von denen er aufgrund des vorangegangenen Verstoßes hätte ausgeschlossen werden können.

Häufiger als ein konkludenter Verzicht wird eine Verwirkung des Rechts auf **1663**
Straffestsetzung oder Ausschließung anzunehmen sein. Wie jedes Gestaltungs-

---

242 Vgl. Art. 7 Nr. 5 DEB-RO.
243 Vgl. § 127 Nr. 1–3 HVT-TRO.
244 Vgl. *Grunewald* Ausschluß, S. 77.

recht unterliegt auch die Festsetzung einer Vereinsstrafe oder die Kündigung der Mitgliedschaft aus wichtigem oder satzungsmäßig festgelegtem Grund dem aus § 242 BGB sich ergebenden Institut der Verwirkung[245]. Dies setzt voraus, daß der Verein sein Recht zur Straffestsetzung über längere Zeit hinweg nicht geltend gemacht hat (»Zeitmoment«) und sich das betroffene Mitglied mit Rücksicht auf das gesamte Verhalten der Vereinsorgane darauf einrichten durfte und eingerichtet hat, daß auch in Zukunft keine Straffestsetzung wegen dieses Verhaltens mehr erfolgt (»Umstandsmoment«)[246]. Hierdurch wird bei dem Betroffenen ein dem Verein als Inhaber des Gestaltungsrechts zurechenbares schutzwürdiges Vertrauen darauf geschaffen, daß er z. B. wegen des in der Vergangenheit gezeigten vereinsschädigenden Verhaltens nicht mehr mit einer Straffestsetzung oder Ausschließung rechnen muß. Eine Kenntnis der Vereinsorgane von der Entstehung des Gestaltungsrechts, d. h. dem strafwürdigen Verhalten, ist hierfür nicht unbedingt erforderlich, wenn nämlich die Unkenntnis in die Risikosphäre des Vereins fällt. Als vertrauensbildenes Vorverhalten der Vereinsorgane kommt auch hier die weitere sanktionslose Teilnahme des Mitglieds am »Vereinsleben« über einen längeren Zeitraum hinweg in Betracht.

1663 a Allerdings ist den Vereinsorganen ein angemessener Zeitraum sowohl zur Durchführung von Ermittlungen als auch – nach deren Abschluß – zur Entscheidung über die Einleitung eines Vereinsstrafverfahrens zuzubilligen. Kann das für die Festsetzung von Vereinsstrafen zuständige Organ jederzeit (ad hoc) zusammentreten, so kann – je nach Lage des einzelnen Falls – vor dem Ablauf von sechs Monaten nach dem Verstoß wohl noch nicht von einer Verwirkung ausgegangen werden. Ist dagegen für die Festsetzung der Vereinsstrafe ein nur periodisch zusammentretendes Organ – z. B. die jährliche Mitgliederversammlung – zuständig, so wird der »Strafanspruch« verwirkt, wenn nicht in der auf den Verstoß folgenden Sitzung über die Festsetzung der Strafe beschlossen wird[247]. Bei längeren Zeitabständen zwischen den periodischen Sitzungen eines Organs – z. B. Mitgliederversammlung alle zwei oder drei Jahre – wird auch die Einberufung einer außerordentlichen Sitzung zu erwägen sein, um eine Verwirkung zu vermeiden.

4.3.2.6. Entscheidung über die Einleitung des Verfahrens

1664 Ist dem für das Vereinsstrafverfahren oder seine Einleitung zuständigen Organ (Vorstand, Vereinsgericht, Kontrollausschuß) für sein Tätigwerden ein Entschließungsermessen eingeräumt, so hat es zu prüfen, ob das Verfahren im Interesse einer effektiven Verfolgung des Vereinszwecks geboten ist. Hierbei ist vor allem zu berücksichtigen, ob das in Betracht kommende Verhalten in tatsächlicher und rechtlicher Hinsicht einen hinreichenden Anlaß zur Durch-

245 Vgl. zum Ausschluß *Grunewald* Ausschluß, S. 77 f.; zur Kündigung aus wichtigem Grund bei Personalgesellschaften *BGH* NJW 1966, 2160 = WM 1966, 857; *Soergel/Hadding* § 723 BGB Rn. 13; ferner zur Zwangseinziehung eines Geschäftsanteils gem. § 34 Abs. 2 GmbHG wegen eines zwei Jahre zurückliegenden Fehlverhaltens den Fall *BGH* ZIP 1995, 835, 836 f.

246 Vgl. allg. *BGH* NJW 1982, 1999 = WM 1982, 101; MünchKomm/*Roth* § 242 BGB Rn. 365; gegen die Trennung zwischen Zeit- und Umstandsmoment *Soergel/Teichmann* § 242 BGB Rn. 336.

247 Vgl. RGZ 129, 45, das bei einer eG die Verwirkung 15 Monate nach Bekanntwerden des Verstoßes angenommen hat.

führung eines Vereinsstrafverfahrens bildet, d. h. ob der Betroffene ernsthaft als »Täter« in Betracht kommt und das Verhalten möglicherweise dem satzungsmäßigen Straftatbestand unterfällt. U. U. kann hierfür schon ein geringfügiger »Anfangsverdacht« ausreichen[248]. Die Satzung kann aber auch die Verfahrenseinleitung zwingend vorschreiben, wenn ein entsprechender Antrag vorliegt. Für diesen Fall kann die Möglichkeit vorgesehen sein, das Verfahren nach Ermessen des zuständigen Organs einzustellen[249].

4.3.3. Verfahrensregeln

4.3.3.1. Ausgangspunkt

Bei der Ausgestaltung des Verfahrens, das zur Festsetzung einer Vereinsstrafe **1664 a** führen kann, hat der Verein die gesellschaftsrechtliche Rücksichtspflicht (Treupflicht) gegenüber seinen Mitgliedern zu beachten, die der Gestaltungsfreiheit besondere Grenzen zieht (vgl. Rn. 615). Hier verlangt die Rücksichtspflicht, daß das betroffene Mitglied sich im »Vereinsstrafverfahren« angemessen gegen den ihm zur Last gelegten Vorwurf verteidigen kann. Insbes. fordert die Festlegung besonderer verfahrensmäßiger Befugnisse des Vereins jeweils die Einräumung entsprechender »Gegenrechte« zugunsten des Mitglieds. Ebenso sind bei der Ausgestaltung des Verfahrens diejenigen allgemeingültigen Verfahrensgrundsätze zu beachten, deren positivrechtliche Ausformungen in staatlichen Verfahrensordnungen (VwVfG, VwGO, StPO, ZPO) nur als besondere Ausprägungen allgemeiner Rechtsgedanken zu verstehen sind, die für alle formalisierten Verfahren innerhalb einer rechtlichen Sonderverbindung gelten[250]. Dies kann zwar nicht damit begründet werden, daß der Verein als Inhaber einer quasi-hoheitlichen »Gerichtsgewalt« über seine Mitglieder auch zur Einhaltung rechtsstaatlicher Verfahrensregeln verpflichtet wäre[251]. Wohl aber fordert die gesellschaftsrechtliche Rücksichts- oder Treupflicht, daß die formalisierte Zufügung eines Rechtsnachteils (hier der Vereinsstrafe) »nicht zum Willkürakt wird und sich das betroffene Mitglied sachgerecht verteidigen kann«[252].

---

248 Vgl. *OLG Frankfurt a. M.* NJW-RR 1986, 133, 135 = WM 1986, 302.

249 Vgl. § 135 Nr. 5 HVT-TRO, wonach diese Entscheidung unanfechtbar ist.

250 *Van Look* S. 199; *ders.* WM-Festgabe Hellner, 1994, S. 46, 55.

251 So aber BGHZ 102, 265, 269 = NJW 1988, 552 = WM 1987, 1422 m. insoweit zust. Anm. *Reuter* EWiR 1988, 19; *BGH* NJW 1967, 1657, 1658 (insoweit nicht in BGHZ 47, 381); NJW 1981, 744; NJW 1990, 40 = WM 1989, 1508, 1511 = WuB II L. § 39 BGB 1.89 *van Look* = EWiR 1989, 1068 *Grunewald;* NJW-RR 1991, 888 = WM 1991, 942, 945 = EWiR 1991, 535 *Grunewald*; *OLG Hamm* BB 1976, 663 und 1191, 1192; *OLG Düsseldorf* NJW-RR 1986, 675; *OLG Köln* NJW-RR 1993, 891 (nur Leitsatz); *Scheyhing* JZ 1958, 343, 344; *Meyer-Cording* S. 77 ff.; *ders.* NJW 1966, 225, 228; *W. Kirberger/P. Kirberger* BB 1978, 1390, 1394; *Schappei* Grundsätze des »fair trial« innerhalb nichtstaatlicher Strafgerichtsbarkeit, Diss. Bonn 1980, S. 46 ff., 57 ff., MünchKomm/*Reuter* § 25 BGB Rn. 30; *ders.* NJW 1987, 2401 f.; AK/*Ott* § 25 BGB Rn. 36 f.; *H. Kauffmann* in: Verbandsrechtsprechung, S. 6, 10 ff.; *Hofmann* ZfgG 38 (1988), 137.

252 So der BGH in ständiger Rechtsprechung, z. B. in *BGH* NJW 1967, 1657, 1658 = WM 1967, 654 = BB 1967, 732 (insoweit nicht in BGHZ 47, 381); BGHZ 102, 265, 269 = NJW 1988, 552 = WM 1987, 1422, 1423.

4.3.3.2. Mitteilung der Beschlußgegenstände bei Einberufung der Mitgliederversammlung oder des Vorstands

1665 Fällt die Verhängung einer Vereinsstrafe oder Ausschließung in die Zuständigkeit der Mitgliederversammlung, so muß dieser Beschlußgegenstand in der Einladung hinreichend konkret bezeichnet sein (§ 32 Abs. 1 Satz 2 BGB; dazu i. e. Rn. 851)[253]. Entsprechendes gilt für die Einberufung von Sitzungen des Vorstands, soweit dieser für Vereinsstrafen oder die Ausschließung zuständig ist (vgl. § 28 Abs. 1 BGB). Zu empfehlen ist die Formulierung: »Festsetzung einer Vereinsstrafe gegen das Mitglied X. wegen. . .« oder »Ausschließung des Mitglieds X. wegen. . .«. In der älteren Rechtsprechung wird allerdings die Nennung des Namens des Betroffenen nicht für erforderlich gehalten[254]. Damit wird jedoch nicht dem Zweck des § 32 Abs. 1 Satz 2 BGB entsprochen, den Mitgliedern eine Entscheidung über ihre Teilnahme an der Mitgliederversammlung und eine angemessene Vorbereitung zu ermöglichen. Dies erfordert eine Kenntnis von der Person des Betroffenen, ggf. auch der gegen ihn erhobenen Vorwürfe. Das Interesse des Betroffenen, eine denkbare »Anprangerung« zu vermeiden, hat demgegenüber i. d. R. zurückzutreten.

4.3.3.3. Stellungnahme des betroffenen Mitglieds (»rechtliches Gehör«)

1666 Dem Betroffenen muß vor Festsetzung der Vereinsstrafe Gelegenheit zur Stellungnahme gegeben, d. h. »rechtliches Gehör« gewährt, werden[255]. Zur Begründung kann man allerdings nicht auf Art. 103 Abs. 1 GG zurückgreifen, der nur für staatliche Gerichte gilt, nicht aber bei der Ausübung von Gestaltungsrechten zwischen Rechtssubjekten des Zivilrechts. Der Verein ist jedoch aufgrund der Rücksichtspflicht gehalten, die Straffestsetzung auf eine möglichst breite Grundlage an Tatsachenmaterial zu stützen, zu dem auch der Standpunkt des Betroffenen gehört. Auch lassen sich die bei der »Strafzumessung« zu berücksichtigenden subjektiven Gesichtspunkte (insbes. der Grad des Verschuldens) meist nur aus der persönlichen Haltung des betroffenen Mitglieds ermitteln. Ebenso fordert der erfüllungssichernde (general- und spezialpräventive) Zweck der Vereinsstrafe, dem Betroffenen Gelegenheit dazu zu geben, seinen Standpunkt darzulegen, um eine weitgehende Akzeptanz der Entscheidung bei dem Betroffenen und den übrigen Mitgliedern zu erreichen. Die Satzung oder Verfahrensordnung des Vereinsgerichts kann auch nicht ausschließen, daß der Betroffene Gelegenheit zur Stellungnahme erhält.

---

253 Vgl. *OLG Hamm* NJW-RR 1993, 1535, 1536.

254 Vgl. *RG* Recht 1913 Nr. 1960; ebenso *Sauter/Schweyer* Rn. 178.

255 Vgl. RGZ 171, 205, 206; *RG* JW 1915, 1424, 1426; JW 1925, 49; JW 1937, 555; HRR 1942 Nr. 779; BGHZ 29, 352, 355; *BGH* WM 1961, 942; WM 1974, 1258 = NJW 1975, 160; WM 1980, 15 = NJW 1980, 443, 444 m. Anm. *Hasenritter* (insoweit nicht in BGHZ 75, 158); OGHZ 1, 370, 375; *OLG München* MDR 1973, 405; *OLG Hamm* BB 1976, 663; *OLG Frankfurt a. M.* NJW-RR 1986, 133 = WM 1986, 302, 304; *OLG Köln* NJW-RR 1993, 891 (nur Leitsatz); *Meyer-Cording* S. 81 f.; *Schlosser* S. 188 ff.; *Schappei* (Fn. 251), S. 66 ff.; *Soergel/Hadding* § 25 BGB Rn. 47; MünchKomm/*Reuter* § 25 BGB Rn. 30; *ders.* ZGR 1980, 101, 117; a. A. *Grunewald* Ausschluß, S. 165 f. zur Ausschließung aus wichtigem Grund, anders aber für Ausschluß nach freiem Ermessen (ebenda, S. 222).

Der Betroffene ist zunächst über die ihm zur Last gelegten Vorwürfe zu informieren[256]. Das heißt, daß ihm das zum Gegenstand des Vereinsstrafverfahrens gemachte Verhalten und seine rechtliche Würdigung, d. h. die Subsumtion unter den in Betracht kommenden satzungsmäßigen Straftatbestand, mitgeteilt wird. Nicht ausreichend ist z. B. die Mitteilung, daß gegen den Betroffenen »in der Mitgliederversammlung vom... wegen vereinsschädigenden Verhaltens verhandelt und entschieden« wird. Zu empfehlen ist vielmehr etwa folgende Formulierung: »Ihnen wird zur Last gelegt, am... in... folgende... begangen zu haben. Dies stellt ein vereinsschädigendes Verhalten i. S. d. § 9 unserer Satzung dar. Ihnen wird hiermit bis zum... Gelegenheit zu einer Stellungnahme gegeben«. Auch das Belastungsmaterial (Unterlagen, Zeugenaussagen, Videoaufzeichnungen) ist ihm zugänglich zu machen[257]; ggf. ist ihm Akteneinsicht zu gewähren. Das zuständige Vereinsorgan darf seiner Beurteilung keine Tatsachen zugrunde legen, zu denen der Betroffene sich nicht äußern konnte. Soweit die in Frage kommenden Tatsachen dem Betroffenen bekannt sind, kann hierauf allerdings Bezug genommen werden. **1666 a**

Dem Betroffenen ist eine angemessene Frist zur Stellungnahme zu gewähren, damit er ggf. rechtliche Beratung in Anspruch nehmen kann (zur Zulassung eines Vertreters vgl. Rn. 1675 ff.). Eine Gelegenheit zur Stellungnahme ist auch dann erforderlich, wenn der Sachverhalt zwischen dem Verein und dem Betroffenen unstreitig ist[258]. Selbst wenn nämlich der Betroffene den Sachverhalt nicht bestreitet, können u. U. unterschiedliche Strafmaßnahmen oder ein unterschiedliches »Strafmaß« in Betracht kommen. Deswegen muß er Gelegenheit erhalten, sich zu den für die Ermessensausübung bei der Strafzumessung erheblichen Gesichtspunkten zu äußern. **1666 b**

Grundsätzlich steht es dem Verein frei, ob er dem Betroffenen Gelgenheit zur schriftlichen oder mündlichen Stellungnahme einräumt[259]. Sieht allerdings die Satzung vor, daß über die Festsetzung der Vereinsstrafe in einer mündlichen Verhandlung entschieden wird, so muß dem betroffenen Mitglied auch Gelegenheit zu einer mündlichen Stellungnahme vor dem für die Straffestsetzung zuständigen Organ gewährt werden. Soweit über die Straffestsetzung die Mitgliederversammlung entscheidet, folgt dies schon aus dem Teilnahmerecht jedes Mitglieds, also auch des von einer Straffestsetzung betroffenen (anders bei der eG, wo ein ausgeschlossenes Mitglied gem. § 68 Abs. 4 GenG vom Zeitpunkt der Absendung des eingeschriebenen Briefs mit der Ausschließungserklärung nicht mehr an der Generalversammlung teilnehmen kann[260]). Sieht allerdings die Satzung vor, daß über die Straffestsetzung im schriftlichen Verfahren entschieden wird oder entschieden werden kann (vgl. für die Mitgliederversammlung § 32 Abs. 2 BGB), so reicht die Gelegenheit zur schriftlichen Stellungnahme aus. Der Betroffene kann i. d. R. nicht verlangen, daß eine mündliche Anhörung stattfindet. **1667**

256 Vgl. *OLG Köln* NJW-RR 1993, 891 (nur Leitsatz); *OLG Hamm* NJW-RR 1993, 1535, 1536.
257 Vgl. *Reuter* ZGR 1980, 101, 117.
258 A. A. RGZ 171, 205, 208.
259 Vgl. *BGH* NJW 1980, 443, 444 = WM 1980, 15.
260 Vgl. dazu RGZ 129, 45, 47.

1668 Wenn dem Betroffenen nicht hinreichende Gelegenheit zur Stellungnahme gewährt worden ist, ist eine trotzdem verhängte Vereinsstrafe oder eine Ausschließung unwirksam[261]. Dies ist nicht der Fall, wenn der Betroffene die ihm eingeräumte Möglichkeit nicht oder nicht fristgerecht nutzt. Ggf. ist ihm auf Antrag eine Fristverlängerung oder Vertagung der mündlichen Verhandlung zu gewähren, insbes. wenn er eine unverschuldete Verhinderung (z.B. Erkrankung) glaubhaft macht[262]. Der Mangel fehlender Gelegenheit zur Stellungnahme wird geheilt, wenn diese aufgrund eines vereinsinternen Rechtsbehelfs (z.B. Berufung an die Mitgliederversammlung) vor einem anderen Vereinsorgan nachgeholt wird und das für die Überprüfung zuständige Organ die Entscheidung der »Vorinstanz« in tatsächlicher und rechtlicher Hinsicht uneingeschränkt nachprüft[263].

4.3.3.4. Vorbereitende Maßnahmen; »Sühneversuch«

1669 Die Vorbereitung des Verfahrens obliegt bei Zuständigkeit der Mitgliederversammlung dem Vorstand, bei Zuständigkeit des Vorstands als Kollegialorgan dem Vorstandsvorsitzenden oder einem von diesem bestimmten Vorstandsmitglied. Ist ein besonderes Vereinsorgan (Vereinsgericht) zuständig, so wird das Verfahren von dessen Vorsitzendem vorbereitet. Zur Vorbereitung gehört die Ladung der Beteiligten, insbes. des Betroffenen und etwaiger Zeugen, sowie das Herbeischaffen anderer Beweismittel und für die Verhandlung notwendiger Gegenstände. Auch von dem Betroffenen benannte Zeugen sind zu laden und andere von ihm bezeichnete Beweismittel zur Verfügung des über die Vereinsstrafe beschließenden Organs zu halten.

Vor allem bei Ehrverletzungen kann die Satzung den Versuch einer gütlichen Einigung unter den Beteiligten vorschreiben (»Sühneversuch«). Findet er nicht statt, so ist ein weiteres Verfahren unzulässig[264].

4.3.3.5. Keine Mitwirkung des Verletzten an der Straffestsetzung

1670 Ist durch den dem Betroffenen vorgeworfenen Verstoß ein Angehöriger des für die Straffestsetzung zuständigen Organs besonders betroffen, insbes. verletzt, worden, so darf diese Person nicht über die Straffestsetzung mitentscheiden[265]. Dies ergibt sich zwar nicht aus den für staatliche Gerichte geltenden Ausschließungs- und Befangenheitsvorschriften (vgl. z.B. §§ 41, 42 ZPO; §§ 22–24 StPO), die für den Verein als Rechtssubjekt des Zivilrechts nicht gelten[266]. An die Unparteilichkeit und Unabhängigkeit der Mitglieder des Ordnungsorgans des Vereins als Gläubiger der Vereinsstrafe, also als Partei des Rechtsverhältnisses, können nicht dieselben Anforderungen gestellt werden wie an staatliche Richter. Daher ist es unbedenklich, wenn über die Vereinsstrafe die-

261 Vgl. RGZ 171, 205, 208; auch BGHZ 29, 29, 352, 355; *BGH* NJW 1980, 443 f.; *OLG Hamm* BB 1976, 663; ferner BGHZ 27, 297, 298 (eG).

262 Vgl. *OLG Stuttgart* HRR 1929 Nr. 79.

263 Vgl. *RG* WarnR 1913 Nr. 182; *RG* Recht 1929 Nr. 1.

264 Vgl. *RG* Recht 1913 Nr. 2826.

265 Vgl. *BGH* NJW 1981, 744 = WM 1981, 8 = BB 1981, 868 = MDR 1981, 291; *OLG Hamm* BB 1976, 1191; *OLG Düsseldorf* MDR 1981, 843; *OLG Köln* NJW-RR 1993, 891 (nur Leitsatz); *Reuter* ZGR 1980, 101, 117; *Schappei* (Fn. 251), S. 105 ff.; a. A. noch *RG* WarnR 1913 Nr. 182.

266 So aber *H. Kauffmann* in: Verbandsrechtsprechung, S. 6, 11 f.

jenigen Mitglieder oder Organpersonen entscheiden, die den Antrag auf Einleitung des Verfahrens gestellt haben[267].

Allerdings ist aus der Rücksichtspflicht des Vereins gegenüber dem betroffenen Mitglied und den Rechtsgedanken der Stimmverbote nach §§ 34 BGB, 47 Abs. 4 GmbHG, 43 Abs. 6 GenG, 136 Abs. 1 AktG ein allgemeines Verbot des »Richtens in eigener Sache« herzuleiten[268]. Ist daher Gegenstand des Verfahrens ein Angriff (Kritik, Beleidigung) oder eine Schädigung eines anderen Mitglieds, einer Organperson oder eines (Kollegial-)Organs, so darf der hiervon Betroffene oder das Gremium nicht an der Straffestsetzung mitwirken. **1671**

Ist ein Mitglied eines Kollegialorgans (z. B. des Vorstands) von der Mitwirkung an der Straffestsetzung ausgeschlossen, so kann das zuständige Organ hierdurch beschlußunfähig werden. In diesem Fall geht die Zuständigkeit für die Straffestsetzung auf die Mitgliederversammlung über (Auffangzuständigkeit in allen »Angelegenheiten der Vereins« gem. § 32 Abs. 1 Satz 1 BGB)[269]. Entsprechendes gilt, wenn das gesamte Organ als solches durch den Gegenstand des Verfahrens verletzt worden ist (z. B. Beleidigung des Vorstands oder des Straforgans). Um dies zu vermeiden, sollte – insbes. bei Vereinsgerichten – die Bestellung von Ersatzmitgliedern vorgesehen werden. **1672**

Nur soweit die Mitgliederversammlung als Organ durch den verfahrensgegenständlichen Vorwurf betroffen ist, bleibt sie für die Straffestsetzung zuständig, da keine Auffangzuständigkeit eines anderen Organs besteht. **1673**

Die Satzung kann die gesetzlichen Ausschließungs- und Befangenheitsvorschriften (§§ 41, 42 ZPO) ausdrücklich für entsprechend anwendbar erklären[270]. Ggf. kann sich eine durch den Verstoß verletzte Organperson auch wegen Besorgnis der Befangenheit selbst ablehnen[271]. **1674**

4.3.3.6. Vertretung durch Verfahrensbevollmächtigte

Umstritten ist, ob das Mitglied im Verfahren vor dem Straffestsetzungsorgan sich durch einen Bevollmächtigten, insbes. einen Rechtsanwalt (»Verteidiger«), vertreten lassen oder durch eine andere Person Beistand leisten lassen kann[272]. Der Grundsatz, daß dem Betroffenen Gelegenheit zur Stellungnahme zu geben ist (Rn. 1666 ff.), besagt nicht ohne weiteres, daß er sich bei der Stellungnahme auch vertreten lassen kann[273]. Vielmehr ist von § 38 Satz 2 BGB auszugehen, wonach die Mitgliedschaftsrechte persönlich auszuüben sind[274]. Hierzu zählt auch das Recht auf schriftliche oder mündliche Anhörung vor Festsetzung einer Vereinsstrafe. Grundsätzlich braucht der Verein daher einen Bevollmächtigten nicht zuzulassen, sei es aufgrund eines generellen »Vertretungsverbots« in der **1675**

267 Vgl. *BGH* NJW 1967, 1657, 1658 = WM 1967, 654 = BB 1967, 732 (insoweit nicht in BGHZ 47, 381); NJW 1981, 744 = WM 1981, 8.

268 Vgl. *van Look* S. 225.

269 Vgl. *OLG Hamm* BB 1976, 1191, 1192.

270 Vgl. *Jonas* JW 1936, 2550; *Meyer-Cording* S. 79 ff.

271 Vgl. *OLG München* MDR 1973, 405.

272 Differenzierend BGHZ 55, 381, 391 = NJW 1971, 879 = WM 1971, 538; BGHZ 90, 92, 94 = NJW 1984, 1884 = WM 1984, 601; *BGH* NJW 1975, 160 = WM 1974, 1258.

273 Vgl. aber *Schlosser* S. 192; *Stöber* Rn. 251 b; AK/*Ott* § 25 BGB Rn. 38.

274 Vgl. *Soergel/Hadding* § 25 BGB Rn. 20; *van Look* S. 201; a. A. *Sauter/Schweyer* Rn. 101; Voraufl. Rn. 1679; auch *RG* Recht 1928 Nr. 2244; *OLG Frankfurt a. M.* HRR 1928 Nr. 1181.

Satzung, sei es durch Beschluß des für die Straffestsetzung zuständigen Organs im konkreten Fall[275]. Denn das Mitglied ist gehalten, bei vereinsinternen Konflikten seine Interessen selbst wahrzunehmen und sich mit den übrigen Mitgliedern oder einem Vereinsorgan auseinanderzusetzen. Entsprechendes gilt für die Zulassung eines Beistands mit lediglich beratender Funktion, da das Verfahren vor dem Vereinsgericht regelmäßig nicht öffentlich oder nur vereinsöffentlich ist.

1676 Dies gilt jedoch nicht für gesetzliche Vertreter minderjähriger oder aus anderen Gründen nicht voll geschäftsfähiger Mitglieder. Diese haben stets das Recht, für die von ihnen vertretene Person vor dem für die Straffestsetzung zuständigen Organ aufzutreten. Das ist auch dann der Fall, wenn der gesetzliche Vertreter den Minderjährigen generell zur selbständigen Ausübung der Mitgliedschaftsrechte ermächtigt hat[276]. Soweit für das Mitglied ein Betreuer bestellt worden ist (§§ 1896 ff. BGB), ist dieser ebenfalls immer berechtigt, für den Betreuten vor dem Vereinsgericht aufzutreten, soweit dies in seinen Aufgabenkreis fällt.

1677 Eine Pflicht zur Zulassung eines Vertreters, insbes. eines Rechtsanwalts, kann sich jedoch aus der Rücksichtspflicht des Vereins gegenüber dem betroffenen Mitglied ergeben, wenn das Verfahren in so erheblichem Maß »justizförmig« ausgestaltet ist, daß der Betroffene zu seiner sachgerechten Verteidigung rechtskundigen Beistands bedarf. Dies wird z. B. dann der Fall sein, wenn dem Betroffenen mehrere Organe (z. B. ein »Anklageorgan« [Kontrollausschuß] und ein Festsetzungsorgan [Vereinsgericht]) gegenüberstehen oder wenn ein Rechtskundiger (Rechtsanwalt, Assessor iur.) Mitglied des »Anklage-« oder Festsetzungsorgans ist[277] oder den Verein berät[278]. Auch die formale Ausgestaltung des Verfahrens kann die Mitwirkung eines Bevollmächtigten gebieten (z. B. Durchführung einer förmlichen Beweisaufnahme, Ablehnungsrechte hinsichtlich der Mitglieder des Straforgans). Der BGH[279] hat dies plastisch mit dem Gebot der »Waffengleichheit« umschrieben.

1678 Soweit die Satzung oder eine Verfahrensordnung die Vertretung durch Bevollmächtigte ausschließt, kann dies bei einer formalisierten justizförmigen Ausgestaltung des Verfahrens als unangemessene Benachteiligung des Betroffenen durch einen Verstoß gegen das Gebot der »Waffengleichheit« anzusehen sein. Eine entsprechende Regelung hält einer Inhaltskontrolle nicht stand und ist unwirksam.

Darüber hinaus kann im konkreten Fall wegen Eigenschaften in der Person des Betroffenen (Alter, Unbeholfenheit), der Schwierigkeit der Sach- und Rechtslage (z. B. Anwendung eines komplizierten Regelwerks, Auslegungsfragen) oder der Schwere des Verstoßes und seiner möglichen Folgen (z. B. hohe Geldstrafe, wirtschaftliche oder berufliche Nachteile) die Zulassung eines Vertreters

---

275 A. A. *Reinicke* NJW 1975, 2048 ff.; *K. Müller* § 68 GenG Rn. 32; *Menzel* (Fn. 141), S. 26 ff. (für eG); *W. Kirberger/P. Kirberger* BB 1978, 1390, 1394; *Schappei* (Fn. 251), S. 77 ff.; vgl. auch *Schlosser* S. 191 ff.

276 Vgl. *Sauter/Schweyer* Rn. 102.

277 Insoweit a. A. *BGH* NJW 1975, 160 = WM 1974, 1258.

278 So BGHZ 90, 92, 94.

279 BGHZ 55, 381, 391; 90, 92, 94.

geboten sein[280]. Daher ist für die Verfahrensordnung kein generelles Vertretungsverbot, sondern zumindest eine Ausnahmeregelung zu empfehlen, die eine Zulassung von Vertretern wegen der besonderen Umstände des konkreten Falls vorsieht. Zur Erstattung der durch die Vertretung entstandenen Kosten vgl. unten Rn. 1694 a.

Keinen rechtlichen Bedenken begegnet die häufig vorkommende Regelung, **1679**
wonach sich der Betroffene nur von einem anderen Mitglied, insbes. einem verbands- oder vereinsangehörigen Rechtsanwalt, vertreten lassen kann[281]. Hierdurch wird der Betroffene nicht unangemessen benachteiligt, da ein Vereinsangehöriger regelmäßig mit den vereinsinternen Verhältnissen besser vertraut ist als ein außenstehender Dritter und der Verein ein berechtigtes Interesse daran hat, fremde Einflüsse von vereinsinternen Anlegenheiten fernzuhalten[282]. Die zur Verfügung stehenden Personen müssen jedoch im einzelnen Fall zu einer sachgerechten Vertretung geeignet, d. h. in der Lage sein, die Interessen des Betroffenen gegenüber dem Verein wahrzunehmen. Daher dürfen sie aus Sicht des Betroffenen nicht von vornherein »im Lager« des Vereins stehen, indem sie z. B. einem seiner Organe angehören. Unbedenklich ist z. B. auch die Beschränkung der Zahl der Vertreter auf zwei[283].

Enthält die Satzung oder Verfahrensordnung keine Regelung über die Zuläs- **1680**
sigkeit einer Vertretung, so hat das für die Straffestsetzung zuständig Organ im konkreten Fall anhand der dargestellten Kriterien zu entscheiden, ob die Rücksichtspflicht gegenüber dem Betroffenen (»Waffengleichheit«) die Zulassung eines Vertreters gebietet. Wird eine Vereinsstrafe festgesetzt oder eine Ausschließung ausgesprochen, obwohl danach die Zulassung eines Vertreters geboten war und der Betroffene dies beantragt hatte, ist die Straffestsetzung oder Ausschließung unwirksam[284].

4.3.4. Entscheidung über die Straffestsetzung oder Ausschließung

4.3.4.1. Ermittlung und rechtliche Beurteilung des Sachverhalts

Das für die Straffestsetzung zuständige Vereinsorgan hat den Sachverhalt, d. h. **1681**
die tatsächlichen Verfallvoraussetzungen der Vereinsstrafe, umfassend und vollständig aufzuklären. Es hat sich hierbei sämtlicher zur Verfügung stehender und rechtlich zulässiger Beweismittel (Schriftstücke, Zeugen, Video- und Tonaufzeichnungen, Aussage des Betroffenen) zu bedienen. Eine Straffestsetzung kommt nur in Betracht, wenn der zugrunde zu legende Lebenssachverhalt nach Überzeugung der Mitglieder des Organs zweifelsfrei gegeben ist. In Ausnahmefällen, wenn nämlich der Sachverhalt nicht weiter aufklärbar ist, kann aller-

280 Vgl. *BGH* NJW 1975, 160 = WM 1974, 1258; wohl auch BGHZ 90, 92, 94; ähnlich für Vertretungsbeschränkungen in der Wohnungseigentümerversammlung BGHZ 99, 90, 95 = NJW 1987, 650 = WM 1987, 262; BGHZ 121, 236 = NJW 1993, 1329, 1330 f. = WM 1993, 656; ferner *OVG Münster* NJW 1993, 3016 für Schlichtungsverfahren der Zahnärztekammer.

281 Krit. für politische Parteien *Morlok* NJW 1991, 1162 ff.

282 Vgl. für Vertretungsbeschränkungen in der Wohnungseigentümerversammlung BGHZ 99, 90, 95; 121, 236 = jeweils a. a. O. (Fn. 280).

283 So § 10 Nr. 5 DFB-RuVO.

284 Vgl. *OLG Marienwerder* OLGE 32, 125 Fn. 1: Nichtzulassung eines Rechtsanwalts in der Generalversammlung bei Abwesenheit des betroffenen Mitglieds.

dings der dringende und durch Tatsachen erhärtete Verdacht einer schwerwiegenden Verletzung mitgliedschaftlicher Pflichten zur Verhängung einer Vereinsstrafe ausreichen (Rn. 1614)[285].

1681 a Den festgestellten Sachverhalt hat das Vereinsorgan sodann den einzelnen Merkmalen des satzungsmäßigen Straftatbestands zuzuordnen (Subsumtion). Sofern die Regelung konkrete Tatbestandsmerkmale enthält (z. B. Verstoß gegen bestimmte Sportregeln), wird sich ohne weiteres feststellen lassen, ob das vorliegende Verhalten die Voraussetzungen der Straffestsetzung erfüllt. Entsprechendes gilt, wenn das Tatbestandsmerkmal an allgemeine rechtliche Maßstäbe und gesetzliche Vorschriften (z. B. wettbewerbswidriges Verhalten), anknüpft[286]. Ist der Straftatbestand dagegen generalklauselartig formuliert (z. B. als »unsportliches« oder »vereinsschädigendes« Verhalten), so wird damit dem Organ eine Ermächtigung zur wertenden Beurteilung eingeräumt. Bei der Auslegung solcher unbestimmter Rechtsbegriffe ist die besondere, aus dem Vereinszweck sich ergebende Wertordnung innerhalb des Vereins zu berücksichtigen, mit der sich das betroffene Mitglied durch seinen Beitritt einverstanden erklärt hat[287]. Diese kann von den allgemeinen Maßstäben der Gesellschafts- und Rechtsordnung abweichen, etwa als besondere Wertordnung des Sports[288], einer bestimmten Weltanschauung oder besonderer Interessengruppen[289] (z. B. Interesse an Solidarität bei Gewerkschaften und politischen Parteien). Insoweit kommt dem Vereinsorgan im Verhältnis zur staatlichen Gerichtsbarkeit ein Bewertungsvorrecht zu[290].

4.3.4.2. Entschließungs- und Auswahlermessen

1682 Die Satzung kann den Verfall der Vereinsstrafe unmittelbar (ipso iure) an das tatbestandsmäßige Verhalten knüpfen oder die Festsetzung einer bestimmten Strafe (z. B. Ausschließung) einem Verhalten, das den satzungsmäßigen Staftatbestand erfült, zwingend zuordnen. Dies ist z. B. bei Sportverbänden der Fall, die eigene Kontrollorgane zur Verfolgung von Verstößen eingerichtet haben. Oftmals wird aber die Entscheidung darüber, ob überhaupt eine Strafe festgesetzt wird (Entschließungsermessen) und welche von mehreren in Betracht kommenden Strafarten ausgewählt wird (Auswahlermessen), dem zuständigen Vereinsorgan überlassen. Bei in der Höhe variablen Strafarten (z. B. Geldstrafe oder zeitweiliger Ausschluß von Vereinsveranstaltungen) kann weiter ein Aus-

---

285 Vgl. *BGH* NJW 1990, 40 = WM 1989, 1508, 1511 zur Ausschließung aus wichtigem Grund.

286 Vgl. *BGH* NJW 1994, 43 = WM 1993, 2172 = WuB II L. § 39 BGB 1.94 *van Look* = ZIP 1994, 33 = EWiR 1994, 19 *Grunewald:* »Bekämpfen« der Gewerkschaften als Ausschließungsgrund; auch *Gehrlein* ZIP 1994, 852, 855 f.

287 Vgl. *Westermann* in: Verbandsrechtsprechung, S. 41, 56; *van Look* S. 218 f.

288 Vgl. *Hilpert* BayVBl 1988, 191, 199 f.; auch *LG Frankfurt a. M.* ZIP 1989, 599, 603: keine Unzulässigkeit der Kondomwerbung wegen besonderer »Sportmoral«.

289 Vgl. zu einem Adelsverein *OLG Celle* NJW-RR 1989, 313, 315: Ausschließung eines weiblichen Mitglieds wegen Wahl des Geburtsnamens als Ehename.

290 Vgl. *Erman/Westermann* § 25 BGB Rn. 5; i. Erg. ebenso BGHZ 102, 265, 276 f. = NJW 1982, 552 = WM 1987, 1422 = ZIP 1987, 1536 (insoweit zustimmend *Hadding/van Look* ZGR 1988, 270, 276 f.); *BGH* NJW 1994, 2610 = WM 1994, 1110 = ZIP 1994, 875, 876; *Röhricht* in: Verbandsrechtsprechung, S. 75, 87 f.; MünchKomm/*Reuter* § 25 BGB Rn. 35.

wahlermessen bei der Bestimmung des «Strafmaßes« innerhalb eines satzungsmäßigen Strafrahmens bestehen (vgl. schon Rn. 1590, 1592 d). Dieses Ermessen ist gem. § 315 Abs. 1 BGB unter dem Maßstab der Billigkeit auszuüben (Rn. 1602).

Bei der Ausübung des Entschließungs- und Auswahlermessens sind – der Aufgabe der Vereinsstrafe entsprechend – vor allem spezial- und generalpräventive Gesichtspunkte maßgebend (Rn. 1592 e), die aber durch die Rücksichtspflicht des Vereins gegenüber seinen Mitgliedern und den Gleichbehandlungsgrundsatz[291] (vgl. allg. Rn. 543 ff., 615 f.) begrenzt werden (zur Ausschließung aus wichtigem Grund vgl. schon Rn. 619). Abzuwägen ist das Interesse des Vereins an einer Bestafung gegen das Interesse des Betroffenen an ihrem Unterbleiben. **1683**

Im einzelnen können bei der Ermessensausübung folgende Gesichtspunkte zu berücksichtigen sein: **1684**

- Verhalten des Betroffenen vor dem Verstoß (»Vorstrafen«, »Ersttäter«);
- Motive des Betroffenen für den Verstoß;
- Art und Weise der Begehung; Tatbeitrag des Betroffenen bei gemeinschaftlichem Verstoß;
- Ausmaß des Verschuldens (Vorsatz, grobe, mittlere oder leichte Fahrlässigkeit);
- Auswirkungen des Verstoßes auf den Verletzten, die übrigen Mitglieder, die Öffentlichkeit und die Verfolgung des Vereinszwecks (z. B. Schadenshöhe);
- Verhalten des Betroffenen nach dem Verstoß (Entschuldigung, Wiedergutmachung);
- Auswirkungen einer Bestrafung auf den Betroffenen (z. B. wirtschaftliche oder berufliche Nachteile bei Sperre eines Sportlers oder Verlust der Mitgliedschaft)[292];
- Gefahr weiterer Verstöße durch den Betroffenen (Wiederholungsgefahr);
- in Betracht kommende mildere Mittel (z. B. Abmahnung; Ausschließung auf Zeit [vgl. Rn. 1635]);
- bisherige Bestrafungspraxis bei gleichartigen Verstößen (Gleichbehandlungsgrundsatz);
- Abschreckungswirkung einer Bestrafung auf andere Vereinsmitglieder.

4.3.4.3. Stimmverbot des betroffenen Mitglieds in der Mitgliederversammlung

Ist die Mitgliederversammlung für die Festsetzung einer Vereinsstrafe oder für die Ausschließung zuständig, so kann der Betroffene zu diesem Tagesordnungspunkt zwar an der Diskussion teilnehmen, nicht aber über die gegen ihn gerichtete Maßnahme abstimmen[293]. Sieht man die Festsetzung einer Ver- **1685**

---

291 Vgl. *BGH* NJW 1970, 1917, 1919.

292 Vgl. *DVL-Rechtsausschuß* NJW 1992, 2588, 2591 f. (dazu *Vieweg* ebenda S. 2539 ff.) *LG München I* SpuRt 1995, 162 ff.: Unzulässigkeit einer vierjährigen Sperre bei erstmaligem Doping-Verstoß einer Leistungssportlerin (Fall *Katrin Krabbe*).

293 Wohl h. M., vgl. *Soergel/Hadding* § 25 BGB Rn. 46, § 34 BGB Rn. 7; MünchKomm/*Reuter* § 34 Rn 13; *Scholz/K. Schmidt* § 47 GmbHG Rn. 139, 144; *Flume* Jur. Person, § 7 V 2, S. 223; *Zöllner* Die Schranken mitgliedschaftlicher Stimmrechtsmacht bei den privatrechtlichen Personenverbänden, 1963, S. 244 f.; *Grunewald* Ausschluß, S. 119; a. A. noch *RG* Recht 1913 Nr. 1087 und 1089; HRR 1932 Nr. 1638; *OLG Köln* NJW 1968, 992; *Meyer-Cording* S. 80; *Sauter/Schweyer* Rn. 202; differenzierend *Erman/Westermann* § 34 Rn. 3: ggf. Treuwidrigkeit.

einsstrafe und die Ausschließung als Ausübung eines Gestaltungsrechts (Leistungsbestimmung, Kündigung) gegenüber dem Betroffenen an (Rn. 1592 ff.), so folgt das Stimmverbot schon aus § 34 BGB, der eine Mitwirkung an der vereinsinternen Willensbildung über die Vornahme eines Rechtsgeschäfts mit oder gegen den Betroffenen ausschließt[294]. Darüber hinaus kann aus einer Gesamtanalogie der einzelnen Vorschriften über Stimmverbote (vgl. §§ 47 Abs. 4 GmbHG, 136 Abs. 1 AktG, 43 Abs. 6 GmbH) ein Verbot des Richtens in eigener Sache hergeleitet werden, wenn über eine Maßnahme abgestimmt wird, die eine Wertung (Mißbilligung) der Person oder des Verhaltens des betroffenen Mitglieds enthält[295]. Dies ist bei Vereinsstrafen immer der Fall, da sie den Vorwurf einer Verletzung mitgliedschaftlicher Pflichten enthalten und – im Fall positiver Beschlußfassung – einen Rechtsnachteil für den Betroffenen begründen. Daher kann bei dem Betroffenen nicht mit einem am Vereinszweck orientierten Stimmverhalten gerechnet werden, was sein Stimmrecht ausschließt. Kein Stimmverbot besteht jedoch, wenn die Maßnahme nicht an die Person oder das Verhalten des oder der Betroffenen anknüpft, z. B. an eine Änderung der Voraussetzungen für die Mitgliedschaft[296].

1686 Soll die Festsetzung einer Vereinsstrafe oder die Ausschließung gegen mehrere Mitglieder beschlossen werden, so darf dieser Beschlußgegenstand nicht gemeinsam zur Abstimmung gestellt werden, auch wenn es sich um eine gemeinsam begangene Verfehlung handelt. Eine sog. Gruppenausschließung verstößt als »Kollektivbestrafung« gegen die Rücksichtspflicht und ist unzulässig, da es um einen individuellen Vorwurf gegen den jeweils Betroffenen geht[297]. Vielmehr ist über jede Maßnahme getrennt nach Personen abzustimmen. Dabei dürfen bei der Beschlußfassung über eine Maßnahme gegen ein anderes Mitglied auch diejenigen Mitglieder nicht mitstimmen, die an dem Verstoß beteiligt waren, ihn z. B. gemeinsam mit dem konkret von der Abstimmung Betroffenen begangen haben[298]. Besteht jedoch kein sachlicher Zusammenhang zwischen den Sachverhalten, die den Anlaß für die Maßnahme bilden, so dürfen die hiervon nicht betroffenen Mitglieder mitstimmen[299].

Beispiel: Es finden Ausschließungsverfahren gegen die Mitglieder A bis E statt, gegen A, B und C wegen öffentlicher Schmähkritik am Vorstand, gegen A, D und E, weil sie (bei A neben der Schmähkritik) Vereinsgelder veruntreut haben. Es ist fünfmal über die jeweiligen Ausschließungen zu beschließen: A darf bei sämtlichen Abstimmungen sein Stimmrecht nicht ausüben, D und E sind bei der Beschlußfassung über die Ausschließung von B und C stimmberechtigt, B und C können bei der Abstimmung über die Ausschließung von D und E mitwirken.

294 *Van Look* S. 225.

295 Vgl. *K. Schmidt* Gesellschaftsrecht, § 21 II 2, § 36 III 3 b; auch *van Look* NJW 1991, 152; MünchKomm/*Reuter* § 34 BGB Rn. 2; für Ausschließung aus der GmbH z. B. *OLG Stuttgart* WM 1989, 1252; abl. *Erman/Westermann* § 34 BGB Rn. 1.

296 Vgl. *Grunewald* Ausschluß, S. 234 f. für Ausschluß nach freiem Ermessen.

297 Vgl. *OLG Köln* NJW 1968, 992; BayObLGZ 1988, 170, 174 f. = Rpfl 1988, 416; MünchKomm/*Reuter* § 25 BGB Rn. 30; *Grunewald* Ausschluß, S. 119; *van Look* S. 221 f.

298 Vgl. für GmbH BGHZ 97, 28, 34 = NJW 1986, 2058 = WM 1986, 456 = WuB II C. § 47 GmbHG 2.86 *Martens*; dazu *K. Schmidt* NJW 1986, 2018 ff.; *Lindacher* ZGR 1987, 121 ff.

299 Insoweit a. A. *Grunewald* Ausschluß, S. 119.

4.3.4.4. Kein Stimmverbot wegen Mitwirkung an Erstentscheidung

Sieht die Satzung nach »erstinstanzlicher« Beschlußfassung eine vereinsinterne Überprüfung (»Rechtsbehelf«) der Straffestsetzung oder Ausschließung durch ein anderes Organ (z. B. Vorstand, Mitgliederversammlung) vor, so ist ein Mitglied dieses Überprüfungsorgans nicht deshalb von der Mitwirkung an der Entscheidung – insbes. der Abstimmung – ausgeschlossen, weil es an der ersten Straffestsetzung mitgewirkt hat[300]. Anders als in staatlichen Verfahrensordnungen (vgl. z. B. § 41 Nr. 6 ZPO) gilt hier kein Mitwirkungsverbot wegen »Vorbefassung« mit derselben Angelegenheit. 1687

4.3.4.5. Erforderliche Abstimmungsmehrheit

In der Satzung kann festgelegt werden, daß für die Beschlußfassung über die Festsetzung einer Vereinsstrafe oder die Ausschließung eine bestimmte qualifizierte Mehrheit (z. B. 3/4-Mehrheit) oder Einstimmigkeit[301] erforderlich ist. Ebenso kann vorgesehen werde, daß eine zweimalige Beschlußfassung in getrennten Mitgliederversammlungen stattzufinden hat oder daß die Ausschließung mit einfacher Mehrheit abgelehnt werden kann[302]. Enthält die Satzung keine Regelung, so ist diejenige Mehrheit erforderlich, die das Gesetz oder die Satzung allgemein für die Beschlußfassung dieses Organs bestimmt, z. B. die einfache Mehrheit der abgegebenen Stimmen bei Beschlüssen der Mitgliederversammlung oder des Vorstands (§ 32 Abs. 1 Satz 3, ggf. i. V. m. § 28 Abs. 1 BGB). Für andere Organe, z. B. ein Vereinsgericht, gilt dies entsprechend. 1688

4.3.4.6. Bekanntgabe der Entscheidung

Die Entscheidung über die Straffestsetzung oder Ausschließung ist dem Betroffenen bekanntzugeben[303]. Für den Fall einer positiven Entscheidung folgt dies daraus, daß es sich um die Ausübung eines Gestaltungsrechts handelt, die erst mit Zugang der entsprechenden empfangsbedürftigen Willenserklärung (§§ 130 ff. BGB) gegenüber dem Betroffenen wirksam wird (vgl. § 315 Abs. 2 BGB; unten Rn. 1690)[304]. Aber auch wenn das zuständige Organ eine Straffestsetzung oder Ausschließung ablehnt, gebietet es die Rücksichtspflicht, dem betroffenen Mitglied dies mitzuteilen. 1689

Für die Bekanntmachung ist der Vorstand zuständig, da es sich um eine Maßnahme der Geschäftsführung und Vertretung des Vereins »nach innen«, d. h. gegenüber einem Mitglied oder Organ, handelt (vgl. § 26 Abs. 2 Satz 1 BGB). Beim mehrgliedrigen Vorstand müssen Vorstandsmitglieder in vertretungsberechtigter Zahl mitwirken. Ist nach der Satzung für die Straffestsetzung ein besonderes Organ (z. B. ein Vereinsgericht) zuständig, so wird seinem Vorsitzenden i. d. R. als besonderem Vertreter i. S. des § 30 BGB auch die Vertretungsmacht zukommen, den Verein bei der Bekanntgabe zu vertreten. Ist der Betroffene oder ein Vertreter bei der Entscheidung anwesend, so bedarf es keiner besonderen Er-

300 Vgl. für eG RGZ 129, 45, 46.
301 Vgl. *RG* HRR 1932 Nr. 1638: einstimmiger Vorstandsbeschluß.
302 Vgl. RGZ 51, 89.
303 Vgl. *RG* HRR 1932 Nr. 600.
304 Vgl. *Soergel/Hadding* § 25 BGB Rn. 53; *van Look* S. 226.

klärung an ihn[305]. Die Erklärung ist dem Mitglied mit Verkündung des Beschlußergebnisses oder der Entscheidung durch den Versammlungsleiter oder den Vorsitzenden des zuständigen Organs unter Anwesenden zugegangen.
Die Satzung oder eine Nebenordnung kann für die Bekanntgabe besondere Voraussetzungen aufstellen; sie kann z. B. Schriftform, Zustellung, Einhaltung einer Frist oder Erteilung einer »Rechtsbehelfsbelehrung« verlangen. So sieht für die Ausschließung aus einer eG § 68 Abs. 3 GenG die Mitteilung durch eingeschriebenen Brief vor. Bei schriftlicher Bekanntgabe reicht die Absendung an die letzte dem Verein bekannte Anschrift aus. Erweist sich die Sendung als unzustellbar, kommt eine öffentlichte Zustellung in Betracht, die aufgrund einer Bewilligung durch das Amtsgericht am letzten bekannten Wohnsitz des Betroffenen durch Aushang an der Gerichtstafel und Bekanntmachung im Bundesanzeiger erfolgt (§ 132 Abs. 2 BGB, §§ 204 ff. ZPO).

4.3.4.7. Wirksamwerden der Entscheidung

1690 Grundsätzlich wird die Entscheidung über eine Straffestsetzung oder Ausschließung durch Zugang beim Betroffenen wirksam (vgl. § 130 Abs. 1 BGB)[306]. Dies gilt selbstverständlich nicht, wenn die Straffestsetzung wegen eines Verstoßes gegen das Gesetz, die Satzung oder wegen Unbilligkeit (vgl. § 315 Abs. 3 Satz 1 BGB) unwirksam ist. Sieht die Satzung eine vereinsinterne Überprüfung (»Rechtsbehelf«) durch ein anderes Organ vor (z. B. »Berufung« an die Mitgliederversammlung), das der Betroffene innerhalb einer bestimmten (angemessenen) Frist anrufen kann, so wird die Erstentscheidung erst wirksam, wenn die Frist ungenutzt verstrichen ist oder das weitere Organ die erste Entscheidung bestätigt. Im Regelfall ist von einer derartigen aufschiebenden Wirkung der Möglichkeit eines Rechtsbehelfs auszugehen[307], die rechtlich als aufschiebende Bedingung i. S. d. § 158 Abs. 1 BGB zu qualifizieren ist. Denn mit der Einräumung der Überprüfungsmöglichkeit bringt die Satzung zum Ausdruck, daß das zuerst mit der Angelegenheit befaßte Organ (zunächst) nur unter dem Vorbehalt einer Bestätigung durch die Überprüfungsinstanz entscheidet. Erst der Beschluß dieses Organs – soweit es tätig wird – ist die endgültige Entscheidung des Vereins, es sei denn, daß der Betroffene die Überprüfungsmöglichkeit nicht nutzt. Will der Verein eine aufschiebende Wirkung ausschließen, so muß die Satzung dies ausdrücklich vorsehen[308]. Anderes gilt für die Zuständigkeit eines Schiedsgerichts, das nicht als Vereinsorgan anzusehen ist: Hier ist schon die erste Entscheidung des Vereinsorgans für den Verein verbindlich, so daß im Regelfall keine aufschiebende Wirkung eintritt, es sei denn, daß die Satzung dies ausdrücklich bestimmt. Die Satzung kann auch vorsehen, daß die Klageerhebung vor dem staatlichen Zivilgericht aufschiebende Wirkung hat.

---

305 Ebenso *K. Müller* § 68 GenG Rn. 39 zur Ausschließung aus einer eG; vgl. auch *BGH* WM 1961, 799 f. zur vorläufigen »Amtsenthebung« des Vorstands einer eG (§ 40 GenG); ferner BGHZ 52, 316, 321, wonach es zur Bestellung als Geschäftsführer einer GmbH keiner besonderen Mitteilung an den Bestellten bedarf, wenn er bei der Beschlußfassung anwesend war.

306 Vgl. zur Ausschließung *RG* SeuffA 79 Nr. 1; *Soergel/Hadding* § 39 BGB Rn. 13.

307 BayObLGZ 1988, 170, 175 f. = Rpfl 1988, 416; *OLG Köln* NJW-RR 1993, 891 (nur Leitsatz); a. A. *KG* OLGE 24, 245.

308 *BayObLG* a. a. O. (Fn. 306).

Solange dem Betroffenen eine vereinsinterne Überprüfung möglich und zumutbar oder diese anhängig ist, ist die Klage vor dem staatlichen Gericht vorübergehend unzulässig, da insoweit in der Satzung konkludent die Klagbarkeit ausgeschlossen ist[309]. Läßt der Betroffene die Frist zur Einlegung eines vereinsinternen Rechtsbehelfs ungenutzt verstreichen, wird eine vor dem staatlichen Gericht erhobene Klage unbegründet, wenn die Satzung auf diese Ausschlußwirkung ausdrücklich hinweist[310].

4.3.4.8. Erforderliche Begründung der Entscheidung

Die h. M. fordert, daß die Festsetzung einer Vereinsstrafe oder eine Ausschließung gegenüber dem Betroffenen – sogar schriftlich – zu begründen ist[311]. **1691**
Bei einer rechtsgeschäftlichen Qualifizierung der Vereinsstrafe ist zunächst davon auszugehen, daß die Ausübung eines Leistungsbestimmungs- oder Kündigungsrechts nur dann zu begründen ist, wenn der Erklärungsgegner hieran ein besonderes Interesse hat (vgl. z. B. § 15 Abs. 3 BBiG; §§ 564 a Abs. 1 Satz 2, 626 Abs. 2 Satz 3 BGB)[312].

Bei der Vereinsstrafe und der Ausschließung fordert es aber die Rücksichtspflicht des Vereins gegenüber dem Betroffenen, ihn über den Tatvorwurf, die Pflichtwidrigkeit seines Verhaltens und die bei der Ermessensausübung zugrunde gelegten Erwägungen zu unterrichten, um ihm die Prüfung der Erfolgsaussichten einer Klage zu ermöglichen[313]. Ebenso legt es die spezial- und generalpräventive Aufgabe der Vereinsstrafe nahe, dem Betroffenen sowie den übrigen Mitgliedern vor Augen zu führen, welches Verhalten der Verein als gegen Mitgliedspflichten verstoßend ansieht[314]. Die Vereinssatzung kann daher nicht gänzlich davon absehen, die Straffestsetzung oder Ausschließung zu begründen[315].

---

309 Vgl. *OLG Nürnberg* OLGZ 1975, 437; näher *van Look* S. 172 ff.; zum Schlichtungsverfahren bei einer Publikums-KG *BGH* NJW 1977, 2263 = WM 1977, 997; zum Erfordernis einer Vorstandsentscheidung bei einer Kirchlichen Zusatzversorgungskasse *BGH* NJW-RR 1995, 290, 291 f.; a. A. MünchKomm/*Reuter* § 25 BGB Rn. 40: Klage (zur Zeit) unbegründet.

310 Vgl. BGHZ 47, 172, 174; dazu *Wiedemann* JZ 1968, 219, 220; *OLG Düsseldorf* NJW-RR 1988, 1271, 1272; *Grunewald* Ausschluß, S. 164; *van Look* S. 170 ff.

311 Vgl. RGZ 147, 11, 13; *RG* SeuffA 79 Nr. 1; HRR 1932 Nr. 600; HRR 1942 Nr. 779; BGHZ 102, 265, 274 = NJW 1988, 552 = WM 1987, 1422; *BGH* NJW 1990, 40, 41 = WM 1989, 1508, 1511 = WuB II L. § 39 BGB 1.89 *van Look* = EWiR 1989, 1068 *Grunewald*; NJW-RR 1991, 888 = WM 1991, 942, 945 = EWiR 1991, 535 *Grunewald;* BayObLGZ 1928, 492, 495; *OLG Stuttgart* OLGE 22, 6; *OLG Hamburg* Recht 1936 Nr. 4191; *OLG Düsseldorf* MDR 1981, 843; *OLG Köln* WM 1990, 1068, 1070 f. = WuB II L. § 32 BGB 1.90 *van Look*; *VGH München* NVwZ 1989, 494; *Stahlhacke* RdA 1953, 306, 307; *Meyer-Cording* S. 84 ff.; *Schlosser* S. 202 ff.; RGRK/*Steffen* § 25 BGB Rn. 19; MünchKomm/*Reuter* § 25 BGB Rn. 30; *Sauter/Schweyer* Rn. 104; a. A. RGZ 88, 193, 197; *OLG Nürnberg* ZfgG 1960, 350.

312 Vgl. *Soergel/Hadding* § 25 BGB Rn. 53; zu § 315 BGB *Gernhuber* Das Schuldverhältnis, 1989, § 12 II 6 c, S. 289; MünchKomm/*Gottwald* § 315 BGB Rn. 25; zur Ausschließung *Becker* AcP 188 (1988), 24, 42 ff.

313 Vgl. für die außerordentliche Kündigung des Anstellungsverhältnisses eines Organmitglieds (Vorstands) BGHZ 15, 71, 77 (für AG); *BGH* WM 1960, 859, 861 (für eG).

314 Näher *van Look* S. 202 ff.

315 Vgl. *Schlosser* S. 203 f.; anders *RG* LZ 1924, 735; *Meyer-Cording* S. 85.

1692 Der Umfang der Begründungspflicht ergibt sich aus der Art und Schwere des Verstoßes sowie der festgesetzten Rechtsfolge. Z. B. wird bei einem bloßen Verweis i. d. R. keine Begründung erforderlich sein. Je schwerwiegender aber der Verstoß und die festgesetzte Strafe sind, desto weiter geht die Begründungspflicht. Auch die »justizförmige« Ausgestaltung des Verfahrens kann eine eingehende Begründung gebieten. Dem Betroffenen ist zunächst mitzuteilen, welche Tatsachen das Vereinsorgan seiner Straffestsetzung zugrunde gelegt hat[316]. Bei der Anwendung generalklauselartiger Bestimmungen (z.B. »vereinsschädigendes Verhalten«) ist auszuführen, worin das Vereinsorgan bei der Subsumtion die negativen Auswirkungen auf die Verfolgung des Vereinszwecks gesehen hat[317]. Ebenso sind ihm die für die Ausübung des Auswahlermessens unter mehreren zur Verfügung stehenden Strafarten und bei der Strafzumessung maßgebenden Erwägungen mitzuteilen. Die Begründung kann sich auch aus einem Antrag auf Festsetzung der Vereinsstrafe oder Ausschließung ergeben, der dem zuständigen Vereinsorgan vorliegt und dessen Inhalt es sich zu eigen macht[318]. Die Anforderungen an die Begründungspflicht dürfen jedoch nicht überspannt werden; keinesfalls kann in Parallele zu den Entscheidungen staatlicher Gerichte eine ausführliche Darstellung des Tatbestands, der Subsumtion und der »Strafzumessungsgründe« gefordert werden[319]. Von einer Begründung kann im einzelnen Fall abgesehen werden, wenn der Sachverhalt unstreitig ist und dem Betroffenen die für die Straffestsetzung oder Ausschließung maßgebenden Erwägungen bekannt sind[320]. Der Betroffene kann auch auf eine Begründung verzichten[321].

1692 a Eine schriftliche Begründung ist aus Beweisgründen im Fall einer gerichtlichen Anfechtung empfehlenswert, da das Gericht seiner Entscheidung nur die im Ausschließungsverfahren gegebene Begründung zugrunde legt[322]. Schriftform kann auch durch die Satzung oder eine Verfahrensordnung vorgeschrieben werden. Durch das Gesetz wird sie allerdings nicht gefordert. Allenfalls in Ausnahmefällen, z. B. bei tatsächlich und rechtlich komplizierten Sachverhalten, kann eine schriftliche Begründung durch die Rücksichtspflicht geboten sein[323].

---

316 Vgl. für den Fall einer »Verdachtsausschließung« aus wichtigem Grund *BGH* NJW 1990, 40 = WM 1989, 1508, 1511 = WuB II L. § 39 BGB 1.89 *van Look* = EWiR 1989, 1068 *Grunewald*; auch *OLG Köln* NJW-RR 1993, 891 (nur Leitsatz).

317 Vgl. *OLG Köln* WM 1990, 1068, 1070 f. = WuB II L. § 32 BGB 1.90 *van Look*.

318 Vgl. *BGH* a. a. O. (Fn. 315).

319 Vgl. BGH NJW-RR 1991, 888 = WM 1991, 942, 945.

320 Vgl. RGZ 147, 11, 13 = JW 1935, 1145; *RG* JW 1936, 2632, 2634.

321 Vgl. *BayObLG* JFG 6, 230, 234 f.; *OLG Hamburg* Recht 1936 Nr. 4191; *OLG Düsseldorf* MDR 1981, 843.

322 Ständige Rspr., vgl. BGHZ 102, 265, 273 = NJW 1988, 552, 554 = WM 1987, 1422, 1424 = WuB II L. § 25 BGB 1.88 *Westermann* = ZIP 1987, 1536 = EWiR 1988, 19 *Reuter; BGH* NJW-RR 1991, 888 = WM 1991, 942, 945 = EWiR 1991, 535 *Grunewald.*.

323 In anderem Zusammenhang, nämlich bei wirtschaftlich risikoreichen Anlagegeschäften, leitet der BGH das Schriftformerfordernis aus Treu und Glauben (§ 242 BGB) her (vgl. BGHZ 105, 108, 110 = NJW 1988, 2882 = WM 1988, 1255, 1256 = WuB I G 4.-6.88 *Wandt* = ZIP 1988, 1098 = EWiR 1988, 1197 *Schwark*; *BGH* WM 1994, 2231, 2232 = ZIP 1994, 1924 = BB 1995, 64 m. weit. Nachw.; krit. *Drygala* WM 1992, 1213 ff.).

Keiner Begründung bedarf die Ablehnung einer beantragten Straffestsetzung oder Ausschließung, da in diesem Fall kein Gestaltungsrecht ausgeübt wird. Anderes kann nur dann gelten, wenn der Antragsteller oder das antragsberechtigte Organ die Möglichkeit hat, die Ablehnung aufgrund eines vereinsinternen Rechtsbehelfs durch ein anderes Organ (»Rechtsmittelinstanz«) überprüfen zu lassen. **1693**

4.3.4.9. Kostenentscheidung

Ein Anspruch auf Erstattung der durch das Verfahren vor dem Vereinsgericht **1694** entstandenen Kosten steht den Beteiligten – dem Verein oder dem Mitglied – kraft Gesetzes nur dann zu, wenn die Kosten als adäquate Folge einer schuldhaften Pflichtverletzung des Vereins gegenüber dem Mitglied oder des Mitglieds gegenüber dem Verein anzusehen sind. Dann nämlich besteht ein Schadenersatzanspruch des anderen Teils wegen positiver Forderungsverletzung (pFV) des mitgliedschaftlichen Rechtsverhältnisses, wobei dem Verein das Verhalten seiner Organe nach § 31 BGB zugerechnet wird[324]. Regelmäßig wird dies nicht der Fall sein (unten Rn. 1694 a).

Die Satzung kann aber ausdrücklich einen Kostenerstattungsanspruch vorsehen, auch ohne daß eine schuldhafte Pflichtverletzung gegeben ist; soll das Mitglied die Kosten des vereinsgerichtlichen Verfahrens zu tragen haben, so muß dies in der Satzung – und nicht in einer ihr nachrangigen Nebenordnung – festgelegt sein[325]. In diesem Fall empfiehlt es sich, die Konkretisierung der Kostenerstattungspflicht durch eine Kostengrundentscheidung der Zuständigkeit des für die Straffestsetzung oder Ausschließung zuständigen Organs zuzuweisen. Dieses hat dann zusammen mit der Entscheidung über die Straffestsetzung nach pflichtgemäßem Ermessen über die Pflicht zur Kostenerstattung zu entscheiden.

Die Kostengrundentscheidung umfaßt die Bestimmung, ob und inwieweit eine Kostenerstattung stattfindet, ggf. auch, welche Kosten erstattungsfähig sind. Der konkrete Betrag der entstandenen Kosten wird dagegen erst später feststehen. Regelmäßig wird das Organ dabei den unterlegenen Teil zur Kostenerstattung verpflichten. Wird die Festsetzung einer Vereinsstrafe abgelehnt, ist – sofern die Satzung dies vorsieht – der Verein zur Erstattung der dem Mitglied durch das Verfahren entstandenen Kosten zu verpflichten und deren erstattungsfähiger Umfang (z. B. Notwendigkeit der Inanspruchnahme eines Bevollmächtigten, insbes. eines Rechtsanwalts) zu bestimmen. Wird die beantragte Vereinsstrafe festgesetzt, so ist das betroffene Mitglied zur Kostenerstattung zu verpflichten. Diese kann z. B. umfassen: Aufwandsentschädigung für die Mitglieder des Vereinsgerichts, Auslagen für Saalmiete, Reisekosten für Zeugen. Bei einer Straffestsetzung durch die ordentliche Mitgliederversammlung werden aber dem Verein i. d. R. keine Kosten entstehen. Bei teilweisem Obsiegen und Verlieren (z. B. Festsetzung einer milderen Strafe als beantragt) können

324 Vgl. BGHZ 90, 92, 95 = NJW 1984, 1884 = WM 1984, 601; BGHZ 110, 323 = NJW 1990, 2877, 2878 = WM 1990, 1539 = WuB II L. § 31 BGB 1.91 *Beuthien/Kießler* = ZIP 1990, 1067 = EWiR 1990, 745 *Hadding* = JZ 1991, 192 = LM § 31 BGB Nr. 34; dazu *Hadding* Festschr. Kellermann, 1991, S. 91 ff.; *K. Schmidt* JZ 1991, 157 ff.

325 BGHZ 47, 172, 177 = NJW 1967, 1268 = WM 1967, 606; dazu *Wiedemann* JZ 1968, 219.

anteilige Kostenerstattungsansprüche (z.B. im Verhältnis 30 : 70) bestimmt werden. Die aufgrund einer Satzungsregelung getroffene Kostengrundentscheidung unterliegt gem § 315 Abs. 3 BGB einer Billigkeitskontrolle durch das Gericht.

4.3.4.10. Kostenerstattung bei anwaltlicher Vertretung

1694 a Ein Anspruch auf Erstattung der Vergütung des Vertreters (Rechtsanwaltshonorar) steht dem Betroffenen ohne Grundlage in der Satzung nur dann zu, wenn die Durchführung des Verfahrens als schuldhafte Pflichtverletzung der Vereinsorgane gegenüber dem Mitglied anzusehen ist (Rn. 1694)[326]. Dies wird nur dann der Fall sein, wenn eine Vereinsstrafe aus tatsächlichen und rechtlichen Gründen nicht ernsthaft in Betracht kommt oder schwerwiegende Verfahrensfehler vorliegen (z.B. Ausschluß durch unzuständiges Organ[327]). Dagegen fehlt es an einer schuldhaften Pflichtverletzung, wenn sich die der Straffestsetzung zugrundeliegenden Tatsachen im Verfahren vor dem Vereinsgericht nicht zweifelsfrei feststellen lassen (»Freispruch« wegen »Mangel an Beweisen«). Besteht ein Schadenersatzanspruch, so sind dem Betroffenen alle durch die Verfolgung seiner Rechte entstandenen Kosten als Schaden zu ersetzen (vgl. §§ 249ff. BGB). Hinzu kommen muß allerdings, daß die Inanspruchnahme eines Rechtsanwalts zur Wahrung der Interessen des Mitglieds notwendig war (vgl. § 254 BGB). Dies trifft nur dann zu, wenn es dem Mitglied wegen der rechtlichen oder tatsächlichen Schwierigkeit der Anlegenheit nicht zuzumuten war, seine Interessen selbst wahrzunehmen.

4.3.4.11. Keine Neuverhandlung nach Ablehnung einer Straffestsetzung

1695 Hat die Mitgliederversammlung oder das zuständige Vereinsorgan die Festsetzung einer Vereinsstrafe oder eine Ausschließung wegen eines bestimmten Sachverhalts abgelehnt – sei es auch nur mit einfacher Mehrheit –, so kann dieser Sachverhalt grundsätzlich nicht erneut zum Gegenstand eines Verfahrens gemacht werden[328]. Dies ergibt sich daraus, daß der dem Verfahren zugrunde gelegte Sachverhalt durch die negative Entscheidung über die Willensbildung über die Ausübung des Gestaltungsrechts zur Straffestsetzung oder Ausschließung »verbraucht« ist. Anderes gilt jedoch, wenn sich nachträglich vorher unbekannte Tatsachen herausstellen oder neue Tatsachen ergeben, die einen Anlaß für eine erneute Beschlußfassung über die Straffestsetzung oder Ausschließung ergeben[329].

4.3.4.12. Überprüfung von Maßnahmen eines Feldschiedsrichters (»Spielstrafen«)

1696 Während eines Spiels verhängten Strafmaßnahmen eines Feldschiedsrichters kommt nur dann ein rechtlicher Regelungsgehalt zu, wenn sie über das Ende des Spiels hinaus Nachteile für den betroffenen Spieler oder Verein (Mann-

326 Vgl. BGHZ 90, 92, 95 = NJW 1984, 1884 = WM 1984, 601; auch BGHZ 110, 323 = NJW 1990, 2877, 2878 = a.a.O. (Fn. 323).

327 So im Fall BGHZ 90, 92 = a.a.O. (Fn. 325): unzulässige Ausschließung eines Vorstandsmitglieds durch die übrigen Vorstandsmitglieder.

328 Vgl. RGZ 51, 89, 91; *OLG Hamburg* HRR 1928 Nr. 1695.

329 *RG* und *OLG Hamburg* a.a.O. (Fn. 327).

schaft) mit sich bringen, etwa eine Sperre für das nächste Spiel (vgl. Rn. 1494 a). Nur in diesem Fall können sie vor dem staatlichen Gericht angefochten werden[330]. Durch vereinsinterne Regelungen (insbes. die Satzung) kann jedoch vorgesehen werden, daß auch sog. Spielstrafen, die sich nur auf den Verlauf und das Ergebnis des konkreten Spiels auswirken (z. B. eine Elfmeter- oder Torentscheidung beim Fußball), durch ein vereinsinternes Rechtsorgan (z. B. Sportgericht) überprüft werden können, was ggf. zu einer Wiederholung des Spiels führt. Um eine Flut von Anfechtungsverfahren zu vermeiden, differenzieren die Regelwerke der Sportverbände danach, ob es sich um eine bloße Tatsachenentscheidung oder um einen Regelverstoß des Schiedsrichters handelt. Nur im letzteren Fall besteht eine vereinsinterne Anfechtungsmöglichkeit.

Für den Bereich des Fußballs (DFB) gilt folgendes[331]: Tatsachenentschei- **1696 a**
dungen des Schiedsrichters, die mit dem Spiel zusammenhängen, sind endgültig (FIFA-Regel V Abs. 2). Dies sind alle diejenigen Feststellungen, die der Schiedsrichter auf dem Spielfeld trifft und die den tatsächlichen Ablauf des Spiels beeinflussen, z. B. regelwidrig erzielte, aber gewertete Tore, unrichtige Abseitsentscheidungen, zu Unrecht gewährte Elfmeter, Foul- oder Handspiel. Dagegen kann ein Verein Einspruch gegen eine Spielwertung mit der Begründung erheben, es sei ein Regelverstoß des Schiedsrichters gegeben, der die Spielwertung als verloren oder unentschieden mit hoher Wahrscheinlichkeit beeinflußt habe (§ 25 Nr. 2 Buchst. c DFB-SpO). Ein Regelverstoß liegt vor, wenn der Schiedsrichter auf eine – richtige oder unrichtige – Tatsachenentscheidung die Fußballregeln fehlerhaft anwendet, z. B. einen Elfmeter aufgrund eines Fouls außerhalb des Strafraums gewährt.

Im Eishockeysport definiert Art. 4 Nr. 3 DEB-RO unanfechtbare Tatsachenentscheidungen als »alle Entscheidungen eines Schiedsrichters, die dieser im Rahmen der Regeln und des ihm hiernach zustehenden Ermessens aufgrund seiner Beobachtungen trifft«.

Die Abgrenzungsschwierigkeiten zeigen sich z. B. in dem Fall, daß der Schieds- **1697**
richter gegen einen eindeutig an einem Foulspiel unbeteiligten Spieler einen Platzverweis ausspricht, weil er ihn – subjektiv, aber unzutreffend – als »Täter« ansieht. Handelt es sich hier um eine unrichtige Tatsachenentscheidung (nämlich Feststellung des »falschen Täters«) oder um einen Regelverstoß (»Bestrafung« eines Unbeteiligten)? Um hier unbillige Ergebnisse zu vermeiden, sollte eine Korrektur offenkundig fehlerhafter Tatsachenfeststellungen durch die Verbandsgerichte zugelassen werden, soweit es sich um schwerwiegende und spielentscheidende Tatsachenentscheidungen handelt, deren Richtigkeit durch eindeutige Beweise (z. B. Fernseh- oder Videoaufzeichnungen) zweifelsfrei widerlegt werden kann[332].

330 Vgl. *Westermann* in: Verbandsrechtsprechung, S. 41, 57 ff.; *Grunsky* ebenda, S. 63, 70 ff.

331 Vgl. *DFB-Sportgericht* SpuRt 1994, 110; *Eilers* SpuRt 1994, 79; *Waske* SpuRt 1994, 189; *Lenz/Imping* SpuRt 1994, 225 ff. m. Nachw. aus der (unveröffentlichten) Spruchpraxis des DFB-Sportgerichts; ferner *AG Effenheim* NJW-RR 1992, 353: Tatsachenentscheidungen als Schiedsgutachten i. S. d. §§ 317, 319 BGB.

332 Vgl. *Lenz/Imping* SpuRt 1994, 225, 227 f.

VI. Vereinsstreitigkeiten vor Gericht

1. Abschnitt Vereinsstreitigkeiten vor dem ordentlichen Gericht

1. Allgemeine Grundsätze

1.1. Der Begriff Vereinsstreitigkeit

1698 Unter Vereinsstreitigkeiten werden nachfolgend in erster Linie die gerichtlichen Auseinandersetzungen zwischen dem Verein und seinen Mitgliedern verstanden. Hierher gehören aber auch Streitigkeiten von Organmitgliedern mit dem Verein. Weiter werden von dem Begriff Prozesse zwischen dem Verein und Dritten erfaßt, die sich aufgrund vertraglicher Absprachen in den Tätigkeitsbereich des Vereins begeben haben und in gewissen Beziehungen dessen Recht unterworfen sind. Schließlich gehören hierher auch Streitigkeiten von Mitgliedern untereinander, da auch solche einen körperschaftsrechtlichen Bezug haben können.

Bei diesen Streitigkeiten handelt es sich um sog. bürgerlichrechtliche Streitigkeiten i. S. d. § 13 GVG, für welche die Amtsgerichte oder Landgerichte und im Instanzenzug die Oberlandesgerichte und der BGH zuständig sind (§ 12 GVG). Im Sportbereich werden mit Vereinsmitgliedern auch Arbeitsverhältnisse begründet. Entstehen hierbei Streitigkeiten, so sind ausschließlich die Gerichte für Arbeitssachen zuständig (§ 2 ArbGG). Diese Streitigkeiten werden nachfolgend nicht behandelt.

1.2. Grundsätzlich kein satzungsmäßiger Ausschluß des Rechtsweges zum (Schieds-)Gericht

1.2.1. Der Grundsatz

1699 Mit der Begründung, der Verein könne nicht endgültig in eigener Sache entscheiden, wird dessen Befugnis verneint, im Falle von Streitigkeiten zwischen ihm und Mitgliedern in der Satzung den Rechtsweg zu den ordentlichen Gerichten auszuschließen. Zulässig ist es dagegen, daß der Verein die Möglichkeit vorsieht, anstelle des ordentlichen Gerichts ein von ihm eingerichtetes Schiedsgericht anzurufen[1]. Dieser Grundsatz ist insbesondere bei Disziplinarmaßnahmen des Vereins (einschl. des Vereinsausschlusses) hervorgehoben worden. Er gilt auch für Beschlüsse der Mitgliederversammlung im rechtssetzenden oder rechtsfeststellenden Bereich (Satzungsänderung, Entlastung usw.), überhaupt für alle Maßnahmen der für den Verein handelnden Organe, also auch im nichtdisziplinären Ordnungsbereich.

Für die dogmatische Einordnung dieses Grundsatzes kann allerdings nicht auf die Rechtsweggarantie nach Art. 19 Abs. 4 GG zurückgegriffen werden, da

---

1 Vgl. z. B. *RG* JW 1906, 396; BGHZ 29, 352/354; *OLG Düsseldorf* NJW-RR 1988, 1271; *OLG Celle* WM 1988, 495; *van Look* S. 168.

diese eine öffentliche Gewaltausübung voraussetzt[2]. Die Möglichkeit, gegen Ordnungsbefugnisse des Vereins ein beim Verein eingerichtetes Schiedsgericht anrufen zu können oder bei Fehlen eines solchen das Staatsgericht, ist vielmehr Inhalt des Mitgliedschaftsrechts. Als solches ist es nicht völlig satzungsfest. Dies ergibt sich z. B. aus der Befugnis des Satzungsgebers, anordnen zu dürfen, daß für die Dauer eines Rechtsstreits die Mitgliedschaftsrechte ruhen[3].

1.2.2. Die Ausnahmen

Sind hierfür triftige Gründe vorhanden, so kann der Verein zwar nicht all- **1700**
gemein, aber für bestimmte Sachverhalte die Anrufung des Schiedsgerichts oder des Staatsgerichts ausschließen. Es wurde bereits ausgeführt, daß ein Sportverein in der Satzung anordnen kann, daß die Tatsachenentscheidungen eines Feld-Schiedsrichters nicht der Nachprüfung der vereinsinternen Gerichtsbarkeit unterliegen (vgl. Rn. 1696 f.). Dieser Ausschluß der Nachprüfung gilt auch für das Schiedsgericht oder für das ordentliche Gericht. Eine gerichtliche Entscheidung, die einen zu Unrecht gegebenen und spielentscheidenden Foul-Elfmeter korrigieren würde, käme zu spät; das Spiel wäre nicht wiederholbar.

Der Natur nach können auch andere Vereinsentscheidungen nicht gerichtlich angefochten werden. Das gilt etwa für die Auswahl von Spielern für die Nationalmannschaft, zumal einem Gericht das notwendige Fachwissen fehlt. Stellt das Ermittlungsorgan eines Sportvereins das Verfahren ein, so ist auch diese Entscheidung nicht gerichtlich überprüfbar.

1.3. Zum Ausschluß der (schieds-)gerichtlichen sachlichen Nachprüfung von Vereinsentscheidungen durch vereinsinterne Rechtsmittelfristen und durch satzungsmäßige Klagfristen

1.3.1. Vereinsinterne Rechtsmittelfristen

Der Verein kann gegen die Entscheidung des Vorstands ein Rechtsmittel zur **1701**
Mitgliederversammlung zulassen (z. B. bei Aufnahmeverweigerung); er kann gegen Vereinsmaßnahmen den Rechtszug zu den Vereinsgerichten zulassen. Im Interesse der Rechtsklarheit wird der Zugang zu diesen vereinsinternen Rechtsmittelinstanzen befristet. Die Nichtausnutzung dieser Fristen führt jedenfalls im disziplinären Ordnungsbereich (einschl. der Vereinsausschließung) zu der Feststellung, daß sich das betroffene Mitglied freiwillig der Vereinsmaßnahme unterworfen habe[4], sofern die Satzung auf die Ausschlußwirkung der Versäumung der Frist ausdrücklich hinweist[5].

All dies gilt auch für die Anfechtung von rechtssetzenden oder rechtsfeststellenden Beschlüssen der Mitgliederversammlung oder von nichtdisziplinären Ordnungsmaßnahmen von Vereinsorganen. Der ungenutzte Fristablauf beseitigt das Recht des widersprechenden Vereinsmitglieds z. B. auf gesetz- oder satzungsmäßige Beschlußfassung der Mitgliederversammlung hinsichtlich des

---

2 Vgl. *BVerfG* NJW 1989, 666/667.

3 Vgl. BayObLGZ 1979, 351; a. A. *OLG Celle* BB 1973, 1190.

4 Vgl. RGZ 85, 355; *RG* JW 1933, 2632/2633; *BGH* NJW 1960, 2143/2144; BGHZ 47, 172/174.

5 BGHZ a. a. O. S. 174 f.; *OLG Düsseldorf* NJW-RR 1988, 1271/1272.

beanstandeten Beschlußgegenstandes. Da aber das Mitglied verpflichtet wird, nach Versäumung satzungsmäßig angeordneter vereinsinterner Rechtsmittelfristen etwa einen nicht satzungsgemäßen Vereinsbeschluß oder eine sonstige nicht satzungsgemäße Maßnahme zu dulden, gebietet es die Rücksichtspflicht des Vereins gegenüber dem Mitglied, in der Satzung auf die Ausschlußwirkung der Versäumung eines Rechtsmittels auch in diesen Fällen ausdrücklich hinzuweisen[6].

1.3.2. Satzungsmäßige Klagefristen

1702 Soweit eine satzungsmäßige Schiedsklausel besteht, ist regelmäßig angeordnet, daß das Schiedsgericht innerhalb einer bestimmten Frist nach Bekanntmachung der (letzten) Vereinsentscheidung anzurufen ist (Fristen bestehen zwischen zwei Wochen und einem Monat). Wird die Frist versäumt, so hat das Schiedsgericht die Schiedsklage als unzulässig abzuweisen.

Die Satzung könnte auch für eine Klage zum Staatsgericht eine Frist bestimmen[7]. Von einer solchen Befugnis wird aber nahezu kein Gebrauch gemacht.

1.3.3. Klagefristen bei Fehlen von Satzungsbestimmungen

1703 Fehlen Satzungsbestimmungen für die Frist zur Erhebung einer Klage gegen Vereinsbeschlüsse oder Vereinsmaßnahmen, so ist eine solche nicht zeitlich unbefristet zulässig. Das Mitglied, das eine Vereinsmaßnahme nicht für gerechtfertigt hält, ist aus dem Gesichtspunkt der Treupflicht heraus gehalten, die gerichtliche Klärung über eine strittige Vereinsmaßnahme alsbald herbeizuführen. Gleiches gilt für fehlerhafte Vereinsbeschlüsse, die zwar nicht absolut nichtig sind, die aber auf Klage vom Gericht für unwirksam erklärt werden können (vgl. Rn. 1155 ff.). In all diesen Fällen ist die Klage mit der für den Anfechtungsberechtigten zumutbaren Beschleunigung zu erheben[8]. Wird dies nicht beachtet, so ist die gegen eine Vereinsmaßnahme oder gegen einen fehlerhaften Vereinsbeschluß gerichtete Klage ohne Erfolg, weil der Verein gegen den geltend gemachten Anspruch den Einwand der Verwirkung entgegensetzen kann[9].

Welche Frist hierbei einzuhalten ist, kann nicht allgemein festgelegt werden. Eine Frist von einem Monat steht in jedem Fall zur Verfügung[10]. Im übrigen kommt es bei der Frist für die Geltendmachung durch gerichtliche Klage auf die Umstände des Einzelfalles und vor allem auf den Grad der Dringlichkeit einer gerichtlichen Klärung an.

Nach dem Ablauf einer angemessenen Frist, die für eine Klage zur Verfügung steht, wird die getroffene Vereinsmaßnahme oder der fehlerhafte Vereinsbeschluß materiellrechtlich wirksam[11].

---

6 Vgl. *BGH* und *OLG Düsseldorf* a. a. O.; *van Look* S. 171.
7 Vgl. *BGH* GmbHR 1988, 304/305: GmbH.
8 Vgl. *van Look* S. 152 f.; für die GmbH: BGHZ 97, 212/220; *BGH* DB 1989, 272/274.
9 Vgl. *OLG Frankfurt* WM 1988, 1162; *Müller* EWiR § 68 GenG 1/88 S. 794.
10 Vgl. *BGH* DB 1989, 272/274.
11 *Van Look* S. 172.

Die Geltendmachung der absoluten Nichtigkeit einer Vereinsmaßnahme oder eines Vereinsbeschlusses ist zeitlich unbeschränkt möglich[12].

1.4. Notwendigkeit und Entbehrlichkeit der Einhaltung des vereinsinternen Rechtsmittelweges (Vorschaltverfahren)

1.4.1. Der Grundsatz

Ein Vereinsschiedsgericht oder ein staatliches Gericht kann gegen Vereins- 1704
maßnahmen grundsätzlich nur dann angerufen werden, wenn der gegebene vereinsinterne Rechtsmittelzug erfolglos in Anspruch genommen worden ist[13]. Läßt die Satzung ein vereinsinternes Rechtsmittel zu, so kommt darin der Wille zum Ausdruck, daß bis zur Entscheidung der letzten hierfür vorgesehenen Vereinsinstanz die beanstandete Vereinsmaßnahme als nicht endgültig beschlossen gelten darf, daß jedoch die Nichtanrufung der höheren Instanz etwa im Falle eines Vereinsausschlusses als Unterwerfung unter den Ausschließungsbeschluß gilt[14].

Solange das Vorschaltverfahren durchzuführen ist, besteht ein vorläufiger Ausschluß der Klagbarkeit[15].

1.4.2. Ausnahmen

Ausnahmsweise braucht der satzungsmäßige Rechtsmittelweg nicht einge- 1705
halten zu werden, wenn

- der Verein die Entscheidung des Rechtsmittelorgans böswillig verhindert oder verzögert[16],
- das Rechtsmittelorgan längere Zeit untätig bleibt[17]; dies gilt insbesondere bei der Anfechtung von Wahlentscheidungen, da hier dem Vereinsorgan wegen der Eilbedürftigkeit der Klärung nur eine verhältnismäßig kurze Frist für die Entscheidung zugebilligt werden kann[18],
- das Rechtsmittelorgan eine Entscheidung ablehnt[19],
- das Ergebnis des satzungsmäßigen Rechtsmittels von vornherein feststeht und die Durchführung des Rechtsmittelverfahrens nur eine leere Förmelei darstellen würde[20],
- eine Maßnahme getroffen worden ist, die im Gesetz oder in der Satzung keine Stütze hat[21],
- ein unberechtigter Eingriff in ein Sonderrecht vorgenommen worden ist[22],

---

12 Vgl. *BGH* NJW 1970, 1917/1919.
13 RGZ 85, 355; BGHZ 47, 172/174 und 106, 67/69; *OLG Frankfurt* BB 1988, 1621: Gen.
14 Vgl. *RG* a. a. O.
15 Vgl. auch *BGH* NJW 1977, 2263.
16 *RG* JW 1932, 1197; *BGH* NJW 1960, 2143/2144.
17 *RG* JW 1915, 1424; *RG* Recht 1925 Nr. 2; *BGH* a. a. O.; *OLG Düsseldorf* NJW-RR 1988, 1271/1272.
18 BGHZ 106, 67/69 f.: eine Frist von zwei Jahren ist zu lang.
19 *RG* JW 1936, 2071; *BGH* NJW 1960, 2143/2144.
20 *BGH* a. a. O.; *OLG Frankfurt* OLGZ 1988, 63/64: WEG.
21 *RG* JW 1929, 847/849.
22 Vgl. *RG* HRR 1929 Nr. 1558.

– der Antrag auf Erlaß einer einstweiligen Verfügung oder einstweiligen Anordnung gestellt worden ist[23].

2. Die sachliche Zuständigkeit eines Amts- oder Landgerichts

2.1. Die erstinstanzielle Zuständigkeit eines Landgerichts

1706 Die Landgerichte sind sachlich zuständig für alle Streitigkeiten über Ansprüche, deren Gegenstand an Geld oder Geldeswert die Summe von 10 000 DM übersteigt (§ 71 Abs. 1 i. V. m. § 23 Nr. 1 GVG).

2.2. Die erstinstanzielle Zuständigkeit eines Amtsgerichts

1707 Die Amtsgerichte sind sachlich zuständig für alle Streitigkeiten, deren Gegenstand an Geld oder Geldeswert die Summe von 10 000 DM nicht übersteigt (§ 23 Nr. 1 GVG).

2.3. Zum Streitwert in Vereinsstreitigkeiten

1708 Der Streitwert ist der in einer Geldsumme ausgedrückte Wert des in einem Prozeß mit der Klage (oder Widerklage) verfolgten Anspruchs. Der sog. Prozeßstreitwert ist als Zuständigkeitsstreitwert für die Frage maßgebend, ob in erster Instanz ein Amts- oder Landgericht zuständig ist (§ 23 Nr. 1, § 71 Abs. 1 GVG), falls nicht wertunabhängige sachliche Zuständigkeiten in Betracht kommen (§ 23 Nr. 2, § 71 Abs. 2 GVG). Prozeßstreitwert ist auch der Rechtsmittelstreitwert, der dafür maßgebend ist, ob eine gerichtliche Entscheidung angefochten werden kann (vgl. § 511 a Abs. 1, § 546 Abs. 1 ZPO). Schließlich ist der Streitwert als Gebührenstreitwert für die Höhe der Gerichts- und Rechtsanwaltskosten bestimmend[24]. Der Zuständigkeits- und Gebührenstreitwert wird allein durch die Anträge des Klägers (Widerklägers) bestimmt[25].

1709 Ist im Klagantrag eine bezifferte Summe genannt, so berechnet sich nach ihr grundsätzlich auch der Zuständigkeits- und Gebührenstreitwert[26].

Im übrigen wird der Prozeß- bzw. Zuständigkeitsstreitwert nach § 3 ZPO, also nach dem freien Ermessen des Gerichts bestimmt[27], falls nicht die §§ 4 bis 9 ZPO eingreifen, die aber in Vereinsstreitigkeiten grundsätzlich ausscheiden. Bei der Bewertung nach § 3 ZPO ist in vermögensrechtlichen Angelegenheiten grundsätzlich das wirtschaftliche Interesse des Klägers maßgebend, das dieser mit seiner Klage verfolgt[28]. Im Einzelfall kann es erforderlich sein, bei der Bewertung nach § 3 ZPO die sich aus §§ 12, 17 GKG ergebenden Grundgedanken heranzuziehen[29]. Gehaltsklagen besoldeter Organmitglieder werden deshalb entspr. § 17 Abs. 3 GKG mit dem dreifachen Jahresbetrag bewertet, falls nicht

23 Vgl. *OLG Celle* BB 1973, 1190.
24 Vgl. *Schumann* NJW 1982, 1257.
25 *BGH* NJW 1994, 735.
26 Vgl. auch § 13 Abs. 2 GKG.
27 Vgl. § 2 ZPO.
28 Vgl. *Schumann* a. a. O. S. 1258.
29 Vgl. *BGH* NJW 1981, 2466.

der Gesamtbetrag der geforderten Leistungen geringer ist[30]. In vermögensrechtlichen Angelegenheiten ist der nach § 3 ZPO festgesetzte Streitwert auch für den Gebührenstreitwert maßgebend (§ 12 Abs. 1 GKG).

In nichtvermögensrechtlichen Streitigkeiten wird der Zuständigkeitsstreitwert auch nach § 3 ZPO ermittelt. Hier wird aber der Grundgedanke des § 12 Abs. 2 GKG herangezogen, der für den Gebührenstreitwert bestimmend ist: Der Wert des Streitgegenstandes wird unter Berücksichtigung aller Umstände des Einzelfalles, insbesondere des Umfangs und der Bedeutung der Sache sowie der Vermögens- und Einkommensverhältnisse der Parteien, nach Ermessen bestimmt. Einen Regelwert für nichtvermögensrechtliche Angelegenheiten gibt es nicht mehr; nach § 12 Abs. 2 Satz 4 GKG (aus dessen früherer Fassung der Regelwert entnommen worden ist) ist die Wertfestsetzung (lediglich) auf zwei Mio DM begrenzt.

Vermögensrechtlich sind nicht nur Geld- oder geldwerte Ansprüche, sondern auch solche, die auf vermögensrechtlichen Beziehungen beruhen[31]. Diese Ansprüche können mit der Leistungs-, Feststellungs- oder Gestaltungsklage verfolgt werden. Ein vermögensrechtlicher Anspruch ist weiter gegeben, wenn er zwar aus einem nichtvermögensrechtlichen Rechtsverhältnis hergeleitet wird, wenn sich aber aus dem Klagevorbringen oder aus offenkundigen Umständen ergibt, daß es dem Kläger in wesentlicher Weise auch um die Wahrung wirtschaftlicher Belange geht[32].

Ein prozessualer Anspruch, der nicht als vermögensrechtlich angesehen werden kann, ist ein nichtvermögensrechtlicher.

Nach früherer Auffassung ist bei Streitbeteiligung eines Idealvereins immer **1710**
eine nichtvermögensrechtliche Angelegenheit angenommen worden[33]; z. T. ist diese Meinung auch in neuerer Zeit vertreten worden[34]. Als vermögensrechtliche Angelegenheit ist ein Streit beurteilt worden, an dem ein Wirtschaftsverein beteiligt war[35]. Nach richtiger Auffassung kommt es nicht darauf an, ob ein Ideal- oder ein wirtschaftlicher Verein am Streit beteiligt ist; maßgebend ist vielmehr die Rechtsnatur des geltend gemachten Anspruchs[36]. Auch bei Beachtung dieser Grundsätze sind aber Streitigkeiten, an denen ein Wirtschaftsverein beteiligt ist, im Zweifel vermögensrechtliche; bei Streitbeteiligung eines Idealvereins ohne wirtschaftlichen Geschäftsbetrieb ist der Streit im Zweifel ein nichtvermögensrechtlicher. Beim Idealverein mit einem nicht unbedeutenden wirtschaftlichen Geschäftsbetrieb kommt es darauf an, ob der Streit mehr dem rein nichtwirtschaftlichen Bereich oder mehr dem Geschäftsbetrieb zuzurechnen ist. Bei einem Sportverein, der eine Profiabteilung und Amateurabteilungen unterhält, kann es von Bedeutung sein, ob ein Streit dem einen oder anderen Tätigkeitsbereich des Vereins zuzurechnen ist.

30 Vgl. *BGH* a. a. O.
31 *BGH* NJW 1982, 1525.
32 *BGH* NJW 1991, 847.
33 Vgl. z. B. RGZ 88, 332; *RG* HRR 1929 Nr. 256; *RG* JW 1935, 2632.
34 Vgl. *KG* RPfl 1962, 118; *OLG Frankfurt* RPfl 1966, 25; *OLG Köln* MDR 1984, 153.
35 Vgl. z. B. RGZ 89, 336; *RG* Warn. 1935 Nr. 103; *RG* JW 1937, 1997.
36 RGZ 163, 200/202; *BGH* NJW 1954, 833/834; *OLG Celle* NJW 1964, 359.

Soweit für die Bewertung eines Streitgegenstandes § 3 ZPO maßgebend ist[37], werden in der Regel folgende Bewertungsfaktoren zu berücksichtigen sein: Tätigkeitsgebiet des Vereins, Mitgliederzahl, Beitragsaufkommen sowie Vermögensverhältnisse. Vorrangig ist aber, wie ausgeführt, das wirtschaftliche Interesse des Klägers maßgebend. – Ist wegen nichtvermögensrechtlicher Anspruchsverfolgung nach (oder entsprechend) § 12 Abs. 2 GKG zu bewerten, so bemißt sich der in dieser Vorschrift enthaltene Bewertungsfaktor »Bedeutung der Sache« ebenfalls danach, welche Bedeutung die Sache für den Kläger nach dem Klagantrag hat, so daß das Interesse des Beklagten und der Allgemeinheit nicht wertbestimmend ist[38]. Bei dem Bewertungsfakor »Vermögensverhältnisse« sind diejenigen beider Parteien maßgebend.

1711 Einzelne Streitgegenstände:

Abberufung aus einem Vereinsamt: Bei einem Idealverein ohne wirtschaftlichen Geschäftsbetrieb liegt im allgemeinen ein nichtvermögensrechtlicher Streit vor. Hier ist die Bedeutung der verlorenen Organstellung mitzuberücksichtigen; es ist also ein Unterschied, ob der 1. Vorstandsvorsitzende oder ein Vorstandsmitglied abberufen worden ist, das keine Befugnis zur Außenvertretung hatte. Bei einem Idealverein mit wirtschaftlichem Geschäftsbetrieb ist die Abberufung des ehrenamtlichen Organträgers im allgemeinen auch eine nichtvermögensrechtliche Angelegenheit. Dies trifft im Regelfall auch bei der Abberufung eines besoldeten Vorstandsmitglieds zu; hier ist zwar die Organstellung von der Anstellung zu unterscheiden, gleichwohl ist bei der Bewertung des Verlusts der Organstellung auch der Verlust der Vergütung mitzuberücksichtigen. – Die Abberufung ist bei einem Wirtschaftsverein im allgemeinen eine vermögensrechtliche Angelegenheit.

Bei einem auf Gemeinde- oder Landkreisebene tätigen Verein wird ein über 10 000 DM liegender Streitwert im allgemeinen nicht in Betracht kommen. Die Abberufung aus einer Organstellung eines bundesweit tätigen Verbandes kann einen Streitwert zwischen 50 000 und 100 000 DM haben.

Aufnahme in einen Verein: Kommt ein Verein ohne wirtschaftlichen Geschäftsbetrieb in Betracht, ist im Regelfall ein nichtvermögensrechtlicher Streit gegeben. Der Streit um die Aufnahme in einen Wirtschaftsverein ist ein vermögensrechtlicher. Ein solcher kann auch gegeben sein, wenn ein Bewerber in einen Idealverein mit wirtschaftlichem Geschäftsbetrieb aufgenommen werden will. Wird z. B. von einem Sportverein die Aufnahme in einen Sportfachverband begehrt, um etwa an Wettkampfspielen der 1. oder 2. Bundesliga teilnehmen zu können, so ist ein vermögensrechtlicher Aufnahmeanspruch gegeben.

Bei der Bewertung kommt es auf die Bedeutung an, welche die Mitgliedschaft für den Aufnahmebewerber hat. Nicht unberücksichtigt darf z. B. werden, wenn ein Eintrittsgeld von etwa 20 000 DM bezahlt werden muß. Bei einem auf Gemeinde- oder Landkreisebene tätigen Verein wird im allgemeinen nur ein Streitwert bis 10 000 DM in Betracht kommen. Bei dem erwähnten Sportverein können die zu erwartenden Zuschauereinnahmen innerhalb eines Jahres ein Bewertungsfaktor sein.

37 Zuständigkeitswert, aber auch Gebührenwert bei einer vermögensrechtlichen Streitigkeit, vgl. § 12 Abs. 1 GKG.

38 *OLG Köln* JurBüro 1980, 577; *Schneider* Rn. 3415.

Ausschließung aus dem Verein: Die Ausschließung aus einem Idealverein ist im Zweifel eine nichtvermögensrechtliche Angelegenheit[39] und die Ausschließung aus einem Wirtschaftsverein im Regelfall eine vermögensrechtliche Angelegenheit. Auch beim Idealverein kann jedoch die Ausschließung zu einem Verlust von Vorteilen führen, die der Verein seinen Mitgliedern gewährt; sind diese Vorteile von wirtschaftlichem Wert, so ist eine vermögensrechtliche Angelegenheit gegeben[40]. Geht es jedoch dem ausgeschlossenen Mitglied darum, Nachteile in seiner Persönlichkeit, Ehre, Achtung und Geltung im Rahmen der Allgemeinheit zu bekämpfen, so ist ein nichtvermögensrechtlicher Anspruch gegeben[41].

Bei der Bewertung sind im allgemeinen die Dauer der Mitgliedschaft und bei einer Ausschließung aus wichtigem Grund auch der Grad der Schwere erhobener Vorwürfe Bemessungsfaktoren. Bei einem kleinen bis mittelgroßen Verein kommt ein über 10 000 DM liegender Streitwert kaum in Betracht[42]. Gehen aber vom Verein gewährte wirtschaftliche Vorteile verloren, so kann auch ein höherer Streitwert angemessen sein.

Beschlußanfechtung einschließlich der Anfechtung von Wahlen: Ist Streitgegenstand die Erhöhung von Mitgliederbeiträgen oder die Einführung von Umlagen, ist stets ohne Rücksicht auf die Vereinsart ein vermögensrechtlicher Streit gegeben. Die angefochtene Beschlußfassung über die Entlastung ist jedenfalls dann eine vermögensrechtliche Angelegenheit, wenn damit der Verein gegen das entlastete Organ mit Ersatzansprüchen ausgeschlossen wird. Im übrigen ist die Anfechtung von Versammlungsbeschlüssen beim Idealverein im Regelfall eine nichtvermögensrechtliche Angelegenheit und beim Wirtschaftsverein eine vermögensrechtliche[43]. Geht es bei der Anfechtung von Wahlen nur um rein personelle Fragen, so ist ebenfalls eine nichtvermögensrechtliche Angelegenheit gegeben[44]. Werden Beschlüsse mit vermögensrechtlichem Gehalt und zugleich Beschlüsse angefochten, die nichtvermögensrechtliche Angelegenheiten darstellen, so ist getrennt aus § 12 Abs. 2 GKG und aus § 3 ZPO zu bewerten; der Streitwert ist dann aus der Wertsumme gem. § 5 ZPO zu bilden[45].

Bei der Bewertung kommt es immer auf den Gehalt des angefochtenen Beschlusses, also auf die Bedeutung für das Vereinsleben an. Auch hier kann als Richtschnur gelten, daß der Streit über die Anfechtung des Beschlusses eines nur auf Gemeinde- oder Kreisebene tätigen Vereins einen Wert allenfalls bis 10 000 DM hat; der Streit um die Gültigkeit des Beschlusses der Mitgliederversammlung eines Landes- oder Bundesverbandes hat im Regelfall einen 10 000 DM übersteigenden Wert.

Namensführung: Der Streit eines beruflichen Zwecken dienenden Idealvereins auf Unterlassung der Namensführung durch einen anderen Verein ist vermö-

39 Vgl. *BGH* NJW 1954, 833/834; *OLG Frankfurt* RPfl 1966, 25; *OLG Köln* MDR 1984, 153; *OLG Koblenz* JurBüro 1990, 1034.

40 Vgl. *BGH* a. a. O.

41 Vgl. *BGH* und *OLG Koblenz* a. a. O.

42 Vgl. auch *OLG Koblenz* a. a. O.: 4 000 DM; *OLG Frankfurt* a. a. O.: 1 500 DM.

43 Vgl. auch *BGH* NJW 1982, 1525.

44 Vgl. *Hillach/Rohs* S. 127 f.

45 *Schneider* Rn. 4557.

gensrechtlicher Natur[46]. Gleiches gilt, wenn bei einer Vereinsabspaltung ein Streit zwischen dem ursprünglichen und dem abgespaltenen Verein um die Namensführung besteht und wenn im wesentlichen oder ausschließlich hierbei wirtschaftliche Zwecke verfolgt werden[47].

1711a Bei einem Streit zwischen Vereinsmitgliedern geht es im Regelfall um wirtschaftliche Belange, so daß vermögensrechtliche Ansprüche inmitten stehen. Dies gilt etwa dann, wenn zwei demselben Sportdachverband angehörige Vereine darüber streiten, welchem Verein die Transferrechte hinsichtlich eines Spielers zustehen.

1712 Vereinsstreitigkeiten werden häufig im Wege der Feststellungsklage ausgetragen. Hat die leugnende (negative) Feststellungsklage Erfolg, so schließt ein stattgebendes Urteil nicht nur eine gegnerische positive Feststellungsklage, sondern auch eine entsprechende Leistungsklage aus[48]. Da Streitgegenstand einer solchen Klage der geleugnete Anspruch des Gegners ist, dessen Nichtbestehen mit der Rechtskraft festgestellt werden soll, bemißt sich der Wert einer solchen Klage nach dem Anspruch, dessen sich der Beklagte berühmt[49]. Es kommt also der volle Wert eines durch die negative Feststellungsklage bekämpften Vereinsbeschlusses in Betracht. Bei der behauptenden (positiven) Feststellungsklage ist ein Abschlag von 20 % vorzunehmen[50].

2.4. Die örtliche Zuständigkeit

2.4.1. Klagen gegen den Verein

1713 Für Klagen gegen den Verein (auch den nichtrechtsfähigen) ist das Gericht zuständig, in dessen Bezirk der Verein seinen in der Satzung festgelegten Sitz hat (§ 17 Abs. 1 Satz 1 ZPO). Ist die Satzungsvorschrift über den Sitz nicht wirksam oder fehlt es – wie dies bei einem nichtrechtsfähigen Verein der Fall sein kann – an einer satzungsmäßigen Sitzbestimmung, so gilt als Sitz der Ort, an dem die Vereinsverwaltung geführt wird (§ 17 Abs. 1 Satz 2 ZPO). Dieser Gerichtsstand kommt auch in Betracht, wenn eine (Stadt-)Gemeinde in mehrere Gerichtsbezirke eingeteilt ist, die Satzung aber nur die Gemeinde als Sitz nennt. Durch die Satzung kann zusätzlich zu dem Sitzgerichtsstand nach § 17 Abs. 1 Satz 1 ZPO ein weiterer Gerichtsstand begründet werden (§ 17 Abs. 3 ZPO). Damit wird u. a. dem Umstand Rechnung getragen, daß sich am Satzungssitz nicht die Vereinsverwaltung befindet oder daß ein zweiter Nebensitz wegen der bundesweiten Betätigung des Vereins erforderlich ist. Stehen danach zwei Gerichtsstände zur Verfügung, so hat der Kläger das Recht, einen Gerichtsstand auszuwählen (§ 35 ZPO).

2.4.2. Klagen des Vereins gegen seine Mitglieder oder der Mitglieder gegeneinander

1714 In dem nach § 17 ZPO maßgebenden Gerichtsstand kann der Verein Klage gegen seine Mitglieder »als solche« erheben (§ 22 ZPO). Dies setzt die aktive

46 *BGH* GRUR 1953, 446.
47 *OLG Celle* NJW 1964, 359.
48 *BGH* NJW 1970, 2025.
49 *BGH* NJW 1994, 1222/1223.
50 *BGH* JurBüro 1975, 1598.

Parteifähigkeit des Vereins voraus, die nichtrechtsfähige Vereine nicht haben (arg. § 50 Abs. 2 ZPO), wohl aber Gewerkschaften[51]. Der Zweck der Regelung in § 22 ZPO ist es, Streitigkeiten, welche die inneren Rechtsbeziehungen des Vereins betreffen, am Vereinssitz zu konzentrieren[52]. Bei einem bundesweit tätigen Verband kann dies zur Folge haben, daß ein Mitglied bei einem weit von seinem Wohnort entfernten Gericht erscheinen oder sich dort vertreten lassen muß; diese Rechtsfolge kann nur der Gesetzgeber ändern[53]. Auf die Klagart kommt es beim Gerichtsstand nach § 22 ZPO nicht an[54].

Der Streitgegenstand muß sich jedoch aus dem Mitgliedschaftsverhältnis ergeben. In Betracht kommen Klagen des Vereins wegen rückständiger Beiträge, wegen Nichtentrichtung von Geldbußen, wegen Feststellung der Unwirksamkeit eines Austritts oder wegen Feststellung der Wirksamkeit eines Ausschlusses aus dem Verein. Mitglied im Sinne des § 22 ZPO ist auch ein Organmitglied, das keine gewöhnliche Mitgliedschaft im Verein hat. Der Verein kann deshalb im Gerichtsstand des § 22 ZPO Schadensersatzansprüche gegen Organmitglieder wegen schuldhaft schlechter Amtsführung erheben[55]; er kann auch Bereicherungsansprüche geltend machen, weil ein Organmitglied etwa Aufwendungen erhalten hat, auf die es keinen Anspruch hat. Weiter gehört hierher der Fall, daß ein Organmitglied nach Beendigung seines Amtes Unterlagen nicht herausgibt. Bei Organmitgliedern, die eine unerlaubte Handlung zum Nachteil des Vereins begangen haben, wird die Anwendung des § 22 ZPO z. T. verneint[56]. Dies kann nur angenommen werden, wenn die unerlaubte Handlung in keinem Zusammenhang mit der Organstellung begangen worden ist.

Der Gerichtsstand des § 22 ZPO ist nicht gegeben, wenn der Verein Ansprüche gegen ein Mitglied verfolgen will, die sich nicht aus dem Mitgliedschaftsverhältnis, sondern aus einem sonstigen Rechtsverhältnis, i. d. R. also aus einem nichtmitgliedschaftlichem Schuldverhältnis ergeben. Schließt z. B. ein Sportverein mit einem Vereinsmitglied einen Arbeitsvertrag, der die Erbringung sportlicher Leistungen zum Gegenstand hat, so sind Streitigkeiten aus diesem Vertragsverhältnis keine solchen nach § 22 ZPO. Gleiches gilt, wenn der Verein ein Mitglied deshalb in Regreß nimmt, weil es mit dem vereinseigenen PKW einen Dritten geschädigt hat.

Hat ein Mitglied in dieser Eigenschaft im Zusammenwirken mit einem Nichtmitglied einem Dritten schuldhaft einen Schaden zugefügt, so kann der Verein bei einem Regreßanspruch nur gegen das Mitglied beim Sitzgericht klagen.

Den für den Verein bestehenden Sitzgerichtsstand können auch Mitglieder in **1715**
Anspruch nehmen, wenn sie gegen ein anderes Mitglied in dieser Eigenschaft Klage erheben (§ 22 ZPO). Hier kommen in erster Linie Klagen aus unerlaubten Handlungen in Betracht, die sich unter Mitgliedern während einer Vereinsveranstaltung ereignet haben (Sportverletzungen, soweit diese einklagbar sind, oder Unterlassungsklagen wegen Verleumdungen in Mitglieder-

---

51 *BGH* NJW 1968, 1830.
52 Vgl. *BGH* NJW 1980, 1470/1471.
53 *BGH* NJW 1980, 343.
54 *Baumbach/Hartmann* § 22 ZPO Rn. 3.
55 Vgl. *Lang/Weidmüller/Metz* § 6 GenG Rn. 22.
56 Vgl. *Baumbach/Hartmann* § 22 ZPO Rn. 4; *Lang/Weidmüller/Metz* a. a O.

versammlungen). Nach neuerer Auffassung sind aber unter bestimmten Voraussetzungen nicht nur körperschaftsrechtliche Beziehungen zwischen dem Verein und den Mitgliedern gegeben, sondern auch zwischen diesen selbst. Solche Rechtsbeziehungen bestehen vor allem bei Vereinen, die Mitglieder eines übergeordneten Verbandes sind. Ist z. B. ein Bundesligaspiel angesetzt und sind hierfür bereits Karten verkauft, erscheint aber die Gastmannschaft grundlos nicht zum Spiel, so kann der gastgebende Verein seine Schadensersatzansprüche gegen den Gastverein im Gerichtsstand des Verbandssitzes verfolgen.

2.4.3. Beginn und Ende dieser Sitzgerichtsstände

1716 Die vorerwähnten Gerichtsstände bestehen von der Gründung[57] bis zum Ende des Vereins. Folgt der Auflösung ein Liquidationsabschnitt nach, so bestehen die Gerichtsstände weiter. Sie können aber nicht mehr in Anspruch genommen werden, wenn den Mitgliedern nach Liquidationsende das restliche Vereinsvermögen ausgehändigt worden ist und wenn zwischen diesen Verteilungsstreitigkeiten entstehen. Die sich aus § 22 ZPO ergebenden Gerichtsstände bestehen von der Aufnahme eines Mitglieds bis zu dessen Ausscheiden aus dem Verein. Für streitige Rechtsverhältnisse, die vor dem Ausscheiden eines Mitglieds begründet worden sind (z. B. rückständige Beiträge), bestehen die Gerichtsstände fort[58].

2.4.4. Der Gerichtsstand im Falle des Vereinskonkurses

1717 Ist über das Vermögen eines Vereins das Konkursverfahren eröffnet worden, so sind drei Tatbestände zu unterscheiden: Der konkursfreie Bereich, der Bereich, welcher der Verwaltungsbefugnis des Konkursverwalters untersteht und der weitere Bereich, in dem der Konkursverwalter und die Vereinsorgane, insbesondere der Vorstand, zusammenwirken müssen (vgl. Rn. 2043). Betrifft eine Klage die konkursfreien Bereiche (z. B. Personalentscheidungen der Mitgliederversammlung), so bestehen die sich aus § 17 Abs. 1 und 3, § 22 ZPO ergebenden Gerichtsstände weiter. Für Klagen, die sich materiell gegen die Konkursmasse richten, ist – sofern kein ausschließlicher Gerichtsstand (wie z. B. nach § 146 Abs. 2 KO) gegeben ist – der allgemeine Gerichtsstand am Wohnsitz des Konkursverwalters begründet[59]. Soweit Streitigkeiten gegeben sind, die den Zusammenwirkungsbereich von Konkursverwalter und Vorstand betreffen, kommen die Gerichtsstände nach §§ 17, 22 ZPO in Betracht.

3. Der Verein (Konkursverwalter) als Partei; die gesetzliche Vertretung des Vereins

3.1. Die Parteifähigkeit

3.1.1. Beginn der Parteifähigkeit des rechtsfähigen Vereins

1718 Nach § 50 Abs. 1 ZPO hängt die Parteifähigkeit, also die Fähigkeit, als Kläger oder Beklagter an einem Prozeß beteiligt zu sein, von der Rechtsfähigkeit ab.

---

57 Vgl. BGHZ 76, 231/235.
58 Vgl. *OLG Celle* VersR 1975, 993.
59 *BGH* NJW 1984, 739.

Die Parteifähigkeit des Vereins beginnt mit dem Erwerb der Rechtsfähigkeit durch Eintragung in das Vereinsregister oder durch staatliche Verleihung. Haben alle Mitglieder des (nichtrechtsfähigen) Vorvereins oder hat für sie der Vorstand in Prozeßstandschaft geklagt, so wird der Prozeß mit der Erlangung der Rechtsfähigkeit nicht unterbrochen, da zwischen dem nichtrechtsfähigen Vorverein und dem rechtsfähig gewordenen Verein grundsätzlich Identität besteht (vgl. Rn. 233); es ist lediglich die Parteibezeichnung dahin zu berichtigen, daß nunmehr als Kläger oder Beklagter der X-Verband e. V. in Betracht kommt.

3.1.2. Ende der Parteifähigkeit des rechtsfähigen Vereins

Die Auflösung des Vereins beendet die Parteifähigkeit nur dann, wenn der Fiskus als Anfallberechtigter des Vereinsvermögens in Betracht kommt (vgl. Rn. 2110). Schließt sich ein Liquidationsabschnitt an die Auflösung an, so besteht die Rechtsfähigkeit und damit die Parteifähigkeit des Vereins fort[60]. Dieser hat seine Rechtsfähigkeit und damit seine Parteifähigkeit dann verloren, wenn er in diesem Abschnitt völlig vermögenslos geworden ist[61] oder wenn das restliche Vermögen von den Liquidatoren an die Anfallberechtigten ausgehändigt worden ist. Anders als bei Handelsgesellschaften ist die Verteilung des Vermögens unter den Anfallberechtigten kein Tatbestand, der dann erst das Ende des Vereins herbeiführt. Die Registereintragung über die Beendigung der Liquidation und das Erlöschen des Vereins[62] ist lediglich ein Indiz dafür, daß der Verein sein Ende gefunden hat. Die Eintragung hat aber nur deklaratorische Bedeutung[63]; auf sie ist kein Verlaß, wenn der Verein gleichwohl (bisher noch verborgenes) Vermögen hat; gleiches gilt, wenn darüber gestritten wird, ob dem Verzicht auf die Rechtsfähigkeit ein gültiger Vereinsbeschluß zugrundeliegt. Wird der Verein nach dem Verzicht auf die Rechtsfähigkeit oder nach einem Auflösungstatbestand als nichtrechtsfähiger fortgesetzt, so ergeben sich keine Probleme, wenn der Verein Beklagter ist; ein nichtrechtsfähiger Verein ist passiv parteifähig (§ 50 Abs. 2 ZPO). Ist in einem solchen Fall der Verein Kläger, so müssen entweder alle Mitglieder als Kläger auftreten, oder der Vorstand muß für sie in Prozeßstandschaft handeln. **1719**

Schwebt ein Prozeß, an dem der Verein als Kläger oder Beklagter beteiligt ist, so wird Vermögenslosigkeit nicht angenommen und die Parteifähigkeit bejaht, wenn der Verein Vermögensrechte gerichtlich durchsetzen oder Ansprüche abwehren will, die seiner Ansicht nach nicht entstanden sind[64].

Wird darüber gestritten, ob der Verein (schon oder noch) die Parteifähigkeit hat, so gilt er für diesen Streit als parteifähig, auch wenn sich im Prozeß herausstellt, daß er diese Eigenschaft verloren hat[65].

Beim Verein, der seine Rechtsfähigkeit verloren hat, kann sich die Notwendigkeit ergeben, noch Abwicklungsmaßnahmen durchzuführen, die nicht

60 Vgl. § 49 Abs. 2 BGB.

61 Vgl. *BGH* NJW 1988, 1321/1322.

62 Vgl. *Böttcher* RPfl 1988, 169/175.

63 Vgl. *BFH* DB 1985, 1872.

64 *BGH* WM 1986, 145; *BGH* VersR 1991, 121; *BGH* GmbHR 1994, 260; *BAG* NJW 1988, 2637/2638.

65 Vgl. BGHZ 24, 91/94; *BGH* NJW 1993, 2943/2944; *BAG* NJW 1988, 2637.

dem Vermögenserwerb, wohl aber berechtigten Interessen dienen[66]. In diesem Fall lebt die Rechtsfähigkeit und damit die Parteifähigkeit wieder auf; sie beschränkt sich aber auf die noch erforderlich gewordene Abwicklungsmaßnahme.
Klagt eine nicht parteifähige Vereinigung oder wird eine solche verklagt, so wird die Klage als unzulässig abgewiesen. Die Kosten trägt nach dem Verursachungsprinzip derjenige, der eine solche Klage veranlaßt hat[67].

3.1.3. Die nur passiv gegebene Parteifähigkeit des nichtrechtsfähigen Vereins im Zivilprozeß

1720 Nichtrechtsfähige Vereine können nicht als Kläger in einem Zivilprozeß auftreten. Sie haben nur die passive Parteifähigkeit (§ 50 Abs. 2 ZPO), sie können als solche also nur verklagt werden. Der z. T. vom Schrifttum verlangten aktiven Parteifähigkeit dieser Vereine wegen der Angleichung ihres Rechts an das der rechtsfähigen Vereine ist der *BGH* (NJW 1990, 186 f.) mit der tragenden Erwägung entgegengetreten, daß es angesichts der klaren Regelung in § 50 Abs. 2 ZPO nur Sache des Gesetzgebers sein kann, den nichtrechtsfähigen Vereinen die aktive Parteifähigkeit zuzuerkennen.
Gewerkschaften sind als nichtrechtsfähige Vereine organisiert. Sie haben auch die aktive Parteifähigkeit[68], nicht aber Untergliederungen[69]. Nichtrechtsfähige Vereine haben die Möglichkeit, den Vorstand in der Satzung zu ermächtigen, Aktivprozesse für alle Mitglieder zu führen. Dadurch wird vermieden, daß sämtliche Mitglieder als Kläger aufgeführt werden müssen.

3.1.4. Die aktive und passive Parteifähigkeit von Vereinsuntergliederungen

1721 Dachvereine mit einer zwei- oder dreifachen horizontalen Gliederung haben Untergliederungen, die z. T. rechtsfähige und z. T. nichtrechtsfähige Vereine sind. Ergibt sich dies aus der Satzung des Dachverbandes, so ist die Frage der aktiven und passiven Parteifähigkeit nicht zweifelhaft.
Verschiedene Dachverbandssatzungen sehen vor, daß die unterste, auf örtlicher Basis bestehende Gliederung ein unselbständiger Bestandteil des Dachverbandes ist. Es fehlt dann auch die passive Parteifähigkeit.

1722 Fehlt es an einer klaren Satzungsregelung, so ist die Untergliederung eines Dach- oder Gebietsverbandes nur dann ein nichtrechtsfähiger Verein und damit passiv parteifähig, wenn die folgenden Voraussetzungen gegeben sind: Die Untergliederung muß

- eine körperschaftliche Verfassung haben, die aber vom Dachverband beschlossen oder als Mustersatzung vorgeschrieben sein kann,
- eine Vereinsmitgliedschaft gewähren und muß vom Wechsel der Mitglieder unabhängig sein,
- einen eigenen Namen führen, der Teile des Namens des Gesamtvereins enthalten kann,

---

66 *BGH* WM 1988, 1750.

67 *BGH* WM 1976, 686; *BGH* NJW 1983, 883/884; *OLG Hamm* NJW-RR 1989, 1532/1534.

68 BGHZ 42, 210; 50, 325; vgl. auch § 10 ArbGG.

69 *BGH* MDR 1972, 859.

– neben der unselbständigen Tätigkeit für den Dach- oder Gesamtverein Aufgaben auch eigenständig wahrnehmen[70].

Die Untergliederung, welche die passive Parteifähigkeit in Anspruch nimmt, muß also selbst handlungsfähig und gegenüber der Gesamtorganisation wenigstens in Teilbereichen selbständig sein[71].

Den politischen Parteien ist in § 3 PartG die prozessuale (aktive und passive) Parteifähigkeit verliehen worden. Diese kommt jedoch nur der obersten Organisationsstufe einer Partei, also der Bundespartei oder Landespartei, und deren Gebietsverbänden der jeweils höchsten Organisationsstufe, bei einer Bundespartei somit nur den Landesverbänden dieser Partei zu. Parteigliederungen unter dieser Organisationsstufe wie Orts-, Kreis- und Bezirksverbände haben keine volle Parteifähigkeit nach § 3 PartG. Sind die oben dargestellten Voraussetzungen für die Annahme eines nichtrechtsfähigen Vereins gegeben, so sind sie nach § 50 Abs. 2 ZPO passiv parteifähig[72]. **1723**

Parlamentsfraktionen politischer Parteien werden z. T. als nichtrechtsfähige Vereine angesehen[73].

3.2. Der Konkursverwalter als Partei

Zur Konkursmasse und damit zur Verfügungsgewalt des Konkursverwalters gehört das gesamte der Zwangsvollstreckung unterliegende Vermögen des Gemeinschuldners, das ihm zur Zeit der Konkurseröffnung gehört (§§ 1, 6 KO). Betrifft ein Streitgegenstand die Konkursmasse des Vereins, so wird dieser allein durch den Konkursverwalter vertreten. Es kann eine mittelbare Beziehung zur Konkursmasse genügen, z. B. bei einer Feststellungsklage, welche der Vorbereitung eines die Konkursmasse betreffenden Anspruchs dient[74]. Die bis zur Konkurseröffnung fällig gewordenen Beiträge kann nur der Konkursverwalter einklagen. Ist mit dem Mitglied Ratenzahlung vereinbart worden, so kann der Konkursverwalter nicht die nach Konkurseröffnung fällig gewordenen Raten einklagen. Nach Konkurseröffnung werden nach Meinung des BGH keine Mitgliedsbeiträge geschuldet. Die Satzung kann aber ausdrücklich etwas anderes vorsehen. Ist dies der Fall, so kann der Konkursverwalter solche Beiträge nur einklagen, wenn ihm der Verein diese Ansprüche abgetreten hat[75]. **1724**

Bei nichtvermögensrechtlichen Ansprüchen verbleibt es bei der alleinigen Verfügungsbefugnis des Vereins, so daß eine Zuständigkeit des Konkursverwalters ausscheidet; der Verein wird dann allein durch den Vorstand vertreten. Erhebt ein Mitglied eines Konkursvereins Klage auf Feststellung der Unwirksamkeit eines Versammlungsbeschlusses, so wird der Verein nur dann durch den Konkursverwalter vertreten, falls die Klage die Konkursmasse berührt[76]. Dies wird bei einer Kostenbelastung des im Prozeß unterlegenen Vereins zu bejahen **1725**

---

70 Vgl. BGHZ 90, 331/333 = NJW 1984, 2223.

71 Vgl. BAGE 26, 107; *BAG* NZA 1986, 480/481.

72 Vgl. *OLG Frankfurt* OLGZ 1984, 468/469 f. m. w. N.; *KG* NJW 1988, 3159; *Kainz* NJW 1985, 2616 ff.

73 Vgl. z. B. *ArbG Berlin* NJW 1990, 534.

74 *BAG* NJW 1984, 998.

75 Vgl. BGHZ 96, 253 ff.

76 Vgl. *BGH* NJW 1960, 1006.

sein. Wird dieser Gesichtspunkt außer Betracht gelassen (der Verein kann vom Konkursbeschlag nicht erfaßtes Vermögen infolge Neuerwerbs nach der Konkurseröffnung haben), so ist z. B. die Klage eines Mitglieds wegen einer disziplinären Ordnungsmaßnahme allein gegen den Verein zu richten, der durch den Vorstand vertreten wird. Nur der durch den Vorstand vertretene Verein kann auf Feststellung gegen ein Mitglied klagen, daß seine Mitgliedschaft infolge Ausschlusses beendet ist.

Vor allem bei Vereinen mit einem bedeutenden wirtschaftlichen Geschäftsbetrieb gibt es Überschneidungsbereiche, in denen Konkursverwalter und Vereinsorgane, vor allem der Vorstand, zusammenarbeiten müssen (vgl. Rn. 2043). Kommt es in diesem Überschneidungsbereich zu einem Prozeß, so wird der Verein durch den Konkursverwalter und durch den Vorstand vertreten.

4. Die Vertretung des Vereins

1726 Vgl. dazu Rn. 1371 ff.

5. Mögliche Klagen bei Vereinsstreitigkeiten

5.1. Die fehlende kassatorische Anfechtungsklage im Vereinsrecht

1727 Das deutsche Körperschaftsrecht wird von dem Grundsatz beherrscht, daß Beschlüsse in der Versammlung der Körperschaftsmitglieder bei besonders schweren, meist im Gesetz aufgezählten Mängeln nichtig sind, daß aber Beschlüsse, die an weniger schweren Mängeln leiden, wirksam sind, es sei denn, sie werden auf Klage vom Gericht für unwirksam erklärt[77]; vgl. dazu näher Rn. 1132 ff.

1728 Der BGH hat es bisher abgelehnt, im Wege der Rechtsfortbildung die aktienrechtliche Nichtigkeits- und Anfechtungsklage in entsprechender Anwendung der §§ 241 ff., 248, 249 AktG im Vereinsrecht zuzulassen; vgl. dazu Rn. 1135.

1729 Die entsprechende Anwendung dieser Vorschriften ist indes im Vereinsrecht nicht erforderlich.

Auch hier ist zwischen absolut nichtigen und fehlerhaften Beschlüssen oder Maßnahmen von Vereinsorganen (vor allem der Mitgliederversammlung) zu unterscheiden. In beiden Fällen reicht die Feststellungsklage aus, um die Unwirksamkeit solcher Beschlüsse und Maßnahmen gerichtlich feststellen zu lassen. Absolut nichtige Beschlüsse entfalten keine Rechtswirkung; werden sie auf Feststellungsklage vom Gericht für unwirksam erklärt, so stellt ein Urteil nur eine bestehende Rechtsfolge fest. Fehlerhafte Beschlüsse, also solche, die an weniger schweren Mängeln leiden, können ebenfalls auf entsprechende Klage vom Gericht für unwirksam erklärt werden.

Die nicht entsprechende Heranziehung der Wirkungen eines aktienrechtlichen Anfechtungsurteils im Vereinsrecht ergibt allerdings ein Rechtskraftproblem,

77 Vgl. §§ 241, 249 AktG sowie §§ 243, 248 AktG; vgl. zur Nichtigkeits- und Anfechtungsklage gegen Beschlüsse bergrechtlicher Gewerkenversammlungen BGHZ 84, 209/212 f./219 ff. sowie *BGH* WM 1987, 210.

auf das die Vertreter der Ansicht, die aktienrechtlichen Vorschriften seien entsprechend anzuwenden[78], zu Recht hinweisen. Das der aktienrechtlichen Anfechtungsklage stattgebende Urteil hat über den Wortlaut des § 248 Abs. 1 Satz 1 AktG hinaus eine Inter-omnes-Wirkung[79]. Diese Wirkung ist deshalb gerechtfertigt, weil die Aktionäre (GmbH-Gesellschafter) und die Mitglieder von Genossenschaften von der Klageerhebung verständigt werden[80].

Dem die Nichtigkeit eines Beschlusses der Mitgliederversammlung fest- **1730**
stellenden rechtskräftigen Urteil muß aus Gründen der Rechtssicherheit ebenfalls eine rechtsgestaltende Wirkung beigemessen werden; die Rechtskraft wirkt nicht nur zwischen den Parteien des Rechtsstreits, sondern allgemein innerhalb des Vereins, falls dieser als Partei beteiligt war[81]. Ein solches rechtskräftiges Feststellungsurteil muß auch das Registergericht beachten[82], obwohl für das Vereinsrecht eine dem § 16 HGB entsprechende Vorschrift fehlt[83]. Im Kapitalgesellschaftsrecht ist es möglich, die Klage auf Nichtigerklärung eines Beschlusses mit dem Antrag auf Feststellung des zutreffenden Beschlußergebnisses zu verbinden[84]. Obwohl die Beschlußfeststellungsklage eine solche nach § 256 ZPO ist, hat das Urteil – jedenfalls bei Verständigung der übrigen Gesellschafter von der Klage[85] – Wirkungen zumindest zwischen der Gesellschaft und allen Gesellschaftern[86]. Nach herrschender Auffassung unterliegen Beschlüsse des Aufsichtsrats einer AG vereinsrechtlichen Regeln; die Vorschriften über nichtige oder anfechtbare Beschlüsse der Hauptversammlung finden keine Anwendung[87]. Erhebt ein Mitglied des Aufsichtsrats gegen die Gesellschaft Klage auf Feststellung der Unwirksamkeit eines Aufsichtsratsbeschlusses gem. § 256 ZPO[88], so wird – soweit ersichtlich – nirgendwo die Auffassung vertreten, das ergehende Urteil habe nur Wirkungen zwischen den Parteien dieses Prozesses.

Wird dem rechtskräftigen Urteil, das die Unwirksamkeit eines Beschlusses der **1731**
Mitgliederversammlung feststellt, rechtsgestaltende Wirkung zugesprochen, so ist es aus verfassungsrechtlichen Gründen geboten, die übrigen Vereinsmitglieder von der Klageerhebung zu verständigen[89]. Nach BVerfGE 60, 7/13[90] ist

---

78 Vgl. z. B. *K. Schmidt* Die AG 1977, 243/249; *ders.* FS Walter Stimpel, 1985, S. 217 ff.; *Noack* S. 86; *Grunewald* S. 270; mit Einschränkungen auch MünchKomm/*Reuter* § 32 BGB Rn. 34.

79 Vgl. weiter § 51 Abs. 5 Satz 1 GenG sowie § 45 Abs. 2 WEG.

80 § 246 Abs. 4 AktG; § 51 Abs. 4 GenG; Wohnungseigentümer werden am Verfahren formell beteiligt, vgl. § 43 Abs. 4 Nr. 2 i. V. m. § 43 Abs. 1 Nr. 4 WEG.

81 Vgl. *BGH* MDR 1993, 183; RGRK/*Steffen* Rn. 17, *Erman/Westermann* Rn. 6, *Palandt/Heinrichs* Rn. 11, *Soergel/Hadding* Rn. 40, je zu § 32 BGB; *Sauter/Schweyer* Rn. 215.

82 *RG* JW 1929, 2708.

83 Vgl. auch RGZ 85, 311 ff.: Hat der Gesellschafter einer GmbH eine Entscheidung gegen die Gesellschaft erlangt, so muß sie in dieser allgemein beachtet werden, weil es im Verband nur einen Willen geben kann.

84 BGHZ 76, 191/197; 97, 28/30 ff.

85 *BGH* a. a. O.

86 *Baumbach/Zöllner* Anh. § 47 GmbHG Rn. 90 c; *Rowedder/Koppensteiner* § 47 GmbHG Rn. 124.

87 *Lowe* S. 30 m. w. N.

88 Vgl. z. B. *BGH* NJW 1982, 1528/1529 und 1983, 991.

89 Ebenso: *Noack* S. 86 ff.

90 = NJW 1982, 1635 f.

auch demjenigen rechtliches Gehör gem. Art. 103 Abs. 1 GG zu gewähren, der zwar selbst nicht am Prozeß beteiligt ist, dem gegenüber aber die richterliche Entscheidung materiellrechtlich wirkt. Er muß die Möglichkeit haben, sich als Nebenintervenient am Verfahren beteiligen zu können[91].
Diese Verständigung muß satzungsmäßig verankert sein. Sie hat der Vorstand vorzunehmen. Das BVerfG (a. a. O.) hat es offengelassen, ob die Verständigungspflicht auch gilt, wenn der in Betracht kommende Personenkreis nicht überschaubar ist. Bei Vereinen mit großer Mitgliederzahl kann eine Bekanntmachung in öffentlichen Blättern in Betracht kommen[92].

5.2. Die Feststellungsklage

5.2.1. Allgemeines

1732 Da es im Vereinsrecht keine kassatorische Anfechtungsklage gibt, kann nur mit der Feststellungsklage erreicht werden, daß ein Versammlungsbeschluß oder eine sonstige Vereinsmaßnahme für unwirksam erklärt wird. Diese Klage ist ein Mittel zur Vorbeugung oder Beseitigung einer Rechtsverletzung; mit dem der Klage stattgebenden rechtskräftigen Urteil wird zugleich die Rechtsverletzung festgestellt[93].
Betrifft das Feststellungsurteil einen absolut nichtigen Vereinsbeschluß oder einen sonstigen nichtigen Vereinsrechtsakt, so stellt es einen bereits bestehenden rechtlichen Tatbestand fest. Betrifft aber das Urteil einen mit einem weniger schweren Mangel behafteten und deshalb nur anfechtbaren Beschluß (Maßnahme), so wird mit dem Eintritt der Rechtskraft seine Unverbindlichkeit festgestellt; bis dahin darf der Beschluß (Vereinsakt) nicht als unwirksam behandelt werden.

5.2.2. Mögliche Klaganträge

1733 Die gegen den Verein gerichtete Klage kann folgende Anträge enthalten:
Es wird festgestellt, daß der Beschluß der Mitgliederversammlung des Beklagten vom ... über die Ausschließung des Klägers unwirksam ist[94].
Oder: Es wird festgestellt, daß der Kläger noch Vorstandsmitglied des Beklagten ist und daß alle seit dem ... im Vereinsregister VR ... vorgenommenen Vorstandseintragungen unzulässig sind[95].
Oder: Es wird festgestellt, daß dem Kläger für die Zeit seiner Amtstätigkeit als Vorstand vom ... bis ... in der Mitgliederversammlung vom ... Entlastung erteilt worden ist[96].

---

91 Vgl. auch BGHZ 97, 28/30.
92 *Noack* S. 88.
93 Vgl. BGHZ 68, 331.
94 Vgl. BGHZ 105, 306/309; *BGH* NJW 1990, 40; dieser Antrag erfaßt auch den Fall, daß eine Person ausgeschlossen worden ist, die z. Zt. der Beschlußfassung nicht mehr Mitglied war, vgl. BayObLGZ 7, 577 = OLGE 15, 305 Fußn. 1.
95 Vgl. *RG* JW 1935, 2632/2633.
96 Vgl. *BGH* NJW 1987, 2430.

Oder: Es wird festgestellt, daß die in der Mitgliederversammlung vom ... durchgeführten Wahlen ungültig sind[97].

5.2.3. Die Beschränkung der Feststellungsklage auf Beschlußteile

Wird die Feststellungsklage gegen einen Beschluß der Mitgliederversammlung erhoben, so muß dieser nicht insgesamt angefochten werden, wenn ein Teil abtrennbar ist. Ist z. B. Anfechtungsgegenstand eine Wahl und ist über eine einheitliche Wahlliste abgestimmt worden, so kann die Anfechtung auf die Wahl bestimmter Personen beschränkt werden[98]. **1734**

5.2.4. Zur Pflicht eines Mitglieds zur Erhebung einer Feststellungsklage aus dem Treugedanken heraus

Ausnahmsweise kann die Treupflicht einem Mitglied gebieten, eine Feststellungsklage gegen den Verein zu erheben. Dies ist etwa der Fall, wenn zwischen dem Mitglied und dem Verein Meinungsverschiedenheiten über die Anerkennung eines der Sportausübung dienenden Mittels durch den Verein bestehen[99]. Dieser Streit muß u. U. durch Feststellungsklage ausgetragen werden. Versagt der Verein die Anerkennung und erwächst dem Mitglied hieraus ein Schaden, so kann diesem in einem Schadensersatzprozeß der Vorwurf mitwirkenden Verschuldens (§ 254 BGB) entgegengesetzt werden, wenn die Feststellungsklage unterlassen worden ist[100]. **1735**

5.2.5. Das Feststellungsinteresse und die Klageberechtigten

Die Feststellungsklage erfordert ein rechtliches Interesse des Klägers daran, daß alsbald das Bestehen oder Nichtbestehen eines Rechtsverhältnisses durch Urteil festgestellt wird (§ 256 Abs. 1 ZPO). Unter Rechtsverhältnis wird die aus einem vorgetragenen Sachverhalt abgeleitete rechtliche Beziehung von Personen untereinander oder zu Sachen verstanden; darunter fallen auch einzelne Folgen solcher Rechtsbeziehungen, nämlich Ansprüche[101]. Das rechtliche Interesse darf nicht bloß ein wirtschaftliches sein; es genügt aber die Ansehenswahrung[102]. Ein Feststellungsinteresse ist zu bejahen, wenn nach Lage des Falles durch das Feststellungsurteil des begehrten Inhalts eine sachgemäße und erschöpfende Lösung des Streits zu erwarten ist[103]. Ein solches Urteil kann der Durchsetzung eines Anspruchs, aber auch der Verteidigung gegen einen Anspruch dienen[104]. Bei der Prüfung der Frage, ob der Kläger ein rechtliches Feststellungsinteresse hat, wird dessen Vorbringen in tatsächlicher und rechtlicher Hinsicht als wahr unterstellt[105]. **1736**

97 Vgl. BGHZ 59, 369/370; *KG* NJW 1988, 3159.
98 Vgl. *BGH* NJW 1960, 1447/1450.
99 *BGH* NJW 1990, 2877/2879: Anerkennung eines Schiffes eines Mitglieds zur Teilnahme an einer Yachtregatta.
100 *BGH* a. a. O.
101 *BGH* MDR 1983, 1014.
102 *BGH* MDR 1984, 28.
103 *BGH* NJW 1988, 774/775.
104 *BGH* WM 1982, 619.
105 *BGH* NJW 1990, 2627/2628.

1737 Gegen einen seiner Meinung nach nichtigen und anfechtbaren Beschluß der Mitgliederversammlung ist jedes Vereinsmitglied zur Feststellungsklage berechtigt[106], da es befugt ist, an der Willensbildung im Verein mitzuwirken[107]. Auf das Stimmrecht in der Versammlung kommt es nicht an. Es kann sogar dasjenige Mitglied Klage erheben, das für den nichtigen Beschluß gestimmt hat. Ist der Kläger Mitglied eines Großvereins und hat er eine mehrfach gestufte Mitgliedschaft von der untersten Organisationsstufe bis zum Groß- oder Dachverein, besteht in diesem aber eine Delegiertenversammlung, so ist er gleichwohl zur Anfechtung berechtigt (vgl. Rn. 2713). Auch Organmitglieder, welche keine Vereinsmitglieder sind, sind anfechtungsberechtigt[108].

1738 Es wurde bereits ausgeführt, daß für das rechtliche Interesse auch eine Beeinträchtigung des Ansehens (und auch der Ehre) genügt. Deshalb kann ein Mitglied gegen seine Ausschließung auch dann klagen, wenn es nach diesem Vereinsbeschluß freiwillig aus dem Verein ausgetreten ist[109]; gleiches gilt, wenn der Kläger zu erkennen gegeben hat, daß er auf die weitere Vereinsmitgliedschaft keinen Wert mehr lege[110].

1739 Ein Dritter (Fehlen der gewöhnlichen Mitgliedschaft oder der Organmitgliedschaft) hat ohne weiteres ein Feststellungsinteresse, wenn er in unzulässiger Weise mit einem disziplinären Ordnungsmittel belegt worden ist. Ist die Mitgliedschaft nach der Satzung übertragbar, aber von der Genehmigung der Mitgliederversammlung abhängig, so kann der künftige Erwerber die zu Unrecht versagte Genehmigung mit der Feststellungsklage bekämpfen[111].

1740 Die Feststellungsklage ist gegenständlich nicht auf Beschlüsse der Mitgliederversammlung beschränkt. Mit ihr können auch Entscheidungen anderer Vereinsorgane, also z. B. des Vorstands oder eines Vereinsgerichts im disziplinären oder nichtdisziplinären Ordnungsbereich angefochten werden. Fordert z. B. der Vorstand von einem Mitglied die Zahlung von Gebühren, die nur in einer Vereinsordnung, nicht aber in der Satzung ihre Grundlage hat, so kann hiergegen vom Mitglied die Feststellungsklage mit dem Antrag erhoben werden, daß der Verein nicht berechtigt ist, diese Gebühr einzufordern[112]; die Feststellungsklage kann auch der Verteidigung gegen einen vermeintlichen Anspruch dienen.

1741 Auch der Verein selbst kann Veranlassung haben, gegen ein gewöhnliches Mitglied oder gegen ein Organmitglied die Feststellungsklage zu erheben. So kann z. B. die streitige Frage des Zeitpunktes des Ausscheidens eines Mitglieds einer gerichtlichen Klärung zugeführt werden. Der Verein kann gegen ein Organmitglied Klage auf Feststellung erheben, daß die Amtsniederlegung mit der Satzung nicht in Einklang steht und sie deshalb unwirksam ist.

5.2.6. Fragen der Darlegungs- und Beweislast

1742 Bei der positiven Feststellungsklage muß der Kläger einen Sachverhalt vortragen, aus dem er bestimmte Rechtsfolgen herleitet.

106 *BGH* NJW 1975, 2101 und 1987, 1811.
107 Vgl. auch *BGH* NJW 1987, 2364/2366.
108 *Soergel/Hadding* § 32 BGB Rn. 40.
109 *RG* JW 1925, 1392; 1929, 847.
110 *OLG Hamm* BB 1976, 663.
111 Vgl. auch BGHZ 15, 382/390.
112 Vgl. *RG* OLGE 32, 333 Fußn. 1.

Bei der negativen Feststellungsklage muß der Kläger darlegen, daß der Beklagte aus einem bestimmten Sachverhalt Rechte (u. U. Ansprüche) geltend machen will[113]. **1743**

Wer die Behauptungslast hat, ist im Regelfall auch beweisbelastet[114]. **1744**

Im Prozeß hat die Partei, die einen Anspruch geltend macht, die (anspruchs-) **1745** rechtsbegründenden Tatsachen darzulegen und im Streitfall zu beweisen; der Gegner hat diejenigen Umstände zu beweisen, die dem Anspruch entgegenstehen, also die rechtshindernden, rechtsvernichtenden und rechtshemmenden Tatsachen[115]. Auf die Parteirolle kommt es nicht an. Gegner ist, wer ein Recht (einen Anspruch) trotz gewisser Entstehung leugnet[116].

Nimmt der Verein ein Mitglied aus einem Vereinsbeschluß in Anspruch, so **1746** trägt er die Beweislast für die Satzungsmäßigkeit des Beschlusses, aus dem er Rechte herleitet[117]; dazu gehören die Förmlichkeiten der Einberufung, der Beschlußbeurkundung, der Versammlungsleitung und der Abstimmung[118].

Erhebt ein Vereinsmitglied eine Klage auf Feststellung der Unwirksamkeit eines Vereinsbeschlusses, so hat es darzulegen und im Streitfall zu beweisen[119]:

- die Anfechtungsbefugnis (Mitglied, Erklärung eines Widerspruchs),
- u. U. die Rechtzeitigkeit der Klage,
- die Tatsachen, aus denen sich Anfechtungsgründe ergeben, also zunächst eine Beschlußfassung und sodann Gründe für deren Unwirksamkeit; es genügt z. B. nicht, nur zu behaupten, es seien nicht alle Mitglieder eingeladen worden, es sind vielmehr die dem Kläger bekannten Umstände darzulegen, aus denen sich zumindest ein begründeter Zweifel an der Wirksamkeit des Beschlusses ergibt.

Diese Beweislastverteilung gilt dem Grundsatz nach. In bestimmten Fällen **1747** wird dem Gegner der beweisbelasteten Partei eine gewisse (sekundäre) Behauptungs- und Beweislast auferlegt, vor allem dann, wenn eine darlegungspflichtige Partei außerhalb des von ihr darzulegenden Geschehensablaufs steht und keine nähere Kenntnis der maßgebenden Tatsachen besitzt, der Prozeßgegner sie aber hat und ihm nähere Angaben zumutbar sind[120]. Diese Darlegungen des Prozeßgegners muß dann der anfechtende Kläger widerlegen[121].

Die primäre Behauptungs- und Beweislast des klagenden Mitglieds und die se- **1748** kundäre gleiche Last des beklagten Vereins kommen vor allem bei Verfahrensfehlern in Betracht. Bei vom Kläger in etwa dargelegten Fehlern bei der Vorbereitung und Einberufung der Mitgliederversammlung hat der Verein die Darlegungslast hinsichtlich der in Betracht kommenden Vorgänge, soweit sie der Kläger nicht näher kennen kann. Im Grunde gilt dies auch für Fehler in der Versammlung. Individuelle Beeinträchtigungen aber, wie etwa die Verweige-

113 Vgl. *BAG* NJW 1985, 220/221.
114 Vgl. z. B. *Hüffer* FS Fleck S. 151/154.
115 *BGH* NJW 1989, 1728/1729.
116 BGHZ 87, 393/399.
117 BGHZ 49, 209/211 = NJW 1968, 543.
118 *Soergel/Hadding* § 32 BGB Rn. 37.
119 Vgl. *BGH* NJW 1978, 1316/1317; NJW 1987, 1262/1263 und 1811; *Hüffer* a. a. O. S. 156 f.
120 Vgl. *BGH* NJW 1978, 1316/1317; 1987, 1201 und 2008; 1989, 161/162; 1990, 3151 f.
121 *BGH* NJW 1978, 1316/1317.

rung des Zutritts, einen unberechtigten Redeentzug oder Saalverweis hat der Kläger ebenso darzulegen und im Streitfall nachzuweisen wie etwa eine unberechtigt verweigerte Auskunft zum Geschäftsbericht des Vorstands[122]. In diesen Fällen obliegt aber dem Verein der Nachweis, daß ein bestehender Verfahrensfehler für das Beschlußergebnis nicht relevant war (vgl. nachstehend Rn. 1751).

1749 Bekämpft ein Vereinsmitglied mit der Feststellungsklage einen Vereinsbeschluß, durch den es aus dem Verein ausgeschlossen oder eine (sonstige) Ordnungsmaßnahme verhängt worden ist, so muß das klagende Mitglied den Vereinsbeschluß und evtl. die Erschöpfung des vereinsinternen Rechtsweges sowie Gründe für die Nichtberechtigung der Maßnahme darlegen. Da in solchen Fällen aber der Verein der »Angreifer« ist, ist seine Darlegungs- und materielle Beweislast hier etwas abweichend von den vorstehend aufgeführten Grundsätzen[123]. Der Verein muß darlegen und evtl. beweisen, daß der Ordnungstatbestand nach der Satzung oder wegen Vorliegens eines wichtigen Grundes gegeben ist[124] und evtl., daß das betroffene Mitglied ein Verschulden trifft[125]. Weiter ist der Verein darlegungs- und beweispflichtig dafür, daß die satzungsmäßigen Zuständigkeits- und Verfahrensregeln eingehalten worden sind (vgl. Rn. 1802) und die der Ordnungsmaßnahme zugrunde gelegten Tatsachen zutreffen[126]. Kann der Verein die formelle Ordnungsmäßigkeit seiner Maßnahme nachweisen, so muß das betroffene Mitglied darlegen und den Beweis führen, daß Tatsachen vorliegen, aus denen sich ergibt, daß die Ordnungsmaßnahme gleichwohl unwirksam ist, etwa weil sie gesetz- oder sittenwidrig (vgl. Rn. 1809 f.), willkürlich (vgl. Rn. 1814) oder offenbar unbillig ist[127]. Für die Unverhältnismäßigkeit der Maßnahme hat nicht das betroffene Mitglied, sondern der Verein die Darlegungs- und Beweislast[128]. Kommt eine mildere Eingriffsmöglichkeit als der Ausschluß in Betracht, so muß der Verein darlegen, welche Möglichkeiten neben dem Ausschluß bestehen, um den Interessen der übrigen Vereinsmitglieder gerecht zu werden. Schlägt der Verein bindend eine annehmbare Lösung vor (damit der Ausschluß vermieden wird), so muß der Betroffene diese akzeptieren und die Hauptsache für erledigt erklären. Verschließt er sich dem und hält er seinen Klagantrag aufrecht, so wird die nunmehr unbegründet gewordene Klage abgewiesen[129]. Gleiches gilt, wenn das Gericht einen für den Kläger annehmbaren Vergleichsvorschlag macht und der Kläger auf diesen nicht eingeht[130].

1750 Bei disziplinären Ordnungsmaßnahmen kommen die strafprozessualen Grundsätze zur Anwendung, wonach den Angeklagten keine Beweisbelastung trifft. Die Ordnungsmäßigkeit der Pflichterfüllung hat das betroffene Mitglied zu beweisen, wenn ein positives Tun verlangt wird. Bei einem Verstoß gegen eine

---

122 Vgl. *Scholz/K. Schmidt* § 45 GmbHG Rn. 161.
123 Vgl. *Baumgärtel* § 38 BGB Rn. 3, 4.
124 *OLG Stuttgart* OLGE 22, 6; *OVG Münster* NJW 1989, 1105/1106.
125 RGZ 129, 45/48; 148, 225/234; 163, 200/208; *OLG Düsseldorf* ZfG 1970, 301: Gen.
126 Vgl. *Baumgärtel* a. a. O. Rn. 4 sowie Rn. 1812.
127 Vgl. Rn. 1815 sowie Baumgärtel a. a. O. Rn. 5.
128 A. A. *Baumgärtel* a. a. O.
129 Vgl. *BGH* WM 1975, 769/770; *Grunewald* S. 85.
130 Vgl. BGHZ 18, 350/363; *Grunewald* a. a. O.

Unterlassungspflicht hat der Verein die Beweislast. In beiden Fällen hat grundsätzlich das Mitglied das fehlende Verschulden zu beweisen[131].

5.2.7. Die Ursächlichkeit von Verfahrensfehlern und die sekundäre Beweisbelastung des Vereins

Dem Verein zuzurechnende Verfahrensfehler können unterlaufen bei der Ein- **1751**
berufung der Versammlung, bei deren Leitung, bei der Beratung und Abstimmung sowie bei der Verkündung des Beschlußergebnisses. Der unterlaufene Fehler muß für das Beschlußergebnis nach der herrschenden Auffassung ursächlich (kausal) sein[132].

Das klagende Mitglied muß – wie ausgeführt (vgl. Rn. 1746) – unterlaufene **1752**
Verfahrensfehler darlegen, soweit es dazu imstande ist. Die sekundäre Darlegungs- und Beweislast des Vereins greift ein, wenn und soweit das Mitglied zur Darlegung außerstande ist. Die Beweislast für die Irrelevanz eines Verfahrensfehlers trifft den Verein[133]. Behauptet der Kläger, unberechtigte Dritte hätten das Abstimmungsergebnis beeinflußt, so muß dies der Verein mit dem Nachweis widerlegen, daß kein Unberechtigter mitgestimmt hat[134]. Haben z. B. von 500 Mitgliedern 15 keine Einladung erhalten, so muß einmal der Verein sein zumutbares Bemühen nachweisen, daß jedes Mitglied die Einladung erreichen konnte; zum anderen muß er den sicheren Nachweis führen, daß die fehlende Anwesenheit von 15 Mitgliedern auf das Beschlußergebnis (Wahlergebnis) keinen Einfluß gehabt hat[135]. Bei der Nichteinladung von Mitgliedern muß der Verein auch die Möglichkeit ausräumen, daß kein durch den Mangel betroffenes Mitglied das Beschlußergebnis hätte beeinflussen können (z. B. allein durch das Rederecht, mag das Stimmrecht auch fehlen). Der Einfluß des Mangels muß nicht nur unwahrscheinlich sein; die Beweisführung des Vereins muß vielmehr dahin gehen, daß der Mangel bei vernünftiger Beurteilung unter keinen Umständen einen Einfluß auf das Beschlußergebnis gehabt hat[136]. Hat z. B. eine hierzu nicht berechtigte Person die Leitung der Mitgliederversammlung übernommen, so dürfen nach einer dahingehenden Beweisführung durch den Verein keine vernünftigen Zweifel bleiben, daß alle in der Versammlung zustande gekommenen Beschlüsse kein anderes Ergebnis gehabt hätten, wenn eine befugte Person die Leitung übernommen hätte[137].

Hat der Verein den Sekundärbeweis geführt, so ist es Sache des anfechtenden **1753**
Vereinsmitglieds, nachzuweisen, daß der Mangel für das Beschlußergebnis gleichwohl ursächlich war. Diesen Sekundärbeweis hat der BGH seitens des Vereins als geführt angesehen, weil das Protokoll über die Versammlung, in der nach Behauptung des Klägers Nichtberechtigte mitgestimmt haben sollen, in der nächsten Versammlung verlesen und kein Widerspruch eingelegt worden

---

131 *Van Look* S. 140.

132 Vgl. z. B. *BGH* NJW 1987, 1262/1263; a. A. *Hüffer* FS Fleck S. 151/159: Auf die Ursächlichkeit kommt es nur bei fehlerhafter Ergebnisfeststellung an, ansonsten ist vom Gericht zu prüfen, ob der festgestellte Verfahrensmangel wesentlich ist oder nicht.

133 BGHZ 49, 209/211 = NJW 1968, 543; BGHZ 59, 369 = NJW 1973, 235.

134 BGHZ 49, 209/211.

135 BGHZ 59, 369.

136 *BGH* WM 1987, 1011.

137 *OLG Hamburg* NJW 1990, 1120/1122.

ist. Es ist damit die primäre Beweisbelastung des klagenden Mitglieds eingetreten, das nunmehr die Beweislast dafür trägt, daß der Mangel gleichwohl ursächlich gewesen ist. Eine Beweisbelastung ist nur insoweit nicht eingetreten, als Mängel aus der Niederschrift selbst ersichtlich waren[138].

1754 Ist ein Mangel gegeben, so kommt es auf dessen Ursächlichkeit für das Beschlußergebnis überhaupt nicht an, wenn das von dem Mangel betroffene Mitglied aufgrund seiner vereinsrechtlichen Treuepflicht für den angefochtenen Beschluß hätte stimmen müssen[139].

5.2.8. Zur Frage der Ursächlichkeitsprüfung bei materiellen Beschlußmängeln

1755 Ist ein Beschluß aus materiellen Gründen unwirksam, so findet grundsätzlich keine Prüfung dahingehend statt, ob der erhebliche Mangel für einen Beschluß ursächlich war. Dies trifft etwa zu, wenn die Versammlung von einem Unbefugten einberufen worden ist[140]. Im Vereinsrecht kann ein Beschluß auch nichtig sein, wenn die in § 241 AktG aufgezählten Nichtigkeitsgründe nicht gegeben sind. Im Einzelfall ist es zulässig, die Prüfung des Mangels, der an sich zur Nichtigkeit des Vereinsbeschlusses führt, auf die Ursächlichkeit für das Beschlußergebnis auszudehnen, wenn der Mangel kein schwerwiegender ist[141]. Ist z. B. durch die Satzung zwingend vorgeschrieben, daß die Einberufung einer Mitgliederversammlung eines Vorstandsbeschlusses bedarf, ist sie aber bei Vakanz eines von zehn Vorstandsämtern nach Beschlußfassung einberufen worden, so ist die Kausalitätsprüfung berechtigt[142].

Bei der Kausalitätsprüfung dürfen aber keine hypothetischen Umstände (Reserveursachen) berücksichtigt werden. Hat z. B. eine Wahl aufgrund eines gesetzwidrigen Wahlvorschlags stattgefunden, so kann nicht argumentiert werden, wäre ein inhaltsgleicher Wahlvorschlag gemacht worden, so wäre das Wahlergebnis das gleiche gewesen. Hier wird nicht berücksichtigt, daß ohne den fehlerhaften Wahlvorschlag überhaupt keine Wahl stattgefunden hätte[143].

5.2.9. Die positive Beschlußfeststellungsklage

1756 Bei Kapitalgesellschaften kann mit der Nichtigkeitsklage (und der hilfsweise erhobenen Anfechtungsklage) die Klage auf Feststellung des zutreffenden Beschlußergebnisses verbunden werden[144]. Die (isolierte) positive Beschlußfeststellungsklage ist auch im Vereinsrecht zulässig[145]. Hier wird nicht die Nichtigkeit des Beschlusses, sondern entweder die fehlerhafte Berechnung des Abstimmungsergebnisses oder die Nichtigkeit einzelner Stimmabgaben geltend gemacht[146]. Voraussetzung für eine solche Klage ist eine im übrigen wirksame Beschlußfassung[147]. Weiter darf die Satzung nicht festlegen, daß allein die Ver-

---

138 BGHZ 49, 209/211.
139 Vgl. *BGH* NJW 1987, 1262/1263.
140 BayObLGZ 1989, 298/305.
141 Vgl. *OLG Köln* OLGZ 1983, 269; 1984, 401; ZIP 1985, 1139 = RPfl 1985, 447/448.
142 *OLG Köln* OLGZ 1983, 269.
143 *Blomeyer* ZfG 1986, 161.
144 BGHZ 76, 191/197; 88, 320/329; 97, 28/30 ff. = NJW 1986, 2051.
145 *Soergel/Hadding* § 32 BGB Rn. 41.
146 *Soergel/Hadding* a. a. O.
147 Vgl. *KG* OLGZ 1989, 425: WEG.

kündung des Abstimmungsergebnisses durch den Versammlungsleiter maßgebend ist[148]; ist dies der Fall, so kommt die Feststellungsklage auf Unwirksamkeit des Beschlusses in Betracht.

Die Klage ist gegen den Verein zu richten. Wird der Beschluß ausgeführt, so **1757** muß alsbald geklagt werden.

Wie bei der Beschlußfeststellungsklage ist den Mitgliedern, die nicht für den **1758** festzustellenden Beschluß gestimmt haben, Gelegenheit zu geben, als Nebenintervenienten am Verfahren teilnehmen zu können[149]. Die Unterrichtung dieser Mitglieder obliegt dem Vorstand; unterläßt er sie, so hat das Gericht die Bekanntmachung zu veranlassen.

Sind Stimmen Nichtberechtigter mitgezählt worden, so kann der Verein den **1759** Nachweis der fehlenden Ursächlichkeit führen[150].

Ergeht auf die aktienrechtliche positive Beschlußfeststellungsklage ein stattge- **1760** bendes Urteil, so wirkt es, wenn es rechtskräftig geworden ist, für und gegen alle[151]. Gleiches gilt im Vereinsrecht jedenfalls dann, wenn die erwähnte Benachrichtigung vorgenommen worden ist (vgl. oben Rn. 1730).

5.3. Die Leistungsklage

5.3.1. Die Aufnahmeklage

Ist ein dahingehender Anspruch gegeben (vgl. Rn. 644 ff.), so kann ein Be- **1761** teiligter gegen den Verein mit dem Antrag klagen, den Kläger als Mitglied aufzunehmen[152]. Falls nach der Satzung einem Aufnahmebewerber eine Mitgliedskarte (als Ausdruck der Annahme des Aufnahmeantrags) ausgehändigt wird, so kann auf deren Aushändigung geklagt werden[153].

5.3.2. Klage des Vereins gegen Mitglieder

Der Verein knüpft in seiner Satzung i. d. R. an die Nichtbeachtung von Mit- **1762** gliederpflichten Sanktionen. Er kann aber auch auf Pflichterfüllung klagen. So kann der rückständige bare Vereinsbeitrag ebenso eingeklagt werden wie eine geschuldete Geldbuße.

Der klagweise geltend gemachte Erfüllungsanspruch gegen Mitglieder muß **1763** nicht immer in der Satzung verankert sein. Die Treuepflicht, insbesondere die Förderpflicht eines jeden Mitglieds, kann es in Ausnahmesituationen gebieten, daß ein Mitglied einem Beschlußantrag positiv oder negativ zustimmt; der Verein kann dann auf Abgabe einer Ja-Stimme oder einer Nein-Stimme klagen (vgl. Rn. 619). Zeigt ein Mitglied sonst ein Verhalten, das der Pflicht zur Förderung der Vereinsziele widerspricht, so kann der Verein auf Unterlassung klagen; u. U. kommt auch eine Erfüllungsklage in Betracht. Können aus tatsächlichen oder rechtlichen Gründen diese Ansprüche nicht realisiert werden,

---

148 Vgl. *Baumbach/Zöllner* Anh. § 47 GmbHG Rn. 90 a.

149 *Soergel/Hadding* a. a. O.

150 BGHZ 49, 209; BayObLGZ 1986, 528/536 f.

151 Einschränkend *Baumbach/Zöllner* a. a. O. Rn. 90 c: zumindest zwischen der Gesellschaft und den Gesellschaftern, deren Beteiligung am Prozeß möglich war.

152 BGHZ 93, 151/157; *BGH* NJW 1985, 1214/1215.

153 BGHZ 101, 193.

so kann der Verein auf Schadensersatz gegen das Mitglied klagen, das schuldhaft die Förderpflicht nicht beachtet hat (vgl. Rn. 619).

5.3.3. Die Einrede der Nichtigkeit oder Anfechtbarkeit eines Versammlungsbeschlusses

1764 Das vom Verein mit einer Leistungsklage in Anspruch genommene Mitglied kann sich z. B. gegen die Klage auf Zahlung des Mitgliedsbeitrags mit dem Einwand verteidigen, die Beitragsregelung habe keine satzungsmäßige Grundlage[154].

Es kann weiter eingewendet werden, die Klage stütze sich auf einen Versammlungsbeschluß, der absolut nichtig sei. Die Nichtigkeit eines solchen Beschlusses kann außer durch Klage auf jede andere Weise geltend gemacht werden, ohne daß dafür eine (Ausschluß-)Frist besteht[155]. Liegt dem Beschluß ein minder schwerer Mangel zugrunde, ist dieser nicht angefochten worden und ist außerdem die angemessene Frist zur Anfechtung bereits verstrichen, so kann der Anfechtungsgrund nicht einredeweise geltend gemacht werden[156].

5.3.4. Die Mitgliederklage (im engeren Sinne) gegen den Verein wegen unmittelbarer Rechtsverletzung

1765 Bei diesen Klagen geht es vor allem darum, daß der Verein ein subjektives, sich aus der Mitgliedschaft ergebendes Recht eines Vereinsmitglieds verletzt hat.

In Betracht kommen kann ein Anspruch des Mitglieds auf Erteilung einer Auskunft außerhalb der Mitgliederversammlung (vgl. Rn. 889) oder auf Einsicht in die Mitgliederliste (vgl. Rn. 793). Bei einem Sportverein kann der gerichtlich durchzusetzende Anspruch auf Erteilung einer Lizenz, auf Wiederholung eines Spiels, auf Änderung eines Spielmodus usw., bei einem Zuchtverein die Klage auf Eintragung in ein Zuchtbuch[157] gegeben sein.

Anstelle der Feststellungsklage wegen Ungültigkeit eines Versammlungsbeschlusses kann im Einzelfall auch eine Leistungsklage, z. B. mit dem Ziel der Verurteilung des Vereins zur Wiederholung einer Wahl, in Frage kommen[158].

1766 Verletzt ein Organmitglied schuldhaft Mitgliedschaftsrechte, so begründet dies – ähnlich der positiven Vertragsverletzung – Schadensersatzansprüche, für die der Verein nach § 31 BGB haftet. Daneben wird das Mitgliedschaftsrecht auch als sonstiges Recht i. S. d. § 823 Abs. 1 BGB angesehen, dessen Verletzung Schadensersatzansprüche nach deliktischen Grundsätzen auslösen kann[159]. Zieht ein Mitglied einen Rechtsanwalt hinzu, um seine Rechte zu verteidigen, so können die entstandenen Anwaltskosten als Schadensersatz gegen den Verein geltend gemacht werden[160].

1767 Ein besonderer Fall der Verletzung von Mitgliedschaftsrechten ist die Nichtbeachtung des Gleichheitsgrundsatzes durch den Verein. Besteht die unzulässige Ungleichbehandlung in einem anderen Rechtsakt als in einem Versammlungs-

154 BGHZ 105, 306/313 = NJW 1989, 1724.
155 Vgl. *BGH* NJW 1960, 1447/1448: Gen.
156 Vgl. BGHZ 76, 154/159 f.; *Rowedder/Koppensteiner* § 47 GmbHG Rn. 122.
157 Vgl. *BGH* RdL 1983, 317.
158 Vgl. BGHZ 106, 67/68.
159 BGHZ 90, 92 = NJW 1984, 1884; *BGH* NJW 1990, 2877/2878.
160 Vgl. BGHZ a. a. O.

beschluß, so können die benachteiligten Mitglieder die gerichtliche Verpflichtung des Vereins erstreben, so gestellt zu werden, wie die nicht benachteiligten Mitglieder[161]. U. U. kann Schadensersatz in Geld verlangt werden[162].

Hat der Verein seine Förderpflicht gegenüber Mitgliedern nicht beachtet, so **1768**
können diese bei einem rechtsverletzenden Versammlungsbeschluß auf Feststellung seiner Unwirksamkeit, bei anderen Rechtsakten auf Unterlassung gegen den Verein klagen (vgl. Rn. 618 f.).

5.3.5. Die Klage eines Mitglieds gegen den Verein auf Freistellung von einer Verbindlichkeit

Ein Mitglied kann aufgrund eines vom Verein erteilten Auftrags infolge Fahr- **1769**
lässigkeit einen Dritten schädigen und deshalb zum Schadensersatz verpflichtet sein. Jedenfalls bei nicht grob fahrlässigem Verhalten kann das Mitglied gegen den Verein entspr. § 670 BGB auf Freistellung von der Verbindlichkeit klagen, wenn eine ehrenamtliche Tätigkeit des Mitglieds gegeben war. Soweit dieses dem Dritten bereits Schadensersatz geleistet hat, kann der Ersatz des entsprechenden Geldbetrags vom Verein verlangt werden; soweit noch Schadensersatzleistungen ausstehen, kann das Mitglied den Verein auf Feststellung verklagen, daß dieser das Mitglied von den Verbindlichkeiten gegenüber dem geschädigten Dritten zu befreien hat[163].

5.3.6. Klage von Mitgliedern gegen den Verein und gegen Organmitglieder oder nur gegen Organmitglieder

Die schuldhafte Nichtbeachtung von Mitgliedschaftsrechten kann, wie vor- **1770**
stehend ausgeführt, auch den Tatbestand einer unerlaubten Handlung erfüllen. In solchen Fällen kann ein betroffenes Mitglied Klage gegen den Verein und gegen die tatbestandsmäßig handelnden Organmitglieder erheben. Es ist aber auch möglich, daß sich diese Klage allein gegen die Organmitglieder richtet.

5.3.7. Keine Widerrufsklage vor oder während der Anhängigkeit eines Vereinsordnungsverfahrens

Es besteht der Grundsatz, daß ein in seiner Ehre Angegriffener nicht den Wi- **1771**
derruf oder die Unterlassung von Erklärungen verlangen kann, die eine Prozeßpartei oder ein Zeuge in einem gerichtlichen oder behördlichen Verfahren abgegeben hat[164]. Dieser Grundsatz kann in Vereinsordnungsverfahren entsprechend zur Anwendung kommen. Ist Gegenstand eines solchen Verfahrens die strittige Äußerung eines Vereinsmitglieds, die als ehrverletzend empfunden wurde, so kann dieses Mitglied nicht von den Vorstandsmitgliedern, welche der Mitgliederversammlung von der Äußerung berichtet haben, mit der Klage (entspr. §§ 1004, 823 BGB i. V. m. § 186 StGB) den Widerruf dahingehend verlangen, daß diese Äußerung gemäß der Mitteilung nicht an die Mitgliederversammlung abgegeben worden ist[165].

---

161 Vgl. *BGH* LM Nr. 2 zu § 39 BGB.

162 Vgl. *RG* JW 1930, 3473; 1938, 1329.

163 Vgl. BGHZ 89, 153/157 ff. = NJW 1984, 789; *AG Bochum* NJW-RR 1989, 96; a. A. *Brox/Walker* DB 1985, 1469/1477; *Löwisch/Arnold* JZ 1984, 622.

164 *BGH* MDR 1962, 124; NJW 1986, 2502; *OLG Koblenz* NJW 1990, 1243.

165 *OLG Düsseldorf* NJW-RR 1986, 675.

5.3.8. Die Mitgliederklage (im weiteren Sinne) gegen den Verein

1772 Bei der hier zu behandelnden Mitgliederklage macht das Mitglied einen an sich dem Verein zustehenden Anspruch geltend.

Der BGH hat der Unterlassungsklage eines Aktionärs gegen eine AG stattgegeben, die darauf gestützt war, daß der Vorstand eine Entscheidungsbefugnis der Hauptversammlung übergangen hat[166]. In der Literatur zum Kapitalgesellschaftsrecht wird überwiegend die Gesellschafterklage als gegeben erachtet, wenn ein Gesellschaftsorgan die Entscheidungszuständigkeit der Haupt- bzw. Gesellschafterversammlung nicht beachtet[167].

1773 Auch im Vereinsrecht ist die Befugnis anzuerkennen, daß sich ein Mitglied mit der Unterlassungsklage (evtl. der Beseitigungsklage) dagegen wenden kann, daß der Vorstand oder ein anderes Vereinsorgan Maßnahmen trifft, die laut Satzung der alleinigen Entscheidungskompetenz der Mitgliederversammlung zugewiesen sind[168]. Jedes Mitglied hat einen Anspruch darauf, daß es an der Willensbildung des Vereins in der Mitgliederversammlung teilhaben kann; dieser Anspruch wird beeinträchtigt, wenn sich ein anderes Vereinsorgan über die alleinige Kompetenz der Mitgliederversammlung hinwegsetzt[169]. Weiter gehört hierher der Fall, daß der Vorstand eines nichtwirtschaftlichen Vereins entgegen der Satzung wirtschaftliche Zielsetzungen verfolgt und daß dies auch nicht vom Nebenzweckprivileg gedeckt ist. Diese unerlaubte Betätigung bringt für jedes Mitglied die Gefahr mit sich, daß dem Verein die Rechtsfähigkeit entzogen wird (§ 43 Abs. 2 BGB); beim Verein ohne Rechtsfähigkeit kann die Haftung der Mitglieder nach § 128 HGB in Betracht kommen. Für jedes Mitglied kann die Klage auf Unterlassung dieser Betätigung gegeben sein[170].

1774 Die negatorische Mitgliederklage ist aber nur zulässig und begründet, wenn andere Maßnahmen (Minderheitenrecht auf Einberufung einer Mitgliederversammlung oder nahe bevorstehende Mitgliederversammlung) nicht zur Verfügung stehen, welche das satzungswidrige Verhalten des betreffenden Organs unterbinden können. Richtiger Beklagter ist der Verein. Die Klagebefugnis besteht aus eigenem Recht; sie ist nicht in Prozeßstandschaft für den Verein gegeben[171].

5.4. Die Gestaltungsklage

5.4.1. Grundsätzliches zur Gestaltungsklage

1775 Wird einer Leistungs- oder Feststellungsklage durch Urteil stattgegeben, so wirkt dieses nur rechtsbezeugend, weil es eine bestimmte vorhandene Rechtslage gleichsam nur reflektiert. Wird aber einer Gestaltungsklage stattgegeben,

166 BGHZ 83, 122/125 = NJW 1982, 1703.

167 Vgl. z. B. *Lutter* AcP 180 (1980), 84/140 ff.; *Timm* Die AG 1980, 172/185 f.; *Großfeld* JZ 1981, 234 ff.; *Rehbinder* ZGR 1983, 92/103 ff.; *Rowedder/Koppensteiner* § 43 GmbHG Rn. 49.

168 *K. Schmidt* Verbandszweck S. 45 ff.; *Grunewald* ZIP 1989, 962/965 f.; a. A. MünchKomm/*Reuter* § 38 BGB Rn. 10.

169 Ähnlich zum GmbH-Recht: *Rowedder/Koppensteiner* a. a. O. Rn. 50.

170 *K. Schmidt* Verbandszweck S. 250.

171 Vgl. BGHZ 83, 122/126; *Rowedder/Koppensteiner* § 43 GmbHG Rn. 50.

so verändert das rechtskräftige Urteil die Rechtslage. Gestaltungsurteile wirken also rechtsbegründend.

5.4.2. Mögliche Gestaltungsklagen

Die Satzung kann bestimmen, daß ein Mitglied nur aufgrund einer (§ 140 HGB entsprechenden) Klage ausgeschlossen oder daß der Verein nur aufgrund einer (dem § 133 HGB entsprechenden) Klage aufgelöst werden kann. Solche Satzungsbestimmungen kommen allerdings in der Praxis kaum vor. Die danach möglichen Klagen sind Gestaltungsklagen. 1776

Eine Verbandssatzung bestimmt, daß die Höhe der Transferentschädigung bei einem Wechsel eines Spielers zu einem anderen Verein durch einen Gutachterausschuß festgesetzt wird. Hierbei handelt es sich um ein Verbandsunterorgan, das im Streit zwischen zwei verbandsangehörigen Vereinen eine Leistungsbestimmung eines Dritten i. S. d. § 317 BGB trifft. Ist diese offenbar unbillig (§ 319 Abs. 1 Satz 1 BGB), so kann Klage auf gerichtliche Leistungsbestimmung erhoben werden (§ 319 Abs. 1 Satz 2 Halbs. 1 BGB).

In der Literatur wird vorgeschlagen, die aktienrechtliche Anfechtungsklage auch im Vereinsrecht durch eine Satzungsklausel einzuführen, die lauten könnte[172]: 1777

»Die Regelungen des Aktienrechts zu fehlerhaften Hauptversammlungsbeschlüssen (§§ 241 ff. AktG) gelten entsprechend. Fehler, die im Aktienrecht die Anfechtbarkeit zur Folge haben, sind nur nach Vorlage eines Anfechtungsurteils beachtlich. Die Klage muß innerhalb eines Monats seit der Beschlußfassung erhoben werden.«

Eine größere Bedeutung kommt der Gestaltungsklage im schiedsgerichtlichen Verfahren zu. Da ein Schiedsgericht sein Verfahren freier gestalten kann als das ordentliche Gericht, ist es befugt, durch Schiedsspruch auch solche Rechtsverhältnisse umzugestalten, zu deren Veränderung ein staatliches Gericht nicht befugt ist[173]. Vgl. dazu näher Rn. 1872. 1778

5.5. Organstreitigkeiten

5.5.1. Der Begriff

Als sog. Organstreitigkeiten kommen zunächst Streitigkeiten zwischen dem Verein und seinen Organmitgliedern in Betracht, die aus dem Organschaftsverhältnis entstehen können. Sodann gehören hierher Streitigkeiten vor Gericht zwischen Mitgliedern desselben Vereinsorgans oder zwischen zwei Vereinsorganen. 1779

5.5.2. Die Leistungsklage des Vereins gegen Organmitglieder

5.5.2.1. Mögliche Klagen

Gegen Organmitglieder kommt in erster Linie die Klage des Vereins auf Schadensersatz in Betracht, weil einerseits die körperschaftlichen Pflichten aus der Organstellung, andererseits aber auch die Pflichten verletzt worden sind, die 1780

172 *Noack* S. 168.
173 *BGH* NJW 1959, 1493/1494.

sich aus einem schuldrechtlichen Auftragsverhältnis oder einem Anstellungsvertrag ergeben (positive Vertragsverletzung). Daneben sind aber auch Klagen auf Unterlassung pflichtwidriger Amtsführung, auf Beseitigung pflichtwidriger Zustände und auf Erfüllung organschaftlicher Pflichten möglich.

5.5.2.2. Beweislastfragen bei Schadensersatzklagen wegen schuldhaft pflichtwidriger Amtsführung

1781 Im Kapitalgesellschafts- und Genossenschaftsrecht ist die Haftung der Vorstandsmitglieder/Geschäftsführer der Gesellschaft/Genossenschaft gegenüber gesetzlich in § 93 Abs. 2 Satz 1 AktG, § 43 Abs. 2 GmbHG und § 34 Abs. 2 Satz 1 GenG geregelt. Im Aktiengesetz (§ 93 Abs. 2 Satz 2 AktG) und Genossenschaftsgesetz (§ 34 Abs. 2 Satz 2 GenG) hat die Beweislast eine Regelung wie folgt erfahren: Ist streitig, ob sie (= die Vorstandsmitglieder) die Sorgfalt eines ordentlichen und gewissenhaften Geschäftsleiters angewandt haben, so trifft sie die Beweislast. Diese Beweislastverteilung ist vom Gesetzgeber deshalb vorgenommen worden, weil Vorstandsmitglieder über diejenigen Vorgänge, die zu einer Schädigung der Gesellschaft/Genossenschaft geführt haben, am besten unterrichtet sind[174]. Im GmbHG fehlt zwar eine gesetzliche Beweislastverteilung; § 93 Abs. 2 Satz 2 AktG wird aber entspr. angewandt[175]. Diese gesetzlichen Beweislastverteilungen haben allgemeine Verbandsgeltung. Auch für das Vereinsrecht gilt, daß der belangte Vorstand eher über die zur Schädigung des Vereins führenden Vorgänge Bescheid weiß als etwa sein Amtsnachfolger, der nunmehr Ersatzansprüche für den Verein geltend macht.

1782 Der Verein muß darlegen und im Streitfall nachweisen, daß ihm ein Schaden entstanden ist, der durch ein Verhalten der in Anspruch genommenen Organperson verursacht worden ist[176]. Für diese Verursachung kann im Einzelfall eine Vermutung sprechen, wenn sich aus den Büchern des Vereins ein Kassenfehlbestand ergibt, der Veranlassung gibt, etwa den Schatzmeister (Kassenwart) auf Schadensersatz in Anspruch zu nehmen[177]. Der BGH nimmt an, daß die Gesellschaft (= der Verein) nur die objektive Pflichtverletzung des Vorstands/Geschäftsführers zu beweisen habe[178]. Zuzustimmen ist aber der überwiegend in der Literatur zum Kapitalgesellschaftsrecht vertretenen Auffassung, daß der beklagte Vorstand/Geschäftsführer nicht nur das Fehlen von Verschulden, sondern auch die objektiven Anforderungen an die Pflichtmäßigkeit seiner Amtsführung nachweisen muß[179]. Das in Anspruch genommene Organmitglied muß demnach beweisen, daß der Schaden auch bei pflichtgemäßem Verhalten eingetreten wäre; es hat sich in der Frage seines Verschuldens zu entlasten[180].

---

174 *BGH* NJW 1963, 46.

175 Vgl. z. B. *Rowedder/Koppensteiner* § 43 GmbHG Rn. 33 m. w. N.

176 Vgl. *BGH* WM 1991, 281; 1992, 224; *v. Gerkan* ZHR 154 (1990), 39/63.

177 Vgl. *BGH* WM 1985, 1293; *Rowedder/Koppensteiner* § 43 GmbHG Rn. 33; *v. Gerkan* a. a. O.

178 *BGH* WM 1962, 1286/1287; 1971, 1548/1549; 1980, 1190; 1982, 532 f.; 1985, 1293 f.; ebenso: *Baumbach/Zöllner* § 43 GmbHG Rn. 24; *Lang/Weidmüller/Metz* § 34 GenG Rn. 137.

179 *Hachenburg/Mertens* Rn. 66, *Rowedder/Koppensteiner* Rn. 33, *Scholz/Schneider* Rn. 168, je zu § 43 GmbHG; *Röhricht* ZHR 153 (1989), 348/349; *v. Gerkan* ZHR 154 (1990), 39/63.

180 *Gerkan* a. a. O.

Beruft sich der ausführende Vorstand auf eine Weisung (etwa des Gesamtvorstands oder der Mitgliederversammlung.), so hat er diese zu beweisen. Der Verein muß dann seinerseits die Umstände nachweisen, welche die Unwirksamkeit der Weisung ergeben[181]. Beruft sich das in Anspruch genommene Organmitglied auf die Verzichtswirkung der erteilten Entlastung, so hat es nachzuweisen, daß die Entlastung auch den Vorgang erfaßt hat, der Klaggegenstand ist. Der Verein muß dann beweisen, daß entweder die Entlastung diesen Vorgang nicht erfaßt hat oder muß Umstände nachweisen, welche die Unwirksamkeit der Entlastung ergeben[182].

5.5.2.3. Der Ausgleichsanspruch des Vereins gegen ein Organmitglied

Begeht der Vorstand oder ein sonstiges Mitglied eines Vereinsorgans in amtlicher Eigenschaft eine unerlaubte Handlung (§§ 823 ff. BGB), so wird dies dem Verein nach § 31 BGB im Regelfall zugerechnet. Daneben tritt aber die persönliche Haftung des betreffenden Organmitglieds aus §§ 823 ff. BGB[183]. Dies gilt auch, wenn ein Organmitglied Verschulden bei Vertragsverhandlungen trifft[184]. Eine unerlaubte Handlung kann z. B. die schuldhafte Verletzung eines Mitgliedschaftsrechts[185] oder ein von einer Organperson verschuldeter Organisations- oder Kontrollmangel sein[186]. Nimmt ein Geschädigter den Verein und das Organmitglied auf Schadensersatz in Anspruch, so besteht eine Gesamtschuld zwischen dem persönlich haftenden Organmitglied und dem Verein (§ 840 Abs. 1, §§ 421 ff. BGB)[187]. Unter den Gesamtschuldnern entsteht nach § 426 Abs. 1 BGB ein selbständiger Ausgleichsanspruch nicht erst mit der Befriedigung des Gläubigers, sondern schon mit der Entstehung des Gesamtschuldverhältnisses[188]. Bei Schadensersatzansprüchen richtet sich die Verteilung des Schadens auf mehrere Ersatzpflichtige (als andere Bestimmung i. S. d. § 426 Abs. 1 BGB) nach § 254 BGB[189]. Es kommt somit darauf an, inwieweit der Schaden vorwiegend von dem einen oder anderen Gesamtschuldner verursacht worden ist[190]. Die Begehung einer unerlaubten Handlung oder ein schuldhaftes Verhalten bei Vertragsverhandlungen stellt im Regelfall einen Verstoß gegen die organschaftlichen Verpflichtungen und gegen einen evtl. bestehenden Anstellungsvertrag dar. Es kann sich ergeben, daß das Organmitglied im Innenverhältnis den Schaden, für den auch der Verein verantwortlich gemacht wird, allein zu tragen hat. In diesem Fall kann er verlangen, daß das Organmitglied allein den Gläubiger befriedigt[191], wenn beide verklagt worden sind. Ist nur der Verein verklagt worden, so kann er vom schädigenden Organmitglied verlangen, ihn von der Verbindlichkeit zu befreien[192]. 1783

181 *Gerkan* a. a. O.
182 Vgl. *v. Gerkan* a. a. O.
183 *BGH* NJW 1990, 976/977.
184 Vgl. *BGH* NJW 1986, 586/587.
185 *BGH* NJW 1990, 2877/2878.
186 Vgl. *BGH* NJW 1990, 976/977.
187 Vgl. RGZ 91, 72.
188 *BGH* NJW 1987, 374/376.
189 BGHZ 59, 97/103; *BAG* NJW 1990, 3228/3229.
190 *BAG* a. a. O.
191 Vgl. *BGH* NJW 1987, 374/376
192 Vgl. *BGH* a. a. O.

1784 Diese Ansprüche des Vereins gegen das schadensverursachende Organmitglied können durch Leistungsklage durchgesetzt werden.

1785 Zur Beweislast wird hier die Auffassung vertreten, daß der Verein im Falle der Geltendmachung der Ausgleichspflicht oder der Befreiung von einer Verbindlichkeit beweisen müsse, daß die Organperson pflichtwidrig gehandelt und dies auch zu vertreten habe[193]. Richtiger erscheint es, auch hier die Beweislastverteilung heranzuziehen, die im Falle der Klage wegen eines Eigenschadens des Vereins gegen ein Organmitglied in Betracht kommt (vgl. oben Rn. 1782). Auch hier gilt der Grundsatz der sekundären Beweisbelastung, weil nur das in Anspruch genommene Organmitglied die Vorgänge kennt, die zur gesamtschuldnerischen Haftung des Vereins mit dem Organmitglied geführt haben.

5.5.3. Die Klage des Vorstands wegen Nichtentlastung

5.5.3.1. Die Beschlußfeststellungsklage

1786 Ist dem Vorstand (oder einem sonstigen Organ) in der Mitgliederversammlung in Wirklichkeit Entlastung erteilt worden, hat aber der Versammlungsleiter infolge eines falsch festgestellten Abstimmungsergebnisses die Ablehnung der Entlastung bekanntgegeben, so kann der Vorstand auf Feststellung des zutreffenden Beschlußergebnisses klagen[194].

5.5.3.2. Die Leistungsklage auf Entlastung

1787 Der Vorstand oder das Organ, dem nach der Satzung oder nach einem Vereinsgebrauch ebenfalls Entlastung erteilt zu werden pflegt, hat einen Anspruch auf Entlastung, wenn ein solcher ausdrücklich in der Satzung festgelegt worden ist oder wenn ein entsprechendes Gewohnheitsrecht im Verein besteht, vgl. Rn. 1543. Wird die Entlastung zu Unrecht verweigert, so kann der Klagantrag etwa lauten: Der beklagte Verein ist verpflichtet, dem Kläger in der Mitgliederversammlung vom . . . Entlastung zu erteilen.

5.5.3.3. Die Klage auf Beschlußfassung über die Entlastung

1788 In Fällen, in denen sich im Verein eine Gruppe gebildet hat, die gegen den Vorstand ist, aber ihn auch nicht abwählen kann, kommt es vor, daß für einen positiven oder negativen Entlastungsbeschluß keine Mehrheit zu erreichen ist. Dann kann der Vorstand gegen den Verein eine Leistungsklage des Inhalts erheben, daß dieser verpflichtet ist, durch seine Mitgliederversammlung über die Frage der Entlastung einen Beschluß zu fassen[195].

Der klagende Vorstand trägt nur die Behauptungs- und Beweislast für die gebotene, aber unterbliebene Beschlußfassung; der Verein ist beweisbelastet, wenn er einwendet, die erforderliche Sachverhaltsfeststellung sei noch nicht abgeschlossen.

---

193 *Soergel/Hadding* § 31 BGB Rn. 28.
194 Vgl. *BGH* NJW 1987, 2430.
195 Vgl. *Lang/Weidmüller/Schaffland* § 48 GenG Rn. 16.

5.5.3.4. Die negative Feststellungsklage bei Verweigerung der Entlastung und Fehlen eines besonderen Entlastungsanspruchs

Fehlt ein satzungsmäßiger oder gewohnheitsrechtlich gegebener Entlastungs- **1789**
anspruch, so ist eine Leistungsklage auf Entlastung nicht gegeben, vgl. Rn. 1542 f.
Ist die Entlastung wegen konkret bezeichneter Pflichtverletzungen und daraus entstandener Schadensersatzansprüche (Bereicherungsansprüche) abgelehnt worden, so kann das hiervon betroffene Organmitglied negative Feststellungsklage gegen den Verein dahingehend erheben, daß diese Ansprüche nicht bestehen[196].

5.5.4. Streitigkeiten zwischen einem Organmitglied und dem Organ

Die Frage, ob Streitigkeiten zwischen den Mitgliedern desselben Organs vor **1790**
Gericht ausgetragen werden können, ist bisher im Vereinsrecht – soweit ersichtlich – nicht behandelt worden. Der Entscheidung BGHZ 49, 396/398 f. lag ein Streit über Modalitäten der Geschäftsführung zugrunde; die Klage ist erfolglos geblieben, weil die Sache zunächst vor die Mitgliederversammlung hätte gebracht werden müssen.
In der Literatur wird der Organstreit in der Aktiengesellschaft diskutiert[197]. Gerichtlich entschieden ist, daß das Mitglied des Aufsichtsrats einer AG sich mit der Feststellungsklage gegen den Beschluß des Aufsichtsrats wenden kann, dem der Kläger widersprochen hat; richtiger Beklagter ist dann die Gesellschaft[198].
Auch nach Vereinsrecht kann ein Organmitglied durch Klage gegen den Verein die Unwirksamkeit eines Beschlusses des Organs feststellen lassen, dem der Kläger als Mitglied angehört. Ist bloß die Organmitgliedschaft, also nicht die gewöhnliche Mitgliedschaft im Verein gegeben, so besteht nur ein schutzwürdiges Interesse an der Bekämpfung eines solchen Beschlusses, durch den der Kläger in seinen organschaftlichen Rechten beeinträchtigt wird[199].

5.5.5. Streitigkeiten zwischen verschiedenen Organen desselben Vereins

Die Frage, ob der Streit zwischen verschiedenen Organen desselben Vereins **1791**
gerichtlich ausgetragen werden kann, ist – soweit ersichtlich – bisher ebenfalls nicht erörtert worden. Im Kapitalgesellschaftsrecht wird die Zulässigkeit einer solchen Klage z. T. bejaht[200], teilweise auch verneint[201]. Nach *BGH* NJW 1989, 979 sind **einzelne** Mitglieder des Aufsichtsrats einer AG nicht befugt, gegen – nach ihrer Darlegung rechtswidrige – Geschäftsführungsmaßnahmen des Vorstands im Wege der Klage vorzugehen.
Nicht nur wirtschaftliche Vereine, sondern auch nichtwirtschaftliche unterhalten heute wirtschaftliche Geschäftsbetriebe, die bedeutend sind. Es erscheint dann erforderlich, die Geschäftstätigkeit des Vorstands einer Überwachung zuzuführen. Ähnlich wie bei den Kapitalgesellschaften werden Kon-

196 Vgl. BGHZ 94, 324 = NJW 1986, 129: GmbH.
197 Vgl. z. B. *Stodolkowitz* ZHR 154 (1990), 1–23; *Mertens* ZHR 154 (1990), 24–38.
198 Vgl. *BGH* NJW 1993, 2307.
199 Vgl. auch *BGH* NJW 1994, 184/185.
200 Vgl. *Stodolkowitz* a. a. O.
201 *Mertens* a. a. O.

trollorgane gebildet, die vereinzelt als Aufsichtsrat, meist aber als Verwaltungsrat oder Verwaltungsbeirat bezeichnet werden. Bei einer solchen Organisationsstruktur kann es zu Meinungsverschiedenheiten zwischen dem Vorstand und dem Kontrollorgan kommen. Es bestehen keine Bedenken, wenn die Satzung solche Streitigkeiten der vereinseigenen Gerichtsbarkeit zuweist. Diese Streitigkeiten sind auch schiedsfähig, zumal sie inbesondere vergleichsfähig sind. Grundlegende Bedenken, diese Streitigkeiten vor der ordentlichen Gerichtsbarkeit auszutragen, bestehen nicht. In entsprechender Anwendung der Grundsätze *BGH* NJW 1989, 979 kann dann aber nur das Organ als solches klagen. Dem »gegnerischen« Organ fehlt nach § 50 ZPO die passive Parteifähigkeit, so daß nur der Verein verklagt werden kann.
Es wird aber auch die Auffassung vertreten, Beklagte könnten auch die einzelnen Organmitglieder sein[202].

6. Die gerichtlichen Prüfungen bei Vereinsstreitigkeiten

6.1. Die Inhaltskontrolle von Vereinsregelungen und -maßnahmen

6.1.1. Gesetzmäßigkeitskontrolle und Inhaltskontrolle

1792 Da ein Verein nur eingetragen werden kann, wenn er die Normativvoraussetzungen erfüllt, obliegt dem Registergericht eine Gesetzmäßigkeitskontrolle dahingehend, ob die eingereichten Unterlagen es rechtlich rechtfertigen, daß der angemeldete Verein eingetragen wird. Dabei müssen die zwingenden Vorschriften des Vereinsrechts eingehalten worden sein[203]. Bei dispositivem Gesetzesrecht können Abweichungen nur beanstandet werden, wenn der rechtlich zulässige Gestaltungsspielraum offensichtlich, u. U. auch zum Nachteil Außenstehender, überschritten worden ist[204]. Dem zwingenden Gesetzesrecht gleich stehen die allgemeinen, zwingenden Grundsätze des Körperschaftsrechts[205]. Anstelle einer Gesetzmäßigkeitskontrolle kann deshalb auch von einer Rechtmäßigkeitskontrolle gesprochen werden.
Die Rechtmäßigkeitskontrolle kann im Einzelfall auch dem Prozeßgericht obliegen. Das kann z. B. bei der Frage der Fall sein, ob ein Verein im Prozeß ordnungsgemäß vertreten ist.

1793 Bei der Inhaltskontrolle von Vereinsregelungen geht es um die Frage, inwieweit sich das Verfassungsgefüge eines Vereins von der Gesetzestypik für den Verein entfernen darf[206]. Anwendungsbereich der richterlichen Kontrolle ist das Organisationsinnenrecht einschl. der Austauschbeziehungen zwischen dem Verein und den Mitgliedern[207]. Der Prüfung unterliegen danach vor allem die Satzung, aber auch Vereinsnebenordnungen ohne Satzungsqualität und im Einzelfall auch Maßnahmen eines Vereinsorgans.

202 *Stodolkowitz* ZHR 154 (1990), 1/21.
203 Vgl. BayObLGZ 1982, 368 = WM 1983, 248; *OLG Köln* WM 1981, 1263.
204 Vgl. zum GmbH-Recht: *Hachenburg/Ulmer* § 9 c GmbHG Rn. 9 und 19.
205 *Soergel/Hadding* § 32 BGB Rn. 36.
206 Vgl. auch *Baumbach/Zöllner* § 45 GmbHG Rn. 9.
207 *Grunewald* S. 144.

Die Inhaltskontrolle wird wie folgt gerechtfertigt: Es sei geboten, den einzelnen (Mitglied oder Nichtmitglied) oder Gruppen von einzelnen vor der unkontrollierten Macht der großen Verbände zu schützen, die deshalb entstehen könne, weil viele Vorschriften des Vereinsrechts dispositiv, also durch die Satzung zugunsten der Vereinsleitungsorgane abänderbar seien[208]. Diese Verbände hätten einen vom Staat freigemachten Raum besetzt und übten in ihm teilweise eine Herrschaftsmacht aus, die angesichts des Angewiesenseins Betroffener auf die Mitgliedschaft zur Wahrung ihrer sozialen oder wirtschaftlichen Belange nahezu genauso gefährlich sein könne wie die gesetzesfreie und unkontrollierte Staatsmacht[209]. Ein einem solchen Verband Beitretender habe kaum eine Möglichkeit, eine Änderung des willkürlichen oder unbilligen, Treu und Glauben widersprechenden Satzungsrechts zu erreichen[210]. Kontrollmaßstab seien Gesichtspunkte des Minderheitenschutzes und des individuellen Mitgliederschutzes[211].

Der BGH (a. a. O.) ist der Auffassung, daß Vereine und Verbände hinsichtlich **1794**
der die Rechtsstellung der Mitglieder regelnden internen Normen jedenfalls dann der Inhaltskontrolle unterliegen, wenn die Vereinigung im wirtschaftlichen oder sozialen Bereich eine Machtstellung innehat und das Mitglied auf die Mitgliedschaft angewiesen ist. Instanzgerichte haben die Inhaltskontrolle z. T. auch bei solchen Vereinen vorgenommen, die keine solche Machtstellung haben[212]. In der Literatur wird die alle Vereine umfassende Inhaltskontrolle z. T. befürwortet[213]. Es gibt jedoch auch Stimmen, wonach die Gerichte ihre Aufgabe nicht als Kontrolltätigkeit, sondern als Entscheidungsinstanz für ihnen vorgelegte Rechtsfragen verstehen sollten[214].

Unterschieden wird zwischen offener und verdeckter Inhaltskontrolle. Als Fall **1795**
der verdeckten Inhaltskontrolle wird die Prüfung angesehen, ob eine Vereinsmaßnahme gegen den Grundsatz der Gleichbehandlung verstößt[215]. Weiter gehört hierher der Fall, daß eine das Vereinsleben beherrschende Regelung nur in einer Vereinsnebenordnung, nicht aber in der Satzung enthalten ist[216]. Deshalb kann auch die Wettkampf- einschließlich Strafordnung eines Sportspitzenverbandes der richterlichen Inhaltskontrolle unterliegen[217]. In all diesen Fällen findet in Wirklichkeit eine Rechtmäßigkeitskontrolle statt. Gleiches trifft zu, wenn der Grundsatz der Gleichbehandlung aller Mitglieder zu prüfen ist, der ein ungeschriebener Bestandteil aller Körperschaftsrechte ist. Ein Regelungsdefizit kann grob unbillig sein; auch wenn ein solches Prüfungsgegenstand ist, ist ein Fall richterlicher Gesetzmäßigkeitskontrolle gegeben[218]. Wird gegen das grundsätzliche Verbot der rückwirkenden nachteiligen Veränderung von

208 *Röhricht* Verbandsrechtsprechung S. 80; *Grunewald* S. 142.
209 *Röhricht* a. a. O.
210 BGHZ 105, 306/318 = NJW 1989, 1724.
211 *Van Look* S. 183.
212 Vgl. z. B. *OLG Frankfurt* NJW 1973, 2208; OLGZ 1979, 5; 1981, 391; NJW 1983, 2576; ZIP 1984, 61/63; WRP 1985, 500/505; *OLG Celle* NJW-RR 1989, 313.
213 *Palandt/Heinrichs* Rn. 9, *Soergel/Hadding* Rn. 25, je zu § 25 BGB; *van Look* S. 184.
214 Vgl. z. B. *Baumbach/Zöllner* § 45 GmbHG Rn. 9.
215 Vgl. *Röhricht* a. a. O. S. 76.
216 Vgl. z. B. BGHZ 47, 172/177; 88, 313/314; *BGH* RdL 1983, 317.
217 A. A. *OLG Frankfurt* MDR 1993, 1250/1251: nur eingeschränkt.
218 *Beuthien* WuB II L. § 25 BGB 1.89.

Mitgliedschaftsrechten verstoßen, so ist dies ebenfalls mit allgemeinen Körperschaftsgrundsätzen nicht vereinbar.

6.1.2. Kritik und Zustimmung

1796 Bei der Begründung des Erfordernisses der richterlichen Inhaltskontrolle hat es den Anschein, daß der Extremfall zur Regel erhoben wird. Es ist nicht auszuschließen, daß es zu der oben dargestellten Machtzusammenballung bei Leitungsorganen von Verbänden kommen kann; die Regel ist dies jedoch nicht. Nach BGHZ 105, 306 sind z. B. alle Sportdachverbände, die Wettkampfspiele im Bundesgebiet veranstalten, der richterlichen Inhaltskontrolle unterworfen. Bei diesen greift das Argument kaum, ein Beitretender könne die vorhandenen, satzungsmäßig festgelegten Machtverhältnisse der Leitungsorgane nicht verändern. Im Gegensatz z. B. zu Gewerkschaften und politischen Parteien haben diese Verbände nämlich kaum eine Veränderung im Mitgliederbestand. Ein solcher findet nur statt, soweit ein oder zwei »Aufsteiger« neu hinzukommen und soweit »Absteiger« aus dem Verband ausscheiden. Soweit ersichtlich, hat kein Sportspitzenverband die Mitgliederversammlung (Verbandstag) in der Satzung zugunsten eines anderen Vereinsorgans beseitigt. Auch die Bildung einer Funktionärselite[219] ist in diesem Bereich kaum zu verzeichnen, zumal wenn der Gesichtspunkt hinzukommt, daß aus steuerlichen Gründen nur die Aufwandsentschädigungen der Mitglieder des Präsidiums ersetzt werden können, es also kein besoldetes Vorstandsamt gibt.
Gleichwohl kann der Notwendigkeit einer richterlichen Inhaltskontrolle nicht schlechthin entgegengetreten werden. Diese ist aber auf Extremfälle zu beschränken.

1797 Zuzustimmen ist der verdeckten Inhaltskontrolle, soweit die Aufnahme in Monopolverbände[220] oder in einen Verein oder Verband in Betracht kommt, der im wirtschaftlichen oder sozialen Bereich eine überragende Machtstellung hat und wenn ein schwerwiegendes Interesse des Beitrittswilligen an der Mitgliedschaft besteht[221]. Zuzustimmen ist auch den eingeschränkten richterlichen Kontrollen bei Vereinsordnungsmaßnahmen einschl. der Ausschließung aus dem Verein. Gleiches gilt, soweit Vereinsordnungen auch die Rechtsbeziehungen zu Nichtmitgliedern regeln[222].

1798 Die richterliche Inhaltskontrolle muß aber inhaltlich begrenzt werden. Zunächst ist zu beachten, daß die Satzungsgestaltungsfreiheit für Vereine mit überwiegend deutschen Mitgliedern verfassungsrechtlich gewährleistet ist. Das Grundrecht der Vereinigungsfreiheit umfaßt die Selbstbestimmung der Vereinigung über die eigene Organisation, das Verfahren ihrer Willensbildung und die Führung der Geschäfte[223]. In diesen Kernbereich darf die staatliche Gewalt, somit auch ein Gericht, nicht eingreifen. Schon nach diesen Grundsätzen dürfte der eine oder andere richterliche Eingriff in die Satzungsgestaltungsfreiheit unter dem Gesichtspunkt der Inhaltsprüfung einer verfassungsgerichtlichen Prüfung nicht standhalten. Es kann sich bei der Inhaltskontrolle nur darum

---

219 *Grunewald* S. 142.
220 BGHZ 29, 344; 63, 282; *BGH* NJW 1969, 316.
221 BGHZ 93, 151 = NJW 1985, 1216.
222 *BGH* WM 1972, 1249; *OLG Frankfurt* NJW 1973, 2208.
223 BVerfGE 50, 290/354; *BVerfG* NJW 1990, 37/38.

handeln, eindeutige Mißbrauchstatbestände einer Verbandsmacht auf das angemessene Maß zurückzuführen. Dabei ist auch zu berücksichtigen: Inhaltskontrollen können nicht nur Prozeßgerichte, sondern auch die Registergerichte im Eintragungsverfahren (Ersteintragung des Vereins, Satzungsänderungen, Vorstandsänderungen) vornehmen[224]. Bei einer so großen Zahl prüfender Instanzen besteht die Gefahr, daß der Richter oder Rechtspfleger seine eigenen Wertvorstellungen über die grob unbillige Benachteiligung von Mitgliedern oder Mitgliedergruppen an die Stelle der Beurteilung der zuständigen Vereinsinstanzen setzt. Es ist immer zu bedenken, daß die Macht von Vereinen und Verbänden im Einzelfall eine nahezu unkontrollierte sein kann, daß dies aber bei der Mehrzahl dieser Vereinigungen nicht der Fall ist.

Erforderlich ist daher eine gegenständliche Beschränkung der Inhaltskontrolle **1799**
auf Vereine, die Monopolverbände sind, sowie auf Vereine, die im sozialen oder wirtschaftlichen Bereich eine Machtstellung innehaben und bei denen Mitgliedschaft für den Betroffenen unerläßlich ist. Kann ein Mitglied ohne Beeinträchtigung seiner wirtschaftlichen oder auch sozialen Belange ohne weiteres aus dem Verein austreten, so ist eine Inhaltskontrolle im Regelfall ohnedies nicht angezeigt[225]. Sie ist wegen der verfassungsrechtlich geschützten Satzungsgestaltungsfreiheit nicht schon dann angezeigt, wenn ein Verein die dispositiven gesetzlichen Vorschriften für die Vereine abändert (§ 40 BGB), sondern wenn dies in Mißbrauchsabsicht geschieht, um die Belange von Mitgliedern im Interesse einer Machtzusammenballung bei den Leitungsorganen hintanzusetzen.

6.1.3. Keine Inhaltskontrolle bei Satzungen und Maßnahmen von Religionsgesellschaften und Weltanschauungsgemeinschaften bei fehlender Außenwirkung

Es kommt immer wieder vor, daß Registergerichte[226] oder auch Rechts- **1800**
beschwerdegerichte[227] Satzungen von Religionsgesellschaften einer Kontrolle unterziehen.

Solche Prüfungen sind verfassungsrechtlich unzulässig, soweit die Satzungen, Nebenordnungen oder Maßnahmen sich auf das Innenleben dieser Vereinigungen beziehen, also das »für alle geltende Gesetz« nicht zum Tragen kommt. Vgl. dazu näher Rn. 2846 ff., 2857 ff. Diese haben eine originäre Rechtsetzungsbefugnis, die sie nicht aus § 25 BGB herleiten[228].

6.2. Die gerichtlichen Prüfungen bei disziplinären Ordnungsmaßnahmen einschließlich des Vereinsausschlusses

6.2.1. Gemeinsamkeiten und Unterschiede zwischen disziplinären Ordnungsmaßnahmen und Ausschließung

Eine disziplinäre Ordnungsmaßnahme ist immer eine Sanktion für ein nach der **1801**
Gruppenmoral im Verein zu mißbilligendes Verhalten. Der Ausschluß kann die

---

224 Vgl. z. B. *OLG Frankfurt* NJW 1983, 2576; *OLG Stuttgart* OLGZ 1986, 257.
225 So wohl auch *Palandt/Heinrichs* § 25 BGB Rn. 9.
226 Vgl. z. B. den Fall BayObLGZ 1987, 161, 170 f.
227 Vgl. *OLG Frankfurt* NJW 1983, 2576; *OLG Stuttgart* OLGZ 1986, 257/260 f.
228 BayObLGZ 1987, 161/170 f.

letzte Konsequenz für dieses Verhalten darstellen; er ist auch allein aus Gründen des Verbandswohls, also ohne Sanktionscharakter möglich.
Eine disziplinäre Ordnungsmaßnahme kann i. d. R. nur bei Verschulden verhängt werden; der Ausschluß ohne Sanktionscharakter erfordert kein Verschulden.
Eine disziplinäre Ordnungsmaßnahme kann nur verhängt werden, wenn in der Satzung ein bestimmtes Verhalten mit einer bestimmten Sanktion bedroht ist.
Der Ausschluß aus dem Verein ist bei Vorliegen eines wichtigen Grundes auch dann zulässig, wenn in der Satzung eine Ausschließungsregelung fehlt.
Ein Nichtmitglied kann sich vertraglich der Autonomie eines Vereins und damit auch dessen disziplinärer Ordnungsgewalt unterwerfen. Der Ausschluß eines Nichtmitglieds ist nicht möglich.
Die Ausschließung aus dem Verein ist – wenn die Satzung nichts anderes besagt – eine Ermessensentscheidung des zuständigen Vereinsorgans. Für die Straffestsetzung ist ein Ermessen nicht gegeben, es sei denn, die Satzung gewährt dem zuständigen Organ ausdrücklich ein Ermessen, ob überhaupt eine Sanktion verhängt werden soll.
Bei Verbänden, die eine eigene Gerichtsbarkeit haben, ist im Regelfall die Entscheidung über die Ausschließung eines Mitglieds der Mitgliederversammlung vorbehalten, während über Ordnungsmaßnahmen das Verbandsgericht entscheidet.

6.2.2. Übersicht über die gerichtlichen Prüfungen

1802 Sofern es sich nicht um den Ausschluß aus einem Monopol- oder monopolähnlichen Verband als disziplinäre Sanktion handelt, prüft das staatliche Gericht bei disziplinären Ordnungsmaßnahmen eines Vereins nach, ob

- das in der Satzung oder Vereinsordnung festgelegte Verfahren eingehalten worden ist,
- allgemeingültige Verfahrensgrundsätze verletzt worden sind,
- die Ordnungsmaßnahme in der insoweit gültigen Satzung eine Grundlage hat,
- die angeordnete Maßnahme nicht gesetzwidrig ist,
- weder der Tatbestand der Willkür noch der groben Unbilligkeit gegeben ist[229].

6.2.3. Volle Nachprüfung der formellen Ordnungsmäßigkeit

1803 Das staatliche Gericht, das sich mit einer Vereinsdisziplinarmaßnahme einschl. der Ausschließung zu befassen hat, prüft als Tat- und Rechtsfrage in vollem Umfang die folgenden Gegenstände nach:

6.2.3.1. Vorschaltverfahren

1804 Es muß grundsätzlich der vereinsinterne Rechtsmittelweg erschöpft sein (vgl. Rn. 1704).

---

229 Vgl. z. B. *BGH* NJW 1981, 744; BGHZ 87, 337/343; *BGH* NJW-RR 1992, 246.

6.2.3.2. Erstreckung der Vereinsordnungsgewalt auf den Betroffenen

Das Gericht prüft auf Einrede, ob der Betroffene überhaupt der Vereinsordnungsgewalt unterliegt. Die Ordnungsmaßnahme darf nicht gegen einen bereits aus dem Verein ausgeschiedenen Betroffenen verhängt worden sein. **1805**

Ein Verein kann gegen ein Nichtmitglied keine Ordnungsmaßnahmen verhängen; entgegenstehende Satzungsbestimmungen sind unwirksam[230].

Bei einem Mitglied eines Vereinsorgans, das nicht auch die gewöhnliche Vereinsmitgliedschaft hat, kann kraft Zulassung durch die Satzung durch eine Ordnungsmaßnahme nur die organschaftliche Funktion beschränkt werden; ohne ausdrückliche vertragliche Unterwerfung dürfen damit nicht im Zusammenhang stehende Ordnungsmaßnahmen nicht verhängt werden[231].

Bei einer disziplinären Ordnungsmaßnahme eines Dachverbandes oder eines Vereinsverbandes wird geprüft, ob

- der Betroffene Mitglied dieser Vereinigung ist (u. U. ist Doppel- oder Mehrfachmitgliedschaft erforderlich, vgl. Rn. 1644),
- der Betroffene bei fehlender Mitgliedschaft aufgrund satzungsmäßiger Doppelverankerung (vgl. Rn. 1596, 1645) der Verbandsdisziplinargewalt unterliegt,
- der Betroffene sich vertraglich der Ordnungsgewalt dieses Verbandes unterworfen hat (vgl. Rn. 1608).

6.2.3.3. Satzungsmäßige Grundlage der Ordnungsmaßnahme

Das staatliche Gericht prüft uneingeschränkt, ob die verhängte Ordnungsmaßnahme in der insoweit wirksamen Satzung eine ausreichende Grundlage hat (vgl. dazu näher Rn. 1603). Die Verhaltensnorm und die Sanktionsdrohung müssen schon vor der begangenen Tat in der Satzung verankert gewesen sein; eine nicht zum Satzungsbestandteil erklärte Vereinsnebenordnung genügt nicht. **1806**

Eine Satzungsbestimmung ist jedoch nicht beim Ausschluß aus dem Verein aus wichtigem Grund erforderlich (vgl. Rn. 1625).

6.2.3.4. Ordnungsmäßigkeit des Verfahrens nach Gesetz und Satzung

Die Ordnungsmaßnahme des Vereins muß auf einem fehlerfreien Verfahren der Vereinsinstanz beruhen. Für ein solches kann das Gesetz (§§ 28, 32, 34 BGB) oder eine wirksame Vereinsregelung maßgebend sein, die nicht unbedingt in der Satzung enthalten sein muß. **1807**

Das Gericht prüft uneingeschränkt auf entsprechende Rüge:

- die Zuständigkeit des Ordnungsorgans,
- seine ordnungsgemäße Einberufung,
- seine ordnungsgemäße Besetzung,
- seine Beschlußfähigkeit,
- die erforderliche Stimmenmehrheit,
- die ausreichende Begründung der Ordnungsmaßnahme und
- das Wirksamwerden der Ordnungsmaßnahme durch Bekanntgabe an den Betroffenen.

---

230 *BGH* WM 1980, 869/870.
231 *Palandt/Heinrichs* § 25 BGB Rn. 15.

Fehlerhaft kann eine Ordnungsentscheidung sein, wenn Verfahrensmängel gegeben sind, weil z. B. angebotene Zeugen nicht vernommen oder ein Augenschein nicht eingenommen worden ist[232]. Hierbei muß es sich nicht um einen groben Verfahrensfehler handeln.
Fehler können sich auch bei der Beratung über die Verhängung einer Ordnungsmaßnahme ergeben. Soll z. B. Grund für den Ausschluß ein als nicht erwiesen anzusehendes vereinsschädigendes Verhalten, sondern lediglich der dringende, durch Tatsachen belegte, durch weitere Ermittlungen nicht näher aufklärbare Verdacht eines solchen Verhaltens sein, der die Vertrauensgrundlage mit oder ohne Zutun des betreffenden Mitglieds zerstört hat, so ist dies gegenüber der Mitgliederversammlung vor der Abstimmung mit der nach den Umständen gebotenen und zumutbaren Deutlichkeit klarzustellen[233].
In der Vereinsinstanz unterlaufene Verfahrensfehler müssen aber für die Ordnungsentscheidung ursächlich gewesen sein. Dies ist im Zweifel anzunehmen. Ist aber eine Disziplinarmaßnahme in der zweiten Vereinsinstanz in einem ordnungsgemäßen Verfahren (u. U. nach Abänderung zugunsten oder zu Ungunsten des Betroffenen) bestätigt worden, so berücksichtigt das Prozeßgericht Verfahrenfehler der ersten Vereinsinstanz nicht[234]. Bei mehreren Vereinsinstanzen sind somit nur solche Verfahrensfehler erheblich, die Einfluß auf die letztinstanzliche Vereinsentscheidung hatten[235].

6.2.3.5. Prüfung der Beachtung allgemeingültiger, ungeschriebener Verfahrensgrundsätze

1808 An das Ordnungsverfahren eines Vereins können nicht die Anforderungen gestellt werden, die etwa für ein staatsgerichtliches Strafverfahren gelten. Es müssen aber allgemeingültige Verfahrensgrundsätze beachtet werden. Dazu gehört etwa: Es darf nicht eine Mitgliedergruppe durch eine En-bloc-Abstimmung ausgeschlossen worden sein[236]. Der Vorstand kann nicht einen Vorstandskollegen aus dem Verein ausschließen (vgl. Rn. 1660). Der von einer Ordnungswidrigkeit Betroffene darf wegen Befangenheit nicht an der Entscheidung über die Verhängung einer Ordnungsmaßnahme mitwirken[237]. Auch wenn eine Verfahrensordnung dies nicht vorschreibt, muß dem Betroffenen ausreichend Gelegenheit zu seiner Verteidigung, somit rechtliches Gehör gewährt worden sein (vgl. Rn. 1666).

6.2.3.6. Prüfung der Ordnungsmaßnahme auf Vereinbarkeit mit dem staatlichen Recht

1809 Das staatliche Gericht prüft schließlich auch uneingeschränkt, ob die Disziplinarregelung deshalb unwirksam ist, weil etwa vom Betroffenen ein gesetz-, sittenwidriges oder objektiv unmögliches Verhalten verlangt wird[238].

---

232 Vgl. *Grunsky* Verbandsrechtsprechung S. 63/66.
233 *BGH* NJW 1990, 40/42.
234 *RG* Warn. 1913 Nr. 182; *RG* JW 1926, 2283; *RG* Recht 1929 Nr. 2.
235 *OLG Hamm* BB 1976, 663.
236 Vgl. *OLG Köln* NJW 1968, 992; BayObLGZ 1988, 170.
237 Vgl. *BGH* NJW 1981, 744; *OLG Hamm* BB 1976, 1191; *LG Freiburg* NJW-RR 1989, 1021.
238 Vgl. *van Look* S. 185.

Sittenwidrig (§ 138 Abs. 1 BGB) können Sanktionen eines Vereins sein, wenn **1810**
durch diese die Existenz des betroffenen Vereinsmitglieds völlig oder nahezu untergraben wird[239]. Als sittenwidrig ist der Beschluß eines Standesvereins angesehen worden, der seinen Mitgliedern den beruflichen Verkehr mit einem dem Verein nicht angehörigen Standesgenossen bei »Strafe« verboten hatte[240].

Die Verhängung einer Ordnungsmaßnahme darf auch nicht gegen ein gesetz- **1811**
liches Verbot verstoßen (§ 134 BGB). Durch eine Disziplinarmaßnahme darf ein Mitglied nicht entgegen § 25 Abs. 1 GWB zu einem abgestimmten Verhalten gezwungen werden[241]. Der Betroffene darf durch eine Vereinsdisziplinarmaßnahme nicht in wettbewerbswidriger Weise diskriminiert werden[242]. Die Ausschließung aus einem Monopolverband kann ein Verstoß gegen § 27 GWB sein[243]. Durch Androhung oder Verhängung einer Ordnungsmaßnahme dürfen Gewerkschaftsmitglieder nicht gehindert werden, für eine konkurrierende Liste bei Betriebsratswahlen zu kandidieren[244]. Eine im Übermaß verhängte Geldbuße kann sittenwidrig sein (§ 138 Abs. 1, § 826 BGB).

6.2.4. Die unbeschränkte staatsgerichtliche Sachverhaltskontrolle

Die Tatsachenermittlung im vereinsrechtlichen Disziplinarverfahren unterliegt **1812**
der Nachprüfung durch die staatlichen Gerichte[245]. Die freiwillige Unterwerfung unter die Vereinsdisziplinargewalt kann nicht dahingehend ausgelegt werden, die Mitglieder seien bei ihrem Vereinseintritt damit einverstanden, für Taten verantwortlich gemacht zu werden, die sie nicht begangen haben[246].

Die der Ordnungsmaßnahme zugrunde gelegten Tatsachen müssen also zutreffen. Wird vom Betroffenen im Prozeß geltend gemacht, der festgelegte Sachverhalt sei nicht zutreffend, so hat das Gericht nach allgemeinen zivilprozessualen Grundsätzen, evtl. nach einer Beweisaufnahme, den wahren Sachverhalt festzustellen.

Aus der Rechtsprechung des BGH ergibt sich nicht klar, ob die Sachverhaltskontrolle auch die Rechtswidrigkeit und das Verschulden umfaßt. Aus BGHZ 47, 381/386 läßt sich entnehmen, daß jedenfalls die Frage der Rechtswidrigkeit staatsgerichtlicher Kontrolle unterliegt, da ein vom Verein beanstandetes Verhalten unter dem Gesichtspunkt der Wahrnehmung berechtigter Interessen geprüft worden ist. Die Frage der Rechtswidrigkeit erhebt sich z. B., wenn ein Spieler nach einem Körperangriff durch einen Gegenspieler erheblich benommen ist und sich dann zu einer Tat hinreißen läßt. Auch die Verschuldensfrage wird der Sachverhaltskontrolle unterliegen[247].

Im Einzelfall kann es sich ergeben, daß keine klare Trennung zwischen der unbeschränkt nachprüfbaren Tatsachenfeststellung und der (nachfolgend zu be-

---

239 Vgl. RGZ 107, 386/389.

240 RGZ 79, 17.

241 *Van Look* S. 220.

242 Verstoß gegen § 26 Abs. 2 GWB; vgl. BGHZ 36, 105/114; *OLG Düsseldorf* NJW-RR 1987, 697.

243 Vgl. *OLG Frankfurt* WM 1986, 302.

244 Verstoß gegen § 19 Abs. 2 BetrVG a. F. bzw. § 20 Abs. 2 n. F.; vgl. BGHZ 45, 314; 71, 126/128; 87, 337; 102, 265/278; *BGH* NJW 1981, 2178.

245 BGHZ 87, 337.

246 *BGH* a. a. O. S. 344.

247 Ebenso: *van Look* S. 219 f.

handelnden) nur beschränkt nachprüfbaren Subsumtion des festgestellten Sachverhalts unter eine Ordnungsnorm möglich ist[248]. Nach *OLG Düsseldorf*[249] soll die im vereinsrechtlichen Disziplinarverfahren getroffene Feststellung, wie die Wettbewerbsmaßnahme eines Vereinsmitglieds von dem angesprochenen Publikum verstanden worden ist, vom staatlichen Gericht nur daraufhin überprüft werden können, ob die Feststellung grob unbillig oder willkürlich ist.

6.2.5. Die beschränkte Nachprüfung der Subsumtion des festgestellten Sachverhalts unter eine Sanktionsnorm bei Vereinen ohne Aufnahmezwang

1813 Bei Vereinen, bei denen kein Aufnahmezwang besteht, sind nach der Rechtsprechung des BGH die Subsumtion des (zutreffend) festgestellten Sachverhalts unter eine Vereinsordnungsnorm sowie die Bemessung des Ordnungsmittels Maßnahmen, welche diese Vereine eigenverantwortlich in Ausübung ihrer Vereinsgewalt zu treffen haben und die gerichtlich nur in engen Grenzen nachgeprüft werden können[250]. Begründet wird diese Auffassung im wesentlichen wie folgt: Die Vereinsordnungsgewalt und die zu ihr gehörende Vereinsgerichtsbarkeit sind ein Stück außerstaatlicher Rechtskultur; für die staatlichen Gerichte kann es sich nur darum handeln, Mißbrauch und Wildwuchs bei der Ausübung der Vereinsgerichtsbarkeit zu verhindern[251]. Die interne Gestaltung des Vereinslebens und die Vereinspolitik dürfen nicht auf staatliche Wertvorstellungen festgelegt werden[252]. Das Gericht kann demnach nicht ohne weiteres seine Überzeugung und seine Wertmaßstäbe an die Stelle derjenigen des Vereins setzen[253].

Die staatsgerichtliche Nachprüfung erstreckt sich bei Vereinen ohne Aufnahmezwang darauf, ob die verhängte Ordnungsmaßnahme

- willkürlich oder
- grob unbillig ist[254].

6.2.6. Der Willkürtatbestand

1814 Beim Willkürtatbestand wird vor allem der Grundsatz der Gleichbehandlung aller Mitglieder angesprochen. Haben mehrere Vereinsmitglieder den gleichen Verstoß gegen Verhaltenspflichten begangen, so kann nicht z. B. ein Teil dieser Mitglieder aus dem Verein ausgeschlossen werden und der andere Teil nicht[255]. Willkürlich kann es auch sein, wenn bei geringer Schuld und unbedeutenden Tatfolgen der Höchstrahmen einer satzungsmäßig möglichen Geldbuße ausgeschöpft wird. In Satzungen von Sportverbänden ist das Ordnungsmittel Tätigkeitsverbot vorgesehen. Willkürlich, zumindest aber grob unbillig ist es, wenn diese Ordnungsmaßnahme gegen das einzige Vorstandsmitglied eines Mit-

248 Vgl. *van Look* S. 218.
249 NJW-RR 1987, 697.
250 BGHZ 87, 337/345.
251 Vgl. *Röhricht* AcP 189 (1989), 388/391.
252 *BGH* a. a. O.
253 BGHZ 102, 265/277.
254 BGHZ 47, 381/385; 75, 158/159.
255 Vgl. BGHZ 47, 381/385.

gliedsvereins verhängt wird, ohne die Vollziehbarkeit so lange hinauszuschieben, daß für eine Ersatzbestellung gesorgt werden kann.

6.2.7. Die grobe Unbilligkeit

Bei der Prüfung, ob ein Ordnungsmittel grob unbillig ist, kommt es darauf an, **1815**
ob es sachliche Gründe für den Verein gibt, daß dieses Ordnungsmittel mit dieser Bemessung verhängt worden ist. Dabei ist der vom Verein satzungsmäßig verfolgte Zweck zu berücksichtigen. Von Bedeutung ist auch, welches Ausmaß ein Ordnungsmittel für den Betroffenen hat. Von der Rechtsprechung wird im Regelfall die Ausschließung aus dem Verein als »die schwerste Strafe« angesehen. Dies bedarf der Berichtigung. Wird ein Mitglied aus einem Verein ausgeschlossen, auf den es nicht angewiesen ist, so kann nicht von der »schwersten Vereinsstrafe« gesprochen werden, wenn etwa zum Vergleich Ordnungsmittel von Sportverbänden herangezogen werden, die den Ausschluß der Benutzung von Verbandseinrichtungen für einen Anschlußverein vorsehen, der auf diese Einrichtungen angewiesen ist, oder die Versetzung in eine niedrigere Spielklasse oder den Entzug der Zulassung als Trainer.

Je schwerer die Auswirkungen eines Ordnungsmittels auf den Betroffenen, sei **1816**
es in wirtschaftlicher Hinsicht, aber auch im Hinblick auf dessen Ansehen in der Öffentlichkeit sind, um so eher greift der Grundsatz der gegenseitigen Treupflicht ein, die sich Verein und Mitglieder schulden[256]. Es ist dann bei der Überprüfung, ob das verhängte Ordnungsmittel grob unbillig ist, eine Interessenabwägung vorzunehmen. Ist z. B. ein Ausschluß beschlossen worden und hat er für den Betroffenen keine nennenswerten Nachteile, so muß es bei dieser Maßnahme bleiben. Hat dagegen der Ausschluß zur Folge, daß der Betroffene in seinen wirtschaftlichen Entfaltungsmöglichkeiten nicht unerheblich beeinträchtigt worden ist, so kann der Ausschluß als grob unbillig gewertet werden[257]. Dann kann auch die Frage zu prüfen sein, ob ein weniger einschneidendes Ordnungsmittel ausreicht, um den Verbandsfrieden zu sichern[258]. Eine Interessenabwägung kann auch geboten sein, wenn etwa ein Ausschluß nach der Lebenserfahrung mittelbare Folgen hat, etwa die Herabsetzung des Persönlichkeitswertes des Betroffenen[259].

Offenbar unbillig ist die Verhängung einer Sanktion, wenn der Ordnungsan- **1817**
spruch aufgrund Verwirkung nicht mehr besteht[260].

Weitere Beispiele einer offenbaren Unbilligkeit: Das vereinsschädigende Verhalten eines Angehörigen ist der Grund für den Ausschluß eines Mitglieds[261].Die Beauftragung eines Rechtsanwalts in einer streitigen Vereinsangelegenheit wird als vereinsschädigendes Verhalten geahndet[262].

---

256 Vgl. *BGH* ZfG 1971, 297; *OLG Düsseldorf* DB 1969, 2130, jeweils Gen.
257 Vgl. BGHZ 47, 381/385.
258 Vgl. RGZ 107, 386/388; 147, 11/15.
259 Vgl. BGHZ 13, 5/12.
260 Vgl. RGZ 129, 45/49.
261 *BGH* NJW 1972, 1892.
262 Vgl. *OLG Hamm* AnwBl. 1973, 110.

1818 Verhängt ein Verein mit Monopolstellung gegen ein Mitglied ein Ordnungsmittel, so kann Veranlassung bestehen, sich aus dem GWB ergebende Gesichtspunkte zu berücksichtigen[263].

6.2.8. Die uneingeschränkte Prüfung des wichtigen Grundes bei einem nicht in der Satzung geregelten Ausschluß

1819 Fehlt in der Satzung eine Regelung über die Ausschließung von Mitgliedern, so ist eine solche bei Vorliegen eines wichtigen Grundes zulässig (vgl. Rn. 1625). Ergibt sich hieraus ein gerichtlicher Streit, so prüft das Gericht uneingeschränkt das Vorliegen eines wichtigen Grundes nach[264].

6.2.9. Die Billigkeitsprüfung bei Ausschluß aus einem Verein mit Aufnahmezwang

1820 Monopolverbände sowie Vereine mit überragender Machtstellung im wirtschaftlichen oder sozialen Bereich können bei der Entscheidung über die Aufnahme eines Mitglieds nur einen begrenzten Ermessensspielraum in Anspruch nehmen[265]. Gleiches gilt bei einem Ausschluß aus einem solchen Verband oder Verein. Es wird vom staatlichen Gericht nicht nur geprüft, ob die Ausschlußentscheidung eine Grundlage in der Satzung hat und in einem ordnungsgemäßen Verfahren zustande gekommen ist, sondern auch, ob der Ausschluß durch sachliche Gründe gerechtfertigt ist[266]. Bei diesen Verbänden und Vereinen ist zum einen eine Ausschließung nach freiem Ermessen bis zur Grenze der Willkür nicht mehr möglich. Zum anderen prüft das staatliche Gericht die Ausschlußentscheidung in vollem Umfang auf ihre Billigkeit, also auf die Rechtfertigung durch sachliche Gründe.

6.2.10. Fragen der Darlegungs- und Beweislast

1821 Klagt ein Mitglied auf Feststellung der Unwirksamkeit einer Ordnungsmaßnahme, so hat es zunächst das Zustandekommen des Ordnungsbeschlusses darzulegen. Werden Verfahrensfehler gerügt, so gelten hinsichtlich der Darlegungslast die Ausführungen in Rn. 1752. Die Darlegungs- und Beweislast dafür, daß materiell ein Tatbestand gegeben ist, der eine Sanktionsnorm erfüllt (z. B. Ausschlußtatsachen), trägt der Verein; dies gilt auch hinsichtlich eines evtl. erforderlichen Verschuldens des Betroffenen[267].

6.2.11. Im Prozeß keine Nachschiebung von Gründen

1822 Der BGH setzt die Rechtsprechung des RG fort, wonach der Ausschließungsbeschluß eines Vereins der gerichtlichen Nachprüfung nur mit dem Inhalt und mit der Begründung unterliegt, auf die er im vereinsrechtlichen Verfahren gestützt worden ist. Das Nachschieben von Ausschließungstatsachen,

---

263 Vgl. *OLG Frankfurt* WM 1986, 302/304.

264 *Soergel/Hadding* § 39 BGB Rn. 16; *Sauter/Schweyer* Rn. 112.

265 Vgl. Rn. 658 sowie *BGH* NJW 1991, 485.

266 *BGH* a. a. O.; BGHZ 102, 265/276 f. = NJW 1988, 552; *BGH* NJW 1994, 43.

267 *Stöber* Rn. 256 b; ebenso zum Ausschluß aus einer Genossenschaft: RGZ 163, 200/208; *OLG Stuttgart* OLGE 22, 6; *OLG Düsseldorf* ZfG 1970, 301; bei einem Ausschluß aus einer Ratsfraktion ist diese darlegungs- und beweispflichtig, vgl. *OVG Münster* NJW 1989, 1105/1106; teilweise a. A. aufgrund rechtsgeschäftlicher Betrachtungsweise: *van Look* S. 140, 217.

die im Ausschlußverfahren nicht festgestellt worden sind, läuft auf eine nachgeschobene Begründung des Ausschließungsbeschlusses hinaus, die als Umgehung der innerverbandlichen Zuständigkeits- und Verfahrensregelung unzulässig ist[268]. Dies gilt auch dann, wenn sich der Ausschließungsbeschluß nicht auf in der Satzung im einzelnen bezeichnete Gründe, sondern – mit und ohne Bezugnahme auf die Satzung – auf den im Vereinsrecht geltenden allgemeinen Grundsatz stützt, daß eine Lösung von Dauerrechtsverhältnissen zulässig ist, wenn in der Person des Betroffenen ein wichtiger Grund vorliegt. Auch dann müssen die Umstände, aus denen sich die Unzumutbarkeit der Fortsetzung des Mitgliedschaftsverhältnisses im Einzelfall ergibt, bereits im Ausschließungsbeschluß bezeichnet und in gerichtlich nachprüfbarer Weise festgestellt werden[269]. Diese Grundsätze gelten auch in anderen Disziplinarfällen, die keinen Vereinsausschluß betreffen[270].

Stützt der Verein eine Ordnungsmaßnahme auf eine bestimmte Sanktions- **1823**
bestimmung, so muß das Gericht diese heranziehen; der Verein darf im Prozeß die Ordnungsbestimmung nicht auswechseln[271]. Der Verein kann im Prozeß seine Ordnungsmaßnahme auch nicht auf einen Sachverhalt stützen, der im Vereinsverfahren nicht behandelt worden ist. Aufgrund eines neuen Ordnungstatbestandes kann nur ein neues Vereinsverfahren eingeleitet werden[272].

Nach BGHZ 47, 381/387 ist es zulässig, daß sowohl das klagende Mitglied wie **1824**
auch der Verein neue Tatsachen in das staatsgerichtliche Verfahren einführen, soweit das Tatbestandsmerkmal »offenbare Unbilligkeit« eines Vereinsausschlusses in Betracht kommt. Da das Gericht einen »Vereinsstrafbeschluß« in dieser Hinsicht frei nachprüfen könne, müsse der Kläger zur Begründung seines Einwands neue Tatsachen vorbringen können, die sich aus dem Ausschließungsbeschluß nicht ergäben. Umgekehrt müsse der beklagte Verein in der Lage sein, diese Behauptungen durch neue Tatsachen zu entkräften oder neue Tatsachen einzuführen, aus denen sich ergebe, der Vorwurf, grob unbillig von einem Aussschließungsgrund Gebrauch gemacht zu haben, treffe ihn zu Unrecht. Es ist fraglich, ob der BGH diese Auffassung später weiterhin vertreten hat. Es handelt sich in BGHZ 47, 381/387 um nicht bindende Hinweise für das weitere Verfahren. Es erscheint bedenklich, daß der Verein neue Tatsachen zur Widerlegung des Tatbestandsmerkmals »grobe Unbilligkeit« in den Prozeß einführen kann.

6.2.12. Die staatsgerichtliche Entscheidung; die Wirksamkeit einer Disziplinarmaßnahme als Vorfrage

Bei begründeter Klage stellt das staatliche Gericht durch Urteil fest, daß der **1825**
Vereinsbeschluß, der eine Disziplinarmaßnahme angeordnet hat, entweder unwirksam ist (Klage des Betroffenen) oder wirksam ist (Klage des Vereins gegen den Betroffenen). Ist die Klage unbegründet, so wird sie abgewiesen. Das

268 *RG* JW 1932, 1010; RGZ 163, 200/210; BGHZ 102, 265/273; *BGH* NJW 1990, 40/41.
269 *BGH* NJW a. a. O.
270 *Van Look* S. 227.
271 *Van Look* a. a. O.; vgl. jedoch *BGH* WM 1982, 1222 in einer Genossenschaftssache, wonach das Gericht nicht gehindert sein soll, den Sachverhalt unter einen anderen satzungsmäßigen Ausschlußtatbestand zu subsumieren.
272 Vgl. *RG* JW 1932, 1010; *OLG Düsseldorf* ZfG 1970, 301.

staatliche Gericht kann weder einen Vereinsbeschluß bestätigen noch aufheben[273] oder abändern[274]. Es ist keine Rechtsmittelinstanz gegenüber den zuständigen Vereinsorganen. Die Befugnis zur Abänderung hat nur ein Vereinsgericht oder ein Vereinsschiedsgericht. Die Abänderung hat Rechtsgestaltungswirkung; die Befugnis zur Rechtsgestaltung ist dem staatlichen Gericht versagt. Vereinsordnungsmaßnahmen stellen nach herrschender Ansicht keine der Abänderung durch Richterspruch zugängliche Vertragsstrafen dar[275]. Klagt der Verein eine verhängte Geldbuße ein, so kann das beklagte Mitglied deren Unwirksamkeit geltend machen. In diesem Fall ist das Gericht hinsichtlich der Nachprüfung, ob das Ordnungsmittel Bestand hat, ebenso eingeschränkt, wie wenn es das allein verfahrensgegenständliche Ordnungsmittel auf seinen Bestand überprüfen müßte[276]. Gleiches gilt, wenn der Bestand eines vom Verein verhängten Ordnungsmittels eine Vorfrage eines an sich anderen Verfahrensgegenstandes ist. Klagt z. B. ein Mitglied gegen den Verein auf Schadensersatz und rechnet dieser mit dem Betrag einer verhängten Geldbuße auf, so wird die Wirksamkeit der Ordnungsmaßnahme nur eingeschränkt nachgeprüft[277].

6.2.13. Zum Erfordernis der gerichtlichen Nachprüfung von Disziplinarentscheidungen bei allen Vereinen auf ihre sachliche Berechtigung

1826 Der Ausschluß aus einer Genossenschaft wird seit jeher nicht nur auf formelle Ordnungsmäßigkeit, sondern auf seine sachliche Berechtigung nachgeprüft[278]. Beim Verein hat das RG[279] nur eine Prüfung insoweit vorgenommen, ob der Ausschließungsbeschluß eine Grundlage in der Satzung hat und ob das satzungsmäßige Verfahren eingehalten worden ist. Für Vereinssachen war der IV. Zivilsenat des RG zuständig, für Genossenschaftssachen der II. Zivilsenat. Dieser Senat hat in RGZ 88, 193/195 erkannt, daß der Ausschluß aus der Genossenschaft auch sachlich nachzuprüfen ist und »nicht nur auf formelle Ordnungsmäßigkeit, wie dies manche Schriftsteller und auch der IV. Zivilsenat des Reichsgerichts für Vereine des bürgerlichen Rechts annehmen«. Möglicherweise wäre es nicht zu einer unterschiedlichen Nachprüfung von Ausschlußentscheidungen aus Genossenschaften einerseits und Vereinen andererseits gekommen, wenn nur der II. Zivilsenat des RG für all diese Rechtsstreitigkeiten zuständig gewesen wäre. Später hat das RG[280] die Ausschließung aus einem (Kassenarzt-)Verein sachlich dahingehend nachgeprüft, ob diese offenbar unbillig oder sittenwidrig ist, aber nur unter der Voraussetzung, daß die Zugehörigkeit zum Verein eine Lebensfrage für die Mitglieder ist. Dann wurde nicht mehr auf die Bedeutung des Vereins für die Mitglieder, sondern darauf abgestellt, daß es sich um »einen die Belange des Volksganzen oder eines nicht

273 A. A. zu Unrecht: *OLG Celle* BB 1973, 1190; *OLG Frankfurt* GRUR 1985, 992.
274 Vgl. BayObLGZ 1959, 457/468; *Sauter/Schweyer* Rn. 114, 351.
275 BGHZ 21, 370/372.
276 BGHZ 29, 352/363 = NJW 1959, 982.
277 A. A. volle Nachprüfung im Genossenschaftsrecht: *OLG Oldenburg* NJW-RR 1988, 675.
278 RGZ 88, 193/195; 129, 45/48; 163, 200/204; BGHZ 13, 5; 27, 297; *BGH* ZfG 1972, 222.
279 RGZ 49, 150/152 ff.
280 RGZ 107, 386/388.

unerheblichen Volksteils berührenden Verein von sozialer, wirtschaftlicher oder kultureller Bedeutung« handeln muß und »das Mitglied durch die Ausschließung in wichtigen Lebensfragen betroffen wird«[281]. Vereins-»Strafen« sind schon vorher auf offenbare Unbilligkeit geprüft worden, ohne daß auf die soziale Bedeutung des Vereins abgestellt worden ist[282].
An diese Rechtsprechung knüpfte der BGH an; er sah Schranken der »autonomen Vereinsgewalt« nur dort, »wo sie gesetzwidrige, sittenwidrige oder offenbar unbillige Entscheidungen trifft«[283]. Auf die Art der Vereine ist dann nicht mehr abgestellt worden[284]. Die weitere Entwicklung der Rechtsprechung war dann die uneingeschränkte zivilgerichtliche Nachprüfung der Tatsachenermittlung[285]. Nach dem gegenwärtigen Stand der Rechtsprechung des BGH findet eine volle Überprüfung des Ausschließungsbeschlusses statt, ob die festgestellten Tatsachen einen sachlichen Grund für die Ausschließung bilden, wenn es sich um einen Verein handelt, welcher der Aufnahmepflicht unterliegt[286]. Für Vereine, für die keine Aufnahmepflicht besteht, verbleibt es bei der Überprüfung, ob die Tatsachen richtig festgestellt worden sind und ob die Ordnungsmaßnahme nicht als gesetz-, sittenwidrig oder als offenbar unbillig oder willkürlich einzustufen ist[287].

Grund für die eingeschränkte Prüfung von Vereinsdisziplinarmaßnahmen ist **1827**
vordergründig die Beachtung der Vereinsautonomie; das staatliche Gericht soll seine Wertvorstellungen nicht an diejenigen der zuständigen Vereinsinstanzen setzen. Zum anderen scheint ein Grund für die eingeschränkte Nachprüfung die Befürchtung zu sein, daß auf die staatlichen Gerichte zu viele Vereinsdisziplinarfälle zukämen[288].

Es sprechen gute Gründe für die uneingeschränkte gerichtliche Überprüfung **1828**
von Vereinsdisziplinarmaßnahmen auch auf ihre sachliche Berechtigung. Schiedsgerichte im Sportverbandsbereich prüfen Entscheidungen der Vereinsinstanzen in vollem Umfang nach. In dieser Gerichtsbarkeit werden mehr Disziplinarfälle abschließend entschieden als in der staatlichen Gerichtsbarkeit. Muß ein Arbeitsgericht in einem Kündigungsrechtsstreit zwischen einem Angestellten und einer kirchlichen Einrichtung über einen Verstoß gegen kirchliche Wertvorstellungen entscheiden, so muß es diese zugrunde legen (vgl. näher Rn. 2863). Es muß auch in Fällen, in denen über Vereinsdisziplinarmaßnahmen zu entscheiden ist, möglich sein, daß das staatliche Gericht die im Verein vorherrschenden Wertvorstellungen zugrunde legt, aber die Entscheidung der Vereinsinstanz im übrigen ohne Beschränkung auf die Art der Vereine nachprüft. Ein Anwachsen der Streitfälle ist nur in einem zu bewältigenden Ausmaß zu befürchten. Es ist zu bedenken, daß über viele Streitfälle die in den Verbänden gebildeten privaten Gerichte entscheiden. Die Zuständigkeit von

281 RGZ 140, 23/24; 147, 11/15.
282 Vgl. z. B. *RG* JW 1928, 2208; *RG* LZ 1929 Sp. 324.
283 BGHZ 13, 5/11 = NJW 1954, 833.
284 BGHZ 47, 381/384 f. = NJW 1967, 1657.
285 BGHZ 87, 337/344 = NJW 1984, 918.
286 BGHZ 102, 265/275 = NJW 1988, 552.
287 Vgl. dazu auch: *Hadding/van Look* ZGR 1988, 270/278.
288 Im Wege der Hochrechnung ist eine Zahl von ca. 420 000 Vereinsdisziplinarverfahren im Jahr behauptet worden, vgl. *Hilpert* BayVBl. 1988, 161; es wird auch die Zahl von ca. 450 000 solcher Verfahren genannt, vgl. *Röhricht* AcP 189 (1989), 388/391.

Verbandsschiedsgerichten schirmt die staatliche Gerichtsbarkeit weitgehend von Disziplinarfällen ab. Der Kostenfaktor ist ein weiterer Gesichtspunkt, der nur ausnahmsweise für die Beschreitung des Rechtswegs zu den staatlichen Gerichten spricht.

6.3. Zur gerichtlichen Nachprüfung von nichtdisziplinären Ordnungsmaßnahmen von Vereinen

1829 Das RG hat die Auffassung vertreten, daß Verwaltungsmaßnahmen eines Vereins, die sich im inneren Vereinsleben erschöpften, der Nachprüfung durch die staatlichen Gerichte entzogen seien[289]. So ist die Klage eines Mitglieds als unzulässig angesehen worden, mit der die Feststellung begehrt worden ist, die Dauer der Vereinsmitgliedschaft müsse von einem bestimmten Datum ab berechnet werden; der Kläger solle als gewähltes Mitglied des Ehrenrates anerkannt und zu den Sitzungen eingeladen werden[290].
Ob der BGH diese Rechtsprechung fortsetzt, ist offen, da Fälle aus dem reinen Verwaltungsbereich eines Verbands ersichtlich noch nicht in die Revisionsinstanz gelangt sind. Im Falle BGHZ 49, 396 ist zu Recht die Bereinigung eines Streits im Verein verlangt worden.
Andere Gerichtsentscheidungen ergeben, daß auch im Verwaltungsstreitbereich nach disziplinären Grundsätzen geprüft wird[291]. Das *LG Lübeck*[292] prüft die Frage aus dem Verwaltungsbereich, ob ein Verein einem Mitglied die Freigabe erteilen müsse, deshalb voll nach, weil es »einer im Vordringen befindlichen Auffassung« folgt, »wonach Entscheidungen im Vereinswesen der vollen Nachprüfung der Gerichte« unterlägen.

1830 Die frühere Auffassung, wonach sogar der staatliche Rechtsschutz im nichtdisziplinären Bereich versagt worden ist, ist überholt. Es ist auch nicht die Unterscheidung angebracht, ob eine Vereinsmaßnahme nur eine innerverbandliche Wirkung hat oder nicht. Ein Mitgliedsverein, der vom übergeordneten Verband unberechtigt keine Lizenz für die finanziell lukrative Teilnahme am Verbandswettkampfbetrieb erhält, muß, sofern nicht die Verbandsschiedsgerichtsbarkeit gegeben ist, Rechtsschutz durch die staatlichen Gerichte erlangen können. Nicht selten handeln Verbände mit Außenwirkung unter Beteiligung Außenstehender. Auch in diesem Bereich muß es uneingeschränkten Rechtsschutz geben. Beispiele: Beim Bundesverband der Unfallversicherungsträger der öffentlichen Hand e. V. ist z. B. eine Prüfstelle für die Prüfung der Arbeitssicherheit technischer Erzeugnisse errichtet. Diese Prüfstelle wird auf Antrag des Herstellers oder Importeurs von technischen Erzeugnissen tätig, wobei die Vornahme der Prüfungen acht Fachkommissionen obliegt[293]. Deren Entscheidungen müssen voll nachprüfbar sein. Die Normung ist in der Bundesrepublik Deutschland eine Aufgabe der Selbstverwaltung der Wirtschaft;

---

289 Vgl. RGZ 79, 409; *RG* JW 1925, 224.

290 RGZ 79, 409; vgl. auch *RG* HRR 1928 Nr. 1551: Kein im Rechtsweg durchsetzbarer Anspruch auf Unterlassung, dauernd gegen die Vereinsinteressen zu handeln, da die Möglichkeit des Ausschlusses aus dem Verein bestehe.

291 Vgl. z. B. *OLG Stuttgart* AgrarR 1982, 221.

292 NJW-RR 1988, 122.

293 Vgl. *Hein* S. 276.

Zentralorgan der Normung ist das DIN Deutsches Institut für Normung e. V. Das DIN ist der runde Tisch, an dem sich Hersteller, Handel, Verbraucher, Handwerk, Dienstleistungsunternehmen, Wissenschaft, technische Überwachung, Staat sowie jedermann, der ein Interesse an der Normung hat, zusammensetzen, um den Stand der Technik zu ermitteln und unter Berücksichtigung neuer Erkenntnisse in Deutschen Normen niederschreiben[294]. Kommt es zu einem Normentwurf, so kann sogar jeder im Normverfahren Stellungnehmende, wenn er mit der Entscheidung des zuständigen Arbeitsausschusses nicht einverstanden ist, das Schlichtungsverfahren beantragen[295]. Die ergehenden Entscheidungen in der Verbandsinstanz müssen staatsgerichtlich voll nachprüfbar sein. – Dem Hauptverband der gewerblichen Berufsgenossenschaften e. V. ist die Ermittlung des Anteils an der Umlage für das Konkursausfallgeld übertragen, der auf die gewerblichen Berufsgenossenschaften und die See-Berufsgenossenschaft entfällt[296]. Ergeben sich aus diesem Bereich Streitigkeiten, so muß der Weg zu den staatlichen Gerichten offenstehen, wobei hier dahingestellt sein kann, bei welchem Gerichtszweig Rechtsschutz zu suchen ist. Anerkannte Züchtervereinigungen sind nach dem Tierschutzgesetz für die Registrierung gekörter männlicher Tiere zuständig[297]. Deren Zuchtbuchentscheidungen müssen staatsgerichtlich ebenfalls voll nachprüfbar sein, wobei es nicht von Belang ist, ob von diesen Entscheidungen Vereinsmitglieder oder Außenstehende betroffen sind[298].

6.4. Folgewirkungen rechtskräftiger Urteile in Vereinssachen

6.4.1. Unwirksamkeit einer Ausschließung

Ist die Ausschließungsentscheidung des Vereins aus **formellen** Gründen durch rechtskräftiges Urteil für unwirksam erklärt worden, so kann aus demselben sachlichen Grund in einem neuen Vereinsverfahren auf Ausschließung erkannt werden[299]. **1831**

Ist die Vereinsentscheidung über die Ausschließung eines Mitglieds aus **sachlichen** Gründen für unwirksam erklärt worden, so hat der Betroffene seine Mitgliedsstellung nicht verloren. Hatte er im Verein eine Organstellung und ist diese lediglich wegen des Vereinsausschlusses vom Verein als beendet angesehen worden, so ist auch die Organstellung erhalten geblieben[300]. Anders ist es, wenn mit der Ausschließung zugleich die Abberufung aus der Amtsstellung aus berechtigtem Grund beschlossen worden ist. In einem solchen Fall wird die Organstellung mit der rechtskräftigen Feststellung der Unwirksamkeit der Ausschließungsentscheidung nicht wieder erlangt; es muß eine Neubestellung vorgenommen werden, falls eine solche wegen der anderweitigen Besetzung dieser Organstellung überhaupt möglich ist. Unter Bezugnahme auf zum Genossenschaftsrecht ergangene Entscheidungen wird die Auffassung vertreten, **1832**

294 So: Vorwort zu DIN-Normenheft 10 Grundlagen der Normungsarbeit des DIN.
295 DIN 820 Teil 4 Nr. 2.4.7.
296 § 186c Abs. 4 AFG; vgl. *Hein* S. 243.
297 Vgl. *BGH* RdL 1983, 317.
298 A. A. noch *OLG Stuttgart* AgrarR 1982, 221 sowie *LG Hannover* AgrarR 1982, 223.
299 RGZ 85, 355/358.
300 *BayObLG* JFG 6, 230/235.

das von einer Ausschließung betroffene Organmitglied müsse in der Zwischenzeit ergangene Beschlüsse gegen sich gelten lassen und habe seine Organstellung auch dann verloren, wenn rechtskräftig die Unwirksamkeit der Ausschließungsentscheidung festgestellt werde[301]. Dem kann nicht zugestimmt werden. Genossenschaftsrechtliche Grundsätze sind hier nicht anwendbar. Dort verliert ein Genosse mit der Absendung der Mitteilung der Ausschließung sein Recht auf Teilnahme an der Generalversammlung, er kann auch nicht mehr Mitglied des Vorstands oder Aufsichtsrats sein, wie § 68 Abs. 4 GenG anordnet. Bei diesen Wirkungen bleibt es auch, wenn die Ausschließung zwar von einem zuständigen Organ vorgenommen worden ist, wenn sie aber grundlos ist und daher vom Prozeßgericht für unwirksam erklärt wird[302]. Diese Rechtsfolgen können also nur für die Zukunft entfallen[303]. Im Genossenschaftsrecht geht kraft gesetzlicher Anordnung mit der Absendung der Mitteilung der Ausschließung nicht nur das Recht auf Teilnahme an der Generalversammlung, sondern eine Amtsstellung im Vorstand oder Aufsichtsrat jedenfalls zunächst verloren. Eine gleichlautende Vorschrift besteht im Vereinsrecht nicht. § 68 Abs. 4 GenG kann nicht entsprechend zur Anwendung kommen, da in dieser Vorschrift kein allgemeiner Grundsatz des Körperschaftsrechts zum Ausdruck kommt. Aus all dem folgt: In der Zeit zwischen der Vereinsausschließung und der rechtskräftigen Feststellung der Unwirksamkeit der Ausschließung ergangene Vereinsentscheidungen sind für den Betroffenen wirksam, wenn es auf seine Stimme, die er wegen seiner Ausschließung nicht abgeben konnte, nicht ankommt. Ist dies aber der Fall, so ist der Betroffene zu Unrecht zur Mitgliederversammlung nicht zugelassen und an der Stimmabgabe gehindert worden. Ihm steht deshalb ein Anfechtungsrecht hinsichtlich der in der Zwischenzeit ergangenen Beschlüsse der Mitgliederversammlung zu[304]. Der nur auf den Ausschließungsbeschluß gestützte Verlust der Organstellung ist im Falle wirksamer Anfechtung des Ausschließungsbeschlusses in Wirklichkeit nicht eingetreten[305]. Gleiches gilt im übrigen im Genossenschaftsrecht, wenn die Ausschließung eines Mitglieds des Vorstands wegen eines **Verfahrensfehlers** bei der Abstimmung für unwirksam erklärt wird; in einem solchen Fall lebt die Organstellung auch bei der Genossenschaft wieder auf[306]. Im Vereins- und im Genossenschaftsrecht ist aber Voraussetzung für den Weiterbestand der Organstellung, daß diese nicht aus anderen Gründen erloschen ist. Ist z. B. nach einem drei Jahre dauernden Rechtsstreit die Amtszeit eines zu Unrecht ausgeschlossenen Vorstandsmitglieds nach der Satzung abgelaufen, so kann sie durch das obsiegende rechtskräftige Urteil nicht wiederhergestellt werden. Ist die Organstellung aus einem solchen Grund nicht beendet, ist aber die Stelle des zu Unrecht ausgeschlossenen Organmitglieds anderweitig besetzt worden,

---

301 *Soergel/Hadding* § 39 BGB Rn. 15 unter Bezugnahme auf BGHZ 31, 192; *Sauter/Schweyer* Rn. 116 unter Bezugnahme auf *RG* Recht 1910 Nr. 204.

302 RGZ 128, 87/90; BGHZ 31, 192/193.

303 Vgl. *RG* JW 1930, 3749; *RG* und *BGH* a. a. O.; *Lang/Weidmüller/Schaffland* § 68 GenG Rn. 67.

304 Ebenso zum GmbH-Recht: *Rowedder/Koppensteiner* § 47 GmbHG Rn. 125; *Scholz/K. Schmidt* § 45 GmbHG Rn. 175.

305 *BayObLG* JFG 6, 230/235.

306 *BGH* a. a. O.; *Lang/Weidmüller/Schaffland* § 68 GenG Rn. 79.

so kann die zweite Besetzung unwirksam sein, wenn sie ausschließlich in dem Glauben vorgenommen worden ist, die Ausschließung habe Rechtsbestand.

Ist der Ausschluß aus dem Verein unter Nennung des betroffenen Mitglieds im Vereinsblatt veröffentlicht worden, so kann der obsiegende Kläger vom Verein verlangen, daß das staatsgerichtliche Urteil, das die Unwirksamkeit der Ausschließung feststellt, ebenfalls im Vereinsblatt veröffentlicht wird[307]. **1833**

6.4.2. Schadensersatzansprüche des zu Unrecht ausgeschlossenen Mitglieds

Die Ausschließung aus dem Verein, die sich letztlich als unwirksam erweist, stellt einen schweren Eingriff in die Mitgliedschaftsrechte des Betroffenen dar. Die Verletzung von Mitgliedschaftsrechten durch ein Organ des Vereins begründet – ähnlich der positiven Vertragsverletzung – Schadensersatzpflichten, für die der Verein nach § 31 BGB haftet. Es kann aber auch der Tatbestand einer unerlaubten Handlung gegeben sein, da Mitgliedschaftsrechte als sonstige Rechte i. S. d. § 823 Abs. 1 BGB angesehen werden[308]. Zieht der Betroffene einen Rechtsanwalt wegen seines Ausschlusses hinzu, so können die Anwaltskosten als Schadensersatz verlangt werden[309]. Der Betroffene kann auch einen Anspruch gegen den Verein haben, daß er so gestellt wird, als wenn gegen ihn keine Ausschlußentscheidung ergangen wäre[310]. **1834**

6.4.3. Unwirksamkeit von Wahlen

Wird die Unwirksamkeit von Vereinswahlen durch rechtskräftiges Urteil festgestellt, so ergeben sich Probleme, wenn hiervon der Vorstand, also das Vertretungsorgan betroffen ist. Ist die Wahl des Einmann-Vorstands für unwirksam erklärt worden, so hat der Verein kein Vertretungsorgan mehr. Ob die Bestellung eines Notvorstands (§ 29 BGB) angezeigt ist, kommt auf die Umstände an. Im Regelfall ist nach rechtskräftiger Feststellung der Unwirksamkeit der Vorstandswahl lediglich die Einberufung einer außerordentlichen Mitgliederversammlung mit Vorstandsneuwahl veranlaßt. Diese kann der unwirksam bestellte Vorstand dann einberufen, wenn er im Vereinsregister eingetragen ist[311]. Fehlt es an dieser Eintragung oder sind weitere Vertretungshandlungen erforderlich, so kommt im Regelfall die Bestellung eines Notvorstands in Betracht. Es ist aber auch nicht ausgeschlossen, daß das Amt des Vorgängers des (unwirksam) bestellten Vorstands noch nicht beendet ist. Dies ist dann der Fall, wenn die Satzung die Klausel enthält, daß der bisher bestellte Vorstand bis zur **wirksamen** Neuwahl im Amt bleibt. Dann muß aber auch ausgeschlossen werden können, daß der Amtsvorgänger nach seiner Nichtwiederwahl den Rücktritt erklärt hat. Der Meinung, die Wahl – somit auch die unwirksame – eines neuen Vorstands schließe ohne weiteres den Widerruf der Bestellung des bisherigen Vorstands ein[312], kann jedenfalls in dieser Allgemeinheit nicht zugestimmt werden. Das ist schon dann nicht der Fall, wenn nach der Satzung der **1835**

307 *RG* JW 1915, 1424/1427.
308 *BGH* NJW 1990, 2877/2878.
309 *BGH* NJW 1984, 1884.
310 Vgl. *Lang/Weidmüller/Schaffland* § 68 GenG Rn. 70.
311 Entspr. § 121 Abs. 2 Satz 2 AktG; vgl. BayObLGZ 1985, 24/26; 1988, 412.
312 *Stöber* Rn. 112 a.

Widerruf nur aus wichtigem Grund möglich ist und in der Wahlversammlung hierzu jede Debatte fehlt. Im übrigen bestehen gegen einen stillschweigend beschlossenen Widerruf erhebliche Bedenken, auch wenn ein solcher jederzeit möglich sein sollte. Heißt es in der Satzung aber – wie regelmäßig – lediglich, der bisherige Vorstand bleibt bis zu einer Neuwahl im Amt, so ist mit der (unwirksamen) Neuwahl die Amtsperiode des bisherigen Vorstands abgelaufen mit der Folge, daß der Verein nach rechtskräftiger Feststellung der Ungültigkeit der Wahl des letzten Vorstands ohne Vertretungsorgan ist.

1836 Die gleiche Fragestellung taucht auf, wenn die Feststellung der Unwirksamkeit von Vorstandswahlen den mehrgliedrigen Vorstand betrifft. Ist die Unwirksamkeit nur der Wahl etwa des 1. Vorsitzenden festgestellt worden, so ist ein Vertretungsmangel nicht gegeben, wenn die übrigen Vorstandsmitglieder den Verein vertreten können. Es muß dann aber alsbald eine außerordentliche Mitgliederversammlung zur Wahl des 1. Vorsitzenden einberufen werden, weil der Vorstand bis zur Ersatzbestellung nicht beschlußfähig ist.

6.4.4. Unwirksamkeit des Widerrufs des Vorstandsamtes

1837 Wird rechtskräftig festgestellt, daß der Widerruf der Vorstandsbestellung aus formellen Gründen unwirksam war (Nichtberechtigte haben mitgestimmt), so kann er fehlerfrei mit der bisherigen Begründung in einer Mitgliederversammlung erneut beschlossen werden.

Ist aber rechtskräftig festgestellt worden, daß der Widerruf aus materiellen Gründen unwirksam ist, so hat die Amtsstellung des Betroffenen nicht geendet. Der für diesen Bestellte (Gewählte) hat sein Amt ohne Rechtsgrund erlangt; seine Bestellung hat keine Wirksamkeit erlangt[313].

6.4.5. Registereinreichungen

1838 Ist rechtskräftig ein Beschluß der Mitgliederversammlung für unwirksam erklärt worden, der zu einer Eintragung im Vereinsregister geführt hat (Satzungsänderung, Vorstandswechsel), so muß der Vorstand eine beglaubigte Abschrift des rechtskräftigen Urteils formlos dem Registergericht einreichen. Eine Anmeldung in öffentlich beglaubigter Form kommt nicht in Betracht.

6.4.6. Bindung des Registergerichts an rechtskräftige Urteile des Prozeßgerichts

1839 Das Gericht der freiwilligen Gerichtsbarkeit ist an rechtskräftige Gestaltungsurteile gebunden[314]. Solch ein Fall ist die Entziehung der Vertretungsbefugnis[315]. Wird durch ein rechtskräftiges Zivilurteil, das auch gegen den Verein wirkt, dem Vorstand eines Vereins verboten, für diesen die Vorstandstätigkeit auszuüben, so erlischt für die Geltungsdauer dieses Verbots seine Vertretungsmacht. Dies hat das Registergericht von Amts wegen zu beachten und hat deshalb seine Eintragung grundsätzlich zu löschen[316].

313 *Stöber* Rn. 112 a.

314 BayObLGZ 1987, 325/329 = NJW-RR 1988, 547; *Keidel/Kuntze/Winkler* § 1 FGG Rn. 30; *Jansen* § 127 FGG Rn. 17.

315 *Jansen* a. a. O.

316 Vgl. BayObLGZ 1989, 81.

Rechtskräftige Feststellungs- und Leistungsurteile binden das Registergericht **1840**
»im Rahmen der Rechtskraft« dann, wenn eine Identität der Parteien des Zivilprozesses mit den Beteiligten des Verfahrens der freiwilligen Gerichtsbarkeit gegeben ist oder wenn ein Rechtsnachfolgeverhältnis besteht[317]. Hat ein Vorstand gegen den Verein ein rechtskräftiges Urteil erzielt, durch das festgestellt wird, daß der Widerruf der Vorstandsbestellung unwirksam ist, so ist im Verfahren vor dem Registergericht auf Wiedereintragung des Vorstands eine Beteiligtenidentität mit den Parteien des Zivilprozesses gegeben. Die Löschung der Löschung des obsiegenden Klägers ist nach Durchführung des Amtslöschungsverfahrens (§§ 157, 142 f. FGG) möglich[318]. Eines solchen bedarf es indes nicht, wenn alle Beteiligten mit der sofortigen Löschung einverstanden sind[319]. – Hat ein Vereinsmitglied im Prozeß gegen den Verein ein rechtskräftiges Urteil erzielt, wonach eine Satzungsänderung unwirksam ist, so ist der obsiegende Kläger an dem sich anschließenden Registerverfahren betreffend die Löschung der eingetragenen Satzungsänderung nicht beteiligt. Hier muß aber eine Inter-omnes-Wirkung, die sich auch auf das Registergericht erstreckt, dann angenommen werden, wenn alle Vereinsmitglieder Gelegenheit hatten, sich an dem Prozeßverfahren zu beteiligen (vgl. oben Rn. 1731).[320]
Ein Leistungsurteil ist z. B. gegeben, wenn ein Vorstandsmitglied zur Abgabe einer Willenserklärung verurteilt wird (§ 894 ZPO), welche die Anmeldung zum Vereinsregister zum Gegenstand hat. Mit der Rechtskraft des Urteils gilt die Anmeldung als erklärt. Dazu genügt die formlose Einreichung einer mit dem Rechtskraftvermerk versehenen Urteilsausfertigung[321]. Hier tritt eine Bindung des Registergerichts insofern ein, als eine Anmeldung zum Vereinsregister besteht; das Gericht prüft jedoch selbständig, ob der Verurteilte anmeldeberechtigt ist und ob die übrigen Voraussetzungen für eine Eintragung gegeben sind. Das Registergericht wird auch ein rechtskräftiges gerichtliches Verbot, eine Anmeldung zum Vereinsregister vorzunehmen, zu beachten haben.

Den rechtskräftigen Prozeßurteilen stehen nicht mehr anfechtbare einstweilige **1841**
Vefügungen gleich[322].

7. Einstweiliger Rechtsschutz in Vereinssachen

7.1. Allgemeines

Die Gewährung einstweiligen Rechtsschutzes in Vereinssachen ist bisher in der **1842**
Literatur kaum behandelt worden. Ersichtlich hängt dies damit zusammen, daß Rechtsprechung hierzu nur vereinzelt veröffentlicht worden ist[323].

317 BayObLGZ 1987, 325/330; *Keidel/Kuntze/Winkler* § 12 FGG Rn. 51.
318 Vgl. *Keidel/Kuntze/Winkler* § 142 FGG Rn. 3.
319 *KG* JFG 16, 189; *Keidel/Kuntze/Winkler* a. a. O. Rn. 30.
320 Vgl. weiter zur Bindung des Registergerichts: *RG* JW 1929, 2708.
321 *Jansen* § 127 FGG Rn. 18.
322 *Keidel/Kuntze/Winkler* Rn. 49, *Jansen* Rn. 21, je zu § 127 FGG m. w. N.
323 Vgl. z. B. *OLG Celle* BB 1973, 1190; *OLG Frankfurt* NJW 1973, 2208; *OLG Düsseldorf* MDR 1983, 488; *LG Lübeck* NJW-RR 1988, 122.

Auch in Vereinssachen kann einstweiliger Rechtsschutz gewährt werden. Hierbei können Grundsätze entsprechend herangezogen werden, die im Kapitalgesellschaftsrecht bestehen. Dabei ist allerdings zu berücksichtigen, daß z. B. unter Gesellschaftern einer GmbH engere rechtliche Beziehungen bestehen können als unter Vereinsmitgliedern.

7.2. Die Befugnis zur Stellung eines Antrags auf Erlaß einer einstweiligen Verfügung

1843 Dem Grundsatz nach ist derjenige, der berechtigt ist, in einer Vereinssache Klage zu erheben, auch befugt, einen Antrag auf Erlaß einer einstweiligen Verfügung zu stellen.

Antragsbefugt ist danach der von einer disziplinären Ordnungsmaßnahme Betroffene; er braucht den Ausgang eines vereinsinternen Rechtmittelverfahrens nicht abzuwarten[324].

Antragsbefugt ist weiter ein Organmitglied, das geltend macht, seine Abberufung sei zu Unrecht vorgenommen worden. Den Antrag auf Erlaß einer einstweiligen Verfügung, durch den die Durchführung eines Beschlusses der Mitgliederversammlung auf Zeit verhindert werden soll, kann jedes Mitglied stellen, das zur Erhebung der Klage auf Feststellung der Unwirksamkeit eines solchen Beschlusses befugt wäre.

Im Vereinsrecht ist unter bestimmten Voraussetzungen die Mitgliederklage (wie die Gesellschafterklage im Kapitalgesellschaftsrecht) anzuerkennen. Danach ist es möglich, daß ein Vereinsmitglied Antrag auf Erlaß einer einstweiligen Verfügung stellt, durch die einem Organmitglied aus deliktischen Gründen die weitere Organtätigkeit auf Zeit untersagt wird (vgl. Rn. 1773).

Auch der Verein kann antragsbefugt sein. Hat z. B. beim Vereinsausschluß eines Organmitglieds dessen vereinsinternes Rechtsmittel aufschiebende Wirkung, so kann der Verein mit einstweiliger Verfügung ein sofort wirksames Tätigkeitsverbot erlangen.

7.3. Die Darlegungs- und Glaubhaftmachungslast für den Verfügungsanspruch und den Verfügungsgrund

1844 Nach §§ 936, 920 Abs. 1 und 2 ZPO hat der Antragsteller grundsätzlich den Verfügungsanspruch und den Verfügungsgrund glaubhaft zu machen. Ausnahmsweise kann eine einstweilige Verfügung auch ohne Glaubhaftmachung des Verfügungsanspruchs oder des Verfügungsgrundes erlassen werden, wenn wegen der dem Antragsgegner drohenden Nachteile Sicherheitsleistung angeordnet wird (§§ 936, 921 Abs. 2 ZPO).

Hinsichtlich der Darlegungs- und Glaubhaftmachungslast im Verfahren auf Gewährung einstweiligen Rechtsschutzes bestehen drei Auffassungen: Nach der einen Meinung gelten die Grundsätze der Darlegungs- und Beweislast des Erkenntnisverfahrens nicht; der Antragsteller muß danach auch das Fehlen von Einwendungen und Einreden glaubhaft machen[325]. Nach anderer Ansicht sind auch im Eilverfahren die Beweislastgrundsätze anwendbar; es deckt sich also

---

324 *OLG Celle* BB 1973, 1190.

325 Vgl. z. B. *RG* SeuffA 60, 20; *OLG Celle* WRP 1974, 277; *Hirtz* NJW 1986, 110.

die Glaubhaftmachungslast mit der Beweislast im Hauptsacheverfahren[326]. Eine vermittelnde Ansicht läßt entscheidend sein, ob über den Antrag auf Erlaß einer einstweiligen Verfügung mit oder ohne Anhörung des Gegners entschieden wird. Wird ohne Anhörung des Gegners entschieden, so hat der Antragsteller die volle Glaubhaftmachungslast. Gibt das Gericht dem Gegner Gelegenheit zur schriftlichen Stellungnahme oder ordnet es eine mündliche Verhandlung an, so gelten die allgemeinen Beweislastregeln[327].
Der zuletzt genannten Auffassung ist zuzustimmen. Da jedoch der Antragsteller nicht wissen kann, wie das Gericht verfährt, trifft den Antragsteller praktisch in vollem Umfang die Darlegungs- und Glaubhaftmachungslast.

Glaubhaft zu machen ist der Verfügungsanspruch. Anspruch im prozeß- **1845** rechtlichen Sinne ist die materiell-rechtliche Grundlage des Prozeßbegehrens[328]. Macht z. B. der Antragsteller die Nichtigkeit des Beschlusses über seine Ausschließung geltend, so hat er die tatsächlichen Umstände glaubhaft zu machen, aus denen sich die Nichtigkeitsfolge ergibt[329]. Ergibt sich diese z. B. daraus, daß nicht alle Mitglieder zur Versammlung eingeladen worden sind, so hätte in einem Hauptsacheprozeß der Verein die Nichtursächlichkeit dieses Verfahrensfehlers für das Beschlußergebnis nachzuweisen; im Eilverfahren trifft die Darlegungs- und Glaubhaftmachungslast dagegen, wenn das Gericht eine Anhörung des Gegners nicht anordnet, den Antragsteller und nicht den Verein[330].

Im Vereinssachen wird im Regelfall eine einstweilige Verfügung nach § 940 **1846** ZPO in Betracht kommen. Sie ist zur vorläufigen Regelung eines Zustandes zulässig, wenn ein Rechtsverhältnis streitig ist und die Regelung zur Abwendung wesentlicher Nachteile oder aus anderen Gründen erforderlich ist. Hauptsache oder Verfahrensgegenstand einer sonach möglichen einstweiligen Verfügung ist aber nicht ein materieller Anspruch im Sinne einer materiellen Rechtsposition[331], sondern lediglich die Sicherung eines solchen[332]; über das Bestehen eines Anspruchs selbst kann nur in einem Hauptsacheprozeß entschieden werden[333].
Unterschiedlich sind die Auffassungen, welcher Intensitätsgrad für die Darlegung einer materiellen Rechtsposition erreicht werden muß. Nach der einen Auffassung darf die Durchsetzung einer materiellen Rechtsposition in einem Hauptsacheprozeß nicht gänzlich ausgeschlossen sein[334]. Nach einer anderen Ansicht muß das mit der Eilmaßnahme erzielte Ergebnis mit dem wahrscheinlichen Ergebnis der Entscheidung in der Hauptsache vereinbar sein[335]. Nach

326 Vgl. z. B. *OLG Celle* WRP 1977, 718; *KG* WRP 1978, 819; *OLG Karlsruhe* WRP 1983, 170; *OLG Koblenz* WRP 1979, 387/389; *OLG Stuttgart* WRP 1978, 316.
327 Vgl. *Stein/Jonas/Grunsky* § 920 ZPO Rn. 10 ff.; *Thomas/Putzo* Vorbem. § 916 ZPO Rn. 9; *Zöller/Vollkommer* § 922 ZPO Rn. 5.
328 Vgl. z. B. *Hirtz* NJW 1986, 110/111 m. w. N.
329 Vgl. *OLG Koblenz* NJW-RR 1986, 1039.
330 A. A. *OLG Stuttgart* WM 1985, 600/601: in einer GmbH-Sache trifft die Glaubhaftmachungslast die Gesellschaft.
331 Vgl. *Damm* ZHR 154 (1990), 413/418.
332 *OLG Hamm* MDR 1987, 589.
333 *BFH* NJW 1970, 1392.
334 *OLG Koblenz* NJW-RR 1986, 1039.
335 *OLG Düsseldorf* NJW 1989, 172.

einer dritten Auffassung muß es entweder offensichtlich oder jedenfalls überwiegend wahrscheinlich sein, daß der Antragsteller in der Hauptsache obsiegt[336]; bei einer Wahl z. B. müßten erhebliche Verfahrensmängel vorliegen, die offensichtlich zu einer Wahlanfechtung berechtigten[337].

1847 Die Gewährung einstweiligen Rechtsschutzes in Vereinssachen betrifft ein besonders »sensibles« Rechtsgebiet, da es nicht um die Interessen zweier Verfahrensparteien als natürliche Personen, sondern auch um die Interessen der in einem Verein zusammengefaßten, oft zahlreichen Mitglieder geht. Im allgemeinen sind deshalb an die Darlegung eines Verfügungsanspruchs und -grundes strenge Anforderungen zu stellen. Es muß im Regelfall überwiegend wahrscheinlich sein, daß der Antragsteller auch in einem Hauptsacheprozeß obsiegt.

1848 Es ist heute anerkannt, daß durch eine einstweilige Verfügung z. B. auf die Willensbildung der Gesellschafter einer GmbH eingewirkt werden kann. Hierzu ist nach der Rechtsprechung Voraussetzung, daß die Rechtslage eindeutig ist **oder** daß ein besonderes Schutzbedürfnis des einstweiligen Rechtsschutz begehrenden Gesellschafters besteht[338]. Soweit die Eindeutigkeit der Rechtslage hervorgehoben wird, ist dieser Meinung zuzustimmen. Daß aber alternativ (»oder«) ein besonderes Schutzbedürfnis auch genügen soll, erfordert Widerspruch. Eine einstweilige Verfügung erfordert sowohl im Bereich des Kapitalgesellschaftsrechts als auch in dem des Vereinsrechts eine Interessenabwägung hinsichtlich der wechselseitigen Betroffenheit von Antragsteller und Antragsgegner[339]. In diesem Bereich ist das besondere Schutzbedürfnis des Antragstellers zu prüfen. Die Rechtslage muß aber eindeutig sein[340].

1849 Die Darlegung und Glaubhaftmachung des Verfügungsgrundes umfaßt die Gefährdung der materiellen Rechtsposition[341]. Nach § 940 ZPO ergehende Eilmaßnahmen sind in Vereinssachen oft nur dann sinnvoll, wenn sie eine teilweise Befriedigungswirkung im Sinne einer endgültigen Regelung haben. Hierbei kann es zur Darlegung gehören, daß eine zur Hauptsache ergehende Entscheidung wegen des Verstreichens einer langen Zeit keinen Rechtsschutz mehr gewähren kann, sondern nur die Eilentscheidung[342].

7.4. Einzelfälle

7.4.1. Verhinderung der Abhaltung einer Mitgliederversammlung

1850 Es ist anerkannt, daß die Abhaltung einer Gesellschafterversammlung einer GmbH durch einstweilige Verfügung verhindert werden kann[343]. Gleiches gilt

336 *VGH Kassel* NJW 1989, 1753.
337 *VGH Kassel* NJW 1987, 1219/1220.
338 *OLG Koblenz* NJW 1986, 1692/1693; *OLG Stuttgart* NJW 1987, 2449; *OLG Saarbrücken* NJW-RR 1989, 1512/1513.
339 Vgl. *Damm* ZHR 154 (1990), 413/418.
340 Ebenso: *Fleck* EWiR § 47 GmbHG 1/90.
341 *Damm* ZHR 154 (1990), 413/418.
342 Vgl. *OLG Stuttgart* WM 1985, 600/601; *OLG Koblenz* NJW 1986, 1692/1693; *v. Gerkan* ZGR 1985, 167/169; *Fleck* EWiR § 47 GmbHG 1/90.
343 *OLG Frankfurt* WM 1982, 282.

für die Mitgliederversammlung eines Vereins. Wird z. B. zu einer solchen von einem Unbefugten einberufen, so kann jedes Mitglied den Antrag auf Erlaß einer einstweiligen Verfügung gegen den Einberufer erwirken, welche die Abhaltung der Versammlung untersagt. Jedes Mitglied wäre nämlich auch befugt, gegen den Einberufer auf Rücknahme der Einberufung zu klagen. Da somit die Mitgliederklage gegeben ist, besteht auch die Berechtigung für jedes Vereinsmitglied, einstweiligen Rechtsschutz zu begehren. Auch bei der Einberufung durch einen Berechtigten kann in Mißbrauchsfällen einstweiliger Rechtsschutz in Betracht kommen. So z. B., wenn Anträge der Vorstandschaft in einer Mitgliederversammlung nahezu einstimmig abgelehnt worden sind und wenn der Vorstand dann zu einer außerordentlichen Mitgliederversammlung acht Wochen später mit den bereits abgelehnten Tagesordnungspunkten einberuft.

7.4.2. Einwirkung auf die Willensbildung in der Versammlung

Nach früherer Auffassung war es nicht zulässig, auf die Willensbildung der Ge- **1851**
sellschafterversammlung einer GmbH durch eine einstweilige Verfügung einzuwirken. Als Begründung wurde angegeben, daß damit eine endgültige Regelung getroffen werde, die im Falle der Aufhebung der einstweiligen Verfügung nicht mehr rückgängig gemacht werden könne[344]. Nach nunmehr herrschender Auffassung ist ausnahmsweise eine Einwirkung auf die gesellschaftliche Willensbildung möglich, wenn die Rechtslage eindeutig ist **und** (die Rechtsprechung sagt allerdings: **oder**) ein besonderes Schutzbedürfnis des einstweiligen Rechtsschutz begehrenden Gesellschafters gegeben ist, weil ohne sofortigen Rechtsschutz die Belange des Antragstellers in schwerwiegender Weise beeinträchtigt würden[345].

Diese Grundsätze gelten im Vereinsrecht entsprechend.

Rechtsgrund kann eine Stimmbindungsvereinbarung[346] oder eine Verpflichtung **1852**
aus dem Gesellschaftsvertrag, aber auch die gesellschaftliche Treubindung sein[347], aus der sich eine positive oder negative Stimmpflicht ergeben kann, wenn schwerwiegende Gründe dies im Gesamtinteresse erfordern und schutzwürdige Belange der Gesellschafter nicht entgegenstehen[348]. Auch im Vereinsrecht können sich Stimmpflichten aus vertraglicher Stimmbindung, aus der Satzung oder aus dem Gesichtspunkt der Treupflicht ergeben.

In solchen Fällen ist Antragsgegner nicht der Verein, sondern das Mitglied, das zu erkennen gegeben hat, daß es dem hiernach gebotenen Stimmverhalten in einer nahe bevorstehenden Versammlung nicht nachkommen werde[349].

Danach kann weiter durch einstweilige Verfügung z. B. einem Vereinsmitglied untersagt werden, bis zur Entscheidung in der Hauptsache die Entziehung der Alleinvertretungsbefugnis des Vorstands zu beantragen[350].

---

344 *OLG Celle* GmbHR 1981, 264; *OLG Frankfurt* WM 1982, 282.

345 *OLG Koblenz* NJW 1986, 1692; *OLG Stuttgart* NJW 1987, 2449; *OLG Saarbrücken* NJW-RR 1989, 1512/1513; *OLG Hamburg* NJW 1992, 186; *Damm* ZHR 154 (1990), 413/430.

346 *OLG Koblenz, OLG Stuttgart* und *OLG Saarbrücken* a. a. O.

347 *OLG Hamburg* a. a. O.

348 BGHZ 98, 276/279; *LG Mainz* GmbHR 1990, 513.

349 Vgl. *v. Gerkan* ZGR 1985, 167/172 f.

350 Vgl. *OLG Saarbrücken* a. a. O.

7.4.3. Eilmaßnahmen im Sportbereich; Freigabe eines Spielers, vorläufige Zulassung

1853 Nach Sportverbandsordnungen bedürfen Spieler, die vom bisherigen Verein zu einem anderen Verein wechseln wollen, der Freigabe durch den abgebenden Verein. Verweigert dieser die Freigabe, weil mit dem aufnehmenden Verein keine Einigung über die Zahlung einer Ablösesumme erzielt worden ist und droht ein Wechsel deshalb zu scheitern, weil die festgelegte Wechselfrist abläuft, so kann der Spieler eine einstweilige Verfügung für die Dauer eines anhängig zu machenden Hauptsacheverfahrens beantragen und erwirken[351]. Die Zurückweisung eines solchen Antrags mit der Begründung, der abgebende Verein könne die Zustimmung zum Vereinswechsel von der Zahlung einer Ablösesumme abhängig machen, verstößt bei Berufssportlern gegen Art. 12 Abs. 1 GG[352]. Wird die einstweilige Verfügung unter Androhung von Ordnungsmitteln gegen den zur Freigabe verpflichteten Verein erlassen[353], so kann dieser die Vollstreckung hinauszögern und der Spieler kann beim aufnehmenden Verein nicht eingesetzt werden. Es ist deshalb zweckmäßig, den abgebenden Verein zur Abgabe einer Freigabeerklärung zu verurteilen, da dies auch durch einstweilige Verfügung geschehen kann[354]. Die Verurteilung wird auch hier zeitlich beschränkt bis zur Dauer eines anhängig zu machenden Hauptsacheverfahrens. Abgegeben ist die Willenserklärung nach § 864 Abs. 1 Satz 1 ZPO allerdings erst mit der Rechtskraft.

1853 a Im Bereich des Sports wird es für zulässig erachtet, zeitlich befristete vorläufige Zulassungen oder die Erteilung einer vorläufigen Lizenz durch einstweilige Verfügung anzuordnen. Da hierbei der Bereich des Verwaltungshandelns des Vereins oder Verbands ohne disziplinären Charakter angesprochen ist, ist für die Anrufung der Gerichte nur dann Raum, wenn der Verein durch seine Organe gesetzliche oder satzungsmäßige Rechte eines Mitglieds oder Organmitglieds verletzt hat[355]. Eine einstweilige Verfügung zur Nominierung zu den Olympischen Spielen kommt nicht in Betracht, da der nationale Verband seiner Entscheidungsfreiheit im Rahmen seiner Vorschlagsbefugnis beraubt wird[356]. Ausnahmsweise kann eine einstweilige Verfügung auch wegen einer Spielwertung in Betracht kommen, wenn eine Entscheidung in der Hauptsache etwa wegen baldiger Beendigung der Saison zu spät käme[357]. Hat aber das zuständige Sportverbandsgericht eine erschlichene Spielberechtigung festgestellt, so hat ein Verfügungsantrag eines Vereins gegen den übergeordneten Sportverband gegen eine negative Spielwertung keinen Erfolg, da das Gericht nur nachprüfen kann, ob die angeordnete Maßnahme eine Stütze im Gesetz oder Satzung hat, ob das satzungsmäßige Verfahren eingehalten worden ist und sonst keine Gesetzes- oder Satzungsverstöße vorgekommen sind und ob die Maßnahme nicht als grob unbillig oder willkürlich zu beurteilen ist[358].

---

351 Vgl. *LG Lübeck* NJW-RR 1988, 122.

352 A. A. *LG Hagen* Urt. v. 21. 9. 1988 – 12 0 296/ 88 = Dok. 14 16 28.

353 So: *LG Lübeck* a. a. O.

354 Vgl. z. B. *OLG Karlsruhe* NJW 1984, 1906.

355 *LG Frankfurt* Urt. v. 2. 8. 1988 – 2/18 355/88 = Dok. 13 29 1.

356 *LG Frankfurt* a. a. O.

357 Vgl. *OLG München* Urt. v. 17. 7. 1992 – 26 U 4505/92 = Dok. 15 16 18.

358 *OLG München* a. a. O.

7.4.4. Aussetzung von disziplinären Ordnungsmaßnahmen

Mittels einstweiliger Verfügung kann auch die Aussetzung der Wirkungen einer disziplinären Ordnungsmaßnahme erreicht werden, wobei ein vereinsinternes Rechtsmittelverfahren nicht abgeschlossen sein muß[359]. Eine Aufhebung der Ordnungsmaßnahme kommt nicht in Betracht[360]. 1854

7.4.5. Suspendierung von einer Organstellung; Tätigkeitsverbot

Im GmbH-Recht ist anerkannt, daß bei Vorliegen ganz besonderer Umstände ein Geschäftsführer durch einstweilige Verfügung vorläufig seiner Organstellung enthoben werden kann[361]. Das damit verbundene Verbot fernerer Geschäftsführertätigkeit wird bereits mit der Zustellung der einstweiligen Verfügung an den betroffenen Geschäftsführer wirksam[362]. Voraussetzung für den Erlaß einer solchen einstweiligen Verfügung ist es, daß anderweitig geordnete Verhältnisse in der Gesellschaft nicht wiederhergestellt werden können[363]. 1855
Ist ein Geschäftsführer zwar bereits durch Gesellschafterbeschluß abberufen worden, ist dieser aber noch nicht wirksam und vollziehbar geworden, etwa weil ein gesellschaftsinternes Rechtsmittel gegeben ist oder weil die Abberufungserklärung erst mit der gerichtlichen Bestätigung wirksam wird, so können dem betroffenen Geschäftsführer durch einstweilige Verfügung einzelne Maßnahmen der Geschäftsführung verboten werden, soweit der Geschäftsführer nicht gesetzliche Pflichten zu erfüllen hat[364]. Es können aber auch bestimmte Tätigkeitsverbote, Zutrittsverbote in die Räume der Gesellschaft und Einsichtsverbote mittels einstweiliger Verfügung in Betracht kommen[365].

Als antragsbefugt wird die Gesellschaft angesehen[366]. Nunmehr scheint sich die Auffassung durchzusetzen, daß die Antragsbefugnis eines jeden Gesellschafters besteht, wenn er zur Hauptsache die Gesellschafterklage erheben könnte[367]. 1856

Im Vereinsrecht können diese Grundsätze nur bedingt zur Anwendung kommen. Bei einer Zwei-Mann-GmbH kann sich ein Gesellschafter oft nur durch eine einstweilige Verfügung Rechtsschutz verschaffen. 1857
Ohne Anspruch auf Vollständigkeit sollen nachfolgend Beispiele einer möglichen einstweiligen Verfügung im Vereinsrecht angeführt werden. Ein Verein mit nur noch wenigen Mitgliedern ist nicht mehr in der Lage, eine Mitgliederversammlung einzuberufen. Der Vorstand veruntreut Vereinsvermögen. Hier wäre jeder GmbH-Gesellschafter bei gleichen Umständen in einer GmbH zur Stellung des Antrags auf vorläufige Abberufung befugt. Der Geschäftsführer wäre im Gesellschaftsinteresse untragbar geworden, die Abberufungsinstanz ist auch ausgefallen[368]. In Anwendung dieser Grundsätze muß der angeführte

359 *OLG Celle* BB 1973, 1190.
360 A. A. *OLG Celle* a. a. O.
361 Vgl. z. B. *OLG Stuttgart* OLGE 43, 325; *OLG Dresden* JW 1924, 1185; *OLG Frankfurt* JW 1923, 87; GmbHR 1979, 229 und 1980, 32; *OLG Karlsruhe* GmbHR 1967, 214.
362 *OLG Dresden* OLGE 5, 21.
363 *OLG Frankfurt* GmbHR 1979, 229; *Scholz/Schneider* § 38 GmbHG Rn. 68.
364 RGZ 102, 197/198; *BGH* WM 1983, 83/85; *OLG Hamburg* MDR 1967, 846.
365 *Baumbach/Zöllner* § 38 GmbHG Rn. 36.
366 *OLG Hamm* GmbHR 1993, 743/745.
367 *v. Gerkan* ZGR 1985, 167/184 ff.
368 *v. Gerkan* ZGR 1985, 167/184.

Vereinsvorstand durch einstweilige Verfügung jedenfalls vorläufig seines Amtes enthoben werden können, damit weiterer Schaden, der durch unerlaubtes Handeln entstanden ist, vom Verein abgewendet werden kann. Ein Tätigkeits- und Zutrittsverbot durch einstweilige Verfügung wird auch gegen den offensichtlich geisteskrank gewordenen Vorstand ausgesprochen werden können. Schwierigkeiten kann in solchen Fällen die gerichtliche Vertretung des Vereins bereiten. Ist der Ein-Mann-Vorstand der Antragsgegner, so kann der Verein nur entweder von einem Notvorstand (§ 29 BGB) oder von einem gerichtlich bestellten Prozeßvertreter (§ 57 ZPO) vertreten werden. Hat der Verein nur zwei vertretungsberechtigte Vorstandsmitglieder, die zusammenwirken müssen, so muß der Antragsgegner durch einen Notvorstand ersetzt werden.

7.4.6. Verrichtungen des Registergerichts im Falle 7.4.5

1858 Das Prozeßgericht beschränkt sich auf den Ausspruch der vorläufigen Abberufung des bisherigen Vorstands; es überträgt die Bestellung eines anderen Vorstands dem Registergericht[369]. Die gerichtlich angeordnete Amtsenthebung muß in das Vereinsregister eingetragen werden, da für die Geltungsdauer des Verbots für den Betroffenen ein Vertretungsverbot besteht[370]. Eine Anmeldepflicht i. S. d. § 77 BGB besteht indes nicht; die registerrechtlichen Folgen eines zivilgerichtlichen Tätigkeitsverbots für das Vertretungsorgan einer juristischen Person ist nicht durch eine gesetzliche Vorschrift geregelt[371]. Das Zivilgericht kann es dem Antragsteller überlassen, eine vollstreckbare Ausfertigung der gerichtlichen Entscheidung dem Registergericht einzureichen[372]. Ist ein weiteres Vorstandsmitglied vorhanden, so trifft es die Einreichungspflicht.

7.4.7. Eilmaßnahmen bei Widerruf einer Organstellung

1859 Einstweiliger Rechtsschutz kann auch im Falle einer unberechtigten Abberufung von einer Organstellung in Betracht kommen[373]. Antragsbefugt ist der betroffene bisherige Amtsinhaber; Antragsgegner ist der Verein[374]. Hier muß die unberechtigte Abberufung offensichtlich sein. Der Antragsteller muß glaubhaft machen, warum nur durch eine Eilmaßnahme Rechtsschutz gewährt werden kann.

Die einstweilige Verfügung kann dahin lauten, daß dem Verein untersagt wird, den Antragsteller daran zu hindern, seine Tätigkeit als (alleinvertretungsberechtigter) Vorstand auszuüben[375].

7.4.8. Verhinderung der Durchführung von fehlerhaften Vereinsbeschlüssen

1860 Einstweiliger Rechtsschutz kann auch zur Verhinderung der Durchführung (Vollziehung) nichtiger oder fehlerhafter und damit anfechtbarer Vereinsbe-

---

369 Vgl. *OLG Stuttgart* OLGE 43, 325.

370 Vgl. BayObLGZ 1989, 81.

371 *BayObLG* a. a. O. S. 87.

372 Vgl. *OLG Dresden* JW 1924, 1185/1186.

373 Vgl. zum GmbH-Recht: *OLG Düsseldorf* NJW 1989, 172; *Baumbach/Zöllner* § 38 GmbHG Rn. 36; *Damm* ZHR 154 (1990), 413/429.

374 Vgl. *OLG Düsseldorf* a. a. O.

375 Vgl. *OLG Düsseldorf* a. a. O.

schlüsse gewährt werden[376]. Bei anfechtbaren Beschlüssen ist aber im allgemeinen die Erhebung der Hauptsacheklage nachzuweisen.
Wird die Nichtigkeit eines Beschlusses der Mitgliederversammlung geltend gemacht, so ist jedes Vereinsmitglied antragsberechtigt. Bei fehlerhaften und damit anfechtbaren Beschlüssen ist grundsätzlich der Widerspruch gegen den Versammlungsbeschluß (vgl. Rn. 1171) Voraussetzung für die Antragsberechtigung eines Mitglieds.
Antragsgegner ist in solchen Fällen im Regelfall der Verein. Der Vorstand, der einen Vereinsbeschluß ausführt, handelt in organschaftlicher Vertretung für den Verein. Er ist aber unter Darlegung, er begehe mit der Ausführung eine unerlaubte Handlung, ebenfalls als Antragsgegner möglich.

7.4.9. Zur Bindung des Registergerichts an zivilgerichtliche Verbotsverfügungen

Durch einstweilige Verfügung können bis zur Entscheidung in der (evtl. erst **1861**
anhängig zu machenden) Hauptsache folgende Verbote ausgesprochen werden: Einen nichtigen oder fehlerhaften und damit anfechtbaren Beschluß zum Vereinsregister anzumelden[377], den Widerruf der Bestellung eines Vorstands zum Vereinsregister anzumelden[378]. An solche rechtskräftige zivilgerichtliche Entscheidungen ist das Registergericht aus dem Gesichtspunkt der Gleichwertigkeit der einzelnen Zweige der Gerichtsbarkeit gebunden[379]. Das Registergericht hat aber die Wahrung der Vollziehungsfrist nach §§ 936, 929 ZPO zu beachten[380].

7.4.10. Kein einstweiliger Rechtsschutz in einer Angelegenheit der Freiwilligen Gerichtsbarkeit

Mit der gesetzlichen Zuweisung einer Angelegenheit in das Gebiet der frei- **1862**
willigen Gerichtsbarkeit ist der Erlaß einer einstweiligen Verfügung durch das Prozeßgericht ausgeschlossen[381]. Wegen einer solchen Zuweisung in § 37 Abs. 2 BGB kann durch einstweilige Verfügung der Vorstand eines Vereins weder zur Einberufung einer Mitgliederversammlung noch zur Aufstellung einer bestimmten Tagesordnung angehalten werden[382].

376 Vgl. zum GmbH-Recht: *OLG Frankfurt* WM 1982, 282; *OLG Koblenz* NJW-RR 1986, 1039; *OLG Saarbrücken* NJW-RR 1989, 1512/1513; *OLG Hamm* GmbHR 1993, 743/745; *Damm* ZHR 154 (1990), 413/437.

377 Vgl. *OLG Koblenz* NJW-RR 1986, 1039.

378 *OLG Stuttgart* WM 1985, 600 f.; *OLG Düsseldorf* NJW 1989, 172; *Baums* S. 166.

379 *OLG Koblenz* a. a. O.; vgl. auch BayObLGZ 1987, 325/332 sowie *OLG Stuttgart* OLGE 43, 325.

380 *Jansen* § 127 FGG Rn. 21.

381 *OLG Hamm* JMBlNRW 1951, 139; *Jansen* § 1 FGG Rn. 85.

382 *OLG Hamm* MDR 1973, 929.

2. Abschnitt Vereinsstreitigkeiten vor dem Schiedsgericht

1. Grundsätzliche Gleichstellung der privaten Schiedsgerichtsbarkeit mit der staatlichen Rechtsprechung

1863 Die Schiedsgerichtsbarkeit ist ihrer Funktion und Wirkung nach materielle Rechtsprechung. Der Schiedsrichter ist wie der staatliche Richter zur Entscheidung eines Rechtsstreits berufen; er hat wie dieser endgültig und bindend auszusprechen, was rechtens ist. Dabei tritt das Schiedsgericht an die Stelle des staatlichen Gerichts, ist diesem also nicht bloß vorgeschaltet. Der Schiedsspruch hat unter den Parteien die Wirkungen eines rechtskräftigen staatsgerichtlichen Urteils (§ 1040 ZPO); seine sachliche Nachprüfung durch die staatlichen Gerichte ist grundsätzlich ausgeschlossen. Das für das staatliche Gericht selbstverständliche Gebot unparteilicher Rechtsprechung gilt daher grundsätzlich auch für Schiedsgerichte[383].

2. Die Einrede der bestehenden Schiedsklausel in einem Zivilprozeß

1864 Wird beim staatlichen Gericht ein Rechtsstreit anhängig, der von einer satzungsmäßigen Schiedsklausel erfaßt ist (§ 1048 i. V. m. § 1025 Abs. 1 ZPO) oder für den ein Schiedsvertrag besteht (§ 1025 Abs. 1, § 1027 ZPO), so wird dies nicht von Amts wegen beachtet[384]. Der Beklagte muß vielmehr die Einrede der Schiedsklausel/des Schiedsvertrages erheben (§ 1027 a ZPO). Dies muß schon vor der mündlichen Verhandlung geschehen, wenn dem Beklagten eine Frist zur Klagerwiderung gesetzt worden ist (§ 282 Abs. 3 Satz 2 ZPO). Ansonsten muß die Einrede vor dem Beginn der mündlichen Verhandlung zur Hauptsache formlos erhoben werden (§ 282 Abs. 3 Satz 1 ZPO). Nimmt der Kläger nach der Rüge die Klage nicht zurück, so wird sie vom Gericht durch Prozeßurteil als unzulässig abgewiesen[385]. Die Beweislast für das Bestehen einer Schiedsklausel/Schiedsabrede trifft den Beklagten[386].

3. Einschränkungen der schiedsgerichtlichen Zuständigkeit

3.1. Die erforderliche Vergleichsfähigkeit

1865 Eine satzungsmäßige Schiedsklausel oder eine individuelle Schiedsvereinbarung kann nicht einen Streitgegenstand erfassen, der nicht vergeichsfähig ist (§ 1048 ZPO i. V. m. § 1025 Abs. 1 ZPO).

An der Vergleichsfähigkeit fehlt es nicht, soweit es sich um Streitigkeiten zwischen dem Verein und einem Mitglied aus dem Mitgliedschaftsverhältnis handelt. Dies gilt etwa bei Streitigkeiten über die Rechte und Pflichten eines Mit-

---

383 BGHZ 98, 32/36 und 70/72; *BGH* WM 1986, 688/689.

384 *BAG* KTS 1988, 208/210.

385 *BAG* a. a. O. S. 209.

386 *BGH* WM 1986, 404; *Raeschke-Kessler* NJW 1988, 3041/3044.

glieds, über die Wirksamkeit eines Austritts oder Ausschlusses, über die Rechtmäßigkeit von Ordnungsmaßnahmen, aber auch bei Streitigkeiten über die Auslegung und Anwendung der Satzung[387].
Schieds- und vergleichsfähig sind aber auch Streitigkeiten der Vereinsmitglieder untereinander, etwa Schadensersatzansprüche eines Sportvereins wegen Nichtantritts einer gegnerischen Mannschaft oder aus Transferangelegenheiten.

3.2. Vergleichsfähigkeit von Beschlüssen der Mitgliederversammlung

Die erforderliche objektive Vergleichsfähigkeit ist vom Gesetzgeber angeordnet worden, weil sich der Staat ein Rechtsprechungsmonopol in den nicht vergleichsfähigen Streitgegenständen vorbehalten hat[388]. **1866**
Der BGH ist der Auffassung, daß eine Klage auf Anfechtung des Hauptversammlungsbeschlusses einer AG nicht vor ein Schiedsgericht gebracht werden könne, da § 199 Abs. 3 AktG a. F. (jetzt § 246 Abs. 3 AktG) für eine solche Klage die ausschließliche Zuständigkeit des Landgerichts vorschreibe und diese Frage damit der Parteiwillkür entziehe[389]. Dies gelte auch für die Anfechtung des Gesellschafterbeschlusses einer GmbH[390]. Die Literatur zum GmbH-Recht stimmt dieser Rechtsprechung z. T. zu[391]; es wird aber auch die schiedsgerichtliche Zuständigkeit bejaht[392]. Unter Berufung auf die zuerst angeführte Entscheidung des BGH wird auch im Vereinsrecht die Auffassung vertreten, Beschlüsse der Mitgliederversammlung seien nicht vergleichsfähig und damit nicht schiedsfähig[393].

1867 Beschlüsse der Mitgliederversammlung eines Vereins sind grundsätzlich vergleichsfähig; alle Beschlüsse können vom Schiedsgericht für unwirksam erklärt werden.
Grundsätze des Aktienrechts können im Vereinsrecht nur dann entsprechend zur Anwendung kommen, wenn sie allgemeine Grundsätze des Körperschaftsrechts enthalten. Es läßt sich mit dem BGH die Auffassung vertreten, daß die Regelung in § 246 Abs. 3 AktG ein staatliches Rechtsprechungsmonopol enthält, das einer schiedsgerichtlichen Zuständigkeit entgegensteht. Im Vereinsrecht ist aber die kassatorische Anfechtungsklage entsprechend der angeführten Vorschrift gerade nach der Rechtsprechung des BGH nicht gegeben. Hier muß vielmehr auf Feststellung der Unwirksamkeit eines Versammlungsbeschlusses geklagt werden. Damit entfällt ein staatliches Rechtsprechungsmonopol und auch der Grund, diese Versammlungsbeschlüsse nicht vom Schiedsgericht auf ihre Wirksamkeit untersuchen zu lassen.

---

387 Vgl. *Vollkommer* FS Nagel S. 474/496.

388 *Schwab/Walter* S. 31.

389 LM Nr. 1 zu § 199 AktG 1937 = MDR 1951, 674; *BGH* WM 1966, 1132/1133.

390 *BGH* NJW 1979, 2567/2569; *OLG Hamm* DB 1987, 680; *OLG Köln* WM 1989, 218.

391 *Lutter/Hommelhoff* Anh. § 47 GmbHG Rn. 65; *Baumbach/Zöllner* Anh. § 47 GmbHG Rn. 18, 84; *Rowedder/Koppensteiner* § 47 GmbHG Rn. 115; *Henze* ZGR 1988, 542 ff.

392 *Stein/Jonas/Schlosser* § 1025 ZPO Rn. 27; *Schwab/Walter* S. 31; *Scholz/K. Schmidt* § 45 GmbHG Rn. 150; *Kornmeier* DB 1980, 193; *Vollmer* ZGR 1982, 15/27 ff.; *K. Schmidt* ZGR 1988, 523 ff.; *Bork* ZZP 1987, 249/266 ff.; *Timm* FS Fleck S. 365/374 ff.

393 *Sauter/Schweyer* Rn. 318; *Vollkommer* NJW 1988, 3161; *ders.* FS Nagel S. 474/500.

Der weitere Grund, aktienrechtliche Grundsätze nicht auf das Vereinsrecht zu übertragen, liegt in der unterschiedlichen Struktur und Organisation der beiden Körperschaften. Aktienrechtlich darf die Satzung nur dann von den Vorschriften des AktG abweichen, wenn dies vom Gesetz ausdrücklich zugelassen ist (§ 23 Abs. 5 Satz 1 AktG). Nur die Hauptversammlung einer AG kann die Satzung inhaltlich abändern (§ 179 Abs. 1 Satz 1 AktG); die Mitgliederversammlung eines Vereins ist hierfür nur dann zuständig, wenn die Satzung nichts anderes besagt; sie kann also die Satzungsänderung einem anderen Vereinsorgan zuweisen (§ 33 Abs. 1 Satz 1, § 40 BGB)[394]. Die Mitgliederversammlung eines Vereins kann in folgenden Bereichen zuständig sein:

a) im rechtssetzenden oder rechtserzeugenden Bereich, indem etwa die Satzung geändert oder eine Vereinsordnung beschlossen, über die Auflösung des Vereins entschieden oder die Zusammensetzung der Organe durch Wahlen geändert wird;
b) im rechtsfeststellenden Bereich, wobei als Hauptfälle die Entlastung von Organmitgliedern und die Genehmigung des Haushaltvoranschlags zu nennen sind;
c) im rechtsdurchsetzenden Ordnungsbereich (Ordnungsmittel, Ausschließung, Erteilung von Genehmigungen usw.).

Die zu a) und b) angeführten Bereiche kann die Satzung einem anderen Organ als der Mitgliederversammlung zuweisen. Im ordnungsdurchsetzenden Bereich ist die Mitgliederversammlung eines größeren Verbands allenfalls bei der Ausschließung zuständig; ansonsten ist dieser Bereich dem Vorstand oder der Verbandsgerichtsbarkeit überlassen. Hieraus ergibt sich: Es kann nicht rechtens sein, daß bei Zuständigkeit der Mitgliederversammlung eine Schiedsfähigkeit nicht gegeben ist, daß aber dann, wenn die gleichen Gegenstände der Mitgliederversammlung entzogen sind, die Schiedsfähigkeit zu bejahen ist. Die Schiedsunfähigkeit von Vorstands- oder Vereinsgerichtsentscheidungen ist bisher noch nicht behauptet worden.

1868 Es bestehen keine durchgreifenden Bedenken, die Schiedsfähigkeit in folgenden Bereichen zu bejahen, und zwar unabhängig davon, welches Vereinsorgan die angegriffene Entscheidung erlassen hat, da diese immer eine solche des Vereins ist: Nach der Verhängung disziplinärer Ordnungsmittel oder nach einer Ausschließung kann sich der Betroffene mit dem Verein vergleichen, etwa derart, daß die getroffene Maßnahme gemildert wird[395]. Der Begünstigte eines Sonderrechts, das durch Beschluß der Mitgliederversammlung beeinträchtigt worden ist, kann sich mit dem Verein dahingehend vergleichen, daß ihm eine angemessene andere Vorzugsstellung eingeräumt wird. Klagt der Vorstand auf Erteilung der (verweigerten) Entlastung, so kann er sich mit dem Verein dahingehend vergleichen, daß die Entlastungsfrage erneut auf die Tagesordnung gesetzt wird, wenn der klagende Vorstand bestimmte, bisher nicht gegebene Aufschlüsse nachholt.

1869 An der Schiedsfähigkeit können allenfalls Zweifel auftreten, wenn die Mitgliederversammlung in dem oben unter a. angeführten Rechtsetzungsbereich eine Entscheidung getroffen hat. Die Schiedsfähigkeit auch in diesem Bereich

394 Vgl. auch § 45 Abs. 2 GmbHG

395 Vgl. *RG* JW 1935, 2632/2533; *van Look* S. 160; *Sauter/Schweyer* Rn. 316; vgl. auch zur Vergleichsfähigkeit von Austrittsstreitigkeiten RGZ 88, 395/398.

ist unter folgenden Voraussetzungen zu bejahen: Die Überprüfung dieser Entscheidungen der Mitgliederversammlung muß die Satzung ausdrücklich einem Schiedsgericht zuweisen[396]. Diese Entscheidung erfordert einen einstimmigen Beschluß der Vereinsgründer oder der eine dahingehende Satzungsänderung beschließenden Mitglieder. Das Schiedsgericht kann nur ermächtigt werden, Versammlungsbeschlüsse aufzuheben; eine Abänderungsbefugnis steht ihm nicht zu. Es wird satzungsmäßig verpflichtet, im Falle der Anfechtung eines Versammlungsbeschlusses aus dem Rechtsetzungsbereich alle nicht klagenden Mitglieder zu verständigen; diesen ist Gelegenheit zu geben, sich am schiedsgerichtlichen Verfahren zu beteiligen.

4. Mögliche Klagen zum Schiedsgericht

4.1. Vorbehalt der bürgerlichen Rechtsstreitigkeit

Die Entscheidungsbefugnis des Schiedsgerichts (§ 1048 i. V. m. § 1025 Abs. 1 **1870**
ZPO) ist auf bürgerliche Rechtsstreitigkeiten i. S. d. § 13 GVG beschränkt[397].

4.2. Leistungs- und Feststellungsklagen

Unter dem Vorbehalt, daß die Vergleichsfähigkeit gegeben ist, können zum **1871**
Schiedsgericht – wie zum Staatsgericht (vgl. Rn. 1761 ff.) – Leistungsklagen erhoben werden, also auf Zahlung, Herausgabe, Vornahme oder Duldung einer Handlung oder auf Unterlassung.

Es kann weiter die behauptende (positive) Klage auf Bestehen eines Rechtsverhältnisses oder die leugnende (negative) Klage auf Feststellung des Nichtbestehens eines Rechtsverhältnisses erhoben werden, z. B. auf Fortbestand der Mitgliedschaft trotz unwirksamen Ausschlusses. Darauf, ob es sich um eine vermögensrechtliche oder nichtvermögensrechtliche Streitigkeit handelt, kommt es nicht an. Eine Bindung an § 256 ZPO besteht für den Feststellungs-Schiedsspruch nicht[398]; es genügt, daß statt eines rechtlichen Interesses nur ein wirtschaftliches Interesse an der alsbaldigen Feststellung gegeben ist[399].

4.3. Die Gestaltungsklage

Die Gestaltungsklage reflektiert nicht nur, wie die Leistungs- und Fest- **1872**
stellungsklage, eine bestimmte Rechtslage, sondern verändert diese[400].

---

396 So z. B. Art. 3 Nr. 1 DEB-Verbandsgerichtsordnung, wonach das Verbandsgericht für rechtswidrig erkannte Beschlüsse der Mitgliederversammlung aufheben und zur erneuten Behandlung zurückverweisen kann; der Rechtszug vom Verbandsgericht geht zum Schiedsgericht, § 7 Nr. 1 und 2 DEB-Satzung.

397 *Schwab/Walter* S. 20; die Besonderheiten eines Schiedsvertrags nach § 101 ArbGG werden hier nicht dargestellt.

398 RGZ 100, 118/121.

399 *BGH* WM 1976, 910.

400 *Schütze/Tscherning/Wais* Rn. 382.

Hinsichtlich der Gestaltungsklage unterscheidet sich die Schiedsgerichtsbarkeit von der staatlichen Gerichtsbarkeit. Diese ist in der Gestaltung von Rechtsverhältnissen auf die im Gesetz vorgesehenen Fälle beschränkt (z. B. Bestimmung einer Leistung nach § 315 Abs. 3 Satz 2 BGB). Sofern es sich um eine bürgerliche Rechtsstreitigkeit handelt und die Vergleichsfähigkeit gegeben ist, kann dem Schiedsgericht eine weitgehendene Gestaltungsbefugnis eingeräumt werden[401].
Das Schiedsgericht ist danach befugt, Vereinsentscheidungen aufzuheben und durch eine Entscheidung zu ersetzen, falls ihm dazu in der Schiedsvereinbarung oder in der satzungsmäßigen Schiedsklausel eine entsprechende Ermächtigung erteilt worden ist. Das staatliche Gericht kann keine Vereinsentscheidung aufheben; es kann eine solche nur auf Feststellungsklage für unwirksam erklären. Immer vorausgesetzt, daß eine dahingehende Ermächtigung besteht, kann das Schiedsgericht an Stelle der Vereinsinstanz z. B. eine versagte Lizenz erteilen, die Abhaltung eines angesetzten Spieles untersagen und umgekehrt ein Spiel ansetzen oder eine andere Spielwertung vornehmen, als es durch die Vereinsinstanz geschehen ist.

4.4. Die Klage im Urkundenprozeß

1873 Das Schiedsgericht hat das dem Streit zugrundeliegende Sachverhältnis zu ermitteln (§ 1034 Abs. 1 ZPO). Aus diesem Grundsatz wird gefolgert, daß eine Klage im Urkundenprozeß nicht zum Schiedsgericht erhoben werden könne[402]. Dem kann nicht uneingeschränkt gefolgt werden. Ein Fall aus der schiedsgerichtlichen Praxis: Beim Schiedsgericht ist eine Scheckklage eingereicht worden. Der Kläger beantragte einen Vorbehaltsschiedsspruch. Der Beklagte war damit einverstanden, behielt sich aber seine Rechte im Nachverfahren vor. Hier kann ein Vorbehaltsschiedsspruch erlassen werden. Der Beklagte hat zunächst auf eine Sachaufklärung verzichtet; das war auch in einem Urkundenprozeß zulässig[403]. Ein Vorbehaltsschiedsspruch hat zwar nicht die Wirkungen des § 1040 ZPO[404]; es fehlt die endgültige Entscheidung über den ganzen Streitstoff oder über einen abtrennbaren Teil[405]. Es ist aber zu beachten, daß im Falle der Satzungsunterworfenheit beider Parteien und entsprechender Satzungsanordnung auch einem Vorbehaltsschiedsspruch Folge zu leisten ist. Ein solcher kann allerdings nicht vom staatlichen Gericht für vollstreckbar erklärt werden.

5. Die aufschiebende Wirkung der Anrufung des Schiedsgerichts

1874 Beschlüsse des Vereins im Ordnungsbereich werden mit ihrem Erlaß – u. U. nach Nichtausnutzung oder Erschöpfung des vereinsinternen Rechtsmittelweges – wirksam und damit bestandskräftig. Daran ändert die mögliche Anru-

---

401 *BGH* NJW 1959, 1493/1494; *BGH* WM 1976, 910; *Schütze/Tscherning/Wais* Rn. 43, 382.
402 *Maier* Rn. 224; *Schwab/Walter* S. 148; *Czempiel/Kurth* NJW 1987, 2118/2119 Fußn. 6.
403 *Schütze/Tscherning/Wais* Rn. 52.
404 RGZ 71, 14/15.
405 BGHZ 10, 325; *Baumbach/Albers* § 1039 ZPO Rn. 1.

fung des Schiedsgerichts nichts. Die Satzung kann jedoch ausdrücklich anordnen, daß die Erhebung der Klage zum Schiedsgericht aufschiebende Wirkung für die Vereinsmaßnahme hat; vgl. dazu Rn. 1690.

6. Die Gewährung vorläufigen Rechtsschutzes durch das Schiedsgericht

6.1. Internationaler Rechtsvergleich und Stand der Meinungen

1875 Die Frage, ob ein Schiedsgericht eine einstweilige Verfügung oder eine vorläufige Anordnung erlassen kann, ist für den Bereich der Bundesrepublik Deutschland gesetzlich nicht geregelt worden. Nach *Laschet* ZZP 99 (1986), 271/273 ist es in 21 ausländischen Staaten durch Gesetz dem Schiedsgericht ausdrücklich gestattet, einstweilige Anordnungen zu treffen. In 25 weiteren Staaten gibt das Gesetz dem Schiedsrichter das Recht zum Erlaß einstweiliger Anordnungen, wenn die Parteien dies ausdrücklich vereinbart haben oder wenn die Schiedsgerichtsordnung dies vorsieht. Art. 183 des Schweizerischen Gesetzes über das Internationale Privatrecht (IPRG) bestimmt nunmehr u. a.[406]: »Haben die Parteien nichts anderes vereinbart, so kann das Schiedsgericht auf Antrag einer Partei vorsorgliche oder sichernde Maßnahmen anordnen. Unterzieht sich der Betroffene nicht freiwillig der angeordneten Maßnahme, so kann das Schiedsgericht den staatlichen Richter um Mitwirkung ersuchen; dieser wendet sein eigenes Recht an.«

1876 Die ältere (deutsche) Rechtsprechung war in der Frage schwankend, ob ein Schiedsgericht eine einstweilige Verfügung erlassen kann. Nach RGZ 30, 319/320 wurde es als nicht ausgeschlossen erklärt, daß die Einrede des Schiedsvertrages auch im Verfahren der einstweiligen Verfügung durchgreift, wenn es sich um ein ständiges Schiedsgericht handelt. Bereits in RGZ 31, 370/375 wurde aber ausgeführt, Arreste und einstweilige Verfügungen könne ein Schiedsgericht nicht erlassen. Später erklärte das RG, sei eine Schiedsklage anhängig, so könne das Schiedsgericht eine einstweilige Regelung des Streitverhältnisses vornehmen[407]. Oberlandesgerichte meinten, Arreste und einstweilige Verfügungen könnten vom Schiedsgericht nicht erlassen werden, weil »die Behörden« für Vollstreckungshandlungen zuständig seien[408]. Es wurde aber auch andererseits erklärt, die Parteien könnten in der Schiedsabrede die Zuständigkeit ordentlicher Gerichte für Eilmaßnahmen abbedingen[409].

Im Jahre 1957 erkannte der *BGH*[410]: »Die Entscheidung stellt auch keine einstweilige Verfügung dar, für deren Erlaß allerdings dem Schiedsgericht die Zuständigkeit gefehlt hätte. Die Parteien konnten im Schiedsverfahren das Schiedsgericht auch nicht ermächtigen, einstweilige Anordnungen und Verfügungen zu treffen.« Hierbei wurde auf die Kommentierung bei *Stein/Jonas* Bezug genommen; nunmehr vertreten *Stein/Jonas/Schlosser* § 1027 a ZPO

406 Vgl. *Habscheid* IPRax 1989, 134.
407 JW 1928, 1496.
408 *KG* OLGE 19, 61; *OLG Hamburg* OLGE 23, 167.
409 *OLG Marienwerder* LZ 1919 Sp. 501; *KG* JW 1921, 251.
410 ZZP 71 (1958), 427.

Rn. 6 eine gegenteilige Auffassung. Das *OLG Hamm*[411] hat die Befugnis von Schiedsgerichten politischer Parteien zum Erlaß einstweiliger Verfügungen bejaht. In einer nicht veröffentlichten Entscheidung[412] hat es ausgesprochen, wenn durch eine einstweilige Maßnahme die Hauptsache, die eigentlich vor das Schiedsgericht gehöre, vorweggenommen werde, sei einstweiliger Rechtsschutz durch ein ordentliches Gericht ausgeschlossen[413].
Eine andere neuere Rechtsprechung geht dahin, daß für Eilmaßnahmen die ordentlichen Gerichte und die Schiedsgerichte konkurrierend zuständig seien[414].
In der Literatur wird die Befugnis des Schiedsgerichts zum Erlaß einstweiliger Verfügungen z. T. verneint[415]. Überwiegend wird eine konkurrierende Zuständigkeit, z. T. auch eine Vorrangzuständigkeit des Schiedsgerichts angenommen[416].

6.2. Die vorrangige Befugnis eines Verbands-Schiedsgerichts zum Erlaß einer einstweiligen Verfügung

1877 Nicht erörtert wird, ob das Schiedsgericht befugt ist, einen Arrest zu erlassen, was zu verneinen sein dürfte. Die ZPO bestimmt nicht ausdrücklich, daß das Schiedsgericht eine einstweilige Verfügung nicht erlassen kann. Die Unzuständigkeit des Schiedsgerichts kann auch nicht aus Vorschriften des 10. Buches der ZPO über das schiedsrichterliche Verfahren hergeleitet werden.

1878 Es wird ins Feld geführt, die Regelung der Vollstreckbarerklärung des Schiedsspruchs sei erkennbar auf endgültige Entscheidungen abgestellt[417]. Hierzu ist festzustellen, daß es in der Praxis der Verbands-Schiedsgerichtsbarkeit bei entsprechender Satzungsgestaltung nur selten zu einem Vollstreckungsverfahren kommt. Der Verband kann nämlich in seiner Satzung eine korporationsrechtliche Folgepflicht an die bloße Existenz eines Schiedsspruchs knüpfen; die Nichtbefolgung kann mit einer Sanktionsdrohung versehen sein, bei einem Sportverband etwa mit der Androhung des Ausschlusses vom Spielbetrieb. Hinzu kommt, daß gerade in der Verbands-Schiedsgerichtsbarkeit eine nicht geringe Zahl von Schiedssprüchen überhaupt nicht der Vollstreckbarerklärung zugänglich sind. Feststellende und gestaltende Schiedssprüche sind ihrem Inhalt nach nicht vollstreckungsfähig[418]. Gestaltende Schiedssprüche sind z. B. solche,

411 MDR 1971, 56; 1972, 521.

412 8 U 192/84, zitiert nach *Grunsky* Einstweiliger Rechtsschutz im Sport, S. 62 Fußn. 5.

413 Vgl. auch *Schmitt* S. 8.

414 *OLG Frankfurt* GRUR 1983, 517/518; *LG Frankfurt* NJW 1983, 761/762.

415 *Schwab/Walter* S. 54 f.; *Maier* Rn. 377; *Baumbach/Albers* § 1034 Rn. 8 Stichwort »Arrest und einstweilige Verfügung«.

416 *Stein/Jonas/Schlosser* § 1027 a ZPO Rn. 6; *Brinkmann* Schiedsgerichtsbarkeit und Maßnahmen des einstweiligen Rechtsschutzes 1977 S. 26 ff.; *Nicklisch* RIW 1978, 633/638 f.; *Lindacher* ZGR 1979, 201 ff.; *Aden* BB 1985, 2277 ff.; *Schlosser* ZZP 99 (1986), 241 ff.; *Laschet* ZZP 99 (1986), 271/288 f.; *Czempiel/Kurth* NJW 1987, 2118/2122; *Kühn* Jahrbuch für die Praxis der Schiedsgerichtsbarkeit Band I, 1987, S. 47/56 f.; *Sandrock/Nöcker* ebenda S. 74; *Schmitt* S. 16 ff.; mit der Einschränkung der Vorrangzuständigkeit des Staatsgerichts: *Schütze/Tscherning/Wais* Rn. 135.

417 *Schwab/Walter* S. 55.

418 *BGH* NJW 1982, 1224/1226.

die Zwischenlösungen hinsichtlich der Ausübung von Mitgliedschaftsrechten nach vorheriger Einschränkung durch den Verein anordnen oder auch hinsichtlich der Vertretungsverhältnisse; weiter kommt etwa die vorläufige Zulassung zu einem Sportwettbewerb, also die vorläufige Aufhebung einer Sperre in Betracht[419]. Die Gestaltungswirkung entfalten diese Schiedssprüche mit der Niederlegung; ist diese abbedungen worden (§ 1039 Abs. 3 Satz 1 Halbs. 2 ZPO), so tritt diese Wirkung verfahrensrechtlich bereits mit der Zustellung des Schiedsspruchs ein; einer Vollstreckbarerklärung bedarf der Gestaltungsschiedsspruch nicht[420]. Soweit der *BGH* (a. a. O.) ausgeführt hat, »als abschließende Entscheidungen« bedürften »sie aber eines Bestandsschutzes, der ihnen in dem Verfahren auf Vollstreckbarerklärung gegeben werden kann«, kann diese Argumentation jedenfalls bei einem Gestaltungsschiedsspruch eines Verbands-Schiedsgerichts nicht zutreffen, wenn die Verbandssatzung eine sofortige korporationsrechtliche Folgepflicht anordnet. Die staatsgerichtliche Vollstreckbarerklärung ist nur erforderlich, wenn durch Schiedsspruch die Verpflichtung ausgesprochen worden ist, eine registerrechtliche Eintragungsbewilligung abzugeben[421]. Gegenstand einstweiliger Verfügungen kann im Sportverbandsbereich auch die Abgabe von Willenserklärungen (Freigabeerklärung im Falle eines Spielerwechsels durch den bisherigen – abgebenden – Verein) sein. Auch diese Schiedssprüche bedürfen nicht der Vollstreckbarerklärung, da sie mit dem Eintritt der formellen Rechtskraft als abgegeben gelten[422]. Die Abgabefiktion tritt somit bereits mit der Zustellung des Schiedsspruchs ein, falls das Erfordernis der Hinterlegung beim Staatsgericht abbedungen worden ist, da dann der Schiedsspruch einem rechtskräftigen staatsgerichtlichen Urteil gleichgestellt ist (§§ 1039, 1040 ZPO)[423].

Auch die Argumentation, die Vorschriften der §§ 1039, 1040 ZPO bezögen sich nur auf endgültige Schiedssprüche, welche der materiellen Rechtskraft fähig seien, beim Schiedsspruch, der eine einstweilige Verfügung erlasse, handle es sich nur um eine vorläufige Maßnahme, kann nicht überzeugen. Hier wird zunächst übersehen, daß nicht alle Anträge auf Erlaß einer einstweiligen Verfügung bei einem Schiedsgericht Erfolg haben. Wird der Antrag zurückgewiesen, so handelt es sich schon nicht um eine vorläufige Maßnahme. Wird aber dem Antrag stattgegeben, die einstweilige Verfügung erlassen, so ist der Verfahrensgegenstand endgültig erledigt. Streitgegenstand eines Verfahrens auf Erlaß einer einstweiligen Verfügung ist jedenfalls bei der regelmäßig in der Verbandsschiedsgerichtsbarkeit in Betracht kommenden Regelungsverfügung nach § 940 ZPO nicht das Bestehen eines materiellen Anspruchs, sondern nur die einstweilige Sicherung eines solchen[424]. Die Anspruchsprüfung ist nur eine summarische und braucht nur zu ergeben, daß das Obsiegen des Antragstellers in der Hauptsache nicht ausgeschlossen ist[425]. Dieser Verfahrensgegenstand **1878 a**

419 *Schlosser* ZZP 99 (1986), 241/265; *Schmitt* S. 110.

420 *Herdegen* RIW 1981, 304; *Lindacher* ZGR 1979, 201/209; *Schlosser* a. a. O. S. 264.

421 *BayObLG* MDR 1984, 496; *Walter* RIW 1988, 945/947; *Schlosser* a. a. O. S. 266.

422 *OLG Stuttgart* NJW 1973, 908; *Schlosser* a. a. O. S. 265; a. A. *Thomas/Putzo* § 894 ZPO Rn. 2.

423 Vgl. *Walter* RIW 1988, 945/947.

424 *OLG Köln* FamRZ 1983, 1122; *OLG Hamm* MDR 1987, 589.

425 *OLG Koblenz* NJW-RR 1986, 1039; vgl. auch *OLG Dusseldorf* NJW 1989, 172/173.

findet seine endgültige Erledigung, wenn die einstweilige Verfügung erlassen wird.

1879 Es bleibt noch das Argument, § 1040 ZPO verlange eine der materiellen (inneren) Rechtskraft fähige Entscheidung des Schiedsgerichts[426]. Die angeführte Vorschrift besagt nur, daß ein zugestellter und u. U. niedergelegter Schiedsspruch unter den Parteien die Wirkungen eines rechtskräftigen staatsgerichtlichen Urteils hat. Wird die Fähigkeit zur inneren Rechtskraft einer vom Staatsgericht erlassenen einstweiligen Verfügung bejaht[427], so kann sie auch dem Schiedsspruch nicht abgesprochen werden, der eine Eilmaßnahme anordnet. Zur Ausräumung bestehender Zweifel wird eine Bestimmung in der Satzung empfohlen, wonach auch eine durch Schiedsspruch erlassene einstweilige Verfügung unter den Parteien die Wirkungen eines rechtskräftigen staatsgerichtlichen Urteils hat. Diese Satzungsklausel kommt dem Abschluß eines dahingehenden Prozeßvertrages gleich, der sich mangels entgegenstehender gesetzlicher Bestimmungen auch auf die Frage der Rechtskraft erstrecken kann.

1880 Soweit gegen die schiedsgerichtliche Zuständigkeit für Eilmaßnahmen praktische Erwägungen angeführt werden, soll ersichtlich ein nicht vorhandenes staatsgerichtliches Rechtsprechungsmonopol untermauert werden. Hintergründig kann auch ein Mißtrauen gegen die Verbandsschiedsgerichtsbarkeit vorhanden sein[428]. Ein ständiges Verbandsschiedsgericht ist ebenso rasch wie ein Staatsgericht in der Lage, eine Eilentscheidung zu treffen. Es kann oft wegen seiner besonderen Sachkunde effizienteren Rechtsschutz gewähren als ein staatliches Gericht, das regelmäßig mangels Vertrautheit mit erforderlichem verbandsspezifischen Hintergrundwissen eine mündliche Verhandlung ansetzen wird, was u. U. zur Überholung durch Zeitablauf führt (z. B. Spielprotest, der innerhalb von zwei Tagen entschieden werden muß). Es trifft zu, daß ein Schiedsgericht keine zur Entgegennahme einer eidesstattlichen Versicherung zuständigen Stelle ist[429]. Es ist aber nicht an die Vorschriften über die Beweiserhebung nach §§ 373 ff. ZPO gebunden, da es sein Verfahren grundsätzlich frei gestalten kann (§ 1034 Abs. 2 ZPO). Eine ihm vorgelegte »eidesstattliche Versicherung« kann das Schiedsgericht als schriftliche Zeugenaussage würdigen[430]. Nach der vom *RG*[431] vertretenen Auffassung kann das Schiedsgericht bei bereits anhängiger Schiedsklage eine einstweilige Regelung des Streitverhältnisses vornehmen. Die Beschränkung auf eine bereits anhängige Schiedsklage entspricht jedenfalls heute nicht mehr den Bedürfnissen der Praxis.

1881 Besteht eine entsprechende Schiedsklausel oder Schiedsvereinbarung, so gewährt das Verbandsschiedsgericht in erster Linie vorläufigen Rechtsschutz. Eine staatsgerichtliche Zuständigkeit ist nur dann gegeben, wenn das Verbandsschiedsgericht vorläufigen Rechtsschutz nicht gewähren kann[432]. Das kann etwa der Fall sein, wenn die Anhörung des Gegners, die dem Schiedsge-

---

426 Vgl. z. B. *Baumbach/Albers* § 1034 ZPO Rn. 8 Stichwort »Arrest und einstweilige Verfügung«.

427 *Baumbach/Hartmann* § 322 ZPO Rn. 29 Stichwort »Arrest und einstweilige Anordnung oder Verfügung«; die Frage scheint nicht abschließend geklärt.

428 Vgl. *Schlosser* a. a. O. S. 243.

429 Argumentation des *LG Frankfurt* NJW 1983, 761.

430 *Kühn* S. 49.

431 JW 1928, 1496.

432 *Schlosser* ZZP 99 (1986), 241/256 f.; *Kühn* a. a. O. S. 61.

richt auch im Eilverfahren nach § 1034 Abs. 1 ZPO geboten ist, unterbleiben muß, weil durch eine sofort zu erlassende einstweilige Verfügung die Schaffung vollendeter Tatsachen verhindert werden muß[433]. Auch in solchen Fällen sollte das Staatsgericht seine Entscheidung zeitlich befristen, bis das Schiedsgericht einstweiligen Rechtsschutz gewähren kann.

6.3. Beachtung der schiedsgerichtlichen Hauptsachezuständigkeit durch das Staatsgericht

Hat das Staatsgericht eine einstweilige Verfügung erlassen, so muß es, wenn es Klage im Hauptsacheprozeß in der Entscheidung (§ 938 Abs. 1 ZPO) oder auf Antrag anordnet (§§ 936, 926 Abs. 1 ZPO), die gegebene Hauptsachezuständigkeit des Schiedsgerichts beachten; wird der gesicherte Anspruch von einer Schiedsvereinbarung oder von einer Schiedsklausel erfaßt, so ist Hauptsachegericht das Schiedsgericht[434]. Es kann dann die vom Staatsgericht erlassene einstweilige Verfügung nicht nachprüfen[435]. **1882**

6.4. Keine Zwangsandrohung durch das Schiedsgericht

Ist Gegenstand des einstweiligen Rechtsschutzes eine Unterlassungsverfügung, so kann das Schiedsgericht kein Zwangsgeld und keine Zwangshaft androhen; dies ist nur durch eine staatsgerichtliche Entscheidung möglich, welche den Schiedsspruch für vollstreckbar erklärt[436]. **1883**

6.5. Anhörung des Gegners vor Erlaß einer einstweiligen Verfügung

Für das Schiedsgericht besteht das nach § 1034 Abs. 1 ZPO zu beachtende Gebot der Gewährung rechtlichen Gehörs auch im Verfahren des vorläufigen Rechtsschutzes[437]. Vor dem Erlaß einer einstweiligen Vefügung muß das Schiedsgericht deshalb den Gegner anhören. **1884**

6.6. Der Widerspruch gegen die einstweilige Verfügung

Falls dies die Satzung nicht ausschließt, ist gegen eine vom Schiedsgericht erlassene einstweilige Verfügung der Widerspruch zulässig (entspr. §§ 936, 924 ZPO). Die Satzung kann eine Widerspruchsfrist bestimmen (etwa eine Woche, vgl. § 12 Abs. 1 DFB-RuVO). Der Widerspruch hat keine aufschiebende Wirkung (§§ 936, 924 Abs. 3 Satz 1 ZPO). **1885**

---

433 *Schlosser* a. a. O.

434 *Baumbach/Albers* § 1034 ZPO Rn. 8 Stichwort »Arrest und einstw. Vfg.«; *Stein/Jonas/Schlosser* § 1027 a ZPO Rn. 6; *Maier* Rn. 379; *Czempiel/Kurth* NJW 1987, 2118/2122.

435 *Laschet* ZZP 99 (1986), 271/272.

436 *Schlosser* a. a. O. S. 264.

437 *Schlosser* ZZP 99 (1986), 241/255/257.

VII. Haftungsfragen

1. Die Haftung des Vereins für seine Organe und seine sonstigen Repräsentanten

1.1. § 31 BGB als Haftungszurechnungsnorm

1886 § 31 BGB bestimmt:
Der Verein ist für den Schaden verantwortlich, den der Vorstand, ein Mitglied des Vorstandes oder ein anderer verfassungsmäßig berufener Vertreter durch eine in Ausführung der ihm zustehenden Verrichtungen begangene, zum Schadensersatze verpflichtende Handlung einem Dritten zufügt.
Der Verein erhält als juristische Person durch die Auswahl der für ihn handelnden Personen die Möglichkeit, am Rechtsverkehr teilzunehmen. Er soll deshalb auch die Nachteile tragen, die diese Art der Teilnahme am Rechtsverkehr mit sich bringt. Mit dem Vereinsvermögen soll eine Haftungsmasse zur Verfügung stehen; durch Organe oder sonstige Repräsentanten des Vereins geschädigte Dritte sollen nicht auf eine Inanspruchnahme dieser Personen angewiesen sein[1]. § 31 BGB ist aber keine Norm, die eine Haftung des Vereins begründet; es handelt sich vielmehr um eine haftungszuweisende Norm[2]. Ein für den Verein handelndes Organ muß als natürliche Person einen Haftungstatbestand verwirklichen, der aber nicht (ausschließlich) ihm, sondern dem Verein zugerechnet wird[3]. Hinsichtlich der den Verein repräsentierenden Personen ist diesem jegliche Entlastung versagt. Die für den Verein handelnden Personen müssen aber eine Organstellung oder eine Stellung wie ein Organ haben; sie müssen i. d. R. zum Außenhandel befugt sein. Handeln für den Verein Personen, denen diese Eigenschaft nicht zukommt, so greift § 31 BGB nicht ein; es kommen vielmehr die Vorschriften der §§ 278, 831 BGB zur Anwendung.
Hauptanwendungsbereich des § 31 BGB ist ein Verhalten im deliktischen oder quasideliktischen Bereich. Im rechtsgeschäftlichen Bereich wird der Verein im Regelfall infolge der allgemeinen Vertretungsvorschriften berechtigt und verpflichtet.
§ 31 BGB findet Anwendung bei allen Vereinen, somit bei den rechtsfähigen, nichtrechtsfähigen und bei altrechtlichen Vereinen. Außerdem findet diese Haftungszurechnungsnorm entsprechende Anwendung bei allen sonstigen Körperschaften des Privatrechts (z. B. AG, GmbH, eingetragene Genossenschaft) und über § 89 Abs. 1 BGB beim Fiskus sowie bei den Körperschaften, Stiftungen und Anstalten des öffentlichen Rechts, soweit ihre Organe zivilrechtlich tätig sind (z. B. als Träger eines Krankenhauses).

---

1 Mot. I S. 102; *BGH* NJW 1986, 2939/2940.
2 *BGH* NJW 1987, 1193/1194.
3 Vgl. *BayObLG* OLGE 42, 254/255.

1.2. Die Repräsentanten des Vereins, für die dieser haftet

1.2.1. Vorstand und andere verfassungsmäßig berufene Vertreter

Nach § 31 BGB haftet der Verein für den Vorstand (Einmannvorstand), für **1887** jegliches Mitglied des Vorstands und für andere verfassungsmäßig berufene Vertreter.

Vorstand oder Vorstandsmitglied ist zunächst eine Person, die der Verein selbst mit dieser Organstellung betraut hat. Das Gesetz versteht unter Vorstand immer eine Person, die zur Außenvertretung befugt ist. Mitglieder des erweiterten Vorstands, die keine Vertretungsberechtigung haben, werden von § 31 BGB nicht unmittelbar angesprochen. Im Liquidationsfall sind die Abwickler dem Vorstand gleichgestellt (§ 48 Abs. 2 BGB). Vorstand i. S. d. § 31 BGB ist aber auch der vom Gericht bestellte Notvorstand oder Notliquidator. Darauf, ob der Vorstand oder Notvorstand noch im Amt ist, kommt es nicht an; der Verein kann deshalb für ein längst ausgeschiedenes Vorstandsmitglied haften müssen.

Andere verfassungsmäßig berufene Vertreter sind die organschaftlich kraft Satzungsermächtigung bestellten besonderen Vertreter i. S. d. § 30 BGB.

1.2.2. Haftung für den ausgeschiedenen, aber noch eingetragenen Vorstand sowie für den faktischen Vorstand

Die Rechtsprechung hat zunächst § 30 BGB und damit auch § 31 BGB von je- **1888** her erweiternd ausgelegt[4]. Bei § 31 BGB wird an die Fähigkeit eines Vertretungsorgans angeknüpft, für den Verein handeln zu können[5]. Es kommt deshalb nicht darauf an, ob ein Vorstandsmitglied noch bestellt ist, wenn es trotz Ausscheidens aus dem Amt als noch eingetragenes Vorstandsmitglied für den Verein handelt[6]. Desgleichen haftet der Verein auch für den für ihn handelnden faktischen Vorstand (vgl. dazu Rn. 1288 ff.) nach § 31 BGB[7].

1.2.3. Zur Vereinshaftung für den Konkursverwalter

Soweit die haftungsbegründende Vorschrift des § 82 KO eingreift, haftet der **1889** Verein nicht für den Konkursverwalter über sein Vermögen. Dies gilt auch, soweit dieser in sog. Überschneidungsbereichen zusammen mit dem Vorstand handelt (vgl. dazu Rn. 2043). Ist es aber so (Fall aus der Praxis), daß der Vorstandsvorsitzende dem Konkursverwalter durch Erteilung einer entsprechenden (u. U. unzulässigen) Vollmacht die gesamte Vereinsleitung überläßt, der Konkursverwalter also in Bereichen tätig ist, die nicht seiner Verwaltungs- und Verfügungsbefugnis unterliegen, so greift § 31 BGB zumindest entsprechend ein, soweit er im Vorstandsbereich handelt. Der Konkursverwalter ist niemals ein Verrichtungsgehilfe i. S. d. § 831 BGB.

1.2.4. Die Haftung für andere Vereinsorgane; keine Haftung für das Schiedsgericht

Entweder unmittelbare oder entsprechende Anwendung findet § 31 BGB, **1890** wenn Vereinsorgane, die an sich für den Vereinsinnenbereich zuständig sind,

---

4 Vgl. z. B. RGZ 89, 136; *RG* JW 1932, 2076.
5 *BGH* NJW 1987, 1193.
6 *Soergel/Hadding* § 31 BGB Rn. 9.
7 Ebenso zu § 30 OWiG, der eine ähnliche Funktion wie § 31 BGB hat: BGHSt 21, 101.

einen Schaden verursachen, durch den ein Dritter geschädigt wird. Dies trifft etwa bei der Mitgliederversammlung zu, wenn diese z. B. einen Boykottbeschluß faßt oder wenn dieser eine Rufschädigung zuzurechnen ist. Gleiches gilt für weitere Innenorgane wie etwa einen Verwaltungsrat oder für ein Vereinsgericht. Dritter i. S. d. § 31 BGB kann auch ein Vereinsmitglied sein[8].

1891 Weder eine Organfunktion noch eine organähnliche Funktion hat das satzungsmäßige Schiedsgericht. Es ist lediglich eine Einrichtung des Vereins. Wegen seines Schiedsspruchs haftet der Schiedsrichter nur bei vorsätzlicher Pflichtverletzung wie Bestechlichkeit und Rechtsbeugung[9]. Das Verhalten der Mitglieder des satzungsmäßigen Schiedsgerichts wird somit dem Verein nicht nach § 31 BGB zugerechnet.

1.2.5. Die Haftung für sonstige Repräsentanten des Vereins

1892 Der Begriff »verfassungsmäßig berufener Vertreter« wird, wie bereits kurz angedeutet, seit jeher weitgehend ausgelegt. Es sind dies nicht nur Personen, welche die Satzung als Organe vorsieht und die zum Außenhandeln berechtigt sind, sondern auch sonstige Repräsentanten des Vereins, und zwar unabhängig davon, ob sie organschaftliche oder rechtsgeschäftliche Vertretungsmacht haben; vgl. dazu Rn. 1576 ff. Wesentlich ist, daß die den Verein repräsentierende Person eine dem Vorstand ähnliche Selbständigkeit bzw. Verantwortlichkeit hat. Diese Funktion muß nicht auf der Satzung beruhen; sie kann sich aus einer Vereinsordnung, aus einem Vereinsbeschluß oder aus einer allgemeinen Betriebsregelung (Geschäftsverteilung) ergeben. Begründet wird diese erweiterte Haftungszurechnung mit der Erwägung, daß es einem Verein nicht freistehen kann, selbst darüber zu entscheiden, für wen dieser gemäß § 31 BGB ohne Entlastungsmöglichkeit haften will[10].

Der Verein haftet somit für alle Funktionsträger, denen durch die Satzung oder nur durch eine sonstige Vereinsanordnung, mag diese nur den Rang einer Betriebsregelung haben, bedeutsame, wesensmäßige Funktionen zur selbständigen eigenverantwortlichen Erfüllung, wenn auch sachlich begrenzt oder intern weisungsgebunden, zugewiesen sind, sofern diese Funktionsträger auf diese Weise den Verein repräsentieren[11].

Verfassungsmäßig berufene Organe sind danach z. B. die örtlichen Streikleitungen einer Gewerkschaft, wenn diese nach den Richtlinien für die Führung von Arbeitskämpfen mit der Vorbereitung und Durchführung von Arbeitskämpfen betraut werden und für diese Aufgaben ausdrücklich durch den Hauptvorstand oder den Landesbezirksleiter bestellt werden. Die Streikposten sind dagegen Verrichtungsgehilfen nach § 831 BGB[12]. Betreibt der Verein ein Krankenhaus, so sind die Leiter einzelner Fachbereiche verfassungsmäßig berufene Vertreter, sofern der Krankenhausträger nicht darlegen kann, daß die Organisation im Krankenhaus zu einer anderen Beurteilung führen muß[13]. Weiter kommen als verfassungsmäßig berufene Vertreter die Verbandsge-

8 BGHZ 90, 92/95; *BGH* NJW 1990, 2877/2878.
9 BGHZ 42, 313; *Schwab/Walter* S. 94.
10 *BGH* NJW 1982, 1144/1145.
11 BGHZ 49, 19/21 und ständig, vgl. z. B. *BGH* NJW 1991, 3208/3210.
12 *BAG* NJW 1989, 57/61.
13 *BGH* NJW 1987, 2925.

schäftsführer in Betracht, auch wenn sie nicht organschaftlich als besondere Vertreter i. S. d. § 30 BGB bestellt worden sind, weiter etwa leitende Verbandsangestellte und Leiter örtlicher Untergliederungen von Dachvereinen, sofern sie nicht ohnedies eine organschaftliche Stellung als Vorstandsmitglied haben.

1.2.6. Besondere Zurechnungskriterien

Die in § 31 BGB normierte Haftung knüpft nicht an die Vertretungsmacht, sondern an die Fähigkeit des Organs oder sonstigen Vereinsrepräsentanten an, für den Verein zu handeln[14]. Nicht entscheidend ist, ob diese Personen innerhalb der Grenzen ihrer Vertretungsmacht gehandelt haben, sondern ob ihr Handeln oder Unterlassen in den ihnen zugewiesenen Wirkungskreis fällt[15]. **1893**
An dieser Voraussetzung kann es fehlen, wenn das Organ oder der sonstige Vereinsrepräsentant

- die ihm zustehende Vertretungsmacht überschreitet und
- sich durch sein schadenstiftendes Verhalten so sehr außerhalb seines Aufgabenkreises stellt, daß ein innerer Zusammenhang zwischen dem Handeln und dem allgemeinen Rahmen der ihm übertragenen Geschäfte nicht mehr erkennbar
- und daher der Schluß geboten ist, das Organ oder der sonst in Betracht kommende Vereinsrepräsentant habe nur bei Gelegenheit, nicht aber in Ausführung der ihm zustehenden Verrichtungen gehandelt[16].

1.3. Das haftungsbegründende Verhalten des Vereinsrepräsentanten

1.3.1. Der erforderliche Haftungstatbestand

Der Verein muß sich im Haftungsbereich jedes Verhalten der ihn repräsentierenden Personen zurechnen lassen, das, hätte der »Haftungsvertreter« für sich gehandelt, ihn auch zur Leistung von Schadensersatz verpflichten würde. Das Gesetz spricht zwar von »Handlungen«; treffender ist der Ausdruck »Verhalten«. Zum Schadensersatz kann verpflichten **1894**

- ein nur tatsächliches Verhalten[17], das häufig den Tatbestand einer unerlaubten Handlung erfüllt,
- ein rechtsgeschäftliches Handeln, z. B. eine Vertragsverletzung[18] oder ein Verschulden bei Vertragsverhandlungen[19],
- ein Unterlassen, wenn eine Rechtspflicht zum Handeln bestanden hat,
- unerlaubte Handlungen[20] sowie Gefährdungstatbestände.

Verschulden des Vereinsrepräsentanten erfordern unerlaubte Handlungen (§§ 823 ff., § 992 BGB), die Verletzung von Verpflichtungen bei sich anbahnenden oder bestehenden Vertragsverhältnissen und regelmäßig bei Feh-

---

14 BGHZ 98, 148 = NJW 1986, 2941.
15 *BGH* NJW 1987, 1193.
16 *BGH* a. a. O.
17 *RG* Recht 1921 Nr. 2133; *BGH* NJW 1984, 921: Auskunftserteilung.
18 *RG* JW 1928, 2433/2434.
19 *BGH* WM 1977, 994/995 und NJW 1980, 115/116.
20 Z. B. ehrverletzende Behauptungen in einem Vereinsblatt

lern bei der Abgabe einseitiger empfangsbedürftiger Willenserklärungen[21]. Kein Verschulden ist erforderlich, wenn der Verein aus Gefährdung haften muß, z. B. als Halter eines Kraftfahrzeugs (§ 7 StVG) oder eines Luftfahrzeugs (§ 33 LuftVG) oder als Betreiber einer Schwebebahn (§ 1 HPflG). Nicht einmal rechtswidriges Verhalten verlangen die Haftungstatbestände der §§ 122, 904 BGB.

1.3.2. Insbesondere: Haftung wegen Verletzung der Verkehrssicherungs- und Aufsichtspflicht sowie wegen Organisationsmängel

1895 Eine zum Schadensersatz verpflichtende »Handlung« ist auch eine Unterlassung. Deshalb haftet der Verein auch, wenn der Vorstand oder ein sonstiger Funktionsträger, für den der Verein nach den vorstehenden Grundsätzen einzustehen hat, der Pflicht zur Verkehrssicherung nicht nachkommt. Aus § 823 Abs. 1 BGB können sich für den Verein Verkehrssicherungspflichten aus folgenden Anlässen ergeben:

- Der Verein eröffnet auf dem in seiner Verfügungsgewalt befindlichen Grundstück einen allgemeinen Verkehr, indem ein solcher für jedermann zugelassen wird.
- Der Verein duldet allgemein diesen Verkehr[22].
- Er unterläßt es pflichtwidrig, den Verkehr auf dem in seinem Herrschaftsbereich befindlichen Grundstück zu verhindern[23].
- Vor allem bei Sportvereinen kann sich weiter eine Pflicht zur Verkehrssicherung aus dem Gesichtspunkt der Beherrschbarkeit von Gefahren ergeben[24]; hier sollen vor allem Gefahren nach Möglichkeit ausgeschlossen werden, die vom Sportbereich nach außen drohen können.
- Im Einzelfall kann sich auch eine Sicherungspflicht aufgrund von Werbung ergeben.

Der Verein muß nicht Eigentümer der seiner Sicherungspflicht unterliegenden Anlage sein, auch nicht Mieter. Es genügt die Veranlassung einer Gefahr bzw. die Beherrschung des in Frage kommenden Verkehrsbereichs, mag der Verein Betreiber oder Veranstalter eines bestimmten Geschehens sein.

1896 Haftungsbeispiele: Eine Schützenbruderschaft hat dafür einzustehen, daß ihr Vorstand den Zustand von Einrichtungen, die von ihren Mitgliedern bei der Durchführung eines Schützenfestes benutzt werden, nur unzureichend überwacht[25]. Ein Sportverein haftet einem verletzten spielenden Kind auf Schadensersatz, wenn der Vorstandsvorsitzende mit dem Mähen des Sportplatzrasens eine Person betraut, die den eingesetzten Motor-Rasenmäher nicht bedienen darf[26].

Ein Unterlassen stellt es auch dar, wenn der Vorstand oder ein leitender Vereinsbediensteter seiner Aufsichtspflicht gegenüber nachgeordnetem Personal nicht nachkommt.

---

21 Unberechtigte Kündigung, vgl. *RG* HRR 1941 Nr. 804.

22 Vgl. dazu *Börner* S. 141 ff.

23 Vgl. *Börner* S. 156 ff.

24 Vgl. dazu näher *Börner* S. 162 ff.

25 *OLG Köln* VersR 1989, 815.

26 *BGH* BB 1991, 1453; vgl. zur Verkehrssicherungspflicht eines Flugsportvereins, auch seinen Mitgliedern gegenüber: *BGH* NJW-RR 1991, 281.

Der Verein haftet schließlich kraft der Zuweisungsnorm des § 31 BGB, wenn ein Organisationsmangel gegeben ist. **1897**
Zu unterscheiden ist der körperschaftliche vom betrieblichen Organisationsmangel.
Der Satzungsgeber eines Vereins (Gründungsmitglieder und später die Mitgliederversammlung) hat die Rechtspflicht, den Verein mit der erforderlichen Zahl von Organen und Organmitgliedern auszustatten. Fehlt es hieran, so ist regelmäßig der Vorstand überlastet und zur allseitigen Geschäftsführung nicht mehr in der Lage. Es ist dann ein körperschaftlicher Organisationsmangel gegeben. Gleiches gilt, wenn diese Organe zwar vorhanden sind, wenn jedoch wesensmäßige Vereinsaufgaben, die dem Vorstand oder einem besonderen Vertreter obliegen, einer anderen Person übertragen werden, für die sich der Verein nach § 831 BGB entlasten könnte. Die Rechtsprechung hat, um dem zu begegnen, § 31 BGB ausdehnend dahin ausgelegt, daß »verfassungsmäßig berufener Vertreter« auch der Vereinsrepräsentant ist, der eine dem Vorstand ähnliche Selbständigkeit bzw. Verantwortlichkeit hat (vgl. oben Rn. 1892).
Der betriebliche Organisationsmangel umfaßt zum Teil die bereits erwähnte Verkehrssicherungspflicht und die Aufsichtspflicht über Personen. Ein solcher Mangel ist gegeben, wenn das zuständige Organ – im Regelfall der Vorstand – es pflichtwidrig versäumt hat, den Vereinsbetrieb nach bestmöglichen Grundsätzen zu organisieren, weshalb im Regelfall eine Verletzung der Pflicht zur Verkehrssicherung gegeben ist; weiter gehört hierher der Fall, daß die allgemeine Aufsicht über Gegenstände und unterstellte Personen unterlassen und/oder erforderliche Anweisungen nicht erteilt werden[27]. Ein betrieblicher Organisationsmangel ist aber auch zu verzeichnen, wenn diese Organaufgaben einem Vereinsangestellten (§ 831 BGB) übertragen werden. Ist ein solcher Mangel ursächlich für einen Schaden, den ein Dritter erleidet, so haftet der Verein im Falle des Verschuldens des Organmitglieds nach § 31, 823 BGB[28]. Eine Entlastungsmöglichkeit nach § 831 BGB besteht nicht.

1.4. Der Einfluß der Vertretungsordnung auf die Vereinshaftung

Der Einmann-Vorstand oder ein sonstiger Vereinsrepräsentant kann Handlungen vornehmen, die von der satzungsmäßigen oder durch Bevollmächtigung erteilten Vertretungsmacht nicht mehr gedeckt sind; es kann Überschreitung oder Mißbrauch der Vertretungsbefugnis gegeben sein, ohne daß aber ein Handeln außerhalb des übertragenen Wirkungskreises gegeben ist. **1898**
Tangiert dieses Verhalten allein den rechtsgeschäftlichen Bereich – z. B. Abgabe einer Kündigungserklärung, Erteilung einer Auskunft oder Abgabe einer zum Vertragsschluß führenden Erklärung – so wird § 31 BGB von der Sondervorschrift des § 179 BGB verdrängt; die Haftungsfolgen sind in dieser Vorschrift ausschließlich zu Lasten des Vertreters geregelt[29]. Hier soll ausnahmsweise eine Haftung – auf das »Erfüllungsinteresse« – dann eintreten, wenn aufgrund »einer

27 Vgl. *Hassold* JuS 1982, 583.
28 Vgl. z. B. *RG* JW 1932, 2076; *RG* HRR 1941 Nr. 598; *Hassold* a. a. O.
29 *RG* SeuffA 82 Nr. 57; *RG* HRR 1928 Nr. 1396; RGZ 162, 129/159; *Staudinger/Coing* Rn. 14, *Soergel/Hadding* Rn. 24, je zu § 31 BGB; *Canaris* JuS 1980, 332/334; a. A. *RG* DR 1940, 451; 1941, 1937: Vertragskündigung.

besonders gearteten und mit bestimmten Verpflichtungen verknüpften Verhandlungsbefugnis« gehandelt worden ist[30], oder wenn der Ersatz von Aufwendungen begehrt wird, die im Vertrauen auf den gültigen Abschluß eines Vertrages mit der juristischen Person gemacht worden sind[31]. Richtiger wäre es, auch in diesen Fällen der Vertretungsordnung der juristischen Person den Vorrang einzuräumen und ihre Haftung zu verneinen[32]. Auch Gründe des Verkehrsschutzes gebieten es nicht, daß über den haftenden Handelnden hinaus der Verein dem Gläubiger als weiterer Haftungsschuldner zur Verfügung stehen muß.

Beinhalten diese rechtsgeschäftlichen oder auch nur tatsächlichen Handlungen der die Grenzen der Vertretungsbefugnis nicht beachtenden Vereinsrepräsentanten zugleich eine unerlaubte Handlung oder ist das Verhalten des »Haftungsvertreters« allein nach diesem Haftungsgrund zu beurteilen, so muß sich der Verein dieses Verhalten gemäß § 31 BGB zurechnen lassen[33].

1899 Besteht **Gesamtvertretung**, so kann sich der Verein durch eine Vertretungsregelung in der Satzung dagegen schützen, daß er im rechtsgeschäftlichen Bereich nicht zu haften hat, wenn der Vorstand seine Vertretungsbefugnis überschreitet oder wenn die vertretungsberechtigte Zahl von Vorstandsmitgliedern nicht erreicht wird. Begeht aber ein Vorstandsmitglied bei rechtsgeschäftlicher Betätigung innerhalb des allgemeinen Rahmens seines Wirkungskreises eine unerlaubte Handlung, so wird die Verantwortlichkeit des Vereins nicht dadurch ausgeschlossen, daß eine Gesamtvertretung besteht[34]. Der Schutzzweck der Gesamtvertretung wird durch eine deliktische Einstandspflicht des Vereins auch dann nicht vereitelt, wenn z. B. die unerlaubte Handlung in der Vortäuschung rechtlicher Verbindlichkeit einer von dem Vorstandsmitglied allein abgegebenen Willenserklärung besteht[35]. Für Betrugshandlungen bei rechtsgeschäftlicher Betätigung eines Vorstandsmitglieds für den Verein hat dieser somit grundsätzlich auch dann aus unerlaubter Handlung einzustehen, wenn die Täuschung gerade darin bestanden hat, die erforderliche Zustimmung der anderen Vorstandskollegen liege vor[36].

Auf eine Vertretungsordnung kommt es überhaupt nicht an, wenn der Verein aus einem tatsächlichen Verhalten des Vorstands heraus haften muß[37]. Dies kann z. B. bei der Erteilung einer Kreditauskunft der Fall sein.

1.5. Der haftende Verein

1900 Für den Vorstand oder andere Vereinsrepräsentanten haftet der Verein, der diese schadensstiftenden Personen organschaftlich bestellt hat bzw. der die Bestellung als Organmitglied unterlassen hat.

30 RGZ 162, 129/159.

31 BGHZ 6, 330/334; *Staudinger/Coing* a. a. O.

32 *Canaris* a. a. O.

33 Vgl. *RG* Warn. 1911 Nr. 421; 1917 Nr. 263; RGZ 162, 129/169; 163, 21/29; *BGH* NJW 1952, 537; 1977, 2259; 1980, 115/116; *BGH* LM Nr. 13 zu § 31 BGB; *BGH* WM 1978, 1092/1093 und 1986, 1104.

34 *BGH* WM 1986, 1104.

35 *BGH* a. a. O. unter Aufgabe von RGZ 134, 375 und *BGH* WM 1967, 714.

36 Vgl. *BGH* WM 1986, 1106.

37 *RG* Recht 1921 Nr. 2133.

Zweifelsfälle können sich bei Großvereinen oder bei Vereinsverbänden hinsichtlich des haftenden Vereins ergeben. 1901

Bei einem Großverein kann der Leiter einer unselbständigen, aber in der Rechtsform eines nichtrechtsfähigen Vereins bestehenden Untergliederung im Einzelfall als Repräsentant des Großvereins handeln[38].

Das Vorstandsmitglied eines verbandszugehörigen Vereins, das »geborenes« Mitglied der Vertreterversammlung des Vereinsverbandes ist, begeht in der Delegiertenversammlung etwa durch Rufschädigung eine unerlaubte Handlung. Dies kann dem entsendenden Verein nicht zugerechnet werden; der Delegierte übt sein Amt selbständig und eigenverantwortlich aus; er ist Mitglied eines Organs des Verbandes, der allein haftet.

Der Verein X ist Veranstalter eines Spiels, an dem seine erste Mannschaft und eine gleich qualifizierte Gastmannschaft des Vereins Y teilnimmt. Das Vorstandsmitglied Z des Vereins Y untersagt seiner Mannschaft während des Spiels ohne berechtigten Grund das Weiterspielen. Das Spiel muß abgebrochen werden. Die Zuschauer, die Eintrittsgeld bezahlt haben, können sich nur an den veranstaltenden Verein halten. Wenn der Vorstand Z sich keiner unerlaubten Handlung schuldig gemacht hat, kann von den Zuschauern der Verein Y nicht nach § 31 BGB zur Haftung herangezogen werden. Die Haftungszurechnung nach dieser Vorschrift greift jedoch ein, wenn der Verein X gegen den Verein Y Ansprüche stellt.

1.6. Der haftungsbegünstigte Dritte

Der in § 31 BGB angeführte »Dritte«, der vom Verein Schadensersatz verlangen kann, ist im Regelfall eine außerhalb des Vereins stehende natürliche oder juristische Person oder eine sonstige Gemeinschaft. Dritter ist insbesondere auch eine Person, die sich vertraglich in bestimmten Beziehungen der Vereinsgewalt unterworfen hat. 1902

Dritte können aber auch Mitglieder des Vereins sein[39], etwa weil ein Vereinsorgan ein Mitgliedschaftsrecht[40] oder die Verkehrssicherungspflicht verletzt hat[41]. Gleiches gilt für Personen, die als Angestellte oder Arbeiter für den Verein tätig sind. Dritte können schließlich auch andere Organpersonen als das schädigende Organ sein[42]. Beim mehrgliedrigen Vorstand kann ein Vorstandskollege Dritter sein, wenn dieser nach der Satzung, Vereinsordnung oder nach der Ressortverteilung für das schadensstiftende Ereignis nicht mitverantwortlich ist[43]. Hat somit der Einmannvorstand oder haben alle Vorstandsmitglieder ein Verhalten gezeigt, das den Verein zum Schadensersatz verpflichtet, so können sie nicht selbst Dritte sein[44].

38 *BGH* WM 1985, 570 = NJW-RR 1986, 281.
39 BGHZ 90, 92/95.
40 *BGH* NJW 1990, 2877/2878.
41 *BGH* NJW-RR 1991, 281.
42 *Soergel/Hadding* § 31 BGB Rn. 26.
43 *BGH* NJW 1978, 2390; 1984, 1884/1885; *OLG Celle* VersR 1977, 39.
44 *Soergel/Hadding* a. a. O.; a. A. MünchKomm/*Reuter* § 31 BGB Rn. 26: Verein haftet, kann aber Gegenrechte wegen Pflichtverletzung geltend machen.

1.7. Die Schadensersatzpflicht des Vereins

1.7.1. Die Benennung des Schädigers durch den Geschädigten

1903 Verlangt eine Haftungsnorm vorsätzliches oder sogar absichtliches Verhalten, so muß der Schädiger den Vereinsrepräsentanten, der durch sein Verhalten einen Schaden verursacht hat, grundsätzlich in der außergerichtlichen Schadensanmeldung oder in einem Prozeß benennen. Genügt nach der Haftungsnorm Fahrlässigkeit oder eine Gefährdung, so soll der in Betracht kommende Vereinsrepräsentant benannt werden, wenn dies möglich und zumutbar ist. Die Prozeßförderungspflicht kann es jedoch gebieten, daß die Pflicht zur Benennung auf den Verein übergeht, wenn der Geschädigte außerstande ist, den Schädiger zu benennen.
Der Schädiger muß nicht benannt werden, wenn nach den Umständen, insbesondere der Dauer und Augenfälligkeit eines gefährdenden Zustands, ohne weiteres darauf geschlossen werden kann, daß ein »verfassungsmäßig berufener Vertreter« die Gefährdung bei gehöriger Pflichterfüllung hätte verhindern können[45].

1.7.2. Fragen der Darlegungs- und Beweislast

1904 Bei deliktischen Schadensersatzansprüchen muß der Geschädigte darlegen und im Streitfall beweisen: das Fehlverhalten eines Vereinsrepräsentanten, der u. U. zu benennen ist[46], den Eintritt eines Schadens (einschl. seiner Höhe) sowie den Ursachenzusammenhang zwischen dem Fehlverhalten und dem Schaden[47]. Im übrigen trifft den Verein die Darlegungs- und Beweislast.

1.7.3. Der Schadensersatz durch den Verein; zum mitwirkenden Verschulden

1905 Hat ein Vereinsrepräsentant in seiner Person in vereinsamtlicher Eigenschaft einen Haftungstatbestand erfüllt, so bewirkt die Haftungszurechnung nach § 31 BGB, daß unmittelbarer Ersatzpflichtiger der Verein wird. Er muß den Schaden nach §§ 249 ff., u. U. §§ 842 ff. BGB oder nach einer anderen Haftungsnorm (z. B. § 7 StVG) ersetzen.
Ist ein mitwirkendes Verschulden des Geschädigten gegeben, so kann die Ersatzpflicht des Vereins gemindert oder aufgehoben werden[48]. Dies kann gegeben sein, wenn der Geschädigte z. B. die fehlende Zuständigkeit des handelnden Vereinsrepräsentanten erkannt hat oder jedenfalls hätte erkennen können[49].

1.8. Die persönliche Haftung des Organmitglieds

1906 Vor allem im deliktischen und quasideliktischen Bereich kann für den Verein die Haftungszurechnung nach § 31 BGB und daneben für das handelnde oder eine pflichtgemäße Handlung unterlassende Organmitglied eine Haftung nach

45 RGZ 163, 21/28; *BGH* VersR 1971, 448/449.
46 Vgl. oben.
47 *BAG* NJW 1989, 1881/1884.
48 § 254 BGB; vgl. *BGH* NJW 1986, 2941.
49 Vgl. *BGH* NJW 1986, 2941; *Soergel/Hadding* § 31 BGB Rn. 27.

allgemeinen Grundsätzen eintreten[50]. Begeht ein Organmitglied persönlich eine unerlaubte Handlung, so haftet es unmittelbar[51]; der Verein muß ebenfalls haften, wenn ihm die unerlaubte Handlung seines Organmitglieds nach § 31 BGB zugerechnet werden kann.

Haften sowohl der Verein als auch das Organmitglied, so entsteht zwischen ihnen ein Gesamtschuldverhältnis (§ 840 Abs. 1 BGB; § 421 BGB). Der Gläubiger hat dann die Wahl, ob er nur den Verein, nur das Organmitglied oder beide zur Haftung heranzieht (§ 421 BGB). Vgl. dazu auch Rn. 1783.

Die Frage des Ausgleichs im Innenverhältnis, also zwischen dem Verein und **1907**
dem verantwortlichen Organmitglied, kann die Satzung regeln. Danach kann z. B. bestimmt sein, daß bei grober Fahrlässigkeit und bei einem vorsätzlichen Verhalten das Organmitglied die Schadensersatzleistung voll zu übernehmen hat. Die Frage des Ersatzes im Innenverhältnis kann auch in einem Anstellungsvertrag geregelt sein; es kann auch eine ständige Übung oder ein Vereinsherkommen in Betracht kommen, wonach der Verein das Organmitglied z. B. bei leichter Fahrlässigkeit nicht in Anspruch nimmt.

Greifen solche Regelungen nicht ein, so gilt folgendes: Stellt das Verhalten des Organmitglieds, das zur Haftung des Vereins führt, eine schuldhafte Verletzung des mit dem Organmitglied bestehenden Geschäftsbesorgungsvertrages dar, so haftet das Organmitglied im Innenverhältnis allein[52]. Von diesem Grundsatz gibt es jedoch Ausnahmen: Der Grundgedanke des § 254 BGB muß zur Anwendung kommen. Ist z. B. das pflichtwidrige Verhalten des Organmitglieds durch die Mitgliederversammlung mitveranlaßt worden, so wäre die Alleinhaftung des Organmitglieds im Innenverhältnis nicht gerechtfertigt; es kommt dann auf das Maß der Verursachung durch die Mitgliederversammlung und das Organmitglied an. Andere Regeln können auch im Bereich der Gefährdungshaftung zur Anwendung kommen. Hat z. B. der Vorstand mit einem Kraftfahrzeug des Vereins einen Unfall mitverursacht, so kann der Vorstand das vermutete Fahrerverschulden entkräften (§ 18 StVG); es kann die alleinige Halterhaftung des Vereins zum Zuge kommen (§ 7 Abs. 1 StVG). Ist die Verschuldensvermutung nicht widerlegbar, kann der Vorstand jedoch nachweisen, daß der Unfall auf einen Fahrzeugmangel zurückzuführen ist, zu dessen Behebung Vereinsmittel vor dem Unfall nicht zur Verfügung gestellt worden sind, so muß der Verein den Schaden im Innenverhältnis allein tragen. Bei ungewöhnlichen Maßnahmen, die ein Organmitglied im Rahmen seiner Verpflichtungen zu treffen hat, kann sich der Verein die Grundsätze der Schadenshaftung bei betrieblich veranlaßter Arbeit entgegenhalten lassen müssen; bei nur leichter Fahrlässigkeit des Organmitglieds trifft dann den Verein die alleinige Haftungsübernahme. Haftet das Organmitglied im Außenverhältnis ohne Verschulden (z. B. nach § 904 Satz 2 BGB), so kann – entsprechend § 426 BGB – eine Innenhaftung zwischen dem Verein und dem Organmitglied zu gleichen Teilen in Betracht kommen[53].

---

50 *RG* JW 1924, 1155.

51 Vgl. *BGH* NJW 1990, 976/977: GmbH.

52 *Staudinger/Coing* § 31 BGB Rn. 49; zum Teil wird § 840 Abs. 2 BGB entsprechend angewendet, vgl. z. B. MünchKomm/*Reuter* § 31 BGB Rn. 18.

53 Vgl. *Staudinger/Coing* § 31 BGB Rn. 49.

1908 Nimmt der Verein ein Organmitglied in Anspruch, so hat er nur die objektive Pflichtwidrigkeit des Organmitglieds und die Höhe des Schadens zu beweisen; dem Organmitglied obliegt der Nachweis, daß es seiner Sorgfaltspflicht genügt hat, daß die Pflichterfüllung ohne Verschulden nicht möglich war oder daß der Schaden auch bei Pflichterfüllung entstanden wäre[54].

1.9. Sonderfall: Die Haftung bei Vereinsvormundschaft oder Vereinsbetreuung

1909 Nach § 1791 a Abs. 1 BGB kann ein rechtsfähiger Verein, der vom Landesjugendamt hierzu für geeignet erklärt worden ist, zum Vormund bestellt werden. Weiter kann ein rechtsfähiger Verein als Betreuungsverein anerkannt und als solcher tätig werden (§ 1908 f BGB). Bei der Führung der Vormundschaft oder Betreuung kann sich ein solcher Verein der Mithilfe eines Vereinsmitglieds oder eines Mitarbeiters bedienen. Für ein Verschulden eines Mitglieds oder Mitarbeiters ist der Verein dem Mündel in gleicher Weise nach § 1791 a Abs. 3 Satz 2 BGB (i. V. m. § 1908 i Abs. 1 BGB) verantwortlich wie für ein Verschulden eines verfassungsmäßig berufenen Vertreters nach § 31 BGB.

2. Die Haftung des Vereins für seine Angestellten und für seine Mitglieder

2.1. Die Haftung für die Erfüllungsgehilfen

2.1.1. Der Begriff Erfüllungsgehilfe

1910 Nach § 278 BGB hat der Schuldner ein Verschulden der Personen, deren er sich zur Erfüllung seiner Verbindlichkeit bedient, in gleichem Umfang zu vertreten wie eigenes Verschulden.

Der Haftung liegt der Gedanke zugrunde, daß ein Schuldner sich von seiner Haftung nicht deshalb befreien kann, weil er im Rahmen eines bestehenden Schuldverhältnisses sich einer anderen Person bedient. Das Personalrisiko verlagert sich völlig auf den Schuldner[55].

1911 Erfüllungsgehilfe ist, wer nach den tatsächlichen Gegebenheiten des Falles mit dem Willen des Schuldners bei der Erfüllung einer diesem obliegenden Verbindlichkeit als seine Hilfsperson tätig wird[56]. Auf die Art der rechtlichen Beziehungen zwischen dem Schuldner und seiner Hilfsperson kommt es nicht an[57]; desgleichen ist es unerheblich, ob der Schuldner den Erfüllungsgehilfen ordnungsgemäß ausgewählt und überwacht hat, sogar, ob überhaupt eine Einflußnahme auf das Verhalten des Erfüllungsgehilfen gegeben war[58].

Der Erfüllungsgehilfe muß im Rahmen der Erfüllung einer Verbindlichkeit des Schuldners gehandelt haben. In Betracht kommen insbesondere schuldrechtliche Verträge, wobei die Aufnahme von Vertragsverhandlungen aus-

54 Vgl. RGZ 159, 211/230: AG; *BGH* NJW 1963, 46.
55 Vgl. *BGH* NJW 1977, 2259.
56 *BGH* NJW 1988, 1907.
57 BGHZ 50, 32/35.
58 *BGH* NJW 1974, 692/693.

reichend ist, weil hierbei bereits ein gesetzliches Schuldverhältnis begründet wird[59].
Das allein maßgebliche schuldhafte Verhalten des Erfüllungsgehilfen muß in einem inneren sachlichen Zusammenhang mit den Aufgaben stehen, die der Schuldner dem Erfüllungsgehilfen im Hinblick auf die Erfüllung einer Verbindlichkeit zugewiesen hatte[60]. Die Haftung nach § 278 BGB entfällt, wenn das Verhalten des Erfüllungsgehilfen »aus dem allgemeinen Umkreis seines Aufgabenbereichs und damit aus der Risikoerwartung« des Schuldners herausfällt, so daß nur noch ein Handeln »bei Gelegenheit« der Erfüllung übertragener Aufgaben zu verzeichnen ist[61]. Ein Mißbrauch von Befugnissen des Erfüllungsgehilfen gehört jedoch im allgemeinen zu dem Personalrisiko, das der Schuldner zu tragen hat[62]. Gleiches gilt, wenn der Erfüllungsgehilfe von ausdrücklichen Weisungen des Schuldners abweicht[63].

2.1.2. Mögliche Erfüllungsgehilfen des Vereins

Erfüllungsgehilfe des Vereins ist zunächst der Geschäftsführer, sofern er nicht **1912**
als besonderer Vertreter gemäß § 30 BGB bestellt worden ist. Für verfassungsmäßige Vertreter juristischer Personen enthält die Zurechnungsnorm des § 31 BGB eine § 278 BGB verdrängende Spezialregelung[64]. Erfüllungsgehilfen sind weiter die Angestellten des Vereins, die zur Abwicklung des Geschäftsverkehrs herangezogen werden. Veranstaltet ein Verein ein Vereinsfest oder einen sportlichen Wettkampf, der von jedermann gegen Entrichtung eines Eintrittsgeldes besucht werden kann, so sind alle vom Verein mit der Abwicklung der Veranstaltung betrauten Personen – von eingesetzten Funktionären bis hin zur Garderobenfrau – Erfüllungsgehilfen.
Bei dem angenommenen Sportwettkampf sind auch die beteiligten Vereinsmitglieder sowie die Mitglieder einer Gastmannschaft Erfüllungsgehilfen des veranstaltenden Vereins, nicht jedoch des Gastvereins.
Die Eigenschaft als Erfüllungsgehilfe kann auch im Verhältnis zu einem übergeordneten Verband zum Tragen kommen. Der angeschlossene Verein haftet für ein schuldhaftes Verhalten eines Angestellten, der z. B. die fällige Abführung des Verbandsbeitrags unterläßt.

2.1.3. Die mögliche Haftungsbegrenzung

Individualvertraglich kann die Haftung für ein vorsätzliches Verhalten des Er- **1913**
füllungsgehilfen ausgeschlossen werden (§ 278 Satz 2 i. V. m. § 276 Abs. 2 BGB). Eine Haftungsbegrenzung in der Satzung allein hat nur Vereinsmitgliedern gegenüber Wirksamkeit. Ein formularmäßiger Ausschluß der Haftung für Vorsatz und grobe Fahrlässigkeit des Erfüllungsgehilfen ist Dritten gegenüber unwirksam (§ 11 Nr. 7 AGBG).

---

59 *BGH* NJW 1979, 1983.
60 Vgl. *BGH* NJW 1991, 2556/2557.
61 *BGH* NJW 1977, 2259.
62 *BGH* a. a. O.
63 *Palandt/Heinrichs* § 278 BGB Rn. 8.
64 MünchKomm/*Hanau* Rn. 11, *RGRK* Rn. 8, *Palandt/Heinrichs* Rn. 6, je zu § 278 BGB; a. A. RGZ 152, 129/132.

2.2. Die Haftung für die Verrichtungsgehilfen

2.2.1. Der Begriff Verrichtungsgehilfe

1914 Den Verein trifft nach § 831 Abs. 1 BGB die sog. Geschäftsherrnhaftung, wenn er außerhalb eines bestehenden Schuldverhältnisses eine Person zu einer Verrichtung bestellt (Verrichtungsgehilfe) und wenn diese in Ausführung der Verrichtung einem Dritten widerrechtlich einen Schaden zufügt. Während bei der Haftung für einen Erfüllungsgehilfen auf dessen Verschulden abgestellt wird, tritt die Haftung nach § 831 BGB ohne Rücksicht auf ein Verschulden der Hilfsperson aufgrund vermuteten Verschuldens des Geschäftsherrn ein. Im Gegensatz zum Erfüllungsgehilfen muß der Verrichtungsgehilfe von den Weisungen des Geschäftsherrn abhängig sein. Dieser muß die Tätigkeit des Gehilfen jederzeit beschränken, untersagen oder nach Zeit und Umfang bestimmen können[65], wobei jedoch zur Hilfsperson keinerlei Anstellungsverhältnis oder ein ähnliches Rechtsverhältnis bestehen muß[66].
Erforderlich ist, daß der Gehilfe in Ausführung der ihm übertragenen Verrichtung – und nicht nur bei Gelegenheit einer solchen – einem anderen einen Schaden zugefügt hat. Ein auftragsloses oder gar weisungswidriges Handeln fällt grundsätzlich nicht aus dem Kreis bzw. aus dem Rahmen der anvertrauten Aufgaben heraus[67].
Der Verrichtungsgehilfe muß den objektiven Tatbestand einer unerlaubten Handlung verwirklicht haben; die Schadenszufügung muß widerrechtlich sein. Auf ein Verschulden des Verrichtungsgehilfen kommt es – wie ausgeführt – nicht an.

2.2.2. Mögliche Verrichtungsgehilfen des Vereins

1915 Da im Regelfall das Merkmal der Weisungsabhängigkeit gegeben ist, können die bei den Erfüllungsgehilfen aufgezählten Vereinsangestellten auch Verrichtungsgehilfen sein. Diese Eigenschaft haben auch Vereinsmitglieder, wenn sie z. B. einen sportlichen Wettkampf veranstalten, der von jedermann ohne Begründung von vertraglichen Beziehungen zum Verein besucht werden kann. Verrichtungsgehilfen sind auch die Mitglieder einer Gastmannschaft eines anderen Vereins; für die Weisungsabhängigkeit genügt hier die Unterwerfung unter eine Sportordnung, die während einer nur verhältnismäßig kurzfristig dauernden Veranstaltung auch die Einsatzzeit der Spieler bestimmt. Auch außerhalb einer solchen Veranstaltung können »gewöhnliche« Vereinsmitglieder Verrichtungsgehilfen sein, wenn sie im Auftrag eines zuständigen Vereinsorgans für den Verein irgendeine Verrichtung vornehmen, wie dies z. B. beim Streikposten einer Gewerkschaft der Fall ist[68]. Die bloße Betätigung im Verein allein begründet die Eigenschaft eines Verrichtungsgehilfen nicht. Benutzen z. B. Vereinsmitglieder den Sportplatz des Vereins ohne Auftrag eines Organmitglieds und gerät z. B. aus Unachtsamkeit ein Ball auf eine vorbeiführende Straße, durch den ein Schaden entsteht, so haftet der Verein nicht; es haften dann allein die widerrechtlich und fahrlässig handelnden Vereinsmitglieder.

---

65 BGHZ 45, 311/313.
66 *BGH* FamRZ 1964, 84.
67 BGHZ 49, 19.
68 *BAG* NJW 1989, 57/61.

Der Verein haftet, wie ausgeführt, nur, wenn ein unmittelbarer innerer Zusammenhang mit einer übertragenen Tätigkeit besteht. Vorsätzliche Handlungen – ein Teilnehmer einer Sportveranstaltung greift bewußt einen Zuschauer an – lassen diesen Zusammenhang im allgemeinen nicht mehr bestehen, so daß der Verein nicht haftet. **1916**

2.2.3. Der Entlastungsbeweis des Vereins

Nach § 831 Abs. 1 Satz 2 BGB tritt die Ersatzpflicht des Geschäftsherrn nicht **1917**
ein, wenn er bei der Auswahl der bestellten Person und, sofern er Vorrichtungen oder Gerätschaften zu beschaffen oder die Ausführung der Verrichtung zu leiten hat, bei der Beschaffung oder der Leitung die im Verkehr erforderliche Sorgfalt beobachtet hat oder wenn der Schaden auch bei Anwendung dieser Sorgfalt entstanden wäre.

Als Geschäftsherr muß sich der Verein entlasten, wenn ein nach § 831 Abs. 1 **1918**
Satz 1 BGB ersatzpflichtiger Tatbestand gegeben ist. Im Prozeß muß dieser Entlastungsbeweis unaufgefordert angetreten werden[69]. Der Beweis muß die folgenden Vermutungen entkräften:

- Bei der Auswahl der Hilfsperson sind Fehler unterlaufen. Das Maß der Sorgfalt, die bei der Auswahl zu beachten ist, korrespondiert mit den Anforderungen, die allgemein an die Tätigkeit der Hilfsperson zu stellen sind; je verantwortungsvoller und schwieriger die Tätigkeit ist, desto höher sind die Auswahlanforderungen.
- Die gehörige Auswahl besteht mangels genügender Überwachung im Zeitpunkt der Schadensentstehung nicht mehr. Der Geschäftsherr muß sich durch verläßliche Kontrollen davon überzeugen, daß der Gehilfe das etwa erforderliche Maß an Wissen, Erfahrung und charakterlicher Zuverlässigkeit usw. hat. Dazu sind fortdauernde, planmäßige und unvermutete Überwachungsmaßnahmen erforderlich.
- Der Geschäftsherr hat es an der erforderlichen Leitung fehlen lassen. Es können die gebotenen Einzelanweisungen für die Erledigung der Verrichtung, aber auch generelle Anweisungen unterlassen worden sein. Ein Sportverband ist z. B. verpflichtet, die Wettkampfordnung so zu gestalten, daß Verletzungen nicht nur der Spieler, sondern auch der Zuschauer bzw. sonst unbeteiligter Dritter nach Möglichkeit ausgeschlossen sind. Die Ordnung ist stets auf dem Stand neuester sporttechnischer Erkenntnisse zu halten. Hierher gehören schließlich auch Anweisungen, welche die Verkehrssicherheit der Gebäude, Anlagen und Grundstücke betreffen, die der Verein benutzt; auf die Eigentumsverhältnisse kommt es regelmäßig nicht an.
- Ist ein Schaden durch Vorrichtungen oder Geräte entstanden, die der Verein gestellt hat, so wird vermutet, daß bei der Beschaffung und Wartung die im Verkehr erforderliche Sorgfalt nicht beobachtet worden ist. Das ist zu widerlegen.

In einem Rechtsstreit hat der Geschädigte darzulegen und zu beweisen, daß ein **1919**
handlungsfähiger Verrichtungsgehilfe des Vereins widerrechtlich den Schaden (Körper- oder Sachschaden) herbeigeführt hat[70]. Die Benennung einer bestimmten Person ist dann nicht erforderlich, wenn nach der Beschreibung des

69 *BGH* NJW 1978, 1681 und 1979, 1882/1883.
70 Vgl. *BGH* VersR 1978, 1163.

Vorfalls kein Zweifel besteht, daß ein Verrichtungsgehilfe des Vereins den Schaden verursacht hat[71]. Ist der Kläger dieser Beweisführung nachgekommen, so kann der Verein zunächst versuchen, die Ursächlichkeitsvermutung zu widerlegen (§ 831 Abs. 1 Satz 2 letzter Halbs. BGB). Dazu ist ein Beweisantritt erforderlich, der ergeben soll, daß zwischen der angeblichen Sorgfaltspflichtverletzung des Vereins und dem Schaden ein ursächlicher Zusammenhang nicht besteht, weil es zu dem Schaden auch bei Anwendung dieser Sorgfalt gekommen wäre[72]. Ist diese Beweisführung nicht möglich, so muß der Verein den Entlastungsbeweis für den Vorstand oder für sonst in Betracht kommende Organmitglieder, u. U. für einen vorhandenen besonderen Vertreter, antreten. Dabei genügen allgemein gehaltene Ausführungen über Auswahl und Überwachung nicht; es muß vielmehr bezogen auf den konkreten Fall unter Antritt von Zeugenbeweis (die Mitglieder des Vertretungsorgans einschließlich besonderer Vertreter sind zeugnisunfähig), evtl. von Urkunden- oder Sachverständigenbeweis, dargelegt werden, wie und durch wen z. B. der Verrichtungsgehilfe fortlaufend, planmäßig und unauffällig überwacht worden ist; es kann weiter eine Beweisführung dahin erforderlich sein, daß die verbindliche Sportordnung den neuesten sporttechnischen Erkenntnissen entspricht. Welches Maß an Sorgfalt von den Organmitgliedern verlangt werden muß, ist immer anhand des konkreten Falles zu bestimmen. Gehen etwa dem Vorstand eines Vereins die erforderlichen fachlichen Kenntnisse ab, ist er verpflichtet, sich sachverständigen Rat zu beschaffen.

1920 Die Anforderungen an die Sorgfaltspflicht der Vereinsorgane dürfen andererseits auch nicht überspannt werden. Von dem Vorstand eines gemeinnützigen Vereins, der ein Krankenhaus betreibt, ist eine Verletzung der Aufsichtspflicht über den ärztlichen Anstaltsleiter verneint worden, wenn sich diese auf die Beurteilung rein fachlicher Kenntnisse hätte beziehen sollen, die der Vorstand nicht haben kann[73].

1921 Im Einzelfall kann die Führung eines sog. dezentralisierten Entlastungsbeweises in Betracht kommen, wenn zwischen dem verantwortlichen Organmitglied und dem schädigenden Verrichtungsgehilfen eine Aufsichtsperson (Zwischengehilfe) steht, wie dies bei größeren Vereinen mit selbständigen Verwaltungsabteilungen der Fall sein kann. Hier muß der Verein den Nachweis führen, daß der Zwischengehilfe mit der erforderlichen Sorgfalt ausgewählt und überwacht (evtl. mit den erforderlichen Anweisungen versehen) worden ist, und weiter, daß der Zwischengehilfe seinerseits den schadensverursachenden Verrichtungsgehilfen sorgfältig ausgewählt und überwacht hat[74].

1922 Der Führung eines Entlastungsbeweises bedarf es dann nicht, wenn der Verein darlegen und nachweisen kann, daß sich der Verrichtungsgehilfe bei dem schadensstiftenden Ereignis so verhalten hat, wie jede mit Sorgfalt ausgewählte Person sich verhalten hätte[75]. Ist ein Schaden auf einen Organisationsmangel zurückzuführen (vgl. dazu Rn. 1897), so kann sich der Verein nicht entlasten, da er unmittelbar nach § 31 BGB i. V. m. § 823 BGB haftet.

71 Vgl. RGZ 159, 283/290.
72 Vgl. *BGH* LM Nr. 1 zu § 831 BGB (Fb).
73 Vgl. *RG* JW 1912, 338/339; *BGH* LM Nr. 1 zu § 831 BGB (Fc).
74 Vgl. *BGH* DB 1973, 1645.
75 *BGH* VersR 1975, 447.

3. Die Haftung der Organmitglieder dem Verein und den Vereinsgläubigern gegenüber

3.1. Die Haftung der Organmitglieder dem Verein gegenüber

3.1.1. Die Haftungsgrundlagen

Das Vereinsrecht des BGB enhält keine Aussage über die Haftung der Organmitglieder gegenüber dem Verein für den Fall der schuldhaft schlechten Erfüllung der übertragenen Aufgaben[76]. **1923**

Deshalb entfällt jedoch eine Haftung der Organmitglieder dem Verein gegenüber nicht. Es ist vielmehr auf die allgemeinen Grundsätze des Schuldrechts zurückzugreifen. Danach haftet das Organmitglied wegen schuldhafter Schlechterfüllung (§ 276 BGB) entweder eines Auftragsvertrages oder eines auf Dienstleistung gerichteten Geschäftsbesorgungsvertrages.

Diese Rechtslage ist abdingbar. Dies kann durch die Satzung geschehen; besondere Abreden können anläßlich der Bestellung des Organs oder des Abschlusses eines Anstellungsvertrages getroffen werden. Es kann auch ein Vereinsherkommen und eine ständige Übung von Beachtung sein. **1924**

Regelt die Satzung Fragen der Haftung, so handelt es sich um einen nichtkorporativen Satzungsbestandteil.

3.1.2. Der von der Haftung erfaßte Personenkreis sowie Beginn und Ende der Haftung

Dem Verein gegenüber haften die Mitglieder des Vertretungs- und Geschäftsführungsvorstands sowie die Liquidatoren; die gerichtliche Vorstands- oder Liquidatorenbestellung läßt die Haftung unberührt. Andere Organmitglieder können zur Haftung herangezogen werden, wenn sie (wenigstens) nach Auftragsgrundsätzen tätig waren. **1925**

Die Haftung beginnt mit der Annahme des mit der Organstellung verbundenen Amtes, auch im Gründungsstadium[77]; auf die Eintragung im Vereinsregister kommt es nicht an[78]. Mängel der Bestellung hindern die Haftung nicht; der mangelhaft Bestellte muß jedoch sein Amt mit Wissen des Vereins (die Kenntnis eines Vorstandsmitglieds genügt) tatsächlich ausüben[79]. Ist der Mangel der Bestellung jedoch in der nicht gegebenen vollen Geschäftsfähigkeit des Bestellten begründet, so scheidet dessen Haftung grundsätzlich aus.

Die Haftung endet im Regelfall mit dem Ablauf der Amtszeit. Ist jedoch das Organmitglied in dieser Eigenschaft dann tatsächlich noch für den Verein tätig, so verbleibt es bei der Möglichkeit der Haftung als Organmitglied[80], mag die Weiterführung der Geschäfte auch auf Gefälligkeit beruhen[81].

---

76 Vgl. die Haftungsbestimmungen in den §§ 48, 93, 117 AktG, § 34 GenG, § 43 GmbHG, die im Vereinsrecht nicht entsprechend gelten.

77 Vgl. RGZ 144, 348/356: AG.

78 Vgl. *BGH* WM 1986, 789.

79 Vgl. RGZ 152, 273/277; BGHZ 47, 341/343.

80 Vgl. BGHZ 47, 341/343.

81 Vgl. *RG* SeuffA 93 Nr. 118.

3.1.3. Haftung nur für eigene Pflichtverletzung

1926 Manche Vereine beschäftigen Angestellte zur Entlastung des Vorstands als Geschäftsführungsorgan. Geschäftsherr dieser Angestellten (sowohl nach § 831 BGB als auch nach § 278 BGB) ist allein der Verein, so daß für deren zum Schadensersatz verpflichtendes Verhalten ein Organmitglied nicht haftet[82].
Im Verhältnis zu diesen Angestellten kann jedoch eine eigene Pflichtverletzung des Organs gegeben sein, das zur Haftung gegenüber dem Verein führen kann. Das ist der Fall, wenn Angestellte nach dem inneren Vereinsrecht unerlaubt beschäftigt werden; es handelt sich um Verstöße gegen die Pflicht zur persönlichen Amtsführung (§ 664 BGB). Unerlaubt kann die Beschäftigung eines Angestellten insgesamt sein, aber auch dann, wenn der an sich erlaubt beschäftigte Angestellte für Aufgaben herangezogen wird, die zum Privatbereich des Organmitglieds gehören oder die jedenfalls mit dem übertragenen Wirkungskreis nichts mehr zu tun haben. Ein eigenes Verschulden des Organmitglieds ist auch gegeben, wenn ein an sich zulässiges Anstellungsverhältnis mit einer ungeeigneten Person begründet wird oder wenn das Organmitglied es an der nötigen Anleitung und Überwachung des Angestellten fehlen läßt[83].

3.1.4. Mögliche Pflichtverletzungen

1927 Jeder Inhaber einer Organstellung hat die damit verbundenen Aufgaben mit der Sorgfalt eines ordentlichen Sachwalters für den Verein zu erfüllen. Die Anforderungen, die an einen ordentlichen Sachwalter gestellt werden, sind von Verein zu Verein verschieden; es kommt auf die Art seiner Betätigung, seine Größe und seine Zwecksetzung an. Hat ein Verein mehrere Organe, so trifft regelmäßig die Inhaber des Vorstandsamtes ein Bündel von Verpflichtungen, während die Inhaber weiterer Vereinsämter hieran gemessen nur Teilaufgaben zu erfüllen haben.
Allgemein läßt sich sagen: Muß der Verein für das schuldhafte Verhalten eines Organmitglieds kraft der Zurechnungsnorm des § 31 BGB haften, so ist regelmäßig eine Amtsführung gegeben, die mit der Sorgfalt eines ordentlichen Sachwalters nicht in Einklang steht.
Jeder Inhaber einer Organstellung muß die einschlägigen staatlichen Gesetze, behördliche, evtl. gerichtliche Anordnungen, die Satzung, vorhandenes satzungsnachrangiges Vereinsrecht sowie Einzelanweisungen der Mitgliederversammlung und überhaupt die allgemein gültigen Grundsätze des Vereinsrechts beachten.

1928 Am verantwortungsvollsten ist, wie bereits angedeutet, das Vorstandsamt. Seinen Inhabern obliegt die Sorge für das rechtmäßige Verhalten des Vereins nach außen hin[84]. Diese haben dafür einzustehen, daß die Rechtspflichten erfüllt werden, die den Verein als juristische Person treffen. Sie können privatrechtlicher Natur (Erfüllung von Verträgen, der Verkehrssicherungspflicht) oder öffentlich-rechtlicher Natur sein (z. B. steuerliche oder sozialversicherungsrechtliche Pflichten, Verpflichtungen aus einem gegen den Verein gerichteten Verwaltungsakt usw.). Der Vorstand ist mitverantwortlich dafür,

---

82 Vgl. *Hachenburg/Mertens* § 43 GmbHG Rn. 19.

83 Vgl. *Hachenburg/Mertens* a. a. O.

84 Ebenso hinsichtlich des Geschäftsführers einer GmbH: *Hachenburg/Mertens* § 43 GmbHG Rn. 24.

daß sich die Entscheidungsprozesse im Verein in Übereinstimmung mit Gesetz und Satzung vollziehen. Beschlüsse der Mitgliederversammlung sind auf ihre Wirksamkeit zu prüfen; als eindeutig unwirksam erkannte Beschlüsse darf der Vorstand nicht ausführen. Er hat sich ständig über die Vermögensverhältnisse des Vereins zu informieren; geben diese zu Bedenken Anlaß, so erfordert das Wohl des Vereins die Einberufung einer Mitgliederversammlung (§ 36 BGB). Nur die Mitglieder des Vorstands sind verantwortlich dafür, daß notfalls rechtzeitig das gerichtliche Vergleichsverfahren oder das Konkursverfahren beantragt wird (§ 42 Abs. 2 BGB). Die Mitglieder des Vertretungsvorstands sind gehalten, dafür Sorge zu tragen, daß Ansprüche des Vereins durchgesetzt werden, wenn dies wirtschaftlich irgendwie sinnvoll erscheint. Auch wenn dem Vorstand die uneingeschränkte Vertretungsbefugnis zusteht, werden Geschäfte von besonderer Bedeutung oder Geschäfte mit Risiken nur nach vorher eingeholter Zustimmung der Mitgliederversammlung zu tätigen sein. Ist der Vorstand – wie regelmäßig – das zur Einberufung der Mitgliederversammlung zuständige Organ, so ist er verantwortlich dafür, daß diejenigen Gegenstände auf die Tagesordnung gesetzt werden, die für das weitere Vereinsleben von besonderer Bedeutung sind. Dazu kann die erforderlich gewordene Abänderung der Satzung, die Erhöhung der Mitgliederbeiträge, die Verlagerung der weiteren Vereinstätigkeit usw. gehören.

Für jeden Inhaber einer Organstellung gilt: Oberster Grundsatz ist es, mit- **1929**
zuwirken, daß der gesetzte Vereinszweck verwirklicht wird. Jeder Inhaber einer Organstellung ist zur Treue gegenüber dem Verein verpflichtet. Wie für »gewöhnliche« Vereinsmitglieder besteht somit eine Förder- und Rücksichtspflicht (vgl. Rn. 617). Die mit der Organstellung verbundene »Macht« darf nicht zu vereinsfremden Zwecken benutzt werden. Die Organstellung darf nicht dazu verwandt werden, eigennützige Ziele zu verfolgen. Jedes Organ muß dem Verein die Möglichkeit eröffnen, die Amtsführung angemessen kontrollieren zu lassen. Die Mitglieder eines Kollegialorgans haben loyal zusammenzuarbeiten. Ein Gegensatz ist nach Möglichkeit intern auszugleichen. Auch bei einer Ressortverteilung haben sich die Mitglieder des Kollegialorgans über bedeutende Vorkommnisse zu unterrichten. Es besteht allerdings grundsätzlich keine gegenseitige Überwachungspflicht. Die Mitglieder der Vereinsorgane trifft im allgemeinen eine Verschwiegenheitspflicht; Vorgänge und Ereignisse, die in der Sphäre des Vereins bleiben müssen, dürfen Dritten nicht mitgeteilt werden. Zu beachten ist insbesondere eine Weisung der Mitgliederversammlung zur vertraulichen Behandlung. Auch innerhalb des Vereins, im Verhältnis zu anderen Organen, kann die Pflicht zur Verschwiegenheit bestehen. Trotz der rangmäßigen Gleichstellung aller Organe – mit Ausnahme der Mitgliederversammlung – hat der Vorstand z. B. keinen Anspruch darauf, aus den Akten eines Kontrollorgans unterrichtet zu werden, solange dieses die Ermittlungen noch intern führt. Im vermögensrechtlichen Bereich gibt es jedoch gegenüber der Mitgliederversammlung und einem evtl. vorhandenen Überwachungsorgan (Aufsichts- oder Beirat, Vereinsrevisoren) keine Verschwiegenheitspflicht. Auch das Verhalten der Organmitglieder bei der Aufgabe der Organstellung kann zum Schadensersatz führen. Eine Amtsniederlegung, die nicht mit einem wichtigen Grund gerechtfertigt werden kann, darf nicht zur Unzeit erfolgen, sondern muß so geschehen, daß der Verein in der Lage ist, einen Amtsnachfolger zu bestellen (§§ 27, 671 Abs. 2 BGB).

3.1.5. Das Verschulden

1930 Die Pflichtverletzung eines Organmitglieds kann zur Haftung führen, wenn sie auf einem Verschulden beruht (§ 276 BGB), wobei allerdings schon einfache Fahrlässigkeit genügt. Es ist die Sorgfalt zu beachten, die eine ordentliche, gewissenhafte und ihrer Aufgabe gewachsene Person bei der Ausübung der Organfunktion anzuwenden pflegt. Jedes Organmitglied hat für die Kenntnisse und Fähigkeiten einzustehen, die die übertragene Geschäftsaufgabe erfordert[85]. Wer diesen Anforderungen nicht gerecht wird, darf sich nicht als Organmitglied bestellen lassen bzw. muß sein Amt niederlegen. Das schließt jedoch nicht aus, daß jedes Organmitglied einmal einer meist rechtlich schwierigen Situation gegenüberstehen kann, die seine Kenntnisse und Fähigkeiten überfordert; in diesem Fall muß sachkundiger Rat eingeholt werden, sofern hierfür Zeit verbleibt[86].
Die Haftung setzt grundsätzlich nicht voraus, daß die Möglichkeit der Schädigung des Vereins erkannt worden ist.

3.1.6. Der Inhalt der Haftung

1931 Im Falle einer schuldhaften Pflichtverletzung besteht zunächst ein Erfüllungsanspruch und u. U. ein Anspruch auf Unterlassung. Es kann auch ein auf Geld lautender Schadensersatzanspruch des Vereins gegeben sein. Vgl. zu den Klagen gegen Organmitglieder Rn. 1780. Die Grundsätze der eingeschränkten Haftung wegen betriebsbezogener (nicht unbedingt gefahrgeneigter) Arbeit[87] kommen bei Organmitgliedern grundsätzlich nicht in Betracht (vgl. Rn. 1965). Wird nur der Verein (über § 31 BGB) in Anspruch genommen, so kann ihm gegen das verantwortliche Organmitglied ein Anspruch auf Freistellung von der Verbindlichkeit zustehen. Anspruchsberechtigt ist grundsätzlich nur der Verein, nicht etwa ein einzelnes Mitglied. Es kann jedoch ein durch das Verhalten des Organmitglieds geschädigter Vereinsgläubiger den Schadensersatzanspruch pfänden und sich zur Einziehung überweisen lassen.

3.1.7. Die gesamtschuldnerische Haftung

1932 Sind mehrere Mitglieder des gleichen Organs oder verschiedener Organe für eine pflichtwidrige Schädigung verantwortlich, so haften sie dem Verein als Gesamtschuldner (§§ 421 ff. BGB). Im Falle einer Geschäftsverteilung ist jedoch grundsätzlich jedes Organmitglied eigenverantwortlich tätig. Ergeben sich Anhaltspunkte, daß das ressortzuständige Organmitglied seinen Pflichten nicht gerecht wird, so muß jedes Mitglied dieses Organs unverzüglich eingreifen[88]. Die Pflicht zur rechtzeitigen Stellung des Vergleichs- oder Konkursantrags trifft jedoch jedes Mitglied des (Vertretungs-)Vorstands persönlich (§ 42 Abs. 2 BGB). Eine nur faktische Aufteilung der Geschäfte entlastet das einzelne Organmitglied nicht von seiner Verantwortung für den vom Kollegen wahrgenommenen Aufgabenbereich[89]; hat jedoch das Organmitglied, das den Schaden verursacht hat, seine Aufgaben jahrelang ordnungsgemäß wahrgenommen,

85 Vgl. RGZ 163, 200/208: Gen.; *RG* HRR 1941 Nr. 132; *BGH* WM 1971, 1548.
86 Vgl. *Hachenburg/Mertens* § 43 GmbHG Rn. 56.
87 *BAG* NZA 1993, 547; *BGH* NJW 1994, 856.
88 Vgl. RGZ 98, 98/100; *RG* HRR 1941 Nr. 132: GmbH.
89 Vgl. RGZ 98, 98/100: GmbH.

so greift der Vertrauenstatbestand entlastend für die übrigen Mitglieder des Kollegiums ein[90].

Im Einzelfall kann auch eine gesamtschuldnerische Haftung der Organmitglieder mit einem Vereinsangestellten gegeben sein, wenn sie pflichtwidrig und schuldhaft zum Nachteil des Vereins gehandelt haben. Bei einer unerlaubten Handlung ist auch eine Haftung von Organmitgliedern zusammen mit außenstehenden Dritten denkbar. 1933

Dem Verein gegenüber kann sich kein in Anspruch genommenes Organmitglied auf ein Mitverschulden eines anderen Mitglieds des Kollegiums – auch nicht auf ein solches von Vereinsangestellten – berufen[91]. Es versagt regelmäßig auch der Einwand einer schlechten Auswahl oder nicht genügender Überwachung[92]. Für Pflichtwidrigkeiten eines Amtsvorgängers braucht ein Organmitglied grundsätzlich nicht einzustehen, es sei denn, der entsprechende Fehler ist trotz möglicher Erkennbarkeit nicht aufgedeckt[93] oder wiederholt worden. Der Ausgleich der haftenden Organmitglieder richtet sich nach § 426 (evtl. i. V. m. § 840 BGB). Maßgebend ist die Verschuldensabwägung (§ 254 BGB).[94] 1934

3.1.8. Der Einfluß einer Weisung oder Zustimmung eines Vereinsorgans

Im Vereinsrecht des BGB fehlt eine § 93 Abs. 4 Satz 1 AktG bzw. § 34 Abs. 4 Satz 1 GenG[95] entsprechende Bestimmung, wonach der Gesellschaft bzw. Genossenschaft gegenüber eine Ersatzpflicht nicht eintritt, wenn die Handlung auf einem gesetzmäßigen Beschluß der Haupt- bzw. Generalversammlung beruht. Da in diesen Vorschriften ein allgemeiner Grundsatz des Körperschaftsrechts zum Ausdruck kommt, ist die entsprechende Geltung im Vereinsrecht gerechtfertigt. Das Weisungsrecht muß aber in der Satzung festgelegt sein, oder es muß auf einem Beschluß des zuständigen Organs beruhen[96]. 1935

Kommt ein Organmitglied der berechtigten Weisung eines zuständigen Vereinsorgans, also regelmäßig der Mitgliederversammlung nach, so tritt eine Haftungsfreistellung gegenüber dem Verein ein, wenn das Verhalten gleichwohl zu einem Schaden des Vereins geführt hat. Anders ist es jedoch, wenn das Organmitglied diese Weisung fehlerhaft herbeigeführt hat, etwa durch eine unrichtige oder unvollständige Berichterstattung oder im Falle der Nichterwähnung schädlicher Folgen[97].

Ist die Weisung in einem erkennbar nichtigen Beschluß enthalten, so tritt die Haftungsfreistellung nicht ein. Dies gilt auch dann, wenn die Nichtigkeit sich aus der Verletzung von Verfahrensvorschriften (mangelhafte Einladung der Mitglieder) ergibt. Die Befolgung eines nur fehlerhaften Beschlusses, der von keinem Mitglied durch Feststellungsklage angefochten worden ist, wirkt im allgemeinen entlastend. Hat sich die Lage nach der Beschlußfassung erkennbar zum Nachteil des Vereins verändert, so darf der Beschluß nicht ausgeführt, es

90 Vgl. *RG* a. a. O. und HRR 1929 Nr. 750.
91 *RG* JW 1920, 1032; *BGH* NJW 1983, 1856: GmbH; *Hachenburg/Mertens* § 43 GmbHG Rn. 64.
92 *BGH* a. a. O.
93 Vgl. *Hachenburg/Mertens* a. a. O.
94 Vgl. BGHZ 56, 26/32 f.
95 Vgl. auch § 43 Abs. 3 Satz 3 GmbHG.
96 Vgl. auch *Konzen* NJW 1989, 2977/2979.
97 Vgl. *Canaris* ZGR 1978, 207/213; *Hachenburg/Mertens* § 43 GmbHG Rn. 73.

muß vielmehr dem zuständigen Organ Gelegenheit zur neuen Entschließung gegeben werden.

1936 Auf eine Weisung oder Zustimmung kann sich aber der Vorstand nicht berufen, wenn er nach dem Gesetz für den Verein persönliche Pflichten zu erfüllen hat, wie dies etwa bei steuerlichen Pflichten und bei der Pflicht zur rechtzeitigen Stellung des Konkursantrags der Fall ist.

3.1.9. Der Verzicht und der Vergleich

1937 Der Verein und das für eine Haftung in Betracht kommende Organmitglied können hinsichtlich der Ersatzansprüche des Vereins einen Verzichtsvertrag oder einen Vergleich schließen. Diese Vereinbarungen wirken auch[98] gegenüber Gläubigern des Vereins. Der Vertrag bedarf der vorherigen Zustimmung der Mitgliederversammlung – das betroffene Organmitglied darf nicht mitstimmen –, sofern die Satzung nichts anderes bestimmt.

3.1.10. Die Verjährung

1938 Die Ansprüche des Vereins gegen seine Organmitglieder verjähren in 30 Jahren[99], d. h. wenn sie der Verein klageweise – evtl. nur durch eine Feststellungsklage – geltend machen kann[100].
Zumindest nach dem Ablauf von fünf Jahren ist die Frage der Verwirkung des Anspruchs zu prüfen.

3.1.11. Die gerichtliche Geltendmachung

1939 Vgl. dazu Rn. 1780.

3.2. Die Haftung des Vorstands gegenüber Vereinsgläubigern

3.2.1. Die allgemeine Deliktshaftung

1940 Trifft den Verein die Organhaftung, weil sein Vorstand einen Dritten widerrechtlich und schuldhaft geschädigt hat – etwa durch eine Urkundenfälschung, weil die fehlende Unterschrift eines weiteren Vorstandsmitglieds unbefugt nachgemacht worden ist –, so haftet auch das schuldige Vorstandsmitglied dem geschädigten Dritten auf Schadensersatz wegen unerlaubter Handlung (§ 823 BGB).[101] In dem angenommenen Falle ist eine gesamtschuldnerische Haftung gegeben. Es bleibt dem Gläubiger überlassen, ob er Verein und Vorstand oder nur einen von ihnen zur Haftung heranziehen will (§ 421 BGB). Mehrere schuldige Vorstandsmitglieder haften unter sich wiederum als Gesamtschuldner.

3.2.2. Die Haftung wegen eines Arbeitsunfalls

1941 Hat ein Vorstandsmitglied »in Ausführung der ihm zustehenden Verrichtung« (vgl. Rn. 1893) einen Arbeitsunfall vorsätzlich oder grob fahrlässig her-

---

98 Im Gegensatz zu der hier nicht entsprechend anwendbaren Regelung in § 34 Abs. 5 Satz 2 GenG; vgl. auch § 93 Abs. 5 Satz 3 AktG, § 9 a Abs. 1 GmbHG.

99 § 195 BGB; vgl. jedoch die fünfjährige Verjährungsfrist nach § 93 Abs. 6 AktG, § 34 Abs. 6 GenG und § 43 Abs. 4 GmbHG.

100 BGHZ 73, 363/365.

101 Vgl. BGHZ 56, 73.

beigeführt, so haftet es dem Träger der Unfallversicherung nach Maßgabe des § 640 RVO auf Schadensersatz neben dem Verein (§§ 640, 641 Satz 2 RVO), und zwar gesamtschuldnerisch[102]. Vgl. wegen der kurzen Verjährung § 642 RVO.

3.2.3. Die Haftung wegen unterlassener rechtzeitiger Konkurs- bzw. Vergleichsantragstellung

Der Vorstand hat im Falle der Überschuldung des Vereinsvermögens die Er- **1942**
öffnung des Konkursverfahrens oder des gerichtlichen Vergleichsverfahrens zu beantragen (§ 42 Abs. 2 Satz 1 BGB). Wird die Stellung des Antrags verzögert, so sind die Vorstandsmitglieder, denen ein Verschulden zur Last fällt, den Gläubigern für den daraus entstehenden Schaden verantwortlich; sie haften als Gesamtschuldner (§ 42 Abs. 2 Satz 2 BGB). Als anspruchsberechtigte Gläubiger kommen nicht nur diejenigen in Betracht, die bei Eintritt der Überschuldung vorhanden waren, sondern auch spätere Gläubiger[103]. Vgl. zum Konkursantrag näher Rn. 2014.

Die Schadensersatzpflicht tritt nur bei Verschulden ein. Maßstab ist die Sorgfalt eines ordentlichen, gewissenhaften Sachwalters. Fehlendes Interesse oder mangelnde Sachkenntnis läßt die Verantwortung unberührt[104]. Jedes Vorstandsmitglied hat sich fortlaufend über den Vermögensstand des Vereins zu unterrichten.

Die Pflicht zur Stellung des Konkursantrags (oder des Antrags auf Eröffnung **1943**
des gerichtlichen Vergleichsverfahrens) wird ausgelöst, wenn sich die Überschuldung des Vereinsvermögens bei der Aufstellung einer Jahresbilanz oder einer Zwischenbilanz ergeben hat[105]. Eine Zwischenbilanz muß der Vorstand bereits im Stadium einer Krise erstellen lassen. Es herrscht wissenschaftlicher Streit darüber, wie der Tatbestand der Überschuldung festzustellen ist[106]. Nach *OLG Hamm*[107] ist Überschuldung gegeben, wenn das Vermögen (einer GmbH) bei Ansatz von Liquidationswerten unter Einbeziehung der stillen Reserven die bestehenden Verbindlichkeiten nicht deckt und die Finanzkraft (der GmbH) nach überwiegender Wahrscheinlichkeit mittelfristig nicht zur Fortführung des Unternehmens ausreicht.

Die Vorschrift des § 42 Abs. 2 Satz 2 BGB ist ein Schutzgesetz i. S. d. § 823 Abs. 2 BGB[108]. Die vorsätzliche oder fahrlässige Verletzung der Pflicht zur rechtzeitigen Stellung des Konkurs- oder Vergleichsantrags führt zu deliktischen Ansprüchen der Gläubiger des Vereins gegen den Vorstand, die zum Ersatz des Konkursverschleppungsschadens führen[109].

Hinsichtlich der Haftung der Vorstandsmitglieder ist zwischen den sog. Alt- und **1944**
Neugläubigern zu unterscheiden. Die (Alt-)Gläubiger, die ihre Forderung bereits vor dem Zeitpunkt erworben haben, in dem der Konkursantrag hätte gestellt werden müssen, sind auf den Betrag beschränkt, um den sich die Konkursquote, die sie bei rechtzeitiger Konkursanmeldung erhalten hätten, durch

102 So wohl auch *Lauterbach* § 641 RVO Anm. 10.
103 Vgl. *RG* HRR 1936 Nr. 524.
104 Vgl. *RG* LZ 1928, 1339.
105 *BGH* NJW 1991, 3146/3147: GmbH.
106 Vgl. *Lutter/Hommelhoff* § 63 GmbHG Rn. 4 ff.
107 NJW-RR 1993, 1445.
108 Ebenso zum gleichlautenden § 64 Abs. 1 GmbHG: *BGH* NJW 1991, 3146/3147.
109 *BGH* NJW 1990, 1725/1730.

Verzögerung der Antragstellung verringert[110]. Findet ein Konkursverfahren statt, so haben die Vorstandsmitglieder diesen so errechneten Gesamtgläubigerschaden durch Zahlung in die Konkursmasse zu ersetzen[111]. Für die GmbH hat der BGH[112] entschieden: Die (Neu-) Gläubiger, die ihre Forderungen gegen die GmbH nach dem Zeitpunkt erworben haben, zu dem Konkursantrag hätte gestellt werden müssen, haben gegen den insoweit schuldhaft pflichtwidrig handelnden Geschäftsführer einen Anspruch auf Ausgleich des vollen – nicht durch den »Quotenschaden« begrenzten – Schadens, der ihnen dadurch entsteht, daß sie in Rechtsbeziehungen zu einer überschuldeten oder zahlungsunfähigen GmbH getreten sind. Diese Grundsätze gelten im Vereinsrecht jedenfalls dann entsprechend, wenn Haftender der Vorstand eines Vereins ist, der einen bedeutenden wirtschaftlichen Geschäftsbetrieb hat.
War die Mitgliederversammlung mit der Konkursverschleppung einverstanden, so berührt das die Ersatzpflicht gegenüber den Vereinsgläubigern nicht[113].

1945 In einem Schadensersatzprozeß hat der Gläubiger nur die Tatsachen vorzutragen und evtl. zu beweisen, aus denen sich die objektive Pflichtverletzung des Vorstands, die Ursächlichkeit für den Schaden und die Schadenshöhe ergeben. Ist die rechnerische Überschuldung in der Zeit vor der Antragstellung nachgewiesen, so kann der in Anspruch genommene Vorstand den Beweis führen, daß der Verein gleichwohl nicht konkursreif war, weil trotz der rechnerischen Überschuldung auf eine günstige Fortführungsprognose vertraut worden ist[114]; es dürfte genügen, daß bei einer Ex-ante-Betrachtung die Prognose als haltbar erscheint[115]. Steht die objektive Pflichtverletzung fest, so kann der Vorstand sein fehlendes Verschulden an der verspäteten Antragstellung beweisen. Verschuldensmaßstab ist die Sorgfalt eines ordentlichen und gewissenhaften Sachwalters; als entlastend kann eine schwere Krankheit oder eine längere Abwesenheit ohne Möglichkeit einer Vertretung in Betracht kommen. Im Falle eines Vorstandswechsels kann es entlastend für den neuen Vorstand sein, wenn er vom ausscheidenden Vorstand nicht über die rechnerische Überschuldung und die Pflicht zur Antragstellung hingewiesen worden ist[116]. Einem Vorstand steht weiter der Entlastungsbeweis dahin offen, daß der Schaden auch bei gehöriger Pflichterfüllung eingetreten wäre.

3.2.4. Die Haftung wegen Nichtabführung der Beiträge des Arbeitnehmers zur Sozialversicherung oder zur Bundesanstalt für Arbeit

1946 Der Verein kann als Arbeitgeber verpflichtet sein, Beiträge der Arbeitnehmer zur Sozialversicherung und zur Bundesanstalt für Arbeit der Einzugsstelle abzuführen (§§ 28 d ff. SGB/IV). Die Nichtabführung ist nach § 266 a StGB strafbar; beim Verein richtet sich die Strafdrohung gegen den (Vertretungs-)Vorstand (§ 14 Abs. 1 Nr. 1 StGB).

110 *BGH* NJW 1989, 3277 und NJW 1994, 2220/2222.
111 *BGH* a. a. O.
112 NJW 1994, 2220.
113 Vgl. *BGH* NJW 1974, 1088.
114 Vgl. *Baumgärtel* § 42 BGB Rn. 1.
115 Vgl. *Baumgärtel* a. a. O.
116 Vgl. BGHSt. 2, 53.

Bei der Vorschrift des § 266 a StGB handelt es sich um ein Schutzgesetz i. S. d. § 823 Abs. 2 BGB[117]. Verlangt wird ein vorsätzliches Vorenthalten; dazu genügt es, daß der Vorstand bewußt die Beiträge der Einzugsstelle (§ 28 h SGB/IV) nicht fristgerecht abführt, obwohl ihm bekannt ist, daß er nach dem Gesetz hierzu verpflichtet ist[118]. Vorsatz ist immer gegeben, wenn von Löhnen und Gehältern der Arbeitnehmeranteil zur Sozialversicherung einbehalten, aber nicht abgeführt wird[119], wenn also der Beitragsabzug nach § 28 g SGB/IV vorgenommen wird. Ist der Verein nur in der Lage, einen Teil des Lohnes auszuzahlen, so muß der auf diesen Lohnteil entfallende Beitragsabzug vorgenommen und abgeführt werden[120]. Auch wenn sich der Verein in der Krise befindet, muß der Vorstand dafür Sorge tragen, daß die Arbeitnehmeranteile vorrangig abgeführt werden[121]. Ist aber der Verein zahlungsunfähig und außerstande, Löhne zu zahlen, so besteht auch keine Beitragsabzugs- und Abführungspflicht[122].

Der Schadensersatz wird von der zuständigen Einzugsstelle geltend gemacht[123]. Der Vorstand, der vorsätzlich gegen die Abführungspflicht verstößt, hat die vorenthaltenen Beiträge zu ersetzen; im Konkurs des Vereins kommt somit nicht bloß ein Quoten- oder Ausfallschaden in Betracht[124].

Die Nichtabführung dieser Beiträge gibt den Einzugsstellen in der Praxis Veranlassung, Konkursantrag gegen einen Verein zu stellen.

3.3. Die Gläubigerhaftung der Liquidatoren

Vergleiche hierzu Rn. 2197 ff. 1947

3.4. Die steuerliche Haftung des Vorstands

3.4.1. Haftung wegen Steuerhinterziehung

Wer eine Steuerhinterziehung (§ 370 AO) oder Steuerhehlerei (§ 374 AO) be- 1948
geht oder an einer solchen Tat teilnimmt, haftet für die verkürzten Steuern und die zu Unrecht gewährten Steuervorteile sowie für die Zinsen nach § 235 AO (§ 71 AO). Die Taten müssen (bedingt) vorsätzlich begangen sein; die Haftung setzt aber eine strafgerichtliche Verurteilung nicht voraus. Sie kann z. B. eingreifen, wenn der Vorstand den Arbeitslohn ohne Abführung der Lohnsteuer auszahlt, wenn er die Steuer bei beschränkt Steuerpflichtigen (§ 50 a EStG) nicht einbehält, die Umsatzsteuer nicht meldet und abführt oder wenn das Finanzamt eine zu niedrige Schätzung von Umsatz und Gewinn vornimmt, obwohl dem Vorstand die richtigen Zahlen bekannt sind[125].

---

117 *BGH* NJW-RR 1989, 1185.
118 *BGH* NJW 1985, 3064/3065.
119 *BGH* NJW-RR 1989, 1185/1186.
120 *BGH* WM 1964, 262/263.
121 Vgl. *OLG Düsseldorf* NJW-RR 1993, 1128.
122 Vgl. *Wank* DB 1982, 645/646.
123 Vgl. § 28 i SGB/IV sowie *BGH* NJW-RR 1989, 1185.
124 *BGH* NJW 1985, 3064/3065.
125 Vgl. *Neufang/Schaeberle/Karg* S. 283.

3.4.2. Steuerliche Pflichten und Haftung des Vorstands für Steuerschulden des Vereins

1949 Die gesetzlichen Vertreter einer juristischen Person haben deren steuerliche Pflichten zu erfüllen (§ 34 Abs. 1 Satz 1 AO). Dazu können die steuerlichen Buchführungs- und Aufzeichnungspflichten (vgl. Rn. 1514) gehören (§§ 140–148 AO). Hierher gehört weiter die Pflicht zur Abgabe von Steuererklärungen (§§ 149–153 AO), zur Auskunfterteilung (§ 93 AO), zur Erstattung von Mitteilungen nach §§ 137–139 AO und vor allem zur Entrichtung der Steuern aus dem verwalteten Vermögen (§ 34 Abs. 1 Satz 2 AO). Nach § 69 AO haften die gesetzlichen Vertreter persönlich, soweit Ansprüche aus dem Steuerverhältnis (§ 37 AO) infolge vorsätzlicher oder grob fahrlässiger Verletzung der ihnen auferlegten Pflichten nicht oder nicht rechtzeitig festgesetzt oder erfüllt werden. Die Haftung umfaßt auch die infolge der Pflichtverletzung zu zahlenden Säumniszuschläge.

Die steuerliche Haftung ist bei der satzungsmäßigen Vertretungsregelung zu beachten. Es gibt Satzungen von Vereinsverbänden und Großvereinen, die allein dem 1. Vorsitzenden und bei seiner Verhinderung dem 2. Vorsitzenden die Außenvertretung (§ 26 Abs. 2 BGB), aber einem Kassenverwalter oder Schatzmeister die steuerlichen Angelegenheiten zuweisen. Hier ist allein der 1. oder 2. Vorsitzende der steuerlich Haftende, mag er ressortmäßig auch für die Mittelverwaltung und damit für die Steuerabführung nicht satzungsmäßig zuständig sein. Vgl. zur Rechtslage bei (schriftlicher) Ressortaufteilung Rn. 1490.

1950 Ein verhältnismäßig häufiger Haftungsfall ist bei der Nichtabführung der Lohnsteuer gegeben. Nach dem Lohnsteuerabzugsverfahren hat der Arbeitgeber die vom Arbeitnehmer geschuldete Lohnsteuer als treuhänderisch verwalteten Teil seines Lohnes an das Finanzamt abzuführen (§ 38 Abs. 3, § 41 a EStG). Die Lohnsteuer ist damit wirtschaftlich fremdes Geld, das der Vorstand nicht sach- und zweckwidrig verwenden darf, widrigenfalls die Haftung wegen Steuerhinterziehung oder jedenfalls die Haftung nach § 69 AO eintreten kann; die Verletzung der Abführungspflicht ist regelmäßig eine grobe Pflichtwidrigkeit[126]. Ist die Liquidität des Vereinsvermögens unzureichend, können aber noch Löhne ausbezahlt werden, so sind diese so zu kürzen, daß die darauf entfallende Lohnsteuer voll an das Finanzamt abgeführt werden kann[127].

1951 Im übrigen können steuerliche Haftungsfälle gegeben sein, etwa weil Steuererklärungen nicht rechtzeitig abgegeben, zu hohe Vorsteuerabzüge einbehalten[128] oder sonstige Steuern nicht abgeführt worden sind. Hinsichtlich der Nichtabführung anderer Steuern als der Lohnsteuer gelten folgende Grundsätze: Sind keine Mittel des Vereins vorhanden, so fehlt es schon an der Kausalität für eine Haftung nach § 69 AO. Reichen vorhandene Mittel nicht aus, um sämtliche Verbindlichkeiten zu erfüllen, muß der Vorstand nicht vorrangig die vorhandenen Mittel für die Steuertilgung verwenden. Er darf aber den Steuergläubiger auch nicht benachteiligen; er muß vielmehr die Mittel so verwenden,

126 Vgl. *Rowedder/Koppensteiner* § 43 GmbHG Rn. 65.
127 *BFH* GmbHR 1988, 200 f.
128 Vgl. *BFH* DB 1985, 1824.

daß Steuer- und sonstige Verbindlichkeiten in Höhe eines annähernd gleichen Prozentsatzes getilgt werden[129].

Ist ein Haftungstatbestand gegeben, so haften mehrere vertretungsberechtigte **1952** Vorstandsmitglieder grundsätzlich (Ausnahmen vgl. nachfolgend Rn. 1953) als Gesamtschuldner. Verschulden entfällt nicht wegen mangelnder Kenntnisse und Erfahrungen; jeder, der das Amt eines vertretungsberechtigten Vorstands übernimmt, muß sich über die dem Vorstand obliegenden gesetzlichen Pflichten auch steuerlicher Art informieren[130], oder er muß Fachkundige mit der Erledigung betrauen[131]. Das Verschulden eines ausländischen Vorstands wird nicht durch die mangelnde Vertrautheit mit deutschen Vorschriften ausgeschlossen[132]. Der einmal nach § 69 AO entstandene Anspruch geht durch eine Amtsniederlegung nicht unter. Der Vorstand haftet aber nicht, soweit Steuerschulden erst nach der Amtsniederlegung fällig werden[133].

3.4.3. Die Haftungsbegrenzung im Falle der zumindest schriftlichen Zuweisung der Erfüllung steuerlicher Pflichten an ein Vorstandsmitglied

Ist durch Satzungsvorschrift, Geschäftsordnung oder Finanzordnung die Ver- **1953** waltung des Vereinshaushalts und damit auch die Erfüllung steuerlicher Pflichten dem Kassenwart/Schatzmeister zugewiesen, so kann eine Haftungsbegrenzung für die übrigen Vorstandsmitglieder eintreten, wenn die folgenden Voraussetzungen gegeben sind: Der Kassenwart/Schatzmeister muß ein zur Außenvertretung berechtigtes Vorstandsmitglied sein. Seine alleinige Verantwortung für die Erfüllung steuerlicher Pflichten erfordert weiter, daß die übrigen Vorstandskollegen die Ressortzuständigkeit beachten. Ein Fall aus der Praxis: Die Finanzordnung eines Verbands bestimmt, daß der Schatzmeister die steuerlichen Pflichten zu erfüllen hat. Er hat jahrelang den Steuerberater ausgewählt. Die Vorstandskollegen fassen einen Beschluß, wonach gegen den Willen des Schatzmeisters ein anderer Steuerberater bestimmt wird (dieser hat nach verbandsinternen Vorschriften die Rechtsstellung eines Erfüllungsgehilfen des Schatzmeisters). Hier dürfte die Ressortzuständigkeit mit der Folge mißachtet worden sein, daß alle vertretungsberechtigten Vorstandskollegen von einer steuerlichen Haftung nicht befreit sind. Sodann ist weiter Voraussetzung[134], daß der Kassenwart/Schatzmeister die persönliche und fachliche Qualifikation besitzt, die zur ordnungsgemäßen Erfüllung der zugewiesenen Aufgaben erforderlich ist. Das schließt die Gewähr dafür ein, daß er bei auch nur entfernt zu besorgender Gefährdung der Liquidität oder des Vermögens des Vereins alle anderen Vorstandskollegen infomiert. Diese und insbesondere der Vorstandsvorsitzende haben sich regelmäßig darüber zu informieren, daß der Kassenwart/

129 Vgl. *BFH* BStBl. II 1985, 702/704; *BFH* GmbHR 1987, 283; 1988, 200; *BVerwG* NJW 1989, 1873/1874; *Philipowski* EWiR § 34 AO 1/88, 111.

130 Vgl. *BFH* WM 1986, 1023.

131 Vgl. *BGH* GmbHR 1985, 143.

132 *FG Rheinland-Pfalz* GmbHR 1986, 370.

133 Vgl. *BFH* GmbHR 1985, 375.

134 Vgl. *BFH* BStBl. II 1984, 776 ff. und ZIP 1986, 1247/1248.

Schatzmeister seine Qualifikation als ordentlicher Sachwalter während des gesamten Amtszeitraums beibehält[135]. Der *BFH* (a. a. O.) fordert eine zumindest schriftliche Fixierung der internen Verteilung der Geschäfte unter mehreren Vertretungsberechtigten. Eine nur mündlich abgesprochene oder eine sich aus ständiger Übung ergebende Zuständigkeit des Kassenwarts/Schatzmeisters reicht somit für eine Haftungsfreistellung der übrigen Vorstandsmitglieder nicht aus. Vgl. auch Rn. 1490.

4. Haftungsverhältnisse zwischen dem Verein und seinen Mitgliedern

4.1. Die Haftung des Mitglieds dem Verein gegenüber

4.1.1. Die Erfüllungshaftung

1954 Jedes Mitglied haftet dem Verein auf Erfüllung der in der Satzung festgelegten Mitgliedspflichten, die der Verein auch erzwingen kann; vgl. Rn. 1762.

4.1.2. Die Haftung aus unerlaubter Handlung

1955 Beschädigt ein Vereinsmitglied rechtswidrig und schuldhaft (leichte Fahrlässigkeit genügt) eine Vereinseinrichtung, so muß es dem Verein Schadensersatz leisten (§§ 823, 249 BGB). Gleiches gilt, wenn ein Mitglied rechtswidrig und schuldhaft einem Organmitglied einen Körperschaden zufügt und wenn dem Verein wegen entgangener Dienste ein Schadensersatzanspruch erwachsen ist; die Vorstandsmitglieder erbringen für den Verein kraft Gesetzes Dienste (§ 27 Abs. 3, § 845 BGB). Hier kann aber eine Haftungsverlagerung auf den Träger der Sozialversicherung eintreten; vgl. Rn. 1974 ff.

4.2. Die Haftung des Vereins den Mitgliedern gegenüber

4.2.1. Die Haftung aus dem Personenrechtsverhältnis

1956 Aufgrund der personenrechtlichen Beziehungen zwischen dem Verein und seinen Mitgliedern können sich Vereinspflichten ergeben, deren rechtswidrige und schuldhafte Verletzung durch ein Vereinsorgan zu Schadensersatzansprüchen von Vereinsmitgliedern führen kann.

Zu nennen sind Verstöße gegen den Gleichbehandlungsgrundsatz (vgl. Rn. 543) sowie gegen den Grundsatz der Treupflicht (vgl. Rn. 608 ff.). Der nicht gerechtfertigte Entzug eines Sonderrechts kann zu Ansprüchen des Berechtigten führen. Jedes Mitglied ist in den Schutzbereich der den Verein treffenden Verkehrssicherungspflicht einbezogen (vgl. oben Rn. 1895). Der Verein kann verpflichtet sein, für die ordnungsgemäße Verwahrung der in den Vereinsräumen abgelegten Sachen der Mitglieder zu sorgen[136]. Bei einem Wassersportverein ist die Verpflichtung zur Verwahrung der Boote der Mitglieder mit der Begrün-

135 Vgl. *BGH* WM 1985, 1293/1294; *BFH* WM 1986, 1023.
136 Vgl. RGZ 103, 265.

dung verneint worden, die Mitglieder leisteten so geringe Beiträge, daß der Abschluß einer Haftpflichtversicherung nicht möglich gewesen sei[137].
Werden durch den Vorstand in vorwerfbarer Weise Mitgliedschaftsrechte verletzt, so begründet das – ähnlich der positiven Vertragsverletzung – Schadensersatzpflichten, für die der Verein nach § 31 BGB haftet[138].

4.2.2. Das Mitgliedschaftsrecht als sonstiges Recht i. S. d. § 823 Abs. 1 BGB

Die sich aus der Mitgliedschaft ergebende Rechtsposition des Vereinsmitglieds 1957
stellt ein sonstiges Recht i. S. d. § 823 Abs. 1 BGB dar[139]. Deliktsrechtlich geschützt ist die völlige oder teilweise Entziehung dieses Rechts[140]. In Betracht kommen unberechtigte Eingriffe in die Mitverwaltungsrechte oder auch in Wertrechte. Ersetzt werden kann allerdings nur die durch den Eingriff eingetretene Vermögensminderung[141], die auch bei einem Mitglied eines nichtwirtschaftlichen Vereins gegeben sein kann (Bezahlung einer ungerechtfertigten Geldbuße). Anspruchsgegner ist sowohl das Vereinsorgan persönlich, das den rechtswidrigen Eingriff in schuldhafter Weise vorgenommen hat, als auch – über § 31 BGB – der Verein[142].

4.3. Die Haftung der Vereinsmitglieder untereinander (insbesondere im Bereich des Sports)

4.3.1. Grundsätzlich keine Haftungsverhältnisse aus einem gemeinsamen Mitgliedschaftsverhältnis

Dem Grundsatz nach haben die Mitglieder ein personenrechtliches Verhältnis 1958
nur zum Verein, das – jedenfalls beim nichtwirtschaftlichen Verein – keine Ausstrahlungen in den Haftungsbereich der Mitglieder untereinander erzeugt. Falls die Mitglieder nicht untereinander ein besonderes Rechtsverhältnis begründen, treten sie im haftungsrechtlichen Bereich wie Nichtmitglieder einander gegenüber. Eine Haftung kann sich deshalb – sieht man von möglichen Gefährdungshaftungen etwa wegen eines Kfz-Unfalls ab – unter Mitgliedern nur aus unerlaubter Handlung (§§ 823 ff. BGB) ergeben.
Ausnahmsweise werden jedoch personenrechtliche Beziehungen auch zwischen Mitgliedern begründet, vor allem unter korporativen Mitgliedern von Sportverbänden (vgl. dazu Rn. 475). Bei Verletzung beachtet ein Mitglied das Mitgliedschaftsrecht des anderen nicht, so daß entsprechend den obigen Grundsätzen zu 4.2.2. eine deliktsrechtliche Haftung in Betracht kommt.

4.3.2. Die Haftung bei Teilnahme am Kampfsport gegeneinander

Beim Mannschafts-Wettkampfsport – z. B. Fußball, Eishockey, Hallenhandball 1959
– kann es zu Verletzungen der teilnehmenden Spieler kommen. Entstehen

137 Vgl. *OLG Hamburg* OLGE 28, 10.
138 BGHZ 90, 92/95 = DB 1984, 1138.
139 *BGH* NJW 1990, 2877/2878; vgl. auch *Hachenburg/Mertens* § 43 GmbHG Rn. 105 ff.
140 Vgl. RGZ 158, 248/255.
141 Vgl. *Hachenburg/Mertens* a. a. O. Rn. 107.
142 A. A. *Hachenburg/Mertens* a. a. O. Rn. 106: nur der Verletzer persönlich, nicht die Gesellschaft.

hieraus Schadensersatzansprüche aus unerlaubter Handlung (§ 823 BGB, u. U. i. V. m. § 223, 230 StBG), so werden sie unter dem Gesichtspunkt der Einwilligung in ein erhöhtes Risiko beurteilt[143]. Danach ergibt sich die folgende Rechtslage[144]:

– Bei – auch schwersten – Verletzungen ist der sie zufügende Spieler dann freigestellt, wenn er hierbei die Regeln der betreffenden Sportart eingehalten hat[145].
– Ist die Verletzung Folge eines geringfügigen Regelverstoßes, so ist der Schädiger im allgemeinen ebenfalls von Schadensersatzansprüchen freigestellt[146]. Dies gilt u. a. dann, wenn das geringfügige Versagen darauf zurückzuführen ist, daß ein Spieler in Sekundenbruchteilen entscheiden muß, welche Chancen er wahren und Risiken er eingehen will[147], oder wenn alle Teilnehmer eines Kampfsportes gegeneinander erschwerenden Umständen in gleicher Weise ausgesetzt sind, wie dies etwa bei schlechter Bespielbarkeit eines Platzes oder bei einer Spielverlängerung der Fall sein kann[148]. Dies kann ferner gelten, wenn der zur Verletzung führende Regelverstoß auf Übermüdung, technisches Versagen oder auf Fehlbeurteilung zurückzuführen ist[149].
– Ist der Regelverstoß nicht nur geringfügig und besteht insoweit auch kein Ausschluß der Haftung in der Satzung[150], so haftet der auch im übrigen rechtswidrig und schuldhaft handelnde Verletzer auf Schadensersatz, wobei die Umstände des Einzelfalles entscheiden, ob den Verletzten ein Mitverschulden trifft (§ 254 BGB).

Die wiedergegebene Rechtslage ist auch maßgebend, wenn es zur Verletzung eines Spielers kommt, der demselben Verein angehört. Dies kann z. B. beim Training der Fall sein. Beim bezahlten Sportler kommt jedoch regelmäßig eine Haftungsverlagerung auf den Träger der Sozialversicherung in Betracht, wenn die Verletzung nicht vorsätzlich begangen worden ist.

1960 Der Verletzte hat die Beweislast für seine Verletzung, für die Kausalität und für das Verschulden des Verletzers[151]. Er muß somit auch den schuldhaft begangenen Regelverstoß nachweisen[152].

---

143 BGHZ 63, 140 = NJW 1975, 109; *BGH* NJW 1976, 957 und 2161.

144 Vgl. zum Fußballspiel: BGHZ 63, 140; *OLG Hamm* NJW-RR 1992, 856; *OLG Düsseldorf* VersR 1992, 247 und 841; vgl. zum Eishockeyspiel: *OLG München* NJW-RR 1989, 727; vgl. zum Basketballspiel: *BGH* NJW 1976, 2161; *OLG Koblenz* VersR 1991, 1067; vgl. zum Hallenhandballspiel: *OLG Frankfurt* NJW-RR 1991, 418; vgl. zum Training: *OLG Zweibrücken* VersR 1994, 1366.

145 BGHZ a. a. O.; *OLG München* NJW-RR 1989, 727; *OLG Frankfurt* NJW-RR 1991, 418.

146 *OLG München* a. a. O.; *LG Nürnberg-Fürth* VersR 1990, 96; vom BGH bisher nicht entschieden, aber Revisionen hatten keinen Erfolg, wenn das OLG diese Beurteilung zugrunde gelegt hat, vgl. *Scheffen* NJW 1990, 2658/2659.

147 *OLG Hamm* NJW-RR 1990, 925.

148 *Scheffen* a. a. O.

149 Vgl. *LAG Köln* VersR 1985, 649; *LG Nürnberg-Fürth* und *Scheffen* a. a. O.; vgl. auch *OLG Frankfurt* a. a. O.

150 Vgl. *OLG Braunschweig* NJW-RR 1990, 987.

151 BGHZ 63, 140/148.

152 Vgl. *BGH* a. a. O.; *OLG Düsseldorf* VersR 1992, 841.

4.3.3. Die Verletzung beim Individualsport

Beim Sport nebeneinander (Individualsport) finden die zum Mannschaftswett- 1961
kampf entwickelten Grundsätze zur Haftungsbegrenzung wegen Einwilligung in ein erhöhtes Gefährdungsrisiko keine Anwendung[153]. Hier soll es zu keinen Kontakten zwischen den Sporttreibenden kommen. Ist gleichwohl hierbei ein Schaden entstanden, so haftet der Schädiger bei einer rechtswidrig und schuldhaft, auch leicht fahrlässig begangenen unerlaubten Handlung[154].
Im Prozeß hat auch hier der Geschädigte im Streitfall zu beweisen, daß der Schädiger den geltend gemachten Schaden rechtswidrig und schuldhaft verursacht hat. Im Einzelfall kann der Anscheinsbeweis zum Tragen kommen.

4.3.4. Der Anspruch des schädigenden Vereinsmitglieds auf Haftungsfreistellung durch den Verein

Vgl. dazu Rn. 1769. 1962

5. Haftungsausschluß und Haftungsmilderung

5.1. Kein Ausschluß der Organhaftung mit Außenwirkung

Die Vorschrift des § 31 BGB, wonach der Verein für seine satzungsmäßig be- 1963
rufenen Vertreter und sonstigen Repräsentanten haftet, wenn unter gleichen Voraussetzungen eine natürliche Person haften würde, kann durch die Satzung nicht ausgeschlossen werden, wie sich aus einem Umkehrschluß zu § 40 BGB ergibt. Dies gilt aber nur im Außenverhältnis. Die Verwendung des Wortes »Dritter« in § 31 BGB weist auf die drittschützende Wirkung dieser Vorschrift hin.

5.2. Haftungsmilderung wegen Schadensverursachung bei betrieblich veranlaßter Arbeitsleistung

5.2.1. Allgemeines

Verursacht ein Arbeitnehmer bei der Ausführung einer betrieblich veranlaßten 1964
Arbeit schuldhaft einen Schaden zum Nachteil des Arbeitgebers, so haftet er nicht in jedem Fall auf vollen Schadensersatz. Die frühere Rechtsprechung, wonach die Haftungsmilderung nur bei gefahrgeneigter Arbeit eintritt, ist aufgegeben worden[155]. Bei einem vorsätzlichen Verhalten hat der Arbeitnehmer den Schaden voll zu ersetzen. Bei grober Fahrlässigkeit gilt grundsätzlich Gleiches, aber es gibt Ausnahmen[156]. Bei normaler (leichter bis mittlerer) Fahrlässigkeit ist der Schaden im Regelfall zwischen dem Arbeitnehmer und Arbeitgeber zu teilen. Lediglich bei geringem Verschulden (leichteste Fahrlässigkeit) hat der Arbeitnehmer nicht zu haften[157].

---

153 *BGH* VersR 1981, 853 und 1982, 1004; *OLG Braunschweig* NJW-RR 1990, 987.
154 Vgl. *OLG Braunschweig* a. a. O.: Tennis; *OLG Hamm* NJW-RR 1990, 925: Segelregatta.
155 *BAG* NZA 1993, 547; *BGH* NJW 1994, 856.
156 *BAG* NJW 1990, 468.
157 Vgl. *BAG* NJW 1988, 2816; *BGH* NJW 1991, 1683.

5.2.2. Zur Haftungsmilderung zugunsten von Vereinsorganen und von Vereinsrepräsentanten

1965 Bei »normaler« Vorstandstätigkeit (oder »normaler« Tätigkeit sonstiger Vereinsrepräsentanten) kommt die Anwendung der Grundsätze zur Haftungsmilderung bei betrieblich veranlaßter Arbeitsleistung nicht in Betracht[158]. Zur Begründung wird angeführt, es sei Sinn der Anstellung und Bestellung eines Vorstandsmitglieds, die Schwierigkeiten und Risiken der Leitung eines Vereins einer Person zu übertragen, die diese beherrscht[159].

In Ausnahmefällen, somit bei »nicht normaler« Vorstandstätigkeit, können die Grundsätze über die Haftungsmilderung wegen Schadensverursachung bei betrieblich veranlaßter Arbeitsleistung zur Anwendung kommen. Eine unmittelbare Anwendung kann veranlaßt sein, wenn ein Vereinsrepräsentant Bediensteter des Vereins ist; da der Vorstand bei einem Verein, der Angestellte und Arbeiter beschäftigt, die Arbeitgeberfunktion ausübt, sind die angeführten Grundsätze nur entsprechend anwendbar. Die Heranziehung dieser Grundsätze ist deshalb gerechtfertigt, weil einmal der Vereinsvorstand im Regelfall ehrenamtlich tätig ist, er erhält also – im Gegensatz zum Arbeitnehmer – keine Vergütung für seine amtliche Tätigkeit.

Als Beauftragter (§ 27 Abs. 3 BGB) darf der Vorstand (oder ein sonstiges Organmitglied) im Verhältnis zum Verein in aller Regel nicht mit dem vollen Risiko der im Interesse des Vereins als Geschäftsherr ausgeübten Tätigkeit belastet werden, weshalb dem Beauftragten ein Anspruch auf Ersatz oder auf Freistellung von solchen Nachteilen zustehen kann, die der Beauftragte bei der Durchführung des Auftrags unfreiwillig erleidet[160]. Zum anderen muß hinzu kommen, daß der Vorstand (oder sonstige Vereinsrepräsentant) Gefahren ausgesetzt ist, die auch bei geringem Verschulden zu Schaden von Vereinseigentum oder zur Haftung des Vereins nach § 31 BGB führen kann. Zu nennen sind hier etwa die in Vereinsform betriebenen Rettungsdienste (Luft-, Seerettung, Hilfe bei Unglücksfällen durch die Bergwacht) sowie die Tätigkeit von Feuerwehrvereinen (hier können allerdings landesrechtliche Haftungsbegrenzungen eingreifen). Bei diesen Tätigkeiten können gering verschuldete Leitungsfehler unterlaufen, die nicht zu Lasten des ehrenamtlich tätigen Vorstands gehen können.

5.2.3. Haftungsmilderung zugunsten von Vereinsmitgliedern

1965 a Unter den in Rn. 1965 dargestellten Voraussetzungen haften auch Vereinsmitglieder, die bei diesen Tätigkeiten eingesetzt werden, dem Verein entweder nicht oder jedenfalls nicht auf vollen Schadensersatz.

158 *BGH* WM 1975, 467.
159 *BGH* NJW 1984, 789/790.
160 *BGH* NJW 1984, 789/790.

5.3. Innenbereichswirkung der Haftungseinschränkung in Vereinssatzungen

5.3.1. Haftungseinschränkung zugunsten von Organmitgliedern

Da die Haftung für Vorsatz im voraus nicht erlassen werden kann (§ 276 Abs. 2 **1966**
BGB), darf die Satzung nicht anordnen, daß Vorstandsmitglieder (oder sonstige Organmitglieder) bei dieser Verschuldensform nicht haften. Eine gleichwohl bestehende Haftungsbeschränkung ist unwirksam.

Die Satzung kann bestimmen, daß Vorstandsmitglieder usw. bei fahrlässigem Verhalten dem Verein gegenüber nicht haften[161]. Soweit teilweise die Auffassung vertreten wird, ein satzungsmäßiger Haftungsausschluß bei grob fahrlässigem Verhalten sei unwirksam[162], kann dem nicht gefolgt werden. Eine gesetzliche Beschränkung besteht insoweit mit einer Ausnahme nicht. Lediglich für den in Vereinsform bestehenden genossenschaftlichen Prüfungsverband (§ 63 b Abs. 1 GenG) ist angeordnet, daß dieser durch Vertrag (und wohl auch durch Satzung) seine Haftung nicht ausschließen darf (§ 62 Abs. 5 GenG). Bei den übrigen Vereinen ist die Autonomie in der Frage der Haftungsbegrenzung nicht eingeschränkt. Das Entlastungsorgan ist nicht gehindert, bei einer grob fahrlässigen Pflichtverletzung gleichwohl Entlastung zu erteilen. Es ist auch das Gesetz zur Regelung des Rechts der Allgemeinen Geschäftsbedingungen (AGBG) nicht einschlägig, das in § 11 Nr 7 den Haftungsausschluß oder die Haftungsbegrenzung bei grobem Verschulden untersagt, da dieses Gesetz nach § 23 Abs. 1 nicht für korporative Vereinsregelungen gilt[163].

Die Satzung kann die Haftung von Organmitgliedern auch auf bestimmte Haftungsbereiche, z. B. auf die Verletzung der Verkehrssicherungspflicht, beschränken. Weiter kann sie eine quoten- oder summenmäßige Haftungsbeschränkung anordnen (eine summenmäßige Haftungsbeschränkung bei Fahrlässigkeit besteht nach § 62 Abs. 2 GenG). Eine solche Beschränkung kann gerade bei grob fahrlässigem Verhalten veranlaßt sein.

Eine persönliche Haftungseinschränkung wird im Regelfall gegen den Grundsatz der gleichmäßigen Behandlung aller Organmitglieder verstoßen.

5.3.2. Haftungseinschränkung zugunsten von Vereinsmitgliedern

Die Satzung kann auch anordnen, daß Vereinsmitglieder untereinander nicht **1967**
haften, wenn ein Mitglied einem anderen bei der Wahrnehmung von Mitgliedschaftsrechten (z. B. Tennisspiel) oder bei der Erfüllung von Mitgliedschaftspflichten einen Personen- oder Sachschaden fahrlässig zufügt[164]. Ein Haftungsausschluß oder eine Haftungsbegrenzung bei vorsätzlichem Verhalten ist unzulässig (vgl. § 276 Abs. 2 BGB).

5.3.3. Inhaltskontrolle von satzungsmäßigen Haftungsbeschränkungen

Hat ein Vereinsmitglied durch ein fahrlässiges Verhalten des Vorstands einen **1967 a**
Körperschaden erlitten und ist die Haftung des Vorstands nach der Satzung

---

161 Vgl. *LG Karlsruhe* VersR 1987, 1023.

162 *AG Bückeburg* NJW-RR 1991, 1107; *Palandt/Heinrichs* § 31 BGB Rn. 12.

163 *KG* MDR 1985, 230; ebenso für die Genossenschaft: BGHZ 103, 219 = NJW 1988, 1729.

164 Vgl. *OLG Braunschweig* NJW-RR 1990, 987.

ausgeschlossen, so kann auch der Arbeitgeber des verletzten Vereinsmitglieds keine Ansprüche nach dem Lohnfortzahlungsgesetz gegen den Verein geltend machen[165]. Dieses Ergebnis hält auch einer Inhaltskontrolle nach § 242 BGB stand. Bedenken könnten insofern bestehen, als nach § 31 BGB Haftungsbegünstigter auch ein Vereinsmitglied sein kann (vgl. Rn. 1902). Hier wird aber diese Vorschrift bereits erweiternd angewendet, da der dort genannte »Dritte« an sich ein Außenstehender ist. Die extensive erweiternde Anwendung des § 31 BGB kann jedoch nicht dazu führen, daß auch eine satzungsmäßige Haftungseinschränkung im Vereinsinnenbereich keinen Bestand haben kann. Satzungsmäßige Haftungsbeschränkungen können sich zum Nachteil von Gläubigern des Vereins und auch der Mitglieder auswirken. Das muß in Kauf genommen werden, da das Vereinsrecht Gläubigerschutzvorschriften – sieht man von der Konkursantragspflicht und von der Liquidation ab – nicht kennt.

5.4. Einzelvertragliche Haftungseinschränkungen

5.4.1. Allgemeine Grundsätze

1968 Die Gefährdungshaftung und bei fahrlässigem Verhalten auch die Verschuldenshaftung können grundsätzlich (Ausnahmen z. B. § 49 LufVG, § 62 Abs. 2 GenG) durch Individualvereinbarung ausgeschlossen oder beschränkt werden. Insoweit handelt es sich aber um einen Ausnahmetatbestand. Deshalb erfordert jeder Haftungsausschluß eine klare und eindeutige Erklärung[166]. Heißt es z. B. in der Einladung eines Reitervereins zu einer Jagdveranstaltung »Es besteht zwischen dem Veranstalter einerseits und den Besuchern, Pferdebesitzern und Reitern andererseits kein Vertragsverhältnis; mithin ist jede Haftung für Diebstahl, Verletzungen bei Menschen und Pferden ausgeschlossen«, so ist damit nur die Haftung des Veranstalters, nicht aber diejenige der Vereinsrepräsentanten (nach § 833 Satz 1 BGB) und auch nicht der Teilnehmer untereinander angesprochen[167]. Beim Ausschluß der Haftung nach § 833 Satz 1 BGB wird verlangt, daß der Reiter bei der Überlassung des Pferdes auf einen solchen Haftungsausschluß bei einem Reitunfall, insbesondere über den Umfang und die Bedeutung einer solchen Risikoverlagerung, ausdrücklich hingewiesen wird[168].

Der Verein kann somit seine Haftung durch eine ausdrückliche Vereinbarung ausschließen oder begrenzen, so z. B. ein Sportverband bei der Lizenzerteilung oder anläßlich der Gewinnung eines freiberuflich tätigen Sportlers zu einem Wettbewerb. Auch mit den eigenen Mitgliedern kann der Verein eine Absprache über den Haftungsausschluß oder über eine Haftungsbegrenzung treffen, wodurch sich z. B. ein Reitverein von der Gefährdungshaftung nach § 833 Satz 1 BGB befreien kann[169]. Bei noch minderjährigen Personen muß der Haftungsfreistellungsvertrag entweder vom gesetzlichen Vertreter oder vom Min-

165 Vgl. *LG Karlsruhe* VersR 1987, 1023.
166 *BGH* NJW 1992, 907/908.
167 *BGH* a. a. O.
168 *BGH* NJW 1977, 2158/2159; *OLG München* VersR 1981, 937.
169 Vgl. *BGH* NJW 1982, 763.

derjährigen mit Zustimmung oder Genehmigung des gesetzlichen Vertreters abgeschlossen werden[170].
Nicht selten geht das Angebot zum Abschluß eines Haftungsfreistellungsvertrages vom Verein in der Weise aus, daß er in einem Aushang oder auf Eintrittskarten vermerkt, daß seine Haftung, etwa wegen Verletzung der Verkehrssicherungspflicht, ausgeschlossen ist. Übersieht der Adressat, also z. B. der Besucher einer Sportveranstaltung, dieses Vertragsangebot, so ist wegen fehlender Angebotsannahme ohnedies kein Haftungsverzichtsvertrag abgeschlossen worden. Wird das Angebot aber zur Kenntnis genommen und wird vom Besucher der Sportveranstaltung keine Erklärung abgegeben, so kann nur ein stillschweigend vereinbarter Haftungsverzichts- oder Haftungsbeschränkungsvertrag oder bei einem bestehenden Vertrag (z. B. Besuchervertrag) eine die Haftungsfreizeichnung ergänzende Klausel in Betracht kommen. Das Schweigen auf das Angebot ist nach Treu und Glauben zu bewerten, da nunmehr dieser Grundsatz bei der ergänzenden Vertragsauslegung eingreift. Dann kann das Schweigen des Adressaten nur dann als Zustimmung zu einem Haftungsausschluß gewertet werden, wenn besondere Umstände dafür sprechen[171]. Geht es z. B. um die Verletzung der Verkehrssicherungspflicht, so ist die Feststellung erforderlich, daß der Geschädigte sich dem Verlangen des Verkehrssicherungspflichtigen auf Übernahme des vollen Risikos billigerweise nicht hätte versagen können[172].
Der Verein muß einen Haftungsausschluß im Streitfall darlegen. Ist ein konkludenter Haftungsausschluß Streitgegenstand, so muß er die dafür maßgeblichen Umstände darlegen und nachweisen.

5.4.2. Enthaftungsvereinbarungen im Geltungsbereich des AGB-Gesetzes

Wird die Vereinbarung über den Haftungsausschluß oder über die Haftungs- 1969
begrenzung nicht zwischen den Vertragsparteien im einzelnen ausgehandelt (§ 1 Abs. 2 AGBG), so hat der Verein die Bestimmungen des AGBG zu beachten, wenn er die Haftungsfrage in Allgemeinen Geschäftsbedingungen regeln will. Das sind alle für eine Vielzahl von Verträgen vorformulierte Vertragsbedingungen, die eine Vertragspartei (Verwender) der anderen bei Abschluß eines Vertrages stellt (§ 1 Abs. 1 Satz 1 AGBG). Vorformuliert sind alle Vertragsbedingungen, wenn sie für eine mehrfache Verwendung schriftlich aufgezeichnet oder in sonstiger Weise fixiert sind[173].
Nach § 9 Abs. 1 AGBG ist eine formularmäßige Vertragsbestimmung unangemessen und unwirksam, wenn der Verwender durch einseitige Vertragsgestaltung mißbräuchlich eigene Interessen auf Kosten seines Vertragspartners durchsetzen will, ohne dessen Interessen hinreichend zu berücksichtigen und ihm einen angemessenen Ausgleich zuzugestehen[174]. Einzelfälle: Eine Klausel in Ausschreibungsbedingungen eines Autoclubs für einen Fahrerlehrgang, wonach der Veranstalter gegenüber Teilnehmern keinerlei Haftung für Personen-, Sach- und Vermögensschäden übernimmt und die auch den Ausschluß der

170 Vgl. *BGH* NJW 1958, 905.
171 Vgl. *BGH* NJW 1992, 2474/2475.
172 *BGH* NJW 1982, 1144 f.
173 *Palandt/Heinrichs* § 1 AGBG Rn. 5.
174 *BGH* NJW 1993, 2738.

Haftung unter den Teilnehmern umfaßt, ist wegen Verstoßes gegen § 9 Abs. 1 AGBG unwirksam[175]. Gleiches gilt hinsichtlich einer Sportordnung, die bestimmt »Teilnahme am Wettbewerb immer auf eigene Gefahr«[176]. Eine solche Klausel ist im übrigen auch nach § 276 Abs. 2 BGB unwirksam, weil sie auch die Haftung für vorsätzliches Verhalten ausschließen will. Der in einer Eintrittskarte zu einem Eishockeyspiel enthaltene Vermerk »Für Personen- und Sachschäden wird keine Haftung übernommen«, ist nach § 2 Abs. 1 Nr. 2 und nach § 9 Abs. 2 Nr. 1, AGBG unwirksam[177].
Nach § 11 Nr. 7 AGBG ist ein Ausschluß oder eine Begrenzung der Haftung für einen Schaden, der auf einer grob fahrlässigen Vertragsverletzung des Verwenders oder auf einer vorsätzlichen oder grob fahrlässigen Vertragsverletzung eines gesetzlichen Vertreters oder Erfüllungsgehilfen des Verwenders beruht, unwirksam[178]. Die Bestimmung in einer Hallenordnung »Die Benutzung der Sportbereiche geschieht auf eigene Gefahr; für Unfälle wird nicht gehaftet«, ist nach dieser Bestimmung und nach § 276 Abs. 2 BGB für unwirksam erklärt worden[179]. Es hätte auch § 9 Nr. 1 AGBG angeführt werden können. Auch dieser Haftungsausschluß sollte Vorsatz und grobe Fahrlässigkeit mitumfassen. Zulässig wäre der Haftungsausschluß bei leichter Fahrlässigkeit gewesen (wenn § 9 Nr. 1 AGBG außer Betracht bleibt); die gesamte Klausel ist deshalb für unwirksam erklärt worden, weil es nicht möglich ist, sie im Wege gesetzeskonformer Auslegung auf den erlaubten Zweck zurückzuführen[180].

1970 Der Verein kann also Verwender sein, wenn der Haftungsausschluß in Eintrittskarten oder in Benutzungs- bzw. Spielordnungen enthalten ist und wenn sie für die Vertragsbeziehungen mit Außenstehenden maßgebend sein sollen; so z. B., wenn ein Sportverein Sportkurse für Nichtmitglieder unter Vertragsabschluß veranstaltet. Regelt der Verein seine Beziehungen zu den Mitgliedern durch die Satzung oder durch eine Nebenordnung, so findet auf solche korporativen Regelungen das AGB-Gesetz nach § 23 Abs. 1 keine Anwendung[181]. Anders ist es aber, wenn der Verein seine Beziehungen zu den Mitgliedern durch einen schuldrechtlichen Vertrag gestaltet[182], wie dies z. B. bei den Spielerverträgen von Sportvereinen der Fall ist, die Arbeitsverträge sind. Wird hierbei die Geltung einer Spiel- oder Sportordnung vereinbart, welche die Frage des Haftungsausschlusses anspricht, so kann eine solche Regelung nach dem AGB-Gesetz unwirksam sein.

175 *OLG Karlsruhe* VersR 1990, 1405.
176 *OLG Koblenz* Urt. v. 13. 1. 1988 – 1 U 450/87.
177 *BGH* NJW 1984, 801/802.
178 *BGH* NJW 1986, 1610/1612.
179 *OLG Frankfurt* Urt. v. 11. 12. 1992 – 25 U 47/92 –.
180 Vgl. *BGH* a. a. O. und NJW 1994, 657/658.
181 BGHZ 103, 219 = NJW 1988, 1729; *KG* MDR 1985, 230.
182 *BGH* a. a. O.

6. Der Haftungsdurchgriff auf die Vereinsmitglieder

6.1. Der Begriff Haftungsdurchgriff

Die Mitglieder sind zwar die Träger einer rechtsfähigen Körperschaft; zwischen beiden besteht jedoch eine grundsätzlich nicht durchbrechbare Trennung in personeller und vermögensrechtlicher Hinsicht[183]. Beim Haftungsdurchgriff wird dieses Trennungsprinzip beiseite geschoben, es wird auf die Mitglieder der juristischen Person zurückgegriffen. **1971**
Ein unmittelbarer Durchgriff auf die hinter der rechtsfähigen Körperschaft stehenden Personen ist nur ausnahmsweise zulässig, wenn schwerwiegende, an Treu und Glauben zu messende Gesichtspunkte dies erfordern[184].

6.2. Einzelne Durchgriffsfälle

Gegenstand der Entscheidung BGHZ 54, 222 war folgender Fall: Von den Pächtern eines Kleingartengeländes war auf Wunsch des Verpächters zur Erleichterung der vertraglichen Beziehungen ein rechtsfähiger Verein in der Weise zwischengeschaltet worden, daß mit diesem der Pachtvertrag abgeschlossen wurde und die Vereinsmitglieder als Kleingärtner das Gelände als Unterpächter bewirtschafteten. Nach der Satzung waren Vereinsbeiträge nur in der Höhe zu entrichten, daß damit der vereinbarte Pachtzins und die Verwaltungskosten des Vereins gedeckt werden konnten. Nachdem der Verpächter rückwirkend den Pachtzins erheblich erhöht hatte, verweigerten die Mitglieder einen satzungsändernden Beschluß über eine Erhöhung der Mitgliedsbeiträge und beschlossen statt dessen die Auflösung des Vereins. Der BGH hat im Wege des Durchgriffs die anteilige Haftung der Vereinsmitglieder für die rückständigen Pachtzinsen angenommen. Er hat im wesentlichen auf die Vermögenslosigkeit des Vereins abgestellt; in einer späteren Entscheidung ist jedoch die Unterkapitalisierung als Grund für eine Durchgriffshaftung abgelehnt worden[185]. Gleichwohl war in dem mitgeteilten Fall die Durchgriffshaftung aus dem Gesichtspunkt des individuellen Rechtsmißbrauchs gerechtfertigt, da der Verein lediglich zur technischen Vereinfachung der Vertragsbeziehungen gegründet worden ist, die zwischen dem Verpächter und den Kleingärtnern bestanden haben; der Verein sollte nicht dazu dienen, den Kleingärtnern eine Haftungsbeschränkung zu verschaffen[186]. **1972**
Bei Kapitalgesellschaften ist der Durchgriff insbesondere bei Einmanngesellschaften angenommen worden, wenn etwa der Alleingesellschafter den Eindruck persönlicher Haftung hervorruft[187] oder wenn dieser sein Privatvermögen mit dem der Gesellschaft vermischt[188]. Ein-Mann-Vereine werden selten in Betracht kommen. Dagegen ist auch im Vereinsrecht der Durchgriffs- **1973**

183 Sog. Trennungsprinzip, vgl. z. B. *Staudinger/Coing* Einl. 37 zu §§ 21–89 BGB.
184 BGHZ 68, 312/314 = NJW 1977, 1449; *BSG* NJW 1984, 2117/2118.
185 BGHZ 68, 312.
186 Vgl. *Rehbinder* FS Robert Fischer, S. 579/602.
187 BGHZ 22, 226.
188 *OLG Karlsruhe* DR 1943, 811; vgl. auch *BSG* NJW 1984, 2117/2118.

fall beachtlich, daß der Verein als juristische Person nur vorgeschoben wird, um Mitgliedern rechtswidrige Vermögensvorteile zu verschaffen[189].

7. Der gesetzliche Unfallversicherungsschutz im Vereinsbereich und die dadurch eintretende Haftungsverlagerung auf den Träger der Sozialversicherung

7.1. Der Unfallversicherungsschutz

7.1.1. Der Verein als Unternehmer

1974 Die allgemeine Unfallversicherung und die bei Vereinen auch in Betracht kommende landwirtschaftliche Unfallversicherung setzen voraus, daß sich ein Arbeitsunfall (§ 548 RVO) in einem Unternehmen ereignet hat (§§ 643, 776 Abs. 1 RVO). Ein Unternehmen im sozialversicherungsrechtlichen Sinn ist die planmäßige, für eine gewisse Dauer bestimmte Tätigkeit, die auf einen einheitlichen Zweck ausgerichtet ist und mit einer gewissen Regelmäßigkeit ausgeübt wird[190]. Es kann dies – wie sich aus § 658 Abs. 2 Nr. 1 RVO (vgl. auch § 792 RVO) ergibt – ein »Betrieb«, eine »Einrichtung« oder auch nur eine »Tätigkeit« sein. Der wirtschaftliche und versicherungsrechtliche Begriff des Unternehmens decken sich, soweit die Merkmale eines Betriebs gegeben sind. Es ist dies eine organisatorisch verfestigte Einheit, in der durch sachliche und räumliche Verbindung faktisch eine Betriebsgemeinschaft besteht[191] bzw. eine örtlich und technisch zusammengefaßte Unternehmenseinheit mit einer unmittelbaren Leitung[192]. Der Unternehmensbegriff ist aber im Sozialversicherungsrecht weiter, soweit von ihm auch »Einrichtungen« und bloße »Tätigkeiten« erfaßt sind. Es ist nicht erforderlich, daß der Träger des Unternehmens einen wirtschaftlichen Geschäftsbetrieb unterhält oder eine auf Erwerb gerichtete Tätigkeit entfaltet[193].

1975 Nach diesen Begriffsmerkmalen kann ein rechtsfähiger oder nichtrechtsfähiger Verein Inhaber eines Unternehmens und damit Unternehmer sein[194]. Der Verein hat regelmäßig einen »Betrieb«, wenn er einen wirtschaftlichen Geschäftsbetrieb unterhält. Beispiele: Verein als Träger eines Gymnasiums[195], die Profisportabteilung eines Vereins, Unterhaltung einer Vereinsgaststätte, Orden, der eine Brauerei oder Landwirtschaft betreibt[196]. Wegen ihrer körperschaftlichen Organisation erfüllen Vereine in der Regel das Begriffsmerkmal »Einrichtung«. Der Verein ist z. B. Unternehmer, wenn er nur eine nichtvereinsangehörige Person entgeltlich beschäftigt, etwa für die Betreuung des Vereinsheims einen Hauswart oder für die Pflege der Grünanlagen einen Gärtner[197]. Der Verein

189 Vgl. BGHZ 68, 312/315; *BSG* a. a. O.
190 BSGE 16, 79/81; *BGH* NJW 1991, 174.
191 *BGH* NJW 1988, 493.
192 *Baumer/Fischer/Salzmann* § 643 RVO Anm. 3.
193 BSGE 35, 140/143; *Lauterbach* § 658 RVO Anm. 7.
194 BSGE 14, 1; *BGH* NJW-RR 1989, 23; vgl. auch § 641 RVO.
195 Vgl. *BGH* a. a. O.
196 Vgl. jedoch zur möglichen Versicherungsfreiheit von Mitgliedern geistlicher Genossenschaften § 541 Abs. 1 Nr. 3 RVO.
197 *Lauterbach* § 658 RVO Anm. 7.

kann auch kurzfristig Unternehmer werden, z. B. wenn er durch Vereinsmitglieder oder Nichtmitglieder ein Vereinsheim gegen Entgeltzahlung an die hierbei Mitwirkenden ausbauen läßt[198].

7.1.2. Der Verein als Mitglied einer Berufsgenossenschaft

Sind beim Verein versicherungspflichtige Personen beschäftigt, so ist dieser mit 1976
der Eröffnung des von ihm betriebenen Unternehmens Mitglied einer Berufsgenossenschaft (§ 659 RVO). Die gesetzliche Mitgliedschaft bewirkt, daß die zuständige Berufsgenossenschaft bei einem Arbeitsunfall eines im Vereinsbereich tätigen Versicherten die Versicherungsleistungen ungeachtet dessen zu erbringen hat, ob der Verein seiner Pflicht zur Beitragszahlung an die Berufsgenossenschaft (§ 723 RVO) nachgekommen ist[199].

Beim Verein kommt in der Regel die allgemeine Unfallversicherung (§ 643 RVO) und als zuständiger Träger der Unfallversicherung die Verwaltungs-Berufsgenossenschaft in Betracht. Bei Arbeitsunfällen im Zusammenhang mit einer nichtgewerbsmäßigen Bauausführung ist jedoch eine Bau-Berufsgenossenschaft zuständig[200].

Vorbehaltlich des nach § 644 RVO gegebenen Tatbestandes ist jedoch eine landwirtschaftliche Berufsgenossenschaft zuständig, wenn der Verein u. a. Unternehmer in folgenden Bereichen ist: Land- und Forstwirtschaft, Garten- und Weinbau, Binnenfischerei und Imkerei einschl. der den Zielen des Natur- und Umweltschutzes dienenden Landschaftspflege (sog. landwirtschaftliche Unternehmen, § 776 Abs. 1 Nr. 1 RVO); Jagden und Gartenpflege (§ 776 Abs. 1 Nr. 3 RVO); Schutz und Förderung der Landwirtschaft, wobei hier auch die Tätigkeit in der landwirtschaftlichen Selbstverwaltung und in ihren Verbänden eingeschlossen ist (§ 539 Abs. 1 Nr. 5, § 776 Abs. 1 Nr. 4 RVO).

7.1.3. Allgemeines zur Versicherung gegen Arbeitsunfall

Die allgemeine Unfallversicherung gewährt Versicherungsschutz, wenn ein in 1977
dem Unternehmen des Vereins tätiger Versicherter einen Arbeitsunfall erleidet (vgl. § 643 RVO). Arbeitsunfall ist nach § 548 Abs. 1 RVO ein Unfall, den ein Versicherter bei einer der in §§ 539, 540 und 543 bis 545 RVO genannten Tätigkeiten erleidet. Nach § 550 Abs. 1 RVO gilt als Arbeitsunfall auch ein Unfall auf einem mit dieser Tätigkeit zusammenhängenden Weg von und nach dem Ort der Tätigkeit.

Ein Arbeitsunfall wird in der Regel angenommen, wenn das Verhalten, bei dem sich der Unfall ereignet hat, einerseits zur versicherten Tätigkeit zu rechnen ist (Wertung) und andererseits diese Tätigkeit den Unfall herbeigeführt hat[201]. Zunächst muß also eine sachliche Verbindung mit der Betriebstätigkeit und dem Beschäftigungsverhältnis bestehen (sog. innerer Zusammenhang), der es rechtfertigt, das betreffende Verhalten der versicherten Tätigkeit zuzurechnen[202]. Unfallversicherungsschutz kann auch während einer angeordneten Dienstreise bestehen, wenn ein innerer Zusammenhang mit der betrieblichen

198 *Baumer/Fischer/Salzmann* § 723 RVO Anm. 7.
199 *Baumer/Fischer/Salzmann* § 658 RVO Anm. 3.
200 BSGE 17, 211/217.
201 Haftungsbegründende Kausalität, vgl. *BSG* NJW 1990, 1064.
202 *BSG* NJW 1993, 2070.

Tätigkeit gegeben ist; der Versicherungsschutz entfällt jedoch, wenn der Reisende sich rein persönlichen, von der Betriebstätigkeit nicht mehr wesentlich beeinflußten privaten Belangen widmet[203].

7.1.4. Der Unfallversicherungsschutz aufgrund eines Beschäftigungsverhältnisses

1978 Nach § 539 Abs. 1 Nr. 1 RVO sind die aufgrund eines Arbeits-, Dienst- oder Lehrverhältnisses Beschäftigten gegen Arbeitsunfall versichert. Es wird hier auf die »Beschäftigung« abgestellt, die in § 7 Abs. 1 SGB/IV als nichtselbständige Arbeit, insbesondere in einem Arbeitsverhältnis, definiert wird. Für ein solches ist die persönliche Abhängigkeit des Arbeitnehmers vom Arbeitgeber wesentlich, dessen Direktionsrecht der Beschäftigte unterliegt, sei es durch Weisungsgebundenheit oder durch Eingliederung in das Unternehmen[204]. Es muß also eine abhängige, fremdbestimmte Tätigkeit vorliegen, die der Dienstnehmer im wesentlichen nicht frei gestalten kann, weshalb er auch seine Arbeitszeit nicht frei bestimmen kann[205]. Auf die bürgerlich-rechtliche Ausgestaltung des Vertrages kommt es ebensowenig an, wie darauf, ob ein Entgelt(Lohn) gezahlt wird[206].

1979 Der Umstand, daß eine Person Mitglied eines Vereins ist, schließt nicht aus, daß sie zum Verein in einem Beschäftigungsverhältnis, also in einem Arbeits-, Dienst- oder Lehrverhältnis, steht[207].

Für die Annahme eines solchen Beschäftigungsverhältnisses reicht es aber nicht aus, daß das Mitglied im oder für den Verein Tätigkeiten ausübt, die es diesem im Rahmen seiner Mitgliedschaft schuldet. Nicht vom Versicherungsschutz werden Tätigkeiten von Vereinsrepräsentanten oder Mitgliedern erfaßt, welche die mitgliedschaftsgebundene Erfüllung von Vereinsaufgaben darstellen, wie Teilnahme an Mitgliederversammlungen, an Organsitzungen, Tagungen und ähnlichen Veranstaltungen, bei denen sich die Teilnehmer der Willensbildung und Zielsetzung des Vereins widmen[208]. Auch sonstige Tätigkeiten oder Arbeitsleistungen im oder für den Verein sind nicht versichert, wenn diese allein in Erfüllung mitgliedschaftlicher Pflichten vorgenommen werden. Diese Pflichten können sich aus der Satzung, einer Vereinsnebenordnung, aus Organbeschlüssen oder aus ständiger Übung ergeben. Zu den auf allgemeiner Übung beruhenden Mitgliedschaftspflichten zählen aber nur geringfügige Tätigkeiten, die ein Verein von jedem seiner Mitglieder erwarten kann und die von den Mitgliedern dieser Erwartung entsprechend auch verrichtet werden[209]. Es liegt noch im Rahmen einer Vereinsübung, wenn nur die Mitglieder zu aus dem

203 *BSG* NJW 1990, 70.

204 BSGE 65, 138/140.

205 BSGE 20, 6/8.

206 *Baumer/Fischer/Salzmann* § 539 RVO Anm. 47; auch nach rein arbeitsrechtlichen Gesichtspunkten ist die Entgeltzahlung für die Annahme eines Arbeitsverhältnisses nicht zwingend, vgl. BAGE 27, 163/173.

207 BSGE 52, 11/12; *BSG* Breith. 1985, 14/15; *BSG* v. 29. 9. 1992 – 2 RU 38/91 – DRspr. VII (700) 4 a.

208 Vgl. *BSG* DRspr. a. a. O.

209 *BSG* DRspr. a. a. O.

Mitgliedschaftsverhältnis heraus geschuldeten Tätigkeiten herangezogen werden, die dafür persönlich oder fachlich geeignet sind[210].
In einem sozialversicherungsrechtlichen Beschäftigungsverhältnis standen z. B. die Eishockey-Spieler der Bundesligen I und II (diese bestehen seit Frühjahr 1994 nicht mehr, nunmehr wird ein Arbeitsverhältnis zu den Franchisenehmern der Deutschen Eishockey Liga GmbH begründet), teilweise auch der Oberliga (nunmehr Bundesligen I Süd und Nord), die Mitglieder der den DEB bildenden Vereine sein mußten (Art. 49 DEB-SpO). Auch die Berufsfußballspieler der ersten und zweiten Bundesliga sowie die sog. Vertragsamateure sind Arbeitnehmer, die aber keinem Verein angehören dürfen, der außerordentliches Mitglied des DFB ist[211]. Bundesligen gibt es auch in anderen Sportarten; auch hier bestehen Beschäftigungsverhältnisse zu Vereinen.
Ein Beschäftigungsverhältnis kann der Verein mit seinen Mitgliedern auch nur für eine verhältnismäßig kurze Zeit begründen. Dies ist bei Arbeiten der Fall, die nicht aufgrund des Mitgliedschaftsverhältnisses geschuldet werden, wofür der Verein im Regelfall den Mitgliedern eine Vergütung zahlt. Ein Kleingärtnerverein ist z. B. für die Dauer dieser Arbeiten Unternehmer, und es besteht Versicherungsschutz, wenn er eine Kantine errichten läßt und hierbei die Bauarbeiten von Vereinsmitgliedern an Wochenenden ausführen läßt, ohne daß die Mitglieder hierzu aus dem Mitgliedschaftsverhältnis verpflichtet sind[212]. Gleiches gilt, wenn ein Vereinsmitglied über die vom Verein angesetzten Pflichtarbeitsstunden hinaus (wiederum bei der Erstellung eines Bauwerks) freiwillig ca. 60 Überstunden erbringt, die vereinbarungsgemäß mit 5 DM pro Stunde vom Verein vergütet werden[213].

Größere Vereine und Verbände unterhalten heute eine Geschäftsstelle, welcher **1980**
die laufende Verwaltungsarbeit obliegt. Solche Geschäftsstellen sind mit einem Geschäftsführer, Sachbearbeitern und dem erforderlichen Büropersonal besetzt. Mit diesen Personen bestehen Arbeitsverträge oder Dienstverträge mit Abhängigen, so daß Versicherungsschutz nach § 539 Abs. 1 Nr. 1 RVO besteht[214]. Dies ist weiter etwa der Fall beim (hauptberuflichen) Trainer (Assistenztrainer) und bei sonstigen die Sportler betreuenden Personen (z. B. Masseur, Physiotherapeut usw.; vgl. auch § 3 Nr. 26 EStG hinsichtlich der steuerfreien Aufwandsentschädigung von 2 400 DM im Jahr für Übungsleiter), sofern es sich um einen Profisportverein handelt. Ein Musik- und Gesangverein kann einen hauptamtlichen Dirigenten haben, mit dem ein versichertes Beschäftigungsverhältnis besteht.

Nicht versichert ist grundsätzlich (Ausnahmen nach § 539 Abs. 1 Nr. 3 RVO, vgl. **1981**
Rn. 2983) die unabhängige, selbstbestimmte (freiberufliche) Tätigkeit, die zivilrechtlich ein Dienstvertrag, u. U. auch ein Werkvertrag sein kann[215]. Es muß die Eigenschaft eines Arbeitnehmers fehlen. Arbeitnehmer ist, wer von einem Arbeitgeber persönlich abhängig ist. Persönliche Abhängigkeit erfordert Ein-

210 *BSG* a. a. O.

211 Bundesligavereine, vgl. § 10 DFB-Lizenzspielerstatut sowie zu den früheren Vertragsfußballspielern BSGE 16, 98.

212 BSGE 17, 211.

213 *BSG* Breith. 1981, 393.

214 BSGE 17, 211/215.

215 BSGE 20, 6/8; *Gitter* S. 22.

gliederung in den Betrieb und Unterordnung unter das Weisungsrecht des Arbeitgebers in bezug auf Zeit, Dauer, Ort und Art der Arbeitsausführung[216]. Beim freien Mitarbeiter ist dieses umfassende Weisungsrecht eines Arbeitgebers nicht gegeben. Der freie Mitarbeiter kann seine Tätigkeit im wesentlichen frei gestalten, insbesondere über die eigene Arbeitskraft, über Arbeitsort und -zeit frei verfügen und trägt im Regelfall zusätzlich ein eigenes Unternehmerrisiko[217]. Ein freies Mitarbeitsverhältnis ist z. B. dann gegeben, wenn der Inhalt der Dienstleistung und die Arbeitszeiten im einzelnen vertraglich geregelt sind und damit dem Weisungsrecht des Arbeitgebers entzogen sind[218]. Einzelfälle: Ist ein Golflehrer vertraglich gegenüber einem Golfclub verpflichtet, sich zu bestimmten Stunden auf dem Clubgelände aufzuhalten, um Vereinsmitgliedern Unterricht zu erteilen, wenn diese es wünschen, und ist das Stundenhonorar vertraglich mit dem Verein festgelegt, so ist eine Eingliederung in den Vereinsbetrieb und ein abhängiges Beschäftigungsverhältnis gegeben[219]. Steht es dagegen dem Golflehrer frei, Golfunterricht nach seinem Belieben nicht nur Mitgliedern und Gästen des Golfclubs, sondern auch anderen Personen auf anderen Plätzen zu erteilen, und kann der Golflehrer das Honorar auch mit den Mitgliedern des Golfclubs frei vereinbaren, so übt er eine freiberufliche (unversicherte) Tätigkeit aus[220]. Hierbei kommt es nicht darauf an, daß die Steuerverwaltung in dem zuerst angeführten Fall die Bezüge des Golflehrers als Einkünfte aus freiberuflicher Tätigkeit ansieht[221]. Freiberuflich sind all die Personen tätig, bei denen eine feste Eingliederung in die Vereinsorganisation fehlt, die nicht an Weisungen des Vereins gebunden sind und deren Handeln erfolgsbestimmt ist. Dies kann weiter bei Tennislehrern, Reitlehrern oder bei Stundentrainern der Fall sein. Lehrkräfte an Volkshochschulen (die auch in Vereinsform betrieben werden) stehen dann nicht in einem Beschäftigungsverhältnis, wenn sie in selbstgewählten Fächern unterrichten, dabei keinen Weisungen unterliegen, die mit der Erteilung des Unterrichts entstehenden Kosten selbst tragen und bei Ausfall des Unterrichts keine Entschädigung erhalten[222].

1982 Ein freiberuflich Tätiger kann im Einzelfall auch Unternehmer und als solcher versichert sein. Das Direktorium für Vollblutzucht und Rennen e. V. sowie der Hauptverband für Traber-Zucht und -Rennen e. V. veranstalten Pferderennen. Daran nehmen Berufsrennreiter bzw. Berufsfahrer teil. Soweit sie für einen bestimmten Rennstallbesitzer tätig sind, besteht ein abhängiges Arbeitsverhältnis und deshalb Versicherungsschutz (in der landwirtschaftlichen Unfallversicherung) nach § 539 Abs. 1 Nr. 1 RVO. Nehmen aber solche Jockeys mit Pferden verschiedener Besitzer an Rennen teil und erhalten sie Reitgelder sowie eine gewisse Gewinnbeteiligung, so werden sie für die jeweiligen Pferdebesitzer im Rahmen eines selbständigen Dienst- oder Werkvertrages tätig. In

216 *BSG* NJW 1994, 341.
217 *BSG* a. a. O.
218 *BAG* NZA 1992, 407; vgl. weiter *Delhey/Alfmeiner* »Freier Mitarbeiter oder Arbeitnehmer?« in: NZA 1991, 257 ff.
219 *BSG* a. a. O.
220 *BSG* a. a. O.
221 *BSG* a. a. O. S. 9.
222 *BayLSG* Breith. 1958, 209.

dieser selbständigen Tätigkeit sind die Jockeys landwirtschaftliche Lohnunternehmer und nach § 776 Abs. 1 Nr. 2 RVO versichert[223].

7.1.5. Der Unfallversicherungsschutz bei Schaustellung und Vorführung

Nach § 539 Abs. 1 Nr. 3 RVO sind Personen versichert, die zur Schaustellung **1983**
oder Vorführung künstlerischer Leistungen verpflichtet sind. Eine solche vertragliche Verpflichtung kann mit einem veranstaltenden Verein bestehen, wobei es unerheblich ist, ob der Vertragspartner Vereinsmitglied ist oder nicht, und wie dieses vertragliche Verhältnis zum Veranstalter rechtlich zu beurteilen ist; es muß demnach kein Arbeitsverhältnis begründet worden sein[224]. Hierher gehören Box- und Ringkämpfe, Tanzturniere, Eislaufwettbewerbe[225] sowie sonstige Publikumsvorführungen[226]. Veranstaltet ein Verein eine Kunstausstellung, betreibt ein Heimatverein eine Luftschaukel, ein Karussell oder eine Schießbude, so sind dies Schaustellungen[227]; die hierbei für den Verein vertraglich tätigen Personen (z. B. Aufsichtspersonal) sind nach § 539 Abs. 1 Nr. 3 RVO versichert.

7.1.6. Versicherungsschutz bei Tätigkeit im Gesundheitswesen und in der Wohlfahrtspflege

Der Unfallversicherungsschutz erstreckt sich weiter auf Personen, die im Ge- **1984**
sundheitswesen oder in der Wohlfahrtspflege tätig sind (§ 539 Abs. 1 Nr. 7 RVO). Betreibt ein Verein ein Krankenhaus, so sind die folgenden, im Gesundheitswesen tätigen Personen versichert: Krankenpfleger, Krankenschwestern, Hebammen, Heilgymnasten und Masseure[228]. Weiter ist versichert die Tätigkeit in Wohlfahrtseinrichtungen auch privater Verbände wie Caritasverband, Innere Mission und Gewerkschaften[229]. Die Versicherten können Mitglieder oder Nichtmitglieder solcher Vereinigungen sein; sie müssen aber zur persönlichen Betreuung Hilfsbedürftiger eingesetzt sein. Die Vereinsverwaltung, die unmittelbar mit dieser Betreuung verbunden ist – z. B. die Aufnahme in ein Heim –, gehört ebenfalls zur Wohlfahrtspflege. Dagegen wird vom Versicherungsschutz nicht die Tätigkeit in der sonstigen allgemeinen Vereinsverwaltung erfaßt[230].

7.1.7. Versicherungsschutz im Rahmen der Hilfeleistung bei Unglücksfällen

Gegen Arbeitsunfall sind ferner Personen versichert, die in einem Unter- **1985**
nehmen zur Hilfe bei Unglücksfällen tätig sind, sowie die Teilnehmer an Ausbildungsveranstaltungen dieser Unternehmen einschließlich der Lehrenden (§ 539 Abs. 1 Nr. 8 RVO). Unternehmen im Sinne dieser Vorschrift sind: Deutsches Rotes Kreuz e. V. (Sitz Bonn; das Bayer. Rote Kreuz ist Körperschaft des

223 *Lauterbach* § 776 RVO Anm. 6.
224 *BGH* VersR 1984, 554/555.
225 *Baumer/Fischer/Salzmann* § 539 RVO Anm. 56.
226 *Lauterbach* § 539 RVO Anm. 18.
227 *Baumer/Fischer/Salzmann* § 539 RVO Anm. 55.
228 *Baumer/Fischer/Salzmann* § 539 RVO Anm. 68.
229 *Baumer/Fischer/Salzmann* a. a. O. Anm. 70.
230 *BayLSG* Breith. 1962, 592.

öffentlichen Rechts), Vereinigungen, deren satzungsmäßige Aufgabe die Rettung Verunglückter ist (z. B. Arbeiter-Samariter-Bund Deutschland e. V., Deutsche Lebens-Rettungs-Gesellschaft e. V., Deutsche Gesellschaft zur Rettung Schiffbrüchiger, Not-Funk-Hilfe Deutschland e. V., Einsatzbereitschaften der Automobilclubs, Bergwacht, freiwillige Feuerwehren). Versicherungsschutz genießen die Angehörigen (= Mitglieder oder vertraglich Verbundene) sowie die Helfer (Nichtmitglieder ohne vertragliche Bindung). Es muß sich um die Vorbereitung oder Durchführung des Einsatzes bei Unfällen, Katastrophen oder zur Brandbekämpfung u. dgl. (einschl. des Einsatzes bei Absperrungen) oder um Übungen für diese Tätigkeiten handeln. Versichert ist auch die Teilnahme an Ausbildungsveranstaltungen sowohl für die Auszubildenden als auch für die Lehrenden, wobei die Mitgliedschaft in dem Unternehmen (Vereinsmitgliedschaft) nicht erforderlich ist[231]. Den Ausbildungsveranstaltungen werden Fachtagungen gleichgestellt, die dem Erfahrungsaustausch und der Fortbildung dienen[232]. Die bloße Tätigkeit in der Verwaltung dieser Vereinigungen reicht für den Versicherungsschutz ebensowenig aus wie z. B. die Teilnahme an einer Mitgliederversammlung, in der etwa Personalentscheidungen getroffen oder Satzungsänderungen beschlossen werden.

7.1.8. Versicherungsschutz im Rahmen der Entwicklungshilfe

1986 Nach § 539 Abs. 1 Nr. 16 RVO sind Personen i. S. d. § 1 des Entwicklungshelfer-Gesetzes[233] versichert, die im Ausland für eine begrenzte Zeit beschäftigt sind oder die im In- oder Ausland für eine solche Beschäftigung vorbereitet werden. Der Entwicklungshelfer muß sich zur Leistung des Entwicklungshilfedienstes gegenüber einem anerkannten Träger des Entwicklungshilfedienstes für eine ununterbrochene Zeit von zwei Jahren verpflichtet haben. Anerkannter Träger des Entwicklungshilfedienstes kann auch ein rechtsfähiger Verein sein (§ 2 Entwicklungshelfer-Gesetz).

7.1.9. Kein Versicherungsschutz bei der Erfüllung von nicht ausdrücklich unter Unfallversicherungsschutz gestellten Mitgliedschaftspflichten

1987 Vereinsmitglieder, die bei der Erfüllung ihrer auf der Mitgliedschaft beruhenden Verpflichtungen dem Verein gegenüber einen Personenschaden erleiden, sind nicht unfallversichert, wenn nicht einer der vorerwähnten Versicherungstatbestände eingreift, wie dies etwa bei einem Mitglied eines Feuerwehrvereins im Einsatz der Fall ist[234]. Ein Beschäftigungsverhältnis i. S. d. § 539 Abs. 1 Nr. 1 RVO besteht nicht, wenn der Unfall anläßlich der auf Satzung, auf Beschlüssen der zuständigen Vereinsorgane oder auf einer im Verein bestehenden Übung sich ergebenden Pflichterfüllung ereignet hat[235]. Vor allem zu den auf ständiger Übung beruhenden Mitgliedschaftspflichten zählen aber nur geringfügige Tätigkeiten, die ein Verein von jedem seiner Mitglieder erwarten kann und die von den Mitgliedern dieser Erwartung entsprechend auch ver-

231 BSGE 51, 176.

232 *Plagemann/Plagemann* Rn. 28.

233 V. 18. 6. 1969, BGBl. I S. 549, mit Änderungen durch Gesetze v. 24. 4. 1986, BGBl. I S. 599, v. 27. 6. 1987, BGBl. I S. 1542 und v. 18. 12. 1989, BGBl. I S. 2261.

234 Vgl. BSGE 17, 211/216 und 52, 11/12; *BSG* Breith. 1985, 14/15.

235 *BSG* Breith. a. a. O.

richtet werden[236]. Dazu kann z. B. gehören: Instandsetzung oder Reinigung von Vereinsanlagen (Sportplätzen), Verkauf von Eintrittskarten sowie Ordnungsdienste bei Veranstaltungen[237].
Aus der Rechtsprechung: Ist es in einem Sportverein üblich, daß aktive Mitglieder auch andere Vereinskameraden betreuen oder trainieren, so besteht nur dann Unfallversicherungsschutz, wenn diese Tätigkeiten deutlich über das hinausgehen, was im allgemeinen von aktiven Vereinskameraden erwartet werden kann[238]. Wenn alle im Verein ständig wiederkehrenden Tätigkeiten von den Mitgliedern ehrenamtlich geleistet werden, reicht eine als Wirtschaftsführer für den Kantinenbetrieb des Vereins verrichtete Tätigkeit nicht aus, um darin eine dem allgemeinen Erwerbsleben zugängliche Arbeitsleistung zu erblicken[239]. Die Teilnahme einer Hinterbliebenenbetreuerin des VdK an einer Haussammlung für gemeinnützige Zwecke steht nicht unter Unfallversicherungsschutz[240]. Das Mitglied eines Reit- und Fahrvereins, das während einer Reitveranstaltung (Fuchsjagd) ein einem Gastverein gehörendes, reiterloses Pferd einfängt und sich dabei verletzt, ist weder Beschäftigter seines Vereins noch des Gastvereins; in diesem Fall besteht jedoch Unfallversicherungsschutz (nach § 539 Abs. 1 Nr. 9 a RVO), wenn das Einfangen des Pferdes eine Hilfeleistung bei gemeiner Gefahr darstellt[241]. Die ehrenamtliche Tätigkeit im Verein »Die Förderer e. V. Landshut«, der sich die satzungsmäßige Aufgabe gestellt hat, die »Landshuter Fürstenhochzeit« durchzuführen, wird vom Schutz der gesetzlichen Unfallversicherung nicht umfaßt; diese greift deshalb nicht ein, wenn ein unentgeltlich als Pferdereferent tätiges Vereinsmitglied, das als Mitwirkender beim historischen Festzug vorgesehen ist, sich anläßlich des Zureitens eines Pferdes verletzt. Kein Unfallversicherungsschutz besteht im allgemeinen, wenn es dem satzungsmäßigen Zweck entspricht, daß der Verein ein Heimatfest veranstaltet und die Vereinsmitglieder nach der Satzung hierbei mitzuwirken haben[242].

7.1.10. Der Unfallversicherungsschutz bei beschäftigungsähnlicher Tätigkeit

Fehlt es an einem Beschäftigungsverhältnis aufgrund eines Arbeits-, Dienst- **1988**
oder Lehrverhältnisses, so besteht gleichwohl Unfallversicherungsschutz, wenn eine zu einem Arbeitsunfall führende Tätigkeit wie eine solche aufgrund eines Beschäftigungsverhältnisses angesehen werden kann, mag eine solche Tätigkeit auch nur vorübergehend ausgeübt worden sein (§ 539 Abs. 2 RVO). Die danach in Betracht kommende arbeitnehmerähnliche Tätigkeit ist gegeben, wenn eine ernstliche, dem in Betracht kommenden fremden Unternehmen dienende Tätigkeit verrichtet wird, die dem wirklichen oder mutmaßlichen Willen des Unternehmers entspricht und ihrer Art nach auch von Personen verrichtet werden

236 BSGE 17, 211/216.
237 BSGE 52, 11/14.
238 *BSG* Breith. 1985, 14.
239 *BSG* v. 1. 4. 1972 – 2 RU 281/68.
240 *BSG* VersR 1974, 547.
241 *LSG Baden-Württemberg* Breith. 1972, 384.
242 *HessLSG* Breith. 1979, 686.

kann, die in einem dem allgemeinen Arbeitsmarkt zuzurechnenden Beschäftigungsverhältnis stehen; sie muß ferner unter solchen Umständen geleistet werden, daß sie einer Tätigkeit aufgrund eines Beschäftigungsverhältnisses ähnlich ist[243]. Diese Voraussetzungen sind immer gegeben, wenn zwar ausdrücklich ein Arbeits- oder Dienstvertrag abgeschlossen worden ist, wenn er aber aus irgendeinem Grund nichtig und somit eine tatsächliche Beschäftigung gegeben ist. Beim besoldeten Organinhaber gehört auch die nichtige Bestellung hierher[244].

1989 Erfaßt werden hier Tätigkeiten, die über eine Arbeitspflicht aufgrund Mitgliedschaft in einem Verein oder über ein bloßes Gefälligkeitsverhältnis hinausgehen, aber andererseits kein Beschäftigungsverhältnis i. S. d. § 539 Abs. 1 Nr. 1 RVO darstellen[245]. Hier können auch Tätigkeiten vom Versicherungsschutz umfaßt sein, die der Verletzte nur spontan und punktuell für den Unfallbetrieb erbracht hat[246]. Ein Entgelt muß nicht gewährt werden[247]. Eine Auftragserteilung ist nicht unbedingt erforderlich; die Tätigkeit muß dann aber dem mutmaßlichen Willen des Vereins als Unternehmer entsprechen[248]. Es darf sich aber auch – wie ausgeführt – nicht um Tätigkeiten handeln, die aufgrund der Satzung, eines Vereinsbeschlusses oder aufgrund ständiger Übung, somit aufgrund des Mitgliedschaftsverhältnisses, geschuldet werden[249]. Nicht erforderlich ist, daß der Verein die Tätigkeit ohne die Mithilfe von Vereinsangehörigen oder außenstehenden Personen von bezahlten Arbeitskräften hätte verrichten lassen müssen[250] oder daß die Tätigkeit vom in der Satzung gesetzten Zweck umfaßt wird[251].

Aus der Rechtsprechung: Trainer oder Sportlehrer, die ehrenamtlich für einen Sportverband Sportler betreuen, sind wie »Beschäftigte« tätig[252]. Ein Segelfluglehrer genießt Unfallversicherungsschutz, wenn er als solcher aus eigenem Entschluß und nicht aufgrund einer Verpflichtung gemäß der Vereinssatzung tätig geworden ist[253]. Gleiches gilt, wenn ein Segelfluglehrer, der einem Luftsportverein angehört, ohne Verpflichtung aus der Vereinsmitgliedschaft die Flugschüler eines anderen segelsporttreibenden Vereins unentgeltlich ausbildet[254]. Unfallversicherungsschutz besteht, wenn Vereinsmitglieder bei der Erstellung eines für Vereinszwecke bestimmten Bauwerks (Kantine) mitwirken, ohne hierzu nach der Satzung usw. verpflichtet zu sein[255]. Das aktive Mitglied der Jugendabteilung eines Fußballvereins steht bei einer Altpapiersammlung, deren Erlös der Jugendgruppe zur Verbesserung der Finanzver-

---

243 *BSG* NJW 1994, 676.
244 *Schlesw.-Holst. LSG* Breith. 1985, 207/209.
245 *Plagemann/Plagemann* Rn. 14.
246 *BGH* NJW 1994, 1480.
247 *Baumer/Fischer/Salzmann* § 539 RVO Anm. 134.
248 *Baumer/Fischer/Salzmann* a. a. O.
249 *BSG* NJW 1994, 676.
250 *BSG* VersR 1980, 328.
251 BSGE 34, 240/242; *BGH* VersR 1981, 260/261.
252 *BSG* SGb 1970, 169.
253 *LSG Rheinland-Pfalz* Breith. 1969, 19.
254 *BSG* Breith. 1972, 645.
255 BSGE 17, 211.

hältnisse zufließen soll, unter dem Schutz der Unfallversicherung[256]. Ein Betriebsratsmitglied, das als ehrenamtliches Mitglied der Tarifkommission einer Gewerkschaft an überbetrieblichen Tarifverhandlungen mit dem Arbeitgeberverband teilnimmt, steht – auch bei einer Vorbesprechung der Verhandlungskommission – unter Unfallversicherungsschutz, wenn es dabei »wie« ein hauptamtlicher Gewerkschaftsfunktionär tätig wird[257]. Unfallversicherungsschutz besteht auch für das Mitglied einer Gewerkschaft bei der Tätigkeit als Helfer während eines Streiks[258]. Unfallversicherungsschutz ist auch bejaht worden, wenn ein Mitglied im Auftrag und Interesse eines Brauchtum pflegenden Vereins beim sog. »Böllerschießen« verunglückt[259]. Überträgt eine Gemeinde die Organisation ihres Heimatfestes einem ortsansässigen Verein, so werden dessen Mitglieder bei der Ausrichtung des Festes wie bei ihr abhängig Beschäftigte tätig, sofern keine vereinsrechtliche Verpflichtung zur Arbeitsleistung besteht[260].

7.1.11. Der Versicherungsschutz für Organe der landwirtschaftlichen Selbstverwaltung und ihre Verbände

Versicherungsschutz besteht bei der Tätigkeit in der landwirtschaftlichen **1990**
Selbstverwaltung und in Organen ihrer Verbände (§ 539 Abs. 1 Nr. 5 RVO, § 776 Abs. 1 Nr. 4 RVO). Solche Institutionen sind[261]: Bauernverbände, Landvolksverbände, Landfrauenverbände, Tierzuchtverbände und -vereine (z. B. Pferdezucht, Geflügelzucht), Pflanzenschutzverbände und -vereine, Erzeugergemeinschaften, Fischereivereine, Imkerverbände, Vereine landwirtschaftlicher Fachschulabsolventen, Forstwirtschaftliche Vereinigungen sowie Waldbesitzerverbände.

Versichert sind die in diesen Vereinen und Verbänden Tätigen. Gemeint sind u. a. die Organe, also z. B. Vorstandsmitglieder[262]. Hier ist auch die ehrenamtliche Tätigkeit versichert. Ein ehrenamtlicher Ortsvorsitzender eines Verbands der landwirtschaftlichen Selbstverwaltung – z. B. des Bayer. Bauernverbands – ist auf dem Weg zu einer Vorstandssitzung unfallversichert[263].

7.1.12. Unfallversicherungsschutz für Organe der Versicherungsträger

Es bestehen folgende Spitzenverbände, deren Mitglieder (öffentlich-rechtliche) **1991**
Träger der Sozialversicherung sind: der Bundesverband der Unfallversicherungsträger der öffentlichen Hand e. V., der Hauptverband der gewerblichen Berufsgenossenschaften e. V. sowie der Verband Deutscher Rentenversicherungsträger e. V. Vertreter der Mitgliedsberufsgenossenschaften sind in den Organen und Ausschüssen dieser Spitzenverbände. Die ehrenamtliche Tätigkeit dieser Vertreter der einzelnen Berufsgenossenschaften ist nach § 539 Abs. 1 Nr. 13 RVO versichert[264]. Deren Tätigkeit in den Organen und Aus-

256 *BayLSG* Breith. 1979, 509.
257 BSGE 42, 36.
258 *BSG* Breith. 1982, 386.
259 *BayLSG* Breith. 1961, 1091.
260 *HessLSG* Breith. 1979, 686.
261 Vgl. *Lauterbach* § 776 RVO Anm. 17.
262 *Baumer/Fischer/Salzmann* § 539 RVO Anm. 65.
263 *BSG* Breith. 1972, 470.
264 *Baumer/Fischer/Salzmann* § 544 RVO Anm. 5.

schüssen der in Vereinsform bestehenden Spitzenverbände ist unfallversichert, wenn dies die Satzung des zuständigen Trägers der Unfallversicherung bestimmt (§ 544 Nr. 2 RVO).

7.1.13. Der Unfallversicherungsschutz für Organmitglieder bei Fehlen einer ausdrücklichen gesetzlichen Einbeziehung

1992 Organmitglieder können ein (abhängiges) Dienstverhältnis zum Verein begründen. Dies ist immer dann der Fall, wenn sie nicht nur eine Aufwandsentschädigung (§ 670 BGB), sondern eine Vergütung erhalten (vgl. dazu Rn. 761). Solche Organmitglieder stehen dann in einem dem allgemeinen Arbeitsmarkt zuzurechnenden Beschäftigungsverhältnis zum Verein und sind nach § 539 Abs. 1 Nr. 1 RVO unfallversichert[265]. Eine hauptamtliche Anstellung muß nicht gegeben sein[266]. Dies gilt auch dann, wenn an sich nicht versicherungspflichtige Personen (Beamte) ein solches besoldetes Organamt ausüben[267].

Für ehrenamtlich tätige Organmitglieder kann im Einzelfall Versicherungsschutz nach § 539 Abs. 2 RVO bestehen[268]. Dies ist dann der Fall, wenn die von den Organmitgliedern geleisteten Arbeiten bei einem anderen Aufbau der Organisation des Vereins von Arbeit- oder Dienstnehmern erbracht werden müßten[269]. Weiter wird z. B. Unfallversicherungsschutz bejaht bei der Teilnahme an Veranstaltungen von Berufsverbänden, wenn hierbei Kenntnisse vermittelt werden, die betrieblich verwandt werden können und sollen[270].

Organmitglieder können im Einzelfall nach einer anderen Vorschrift des § 539 Abs. 1 RVO versichert sein, als nach der Nummer 1. Ein Vorstandsmitglied eines Feuerwehrvereins, das an einem Einsatz teilnimmt und hierbei einen Personenschaden erleidet, ist nach § 539 Abs. 1 Nr. 8 RVO versichert.

7.1.14. Grundsätzlich kein Versicherungsschutz bei ehrenamtlicher Organtätigkeit

1993 Für ehrenamtlich tätige Mitglieder von Vereinsorganen kommt ein Unfallversicherungsschutz nur dann in Betracht, wenn ein solcher nach anderen Vorschriften als nach § 539 Abs. 1 Nr. 1 RVO besteht (so z. B. bei der Tätigkeit in Organen der Verbände der landwirtschaftlichen Selbstverwaltung). Ansonsten wird Unfallversicherungsschutz für ehrenamtlich tätige Organmitglieder von Vereinen mit der Begründung verneint, es fehle an einem dem allgemeinen Arbeitsmarkt zuzurechnenden Beschäftigungsverhältnis[271]. Diese Ansicht wird den oft in der Praxis anzutreffenden Verhältnissen nicht gerecht. Durchschlagend ist aber die Begründung, daß Versicherungsschutz nach § 539 Abs. 1 Nr. 13 RVO nur bei einer ehrenamtlichen Tätigkeit in den dem öffentlichen Recht zuzurechnenden Einrichtungen gegeben ist. Vorsitzende und Kassen-

---

265 BSGE 52, 11/12; ebenso hinsichtlich des hauptamtlichen Vorstands einer Genossenschaft: BSGE 16, 73 und 27, 233.

266 A. A. BSGE 52, 11/12 f.

267 BSGE 36, 258/261.

268 Der bei ehrenamtlichen Vorstandsmitgliedern von Genossenschaften immer bejaht wird, vgl. BSGE 16, 73 sowie *Lang/Weidmüller/Schaffland* § 24 GenG Rn. 52.

269 BSGE 16, 73; *Baumer/Fischer/Salzmann* § 539 RVO Anm. 44.

270 *Baumer/Fischer/Salzmann* a. a. O. Anm. 45.

271 BSGE 52, 11/12 f.

warte von Amateursportvereinen z. B. haben demnach keinen Unfallversicherungsschutz aufgrund dieser Tätigkeit[272].

7.1.15. Versicherungsschutz bei Unfällen im Rahmen eines in Vereinsform organisierten Betriebssports

Bei den nach den §§ 539 ff. RVO versicherten Unfällen handelt es sich um sol- **1994**
che, die sich bei der eigentlichen betrieblichen Tätigkeit ereignen. Ist dieser Versicherungsschutz gegeben, so sind in ihn auch Tätigkeiten miteinbezogen, welche mit der betrieblichen Tätigkeit in einem inneren, ursächlichen Zusammenhang stehen. Ein solcher kann bei Betriebsausflügen, bei einer ehrenamtlichen Tätigkeit in Berufsvereinigungen und Fachorganisationen sowie beim Betriebssport gegeben sein[273].

Der Betriebssport als Maßnahme der Gesunderhaltung der Beschäftigten und zur Wiederherstellung ihrer Arbeitskraft wird unter folgenden Voraussetzungen vom Unfallversicherungsschutz mitumfaßt[274]:

- Die Leibesübungen müssen im Rahmen einer unternehmensbezogenen Organisation stattfinden, zu der sich auch mehrere Unternehmen zusammenschließen können. Der Anerkennung des versicherten Betriebssports steht es nicht entgegen, daß die Organisation auf einen aus Betriebsangehörigen und deren Familienangehörigen bestehenden Verein übertragen wird, der die soziale Betreuung der Belegschaft bezweckt und insoweit in enger Zusammenarbeit mit dem Unternehmen steht.
- Die Leibesübungen müssen dem Ausgleich für die Belastung durch die Betriebstätigkeit dienen, nicht dagegen der Teilnahme am allgemeinen sportlichen Wettkampfverkehr oder der Erzielung von Spitzenleistungen.
- Die Übungen müssen mit einer gewissen Regelmäßigkeit stattfinden.
- Der Teilnehmerkreis muß im wesentlichen auf die Beschäftigten des veranstaltenden Unternehmens oder der an gemeinsamer Durchführung des Betriebssports beteiligten Unternehmen beschränkt sein.
- Die Übungszeiten und die jeweilige Dauer der Übung müssen in einem dem Ausgleichszweck entsprechenden Zusammenhang mit der Betriebstätigkeit stehen.

7.2. Die Haftungsverlagerung vom Verein als Unternehmer oder von Angehörigen eines Vereinsbetriebs auf den Träger der gesetzlichen Unfallversicherung

7.2.1. Die Haftungsersetzung durch gesetzlichen Unfallversicherungsschutz

Nach § 636 Abs. 1 Satz 1 RVO ist ein Unternehmer den in seinem Unternehmen **1995**
Versicherten, deren Angehörigen und Hinterbliebenen, auch wenn sie keinen Anspruch auf Rente haben, nach anderen gesetzlichen Vorschriften zum Ersatz des Personenschadens, den ein Arbeitsunfall verursacht hat, nur dann verpflichtet, wenn er den Arbeitsunfall vorsätzlich herbeigeführt hat oder wenn

272 Vgl. BSGE 17, 73; *Baumer/Fischer/Salzmann* § 539 RVO Anm. 45.
273 *Lauterbach* § 548 RVO Anm. 23.
274 Vgl. *BSG* SGb. 1979, 422; *BSG* NZS 1993, 370.

der Arbeitsunfall bei der Teilnahme am allgemeinen Verkehr eingetreten ist. Diese Vorschrift gilt bei Arbeitsunfällen nach § 637 Abs. 1 RVO entsprechend für die Ersatzansprüche eines Versicherten oder dessen Angehörigen und Hinterbliebenen gegen einen in demselben Betrieb tätigen Betriebsangehörigen, wenn dieser den Arbeitsunfall durch eine betriebliche Tätigkeit verursacht hat. Durch die angeführten Vorschriften wird die zivilrechtliche Haftung des Unternehmers gegenüber dem in seinem Unternehmen tätigen Versicherten durch die Leistungen der gesetzlichen Unfallversicherung abgelöst. Dies gilt dem Grundsatz nach auch für die zivilrechtliche Haftung, wenn ein Arbeitskollege einem anderen einen Personenschaden zugefügt hat. Unter den Voraussetzungen der §§ 636, 637 RVO haftet der Unternehmer oder der schädigende Arbeitskollege nicht aus unerlaubter Handlung (§§ 823 ff. BGB) oder aufgrund eines Gefährdungstatbestands (z. B. nach dem Haftpflichtgesetz, Produkthaftungsgesetz, Straßen- oder Luftverkehrsgesetz). Es ist dann auch ein Schmerzensgeldanspruch (§ 847 BGB) ausgeschlossen[275]. Die Haftungsverlagerung kann für den Geschädigten nicht nur wegen des Verlusts eines Schmerzensgeldes, sondern auch deshalb nachteilig sein, weil z. B. der Unfall zu keinem Rentenanspruch führt. Diesen Härten stehen jedoch auch erhebliche Vorteile des Anspruchsberechtigten gegenüber, weil er (dem Grundsatz nach) für jeden Arbeitsunfall entschädigt wird, ohne daß ein Verschulden des Unternehmers oder seiner Hilfspersonen vorliegen muß, und auch dann, wenn den Verletzten selbst ein Verschulden an seinem Arbeitsunfall trifft (§ 537 Nr. 2, §§ 547 ff. RVO).[276]

Die Haftungsverlagerung tritt nur für den Versicherten ein, der bei der an sich gegebenen Unternehmerhaftung im Unternehmen des Schädigers oder bei der an sich gegebenen Arbeitnehmerhaftung (Haftung des Arbeitskollegen) in demselben Betrieb wie der Schädiger tätig geworden ist[277].

Der Unfallgeschädigte muß Versicherter i. S. d. §§ 539 ff. oder § 776 RVO sein.

1996 Der Umstand, daß für den Geschädigten Unfallversicherungsschutz besteht, führt noch nicht zur Haftungsverlagerung. Der geschädigte Versicherte muß vielmehr als Arbeitnehmer oder wenigstens arbeitnehmerähnlich in das Unfallunternehmen (den Unfallbetrieb) eingegliedert sein[278]. Ein Unfallversicherungsschutz muß somit nicht immer zur Haftungsverlagerung führen.

Rechtspolitisch wird die Haftungsverlagerung damit begründet, daß der Unternehmer allein durch seine Beiträge zur Unfallversicherung die Mittel für die Ausgaben der Entschädigung leistenden Berufsgenossenschaft aufbringt (§ 723 Abs. 1 RVO). Die gesetzliche Unfallversicherung wirkt für den Unternehmer wie eine von ihm abgeschlossene Privathaftpflichtversicherung[279]. Durch die Haftungsverlagerung werden gerichtliche Auseinandersetzungen zwischen dem Arbeitgeber und dem Arbeitnehmer vermieden. Die Erhaltung des Betriebsfriedens ist auch der rechtspolitische Grund für die Haftungsablösung, soweit

275 *BVerfG* NJW 1973, 502; *BAG* NJW 1991, 773.
276 Vgl. *BAG* NJW 1989, 2838.
277 Vgl. *Bayer* VersR 1989, 111.
278 *BGH* VersR 1984, 554/555; *BGH* NJW 1991, 98/99; *Bayer* a. a. O.
279 BGHZ 63, 313.

Ansprüche unter Arbeitskollegen in Betracht kommen. Hier kommt weiter der Gedanke der Gefahrengemeinschaft zum Tragen[280].

7.2.2. Keine Haftungsverlagerung bei Vorsatz oder bei der Teilnahme am allgemeinen Verkehr

Ist ein Arbeitsunfall vorsätzlich herbeigeführt worden, so tritt keine Haftungsverlagerung auf den Träger der Unfallversicherung ein (§ 636 Abs. 1 Satz 1, § 637 Abs. 1 RVO). Es greift dann die deliktische Haftung oder die Haftung aus einem Gefährdungstatbestand des schädigenden Arbeitgebers oder Arbeitskollegen ein. Es genügt bedingter Vorsatz. Nicht ausreichend ist, d. h. die Haftungsverlagerung tritt ein, wenn der Arbeitsunfall durch grobe Fahrlässigkeit herbeigeführt worden ist. Der Schädiger muß aber den Unfall selbst gewollt haben. Es genügt nicht, daß nur die schädigende Handlung vorsätzlich begangen worden ist. Der Vorsatz muß sich vielmehr auch auf die Verletzungsfolgen beziehen; der Schädiger muß also den Unfall mit seinen Folgen bewußt herbeigeführt haben[281]. Für Vorsatz seiner ihn repräsentierenden Organe haftet auch der Verein als juristische Person über § 31 BGB[282]. **1997**

Die Haftungsverlagerung auf den Träger der gesetzlichen Unfallversicherung tritt auch nicht ein, wenn sich der Unfall bei der Teilnahme am allgemeinen Verkehr, also auf jedermann zugänglichen Flächen (öffentlichen Straßen, Plätzen, Wasserstraßen, Schienenwegen oder in der Luft) ereignet hat. Kein öffentlicher Verkehr findet beim innerbetrieblichen Verkehr, also auf dem nicht jedermann zugänglichen Vereinsgelände statt. Bei der Teilnahme am allgemeinen Verkehr liegt der Unfallort in einem Bereich, in dem der Versicherte jedem anderen Verkehrsteilnehmer gleichsteht; es wäre deshalb unbillig, den Versicherten durch eine Beschränkung seiner Ansprüche gegenüber anderen Verkehrsteilnehmern zu benachteiligen[283]. **1998**

Eine Teilnahme am allgemeinen Verkehr setzt voraus, daß der Versicherte den Unfall als normaler Verkehrsteilnehmer und nicht als Betriebsangehöriger erlitten hat[284]. Es muß das betriebliche Verhältnis zwischen Schädiger und Geschädigten völlig zurückgetreten sein, zumindest darf dieses Verhältnis nur noch einen rein äußeren Zusammenhang haben[285]. Auch wenn sich der Unfall bei der Teilnahme am allgemeinen Verkehr ereignet hat, tritt eine Haftungsverlagerung ein, wenn Schädiger und Geschädigter noch in einer durch den gemeinsamen Betrieb bedingten organisatorischen Verbindung stehen, so daß noch ein einheitlicher Betriebsvorgang angenommen werden muß[286]. Befindet sich der Versicherte mit einem betriebseigenen (vereinseigenen) Kraftfahrzeug auf einer angeordneten Dienstfahrt, so gilt dies nicht als Teilnahme am allgemeinen Verkehr[287]. Der Unfallversicherungsschutz entfällt jedoch, wenn der Reisende sich persönlichen, von der Betriebstätigkeit nicht mehr wesentlich

280 Vgl. *Bayer* a. a. O.
281 *BGH* VersR 1985, 237; *Lauterbach* § 636 RVO Anm. 13.
282 A. A. wegen der Regelung in § 641 RVO: *Lauterbach* a. a. O.
283 *BGH* VersR 1984, 554/555.
284 *OLG Celle* VersR 1988, 67; *Lauterbach* § 636 RVO Anm. 14.
285 *BGH* a. a. O.
286 *BGH* a. a. O.
287 *BGH* VersR 1973, 736.

beeinflußten Belangen widmet[288]. Keine Teilnahme am allgemeinen Verkehr stellt es auch dar, wenn z. B. Sportler mit einem vereinseigenen Fahrzeug zu einem Auswärtsspiel befördert werden[289].

7.2.3. Die Haftungsverlagerung bei der Unternehmerhaftung im einzelnen

1999 Nach § 636 Abs. 1 RVO entfällt (von den Fällen der vorsätzlichen Schädigung und der Teilnahme am allgemeinen Verkehr abgesehen) die Haftung des Unternehmers für einen Personenschaden, den ein in seinem Unternehmen tätiger Unfallversicherter erlitten hat. Unternehmen kann, wie sich aus § 658 Abs. 2 Nr. 1 RVO ergibt, ein »Betrieb«, eine »Einrichtung« oder auch nur eine »Tätigkeit« sein. Das Unternehmen kennzeichnet eine planmäßige, für eine gewisse Dauer bestimmte Tätigkeit, die auf einen einheitlichen Zweck ausgerichtet ist und mit einer gewissen Regelmäßigkeit ausgeübt wird[290]. Ein Verein kann – wie ausgeführt – Unternehmer in diesem Sinne sein[291]. Er hat regelmäßig dann einen »Betrieb«, wenn er einen wirtschaftlichen Geschäftsbetrieb unterhält (vgl. zur Unternehmereigenschaft des Vereins im einzelnen Rn. 1974.).

2000 Zur Haftungsverlagerung ist erforderlich, daß ein Arbeitsunfall gegeben ist. Nach § 548 Abs. 1 RVO ist ein Arbeitsunfall ein Unfall, den ein Versicherter bei einer der in §§ 539, 540 und §§ 543 bis 545 RVO (oder § 776 RVO) genannten Tätigkeiten erleidet, wobei nach § 550 Abs. 1 RVO auch ein Unfall auf einem mit diesen Tätigkeiten zusammenhängenden Weg von und nach dem Ort der Tätigkeit als Arbeitsunfall gilt[292].
Weiter ist für die Haftungsverlagerung erforderlich, daß der Geschädigte dem Unfallbetrieb »angehört«. Das ist bei Arbeitnehmern (im sozialversicherungsrechtlichen Sinne) des Unfallbetriebs stets der Fall. Vor allem bei sog. Leiharbeitsverhältnissen und bei Arbeitsgemeinschaften, die mehrere Unternehmen bilden, genügt ein Eingegliedertsein in den Unfallbetrieb. Der verunglückte Arbeitnehmer, der einen anderen Stammbetrieb hat, muß in dem Unfallbetrieb wie ein Arbeitnehmer dieses Betriebs tätig geworden und damit gemäß § 539 Abs. 2 i. V. m. § 539 Abs. 1 Nr. 1 RVO in diesem Betrieb unfallversichert sein[293]. Seine Tätigkeit muß in die betriebliche Sphäre des Unfallunternehmens fallen, so daß sie diesem Unternehmen der Sache nach zuzurechnen ist[294]. Eine arbeitsrechtliche Beziehung zum Unfallbetrieb ist für eine solche Eingliederung nicht erforderlich und demgemäß auch kein Abhängigkeitsverhältnis wirtschaftlicher oder persönlicher Art zum Inhaber des Unfallbetriebs[295].

2001 Greift die Haftungsverlagerung durch, so haftet der Verein nicht für Fehler seiner ihn repräsentierenden Personen (Organisations-, Aufsichtsfehler oder sonst fehlerhaftes Verhalten), wenn hierdurch ein Versicherter einen Arbeitsunfall erleidet. Versichert sind gegen Entgelt beschäftigte Bedienstete des Vereins, Vereinsmitglieder nur dann, wenn sie Arbeitsleistungen für den Verein

---

288 *BSG* NJW 1990, 70.
289 *Lauterbach* a. a. O.
290 BSGE 16, 79/81; *BGH* NJW 1991, 174.
291 BSGE 14, 1; *BGH* NJW-RR 1989, 23.
292 *BSG* NJW 1990, 269.
293 *BGH* NJW 1991, 98/99.
294 *BGH* VersR 1984, 737.
295 *OLG Frankfurt* VersR 1990, 1257/1258.

erbringen, die nicht aufgrund des Mitgliedschaftsverhältnisses geschuldet werden (vgl. Rn. 1979).

7.2.4. Haftungsverlagerung bei Arbeitsunfällen zwischen Arbeitskollegen

Erleidet ein Versicherter wegen des Verhaltens eines in demselben Betrieb tätigen Betriebsangehörigen einen Arbeitsunfall, so ist ein zivilrechtlicher Anspruch gegen den Schädiger (von den Fällen des Vorsatzes und der Teilnahme am allgemeinen Verkehr abgesehen) ausgeschlossen, wenn dieser den Arbeitsunfall durch eine betriebliche Tätigkeit verursacht hat (§ 637 Abs. 1 RVO). **2002**
Auch hier ist Voraussetzung für die Haftungsverlagerung, daß für den Geschädigten Unfallversicherungsschutz besteht. Es ist aber nicht erforderlich, daß der schädigende Betriebsangehörige selbst unfallversichert ist[296].

»Derselbe Betrieb« ist eine organisatorisch verfestigte Einheit, in der durch sachliche und räumliche Verbindung faktisch eine Betriebsgemeinschaft entsteht[297]. Diese Voraussetzungen können bei einem Verein gegeben sein, und zwar auch dann, wenn dieser keinen wirtschaftlichen Geschäftsbetrieb und damit keinen (nachrangigen) wirtschaftlichen Zweck verfolgt[298]. **2003**

Betriebsangehörige sind alle Personen, die in dem Betrieb wie der Geschädigte aufgrund eines (sozialversicherungsrechtlichen) Beschäftigungsverhältnisses tätig sind, aber auch alle Personen, die als Arbeitnehmer in den Betrieb – wenn auch nur vorübergehend – eingegliedert sind[299]. Auf die Stellung im Betrieb (Vorgesetzter, bei Sportvereinen Trainer, Arbeitskollegen) kommt es ebensowenig an wie auf die Art der Beschäftigung. Bei Vereinen, deren Zweck (auch) die Hilfeleistung ist (vgl. Rn. 1985), sind Betriebsangehörige auch die freiwilligen Helfer[300]. **2004**

Der Arbeitsunfall muß durch eine betriebliche Tätigkeit verursacht worden sein. Das ist eine Tätigkeit, die unmittelbar mit dem Zweck der betrieblichen Beschäftigung zusammenhängt und dem Betrieb dienlich ist, also eine Tätigkeit, deren Erledigung für den Betrieb dem Schädiger aufgegeben oder von ihm für den Betrieb übernommen worden ist[301]. Die Tätigkeit kann also beim Verein dessen Weisung entsprechen; sie kann auch aus eigenem Entschluß vorgenommen worden sein, muß dann aber dem Vereinsinteresse dienlich sein. **2005**

Schädiger (die nicht selbst unfallversichert sein müssen) können, falls der Verein die Unternehmereigenschaft erfüllt, nicht nur Vereinsmitglieder (»Arbeitskollegen«), sondern auch Mitglieder von Vereinsorganen (das Verhalten eines Vertretungsorgans muß sich der Verein bereits nach § 636 Abs. 1 Satz 1 RVO zurechnen lassen), Bevollmächtigte oder Vereinsbedienstete sein. Geschädigte (versicherte) »Betriebsangehörige« können Vereinsmitglieder sein, wenn die Voraussetzungen des § 539 Abs. 1 Nr. 1 RVO (vgl. Rn. 1979) oder des § 539 Abs. 2 RVO (vgl. Rn. 1988) gegeben sind. Weiter können Unfallgeschädigte Vereinsangestellte und Organmitglieder dann sein, wenn sie nicht **2006**

---

296 *OLG Düsseldorf* MDR 1973, 932.
297 *BGH* NJW 1988, 493.
298 Vgl. *Lauterbach* § 637 RVO Anm. 7.
299 *Lauterbach* a. a. O. Anm. 9; vgl. zur Eingliederung Rn. 2000.
300 *Lauterbach* a. a. O.
301 *BGH* NJW 1988, 493/494.

nur ehrenamtlich, sondern dienstvertraglich für den Verein tätig sind oder wenn auch bei ihnen die Voraussetzungen des § 539 Abs. 2 RVO gegeben sind.

2007 Verletzungen von »Betriebsangehörigen« kommen im Vereinsbereich vor allem im Mannschaftssport vor. Verletzt bei einem Training der Profimannschaft (versicherte Sportler) ein Spieler den anderen, so ist die zivilrechtliche Haftung des Schädigers nach § 823 BGB ausgeschlossen, es tritt vielmehr die Haftungsverlagerung auf den Träger der Unfallversicherung (regelmäßig: Verwaltungs-Berufsgenossenschaft) ein. Hat derselbe Verein eine Nachwuchsabteilung, so ist bei einer Trainingsverletzung im Regelfall ein gesetzlicher Unfallversicherungsschutz nicht gegeben; der Verein ist in diesem Amateurbereich regelmäßig kein Unternehmer. Sport und Spiel im Amateurbereich werden nicht als Arbeit angesehen[302]. Eine Haftungsverlagerung tritt nicht ein.

Geht die als Angestellte tätige Kassiererin eines Eishockey-Vereins in dieser Eigenschaft in das Eisstadion und wird sie hierbei von einem Puck getroffen, den ein Spieler »ihres« Vereins geschlagen hat, so tritt Haftungsverlagerung ein. Eine solche kommt jedoch nicht in Betracht, wenn die Kassiererin nach Beendigung dieser Tätigkeit als Zuschauerin vom Puck getroffen wird[303].

7.2.5. Zur Frage der Haftungsverlagerung beim Wettkampfsport

2008 Zu erörtern ist, ob eine Haftungsverlagerung eintritt, wenn beim Wettkampfsport ein Spieler der Heimmannschaft einen Spieler der gegnerischen Mannschaft verletzt und umgekehrt. Hier wird in den seltenen Fällen einer Anspruchsverfolgung von den Zivilgerichten § 823 Abs. 1 BGB angewendet; die Anwendbarkeit des § 637 Abs. 1 RVO wird nicht erörtert.

Bei der Erörterung wird die folgende Fallgestaltung zugrunde gelegt: Es findet ein Bundesligaspiel statt, bei dem internationale und nationale Sportregeln zu beachten sind, was der zuständige Sportfachverband zu überwachen hat. In der Spielordnung wird der Verein, in dessen Anlage das Spiel stattfindet, als »der veranstaltende Verein« bezeichnet; der Verband erklärt aber gleichzeitig in seiner Satzung, alle Bundesligaspiele einschl. der Freundschaftsspiele sind »seine Einrichtung«. Alle Spieltermine entsprechen der Organisationsplanung des Sportverbands. Dieser stellt auch die Schiedsrichter, welche die Spiele leiten. Alle Spieler müssen eine Spielberechtigung des Verbands haben, was von den Schiedsrichtern vor jedem Spiel zu kontrollieren ist. Die Schiedsrichter müssen dem Verband einen schriftlichen Spielbericht erstatten. Verstöße gegen Spielregeln ahnden die Schiedsrichter oder die Verbandsgerichte. Die Zuschauereinnahmen stehen zwar dem veranstaltenden Verein zu; dieser muß aber nach der Satzung einen nicht ganz geringen Anteil an den Verband abführen.

Bei dieser Fallgestaltung sind die Spieler der Gastmannschaft nicht in den »Betrieb« des veranstaltenden Vereins, auch nicht arbeitnehmerähnlich, eingegliedert. Dieser Verein hat insbesondere nicht das Direktionsrecht über die Spieler der Gastmannschaft; dieses verbleibt beim Trainer dieser Mannschaft und wird in gewissem Umfang auch von den Schiedsrichtern ausgeübt, welche der Sportverband stellt. Die für eine Arbeitsgemeinschaft bestehenden Grundsätze (Eingliederung aller Arbeitnehmer, welche der Arbeitsgemeinschaft an-

302 BSGE 16, 98/100.
303 *BGH* NJW 1984, 801/803.

gehören) können nicht entsprechend zur Anwendung kommen. Heranzuziehen sind aber die Grundsätze, die bei einem Arbeitsunfall im Gefüge einer gemeinschaftlichen Organisation (wie bei einem Konzern) bestehen, da die mit ihren Spielern beteiligten Vereine demselben Verband angehören. Auch bei einem Arbeitsunfall im Gefüge einer gemeinschaftlichen Organisation muß das Merkmal »in demselben Betrieb« gegeben sein; es ist also erforderlich, daß der Schädiger in den Betrieb des veranstaltenden Vereins »eingegliedert« ist[304]. An einer solchen Eingliederung fehlt es.

Es fragt sich aber, ob bei der angeführten Fallgestaltung der Sportverband der **2009**
Unternehmer ist, in dessen Betrieb die beiden gegnerischen Mannschaften eingegliedert sind. Unternehmer ist derjenige, für dessen Rechnung das Unternehmen geht. Es ist derjenige, dem das wirtschaftliche Ergebnis des Unternehmens, der Wert oder Unwert der in dem Unternehmen verrichteten Arbeiten unmittelbar zum Vor- oder Nachteil gereicht, der also das Unternehmerrisiko trägt. Für die Unternehmereigenschaft ist es weiter wesentlich, daß eine weitgehende Einwirkung auf die Betriebsführung oder wenigstens auf die kaufmännische Leitung des Unternehmens besteht[305]. Danach erfüllen sowohl der Sportverband als auch der veranstaltende Verein Merkmale für ein Unternehmen. Der »Wert« der Bundesligaspiele kommt dem Verband zugute, da er sich deren Vermarktung vorbehält (z. B. Fernsehverträge, Werbung); außerdem ist der Verband an den Einnahmen des veranstaltenden Vereins beteiligt. Der Verband hat aber nur insofern einen Einfluß auf die kaufmännische Leitung des Mitgliedsvereins, als er dessen Wirtschaftlichkeit vor der jährlichen Zulassung zum Meisterschaftsspielbetrieb prüft. Ansonsten besteht kein Einfluß des Verbands auf die Betriebsführung im kaufmännischen Bereich eines Mitgliedsvereins. Der Verband ist nach der bisherigen Begriffsbestimmung für die Unternehmereigenschaft kein Unternehmer, der Bundesligaspiele veranstaltet.

§ 637 Abs. 1 RVO kann in solchen Fällen nur zur Anwendung kommen, wenn diese Vorschrift dahin ausdehnend ausgelegt wird, daß bei einem Bundesligaspiel die beteiligten Mannschaften eine Gefahrengemeinschaft bilden, welche die Anwendung des § 637 Abs. 1 RVO rechtfertigt[306].

7.2.6. Haftungsverlagerung beim Einsatz in Feuerwehrvereinen und in Vereinen zur Hilfe bei Unglücksfällen

Nach § 637 Abs. 2 RVO besteht ein zivilrechtlicher Haftungsausschluß und eine **2010**
Haftungsverlagerung auf den Träger der Unfallversicherung, wenn bei der »betrieblichen Tätigkeit« in Feuerwehrvereinen ein Arbeitsunfall verursacht worden ist. Es haften dann nicht diese Vereine selbst, deren Vorstände, deren Mitglieder und Nichtmitglieder, die zum Feuerlöschdienst herangezogen werden oder die bei dieser Tätigkeit freiwillig helfen. Der Haftungsausschluß gilt auch gegenüber allen mit Befehlsgewalt ausgestatteten Personen, die unabhängig von einer Organstellung im Feuerwehrverein die Maßnahmen der Feuerwehr kommandieren[307]. Der Unfall muß sich aber während der betrieblichen

304 *BGH* NJW 1975, 1742; *Lauterbach* § 637 RVO Anm. 8.
305 *BGH* NJW 1991, 174/175.
306 *Gitter* S. 29.
307 *Lauterbach* § 637 RVO Anm. 16.

Tätigkeit ereignet haben, also bei der Brandbekämpfung, Rettung aus Lebensgefahr, beim Einsatz bei sonstigen Gefahren oder Unglücksfällen, aber auch bei Übungen[308].
Der gleiche Haftungsausschluß besteht bei Arbeitsunfällen, die sich in sonstigen Unternehmen zur Hilfe bei Unglücksfällen (vgl. Rn. 1985) ereignet haben (§ 637 Abs. 3 i. V. m. Abs. 2 RVO).

308 *Lauterbach* a. a. O. Anm. 18.

VIII. Der Verein im Konkurs bzw. im gerichtlichen Vergleichsverfahren

1. Der Einfluß der beiden Verfahren auf die aktive Tätigkeit und die Rechtsform des Vereins

Nach § 42 Abs. 1 BGB verliert der Verein seine Rechtsfähigkeit durch die Er- **2011**
öffnung des Konkurses. Streitig ist, ob er auch aufgelöst wird (vgl. nachfolgend Rn. 2020), wie dies bei den Kapitalgesellschaften und Genossenschaften der Fall ist (§ 262 Abs. 1 Nr. 3 AktG, § 60 Abs. 1 Nr. 4 GmbHG, § 101 GenG). Bei einer reinen Wortinterpretation wird der Verein nicht aufgelöst. Er kann somit seine werbende Tätigkeit fortsetzen, sofern dies mit dem Konkurszweck vereinbar ist. Unterhält der Verein einen wirtschaftlichen Geschäftsbetrieb, so entscheidet über die Schließung oder Fortführung ein etwa bestellter Gläubigerausschuß, der Konkursverwalter oder die Gläubigerversammlung (§ 129 Abs. 2 KO).
Wird über das Vermögen eines nichtrechtsfähigen Vereins das Konkursverfahren eröffnet (vgl. zur Konkursfähigkeit § 213 KO), so ist mit Ausnahme des nicht möglichen Verlusts der Rechtsfähigkeit die Rechtslage die gleiche.
Die Eröffnung des gerichtlichen Vergleichsverfahrens hat weder auf die aktive Tätigkeit des Vereins noch auf seine Rechtsfähigkeit einen Einfluß.

2. Der Verein im Konkurs

2.1. Konkursfähigkeit

Konkursfähig ist der nichtrechtsfähige Vorverein (§ 213 KO), der rechtsfähige **2012**
Verein, auch wenn er sich bereits im Abwicklungsstadium befindet, solange das Restvermögen nicht unter die Anfallberechtigten verteilt ist (§§ 213, 207 Abs. 2 KO). Wird die werbende Vereinstätigkeit im Konkursfall in nichtrechtsfähiger Rechtsform fortgesetzt, so ist auch dieser Verein konkursfähig.

2.2. Konkursgründe

Konkursgründe sind Zahlungsunfähigkeit und Überschuldung (§§ 213, 207 **2013**
Abs. 1 KO).
Zahlungsunfähigkeit (Zahlungseinstellung, vgl. § 30 KO) ist gegeben, wenn der Schuldner wegen eines nicht nur vorübergehenden Mangels an Zahlungsmitteln nicht in der Lage ist und andauernd aufhört, seine fälligen Geldschulden im allgemeinen zu erfüllen, und wenn diese Zahlungsunfähigkeit nach außen hin in Erscheinung tritt[1]. Es genügt, daß der Schuldner außerstande ist, den wesentlichen Teil seiner Verbindlichkeiten zu erfüllen[2]. Wenn dagegen neue Zahlungsmittel in Kürze zu erwarten sind, die einem Schuldner erneut Zahlungen er-

1 *BGH* NJW 1991, 980 und 1992, 624.
2 *BGH* a. a. O.

möglichen, so ist keine Zahlungsunfähigkeit, sondern eine Zahlungsstockung gegeben[3], die keinen Konkursgrund bildet.
Das Vereinsvermögen ist überschuldet, wenn das Aktivvermögen die Verbindlichkeiten nicht mehr deckt (vgl. oben Rn. 1943; vgl. weiter § 92 Abs. 2 AktG, § 64 Abs. 1 Satz 2 GmbHG, § 98 Abs. 1 Nr. 2 GenG).

2.3. Antragsberechtigung

2014 Der Vorstand ist nach § 42 Abs. 2 Satz 1 BGB zur Stellung des Antrags auf Eröffnung des gerichtlichen Vergleichsverfahrens oder des Konkursverfahrens im Falle der Überschuldung des Vereinsvermögens verpflichtet (vgl. Rn. 1942). Im Falle der Zahlungsunfähigkeit ergibt sich diese Pflicht aus der organschaftlichen Stellung des Vorstands.
Berechtigt, einen Antrag auf Konkurseröffnung zu stellen, sind (§§ 213, 208 KO)

- solche Gläubiger des Vereins, die eine Konkursforderung besitzen sowie die Massegläubiger i. S. v. § 59 Abs. 1 Nr. 3 KO (§ 103 Abs. 2 KO); ein Vereinsmitglied kann den Antrag stellen, wenn es Gläubiger des Vereins ist, weil dieser etwa eine Arbeitsvergütung schuldet oder weil das Mitglied dem Verein ein fälliges Darlehen gewährt hat;
- jedes Mitglied des Vorstands – im Liquidationsfall jeder Liquidator –; wird der Antrag nicht von allen vertretungsberechtigten Vorstandsmitgliedern gestellt, so muß die Zahlungsunfähigkeit oder die Überschuldung glaubhaft gemacht werden (§§ 213, 208 Abs. 2 Satz 1 KO); zur Glaubhaftmachung der Zahlungsunfähigkeit können Protokolle über ergebnislose Pfändungen oder Wechselproteste, zur Glaubhaftmachung der Überschuldung kann eine dies nachweisende Bilanz vorgelegt werden[4]; andere Organe als solche, die den Verein vertreten können, haben kein Antragsrecht;
- der faktische Vorstand[5].

2.4. Stellung eines Vergleichsantrags

2015 Wird gegen den Verein ein Antrag auf Eröffnung des Konkursverfahrens gestellt, so kann der Vorstand namens des Vereins die Eröffnung dieses Verfahrens – jedenfalls zunächst – dadurch abwenden, daß er nach § 46 VerglO den Antrag auf Eröffnung des gerichtlichen Vergleichsverfahrens stellt. In diesem Fall ruht das Konkurseröffnungsverfahren solange, bis über den Vergleichsantrag rechtskräftig entschieden ist.

2.5. Gerichtliche Anhörungen vor der Entscheidung über die Verfahrenseröffnung

2016 Haben nicht alle Mitglieder des (Vertretungs-) Vorstands (oder alle Liquidatoren) den Konkursantrag gestellt, so werden die übrigen Organmitglieder

3 *BGH* WM 1975, 6.
4 Vgl. *Lang/Weidmüller/Schaffland* § 100 GenG Rn. 6.
5 Vgl. zum GmbH-Recht: *Rowedder* § 63 GmbHG Rn. 18.

vom Konkursgericht angehört (§§ 213, 208 Abs. 2 Satz 2 KO). Ist der Konkursantrag von anderen Personen gestellt worden, so stellt das Konkursgericht den Antrag dem Verein zu, damit dieser durch seinen Vorstand Stellung nehmen kann.

2.6. Antragsrücknahme

Den Konkursantrag kann nur derjenige zurücknehmen, der ihn gestellt hat[6]. **2017**
Hat z. B. der Schatzmeister den Konkursantrag allein gestellt, so kann diesen der Vorstandsvorsitzende nicht zurücknehmen.

2.7. Konkurseröffnung; Rechtsmittel

Wird der Konkursantrag nach § 105 KO zugelassen und steht zur gerichtli- **2018**
chen Überzeugung der Konkursgrund fest, so erläßt das Konkursgericht den Eröffnungsbeschluß, der die Stunde der Eröffnung angibt (§ 108 Abs. 1 KO).

Die nachfolgend dargestellten Wirkungen der Konkurseröffnung werden durch die Einlegung der sofortigen Beschwerde (§ 73 Abs. 3, § 109 KO) oder der sofortigen weiteren Beschwerde (vgl. § 568 Abs. 2 ZPO) nicht gehemmt.

Hat ein Rechtsmittel gegen den Konkurseröffnungbeschluß Erfolg, so kommen die Wirkungen der Konkurseröffnung rückwirkend in Fortfall[7]. Konkursverwaltergeschäfte bleiben aber in Anwendung der Rechtsgedanken der § 115 Abs. 1 Satz 2 BGB, § 32 FGG wirksam[8].

2.8. Registereintragungen

Aufgrund der amtswegigen Mitteilung des Konkursgerichts[9] wird die Kon- **2019**
kurseröffnung nach § 75 BGB von Amts wegen in das Vereinsregister eingetragen.

Bei erfolgreichem Rechtsmittel im Konkursverfahren wird diese Eintragung wieder gelöscht.

2.9. Die Konkurseröffnung als Einleitung des Verlusts der Rechtsfähigkeit

Nach § 42 Abs. 1 BGB verliert der Verein die Rechtsfähigkeit durch die Kon- **2020**
kurseröffnung. Hier ist aber § 49 Abs. 2 BGB entsprechend mit der Folge anwendbar, daß der Verein während der Dauer des Konkursverfahrens seine Rechtsfähigkeit beibehält; dies ist auch dann der Fall, wenn sich an die konkursmäßige Liquidation ein vereinsrechtlicher Liquidationsabschnitt anschließt, da dann § 49 Abs. 2 BGB unmittelbar gilt.

---

6 *LG Dortmund* ZIP 1985, 1341.
7 *BFH* KTS 1971, 111/114.
8 BGHZ 30, 176.
9 § 112 KO.

In neuerer Zeit ist streitig geworden, ob nicht auch beim Verein die Konkurseröffnung ein Auflösungsgrund ist, wie dies bei den Kapitalgesellschaften und den Genossenschaften der Fall ist (§ 262 Abs. 1 Nr. 3 AktG; § 60 Abs. 1 Nr. 4 GmbHG; § 101 GenG). Die wohl herrschende Auffassung nimmt die Vorschrift des § 42 Abs. 1 BGB wörtlich und verneint deshalb eine Auflösung, es sei denn, die Satzung sieht die Konkurseröffnung als einen Auflösungsgrund vor[10]. Eine andere Auffassung beruft sich auf die Entstehungsgeschichte des jetzigen § 42 BGB. Danach war zunächst auch die Auflösung des Vereins vorgeschlagen worden; die nunmehrige Gesetzesfassung ist auf die Reichstagskommission zurückzuführen, die erwogen hat, »daß das BGB nur den Erwerb bzgl. den Verlust der Rechtsfähigkeit ordnet, während die Auflösung an sich zu bestimmen, dem öffentlichen Vereinsrechte vorbehalten« sei; das sei aber eine nicht zutreffende Annahme gewesen. Da somit nur redaktionelles Versehen vorliege, werde der Verein im Konkursfall in Wirklichkeit aufgelöst[11]. Dieser Ansicht kann nicht gefolgt werden, weil sie der Entstehungsgeschichte eine zu große Bedeutung beimißt. Das Kapitalgesellschafts- und Genossenschaftsrecht kennt den kraft Gesetzes eintretenden Verlust der Rechtsfähigkeit (Fall des § 42 BGB) oder die Entziehung der Rechtsfähigkeit durch einen behördlichen Akt (Fall des § 43 BGB) nicht. Maßgebend ist, was der Reichstag als damaliger Gesetzgeber beschlossen hat. Es kann angenommen werden, daß ihm der Unterschied zwischen der Auflösung einer rechtsfähigen Körperschaft und dem Verlust der Rechtsfähigkeit bekannt war.

2.10. Der Weiterbestand der Vereinsorganisation

2021 Das Konkursverfahren dient – wie das vereinsrechtliche Liquidationsverfahren – der Gläubigerbefriedigung durch Verwertung des Vereinsvermögens (§ 117 Abs. 1 KO, § 49 Abs. 1 Satz 1 BGB). Wäre die im Schrifttum geäußerte Auffassung richtig, daß die Konkurseröffnung zur Vereinsauflösung führt, so hätte der Verein keinen Vorstand mehr, sondern nur noch Liquidatoren. Das trifft indes nicht zu. Während der Dauer des Konkursverfahrens sind die vereinsrechtlichen Liquidationsvorschriften nicht anwendbar. Während des Konkursverfahrens bleibt nach dem Recht aller privaten Körperschaften die bisherige Körperschaftsorganisation bestehen, es bleiben auch die bisherigen Organe im Amt[12]. Die Satzung kann für den Konkursfall zwar die Auflösung weiterer Organe als der Mitgliederversammlung und des Vorstands anordnen; diese beiden Organe müssen aber dem Verein erhalten bleiben. Für den Verein als Gemeinschuldner muß der Vorstand gewisse Pflichten erfüllen und hat auch bestimmte Konkursrechte (vgl. Rn. 2037); die Mitgliederversammlung ist je-

10 Vgl. z. B. *RG* JW 1936, 2063; BGHZ 96, 253/254; *OLG Hamburg* HRR 1933 Nr. 1634; *Soergel/Hadding* § 42 BGB Rn. 9.

11 *KG* JW 1935, 3636; K. *Schmidt* KTS 1984, 345/368 f.; *Erman/Westermann* § 42 BGB Rn. 1; *Böttcher* RPfl 1988, 169/172.

12 Vgl. für den Verein z. B. MünchKomm/*Reuter* § 42 BGB Rn. 1; für AG: BayObLGZ 1988, 61/68; für GmbH: *OLG Hamburg* OLGE 37, 9 sowie *Rowedder* § 63 GmbHG Rn. 38; für Genossenschaften ergibt sich dies aus § 104 GenG, wonach die unverzüglich zu berufende Generalversammlung darüber zu beschließen hat, ob ein Wechsel in den Vorstands- und Aufsichtsratsämtern eintreten soll.

denfalls dann unentbehrlich, wenn es zu einem Konkursvergleich kommt (vgl. Rn. 2031).

2.11. Die Mitgliedschaft im Konkursverein

Mangels abweichender Regelung in der Satzung bestehen die bisher begründeten Mitgliedschaften im Konkursverein fort. Es kann sich aber eine Veränderung der Rechte und Pflichten eines Mitgliedes ergeben. Nach Auffassung des BGH sind die Mitglieder zur Leistung barer Beiträge nur dann verpflichtet, wenn dies die Satzung ausdrücklich vorsieht[13]. Diese Ansicht ist bei einem Monoverein (Verein ohne Abteilungsbildung wegen der beschränkten Zweckverfolgung) richtig. Hat z. B. ein größerer Sportverein neun Abteilungen, in denen verschiedene Sportarten amateurhaft betrieben werden, und eine Profiabteilung, die den Konkurs verursacht hat, so geht der Vereinsbetrieb in den Amateurabteilungen weiter. Der Konkurs der Profiabteilung ist kein Grund, die Mitglieder der Amateurabteilungen von der Beitragspflicht zu befreien und diesen kostenlos die Vereinseinrichtungen zur Verfügung zu stellen. **2022**

Im allgemeinen ist der Konkurs des Vereins kein Grund, daß dessen Mitglieder die Mitgliedschaft außerordentlich kündigen können[14]. Oft wird es so sein, daß die von den Mitgliedern gewählte Vorstandschaft den Konkurs verursacht hat. **2023**

In der Literatur wird die Auffassung vertreten, daß der Beitritt zu einem Konkursverein nicht möglich sei[15]. Schon beim Monoverein im Konkurs bestehen Bedenken, ob diese Meinung zutrifft. Er kann – wie im übrigen auch der Verein mit mehreren Abteilungen – seine werbende Tätigkeit in nichtrechtsfähiger Form fortsetzen (vgl. Rn. 2232). Dann besteht keinerlei Aufnahmesperre, es sei denn, die Satzung besagt etwas anderes. Die Grundsätze des Genossenschaftsrechts, wonach im Konkursfall ein Beitritt nicht mehr möglich ist[16], können im Vereinsrecht keine entsprechende Anwendung finden. Dort besteht eine – dem Vereinsrecht unbekannte – Nachschußpflicht im Konkursfall (§ 105 Abs. 1 GenG), die unter bestimmten Voraussetzungen sogar frühere Mitglieder trifft (§ 101 i. V. m. § 75 GenG), weshalb ein Genosse im Konkursfall auch nicht ausscheiden kann[17]. Damit scheidet ein Eintritt neuer Genossen aus. Beim Verein mit mehreren Abteilungen kann der von der Profiabteilung verursachte Konkurs nicht zu einer Aufnahmesperre in den weiter betriebenen Amateurabteilungen führen, wenn auch zuzugeben ist, daß der »ganze« Verein im Konkurs ist. **2024**

---

13 BGHZ 96, 253/256.

14 Arbeitsrechtlich ist die Betriebseinstellung infolge Konkurses nur in besonderen Ausnahmefällen ein Grund zur außerordentlichen Kündigung nach § 626 BGB, vgl. *BAG* NJW 1969, 525 und 1985, 2606.

15 *Sauter/Schweyer* Rn. 75; *Stöber* Rn. 54.

16 RGZ 50, 127/130; 117, 116; 125, 196; vgl. auch *BGH* DB 1978, 1777.

17 *Lang/Weidmüller/Schaffland* § 105 GenG Rn. 6, 12.

2.12. Das vom Konkursbeschlag erfaßte Vermögen des Vereins; Unternehmenskonkurs beim Verein

2025 Konkursmasse ist das gesamte, einer Zwangsvollstreckung unterliegende Vermögen des Vereins, das diesem zur Zeit der Eröffnung des Konkursverfahrens – das ist die im Eröffnungsbeschluß angegebene Stunde – gehört (§ 1 Abs. 1 KO). Die in Betracht kommenden Gegenstände müssen demnach Vermögenscharakter haben und müssen überdies pfändbar sein. Das zur Konkursmasse gehörende Vermögen verwaltet nicht mehr der Verein durch seine Organe, sondern der Konkursverwalter (§ 6 KO), der es zum Zwecke der Gläubigerbefriedigung zu verwerten hat (§ 117 Abs. 1 KO). Dazu gehören z. B. Schadensersatzansprüche, die dem Verein gegen Dritte, aber auch gegen seine Organmitglieder zustehen.

2026 Nicht wenige Vereine betätigen sich heute als Unternehmer. Für die nachstehenden Ausführungen wird der folgende Fall aus der Praxis zugrunde gelegt: Ein größerer Sportverein unterhält mehrere Abteilungen. Die erste Mannschaft einer Abteilung nimmt am Wettkampfspielbetrieb der ersten oder zweiten Liga eines Sportdachverbandes teil. Neben dieser Profiabteilung unterhält der Verein mehrere weitere Abteilungen, in denen der Sport amateurhaft betrieben wird. Die Profiabteilung hat den Konkurs verursacht. Mangels einer juristischen Verselbständigung dieser Profiabteilung ist der gesamte Verein im Konkurs.

Die Profiabteilung ist Unternehmen im konkursrechtlichen Sinne, wie nachfolgend näher dargestellt wird. Bei einem Unternehmenskonkurs ist heute anerkannt, daß das Unternehmen (in den §§ 130, 132 KO »Geschäft« genannt) des Gemeinschuldners insgesamt, also einschl. derjenigen Gegenstände, die für sich nicht pfändbar wären, in die Konkursmasse fällt. Daraus folgt, daß die Massezugehörigkeit beim Unternehmenskonkurs über den Konkursbeschlag hinausgeht; abgeleitet kann dies aus den Vorschriften der § 117 Abs. 2, § 129 Abs. 2, § 134 Nr. 1 KO werden[18].

2027 Die erwähnte Profiabteilung fällt unter den konkursrechtlichen Begriff »Geschäft«. Darunter wird jedes Erwerbsgeschäft, somit ein Handelsunternehmen i. S. d. §§ 1 bis 3 HGB[19], aber auch ein Gewerbe im gewerberechtlichen Sinne verstanden; es genügt eine auf Erwerb gerichtete Tätigkeit schlechthin[20]. Ein (Sport-) Verein hat dann ein Geschäft im konkursrechtlichen Sinne, wenn er die Merkmale eines Gewerbebetriebes aufweist, wobei der handelsrechtliche Gewerbebegriff zugrunde zu legen ist. Dieser ist bei einer selbständigen, planmäßigen und anbietenden Tätigkeit am Markt gegeben[21]. Zum Teil wird das Merkmal Gewinnerzielungsabsicht verlangt[22], teilweise wird dieses Merkmal nicht für erforderlich erachtet[23]. Als Gewinn werden die Einnahmen ange-

---

18 Vgl. BGHZ 32, 103/106; 85, 221/222; *Hüffer* in: *Geßler/Hefermehl/Eckardt/Kropff* § 264 AktG Rn. 16.

19 Kapitalgesellschaften und Genossenschaften sind immer Handelsgesellschaften, vgl. § 6 Abs. 1 HGB, § 3 AktG, § 13 Abs. 3 GmbHG, § 17 Abs. 2 GenG.

20 *Schultzenstein* ZZP 33, 466 Fußn. 19; *Kilger* § 129 KO Anm. 2.

21 Vgl. z. B. *Baumbach/Duden/Hopt* § 1 HGB Anm. 1 B; *K. Schmidt* Handelsrecht § 9 IV 2 d, S. 254.

22 BGHZ 36, 273/276; *Baumann* AcP 184 (1984), 45/51.

23 *K. Schmidt* a. a. O.; *ders.* JuS 1985, 249/255; *Hopt* ZGR 1987, 145/172.

sehen, die über die Kostendeckung hinausgehen. Die ältere Rechtsprechung hat den Gewinnbegriff bei einem »idealen« Verein verneint, wenn der Gewinn (z. B. aus dem Betrieb einer Gaststätte) den »idealen« satzungsmäßigen Zwecken zugeflossen ist[24]. Mitte der 70er Jahre hat sich im Gewerberecht (insbesondere im Gaststättenrecht) die Auffassung durchgesetzt, daß die Frage der Gewinnerzielungsabsicht und der Gewinnverwendung zu trennen sind: Betreibt z. B. der Verein eine Gaststätte, so ist diese Tätigkeit auch dann gewerbsmäßig, wenn die erzielten Gewinne zur Förderung der sportlichen Zwecke verwendet werden[25]. Die Profiabteilung des angeführten Sportvereins, die marktanbietend tätig ist, indem sie das Zuschauen bei Wettkämpfen gegen Zahlung von Eintrittsgeldern an jedermann ermöglicht, kann somit den handelsrechtlichen Gewerbebegriff auch dann erfüllen, wenn erwirtschaftete Gewinne den anderen Amateurabteilungen, z. B. zur Nachwuchsförderung, zur Verfügung gestellt werden. Wird zusätzlich das Merkmal der Gewinnerzielungsabsicht verlangt, so wird die Vereinsführung eine dahingehende Absicht im Regelfall in Abrede stellen. Die Gewinnerzielungsabsicht wird aber bei Privatpersonen und privaten Vereinigungen vermutet[26].

Die Profiabteilung des angeführten Vereins ist danach ein »Geschäft« im konkursrechtlichen Sinne, das der Verwaltungsbefugnis des Konkursverwalters unterliegt. Soweit mit den Spielern der Profiabteilung Arbeitsverträge bestehen, übt der Konkursverwalter für den Verein die Funktion des Arbeitgebers aus. Gleiches gilt hinsichtlich des sonst beschäftigten Personals (Trainer, Betreuer usw.).

Die Rechtsverhältnisse in den Amateurabteilungen des hier in Betracht gezo- **2028**
genen Sportvereins werden allein durch die Mitgliedschaften im Verein bestimmt. In der Abteilung »Gymnastik« z. B. werden Vereinsleistungen nur aufgrund der Zahlung von Vereinsbeiträgen geboten. Die Vereinsmitgliedschaften »verwaltet« der Konkursverwalter im Regelfall nicht, weil sie nach dem Gesetz (§ 38 Satz 1 BGB; aber Abänderbarkeit durch die Satzung nach § 40 BGB) nicht übertragbar und nicht pfändbar sind und demgemäß vom Konkursbeschlag nicht erfaßt werden. Zunächst ist aber in der Praxis der Konkursverwalter auch für die Amateurabteilungen insoweit zuständig, als er die Haushaltmittel aller Abteilungen verwaltet, die zur Zeit der Konkurseröffnung noch nicht verbraucht sind. Dauert das Konkursverfahren – wie üblich – längere Zeit, so sind alle Mitgliedsbeiträge, die nach der Konkurseröffnung gezahlt werden, konkursfreier Neuerwerb. Für diesen scheidet eine Zuständigkeit des Konkursverwalters aus. Wird über das Vermögen eines »Nur«-Handelsunternehmens das Konkursverfahren eröffnet, so ist eine Aufspaltung von Unternehmensteilen in massezugehörig und nicht massezugehörig nicht möglich. Übertragen auf die Verhältnisse in einem Verein mit einer Profiabteilung und mehreren Amateurabteilungen würde dies bedeuten, daß alle Abteilungen der Verwaltung des Konkursverwalters unterstehen. Dieses Ergebnis würde die besonderen Verhältnisse bei dem angeführten Verein nicht berücksichtigen. Im mitgliedschaft-

---

24 Vgl. z. B. *KG* RJA 2, 19; 4, 203; 11, 200; *KG* JW 1928, 238.

25 *OVG Münster* GewArch. 1976, 236; *VGH Baden-Württemberg* GewArch. 1983, 94; *OVG Lüneburg* GewArch. 1984, 298; *OLG Stuttgart* GewArch. 1985, 194.

26 BGHZ 57, 191/199 f.

lichen Bereich, der allein für die Amateurabteilungen in Betracht kommt, hat der Konkursverwalter keine Kompetenz.

2029 Der angeführte Sportverein ist Mitglied eines Sportdachverbandes. Auch diese Mitgliedschaft wird nicht konkursbefangen.

2.13. Die ausschließlichen Zuständigkeiten der Organe des Konkursvereins

2.13.1. Allgemeines zur Zuständigkeit der Vereinsorgane im Konkurs

2030 Soweit hiervon die Konkursmasse nicht berührt wird, sind die Organe des Konkursvereins in ihrer Rechtsetzungs-, Ordnungs- und Ordnungsdurchsetzungsbefugnis nicht eingeschränkt. Dies gilt insbesondere dann, wenn die Vereinstätigkeit aktiv fortgesetzt wird.

2.13.2. Die Zuständigkeit der Mitgliederversammlung

2031 Die Mitgliederversammlung kann die Satzung ändern, sofern der Konkurszweck hiervon nicht berührt wird. Sie kann Organmitglieder abberufen und neue bestellen[27]. Die Mitgliederversammlung kann aber nur eine Organstellung verschaffen. Für den Abschluß eines Dienstvertrages besteht die ausschließliche Zuständigkeit des Konkursverwalters. Die Begründung eines Auftragsverhältnisses mit Organmitgliedern ohne Mitwirkung des Konkursverwalters ist jedenfalls dann zulässig, wenn der zu leistende Aufwendungsersatz (§ 670 BGB) aus Mitteln bestritten wird, die dem Verein als konkursfreies Vermögen zur Verfügung stehen. Soweit nicht das Konkursrecht entgegensteht, kann die Mitgliederversammlung durch Satzungsänderung die Vertretungsmacht des Vorstands beschränken (§ 26 Abs. 2 Satz 2 BGB). Die Mitgliederversammlung beschließt über die Aufnahme von Mitgliedern oder über den Ausschluß. Sie kann auch dem Vorstand Entlastung erteilen. Der Konkursverwalter braucht aber die Verzichtswirkung einer Entlastung nicht gegen sich gelten zu lassen; er kann Schadensersatzansprüche gegen Organmitglieder trotz Entlastung verfolgen[28]. Beim Ausschluß aus dem Verein kann die Mitgliederversammlung nur die Mitgliedschaft, nicht aber ein mit dem Mitglied bestehendes Arbeitsverhältnis beenden, da dies allein Sache des Konkursverwalters ist. Gleiches gilt, wenn ein Organmitglied abberufen wird, mit dem ein Dienstvertrag besteht.

Der Vorstand überläßt es der Mitgliederversammlung aus Gründen der Zweckmäßigkeit, über den Inhalt eines Zwangsvergleichs (§§ 173 ff. KO), den der Vorstand erarbeitet hat, sowie über den Antrag auf Einstellung des Konkursverfahrens nach § 202 KO zu beschließen.

Die Mitgliederversammlung ist schließlich auch zuständig, über die Fortsetzung des Vereins während des laufenden Konkursverfahrens oder nach Beendigung desselben Beschluß zu fassen.

2032 Mitgliederversammlungen verursachen Kosten, und zwar nicht nur für die Teilnehmer, sondern auch für den Verein. Die durch die Einberufung und Durchführung der Mitgliederversammlung entstehenden Kosten sind nicht

27 Vgl. *OLG Braunschweig* OLGE 27, 379/380; *OLG Hamburg* OLGE 37, 9.
28 Vgl. *Rowedder* § 63 GmbHG Rn. 39; *Lang/Weidmüller/Schaffland* § 101 GenG Rn. 4.

Massekosten i. S. d. § 58 Nr. 2 KO. Sie hat somit der Verein aus dem konkursfreien Vermögen zu bestreiten.

Der Konkursverwalter hat kein mitgliedschaftliches Anwesenheitsrecht in der Mitgliederversammlung und demgemäß auch kein Rederecht. Kommen aber Gegenstände zur Beratung und Abstimmung, die Auswirkungen auf die Konkursmasse haben können, so hat der Konkursverwalter ein Teilnahmerecht (vgl. dazu Rn. 878). **2033**

2.13.3. Die Zuständigkeit des Vorstands

Bei der Zuständigkeit des Vorstands eines Konkursvereins ist ein vereinsrechtlicher und ein konkursrechtlicher Bereich zu unterscheiden. **2034**

Der Vorstand bleibt auch im Konkurs das Organ, das den Verein vertritt (§ 26 Abs. 2 Satz 1 BGB). Er vertritt z. B. den Verein in einem Prozeß, den ein Mitglied wegen seiner Mitgliedschaft führt. Dem Vorstand obliegt die Anmeldepflicht gegenüber dem Registergericht, wenn die Satzung geändert oder ein Wechsel im Vorstandsamt eintritt[29]. Fehlt ein Vorstand, so muß ein Notvorstand nach § 29 BGB bestellt werden, da anderenfalls der Verein als Gemeinschuldner im Konkursverfahren nicht die sich aus diesem ergebenden Rechte und Pflichten wahrnehmen könnte[30]. Eine Vertretungszuständigkeit des Vorstands ist nicht gegeben, soweit eine Zuständigkeit des Konkursverwalters nach § 6 KO bei der Verwaltung und Verfügung über die Konkursmasse besteht. Dem Vorstand obliegt z. B. die Vorbereitung und Einberufung der Mitgliederversammlung. In den die Konkursmasse nicht betreffenden Prozessen vertritt der Vorstand (etwa Klage eines ausgeschlossenen Mitglieds auf Feststellung, daß der Ausschluß unwirksam ist). Lehnt der Konkursverwalter die Aufnahme eines durch das Konkursverfahren unterbrochenen Prozesses ab, so muß sich der Vorstand darüber schlüssig werden, ob der Prozeß für den Verein aufgenommen werden soll[31]. **2035**

Dem Vorstand obliegt weiterhin die Vereinsverwaltung (Geschäftsführung). Er bleibt der Leiter des inneren Dienstbetriebes der Amateurabteilungen. Seine Zuständigkeit umfaßt auch die Verwaltung des konkursfreien Vermögens. Das ist – werden die unpfändbaren Gegenstände und diejenigen Gegenstände außer Betracht gelassen, die der Konkursverwalter freigibt – der sog. Neuerwerb, also das Vermögen, das dem Verein nach der Stunde der Konkurseröffnung zufließt. Das sind zunächst die Mitgliederbeiträge. Nur die im Zeitpunkt der Konkurseröffnung bereits fälligen, also rückständigen Beiträge fallen in die Konkursmasse[32]; die später fällig werdenden Beiträge stehen dem Verein als konkursfreies Vermögen zur Verfügung. Ferner sind konkursfrei die Einnahmen aus dem Amateurbereich, wenn Mitglieder über eine Beitragszahlung hinaus für die Benutzung von Vereinseinrichtungen ein Entgelt zu zahlen haben. Zuwendungen von Sponsoren nach der Konkurseröffnung sind konkursfrei, wenn der Zuwendungsgrund erst nach diesem Zeitpunkt entstanden ist. Gleiches gilt für Zuwendungen der öffentlichen Hand im Rahmen der Sportförderung.

---

29 Vgl. *KG* OLGE 34, 365: GmbH.
30 Vgl. BayObLGZ 1988, 61: AG.
31 § 10 KO; vgl. *BGH* NJW 1981, 1097/1098.
32 *RG* HRR 1937 Nr. 429; BGHZ 96, 253/256 f.

2036 Setzt der Konkursverwalter bei einem Profisportverein den Spielbetrieb fort, so kann es zweifelhaft sein, ob eine wegen eines Spielerwechsels gezahlte Transfersumme konkursfrei ist oder nicht. Die Pflicht zur Zahlung einer solchen Entschädigung ergibt sich allein aus dem Verbandsrecht. Solche Zahlungen dienen der Aufrechterhaltung des Spielbetriebs auf Verbandsebene. Veranstalter der Spiele sind nicht die einzelnen Vereine, sondern der Verband. Für einen abgegebenen Spieler soll ein gleichwertiger Ersatz gefunden werden. Die Zahlung dient der Aufrechterhaltung der Konkurrenzfähigkeit der einzelnen am Spielbetrieb des Verbandes teilnehmenden Vereine. Legt man die Rechtsprechung zu den Mitgliedsbeiträgen zugrunde, so fällt eine Transferentschädigung nur dann in die Konkursmasse, wenn ein Spieler bereits vom späteren Konkursverein zu einem anderen Verein gewechselt ist und der aufnehmende Verein die Transferentschädigung vor der Konkurseröffnung noch nicht entrichtet hat. Wird von dieser Betrachtung abgesehen, so ist die menschliche Arbeitskraft eines Spielers als Ausstrahlung der Einzelpersönlichkeit kein Wirtschaftsgut, also kein Vermögensobjekt und damit konkursfrei[33]. Forderungen des Gemeinschuldners fallen in die Konkursmasse. Es muß dann aber bereits ein bedingter Anspruch vorhanden[34] oder zumindest eine rechtlich geschützte Anwartschaft gegeben sein[35]. Eine Anwartschaft ist dann begründet worden, wenn von dem mehraktigen Entstehungstatbestand eines Rechts schon so viele Erfordernisse erfüllt sind, daß von einer gesicherten Rechtsposition des Erwerbers gesprochen werden kann, die der andere an der Entstehung des Vollrechts Beteiligte nicht mehr einseitig zu zerstören vermag[36]. Eine solche Anwartschaft ist etwa gegeben, wenn der auf die Transferliste gesetzte Spieler bereits einen Vorvertrag mit einem anderen Verein hat oder wenn die Verhandlungen mit diesem bereits zu einem unterschriftsreifen Vertrag (vor Konkurseröffnung) gediehen sind. In einem solchen Fall dürfte die Transferentschädigung in die Konkursmasse fallen. Wechselt ein Spieler nach Konkurseröffnung, ohne daß die angeführte rechtliche Anwartschaft begründet worden ist, so ist die Transferentschädigung konkursfreies Vermögen. Davon ist nur theoretisch eine Ausnahme denkbar: Der Konkurs dauert Jahre, der wechselnde Spieler hat seine Aus- und Weiterbildung durch den Konkursverein erfahren.

2037 Zu den wichtigsten Aufgaben des Vorstands eines Konkursvereins mit mehreren Abteilungen gehört es, eine Zusammenarbeit mit dem Konkursverwalter so herzustellen, daß der Betrieb des gesamten Vereins weiterhin möglich ist.

Der Verein hat als Gemeinschuldner im Konkursverfahren Rechte, ihn treffen aber auch Pflichten, die für ihn der Vorstand wahrzunehmen hat. An Befugnissen kommen in Betracht: Einlegung von Rechtsbehelfen nach §§ 109, 189 KO, Anträge an das Gericht nach § 135 Abs. 2 KO oder nach § 165 KO, Anträge auf Einstellung des Verfahrens nach § 202 KO sowie das Vorschlagsrecht für den Zwangsvergleich (§ 173 KO). An Pflichten kommen u. a. die Auskunfts-

33 *OLG Düsseldorf* ZIP 1982, 720; *Jaeger/Henckel* Rn. 14, *Kuhn/Uhlenbruck* Rn. 78, je zu § 1 KO.
34 *RG* HRR 1937 Nr. 429 a.
35 *Kilger* § 1 KO Anm. 5 c.
36 *BGH* NJW 1984, 973.

pflicht (§ 100 KO) und die Abgabe der eidesstattlichen Versicherung in Betracht[37].

Der Vorstand kann dem Konkursverwalter eine Einzelvollmacht erteilen. Un- **2038**
zulässig ist es jedoch, daß er dem Konkursverwalter eine Generalvollmacht erteilt und diesem (für längere) Zeit die gesamte Leitung des Vereins überläßt (Fall aus der Praxis). Im konkursrechtlichen Bereich kann der Konkursverwalter nicht kraft Vollmacht die Rechte und Pflichten des Vorstands ausüben. Vereinsrechtlich ist die Erteilung einer Generalvollmacht dann unzulässig, wenn sich der Vorstand praktisch des Amts enthebt und dieses einem Dritten überläßt.

2.14. Die Zuständigkeit des Konkursverwalters

Der Konkursverwalter übt eine die Zuständigkeit der Vereinsorgane verdrän- **2039**
gende private Amtsstellung aus. Er hat die Konkursmasse, u. U. das »Unternehmen« des Vereins, in Besitz zu nehmen, hat es zu verwalten und ist befugt, über die Konkursmasse zu verfügen (§ 6 Abs. 2 KO).

Beim Konkurs eines Vereins mit einer Profiabteilung und mit Amateurabteilungen ergibt sich für den Konkursverwalter zunächst die Frage, ob er »das Geschäft«, das die Profiabteilung darstellt, schließen soll, und zwar noch bevor ein Gläubigerausschuß bestellt ist (§ 129 Abs. 2 Satz 1 KO; ist ein Gläubigerausschuß bestellt, so beschließt dieser über die Fortführung oder Nichtfortführung).

Wird der Betrieb der Profiabteilung fortgeführt, so übernimmt der Kon- **2040**
kursverwalter die Arbeitgeberfunktion des Vereins. Die Einstellung neuer Spieler oder sonstiger Mitarbeiter dieser Vereinsabteilung (z. B. Trainer) ist dann allein Sache des Konkursverwalters, wenn die Spieler nicht nach der Satzung zugleich die Vereinsmitgliedschaft haben müssen. Ist die Vereinsmitgliedschaft eines neuen Spielers erforderlich, so müssen Vorstand und Konkursverwalter zusammenwirken (Abschluß eines Arbeitsvertrages einerseits und Aufnahme als Vereinsmitglied andererseits). Die gleiche Rechtslage ist gegeben, wenn ein Spieler den Verein verlassen will.

Besteht mit den Mitgliedern des Vorstands ein Dienstvertrag, so kann der Konkursverwalter sich mit diesen dahingehend einigen, daß die Vergütung herabgesetzt wird. Ansonsten kann er den Dienstvertrag nach § 22 KO mit der gesetzlichen Frist kündigen[38], wodurch aber die Organstellung des Vorstands nicht beseitigt wird[39]. Weiter kann der Konkursverwalter Dienst- oder Arbeitsverträge mit Vereinsbediensteten kündigen.

Zahlt der Konkursverwalter die Gehälter aus der Masse, so kann er Vorstandsmitglieder, aber auch sonstige Vereinsangestellte (und Arbeiter) als seine Gehilfen im Bereich der Konkursverwaltung einsetzen und kann ihnen Vollmacht erteilen[40].

---

37 Vgl. dazu eingehend: *Uhlenbruck* GmbHR 1972, 170/174 ff.

38 Vgl. BGHZ 75, 209/210 f.

39 Vgl. *KG* OLGE 34, 365/366.

40 Vgl. *Schultz* KTS 1986, 389/406; *Scholz/K. Schmidt* § 63 GmbHG Rn. 64; vgl. auch *BGH* NJW 1987, 2018.

2041 Führt der Konkursverwalter den Betrieb der Profiabteilung fort, so hat dies Einnahmen (Eintrittsgelder usw.) und Ausgaben (Spielergehälter usw.) zur Folge. Die Ausgaben sind Masseschulden (§ 59 Abs. 1 Nr. 1, 2 KO) und Massekosten nach § 58 Nr. 2 KO[41]. Die durch die Fortführung erzielten Einnahmen unterliegen allein der Verwaltung des Konkursverwalters. Dies gilt auch für Einnahmen aus laufenden, d. h. vor der Konkurseröffnung abgeschlossenen Verträgen mit Werbepartnern oder Sponsoren usw.

2042 Führt der Konkursverwalter den Betrieb nicht fort, so stellt sich die Rechtslage für die Spieler wie folgt dar[42]: Der Konkursverwalter kann in der Lage sein, den Spielern die vereinbarte Vergütung (Masseschuld nach § 59 Abs. 1 Nr. 2 KO) zu zahlen. Ist dies nicht der Fall, so steht den Spielern für Lohnrückstände bis zu drei Monaten Konkursausfallgeld nach den §§ 141 a ff. AFG gegen die Bundesanstalt für Arbeit zu[43]. Das Kündigungsrecht des Konkursverwalters (§ 22 Abs. 1 Satz 1 KO) ist eingeschränkt, da er das Kündigungsschutzgesetz beachten muß und die dort angeführten Kündigungsgründe im Regelfall nicht gegeben sind; Spieler und Verein können ordentlich kündigen, wobei aber der Verein einen Kündigungsgrund nach § 1 KSchG haben muß.

2.15. Überschneidungsbereiche

2043 Beim Verein mit einer Profiabteilung und mit Amateurabteilungen sind im Konkursfalle nicht selten Rechtsangelegenheiten gegeben, die sowohl in den Zuständigkeitsbereich des Konkursverwalters als auch des Vereins, somit des Vorstands fallen. Man nennt dies Überschneidungsbereiche[44]. In diesen muß die Konkursmasse durch den Konkursverwalter und der Verein durch den Vorstand vertreten sein. Dies gilt dann auch in Prozessen vor dem ordentlichen Gericht oder einem Schiedsgericht. Beispiele hierfür ergeben sich aus den vorstehenden Ausführungen.

Ist z. B. ein Spieler sowohl mitgliedschaftlich als auch arbeitsrechtlich mit dem Verein verbunden, so müssen bei einem Spielerwechsel sowohl der Konkursverwalter als auch der Vorstand die Freigabeerklärung unterschreiben. Die jährliche Meldung zur Zulassung zum Meisterschaftsspielbetrieb ist eine Angelegenheit der Mitgliedschaft des Konkursvereins beim Verband, aber auch eine solche des Konkursverwalters, soweit die wirtschaftliche Seite der Teilnahme am Verbandsspielbetrieb in Betracht kommt.

Handelt in Überschneidungsbereichen nur der Konkursverwalter oder nur der Vorstand, so sind Rechtshandlungen schwebend unwirksam, solange die erforderliche Genehmigung des Vorstands oder Konkursverwalters nicht erteilt wird. Wird die Genehmigung versagt, so ist die Rechtshandlung unwirksam.

---

41 Vgl. *BGH* NJW 1987, 844/845.

42 Vgl. *Grunsky* Abhandlung »Arbeitsrechtliche Einzelfragen des Sportlerstatus bei Insolvenz des Vereins« in Der Sportverein in der wirtschaftlichen Krise, S. 53 ff.

43 Andere Lohnrückstände sind bis zu sechs Monaten Rückstand vor Konkurseröffnung Masseschulden nach § 59 Abs. 1 Nr. 3 KO oder bei Rückständen bis zu 12 Monaten bevorrechtigte Konkursforderungen nach § 61 Abs. 1 Nr. 1 KO oder einfache Konkursforderungen.

44 Vgl. z. B. BayObLGZ 1988, 61/68.

2.16. Die Beendigung des Konkurses; die Vollbeendigung des Vereins

Der Konkurs kann wie folgt enden: Es kommt zur Schlußverteilung der Masse unter die Gläubiger (§ 163 KO); der Zwangsvergleich ist rechtskräftig bestätigt (§§ 173 ff. KO); das Konkursverfahren wird auf Antrag des Vereins eingestellt (§ 202 KO); die Einstellung wird deshalb beschlossen, weil nicht einmal eine die Kosten deckende Masse vorhanden ist. **2044**
Ist nach der Konkursbeendigung kein Vermögen des Vereins mehr vorhanden, so ist dieser erloschen[45], wenn keine Fortsetzung des Vereins in nichtrechtsfähiger Form beschlossen worden ist. Evtl. noch nicht berichtigte Schulden ändern daran nichts. Einen Anfallberechtigten für das restliche Vereinsvermögen gibt es dann nicht.

2.17. Fortsetzung des Vereins; vereinsrechtliche Liquidation

Vgl. zur Fortsetzung des Vereins Rn. 2232 ff. und zur vereinsrechtlichen Liquidation Rn. 2117 ff., 2082. **2045**

3. Der Verein im gerichtlichen Vergleichsverfahren

3.1. Allgemeines

Im Falle der Überschuldung hat der Vorstand entweder die Eröffnung des Konkursverfahrens oder des gerichtlichen Vergleichsverfahrens zu beantragen (§ 42 Abs. 2 Satz 1 BGB). Die gleiche Pflicht hat der Vorstand aus einer Organstellung heraus, wenn der Verein zahlungsunfähig ist. **2046**
Es liegt grundsätzlich im pflichtgemäßen Ermessen des Vorstands, welcher dieser Anträge gestellt wird. Da aber ein Vergleichsvorschlag dahingehend bei Gericht einzureichen ist, daß den Vergleichsgläubigern 35 % ihrer Forderungen in bar geboten werden (§ 7 Abs. 1, 3 VerglO), muß Konkursantrag gestellt werden, wenn der Verein diese flüssigen Mittel (wie im Regelfall einer Insolvenz) nicht mehr aufbringen kann. Allerdings ist ein Vergleichsantrag auch ein bedingter Konkursantrag (vgl. §§ 19, 80, 101 VerglO).

3.2. Die Antragstellung

Im Gegensatz zum Konkursantrag kann der Antrag auf Eröffnung des gerichtlichen Vergleichsverfahrens nur von dem durch den Vorstand vertretenen Verein gestellt werden (§ 2 Abs. 1 Satz 2 VerglO). Die Antragstellung (durch Liquidatoren) ist auch möglich, wenn sich der Verein im Liquidationsstadium befindet (§ 108 Abs. 1 Satz 1 VerglO i. V. m. §§ 213, 207 Abs. 2 KO). Es ist aber nicht – wie beim Konkursantrag – jedes Mitglied des Vorstands zur Antragstellung befugt, sondern nur der Vorstand in vertretungsberechtigter Zahl. **2047**
Ist von einem Vereinsgläubiger oder von einem von mehreren alleinvertretungsberechtigten Vorstandsmitgliedern Konkursantrag gestellt und die Eröffnung noch nicht beschlossen worden, so kann von einem anderen alleinvertretungsberechtigten Vorstandsmitglied der Antrag auf Eröffnung des ge-

45 *BGH* NJW 1979, 1592.

richtlichen Vergleichsverfahrens mit Folge gestellt werden, daß dieses Verfahren zunächst zum Abschluß kommt (§ 46 VerglO).
Dem Antrag müssen beigefügt werden: eine Vermögensübersicht, u. U. ein Jahresabschluß (§ 4 Abs. 1 Nr. 1, § 5 VerglO), ein Gläubiger- und Schuldnerverzeichnis (§ 4 Abs. 1 Nr. 2, § 6 VerglO) sowie die in § 4 Abs. 1 Nr. 3–5 VerglO geforderten Erklärungen.

3.3. Die Eröffnung des gerichtlichen Vergleichsverfahrens

2048 Wird vom Vergleichsgericht das Verfahren eröffnet (§§ 20 ff. VerglO), so hat dies auf die Rechtsfähigkeit des Vereins keinen Einfluß[46]; auch ein Auflösungstatbestand ist nicht gegeben. Der Verein behält die Befugnisse zur Verwaltung seines Vermögens, soweit nicht das Gericht Verfügungsbeschränkungen auferlegt (§ 12, 58 ff. VerglO).
Für die Mitgliederversammlung des »werbenden« Vereins kann das Vergleichsverfahren Anlaß sein, die Auflösung des Vereins zu beschließen. In diesem Fall wird die Liquidation zurückgestellt, bis das gerichtliche Vergleichsverfahren abgeschlossen ist.

3.4. Der Abschluß des Verfahrens

2049 Der von den Gläubigern angenommene Vergleich muß vom Gericht bestätigt werden. Dies kann zur Aufhebung des Vergleichsverfahrens führen (§ 90 VerglO). Das Verfahren kann aber auch mit der Eröffnung des Anschlußkonkursverfahrens enden (§ 102 VerglO).
Kommt es nicht zum Anschlußkonkurs, so wird der Verein nach dem Abschluß des gerichtlichen Vergleichsverfahrens mangels anderer Beschlußfassung unverändert fortgesetzt; eines Fortsetzungsbeschlusses bedarf es also nicht. Befand sich der Verein im Liquidationsstadium, so wird die vereinsrechtliche Abwicklung begonnen oder fortgesetzt.

3.5. Die Registereintragungen

2050 Die Eröffnung des gerichtlichen Vergleichsverfahrens wird im Vereinsregister von Amts wegen eingetragen (§ 108 Abs. 1 Satz 2 VerglO i. V. m. § 23 VerglO). Die Geschäftsstelle des Vergleichsgerichts veranlaßt die Veröffentlichung des Eröffnungsbeschlusses (§ 22 Abs. 1 VerglO).
Weiter werden aufgrund einer Mitteilung der Geschäftsstelle des Vergleichsgerichts in das Vereinsregister eingetragen: der Beschluß, der die Vergleichsbestätigung versagt (§ 81 Abs. 1 i. V. m. § 108 Abs. 1 Satz 2 und § 23 VerglO) sowie die Aufhebung des gerichtlichen Vergleichsverfahrens (§ 98 Abs. 3 Satz 1 i. V. m. § 108 Abs. 1 Satz 2 und § 23 VerglO). Kommt es zur Eröffnung des Anschlußkonkursverfahrens, so wird die Konkurseröffnung nach § 75 Satz 1 BGB von Amts wegen eingetragen.

---

46 Vgl. RGZ 154, 72/76: Gen.

IX. Das Ende des rechtsfähigen Vereins

1. Grundsätzliches zur Auflösung und zum Verlust der Rechtsfähigkeit

1.1. Fälle der Auflösung des Vereins (Übersicht)

Der Verein kann durch einen eigenen Willensentschluß aufgelöst werden durch **2051**
- Beschluß der Mitgliederversammlung (§ 41 BGB), vgl. Rn. 2054,
- Beschluß über die Sitzverlegung ins Ausland, der eine Auflösung beinhaltet, vgl. Rn. 3038.

Weiter kann der Verein kraft Satzungsbestimmung bei Eintritt bestimmter Tatbestände aufgelöst werden, und zwar durch Zeitablauf (vgl. Rn. 2067) und durch Eintritt eines bestimmten Ereignisses (vgl. Rn. 2077).

Aufgelöst wird der Verein schließlich auch durch den Wegfall sämtlicher Mitglieder.

Die Auflösung kann auch gegen den Willen des Vereins durch Staatsakt vorgenommen werden.

In Betracht kommt die Auflösung
- aufgrund des öffentlichen Vereinsrechts (Art. 9 Abs. 2 GG i. V. m. § 3 VereinsG; vgl. Rn. 2934) und
- durch Entscheidung des Bundesverfassungsgerichts (§ 39 Abs. 2 BVerfGG).

1.2. Fälle des Verlusts der Rechtsfähigkeit (Übersicht)

Der Verein verliert seine Rechtsfähigkeit durch **2052**
- die Eröffnung des Konkursverfahrens über sein Vermögen (§ 42 Abs. 1 BGB; vgl. Rn. 2020);
- Verfügung der Verwaltungsbehörde (§ 43 BGB; vgl. Rn. 2083);
- Verfügung des Registergerichts: Entzug der Rechtsfähigkeit wegen Absinkens der Mitgliederzahl unter drei (§ 73 BGB; vgl. Rn. 2097) und durch die Löschung der Gesamteintragung des Vereins (§§ 159, 142 BGB; vgl. Rn. 2102);
- Verzicht auf diese; vgl. Rn. 2106;
- Anordnung des Gesetzgebers; vgl. Rn. 2893, 2901.

1.3. Unterschiede und Gemeinsamkeiten

Zwischen der nicht auf einem Staatsakt beruhenden Auflösung des Vereins und **2053**
dem Verlust seiner Rechtsfähigkeiten können sich in den Rechtsfolgen Gemeinsamkeiten ergeben, es können aber auch grundlegende Unterschiede bestehen[1].

Wird die auflösungsähnliche Wirkung bei der Verschmelzung zweier Vereine für den übertragenden Verein außer Betracht gelassen, so ändert der Verein im Falle seiner Auflösung seinen Zweck. Er stellt seine aktive oder werbende Tä-

---

1 A. A. BGHZ 96, 253/256.

tigkeit ein. Er wird im Regelfall ein Liquidationsverein, dessen Zweck die Abwicklung seiner Geschäfte, die Verwertung seines Vermögens und schließlich die Beendigung seiner Existenz ist.
Die Entziehung oder der Verlust der Rechtsfähigkeit läßt nicht nur den Personenverband in seinem Bestand unberührt, es tritt auch nicht notwendig eine Auswechslung des Vereinszwecks ein. Der Verein kann als werbender bestehen bleiben; es ändert sich dann nur seine Rechtsform, da aus dem rechtsfähigen ein nichtrechtsfähiger Verein wird. Streitig ist, ob diese Veränderung automatisch eintritt, ob die Satzung den Fortbestand des werbenden Vereins in nichtrechtsfähiger Form vorsehen muß oder ob hierzu ein Beschluß der Mitgliederversammlung erforderlich ist.
Für den Verein ergeben sich gleiche Rechtsfolgen, wenn nach der von ihm herbeigeführten Auflösung sowie nach dem Entzug der Rechtsfähigkeit durch die Verwaltungsbehörde (§ 43 BGB) das Vereinsvermögen an den Fiskus fällt. In all diesen Fällen hat der Verein mit der Wirksamkeit seiner Auflösung oder des Entziehungsbescheids der Verwaltungsbehörde sofort seine Rechtsfähigkeit verloren; auch der Personenverband findet sofort sein Ende. Im Falle der Konkurseröffnung treten diese Rechtsfolgen dann ein, wenn das Konkursverfahren abgeschlossen und kein Restvermögen des Vereins vorhanden ist.

2. Die Fälle der Auflösung des Vereins

2.1. Die Auflösung durch Beschluß der Mitgliederversammlung

2.1.1. Das unentziehbare Auflösungsrecht

2054 Nach § 41 Abs. 1 Satz 1 BGB kann der Verein durch Beschluß der Mitgliederversammlung aufgelöst werden.
Die verfassungsrechtlich garantierte positive Freiheit der Vereinsbildung (Art. 9 Abs. 1 GG) hat die in gleicher Weise verbürgte negative Freiheit zur Folge, den Verein wieder auflösen zu können[2]; der die Auflösung regelnde § 41 BGB ist eine einfachgesetzliche Ausgestaltung dieses negativen Freiheitsrechts. Die Satzung kann das Selbstauflösungsrecht der Mitglieder nicht ausschließen. Wird der Kern des Rechts auf Selbstauflösung nicht angetastet, so kann diese jedoch durch die Satzung erschwert werden.

2.1.2. Die zwingende Zuständigkeit der Mitgliederversammlung; zulässige und unzulässige Erschwerungen

2055 Für die Entschließung, ob der Verein seinen werbenden Zweck aufgeben, also aufgelöst werden soll, ist in § 41 Satz 1 BGB zwingend die Zuständigkeit der Mitgliederversammlung vorgesehen. Damit scheidet eine schriftliche einstimmige Beschlußfassung nach § 32 Abs. 2 BGB aus; dies folgt daraus, daß § 41 BGB nicht von der Satzungsdisposition des § 40 BGB erfaßt wird, wie dies für § 32 BGB (jedenfalls dem Grundsatz nach) der Fall ist[3]. Das Recht zur Selbst-

2 Vgl. *v. Münch* Rn. 19, *Seifert/Hömig* Rn. 3, je zu Art. 9 GG.
3 Im Ergebnis ebenso: MünchKomm/*Reuter* Rn. 7, *Staudinger/Coing* Rn. 16, je zu § 41 BGB; a. A. *KG* DJ 1936, 1949; *Sauter/Schweyer* Rn. 354; *Stöber* Rn. 270; *Böttcher* RPfl 1988, 169/171.

auflösung steht auch der Mitgliederversammlung einer in einen Großverein eingegliederten selbständigen, in rechtsfähiger Vereinsform bestehenden Untergliederung zu[4].

Besteht eine Vertreter- oder Delegiertenversammlung, so kann (nur) diese die Auflösung eines Großvereins oder Vereinsverbandes beschließen.

Die Satzung kann nicht die konkurrierende Zuständigkeit eines weiteren Ver- **2056**
einsorgans für die Auflösungsentscheidung vorsehen; dagegen spricht der Wortlaut des § 41 Satz 1 BGB[5].

Die Auflösungsentscheidung kann von der Zustimmung von Vereinsmitgliedern nur dann abhängig gemacht werden, wenn diesen insoweit ein Sonderrecht nach § 35 BGB zusteht. Eine Satzungsbestimmung, wonach die Zustimmung eines anderen Vereinsorgans erforderlich ist, hat keine Wirksamkeit, weil damit im Ergebnis eine konkurrierende Zuständigkeit geschaffen würde[6].

Die Zustimmung außenstehender Dritter wird heute überwiegend für un- **2057**
zulässig angesehen[7], nur vereinzelt wird auch die Zulässigkeit bejaht[8]. Der herrschenden Auffassung ist dem Grundsatz nach zuzustimmen. Es sind aber Ausnahmen zuzulassen, wenn hierfür zwingende Erfordernisse bestehen und das Recht der Mitglieder zur Selbstauflösung im Kern nicht berührt wird. Solche Ausnahmefälle sind gegeben, wenn ein Außenstehender durch Zurverfügungstellung seiner finanziellen Mittel das Vereinsleben erst ermöglicht. Dabei ist an Vereine innerhalb von Betrieben zu denken, aber auch an solche, die von einem finanzkräftigen Mäzen weitgehend gesponsert werden. Vgl. zu den nach Art. 140 GG i. V. m. Art. 137 WRV privilegierten Vereinen nachfolgend Rn. 2062.

Die satzungsmäßige Anordnung, daß in zwei zeitlich etwa drei Monate ausein- **2058**
anderliegenden Mitgliederversammlungen abgestimmt werden muß, ist zulässig. Eine Erschwerung der Auflösung ist auch durch Festlegung einer Mehrheit zulässig, die über ¾ hinausgeht (§ 41 Satz 2 BGB).

2.1.3. Beschlußinhalt; Auflösung und Satzungsänderung

Der Beschluß soll dahin lauten, daß der Verein aufgelöst wird. Wird dies nicht **2059**
beachtet, so genügt für die Annahme einer Auflösungsentscheidung der klar zum Ausdruck gebrachte Wille, daß der Verein seine werbende Tätigkeit aufgibt[9].

---

4 *OLG Dresden* LZ 1931 Sp. 339; *Soergel/Hadding* § 41 BGB Rn. 3.

5 *Sauter/Schweyer* Rn. 354; im GmbH- und Genossenschaftsrecht einhellige Meinung, vgl. z. B. *Baumbach/Schulze-Osterloh* Rn. 15, *Rowedder/Rasner* Rn. 24, *Scholz/K. Schmidt* Rn. 12, je zu § 60 GmbHG; *Lang/Weidmüller/Schaffland* § 78 GenG Rn. 1; a. A. *KG* OLGZ 1968, 200/206; *Soergel/Hadding* § 41 BGB Rn. 3.

6 Ebenso für das GmbH-Recht: *Baumbach/Schulze-Osterloh* § 60 GmbHG Rn. 15.

7 Vgl. z. B. MünchKomm/*Reuter* Rn. 2, *Soergel/Hadding* Rn. 3, je zu § 41 BGB; *Sauter/Schweyer* Rn. 354; *Stöber* Rn. 270; soweit auf *OLG Stuttgart* NJW-RR 1986, 995 Bezug genommen wird, ist dort die Privilegierung religiöser Vereine nach Art. 140 GG, Art. 137 WRV nicht richtig gesehen worden.

8 *Böttcher* RPfl 1988, 169/171; so auch früher: *KG* DJ 1936, 1949; *OLG Karlsruhe* JW 1936, 3266; differenzierend: *Erman/Westermann* § 25 BGB Rn. 2.

9 Vgl. auch *BFH* GmbHR 1963, 33.

Die Auflösung kann für einen späteren, aber genau festgelegten Zeitpunkt beschlossen werden. Die Auflösung unter einer Bedingung ist nicht zulässig; ein solcher Beschluß ist unwirksam[10].
Der Auflösungsbeschluß stellt im Regelfall keine Satzungsänderung dar[11]. Sieht die Satzung eine bestimmte Zeitdauer des Vereins vor und ermächtigt sie zugleich die Mitgliederversammlung, diese zu verkürzen, so ist die Auflösung keine Satzungsänderung[12]. Enthält aber die Satzung eine solche Ermächtigung nicht, aber eine Zeitdauer, so ist für einen Auflösungsbeschluß eine vorher wirksam gewordene Satzungsänderung hinsichtlich der Zeitdauer erforderlich, es sei denn, der Auflösungsbeschluß und die bestimmte Zeitdauer liegen zeitlich nur so kurz auseinander, daß die Auflösung auf die satzungsgmäßig bestimmte Zeit befristet werden kann.

2.1.4. Die Mehrheiten

2060 Satzungen sehen oft vor, daß für die Auflösungsentscheidung eine Beschlußfähigkeit, also die Anwesenheit einer bestimmten Mindestzahl von Mitgliedern erforderlich ist. Wird diese nicht erreicht, so ist eine gleichwohl beschlossene Auflösung unwirksam[13].
Nach dem Gesetz ist eine Mehrheit von ¾ für die Auflösung erforderlich (§ 41 Satz 2 BGB). Damit stellt das Gesetz klar, daß die Auflösungsentscheidung ganz überwiegend von den (erschienenen) Mitgliedern mitgetragen werden muß. Es zählen die gültigen Ja-Stimmen; Stimmenthaltungen und ungültige Stimmen werden nicht mitgezählt.
Die Satzung kann ebenfalls die ¾-Mehrheit, aber auch jede andere Mehrheit, also einfache oder z. B. ⅘-Mehrheit, sowie Einstimmigkeit verlangen. Die satzungsmäßig angeordneten Erschwerungen für den Auflösungsbeschluß gelten nicht automatisch für die Abänderung der Bestimmungen über die Auflösung[14].
Weiter kann die Satzung die Beschlußfassung in zwei Versammlungen vorschreiben, die zeitlich ein bis drei Monate auseinanderliegen. War die erste Versammlung nicht beschlußfähig, so müssen zwei weitere nachfolgen[15].
Ist der Verein in der Satzung als unauflöslich bezeichnet, so ist gleichwohl eine Auflösung möglich; es müssen ihr dann aber alle Mitglieder zustimmen[16].
Die Treupflicht kann es gebieten, daß die Mitglieder für die Auflösung stimmen.

2.1.5. Wirksamwerden; Aufhebung

2061 Die Wirkungen der Auflösung des Vereins treten grundsätzlich bereits mit der Beschlußfassung ein[17]. Eine auf politischem Druck beschlossene Auflösung ist unwirksam. Sie wird jedoch nachträglich wirksam, wenn nicht die Vereinsmitglieder alsbald nach Beseitigung der Zwangslage den Vereinszweck weiter ver-

---

10 Vgl. *Lang/Weidmüller/Schaffland* § 78 GenG Rn. 3.
11 Vgl. *OLG München* JFG 15, 366/368; *OLG Karlsruhe* GmbHR 1982, 276.
12 Vgl. RGZ 101, 78; *Scholz/K. Schmidt* § 60 GmbHG Rn. 14.
13 Vgl. *KG* OLGE 46, 277/278.
14 Vgl. *OLG München* JFG 15, 366: Gen.
15 Vgl. auch *KG* OLGE 46, 277/279.
16 Ebenso für das GmbH-Recht: *Rowedder/Rasner* Rn. 23, *Scholz/K. Schmidt* Rn. 19, je zu § 60 GmbHG.
17 Vgl. *BFH* BStBl. 1983 II 433; *KG* JFG 4, 249/251; *OLG Frankfurt* GmbHR 1980, 56/57; *OLG Düsseldorf* EWiR § 66 GmbHG 1/89.

folgen[18]. Fällt das Vereinsvermögen an den Fiskus, so kommt eine Liquidation nicht in Betracht (§ 47 BGB). Der Verein hat dann als juristische Person, aber auch als Personenverband sein Ende gefunden. Schließt sich aber ein Liquidationsabschnitt an, so sind die Vorstandsmitglieder mit der Bekanntgabe des Abstimmungsergebnisses nicht mehr in dieser Funktion im Amt.

Die sofortige Wirksamkeit kommt dann nicht in Betracht, wenn noch satzungsmäßig ausstehende Zustimmungen erteilt werden müssen oder wenn der Auflösungsbeschluß erst zu einem späteren Zeitpunkt in Kraft treten soll, was sich aber klar aus dem Beschluß ergeben muß. Bei einer zweimal erforderlichen Abstimmung tritt die Wirksamkeit erst mit der zweiten Abstimmung ein.

Der Auflösungsbeschluß kann durch einen nachfolgenden Beschluß nur dann wieder aufgehoben werden, wenn und solange die Wirksamkeit noch nicht eingetreten ist. Bei einem bereits wirksam gewordenen Auflösungsbeschluß kann nur die Fortsetzung oder Reaktivierung (vgl. Rn. 2222 ff.) beschlossen werden, falls der Fiskus nicht Anfallberechtigter ist.

2.1.6. Die besonderen Rechtsverhältnisse bei den religiösen Vereinen und Weltanschauungsgemeinschaften

Nach can. 326 § 1 CIC 1983 kann eine private Vereinigung von Christgläubigen 2062
vom zuständigen kirchlichen Hoheitsträger durch suppressio, d. h. durch einen kirchlichen Verwaltungsakt zwangsaufgelöst werden, wenn ihre Tätigkeit zu schwerem Schaden für die Kirchenlehre oder Disziplin wird oder wenn sie den Christgläubigen zum Ärgernis gereicht[19]. Diese Vorschrift wird gleichsam stellvertretend für alle nach Art. 140 GG, Art. 137 Abs. 3, 7 WRV privilegierten religiösen Vereine und ihnen gleichgestellten Weltanschauungsgemeinschaften zitiert. Es erhebt sich die Frage, ob es das staatliche Vereinsrecht hinnehmen muß, daß eine außerhalb des Vereins stehende Institution einen religiösen Verein zwangsauflösen kann.

Die Verbindlichkeit der angeführten Vorschrift im Bereich des staatlichen (Vereins-)Rechts wird mit der Erwägung verneint, der Verein gerate unter einen unzulässigen Fremdeinfluß; es könne auch nicht hingenommen werden, daß eine kirchliche Stelle die Zustimmung zu dem von der Mitgliederversammlung des religiösen Vereins gefaßten Auflösungsbeschluß erteilen müsse[20]. Diese Meinung berücksichtigt einschlägige Verfassungsvorschriften nicht. Satzungsbestimmungen über die Auflösung eines Vereins sind Bestandteil seiner Verfassung[21]. Diese bestimmt der weltliche Verein aufgrund der gesetzlichen Ermächtigung in § 25 BGB. Diese Vorschrift gilt für religiöse Vereine nicht; sie haben vielmehr eine originäre Rechtsetzungsbefugnis, die sie aus ihrem Auftrag herleiten[22]. Für religiöse Vereine, für die z. B. das Vereinsrecht der kath. Kirche verbindlich ist, sind die Vereinsvorschriften des CIC 1983 Verfassungsbestandteil. Das staatliche Vereinsrecht ist für diese Vereine nur insoweit maßgebend,

---

18 *OLG Jena* NJW-RR 1994, 698.

19 Vgl. *Schnizer* S. 467.

20 *OLG Frankfurt* NJW 1983, 2576; *OLG Stuttgart* OLGZ 1986, 257/260; *LG Bonn* RPfl 1991, 156/158.

21 *BGH* NJW 1956, 138/139.

22 Vgl. z. B. BayObLGZ 1987, 161/170 f.; *v. Campenhausen* RPfl 1989, 349/350.

als diese sich in den Bereich des »für alle geltenden Gesetzes« i. S. d. Art. 137 Abs. 3 Satz 1 Halbs. 2 WRV begeben[23]. Es handelt sich insoweit (nur) um solche Normativbestimmungen, welche die nach außen wirkenden Rechtsverhältnisse eines religiösen Vereins regeln, wie dies etwa bei der Vertretungsbefugnis des Vereinsvorstandes (Beschränkung) oder bei den Satzungsbestimmungen der Fall ist, die sich auf die Rechtssphäre anderer Personen als der Mitglieder des religiösen Vereins auswirken[24]. Das »für alle geltende Gesetz« ist für den religiösen Verein auch maßgebend, wenn er eingetragen werden will; er muß dann die §§ 21, 57–59 BGB beachten[25]. Ein rein innerkirchlicher Bereich, der von staatlichem Recht hingenommen werden muß, ist z. B. die in can. 305 und 323 CIC 1983 verankerte Unterwerfung eines religiösen Vereins unter die Aufsicht der zuständigen kirchlichen Autorität, die dafür zu sorgen hat, daß in den Vereinen die Unversehrtheit von Glaube und Sitte bewahrt wird, und die darüber zu wachen hat, daß sich keine Mißbräuche in die kirchliche Disziplin einschleichen[26].

Die Auflösungsbefugnis des zuständigen kirchlichen Hoheitsträgers ist eine Konsequenz dieser Aufsichtsbefugnis. Sie muß das staatliche Recht als originär kirchliche Entscheidungsbefugnis hinnehmen. Eine verfügte Auflösung hat keine unmittelbare Auswirkung auf Vereinsfremde. Die kirchliche Auflösungsbefugnis kann jedenfalls dann nicht beanstandet werden, wenn eine konkurrierende Auflösungsbefugnis auch der Mitgliederversammlung des religiösen Vereins besteht[27]. Es ist auch kein unzulässiger Fremdeinfluß gegeben, wenn der religiöse Verein eine Teilgliederung einer Religionsgesellschaft ist oder mit einer solchen in einer besonderen Verbindung steht[28]. Der religiöse Verein hat dann einen Teil seiner Autonomie nicht einem außenstehenden Fremden, sondern – ähnlich wie bei der Abhängigkeit eines Vereins von Ober- und Dachverbänden – einer Institution abgegeben, in die der Verein eingegliedert ist[29].

Es ist somit im Ergebnis auch zu Recht entschieden worden, daß die von der Mitgliederversammlung eines religiösen Vereins beschlossene Auflösung von der Zustimmung eines kirchlichen Hoheitsträgers abhängig gemacht werden kann[30].

2.1.7. Anmeldung (nur) der Vereinsauflösung zum Registergericht

2063 Nur die Auflösung des Vereins ist zum Vereinsregistergericht anzumelden, wenn ihr kein vereinsrechtlicher Liquidationsabschnitt nachfolgt, wie dies beim Vermögensanfall an den Fiskus oder dann der Fall ist, wenn über das Vereinsvermögen das Konkursverfahren anhängig ist. Die Anmeldung obliegt dem Vorstand (§ 74 Abs. 2 Satz 1 BGB) namens des Vereins, wobei beim mehrgliedrigen Vorstand die Mitwirkung in vertretungsberechtigter Zahl genügt.

23 *v. Campenhausen* NJW 1990, 887.
24 *v. Campenhausen* a. a. O.; *Sachs* DVBl. 1989, 487/492.
25 *v. Campenhausen* a. a. O.
26 Vgl. *BAG* NJW 1988, 3283/3285.
27 *BVerfG* NJW 1991, 2623/2625.
28 *BVerfG* a. a. O.
29 *BVerfG* a. a. O. S. 2625 f.
30 *BayObLG* NJW 1980, 1756.

Der Anmeldung ist eine (unbeglaubigte) Abschrift des Auflösungsbeschlusses beizufügen (§ 74 Abs. 2 Satz 2 BGB).
Hat der Verein mit dem Auflösungsbeschluß seine Existenz verloren, weil der Fiskus Anfallberechtigter des Vereinsvermögens ist, so ist auch die Organstellung des Vorstandes beendet. Gleichwohl erklärt ihn das Gesetz für anmeldepflichtig, da die Auflösung im Vereinsregister eingetragen werden muß und das Registergericht anders als durch Anmeldung von der Auflösung keine Kenntnis erlangt. Es handelt sich um eine nachwirkende öffentlich-rechtliche Registerpflicht, die sich aus der bisherigen Amtsstellung ergibt.
Bei einem kleinen Verein kann es vorkommen, daß kein Vorstand mehr im Amt ist, daß die Vereinstätigkeit ruht und durch eine Universalversammlung der letzten Mitglieder die Auflösung beschlossen wird. Hier muß durch ein Vereinsmitglied beim Amtsgericht der Antrag gestellt werden, daß ein Notvorstand bestellt wird (§ 29 BGB), der die Auflösung anmeldet[31].

2.1.8. Die Anmeldung beim Handelsregistergericht

Ist der Verein mit einer Firma im Handelsregister eingetragen, so hat der Vorstand in vertretungsberechtigter Zahl die Auflösung in öffentlich beglaubigter Form zum Handelsregister anzumelden (§ 34 Abs. 1, 3, § 12 HGB). **2064**

2.1.9. Die Mitteilung an die Konzessionsbehörde

Die Auflösung des konzessionierten Vereins hat der Vorstand unter Beifügung einer Abschrift des Auflösungsbeschlusses der Konzessionsbehörde anzuzeigen. **2065**

2.1.10. Die steuerlichen Anzeigen

Der Vorstand hat die Auflösung innerhalb eines Monats dem zuständigen Finanzamt sowie der für die Erhebung der Realsteuern zuständigen Gemeinde mitzuteilen (§ 137 Abs. 1, § 34 Abs. 1, § 20 Abs. 1 AO). **2066**

2.2. Die Auflösung des Vereins infolge Zeitablaufs

2.2.1. Der Auflösungstatbestand

Die Gründungssatzung oder eine spätere Satzungsänderung kann die werbende Tätigkeit des Vereins zeitlich beschränken. Dies ist dadurch möglich, daß das Ende der werbenden Tätigkeit kalendermäßig festgelegt wird. Ausreichend ist es auch, daß die Satzung eine objektiv bestimmbare Zeit festlegt; es wird dann die Auflösung an den Eintritt eines bestimmten Ereignisses geknüpft. Der Auflösungszeitpunkt muß objektiv, vom Willen der Vereinsmitglieder unabhängig bestimmbar sein[32]. Die bestimmbaren Auflösungstatbestände können durch Ereignisse innerhalb oder außerhalb des Vereins festgelegt worden sein. **2067**
Beispiele: Absinken der Mitgliederzahl unter zehn, bei einem Betriebssportverein Stillegung des Betriebs.
Ist die bestimmte oder objektiv bestimmbare Zeitdauer erreicht, so wird der Verein automatisch aufgelöst. Ein Auflösungsbeschluß ist nicht erforderlich.

31 Vgl. auch *OLG Hamburg* KGJ 45 A 329/330.
32 Vgl. *Hachenburg/Ulmer* § 3 GmbHG Rn. 61.

Der Verein hat nicht nur seine juristische Persönlichkeit, sondern auch seinen Bestand als Personenverband verloren, wenn das Vereinsvermögen an den Fiskus fällt. Ansonsten tritt der Verein in das Liquidationsstadium. Dies gilt auch dann, wenn die werbende Tätigkeit faktisch fortgesetzt wird[33].

2.2.2. Die Änderung der Zeitdauer

2068 Die Änderung der satzungsmäßig festgelegten Zeitdauer vor deren Ablauf ist durch Satzungsänderung möglich (vgl. Rn. 2059). Hierfür wäre Einstimmigkeit nur erforderlich, wenn allen Mitgliedern ein Sonderrecht auf Beibehaltung der Zeitdauer eingeräumt werden könnte[34]. Es ist jedoch nicht möglich, allen Mitgliedern Sonderrechte i. S. d. § 35 BGB zu gewähren.
Nach dem Ablauf der satzungsmäßig bestimmten Zeit kann die Fortsetzung der werbenden Tätigkeit ebenfalls nur als Satzungsänderung beschlossen werden[35].

2.2.3. Der Auflösungsbeschluß vor dem Ablauf der Zeitdauer

2069 Vor dem Ablauf der satzungsmäßig bestimmten Zeit kann die Mitgliederversammlung die Auflösung beschließen[36]. Dann stellt die Auflösung zugleich eine Satzungsänderung dar. Es muß deshalb die Auflösung von mindestens der Mehrheit beschlossen worden sein, die satzungsmäßig für eine Satzungsänderung festgelegt worden ist.

2.2.4. Registeranmelde- und Mitteilungspflichten

2070 Der Vorstand hat die Auflösung aufgrund Zeitablaufs zum Vereinsregister anzumelden (§ 74 Abs. 2 Satz 1 BGB). Hierbei kann auf die Satzung hingewiesen werden; u. U. sind die Auflösungstatsachen nachzuweisen, z. B. das Absinken der Zahl der Mitglieder auf unter zehn.
Da die automatische Auflösung ebenso wie die durch Versammlungsbeschluß herbeigeführte Auflösung behandelt wird, gelten die Ausführungen in Rn. 2063 ff. über die Anmeldung zum Handelsregister, über die Anzeige an die Konzessionsbehörde und über die steuerlichen Anzeigepflichten entsprechend.

2.3. Die Auflösung wegen Sitzverlegung ins Ausland

2.3.1. Der Auflösungstatbestand

2071 Vgl. dazu Rn. 3038

2.3.2. Registeranmeldungen usw.

2072 Vgl. Rn. 2063 ff.

---

33 Vgl. z. B. *Rowedder/Rasner* § 60 GmbHG Rn. 21.
34 Vgl. *RG* LZ 1908, 857; *Sauter/Schweyer* Rn. 356.
35 Vgl. *Scholz/K. Schmidt* § 60 GmbHG Rn. 10.
36 Vgl. *Lang/Weidmüller/Schaffland* § 78 GenG Rn. 1.

2.4. Die automatische Auflösung durch Wegfall aller Mitglieder; die lange Untätigkeit

2.4.1. Der Mitgliederwegfall

Hat ein Verein keine Mitglieder mehr (Ausscheiden durch Tod oder Austritt), so nimmt die herrschende Auffassung im Vereinsrecht an, der Verein sei erloschen, eine Liquidation finde nicht statt. Ein Verein ohne Mitglieder könne nicht bestehen. Komme eine Vermögensabwicklung in Betracht, so müsse gem. § 1913 BGB ein Pfleger bestellt werden. Dieser vertrete die an der Vermögensabwicklung Beteiligten, nicht aber den erloschenen Verein[37]. 2073

Dieser faktische Untergang einer juristischen Person kann nicht anerkannt werden. Es gibt keinen Grundsatz des (deutschen) Körperschaftsrechts, wonach der Wegfall aller Mitglieder automatisch das Erlöschen der juristischen Person herbeiführt. Es ist nicht einmal erforderlich, daß eine juristische Person Mitglieder haben muß, wie der Fall einer rechtsfähigen Stiftung zeigt. Im Liquidationsstadium können alle Mitglieder wegfallen, die Liquidation wird dadurch nicht beendet; sie geht nicht als besondere Abwicklungsmaßnahme auf einen Pfleger nach § 1913 BGB über[38]. Auch im Falle der Nachtragsliquidation lebt die Teilrechtsfähigkeit des mitgliederlosen Vereins wieder auf[39]. 2074

Es ist daher der im Vordringen befindlichen Auffassung zuzustimmen, daß mit Wegfall des letzten Mitglieds der Verein faktisch aufgelöst ist und daß eine Vermögensliquidation stattfinden muß, falls das Vereinsvermögen nicht an den Fiskus fällt; eine automatische Beseitigung des Vereins als Rechtssubjekt tritt demnach nicht ein[40]. Bei Wegfall aller Gesellschafter einer GmbH wird diese Auffassung nahezu einhellig im Schrifttum vertreten[41]. Gegen die bisher herrschende Auffassung im Vereinsrecht vom Wegfall des Vereins als Rechtsperson spricht: Bei einem konkursreifen Verein könnten alle Mitglieder austreten, über einen nicht mehr beteiligungsfähigen Verein könnte das Konkursverfahren nicht eröffnet werden[42].

Ergibt die Sachaufklärung des Registergerichts, daß ein Verein keine Mitglieder hat, so wird die Auflösung von Amts wegen in das Vereinsregister eingetragen[43]. Zugleich ist – ebenfalls von Amts wegen – ein Notliquidator zu bestellen, falls noch Vereinsvermögen vorhanden ist. 2075

---

37 Vgl. z. B. *OLG München* JFG 18, 183; BGHZ 19, 51/57; *BGH* WM 1965, 1132 und 1976, 686; *BAG* NJW 1967, 1437 und ZIP 1986, 1483; *KG* WM 1957, 1108 und 1964, 497; *Sauter/Schweyer* Rn. 360.

38 Vgl. *KG* OLGZ 1968, 200.

39 Nach kanonischem Recht gilt eine juristische Person nur dann als tatsächlich erloschen, wenn sie für einen Zeitraum von 100 Jahren inaktiv ist, can. 120 § 1 Satz 1 CIC 1983, vgl. dazu *Schulz* can. 326 Rn. 5.

40 *K. Schmidt* JZ 1987, 394/399; *Reuter* ZHR 151 (1987), 355/391; *Erman/Westermann* § 41 BGB Rn. 3; *Soergel/Hadding* vor §§ 41–53 BGB Rn. 11; *H. Schmidt* S. 25 ff., 51; *Böttcher* RPfl 1988, 169/172.

41 Vgl. z. B. *Lutter/Hommelhoff* Rn. 22, *Baumbach/Schulze-Osterloh* Rn. 37, *Hachenburg/Ulmer* Rn. 58, *Rowedder/Rasner* Rn. 13, je zu § 60 GmbHG; *Kreutz* Festschrift Stimpel 1985 S. 379 ff.

42 Vgl. *Erman/Westermann* a. a. O.

43 *Böttcher* RPfl 1988, 169/172.

Das Registergericht teilt die Amtseintragung den Steuerbehörden im Wege der Amtshilfe mit.

2.4.2. Die lange Untätigkeit

2076 Ist ein Verein über einen sehr langen Zeitraum hinweg nicht mehr als »werbender« tätig, etwa weil die Mitglieder kein Interesse an der Vereinstätigkeit haben oder weil sonst der Vereinszweck preisgegeben wird, so wird dies dem Fall des Ausscheidens sämtlicher Mitglieder gleichgestellt[44].
Sind dem Registergericht Anschriften von Mitgliedern bekannt, so kann bei diesen die Fassung eines Auflösungsbeschlusses angeregt werden. Ein solcher ist an sich erforderlich.
Auch hier wird das Erlöschen des Vereins als Rechtssubjekt angenommen[45]. Richtiger ist es, wenn nach der Anregung des Registergerichts kein Auflösungsbeschluß zustande kommt, die vorher in Aussicht gestellte Eintragung der Auflösung von Amts wegen vorzunehmen und das Vereinsvermögen durch einen bestellten Notliquidator liquidieren zu lassen.

2.5. Ereignisse, die nicht automatisch zur Auflösung des Vereins führen

2.5.1. Erreichung oder Unmöglichwerden des Vereinszwecks

2077 Legt die Satzung dies nicht fest oder schweigt sie hierzu, so sind das Erreichen des Vereinszwecks (die Kirche, zu deren Erstellung ein Kirchenbauverein gegründet worden ist, ist fertiggestellt), die Unmöglichkeit, den Vereinszweck zu erreichen oder auch eine Zweckvereitelung keine automatischen Auflösungstatbestände. Eine satzungsmäßige Befristung des Vereins kann nicht angenommen werden, weil der Eintritt des Auflösungstatbestandes nicht objektiv und unzweifelhaft bestimmt werden kann.
Es bestehen folgende Möglichkeiten: Die Mitgliederversammlung beschließt die Auflösung. Die Mitglieder sehen davon ab und verfolgen als Vereinszweck nur noch die Erledigung der Restaufgaben[46].

2.5.2. Vermögenslosigkeit, Abweisung des Konkursantrags mangels Masse

2078 Ist ein Verein vermögenslos geworden, so führt dies schon deshalb nicht zu einer automatischen Auflösung, weil ein Verein kein Vermögen (Kapital) haben muß.
Ist ein Konkursantrag abgewiesen worden, weil das Vereinsvermögen so gering ist, daß nicht einmal mehr die Kosten des Konkursverfahrens aufgebracht werden können, so ist auch dies kein automatischer Auflösungstatbestand, weil das Gesetz über die Auflösung und Löschung von Gesellschaften und Genossenschaften[47] auf Vereine nicht anwendbar ist. Der Verein muß sich selbst auflösen. Wird dies unterlassen, so kann u. U. das Amtslöschungsverfahren nach §§ 159, 142 FGG in Betracht kommen. Die unterlassene Beschlußfassung wird von § 43 Abs. 1 BGB, der nicht extensiv ausgelegt werden kann, nicht erfaßt.

---

44 *BGH* WM 1965, 1132 und 1976, 686; *Soergel/Hadding* vor §§ 41–53 BGB Rn. 12; a. A. *OLG München* JFG 18, 183.

45 *BGH* WM 1976, 686.

46 BGHZ 49, 175/178; vgl. auch *RG* LZ 1928, 1323.

47 Vom 9. 10. 1934, RGBl. I S. 914.

2.5.3. Handlungsunfähigkeit

Ist der Verein handlungsunfähig geworden, weil ein Vorstand nicht mehr gewählt werden kann, so führt dies auch bei einem länger dauernden Zustand nicht automatisch zur Auflösung[48]. **2079**

3. Der Verlust der Rechtsfähigkeit

3.1. Allgemeines

Ist dem Verein durch einen staatlichen Akt (Eintragung im Vereinsregister, Verwaltungsakt der Konzessionierung) die Rechtsfähigkeit verliehen worden, so kann der Gesetzgeber auch bestimmen, unter welchen Voraussetzungen diese Eigenschaft einer eigenen Rechtspersönlichkeit wieder verlorengeht. Für den Konkursfall bestimmt das Gesetz selbst, daß der Verein seine Rechtsfähigkeit verliert. Im übrigen ist hierzu ein staatlicher Akt erforderlich, sei es des Registergerichts (§ 73 BGB, §§ 159, 142 FGG) oder der Verwaltungsbehörde (§ 43 BGB). Der Verein kann aber nach heute unbestrittener Auffassung auch selbst auf die Rechtsfähigkeit verzichten. **2080**

Der Verlust der Rechtsfähigkeit versetzt den Verein im Regelfall in den Zustand eines nichtrechtsfähigen Vorvereins zurück. Kann dieser den staatlichen Akt wieder beseitigen, der den Verlust seiner Rechtsfähigkeit herbeigeführt hat, so kann er auf Antrag wieder die Rechtsfähigkeit erlangen. Deren Verlust läßt den Verein als Personenverband grundsätzlich unberührt. Dieser kann – auch wenn sein Vermögen nach dem Verlust der Rechtsfähigkeit liquidiert werden muß – stets als nichtrechtsfähiger »werbender« Verein fortgesetzt werden. Im Interesse des Rechtsverkehrs ist jedoch eine dahingehende Verlautbarung zu verlangen, sei es in der Satzung oder durch einen Fortsetzungsbeschluß der Mitgliederversammlung.

Ist gesetzlich angeordnet, daß der Verein seine Rechtsfähigkeit verliert, oder ist dies durch einen staatlichen Akt zum Ausdruck gebracht worden, so bleibt die Rechtsfähigkeit gleichwohl zunächst bestehen, wenn der Verein ein Liquidationsverein wird (vgl. § 49 Abs. 2 BGB) oder wenn sein Vermögen konkursmäßig liquidiert wird. Erst der Abschluß der vereinsmäßigen Liquidation (des Konkursverfahrens, wenn kein verteilungsfähiges Vereinsvermögen übrigbleibt) führt den endgültigen Verlust der Rechtsfähigkeit herbei. Anders ist es jedoch, wenn die vereinsrechtliche Liquidation deshalb nicht in Betracht kommt, weil der Fiskus Anfallberechtigter wird; in diesem Fall findet der Verein sowohl als Personenverband als auch in seiner Eigenschaft als juristische Person ein sofortiges Ende.

48 Vgl. *Scholz/K. Schmidt* § 60 GmbHG Rn. 37; nach schweizer Recht wird ein Verein von Gesetzes wegen aufgelöst, wenn der Vorstand nicht mehr statutengemäß bestellt werden kann, Art. 77 ZGB.

3.2. Der Vereinskonkurs

3.2.1. Kein Auflösungsgrund

2081 Wird über das Vermögen des Vereins das Konkursverfahren eröffnet, so wird dieser (im Gegensatz z. B. zu einer eingetragenen Genossenschaft) nicht aufgelöst; es wird vielmehr nur der Verlust seiner Rechtsfähigkeit eingeleitet (vgl. Rn. 2020). Vgl. zum Vereinskonkurs Rn. 2011 ff.

Das Konkursverfahren muß auch dann durchgeführt werden, wenn der Fiskus nach Gesetz oder Satzung Anfallberechtigter ist; dieser Anfall wird erst wirksam, wenn der Konkursbeschlag erlischt[49].

3.2.2. Der Rechtszustand nach Konkursbeendigung

2082 Hat der Verein wegen der restlosen konkursmäßigen Verwertung seines Vermögens den Zustand der Vermögenslosigkeit bei Konkursbeendigung erreicht, so ist er erloschen.

Ist das Vereinsvermögen auf diese Weise nicht verbracht worden oder ist konkursfreies Vermögen gebildet worden, so kann nunmehr der Vermögensanfall an den Fiskus in Betracht kommen[50]. Die Mitgliederversammlung kann durch satzungsändernden Beschluß dieses Anfallrecht beseitigen (falls nicht steuerliche Gründe entgegenstehen). Wird der Verein nach Konkursbeendigung nicht in aktiver Form fortgesetzt (vgl. dazu Rn. 2232), so muß das restliche Vermögen nach §§ 47 ff. BGB liquidiert werden[51]. In das Stadium vereinrechtlicher Liquidation gerät der Verein automatisch mit der Beendigung des Konkursverfahrens. Den Vorstand trifft nunmehr die Pflicht zur Anmeldung der Liquidatoren (§ 76 Abs. 2 BGB). Ist ein Vorstand nicht mehr im Amt, sind aber bereits Liquidatoren bestellt, so müssen sie die Anmeldepflicht erfüllen. Der Verein behält seine Rechtsfähigkeit, solange er in diesem Stadium nicht vermögenslos geworden ist.

3.3. Die Entziehung der Rechtsfähigkeit durch die Verwaltungsbehörde

3.3.1. Der Entziehungsgrund Gefährdung des Gemeinwohls

2083 Nach § 43 Abs. 1 BGB kann dem Verein von der Verwaltungsbehörde die Rechtsfähigkeit entzogen werden, wenn dieser durch einen gesetzwidrigen Beschluß der Mitgliederversammlung oder durch gesetzwidriges Verhalten des Vorstands das Gemeinwohl gefährdet[52].

Die Vorschrift, die an sich in das öffentliche Vereinsrecht gehört, hat kaum praktische Bedeutung. Bei einem strafgesetzwidrigen Verhalten besteht Gesetzeskonkurrenz mit § 3 VereinsG. Im übrigen kann das behördliche Verfahren durch Austritt aller Mitglieder unterlaufen werden. Der praktisch wichtige Fall, daß ein Verein seine Tätigkeit fortsetzt, nachdem die Konkurseröffnung man-

---

49 *Jaeger/Weber* § 213 KO Rn. 10.

50 *Jaeger/Weber* a. a. O.; a. A. *LG Düsseldorf* JW 1933, 1150.

51 BGHZ 96, 253/256; *KG* JW 1935, 3636.

52 Ähnliche Vorschriften bestehen in § 396 Abs. 1 AktG, § 62 Abs. 1 GmbHG und § 81 Abs. 1 GenG.

gels Masse abgelehnt worden ist, wird nicht erfaßt, weil eine unterlassene Beschlußfassung (über die Auflösung des Vereins) kein Entziehungsgrund ist.
Als Entziehungstatbestände kommen inhaltlich gesetzwidrige (nicht notwendig einstimmige) Beschlüsse der Mitgliederversammlung und ein gesetzwidriges Verhalten (aktives Handeln und Unterlassen) des Vorstands in Betracht. Das gesetzwidrige Verhalten weiterer Organe wird zwar in der Vorschrift nicht erwähnt; nach seiner ratio ist aber eine dahingehende extensive Auslegung erforderlich. Es kommen Verstöße gegen Gesetzesbestimmungen schlechthin in Betracht, also solche des öffentlichen Rechts, einschl. des Straf- und Zivilrechts. Insofern ist ein über § 3 VereinsG hinausgreifender Sanktionstatbestand gegeben. Die Gesetzesverstöße müssen eine gewisse Gewichtung haben, wie sich aus dem weiteren Tatbestandsmerkmal Gefährdung des Gemeinwohls ergibt. Ist der Vereinszweck selbst gesetzwidrig, so kommt nur die Entziehung der Rechtsfähigkeit nach §§ 159, 142 FGG in Betracht.
Erforderlich ist weiter, daß der Gesetzesverstoß das Gemeinwohl gefährdet. Daraus folgt, daß es sich um einen schweren Eingriff handeln muß, der geeignet ist, die gesamte Öffentlichkeit (nicht notwendig des Staates) oder jedenfalls Teile davon zu benachteiligen. Damit scheiden Gesetzesverstöße aus, die sich nur auf den Vereinsinnenbereich oder einzelne Vereinsgläubiger auswirken. Die Gefährdung des Gemeinwohls muß im Zeitpunkt der Auflösungsverfügung der zuständigen Verwaltungsbehörde (noch) gegeben sein. Sie entfällt, wenn der Verein z. B. den gesetzwidrig sich verhaltenden Vorstand abberufen hat. Auf ein Verschulden von Vereinsorganen kommt es nicht an.

3.3.2. Der Entziehungsgrund satzungswidrige Verfolgung eines wirtschaftlichen Zwecks

Einem Verein, dessen Zweck nach der Satzung nicht auf einen wirtschaftlichen Geschäftsbetrieb gerichtet ist, kann von der Verwaltungsbehörde die Rechtsfähigkeit entzogen werden, wenn er einen solchen Zweck verfolgt (§ 43 Abs. 2 BGB). **2084**
Verfolgt der Verein, der eingetragen werden will, einen wirtschaftlichen Geschäftsbetrieb und greift das Nebenzweckprivileg nicht ein, so muß das Registergericht die Eintragung versagen (vgl. dazu Rn. 181). Dabei kommt es nicht darauf an, ob der eintragungsschädliche wirtschaftliche Geschäftsbetrieb aus der Satzung erkennbar war oder nicht. Wird der Verein gleichwohl eingetragen, so muß das Registergericht die Rechtsfähigkeit wegen Rechtsformverfehlung nach den §§ 159, 142 FGG wieder entziehen (vgl. Rn. 2102). Daneben besteht eine konkurrierende Zuständigkeit der Verwaltungsbehörde.
Nur diese ist für die Entziehung zuständig, wenn der Verein nach seiner Satzung und nach seiner Betätigung einen überwiegend nichtwirtschaftlichen Zweck verfolgt hat, wenn er aber nach seiner Eintragung dazu übergeht, einen vom Nebenzweckprivileg nicht gedeckten wirtschaftlichen (Haupt-)Zweck zu verfolgen. Ob hierbei die Satzung geändert wird oder nicht, ist nicht entscheidend. Es kommt auf die wirkliche Hauptbetätigung als Wirtschaftsverein an.
Vgl. zur Abgrenzung des nichtwirtschaftlichen vom wirtschaftlichen Verein Rn. 103 ff.
Die Veränderung des nichtwirtschaftlichen Zwecks wird von § 43 Abs. 2 BGB nicht erfaßt.

3.3.3. Der Entziehungsgrund satzungswidrige Verfolgung eines anderen Zwecks durch den konzessionierten Verein

2085 Einem Verein, dessen Rechtsfähigkeit auf Verleihung beruht (§§ 22, 23 BGB, Art. 82 EGBGB), kann die Rechtsfähigkeit entzogen werden, wenn dieser einen anderen als in der Satzung bestimmten Zweck verfolgt (§ 43 Abs. 4 BGB). Die Verleihung der Rechtsfähigkeit gilt beim konzessionierten Verein nur für den in der Satzung angegebenen Zweck. Wird dieser geändert, so ist die Genehmigung der zuständigen Behörde erforderlich (§ 33 Abs. 2 BGB). Die Mißachtung der Genehmigungspflicht kann deshalb zum Entzug der Rechtsfähigkeit führen. Es genügt, daß tatsächlich ein anderer Zweck verfolgt wird, als der, der in der Satzung angegeben ist; eine förmliche Satzungsänderung ist somit nicht erforderlich. Es wird sich aber um einen Hauptzweck handeln müssen. Der konzessionierte Wirtschaftsverein kann nach alledem nicht dazu übergehen, nunmehr einen nichtwirtschaftlichen Zweck zu verfolgen, ohne zu riskieren, daß die Rechtsfähigkeit entzogen wird.

3.3.4. Die zuständigen Entziehungsbehörden

2086 a) Eingetragene und konzessionierte wirtschaftliche Vereine – ausgenommen Vereine, die aufgrund des Bundeswaldgesetzes und des Marktstrukturgesetzes Rechtsfähigkeit erlangt haben –
Alte Bundesländer:
Baden-Württemberg: das Regierungspräsidium (§ 1 Abs. 1, § 2 Abs. 2 Ba.-Wü.-AGBGB vom 26. 11. 1974 – GBl. S. 498);
Bayern: die Kreisverwaltungsbehörde (Art. 1, 2 Abs. 3 bayer. AGBGB vom 20. 9. 1982 – GVBl. S. 803);
Berlin: der Senator für Justiz;
Bremen: der Senator für Inneres (§ 3 brem. AGBGB vom 18. 7. 1899 – Sammlung des bremischen Rechts 400-a-1, für Bremerhaven i. V. m. mit dem Zweiten Gesetz zur Einführung bremischen Rechts in Bremerhaven vom 6. 7. 1965 – Sammlung des bremischen Rechts 101-a-2);
Hamburg: der Senat – Senatskanzlei (Anordnung zur Durchführung des BGB und des HambAGBGB Teilziff. II v. 23. 6. 1970 – AmtlAnz. S. 1073);
Hessen: in kreisfreien Städten der Magistrat, im übrigen der Landrat als Behörde der Landesverwaltung (§ 1 Nr. 5 des Gesetzes zur Bestimmung der auf dem Gebiete des Vereinswesens zuständigen Behörden vom 31. 1. 1978 – GVBl. I S. 109 f. = Sammlung des bereinigten Hessischen Landesrechts 2329);
Niedersachsen: der Regierungspräsident (Präsident des Verwaltungsbezirks) (§ 1 Abs. 1, § 2 Abs. 2 nds. AGBGB vom 4. 3. 1971 – GVBl. S. 73, i. d. F. vom 14. 7. 1972 – GVBl. S. 387);
Nordrhein-Westfalen: der Regierungspräsident (§ 1 Nr. 3 der VO zur Regelung von Zuständigkeiten auf dem Gebiet des Vereinswesens vom 28. 4. 1970 – GVBl. S. 325);
Rheinland-Pfalz: die Kreisverwaltung als untere Behörde der allgemeinen Landesverwaltung, in kreisfreien Städten die Stadtverwaltung als Auftragsangelegenheit (§ 3 der Landesverordnung über die Zuständigkeit nach dem Bürgerlichen Gesetzbuch auf dem Gebiete des Vereinsrechts und der Vollziehung von Auflagen vom 20. 12. 1976 – Sammlung des bereinigten Landesrechts Rheinland-Pfalz 400-2);

Saarland: der Minister des Innern[53];
Schleswig-Holstein: der Innenminister (§ 1 Abs. 1 Nr. 3 der Landesverordnung zur Bestimmung der zuständigen Behörden nach den §§ 22, 33, 43, 61 und 71 des Bürgerlichen Gesetzbuchs vom 17. 12. 1971 – GVOBl. S. 480 = Sammlung des schleswig-holsteinischen Landesrechts 401-0-1).
Neue Bundesländer:
Brandenburg: das Ministerium des Innern (§ 1 Nr. 3 d. VO zur Regelung von Zuständigkeiten auf dem Gebiet des Vereinswesens v. 29. 4. 1994 – GVBl. II/94 S. 318);
Mecklenburg-Vorpommern: der Innenminister (§ 1 Abs. 1 Nr. 3 d. Landesverordnung zur Bestimmung der zuständigen Behörden auf dem Gebiet des bürgerlichen Vereinsrechts v. 26. 4. 1991
– GVBl. S. 148 – i. V. m. d. Ersten VO zur Änderung dieser VO v. 27. 10. 1993 – GVBl. S. 902);
Sachsen: die Regierungspräsidien (§ 1 Abs. 4 d. Sächs. Ausführungsgesetzes zum Vereinsrecht des Bürgerlichen Gesetzbuches v. 26. 8. 1992 – GVBl. S. 416);
Sachsen-Anhalt: die Regierungspräsidien (Beschluß der Landesregierung zur Bestimmung zuständiger Behörden auf dem Gebiet des bürgerlichen Vereinsrechts v. 11. 2. 1992 – MBl. S. 182);
Thüringen: die Kreisverwaltungsbehörden (§ 5 Abs. 2 d. Zweiten Thüringer VO zur Bestimmung von Zuständigkeiten im Geschäftsbereich des Thüringer Innenministeriums v. 12. 2. 1992 – GVBl. S. 66).
Örtlich zuständig ist die Behörde, in deren Bezirk der Verein seinen Sitz hat (§ 3 Abs. 1 Nr. 3 b der Verwaltungsverfahrensgesetze der Länder). Die Landesregelungen lassen nicht immer erkennen, daß eine Zuständigkeit auch für die Entziehung der Rechtsfähigkeit altrechtlicher Vereine begründet werden soll.

b) Wirtschaftliche Vereine, die aufgrund des Bundeswaldgesetzes die Rechtsfähigkeit erlangt haben, sowie Erzeugergemeinschaften nach dem Marktstrukturgesetz. **2087**
Wird Forstbetriebsgemeinschaften bzw. forstwirtschaftlichen Vereinigungen zugleich mit der Anerkennung die Rechtsfähigkeit verliehen (§§ 16, 19, 37, 38 Abs. 1 und 3 Bundeswaldgesetz), so sind die Behörden zuständig, denen die Verleihung der Rechtsfähigkeit nach § 22 BGB zusteht. Diese sind dann auch die Entziehungsbehörden. Das Landesrecht hat zum Teil für forstwirtschaftliche Vereine abweichende Regelungen getroffen.
So ist für die Verleihung der Rechtsfähigkeit und damit auch für deren Entziehung zuständig in
Baden-Württemberg: die Forstdirektion (§ 1 Abs. 1 der VO vom 14. 2. 1970 – GBl. S. 97 – i. V. m. § 1 Abs. 2 Ba.-Wü.-AGBGB; ebenso für Waldgemeinschaften nach § 56 Abs. 1, § 57 Abs. 2 und 3 des Landeswaldgesetzes vom 10. 2. 1976 – GBl. S. 524);
Hessen: die Bezirksdirektion für Forsten und Naturschutz (§ 1 der Anordnung über die zuständigen Behörden nach den Vorschriften des Bundeswaldgesetzes über forstwirtschaftliche Zusammenschlüsse vom 22. 6. 1978 – GVBl. S. 409 = Sammlung des bereinigten Hessischen Landesrechts 86-20);

53 Vgl. *K. Schmidt* Verbandszweck S. 340.

Niedersachsen: der Regierungspräsident (RdErl. d. Nds. MfELuF vom 2. 3. 1970, abgedruckt in Das Deutsche Forstrecht, Landwirtschaftsverlag GmbH, Hiltrup/Westfalen, Stand Juli 1974 S. 32 – 5, i. V. m. § 1 Abs. 2 nds. AGBGB);
Nordrhein-Westfalen: die höhere Forstbehörde (§ 2 Abs. 2 der VO über Zuständigkeiten nach dem Bundeswaldgesetz vom 25. 5. 1976 – GVBl. S. 237 = Sammlung des bereinigten Gesetz- und Verordnungsblattes für das Land Nordrhein-Westfalen 790);
Saarland: der Minister für Wirtschaft, Verkehr und Landwirtschaft (§ 1 der VO zur Bestimmung der zuständigen Behörden und zur Übertragung von Befugnissen nach dem Bundeswaldgesetz vom 26. 6. 1980 – Amtsbl. S. 717 = Sammlung des bereinigten saarländischen Landesrechts 790-15);
Schleswig-Holstein: der Minister für Ernährung, Landwirtschaft und Forsten (§ 1 der Landesverordnung zur Bestimmung der zuständigen Behörden und zur Übertragung von Ermächtigungen nach dem Gesetz über forstwirtschaftliche Zusammenschlüsse vom 30. 4. 1970 – GVOBl. S. 130 = Sammlung des schleswig-holsteinischen Landesrechts 790-0-1 – i. V. m. § 1 Abs. 2 der Landesverordnung vom 17. 12. 1971 – GVOBl. S. 480 = Sammlung des schleswig-holsteinischen Landesrechts 401-0-1).
Einer Erzeugergemeinschaft oder einer Vereinigung von Erzeugergemeinschaften, welche die Rechtsform des wirtschaftlichen Vereins gewählt hat und der die Rechtsfähigkeit verliehen worden ist, kann grundsätzlich die konzessionierende Behörde auch wieder die Rechtsfähigkeit entziehen, vgl. z. B. für
Bayern: das Bayer. Staatsministerium für Landwirtschaft und Forsten (Art. 2 d. Ausführungsgesetzes zum Marktstrukturgesetz v. 18. 12. 1960 – GVBl. S. 398);
Brandenburg: das Ministerium für Ernährung, Landwirtschaft und Forsten (§ 1 d. VO über Zuständigkeiten nach dem Bürgerlichen Gesetzbuch v. 19. 9. 1992 – GVBl. II/92 S. 618);
Mecklenburg-Vorpommern: der Landwirtschaftsminister (§ 1 Abs. 2 d. Landesverordnung zur Bestimmung der zuständigen Behörden auf dem Gebiet des bürgerlichen Vereinsrechts v. 26. 4. 1991 – GVBl. S. 148 – i. V. m. Art. 1 d. ÄndVO v. 27. 10. 1993 – GVBl. S. 902);
Nordrhein-Westfalen: das Landesamt für Ernährungswirtschaft (§ 2 d. VO über Zuständigkeiten nach dem Marktstrukturgesetz v. 5. 11. 1960 – Sammlung des bereinigten Gesetz- und Verordnungsblattes für das Land Nordrhein-Westfalen 7840).

2088 c) Bei Vereinen, denen nach § 23 BGB die Rechtsfähigkeit verliehen worden ist, ist für die Entziehung der Bundesinnenminister zuständig (§ 44 Abs. 2 BGB i. V. m. Art. 125, 129 GG).

3.3.5. Verfahren und Rechtsbehelfe

2089 Für das Verfahren mit dem Ziele der Entziehung der Rechtsfähigkeit gilt das Verwaltungsverfahrensgesetz des Bundes, falls der Bundesminister des Innern zuständig ist; sonst gelten die Verwaltungsverfahrensgesetze der Länder. Über die Einleitung des Verfahrens entscheidet die Behörde nach pflichtgemäßem Ermessen (§ 22 VwVfG und die entsprechenden Ländervorschriften, auf die nachfolgend nicht mehr verwiesen wird). Der Sachverhalt ist von Amts wegen zu ermitteln (§ 24 Abs. 1 VwVfG). Der Verein ist als Verfahrensbeteiligter grundsätzlich über seinen Vorstand anzuhören (§ 28 VwVfG). Die Entziehung der Rechtsfähigkeit ist ein privatrechtsgestaltender Verwaltungsakt (§ 35

VwVfG), der mit der Bekanntmachung an den Verein wirksam wird (§ 43 Abs. 1 VwVfG). Er ist zu begründen (§ 39 Abs. 1 VwVfG).
Gegen den Entziehungsbeschluß kann – sofern er nicht von einer obersten Bundes- oder Landesbehörde erlassen worden ist – innerhalb eines Monats ab Zustellung (§ 41 VwVfG) Widerspruch erhoben werden (§ 68, 70 VwGO), der aufschiebende Wirkung hat (§ 80 Abs. 1 Satz 2 VwGO).
Hat der Widerspruch keinen Erfolg, so kann gegen die Behörde, welche die Entziehung ausgesprochen hat, innerhalb eines Monats ab Zustellung des Widerspruchsbescheids Anfechtungsklage zum Verwaltungsgericht erhoben werden (§§ 74, 42 VwGO). Die Zuständigkeit bestimmt sich nach § 52 Nr. 2 oder 3 VwGO. Klageberechtigt ist der Verein, jedes Organmitglied, aber auch jedes Vereinsmitglied, weil die Entziehung der Rechtsfähigkeit eines Vereins, dessen Träger die Mitglieder sind, auch unmittelbar in Mitgliederrechte eingreift. Die Klage hat aufschiebende Wirkung (§ 80 Abs. 1 VwGO), falls nicht die sofortige Vollziehbarkeit angeordnet worden ist (§ 80 Abs. 2 Nr. 4 VwGO); das Gericht kann aber die aufschiebende Wirkung wiederherstellen (§ 80 Abs. 5 Satz 1 VwGO).

3.3.6. Registereintragung; Mitteilungen

Ist einem eingetragenen Verein die Rechtsfähigkeit entzogen worden und ist **2090**
Unanfechtbarkeit des Verwaltungsakts eingetreten, so teilt die Behörde dem Registergericht die Entziehung der Rechtsfähigkeit mit. Diese wird von Amts wegen in das Vereinsregister eingetragen (§ 74 Abs. 3 BGB).
Im Wege der Amtshilfe wird die Entziehung auch den zuständigen Finanzbehörden und, wenn hiervon ein konzessionierter Verein betroffen ist, auch der Behörde mitgeteilt, welche dem Verein durch Konzessionierung die Rechtsfähigkeit verliehen hat (falls Konzessions- und Entziehungsbehörde nicht identisch sind).

3.3.7. Fortsetzung des Vereins in nichtrechtsfähiger Form

Nach der Entziehung der Rechtsfähigkeit kann der Verein in nichtrechtsfähiger **2091**
Form fortgesetzt werden (vgl. Rn. 2222 ff.). Beim Wirtschaftsverein werden aber dessen Mitglieder wie Gesellschafter einer OHG behandelt.

3.3.8. Die Liquidation

Wird der Verein nicht fortgesetzt, so muß dessen Vermögen liquidiert werden. **2092**

3.4. Der Verlust der Rechtsfähigkeit durch Widerruf der Verleihung

3.4.1. Der Verlusttatbestand

Die Verleihung der Rechtsfähigkeit an einen inländischen wirtschaftlichen **2093**
Verein oder an einen deutschen Verein mit ausländischem Sitz (§§ 22, 23 BGB) stellt einen privatrechtsgestaltenden, begünstigenden Verwaltungsakt dar. Der Verein kann auf dessen Bestand vertrauen, solange die für die Verleihung der Rechtsfähigkeit maßgebenden tatsächlichen Umstände gleich geblieben sind und die damalige Verleihung rechtmäßig war[54]. Der Bestandsschutz für recht-

54 Vgl. *Oetker* NJW 1991, 385/387.

mäßig begünstigende Verwaltungsakte ist aber durch § 49 Abs. 2 VwVfG (und die entsprechenden Ländervorschriften) eingeschränkt: Der Verwaltungsakt (der Verleihung) kann mit Wirkung für die Zukunft widerrufen werden, wenn

- der Widerruf in dem Verwaltungsakt vorbehalten war,
- die Verleihung nur mit einer Auflage erteilt worden ist und der Verein diese nicht oder nicht innerhalb der gesetzten Frist erfüllt hat,
- die Verleihungsbehörde aufgrund nachträglich eingetretener Tatsachen berechtigt wäre, die Verleihung nicht zu erteilen, und wenn ohne den Widerruf das öffentliche Interesse gefährdet wäre,
- dies erforderlich ist, um schwere Nachteile für das Gemeinwohl zu verhüten oder zu beseitigen.

3.4.2. Verfahren und Rechtsbehelfe

2094 Für das Widerrufsverfahren und die Rechtsbehelfe gelten die Ausführungen zur Entziehung der Rechtsfähigkeit durch die Verwaltungsbehörde (vgl. Rn. 2089).

3.4.3. Die Fortsetzung des Vereins

2095 Ist vom Widerruf ein Wirtschaftsverein betroffen, so können dessen Mitglieder die Fortsetzung beschließen. Haftungsrechtlich werden sie dann aber wie Mitglieder einer OHG behandelt.

3.4.4. Die Liquidation

2096 Wird ein Fortsetzungsbeschluß nicht gefaßt, so muß das Vereinsvermögen liquidiert werden (§§ 47 ff. BGB).

3.5. Die Entziehung der Rechtsfähigkeit eines eingetragenen Vereins durch das Gericht wegen zu geringer Mitgliederzahl

3.5.1. Der Entziehungstatbestand

2097 Sinkt die Zahl der Vereinsmitglieder unter drei ab, so hat das Amtsgericht nach § 73 BGB auf Antrag des Vorstandes und, wenn der Antrag nicht binnen drei Monaten gestellt wird, von Amts wegen nach Anhörung des Vorstandes dem Verein die Rechtsfähigkeit zu entziehen (vgl. auch § 80 GenG).

Die Eintragung des Vereins ist von einem Mitgliederbestand von sieben abhängig (§ 59 Abs. 3 BGB). Sinkt die Zahl auf unter drei ab, so ist keine mehrheitliche Willensbildung mehr möglich. Das Gesetz knüpft deshalb an diesen Umstand – zumal es keinen Ein-Mann-Verein gibt – die Entziehung der Rechtsfähigkeit. Dabei werden aber die Verhältnisse bei einem großen Vereinsverband nicht berücksichtigt, bei dem nur noch zwei angeschlossene Körperschaften die Verbandsmitglieder bilden; diese können im Verband durch 50 Delegierte vertreten sein, die 500 Stimmen haben können. Auch einem solchen in der Form eines eingetragenen Vereins bestehenden Verband muß die Rechtsfähigkeit entzogen werden, da § 73 BGB nicht als Kann-Vorschrift ausgestaltet worden ist.

Nach Auffassung des BGH erlischt der Verein (und verliert demnach die Rechtsfähigkeit), wenn kein Mitglied mehr vorhanden ist; ein Mitglied erhält die Rechtsfähigkeit, bis sie im Verfahren nach § 73 BGB entzogen wird[55]. Hier wird eine andere Meinung vertreten (vgl. Rn. 2073 ff.).

3.5.2. Der Antrag des Vorstands

Ist die Zahl der Vereinsmitglieder auf unter drei herabgesunken, so hat der Vorstand beim Amtsgericht die Entziehung der Rechtsfähigkeit zu beantragen. Die Unterlassung führt aber keinen Registerzwang herbei[56]. Ist kein Vorstand vorhanden, so kann das Amtsgericht auf Antrag, aber auch von Amts wegen[57], einen Notvorstand bestellen (§ 29 BGB), was wegen der gebotenen Gehörsgewährung und wegen der Zustellung des Entziehungsbeschlusses unumgänglich ist. **2098**

3.5.3. Das amtswegige Entziehungsverfahren

Erkennt das Amtsgericht aus der ihm eingereichten Zahl der Mitglieder (§ 72 BGB) das Absinken auf unter drei oder wird ihm dies in sonstiger Weise bekannt, so hat es von Amts wegen das Entziehungsverfahren einzuleiten, wenn der Vorstand innerhalb von drei Monaten, nachdem eine Mitgliederzahl von unter drei erreicht worden ist, den Entziehungsantrag nicht stellt. **2099**
Das Amtsgericht muß den Vorstand anhören. Da bei einer solchen Mitgliederzahl kaum mehr als ein Vorstandsmitglied in Betracht kommt, erübrigt sich die Erörterung, ob von mehreren Vorstandsmitgliedern alle anzuhören sind.
Kann der Vorstand glaubhaft vorbringen, daß sich die Zahl der Mitglieder in kurzer Zeit (ein bis zwei Monate) wieder auf drei erhöht, so kann das Amtsgericht mit seiner Entscheidung zuwarten.

3.5.4. Die Zurückweisung des Antrags

Das Registergericht weist den Antrag des Vorstands auf Entziehung der Rechtsfähigkeit zurück, wenn sich das Nichtvorhandensein von Mitgliedern aus den überreichten Unterlagen und den gerichtlichen Ermittlungen nicht sicher ergibt[58]. **2099 a**

3.5.5. Der Entziehungsbeschluß und seine Anfechtung

Der Entziehungsbeschluß ist dem Verein zu Händen seines Vorstands zuzustellen (§ 160 a Abs. 2 Satz 1, § 16 Abs. 2 Satz 1 i. V. m. § 160 a Abs. 2 Satz 2 FGG). **2100**
Gegen die vom Rechtspfleger erlassene Entscheidung (§ 3 Nr. 1 lit. a RPflG) findet die befristete Erinnerung statt (§ 11 Abs. 1 Satz 2 RPflG); vgl. zur Beschwerdeberechtigung Rn. 2326. Die formelle Rechtskraft tritt ein, wenn die Zweiwochenfrist für die Erinnerung (§ 11 Abs. 1 Satz 2 RPflG i. V. m. § 22 Abs. 1 FGG) ohne Rechtsbehelfseinlegung abgelaufen oder sonst die Unanfechtbarkeit eingetreten ist. Erst mit der Rechtskraft wird die Entziehung der Rechtsfähigkeit wirksam (§ 160 a Abs. 2 Satz 3 FGG).
Ein Rechtsmittel kann erfolgreich mit der Begründung zum Landgericht eingelegt werden, daß der Verein nachweislich wieder drei Mitglieder hat.

---

55 Vgl. *BGH* BB 1965, 1247.
56 Vgl. § 78 Abs. 1 BGB.
57 Vgl. *BayObLG* NJW-RR 1989, 765/766.
58 *OLG Frankfurt* RPfl 1992, 28.

3.5.6. Die Fortsetzung des Vereins

2101 Zur Fortsetzung des Vereins sind mindestens drei Mitglieder erforderlich. Sind erst drei Mitglieder vorhanden, nachdem die Sache in die Rechtsbeschwerdeinstanz gelangt ist und wird dies dort als neue Tatsache nicht berücksichtigt, so führt ein Fortsetzungsbeschluß zur Wiedereintragung des Vereins, weil sich die tatsächlichen Umstände verändert haben, für welche die Abänderungssperre des § 18 Abs. 2 FGG nicht gilt[59].

3.6. Der Verlust der Rechtsfähigkeit durch Löschung der Gesamteintragung des Vereins

3.6.1. Die Löschung eines Scheinvereins

2102 Die Eintragung eines Vereins läßt eine juristische Person auch dann entstehen, wenn wesentliche Eintragungsvoraussetzungen gefehlt haben[60].

Hat es aber bei der Eintragung schon am äußeren Tatbestand einer Personenvereinigung gefehlt (die Unterschriften unter der Satzung, welche sieben Mitglieder belegen sollen, sind gefälscht, der Fälscher will allein eine juristische Person zur Entstehung bringen; oder: alle Gründer sind dem Verein nicht wirksam beigetreten), so ist durch die Eintragung ein rechtsfähiger Scheinverein entstanden[61]. Im GmbH-Recht wird eine Scheingesellschaft auch dann angenommen, wenn die Eintragung ohne den Willen des Geschäftsführers vorgenommen worden ist; Entstehung und Bestand einer GmbH müßten von einem auf die Anmeldung gerichteten Willen des hierfür zuständigen Organs abhängig gemacht werden[62]. Ist ein Scheinverein eingetragen worden, so ist dieser Akt der freiwilligen Gerichtsbarkeit nichtig[63]. Auch im Falle absoluter Nichtigkeit einer Eintragung greift das Amtslöschungsverfahren[64]. Die Löschung dient der Beseitigung eines Scheintatbestands, da ein solcher Scheinverein nie die Rechtsfähigkeit erlangt hat[65].

Auf den Scheinverein sind die vereinsrechtlichen Vorschriften des BGB nicht anwendbar, somit auch nicht die Liquidationsvorschriften (den Vorschriften des VereinsG kann der Scheinverein unterworfen sein).

3.6.2. Die Löschung der Gesamteintragung

2103 Die Löschung der Gesamteintragung des Vereins im Verfahren nach §§ 159, 142 FGG bewirkt den Verlust der Rechtsfähigkeit. Führt der Verein einen unzulässigen Namen, so kommt nur die Löschung der Gesamteintragung in Be-

---

59 *Keidel/Kuntze/Winkler* § 18 FGG Rn. 2.

60 Vgl. RGZ 81, 206/208; *BGH* NJW 1983, 993 und WM 1984, 977/979; *OLG Köln* OLGZ 1977, 65/66; *OLG Düsseldorf* OLGZ 1990, 83/86.

61 MünchKomm/*Reuter* §§ 21, 22 BGB Rn. 27; *Soergel/Hadding* vor §§ 41–53 BGB Rn. 15; *Bayer* S. 35.

62 Vgl. *Lutter/Hommelhoff* Rn. 2, *Hachenburg/Ulmer* Rn. 10, *Rowedder/Rittner* Rn. 16, *Scholz/Winter* Rn. 16, je zu § 7 GmbHG.

63 *Bayer* a. a. O.

64 *Keidel/Kuntze/Winkler* § 159 FGG Rn. 24 Fußn. 38; *Hachenburg/Ulmer* a. a. O.

65 *Soergel/Hadding* vor § 55 BGB Rn. 5.

tracht[66]. Wird gleichwohl nur der Name gelöscht, so hat dies auf die Rechtsfähigkeit des betroffenen Vereins keinen Einfluß[67].
Vgl. zur Löschung der Gesamteintragung weiter Rn. 2386.

3.6.3. Die Fortsetzung des Vereins oder Liquidation

Die amtswegige Löschung der Gesamteintragung hat auf den Bestand des Vereins nur dann einen Einfluß, wenn die Satzung oder Satzungsauslegung ergibt, daß der Verein nur in rechtsfähiger Form Bestand haben kann. In einem solchen Fall ist das Vereinsvermögen zu liquidieren. **2104**
In der Regel besteht eine solche Satzungsbestimmung nicht. Der Verein besteht dann nach der Löschung automatisch als nichtrechtsfähiger Verein fort. Er muß aber seine Satzung ändern, da der Namenszusatz »e. V.« nicht mehr geführt werden kann. Auch sonstige Satzungsbestimmungen, welche die Rechtsfähigkeit zugrunde legen, müssen geändert werden (z. B. »Der Verein ist beim Amtsgericht X unter VR . . . eingetragen.«).

3.6.4. Mitteilungen

Den mit der Gesamtlöschung verbundenen Verlust der Rechtsfähigkeit teilt das Registergericht im Wege der Amtshilfe den zuständigen Steuerbehörden mit. **2105**
Ist der Verein mit seiner Firma im Handelsregister eingetragen, so wird auch dem Handelsregistergericht der Verlust der Rechtsfähigkeit mitgeteilt.

3.7. Der Verzicht auf die Rechtsfähigkeit

3.7.1. Die Zulässigkeit

Im Rahmen seiner Autonomie kann der Verein frei darüber entscheiden, ob er durch einen Auflösungsbeschluß das Ende der Vereinsbetätigung herbeiführen will (§ 41 BGB). Der Verzicht auf die Rechtsfähigkeit ist als Minus zur Auflösung[68] jederzeit zulässig[69]. Zulässig ist ein Verzicht auch im Stadium der Vermögensliquidation[70]. **2106**

3.7.2. Der Verzichtsbeschluß und die Verzichtserklärung

Ob der Verzicht auf die Rechtsfähigkeit stets eine Satzungsänderung ist[71], mag zweifelhaft sein. Sie ist jedenfalls eine solche, wenn die Satzung hinsichtlich der Bestandteile berichtigt wird, die auf einen rechtsfähigen Verein hinweisen, wie der Namenszusatz »r. V.« beim konzessionierten Verein oder »e. V.« beim eingetragenen Verein. Für den Beschluß der Mitgliederversammlung, auf die **2107**

---

66 Vgl. z. B. *BayObLG* NJW 1972, 957; *Sauter/Schweyer* Rn. 59.
67 *BGH* NJW 1984, 668.
68 *Erman/Westermann* § 42 BGB Rn. 4.
69 Vgl. z. B. *RG* JW 1936, 2063; BayObLGZ 1959, 152/158 f.; ausführlich *Kollhosser* ZIP 1984, 1434 ff.
70 *Bayer* S. 48.
71 So: *Kollhosser* a. a. O. S. 1435.

Rechtsfähigkeit zu verzichten, ist die gleiche Mehrheit wie für die Auflösung des Vereins erforderlich[72].
Beim eingetragenen Verein wird der Verzicht durch einen Antrag an das Amtsgericht, den Verein im Vereinsregister löschen zu lassen, erklärt; der konzessionierte Verein erklärt den Verzicht gegenüber der Konzessionsbehörde[73].

3.7.3. Der Fortbestand als nichtrechtsfähiger Verein

2108 Beschließt die Mitgliederversammlung nur den Verzicht auf die Rechtsfähigkeit, so kommt darin der Wille zum Ausdruck, als nichtrechtsfähiger Verein die Vereinsziele fortsetzen zu wollen[74]. Aus Gründen der Rechtsklarheit – auch den Finanzbehörden gegenüber – ist jedoch eine ausdrückliche Beschlußfassung über die Fortsetzung zu verlangen. Es muß ohnedies die Satzung wegen des Namenszusatzes »e. V.« geändert werden.
Für eine – wenn auch vereinfachte – Liquidation des Vereinsvermögens fehlt es an einem gesetzlichen Liquidationstatbestand[75].

3.7.4. Registereintragung; Mitteilungen

2109 Wird mit dem Verzichtsbeschluß eine Satzungsänderung verbunden, so muß das Amtsgericht der Verwaltungsbehörde Gelegenheit zur Stellungnahme geben (§ 71 Abs. 2 i. V. m. § 61 BGB). Wegen des allseitigen Einverständnisses mit der Löschung ist ein förmliches Verfahren nach §§ 159, 142 FGG nicht erforderlich[76].
Für die steuerlichen Mitteilungen der Änderung der Rechtsform ist der Vorstand verantwortlich. Hat ein Wirtschaftsverein auf die Rechtsfähigkeit verzichtet, so erteilt die Konzessionsbehörde eine Bescheinigung über die Rücknahme der Rechtsfähigkeit. Ist der Verein mit einer Firma im Handelsregister eingetragen, so muß der Vorstand den Verzicht auf die Rechtsfähigkeit zum Handelsregister anmelden, da die Firmeneintragung nach § 34 HGB eine juristische Person voraussetzt, die nach dem wirksamen Verzicht nicht mehr gegeben ist.

4. Der Fiskus als Gesamtrechtsnachfolger des Vereinsvermögens

4.1. Die Anfallgründe

2110 Die (freiwillige) Auflösung des Vereins oder die Entziehung seiner Rechtsfähigkeit führt ein Anfallrecht für einen Berechtigten herbei (§ 45 Abs. 1 BGB), falls nicht die Fortsetzung des Vereins in nichtrechtsfähiger Form beschlossen worden ist.
Der Fiskus kann Anfallberechtigter werden. Das ist der Staat, also entweder die Bundesrepublik Deutschland oder ein Bundesland, und zwar in seiner Eigen-

72 *Erman/Westermann* § 42 BGB Rn. 4; *Soergel/Hadding* vor §§ 41–53 BGB Rn. 8; *Kollhosser* a. a. O.; a. A. satzungsändernde Mehrheit genügt: *Sauter/Schweyer* Rn. 363; *Stöber* Rn. 291; *Böttcher* RPfl 1988, 169/171.

73 BayObLGZ 1959, 152/158 f.

74 *Bayer* S. 42.

75 A. A. lediglich *Sauter/Schweyer* Rn. 363.

76 *Jansen* § 142 FGG Rn. 20.

schaft als Teilnehmer am Privatrechtsverkehr, da der Staat nur in dieser Eigenschaft als Fiskus bezeichnet wird.

Das Vereinsvermögen fällt an einen Fiskus, wenn dies

- die Satzung bestimmt (§ 45 Abs. 1 BGB); eine solche Satzungsbestimmung kann bei einem steuerlich gemeinnützigen Verein wegen der Beachtung des Grundsatzes der satzungsmäßigen Vermögensbindung in Betracht kommen (§ 55 Abs. 1 Nr. 4, § 61 AO; der Staat ist eine Körperschaft des öffentlichen Rechts i. S. d. § 55 Abs. 1 Nr. 4 Satz 2 AO);
- kraft Satzungsermächtigung die Mitgliederversammlung oder ein anderes Vereinsorgan (z. B. der Vorstand) beschließt (§ 45 Abs. 2 Satz 1 BGB);
- auch ohne Satzungsermächtigung, den Anfallberechtigten zu bestimmen, die Mitgliederversammlung eines nichtwirtschaftlichen Vereins beschließt (§ 45 Abs. 2 Satz 2 BGB); ferner, wenn
- es bei einem nicht »selbstnützigen« Verein[77] an einer Bestimmung des Anfallberechtigten durch die Satzung oder durch Vereinsbeschluß fehlt (§ 45 Abs. 3 Fall 2 BGB).

Da der Anfall des Vereinsvermögens so behandelt wird, als wäre der Fiskus gesetzlicher Erbe dieses Vermögens geworden (§ 46 Satz 1 BGB), tritt das Anfallrecht auch ein, wenn der durch Satzung oder Vereinsbeschluß benannte Anfallberechtigte nicht mehr vorhanden ist oder wenn der »fremdnützige« Verein keine Mitglieder mehr hat und es an einer Bestimmung des Anfallberechtigten fehlt (entspr. § 1936 BGB). Gleiches gilt, wenn die Satzungsvorschrift oder der Vereinsbeschluß über die Bestimmung des Anfallberechtigten nichtig, diese Rechtsfolge irreparabel ist und auch die Hilfsbestimmung nach § 45 Abs. 3 Fall 1 BGB nicht eingreift. Der gesetzliche Vermögensanfall an den Fiskus dient auch dazu, herrenloses Vermögen zu vermeiden, wie sich aus der Regelung in § 45 Abs. 3 Fall 2 BGB ergibt.

4.2. Vorhandensein von Aktivvermögen als Anfallvoraussetzung

Voraussetzung für das Anfallrecht des Fiskus ist das Vorhandensein von Vermögen, das dieser »tunlichst in einer den Zwecken des Vereins entsprechenden Weise zu verwenden« hat (§ 46 BGB). Daraus folgt, daß nur das Vorhandensein von Aktivvermögen das Anfallrecht des Fiskus auslöst. Sind nur Schulden vorhanden, so erlischt der Verein mit der Auflösung oder mit dem Entzug der Rechtsfähigkeit (falls nicht die Fortsetzung beschlossen wird). Der Vermögensanfall des Fiskus wird nachlaßgerichtlich festgestellt (vgl. nachfolgend Rn. 2115). Hierzu bestimmte die (nicht mehr in Kraft befindliche) bayer. Nachlaßordnung (§ 47 Abs. 2): »Selbstverständliche Voraussetzung ist das Vorhandensein eines Nachlasses, der zur Deckung der Kosten des Verfahrens ausreicht.« **2111**

4.3. Der zuständige Fiskus

Die Satzung oder ein Vereinbeschluß kann jeden Fiskus als Anfallberechtigten bestimmen, also den des Bundes oder eines Bundeslandes. Ist der Fiskus nicht näher bezeichnet worden, so ergibt die Auslegung regelmäßig, daß der Fiskus **2112**

77 Vgl. Begriff in Rn. 2187.

des Bundeslandes gemeint ist, in dessen Staatsgebiet der Verein seinen Sitz hatte. Das Anfallrecht des Fiskus erfaßt auch das im Ausland belegene Vermögen des Vereins, soweit nicht Art. 3 Abs. 3 EGBGB eingreift[78]. Bei einem ausländischen Verein (§ 23 BGB) ist im Falle des § 45 Abs. 3 2. Altern. BGB der Bundesfiskus zuständig (entspr. § 1936 Abs. 2 BGB).
Bei einem auf § 45 Abs. 3 BGB beruhenden Vermögensanfall könnte durch die Landesgesetzgebung bestimmt werden, daß an die Stelle des Fiskus eine andere Körperschaft des öffentlichen Rechts oder eine öffentlich-rechtliche Anstalt oder Stiftung tritt (Art. 85 EGBGB); von dieser Möglichkeit ist in keinem Bundesland Gebrauch gemacht worden[79].
Bestimmt somit z.B. die Satzung in Beachtung des steuerlichen Gemeinnützigkeitsrechts eine Gemeinde, eine Stadt oder einen Landkreis als Anfallberechtigten, so findet keine Gesamtrechtsnachfolge statt, wie dies beim Anfall an einen Fiskus der Fall ist.

4.4. Der Fiskus als Gesamtrechtsnachfolger des Vereinsvermögens

2113 Der Fiskus erwirbt das Vereinsvermögen, wie wenn ihm eine gesetzliche Erbschaft zufiele, im Wege der Gesamtrechtsnachfolge (§ 46 Satz 1, §§ 1922 Abs. 1, § 1936 Abs. 1 Satz 1 BGB). Die noch vorhandenen Vereinsorgane haben somit dem Fiskus keinerlei Gegenstände zu übertragen. Die Rechtsnachfolge bezieht sich aber nur auf das Aktiv- und Passivvermögen; der Fiskus ist kein Rechtsnachfolger des Vereins selbst. Zum Vermögen gehören nicht die Bücher und Schriften des Vereins, es sei denn, die Satzung oder ein Vereinsbeschluß hat dies bestimmt.
Zeitlich tritt der Vermögensübergang mit dem Wirksamwerden der in § 45 Abs. 1 BGB genannten Tatbestände ein. Der sofort wirksame Auflösungsbeschluß hat unmittelbar den Anfall an den Fiskus zur Folge. Ist der Verlust der Rechtsfähigkeit durch Konkurs eingeleitet worden, so tritt der Vermögensanfall erst mit der Beendigung dieses Verfahrens ein. Auf die nachlaßgerichtliche Feststellung des Anfallrechts des Fiskus kommt es nicht an.
Der Vermögensanfall an den Fiskus führt die Beendigung des Vereins als Personenverband, aber auch seiner Eigenschaft als juristische Person herbei.
Eine (vereinsmäßige) Liquidation des Vereinsvermögens findet nicht statt (§ 47 BGB). Der Grund hierfür ist weniger in der stets gegebenen Zahlungsfähigkeit des Fiskus zu sehen[80], da es auf diese u. U. überhaupt nicht ankommt (vgl. Rn. 2114), sondern darin, daß die nunmehr zuständige Fiskalverwaltung (in Bayern: die Oberfinanzdirektionen) die noch erforderliche Abwicklung mit der gleichen Sachkunde durchführen kann wie ein Liquidator.
Als »Erbe« haftet der Fiskus auch für die Verbindlichkeiten des erloschenen Vereins (entspr. § 1967 Abs. 1 BGB). Gläubigersichernde Vorschriften, wie im Liquidationsfall (§§ 50, 52 BGB), fehlen für den Fiskus. Hier ist es Aufgabe des obersten Dienstherrn, entsprechende Richtlinien oder Anweisungen für die zuständige Fiskalverwaltung zu erlassen, damit Gläubigerrechte sichergestellt werden.

78 Vgl. *Palandt/Edenhofer* § 1936 BGB Rn. 1.
79 Vgl. 4. Aufl. Rn. 1483 sowie *Palandt/Heinrichs* Art. 85 EGBGB Rn. 1.
80 So: *KG* NJW 1969, 752/753.

4.5. Die beschränkte Schuldenhaftung des Fiskus

Der Fiskus, der den Anfall nicht ausschlagen kann (§ 46 Satz 1, § 1942 Abs. 2 BGB), haftet an sich, wie ausgeführt, für die Schulden des erloschenen Vereins. Gegen die unbeschränkte Schuldenhaftung ist jedoch der Fiskus materiell-erbrechtlich geschützt: Ihm kann eine Inventarfrist nicht bestimmt werden (§ 2011 Satz 1 BGB); er kann deshalb auch nicht wegen deren Versäumung unbeschränkt zur Haftung herangezogen werden[81]. Die Klage eines früheren Vereinsgläubigers kann schon mangels haftender Masse abgewiesen werden[82]; ist dies nicht der Fall, so bleibt die beschränkte Haftung des Fiskus auch bestehen, wenn sie im Urteil nicht vorbehalten worden ist (§ 780 Abs. 2 ZPO). Reichen diese Privilegien nicht zur Haftungsbeschränkung, so muß diese vom Fiskus – wie von jedem anderen Erben auch – geltend gemacht werden. In Betracht kommen: Antrag auf Nachlaßverwaltung, auf Eröffnung des Nachlaßkonkurs- oder des Nachlaßvergleichsverfahrens oder – was hier besonders wichtig ist – Erhebung der Einrede der Dürftigkeit des »Nachlasses«, also des vom Verein erlangten Vermögens nach § 1990 BGB[83]. **2114**

4.6. Die nachlaßgerichtliche Feststellung des Anfallrechts des Fiskus

Sobald das Nachlaßgericht Kenntnis davon erlangt, daß der Fiskus als Anfallberechtigter eines Vereinsvermögens in Betracht kommt, hat es von Amts wegen das Verfahren zur Feststellung des Anfallrechts des Fiskus einzuleiten (§ 46 Satz 1, § 1964 BGB). Zuständig ist das Nachlaßgericht des letzten statutarischen Sitzes des Vereins (entspr. §§ 72, 73 Abs. 1 FGG; bei einem ausländischen Verein – § 23 BGB – kommt die Zuständigkeit des Amtsgerichts Schöneberg in Berlin in Betracht, entspr. § 73 Abs. 2 Satz 1 FGG). U. U. sind sichernde Maßnahmen nach § 1960 BGB geboten, wenn der Anfall an den Fiskus nicht zweifelsfrei ist und deshalb Ermittlungen erforderlich sind (§ 12 FGG); ist der Anfall sogar Gegenstand eines Rechtsstreits, so kann die Bestellung eines Pflegers (entspr. § 1960 Abs. 2 BGB) in Betracht kommen. Eine öffentliche Aufforderung nach § 1965 BGB ist zwar nicht schlechthin erforderlich; sie kann aber veranlaßt sein, wenn der Verbleib an sich anfallberechtigter Vereinsmitglieder nicht bekannt ist. **2115**

Der Feststellungsbeschluß (§ 1964 Abs. 1 BGB) des Nachlaßgerichts bildet zwar die Grundlage für das Anfallrecht des Fiskus[84]. Insoweit besteht jedoch nur eine widerlegbare Vermutung (entspr. § 1964 Abs. 2 BGB).

Ist auf den Fiskus Grundvermögen übergegangen, so reicht nach § 35 GBO nicht der Feststellungsbeschluß aus; der Fiskus muß einen Erbschein vorlegen[85].

Der Feststellungsbeschluß hat insofern erhebliche Bedeutung, als vor dessen Erlaß weder der Fiskus gegen einen früheren Vereinsschuldner noch von einem früheren Vereinsgläubiger gegen den Fiskus ein Recht geltend gemacht werden kann (§ 46 Satz 1 BGB, § 1966 BGB).

81 Weder nach § 1994 Abs. 1 Satz 2 noch nach § 2005 Abs. 1 Satz 2 BGB; vgl. *Staudinger/Marotzke* § 2011 BGB Rn. 1.
82 *Baumbach/Hartmann* § 780 ZPO Rn. 9.
83 Vgl. *Staudinger/Marotzke* a. a. O. Rn. 4.
84 Vgl. *BayObLG* JW 1935, 2518.
85 *BayObLG* MDR 1987, 762.

4.7. Die Pflicht zur zweckentsprechenden Vermögensverwendung

2116 Sind nach der Bereinigung der früheren Vereinsverbindlichkeiten noch aktive Vermögensbestandteile des erloschenen Vereins vorhanden, so hat der Fiskus dieses Restvermögen tunlichst in einer den Zwecken des Vereins entsprechenden Weise zu verwenden (§ 46 Satz 2 BGB). Diese Pflicht besteht aus jedem Anfallgrund[86]. Zu berücksichtigen ist danach der bisherige Vereinszweck[87].

Die herrschende Auffassung sieht hierin eine öffentlich-rechtliche Pflicht[88]. Dies ist nicht zweifelsfrei. Es ist nicht der Staat in seiner Eigenschaft als Hoheitsträger zum Anfallsberechtigten bestimmt worden, sondern der Fiskus, als der der Staat als Teilnehmer am Privatrechtsverkehr bezeichnet wird. Das Erbrecht des Fiskus nach § 1936 BGB, dessen Grundsätze hier zur Anwendung kommen, ist ein privates Erbrecht und kein Hoheitsrecht[89]. Der Gesetzgeber kann zwar auch einer Privatperson eine öffentlich-rechtliche Verpflichtung auferlegen; es erscheint aber zweifelhaft, ob die Verwendungspflicht nach § 46 Satz 2 BGB einen solchen Rechtscharakter hat. Es läßt sich auch die Auffassung vertreten, daß dies eine Anweisung an den obersten Dienstherrn der zuständigen Fiskalverwaltung ist, durch Richtlinien die Verwendung nach den bisherigen Vereinszwecken sicherzustellen. Mit der herrschenden Auffassung ist aber anzunehmen, daß eine Klagbarkeit aus dieser Vorschrift nicht hergeleitet werden kann.

5. Der Verein im Abwicklungsstadium

5.1. Allgemeine Grundsätze

5.1.1. Das Abwicklungsziel

2117 Die Abwicklung – im Gesetz als Liquidation[90] bezeichnet (z. B. § 47 BGB) – verändert automatisch den bisher in der Satzung festgelegten aktiven, »werbenden« Zweck des Vereins, da dessen Tätigkeit einem Ende zugeführt werden soll, bei dessen Erreichen der Verein nicht nur als Personenverband, sondern auch als juristische Person beendet wird. Um diesen Zustand zu erreichen, ist nunmehr Vereinszweck kraft Gesetzes die Beendigung der laufenden Geschäfte, die Verwertung des Vermögens, die Erfüllung der bestehenden Verpflichtungen des Vereins und die Ausantwortung des Restvermögens an die Anfallberechtigten (vgl. § 49 Abs. 1 BGB).

Nach dem Gesetz findet eine Vermögensliquidation statt. Dies berücksichtigt die Situation der Vereine, wie sie Ende des vorigen Jahrhunderts bei den Monovereinen gegeben war. Heute sind jedoch auch die Besonderheiten der Mehrspartenvereine, der Dachverbände mit Untergliederungen und der Vereinsverbände bei einer Liquidation in Betracht zu ziehen. Mit der Erledigung

86 *Soergel/Hadding* § 46 BGB Rn. 3.
87 So ausdrücklich Art. 57 Abs. 2 schweiz. ZGB.
88 Vgl. *Soergel/Hadding* a. a. O. Fußn. 7.
89 *Palandt/Edenhofer* § 1936 BGB Rn. 1 m. w. N.
90 Liquidatio bedeutet im spätmittelalterlichen Latein Klarmachung, Schuldabrechnung, vgl. *Gutzwiller* S. 509.

der in § 49 Abs. 1 BGB beschriebenen Aufgaben der Liquidatoren fällt auch die Organisation eines Monovereins in sich zusammen. Anders ist es z. B. bei einem Großverein; die »Zerschlagung« seiner Organisation ist kein den Liquidatoren obliegendes »laufendes Geschäft«. Zur Liquidation kann somit auch die Herbeiführung der Auflösung der Vereinsorganisation als besondere Aufgabe treten, die nicht Liquidatoren obliegt.

5.1.2. Die zur Liquidation führenden Tatbestände

Aus § 45 Abs. 1, § 47 BGB folgt, daß vor der Verteilung des Vereinsvermögens **2118**
an die Anfallberechtigten eine Liquidation stattfinden muß, falls nicht der Fiskus als Anfallberechtigter bestimmt worden ist.

Bei wörtlicher Auslegung des § 45 Abs. 1 BGB käme der Liquidationsfall nur in Betracht: bei freiwilliger Auflösung des Vereins aufgrund Versammlungsbeschlusses (§ 41 BGB), im Konkursfall (§ 42 Abs. 1 BGB) und bei der Entziehung der Rechtsfähigkeit nach §§ 43, 73 BGB. Eine solche Auslegung ist aber zu eng, wenn der Sinn und Zweck einer Liquidation in Betracht gezogen werden. Liquidationsfälle sind auch die der Auflösung gleichgestellten Tatbestände, wie satzungsmäßige Beendigung der aktiven Vereinstätigkeit oder Sitzverlegung ins Ausland, ferner die Gesamtlöschung des Vereins im Verfahren nach §§ 159, 142 FGG und schließlich nach der hier vertretenen Auffassung auch der Wegfall sämtlicher Vereinsmitglieder. Die Eröffnung des Konkurses weist insofern eine Besonderheit auf, als für die Konkursdauer sowohl ein Vermögensanfall an den Fiskus als auch eine vereinsrechtliche Vermögensliquidation nicht möglich ist.

Ein in zulässiger Weise gefaßter Fortsetzungsbeschluß hindert jedoch den Eintritt ins Liquidationsstadium oder beendet die Abwicklung (vgl. Rn. 2224 ff.).

5.1.3. Das Erfordernis verwertbaren Vereinsvermögens

Voraussetzung für den Eintritt des Vereins in das Liquidationsstadium ist der **2119**
Bestand nicht unbedeutenden, also verwertbaren Vermögens. Ist ein solches nicht vorhanden, kann auch keine Liquidation stattfinden[91]. Das Gesetz hat, wie ausgeführt, eine Vermögensliquidation angeordnet.

Ist ein an sich zur Liquidation führender Tatbestand gegeben, ist aber der Verein vermögenslos, so hört auch seine Existenz auf, es sei denn, er beschließt die Fortsetzung der aktiven Vereinstätigkeit.

5.2. Der Liquidationsverein

5.2.1. Die Identität zwischem dem »werbenden« Verein und dem Liquidationsverein

Hinsichtlich der Außenbeziehungen besteht völlige Identität des »werbenden« **2120**
Vereins mit dem Liquidationsverein. Dieser bleibt Träger der vom Verein in »werbender« Form erworbenen Rechte und der entstandenen Pflichten. Für seine Repräsentanten hat der Verein weiterhin nach § 31 BGB einzustehen, d. h. die Haftung zu übernehmen. Verträge schuldrechtlicher oder dinglicher

91 *BGH* NJW 1982, 238.

Art bleiben bestehen, sofern insoweit keine Sondervereinbarung getroffen worden ist. Der Vereinsgläubiger kann nicht eine vorzeitige Erfüllung verlangen. Betagte, bedingte oder befristete Forderungen werden mit dem Eintritt in das Abwicklungsstadium nicht fällig[92]. Auch Dauerschuldverhältnisse werden (zunächst) fortgesetzt[93].
Die angeführte Identität besteht dem Grundsatz nach auch im Vereinsinnenbereich. Hier ergeben sich aber wegen der automatisch eintretenden Zweckänderung Besonderheiten, die im einzelnen dargestellt werden.

5.2.2. Die uneingeschränkte Rechtsfähigkeit des Liquidationsvereins

2121 Nach § 49 Abs. 2 BGB gilt der Verein bis zur Beendigung der Liquidation als fortbestehend, soweit der Zweck der Liquidation es erfordert. Bei dieser Fiktion eines Fortbestandes des Vereins als nur noch einer eingeschränkt rechtsfähigen juristischen Person ist der Gesetzgeber ersichtlich davon ausgegangen, daß ein Monoverein mit nicht nennenswertem Vermögen abzuwickeln ist, da dieser eingeschränkte Fiktionsfortbestand im AktG (§ 264 Abs. 2), im GmbHG (§ 69 Abs. 1) und im GenG (§ 87 Abs. 1) fehlt und damit der Umfang der Rechtsfähigkeit dieser Körperschaften im Liquidationsstadium jedenfalls durch eine Gesetzesformulierung ersichtlich nicht in Frage gestellt werden sollte.
Die bisher herrschende Auffassung entnimmt aus dem Wortlaut des § 49 Abs. 2 BGB eine Teilrechtsfähigkeit des Liquidationsvereins, da dieser nur insoweit Träger der Rechte und Pflichten sein könne, als diese dem Liquidationszweck dienten[94]. Danach soll z. B. der obligatorische Teil eines Tarifvertrages, der mit einem Verein besteht, mit der Auflösung wegfallen[95]; ein Anspruch auf Unterlassung wegen Ehrverletzung und Kreditgefährdung soll gerichtlich nicht mehr verfolgbar sein[96]; der Liquidationsverein soll nicht Erbe werden können[97].
Demgegenüber nimmt eine im Vordringen befindliche Auffassung die uneingeschränkte Rechtsfähigkeit des Liquidationsvereins an[98]. Dieser Meinung ist zuzustimmen. Die freiwillige Auflösung usw. führt lediglich zu einer Überlagerung des satzungsmäßigen Zwecks durch den Liquidationszweck[99]; diese Überlagerung läßt die rechtliche Existenz des Vereins unberührt[100]. Eine Relativierung der erlangten vollen Rechtsfähigkeit findet nicht statt, zumal eine nur zweckorientierte und damit eingeschränkte Rechtsfähigkeit auf die dem deut-

92 Vgl. *Lang/Weidmüller/Schaffland* § 87 GenG Rn. 2.
93 Vgl. *Scholz/K. Schmidt* § 69 GmbHG Rn. 5.
94 Vgl. z. B. *Palandt/Heinrichs* Rn. 4, *Erman/Westermann* Rn. 5, RGRK/*Steffen* Rn. 4, je zu § 49 BGB.
95 BAGE 23, 46; *BAG* DB 1987, 590.
96 *RG* HRR 1936 Nr. 1100.
97 RGRK/*Steffen* a. a. O. Rn. 7; MünchKomm/*Reuter* § 49 BGB Rn. 7; vgl. auch *BayObLG* OLGE 40, 101/102.
98 Vgl. z. B. *K. Schmidt* Verbandszweck S. 294 f.; *Staudinger/Coing* Rn. 16 a, *Soergel/Hadding* Rn. 11, *Ott* Rn. 4, je zu § 49 BGB.
99 *Scholz/K. Schmidt* § 69 GmbHG Rn. 3; vgl. auch RGZ 118, 337/341.
100 *K. Schmidt* Verbandszweck S. 294.

schen Recht unbekannte »ultra-vires«-Lehre hinausliefe[101]. Dieses Ergebnis entspricht auch den heutigen Erfordernissen der Praxis. Zwar überwiegt auch heute noch der Monoverein zahlenmäßig; es ist aber auch die Abwicklung etwa eines Großvereins mit vielen Untergliederungen in Betracht zu ziehen, bei der infolge der Vielfalt der Abwicklungsgeschäfte nicht immer wieder geprüft werden kann, ob das einzelne Geschäft vom Liquidationszweck noch gedeckt ist oder nicht. Wegen der Abhängigkeit der Parteifähigkeit von der Rechtsfähigkeit (§ 50 Abs. 1 ZPO) müßte in einem Aktivprozeß oft ein Teil der gerichtlichen Prüfung auf die Frage der Parteifähigkeit verlegt werden. Dem Anliegen, liquidationsfremde Geschäfte nach Möglichkeit auszuschalten, läßt sich dadurch Rechnung tragen, daß bei evident liquidationsfremden Rechtsgeschäften die Grundsätze des Mißbrauchs der Vertretungsmacht in Betracht kommen[102].

5.2.3. Verfahrensrechtliche Fragen

Der Verein hat somit auch im Liquidationsstadium die uneingeschränkte **2122**
Rechtsfähigkeit und damit auch die (aktive) Parteifähigkeit und Beteiligtenfähigkeit. Im Zivilprozeß herrscht im übrigen die Auffassung vor, daß eine Gesellschaft oder ein Verein die Parteifähigkeit selbst nach dem förmlichen Abschluß der Liquidation behält, solange verteilbares Vermögen vorhanden ist[103].

Im Zivilprozeß tritt infolge der Liquidation keine Unterbrechung des Verfahrens ein, es sei denn, der Verein ist (wenn auch nur zeitweise) ohne gesetzlichen Vertreter, weil der bisherige Vorstand nicht Liquidator wird und die Bestellung von Liquidatoren sich hinzögert (§§ 241, 246 ZPO).[104]

Eine vom Vorstand erteilte Prozeßvollmacht gilt weiter, auch wenn das Vertretungsorgan (durch Bestellung von anderen Personen zu Liquidatoren) wechselt (entspr. § 130 Abs. 2 BGB).

5.2.4. Der Einfluß des Liquidationszwecks auf den korporationsrechtlichen Vereinsinnenbereich sowie auf die Vertretung

5.2.4.1. Satzung und Nebenordnungen

Aus der Identität des »werbenden« Vereins mit dem Liquidationsverein folgt, **2123**
daß die Liquidation an dem Fortbestand der Satzung und Vereinsnebenordnungen dem Grundsatz nach nichts ändert.

Das gesamte vom Verein selbst gesetzte Recht muß aber nunmehr daraufhin überprüft werden, ob es noch »liquidationsverträglich« ist. Der Erfahrung entspricht es, daß der Satzungsgeber im Grunde nur den aktiven Zustand des Vereins berücksichtigt, den Liquidationsfall aber (oft aus steuerlichen Gründen) mit dem letzten Paragraphen kurz behandelt.

---

101 Die z. B. das Schweizer Recht kennt, vgl. *Heini* S. 564.
102 Vgl. z. B. *Soergel/Hadding* § 49 BGB Rn. 13.
103 Vgl. z. B. *BGH* NJW 1982, 238 und DB 1988, 388; *BAG* NJW 1988, 2638; *BFH* NJW 1990, 2647/2648; *Baumbach/Hartmann* § 50 ZPO Rn. 21.
104 Vgl. *Scholz/K. Schmidt* § 69 GmbHG Rn. 6.

Ohne Anspruch auf Vollständigkeit sind die folgenden Bestimmungen »liquidationsverträglich«: Der Name des Vereins (es kann der Zusatz »i. L.« hinzugefügt werden) und der Sitz; jedenfalls zunächst: vom Verein begründete Mitgliedschaften in einem Verband und Verpflichtung zur Beachtung des Verbandsrechts; Vorschriften über den fristlosen oder fristgemäßen Austritt; Einberufung und Durchführung der Mitgliederversammlung einschl. des Minderheitenrechts und des Antragsrechts der Mitglieder; jedenfalls zunächst: Vorschriften über die Bildung und Funktion von Vereinsorganen einschl. der Frage, ob die Organmitglieder ehrenamtlich oder gegen Vergütung tätig sind; die Sanktionsandrohungen und Disziplinarmaßnahmen einschl. des Ausschlusses aus dem Verein.

Durch den Liquidationszweck sind die Vorschriften über den vom Verein verfolgten Zweck verdrängt (sie können aber wieder voll in Geltung gelangen, wenn der Verein die Fortsetzung seiner aktiven Tätigkeit beschließt).

2124 Die Vorschriften über die Rechte und Pflichten der Mitglieder können nur noch modifiziert zur Anwendung kommen. Oft läßt sich die »aktive« Tätigkeit im Vereinsinnenbereich nicht sofort beenden (z. B. Tätigkeit der Spieler der 1. Mannschaft); während ihrer Dauer bestehen Rechte und Pflichten der Mitglieder grundsätzlich wie bisher. Mit dem Fortschreiten der Liquidation schwinden diese Rechte und Pflichten immer mehr und münden schließlich in die Rechte und Pflichten der Mitglieder in der letzten Mitgliederversammlung, in der u. a. den Liquidatoren Entlastung erteilt wird.

Hinsichtlich der Pflicht zur Leistung von baren Mitgliedsbeiträgen verbleibt es bei der satzungsmäßigen Leistungspflicht (die auch ein Vereinsorgan befugt festgesetzt haben kann), soweit Fälligkeiten vor der Liquidation in Betracht kommen. Danach entfällt diese Leistungspflicht, es sei denn, die Satzung legt auch für den Liquidationsfall diese Leistungspflicht fest[105].

Nicht mehr anwendbar sind die Vorschriften über den Eintritt der Mitglieder, da Mitgliedschaften in einem Liquidationsverein nicht mehr begründet werden können[106].

2125 Die Bestimmungen der Satzung über den (Vertretungs-)Vorstand werden solche für die nunmehr amtierenden Liquidatoren, wenn eine Identität zwischen diesen und den bisherigen Vorstandsmitgliedern besteht, wovon das Gesetz als Regelfall ausgeht (§ 48 Abs. 1 Satz 1 BGB). Dies gilt etwa hinsichtlich der Zahl der Mitglieder und hinsichtlich der Bestellungsart bei einem Amtswechsel. Es gilt dies auch hinsichtlich der Vertretungsbestimmungen (Einzelvertretungsbefugnis oder Gesamtvertretung) einschl. einer Befreiung von den Beschränkungen des § 181 BGB. Satzungsmäßige Beschränkungen der Vertretungsmacht bei Amtskontinuität (§ 26 Abs. 2 Satz 2 BGB), wozu auch Zustimmungsvorbehalte der Mitgliederversammlung gehören, können weder als weitergeltend bezeichnet werden[107] noch als obsolet: Es kommt darauf an, ob diese Beschränkungen noch mit dem Zweck der Liquidation vereinbar sind (vgl. § 48 Abs. 2 BGB); im Zweifel ist dies aber zu verneinen. Sofern sie nicht liquidationshemmend sind, können auch Satzungsbestimmungen oder Beschlüsse über

---

105 Vgl. *RG* HRR 1937 Nr. 429 a.

106 Vgl. z. B. *Soergel/Hadding* § 49 BGB Rn. 9; ebenso im Genossenschaftsrecht: *Lang/Weidmüller/Schaffland* § 87 GenG Rn. 7.

107 So aber: *Staudinger/Coing* Rn. 3 und *Ott* Rn. 3, je zu § 49 BGB.

eine vereinsinterne Ressortaufteilung oder eine Zuständigkeitsabgrenzung zwischen den Vereinsorganen weitere Geltung beanspruchen[108].
Im GmbH-Recht herrscht die Auffassung vor, daß eine Vorschrift des Gesellschaftsvertrages über die Vertretungsmacht der Geschäftsführer einschl. einer Befreiung nach § 181 BGB dann nicht mehr gilt, wenn keine Identität zwischen dem bisherigen Geschäftsführer und dem nunmehrigen Liquidator besteht, wenn also Liquidatoren neu bestellt werden müssen[109]. Diese Grundsätze gelten im Vereinsrecht entsprechend. Die Vertretungsordnung eines Vereins ist auf eine aktive Tätigkeit zugeschnitten. Deshalb muß die Satzung ausdrücklich anordnen, daß die Vertretungsregelung auch für die Liquidatoren gilt, die diese Amtsstellung nicht als bisherige Vorstandsmitglieder übernehmen.

5.2.4.2. Satzungsänderungen; Abbau der Vereinsorganisation

Satzungsänderungen sind im Liquidationsstadium zulässig, sofern sie mit dem Liquidationszweck verträglich sind. Es kann eine Sitzverlegung erforderlich sein, um die Tätigkeit der Liquidatoren zu erleichtern. Die satzungsmäßig festgelegte Mitgliedschaft in einem Verband kann aufzugeben sein, um den Liquidatoren die Kündigung dieser Verbandsmitgliedschaft zu ermöglichen. Eine Satzungsänderung dahingehend, daß die Mitglieder zur Deckung von Vereinsschulden eine Umlage zu erbringen haben, erfordert die Zustimmung aller Mitglieder; es entspricht nicht dem Wesen eines Vereins, daß die Mitglieder für dessen Schulden aufkommen sollen. **2126**
Bei einem Mehrspartenverein und anderen, insbesondere bundesweit tätigen, größeren Verbänden kann ein Abbau der Vereinsorganisation erforderlich sein, die im Regelfall satzungsmäßig festgelegt ist. Dieser Vorgang läßt sich nicht unter den Begriff »Beendigung der laufenden Geschäfte« i. S. d. § 49 Abs. 1 Satz 1 BGB einreihen, zumal die Liquidatoren die Satzung nicht ändern können.
Für Satzungsänderungen gilt die Anmelde- oder Genehmigungspflicht nach § 33 Abs. 2, § 71 Abs. 1 BGB, die erst mit der Eintragung oder Erteilung der Genehmigung wirksam wird.
Bei Satzungsänderungen – wie auch bei sonstigen Vereinsbeschlüssen – kann sich als Reflex aus dem Liquidationszweck eine Stimmpflicht für die Mitglieder aus der Förderpflicht dahingehend ergeben, daß den Vorschlagen der Vereinsverwaltung zugestimmt werden muß.

5.2.4.3. Nichtkorporationsrechtlicher Vereinsbereich

Zur Zeit der Auflösung des Vereins bestehen Auftragsverhältnisse mit den Organmitgliedern; mit diesen können auch Geschäftsbesorgungsverträge vereinbart worden sein. Wird mit der Auflösung die Organstellung nicht verloren, so bestehen auch die begründeten Schuldverhältnisse weiter. Gleiches gilt hinsichtlich der Arbeits- oder Dienstverträge, die mit Vereinsbediensteten bestehen. Unberührt bleiben auch Individualvereinbarungen, die der Verein mit Mitgliedern abgeschlossen hat. **2127**

---

108 Vgl. *Staudinger/Coing* sowie *Ott* a. a. O.

109 Vgl. z. B. *LG Berlin* RPfl 1987, 250; *Baumbach/Schulze-Osterloh* Rn. 4, *Hachenburg/Hohner* Rn. 6, *Rowedder/Rasner* Rn. 3, je zu § 68 GmbHG; a. A. *KG* HRR 1933 Nr. 1348.

All diese Vertragsverhältnisse werden jedoch im Verlaufe des Liquidationsverfahrens beendet.

5.3. Die Liquidatoren

5.3.1. Allgemeines zur Funktion der Liquidatoren

2128 Der zur Liquidation führende Tatbestand verändert, wie ausgeführt, zunächst die Vereinsorganisation nicht. Der Verein bedarf weiterhin eines Organs, das die Geschäftsführung und die Außenvertretung übernimmt. Der Name des hierzu berufenen Vorstands erfährt eine Umbenennung in Liquidator/en, welche die rechtliche Stellung des Vorstands haben, soweit sich nicht aus dem Zweck der Liquidation etwas anderes ergibt (§ 49 Abs. 2 BGB). Im Konkursfall bleibt der Vorstand im Amt; nur wenn nach Konkursbeendigung noch verteilbares Vereinsvermögen vorhanden ist, ist dieses vereinsrechtlich zu liquidieren (falls kein Fortsetzungsbeschluß gefaßt worden ist), was den Liquidatoren obliegt.

Den Liquidatoren werden gesetzlich Aufgaben zur vermögensrechtlichen Abwicklung des Vereins zugewiesen (vgl. z. B. § 49 Abs. 1 BGB).

5.3.2. Die Mitglieder des amtierenden Vorstands als »geborene« Liquidatoren

2129 Das Gesetz geht davon aus, daß die Mitglieder des Vorstands, die zur Zeit des zur Liquidation führenden Vorgangs im Amt sind, auch das Liquidatorenamt übernehmen (§ 48 Abs. 1 Satz 1 BGB). Es meint nur die Vorstandsmitglieder, die – einzeln oder zusammen – den Verein nach außen hin vertreten können. Schweigt die Satzung über die Abwickler, so tritt diese gesetzliche Regelung in Kraft (die Satzung kann auch den Gesetzeswortlaut wiederholen).

Werden die Vorstandsmitglieder Liquidatoren, so besteht eine Kontinuität des Amtes. Ein besonderer Bestellungsakt ist nicht erforderlich. Falls die Satzung nichts anderes besagt und dies mit dem Liquidationszweck verträglich ist, gelten die Satzungsbestimmungen über den Vorstand fort und damit auch die Regelung über die Einzel- oder Kollektivvertretung (vgl. oben Rn. 2125). Gleiches gilt hinsichtlich der Ressortverteilung. Die satzungsmäßige Vertretungsordnung kann jedoch dann nicht mehr eingreifen, wenn sie nur ein oder zwei Mitglieder des drei- oder fünfköpfigen Vertretungsvorstands zu Liquidatoren bestimmt.

Die Kontinuität des Amts des Vorstands mit dem des Liquidators bewirkt auch, daß das Amt – wie bisher – als ehrenamtliches oder als besoldetes weitergeführt wird.

Ein korporationsrechtlicher Zwang zur Weiterführung des Amtes besteht nicht. Eine solche Verpflichtung kann sich allerdings aus einem Anstellungsvertrag ergeben; aber auch in diesem Fall ist die Amtsweiterführung nicht erzwingbar. Der Vorstand kann z. B. im Anschluß an den Auflösungsbeschluß sein Amt niederlegen. Dieses Verhalten ist jedenfalls dann nicht vorwerfbar, wenn den Vorstandsmitgliedern die Kenntnisse und Fähigkeiten für eine u. U. schwierige Vermögensabwicklung fehlen und der Rücktritt damit begründet wird.

5.3.3. Satzungsmäßig bestellte andere Liquidatoren

5.3.3.1. Amtsfähigkeit

Fähig, das Amt des Liquidators auszuüben, ist jede volljährige Person. Es kann sich auch um ein Nichtmitglied handeln, selbst wenn die Satzung für das Amt des Vorstands die Mitgliedschaft verlangt und dies nicht ausdrücklich ebenfalls für den Liquidationsfall zum Ausdruck bringt. Bestellt werden kann auch eine juristische Person[110], z. B. eine Treuhandgesellschaft. Es muß sich nicht um eine juristische Person des Privatrechts handeln. Nicht bestellungsfähig ist eine Behörde als solche. **2130**
Ist eine juristische Person zum Liquidator bestellt worden, so hat deren gesetzliches Vertretungsorgan die aus dieser Amtsstellung sich ergebenden Rechte und Pflichten inne[111].

5.3.3.2. Satzungsbestimmungen

Die Satzung kann vorsehen, daß die Liquidatoren eine »gemischte« Zusammensetzung haben sollen, z. B. der Vorstandsvorsitzende und der Steuerberater des Vereins[112]. Ferner kann die Satzung die Vorstandsmitglieder von den Liquidationsaufgaben ausschließen und ein Vereinsmitglied oder einen Außenstehenden zum Liquidator bestimmen. Eine Satzungsvorschrift, welche die Bestellung überhaupt einem Dritten überträgt, ist – abgesehen von den nach Art. 140 GG i. V. m. Art. 137 Abs. 3 WRV privilegierten Vereinen – unwirksam, weil die Bestellung ein Vereinsakt ist, der grundsätzlich nicht einem Außenstehenden übertragen werden kann (vgl. Rn. 1229).[113] Eine solche Satzungsbestimmung ist als Benennungsrecht mit der Folge auszulegen, daß die Mitgliederversammlung bei der Bestellung grundsätzlich hieran gebunden ist. Der Liquidator muß in der Satzung bestimmt bezeichnet sein, da damit eine Bestellung vorgenommen wird, über die keine Unklarheit herrschen kann; eine nur »bestimmbare« Bezeichnung genügt nicht[114]. **2131**
Die Satzungsbestimmung ersetzt, wie ausgeführt, den Bestellungsakt. Der Bestellte muß das Amt annehmen. Dazu genügt auch ein schlüssiges Verhalten durch Übernahme der Amtsführung.

5.3.4. Die Bestellung von »gekorenen« Liquidatoren durch ein Vereinsorgan

Ist ein Vorstand zur Zeit des Beginns des Liquidationsabschnittes nicht im Amt oder hat die durch die Satzung als Liquidator bestimmte Person das Amt nicht angenommen, so muß das zuständige Vereinsorgan, im Zweifel also die Mitgliederversammlung, die Bestellung vornehmen. Gleiches gilt, wenn der amtierende Vorstand erklärt, er werde zurücktreten und es sollten daher andere Personen als Liquidatoren gewählt werden. Falls die Satzung dies nicht ausdrücklich für den Liquidationsfall anordnet, muß die Zahl der Vorstandsmitglieder, wie sie satzungsmäßig festgelegt worden ist, mit der Zahl der Liquida- **2132**

110 Vgl. auch § 265 Abs. 2 Satz 2 AktG und § 83 Abs. 2 GenG.
111 Vgl. *OLG Karlsruhe* OLGE 44, 189.
112 Vgl. *Lang/Weidmüller/Schaffland* § 83 GenG Rn. 5.
113 A. A. *Soergel/Hadding* § 48 BGB Rn. 2; *Stöber* Rn. 277.
114 *Lang/Weidmuller/Schaffland* § 83 GenG Rn. 3; a. A. *Soergel/Hadding* a. a. O.

toren nicht übereinstimmen; dies folgt aus § 48 Abs. 1 Satz 1 Halbs. 1 BGB. Es ist auch hier die oben erwähnte »gemischte« Bestellung möglich.
Für die Wahl ist im Zweifel einfache Stimmenmehrheit ausreichend. Ist der zu Bestellende selbst Vereinsmitglied, so darf er mitstimmen. Der Bestellte muß das Amt annehmen.
Bei der Bestellung vor allem Außenstehender muß vorher geklärt werden, ob eine ehrenamtliche Amtsführung oder eine solche gegen Vergütung in Betracht kommt (wie dies z. B. bei der Bestellung einer Treuhandgesellschaft zu erwarten ist). Das Bestellungsorgan kann in diesem Fall auch den Anstellungsvertrag abschließen.

5.3.5. Liquidatorenwechsel

2133 Ist im Verlaufe des Liquidationsverfahrens ein Wechsel der Liquidatoren zu verzeichnen, so kann satzungsmäßig bereits ein Ersatz-Liquidator bestimmt sein. Für die anderweitige Bestimmung sind die vorstehenden Grundsätze maßgebend. Es kann auch die Zahl der Liquidatoren verringert werden, wenn hierfür ein Bedürfnis besteht.

5.3.6. Die Bestellung eines Notliquidators

2134 Unter den Voraussetzungen des § 29 BGB kann das Amtsgericht dem Liquidationsverein einen Not-Liquidator bestellen, wie sich aus § 48 Abs. 2 BGB ergibt. Antragsberechtigt ist jedes Vereinsmitglied, ein ausgeschiedener oder amtierender Liquidator (bei Vakanz nur eines von mehreren Liquidatorenämtern oder im Fall des § 181 BGB) oder ein Vereinsgläubiger.
Hierbei kann die Vergütungsfrage eine Rolle spielen, wenn der Notliquidator für längere Zeit tätig sein soll und eine Bestellung durch das zuständige Vereinsorgan aus irgendeinem Grund scheitert (z. B. der Verein verliert während der Liquidation alle Mitglieder). Das Gericht kann die Bestellung von einer Vergütungszusage des Vereins, aber auch von Vereinsmitgliedern abhängig machen; es kann auch vom Antragsteller einen nicht nur die Gerichtskosten, sondern auch die Vergütung des zu bestellenden Liquidators deckenden Vorschuß verlangen und bis zum Eingang mit der Bestellung zurückhalten[115].
Das Gericht ist bei der Bestellung an Vorschläge nicht gebunden. Es kann anstelle der bisher amtierenden drei Liquidatoren einen Liquidator bestellen. Im Bestellungsbeschluß wird zum Ausdruck gebracht, ob die Bestellung nur für eine bestimmte Aufgabe (z. B. Einberufung einer Mitgliederversammlung zur Liquidatorwahl) oder auf Dauer vorgenommen wird (weil ein Vereinsorgan zur Bestellung nicht mehr in der Lage ist).
Bestellt das Gericht mehrere Liquidatoren, so legt es auch fest, ob diese zur Allein- oder Kollektivvertretung berufen sind.
Die Bestellung endet automatisch, wenn der Mangel vom Verein selbst behoben werden kann. In diesem Fall hebt aber das Gericht den Bestellungsbeschluß wieder auf und fordert die Ausfertigung des Bestellungsbeschlusses zurück.

115 Vgl. *KG* RJA 8, 267/269/271; *Rowedder/Rasner* Rn. 14; *Scholz/K. Schmidt* Rn. 22, je zu § 66 GmbHG.

Hat der Notliquidator sein Amt niedergelegt und besteht der Bestellungsmangel weiter, so wirkt der ursprünglich gestellte Bestellungsantrag fort; das Gericht muß einen anderen Notliquidator bestellen[116].

5.3.7. Das mit Liquidatoren bestehende Auftrags- oder Anstellungsverhältnis

Wie beim Vorstand ist auch beim Liquidator zwischen der durch die Bestellung erlangten korporationsrechtlichen Organstellung und dem zugrundeliegenden Auftrags- oder Dienstvertragsverhältnis zu unterscheiden, das nur schuldrechtlichen Charakter hat. 2135

Diese beiden Rechtsverhältnisse setzen sich bei einer Kontinuität des Vorstandsamts mit dem Liquidatorenamt fort.

Bei neu bestellten Liquidatoren (Bestellung durch Satzung, Beschluß der Mitgliederversammlung oder Bestellung eines Not-Liquidators) wird mit der Übernahme des Amtes zugleich entweder ein Auftragsverhältnis begründet oder ein Dienstvertrag in der Form eines Geschäftsbesorgungsvertrages abgeschlossen. Für den Aufwendungsersatz oder für die Vergütung haftet der Verein dem Liquidator.

5.3.8. Abberufung und Amtsniederlegung der Liquidatoren

Da die Liquidatoren die rechtliche Stellung eines Vorstands haben (§ 48 Abs. 2 BGB), können sie vom Bestellungsorgan, regelmäßig also der Mitgliederversammlung, auch wieder abberufen werden (entspr. § 27 Abs. 2 Satz 1 BGB). Die Abberufungszuständigkeit durch die Satzung dem Gericht zuzuweisen, ist nicht möglich[117]. Dies kommt einer Zuständigkeitsvereinbarung gleich, die in der freiwilligen Gerichtsbarkeit nur bei ausdrücklicher gesetzlicher Zulassung möglich ist[118], die hier ausscheidet. Ein vom Gericht bestellter Notliquidator erlangt zwar eine Organstellung im Verein; gleichwohl kann er nicht von einem Vereinsorgan, sondern nur vom Gericht wieder abberufen werden, da ein Vereinsorgan den Bestellungsakt eines Gerichts der freiwilligen Gerichtsbarkeit nicht abändern kann[119]. 2136

Sieht die Satzung vor, daß der Vorstand nur aus einem wichtigen Grund abberufen werden kann (§ 27 Abs. 2 Satz 2 BGB), so gilt dies nicht für Liquidatoren; zum einen handelt es sich nicht um eine Bestellung (die § 48 Abs. 1 Satz 2 Halbs. 2 BGB erwähnt), zum anderen sind die Vorschriften über den Vorstand nur anwendbar, »soweit sich nicht aus dem Zwecke der Liquidation etwas anderes ergibt« (§ 48 Abs. 2 BGB). Die Mitgliederversammlung kann deshalb auch die früheren Vorstandsmitglieder, die in dieser Eigenschaft nach der Satzung nur aus wichtigem Grund abberufen werden konnten, als nunmehrige Liquidatoren auch ohne wichtigen Grund abberufen (wie sich dies für den Liquidator einer Aktiengesellschaft oder Genossenschaft aus § 265 Abs. 2 Satz 1 bzw.

116 Vgl. *Sauter/Schweyer* Rn. 305.
117 A. A. RGRK/*Steffen* § 48 BGB Rn. 1.
118 *Keidel/Kuntze/Winkler* Vorbem. § 3 FGG Rn. 6.
119 *Soergel/Hadding* § 29 BGB Rn. 16; *Stöber* Rn. 148; vgl. auch BayObLGZ 1978, 243/250; *BayObLG* RPfl 1987, 250/251; a. A. fast die gesamte Literatur zum GmbH-Recht, vgl. z. B. *Rowedder/Rasner* Rn. 15, *Scholz/K. Schmidt* Rn. 42, je zu § 66 GmbHG.

§ 83 Abs. 4 Satz 2 GenG ergibt). Das Liquidationsverfahren soll nicht mit einem Streit über einen wichtigen Abberufungsgrund belastet werden[120]. Ein wichtiger Grund ist allerdings dann erforderlich, wenn dem Liquidator ein Sonderrecht (§ 35 BGB) auf dieses Amt zusteht.

Die Abberufung wird mit einfacher Mehrheit beschlossen. Bei der nicht auf einen wichtigen Grund gestützten Abberufung kann der Abzuberufende mitstimmen.

2137 Ein Liquidator kann grundsätzlich mit sofortiger Wirkung sein Amt niederlegen; hierfür muß weder ein wichtiger Grund vorliegen noch behauptet werden[121].

Die Erklärung ist gegenüber dem Verein abzugeben, wenn die Bestellung auf einem Vereinsbeschluß beruht. Legt der einzige Liquidator sein Amt nieder, so ist die folgende Lösung dogmatisch zwar anfechtbar, aber doch vom praktischen Standpunkt her vertretbar[122]: Der Bestellung eines Notliquidators nur zur Entgegennahme der Niederlegungserklärung bedarf es nicht. Die Erklärung wird den Vereinsmitgliedern gegenüber abgegeben. Sind auch solche nicht mehr vorhanden, so genügt eine Kundgabe nach außen, z. B. dem Registergericht gegenüber[123].

5.4. Die Beschlußfassung der Liquidatoren und die Vertretung des Liquidationsvereins durch die Liquidatoren

5.4.1. Die Beschlußfassung

2138 Nach § 48 Abs. 3 BGB müssen mehrere Liquidatoren ihre Beschlüsse einstimmig fassen, »sofern nicht ein anderes bestimmt ist«. Das Prinzip der Einstimmigkeit kann zwar die Amtsführung der Liquidatoren erschweren; da sie aber Veranlassung haben können, wirtschaftlich schwerwiegende Entscheidungen zu treffen (z. B. über die Fortführung des wirtschaftlichen Geschäftsbetriebes), werden diese auf eine sichere Grundlage gestellt. Dies rechtfertigt eine Abweichung vom Mehrheitsprinzip der Beschlußfassung eines Vorstands[124].

Die Satzung kann vorsehen, daß auch die Liquidatoren ihre Beschlüsse nach dem Mehrheitsprinzip fassen oder daß bei Vorhandensein von zwei Liquidatoren etwa die Stimme des bisherigen Vorstandsvorsitzenden den Ausschlag gibt. Trotz der dann bestehenden Anmeldepflicht (§ 76 Abs. 1 Satz 2 BGB) ist auch ein Beschluß der Mitgliederversammlung über eine vom Einstimmigkeitsprinzip abweichende Beschlußfassung der Liquidatoren ausreichend, die anläßlich der Auflösung oder der Bestellung vorgenommen worden ist, weil die »anderweitige Bestimmung« nicht auf eine Satzungsänderung im Sinne einer Satzungsergänzung abzielt.

---

120 Im Ergebnis ebenso: *Soergel/Hadding* § 48 BGB Rn. 3; *Rowedder/Rasner* § 66 GmbHG Rn. 15.

121 Vgl. *BayObLG* NJW-RR 1994, 617: vgl. GmbH zur Amtsniederlegung des Vorstands Rn. 1330 ff.

122 Vgl. *OLG Hamm* NJW 1960, 872; *Scholz/K. Schmidt* § 66 GmbHG Rn. 52.

123 Vgl. *BGH* NJW 1993, 1654: GmbH.

124 Vgl. § 28 Abs. 1, § 32 Abs. 1 Satz 3 BGB.

5.4.2. Die Vertretung durch mehrere Liquidatoren

In § 269 Abs. 2 Satz 1 AktG, § 68 Abs. 1 Satz 2 GmbHG und § 85 Abs. 1 Satz 2 GenG ist die dispositive Regelung enthalten, daß Liquidatoren die Gesellschaft/Genossenschaft gemeinsam vertreten. Im Vereinsrecht wird aus dem Übereinstimmungserfordernis für die Willensbildung gefolgert, daß bei der aktiven Vertretung des Liquidationsvereins die Mitwirkung aller Liquidatoren erforderlich sei[125]. Dies kann aber nur dann gelten, »wenn nichts anderes bestimmt ist« (vgl. § 48 Abs. 3 BGB). Dies bedeutet: Für die Vorstandsmitglieder, die unter Wahrung der Kontinuität ihres Amtes Liquidatoren werden, wirkt die bisher bestehende Vertretungsordnung weiter. Nur für neu bestellte Liquidatoren gilt das Prinzip der Gesamtvertretung, falls nicht die Satzung oder ein Bestellungsbeschluß etwas anderes besagt[126]. Auch hier genügt ein einfacher Versammlungsbeschluß, da der Gesetzgeber die Liquidation erleichtern wollte (»sofern nicht ein anderes bestimmt ist«); es soll das Genehmigungsverfahren nach § 33 Abs. 2 BGB und das Eintragungsverfahren nach § 71 Abs. 1 BGB (mit Beteiligung der Verwaltungsbehörde) vermieden werden. 2139

Im regelmäßig gegebenen Fall einer Kollektivvertretung müssen aber nicht alle Liquidatoren auch nach außen hin auftreten; es genügt, daß sie einen Amtskollegen zum Alleinhandeln ermächtigen[127].

Ist dem Verein gegenüber eine Willenserklärung abzugeben, so genügt der Zugang an einen Liquidator (§ 48 Abs. 2 i. V. m. § 28 Abs. 2 BGB).

Fällt einer von zwei gesamtvertretungsberechtigten Liquidatoren weg, so ist der andere nicht alleinvertretungsberechtigt[128].

5.4.3. Der Umfang der Vertretungsbefugnis der Liquidatoren

Hier stellt sich ebenfalls die Frage, ob § 49 Abs. 2 BGB eine Beschränkung der Rechtsfähigkeit normiert und demgemäß die Liquidatoren bei ihrer Außenvertretung nur im Rahmen dieser eingeschränkten Rechtsfähigkeit berechtigt handeln können. Es wurde und wird die Auffassung vertreten, daß die Vertretungsbefugnis der Liquidatoren auf Geschäfte beschränkt sei, die dem Liquidationszweck dienten; diese Beschränkung wirke aber gegen Dritte nur dann, wenn sie die Überschreitung durch Nichtbeachtung des Liquidationszwecks bei sorgfältiger Prüfung hätten erkennen können[129]. Nach der hier vertretenen Auffassung hat der Liquidationsverein seine uneingeschränkte Rechtsfähigkeit, wie er sie im aktiven Status erlangt hat. Demgemäß ist auch die Vertretungsbefugnis der Liquidatoren nicht kraft Gesetzes beschränkt. 2140

125 *Soergel/Hadding* § 48 BGB Rn. 6.
126 Vgl. *LG Berlin* RPfl 1987, 250; *Rowedder/Rasner* § 68 GmbHG m. w. N.
127 Vgl. *Rowedder/Rasner* § 68 GmbHG Rn. 3.
128 Vgl. *BGH* NJW 1993, 1654: GmbH.
129 RGZ 146, 376/377; *KG* JFG 4, 276/278; *Erman/Westermann* § 49 BGB Rn. 2, 5; *Palandt/Heinrichs* §§ 48, 49 BGB Rn. 3; MünchKomm/*Reuter* § 49 BGB Rn. 8, aber unter Beschränkung auf nichtwirtschaftliche Vereine; vgl. auch *RG* HRR 1940 Nr. 232 sowie *BGH* NJW 1984, 982.

Ist in einem Einzelfall der Liquidationszweck nicht beachtet worden, so kommen die Grundsätze des Mißbrauchs der Vertretungsmacht der Liquidatoren zur Anwendung, wenn sie evident liquidationsfremde Geschäfte vornehmen[130].
Bei Identität des Liquidatorenamtes mit dem bisherigen Vorstandsamt bleiben liquidationsverträgliche satzungsmäßige Beschränkungen der Vertretungsbefugnis bestehen. Dies ist erträglich, weil dies aus dem Vereinsregister entnommen werden kann (§ 64 Satz 2 BGB). Hier wirkt auch die Befreiung von den Beschränkungen des § 181 BGB fort. Werden andere Liquidatoren bestellt, so gelten für sie nicht die satzungsmäßigen Beschränkungen, die für Vorstandsmitglieder bestehen, es sei denn, die Satzung bestimmt dies ausdrücklich für den Liquidationsfall. Auch von den Beschränkungen des § 181 BGB muß ein solcher Liquidator ausdrücklich befreit werden, was im Bestellungsbeschluß geschehen kann.

5.5. Die auf die Liquidatoren sich beziehenden Registeranmeldungen und Mitteilungen

5.5.1. Anmeldung der ersten Liquidatoren

2141 Die Anmeldung der Auflösung des Vereins und diejenige der ersten Liquidatoren werden im Regelfall in einen Vorgang zusammengefaßt. Dies ist jedoch nicht zwingend. Keine Liquidatoren sind anzumelden, wenn das Vereinsvermögen an den Fiskus fällt. Liquidatoren sind nicht zu bestellen, wenn die Auflösung im Konkurs des Vereins beschlossen wird.
Die Pflicht zur Anmeldung der ersten Liquidatoren trifft den bisher amtierenden Vorstand (§ 76 Abs. 2 Satz 1 1. Altern. BGB).
Die Anmeldepflicht besteht für die Vorstandsmitglieder nicht nur, wenn sie sich selbst als die geborenen oder gekorenen Liquidatoren anzumelden haben, sondern auch dann, wenn andere Personen als Liquidatoren anzumelden sind, etwa weil diese bereits satzungsmäßig bestimmt sind.
In all diesen Fällen genügt eine Anmeldung durch den Vorstand in vertretungsberechtigter Zahl (anders bei verwandten Körperschaftsrechten wegen der Pflicht zur Zeichnung der Unterschrift).

2142 Im GmbH-Recht ist streitig, ob nur die Geschäftsführer die Auflösung und die ersten Liquidatoren anzumelden haben[131] oder ob diese Anmeldung nur die Liquidatoren vornehmen können, weil insoweit eine Pflicht der Gesellschaft bestehe, für die nur eine vertretungsberechtigte Person eine Anmeldung unterzeichnen könne[132]. Die Meinung, nur die ersten Liquidatoren könnten sich

130 Vgl. *Staudinger/Coing* Rn. 15, *Soergel/Hadding* Rn. 13, je zu § 49 BGB; ebenso im GmbH-Recht: *BayObLG* GmbHR 1985, 392; *OLG Stuttgart* GmbHR 1986, 269; *Baumbach/Schulze-Osterloh* Rn. 2, *Hachenburg/Hohner* Rn. 30 f., *Scholz/K. Schmidt* Rn. 3, je zu § 70 GmbHG; *Lutter/Hommelhoff* § 68 GmbHG Rn. 4; *K. Schmidt* AcP 174 (1974), 55/75.

131 So z. B. *BayObLG* GmbHR 1985, 392.

132 *LG Bielefeld* NJW 1987, 1089; *Baumbach/Schulze-Osterloh* Rn. 4, *Lutter/Hommelhoff* Rn. 2, *Hachenburg/Hohner* Rn. 10, *Scholz/K. Schmidt* Rn. 8, je zu § 67 GmbHG; *Hofmann* GmbHR 1976, 229/232.

selbst anmelden, wird auch im Vereinsrecht vertreten[133]. Ihr kann nicht zugestimmt werden. Hier ist eine Anmeldepflicht kraft Gesetzes gegeben, die Verpflichtung ist somit eine öffentlich-rechtliche. Hierbei braucht sich der Gesetzgeber bei der Bestimmung des Pflichtigen nicht an eine Vertretungsordnung zu halten. Er hat in § 76 Abs. 2 Satz 1 1. Altern. BGB den (bisher amtierenden) Vorstand bestimmt. Dieser hat z. B. die (freiwillige) Auflösung (§ 74 Abs. 2 Satz 1 BGB) auch dann anzumelden, wenn er seine Amtsstellung mit dem Auflösungsbeschluß verloren hat, weil der Fiskus Anfallberechtigter des Vereinsvermögens geworden und damit der Verein beendet worden ist. Im Genossenschaftsrecht kann diese Frage nicht streitig werden, da § 20 Abs. 2 GenRegVO bestimmt: »In allen Fällen der Auflösung, außer dem Falle der Eröffnung des Konkursverfahrens und der Auflösung infolge Verschmelzung, sind die Liquidatoren von dem Vorstand anzumelden.« Es muß somit bei der Anmeldepflicht des Vorstands verbleiben[134].
Ist jedoch das Vorstandsamt schon vor der Fassung des Auflösungsbeschlusses vakant geworden, so trifft die Anmeldepflicht die bestellten Liquidatoren[135].
Zweifelhaft ist, ob eine Pflicht zur Anmeldung der Liquidatoren auch dann be- **2143**
steht, wenn kein verteilungsfähiges Vermögen vorhanden ist[136]. Diese Frage dürfte zu bejahen sein. Die Anmeldung muß dann mit der Erklärung verbunden werden, daß es an einem verteilungsfähigen Vereinsvermögen fehlt und daß deshalb auch das Erlöschen des Vereins angemeldet wird.
Bei der Anmeldung der Vorstandsmitglieder als der nunmehrigen Liquidatoren oder der satzungsmäßig bestellten wird auf die Satzungsbestimmung hingewiesen. Bei der Bestellung Außenstehender (z. B. einer Treuhandgesellschaft) wird die Amtsannahme nachgewiesen. Bei der Bestellung durch Beschluß der Mitgliederversammlung (eines anderen zuständigen Vereinsorgans) ist der Anmeldung eine (unbeglaubigte) Abschrift des Bestellungsbeschlusses beizufügen (§ 76 Abs. 2 Satz 2 1. Altern. BGB).

5.5.2. Anmeldung der späteren Liquidatoren

Tritt in der Person der Liquidatoren ein Wechsel ein, so haben die neu be- **2144**
stellten Liquidatoren das Ausscheiden und die Neubestellung anzumelden (§ 76 Abs. 2 Satz 1 2. Altern. BGB). Der Anmeldung ist eine (unbeglaubigte) Abschrift des Bestellungsbeschlusses der Mitgliederversammlung beizufügen (§ 76 Abs. 2 Satz 2 1. Altern. BGB). Dies dürfte auch dann gelten, wenn ein anderes Vereinsorgan für die Bestellung zuständig ist.

5.5.3. Anmeldung einer nicht einstimmigen Beschlußfassung

Sind die Liquidatoren durch die Satzung oder zusammen mit dem Bestellungs- **2145**
beschluß ermächtigt worden, daß sie bei ihrer Beschlußfassung keine Einstimmigkeit benötigen, so ist auch dies als Abweichung von § 48 Abs. 3 BGB anzumelden (vgl. § 76 Abs. 1 Satz 2 BGB), wobei eine (unbeglaubigte) Ab-

133 *Keidel/Schmatz/Stöber* Rn. 1124 Fußn. 64; *Stöber* Rn. 296; *Buchberger* RPfl 1990, 24 f.
134 Ebenso: *LG Köln* MittRhNotK 1979, 171; *Staudinger/Coing* § 74 Rn. 3; *Sauter/Schweyer* Rn. 396; *Böttcher* RPfl 1988, 169/171.
135 *OLG Hamm* OLGZ 1990, 257.
136 Vom *BayObLG* WM 1982, 1288/1290 bejaht.

schrift der diese Ermächtigung enthaltenden Urkunde beizufügen ist (§ 76 Abs. 2 Satz 2 2. Altern. BGB).
Diese Anmeldung entfällt dann, wenn bereits bei der Eintragung des Vereins oder einer Satzungsänderung im Vereinsregister miteingetragen worden ist, mit welcher Mehrheit Liquidatoren ihre Beschlüsse fassen. In der Praxis dürfte aber eine solche Voreintragung selten sein.
Das Gesetz läßt eine Ausnahme von der Anmeldepflicht auch dann nicht zu, wenn es bei der Außenvertretung auf eine interne Beschlußfassung nicht ankommen kann, weil bisher jedes Vorstandsmitglied Einzelvertretungsbefugnis gehabt hat[137].

5.5.4. Anmeldung einer Beschränkung der Vertretungsmacht

2146 Soweit dies dem Liquidationszweck nicht widerspricht, ist auch die Vertretungsmacht des Liquidators beschränkbar (§ 48 Abs. 2 i. V. m. § 26 Abs. 2 Satz 2 BGB). Für die »geborenen« Liquidatoren, also für die bisherigen Vorstandsmitglieder, ist diese Beschränkung bereits durch Eintragung ersichtlich (§ 64 Satz 2 BGB), die weiterwirkt. Die erstmalige Beschränkung bei der Bestellung der Liquidatoren ist nur als Satzungsänderung möglich und muß als solche angemeldet werden.

5.5.5. Anmeldung der Befreiung von den Beschränkungen des § 181 BGB

2147 Anzumelden ist auch, wenn der (jeweilige) Liquidator von den Beschränkungen des In-sich-Geschäfts nach § 181 BGB befreit ist[138].

5.5.6. Die Registereintragungen

2148 In das Vereinsregister werden eingetragen: in Spalte 3 die jeweiligen Liquidatoren mit Vor-, Familiennamen, Beruf und Wohnort; in Spalte 4, die mit »Rechtsverhältnisse« überschrieben ist, die Änderung der Liquidatoren; Bestimmungen der Satzung, die die Vertretungsmacht oder die Beschlußfassung der Liquidatoren abweichend von den gesetzlichen Bestimmungen regeln; nicht in der Satzung enthaltene Bestimmungen, welche die Beschlußfassung abweichend von den gesetzlichen Bestimmungen regeln[139].
Werden gem. § 48 Abs. 2, § 29 BGB Liquidatoren gerichtlich bestellt oder abberufen, so wird dies von Amts wegen in das Vereinsregister eingetragen.

5.5.7. Der Registerzwang und der registerrechtliche Vertrauensschutz

2149 Die Anmeldungen zum Vereinsregister sind erzwingbar (§ 78 BGB; vgl. dazu Rn. 2355).
Der gutgläubige Dritte darf darauf vertrauen, daß die im Vereinsregister noch eingetragenen Vorstandsmitglieder den Liquidationsverein vertreten, mögen auch andere Liquidatoren bestellt worden sein, oder daß die Vertretungsbefugnis die im Register noch eingetragenen Liquidatoren haben, obwohl sie be-

---

137 A. A. für diesen Fall: *Sauter/Schweyer* Rn. 373.

138 *Palandt/Heinrichs* § 70 BGB Rn. 4; vgl. auch *Rowedder/Rasner* § 67 GmbHG Rn. 2; vgl. zur Eintragungsfähigkeit dieser Befreiung: BGHZ 87, 59; *BayObLG* DB 1984, 1517; *LG Ravensburg* RPfl 1990, 26.

139 Vgl. z. B. Bek. d. Bayer. Staatsministeriums der Justiz v. 4. 9. 1981 – JMBl. S. 170, und RdErl. d. Hess. Ministers der Justiz v. 6. 11. 1981 – JMBl. S. 587.

reits ausgeschieden sind (§ 68 BGB). Gleiches gilt hinsichtlich einer noch nicht eingetragenen Beschränkung der Vertretungsbefugnis (§§ 68, 70 BGB).

5.5.8. Die Mitteilungen an die Konzessionsbehörde

Soweit für die Vorstandsmitglieder oder Liquidatoren eines eingetragenen Vereins eine Anmeldepflicht besteht, haben die Mitglieder des Vertretungsorgans eines konzessionierten Vereins eine Mitteilungspflicht gegenüber der Konzessionsbehörde zu erfüllen. 2150

5.5.9. Anmeldungen zum Handelsregister

Ist der Verein mit einer Firma im Handelsregister eingetragen, so hat der Vorstand die ersten Liquidatoren und die besonderen Bestimmungen über ihre Vertretungsbefugnis zur Eintragung in das Handelsregister anzumelden (§ 34 Abs. 1, 3 HGB). Spätere Anmeldungen haben die Liquidatoren zu bewirken (§ 34 Abs. 1, 3 i. V. m. § 33 Abs. 2 Satz 2, 3 HGB). 2151
Die Liquidatoren haben ihre Unterschrift zur Aufbewahrung bei Gericht zu zeichnen (§ 35 HGB).

5.6. Die satzungsrechtliche und gesetzliche Geschäftsführung der Liquidatoren

5.6.1. Die satzungsrechtliche Geschäftsführung

Die Liquidatoren übernehmen die Rechtsstellung des Vorstands (§ 48 Abs. 2 BGB). Ihnen obliegen Geschäftsführungsaufgaben, die das Gesetz näher umschrieben hat[140]. Daneben übernehmen die Liquidatoren auch die satzungsmäßig festgelegte Vereinsgeschäftsführung. Es hängt von der Struktur des einzelnen Vereins ab, ob die satzungsmäßige Geschäftsführung von den Liquidatoren allein oder zusammen mit den bisherigen Mitgliedern der Vereinsverwaltung fortgeführt wird. Zu denken ist an die Fälle, in denen der wirtschaftliche Geschäftsbetrieb eines Vereins auch nach der Auflösungsentscheidung noch fortbesteht. Ein solcher muß nicht sofort eingestellt werden, wie sich auch aus § 49 Abs. 1 Satz 2 BGB ergibt. Die Liquidation eines Großvereins, aber auch eines Vereins mit wirtschaftlichem Geschäftsbetrieb, kann zwei oder drei Jahre dauern. 2152
Auch beim Liquidationsverein ist die Mitgliederversammlung das oberste Vereinsorgan. Sie ist u. a. für die Entlastung der Liquidatoren zuständig und kann diesen Weisungen erteilen, soweit solche den Liquidationszweck nicht behindern. Es kann andererseits für die Liquidatoren angezeigt sein, sich vor bestimmten Maßnahmen der Zustimmung der Mitgliederversammlung zu versichern; dies ist z. B. bei der Frage der Fortführung eines wirtschaftlichen Geschäftsbetriebes oder von Vereinsabteilungen in der Regel anzuraten.
Wird eine mit Außengeschäftstätigkeit verbundene Vereinsverwaltung fortgeführt, so können die Liquidatoren Vereinsbediensteten Vollmachten erteilen. Sie können Vereinsbedienstete einstellen und entlassen.

140 Vgl. z. B. § 49 Abs. 1 BGB.

5.6.2. Die gesetzliche Geschäftsführung

5.6.2.1. Die Bekanntmachung der Auflösung usw. und der Gläubigeraufruf; Zweck und Erfordernis

2153 Nach § 50 Abs. 1 Satz 1 und 2 BGB haben die Liquidatoren die Auflösung des Vereins oder die Entziehung der Rechtsfähigkeit öffentlich bekanntzumachen, wobei zugleich die Gläubiger des Vereins zur Anmeldung ihrer Ansprüche aufzufordern sind.

Die Vorschrift bezweckt den Schutz der Vereinsgläubiger. Die Liquidatoren können die öffentliche Bekanntmachung nicht mit der Begründung unterlassen, der Verein habe keine Gläubiger oder sie seien alle bekannt.

Die öffentliche Bekanntmachung und der Gläubigeraufruf setzen voraus, daß sich der Verein im vereinsrechtlichen Liquidationsstadium befindet. Damit scheidet die Veröffentlichung aus, wenn der Fiskus Anfallberechtigter des Vereinsvermögens geworden ist. Eine Bekanntmachung entfällt auch, wenn eine konkursmäßige Liquidation vorgenommen wird[141]; eine solche kommt erst in Betracht, wenn nach Konkursbeendigung eine vereinsrechtliche Liquidation erforderlich ist. Ein Gläubigeraufruf scheidet auch aus, wenn der Verein mit der Auflösung usw. sein Ende gefunden hat, weil kein verteilbares Vermögen vorhanden ist[142]. Die gegenteilige Auffassung übersieht, daß durch eine Veröffentlichung nur unnötige Kosten entstehen[143], für die nach dem Verursacherprinzip die Liquidatoren einzustehen haben; bei den sich meldenden Gläubigern werden nutzlose Hoffnungen erweckt.

5.6.2.2. Die Form der öffentlichen Bekanntmachung

2154 Die Auflösung (Entziehung der Rechtsfähigkeit) und der Gläubigeraufruf sind in erster Linie in einem durch die Satzung bestimmen Blatt bekanntzumachen (§ 50 Abs. 1 Satz 3 Halbs. 1 BGB). Hierbei muß es sich um ein allgemein zugängliches Publikationsorgan handeln, z.B. eine der am Vereinssitz erscheinenden Tageszeitungen. Es genügt nicht die Veröffentlichung in einer Vereinszeitschrift, die außenstehenden Gläubigern nicht zugänglich ist.

Fehlt es an einem sonach satzungsmäßig bestimmten Blatt, so muß die Veröffentlichung in dem Blatt vorgenommen werden, das das Amtsgericht, in dessen Bezirk der Verein seinen Sitz hat, für seine Veröffentlichungen als sein Amtsblatt bestimmt hat (§ 50 Abs. 1 Satz 3 Halbs. 2 BGB). Dieses Amtsblatt ist auch dann zu wählen, wenn das Vereinsregister zentral von einem anderen Amtsgericht geführt wird. Dies erfordert der Gläubigerschutz.

Werden mit einem Zentralverein auch selbständige Zweigvereine aufgelöst, so muß die Veröffentlichung auch dezentralisiert in Blättern der Orte vorgenommen werden, in denen selbständige Untergliederungen bestehen.

Erforderlich ist nur eine einmalige Einrückung; zulässig ist deren Wiederholung (vgl. § 50 Abs. 1 Satz 4 BGB). Eine zweimalige Veröffentlichung ist zumindest bei Vereinen mit nicht unbedeutendem wirtschaftlichen Geschäftsbetrieb oder

---

141 Vgl. zur Veröffentlichung durch das Gericht §§ 76, 110, 138 KO.

142 *Soergel/Hadding* § 50 BGB Rn. 1 Fußn. 3; *Stöber* Rn. 280; ebenso im GmbH-Recht: *BayObLG* WM 1982, 1288/1290; *OLG Hamm* OLGZ 1987, 59/65; *Baumbach/Schulze-Osterloh* § 65 GmbHG Rn. 15; a. A. *Palandt/Heinrichs* §§ 50–52 BGB Rn. 1.

143 *OLG Hamm* a. a. O.

mit einer weitverzweigten Organisation zu empfehlen, zumal im Vereinsrecht eine Veröffentlichung der Auflösung von seiten des Gerichts nicht vorgenommen wird und dem Liquidator einer GmbH die dreimalige Veröffentlichung zur Pflicht gemacht ist (§ 65 Abs. 2 GmbHG).
Die Veröffentlichung in einem anderen Blatt als dem durch die Satzung bestimmten oder dem Amtsblatt des Amtsgerichts des Vereinssitzes ist wirkungslos[144].

5.6.2.3. Der Zeitpunkt der Veröffentlichung

Eine Frist für die Veröffentlichung ist nicht vorgeschrieben. Diese muß aber unverzüglich nach der Auflösung (Entziehung der Rechtsfähigkeit) vorgenommen werden, also etwa gleichzeitig mit oder kurz nach der Anmeldung der Liquidatoren. Erst mit der Bekanntmachung beginnt das Sperrjahr zu laufen (§ 51 BGB). Eine zu späte Bekanntmachung stellt eine Pflichtwidrigkeit der Liquidatoren dar, die alle für die Veröffentlichung verantwortlich sind, wenn sie auch nach außen in vertretungsberechtigter Zahl handeln können. **2155**

5.6.2.4. Der Inhalt der Bekanntmachung

Bekanntzumachen ist die Auflösung oder die Entziehung der Rechtsfähigkeit. **2156**
Die Auflösung kann freiwillig beschlossen worden sein, sie kann sich auch aus einer Anordnung der Satzung ergeben; gleichgestellt ist z. B. der Beschluß über die Sitzverlegung ins Ausland. Die Entziehung der Rechtsfähigkeit kann auf §§ 43, 73 BGB oder auf einer Löschung der Gesamteintragung des Vereins von Amts wegen nach §§ 159, 142 FGG beruhen. In Betracht kommt weiter der (eingeleitete) Entzug der Rechtsfähigkeit nach Konkursbeendigung. Der Grund für die Auflösung oder für die Entziehung der Rechtsfähigkeit braucht nicht angegeben zu werden.
Die Vereinsgläubiger sind in der gleichen Veröffentlichung zur Anmeldung ihrer Ansprüche aufzufordern. Dies sind nicht nur Geldforderungen, sondern z. B. auch Herausgabeansprüche. Eine Fristsetzung ist nicht erforderlich. Die Setzung einer Ausschlußfrist ist wirkungslos.
Muster einer Bekanntmachung: Datum
Der Verein . . . e. V. (der mit Verfügung des Regierungspräsidenten in . . . vom . . . konzessionierte Verein . . .) ist aufgelöst. Die Gläubiger des Vereins werden aufgefordert, ihre Ansprüche gegen den Verein bei dessen Geschäftsstelle, Hohe Straße 3, Hermsbach, bis zum . . . schriftlich anzumelden.
Martin Sturzbach, Liquidator
Bei einem Verein mit einer sehr großen Mitgliederzahl und weitverzweigter Organisation kommt es heute kaum mehr vor, daß die Mitglieder nicht datenmäßig erfaßt sind. Besteht gleichwohl in dieser Richtung ein Defizit, sind also die Mitglieder nicht bekannt und kommen sie als Anfallberechtigte für das restliche Vereinsvermögen in Betracht, so ist in entsprechender Anwendung des § 50 Abs. 1 BGB die Veröffentlichung inhaltlich auch an diese Vereinsmitglieder zu richten[145].

---

144 Vgl. *Lang/Weidmüller/Schaffland* § 82 GenG Rn. 3.
145 *LG Berlin* NJW 1958, 1874.

5.6.2.5. Zeitpunkt der Bewirkung der Veröffentlichung

2157 Die Bekanntmachung gilt mit dem Ablauf des zweiten Tages nach der Einrückung in das in Betracht kommende Blatt als bewirkt; dies gilt auch dann, wenn eine weitere Bekanntmachung vorgenommen wird (§ 50 Abs. 1 Satz 4 BGB). Der Tag der Einrückung wird nicht mitgerechnet (§ 187 Abs. 1 BGB).
Mit dem Wirksamwerden der Bekanntmachung beginnt das Sperrjahr zu laufen (§ 51 BGB).

5.6.2.6. Die besondere Aufforderung bekannter Gläubiger

2158 Bekannte Gläubiger des Vereins sind durch besondere Mitteilung zur Anmeldung aufzufordern (§ 50 Abs. 2 BGB). Die Liquidatoren müssen also an bekannte Gläubiger eine individuelle Aufforderung zur Anspruchsanmeldung richten. Ein Gläubiger ist dann bekannt, wenn sein Anspruch dem Grunde und (bei Geldforderungen) der Höhe nach (insoweit im wesentlichen) bekannt ist[146]. Auch die Person des Anspruchsinhabers muß den Liquidatoren bekannt sein. Auf die Anerkennung oder Nichtanerkennung des Anspruchs durch den Verein kommt es nicht an. Die Liquidatoren sind aber nicht verpflichtet, alle Vereinsunterlagen nach möglichen Anspruchsinhabern durchzusehen. Daraus folgt, daß positive Kenntnis der Anspruchsinhaber erforderlich ist.
Zu den individuell zu benachrichtigenden Vereinsgläubigern können auch Organmitglieder und Vereinsmitglieder zählen. Organmitglieder können Ansprüche auf Aufwendungsersatz oder auf (rückständige) Vergütung haben. Vereinsmitglieder können ein mitgliedschaftliches Gläubigerrecht[147] oder einen Drittgläubigeranspruch (z. B. bei einer Darlehensgewährung an den Verein) haben.
Für die besondere Aufforderung ist eine Form nicht vorgeschrieben. Es genügt somit auch eine mündliche Aufforderung. Von einer solchen ist jedoch aus Beweisgründen abzuraten. Die Durchschrift der schriftlichen Aufforderung kann Beweiszwecken dienen.

5.6.2.7. Rechtsfolgen ordnungsgemäßer, unterlassener oder mangelhafter Bekanntmachung

2159 Mit dem Zeitpunkt der Bewirkung der Bekanntmachung beginnt das Sperrjahr zu laufen. Gläubiger, die sich nicht melden, sind jedoch deshalb mit ihren Ansprüchen nicht ausgeschlossen. Bekannte Gläubiger sind durch § 52 BGB geschützt. Unbekannte Gläubiger laufen Gefahr, daß sie nach der Vollbeendigung des Vereins ihren Schuldner verlieren.
Die unterlassene oder mangelhafte Bekanntmachung stellt eine Verletzung der sich aus dem Auftrags- oder Anstellungsverhältnis ergebenden Pflichten dar, die die Liquidatoren treffen; gleiches gilt, wenn die individuelle Aufforderung unterlassen wird. Den Gläubigern gegenüber sind die Liquidatoren aufgrund der besonderen Haftungsvorschrift des § 53 BGB zum Schadensersatz verpflichtet. Die unterlassene Bekanntmachung setzt außerdem die Sperrfrist nach § 51 BGB nicht in Lauf, so daß die Ausantwortung des restlichen Vereinsvermögens an die Anfallberechtigten nicht zulässig ist (vgl. § 51 BGB).

---

146 Vgl. *RG* JW 1930, 2943: GmbH.

147 Bei einem wirtschaftlichen Verein z. B. auf einen festgestellten Gewinnanteil, vgl. *LG Berlin* NJW 1958, 1874.

Das Registergericht kann die Bekanntmachung oder die individuelle Aufforderung nicht erzwingen.

5.6.3. Zur organschaftlichen Pflicht, eine Eröffnungsbilanz erstellen zu lassen

Die Liquidatoren einer Kapitalgesellschaft oder Genossenschaft sind gesetzlich **2160**
verpflichtet, eine Liquidationseröffnungsbilanz und Jahresabschlüsse zu erstellen (§ 270 Abs. 1 AktG, § 71 GmbHG, § 89 Satz 2 GenG). Eine entsprechende Vorschrift für die Liquidatoren eines Vereins fehlt[148].
Für die Liquidatoren eines Vereins mit einem bedeutenden wirtschaftlichen Geschäftsbetrieb ergibt sich die Pflicht zur Erstellung solcher Rechnungswerke aus dem der Organstellung zugrundeliegenden Auftrags- oder Anstellungsverhältnis. Solche Vereine, die einen Jahreshaushalt bis zu 20 Mio DM aufweisen, stehen in ihrer wirtschaftlichen Bedeutung vielen Gesellschaften mit beschränkter Haftung oder Genossenschaften nicht nach.
Stichtag für die Eröffnungsbilanz ist nach allgemeiner Meinung der Tag des Eintritts in das Abwicklungsstadium, also z. B. der Tag der Beschlußfassung über die Auflösung[149]. Für die Bewertung ist es von Bedeutung, ob der wirtschaftliche Geschäftsbetrieb (zunächst) fortgesetzt oder ob er alsbald eingestellt wird[150].

5.6.4. Die Abwicklung laufender Geschäfte

5.6.4.1. Allgemeines zu den gesetzlich beschriebenen Aufgaben der Liquidatoren

Die Aufgaben der Liquidatoren eines Vereins werden in § 49 Abs. 1 BGB im **2161**
wesentlichen gleichlautend wie diejenigen der Liquidatoren einer Kapitalgesellschaft und Genossenschaft beschrieben (§ 268 Abs. 1 AktG, § 70 GmbHG, § 88 GenG): Die laufenden Geschäfte des Vereins sind zu beendigen, die Forderungen sind einzuziehen, das (übrige) Vereinsvermögen ist in Geld umzusetzen, die Gläubiger sind zu befriedigen. Zur Beendigung schwebender Geschäfte können die Liquidatoren auch neue Geschäfte eingehen (§ 49 Abs. 1 Satz 2 BGB). Im Vereinsrecht ist es den Liquidatoren jedoch gestattet, von der Einziehung von Forderungen und von der Versilberung des Vereinsvermögens abzusehen, soweit diese Maßnahmen nicht zur Befriedigung der Gläubiger oder zur Verteilung des Überschusses unter die Anfallberechtigten erforderlich sind.
Mit dieser Beschreibung der Liquidationsaufgaben geht der Gesetzgeber ersichtlich von einem Monoverein aus, bei dem die Beendigung der Außenbeziehungen zugleich das Ende des Vereins herbeiführt. Dieser kann aber auch eine vornehmlich auf Innenbeziehungen beruhende Struktur mit einer entsprechenden Organisation haben. Mit dem Gebot der Beendigung der laufenden Geschäfte wird die Beendigung des Geschäftsbetriebes insgesamt ver-

---

148 Ein schweizer Verein wird nach den Vorschriften des schweizer Aktiengesetzes liquidiert, weshalb die Liquidatoren zur Erstellung einer Liquidationseröffnungsbilanz gesetzlich verpflichtet sind, vgl. *Gutzwiller* S. 509 f., 511.

149 Vgl. z. B. *Rowedder/Rasner* § 71 GmbHG Rn. 4; *Lang/Weidmüller/Schaffland* § 89 GenG Rn. 3; *Gutzwiller* S. 511.

150 *Rowedder/Rasner* a. a. O. Rn. 5.

standen. Die Liquidatoren haben jedoch nicht die Macht, die auf einer Satzung beruhende Organisation etwa eines Mehrspartenvereins oder eines Zentralvereins mit Untergliederungen zu »zerschlagen«. In solchen Fällen wie auch in dem Falle, daß der Verein einen bedeutenden wirtschaftlichen Geschäftsbetrieb unterhält, ist es zu empfehlen, daß die Liquidatoren ein Liquidationskonzept entwickeln[151], das der Mitgliederversammlung zur Billigung vorgelegt wird, die zumindest beim Abbau der Vereinsorganisation erforderlich ist.

5.6.4.2. Die vorübergehende Fortführung eines wirtschaftlichen Geschäftsbetriebes

2162 Soweit das Gesetz (§ 49 Abs. 1 Satz 1 1. Altern. BGB) ausführt, die laufenden Geschäfte seien zu beendigen, ist nicht eine sofortige Beendigung gemeint. Dies ergibt sich daraus, daß im Rahmen des Liquidationszwecks auch der Abschluß von Neugeschäften gestattet ist (§ 49 Abs. 1 Satz 2 BGB). Besteht ein bedeutender wirtschaftlicher Geschäftsbetrieb, so müssen sich die Liquidatoren darüber schlüssig werden, ob dieser sofort zu beenden ist oder ob er vorübergehend fortgeführt wird, was zulässig ist[152]. Die Liquidation wird auch vom Grundsatz der möglichst vorteilhaften Verwertung von Vereinsvermögen beherrscht. Die vereinsrechtliche Liquidation kann – wie die konkursrechtliche – längere Zeit in Anspruch nehmen. Unzulässig ist allerdings eine zeitlich unbefristete Fortführung eines Geschäftsbetriebes.

5.6.4.3. Grundsätze für die Beendigung laufender Geschäfte

2163 Die Liquidatoren übernehmen die gesamte Vermögensverwaltung des Vereins. In diesem Bereich, aber auch nur im Vereinsinnenbereich, können Verträge mit Dritten, mit Vereinsbediensteten oder mit Vereinsmitgliedern bestehen. Der Stand der Vermögensverwaltung kann der sein, daß z. B. gerade eine Vereinsanlage im Bau ist oder daß an einer solchen Reparaturen ausgeführt werden. Die gesamte nach außen gewendete Geschäftstätigkeit des Vereins soll nach § 49 Abs. 1 Satz 1 1. Altern. BGB beendet werden, was nicht »sofort« bedeutet. Verträge können bestehen bleiben, der angeführte Bau oder die angeführten Reparaturen können weitergeführt werden, wenn der Liquidationszweck nicht entgegensteht, weil mit dem Bau oder mit den Reparaturen eine günstigere Verwertung des Vereinsvermögens möglich ist. Es dürfen im übrigen alle nach außen gerichteten Vereinsbetätigungen weitergeführt werden, wenn dies den Liquidationszweck nicht beeinträchtigt oder einem etwa bestehenden Liquidationskonzept entspricht. Verboten ist die Aufrechterhaltung oder die Begründung von Rechtsbeziehungen, welche den inzwischen weggefallenen »werbenden« Vereinszwecken dienen[153]. Soweit es der Liquidation dienlich ist, können auch Neugeschäfte abgeschlossen werden (§ 49 Abs. 1 Satz 2 BGB). Wird z. B. die angeführte Reparatur erst nach dem Eintritt ins Liquidationsstadium erforderlich, so können die Liquidatoren den Reparaturauftrag erteilen. Falls erforderlich, kann neues Personal eingestellt werden. In Einzelfällen können auch Grundbuchgeschäfte veranlaßt sein, wie z. B. die Bestellung

---

151 Vgl. *Lutter/Hommelhoff* § 70 GmbHG Rn. 4.

152 Vgl. z. B. *Baumbach/Schulze-Osterloh* Rn. 4, *Scholz/K. Schmidt* Rn. 7, je zu § 70 GmbHG.

153 *Soergel/Hadding* § 49 BGB Rn. 3.

einer Grundschuld[154]. Die Liquidatoren sind auch berechtigt, Zuwendungen anzunehmen, welche die Mittel zur Tilgung von Verbindlichkeiten gewähren[155]. Soweit es mit dem Liquidationszweck vereinbar ist, Vereinsvermögen möglichst vorteilhaft zu verwerten[156], können auch Kapitalanlagen oder gesellschaftliche Beteiligungen neu begründet werden[157]. Bei einem Sportverein, der trotz Auflösung noch an dem vom Verband veranstalteten Wettkampfverkehr teilnimmt, können Transferverträge abgeschlossen und Transferentschädigungszahlungen entgegengenommen werden. Bei Neugeschäften kann die mangelnde Befugnis der Liquidatoren einem Dritten nur entgegengehalten werden, wenn er bei sorgfältiger Prüfung erkennen mußte, daß das Geschäft nicht liquidationsdienlich war[158].

Die Auflösung eines Vereins und der damit verbundene Eintritt in das Liquidationsstadium stellt im allgemeinen keinen wichtigen Grund dar, ein Vertragsverhältnis zu kündigen. Dies gilt auch für Dauerschuldverhältnisse, bei denen für die Liquidatoren keine Kündigungsmöglichkeit besteht, wie sie der Konkursverwalter hat[159]. Solche Schuldverhältnisse müssen ordentlich gekündigt oder es muß eine vorzeitige Aufhebung vereinbart werden.

Aktiv- oder Passivprozesse sind grundsätzlich fortzuführen, wenn sie einen vermögensrechtlichen Streitgegenstand haben[160]. Aktivprozesse können neu begonnen werden, wenn vermögensrechtliche Ansprüche des Vereins verfolgt werden. Im Einzelfall kann der Abschluß eines Prozeßvergleichs veranlaßt sein, in dem bei Kostenteilung auf einen zweifelhaften Anspruch verzichtet wird[161]. Zu beenden ist jedoch ein Prozeß, der darauf abzielt, die Kreditwürdigkeit und die Ehre des Vereins wiederherzustellen[162].

Macht der Verein geltend, daß der Liquidator ein liquidationsfremdes Rechtsgeschäft vorgenommen hat, so muß er darlegen und beweisen, daß das Rechtsgeschäft bei objektiver Betrachtung nicht mehr im Rahmen einer ordnungsgemäßen Vermögensabwicklung gelegen hat und daß der Geschäftsgegner dies wußte oder bei Beachtung der erforderlichen Sorgfalt hätte wissen müssen[163]. Wer geltend macht, daß der Liquidator eine über den Rahmen der Vermögensabwicklung hinausgehende Vertretungsbefugnis gehabt hat, muß dies darlegen und nachweisen[164].

5.6.5. Die Einziehung der Forderungen des Vereins

5.6.5.1. Der Grundsatz

Die Liquidatoren haben die Forderungen des Vereins einzuziehen (§ 49 Abs. 1 **2164**
Satz 1 2. Altern. BGB). Der Ausdruck Forderungen ist zu eng; gemeint sind alle

154 Vgl. *OLG Frankfurt* OLGZ 1980, 95: KG.
155 *BayObLG* OLGE 40, 101/103.
156 Vgl. *RG* JW 1938, 3180/3184.
157 *OLG Dresden* Recht 1905 Nr. 771; *LG Köln* MittRhNotK 1980, 55/56.
158 Vgl. RGZ 146, 376 = JW 1935, 1548.
159 Vgl. z. B. §§ 19, 22 KO.
160 Vgl. *RG* HRR 1936 Nr. 1100.
161 Vgl. *RG* HRR 1932 Nr. 257.
162 Vgl. *RG* HRR 1936 Nr. 1100; *KG* JW 1936, 672.
163 *Baumgärtel* § 49 BGB Rn. 1.
164 Vgl. *Baumgärtel* a. a. O.

Ansprüche des Vereins, mag es sich um solche aus dem privaten oder aus dem öffentlichen Recht oder um Geldansprüche oder sonstige Ansprüche handeln, wie dies etwa bei einem Auflassungsanspruch der Fall ist[165]. Anspruchsgegner kann ein außenstehender Dritter, aber auch ein Vereinsmitglied sein. Grundsätzlich sind deshalb auch rückständige bare Mitgliedsbeiträge einzuziehen. Das von der Einziehung betroffene Mitglied kann nicht mit einem Anspruch auf die ihm an sich zustehende Liquidationsquote aufrechnen, da eine solche im Regelfall noch gar nicht bekannt ist und die Fälligkeit zumindest vor dem Ablauf des Sperrjahres nicht gegeben ist. Einzuziehen sind auch solche Forderungen gegen Vereinsmitglieder, die nicht auf dem Mitgliedschaftsverhältnis beruhen, wie es z. B. bei einem vom Verein gewährten Darlehen der Fall ist.

Die Einziehung von Forderungen ist nicht schlechthin Liquidationsgebot; diese können – vor allem, soweit sie noch nicht fällig sind – durch Verkauf und Abtretung verwertet werden. Es ist auch die Aufrechnung mit Vereinsforderungen zulässig.

5.6.5.2. Die Ausnahmen

2165 Die Einziehung von Forderungen darf unterbleiben, soweit diese Maßnahme nicht zur Befriedigung der Gläubiger oder zur Verteilung des Überschusses an die Anfallberechtigten erforderlich ist (§ 49 Abs. 1 Satz 3 BGB).

Die Nichteinziehung von Forderungen ist für die Liquidatoren ohne Problem, wenn sie erkennen können, daß die (bereits) vorhandenen Geldmittel zur Befriedigung der Vereinsgläubiger ausreichen. Die Nichteinziehung aus dem Grunde, daß die Forderungen, genauer gesagt die Ansprüche des Vereins, nicht zur Verteilung des Überschusses an die Anfallberechtigten erforderlich sind, kann im Regelfall nicht von den Liquidatoren allein entschieden werden; es müssen vielmehr die Anfallberechtigten grundsätzlich an der Entscheidung hierüber beteiligt werden. Sie wollen in aller Regel einen Geldanfall und nicht einen Anfall von Ansprüchen des Vereins[166]. Die Verantwortung für die Nichteinziehung verbleibt aber bei den Liquidatoren, die im Streitfall auch die Darlegungs- und Beweislast für den Ausnahmetatbestand nach § 49 Abs. 1 Satz 3 BGB haben[167].

5.6.6. Die Erfüllung bekannter, fälliger und unstreitiger Vereinsverbindlichkeiten

2166 Die Liquidatoren haben die Schulden des Vereins zu tilgen, also die Vereinsgläubiger zu befriedigen (§ 49 Abs. 1 Satz 1 4. Altern. BGB). Dies ist das eigentliche Ziel der Liquidation; vor Erfüllung dieser Aufgabe darf die Liquidation nicht beendet werden[168], es sei denn, es fehlen Mittel zur Gläubigerbefriedigung, was im Regelfall die Konkursantragspflicht auslöst. Die hier zu behandelnde Pflicht bezieht sich auf bekannte Forderungen, die fällig und nicht streitig sind, da andere Forderungen nur zu sichern sind (§ 52 BGB).

Auch hier sind Forderungen im Sinne von Verbindlichkeiten des Vereins gemeint, die nicht unbedingt auf Geld lauten müssen. Der Rechtsgrund ist gleich;

165 Vgl. RGZ 44, 84: Gen.
166 Im Ergebnis ebenso: *Soergel/Hadding* § 49 BGB Rn. 6.
167 Vgl. *BGH* WM 1977, 617/618.
168 *Lutter/Hommelhoff* § 70 GmbHG Rn. 9.

es kann ein Vertrag oder eine gesetzliche Verbindlichkeit gegeben sein. Der Verein soll – abgesehen von Ansprüchen der Anfallberechtigten – bei seiner Beendigung entweder ohne Verbindlichkeiten sein oder er soll solche gesichert haben.

Der Anspruch, der erfüllt werden soll, muß mindestens einem Liquidator dem Grunde nach und bei Geldansprüchen auch der Höhe nach bekannt sein[169]. Anspruchsinhaber können außenstehende Dritte, aber auch die Vereinsmitglieder aus dem Mitgliedschaftsverhältnis (z. B. überzahlte Vereinsbeiträge) oder aus einer mitgliedsunabhängigen Gläubigerstellung (Geldhingabe, Hingabe von sonstigen Sachen) sowie die Liquidatoren selbst sein (Aufwendungsersatz oder Vergütungsanspruch). Der Liquidator kann seinen Geldanspruch durch Entnahme aus der Vereinskasse selbst befriedigen; § 181 BGB steht nicht entgegen, weil es sich um die Erfüllung einer Verbindlichkeit handelt[170].

Unter den Vereinsgläubigern besteht zivilrechtlich kein Vorrang hinsichtlich **2167**
der Befriedigung[171]. Dieser Grundsatz greift ein, wenn die Mittel nicht zur vollständigen Befriedigung aller Gläubiger ausreichen und die Liquidatoren nicht gehalten sind, Konkursantrag zu stellen, was bei einem solchen Sachstand im Zweifel zu bejahen ist. Es muß demnach nicht ein Altgläubiger, der diese Stellung schon vor dem Liquidationsabschnitt erlangt hat, vor einem Neugläubiger befriedigt werden.

Für Steueransprüche können die Liquidatoren nach § 69 i. V. m. § 34 AO haft- **2168**
bar sein. Sie müssen Mittel für die Wegfertigung von Steuerschulden bereithalten, mögen diese vor der Auflösung oder danach entstanden sein[172]. Der BFH verlangt jedoch (wie im Konkurs), daß die Gläubiger gleichmäßig befriedigt werden[173]. Bereits die fahrlässige Nichteinhaltung dieses Grundsatzes kann zur persönlichen steuerlichen Haftung der Liquidatoren als Gesamtschulder (§ 44 AO) führen[174].

5.6.7. Die Versilberung des Vereinsvermögens

5.6.7.1. Der Grundsatz

Die Liquidatoren sind grundsätzlich verpflichtet, das nicht in (einzuziehenden) **2169**
Forderungen bestehende übrige Vereinsvermögen in Geld umzusetzen (§ 49 Abs. 1 Satz 1 3. Altern. BGB). Durch die Veräußerung der Vermögenswerte des Vereins sollen flüssige Mittel geschaffen werden, um die Gläubiger befriedigen und den Anfallberechtigten als Liquidationserlös Bargeld zur Verfügung stellen zu können.

---

169 Vgl. *RG* JW 1930, 2943.

170 Vgl. *Lutter/Hommelhoff* Rn. 9, *Rowedder/Rasner* Rn. 10, *Scholz/K. Schmidt* Rn. 8, je zu § 70 GmbHG; a. A. *OLG Düsseldorf* ZIP 1989, 917.

171 Vgl. BGHZ 53, 71/74.

172 BFHE 123, 398/403 f.; *BFH* BB 1978, 245 und 1981, 658.

173 BStBl. 1984 II S. 776/778 und 1985 II S. 702/704.

174 *BFH* BB 1981, 658.

5.6.7.2. Die Ausnahmen

2170 Die Versilberung des Vereinsvermögens darf unterbleiben, soweit diese Maßnahme nicht zur Befriedigung der Vereinsgläubiger oder zur Verteilung des Überschusses unter die Anfallberechtigten erforderlich ist (§ 49 Abs. 1 Satz 3 BGB). Diese können mit einer Naturalteilung des restlichen Vereinsvermögens einverstanden sein. Unterbleibt aus dem zuletzt angeführten Grund die Versilberung, so müssen die Liquidatoren das Einverständnis der Anfallberechtigten einholen. Diese sind nicht verpflichtet, andere als Geldleistungen anzunehmen, wie sich aus der grundsätzlichen Pflicht der Liquidatoren ergibt, das Vereinsvermögen in Geld umzusetzen. Sind nur die Mitglieder anfallberechtigt, so muß ein einstimmiger Beschluß der Mitgliederversammlung über die Nichtversilberung und damit über die Naturalteilung erzielt werden.

In diesem Stadium der Abwicklung können die Mitglieder im übrigen noch die Satzung hinsichtlich des Anfallsrechts abändern und können z. B. auch beschließen, daß die Liquidatoren das Vermögen zu versilbern haben und daß mit dem Erlös eine Beteiligung an einer Kapitalgesellschaft erworben wird, die dann die Anfallberechtigten übernehmen[175].

Gegenstände, die ein Vereinsmitglied dem Verein »zur Nutzung« überlassen hat, dürfen nicht veräußert werden; sie müssen dem Mitglied vielmehr entspr. § 732 BGB zurückgegeben werden.

5.6.8. Zur Pflicht der Liquidatoren, Konkurs- oder Vergleichsantrag zu stellen

2171 Reichen die durch Forderungseinziehung oder Versilberung des Vereinsvermögens erzielten finanziellen Mittel nicht aus, um alle Vereinsgläubiger zu befriedigen, so hängt es von der Höhe dieser Mittel ab, wie sich die Liquidatoren verhalten. Können z. B. 80 % der Gläubigerforderungen getilgt werden, so können die Liquidatoren den Gläubigern einen außergerichtlichen Vergleich mit dem Hinweis anbieten, daß im Falle eines Konkurses das Vereinsvermögen mit Gerichts- und Konkursverwalterkosten belastet wird.

Kann ein solches Abkommen nicht erzielt werden, so muß im Falle der Überschuldung der Antrag bei Gericht gestellt werden, entweder das gerichtliche Vergleichs- oder das Konkursverfahren zu eröffnen (§ 42 Abs. 2, § 53 BGB). Die gleiche Pflicht ist aus dem organschaftlichen Verhältnis heraus zu erfüllen, wenn der Verein zahlungsunfähig geworden ist.

5.6.9. Die Verpflichtung der Liquidatoren zur Einhaltung des sog. Sperrjahres

5.6.9.1. Der Grundsatz

2172 § 51 BGB ordnet eine gläubigerschützende Sperre von einem Jahr an – gerechnet von der Wirksamkeit der Bekanntmachung über die Auflösung des Vereins oder über die Entziehung der Rechtsfähigkeit verbunden mit dem Gläubigeraufruf, die mit dem Ablauf des zweiten Tages nach der (ersten) Einrückung eintritt (§ 50 Abs. 1 Satz 4 BGB) –, in der das Vereinsvermögen in der Verwaltung der Liquidatoren bleibt und nicht an die Anfallberechtigten aus-

175 Vgl. *Lang/Weidmüller/Schaffland* § 88 GenG Rn. 3.

gehändigt werden darf[176]. Innerhalb des sog. Sperrjahres soll bisher unbekannten Gläubigern Gelegenheit gegeben werden, ihre Ansprüche anzumelden. Das Sperrjahr ist auch dann einzuhalten, wenn die Liquidatoren meinen, alle bekannten Gläubiger bereits befriedigt oder gesichert zu haben. Die Vorschrift ist zwingend, kann also auch nicht durch die Satzung oder einen Vereinsbeschluß abgeändert werden.
Das Gebot, ein Jahr lang mit der Übertragung des Vereinsvermögens an die Anfallberechtigten zu warten, hat aber keine Stundungswirkung; fällige Forderungen müssen vor Ablauf des Sperrjahres erfüllt werden. Das Verbot hat außerdem keine Ausschlußwirkung hinsichtlich einer Gläubigerforderung gegen den Verein; diese muß auch nach Ablauf des Sperrjahres getilgt werden[177].
Die Sperre hat auch eine registerrechtliche Bedeutung. Vor dem Ablauf des Sperrjahres darf grundsätzlich eine angemeldete Beendigung der Liquidation nicht in das Vereinsregister eingetragen werden[178].
Die Sperre bewirkt allerdings kein relatives oder absolutes Veräußerungsverbot[179]. Die Nichtbeachtung der Sperre stellt auch keinen Verbotstatbestand nach § 134 BGB dar, da diese Vorschrift durch die Haftungsbestimmung des § 53 BGB verdrängt ist[180].

5.6.9.2. Die Ausnahmen

Das Sperrjahr wird obsolet, wenn infolge der Gläubigerbefriedigung keinerlei **2173** Vereinsvermögen mehr vorhanden ist und demgemäß eine Vermögensübertragung an Anfallberechtigte ausscheidet. In einem solchen Fall kann die angemeldete Beendigung der Liquidation vor dem Ablauf des Sperrjahres eingetragen werden[181].
War der Verein mit einer Firma im Handelsregister eingetragen und wird das zugehörige Unternehmen während des Laufs des Sperrjahres veräußert, so kann das Erlöschen der Firma angemeldet und eingetragen werden[182].

5.6.9.3. Der mögliche Fortbestand der Verteilungssperre über das Sperrjahr hinaus

Das Sperrjahr und sein Ablauf bewirken, wie ausgeführt, keinen Rechtsverlust **2174** für einen Vereinsgläubiger, der bisher nicht bekannt war. Meldet sich ein Gläubiger nach Ablauf des Sperrjahres, so führt dies eine Sperre für die Verteilung des Restvermögens an die Anfallberechtigten herbei, die auch gilt, wenn mit der Verteilung bereits begonnen worden ist. Der Gläubiger ist zu befriedigen oder wegen seiner Forderung ist nach § 52 BGB zu hinterlegen (vgl. Rn. 2176) oder Sicherheit zu leisten[183].

---

176 Vgl. auch § 272 Abs. 1 AktG, § 73 Abs. 1 GmbHG, § 90 Abs. 1 GenG.
177 Vgl. RGZ 124, 210/213.
178 Vgl. *Rowedder/Rasner* § 73 GmbHG Rn. 2.
179 *Soergel/Hadding* § 51 BGB Rn. 2; a. A. *BayObLG* OLGE 40, 101/103.
180 Vgl. *BGH* NJW 1973, 1695: GmbH.
181 Vgl. *KG* DR 1941, 2130.
182 Vgl. *KG* JW 1936, 1542; *Soergel/Hadding* a. a. O.
183 Vgl. z. B. *Rowedder/Rasner* § 73 GmbHG Rn. 9.

5.6.10. Die Sicherung bekannter, aber noch befriedigungsfähiger Forderungen vor der Schlußverteilung

5.6.10.1. Allgemeines zur Sicherstellungspflicht

2175 § 52 BGB verpflichtet die Liquidatoren zur Sicherstellung zugunsten der Inhaber von Forderungen, die aus bestimmten Gründen nicht befriedigt werden können. Durch die Forderungsdeckung wird erreicht, daß die Liquidation durch Schlußverteilung zum Abschluß gebracht werden kann.

In allen Fällen einer Sicherstellungspflicht muß den Liquidatoren die Forderung in dem Sinne bekannt sein, daß sie wenigstens ein Liquidator dem Grunde nach (und bei Geldforderungen außerdem der Höhe nach) im wesentlichen kennt[184]. Der Inhaber der Forderung muß nicht in jedem Fall bekannt sein, da hierher auch die Fälle gehören, daß mehrere behaupten, Inhaber der Forderung zu sein. Die Sicherstellungspflicht hängt auch nicht davon ab, daß die Forderung unstreitig ist (vgl. § 52 Abs. 2 BGB). In jedem Falle ist aber erforderlich, daß der Prätendent eine Forderung nach Grund und Höhe substantiiert darlegt[185]. Hier, wie auch in vergleichbaren Fällen, müssen die Liquidatoren den mutmaßlich geschuldeten Betrag mit der Sorgfalt eines ordentlichen Sachwalters schätzen und in dieser Höhe sichern[186]. Bei streitigen Forderungen kann es für die Liquidatoren auch angezeigt sein, negative Feststellungsklage zu erheben, um den Forderungsbestand gerichtlich klären zu lassen. Da aber ein Prozeß jahrelang dauern kann, ist auch hier die Sicherstellung zulässig, um die Schlußverteilung nicht zu verzögern.

Forderungen, die von den Liquidatoren für offensichtlich unbegründet erachtet werden konnten, brauchen nicht gesichert zu werden[187].

Weitere Voraussetzung für eine zulässige Sicherstellung ist es, daß Gläubiger aus irgendeinem Grunde nicht befriedigt werden konnten.

5.6.10.2. Die Sicherstellung durch Hinterlegung

2176 Meldet sich ein bekannter Gläubiger nicht, so ist der geschuldete Betrag, wenn die Berechtigung zur Hinterlegung vorhanden ist, für den Gläubiger zu hinterlegen (§ 52 Abs. 1 BGB).

Zunächst ist für die Hinterlegung Voraussetzung, daß ein den Liquidatoren bekannter Gläubiger seine Forderung nicht angemeldet hat, sei es nach Veröffentlichung der Auflösung (des Entzugs der Rechtsfähigkeit) und der Gläubigeraufforderung oder aufgrund einer persönlichen Aufforderung nach § 50 Abs. 2 BGB.

Der Verein muß hinterlegungsfähige Gegenstände schulden, also Geld, Wertpapiere oder sonstige Urkunden sowie Kostbarkeiten (vgl. § 372 Satz 1 BGB). Wird eine nicht hinterlegungsfähige Sache geschuldet, so können sie die Liquidatoren unter den Voraussetzungen des § 383 BGB versteigern lassen und haben dann den Erlös zu hinterlegen.

---

184 *RG* JW 1930, 2943.

185 *Soergel/Hadding* § 52 BGB Rn. 3.

186 Vgl. *BGH* NJW 1965, 969/971.

187 Vgl. z. B. *Soergel/Hadding* a. a. O.; im GmbH-Recht unstreitig, vgl. z. B. *Scholz/K. Schmidt* § 73 GmbHG Rn. 12 m. w. N. in Fußn. 48.

Es müssen schließlich Hinterlegungsgründe gegeben sein: **2177**
- Der Gläubiger befindet sich im Annahmeverzug (§§ 293 ff. i. V. m. § 372 Satz 1 BGB). Liegt eine Holschuld vor (§ 269 i. V. m. § 24 BGB), so wird in der Aufforderung zur Forderungsanmeldung (§ 50 BGB) ein wörtliches Angebot gesehen werden können (vgl. § 294 BGB); handelt es sich – wie regelmäßig – um eine Schick- oder Bringschuld, so ist es erforderlich, daß die Liquidatoren dem Gläubiger die Leistung angeboten haben, daß dieser sie aber nicht angenommen hat (§§ 293, 294 BGB).
- Der Verein kann aus einem anderen in der Person des Gläubigers liegenden Grund seine Verbindlichkeit nicht oder nicht mit Sicherheit erfüllen (§ 273 Satz 2 1. Altern. BGB); Beispiele: unbekannte Anschrift, Fehlen eines gesetzlichen Vertreters.
- Der Verein kann die Verbindlichkeit deshalb nicht oder nicht mit Sicherheit erfüllen, weil eine nicht auf Fahrlässigkeit bestehende Ungewißheit über die Person des Gläubigers besteht (§ 372 Satz 2 2. Altern. BGB); Beispiele: Unklarheit, wer Vertragspartei geworden ist oder wem eine Sache gehört; mehrfache Abtretung oder Forderungspfändung; ungeklärte Erbfolge.

Die Liquidatoren müssen jedenfalls bei unstreitigen Forderungen auf das Rücknahmerecht verzichten, da nur so die Erfüllung einer Verbindlichkeit i. S. d. § 49 Abs. 1 Satz 1 BGB gegeben ist[188].

5.6.10.3. Die Sicherheitsleistung bei nicht ausführbarer oder streitiger Verbindlichkeit

Ist die Berichtigung einer Verbindlichkeit zur Zeit nicht ausführbar oder ist eine **2178**
Verbindlichkeit streitig, so darf das Vermögen den Anfallberechtigten nur ausgeantwortet werden, wenn dem Gläubiger Sicherheit geleistet worden ist (§ 52 Abs. 2 BGB).

Auch hier muß die Forderung bekannt, sie muß aber nicht angemeldet worden sein. In Betracht kommen Verbindlichkeiten, die jedenfalls kurz vor der Aushändigung des restlichen Vermögens an die Anfallberechtigten aus irgendeinem Grund noch nicht erfüllt werden können oder müssen[189].

Nicht ausführbare, also (noch) nicht erfüllbare Verbindlichkeiten sind: **2179**
- (aufschiebend) bedingte oder befristete Verbindlichkeiten, auch solche, die erst nach der Abwicklung entstehen,
- künftige Forderungen aus Dauerschuldverhältnissen, Zug-um-Zug-leistungen, bei denen der Gläubiger vorausleistungs- oder gleichzeitig mitwirkungspflichtig ist, seiner Leistung aber nicht nachkommt,
- Forderungen, deren Höhe noch nicht feststeht.

Sicherheit ist weiter zu leisten, wenn eine Forderung streitig ist. Hinsichtlich streitiger Verbindlichkeiten können die Liquidatoren zwar eine Entschließung der Mitgliederversammlung herbeiführen; sie tragen aber selbst die Verantwortung für die Nichterfüllung und für die Sicherheitsleistung in genügender Höhe.

Sicherheit muß schließlich in all den Fällen geleistet werden, in denen einerseits eine Tilgung der Verbindlichkeit nicht in Betracht kommt und andererseits eine Hinterlegung nicht durchführbar ist. Aber auch eine Sicherheitsleistung ist un-

188 § 376 Abs. 2 Nr. 1, § 378 BGB; vgl. *BGH* NJW 1965, 969/971.
189 Vgl. *K. Schmidt* ZIP 1981, 1/3.

zulässig, wenn – wie z. B. bei mehrfacher Forderungsabtretung – hinterlegt werden könnte.
Sicherheit kann durch Hinterlegung von Geld und Wertpapieren, Verpfändung beweglicher Sachen (§ 232 Abs. 1 BGB) und hilfsweise durch Stellung eines tauglichen Bürgen (Bankbürgschaft) geleistet werden (§ 232 Abs. 2 BGB), wobei die schriftliche Bürgschaftserklärung den Verzicht auf die Einrede der Vorausklage enthalten muß (§ 239 Abs. 2 BGB).

5.7. Die Verteilung des Liquidationsüberschusses an die Anfallberechtigten

5.7.1. Die Aufgabe der Liquidatoren

2180 Ist das Sperrjahr abgelaufen (§ 50 BGB) und sind die Verbindlichkeiten des Vereins getilgt oder sind Gläubigeransprüche sichergestellt (§ 52 BGB), so haben die Liquidatoren den Liquidationsüberschuß an die Anfallberechtigten auszuantworten (§ 49 Abs. 1 Satz 1 5. Altern. BGB). Da die Vorschriften des § 49 BGB insgesamt zwingend sind, können die Liquidatoren die Schlußverteilung weder den Anfallberechtigten noch einer sonstigen Person oder einem anderen Vereinsorgan überlassen, widrigenfalls ein Verteilungsfehler vorliegt.

5.7.2. Die Anfallberechtigten

5.7.2.1. Die Anfallberechtigten kraft Satzungsanordnung

2181 Die Anfallberechtigten können durch die Satzung benannt sein (§ 45 Abs. 1 BGB). Vereinsrechtlich ist der Satzungsgeber in der Bestimmung des Anfallberechtigten frei; vgl. aber nachfolgende Rn. 2182 zum Steuerrecht. Das Anfallrecht kann einem Vereinsmitglied als Sonderrecht (§ 35 BGB) zugebilligt worden sein. Die Satzung kann bestimmen, daß die zur Zeit der Auflösung vorhandenen Vereinsmitglieder die Anfallberechtigten sind.

5.7.2.2. Die steuerlich zu beachtende Vermögensbindung

2182 Verfolgt ein Verein steuerbegünstigte Zwecke und gewährt ihm deshalb ein Steuergesetz eine Steuervergünstigung (§ 51 AO), so muß das Merkmal der Selbstlosigkeit gegeben sein, das u. a. verlangt (§ 55 Abs. 1 Nr. 4 AO):

»Bei Auflösung der Körperschaft ... oder bei Wegfall ihres bisherigen Zwecks darf das Vermögen der Körperschaft, soweit es die eingezahlten Kapitalanteile der Mitglieder und den gemeinen Wert der von den Mitgliedern geleisteten Sacheinlagen übersteigt, nur für steuerbegünstigte Zwecke verwendet werden (Grundsatz der Vermögensbindung). Diese Voraussetzung ist auch erfüllt, wenn das Vermögen einer anderen steuerbegünstigten Körperschaft oder einer Körperschaft des öffentlichen Rechts für steuerbegünstigte Zwecke übertragen werden soll.«

Diese Vermögensbindung muß in der Satzung geregelt sein (§ 61 Abs. 1, 2 AO); ausgenommen sind hier nach § 62 AO »geistliche Genossenschaften«, wobei als Beispiele die Orden und Kongregationen angeführt sind. Es muß allein aufgrund der Satzung geprüft werden können, ob der Verwendungszweck steuerbegünstigt ist (§ 61 Abs. 1 AO). Kann ausnahmsweise aus zwingenden Gründen in der Satzung ein steuerbegünstigter Anfallberechtigter noch nicht genannt werden, so muß in dieser bestimmt werden, daß das Vermögen zu steuerbegünstigten Zwecken zu verwenden ist und daß der künftige Beschluß über die Verwendung erst nach Einwilligung des Finanzamts ausgeführt werden darf (§ 61 Abs. 2 Satz 1 AO). Wird die Bestimmung über die Vermögensbindung nachträglich so geändert, daß sie den Anforderungen des § 55 Abs. 1 Nr. 4 AO nicht mehr entspricht, so gilt sie von Anfang an als steuerlich nicht ausreichend (§ 61 Abs. 3 Satz 1 AO). Damit werden rückwirkend die Voraussetzungen der Steuerbegünstigung vernichtet.

Die Finanzverwaltung schlägt folgende Satzungsgestaltung vor: **2183**

§ . . .

Bei Auflösung oder Aufhebung des Vereins oder bei Wegfall seines bisherigen Zweckes fällt das Vermögen des Vereins

a) an die
(Bezeichnung der Körperschaft des öffentlichen Rechts oder einer anderen steuerbegünstigten Körperschaft),
die es unmittelbar und ausschließlich für gemeinnützige, mildtätige oder kirchliche Zwecke zu verwenden hat, (oder)

b) an eine Körperschaft des öffentlichen Rechts oder an eine andere steuerbegünstigte Körperschaft zwecks Verwendung für (Angabe eines bestimmten gemeinnützigen, mildtätigen oder kirchlichen Zwecks, z. B. Förderung von Wissenschaft und Forschung, Bildung und Erziehung, der Unterstützung von Personen, die im Sinne von § 53 AO 1977 wegen
. . .
bedürftig sind, Unterhaltung des Gotteshauses in . . .).

Kann der künftige Verwendungszweck noch nicht angegeben werden, so wird vorgeschlagen:

Bei Auflösung oder Aufhebung des Vereins ist das Vermögen zu steuerbegünstigten Zwecken zu verwenden.
Beschlüsse über die künftige Verwendung des Vermögens dürfen erst nach Einwilligung des Finanzamtes ausgeführt werden.

In § 55 Abs. 1 Nr. 4 und § 61 AO mußte auch die Aufhebung einer rechtsfähigen Stiftung (§ 87 Abs. 1 BGB) berücksichtigt werden. Ein Verein wird – entgegen dem vorgeschlagenen Muster – nicht »aufgehoben«.

5.7.2.3. Die Bestimmung des Anfallberechtigten durch ein Vereinsorgan

Bestehen die angeführten steuerrechtlichen Bindungen nicht, so kann es die **2184**
Satzung ausdrücklich der Mitgliederversammlung oder einem sonstigen Vereinsorgan überlassen, den oder die Anfallberechtigten festzulegen (§ 45 Abs. 2 Satz 1 BGB). Diese Vereinsorgane, die im Zweifel die Bestimmung mit einfacher Mehrheit beschließen, sind ebenfalls hinsichtlich der Person des Anfallberechtigten frei. Die Bestimmung kann grundsätzlich nicht einem außenstehenden Dritten übertragen werden, weil dies der Vereinsautonomie wider-

spräche[190]; Ausnahmen bestehen bei den nach Art. 140 GG i. V. m. Art. 137 Abs. 3, 7 WRV privilegierten Religionsgesellschaften und Weltanschauungsgemeinschaften.

5.7.2.4. Die Bestimmung des Anfallberechtigten durch die Mitgliederversammlung eines nichtwirtschaftlichen Vereins

2185 Hat die Satzung die Person des Anfallberechtigten nicht festgelegt und hat sie nicht ein Vereinsorgan ermächtigt, den Anfallberechtigten zu bestimmen, so ist die Mitgliederversammlung (nur diese!) eines nichtwirtschaftlichen Vereins zwar kraft Gesetzes bestimmungsberechtigt, ist aber in der Bestimmung nicht frei: Als anfallberechtigt muß eine öffentliche Stiftung oder Anstalt bezeichnet werden (§ 45 Abs. 2 Satz 2 BGB). Vom Zweck der Vorschrift her ist es auch gedeckt, wenn eine Gebietskörperschaft des öffentlichen Rechts oder eine juristische Person des Privatrechts, die öffentliche Aufgaben wahrnimmt, als anfallberechtigt bezeichnet wird[191].

Diese Bestimmungszuständigkeit hat die Mitgliederversammlung auch, wenn bei einem nichtwirtschaftlichen Verein die Satzungsregelungen über das Anfallrecht unwirksam sind oder wenn die danach bestimmten Anfallberechtigten wegfallen oder den Anfall ausschlagen und eine Ersatzbenennung fehlt.

5.7.2.5. Das hilfsweise gesetzlich bestimmte Anfallrecht der Vereinsmitglieder oder des Fiskus

2186 Zur Vermeidung eines herrenlosen Vereinsvermögens ist in § 45 Abs. 3 BGB für den Fall das Anfallrecht festgelegt worden, daß es an einer entsprechenden (gültigen) Satzungsbestimmung fehlt oder daß die Mitgliederversammlung die Bestimmung nach § 45 Abs. 2 Satz 2 BGB nicht treffen kann, weil es sich um einen konzessionierten Verein handelt.

2187 Die zur Zeit der Auflösung oder der Entziehung der Rechtsfähigkeit vorhandenen Mitglieder werden Anfallberechtigte zu gleichen Teilen, wenn der Verein nach der Satzung ausschließlich den Interessen seiner Mitglieder diente (§ 45 Abs. 3 1. Altern. BGB). Es muß sich um einen sog. selbstnützigen Verein handeln. Das sind alle Wirtschaftsvereine i. S. d. § 22 BGB. Selbstnützig sind aber auch die nichtwirtschaftlichen Vereine, die keine steuerbegünstigten Zwecke i. S. d. §§ 51 ff. AO verfolgen. Den Mitgliederinteressen dient z. B. auch ein genossenschaftlicher Prüfungsverband (§ 63 b Abs. 4 GenG). Es kommen nur die Mitglieder als Anfallsberechtigte in Betracht, die zur Zeit der Wirksamkeit des Auflösungsbeschlusses oder des Eintritts eines vergleichbaren Tatbestandes (Sitzverlegung ins Ausland) oder im Zeitpunkt der Wirksamkeit des Entzugs der Rechtsfähigkeit die Mitgliedschaft hatten. Die nicht bekannten Mitglieder sind entspr. § 50 Abs. 1 BGB öffentlich zur Meldung aufzufordern.

Beschließen die Mitglieder eines selbstnützigen Vereins in zulässiger Weise die Reaktivierung, also die Fortsetzung in rechtsfähiger Form, so kommt der Anfall an die Mitglieder in Fortfall; der Verein bleibt Träger des Vermögens. Wird die Fortsetzung in nichtrechtsfähiger Form beschlossen, so kommt ebenfalls der Verein als Träger des Vermögens in Betracht, da zwischen dem rechtsfähigen und nichtrechtsfähigen Verein Identität besteht. Nach der Schlußverteilung ist

---

190 *Soergel/Hadding* § 45 BGB Rn. 3.

191 *Soergel/Hadding* § 45 BGB Rn. 6.

der Verein erloschen; er kann nicht mehr fortgesetzt werden, muß vielmehr neu gegründet werden.

Handelt es sich um einen Verein, der nicht ausschließlich den Interessen seiner Mitglieder diente, insbesondere um einen fremdnützigen Verein, wie dies bei den steuerbegünstigten Vereinen der Fall sein kann, so werden kraft Gesetzes nicht die Vereinsmitglieder anfallberechtigt, sondern der Fiskus des Bundeslandes, in dem der Verein seinen Sitz hatte (§ 45 Abs. 3 2. Altern. BGB). Beim ausländischen Verein, der nach § 23 BGB die Konzession erlangt hat, kommt der Fiskus des Bundes als Anfallberechtigter in Betracht. Das Wort »anderenfalls« in § 45 Abs. 3 BGB muß dahingehend ausgelegt werden, daß das Anfallrecht des Fiskus auch dann in Betracht kommt, wenn ein selbstnütziger Verein keine Mitglieder mehr hat oder wenn die Mitglieder den Anfall ausschlagen. Dies folgt aus dem Sinn der angeführten Vorschrift, herrenloses Vereinsvermögen zu vermeiden. **2188**

Der Fiskus erwirbt das Vereinsvermögen nicht im Wege der Gesamtrechtsnachfolge, wie im Falle des § 45 Abs. 1, § 47 BGB, sondern im Wege der Einzel-Rechtsnachfolge.

Nach Art. 85 EGBGB kann landesrechtlich als anfallberechtigt auch eine Körperschaft, Stiftung oder Anstalt des öffentlichen Rechts bestimmt werden; von diesem Vorbehalt ist aber in keinem Bundesland Gebrauch gemacht worden (vgl. Rn. 2112).

5.7.2.6. Die Änderung des bestehenden Anfallrechts durch den Liquidationsverein

Das gesetzliche Anfallrecht der Mitglieder oder des Fiskus kann bis zur Beendigung der Schlußverteilung dadurch geändert werden, daß nunmehr die Satzung den Anfallberechtigten bestimmt (§ 45 Abs. 1 BGB). Es stellt dies eine Satzungsänderung dar, die durch Eintragung (§ 71 Abs. 1 BGB) oder Genehmigung (§ 33 Abs. 2 BGB) wirksam wird. Auch das Vereinsorgan, das kraft Satzungsermächtigung (§ 45 Abs. 2 Satz 1 BGB), oder die Mitgliederversammlung, die kraft gesetzlicher Ermächtigung (§ 45 Abs. 2 Satz 2 BGB) einen Anfallberechtigten bestimmt hat, kann diesen Beschluß bis zur Beendigung der Schlußverteilung mit sofortiger Wirkung (keine Satzungsänderung) wieder abändern. Hat der Anfallberechtigte aber bereits einen Anspruch gegen den Verein erlangt, so ist dessen Zustimmung zu einem solchen Vereinsbeschluß erforderlich. **2189**

5.7.3. Der Anspruch des Anfallberechtigten auf den Liquidationserlös

Die Anfallberechtigten erlangen einen schuldrechtlichen Anspruch auf Aushändigung des Liquidationserlöses. Schuldner dieses Anspruchs ist der Liquidationsverein, vertreten durch die Liquidatoren. Diese selbst sind nicht Anspruchsgegner. Sind sie selbst Anspruchsberechtigte, so hindert § 181 BGB nicht, daß sie sich selbst den Liquidationserlös anteilig übereignen; die Verteilung von Vermögenswerten an sich selbst stellt nämlich die Erfüllung einer Verbindlichkeit dar. **2190**

Bei der Entstehung des Anspruchs ist zu unterscheiden:

Sind außenstehende Dritte Anfallberechtigte, so haben sie bis zur tatsächlichen Übertragung des Liquidationserlöses keinen Anspruch, da die Satzung oder der Vereinsbeschluß über den Anfallberechtigten wegen der Regelung in § 310

BGB keine Drittwirkung i. S. d. § 328 BGB entfalten kann[192]. Bis zur Beendigung der Schlußverteilung kann deshalb ein solches Anfallrecht beseitigt werden, ohne daß der Dritte zustimmen muß[193].

Die Liquidatoren haben die Verteilung vorzunehmen, sobald nach Ablauf des Sperrjahres die Gläubiger befriedigt oder sichergestellt sind[194]. Von diesem Zeitpunkt an ist der Anspruch der anfallberechtigten Vereinsmitglieder entstanden. Vorher kann allenfalls eine Anwartschaft bestehen[195]. Auf eine Anmeldung des Anspruchs kommt es nicht an.

Der Anspruch wird gegenstandslos, wenn kein verteilungsfähiges Vermögen mehr vorhanden ist.

Der Anspruch geht grundsätzlich auf eine Geldleistung, da die Liquidatoren das Vereinsvermögen zu versilbern haben (§ 49 Abs. 1 Satz 1 BGB). Davon kann aber abgesehen werden, wenn eine Versilberung zur Schlußverteilung nicht erforderlich ist (§ 49 Abs. 1 Satz 3 BGB). Dies ist dann der Fall, wenn eine Realteilung in Betracht kommt. Eine solche kann die Satzung oder ein Beschluß eines Vereinsorgans anordnen. Die Realteilung kann auch aufgrund einer Vereinbarung der Anfallberechtigten mit dem Verein in Betracht kommen.

Der fällige Anspruch kann von den Anfallberechtigten gegen den Verein, vertreten durch die Liquidatoren, eingeklagt werden. Eine satzungsmäßige Schiedsklausel ist weiterhin verbindlich.

2191 Der Anspruch auf den Liquidationsüberschuß verjährt in 30 Jahren[196]. Soweit Vereinsmitglieder Anfallberechtigte sind, kann die Satzung die Verjährung verkürzen und kann für die Anmeldung des Anspruchs Ausschlußfristen festsetzen, sofern dies im Einzelfall die Rechte der Mitglieder nicht zu sehr beschränkt[197]. Für den Fall des Ausschlusses wegen Versäumung der Anmeldung kann die Satzung Ersatz-Anfallberechtigte vorsehen.

5.8. Die Schlußverteilung

5.8.1. Die Durchführung

2192 Der Verein hat den Anspruch der Anfallberechtigten durch die Liquidatoren zu erfüllen. Dazu bedarf es der Übertragungshandlungen, die für die in Betracht kommenden Gegenstände verbindlich sind. Bei Geldleistungen kommt somit eine Banküberweisung oder eine Scheckhingabe in Betracht. Bei Grundstücken ist die Auflassung und Eintragung erforderlich (§§ 873, 925 BGB). Bewegliche Sachen sind durch Einigung und Übergabe oder Übergabeersatz zu übereignen (§§ 929, 930 BGB). Forderungen sind abzutreten (§ 398 BGB).

Kommt ein gesetzlicher Verteilungsmaßstab (§ 45 Abs. 3 1. Altern. BGB) oder ein solcher kraft Satzungsanordnung in Betracht, so müssen die Liquidatoren das entsprechende Verteilungsverhältnis beachten. Ist ein solches jedoch offen, so ist es nicht Aufgabe der Liquidatoren, von sich aus den Verteilungsmaßstab

---

192 Vgl. RGZ 169, 65/82 f.

193 Vgl. *Rowedder/Rasner* § 72 GmbHG Rn. 3.

194 Vgl. *BGH* NJW 1965, 969/971.

195 A. A. als bedingter und befristeter Anspruch bereits mit dem Eintritt in das Liquidationsstadium entstanden: *Soergel/Hadding* § 45 BGB Rn. 10.

196 Vgl. *KG* JW 1937, 2979/2980.

197 Vgl. *KG* a. a. O.

festzulegen; es ist vielmehr Sache der Anfallberechtigten, einen Verteilungsmaßstab zu finden.

5.8.2. Mängel der Schlußverteilung

Die Schlußverteilung, welche die Liquidatoren vorgenommen haben, kann **2193**
fehlerhaft sein, weil Berechnungsfehler unterlaufen sind oder weil die Rechtslage unrichtig beurteilt worden ist. In solchen Fällen haben die benachteiligten Anfallberechtigten einen verschuldensabhängigen Schadensersatzanspruch gegen die Liquidatoren und einen verschuldensunabhängigen Bereicherungsanspruch gegen die begünstigten Anfallberechtigten[198].

5.8.3. Kein Vermögensübergang kraft Funktionsnachfolge

Die Funktionen eines nicht mehr bestehenden Vereins können von einem an- **2194**
deren Verein übernommen werden. Diese Funktionsnachfolge begründet aber keinen dinglichen oder schuldrechtlichen Anspruch auf das Vermögen des erloschenen Vereins. Eine Gesamtrechtsnachfolge aus dem Gesichtspunkt einer Funktions- oder Verbandsnachfolge kommt ohnedies nicht in Betracht[199].

5.9. Die Schlußrechnung und Entlastung der Liquidatoren

Im Vereinsrecht ist es gesetzlich nicht vorgeschrieben, daß die Liquidatoren **2195**
eine Schlußrechnung zu erstellen haben, wie dies für die Liquidatoren einer AG der Fall ist (§ 273 Abs. 1 AktG). Eine dahingehende Verpflichtung besteht jedoch auch für Liquidatoren eines Vereins aus der Organstellung[200]. Steuerlich kann es erforderlich sein, das Abwicklungsendvermögen festzustellen, d. h. das Vermögen, das an die Anfallberechtigten verteilt wird[201].

Es ist zweckmäßig, die Mitgliederversammlung (sofern sie noch gebildet werden kann) unmittelbar vor der Schlußverteilung anzusetzen. Wird die Schlußrechnung gebilligt, so wird den Liquidatoren damit im Regelfall auch die Entlastung erteilt.

5.10. Das Ende des Amtes des Liquidators

Ist die Liquidation beendet und der Verein als Rechtspersönlichkeit erloschen, **2196**
so ist auch das Liquidatorenamt beendet. Einer ausdrücklichen Amtsniederlegung bedarf es nicht. Erklären die Liquidatoren die Abwicklung für beendet, obwohl dies in Wirklichkeit nicht der Fall ist, so ist in dieser Erklärung regelmäßig eine Amtsniederlegung zu sehen. Dies gilt insbesondere dann, wenn die Liquidatoren die Beendigung beim Registergericht anmelden; damit wird im Regelfall die (stillschweigende) Erklärung abgegeben, die Liquidatoren sehen ihr Amt als beendet an[202].

---

198 Vgl. *Lutter/Hommelhoff* § 72 GmbHG Rn. 12; vgl. auch *OLG Hamburg* ZIP 1985, 1390.

199 Vgl. *KG* NJW 1969, 752.

200 Vgl. *Erman/Westermann* § 49 BGB Rn. 4.

201 Vgl. *Lang/Weidmüller/Schaffland* § 91 GenG Rn. 19.

202 Vgl. BGHZ 53, 264/267 = NJW 1970, 1044; *BayObLG* NJW-RR 1994, 617.

6. Die Haftung der Liquidatoren

6.1. Die gesetzliche Haftung den Gläubigern des Vereins gegenüber

6.1.1. Tatbestandsvoraussetzungen

2197 Nach § 53 BGB haben Liquidatoren, welche die ihnen nach § 42 Abs. 2 BGB und nach den §§ 50 bis 52 BGB obliegenden Verpflichtungen verletzen oder vor der Befriedigung der Gläubiger Vermögen den Anfallberechtigten aushändigen, bei schuldhaftem Verhalten den Gläubigern den daraus entstehenden Schaden zu ersetzen, wobei mehrere Liquidatoren gesamtschuldnerisch haften. Im Regelfall ist ein Organmitglied – wie dies beim Liquidator der Fall ist – nicht persönlich nach außen hin haftbar; für sein schuldhaftes Fehlverhalten haftet vielmehr der Verein (§ 31 BGB). Bei besonders bedeutsamem Organhandeln, das erfahrungsgemäß bei einem fehlerhaften Verhalten Vereinsaußenstehende schädigt, ordnet der Gesetzgeber die unmittelbare Haftung des Organmitglieds Außenstehenden gegenüber an, wie dies in § 42 Abs. 2 Satz 2 BGB und – diese Haftungsvorschrift umfassend – § 53 BGB anordnet. Es handelt sich um einen Sonderfall einer Deliktshaftung entspr. § 823 Abs. 2 BGB[203].
Die persönliche Haftung der Liquidatoren setzt objektiv voraus, daß

- entgegen § 42 Abs. 2 Satz 1 BGB im Falle der Überschuldung (nicht aber im Falle der Zahlungsunfähigkeit) der Antrag auf Eröffnung des gerichtlichen Vergleichsverfahrens oder des Konkursverfahrens verzögert oder überhaupt nicht gestellt worden ist;
- die Pflicht zur Bekanntmachung nach § 50 BGB nicht oder nicht richtig befolgt worden ist;
- das Vereinsvermögen an die Anfallberechtigten übertragen worden ist, ohne vorher die sämtlichen bekannten Gläubiger befriedigt, die Jahresfrist des § 51 BGB abgewartet oder bekannte Forderungen durch Hinterlegung oder Sicherheitsleistung gesichert zu haben.

Mit Ausnahme der Gläubigerbefriedigung werden sonstige Fehler bei der Liquidation, welche sich aus der Nichtbeachtung des § 49 Abs. 1 Satz 1 BGB ergeben, tatbestandlich nicht erfaßt. Es tritt ferner keine Haftung nach § 53 BGB ein, wenn eine Forderung zu Unrecht bestritten, ein Gläubiger bei der Tilgungsreihenfolge bevorzugt oder wenn die Verteilung hinausgeschoben worden ist[204].
Subjektiv ist Verschulden (Vorsatz oder – auch leichte – Fahrlässigkeit) Haftungsvoraussetzung. Da die Liquidatoren eigenverantwortlich ihre Aufgaben zu erfüllen haben, können sie sich jedenfalls Gläubigern gegenüber nicht darauf berufen, sie hätten auf Weisung oder mit Zustimmung der Mitgliederversammlung gehandelt oder etwas unterlassen.

6.1.2. Haftungsumfang

2198 Der Gläubiger kann im Falle eines Verstoßes gegen das Konkurs- oder Vergleichsantragsgebot die Minderung der Konkursquote (des Vergleichsbetrages) infolge der Verzögerung geltend machen. Im übrigen wird der Umfang der

---

203 Allgemeine Meinung, vgl. z. B. MünchKomm/*Reuter* § 53 BGB Rn. 2.
204 Vgl. *Scholz/K. Schmidt* § 73 GmbHG Rn. 25.

Haftung der Liquidatoren nach dem Betrag der ausgefallenen Forderung infolge der pflichtwidrigen Vermögensübertragung bestimmt.
Die Liquidatoren haften den Gläubigern aber dann nicht, wenn und soweit der Verein gegen die Anfallberechtigten einen Bereicherungsanspruch hat. Dann muß sich der Gläubiger, der zur Schadensminderung verpflichtet ist (§ 254 Abs. 2 Satz 1 BGB), vom Verein den Bereicherungsanspruch abtreten lassen und muß – wenn der Verein sich weigert – den Anspruch des Vereins pfänden und sich zur Einziehung überweisen lassen[205]. § 53 BGB verdrängt nicht die Haftungszurechnungsnorm des § 31 BGB.

6.1.3. Sonstige Fragen im Zusammenhang mit der Gläubigerhaftung

Steht ein objektiver Verstoß gegen die in § 53 BGB angesprochenen, aber nicht erfüllten Pflichten fest, so haben sich die Liquidatoren zu entlasten[206]. **2199**
Mehrere Liquidatoren haften als Gesamtschuldner (§ 53 Halbs. 2 BGB). Kann sich aber ein Liquidator entlasten, so ist er nicht mehr Gesamtschuldner[207].
Die interne Ausgleichspflicht der Liquidatoren als Gesamtschuldner (§ 426 BGB) richtet sich nach dem Grade des jeweiligen Verschuldens (entspr. § 254 BGB).
Für die Verjährung gilt § 852 BGB entsprechend. Sie beginnt mit der pflichtwidrigen Handlung, also – vom Insolvenzfall abgesehen – mit der Schlußverteilung des Liquidationserlöses.

6.1.4. Der (vorläufige) Rechtsschutz für den Gläubiger

Ist zu befürchten, daß die Liquidatoren das Vereinsvermögen ohne Befriedigung oder Sicherung der Gläubiger verteilen, so kann ein Gläubiger gegen den Verein einen Arrest erwirken. Auf diese Weise können auch bestrittene Forderungen gesichert werden[208]. **2200**
Anstelle des Arrestes kann sowohl gegen den Verein als auch gegen die Liquidatoren eine einstweilige Verfügung auf Unterlassung der pflichtwidrigen Vermögensverteilung erwirkt werden, wobei sich der Verfügungsanspruch gegen die Liquidatoren aus § 53 BGB i. V. m. § 823 Abs. 2, § 1004 BGB ergibt[209].
Bei einer bevorstehenden pflichtwidrigen Vermögensverteilung kann ein Gläubiger neben der Beantragung einstweiligen Rechtsschutzes auch die Klage auf Unterlassung erheben. Diese kann sowohl gegen den Verein als auch gegen die Liquidatoren erhoben werden[210].

6.2. Die Haftung der Liquidatoren nach § 179 BGB

Die Liquidatoren haften nach § 179 BGB persönlich, wenn sie als Vertreter ohne Vertretungsmacht mit einem Dritten ein Rechtsgeschäft abschließen[211]. **2201**

---

205 *Soergel/Hadding* § 53 BGB Rn. 4.
206 Vgl. *Scholz/K. Schmidt* § 73 GmbHG Rn. 26.
207 Vgl. *Scholz/K. Schmidt* a. a. O. Rn. 27.
208 Vgl. *Scholz/K. Schmidt* § 73 GmbHG Rn. 14.
209 Vgl. *Lutter/Hommelhoff* § 73 GmbHG Rn. 10.
210 Vgl. *Scholz/K. Schmidt* a. a. O. Rn. 15; a. A. *Soergel/Hadding* § 53 BGB Rn. 2: kein Unterlassungsanspruch gegen den Verein.
211 Vgl. RGZ 106, 68.

Dies kann dann der Fall sein, wenn die Vertretungsmacht kraft Satzung beschränkt und wenn dies im Vereinsregister eingetragen ist (§ 64 Satz 2 BGB); gleiches gilt, wenn zwar keine satzungsmäßige Vertretungsbeschränkung besteht, wenn aber die Liquidatoren evident liquidationswidrige Rechtsgeschäfte vornehmen (hier fragt es sich aber, ob dies dem geschädigten Dritten nicht erkennbar gewesen ist).

6.3. Die Haftung der Liquidatoren dem Verein gegenüber

2202 Die Nichtbeachtung der Liquidationsvorschriften der §§ 42 Abs. 2, §§ 49 bis 52 BGB stellt bei Verschulden eine positive Verletzung des organschaftlichen Rechtsverhältnisses dar, dem ein Auftrag oder ein Geschäftsbesorgungsvertrag zugrunde liegen kann. Soweit bei den in § 49 Abs. 1 BGB beschriebenen Liquidationsaufgaben Ermessensentscheidungen zu treffen waren, tritt aber eine Haftung nur dann ein, wenn von dem Ermessen ersichtlich ein falscher Gebrauch gemacht worden ist. Als Verschulden genügt an sich auch leichte Fahrlässigkeit, es sei denn, die Satzung oder eine Individualvereinbarung oder eine ständige Übung im Verein beschränkt die Haftung auf vorsätzliches und grob fahrlässiges Verhalten.

Der Verein kann von den nicht entlasteten Liquidatoren den Betrag verlangen, der aus der Liquidationsmasse den Gläubigern zugeflossen wäre, wenn die Liquidationsvorschriften beachtet worden wären. Sind aber übergangene Gläubiger nicht vorhanden, so hat der Verein keinen Schaden erlitten, mag auch das Sperrjahr nicht beachtet worden sein[212].

7. Die Rechtsstellung leer ausgegangener Gläubiger

7.1. Kein Anspruch bei ordnungsgemäßer Liquidation

2203 Beachten die Liquidatoren das Sperrjahr und erfüllen sie die letzten bekannten Verbindlichkeiten oder stellen sie diese sicher, so haben die Anfallberechtigten durch die Vermögensverteilung Vereinsvermögen mit einem Rechtsgrund, nämlich mit der durch § 49 Abs. 1 Satz 1 BGB den Liquidatoren zur Pflicht gemachten Vermögensverteilung, erlangt. Meldet sich ein Gläubiger nach der Schlußverteilung, so ist mit dieser sein Anspruch zwar nicht erloschen; da aber mit dem Ende der Schlußverteilung auch der Verein sein Ende gefunden hat, hat dieser Gläubiger keinen Schuldner mehr. An die Anfallberechtigten, die an sich Vereinsvermögen, vermindert um die Leistung an den Gläubiger, hätten erhalten müssen, kann sich dieser nicht wenden, da das Vereinsvermögen mit Rechtsgrund erlangt worden ist[213]. Ansprüche gegen den Verein bestehen grundsätzlich nicht, weil sich die Liquidatoren gesetzmäßig verhalten haben; sie haften den Gläubigern deshalb ebenfalls nicht, wenn diese auf die geschilderte Weise leer ausgegangen sind. Soweit die Vereinshaftung in Betracht kommt, besteht jedoch eine Ausnahme, wenn zugunsten von Gläubigern Sicherheit geleistet oder hinterlegt worden ist; in einem solchen Fall tritt der sich neu mel-

212 Vgl. *Scholz/K. Schmidt* § 73 GmbHG Rn. 31.
213 RGZ 124, 210/213 f.

dende Gläubiger mit den Gläubigern in Konkurrenz, zu deren Gunsten noch Vereinsvermögen (durch Hinterlegung oder Sicherheitsleistung) vorhanden ist[214]. Dieses Vermögen brauchen jedoch die Anfallberechtigten nicht zugunsten des neuen Gläubigers aufzufüllen.

7.2. Ansprüche leer ausgegangener Gläubiger bei gesetzwidriger Liquidation

Ist das Sperrjahr nicht beachtet worden und ist Vermögen an die Anfall- **2204**
berechtigten verteilt worden, ohne daß alle bekannten Gläubiger Befriedigung oder eine Sicherstellung erlangt haben, so ist die Liquidation nicht beendet[215], mögen die Liquidatoren deren Beendigung zum Vereinsregister angemeldet haben und mag der Verein im Register gelöscht worden sein[216]. In einem solchen Fall ist nämlich noch Vereinsvermögen vorhanden, das im Regelfall eine Nachtragsliquidation erfordert, da die bisherigen Liquidatoren mit der angeführten Anmeldung stillschweigend die Beendigung und damit die Niederlegung ihres Amtes erklären.

In den angeführten Fällen pflichtwidrigen Verhaltens der Liquidatoren haben die Anfallberechtigten Vereinsvermögen erlangt, für das z. T. ein Rechtsgrund fehlt, soweit der leer ausgegangene Gläubiger in Betracht kommt. Im Umfang der Bereicherung haben die Anfallberechtigten das Vermögen dem Verein nach § 812 BGB zurückzuübertragen, damit es wieder für die Liquidation zur Verfügung steht[217]. Der Anspruch steht dem Verein zu[218]. Ein Direktanspruch des leer ausgegangenen Gläubigers besteht nicht, weil der Vermögensanfall, der bei den Anfallberechtigten eingetreten ist, nicht auf Kosten von Gläubigern zustandegekommen ist[219].

Der leer ausgegangene Gläubiger kann den Bereicherungsanspruch des Vereins gegen die Anfallberechtigten pfänden und sich zur Einziehung überweisen lassen[220].

Die Liquidatoren haften dem leer ausgegangenen Gläubiger auch nach § 53 BGB. Die Verfolgung dieses Anspruchs ist aber regelmäßig nicht anzuraten, da es dann auf ein Verschulden der Liquidatoren ankommt. Der Bereicherungstatbestand erfordert dagegen nicht den Nachweis eines Verschuldens, so daß der Gläubiger die erwähnte Pfändung und Überweisung zur Einziehung als den erfolgversprechenderen Weg wählen wird.

Ein unmittelbarer Anspruch des leer ausgegangenen Gläubigers gegen den **2205**
oder die Anfallberechtigten ist allerdings dann gegeben, wenn Liquidatoren und Anfallberechtigte bewußt zum Nachteil der Gläubiger zusammengearbeitet haben und wenn die Vermögensübertragung nicht nur nach § 138 BGB nichtig ist, sondern wenn zugleich der Tatbestand einer sittenwidrigen Schädi-

---

214 So wohl auch *Rowedder/Rasner* § 73 GmbHG Rn. 9.

215 *BayObLG* OLGE 40, 101/103.

216 Die Löschung hat nur rechtsbekundende Bedeutung, vgl. *OLG Düsseldorf* NJW 1966, 1034/1035.

217 Vgl. RGZ 109, 387/391 f.

218 *BAG* NJW 1982, 1831/1832; vgl. auch *BGH* NJW 1970, 1044/1045; a. A. *OLG Braunschweig* MDR 1956, 352: dem leer ausgegangenen Gläubiger.

219 Vgl. RGZ 124, 210/214.

220 *BAG* NJW 1982, 1831/1832.

gung nach § 826 BGB gegeben ist[221]. Ein Direktanspruch eines Gläubigers gegen Anfallberechtigte kann sich auch aufgrund einer Gläubigeranfechtung ergeben[222]. Auch in diesen Fällen eines Direktanspruchs ist es in der Regel erfolgversprechender, wenn sich der Gläubiger an den Bereicherungsanspruch des Vereins hält.

2206 Sind einzelne Gläubiger voll befriedigt worden, andere aber wegen Verstoßes gegen die §§ 50–52 BGB nicht, so ist kein Anspruch des benachteiligten Gläubigers gegen den befriedigten Gläubiger gegeben[223]. Anders ist es bei einer Gläubigeranfechtung[224].

8. Die Vollbeendigung des Vereins und der damit verbundene Verlust der Rechtsfähigkeit; die Registereintragung

8.1. Die Vollbeendigung

2207 Die Liquidation dient der Verwertung und Verteilung des verbliebenen Vereinsvermögens. Sie ist ihrem Zweck nach beendet, wenn keine Liquidationsmasse mehr vorhanden ist[225]. Ist dieser Zustand erreicht worden, so ist der Verein – ebenso wie eine Kapitalgesellschaft oder Genossenschaft – erloschen. Der Zustand, daß der Verein über kein verteilungsfähiges Vermögen mehr verfügt, tritt regelmäßig nach der Verteilung des Restvermögens an die Anfallberechtigten ein. Er kann aber auch schon vorher erreicht werden – u. U. vor dem Ablauf des Sperrjahres –, wenn bereits die Befriedigung der Vereinsgläubiger zur Vermögenslosigkeit geführt hat. Um das Erlöschen des Vereins annehmen zu können, darf somit kein verwertbares Vermögen mehr vorhanden sein. Der Bestand einer Forderung, wegen der vergeblich vollstreckt worden ist, hindert die Annahme der Vermögenslosigkeit ebensowenig wie das Vorhandensein von unverwertbaren Gegenständen[226]. Werden aber von den Liquidatoren nicht ganz unbedeutende Beträge zur Bezahlung von Gerichtskosten und von Steuern zurückbehalten, so ist, solange diese Beträge nicht entrichtet sind, Vermögenslosigkeit nicht gegeben[227]. Gleiches gilt, solange Gläubigersicherheiten nicht verbraucht sind. Verwertbares Vereinsvermögen stellen auch die Bereicherungsansprüche dar, die bei gesetzwidriger Verteilung des Liquidationsüberschusses gegen die Anfallberechtigten bestehen. Schwebt ein Aktivprozeß, mit dem der Verein ein ihm angeblich zustehendes Vermögensrecht geltend macht, so hindert dies die Annahme der Vollbeendigung[228].

---

221 Vgl. *BGH* NJW 1973, 1695 f.

222 Vgl. z. B. *Lutter/Hommelhoff* § 73 GmbHG Rn. 16.

223 Vgl. *Rowedder/Rasner* Rn. 12, *Scholz/K. Schmidt* Rn. 36, je zu § 73 GmbHG.

224 Die in der Literatur auch erwähnte Konkursanfechtung kann ein Gläubiger nicht geltend machen, sondern nur der Konkursverwalter, vgl. § 36 KO.

225 *BGH* NJW 1979, 1592.

226 Vgl. *Scholz/K. Schmidt* § 74 GmbHG Rn. 12.

227 *BayObLG* BB 1982, 1749: GmbH.

228 Vgl. *BGH* LM Nr. 1 zu § 74 GmbHG.

Bei Passivprozessen kann ein potentieller Kostenerstattungsanspruch ein Aktivum sein, das der Annahme einer Vermögenslosigkeit entgegensteht[229].

Im Kapitalgesellschaftsrecht ist eine Auffassung im Vordringen, wonach zur Vollbeendigung einer Gesellschaft zum einen der Eintritt der Vermögenslosigkeit und zum anderen die Eintragung der Vollbeendigung in das Handelsregister erforderlich sind[230]. Im Vereinsrecht muß es bei der rechtsbekundenden Bedeutung der Löschung des Vereins verbleiben[231], weil die Anmeldung der Beendigung der Liquidation und des Erlöschens des Vereins nicht vorgeschrieben ist (vgl. Rn. 2211). **2208**

Mit der Vermögenslosigkeit und mit der Beendigung der Liquidation erlischt der Verein als selbständiges Rechtssubjekt. Er ist keine juristische Person mehr. Er hat sein Ende gefunden. Die Fassung eines Fortsetzungsbeschlusses ist nicht mehr möglich. Hatte der Verein eine Firma, so erlischt auch diese, da der Firmenträger weggefallen ist. Forderungen, die gegen den Verein gerichtet waren, werden gegenstandslos. Akzessorische Sicherheiten verselbständigen sich, da nur so der Sicherungszweck erreicht werden kann[232]. **2209**

In verfahrensrechtlicher Hinsicht ist mit der Vollbeendigung die Partei- oder Beteiligtenfähigkeit des Vereins entfallen[233]. Die Zustellung einer Klageschrift, gerichtet an den vollbeendeten Verein, begründet kein Prozeßrechtsverhältnis mehr[234]. Soweit das BAG bei einer im Handelsregister gelöschten GmbH deren Parteifähigkeit für eine gegen die Gesellschaft gerichtete Kündigungsschutzklage bejaht hat[235], ist hier an sich ein Fall der Nachtragsliquidation (vgl. dazu Rn. 2214 ff.) gegeben. Nach Auffassung des BFH ist eine GmbH trotz Vollbeendigung in einem laufenden Prozeß weiterhin parteifähig, wenn sich das steuerliche Ergebnis noch ändern kann[236]. Die steuerliche und bürgerlichrechtliche Rechtsfähigkeit decken sich nicht. **2210**

8.2. Die Registeranmeldungen und -eintragungen nach Vollbeendigung des Vereins

Die Liquidatoren haben die Beendigung der Liquidation (aus der sich das Erlöschen des Liquidatorenamtes ergibt) und zugleich das Erlöschen des Vereins zum Vereinsregister anzumelden, obgleich hierfür im Vereinsrecht keine gesetzliche Registervorschrift und demgemäß keine Rechtsgrundlage für einen Registerzwang besteht[237]. Nach dem GmbH- und Genossenschaftsrecht ist von den Liquidatoren jede Änderung ihrer Vertretungsbefugnis zum Handelsregister anzumelden (§ 67 Abs. 1 GmbHG; § 84 Abs. 1 GenG). Die Beendigung **2211**

---

229 *BGH* WM 1986, 145: Gen.; weitergehend *KG* OLGE 14, 160: Jede Passivbeteiligung hindert die Beendigung.

230 Vgl. z. B. *BAG* NJW 1988, 2637; *OLG Stuttgart* ZIP 1986, 647/648; *Rowedder/Rasner* Rn. 9, *Scholz/K. Schmidt* Rn. 14, je zu § 74 GmbHG m. w. N.

231 *OLG Düsseldorf* NJW 1966, 1034/1035.

232 *BGH* NJW 1982, 895.

233 *BGH* NJW 1979, 1592; *BGH* NJW 1982, 238 und WM 1986, 145; *OLG Düsseldorf* NJW 1966, 1034.

234 Vgl. *OLG Bremen* GmbHR 1988, 445.

235 NJW 1982, 1831.

236 *BFH* BB 1980, 1515 und GmbHR 1986, 401.

237 *LG Siegen* RPfl 1991, 115.

des Liquidatorenamtes stellt eine solche Änderung dar. Der Liquidator einer GmbH muß deshalb die Beendigung der Liquidation und damit die Beendigung des Liquidatorenamtes anmelden[238]; für die Liquidatoren einer Genossenschaft bestimmt § 21 Abs. 1 GenRegVO: »Sobald mit der vollständigen Verteilung des Genossenschaftsvermögens die Liquidation beendet ist, haben die Liquidatoren die Beendigung ihrer Vertretungsbefugnis zur Eintragung anzumelden.« Im Vereinsrecht muß nur eine satzungsmäßige Beschränkung der Vertretungsmacht der Liquidatoren angemeldet werden (§ 48 Abs. 2, § 26 Abs. 2 Satz 2 BGB). Gleichwohl ist hier die Anmeldung der Beendigung der Liquidation ebenso erforderlich wie im GmbH- und Genossenschaftsrecht. Anders blieben die Eintragungen im Liquidationsstadium immer bestehen. Die Anmeldepflicht der Vereinsliquidatoren ergibt sich zwar nicht aus einer Registervorschrift, aber aus den Pflichten aus der Organstellung: Die Anmeldung der Liquidationsbeendigung ist die letzte Amtspflicht, welche die Liquidatoren eines Vereins trifft.

Nach heute herrschender Auffassung wird die Eintragungsfähigkeit der Beendigung der Liquidation (und des Erlöschens des Vereins) bejaht[239]. Zutreffend ist (nach den obigen Ausführungen) die weitere Ansicht, daß im Interesse des Rechtsverkehrs Eintragungspflicht besteht[240]. Der Richtigkeit der Anmeldung der Beendigung der Liquidation kann das Registergericht im allgemeinen vertrauen. Auch wenn das Sperrjahr noch nicht abgelaufen ist, gelten keine anderen Grundsätze[241].

Die Beendigung der Liquidation wird in der Spalte 4 des Vereinsregisters eingetragen[242]. Es kann zusätzlich das Erlöschen des Vereins eingetragen werden[243].

Die Eintragung hat nur rechtsbekundende Bedeutung[244]. Bei der Anmeldung der Beendigung der Liquidation kann verteilungsfähiges Vermögen übersehen worden sein; in diesem Fall hat der Verein seine Rechtsfähigkeit behalten.

2212 War der Verein Träger einer im Handelsregister eingetragenen Firma, so müssen die Liquidatoren das Erlöschen der Firma zum Handelsregister anmelden (§ 34 Abs. 1 und 3 i. V. m. § 33 Abs. 2 Satz 2, § 31 Abs. 2 Satz 1 HGB). Die Anmeldung kann von den Liquidatoren erzwungen werden (§ 14 i. V. m. § 34 Abs. 3 HGB). Ist ein Registerzwang nicht möglich (wegen vorzeitiger Amtsniederlegung seitens der Liquidatoren) oder nicht erfolgreich, so kann das Erlöschen der Firma auch von Amts wegen eingetragen werden (§ 31 Abs. 2 Satz 2 HGB).

---

238 BGHZ 53, 264/267; *Rowedder/Rasner* Rn. 4, *Scholz/K. Schmidt* Rn. 10, je zu § 74 GmbHG.

239 *OLG Düsseldorf* NJW 1966, 1034; *LG Hannover* RPfl 1967, 174; *Soergel/Hadding* § 74 Rn. 2; *Stöber* Rn. 341; a. A. *Staudinger/Coing* Rn. 2, *RGRK/Steffen* Rn. 2, je zu § 74 BGB; MünchKomm/*Reuter* §§ 74, 75 BGB Rn. 5.

240 *Böttcher* RPfl 1988, 169/175; *Palandt/Heinrichs* Rn. 3, *Erman/Westermann* Rn. 1, je zu § 76 BGB; *Sauter/Schweyer* Rn. 383.

241 *Stöber* Rn. 341.

242 Vgl. z. B. Nr. 2.4.5 d. Bek. d. BayStMdJ v. 4. 9. 1981 – JMBl. S. 170 – sowie § 7 Abs. 1 Nr. 4 e d. RdErl. d. HessMdJ v. 6. 11. 1981 – JMBl. S. 587.

243 *Böttcher* RPfl 1988, 169/175.

244 Im GmbH-Recht wird auch konstitutive Bedeutung angenommen, vgl. z. B. *Scholz/K. Schmidt* § 74 GmbHG Rn. 13.

9. Die Aufbewahrung der Bücher und Schriften des Vereins

Der werbende Verein unterliegt der steuerlichen Buchführungspflicht, wenn seine Umsätze mehr als 500 000 DM im Kalenderjahr betragen oder der Einheitswert des wirtschaftlichen Geschäftsbetriebs mehr als 125 000 DM beträgt oder der Gewinn aus dem wirtschaftlichen Geschäftsbetrieb jährlich 36 000 DM übersteigt (§ 141 AO). In diesem Fall sind die Aufbewahrungsfristen in § 147 AO zu beachten, die für die wichtigeren Unterlagen (Bücher, Jahresabschlüsse usw.) 10 Jahre und im übrigen sechs Jahre betragen. Im Abwicklungsstadium trifft die Liquidatoren die Erfüllung steuerlicher Pflichten (§ 34 Abs. 1 AO), somit auch die Aufbewahrungspflicht. Das Erlöschen des Liquidatorenamtes beendet zwar die steuerliche Aufbewahrungspflicht (§ 36 AO). Die Liquidatoren haben sich jedoch mit dem zuständigen Finanzamt ins Benehmen zu setzen und eine Einigung dahingehend zu erzielen, wer nunmehr die Aufbewahrungspflicht übernimmt. Die Unterlassung könnte ein steuerlicher Pflichtenverstoß aus der Zeit sein, zu der die Vertretungsmacht bestanden hat und für die dann eine Weiterhaftung bestehen kann (§ 36 AO). **2213**

Im Kapitalgesellschafts- und Genossenschaftsrecht bestehen für Bücher und Schriften zehnjährige Aufbewahrungspflichten nach Beendigung der Liquidation (§ 273 Abs. 2 AktG, § 74 Abs. 1 GmbHG, § 93 GenG). Eine entsprechende Vorschrift fehlt im Vereinsrecht. Über die Verwahrung kann die Mitgliederversammlung bei der Auflösung des Vereins eine Bestimmung treffen. Fehlt eine Regelung, so bestimmen die Liquidatoren, ob und wo eine Verwahrung stattfindet.

Ein Einsichtsrecht bei Nachweis eines berechtigten Interesses besteht im Falle einer Verwahrung (entspr. § 810 BGB).

10. Die Wiederaufnahme der Liquidation (Nachtragsliquidation)

10.1. Allgemeines

Die Wiederaufnahme der Liquidation kann einmal erforderlich sein, weil sich bisher unverteiltes Vermögen des Vereins ergibt. Zum anderen kann eine Nachtragsliquidation aus einem nicht der Vermögensverteilung dienenden, aber sonst erforderlichen Anlaß geboten sein. In all diesen Fällen ist eine Vollbeendigung des Vereins – mag sie sich auch aus dem Vereinsregister ergeben – eine scheinbare[245]. **2214**

Gesetzlich geregelt ist die Nachtragsabwicklung in § 273 Abs. 4 AktG. Diese Vorschrift gilt im GmbH- und Genossenschaftsrecht, aber auch im Vereinsrecht entsprechend.

10.2. Das Bekanntwerden verteilungsfähigen Vermögens

Die Wiederaufnahme der Liquidation ist geboten, wenn sich nach der Annahme der Liquidatoren, es sei die Vollbeendigung des Vereins eingetreten, **2215**

245 Vgl. *Scholz/K. Schmidt* § 74 GmbHG Rn. 18.

ergibt, daß gleichwohl noch verteilungsfähiges Vermögen vorhanden ist[246]. Ein solches Aktivvermögen kann in der Form von Schadensersatzansprüchen des Vereins gegen die Liquidatoren bestehen, weil diese einen Gläubiger im Liquidationsverfahren zu Unrecht übergangen haben[247]. Weiter können Bereicherungsansprüche gegen die Anfallberechtigten in Betracht kommen.
Ein Vermögensanfall kann sich auch nach dem Abschluß des Liquidationsverfahrens ergeben. Dies ist z. B. dann der Fall, wenn erst zu dieser Zeit ein dem Verein zustehender Anspruch fällig wird oder wenn ein Gesetz erlassen wird, das dem Verein einen Entschädigungsanspruch zubilligt[248]. Weiter gehört hierher der Anfall einer Erbschaft erst nach Beendigung der Liquidation[249]. Der Erblasser kann[250] bestimmen, daß der Verein auch im Falle der Aufgabe der aktiven Zweckverfolgung Anfallberechtigter sein kann.
Erforderlich ist in jedem Falle, daß die später bekanntgewordenen Vermögenswerte auch realisierbar sind[251].

10.3. Erforderlichkeit weiterer Abwicklungsmaßnahmen trotz fortbestehender Vermögenslosigkeit

2216 In entsprechender Anwendung des § 273 Abs. 4 AktG sind beim Verein (weitere) Abwicklungsmaßnahmen dann durchzuführen, wenn daran ein berechtigtes Interesse besteht[252]. In solchen Fällen kommt es auf das Vorhandensein von Vermögen nicht an.
Es kann erforderlich sein, daß für den Verein rechtsgeschäftliche Erklärungen abzugeben sind[253], etwa zur Löschung einer zugunsten des Vereins eingetragenen Grundschuld[254]. Ein weiteres Handeln für den Verein kann sich aus einem Steuerrechtsverhältnis ergeben, weil noch steuerliche Pflichten zu erfüllen sind[255] oder weil ein Steuerverwaltungsakt (Steuerbescheid) zugestellt werden muß[256]. Hierher gehört auch der vom BAG behandelte Fall eines Kündigungsschutzprozesses, der über die Vollbeendigung einer juristischen Person andauert[257].

10.4. Das Verfahren zur Ernennung von Nachtragsliquidatoren

2217 Im allgemeinen wird anzunehmen sein, daß die Liquidatoren, die ausdrücklich oder schlüssig die Beendigung der Liquidation erklärt haben, damit zugleich

246 Vgl. *RG* HRR 1930 Nr. 734; BGHZ 48, 303/307; 53, 264/266; *BayObLG* DB 1985, 107.
247 Vgl. *BGH* NJW 1989, 220.
248 Vgl. *BGH* RzW 1973, 350.
249 *Soergel/Hadding* § 49 BGB Rn. 15.
250 Entgegen *BayObLG* OLGE 40, 101/103.
251 Vgl. *Rowedder/Rasner* § 74 GmbHG Rn. 11.
252 Vgl. *BGH* WM 1988, 1750 = EWiR § 2 LöschG 1/89, 83.
253 *OLG Hamm* OLGZ 1987, 59/64.
254 Vgl. BayObLGZ 1955, 288/292.
255 BayObLGZ 1983, 130.
256 Vgl. *BFH* NVwZ-RR 1988, 60; *BayObLG* DB 1984, 870 und 1985, 107; einschränkend: *OLG Karlsruhe* NJW-RR 1990, 100.
257 WM 1982, 219.

auch ihr Amt niedergelegt haben. Es ist deshalb erforderlich, daß das Amtsgericht im Verfahren nach § 48 Abs. 2, § 29 BGB dem Verein für die Nachtragsliquidation Liquidatoren bestellt[258].

Als Antragsteller (und Beteiligte) kommen Vereinsgläubiger, die früheren Liquidatoren und diejenigen in Betracht, die aus der Nachtragsliquidation etwas für sich herleiten wollen[259].

Der Antragsteller hat das Erfordernis einer Nachtragsliquidation schlüssig darzulegen, z. B. die Realisierbarkeit von Vermögenswerten[260]. Wird als verteilungsfähiges Vermögen ein Ersatzanspruch gegen Liquidatoren behauptet, so muß der Vortrag so gestaltet sein, daß das Registergericht summarisch prüfen kann, ob ein solcher mit einigermaßen Aussicht verfolgt werden kann[261].

Das Amtsgericht kann einen Gerichtskostenvorschuß verlangen (§§ 8, 121 KostO); eine Vorschußanforderung kann sich auch auf die dem Liquidator erwachsenden Auslagen erstrecken[262].

Der vorgetragene Zweck der Nachtragsliquidation kann es dem Amtsgericht gebieten (§ 12 FGG), die früheren Liquidatoren anzuhören, etwa wenn es um die Frage geht, ob überhaupt noch verteilungsfähiges Vermögen vorhanden ist[263].

Das Amtsgericht entscheidet nach freiem Ermessen, ob es einen oder mehrere Nachtragsliquidatoren bestellt; dabei können auch die bisher tätigen Liquidatoren ausgewählt werden.

Die im GmbH-Recht diskutierte Möglichkeit, statt Liquidatoren einen Pfleger nach § 1913 BGB zu bestellen[264], scheidet im Vereinsrecht wegen der Anwendbarkeit der § 48 Abs. 2, § 29 BGB als der vorrangigen Vorschriften aus[265].

Ausnahmsweise bedarf es keiner Bestellung von Nachtragsliquidatoren, wenn die Gesamteintragung des Vereins und damit auch die Liquidatoren bereits gelöscht sind, wenn aber die Liquidatoren die Amtslöschung dieser Eintragungen mit der Begründung anregen, sie hätten Vereinsvermögen übersehen[266].

10.5. Rechtsmittel gegen die Bestellung

Ist eine Nachtragsliquidation erforderlich, erlangt der Verein in Teilbereichen **2218**
seine Rechtsfähigkeit wieder (vgl. Rn. 2220). Er ist deshalb in der Lage, gegen die Bestellung von Liquidatoren Beschwerde einzulegen. Die Liquidatoren sind die gesetzlichen Vertreter des Vereins. Die Frage, ob dieser durch bestimmte Personen einer gesetzlichen Vertretung bedarf, berührt unmittelbar die Rechtssphäre des Vereins i. S. d. § 20 Abs. 1 FGG. Aus eigenem Recht können die früheren Liquidatoren kein Rechtsmittel einlegen[267]. Deren Handeln für

258 Vgl. BGHZ 53, 264/266; *BGH* NJW 1985, 2479; *BayObLG* NJW 1994, 594/596; vgl. auch § 273 Abs. 4 AktG.
259 Vgl. *Rowedder/Rasner* § 74 GmbHG Rn. 14.
260 Vgl. *BayObLG* DB 1985, 107; *OLG Karlsruhe* NJW-RR 1990, 100.
261 Vgl. *KG* OLGE 38, 193/194.
262 Vgl. *BayObLG* NJW-RR 1994, 230: GmbH.
263 Vgl. *BayObLG* WM 1984, 159/160.
264 Vom *BGH* NJW 1989, 220 unentschieden gelassen.
265 Ebenso *Buchner* Amtslöschung S. 131.
266 Vgl. *KG* OLGE 14, 158: Gen.
267 Vgl. *KG* ZIP 1982, 59.

die juristische Person, die sie bisher vertreten haben und bei der nunmehr eine Nachtragsliquidation erforderlich sein soll, wird uneingeschränkt angenommen[268]. Dem ist jedenfalls dann zuzustimmen, wenn die Amtsniederlegung nicht eindeutig anläßlich der Beendigung der Liquidation feststeht. Wird dieser Auffassung nicht gefolgt, so müßte das Amtsgericht nur für die Beschwerdeeinlegung einen Notliquidator bestellen.

10.6. Zur Erforderlichkeit der Wiedereintragung des Vereins und der Eintragung der Nachtragsliquidatoren

2219 Ist die Beendigung der Liquidation und das Erlöschen des Vereins im Vereinsregister eingetragen worden, erweist sich aber eine Nachtragsabwicklung als erforderlich, so muß der Verein grundsätzlich wieder in das Vereinsregister eingetragen werden. Auch die bestellten Liquidatoren sind dann einzutragen (§ 67 Abs. 2 BGB). Die Wiedereintragung kann nur dann auf §§ 159, 142 FGG gestützt werden, wenn die Eintragung der Beendigung der Liquidation und des Erlöschens des Vereins (wegen Weiterbestandes von Vermögen des Vereins) unrichtig war. Erweist sich eine Nachtragsliquidation ohne Vermögensbezug als erforderlich, so kann eine Wiedereintragung nur darauf gestützt werden, daß nunmehr die Teil-Rechtsfähigkeit des Vereins wieder gegeben ist.
Ausnahmsweise kommt eine Wiedereintragung des Vereins und eine Eintragung der Liquidatoren dann nicht in Betracht, wenn die Abwicklung nur zu einem eng begrenzten Zweck (kurzfristige Mitwirkung bei einer Rechtshandlung) erforderlich ist. Dann genügt der Bestellungsbeschluß, der nach dem Abschluß der Nachtragsliquidation wieder dem Gericht einzureichen ist.

10.7. Die Teil-Rechtsfähigkeit des wieder in Liquidation befindlichen Vereins

2220 Soweit es der Zweck der Nachtragsliquidation erfordert, ist der Verein – unabhängig von seiner Wiedereintragung – teilrechtsfähig[269] und damit auch partei- und beteiligtenfähig[270]. Bis zur Nachtragsliquidation hat der Verein seine Rechtsfähigkeit behalten, wenn verteilungsfähiges Vermögen übersehen worden ist. Ansonsten lebt diese wieder auf. Für die Bejahung der Teilrechts- und Parteifähigkeit genügt es, daß in einem Prozeß die Behauptung aufgestellt wird, dem Verein stehe noch eine Forderung zu[271].
Die Rechtsfähigkeit besteht nur in den Grenzen der Erforderlichkeit einer Nachtragsliquidation. Dies müssen die Nachtragsliquidatoren beachten, da sie nur insoweit eine gesetzliche Vertretungsbefugnis haben. Der Verein kann nicht mehr werbend tätig sein. Für abwicklungsfremde Rechtsgeschäfte oder Rechtshandlungen besteht keine Rechtsfähigkeit. Der Nachtragsliquidator kann deshalb nicht zur Abgabe einer eidesstattlichen Versicherung geladen

---

268 BayObLGZ 1983, 130; *Rowedder/Rasner* Rn. 13, *Scholz/K. Schmidt* Rn. 25, je zu § 74 GmbHG; a. A. *Buchner* Amtslöschung S. 130, der aber allein die Beschwerdeberechtigung der früheren Liquidatoren in Betracht zieht.

269 Vgl. z. B. *Buchner* Amtslöschung S. 119.

270 Vgl. *BGH* WM 1957, 975; *BGH* WRP 1977, 395; vgl. auch *BFH* DB 1985, 1872.

271 Vgl. *BayObLG* NJW-RR 1994, 230.

werden, die vom früheren Liquidator nicht zu erlangen war. Der Verein wird aber z. B. wieder konkursfähig, wenn Grund für die Nachtragsliquidation das Auftauchen eines nicht unbedeutenden Vermögens ist[272]. Die Liquidationsvorschriften des BGB gelten für die Nachtragsliquidatoren grundsätzlich nicht[273].

10.8. Das Ende der Nachtragsliquidation

Nach dem Ende der Nachtragsliquidation werden der Verein und die Nach- **2221**
tragsliquidatoren von Amts wegen im Vereinsregister gelöscht.

272 *Buchner* Amtslöschung S. 148.

273 Gläubigeraufruf, Einhaltung des Sperrjahres, allgemeine Meinung im GmbH-Recht, vgl. z. B. *Scholz/K. Schmidt* § 74 GmbHG Rn. 23 m. w. N. in Fußn. 89; vgl. auch *OLG Hamm* OLGZ 1987, 59/65; a. A. *Buchner* Amtslöschung S. 150.

X. Die Fortsetzung des Vereins nach Auflösung usw. und nach Entziehung der Rechtsfähigkeit; Rechtsformwechsel; Verschmelzung von Vereinen

1. Die Fortsetzung des Vereins

1.1. Allgemeines zur Fortsetzung bzw. zur Reaktivierung

2222 Befindet sich eine rechtsfähige private Körperschaft nach deren Auflösung im Stadium der Vermögensliquidation, so kann sie sich grundsätzlich unter Abbruch der Liquidation wieder in einen aktiven, »werbenden« Zustand zurückumwandeln (sog. Reaktivierung). Da ein Verein in rechtsfähiger und nichtrechtsfähiger Form seine Zwecksetzung erreichen kann, steht es ihm bei dieser Rückumwandlung frei, ob er die bisher erlangte Rechtsfähigkeit beibehalten oder ob er nunmehr unter Verzicht auf diese als nichtrechtsfähiger Verein weiterbestehen will. In beiden Fällen wird der Liquidationsverein als wieder aktiver Verein fortgesetzt.

2223 Der aktiv tätige Verein kann auf seine Rechtsfähigkeit verzichten; diese kann er auch kraft Gesetzes, durch gerichtliche Verfügung oder durch einen Verwaltungsakt der zuständigen Behörde verlieren. Auch in diesen Fällen ist die Fortsetzung des u. U. in Liquidation befindlichen Vereins ausnahmsweise wieder in rechtsfähiger, jedenfalls aber in nichtrechtsfähiger Form grundsätzlich möglich. Eine gesetzliche Regelung der Fortsetzung eines Vereins fehlt. Eine durch Zeitablauf oder durch Beschluß der Hauptversammlung/Generalversammlung aufgelöste AG oder eingetragene Genossenschaft kann kraft gesetzlicher Ermächtigung durch Beschluß dieser Organe fortgesetzt werden (§ 274 Abs. 1 Satz 1 AktG, § 79 a Abs. 1 Satz 1 GenG), wobei die Fortsetzung nur in rechtsfähiger Form in Betracht kommt. Die Fortsetzung ist den Kapitalgesellschaften ferner gesetzlich gestattet, wenn diese sich infolge Konkurses im Zustande der Auflösung befinden, das Konkursverfahren auf Antrag der Gesellschaft eingestellt oder nach rechtskräftiger Bestätigung des Zwangsvergleichs aufgehoben worden ist[1]. Wenn auch für den Verein eine gesetzliche Ermächtigung für eine Fortsetzung fehlt (für den nichtrechtsfähigen Verein ist trotz der Verweisung in § 54 Satz 1 BGB auf das Recht der BGB-Gesellschaft die in § 724 Satz 2 BGB erwähnte Fortsetzung nicht anwendbar), so ist diese gleichwohl nach heute herrschender Auffassung möglich.
Eine Fortsetzung des Vereins (im weiteren Sinne) stellt es auch dar, wenn dieser die Quelle seiner Rechtsfähigkeit wechselt.

1 § 274 Abs. 2 Nr. 1 AktG, § 60 Abs. 1 Nr. 4 GmbHG.

1.2. Die Fortsetzung des aufgelösten Vereins

1.2.1. Kein Liquidationsgebot

Nach § 47 BGB »muß« die Liquidation stattfinden, wenn nach der Auflösung 2224
oder nach der Entziehung der Rechtsfähigkeit (§ 45 Abs. 1 BGB) das Vereinsvermögen nicht an den Fiskus fällt. Diese Liquidationsvorschriften besagen nur – wie die Entstehungsgeschichte ergibt –, daß die Ausantwortung des Vereinsvermögens an andere Personen als den Fiskus nicht zulässig ist, weil in einem Liquidationsverfahren die Gläubiger zu befriedigen sind (§ 49 Abs. 1 BGB). Das Liquidationsgebot gilt nur, wenn verhindert werden soll, daß das Vereinsvermögen den Anfallberechtigten ausgehändigt wird, ohne daß vorher zum Zwecke der Gläubigerbefriedigung eine Vermögensauseinandersetzung durchgeführt worden ist. Daraus folgt: Der Verein muß nicht zwangsläufig mit der Auflösung sein Vermögen liquidieren; ist er im Zustand der Liquidation, so kann er diese auch wieder abbrechen[2]. Die Richtigkeit dieser Auffassung zeigt der Vergleich mit verwandten Körperschaftsrechten: Bei den Aktiengesellschaften ist der Abbruch der Liquidation – wie oben ausgeführt – gesetzlich ausdrücklich gestattet; gleiches gilt für die Genossenschaften nach § 79 a GenG. Für die GmbH ist die Möglichkeit der Fortsetzung einer (nicht infolge Konkurseröffnung) aufgelösten Gesellschaft seit RGZ 118, 337 anerkannt.

1.2.2. Die Fortsetzungsfähigkeit

Der Verein muß die Fähigkeit besitzen, seine Tätigkeit wieder in aktiver Form 2225
fortzusetzen.

Fällt das Vereinsvermögen mit der Auflösung an den Fiskus, so hat damit der Verein sein Ende gefunden; eine Fortsetzung dieses Vereins ist nicht mehr möglich. Gleiches gilt, wenn dieser keine Mitglieder mehr hat. Ist das restliche Vereinsvermögen an die Anfallberechtigten verteilt, so hat der Verein sein Ende gefunden und die Fortsetzungsfähigkeit ist entfallen (nach § 274 Abs. 1 Satz 1 AktG und § 79 a Abs. 1 Satz 1 GenG tritt eine Fortsetzungssperre bereits mit dem Beginn der Verteilung des restlichen Vermögens ein). Hat nur eine vermeintliche Schlußverteilung stattgefunden, weil verwertbares Vermögen übersehen worden ist und sind dann noch Mitglieder vorhanden, so kann die Fortsetzung beschlossen werden, und zwar unabhängig von einer Eintragung im Vereinsregister, daß die Liquidation beendet und der Verein erloschen ist. Diese Eintragungen haben im Vereinsrecht keine konstitutive Bedeutung. Zur Fortsetzung sind mindestens drei Mitglieder erforderlich, da anderenfalls sich das Mehrheitsprinzip, welches das Vereinsrecht beherrscht, nicht verwirklichen läßt.

Die Fortsetzung ist dann nicht statthaft, wenn ein Anspruch auf Durchführung der Liquidation (aufgrund Vertrags oder Sonderrechts nach § 35 BGB) besteht.

---

2 Vgl. z. B. *K. Schmidt* Verbandszweck S. 292 ff.; MünchKomm/*Reuter* § 41 BGB Rn. 1 und § 47 BGB Rn. 1, 8; *Ott* §§ 45–47 BGB Rn. 4, 5; *Soergel/Hadding* § 47 BGB Rn. 1; *Stöber* Rn. 271; *Bayer* S. 205 ff.; *H. Schmidt* S. 16; *Kollhosser* ZIP 1984, 1434/1438; *Böttcher* RPfl 1988, 169/173 f.; ebenso für den Konkursfall: *KG* JW 1935, 3636; einschränkend: *Sauter/Schweyer* Rn. 356, 359; a. A. *KG* OLGE 44, 117; *Staudinger/Coing* § 74 BGB Rn. 12.

2226 Ist der Verein nach § 3 VereinsG verboten worden und findet ausnahmsweise das vereinsrechtliche Liquidationsverfahren statt (vgl. § 11 Abs. 4 VereinsG), so hindert das Verbot der Bildung von Ersatzorganisationen (§ 8 VereinsG) die Fortsetzung des Vereins[3].

1.2.3. Die Beseitigung des materiellen Auflösungsgrundes und der Fortsetzungsbeschluß

2227 Im Liquidationsstadium kann der Verein seine Tätigkeit nicht automatisch fortsetzen. Dies verstieße im Regelfall gegen die Grundsätze der Liquidation. Der Verein muß also den materiellen Auflösungsgrund (Auflösungsbeschluß, satzungsmäßig festgelegte Beendigung der aktiven Tätigkeit, Sitzverlegung ins Ausland usw.) wieder beseitigen. Es muß z. B. der Auflösungsbeschluß wieder aufgehoben werden.

2228 Sodann muß die Mitgliederversammlung beschließen, daß die werbende Tätigkeit des Vereins wieder fortgesetzt wird. Wird nur dieser Beschluß gefaßt, so ergibt die Auslegung regelmäßig, daß auch der Auflösungsbeschluß aufgehoben werden sollte.

Da dem Verein zwei Rechtsformen zur Verfügung stehen, muß der Fortsetzungsbeschluß auch ergeben, ob der Verein in der bisherigen rechtsfähigen Form oder ohne Rechtsfähigkeit fortgesetzt werden soll. Da der Verein noch im Vereinsregister eingetragen ist, muß im Falle der nunmehrigen Vereinsbetätigung in nichtrechtsfähiger Form auf die Rechtsfähigkeit verzichtet werden; dies ist durch einen Beschluß zum Ausdruck zu bringen.

2229 Hinsichtlich der Beschlußmehrheiten kommt es auf den Inhalt des Beschlusses an:

Die Aufhebung des Auflösungsbeschlusses erfordert dieselbe Mehrheit wie der Auflösungsbeschluß selbst. Der Fortsetzungsbeschluß ist grundsätzlich keine Satzungsänderung und auch keine Zweckänderung, selbst wenn sich die Rechtsform ändert. Er ist jedoch mit dem Beschluß über die Aufhebung des Auflösungsbeschlusses rechtlich so eng verbunden, daß der Fortsetzungsbeschluß der Mehrheit des Auflösungsbeschlusses bedarf, nach dem Gesetz (§ 41 Satz 2 BGB) also einer ¾-Mehrheit[4]. Die gleiche Mehrheit muß für einen evtl. erforderlichen Beschluß erreicht werden, auf die Rechtsfähigkeit zu verzichten. Ist im Zusammenhang mit dem Fortsetzungsbeschluß eine Satzungsänderung erforderlich (z. B. weil der Namenszusatz »e. V.« entfallen soll), so genügt die hierfür gesetzlich oder satzungsmäßig vorgesehene Mehrheit, wenn eine getrennte Abstimmung über die Fortsetzung und die Satzungsänderung vorgenommen wird.

2230 Wird der Verein nach der Satzung durch Zeitablauf oder aus sonstigen Gründen aufgelöst, so ist die Beseitigung dieser Satzungsbestimmung durch Satzungsänderung erforderlich. Werden der Satzungsänderungs- und der Fort-

3 Vgl. auch Art. 18 GG i. V. m. § 13 Nr. 1, §§ 36 ff. BVerfGG.

4 Vgl. z. B. RGRK/*Steffen* Rn. 5, MünchKomm/*Reuter* Rn. 9, je zu § 49 BGB; *Soergel/Hadding* vor §§ 41–53 BGB Rn. 23; *Sauter/Schweyer* Rn. 359; vgl. auch § 274 Abs. 1 Satz 2 AktG und § 79 a Abs. 1 Satz 1 GenG: mindestens eine Mehrheit von ¾; a. A. satzungsändernde Mehrheit genügt: *Staudinger/Coing* § 59 BGB Rn. 20; *Palandt/Heinrichs* § 41 BGB Rn. 7; a. A. einfache Mehrheit genügt: *LG Frankenthal* RPfl 1955, 106; *Stöber* Rn. 271.

setzungsbeschluß in einer Abstimmung gefaßt, so muß eine Mehrheit von ¾ erreicht werden, falls die Satzung für die Auflösung nicht eine andere Mehrheit vorsieht.
Wird der Liquidationszustand nicht herbeigeführt, wie z. B. beim Verzicht auf die Rechtsfähigkeit, so ist vereinsrechtlich ein Fortsetzungsbeschluß nicht erforderlich[5]. Der Verlust der Rechtsfähigkeit führt aber eine Veränderung des Status des Vereins herbei. Hieraus ergibt sich im Regelfall die Einberufungspflicht aus § 37 Abs. 1 BGB. Es muß zur Diskussion gestellt und u. U. wegen der Folgen der Beschluß gefaßt werden, daß nunmehr die persönliche Haftung aller eintreten kann, die für den nichtrechtsfähigen Verein handeln (§ 54 Satz 2 BGB). Bei der Fortsetzung eines Wirtschaftsvereins in nichtrechtsfähiger Form muß die Haftung aller Vereinsmitglieder wie OHG-Gesellschafter in Betracht gezogen werden[6]. Es ist auch nicht ausgeschlossen, daß die Steuerbehörde einen ausdrücklich gefaßten Fortsetzungsbeschluß verlangt, zumal die Steuerhaftung eines jeden Mitglieds bei Eintritt des in § 34 Abs. 2 AO geregelten Tatbestandes – Fehlen von Vorstandsmitgliedern – in Betracht kommt.

1.2.4. Die Rechtsfolgen der Fortsetzung

Ist der Fortsetzungsbeschluß nicht mit einer Satzungsänderung verbunden, so **2231**
wird er mit der Beschlußfassung sofort wirksam. Der Verein wird vom Abwicklungszustand wieder in den aktiven Zustand zurückversetzt. Wird auf die Rechtsfähigkeit nicht verzichtet, so hat der rechtsfähige Verein wieder einen Status, den er vor der Eintragung der Auflösung gehabt hat[7]. Die Liquidationsvorschriften des BGB oder der Satzung haben keine aktuelle Verbindlichkeit mehr[8].
Damit ist auch das Amt der Liquidatoren erloschen; die Mitgliederversammlung muß die Vorstandsmitglieder wählen[9].
Ein Mitglied, das die Fortsetzung nicht billigt, hat ein außerordentliches Austrittsrecht[10].

1.2.5. Besonderheiten bei der Fortsetzung eines Konkursvereins

1.2.5.1. Keine Fortsetzung als rechtsfähiger Verein nach Konkursbeendigung

Ist über das Vermögen des Vereins das Konkursverfahren eröffnet worden, so **2232**
ordnet das Gesetz selbst den (eingeleiteten) Verlust der Rechtsfähigkeit an (§ 42 Abs. 1 BGB). Damit scheidet eine Fortsetzung als rechtsfähiger Verein nach Konkursende aus[11]. Eine solche Fortsetzung müßte das Gesetz ausdrücklich zulassen, wie dies unter Beschränkung auf bestimmte Konkursbeendigungsgründe in § 274 Abs. 2 Nr. 1 AktG und § 60 Abs. 1 Nr. 4 GmbHG geschehen ist[12]. Im Kapitalgesellschaftsrecht ist streitig, ob eine Fortsetzung der Gesell-

5 Vgl. z. B. *Soergel/Hadding* vor §§ 41–53 BGB Rn. 22.
6 Vgl. zur Haftung: BGHZ 22, 240/244.
7 Vgl. *Soergel/Hadding* vor §§ 41–53 BGB Rn. 24.
8 Vgl. auch *Rowedder/Rasner* § 60 GmbHG Rn. 56.
9 *Soergel/Hadding* a. a. O.
10 *K. Schmidt* Verbandszweck S. 307
11 A. A. *Böttcher* Rpfl 1988, 169/174.
12 Vgl. auch das Fortsetzungsverbot nach § 79 a Abs. 1 Satz 3 GenG.

schaft (in rechtsfähiger Form) möglich ist, wenn das Konkursverfahren aus anderen als nach den vorstehend zitierten Vorschriften – also nach Schlußverteilung (§ 163 KO) oder durch Einstellung mangels Masse (§ 204 KO) – endet[13].

1.2.5.2. Konkursverein und Fortsetzungsverein

2233 Die Eröffnung des Konkursverfahrens erleichtert insofern die Fortsetzung, als der Verein nicht in das Stadium der vereinsrechtlichen Liquidation gerät und demgemäß seine Organisation erhalten bleibt. Es ist heute einhellige Meinung, daß der Verein im Konkursfall in nichtrechtsfähiger Form fortgesetzt werden kann[14]. Diese Fortsetzung ist ab Konkurseröffnung möglich[15] und nicht erst ab Konkursbeendigung[16]. Entspr. § 49 Abs. 2 BGB bleibt der Konkursverein aber rechtsfähig. Die Fortsetzung in nichtrechtsfähiger Form bereitet aber dogmatische Schwierigkeiten. Nimmt man eine Identität zwischen dem (rechtsfähigen) Konkursverein und nichtrechtsfähigen Fortsetzungsverein an – ohne diese Annahme könnte von einem Fortsetzungsverein begrifflich nicht gesprochen werden, es müßte eine Neugründung stattfinden –, so ergibt sich: Die Konkursmasse des rechtsfähigen Vereins spaltet sich gleichsam als Sondervermögen ab, das allein der Verwaltung des Konkursverwalters unterliegt (§ 6 KO). Der Fortsetzungsverein tritt mit seiner unveränderten Organisation aus dem Konkursbereich heraus, übernimmt die Mitglieder des Konkursvereins und dessen nicht vom Konkursbeschlag erfaßtes Vermögen ohne einen besonderen Übertragungsakt. Der Konkursverein muß als Gemeinschuldner aber Fortbestand haben. Er muß den Vorstand behalten, da er anderenfalls ohne gesetzliche Vertretung wäre. Das Vermögen, das der Fortsetzungsverein erwirbt, ist konkursfreies Vermögen[17], obwohl Identität mit dem Konkursverein besteht. All dies erfordert die Annahme einer (vorübergehenden) Doppelexistenz eines rechtsfähigen und nichtrechtsfähigen Vereins[18].

2234 Schwierigkeiten ergeben sich bei der Fortsetzung eines Wirtschaftsvereins, wenn nach dessen Satzung die Mitgliedschaft übertragbar und mit einem Vermögensrecht (Gewinnbezugsrecht) verbunden ist. Damit sind die Mitgliedschaften vom Konkursbeschlag erfaßt und unterliegen der Verwaltung des Konkursverwalters. Hier liegt es nahe, das Fortsetzungsverbot für Kapitalgesellschaften entsprechend anzuwenden, das bis zur Konkursbeendigung durch Aufhebung des Verfahrens nach § 173 ff. KO oder durch Einstellung auf Antrag der Gesellschaft als Gemeinschuldnerin (§ 202 KO) besteht (§ 274 Abs. 2 Nr. 1 AktG, § 60 Abs. 1 Nr. 4 GmbHG).

---

13 Verneinend: *KG* DR 1941, 1543; *OLG Köln* NJW 1959, 198/199; bejahend: *LG Berlin* BB 1971, 759/760; *Scholz/K. Schmidt* § 63 GmbHG Rn. 74.

14 Vgl. z. B. *RG* JW 1936, 2063; BGHZ 96, 253/257; *OLG Hamburg* HRR 1933 Nr. 1634; *KG* JW 1935, 3636; *Jaeger/Weber* § 213 KO Rn. 10.

15 *Soergel/Hadding* vor §§ 41–53 BGB Rn. 22

16 Wie dies *Böttcher* RPfl 1988, 169/174 annimmt, da für den Verein die Fortsetzungssperre für Kapitalgesellschaften nicht gilt.

17 *Jaeger/Weber* § 213 KO Rn. 10.

18 Vgl. MünchKomm/*Reuter* § 41 BGB Rn. 1; *Bayer* S. 87.

1.2.5.3. Zum Erfordernis eines Fortsetzungsbeschlusses

Für den Konkursfall ist die Auffassung vertreten worden, für die Fortsetzung in nichtrechtsfähiger Form bedürfe es einer dahingehenden Satzungsbestimmung[19], eine solche oder ein Beschluß der Mitgliederversammlung könnten die Fortsetzung anordnen[20], der Verein könne seine Tätigkeit in aktiver Form ohne weiteres fortsetzen[21]. Der Auffassung des BGH ist zu folgen, da sie den Bedürfnissen der Praxis entspricht. Der Konkurs eines Vereins erweckt bei Vereinsmitgliedern, aber zuweilen auch bei Organmitgliedern die Vorstellung, »nun sei alles aus«. Wenn die Satzung keine Anordnung enthält, sollen die Mitglieder mehrheitlich entscheiden, ob die Vereinstätigkeit in aktiver Form trotz Konkurses fortgesetzt werden soll. Dabei ist auch zu erwägen, daß nunmehr alle für den Verein Handelnden eine persönliche Haftung trifft (§ 54 Satz 2 BGB). **2235**

1.3. Die Fortsetzung des Vereins nach dem Verlust der Rechtsfähigkeit

1.3.1. Die Fortsetzung als rechtsfähiger Verein

1.3.1.1. Allgemeines

Die Fortsetzung eines Vereins, der die Rechtsfähigkeit verloren hat, setzt voraus, daß der Akt, welcher den Verlust der Rechtsfähigkeit herbeigeführt hat, wieder beseitigt wird. **2236**

1.3.1.2. Die Fortsetzung nach dem Entzug der Rechtsfähigkeit durch die Verwaltungsbehörde

Hat die Verwaltungsbehörde die Rechtsfähigkeit nach § 43 BGB entzogen, so ist eine Fortsetzung in rechtsfähiger Form nicht möglich, solange dieser Verwaltungsakt wirksam ist. Zunächst haben Widerspruch und verwaltungsgerichtliche Anfechtungsklage aufschiebende Wirkung (vgl. Rn. 2089). Ist die Entziehung unanfechtbar geworden, so muß der Verwaltungsakt zurückgenommen oder widerrufen werden. Ein Anspruch des Vereins auf Wiederaufnahme des Verfahrens besteht nur unter den Voraussetzungen des § 51 VwVfG (und der entsprechenden Ländervorschriften). **2237**

Grundsätzlich ist also in diesem Fall die Fortsetzung des Vereins in rechtsfähiger Form nicht möglich. Dieser muß die Rechtsfähigkeit neu erwerben.

1.3.1.3. Die Fortsetzung nach dem Verlust der Rechtsfähigkeit wegen zu geringer Mitgliederzahl

Ist vom Amtsgericht die Rechtsfähigkeit nach § 73 BGB rechtskräftig entzogen worden, so ist eine Fortsetzung des Vereins in rechtsfähiger Form nur bei Vorliegen eines besonderen Ausnahmebestandes möglich. Die Mitgliederzahl kann sich während des Laufs der Frist zur Einlegung der Rechtsbeschwerde auf drei erhöht haben, die landgerichtliche Entscheidung wird aber nicht angefochten; es ist auch möglich, daß das Rechtsbeschwerdegericht die Mitgliedererhöhung nicht berücksichtigt (aus Rechtsgründen oder weil die Erhöhung vor der Be- **2238**

---

19 *KG* JW 1935, 3636.
20 BGHZ 96, 253/257.
21 *OLG Hamburg* HRR 1933 Nr. 1634; so wohl auch *RG* JW 1936, 2063 und *Jaeger/Weber* § 213 KO Rn. 10.

kanntmachung der Rechtsbeschwerdeentscheidung zwar mitgeteilt, dem Senat aber der entsprechende Schriftsatz nicht mehr vorgelegt wird). In solchen Fällen wird die Verfügung über die Entziehung der Rechtsfähigkeit infolge Rechtskrafteintritts wirksam (§ 160 a Abs. 2 Satz 3 FGG), obwohl sie mit der wahren Rechtslage nicht übereinstimmt. Damit wird die Verfügung zwar nicht unwirksam[22], weil es in der freiwilligen Gerichtsbarkeit die Nichtigkeit einer Verfügung jedenfalls aus dem angeführten Grunde nicht gibt[23]. Es ist aber eine Veränderung der tatsächlichen Verhältnisse gegeben, welche das Gericht zu einer Änderung seiner Verfügung ermächtigt, auch wenn die Voraussetzungen das § 18 FGG nicht gegeben sind[24]. Der Entziehungsbeschluß wird aufgehoben. Eine evtl. bereits vorgenommene Löschung der Gesamteintragung des Vereins wird wieder von Amts wegen gelöscht.

1.3.1.4. Die Fortsetzung nach der Amtslöschung der Gesamteintragung des Vereins

2239 Hat das Registergericht im Verfahren nach §§ 159, 142 FGG die Gesamteintragung des Vereins gelöscht, so hat damit der Verein seine Rechtsfähigkeit verloren. Die Löschung bewirkt aber keine Rechtskraft. Nur dann, wenn die Löschungsvoraussetzungen i. S. d. § 142 Abs. 1 FGG nicht gegeben waren, kann die Löschung der Löschung in einem erneuten Verfahren nach §§ 159, 142 FGG wieder beseitigt werden.

Auch hier ist eine Fortsetzung des Vereins in rechtsfähiger Form in der Regel nicht möglich.

1.3.1.5. Die Fortsetzung nach Verzicht auf die Rechtsfähigkeit

2240 Ist auf die Rechtsfähigkeit verzichtet worden, so läßt sich der Verzichtsbeschluß vereinsintern ohne weiteres wieder durch Aufhebung beseitigen. Der Vollzug des angemeldeten Verzichtsbeschlusses durch Löschung der Gesamteintragung des Vereins hat konstitutive Wirkung. Daraus folgt, daß – wie bei der Amtslöschung des Vereins – eine Löschung der Löschung nur unter den Voraussetzungen des § 142 Abs. 1 FGG möglich ist. Diese sind selten gegeben (denkbar z. B. der Fall, daß der Vorstand einen Verzichtsbeschluß angemeldet hat, obwohl dieser bereits vor der Anmeldung wieder aufgehoben worden ist).

1.3.2. Die Fortsetzung des Vereins in nichtrechtsfähiger Form

1.3.2.1. Die u. U. erforderliche Beseitigung satzungsmäßiger Hindernisse

2241 Die Satzung kann bestimmen, daß der Verein nur in rechtsfähiger Form Bestand haben kann. In einem solchen Fall muß zunächst durch eine Satzungsänderung dieses Fortsetzungshindernis für den nichtrechtsfähigen Verein beseitigt werden.

Ist ein rechtsfähiger Verein Mitglied eines Verbands, nach dessen Satzung nur rechtsfähige Vereine die Mitgliedschaft haben können, so muß der Verlust der Verbandsmitgliedschaft in Kauf genommen werden, wenn die Fortsetzung als nichtrechtsfähiger Verein unumgänglich ist.

---

22 So aber *Soergel/Hadding* vor §§ 41–53 BGB Rn. 22.

23 Vgl. *Keidel/Kuntze/Winkler* § 7 FGG Rn. 40, 41.

24 *Keidel/Kuntze/Winkler* § 18 FGG Rn. 2.

1.3.2.2. Die grundsätzliche Fortsetzungsfähigkeit in nichtrechtsfähiger Form

Grundsätzlich ist jeder im Abwicklungsstadium befindliche Verein fähig, in nichtrechtsfähiger Form seine aktive Tätigkeit fortzusetzen. Gleiches gilt, wenn der Verlust der Rechtsfähigkeit eingeleitet oder eingetreten ist. Auf vorstehende Ausführungen wird verwiesen. 2242

1.3.2.3. Die Identität zwischen dem rechtsfähigen und dem fortgesetzten nichtrechtsfähigen Verein; Aktivprozesse

Zwischen dem nichtrechtsfähigen Vorverein und dem rechtsfähig gewordenen Verein besteht grundsätzlich Identität (vgl. Rn. 234). Gleiches gilt, wenn der rechtsfähige Verein, etwa nach Verzicht auf die Rechtsfähigkeit, in nichtrechtsfähiger Form fortgesetzt wird[25]. Soll ein vom rechtsfähigen Verein geführter Aktivprozeß fortgeführt werden, so müssen nunmehr alle Mitglieder klagen; dies stellt keine Klageänderung dar[26]. 2242 a

1.4. Die Registeranmeldung und -eintragung bei Fortsetzung in rechtsfähiger Form

Will der Verein nicht auf die Rechtsfähigkeit verzichten, so hat der (neu bestellte) Vorstand in öffentlich beglaubigter Form unter Beifügung einer Abschrift des betreffenden Beschlusses zum Vereinsregister anzumelden: die Aufhebung des Auflösungsbeschlusses, den Fortsetzungsbeschluß sowie die Vorstandsbestellung, wobei offen bleiben kann, ob eine derartige Anmeldeberechtigung aus dem entspr. anwendbaren § 59 BGB folgt[27] oder aus dem entspr. anwendbaren § 74 Abs. 2 BGB[28]. Es besteht jedenfalls eine Anmeldepflicht, die für den Vorstand aus dem Organschaftsverhältnis zum Verein folgt. Eine Registerpflicht i. S. d. § 78 BGB besteht nicht, da eine gesetzliche Regelung dieser Anmeldung fehlt. 2243

Die Fortsetzung des Vereins kann in das Vereinsregister eingetragen werden[29]. Eingetragen wird die Aufhebung des Auflösungsbeschlusses und die Zurückverwandlung in einen aktiven Verein[30]. Die Eintragung ist nicht nur zulässig, sondern erforderlich, da ansonsten die Auflösung des Vereins eingetragen bleibt, bis diese Eintragung wegen Unrichtigkeit von Amts wegen gelöscht wird.

1.5. Mitteilung an die Konzessionsbehörde; steuerliche Anzeige

Die Fortsetzung zeigt der Vorstand des konzessionierten Vereins der Konzessionsbehörde unter Vorlage einer Abschrift des Fortsetzungsbeschlusses an. 2244

In gleicher Weise hat der Vorstand eines jeden Vereins die Fortsetzung in rechtsfähiger Form den zuständigen Steuerbehörden mitzuteilen.

---

25 *OLG Hamburg* OLGZ 1993, 19/23; *Kollhosser* ZIP 1984, 1434 f.

26 Vgl. *OLG Jena* JW 1937, 1659.

27 So: *Soergel/Hadding* vor §§ 41–53 BGB Rn. 24.

28 So: *Böttcher* RPfl 1988, 169/174.

29 Vgl. z. B. Nr. 2.4.5 d. Bek. d. BayStMdJ v. 4. 9. 1981 – JMBl. S. 170; § 7 Nr. 4 e d. RdErl. d. HessMdJ v. 6. 11. 1981 – JMBl. S. 587.

30 *Böttcher* a. a. O.

2. Umwandlung von rechtsfähigen Vereinen

2.1. Grundsätze der Umwandlung

2.1.1. Die neue Rechtslage

2245 Das Gesetz zur Bereinigung des Umwandlungsrechts (= UmwG) vom 28. 10. 1994 (BGBl. I S. 3210), das am 1. Januar 1995 in Kraft getreten ist, ermöglicht es auch rechtsfähigen Vereinen, sich in erleichterter Form umzuwandeln.

Die Umwandlung ist auf drei Wegen möglich: durch Verschmelzung (§ 1 Nr. 1, § 3 Abs. 1 Nr. 4, Abs. 2 Nr. 1, §§ 99 ff. UmwG), durch Spaltung (§ 1 Abs. 1 Nr. 2, §§ 123 ff. UmwG) und durch sog. Formwechsel (§ 1 Abs. 1 Nr. 4, §§ 190 ff. UmwG).

2.1.2. Wesen der Verschmelzung

2246 Bei der Verschmelzung löst sich ein bestehender Rechtsträger auf, ohne daß dann sein Vermögen abgewickelt wird. Das Vermögen wird vielmehr im Wege der Gesamtrechtsnachfolge einem anderen Rechtsträger gegen Gewährung von Mitgliedschaften übertragen. Bei der Verschmelzung durch Aufnahme wird das Vermögen des übertragenden Rechtsträgers einem bereits bestehenden Rechtsträger übertragen. Bei der Verschmelzung durch Neugründung wird das Vermögen zweier oder mehrerer Rechtsträger einem von diesen gegründeten und somit neuen Rechtsträger übertragen (§ 2 Nr. 1 und 2 UmwG). Der übertragende Rechtsträger erlischt mit der Eintragung der Verschmelzung (§ 20 Abs. 1 Nr. 2 UmwG).

Für rechtsfähige Vereine bestehen hinsichtlich der Verschmelzung Einschränkungen.

Wirtschaftliche Vereine (§ 22 BGB) können an einer Verschmelzung nur beteiligt sein, soweit sie übertragende Rechtsträger sind (§ 3 Abs. 2 Nr. 1 UmwG). Die Regierungsbegründung zum UmwG[31] führt hierzu aus: »Nach Abs. 2 Nr. 1 kann ein wirtschaftlicher Verein nicht andere Rechtsträger durch Verschmelzung aufnehmen oder aus einer Fusion als neuer Unternehmensträger entstehen. Der Verein ist als Träger eines Unternehmens nur ausnahmsweise geeignet. Seine Vergrößerung oder Neugründung im Wege der Verschmelzung soll daher wie bisher nicht zugelassen werden. Dagegen spricht die Tatsache, daß wirtschaftliche Vereine sich von den anderen Unternehmensträgern, insbesondere den Gesellschaften nach Handelsrecht, in ganz wesentlichen Punkten unterscheiden. Solche Vereine sind einmal nur nach dem Publizitätsgesetz, nicht aber allgemein zur Rechnungslegung verpflichtet. Zum zweiten enthält das Vereinsrecht keinerlei Vorschriften über die Aufbringung und Erhaltung eines Kapitals, obwohl auch den Gläubigern des Vereins nur dessen Vermögen haftet; insofern besteht ein grundlegender Unterschied zu den Kapitalgesellschaften. Ferner ist die Kontrolle des Vereinsvorstands in seiner Geschäftsführung durch die Mitglieder gesetzlich schwächer ausgebildet als bei den Unternehmensträgern nach dem Gesellschaftsrecht. Schließlich unterliegen wirtschaftliche Vereine selbst dann, wenn sie eine große Zahl von Arbeitnehmern beschäftigen, nicht den Vorschriften über die Mitbestimmung der Arbeitnehmer.«

31 BT-Drucks. 12/6699 S. 81.

Die weitere Einschränkung besteht darin, daß sich ein rechtsfähiger Verein an einer Verschmelzung nur beteiligen kann, wenn die Satzung des Vereins oder (was vor allem für altrechtliche Vereine von Bedeutung ist) Vorschriften des Landesrechts nicht entgegenstehen (§ 99 Abs. 1 UmwG).
Ein eingetragener Verein kann weiter im Wege der Verschmelzung nur andere eingetragene Vereine aufnehmen oder mit ihnen einen eingetragenen Verein oder einen Rechtsträger anderer Rechtsform (z. B. als Kapitalgesellschaft) neu gründen (§ 99 Abs. 2 UmsG). Eingetragene Vereine können also Rechtsträger anderer Rechtsform nicht aufnehmen oder durch Verschmelzung solcher Rechtsträger nicht gegründet werden[32].
An der Verschmelzung können als übertragende Rechtsträger auch aufgelöste Rechtsträger beteiligt sein, sofern die Fortsetzung beschlossen werden könnte (§ 3 Abs. 3 UmwG).[33]

2.1.3. Wesen der Spaltung

Die Spaltung (Realteilung) von Rechtsträgern ist gleichsam das Spiegelbild der Verschmelzung. Sie ist in drei Arten möglich: **2247**
Bei der Aufspaltung (§ 123 Abs. 1 UmwG) teilt ein übertragender Rechtsträger unter Auflösung ohne Abwicklung sein gesamtes Vermögen auf und überträgt im Wege der Sonderrechtsnachfolge die Vermögensteile auf mindestens zwei andere, entweder schon bestehende oder neu gegründete Rechtsträger, und zwar – wie bei der Verschmelzung – gegen Gewährung von Anteilen oder Mitgliedschaften der übernehmenden oder neuen Rechtsträger an die Anteilsinhaber – das sind nach § 2 UmwG auch Vereinsmitglieder – des übertragenden Rechtsträgers[34]. Der übertragende Rechtsträger erlischt (§ 131 Abs. 1 Nr. 2 UmwG).
Bei der Abspaltung (§ 123 Abs. 2 UmwG) bleibt der übertragende Rechtsträger bestehen. Er überträgt nur einen Teil seines Vermögens auf einen oder mehrere andere, bereits bestehende oder neue Rechtsträger, und zwar wiederum gegen Gewährung von Anteilen oder Mitgliedschaften der übernehmenden oder neuen Rechtsträger an die Anteilsinhaber des übertragenden Rechtsträgers[35]. Die Regierungsbegründung[36] führt hierzu aus: »Für eingetragene Idealvereine kann sich insbesondere für die Abspaltung ein Bedürfnis ergeben, wenn ein solcher Verein, etwa bei der Trennung von Betätigungssparten oder bei der Abtrennung von Berufssportabteilungen, einen Teil seines Vermögens verselbständigen oder auf gewerbliche Rechtsträger übertragen will.«
Bei der sog. Ausgliederung (§ 123 Abs. 3 UmwG) geht – ebenso wie bei der Abspaltung – nur ein Teil oder es gehen Teile des Vermögens eines Rechtsträgers auf andere Rechtsträger über, es gelangen dafür die als Gegenwert gewährten Anteile oder Mitgliedschaften der übernehmenden oder neuen Rechtsträger in das Vermögen des übertragenden Rechtsträgers.
Wirtschaftliche Vereine (§ 22 BGB) können zwar aufgespalten werden. Sie können an einer Spaltung aber nur als übertragende Rechtsträger beteiligt sein

32 Regierungsbegründung zu E – § 99 Abs. 2, BT-Drucks. 12/6699 S. 111.
33 Vgl. zur Fortsetzungsfähigkeit Rn. 2225.
34 Reg.-Begründung zum UmwG, BT-Drucks. 12/6699 S. 71.
35 Reg.-Begründung a.a.O.
36 BT-Drucks. 12/6699 S. 116.

(§ 124 Abs. 1 UmwG), weil sie rechtspolitisch als Unternehmensträger nur ausnahmsweise in Betracht kommen, ihre Vergrößerung oder Entstehung durch einen Spaltungsvorgang also nicht begünstigt werden soll[37].

2.1.4. Wesen des Formwechsels

2248 Durch den Formwechsel (formwechselnde Umwandlung) erhält ein Rechtsträger eine andere Rechtsform (§ 190 Abs. 1 UmwG). Die Vermögensordnung ändert sich nicht; es wird unter Identitätswahrung die korporative Struktur geändert. Mit der Registereintragung besteht der formwechselnde Rechtsträger in der in dem Umwandlungsbeschluß bestimmten Rechtsform weiter (§ 202 Abs. 1 UmwG).
Ein rechtsfähiger Verein kann nur die Rechtsform einer Kapitalgesellschaft (GmbH, AG, KGaA) oder eingetragenen Genossenschaft erlangen, § 272 Abs. 1 UmwG. Die Regierungsbegründung[38] führt hierzu aus, daß die Umwandlung eines Vereins in eine Kapitalgesellschaft oder in eine eingetragene Genossenschaft neu ist. Mit beiden Möglichkeiten des Formwechsels »soll einem bei wirtschaftlichen Vereinen in der Praxis hervorgetretenen Bedürfnis Rechnung getragen werden. Der Entwurf beschränkt die Regelung aber nicht auf Vereine, deren Rechtsfähigkeit auf staatlicher Verleihung beruht (vgl. § 22 BGB), sondern erstreckt sich auf andere rechtsfähige Vereine, die im Vereinsregister eingetragen sind (vgl. § 21 BGB). Die Unterscheidung zwischen echten Idealvereinen und solchen, deren Zweck auf einen wirtschaftlichen Geschäftsbetrieb gerichtet ist, kann im Einzelfall erhebliche Schwierigkeiten bereiten. Deshalb soll jedem Verein, sofern er rechtsfähig ist, der Formwechsel in eine Kapitalgesellschaft oder in eine eingetragene Genossenschaft ermöglicht werden.«
Der Formwechsel ist auch bei aufgelösten Vereinen möglich, sofern deren Fortsetzung beschlossen werden könnte (§ 191 Abs. 2 UmwG).[39]

2.2. Die Verschmelzung durch Aufnahme

2.2.1. Vorbereitung der Verschmelzung

2.2.1.1. Der Entwurf eines Verschmelzungsvertrages

2249 Die Vorstände der an der Verschmelzung beteiligten Vereine haben die Verschmelzung in der Weise vorzubereiten, daß der Entwurf eines Verschmelzungsvertrages erarbeitet wird. Ein solcher ist erforderlich, weil es allgemeinen Grundsätzen des bürgerlichen und des Handelsrechts entspricht, daß ein Vermögensübergang auf einem Vertrag beruht. Ein schriftlicher Entwurf muß erstellt werden, wenn – wie regelmäßig – der Vertrag erst nach der Zustimmung der Mitgliederversammlung zum Verschmelzungsvertrag (§ 13 Abs. 1, § 101 UmwG) abgeschlossen werden soll (§ 4 Abs. 2 UmwG).
Der Entwurf eines Verschmelzungsvertrages und dieser selbst muß folgenden Mindestinhalt haben (§ 5 UmwG):
– die Namen – u. U. die Firma – und den Sitz der an der Verschmelzung beteiligten Vereine;

---

37 Reg.-Begründung, BT-Drucks. 12/6699 S. 116.
38 BT-Drucks. 12/6699 S. 163.
39 Vgl. zur Fortsetzungsfähigkeit Rn. 2225.

- die Vereinbarung über die Übertragung des Vermögens des übertragenden Vereins als Ganzes gegen Gewährung von Mitgliedschaften in dem übernehmenden Verein;
- Angaben über die Mitgliedschaft bei dem übernehmenden Verein;
- den Zeitpunkt, von dem an die Mitgliedschaften einen Anspruch auf einen Anteil am Bilanzgewinn gewähren, sowie alle Besonderheiten in bezug auf diesen Anspruch (der nur bei wirtschaftlichen Vereinen in Betracht kommt);
- den Zeitpunkt, von dem an die Handlungen des übertragenden Vereins als für Rechnung des übernehmenden Vereins vorgenommen gelten (Verschmelzungsstichtag);
- jeden besonderen Vorteil, der einem Mitglied eines Vertretungsorgans oder eines Aufsichtsorgans der an der Verschmelzung beteiligten Vereine, einem Abschlußprüfer oder einem Verschmelzungsprüfer gewährt wird;
- die Folgen der Verschmelzung für die Arbeitnehmer.

2.2.1.2. Die Erläuterung der Verschmelzung für die Mitglieder

Die Verschmelzung wird durch einen Bericht vorbereitet. Die Vertretungs- **2250**
organe, also die Vorstände, jedes an der Verschmelzung teilnehmenden Vereins haben einen ausführlichen Bericht zu erstatten, in dem die Verschmelzung, der Verschmelzungsvertrag oder sein Entwurf im einzelnen und insbesondere (was nur bei wirtschaftlichen Vereinen in Betracht kommt) das Umtauschverhältnis der Anteile oder die Angaben über die Mitgliedschaft bei dem übernehmenden Verein sowie (was wiederum nur bei wirtschaftlichen Vereinen in Betracht kommen kann) die Höhe einer anzubietenden Barabfindung rechtlich und wirtschaftlich erläutert und begründet werden (Verschmelzungsbericht); der Bericht kann von den Vorständen der beteiligten Vereine auch gemeinsam erstattet werden. Auf besondere Schwierigkeiten bei der Bewertung der beteiligten Vereine sowie auf die Folgen für die Beteiligung der Anteilsinhaber ist hinzuweisen (§ 8 Abs. 1 UmwG).

In den Bericht brauchen Tatsachen nicht aufgenommen zu werden, deren Bekanntwerden geeignet ist, einem der beteiligten Vereine einen nicht unerheblichen Nachteil zuzufügen. In diesem Fall sind in dem Bericht die Gründe, aus denen die Tatsachen nicht aufgenommen worden sind, darzulegen (§ 8 Abs. 2 UmwG).

2.2.1.3. Die Prüfung der Verschmelzung

Der Verschmelzungsvertrag oder sein Entwurf ist bei einem eingetragenen **2251**
Verein nur dann nach den §§ 9 bis 12 UmwG zu prüfen, wenn zehn vom Hundert der Mitglieder diese Prüfung schriftlich verlangen (§ 100 Satz 2 UmwG).

Bei einem wirtschaftlichen Verein ist der Verschmelzungsvertrag oder sein Entwurf nach den angeführten Vorschriften zu prüfen (§ 100 Satz 1 UmwG).

Gegenstand der Prüfung ist insbesondere, ob die Mitgliedschaft bei dem übernehmenden Verein angemessen ist (vgl. § 12 Abs. 2 UmwG). Die Prüfung ist von unabhängigen Sachverständigen vorzunehmen (§ 11 UmwG). Diese werden vom Vertretungsorgan jedes beteiligten Vereins bestellt. Auf Antrag des Vorstands bestellt sie das Landgericht, in dessen Bezirk ein übertragender Verein seinen Sitz hat (§ 11 Abs. 1 Satz 1, Abs. 2 Satz 1 UmwG).

Die Prüfer haben über das Ergebnis einen schriftlichen Bericht zu erstatten (§ 12 Abs. 1 UmwG) und haben zu testieren, daß die Mitgliedschaft im aufnehmenden oder neuen Verein der bisherigen Mitgliedschaft entspricht, somit angemessen ist (§ 12 Abs. 2 UmwG).

2.2.2. Die Beschlußfassung der Mitgliederversammlung über die Verschmelzung

2.2.2.1. Das Beschlußerfordernis

2252 Die Entscheidung der Mitglieder der an der Verschmelzung beteiligten Vereine über die Verschmelzung ist ein Kernstück des neuen Umwandlungsrechts[40]. Die Zustimmung ist Voraussetzung für das Wirksamwerden der Verschmelzung[41]. Der Beschluß kann nur in einer Versammlung der Vereinsmitglieder gefaßt werden[42].

2.2.2.2. Vorbereitung der Beschlußfassung

2252a Zur Erleichterung ihrer Entscheidung über die Verschmelzung müssen den Vereinsmitgliedern schon im Vorfeld der Beschlußfassung bestimmte Unterlagen zur Kenntnisnahme gebracht werden. Nach § 101 Abs. 1 Satz 1 UmwG müssen von der Einberufung der Mitgliederversammlung an, die gemäß § 13 Abs. 1 UmwG über die Zustimmung zum Verschmelzungsvertrag beschließen soll, in dem Geschäftsraum des Vereins die folgenden Unterlagen zur Einsicht der Mitglieder ausgelegt werden: der für wirtschaftliche Vereine erforderliche Bericht über die Prüfung des Verschmelzungsvertrages oder seines Entwurfs (der bei Idealvereinen nur erforderlich ist, wenn dies mindestens 10 % der Mitglieder schriftlich verlangt hat); der Verschmelzungsvertrag selbst oder sein Entwurf; die Jahresabschlüsse und die Lageberichte der an der Verschmelzung beteiligten Vereine für die letzten drei Geschäftsjahre; falls sich der letzte Jahresabschluß auf ein Geschäftsjahr bezieht, das mehr als sechs Monate vor dem Abschluß des Verschmelzungsvertrags oder der Aufstellung des Entwurfs abgelaufen ist, eine Bilanz auf einen Stichtag, der nicht vor dem ersten Tag des dritten Monats liegt, der dem Abschluß oder der Aufstellung vorausgeht (Zwischenbilanz); die nach § 8 UmwG erstatteten Verschmelzungsberichte (§ 101 Abs. 1 Satz 1 i.V.m. § 63 Abs. 1 Nr. 1 bis 4 UmwG). Dazu erforderliche Zwischenbilanzen sind nach § 63 Abs. 2 UmwG aufzustellen (§ 101 Abs. 1 Satz 2 UmwG).
Auf Verlangen ist jedem Mitglied unverzüglich und kostenlos eine Abschrift der vorstehend erwähnten Unterlagen zu erteilen (§ 101 Abs. 2 UmwG).

2.2.2.3. Durchführung der Mitgliederversammlung

2252 b In der Mitgliederversammlung sind die vorstehend erwähnten Unterlagen sowie ein evtl. erstellter Prüfungsbericht auszulegen (§ 102 Satz 1 UmwG). Der Vorstand hat den Verschmelzungsvertrag oder seinen Entwurf zu Beginn der Mitgliederversammlung mündlich zu erläutern (§ 102 Satz 2 i. V. m. § 64 Abs. 1 Satz 2 UmwG). Jedem Mitglied ist auf Verlangen in der Versammlung Auskunft auch über alle für die Verschmelzung wesentlichen Angelegenheiten der an-

40 *Widmann/Mayer* Einf UmwG Rn. 11.1.10.
41 *Widmann/Mayer* a.a.O.
42 § 13 Abs. 1 Satz 2 UmwG.

deren beteiligten Rechtsträger (Vereine) zu geben (§ 102 Satz 2 i. V. m. § 64 Abs. 2 UmwG).

2.2.2.4. Der Verschmelzungsbeschluß

Der Verschmelzungsvertrag wird nur wirksam, wenn die Mitglieder der beteiligten Vereine ihm durch Beschluß (Verschmelzungsbeschluß) in einer Versammlung zustimmen (§ 13 Abs. 1 UmwG). Eine schriftliche Abstimmung ist also unzulässig. **2252c**

Wird durch die Verschmelzung ein Sonderrecht eines Mitglieds (§ 35 BGB) beeinträchtigt, so bedarf der Verschmelzungsbeschluß zu seiner Wirksamkeit der Zustimmung des Sonderberechtigten (§ 13 Abs. 2 UmwG). Für den übertragenden Verein ist eine Verschmelzung eine Auflösung. Es kann ein Sonderrecht bestehen, daß eine Vereinsauflösung der Zustimmung eines sonderberechtigten Mitglieds bedarf. Sonderrechte dürfen ohne Zustimmung des Rechtsinhabers nicht beeinträchtigt werden.

Der Verschmelzungsbeschluß der Mitgliederversammlung bedarf einer Mehrheit von drei Vierteln der erschienenen Mitglieder (§ 103 Satz 1 UmwG). Die Satzung kann eine größere Mehrheit und weitere Erfordernisse bestimmen (§ 103 Satz 2 UmwG), z. B. die Anwesenheit einer Mindestzahl von Mitgliedern oder die Beschlußfassung in zwei Versammlungen.

Sowohl der Verschmelzungsbeschluß als auch die nach § 13 Abs. 2 UmwG erforderliche Zustimmung bedürfen der notariellen Beurkundung (§ 13 Abs. 3 UmwG). Dies dient der Rechtssicherheit. Der Notar übernimmt eine Kontrolle und trägt die (Mit-)Verantwortung dafür, daß die Mitgliederversammlung ordnungsgemäß abgewickelt wird. Beim übertragenden Verein führt die Verschmelzung zur Auflösung, beim übernehmenden Verein (oder dem neu gebildeten Verein) kommt es zur Übernahme von u. U. erheblichen Verbindlichkeiten. Für den Beschluß reicht die Form nach §§ 36, 37 BeurkG aus; die Zustimmungserklärungen werden als Willenserklärungen nach §§ 8 ff. BeurkG beurkundet.

Beurkundet der Notar in einer Urkunde den Verschmelzungsbeschluß und die Zustimmungserklärungen, so ist kostenrechtlich Gegenstandsgleichheit i. S. des § 44 Abs. 1 KostO gegeben. Gleiches gilt, wenn die Verschmelzungsbeschlüsse aller beteiligten Vereine in einer gemeinsamen Mitgliederversammlung gefaßt und beurkundet werden[43].

2.2.3. Die befristete und beschränkte Anfechtung des Verschmelzungsbeschlusses

Eine Klage gegen die Wirksamkeit eines Verschmelzungsbeschlusses muß binnen eines Monats nach der Beschlußfassung erhoben werden (§ 14 Abs. 1 UmwG). Beim Verein kommt die Klage auf Feststellung der Unwirksamkeit des Verschmelzungsbeschlusses in Betracht. Zur Klage ist jedes Vereinsmitglied, aber auch jedes Organmitglied ohne »gewöhnliche« Vereinsmitgliedschaft berechtigt. **2253**

Die Klage kann nicht darauf gestützt werden, daß die Mitgliedschaft im aufnehmenden oder neu gebildeten Verein nicht der Mitgliedschaft im übertragenden Verein entspricht (§ 14 Abs. 2 UmwG).

43 Vgl. *BayObLG* DB 1989, 2421.

Ist die Mitgliedschaft bei dem übernehmenden Verein kein ausreichender Gegenwert für die Mitgliedschaft im übertragenden Verein, so kann jedes Mitglied des übertragenden Vereins, dessen Recht, gegen die Wirksamkeit des Verschmelzungsbeschlusses Klage zu erheben, nach § 14 Abs. 2 UmwG ausgeschlossen ist, von dem übernehmenden Verein einen Ausgleich durch bare Zuzahlung verlangen (§ 15 Abs. 1 UmwG). Die Angemessenheit kann in einem gerichtlichen Spruchverfahren überprüft werden (§ 305 UmwG).

2.2.4. Beseitigung der Registersperre bei Anfechtungsmißbrauch

2254 Die Anfechtung des Verschmelzungsbeschlusses führt zu einer Registersperre (§ 16 Abs. 2 Satz 2 UmwG). Um einem Anfechtungsmißbrauch zu begegnen, bestimmt § 16 Abs. 3 UmwG: Das für die Klage auf Feststellung der Unwirksamkeit eines Verschmelzungsbeschlusses zuständige Gericht kann auf Antrag des Vereins, gegen dessen Verschmelzungsbeschluß sich die Klage richtet, durch rechtskräftigen Beschluß feststellen, daß die Erhebung der Klage der Eintragung nicht entgegensteht. Dieser Beschluß darf nur erlassen werden, wenn die Klage gegen die Wirksamkeit des Verschmelzungsbeschlusses unzulässig oder offensichtlich unbegründet ist oder wenn das alsbaldige Wirksamwerden der Verschmelzung nach der freien Überzeugung des Gerichts unter Berücksichtigung der Schwere der mit der Klage geltend gemachten Rechtsverletzungen zur Abwendung der vom Antragsteller dargelegten wesentlichen Nachteile für die an der Verschmelzung beteiligten Vereine und ihre Mitglieder vorrangig erscheint. Der Beschluß kann in dringenden Fällen ohne mündliche Verhandlung ergehen. Die vorgebrachten Tatsachen sind glaubhaft zu machen. Gegen den Beschluß findet die sofortige Beschwerde statt. Erweist sich die Klage als begründet, hat der Verein, der den Beschluß erwirkt hat, dem Antragsgegner den Schaden zu ersetzen, der ihm aus einer auf dem Beschluß beruhenden Eintragung der Verschmelzung entstanden ist; als Ersatz kann aber nicht die Beseitigung der Wirkungen der Eintragung der Verschmelzung im Register des Sitzes des übernehmenden Vereins verlangt werden.

2.2.5. Die Bekanntmachung der Verschmelzung

2255 Ist ein übertragender Verein nicht in ein Handelsregister eingetragen, so hat sein Vorstand die bevorstehende Verschmelzung durch den Bundesanzeiger und durch mindestens ein anderes Blatt bekanntzumachen (§ 104 Abs. 1 Satz 1 UmwG). Die Bekanntmachung ist mit einem Vermerk zu versehen, daß die Verschmelzung erst mit der Eintragung im Register des Sitzes des übernehmenden Vereins wirksam wird (§ 104 Abs. 1 Satz 3 UmwG).

2.2.6. Anmeldung, Eintragung und deren Wirkung

2.2.6.1. Die Anmeldung der Verschmelzung

2256 Die Vorstände jedes an der Verschmelzung beteiligten Vereins haben die Verschmelzung zur Eintragung in das Vereinsregister des jeweiligen Sitzes anzumelden (§ 16 Abs. 1 Satz 1 UmwG). Das Vertretungsorgan (Vorstand) des übernehmenden Vereins kann die Anmeldung für alle übertragenden Vereine vornehmen (§ 16 Abs. 1 Satz 2 UmwG).

Bei der Anmeldung haben die Vorstandsmitglieder zu erklären, daß eine Klage gegen die Wirksamkeit eines Verschmelzungsbeschlusses nicht oder nicht fristgemäß erhoben oder eine solche Klage rechtskräftig abgewiesen oder zurückgenommen worden ist; hierüber haben die Vorstände auch nach der Anmeldung dem Registergericht Mitteilung zu machen (§ 16 Abs. 2 Satz 1 UmwG). Das Registergericht darf die Verschmelzung nicht eintragen, wenn diese Erklärung nicht vorliegt, es sei denn, die klageberechtigten Vereins- oder Organmitglieder haben durch eine notariell beurkundete Verzichtserklärung auf die Klage gegen die Wirksamkeit des Verschmelzungsbeschlusses verzichtet (§ 16 Abs. 2 Satz 2 UmwG).

2.2.6.2. Anlagen der Anmeldung

Der Anmeldung sind in Ausfertigung oder öffentlich beglaubiger Abschrift der **2256 a** Verschmelzungsvertrag, die Niederschriften der Verschmelzungsbeschlüsse, etwa erforderliche Zustimmungserklärungen von Sonderberechtigten, der Verschmelzungsbericht, der – soweit erforderlich – Prüfungsbericht sowie, wenn der Verschmelzungsvertrag der staatlichen Genehmigung bedarf (vgl. § 33 Abs. 2 BGB), die Genehmigungsurkunde beizufügen (§ 17 Abs. 1 UmwG).
Der Anmeldung zum Register des Sitzes jedes der übertragenden Vereine ist ferner eine Bilanz dieses Vereins beizufügen (Schlußbilanz). Das Registergericht darf die Verschmelzung nur eintragen, wenn die Bilanz auf einen höchstens acht Monate vor der Anmeldung liegenden Stichtag aufgestellt worden ist (§ 17 Abs. 2 UmwG).

2.2.6.3. Eintragung und Bekanntmachung der Verschmelzung

Die Verschmelzung darf in das Register des Sitzes des übernehmenden Vereins **2256 b** erst eingetragen werden, nachdem sie im Register des Sitzes jedes der übertragenden Vereine eingetragen worden ist (§ 19 Abs. 1 Satz 1 UmwG). Die Eintragung im Register des Sitzes jedes der übertragenden Vereine ist mit dem Vermerk zu versehen, daß die Verschmelzung erst mit der Eintragung im Register des Sitzes des übernehmenden Vereins wirksam wird (§ 19 Abs. 1 Satz 2 UmwG).
Das Gericht des Sitzes des übernehmenden Vereins hat von Amts wegen dem Gericht des Sitzes jedes der übertragenden Vereine den Tag der Eintragung der Verschmelzung mitzuteilen (§ 19 Abs. 2 Satz 1 UmwG). Nach Eingang der Mitteilung hat das Gericht des Sitzes jedes der übertragenden Vereine von Amts wegen den Tag der Eintragung der Verschmelzung im Register des Sitzes des übernehmenden Vereins im Register des Sitzes des übertragenden Vereins zu vermerken und die bei ihm aufbewahrten Urkunden und anderen Schriftstücke dem Gericht des Sitzes des übernehmenden Vereins zur Aufbewahrung zu übersenden (§ 19 Abs. 2 Satz 2 UmwG).
Das Gericht des Sitzes jedes der an der Verschmelzung beteiligten Vereine hat jeweils die von ihm vorgenommene Eintragung der Verschmelzung von Amts wegen durch den Bundesanzeiger und durch mindestens ein anderes Blatt ihrem ganzen Inhalt nach bekanntzumachen (§ 19 Abs. 3 Satz 1 UmwG). Mit dem Ablauf des Tages, an dem jeweils das letzte der die Bekanntmachung enthaltenden Blätter erschienen ist, gilt die Bekanntmachung für diesen Verein als erfolgt (§ 19 Abs. 3 Satz 2 UmwG).

2.2.6.4. Wirkungen der Eintragung

2257 Die Eintragung der Verschmelzung in das Register des Sitzes des übernehmenden Vereins hat folgende Wirkungen:

- Das Vermögen der übertragenden Vereine geht einschließlich der Verbindlichkeiten auf den übernehmenden Verein über.
- Die übertragenden Vereine erlöschen. Einer besonderen Löschung bedarf es nicht.
- Die Mitglieder der übertragenden Vereine werden Mitglieder des übernehmenden Vereins.
- Der Mangel der notariellen Beurkundung des Verschmelzungsvertrags und gegebenenfalls erforderlicher Zustimmungs- und Verzichtserklärungen einzelner Vereinsmitglieder werden geheilt (§ 20 Abs. 1 UmwG).

Mängel der Verschmelzung lassen die Wirkungen der Eintragung unberührt (§ 20 Abs. 2 UmwG). Diese Vorschrift beruht auf der praktischen Erfahrung, daß eine »Entschmelzung« im Sinne einer Rückübertragung jedes einzelnen Vermögensgegenstandes kaum möglich ist.

2.2.7. Organhaftung und gerichtliche Anspruchsverfolgung

2.2.7.1. Organhaftung

2258 Die Mitglieder des Vorstands eines übertragenden Vereins sind als Gesamtschuldner zum Ersatz des Schadens verpflichtet, den dieser Verein, seine Mitglieder oder seine Gläubiger durch die Verschmelzung erleiden (§ 25 Abs. 1 Satz 1 UmwG). Die haftenden Organmitglieder müssen den Schaden schuldhaft verursacht haben. Deshalb sind die Organmitglieder, die bei der Prüfung der Vermögenslage der beteiligten Vereine und beim Abschluß des Verschmelzungsvertrages ihre Sorgfaltspflicht beobachtet haben, von der Ersatzpflicht befreit (§ 25 Abs. 1 Satz 2 UmwG).

Für diese Ansprüche sowie weitere Ansprüche, die sich für und gegen den übertragenden Verein nach allgemeinen Vorschriften auf Grund der Verschmelzung ergeben, gilt dieser Verein als fortbestehend. Forderungen und Verbindlichkeiten vereinigen sich insoweit durch die Verschmelzung nicht (§ 25 Abs. 2 UmwG).

Gegen die Mitglieder des Vorstandes des übernehmenden Vereins können sich Schadensersatzansprüche wegen Schlechterfüllung des Anstellungsvertrages ergeben, wenn durch ihr Verhalten ein Schaden entstanden ist. Haftungsbegünstigter ist dann aber nur der aufnehmende Verein. Im Falle einer unerlaubten Handlung können aber auch die Mitglieder und die Gläubiger dieses Vereins Schadensersatzansprüche gegen die Organmitglieder unmittelbar geltend machen.

All diese Ansprüche verjähren in fünf Jahren seit dem Tag, an dem die Eintragung der Verschmelzung in das Register des Sitzes des übernehmenden Vereins nach § 19 Abs. 3 UmwG als bekanntgemacht gilt (§ 25 Abs. 3, § 27 UmwG).

2.2.7.2. Geltendmachung des Schadensersatzanspruchs

2258 a Zur Vermeidung, daß die haftenden Organmitglieder mit zahlreichen Prozessen überzogen werden, in denen voneinander abweichende Entscheidungen über ihr Verschulden ergehen könnten, bestimmt § 26 Abs. 1 UmwG, daß die sich aus § 25 Abs. 1 und 2 UmwG ergebenden Schadensersatzansprüche nur durch einen besonderen Vertreter geltend gemacht werden können. Das Gericht des Sitzes des übertragenden Vereins hat einen solchen Vertreter auf Antrag eines Vereinsmitglieds oder Gläubigers zu bestellen (§ 26 Abs. 1 Satz 2 UmwG). Gläubiger können den Antrag nur stellen, wenn sie vom übernehmenden Verein keine Befriedigung erlangen können (§ 26 Abs. 1 Satz 3 UmwG). Gegen die gerichtliche Entscheidung findet die sofortige Beschwerde statt (§ 26 Abs. 1 Satz 4 UmwG).

2.2.8. Keine Barabfindung bei gemeinnützigen Vereinen

Die §§ 29 bis 34 UmwG gewähren für die anläßlich der Verschmelzung aus- **2259**
scheidenden Vereinsmitglieder einen Anspruch auf Barabfindung. Diese Vorschriften sind bei Vereinen nicht anwendbar, die steuerlich als gemeinnützig anerkannt sind, die demnach gem. § 5 Abs. 1 Nr. 9 des Körperschaftsteuergesetzes von der Körperschaftsteuer befreit sind (§ 104 a UmwG).

2.3. Besonderheiten bei der Verschmelzung durch Neugründung

Auf die Verschmelzung durch Neugründung finden grundsätzlich die Vor- **2260**
schriften über die Verschmelzung durch Aufnahme Anwendung (§ 36 Abs. 1 Satz 1 UmwG). An die Stelle des übernehmenden Vereins tritt der neu gegründete Verein, an die Stelle der Eintragung der Verschmelzung in das Register des Sitzes des übernehmenden Vereins tritt die Eintragung des neuen Vereins in das Vereinsregister (§ 36 Abs. 1 Satz 1 UmwG).

Der neue Verein wird wie ein nicht an einer Verschmelzung beteiligter Verein gegründet (§ 36 Abs. 2 Satz 1 UmwG). Die übertragenden Vereine stehen den Gründern gleich (§ 36 Abs. 2 Satz 2 UmwG). Sie können – ohne daß die Zahl drei der Gründer erreicht werden muß (vgl. Rn. 66) – allein den neuen Verein gründen (§ 36 Abs. 2 Satz 3 UmwG).

Die Satzung des neuen Vereins bedarf der notariellen Beurkundung, da sie in dem Verschmelzungsvertrag enthalten sein oder in diesem festgestellt werden muß (§ 37 UmwG).

Die erforderlichen Registeranmeldungen entsprechen dem Grundsatz nach der Verschmelzung durch Aufnahme. Die Vorstandsmitglieder jedes der übertragenden Vereine haben die Verschmelzung zur Eintragung in das Vereinsregister des Sitzes ihres Vereins anzumelden (§ 38 Abs. 1 UmwG). Außerdem haben die Vorstandsmitglieder aller übertragenden Vereine den neuen Verein bei dem Gericht, in dessen Bezirk er seinen Sitz haben soll, zur Eintragung in das Vereinsregister anzumelden (§ 38 Abs. 2 UmwG).

3. Der Formwechsel eines rechtsfähigen Vereins

3.1. Der eingeschränkte Formwechsel

Ein rechtsfähiger Verein kann einen Formwechsel nur beschließen, wenn **2261**
seine Satzung oder Landesrecht dem nicht entgegenstehen (§ 272 Abs. 2 UmwG).

Ein rechtsfähiger Verein kann aufgrund eines Umwandlungsbeschlusses nur die Rechtsform einer Kapitalgesellschaft oder einer eingetragenen Genossenschaft erlangen (§ 191 Abs. 1 Nr. 4, § 272 Abs. 1 UmwG).
Der – eingeschränkte – Rechtsformwechsel ist zugelassen worden, weil es »scheinbare Idealvereine« gibt, »die in Wahrheit wirtschaftliche Zwecke verfolgen und deshalb zu Unrecht im Vereinsregister eingetragen sind«[44].
Der Formwechsel in eine Kapitalgesellschaft ist nur möglich, wenn auf jedes Vereinsmitglied, das an der Gesellschaft neuer Rechtsform beteiligt wird, als beschränkt haftender Gesellschafter ein durch zehn teilbarer Geschäftsanteil von mindestens 50 DM oder als Aktionär mindestens ein Teilrecht im Nennbetrag von zehn DM entfällt (§ 273 UmwG).

3.2. Die Vorbereitung des Formwechsels

3.2.1. Der Umwandlungsbericht; Verzicht

2262 Der Vorstand des Vereins, der seine Rechtsform wechseln will, hat einen ausführlichen schriftlichen Bericht zu erstatten, in dem der Formwechsel und insbesondere die künftige Beteiligung der Vereinsmitglieder an dem (neuen) Rechtsträger rechtlich und wirtschaftlich erläutert und begründet werden (§ 192 Abs. 1 Satz 1 UmwG).
Der Umwandlungsbericht muß einen Entwurf des Umwandlungsbeschlusses enthalten (§ 192 Abs. 1 Satz 3 UmwG).
Dem Bericht ist eine Vermögensaufstellung beizufügen, in der die Gegenstände und Verbindlichkeiten des formwechselnden Vereins mit dem wirklichen Wert anzusetzen sind, der ihnen am Tage der Erstellung des Berichts beizulegen ist. Die Aufstellung ist Bestandteil des Berichts (§ 192 Abs. 2 UmwG).
Der Umwandlungsbericht dient dem Schutz der Vereinsmitglieder. Er ist dann nicht erforderlich, wenn alle Vereinsmitglieder durch eine notariell beurkundete Verzichtserklärung auf ihn verzichten (§ 192 Abs. 3 UmwG). Der Verzicht kann anläßlich der Beschlußfassung über den Umwandlungsbeschluß oder schon vorher erklärt werden.

3.2.2. Der Entwurf eines Umwandlungsbeschlusses

2262 a Der Umwandlungsbericht muß – wie ausgeführt – den Entwurf eines Umwandlungsbeschlusses enthalten.
Ein Umwandlungsbeschluß muß mindestens folgende Bestimmungen enthalten (§ 194 Abs. 1 UmwG):
- die angestrebte Rechtsform, also z. B. GmbH;
- den Namen oder die Firma des Rechtsträgers neuer Rechtsform;
- die Beteiligung der bisherigen Vereinsmitglieder an dem Rechtsträger nach den für die neue Rechtsform geltenden Vorschriften; kommt eine Umwandlung von Verein in eine Kapitalgesellschaft in Betracht, so sind die §§ 276, 218 Abs. 2, § 243 Abs. 3, § 263 Abs. 2 Satz 2, Abs. 3 UmwG zu beachten, bei einer Umwandlung in eine eingetragene Genossenschaft §§ 285, 253 Abs. 2 Satz 1, § 276 Abs. 2 Satz 1 UmwG; soweit die Beteiligung der Vereinsmitglieder in der zugleich mit dem Umwandlungsbeschluß fest-

44 So: Reg.-Begründung zu E – § 191, BT-Drucks. 12/6699 S. 138.

zustellenden Satzung (AG), Statut (Genossenschaft) oder Gesellschaftsvertrag (GmbH) des neuen Rechtsträgers geregelt ist, ist eine weitere Aufführung im Umwandlungsbeschluß nicht erforderlich[45];
- Angaben zu Sonderrechten von Mitgliedern (vgl. § 35 BGB);
- ein Abfindungsangebot (§ 207 UmwG), sofern nicht der Umwandlungsbeschluß zu seiner Wirksamkeit der Zustimmung aller Vereinsmitglieder bedarf; auf den Anspruch auf Barabfindungsangebot kann gesondert verzichtet werden, was aber der notariellen Beurkundung bedarf[46];
- die Folgen des Formwechsels für die Arbeitnehmer und ihre Vertretungen sowie die insoweit vorgesehenen Maßnahmen; beim Formwechsel vom Verein in eine Kapitalgesellschaft können hinsichtlich der Mitbestimmung in Betracht kommen die § 76 BetrVG 1952 (bei der AG: § 76 Abs. 6), § 1 Abs. 1 MitbestG, § 1 MontanMitbestG, § 1 MonMitbestErgG, und beim Formwechsel in eine Genossenschaft die § 7 Abs. 3, § 76 BetrVG 1952, § 1 Abs. 1 MitbestG[47].

3.2.3. Der Entwurf einer Satzung, eines Statuts oder Gesellschaftsvertrages

Es ist zwar gesetzlich nicht vorgeschrieben, aber zweckmäßig, daß dem Umwandlungsbericht der Entwurf der Satzung, des Statuts oder des Gesellschaftsvertrages des neuen Rechtsträgers beigefügt wird. **2262 b**

3.2.4. Die Vermögensaufstellung

Dem Umwandlungsbericht ist nach § 192 Abs. 2 UmwG eine Vermögensaufstellung beizufügen, aus der sich die Gegenstände und Verbindlichkeiten des formwechselnden Rechtsträgers mit ihrem wirklichen Wert am Tage der Berichterstattung ergeben. **2262 c**

Die Vermögensaufstellung ist Auseinandersetzungsbilanz beim Formwechsel vom Verein zur Kapitalgesellschaft und zur eingetragenen Genossenschaft (§ 274 Abs. 1 Satz 1, § 283 Abs. 1 UmwG)[48].

3.3. Vorbereitung und Durchführung der Mitgliederversammlung

3.3.1. Information der Mitglieder; Abfindungsangebot

Von der Einberufung der Mitgliederversammlung an, die den Formwechsel beschließt, sind in den Gechäftsräumen des Vereins zur Einsicht der Vereinsmitglieder die Vermögensaufstellung und der Umwandlungsbericht auszulegen (§ 274 Abs. 1 i. V. m. §§ 229, 230 Abs. 2 UmwG). **2263**

Spätestens mit der Einberufung der Mitgliederversammlung, die den Formwechsel beschließen soll, ist den Mitgliedern das Abfindungsangebot (§ 207 UmwG) schriftlich mitzuteilen (§ 274 Abs. 1 i. V. m. § 231 Satz 1 UmwG).

Der Vorstand hat allen Vereinsmitgliedern spätestens mit der Einberufung der Mitgliederversammlung, welche den Formwechsel beschließen soll, diesen Formwechsel als Gegenstand der Beschlußfassung schriftlich anzukündigen. In

45 Vgl. *Vossius* in: Widmann/Mayer, Stichwort »Formwechsel« Rn. 106.
46 Vgl. *Vossius* in: Widmann/Mayer Stichwort »Formwechsel« Rn. 144.
47 Vgl. *Vossius* a.a.O., Rn. 151.
48 Vgl. *Vossius* a.a.O., Rn. 177.

der Ankündigung ist auf die für die Beschlußfassung nach § 275 UmwG erforderlichen Mehrheiten (vgl. Rn. 2264) sowie auf die Möglichkeit der Erhebung eines Widerspruchs und die sich daraus ergebenden Rechte hinzuweisen (§ 274 Abs. 1 i. V. m. § 260 Abs. 1 UmwG).
In der Mitgliederversammlung ist der Umwandlungsbericht auszulegen (§ 274 Abs. 2 i. V. m. § 239 Abs. 1 UmwG). Der Entwurf des Umwandlungsbeschlusses ist vom Vorstand zu Beginn der Versammlung zu erläutern (§ 274 Abs. 2 i. V. m. § 239 Abs. 2 UmwG).

3.3.2. Die Mehrheiten für den Umwandlungsbeschluß

2264 Hinsichtlich der Mehrheiten, die für den Umwandlungsbeschluß erforderlich sind, wird zwischen Umwandlungen mit oder ohne Änderung des Vereinszwecks unterschieden.
Wird der Formwechsel nicht darauf beschränkt, den bisherigen Vereinszweck durch einen Rechtsträger anderer Rechtsform zu verwirklichen, sondern ergibt sich darüber hinaus aus dem neuen Gesellschaftsvertrag oder aus der neuen Satzung (Statut) auch eine Änderung des Vereinszwecks, so ist für den Umwandlungsbeschluß die Zustimmung aller anwesenden Mitglieder erforderlich; die nicht erschienenen Mitglieder müssen formlos dem von der Mehrheit gefaßten Umwandlungsbeschluß zustimmen (§ 275 Abs. 1 UmwG). Einstimmigkeit muß vor allem dann gegeben sein, wenn der künftige Unternehmensgegenstand im Betrieb eines Handelsgewerbes bestehen soll, der formwechselnde Rechtsträger jedoch ein Idealverein ist, dessen Zweck bisher noch nicht auf einen wirtschaftlichen Geschäftsbetrieb gerichtet war[49].
Bei der Umwandlung in eine eingetragene Genossenschaft ist die Zustimmung der erschienenen und nicht erschienenen Mitglieder auch dann erforderlich, wenn das Genossenschaftsstatut eine Verpflichtung der Genossen zur Leistung von Nachschüssen vorsieht (§ 284 UmwG).
Dient der Formwechsel dagegen der Verwirklichung des bisherigen Vereinszwecks mit anderen Mitteln, so bedarf der Umwandlungsbeschluß einer Mehrheit von mindestens drei Vierteln der erschienenen Mitglieder (§ 275 Abs. 2 Satz 1 UmwG). Der Umwandlungsbeschluß bedarf einer Mehrheit von mindestens neun Zehnteln der Mitglieder, wenn spätestens bis zum Ablauf des dritten Tages vor der Mitgliederversammlung mindestens 100 Mitglieder, bei Vereinen mit weniger als 1 000 Mitgliedern ein Zehntel der Mitglieder, durch eingeschriebenen Brief Widerspruch gegen den Formwechsel erhoben haben (§ 275 Abs. 2 Satz 2 UmwG). Die Satzung kann größere Mehrheiten und weitere Erfordernisse bestimmen (§ 275 Abs. 2 Satz 3 UmwG).

3.3.3. Der Inhalt des Umwandlungsbeschlusses

2265 In dem Umwandlungsbeschluß muß auch die Satzung, das Statut oder der Gesellschaftsvertrag des neuen Rechtsträgers enthalten sein (§ 276 Abs. 1, § 285 i. V. m. § 218 Abs. 1, § 253 Abs. 1 UmwG). Beim Formwechsel in eine GmbH oder Genossenschaft braucht der Gesellschaftsvertrag bzw. das Statut nicht von den Gesellschaftern oder Genossen unterzeichnet zu sein (§ 276 Abs. 1, § 285 i. V. m. § 144 Abs. 2, § 253 Abs. 1 Satz 2 UmwG). Vgl. wegen des Inhalts des Umwandlungsbeschlusses Rn. 2262a.

---

49 Reg.-Begründung, BT-Drucks. 12/6699 S. 164.

3.3.4. Zustimmungserfordernisse

Sofern bei der Umwandlung in eine AG oder GmbH der Vereinszweck geändert wird, müssen – wie ausgeführt – alle Vereinsmitglieder dem Umwandlungsbeschluß zustimmen (§ 275 Abs. 1 Halbs. 2 UmwG). Bei der Umwandlung eines Vereins in eine KGaA müssen künftige persönlich haftende Gesellschafter zustimmen und müssen die Satzung der KGaA genehmigen (§ 275 Abs. 3, § 240 Abs. 2, § 221 UmwG). **2265 a**

3.3.5. Bekanntmachung bei der Umwandlung eines Wirtschaftsvereins

Beim Formwechsel eines Wirtschaftsvereins, der zu Recht oder zu Unrecht nicht in das Handelsregister eingetragen ist, hat der Vorstand den bevorstehenden Formwechsel durch das in der Vereinssatzung für Veröffentlichungen bestimmte Blatt, in Ermangelung eines solchen durch dasjenige Blatt bekanntzumachen, das für Bekanntmachungen des Amtsgerichts bestimmt ist, in dessen Bezirk der formwechselnde Verein seinen Sitz hat (§ 278 Abs. 2 Satz 1, § 286 UmwG). **2265 b**

3.4. Anmeldung und Eintragung des Formwechsels

3.4.1. Zuständiges Gericht

Ist der formwechselnde Verein nach § 33 HGB bereits im Vereinsregister eingetragen, so ist der Formwechsel bei dem registerführenden Handelsregistergericht anzumelden (§ 198 Abs. 1 UmwG), da sich dann keine Notwendigkeit ergibt, eine Eintragung in einem anderen Register vorzunehmen. Der Verein bleibt dann im selben Register eingetragen; es ändert sich nur die maßgebende Eintragungsart innerhalb desselben Registers[50]. **2266**

Besteht keine Registereintragung, wie dies beim Wirtschaftsverein der Fall sein kann, so ist der Rechtsträger neuer Form bei dem zuständigen Gericht zur Eintragung in das für die neue Rechtsform maßgebende Register anzumelden (§ 198 Abs. 2 Satz 1 UmwG), also bei dem Handels- oder Genossenschaftsregister, das aufgrund der statutarischen Sitzbestimmung zuständig ist.

Die gleiche Anmeldezuständigkeit ist gegeben, wenn, wie beim eingetragenen Verein, bereits eine Registereintragung besteht, aber wegen des Formwechsels auch die Art des Registers sich ändert (§ 198 Abs. 2 Satz 2 UmwG).

In diesem Fall ist die Umwandlung auch zum Vereinsregister anzumelden, in dem der Verein eingetragen ist (§ 198 Abs. 2 Satz 3 UmwG).

3.4.2. Anmeldeberechtigte

Für die Anmeldeberechtigung sind die Grundsätze herangezogen worden, die modifiziert aus dem nach § 197 Satz 1 UmwG anzuwendenden Gründungsrecht für die neu gegründeten Kapitalgesellschaften und Genossenschaften gelten[51]. **2267**

Die Anmeldung des Formwechsels in eine Kapitalgesellschaft ist durch alle Mitglieder des künftigen Vertretungsorgans und, wenn ein Aufsichtsrat zu bilden ist, auch von dessen Mitgliedern vorzunehmen (§ 278 Abs. 1, § 222 Abs. 1 Satz 1 UmwG). Dies gilt für die Anmeldung bei dem infolge des Formwechsels

---

50 Reg-Begründung, BT-Drucks. 12/6699 S. 141.

51 Reg.-Begründung, BT-Drucks. 12/6699 S. 150.

neuen Register. Die weitere Anmeldung zum Vereinsregister hat der bisherige Vorstand vorzunehmen[52].
Die Anmeldung des Formwechsels in eine Genossenschaft ist vom bisherigen Vorstand des Vereins vorzunehmen, der zugleich die Mitglieder des Vorstands der Genossenschaft mitanmeldet (§ 286 i. V. m. § 254 UmwG). Es genügt hier die Anmeldung in vertretungsberechtigter Zahl[53].

3.4.3. Inhalt der Anmeldung

2268 Dem Inhalt nach ist anzumelden:
- der Formwechsel selbst,
- eine entsprechende Folgeänderung, also z. B. Abschluß eines GmbH-Gesellschaftsvertrages,
- die Bestellung neuer Vertretungsorgane,
- die Versicherung nach §§ 198 i. V. m. § 16 Abs. 2 UmwG, die bereits bei der Verschmelzung dargestellt worden ist (vgl. Rn. 2256).

Bei der Umwandlung in eine GmbH: Gründung der Gesellschaft, Bestellung der Geschäftsführer samt abstrakter und konkreter Vertretungsbefugnis mit Zeichnung der Namensunterschrift (§ 7 Abs. 1, § 8 Abs. 4, 5 GmbHG), Versicherungen nach § 8 Abs. 2, 3 GmbHG.
Bei der Umwandlung in eine AG: Gründung der Gesellschaft, Bestellung der Vorstandsmitglieder samt abstrakter und konkreter Vertretungsbefugnis mit Zeichnung der Namensunterschrift (§ 36 Abs. 1, § 37 Abs. 3, 5 AktG), Versicherungen nach § 37 Abs. 1, 2 AktG.
Bei der Umwandlung in eine KGaA: Gründung der Gesellschaft, persönlich haftende Gesellschafter samt abstrakter und konkreter Vertretungsbefugnis mit Zeichnung der Namensunterschrift (§ 278 Abs. 3, § 36 Abs. 1, §§ 282, 283 Nr. 1, § 37 Abs. 3, 5 AktG).
Bei der Umwandlung in eine Genossenschaft: Statut, Mitglieder des Vorstands samt ihrer Vertretungsbefugnis und Zeichnung der Namensunterschrift (§ 10 Abs. 1, § 11 Abs. 3, 4 GenG).

3.4.4. Anlagen zur Anmeldung

2269 Der Anmeldung sind als Anlagen beizufügen (§ 199 UmwG):
- die Niederschrift des Umwandlungsbeschlusses in Ausfertigung oder öffentlich beglaubigter Abschrift;
- erforderliche Zustimmungserklärungen einzelner Vereinsmitglieder;
- der Umwandlungsbericht oder die Verzichtserklärungen nach § 192 UmwG;
- der Nachweis über die fristgerechte Zuleitung des Entwurfs des Umwandlungsbeschlusses an den Betriebsrat oder die Angabe, daß kein Betriebsrat besteht.

Weiter sind Unterlagen nach dem Gründungsrecht vorzulegen. Bei der Umwandlung in eine eingetragene Genossenschaft kommen z. B. die folgenden Unterlagen in Betracht: Statut (Unterzeichnung durch die Genossen ist nicht erforderlich), einfache Abschrift des Statuts, Bescheinigung des Prüfungsverbandes, daß die Genossenschaft zum Beitritt zugelassen ist, gutachtliche Äuße-

---
52 Vgl. *Vossius* in: Widmann/Mayer Stichwort »Formwechsel« Rn. 300.
53 Vgl. *Vossius* a.a.O., Rn. 302.

rung des Prüfungsverbands, daß eine Gefährdung der Genossen oder der Gläubiger der Genossenschaft nicht zu besorgen ist (§ 11 Abs. 2, 5 GenG).

3.4.5. Eintragung und Bekanntmachung

Zunächst wird im bisher geführten Register die Eintragung der Umwandlung vorgenommen, die aber mit dem Vermerk zu versehen ist, daß die Umwandlung erst mit der Eintragung des Rechtsträgers neuer Rechtsform in das für diese maßgebende Register wirksam wird (§ 278 Abs. 1, § 286 i. V. m. § 198 Abs. 2 Satz 4 UmwG). **2270**

Der Rechtsträger neuer Rechtsform darf erst eingetragen werden, nachdem (im bisher geführten Register) die Umwandlung eingetragen worden ist (§ 198 Abs. 2 Satz 5 UmwG).

Das für die Anmeldung der neuen Rechtsform zuständige Gericht hat die Eintragung der neuen Rechtsform durch den Bundesanzeiger und durch mindestens ein anderes Blatt ihrem ganzen Inhalt nach bekanntzumachen (§ 201 Satz 1 UmwG). In der Bekanntmachung ist auch anzugeben, nach welchen Maßstäben die Mitglieder des formwechselnden Vereins an der Gesellschaft neuer Rechtsform bzw. an der Genossenschaft beteiligt sind (§§ 279, 287 UmwG).

Weiterhin sind die nach dem Gründungsrecht des neuen Rechtsträgers erforderlichen Eintragungen und Bekanntmachungen zu bewirken.

3.4.6. Wirkungen der Eintragung

Die Eintragung der neuen Rechtsform in das Handels- oder Genossenschaftsregister hat folgende Wirkungen: **2271**

- der formwechselnde Verein besteht in der in dem Umwandlungsbeschluß bestimmten Rechtsform weiter (§ 202 Abs. 1 Nr. 1 UmwG);
- die bisherigen Mitgliedschaften werden beim Formwechsel in eine Kapitalgesellschaft zu Anteilen an der Gesellschaft neuer Rechtsform und zu Teilrechten (§ 280 Satz 1 UmwG); beim Formwechsel in eine Genossenschaft wird jedes Mitglied, das die Rechtsstellung eines Genossen erlangt, bei der Genossenschaft nach Maßgabe des Umwandlungsbeschlusses beteiligt (§ 288 Abs. 1 Satz 1 UmwG);
- im Interesse des Verkehrsschutzes werden Form-, Zustimmungs- bzw. Verzichtsmängel geheilt (§ 202 Abs. 1 Nr. 3 UmwG).

Sonstige Mängel des Formwechsels (z. B. fehlender Umwandlungsbericht) berühren die Wirkungen der Eintragung nicht (§ 202 Abs. 3 UmwG).

Bei der Umwandlung eines Vereins in eine Kapitalgesellschaft werden Mitgliedschaften zu Aktien bzw. Stammeinlagen oder Teilrechten mit Surrogation bei Rechten Dritter (§§ 280, 266 Abs. 1 Satz 2, Abs. 2 UmwG); die Aktiengesellschaft hat die früheren Vereinsmitglieder zu benachrichtigen und zur Abholung von Aktien aufzufordern (§ 281 Abs. 1 UmwG). Bei der Umwandlung in eine eingetragene Genossenschaft werden die Mitgliedschaften zu Geschäftsanteilen nach Maßgabe des Umwandlungsbeschlusses; Rechte Dritter, die an der bisherigen Vereinsmitgliedschaft bestehen, haben weiterhin Bestand (§ 288 Abs. 1, § 255 Abs. 1 Satz 3 UmwG).

3.5. Abfindung

3.5.1. Anspruchsberechtigung

2272 Der formwechselnde Verein hat jedem Vereinsmitglied, das gegen den Umwandlungsbeschluß Widerspruch zur Niederschrift erklärt hat, den Erwerb seiner umgewandelten Mitgliedschaft gegen eine angemessene Barabfindung anzubieten (§ 282 Abs. 1 i. V. m. § 207 Abs. 1 UmwG). Dem Widerspruch steht es gleich, wenn ein Vereinsmitglied zu Unrecht nicht zur Mitgliederversammlung zugelassen worden ist oder wenn die Versammlung nicht ordnungsgemäß einberufen oder der Gegenstand der Beschlußfassung nicht ordnungsgemäß bekanntgemacht worden ist (§ 207 Abs. 2, § 29 Abs. 2 UmwG).

3.5.2. Anspruchsgegner und Anspruchsinhalt

2273 Schuldner des Anspruchs auf Abfindung ist der formwechselnde Verein (§ 207 Abs. 1 Satz 1 UmwG) und nach dem Vollzug des Formwechsels der neue Rechtsträger (§ 202 Abs. 1 Nr. 1 UmwG).

Der Anspruch besteht nur Zug um Zug gegen den Erwerb der umgewandelten Mitgliedschaft des widersprechenden Vereinsmitglieds durch den Verein bzw. den umgewandelten Rechtsträger (§ 207 Abs. 1 Satz 1 UmwG) oder gegen Erklärung des Austritts aus dem neuen Rechtsträger (§ 207 Abs. 1 Satz 2 UmwG).

Der Anspruch hat weiter zur Voraussetzung, daß der Anspruchsberechtigte das Angebot auf Barabfindung nach § 207 UmwG oder in der gerichtlichen Entscheidung nach § 212 UmwG innerhalb derjeweils gesetzten Frist annimmt (§ 209 UmwG).

Der Anspruch hat zum Inhalt, daß eine Barabfindung in Höhe des wahren Wertes der aufgegebenen Mitgliedschaft gewährt wird, wobei Stichtag der Zeitpunkt des Umwandlungsbeschlusses ist (§§ 208, 30 Abs. 1 UmwG).

3.5.3. Ausschluß des Anspruchs beim gemeinnützigen Verein

2274 Der Anspruch auf Barabfindung ist beim eingetragenen Verein, der nach § 5 Abs. 1 Nr. 9 des Körperschaftsteuergesetzes von der Körperschaftsteuer befreit ist, ausgeschlossen (§ 282 Abs. 2, § 290 UmwG). Nach § 55 Abs. 1 Nr. 2 AO ist eine solche Barabfindung nicht zulässig.

XI. Die Vereinsangelegenheiten in der freiwilligen Gerichtsbarkeit

1. Die Grundzüge des gerichtlichen Verfahrens in Vereinsangelegenheiten

1.1. Die Verrichtungen des Amtsgerichts

1.1.1. Die Zuständigkeit des (Vereins-)Registergerichts

Ein Amtsgericht ist in mehrere Abteilungen gegliedert. Ihm ist funktionell die **2275**
Erledigung der Angelegenheiten der freiwilligen Gerichtsbarkeit zugewiesen. Eine dieser Angelegenheiten ist die Führung des Vereinsregisters (§ 55 Abs. 1 BGB, § 1 VGBest.) und die Erledigung der damit zusammenhängenden Angelegenheiten (§§ 159, 160 a, 162 FGG). Die Zuständigkeit des Vereinsregistergerichts ist nur für einzutragende und eingetragene Vereine begründet.

1.1.2. Die Zuständigkeit der Abteilung Freiwillige Gerichtsbarkeit

Die gerichtliche Bestellung von Vorstandsmitgliedern oder Liquidatoren (§§ 29, **2276**
48 Abs. 2 BGB) und die Erteilung der gerichtlichen Ermächtigung für eine Vereinsminderheit, eine Mitgliederversammlung einberufen zu dürfen (§ 37 Abs. 2 BGB; § 160 FGG), ist den Amtsgerichten, Abteilung Freiwillige Gerichtsbarkeit, zugewiesen. Örtlich zuständig ist das Amtsgericht, das für den Bezirk, in dem der Verein seinen Sitz hat, das Vereinsregister führt (§§ 29, 37 Abs. 2 Satz 2 BGB). Da diese gerichtlichen Verrichtungen auch bei rechtsfähigen wirtschaftlichen Vereinen und nach herrschender Auffassung auch bei nichtrechtsfähigen Vereinen in Betracht kommen, bedarf die gesetzliche Zuständigkeitsbestimmung der Ergänzung: Bei diesen Vereinen ist das Amtsgericht zuständig, in dessen Bezirk der Verein seinen satzungsmäßig angeordneten Sitz (§ 24 BGB) hat.

1.1.3. Die örtliche Zuständigkeit des Registergerichts

In Registerangelegenheiten ist das Amtsgericht örtlich zuständig, in dessen **2277**
Bezirk der Verein seinen Sitz (§ 24 BGB) hat (§ 55 Abs. 1 BGB). § 55 Abs. 2 BGB ermächtigt die Landesjustizverwaltungen, die Vereinsregistersachen zu zentralisieren. Hiervon ist in einigen Bundesländern Gebrauch gemacht worden. In Berlin ist das Amtsgericht Charlottenburg[1] und im Bezirk des Landgerichts Hamburg das Amtsgericht Hamburg[2] zuständig. Weitere Zentralisierungen bestehen in Baden-Württemberg[3], Nordrhein-Westfalen[4] und Rheinland-Pfalz[5].

---

1 § 7 d. VO v. 4. 12. 1972 – GVBl. S. 2301 – Berliner Gesetze 56 b.
2 Allg. Verf. v. 24. 2. 1938 – Gesetze und Verordnungen der Freien und Hansestadt Hamburg 315 – 10 –.
3 VO v. 23. 12. 1958 – GBl. 1959, 3.
4 VO v. 28. 4. 1963 – GVBl. S. 195 – mit Änd. v. 2. 4. 1975 – GVBl. S. 351.
5 LVO v. 22. 11. 1985 – GVBl. S. 267.

1.1.4. Die Behandlung der Verlegung des Vereinssitzes in den Bezirk eines anderen Registergerichts

2278 Wird nach der Anmeldung, aber vor Eintragung des Vereins dessen Sitz verlegt, so wird der Vorgang an das neue Sitzgericht abgegeben, das dann für das weitere Eintragungsverfahren zuständig wird. Die nochmalige Beteiligung der dort zuständigen Verwaltungsbehörde ist zulässig.

Nach der Eintragung ist die Sitzverlegung Satzungsänderung; sie wird erst mit der Eintragung wirksam. Sie muß folglich noch vom bisherigen Sitzgericht vorgenommen werden, da anderenfalls eine Sitzverlegung nicht wirksam wird; erst dann kann die Zuständigkeit des neuen Sitzgerichts begründet werden[6]. Die Gegenmeinung will die Regelungen in § 13 c HGB und § 45 AktG entsprechend heranziehen, wonach das neue Sitzgericht nach Prüfung des Bestandes der Sitzverlegung diese sowie – nunmehr ohne eigene weitere Nachprüfung – die mitgeteilten Eintragungen in sein Register zu übernehmen hat[7]. Dieser Meinung kann nicht gefolgt werden, da es an den Voraussetzungen für eine Gesetzesanalogie fehlt.

1.1.5. Die Vollübertragung der Vereinssachen auf den Rechtspfleger

2279 Die Vereinssachen i. S. d. §§ 29, 37, 55 bis 79 BGB und der §§ 159, 160 und 162 FGG sind als zusammenhängendes Sachgebiet ohne Vorbehalt dem Rechtspfleger übertragen (§ 3 Nr. 1 a RPflG). Er entscheidet, soweit das Rechtspflegergesetz nicht Einschränkungen anordnet, selbständig (§ 9 RPflG).

Die Zuständigkeit des Rechtspflegers ist jedoch überlagert von einer im Gesetz genau umschriebenen Richterzuständigkeit. Außerdem ist die Erledigung bestimmter gerichtlicher Geschäfte dem Urkundsbeamten der Geschäftsstelle vorbehalten (vgl. § 26 RPflG).

1.1.6. Die Zuständigkeit des Registerrichters

2280 Dem Richter vorbehalten ist eine etwa erforderliche Anordnung der Beeidigung eines Zeugen oder Sachverständigen und die Abnahme des Eides (§ 4 Abs. 2 Nr. 1 RPflG); nur der Richter kann über Anträge entscheiden, die auf Änderung einer Entscheidung des Urkundsbeamten der Geschäftsstelle gerichtet sind (§ 4 Abs. 2 Nr. 3 RPflG).

Aufgrund einer Vorlage durch den Rechtspfleger wird der Richter zuständig, wenn sich u. a. bei der Bearbeitung einer Vereinssache rechtliche Schwierigkeiten ergeben, wenn der Rechtspfleger von einer ihm bekannten Stellungnahme des Referatsrichters abweichen will, ferner wenn ausländisches Recht zur Anwendung kommen kann (§ 5 Abs. 1 RPflG).

Der Richter wird ferner zuständig, wenn gegen eine Entscheidung des Rechtspflegers Erinnerung eingelegt worden ist und wenn ihr nicht abgeholfen wird oder nicht abgeholfen werden kann (§ 11 Abs. 2 Satz 2 RPflG).

---

6 Vgl. *KG* ZBlFG 1, 817; *OLG Karlsruhe* RJA 17, 74/76; *OLG Düsseldorf* MDR 1956, 607; *OLG Hamm* NJW 1963, 254; *OLG Hamburg* HansJVBl. 1970, 63; BayObLGZ 1987, 161 = Rpfl 1988, 97; *OLG Köln* RPfl 1991, 462: *KG* NJW-RR 1992, 509; *OLG Oldenburg* NJW-RR 1992, 1533 = RPfl 1993, 525; *OLG Schleswig* NJW-RR 1994, 1404.

7 Vgl. *OLG Hamm* Rpfl 1974, 195; *OLG Bremen* RPfl 1981, 67; *OLG Stuttgart* RPfl 1989, 27.

1.1.7. Die Zuständigkeit des Urkundsbeamten der Geschäftsstelle

Der Urkundsbeamte der Geschäftsstelle erledigt alle bei Gericht anfallenden **2281**
Geschäfte, die nicht in den Zuständigkeitsbereich des Richters oder Rechtspflegers fallen[8]. Die Zuständigkeit des Urkundsbeamten ergibt sich aus den einschlägigen Verfahrensordnungen sowie aus den Länderregelungen[9].

Es bestehen u. a. folgende bundesrechtliche Zuständigkeiten: Protokollierung **2282**
von Anträgen und Erklärungen (§ 11 FGG), auch von Erinnerungen (§ 11 RPflG) und Erstbeschwerden (§ 21 Abs. 2 FGG); ausgenommen ist hier jedoch die Aufnahme von Erklärungen über die Einlegung und Begründung von weiteren Beschwerden (§ 24 Abs. 1 Nr. 1 a RPflG); Ausführung der Verfügung über die Bekanntmachung oder Zustellung gerichtlicher Verfügungen (§ 16 FGG); Erteilung von Rechtskraftzeugnissen (§ 31 FGG), des Eintragungszeugnisses (§ 69 BGB) sowie des Negativzeugnisses (§ 162 FGG); Gestattung der Einsicht in das Vereinsregister und in die zum Register eingereichten Schriftstücke (§ 79 BGB und § 34 FGG)[10]; Erteilung von Abschriften (§ 79 BGB, § 34 FGG). Keine Rechtseinheit besteht in der Frage, wer Registerführer i. S. d. § 130 i. V. m. § 159 FGG ist; in Bayern[11] ist es dem Rechtspfleger freigestellt, auch die Geschäfte des Registerführers zu übernehmen; soweit eine solche Anordnung in anderen Bundesländern nicht besteht, ist Registerführer der Urkundsbeamte der Geschäftsstelle[12].

1.2. Das Verfahren in Vereins- und Vereinsregistersachen

1.2.1. Übersicht über die Verfahrensregelungen

Da Vereinssachen einschl. der Vereinsregistersachen eine Angelegenheit der **2283**
freiwilligen Gerichtsbarkeit sind, kommen die §§ 1 bis 34 des Gesetzes über die Angelegenheiten der freiwilligen Gerichtsbarkeit (= FGG) sowie in einigen Bundesländern das FGG ergänzende Ländervorschriften zur Anwendung. Im amtsgerichtlichen Verfahren sind einzelne Bestimmungen des RPflG zu beachten. Verfahrensrechtliche Regelungen enthält das BGB in den §§ 29, 37, die durch § 160 FGG ergänzt werden. Registerrechtliche Vorschriften beinhalten die §§ 55 bis 79 BGB. Für die Zurückweisung von Anmeldungen sowie für die Entziehung der Rechtsfähigkeit (§ 73 BGB) treffen § 160 a FGG und für Registerbescheinigungen § 162 FGG Bestimmungen. Für das Registerverfahren bei Eintragungen – zu diesen gehören auch Löschungen – verweist § 159 FGG auf die für Handelsregistersachen geltenden Vorschriften der §§ 127 bis 130, 142, 143 FGG; für das Verfahren bei der Verhängung von Zwangsgeld gegen Mitglieder des Vorstands oder Liquidatoren gelten nach § 159 FGG die Vorschriften der §§ 127, 132 bis 139 FGG entsprechend. Kommt es zu einem Vereinsverbot nach dem öffentlichen Recht, so sind einige verfahrensrechtliche Bestimmungen des VereinsG und der DVO-VereinsG zu beachten.

8 Vgl. *Kissel* § 153 GVG Rn. 6.
9 Vgl. § 153 Abs. 1 und 4 Satz 1 GVG sowie *Kissel* a. a. O.
10 Vgl. *Kissel* § 153 GVG Rn. 22.
11 Nr. 3.1 d. Bek. über die Führung des Vereinsregisters v. 4. 9. 1981 – JMBl. 1981, 170.
12 Vgl. *Keidel/Schmatz/Stöber* Rn. 1069, 1071 sowie *Keidel/Kuntze/Winkler* § 130 FGG Rn. 7.

1.2.2. Antrags- und amtswegiges Verfahren

2284 Ein gerichtliches Verfahren in Vereinssachen, die nicht Registersachen sind, wird grundsätzlich nur auf Antrag eingeleitet (vgl. §§ 29, 37 Abs. 2 BGB). In Ausnahmefällen ist jedoch die gerichtliche Bestellung von Vorstandsmitgliedern oder Liquidatoren auch von Amts wegen zulässig; so im Falle der Entziehung der Rechtsfähigkeit nach § 73 BGB und im Falle der Nachtragsliquidation, wenn die Bestellung eines Vertretungsorgans auf satzungsmäßigem Wege nicht mehr möglich ist.

2285 In Registerangelegenheiten wird das Gericht teilweise nur auf Antrag, zum Teil auch von Amts wegen tätig. Eine Reihe von Registereintragungen werden von Amts wegen vorgenommen[13]. In dieser Verfahrensart wird das Löschungsverfahren sowie das Verfahren zur Erzwingung von Anmeldungen eingeleitet. Die Entziehung der Rechtsfähigkeit kann aufgrund eines Antrags und, wenn ein solcher nicht gestellt wird, von Amts wegen vorgenommen werden (§ 73 BGB). Von Amts wegen wird auch die Bescheinigung über die Mitgliederzahl erholt (§ 72 BGB).

Aufgrund Anmeldung werden im Vereinsregister eingetragen der Verein (§ 64 BGB), Änderungen des Vorstands (§ 67 Abs. 1 BGB) und der Satzung (§ 71 Abs. 1 BGB), die Auflösung des Vereins (§ 74 Abs. 2 BGB) sowie die Liquidatoren und eine von § 48 Abs. 3 BGB abweichende Beschlußfassung (§ 76 Abs. 1 und 2 BGB). Anmeldungen sind Anträge, die eine Eintragung im Vereinsregister zum Ziele haben.

Im amtswegigen Verfahren können keine verfahrenseinleitenden Anträge gestellt werden; ein »Antrag« ist immer nur eine Anregung zum Einschreiten von Amts wegen.

1.2.3. Der formfreie Verkehr mit dem Amtsgericht

2286 Soweit nicht Anmeldungen in Betracht kommen (§ 77 BGB), ist der Verkehr mit dem Amtsgericht an keine Form gebunden. Anträge, Anregungen oder Ausführungen können schriftlich eingereicht oder zu Protokoll der Geschäftsstelle, auch eines auswärtigen Gerichts, erklärt werden (§ 11 FGG). Ein Anwaltszwang oder ein Zwang zur Beiziehung eines Notars besteht nicht.

1.2.4. Die Anmeldung mittels öffentlich beglaubigter Erklärung

2287 Die Anmeldungen zum Vereinsregister sind von den Mitgliedern des Vorstands oder von den Liquidatoren mittels öffentlich beglaubigter Erklärung zu bewirken (§ 77 BGB). Hierbei kann die Anmeldeerklärung privatschriftlich abgefaßt sein; die Unterschrift jedes Erklärenden muß jedoch von einem Notar beglaubigt sein (§ 129 Abs. 1 Satz 1 BGB). Die Beglaubigung erfordert, daß entweder die Unterschrift in Gegenwart des Notars vollzogen oder daß die bereits auf dem Urkundentext befindliche Unterschrift von dem sie Leistenden vor dem Notar anerkannt wird[14]. Nach § 25 Abs. 2 Satz 2 der Dienstordnung für Notare (= DONot) soll der Geburtstag der Beteiligten angegeben werden bei allen Beurkundungen und Beglaubigungen, die zu Eintragungen im Vereinsregister führen, sofern er ohne besondere Schwierigkeiten festgestellt werden kann (Ermessen des Notars). Die Befugnis, Unterschriften öffentlich zu be-

13 Vgl. z. B. § 74 Abs. 3, §§ 75, 76 Abs. 3 BGB.

14 § 40 Abs. 1 BeurkG; vgl. *BGH* DNotZ 1988, 259.

glaubigen, ist (aufgrund der Ermächtigung in § 63 BeurG) auch verliehen worden: in Baden-Württemberg den Ratschreibern[15], in Hessen den Vorstehern der Ortsgerichte[16] und in Rheinland-Pfalz den Ortsbürgermeistern, Gemeinde- und Stadtverwaltungen[17].
Wird die gesamte Anmeldeerklärung notariell beurkundet, so ersetzt dies die öffentliche Beglaubigung der Unterschrift (§ 129 Abs. 2 BGB).
Beurkundungsfehler, die nicht belanglos sind, führen zur Beanstandung der Anmeldung; eine gleichwohl vorgenommene Eintragung kann zur Amtslöschung führen. **2288**
Wegen der Anmeldung kann es zu einem gerichtlichen Streit zwischen dem Verein und dem Vorstand (Liquidator) kommen. Wird der Anmeldepflichtige rechtskräftig zur Abgabe der Anmeldeerklärung verurteilt (§ 894 ZPO), so ersetzt dies die Beurkundungsform[18]. Gleiches gilt, wenn die Anmeldeerklärung in einem gerichtlichen Vergleich enthalten ist (§ 127 a BGB). **2289**

1.2.5. Die Antragsberechtigung und die Anmeldeberechtigung bzw. -verpflichtung

In Nichtregistersachen erfordert die Antragstellung ein rechtliches Interesse des Antragstellers an einem gerichtlichen Tätigwerden (§§ 29, 37 Abs. 2 BGB). Wer ein solches nicht darlegen kann, kann nicht Antragsteller sein; der gleichwohl gestellte Antrag wird als unzulässig zurückgewiesen. Im Falle der Ermächtigung zur Berufung einer Mitgliederversammlung muß außerdem eine bestimmte Minderheit von Vereinsmitgliedern den Antrag stellen. Soll die Rechtsfähigkeit wegen zu geringer Mitgliederzahl entzogen werden, so kann nur der Vorstand einen dahingehenden Antrag stellen (§ 73 BGB). **2290**
Die Anmeldungen zum Vereinsregister sind immer Pflicht des Vorstandes bzw. der Liquidatoren. Die Erstanmeldung ist allerdings lediglich organschaftliche Pflicht. Die späteren Anmeldepflichten sind zwar auch organschaftliche Pflichten; hier konkurriert jedoch die öffentlich-rechtliche Pflicht zur Anmeldung (§ 77 BGB). **2291**
Hat ein Vorstandsmitlied seine Organstellung verloren (Amtsniederlegung, Widerruf der Bestellung, fehlende Wiederwahl), so ist damit auch die Anmeldeberechtigung entfallen[19]. Bei der Anmeldepflicht verbleibt es jedoch, wenn der Widerruf der Bestellung oder die Amtsniederlegung offensichtlich unwirksam ist[20]. In jedem Fall verbleibt die Anmeldeberechtigung und -verpflichtung bestehen, wenn das Ende der Organstellung erst nach dem Zeitpunkt eintritt, in dem die Eintragung vorgenommen wird[21]. **2292**
Vgl. zur Berechtigung, eine Vorstandsänderung anzumelden, Rn. 1353.
Soll eine konstitutive Eintragung (vgl. Rn. 2345) herbeigeführt werden, so muß die Zahl der zur Anmeldung Verpflichteten bis zur Eintragung bestehen blei- **2293**

15 § 3 Abs. 3, § 32 Abs. 4 des baden-württembergischen Landesgesetzes über die freiwillige Gerichtsbarkeit v. 12. 2. 1975 – GBl. S. 116 mit späteren Änderungen.
16 § 13 Abs. 1 d. hess. Ortsgerichtsgesetzes v. 2. 4. 1980 – GVBl. I. S. 113.
17 §§ 2, 1 d. Ges. über die Beglaubigungsbefugnis v. 21. 7. 1978 – GVBl. S. 597.
18 Vgl. *Baumbach/Hartmann* § 894 ZPO Rn. 11.
19 Vgl. *KG* JW 1927, 1703; BayObLGZ 1981, 227: GmbH.
20 *KG* JW 1937, 549; BayObLGZ 1981, 266/270: GmbH.
21 *KG* JW 1927, 1703; *LG München I* MittBayNot 1980, 81.

ben. Betrifft die Anmeldung eine Eintragung mit deklaratorischer Wirkung, so muß diese Zahl nur bis zum Eingang der Anmeldung vorhanden sein; hat z. B. der neubestellte Vorstand bis zu diesem Zeitpunkt seine Organstellung bereits wieder verloren, so muß er gleichwohl eingetragen und wieder gelöscht werden, denn aus dem Register muß ersichtlich sein, wer in der fraglichen Zeit den Verein vertreten hat.
Ist die erforderliche Zahl von Anmeldern zu den angeführten Zeitpunkten nicht vorhanden oder nimmt bei beabsichtigten konstitutiven Eintragungen ein Teil der Anmelder die Anmeldung zurück, kann der Verein demnächst auf dem satzungsmäßigen Wege keine Ersatzbestellung vornehmen, so muß auf Antrag eine Bestellung durch das Gericht (§§ 29, 48 BGB) vorgenommen werden[22].

1.2.6. Die gewillkürte Vertretung in gerichtlichen Vereinsangelegenheiten

2294 Im Verfahren der freiwilligen Gerichtsbarkeit können sich Beteiligte durch Bevollmächtigte vertreten lassen (§ 13 Satz 2 FGG). Nur auf Anordnung des Gerichts und auf Verlangen eines Beteiligten ist die Bevollmächtigung durch eine öffentlich beglaubigte Vollmacht nachzuweisen (§ 13 Satz 3 FGG). Der Bevollmächtigte braucht – vom Fall der Einlegung einer weiteren Beschwerde abgesehen (§ 29 Abs. 1 FGG) – kein Rechtsanwalt zu sein.
Die Anmeldeerklärung ist keine höchstpersönlich abzugebende Erklärung, die eine Bevollmächtigung ausschlösse (anders bei der handelsrechtlichen Zeichnungspflicht der Vorstandsmitglieder, vgl. Rn. 2403). Die anmeldepflichtigen Vorstandsmitglieder können somit einen Vorstandskollegen oder einen Dritten bevollmächtigen, die Anmeldeerklärung abzugeben oder zu unterschreiben. In diesem Fall muß jedoch die Vollmacht öffentlich beglaubigt sein (§§ 77, 129 BGB, §§ 39, 40, 63 BeurkG)[23]. Es genügt, daß die Vollmacht allgemein zur Anmeldung berechtigt[24]. Diese Grundsätze gelten auch, wenn sich die Bevollmächtigung allein auf die Einreichung der von den Vorstandsmitgliedern in öffentlich beglaubigter Form abgegebenen Anmeldeerklärung bei Gericht bezieht. Hier wird in der Praxis regelmäßig dem Urkundsnotar der Auftrag zur Einreichung der Anmeldeerklärung erteilt. Besteht eine Pflicht zur Anmeldung, so gilt die Vermutung, daß der Notar auch Vollmacht hat (§ 129 FGG). In den übrigen Fällen ist gleichwohl vom Notar im Regelfall keine schriftliche Vollmacht zu verlangen; aufgrund seiner beruflichen Stellung und der ihm obliegenden Standespflichten ist davon auszugehen, daß er nicht ohne Vollmacht handelt.

1.2.7. Die Rücknahme eines Verfahrensantrags bzw. einer Anmeldung

2295 Wer einen Verfahrensantrag gestellt hat, kann ihn auch wieder zurücknehmen, ohne daß eine Zustimmung erteilt werden muß. Die Antragsrücknahme führt regelmäßig, jedoch nicht immer, eine Hauptsacheerledigung herbei. Haben zwei Vereinsgläubiger den Antrag gestellt, dem Verein einen Vorstand zu bestellen, so beendet die Rücknahme eines Antrags das Verfahren nicht. Bei einem nach § 37 Abs. 2 BGB gestellten Antrag tritt dieser Zustand nur ein,

22 Vgl. BayObLGZ 1981, 227/231: GmbH.
23 Vgl. *KG* KGJ 33 A 143 und DR 1942, 725; *Keidel/Schmatz/Stöber* Rn. 1081 b.
24 KGJ a. a. O.

wenn die Zahl der den Antrag Zurücknehmenden so groß ist, daß die gesetzlich oder satzungsmäßig erforderliche Mindestzahl nicht mehr erreicht wird.
Eine Anmeldung kann bis zum Vollzug der Eintragung (§ 130 Abs. 1 FGG) formlos zurückgenommen werden[25]. Als verfahrensgestaltende Erklärung ist die Rücknahmeerklärung bedingungsfeindlich und nicht anfechtbar[26].
Wird eine Anmeldung zurückgenommen, so ist eine Eintragung unzulässig. **2296**
Eine gleichwohl vollzogene Eintragung ist rechtswidrig und muß zur Amtslöschung führen. Sind mehrere Vorstandsmitglieder anmeldepflichtig, so führt bereits die Zurücknahme einer Anmeldung ein Eintragungshindernis herbei; wird sie von den übrigen Vorstandsmitgliedern aufrechterhalten, so muß die Anmeldung zurückgewiesen werden. Hierbei wird nach herrschender Auffassung nicht zwischen Anmeldungen unterschieden, die eine konstitutive oder eine deklaratorische Eintragung herbeiführen sollen. Dieser Meinung ist uneingeschränkt zuzustimmen, wenn eine konstitutive Eintragung bezweckt wird. Bei deklaratorischen Eintragungen ist erwägenswert, ob die Rechtsprechung es in bestimmten Fällen nicht genügen lassen sollte, daß die Anmeldeerklärung und der Eintragungsantrag von allen Anmeldepflichtigen abgegeben bzw. gestellt worden ist und daß die Rücknahme bei zweifelsfrei gebotener Eintragung jedenfalls dann unschädlich ist, wenn ein Rechtsmißbrauch klar zutage tritt. Eine auf die Abgabe der Anmeldeerklärung (materiell-rechtliche Erklärung) beschränkte Vollmacht umfaßt nicht auch eine solche zur Rücknahme des Eintragungsantrags (verfahrensrechtliche Erklärung). Der Notar, der einen Antrag auf Eintragung (Antrag auf Vollzug) gestellt hat, kann diesen wieder zurücknehmen; die Erklärung muß mit seiner Unterschrift und dem Amtssiegel versehen sein (§ 24 Abs. 3 BNotO).
Besteht eine Anmeldepflicht, so führt die Zurücknahme des Antrags zu einem Registerzwang (§ 78 BGB), es sei denn, die Zurücknahme ist etwa mit der Aufhebung des satzungsändernden Beschlusses begründet.

1.2.8. Allgemeine Grundsätze zur gerichtlichen Prüfung bei einer Anmeldung

Die Prüfungspflicht des Registergerichts erstreckt sich in formeller Hinsicht auf **2297**
die Vollständigkeit und Ordnungsmäßigkeit der Anmeldung. In materieller Hinsicht obliegt dem Gericht im allgemeinen eine Prüfung nur dahingehend, ob die nachgesuchte Eintragung durch die Urkunden, die der Anmeldung beigefügt sind, gerechtfertigt wird oder ob sich in dieser Richtung Bedenken ergeben; begründeten Zweifeln an der Richtigkeit der in den Urkunden angegebenen Tatsachen oder Rechtsverhältnisse hat das Gericht jedoch nachzugehen[27].

1.2.9. Die Pflicht des Gerichts zur Ermittlung des Sachverhalts

Das Gericht hat die Pflicht, die zur Feststellung von Tatsachen erforderlichen **2298**
Ermittlungen durchzuführen und die geeignet erscheinenden Beweise zu erheben (§ 12 FGG). Dies gilt unabhängig davon, ob ein Verfahren auf Antrag oder von Amts wegen eingeleitet wird.

---

25 *OLG Düsseldorf* RPfl 1989, 201; *Keidel/Schmatz/Stöber* Rn. 22.
26 *Keidel/Kuntze/Winkler* § 12 FGG Rn. 13.
27 *OLG Hamm* OLGZ 1990, 257/259.

2299 In Antragsangelegenheiten muß der Antragsteller dem Gericht bestimmte Tatsachen vortragen bzw. – vor allem bei Anmeldungen – vom Gesetz vorgeschriebene Urkunden vorlegen. So müssen sich die Voraussetzungen einer Notbestellung aus der Antragsschrift ergeben (§ 29 BGB); im Verfahren nach § 37 Abs. 2 BGB müssen die Antragsteller belegen, daß sie vergeblich schriftlich vom Einberufungsorgan unter Angabe des Zwecks und der Gründe verlangt haben, eine Mitgliederversammlung einzuberufen. U. U. kann das Gericht nach § 12 FGG verpflichtet sein, auf Mängel eines Antrags oder einer Anmeldung hinzuweisen und Wege zur Beseitigung aufzuzeigen.

2300 Richtung und Umfang der erforderlichen Ermittlungen (§ 12 FGG) bestimmt das Gericht selbst nach den Tatbestandsmerkmalen der anzuwendenden materiellrechtlichen Vorschriften[28], ohne hierbei an gestellte Anträge gebunden zu sein. Trotz eines dahingehenden Begehrens eines Beteiligten brauchen nicht solche Ermittlungen angestellt zu werden, von denen brauchbare Ergebnisse nicht zu erwarten sind[29].

Kann nach Durchführung aller erfolgversprechenden Ermittlungen eine Tatsache nicht festgestellt werden, so gelten auch im Verfahren der freiwilligen Gerichtsbarkeit die Beweislastnormen; die Folgen der Nichtfeststellbarkeit oder der objektiven Beweislosigkeit richten sich nach den Grundsätzen über die objektive (materielle) Beweislast[30].

1.2.10. Die Aussetzung des gerichtlichen Verfahrens

2301 In Registersachen hat das Gericht die Möglichkeit der Aussetzung des Verfahrens nach den §§ 159, 127 FGG, in anderen Verfahren in entsprechender Anwendung des § 148 ZPO[31]. Voraussetzung einer Aussetzung ist, daß die zu erlassende Verfügung, zumindest teilweise, von der Beurteilung eines streitigen Rechtsverhältnisses abhängig ist. Der Streit kann sich im vorgerichtlichen oder im gerichtlichen Stadium befinden; das streitige Rechtsverhältnis kann auch Gegenstand eines Verwaltungsverfahrens bzw. Verwaltungsgerichtsverfahrens sein.

Die Aussetzung steht grundsätzlich im Ermessen des Gerichts. Es ist jedoch pflichtgemäß auszuüben. Grundsätzlich hat das Gericht Rechtsfragen, von denen die von ihm zu treffende Verfügung abhängt, selbst zu prüfen und zu entscheiden[32]. Vor allem in eiligen Sachen ist für eine Aussetzung kaum Raum; ist ein Notvorstand zu bestellen, weil ein Gläubiger des Vereins die Zustellung eines dinglichen Arrestes vornehmen will, der gegen den Verein erlassen worden ist, so kann nicht der vielleicht jahrelang dauernde Streit über die Abberufung des einzigen Vorstands abgewartet werden.

---

28 *OLG Köln* OLGZ 1989, 144/146.

29 *OLG Frankfurt* OLGZ 1981, 391/394.

30 Feststellungslast; vgl. *OLG Hamm* OLGZ 1989, 271/275.

31 Vgl. *Keidel/Kuntze/Winkler* § 12 FGG Rn. 64.

32 Vgl. RGZ 140, 174/181; *KG* JFG 8, 165/166 und WM 1967, 63; BayObLGZ 1963, 15/18; *OLG Frankfurt* OLGZ 1979, 5/7.

1.2.11. Zur Bindung des Registergerichts an Verwaltungsakte und an Entscheidungen anderer Gerichte (Gerichtsabteilungen)

An vollziehbare rechtsgestaltende und rechtsfeststellende Verwaltungsakte ist das Vereinsgericht gebunden (sog. Feststellungswirkung eines Verwaltungsakts), sofern nicht eine evidente Nichtigkeit eines Verwaltungsakts zu verzeichnen ist[33]. Die Entziehung der Rechtsfähigkeit (§ 43 BGB) ist somit als nicht nachprüfbarer Tatbestand hinzunehmen, wenn sich deshalb die Bestellung eines Notliquidators als erforderlich erweist. Hat das Landesjugendamt einen Verein zur Führung von Vereinsvormundschaften nach entsprechender Satzungsänderung für geeignet erklärt, so kann das mit der Eintragung der Satzungsänderung befaßte Gericht diese Eignung nicht in Frage stellen. **2302**

Das Gericht der freiwilligen Gerichtsbarkeit ist in streitigen und nichtstreitigen Angelegenheiten grundsätzlich an formell rechtskräftige Zivilurteile gebunden. Vgl. dazu näher Rn. 1839 ff. **2303**

1.3. Die Beanstandung der Anmeldung durch Zwischenverfügung und die Mängelbehebung durch den Verein; die Zurückweisung der Anmeldung

1.3.1. Die Zwischenverfügung

Vgl. dazu Rn. 175. **2304**

1.3.2. Die Mängelbehebung

Liegt der Mangel in der notariellen Beglaubigungsform, so ist er durch den Notar zu beheben. In der Regel wird jedoch eine erneute Beschlußfassung der Mitgliederversammlung erforderlich sein. Bei der Einladung genügt ein kurzer Hinweis auf die Beanstandung des Registergerichts und darauf, daß über die §§ 9 und 10 der Satzung erneut Beschluß zu fassen ist. Daß bei der Erstanmeldung erneut die Gründungsversammlung zuständig sein soll, wird in der Praxis kaum vorkommen, da der Vorstand des Vorvereins angemeldet haben wird und somit dessen Mitgliederversammlung zuständig ist[34]. Welche Mehrheiten für den Beschlußantrag oder für die Wiederholung einer Wahl erforderlich sind, richtet sich nach dem Beratungsgegenstand sowie nach der von der Satzung oder dem Gesetz vorgeschriebenen Mehrheit (z. B. für Satzungs- oder für Zweckänderungen oder für einen Auflösungsbeschluß). Der Beschluß ist in Abschrift formlos dem Registergericht einzureichen; die bereits vorliegende öffentlich beglaubigte Form der Anmeldung deckt die Nachreichung der Änderung ohne Beachtung einer Form. Die Gründungsversammlung kann den Vorstand ermächtigen, die Satzung zur Behebung eines vom Registergericht beanstandeten Mangels abzuändern. **2305**

1.3.3. Die Zurückweisung der Anmeldung

Die Erstanmeldung des Vereins, die den Erfordernissen der §§ 56 bis 59 BGB nicht entspricht, wird mit einem mit Gründen versehenen Beschluß des Rechtspflegers (in Ausnahmefällen: des Richters) zurückgewiesen (§ 60 BGB). **2306**

33 Vgl. § 44 VwVfG und die entsprechenden Ländervorschriften.

34 Vgl. jedoch BayObLGZ 1972, 29.

Diese Anmeldung und weitere Anmeldungen werden in gleicher Weise zurückgewiesen, wenn sich im Prüfungsverfahren des Registergerichts Fehler oder Mängel im formellen oder materiellen Bereich ergeben haben und wenn eine Mängelbehebung nach einer Beanstandung durch Zwischenverfügung in der gesetzten (evtl. verlängerten) Frist nicht möglich gewesen oder abgelehnt worden ist.
Bei der Erstanmeldung und bei der Anmeldung einer Satzungsänderung ist es nicht erforderlich, daß vor der Zurückweisung die Verwaltungsbehörde beteiligt wird.
Eine einheitliche Anmeldung kann grundsätzlich nur in vollem Umfang auch dann zurückgewiesen werden, wenn sich nur teilweise Fehler ergeben[35].

1.4. Die Rechtsbehelfe und Rechtsmittel in Vereinssachen

1.4.1. Allgemeines

2307 Rechtsbehelfe und Rechtsmittel haben die Überprüfung einer gerichtlichen Verfügung zum Ziel. Über einen Rechtsbehelf entscheidet das gleiche Gericht, über ein Rechtsmittel ein übergeordnetes Gericht.
Rechtsbehelfe sind der Einspruch im Zwangsgeldverfahren (§§ 159, 134 FGG), der Widerspruch im Amtslöschungsverfahren (§§ 159, 142 Abs. 3, § 141 Abs. 3 FGG) und die Erinnerung gegen die Entscheidung (Verfügung) des Rechtspflegers (§ 11 RPflG). Weiter gehört hierher die Wiedereinsetzung in den vorigen Stand, wenn die Frist zur Einlegung der befristeten Erinnerung oder der sofortigen Beschwerde sowie des (befristeten) Einspruchs versäumt worden ist (§ 22 Abs. 2, § 137 FGG).
Rechtsmittel sind die Erstbeschwerde und die weitere Beschwerde.

1.4.2. Die Erinnerung

2308 Die Vereinssachen sind dem Rechtspfleger übertragen (§ 3 Nr. 1 a RPflG). Gegen dessen Entscheidungen ist grundsätzlich (nur) die Erinnerung gegeben (§ 11 Abs. 1 Satz 1 RPflG).
Wirksam gewordene Verfügungen, die nicht mehr geändert werden können, sind einer Erinnerung nicht zugänglich (§ 11 Abs. 5 Satz 1 RPflG). Eine Erinnerung und eine Beschwerde gegen eine Eintragungsverfügung oder gegen die Registereintragung selbst sind nicht statthaft[36]. Die Erinnerung ist jedoch zulässig, wenn die Eintragungsverfügung noch nicht vollzogen und den Beteiligten bekannt gemacht worden ist (vgl. Rn. 205).
Ob eine Erinnerung befristet ist oder nicht, richtet sich danach, ob das Verfahrensgesetz bestimmt, daß die Beschwerde eine sofortige ist (vgl. § 11 Abs. 1 Satz 2 RPflG).
Für die Berechtigung, Erinnerung einlegen zu dürfen, gelten die für die Beschwerde maßgebenden Grundsätze (§ 11 Abs. 4 RPflG).

2309 Der Rechtspfleger kann der Erinnerung nicht abhelfen, wenn der Rechtsbehelf befristet ist oder wenn kein Rechtsmittel gegeben ist (§ 11 Abs. 1 Satz 2, Abs. 2

35 Vgl. *KG* JFG 5, 236/237; BayObLGZ 1978, 227/231; *BayObLG* DNotZ 1988, 50/52; *OLG Hamm* NJW-RR 1991, 1001.

36 Vgl. *BGH* NJW 1988, 1840.

Satz 1 RPflG), wie dies etwa bei einer Zwangsgeldandrohung (§ 132 FGG) oder bei der Bewilligung der Prozeßkostenhilfe der Fall ist (§ 14 FGG, § 127 Abs. 2 Satz 1 ZPO). Kann oder will der Rechtspfleger der Erinnerung nicht abhelfen, so legt er sie dem Richter vor (§ 11 Abs. 2 Satz 2 RPflG).

Der Richter der ersten Instanz entscheidet über die Erinnerung, wenn er sie für **2310**
zulässig und begründet erachtet oder wenn gegen die Entscheidung, falls er sie erlassen hätte, ein Rechtsmittel nicht gegeben wäre (§ 11 Abs. 2 Satz 3 RPflG). Letzteres ist etwa der Fall, wenn eine nicht bekanntgemachte Eintragungsverfügung angefochten wird. Hat der Richter der Erinnerung stattgegeben, so findet das nach dem FGG zulässige Rechtsmittelverfahren statt (§ 11 Abs. 3 RPflG). Die Erinnerung, welcher der Richter nicht abhilft, legt er dem Beschwerdegericht (Landgericht) vor und unterrichtet die Beteiligten hiervon (§ 11 Abs. 2 Satz 4 RPflG). In diesem Fall gilt die Erinnerung als Beschwerde gegen die Entscheidung des Rechtspflegers (§ 11 Abs. 2 Satz 5 RPflG).

Das Erinnerungsverfahren ist gerichtsgebührenfrei (§ 11 Abs. 6 Satz 1 RPflG). Die nachfolgenden Ausführungen über die Befristung eines Rechtsmittels und über die Beschwerdeberechtigung gelten sinngemäß auch für die Erinnerung (vgl. § 11 Abs. 4 RPflG).

1.4.3. Die befristete (sofortige) und die unbefristete (einfache) Beschwerde

Die Erinnerung ist befristet bzw. die Beschwerde ist eine sofortige, wenn das **2311**
Amtsgericht über einen Antrag nach § 37 Abs. 2 BGB eine stattgebende oder ablehnende Entscheidung getroffen hat (§ 160 FGG). Diese Befristung greift somit bei der Ermächtigung zur Berufung einer Mitgliederversammlung oder zur Ankündigung eines weiteren Tagesordnungspunktes, ebenfalls bei einer Bestimmung über den Vorsitz in der Versammlung sowie dann ein, wenn der Antrag abgelehnt worden ist.

In Vereinsregistersachen ist eine Befristung der Erinnerung bzw. der Be- **2312**
schwerde in folgenden Fällen gegeben:

- Die Anmeldung des Vereins oder einer Satzungsänderung ist zurückgewiesen worden (§§ 60, 71 BGB, § 160 a Abs. 1 FGG).
- Dem Verein ist gem. § 73 BGB die Rechtsfähigkeit entzogen worden (§ 160 a Abs. 2 Sätze 1 und 2 FGG).
- Gegen den anmeldepflichtigen Vorstand (Liquidator) ist Zwangsgeld festgesetzt (§ 133 FGG) oder der Einspruch verworfen und das angedrohte Zwangsgeld festgesetzt worden (§§ 159, 135 Abs. 2, § 139 Abs. 1 FGG).
- Im Amtslöschungsverfahren ist der Widerspruch gegen die Löschungsankündigung zurückgewiesen worden (§§ 159, 142 Abs. 3, § 141 Abs. 3 FGG).
- Es ist über einen Antrag auf Wiedereinsetzung in den vorigen Stand gegen die Versäumung der Erinnerungs-, Beschwerde- oder Einspruchsfrist entschieden worden (§ 22 Abs. 2, §§ 159, 137 FGG).

Die Frist zur Einlegung der befristeten Erinnerung bzw. sofortigen Beschwerde **2313**
beträgt zwei Wochen (§ 22 Abs. 1 Satz 1 FGG, § 11 Abs. 4 RPflG). Die Frist beginnt mit der Zustellung der Entscheidung (§ 22 Abs. 1 Satz 2 i. V. m. § 16 Abs. 2 Satz 1 FGG); einem Anwesenden kann die Entscheidung (Verfügung) auch zu Protokoll bekannt gemacht werden (§ 16 Abs. 3 FGG), wodurch ebenfalls der Fristlauf beginnt. Zu beachten ist, daß bei Verfügungen mit Be-

gründungszwang[37] die Zustellung der Beschlußformel oder die Protokollbekanntmachung der Formel allein die Beschwerdefrist nicht in Lauf setzt[38]; dies wird – gerade bei Protokollbekanntmachungen – vereinzelt übersehen. Muß eine Entscheidung mit untrennbarem Inhalt mehreren Personen förmlich bekanntgemacht werden, so beginnt die Beschwerdefrist erst mit der Bekanntmachung an den letzten Adressaten zu laufen[39].

2314 In allen anderen Vereins- und Vereinsregisterangelegenheiten ist die Erinnerung und Beschwerde nicht befristet. Dies ist etwa der Fall, wenn

- eine stattgebende oder ablehnende Entscheidung über die Bestellung eines Notvorstands getroffen,
- eine Anmeldung durch Zwischenverfügung beanstandet[40],
- die Anmeldung der Änderung des Vorstands, der Auflösung des Vereins, der ersten Liquidatoren sowie der Änderung der Liquidatoren zurückgewiesen,
- dem Antrag des Vorstands, dem Verein gem. § 73 BGB die Rechtsfähigkeit zu entziehen, nicht stattgegeben

worden ist,

- eine Zwischenentscheidung oder verfahrensleitende Anordnung, die in die Rechte eines Beteiligten eingreift, angegriffen wird und wenn das Rechtsmittel gegen die Endentscheidung befristet ist.

Das Recht, ein Rechtsmittel einlegen zu können, kann verwirkt sein. Das ist dann der Fall, wenn ein längerer Zeitraum verstrichen ist und sich die Beteiligten berechtigt darauf einstellen durften und sich auch tatsächlich darauf eingestellt haben, daß eine Anfechtung nicht mehr vorgenommen werde[41].

1.4.4. Die Einlegung der Erinnerung bzw. der Erstbeschwerde

2315 Die Erinnerung kann schriftlich oder zu Protokoll des Urkundsbeamten der Geschäftsstelle des Amtsgerichts eingelegt werden, dem der Rechtspfleger angehört. Die Beschwerde kann schriftlich oder zu Protokollerklärung wahlweise beim Amtsgericht, das die angefochtene Verfügung getroffen hat, oder beim zuständigen Landgericht eingelegt werden. Eine zu Protokoll der Geschäftsstelle eines anderen Gerichts eingelegte Erinnerung oder Beschwerde ist eine schriftliche Rechtsbehelfs- bzw. Rechtsmitteleinlegung; wenn die Erinnerung oder die Beschwerde befristet ist, muß das Protokoll fristgerecht beim zuständigen Amts- oder Landgericht eingehen.

Anwaltszwang besteht nicht (vgl. für die Erinnerung § 13 RPflG). Die Erinnerung oder die Beschwerde kann durch einen Bevollmächtigten, auch durch den Urkundsnotar, eingelegt werden.

1.4.5. Die Beschwerdeberechtigung nach § 20 Abs. 1 FGG

2316 Nach § 20 Abs. 1 FGG steht die Beschwerde jedem zu, dessen Recht durch die angegriffene Entscheidung beeinträchtigt ist. Erforderlich ist danach ein unmittelbarer Eingriff in ein im Zeitpunkt der Entscheidung bestehendes sub-

37 Vgl. z. B. § 60 BGB, er besteht jedoch auch sonst weitgehend.
38 *BGH* NJW 1963, 446/447.
39 BayObLGZ 1991, 52/57.
40 *OLG Köln* ZIP 1985, 1139.
41 Vgl. *OLG Frankfurt* FamRZ 1980, 826.

jektives Recht des Beschwerdeführers[42]. Es genügt für die Beschwerdeberechtigung, daß die Rechtsstellung des Beschwerdeführers durch die Entscheidung beeinträchtigt sein kann[43]. Die Rechtsbeeinträchtigung muß schlüssig behauptet werden[44].

Nicht ausreichend für eine Beschwerdeberechtigung nach § 20 Abs. 1 FGG ist **2317**
es, wenn die angefochtene Entscheidung nur mittelbar in die geschützte Rechtssphäre des Beschwerdeführers eingreift[45]. Gleiches gilt, wenn nur ein berechtigtes Interesse an der Änderung der Entscheidung besteht[46] oder wenn nur ein ideelles oder wirtschaftliches Interesse geltend gemacht werden kann[47].

Die Beschwerdeberechtigung nach § 20 Abs. 1 FGG wird vor allem in amts- **2318**
wegigen Verfahren geprüft. In Antragssachen richtet sich die Beschwerdeberechtigung nach § 20 Abs. 2 FGG; vgl. nachfolgend. Ausnahmsweise kann sich aber auch in Antragssachen (Anmeldungen zum Vereinsregister) eine Beschwerdeberechtigung nach § 20 Abs. 1 FGG ergeben. Dies ist z. B. dann der Fall, wenn bei einer Anmeldung nicht die erforderliche Zahl von Anmeldern mitgewirkt hat; dann kann von den Anmeldern mit der Beschwerde darauf hingewirkt werden, daß die erforderliche Zahl erreicht wird[48].

1.4.6. Die Beschwerdeberechtigung nach § 20 Abs. 2 FGG in Antragssachen

Soweit eine Verfügung nur auf Antrag erlassen werden kann[49] und der Antrag **2319**
zurückgewiesen worden ist, steht die Beschwerde nur dem Antragsteller zu (§ 20 Abs. 2 FGG). Über den Wortlaut dieser Vorschrift hinaus gilt dies auch dann, wenn eine Anmeldung durch Zwischenverfügung beanstandet wird. Ist einem Antrag teilweise stattgegeben und im übrigen zurückgewiesen worden, so greift für die Beschwerdeberechtigung hinsichtlich des zurückgewiesenen Teils § 20 Abs. 2 FGG ein[50].

Die Beschwerdeberechtigung nach § 20 Abs. 2 FGG erfordert, daß durch die Entscheidung unmittelbar in die Rechtsstellung des Beschwerdeführers eingegriffen worden ist (oder sein kann), wie dies § 20 Abs. 1 FGG verlangt. Diese Rechtsbeeinträchtigung kann aber nur der Antragsteller mit der Erinnerung oder Beschwerde geltend machen[51], wobei mehrere Antragsteller gemeinsam handeln müssen[52]. In Antragsverfahren hängt es vom Willen eines Antragstellers ab, ob ein solches Verfahren eingeleitet werden soll oder nicht; nur dem Antragsteller steht deshalb die Entschließung zu, ob sein Begehren mit

---

42 *BGH* NJW 1989, 1858.
43 *OLG Zweibrücken* RPfl 1989, 238.
44 *BayObLG* NJW 1992, 2362.
45 *BGH* NJW 1989, 1859/1860.
46 *BGH* NJW 1989, 1858.
47 BayObLGZ 1973, 244; *OLG Frankfurt* VersR 1980, 73/74.
48 *BayObLG* NJW-RR 1988, 873.
49 Bestellung eines Notvorstands nach § 29 BGB; Erteilung einer Ermächtigung an eine Vereinsminderheit nach § 37 Abs. 2 BGB; Anmeldung zum Vereinsregister, die einen Eintragungsantrag enthält.
50 *Jansen* § 160 a FGG Rn. 10.
51 *BGH* NJW 1989, 1860/1861; BayObLGZ 1986, 253 = RPfl 1986, 436.
52 *BayObLG* a. a. O.

einem Rechtsmittel weiterverfolgt oder ein neuer (geänderter) Antrag gestellt werden soll[53].

2320 Im Verlaufe des Erinnerungs- und Beschwerdeverfahrens kann es zu einer zulässigen Auswechslung des Antragstellers kommen. Hat der Verein durch drei Vorstandsmitglieder eine Anmeldung vorgenommen und ist diese zurückgewiesen worden, so sind im Falle eines zwischenzeitlichen Vorstandswechsels die neuen Vorstandsmitglieder berechtigt, Rechtsmittel gegen die Zurückweisung einzulegen. Die Möglichkeit, daß gegen die Zurückweisung eines Antrags auch der Antragsberechtigte, der nicht Antragsteller (der ersten oder zweiten Gerichtsinstanz) ist, beschwerdeberechtigt ist, setzt voraus, daß er zum Zeitpunkt seiner Beschwerdeeinlegung den Antrag noch wirksam stellen könnte[54]. Mitglieder einer Vereinsminderheit, die beim Vorstand nicht den Antrag auf Einberufung einer Mitgliederversammlung nach § 37 Abs. 1 BGB gestellt haben, können die Ablehnung der Ermächtigung einer Minderheit zur Berufung einer Mitgliederversammlung nicht mit der Beschwerde bekämpfen.

1.4.7. Zur Beschwerdeberechtigung von Vereinsmitgliedern in Registersachen des Vereins

2321 Ein Vereinsmitglied ist in Registersachen seines Vereins grundsätzlich nicht beschwerdeberechtigt.

Eine Ausnahme besteht dann, wenn durch eine gerichtliche Entscheidung nach dem Vortrag des beschwerdeführenden Mitglieds dessen eigenes sachliches Recht verletzt ist (§ 20 Abs. 1 FGG). Eine solche Beschwerdeberechtigung besteht z. B. dann, wenn es das Gericht abgelehnt hat, eine Registereintragung zu löschen, die aufgrund eines Beschlusses der Mitgliederversammlung zustande gekommen ist, den aber das Mitglied wegen Verstoßes gegen das Gesetz, die Satzung oder gegen allgemeine unverzichtbare Grundsätze des Vereinsrechts (Körperschaftsrechts) mit der zivilgerichtlichen Klage auf Unwirksamkeit anfechten könnte. Unter dieser Voraussetzung stellt die Anregung eines Löschungsverfahrens nur eine andere Form dar, das Anfechtungsrecht geltend zu machen. Zur Darlegung der Beschwerdeberechtigung muß das Vereinsmitglied einen Sachverhalt vortragen, wonach, dessen Richtigkeit unterstellt, das Mitglied bei zutreffender rechtlicher Würdigung berechtigt wäre, beim Zivilgericht auf Feststellung der Unwirksamkeit des Vereinsbeschlusses zu klagen[55].

1.4.8. Darstellung der Beschwerdeberechtigung in Einzelfällen:

2322 **Amtslöschungsverfahren:**

Siehe dort Rn. 2381.

2323 **Aussetzung des Verfahrens:**

Anmelder als Antragsteller[56]; jeder, der durch die Verfügung (Aussetzung oder Ablehnung) in seinen Rechten beeinträchtigt ist; auch der Beteiligte, dem nach § 127 Satz 2 FGG eine Frist zur Klageerhebung gesetzt worden ist[57];

---

53 Vgl. *KG* OLGZ 1990, 407/408.

54 *BGH* NJW 1993, 662; *BayObLG* NJW-RR 1991, 1505.

55 Vgl. *KG* OLGZ 1967, 97/100; BayObLGZ 1986, 528; 1988, 170/173 f.

56 *KG* NJW 1967, 401.

57 *Jansen* § 127 FGG Rn. 14.

Bestellungsverfahren nach § 29 BGB (Notvorstand, Notliquidator): 2324
Ablehnung: nur Antragsteller, gleiches gilt, wenn Antrag nur teilweise stattgegeben wurde;
Bestellung: Bestellter, verbliebene Vorstandsmitglieder (Liquidatoren), Vereinsmitglieder[58], Verein ja; Dritte ja, sofern sie Antragsrecht ausüben konnten (Rechtsschutzbedürfnis jedoch in der Regel nur hinsichtlich der Person des Bestellten);
Abberufung: wie Bestellung, nein für Dritten[59];
Ablehnung der Abberufung: wie Abberufung;
Erteilung der Ermächtigung zur Berufung einer Mitgliederversammlung bzw. zur Ergänzung der Tagesordnung (§ 37 Abs. 2 BGB): 2325
Ablehnung: nur antragstellende Minderheit gemeinschaftlich; nur teilweise stattgebende Verfügung: soweit abgelehnt, wie vorstehend (z. B. über Vorsitz nicht antragsgemäß entschieden, nicht alle Tagesordnungspunkte zugelassen), soweit stattgegeben, vgl. nachstehend;
Stattgabe: Nur der Verein und nicht auch das Einberufungsorgan, da es nur in organschaftlicher Vertretung für den Verein handelt[60]. Zu beachten ist:
Ist die Versammlung vor Einlegung der Beschwerde bereits ordnungsgemäß einberufen worden, erledigt sich die Hauptsache mit der Folge, daß die Beschwerde unzulässig wird; wird im Verlaufe des Beschwerdeverfahrens in dieser Weise einberufen, muß das Verfahrensziel auf die Kosten beschränkt werden, widrigenfalls die Beschwerde insgesamt unzulässig ist[61];
Entziehung der Rechtsfähigkeit (§ 73 BGB): 2326
Ablehnung des Antrags des Vorstands: Verein, vertreten durch den Vorstand in vertretungsberechtigter Zahl;
Ablehnung im amtswegigen Verfahren: Verein, jedes Vorstands- und Vereinsmitglied; außenstehende Dritte nur, wenn ihnen die Satzung ein Mitspracherecht (z. B. Vorstandsbestellung) einräumt; sonstige Dritte nein;
Stattgabe: wie Ablehnung im amtswegigen Verfahren;
Zurückweisung von Anmeldungen sowie Beanstandungen durch Zwischenverfügung: 2327
Erstanmeldung des Vereins: Beschwerdeberechtigt ist nach § 20 Abs. 2 FGG nur der Verein (vgl. Rn. 178).
spätere Anmeldungen, z. B. Vorstandsänderung, Satzungsänderung, Auflösung usw.: Nur der anmeldende Verein, vertreten durch den Vorstand[62], bei Ablehnung der Eintragung einer Vorstandsänderung auch der betroffene Vorstand.
Zwangsgeldverfahren: 2328
siehe dort Rn. 2371.

1.4.9. Einige weitere Grundsätze des Erstbeschwerdeverfahrens

Die Beschwerdeschrift, für die kein Anwaltszwang besteht, erfordert keinen 2329
Antrag und keine Begründung. Im amtswegigen Verfahren wird das Gericht

58 Eingriff in Wahlrecht, vgl. *KG* JFG 15, 101/102; BayObLGZ 1989, 298/302.
59 BayObLGZ 1978, 243/247; *Jansen* § 160 FGG Rn. 15.
60 BayObLGZ 1986, 289 m. w. N.; jedoch streitig.
61 *BayObLG* RPfl 1978, 377.
62 In gesamtvertretungsberechtigter Zahl; vgl. zur GmbH: BGHZ 105, 324/328 = NJW 1989, 295.

durch Anträge nicht gebunden; im Antragsverfahren kann es nicht über einen Beschwerdeantrag hinausgehen.

Das Beschwerdegericht prüft die Erstentscheidung nicht nur in rechtlicher Hinsicht, sondern unterzieht das ganze Sach- und Rechtsverhältnis, wie es sich im Zeitpunkt der zweitinstanziellen Entscheidung darstellt, einer eigenen rechtlichen Beurteilung; es tritt im Umfang der Beschwerde vollständig an die Stelle des Gerichts erster Instanz[63].

In der Beschwerdeinstanz können somit neue Tatsachen und Beweise eingeführt werden. Das Beschwerdegericht trifft u. U. die Ermittlungspflicht (§ 12 FGG), die das Erstgericht versäumt hat.

Was nicht Gegenstand der Entscheidung des Erstgerichts gewesen ist, kann nicht neu in das Beschwerdeverfahren eingeführt werden.

Die Beschwerde ist jederzeit rücknehmbar. Die Rücknahme der Beschwerde durch einen von mehreren anmeldeberechtigten oder anmeldepflichtigen Vorstandsmitgliedern macht die Beschwerde grundsätzlich insgesamt unzulässig.

2330 Die Beschwerde hat grundsätzlich keine aufschiebende Wirkung; hiervon ausgenommen sind u. a. Verfügungen, die Zwangsmittel (z. B. Zwangsgeld) festgesetzt haben (§ 24 Abs. 1 FGG). Da Erstgerichte von der ihnen eingeräumten Ermächtigung, die Vollziehung ihrer angefochtenen Verfügung auszusetzen (§ 24 Abs. 2 FGG), in der Praxis kaum Gebrauch machen, ist in geeigneten Fällen (z. B. Gebrauchmachen von der Ermächtigung zur Berufung einer Mitgliederversammlung) der Verfahrensantrag zu empfehlen, das Beschwerdegericht möge die Vollziehung der angefochtenen Verfügung aussetzen (§ 24 Abs. 3 FGG).

Die Entscheidung des Beschwerdegerichts kann lauten auf Verwerfung als unzulässig, Zurückweisung als unbegründet, auf Aufhebung oder Abänderung – evtl. mit einer ersetzenden oder neugefaßten Entscheidung – und im Falle der Anfechtung einer Zwischenverfügung, von den darin geäußerten Bedenken Abstand zu nehmen. Trotz eines dahingehenden Antrags kann das Beschwerdegericht bei Zwischenverfügungen nicht zur Eintragung anweisen.

2331 Ist gegen die Beschwerdeentscheidung die sofortige Beschwerde statthaft[64], so wird die Entscheidung erst mit der Rechtskraft (Fristablauf für das weitere Rechtsmittel, Verzicht) wirksam, es sei denn, das Beschwerdegericht hat die sofortige Wirksamkeit seiner Entscheidung angeordnet (§ 26 FGG).

1.4.10. Die weitere Beschwerde als Rechtsbeschwerde

1.4.10.1. Statthaftigkeit, Form, Frist und Beschwerdeberechtigung

2331 Gegen die Entscheidung des Beschwerdegerichts ist die weitere Beschwerde zulässig (§ 27 FGG). Mit diesem Rechtsmittel anfechtbar sind die die Beschwerdeinstanz abschließenden Entscheidungen, aber auch Zwischen- und Teilentscheidungen (auch Aussetzung des Verfahrens), grundsätzlich jedoch nicht verfahrensleitende Verfügungen. Mit der weiteren Beschwerde kann auch die auf eine Zwischenverfügung ergangene landgerichtliche Entscheidung angefochten werden.

63 BayObLGZ 1980, 20/22; *OLG Celle* OLGZ 1988, 287/290.

64 Fall des § 37 BGB i. V. m. § 160 Satz 2 FGG.

Die weitere Beschwerde kann nicht privatschriftlich eingelegt werden; eine gleichwohl so erhobene Beschwerde wird ohne Sachprüfung als unzulässig verworfen. Es sind folgende Möglichkeiten eröffnet: 2332

- Das Rechtsmittel kann zu Protokoll des Rechtspflegers des mit der Sache befaßten Amts- oder Landgerichts oder des für die Entscheidung über die weitere Beschwerde zuständigen Oberlandesgerichts (in Bayern: des Bayer. Obersten Landesgerichts) eingelegt werden (§ 29 Abs. 1 Satz 1 FGG).
- Die Beschwerdeschrift wird von einem Rechtsanwalt unterzeichnet und bei einem der genannten Gerichte eingereicht (§ 29 Abs. 1 Satz 2 FGG).
- Ein Notar legt für den Beschwerdeführer die weitere Beschwerde ein; dazu ist der Notar jedoch nur dann befähigt (postulationsfähig), wenn er in der ersten Instanz irgendeinen den Verfahrensbetrieb betreffenden Antrag[65] gestellt hat (§ 29 Abs. 1 Satz 3 FGG).

War die Erstbeschwerde eine sofortige, so ist es auch die weitere (§ 29 Abs. 2 FGG). Die zweiwöchige Beschwerdefrist läuft ab Zustellung der landgerichtlichen Entscheidung. Im übrigen ist die weitere Beschwerde nicht befristet. 2333

Zur weiteren Beschwerde ist derjenige berechtigt, dessen Erstbeschwerde erfolglos geblieben ist, also als unzulässig verworfen oder als unbegründet zurückgewiesen worden ist[66]. 2334

Wer keine Erstbeschwerde eingelegt hat, ist zur weiteren Beschwerde dann berechtigt, soweit ihn erstmals die landgerichtliche Entscheidung i. S. d. § 29 Abs. 4, § 20 FGG beschwert[67].

1.4.10.2. Hinweise für die Begründung dieses Rechtsmittels

Das Gericht der weiteren Beschwerde ist kein Tatsachengericht, es ist ein Rechtsbeschwerdegericht. Es prüft die angefochtene landgerichtliche Entscheidung nur daraufhin nach, ob sie auf einer Verletzung des Gesetzes beruht oder beruhen kann (§ 27 FGG, § 550 ZPO). 2335

Daraus folgt: Die nicht notwendige, aber meist zweckmäßige Begründung der weiteren Beschwerde darf sich nicht in der Darstellung eines von den Feststellungen des Landgerichts abweichenden Sachverhalts erschöpfen; an rechtsfehlerfreie Feststellungen des Landgerichts ist das Rechtsbeschwerdegericht gebunden. Ein in der Tatsacheninstanz versäumter Sachvortrag kann nunmehr nicht mehr nachgeholt werden. Dies gilt grundsätzlich auch für solche Tatsachen und Beweismittel, die erst nach Abschluß des landgerichtlichen Verfahrens bekanntgeworden sind.

Ausnahmsweise ist in folgenden Fällen ein (neuer) Sachvortrag zulässig: 2336

- Es soll dargetan werden, daß das Gesetz in bezug auf das Verfahren verletzt worden ist; Beispiel: Das Landgericht hat die sofortige Beschwerde wegen Verfristung verworfen; der Rechtsbeschwerdeführer kann mit Urkunden und Tatsachenvortrag belegen, daß die Beschwerdefrist nicht versäumt worden ist; oder: das Landgericht hat die Beschwerde verworfen, weil die Vollmacht für einen Rechtsanwalt nur von einem Vorstandsmitglied unterschrieben worden ist, obwohl Gesamtvertretung zweier Vorstandsmitglieder

65 Vollzugsantrag, Einlegung der Erinnerung vgl. *BayObLG* NJW 1987, 136/137.
66 § 29 Abs. 4 i. V. m. § 20 Abs. 1 FGG; vgl. BGHZ 31, 92/95; BayObLGZ 1989, 187/190.
67 BayObLGZ 1986, 496.

besteht; es wird nachgewiesen, daß das weitere Vorstandsmitglied den Kollegen bevollmächtigt hat, die Verfahrensvollmacht zu erteilen.
- Es wird gerügt, daß die landgerichtlichen Feststellungen verfahrenswidrig zustandegekommen sind; so, wenn gebotene Ermittlungen (§ 12 FGG) unterlassen worden sind oder wenn das rechtliche Gehör nicht gewährt worden ist. Es kann auch gerügt werden, daß die getroffenen Feststellungen aktenwidrig sind, sofern das Landgericht nicht in den Gründen darlegt, warum es zu seinen Feststellungen gelangt ist.
- Neue Tatsachen können dann vorgetragen bzw. neue Beweismittel vorgebracht werden, wenn es gerechtfertigt wäre, die Wiederaufnahme des Verfahrens i. S. d. ZPO zuzulassen[68].

Ein Angriff gegen die Beweiswürdigung des Landgerichts hat nur Erfolg, wenn dargetan werden kann, sie verstoße gegen Denkgesetze oder feststehende Erfahrungssätze, oder wenn naheliegende Erfahrungssätze nicht berücksichtigt worden sind[69].

Es kann schließlich auch gerügt werden, das Landgericht habe Tatsachen und Beweisangebote, die für die Entscheidung von Erheblichkeit sind oder sein können, nicht in Erwägung gezogen.

Uneingeschränkt bekämpft werden kann die Rechtsansicht des Landgerichts.

2. Das Vereinsregister

2.1. Vorschriften für die Register- und Aktenführung

2.1.1. Bestimmungen für die Registerführung in Karteiform

2337 Früher wurde das Vereinsregister einheitlich in festen Bänden geführt. Maßgebend waren die Bestimmungen des Bundesrats über das Vereinsregister und das Güterrechtsregister vom 3. 11. 1898[70], die durch landesrechtliche Vorschriften ergänzt worden sind[71].

Nunmehr wird in den alten Bundesländern und zum Teil auch in den neuen Bundesländern das Vereinsregister (noch) in Karteiform geführt. Hierzu haben die Justizministerien Ausführungsvorschriften erlassen, die, soweit sie die vorzunehmenden Eintragungen betreffen, im wesentlichen einheitlich sind. Daneben gelten die VGBest. und die früheren Ländervorschriften weiter.

Im wesentlichen übereinstimmende Länderbestimmungen bestehen in Baden-Württemberg (AV v. 2. 9. 1963 – Die Justiz 1963, 292), Bayern (Bek. v. 4. 9. 1981 – JMBl. S. 170, mit Änd. v. 7. 1. 1985 – JMBl. S. 2), Berlin (AV v. 22. 4. 1975 – ABl. S. 1147), Hamburg (AV v. 27. 11. 1968 – JVBl. S. 111), Hessen (RdErl. v. 6. 11. 1981 – JMBl. S. 587), Niedersachsen (AV v. 13. 4. 1964 – NdsRpfl. S. 99), Nordrhein-Westfalen (AV v. 19. 12. 1986 – JMBl. 1987 S. 15), Rheinland-Pfalz

---

68 *Keidel/Kuntze/Winkler* § 27 FGG Rn. 43 m. w. N.

69 *Keidel/Kuntze/Winkler* § 27 FGG Rn. 47.

70 ZBl. für das Deutsche Reich S. 438, geändert durch Beschluß des Reichsrats vom 24. 1. 1924, RMBl. S. 22.

71 Vgl. z. B. für Preußen AVen v. 6. 11. 1899 – JMBl. S. 299, v. 27. 12. 1911 – JMBl. 1912 S. 3 und v. 25. 2. 1924 – JMBl. S. 85; vgl. wegen der weiteren Ländervorschriften 2. Aufl. Rn. 902.

(RdSchr. v. 22. 3. 1983 - JMBl. S. 76), Schleswig-Holstein (AV v. 9. 1. 1984 - SchlHA S. 37) und Thüringen (Verwaltungsvorschrift v. 10. 6. 1993 - JMBl. S. 157). Die Verwaltungsvorschrift des Thüringer Justizministeriums zur Führung des Vereinsregisters lautet:

§ 1 Registerführung

(1) Das Vereinsregister wird in Karteiform nach dem anliegenden Muster geführt.
(2) Die Reihenfolge der Karteiblätter bestimmt sich nach der Registernummer, welche die Vereine bei der Eintragung erhalten.
(3) Die Karteiblätter werden in verschließbaren Karteikästen aufbewahrt.

§ 2 Einordnen der Karteiblätter

(1) Die Karteiblätter werden am oberen Rande mit Farbsignalen aus selbstklebender Kunststoffolie versehen, um ein falsches Einordnen zu verhindern. Zu diesem Zweck sind sie auf der Vorderseite mit einer Ziffernleiste versehen, deren Felder dreimal die Ziffern 9 bis 0 enthalten. Auf dieser Leiste können von links nach rechts Tausender, Hunderter und Zehner der jeweiligen Registernummer gekennzeichnet werden. Dies geschieht in der Weise, daß ein Farbsignal über die obere Kante des Karteiblattes auf das zu kennzeichnende Feld und mit dem anderen Teil auf die Rückseite des Blattes geklebt wird.
(2) Die Ziffern werden durch folgende Farben dargestellt:

1 = violett	6 = hellgrün
2 = schwarz	7 = rosa
3 = dunkelrot	8 = dunkelblau
4 = weiß	9 = braun
5 = orange	0 = dunkelgrün

(3) Von einer Kennzeichnung der Karteiblätter mit Farbsignalen kann abgesehen werden, wenn nicht mehr als etwa 200 Vereine eingetragen sind.

§ 3 Mehrere Karteiblätter

Sobald für die Eintragung zwei oder mehrere Karteiblätter benötigt werden, sind sämtliche Blätter eines Vereins in einem Umschlag einzustellen. Auf dem Umschlag ist die Anzahl der angelegten Karteiblätter in den dafür vorgesehenen Feldern zu vermerken.

§ 4 Herausnahme von Karteiblättern

(1) Wird ein Karteiblatt der Kartei zum Gebrauch außerhalb der Geschäftsstelle entnommen, so muß eine Kontrollkarte eingestellt werden. Die Kontrollkarte soll die obere Kante der Karteiblätter um einen Zentimeter überragen.
(2) Die Karteiblätter gelöschter Vereine sind aus der Kartei zu entfernen und gesondert aufzubewahren.

§ 5 Handblatt

(1) Für jedes Registerblatt ist ein dem Inhalt des Registers wörtlich entsprechendes Handblatt der selben Größe zu führen. Die Eintragungen des Handblattes, das in den Registerakten aufzubewahren ist, sind im Durchschlagwege herzustellen.

(2) Die Eintragungsbenachrichtigungen sind unter Verwendung der entsprechenden Vordrucke gleichzeitig mit den Eintragungen auf dem Karteiblatt und im Handblatt im Durchschlagweg anzufertigen.

§ 6 Eintragung in das Vereinsregister

(1) Auf dem Karteiblatt sind folgende Eintragungen vorzunehmen:

1. In Spalte 1 ist die laufende Nummer der Eintragung anzugeben.
2. In Spalte 2 sind unter a) der Name und unter b) der Sitz des Vereins anzugeben.
3. In Spalte 3 sind die jeweiligen Mitglieder des Vorstands und die jeweiligen Liquidatoren mit Familien- und Vornamen, Geburtsdatum und Wohnort einzutragen. Soweit zur Klarstellung erforderlich, ist auch die Stellung im Vorstand einzutragen.
4. In Spalte 4 sind unter der Überschrift »Rechtsverhältnisse« insbesondere einzutragen:

a) der Tag der Errichtung der Satzung;
b) die Änderung des Vorstandes und der Liquidatoren;
c) Bestimmungen der Satzung, die die Vertretungsmacht oder die Beschlußfassung des Vorstandes oder der Liquidatoren abweichend von den gesetzlichen Bestimmungen regeln;
d) der Tag einer Satzungsänderung und, soweit diese einen der im Buchstaben c) erwähnten Bestimmungen betrifft, ihr Inhalt, andernfalls eine allgemeine Zeichnung des Gegenstandes der Änderung;
e) die Auflösung, die Entziehung der Rechtsfähigkeit, die Eröffnung des Konkurses und die Aufhebung des Eröffnungsbeschlusses, die Eröffnung und Aufhebung des Vergleichsverfahrens sowie die Beendigung der Liquidation und eine Fortsetzung des Vereins;
f) Bestimmungen, welche die Beschlußfassung der Liquidatoren abweichend von den gesetzlichen Bestimmungen regeln und nicht schon in der Satzung enthalten sind.
g) In Spalte 5 ist unter a) der Tag der Eintragung anzugeben und die Eintragung von dem Urkundsbeamten der Geschäftsstelle zu unterschreiben. Unter b) ist auf die Satzung und satzungsändernden Beschlüsse durch Angabe der Blattzahl der Registerakten hinzuweisen; ferner sind dort sonstige Bemerkungen einzutragen.

§ 7 Eintragungsverfahren

(1) Die Eintragungen in das Register erfolgen aufgrund einer Verfügung des Amtsgerichts. Die Verfügung soll den Wortlaut der Eintragung feststellen.

(2) Jede Eintragung ist mit einem Querstrich von der folgenden Eintragung zu trennen und in den Registerakten bei der gerichtlichen Verfügung zu vermerken.

§ 8 Änderung des Inhalts und Löschungen

(1) Änderungen des Inhalts einer Eintragung sowie Löschungen sind unter einer neuen laufenden Nummer in der Spalte des Registers einzutragen, in welcher die zu ändernde oder zu löschende Eintragung vermerkt ist. Eintragungen, die durch spätere Eintragungen gegenstandslos geworden sind, sind rot zu unterstreichen.

(2) Wird der Inhalt einer Eintragung durch eine spätere Eintragung nur teilweise geändert, so ist bei der ursprünglichen Eintragung in Spalte 5 auf die spätere Eintragung zu verweisen.

§ 9 Berichtigung von Eintragungen

Schreibfehler und ähnliche offenbare Unrichtigkeiten einer Eintragung sind neben dieser Eintragung in Spalte 5 unter b) zu berichtigen.

§ 10 Namenkartei

Zum Vereinsregister wird ein Namenverzeichnis in Karteiform geführt.

§ 11 Inkrafttreten

Die Verwaltungsvorschrift tritt am Tage nach ihrer Veröffentlichung in Kraft.

Anlage
Vorderseite

Amtsgericht			Vereinsregister	Blatt VR
Nr. der Eintragung	a) Name b) Sitz des Vereins	Vorstand Liquidatoren	Rechtsverhältnisse (Satzung, Vertretung, Auflösung, Entziehung der Rechtsfähigkeit, Konkurs usw.)	a) Tag d. Eintragung u. Unterschrift b) Bemerkungen
1	2	3	4	5
			Fortsetzung Rückseite	

Rückseite

Amtsgericht			Vereinsregister	von Blatt VR
Nr. der Eintragung	a) Name b) Sitz des Vereins	Vorstand Liquidatoren	Rechtsverhältnisse (Satzung, Vertretung, Auflösung, Entziehung der Rechtsfähigkeit, Konkurs usw.)	a) Tag d. Eintragung u. Unterschrift b) Bemerkungen
1	2	3	4	5
			Fortsetzung auf dem ...ten Blatt	

2.1.2. Die Registerakten und das Namensverzeichnis

2338 Für jeden eingetragenen Verein werden besondere Registerakten gebildet[72]. Bei der Aktenführung ist darauf zu achten, daß Schriftstücke der unbeschränkten und auf den Nachweis eines berechtigten Interesses beschränkten Einsicht unterliegen (vgl. nachfolgend).
Vgl. zur Aktenführung § 10 VGBest. bzw. § 24 AktO.
Das jeweilige Aktenzeichen besteht aus der abgekürzten Bezeichnung des Registers VR und der Eintragungsnummer (§ 4 Nr. 5 AktO).
Zu dem Vereinsregister wird ein alphabetisches Verzeichnis der Vereine geführt (§ 11 VGBest. bzw. § 23 Nr. 2 AktO).

2.1.3. Führung des Vereinsregisters im Wege der elektronischen Datenverarbeitung

2338 a Durch Art. 10 des Registerverfahrensbeschleunigungsgesetzes v. 20. 12. 1993 (BGBl. I S. 2182) wurde § 55 a in das BGB eingefügt, der die Umstellung des Vereinsregisters auf EDV ermöglicht. Erforderlich ist eine Rechtsverordnung (§ 55 a Abs. 1 BGB). Nach den Planungen der Landesregierungen wird eine solche VO erst im Anschluß an den Erlaß entsprechender VO zum vordringlicheren EDV-Grundbuch und zum EDV-Handelsregister in Angriff genommen. Ist die Umstellung vorgenommen worden, so wird eine Eintragung – in Abweichung von §§ 159, 127 FGG – wirksam, sobald sie in den für die Registereintragungen bestimmten Datenspeicher aufgenommen ist und auf Dauer inhaltlich unverändert in lesbarer Form wiedergegeben werden kann (§ 55 a Abs. 4 Satz 1 BGB). Jede Eintragung soll den Tag angeben, an dem sie wirksam geworden ist (§ 55 a Abs. 4 Satz 3 BGB). Das Fehlen einer Datierung berührt aber die Wirksamkeit der Eintragung nicht[73]. – Das Vereinsverzeichnis (das aufgrund der Bestimmungen des Bundesrates v. 3. 11. 1989 zu führen ist, vgl. Rn. 2337) wird ebenfalls elektronisch geführt (§ 55 a Abs. 2 BGB). Für die Registerakten ist keine Umstellung auf EDV vorgesehen. Für die Aktenverwahrung bestimmt § 55 a Abs. 5 Satz 1 BGB, daß die zum Vereinsregister eingereichten Schriftstücke durch eine auch verkleinerte Wiedergabe auf Datenträger aufbewahrt werden können[74]. Die Landesregierungen können anordnen, daß die Datenübermittlung an andere Amtsgerichte zugelassen wird (§ 55 a Abs. 6 Satz 2 BGB), wodurch die Registereinsicht und die Erteilung von Ausdrucken auch bei einem Amtsgericht ermöglicht wird, das nicht Registergericht ist.

2.2. Die Einsicht in das Vereinsregister und in die Registerakten; die Erteilung von Abschriften und von Bescheinigungen

2.2.1. Die freie Registereinsicht

2339 Ohne Nachweis eines Interesses kann jedermann während der üblichen Dienststunden in das Vereinsregister Einsicht nehmen (§ 79 Satz 1 BGB). Der Interessent kann nicht auf eine mündliche Unterrichtung aus den Akten ver-

---

72 § 10 VG-Best. bzw. – in Bayern und Hessen – § 24 AktO.
73 *Palandt/Heinrichs* § 55 a BGB Rn. 5.
74 *Palandt/Heinrichs* a. a. O. Rn. 7.

wiesen werden[75]. Der Einsichtnehmende kann die Registereintragung ganz oder teilweise abschreiben. Die Grenze des freien Einsichtsrechts ist der offensichtliche Rechtsmißbrauch des Querulanten. Kindern wird die Einsicht versagt werden können.

2.2.2. Das Recht auf Einsicht in die Registerakten

Die Urkunden, die der Verein dem Registergericht eingereicht hat, gelten auch **2340**
als für die Öffentlichkeit bestimmt. In diese besteht – wie beim Register – ein freies Einsichtsrecht (§ 79 Satz 1 BGB).
In andere Schriftstücke, die die Registerakten enthalten, darf Einsicht nur gewährt werden, wenn der Gesuchsteller ein berechtigtes Interesse glaubhaft machen kann (§ 34 FGG). Zu diesen Schriftstücken gehören z. B. die Stellungnahme der am Eintragungsverfahren beteiligten Verwaltungsbehörde, Eingaben von Vereinsmitgliedern, aber auch gerichtliche Verfügungen.
Auf diese unterschiedliche Einsichtsmöglichkeit ist bei der Aktenführung zu achten (vgl. auch § 24 Nr. 1 AktO).
Die Einsicht in beigezogene Akten kann nur gewährt werden, wenn die aktenführende Stelle dazu ihre Zustimmung gegeben hat.
Die Einsicht berechtigt auch zur Fertigung von Abschriften.

2.2.3. Das Recht auf Erteilung von Abschriften

Jedermann kann weiter verlangen, daß ihm das Registergericht eine einfache **2341**
oder eine beglaubige Abschrift von den Eintragungen im Vereinsregister, die einen bestimmten Verein betreffen, erteilt (§ 79 Satz 2 BGB). Aus den Registerakten können beglaubigte oder unbeglaubigte Abschriften dann verlangt werden, wenn der Gesuchsteller ein berechtigtes Interesse glaubhaft machen kann (§ 34 FGG). – Ist das Vereinsregister auf EDV umgestellt und werden Schriftstücke nach § 55 a Abs. 5 BGB aufbewahrt, so kann eine Abschrift nur von der Wiedergabe gefordert werden (§ 79 Abs. 1 Satz 3 BGB). Die Abschrift ist auf Verlangen zu beglaubigen (§ 79 Abs. 1 Satz 4 BGB). Eine Einsicht in das Original ist nur gestattet, wenn ein berechtigtes Interesse darin dargelegt wird (§ 79 Abs. 1 Satz 5 BGB).
Zur schriftlichen oder mündlichen Erteilung von bloßen Auskünften aus dem Register ist das Gericht nicht verpflichtet[76]; es braucht auch nicht lediglich zu bescheinigen, daß an einem bestimmten Tag eine bestimmte Person als alleiniger Vorstand des Vereins eingetragen gewesen ist[77].

2.2.4. Das Recht auf Erteilung von Zeugnissen aus dem Vereinsregister

Jedermann kann ohne Nachweis eines Interesses vom Registergericht eine Be- **2342**
scheinigung darüber verlangen, daß bezüglich des Gegenstandes einer Eintragung weitere Eintragungen im Vereinsregister nicht vorhanden sind oder daß eine bestimmte Eintragung in das Register nicht vorgenommen worden ist (§ 162 FGG; sog. Negativzeugnis).
In gleicher Weise kann ferner jedermann verlangen, daß ihm zur Vorlage bei Gericht oder Behörden ein Zeugnis erteilt wird über die Zusammensetzung des

---

75 *OLG Hamm* JMBlNRW 1952, 95.
76 Vgl. *KG* DFG 1937, 226.
77 Vgl. *KG* RJA 1, 150.

Vorstands (der Liquidatoren), über die evtl. bestehende Beschränkung des Umfangs der Vertretungsmacht der Vertretungsorgane sowie darüber, daß die Beschlußfassung des Vorstands (der Liquidatoren) abweichend von der Vorschrift des § 28 Abs. 1 BGB bzw. § 48 Abs. 3 BGB geregelt ist[78].

2.2.5. Die Notarbescheinigungen

2343 Der Notar[79] kann eine Bescheinigung über die Vertretungsberechtigung des Vorstands oder der Liquidatoren erteilen, nachdem er das Register oder eine beglaubigte Abschrift desselben eingesehen hat; diese Bescheinigung hat die gleiche Beweiskraft wie ein Zeugnis des Registergerichts (§ 21 BNotO i. V. m. § 39 BeurkG). Weiter kann der Notar über Eintragungen im Vereinsregister eine Bescheinigung erteilen, die zur Vorlage beim Grundbuchamt dient[80]. Wird dargelegt, daß eine Verwendung im Ausland vorgesehen ist, so kann der Notar auch eine Bescheinigung über das Bestehen des Vereins als juristische Person, über seinen Sitz sowie über sonstige rechtserhebliche Tatsachen erteilen, soweit sich diese aus dem Register ergeben (§ 22 a BNotO i. V. m. § 39 BeurkG).

2.3. Die Bedeutung der Eintragungen im Vereinsregister

2.3.1. Der gesetzlich begrenzte Kreis der eintragungsfähigen Tatsachen und Rechtsverhältnisse sowie die Ausnahmen

2344 In das Vereinsregister können nicht beliebige Tatsachen oder Rechtsverhältnisse eingetragen werden, sondern grundsätzlich nur solche, die das Gesetz[81] zuläßt[82].

Ausnahmsweise können weitere Tatsachen und Rechtsverhältnisse eingetragen werden, wenn dies die dem Vereinsregister zukommende Funktion erfordert, die Öffentlichkeit über die Verhältnisse des Vereins zu unterrichten[83]. Dazu gehört z. B. die Eintragung des besonderen Vertreters i. S. d. § 30 BGB (vgl. Rn. 1573) und die Befreiung des Vorstands von den Beschränkungen des § 181 BGB (vgl. Rn. 195).

2.3.2. Die rechtserzeugenden und die rechtsfeststellenden Eintragungen

2345 Rechtserzeugend (konstitutiv) ist eine Eintragung im Vereinsregister, wenn durch sie ein Rechtsverhältnis begründet, geändert oder aufgehoben wird. Eine solche Wirkung hat die Eintragung des Vereins im Vereinsregister (§ 64 BGB) und die einer Satzungsänderung (§ 71 BGB). Beide Eintragungen sind gleichwohl in ihrer rechtlichen Auswirkung nicht ganz gleich. Während der Verein mit der Eintragung auch dann die Rechtsfähigkeit erlangt, wenn die Satzung insgesamt nichtig ist – die Grenze bildet die Eintragung einer Personenverbindung, der jegliche körperschaftliche Struktur fehlt –, wird ein nichtiger Sat-

78 §§ 69, 70 BGB; vgl. *Keidel/Schmatz/Stöber* Rn. 1161.
79 Vgl. für Baden-Württemberg § 3 Abs. 1 LFGG.
80 *Promberger* RPfl 1977, 355; *Stöber* Rn. 307.
81 Vgl. z. B. §§ 64, 67, 71 BGB.
82 Vgl. RGZ 85, 138/141 f.; *KG* JFG 2, 280/281 = OLGE 44, 115; BayObLGZ 1981, 71/75.
83 Vgl. *RG* DR 1944, 195/196; BGHZ 87, 59/61 f. = NJW 1983, 1676; *BGH* NJW 1989, 295/299; *KG* DR 1943, 982; BayObLGZ 1987, 186 und 449/452.

zungsänderungsbeschluß mit der Eintragung nicht geheilt; er bleibt unwirksam. Konstitutiv wirken auch die Eintragungen, welche die Eintragung des Vereins oder der Satzungsänderung wieder beseitigen. Mit der Löschung der Gesamteintragung des Vereins wird der Verlust der Rechtsfähigkeit herbeigeführt, und zwar entweder sofort, wenn der Fiskus Anfallberechtigter ist, sonst mit der Vollbeendigung der Liquidation. Mit der Löschung des Eintrags einer Satzungsänderung ist der entsprechende Vereinsbeschluß unabhängig von seiner bisherigen materiellen Wirksamkeit unwirksam geworden.

Die übrigen Eintragungen im Vereinsregister sind rechtsfeststellend (de- **2346**
klaratorisch). Sie verlautbaren lediglich, daß eine bestimmte Tatsache oder ein bestimmtes Rechtsverhältnis vom Verein zur Eintragung angemeldet worden ist. Die wahre Rechtslage läßt eine solche Eintragung unberührt. Der Eintragung einer Vorstandsänderung kann somit eine ungültige Vorstandswahl zugrunde liegen.

2.3.3. Zur Vermutung der Richtigkeit von Eintragungen im Vereinsregister

Auf die vom zuständigen Beamten vorgenommene Ersteintragung des Vereins **2347**
mit der Folge des Erwerbs der Rechtsfähigkeit kann – von der zu vernachlässigenden Ausnahme des Fehlens jeder körperschaftlichen Struktur abgesehen – nicht nur voll vertraut werden, diese Eintragung ist vielmehr für jedermann – auch Gerichte und Verwaltungsbehörden – verbindlich[84]. Wird die Gesamteintragung gelöscht, so hat dieser Verein bis dahin die Rechtsfähigkeit gehabt[85]. – Wird die Löschung der Eintragung einer Satzungsänderung vorgenommen, so steht für jedermann fest, daß der zugrundeliegende Beschluß keine Rechtswirksamkeit mehr hat. Wird einem Verein rechtskräftig die Rechtsfähigkeit entzogen und fällt das Vereinsvermögen an den Fiskus, so kann darauf vertraut werden, daß die nachfolgende Registereintragung wegen der Rechtskraft des Entziehungsbeschlusses richtig ist.

Zum Teil kann auch auf Eintragungen vertraut werden, die von Amts wegen oder auf Ersuchen anderer Gerichte oder Behörden vorgenommen werden. Da jeweils die Unanfechtbarkeit des Verwaltungsakts gegeben sein muß, kann z. B. dem Eintrag vertraut werden, daß dem Verein nach § 43 BGB die Rechtsfähigkeit entzogen oder daß der Verein nach dem öffentlichen Recht aufgelöst ist; bei der Eintragung des Konkursvermerks kann zumindest davon ausgegangen werden, daß ein das Konkursverfahren eröffnender Beschluß erlassen und daß damit der Verlust der Rechtsfähigkeit eingeleitet worden ist.

Von diesen und wenigen weiteren Fällen abgesehen (vgl. nachfolgend) kann auf die Richtigkeit der Eintragungen im Vereinsregister nicht vertraut werden. Wird eine Satzungsänderung eingetragen, so kann sie durch einen unwirksamen Beschluß zustande gekommen sein, der auch durch die Eintragung allein nicht geheilt wird. Auch die Eintragung über die Auflösung des Vereins kann unrichtig sein, weil der Auflösungsbeschluß der rechtlichen Wirksamkeit entbehrt. Diese Unsicherheiten muß der Rechtsverkehr hinnehmen.

---

84 Vgl. RGZ 81, 206; *RG* HRR 1928 Nr. 1958; *BGH* NJW 1983, 993.

85 Vgl. z. B. *Jansen* § 159 FGG Rn. 6.

2.3.4. Die negative Publizität des Vereinsregisters

2.3.4.1. Der beschränkte Vertrauensschutz hinsichtlich des im Vereinsregister eingetragenen Vorstands

2348 Wer mit einem kraft Eintragung rechtsfähigen Verein ein Rechtsgeschäft abschließen will, muß darauf vertrauen können, daß die im Vereinsregister als Vorstandsmitglieder eingetragenen Personen den Abschluß vornehmen können. Für den Geschäftspartner ist es nicht zumutbar, zusätzlich beim Verein Nachforschungen anzustellen, ob die Organpersonen noch im Amt sind. Deshalb bestimmt § 68 Satz 1 BGB: Wird zwischen den bisherigen Mitgliedern des Vorstandes und einem Dritten ein Rechtsgeschäft vorgenommen, so kann die Änderung des Vorstandes dem Dritten nur entgegengesetzt werden, wenn sie zur Zeit der Vornahme des Rechtsgeschäfts im Vereinsregister eingetragen oder dem Dritten bekannt ist. Dieser muß sich also eine Änderung des Vorstands nicht entgegenhalten lassen, wenn diese nicht eingetragen ist[86]. Der Dritte wird nur dann nicht geschützt, wenn ihm die Änderung des Vorstands positiv bekannt ist, was im Streitfall der Verein darzulegen und zu beweisen hat[87]. Eine nur fahrlässige Nichtkenntnis der Vorstandsänderung schadet dem Dritten nicht; er kann die Gültigkeit des Rechtsgeschäfts, das er zwar mit dem eingetragenen, aber bereits ausgeschiedenen Vorstand vorgenommen hat, geltend machen.

Hat der Dritte mit dem ausgeschiedenen Vorstand ein Rechtsgeschäft vorgenommen, so muß er sich eine eingetragene Änderung des Vorstands entgegenhalten lassen. Eine Ausnahme besteht dann, wenn der Dritte die Änderung nicht kennt und wenn die Unkenntnis auch nicht auf (leichter) Fahrlässigkeit beruht (§ 68 Satz 2 BGB). Hier kann die Nichteinsicht in das Vereinsregister fahrlässig sein. Die Darlegungs- und Beweislast für diesen Ausnahmetatbestand trifft den Dritten[88]. Eine Fahrlässigkeit dürfte zu verneinen sein, wenn der Dritte auf einen Registerauszug vertraut, der etwa vor einer Woche erteilt worden ist und wenn inzwischen gleichwohl eine Änderung eingetreten ist.

2349 Der Schutz des Rechtsverkehrs tritt nach § 68 BGB nur bei einem nicht bekannten Vorstandswechsel ein. Die Rechtsprechung hat den Anwendungsbereich auf das Vertrauen in die Geschäftsfähigkeit des eingetragenen Vorstands erweitert. Ist der Vorstand geschäftsunfähig geworden, so soll der Dritte geschützt sein, solange die Eintragung des Vorstands fortbesteht und der Dritte den Eintritt der Geschäftsunfähigkeit nicht positiv kennt[89]. Gegen diese Auffassung bestehen Bedenken. In den Anwendungsbereich des § 68 BGB werden zu § 15 Abs. 1 HGB bestehende Grundsätze übernommen, die auch zu Lasten nicht voll Geschäftsfähiger eingreifen[90]. Der Vertrauensschutz des Vereinsregisters erstreckt sich nicht darauf, ob der eingetragene Vorstand gültig bestellt worden ist[91]. Gleiches dürfte hinsichtlich der Frage seiner Geschäftsfähigkeit gelten.

---

86 Sog. negative Publizität; vgl. auch § 29 Abs. 1 GenG sowie §§ 15 Abs. 1 und 2 HGB.

87 *Soergel/Hadding* § 68 BGB Rn. 2.

88 *Soergel/Hadding* a. a. O. Rn. 3.

89 *OLG Hamm* OLGZ 1967, 299/301.

90 *BGH* NJW 1991, 2566/2567.

91 BayObLGZ 1986, 528; *Sauter/Schweyer* Rn. 391.

Der nach § 68 BGB geschützte Dritte ist jeder, der nicht der eingetragene Vorstand ist. Deshalb ist Dritter auch ein Organmitglied, das keine Vertretungsbefugnis nach außen hat, aber auch jedes Vereinsmitglied. Weiß ein solches von der Vorstandsänderung (wegen Nichtbesuchs der diese Änderung beschließenden Versammlung) nichts, so kann es an den (noch) eingetragenen Vorstand befreiend den baren Mitgliedsbeitrag bezahlen. **2350**

Nach dem Wortlaut des § 68 BGB wird das Vertrauen des Dritten nur im rechtsgeschäftlichen Verkehr geschützt. Der Wirkungsbereich dieser Vorschrift wird auf geschäftsähnliche Handlungen sowie auf den Prozeßverkehr (Zustellungen) ausgedehnt[92]. An den noch eingetragenen Vorstand kann somit im Regelfall gültig zugestellt werden[93]. Die negative Publizitätswirkung des § 68 BGB gilt aber nicht im deliktischen Bereich[94]. **2351**

Die Vorschrift des § 68 BGB findet auf den besonderen Vertreter (§ 30 BGB), sofern er im Vereinsregister eingetragen ist, entsprechende Anwendung[95].

2.3.4.2. Der beschränkte Vertrauensschutz hinsichtlich der Eintragungen über den Umfang der Vertretungsmacht und die Beschlußfassung des Vorstands

Nach § 70 BGB gelten die Vorschriften des § 68 auch für Bestimmungen, die den Umfang der Vertretungsmacht des Vorstands beschränken oder dessen Beschlußfassung abweichend von der Vorschrift des § 28 Abs. 1 BGB regeln. **2352**

Aus der Registereintragung muß sich eindeutig und bestimmt der Umfang der Beschränkung der Vertretungsmacht des Vorstands ergeben[96].

Wird diesem Erfordernis nicht bei der Registereintragung entsprochen oder fehlt überhaupt eine solche über die Beschränkung der Vertretungsmacht des Vorstands, so kann sie einem Dritten nur bei positiver Kenntnis der Beschränkung entgegengehalten werden (§ 70 i. V. m. § 68 Satz 1 BGB). In der Praxis kann der Vertrauensschutz nur dann in Betracht kommen, wenn die Beschränkung der Vertretungsmacht in der Gründungssatzung enthalten, aber entgegen § 64 BGB nicht in das Vereinsregister eingetragen worden ist. Wird die Beschränkung durch Satzungsänderung beschlossen, so muß diese eingetragen werden, so daß die Beschränkung aus dem Register ersichtlich ist.

Ist die Beschränkung der Vertretungsmacht eingetragen, so kann sich ein Dritter nur dann auf den Vertrauensschutz berufen, wenn seine Nichtkenntnis auch nicht auf Fahrlässigkeit beruht (§ 70 i. V. m. § 68 Satz 2 BGB).

Der Vertrauensschutz kann auch eingreifen, wenn die Beschränkung der Vertretungsbefugnis des besonderen Vertreters nicht mit der genügenden Deutlichkeit oder überhaupt nicht eingetragen ist.

2.3.4.3. Entsprechende Geltung für Liquidatoren

Die Ausführungen zu 2.3.4.1. und 2.3.4.2. gelten entsprechend für die Liquidatoren, da diese (grundsätzlich) die rechtliche Stellung des Vorstands haben (§ 48 Abs. 2 BGB). **2353**

92 *BGH WM 1985, 570; OLG Frankfurt* RPfl 1978, 134.
93 *OLG Frankfurt* a. a. O.
94 *BGH* a. a. O.
95 Allgemeine Meinung, vgl. z. B. *Soergel/Hadding* § 68 BGB Rn. 4.
96 BGHZ 18, 303/306 f. = NJW 1955, 1916.

3. Der Registerzwang; die Amtslöschung von Eintragungen im Vereinsregister; zu den Amtspflichten in Registersachen

3.1. Die Erzwingung von Anmeldungen und bestimmter sonstiger Handlungen durch den Vorstand bzw. durch die Liquidatoren

3.1.1. Allgemeines

2354 Das Vereinsregister hat die Aufgabe, gewisse tatsächliche Verhältnisse des Vereins, die für den Rechtsverkehr von besonderer Bedeutung sind, in zuverlässiger Weise durch Eintragung festzulegen und damit der Öffentlichkeit zugänglich zu machen[97]. Auf die Eintragungen in dem Register kann in beschränktem Umfang vertraut werden (vgl. Rn. 2348 ff.). Damit das Vereinsregister mit den sich ändernden Geschehnissen im Verein übereinstimmt, verlangt das Gesetz vom Vorstand bzw. von den Liquidatoren die Erfüllung gewisser Anmeldepflichten, die nach § 78 BGB erzwungen werden können. Damit ein nahezu mitgliederloser Verein nicht als juristische Person weiterbestehen kann, ist dem Registergericht auf Anfordern die Zahl der Vereinsmitglieder nachzuweisen (§ 72 BGB); auch diese Einreichungspflicht kann erzwungen werden (§ 78 BGB).

Der Verein kann als Inhaber einer Firma im Handelsregister eingetragen sein. Auch insoweit bestehen Anmelde-, Einreichungs- und Zeichnungspflichten, die erzwungen werden können.

Das zur Durchsetzung des Zwangs erforderliche Verfahren ist in den §§ 132 bis 139 FGG geregelt; es findet in Angelegenheiten des Vereinsregisters gem. § 159 FGG, in denen des Handelsregisters gem. § 14 HGB Anwendung.

3.1.2. Die vom Vereinsregistergericht erzwingbaren Handlungen

2355 Das Vereinsregistergericht kann erzwingen (§ 78 BGB):

- die Anmeldung der Änderung des Vorstands unter Vorlage einer Abschrift der Urkunde über die Änderung (§ 67 Abs. 1 BGB),
- die Anmeldung der Änderung der Satzung unter Vorlage des die Änderung enthaltenden Beschlusses in Ur- und Abschrift (§ 71 Abs. 1 BGB),
- die Einreichung der angeforderten Bescheinigung über die Zahl der Vereinsmitglieder (§ 72 BGB),
- die Anmeldung der Auflösung des Vereins, falls dies durch Beschluß der Mitgliederversammlung geschehen ist unter Vorlage einer Abschrift des Auflösungsbeschlusses (§ 74 Abs. 2 BGB); hierher gehören auch gleichgelagerte Tatbestände, wie Auflösung durch Zeitablauf oder Verzicht auf die Rechtsfähigkeit[98],
- die Anmeldung der ersten Liquidatoren, ggf. unter Beifügung einer Abschrift des Bestellungsbeschlusses und des vor Beginn des Liquidationsabschnittes gefaßten Beschlusses, daß bei mehreren Liquidatoren für ihre Beschlüsse nicht die Übereinstimmung aller erforderlich ist, unter Vorlage einer Abschrift dieses Ermächtigungsbeschlusses (§ 76 i. V. m. § 48 Abs. 3 BGB),

97 Vgl. *RG* JW 1936, 3120.

98 Vgl. RGRK/*Steffen* § 74 BGB Rn. 2.

- die Anmeldung einer Beschränkung der Vertretungsbefugnis der Liquidatoren (vgl. Rn. 2146),
- die Anmeldung von Änderungen in der Person der Liquidatoren, von Änderungen ihrer Vertretungsbefugnis und eine von § 48 Abs. 3 BGB abweichende Beschlußfassung (§§ 76, 78 Abs. 2 BGB).

Der Kreis der erzwingbaren Handlungen ist ein geschlossener. Das Registergericht kann somit nur diese Anmeldungen und Einreichungen erzwingen. Nicht zulässig ist der Zwang zur Erstanmeldung des Vereins, zur Einberufung einer Mitgliederversammlung oder zur Herbeiführung einer Satzungsänderung[99]. **2356**

3.1.3. Die vom Handelsregistergericht erzwingbaren Handlungen

Das Handelsregistergericht kann erzwingen (§ 14 HGB): **2357**
- unter den Voraussetzungen des § 33 Abs. 1 HGB die Anmeldung des Vereins, seiner Firma und seines Sitzes, des Gegenstandes des Unternehmens, der Mitglieder des Vorstands und ihrer Vertretungsmacht sowie eine evtl. Zeitdauer, wobei die Satzung sowie die Urkunden über die Bestellung des Vorstands in Urschrift und beglaubigter Abschrift beizufügen sind (§ 33 Abs. 2 HGB),
- die Anmeldung späterer Änderungen der Firma, des Sitzes, des Unternehmensgegenstandes und der Mitglieder des Vorstands, jeder Änderung der Satzung (§ 34 Abs. 1 HGB),
- die Anmeldung der Auflösung des Vereins (außer durch Konkurs), der Liquidatoren und der besonderen Bestimmungen über ihre Vertretungsbefugnis (§ 34 Abs. 1 HGB),
- die Anmeldung des Erlöschens der Firma durch Aufgabe des Geschäftsbetriebes des Vereins trotz seines Fortbestandes[100] oder bei Herabsinken des Geschäftsbetriebes auf den Umfang des Betriebs eines Minderkaufmanns gem. § 4 HGB (§ 31 Abs. 2 HGB),
- die Zeichnungspflicht der Mitglieder des Vorstands und der Liquidatoren (§ 35 HGB).

Auch hier ist der Kreis der erzwingbaren Handlungen ein geschlossener. So kann z. B. nicht die Beantwortung eines »Erhebungsbogens« erzwungen werden, durch den festgestellt werden soll, ob für die Firma und das Unternehmen noch die Voraussetzungen einer Eintragung im Handelsregister bestehen[101]. **2358**

3.1.4. Die dem Zwangsverfahren unterworfenen Mitglieder des Vorstands bzw. Liquidatoren

Anmelde-, einreichungs- und u. U. zeichnungspflichtig sind ausschließlich die einzelnen Mitglieder des Vorstands bzw. die Liquidatoren (§ 78 BGB, § 33 Abs. 1, § 34 Abs. 3, § 35 HGB). Nur sie können Beteiligte und Betroffene eines Zwangsverfahrens sein. Sie haben dem Registergericht gegenüber eine öffentlich-rechtliche Pflicht zu erfüllen. Es handelt sich um ein persönliches, vom Gesetz festgelegtes Pflichtverhältnis, das nicht durch die eigene Vertretungsordnung des Vereins verändert werden kann. Das Zwangsverfahren kann sich **2359**

99 Vgl. *LG Hof* MittBayNot 1973, 341 = DNotZ 1974, 609.
100 Vgl. *KG* JW 1936, 1542.
101 BayObLGZ 1978, 319.

immer nur gegen natürliche Personen und somit nicht gegen den Vorstand als solchen oder gegen den Verein richten[102].

Gebraucht der Verein eine ihm nicht zustehende Firma oder eine firmenähnliche Geschäftsbezeichnung, so ist dieser ausnahmsweise selbst dem sog. Firmenmißbrauchsverfahren (§ 140 FGG) unterworfen[103].

Bei mehreren Mitgliedern des Vorstands oder bei mehreren Liquidatoren ist das Zwangsgeld allen diesen Mitgliedern des Vertretungsorgans persönlich anzudrohen und evtl. festzusetzen, es sei denn, ein Teil von ihnen hat die Pflicht erfüllt[104].

3.1.5. Die Pflicht zur Einleitung des Zwangsverfahrens

2360 Während das Registergericht im Amtslöschungsverfahren einen gewissen Ermessensspielraum hat, ob es dieses Verfahren einleiten will, besteht dieses Ermessen beim Zwangsverfahren nicht. Da die Registerführung bezweckt, die Rechtsverhältnisse des Vereins für jedermann offenzulegen, müssen Verstöße gegen die Anmelde-, Zeichnungs- oder Einreichungspflicht zu einer Ahndung und damit zu einer Verfahrenseinleitung ohne Ermessensspielraum führen[105]. Der Verdacht eines Pflichtverstoßes (evtl. von einem Vereinsmitglied geäußert) genügt zur Verpflichtung, den Sachverhalt weiter aufzuklären (§ 12 FGG), um die Frage des Einschreitens prüfen zu können. Der volle Beweis für eine Registerpflicht muß jedoch nicht erbracht sein; die endgültige Entscheidung über den Verstoß gegen eine Registerpflicht wird dem Einspruchsverfahren überlassen[106]. Tauchen hierbei Rechtsfragen auf, so hat sie das Registergericht grundsätzlich selbst zu prüfen und seiner Entscheidung zugrunde zu legen[107]. Die Aussetzung nach § 127 FGG kommt somit in der Regel nicht in Betracht.

3.1.6. Die das Zwangsverfahren einleitende Verfügung

2361 Das Registergericht (Rechtspfleger)[108] leitet das Verfahren durch eine Androhungsverfügung ein (§ 132 Abs. 1 FGG), die enthalten muß:

- die genaue Bezeichnung der zu erfüllenden Verpflichtung[109],
- die Bestimmung einer für die Pflichterfüllung ausreichenden Frist, innerhalb der entweder die auferlegte Verpflichtung zu erfüllen oder die Nichterfüllung mittels Einspruchs zu rechtfertigen ist[110],

---

102 BGHZ 25, 154/157; BayObLGZ 1987, 399/402.

103 *Keidel/Kuntze/Winkler* Rn. 30, *Jansen* Rn. 38, je zu § 159 FGG.

104 Vgl. *BayObLG* MittBayNot 1978, 115; *KG* RJA 9, 47/50; *LG Lübeck* SchlHA 1984, 115.

105 BayObLGZ 1978, 319/322; *BayObLG* DB 1978, 1832 und DNotZ 1979, 109; *OLG Hamm* OLGZ 1977, 435/436.

106 BayObLGZ 1978, 319/322; KGJ 30 A 109/116; *OLG Frankfurt* OLGZ 1979, 5/6.

107 RGZ 140, 174/181; *KG* JFG 4, 202/203; BayObLGZ 1963, 15/17; *OLG Frankfurt* a. a. O.

108 Vgl. § 3 Nr. 1 a, evtl. Nr. 2 d RPflG.

109 BayObLGZ 1967, 458/463; *OLG Frankfurt* OLGZ 1978, 46/48.

110 Die Verfügung muß die Alternativandrohung enthalten, vgl. *OLG Hamm* RPfl 1986, 390.

- die Androhung eines zahlenmäßig bestimmten Zwangsgeldes; es beträgt 5 DM bis 1 000 DM (Art. 6 Abs. 1 EGStGB) und in Handelssachen bis 10 000 DM (§ 14 HGB). Eine Androhung »bis zu 1 000 DM« ist zulässig[111].

Bei mehreren Pflichtigen ist die Verfügung an jeden zu richten.
Sie ist den Beteiligten förmlich zuzustellen (§ 16 Abs. 2 Satz 1 FGG), falls eine Bekanntmachung zu Protokoll nicht in Betracht kommt (§ 16 Abs. 3 FGG).
Eine Erinnerung oder Beschwerde gegen diese Verfügung ist unzulässig (§ 132 Abs. 2 FGG). Es bleibt nur die Pflichterfüllung oder der Einspruch.
Diese Verfügung kann jedoch ausnahmsweise dann angefochten werden, wenn sie sich nicht auf eine gesetzliche Grundlage stützen kann[112].

3.1.7. Die Pflichterfüllung oder die Zwangsgeldfestsetzung

Durch die Androhung und Festsetzung von Zwangsgeld soll die Erfüllung vereins- oder handelsrechtlicher Pflichten erreicht werden; das Zwangsgeld ist keine Sühne für begangenes Unrecht. Wird die verlangte Pflicht innerhalb der gesetzten Frist erfüllt, so hat das bis dahin gerichtskostenfreie Verfahren seine Erledigung gefunden. Die Pflichterfüllung muß jedoch im Zeitpunkt der Festsetzung von Zwangsgeld und auch danach selbst bei Rechtskraft des Festsetzungsbeschlusses (§ 18 FGG) mit der Folge beachtet werden, daß dieser Beschluß aufzuheben ist[113]. **2362**

Wird innerhalb der in der Androhungsverfügung gesetzten Frist die Registerpflicht nicht erfüllt, aber auch kein Einspruch eingelegt, so wird

- das angedrohte Zwangsgeld festgesetzt (§ 133 Abs. 1 FGG),
- der Pflichtige zur Kostentragung verurteilt (§ 138 FGG),
- die bisherige Androhungsverfügung wiederholt (§ 133 Abs. 1 FGG), wobei nunmehr ein höheres Zwangsgeld in Aussicht gestellt werden kann.

Bei unterlassener Pflichterfüllung und Einspruchseinlegung kann die Androhung und Festsetzung von Zwangsgeld beliebig oft wiederholt werden (§ 133 Abs. 2 FGG).
Es ist vor jeder gerichtlichen Verfügung jeweils zu prüfen, ob die gesetzte Frist unverschuldet versäumt worden ist[114].

3.1.8. Der Einspruch

Der Einspruch kann schriftlich oder zu Protokoll der Geschäftsstelle des Registergerichts erklärt werden. Schriftliche Eingaben, die als »Beschwerde« oder »Erinnerung« bezeichnet werden, sind als Einspruch zu behandeln, sofern der Registerpflicht mit sachlichen Erwägungen widersprochen wird[115]. **2363**

Der Einspruch muß innerhalb der gesetzten Frist beim Registergericht eingehen. Im Falle der Verspätung kann auf Antrag unter den Voraussetzungen des § 22 Abs. 2 FGG die Wiedereinsetzung in den vorigen Stand bewilligt werden (§ 137 FGG). **2364**

Einspruchsberechtigt ist derjenige, gegen den sich die gerichtliche Verfügung gerichtet hat. Bei Handelsgesellschaften und Genossenschaften wird auch eine **2365**

111 Vgl. *BGH* NJW 1973, 2288; str.
112 KGJ 42 A 167; *OLG Hamm* OLGZ 1979, 1.
113 *BayObLG* RPfl 1979, 215 m. w. N.
114 BayObLGZ 1978, 54.
115 *OLG Hamm* OLGZ 1992, 162.

Einspruchsberechtigung und damit eine Beschwerdeberechtigung der Gesellschaft bzw. Genossenschaft bejaht[116]; durch die Androhung oder Festsetzung von Zwangsgeld werde die Gesellschaft (Genossenschaft) in ihren eigenen Rechten i. S. d. § 20 Abs. 1 FGG beeinträchtigt. Nichts anderes kann für den Verein gelten. Er ist demnach ebenfalls einspruchsberechtigt und im weiteren Verfahren auch beschwerdeberechtigt.

2366 Erweist sich der Einspruch ohne weitere Ermittlungen als begründet (die Verfügung hat sich an ein ausgeschiedenes, nicht mehr registerpflichtiges Vorstandsmitglied gerichtet bzw. die angenommene Registerpflicht besteht nicht), so hebt das Registergericht (Rechtspfleger) die Androhungsverfügung auf. Wird trotz Pflichterfüllung Einspruch eingelegt, so ist die Hauptsache erledigt.
Ist ein derartiger zugunsten des Einspruchsführers bestehender Tatbestand nicht gegeben, so muß das Registergericht selbst bei offensichtlich unbegründetem Einspruch Termin zur Erörterung der Sache mit den Beteiligten bestimmen (§ 134 Abs. 1 FGG)[117], und zwar auch dann, wenn ein Verzicht der Beteiligten erklärt worden ist[118].
Das Ausbleiben eines oder aller Beteiligter hat nicht die Verwerfung des Einspruchs zur Folge. Es können Ermittlungen gepflogen werden. Entschieden wird dann über den Einspruch nach Lage der Sache (§ 134 Abs. 2 FGG).

3.1.9. Die Entscheidung über den Einspruch

2367 Erweist sich (nach Terminanberaumung) der Einspruch als begründet, so ist die Androhungsverfügung und ein bereits ergangener Zwangsgeldfestsetzungsbeschluß[119] aufzuheben (§ 135 Abs. 1 FGG).

2368 Erachtet das Gericht den Einspruch nicht für begründet, so wird

- der Einspruch verworfen,
- in der gleichen Verfügung[120] entweder das angedrohte Zwangsgeld (§ 135 Abs. 2 Satz 1 FGG) oder nach seinem Ermessen unter Berücksichtigung aller Umstände des Einzelfalles (geringes Verschulden, entschuldbare Verhinderung) ein geringeres als das angedrohte oder gar kein Zwangsgeld festgesetzt (§ 135 Abs. 2 Satz 2 FGG),
- die Kostenpflicht des registerpflichtigen Beteiligten[121] ausgesprochen (§ 138 FGG)
- und zugleich – nicht notwendig in der gleichen Verfügung – eine erneute Androhungsverfügung nach § 132 FGG erlassen (§ 135 Abs. 3 Satz 1 FGG); die in dieser Verfügung gesetzte Frist zur Pflichterfüllung oder Einlegung des Einspruchs beginnt erst mit dem Eintritt der Rechtskraft der Verwerfung des Einspruchs (§ 135 Abs. 3 Satz 2 FGG), also mit dem Ablauf von zwei Wochen seit der Zustellung an den Betroffenen[122], ohne daß dieser die Einspruchsverwerfung bekämpft hat. Wird die Zwangsgeldfestsetzung mit

116 Vgl. BGHZ 25, 154/157; *BayObLG* RPfl 1984, 105; BayObLGZ 1978, 54/57 und 1987, 399/402.
117 Vgl. *OLG Hamm* RPfl 1985, 302 und OLGZ 1992, 162/166
118 *Keidel/Schmatz/Stöber* Rn. 1335 Fußn. 31.
119 Hier: wegen veränderter Umstände i. S. d. § 18 FGG.
120 KGJ 27 A 72.
121 Nicht des Vereins, vgl. *BayObLG* OLGE 15, 306/308.
122 BayObLGZ 1967, 458/462.

einer erneuten Zwangsgeldandrohung verbunden, so stellt eine »Beschwerde« dagegen im Zweifel sowohl ein Rechtsmittel gegen die Festsetzung von Zwangsgeld dar als auch einen Einspruch gegen die erneute Androhung[123].

Die Entscheidung wird dem Betroffenen und weiteren Verfahrensbeteiligten zugestellt (§ 16 Abs. 2 Satz 1 FGG).

3.1.10. Die Entscheidung über einen Einspruch gegen die wiederholte Verfügung

Ist eine wiederholte Verfügung (§ 133 FGG) wegen unterlassener oder nicht 2369
rechtzeitiger Einspruchseinlegung ergangen und wird nunmehr rechtzeitig Einspruch eingelegt, so ist der Gang des Einspruchsverfahrens der gleiche wie im Falle des Einspruchs gegen die Androhungsverfügung.

Hier ist die Rechtskraft einer früheren Zwangsgeldfestsetzung eingetreten. Ist der Einspruch begründet, so gestattet § 136 FGG – in Abweichung von § 18 Abs. 2 FGG –, daß das Gericht, wenn es die Umstände rechtfertigen[124], somit nach seinem Ermessen, ein früher festgesetztes Zwangsgeld oder wiederholt festgesetzte Zwangsgelder aufhebt oder nur ein geringeres Zwangsgeld festsetzt. Die Pflichterfüllung führt immer zur Aufhebung des festgesetzten Zwangsgeldes[125].

Die Aufhebung der Festsetzung des Zwangsgeldes hat die Rücknahme der Verurteilung im Kostenpunkt[126] und die Rückerstattung des bereits bezahlten Zwangsgeldes zur Folge[127].

3.1.11. Die Rechtsbehelfe und Rechtsmittel im Zwangsgeldverfahren (Übersicht)

Die unbefristete Erinnerung bzw. Beschwerde ist gegeben, wenn 2370

- die Einleitung eines Zwangsgeldverfahrens abgelehnt,
- die Verfügung nach § 132 FGG zurückgenommen,
- dem Einspruch im Zwangsgeldverfahren stattgegeben worden ist,
- geltend gemacht wird, das Zwangsgeldverfahren sei ohne gesetzliche Grundlage eingeleitet worden[128].

Von dem zuletzt angeführten Sonderfall abgesehen ist gegen die Androhungsverfügung nur der Einspruch zulässig (§ 132 Abs. 2 FGG).

Befristete Erinnerung (2 Wochen ab Zustellung) oder sofortige Beschwerde findet statt (§ 139 Abs. 1 FGG), wenn

- Zwangsgeld festgesetzt worden ist, sei es nach § 133 FGG oder nach § 135 FGG,
- der Einspruch verworfen worden ist, auch wenn kein Zwangsgeld festgesetzt worden ist (§ 135 Abs. 2 FGG)[129].

---

123 *BayObLG* DB 1983, 1302.

124 Mildere Beurteilung als ursprünglich angenommen, kein hartnäckiger Pflichtverstoß, bewußte Herbeiführung einer Einspruchsentscheidung wegen einer nicht geklärten Rechtsfrage.

125 BayObLGZ 1955, 124/130; *BayObLG* RPfl 1979, 215.

126 *Keidel/Kuntze/Winkler* § 136 FGG Rn. 6.

127 BayObLGZ a. a. O.

128 *KG* RJA 12, 35; *OLG Hamm* OLGZ 1979, 1.

129 Vgl. *Keidel/Kuntze/Winkler* § 139 FGG Rn. 5.

Wird die Verwerfung des Einspruchs und die Zwangsgeldfestsetzung mit der erneuten Zwangsgeldandrohung verbunden, so ist ein nicht näher konkretisiertes Rechtsmittel hiergegen sowohl als Beschwerde gegen die Festsetzung des Zwangsgeldes wie auch als (erneuter) Einspruch zu werten[130].

2371 Die Beschwerdeberechtigung ergibt sich aus § 20 Abs. 1 FGG. Gegen die ihn beschwerende Entscheidung kann der Betroffene Erinnerung bzw. Beschwerde einlegen. Steht das Beschwerderecht mehreren Personen zu, so kommt die Beschwerde einer Person den anderen nicht zugute[131]. Die zuungunsten von Vorstandsmitgliedern (Liquidatoren) ergangene Entscheidung berechtigt regelmäßig auch den Verein zur Beschwerde[132]. Dieser ist jedenfalls dann beschwerdeberechtigt, wenn ihm – unrichtig – die Kosten des Zwangsgeldverfahrens auferlegt worden sind[133].

Die Erinnerung bzw. Beschwerde gegen die Festsetzung von Zwangsgeld hat aufschiebende Wirkung (§ 24 Abs. 1 FGG).

Wird die Zwangsgeldfeststzung nach § 133 FGG angefochten, so sind die Beschwerdegründe beschränkt; es kann nicht mit Erfolg geltend gemacht werden, daß die (vorangegangene) Verfügung, durch welche Zwangsgeld angedroht worden ist, nicht gerechtfertigt gewesen sei (§ 139 Abs. 2 FGG). Angegriffen werden kann jedoch das Zwangsverfahren.

3.1.12. Die Erzwingung der Einreichung eines Prüfungsberichts durch Rabattsparvereine

2372 Rabattsparvereine, die die Rechtsfähigkeit durch Eintragung im Vereinsregister erlangt haben (§ 4 RabattG, § 2 DVO-RabattG), müssen sich einer besonderen Prüfung (§§ 6 bis 8 DVO-RabattG) unterziehen und einen Abdruck des Prüfungsberichts dem Registergericht übersenden und mitteilen, wann die Prüfung stattgefunden hat (§ 10 Abs. 1 DVO-RabattG). Das Registergericht wacht darüber, daß die in § 4 RabattG vorgeschriebene Prüfung stattgefunden hat; es hat den Inhalt des Prüfungsberichts jedoch materiell nicht nachzuprüfen[134]. Das Registergericht hat festzustellen, ob die Prüfung den förmlichen Anforderungen des § 4 RabattG und der §§ 6 bis 8 DVO-RabattG entspricht[135]. Es hat weiter darüber zu wachen, daß die Pflichtprüfung alljährlich stattfindet (§ 10 Abs. 1 Satz 2 DVO-RabattG), und kann nach Ablauf des Geschäftsjahres den Beteiligten unter Androhung eines Zwangsgeldes aufgeben, innerhalb einer bestimmten Frist den Bericht einzureichen (§ 10 Abs. 1 Satz 3 DVO-RabattG).

---

130 BayObLGZ 1978, 54.
131 *BayObLG* OLGE 4, 100; *Keidel/Kuntze/Winkler* § 139 FGG Rn. 6 a.
132 Vgl. oben Rn. 2365 sowie *Keidel/Kuntze/Winkler* a. a. O.
133 *BayObLG* OLGE 15, 306/308.
134 Vgl. *Michel/Weber/Gries* DVO-RabattG Anm. 1.
135 Vgl. *Michel/Weber/Gries* a. a. O.

3.2. Die Amtslöschung von Eintragungen im Vereinsregister

3.2.1. Entbehrlichkeit eines förmlichen Amtslöschungsverfahrens

Das förmliche Amtslöschungsverfahren ist entbehrlich, wenn alle Beteiligten mit der Löschung einverstanden sind und das Registergericht die Eintragung für unzulässig erachtet[136]. In dieser Weise kann die Löschung der Gesamteintragung des Vereins vorgenommen werden, wenn dieser auf seine Rechtsfähigkeit verzichtet oder wenn er die Rechte einer Körperschaft des öffentlichen Rechts erlangt hat. **2373**

3.2.2. Die Einleitung des Amtslöschungsverfahrens

Das Verfahren zur Prüfung der Frage, ob eine Eintragung im Vereinsregister zu löschen ist, wird von Amts wegen eingeleitet. Hierzu kann somit kein »Antrag« gestellt werden; die Verfahrenseinleitung kann vielmehr nur beim Registergericht angeregt werden. **2374**

Eine unzulässige Beschwerde gegen eine Registereintragung ist im Regelfall dahin umzudeuten, daß nunmehr Verfahrensziel die Einleitung eines Amtslöschungsverfahrens ist, damit die beanstandete Eintragung von Amts wegen gelöscht wird[137].

Verfahrensbeteiligter ist immer der Verein[138], der Vorstand (Liquidator) dann, wenn die Löschung seiner Eintragung in Betracht gezogen wird. **2375**

Nach früherer Auffassung mußte das Gericht auf Anregung eines Beteiligten in die sachliche Prüfung der Löschungsfrage eintreten[139]. Heute wird überwiegend die Meinung vertreten, daß die Einleitung des Amtslöschungsverfahrens im pflichtgemäßen Ermessen des Registergerichts liege[140]. Beiden Ansichten kann nur zum Teil gefolgt werden. Dem Grundsatz nach entscheidet das pflichtgemäße Ermessen des Rechtspflegers, ob er das Verfahren einleitet. Ein Einleitungsermessen besteht jedoch nicht, wenn eine Eintragung im öffentlichen Interesse gelöscht werden muß[141]. Eine ersichtlich unrichtige Vorstandseintragung muß beseitigt werden[142]. Muß gelöscht werden, so kann eine Untätigkeit des Gerichts eine Amtspflichtverletzung darstellen, die bei einem dadurch herbeigeführten Schaden zur Staatshaftung führen kann. Es muß allerdings andererseits nicht auf jede offensichtlich unbegründete Anregung hin das Verfahren eingeleitet werden. **2376**

Im Zeitpunkt der formlosen Einleitung des Verfahrens muß die Unzulässigkeit einer Eintragung noch nicht feststehen[143]. Es muß ein gewisser Anfangsverdacht für die Unzulässigkeit einer Eintragung gegeben sein. Im Widerspruchsverfahren (vgl. Rn. 2379) können die Beteiligten ihren Rechtsstand-

---

136 Vgl. *KG* JFG 16, 189; *Jansen* Rn. 20, *Keidel/Kuntze/Winkler* Rn. 30, *Schlegelberger* Rn. 1, je zu § 142 FGG.
137 BayObLGZ 1988, 170/173.
138 *BayObLG* NJW-RR 1987, 1362/1363.
139 Vgl. z. B. *BayObLG* JFG 5, 280/283.
140 Vgl. z. B. BayObLGZ 1986, 528/537; 1989, 187/190; *OLG Hamm* RPfl 1981, 66/67.
141 *K. Schmidt* JR 1987, 177/178.
142 BayObLGZ 1986, 528/537.
143 BayObLGZ 1986, 528/536; *OLG Frankfurt* OLGZ 1982, 33.

punkt darlegen; erst dann kann die abschließende Feststellung der Löschungsreife getroffen werden[144].

Bleibt das Amtsgericht auf eine Löschungsanregung hin untätig, so kann sich ein Beteiligter an das vorgeordnete Landgericht wenden, das ebenfalls das Löschungsverfahren einleiten kann (§§ 159, 143 Abs. 1 FGG).

2377 Lehnt das Registergericht die Verfahrenseinleitung durch eine formlos bekanntgemachte Entscheidung ab, so kann ein nach § 20 Abs. 1 FGG Beschwerdeberechtigter gegen die Verfügung des Rechtspflegers die nicht fristgebundene Erinnerung einlegen. Beschwerdeberechtigt ist z. B. ein Vorstandsmitglied, das vorbringt, es sei als solches zu Unrecht im Register gelöscht worden. Hat das Beschwerdegericht den Beschluß des Registergerichts aufgehoben und ist dieses angewiesen worden, das Amtslöschungsverfahren einzuleiten, so ist diese Entscheidung mangels eines Rechtsschutzbedürfnisses nicht anfechtbar[145], weil der Beschwerdeführer sämtliche Einwendungen gegen die angekündigte Löschung im Widerspruchsverfahren vorbringen kann.

3.2.3. Die Löschungsankündigung und der Widerspruch

2378 Kommt das Gericht bei seiner Prüfung zu dem Ergebnis, daß die Löschung angezeigt sein kann, so hat es die Beteiligten von der beabsichtigten Löschung zu benachrichtigen und zugleich eine angemessene Frist zur Erhebung eines Widerspruchs zu bestimmen (§ 159 i. V. m. § 142 Abs. 2 FGG). Die Verfügung ist kurz zu begründen. Sie wird, da sie eine Fristsetzung enthält, förmlich den Beteiligten zugestellt (§ 16 Abs. 2 Satz 1 FGG), sofern eine Bekanntmachung zu Protokoll nicht möglich ist (§ 16 Abs. 3 FGG). Beteiligt ist immer der Verein, dem zu Händen des Vorstands zugestellt wird. Die beabsichtigte Löschung kann aber auch das Recht oder rechtliche Interesse sonstiger Beteiligter beeinträchtigen; in diesem Fall muß die Verfügung auch diesen Personen zugestellt werden; so etwa dem Vorstand persönlich, wenn seine Löschung in Betracht kommt. Soll die Eintragung einer Satzungsänderung gelöscht werden, durch die ein Sonderrecht eingeräumt worden ist, so ist auch der Sonderberechtigte Beteiligter. Beschwerdeberechtigt kann auch ein Dritter sein, dem z. B. durch den satzungsändernden Beschluß, der gelöscht werden soll, die Befugnis eingeräumt worden ist, den Vorsitzenden des Vorstands zu ernennen.

Die Frist muß so angemessen sein, daß sich jeder Beteiligte über die Sach- und Rechtslage informieren, fachmännischen Rat einholen oder einen Anwalt bestellen kann; bei behebbaren Mängeln kann es auch geboten sein, Zeit für die Einberufung einer Mitgliederversammlung zu lassen, in der etwa die fehlerhafte Vorstandsbestellung behoben wird.

2379 Gegen die Löschungsankündigung ist nur der Widerspruch zulässig. Eingaben, die als »Beschwerde« oder »Erinnerung« bezeichnet werden, sind als Widerspruch zu behandeln. Als Widerspruch genügt die Erklärung, mit der beabsichtigten Löschung nicht einverstanden zu sein[146]. Zum Widerspruch berechtigt ist immer der Verein, der Vorstand (Liquidator) dann, wenn die Löschung seiner Eintragung in Betracht kommt[147].

---

144 *BayObLG* a. a. O.

145 BayObLGZ 1991, 337/339.

146 *BayObLG* RPfl 1978, 181.

147 BayObLGZ 1988, 410/412.

Der Rechtspfleger (das Landgericht) kann in einem Termin mit den Beteiligten die Löschungsfrage erörtern.
Das Widerspruchsverfahren kann folgendes Ergebnis haben:
Die Löschung ist nicht berechtigt; die Löschungsankündigung wird aufgehoben. Die Entscheidung wird den Beteiligten formlos bekanntgemacht.
Der gerügte Mangel wird behoben. Eine Erledigung der Hauptsache[148] kann eintreten, wenn die Eintragung weiterhin Bestand hat. Dies ist etwa der Fall, wenn der Verein durch Satzungsänderung der Löschung der Gesamteintragung begegnet (es wird z. B. nunmehr ein nichtwirtschaftlicher Zweck verfolgt). Muß zwar nicht die Gesamteintragung, aber der beanstandete Name gelöscht und ein neuer eingetragen werden, so erledigt sich die Hauptsache jedenfalls nicht insgesamt.
Erweist sich der Widerspruch als unbegründet, so wird er zurückgewiesen (§ 142 Abs. 3 i. V. m. § 141 Abs. 3 Satz 2 FGG). Die Zurückweisung setzt voraus, daß die Unzulässigkeit der Registereintragung zweifelsfrei feststeht, da die Rechtskraft dieser Entscheidung die Löschungsreife herbeiführt (§ 142 Abs. 3 i. V. m. § 141 Abs. 4 FGG).[149] Die Entscheidung wird dem Verein zu Händen seines Vorstands und evtl. weiteren Beteiligten förmlich zugestellt (§ 16 Abs. 2 Satz 1 i. V. m. § 141 Abs. 3 Satz 2 FGG).

3.2.4. Die Rechtsmittel gegen die Widerspruchsentscheidung; die Beschwerdeberechtigung

Gegen die Aufhebung der Löschungsankündigung findet die nicht befristete Erinnerung statt, wenn der Rechtspfleger entschieden hat; nach Vorlage durch den Richter wird der Rechtsbehelf als Beschwerde behandelt. Hat das Landgericht erstinstanziell entschieden, so ist die unbefristete Beschwerde zum Oberlandesgericht (BayObLG) gegeben. **2380**
Ist der Widerspruch zurückgewiesen worden, so ist hiergegen die befristete Erinnerung (§ 11 Abs. 1 RPflG) statthaft, die nach Vorlage durch den Registerrichter als sofortige Beschwerde behandelt wird (§ 142 Abs. 3 i. V. m. § 141 Abs. 3 Satz 2 FGG und § 11 Abs. 2 Satz 5 RPflG). Hat das Landgericht in erster Instanz entschieden, so ist die sofortige (Erst-)Beschwerde zum Oberlandesgericht (BayObLG) statthaft (§ 143 Abs. 2 FGG). Die zweiwöchige Beschwerdefrist beginnt ab der Zustellung zu laufen (§ 22 Abs. 1 FGG).
Die Beschwerdeberechtigung richtet sich nach § 20 Abs. 1 FGG. Wer die Löschung anregt, hat damit noch kein Beschwerderecht, wenn eine Löschung angekündigt wird, die nicht den Vorstellungen des Anregenden entspricht, oder wenn dieser die Aufhebung der Löschungsankündigung bekämpfen will. Die Beschwerdeberechtigung setzt voraus, daß durch die angegriffene Entscheidung unmittelbar in ein subjektives Recht des Betroffenen eingegriffen wird. **2381**
Wird der Widerspruch zurückgewiesen und ist demgemäß mit einer Amtslöschung zu rechnen, so ist immer der Verein beschwerdeberechtigt[150]. Die Löschung, sei es der Gesamteintragung oder einer einzelnen Eintragung – z. B. des Vorstands –, berührt immer unmittelbar die Rechtssphäre des Vereins, dessen Rechtsverhältnisse die Registereintragung verlautbart. Betrifft die Lö-

148 Vgl. *OLG Hamm* RPfl 1978, 132.
149 Vgl. BayObLGZ 1989, 411/414.
150 BayObLGZ 1988, 410/412.

schungsankündigung die Eintragung des Vorstands, so ist auch dieser zur Beschwerde berechtigt. Kann ein außenstehender Dritter den Vorstand bestellen, so ist durch die angekündigte Löschung der Eintragung des bestellten Vorstands auch die Rechtssphäre dieses Dritten unmittelbar betroffen.

Auch Vereinsmitglieder können im Amtslöschungsverfahren zur Beschwerde berechtigt sein. Dies ist dann der Fall, wenn es um die Löschung oder Nichtlöschung eines Beschlusses der Mitgliederversammlung geht, den das Mitglied mit der Feststellungsklage beim Zivilgericht bekämpfen könnte; vgl. dazu Rn. 2321. Unter diesen Voraussetzungen kann auch ein Organmitglied zur Beschwerde berechtigt sein, das nicht die »gewöhnliche« Vereinsmitgliedschaft hat.

Ist Gegenstand des Amtslöschungsverfahrens der eingetragene Name des Vereins, so kann bei Ablehnung der Löschung auch ein Verein zur Beschwerde berechtigt sein, dessen Name an sich die Eintragungssperre nach § 57 Abs. 2 BGB hätte herbeiführen müssen, die aber nicht beachtet worden ist[151].

3.2.5. Die Löschungsvoraussetzung: Unzulässigkeit der Eintragung

2382 Voraussetzung der Löschung ist es, daß die Eintragung auf einem Rechtsverstoß beruht, also rechtswidrig ist. Hierbei kann es sich um einen sachlich-rechtlichen oder um einen verfahrensrechtlichen Mangel handeln. Der Rechtsverstoß kann darin liegen, daß das Gesetz eine Eintragung dieser Art oder dieses Inhalts nicht zuläßt, daß die Eintragung sachlich-rechtlich unrichtig ist oder daß überhaupt gesetzliche Erfordernisse der Eintragung fehlen[152].

Die Eintragung kann sich bereits zum Zeitpunkt ihrer Vornahme, aber auch später als unzulässig erweisen[153].

2383 Eine besondere Behandlung erfahren Eintragungen, die unter Verletzung wesentlicher Verfahrensvorschriften zustande gekommen sind. Hier wird zwischen den rechtsbegründenden (konstitutiven) und rechtsbekundenden (deklaratorischen) Eintragungen unterschieden. Rechtsbegründend sind in Vereinsregistersachen die (Erst-)Eintragung des Vereins, die Eintragung einer Satzungsänderung sowie die Löschung der Gesamteintragung. Andere Eintragungen sind rechtsbekundend. Rechtsbegründende Eintragungen, die auf einem Verfahrensfehler beruhen – z. B. Eintragung trotz Rücknahme des Antrags – könen immer gelöscht werden[154]. Bei rechtsbekundenden Eintragungen, die auf formellen Fehlern beruhen, hat die Richtigkeit des Registers den Vorrang: Sie können somit nur gelöscht werden, wenn die Eintragung auch sachlich unrichtig ist[155].

2384 Der Eintragungsmangel muß wesentlich sein. Entscheidend sind die Verhältnisse zum Zeitpunkt der Entscheidung über die Amtslöschung. Die Verlet-

151 Vgl. zu § 30 Abs. 1 HGB, der mit § 57 Abs. 2 BGB vergleichbar ist: *KG* OLGZ 1991, 396/398.

152 Vgl. *KG* OLGZ 1975, 62/69.

153 Vgl. RGZ 169, 147 = JFG 23, 270; BayObLGZ 1975, 332; *OLG Hamm* OLGZ 1977, 53/54.

154 Vgl. z. B. *OLG Hamm* OLGZ 1971, 475.

155 Vgl. BayObLGZ 1956, 303/317; *OLG Hamm* OLGZ 1971, 475/476; *KG* OLGZ 1986, 296/299.

zung von Sollvorschriften[156] wird als nicht wesentlich angesehen[157]. Die Verletzung der Vorschrift über die Form der Anmeldung auch hierher zu rechnen[158], begegnet Bedenken; hier wird es darauf ankommen, ob die Eintragung sachlich richtig ist.

3.2.6. Das Löschungsermessen

Das Gesetz legt die Amtslöschung nicht als unbedingte Pflicht auf; sie kann **2385**
vorgenommen werden. Das bedeutet: Das Gesetz gibt eine Ermächtigung zur Löschung; sie muß aber verfügt werden, wenn nach pflichtgemäßem Ermessen die Voraussetzungen für ein Eingreifen des Registergerichts (oder des an seine Stelle tretenden Landgerichts) zur Beseitigung einer dem Gesetz nicht entsprechenden Eintragung gegeben sind[159]. Die Grenzen des Ermessens können weit sein, sie können jedoch praktisch auch auf Null zusammenschrumpfen. Ist z. B. durch rechtskräftiges Zivilurteil dem Vorstand die Ausübung seines Amtes untersagt worden, so muß die Eintragung des Vorstands gelöscht werden[160].
Bei der Ausübung des Ermessens wird in Betracht zu ziehen sein: die Dauer sowie die Bedeutung der Eintragung für den Verein oder einen sonstigen Verfahrensbeteiligten, u. U. aber auch für Dritte, deren evtl. schützenswertes Interesse am Weiterbestand der Eintragung, jedoch auch das öffentliche Interesse an der Richtigkeit und Vollständigkeit zulässiger Eintragungen[161]. Die Löschung kann insbesondere unterbleiben, wenn sie niemandem etwas nutzt, aber schwere wirtschaftliche Nachteile für die Betroffenen mit sich bringt[162].

3.2.7. Einzelfälle

Die Nichtlöschung der Gesamteintragung des Vereins wäre in folgenden Fällen **2386**
ermessensmißbräuchlich:
Als ein wesentlicher sachlicher Eintragungsmangel ist es anzusehen, wenn ein Verein eingetragen worden ist, der keinen körperschaftlichen Personenzusammenschuß darstellt. Die Eintragung hat nur scheinbar einen Verein zum Entstehen gebracht, sie muß deshalb im öffentlichen Interesse gelöscht werden[163]. Hierher gehört auch der Fall der Einmanngründung, bei der eine körperschaftliche Willensbildung nicht möglich ist; hier ist ein so erheblicher Mangel zu verzeichnen, daß die Sollvorschrift des § 56 BGB keine andere Beurteilung erlaubt. Kein Ermessen besteht auch, wenn die Gründungssatzung sich als unwirksam erweist, etwa bei einem Verstoß gegen § 134 BGB (evtl. i. V. m. Art. 9 Abs. 2 GG) oder gegen § 138 BGB[164]; ferner gehört hierher der Fall, daß einzelne Bestimmungen der Satzung gegen zwingende vereinsrechtliche Bestimmungen des BGB verstoßen, etwa weil kein Vorstand gebildet wurde und ein Vereinsmitglied im Bedarfsfall die Außenvertretung übernimmt. Kein Er-

156 So der §§ 56, 57 Abs. 2, §§ 58, 59 Abs. 3 BGB.
157 Vgl. BayObLGZ 1971, 266/269; *Jansen* § 159 FGG Rn. 35.
158 Vgl. *KG* OLGE 28, 338; *OLG Hamm* OLGZ 1971, 475/478; *Jansen* a. a. O.
159 Vgl. RGZ 132, 311/314.
160 BayObLGZ 1989, 81/88.
161 Vgl. *KG* RJA 15, 126 und OLGZ 1967, 97; BayObLGZ 1971, 329 und 1979, 351/356.
162 Vgl. *KG* Recht 1928 Nr. 1412; BayObLGZ 1978, 87/93.
163 Vgl. auch RGRK/*Steffen* § 55 BGB Rn. 2.
164 Vgl. *RG* JW 1921, 1527 und *KG* OLGE 36, 188: jeweils Glücksspielvereine; *KG* NJW 1962, 1917.

messen besteht auch, wenn sich ergibt, daß die Vereinsform von einer Person oder von mehreren Personen rechtsmißbräuchlich benutzt wird, etwa um sich eine Einnahmequelle zu verschaffen. Oder: der Verein wird von einem übergeordneten Verband oder einem außenstehenden Dritten dergestalt beherrscht, daß von einer freien körperschaftlichen Willensbildung durch diesen Verein nicht mehr die Rede sein kann. Im Eintragungsverfahren ist trotz Erkennbarkeit aus der Satzung übersehen worden, daß der Verein in der Hauptsache wirtschaftliche Zwecke im Sinne des § 22 BGB verfolgt[165]. All die angeführten erheblichen Mängel kann jedoch der Verein während des Löschungsverfahrens durch eine dem Gesetz und den allgemeinen Prinzipien eines körperschaftlichen Zusammenschlusses entsprechend geänderte Satzungsgestaltung bzw. durch geänderte Vereinsbetätigung beheben; eine Berechtigung zur Löschung entfällt dann.

2387 Bei den folgenden verfahrensrechtlichen Mängeln wird ebenfalls zu löschen sein: Dem Registergericht hat für die Eintragung die örtliche Zuständigkeit gefehlt. Die Eintragung ist zwar wirksam geworden (§ 7 FGG). Da die Aufhebung einer Eintragung im Beschwerdewege, die hier an sich angebracht wäre, nicht möglich ist, bleibt hier nur der Weg der Amtslöschung[166]. – Ein Verein ist eingetragen worden, obwohl ein Eintragungsantrag gefehlt hat oder weil ein solcher zurückgenommen worden ist[167]; es ist der mehrheitliche Beschluß gefaßt worden, daß die Rechtsfähigkeit nicht erlangt werden soll. In einem solchen Fall ist die dem Gericht vorliegende Satzung, wonach der Verein eingetragen werden soll, ohne Bedeutung; satzungsändernde Beschlüsse eines Vorvereins werden grundsätzlich sofort wirksam.

Da für das Registergericht (Rechtspfleger) die Amtspflicht besteht, unrichtige Eintragungen vom Register fernzuhalten (vgl. Rn. 2394), ist die Eintragung des Vorstands (§ 64 Satz 1 BGB) zu löschen, wenn sich einwandfrei ergibt, daß seiner Bestellung schwere formelle oder materielle Fehler anhaften.

2388 In folgenden Fällen kann ein Ermessen des Registergerichts zum Tragen kommen:

Ein Verein ist eingetragen worden, obwohl ein dahingehender Antrag vorgelegen hat, der jedoch zurückgenommen worden ist; die dem Gericht vorliegende, nicht geänderte Satzung ergibt aber, daß der Verein eingetragen werden soll[168]. Ein aus Körperschaften (Gesellschaften) bestehender Verein ist eingetragen worden, obwohl die Satzung nur drei Gründungsmitglieder unterschrieben haben.

2389 Der Name des Vereins darf nicht Anlaß geben, über Art, Größe, Alter, Bedeutung, Zweck oder sonstige wesentliche Verhältnisse zu täuschen. Ist dies der Fall, so ist der gewählte Name nach dem entsprechend anwendbaren § 18 Abs. 2 HGB unzulässig und die Satzung insoweit nach § 134 BGB nichtig. Dies kann

165 Vgl. BayObLGZ 1978, 87/89; *OLG München* JFG 20, 61; *OLG Frankfurt* BB 1966, 52; vgl. auch *OLG Stuttgart* OLGZ 1971, 485.

166 Vgl. *Staudinger/Coing* Rn. 1, *Soergel/Hadding* Rn. 4, je zu § 55 BGB.

167 Vgl. dazu *OLG Hamm* OLGZ 1979, 313/317.

168 Vgl. MünchKomm/*Reuter* Rn. 4, *Staudinger/Coing* Rn. 3, *Soergel/Hadding* Rn. 5, je zu § 59 BGB.

zur Löschung der Gesamteintragung des Vereins führen[169]. Wird nur (unzulässig) der Vereinsname gelöscht, so läßt dies die Rechtsfähigkeit des Vereins unberührt[170].

Eintragungen, die durch Täuschung des Rechtspflegers herbeigeführt worden sind, führen nicht immer zur Amtslöschung. Bei rechtsbegründenden Eintragungen wird im allgemeinen zu löschen sein[171]. Bei rechtsbekundenden Eintragungen entfällt die Löschung, wenn die Eintragung mit der materiellen Rechtslage übereinstimmt[172]. **2390**

Im allgemeinen kommt das pflichtgemäße Ermessen zum Tragen, wenn die Eintragung einer Satzungsänderung gelöscht werden soll, die auf formellen Eintragungsmängeln beruht: Die Verwaltungsbehörde ist nicht beteiligt worden (§ 61, 71 Abs. 2 BGB); die Unterschrift eines Vorstandsmitglieds ist nicht beglaubigt worden. Im allgemeinen ist aber in folgenden Fällen zu löschen: Es sind erhebliche Einberufungsmängel für die Versammlung zu verzeichnen, in der die Satzungsänderung beschlossen worden ist; das Beschlußergebnis ist falsch festgestellt, der Beschlußantrag ist in Wirklichkeit abgelehnt worden; die satzungsmäßig erforderliche Zustimmung für die Satzungsänderung ist nicht erteilt worden. Der Beschluß verstößt inhaltlich gegen ein gesetzliches Verbot oder gegen die guten Sitten bzw. gegen tragende Grundsätze eines körperschaftlichen Zusammenschlusses, z. B. gegen das Gebot der Gleichbehandlung. **2391**

3.2.8. Die Löschung und ihre Wirkung

Die Löschung darf nur unter folgenden Voraussetzungen vorgenommen werden: **2392**

- Die für den Widerspruch gesetzte Frist ist abgelaufen, oder es ist im Falle der Erhebung des Widerspruchs und einer Erst- oder weiteren Beschwerde die Rechtskraft der den Widerspruch zurückweisenden Verfügung eingetreten (§§ 159, 142 Abs. 3 i. V. m. § 141 Abs. 4 FGG). Die Anordnung, daß eine bestimmte Eintragung zu löschen ist, darf somit nicht mit der Zurückweisung des Widerspruchs verbunden werden[173].
- Die Unzulässigkeit der Eintragung muß auch jetzt noch ohne vernünftige Zweifel zu bejahen sein[174].

Die Löschung geschieht durch Eintragung eines Vermerks (§ 142 Abs. 1 Satz 2 FGG). In Hessen sind Löschungen unter einer neuen laufenden Nummer in der Spalte des Registers einzutragen, in welcher die zu ändernde Eintragung vermerkt ist[175].

Wird die Gesamteintragung des Vereins gelöscht, so verliert dieser damit seine Rechtsfähigkeit. Sie wird jedoch nicht mit rückwirkender Kraft beseitigt; es verbleibt bei der Rechtsfähigkeit bis zur Löschung[176]. Das Vereinsvermögen

169 Vgl. BayObLGZ 1986, 370/374; *BayObLG* NJW-RR 1990, 996 und 1125; *OLG Celle* OLGZ 1985, 266.
170 *BGH* NJW 1984, 668.
171 Vgl. *RG* HRR 1928 Nr. 1958.
172 Vgl. RGZ 132, 22/26.
173 BayObLGZ 1978, 87/90.
174 BayObLGZ 1979, 351/356; 1989, 187/190 und 411/414; *OLG Frankfurt* OLGZ 1982, 33.
175 § 8 Abs. 1 d. RdErl. d. MdJ vom 6. 11. 1981 – JMBl. 1981, 587.
176 *Jansen* Rn. 37, *Keidel/Kuntze/Winkler* Rn. 25, je zu § 159 FGG.

muß, falls es nicht einem Fiskus anfällt, liquidiert werden, sofern eine Fortsetzung des Vereins nicht in Betracht kommt.
Die Löschung der Eintragung einer Satzungsänderung hat zur Folge, daß der Rechtszustand wiederhergestellt worden ist, der vor der Einreichung des satzungsändernden Beschlusses beim Registergericht bestanden hat. Die Satzungsänderung ist im Innen- und Außenverhältnis nicht verbindlich; es gilt wieder die Satzung in der nicht geänderten Fassung. Die Löschung hat nur die rechtsbegründende Kraft der Eintragung entfallen lassen; die Löschung bewirkt nicht eine formelle Aufhebung des satzungsändernden Beschlusses[177].
Die Löschung der Eintragung des Vorstands oder der Beschränkung seiner Vertretungsmacht hat Auswirkungen auf den beschränkten Vertrauensschutz, den das Vereinsregister gewährt (vgl. Rn. 2348 ff.). Stimmt die Löschung mit der wahren Rechtslage nicht überein, so hat der Vorstand mit der Löschung seiner Eintragung sein Amt nicht verloren.

3.2.9. Die Löschung der Löschung

2393 Die Löschung ist eine Eintragung. Ist es zweifelsfrei, daß die Löschung nicht berechtigt ist, so kann sie wiederum gelöscht werden, wenn dies im Interesse eines Beteiligten oder im öffentlichen Interesse geboten ist. Es kommt entweder das Verfahren nach § 141 Abs. 3, §§ 142, 143, 159 FGG in Betracht[178] oder die Löschung wird ohne Löschungsankündigung verfügt, wenn alle Beteiligten damit einverstanden sind.

3.3. Zu den Amtspflichten in Registerangelegenheiten (§ 839 BGB)

2394 Die Amtspflichten des Rechtspflegers (evtl. Richters) in Vereinsregistersachen ergeben sich aus den gesetzlichen Bestimmungen des BGB (vor allem: §§ 60 bis 64, 66, 78 BGB), den einschlägigen Verfahrensbestimmungen (§§ 159 ff. FGG) und den Bestimmungen über die Registerführung, wobei auch die in der Rechtswissenschaft als gefestigt anzusehenden Auslegungsgrundsätze Beachtung finden müssen[179]. Dabei werden an den Rechtspfleger keine geringeren Anforderungen gestellt als an den Richter[180]. Die Nichtvorlage an den Richter bei rechtlichen Schwierigkeiten (§ 5 Abs. 1 Nr. 2 RPflG) kann pflichtwidrig sein[181].

2395 Einzelfälle aus der Rechtsprechung: Der Rechtspfleger hat die Amtspflicht gegenüber den unmittelbar Beteiligten und gegenüber allen Personen, deren Rechte und Interessen durch eine gesetzwidrige Eintragung im Vereinsregister beeinträchtigt werden können, die maßgeblichen gesetzlichen Vorschriften zu beachten. Er hat darüber zu wachen, daß Erklärungen von Anmeldungen, die den gesetzlichen Erfordernissen und der tatsächlichen Rechtslage nicht entsprechen, nicht Aufnahme in das Vereinsregister finden. Er ist hiernach verpflichtet, einen Verein, der die gesetzlichen Eintragungsvoraussetzungen nicht

177 *OLG Hamm* OLGZ 1979, 313/318.
178 *KG* JFG 9, 142; *Keidel/Schmalz/Stöber* Rn. 1134.
179 Vgl. dazu RGZ 140, 174/183.
180 Vgl. *RG* JW 1934, 1342; RGZ 127, 153; *Staudinger/Schäfer* Rn. 568, RGRK/*Kreft* Rn. 376, je zu § 839 BGB.
181 Vgl. *BGH* VersR 1967, 1150 = JVBl. 1968, 130 und dazu *Lappe* JVBl. 1968, 125.

erfüllt, nicht einzutragen[182]. Der Rechtspfleger hat, wenn er von einem Verstoß gegen eine Anmeldungspflicht Kenntnis erhält, auf die Anmeldung hinzuwirken und verletzt diese Pflicht, wenn er sich untätig verhält[183]. Erstreckt sich eine Anmeldung nur auf die Wahl eines neuen Vorstands, lassen aber die eingereichten Unterlagen erkennen, daß im Wege der Satzungsänderung in der Versammlung, in der die Neuwahl stattgefunden hat, eine Umlage eingeführt worden ist, so erwächst die Verpflichtung, auf die Ergänzung einer ersichtlich unvollständigen Anmeldung hinzuwirken[184]. Pflichtwidrig ist es insbesondere, wenn der Inhalt einer Anmeldung unzureichend geprüft und wenn infolgedessen eine unrichtige oder gar ungültige Eintragung vorgenommen worden ist[185]. Es stellt weiter eine Amtspflichtverletzung dar, wenn Bedenken, welche die Nichtigkeit eines einzutragenden Beschlusses nahelegten, nicht nachgegangen worden ist[186]. Die nachfolgend mitgeteilten Ausführungen des *RG* [187] zur Prüfung der Anmeldungen zum Genossenschaftsregister gelten substantiell auch in Vereinsregistersachen: »In dieser Hinsicht ist noch darauf hinzuweisen, daß gerade die Prüfung der Anmeldungen zum Genossenschaftsregister besonders sorgfältig sein muß, weil für diese Beschlüsse keine ... notarielle Beurkundung vorgeschrieben ist, es mit aus diesem Grund an rechts- und fachkundiger Beratung der Genossenschaften bei der Beschlußfassung häufig fehlen wird, und deshalb, zumal bei der Zusammensetzung vieler Genossenschaften, von vornherein schon viel eher mit der Möglichkeit gesetzwidriger Beschlüsse zu rechnen ist, als z. B. bei Aktiengesellschaften.«

Die öffentlich-rechtliche Pflicht zur fehlerfreien Registertätigkeit obliegt allen Personen gegenüber, deren Rechte und Interessen durch eine gesetzwidrige Eintragung beeinträchtigt werden können[188]. In den Schutzbereich einbezogen ist somit der Verein selbst[189], aber auch bei »Betroffensein« jedes Vereinsmitglied[190]; im Einzelfall kann auch ein sonstiger Dritter von einer Pflichtverletzung betroffen sein.

Hinsichtlich der Geltendmachung eines Amtshaftungsanspruchs (§ 839 BGB Art. 34 GG) ist zu bemerken: Für Richter, die Registersachen zu bearbeiten haben, gilt das sog. Richterprivileg (§ 839 Abs. 2 BGB) nicht[191]. Ein Schadensersatzanspruch entfällt, wenn es der Geschädigte vorwerfbar unterlassen hat, den Schaden durch Gebrauch eines förmlichen Rechtsbehelfs abzuwenden (§ 839 Abs. 3 BGB). Die Mitteilungen über Eintragungen (§ 66 Abs. 2 Satz 1, § 71 Abs. 2 BGB, § 130 Abs. 2 FGG) müssen von den Anmeldenden (evtl. auch vom Notar) auf die Richtigkeit und Vollständigkeit der Eintragung nachge-

182 Vgl. *BGH* NJW 1983, 222 in einer Handelsregistersache.
183 *RG* HRR 1936 Nr. 1348 = JW 1936, 3120.
184 *RG* a. a. O.
185 *RG* a. a. O.
186 RGZ 140, 174: Genossenschaftssache.
187 A. a. O. S. 182 f.
188 Vgl. *RG* HRR 1936 Nr. 1348: Vereinsregister; RGZ 127, 153/156 und *BGH* NJW 1983, 222: Handelsregister; RGZ 140, 174/184: Genossenschaftsregister; vgl. auch *RG* SeuffA 87 Nr. 94.
189 *RG* HRR 1936 Nr. 1348.
190 Vgl. RGZ 140, 174/184.
191 *BGH* NJW 1956, 1716.

prüft, u. U. muß auf eine Berichtigung oder Amtslöschung hingewirkt werden[192].

4. Der mit einer Firma im Handelsregister eingetragene Verein

4.1. Der rechtsfähige Verein als Träger eines kaufmännischen Unternehmens

4.1.1. Der Verein als Kaufmann

2396 Nach § 33 HGB können rechtsfähige Vereine mit ihren zur Firmenführung verpflichtenden oder berechtigenden handelsrechtlichen Gewerbebetrieben in das Handelsregister eingetragen werden. Die Eintragungsfähigkeit haben sowohl wirtschaftliche Vereine (§ 22 BGB) wie auch Idealvereine (§ 21 BGB), sofern sie im Rahmen des sog. Nebenzweckprivilegs ein kaufmännisches Unternehmen unterhalten; sie besitzen dann die Kaufmannseigenschaft[193]. Diese wird beim rechtsfähigen Verein nicht dadurch in Frage gestellt, daß eine Rechtsformverfehlung gegeben ist, er also zu Unrecht eingetragen worden ist[194].

Als Inhaber eines Handelsgewerbes wird der Verein wie eine natürliche Person behandelt. Er ist dann nicht nur den vereinsrechtlichen Vorschriften, sondern auch den besonderen Regelungen unterworfen, die für den Kaufmannsstand gelten. Kommt es im Rahmen kaufmännischer Betätigung zu einer Konkurrenz vereins- und handelsrechtlicher Vorschriften, so verdrängen diese immer die vereinsrechtlichen Normen. Für den beschränkten Vertrauensschutz, den Registereintragungen gewähren, sind nicht die §§ 68, 70 BGB maßgebend, der Schutz richtet sich vielmehr ausschließlich nach § 15 HGB. Erteilt weiter der im Handelsregister eingetragene Verein einer Person Prokura (§ 48 ff. HGB), so ist diese vereinsrechtlich besonderer Vertreter (§ 30 BGB); im Handelsverkehr sind jedoch ausschließlich die für die Prokura bestehenden besonderen Vorschriften maßgebend[195].

Die Kaufmannseigenschaft eines Vereins beurteilt sich nach den §§ 1 bis 5 HGB.

Erfüllt der Verein die Kaufmannseigenschaft nach den §§ 1, 2 HGB, so muß er sich im Handelsregister eintragen lassen (§ 33 Abs. 1 HGB), widrigenfalls gegen seinen Vorstand der Registerzwang ausgeübt werden kann (§ 14 HGB; §§ 132 ff. FGG). Bei der Kaufmannseigenschaft nach § 3 HGB ist die Eintragung freigestellt.

---

192 Vgl. RGZ 131, 12/14; *RG* Warn. 1938 Nr. 36.

193 Vgl. z. B. *KG* JW 1928, 238; *OLG Kiel* OLGE 41, 189; *Heymann/Emmerich* § 1 HGB Rn. 33.

194 *Heymann/Emmerich* a. a. O.

195 Entsprechendes gilt für den Handlungsbevollmächtigten, vgl. §§ 54 ff. HGB.

4.1.2. Der Betrieb eines Gewerbes

Die Kaufmannseigenschaft wird nur durch eine gewerbliche Betätigung, durch einen Gewerbebetrieb[196] begründet. Richtiger wäre es, von einer unternehmerischen Betätigung zu sprechen[197]. **2397**

Unter einem Gewerbe wird eine berufsmäßige und selbständige, von der Absicht dauernder Gewinnerzielung getragene Tätigkeit verstanden, wobei die künstlerische, wissenschaftliche oder freiberufliche Erwerbstätigkeit ausgenommen wird[198]. Es muß eine anbietende Tätigkeit an einem Markt gegeben sein[199]. Eine solche fehlt bei der Güterproduktion für den eigenen Bedarf sowie auch dann, wenn sich Wirtschaftsunternehmen zu einem Verein zusammenschließen, um gemeinsame Interessen nach außen hin wahrzunehmen. Kein Anbieten an einem Markt stellt es auch dar, wenn ein Verein bestimmte Produkte nur seinen Mitgliedern zum evtl. verbilligten Kauf anbietet; hier fragt es sich jedoch, ob die Rechtsbeziehungen des kein Handelsgewerbe betreibenden Vereins zu seinen Mitgliedern nicht nach den Grundsätzen des Handelsgeschäfts zu beurteilen sind; dies dürfte zu bejahen sein[200]. **2398**

Das weiter erforderliche Merkmal der Planmäßigkeit fehlt, wenn der Verein periodisch seine nicht mehr benötigten, evtl. »abgeschriebenen« Güter (Kraftfahrzeuge) veräußert. Gleiches gilt, wenn ein Verein nur gelegentlich Waren zum Verkauf anbietet, um den Erlös etwa einem wohltätigen Zweck zuzuführen. Die für die Annahme der Kaufmannseigenschaft notwendige Dauer der gewerblichen Tätigkeit kann begrenzt sein; verkauft ein Verein fortlaufend nur während einer Sportveranstaltung Speisen und Getränke, so ist eine auf Dauer angelegte Tätigkeit gegeben[201]. Dieses Merkmal wäre zu verneinen, wenn ein Verein etwa ein ererbtes Handelsgeschäft so lange fortführt, bis die Nachlaßschulden gedeckt sind.

Erforderlich ist nach (noch) herrschender Auffassung weiter die Absicht, Gewinne zu erzielen[202]. Für diese Absicht sind nicht verbale Aussagen in der Satzung, sondern das tatsächliche Verhalten des Vereins von entscheidender Bedeutung. Die Selbstkostendeckung erfüllt dieses Merkmal nicht. Gewinnerzielungsabsicht wird vermutet, wenn der Verein außenstehenden Dritten Waren oder sonst entgeltliche Tätigkeiten anbietet, mögen die gewinnbringenden Erlöse auch gemeinnützigen oder wohltätigen Zwecken zugeführt werden[203]. Die Umstände des Einzelfalles entscheiden, ob der Betrieb von Krankenhäusern, Sanatorien, Altenheimen, Herbergen, Armenspeisungen und dgl. von einer Gewinnerzielungsabsicht getragen ist oder nicht[204].

---

196 Vgl. § 1 Abs. 2, § 2 HGB.

197 Vgl. *K. Schmidt* HR § 9 IV 1, S. 205.

198 Vgl. z.B. RGZ 132, 367/372; *BGH* NJW 1979, 1650; *K. Schmidt* HR § 9 IV 2, S. 281.

199 *K. Schmidt* § 9 IV 2 b, S. 283; vgl. dazu näher oben Rn. 113 ff.

200 Ebenso *K. Schmidt* § 9 IV 2 b bb, S. 285.

201 Vgl. *K. Schmidt* a. a. O.

202 Vgl. z.B. BGHZ 63, 32/33; 66, 48/49; *OLG Hamm* NJW 1994, 392/393; nach *K. Schmidt* § 9 IV 2 d, S. 289 entscheidet hier die entgeltliche Tätigkeit am Markt.

203 Vgl. *Schlegelberger/Hildebrandt/Steckhan* § 1 HGB Rn. 24; vgl. zur Gewinnerzielungsabsicht auch oben Rn. 2027.

204 Vgl. *KG* RJA 4, 203.

4.1.3. Der Verein als Kaufmann kraft Gewerbebetriebs nach § 1 HGB

2399 Betreibt der Verein eines der in § 1 Abs. 2 HGB aufgeführten sog. Grundhandelsgewerbe, so ist er immer – also ohne Rücksicht auf die Eintragung im Handelsregister – Kaufmann. Der Verein ist zur Anmeldung zum Zwecke der Eintragung in das Handelsregister verpflichtet, wenn kein Kleingewerbebetrieb i. S. d. § 4 HGB vorliegt, dessen Inhaber die Firma und damit die Eintragung in das erwähnte Register verschlossen ist.

Grundhandelsgeschäfte sind u. a.:

die Anschaffung von Waren und Wertpapieren und deren Weiterveräußerung, wobei es gleichgültig ist, ob diese be- oder verarbeitet worden sind (§ 1 Abs. 2 Nr. 1 HGB); hierher gehört z. B. der Betrieb einer Gastwirtschaft[205] oder eines Hotels[206], nicht dagegen die Gewinnung von Waren aus der Natur, die sog. Urproduktion, wie z. B. der Fischfang[207]; die sog. Lohnfabrikation (und nicht das Lohnhandwerk), also die fabrikmäßige Übernahme der Be- oder Verarbeitung von Waren für andere (§ 1 Abs. 2 Nr. 2 HGB), z. B. die fabrikmäßige Reparatur von Maschinen; das Druckereigeschäft, sofern es nicht handwerksmäßig betrieben (§ 1 Abs. 2 Nr. 9 HGB).

4.1.4. Der Verein als Kaufmann kraft Eintragung nach § 2 HGB (sog. Sollkaufmann)

2400 Ist kein Grundhandelsgewerbe gegeben, ist der Verein jedoch Inhaber eines Handelsunternehmens, das nach Art und Umfang einen in kaufmännischer Weise eingerichteten Gewerbebetrieb erfordert, so muß sich der Verein im Handelsregister eintragen lassen (§§ 2, 33 Abs. 1 HGB).

Ob ein in kaufmännischer Weise eingerichteter Gewerbebetrieb erforderlich ist (unerheblich ist, ob er tatsächlich vorhanden ist), beurteilt sich entscheidend nach dem Gesamtbild des Betriebes[208]. Ein evtl. hoher Umsatz allein gibt keinen Ausschlag[209]. Heranzuziehen sind die folgenden, weiteren Faktoren: die Art der Tätigkeit sowie die Struktur des Unternehmens, die Vielfalt der erbrachten Leistungen, das Anlage- und Betriebskapital, die Zahl der Beschäftigten, die Größe des Geschäftslokals, der Gewerbeertrag, die Geschäftsbeziehungen und ihre Abwicklungen, die Lagerhaltung, die Kalkulation, die Werbung, die Inanspruchnahme von Bankkrediten, die Teilnahme am Wechselverkehr, eine geordnete Aufbewahrung von Geschäftsunterlagen, die Art der Buchführung, regelmäßige Inventuren sowie die Erstellung von Bilanzen[210]. Es muß nicht jedes dieser Merkmale gegeben sein; entscheidend ist die Gesamtstruktur des Unternehmens[211].

Die Sollkaufmannseigenschaft ist um so eher zu bejahen, je größer die Umsätze des Unternehmens sind. Ein Umsatz in Millionenhöhe deutet in der Regel auf die Notwendigkeit einer kaufmännischen Organisation hin[212].

---

205 BGHZ 70, 132/134.
206 *RG* JW 1908, 148; *KG* HRR 1936 Nr. 990.
207 Vgl. *Heymann/Emmerich* § 1 HGB Rn. 44.
208 *BGH* BB 1960, 917; *OLG Celle* RPfl 1981, 114.
209 *OLG Stuttgart* OLGZ 1974, 132; *OLG Celle* a. a. O.
210 *OLG Frankfurt* DB 1983, 169; *BayObLG* BB 1985, 78.
211 *OLG Frankfurt* a. a. O.
212 *OLG Celle* BB 1983, 658 f.; *Heymann/Emmerich* § 2 HGB Rn. 10.

Zum »Soll«-Kaufmann kann der Verein durch den Betrieb eines Sanatoriums, eines Theaters, einer Lehranstalt, eines Handwerks[213], eines Inkasso-, bzw. Werbebüros werden; auch die Urerzeugung, z. B. Fischfang und Weiterverkauf, kann hierher gehören[214].
Der Verein wird erst mit der Handelsregistereintragung Kaufmann.

4.1.5. Der Verein als Kaufmann kraft freigestellter Eintragung nach § 3 HGB

Sofern der (in der Regel wirtschaftliche) Verein Inhaber eines nach Art und **2401**
Umfang in kaufmännischer Weise eingerichteten Geschäftsbetriebes ist, das der Land- oder Forstwirtschaft zuzurechnen ist (§ 3 Abs. 2 i. V. m. § 2 Satz 1 HGB), ist es ihm freigestellt, ob er sich in das Handelsregister eintragen lassen will oder nicht (§ 3 Abs. 2 Satz 1 HGB). Es muß sich um ein Gewerbe handeln, das den landwirtschaftlichen Boden ausnutzt und die Gewinnung sowie Verwertung pflanzlicher oder tierischer Rohstoffe zum Gegenstand hat[215]. Unter der Voraussetzung, daß es sich nicht um einen Kleinbetrieb handelt, können hier Maschinengemeinschaften, Erzeugergemeinschaften im Sinne des Marktstrukturgesetzes[216], forstwirtschaftliche Zusammenschlüsse i. S. d. BWaldG, aber auch Vereine in Betracht kommen, die sich der Tierzucht und dem Tierverkauf widmen, wobei aber eine Bodenausnutzung gegeben sein muß[217].
Unter den Voraussetzungen des § 3 Abs. 3 HGB können auch nebengewerbliche Unternehmen eingetragen werden.
Entschließt sich der Verein, sich im Handelsregister eintragen zu lassen, so steht es nicht mehr in seinem Belieben, die Eintragung wieder löschen zu lassen (§ 3 Abs. 2 Satz 2 HGB).

4.2. Die Erstanmeldung zum Handelsregister

4.2.1. Die Anmeldung durch sämtliche Vorstandsmitglieder; die Unterschriftszeichnung

Die Anmeldung des Vereins zur Eintragung in das Handelsregister müssen **2402**
sämtliche Mitglieder des Vertretungsvorstands – also ohne Rücksicht auf eine etwa erteilte Einzelvertretungsbefugnis – vornehmen (§ 33 Abs. 1 HGB). Fehlende Vorstandsmitglieder müssen auf dem satzungsmäßigen Wege bestellt werden. Bei der Erstanmeldung wirken etwa bestellte Prokuristen nicht mit.
Betreibt der Verein ein Handelsunternehmen i. S. d. §§ 1, 2, HGB, so ist die Anmeldung in dem Augenblick Pflicht, in dem die entsprechenden Tatbestandsmerkmale kaufmännischer Betätigung gegeben sind. Dieser Zeitpunkt kann bereits vor der Eintragung in das Vereinsregister oder vor einer staatlichen Verleihung der Rechtsfähigkeit gegeben sein. Die Anmeldepflicht ist eine die Vorstandsmitglieder persönlich treffende Pflicht, die durch Zwangsgeld erzwungen werden kann (§ 14 HGB, §§ 132 ff. FGG). Auf einen fehlenden oder entgegenstehenden Beschluß der Mitgliederversammlung können sich die

213 *BGH* NJW 1980, 447/448.
214 Vgl. *Baumbach/Duden/Hopt* § 2 HGB Rn. 1.
215 *K. Schmidt* HR § 10 VI 2 a – S. 319.
216 Vgl. *Hofmann* NJW 1976, 1297 Fußn. 7.
217 Vgl. *K. Schmidt* a. a. O. S. 320.

Mitglieder des Vorstands bei einer Anmeldepflicht nicht berufen. Sind die Eintragungsvoraussetzungen des § 3 Abs. 2, 3 HGB gegeben, so kann der Vorstand an sich bei uneingeschränkter Vertretungsbefugnis die Anmeldung vornehmen; er soll jedoch zuvor einen Beschluß der Mitgliederversammlung über die Eintragung herbeiführen.

2403 Die Mitglieder des Vertretungsvorstandes haben außerdem ihre Unterschrift (nicht die Firma) zur Aufbewahrung bei dem Gericht zu zeichnen (§ 35 HGB). Bei der Zeichnung wirkt auch ein evtl. bestellter Prokurist mit; er muß die Firma und seine Unterschrift zeichnen (§ 53 Abs. 2 HGB). Eine Stellvertretung ist hier unzulässig.

Die Anmeldeerklärung und die Unterschriften sind in öffentlich beglaubigter Form (§ 12 Abs. 1 HGB, § 129 BGB) bei dem Registergericht einzureichen, in dessen Bezirk der Verein seine Haupthandelsniederlassung hat[218]; der Ort der Hauptniederlassung kann von dem Ort des Vereinssitzes verschieden sein[219]. Sind mehrere gleichgeordnete Handelsniederlassungen gegeben, so muß bei jedem für den jeweiligen Sitz zuständigen Registergericht einschließlich der Unterschriftzeichnungen angemeldet werden.

4.2.2. Der Inhalt der Anmeldung und die beizufügenden Unterlagen

2404 Die Anmeldung muß enthalten[220]:

- den Namen des Vereins, der Träger eines Handelsunternehmens ist;
- die Firma; sie kann mit dem Namen des Vereins identisch sein; die Satzung kann eine hiervon abweichende Firma festlegen[221]; zu beachten ist der Grundsatz der Firmenwahrheit (§ 18 Abs. 2 HGB), der nach neuerer Rechtsentwicklung auch für abgeleitete Firmen (§§ 22, 24 HGB) gilt[222], sowie der Grundsatz der Firmenunterscheidbarkeit (§ 30 Abs. 1 HGB);
- den Gegenstand des Unternehmens; er muß so weit individualisiert sein, daß der Geschäftsbereich der Unternehmenstätigkeit den beteiligten Wirtschaftskreisen aus der Eintragung hinreichend erkennbar wird[223], also nicht z. B. nur »Handelsgeschäfte«; es soll erkennbar sein, ob der Betrieb des Handelsunternehmens einer besonderen behördlichen Genehmigung bedarf;
- den Sitz des Vereins und der Niederlassung des Handelsunternehmens, sofern beide Sitze nicht identisch sind[224];
- die Mitglieder des Vertretungsvorstands mit Vor- und Familiennamen, Stand und Anschrift;
- unter Hinweis auf etwa bestehende Satzungsbestimmungn die Zeitdauer des Unternehmens und die evtl. eingeschränkte Vertretungsbefugnis des Vorstands;
- eine etwa erteilte Prokura mit Angabe der Personalien und des Wohnortes des Prokuristen.

---

218 § 29 HGB; vgl. *OLG Dresden* OLGE 27, 304; *KG* OLGE 27, 306.
219 Vgl. *KG* a. a. O.
220 Vgl. *Keidel/Schmatz/Stöber* Rn. 217.
221 Vgl. RGZ 62, 7/9; KGJ 17 A 5.
222 BGHZ 68, 271 = NJW 1977, 1291.
223 Vgl. *BGH* NJW 1982, 2446; *BayObLG* WM 1989, 680.
224 Vgl. *KG* OLGE 27, 306.

Der Anmeldung sind beizufügen (§ 33 Abs. 2 HGB): **2405**
- die Satzung des Vereins und die Urkunde über die Bestellung des Vorstands in Urschrift oder in öffentlich beglaubigter Abschrift;
- der Nachweis der Rechtsfähigkeit durch Vorlage der Verleihungsurkunde, bei eingetragenen Vereinen genügt der Hinweis auf die bescheinigte Eintragung (§ 66 Abs. 2 BGB);
- für den Geschäftsbetrieb etwa erforderliche öffentlich-rechtliche Genehmigungen bzw. Erlaubnisse, z. B. zum Betrieb einer Gaststätte[225], wozu auch die erforderliche Eintragung in die Handwerksrolle gehört[226].

4.2.3. Die Anmeldung einer Zweigniederlassung

Die Errichtung einer Zweigniederlassung des Handelsunternehmens ist vom **2406** Vorstand beim Gericht der Hauptniederlassung unter Beifügung einer öffentlich beglaubigten Abschrift der Satzung anzumelden (§ 33 Abs. 3 HGB). Hier genügt die Anmeldung in vertretungsberechtigter Zahl[227].
Die Unterschriften der Vorstandsmitglieder sind zur Aufbewahrung beim Gericht der Zweigniederlassung zu zeichnen (§ 13 Abs. 2 HGB). Die Anmeldung und die Zeichnung sind in öffentlich beglaubigter Form (§ 12 Abs. 1 HGB) zu bewirken.

4.3. Die später anzumeldenden Veränderungen

4.3.1. Die anmeldepflichtigen Personen

Sind nach der Eintragung im Handelsregister Veränderungen anzumelden (§ 34 **2407** Abs. 1 i. V. m. § 33 Abs. 3 HGB), so trifft die Anmeldepflicht den Vorstand als solchen (also nicht die einzelnen Vorstandsmitglieder) oder, sofern die Eintragung erst nach der Anmeldung der ersten Liquidatoren zu geschehen hat, die Liquidatoren (§ 34 Abs. 3 HGB). Nach allgemeiner Ansicht genügt beim Vorstand die Anmeldung in vertretungsberechtigter Zahl[228]; dies gilt jedoch nicht, wenn Liquidatoren anmeldepflichtig sind. Es genügt auch die Anmeldung in unechter (gemischter) Gesamtvertretung durch ein Vorstandsmitglied und einen Prokuristen[229].
Bei einem anzumeldenden Vorstandswechsel trifft die Anmeldung nicht die ausgeschiedenen, sondern die neu bestellten Vorstandsmitglieder[230].

4.3.2. Die anmeldepflichtigen Änderungen

Anzumelden sind die folgenden Änderungen (§ 34 Abs. 1 i. V. m. § 33 HGB): **2408**
- des Vereinsnamens, auch wenn ein von diesem verschiedener Firmenname gewählt worden ist;
- der Firma; sie kann eine Satzungsänderung darstellen und ist dann auch aus diesem Grunde anzumelden;

---

225 Vgl. *BayObLG* DB 1990, 1079.
226 Vgl. BGHZ 102, 209/211: GmbH.
227 Vgl. *KG* JW 1937, 890; *Heymann/Emmerich* § 33 HGB Rn. 11.
228 Vgl. z. B. *Keidel/Schmatz/Stöber* Rn. 220.
229 Vgl. RGZ 134, 303/307; *KG* JW 1937, 890.
230 Vgl. KGJ 45 A 329; BayObLGZ 23, 172/174.

- des Sitzes der Hauptniederlassung oder der Zweigniederlassung (§ 13c Abs. 1, § 33 Abs. 2 Satz 2, § 34 Abs. 1 HGB);
- der Satzung, mögen sie auch keine handelsrechtlich relevanten Gegenstände betreffen[231]; der Änderungsbeschluß ist in Urschrift oder öffentlich beglaubigter Abschrift einzureichen[232]; die Änderung des Vereinssitzes ist Satzungsänderung;
- des Gegenstandes des Handelsunternehmens, sofern dies nicht schon als Satzungsänderung anzumelden ist;
- des Vorstandes durch Neuwahlen oder durch Namensänderung; die Verringerung oder Vermehrung der Zahl der Vorstandsmitglieder ist als Satzungsänderung anzumelden; bei einer Anschriftänderung dürfte eine formlose Anzeige genügen; bei einem Wechsel in der Person der Vorstandsmitglieder ist die Bestellungsurkunde in Urschrift oder öffentlich beglaubigter Abschrift vorzulegen[233]; die neuen Mitglieder haben die Zeichnungspflicht zu erfüllen (§ 35 HGB).

Anzumelden ist vom Vorstand weiter die Auflösung des Vereins (§ 34 Abs. 1 HGB) oder ein gleichgestellter Tatbestand sowie die Entziehung der Rechtsfähigkeit (§§ 43, 73 BGB). Schließt sich ein Liquidationsabschnitt an, so hat der Vorstand auch die ersten Liquidatoren anzumelden, und zwar auch dann, wenn die Liquidation Aufgabe des Vorstands ist. Die Liquidatoren haben die Zeichnungspflicht zu erfüllen (§ 35 HGB). Der Verlust der Rechtsfähigkeit durch Konkurseröffnung und die gerichtlich bestellten Liquidatoren sind nicht anzumelden (§ 34 Abs. 4 und Abs. 5 i. V. m. § 32 HGB). Sofern eine dahingehende Pflicht sich nicht schon aus Anlaß einer Satzungsänderung ergibt, ist auch anzumelden eine Beschränkung der Vertretungsbefugnis der Liquidatoren und eine Abweichung vom Grundsatz der Gesamtvertretung. Sind die oben angeführten anmeldepflichtigen Änderungen in der Amtszeit der Liquidatoren eingetreten, so haben sie die Anmeldepflicht zu erfüllen. Sie haben somit auch die Änderungen in der Person der Liquidatoren anzumelden. Nach § 31 Abs. 2 HGB, der auch für juristische Personen gilt[234], ist auch das Erlöschen der Firma anzumelden. Dies kann durch dauerndes Nichtbetreiben des Handelsgeschäfts[235], durch dauerndes Herabsinken auf den Umfang eines Kleingewerbes[236] oder dadurch eintreten, daß der Erwerber des vom Verein veräußerten Handelsgeschäfts von dem Recht der Firmenfortführung nach § 22 HGB keinen Gebrauch macht, sondern eine andere Firma annimmt[237]; die Firma erlischt schließlich auch, wenn die Liquidation des Vereinsvermögens beendet ist[238]. Erlischt die Firma während des Liquidationsverfahrens, so ist dies auch dann anzumelden (und das Erlöschen der Firma ist einzutragen), wenn das Sperrjahr (§ 51 BGB) noch nicht abgelaufen ist[239]. Die Anmeldepflicht trifft entweder den Vorstand oder die Liquidatoren, je nachdem, in welcher Amtszeit

231 Vgl. *Würdinger* Anm. 3, *Schlegelberger/Hildebrandt/Steckhan* Rn. 1, je zu § 34 HGB.
232 *Würdinger* a. a. O.
233 Vgl. *Würdinger* § 34 HGB Anm. 2.
234 Vgl. *KG* JW 1936, 1542.
235 *OLG Hamm* RPfl 1977, 318.
236 *BayObLG* MDR 1968, 328.
237 *BayObLG* DB 1971, 1009.
238 Vgl. dazu *BayObLG* BB 1983, 82 = DB 1983, 170.
239 *KG* JW 1936, 1542.

das Erlöschen der Firma zu verzeichnen ist. Für die Löschung der Firma genügt die entsprechende Erklärung des Anmeldenden; das tatsächliche Erlöschen ist nur bei begründeten Zweifeln aufzuklären[240]. Die Löschung hat nur rechtsbekundende Bedeutung[241].

Mit der Beendigung der Liquidation ist das Erlöschen der Firma anzumelden. Ist das Erlöschen eingetragen, so scheidet der Verein aus dem Handelsregister aus; sein späteres Schicksal ist ohne Bedeutung für das Handelsregister; deshalb ist weder die Auflösung des Vereins noch die Entziehung seiner Rechtsfähigkeit anzumelden oder einzutragen[242].

Die Anmeldungen (und Unterschriftszeichnungen) sind in öffentlich beglaubigter Form zu bewirken (§ 12 Abs. 1 HGB).

4.4. Die Prüfungspflicht des Handelsregistergerichts

Das Handelsregistergericht hat – wie das Vereinsregistergericht – zu prüfen, ob **2408 a**
die vorgelegten Urkunden die beantragte Eintragung rechtfertigen. Entspricht z. B. die Wahl von Vorstandsmitgliedern nicht den Erfordernissen der Satzung, so muß dies beanstandet werden[243].

4.5. Die Handelsregistereintragungen und die Bekanntmachungen

4.5.1. Die Eintragungen aufgrund Anmeldung

Aufgrund der Erstanmeldung werden die in § 33 Abs. 2 Satz 2 HGB ange- **2409**
führten Eintragungen vorgenommen (vgl. § 40 HRV).

Die später einzutragenden Änderungen ergeben sich aus § 33 Abs. 2, § 34 Abs. 1 HGB i. V. m. § 40 HRV. Hinsichtlich der Eintragung einer Satzungsänderung trifft § 34 Abs. 2 HGB eine Bestimmung. Auf Anmeldung wird auch das Erlöschen der Firma eingetragen[244].

4.5.2. Die Eintragungen von Amts wegen

Von Amts wegen werden eingetragen: **2410**

- gerichtlich bestellte Vorstandsmitglieder bzw. Liquidatoren (§§ 29, 48 Abs. 2 BGB, § 34 Abs. 4 HGB); gerichtliche Anordnungen über die Vertretungsbefugnis werden gleichfalls eingetragen[245];
- die Eröffnung des Konkurses, die Aufhebung des Eröffnungsbeschlusses, die Einstellung und Aufhebung des Konkurses (§ 34 Abs. 5 i. V. m. § 32 Satz 1 und 2 HGB);
- die Eröffnung und die Aufhebung des Vergleichsverfahrens (§ 32, 98 Abs. 3 VerglO);
- die Amtslöschung der Firma (§ 141 FGG).

---

240 BayObLGZ 1978, 121/126 m. w. N.
241 *BayObLG* a. a. O.
242 Vgl. *KG* JW 1936, 1542.
243 Vgl. *OLG Dresden* OLGE 8, 254.
244 Vgl. *Keidel/Schmatz/Stöber* Rn. 227, 228.
245 Vgl. *Würdinger* § 34 HGB Anm. 6.

4.5.3. Die Bekanntmachungen

2411 Die Eintragungen im Handelsregister werden veröffentlicht (§§ 10, 11 HGB). Hiervon ausgenommen sind die Eintragungen, die durch ein Konkurs- oder Vergleichsverfahren veranlaßt sind (§ 34 Abs. 5 i. V. m. § 32 Satz 3 HGB, § 23 Abs. 2 Satz 2, § 98 Abs. 3 Satz 1 VerglO).
Eintragungen, die auf Anmeldung (Antrag) hin vorgenommen werden, werden den Anmeldenden bekanntgemacht, sofern sie hierauf nicht verzichtet haben (§ 130 Abs. 2 FGG, § 37 HRV).

4.6. Das Zwangsgeldverfahren (Hinweis)

2412 Anmelde- und Zeichnungspflichten können erzwungen werden (§ 14 HGB, §§ 132 ff. FGG). Vgl. dazu näher Rn. 2357. Das Zwangsgeld kann bis zu 10 000 DM betragen (§ 14 HGB).

5. Die Gerichts- und Notarkosten

5.1. Grundzüge des Kostenrechts

5.1.1. Der Kostenbegriff

2413 In gerichtlichen Vereinssachen werden vom Gericht Kosten nach Maßgabe der Kostenordnung erhoben. Kosten sind Gebühren und Auslagen (§ 1 KostO). Die Gebühren gelten die gerichtliche Tätigkeit ab. Der Mindestbetrag einer Gebühr beträgt 20 DM (§ 33 KostO). Die Höhe der Gebühr ist von einem Geschäftswert abhängig, der sich grundsätzlich nach § 30 KostO bestimmt (vgl. § 32 KostO). Es können nur die in § 136 KostO festgelegten Schreibauslagen und die in § 137 KostO genannten sonstigen Auslagen erhoben werden.
Für die Notarkosten gelten diese Grundsätze entsprechend (§ 141 KostO; vgl. jedoch § 143 KostO). Der Notar erhält außerdem grundsätzlich Ersatz der auf seine Kosten entfallenden Umsatzsteuer (§ 151 a KostO).

5.1.2. Der Kostenschuldner

5.1.2.1. Gerichtskosten in der ersten Instanz

2414 In Vereinssachen wird das Gericht überwiegend nur auf Antrag tätig; eine Anmeldung enthält einen Eintragungsantrag. Bei solchen Geschäften ist Kostenschuldner derjenige, der die Tätigkeit des Gerichts veranlaßt (§ 2 Nr. 1 KostO), sog. Veranlassungsprinzip. Wer bei Gericht einen Antrag nach §§ 29, 37 Abs. 2 BGB stellt, haftet als Kostenschulder. Mehrere Kostenschuldner haften als Gesamtschuldner (§ 5 Abs. 1 Satz 1 KostO). Bei Anmeldungen, die Vorstandsmitglieder oder Liquidatoren namens des Vereins vornehmen, ist nur dieser Kostenschuldner[246]. Wird die Erstanmeldung des Vereins zurückgewiesen, so ist der (nichtrechtsfähige) Vorverein Kostenschuldner, wobei die Haftung auf das Vereinsvermögen beschränkt ist. Weiterer Kostenschuldner ist gem. § 54 Satz 2 BGB der Anmelder[247]. In allen Fällen sind (alleinige) Kostenschuldner die

246 *OLG Düsseldorf* DNotZ 1955, 223; *OLG Celle* DNotZ 1967, 331.
247 Vgl. BayObLGZ 1986, 496; GmbH.

Anmeldenden, wenn die Zurückweisung wegen der fehlenden Vertretungsbefugnis vorgenommen worden ist[248].

Von Amts wegen wird das Zwangsgeldverfahren und das Amtslöschungsverfahren eingeleitet und durchgeführt. Im Zwangsgeldverfahren wird der Beteiligte zugleich in die (Gerichts-)Kosten des Verfahrens verurteilt (§ 138 FGG). Das ist der anmeldepflichtige Vorstand bzw. Liquidator; er allein und nicht der Verein ist Kostenschuldner (§ 3 Nr. 1 KostO). Wird Einspruch eingelegt, so ist immer der Einspruchsführer bei Erfolglosigkeit des Rechtsbehelfs Kostenschuldner (§ 2 Nr. 1 KostO). Einspruchsführer kann auch der Verein sein. Bei Löschungen nach §§ 159, 142, 143 FGG werden keine Gebühren erhoben (§ 88 Abs. 2 Satz 1 KostO); für evtl. entstehende Auslagen haftet der Verein (§ 2 Nr. 2 KostO). Kommt es zu einem Widerspruchsverfahren, so ist Kostenschuldner auch hier der Widersprechende (§ 2 Nr. 1 KostO).

Wird dem Verein von Amts wegen die Rechtsfähigkeit entzogen, so ist dieser Kostenschuldner (§ 2 Nr. 2 KostO); gleiches gilt, wenn die Entziehung vom Vorstand beantragt worden ist (§ 2 Nr. 1 KostO).

5.1.2.2. Rechtsmittelkosten

Für die Kosten einer Beschwerde und einer weiteren Beschwerde haftet regel- **2415**
mäßig der Beschwerdeführer (§ 2 Nr. 1 KostO).

5.1.2.3. Notarkosten

Im Notarkostenrecht kommt in der Regel das Veranlassungsprinzip (§ 2 Nr. 1, **2416**
§ 141 KostO) zur Geltung; Kostenschuldner wird daher der Auftraggeber[249]. Es ist Sache der Vereinbarung, ob als Auftraggeber der Verein oder das die Tätigkeit des Notars beanspruchende Vorstandsmitglied (Liquidator) in Betracht kommt. Bleiben in dieser Richtung Zweifel, so ist im allgemeinen der Vorstand Kostenschuldner, dessen Unterschrift beglaubigt wird.

5.1.3. Rechtsmittel gegen den Kostenansatz des Gerichts und gegen die Kostenberechnung des Notars

Gegen den Kostenansatz des Gerichts (§ 14 Abs. 1 KostO) können vom Kosten- **2417**
schuldner Erinnerungen eingelegt werden (§ 14 Abs. 2 KostO), die sich gegen den angenommenen, nicht förmlich festgesetzten Geschäftswert sowie gegen die sonstige Kostenberechnung wenden können. Hat über die Erinnerungen – wie regelmäßig – der Rechtspfleger entschieden, so ist gegen dessen Entscheidung abermals die Erinnerung, diesmal nach § 11 Abs. 1 RPflG gegeben.

Hier und in einem nachfolgenden Beschwerdeverfahren muß jedoch die sog. Beschwerdesumme erreicht sein, die derzeit 100 DM beträgt (§ 567 Abs. 2 Satz 2 ZPO). Legt der Amtsrichter die Erinnerung dem Landgericht vor, so wird sie als Beschwerde behandelt; dieses Rechtsmittel kann eingelegt werden, wenn der Richter über die Erinnerung entschieden hat (vgl. § 14 Abs. 3 Satz 1 KostO). Die weitere Beschwerde ist nur statthaft, wenn sie das Landgericht im Entscheidungssatz oder in den Gründen zugelassen hat (§ 14 Abs. 3 Satz 2 KostO). Wird nur der förmlich festgesetzte Geschäftswert bekämpft, so ist gegen die Entscheidung des Rechtspflegers, sofern nach Ansicht des Kostenschuldners

248 *KG* RPfl 1971, 193.

249 Vgl. auch § 147 Abs. 2 KostO.

der Kostenansatz um 100 DM zu hoch ist, Erinnerung bzw. Beschwerde und im Falle der Zulassung die weitere Beschwerde statthaft (§ 11 Abs. 1 RPflG, § 31 Abs. 3, § 14 Abs. 3 KostO).
All diese Rechtsmittel kann der Kostenschuldner selbst – auch im Falle der weiteren Beschwerde –, somit ohne Zuziehung eines Anwalts einlegen (§ 14 Abs. 4, evtl. i. V. m. § 31 Abs. 3 KostO).

2418 Gegen den Kostenansatz oder die Festsetzung des Geschäftswertes eines Bezirksnotars in Baden-Württemberg können diese Rechtsbehelfe bzw. Rechtsmittel bei dem Amtsgericht eingelegt werden, in dessen Bezirk der Notar seinen Sitz hat (§ 142 KostO). In den übrigen Bundesländern kann gegen die Notarkostenberechnung (§ 154 Abs. 1 KostO) Beschwerde beim Landgericht eingelegt werden, in dessen Bezirk der Notar seinen Amtssitz hat (§ 156 Abs. 1 KostO). Die weitere Beschwerde kann nur dann binnen eines Monats ab Zustellung der landgerichtlichen Entscheidung eingelegt werden, wenn das Landgericht dieses Rechtsmittel zugelassen hat (§ 156 Abs. 2 Satz 1 und 2 KostO). Auch hier ist die Mitwirkung eines Anwalts nicht erforderlich (§ 156 Abs. 4 Satz 1 KostO).

5.1.4. Die sachliche und die persönliche Befreiung von Gerichtsgebühren

2419 Gerichtsgebührenfreiheit besteht für
- die Einsicht in das Vereinsregister (§ 90 KostO),
- die Löschung unzulässiger Eintragungen aufgrund der §§ 159, 142, 143 FGG (§ 88 Abs. 2 Satz 1 KostO),
- die Eintragungen, die nicht aufgrund einer Anmeldung vorgenommen werden, somit der gerichtlich bestellten Vorstandsmitglieder bzw. Liquidatoren, der Entziehung der Rechtsfähigkeit durch das Amtsgericht oder durch die Verwaltungsbehörde[250], der Konkurseröffnung und der Aufhebung des Eröffnungsbeschlusses sowie der Eröffnung des Vergleichsverfahrens und dessen Aufhebung (§ 87 Nr. 1 KostO) und schließlich für die Eintragungen, die aufgrund eines Vereinsverbotsverfahrens erforderlich sind (§ 7 VereinsG, § 2 Abs. 2 Satz 3 DVO-VereinsG),
- das Erinnerungsverfahren und Kostenbeschwerdeverfahren.

Die Gebührenfreiheit hat grundsätzlich nicht auch die Befreiung von der Zahlung von Auslagen zur Folge.
In den meisten alten Bundesländern haben bestimmte Vereine aufgrund Landesrechts[251] eine persönliche und sachliche Gebührenbefreiung. In Baden-Württemberg, Berlin, Hamburg, Niedersachsen, Nordrhein-Westfalen, Rheinland-Pfalz, Schleswig-Holstein und im Saarland sind gebührenbefreit Vereinigungen, die gemeinnützigen oder mildtätigen Zwecken i. S. d. Steuerrechts dienen, soweit die Angelegenheit nicht einen steuerpflichtigen wirtschaftlichen Geschäftsbetrieb betrifft; die steuerrechtliche Behandlung als gemeinnützig oder mildtätig ist durch eine Bescheinigung des Finanzamts (Freistellungsbescheid oder sonstige Bestätigung) nachzuweisen[252].

---

250 Vgl. *Keidel/Schmatz/Stöber* Rn. 1168; *Rohs/Wedewer* § 80 KostO Anm. IV; a. A. für den Fall der Entziehung durch die Verwaltungsbehörde *Korintenberg/Lappe/Bengel/Reimann*, § 80 KostO Rn. 10.

251 Ermächtigungsnorm: § 11 Abs. 2 Satz 2 KostO.

252 Vgl. dazu im einzelnen *Korintenberg/Lappe/Bengel/Reimann* S. 944.

Hiervon etwas abweichende Befreiungsvorschriften gelten in Bremen und Hessen[253].

5.1.5. Der Geschäftswert

Die Gebühren des Gerichts und des Notars werden nach dem Wert berechnet, **2420**
den der Gegenstand des Geschäfts zur Zeit der Fälligkeit hat[254].

Für Anmeldungen zum Vereinsregister, für die Eintragungen in das Register **2421**
sowie für alle Beschlußbeurkundungen der Mitgliederversammlung (§ 47 KostO) ist der Wert regelmäßig mit 5 000 DM anzunehmen; unter Berücksichtigung der Umstände des Falles kann ein niedrigerer, aber auch ein höherer Geschäftswert bis zu einer Million DM angenommen werden[255]. Bewertungsfaktoren im Falle der Abweichung vom Regelwert sind die Bedeutung des Vereins, seine Mitgliederzahl und seine Betätigung etwa auf Orts-, Landes- oder Bundesebene, seine Vermögenslage einschließlich des Beitragsaufkommens, die Bedeutung der Vereinsbetätigung nach dem gesetzten Zweck und schließlich auch die Bedeutung der einzelnen Anmeldung oder Eintragung[256]. Der Wert der Anmeldung eines auf Bundesebene tätigen Verbandes ist demnach höher als der Regelwert zu bestimmen; gleiches gilt für einen Verein, der als vollkaufmännischer Unternehmer im Handelsregister eingetragen ist; bei einem örtlichen Gesangverein mit nur mäßigem Beitragsaufkommen ohne sonstiges Vermögen ist eine Unterschreitung des Regelwertes gerechtfertigt.

Geschäfte im Zusammenhang mit der Erstanmeldung des Vereins sind – sofern **2422**
eine Abweichung vom Regelwert in Betracht kommt – in der Regel höher zu bewerten als spätere Eintragungen. Deren Bedeutung ist, wie ausgeführt, ein Bewertungsfaktor. Die Änderung der gesamten Satzung führt zu einem anderen Wert als die Änderung einer einzigen Satzungsbestimmung. Die Anmeldung der Änderung des Vorstandsvorsitzenden hat eine andere Bedeutung als etwa die des Kassenwarts[257].

Nach § 30 Abs. 2 KostO ist auch der Wert anderer gebührenpflichtiger Tätig- **2423**
keiten des Gerichts oder Notars zu ermitteln; so bei der gerichtlichen Vorstandsbestellung oder bei der Ermächtigung zur Berufung einer Mitgliederversammlung: ferner bei der Mitwirkung des Notars bei der Abfassung einer Satzung (§ 145 KostO) oder sehr selten – bei der Beurkundung eines Versammlungsbeschlusses (§ 47 KostO).

Die Urkunde über eine Anmeldung kann mehrere Anmeldeerklärungen be- **2424**
inhalten, z. B. veranlaßt durch eine Satzungsänderung und einen Vorstandswechsel oder durch einen Auflösungsbeschluß und die Anmeldung der ersten Liquidatoren. Hier kommen die Grundsätze des § 44 KostO zur Anwendung (vgl. auch § 141 KostO). Beziehen sich die Erklärungen in einer Urkunde auf dasselbe Recht bzw. Rechtsverhältnis und nicht auf unterschiedliche Rechtsverhältnisse, so ist nur ein Wert anzunehmen[258]. Wird z. B. angemeldet, daß A aus dem Vorstand ausgeschieden und an seiner Stelle B gewählt worden ist, so

253 *Korintenberg/Lappe/Bengel/Reimann* S. 945.
254 Geschäftswert; so: § 18 Abs. 1 KostO, bei Notargebühren i. V. m. § 141 KostO.
255 §§ 28, 30 Abs. 2 KostO, bei Notargebühren i. V. m. § 141 KostO.
256 Teilweise ebenso: *KG* DNotZ 1941, 19; *BayObLG* RPfl 1979, 398.
257 Vgl. auch *BayObLG* RPfl 1979, 398
258 Vgl. BayObLGZ 1981, 348/352.

ist nur ein Rechtsverhältnis betroffen[259]. Es ist von der Sicht des Vereins auszugehen, der die Auswechslung der Personen seines Vertretungsorgans als einheitlichen Vorgang ansieht. Nicht entscheidend ist, daß ein evtl. bestehendes Anstellungsverhältnis erlischt und ein neues begründet werden muß. Es sind somit nicht zwei (anzunehmende) Werte von 5 000 DM gegeben, die gem. § 44 Abs. 2a KostO zusammenzurechnen sind[260]. Ist weiter der Verein aufgelöst worden, so ist die Anmeldung dieser Tatsache das Hauptgeschäft; die Anmeldung der Liquidatoren steht damit in einem untrennbaren Zusammenhang, ist ein Folgegeschäft, das nicht gesondert bewertet werden kann[261]. Nichts anderes gilt schließlich, wenn durch Satzungsänderung die Zahl der Vorstandsmitglieder von einer Person auf drei Personen erhöht wird und wenn beide Vorgänge (Satzungsänderung und die bestellten Vorstandsmitglieder) in einer Urkunde angemeldet werden.

Derselbe Gegenstand ist gegeben, d. h. nur ein Wert ist anzunehmen, wenn in mehreren Versammlungen beschlossene Satzungsänderungen in einer Urkunde angemeldet werden.

Kann trotz Vorhandenseins zweier anmeldepflichtiger Vorgänge nur ein Wert zugrunde gelegt werden, so kann nur der Wert eines Vorgangs herangezogen werden, welcher bei gleichem Gebührensatz der höhere ist; Beispiel: Es wird nur der Wert der Anmeldung der Vereinsauflösung und nicht der der Anmeldung der ersten Liquidatoren zugrunde gelegt.

Wird in einer Urkunde eine – nicht die Zahl der Vorstandsmitglieder betreffende – Satzungsänderung und zugleich der Vorstandswechsel angemeldet, so betreffen die Anmeldeerklärungen verschiedene Rechtsverhältnisse. Die Werte beider Vorgänge sind zu ermitteln und dann zusammenzurechnen; der einheitliche Geschäftswert ist dann für die Beurkundungs- oder Beglaubigungsgebühr des Notars maßgebend[262].

2425 Bei mehreren Eintragungen findet nach § 80 Abs. 2 KostO keine Wertaddition statt[263]; auch hier kann allein der Wert etwa der Satzungsänderung herangezogen werden, wenn gleichzeitig ein Vorstandswechsel einzutragen ist; eine entsprechende Heranziehung der Werterhöhungsvorschrift des § 26 Abs. 5 KostO kommt nicht in Betracht, weil diese nur für Eintragungen in das Handelsregister gilt[264].

5.2. Die Gerichts- und Notarkosten im einzelnen

2426 Nachfolgend wird vom Regelwert von 5 000 DM ausgegangen und die derzeit geltende Gebührentabelle zugrunde gelegt. Der Notar berechnet die gesetzliche Mehrwertsteuer.

---

259 *OLG Celle* DNotZ 1967, 333; *OLG Frankfurt* DNotZ 1971, 609; *OLG Stuttgart* Die Justiz 1979, 383; *OLG Köln* JurBüro 1987, 88; *OLG Düsseldorf* JurBüro 1988, 1371; a. A. *OLG Hamm* DNotZ 1971, 750.

260 A. A. *Mümmler* JurBüro 1975, 1444.

261 *Kersten/Bühling/Peter* Rn. 256; a. A. *Stöber* Rn. 370.

262 § 44 Abs. 2 a KostO; vgl. *Kersten/Bühling/Peter* Rn. 251.

263 *Korintenberg/Lappe/Bengel/Reimann* § 80 KostO Rn. 25.

264 A. A. *Korintenberg/Lappe/Bengel/Reimann* a. a. O.

5.2.1. Die Mitwirkung des Notars bei der Vereinsgründung

Für den Entwurf einer Satzung erhält der Notar nach §§ 145, 36 Abs. 2 KostO das Doppelte der vollen Gebühr, somit 100 DM.

5.2.2. Die Erstanmeldung des Vereins

Notarkosten: Werden mehrere Unterschriften durch einen Vermerk beglaubigt, so entsteht nur eine Gebühr, bei mehreren Vermerken entstehen jeweils mehrere Gebühren[265]. Bei Beglaubigung einer Unterschrift fällt ¼ der vollen Gebühr an (§§ 141, 45 KostO); das sind 20 DM (§ 33 KostO). **2427**
Wird auch die Anmeldung zum Vereinsregister beurkundet, so erhält der Notar ½ Gebühr (§§ 145, 38 Abs. 2 Nr. 7 KostO), somit 25 DM; für die Unterschriftsbeglaubigung und für den Entwurf der Anmeldung fällt keine gesonderte Gebühr an[266].
Gerichtskosten: Es fallen zwei volle Gebühren an (§ 80 Abs. 1 Nr. 1 KostO). Zu den 100 DM kommen noch Veröffentlichungskosten hinzu (§ 137 Nr. 5 KostO).

5.2.3. Die weiteren Anmeldungen (Satzungsänderung, Vorstandswechsel, Vereinsauflösung, erste Liquidatoren, Liquidatorenwechsel, Beendigung der Liquidation, Fortsetzung des Vereins)

Notarkosten: Für den Entwurf einer Satzungsänderung erhält der Notar nach § 145 Abs. 1 Satz 1, § 36 Abs. 2 KostO das Doppelte der vollen Gebühr. Wird der Hergang der Mitgliederversammlung beurkundet[267], so werden zwei volle Gebühren berechnet (§ 47 KostO), d. s. 100 DM. **2428**
Wird anläßlich der Anmeldung einer Satzungsänderung, eines Vorstandswechsels[268], der Vereinsauflösung, der ersten Liquidatoren und des Liquidatorenwechsels nur die Unterschrift der Anmeldenden beglaubigt, so fällt eine ½ Gebühr an (§§ 141, 45 KostO); wird die Anmeldung beurkundet, so wird die Unterschriftsbeglaubigung nicht gesondert in Rechnung gestellt, es wird eine ¼ Gebühr in Rechnung gestellt (vgl. oben Rn. 2427).
Die Beendigung der Liquidation bzw. die Fortsetzung des Vereins muß nicht in öffentlich beglaubigter Form angemeldet werden. Wird diese Form gewählt, so erwächst entweder eine ¼ oder eine ½ Gebühr (vgl. oben).
Gerichtskosten: Die Eintragung einer Satzungsänderung, eines Vorstandswechsels, der Vereinsauflösung und der ersten Liquidatoren sowie deren Änderung ist eine sog. spätere Eintragung, für die eine volle Gebühr in Höhe von 50 DM erhoben wird (§ 80 Abs. 1 Nr. 2 KostO). Werden aufgrund derselben Anmeldung mehrere Eintragungen vorgenommen, so wird diese Gebühr nur einmal erhoben (§ 80 Abs. 2 KostO). Ist Inhalt der Satzungsänderung eine Sitzverlegung, so erheben das bisherige und das neue Sitzgericht je eine volle Eintragungsgebühr[269]. Die Anmeldung der Beendigung der Liquidation, die

---

265 *Hartmann* § 45 KostO Rn. 2.

266 *Hartmann* § 38 KostO Rn. 31.

267 Vorstandswahl und Satzungsänderung betreffen einen Gegenstand, vgl. *Kersten/Bühling/Peter* Rn. 249.

268 Die Anmeldung mehrerer – neuer und/oder ausscheidender – Vorstandsmitglieder ist derselbe Gegenstand, vgl. *Lappe* NJW 1994, 1189/1196.

269 *Stöber* Rn. 368.

nicht vorgeschrieben ist, löst eine ½ Gebühr gem. § 80 Abs. 1 Nr. 3 KostO aus[270]; in Rechnung gestellt werden 25 DM. Die u. U. als Satzungsänderung anmeldepflichtige Fortsetzung des Vereins führt zur Berechnung einer vollen Gebühr, somit von 50 DM (§ 80 Abs. 1 Nr. 2 KostO).

5.2.4. Gerichtskosten bei einer Verschmelzung

2428 a Bei der Verschmelzung durch Neugründung ist die Eintragung des neu gebildeten Vereins eine Ersteintragung, die das Doppelte der vollen Gebühr auslöst (§ 80 Abs. 1 Nr. 1 KostO). Für die an der Verschmelzung durch Auflösung beteiligten Vereine kommt die Löschung der Gesamteintragung in Betracht, die nach § 80 Abs. 1 Nr. 3 KostO die Hälfte der vollen Gebühr auslöst[271].
Bei der Verschmelzung durch Aufnahme fällt für den aufnehmenden Verein die volle Gebühr nach § 80 Abs. 1 Nr. 2 KostO und für den übertragenden Verein die halbe Gebühr nach § 80 Abs. 1 Nr. 3 KostO an.

5.2.5. Die Zurücknahme und Zurückweisung eines Antrags (Anmeldung)

2429 Wird ein Antrag – z. B. auf Bestellung eines Notvorstands oder auf Eintragung in das Vereinsregister – zurückgenommen, bevor eine gerichtliche Entscheidung (z. B. Eintragungsverfügung und Vollzug) ergangen ist, so wird ¼ der vollen Gebühr, höchstens jedoch ein Betrag von 35 DM erhoben (§ 130 Abs. 2 KostO).
Wird der Antrag (die Anmeldung) zurückgewiesen, so wird die Hälfte der vollen Gebühr, höchstens jedoch ein Betrag von 65 DM in Rechnung gestellt (§ 130 Abs. 1 KostO).
In beiden Fällen kann von der Erhebung von Kosten (also auch der Auslagen, die u. a. für Zustellungen anfallen, vgl. § 137 Nr. 2 KostO) abgesehen werden, wenn der Antrag auf unverschuldeter Unkenntnis der tatsächlichen oder rechtlichen Verhältnisse beruht (§ 130 Abs. 5 Satz 1 KostO).

5.2.6. Die gerichtliche Bestellung und Abberufung von Vorstandsmitgliedern (Liquidatoren), die Ermächtigung zur Berufung einer Mitgliederversammlung und Entscheidungen ähnlicher Art

2430 Für die Entscheidung über die Bestellung oder Abberufung von Mitgliedern des Vertretungsorgans sowie für die Ermächtigung zur Berufung der Mitgliederversammlung wird das Doppelte der vollen Gebühr (§ 121 KostO), damit ein Betrag von 100 DM erhoben.
Diese Gebühr fällt auch an, wenn dem Verein gem. § 73 BGB die Rechtsfähigkeit entzogen wird[272].

5.2.7. Das Zwangsgeldverfahren

2431 Die Androhung von Zwangsgeld ist gebührenfrei (§ 119 Abs. 4 KostO). Keine Gebühr fällt auch an, wenn die Verpflichtung erfüllt wird oder wenn der Ein-

270 *Stöber* Rn. 371.
271 Vgl. *Korintenberg/Lappe/Bengel/Reimann* § 80 KostO Rn. 6.
272 *Hartmann* § 121 KostO Rn. 3.

spruch Erfolg hat; für die Berechnung von Auslagen fehlt es an einem Schuldner[273].

Das Dreifache der vollen Gebühr wird in Ansatz gebracht für die Festsetzung des Zwangsgeldes und – nochmals – für die Verwerfung des Einspruchs gegen die Zwangsgeldfestsetzung. Wird also in einem Verfahren – wie meist – sowohl der Einspruch verworfen als auch ein Zwangsgeld festgesetzt, so wird die dreifache Gebühr zweimal erhoben (§ 119 Abs. 1 KostO).

Wird nach Festsetzung von Zwangsgeld das Verfahren wiederholt (§ 133 FGG), so löst die Festsetzung neuen Zwangsgeldes und die erneute Verwerfung des Einspruchs wiederum zweimal das Dreifache der vollen Gebühr aus (§ 119 Abs. 3 KostO).

Hat der Einspruch gegen eine wiederholte Verfügung Erfolg, so kann das früher festgesetzte Zwangsgeld aufgehoben oder ermäßigt werden (§ 136 FGG); demgemäß kann auch eine Gebühr entfallen oder zu ermäßigen sein (Erstattung der vollen oder teilweisen Gebühr).

Hier besteht eine für alle Instanzen geltende Wertvorschrift: Die Gebühr wird nach dem festgesetzten oder angedrohten Betrag des Zwangsgeldes berechnet, darf dabei jedoch den Betrag des Zwangsgeldes nicht übersteigen (§ 119 Abs. 2 KostO).

5.2.8. Das Amtslöschungsverfahren

Die Amtslöschung selbst ist gebührenfrei (§ 88 Abs. 2 KostO), aber nicht aus- **2432**
lagenfrei. Gebührenauslösend sind der erfolglos eingelegte Widerspruch (§§ 159, 142 Abs. 3 i. V. m. § 141 Abs. 3 FGG) und die Verwerfung oder die Zurückweisung der Beschwerde gegen die zurückweisende amtsgerichtliche Entscheidung (§ 88 Abs. 1, Abs. 2 Satz 2 KostO). Geschuldet wird diejenige Gebühr, die nach § 80 KostO anzusetzen wäre, wenn die Löschung aufgrund einer Anmeldung vorgenommen würde[274]. Für die Löschung der Gesamteintragung fällt die Hälfte der vollen Gebühr an (§ 80 Abs. 1 Nr. 3 KostO).

5.2.9. Das Erinnerungs- und Beschwerdeverfahren

Gerichtsgebührenfrei (Auslagen können anfallen) sind: die Erinnerung, die **2433**
Beschwerde und weitere Beschwerde gegen den Kostenansatz (§ 14 Abs. 5 Satz 1 KostO) und gegen die Festsetzung des Geschäftswertes (§ 31 Abs. 3 Satz 2 KostO). Wird Beschwerde gegen die Notarkostenberechnung eingelegt, so ist nur das Verfahren vor dem Landgericht gerichtsgebührenfrei (§ 156 Abs. 4 Satz 2 KostO). Gerichtsgebühren fallen auch nicht an, wenn gegen eine Entscheidung des Rechtspflegers nach § 11 RPflG Erinnerung eingelegt und über diese vom Amtsgericht entschieden worden ist (§ 11 Abs. 6 Satz 1 RPflG); kommt es hier zu einem Beschwerdeverfahren, so wird eine Beschwerdegebühr nicht angesetzt, wenn das Rechtsmittel vor einer gerichtlichen Entscheidung zurückgenommen worden ist (§ 11 Abs. 6 Satz 2 RPflG).

Ist eine Erstbeschwerde oder eine weitere Beschwerde erfolglos geblieben, so hat der Beschwerdeführer die Hälfte der vollen Gebühr zu zahlen (§ 131 Abs. 1 Nr. 1 KostO); ist nach § 131 Abs. 2 i. V. m. § 30 Abs. 2 KostO ein Wert von 5 000 DM anzunehmen, so beträgt diese Gebühr 25 DM. Eine Gebühr kann

273 *Korintenberg/Lappe/Bengel/Reimann* § 119 KostO Rn. 3.
274 *OLG Hamm* OLGZ 1978, 428/430.

erstmals im Beschwerdeverfahren anfallen; so, wenn sich die Beschwerde gegen eine Zwischenverfügung richtet. Die auch nur teilweise erfolgreiche Beschwerde löst keine Gebühren aus. Wird die Beschwerde zurückgenommen, so daß es zu keiner Sachentscheidung kommt, so fällt ¼ der vollen Gebühr an (§ 131 Abs. 1 Nr. 2 KostO). Bei Beschwerden sind die Gebührensondertatbestände nach § 88 KostO[275] und nach § 119 KostO zu beachten.

5.2.10. Die Kosten der Vertretung durch einen Notar oder Rechtsanwalt in Verfahren der freiwilligen Gerichtsbarkeit

2434 **Notarkosten:** Der Notar erhält die Hälfte der vollen Gebühr – bei einem Geschäftswert von 5 000 DM somit 25 DM –,

- wenn er auf eine Entscheidung (auch Zwischenentscheidung) abzielende Anträge stellt, Erinnerungen oder Beschwerden einlegt,
- sofern diese aufgrund der vom Notar aufgenommenen oder entworfenen Urkunde (Unterschriftsbeglaubigung genügt) erforderlich sind,
- sofern es notwendig ist, Anträge oder Beschwerden aus tatsächlichen oder rechtlichen Gründen näher zu begründen und
- sofern der Auftraggeber diese Begründung verlangt (§ 146 Abs. 3 Satz 1 KostO).

Unter diesen Voraussetzungen löst jeder begründete Antrag und jede begründete Beschwerde die erwähnte Gebühr aus (§ 146 Abs. 3 Satz 2 KostO).

Anwaltskosten: Hier kommt es nicht auf die Zahl selbständiger Anträge, sondern auf die Tätigkeit des Anwalts in einem Rechtszug an (§ 13 Abs. 2 Satz 2 BRAGO). Wird ein Anwalt z. B. in einem Erinnerungsverfahren tätig oder wird er wegen einer Zwischenverfügung zur Vertretung beauftragt, kommt es zu keiner Besprechung mit dem Gericht und auch zu keiner Beweisaufnahme, so erhält der Rechtsanwalt eine Geschäftsgebühr, für die er je nach Lage des Falles 5/10 bis 10/10 der vollen Gebühr in Ansatz bringen kann (§ 118 Abs. 1 Nr. 1 BRAGO). Bei einem Gegenstandswert von 5 000 DM beträgt eine 10/10 Gebühr derzeit 320 DM.

5.2.11. Die Gerichtskosten für Abschriften, Ausdrucke und Bescheinigungen

2435 Für die Erteilung von unbeglaubigten Abschriften aus dem Vereinsregister wird eine Gebühr von 20 DM und für die Erteilung von beglaubigten Abschriften aus diesem Register eine Gebühr von 35 DM erhoben (§ 89 Abs. 1 i. V. m. § 73 Abs. 1 Nr. 1, 2 KostO).

Für die Erteilung von Ausdrucken und amtlichen Ausdrucken aus dem EDV-Vereinsregister (vgl. § 55 a BGB) gilt eine entsprechende Gebührenregelung (§ 89 Abs. 1 i. V. m. § 73 Abs. 2 Nr. 1, 2 KostO). Schreibauslagen werden nicht erhoben (§ 89 Abs. 1 i. V. m. § 73 Abs. 4 KostO).

Für die Erteilung von Bescheinigungen, die aufgrund des § 69 BGB und § 162 FGG (vgl. Rn. 2342) erteilt werden, wird eine Gebühr von 20 DM erhoben (§ 89 Abs. 2 i. V. m. § 33 KostO).

275 *OLG Hamm* OLGZ 1978, 428/434.

Für die Bescheinigung der Eintragung, die auf der Urschrift der Satzung vermerkt wird (§ 66 Abs. 2 Satz 1 BGB), werden Gebühren und Schreibauslagen nicht in Rechnung gestellt (§ 89 Abs. 3 KostO). Gleiches gilt für die Bescheinigung über eine Satzungsänderung, die nach § 71 Abs. 2 i. V. m. § 66 Abs. 2 Satz 1 BGB erteilt wird[276].
Erteilt der Notar eine Bescheinigung nach § 21 BNotO (vgl. Rn. 2343), so erhält er eine Gebühr von 20 DM (§ 150 Abs. 1 i. V. m. § 33 KostO) und für die nach § 22 a BNotO erteilte Bescheinigung (vgl. Rn. 2343) eine solche von 50 DM (§ 150 Abs. 2 KostO).

5.2.12. Die Notarkosten für die Beurkundung von Registervollmachten

Beim mehrgliedrigen Vorstand kann es zweckmäßig sein, daß nicht alle Vorstandsmitglieder den Notar zum Zwecke einer Anmeldung aufsuchen müssen. Die Vorstandsmitglieder können einem Vorstandsmitglied eine Vollmacht erteilen. Diese lautet dahin, daß das bevollmächtigte Vorstandsmitglied ermächtigt ist, im Namen des Gesamtvorstandes Anmeldungen zum Vereinsregister (u. U. zum Handelsregister) und sonstige Mitteilungen vorzunehmen sowie Rechtsmittel einzulegen[277]. **2435 a**
Für die Beurkundung der Vollmacht erhält der Notar nach §§ 145, 38 Abs. 2 Nr. 4 KostO eine halbe Gebühr.

---

276 *Keidel/Schmatz/Stöber* Rn. 1172.
277 Vgl. *Kersten/Bühling/Peter* Rn. 253.

XII. Der nichtrechtsfähige Verein

1. Erscheinungsformen dieses Vereinstyps sowie Vereinsziele

2436 Die in Rn. 27 ff. dargestellten Verwendungsformen gelten auch für den nichtrechtsfähigen Verein. Dieser kann Dachverband sein, der in Mittelstufen und örtlichen Untergliederungen organisiert ist und wobei die Mitgliedschaft in der untersten Stufe zugleich die Mitgliedschaft in der Mittelstufe und im Dachverband begründet. In nichtrechtsfähiger Vereinsform bestehen Vereinsverbände, die nur korporative Mitglieder (rechtsfähige und nichtrechtsfähige Vereine, rechtsfähige Handelsgesellschaften oder Körperschaften des öffentlichen Rechts) haben.

Jeder später rechtsfähig gewordene Verein ist zunächst als Vorverein ein nichtrechtsfähiger Verein[1]. Bei Gesamtvereinen können die örtlich bestehenden Untergliederungen die Rechtsform eines nichtrechtsfähigen Vereins haben[2]. Schwierig ist hier oft die Abgrenzung zwischen einer unselbständigen, also keine Vereinsform aufweisenden Unterorganisation, und einem nichtrechtsfähigen Verein; vgl. dazu Rn. 2665 ff.

Die Gewerkschaften sind in der obersten Vereinigungsstufe immer nichtrechtsfähige Vereine. Deren Untergliederungen haben grundsätzlich ebenfalls die Rechtsform eines nichtrechtsfähigen Vereins. Von den größeren politischen Parteien ist nur die CSU ein eingetragener Verein; die übrigen Parteien sind nichtrechtsfähige Vereine. Deren regionale Untergliederungen können ebenfalls nichtrechtsfähige Vereine sein[3].

In nichtrechtsfähiger Vereinsform können weiter kaufmännische Börsen in öffentlich-rechtlicher Beleihung bestehen[4].

In dieser Vereinsform können Vereinigungen von Aktionären (§ 125 Abs. 1, § 135 Abs. 9 Nr. 1 AktG) bestehen.

Die Vor-GmbH ist früher als nichtrechtsfähiger Verein angesehen worden. Heute stellt sie die notwendige Vorstufe zur juristischen Person dar, die bereits dem Recht der GmbH unterliegt, soweit dieses nicht die Eintragung voraussetzt[5]. Eine gleiche rechtliche Beurteilung hat die Vor-Genossenschaft; auf sie finden die Vorschriften des GenG mit Ausnahme der Bestimmungen Anwendung, die entweder durch spezielle Gründungsvorschriften ersetzt sind oder die Rechtsfähigkeit voraussetzen[6]. Ergänzend finden die Bestimmungen des Vereinsrechts Anwendung[7].

2437 Nichtrechtsfähige Vereine können – wie die rechtsfähigen – eine nichtwirtschaftliche und eine wirtschaftliche Hauptbetätigung haben.

---

1 Vgl. *BGH* WM 1978, 115.

2 Vgl. z. B. BGHZ 90, 331 = NJW 1984, 2223.

3 Vgl. z. B. *OLG Karlsruhe* OLGZ 1978, 226.

4 Vgl. *Bullinger* GewArch. 1980, 261.

5 Vgl. z. B. BGHZ 80, 129/132 = NJW 1981, 1373; *BAG* NJW 1963, 680; *K. Schmidt* GmbHR 1987, 77/79.

6 BGHZ 20, 281 = NJW 1956, 946; *Lang/Weidmüller/Metz* § 13 GenG Rn. 4.

7 *Lang/Weidmüller/Metz* a. a. O.

Die Vereinsfreiheit nach Art. 9 Abs. 1 GG umfaßt auch die Freiheit der Wahl der Rechtsform. **2438**
Das Gesetz läßt aber einzelne Vereinsbetätigungen nur in rechtsfähiger Form zu. Dies ist vor allem dann der Fall, wenn eine Vereinsbetätigung nur nach staatlicher Anerkennung möglich ist. So bedürfen Lohnsteuerhilfevereine für ihre Tätigkeit der staatlichen Anerkennung (§ 13 Abs. 3 StBerG). Voraussetzung für die Anerkennung ist die Rechtsfähigkeit des Vereins. Nach dem Rundfunkgesetz für das Land Nordrhein-Westfalen[8] setzt die (staatliche) Zulassung als Veranstaltergemeinschaft voraus, daß sie als Verein i. S. d. § 21 BGB im Vereinsregister eingetragen ist (§ 25 Abs. 1 des Gesetzes).
Die wettbewerbsrechtliche Verbandsklage können nur bestimmte rechtsfähige Verbände erheben (§ 13 Abs. 2 Nr. 2, 3 UWG).

2. Die Teilrechtsfähigkeit des nichtrechtsfähigen Vereins

2.1. Die Unterstellung des nichtrechtsfähigen Vereins unter das Recht der bürgerlichen Gesellschaft

Nach § 54 Satz 1 BGB finden auf Vereine, die nicht rechtsfähig sind, die Vorschriften über die Gesellschaft Anwendung. Der Gesetzgeber der Jahrhundertwende 1900 stand den Vereinen mit politischer, sozialpolitischer oder religiöser Zielsetzung ablehnend gegenüber. Diese Vereine sollten die Rechtsfähigkeit nicht erlangen können. Verfolgten Vereine satzungswidrig solche Zwecke, so konnte ihnen nach § 43 Abs. 3 BGB a. F. die Rechtsfähigkeit entzogen werden; diese Vorschrift ist durch Art. 124 Abs. 2 Satz 2 WRV aufgehoben worden. Vereine, die wegen ihrer Zielsetzung von der Erlangung der Rechtsfähigkeit ausgeschlossen waren, aber auch die Vereine, die diese nicht erlangen und sich damit einer staatlichen Gründungs- und sonstiger Kontrolle (Satzungsänderung) nicht unterwerfen wollten, wurden durch § 54 Satz 1 BGB dem Recht der bürgerlichen Gesellschaft mit den für jedes Mitglied sich ergebenden Haftungsfolgen eines BGB-Gesellschafters unterstellt. **2439**
Die Rechtsprechung hat alsbald wegen der körperschaftlichen Struktur eines nichtrechtsfähigen Vereins einige Vorschriften des BGB-Gesellschaftsrechts für nicht anwendbar erklärt. So wurde im Falle des Austritts aus dem Verein die Auseinandersetzungsvorschrift des § 738 Abs. 1 BGB für nicht anwendbar erklärt[9].
Wegen der fehlenden Rechtsfähigkeit wurde der Verein als nicht grundbuchfähig[10], nicht wechsel- und scheckfähig[11] und für nicht aktiv erbfähig erklärt[12].

8 I. d. F. v. 11. 1. 1988 – GVBl. S. 6.
9 RGZ 113, 125/135.
10 *RG* Recht 1926 Nr. 450.
11 RGZ 112, 124/125; *OLG Koblenz* MDR 1955, 424.
12 *RG* Recht 1929 Nr. 975.

2.2. Die heute weitgehend entsprechende Geltung des Rechts des rechtsfähigen Vereins

2440 Nach heutiger Auffassung finden auf den nichtrechtsfähigen Verein die für den rechtsfähigen Verein geltenden Vorschriften entsprechende Anwendung, soweit nicht die fehlende allgemeine Rechtsfähigkeit und der nicht abdingbare Anwendungsbereich des § 54 Satz 2 BGB über die Haftung des für den nichtrechtsfähigen Verein Handelnden entgegenstehen[13].

2.3. Die teilweise Anerkennung des nichtrechtsfähigen Vereins als selbständiges Rechtssubjekt (Rechtsträger)

2.3.1. Gründe für die Anerkennung

2441 Der Verein ist eine Körperschaft. Als solche bedarf er einer Organisation, die ihn von den Mitgliedern abhebt und abgrenzt. Durch diese Organisation verselbständigt sich jeder Verein. Nach außen hin kommt dies durch die Führung eines eigenen Namens zum Ausdruck, den auch ein nichtrechtsfähiger Verein führen muß[14]. Dieser Name ist als Persönlichkeitsrecht geschützt (§ 12 BGB); ein Verstoß hiergegen berechtigt auch den nichtrechtsfähigen Verein, z. B. auf Unterlassung zu klagen. Schon an diesem Beispiel zeigt sich, daß der nichtrechtsfähige Verein nicht bloß als eine Gesamthandsgemeinschaft, sondern als Träger von Rechten und Pflichten behandelt werden kann.

Der heutige Status des nichtrechtsfähigen Vereins ist dadurch gekennzeichnet, daß er teilweise als selbständiger Träger von Rechten und Pflichten behandelt wird, ihm also zumindest Teilrechtsfähigkeit zuerkannt wird; z. T. wird der Gesamthandscharakter hervorgehoben und damit eine eigene Rechtspersönlichkeit in Abrede gestellt.

Die nachfolgenden Ausführungen werden dies verdeutlichen.

2.3.2. Der nichtrechtsfähige Verein im Arbeitsrecht

2442 Die großen Gewerkschaften sind – wie ausgeführt – nichtrechtsfähige Vereine. Gleichwohl sind sie Tarifpartner und als solche rechtsfähig. Andernfalls könnten die Gewerkschaften z. B. keine Tarifabschlüsse tätigen, sondern nur die Gesamtheit der Gewerkschaftsmitglieder.

Im übrigen Bereich des Arbeitsrechts ist anerkannt, daß nichtrechtsfähige Vereine Arbeitgeber sein können. Die Gewerkschaften z. B. haben viele Bedienstete, die mit der einzelnen Gewerkschaft Arbeits- oder Dienstverträge abschließen. Arbeitgeber sind auch andere nichtrechtsfähige Vereine oder Verbände.

Demgemäß hat das *BSG* bereits in einer Entscheidung vom 31. 7. 1962[15] ausgeführt, daß Mitglieder eines nichtrechtsfähigen Vereins, die für diesen eine unter Versicherungsschutz stehende Beschäftigung ausüben, in einem Beschäftigungsverhältnis zum Verein stehen und daher versichert sein können; es sei nicht jedes einzelne Mitglied eines solchen Vereins als Unternehmer der für

---

13 BGHZ 50, 325/329 = NJW 1968, 1830; *BGH* NJW 1979, 2304/2305; *OLG Frankfurt* WM 1985, 1466/1468; *BAG* AP Nr. 3 zu § 97 ArbGG 1953.

14 RGZ 78, 101/102; vgl. auch BGHZ 43, 245/252.

15 BSGE 17, 211; vgl. auch BSGE 16, 289/293.

Versicherungszwecke verrichteten Arbeiten anzusehen, sondern der den Verein bildende Personenverband. Ein Mitglied könne daher auch »wie ein Beschäftigter« für einen nichtrechtsfähigen Verein tätig werden, sofern die Betätigung nicht gerade ausschließlich auf dem Mitgliedschaftsverhältnis beruhe[16].

2.3.3. Der nichtrechtsfähige Verein im öffentlichen Recht – ausgenommen Straf- und Prozeßrecht

Im Bereich des öffentlichen Rechts wird der nichtrechtsfähige Verein weitgehend als selbständiger Rechtsträger behandelt. **2443**
Ein solcher Verein ist z. B. steuerrechtsfähig[17].
Es wird weiter z. B. die Fähigkeit eines solchen Vereins bejaht, Inhaber einer Gewerbeerlaubnis zu sein. Der nichtrechtsfähige Verein kann deshalb nach § 2 Abs. 1 Satz 2 GaststättenG eine Erlaubnis zum Betrieb einer Gaststätte erlangen.
Nach Art. 9 Abs. 2 GG, § 3 VereinsG kann der Verein auch verboten werden.

2.3.4. Die Beteiligtenfähigkeit des nichtrechtsfähigen Vereins nach Verwaltungsverfahrensgesetzen

Wegen der Steuerrechtsfähigkeit des nichtrechtsfähigen Vereins sind in der AO keine besonderen Bestimmungen über die Beteiligtenfähigkeit eines solchen Vereins enthalten. Sie wird durch die Vorschrift des § 79 Abs. 1 Nr. 2 AO als gegeben vorausgesetzt, wonach für (nichtrechtsfähige) Vereinigungen ihre gesetzlichen Vertreter oder besonders Beauftragte handeln. **2444**
Da auch in anderen Bereichen des materiellen Verwaltungsrechts der nichtrechtsfähige Verein selbständiger Rechtsträger sein kann, bestimmen § 11 Nr. 2 VwVfG und § 10 Nr. 2 SGB/X, daß auch Vereinigungen fähig sind, am Verfahren beteiligt zu sein, soweit ihnen ein Recht zustehen kann[18].

2.3.5. Die Beteiligtenfähigkeit in Verwaltungsprozessen

Da der nichtrechtsfähige Verein zumindest in Teilbereichen des materiellen öffentlichen Verwaltungsrechts die Rechtsfähigkeit besitzt, muß er auch die Beteiligtenfähigkeit im allgemeinen Verwaltungsprozeß und in Prozessen vor den Sozial- und Finanzgerichten haben. In der FGO wird die Beteiligtenfähigkeit vorausgesetzt, so daß § 58 Abs. 2 FGO (nur) bestimmt, daß für nichtrechtsfähige Personenvereinigungen die nach dem bürgerlichen Recht dazu befugten Personen handeln. Nach § 61 Nr. 1 VwGO sind fähig, am Verfahren beteiligt zu sein, Vereinigungen, soweit ihnen ein Recht zustehen kann. Ohne Einschränkung bestimmt § 70 Nr. 2 SGG: Fähig, am Verfahren beteiligt zu sein, sind nichtrechtsfähige Personenvereinigungen[19]. **2445**

---

16 Vgl. auch *Lauterbach* § 539 RVO Anm. 5 II h ff., S. 155/2.

17 § 1 Abs. 1 KStG; vgl. auch § 3 Abs. 1 KStG.

18 Vgl. auch § 7 Abs. 2 VwZG, wonach bei nichtrechtsfähigen Personenvereinigungen an ihre Vorsteher zugestellt wird.

19 Für diese handeln nach § 71 Abs. 3 SGG ihre gesetzlichen Vertreter, Vorstände oder besonders Beauftragte.

2.3.6. Die Beteiligtenfähigkeit im Strafprozeß und im OWi-Verfahren

2.3.6.1. Die Beteiligung in einem Strafverfahren als Verletzter

2446 Der Verein kann durch eine strafbare Handlung – z. B. durch einen zu seinem Nachteil begangenen Betrug oder eine Untreue – geschädigt werden. Stellt die Staatsanwaltschaft ein Verfahren ein, in dem der Verein geltend gemacht hat, er sei Verletzter, so kann er gegen den Einstellungsbescheid das Klageerzwingungsverfahren[20] durchführen[21]. Hat dieses Erfolg, so kann sich der Verein der erhobenen öffentlichen Klage als Nebenkläger anschließen[22].
Der Verein kann durch eine Straftat verletzt sein, die im Wege der Privatklage verfolgbar ist (§ 374 StPO). Zu seinem Nachteil kann ein Hausfriedensbruch (§ 123 StGB)[23] oder eine Beleidigung (§ 185 ff. StGB)[24] mit der Folge der Berechtigung zur Privatklage begangen worden sein[25] Übernimmt in diesen Fällen die Staatsanwaltschaft die Erhebung der öffentlichen Klage, so kann sich der Verein – auch der nichtrechtsfähige[26] – wiederum der öffentlichen Klage als Nebenkläger anschließen[27].

2.3.6.2. Die Nebenbeteiligung in einem Strafverfahren

2447 Nach § 30 Abs. 1 OWiG kann gegen einen nichtrechtsfähigen Verein als Nebenfolge einer von einem Mitglied des Vertretungsorgans begangenen Straftat oder Ordnungswidrigkeit eine Geldbuße festgesetzt werden. Begeht ein Mitglied des Vorstands eines nichtrechtsfähigen Vereins eine Straftat, so kann als deren Nebenfolge u. a. eine Sache im Eigentum des Vereins oder ein ihm zustehendes Recht eingezogen, der Verein zum Wertersatz herangezogen und eine Entschädigung ausgeschlossen werden, sofern gegen den Organvertreter, wäre er Eigentümer der Sache oder Rechtsinhaber, diese Maßnahmen zulässig wären (§ 75 i. V. m. §§ 74 bis 74 c, § 74 f StGB).
Kommt eine dieser Maßnahmen gegen den Verein in Betracht, so wird dieser in Person seiner Vertreter im staatsanwaltschaftlichen Ermittlungsverfahren angehört (§ 432 Abs. 1 StPO). In einem anschließenden Strafverfahren ordnet das Gericht die Beteiligung des Vereins an (§ 431 Abs. 3 StPO i. V. m. § 75 StGB; § 444 Abs. 1 StPO i. V. m. § 30 OWiG).

2.3.6.3. Die Beteiligung des Vereins an einem OWi-Verfahren

2448 Hat ein Vorstandsmitglied unter den in § 30 Abs. 1 OWiG genannten Voraussetzungen eine Ordnungswidrigkeit begangen, so kann als Nebenfolge eine Geldbuße gegen den Verein festgesetzt werden. Für die Verfahrensbeteiligung des Vereins gelten die vorstehenden Ausführungen entspr. (§ 80 Abs. 1 oder § 46 Abs. 1 OWiG i. V. m. § 444 StPO). Über die Verfahrensbeteiligung entscheidet die für Bußgeldverfahren zuständige Verwaltungsbehörde (§ 88 Abs. 1 OWiG).

---

20 § 172 StPO.

21 Vgl. hinsichtlich der rechtsfähigen Vereine *Löwe/Rosenberg* § 172 StPO Rn. 68 und hinsichtlich der nichtrechtsfähigen Vereine *Kleinknecht* § 172 StPO Rn. 9.

22 § 395 Abs. 2 Nr. 2 StPO.

23 Vgl. *OLG Düsseldorf* NJW 1979, 2525

24 Vgl. z. B. BGHSt 6, 186/191; *BGH* NJW 1971, 1655; *LG Würzburg* NJW 1959, 1934.

25 § 374 Abs. 1 Nrn. 1, 2 StPO..

26 Vgl. § 374 Abs. 3 StPO.

27 § 395 Abs. 1 StPO.

2.3.7. Die fehlende aktive Parteifähigkeit im Zivilprozeß

Nach § 50 Abs. 1 ZPO ist aktiv (als Kläger) und passiv (als Beklagter) parteifähig, wer rechtsfähig ist. Die herrschende Auffassung beurteilt die Rechtsfähigkeit nach dem bürgerlichen Recht und folgert aus § 54 BGB, daß diese dem nichtrechtsfähigen Verein fehlt. In der Literatur wird aber auch eine abweichende Meinung vertreten, nach der den nichtrechtsfähigen Vereinen auch die aktive Parteifähigkeit zuerkannt werden sollte[28]. Könnte dieser Ansicht zugestimmt werden, so wäre der Rechtszustand wiederhergestellt, der bis zur ZPO-Novellierung 1898 bestanden hat: Die nichtrechtsfähigen Vereine waren bis dahin aktiv parteifähig[29]. **2449**

Die Zuerkennung der aktiven Parteifähigkeit wäre eine Korrektur des Gesetzgebers, die aber der *BGH*[30] zu Recht abgelehnt hat. Nur der Gesetzgeber kann den bestehenden – sicher nicht glücklichen – Rechtszustand ändern. Andere Verfahrensgesetze als die ZPO erkennen den nichtrechtsfähigen Vereinen ausdrücklich die (aktive) Beteiligten- oder Prozeßfähigkeit zu. Auch dies spricht gegen eine Korrektur des Gesetzgebers.

Da die aktive Parteifähigkeit fehlt, müssen beim nichtrechtsfähigen Verein alle Mitglieder klagen[31]. Die Klageschrift bezeichnet den Verein, bestehend aus folgenden Mitgliedern ... Die Mitglieder sind notwendige Streitgenossen[32]. Wird ein Mitglied in der Klageschrift nicht aufgeführt, so fehlt das Prozeßführungsrecht[33]. **2450**

Ist die Klage erhoben worden, so beeinflußt ein Ein- oder Austritt von Mitgliedern den Fortgang des Prozesses nicht. Hier wird auf das Gesellschaftsrecht zurückgegriffen. Es wird angenommen, daß eine Rechtsnachfolge in das Vereinsvermögen nach § 738 BGB eintritt, weshalb die Anwendung des § 265 Abs. 1 ZPO in Betracht kommt[34]. Das ausscheidende Mitglied kann für seine Person die Klage zurücknehmen, die für die übrigen Vereinsmitglieder anhängig bleibt[35]. Der Vorstand hat die Stellung eines Prozeßbevollmächtigten. Wenn dies die Satzung erlaubt, kann er seinerseits Vollmacht erteilen, z. B. einem Rechtsanwalt.

Diese Schwierigkeiten der Prozeßführung können dadurch umgangen werden, daß die Treuhandlösung gewählt wird. Der Verein überträgt das einzuklagende Recht als Treugeber etwa dem Vorstandsvorsitzenden. Dieser wird als Treuhänder alleiniger Rechtsinhaber und kann nunmehr ein eigenes Recht klagweise geltend machen[36]. Das Recht zur treuhänderischen Geltendmachung **2451**

28 Vgl. z. B. MünchKomm/*Reuter* Rn. 8, *Palandt/Heinrichs* Rn. 11, *Soergel/Hadding* Rn. 33, *Staudinger/Coing* Rn. 19, je zu § 54 BGB.

29 Vgl. *Jung* NJW 1986, 157/159; dieser Rechtszustand besteht auch in Italien, vgl. Art. 36 Cod. civ.

30 BGHZ 109, 15/17.

31 Vgl. RGZ 78, 101/105.

32 *Baumbach/Hartmann* § 50 ZPO Rn. 29.

33 *Baumbach/Hartmann* a. a. O.

34 *Baumbach/Hartmann* a. a. O.

35 *Baumbach/Hartmann* a. a. O.

36 Vgl. *KG* OLGE 42, 254; *OLG Frankfurt* NJW 1952, 792; *LG Hamburg* NJW 1959, 1927; *Baumbach/Hartmann* § 50 ZPO Rn. 30.

muß entweder in der Satzung enthalten sein oder es ist ein Mehrheitsbeschluß der Mitgliederversammlung erforderlich[37].

2452 Die gewillkürte Prozeßstandschaft kommt als dritte Lösung nur ausnahmsweise in Betracht. Der Prozeßstandschafter kann ein fremdes Recht aufgrund einer ihm von dem Berechtigten erteilten Ermächtigung im eigenen Namen im Prozeß verfolgen, sofern er hieran ein eigenes schutzwürdiges Interesse hat[38]. Letzteres kann z. B. bejaht werden, wenn eine eingeklagte Leistung dem Prozeßstandschafter persönlich zugute kommen soll[39]. An einem eigenen schutzwürdigen Interesse etwa des Vorstands, wenn er für den Verein ein Recht verfolgt, wird es häufig fehlen[40].

2453 Klagen alle Mitglieder, so kann ein einzelnes Mitglied nicht als Zeuge, sondern nur als Partei vernommen werden. Klagt dagegen der Vorstand als Treuhänder, so können die Mitglieder Zeugen sein.

2454 Der allgemeine Gerichtsstand des § 17 ZPO gilt auch für Vereine, »die als solche verklagt werden können«, somit auch für die nichtrechtsfähigen Vereine. Gleiches gilt hinsichtlich des Gerichtsstandes nach § 22 ZPO.

2455 Dem Verein als solchem wird auch die Befugnis abgesprochen, auf Kläger- oder Beklagtenseite dem Rechtsstreit als Streithelfer nach § 66 ZPO beizutreten[41]. Bei der Verfolgung nicht übertragbarer Rechte (z. B. Namensschutzklage) ist bei Unzumutbarkeit der Benennung einer sehr großen Zahl von Mitgliedern die Klage unter dem Vereinsnamen zugelassen worden[42].

2.3.8. Unbeschränkte aktive Parteifähigkeit von Gewerkschaften und politischen Parteien

2456 Der BGH hat im Wege der Rechtsfortbildung den Spitzenverbänden der Gewerkschaften die uneingeschränkte, somit auch aktive Parteifähigkeit zuerkannt[43].

Die im Regelfall als nichtrechtsfähige Vereine bestehenden politischen Parteien sowie deren Gebietsverbände der jeweils höchsten Stufe haben nach § 3 PartG auch die aktive Parteifähigkeit (bei den Gebietsverbänden kann dies die Satzung ausschließen, § 3 Satz 2 PartG).

2.3.9. Zur aktiven Parteifähigkeit im arbeitsgerichtlichen Verfahren

2.3.9.1. Die grundsätzlich fehlende aktive Parteifähigkeit

2457 Der nichtrechtsfähige Verein ist (nach herrschender Auffassung) im arbeitsgerichtlichen Verfahren nicht aktiv parteifähig, da hier § 50 Abs. 1 ZPO entspr. gilt; vgl. wegen der Ausnahmen nachfolgend.

---

37 Vgl. *KG* a. a. O.

38 *BGH* NJW 1994, 2549.

39 *BGH* NJW 1991, 839/841.

40 Vgl. *OLG Celle* NJW 1989, 2477; *OLG Koblenz* NJW-RR 1993, 697.

41 *Baumbach/Hartmann* § 66 ZPO Rn. 1.

42 *LG Essen* NJW 1953, 1716; *LG Köln* MDR 1962, 61; zustimmend: *Stein/Jonas/Bork* § 50 ZPO Rn. 29.

43 BGHZ 50, 325; vgl. dazu näher Rn. 2768.

2.3.9.2. Die aktive Parteifähigkeit von tariffähigen Koalitionen

Unbeschränkt – also auch aktiv – parteifähig sind im arbeitsgerichtlichen Verfahren die Gewerkschaften und Vereinigungen von Arbeitgebern sowie die Zusammenschlüsse solcher Verbände (§ 10 Abs. 1 Satz 1 Halbs. 1 ArbGG). **2458**
Diese Vereinigungen, die Koalitionen sind (vgl. dazu Rn. 2737 ff.), müssen tariffähig sein[44]. Dazu hat das BAG[45] hinsichtlich der Tariffähigkeit von Arbeitnehmervereinigungen (Arbeitgebervereinigungen sind i. d. R. rechtsfähige Vereine) ausgeführt: »Die Tariffähigkeit setzt u. a. voraus, daß die Arbeitnehmervereinigung ihre Aufgabe als Tarifpartner sinnvoll erfüllen kann. Dazu gehört einmal eine Durchsetzungskraft gegenüber dem sozialen Gegenspieler, zum anderen aber auch eine gewisse Leistungsfähigkeit der Organisation. Durchsetzungskraft muß eine Arbeitnehmervereinigung besitzen, um sicherzustellen, daß der soziale Gegenspieler wenigstens Verhandlungsangebote nicht übersehen kann. Ein angemessener, sozial befriedigender Interessenausgleich kommt nur zustande, wenn die Arbeitnehmervereinigung zumindest soviel Druck ausüben kann, daß sich die Arbeitgeberseite veranlaßt sieht, sich auf Verhandlungen über eine tarifliche Regelung von Arbeitsbedingungen einzulassen. Die Arbeitgebervereinigung muß von ihrem sozialen Gegenspieler ernst genommen werden, so daß die Regelung von Arbeitsbedingungen nicht allein den Vorstellungen der Arbeitgeberseite entspricht, sondern tatsächlich ausgehandelt wird. Ob eine Arbeitnehmervereinigung eine solche Durchsetzungsfähigkeit besitzt, muß aufgrund aller Umstände im Einzelfall festgestellt werden. Darüber hinaus muß die Arbeitnehmervereinigung auch von ihrem oranisatorischen Aufbau her in der Lage sein, die ihr gestellten Aufgaben zu erfüllen. Der Abschluß eines Tarifvertrages erfordert einmal Vorbereitungen. Zum anderen muß eine Arbeitnehmervereinigung sicherstellen können, daß der abgeschlossene Tarifvertrag auch durchgeführt wird.« Dieser Rechtsprechung wird entgegengehalten, daß kleinen und vor allem im Aufbau befindlichen Arbeitnehmervereinigungen die Tariffähigkeit (und damit die aktive Parteifähigkeit) unsachgerecht vorenthalten werde[46].

Auf diese erweiterte Parteifähigkeit wird nur zurückgegriffen, wenn die Koalition nicht ohnedies infolge ihrer Rechtsfähigkeit die unbeschränkte Parteifähigkcit hat, wie dies bei Arbeitgebervereinigungen regelmäßig und bei Arbeitnehmervereinigungen selten der Fall ist.

Nach § 10 ArbGG können auch Unterorganisationen von Gewerkschaften (Bezirks- und Ortsverwaltungen) parteifähig sein, sofern sie eine vereinsmäßige körperschaftliche Verfassung besitzen, die sie selbständig und handlungsfähig macht[47]. Unselbständige Unterorganisationen (vgl. dazu Rn. 2677) sind nicht parteifähig[48].

---

44 Vgl. *Grunsky* § 10 ArbGG Rn. 9.
45 NJW 1991, 1699/1700.
46 Vgl. *Wiedemann* Anm. zu *BAG* AP Nr. 24 zu Art. 9 GG sowie *Grunsky* § 10 ArbGG Rn. 13.
47 *BAG* AP Nr. 25 zu § 11 ArbGG.
48 *BAG* AP Nr. 5 zu § 36 ZPO.

Die unbeschränkte Parteifähigkeit ist nicht auf Streitigkeiten aus dem Koalitionsverhältnis heraus beschränkt. Eine Gewerkschaft kann deshalb z. B. als Arbeitgeber ihren Arbeitnehmer verklagen[49].
Die Parteifähigkeit nach § 10 ArbGG berechtigt eine Tarifvertragspartei nicht, Rechte ihrer Mitglieder in gewillkürter Prozeßstandschaft geltend zu machen[50].

2.3.10. Die passive Parteifähigkeit im Zivilprozeß

2459 Um dem Gläubiger die Schwierigkeiten bei der Ermittlung der Mitglieder eines nichtrechtsfähigen Vereins zu ersparen, bestimmt § 50 Abs. 2 ZPO, daß dieser als solcher verklagt werden kann und dann die Stellung eines rechtsfähigen Vereins hat.
Der nichtrechtsfähige Verein kann somit auf der Passivseite eines Zivilrechtsstreits oder eines sonstigen zivilrechtlichen Verfahrens (Mahn-, Arrest-, Verfahren auf Erlaß einer einstweiligen Verfügung, Prozeßkostenhilfe- und Beweissicherungsverfahren) Partei bzw. Antragsgegner sein.
Da der Verein selbst Partei ist, haben die Mitglieder diese verfahrensrechtliche Stellung nicht; sie können deshalb als Zeugen vernommen werden, soweit sie nicht dem zur Vertretung berechtigten Vorstand angehören[51]. Das Ausscheiden eines Mitglieds hat auf den Prozeß keinen Einfluß. Die Wirkungen der Rechtshängigkeit und der Rechtskraft treten nur gegenüber dem Verein, nicht aber gegenüber den Mitgliedern ein.
Im Prozeß hat der Vorstand die Stellung eines gesetzlichen Vertreters. An ihn ist zuzustellen (§ 171 Abs. 2 ZPO; vgl. auch § 184 ZPO), er kann den Klaganspruch anerkennen (§ 307 ZPO) und kann auf Rechtsmittel verzichten (§ 514 ZPO). Der Vorstand kann auch namens des Vereins einen Prozeßvergleich abschließen[52]. Weiter kann der Vorstand für den Verein folgende Prozeßhandlungen vornehmen: Erhebung der Widerklage (§ 33 ZPO), Erklärung der Aufrechnung (§ 145 Abs. 3 ZPO), Erhebung von Schadensersatzklagen wegen ungerechtfertigter Vollstreckung (§§ 302, 600, 717 Abs. 2 ZPO) oder Klage wegen Bereicherung nach § 717 Abs. 3 ZPO, sofern diese Klagen in dem gegen den Verein anhängigen Rechtsstreit (als Widerklagen) erhoben werden, Antrag auf Aufhebung eines Arrests oder einer einstweiligen Verfügung (§§ 927, 936 ZPO), Antrag auf Kostenfestsetzung (§§ 103 ff. ZPO) sowie Erhebung der Wiederaufnahmeklage nach § 590 ZPO[53]. Ferner kann der Vorstand namens des Vereins gegen eine für diesen nachteilige Entscheidung Rechtsmittel einlegen.

2.3.11. Der nichtrechtsfähige Verein in der ZPO-Zwangsvollstreckung

2.3.11.1. Die uneingeschränkte Parteifähigkeit

2460 In der gegen ihn gerichteten Zwangsvollstreckung ist der Verein uneingeschränkt parteifähig. Ist z. B. Vollstreckungstitel ein Arrest, so kann der Verein dessen Aufhebung nach § 927 ZPO verlangen. Er kann die Vollstrekkungserinnerung (§ 766 ZPO) einlegen und kann – wie ausgeführt – die Voll-

49 *BAG* AP Nr. 25 zu § 11 ArbGG.
50 *BAG* DB 1958, 283.
51 *RG* Warn. 1908 Nr. 679.
52 Vgl. *Bayer* S. 125; *Stein/Jonas/Bork* § 50 Rn. 22.
53 *Stein/Jonas/Bork* § 50 ZPO Rn.23.

streckungsgegenklage (§ 767 ZPO) erheben. Weiter kann er die im Zwangsvollstreckungsverfahren regelmäßig gegebene sofortige Beschwerde (§ 793 ZPO) erheben.

2.3.11.2. Der gegen den Verein oder gegen Vereinsmitglieder gerichtete Vollstreckungstitel

Aus der Möglichkeit, den Verein als solchen verklagen zu können (§ 50 Abs. 2 ZPO), folgt, daß ein gegen den Verein erstrittener Titel genügend ist, um die Zwangsvollstreckung in das Vereinsvermögen betreiben zu können (§ 735 ZPO). Die gleiche vollstreckungsrechtliche Folge wird erreicht, wenn der Gläubiger alle Vereinsmitglieder mit Erfolg verklagt hat oder wenn die mit ihrer Klage unterlegenen Vereinsmitglieder die Prozeßkosten zu tragen haben; hier ist in entsprechender Anwendung des § 736 ZPO die Vollstreckung in das Vereinsvermögen zulässig[54]. **2461**

Ein (nur) gegen den Verein ergangener Titel rechtfertigt nur eine Vollstreckung in das Vereinsvermögen, nicht jedoch in das Privatvermögen der Mitglieder. Hierbei sind die Vereinsmitglieder Dritte; sie sind trotz ihrer Gesamthaftung nicht Vollstreckungsschuldner[55]. An körperlichen Sachen des Vereinsvermögens übt regelmäßig der Vorstand den Gewahrsam aus; hat diesen jedoch ein Vereinsmitglied, so muß es die Vollstreckung dulden[56].

Der Titel berechtigt auch, Forderungen des Vereins zu pfänden und dem Gläubiger zu überweisen.

Die Vereinsauflösung läßt die Eignung des Titels zur Vollstreckung unberührt, es sei denn, es besteht überhaupt keine Vereinsorganisation mehr oder das Vermögen ist an die Anfallberechtigten verteilt[57]. Sind die Vereinsmitglieder die Anfallberechtigten, so treten sie weder eine Rechts- noch eine Besitznachfolge an, so daß eine Titelumschreibung (§ 727 ZPO) versagt. Wird der Verein rechtsfähig, so ist wegen der Identität keine Titelumschreibung erforderlich; es kann somit die Vollstreckung gegen den rechtsfähigen Verein betrieben werden[58].

2.3.11.3. Die entsprechende Anwendung des § 735 ZPO

Über den Wortlaut des § 735 ZPO (»Vermögen«) hinaus genügt ein gegen den Verein ergangener Titel auch, wenn dieser zu einer Herausgabe, zur Vornahme einer Handlung, Duldung oder Unterlassung (§§ 883 ff. ZPO) verurteilt worden ist[59]. **2462**

---

54 Vgl. z. B. *Stein/Jonas/Münzberg* Rn. 1, *Baumbach/Hartmann* Rn. 1, je zu § 735 ZPO.

55 Vgl. *Stein/Jonas/Münzberg* § 735 ZPO Rn. 2.

56 A. A. *Stein/Jonas/Münzberg* a. a. O.: nur wenn das Mitglied den Gewahrsam als Organ des Vereins hat; das kann jedoch zu vermeidbaren Vollstreckungserschwernissen führen, der organschaftliche Gewahrsam kann bestritten werden.

57 Vgl. *Stein/Jonas/Münzberg* § 735 ZPO Rn. 4.

58 *Stein/Jonas/Münzberg* a. a. O.

59 Allg. Meinung, vgl. *Stein/Jonas/Münzberg* § 735 ZPO Rn. 3.

2.3.12. Die Konkurs- und Vergleichsfähigkeit

2463 Gegen den nichtrechtsfähigen Verein kann das Konkursverfahren und das gerichtliche Vergleichsverfahren eröffnet werden (§ 213 KO, § 108 Abs. 1 Satz 1 VerglO).

2.3.13. Keine Befugnis zum Betreiben der Zwangsversteigerung

2464 Wegen der fehlenden Rechtsfähigkeit wird dem nichtrechtsfähigen Verein die Befugnis abgesprochen, als Gläubiger die Zwangsversteigerung eines Grundstücks beantragen zu können[60].

2.3.14. Die fehlende Beteiligtenfähigkeit im Verfahren der Freiwilligen Gerichtsbarkeit

2465 Nach herrschender Auffassung fehlt dem nichtrechtsfähigen Dauerverein die Fähigkeit, Beteiligter eines Verfahrens der freiwilligen Gerichtsbarkeit sein zu können[61]. Nach neuerer Rechtsentwicklung ist jedoch der Vorverein im Eintragungsverfahren beteiligtenfähig (vgl. Rn. 177 f.).

2.3.15. Die Kaufmannseigenschaft des nichtrechtsfähigen Vereins

2466 Es ist zu unterscheiden, ob der Personenzusammenschluß ein vollkaufmännisches oder ein minderkaufmännisches Gewerbe betreibt. Im Falle des Betriebs eines vollkaufmännischen Unternehmens ist der Verein als OHG zu behandeln[62]. Wird ein minderkaufmännisches Gewerbe betrieben, so bleibt er als körperschaftlich organisierte Personenvereinigung ein Verein[63] und ist nicht eine BGB-Gesellschaft[64].
Betreibt der »ideale« Verein im Rahmen des sog. Nebenzweckprivilegs ein vollkaufmännisches Gewerbe, so muß er in das Handelsregister eingetragen werden[65].

3. Die Abgrenzung des nichtrechtsfähigen Vereins von der Gesellschaft des bürgerlichen Rechts sowie Mischformen

3.1. Die notwendige körperschaftliche Organisation

2467 Der nichtrechtsfähige Verein muß in seiner Satzung eine körperschaftliche Organisation festlegen, um in dieser Rechtsform anerkannt werden zu können. Die Personenvereinigung muß demnach folgende Merkmale aufweisen:
- Die zur Erreichung eines gemeinsamen Zwecks gebildete Personenverbindung muß für eine gewisse Dauer Bestand haben;

---

60 Vgl. *Stoltenberg* MDR 1989, 494/496.
61 *Keidel/Kuntze/Winkler* Rn. 51, *Jansen* Rn. 6, je zu § 13 FGG.
62 *KG* KGJ 41 A 117/119; BGHZ 22, 240/244; BayObLGZ 1965, 294/305/310; *Heymann/Emmerich* § 1 HGB Rn. 34.
63 Vgl. *OLG Hamburg* OLGE 15, 305.
64 So aber *Heymann/Emmerich* a. a. O.
65 *Heymann/Emmerich* a. a. O.; *K. Schmidt* ZGR 1975, 477/482; offen gelassen *KG* RJA 2, 19.

- sie muß den Mitgliedern gegenüber nach innen und außen hin als selbständige Einheit, als Körperschaft, auftreten; es müssen deshalb die Organe Mitgliederversammlung und Vorstand vorhanden sein;
- der Mitgliederwechsel muß den Bestand der Personenvereinigung unberührt lassen;
- diese muß im Rechtsverkehr unter einem eigenen Namen auftreten[66].

Eine Personenvereinigung, die keinen Namen führt, ist kein nichtrechtsfähiger Verein[67]. Am wechselnden Bestand der Mitglieder fehlt es nicht, wenn nur ein begrenzter Kreis Mitglied der Vereinigung werden kann. An einem Verein fehlt es aber, wenn z. B. Mitglieder einer Vereinigung nur Eigentumsberechtigte werden können und zugleich die Möglichkeit des Beitritts, des Austritts oder der Ausschließung ausgeschlossen ist[68]. Bei Personenvereinigungen, die zwar nicht alle, aber einige Merkmale einer körperschaftlichen Organisation aufweisen, ist immer zu prüfen, ob nicht gleichwohl das Recht des nichtrechtsfähigen Vereins bei der Entscheidung einer Streitfrage zur Anwendung kommen kann[69]; vgl. auch nachfolgend Mischformen. **2468**

Die Untergliederung eines Dachverbandes oder eines Gesamtvereins ist nur dann ein nichtrechtsfähiger Verein, wenn sie nach den oben angeführten Grundsätzen eine körperschaftliche Verfassung besitzt, einen Gesamtnamen führt, vom Wechsel ihrer Mitglieder unabhängig ist und neben ihrer unselbständigen Tätigkeit für den Dachverband oder Gesamtverein Aufgaben auch eigenständig wahrnimmt[70]. **2469**

3.2. Die Abgrenzung zur Gesellschaft des bürgerlichen Rechts

Auch bei der BGB-Gesellschaft (§§ 705 ff. BGB) vereinigen sich Personen zur Erreichung eines gemeinsamen Zwecks. Die Gesellschaft können jedoch zwei Personen bilden, den Verein nicht; die körperschaftliche Struktur verlangt, daß eine Mehrheitsentscheidung möglich ist, die sich nur bei mindestens drei Mitgliedern erreichen läßt. Eine nur kurzfristig bestehende Personenverbindung kann als BGB-Gesellschaft bestehen, der Verein muß jedoch auf eine gewisse Dauer angelegt sein[71]. Bei der Vermögensbildung besteht nach bisher herrschender Auffassung eine Gemeinsamkeit; Vereins- und Gesellschaftsvermögen steht den Gesellschaftern bzw. Mitgliedern zur gesamten Hand zu. Kein maßgebendes Abgrenzungskriterium bildet der Bestand der Organisation. Dem Vorstand sind die vertretungsberechtigten Gesellschafter in gewisser Weise vergleichbar; es kann eine Gesellschafterversammlung bestehen, die weitgehend ein Bestimmungsrecht wie eine Mitgliederversammlung hat. Die BGB-Gesellschaft kann sich jedoch von der Person der Gesellschafter nicht dergestalt loslösen, daß sie – wie der Verein – nach innen und außen eine selbständige Einheit, eine Körperschaft darstellt. Die körperschaftliche Struktur **2470**

---

66 Vgl. RGZ 143, 212/213; 165, 140/143; *BGH* NJW 1957, 1800; BSGE 17, 211/214.

67 A. A. *BVerwG* GewArch 1977, 22.

68 *BGH* NJW 1957, 1800.

69 *BGH* a. a. O.

70 BGHZ 73, 275/278 = NJW 1979, 1402; *BGH* NJW 1984, 2223.

71 Wobei kein Bestand von 10 Jahren gefordert werden kann, wie dies aus *RG* JW 1913, 974 entnommen werden kann.

kommt am schärfsten dadurch zum Ausdruck, daß beim Verein ein Mitgliederwechsel nicht nur zulässig, sondern notwendig ist, ohne daß dadurch der Bestand der Körperschaft berührt wird. Bei der BGB-Gesellschaft bewirkt das Ausscheiden eines Gesellschafters grundsätzlich die Auflösung der Personenverbindung (§§ 723, 727 BGB). Die BGB-Gesellschaft kann – wie der Verein – nach außen unter einem gewählten Namen auftreten.

3.3. Mischformen

2471 Da sowohl das Recht der BGB-Gesellschaft als auch das des nichtrechtsfähigen Vereins dispositiv ist, können Mischformen zwischen einer Gesellschaft und einem Verein auftreten. Es handelt sich um Vereinigungen, die sowohl körperschaftliche als auch personalistische Elemente aufweisen, die also fließende Übergänge von vereinsmäßigen zu gesellschaftsähnlichen Formen aufweisen[72]. Eine solche Mischform kann z. B. angenommen werden, wenn eine Personenverbindung zwar eine körperschaftliche Organisation aufweist, wenn jedoch kein den Mitgliedern gegenüber verselbständigtes, allein der Organisation zugeordnetes Sondervermögen gebildet wurde, insbesondere weil im Falle des Ausscheidens eines Mitglieds ein Auseinandersetzungsanspruch nicht ausgeschlossen ist[73].

Diese Vereinigungen können nicht entweder nur dem Vereins- oder nur dem Recht der bürgerlichen Gesellschaft unterstellt werden. Es ist vielmehr im Einzelfall zu prüfen, ob für die verschiedenen Regelungsbereiche teils die Normen des Vereinsrechts, teils solche des Gesellschaftsrechts besser passen, wobei vorwiegend in Betracht zu ziehen ist, ob die eine oder andere Rechtsanwendung der Organisation und den schützenswerten Belangen der Mitglieder am besten gerecht wird[74].

3.4. Umdeutung

2471 a Die Umdeutung eines Gesellschaftsvertrages in die Gründung eines nichtrechtsfähigen Vereins ist nur gerechtfertigt, wenn hierfür hinreichende tatsächliche Gründe vorliegen. Der Ausschluß der persönlichen Haftung der Vorstandsmitglieder für die von ihnen namens der Personenvereinigung vorgenommenen Rechtsgeschäfte reicht hierfür nicht aus[75].

3.5. Länger dauerndes Auftreten als Verein

2472 Tritt eine Personenverbindung im Rechtsverkehr längere Zeit als nichtrechtsfähiger Verein auf, obwohl sie dessen Merkmale nicht erfüllt, so muß sie sich als Verein behandeln lassen[76]. Dies kann z. B. der Fall sein, wenn eine bloße Verwaltungsstelle eines Vereins in dieser Weise auftritt[77].

---

72 Vgl. *BGH* NJW 1979, 2304/2305.
73 *BGH* a. a. O.
74 *BGH* a. a. O.
75 Vgl. *RG* SeuffA 92, 129 = Recht 1938 Nr. 3818.
76 *RG* HRR 1928 Nr. 64.
77 *RG* a. a. O.

4. Die grundsätzliche Gleichbehandlung des nichtrechtsfähigen Vereins mit dem rechtsfähigen Verein

4.1. Der Grundsatz der gleichen Behandlung beider Vereinsarten

Nach heute herrschender Auffassung wird der nichtrechtsfähige Verein wie ein rechtsfähiger behandelt, soweit die fehlende allgemeine Rechtsfähigkeit dem nicht entgegensteht (vgl. Rn. 2440). Diese Gleichbehandlung ist hinsichtlich der Verfassung beider Vereinsarten nahezu lückenlos gegeben. **2473**

4.2. Die Gründung des nichtrechtsfähigen Dauervereins

Vgl. zur Gründung eines Vorvereins, der die Rechtsfähigkeit erstrebt, Rn. 65 ff. **2474**
Die Gründung eines nichtrechtsfähigen Vereins, der diese Rechtsform behalten will (sog. nichtrechtsfähiger Dauerverein), gestaltet sich im wesentlichen wie die eines Vorvereins. Die Gründungsversammlung muß eine Satzung beschließen, die gewisse Mindestvoraussetzungen enthalten muß, damit die Vereinigung als nichtrechtsfähige Körperschaft anerkannt werden kann. Die Satzung muß eine Mitgliederversammlung und einen Vorstand vorsehen, weiter müssen die Rechte und Pflichten der Mitglieder in der Satzung näher ausgestaltet sein. Nach der Feststellung der Satzung muß ein Vorstand gewählt werden.
An der Vereinsgründung müssen sich mindestens drei Personen beteiligen, da anderenfalls ein Mehrheitsentscheid nicht möglich ist. Die Satzung muß nicht notwendig schriftlich festgelegt sein. Erstrebt aber der Verein die steuerliche Gemeinnützigkeit, so muß eine schriftliche Satzung beschlossen werden, da das Finanzamt anders die Voraussetzungen für eine Gemeinnützigkeit nicht prüfen kann[78].

4.3. Das verbindliche Vereinsrecht

4.3.1. Die Vereinsverfassung und -satzung

Dem nichtrechtsfähigen Verein ist durch Art. 9 Abs. 1, evtl. Abs. 3 GG das Selbstordnungsrecht garantiert, da diese Verfassungsvorschrift auf die Rechtsform der geschützten Vereinigung nicht abstellt. Einfachgesetzlich folgt dieses Recht aus dem entspr. geltenden § 25 BGB. Der religiöse nichtrechtsfähige Verein hat eine originäre Rechtsetzungsbefugnis nach Art. 140 GG, Art. 137 Abs. 3 WRV. **2475**
Die Satzung eines nichtrechtsfähigen Vereins muß die das Vereinsleben beherrschenden Grundentscheidungen enthalten[79]. Sie kann auch die Vereinsschiedsgerichtsbarkeit anordnen[80].
Fehlt es an einer Satzung, so kann ein Personenzusammenschluß nicht als nichtrechtsfähiger Verein anerkannt werden. Die Satzung kann aber, wie ausgeführt, auch durch mündliche Vereinbarung im Gründungsstadium verbindlich werden.

---

78 Vgl. z. B. §§ 59, 60 AO.
79 *OLG Frankfurt* WM 1985, 1466/1467; vgl. dazu näher Rn. 259 ff.
80 RGZ 165, 140/143; *BGH* NJW 1980, 1049; zweifelnd: *KG* NJW 1977, 57.

Eine Satzungsergänzung oder Satzungsänderung kann auch durch stillschweigende Übereinkunft der Vereinsmitglieder zustande kommen, da eine Registereintragung oder staatliche Genehmigung nicht erforderlich ist. Ist eine satzungsmäßige Regelung zunächst wegen eines Formmangels nicht wirksam geworden, haben aber die Mitglieder diese Regelung praktisch verwirklicht oder jedenfalls hingenommen und dem Vereinsleben zugrunde gelegt, so ist verbindliches Satzungsrecht geschaffen worden, sofern diese Regelung einer Stimmenmehrheit bedarf[81]. Dabei ist es unerheblich, ob den Mitgliedern die rechtliche Qualität ihrer widerspruchslosen Hinnahme eines formell unwirksamen Beschlusses bekannt ist[82].

Teil des Verfassungsrechts eines nichtrechtsfähigen Vereins sind die BGB-Vorschriften für die rechtsfähigen Vereine, soweit sie nicht die Rechtsfähigkeit voraussetzen und auch nicht für eingetragene Vereine bestehende Vorschriften in Betracht kommen (§§ 55 ff. BGB). Die Satzung muß nicht bestimmen, daß die Vorschriften der §§ 705 ff. BGB abbedungen sind; dieser Ausschluß ist als stillschweigend beschlossen anzunehmen[83].

4.3.2. Das satzungsnachrangige Vereinsrecht

2476 Der nichtrechtsfähige Verein kann – wie der rechtsfähige – satzungsnachrangiges Recht setzen. Er kann Organisationsordnungen (Spiel-, Disziplinar-, Beitragsordnungen usw.) sowie Geschäftsordnungen erlassen. Auch hier müssen Regelungen, die zu den Grundprinzipien des Zusammenlebens im Verein gehören, zum Satzungsbestandteil erklärt werden. Vgl. zu den Vereinsordnungen Rn. 310 ff.

4.3.3. Das Vereinsherkommen und die ständige Übung

2477 Weitere Quelle des Vereinsrechts ist das Vereinsherkommen, das hier auch die Kraft hat, die Satzung zu ändern.

In den Bereichen, die von der Satzung und dem stillschweigend geltenden Vereins-Gesetzesrecht nicht geregelt sind, kann auch eine ständige Übung das Vereinsleben bestimmen. Sie vermag jedoch nicht die Satzung zu ändern; dazu müßte die ständige Übung zu einem Vereinsherkommen erstarken (vgl. dazu Rn. 354 ff.).

Regelt z. B. die Satzung einer Gewerkschaft, daß sich der Gewerkschaftstag aus »gewählten Delegierten« zusammensetzt, nicht aber, aus welchen Personen sich die Delegierten zusammensetzen, wie sie bestellt werden, wie lange ihre Amtsdauer ist und auf wieviele Vereinsmitglieder ein Delegierter entfällt, so kann das fehlende Satzungsrecht durch ein Vereinsgewohnheitsrecht ergänzt werden, wenn seit der Vereinsgründung ständig diese Umstände in gleicher Weise praktisch gehandhabt worden sind und wenn diese die Mitglieder stets widerspruchslos hingenommen haben; eine in Übereinstimmung mit diesem Herkommen erfolgte Wahl der Delegierten des Gewerkschaftstages durch die Delegierten der Bezirkstage ist danach rechtsmäßig[84].

---

81 BGHZ 25, 311/316.

82 *BGH* a. a. O.; *OLG Frankfurt* WM 1985, 1466/1469.

83 Vgl. RGZ 113, 125/135; *BAG* AP Nr. 4 zu § 54 BGB; *BAG* AP Nr. 3 zu § 97 ArbGG 1953.

84 Vgl. *OLG Frankfurt* WM 1985, 1466/1471.

4.4. Der Vorstand

4.4.1. Die notwendige Bestellung

Der Verein ohne Rechtsfähigkeit muß einen Vorstand haben; ohne einen solchen ist eine körperschaftliche Struktur nicht gegeben[85]. **2478**

Dem Grundsatz nach könnten alle Vereinsmitglieder auch das Vorstandsamt übernehmen[86]. Dies ist jedoch in der Praxis nicht üblich; bei Großvereinen entstünde weitgehend Handlungsunfähigkeit.

4.4.2. Das Vorstandsamt

Für die Bestellung des Vorstands gelten die für rechtsfähige Vereine bestehenden Grundsätze (§ 27 BGB). Dieser wird also im Zweifel durch die Mitgliederversammlung bestellt, muß die Bestellung annehmen und ist nach Auftragsgrundsätzen zur Amtsführung verpflichtet, falls die Satzung oder eine mit ihm getroffene Individualvereinbarung nichts anderes vorsieht. **2479**

Die Gründe für die Beendigung des Vorstandsamtes sind dieselben wie beim rechtsfähigen Verein (vgl. Rn. 1297 ff.).

4.4.3. Die gerichtliche Vorstandsbestellung

Die ältere Rechtsprechung hat die gerichtliche Vorstandsbestellung entspr. § 29 BGB für nicht zulässig erachtet[87]. Die heute herrschende Auffassung läßt eine gerichtliche Bestellung zu[88]. **2480**

Die Aushilfe des Gerichts ist u. U. auch verfassungsrechtlich geboten, wenn der Bestand der Vereinsorganisation (Art. 9 Abs. 1, evtl. Abs. 3 GG) eine gerichtliche Vorstandsbestellung unabweislich erfordert. Der Antrag ist bei dem Amtsgericht zu stellen, in dessen Bezirk der Verein seinen Sitz hat.

4.4.4. Die Vertretungsmacht

Der Vorstand eines nichtrechtsfähigen Vereins kann seine Vertretungsbefugnis nicht aus dem Gesetz (§ 26 Abs. 2 Satz 1 BGB) ableiten, da hier eine entsprechende Anwendung versagt. Die Vertretungsberechtigung folgt vielmehr aus der Satzung[89]. Der Umfang der Vertretungsmacht richtet sich jedoch entspr. § 26 Abs. 2 Satz 2 BGB im Zweifel nach der Satzung[90]. U. U. kann die Vertretungsbefugnis im Hinblick auf die geringe Größe des Vereins oder seine Zwecksetzung konkludent beschränkt sein[91]. Im Einzelfall kann dem Vorstand von der Mitgliederversammlung ein auch über den Rahmen eines gewöhnlichen Geschäfts hinausgehender Auftrag mit zugehöriger Vollmacht erteilt werden; geht in einem solchen Fall der Vorstand eine persönliche Verpflichtung ein oder **2481**

---

85 Vgl. *RG* HRR 1928 Nr. 1555.

86 Vgl. MünchKomm/*Reuter* § 54 BGB Rn. 12.

87 Vgl. RGZ 147, 121/124; *OLG München* HRR 1937 Nr. 75; *KG* RJA 15, 127.

88 Vgl. *LG Berlin* NJW 1970, 1047; RGRK/*Steffen* Rn. 1, *Staudinger/Coing* Rn. 4 a, *Palandt/Heinrichs* Rn. 1, *Ott* Rn. 2, je zu § 29 BGB; *Soergel/Hadding* Rn. 14, MünchKomm/*Reuter* Rn. 13, je zu § 54 BGB.

89 Vgl. RGZ 91, 72/75; 135, 242/244.

90 *Soergel/Hadding* § 54 BGB Rn. 14.

91 Vgl. *RG* Recht 1912 Nr. 363; *Soergel/Hadding* a. a. O.; enger *RG* Gruch. 55, 94: keine Vertretungsmacht bei ungewöhnlichen Geschäften

wird er als Handelnder nach § 54 Satz 2 BGB in Anspruch genommen, so kann er vom Verein Ersatz seiner Aufwendungen verlangen, wobei die Mitglieder u. U. zu einer Umlage herangezogen werden können[92].
Im Zweifel gilt eine Vermutung, daß die Vertretungsbefugnis des Vorstands eine unbeschränkte ist[93]. Ein Dritter muß Beschränkungen der Vertretungsmacht des Vorstands nur dann gegen sich gelten lassen, wenn die Grundsätze der Anscheins- oder Duldungsvollmacht eingreifen, wenn er also die Beschränkung kannte oder infolge von Fahrlässigkeit nicht kannte, da die Publizitätswirkungen eines Registers fehlen[94]. Es kann deshalb erforderlich sein, daß ein Dritter, der mit dem Vorstand eines nichtrechtsfähigen Vereins in Rechtsbeziehungen tritt, sich über dessen Vertretungsbefugnis erkundigen muß[95].
Ist satzungsmäßig bestimmt, daß mehrere Vorstandsmitglieder nach außen vertreten, so können sie einem Vorstandskollegen Vollmacht zum Handeln erteilen oder können dessen vollmachtloses Handeln genehmigen[96].
Es genügt, daß eine Willenserklärung einem vertretungsberechtigten Vorstandsmitglied zugeht (§ 28 Abs. 2 BGB entspr.).
Da § 711 BGB nicht anwendbar ist, kann der Vorstand seine aus der Satzung sich ergebende organschaftliche Vertretungsbefugnis auch dann ausüben, wenn einzelne Vereinsmitglieder widersprechen[97].
Ist das Vorstandsamt erloschen, kann der frühere Vorstand nicht mehr eine Mitgliederversammlung einberufen; eine (fortbestehende) Registereintragung des Vorstands fehlt.

4.4.5. Die Willensbildung des Vorstands

2482 Die Willensbildung des Vorstands vollzieht sich mangels einer Satzungsregelung wie diejenige des Vorstands eines rechtsfähigen Vereins, somit entspr. § 28 Abs. 1, § 32 BGB. Der Stimmrechtsausschluß entspr. § 28 Abs. 1, § 34 BGB gilt ebenfalls.

4.4.6. Die Geschäftsführung

2483 Dem Vorstand obliegt es im Zweifel auch, die Geschäfte des Vereins zu führen, wobei dieser grundsätzlich nach Auftragsgrundsätzen tätig wird (entspr. § 27 Abs. 3 i. V. m. §§ 662 ff. BGB). Er beruft u. a. die Mitgliederversammlung ein, der Vorsitzende leitet sie, prüft die gefaßten Beschlüsse auf ihre Gültigkeit und führt sie aus. Sind die entsprechenden rechtlichen Voraussetzungen gegeben, so hat er Anspruch auf Entlastung.

4.4.7. Die Haftung des Vorstands dem Verein gegenüber

2484 Falls die Vereinssatzung oder ein Vereinsherkommen nichts anderes aussagt, haftet der Vorstand dem Verein gegenüber für jedes schuldhafte Verhalten; die

92 Vgl. *RG* LZ 1922, 403.
93 *Ott* § 54 BGB Rn. 12.
94 *Ott* a. a. O.
95 RGZ 90, 173.
96 Vgl. *OLG Braunschweig* OLGE 20, 30; vgl. auch *BAG* NJW 1981, 2374.
97 Vgl. RGZ 82, 85/93.

haftungseinschränkende Vorschrift des § 708 BGB ist wegen der körperschaftlichen Verfassung als abbedungen anzusehen[98].

4.5. Die Mitgliederversammlung und die weiteren Vereinsorgane

4.5.1. Die Notwendigkeit und die Zuständigkeit

Ein nichtrechtsfähiger Verein muß wegen seines körperschaftlichen Charakters **2485**
eine Mitgliederversammlung haben (entspr. § 32 Abs. 1 BGB). Von diesem Erfordernis könnte nur dann abgesehen werden, wenn der Verein satzungsmäßig die schriftliche Abstimmung zuläßt, die jedoch das Einstimmigkeitserfordernis bedingt (entspr. § 32 Abs. 2 BGB).

Falls der Verein keine abweichende Regelung getroffen hat, ist die Mitglieder- **2486**
versammlung zuständig für die Beratung und Beschlußfassung über

- Satzungs- einschl. Zweckänderungen,
- die Auflösung des Vereins,
- die Bestellung und Abberufung des Vorstands und anderer Organmitglieder sowie die Entlastung des Vorstands,
- die Aufnahme und den Ausschluß von Mitgliedern,
- die Ausübung der Ordnungsgewalt über Mitglieder und Organmitglieder,
- die Erteilung von Weisungen gegenüber dem Vorstand und anderen Organmitgliedern mit Ausnahme des Ordnungsorgans.

4.5.2. Die Pflicht zur Einberufung

Die Mitgliederversammlung ist vom zuständigen Organ (im Zweifel vom Vor- **2487**
stand) dann einzuberufen, wenn dies die Satzung bestimmt oder wenn es das Wohl des Vereins erfordert (entspr. § 36 BGB). Vgl. dazu näher Rn. 782.

Eine Pflicht zur Einberufung ist ferner gegeben, wenn sie der durch die Satzung bestimmte Teil oder in Ermangelung einer Satzungsbestimmung der zehnte Teil der Mitglieder verlangt, sofern an das Einberufungsorgan eine schriftliche Bitte unter Angabe des Zweckes und der Gründe der Versammlung gerichtet worden ist (entspr. § 37 Abs. 1 BGB); vgl. dazu Rn. 787 ff.

4.5.3. Die gerichtliche Einberufungsermächtigung

Wird diesem Einberufungsverlangen nicht entsprochen oder ist die Ergänzung **2488**
der Tagesordnung abgelehnt worden, so kann die Vereinsminderheit beim Amtsgericht des Vereinssitzes beantragen, daß sie zur Versammlungsberufung (Ergänzung der Tagesordnung) entspr. § 37 Abs. 2 BGB ermächtigt wird[99].

4.5.4. Das im übrigen entsprechend geltende Recht des rechtsfähigen Vereins

Voraussetzung für eine gültige Beschlußfassung ist eine ordnungsgemäße Ein- **2489**
berufung aller Mitglieder unter Bekanntgabe der Tagesordnung (entspr. § 32

98 Vgl. RGZ 143, 212/215.

99 Heute herrschende Auffassung, vgl. *LG Heidelberg* NJW 1975, 1661; *Enneccerus/Nipperdey* § 116 Fußn. 39; RGRK/*Steffen* Rn. 7, *Soergel/Hadding* Rn. 13, *Staudinger/Coing* Rn. 41, je zu § 54 BGB; MünchKomm/*Reuter* Rn. 4, *Palandt/Heinrichs* Rn. 6, je zu § 37 BGB; a. A. *KG* JW 1935, 3636.

Abs. 1 Satz 2 BGB); im einzelnen ist hierfür die Vereinsverfassung maßgebend[100]. Die Satzung kann die Mitteilung der Tagesordnung abbedingen[101]. Im übrigen gelten die Ausführungen beim rechtsfähigen Verein entspr. für
- die Leitung der Versammlung (vgl. Rn. 944 ff.),
- die Teilnahme an ihr (vgl. Rn. 869 ff., 973) und für den Ausschluß von Teilnehmern (vgl. Rn. 1010),
- den Ablauf der Mitgliederversammlung (vgl. Rn. 944 ff.),
- die Stimmverbote nach Gesetz (§ 34 BGB) oder Satzung (vgl. Rn. 911 ff.), für die Abstimmungsvereinbarungen (vgl. Rn. 933 ff.),
- die Abstimmung, wobei – mit Ausnahme von Satzungs- oder Zweckänderungen – die einfache Mehrheit genügt (§ 32 Abs. 1 Satz 3 BGB) und nicht die Einstimmigkeit[102]; falls keine Stimmrechtsübertragung vorgenommen worden ist, muß das Stimmrecht persönlich – evtl. durch gesetzliche Vertreter – ausgeübt werden[103];
- die Schließung der Versammlung (vgl. Rn. 1076 ff.),
- den Einmannbeschluß (vgl. Rn. 967),
- die Ausführung gefaßter Beschlüsse,

Da keine Einreichung bei Gericht oder einer Konzessionsbehörde in Betracht kommt, müssen die Versammlungsbeschlüsse nicht beurkundet werden; dies ist jedoch zweckmäßig.

Der fehlerhafte Beschluß beurteilt sich wie beim rechtsfähigen Verein, vgl. Rn. 1132 ff. Ist z. B. die Tagesordnung nicht oder nur unvollständig mitgeteilt worden und schließt die Satzung das Erfordernis einer vorherigen Mitteilung nicht aus, so ist ein Versammlungsbeschluß absolut nichtig[104].

Der nichtrechtsfähige Verein oder Verband kann in seiner Satzung anordnen, daß anstelle einer Mitgliederversammlung eine Delegiertenversammlung gebildet wird. Dann muß der Delegiertenschlüssel in der Satzung enthalten sein[105].

4.5.5. Die Mehrheiten bei Satzungs- und Zweckänderungen sowie bei der Vereinsauflösung

2490 Mangels einer anderweitigen Satzungsregelung kann eine Satzungsänderung nur mit einer ¾– Mehrheit[106] und eine Zweckänderung nur einstimmig (entspr. § 33 Abs. 1 Satz 2 BGB) beschlossen werden. Für die Auflösung ist ebenfalls eine ¾-Mehrheit erforderlich, falls die Satzung hierzu schweigt (entspr. § 41 Satz 2 BGB).

Satzungsänderungen sind sofort mit der Beschlußfassung wirksam, falls die Satzung keinen Zustimmungsvorbehalt enthält.

100 Vgl. *RG* Recht 1908 Nr. 3385; *BAG* AP Nr. 4 zu § 54 BGB.

101 § 40 BGB; vgl. *BAG* a. a. O.

102 § 709 BGB; heute herrschende Ansicht, vgl. z. B. *Soergel/Hadding* Rn. 13, *Staudinger/Coing* Rn. 40, je zu § 54 BGB.

103 Entspr. § 38 BGB; ebenso *Stöber* Rn. 393; a. A. *Staudinger/Coing* a. a. O.

104 *OLG Frankfurt* WM 1985, 1466/1470.

105 *OLG Frankfurt* a. a. O. S. 1468 f.

106 Entspr. § 33 Abs. 1 Satz 1 BGB; vgl. *RG* HRR 1929 Nr. 1002.

4.5.6. Die weiteren Vereinsorgane

Der nichtrechtsfähige Verein kann – wie der rechtsfähige – in seiner Satzung weitere Vereinsorgane, etwa einen Vereinsausschuß, Beirat, Aufsichtsrat, Ordnungsorgan sowie einen besonderen Vertreter (entspr. § 30 BGB) vorsehen. **2491**
Wird die erforderliche satzungsmäßige Bestellung eines besonderen Vertreters unterlassen, so wird der Verein haftungsrechtlich so behandelt, als habe er einen solchen Vertreter bestellt[107]. Danach kann ein Landesverband für Erklärungen, die der Vorsitzende eines (unselbständigen) Bezirksverbandes im Rahmen der Öffentlichkeitsarbeit abgibt, einstehen müssen[108].

4.6. Die Mitgliedschaft

4.6.1. Die Mitgliedsfähigkeit

Mitglieder eines nichtrechtsfähigen Vereins können natürliche sowie juristische Personen des privaten und öffentlichen Rechts einschl. der Handelsgesellschaften und nichtrechtsfähigen Körperschaften sein. **2492**

4.6.2. Der Erwerb und Verlust der Mitgliedschaft

Die Mitgliedschaft wird durch die Gründungsbeteiligung oder durch Beitritt erworben. Vertragspartner des Ausnahmevertrages sind nicht die Mitglieder, sondern einerseits der Verein, vertreten durch den Vorstand, und der Beitretende andererseits[109]. Für die Entscheidung über die Aufnahme ist die Mitgliederversammlung zuständig; die Satzung oder eine im Verein bestehende Gewohnheit kann die Zuständigkeit des Vorstands begründen. Die Zustimmung aller Mitglieder ist in keinem Fall erforderlich, es sei denn, die Satzung bestimmt dies ausdrücklich. **2493**
Dem neuen Mitglied wächst ein Anteil am Vereinsvermögen an.
Die Mitgliedschaft endet wie beim rechtsfähigen Verein; vgl. Rn. 662 ff. **2494**
Jedes Mitglied kann somit jederzeit aus dem Verein austreten (entspr. § 39 Abs. 1 BGB). Die Satzung kann eine dem § 39 Abs. 2 BGB entsprechende Austrittsfrist vorsehen. Im übrigen sind satzungsmäßige Austrittserschwernisse unwirksam[110]. Von einer Zustimmung des Vereins kann der Austritt nicht abhängig gemacht werden[111]. Der Austritt ist gegenüber einem Vorstandsmitglied zu erklären[112].
Die Mitgliedschaft endet ferner durch den Ausschluß. Die Satzung kann ein freies Ausschließungsrecht vorsehen. Auch ohne eine Satzungsbestimmung ist – wie beim rechtsfähigen Verein – bei Vorliegen eines wichtigen Grundes ein Recht zum Ausschluß gegeben (vgl. dazu Rn. 1625). Auf § 737 BGB braucht nicht zurückgegriffen zu werden. Ist ein Austritt bereits wirksam geworden , so ist ein Ausschluß des betreffenden Mitglieds ohne Wirkung[113].

---

107 Vgl. *BGH* WM 1985, 570/571.
108 Vgl. *BGH* a. a. O.
109 *Soergel/Hadding* § 54 BGB Rn. 10.
110 Vgl. RGZ 78, 134.
111 Vgl. *KG* LZ 1930, 994.
112 Entspr. § 28 Abs. 2 BGB; vgl. *OLG Braunschweig* OLGE 20, 30.
113 Vgl. *RG* JW 1929, 245.

Im übrigen endet die Mitgliedschaft durch Tod, durch Streichung von der Liste der Mitglieder und in den sonst satzungsmäßig vorgesehenen Fällen.
Mangels einer dahingehenden Satzungsbestimmung hat das ausscheidende Mitglied keinen Anspruch auf ein Auseinandersetzungsguthaben[114].
Ein Mitglied kann nicht den nichtrechtsfähigen Verein nach § 54 Satz 1 i. V. m. § 723 BGB kündigen.

4.6.3. Der Inhalt der Mitgliedschaftsrechte und -pflichten

2495 Mitgliedschaftsrechte und -pflichten bestehen in erster Linie zwischen dem einzelnen Mitglied und dem Verein. In Ausnahmefällen kann – wie beim rechtsfähigen Verein – auch ein korporatives Verhältnis unter den einzelnen Vereinsmitgliedern bestehen.
Die Rechtsnatur der Mitgliedschaft und die sich daraus ergebenden Rechte und Pflichten beurteilen sich nach den gleichen Grundsätzen wie beim rechtsfähigen Verein[115]; vgl. dazu Rn. 516 ff.
Es werden somit Organschafts- bzw. Mitverwaltungsrechte, u. U. Wertrechte (z. B. Anteil am Vereinsvermögen), Schutzrechte (Treupflicht, gleichmäßige Behandlung) und kraft Individualvereinbarung gläubigerrechtsähnliche sowie echte Wertrechte begründet. Kraft Satzung können auch unentziehbare Sonderrechte (entspr. § 35 BGB) eingeräumt sein[116].
Mitgliedschaftspflichten werden auch ohne satzungsmäßige Festlegung begründet, soweit der Vereinszweck zu fördern ist und insbesondere, soweit die Treupflicht gegenüber dem Verein in Betracht kommt, die ein vereinsschädigendes Verhalten ausschließen soll. Im übrigen müssen Mitgliedschaftspflichten durch die Satzung oder ein Vereinsherkommen begründet worden sein. In diesem Rahmen besteht eine Pflicht zur Leistung von Geldbeiträgen oder zu sonstigen Leistungen. Durch Mehrheitsbeschluß kann eine bisher nicht bestehende Beitragspflicht oder eine Pflicht zur Leistung von Umlagen eingeführt werden.

4.6.4. Die Ordnungsgewalt des Vereins

2496 Der nichtrechtsfähige Verein kann – wie der rechtsfähige – die Ordnungsgewalt über seine Mitglieder ausüben, sofern die Sanktionsdrohung und das Ordnungsmittel in der Satzung eine Grundlage haben.
Bei der gerichtlichen Nachprüfung von Ordnungsmaßnahmen besteht keine Unterscheidung, ob der Verein rechtsfähig ist oder nicht[117].

4.7. Die Vermögensverhältnisse

4.7.1. Die Vermögensbildung

2497 Der Bestand des Vereins ist nicht davon abhängig, daß Vermögen vorhanden ist[118]. Die Vermögensansammlung ist jedoch die Regel. Zum Vermögen des Vereins gehören die angesammelten Mitgliedsbeiträge, evtl. erhobene Um-

114 Vgl. RGZ 113, 125/135; BGHZ 50, 325/329.
115 Vgl. BGHZ 13, 5/11.
116 Vgl. *RG* Recht 1925 Nr. 1960.
117 Vgl. z. B. BGHZ 102, 265 = NJW 1988, 552; *BGH* NJW-RR 1992, 246.
118 Vgl. BGHZ 19, 51/65.

lagen, vereinnahmte Gebühren oder Geldbußen usw. Das Vermögen kann durch Zuwendungen sowie durch Kapitalanlage eine Vermehrung erfahren. Zum Vermögen können somit dingliche Rechte und Immaterialgüterrechte gehören. Vermögensbestandteil sind auch Forderungen gegen Mitglieder – z. B. auf Zahlung fälliger Beiträge – oder gegen Nichtmitglieder.

4.7.2. Der Vermögensträger

Obwohl sich der Begriff »Vermögen des nichtrechtsfähigen Vereins« heraus- **2498**
gebildet hat (vgl. z. B. § 735 ZPO), können nach bisher herrschender Auffassung nur die Mitglieder selbst Träger dieses Vermögens sein, da eine von diesen losgelöste, selbständige juristische Person nicht bestehe. In Anlehnung an das Recht der bürgerlichen Gesellschaft gehöre das Vermögen den jeweils vorhandenen Mitgliedern in ihrer gesamthänderischen Verbundenheit; es sei – entspr. §§718, 719 BGB – Gesamthandsvermögen[119]. Mit dem Eintritt wachse dem neuen Mitglied – entspr. § 738 BGB – ein Gesamthandsanteil am bereits bestehenden Vereinsvermögen an[120]. Die gesamthänderische Bindung verbiete es, daß ein Mitglied über seinen Anteil allein verfügen könne (entspr. § 719 Abs. 1 BGB).

Die neuere Rechtsentwicklung geht dahin, den nichtrechtsfähigen Verein als selbständigen Vermögensträger anzuerkennen[121]. In BGHZ 50, 325/329 wird ausgeführt, daß der Verein selbst Träger seines Vermögens ist[122]. Bei der (Außen-)GbR ist heute anerkannt, daß sie als Teilnehmer am Rechtsverkehr grundsätzlich, d. h. soweit nicht spezielle rechtliche Gesichtspunkte entgegenstehen, jede Rechtsposition einnehmen kann[123]. Die eigene Rechtssubjektivität muß dem nichtrechtsfähigen Verein um so mehr zuerkannt werden, als dieser als Körperschaft sich von seinen Mitgliedern verselbständigt.

Wird der Verein als selbständiger Vermögensträger anerkannt, so braucht nicht **2499**
mehr auf die Grundsätze der körperschaftlichen Zweckbindung des Vereinsvermögens zurückgegriffen werden, die bisher wie folgt begründet worden ist: Würden die rechtlichen Beziehungen, die die Vereinsmitglieder zum Vereinsvermögen haben, nur nach dem Recht der BGB-Gesellschaft beurteilt, so würde nicht berücksichtigt, daß die Vereinsmitglieder – auch in ihrer Eigenschaft als Vermögensträger – eine Körperschaft bilden. Es ist weiter zu berücksichtigen, daß die Vereinsmitglieder für Vereinsschulden grundsätzlich nicht persönlich haften, daß dafür den Gläubigern im Regelfall nur das Vereinsvermögen als Haftungsobjekt zur Verfügung steht. Daraus folgt, daß Vermögensbindungen, die das BGB-Gesellschaftsrecht kennt, weitgehend ausgeschaltet werden müssen[124]. Das Vereinsvermögen wird durch einen Wechsel der Mitglieder nicht berührt[125]. Scheidet somit ein Mitglied aus dem Verein aus, so hat es keinen Anspruch auf ein Auseinandersetzungsguthaben – wie dies

119 Vgl. RGZ 113, 125; 143, 212.
120 Vgl. RGZ 82, 160; 127, 309/312.
121 *K. Schmidt* Gesellschaftsrecht § 25 II 1 a; *Soergel/Hadding* § 54 BGB Rn. 16.
122 Vgl. auch *Stoltenberg* MDR 1989, 494/495.
123 *BGH* NJW 1992, 499/500.
124 Vgl. BGHZ 50, 325/329.
125 BGHZ 42, 210/216; BGHZ a. a. O.

§ 738 Abs. 1 Satz 2 BGB vorsieht –[126]; die Satzung kann dies jedoch ausdrücklich vorsehen. Der »Anteil« am Vereinsvermögen ist weder übertragbar und somit – entgegen § 859 ZPO – auch nicht pfändbar[127].

4.7.3. Die Trennung des Vereinsvermögens vom Vermögen der Mitglieder

2500 Selbst nach der bisher herrschenden Gesamthandtheorie ist das Vermögen des Vereins scharf von dem seiner Mitglieder zu trennen. Bei der Abgrenzung ist entscheidend auf die Verfügungsbefugnis abzustellen; die Besitzverhältnisse allein sind nicht immer entscheidend, weil ein Mitglied seine Sache dem Verein zur Benutzung zur Verfügung stellen kann. Die Darlegungs- und Beweislast hat der Gläubiger, der Rechte in bezug auf das Vereinsvermögen geltend macht.

4.7.4. Die Verwaltung und die Verfügungsbefugnis

2501 Falls die Satzung nicht etwas anderes besagt, steht die Verwaltungs- und Verfügungsbefugnis über das Vereinsvermögen dem Vorstand zu. Dessen Verfügungsbefugnis ist hinsichtlich der Geschäfte gegeben, die zur laufenden Verwaltung zählen, falls die Satzung oder ein Vereinsherkommen nichts anderes ergeben. Darüber hinausgehende Geschäfte bedürfen der Beschlußfassung der Mitgliederversammlung; es kann auch die Genehmigung oder Zustimmung eines anderen Vereinsorgans, etwa eines Aufsichtsrats, vorgesehen sein. Zur Beschlußfassung der Mitgliederversammlung ist die einfache oder satzungsmäßig festgelegte Mehrheit erforderlich[128].

4.7.5. Die Erbfähigkeit, Grundbuchfähigkeit sowie die Wechsel- und Scheckfähigkeit

2502 Wird der nichtrechtsfähige Verein als Rechtssubjekt anerkannt, so ist er erbfähig[129]. Die Annahme oder Ausschlagung der Erbschaft erklärt der Vorstand namens des Vereins, u. U. nach Beschlußfassung durch die Mitgliederversammlung. Der Verein kann auch Begünstigter eines Vermächtnisses sein; ihm können Schenkungen zu Lebzeiten oder von Todes wegen zugewendet werden. Die bisher noch herrschende Auffassung geht dahin, daß bei der Erbeinsetzung eines nichtrechtsfähigen Vereins die letztwillige Verfügung dahingehend auszulegen sei, daß die bedachten Mitglieder die Zuwendung dem Sondervermögen des Vereins zuzuwenden hätten[130].

2503 Die Anerkennung des nichtrechtsfähigen Vereins als selbständiger Träger seines Vermögens muß auch dazu führen, daß dieser unter dem Vereinsnamen in das Grundbuch (als Eigentümer oder sonst dinglich Berechtigter) einzutragen

---

126 RGZ 113, 125/135; BGHZ a. a. O.

127 BGHZ 50, 325/329.

128 Vgl. RGRK/*Steffen* § 54 BGB Rn. 14; a. A. *BAG* AP Nr. 4 zu § 54 BGB: Einstimmigkeit.

129 Vgl. z. B. *Palandt/Heinrichs* Rn. 9, *Soergel/Hadding* Rn. 17, je zu § 54 BGB.

130 Vgl. *RG* Warn. 1911 Nr. 89; *RG* Recht 1929 Nr. 975; *KG* JFG 13, 133.

ist[131]. Die Eintragungsfähigkeit einer Vor-GmbH wird bejaht[132], solange die Eintragung in das Handelsregister betrieben wird[133].
Die (noch) herrschende Auffassung verneint jedoch die Grundbuchfähigkeit des nichtrechtsfähigen Vereins und verlangt die Eintragung von Mitgliedern. Dem kann ein Verein mit einer großen Mitgliederzahl nur durch Ausgliederung begegnen (vgl. nachfolgend).
Kann der nichtrechtsfähige Verein als Rechtssubjekt und Vermögensträger an- **2504**
erkannt werden, so ist er auch wechsel- und scheckfähig[134].
Die ältere Rechtsprechung hat die Wechselfähigkeit wegen der fehlenden Rechtsfähigkeit verneint; die Mitglieder könnten ebenfalls nicht verpflichtet werden, weil nicht mit deren Namen unterschrieben worden sei[135].

4.7.6. Die Ausgliederung von Vereinsvermögen

Da die Fähigkeit des nichtrechtsfähigen Vereins, selbst Träger von Rechten und **2505**
Pflichten zu sein, nicht allgemein anerkannt ist, kann es erforderlich sein, Vereinsvermögen auszugliedern und einem rechtsfähigen Vermögensträger zuzuweisen. So werden die aufgezeigten Schwierigkeiten im Vermögensverkehr vermieden, die sich aus der (noch) verneinten Vollrechtsfähigkeit ergeben. Die Ausgliederung hat auch den Vorteil, daß der Verein ideale Zwecke verfolgen kann, ohne – bei größerer Vermögensverwaltung – in den Verdacht der wirtschaftlichen Hauptbetätigung zu geraten.
Als geeignetste Rechtsform für die Ausgliederung bietet sich die GmbH an. **2506**
Der Verein wird sicherzustellen haben, daß die Vermögensverwaltung durch eine an sich selbständige juristische Person in seinem Interesse vorgenommen wird. Es muß eine treuhänderische Verbundenheit zwischen dem Verein und den Organen der Gesellschaft hergestellt werden, etwa durch Personalunion der Ämter im Verein und in der Gesellschaft oder durch Abschluß eines Treuhandvertrages, der die Elemente des Geschäftsbesorgungsvertrages und damit des Auftrages (§ 675 BGB) enthält[136]. Als Gesellschafter können Vereinsmitglieder fungieren; sie sind dann verpflichtet, die Gesellschafterstellung im Interesse des Vereins wahrzunehmen[137]. Der Verein ist berechtigt, den Auftrag an die vereinsangehörigen Gesellschafter jederzeit zu widerrufen (§ 671 BGB). Der Widerruf hat zur Folge, daß der hiervon betroffene Gesellschafter seinen Geschäftsanteil entweder dem Verein oder einer von diesem benannten Person zu übertragen hat (§ 667 BGB). Für den Fall des Vereinsaustritts eines Gesellschafters kann im Gesellschaftsvertrag festgelegt werden (§ 3 Abs. 2 GmbHG), daß dessen Anteil an einen vom Verein benannten Dritten abgetreten werden muß[138].

---

131 Vgl. z. B. MünchKomm/*Reuter* Rn. 10, *Palandt/Heinrichs* Rn. 8, *Soergel/Hadding* Rn. 18, je zu § 54 BGB; *Stoltenberg* MDR 1989, 494/497.
132 BGHZ 45, 338/348 f. = NJW 1966, 1311.
133 *BayObLG* GmbHR 1987, 393.
134 MünchKomm/*Reuter* Rn. 9, *Staudinger/Coing* Rn. 27, *Soergel/Hadding* Rn. 19, *Palandt/Heinrichs* Rn. 9, je zu § 54 BGB; *Baumbach/Hefermehl* Einleitung Rn. 22.
135 *RG* JW 1908, 544/545; RGZ 112, 124; *OLG Koblenz* MDR 1955, 424.
136 Vgl. auch *BGH* WM 1969, 935.
137 Vgl. RGZ 121, 294/296.
138 Vgl. RGZ 121, 294/299.

4.8. Die Haftung für Vereinsverbindlichkeiten

4.8.1. Die auf das Vereinsvermögen beschränkte Haftung der Mitglieder nach bisheriger Auffassung

2507 Bei Anwendung des Rechts der bürgerlichen Gesellschaft tritt bei einer Verpflichtung durch einen berechtigt für den Verein Handelnden eine gesamtschuldnerische Haftung der Mitglieder mit ihrem Privatvermögen ein (§ 54 Satz 1, §§ 714, 427 BGB). Die Rechtsprechung hat jedoch bald nach dem Inkrafttreten des BGB eine Beschränkung der Haftung auf das Vereinsvermögen angenommen, und zwar zunächst aus haftungsbeschränkenden Vereinbarungen oder aus einem stillschweigenden Satzungsinhalt[139]. Nunmehr wird die Haftungsbeschränkung mit der körperschaftlichen Organisation begründet. Dazu hat der *BGH*[140] ausgeführt: »Bezeichnet sich eine Personenvereinigung in der Satzung als Verein und tritt sie als solcher im Rechtsverkehr auf, dann kommt eine persönliche Haftung der Mitglieder grundsätzlich nicht in Betracht, weil bei einem Verein die Vertretungsmacht seiner Organe typischerweise auf eine Verpflichtung des Vereinsvermögens beschränkt ist und das im Rechtsverkehr auch so verstanden wird«[141].

4.8.2. Der Verein als Schuldner

2508 Wird die Fähigkeit des nichtrechtsfähigen Vereins anerkannt, daß dieser selbst Träger von Rechten und Pflichten sein kann, so ist er auch Schuldner von Vereinsverbindlichkeiten und haftet mit seinem Vermögen[142].

Aus Rechtsgeschäften, insbesondere Verträgen, wird der Verein durch das Handeln seines Vorstands, eines besonderen Vertreters oder eines Bevollmächtigten verpflichtet, sofern diese Personen im Namen des Vereins gehandelt haben. Der Verein haftet auf Erfüllung und im Falle der Nichterfüllung auf Schadensersatz. Diese Haftungsfolge ergibt sich auch aus den allgemeinen Vertretungsvorschriften (§§ 164 ff. BGB). Ist eine Leistungsstörung oder eine positive Vertragsverletzung gegeben, so hat im Falle schuldhaften Verhaltens eines zur Vertretung berechtigten Vorstandsmitglieds (besonderen Vertreters) der Verein einzustehen, da ihm das Verhalten dieser Repräsentanten entspr. § 31 BGB zugerechnet wird[143]. Bei einem dem Verein zurechenbaren Verhalten eines sonstigen Beauftragten haftet der Verein unter den Voraussetzungen des § 278 BGB.

Die Vereinshaftung kann auch bei gesetzlichen Schuldverhältnissen (z. B. Geschäftsführung ohne Auftrag, ungerechtfertigte Bereicherung) sowie wegen Gefährdungshaftung[144] eintreten[145].

Für unerlaubte Handlungen des Vorstands oder besonderen Vertreters im Rahmen des zugewiesenen Wirkungskreises tritt die Vereinshaftung wegen der

---

139 Vgl. z. B. RGZ 90, 173/176; *RG* Warn. 1927 Nr. 263.
140 NJW 1979, 2304/2306.
141 Vgl. auch *OLG Hamm* WM 1985, 644.
142 Vgl. z. B. *Soergel/Hadding* § 54 BGB Rn. 22.
143 Heute allgemeine Meinung, vgl. z. B. *BAG* NJW 1989, 1881/1884.
144 Z. B. § 7 StVG, § 33 LuftG, § 833 BGB.
145 *Soergel/Hadding* § 54 BGB Rn. 22.

entspr. anwendbaren Zurechnungsnorm des § 31 BGB ein[146]; für Verrichtungsgehilfen haftet der Verein nach § 831 BGB.

4.8.3. Persönliche Haftung der Mitglieder nur bei besonderem Verpflichtungsgrund

Die Mitglieder eines nichtwirtschaftlichen, nichtrechtsfähigen Vereins haften **2509**
für Vereinsschulden grundsätzlich nicht mit ihrem Vermögen. Hierzu muß ein besonderer Verpflichtungsgrund gegeben sein, z. B. ein Handeln für den Verein nach § 54 Satz 2 BGB (vgl. Rn. 2511 ff.), eine Mitverpflichtung neben dem Verein (§ 427 BGB) oder etwa ein eigenes Verschulden bei Vertragsverhandlungen oder eine begangene unerlaubte Handlung[147]. Die Behauptungs- und Beweislast für einen solchen selbständigen Verpflichtungsgrund in der Person des Mitglieds trägt derjenige, der sich hierauf beruft[148].

4.8.4. Die Haftung der Mitglieder eines wirtschaftlich tätigen Vereins

Der Verkehrsschutz verlangt, daß die Mitglieder eines nichtrechtsfähigen **2510**
Wirtschaftsvereins für dessen Verbindlichkeiten nicht nur mit ihrem Anteil am Vereinsvermögen, sondern auch mit ihrem eigenen Vermögen haften. Betreibt der Verein ein vollkaufmännisches Gewerbe, so werden die Mitglieder wie OHG-Gesellschafter haftungsmäßig behandelt (vgl. oben Rn. 2466). Ist ein minderkaufmännisches Gewerbe gegeben (§ 4 HGB), so greift die Haftung als BGB-Gesellschafter ein[149].

Die zuletzt angeführte Haftung muß auch gelten, wenn ein nichtrechtsfähiger Idealverein wegen des Nebenzweckprivilegs einen bedeutenden wirtschaftlichen Geschäftsbetrieb unterhält und soweit in diesem Verbindlichkeiten begründet werden.

Behauptet das Mitglied eines solchen Vereins, seine Haftung sei durch eine besondere Abrede ausgeschlossen, so muß es eine dahingehende Vereinbarung darlegen und nachweisen[150].

4.9. Die Haftung des für den Verein Handelnden

4.9.1. Der Regelungsgehalt; Haftung beim Vorverein und beim Dauerverein

§ 54 Satz 2 BGB bestimmt: »Aus einem Rechtsgeschäft, das im Namen eines **2511**
solchen Vereins einem Dritten gegenüber vorgenommen wird, haftet der Handelnde persönlich; handeln mehrere, so haften sie als Gesamtschuldner«[151].

Die Haftung eines jeden für einen nichtrechtsfähigen Verein nach außen hin Handelnden ist deshalb begründet, weil die Vertretungsverhältnisse nicht aus einem Register ersehen werden können. Dem Außenstehenden sind oft mühe-

146 *BAG* a. a. O.
147 Vgl. *Soergel/Hadding* § 54 BGB Rn. 24.
148 Vgl. *Baumgärtel* § 54 BGB Rn. 1.
149 § 54 Satz 1 i. V. m. §§ 714, 427 BGB; vgl. *Soergel/Hadding* § 54 BGB Rn. 25.
150 Vgl. *Baumgärtel* § 54 BGB Rn. 2.
151 Vgl. die ähnlichen Vorschriften in § 41 Abs. 1 Satz 2 AktG und § 11 Abs. 2 GmbHG.

volle Nachforschungen nach den Vertretungsverhältnissen eines nichtrechtsfähigen Verein nicht zuzumuten.
Bei der Auslegung des § 54 Satz 2 BGB ist zwischen dem nichtrechtsfähigen Dauerverein und dem in gleicher Rechtsform bestehenden Vorverein zu unterscheiden.

2512 Beim nichtwirtschaftlich tätigen Vorverein, der alsbald die Eintragung erstrebt, ist es gerechtfertigt, den Begriff des Handelnden in Anlehnung an § 11 Abs. 2 GmbHG enger zu sehen (vgl. oben Rn. 94). Noch nicht rechtsfähige Gesellschaften beginnen oft mit einer geschäftlichen Betätigung, bei der dann die Haftung auch der Gründer eintritt. Dies ist zwar beim idealen Vorverein nicht der Fall. Gemeinsam ist aber das Streben nach baldiger Erlangung der Rechtsfähigkeit. Beim nichtwirtschaftlichen Dauerverein, der also die Rechtsfähigkeit nicht erlangen will, ist der Begriff des Handelnden ausdehnend zu bestimmen.
Die Haftung nach § 54 Satz 2 BGB ist auf den rechtsgeschäftlichen oder rechtsgeschäftsähnlichen Bereich beschränkt[152]. Damit scheiden Ansprüche aus Delikt oder aus Gefährdungshaftung aus. Die Haftungsvorschrift ist nur im Rechtsverkehr mit außerhalb des Vereins stehenden Personen anwendbar[153]. Auf diese Haftung können sich somit Gründungsmitglieder sowie beitrittswillige Personen nicht berufen[154]. Die Vorschrift ist dagegen anwendbar, wenn ein Vereinsmitglied wie ein Dritter in rechtsgeschäftliche Beziehungen zum Verein tritt[155].
Die Haftung des für den Verein Handelnden kommt auch nicht in Betracht, soweit ein Rechtsverhältnis nach dem öffentlichen Recht beurteilt wird[156]. Die Haftung scheidet demgemäß beim Abschluß eines öffentlich-rechtlichen Vertrages aus. Gleiches gilt bei Erklärungen gegenüber der Steuerbehörde; es greift hier die auf Vorstandsmitglieder beschränkte Haftung nach §§ 34, 69 AO ein; vgl. Rn. 2524.

4.9.2. Der Handelnde beim Dauerverein

2513 Handelnder i. S. d. § 54 Satz 2 BGB ist beim Dauerverein jeder, der nach außen erkennbar für diesen rechtsgeschäftlich aufgetreten ist[157]. Dies kann der Vorstand, ein besonderer Vertreter oder eine von diesen beauftragte Person sein. Ob der für den Verein Handelnde dessen Mitglied ist, ist ohne Belang[158]. Da die Haftung auch einen Bevollmächtigten trifft, kann z. B. der Prozeßbevollmächtigte eines nichtrechtsfähigen Dauervereins Handelnder und damit Haftender sein[159]. Auf ein befugtes Handeln kommt es nicht an.
Eine nur mittelbare Mitwirkung beim Außenhandeln genügt nicht[160]. Hat die Mitgliederversammlung einen Vertrag genehmigt oder den Auftrag zu einem Vertragsabschluß gegeben, so haften deshalb die Mitglieder nicht. Liegt dem

152 Vgl. BGHZ 53, 210/214; 65, 378/380: jeweils GmbH.
153 *Kertess* S. 140.
154 Vgl. BGHZ 76, 320/325 = NJW 1980, 1630: GmbH.
155 *OLG Hamburg* OLGE 20, 32; anders die herrschende Auffassung im GmbH-Recht, vgl. *Scholz/K. Schmidt* § 11 GmbHG Rn. 108 m. w. N. in Fußn. 231.
156 Vgl. *Kertess* S. 127.
157 Vgl. *Soergel/Hadding* § 54 BGB Rn. 28.
158 *RG* Gruch. 46, 848; *BGH* NJW 1957, 1186.
159 Vgl. auch *OLG Breslau* OLGE 12, 3.
160 *BGH* a. a. O.

Außenhandeln eine Beschlußfassung des Vorstands zugrunde, so haften nur die nach außen hin für den Verein rechtsgeschäftlich handelnden Vorstandsmitglieder.
Wer seine Zustimmung zur Bestellung als Notvorstand eines nichtrechtsfähigen Vereins erteilt, muß seine persönliche Haftung in Rechnung stellen.

4.9.3. Das Handeln im Namen des Vereins

Wird namens der als Gesellschaft bestehenden Gründervereinigung gehandelt, **2514**
so greift die Haftung nicht ein. Gleiches gilt, wenn namens eines nicht existenten Vereins gehandelt worden ist[161]; hier kommt eine Haftung des Handelnden entspr. § 179 BGB in Betracht.
Für den Geschäftsgegner erkennbar muß im Namen eines bestimmten nichtrechtsfähigen Vereins gehandelt worden sein, indem z. B. eine Willenserklärung abgegeben worden ist. Der Handelnde muß entweder ausdrücklich darauf hinweisen, daß er für einen namentlich genannten Verein handelt, oder es muß dies für den Geschäftsgegner unzweifelhaft aus den Umständen erkennbar sein.
Ist das Handeln für den Verein für den Geschäftspartner nicht erkennbar, so wird der Handelnde nach § 164 Abs. 2 BGB selbst Geschäftspartner.
Es ist ein aktives Handeln für den Verein erforderlich[162]. Schweigen begründet keine Handelndenhaftung.

4.9.4. Haftung nur bei Gültigkeit des Geschäfts

Der Handelnde haftet nur, wenn sämtliche Voraussetzungen eines gültigen **2515**
Geschäfts gegeben sind[163]. Handelt ein Geschäftsunfähiger, so tritt dessen Haftung nicht ein. Handelt ein beschränkt Geschäftsfähiger (vgl. § 165 BGB), so tritt seine Haftung in der Regel nur nach Genehmigung seines gesetzlichen Vertreters ein[164].

4.9.5. Inhalt und Umfang der Haftung

Die Haftung des Handelnden tritt kraft Gesetzes ein[165]. Dieser haftet für die **2516**
Vereinsverbindlichkeit mit seinem Vermögen. Inhalt und Umfang der Haftung bestimmen sich nach dem Geschäft mit dem Dritten[166]. Der Handelnde wird aber nicht Vertragspartei des Geschäftsgegners. Hat er mit der erforderlichen Vertretungsmacht gehandelt, so werden er und der Verein verpflichtet.
Inhalt der Haftung kann eine Vertragserfüllung[167], die Leistung von Schadensersatz z. B. wegen Verschuldens bei Vertragsverhandlungen[168] sein.
Die Haftung nach § 54 Satz 2 BGB verdrängt diejenige nach § 179 BGB; der Gläubiger hat deshalb das nach dieser Vorschrift gegebene Recht nicht, entweder einen Erfüllungs- oder einen Schadensersatzanspruch verfolgen zu können.

---

161 Vgl. *BGH* NJW 1974, 1905; *Kertess* S. 119; a. A. *LG Frankfurt* DB 1976, 2058.
162 *BGH* NJW 1957, 1186.
163 *Soergel/Hadding* § 54 BGB Rn. 27.
164 *Soergel/Hadding* a. a. O.
165 *BGH* NJW 1957, 1186.
166 Vgl. BGHZ 53, 210/214 = NJW 1970, 806: GmbH.
167 *RG* Warn. 1923 Nr. 97.
168 *BGH* NJW 1957, 1186.

Die Haftung des Handelnden ist unbeschränkt und nicht etwa auf seinen Anteil am Vereinsvermögen beschränkt.

4.9.6. Das Verhältnis der Haftung des Handelnden zur Haftung des Vereins

2517 Im Regelfall schuldet der Handelnde dem Gläubiger die Leistung, die auch der Verein zu erbringen hat. Es besteht dann eine Identität der beiderseitigen Schuldnerleistungen, nicht jedoch der Schuld selbst. Bei geschuldeten Leistungen, die nur der Verein erfüllen kann, muß sich der Gläubiger an diesen wenden; erst wenn diese Leistungen nicht zu erlangen sind, verbleibt gegen den Handelnden ein Schadensersatzanspruch. Hat sich dieser z. B. zum Verkauf eines dem Verein gehörenden Kraftfahrzeugs verpflichtet, so kann nur der Verein die Erfüllung vornehmen. Eine Identität der Schulderfüllung besteht somit in all den Fällen nicht, in denen eine Speziesschuld oder eine unvertretbare Handlung in Frage kommt[169].

2518 Eine Verpflichtung[170] des Handelnden **und** des Vereins muß nicht immer gegeben sein[171]. Ist dies jedoch der Fall, so besteht im Verhältnis zwischen dem Handelnden und dem von ihm vertretenen Verein kein Gesamtschuldverhältnis (keine Gesamtgläubigerschaft), da die Haftungsgrundlagen verschiedene sind (streitig). Ob man von einem unechten Gesamtschuldverhältnis (unechte Gesamtgläubigerschaft) oder von einem Verhältnis eigener Art[172] spricht, ist ohne Belang. Wesentlich ist, daß einige Grundsätze der Gesamtschuldnerschaft (Gesamtgläubigerschaft) entsprechend zur Anwendung kommen müssen[173]. Hat der Handelnde oder der Verein geleistet, so ist die Schuld erloschen. Beide sind auch leistungsberechtigt[174]. Hat der Gläubiger vergeblich gegen den Verein geklagt, so kann der dann in Anspruch genommene Handelnde auch zum Ersatz der Kosten des gegen den Verein geführten Prozesses verpflichtet sein[175]. Ein völliger oder teilweiser Erlaß der Schuld, der zwischen dem Gläubiger und dem Verein vereinbart worden ist, wirkt auch zugunsten des Handelnden[176]. Im Gegensatz zur Regelung in § 425 BGB verjährt der Anspruch gegen den Handelnden in der gleichen Zeit, in der auch der Anspruch gegen den Verein verjährt[177].

2519 Der zur Haftung herangezogene Handelnde kann dem Gläubiger grundsätzlich alle diejenigen Einreden und Einwendungen entgegenhalten, die der Verein ebenfalls vorbringen könnte. Solche Gegenrechte müssen jedoch aus dem (evtl. nur gedachten) Verhältnis zwischen dem Verein und dem Gläubiger entspringen. Es kann z. B. eingewendet werden: Dem Vertragsabschluß habe kein gültiger Vorstandsbeschluß zugrunde gelegen, was dem Geschäftspartner bekannt gewesen sei. Der gesetzliche Vertreter des Gläubigers habe seine er-

169 *Kertess* S. 176.
170 Oder eine gleichzeitig mit dem Geschäft begründete Berechtigung.
171 Vgl. *RG* Warn. 1926 Nr. 209.
172 *Kertess* S. 171.
173 *Kertess* S. 160.
174 *Kertess* a. a. O.
175 Vgl. *OLG Frankfurt* OLGE 10, 57/58.
176 *Kertess* S. 172.
177 Vgl. BGHZ 69, 95: GmbH; *LG Frankfurt* DB 1976, 2058.

forderliche Zustimmung versagt. Der Anspruch sei verjährt; er sei durch Aufrechnung seitens des Vereins erloschen.
Fehlt dem Handelnden – wie im Regelfall – die Verfügungsbefugnis über das Vereinsvermögen, so kann er nicht Einwendungen und Einreden erheben, die nur dem Verein zustehen können. Deshalb wird dem Handelnden grundsätzlich ein eigenes Anfechtungsrecht (§§ 119, 123 BGB) versagt[178]; solange dem Verein jedoch die Anfechtungsmöglichkeit erhalten geblieben ist, kann der Haftende (entspr. §§ 770, 1137, 1211 BGB) seine Leistung verweigern. Weiter kann der Handelnde keine Rücktritts-, Wandlungs- und Minderungsrechte geltend machen[179].

4.9.7. Beweislast und Haftungsausschluß

Wer den für den Verein Handelnden auf Erfüllung oder Schadensersatz in Anspruch nehmen will, muß das Rechtsgeschäft und weiter darlegen oder nachweisen, daß der Handelnde nach außen erkennbar im Namen des Vereins rechtsgeschäftlich aufgetreten ist, wobei unerheblich ist, ob er innerhalb der ihm zustehenden Vertretungsmacht gehandelt hat[180]. **2520**
Die Haftung des Handelnden kann abbedungen werden[181]. Der Handelnde kann den Ausschluß seiner Haftung mit dem Geschäftsgegner ausdrücklich vereinbaren, wobei nicht nur ein völliger Haftungsausschluß, sondern eine Haftungsbeschränkung in Höhe des Anteils des Handelnden am Vereinsvermögen in Betracht kommt. Für die Annahme eines stillschweigenden Haftungsausschlusses müssen besondere Umstände vorliegen, die den zwingenden Schluß zulassen, daß nach dem Willen der Beteiligten die Vorschrift des § 54 Satz 2 BGB außer Kraft gesetzt werden soll[182]. Den Haftungsausschluß oder die Haftungsbegrenzung muß der Handelnde darlegen und im Streitfall nachweisen[183].
Ein Haftungsausschluß oder eine Haftungsbegrenzung in der Satzung allein reicht nicht aus.

4.9.8. Haftung mehrerer Handelnder

Haben im Namen des nichtrechtsfähigen Vereins mehrere Personen gehandelt, so haften sie als Gesamtschuldner (§ 54 Satz 2 Halbs. 2 BGB). **2521**

4.9.9. Die Befreiungs- und Regreßansprüche

In der Satzung oder in einem Anstellungsvertrag kann vereinbart werden, daß der Verein den für ihn ordnungsgemäß Handelnden vor seiner Inanspruchnahme von Haftungsansprüchen freizustellen hat. Eine solche Regelung empfiehlt sich im Hinblick darauf, daß der Vorstand stets persönlich haftet. Die Treupflicht ihm gegenüber gebietet die Haftungsbefreiung. **2522**
Fehlt eine dahingehende Regelung, so kann der satzungsgemäß Handelnde seine Aufwendungen vom Verein gem. § 670 BGB verlangen. Bei einem Han-

178 *Kertess* S. 180.
179 *Kertess* a. a. O.
180 Vgl. *Baumgärtel* § 54 BGB Rn. 3.
181 Vgl. *BGH* NJW 1973, 798.
182 Vgl. *RC* JW 1937, 392.
183 Vgl. *Baumgärtel* § 54 BGB Rn. 4.

deln ohne Vertretungsmacht besteht ein Anspruch auf Ersatz der Aufwendungen, die dem Geschäftsgegner geleistet werden mußten, nur dann, wenn das Geschäft dem wirklichen oder mutmaßlichen Willen des Vereins entsprochen hat (§ 683 BGB); anderenfalls kann nur ein Bereicherungsanspruch zum Entstehen gelangen (§ 684 BGB).

2523 Nimmt der nichtwirtschaftlich tätige Verein beim Handelnden wegen schuldhafter Schlechterfüllung des Anstellungsvertrages bzw. des Auftrages Regreß, so kann der vereinsangehörige Handelnde seine Haftung auf seinen Anteil am Vereinsvermögen geltend machen. Verlangt der Handelnde vom Verein die Befreiung von der Verbindlichkeit oder den Ersatz seiner Aufwendungen, so kann der Verein seine auf sein Vermögen beschränkte Haftung zur Geltung bringen[184].

4.10. Die steuerliche Haftung

4.10.1. Die steuerliche Pflichterfüllung

2524 Die Geschäftsführer nichtrechtsfähiger Vereine haben deren steuerliche Pflichten zu erfüllen und haben insbesondere dafür zu sorgen, daß die Steuern aus Mitteln entrichtet werden, die sie verwalten (§ 34 Abs. 1 AO). Geschäftsführer sind diejenigen Personen, die den nichtrechtsfähigen Verein vertreten, also die Mitglieder des satzungsmäßig bestellten Vorstands[185].

Der steuerpflichtige Verein muß dafür sorgen, daß das Vorstandsamt ständig besetzt ist. Ist ein Vorstand überhaupt nicht oder nicht in vertretungsberechtigter Zahl vorhanden, so geht die Erfüllung steuerlicher Pflichten auf sämtliche Mitglieder des Vereins über (§ 34 Abs. 2 Satz 1 AO). Die Steuerbehörde kann von jedem Mitglied die Pflichterfüllung verlangen; sie braucht also nicht die Mitgliedergesamtheit heranzuziehen. Verwaltungsakte können an ein Mitglied mit Wirkung für alle zugestellt werden[186]. Die spätere Vorstandsbestellung befreit nicht von den bereits begründeten Pflichten der Mitglieder[187].

4.10.2. Die Haftung

2525 Der Vorstand eines nichtrechtsfähigen Vereins und, wenn ein solcher nicht vorhanden ist, jedes Vereinsmitglied, haften, soweit Ansprüche aus dem Steuerschuldverhältnis (§ 37 AO) infolge vorsätzlicher oder grob fahrlässiger Verletzung der ihnen auferlegten Pflichten nicht oder nicht rechtzeitig festgesetzt oder erfüllt werden (§ 69 Satz 1 AO). Die Haftung umfaßt auch die infolge der Pflichtverletzung zu zahlenden Säumniszuschläge (§ 69 Satz 2 AO).

Die mögliche Haftung der Mitglieder des nichtrechtsfähigen Vereins stellt eine Gefahr dar, die Mitgliedern rechtsfähiger Vereine – sieht man von dem seltenen Durchgriffsfall (vgl. Rn. 1971) ab – nicht droht.

---

184 Vgl. *Schumann* S. 31; *Kertess* S. 187.
185 Vgl. *Tipke/Kruse* § 34 AO Rn. 9.
186 Vgl. *Tipke/Kruse* a. a. O. Rn. 10.
187 Vgl. *Tipke/Kruse* a. a. O.

5. Das Ende des Vereins

5.1. Die Auflösung und die Beendigung

Die Gründe für die Auflösung und für die Beendigung sind dieselben wie beim **2526**
rechtsfähigen Verein[188]; eine Entziehung der jedenfalls nach dem öffentlichen Recht gegebenen Teilrechtsfähigkeit durch Staatsakt kommt allerdings nicht in Betracht. Eines Zurückgreifens auf die für die Personengesellschaft des bürgerlichen Rechts bestehenden Gründe für die Beendigung bedarf es nicht[189]; die für die rechtsfähigen Vereine bestehenden Regelungen gelten für die privatrechtlichen Beendigungsgründe entsprechend.

Auflösungsgründe sind somit:
- Eintritt des satzungsmäßig vorgesehenen Tatbestandes (vgl. Rn. 2067);
- Beschluß der Mitgliederversammlung über die Auflösung (entspr. § 41 BGB; vgl. Rn. 2054);
- Zeitablauf, Zweckerreichung bzw. Unmöglichwerden des Vereinszwecks[190];
- Konkurs über das Vereinsvermögen (vgl. § 213 KO); die Konkurseröffnung wirkt hier wie ein Auflösungsbeschluß (vgl. zum Konkurs näher Rn. 2012 ff.);
- die Verschmelzung[191];
- die Sitzverlegung ins Ausland; der entsprechende Vereinsbeschluß enthält die Auflösung, soweit Rechtsbeziehungen im Inland bestehen;
- Wegfall sämtlicher Mitglieder.

Der nichtrechtsfähige Verein kann ferner durch die Verbotsbehörde aufgelöst und verboten werden. Gegen ihn kann eine Auflösungsentscheidung des BVerfG ergehen (§ 39 Abs. 2 BVerfGG).

Der Rechtsbestand des Vereins wird nicht berührt durch den Tod eines Mitglieds oder davon, daß über sein Vermögen das Konkursverfahren eröffnet wird; ein Gläubiger eines Mitglieds oder dieses selbst kann nicht mit der Folge der Vereinsauflösung kündigen; die §§ 725, 727, 728 BGB gelten nicht[192].

5.2. Der Fiskus als Erwerber des Vereinsvermögens

Die Satzung oder ein Beschluß der Mitgliederversammlung bzw. des satzungs- **2527**
mäßig hierzu ermächtigten Organs kann in entsprechender Anwendung des § 45 Abs. 1 und 2 BGB den Fiskus als Anfallberechtigten bestimmen (vgl. dazu Rn. 2110). Ein gesetzlicher Berufungsgrund nach § 45 Abs. 3 BGB kommt allerdings beim nichtrechtsfähigen Verein nicht zum Zuge.

Für diesen Vermögensanfall können steuerliche Gründe maßgebend sein.

Wie beim rechtsfähigen Verein wird der Fiskus Gesamtrechtsnachfolger (§ 46 Satz 1 BGB) mit der Folge, daß eine Liquidation nicht stattfindet (§ 47 BGB).

---

188 Vgl. *Soergel/Hadding* § 54 BGB Rn. 8.
189 A. A. *Staudinger/Coing* § 54 BGB Rn. 82 sowie *Soergel/Hadding* a. a. O.
190 Vgl. hierzu *RG* LZ 1928, 1323; vgl. im übrigen Rn. 2077.
191 Vgl. *BAG* AP Nr. 3 zu § 97 ArbGG 1953; vgl. im übrigen Rn. 2251 ff.
192 Vgl. *Staudinger/Coing* Rn. 83, *Soergel/Hadding* Rn. 8, je zu § 54 BGB.

5.3. Die Liquidation

2528 Die Auflösung des Vereins hat, sofern kein Vermögensanfall an den Fiskus stattfindet, die Vermögensliquidation entspr. §§ 47 ff. BGB zur Folge, sofern nicht die Satzung ausdrücklich die Vermögensauseinandersetzung nach dem Recht der Personengesellschaft des bürgerlichen Rechts vorsieht[193] und sofern es nicht an jeglichem Vermögen fehlt[194].

Wegen des Liquidationsverfahrens wird auf Rn. 2120 ff. verwiesen. Ist die gerichtliche Bestellung von Liquidatoren erforderlich, so kommt § 29 BGB entspr. zur Anwendung.

Die Liquidatoren haften in entsprechender Anwendung des § 53 BGB[195].

Eine nach dem öffentlichen Recht bestehende Vollrechtsfähigkeit (z. B. die Steuerrechtsfähigkeit) oder eine Teilrechtsfähigkeit[196] erlischt erst mit der Vollbeendigung der Liquidation (vgl. dazu Rn. 2210).

Bei der Liquidation des selbstnützigen Vereins fällt das Vermögen nicht entspr. § 45 Abs. 3 BGB an den Fiskus, sondern an vorhandene Mitglieder oder an deren Rechtsnachfolger[197]. Ein Vermögensanfall an den Fiskus ist nur denkbar, wenn sich diese Anfallberechtigten nicht ermitteln lassen[198].

5.4. Die Fortsetzung des Vereins

2529 Nach Beseitigung des Auflösungstatbestandes kann die Mitgliederversammlung die Fortsetzung des Vereins in aktiver Form beschließen (vgl. Rn. 2222 ff.).

193 Vgl. BGHZ 50, 325/329.
194 Vgl. *RAG* JW 1930, 3498; *Soergel/Hadding* § 54 BGB Rn. 9.
195 *Soergel/Hadding* a. a. O.
196 Vgl. § 50 Abs. 2 ZPO.
197 *Staudinger/Coing* Rn. 84, *Soergel/Hadding* Rn. 9, je zu § 54 BGB.
198 Vgl. *Staudinger/Coing* a. a. O.

XIII. Das Vereinsschiedsgericht

1. Voraussetzungen für die Anerkennung einer Vereinsschiedsgerichtsbarkeit

1.1. Die Abgrenzung des Vereinsschiedsgerichts vom Vereinsgericht als Vereinsorgan

Die Schiedsgerichtsbarkeit ist materiell Rechtsprechung[1], die von einer privaten Institution ausgeübt wird. Ihre Zulassung ergibt sich einfachgesetzlich aus den §§ 1025 ff. ZPO; verfassungsrechtlich begegnet die Schiedsgerichtsbarkeit keinen Bedenken[2]. Diese private materielle Rechtsprechungsfunktion kann jedoch vom Staat nur dann anerkannt werden, wenn gewisse Mindestvoraussetzungen einer rechtsprechenden Tätigkeit gegeben sind. **2530**

Vereine können die Schiedsgerichtsbarkeit für sich in Anspruch nehmen. Das Schiedsgericht ist zwar eine Einrichtung des Vereins, aber kein Vereinsorgan. Vereine und Verbände üben jedoch die private Gerichtsbarkeit auch durch besondere Organe aus, die mit dem Sammelnamen Vereinsgerichte bezeichnet werden. Es ist deshalb erforderlich, daß die Schiedsgerichtsbarkeit und die Vereinsgerichtsbarkeit abgegrenzt werden.

Die Anerkennungsvoraussetzungen für eine Vereinsschiedsgerichtsbarkeit sind übersichtartig zusammengefaßt die folgenden: **2531**

- Das Schiedsgericht muß durch Satzungsanordnung (§ 25 BGB, §§ 1048, 1025 ZPO) wirksam eingesetzt sein; vgl. dazu näher Rn. 2536.
- Aus der Satzung (Schiedsvereinbarung) muß sich ergeben, daß das Schiedsgericht unter Ausschluß des Rechtswegs zu den ordentlichen Gerichten zur Entscheidung berufen ist[3]; zulässig ist die Wahl zwischen dem Schiedsgericht und dem staatlichen Gericht[4], die bei künftigen Kartellstreitigkeiten geboten ist und in der Satzung (Schiedsvereinbarung) klar zum Ausdruck kommen muß[5].
- Es muß im Falle der Bildung eines ständigen Schiedsgerichts der Bestimmtheitsgrundsatz beachtet werden (§§ 1048, 1026 ZPO); vgl. dazu näher Rn. 2543.
- Der Streitgegenstand muß schiedsfähig, d. h. objektiv und subjektiv vergleichsfähig sein[6]; vgl. hierzu näher Rn. 2549. Diese Anerkennungsvoraussetzung gilt aber nur für ein ad hoc gebildetes Schiedsgericht; der Bestand eines institutionellen Schiedsgerichts wird im übrigen nicht dadurch in Frage

---

1 BGHZ 98, 70/72.

2 Vgl. z. B. *BAG* NJW 1964, 268/269.

3 § 1048 i. V. m. § 1027 a ZPO; vgl. *BGH* NJW 1984, 669; *OLG Köln* NVwZ 1991, 1116; *Schwab/Walter* S. 280; *Schütze/Tscherning/Wais* Rn. 46; *Vollkommer* Festschrift für Nagel S. 489; *Engelhardt* JZ 1987, 227/228; *Hilpert* BayVBl. 1988, 161/169.

4 *BGH* NJW 1976, 852.

5 § 91 Abs. 1 Satz 1 GWB; vgl. BGHZ 65, 147; 88, 314/317.

6 §§ 1048, 1025 Abs. 1 ZPO; vgl. *OLG Köln* a. a. O.; *Baumbach/Albers* § 1048 ZPO Rn. 7; *Vollkommer* S. 487; *Heimann* S. 110.

gestellt, daß es einmal das Erfordernis der Vergleichsfähigkeit nicht beachtet.

- Die Schiedsrichter müssen persönlich und sachlich unabhängig sein; das Schiedsgericht muß in den von ihm behandelten Sachen als neutraler Dritter gelten können; sog. Grundsatz der Überparteilichkeit/Neutralitätsgebot[7]; vgl. dazu Rn. 2552. Vor allem die Beachtung des Grundsatzes der Überparteilichkeit grenzt ein Vereinsschiedsgericht vom Vereinsgericht ab.
- Die Verfahrensgarantien der ZPO, die für das schiedsrichterliche Verfahren bestehen, dürfen – abgesehen von den Bestellungsvorschriften – nicht abbedungen worden sein[8]; vgl. dazu Rn. 2563 ff.

2532 Die Satzung sollte, muß aber das Schiedsgericht nicht als solches benennen. Für die Abgrenzung Vereinsgerichtsbarkeit oder Vereinsschiedsgerichtsbarkeit sind Satzungsbezeichnungen wie »Schiedskommission«, »Ehrenrat«, »Ehrenhof«, »Schlichtungsausschuß«, »Ehrengericht« usw. grundsätzlich nicht brauchbar.

2533 Aus dem Grundsatz der Überparteilichkeit folgt, daß ein Schiedsgericht niemals ein Organ des Vereins sein kann. Aber auch die fehlende Organbenennung in der Satzung ist kein Abgrenzungsmerkmal. Die Bildung weiterer Organe als der Mitgliederversammlung und des Vorstands bedarf zwar einer satzungsmäßigen Grundlage[9]. Das wird aber bei der Festlegung der Gründungssatzung oder bei einer Satzungsänderung nicht immer beachtet. Ein Vereinsgericht ist auch dann ein für den Verein handelndes Organ, wenn es in der Satzung nicht als solches bezeichnet wird. Man kann insoweit von einem Vereinsorgan im weiteren Sinne sprechen[10].

1.2. Zur Schiedsgerichtsbarkeit politischer Parteien

2534 Politische Parteien müssen für sich und ihre Gebietsverbände Schiedsgerichte bilden (§ 14 Abs. 1 PartG). Aus der Entstehungsgeschichte des PartG ergibt sich[11], daß das Schiedsgericht sowohl als Parteiorgan i. w. S. wie auch als Schiedsgericht nach den §§ 1025 ff. ZPO errichtet werden kann[12].
Nach Auffassung des OLG Frankfurt[13] ist die Schiedskommission der SPD kein Schiedsgericht i. S. d. ZPO; die gleiche Auffassung hat das OLG Köln[14] hinsichtlich des Schiedsgerichts der CDU vertreten. Haupterwägungen waren, daß diese Parteigerichte selbst über die Ablehnung von Schiedsrichtern entscheiden würden[15]; außerdem sei die Zulassung von Rechtsanwälten beschränkt, was gegen § 1034 Abs. 1 ZPO verstoße[16]. Die Rechtsprechung hat es auch offen

7 Vgl. BGHZ 98, 70/72; *BGH* WM 1986, 688/689; *Schwab/Walter* S. 280; *Seifert* S. 253; *Schlosser* S. 176 f.; *Hilpert* BayVBl. 1988, 161/169.
8 *OLG Köln* a. a. O.; *Schwab/Walter* S. 280; *Vollkommer* S. 489.
9 Vgl. z. B. *Sauter/Schweyer* Rn. 308.
10 Vgl. *Seifert* S. 254.
11 Regierungsbegründung zum Entwurf eines Parteiengesetzes, BT-Drucks. III/1509 S. 23.
12 *Seifert* S. 253; *Henke* S. 103; *Heimann* S. 110; *Vollkommer* S. 475/476.
13 NJW 1970, 2250.
14 NVwZ 1991, 1116.
15 *OLG Frankfurt* a. a. O. S. 2251; *OLG Köln* a. a. O.
16 *OLG Köln* a. a. O.

gelassen, ob es sich beim Schiedsgericht einer politischen Partei um ein echtes ZPO-Schiedsgericht handelt[17].

Die Begründungen, mit denen die echte Schiedsgerichtseigenschaft entsprechender Einrichtungen politischer Parteien verneint worden ist, überzeugen nicht ganz. Es trifft zu, daß es zu den unbedingten Verfahrensgarantien gehört, einen Schiedsrichter durch Anrufung des Staatsgerichts ablehnen zu können[18]. Hierbei ist jedoch die mögliche Anordnung in der Schiedsklausel zu beachten, daß das Schiedsgericht selbst eine Entscheidung über die Befangenheit treffen kann, sofern nach dieser der Weg zum staatlichen Gericht offensteht[19]. Erkennt also das Schiedsgericht den Befangenheitsantrag gegen einen Schiedsrichter für begründet an, so ist die Anrufung des staatlichen Gerichts überflüssig, der Obmann kann dann den hierfür bestimmten Ersatzschiedsrichter heranziehen[20]. Im Falle OLG Köln (a. a. O.) hat die Schiedsgerichtsordnung die Zulassung von Rechtsanwälten zwar nicht ausgeschlossen, aber auf Parteimitglieder beschränkt. Insoweit ist jedenfalls kein schwerer Verstoß gegen § 1034 Abs. 1 ZPO gegeben. Es ist z. B. anerkannt, daß eine Schiedsklausel den Kreis der Rechtsanwälte auf bestimmte, nach allgemeinen Merkmalen gekennzeichnete Rechtsanwälte beschränken kann, z. B. auf solche, die am Ort des Schiedsverfahrens ansässig sind[21]. Sieht man in der CDU-Schiedsgerichtsordnung einen Verstoß gegen § 1034 Abs. 1 ZPO, so fragt es sich, ob in Anwendung des § 139 BGB zwar die Rechtsanwaltsbeschränkung als unwirksam zu behandeln, aber der Bestand einer echten Schiedsgerichtsbarkeit im übrigen nicht in Frage zu stellen war. Gleiches gilt hinsichtlich der Erwägung des OLG Köln[22], das Schiedsgericht hätte nicht in einer Wahlanfechtungsangelegenheit entscheiden dürfen, weil insoweit die Vergleichsfähigkeit gefehlt habe. Traf dies zu, so war im Einzelfall ein aufhebbarer Schiedsspruch gegeben; es war aber nicht eine evtl. gegebene echte Schiedsgerichtsbarkeit in Frage zu stellen. **2535**

Ein staatliches Gericht kann die Frage, ob ein ZPO-Schiedsgericht oder ein als Organ einzustufendes Vereinsgericht gegeben ist, nur dann dahingestellt sein lassen, wenn es sich insoweit um eine Vorfrage handelt. Ist aber aufgrund des Klagantrags die Qualifikation der Gerichtseigenschaft Hauptfrage, so kann sie nicht dahingestellt bleiben. Bei Bekämpfung einer Entscheidung eines Vereinsgerichts wird regelmäßig der Antrag auf Feststellung zu stellen sein, daß die Entscheidung unwirksam ist; ist aber ein echtes Schiedsgericht gegeben, so muß der Antrag auf Aufhebung des Schiedsspruchs gestellt werden (§ 1041 Abs. 1 ZPO). Die Entscheidung eines Vereinsorgans, auch eines Vereinsgerichts, kann aber das staatliche Gericht nicht aufheben, sondern nur seine Unwirksamkeit feststellen.

17 *KG* NJW 1988, 3159; *OLG Hamm* NJW-RR 1989, 1532/1533; insoweit zustimmend *Vollkommer* NJW 1988, 3161.
18 § 1032 ZPO; vgl. BGHZ 24, 1.
19 *KG* JW 1937, 554; *Baumbach/Albers* § 1032 ZPO Rn. 8; *Schwab/Walter* S. 115; *Schütze/Tscherning/Wais* Rn. 288.
20 *KG* a. a. O.
21 *Maier* Rn. 264; *Schütze/Tscherning/Wais* Rn. 333.
22 A. a. O.

2. Die Schiedsklausel in der Vereinssatzung

2.1. Die Schiedsgerichtsanordnung in der Gründungssatzung

2536 Nach herrschender Auffassung kann die Satzung einer Körperschaft des Privatrechts eine Schiedsklausel dahingehend enthalten, daß Streitigkeiten aus dem Mitgliedschaftsverhältnis unter Ausschluß des Rechtswegs zu den staatlichen Gerichten von einem als Körperschaftseinrichtung gebildeten Schiedsgericht entschieden werden[23]. Dabei wird entweder § 1048 ZPO unmittelbar[24] oder entsprechend angewendet[25]. Nach dieser Vorschrift können Schiedsgerichte durch nicht auf Vereinbarung beruhende Verfügungen in gesetzlich statthafter Weise angeordnet werden. Verfügungen sind einseitige rechtsgestaltende privatrechtliche Rechtsgeschäfte; als solche sind auch die Satzungen zu verstehen, weil zwar die Vereinsgründung auf einem Vertrag beruht, die Satzung sich aber, sobald der Verein ins Leben getreten, als von der Person seiner Mitglieder losgelöste Verfassung darstellt[26]. Nach dieser Auffassung muß die Form des Schiedsvertrages nach § 1027 Abs. 1 ZPO nicht eingehalten werden[27]; die Schiedsklausel kann im Satzungstext stehen. In der vereinsrechtlichen Literatur wird vereinzelt der Vertragscharakter der Satzung mit der Folge hervorgehoben, daß § 1048 ZPO für das Vereinsschiedsgericht nicht anwendbar sei; es müßten von den Gründungsmitgliedern nach § 1025 Abs. 1 i. V. m. § 1027 Abs. 1 Satz 1 Halbs. 1 ZPO Schiedsvereinbarungen abgeschlossen werden[28], wobei es aber in teleologischer Reduktion des § 1027 Abs. 1 Satz 1 Halbs. 2 ZPO genüge, daß die Schiedsklausel nicht in einer gesonderten Urkunde, sondern im Satzungstext enthalten sei[29]. Die Vertragstheorie ist aus den in Rn. 286 angeführten Gründen abzulehnen. Die ZPO-Novelle 1933 sah im übrigen in § 768 vor, das Formerfordernis der getrennten Urkunde (§ 1027 Abs. 1 ZPO) auch für die Vereinsschiedsgerichtsbarkeit einzuführen. Aus dem Umstand, daß dieser Vorschlag nicht Gesetz geworden ist, läßt sich schließen, daß die Nichtverbindlichkeit dieser Formvorschrift für die Vereinsschiedsgerichtsbarkeit dem Willen des Gesetzgebers entspricht[30].

Gewichtiger ist der Hinweis, die Schiedsklausel enthalte einen Verzicht auf den gesetzlichen Richter, der nur einstimmig erklärt werden könne. Das trifft zu. Die Gründungssatzung, die eine Schiedsklausel enthält, muß deshalb einstimmig beschlossen werden.

2537 Schiedsanordnungen i. S. d. § 1048 ZPO bedürfen danach nicht der qualifizierten Form des § 1027 Abs. 1 Satz 1 ZPO, jedoch der einfachen Schriftform[31].

---

23 Vgl. z. B. für rechtsfähige Vereine: RGZ 153, 267/270; *BGH* NJW 1980, 1049; für nichtrechtsfähige Vereine: RGZ 165, 140/143; für Vereine schlechthin: *BGH* NJW 1967, 2058 f.; für AG: *BGH* MDR 1951, 674; für GmbH: BGHZ 38, 155/159 = NJW 1963, 203; *OLG Hamm* GmbHR 1990, 557.

24 *BGH* NJW 1967, 2058 f.

25 *BGH* NJW 1980, 1049.

26 Vgl. z. B. *BGH* NJW 1980, 1049.

27 RGZ 153, 267/270; BGHZ 38, 155/158; *OLG Koblenz* GmbHR 1990, 556/557.

28 Vgl. z. B. *Soergel/Hadding* § 25 BGB Rn. 26; *van Look* S. 155 f.; *Schwab/Walter* S. 276.

29 *Soergel/Hadding* a. a. O.

30 Vgl. v. *Trotha* DB 1988, 1367.

31 *Schütze/Tscherning/Wais* Rn. 91; *Maier* Rn. 98.

Die Schiedsgerichtsbarkeit eines nichtrechtsfähigen Vereins kann sich somit nicht auf ungeschriebenes Verbandsgewohnheitsrecht stützen. Eine Schiedsanordnung, die lediglich in einer Vereinsordnung enthalten ist, hat nur dann Wirksamkeit, wenn die Ordnung zum Satzungsbestandteil erklärt wird und wenn beim einzutragenden Verein auch diese Ordnung dem Registergericht zur möglichen Prüfung eingereicht wird[32]. Die nur in einer satzungsnachrangigen Vereinsordnung angeordnete Schiedsgerichtsbarkeit ist somit beim rechtsfähigen wie auch beim nichtrechtsfähigen Verein unwirksam.

2.2. Die Anordnung oder Abschaffung der Schiedsgerichtsbarkeit durch Satzungsänderung

Nach Art. 101 Abs. 1 Satz 2 GG darf niemand seinem gesetzlichen Richter **2538**
entzogen werden. Wer sich selbst freiwillig der Schiedsgerichtsbarkeit unterwirft, handelt aktiv und fällt nicht unter die in Passivform gehaltene Verfassungsbestimmung[33]. Daraus folgt, daß die Schiedsgerichtsbarkeit nicht durch einen satzungsändernden Mehrheitsbeschluß eingeführt werden kann; es müssen vielmehr alle Mitglieder – nicht notwendig in der Versammlung – mit der neu eingeführten Schiedsgerichtsbarkeit einverstanden sein, da die Mehrheit nicht einer Minderheit den Verzicht auf den gesetzlichen Richter aufzwingen kann[34]. Wegen des vorrangigen Art. 101 Abs. 1 Satz 2 GG ist eine Einschränkung dahingehend nicht zulässig, daß bei Vereinen ohne Aufnahmepflicht die überstimmten Mitglieder an die Schiedsklausel gebunden seien[35].

Eine Schiedsklausel kann durch Satzungsänderung wieder beseitigt werden. **2539**
Hierfür genügt im Zweifel die satzungsmäßig oder gesetzlich bestimmte Mehrheit. Die Zustimmung aller Mitglieder ist nicht erforderlich, da nunmehr der gesetzliche Richter für Vereinsstreitigkeiten zuständig wird.

2.3. Nur fakultative Vereinsschiedsgerichtsbarkeit in Kartellstreitigkeiten; Satzungserfordernisse

An Kartellstreitigkeiten kann ein Verein beteiligt sein, weil er eine Monopol- **2540**
stellung besitzt[36]. Diese wird bei Sportspitzenverbänden angenommen. Verweigern sie z. B. einem darum nachsuchenden Verein die Lizenz zur Teilnahme am Sportwettbewerb, so ist dies eine Streitigkeit nach §§ 35, 26 Abs. 2 GWB[37], wenn auch der Verein die Unternehmereigenschaft i. S. d. § 26 Abs. 2 GWB hat. Auch die Verhängung von Ordnungsmaßnahmen durch solche Spitzenverbände können nach § 26 Abs. 2 GWB zu prüfen sein[38]. Weiter können u. a. von einem

32 Vgl. RGZ 88, 395/401; BGHZ 88, 314/316; *OLG München* BB 1977, 865; *Maier* Rn. 98; *Schwab/Walter* S. 16; *Sauter/Schweyer* Rn. 316.

33 *BAG* NJW 1964, 268/269.

34 *Stein/Jonas/Schlosser* § 1048 ZPO Rn. 11; *Soergel/Hadding* § 25 BGB Rn. 26; *van Look* S. 156 f.; ebenso für das GmbH-Recht: *Hachenburg/Raiser* Rn. 18, *Rowedder/Koppensteiner* Rn. 8, *Scholz/Emmerich* Rn. 31, je zu § 13 GmbHG.

35 So aber: *Baumbach/Albers* § 1048 ZPO Rn. 4; *K. Schmidt* JZ 1989, 1077/1082.

36 Vgl. *OLG Frankfurt* GRUR 1983, 517/518; *LG Frankfurt* NJW 1983, 761; *BKartA* BB 1961, 657; *Vollkommer* RdA 1982, 25; *ders.* NJW 1983, 726 f.

37 *LG Frankfurt* a. a. O.; *Vollkommer* NJW 1983, 726/727.

38 *OLG Frankfurt* a. a. O.

Verein aufgestellte Wettbewerbsrichtlinien eine Rechtsstreitigkeit der im § 1 GWB bezeichneten Art herbeiführen[39].

2541 Nach § 91 Abs. 1 Satz 1 GWB sind Schiedsverträge über künftige Rechtsstreitigkeiten aus Verträgen oder Beschlüssen der in den §§ 1 bis 5 c, 7, 8, 29, 99 Abs. 1 Nr. 2, §§ 100, 102, 102 a und § 103 bezeichneten Art oder aus Ansprüchen i. S. d. § 35 nichtig, wenn sie nicht jedem Beteiligten das Recht geben, im Einzelfall statt der Entscheidung durch das Schiedsgericht eine Entscheidung durch das ordentliche Gericht zu verlangen. Dies gilt nicht nur für Schiedsverträge, sondern auch für satzungsmäßige Schiedsanordnungen gem. § 1048 ZPO[40]. Für künftige Rechtsstreitigkeiten aus wettbewerbsbeschränkenden Vereinbarungen oder Beschlüssen von Vereinsorganen kann somit die Satzung (oder eine individuelle Schiedsvereinbarung) nur eine fakultive Schiedsgerichtsbarkeit vorsehen. Dabei genügt es nicht, daß die Satzung etwa bestimmt »§ 91 GWB bleibt unberührt«. Sie muß selbst das Wahlrecht enthalten. Die Schiedsklausel muß den Beteiligten die Erkenntnis verschaffen, daß es ihnen freisteht, statt der Entscheidung durch das Schiedsgericht eine solche durch das ordentliche Gericht zu verlangen[41].

2.4. Gegenstände einer statutarischen Schiedsklausel

2.4.1. Beschränkung auf Gegenstände satzungsmäßiger Bindung

2542 Die Schiedsklausel ist Teil der Vereinssatzung. Diese kann nur korporationsrechtliche Gegenstände regeln. Demgemäß kann sich eine satzungsmäßige Schiedsklausel nur auf Gegenstände beziehen, welche der Bestimmung der Autonomie des Vereins unterliegen und somit Gegenstand einer statutarischen Bindung sein können[42]. Es muß sich somit um Rechtsstreitigkeiten handeln, die ihre Wurzel in der Vereinsmitgliedschaft haben[43].

Hat ein Mitglied dem Verein gegenüber eine Drittgläubigerstellung, etwa weil es dem Verein ein Grundstück vermietet oder diesem ein Darlehen gegeben hat, so scheidet für hieraus entstehende Streitigkeiten die satzungsmäßig angeordnete Schiedsgerichtsbarkeit aus. Bei einem Organmitglied, das auch die gewöhnliche Vereinsmitgliedschaft hat, können sich zweifelhafte Zuständigkeiten des Vereinsschiedsgerichts ergeben. Der reine Streit aus dem Anstellungsverhältnis, etwa auf Gehaltszahlung, Gehaltsrückzahlung, Urlaub usw., betrifft nicht einen Gegenstand, der statutarischer Bindung sein könnte; damit scheidet die satzungsmäßige Schiedsgerichtszuständigkeit für diese Streitigkeiten aus. Wird gegen das Organmitglied jedoch ein Ordnungsmittel verhängt, so ist die schiedsgerichtliche Zuständigkeit gegeben.

Wird ein Organmitglied aus dem Verein ausgeschlossen, so kann es dadurch zugleich die Organstellung verlieren und das Ende des Anstellungsverhältnisses hinnehmen müssen. Es tritt dann eine Aufspaltung der Zuständigkeiten ein. Der Ausschluß aus dem Verein unterfällt der statutarischen Schiedsgerichtsbarkeit, dagegen nicht der Verlust der Rechte aus dem Anstellungsverhältnis.

---

39 Vgl. BGHZ 88, 314/317.

40 *BGH* a. a. O.; *Schwab/Walter* S. 27.

41 BGHZ 88, 314/317.

42 BGHZ 31, 155/161 ff. = NJW 1963, 20; *OLG Koblenz* GmbHR 1990, 556/557.

43 *BGH* NJW 1967, 2057/2059; *OLG Düsseldorf* NJW 1950, 876/877.

Bei solch aufgespaltenen Zuständigkeiten wird man vom Wahlrecht des Klägers ausgehen können, ob er das Schiedsgericht oder das staatliche Gericht anruft. Ist das betroffene Organmitglied Beklagter, so kann es vor einer sachlichen Stellungnahme die Unzuständigkeit des Schiedsgerichts rügen und die Alleinzuständigkeit des Staatsgerichts geltend machen.

2.4.2. Der Bestimmtheitsgrundatz

Ein Vereinsschiedsgericht wird im Regelfall für künftige Streitigkeiten in Be- **2543**
tracht kommen. Hier muß das Bestimmtheitserfordernis entspr. §§ 1048, 1026 ZPO beachtet werden. Die Schiedsklausel muß sich danach auf ein bestimmtes Rechtsverhältnis und die aus ihm entspringenden Rechtsstreitigkeiten beziehen.

Ausreichend ist die Bezeichnung »Alle Streitigkeiten zwischen dem Verein und seinen Mitgliedern aus dem Mitgliedschaftsverhältnis«. Hierbei werden alle Rechtsstreitigkeiten erfaßt, die ein Mitglied mit dem Verein hat, und zwar vom Beginn bis zur Beendigung der Mitgliedschaft[44].

Nach heute wohl herrschender Auffassung können aus der Vereinsmitgliedschaft sich ergebende Beziehungen auch zwischen den Vereinsmitgliedern bestehen (vgl. dazu Rn. 475). Deshalb ist auch eine Schiedsklausel zulässig, wonach auch Streitigkeiten der Mitglieder untereinander der satzungsmäßigen Schiedsgerichtsbarkeit unterworfen werden können, wenn sie ihre Grundlage in der Mitgliedschaft haben[45]. Nicht zulässig ist aber wegen Unbestimmtheit (§ 1026 ZPO) eine Klausel »Streitigkeiten der Mitglieder aus dem Geschäftsverkehr«[46]. Die Klausel kann lauten »Alle Streitigkeiten zwischen den Mitgliedern des Vereins aus dem Mitgliedschaftsverhältnis«.

2.5. Die Schiedsgerichtsverfahrensordnung als notwendiger Satzungsbestandteil

Wenn auch in BGHZ 88, 314/316 nur die Aufnahme der Zusammensetzung des **2544**
Schiedsgerichts und die Regeln über Auswahl und Bestellung der Schiedsrichter in die Satzung verlangt worden ist, muß auch die Schiedsgerichtsverfahrensordnung entweder in die Satzung selbst aufgenommen werden, oder die gesonderte Verfahrensordnung muß zum Satzungsbestandteil erklärt werden[47]. Die Satzung ersetzt die sonst erforderliche Vereinbarung der Schiedsparteien. Spricht somit die ZPO von Vereinbarung[48], so muß beim angeordneten Schiedsgericht die Satzung diese Regelung treffen. Anweisungen für das Verfahren der Schiedsrichter kann somit nur die Satzung geben, wie aus der entsprechenden Anwendung (§ 1048 ZPO) des § 1034 Abs. 2 ZPO folgt. Der BGH hat folgerichtig für die Auswahl und Bestellung der Schiedsrichter eine Satzungsbestimmung verlangt, da hierfür nach § 1028 ZPO vorrangige vertragliche

---

44 *van Look* S. 161.

45 *Schwab/Walter* S. 277; *Maier* Rn. 96; *Stöber* Rn. 266; a. A. *van Look* S. 161: nur Schiedsvertrag.

46 Vgl. *OLG Frankfurt* JW 1930, 3490; *Maier* a. a. O.

47 Vgl. *OLG Hamm* NJW-RR 1993, 1535; *Soergel/Hadding* § 25 BGB Rn. 55; *Baumbach/Albers* § 1048 ZPO Rn. 1.

48 Vgl. z. B. §§ 1028, 1034 Abs. 2, § 1039 Abs. 3 Satz 1 Halbs. 2, § 1041 Nr. 1 ZPO.

Absprachen getroffen werden können, die beim angeordneten Schiedsgericht in der Satzung enthalten sein müssen.
Erkennt ein Verein in seiner Satzung die Verbindlichkeit der Satzung eines übergeordneten Verbandes an, welche eine Schiedsklausel enthält, so ist damit zwar der Verein, nicht aber sind seine Einzelmitglieder an diese Schiedsklausel gebunden[49].

2.6. Die persönliche Geltung der Schiedsklausel

2.6.1. Beginn und Ende der Bindung der Vereinsmitglieder an die satzungsmäßige Schiedsklausel

2545 Vereinsmitglieder sind während der Dauer ihrer Zugehörigkeit zum Verein an die satzungsmäßige Schiedsklausel gebunden.
Ist die Aufnahme in den Verein abgelehnt worden, so kann sich der Bewerber wegen fehlender Mitgliedschaft nicht auf die Satzungsklausel über die Schiedsgerichtsbarkeit berufen[50]. Die Satzung kann jedoch einem Aufnahmebewerber vereinsinterne Rechtsmittel und die Anrufung des Vereinsschiedsgerichts ausdrücklich zubilligen.
Mit dem Ausscheiden aus dem Verein endet die Bindung des Mitglieds an die Schiedsklausel[51]. Für die Geltendmachung von Ansprüchen, die bereits zum Zeitpunkt der Mitgliedschaft entstanden sind – sei es solche des Mitglieds oder des Vereins –, kann jedoch die Vereinsschiedsgerichtsbarkeit in Anspruch genommen werden[52].

2.6.2. Die Verbindlichkeit der Schiedsklausel für in den Verein eintretende Mitglieder

2546 Der Eintritt in den Verein vollzieht sich durch einen Aufnahmevertrag. In diesem erkennt der Aufnahmebewerber die Satzung als für sich verbindlich an. Er ist damit auch an die Schiedsklausel gebunden[53]. Ein gesonderter Schiedsvertrag ist nicht abzuschließen[54].
Ist die Mitgliedschaft durch die Satzung übertragbar gestaltet (§§ 38, 40 BGB), so ist auch der Rechtsnachfolger in die Mitgliedschaft an die satzungsmäßige Schiedsklausel gebunden[55].

2.6.3. Die Verbindlichkeit der Schiedsklausel für den Konkursverwalter

2547 Besteht ein Schiedsvertrag, so tritt der Konkursverwalter ohne weiteres in diesen ein[56]. Gleiches gilt, wenn über das Vermögen des Vereins das Konkursver-

---

49 *OLG Hamm* a. a. O.

50 Vgl. auch *BGH* NJW 1987, 2503/2504.

51 RGZ 88, 395/398.

52 Vgl. RGZ 113, 321/323; *Schwab/Walter* S. 278; nach *OLG München* OLGE 30, 319 muß die Satzungsklausel dies ausdrücklich vorsehen.

53 vgl. *BGH* NJW 1963, 203/204: GmbH.

54 A. A. *Soergel/Hadding* § 25 BGB Rn. 26; *van Look* S. 156; *Schwab/Walter* S. 276.

55 *Schütze/Tscherning/Wais* Rn. 63; a. A. *Schwab/Walter* S. 60: Abschluß eines Schiedsvertrages erforderlich.

56 RGZ 137, 111; BGHZ 24, 15; *Maier* Rn. 88; *Schütze/Tscherning/Wais* Rn. 64; *Schwab/Walter* S. 61.

fahren eröffnet wird und eine satzungsmäßige Schiedsklausel besteht. Für den Konkursverwalter wird insoweit die Vereinsverfassung verbindlich. Dieser muß einen Streit z. B. mit den Vereinsorganen vor dem Schiedsgericht austragen. Etwas anderes gilt, wenn der Konkursverwalter einen Rückgewähranspruch aus Konkursanfechtung (§ 37 KO) verfolgt, weil sich dieser Anspruch aus einem selbständigen, der Verfügungsgewalt des Gemeinschuldners entzogenen Recht des Konkursverwalters ergibt[57]. Der Vereinskonkurs unterbricht das Schiedsverfahren nicht, es sei denn, die Schiedsgerichtsordnung sieht eine Unterbrechung (§ 240 ZPO) vor[58]. Der Konkursverwalter wird an Stelle des Gemeinschuldners Partei eines Schiedsverfahrens, wenn der Streitgegenstand der Verwaltungs- und Verfügungsbefugnis des Konkursverwalters unterliegt[59].

2.6.4. Keine Verbindlichkeit der satzungsmäßigen Schiedsklausel bei Drittorganschaft sowie für Vereinsangestellte

Der satzungsmäßigen Schiedsklausel kann nur ein Vereinsmitglied unterworfen 2548
sein[60]. Im Falle der Drittorganschaft (vgl. zum Begriff Rn. 720) besteht für den Amtsinhaber keine Bindung an die Schiedsklausel[61]. Gleiches gilt für Vereinsangestellte, welche die Vereinsmitgliedschaft nicht haben.
Für diesen Personenkreis kommt die Vereinsschiedsgerichtsbarkeit nur dann in Betracht, wenn das jeweilige Organmitglied oder der jeweilige Angestellte mit dem Verein einen gesonderten Schiedsvertrag abgeschlossen hat (§ 1025 Abs. 1 ZPO).

3. Die erforderliche Schiedsfähigkeit/Vergleichsfähigkeit

3.1. Die gesetzliche Regelung

Nach § 1048 i. V. m. § 1025 Abs. 1 ZPO ist die Schiedsgerichtsbarkeit einge- 2549
schränkt: Eine Schiedsvereinbarung bzw. eine satzungsmäßige Schiedsklausel hat nur insoweit rechtliche Wirkung, »als die Parteien berechtigt sind, über den Gegenstand des Streits einen Vergleich zu schließen«. Damit ist die objektive und subjektive Vergleichsberechtigung oder Vergleichsfähigkeit angesprochen. Durch das Erfordernis der Schiedsfähigkeit behält sich der Staat im Interesse besonders schutzwürdiger Rechtsgüter ein Rechtsprechungsmonopol in dem Sinne vor, daß nur der staatliche Richter in der Lage sein soll, durch seine Entscheidung eine bestimmte Rechtsfolge herbeizuführen[62].

3.2. Die objektive Vergleichsfähigkeit

Die objektive Vergleichsfähigkeit ist immer gegeben, wenn der Gegenstand des 2550
Klagantrags und des Urteilsausspruchs auch Gegenstand privater Vereinba-

57 BGHZ 24, 15/18; *Maier* a. a. O.
58 Vgl. *BGH* KTS 1966, 246.
59 Vgl. *Schütze/Tscherning/Wais* Rn. 151.
60 *RG* DR 1939, 1338.
61 *RG* a. a. O. S. 1340.
62 *BGH* NJW 1991, 2215/2216.

rungen[63] oder bei Körperschaften Gegenstand der Beschlußfassung oder einer sonstigen Maßnahme eines Körperschaftsorgans sein kann.
Im Vereinsbereich sind alle Streitigkeiten aus der Mitgliedschaft über Rechte und Pflichten der Vereinsmitglieder gegenüber dem Verein und aus dem mitgliedschaftlichen Verhältnis der Mitglieder untereinander grundsätzlich einem Vergleich zugänglich.
Streitig ist die Vergleichsfähigkeit von Beschlüssen der Mitgliederversammlung. Sie ist zu bejahen; auf Rn. 1866ff. wird verwiesen.
Das Schiedsgericht, etwa eines Sportverbandes, kann in Arbeitsrechtsstreitigkeiten nicht für zuständig erklärt werden. Für diese Streitigkeiten enthalten die §§ 101ff. ArbGG besondere Vorschriften über den Schiedsvertrag und das schiedsrichterliche Verfahren.

3.3. Die subjektive Vergleichsberechtigung

2551 Die subjektive (persönliche) Vergleichsberechtigung ist gegeben, wenn die Verfahrensbeteiligten befähigt sind, sich durch Verträge zu verpflichten und wenn sie auch befugt sind, über den Verfahrensgegenstand zu verfügen.
Im Konkurs fehlt dem durch den Vorstand vertretenen Verein die Berechtigung, einen Vergleich abzuschließen, wenn hiervon die Konkursmasse betroffen ist (§§ 6, 7 KO). In sog. Überschneidungsbereichen ist ein Vergleichsabschluß nur möglich, wenn der Verein durch den Vorstand und den Konkursverwalter vertreten ist (vgl. Rn. 2043). Ist das gerichtliche Vergleichsverfahren anhängig, so fehlt eine Vergleichsberechtigung, soweit dem Verein als Schuldner Verfügungsbeschränkungen auferlegt sind (§§ 12, 58ff. VerglO).

4. Der Grundsatz der Überparteilichkeit

4.1. Bedeutung des Grundsatzes

2552 Die Schiedsgerichtsbarkeit ist materiell Rechtsprechung. Der Schiedsrichter ist wie der staatliche Richter zur Entscheidung eines Rechtsstreits berufen und hat wie dieser endgültig zu entscheiden, was rechtens ist. Jede richterliche Tätigkeit untersteht dem Gebot der Distanz und Neutralität[64]; es gehört zu ihrem Wesen, daß sie von nichtbeteiligten Dritten ausgeübt wird. Das Gebot überparteilicher Rechtsprechung gilt daher dem Grundssatz nach auch für Schiedsgerichte[65].
An die Neutralität des Schiedsrichters dürfen aber inhaltlich nicht die gleichen Anforderungen gestellt werden wie an den staatlichen Richter. Das ist eine gewisse Gefahr, die aber deshalb hinnehmbar ist, weil in der Schiedsgerichtsbarkeit das Gebot der Unabhängigkeit und Überparteilichkeit nur die Parteien schützt; es dient nicht – wie bei der staatlichen Gerichtsbarkeit – auch und gerade dem öffentlichen Interesse[66]. Das Schiedsgericht muß gleichwohl einen so hohen Grad von Unparteilichkeit besitzen, daß es in einer von ihm behandelten

63 *K. Schmidt* ZGR 1988, 523/528.
64 BVerfGE 42, 64/78.
65 BGHZ 51, 255/258; 65, 59/62; 98, 70/72 = NJW 1986, 3027.
66 BGHZ 65, 59/64; *Raeschke-Kessler* NJW 1986, 3072.

Streitigkeit als neutraler Dritter gelten kann[67]. Ist dies nicht der Fall, so kann es nicht als private Rechtsprechungsinstitution anerkannt werden.

4.2. Kein Richten in eigener Sache; keine Vereinsorgane als Schiedsrichter

Das bei einem Verein gebildete Schiedsgericht kann nach dessen Satzung oder aufgrund faktischer Eingliederung niemals Organ des Vereins sein[68]. Die Schiedsgerichtsfunktion kann auch nicht einem bestehenden Vereinsorgan, etwa der Mitgliederversammlung, zugewiesen werden[69]; auf eine gleichzeitige Vertretungszuständigkeit des Vereinsorgans kommt es nicht an. Bei einem Großverein mit Untergliederungen oder bei einem Vereinsverband kann die Schiedsgerichtsbarkeit einer Untergliederung oder eines Anschlußvereins nicht einem Organ eines Ober- oder des Dachverbands übertragen werden. In all diesen Fällen ist es ohne Belang, ob ein Streit zwischen dem Verein und Mitgliedern oder ein solcher nur unter Mitgliedern in Betracht kommt. **2553**
Das Verbot des Richtens in eigener Sache richtet sich auch an die Mitglieder des Schiedsgerichts selbst. Diese dürfen z. B. die ihnen zustehende Vergütung weder selbst festsetzen noch im Schiedsspruch darüber entscheiden; sie können ihre Amtshandlungen auch nicht von der Einzahlung eines Kostenvorschusses abhängig machen[70].

4.3. Das Schiedsgericht als Einrichtung des Vereins

Das Schiedsgericht ist eine Einrichtung des Vereins und sollte in der Satzung als solche bezeichnet werden[71]. Das begründet Rechtsbeziehungen zwischen dem Verein und dem Schiedsgericht, die aber so gestaltet werden müssen, daß das bei einem Verein gebildete Schiedsgericht noch als neutraler Dritter gegenüber dem Verein angesehen werden kann. Mit dem Neutralitätsgebot ist es noch vereinbar, wenn in der Schiedsgerichtsordnung bestimmt ist, daß Schiedsklagen bei der Verbandsgeschäftsstelle einzureichen sind. Damit wird z. B. eine Telefaxeinreichung ermöglicht, wenn kein Mitglied des Schiedsgerichts einen Telefaxanschluß hat. Es ist ferner unbedenklich, wenn in der Schiedsgerichtsordnung bestimmt wird, daß die vom Schiedsgericht zugezogenen Zeugen und Sachverständigen vom Verband entschädigt werden. Dadurch wird eine Kostenvorschußanforderung vermieden. Das Schiedsgericht kann auch mit dem Verband übereinkommen, daß der Vermieter eines Verhandlungsraumes unmittelbar vom Verband entschädigt wird. In Verbandsräumen sollte ein Schiedsgericht jedenfalls nicht ständig tagen. **2554**

---

67 *Seifert* S. 253.

68 RGZ 113, 321/323; 151, 229/232; vgl. auch BGHZ 43, 261/263 f.: GmbH.

69 RGZ 55, 326: GmbH; 57, 154: Gen.; 80, 189; *OLG Nürnberg* OLGZ 1975, 437/440.

70 Vgl. *BGH* WM 1977, 319/320; NJW 1985, 1903/1904.

71 Vgl. RGZ 113, 321/323.

4.4. Zur Schiedsrichterfähigkeit von Verbandsangehörigen bei einem Streit zwischen dem Verein und Mitgliedern oder zwischen Mitgliedern

2555 In der älteren Rechtsprechung ist die Schiedsrichterfähigkeit von Vereinsmitgliedern uneingeschränkt bejaht worden[72]. Diese Auffassung kann angesichts des heute bestehenden Neutralitätsgebots nicht uneingeschränkt aufrechterhalten werden. Beispiel: Ein Verein hat 15 Mitglieder, die Mitgliederversammlung hat den Ausschluß eines Mitglieds beschlossen. Bei einem so kleinen Verein ist kein Mitglied fähig, als Schiedsrichter mitzuwirken, wenn dieser Ausschluß Gegenstand eines Schiedsgerichtsverfahrens ist. Bei einem kleinen Verein besteht somit eine Schiedsrichterunfähigkeit für sämtliche Mitglieder[73]. Dies gilt auch, wenn der Verein streitbeteiligt ist und kein ad-hoc Schiedsgericht gebildet wird. Eine Schiedsrichterfähigkeit für Vereinsmitglieder besteht uneingeschränkt bei Großvereinen; bei einer Nähebeteiligung (z.B. Streit in einem Zweigverein) wahrt die Möglichkeit der Ablehnung das Neutralitätsgebot. Bei einem Vereinsverband, der nur Körperschaften die Mitgliedschaft gewährt, sind die Vorstände der Anschlußkörperschaften schiedsrichterunfähig. Die Einzelmitglieder der Anschlußvereine sind befähigt, Schiedsrichter im Schiedsgericht des Dachverbandes zu sein.

Bei einem Verein mit kleiner Mitgliederzahl sind auch Organmitglieder nicht fähig, Schiedsrichter zu sein; auf die Vertretungsbefugnis kommt es nicht an. Für diese Organmitglieder kann nichts anderes gelten als für gewöhnliche Mitglieder. Bei einem Verein mit größerer Mitgliederzahl sind die zur Vertretung befugten Vorstandsmitglieder schiedsrichterunfähig[74]. Gleiches gilt für die Mitglieder des Organs, dessen Entscheidung Gegenstand des schiedsrichterlichen Verfahrens ist[75]. Bei einem Vereinsverband sind die sämtlichen Mitglieder der Verbandsorgane einschl. der Vertretungsorgane der Anschlußkörperschaften in Verbandsstreitigkeiten schiedsrichterunfähig[76]. Bei diesem Personenkreis fehlt bei einem Streit im Verband die Neutralität eines Dritten. Schiedsrichterunfähig sind schließlich bei Großvereinen die Delegierten der Untergliederungen. Eine Unterscheidung danach, ob der Verband am Streit beteiligt ist oder nicht[77], ist jedenfalls bei institutionellen Schiedsgerichten nicht zu treffen, da die Schiedsgerichtsbesetzung nicht ständig je nach der Streitbeteiligung gewechselt werden kann.

---

72 RGZ 113, 321; *RG* JW 1936, 858; *KG* JW 1937, 554; zustimmend z. B. *Vollmer* S. 149 f.

73 *Schwab/Walter* S. 73.

74 *Schwab/Walter* S. 73; *van Look* S. 164; a. A. BGHZ 65, 49 für den Fall eines ad-hoc gebildeten Schiedsgerichts, das einen bereits entstandenen Streit entscheiden soll.

75 *Schwab/Walter* a. a. O.

76 Teilweise a. A., jedoch ohne Unterscheidung der Vereinsart, wonach jedes nicht vertretungsberechtigte Organmitglied schiedsrichterfähig sein soll: *Stein/Jonas/Schlosser* § 1032 ZPO Rn. 9 sowie *van Look* S. 164.

77 So: *Schwab/Walter* S. 73.

4.5. Schiedsrichterfähigkeit bei Streit zwischen dem Verein oder Vereinsmitgliedern mit Nichtmitgliedern

Es besteht der Grundsatz, daß bei einem Streit zwischen Vereinsmitgliedern **2556**
und Nichtmitgliedern Schiedsrichter nicht Vereinsmitglieder[78] und auch nicht Organmitglieder sein können[79]. Es dürfen also nicht alle Schiedsrichter vom Vereinsvorstand ernannt worden sein; es ist auch nicht zulässig, daß zwar die Parteien die Schiedsrichter benennen können, daß aber der Obmann vom Vereinsvorstand ernannt wird[80]. Gleiches gilt für folgenden Fall: Jede Partei kann einen Schiedsrichter aus der vom Verein aufgestellten Liste auswählen; den Obmann bestellt der Vorstand[81].
Demgegenüber wird die Auffassung vertreten, Schiedsklauseln, die eine Besetzung nur mit Vereinsmitgliedern vorsähen, seien verbindlich, wenn keine Umstände erkennbar seien, welche das Schiedsgericht als befangen erscheinen ließen; der Vorteil, den ein Nichtmitglied gelten lassen könne, sei die besondere Sachkunde der Vereinsmitglieder[82]. Die Belange des Nichtmitglieds seien durch das Recht, Schiedsrichter im konkreten Fall ablehnen zu können, ausreichend gewahrt[83]. Es dürfe aber in keinem Fall eine Partei das Übergewicht bei der Besetzung des Schiedsgerichts erlangen[84]. Zulässig sei eine Klausel, wonach jede Partei einen Schiedsrichter ernennt und der Vereinsvorstand den Obmann bestellt[85]. Die Richtigkeit dieser Auffassung kann bei einem Gelegenheitsschiedsgericht nicht in Abrede gestellt werden. Diese Meinung ist beim ständigen Schiedsgericht mit fester Besetzung dann nicht zutreffend, wenn das Nichtmitglied keinen Besetzungseinfluß hat; dies gilt auch dann, wenn etwa der Obmann kein Vereinsmitglied ist.

4.6. Kein Ernennungsübergewicht einer Partei bei der Schiedsrichterbestellung

Das Neutralitätsgebot verlangt dem Grundsatz nach, daß jede Partei bei der **2557**
Bildung des Schiedsgerichts die Möglichkeit der Mitwirkung hat, wie dies in § 1028 ZPO zum Ausdruck kommt. Bei einem Übergewicht einer Partei muß der Tatbestand des § 1025 Abs. 2 ZPO (vgl. dazu Rn. 2570) nicht gegeben sein[86]. Unzulässig ist es demnach, daß eine Partei alle Schiedsrichter[87] oder die Mehrzahl der Schiedsrichter ernennt[88]. Beim Verein dürfen also die vertretungsberechtigten Organe dieses Ernennungsübergewicht nicht besitzen[89].

---

78 BGHZ 51, 255.
79 RGZ 113, 321/322.
80 *OLG München* KTS 1983, 166/168.
81 *BGH* WM 1986, 688/689.
82 *OLG Hamburg* MDR 1975, 409.
83 *Sauter/Schweyer* Rn. 316.
84 *Schwab/Walter* S. 74.
85 *Schwab/Walter* a. a. O.
86 *BGH* NJW 1976, 109/111.
87 BGHZ 54, 392; *BGH* NJW 1989, 1477.
88 *Schütze/Tscherning/Wais* Rn. 158; *Schwab/Walter* S. 74 f.
89 *Schwab/Walter* S. 282.

4.7. Zulässige Bestellungsverfahren bei Großvereinen und Vereinsverbänden

2558 Bei Großvereinen und Vereinsverbänden mit ständigen Schiedsgerichten kann eine paritätische Besetzung des Schiedsgerichts durch jeden Streitbeteiligten nicht zur Geltung kommen. Das ist auch nicht erforderlich, weil andere Gestaltungsformen zur Verfügung stehen, um das Gebot der Unparteilichkeit des Schiedsgerichts zu gewährleisten[90].

2559 Erforderlich ist, daß jedes Mitglied (auch das Mitglied des Anschlußvereins eines Vereinsverbandes, wenn es um das Verbandsschiedsgericht geht) mittelbar einen Einfluß auf die Besetzung des Schiedsgerichts ausüben kann. Dies ist bei Großvereinen mit Delegiertenversammlung dem Einzelmitglied durch die Wahl von Delegierten möglich, die ihrerseits bei der Bildung des Schiedsgerichts beteiligt werden.

2560 In Betracht kommt zunächst die periodische Festlegung der Schiedsrichter durch Wahl[91]. Grundsätzlich hat jedes Mitglied eines Großvereins oder Vereinsverbands hinsichtlich der Personen der Schiedsrichter ein Vorschlagsrecht; gleiches gilt für den Vorstand des Großvereins oder Vereinsverbands auch bei Drittorganschaft. Das Vorschlagsrecht weiterer Vereins- oder Verbandsorgane muß die Satzung vorsehen. Bei Großvereinen mit Delegiertenversammlungen haben nur die Delegierten ein Vorschlagsrecht. Es ist zweckmäßig, aber nicht erforderlich, daß als Obmann eine verbandsfremde Person (u. U. mit Befähigung zum Richteramt) vorgeschlagen wird. Weiter ist es zweckmäßig, für die (Haupt-)Schiedsrichter Ersatzschiedsrichter vorzuschlagen. Für die Wahl ist die Mitgliederversammlung (Delegiertenversammlung) zuständig. Das Amt erlangt der Gewählte erst mit der Annahme des Amtes. Die Satzung kann für den Fall der Beschlußunfähigkeit des Schiedsgerichts im Einzelfall vorsehen, daß der Vorstand (der Vorsitzende des Vorstands) Schiedsrichter bestellen kann.
Mit diesem so gebildeten Schiedsgericht braucht jedoch ein Streitbeteiligter, der auch keinen mittelbaren Einfluß auf die Bildung des Schiedsgerichts hatte, nicht einverstanden zu sein.

2561 Möglich ist weiter eine Satzungsregelung, wonach Schiedsrichter in einer Liste aufgeführt sind, die ebenfalls im Wahlverfahren zustande kommt. Im Streitfall kann jede Partei einen Schiedsrichter aus der Liste auswählen; diesen Schiedsrichtern kann die Bestellung eines Obmanns übertragen werden.
Schließlich ist eine Satzungsregelung dahingehend möglich, daß Streitbeteiligten überhaupt kein Einfluß auf die Bildung des Schiedsgerichts eingeräumt wird, weil dessen Mitglieder ein Dritter bestellt[92]. Für Dritte ist die Ernennung von Schiedsrichtern immer eine private Handlung, mag der Ernennende auch eine amtliche oder richterliche Funktion haben[93]. Eine gesetzliche Ernennungspflicht besteht für den Dritten nicht[94]. Der Dritte ist in einem Auftragsverhältnis tätig, das ihn aber nicht ermächtigt, einen Schiedsrichtervertrag

---

90 Vgl. *van Look* S. 165.
91 Vgl. z. B. *Schlosser* S. 180; *van Look* S. 165.
92 Vgl. *BGH* NJW 1973, 98/99.
93 *Arnold* NJW 1968, 781; *Schütze/Tscherning/Wais* Rn. 193; *Baumbach/Albers* § 1028 ZPO Rn. 3.
94 *Schütze/Tscherning/Wais* a. a. O.

mit dem Ernannten abzuschließen[95]. Der Dritte ist in der Auswahl der Schiedsrichter frei. Der Verein oder Verband darf gegenüber dem Dritten kein Vorschlagsrecht haben, da anderenfalls der Grundsatz, daß keine Streitpartei einen Einfluß auf die Bildung des Schiedsgerichts hat, nicht beachtet wird. Kommt die Bildung eines Gelegenheitsschiedsgerichts – also mit bereits bestehenden Parteien – in Betracht, so können nur beide Parteien dem Dritten Vorschläge – nicht notwendig gemeinsame – unterbreiten[96].
Auch ein solch gebildetes Schiedsgericht braucht jedoch eine Partei, die mangels einer auch nur mittelbaren Mitgliedschaft in einem Oberverband keinerlei Einfluß auf das Zustandekommen der Satzungsbestimmung über die Bestellungsbefugnis eines Dritten hatte, nicht hinzunehmen.

4.8. Die sachliche Unabhängigkeit der Schiedsrichter

Neben der Parteiunabhängigkeit muß die sachliche Unabhängigkeit der Mit- **2562**
glieder des Schiedsgerichts gegeben sein. Diese müssen von Weisungen der Vereins- bzw. Verbandsorgane frei sein (vgl. § 14 Abs. 3 Satz 3 PartG). Es darf jedenfalls kein satzungsmäßiges Recht eines Vereinsorgans begründet werden, das Verhalten des Schiedsgerichts oder dessen Schiedsspruch zu beanstanden[97].

5. Kein Ausschluß zwingender allgemeiner Prozeßverfahrensgrundsätze sowie zwingender Grundsätze des schiedsgerichtlichen Verfahrens

Die Satzung oder Schiedsgerichtsordnung darf zwingende, für das schiedsge- **2563**
richtliche Verfahren bestehende Vorschriften der ZPO nicht ausschließen. Dazu gehört vor allem:
Das Schiedsgericht muß den Parteien rechtliches Gehör gewähren (§ 1034 Abs. 1 Satz 1 ZPO); vgl. dazu Rn. 2590.
Es darf Rechtsanwälte als Verfahrensbevollmächtigte oder als Beistände nicht zurückweisen (§ 1034 Abs. 1 Satz 2 ZPO); vgl. dazu Rn. 2593.
Für das Schiedsgericht besteht – im Gegensatz zum Prozeßverfahren beim staatlichen Gericht – ein beschränkter Untersuchungsgrundsatz, der sich aus § 1034 Abs. 1 Satz 1 ZPO ergibt. Die Schiedsgerichtsordnung kann nicht bestimmen, daß nur der Beibringungsgrundsatz gelten soll, daß sich die Aufklärungspflicht des Gerichts somit nur auf den von den Parteien vorgetragenen Prozeßstoff beschränkt. Nur die am konkreten Streit vor dem Vereinsschiedsgericht beteiligten Parteien können eine Einschränkung des Untersuchungsgrundsatzes herbeiführen. Vgl. zu diesem Rn. 2587.
Jede Partei muß erreichen können, daß die Ablehnung eines Schiedsrichters durch das staatliche Gericht für begründet erklärt wird (§ 1032 ZPO); vgl. dazu Rn. 2577 ff.

---

95 *Schütze/Tscherning/Wais* a. a. O.
96 So wohl auch *Schütze/Tscherning/Wais* Rn. 185 mit dem Hinweis, daß der Dritte nur gemeinschaftliche Weisungen entgegennehmen darf.
97 Vgl. *van Look* S. 166.

6. Die Schiedsvereinbarung

6.1. Begriff und Rechtsnatur

2564 Als Schiedsvertrag wird die Schiedsabrede über einen bereits gegenwärtigen Streit bezeichnet. Die Vereinbarung einer Schiedsklausel bezieht sich auf künftige Streitigkeiten. Der Begriff Schiedsvereinbarung ist der Oberbegriff für jede Art des rechtsgeschäftlichen Ausschlusses der staatlichen Gerichtsbarkeit[98]. Da im Vereinsbereich die Vereinbarung der Schiedsgerichtsbarkeit bei einem bereits gegenwärtigen Streit selten ist, wird nachfolgend der Begriff Schiedsvereinbarung oder Schiedsabrede[99] für die Erfassung künftiger Streitigkeiten verwendet.

Die Schiedsvereinbarung ist ein materiell-rechtlicher Vertrag über prozessuale Beziehungen[100]. Sie ist erforderlich, wenn der Verein die Anerkennung seiner Schiedsgerichtsbarkeit durch eine nicht der Satzung unterworfene Person erreichen will.

6.2. Formerfordernisse einer Schiedsvereinbarung; Verweisung auf eine Schiedsgerichtsordnung

2565 Eine Schiedsvereinbarung erfordert nach § 1027 Abs. 1 ZPO:

- Aus ihr muß sich ausdrücklich, d. h. eindeutig und zweifelsfrei ergeben, daß die Vertragsschließenden für künftige Streitigkeiten die staatliche Gerichtsbarkeit ausschließen und sich der Entscheidung eines Schiedsgerichts unterwerfen wollen[101].

  In einer Schiedsabrede können die Parteien Vereinbarungen über das vom Schiedsgericht einzuhaltende Verfahren treffen (§ 1034 Abs. 2 ZPO). Dem Gebot der Ausdrücklichkeit steht es nicht entgegen, wenn in der Schiedsvereinbarung auf die Schiedsgerichtsordnung des am Vertragsschluß beteiligten Vereins oder auch eines diesem übergeordneten Verbandes verwiesen wird[102]. Der Vertragsgegner muß aber diese in Bezug genommene Verfahrensordnung kennen[103]. Verweist die Schiedsabrede auf eine bestimmte Verfahrensordnung, so umfaßt der Wille der Vertragsschließenden in der Regel auch spätere Änderungen der Schiedsordnung, soweit diese nicht gegen anerkennenswerte Interessen der Beteiligten verstoßen[104]. Erforderlich ist dann die Vereinbarung einer sog. dynamischen Verweisung auf eine bestimmte Schiedsgerichtsordnung »in ihrer jeweils geltenden Fassung«[105].
- Die Schiedsabrede muß schriftlich getroffen werden, d. h. die Urkunde muß von den beteiligten Parteien eigenhändig unterzeichnet werden[106].

---

98 *Schütze/Tscherning/Wais* Rn. 39.
99 BGHZ 99, 143/147.
100 *BGH* WM 1973, 312/313.
101 *Schwab/Walter* S. 38; vgl. auch BGHZ 99, 143/147.
102 *OLG Stuttgart* JW 1938, 972; *OLG Hamm* WM 1972, 984/986; *Schwab/Walter* a. a. O.
103 *Baumbach/Albers* § 1027 ZPO Rn. 2.
104 *BGH* WM 1986, 688/689.
105 *Van Look* S. 162.
106 *Schwab/Walter* S. 38.

- Die Urkunde darf keine anderen Vereinbarungen enthalten als die Schiedsklausel sowie über die Verfassung und das Verfahren des Schiedsgerichts[107].

6.3. Heilung des Formmangels durch rügelose Einlassung

Nach § 1027 Abs. 1 Satz 2 ZPO wird der Mangel der Form durch die Einlassung auf das schiedsgerichtliche Verfahren zur Hauptsache geheilt. **2566**
Ein Formmangel ist gegeben, wenn z. B. eine Partei die Schiedsvereinbarung nicht oder nicht durch einen bevollmächtigten Vertreter unterschrieben hat, wenn die ausdrückliche Zuweisung von Streitsachen an ein Schiedsgericht fehlt oder wenn die Schiedsabrede andere als auf das Schiedsverfahren sich beziehende Vereinbarungen enthält.
Eine rügelose Einlassung ist anzunehmen, wenn die Parteien zu erkennen geben, daß sie über die Streitsache das Schiedsgericht und nicht den staatlichen Richter entscheiden lassen wollen[108]. Es ist aber hierbei nicht erforderlich, daß die Parteien sich bewußt sind, durch ihre Einlassung werde die Zuständigkeit des Schiedsgerichts anstelle des Staatsgerichts begründet[109]. Der Kläger läßt sich schon durch die Einreichung der Klage beim Schiedsgericht vorbehaltlos ein; eine vorbehaltlose Einlassung ist beim Beklagten dadurch gegeben, daß er sich vor einem Termin schriftlich oder im Termin mündlich ohne Vorbehalt zur Sache äußert[110]. Es genügt aber nicht, daß der Beklagte bloß einen Antrag auf Klagabweisung einreicht[111]. Für eine vorbehaltlose Einlassung des Beklagten reicht es aber aus, wenn dieser in einem vorbereitenden Schriftsatz sich zur Hauptsache äußert und diesen dem Schiedsgericht einreicht, da vor diesem nicht notwendig mündlich verhandelt wird[112]. Keine Einlassung zur Hauptsache ist das bloße Eingehen auf streitige Vorfragen wie die Rüge der Zuständigkeit des Schiedsgerichts oder die Ablehnung eines Schiedsrichters[113].

6.4. Zuständigkeit eines zunächst unzuständigen Schiedsgerichts durch einzelfallbezogenen ausdrücklichen oder stillschweigenden Abschluß einer Schiedsvereinbarung

6.4.1. Fallgestaltungen

Zum Schiedsgericht eines Vereins kann eine Streitsache gelangen, obwohl es an einer Schiedsklausel oder Schiedsvereinbarung **2567**
- fehlt oder
- diese unwirksam oder
- hinfällig geworden ist.

Fall einer fehlenden Schiedsvereinbarung: Zum Schiedsgericht eines Sportverbandes gelangte die Klage eines Trainers eines dem Verband ange-

107 Vgl. *Schwab/Walter* a. a. O.
108 RGZ 147, 213/217 f.; *RG* DR 1939, 1338/1340.
109 BGHZ 48, 35/45 = NJW 1967, 2057/2059.
110 *BGH* a. a. O.; *Schütze/Tscherning/Wais* Rn. 75.
111 *Maier* Rn. 31; *Schütze/Tscherning/Wais* a. a. O.
112 Vgl. *BGH* a. a. O.; *Baumbach/Albers* § 1027 ZPO Rn. 8; *Schütze/Tscherning/Wais* Rn. 75.
113 *BGH* KTS 1963, 105; *Schwab/Walter* S. 40; *Schütze/Tscherning/Wais* a. a. O.

schlossenen Vereins, der vom Spielgericht des Verbands mit einer Geldbuße belegt worden war, die der Trainer bekämpfen wollte. Er war der Verbandsgerichtsbarkeit nicht unterworfen, weil er (aus Versehen) mit dem Verband keine Schiedsvereinbarung getroffen hatte.

Fälle unwirksamer Schiedsvereinbarungen: Die Schiedsklausel in der Satzung ist unwirksam, weil es sich um eine Kartellstreitigkeit handelt und in der Satzung eine eindeutige Wahlzuständigkeit zwischen dem Schiedsgericht und dem ordentlichen Gericht nicht getroffen worden war (§ 91 Abs. 1 Satz 1 GWB).[114]

Die Vereinbarung der Zuständigkeit des Verbandsschiedsgerichts bei einem Streit zwischen dem Verband und einem Verbandsfremden ist unwirksam, weil das Schiedsgericht nur mit Verbandsangehörigen besetzt ist[115].

Fall einer hinfällig gewordenen Schiedsvereinbarung: Ein ausgeschiedenes Mitglied verklagt den Verband beim Schiedsgericht auf Wiedererteilung einer Lizenz, wobei der vermeintliche Anspruch nur nach dem Ausscheiden des früheren Mitglieds aus dem Verband entstanden sein kann. Die Schiedsklausel ist für ein ausgeschiedenes Mitglied nicht mehr einschlägig.

6.4.2. Der fallbezogene ausdrückliche Abschluß einer Schiedsvereinbarung

2568 Fehlt eine Schiedsvereinbarung, ist eine solche unwirksam oder hinfällig geworden, so kann im konkreten Streitfall, nachdem eine Schiedsklage beim Schiedsgericht eingereicht worden war, dessen Zuständigkeit durch den Abschluß eines ausdrücklichen Schiedsvertrages begründet werden[116]. Da eine solche Vereinbarung vor dem Schiedsgericht zustande kommt, ist sie formlos möglich[117]. Der BGH (a. a. O.) hat einen solchen Vertragsschluß bei folgender Fallgestaltung angenommen: Die Parteien wurden vom Schiedsgericht aufgefordert, zu erklären, daß sie für das anstehende Verfahren auf die Anrufung des ordentlichen Gerichts verzichten und mit einer Entscheidung durch das Schiedsgericht einverstanden sind. Das Verhandlungsprotokoll lautete dann: »Die Parteien erklären sich mit dem Schiedsgerichtsverfahren und der Besetzung des Schiedsgerichts einverstanden.« Der BGH hat allerdings einen evtl. nach § 1027 Abs. 1 Satz 1 ZPO bestehenden Formmangel als durch die rügelose Einlassung auf das schiedsgerichtliche Verfahren geheilt angesehen. Die Schiedsvereinbarung kann sich bei Unzuständigkeit des Schiedsgerichts darauf beschränken, daß dieses über die bisher angefallenen Kosten entscheidet[118].

6.4.3. Der fallbezogene stillschweigende Abschluß einer Schiedsvereinbarung

2569 Fehlt eine Schiedsvereinbarung, ist eine solche unwirksam oder hinfällig geworden, so kann auch stillschweigend, d. h. eine aus schlüssigen Handlungen sich ergebende Schiedsabrede zustande kommen, die auf den konkreten Streitfall bezogen das Einverständnis der Parteien mit der Entscheidung ihrer

114 Vgl. BGHZ 88, 314.
115 Vgl. auch *OLG Hamburg* WM 1969, 1311.
116 BGHZ 88, 314.
117 BGHZ 6, 248/260; *Wackenhuth* KTS 1985, 425/427; *Baumbach/Albers* § 1027 ZPO Rn. 8.
118 *BGH* WM 1973, 312/313.

Streitsache durch das Schiedsgericht erkennen läßt[119]. Auch hier gilt, daß die Schiedsabrede formlos möglich ist, weil sie vor dem Schiedsgericht zustande kommt. Die rügelose Einlassung, also die Klageerhebung zum Schiedsgericht einerseits und die rügelose schriftliche oder mündliche Einlassung des Beklagten zur Hauptsache (vgl. oben Rn. 2566), läßt im Regelfall einen solchen Vertragswillen erkennen. Hier ist aber zu unterscheiden: Ist zwar eine Schiedsvereinbarung vorhanden, ist sie aber materiell unwirksam oder hinfällig geworden, so gilt § 1027 Abs. 1 Satz 2 ZPO entsprechend; es treten die Folgen des Rügeverzichts unabhängig davon ein, ob die Parteien die Unwirksamkeit oder Hinfälligkeit der Schiedsklausel gekannt haben[120]. Fehlt es überhaupt an einer Schiedsvereinbarung, so ist einerseits das Bewußtsein der Parteien erforderlich, daß keine Schiedsvereinbarung vorhanden ist und andererseits gleichwohl das Schiedsgericht anstelle des ordentlichen Gerichts entscheiden soll[121]. Erforderlich ist aber das Vorhandensein eines ZPO-Schiedsgerichts; ein Vereinsgericht kann weder ausdrücklich noch stillschweigend als Schiedsgericht vereinbart werden[122].

7. Das Verbot der Knebelung eines anderen durch den Verein bei der Unterwerfung unter die Schiedsgerichtsbarkeit

Nach § 1025 Abs. 2 ZPO ist ein Schiedsvertrag unwirksam, wenn eine Partei **2570**
ihre wirtschaftliche oder soziale Überlegenheit dazu ausnutzt, den anderen Teil zu seinem Abschluß oder zur Annahme von Bedingungen zu nötigen, die ihr im Verfahren, insbesondere hinsichtlich der Ernennung und Abberufung der Schiedsrichter, ein Übergewicht über den anderen Teil einräumen.
Bei der Anwendung dieser Vorschrift darf die Entstehungsgeschichte der mit der ZPO-Novelle 1933 eingefügten Vorschrift nicht außer acht gelassen werden. Nach dem 1. Weltkrieg ist ein großer Teil der bürgerlich-rechtlichen Streitigkeiten auf Schiedsgerichte übergegangen. Hierbei sind Mißstände zu verzeichnen gewesen. Die Vorschrift dient der Sicherung wirtschaftlich schwacher und unerfahrener Parteien[123]. Die Unerfahrenheit des »anderen Teils« soll bei der Auslegung der Vorschrift in Betracht gezogen werden[124].
Die Geltung dieser auf den Individualschiedsvertrag zugeschnittenen Vorschrift für das satzungsmäßig angeordnete Schiedsgericht ist umstritten, ist aber im Hinblick auf die Verweisung in § 1048 ZPO zu bejahen[125].
Die Anwendung dieser Vorschrift ist aber auf zwei Fälle beschränkt: Da ein **2571**
wirtschaftliches oder soziales Machtgefälle zwischen dem Verein und »einem

119 Vgl. *Maier* Rn. 34.
120 *Baumbach/Albers* § 1027 ZPO Rn. 8; vgl. auch *Thomas/Putzo* § 1027 ZPO Rn. 9; a. A. Erklärungsbewußtsein erforderlich: *Schwab/Walter* S. 41.
121 *OLG München* BB 1977, 865; *Baumbach/Albers* und *Thomas/Putzo* a. a. O.; *Wackenhuth* KTS 1985, 425/428; insoweit zustimmend: *Schwab/Walter* a. a. O.; dahin tendierend: *BGH* NJW 1967, 2057/2059; a. A. Erklärungsbewußtsein nicht erforderlich: *OLG Hamburg* WM 1969, 1311; *Maier* Rn. 34.
122 Vgl. den Fall *OLG München* a. a. O.
123 *Schönke* DR 1943, 113/115.
124 *BGH* NJW 1980, 1797.
125 Vgl. z. B. *Schwab/Walter* S. 278.

Teil« gegeben sein muß, kann dies nur für Verbände gelten, die auf ihrem Tätigkeitsgebiet eine Monopolstellung oder eine monopolähnliche Stellung haben und damit entspr. § 826 BGB, § 27 GWB einer Aufnahmepflicht unterliegen[126]. Die Vorschrift kann keine Anwendung finden, wenn ein Verein oder Verband durch Satzungsänderungsbeschluß die Schiedsgerichtsbarkeit einführt und zugleich eine Schiedsgerichtsordnung beschließt. Es handelt sich insoweit um einen Vorgang im Verein oder Verband, wobei es an einem »anderen Teil« fehlt. Die überstimmte Minderheit kann somit die angeführte Beschlußfassung nicht unter Berufung auf § 1025 Abs. 2 ZPO zu Fall bringen, da überdies zwischen der Mehrheit und der Minderheit kein wirtschaftliches oder soziales Machtgefälle besteht. Die Anwendung des § 1025 Abs. 2 ZPO kann jedoch zu prüfen sein, wenn ein Aufnahmebewerber mit einem Verband mit Monopolstellung oder monopolähnlicher Stellung einen Aufnahmevertrag abschließt oder wenn ein Dritter, der z. B. Verbandseinrichtungen benutzen will, mit einem Verband einen Zulassungsvertrag und einen gesonderten Schiedsvertrag abschließen muß.

Zur Anwendung des § 1025 Abs. 2 ZPO ist zunächst erforderlich, daß der Verein auf dem wirtschaftlichen Sektor eine Überlegenheit gegenüber dem »anderen Teil« hat; eine soziale Überlegenheit kommt bei Vereinen selten vor. Eine wirtschaftliche Überlegenheit ist z. B. bei einem Sportspitzenverband zu bejahen, der Veranstalter von Wettkampfspielen ist; darauf, daß der Jahreshaushalt des Verbandes u. U. geringer ist als der des um Aufnahme etwa in die Bundesliga I oder II nachsuchenden Vereins, kommt es nicht an.

2572 Es ist weiter erforderlich, daß der Verein den »anderen Teil« unter Ausnutzung seiner Überlegenheit nötigt, einen Aufnahmevertrag unter Anerkennung der Schiedsgerichtsklausel des Vereins sowie der Schiedsgerichtsordnung zu schließen, oder daß ein außenstehender Dritter als Voraussetzung für die Zulassung zu Verbandseinrichtungen einen Zulassungsvertrag und einen gesonderten Schiedsvertrag abschließen muß, in dem die Vereinsschiedsgerichtsbarkeit einschl. der Schiedsordnung anerkannt wird (§ 1025 Abs. 2 1. und 2. Altern. ZPO). Eine Nötigung ist nur gegeben, wenn der Verein seine Überlegenheit in verwerflicher Weise dazu ausnutzt, daß der »andere Teil« die Schiedsgerichtsbarkeit akzeptiert; es ist also ein verwerflicher Zwang erforderlich[127], der gegenüber einem rechtlich Unerfahrenen ausgeübt wird[128]. Dabei muß auf seiten des für den Verein handelnden Organs das Bewußtsein vorhanden sein, daß der Verein seine Überlegenheit ausnutzt und daß diese für den Vertragsschluß ursächlich ist[129]. Die Verwerflichkeit fehlt, wenn der Verein sachliche Gründe dafür hat, daß er auf der Anerkennung eines Aufnahmebewerbers hinsichtlich der satzungsmäßig angeordneten Schiedsgerichtsbarkeit besteht oder daß ein außenstehender Dritter einen Schiedsvertrag unter Anerkennung der Vereins-

---

126 *Schütze/Tscherning/Wais* Rn. 160; *Schwab/Walter* S. 34.

127 BGHZ 51, 255/258; *OLG Köln* BauR 1988, 631; *LG Frankfurt* ZIP 1989, 599/601; *Raeschke-Kessler* in Jahrbuch für die Praxis der Schiedsgerichtsbarkeit Bd. 2, S. 225/230.

128 *BGH* NJW 1980, 1797.

129 *Baumbach/Albers* § 1025 ZPO Rn. 33; *Schütze/Tscherning/Wais* Rn. 160; a. A. *Schwab/Walter* S. 35.

schiedsgerichtsbarkeit abschließt[130]. Einen solchen sachlichen Grund bildet bei einem Sportverband die Sachkunde der Schiedsrichter und die Einheitlichkeit der Sportrechtsprechung als Garant für die Aufrechterhaltung eines geordneten Sportwettkampfes[131]. Ein Übergewicht bei der Ernennung der Schiedsrichter scheidet dann aus, wenn diese von den Verbandsmitgliedern gewählt worden sind[132]. Will z. B. ein Verein in die Bundesliga II aufgenommen werden, so muß er die Mitwirkung der bisherigen Mitglieder in der Bundesliga II bei der Schiedsrichterwahl auch als für sich geltend hinnehmen. Anders ist es bei dem außenstehenden Dritten, der, um Verbandseinrichtungen benutzen zu können, einen Schiedsvertrag abschließen muß, wenn er auf diese Wahl auch keinen mittelbaren Einfluß gehabt hat.

Im Streitfall muß die Partei, die Knebelung behauptet, dies auch beweisen[133]. **2573**
Die rügelose Einlassung heilt nur, wenn der Druck nicht mehr besteht[134]. Ruft der »andere Teil« das Schiedsgericht an, so wird hieraus gefolgert, daß dies auch unter Druck geschieht[135]. Dagegen bestehen Bedenken jedenfalls dann, wenn der angeblich Genötigte ein Verein ist, der etwa in einen Sportverband aufgenommen werden will; hier kann eine juristische Beratung angenommen werden, die dahin geht, trotz der Schiedsgerichtsklausel das Staatsgericht anrufen zu können[136].

8. Teilnichtigkeit oder Gesamtnichtigkeit von Schiedsvereinbarungen oder Schiedsgerichtsordnungen

Eine individuell geschlossene Schiedsvereinbarung ist unwirksam, wenn die **2574**
Formvorschrift des § 1027 Abs. 1 Satz 1 ZPO nicht beachtet worden ist. Hier besteht aber eine Heilungsmöglichkeit durch rügelose Einlassung (vgl. Rn. 2566).

Eine Schiedsvereinbarung oder eine satzungsmäßige Schiedsklausel ist wegen Verstoßes gegen ein gesetzliches Ge- und Verbot (§ 134 BGB) und auch dann unwirksam, wenn das Schiedsgericht in einer nicht vergleichsfähigen Sache entscheiden soll (Verstoß gegen § 1025 Abs. 1 ZPO) oder wenn die Schiedsklausel sich nicht auf ein bestimmtes, künftig streitiges Rechtsverhältnis bezieht (Verstoß gegen § 1026 ZPO). In Kartellstreitigkeiten ist eine Nichtigkeit der Schiedsklausel dann gegeben, wenn es an der klaren alternativen Zuständigkeit des Schiedsgerichts und des Kartellgerichts fehlt (vgl. Rn. 2540).

Der Verstoß gegen die Überparteilichkeit des Schiedsgerichts hat grundsätzlich die Nichtigkeit der Schiedsvereinbarung oder der satzungsmäßigen Schiedsgerichtsbarkeit zur Folge. Anwendbar ist auch hier § 134 BGB[137].

---

130 Weitergehend: *LG Frankfurt* und *Raeschke-Kessler* a. a. O.: es müssen triftige Gründe vorhanden sein.
131 Vgl. auch *LG Frankfurt* a. a. O.
132 Vgl. *Schlosser* EWiR § 1025 ZPO 1/89 S. 623/624; *Raeschke-Kessler* a. a. O. S. 231.
133 *Schütze/Tscherning/Wais* Rn. 160.
134 *Schwab/Walter* S. 35.
135 *Baumbach/Albers* § 1025 ZPO Rn. 35.
136 So der Fall *LG Frankfurt* ZIP 1989, 599.
137 BGHZ 51, 255; *Schütze/Tscherning/Wais* Rn. 156; *Schwab/Walter* S. 76.

Anwendbar ist jedoch § 139 BGB, so daß es darauf ankommt, ob die Schiedsvereinbarung auch ohne den nichtigen Teil geschlossen worden wäre oder ob die Schiedsklausel in der Satzung oder die Schiedsgerichtsordnung auch ohne den nichtigen Teil beschlossen worden wäre[138]. Der Verstoß gegen das Gebot der Überparteilichkeit des Schiedsgerichts hat in der Regel die Gesamtnichtigkeit zur Folge.

9. Grundzüge des schiedsgerichtlichen Verfahrens

9.1. Partei- und Prozeßfähigkeit

2575 Die Vorschriften über die Partei- und Prozeßfähigkeit nach §§ 50 bis 53 ZPO sind im schiedsgerichtlichen Verfahren entsprechend anwendbar. Das Schiedsgericht muß diese Fähigkeiten von Amts wegen prüfen[139]. Vor dem Schiedsgericht kann somit ein nichtrechtsfähiger Verein nicht klagen[140], da ihm die aktive Parteifähigkeit fehlt[141].

Der Verein ist (auch als juristische Person) nicht prozeßfähig; für ihn muß der Vorstand als gesetzlicher Vertreter handeln[142]. Fehlt ein zur Vertretung berechtigter Vorstand, so kann nicht das Vormundschaftsgericht einen Vertreter bestellen, wie dies angenommen wird[143]. § 1913 BGB läßt zwar eine Pflegschaft für unbekannte oder ungewisse Beteiligte auch dann zu, wenn diese Voraussetzungen bei einer juristischen Person zutreffen[144]. Diese gerichtlichen Fürsorgemaßnahmen des Vormundschaftsgerichts kommen aber dann nicht in Betracht, wenn ein Vorstand fehlt; dann muß vielmehr das Registergericht auf Antrag eine Notbestellung vornehmen (§ 29 BGB). Bei Gefahr im Verzug (§ 57 ZPO) kann ein Prozeßvertreter durch den Vorsitzenden des nach § 1045 ZPO zuständigen Gerichts bestellt werden[145].

9.2. Die Kompetenz-Kompetenz-Entscheidungsbefugnis des Schiedsgerichts

2576 Im Einzelfall kann es zweifelhaft sein, ob das Vereinsschiedsgericht eine Zuständigkeit hat, über einen unterbreiteten Streitfall zu entscheiden. Im Falle des Bestands einer individuellen Schiedsvereinbarung ist nach der herrschenden Auffassung eine verbindliche Einigung der Parteien dahingehend möglich, daß das Schiedsgericht eine Entscheidung über die Wirksamkeit und Auslegung (Reichweite) des Schiedsvertrages trifft; sog. Kompetenz-Kompetenz[146]; die Literatur stimmt dem teilweise zu, zum Teil wird eine Kompetenz-Kompetenz

---

138 Vgl. *Schwab/Walter* S. 49; *van Look* S. 166.
139 *KG* JW 1937, 554.
140 *KG* a. a. O.; *Maier* Rn. 225; a. A. *Siegert* KTS 1956, 33/35.
141 Vgl. § 50 Abs. 2 ZPO.
142 § 26 Abs. 2 Satz 1 BGB.
143 *Maier* Rn. 225; *Schütze/Tscherning/Wais* Rn. 340; *Schwab/Walter* S. 135.
144 *BGH* WM 1965, 1132; *BAG* NJW 1967, 1437; *OLG Düsseldorf* RPfl 1976, 358.
145 *Maier, Schütze/Tscherning/Wais* und *Schwab/Walter* a. a. O.
146 BGHZ 68, 356/358 = NJW 1977, 1397; *BGH* KTS 1988, 851/852 f.; *Raeschke-Kessler* NJW 1988, 3041/3043.

des Schiedsgerichts auch abgelehnt[147]. Wird nach der Entscheidung des Schiedsgerichts das Staatsgericht angerufen, so kann dieses nur die Gültigkeit der Kompetenz-Kompetenz-Klausel prüfen, ohne dabei an die Auffassung des Schiedsgerichts gebunden zu sein[148]. Bei der satzungsmäßig angeordneten Schiedsgerichtsbarkeit kann die Kompetenz-Kompetenz-Klausel in der Schiedsgerichtsordnung enthalten sein, die dann aber zum Satzungsbestandteil erklärt werden muß. Hat sich ein Außenstehender der Vereinsschiedsgerichtsbarkeit unterworfen, so ist er insoweit an diese Klausel nicht gebunden, da er mit einer solchen nicht zu rechnen brauchte. Er kann die Kompetenz-Kompetenz ausdrücklich mit seinem Gegner im konkreten schiedsgerichtlichen Verfahren vereinbaren.

9.3. Die Ablehnung eines Schiedsrichters

9.3.1. Ablehnungsgründe

Nach § 1032 Abs. 1 ZPO kann ein Schiedsrichter aus denselben Gründen und **2577** unter denselben Voraussetzungen abgelehnt werden, die zur Ablehnung eines staatlichen Richters berechtigen. Ein weiterer Ablehnungsgrund ist nach § 1032 Abs. 2 ZPO die ungebührliche Verzögerung der Pflichterfüllung eines nicht gemeinsam ernannten Schiedsrichters. Der absolute Ablehnungsgrund für Minderjährige usw. nach § 1032 Abs. 3 ZPO kann hier außer Betracht bleiben. Die in § 41 ZPO enumerativ aufgezählten Ausschlußtatbestände für einen staatlichen Richter sind beim Schiedsrichter Ablehnungsgründe.

Hauptfall einer möglichen Ablehnung ist die Besorgnis der Befangenheit **2578** entspr. § 42 ZPO. Es muß ein Grund vorliegen, der geeignet ist, Mißtrauen gegen die Unparteilichkeit des Schiedsrichters zu rechtfertigen (entspr. § 42 Abs. 2 ZPO). Dessen Verhalten muß bei objektiver Betrachtung einen Befangenheitsgrund darstellen; es muß weiter vom Standpunkt eines unbefangenen Dritten subjektiv für den Ablehnenden ein vernünftiger Grund für die Annahme bestehen, der Schiedsrichter stehe der Sache nicht unvoreingenommen und damit nicht unparteiisch gegenüber. In der Literatur wird die Auffassung vertreten, beim Schiedsrichter seien Ablehnungsgründe weitergehend als beim staatlichen Richter zu bejahen, weil § 1032 ZPO der wesentlichste Schutz der nicht den Schiedsrichter ernennenden Partei sei[149]. Dieser Auffassung kann in dieser Allgemeinheit nicht zugestimmt werden. Sie berücksichtigt nicht, daß heute Juristen in Spitzenpositionen zu Schiedsrichtern ernannt werden, für welche die »landläufige« Meinung, sie fühlten sich als Interessenwahrer der ernennenden Partei, nicht zutrifft. Beim Vereinsschiedsgericht trifft »der Geruch« der Parteilichkeit jedenfalls dann nicht zu, wenn die Schiedsrichter für künftige Streitfälle von der Mitgliederversammlung eines Verbandes gewählt worden sind, dessen Mitglieder sie nicht sind oder wenn satzungsgemäß ein Dritter, etwa ein Gerichtspräsident, die Schiedsrichter ernennt.

---

147 Vgl. *Schwab/Walter* S. 50 Fußn. 18.

148 *BGH* NJW 1991, 2215.

149 *Schwab/Walter* S. 106, 108; *Schütze/Tscherning/Wais* Rn. 274; *Baumbach/Albers* Rn. 1, *Thomas/Putzo* Rn. 1, je zu § 1032 ZPO.

Ablehnungsgründe sind u. a. nähere gute oder schlechte Beziehungen eines Schiedsrichters zu einer Partei[150].

2579 Die vielen möglichen Ablehnungsgründe können hier nicht dargestellt werden. Einzugehen ist lediglich auf den Ablehnungsgrund Rechtsgespräche, da sich hieraus beim Schiedsgericht nicht selten jedenfalls eine Ablehnungsdrohung durch eine Partei ergibt. Rechtsgespräche oder die Erteilung rechtlicher Ratschläge außerhalb einer mündlichen Verhandlung einer Partei gegenüber führen zur begründeten Ablehnung[151]. Es muß sich aber um ein Rechtsgespräch in der Sache selbst handeln; es reicht nicht aus, wenn ein Schiedsrichter eine bereits zur Schiedsklage entschlossene Partei darüber aufklärt, daß zunächst der verbandsinterne Rechtsweg einzuhalten ist, daß also eine Schiedsklage verfrüht wäre. Der ständige Verbandsschiedsrichter hat auch die Verbandsinteressen zu wahren, welche die Einhaltung des vom Verband vorgeschriebenen Rechtsweges erfordert. Rechtsgespräche in der Verhandlung selbst sind erforderlich. Diese können einmal der dem Schiedsgericht gebotenen Sachaufklärung (§ 1034 Abs. 1 Satz 1 ZPO) und zum anderen der Vorbereitung eines Vergleichs dienen. Hier ist es beim staatlichen Richter nicht erforderlich, daß er sich hinsichtlich des Ausgangs des Verfahrens in der Möglichkeitsform äußert; es kann nicht die Eindeutigkeit der Stellungnahme, es können vielmehr nur die begleitenden Umstände eine Ablehnung begründen, etwa eine Stellungnahme in einer das Beweisergebnis vorwegnehmenden Art, oder der Richter gibt zu erkennen, daß er von der eingenommenen Haltung unabhängig vom Verlauf des weiteren Verfahrens nicht abrückt[152]. All dies gilt auch für den Schiedsrichter; er sollte sich aber stets in der Möglichkeitsform äußern.

Eine Ablehnung ist jedenfalls in der Verbandsschiedsgerichtsbarkeit nicht begründet, wenn die Schiedsrichter in einer vorangegangenen gleichgelagerten Sache ihre Meinung im Schiedsspruch zum Ausdruck gebracht haben[153]. Das Verbandsschiedsgericht hat vereinzelt für das Verbandsleben grundlegende Entscheidungen zu treffen. Bildet die entschiedene Hauptfrage in einem späteren Verfahren eine Vorfrage, so ist es deshalb nicht als parteilich anzusehen.

9.3.2. Die sofortige Geltendmachung eines Ablehnungsgrundes; Adressat der Ablehnungserklärung; der Widerruf der Ablehnung

2580 Der entspr. anwendbare § 43 ZPO zwingt jede Partei, die an der Unparteilichkeit eines Schiedsrichters Zweifel hat, dies alsbald kundzutun[154]. Soll ein Schiedsrichter eines mit drei Schiedsrichtern besetzten Schiedsgerichts abgelehnt werden, so darf sich die ablehnende Partei nicht in eine Verhandlung einlassen. Einlassen ist nicht nur eine sachliche Stellungnahme, sondern jedes prozessuale und der Erledigung eines Streitpunktes dienende Handeln einer Partei unter Mitwirkung des Schiedsrichters, der abgelehnt werden soll[155]. Das Gesetz (§ 43 ZPO) fordert nicht, die Einlassung müsse erkennen lassen, daß die

150 Vgl. *Kornblum* NJW 1987, 1105/1107.
151 *Schütze/Tscherning/Wais* Rn. 278.
152 *OLG Karlsruhe* OLGZ 1987, 248.
153 A. A. *Schwab/Walter* S. 109; *Maier* Rn. 191; *Baumbach/Albers* § 1032 ZPO Rn. 4.
154 *OLG Koblenz* MDR 1986, 60.
155 Vgl. *OLG Koblenz* a. a. O.

Partei den Schiedsrichter hinnimmt[156]. Die Partei, die ablehnen will, darf in oder vor der Verhandlung beim Schiedsgericht auch keinen Antrag[157] stellen. Eine Antragstellung oder Einlassung führt zum Verlust des Antragsrechts, und zwar auch in den Fällen des Ausschlusses vom Richteramt nach § 41 ZPO[158].

Die Ablehnung ist mündlich oder schriftlich dem Schiedsgericht gegenüber zu **2581**
erklären. Sie kann auch darin bestehen, daß die Partei beim Staatsgericht einen Antrag auf Ablehnung eines Schiedsrichters einreicht und dem Schiedsgericht eine Ablichtung übermittelt. Die Möglichkeit, der Gegenpartei gegenüber die Ablehnung mündlich oder schriftlich zu erklären[159], scheidet beim Verbandsschiedsgericht jedenfalls dann aus, wenn die Gegenpartei an der Ernennung des Schiedsrichters nicht unmittelbar mitgewirkt hat.

9.3.3. Frist zur gerichtlichen Geltendmachung der Ablehnung; Verwirkung des Ablehnungsrechts

Die Schiedsvereinbarung oder die satzungsmäßige Schiedsklausel (Schiedsge- **2582**
richtsordnung) kann eine Frist zur Ausübung des Ablehnungsrechts beim Staatsgericht bestimmen[160]. Auch das Schiedsgericht kann eine angemessene Frist zur Anrufung des Staatsgerichts setzen[161].

Nach dem Ablauf einer angemessenen Frist ist das Ablehnungsrecht verwirkt. Diese Rechtsfolge tritt unabhängig von einer Frist dann ein, wenn die Partei die Anrufung des Staatsgerichts unangemessen hinauszögert[162].

9.3.4. Beendigung des Rechts zur Ablehnung

Die Ablehnungserklärung und das Gesuch beim staatlichen Gericht, die Ab- **2583**
lehnung für begründet zu erklären, müssen grundsätzlich vor dem Abschluß des Schiedsverfahrens angebracht werden. Deshalb ist die Ablehnung dem Grunde nach nicht mehr zulässig nach der Niederlegung des Schiedsspruchs[163] oder eines Schiedsvergleichs, bei Verzicht auf die Niederlegung nach Zustellung des unterschriebenen Schiedsspruchs[164], nach dem Abschluß eines außergerichtlichen Vergleichs oder nach Rücknahme der Schiedsklage[165]. Erläßt das Schiedsgericht gem. § 1037 ZPO seinen Schiedsspruch, bevor das staatliche Gericht über die Ablehnung entschieden hat, so ist die Entscheidung über die Ablehnung auch noch danach möglich[166]. Nur ausnahmsweise ist im Verfahren der Aufhebung oder der Vollstreckbarerklärung über die Ablehnung zu entscheiden, wenn die Ablehnung vor der Beendigung des Schiedsverfahrens erklärt, sie beim Staatsgericht im Beschlußverfahren nicht mehr durchgeführt oder dieses nicht mehr angerufen werden konnte[167].

156 A. A. *Schütze/Tscherning/Wais* Rn. 283.
157 Sach- oder Prozeßantrag, vgl. *Thomas/Putzo* § 43 ZPO Rn. 5.
158 *Baumbach/Hartmann* § 43 ZPO Rn. 7.
159 *Schwab/Walter* S. 113.
160 *BayObLG* LZ 1933, 1470; *Schwab/Walter* S. 106.
161 Vgl. *RG* DR 1945, 94/95; *Schütze/Tscherning/Wais* Rn. 292.
162 *Schwab/Walter* S. 113.
163 *BGH* NJW 1973, 98/99.
164 *OLG Düsseldorf* WM 1984, 1209.
165 *OLG Hamburg* OLGE 33, 143; *Schütze/Tscherning/Wais* Rn. 292.
166 BGHZ 40, 342 = NJW 1964, 593.
167 *RG* DR 1945, 98; BGHZ 24, 1; *Schwab/Walter* S. 113.

9.3.5. Die Entscheidung des Schiedsgerichts über eine begründete Ablehnung; die Selbstablehnung eines Schiedsrichters

2584 Die Schiedsvereinbarung oder die Satzung (Schiedsgerichtsordnung) kann das Schiedsgericht ermächtigen, über eine begründete Ablehnung selbst zu entscheiden[168]. In der Regel sind für Verbandsschiedsrichter Ersatzschiedsrichter bestimmt; der zuständige Ersatzschiedsrichter tritt dann an die Stelle des mit Erfolg abgelehnten Richters. Der Grundsatz, daß nur das Staatsgericht über eine Schiedsrichterablehnung entscheiden kann, greift nur ein, wenn das Schiedsgericht über die Ablehnung nicht entscheidet oder wenn sie diese (als vorläufige interne Meinungsäußerung) für unbegründet erklärt.

Bei einem ständigen Schiedsgericht stellt sich die Frage nach der Zulässigkeit der Selbstablehnung eines Schiedsrichters entspr. § 48 ZPO. Eine solche ist nach dem Wortlaut des § 1032 ZPO nicht möglich. Das schließt aber nicht aus, daß die Satzung oder Schiedsgerichtsordnung die Selbstablehnung zuläßt. Über eine solche entscheidet das Schiedsgericht unter Ausschluß des seine Befangenheit geltend machenden Schiedsrichters. Wird die Selbstablehnung für begründet erklärt, so ist die Besetzung mit dem Ersatzschiedsrichter die ordnungsgemäße Besetzung des Schiedsgerichts; § 1041 Nr. 1 ZPO greift dann nicht ein.

9.3.6. Verfahren des Schiedsgerichts nach der Ablehnungserklärung

2585 Kann oder will das Schiedsgericht die Ablehnung nicht für begründet erklären, so kann es das Verfahren nach § 1037 ZPO fortsetzen. Diese Vorschrift will eine Verfahrensverschleppung durch unbegründete Einwendungen verhüten[169]. Wird aber die Ablehnung vom Staatsgericht rechtskräftig für begründet erklärt, so ist ein ergangener Schiedsspruch unter Mitwirkung des abgelehnten Schiedsrichters verfahrensfehlerhaft i. S. d. § 1041 Nr. 1 ZPO zustande gekommen. Der Schiedsspruch kann dann auf Klage aufgehoben werden oder seine Vollstreckbarerklärung kann abgelehnt werden. Um einer solchen Gefahr vorzubeugen, wird das Schiedsgericht sein Verfahren bis zur rechtskräftigen staatsgerichtlichen Entscheidung aussetzen, wenn es die Ablehnung nicht offensichtlich für unbegründet erachtet.

9.3.7. Anrufung des Staatsgerichts und dessen Entscheidung

2586 Der Antrag auf Entscheidung über die Ablehnung kann beim Amtsgericht schriftlich oder zu Protokoll der Geschäftsstelle angebracht werden. Beim Landgericht besteht Anwaltszwang[170]. Der Schiedsvertrag oder die Schiedsgerichtsordnung kann ein beliebiges Amts- oder Landgericht bestimmen. Fehlt eine Bestimmung, so ist das staatliche Gericht zuständig, das auch für den Hauptsacheprozeß zuständig wäre, wäre er beim Staatsgericht anhängig gemacht worden (§ 1045 Abs. 1 Nr. 2 ZPO). Hier wird sich oft eine landgerichtliche Zuständigkeit ergeben, wenn der Auffassung gefolgt wird, daß für das

168 *KG* JW 1937, 554.

169 *Baumbach/Albers* § 1037 ZPO Rn. 1.

170 *OLG Hamburg* OLGE 17, 208; *Schütze/Tscherning/Wais* Rn. 290.

Verfahren betreffend die Ablehnung eines Schiedsrichters der Wert der Hauptsache maßgebend ist[171].
Der Ablehnungsgrund ist glaubhaft zu machen (§ 44 Abs. 2 ZPO). Hat sich die Partei eingelassen oder beim Schiedsgericht Anträge gestellt, so muß auch glaubhaft gemacht werden, daß der Ablehnungsgrund erst später bekannt geworden ist (§ 44 Abs. 4 ZPO).
Der vom Gericht zu hörende Antragsgegner (§ 1045 Abs. 2 Satz 2 ZPO) ist der Gegner des Ablehnenden im schiedsgerichtlichen Verfahren. Eine Anhörung des Schiedsrichters ist nicht untersagt, aber nicht geboten.
Gegen den Beschluß steht der beschwerten Partei das Rechtsmittel der sofortigen Beschwerde offen (§ 1045 Abs. 3 ZPO). Dies gilt auch für den Beschluß, der der Ablehnung stattgibt[172].

9.4. Der eingeschränkte Untersuchungsgrundsatz des Schiedsgerichts

9.4.1. Der Untersuchungsgrundsatz

Vor dem Erlaß des Schiedsspruchs haben die Schiedsrichter nach § 1034 Abs. 1 **2587**
Satz 1 ZPO das dem Streit zugrundeliegende Sachverhältnis zu ermitteln, soweit sie die Ermittlung für erforderlich halten. Im Zivilprozeß vor dem staatlichen Gericht gilt das Prinzip der formellen Wahrheit. Nur das Parteivorbringen ist die Grundlage für die Entscheidung; nur in diesem Rahmen besteht für das Gericht eine Fragepflicht. Die Pflicht zur Ermittlung des dem Streit zugrundeliegenden Sachverhältnisses gibt dem Schiedsgericht auf, eigene Ermittlungen anzustellen[173]. Damit nähert sich das schiedsgerichtliche Verfahren dem Amtsermittlungsverfahren der freiwilligen Gerichtsbarkeit, das dem Gericht ebenfalls die Feststellung von Tatsachen von Amts wegen auferlegt (§ 12 FGG), um nach Möglichkeit die materielle Wahrheit festzustellen[174].
Das Schiedsgericht kann die Art und Weise seiner Ermittlungen frei bestimmen[175]. An die Beweisvorschriften der ZPO (§§ 355 ff.) ist das Schiedsgericht nicht gebunden; es kann aber entsprechend diesen Vorschriften verfahren. Es kann auch einen sog. Freibeweis erheben, also auch schriftliche Zeugenbekundungen verwerten. Das Schiedsgericht kann ohne Bindung an Anträge der Parteien Auskünfte einholen, Zeugen und Sachverständige vernehmen oder Augenschein einnehmen, ohne daß es eines förmlichen Beweisbeschlusses bedürfte[176]. Es kann sogar privates Wissen verwerten[177].
Nach Auffassung des BGH bestehen für das Schiedsgericht wegen der grundsätzlich freien Verfahrensgestaltung (§ 1034 Abs. 2 ZPO) Aufklärungs- und Hinweispflichten (entspr. §§ 139, 278 Abs. 3 ZPO) nur, wenn dies die Parteien

171 *Baumbach/Hartmann* Anh. § 3 ZPO Stichwort »Ablehnung des Schiedsrichters«; a. A. *OLG Hamburg* MDR 1990, 58: 1/3 der Hauptsache.
172 Streitig, wie hier: *Schütze/Tscherning/Wais* Rn. 296; *Schwab/Walter* S. 273 mit Nachw. in Fußn. 38.
173 *Schütze/Tscherning/Wais* Rn. 332.
174 *Keidel/Kuntze/Winkler* § 12 FGG Rn. 21.
175 *OLG Celle* OLGE 15, 300.
176 *BGH* WM 1983, 1207; *Schwab/Walter* S. 119; *Schütze/Tscherning/Wais* Rn. 332 ff.
177 *BGH* NJW 1964, 593/595.

vereinbart haben[178]. Dem wird zu Recht entgegengehalten, daß der sich aus § 1034 Abs. 1 Satz 1 ZPO ergebende Untersuchungsgrundsatz die Fragepflicht nach § 139 ZPO einschließt[179].

9.4.2. Die Einschränkung des Untersuchungsgrundsatzes

2588 Da die Parteien die Herrschaft über das Verfahren behalten (§ 1034 Abs. 2 ZPO), können sie durch gemeinsames Handeln die Grenzen der Ermittlungspflicht und damit des Untersuchungsgrundsatzes herbeiführen. Sie können Tatsachen als feststehend oder nicht feststehend vereinbaren oder auf bestimmte Beweise verzichten; sie können auch das Schiedsgericht anweisen, statt einen Gutachter beizuziehen, einen Schaden selbst zu schätzen[180].

Eine Einschränkung des Untersuchungsgrundsatzes ergibt sich auch daraus, daß das Schiedsgericht Zeugen und Sachverständige nur vernehmen kann, wenn sie freiwillig vor ihm erscheinen (§ 1035 Abs. 1 ZPO); ferner dadurch, daß das Schiedsgericht diese Beweispersonen oder eine Partei nicht beeidigen darf (§ 1035 Abs. 2 ZPO).

9.4.3. Beim Schiedsgericht eingereichte eidesstattliche Versicherungen

2589 In einstweiligen Verfügungssachen werden teilweise bei Verbandsschiedsgerichten eidesstattliche Versicherungen eingereicht, um einen Verfügungsanspruch oder Verfügungsgrund glaubhaft zu machen.

Die ältere Rechtsprechung und Literatur hat die Befugnis des Schiedsgerichts, eidesstattliche Versicherungen entgegenzunehmen und mit dem diesen zukommenden Beiweiswert verwerten zu dürfen, teilweise bejaht[181] und auch verneint[182]. Die heutige Auffassung geht dahin, daß das Schiedsgericht nicht befugt ist, eine eidesstattliche Versicherung einzufordern[183]; es kann einer Partei nur anheimstellen, daß die Beweisperson die eidesstattliche Versicherung bei dem nach § 1045 ZPO zuständigen Staatsgericht abgibt[184] und daß diese dann beim Schiedsgericht eingereicht wird. Dieses kann außerdem eine eidesstattliche Versicherung, die vor einer zuständigen Behörde unter Strafandrohung des § 156 StGB abgegeben worden ist, im Wege des Urkundenbeweises verwerten[185]. Es kommt vor, daß dem Schiedsgericht eidesstattliche Versicherungen eingereicht werden, die vor einem Notar abgegeben worden sind. Notare sind zur Aufnahme einer solchen eidesstattlichen Versicherung an sich nicht berechtigt. § 22 Abs. 2 BNotO erfordert, daß einer Behörde oder sonstigen Dienststelle eine tatsächliche Behauptung oder Aussage glaubhaft gemacht werden soll. Deshalb darf der Notar eidesstattliche Versicherungen, die für Privatpersonen oder private Institutionen (Versicherungen,

---

178 BGHZ 85, 288/292 = NJW 1983, 867; vgl. auch *Raeschke-Kessler* NJW 1988, 3041/3049.

179 *Schütze/Tscherning/Wais* Rn. 332; *Schwab/Walter* S. 119.

180 *Schütze/Tscherning/Wais* Rn. 332; *Schwab/Walter* S. 119.

181 *OLG Hamburg* HRR 1928 Nr. 2322; *Kisch* JW 1926, 2219; *Nord HansRGZ* 1926, 802/803.

182 *KG* JW 1926, 2219.

183 *Schwab/Walter* S. 125; *Schütze/Tscherning/Wais* Rn. 335; *Thomas/Putzo* § 1035 ZPO Rn. 3.

184 *Thomas/Putzo* a. a. O.

185 *Schütze/Tscherning/Wais* Rn. 335.

Banken) bestimmt sind, nicht aufnehmen[186]. Ein Schiedsgericht ist eine private Institution. Es kann aber eine gleichwohl vor einem Notar abgegebene eidesstattliche Versicherung frei würdigen[187], darf einer solchen aber keinen höheren Beweiswert zukommen lassen als einer schriftlichen Zeugenaussage[188].

9.5. Die Pflicht des Schiedsgerichts zur Gewährung des rechtlichen Gehörs

Nach § 1034 Abs. 1 Satz 1 ZPO haben die Schiedsrichter die Parteien zu hören, **2590**
bevor sie einen Schiedsspruch erlassen. Diese einfachgesetzlich angeordnete Pflicht des Schiedsgerichts, den Parteien rechtliches Gehör zu gewähren, ist identisch mit dem den Staatsgerichten nach Art. 103 Abs. 1 GG auferlegten Gebot zur Gehörsgewährung. Diese Verfassungsvorschrift gibt den Beteiligten ein Recht zur Äußerung

- über Tatsachen,
- über Beweisergebnisse und
- über die Rechtslage;

sie verpflichtet das (Schieds-)Gericht, den Vortrag der Beteiligten

- zur Kenntnis zu nehmen und
- bei der Entscheidung in Erwägung zu ziehen[189]. Diese Grundsätze gelten im wesentlichen auch im schiedsgerichtlichen Verfahren[190].

Das rechtliche Gehör soll den Beteiligten Gelegenheit geben, auf eine bevorstehende (schieds-)gerichtliche Entscheidung Einfluß zu nehmen[191]. In Schiedsgerichtsordnungen ist zum Teil vorgesehen, daß das Schiedsgericht oder dessen Vorsitzender eine Schiedsklage ohne mündliche Verhandlung verwerfen kann, wenn Verfahrensfehler bestehen, wenn z. B. eine Klagfrist nicht eingehalten oder ein angeforderter Kostenvorschuß nicht einbezahlt worden ist. Eine solche Entscheidung ist nur zulässig, wenn der Schiedskläger auf diesen Mangel hingewiesen und eine Frist zur Stellungnahme gesetzt worden ist.

Eine einstweilige Verfügung darf vom Schiedsgericht nach dem eindeutigen **2591**
Wortlaut des § 1034 Abs. 1 Satz 1 ZPO ohne Anhörung des Antragsgegners nicht erlassen werden. Insoweit geht die für das Schiedsgericht bestehende einzelgesetzliche Pflicht über diejenige hinaus, die für Gerichte aus Art. 103 Abs. 1 GG folgt; bei der Geltung nur dieser Verfassungsvorschrift ist anerkannt, daß für ein Gericht eine Pflicht zur vorherigen Anhörung nicht besteht, wenn diese den Zweck der Maßnahme vereiteln würde oder wenn die Entscheidung nach vorheriger Anhörung zu spät käme[192].

Im einzelnen ergeben sich folgende Pflichten des Schiedsgerichts: **2592**

Beide Parteien müssen Gelegenheit erhalten, sich zu allen tatsächlichen Erwägungen äußern zu können, auf welche die Entscheidung des Schiedsgerichts

186 *Jansen* Rn. 7, *Keidel/Kuntze/Winkler* Rn. 5, je zu § 38 BeurkG.
187 *Schwab/Walter* S. 125; *Baumbach/ Albers* § 1035 ZPO Rn. 2; so wohl auch *Thomas/Putzo* § 1035 ZPO Rn. 1.
188 So wohl auch *Schwab/Walter* a. a. O.
189 Vgl. z. B. *BVerfG* NJW 1991, 1283/1285.
190 BGHZ 96, 40/47 f. = NJW 1986, 1436/1438; *BGH* NJW 1990, 2199/2200.
191 *BVerfG* a. a. O.
192 *BVerfG* a. a. O.

gegründet werden soll[193]. Das Vorbringen einer Partei ist der Gegenpartei auch dann mitzuteilen, wenn es nur Rechtsausführungen enthält. Von Gesetzes wegen ist es aber dem Schiedsgericht freigestellt, ob es den Parteien mündlich oder schriftlich das rechtliche Gehör gewährt[194]; insoweit kann aber eine Schiedsgerichtsordnung vorschreiben, daß das Schiedsgericht grundsätzlich mündlich zu verhandeln hat.

Bei einer vor dem Schiedsgericht durchgeführten Beweisaufnahme haben die Parteien ein Recht auf Anwesenheit, um Fragen stellen zu können. Dies folgt aus dem Grundsatz, daß das Schiedsgericht die Parteien bei der Sachaufklärung mitwirken lassen muß[195].

Zu all den Beweismitteln, welche das Schiedsgericht bei seiner Entscheidung verwerten will, muß es den Parteien Gelegenheit zur Stellungnahme geben. Dies gilt für eingereichte oder beigezogene Urkunden, für das Ergebnis einer Beweisaufnahme, für das Verwerten offenkundiger Tatsachen oder für das private Wissen, das im schiedsgerichtlichen Verfahren zulässig ist[196].

Die Parteien müssen auch Gelegenheit haben, sich zu Rechtsfragen äußern zu können[197].

Das rechtliche Gehör kann verletzt sein, wenn einem Antrag auf Terminverlegung nicht stattgegeben worden ist, etwa weil eine Partei nachweislich verhindert ist oder weil ihr Anwalt das Mandat niedergelegt hat[198]

Vom Standpunkt der Gehörsgewährung ist das Schiedsgericht nicht verpflichtet, mit den Parteien die Rechtslage zu erörtern, also ein Rechtsgespräch zu führen, und die Parteien zu rechtlichen Äußerungen aufzufordern[199]. Hat aber das Schiedsgericht gegenüber den Parteien eine Rechtsansicht geäußert, so darf es nicht stillschweigend von dieser abweichen, sondern muß den Parteien Gelegenheit zur Stellungnahme geben[200]. Im Einzelfall kann es aber ein nobile officium für das Schiedsgericht sein, mit den Parteien anstehende Rechtsfragen zu erörtern, wenn Gegenstand des Rechtsstreits etwa die Auslegung einer für das Verbandsleben bedeutsamen Satzungsbestimmung ist.

9.6. Keine Zurückweisung von Rechtsanwälten

2593 Rechtsanwälte dürfen im Schiedsgerichtsverfahren als Prozeßbevollmächtigte oder Beistände nicht zurückgewiesen werden (§ 1034 Abs. 1 Satz 2 ZPO). Das Gesetz meint ersichtlich Rechtsanwälte, die irgendwo in der Bundesrepublik Deutschland ihre Zulassung haben. Die vor dem 27. 8. 1980 zugelassenen Rechtsbeistände mit uneingeschränkter (oder unter Ausschluß des Sozialrechts erteilter) Erlaubnis sind auf Antrag in die zuständige Rechtsanwaltskammer aufzunehmen; sie erhalten damit praktisch die Rechtsstellung eines Rechts-

193 *BGH* NJW 1990, 2199/2200.
194 *OLG Hamburg* MDR 1965, 54.
195 *Schütze/Tscherning/Wais* Rn. 328; *Schwab/Walter* S. 121.
196 *BGH* NJW 1964, 593/595.
197 *BVerfG* NJW 1991, 1283/1285; *Schütze/Tscherning/Wais* Rn. 328.
198 *BGH* EWiR § 1041 ZPO 1/89 S. 311/312; *Raeschke-Kessler* in Jahrbuch für die Praxis der Schiedsgerichtsbarkeit Bd. 2, S. 225/236.
199 *BGH* NJW 1990, 3210/3211; *Engelhardt* JZ 1987, 227/231.
200 BGHZ 85, 292; *Raeschke-Kessler* NJW 1988, 3041/3049.

anwalts[201]. Auch solche Rechtsbeistände können nicht zurückgewiesen werden. Es bleibt gleich, ob der Rechtsanwalt eine Partei in der mündlichen Verhandlung vor dem Schiedsgericht vertritt oder ob er nur Schriftsätze einreicht. Es stellt keine die unbeschränkbare Zulassung von Rechtsanwälten in Frage stellende Regelung dar, wenn die Schiedsgerichtsordnung bestimmt, daß Rechtsanwaltskosten nicht zu erstatten sind[202]. Die Beschränkung auf verbandsangehörige Rechtsanwälte ist nicht zulässig. Rechtsanwälte müssen ihre Vollmacht einreichen. Es steht aber im Ermessen des Schiedsgerichts, ob es einen Rechtsanwalt ohne Vollmacht zuläßt. Ein Schiedsspruch darf aber nur nach Einreichung der Vollmacht ergehen[203].
Personen, die nach § 157 ZPO von dem mündlichen Verhandeln vor Gericht ausgeschlossen sind, darf das Schiedsgericht zurückweisen. Das sind Personen, die die Besorgung fremder Rechtsangelegenheiten geschäftsmäßig betreiben, ohne daß ihnen dies von der Justizverwaltung gestattet ist. Geschäftsmäßig handelt, wer sich selbständig, d. h. frei von Weisungsbefugnissen Dritter betätigt[204] und wenn die Tätigkeit über den Gelegenheitsfall hinaus auf eine gewisse Dauer angelegt ist, was schon beim ersten Geschäft der Fall sein kann, wenn die Fortsetzung der Tätigkeit beabsichtigt ist[205].

9.7. Weitere Grundsätze sowie Besonderheiten des schiedsgerichtlichen Verfahrens

9.7.1. Die grundsätzlich freie Verfahrensgestaltung

Das Gesetz schreibt für das schiedsgerichtliche Verfahren nur zwingend vor, **2594**
daß den Parteien rechtliches Gehör zu gewähren ist, daß der für die Entscheidung erforderliche Sachverhalt nach dem eingeschränkten Untersuchungsgrundsatz zu ermitteln ist und daß Rechtsanwälte nicht zurückgewiesen werden dürfen (§ 1034 Abs. 1 ZPO). Im übrigen wird das Verfahren, soweit nicht die Parteien eine Vereinbarung getroffen haben, von den Schiedsrichtern nach freiem Ermessen bestimmt (§ 1034 Abs. 2 ZPO). Daraus folgt, daß das Schiedsgericht zwar allgemeingültige Grundsätze des Zivilprozeßrechts beachten muß (z. B. über die Parteifähigkeit), daß es aber bei seiner Verfahrensgestaltung nicht an Grundsätze der ZPO gebunden ist. Diese Verfahrensgestaltungsfreiheit kann beim vereinbarten Schiedsgericht durch eine übereinstimmende Weisung beider Parteien und beim satzungsmäßig angeordneten Schiedsgericht durch die Schiedsgerichtsordnung eingeschränkt werden. Fehlt es an derartigen Bindungen des Schiedsgerichts, so ist dieses nicht verpflichtet, den Parteien Hinweise nach §§ 139, 278 Abs. 3 ZPO zu geben[206].

9.7.2. Aktenbildung und -aufbewahrung

Die Akten sind solche des Schiedsgerichts und nicht des Vereins. Die Fest- **2595**
legung eines Aktenzeichens und die Führung der Akten obliegt dem Vor-

---

201 § 209 BRAO; vgl. *Baumbach/Albers* § 155 GVG Anh. II Rn. 2.
202 *Schütze/Tscherning/Wais* Rn. 333.
203 Vgl. *Schwab/Walter* S. 137.
204 *BGH* NJW 1963, 441.
205 *BVerwG* AnwBl. 1988, 302; *OLG Stuttgart* NJW 1992, 3051.
206 Vgl. *BGH* NJW 1959, 2213/2214 und NJW 1983, 867/868.

sitzenden. Dieser bewahrt auch die Akten auf, falls nicht eine Verwahrung in der Registratur des Vereins üblich ist.

9.7.3. Akteneinsicht

2596 Die Einsicht in die Akten ist den Parteien und ihren Verfahrensbevollmächtigten stets zu gewähren. Dritten kann Akteneinsicht nur mit Zustimmung beider Parteien bewilligt werden[207]; ein bloß rechtliches Interesse genügt schon deshalb nicht, weil die Schiedsrichter zur Verschwiegenheit verpflichtet sind und hiervon nur mit Einverständnis beider Parteien befreit werden können[208]. Die Zustimmung beider Parteien ist auch für eine Überlassung der Akten an ein anforderndes Staatsgericht erforderlich[209]. In den Schiedsspruch, der beim Staatsgericht niedergelegt worden ist, kann bei Vorliegen eines rechtlichen Interesses Einsicht genommen werden (§ 200 Abs. 2 ZPO).

9.7.4. Anerkenntnis und Verzicht

2597 Aus einem Anerkenntnis oder aus einem Verzicht kann das Schiedsgericht nur verfahrensrechtliche Folgerungen ziehen. Es muß immer einen kontradiktorischen Schiedsspruch erlassen, so daß ein Anerkenntnis- oder Verzichtsschiedsspruch nicht in Betracht kommt[210].

9.7.5. Antragstellung

2598 Hinsichtlich der Schiedsklage bestehen keine Bindungen an Klageformen und Klagearten[211]. Bestimmte Klaganträge sind (da § 253 Abs. 2 Nr. 2 ZPO nicht gilt) nicht erforderlich. Die Anträge bedürfen keiner ausdrücklichen Kundgabe und können auch stillschweigend gestellt werden. Sie können sich aus der Gesamtheit des Streitstoffes ergeben, so daß das Schiedsgericht über die etwa besonders gestellten Anträge hinausgehen kann; es darf aber nicht über Streitpunkte entscheiden, die nicht Gegenstand des Parteivorbringens waren. Mit dieser Maßgabe gilt im schiedsgerichtlichen Verfahren § 308 Abs. 1 ZPO[212]. Das Schiedsgericht kann davon ausgehen, daß die Parteien eine wirtschaftlich zweckmäßige und praktische Erledigung des Rechtsstreits begehren[213].

9.7.6. Armut einer Partei

2599 Bewilligung von Prozeßkostenhilfe ist nicht möglich[214].

9.7.7. Arrest

2600 Der Erlaß eines Arrestes ist dem Schiedsgericht nicht gestattet.

---

207 *Maier* Rn. 248; *Schütze/Tscherning/Wais* Rn. 354.

208 A. A. rechtliches Interesse genügt: *Schwab/Walter* S. 143.

209 *Maier* a. a. O.

210 *Schütze/Tscherning/Wais* Rn. 515; *Schwab/Walter* S. 159.

211 *Baumbach/Albers* § 1034 ZPO Rn. 14.

212 Vgl. zu alledem: RGZ 149, 45/49 = JW 1935, 3623 = Recht 1935 Nr. 8132; *BGH* NJW 1959, 1493/1494.

213 *RG* und *BGH* a. a. O.

214 *Maier* Rn. 13; *Schütze/Tscherning/Wais* Rn. 592.

9.7.8. Aussetzung

Eine Aussetzung aus wichtigem Grund (§ 246 ZPO) ist nicht möglich; es kann **2601**
aber das Ruhen des Verfahrens auf Zeit oder auf unbestimmte Zeit angeordnet werden[215].

9.7.9. Beratungsgeheimnis

Schiedsrichter unterliegen der Schweigepflicht. Deshalb ist der Hergang der **2602**
Beratung und Abstimmung – wie beim staatlichen Richter – der Untersuchung durch das Staatsgericht entzogen; dies gilt auch im Falle der Aufhebungsklage gegen den Schiedsspruch. Eine Zeugenvernehmung der Schiedsrichter über den Hergang der Beratung und Abstimmung ist nur möglich, wenn alle Beteiligten, also die Parteien und die Schiedsrichter, auf das Beratungsgeheimnis verzichten[216].

9.7.10. Beteiligung Dritter am Schiedsverfahren

Streitverkündung ist unter den Voraussetzungen des § 72 ZPO zulässig[217]. Sie **2603**
wird durch Einreichung eines Schriftsatzes beim Schiedsgericht eingeleitet, in dem der Grund für die Streithilfe und die Lage des Rechtsstreits anzugeben sind. Der Schriftsatz wird dem Streitverkündeten durch »Einschreiben mit Rückschein« oder mittels Telefax übermittelt, der Gegenpartei wird der Schriftsatz formlos mitgeteilt. Die Interventionswirkung nach § 74 Abs. 3, § 68 ZPO tritt aber nicht ein, wenn die Wirkung des Schiedsspruchs auf unbeteiligte Dritte nicht ausgedehnt werden kann[218], wie dies bei einer Schiedsvereinbarung bestimmter Personen der Fall ist. Beim satzungsmäßig angeordneten Schiedsgericht ist aber eine Ausdehnung auf nicht streitbeteiligte Parteien möglich, die ebenfalls der gleichen Schiedsgerichtsbarkeit unterliegen. Die Streitverkündung hat in jedem Falle die materielle Wirkung der Unterbrechung der Verjährung (§§ 220, 209 Abs. 2 Nr. 4 BGB). Es bleibt der Entscheidung des Streitverkündungsgegners überlassen, ob er dem Rechtsstreit und auf welcher Seite er beitritt. Der Beitritt ist auch ohne Streitverkündung möglich, wenn der Streithilfe Leistende ein bestimmtes rechtliches Interesse hat, daß eine bestimmte Partei obsiegt (§ 66 ZPO). Der Beitritt ist aber in allen Fällen nur zulässig, wenn sowohl die Parteien als auch die Schiedsrichter zustimmen[219].

9.7.11. Beweissicherung

Beim institutionellen Schiedsgericht ist die Beweissicherung jederzeit möglich. **2604**
Ist die Gefahr des Verlustes des Beweismittels gegeben, so müssen die Parteien nicht hinzugezogen werden[220].

9.7.12. Eidesstattliche Versicherung

Vgl. Rn. 2589. **2605**

215 *Schütze/Tscherning/Wais* Rn. 362.
216 RGZ 129, 15/17; BGHZ 23, 138; *Schütze/Tscherning/Wais* Rn. 518; *Schwab/Walter* S. 205.
217 *Maier* Rn. 244; *Schwab/Walter* S. 136.
218 *Schütze/Tscherning/Wais* Rn. 363.
219 *Schütze/Tscherning/Wais* Rn. 364; *Schwab/Walter* S. 136.
220 *Maier* Rn. 341.

9.7.13. Fristen

2606 Die Satzung oder Schiedsgerichtsordnung kann bestimmen, daß gegen Entscheidungen einer Vereinsinstanz nur innerhalb einer bestimmten Frist das Schiedsgericht angerufen werden kann. Desgleichen kann die Schiedsgerichtsordnung Einlassungs- oder Ladungsfristen bestimmen.

Das Schiedsgericht kann den Parteien ebenfalls Fristen setzen. Will es eine Ausschlußfrist setzen, also eine Prozeßhandlung nach dieser Frist nicht mehr berücksichtigen, so muß dies deutlich zum Ausdruck gebracht werden. Im schiedsgerichtlichen Verfahren ist ein Sachvortrag an sich bis zur Niederlegung des Schiedsspruchs möglich; wenn diese abbedungen worden ist, ist ein Sachvortrag bis zur Zustellung eines Schiedsspruchs zulässig. Will das Schiedsgericht nach dem Schluß der mündlichen Verhandlung einen weiteren Sachvortrag wegen ausreichender Gewährung des rechtlichen Gehörs nicht mehr zulassen, so muß auch dies den Parteien unmißverständlich eröffnet werden[221].

9.7.14. Förderpflicht

2607 Die Parteien trifft im schiedsgerichtlichen Verfahren eine Mitwirkungs- und Förderpflicht[222]. Beim Vereinsschiedsgericht folgt diese Pflicht aus dem Mitgliedschaftsverhältnis; ist das Schiedsgericht aufgrund einer Vereinbarung zuständig, so folgt diese Mitwirkungs- und Förderpflicht aus diesem Vertrag[223]. Im einzelnen haben die Parteien alles zu tun, um Beginn und Durchführung des Verfahrens in angemessener Zeit zu ermöglichen[224].

9.7.15. Fortsetzung des Verfahrens im Falle der Aufhebung des Schiedsspruchs

2608 Beim vereinbarten Schiedsgericht kann der Schiedsvertrag vorsehen, daß im Falle der rechtskräftigen Aufhebung des Schiedsspruchs (§§ 1041, 1042 Abs. 2 ZPO) oder der Ablehnung der Vollstreckbarerklärung eines Vergleichs (§ 1044 a Abs. 2 ZPO) die Schiedsklage erneut zu erheben ist[225]. Beim satzungsmäßig angeordneten Schiedsgericht bleibt dieses für die Fortsetzung des Verfahrens zuständig, es sei denn, Aufhebungsgrund ist die Unwirksamkeit der Schiedsklausel.

Der Streit um die Wirksamkeit eines Schiedsvergleichs ist vor dem Schiedsgericht auszutragen[226]. Der Einwand, das Staatsgericht müsse entscheiden, weil durch den Vergleich der Schiedsvertrag und der Schiedsrichtervertrag ihr Ende gefunden hätten[227], greift beim satzungsmäßig angeordneten Schiedsgericht nicht durch. Kommt das Schiedsgericht zu dem Ergebnis, daß der Vergleich wirksam das Verfahren beendet hat, so bringt es dies in einem Schiedsspruch zum Ausdruck, wobei die Kostenlast des fortgesetzten Verfahrens die Partei trifft, welche die Unwirksamkeit des Vergleichs eingewendet hat. Hält das

221 *Schütze/Tscherning/Wais* Rn. 359.
222 Vgl. z. B. *BGH* NJW 1988, 1215; *OLG Oldenburg* NJW 1971, 1461/1462.
223 *Schütze/Tscherning/Wais* Rn. 358.
224 *Maier* Rn. 276.
225 *Schütze/Tscherning/Wais* Rn. 120.
226 *Schwab/Walter* S. 193; *Maier* Rn. 332.
227 *Schütze/Tscherning/Wais* Rn. 508.

Schiedsgericht den Vergleich für unwirksam, so erläßt es einen die Sache abschließenden Schiedsspruch.

9.7.16. Hausrecht/Ordnungsstörungen

Das Schiedsgericht hat keine sitzungspolizeiliche Gewalt i. S. d. §§ 176 ff. GVG. **2609**
Der Vorsitzende hat jedoch das Hausrecht und kann zur Wahrung des Hausfriedens Ruhestörer sowie Unbefugte aus dem Sitzungsraum weisen[228]. Bei Parteien und ihren Verfahrensbevollmächtigten soll die Saalverweisung allerdings nur als äußerstes Mittel zur Anwendung kommen, um der Ruhestörung zu begegnen. Eine sonach aus dem Sitzungsraum entfernte Partei steht einer säumigen gleich[229].

9.7.17. Heilung von Mängeln des Verfahrens

Verstöße gegen verzichtbare, nicht zwingende Verfahrensvorschriften (der **2610**
Schiedsgerichtsordnung) können in entsprechender Anwendung des § 195 ZPO unbeachtlich sein, wenn sie in der mündlichen Verhandlung nicht sofort oder außerhalb einer solchen nicht unverzüglich schriftsätzlich gerügt werden[230]. Unverzichtbar sind die in § 1034 Abs. 1 Satz 1 und 2 ZPO angeführten Verfahrensgarantien sowie die in § 1041 Abs. 1 Nr. 1–4, 6 ZPO aufgeführten Mängel.

9.7.18. Klage

Hinsichtlich der Schiedsklage bestehen keine Bindungen an Klageformen und **2611**
Klagearten[231]. Es ist auch mündliche Klageerhebung möglich. In jedem Fall muß aber das Klagebegehren eindeutig erkennbar sein. Eine Einlassungsfrist (§ 274 Abs. 3 ZPO) gibt es nicht[232]. Es ist auch keine Klagezustellung erforderlich. Gleichwohl ist die Klage nur dann erhoben, wenn sie dem Beklagten zugegangen ist[233]; von diesem muß ein Empfangsbekenntnis erlangt werden (»Einschreiben mit Rückschein«). Die Schiedsgerichtsordnung kann eine jeder Partei zumutbare Form der Klage sowie eine Einlassungsfrist anordnen.

9.7.19. Klagänderung

Die Änderung der Schiedsklage ist möglich. Sie ist Änderung des Streitgegen- **2612**
standes, die den Klagegrund oder den Klagantrag betreffen kann[234]. Klagänderung ist auch der Parteiwechsel[235]. Erforderlich ist, daß entweder der Beklagte damit einverstanden ist oder daß das Schiedsgericht die Klagänderung für sachdienlich erachtet (§ 263 ZPO). § 264 ZPO ist entsprechend anwendbar.

---

228 *Schütze/Tscherning/Wais* Rn. 406; *Schwab/Walter* S. 145.
229 *Schwab/Walter* S. 141.
230 *Schütze/Tscherning/Wais* Rn. 348; *Schwab/Walter* S. 139.
231 *Baumbach/Albers* § 1034 ZPO Rn. 14 Stichwort »Klage«.
232 *Schwab/Walter* S. 133.
233 *Schütze/Tscherning/Wais* Rn. 383.
234 *BGH* NJW-RR 1987, 125.
235 *BGH* NJW 1988, 128.

9.7.20. Klagerücknahme

2613 Die Klagerücknahme ist ab Klageeinreichung zulässig[236]. Die Zustimmung des Beklagten ist erforderlich; verweigert er sie, so ist zu entscheiden[237]. Über die Kosten hat das Schiedsgericht auch ohne dahingehende Antragstellung zu entscheiden[238]. Eine Bindung an § 269 Abs. 3 ZPO besteht nicht; das Schiedsgericht wird aber den Grundsatz anwenden, daß der Kläger als Rücknehmender der Unterlegene ist[239].

9.7.21. Konkurs

2614 Der Konkurs über das Vermögen einer Partei hat auf das Schiedsgerichtsverfahren keinen Einfluß[240]. Die Schiedsgerichtsordnung kann aber eine Unterbrechung vorsehen[241].

9.7.22. Kostenvorschuß

2615 Beim vereinbarten Schiedsgericht sind beide Parteien verpflichtet, den Schiedsrichtern auf deren Verlangen einen Vorschuß auf die diesen zustehende Vergütung nach § 669 BGB zu zahlen[242]. Beim ständigen Verbandsschiedsgericht besteht eine sich aus § 669 BGB ergebende Vorschußpflicht dann nicht, wenn nur vertragliche Beziehungen zwischen dem Verband und den Schiedsrichtern bestehen (vgl. nachfolgend: Schiedsrichtervertrag). Hier kann nur eine korporationsrechtliche Vorschußpflicht begründet werden. Als vorschußpflichtig wird zum Teil allein der Kläger/Antragsteller erklärt.
Verursacht die Beweisaufnahme Kosten (für Zeugen oder Sachverständige), so ist auch im Verbandsschiedsgerichtsverfahren die Partei vorschußpflichtig, welche die Beweisperson benannt hat[243].

9.7.23. Ladung

2616 Die Ladung der Parteien und Beweispersonen ist formlos möglich[244]. Ladungsfristen sind nicht einzuhalten[245]. Die Schiedsgerichtsordnung kann Ladungsformen (»Einschreiben mit Rückschein«) und Ladungsfristen vorsehen.

9.7.24. Mündlichkeit

2617 Der Grundsatz der Mündlichkeit (§ 128 Abs. 1 ZPO) gilt selbst dann nicht, wenn tatsächlich mündlich verhandelt worden ist[246]. Die Schließung der mündlichen Verhandlung ist – anders als nach § 296 a ZPO – nicht zugleich der Endzeitpunkt für das Vorbringen von Angriffs- und Verteidigungsmitteln; das gesamte Vorbringen muß bis zur Niederlegung des Schiedsspruchs oder (falls

236 *Maier* Rn. 234.
237 *Schwab/Walter* S. 140.
238 So wohl auch *Schwab/Walter* S. 289.
239 *Maier* Rn. 236; *Schwab/Walter* a. a. O.
240 RGZ 62, 24; *BGH* KTS 1966, 246.
241 *BGH* a. a. O.
242 BGHZ 55, 344; 94, 92; 102, 199.
243 *Schütze/Tscherning/Wais* Rn. 244; *Schwab/Walter* S. 99.
244 Vgl. *Baumbach/Albers* § 1034 ZPO Rn. 15 Stichwort »Ladung«.
245 *Schütze/Tscherning/Wais* Rn. 357.
246 *OLG Hamburg* MDR 1956, 494; *Schütze/Tscherning/Wais* Rn. 392.

hierauf verzichtet worden ist) bis zur Zustellung des Schiedsspruchs beachtet werden (vgl. jedoch oben »Fristen«).

9.7.25. Öffentlichkeit

Das Schiedsgericht verhandelt nichtöffentlich. Die Gestattung der Anwesen- **2618**
heit Dritter ist mit Zustimmung der Parteien möglich[247]. Im Verbandsschiedsgerichtsverfahren hat sich zum Teil der Begriff der Verbandsöffentlichkeit eingebürgert, d. h. Verbandsangehörige können an der Schiedsgerichtsverhandlung teilnehmen.

9.7.26. Protokoll

Die Führung eines Protokolls ist nicht vorgeschrieben, aber zweckmäßig. Die **2619**
Vorschriften der §§ 159–165 ZPO sind nicht anwendbar. Da das Protokoll demnach keine Beweiskraft nach § 165 ZPO hat, sollte es nicht nur vom Vorsitzenden (und einem evtl. beigezogenen Protokollführer), sondern auch von den Parteien oder ihren Verfahrensbevollmächtigten unterschrieben werden, damit die Zuverlässigkeit als Privaturkunde gewonnen wird[248]. Dies ist aber oft technisch nicht möglich; nach einer langen Beweisaufnahme kann nicht sofort ein unterschriftsreifes Protokoll hergestellt werden. Die Zuverlässigkeit als Privaturkunde kann aus dem Umstand hergeleitet werden, daß die Parteien das ihnen zugesandte Protokoll nicht unverzüglich beanstandet haben.
Es kann sich folgende verlesene Erklärung der Parteien empfehlen: »Die Parteien erklären ihr Einverständnis damit, daß die aufgerufene Sache unter Ausschluß des ordentlichen Rechtsweges vor dem Schiedsgericht in der gegenwärtigen Besetzung verhandelt und von diesem entschieden wird.«

9.7.27. Rechtshängigkeit

Siehe Schiedshängigkeit, Rn. 2622. **2620**

9.7.28. Rechtsmittelverfahren

In der Vereinsschiedsgerichtsbarkeit ist selten die Möglichkeit in der Satzung **2621**
vorgesehen, ein Oberschiedsgericht innerhalb einer bestimmten Frist anrufen zu können. Soweit dies der Fall ist, sollte auch klargestellt werden, ob das Oberschiedsgericht Berufungs- oder Revisionsinstanz ist.
Der Schiedsspruch der ersten Instanz kann niedergelegt werden, wenn die Rechtsmittelfrist ungenutzt verstrichen ist. Grundsätzlich schließt erst der Schiedsspruch des Oberschiedsgerichts das Verfahren ab[249]. Dies ist aber dann nicht der Fall, wenn das Oberschiedsgericht unter Aufhebung des ersten Schiedsspruchs die Sache an die Vorinstanz zurückverweist, was zulässig ist[250]; dann ist der auf die erneute Behandlung ergehende Schiedsspruch niederzulegen, wenn er nicht wieder angefochten wird. Bestätigt das Oberschiedsgericht den ersten Schiedsspruch, so müssen u. U. beide Schiedssprüche niedergelegt werden, wenn der Ausspruch des Oberschiedsspruchs den Ausspruch des ersten Schiedsspruchs nicht enthält.

---

247 *Baumbach/Albers* § 1034 ZPO Rn. 17 Stichwort »Öffentlichkeit«.
248 *Schütze/Tscherning/Wais* Rn. 353; *Schwab/Walter* S. 144.
249 *OLG Düsseldorf* BB 1976, 251.
250 *Schwab/Walter* S. 185.

9.7.29. Schiedshängigkeit

2622 Mit der Übermittlung der Schiedsklage an den Beklagten tritt Schiedshängigkeit, aber keine Rechtshängigkeit i. S. d. § 261 ZPO ein[251]. Es ist aber § 262 ZPO entspr. anwendbar; es wird also die Verjährung unterbrochen (§§ 220, 209–213, 215, 216, 218, 219 BGB), es beginnt der Anspruch auf Prozeßzinsen (§ 291 BGB), außerdem wird ein Schmerzensgeldanspruch nach § 847 Abs. 1 BGB übertragbar[252].

9.7.30. Streitwert; Festsetzung und Vereinbarung

2623 Das Schiedsgericht kann den Streitwert nach Anhörung der Parteien im Schiedsspruch oder durch gesonderten Beschluß festsetzen, wenn die Schiedsrichtervergütung vom Streitwert unabhängig ist. Diese Festsetzung kann erforderlich sein, wenn die Schiedsgerichtsordnung bestimmt, daß der Vorsitzende erst nach einem Streitwert von 10 000 DM Beisitzer zuzuziehen hat.
Ist dagegen die Höhe der Vergütung der Schiedsrichter vom Streitwert abhängig, so wäre eine einseitige Festsetzung des Streitwertes durch das Schiedsgericht ein unzulässiges Richten in eigener Sache[253]. In solchen Fällen kann das Schiedsgericht jedoch eine (formfreie) Vereinbarung über den zugrunde zu legenden Streitwert treffen.
Ist das Schiedsgericht zur Streitwertfestsetzung befugt, so gilt diese aber nicht für die Gebühren verfahrensbeteiligter Rechtsanwälte; die Vorschrift des § 9 Abs. 1 BRAGO, wonach die Wertfestsetung für das gerichtliche Verfahren auch für die Gebühren der Rechtsanwälte gilt, ist im schiedsgerichtlichen Verfahren nicht anwendbar. Überdies wird das Verhältnis der Partei zu ihrem Anwalt (Anwaltsvertrag) grundsätzlich nicht von der Schiedsklausel erfaßt, es sei denn, diese bezieht dieses Verhältnis ausdrücklich mit ein, was im Rahmen der insoweit bestehenden Vertragsfreiheit an sich zulässig ist; dieser Fall ist so selten, daß er nachfolgend außer Betracht bleibt. Stellen beteiligte Rechtsanwälte – wie regelmäßig – beim Schiedsgericht den Antrag, den Streitwert festzusetzen, und entspricht dem das Schiedsgericht, so nimmt es als Dritter im Verhältnis des Anwalts zu seinem Mandaten eine Leistungsbestimmung i. S. d. § 315 BGB vor[254]. Dabei handelt das Schiedsgericht im Rahmen seines Ermessens, wenn es den Streitwert nach Maßgabe der für das staatliche Gericht geltenden Streitwertregeln festsetzt[255]. Diese Leistungsbestimmung hat aber zur Voraussetzung, daß die erteilte Vollmacht, sofern der Mandant nicht anwesend ist, den Anwalt auch zu dieser Auftragserteilung an das Schiedsgericht befugt; ist dies nicht der Fall, so muß der Anwalt seinem Mandanten die schiedsgerichtliche Streitwertfestsetzung mitteilen und das Einverständnis einholen.

9.7.31. Versäumnis

2624 Versäumt eine Partei unentschuldigt einen Termin zur mündlichen Verhandlung vor dem Schiedsgericht, so kann kein Versäumnis-Schiedsspruch ergehen, da ein Schiedsspruch die Wirkungen eines rechtskräftigen Urteils hat

251 *BGH* NJW 1958, 950; 1964, 1129/1130.
252 *Schütze/Tscherning/Wais* Rn. 385.
253 *BGH* WM 1977, 319; *Maier* Rn. 502.
254 *RG* Warn. 1927 Nr. 39; *Schwab/Walter* S. 289; *Maier* Rn. 502.
255 *Maier* a. a. O.

(§ 1040 ZPO) und damit die Möglichkeit eines Einspruchs (§ 338 ZPO) ausscheidet[256]. Möglich ist – auch bei Terminversäumung beider Parteien, evtl. nach vorheriger Verständigung des Schiedsgerichts – nach Lage der Akten zu entscheiden[257]. Das Schiedsgericht muß nicht das Verfahren nach § 251 a Abs. 2 ZPO einhalten[258].

9.7.32. Wahrheitspflicht

Wie im ordentlichen Prozeß besteht auch im schiedsgerichtlichen Verfahren für die Parteien die Wahrheitspflicht, deren Verletzung der Verein mit einer Sanktion ahnden kann. **2625**

9.7.33. Wiederaufnahme des Verfahrens

Die Wiederaufnahme des Verfahrens (§§ 578 ff. ZPO) ist nicht möglich. An ihre Stelle tritt die zeitlich nicht befristete Aufhebungsklage (§ 1041 ZPO). **2626**

9.7.34. Wiedereinsetzung

Eine Wiedereinsetzung in den vorigen Stand wegen Fristversäumung kann nur in Betracht kommen, wenn die Schiedsgerichtsordnung notfristartige Fristen für Prozeßhandlungen vorsieht[259]; dies ist bei einer satzungsmäßig bestimmten Klagfrist gegen Vereinsentscheidungen oder bei der Bestimmung einer Frist für die Einzahlung eines Kostenvorschusses der Fall. In solchen Fällen ist § 233 ZPO entspr. anwendbar[260]. Läßt das Schiedsgericht aber eine fristgemäß verlangte Prozeßhandlung trotz Verspätung zu, so ist das Einverständnis des Gegners erforderlich[261]. **2627**

9.7.35. Zustellungen

Eine förmliche Zustellung nach der ZPO kommt nur beim Schiedsspruch in Betracht; hier kann aber eine andere Art der Bekanntmachung vereinbart werden (§ 1039 Abs. 2 ZPO). Ansonsten ist weder die Zustellung eines Schriftsatzes noch einer Entscheidung des Schiedsgerichts geboten[262]. **2628**

9.8. Der Schiedsrichtervertrag

Beim vereinbarten Schiedsgericht regelt der Schiedsrichtervertrag die Rechtsbeziehungen zwischen den Schiedsrichtern und den Parteien. Beim Verbandsschiedsgericht kommt eine andere rechtliche Fallgestaltung in Betracht, wenn die Schiedsrichter für die Dauer einer Amtsperiode gewählt oder von einem Dritten bestellt werden. Ist das Schiedsgericht für Streitigkeiten zwischen dem Verband und Mitgliedern sowie für solche unter Mitgliedern zuständig, so kann nicht mit jeder möglichen künftigen Streitpartei ein Schiedsrichtervertrag zu- **2629**

256 Allgemeine Meinung, vgl. z. B. *Schwab/Walter* S. 147.
257 *OLG Köln* JW 1932, 2902; *Schütze/Tscherning/Wais* Rn. 409; *Baumbach/Albers* § 1034 ZPO Rn. 23 Stichwort »Versäumnisverfahren«; *Schwab/Walter* a. a. O.
258 *Schütze/Tscherning/Wais* a. a. O. Fußn. 132.
259 *Schwab/Walter* S. 143.
260 *Schwab/Walter* a. a. O.
261 *Schwab/Walter* a. a. O.
262 *Schwab/Walter* S. 142.

stande kommen. Ein solcher Vertrag wird dann nur zwischen dem Verband und den Schiedsrichtern abgeschlossen (wobei es aber auch andere Fallgestaltungen geben kann, die hier nicht erörtert werden). Da der Verband seine Schiedsgerichtsbarkeit auch den Mitgliedsvereinen bei Streit untereinander und weiteren Personen zur Verfügung stellt, die vertraglich die Verbandsschiedsgerichtsbarkeit anerkannt haben, hat dieser Schiedsrichtervertrag auch die Elemente eines Vertrages zugunsten eines Dritten (§ 328 BGB), nämlich aller jeweils am Streit beteiligten Parteien (beim Schiedsgericht eines bestimmten Sportverbandes ist dieser selbst nur etwa zu 20 % Streitbeteiligter).

2630 Der Schiedsrichtervertrag ist ein Dienstvertrag nach §§ 611 ff. BGB, der die Schiedsrichter wegen seiner Wirkung zugunsten der jeweiligen Streitparteien verpflichtet, jeden Streitfall nach Maßgabe der meist bestehenden Schiedsgerichtsordnung in einem geordneten, rechtsstaatlichen Verfahren einer alsbaldigen Erledigung zuzuführen[263]. Die Amtsausübung muß unparteiisch sein. Ein Weisungsrecht beider Parteien nach § 665 BGB, wie es beim vereinbarten Schiedsgericht besteht, scheidet aus, weil die Schiedsrichter nicht Vertragspartner beider Parteien sind. Sie haben aber aus verfahrensrechtlichen Gründen gemeinsame Erklärungen beider Parteien, wie z. B. das Unstreitigkeitstellen bisher streitiger Tatsachen, zu beachten. Die Schiedsrichter sind zur Verschwiegenheit verpflichtet[264]. Ein Vergütungsanspruch der Schiedsrichter gegenüber den Parteien besteht nicht; ein solcher richtet sich gegen den Verband. Mit diesem haben die Schiedsrichter auch wegen evtl. empfangener Vorschüsse abzurechnen, die dem Verband zustehen. Der Verband verlangt bei fehlender eigener Streitbeteiligung die den Schiedsrichtern gezahlte Vergütung von der unterlegenen Partei zurück, wobei die Kostenentscheidung eines Schiedsspruchs oder die Kostenregelung in einem Vergleich zugrunde gelegt wird. Ein Vorschuß wird aufgrund Verbandsrechts geschuldet. Zahlt der Kläger den Vorschuß nicht, so besteht für die Verbandsschiedsrichter kein Leistungsverweigerungsrecht[265]. Die Schiedsgerichtsordnung kann für diesen Fall vorsehen, daß die Schiedsklage als unzulässig abgewiesen wird. Der für eine bestimmte Zeit bestellte Verbandsschiedsrichter kann den Schiedsrichtervertrag nicht jederzeit kündigen; mit der Annahme des Schiedsrichteramtes erklären die Schiedsrichter stillschweigend, daß sie während der Bestelldauer ihr Amt ausüben. Sie können nur bei Vorliegen schwerwiegender Gründe (über § 626 BGB hinaus) den Schiedsrichtervertrag kündigen.

9.9. Der Schiedsspruch

9.9.1. Arten von Schiedssprüchen

2631 Vom Standpunkt der Vollstreckbarerklärungsfähigkeit ist ein Schiedsspruch nur gegeben, wenn er eine endgültige Entscheidung über den ganzen Prozeßstoff oder über einen abtrennbaren Teil darstellt[266]. Es ist somit möglich, daß ein Teilschiedsspruch erlassen wird, der als solcher auch bezeichnet werden soll. Diese Teilentscheidung darf den weiteren Verlauf des Prozesses nicht mehr be-

263 *BGH* NJW 1986, 3077.
264 *BGH* a. a. O.
265 Vgl. dazu *BGH* NJW 1985, 1903/1904.
266 *BGH* NJW 1953, 1913.

rühren[267]; ein Schlußschiedsspruch darf somit dem Teilschiedsspruch nicht widersprechen[268].

Der Erlaß eines Zwischenschiedsspruchs ist zulässig. Eine andere Frage ist es, ob ein solcher auch vom staatlichen Gericht für vollstreckbar erklärt werden kann. Dies ist dann zu verneinen, wenn der Zwischenschiedsspruch keinen Teilabschluß des schiedsgerichtlichen Verfahrens darstellt. Soll das Schiedsgericht z. B. nur über den Grund eines Anspruchs entscheiden und fällt die Zuerkennung eines bestimmten Betrags nicht in die schiedsgerichtliche Zuständigkeit, so ist ein solcher Grund-Schiedsspruch ein das Verfahren abschließender und damit niederlegungsfähiger Schiedsspruch[269]. Zwischenschiedssprüche sind im Grunde auch solche, die noch im schiedsgerichtlichen Verfahren durch Anrufung eines Oberschiedsgerichts angefochten werden können und wenn die Anfechtung dann auch tatsächlich vorgenommen wird; erst die Entscheidung der zweiten Instanz ist dann ein Schiedsspruch i. S. d. § 1039 ZPO, wenn diese abschließend entscheidet und nicht nur zurückverweist[270]. **2632**

Zulässig ist auch der Erlaß eines Vorbehalts-Schiedsspruchs in einem Wechsel- oder Scheckprozeß (entspr. §§ 599, 602, 605 a ZPO). Verzichtet der Kläger auf das Nachverfahren (§ 600 ZPO), so kann der Vorbehaltsschiedsspruch niedergelegt und für vollstreckbar erklärt werden; er stellt dann eine endgültige Entscheidung dar. Wird aber das Nachverfahren durchgeführt, so ist der Vorbehalts-Schiedsspruch einer Vollstreckbarerklärung nicht zugänglich. **2633**

9.9.2. Beratung und Abstimmung

Die Beratung und Abstimmung über den Schiedsspruch kann auch schriftlich geschehen. Dann entwirft der Vorsitzende den Schiedsspruch und läßt die übrigen Schiedsrichter im Umlaufverfahren unterschreiben, wobei er als letzter unterschreibt. Besteht das Schiedsgericht aus mehreren Schiedsrichtern, so ist nach dem Gesetz (§ 1038 ZPO) die absolute Mehrheit, also die Stimmenmehrheit von mehr als der Hälfte entscheidend. Soll über Summen entschieden werden (z. B. über einen Schadensersatzanspruch oder über eine Geldbuße) und bilden sich hier mehr als zwei Meinungen, von denen keine die Mehrheit für sich hat, so werden die für die größte Summe abgegebenen Stimmen den für die zunächst geringere Summe abgegebenen Stimmen solange hinzugerechnet, bis sich eine Mehrheit ergibt (§ 196 Abs. 2 GVG entspr.). **2634**

9.9.3. Unterschriften der Schiedsrichter

Der Schiedsspruch ist von sämtlichen Schiedsrichtern eigenhändig und handschriftlich zu unterschreiben (§ 1039 Abs. 1 Satz 1 ZPO). Besteht das Schiedsgericht aus mehr als zwei Mitgliedern und ist von einem Schiedsrichter, obwohl er an der Beratung mitgewirkt hat, die Unterschrift nicht zu erlangen (etwa weil er verreist ist oder weil er die Unterschrift verweigert), so reicht die Unterschrift der übrigen Schiedsrichter aus; der Vorsitzende hat dann aber auf dem Schiedsspruch zu vermerken, daß die Unterschrift eines Schiedsrichters nicht zu erlangen war (§ 1039 Abs. 1 Satz 2 ZPO). Für den verhinderten oder die Un- **2635**

267 *BGH* LM Nr. 9 zu § 843 BGB.
268 *Maier* Rn. 402.
269 *Schwab/Walter* S. 158.
270 Vgl. *OLG Hamm* BB 1983, 1754.

terschrift verweigernden Vorsitzenden fertigt den Vermerk ein anderer Schiedsrichter.

9.9.4. Datierung des Schiedsspruchs

2636 Im Schiedsspruch ist weiter der Tag der Abfassung anzugeben (§ 1039 Abs. 1 Satz 1 ZPO). Hier ist streitig, ob der Tag der Beratung gemeint ist[271] oder ob jeder Tag zwischen der letzten mündlichen Verhandlung und der letzten Unterzeichnung gewählt werden kann[272]. In der Praxis wird häufig der Tag der letzten Unterschrift angegeben[273].

9.9.5. Zustellung des Schiedsspruchs

2637 Der Schiedsspruch ist den Parteien nach § 1039 Abs. 2 ZPO in einer Ausfertigung zuzustellen, wenn die Parteien nicht eine andere Art der Bekanntmachung vereinbart haben. Beim Vereinsschiedsgericht kann die Schiedsgerichtsordnung eine andere Art der Bekanntmachung vorsehen. Statt einer Ausfertigung kann eine weitere Urschrift zugestellt werden[274]. Die Zustellung ist wahlweise an die Parteien oder Prozeßbevollmächtigten möglich[275]. Zugestellt wird im Auftrag des Schiedsgerichts, wobei der Vorsitzende als von den übrigen Schiedsrichtern beauftragt gilt[276]. Erforderlich ist die Parteizustellung durch den Gerichtsvollzieher (§§ 166 f. ZPO).

9.9.6. Niederlegung des Schiedsspruchs

2638 Der Schiedsspruch ist auf der Geschäftsstelle des zuständigen Gerichts (§ 1045 ZPO) niederzulegen (§ 1039 Abs. 3 Halbs. 1 ZPO). Örtlich und sachlich zuständig ist das in der Schiedsgerichtsordnung (Schiedsvereinbarung) bezeichnete Gericht. Fehlt eine solche Anordnung, so kann die Zuständigkeit auch im Vereinsschiedsgerichtsverfahren von den Parteien vereinbart werden[277]. Hilfsweise ist bei dem Amts- oder Landgericht niederzulegen, das für die Geltendmachung des Anspruchs zuständig wäre. Das Gericht, bei dem niedergelegt worden ist, kann seine Zuständigkeit prüfen, muß dies aber nicht[278].

Niederzulegen ist der Schiedsspruch mit den Zustellungsurkunden im Auftrag des Schiedsgerichts; der Vorsitzende gilt als von den übrigen Schiedsrichtern hierzu ermächtigt[279].

Über die Niederlegung erteilt die Geschäftsstelle des zuständigen Gerichts kostenfrei eine Bescheinigung, die sie dem Vorsitzenden zuleitet und der eine beglaubigte Abschrift den Parteien (Verfahrensbevollmächtigten) als Anzeige der Beendigung des Schiedsgerichtsverfahrens übersendet.

271 Vgl. *Maier* Rn. 424.

272 *Schütze/Tscherning/Wais* Rn. 522.

273 Nach *Schwab/Walter* S. 168 ist dies allein der Tag der Abfassung.

274 *Schütze/Tscherning/Wais* Rn. 524.

275 *Baumbach/Albers* § 1039 ZPO Rn. 6; *Schwab/Walter* S. 169; *Schütze/Tscherning/Wais* a. a. O.

276 *BGH* WM 1977, 319/320.

277 *Schwab/Walter* S. 172; *Schütze/Tscherning/Wais* Rn. 525.

278 *BGH* NJW-RR 1986, 61.

279 *OLG Düsseldorf* OLGZ 1984, 436/438.

9.9.7. Verzicht auf die Niederlegung

Nach § 1039 Abs. 3 Satz 1 Halbs. 2 ZPO können die Parteien, außer für den Fall der Vollstreckbarerklärung, auf die Zustellung des Schiedsspruchs verzichten oder eine andere Verwahrstelle (z. B. bei einem Notar) als die Geschäftsstelle des zuständigen Gerichts vereinbaren. Diese Vereinbarung wird durch eine entsprechende Anordnung in der Schiedsgerichtsordnung ersetzt. Wird auf die Niederlegung verzichtet, so ist der Schiedsspruch schon mit der Zustellung oder einer anderen vereinbarten Bekanntmachung (§ 1039 Abs. 2 ZPO) wirksam geworden und hat die Wirkung eines rechtskräftigen Urteils i. S. d. § 1040 ZPO. **2639**

9.10. Die Rechtskraft des Schiedsspruchs

9.10.1. Allgemeines

Nach § 1040 ZPO hat der Schiedsspruch unter den Parteien die Wirkungen eines rechtskräftigen staatsgerichtlichen Urteils (§ 1040 ZPO). Diese Wirkungen treten auch dann ein, wenn ein Staatsgericht eine gleiche Entscheidung, wie sie der Schiedsspruch enthält, nicht erlassen könnte, wie dies bei Gestaltungsschiedssprüchen der Fall sein kann (vgl. Rn. 1872). Die Wirkungen des § 1040 ZPO treten aber nur dann ein, wenn der Schiedsspruch von den Schiedsrichtern unterschrieben (§ 1039 Abs. 1 ZPO), zugestellt oder anderweitig bekanntgemacht (§ 1039 Abs. 2 ZPO) und nach § 1039 Abs. 3 ZPO auf der Geschäftsstelle des zuständigen Gerichts niedergelegt worden ist[280]. **2640**

9.10.2. Äußere Rechtskraft

Die äußere (formelle) Rechtskraft tritt ein, wenn der ordnungsgemäß zustande gekommene Schiedsspruch den Parteien zugestellt oder in der vereinbarten anderen Form bekannt gemacht und wenn er auf der Geschäftsstelle des zuständigen Gerichts niedergelegt worden ist, falls hierauf nicht vereinbarungsgemäß verzichtet wurde. Es kann dann keine Partei diesen Schiedsspruch im gleichen schiedsrichterlichen Verfahren in Frage stellen. Die Möglichkeit, daß das Staatsgericht den Schiedsspruch aufheben kann, ändert daran nichts; die formelle Rechtskraft wird gerade für das Aufhebungsverfahren vorausgesetzt. **2641**

9.10.3. Innere Rechtskraft

Die innere (materielle) Rechtskraft bedeutet, daß unter den von der Rechtskraft erfaßten Personen über denselben Streitgegenstand, der bereits Gegenstand einer Vorentscheidung gewesen ist, nicht nochmals gestritten und entschieden werden darf. Die Rechtskraft beschränkt sich auf den Entscheidungssatz, d. h. auf den vom (Schieds-)Gericht aus einem bestimmten Sachverhalt gezogenen und im Urteil ausgesprochenen Schluß auf das Bestehen oder Nichtbestehen eines prozessualen Anspruchs[281]. Die Reichweite der Rechtskraft richtet sich daher in erster Linie nach dem Wortlaut des Tenors[282]. Läßt jedoch die Entscheidungsformel den Streitgegenstand nicht erkennen, kann also der Rechtskraftgehalt der Entscheidung nicht aus dem Entscheidungssatz **2642**

---

280 *BGH* NJW-RR 1986, 61.
281 Vgl. *BGH* NJW 1983, 2032/2033.
282 Vgl. *BGH* NJW 1993, 802/803 und 3204/3205.

entnommen werden, wie dies bei klagabweisenden Entscheidungen der Fall ist, so müssen zur Feststellung dessen, was rechtskräftig geworden ist, Tatbestand und Entscheidungsgründe herangezogen werden[283]. Von der Rechtskraft nicht erfaßt werden die einzelnen Urteilselemente[284], also die tatsächlichen Feststellungen und rechtlichen Folgerungen einschließlich der Vorfragen, auf denen das (Schieds-) Gericht seine Entscheidung aufbaut[285]. Lautet ein Schiedsspruch auf Herausgabe einer Sache, so wird die zugrundeliegende Eigentumsfeststellung nicht rechtskräftig[286]. Wird eine Feststellungsklage rechtskräftig abgewiesen, so steht das Nichtbestehen der begehrten prozessualen Rechtsfolge fest[287].

Der Rechtskraftwirkung fähig sind Schiedssprüche, die abschließend über einen prozessualen Anspruch entscheiden. Bei Teilentscheidungen erfaßt die Rechtskraft nur den entschiedenen prozessualen Teilanspruch; bei der Entscheidung über den Restanspruch muß das Schiedsgericht den Anspruchsgrund erneut prüfen[288]. Zwischenschiedssprüche haben Rechtskraftwirkung, soweit über den Grund eines prozessualen Anspruchs entschieden worden ist[289].

9.11. Die Kosten des schiedsgerichtlichen Verfahrens

9.11.1. Die Kostengrundentscheidung des Schiedsspruchs

2643 Falls nicht eine andere Parteivereinbarung oder Anordnung in der Schiedsgerichtsordnung besteht, hat das Schiedsgericht im (abschließenden) Schiedsspruch dem Grunde nach auszusprechen, wer die Kosten des Verfahrens trägt[290].

Kosten können sein diejenigen

- der Schiedsrichter,
- der Parteien (Auslagen für Terminwahrnehmung usw.),
- der Beweisaufnahme,
- der Vertretung, insbesondere durch einen Rechtsanwalt[291].

Weist das Schiedsgericht die Schiedsklage wegen Unzuständigkeit als unzulässig ab, so kann es nur dann über die Kosten entscheiden, wenn die Parteien vereinbart haben, daß das Schiedsgericht auch im Falle seiner Unzuständigkeit eine Kostenentscheidung zu treffen hat[292]. Der Vereinbarung steht eine entsprechende Bestimmung in der Schiedsgerichtsordnung gleich.

Fehlt die erforderliche Kostengrundentscheidung, so hat das Schiedsgericht den Streit durch Schiedsspruch nur zum Teil erledigt. Es muß dann das Verfahren

---

283 Vgl. *BGH* WM 1990, 784; *BGH* NJW 1993, 3204/3205.

284 Vgl. das Wort »nur« in § 322 Abs. 1 ZPO.

285 *BGH* NJW 1986, 2509; *BGH* NJW 1993, 2684/2685.

286 Vgl. *BGH* NJW 1985, 2536.

287 *Baumbach/Hartmann* § 322 ZPO Rn. 39.

288 Vgl. BGHZ 34, 339.

289 *Baumbach/Albers* § 1040 ZPO Rn. 8.

290 *OLG Koblenz* NJW 1969, 1540; *Schwab/Walter* S. 284; *Schütze/Tscherning/Wais* Rn. 529.

291 Vgl. *Schwab/Walter* a. a. O.

292 *BGH* NJW 1973, 191.

durch einen Ergänzenden Schiedsspruch, der die Kostengrundentscheidung enthält, abgeschlossen werden[293].

Die Kostengrundentscheidung hat nur Bedeutung für die Parteien des Schiedsverfahrens hinsichtlich der Frage, ob und welche Kosten die eine Partei der anderen zu erstatten hat[294]. Mangels Einbeziehung in die Schiedsvereinbarung hat ein Dritter (Zeuge, Sachverständiger, Verfahrensbevollmächtigter) keinen durch Schiedsspruch durchsetzbaren Anspruch gegen eine Partei auf Kostenersatz[295].

9.11.2. Keine Kostenfestsetzung nach oder entsprechend §§ 103 ff. ZPO

Nach Abschluß des Verfahrens gelangen nicht selten Kostenfest- **2644**
setzungsgesuche nach §§ 103 ff. ZPO zum Schiedsgericht. Solche Gesuche können von diesem nicht nach den angeführten Vorschriften behandelt werden. Für ein Schiedsgericht gelten schon die Kostenvorschriften der §§ 91 ff. ZPO nicht, wenn dies nicht vereinbart worden ist. Der Kostenfestsetzungsbeschluß bildet nach § 794 Abs. 1 Nr. 2 i. V. m. § 104 Abs. 1 ZPO einen Vollstreckungstitel, den das Schiedsgericht als private Institution gerade nicht schaffen kann.

Auch das Staatsgericht kann eine Festsetzung der Kosten des schiedsgerichtlichen Verfahrens nicht nach den §§ 103 ff. ZPO vornehmen, da ein Schiedsspruch kein Titel i. S. d. § 103 ZPO ist[296].

9.11.3. Der Ergänzende Schiedsspruch über die Erstattung der Parteikosten

Nicht befriedigte Kostenansprüche der Parteien können nur klagweise verfolgt **2645**
werden, sei es vor dem Staatsgericht oder dem erkennenden Schiedsgericht[297]. Dieses kann über Grund und Höhe nur dann entscheiden, wenn und soweit ein Rechtsverhältnis besteht, das von der Schiedsvereinbarung oder von der satzungsmäßigen Schiedsklausel (noch) erfaßt wird. Dies ist bei Parteikosten der Fall[298]. In Betracht kommen etwa Fahrtkosten, Ersatz von Verdienstausfall oder Kosten für eine Ersatzkraft, verauslagte Vorschüsse für das Schiedsgericht oder für Beweispersonen, u. U. auch durch die Anrufung des Staatsgerichts entstandene Kosten[299].

Diese Kosten müssen beziffert werden. Es muß der Antrag gestellt werden, der (unterlegene) Kläger/Beklagte wird durch Ergänzenden Schiedsspruch verurteilt, dem Beklagten/Kläger die im Schiedsverfahren entstandenen Kosten in Höhe von ... DM zu erstatten und von diesem Betrag 4 % Zinsen seit Bekanntgabe dieses Schriftsatzes zu zahlen.

Hat nach der Kostengrundentscheidung eine Partei nicht allein die Kosten zu tragen, ist etwa dahingehend erkannt worden, daß der Kläger ⅓ und der Beklagte ⅔ zu tragen hat, so muß das Schiedsgericht zunächst die Parteien auffor-

293 *BGH* WM 1977, 319/320.
294 *Schwab/Walter* S. 285.
295 *Schwab/Walter* a. a. O.
296 *BGH* WM 1977, 319/320; *OLG Koblenz* NJW 1969, 1540; *Schütze/Tscherning/Wais* Rn. 529.
297 *OLG Koblenz* a. a. O.
298 *OLG Koblenz* a. a. O.; *Schwab/Walter* S. 290.
299 *OLG Koblenz* und *Schwab/Walter* a. a. O.

dern, eine Aufstellung der jeweiligen Kosten einzureichen, deren Erstattung sie begehren. Die Aufstellungen sind dem jeweiligen Gegner zuzuleiten, damit dieser Stellung nehmen kann. Im Grunde hat bei der angenommenen Kostenverteilung jede Partei einen Anspruch gegen die andere auf Kostenerstattung; der vom Schiedsgericht vorzunehmende Ausgleich ergibt dann aber, daß der Beklagte nur noch die Kosten zu erstatten hat, die durch den den Kläger treffenden ⅓-Anteil gemindert sind. Entsprechend lauten der endgültige Klagantrag und die Verurteilung zur Erstattung in einem Ergänzenden Schiedsspruch.

9.11.4. Der Ergänzende Schiedsspruch hinsichtlich der Erstattung der Anwaltskosten oder sonstiger Drittkosten

2646 Wer nicht als Partei (oder Streithelfer) unmittelbar am schiedsgerichtlichen Verfahren beteiligt war, ist Dritter und unterliegt als solcher weder der Schiedsvereinbarung noch einer satzungsmäßigen Schiedsanordnung[300]. Dies gilt für Rechtsanwälte, die eine Partei vertreten haben, aber auch für Zeugen oder Sachverständige, deren Kosten von einem etwa geleisteten Vorschuß nicht gedeckt sind. Dritter kann auch der Verband sein, wenn er am Streit nicht beteiligt war, wenn er aber seine Kosten (z. B. die Vergütung der Schiedsrichter, Kosten für die Saalmiete usw.) geltend macht. Diese Verbandskosten können aber nachfolgend außer Betracht gelassen werden, weil der Verband in der Regel seine Kosten auf andere Weise als durch die Einschaltung des Schiedsgerichts erlangt.

Über die Kosten Dritter kann das Schiedsgericht nur entscheiden, wenn es dazu eine Zuständigkeit und damit eine Entscheidungsbefugnis von den Parteien erlangt. An sich ist hier – auch beim satzungsmäßig angeordneten Schiedsgericht – ein gesonderter Schiedsvertrag in der Form des § 1027 Abs. 1 Satz 1 ZPO erforderlich. Sind die Parteien aber mit dieser ergänzenden schiedsgerichtlichen Entscheidungsbefugnis formlos einverstanden, so ist eine rügelose Einlassung i. S. d. § 1027 Abs. 1 Satz 2 ZPO mit der Folge gegeben, daß der Formmangel geheilt worden ist. Ist z. B. die Höhe der Kosten eines bevollmächtigten Rechtsanwalts oder einer Beweisperson streitig, so kann dem Schiedsgericht auch insoweit die Entscheidungsbefugnis übertragen werden. Die zahlungspflichtige Partei kann aber ihr Einverständnis mit der ergänzenden schiedsgerichtlichen Tätigkeit davon abhängig machen, daß z. B. Anwaltskosten reduziert werden. Es muß also das Einverständnis beider Parteien gegeben sein, daß das Schiedsgericht über Grund und Höhe dieser Drittkosten entscheidet. Ist dies nicht der Fall, so muß das Schiedsgericht eine weitere Tätigkeit wegen dieser Kosten ablehnen und auf den Rechtsschutz durch ein staatliches Gericht verweisen.

9.12. Der Schiedsvergleich

2647 Das schiedsgerichtliche Verfahren kann durch Vergleich beendet werden. Möglich ist auch ein Zwischenvergleich über eine strittige Frage. Zum Zweck des Vergleichsabschlusses kann ein Dritter dem Verfahren beitreten, der sich

300 Vgl. *Schütze/Tscherning/Wais* Rn. 529.

insoweit dem Schiedsverfahren und einer evtl. geltenden Schiedsverfahrensordnung unterwirft[301].
Der Vergleich muß grundsätzlich vor dem vollbesetzten Schiedsgericht abgeschlossen werden. Die Parteien können sich aber auch darüber einigen, daß anstelle der vollen Besetzung ein Mitglied des Schiedsgerichts nunmehr »das Schiedsgericht« ist. Bei einem Verbandsschiedsgericht scheitert oft ein sofortiger Vergleichsabschluß daran, daß ein solcher erst vom Gesamtvorstand eines streitbeteiligten Vereins gebilligt werden muß, so daß das Schiedsgericht nur einen Vergleichsvorschlag machen kann. Wird dieser angenommen, so ist es kostensparend, wenn der Vergleichsabschluß vor einem Schiedsrichter zustande kommt.
Der Schiedsvergleich muß den Tag seines Zustandekommens enthalten und muß von den Parteien und Schiedsrichtern unterschrieben sein (§ 1044 a Abs. 1 Satz 2 ZPO). In der Praxis unterschreiben auch die Verfahrensbevollmächtigten. Der Schuldner muß sich der sofortigen Zwangsvollstreckung aus dem Vergleich unterwerfen (§ 1044 a Abs. 1 Satz 1 ZPO). Soweit z. B. eine Kostenaufhebung vereinbart worden ist, müssen sich beide Parteien der Zwangsvollstreckung unterwerfen.
Der Schiedsvergleich ist auf der Geschäftsstelle des zuständigen Gerichts (vgl. Rn. 2638) niederzulegen (§ 1044 a Abs. 1 Satz 2 ZPO).

10. Die Vollstreckbarerklärung eines Schiedsspruchs

10.1. Erfordernis

Wird der Verpflichtung aus dem Schiedsspruch nicht Folge geleistet, so ist die- **2648**
ser als privater Rechtsprechungsakt für eine staatliche Zwangsvollstreckung kein Titel. Deshalb bestimmt § 1042 Abs. 1 ZPO, daß aus dem Schiedsspruch die Zwangsvollstreckung nur stattfindet, wenn dieser für vollstreckbar erklärt worden ist. Dieser staatliche Akt hat den weiteren Zweck, daß mit der Rechtskraft der Entscheidung über die Vollstreckbarerklärung auch die (endgültige) Unanfechtbarkeit des Schiedspruchs festgestellt wird[302].
In der Verbandsschiedsgerichtsbarkeit ist die Vollstreckbarerklärung dann weitgehend nicht erforderlich, wenn die Satzung eine Folgepflicht für Schiedssprüche anordnet und die Nichtbefolgung eine Sanktion nach sich ziehen kann. Gestaltende und feststellende Schiedssprüche bedürfen einer Vollstreckbarerklärung nicht (vgl. Rn. 1878). Dies gilt auch für Schiedssprüche, die zur Abgabe einer Willenserklärung verpflichten, da die Fiktionswirkung des § 894 ZPO an die formelle Rechtskraft geknüpft ist, die mit der Zustellung oder der Hinterlegung eintritt[303].
Für die Vollstreckbarerklärung kommen somit Leistungsschiedssprüche in Betracht und zwar stattgebende und abweisende[304]. Gleiches gilt für Feststellungs-

301 *KG* JW 1932, 115.
302 *BGH* BB 1962, 616; *Schwab/Walter* S. 219; vgl. auch § 1043 Abs. 1 ZPO.
303 *Schlosser* ZZP 99 (1986), S. 241/264; a. A. *BGH* BB 1961, 264.
304 *BGH* WM 1960, 198.

und Gestaltungsschiedssprüche[305]. Der Schiedsspruch muß ein endgültiger Ausspruch sein, der das Verfahren ganz oder hinsichtlich eines abtrennbaren Teils abschließt[306]. Ein Schiedsspruch, der nur über den Grund eines Anspruchs entscheidet, kann nur dann für vollstreckbar erklärt werden, wenn das Schiedsgericht für das Betragsverfahren nicht zuständig ist[307]. Ein etwa im Scheckprozeß ergangener Vorbehaltsschiedsspruch ist einer Vollstreckbarerklärung deshalb nicht zugänglich, weil er noch ein weiteres Schiedsverfahren über denselben Anspruch zuläßt[308]. Anders ist es aber, wenn der unterlegene Beklagte auf das Nachverfahren verzichtet hat.

Voraussetzung für die Vollstreckbarerklärung ist in formeller Hinsicht, daß der Schiedsspruch beim zuständigen Gericht niedergelegt worden ist; die Parteien können, wenn die Vollstreckbarerklärung in Betracht kommt, nicht auf die Niederlegung verzichten (§ 1039 Abs. 3 Satz 1 Halbs. 2 ZPO).

10.2. Gerichtliches Verfahren und Wirkung der rechtskräftigen Vollstreckbarerklärung

2649 Erforderlich ist ein nicht befristeter Antrag beim zuständigen Gericht (vgl. zur Zuständigkeit Rn. 2638). Beim Amtsgericht kann der Antrag zu Protokoll der Geschäftsstelle erklärt werden. Beim Landgericht besteht Anwaltszwang. Der Antrag kann auf einen abtrennbaren Teil, etwa auf den Ergänzenden Schiedsspruch über die Kosten, beschränkt werden[309].

Einwendungen, die sich gegen den durch den Schiedsspruch zuerkannten Anspruch selbst richten, können nur vorgebracht werden, soweit sie auf eine Vollstreckungsgegenklage gestützt werden könnten. Diese Einwendungen sind aber nur insoweit zulässig, als die Gründe, auf denen sie beruhen, nach dem Zeitpunkt entstanden sind, zu dem sie im schiedsgerichtlichen Verfahren spätestens hätten geltend gemacht werden müssen[310].

Der Antrag, einen Schiedsspruch für vollstreckbar zu erklären, wird abgelehnt, wenn einer der in § 1041 ZPO bezeichneten Aufhebungsgründe gegeben ist; zugleich ist dann der Schiedsspruch aufzuheben[311].

2650 Die gerichtliche Entscheidung ergeht entweder durch Beschluß oder – wenn mündlich verhandelt worden ist – durch Urteil (§§ 1042 a, 1042 c ZPO).

Ist der Schiedsspruch rechtskräftig für vollstreckbar erklärt worden, so kann seine Aufhebung nur noch aus den in § 1041 Abs. 1 Nr. 6 ZPO bezeichneten Restitutionsgründen (§ 580 Nr. 1–6 ZPO) und unter der weiteren Voraussetzung beantragt werden, daß die die Aufhebung betreibende Partei glaubhaft macht, sie sei außerstande gewesen, den Aufhebungsgrund im Verfahren auf Vollstreckbarerklärung geltend zu machen (§ 1043 Abs. 1 ZPO).

---

305 Vgl. *OLG Hamm* OLGE 17, 205; *OLG Karlsruhe* OLGE 39, 95 Fußn. 1.
306 BGHZ 10, 325.
307 *OLG Hamburg* MDR 1964, 853; *Sieg* JZ 1959, 752.
308 *Schwab/Walter* S. 218.
309 *Schwab/Walter* S. 221.
310 *BGH* NJW 1990, 3210.
311 § 1042 Abs. 2 ZPO; vgl. *BGH* NJW 1986, 3079/3080.

10.3. Die Vollstreckbarerklärung eines Schiedsvergleichs

Soll der Schiedsvergleich einen Vollstreckungstitel bilden, so muß er für vollstreckbar erklärt werden (vgl. § 794 Abs. 1 Nr. 4 a ZPO). **2651**
Für das gerichtliche Verfahren gelten die gleichen Grundsätze wie für die Vollstreckbarerklärung eines Schiedsspruchs (§ 1044 a Abs. 3 ZPO).
Die Vollstreckbarerklärung wird zum einen abgelehnt, wenn der Vergleich der materiellen Rechtswirksamkeit entbehrt (§ 1044 a Abs. 2 1. Altern. ZPO), weil etwa die objektive Vergleichsfähigkeit oder die subjektive Vergleichsberechtigung fehlt oder weil Nichtigkeit wegen Willensmangels gegeben ist[312]. Weiter kommt als Ablehnungsgrund in Betracht, daß der Inhalt des Vergleichs gegen die öffentliche Ordnung oder gegen die guten Sitten verstößt (§ 1044 a Abs. 2 2. Altern. ZPO).
Gegen den rechtskräftig als wirksam festgestellten Vergleich können Einwendungen nur noch erschwert im Wege der Vollstreckungsabwehrklage erhoben werden (§ 794 Abs. 1 Nr. 4 a, §§ 795, 767 ZPO).

11. Die staatsgerichtliche Aufhebung des Schiedsspruchs

11.1. Allgemeines

Die nicht befristete Aufhebungsklage hat zum Ziel, daß ein Schiedsspruch durch Rechtsgestaltungsurteil rückwirkend aufgehoben wird. Die für einen Schiedsspruch in § 1039 ZPO vorgesehenen Förmlichkeiten müssen erfüllt sein[313]. Die Parteien können auf eine Niederlegung des Schiedsspruchs verzichtet haben[314]. Möglich ist eine Teilanfechtung und Teilaufhebung des Schiedsspruchs[315]. Sind beide Parteien durch den Schiedsspruch beschwert, so sind sie beide (gegeneinander) klagebefugt[316]. **2652**

11.2. Der Aufhebungsgrund: ungültige Schiedsvereinbarung

Die Aufhebungsklage kann darauf gestützt werden, daß dem Schiedsspruch ein gültiger Schiedsvertrag nicht zugrunde liegt (§ 1041 Abs. 1 Nr. 1 1. Altern. ZPO). Dem ungültigen Schiedsvertrag entspricht die unwirksame satzungsmäßige Schiedsgerichtsanordnung. Bei der Überprüfung der Gültigkeit ist das Staatsgericht an eine Rechtsauffassung des Schiedsgerichts nicht gebunden[317]. Haben aber die Parteien die bindende Entscheidung über die Gültigkeit der Schiedsvereinbarung dem Schiedsgericht übertragen oder enthält die Schiedsgerichtsordnung eine solche Übertragung, so kann das staatliche Gericht nur die Gültigkeit dieser Kompetenz-Kompetenz-Klausel überprüfen, wobei aber auch insoweit keine Bindung an die Auffassung des Schiedsgerichts besteht (vgl. oben Rn. 2576). An einer gültigen Schiedsklausel fehlt es, wenn diese nicht **2653**

312 *Schütze/Tscherning/Wais* Rn. 536.
313 *BGH* NJW 1983, 867; 1986, 1436.
314 *Baumbach/Albers* § 1041 ZPO Rn. 4.
315 *BGH* VersR 1982, 92/93.
316 *Schütze/Tscherning/Wais* Rn. 547.
317 BGHZ 68, 356 = NJW 1977, 1397.

wirksam beschlossen worden ist, wenn sie nicht Satzungsbestandteil ist (vgl. Rn. 2544) oder wenn sie sich nicht auf den entschiedenen Fall bezieht (fehlende sachliche oder persönliche Erstreckung der Schiedsklausel). Hat ein Verband durch Vertrag mit einem außenstehenden Dritten die Anerkennung seiner Schiedsgerichtsbarkeit erreicht, so kann der Nichtigkeitsgrund nach § 1025 Abs. 2 ZPO gegeben sein (vgl. dazu Rn. 2570). In einem solchen Fall ist aber zu prüfen, ob ein Einzelschiedsvertrag durch rügelose sachliche Einlassung beider Parteien zustande gekommen ist[318].

11.3. Der Aufhebungsgrund: unzulässiges Verfahren

2654 Ein Schiedssspruch kann aufgehoben werden, wenn er auf einem unzulässigen Verfahren beruht (§ 1041 Abs. 1 Nr. 1 2. Altern. ZPO).

Das Verfahren kann insgesamt unzulässig sein. Das ist z. B. der Fall, wenn dem Schiedsgericht die Zuständigkeit zur Entscheidung gefehlt hat, aber auch dann, wenn es seine Zuständigkeit zu Unrecht verneint hat[319]. Gleiches gilt, wenn das Schiedsgericht eine verbindliche Schiedsgerichtsordnung insgesamt nicht beachtet. Weiter gehört hierher der Fall, daß nach einer nicht mehr geltenden Schiedsgerichtsordnung für ein institutionelles Schiedsgericht verfahren wurde, die seit der Schiedsvereinbarung wesentlich geändert und die Geltung in einer geänderten Fassung aber in der Vereinbarung nicht berücksichtigt worden ist[320]. Ein unzulässiges Verfahren ist schließlich auch gegeben, wenn bei der Besetzung des Schiedsgerichts das Gebot überparteilicher Rechtspflege nicht beachtet worden ist[321] oder wenn ein mit Erfolg abgelehnter Schiedsrichter bei der Entscheidung mitgewirkt hat[322].

2655 Die Unzulässigkeit nur einzelner Verfahrenshandlungen bildet nur dann einen Aufhebungsgrund, wenn ein Verstoß gegen wesentliche Grundsätze gegeben ist, die allgemein für jedes Prozeßverfahren bestehen oder die in einer Schiedsgerichtsordnung niedergelegt worden sind. In Betracht kommen: Entscheidung ohne mündliche Verhandlung, obwohl die Schiedsgerichtsordnung eine solche zwingend vorschreibt[323]; Verstoß gegen die Parteiöffentlichkeit einer Beweisaufnahme[324]; Entscheidung durch Schiedsrichter in eigener Sache[325]; Zusprechen über den Antrag hinaus[326]. Hier ist aber immer zu prüfen, ob das Recht, den Mangel zu rügen, infolge einer rügelosen Einlassung in Kenntnis des Mangels geheilt ist, wenn dieser verzichtbar ist (entspr. § 295 ZPO).[327]

War das Schiedsverfahren insgesamt unzulässig, so kommt eine Prüfung der Ursächlichkeit des Mangels für das Entscheidungsergebnis nicht in Betracht.

318 *Schwab/Walter* S. 196.
319 RGZ 119, 29/32; *Schwab/Walter* S. 197.
320 *OLG Hamburg* KTS 1983, 499.
321 *Schwab/Walter* S. 197; *Schütze/Tscherning/Wais* Rn. 541.
322 *RG* JW 1939, 50.
323 *Schütze/Tscherning/Wais* a. a. O.
324 *BGH* KTS 1962, 240.
325 *BGH* NJW 1985, 1903/1904.
326 *RG* JW 1920, 703.
327 Vgl. *Schwab/Walter* S. 200.

Bei der Unzulässigkeit einzelner Verfahrenshandlungen kommt es dagegen darauf an, ob dieser Mangel für den Schiedsspruch ursächlich gewesen ist[328].

11.4. Der Aufhebungsgrund: Verstoß gegen die öffentliche Ordnung

Ein Grund, die Aufhebung eines Schiedsspruchs zu beantragen, besteht, wenn **2656** dessen Anerkennung zu einem Ergebnis führt, das mit wesentlichen Grundsätzen des deutschen Rechts offensichtlich unvereinbar ist, insbesondere wenn die Anerkennung mit den Grundrechten unvereinbar ist (§ 1041 Abs. 1 Nr. 2 ZPO). Beispiele: Verhängung oder Bestätigung einer maßlos hohen Disziplinarstrafe[329]; Verurteilung zu einem bestimmten Abstimmungs- oder Wahlverhalten, obwohl hierfür eine Rechtsgrundlage nicht besteht[330].

11.5. Der Aufhebungsgrund: mangelhafte Vertretung

Nach § 1041 Abs. 1 Nr. 3 ZPO kann ein Schiedsspruch aufgehoben werden, **2657** wenn eine Partei nicht nach Vorschrift der Gesetze vertreten war, sofern sie nicht die Prozeßführung ausdrücklich oder stillschweigend genehmigt hat. Hauptfall ist die Verfahrensbeteiligung eines Vereins, der nicht durch seinen Vorstand vertreten war.

11.6. Der Aufhebungsgrund: Versagung des rechtlichen Gehörs

Aufhebungsgrund ist weiter die Versagung des rechtlichen Gehörs (§ 1041 **2658** Abs. 1 Nr. 4 ZPO). Vgl. zur Gehörsgewährung Rn. 2590.

11.7. Der Aufhebungsgrund: fehlende Begründung des Schiedsspruchs

Ein Schiedsspruch unterliegt der Aufhebung, wenn er nicht mit Gründen ver- **2659** sehen ist (§ 1041 Abs. 1 Nr. 5 ZPO), es sei denn, die Parteien haben diesen Aufhebungsgrund vereinbarungsgemäß ausgeschlossen (§ 1041 Abs. 2 ZPO). Für die Begründung eines Schiedsspruchs reicht es aus, daß das Schiedsgericht sich auf die Erörterung des Parteivorbringens und der Gesichtspunkte beschränkt, die für die tragenden Entscheidungserwägungen von Bedeutung sind[331].

11.8. Der Aufhebungsgrund: Bestehen eines Restitutionsgrundes

Ein Schiedsspruch kann schließlich deshalb aufgehoben werden, wenn unter **2660** gleichen Voraussetzungen das Urteil eines staatlichen Gerichts aufgehoben werden müßte, weil Restitutionsgründe nach § 580 Nr. 1–6 ZPO gegeben sind (§ 1041 Abs. 1 Nr. 6 ZPO).

328 *Schwab/Walter* S. 200 f.; *Schütze/Tscherning/Wais* Rn. 541.
329 *Schwab/Walter* S. 203.
330 Vgl. BGHZ 46, 365; *BGH* NJW 1972, 2180.
331 *BGH* NJW 1990, 2199/2200.

11.9. Die Wirkung der Aufhebung

2661 Wird der Schiedsspruch eines Verbandsschiedsgerichts rechtskräftig aufgehoben, so bleibt dieses für das weitere, regelmäßig zu wiederholende Verfahren zuständig, es sei denn, Aufhebungsgrund ist die Nichtigkeit der satzungsmäßigen Schiedsklausel. Eine mit einem außenstehenden Dritten abgeschlossene Schiedsvereinbarung bleibt verbindlich, sofern die Aufhebung nicht auf die Ungültigkeit der Schiedsvereinbarung gestützt ist.

XIV. Das Recht der in privatrechtlicher Form bestehenden Verbände

1. Abschnitt Allgemeines Verbandsrecht

1. Begriffsbestimmungen

1.1. Der heutige Verbandsbegriff

Etymologisch bedeuten die Worte Verein und Verband eine Vereinigung bzw. **2662**
Verbindung von Personen zur Erreichung eines gemeinsamen Zweckes. Rein sprachlich bedeuten somit die Begriffe Verein und Verband dasselbe.

Im gesellschaftspolitischen Bereich wird unter einem Verband eine Vereinigung von natürlichen oder juristischen Personen, auch von Unternehmungen bzw. Handelsgesellschaften mit dem Ziel der Einflußnahme im politischen Bereich, am Markt oder in sonstigen ökonomischen, sozialen oder kulturellen Bereichen verstanden, ohne daß die Verbandsmitglieder bereit sind, eine unmittelbare Verantwortung im politischen Willensbildungsprozeß zu übernehmen[1].

Dieser Verbandsbegriff deckt sich mit dem rechtlichen Verbandsbegriff schon deshalb nicht, weil z. B. auch die Vereinigung von nichtrechtsfähigen Vereinen oder sonstigen Körperschaften den Verbandsbegriff erfüllen kann.

Zum Teil wird die Auffassung vertreten, daß ein Verband nur eine Personenvereinigung sein könne, die eine Organisation von nicht unerheblicher Größe aufweise[2]. Dies stimmt mit der Gesetzessprache nicht überein, die als Verbände auch Personenvereinigungen bezeichnet, die über keine weitverzweigte Organisation verfügen. Die in Art. 164 EGBGB erwähnten »Verbände«, deren Mitglieder als solche zu Nutzungen an land- und forstwirtschaftlichen Grundstükken ... berechtigt sind, bestehen vorwiegend in der Rechtsform von Genossenschaften, die nur einen örtlich begrenzten Wirkungskreis haben. Nach § 13 Abs. 2 Nr. 1 AGBG genügt es für den dort erwähnten Verband, daß dieser 75 natürliche Personen als Mitglieder hat.

Hier wird unter einem Verband ein Verein verstanden, der eine die übrigen Vereine überragende Organisation aufweist, die sich – nicht notwendigerweise – aber meist auf Landes- oder Bundesebene erstreckt, wobei diese Personenvereinigung eine den Durchschnitt der übrigen Vereine übersteigende Zahl von Mitgliedern hat und in der Regel auch eine bedeutende Stellung im wirtschaftlichen oder sozialen, gesellschaftlichen oder auch politischen Bereich innehat. Solche Verbände dürfen dann ihrem Namen die Zusätze »bundes«, »deutsch«, »gesamt« usw. hinzufügen[3]. Im Text ist hier zusammenfassend vom Großverein oder Großverband die Rede. Der Ausdruck Großverein ist deshalb gerechtfertigt, weil Vereine bestehen, die den Verbandsbegriff erfüllen, aber –

1 Vgl. *Albrecht* Staatslexikon Bd. 8 § 1 I 1 – S. 4.
2 *BayObLG* DB 1974, 1857.
3 Vgl. auch *BGH* GRUR 1973, 371/373: »Gesamtverband«; *BGH* GRUR 1984, 457/460; *Nordemann* Rn. 105.

meist auch Tradition – es z. B. bei der Bezeichnung »Club« belassen (vgl. z. B. ADAC).

1.2. Der Begriff Vereinsverband

2663 Als Vereinsverband wird ein Verein bezeichnet, dessen Mitglieder ausschließlich oder überwiegend Körperschaften sind[4]. Die Mitgliedsfähigkeit bestimmt sich nach der Verbandssatzung. Diese kann z. B. festlegen, daß nur rechtsfähige Vereine oder sonstige rechtsfähige Körperschaften des Privatrechts Mitglieder sein können. Ein bundesweit tätiger Verband hat z. B. 14 eingetragene Vereine und eine GmbH als Mitglieder. Einen weiteren Verband bilden z. B. nur Gesellschaften mit beschränkter Haftung. In genossenschaftlichen Prüfungsverbänden, die in der Rechtsform des eingetragenen Vereins bestehen (§ 63 b Abs. 1 GenG), sind nur eingetragene Genossenschaften (Pflicht-)Mitglieder (§ 54 GenG). Vereinsverbände können auch ausschließlich Körperschaften des öffentlichen Rechts bilden. Der Bundesverband der Unfallversicherungsträger der öffentlichen Hand e. V. ist der Spitzenverband der gemeindlichen und staatlichen Träger der gesetzlichen Unfallversicherung in der Bundesrepublik Deutschland. Nach dem öffentlichen Recht sind die Träger der gesetzlichen Rentenversicherung, welche den Verband Deutscher Rentenversicherungsträger e. V. bilden, rechtsfähig. Der Hauptverband der gewerblichen Berufsgenossenschaft e. V. ist die Vereinigung der deutschen gewerblichen Berufsgenossenschaften und der See-Berufsgenossenschaft. Im Verband der Angestellten-Krankenkassen e. V. können ordentliche Mitglieder nur die Ersatzkassen der Krankenversicherung für Angestellte sein.
Der Vereinsverband kann als eingetragener oder nichtrechtsfähiger Verein bestehen.

1.3. Der Großverein bzw. Großverband

1.3.1. Die Verbandsstruktur

2664 Beim Vereinsverband handelt es sich um einen Zusammenschluß von Körperschaften, der sich »horizontal« vollzieht[5]. Der Großverein, auch als Hauptverein oder Zentralverein bezeichnet, gliedert seine Organisation »nach unten«, da die Verbandsziele allein an zentraler Stelle wegen der Verbandsgröße nicht mehr verwirklicht werden können (sog. »vertikale Gliederung«).
Der Großverein kann auf Bundes- oder Landesebene bestehen und kann in Anlehnung an die staatsrechtliche Gliederung in Landes-, Bezirks-, Kreis- und Ortsbezirke gegliedert sein.
In Vereinsform besteht der Großverein nicht nur in seiner obersten Vereinigungsform, sondern in der Regel auch in der Mittelstufe, etwa auf Landes- und/oder Bezirks- oder Kreisebene. Seltener auf Kreisebene, aber z. T. auf Ortsebene bestehen Untergliederungen, welche nur Verwaltungsstellen immer des Oberverbands, z. T. aber auch der Mittelstufen sind. Dies sind dann keine

4 Vgl. zum Begriff: *Soergel/Hadding* vor § 21 BGB Rn. 54; *Palandt/Heinrichs* Einf. v. § 21 BGB Rn. 20; *Sauter/Schweyer* Rn. 323; *Stöber* Rn. 7; *Reuter* ZHR 148 (1984), S. 523/533; *Vieweg* S. 23.

5 *Sauter/Schweyer* Rn. 328.

Zweigvereine, wie die Vereinigungen auf Landes-, Bezirks- oder Kreisebene, sondern unselbständige Gliederungen.
Im Unterschied zu den Vereinsverbänden sind die Mitglieder der in Vereinsform bestehenden Untergliederungen im Regelfall auch Mitglieder des Groß- oder Zentralvereins. Der Verbandsaufbau führt zu gestuften Mitgliedschaften oder Doppelmitgliedschaften[6].
Von den »gewöhnlichen« Vereinen unterscheiden sich Groß- oder Zentralverbände dadurch, daß sie im Regelfall nicht mehr durch die Mitglieder eine Mitgliederversammlung bilden. Deren Funktion übernimmt eine Delegiertenversammlung. Die Delegierten können unmittelbar oder mittelbar von allen Mitgliedern bestimmt werden. Es können auch in den Mittelstufen Delegiertenversammlungen bestehen.

1.3.2. Die Untergliederung als Zweigverein des Großvereins

1.3.2.1. Voraussetzungen für die Anerkennung der Vereinseigenschaft

Nach Satzungen von Großverbänden müssen deren Untergliederungen zumindest in der Mittelstufe als rechtsfähige Vereine oder sonstige rechtsfähige Körperschaften bestehen. Hier stellt sich die Frage nach der Vereinsqualität einer Untergliederung nicht. **2665**
Zweifelhaft ist es manchmal, ob Teilorganisationen von Großverbänden, vor allem in den unteren Stufen oder in der untersten Stufe, nur unselbständige Organisationseinheiten (Verwaltungsstellen, Sektionen, Ortsgruppen usw.) oder nichtrechtsfähige (Zweig-)Vereine sind.
Die Untergliederung eines Großverbandes ist dann ein nichtrechtsfähiger Verein, wenn deren Bestand auf eine gewisse Dauer angelegt ist und wenn den Mitgliedern dieser Untergliederung eine verselbständigte, körperschaftlich organisierte Einheit gegenübertritt. Sie muß vom Wechsel der Mitglieder unabhängig sein, muß einen Gesamtnamen führen und muß einen Sitz haben; die körperschaftliche Organisation muß in einer Mitgliederversammlung und in einem Vorstand bestehen. Da es für eine Untergliederung charakteristisch ist, daß sie Aufgaben des Zentralverbandes wahrnimmt, ist es ein weiteres wesentliches Merkmal für die Vereinseigenschaft, daß die Untergliederung auch eigenständige Aufgaben wahrnimmt[7]. Ob diese Merkmale einer Körperschaft gegeben sind, muß anhand der Satzung des Großvereins oder der Untergliederung geprüft werden[8]. **2666**
Die Integrierung in die Organisation des Zentralverbandes bedingt es, daß der gesetzte und verfolgte Zweck des Zweigvereins mit demjenigen des Zentralverbandes übereinstimmen muß. Erforderlich für die Anerkennung der Vereinseigenschaft einer Untergliederung ist – wie ausgeführt – ein eigener Name. Er kann in seinem Kern mit dem des Großverbandes übereinstimmen; in diesem Fall muß aber auf die Eigenschaft als Zweigverein hingewiesen werden, z. B. **2667**

6 Vgl. *BVerfG* NJW 1991, 2623/2625; BGHZ 105, 306/312 = NJW 1989, 1724.
7 Vgl. zu alledem: *BVerfG* NJW 1991, 2623/2625; RGZ 118, 196/198; BGHZ 73, 275/278 = NJW 1979, 1402; BGHZ 90, 331 = NJW 1984, 2223; *BGH* LM Nr. 25 zu § 50 ZPO; *BAG* AP Nr. 25 zu § 11 ArbGG 1953; *OLG Bamberg* NJW 1982, 895; *KG* OLGZ 1983, 272.
8 *BGH* a. a. O.

durch den Zusatz »Sektion X« oder »Tennisabteilung im Gesamtverein Y«. Nach Beendigung der Mitgliedschaft darf der Zweigverein ohne ausdrückliche Zustimmung des Zentralvereins nicht mehr dessen Namen (mit einem auf einen Zweigverein hinweisenden Zusatz) führen[9]. Die als Verein bestehende Untergliederung muß einen eigenen Sitz haben[10]. Ein Zweigverein muß notwendig eine eigene Mitgliederversammlung haben. Deren Beschlüsse können aber nur die Mitglieder des Zweigvereins binden und nicht die übrigen Mitglieder des Zentralvereins. Der Zweigverein muß einen Vorstand haben, der den Zweigverein nach außen und innen vertritt. Die Satzungen des Zentralvereins und des Zweigvereins können dem Vorstand eine doppelte Organstellung in dem Sinne übertragen, daß der Vorstand sowohl den Zweigverein als auch den Zentralverein vertreten kann, sei es durch jeweils getrennte Vertretungsakte oder durch denselben Vertretungsakt[11]. Es gehört nicht zum Wesen eines Zweigvereins, daß dieser eigenes Vermögen hat[12]; ein solches ist nur erforderlich, wenn die Gewerkschaftseigenschaft und damit die Tariffähigkeit gegeben sein muß[13].

2668 Sind die angeführten Merkmale einer sich von den Mitgliedern der Untergliederung, aber auch vom Zentralverein abhebenden Körperschaft gegeben, so sind die folgenden Besonderheiten, die auf der Eingliederung in den Großverein beruhen, unschädlich: Die Untergliederung kann ihre Organisation vom Zentralverein erhalten haben[14]. Die Satzung kann vom Großverein gegeben worden sein; sie kann auch Teil der Satzung des Zentralvereins sein oder kann einer von diesem erlassenen Mustersatzung entsprechen[15]. Die Satzung muß körperschaftsrechtlich beim nichtrechtsfähigen Verein nicht schriftlich niedergelegt sein; dies gilt somit auch für einen Zweigverein[16]. Aus steuerlichen Gründen kann es jedoch erforderlich sein, daß die Satzung schriftlich niedergelegt ist. Ist eine Untergliederung ein nichtrechtsfähiger Verein, so ist sie selbständiges Steuersubjekt. Ob sie die Anforderungen für die Anerkennung als steuerbegünstigte Körperschaft erfüllt, bestimmt sich grundsätzlich unabhängig von der steuerlichen Behandlung des Zentralvereins nach den in der jeweiligen Untergliederung begründeten Umständen. Voraussetzung für die Steuerbegünstigung ist u. a., daß die Untergliederung eine schriftliche Satzung hat (§§ 59, 60 AO)[17]. Ihren Namen kann die Untergliederung vom Großverein erhalten haben; es kann auch eine entsprechende Gestattung zur Namensführung gegeben sein[18]. Es schadet nicht, daß die in Vereinsform bestehende Untergliederung gleichzeitig eine unselbständige Verwaltungsstelle (Geschäftsstelle) des Zentralvereins ist[19]. Wegen dieser Doppelfunktion kann eine gewisse Abhängigkeit vom Großverein gegeben sein, die sich u. a. in einer Bin-

---

9 *BGH* GRUR 1976, 644.
10 RGZ 118, 196/198.
11 Vgl. RGZ 73, 92/97.
12 RAGE 1, 349/352; a. A. *KG* OLGZ 1983, 272/273; *Fessler/Keller* S. 24.
13 *BAG* AP Nr. 25 zu § 11 ArbGG.
14 BGHZ 90, 331.
15 BayObLGZ 1977, 6/9; *OLG Karlsruhe* OLGZ 1978, 226; *OLG Bamberg* NJW 1982, 895.
16 *BAG* AP Nr. 25 zu § 11 ArbGG.
17 Vgl. Verfügung der OFD Frankfurt/M v. 21. 8. 1985 – S 0171 A – 45 – St II 12.
18 Vgl. *BGH* GRUR 1976, 644.
19 RGZ 118, 196/198 f.; BayObLGZ 1977, 6/9.

dung an Beschlüsse sowohl des Zentralvereins als auch an solche übergeordneter Untergliederungen in Vereinsform äußern kann[20]. Die Befugnis, den Vorstand der Untergliederung selbst bestellen zu dürfen, wird zwar mit Recht als ein Merkmal der körperschaftlichen Verselbständigung angesehen[21]; im Hinblick auf die Doppelfunktion kann jedoch der Zentralverein dem Leiter der Untergliederung eine Organstellung verschaffen und demgemäß auch die Bestellung vornehmen[22]. Wird dieser Auffassung nicht gefolgt, so ist es jedenfalls unbedenklich, wenn der Zentralverein in seiner Satzung es sich vorbehält, daß die Bestellung des Vorstands der Untergliederung der Bestätigung des Großvereins bedarf.

Ausnahmetatbestände können es erfordern, daß eine nicht in Vereinsform bestehende Untergliederung gleichwohl als nichtrechtsfähiger Verein behandelt wird. Dies ist bei folgender Fallgestaltung bejaht worden: Die Verwaltungsstelle eines Arbeiterverbandes hat längere Zeit Tarifverträge abgeschlossen und hat hieraus Rechte für ihre Mitglieder hergeleitet; außerdem hat sich die Verwaltungsstelle in zwei gerichtlichen Instanzen nur mit sachlichen Gründen verteidigt, ohne auf ihre fehlende Vereinseigenschaft hinzuweisen[23].

1.3.2.2. Weitere besondere Rechtsverhältnisse beim Zweigverein

Der Eintritt in den Zweigverein hat eine Doppelmitgliedschaft oder eine **2669** mehrfach gestufte Mitgliedschaft zur Folge[24], wie bereits ausgeführt worden ist (Rn. 2664). Es werden grundsätzlich so viele Mitgliedschaften begründet, wie weitere Zweigvereine in den Stufen zwischen dem Basis-Zweigverein und dem Zentralverein bestehen. Diese gestuften Mitgliedschaften können zur Vermehrung von Rechten und Pflichten des Einzelmitglieds führen. Dem Grundsatz nach ist das Mitglied des Basis-Zweigvereins berechtigt, in allen Mitgliederversammlungen der vereinsmäßig organisierten Zwischenstufen und im Zentralverein selbst seine Rechte auszuüben und muß sich daraus ergebende Pflichten erfüllen. Dieser Kreis von Rechten und Pflichten wird aber in der Regel dadurch reduziert, daß in Mittelstufen und in der obersten Stufe, dem Zentralverein, Vertreterversammlungen bestehen. Dem Grundsatz nach kann über jedes Einzelmitglied der übergeordnete Zweigverein und der Zentralverein die Ordnungsgewalt ebenso ausüben wie der Basis-Zweigverein. Der Zentralverein kann aber nach Maßgabe seiner Satzung z. B. den disziplinären Ordnungsbereich für alle Mitglieder für sich in Anspruch nehmen, kann jedoch den Ausschluß aus dem Zweigverein diesem überlassen. Schweigen die maßgeblichen Satzungen, so steht das Recht der Ausschließung dem Basis-Zweigverein zu, da für dessen Zuständigkeit die größere Sachnähe spricht[25].

Der Zweigverein ist grundsätzlich auch Träger seines Vermögens. An ihn sind **2670** regelmäßig die Mitgliedsbeiträge abzuführen. Der Zentralverein kann allerdings in seiner Satzung anordnen, daß ein bestimmter Teil dieser Beiträge an

20 *BGH* MDR 1970, 913; *OLG Karlsruhe* OLGZ 1978, 226/228.
21 *BAG* AP Nr. 25 zu § 11 ArbGG 1953; *BAG* DB 1964, 519; *OLG Bamberg* NJW 1982, 895.
22 Vgl. RAGE 1, 349/352.
23 *RG* HRR 1928 Nr. 64.
24 Vgl. *BGH* NJW 1979, 1402.
25 Ebenso: *Soergel/Hadding* vor § 21 BGB Rn. 53.

ihn abzuführen ist; zusätzlich kann bestimmt werden, daß das Geschäftsführungsorgan des Zweigvereins über die Verwendung der zurückbehaltenen Einnahmen dem Großverein periodisch berichten bzw. Rechenschaft ablegen muß[26].

2671 Für die Haftung des Zweigvereins gilt die Zurechnungsnorm des § 31 BGB oder die Haftungsnorm des § 54 Satz 2 BGB[27]. Die unerlaubte Handlung eines Organs des Zweigvereins wird entweder diesem oder dem Hauptverein zugerechnet; hier kommt es darauf an, für welchen Verein das Organ »vereinsamtlich« tätig geworden ist[28].

In seinen Angelegenheiten ist der Zweigverein in einem Prozeß Beklagter. Ist die Gewerkschaftseigenschaft gegeben, so ist eine Prozeßbeteiligung als Kläger möglich. In Angelegenheiten, die den Großverein betreffen, ist der Zweigverein weder aktiv noch passiv legitimiert.

2672 Tritt der Zweigverein aus dem Zentralverein aus, so verlieren dessen Mitglieder nicht die Mitgliedschaft im Zentralverein[29].

2673 Die Satzung des Zentralvereins kann die Ausschließung des Zweigvereins vorsehen. In diesem Falle hat der nicht mehr anfechtbare Ausschließungsbeschluß das Ende der Mitgliedschaft des Zweigvereins, nicht jedoch dasjenige der Mitglieder im Zentralverein zur Folge. Bei den Einzelmitgliedern ist ein individueller Ausschluß erforderlich.

1.3.3. Die Beachtung der Autonomie des Unterverbandes durch den Oberverband

2674 Auch wenn der Zweigverein in den Großverein organisatorisch eingegliedert ist, hat er als Verein – ohne Rücksicht auf seine Rechtsform – eine Befugnis zur Regelung seiner eigenen Angelegenheiten (§ 25 BGB). Ordnet der Zentralverein so weitgehende satzungsmäßige Beschränkungen für die Tätigkeit des Zweigvereins an, daß diesem in seinen eigenen Angelegenheiten kein Selbstbestimmungsrecht mehr zusteht und damit eine eigenständige Entfaltung eines Vereinslebens weitgehend genommen ist, so fehlt es am Vereinscharakter der Untergliederung[30].

Der Zentralverein kann durch seine Organe (Mitgliederversammlung oder Vorstand) nur so weit die Tätigkeit des Zweigvereins regeln oder in diese eingreifen, als dies durch die Satzung des Zweigvereins gedeckt ist[31]. Der Oberverband kann z. B. hinsichtlich der Aufnahme von Mitgliedern in den Zweigverein oder hinsichtlich des Ausschlusses aus diesem nur dann Einfluß nehmen, wenn die Satzung des Zweigvereins derartige Eingriffsrechte zuläßt[32]. Die Satzung des Großvereins kann weiter nicht anordnen, daß deren Änderung automatisch die Änderung der Satzung des Zweigvereins herbeiführt; eine solche Satzungsbestimmung würde einen Eingriff in die verfassungsrechtlich garantierte Vereinsfreiheit darstellen. Die Satzung des Zentralvereins kann lediglich

26 Vgl. *RG* Recht 1912 Nr. 2130.
27 Vgl. *Soergel/Hadding* vor § 21 BGB Rn. 53.
28 Vgl. RAGE 6, 258/263.
29 Vgl. RGRK/*Steffen* vor § 21 BGB Rn. 20.
30 Vgl. *Sauter/Schweyer* Rn. 329; vgl. auch *RG* Recht 1928 Nr. 1802.
31 Ebenso die österreichische Auffassung: *Fessler/Keller* S. 24.
32 *Fessler/Keller* a. a. O.

die Mitgliederversammlung des Zweigvereins verpflichten, deren Satzung den geänderten Vorschriften des Zentralvereins anzupassen; wird dem nicht entsprochen, so kann der Großverein aus diesem Grunde den Zweigverein grundsätzlich nicht auflösen[33].

Großverbände sind z. T. so organisiert, daß sie sowohl den Einzelmitgliedern der Zweigvereine als auch den Zweigvereinen die Mitgliedschaft gewähren. Die Autonomie des Zweigvereins wird nicht berührt, wenn der Großverband das satzungsmäßige Recht hat, den Zweigverein auszuschließen. In diesem Fall kann sich aber der Zweigverein kraft seiner Autonomie in einen Verein ohne Bindung an seinen ehemaligen Zentralverband umbilden[34].

Die Autonomie des Zweigvereins kommt auch bei Auflösungstatbeständen **2675**
zum Tragen. Es wird allgemein angenommen, daß die Auflösung des Zentralverbands auch die Auflösung aller Zweigvereine zur Folge hat, weil deren Bestand von demjenigen des Zentralverbands abhängt[35]. Dies wird auch verneint; der Auflösungsbeschluß wird nur als Weisung an die Organe und Mitglieder des Zweigvereins verstanden, diesen aufzulösen und das Vermögen zu liquidieren[36]. Der zuletzt angeführten Auffassung ist zuzustimmen, da sie sich mit dem Wesen der Autonomie des Zweigvereins deckt. Sollte die Satzung des Zweigvereins die Bestimmung enthalten, daß mit der Auflösung des Zentralverbands auch der Zweigverein aufgelöst ist, so kann dessen Mitgliederversammlung jedenfalls die Fortsetzung des Vereins in aktiver Betätigungsform unter Lösung von den Bindungen zum Zentralverband (die auch noch während eines Liquidationsabschnittes bestehen) beschließen.

Das Selbstauflösungsrecht des Zweigvereins (§ 41 Satz 1 BGB) ist unentziehbar und nicht beschränkbar[37].

Als Mitglied kann der Zweigverein aus dem Zentralverein austreten (§ 39 **2676**
Abs. 1 BGB); die Austrittsfreiheit ist auch durch Art. 9 Abs. 1 GG (u. U. Abs. 3 ebenda) verfassungsrechtlich garantiert.

1.3.4. Die unselbständige Untergliederung

Eine Untergliederung eines Großvereins ist unselbständig, wenn sie keine kör- **2677**
perschaftliche Vollstruktur, sondern nur Teile einer solchen aufweist. Die nicht immer leichte Grenzziehung zwischen einem Zweigverein und einer unselbständigen Untergliederung geschieht nach folgenden Kriterien: Die Unterorganisation entscheidet nicht über ihr Entstehen und ihre Ende; hier ist ausschließlich die Kompetenz des Großvereins gegeben, dem allein die Satzungsgewalt zusteht. Eine Mitgliedschaft kann es in der unselbständigen Untergliederung nicht geben, sondern nur eine solche im Großverein oder in Zweigvereinen der Mittelstufe. Die Unterorganisation hat keinen eigenen schutzfähigen Namen und auch keinen selbständigen Sitz. Ihr fehlt die eigene Vermögensfähigkeit und demgemäß auch die Fähigkeit, eigene rechtliche Ver-

33 Vgl. *Fessler/Keller* S. 77.

34 Vgl. *Fessler/Keller* S. 77.

35 Vgl. z. B. RGRK/*Steffen* vor § 21 BGB Rn. 26; *Sauter/Schweyer* Rn. 329; *Fessler/Keller* S. 24.

36 Vgl. *BayObLG* Beschl. v. 15. 3.1971 – 2 Z 25/71 – S. 8; *Soergel/Hadding* vor § 21 BGB Rn. 53.

37 *Soergel/Hadding* a. a. O.

pflichtungen oder Berechtigungen zu begründen[38]. Die passive Parteifähigkeit fehlt ebenso wie die Tariffähigkeit[39]. Der Großverein kann der Untergliederung eine körperschaftliche Teilstruktur geben. Nach Maßgabe seiner Satzung kann die Unterorganisation sowohl einen Vorstand (Leiter) als auch eine Mitgliederversammlung haben; diese Organe sind in der Regel solche des Zentralvereins[40]. Die Mitgliederversammlung kann ohne Bindung des Großvereins nur in den allein die Untergliederung betreffenden Angelegenheiten einen Beschluß fassen. Den Organen der Untergliederung kann die Entscheidung über die Aufnahme und den Ausschluß eines Mitglieds zugewiesen sein. Eine Beschlußfassung oder Maßnahme dieser Organe darf nicht im Widerspruch zur Hauptsatzung oder zu Weisungen der Organe des Großvereins stehen. Das vom Hauptverein gesetzte Recht gilt ohne weiteres für die Organe und die Mitglieder, die in der Unterorganisation zusammengefaßt sind. Regelmäßig ist der Untergliederung auch die Einziehung der Vereinsbeiträge sowie die evtl. erforderliche Stundungsgewährung übertragen. Bis zur Abführung an den Zentralverein verwalten die Organe der Untergliederung diese Beträge namens des Hauptvereins. Zur Deckung der Unkosten (evtl. auch für Vergütungen an Organmitglieder) wird ein bestimmter kleinerer Teil der Beitragseinnahmen der Unterorganisation zur eigenen Verwendung überlassen[41].

Ist die Untergliederung ermächtigt, im Vermögensverkehr – für sich oder den Zentralverein – zu handeln, so verpflichtet oder berechtigt sie hierdurch nur den Hauptverein[42]. Überschreitet der für die Untergliederung handelnde Leiter seine Vollmacht, so ist er Vertreter ohne Vertretungsmacht; er haftet selbst, wenn der Großverein dieses Handeln nicht genehmigt (§ 179 BGB). Die besondere Haftung des Handelnden nach § 54 Satz 2 BGB greift nicht ein, weil die Untergliederung kein nichtrechtsfähiger Verein ist.

Wegen der rechtlichen Unselbständigkeit kann eine Untergliederung nicht mit einer anderen Untergliederung desselben oder eines anderen (Haupt-)Vereins ein Rechtsgeschäft abschließen[43].

Die unselbständige Untergliederung kann nur der Zentralverein auflösen.

1.4. Spitzenverbände

2678 Körperschaften des privaten oder öffentlichen Rechts können sich zu sog. Spitzenverbänden zusammenschließen. Der Ausdruck Spitzenverband hat auch in die Gesetzessprache Eingang gefunden[44]. Ein Spitzenverband ist die oberste Vereinigungsform von Körperschaften, der im Regelfall sein Tätigkeitsgebiet im gesamten Bundesgebiet hat. Dieser Spitzenzusammenschluß kann als Groß- bzw. als Zentralverein bestehen; im Regelfall ist aber ein Vereinsverband ge-

38 Vgl. *BAG* DB 1964, 519.
39 Vgl. *BAG* a. a. O.
40 Vgl. *BGH* MDR 1985, 921.
41 Vgl. *OLG Hamburg* Recht 1908 Nr. 2452.
42 Vgl. *RG* Recht 1928 Nr. 1802.
43 Vgl. auch *RG* Recht 1928 Nr. 267.
44 Vgl. z. B. § 62 Abs. 3 Satz 2 GenG; § 213 SGB/V; soweit § 10 Abs. 1 ArbGG als parteifähig im arbeitsgerichtlichen Verfahren auch die Zusammenschlüsse von Gewerkschaften und Vereinigungen von Arbeitgebern zu Verbänden erwähnt, wird der Spitzenverband angesprochen.

geben. Auf die Rechtsfähigkeit kommt es nicht immer an. Es kann somit auch ein nichtrechtsfähiger Vereinsverband ein Spitzenverband sein.
Spitzenverbände sind z. B.: die in Rn. 2663 angeführten, in Vereinsform bestehenden Zusammenschlüsse der Träger der gesetzlichen Unfallversicherung; Deutscher Gewerkschaftsbund und Bundesvereinigung der Deutschen Arbeitgeberverbände e. V.; Bundesverband des Deutschen Groß- und Außenhandels e. V.; Zentralverband des Deutschen Handwerks; Deutscher Industrie- und Handelstag; Bundesverband deutscher Banken e. V.; Deutscher Genossenschafts- und Raiffeisenverband e. V.; Gesamtverband gemeinnütziger Wohnungsunternehmen e. V. und Revisionsverband deutscher Konsumgenossenschaften e. V.[45].

2. Die Funktionen der Verbände; Gemeinsamkeiten und Unterschiede zwischen Zentralvereinen und Vereinsverbänden

2.1. Die Funktion der Verbände

Die Kernfunktion des Verbandszusammenschlusses, vor allem von Vereins- **2679**
verbänden sowie von Zentralverbänden, ist es, die gemeinsamen Interessen der unmittelbaren und mittelbaren Mitglieder in beruflicher, wirtschaftlicher, sozialer, kultureller, wissenschaftlich/technischer Hinsicht oder auch auf (wirtschafts-)politischem Gebiet zu fördern[46]. Das ermöglicht die gegebene Verbands-»Macht«. Nach Anlage 2 der Geschäftsordnung des Bundestages führt der Präsident des Bundestages eine jährlich im Bundesanzeiger zur Veröffentlichung gelangende öffentliche Liste, in der alle Verbände, die Interessen gegenüber dem Bundestag oder der Bundesregierung vertreten, eingetragen werden. Diese Eintragung ist Voraussetzung für die Anhörung von Vertretern der Verbände, auf die jedoch kein Anspruch besteht.
Die Verbände erfüllen den gesetzten Zweck durch Schaffung gemeinsamer Einrichtungen, z. T. durch Aufstellung von Verhaltensmaßregeln, durch Koordinierung der gemeinsamen Verbandstätigkeit, aber auch durch Durchführung von Veranstaltungen, Schulungen, Kursen usw.[47].
Die hier beschriebenen Verbände sind nahezu ausnahmslos nichtwirtschaftlich tätig, mag es sich auch z. B. um einen Zusammenschluß von Banken auf Bundesebene handeln. Soweit Verbände Schulungen, Kurse usw. zur beruflichen Fortbildung gegen Entgelt veranstalten, ist allerdings insoweit ein wirtschaftlicher Geschäftsbetrieb gegeben, der im Regelfall vom Nebenzweckprivileg gedeckt ist.

2.2. Die Gemeinsamkeiten bei Zentralvereinen und Vereinsverbänden

Die Zentralvereine und die Vereinsverbände haben die soeben beschriebene **2680**
Funktion gemeinsam. Das Selbstordnungsrecht (§ 25 BGB), das bei Vereinsverbänden an sich den Mitgliedsvereinen (Mitgliedskörperschaften) und beim

---

45 Spitzenverbände nach § 62 Abs. 3 Satz 2 GenG, vgl. *Lang/Weidmüller/Metz* § 54 a GenG Rn. 18.

46 *Vieweg* S. 28.

47 Vgl. *Vieweg* a. a. O.

Zentralverein den als Zweigvereinen bestehenden Untergliederungen zusteht, verlagert sich weitgehend auf die oberste Vereinigungsform. Bei entsprechender Satzungsgestaltung (Doppelverankerung in der Satzung der Mitgliedskörperschaften bzw. in der Satzung von Zweigvereinen einerseits und in der Satzung des Vereinsverbands bzw. Zentralvereins andererseits) kann die oberste Vereinigungsform nicht nur seine Satzung, sondern auch erlassene Ordnungen (Spiel-, Sport-, Rechts- und Verfahrensordnung, Wettbewerbsordnung), aber auch Richtlinien (z.B. für die Führung eines Arbeitskampfes) und Anordnungen von Organen nicht nur bei den Mitgliedsvereinen oder Zweigvereinen, sondern auch bei deren Mitgliedern zur Geltung bringen. So kann der gesamte Verband einheitlich »gestrafft« werden.

Die Einzelmitglieder der Mitgliedsvereine und die Mitglieder der Zweigvereine jedenfalls in den untersten Stufen wirken am Willensbildungsprozeß im Vereinsverband oder Zentralverein nicht mehr unmittelbar mit. Die Interessen der Einzelmitglieder werden durch die Vertretungsorgane ihres Mitgliedsvereins im Vereinsverband wahrgenommen; die Einzelmitglieder von Zweigvereinen wählen Personen zur Vertretung ihrer Interessen, die als Delegierte in der Versammlung des Zentralvereins ihre Funktion ausüben.

2.3. Die Unterschiede

2681 Zentralvereine bzw. -verbände unterscheiden sich von den Vereinsverbänden zunächst durch die Entstehung. Vereinsverbände werden durch Vereine oder sonstige Körperschaften gebildet. Der Zentralverein ist im Regelfall zunächst als Verein zur Entstehung gelangt. Gleichzeitig oder im späteren Verlauf ist es zur Bildung von Untergliederungen gekommen.

Der Vereinsverband hat grundsätzlich nur korporative Mitglieder. Die Mitgliedschaft von Einzelpersonen kommt vor, ist aber die Ausnahme. Der nur aus korporativen Mitgliedern bestehende Vereinsverband ist nicht in der Lage, durch Vereinsmitglieder Organstellungen im Verband zu besetzen. Mitglieder des Zentralvereins sind alle Mitglieder von Zweigvereinen. Eine Annäherung an die Rechtsverhältnisse beim Vereinsverband besteht dadurch, daß auch korporative Mitglieder in Mittel- oder Zwischenstufen (z.B. Landes- oder Bezirksverbände) Träger des Zentralvereins sind. Da die Einzelmitglieder der den Vereinsverband bildenden Vereine in diesem keine Mitgliedschaft haben, kann dieser nicht unmittelbar für die Einzelmitglieder sein Recht zur Geltung bringen; die korporativen Verbandsmitglieder müssen Verbandsrecht »übernehmen« (vgl. Rn. 348). Das vom Zentralverband gesetzte Recht erfaßt alle Verbandsmitglieder unmittelbar.

2682 Beenden alle korporativen Mitglieder die Mitgliedschaft im Vereinsverband, so hat dieser keine Mitglieder mehr. Falls kein Verbandsvermögen zu liquidieren ist, hat der Verband sein rechtliches Ende gefunden. Verliert der Zentralverein seine in Vereinsform bestehenden Untergliederungen, so wird dessen Existenz in aktiver Form davon nicht berührt.

3. Besondere Rechtsverhältnisse der Vereinsverbände

3.1. Die Gründung

Der Vereinsverband wird wie ein Verein mit natürlichen Personen als Mitglieder gegründet; auf Rn. 61, 65 ff. wird verwiesen. Mitgliedsfähig sind rechtsfähige und nichtrechtsfähige Vereine, aber auch sonstige juristische Personen des öffentlichen und privaten Rechts. Dazu gehören auch teilrechtsfähige Vereinigungen wie OHG und KG. Natürlichen Personen wird nach der Verbandssatzung grundsätzlich die Mitgliedschaft nicht gewährt. Ausnahmen bestehen hinsichtlich von Ehrenmitgliedern oder Ehrenpräsidenten (wobei aber immer zu prüfen ist, ob nur ein Ehrentitel verliehen oder eine Mitgliedschaft begründet werden soll). Nachfolgend wird nur die Vereinsmitgliedschaft als gegeben unterstellt. Vereine werden bei der Gründung durch die Vorstandsmitglieder in vertretungsberechitgter Zahl vertreten; sie können einem Vorstandsmitglied Vollmacht erteilen. **2683**

Will der Vereinsverband die Rechtsfähigkeit erlangen, so müssen sieben natürliche Personen die Gründungssatzung unterschreiben[48]; die Vorschrift des § 59 Abs. 3 BGB unterscheidet nicht, ob natürliche Personen oder Körperschaften einen Verein gründen[49]. Die Rechtsform des wirtschaftlichen Vereins wählen Vereinsverbände nicht.

Der Vereinsverband muß eine körperschaftliche Struktur haben. Das Merkmal der Dauerhaftigkeit wäre z. B. nicht gegeben, wenn sich Vereine nur zur Durchführung eines Kongresses zusammenschlössen[50].

Zwischen dem – kurzfristig – aus Vereinen gebildeten Vorverein und dem durch Eintragung rechtsfähig gewordenen Vereinsverband besteht Identität; es werden deshalb z. B. Ansprüche, die der Verband im Gründungsstadium gegen seine Mitglieder erworben hat, solche des rechtsfähigen Verbandes[51].

Der Verband muß nach der Eintragung den Namenszusatz e. V. führen (§ 65 BGB).

3.2. Die Verfassung des Vereinsverbandes

Für die Verfassung des Vereinsverbandes gelten die Grundsätze, die in Rn. 259 ff. für »gewöhnliche« Vereine dargestellt worden sind. **2684**

Besonderheiten ergeben sich bei der Inhaberschaft von Ämtern im Verband durch Amtsinhaber in den Mitgliedsvereinen. Gegen eine solche Personalunion ist im Grunde nichts einzuwenden. Es können sich jedoch Konfliktfälle ergeben, wenn z. B. im Vorstand des Verbandes über eine Angelegenheit abgestimmt wird, die den Mitgliedsverein betrifft, dessen Vorstandsmitglied auch Mitglied des Verbandsvorstands ist.

Hier kann über den Wortlaut des § 34 BGB hinaus ein Gebot zur Stimmenthaltung bestehen. Im Einzelfall kann auch das Verbot des Insichgeschäfts (§ 181 BGB; vgl. dazu Rn. 1367) eingreifen; von einer Befreiung, die der Verband und

48 *OLG Stuttgart* RPfl 1983, 318.

49 *LG Hamburg* RPfl 1981, 198; *Sauter/Schweyer* 323; a. A. *LG Mainz* MDR 1978, 312; *Staudinger/Coing* § 54 BGB Rn. 2.

50 *RG* JR 1927 Nr. 908.

51 Vgl. *OLG Hamburg* OLGE 28, 677.

der angeschlossene Verein erteilen müßte, sollte im Interesse des Verbandsfriedens im Regelfall kein Gebrauch gemacht werden.

3.3. Die Mitgliedschaft im Vereinsverband

2685 Die Mitgliedschaft in einem Vereinsverband wird – wie beim Monoverein mit natürlichen Personen als Mitglieder – durch Aufnahme erworben; vgl. Rn. 623 ff.

Die Gründe für die Beendigung der Mitgliedschaft werden in der Regel in der Verbandssatzung genannt. Als solche kommen in Betracht: Auflösung des Mitgliedsvereins, Konkurs über dessen Vermögen, Verlust der Gemeinnützigkeit, bei Sportverbänden Verlust der sportlichen Qualifikation.

Nach den Satzungen einiger Sportverbände wird die Mitgliedschaft im Dachverband nur auf Zeit, d. h. für die nächstfolgende Wettkampfsaison gewährt. Voraussetzung für die Mitgliedschaft in der folgenden Saison ist zunächst das Vorhandensein der sportlichen Qualifikation und das Bestehen einer Wirtschaftlichkeitsprüfung. Erfüllt ein Verein diese Voraussetzungen, so erhält er die Zulassung (und damit die Mitgliedschaft) für die nächste Saison.

Im Bereich des Rechts der Mitgliedschaft sind noch folgende Besonderheiten hervorzuheben: Ist eine Körperschaft des öffentlichen Rechts Mitglied eines Verbandes, so kann dessen Satzung nicht wirksam anordnen, daß auch die Mitglieder der öffentlich-rechtlichen Körperschaft Mitglieder des privaten Verbandes werden[52]. Beschließt ein Verband eine Satzungsänderung, wonach die Mitgliedschaft von Körperschaften nicht mehr möglich ist, daß vielmehr nur noch natürlichen Personen die Mitgliedschaft gewährt wird, so erfordert dieser Vereinsbeschluß die Zustimmung aller korporativen Mitglieder[53].

Die Rechte und Pflichten der Mitgliedsvereine werden außerhalb einer Verbandsversammlung durch das jeweilige Vertretungsorgan des Anschlußvereins wahrgenommen bzw. erfüllt.

3.4. Die Verbandsversammlung als Mitgliederversammlung oder als Delegiertenversammlung

2686 Da die den Vereinsverband bildenden Körperschaften als solche handlungsunfähig sind, müssen sie in der Verbandsversammlung (Verbandstag) vertreten werden. Nach den Verbandssatzungen haben sich zwei Systeme herausgebildet, und zwar

- das System der »geborenen« Vertreter; die Verbandssatzung läßt die eigene Vertretungsordnung des Mitgliedsvereins zum Zuge kommen, wonach dieser durch den Vorstand vertreten wird (§ 26 Abs. 2 Satz 1 BGB); im Grunde unterscheidet sich eine solche Verbandsversammlung nicht von der Versammlung eines Vereins, bestehend aus Minderjährigen, die durch ihre gesetzlichen Vertreter verteten werden; die Verbandssatzung kann die Zahl der zur Vertretung in der Verbandsversammlung berechtigten Vorstandsmitglieder etwa auf zwei beschränken;

---

52 *RG* HRR 1930 Nr. 2162.

53 *BGH* NJW 1980, 2707.

- das System der »gekorenen« Vertreter; hier bestimmt die Verbandssatzung, daß die Mitgliedsvereine durch Delegierte vertreten werden; die Verbandssatzung kann die Art der Bestellung der Vertreter dem Mitgliedsverein überlassen, kann aber die Bestellungsart (in der Regel durch Wahl) selbst anordnen; erforderlich ist es, daß die Verbandssatzung die Zahl der Vertreter sowie deren Stimmenmacht und weiter die Amtsdauer festlegt; vgl. zur Delegiertenversammlung näher Rn. 2687 ff.

Der Unterschied beider Vertretungssysteme ist erheblich: Der Vorstand eines Mitgliedsvereins ist als »geborener« Vertreter der Weisung der Mitgliederversammlung seines Vereins unterworfen; der gewählte oder sonst bestellte Vertreter vertritt die Mitgliedergesamtheit und ist Weisungen nicht unterworfen.

Nach Auffassung des BGH[54] gilt im Vereinsrecht der Grundsatz »ein Mitglied eine Stimme«. Dies trifft sicher bei allen Monovereinen zu. Bei Vereinsverbänden verträgt sich dieser Grundsatz aber mit dem vorrangigen Grundsatz der Gleichbehandlung nicht. Ein Mitgliedsverein, der 500 Mitglieder hat, kann im Regelfall nicht die gleiche Stimmenmacht haben wie ein weiterer Mitgliedsverein, der 5 000 Mitglieder hat. Ein weiteres Beispiel aus der Praxis: Zwei Landesverbände decken mit ihren Beiträgen mehr als die Hälfte des Jahreshaushalts eines Bundesverbandes, die übrigen 200 Mitglieder kommen für den Rest auf. Bei Sportdachverbänden haben sich z. T. die diese gründenden Regional- oder Landesverbände in der Gründungssatzung eine hohe Stimmenzahl vorbehalten; dann folgt eine abgestufte Stimmenzahl nach der Bedeutung und dem Beitragsaufkommen der Vereine der einzelnen Ligen, so daß Vereine der Bundesliga I eine höhere Stimmenzahl als die Vereine der Bundesliga II haben; hat der Verband weitere Ligen, so setzt sich die Stimmzahl der Vereine der unteren Ligen entsprechend fort. Durch die Zuteilung einer unterschiedlichen Stimmenzahl wird eine Aufblähung der Zahl der »geborenen« oder »gekorenen« Vertreter vermieden.

Der Inhaber eines Mehrstimmrechts kann von diesem bei dem gleichen Abstimmungsvorgang nicht einen unterschiedlichen Gebrauch machen. Er muß jedoch nicht alle seine Stimmen zur Geltung bringen, er kann mit einzelnen Stimmen »Enthaltung« üben.

Das OVG Koblenz[55] hat zum öffentlichen Verbandsrecht die Auffassung vertreten, daß bei Vorhandenscin eines Mehrstimmrechts, das nur einheitlich ausgeübt werden kann, eine geheime Abstimmung unzulässig sei, weil das Stimmverhalten nicht festzustellen sei. Ein solcher Grundsatz dürfte für das private Verbandsrecht als zu weitgehend nicht bestehen.

Der Verband selbst muß in der Verbandsversammlung vertreten sein. Gewährt er natürlichen Personen keine Mitgliedschaft, so können an sich die Mitglieder des Verbandvorstands nicht an der Verbandsversammlung teilnehmen, da das Teilnahmerecht sich aus der Mitgliedschaft ergibt, die im Verband nicht gegeben ist. Die Verbandssatzung muß deshalb ein Teilnahmerecht für die Mitglieder von Verbandsorganen ausdrücklich schaffen. Sie muß bestimmen, welche Mitglieder von Verbandsorganen an Verbandsversammlungen teilnehmen können. Es muß weiter festgelegt werden, ob nur ein Recht auf Teilnahme an

54 BGHZ 106, 67/72 = NJW 1989, 1212.
55 NVwZ 1987, 917.

der Beratung besteht oder ob Mitglieder von Verbandsorganen auch ein Stimmrecht haben; u. U. ist die Stimmenzahl festzulegen.

4. Die Delegiertenversammlung bei Groß- bzw. Zentralverbänden

4.1. Die zulässige Bildung dieses Organs sowie die satzungsmäßige Grundlage

2687 Genossenschaften mit mehr als 3 000 Mitgliedern müssen eine Vertreterversammlung bilden; beträgt die Mitgliederzahl mehr als 1 500, so ist die Bildung eines solchen Organs freigestellt (§ 43 a Abs. 1 GenG). Eine gesetzliche Regelung hinsichtlich der Vertreterversammlung besteht nur für Versicherungsvereine auf Gegenseitigkeit (§ 29 VAG) und für politische Parteien (§§ 9, 13 PartG), nicht jedoch für die übrigen Vereine. Es ist jedoch anerkannt, daß Vereine unter bestimmten Voraussetzungen eine die Zuständigkeit der Mitgliederversammlung verdrängende Delegiertenversammlung haben können[56]. Wesentlich ist, daß die Delegiertenversammlung eine satzungsmäßige Grundlage hat; die Vorschrift des § 32 BGB über die Mitgliederversammlung kann durch die Satzung nach § 40 BGB abgeändert werden. Eine Vertreterversammlung kann aber nicht schlechthin zugelassen werden, da durch eine solche die Rechte der Einzelmitglieder stark eingeschränkt werden. Für die Bildung einer Delegiertenversammlung müssen vertretbare Gründe vorhanden sein. Die Zahl der Mitglieder muß so groß sein, daß eine Mitgliederversammlung nicht mehr abgehalten werden kann, weil eine solche so schwerfällig ist, daß eine Willensbildung unter möglicher Beteiligung aller Mitglieder nur unter erheblichem Aufwand an Zeit und Geld möglich ist, weil Raum- und Verständigungsprobleme entstehen[57].

4.2. Die Einführung einer Delegiertenversammlung an Stelle der Mitgliederversammlung

2688 Die Bildung einer Delegiertenversammlung kann bei Großvereinen mit Untergliederungen sowie bei den Vereinsverbänden bereits in der Gründungssatzung verankert sein. Beschließt ein sonstiger Verein wegen der Größe der Mitgliederzahl, daß eine Delegiertenversammlung an die Stelle einer Mitgliederversammlung treten soll, so ist dies eine Satzungsänderung, die bei eingetragenen Vereinen erst mit der Eintragung in das Vereinsregister wirksam wird (§ 71 BGB). Die Delegierten können jedoch schon vor der Eintragung gewählt werden[58]. Bis zur Eintragung ist die Mitgliederversammlung nur noch für diejenigen Maßnahmen zuständig, die der Ausführung dieses Beschlusses dienen[59]. Ist über die Entlastung des bisherigen Vorstands von der Mitgliederversammlung noch kein Beschluß gefaßt worden, so kann sie nur die Delegiertenversammlung vornehmen. Eine Mitgliederversammlung kann jedoch auch

56 Vgl. *KG* HRR 1929 Nr. 2071 = JW 1930, 1224; *OLG Frankfurt* OLGZ 1973, 137 = RPfl 1973, 54.
57 Vgl. *BGH* NJW 1982, 2558/2559: Gen.
58 Vgl. *RG* JW 1928, 635; *BGH* NJW 1960, 1447: Gen.
59 *BGH* a. a. O.

als Wahlkörper für die Bestellung von Delegierten weiterbestehen[60]. Die Zuständigkeit einer Mitgliederversammlung kann dann wieder voll gegeben sein, wenn es aus irgendeinem Grunde unmöglich geworden ist, Delegierte zu wählen[61].
Diese Ausführungen gelten für Großvereine ohne Zweigvereine. Bestehen Zweigvereine, so ist die Mitgliederversammlung weiter jedenfalls für den Bereich von Basis-Zweigvereinen zuständig.

4.3. Satzungserfordernisse

4.3.1. Die Festlegung der Zahl der Delegierten

Die Satzung muß festlegen, auf wieviele Mitglieder ein Delegierter entfällt[62]. **2689**
Die Delegiertenquote oder der Delegiertenschlüssel muß ergeben, daß alle Mitglieder unter Beachtung des Gleichheitsgrundsatzes durch Delegierte in der Delegiertenversammlung repräsentiert werden. Dieser Grundsatz muß auch bei mehrfach gestufter Organisation des Großverbands beachtet werden. Wählen die Mitglieder eines Basis-Zweigvereins die Delegierten für die Bezirksversammlung, diese dann die Delegierten für die Landesversammlung und diese die Delegierten für die Bundesversammlung, so muß durchgehend der Grundsatz der gleichmäßigen Repräsentierung aller Mitglieder der Untergliederungen Beachtung finden. Der Grundsatz der gleichmäßigen Repräsentation greift ein, wenn die Untergliederung von Großverbänden unterschiedliche Mitgliederzahlen hat. Eine Satzungsbestimmung, wonach jede Untergliederung ohne Rücksicht auf die unterschiedliche Mitgliederzahl z. B. einen Delegierten bestellt, ist unzulässig[63].
Bei Großvereinen ohne Untergliederungen kann die Satzung eine feste Zahl von Delegierten bestimmen. Ansonsten ist das Verhältnis zwischen der Zahl der Mitglieder und der Zahl der Delegierten in der Satzung festzulegen[64]. Vereinzelt sehen Verbandssatzungen vor, daß nicht die Zahl der Mitglieder, sondern das Beitragsaufkommen einer jeden Gliederung entscheidend ist. Eine solche Festlegung ist nicht schlechthin unzulässig, wenn diese Bestimmungsart gleichwohl alle Mitglieder genügend repräsentiert. Legt die Satzung nur den Delegiertenschlüssel fest, so muß sie auch angeben, welcher Zeitpunkt für die Berechnung der Delegiertenzahl maßgebend ist. Es ist zweckmäßig, einen Zeitpunkt zu wählen, der so weit vor der Wahl der Delegierten liegt, daß bei den Wahlvorbereitungen die Zahl der Delegierten, die zu wählen sind, feststeht[65]. Es ist dann eine Veränderung in der Mitgliederzahl, die nach dem für die Berechnung maßgebenden Zeitpunkt eintritt, nicht mehr zu berücksichtigen. Die Satzung kann auch nicht anordnen, daß bei einer Verminderung der Zahl der Mitglieder während der Amtsperiode der Mitglieder der Delegiertenversammlung Delegierte ausscheiden oder daß bei einer Erhöhung der Zahl der

60 Vgl. RGZ 119, 339/341: Gen.
61 Vgl. *KG* JFG 14, 505 = JW 1937, 1161.
62 *OLG Frankfurt* WM 1985, 1466/1469; vgl. auch § 43 a Abs. 4 Satz 5 GenG.
63 *LG Berlin* RdJ 1969, 24.
64 *Sauter/Schweyer* Rn. 213.
65 Vgl. *Müller* § 43 a GenG Rn. 11.

Mitglieder Delegierte entsprechend der erhöhten Mitgliederzahl zugewählt werden müssen[66].
Es ist üblich, als Stichtag für die Berechnung des Delegiertenschlüssels den 31. 12. vor dem Jahr der Wahl neuer Delegierter zu bestimmen, wenn die Wahl mindestens drei Monate später vorgenommen wird.

4.3.2. Die Festlegung der Zahl der »gekorenen« Delegierten bei Vorhandensein von »geborenen« Delegierten

2690 Die Verbandssatzung kann bestimmen, daß die Vorstandsmitglieder oder der Vorstandsvorsitzende von Untergliederungen (bei Vereinsverbänden: von Mitgliedsvereinen) stets sog. »geborene« Mitglieder der Delegiertenversammlung sind, daß diese im übrigen durch gewählte, somit »gekorene« Delegierte gebildet wird. Die »geborenen« Mitglieder der Delegiertenversammlung können auch aus Organmitgliedern der Dachvereinigung satzungsmäßig bestimmt sein. Durch die Festlegung einer zu großen Zahl von »geborenen« Delegierten kann sich die Verbandsleitung einen großen Einfluß in der Delegiertenversammlung sichern. Dies widerspricht dem Gleichheitsgrundsatz. Deshalb muß die Zahl der »gekorenen« Mitglieder so groß sein, daß diese die für Satzungsänderungen erforderliche Mehrheit haben[67]; damit ist auch die Möglichkeit eröffnet, daß die »gekorenen« Delegierten die Zahl der »geborenen« wieder reduzieren können. Den gewählten Delegierten muß somit immer der entscheidende Einfluß auf die Willensbildung in der Delegiertenversammlung zustehen[68].

4.3.3. Die u. U. erforderliche Festlegung der Stimmenzahl

2691 Damit durch eine zu große Zahl von Delegierten bei Großverbänden mit besonders großer Mitgliederzahl nicht die ordnungsgemäße Willensbildung in dem Organ Delegiertenversammlung in Frage gestellt wird, kann die Satzung anordnen, daß Delegierten ein Mehrstimmrecht zusteht, wodurch die genügende Repräsentierung aller Vereinsmitglieder gewährleistet wird. Die Versammlungsordnung kann bestimmen, daß vor der förmlichen Eröffnung der Versammlung die Zahl der Stimmen, die ein Delegierter hat, geprüft und der Versammlungsleitung mitgeteilt wird. Die Satzung kann dann weiter anordnen, daß bei bestimmten oder allen Verfahrensfragen nicht die Zahl der Stimmen entscheidend ist, die ein Delegierter hat, daß vielmehr das Ergebnis solcher Abstimmungen nur nach den »Köpfen« der anwesenden, stimmberechtigten Delegierten berechnet wird.

4.3.4. Die erforderliche Festlegung der Amtsdauer der »gekorenen« Delegierten

2692 Sein Amt erlangt ein Delegierter nach durchgeführter Wahl grundsätzlich mit seiner Erklärung, daß er die Wahl annimmt[69]. Werden Delegierte im Zusammenhang mit der Satzungsänderung gewählt, welche anstelle der Mitglieder-

66 Vgl. *Müller* a. a. O.

67 Vgl. *KG* NJW 1962, 1917; *OLG Frankfurt* WM 1985, 1466/1470; vgl. auch § 9 Abs. 2 PartG, wonach die Zahl der »geborenen« Mitglieder nicht 20 % übersteigen darf.

68 *Säcker* Probleme der Repräsentation von Großvereinen S. 28.

69 Vgl. *Lang/Weidmüller/Metz* § 43 a GenG Rn. 61.

versammlung eine Delegiertenversammlung einführt, so beginnt die Amtsstellung grundsätzlich mit dem Beginn der ersten Delegiertenversammlung[70]. Trifft die Satzung keine Anordnung über die Bestelldauer, so sind die Delegierten nur bis zum Ende der der Wahl nachfolgenden Delegiertenversammlung im Amt[71]. Sind Delegierte für mehrere Delegiertenversammlungen gewählt, so muß dies die Satzung bestimmen[72]. Eine Bestelldauer von drei bis vier Jahren ist nicht zu beanstanden[73]. Die Satzung kann bestimmen, daß die Amtsperiode so lange dauert, bis die Ergebnisse von Neuwahlen der Delegierten bekannt geworden sind[74]. Zu weitgehend dürfte es sein, eine Satzungsbestimmung deshalb für unwirksam anzusehen, weil sie das nahtlose Ineinanderübergehen der Wahlperioden nicht gewährleistet[75]. Verlängert eine Delegiertenversammlung durch satzungsändernden Beschluß die Wahlperiode und damit die Amtsperiode, so können hiervon nur die Mitglieder der nächstfolgenden Delegiertenversammlung betroffen sein; die amtierenden Delegierten können nicht ihre eigene Wahlperiode verlängern, wenn die Amtsstellung mit dem Schluß der Versammlung ihr Ende findet, in dem der satzungsändernde Beschluß gefaßt worden ist[76].
Eine vorzeitige Beendigung der Amtsperiode kann dadurch eintreten, daß sich die Delegiertenversammlung kraft ausdrücklicher dahingehender Satzungsermächtigung durch Beschluß auflöst[77].

4.3.5. Die erforderliche Festlegung der Bestellungsart von Delegierten

Die Satzung muß schließlich auch die Art der Bestellung der Delegierten festlegen. 2693
Ein großer Versicherungsverein auf Gegenseitigkeit hat seit Jahrzehnten die Mitglieder nicht an der Wahl von Delegierten beteiligt. Den Delegierten ist nach der Satzung das ständige Recht der Kooptation eingeräumt. Dies ist unzulässig, weil es Mindestanforderungen widerspricht, die an den insoweit geltenden Grundsatz innerverbandlicher Demokratie zu stellen sind[78]. Gegen eine Kooptation bei vorzeitigem Ausscheiden aus dem Amt können Einwendungen nicht erhoben werden.
Die Mitgliederbasis wird grundsätzlich nur dann ordnungsgemäß repräsentiert, wenn sie die Möglichkeit hat, durch Wahl der Delegierten wenigstens einen mittelbaren Einfluß auf die Willensbildung in den dem Basisverein übergeordneten Verbandsorganen ausüben zu können. Vgl. zur Wahl im einzelnen nachfolgend.

---

70 Vgl. auch § 58 Abs. 1 SGB/IV.
71 *OLG Frankfurt* WM 1985, 1466/1469.
72 *OLG Frankfurt* a. a. O.
73 Vgl. § 43 a Abs. 4 Satz 3 GenG: höchstens vier Jahre; § 58 Abs. 2 SGB/IV: höchstens sechs Jahre.
74 Vgl. *KG* JFG 14, 505/509: Gen.
75 So aber: *OLG Stuttgart* RPfl 1978, 57 = DB 1977, 1938: Gen.
76 RGZ 119, 243/247; vgl. auch *OLG Hamburg* OLGZ 1989, 32/37: Verkleinerung des Aufsichtsrats einer Aktiengesellschaft läßt sich erst mit dem Ende der laufenden Amtszeit verwirklichen.
77 Vgl. *Müller* Rn. 12, *Lang/Weidmüller/Metz* Rn. 66, je zu § 43 a GenG.
78 Vgl. auch *OLG Frankfurt* WM 1985, 1466/1470.

4.4. Die Wahl der Delegierten

4.4.1. Das aktive und passive Wahlrecht sowie das Wahlvorschlagsrecht

2694 Das aktive und passive Wahlrecht steht grundsätzlich jedem Mitglied eines Großverbands zu. Für das aktive Wahlrecht muß die Wahlberechtigung gegeben sein. Es ist z. B. zulässig, das Wahlrecht zu versagen, weil ein Mitglied trotz Mahnung mit seinem Mitgliedsbeitrag rückständig ist, falls die Satzung als Sanktion das Ruhen der Mitgliedschaftsrechte vorsieht. Ansonsten ergibt sich aus dem insoweit geltenden Grundsatz der Allgemeinheit der Wahl, daß jeder Wahlberechtigte, wenn er es will, sein Wahlrecht ausüben können muß. Hinsichtlich der Wählbarkeitsvoraussetzungen, also für die Ausübung des passiven Wahlrechts, kann die Satzung Einschränkungen vornehmen. Im Hinblick auf die Bedeutung des Amts eines Delegierten ist es unbedenklich, wenn die Satzung neben der Geschäftsfähigkeit entweder ein bestimmtes Mindestalter oder eine bestimmte Dauer der Vereinszugehörigkeit verlangt.

Das Wahlvorschlagsrecht steht grundsätzlich jedem Vereinsmitglied zu. Es darf nicht auf Verbandsorgane beschränkt sein. Die Satzung kann aber zumutbare Ausübungsschranken festlegen. Sie kann bestimmen, daß das Vorschlagsrecht von einer bestimmten Anzahl von Mitgliedern unterstützt und innerhalb einer bestimmten Frist eingereicht werden muß.

4.4.2. Die Wahlordnung

2695 Es ist zweckmäßig, daß die Einzelheiten der Durchführung von Delegiertenwahlen in einer Wahlordnung festgelegt werden.

4.4.3. Der Wahlvorstand

2696 Die Wahlordnung kann vorsehen, daß die Abwicklung der Wahl und die Feststellung des Wahlergebnisses einem Wahlvorstand obliegt. Die Mitglieder des Wahlvorstands dürfen nicht selbst Wahlbewerber sein und dürfen sich auch nicht an Wahlvorschlägen beteiligen[79]. Vorstandsmitglieder können aber Mitglieder des Wahlvorstands sein.

4.4.4. Briefwahl oder Wahl in der Mitgliederversammlung

2697 Die Wahl muß grundsätzlich in einer Mitgliederversammlung stattfinden, da Wahlen Abstimmungen sind.

Nach den Gegebenheiten des einzelnen Vereins kann sich eine Briefwahl empfehlen. Diese muß die Satzung anordnen, da sie das Einstimmigkeitserfordernis des § 32 Abs. 2 BGB abbedingen muß (vgl. § 40 BGB).

4.4.5. Wahlarten

2698 Die Satzung muß festlegen, wie die Delegierten zu wählen sind[80].

Es kann eine Persönlichkeitswahl vorgesehen sein. Hier kann es angemessen sein, für die Wahl die relative Mehrheit der Stimmen für maßgebend zu erklären. Es sind dann die Kandidaten gewählt, welche die meisten Stimmen auf sich vereinigt haben, ohne daß die absolute Mehrheit (mehr als 50 %) erreicht sein muß. Die Persönlichkeitswahl kann als Einzelwahl oder als Sammelwahl in

79 Vgl. *Müller* § 43 a GenG Rn. 27.

80 *Sauter/Schweyer* Rn. 217; so wohl auch *OLG Frankfurt* WM 1985, 1466/1468.

der Satzung zugelassen sein. Bei der Sammelwahl werden mehrere Bewerber in einem Abstimmungsvorgang gewählt.

Die Satzung kann auch die Durchführung von Listenwahlen vorsehen; vgl. dazu näher Rn. 1092 ff. Die Listen-Mehrheitswahl ist nur bei Wahlen zur Vertreterversammlung einer Genossenschaft für unzulässig erklärt worden, weil dem der Schutz von Minderheiten entgegensteht[81]. Diese Grundsätze gelten weder für die Wahlen, die politische Parteien durchführen[82], noch bei anderen Vereinswahlen[83].

4.4.6. Feststellung des Wahlergebnisses

Die Satzung oder Wahlordnung soll vorschreiben, daß das Wahlergebnis samt **2699** Erklärungen der gewählten Kandidaten, daß sie die Wahl annehmen, in einer Niederschrift festgehalten wird.

4.5. Das Delegiertenamt

4.5.1. Organstellung und Anstellung

Mit der Annahme der Wahl erlangt der Delegierte eine Organstellung im Ver- **2700** band, wie dies etwa beim Verbandsvorstand der Fall ist. Aus diesem organschaftlichen Verhältnis zum Verband ergeben sich Rechte und Pflichten.

Dem Organschaftsverhältnis liegt zugleich ein Kausalverhältnis zugrunde. Erhält der Delegierte – wie regelmäßig – nur Aufwendungsersatz, so besteht mit ihm ein Auftragsverhältnis (§§ 662 ff. BGB). Wird eine Vergütung gewährt (vgl. dazu Rn. 761), so wird mit dem Verband ein auf eine Geschäftsbesorgung gerichteter Dienstvertrag abgeschlossen (§ 675 i. V. m. §§ 611 ff. BGB).

4.5.2. Rechte des Delegierten

Aus seiner Organstellung heraus hat der Delegierte das Recht, aber auch die **2701** Pflicht (vgl. nachfolgend Rn. 2703), an den Tagungen der Delegiertenversammlung teilzunehmen. Er ist zu den Versammlungen unter Mitteilung der Tagesordnung einzuladen (entspr. § 32 Abs. 1 Satz 2 BGB). Die in der Satzung bestimmte Zahl von Delegierten kann das Minderheitsrecht entsprechend § 37 BGB in Anspruch nehmen. Dem Grundsatz nach kann jeder Delegierte eine Ergänzung der Tagesordnung verlangen. In der Versammlung steht jedem Delegierten das Anwesenheits-, Rede-, Antrags- und Stimmrecht zu. Jeder Delegierte kann gegen einen fehlerhaften Versammlungsbeschluß Widerspruch einlegen und kann einen solchen Beschluß oder einen absolut nichtigen Beschluß mit der gerichtlichen Klage auf Feststellung seiner Unwirksamkeit bekämpfen. Jeder Delegierte hat ferner das Recht, daß ihm eine Abschrift des Protokolls der Delegiertenversammlung zugeleitet wird.

Der Delegierte hat gegen den Verband einen Anspruch auf Aufwendungsersatz, falls die Satzung nicht ausdrücklich die Untergliederung für ersatzpflichtig erklärt, deren Mitglieder den Delegierten gewählt haben. Nach § 670 BGB sind u. a. Fahrt-, Verpflegungs- und Übernachtungskosten zu ersetzen. Dazu kann

81 *BGH* NJW 1982, 2558.
82 *BGH* NJW 1989, 1212/1214.
83 A. A. *Sauter/Schweyer* Rn. 217.

auch ein sonstiger Schaden gehören, den der Delegierte im Zusammenhang mit seiner amtlichen Tätigkeit erlitten hat, z. B. bei einem Verkehrsunfall auf der Fahrt zur Delegiertenversammlung[84]. Der Verband sollte diese Risiken eines Delegierten durch eine Versicherung abdecken[85].

4.5.3. Die Weisungsfreiheit des Delegierten

2702 Der Delegierte steht nicht in einem Auftragsverhältnis zu den ihn wählenden Mitgliedern. Dabei ist es unerheblich, ob er Vereinsmitglied ist oder nicht. Der Delegierte ist vielmehr weisungsunabhängig[86]. Der Delegierte muß bei seinem amtlichen Verhalten die Interessen des Gesamtverbands im Auge haben. Dies gilt auch hinsichtlich der Art der Ausübung seines Stimmrechts; der Delegierte muß hierbei die sich aus seiner Amtsstellung ergebenden Rechte und Pflichten beachten[87]. Das Einzelmitglied ist dagegen bei der Ausübung seines Stimmrechts nur an die Treupflicht gegenüber seinem Verein gebunden. Gleichwohl kann nicht angenommen werden, daß dem Delegierten wegen dieser Amtsstellung die Beteiligung an einem Stimmbindungsvertrag verwehrt ist[88].

4.5.4. Die Pflichten des Delegierten

4.5.4.1. Die Teilnahmepflicht

2703 Während es dem Vereinsmitglied grundsätzlich freigestellt ist, ob es an einer Mitgliederversammlung teilnimmt oder nicht, ist für den Delegierten die Anwesenheit in der Delegiertenversammlung Pflicht[89]. Der Delegierte vertritt nicht seine eigenen Interessen, sondern diejenigen einer größeren Zahl von Mitgliedern, so daß die Teilnahmepflicht zugleich eine organschaftliche, aus dem übernommenen Amt fließende Pflicht ist. Für die Nichtteilnahme müssen triftige Gründe, wie z. B. eine schwere Erkrankung, gegeben sein.

4.5.4.2. Die Informationspflicht

2704 Der Delegierte hat zwar bei seinem amtlichen Verhalten die Gesamtinteressen des Verbands im Auge zu behalten. Er ist aber gleichwohl verpflichtet, auch die Interessen der ihn wählenden Mitglieder zur Geltung zu bringen. Über die hierbei Bedeutung erlangenden Umstände hat sich der Delegierte laufend zu informieren. Er muß sich zumindest über das Ergebnis von Mitgliederversammlungen der Basisorganisation informieren, deren Mitglieder ihn gewählt haben. Zu erforderlichen Informationen kann der Delegierte auch gelangen, indem er ständig Kontakt zum Vorstand der Basisorganisation pflegt.

---

84 Vgl. *Müller* § 43 a GenG Rn. 38.

85 Vgl. *Müller* a. a. O.

86 Vgl. RGZ 155, 21/25; *BGH* NJW 1980, 2707/2708: Gen.; *Sauter/Schweyer* Rn. 220; *Sacker* Probleme S. 23.

87 Vgl. *Müller* § 43 a GenG Rn. 83.

88 A. A. *Müller* a. a. O.

89 *OLG Frankfurt* WM 1985, 1466/1470; *Müller* Rn. 43, *Lang/Weidmüller/Metz* Rn. 77, je zu § 43 a GenG.

4.5.4.3. Die Auskunfts- und Herausgabepflicht

Nach § 666 BGB ist der Delegierte zur Auskunft verpflichtet. Da sein Vertragspartner der Verband ist, kann der Delegierte nur der Delegiertenversammlung gegenüber zur Auskunft verpflichtet sein und allenfalls noch dem Verbandsvorstand gegenüber. **2705**

Nach der Beendigung des Amtes hat der Delegierte all das dem Verband herauszugeben, was er von diesem oder von einem Dritten im Hinblick auf seine Amtsstellung erlangt hat (§ 667 BGB).

4.5.4.4. Die Pflicht zur Stimmenthaltung bei Interessenkollision

In den Fällen des § 34 BGB ist der Delegierte vom Stimmrecht ausgeschlossen. **2706** Darüber hinaus muß dies mit Rücksicht auf die Amtsstellung auch dann gelten, wenn die Interessen des Verbands mit den Eigeninteressen des Delegierten kollidieren[90].

4.5.5. Die Haftung des Delegierten

Verletzt der Delegierte schuldhaft (Fahrlässigkeit genügt) die sich aus seiner **2707** Amtsstellung ergebenden Pflichten, so ist er dem Verband wegen Schlechterfüllung des Auftrags- oder Geschäftsbesorgungsvertrages zum Schadenersatz verpflichtet[91]. Zu den ihn wählenden Mitgliedern besteht kein Rechtsverhältnis, so daß er diesen gegenüber nicht schadensersatzpflichtig sein kann, es sei denn, zu diesen Mitgliedern wird ein Vertragsverhältnis begründet, das den Delegierten zu einem bestimmten Verhalten verpflichtet, das dann aber der Delegierte nicht beachtet[92]. Auch gegenüber Verbandsgläubigern haftet der Delegierte aufgrund seiner Organstellung nicht, sofern nicht ein Deliktstatbestand gegeben ist.

Der Delegierte ist jedoch allein in dieser Eigenschaft kein »anderer« verfassungsmäßig berufener Vertreter i. S. d. § 31 BGB, für den der Verband nach dieser Vorschrift einstehen müßte.

4.6. Das Ende des Delegiertenamtes

Das Delegiertenamt endet mit dem Ablauf der Wahlperiode, und zwar auch **2708** dann, wenn neue Delegierte noch nicht gewählt sind. Die Satzung kann jedoch anordnen, daß die bisher amtierenden Delegierten so lange im Amt sind, bis neue Delegierte gewählt sind.

Der Delegierte kann sein Amt durch Erklärung gegenüber dem Verband niederlegen, in dessen Versammlung er gewählt worden ist. Der ehrenamtlich tätige Delegierte kann sein Amt jederzeit niederlegen, haftet aber, wenn dies zur Unzeit geschieht, auf Schadensersatz (§ 671 Abs. 2 BGB). Die Satzung kann diesen jederzeitigen Rücktritt ausschließen und kann einen solchen nur zulassen, wenn der Delegierte hierfür einen wichtigen Grund anführen kann.

Das Delegiertenamt endet immer mit dem Eintritt der Geschäftsunfähigkeit. Es erlischt weiter durch Tod.

---

90 Vgl. *Müller* § 43 a GenG Rn. 49.

91 Vgl. auch *Müller* § 43 a GenG Rn. 51.

92 Vgl. *Müller* a. a. O.

Das Amt endet ferner, wenn der Inhaber die satzungsmäßig bestimmten Bestellungsvoraussetzungen nicht mehr erfüllt. Dies kann der Fall sein, wenn der Delegierte Vereinsmitglied sein muß und wenn er während der Amtsperiode die Vereinsmitgliedschaft verliert.
Die Satzung kann die Aberkennung des Delegiertenamtes bei Vorliegen bestimmter Tatbestände anordnen[93].
Das Delegiertenamt endet ferner durch eine satzungsmäßig vorgesehene Abwahl.
Schließlich wird das Delegiertenamt auch dann vorzeitig beendet, wenn die Satzung die Selbstauflösung der Delegiertenversammlung zuläßt.

4.7. Die Delegiertenversammlung

4.7.1. Die entsprechende Geltung des Rechts der Mitgliederversammlung

2709 Da die Delegiertenversammlung die Rechtsstellung einer Mitgliederversammlung einnimmt, gelten für deren Rechtsverhältnisse die §§ 32 ff. BGB entsprechend. Sie entscheidet auch über die Auflösung des Verbands (§ 41 BGB).

4.7.2. Das Minderheitenrecht der Vereinsmitglieder

2710 Vgl. dazu Rn. 827.

4.7.3. Kein Teilnahmerecht der Mitglieder; zum Teilnahmerecht von Vorstandsmitgliedern von Verbandsuntergliederungen

2711 Vereinsmitglieder, die nicht Delegierte sind, haben kein Recht, an Delegiertenversammlungen teilnehmen zu dürfen. Dies gilt jedenfalls dann, wenn der Verband eine gestufte Gliederung hat. Ein solches Teilnahmerecht muß die Satzung ausdrücklich gewähren. Hier können Grundsätze des Genossenschaftsrechts, wonach jeder Genosse an Delegiertenversammlungen teilnehmen kann[94], nicht herangezogen werden.
Besteht die Delegiertenversammlung aus »gekorenen« und »geborenen« Mitgliedern, so haben Vorstandsmitglieder, die Delegierte sind, selbstverständlich ein Teilnahmerecht. Sonstige Vorstandsmitglieder von Untergliederungen haben ein solches Teilnahmerecht nicht, es sei denn, die Satzung billigt ein solches ausdrücklich zu. Auch hier können anderslautende Grundsätze des Genossenschaftsrechts nicht übernommen werden, da dort die gestufte Genossenschaftsgliederung nicht in Betracht kommt oder jedenfalls nicht erörtert wird. Die Interessen des Gesamtverbands decken sich nicht mit den Interessen etwa der Basisorganisation, die dessen Vorstand in der Delegiertenversammlung der obersten Vereinigungsform zur Geltung bringen müßte.

93 Vgl. *Müller* § 43 a GenG Rn. 62.
94 *Müller* § 43 a GenG Rn. 77; doch dort streitig.

4.7.4. Keine Stimmrechtsübertragung durch Delegierte

Das Stimmrecht des Delegierten muß persönlich ausgeübt werden. Dieser darf somit sein Stimmrecht nicht einem anderen übertragen; selbst die Stimmrechtsausübung durch Boten ist nicht zulässig[95]. **2712**

Die Satzung kann Ausnahmen zulassen, sollte sie aber auf das Vorliegen triftiger Gründe (z. B. Erkrankung des Delegierten) beschränken.

4.7.5. Die Befugnis von Vereinsmitgliedern zur Anfechtung von Beschlüssen der Delegiertenversammlung

Beschlüsse der Delegiertenversammlung können unter bestimmten Voraussetzungen auch von Vereinsmitgliedern, die nicht Delegierte sind, gerichtlich angefochten werden. Voraussetzung hierfür ist, daß ein Beschluß unter Verstoß gegen elementare Rechtsgrundsätze gefaßt worden ist und daß er, wenn er ungefochten das Leben im Verband bestimmen könnte, in die Mitgliedschaftsrechte des anfechtenden Mitglieds eingreift[96]. **2713**

4.8. Die Urabstimmung

Trotz Vorhandenseins einer Delegiertenversammlung kann die Verbandssatzung bestimmen, daß an besonders wichtigen Verbandsentscheidungen alle Mitglieder beteiligt werden. Es findet dann eine sog. Urabstimmung in Wahllokalen oder durch Briefwahl statt. Diese Abstimmungsart bedarf einer satzungsmäßigen Grundlage, wenn eine Briefwahl in Betracht kommt, da das Einstimmigkeitserfordernis des § 32 Abs. 2 BGB abzubedingen ist (vgl. § 40 BGB). **2714**

5. Besondere Rechtsverhältnisse bei Sportverbänden

5.1. Der deutsche Sportverband als Mitglied eines internationalen Sportverbands

Vgl. dazu Rn. 3047 ff. **2715**

5.2. Dienstleistungen für den Verein, insbesondere bei sportlicher Betätigung, als Erfüllung einer mitgliedschaftlichen oder arbeitsvertraglichen Pflicht

5.2.1. Der Begriff Arbeitnehmer

Der in Gesetzen verwendete Begriff »Arbeitnehmer« hat keinen einheitlichen Inhalt[97]. Im Arbeits- und Sozialversicherungsrecht ist Arbeitnehmer, wer von einem Arbeitgeber persönlich abhängig ist. Die persönliche Abhängigkeit erfordert Eingliederung in den Betrieb und Unterordnung unter das Weisungsrecht des Arbeitgebers in bezug auf Zeit, Ort und Art der Arbeitsausführung[98]. **2716**

---

95 Vgl. *Müller* § 43 a GenG Rn. 82.
96 Vgl. *BGH* NJW 1982, 2558 f.: Gen.
97 *BGH* NJW 1987, 2157.
98 *BSG* NJW 1994, 341.

Arbeitnehmer ist also derjenige, der seine Dienstleistung im Rahmen einer von einem Dritten bestimmten Arbeitsorganisation erbringt. Unterliegt also der Beschäftigte hinsichtlich Zeit, Dauer und Ort der Ausführung einem umfassenden Weisungsrecht, so ist ein Arbeitsverhältnis gegeben[99]. Die Verpflichtung zur Arbeitsleistung muß auf einem privatrechtlichen Vertrag[100] oder – bei Unwirksamkeit des Vertrages – auf einem gleichgestellten Verhältnis beruhen[101]. Im arbeitsrechtlichen Sinne muß dem Arbeitnehmer kein Entgelt bezahlt werden[102]; im Einzelfall können allerdings Verträge über Arbeitsleistung ohne eine Vergütung sittenwidrig sein[103]. Beschäftigung gegen Entgelt ist auch in der gesetzlichen Unfallversicherung nicht unabdingbare Voraussetzung, wohl aber für die Anerkennung eines die Beitragspflicht zur Bundesanstalt für Arbeit begründenden Beschäftigungsverhältnisses[104]. Für die Eigenschaft als Arbeitnehmer kommt es auch nicht auf die Dauer der Beschäftigung an.
Der steuerliche Arbeitnehmerbegriff ist weiter als der arbeitsrechtliche. Hier ist[105] erforderlich, daß der Beschäftigte dem Arbeitgeber seine Arbeitskraft schuldet. Das ist der Fall, wenn die tätige Person in der Ausübung ihres geschäftlichen Willens unter der Leitung des Arbeitgebers steht oder im geschäftlichen Organismus des Arbeitgebers dessen Weisungen zu folgen verpflichtet ist[106]. Hier muß der vertraglich geschuldeten Leistung als Gegenleistung ein Entgelt gegenüberstehen.
EG-rechtlich besteht das wesentliche Merkmal des Arbeitsverhältnisses darin, daß jemand während einer bestimmten Zeit für einen anderen nach dessen Weisung Leistungen erbringt, für die er als Gegenleistung eine Vergütung erhält[107].

5.2.2. Einzelne Arbeitsverhältnisse

2717 Im arbeitsrechtlichen Sinne sind Arbeitnehmer: Alle Personen, die vom Verein fest angestellt sind und die regelmäßig in der Vereinsgeschäftsstelle beschäftigt werden. Weiter gehören hierher im Regelfall die Personen, die in einem wirtschaftlichen Geschäftsbetrieb des Vereins beschäftigt sind. Dies kann etwa eine Vereinsgaststätte, aber auch der Betrieb der Profiabteilung eines Sportvereins sein. Zu letzteren gehören die vertraglich zum Training und Wettkampfspiel verpflichteten Spieler[108], die Trainer[109] und – sofern entsprechende Verträge bestehen – die sonstigen Betreuer der Spieler, wie der Zeugwart, der Physiotherapeut usw. Auch der Vereins- (Verbands-) Geschäftsführer ist regelmäßig Arbeitnehmer.

---

99 *BAG* NJW 1993, 2458/2459.
100 BAGE 6, 232.
101 *Schaub* § 8 II 2 – S. 37.
102 BAGE 27, 163/173.
103 *Schaub* § 8 II 1 – S. 37.
104 *BSG* NJW 1994, 341/342.
105 In Anlehnung an die Regelung in § 1 LStDV.
106 *BFH* NJW 1992, 261/262.
107 *EuGH* DÖV 1986, 1017.
108 Vgl. zu den Lizenzfußballspielern *BAG* NJW 1980, 470 und DB 1979, 2281.
109 Vgl. *LAG Frankfurt* AP Nr. 4 zu § 611 BGB Abhängigkeit.

Nebenberuflich tätige Trainer und Übungsleiter werden (steuerlich) als Arbeitnehmer angesehen, wenn sie mehr als sechs Stunden wöchentlich für den Verein tätig sind[110].

5.2.3. Mitgliedschaftliche und vertragliche Verpflichtung zur Arbeitsleistung, insbesondere bei sog. Vertragsamateuren

Die in der Satzung festzulegende Beitragspflicht (§ 58 Nr. 2 BGB) kann auch in **2718**
der Erbringung von Arbeitsleistungen für den Verein bestehen. In diesem Fall ist das Mitglied in die Organisation des Vereins eingegliedert und ist im Regelfall Weisungen der zuständigen Vereinsorgane unterworfen. Damit sind entscheidende Merkmale der Arbeitnehmereigenschaft in nichtvereinsmäßiger Betätigung angesprochen. Beruht die Pflicht zur Arbeitsleistung allein auf der Satzung oder auf Beschlüssen der Vereinsorgane, so ist das Mitglied, das der Arbeitspflicht nachkommt, kein Arbeitnehmer des Vereins. Dies gilt auch dann, wenn die Satzung oder Vereinsordnung eine Vergütung für die geleistete Arbeit vorsieht[111]. Rechtliche Schwierigkeiten ergeben sich aber dann, wenn neben der mitgliedschaftlichen Verpflichtung zur Arbeitsleistung eine Arbeitspflicht aufgrund eines vom Mitglied mit dem Verein abgeschlossenen Vertrages gegeben ist und wenn das Mitglied im Sportbereich nicht als berufsmäßiger Sportler tätig ist. Im Bereich des Fußballsports und auch im Bereich anderer Sportarten ist z. B. der Vertragsamateur sowohl mitgliedschaftlich als auch vertraglich zur Teilnahme am Training und an Wettkampfspielen verpflichtet. In diesem Fall ist darauf abzustellen, ob die vereins- oder die vertragsbedingte persönliche Abhängigkeit den Vertrag und seine Abwicklung prägt[112]. Sport kann dann zur Arbeit im Rechtssinne werden, wenn der Sporttreibende mit der Ausnutzung seiner sportlichen Fähigkeiten bei persönlicher Abhängigkeit in erster Linie ein wirtschaftliches Interesse verfolgt und damit zugleich ein solches des Vereins befriedigt. Als Indiz für die wirtschaftliche Zwecksetzung kann die Zusage eines vom bloßen Aufwendungsersatz zu unterscheidenden Entgelts anzusehen sein[113]. Zahlt der Verein monatlich zwischen 920 und 1 550 DM als Unkostenerstattung, als Prämien und als feste monatliche Bezüge an einem Vertragsamateur, so kann hieraus allein noch nicht auf eine Arbeitnehmereigenschaft geschlossen werden[114].

Der Bundesfinanzhof[115] hat zu diesem Problemkreis wie folgt Stellung genommen: Erbringt ein Sportamateur besondere sportliche Leistungen und erhält er dafür Gewinnpreise, so erzielt er damit regelmäßig keine steuerbaren Einkünfte, es sei denn, er beteiligt sich an Sportwettkämpfen in der Absicht, sichere Siegchancen zu nutzen und dies wiederholt zu tun. Sport wird auch dann nicht um des Entgelts willen ausgeübt, wenn der Sportler für seine Betätigung lediglich Aufwendungsersatz erhält. Zahlungen, die nur den tatsächlichen Aufwand des Sportlers abdecken sollen, verwirklichen noch nicht den Tatbestand der Einkunftserzielung. Bei Zahlungen aber, die nicht nur ganz unwesentlich

110 Vgl. *Wochinger* S. 136.
111 Vgl. BAGE 27, 163.
112 *BAG* NZA 1991, 308.
113 *BAG* a. a. O.
114 *BAG* a. a. O.
115 Urt. v. 23. 10. 1992 – VI R 59/91, abgedr. in Dok. 78 16 16.

höher sind als die dem Sportler hierbei entstandenen Aufwendungen, lassen den Schluß zu, daß der Sport auch um des Erwerbs wegen betrieben wird. Ein Dienstverhältnis ist im Regelfall gegeben, wenn zusätzlich zur vereinsrechtlichen Eingliederung und Weisungsgebundenheit vertraglich (auch mündlich) zwischen dem Sportler und dem Verein die beiderseitigen Rechte und Pflichten festgelegt worden sind.

5.2.4. Mehrfache arbeitsvertragliche Bindung

2719 Vereinzelt kommt es vor, daß ein (meist ausländischer) Berufssportler mit zwei oder mehr Vereinen einen Spielervertrag (= Arbeitsvertrag) abschließt und so eine Mehrfachverpflichtung für die nächste Saison eingeht. Ein solcher Sportler kann nicht gleichzeitig bei zwei Mannschaften eingesetzt werden. In einem solchen Fall ist der zuerst abgeschlossene Spielervertrag wirksam. Der zweite (oder gar dritte) Vertrag ist auf eine objektiv unmögliche Leistung gerichtet und ist deshalb nach § 306 BGB nichtig[116].

5.3. Rechtsfragen aus Anlaß eines Spielertransfers

5.3.1. Der Begriff Transfer

2720 Der Begriff Transfer ist im internationalen und nationalen Sportbereich gebräuchlich. Bei einem solchen wechselt ein Spieler entweder aus dem Gebiet eines nationalen Verbandes in das Gebiet eines anderen nationalen Verbandes; dies erfordert in der Regel die Zustimmung des internationalen Verbandes, der eine internationale Transferkarte erteilt. Beim Transfer innerhalb eines nationalen Verbandes wechselt ein Spieler von einem Verein, für den er bisher tätig war, zu einem anderen Verein. Ein solcher Wechsel ist nicht frist- und formlos möglich. Nach DEB-Verbandsrecht ist für den Vereinswechsel u.a. erforderlich, daß der Spieler rechtzeitig auf die sog. Transferliste gesetzt wird, daß eine festgesetzte Vereinswechselzeit eingehalten wird, daß der abgebende Verein mit dem Wechsel einverstanden ist und daß u. U. mit dem aufnehmenden Verein eine Übereinkunft über eine Aus- und Weiterbildungsentschädigung zustande gekommen ist. Der Wechsel selbst muß vom Verband vollzogen werden. Um dies zu ermöglichen, müssen vom Verband bereitgestellte Formblätter ausgefüllt, unterschrieben und beim Verband eingereicht werden. Der nur unter Wahrung von Formen und Fristen mögliche Transfer soll eine Wettbewerbsverzerrung verhindern. Ein Verein soll während einer Saison nicht in seiner Spielstärke entscheidend verstärkt oder geschwächt werden. Andere Sportverbände haben ähnliche Regelungen.

5.3.2. Der Transfervertrag

2721 Ein Spielertransfer vollzieht sich nach Verbandsrecht, das die Einhaltung bestimmter Formen und Fristen vorschreibt. Um den Transfer zu ermöglichen, müssen abgebender und aufnehmender Verein im Rahmen des Verbandsrechts zusammenwirken; der abgebende Verein ist verbandsrechtlich z.B. zur Freigabe des Spielers verpflichtet.

---

116 Vgl. *BAG* DB 1965, 1141; *BGH* NJW 1983, 2873.

Verlangt aber der abgebende Verein vom aufnehmenden eine sog. Transferentschädigung, welche die Verbandssatzung zuläßt, so treten die beteiligten Vereine in vertragliche Beziehungen, da solche zu regeln dem Verbandsrecht verschlossen ist. Hier werden nämlich Rechtsbeziehungen angesprochen, die keinen verbandsrechtlichen Bezug mehr haben.
Der Transfervertrag zwischen dem abgebenden und dem aufnehmenden Verein hat vor allem die Regelung der Transferentschädigung zum Inhalt[117]. Der Vertrag kann weiter Zahlungsfristen, u. U. auch Ratenzahlung sowie die Folgen eines Zahlungsverzugs festlegen. Es handelt sich um einen Vertrag eigener Art (§ 305 BGB), für den die Vorschriften für Willenserklärungen und Verträge sowie die Vorschriften des allgemeinen Teils des Schuldrechts gelten. Die Nichtigkeit des Vertrags nach § 134 BGB kommt nicht in Betracht, wenn der Vertrag gegen Verbandsvorschriften verstößt oder diese nicht genügend beachtet[118]. Im Einzelfall kann der Vertrag wegen Sittenwidrigkeit nichtig sein (§ 138 BGB).
Es können auch die Grundsätze in Betracht kommen, die für eine Erschütterung der Geschäftsgrundlage anerkannt sind. Danach kommt in erster Linie eine Korrektur der Leistungspflicht, u. U. auch ein Wegfall derselben in Betracht, wenn dies zur Vermeidung eines untragbaren, mit Recht und Gerechtigkeit nicht zu vereinbarenden und damit der betroffenen Partei nach Treu und Glauben nicht zuzumutenden Ergebnisses unabweislich erscheint[119]. Umstände allerdings, die in den Risikobereich des einen der Vertragsschließenden fallen, geben diesem aber nicht das Recht, sich auf die Erschütterung der Geschäftsgrundlage zu berufen[120]. Im allgemeinen enthält jeder Transfervertrag ein gewisses Risiko; der wechselnde Spieler kann die gehegten Erwartungen nicht erfüllen, er kann eine Sportverletzung erlitten haben, die in ihrer Tragweite erst nach dem Wechsel erkannt wird. All das ist das Risiko des aufnehmenden Vereins, das diesen nicht berechtigt, sich auf die Erschütterung der Geschäftsgrundlage zu berufen[121]. Eine solche ist bejaht worden[122], weil ein Lizenzspieler in einen »Bundesligaskandal« verwickelt war, ohne daß die beteiligten Vereine dies wußten, was zum Verlust der Spielberechtigung geführt hatte.
Ist der Transfervertrag nichtig oder wird er erfolgreich angefochten (§§ 119, 123 BGB), so sind die beiderseitigen Leistungen zurückzugewähren (§§ 812 ff. BGB). Die sich hieraus ergebenden Probleme können nur andeutungsweise dargestellt werden. Eine Transferentschädigung ist zurückzuzahlen. Der Spieler hat jedenfalls gegen den aufnehmenden Verein keinen Anspruch auf Weiterbeschäftigung mehr.
Ob der Verband die Nichtigkeit des Transfervertrages beachten, eine Spielerlaubnis versagen oder eine erteilte Erlaubnis widerrufen muß, hängt von der einschlägigen satzungsmäßigen Regelung ab. Fehlt eine solche, so ist im Zweifel die Nichtigkeit ein Grund, die Spielerlaubnis für den neuen Verein zu versagen

117 Vgl. z. B. für den DFB-Bereich: *BGH* NJW 1976, 565.
118 Vgl. *OLG Köln* NJW 1971, 1367/1368; *OLG Karlsruhe* NJW 1978, 324; *Westermann* JA 1984, 394/399.
119 *BGH* NJW 1976, 565/566.
120 *BGH* NJW 1985, 2693.
121 *BGH* NJW 1976, 565/566.
122 *BGH* a. a. O.

oder zu widerrufen. Der Verband kann die Vereine bei Bestehen einer Vereinswechselfrist verpflichten, die Streitigkeit (schieds-)gerichtlich vor dem Ablauf der Wechselfrist geltend zu machen. So bestimmt z. B. Art. 7 Nr. 9 SpO-DEB, daß der beim Schiedsgericht eine Woche vor Fristablauf eingehende Antrag auf schiedsgerichtliche Entscheidung dann fristhemmend wirkt, wenn sich dieser Antrag ausschließlich auf wechselrelevante Vorgänge stützt und wenn der Antragsteller obsiegt.
Vereinzelt kommt es vor, daß ein Spieler noch beim alten Verein unter Vertrag ist und bei einem anderen Verein ebenfalls einen Vertrag über die gleiche Spielsaison abschließt. In einem solchen Fall hat der Spieler den Vertrag mit dem bisherigen Verein nicht beendet; eine Spielerlaubnis für den neuen Verein kann deshalb auch verbandsrechtlich nicht erteilt werden[123].

5.3.3. Die Transferentschädigung

2722 Anläßlich des Spielertransfers vereinbaren die beteiligten Vereine im Regelfall, daß der abgebende Verein vom aufnehmenden Verein eine Entschädigung für Aus- und Weiterbildung erhält. Bevor auf die Frage der Zulässigkeit einer solchen Regelung eingegangen wird, ist klarzustellen, daß der Verband seine Kompetenz überschreitet, die Transferentschädigung durch Satzung zu regeln. Diese ist Teil des schuldrechtlichen Vertrages zwischen den beteiligten Vereinen und hat keinen unmittelbaren körperschaftlichen bzw. personenrechtlichen Bezug. Der Verband kann ebenfalls Empfehlungen zur Höhe erteilen.
Die rechtliche Zulässigkeit der Verpflichtung zur Zahlung einer Transferentschädigung wird bejaht, aber auch – vor allem von Arbeitsgerichten – verneint. Die nachfolgend wiedergegebene Entscheidung befaßt sich mit der Zulässigkeit einer Transferentschädigung nach Art. 59 Abs. 2 SpO-DEB in der folgenden Fassung:

> »Ein Verein, der einen Spieler an einen anderen Verein abgibt, kann für diesen eine Entschädigung für Aus- und Weiterbildung verlangen . . . Ein Verein ist verpflichtet, sofern er sich mit dem aufnehmenden Verein privatvertraglich über eine Aus- und Weiterbildungsentschädigung geeignet hat, eine Empfehlung (Formblatt) zu erteilen.« Das OLG Hamm hat in seinem (rechtskräftigen) Beschluß vom 9. 3. 1992[124] das Verlangen nach einer Transferentschädigung grundsätzlich als zulässig bezeichnet. Es hat ausgeführt:
>
> »Zu untersuchen war danach die Wirksamkeit der in Art. 59 Ziffer 2 SpO enthaltenen Entschädigungsregelung. Bei der Überprüfung der Satzungsbestimmung ist davon auszugehen, daß die verfassungsrechtlich verbürgte Vereinsautonomie dem Verein das Recht gibt, seine inneren Angelegenheiten in den Schranken von §§ 134, 138, 242 BGB frei zu regeln. Bei der Festlegung der Schranken der Privatautonomie wirkt über die Generalklauseln des BGB auch der Rechtsgehalt der Grundrechte auf das Vereinsrecht ein, ohne daß die Grundrechte aber unmittelbare Geltung im privatrechtlichen Bereich erlangen könnten.

123 Ebenso für den Fall, daß sich der Spieler selbst in die Transferliste aufnehmen läßt *Westermann* JA 1984, 394/399.

124 8 U 128/91.

Die Zulässigkeit einer Transferentschädigung ist in Rechtsprechung und Literatur umstritten, wobei zum Teil zwischen Berufs- und Amateursport unterschieden wird.

Der BGH hat in seiner Entscheidung vom 13. 11. 1975[125] die rechtliche Zulässigkeit der Verpflichtung zur Zahlung einer Transferentschädigung im Falle eines Berufsfußballers ohne weiteres bejaht. Auch das OLG Karlsruhe[126] hat eine zwischen zwei Amateurfußballvereinen getroffene Vereinbarung über die Zahlung einer Transfersumme als nicht sittenwidrig angesehen. Es hat den Standpunkt vertreten, die dem abgebenden Verein gegebene Möglichkeit, durch eine Freigabeerklärung einen vorzeitigen Spielerwechsel zu ermöglichen oder dessen Wartefristen zu verkürzen, stelle einen wirtschaftlichen Wert dar, den zu vergüten nicht den Wertmaßstäben der Rechtsordnung widerspreche[127].

Aus der jüngeren Zeit liegen mehrere Urteile von Landesarbeitsgerichten und des Bundesarbeitsgerichts vor, die sich speziell mit der Wirksamkeit des Art. 59 Ziffer 2 der Spielordnung des DEB befassen.

Das LAG Düsseldorf hat in seiner Entscheidung vom 7. 9. 1988[128] in einer Hilfsbegründung der vorgenannten Bestimmung die Wirksamkeit in einem Falle versagt, in dem ein Berufseishockeyspieler von dem (damals in Konkurs befindlichen) Beklagten die Freigabe ohne Entschädigungszahlung verlangt hatte. Das LAG hat in Art. 59 Ziffer 2 SpO eine Regelung zur Erschwernis des Arbeitsplatzwechsels gesehen, der jedenfalls bei einem Verein, der – wie der Beklagte damals – nicht mehr am Spielbetrieb teilnimmt, nicht durch Belange des Gemeinwohls gerechtfertigt werden könne. Die Wirksamkeit der Entschädigungsforderung hat das LAG ferner unter dem Gesichtspunkt von Art. 12 GG an den Grundsätzen gemessen, die das BAG zur Rückforderung von Ausbildungsaufwendungen entwickelt hat und dabei festgestellt, daß der beklagte Verein tatsächlich erbrachte Fortbildungsaufwendungen nicht substantiiert dargetan habe.

Das BAG[129] hat die gegen dieses Urteil gerichtete Revision zurückgewiesen. Es hat ausgeführt, daß sich der Beklagte »unter den besonderen Bedingungen des Streitfalls« nicht auf Art. 59 Ziffer 2 SpO berufen könne, weil er selbst nicht mehr in der Lage sei, den Kläger zu beschäftigen. Dann jedoch dürfe er den Wechsel des Klägers zu einem anderen Verein und die damit verbundene Aufnahme einer anderweitigen beruflichen Tätigkeit nicht durch eine Entschädigungsforderung behindern.

Das LAG München hat in einem am 20. 12. 1989 verkündeten Urteil[130] den Standpunkt vertreten, Art. 59 Ziffer 2 SpO verstoße gegen Art. 12 GG und sei deshalb generell unwirksam, weil damit ein Vereinswechsel von der Zahlung einer Ablösesumme abhängig gemacht werde, auf die der betroffene Spieler keinen Einfluß habe. Der abgebende Verein könne durch

125 NJW 1976, 565/566.

126 NJW 1978, 324.

127 dagegen: *Reuter* in NJW 1983, 649 ff., der allerdings Transferentschädigungen im Lizenzspielerbereich des Deutschen Fußballbundes für zulässig hält.

128 6 Sa 968/88.

129 Urteil vom 15. 11. 1989 – 5 AZR 590/88 –.

130 8 Sa 568/89.

Forderung einer hohen Ablösesumme die Spielberechtigung des Spielers für die Dauer von 18 Monaten verhindern. Art. 59 Ziffer 2 SpO sei auch nicht zur Wahrung eines geordneten Spielbetriebs und zur Vermeidung sportlicher Wettbewerbsverzerrungen erforderlich. Dieser Zweck werde dadurch erreicht, daß die Freigabe nur bei wirksamer Beendigung des Arbeitsverhältnisses erfolgen dürfe.

Schließlich hat das LAG Düsseldorf in einem am 20. 6. 1990 verkündeten Urteil[131] die Rechtsprechung des BAG, daß Art. 59 Ziffer 2 SpO jedenfalls dann unwirksam sei, wenn das Arbeitsverhältnis gelöst und der Arbeitgeber in Konkurs gefallen sei, fortgebildet auf den Fall angewandt, daß das Arbeitsverhältnis zwischen Spieler und Verein aufgelöst war, der beklagte Verein den Spieler nicht mehr weiterbeschäftigen wollte und er darüber hinaus aus verschiedenen vorangegangenen Transfers des Spielers zu anderen Vereinen bereits eine nicht unerhebliche Entschädigung erzielt hatte.

Vor dem Hintergrund dieser Rechtsprechung läßt sich der Senat im vorliegenden Fall von folgenden Überlegungen leiten:

Die in Art. 59 Ziffer 2 SpO für den abgebenden Verein geschaffene Möglichkeit, im Falle eines Vereinswechsels vom aufnehmenden Verein eine Aus- und Weiterbildungsentschädigung zu verlangen, stellt eine Erschwerung des Vereinswechsels dar. Das ergibt sich insbesondere aus dem Zusammenhang der Art. 55 und 59 der SpO des DEB. Nach Art. 55 sind Vereinswechsel zur Wahrung eines geordneten Spielbetriebs und zur Vermeidung sportlicher Wettbewerbsverzerrungen nicht uneingeschränkt zulässig. Der Vereinswechsel ist vielmehr an näher bestimmte Fristen sowie an eine Freigabe durch den abgebenden Verein geknüpft, zu der dieser Verein im Regelfall verpflichtet ist (Art. 57 SpO). Die nach Art. 57 SpO erklärte Freigabe durch den abgebenden Verein verhindert jedoch nicht, daß dem Spieler eine Spielberechtigung für den neuen Verein erst nach Ablauf einer bestimmten Frist erteilt wird. Diese Sperre ist nur zu vermeiden, wenn der abgebende Verein eine sog. Empfehlung gemäß Art. 59 SpO erteilt. Die Erteilung der Empfehlung wiederum kann er von der Zahlung einer Entschädigung durch den aufnehmenden Verein abhängig machen.

Die Erschwerung eines Vereinswechsels ist nicht von vorneherein unzulässig. Auch die in den Art. 9 Abs. 1 und 2 Abs. 1 GG verbürgten Freiheiten gebieten nicht, daß ein Spieler gleichsam form- und fristlos von einem Verein zum anderen wechseln kann. Vielmehr kann die nähere Ausgestaltung des Vereinswechsels satzungsmäßig geregelt werden. Das zeigt für den insoweit vergleichbaren Fall des Vereinsaustritts § 39 Abs. 2 BGB, der ausdrücklich eine bis zu zwei Jahren dauernde Kündigungsfrist gestattet. Für den Vereinswechsel bei miteinander konkurrierenden Sportvereinen findet eine den Wechsel erschwerende Satzungsbestimmung ihre innere Rechtfertigung in der in Art. 55 SpO erklärten Zielsetzung der Wahrung eines geordneten Spielbetriebs und der Vermeidung sportlicher Wettbewerbsverzerrungen. Es unterliegt keinem Zweifel, daß die Wahrung von Fristen und die Beachtung der übrigen in den Art. 55 und 57 der SpO geregelten Förmlichkeiten geeignet sind, der in Art. 55 SpO beschriebenen Zielsetzung zu dienen. Das gilt jedenfalls – in Übereinstimmung mit dem

131 4 Sa 352/90.

BAG – dann, wenn der abgebende Verein nicht – wie in dem vom BAG entschiedenen Fall – den eigenen Spielbetrieb eingestellt hat. Da der Beklagte über das Spieljahr 1989/90 hinaus seinen Spielbetrieb fortgesetzt hat, liegt diese Voraussetzung nicht vor.
Auch die Zahlung einer Entschädigung für Aus- und Weiterbildung, wie sie Art. 59 Ziffer 2 SpO als mögliche Voraussetzung einer Freigabe mit Empfehlung vorsieht, kann der Aufrechterhaltung eines geordneten Spielbetriebs und der Erhaltung der Wettbewerbsgleichheit dienlich sein. Die gegenteilige nicht näher begründete Ansicht des LAG München überzeugt nicht. Wenn die Entschädigung dem abgebenden Verein einen finanziellen Ausgleich für die Kosten schafft, die er in die Ausbildung eines Spielers investiert hat, ist dies ein Beitrag zur Erhaltung der Wettbewerbsgleichheit. Auf diese Weise wird nämlich verhindert, daß finanziell starke Vereine bei finanziell weniger starken Vereinen ausgebildete Spieler mit attraktiven Konditionen ködern, ohne für die unter Umständen kostenintensive Ausbildung des Spielers einen finanziellen Ausgleich leisten zu müssen. Auf diese Weise könnten sich die ohnehin starken Vereine auf Kosten der schwächeren Vereine weitere Wettbewerbsvorteile verschaffen. Die Forderung von Wettbewerbsgleichheit im Bereich des organisierten Leistungssports ist nach Ansicht des Senats eine vernünftige Erwägung des Gemeinwohls, die grundsätzlich eine gewisse Beschränkung der Freiheit des Vereinswechsels verfassungsrechtlich legitimiert.
Ist danach die Erschwerung des Vereinswechsels durch ein Entschädigungsverlangen für Aus- und Weiterbildungskosten grundsätzlich auch verfassungsrechtlich nicht zu beanstanden, so kann im Einzelfall eine Freigabe mit Empfehlung aber nur von der Entschädigung der tatsächlich erbrachten und auszuweisenden Aufwendungen abhängig gemacht werden. Nicht gerechtfertigt ist es, unter dem Deckmantel des Ersatzes von Ausbildungskosten eine am ›Wert‹ des Spielers orientierte Ablösesumme zu fordern oder die Ausbildungskosten abstrakt, etwa aufgrund eines ›Ablösekatalogs‹ zu berechnen. Durch derarte Praktiken würde in unzulässiger Weise in die durch die negative Vereinigungsfreiheit und die allgemeine Handlungsfreiheit geschützte grundrechtliche Position des betroffenen Spielers eingegriffen (dasselbe gilt in bezug auf Art. 12 Abs. 1 GG, wenn es sich bei dem betroffenen Spieler um einen Berufssportler handelt).
Dieser rechtliche Ansatz steht in Übereinstimmung mit der vom BAG entwickelten Rechtsprechung zur Rückzahlung von Ausbildungsaufwendungen, die eine im Ausgangspunkt vergleichbare Problematik betrifft[132]. Denn die in Art. 59 Ziffer 2 SpO enthaltene Regelung schafft für den zum Wechsel entschlossenen Spieler im Prinzip die gleiche Situation, als wenn er selbst zur Zahlung der Ausbildungsentschädigung verpflichtet wäre. Nach der Rechtsprechung des BAG ist die Rückzahlung von Ausbildungsaufwendungen nur dann zulässig, wenn sie unter Berücksichtigung aller Umstände des Einzelfalles nach Treu und Glauben dem Arbeitnehmer zuzumuten ist und einem begründeten und zu billigenden Interesse des Arbeitgebers entspricht[133]. Für die Interessenabwägung kommt es vorrangig

132 Vgl. BAGE 28, 159 ff.
133 *BAG* a. a. O.

darauf an, ob und inwieweit der Arbeitnehmer mit der Aus- und Weiterbildung einen geldwerten Vorteil erlangt hat. Eine Kostenbeteiligung soll ihm um so eher zuzumuten sein, je größer der mit der Ausbildung verbundene berufliche Vorteil für ihn ist.
Die Anwendung dieser Grundsätze ließe einen Rückforderungsanspruch gegen einen vom abgebenden Verein ausgebildeten Eishockeyspieler im Regelfall nicht als unbillig erscheinen. Denn durch die Ausbildung erlangt gerade der junge und noch nicht ausgereifte Spieler einen beachtlichen geldwerten Vorteil, der ihm bei einem Vereinswechsel in Form der Bezüge zugute kommt, die er bei seinem neuen Verein entsprechend der mitgebrachten Qualifikation erhält. Allerdings sind Ausgangspunkt eines Anspruchs auf Rückzahlung von Ausbildungsvergütung auch stets nur die tatsächlich erbrachten Aufwendungen des Arbeitgebers.«

5.4. Sponsoring

5.4.1. Der Begriff

2723 Die Bezeichnungen Sponsor und Sponsoring sind aus dem angloamerikanischen Rechtskreis zu uns gelangt[134]. Sponsor bedeutet im Englischen Pate, Bürge, Gönner, aber auch Geldgeber[135]. Die Begriffe Sponsor und Sponsoring sind von der Betriebswirtschaftslehre näher definiert worden. Sie haben nunmehr auch Eingang in die Rechtssprache gefunden.
Sponsoring hat sich bei uns erst in den 80er Jahren entwickelt. Seit dieser Zeit befaßt sich nicht nur die betriebswirtschaftliche, sondern auch die juristische Literatur mit Sponsoring[136]. Die Rechtsprechung hat sich bisher nur vereinzelt mit Sponsoring befaßt[137].
Unter Sponsoring wird rechtlich ein atypisches Vertragsverhältnis verstanden, an dem zwei oder mehrere Partner beteiligt sind. Der Sponsor will mit Hilfe seines Vertragspartners, der Gesponserter oder Sponsornehmer genannt wird, erreichen, daß sein am Markt angebotenes Produkt, seine Dienstleistung usw. eine Steigerung des Bekanntheitsgrades erlangt. Der Gesponserte ist somit behilflich, daß der Sponsor kommunikative Aktivitäten entwickelt. In dem zweiseitigen Vertragsverhältnis ist es die typische Grundverpflichtung des Sponsors, daß er dem Gesponserten eine wirtschaftliche Unterstützung in Form von Geld oder geldwerten Leistungen zukommen läßt.
Die Gegenleistung des Gesponserten besteht darin, daß er zugunsten des Sponsors Werbeverpflichtungen übernimmt und sich damit in die kommunikativen Aktivitäten des Sponsors einbeziehen läßt. Der Gesponserte muß vertragsgemäß eine bestimmte auf das Sponsoring-Engagement bezogene Tätigkeit entfalten und muß dem Sponsor Einrichtungen oder Gegenstände zur kommunikativen Nutzung zur Verfügung stellen. Der Gesponserte kann aber auch beim personenbezogenen Sponsoring gehalten sein, dem Sponsor zur

134 Vgl. z. B. *Hauser* Der Sponsoring-Vertrag im schweizerischen Recht 1991 S. 8.
135 Vgl. *Hauser* a. a. O.
136 Vgl. z. B. *Bruhn/Mehlinger* Rechtliche Gestaltung des Sponsoring Band I 1992, Band II 1994; *Drees* Sportsponsoring 3. Aufl. 1992; *Weiand* Kultur- und Sportsponsoring im deutschen Recht, 1993.
137 Vgl. z. B. *BGH* NJW 1992, 2089 und 2690.

kommunikativen Nutzung Persönlichkeitsgüter oder sonstige immaterielle Güter zu überlassen.
Sponsoring kann zusammengefaßt als ein privatrechtliches Vertragsverhältnis zwischen zwei oder mehreren Parteien bezeichnet werden, aufgrund dessen sich der Sponsor verpflichtet, dem Gesponserten materielle Vorteile zu gewähren, wobei sich der Gesponserte verpflichtet, zugunsten des Sponsors bestimmte Tätigkeiten zu entfalten und diesem bestimmte Rechte einzuräumen, damit der Sponsor seine unternehmerischen Marketing- und/oder Kommunikationsziele verfolgen kann[138].

Sponsoring unterscheidet sich vom Mäzenatentum. Der Sponsor verlangt für **2724**
seine wirtschaftliche Unterstützung, die er dem Gesponserten angedeihen läßt, von diesem immer eine Gegenleistung. Der Mäzen[139] handelt altruistisch; er gewährt dem Beschenkten finanzielle Vorteile, ohne eine Gegenleistung zu verlangen. In der Vereinspraxis wird allerdings auch der Mäzen oft als Sponsor bezeichnet.
Im Regelfall stellt der Sponsor dem Gesponserten einmalig oder periodisch Geldleistungen zur Verfügung. Im Sportbereich kommt es jedoch auch vor, daß der Sponsor den gesponserten Verein in der Weise unterstützt, daß Spieler Arbeitnehmer des Sponsorbetriebes sind, daß der Sponsor aber die Spieler einem Verein in vollem Umfang für Training und Spiel zur Verfügung stellt.

5.4.2. Die Bedeutung von Sponsoring für den Sportverein bzw. -verband

Die zunehmende Kommerzialisierung des Sports hat zur Folge, daß die Aus- **2725**
gaben der Sportvereine und -verbände enorme Höhen erreichen, weil die Spielergehälter – darüber sind sich alle Fachkundigen einig – vor allem beim Durchschnittsspieler viel zu hoch sind. Mit Mitgliedsbeiträgen allein lassen sich diese hohen Kosten nicht auffangen. Auch die Zuschauereinnahmen decken die hohen Ausgaben im bezahlten Sport nicht ab. Der Sportverein kommt nicht umhin, die Vermarktung der zu seiner Verfügung stehenden Gegenstände, aber auch der der Vereinsgewalt unterstehenden Sportler vorzunehmen. Im Bereich des bezahlten Fußballs und Eishockeys z. B. beginnen die Jahreshaushalte der Vereine der obersten Ligen mit fünf Mio. DM. Mindestens ein Drittel der Einnahmen werden von Sponsoren erzielt.
Nach Medienberichten sollen im Jahre 1994 1,5 Milliarden DM für Sportsponsoring aufgewendet worden sein; auf das Sponsoring von Sportvereinen sollen davon 60 % entfallen sein.

5.4.3. Die mögliche Einwirkung von Sponsoren auf den Innenbereich eines Sportvereins

Am Sponsoring ist die Mitgliederversammlung eines Vereins, welche dessen **2726**
oberstes Organ ist, kaum beteiligt. Die mit Sponsoring zusammenhängenden Fragen fallen in den Zuständigkeitsbereich der Vereinsverwaltung, die nach dem Gesetz (§ 27 Abs. 3 BGB) und auch in der Praxis dem Vorstand obliegt. Bei größeren Vereinen und bei Verbänden ist die Suche nach Sponsoren und die Kontaktpflege mit diesen dem Manager oder Geschäftsführer vom Vorstand

---

138 Vgl. *Bruhn/Mehlinger* Band I S. 5; *Drees* S. 18; *Weiand* S. 59; *Vieweg* SpuRT 1994, 6.

139 Der Ausdruck geht zurück auf Gaius Clinius Maecenas, der die Dichter Horaz, Vergil und Properz gefördert hat, vgl. *Drees* S. 7

übertragen. Beim Abschluß von Sponsoring-Verträgen wird der Verein durch den Vorstand vertreten (§ 26 Abs. 2 Satz 1 BGB). Die Mitgliederversammlung wird bei der Beratung des Haushalts mit Sponsoring nur insoweit befaßt, als der Haushalt Sponsoren-Einnahmen ausweist.
Ein Sponsor kann auf das Vereinsleben einen bestimmenden Einfluß ausüben, indem er sich – im Regelfall ist es der Hauptsponsor – z. B. in den Vorstand wählen läßt. Das ist an sich legitim, dagegen ist somit nichts einzuwenden. Auch wenn der Sponsor nicht der 1. Vorsitzende ist, kann er gleichwohl wegen seiner zu beachtenden Wirtschaftskraft Vorstandsentscheidungen erreichen, die von Vorstandskollegen nur widerwillig mitgetragen werden. Nicht ganz bedenkenfrei ist die folgende Entwicklung, die vereinzelt in der Praxis zu verzeichnen ist. Der Hauptsponsor, der Vorstandsmitglied ist, läßt sich die dem Verein zustehenden Vermarktungsrechte auf Jahre hinaus übertragen. Scheidet dieser Sponsor vor dem Ablauf der Übertragungszeit aus dem Vorstand aus, so ist eine neue Vorstandschaft an diesen Übertragungsvertrag gebunden. Das ist dann wirtschaftlich nachteilig, wenn die Suche neuer Sponsoren sich als erforderlich erweist.
Auch wenn sich ein Hauptsponsor nicht in den Vorstand wählen läßt, kann er einen maßgeblichen Einfluß auf das Vereinsleben ausüben. Er kann zur Bedingung für sein Sponsoring-Engagement machen, daß nur von ihm benannte Personen in das Vorstandsamt gewählt werden. Der Sponsor kann weiter Einfluß auf die Auswahl oder die Entlassung von Spielern nehmen. Gleiches gilt hinsichtlich der Auswahl und der Entlassung eines Trainers.
Die angeführten Beispiele zeigen, daß Sponsoring zu einer Entwicklung führen kann, die eine Abkehr vom gesetzlichen Leitbild darstellt, daß nämlich die Geschicke des Vereins durch die Mitglieder bestimmt werden, indem diese das Organ Mitgliederversammlung bilden (§ 32 Abs. 1 BGB).

5.4.4. Die erforderliche Verfügungsbefugnis des gesponserten Sportvereins oder -verbands hinsichtlich des Gegenstandes oder der Person einer kommunikativen Nutzung

2727 Eine Sportveranstaltung ermöglicht es dem Sponsor, seinen Namen, seine Firma oder seine Marke oder sein Logo optimal darzustellen. Es kommen folgende Möglichkeiten der Werbung an oder mit Hilfe von Gegenständen in Betracht:

- an Banden, also an den Abschrankungen, welche die Zuschauer vom Spielfeld trennen,
- auf den Sportflächen,
- auf dem Umfeld von Spielflächen,
- auf der Sportbekleidung und -ausrüstung,
- im Programmheft bzw. in der Stadionzeitschrift, auf der Eintrittskarte oder in sonstigen Druckschriften,
- durch Lautsprecherdurchsagen oder Leuchtschriften.

Der Sponsor kann weiter eine einzelne Sportveranstaltung oder eine Serie von Sportveranstaltungen (z. B. Meisterschaftsspielrunden) sponsern und kann dieser bzw. diesen Veranstaltungen seinen Namen hinzufügen, z. B. Krombacher-Liga.
Dem Sponsor kann auch die Nutzung eines offiziellen, im Sport erlangten Titels überlassen werden.

Schließlich kann dem Sponsor für Werbezwecke der Einsatz von Spielerpersönlichkeiten überlassen werden, etwa Nutzung des Namens, der Stimme oder der Fotografie.
Man kann insoweit von einem sachbezogenen und von einem personenbezogenen Sponsoring sprechen.
In all diesen Fällen ist es erforderlich, daß der Gesponserte dem Sponsor die rechtliche Möglichkeit zur Werbung an Gegenständen oder mit Hilfe von Personen verschafft. Beim sachbezogenen Sponsoring ist es erforderlich, daß der Gesponserte die Befugnis hat, dem Sponsor die zur Werbung bestimmten Gegenstände zur Nutzung überlassen zu können. Beim personenbezogenen Sponsoring muß die Zustimmung des in die Werbung einbezogenen Sportlers vorhanden sein, da dessen Persönlichkeitsrechte betroffen sind, wie noch näher auszuführen ist. Ist eine Sportveranstaltung oder eine Serie solcher Veranstaltungen Gegenstand des Sponsoring, so muß der gesponserte Verein oder Verband die Berechtigung zu einem solchen Sponsoring-Engagement, also zur Vermarktung haben.

5.5. Sponsoring und Vereinsrecht

5.5.1. Allgemeines

Sind am Sponsoring Vereine oder Verbände beteiligt, so ergeben sich eine **2728**
Reihe von vereinsrechtlichen Fragen, die nachfolgend behandelt werden. In Teilbereichen ist Sponsoring im Regelungswerk internationaler und nationaler Sportverbände enthalten. Der Ausdruck Sponsoring wird aber nur selten gebraucht; meist ist in den Regelungswerken von Werbung oder Vermarktung die Rede. Die Nr. 409 der By-Laws des Internationalen Eishockey-Verbandes lautet z. B.: »Alle Rechte für Fernsehen, Rundfunk, Werbung, Sponsoring, offizielle Ausrüster und Lizenzen innerhalb und außerhalb des Organisationslandes der IIHF-Meisterschaften liegen grundsätzlich bei der IIHF. Alle Einnahmen aus diesen Rechten gehen an die IIHF mit Ausnahme der Einnahmen aus dem Recht des Veranstalters, innerhalb seines Landes Souvenirs zu verkaufen.«

5.5.2. Sponsoring und das Regelungswerk des Sportfachverbandes

5.5.2.1. Die Prüfung von Sponsoring-Verträgen bei der Lizenzierung

Will die Mannschaft eines Sportvereins in einer bestimmten Spielklasse spielen, **2729**
so müssen bei der jährlichen Zulassung die folgenden zwei Bedingungen erfüllt sein: Der sich bewerbende Verein muß mit Rückblick auf die vergangene Spielsaison die sportliche Qualifikation besitzen. Er muß außerdem seine wirtschaftliche Leistungsfähigkeit nachweisen. Fällt die Mannschaft eines in einer bestimmten Liga spielenden Vereins während der kommenden Wettkampfsaison aus, so wird allen Vereinen dieser Liga ein nicht unerheblicher Schaden zugefügt, weil Heimspiele entfallen und ein Verlust von Zuschauereinnahmen zu verzeichnen ist, die in der Kalkulation für die kommende Saison enthalten sind.
Die Prüfung der wirtschaftlichen Leistungsfähigkeit obliegt im Regelfall bestimmten Gremien des Sportfachverbandes (z. B. einem Zulassungsausschuß), dessen Mitglied der um Lizenzierung nachsuchende Verein ist. In den einge-

reichten Unterlagen, in denen die Einnahmen und Ausgaben für die kommende Saison geschätzt werden, sind im Regelfall auch Sponsoreneinnahmen enthalten. Der Zulassungausschuß ist berechtigt, sich Sponsoring-Verträge vorlegen zu lassen. Aus diesen muß sich eine Leistungspflicht der Sponsoren ergeben. Die Vereinsvorstände und Vereinsmanager haben selten juristische Kenntnisse. Deshalb verwundert es nicht (um einen Fall aus der Schiedsgerichtspraxis eines Sportverbandes darzustellen), daß von sog. Sponsoren dem Verein nur Absichtserklärungen hinsichtlich einer finanziellen Unterstützung abgegeben werden; es fehlt somit an einer derartigen rechtlichen Bindung. Der Zulassungsausschuß ist in der Regel nicht gehalten, die Bonität der Sponsoren nachzuprüfen. Er hat aber zu prüfen, ob die – meist vom Sponsor vorformulierten – Verträge geschickt formulierte Kündigungsklauseln enthalten, die es dem Sponsor ermöglichen, sich vorzeitig aus dem Vertrag zu lösen und seine Geldzahlungen einzustellen. Im Regelfall ist der Zulassungsausschuß ein den Sportfachverband repräsentierendes Verbandsorgan. Daraus folgt, daß für ein schuldhaftes Verhalten der Organmitglieder bei der Prüfung der wirtschaftlichen Leistungsfähigkeit der Verband nach § 31 BGB einzustehen hat.

5.5.2.2. Vermarktungsbeschränkungen für Mitgliedsvereine durch Regelungen von Sportfachverbänden

2729 a Vor der Erörterung dieses Problemkreises ist auf die Grundsätze einzugehen, die hinsichtlich der Vereinsautonomie bestehen. Die Sportfachverbände sind in Vereinsform organisiert. Von drei Ausnahmen abgesehen[140], haben sie nicht natürliche Personen, sondern nur Vereine als Mitglieder. DasVereinsrecht wird durch den Grundsatz der Vereinsautonomie geprägt[141]. Diese hat zum Inhalt, daß der Verein berechtigt ist, das Zusammenleben in ihm in einer Satzung und Nebenordnungen zu regeln und seine Angelegenheiten selbst zu verwalten. Die beim Sponsoring typische Vermarktung ist ein Teil der Selbstverwaltung des Vereins. Greift hier der übergeordnete Sportfachverband durch seine Satzung oder durch sonstige Regelungen ein, so übt er Verbandsautonomie gegenüber den Mitgliedsvereinen aus. Diese haben aber in der Frage der Eigenvermarktung ebenfalls die Befugnis zur Autonomie. Bei den Sportfachverbänden handelt es sich im Regelfall um sog. sozialmächtige Verbände. Deren auf Mitglieder (oder Nichtmitglieder) sich beziehende Regelungen müssen inhaltlich angemessen sein, wobei als Prüfungsmaßstab die Grundsätze von Treu und Glauben (§ 242 BGB) gelten[142]. Über diese Generalklausel wirken Grundrechte auf Privatrechtsverhältnisse ein. Die Mitgliedsvereine von Sportfachverbänden können sich zunächst hinsichtlich der Eigenvermarktung auf ihr sich aus Art. 2 Abs. 1 GG ergebendes Recht auf freie Entfaltung im Sinne der wirtschaftlichen Betätigung berufen, das ihnen auch als juristische Personen zusteht[143]. Außerdem ist die Selbstregelungs- und Selbstverwaltungsbefugnis eines jeden Mitgliedsvereins in einem Kernbereich durch Art. 9 Abs. 1 GG verfassungsrechtlich geschützt. Auf die angeführten Grundrechte aus Art. 2

140 Vgl. *Hohl* Rechtliche Probleme der Nominierung von Leistungssportlern, 1992, S. 64.
141 Vgl. BVerfGE 83, 341/358 = NJW 1991, 2623/2625.
142 Vgl. *BGH* NJW 1995, 583/585.
143 Vgl. BVerfGE 66, 116/130 = NJW 1984, 1741; *BVerfG* – Kammerentscheidung – NJW 1994, 1784.

Abs. 1 und Art. 9 Abs. 1 GG kann sich aber auch der Sportfachverband berufen, soweit er Vermarktungsverbote oder -beschränkungen für die Mitgliedsvereine anordnet. Bei der damit gegebenen Grundrechtskollision ist eine Abwägung der Grundrechtspositionen des Sportfachverbandes mit denjenigen der Mitgliedsvereine erforderlich[144]. Dies führt im Ergebnis zur Anwendung des Grundsatzes der Verhältnismäßigkeit[145].

Für Mitgliedsvereine können sich Vermarktungs- bzw. Werbebeschränkungen aus der Zwecksetzung des Sportfachverbandes ergeben, dessen Träger die korporativen Mitglieder sind. Ist z. B. in der Verbandssatzung die Beachtung politischer Neutralität eine Mitgliedschaftspflicht, so darf nicht etwa für das Buch eines ausländischen Staatsoberhauptes geworben werden. Dies war vor etwa acht Jahren der Fall, als die Mannschaft des ECD Iserlohn Senioren e. V. mit der Trikotwerbung für das »Grüne Buch« zu einem Meisterschaftsspiel angetreten war. **2729 b**

Es erscheint fraglich, ob die Verbandssatzung den Mitgliedsvereinen untersagen kann, daß diese in ihren Namen einen Namensbestandteil eines Sponsors aufnehmen. Jeder Verein kann grundsätzlich seinen Namen frei wählen[146]. Die Namenswahl und -führung ist Teil der verfassungsrechtlich geschützten Vereinsbetätigung nach Art. 9 Abs. 1 (oder Abs. 3) GG[147]. Wenn die Verbandssatzung gleichwohl die Namensführung unter Verwendung eines Namensteils eines Sponsors untersagt, so muß die Grundrechtsposition des Verbandes stärker sein, als die Grundrechtspositionen der Mitgliedsvereine. Im Zweifel ist dies zu verneinen. **2729 c**

Nach den gleichen Grundsätzen beurteilt es sich, wenn die Satzung eines Sportfachverbandes jegliche Werbung und damit Vermarktung durch die Mitgliedsvereine untersagt. Im Zweifel hat eine solche Satzungsbestimmung keine Verbindlichkeit. **2729 d**

Bei Werbeverboten, aber auch bei Werbebeschränkungen durch Regelungen von Sportfachverbänden kann außerdem das kartellrechtliche Verbot nach § 26 Abs. 2 Satz 1 des Gesetzes gegen Wettbewerbsbeschränkungen (= GWB) eingreifen[148]. Danach dürfen marktbeherrschende Unternehmen und Vereinigungen andere Unternehmen nicht unbillig behindern oder ohne sachlich gerechtfertigten Grund unterschiedlich behandeln. Der kartellrechtliche Unternehmensbegriff ist bei jedweder Tätigkeit im geschäftlichen Verkehr gegeben[149]. Er wird bei Sportverbänden dann bejaht, wenn Profiwettbewerbe im traditionellen Sinne veranstaltet werden, z. B. in den Sportarten Fußball, Eishockey, Motorsport oder Boxen[150]. Der Unternehmensbegriff ist außerdem erfüllt, wenn Sportverbände entgeltlich Leistungen am Markt anbieten, wie dies etwa bei der Gestattung von Fernsehübertragungen von Sportveranstaltungen

144 Vgl. *BVerfG* – Kammerentscheidung – NJW-RR 1989, 636.

145 Vgl. *Vieweg* Zur Bedeutung der Interessenabwägung bei der gerichtlichen Kontrolle von Verbands-Zulassungen, in: Verbandsrecht und Zulassungsrecht, 1994, S. 36/41.

146 Vgl. *BayObLG* NJW 1992, 2362/2363 m. w. N.

147 Vgl. BVerfGE 30, 227/241 f.

148 Vgl. *Grunsky* Die Befugnis der Sportverbände zur Regelung der Werbetätigkeit durch die Mitgliedsvereine, in: Werbetätigkeit und Sportvermarktung, 1985, S. 13/17 f.

149 Vgl. BGHZ 110, 371/380 = NJW 1990, 2815/2817.

150 Vgl. BGHZ 101, 100/102.

oder durch Werbemöglichkeiten der Fall ist[151]. Sportfachverbände sind jedenfalls bei Spitzensportveranstaltungen in ihrer Sportart marktbeherrschend, weil für sie das »Ein-Verbands-Prinzip« gilt[152], das andere Wettbewerber ausschließt[153]. Die Eigenschaft eines »anderen Unternehmens« i. S. des § 26 Abs. 2 Satz 1 GWB ist bei den Profisport betreibenden Mitgliedsvereinen von Sportfachverbänden gegeben.

2729 e In Richtlinien, die ein Sportfachverband jährlich erläßt, ist bestimmt: Werbeverträge zwischen den Vereinen und werbetreibenden Firmen müssen mit dem Vorbehalt abgeschlossen werden, daß sie nur Gültigkeit haben, wenn die Genehmigung für die Werbung durch den Sportfachverband erteilt wird. In diesen Werbeverträgen dürfen keine Vereinbarungen enthalten sein, welche die Vereine in ihrer Entscheidungsfreiheit einschränken oder auf die Vereinsführung Einfluß nehmen können, namentlich, welche die Verpflichtungen der Vereine dem Sportfachverband gegenüber berühren.

Hierzu ist zunächst anzuführen, daß unter Werbeverträgen – zumindest auch – Sponsoring-Verträge gemeint sind. Der Begriff Sponsoring ist in der Vereinspraxis nicht immer geläufig. Statt Sponsoring wird u. a. der Ausdruck Sportwerbung verwendet.

Die vom Sportfachverband den Mitgliedsvereinen auferlegten Verpflichtungen haben aus formellen Gründen keinen Bestand. Den Mitgliedsvereinen werden Verhaltenspflichten auferlegt, die zudem in die Freiheit des Vertragsabschlusses eingreifen. Wenn für den Verein, der durch Eintragung im Vereinsregister die Rechtsfähigkeit erlangen will, in § 58 Nr. 2 BGB bestimmt ist, daß die Satzung Bestimmungen darüber zu enthalten hat, ob und welche Beiträge von den Mitgliedern zu leisten sind, so darf daraus nicht geschlossen werden, daß sonstige Mitgliederpflichten außerhalb der Satzung festgelegt werden können. Ein Genehmigungsvorbehalt für abzuschließende Verträge zwischen Sponsoren und Mitgliedsvereinen greift in deren Selbstverwaltungsbefugnis ein und kann nicht lediglich in einer Richtlinie enthalten sein.

Ist ein solcher Genehmigungsvorbehalt Satzungsbestandteil, so fragt es sich, ob er materiell wirksam ist. Dies ist nur dann der Fall, wenn – wie ausgeführt – die Grundrechtsposition des Sportfachverbandes stärker ist als diejenige der einzelnen Mitgliedsvereine.

2729 f Im sportlichen Interesse kann ein Sportfachverband die Werbung am Mann und auf der Spielfläche von seiner Genehmigung abhängig machen. So bestimmt z. B. Art. 8 der DEB-SpO – die SpO ist insgesamt Satzungsbestandteil –:

»1. Jegliche Werbung am Mann und auf der Spielfläche bedarf, soweit es den Meisterschaftsspielbetrieb anbelangt, hinsichtlich Art und Umfang jeweils einer vom Verein zu beantragenden vorherigen schriftlichen Genehmigung durch den DEB, und zwar nach Maßgabe der vom erweiterten Vorstand erlassenen Richtlinien.

2. Als Werbung gelten sowohl Namen als auch Embleme, Schriftzeichen oder sonstige Abbildungen von Firmen, Produkten oder Gegenständen. Nicht unter

151 Vgl. BGHZ 110, 371/382; *Hohl* S. 193.

152 Vgl. dazu: *Vieweg* Normsetzung und -anwendung deutscher und internationaler Verbände, 1990, S. 61 ff.

153 Vgl. *Hohl* S. 195.

Werbung fallen die auf den Ausrüstungsteilen üblichen Hinweise auf den jeweiligen Hersteller.
3. Werbemaßnahmen, die geeignet sind, gegen den politisch und konfessionell neutralen Verbandszweck und/oder das Anstandsgefühl eines nicht unbeachtlichen Teils der Bevölkerung zu verstoßen, sind generell unzulässig.
Diese Regelungen sind auch für nicht genehmigungspflichtige Werbung in den Stadien verbindlich.
4. Die Genehmigung der Werbung wird jeweils für eine bestimmte Wettkampfsaison erteilt.
5. Die Verwendung nicht genehmigter und/oder veränderter Werbung im Meisterschaftsspielbetrieb wird im Sportrechtsweg geahndet.«
In den hierzu erlassenen Richtlinien ist festgelegt, daß Werbung auf der Trikotvorder- und -rückseite, auf dem Trikotärmel, auf der Spielerhose und auf dem Spielerhelm nur nach Maßgabe der in den Richtlinien näher festgelegten Einzelheiten erlaubt ist. Weiter heißt es in den Richtlinien, daß Werbung für Alkohol bei Nachwuchsmannschaften nicht statthaft ist.
Gegen die Verbindlichkeit dieser Verbandsregelungen sind Bedenken nicht zu erheben. Es wird so einmal ein Übermaß an Werbung eingeschränkt; zum anderen wird erreicht, daß die Werbung auf der Spielfläche den Ablauf eines Wettkampfspieles nicht stören kann. Die Verbandsregelung ist gegenständlich beschränkt: sie betrifft zum einen nur die Werbung am Mann und auf der Spielfläche, zum anderen ist nur der Meisterschaftsspielbetrieb erfaßt. Versagt der Verband die Genehmigung, so steht der Sportrechtsweg offen; nach dessen Erschöpfung kann des Schiedsgericht angerufen werden.

5.5.2.3. Die Befugnis von Sportfachverbänden zum Abschluß von Sponsoring-Verträgen

Sportfachverbände können hinsichtlich all der Gegenstände oder Sport- **2730**
ereignisse, auch unter Einschluß von Sportlern, Sponsoring-Verträge abschließen, sofern sie hinsichtlich der Gegenstände eine entsprechende Verfügungs- bzw. Nutzungsbefugnis und hinsichtlich der Einbeziehung von Sportlern in ein Sponsoring-Engagement deren Zustimmung haben.
Die Sportfachverbände können z.B. auf ihren Briefköpfen oder herausgegebenen Druckschriften etwa das Logo eines Sponsors verwenden.
Die entsprechende Verfügungsbefugnis haben Sportfachverbände auch, wenn sie als Veranstalter von Sportereignissen auftreten; sie können diese somit vermarkten. Veranstalter ist grundsätzlich derjenige, in dessen Händen die organisatorische Vorbereitung und Durchführung sowie die Übernahme des finanziellen Risikos der Sportveranstaltung liegt[154]. In Betracht kommt die meist jährlich einmal stattfindende Ermittlung der Deutschen Meisterschaft in den Sportarten, in denen keine Wettkampfsaison zur Ermittlung des Deutschen Meisters durchgeführt wird[155]. Der Sportfachverband kann in seiner Satzung, Spielordnung oder in sonstiger Weise bestimmen, daß er z.B. Veranstalter von Pokal- oder Auswahlspielen ist[156]. Weiter ist der Sportfachverband berechtigt,

154 Vgl. *BGH* GRUR 1960, 253/255; *OLG München* GRUR 1979, 152.
155 Vgl. *Hohl* S. 42; *Siegfried* Die Fernsehberichterstattung von Sportveranstaltungen, 1990, S. 30.
156 So z.B. Art. 6 Nr. 1 Satz 2 DEB-Spielordnung (= SpO).

Sponsoring-Verträge abzuschließen, die sich auf die Nationalmannschaft beziehen. Für die Dauer der Einberufung zur Nationalmannschaft sind die Spieler im Regelfall mit dem Sportfachverband dienst- oder arbeitsvertraglich verbunden. Führt der Sportfachverband mit der Nationalmannschaft ein Länderspiel im Inland durch, so ist er grundsätzlich Veranstalter.

2730 a Will der Sportfachverband die Sportereignisse vermarkten, die sich aus dem Meisterschaftsspielbetrieb einer Wettkampfsaison ergeben, so muß er dazu eine rechtliche Befugnis haben.

Auch wenn ein Sportverband etwa eine Bundesliga als seine Einrichtung bezeichnet, ist er damit nicht auch zur Vermarktung der Spiele dieser Liga berechtigt. Der Sportfachverband ist nicht Veranstalter dieser Spiele. Es ist dies vielmehr der Platz- oder Heimverein, weil in seiner Verantwortung die organisatorische Vorbereitung und Durchführung der Sportvorführung und die Übernahme des finanziellen Risikos liegen. Er übt als Besitzer und selten auch als Eigentümer des Stadions oder des sonstigen Veranstaltungsortes das Hausrecht aus. Dies befugt den Platzverein z. B., es zu verbieten, daß ohne seine Genehmigung die Veranstaltung von einer Rundfunk- oder Fernsehanstalt aufgenommen und ausgestrahlt wird[157]. Deshalb ist die Erlaubnis des Veranstalters zur Fernsehübertragung einer Sportveranstaltung im Rechtssinne keine Übertragung von Rechten, sondern eine Einwilligung in Eingriffe, die der Veranstalter durch Ausübung seines Hausrechts verbieten könnte[158]. Beim Sportfachverband kann man allenfalls eine Mitveranstaltereigenschaft annehmen, weil diesem die Terminplanung und die Gestellung der Schiedsrichter obliegen, welche die einzelnen Spiele leiten. Die evtl. anzunehmende Mitveranstaltereigenschaft reicht aber nicht für die Berechtigung aus, die Meisterschaftsspielrunde insgesamt zu vermarkten. Dieses Vermarktungsrecht ist Teil des Selbstverwaltungsrechts der beteiligten Vereine.

Es gehört aber zum Wesen der Vereinsautonomie, daß diese zugunsten eines übergeordneten Verbandes, hier also des Sportfachverbandes, eingeschränkt werden kann, wobei aber das Maß der Einschränkung in der Satzung des Mitgliedsvereins verankert sein muß[159]. Der Mitgliedsverein kann danach dem übergeordneten Sportfachverband das Recht zur Vermarktung überlassen. Statt der vereinsrechtlichen Lösung ist es auch möglich, daß die Mitgliedsvereine dem Sportfachverband die ihnen zustehenden Vermarktungsrechte durch Vertrag übertragen. Die hierbei in Betracht kommenden Nutzungsrechte sind sog. sonstige Rechte i. S. d. § 413 BGB, so daß eine Übertragung entsprechend § 398 BGB erforderlich ist.

2730 b Die vorstehend für nationale Sportfachverbände dargestellten Rechtsgrundsätze gelten auch für internationale Sportfachverbände, soweit sie Vermarktungs- und damit Sponsoring-Tätigkeiten in Deutschland entfalten.

5.5.2.4. Zur Einbeziehung des Sportlers in Sponsoring-Maßnahmen des Sportfachverbandes bei der Nominierung in die Nationalmannschaft

2731 Bei der Berufung in die Nationalmannschaft verlangen einige Sportfachverbände, daß die Sportlerin oder der Sportler einen sog. Athleten- oder No-

---

157 Vgl. BGHZ 110, 372/380 f.

158 So: *BGH* a. a. O. S. 384.

159 Vgl. BVerfGE 83, 341/359 = NJW 1991, 2623/2625.

minierungsvertrag abschließt. Hierbei wird verlangt, daß der zu Berufende nur die Kleidung und Ausrüstung benutzt, die der Verband oder ein vertraglich mit ihm verbundener Ausrüster stellt. Weiter wird der zu Berufende verpflichtet, alle Sponsorenverträge einzuhalten, die der betreffende Sportfachverband abgeschlossen hat.

Zur Verbindlichkeit solcher den zu berufenden Sportler verpflichtenden Klauseln kann nicht abschließend Stellung genommen werden. Maßgebend sind die Umstände des Einzelfalles. In der Regel handelt es sich um vom Sportfachverband vorformulierte Klauseln, deren Gültigkeit nach dem AGB-Gesetz zu prüfen wären. Soll der Sportler vom Sportfachverband abgeschlossene Sponsorenverträge einhalten, so müssen diese Verträge dem Sportler zur Kenntnis gebracht werden. Soll der Sportler nunmehr für den oder die Sponsoren des nationalen Sportfachverbandes werben, so kann hierbei das allgemeine Persönlichkeitsrecht des Sportlers betroffen sein, das nachfolgend behandelt wird und das auch beim Abschluß eines Athletenvertrages zu beachten ist.

5.5.3. Die erforderliche Einwilligung des Sportlers zu Werbemaßnahmen

5.5.3.1. Die erforderliche Einwilligung bei Fernsehübertragungen

In Sponsoring-Verträgen sind die Geldleistungen der Sponsoren der Höhe nach **2732**
davon abhängig, ob die Produktwerbung im Stadion bei Fernsehaufnahmen sichtbar ist oder nicht. Ist dies der Fall, so werden auch die Zielgruppen erfaßt, die ansonsten einer Werbung ablehnend gegenüberstehen; der Betrachter nimmt mit dem Spielgeschehen auch die jeweils gezeigte Werbung auf den Banden usw. wahr.

Fußball-, Handball-, Eishockey- und andere Spiele werden von öffentlich-rechtlichen Rundfunkanstalten und von privaten Fernsehanbietern live oder zeitversetzt übertragen. Bei der Fernsehwiedergabe werden die teilnehmenden Spieler in einzelnen Kampfszenen und zum Teil auch in Nahaufnahmen gezeigt. Die Spieler sind durch ihre Rückennummern oder durch die Namensaufschrift auf der Rückseite des Trikots erkennbar. Oft werden von den Kommentatoren des Spiels auch die Namen der Spieler genannt. Die Fernsehbilder von den teilnehmenden Spielern sind somit Bildnisse im Sinne des § 22 KUG. Nach Satz 1 dieser Vorschrift dürfen Bildnisse nur mit Einwilligung des Abgebildeten verbreitet und – was hier in Betracht kommt – öffentlich zur Schau gestellt werden. Es ist hier das Recht am eigenen Bild angesprochen, dessen Inhalt dahin geht, daß es das ausschließliche Recht des Menschen ist, über die Verbreitung und öffentliche Zurschaustellung seines Bildnisses zu entscheiden[160]. Die Einwilligung ist jedoch nicht erforderlich, wenn es sich um Bildnisse aus dem Bereiche der Zeitgeschichte handelt (§ 23 Abs. 1 Nr. 1 KUG). Hinsichtlich der Spieler der Fußballbundesliga ist anerkannt, daß diese im Blickpunkt eines breiten öffentlichen Interesses stehen und sich deshalb gefallen lassen müssen, als Personen der Zeitgeschichte auch ohne ihre Einwilligung der Öffentlichkeit im Bild vorgestellt zu werden[161]. Auch wenn ein Spitzensportler eine sog. absolute Person der Zeitgeschichte ist, müssen nach § 23 Abs. 2 KUG dessen berechtigte Interessen berücksichtigt werden. Diese sind dann vorrangig, wenn

160 Vgl. *BGH* ZIP 1992, 857.
161 Vgl. *BGH* NJW 1968, 1091; 1979, 2203.

die Veröffentlichung des Bildnisses des Spitzensportlers im Rahmen der Werbung für Waren oder gewerbliche Leistungen vorgenommen wird; hier bleibt es der freien Entschließung des Abgebildeten überlassen, ob dieser sein Bild für die angeführten Zwecke zur Verfügung stellen will[162]. Die Fernsehanstalten und die privaten Fernsehanbieter werben mit der Übertragung von interessanten Sportspielen auch für sich. Die Durchschnittsspieler sind im übrigen keine absoluten Personen der Zeitgeschichte. Es sind dies auch nicht die Vertragsamateure, die einmal in ein Spiel eingewechselt werden, das vom Fernsehen ausgestrahlt wird.

2732 a Werden die Regelungen in den §§ 22, 23 KUG außer Betracht gelassen, so müssen die Spieler aus einem anderen rechtlichen Gesichtspunkt ihre Einwilligung für die Darstellung im Fernsehen erteilen. Es kommt dann das allgemeine Persönlichkeitsrecht in Betracht, das durch Art. 1 Abs. 1, Art. 2 Abs. 1 GG gewährleistet ist. Im Sportbereich hat es die Bedeutung, daß jeder ausübende Sportler grundsätzlich das Recht hat, auch gegenüber dem Fernsehanbieter über Art und Umfang der materiellen Verwertung seiner sportlichen Leistungen selbst zu entscheiden, weil diese als Ausdruck der individuellen Persönlichkeit des jeweiligen Sportlers anzusehen sind[163]. Im Verhältnis zum teilnehmenden Sportler hat somit der Sportverband, der sportliche Ereignisse vermarktet, das aus dem allgemeinen Persönlichkeitsrecht erwachsende Leistungsschutzrecht des Sportlers zu beachten[164].

Hat somit ein Sponsoring-Vertrag zum Inhalt, daß Sportspiele vom Fernsehen übertragen werden, so muß die Einwilligung des Spielers gegeben sein. Dies gilt auch für Spieler, die absolute Personen der Zeitgeschichte sind.

5.5.3.2. Die erforderliche Einwilligung bei der Werbung am Mann

2732 b In manchen Sportarten sind die Spieler verpflichtet, Trikot- oder auch Helmwerbung für einen Sponsornamen bzw. ein Sponsorlogo zu betreiben. Auch insoweit ist das Leistungsschutzrecht angesprochen, das sich aus dem allgemeinen Persönlichkeitsrecht ergibt (Art. 1 Abs. 1, Art. 2 Abs. 1 GG). Jeder Mensch kann an sich frei darüber entscheiden, ob er für einen anderen Werbung betreibt oder nicht. Ein Spieler ist somit nur dann zur Werbung verpflichtet, wenn er hierzu seine Einwilligung erteilt.

5.5.3.3. Die erforderliche Einwilligung bei der Pflicht zur Teilnahme an publizitätsfördernden Maßnahmen des Sponsors

2732 c Im Sponsoring-Vertrag kann die Pflicht des gesponserten Vereins oder Verbands enthalten sein, daß sich bestimmte Sportlerpersönlichkeiten an sonstigen publizitätsfördernden Maßnahmen des Sponsors zu beteiligen haben. In Betracht kommt etwa die Zurverfügungstellung für Bild- und Tonaufnahmen, die Teilnahme an Pressekonferenzen und/oder Interviews oder an Autogrammstunden[165]. Auch hier ist das allgemeine Persönlichkeitsrecht des betreffenden Sportlers betroffen, so daß seine Einwilligung erforderlich ist.

---

162 Vgl. *BGH* NJW 1961, 558; 1968, 1091; *BGH* ZIP 1992, 857.

163 Vgl. *Siegfried* (Fußn. 155) S. 29.

164 Vgl. *Siegfried* (Fußn. 155) S. 51.

165 Vgl. *Hauser* (Fußn. 134) S. 185.

5.5.3.4. Die Verschaffung der Nutzung von Persönlichkeitsrechten

Einige Sportverbände haben erkannt, daß sie u. a. für Engagements im Bereich des Sponsoring das allgemeine Persönlichkeitsrecht des Spielers zu beachten haben. Wie aber die Nutzung dieses Rechts verschafft werden kann, ist durch getroffene Verbandsregelungen nicht klargestellt. Das DFB-Lizenzspielerstatut bestimmt z. B. – wohl in § 12 lit. g – i. d. F. vom 29. 5. 1993, daß als Voraussetzung für die Lizenzerteilung an Vereine u. a. gefordert wird: **2732 d**

»der Nachweis, daß seine Spieler dem Verein die Verwertung ihrer Persönlichkeitsrechte, insbesondere das Recht am eigenen Bild, übertragen haben, um die im Zusammenhang mit ihrer Tätigkeit erforderliche Nutzung zu ermöglichen und sie dem DFB zur Erfüllung seiner vertraglichen Verpflichtungen einzuräumen.«

Bei einem anderen Sportverband ist geplant, die folgende Regelung in die Arbeitsverträge aufzunehmen, die mit den Spielern abgeschlossen werden:

»Der Spieler überträgt dem Club die Verwertung seiner Persönlichkeitsrechte, soweit sein Arbeitsverhältnis als Lizenznehmer berührt wird. Dies gilt insbesondere für die vom Club veranlaßte oder gestattete Verbreitung von Bildnissen des Spielers als Mannschafts- oder Einzelaufnahmen in jeder Abbildungsform, besonders auch hinsichtlich der Verbreitung solcher Bildnisse in Form von Spielszenen und/oder ganzer Spiele der Lizenzliga-Mannschaft durch öffentliche und/oder private Fernsehanstalten und/oder andere audiovisuelle Medien.

Der Spieler gestattet dem Club die Verwertung seiner ihm übertragenen Persönlichkeitsrechte an den Sportverband weiter zu übertragen.«

In diesen Regelungen ist von einer Übertragung von Persönlichkeitsrechten die Rede, die sich ersichtlich nach den §§ 413, 398 BGB vollziehen soll. Das allgemeine Persönlichkeitsrecht ist aber als höchstpersönliches Recht nicht verkehrsfähig. Bei höchstpersönlichen Ansprüchen ist anerkannt, daß sie von einer Abtretung ausgeschlossen sind, weil die Person des Gläubigers den Inhalt der Leistung bestimmt; es greift somit das Abtretungsverbot nach § 399 BGB ein[166]. Nichts anderes gilt im Falle der Übertragung sog. anderer Rechte, sofern es sich um höchstpersönliche handelt, da § 413 BGB auf § 399 BGB verweist. Allgemeine Persönlichkeitsrechte sind somit selbständig mit dinglicher Wirkung nicht übertragbar. Möglich ist lediglich die obligatorische Gestattung der Ausübung eines bestimmten Persönlichkeitsrechts[167].

5.5.4. Satzungsmäßige Werbeverpflichtungen und -beschränkungen für vereinsangehörige Sportler

5.5.4.1. Die satzungsmäßige Verpflichtung

Zur Werbung für den Verein und – was hier besonders interessiert – für Dritte, also für Sponsoren, werden nicht nur vereinsangehörige Profisportler, sondern auch – jedenfalls teilweise – Mitglieder von Nachwuchsmannschaften verpflichtet. Für die Profisportler ist die Möglichkeit, in der 1. Mannschaft zu spielen, zum einen eine Berechtigung, zum andern aber auch eine Verpflich- **2733**

166 Vgl. *BAG* NJW 1985, 85/87; *Palandt/Heinrichs* § 399 BGB, Rn. 6.
167 So: BGHZ 119, 237/239 = NJW 1993, 918/919.

tung. Die Möglichkeit, in einer Nachwuchsmannschaft ausgebildet zu werden, ist überwiegend eine Berechtigung.

In all diesen Fällen sind die folgenden Besonderheiten in Betracht zu ziehen: In einem Sportverein ist die Gesamtzahl der Mitglieder ungleich größer als die Zahl der Mitglieder, die in einer Senioren- oder Nachwuchsmannschaft spielen dürfen. Vereinsrechtlich ist es zulässig, daß der Verein seinen Mitgliedern abgestufte Mitgliedschaften gewährt[168]. Die Mitglieder, die für den Verein spielen dürfen oder die vom Verein als Spieler ausgebildet werden, haben gegenüber den übrigen Mitgliedern mehr Rechte, aber auch mehr Pflichten. Um Sonderrechte im Sinne des § 35 BGB und Sonderpflichten, die ebenfalls anerkannt sind[169], handelt es sich allerdings nicht. Der Spieler der 1. Mannschaft, der nicht mehr die erforderlichen Leistungen bringt, kann sich nicht darauf berufen, ohne seine Zustimmung könne er nicht aus dieser Mannschaft entfernt werden. Ob die Rechte dieser Spieler in der Satzung verankert sein müssen, kann offen bleiben, da es hier um Pflichten geht. Nach § 58 Nr. 2 BGB soll die Satzung eine Bestimmung darüber enthalten, ob und welche Beiträge die Mitglieder zu leisten haben. Unter Beiträgen sind nicht nur Geldleistungspflichten zu verstehen, sondern auch solche zur Erbringung von Dienst- oder Arbeitsleistungen[170]. Es muß also nicht nur die Pflicht zum Training und zur Teilnahme an Wettkampfspielen in der Satzung festgelegt werden, sondern auch die Pflicht, für den Verein Sportkleidung mit Werbung zu tragen oder an Spielen teilzunehmen, die vom Fernsehen übertragen werden. Satzungsmäßig muß auch festgelegt werden, daß der Spieler als Vereinsmitglied schuldrechtlich verpflichtet ist, dem Verein zu gestatten, daß dieser bestimmte Persönlichkeitsrechte des Spielers (z. B. Recht am eigenen Bild, Recht auf Entscheidungsfreiheit und/oder auf wirtschaftliche Entfaltung hinsichtlich einer Werbung oder der Teilnahme an sonstigen Sponsoring-Maßnahmen) durch Verwertung ausüben darf. Die Festlegung dieser Pflichten muß so gestaltet sein, daß der Pflichtenkreis auch ohne juristische Beratung deutlich erkennbar ist[171]. Eine Verpflichtung des Spielers, für den Vereins-Sponsor Werbung zu betreiben, wird demnach nicht allein durch den Umstand begründet, daß etwa dem beitretenden Mitglied bekannt war, daß dieser Verein seit jeher Trikotwerbung für einen Sponsor betrieben hat[172].

Bei minderjährigen Vereinsmitgliedern ist im Regelfall die Mitwirkung des gesetzlichen Vertreters beim Abschluß des schuldrechtlichen Gestattungsvertrages nicht erforderlich. Weiß der gesetzliche Vertreter bei der Zustimmung zum Vereinsbeitritt, daß in der Nachwuchsmannschaft, in welcher der Minderjährige ausgebildet wird, Sportkleidung mit Werbung getragen wird, so ist im allgemeinen auch die Zustimmung zum Abschluß des Gestattungsvertrages als erteilt anzusehen. Soll aber der Minderjährige zu Werbemaßnahmen verpflichtet werden, die bei der Zustimmung zum Vereinsbeitritt nicht vorherseh-

---

168 Vgl. BGHZ 55, 381/386 ff.; *Soergel/Hadding* BGB, 12. Aufl., § 38, Rn. 4.

169 Vgl. Rn. 607; *Sauter/Schweyer* Rn. 347.

170 Vgl. BAGE 27, 163; *AG Grevenbroich* NJW 1991, 2646, bestätigt durch *BVerfG* – Kammerentscheidung – NJW 1991, 2626.

171 Vgl. *BGH* NJW 1967, 1268/1269 f.

172 A. A. *Bruhn/Mehlinger* Band II, S. 21.

bar gewesen sind, so muß der gesetzliche Vertreter dem Gestattungsvertrag zustimmen[173].

Zu erörtern ist weiter, ob diese im Zusammenhang mit Sponsoring bestehenden Pflichten inhaltlich, also materiell, auch gefordert werden können. Zu denken ist hier an das Verbot einer Verpflichtung im Übermaß, die mit dem Gleichbehandlungsgrundsatz nicht vereinbar ist. Dieses Verbot kann dann zum Tragen kommen, wenn das Maß an Werbepflichten oder an sonstigen Mitgliedspflichten im Zusammenhang mit Vereinssponsoring nicht wenigstens in groben Zügen beim Eintritt in den Verein oder bei der Berufung in die Mannschaft erkennbar gewesen ist[174]. Ist dieser Sonderfall nicht gegeben und fließen dem Verein durch Werbung für Sponsoren nicht unerhebliche finanzielle Mittel zu und wird dadurch die Zahlung höherer Gehälter an Profisportler ermöglicht, als ohne Werbung, so dürften materiellrechtliche Bedenken gegen eine Werbeverpflichtung im üblichen Rahmen nicht bestehen. Müssen Nachwuchsmannschaften werben, so ist dies dann gerechtfertigt, wenn durch den Zufluß von Sponsorengeldern der Betrieb der Nachwuchsabteilung überhaupt ermöglicht wird. Sind diese Voraussetzungen nicht gegeben, so hat eine entsprechende satzungsmäßige Verpflichtung inhaltlich keinen Bestand. Es ist dann eine Individualabsprache erforderlich.

5.5.4.2. Satzungsmäßige Werbeverbote und -beschränkungen

Die Satzung kann anordnen, daß das zur Werbung verpflichtete Mitglied nicht **2733 a**
selbst für ein Konkurrenzunternehmen des oder der Vereinssponsoren werben darf. Die Satzung kann weiter eine Werbetätigkeit des Mitglieds in seiner Eigenschaft als Spieler völlig untersagen. Es ist jedoch nicht zulässig, daß die Satzung eine Werbung im privaten Bereich des Spielers einschränkt oder gar untersagt, sofern diese Werbung nicht zugunsten eines Konkurrenzunternehmens des Sponsors betrieben wird. Es wäre dies ein unzulässiger Eingriff in das allgemeine Persönlichkeitsrecht des Mitglieds, das in seiner Privatsphäre voll zur Entfaltung kommt.

5.5. Die zu empfehlende individualvertragliche Regelung der Überlassung von Rechten bei Sponsoring-Maßnahmen

Die vorstehenden Ausführungen ergeben, daß die Überlassung von Rechten **2734**
oder die Gestattung der Nutzung von Persönlichkeitsrechten an Sponsoren satzungsrechtlich nicht möglich ist oder jedenfalls auf rechtliche Schwierigkeiten stößt. Es ist deshalb zu empfehlen, alle die im Zusammenhang mit Sponsoring erforderlichen Rechtsübertragungen individualvertraglich zu regeln. Dies gilt im Verhältnis des internationalen Verbandes zum nationalen Verband ebenso wie im Verhältnis des nationalen Verbandes zu den Mitgliedsvereinen und schließlich auch im Verhältnis der Mitgliedsvereine zu deren Einzelmitgliedern. Die Gestattung der Ausübung von Persönlichkeitsrechten ist ohnedies nur einzelvertraglich möglich, vgl. Rn. 2732 d.

173 Vgl. *Bruhn/Mehlinger* S. 23.
174 Vgl. *BGH* NJW 1995, 583/586.

2. Abschnitt Koalitionen (Berufsverbände)

1. Vereine und Verbände mit besonderer verfassungsrechtlicher Privilegierung

2735 Als ein wesentliches Prinzip freier Staatsgestaltung ist für die bisher behandelten Vereine in Art. 9 Abs. 1 GG die Freiheit, sich zu »Vereinen und Gesellschaften« des privaten Rechts zusammenzuschließen, verfassungsrechtlich gewährleistet. Diese Freiheit gehört zu den »elementaren Äußerungsformen der menschlichen Handlungsfreiheit«[175]. Der Schutzbereich des Grundrechts umfaßt sowohl für die Mitglieder als auch für die Vereinigung als solche die Selbstbestimmung über die eigene Organisation, das Verfahren ihrer Willensbildung und die Führung ihrer Geschäfte sowie das Recht auf Entstehen und Bestehen der Vereinigung[176], aber auch die Freiheit des einzelnen, Vereinigungen fernzubleiben[177]. Voraussetzung ist nach Art. 9 Abs. 1 GG, daß es sich um Vereine mit (zumindest überwiegend) deutschen Mitgliedern (vgl. Art. 116 GG) handelt.

Bei den im folgenden zu erörternden Vereinen und Verbänden ergibt sich die Besonderheit, daß außerdem die staatsfreie Setzung und Verfolgung ihrer spezifischen Ziele verfassungsrechtlich garantiert ist[178]. Es handelt sich um die **Koalitionen** (Berufsverbände), deren Aufgabe in der staatsfreien Selbstverwaltung des Arbeitslebens liegt. Art. 9 Abs. 3 GG gewährleistet insoweit das Recht, zur Wahrung und Förderung der Arbeits- und Wirtschaftsbedingungen Vereine zu bilden[179], als ein speziell arbeitsrechtliches Grundrecht[180]. Art. 9 Abs. 3 GG ist »eine Art Magna Charta des kollektiven Arbeitsrechts«[181].

Verfassungsrechtlich sind nach Art. 21 GG weiter die **politischen Parteien,** die privatrechtlich den Status von Vereinen haben, privilegiert. Gleiches gilt für die **Religionsgemeinschaften** und Weltanschauungsgemeinschaften nach Art. 140 GG i. V. m. Art. 137 Abs. 3, 7 WRV. Bei den Religionsgemeinschaften und Weltanschauungsgemeinschaften und bei den Koalitionen des Art. 9 Abs. 3 GG ist die Staatsangehörigkeit für den Grundrechtsschutz der Mitglieder anders als bei der allgemeinen Vereinigungsfreiheit nach Art. 9 Abs. 1 GG ohne Bedeutung.

2. Begriff der Koalition

2736 Das aus dem Französischen übernommene Wort »Koalition« meint allgemein Zweckvereinigung. So ist die Koalition von Staaten anzutreffen, aber auch von

175 So: BVerfGE 38, 282/304.
176 BVerfGE 80, 244/262 ff. = NJW 1990, 37/38 m. w. N.
177 BVerfGE 85, 360/370.
178 Vgl. *Wendeling-Schröder* ZGR 1990, 107/124.
179 Soweit die Verfassungen der Bundesländer einen Grundrechtskatalog kennen (dazu auch Art. 142 GG), sehen sie teilweise einen entsprechenden Koalitionsschutz mit zum Teil ausführlicher inhaltlicher Ausgestaltung vor.
180 *Söllner* NZA 1992, 721/727.
181 So *Zöllner* AÖR 98 (1973), 71/72.

politischen Parteien zur Erreichung einer regierungsfähigen Parlamentsmehrheit. Koalition bedeutet aber auch einfach Interessengruppierung.
Koalitionen in dem hier verstandenen historisch geprägten (vgl. u. a. der nahezu wortgleiche Art. 159 WRV) und im GG verankerten arbeitsrechtlichen Sinn (Art. 9 Abs. 3 Satz 1 GG) sind körperschaftliche Zusammenschlüsse von Arbeitnehmern (Gewerkschaften) oder von Arbeitgebern (Arbeitgeberverbände). Sie verfolgen den verfassungsrechtlich privilegierten Zweck, die Interessen ihrer Mitglieder bei der Gestaltung von Arbeits- und Wirtschaftsbedingungen zu wahren und zu fördern. Dies geschieht in vielfältiger Weise. Im Vordergrund stehen der Abschluß von Tarifverträgen und die individuelle Beratung und Unterstützung der Mitglieder, aber auch die Mitwirkung im Rahmen der Betriebsverfassung und der Mitbestimmung auf Unternehmensebene[182].
Ob zum Begriff der Koalition auch die Bereitschaft und die Fähigkeit der Koalition gehört, Druck und Gegendruck auszuüben (Arbeitskampfbereitschaft) oder ob es sich dabei nur um ein Merkmal der (zusätzlichen) Tariffähigkeit der Koalition nach § 2 Abs. 1 TVG handelt, ist streitig[183].
Bei den Koalitionen des Art. 9 Abs. 3 GG muß es sich um Vereinigungen von Arbeitnehmern (einschl. der Auszubildenden) oder von Arbeitgebern handeln. Die Eigenschaft als Arbeitnehmer oder Arbeitgeber bestimmt sich im wesentlichen nach materiellem Arbeitsrecht[184]. Deshalb können Angehörige der freien Berufe, Schüler oder Studenten keine Arbeitnehmerkoalition i. S. des Art. 9 Abs. 3 GG bilden. Was die Koalitionen von Arbeitnehmern angeht, so hat man nach der Rechtsprechung auch des BVerfG[185] zu unterscheiden zwischen den Gewerkschaften als tariffähigen Arbeitnehmerkoalitionen i. S. d. § 2 Abs. 1 TVG und den nicht tariffähigen Arbeitnehmerkoalitionen, die aber ebenfalls unter dem Schutz des Art. 9 Abs. 3 GG stehen[186]. Während Arbeitnehmer nur natürliche Personen sein können (vgl. § 613 Satz 1 BGB), ist die Mitgliedschaft in einer Arbeitgeber-Koalition nicht auf natürliche Personen beschränkt, sondern als Arbeitgeber kommen auch handelsrechtliche Personalgesellschaften (OHG, KG), Kapitalgesellschaften wie überhaupt juristische Personen des privaten Rechts in Betracht; der Grundrechtsschutz dieser juristischen Person ergibt sich in Verbindung mit Art. 19 Abs. 3 GG.
Da es nicht erforderlich ist, daß die Verbandsbildung nur auf einer Stufe stattfindet, können Koalitionen auch Mittel- und Oberverbände sein[187]. Es muß sich auch nicht um nur fachberuflich organisierte Verbände handeln, auch Arbeit-

182 Die gesetzlich organisierten Vertretungen der Arbeitnehmer in den Betrieben (Betriebsräte) und Dienststellen (Personalräte) sind als solche nicht durch das Grundrecht der Vereinigungsfreiheit (Art. 9 Abs. 1 GG) oder der Koalitionsfreiheit (Art. 9 Abs. 3 GG) geschützt: vgl. BVerfGE 85, 360/370, dazu *Söllner* NZA 1992, 721/727.

183 Vgl. Rn. 2749; MünchArbR/*Löwisch* Bd. 3, 1993, § 236 Rn. 63.

184 Vgl. MünchArbR/*Löwisch* Bd. 3, 1993, § 236 Rn. 19. Dasselbe gilt für die Tariffähigkeit (§ 2 Abs. 1 TVG) und Tarifgebundenheit (§ 3 Abs. 1 TVG); vgl. *BAG* NZA 1993, 655/656 = AP § 3 TVG Nr. 14.

185 BVerfGE 58, 234 = AP Art. 9 GG Nr. 24 = NJW 1982, 815.

186 Dazu *Seiter* AÖR 109 (1984), 88, 109.

187 Vgl. MünchArbR/*Löwisch* Bd. 3, 1993, § 236 Rn. 31; § 239 Rn. 22.

geberverbände gemischt fachlicher Art sind Koalitionen, wenngleich ihnen die Tariffähigkeit fehlt[188].
Die Betätigung, nicht notwendig Hauptbetätigung[189], einer Koalition i. S. d. Art. 9 Abs. 3 GG muß in der Wahrnehmung und Förderung der Arbeits- und Wirtschaftsbedingungen im eigenen Interesse und im Interesse der Mitglieder liegen. Arbeitsbedingungen sind Gegenstände, die sich regelmäßig auf den Inhalt von Arbeits- und Tarifverträgen beziehen. Wirtschaftsbedingungen haben einen Bezug zu den allgemeinen wirtschafts- und sozialpolitischen Verhältnissen im Mitgliederinteresse, sofern – in einer einschränkenden Auslegung – ein Zusammenhang mit der abhängigen Arbeit besteht[190]. Ausgeklammert sind damit allgemeinpolitische Zielsetzungen und private Angelegenheiten von Arbeitnehmern und Arbeitgebern sowie unternehmerische Angelegenheiten. Die Vereinigung muß die beiden »Bedingungen« wahrnehmen und fördern[191]. Deshalb sind z. B. Kartelle keine Koalitionen, da sie sich auf andere Märkte beziehen und es mithin an einer Wahrnehmung der genannten Interessen der Mitglieder in ihrer Eigenschaft als Arbeitnehmer oder Arbeitgeber fehlt. obwohl sie aus wirtschaftlichen Erwägungen heraus die Mitgliederinteressen gegenüber konkurrierenden Mitbewerbern verfolgen. Auch sog. (bloße) Wirtschaftsvereine können wegen alleiniger wirtschaftlicher Interessenwahrnehmung der Mitglieder keine Koalitionen sein (z. B. der Wirtschaftsbeirat einer Partei, die Konsumvereine, die Unternehmensverbände).

3. Merkmale einer Koalition

2737 Eine Koalition muß nach herkömmlicher Auffassung zumindest die Voraussetzungen eines Vereins i. S. d. § 2 Abs. 1 VereinsG erfüllen; dazu zählt »ohne Rücksicht auf die Rechtsform jede Vereinigung«, zu der sich eine Mehrheit natürlicher oder juristischer Personen für längere Zeit zu einem gemeinsamen Zweck freiwillig zusammengeschlossen und einer organisatorischen Willensbildung unterworfen haben. Wenn es sich auch nicht durchweg unmittelbar aus Art. 9 Abs. 3 GG entnehmen läßt, so werden für eine Koalition auf Grund der historischen Entwicklung und des Zwecks des Koalitionswesens ferner die folgenden rechtlichen Merkmale genannt:

3.1. Korporative Organisation

2738 Mit Rücksicht auf die »organisierte Willensbildung« wird eine korporative Organisation verlangt[192]. Der Bestand der Koalition soll von einem Mitgliederwechsel unabhängig gestaltet sein; sie soll einen Vorstand haben; die Verbandsangelegenheiten müssen nach einem Mehrheitsprinzip entschieden werden. Dem Erfordernis einer »korporativen Organisation« wird unter Hinweis

188 BVerfGE 4, 96, 105 = AP Art. 9 GG Nr. 1.
189 A. A. *Zöllner/Loritz* Arbeitsrecht, 4. Aufl. 1992, § 8 III, 1, S. 101.
190 *Scholz* in: Maunz/Dürig Art. 9 GG Rn. 256, 261.
191 Vgl. *von Münch* Art. 9 GG Rn. 37.
192 *Zöllner/Loritz* Arbeitsrecht, 4. Aufl. 1992, § 8 III, 2, S. 102.

auf die Gesamtwillensbildung in der GbR (§ 709 BGB) widersprochen[193]. Auch das BVerfG[194] hat jüngst das (Arbeits-) „Kampfbündnis" eines Außenseiter-Unternehmens mit einem tariffähigen Arbeitgeberverband unter den Schutz des Art. 9 Abs. 3 GG gestellt[195].
Die heute übliche (jedoch nicht rechtsnotwendige) Rechtsform der Koalition ist diejenige des bürgerlich rechtlichen Vereins.
Arbeitnehmerkoalitionen (Gewerkschaften) sind fast ausschließlich als nicht eingetragene Vereine organisiert, Arbeitgeberkoalitionen (Arbeitgeberverbände) hingegen überwiegend als eingetragene Vereine.

3.2. Privatrechtlicher, freiwilliger Zusammenschluß

Die Gründung und das Weiterbestehen einer Koalition muß auf privat- **2739**
rechtlicher Grundlage beruhen, um »freiwillig« zu sein.
Zwangskörperschaften des öffentlichen Rechts scheiden daher aus. Aber auch auf freiwilliger Grundlage bestehende Körperschaften des öffentlichen Rechts können als solche keine Koalitionen sein, weil für sie ein staatliches Aufsichtssystem besteht und deshalb die gebotene Unabhängigkeit vom Staat fehlt[196]. Deshalb sind Handwerksinnungen keine Koalitionen, obwohl sie nach § 53 Abs. 2 Nr. 1 HandwO ausnahmsweise tariffähig sind[197]. Diese Beschränkung schließt aber nicht aus, daß ein Arbeitgeber mit öffentlich-rechtlichem Status Mitglied einer Koalition ist[198], ohne jedoch insoweit den Schutz des Art. 9 Abs. 3 GG zu genießen.
Die Koalition muß auf freiwilliger Basis gegründet sein. Der Ein- und Austritt muß ohne Ausübung eines wirtschaftlichen oder verbandsmäßigen Drucks möglich sein. Die Freiwilligkeit des angezeigten oder vorteilhaften Beitritts wird nicht dadurch in Frage gestellt, daß die Koalition als Verband eine Monopolstellung einnimmt[199].

3.3. Koalitionsmäßige Betätigung als (Haupt-) Zweck der Vereinigung

Ob die Wahrung und die Förderung der Arbeits- und Wirtschaftsbedingungen **2740**
zugunsten der Mitglieder der satzungsmäßige Hauptzweck der Koalition sein muß, ist umstritten[200]. Insoweit gilt jedenfalls auch das sog. Nebentätigkeitsprivileg (vgl. Rn. 128); wird tatsächlich der angegebene (Haupt-) Zweck verfolgt, so ist es unschädlich, wenn etwa die Gewerkschaften ihre Mitglieder

---

193 MünchArbR/*Löwisch* Bd. 3, 1993, § 236 Rn. 42.
194 BVerfGE 84, 212/225 = NJW 1991, 2549.
195 Dazu kritisch *Häuser* Festschrift für Kissel, 1994, S. 297/300 ff.
196 Dazu Rn. 2745; MünchArbR/*Löwisch* Bd. 3, 1993, § 236 Rn. 42; *Zöllner/Loritz* Arbeitsrecht, 4. Aufl. 1992, § 8 III, 6, S. 103.
197 Dazu BVerfGE 20, 312 = NJW 1966, 1637 = AP § 2 TVG Nr. 24.
198 Zur Tariffähigkeit der öffentlichen Arbeitgeber *BAG* NZA 1993, 655/656 = AP § 3 TVG Nr. 14.
199 *Wiedemann/Stumpf* § 2 TVG, Rn. 127.
200 Dafür *Zöllner/Loritz* Arbeitsrecht, 4. Aufl. 1992, § 8 III, 1, S. 101; dagegen überzeugend MünchArbR/*Löwisch* Bd. 3, 1993, § 236 Rn. 3.

außerdem in wirtschaftlicher, fachlicher, sozialer und kultureller Hinsicht betreuen[201].

3.4. Innerverbandliches Demokratieerfordernis

2741 Eine Koalition i. S. d. Art. 9 Abs. 3 GG muß nicht notwendig auch tariffähig i. S. d. § 9 Abs. 1 TVG sein; sie kann auf die Arbeits- und Wirtschaftsbedingungen ihrer Mitglieder auch auf andere Weise als durch Abschluß von Tarifverträgen Einfluß nehmen[202]. Will jedoch eine Koalition – wie im Arbeitsleben regelmäßig – auch die Tariffähigkeit für sich in Anspruch nehmen, so muß sie dem innerverbandlichen Demokratieerfordernis genügen[203]. Die von den Koalitionen in einem Tarifvertrag ausgehandelten Normen gelten mit unmittelbarer und unabdingbarer Wirkung für die Mitglieder der Tarifparteien (§§ 4 Abs. 1, 3 Abs. 1, 2 Abs. 1 TVG). Es handelt sich bei der Normsetzung durch Tarifvertragsparteien um Gesetzgebung im materiellen Sinne[204]. Es kommen »Rechtsregeln ... kraft Anerkennung durch die staatliche Gewalt« zustande[205]. Ist ein Tarifvertrag durch den Bundesminister für Arbeits- und Sozialordnung für allgemein verbindlich erklärt worden, gelten dessen Rechtsnormen sogar für die nichtorganisierten Arbeitgeber und Arbeitnehmer, soweit sie unter den Geltungsbereich des Tarifvertrags fallen (§ 5 TVG)[206].

Diese Befugnis zur Normsetzung durch Tarifverträge läßt sich verfassungsrechtlich nur rechtfertigen, wenn hierfür eine demokratische Legitimation bejaht werden kann[207]. Die innere Ordnung der Koalition und die Willensbildung ihrer Organe müssen deshalb demokratischen Grundsätzen entsprechen[208]. Der Tarifvertrag darf nicht allein »von oben herab« ausgehandelt werden. Die Mitglieder der Koalition – nicht jedoch die nichtorganisierten Arbeitnehmer und Arbeitgeber – müssen an der Willensbildung der Organe des Verbands beteiligt werden. Aus der Erwägung heraus, daß gerade Gewerkschaften in der Regel eine große Zahl von Mitgliedern haben, kann jedoch nicht verlangt werden, daß in jedem Fall eine Beteiligung aller Mitglieder an der Willensbildung (Urabstimmung) stattfindet. Es genügt, daß alle Mitglieder mittelbar hieran beteiligt werden. Dies geschieht durch eine nach demokratischen Spielregeln sich vollziehende Wahl von Repräsentanten (Delegierten) seitens der Mitglieder[209]. Eine solche Urabstimmung wird jedoch bei schwerwiegenden Entscheidungen namentlich für die Einleitung oder Beendigung von Arbeitskämpfen als rechtlich geboten betrachtet[210].

---

201 Vgl. *Wiedemann/Stumpf* § 2 TVG, Rn. 130.
202 BVerfGE 19, 303, 313; BVerfGE 50, 290, 321; *BAG* AP Nr. 24 zu Art. 9 GG.
203 *BAG* NZA 1987, 492 = AP Nr. 36 zu § 2 TVG; MünchArbR/*Löwisch* Bd. 3, 1993, § 236 Rn. 59; § 248 Rn. 3.
204 *BVerfG* NZA 1992, 125; BVerfGE 55, 7/21; BVerfGE 44, 322/341.
205 BVerfGE 34, 307/317/320.
206 Vgl. BVerfGE 55, 7/21; BVerfGE 44, 322/341.
207 Vgl. MünchArbR/*Löwisch* Bd. 3, 1993, § 248 Rn. 3.
208 Vgl.MünchArbR/*Löwisch* Bd. 3, 1993, § 228 Rn. 3.
209 *Zöllner/Loritz* Arbeitsrecht, 4. Aufl. 1992, § 8 III. 8, S. 104.
210 Vgl. MünchArbR/*Löwisch* Bd. 3, 1993, § 248 Rn. 5.

3.5. Gegnerunabhängigkeit und sonstige Unabhängigkeit

Die Koalition muß die Interessen ihrer Mitglieder in bezug auf die Arbeits- und Wirtschaftsbedingungen sowohl rechtlich als auch tatsächlich nach allen Seiten hin unabhängig vertreten können[211]. Diese Anforderung ist nur gewährleistet, wenn die folgenden Voraussetzungen erfüllt sind: **2742**

a) Es muß Gegnerfreiheit gegeben sein. Bei strenger Durchführung dieses Prinzips darf eine Koalition entweder nur Arbeitnehmer oder nur Arbeitgeber als Mitglieder haben. Dieses Postulat ist heute zum Grundsatz abgeschwächt worden. Nach Ansicht des BVerfG[212] muß in Verfolgung des Grundsatzes der Gegnerfreiheit jedenfalls die Selbstbestimmung in den Koalitionen über ihre eigene Organisation, das Verfahren ihrer Willensbildung und die Führung ihrer Geschäfte sichergestellt sein. Mit dieser Begründung konnten die rechtlichen Schwierigkeiten überwunden werden, die sich aus der Mitgliedschaft mitbestimmter Unternehmen in Arbeitgeberverbänden ergeben. Nach heute wohl überwiegender Auffassung darf jedenfalls keine leitende Funktion in Personalunion in gegnerischen Koalitionen ausgeübt werden[213]; so darf das Mitglied der Tarifkommission einer Gewerkschaft nicht gleichzeitig Vorstandsmitglied einer Kapitalgesellschaft sein. **2743**

b) Es muß eine rechtliche und tatsächliche Unabhängigkeit vom sozialen Gegenspieler gegeben sein. Weder dieser selbst noch seine Mitglieder dürfen bei der Gründung der gegnerischen Koalition mitwirken; der Gegenspieler oder seine Mitglieder dürfen kein Recht zur Einflußnahme auf den gegnerischen Verband haben, sei es durch Ämterbesetzung oder durch eine Zustimmungserfordernis zu Verbandsbeschlüssen. Schließlich darf auch keine wirtschaftliche Abhängigkeit gegeben sein. Die herrschende Auffassung sieht es jedoch als unschädlich an, wenn Gewerkschaftsbeiträge vom Arbeitgeber eingezogen und abgeführt werden[214]. **2744**

c) Die Koalition muß, um ihre arbeitspolitischen und sozialen Aufgaben für ihre Mitglieder sinnvoll vertreten zu können, von Institutionen völlig unabhängig sein, die kraft ihrer Machtstellung die Unabhängigkeit in besonderer Weise gefährden können. Es muß somit jeder Einfluß des Staates, der politischen Parteien oder Kirchen auf die Willensbildung in den Koalitionen ausgeschaltet sein[215]. Daraus darf jedoch nicht der Umkehrschluß gezogen werden, wonach etwa Gewerkschaften nicht für einige Ziele einer bestimmten politischen Partei eintreten oder ihrem Programm nicht eine kirchliche Grundanschauung zu Grunde legen dürften (sog. Richtungsgewerkschaften)[216]. **2745**

---

211 Vgl. MünchArbR/*Löwisch* Bd. 3, 1993, § 236 Rn. 46 f.
212 BVerfGE 50, 290/376 = AP § 1 MitbestG Nr. 1 = NJW 1979, 699.
213 *Zöllner/Loritz* Arbeitsrecht, 4. Aufl. 1992, § 8 III. 5., S. 103.
214 Vgl. *von Münch* Art. 9 GG Rn. 39 m. w. N.
215 Vgl. MunchArbR/*Löwisch* Bd. 3, 1993, § 236 Rn. 55.
216 Vgl. *LAG Düsseldorf* AP Nr. 2 zu Art. 9 GG.

3.6. Überbetriebliche Organisation

2746 Die Koalitionen müssen auf überbetrieblicher Grundlage organisiert sein[217]. Ein Werkverein, der sein Tätigkeitsgebiet (zwangsläufig) nur auf einen Betrieb beschränkt, kann keine Koalition sein[218]. Das Merkmal der Überbetrieblichkeit muß zwangsläufig entfallen, wenn sich der Wirtschaftsbetrieb mit dem Wirtschaftszweig deckt, wie dies z. B. bei der Bundesbahn der Fall ist[219].

3.7. Anerkennung des geltenden Tarif- und Schlichtungsrechts

2747 Koalitionen müssen – jedenfalls wenn sie tariffähig i. S. d. § 2 TVG sein wollen – das geltende Tarif- und Schlichtungswesen als für sich verbindlich anerkennen[220]. Ob es sich bei diesem Erfordernis auch um eine Koalitionseigenschaft handelt, ist umstritten[221].

3.8. Koalitionsmächtigkeit

2748 Für eine Koalition i. S. d. Art. 9 Abs. 3 GG ist es als solche nicht entscheidend, ob sie »Verbandsmacht« hat, ob sie also für „ernst" genommen wird und Durchsetzungsfähigkeit gegenüber dem sozialen Gegenspieler hat. Dies ergibt sich schon daraus, daß es für die Tariffähigkeit eines Arbeitgeberverbands nicht Voraussetzung ist, daß dieser eine gewisse Durchsetzungskraft (Mächtigkeit) hat[222]. Demgegenüber müssen nach ständiger, vom BVerfG[223] gebilligter arbeitsrechtlicher Rechtsprechung Arbeitnehmervereinigungen, um als Gewerkschaften tariffähig i. S. d. § 2 Abs. 2 TVG zu sein, eine Durchsetzungskraft gegenüber dem sozialen Gegenspieler haben; außerdem muß eine gewisse Leistungsfähigkeit der Organisation gegeben sein. Die Arbeitnehmervereinigung muß zumindest so viel Druck ausüben können, daß der soziale Gegenspieler wenigstens Verhandlungsangebote nicht übersehen kann. Der organisatorische Aufbau der Vereinigung muß so beschaffen sein, daß sie befähigt ist, den Tarifvertrag vorzubereiten und nach dessen Abschluß auch durchzuführen[224].

---

217 BVerfGE 50, 290/368, dort allerdings nur als Voraussetzung der Tariffähigkeit i. S. d. § 2 Abs. 1 TVG; *BAG* AP Nr. 14 zu § 2 TVG. A. A. MünchArbR/*Löwisch* Bd. 3, 1993, § 236 Rn. 52.

218 Vgl. z. B. *Zöllner/Loritz* Arbeitsrecht, 4. Aufl. 1992, § 8 III. 5., S. 103; a. A. *von Münch,* Art. 9 GG Rn. 40.

219 Vgl. *von Münch* Art. 9 GG Rn. 40.

220 BVerfGE 50, 290/368; *BAG* AP Nr 24 zu Art. 9 GG.

221 MünchArbR/*Löwisch* Bd. 3, 1993, § 236 Rn. 64.

222 BVerfGE 58, 233/256 = AP Art. 9 GG Nr. 24 = NJW 1982, 815; *BAG* NZA 1991, 428 = SAE 1991, 314 m.Anm. *Rieble* = NJW 1991, 1699.

223 BVerfGE 58, 232 = AP Art. 9 GG Nr. 24 = NJW 1982, 815.

224 BAGE 53, 347 = AP § 2 TVG Nr. 36; *BAG* NZA 1990, 626 = SAE 1991, 97 m.Anm. *Mayer-Maly* = DB 1990, 840; *BAG* NJW 1991, 1699/1700.

3.9. Arbeitskampfbereitschaft und Bekenntnis zum Abschluß von Tarifverträgen?

Eine Koalition muß sich nicht notwendig, auch nicht um in verfassungskonformer Auslegung als Gewerkschaft i. S. d. § 2 Abs. 1 TVG tariffähig zu sein, in ihrer Satzung zum Arbeitskampf bekennen oder hierzu tatsächlich befähigt sein[225]. Das bringt die eigenartige Rechtslage mit sich, daß die Koalition, um als Gewerkschaft i.S.d. § 2 Abs. 1 TVG anerkannt zu werden, »Verbandsmacht« haben muß (Rn. 2748), es aber für die Tariffähigkeit unschädlich ist, wenn sie den Arbeitskampf als Mittel der Druckausübung ablehnt[226]. Sollte sich im Einzelfall die Notwendigkeit zum Arbeitskampf ergeben, so genügt es, wenn der Verband seine Satzung entsprechend ändert[227]. Kein Merkmal einer Koalition ist es ferner, daß sie sich satzungsmäßig zum Abschluß von Tarifverträgen bekennt[228]. 2749

4. Grundrecht der Koalitionsfreiheit

4.1. Überlagerung des Vereinsrechts für Koalitionen durch Art. 9 Abs. 3 GG

Für Koalitionen gelten die allgemeinen vereinsrechtlichen Grundsätze. Das spezifische Vereinsrecht wird jedoch durch Art. 9 Abs. 3 GG überlagert, der die Koalitionsfreiheit gewährleistet. Dadurch entstehen Rechte und Pflichten sowohl der Koalition selbst als auch seiner Mitglieder, die bei »gewöhnlichen« Vereinen und deren Mitgliedern nicht anzutreffen sind. Auch einige Bestimmungen des Tarifvertragsgesetzes beeinflussen das Recht der Koalitionen. 2750

4.2. Verhältnis der Koalitionsfreiheit zur allgemeinen Vereinigungsfreiheit

Art. 9 Abs. 3 Satz 1 GG gewährleistet das Recht, zur Wahrung und Förderung der Arbeits- und Wirtschaftsbedingungen Vereinigungen zu bilden, für jeden und für alle Berufe. Im Verhältnis zum Grundrecht der Vereinigungsfreiheit (Art 9 Abs. 1 GG) ist die Koalitionsgarantie mithin das speziellere Grundrecht, wenngleich seine personelle Reichweite weiter ist, denn es wird jedermann ohne Rücksicht auf seine Staatsangehörigkeit geschützt. Von der allgemeinen Vereinigungsfreiheit des Art. 9 Abs. 1 GG unterscheidet sich die Koalitionsfreiheit durch die grundrechtliche Privilegierung des bestimmten Zwecks der Vereinigung, nämlich der Wahrung und Förderung der Arbeits- und Wirtschaftsbedingungen[229]. 2751

225 BVerfGE 18, 18/27 ff. = AP § 2 TVG Nr. 15 = NJW 1964, 1267; *von Münch* Art. 9 Rn. 42; *Scholz* in: Maunz/Dürig, Art. 9 GG Rn. 217.
226 Dazu *Seiter* AÖR 109 (1984), 88/108.
227 *Wiedemann/Stumpf* § 2 TVG Rn. 191.
228 BVerfGE 20, 312/317 f; *BAG* AP Nr. 24 zu Art. 9 GG, *BayVerfGH* AP Nr. 1 zu Art. 35 BayVerf; *v. Münch* Art. 9 GG Rn. 42.
229 BVerfGE 84, 212/224 = NJW 1991, 2549.

Im Rahmen der Notstandsverfassung 1968 ist Art. 9 Abs. 3 GG durch folgende Vorschrift ergänzt worden: Notstandsmaßnahmen dürfen sich nicht gegen Arbeitskämpfe richten, die von Koalitionen zur Wahrung und Förderung der Arbeits- und Wirtschaftsbedingungen geführt werden (Art. 9 Abs. 3 Satz 2 GG). Während das Grundrecht der Vereinigungsfreiheit (Art. 9 Abs. 1 GG) sich als Abwehrrecht nur gegen die öffentliche Hand richtet, ist die Koalitionsfreiheit umfassend garantiert; sie darf weder von der öffentlichen Hand noch von einer natürlichen oder juristischen Person somit auch von keiner Gewerkschaft und von keinem Arbeitgeber beeinträchtigt werden[230]. So greift ein Arbeitgeber, der die Einstellung von Bewerbern vom Austritt aus der Gewerkschaft abhängig macht, unmittelbar in das verfassungsrechtlich geschützte Recht der Arbeitnehmerkoalition auf Bestand und Betätigung ein und kann gem. § 1004 Abs. 1 Satz 2 BGB i. V. m. § 823 Abs. 2 BGB, Art. 9 Abs. 3 GG auf Unterlassung in Anspruch genommen werden[231]. Es kommt dem Grundrecht der Koalitionsfreiheit als einzigem im Kanon der Grundrechte also ausdrücklich eine unmittelbare Drittwirkung zu. Art. 9 Abs. 3 Satz 2 GG bestimmt nämlich, daß Abreden, welche die Koalitionsfreiheit einschränken oder zu behindern suchen, zivilrechtlich nichtig sind (§ 134 BGB).

2752 Eine Koalition kann allerdings unter den Voraussetzungen des Art. 9 Abs. 2 GG verboten werden[232]. Bereits im Verbotsverfahren wird jedoch das Verwaltungsgericht eingeschaltet (vgl. Rn. 2999).

4.3. Positive Koalitionsfreiheit als Individualgrundrecht

2753 Die Koalitionsfreiheit (Art. 9 Abs. 3 GG) begünstigt Arbeitnehmer und Arbeitgeber gleichermaßen; sie ist nicht als ein spezielles Grundrecht nur für Arbeitnehmer ausgestaltet, obwohl die historischen Wurzeln bei diesem Personenkreis liegen[233]. Sie gewährleistet Arbeitnehmern und Arbeitgebern, Vereinigungen mit koalitionsmäßiger Zwecksetzung zu gründen, ihnen beizutreten oder fernzubleiben oder sie zu verlassen. Geschützt ist grundrechtlich auch die Wahrnehmung der Rechte als Mitglied in einer solchen Vereinigung, also das Recht, an deren Arbeit teilzunehmen[234]. Die Koalitionsfreiheit schützt auch die Arbeitnehmer im öffentlichen Dienst, und zwar unabhängig davon, ob sie hoheitliche oder andere Aufgaben erfüllen[235].

Die Rechtsprechung[236] hat in der Differenzierung zwischen gewerkschaftsangehörigen und nicht organisierten Arbeitnehmern bei einer arbeitgeberseitigen Aussperrung einen unzulässigen Angriff auf die positive Koalitionsfreiheit der organisierten Arbeitnehmer und auf die Bestandsgarantie der Gewerkschaft selbst gesehen (Verbot der Selektivaussperrung).

---

230 MünchArbR/*Löwisch* Bd. 3, 1993, § 238 Rn. 7.
231 *BAG* NZA 1988, 64 = AP Art. 9 GG Nr. 49.
232 MünchArbR/*Löwisch* Bd. 3, 1993, § 237 Rn. 24 ff.
233 BVerfGE 34, 212/224 = NJW 1991, 2549.
234 BVerfGE 38, 281/303 = AP Art. 9 GG Nr. 23 = NJW 1975, 1265.
235 BVerfGE 88, 103/114.
236 *BAG* DB 1980, 1355 = AP GG Art. 9 Nr. 66 Arbeitskampf; dazu *Seiter* JZ 1980, 749.

4.4. Negative Koalitionsfreiheit als Individualgrundrecht

Der verfassungsrechtliche Schutz aus Art. 9 Abs. 3 GG umfaßt auch die Freiheit **2754** des Mitglieds einer Koalition, aus dieser wieder auszutreten (vgl. dazu Rn. 2759), oder die Freiheit eines Verbandsaußenseiters, also eines nicht organisierten Arbeitnehmers oder Arbeitgebers, einer Koalition fernzubleiben, sich also keinem Verband anzuschließen[237]. So wird in sog. tarifvertraglichen Differenzierungsklauseln, die tarifliche Leistungen den Außenseitern vorenthalten wollen, ein Verstoß gegen die negative Koalitionsfreiheit gesehen[238]; dasselbe gilt für die Berücksichtigung allein tarifgebundener Arbeitnehmer bei der Ausfüllung des Begriffs: »2 % der Arbeitnehmer des Betriebs« (zur tarifvertraglichen Begrenzung des Vorruhestandes)[239]. Wird ein Tarifvertrag, der eine gemeinsame Einrichtung der Tarifvertragsparteien vorsieht (vgl. dazu § 4 Abs. 2 TVG), für allgemeinverbindlich erklärt, so entsteht für die Außenseiter zwar ein »Beitrittsdruck«, weil sie trotz einer Kostenbelastung ihre Interessen in der gemeinsamen Einrichtung nicht wahrnehmen können. Dies ist aber nach der Rechtsprechung[240] nicht so gewichtig, daß in der Erklärung der Allgemeinverbindlichkeit deshalb ein unzulässiger Eingriff in die negative Koalitionsfreiheit gesehen werden könnte. Nicht organisierte Arbeitnehmer können sich gegen eine arbeitgeberseitige Aussperrung nicht auf ihre negative Koalitionsfreiheit berufen, weil es in einem Arbeitskampf regelmäßig um die Arbeitsbedingungen in dem gesamten Tarifgebiet geht[241]. Es stellt auch keine Verletzung der negativen Koalitionsfreiheit dar, wenn der Arbeitgeber organisierte Arbeitnehmer anders behandelt als nicht organisierte; ein Verletzungstatbestand ist nur gegeben, wenn ein Zwang oder Druck auf die nichtorganisierten ausgeübt wird, einer Koalition beizutreten[242].

4.5. Koalitionsfreiheit als kollektives Grundrecht der Koalition

Grundgesetzlich geschützt sind nicht nur die einzelnen Mitglieder der Vereini- **2755** gung, sondern auch die Koalition als solche (kollektive Koalitionsfreiheit; vgl. auch Art. 165 Abs. 1 Satz 2 WRV), und zwar in ihrem Bestand (Bestandsgarantie), ihrer organisatorischen Ausgestaltung und ihrer Betätigung, soweit diese gerade in der Wahrung und Förderung der Arbeits- und Wirtschaftsbedingungen besteht (Betätigungsgarantie)[243]. Hierzu gehört als »spezifisch koalitionsmäßige Betätigung« insbesondere der Abschluß von Tarif-

---

237 BVerfGE 50, 290/367; BVerfGE 55, 7/21; BVerfGE 57, 220 = AP Art. 140 GG Nr. 9 = NJW 1981, 1829/1830.

238 *BAG* AP Art. 9 GG Nr. 13; *BAG* DB 1978, 1647; *BAG* NZA 1987, 233.

239 *BAG* NZA 1987, 233.

240 *BVerfG* NZA 1992, 125; BVerfGE 55, 7/22 = AP § 5 TVG Nr. 17 = NJW 1981, 215; ebenso hinsichtlich der Begünstigung organisierter Arbeitnehmer durch § 11 Abs. 1 Satz 2 ArbGG BVerfGE 31, 297/302 = AP § 11 ArbGG 1953 Nr. 34 = NJW 1971, 2301.

241 *BAG* DB 1980, 1355 = AP GG Art. 9 Nr. 66 Arbeitskampf.

242 BVerfGE 31, 297/302.

243 BVerfGE 84, 212/224 = NJW 1991, 2549; BVerfGE 88, 103/114; BVerfGE 17, 319/333; BVerfGE 4, 96/101 f.

verträgen[244]. Art. 9 Abs. 3 GG wird deshalb von der h.M als ein sog. **Doppelgrundrecht,** also eines jeweils eigenständigen Grundrechts der Koalition als auch des Einzelnen, charakterisiert[245], während nach anderer Auffassung der Schutz der Koalition über Art. 19 Abs. 3 GG gewährleistet ist[246]. Der Schutz beginnt im Gründungsstadium und erfaßt die freie Wahl der Rechtsform sowie die freie Ausgestaltung der Organisationsstruktur[247]. Die Mitgliedschaft kann entweder nach Berufen, Berufszweigen, Industriebetrieben oder nach sonstigen Merkmalen gewährt werden[248]. Der verfassungsrechtliche Schutzbereich erfaßt auch die Befugnis zur Selbstbestimmung der Koalition über das Verfahren ihrer Willensbildung und über die Führung ihrer Geschäfte[249]. Geschützt ist somit die Satzungsautonomie. Die Koalitionen müssen jedoch hierbei die Grundsätze beachten, die für die bestehenden Vereinigungstypen des Privatrechts verbindlich sind; die vereinsförmig organisierten Koalitionen dürfen die allgemein anerkannten Grundsätze des Vereinsrechts nicht außer acht lassen, sie sind auch für Koalitionen verbindlich[250]. Vom Schutz der Verfassung ist auch das Recht zur eigenen Geschäftsführung erfaßt[251]. Zur Geschäftsführung gehört auch die Verwaltung des eigenen Vermögens der Koalition.

4.6. Kernbereichsschutz für die Betätigungsgarantie

2756 Das Grundrecht der Koalitionsfreiheit räumt allerdings den geschützten Personen und Vereinigungen nicht einen inhaltlich unbegrenzten und unbegrenzbaren Handlungsspielraum ein. Die in Art. 9 Abs. 3 GG als Schutzbereich nicht ausdrücklich angesprochene **Betätigung** einer Koalition ist nur in einem sog. Kernbereich geschützt[252]. Dieser erfaßt die Tätigkeiten, für welche die Koalitionen gegründet worden sind und die für die Erhaltung und Sicherung ihres Bestands als **unerläßlich** betrachtet werden müssen[253]. Bereiche koalitionsmäßiger Betätigung, die darüber hinausgehen, finden ihre rechtliche Grundlage nicht in Art. 9 Abs. 3 GG, sondern es wird insofern als Sache des Gesetzgebers angesehen, die Tragweite der Koalitionsfreiheit dadurch festzulegen, daß er die Befugnisse der Koalition im einzelnen ausgestaltet und näher regelt[254].

2757 Der Kernbereichsschutz erfaßt auch die Befugnis, den Koalitionszweck verfolgen zu können: Wahrung und Förderung der Arbeits- und Wirtschafts-

---

244 BVerfGE 88, 103/114; BVerfGE 20, 312/317; BVerfGE 4, 96/106 ff.

245 *Zöllner/Loritz* Arbeitsrecht, 4. Aufl. 1992, § 8 IV, 4e, S. 108; MünchArbR/*Löwisch* Bd. 3, 1993, § 237 Rn. 7; kritisch dazu *Zöllner* AÖR 98 (1973), 71/78 f. .

246 *Scholz* Die Koalitionsfreiheit als Verfassungsproblem, 1971, S. 135 f.; *ders.* in: Maunz/Dürig, Art. 9 GG Rn. 170.

247 *Scholz* in: Maunz/Dürig, Art. 9 GG Rn. 245.

248 *von Münch* Art. 9 GG Rn. 46.

249 BVerfGE 50, 290/373 f.

250 Vgl. *Scholz* in Maunz/Dürig, Art. 9 GG Rn. 247.

251 BVerfGE 50, 290/373 f.

252 BVerfGE 57, 220/235 f.; BVerfGE 58, 247.

253 BVerfGE 57, 220/235 f. = AP Art. 140 GG Nr. 9; BVerfGE 38, 281/305; *BAG* NZA 1987, 164 = DB 1987, 440 = AP Art. 9 GG Nr. 45, BAGE 41, 1/4 = AP Art. 9 GG Nr. 35.

254 BVerfGE 57, 220/235 f. = AP Art. 140 GG Nr. 9.

bedingungen. Dazu gehört die Werbung neuer Mitglieder[255], aber außerhalb der Arbeitszeit und nur durch betriebsangehörige Mitglieder der Gewerkschaft[256], vornehmlich aber die Gewährleistung der Tarifautonomie und damit der Kernbereich eines Tarifvertragssystems; andernfalls könnten die Koalitionen ihre Funktion, in dem von der staatlichen Rechtssetzung freigelassenen Raum das Arbeitsleben im Einzelnen durch Tarifverträge zu ordnen, nicht sinnvoll erfüllen[257].

Zu den durch Art. 9 Abs. 3 GG geschützten Mitteln koalitionsmäßiger Betätigung zählen deshalb auch Maßnahmen des Arbeitskampfes, die auf den Abschluß von Tarifverträgen gerichtet sind. Sie werden insoweit von der Koalitionsfreiheit erfaßt, als sie allgemein erforderlich sind, um eine funktionierende Tarifautonomie sicherzustellen. Der Schutz umfaßt unter den gegebenen Verhältnissen jedenfalls (auch) Aussperrungen mit suspendierender Wirkung, die in der Abwehr von Teil- und Schwerpunktstreiks der Herstellung von Verhandlungsparität dienen[258]. Eine Betätigung durch unterstützende Öffentlichkeitsarbeit an streikähnlichen Aktionen wie dem »Dienst nach Vorschrift« der Flugleiter im Jahre 1973, die die Regeln eines fairen Arbeitskampfes außer acht lassen, sind den Koalitionen nicht erlaubt und können zu einer Schadenersatzpflicht der unterstützenden Koalition nach § 830 BGB führen[259].

5. Einzelne Problembereiche

5.1. Aufnahmezwang

Die Mitgliedschaft in einem Koalitionsverein bringt regelmäßig Vorteile mit **2758**
sich. So kann dem Mitglied einer Gewerkschaft satzungsmäßig z. B. ein Anspruch auf Unterstützungszahlung bei Streik oder Aussperrung, auf Gewährung von Rechtsschutz im Arbeits- und Sozialbereich sowie auf weitere soziale Leistungen zustehen[260]. Gewerkschaften sind zwar im Regelfall keine Monopolverbände, da oft ein Beitritt zu einer an deren Gewerkschaft möglich ist. Nach Auffassung des BGH[261] handelt es sich aber bei Gewerkschaften, die im Deutschen Gewerkschaftsbund zusammengeschlossen sind, um Verbände, die auf Grund ihrer überragenden Machtstellung im wirtschaftlichen oder sozialen Bereich bei der Entscheidung über die Aufnahme eines Bewerbers nur einen begrenzten Ermessensspielraum für sich in Anspruch nehmen können. Ein Aufnahmeanspruch besteht z. B. nicht, wenn die Beitrittswilligen von vornherein die grundsätzlich von einem jedem Gewerkschaftsmitglied geschuldete

255 *BAG* NZA 1987, 164 = DB 1987, 440 = AP Art. 9 GG Nr. 45.

256 *BAG* NZA 1992, 690/691.

257 BVerfGE 50, 290/367/369.

258 BVerfGE 84, 212/225 = NJW 1991, 2549.

259 *BGH* DB 1978, 685, 687 = AP Art. 9 GG Arbeitskampf Nr. 61; dazu den Nichtannahmebeschluß *BVerfG* AP Art. 9 GG Arbeitskampf Nr. 61a = NJW 1980, 169.

260 Vgl. *BGH* NJW 1991, 287/289.

261 BGHZ 93, 151/152 f. = NJW 1985, 1216 = LM § 38 BGB Nr. 11; *BGH* NJW 1991, 485; vgl. zum Anspruch auf Aufnahme in einen solchen Verband Rn. 618 ff.

Verbandssolidarität verweigern[262]. Für den Anspruch auf Aufnahme in einen Arbeitgeberverband gelten dieselben Grundsätze.

5.2. Ausschluß aus einer Koalition

2759 Nach der Rechtsprechung des BGH[263] können Koalitionen oder Verbände wie bei der Aufnahme so auch beim Ausschluß eines Mitglieds nur einen begrenzten Ermessensspielraum für sich in Anspruch nehmen. Der Ausschluß muß durch sachliche Gründe gerechtfertigt und darf nicht unbillig sein. Bei der gerichtlichen Überprüfung der Unbilligkeit wird abwägend auch erwogen, daß ein Ausschluß aus einer Koalition um so eher unbillig ist, je wichtiger die Mitgliedschaft für den Betroffenen ist[264]. Beim Ausschlußtatbestand kollidieren Grundrechte sowohl des Auszuschließenden als auch der Koalition selbst: In Art. 9 Abs. 3 GG ist einerseits das Recht des Mitglieds garantiert, in der Koalition zu verbleiben; der Verband kann sich nach dieser Verfassungsbestimmung andererseits auf die Garantie der Verteidigung seiner inneren Ordnung gegen grobstörende Mitglieder berufen[265]. Eine Gewerkschaft kann z. B. in ihrer Satzung die Beendigung der Mitgliedschaft für den Fall vorsehen, daß ein Mitglied einer mit den Zielen der Gewerkschaft unvereinbaren Gruppierung, insbesondere einer gegnerischen politischen Partei, angehört[266]. Keinen Einschränkungen unterliegen Entscheidungen über den Ausschluß eines Mitglieds, die sich auf die Nichterfüllung von Beitragsleistungen trotz einer Mahnung beziehen.

Aus der Rechtsprechung: Der Ausschluß aus einer Gewerkschaft ist zulässig, wenn das betroffene Mitglied in einer gewerkschaftsfeindlichen Partei aktiv ist (*BGH* WM 1993, 2172 = WuB II L. § 39 BGB 1.94 *van Look; BGH* NJW 1991, 485 = WM 1991, 98 = WuB II L. § 39 BGB 1.91 *van Look;* bestätigt durch *BVerfG* NZA 1993, 655), insbesondere, wenn nicht zu erwarten ist, daß der Betroffene sich wenigstens von den im Kern mit den gewerkschaftlichen Zielen unvereinbaren Bestrebungen einer solchen Partei fernhält (*BGH* NJW-RR 1991, 888 = WM 1991, 942). Eine Gewerkschaft kann aber ihren Mitgliedern nicht unter Androhung des Ausschlusses verbieten, bei Betriebsratswahlen auf anderen als von der Gewerkschaft bestätigten Listen zu kandidieren (BGHZ 102, 265/267 = NJW 1988, 552, dazu *Hadding/van Look* ZGR 1988, 270; BGHZ 75, 314; BGHZ 71, 126 = NJW 1978, 1370 = WM 1978, 549; *BGH* WM 1981, 739; *BGH* DB 1983, 2300 = AuR 1984, 157 m.Anm. *Herschel*), da der Gesetzgeber mit dem Verbot der Wahlbeeinflussung in § 20 Abs. 1 BetrVG die Grenzen der Koalitionsbetätigung im Bereich des Betriebsverfassungsrechts abgesteckt hat.

---

262 *BGH* NJW 1985, 1214.

263 BGHZ 102, 265/267 = NJW 1988, 552; *BGH* NJW 1991, 485.

264 Vgl. BGHZ 102, 265/267 = NJW 1988, 552; *BAG* NJW 1991, 485 = WM 1991, 98 = WuB II L. § 39 BGB 1.91 *van Look;* dazu auch *Wank* JR 1994, 356. Bestätigt durch *BVerfG* NZA 1993, 655; ferner *BGH* NJW-RR 1991, 888 = WM 1991, 942.

265 *BGH* NJW 1991, 485 = WM 1991, 98 = WuB II L. § 39 BGB 1.91 *van Look;* dazu auch *Wank* JR 1994, 356. Bestätigt durch *BVerfG* NZA 1993, 655; ferner *BGH* NJW-RR 1991, 888 = WM 1991, 942.

266 *BGH* WM 1993, 2172 = WuB II L. § 39 BGB 1.94 *van Look*; *BGH* NJW 1991, 485 = WM 1991, 98 = WuB II L § 39 BGB 1.91 *van Look;* dazu auch *Wank* JR 1994, 356. Bestätigt durch *BVerfG* NZA 1993, 655.

Unabhängig davon unterliegt die Ausschlußentscheidung bei einer Gewerkschaft mit überragender Stellung im wirtschaftlichen und sozialen Bereich keinen weitergehenden Einschränkungen (*BGH* WM 1991, 948 = WuB II L. § 39 BGB 2.91 *van Look*). Die Ausschließung eines Mitglieds einer Gewerkschaft wegen »Streikbrecherarbeit« ist beanstandet worden, weil der Ausschließungsbeschluß von einem nicht satzungsmäßig gebildeten Gewerkschaftsorgan gefaßt worden ist; außerdem hatten nicht Stimmberechtigte mitgestimmt (*BGH* NJW 1978, 990 = EzA Art. 9 GG Arbeitskampf Nr. 21 m.Anm. *Seiter* = SAE 1980, 21 m.Anm. *Konzen*).

5.3. Austritt

Art. 9 Abs. 3 GG gewährleistet auch die Austrittsfreiheit[267]. Die individuelle **2760** negative Koalitionsfreiheit darf nicht durch zeitlich unangemessene lange Austrittshindernisse beeinträchtigt werden. Eine unzulässige Erschwernis wäre gegeben, wenn für den Austritt von der vereinsrechtlich zulässigen Kündigungsfrist auszugehen wäre. Hier verdrängt nach der Rechtsprechung[268] Art. 9 Abs. 3 GG die satzungsmäßigen Möglichkeiten des § 39 Abs. 2 BGB (insbesondere Austritt erst nach Ablauf einer Kündigungsfrist von höchsten zwei Jahren). Im Interesse auch der Belange der Koalition, welcher der Kündigende bisher angehört, ist eine Kündigungsfrist von etwa 3 Monaten als angemessen erachtet worden.

5.4. Austrittsaufforderung

Fordern Mitglieder einer Gewerkschaft andere Mitglieder zum Austritt auf, so **2761** können sich folgende Rechtsverhältnisse ergeben[269]: Solange die Mitgliedschaft besteht, verstoßen Gewerkschaftsmitglieder gegen ihre vereinsrechtliche Treuepflicht, wenn sie zum Austritt aus der Gewerkschaft auffordern und sich so vereinsschädigend verhalten. Als Schadenersatz kann z.B. die Erstattung von Aufwendungen zur Abwehr von Flugblattaktionen und der Ersatz entgangener Mitgliedsbeiträge verlangt werden. Art. 9 Abs. 3 GG schützt die bestehende Koalition gegenüber der individuellen Koalitionsfreiheit austrittswilliger Mitglieder insofern vorrangig, als diese bis zur Beendigung der Mitgliedschaft bei der Gewerkschaft dieser uneingeschränkt die gebotene Loyalität schulden. Es liegt auf der Hand, daß Art. 9 Abs. 3 GG kein Recht auf gleichzeitige Zugehörigkeit zu mehreren Gewerkschaften gewährleistet, die miteinander konkurrieren. Andererseits erfordert das ausgewogene Verhältnis zwischen dem Schutz der Koalition und dem ihrer Mitglieder, daß diesen, falls sie sich anderweitig organisieren möchten, der Austritt nicht unangemessen erschwert werden darf; dies ist bei einer Austrittsfrist von 3 Monaten nicht anzunehmen. Der Wille zum Gewerkschaftswechsel allein stellt keinen wichtigen Grund zum fristlosen Ausscheiden dar.
Die Gewerkschaft kann ferner gegen diese Mitglieder Schadenersatzansprüche (§§ 824, 1004 BGB) sowie Unterlassungs- und Widerrufsansprüche geltend

---

267 BVerfGE 50, 290/367.
268 *BGH* LM Nr. 25 zu Art. 9 GG; *BGH* NJW 1981, 340/341.
269 *BGH* WM 1977, 1166 = MDR 1978, 29.

machen, wenn sie wahrheitswidrige Tatsachen behaupten, die eine wirtschaftliche Beeinträchtigung der Gewerkschaft zu Folge haben. Mitglieder, die zwischenzeitlich aus der Gewerkschaft ausgeschieden sind, können vereinsrechtlich jedoch nicht zur Unterlassung des beanstandeten Verhaltens verpflichtet werden; die vereinsrechtliche Treuepflicht ist mit dem Austritt erloschen.

5.5. Freie Meinungsäußerung

2762 Die Gewährleistung koalitionsmäßiger Betätigung schließt auch das Recht der freien Meinungsäußerung (Art. 5 Abs. 1 GG) ein[270].
Im Rahmen einer Auseinandersetzung über eine gemeinschaftswichtige Frage (hier: des Berufsbeamtentums) zwischen einem Berufsverband und einer Gewerkschaft, die miteinander rivalisierten, ist der Vorwurf der Sabotage erhoben worden; dieser Vorwurf wurde als durch das Recht der freien Meinungsäußerung gedeckt angesehen[271]. Als von der Meinungsfreiheit nicht mehr erfaßt ist der Vorwurf in einer Gewerkschaftszeitung, ein als unsozial beurteilter Unternehmer sei ein »Halsabschneider«[272].

5.6. Mitgliedschaft in einer Koalition und Tarifbindung

2763 Die Rechte und Pflichten der Mitglieder einer Koalition sind im wesentlichen dieselben wie diejenigen der Mitglieder eines „gewöhnlichen" Vereins. Der Koalitionszweck bringt jedoch spezifische Vereinspflichten der Koalitionsmitglieder mit sich. Dazu gehören insbesondere aktive und passive Förderpflichten (vgl. Rn. 608 ff.) einschließlich Loyalitätsverpflichtungen[273].
Hinsichtlich der Tarifbindung ergeben sich folgende Grundsätze: Nach § 3 Abs. 1 TVG sind tarifgebunden die Mitglieder der Tarifvertragsparteien und der Arbeitgeber, der selbst Partei des Tarifvertrags ist. Unmittelbar tarifunterworfen sind zunächst die Mitglieder der Koalitionen, die den Tarifvertrag ausgehandelt haben. Die für die Tarifbindung maßgebliche Mitgliedschaft beurteilt sich allein nach vereinsrechtlichen Grundsätzen[274]. Ist durch ein rechtskräftiges Urteil festgestellt worden, daß die Mitgliedschaft in einer Tarifvertragspartei beendet ist, so wirkt diese Feststellung auch für und gegen den anderen Tarifvertragspartner[275]. Der Beitritt zu einem Arbeitgeberverband oder einer Gewerkschaft, die Partei eines Tarifvertrags sind, läßt deren Wirkungen und somit die Tarifbindung nicht rückwirkend eintreten; sie beginnt vielmehr mit dem Zeitpunkt des rechtswirksamen Beitritts.

---

270 BVerfGE 28, 295/310 = NJW 1970, 1635/1637; *BGH* NJW 1980, 1685; BGHZ 70, 277/289 = NJW 1978, 816.

271 *BGH* LM Nr. 33 zu Art. 5 GG.

272 So: *BGH* LM Nr. 40 zu Art. 5 GG = MDR 1977, 655.

273 Vgl. dazu eingehend *Dütz* Verbandsbezogene Verhaltenspflichten von Koalitionsmitgliedern, Festschrift Hilger und Stumpf, 1983, S. 99/110 ff.

274 BAGE 12, 285/288 = AP § 3 TVG Nr. 12 Verbandszugehörigkeit; *BAG* AP Art. 9 GG Nr. 10 Arbeitskampf; *ArbG Rheine* BB 1966, 1393.

275 *BAG* AP Art. 9 GG Nr. 10 Arbeitskampf.

Hat ein Dachverband (Spitzenorganisation) einen Tarifvertrag abgeschlossen (vgl. § 2 Abs. 3 TVG), so sind auch dessen korporative Mitglieder tarifgebunden[276]. Handelt es sich um einen Großverein, der die Mitgliedschaft auch den Mitgliedern von Unterorganisationen vermittelt, so sind auch diese tarifgebunden[277]. Bei Vereinsverbänden, die den Mitgliedern der Anschlußvereine die Mitgliedschaft versagen, sind diese hinsichtlich des vom Verband abgeschlossenen Tarifvertrags nicht gebunden; der Verband kann jedoch den Tarifvertrag namens und im Auftrag der angeschlossenen Vereine abschließen (vgl. § 2 Abs. 2 TVG), wodurch auch eine Bindung der Mitglieder der Anschlußvereine eintritt[278].

Sog. »Gastmitglieder« einer Koalition sind jedenfalls dann nicht tarifgebunden, **2764**
wenn sie auf die Willensbildung im Verein keinen Einfluß nehmen können, weil ihnen das Stimmrecht und das aktive und passive Wahlrecht zu den Vereinsorganen versagt ist[279]. Auch die Frage, ob eine »Gastmitgliedschaft« besteht, beurteilt sich vereinsrechtlich[280]; eine solche muß die Satzung vorsehen. Ist ein vorübergehend in Deutschland tätiger Arbeitnehmer in seinem »Gastland« etwa Mitglied des DGB, so ist er nicht dessen »Gastmitglied«[281]. Ein Gastmitglied kann jedoch als Vollmitglied zu behandeln sein, wenn ein Gestaltungsmißbrauch vorliegt; ein solcher ist anzunehmen, wenn das Gastmitglied alle Vorteile der Koalition für sich in Anspruch nimmt, sich jedoch der Tarifbindung entziehen will[282]. Gleiches kann auch für ein Nichtmitglied gelten, wenn es von Mitgliedschaftsrechten in einer Koalition, die ihm rechtlich nicht zustehen, uneingeschränkt tatsächlich Gebrauch machen kann[283].

Waren Arbeitnehmer oder Arbeitgeber zum Zeitpunkt, als der Tarifvertrag rechtswirksam wurde, Mitglieder von Tarifvertragsparteien, sind sie es jedoch im Zeitpunkt der Feststellung der Tarifvertragswirkungen nicht mehr, so gehören sie gleichwohl weiter zu den tarifgebundenen Personen (§ 3 Abs. 3 TVG)[284]. Unerheblich ist es für die Fortgeltung der Tarifgebundenheit, ob die Mitgliedschaft freiwillig oder unfreiwillig beendet worden ist[285]. Die gesetzliche Regelung in § 3 Abs. 3 TVG will verhindern, daß sich bisher tarifgebundene Mitglieder einem möglicherweise ungünstigen Tarifvertrag durch Austritt aus der Koalition entziehen[286]. Löst sich hingegen eine Tarifvertragspartei vereinsrechtlich auf, so endet damit die Tarifbindung der Mitglieder aus § 3 Abs. 1 TVG, die Rechtsnormen des Tarifvertrags gelten jedoch nach § 4 Abs. 5 TVG weiter, bis sie durch eine andere auch als einzelvertraglich denkbare Abmachung ersetzt werden[287].

---

276 *Wiedemann/Stumpf* § 3 TVG Rn. 56.

277 So MünchArbR/*Löwisch* Bd. 3, 1993, § 243 Rn. 5; wohl auch *Wiedemann/Stumpf* § 3 TVG Rn. 56.

278 Vgl. *Wiedemann/Stumpf* § 3 TVG Rn. 56.

279 BAGE 12, 285/288 = AP § 3 TVG Nr. 12 Verbandszugehörigkeit = BB 1962, 886.

280 BAGE 16, 215/223.

281 So BAGE 16, 215/223.

282 *Wiedemann/Stumpf,* § 3 TVG, Rn. 50.

283 *ArbG Rheine* BB 1966, 1393/1394.

284 Vgl. *Wiedemann/Stumpf* § 3 TVG Rn. 28 ff.

285 *Wiedemann/Stumpf* § 3 TVG Rn. 29.

286 *BAG* NZA 1993, 665/658; BAGE 53, 179 = NZA 1987, 246 = AP § 3 TVG Nr. 4.

287 BAGE 53, 179 = NZA 1987, 246 = AP § 3 TVG Nr. 4.

LAG Mainz (NZA 1995, 800) sieht keine mißbräuchliche Umgehung der Tarifbindung, wenn ein Arbeitgeberverband in seiner Satzung eine besondere Mitgliedschaft ohne Tarifbindung (Mitglied OT) einführt (dazu *Büchner* NZA 1995, 761).

5.7. Personalvertretung

2765 Art. 9 Abs. 3 GG schützt einen Kernbereich der Koalititonsbetätigung auch in der Personalvertretung. Die Personalvertretungen werden jedoch zur Wahrung der Rechte und Interessen aller in einer Dienststelle Beschäftigten tätig, nicht aber zur Unterstützung der spezifischen Ziele der Koalition. Die Wahrnehmung des Personalratsamts durch das Mitglied einer Gewerkschaft ist deshalb keine durch Art. 9 Abs. 3 GG geschützte Betätigung für seine Koalition[288].

5.8. Werbung von Mitgliedern und Information über die Tätigkeit der Koalition

2766 Zu der Betätigung, die den Koalitionen verfassungsrechtlich gewährleistet ist, gehört auch die Werbung neuer Mitglieder[289]. Eine Werbung kommt vor allem für Gewerkschaften in Betracht, die ohne eine entsprechende Information und Selbstdarstellung nur schwer verwirklicht werden können[290]. Dieser verfassungsrechtliche Schutz ist nicht auf die Koalition (als Institution) beschränkt, er umfaßt auch das Recht des einzelnen Mitglieds, aktiv an der koalitionsmäßigen Werbung der Koalition teilzunehmen[291].

Da die koalitionsmäßige Betätigung aber nur in einem Kernbereich geschützt ist, findet eine über diesen Bereich hinausgehende Werbe- und Informationstätigkeit ihre rechtliche Grundlage nicht mehr in Art. 9 Abs. 3 GG. Die Befugnisse der Koalition außerhalb dieses Kernbereichs im Einzelnen näher auszugestalten und zu regeln, ist Sache des Gesetzgebers[292].

Aus der Rechtsprechung: Die Werbung darf sich grundsätzlich auch auf solche Personen erstrecken, die Mitglieder einer konkurrierenden Koalition sind (BVerfGE 28, 295/310/313). Der Betriebsinhaber darf es einer Gewerkschaft nicht untersagen, durch ihr angehörige Belegschaftsmitglieder Werbe- und Informationsmaterial mit spezifisch koalitionsmäßigem Inhalt außerhalb der Arbeitszeit und während der Pausen verteilen zu lassen (BAGE 19, 217 = AP Nr. 10 zu Art. 9 GG). Der Werbung sind jedoch Grenzen gesetzt; werden sie überschritten, braucht der Arbeitgeber die Werbung nicht zu dulden. Als Grenzen sind zu beachten: hetzerisches Vorgehen gegen Konkurrenzgewerkschaften ist untersagt; parteipolitische Betätigung ist zu unterlassen; gleiches gilt hinsichtlich unsachlicher Angriffe gegen den Arbeitgeber oder die Arbeit-

---

288 Vgl. BVerfGE 86, 360/370, dazu *Söllner* NZA 1992, 721/727; BVerfGE 51, 77/88; BVerfGE 19, 303/319.

289 *BAG* DB 1987, 440. Die Mitgliederwerbung wird auch vom Schutzbereich des Art. 9 Abs. 1 GG erfaßt, vgl. *BVerfG* NJW 1992, 549.

290 BVerfGE 28, 296/304 = NJW 1970, 1636.

291 BVerfGE 28, 296/304 = NJW 1970, 1635; *BAG* DB 1987, 440.

292 BVerfGE 28, 295/304 = NJW 1970, 1635; *BAG* NZA 1992, 690/691; *BAG* DB 1987 440.

geberschaft, verboten ist eine Bedrängnis von Kollegen, die über ein gütiges Zureden hinausgeht (BAGE 19, 217 = AP Nr. 10 zu Art. 9 GG). Nicht zur verfassungsrechtlich geschützten Kernbereichsgarantie einer Gewerkschaft – weil zur Erhaltung und Sicherung ihrer Existenz nicht unerläßlich – gehört die Verteilung einer (periodisch erscheinenden) von der Gewerkschaft herausgegebenen Zeitung im Betrieb ausschließlich an Mitglieder, sofern es sich um einen innergewerkschaftlichen Verteilungsmodus handelt, der auch mit Hilfe der Postzustellung oder durch Verteilung der Zeitung vor oder nach Arbeitsbeginn außerhalb des Betriebsgeländes vorgenommen werden könnte (*BAG* DB 1979, 1185 = AP Nr. 29 zu Art. 9 GG). Es besteht auch kein Recht einer Gewerkschaft auf Verteilung von Werbe- und Informationsmaterial während der Arbeitszeit, und zwar unabhängig davon, ob hierdurch eine Störung des Arbeitsablaufs eintritt oder nicht (*BAG* NZA 1992, 690/691; BAGE 41, 1/4 = AP Art. 9 GG Nr. 35; *BAG* NJW 1982, 2890). So kann auch einem gewerkschaftlich organisierten Personalratsmitglied untersagt werden, während des Dienstes für die Mitgliedschaft in der Gewerkschaft zu werben (BVerfGE 28, 129 = NJW 1970, 1635).
Der Arbeitgeber braucht auf arbeitgebereigenen Schutzhelmen kein Gewerkschaftsemblem zu dulden (*BAG* BB 1979, 372/887 = AP Nr. 30 zu Art. 9 GG, bestätigt durch *BVerfG* AP Nr. 30 a zu Art. 9 GG). Es bleibt den gewerkschaftlich organisierten Betriebsangehörigen unbenommen, sich innerhalb des Betriebes oder am gemeinsamen Arbeitsort werbend und unterrichtend zu betätigen, in zulässigem Umfang Plakate auszuhändigen, Prospekte auszulegen und zu verteilen sowie mit den Arbeitskollegen zu sprechen (BVerfGE 57, 220 = AP GG Art. 140 Nr. 9 = NJW 1981, 1829/1830). Die Gewerkschaften haben aber dann keinen aus Art. 9 Abs. 3 GG ableitbaren Anspruch auf Duldung gewerkschaftlicher Werbe-, Informations- und Betreuungstätigkeit durch betriebsfremde Gewerkschaftsbeauftragte, wenn sie in dem Betrieb bereits durch betriebsangehörige Mitglieder vertreten sind; dabei ist unerheblich, ob die betriebsangehörigen Gewerkschaftsmitglieder zu einer solchen gewerkschaftlichen Betätigung auch tatsächlich bereit sind (BVerfGE 57, 220 = AP GG Art. 140 Nr. 9 NJW 1981, 1829/1830). Dies gilt insbesondere, wenn ein Zutrittsrecht zu kirchlichen Einrichtungen beansprucht wird (BVerfGE 57, 220 = AP GG Art. 140 Nr. 9 = NJW 1981, 1829/1830; *BAG* NJW 1982, 2279 unter Aufgabe von BAGE 30, 122 = NJW 1979, 1822 – diese Entscheidung hat das *BVerfG* a. a. O., aufgehoben). Das Zutrittsrecht zum Betrieb durch betriebsfremde Gewerkschaftsbeauftragte ist auch verneint worden, wenn die Beratung und Unterstützung eines Wahlvorstands der Zweck ist (*LAG Hamm* DB 1978, 844). Der Arbeitgeber kann gegenüber den Arbeitnehmern eines Krankenhauses das Verbot aussprechen, daß das hausinterne Postverteilungssystem (Postfächer) nicht für die Verteilung gewerkschaftlichen Informationsmaterials benutzt werden darf (*BAG* DB 1987, 440).
Ein Mitglied des Betriebsrats ist aus diesem ausgeschlossen worden (§ 23 Abs. 1 BetrVG), weil es auf dem Betriebsgelände einen gewerkschaftlichen Aufruf zu einer Kommunalwahl verteilt hatte. Die Verfassungsbeschwerde des Betroffenen gegen eine Entscheidung des Arbeitsgerichts, die diese Maßnahme bestätigte, ist zurückgewiesen worden, da Art. 9 Abs. 3 GG nicht die Wahlwerbung einer Koalition im Betrieb vor einer allgemeinen politischen Wahl schützt (BVerfGE 42, 133). Die Mitgliederwerbung der Gewerkschaften ist von

den Vorschriften des UWG ausgenommen (BGHZ 42, 210/218 = NJW 1965, 29; *BGH* NJW 1980, 1685).

5.9. Haftungsfragen

2767 Für eine unerlaubte Handlung – z. B. eine vom Streikrecht nicht gedeckte Maßnahme – haftet eine Gewerkschaft für den Streikleiter nach § 31 BGB, für eine solche der Streikposten nach § 831 BGB[293]. Handlungen anläßlich eines Streiks, die vom Streikrecht nicht gedeckt sind, machen den Streik als solchen nicht rechtswidrig. Sie verpflichten jedoch die Gewerkschaft zum Ersatz des Schadens, der gerade durch diese Handlung entstanden ist, wenn Organmitglieder der Gewerkschaft trotz Kenntnis der rechtswidrigen Handlung nicht versuchen, die streikenden Arbeitnehmer von den rechtswidrigen Handlungen abzuhalten[294].

5.10. Unterlassungsklage gegen die Störung der koalitionsmäßigen Betätigung

2768 Gegen einen rechtswidrigen Angriff auf das Koalitionsbetätigungsrecht kann die hiervon nachteilig betroffene Koalition nach § 1004 Abs. 1 Satz 2 BGB i. V. m. Art. 9 Abs. 3 Satz 1 und 2 GG auf Unterlassung des beanstandeten Verhaltens klagen[295]. Die Klage einer Gewerkschaft gegen einen Arbeitgeber, der die Einstellung von Bewerbern vom Austritt aus einer Gewerkschaft abhängig macht, hatte deshalb Erfolg[296].

5.11. Prozessuale Fragen

2769 Für das arbeitsgerichtliche Verfahren bestimmt § 10 ArbGG, daß Gewerkschaften und Arbeitgeberverbände sowie ihre Spitzenverbände aktiv und passiv parteifähig sind. Den in der Rechtsform eines nichteingetragenen Vereins organisierten Spitzenverbänden der Gewerkschaft (z. B. ÖTV) hat der BGH auch für den Zivilprozeß im Widerspruch zu § 50 Abs. 2 ZPO rechtfortbildend die aktive Parteifähigkeit zuerkannt[297]. Für eine Bezirksverwaltung der Deutschen Postgewerkschaft wurde die aktive Parteifähigkeit hingegen verneint, weil sie nicht selbst tariffähig ist[298]. Eine körperschaftlich organisierte Untergliederung einer Gewerkschaft mit eigenständigem Tätigkeitsbereich ist gemäß § 50 Abs. 1 ZPO aber passiv parteifähig[299]. Die aktive Parteifähigkeit ist auch für solche Gewerkschaften zu bejahen, die keine gestufte Gliederung haben[300].

---

293 *BAG* NJW 1989, 57.
294 *BAG* NJW 1989, 1881.
295 *BAG* NJW 1987, 2893.
296 *BAG* NJW 1987, 2893.
297 BGHZ 50, 325/333 = NJW 1968, 1830; BGHZ 42, 210/216 = NJW 1965, 29. Vgl. auch das Antragsrecht von Spitzenorganisationen von Gewerkschaften sowie für Gewerkschaften nach § 98 Abs. 2 Nr. 7 AktG sowie zur Parteifähigkeit im Arbeitsgerichtsprozeß nach § 10 ArbGG.
298 *BGH* LM Nr. 25 zu § 50 ZPO; a. A. *Fenn* ZZP 86, 177.
299 *OLG Düsseldorf* NJW-RR 1986, 1506.
300 Vgl. *Wesel* JZ 1976, 604.

Arbeitgeberverbände sind vereinzelt auch nicht eingetragene Vereine. Auch diesen ist die aktive Parteifähigkeit im Zivilprozeß zuzuerkennen, wenn es sich um Koalitionen handelt (vgl. auch § 10 ArbGG)[301]. Gewerkschaften können gegen ihre Mitglieder wegen Ansprüchen aus dem Mitgliedschaftsverhältnis, z. B. wegen Zahlung von Mitgliedsbeiträgen, auch im besonderen Gerichtsstand der Mitgliedschaft (§§ 17, 22 ZPO) klagen[302].

6. Beendigung einer Koalition

Ist die Koalition ein eingetragener oder nichteingetragener Verein, so tritt der Verein mit dem Auflösungsbeschluß in das Liquidationsstadium; bis zur Beendigung der Liquidation besteht der Verein fort, soweit es der Liquidationszweck erfordert (§ 49 Abs. 2 BGB und § 54 Satz 1 i. V. m. § 730 Abs. 2 Satz 1 BGB). Die Verbandsauflösung oder ein gleichgestellter Tatbestand kann das Ende der koalitionsmäßigen Betätigung herbeiführen. Diese findet jedenfalls mit dem Abschluß der Vermögensabwicklung (Liquidation) ihr Ende. Solange die Koalition aber noch einen Rechtsstreit im eigenen Namen führt, ist die Liquidation nicht beendet[303]. **2769 a**

Eine Gewerkschaft, die sich durch Beschluß aufgelöst und durch Vertrag alle Forderungen und Rechte aus den von ihr abgeschlossenen Tarifverträgen auf eine andere Gewerkschaft übertragen hat, hat ihre koalitionspolitische Betätigung eingestellt und damit ihre Tariffähigkeit verloren[304]. Mit der Auflösung einer Tarifvertragspartei endet die Tarifgebundenheit ihrer Mitglieder[305].

3. Abschnitt
Die politischen Parteien

1. Die Funktion

Die Funktionen der politischen Parteien umschreibt das BVerfG in st. Rspr. wie folgt[306]: »Die politischen Parteien nehmen an der politischen Willensbildung des Volkes vornehmlich durch ihre Beteiligung an den Wahlen teil, die ohne die Parteien nicht durchgeführt werden könnten. Sie sind darüber hinaus Zwischenglieder zwischen dem Bürger und den Staatsorganen, Mittler, durch die der Wille der Bürger auch zwischen den Wahlgängen verwirklicht werden kann. Sie sammeln die auf die politische Macht und ihre Ausübung gerichteten Meinungen, Interessen und Bestrebungen, gleichen sie in sich aus, formen sie zu Alternativen, unter denen die Bürger auswählen können. Die politischen Parteien üben entscheidenden Einfluß auf die Besetzung der obersten Staatsämter aus. Sie stellen, sofern sie die Parlamentsmehrheit bilden und die Regierung **2770**

---

301 MünchArbR/*Löwisch* Bd. 3, 1993, § 243 Rn. 31.
302 *BAG* NJW 1980, 343.
303 *BAG* NZA 1993, 466/467.
304 *BAG* NZA 1991, 314 = AP § 9 TVG 1969 Nr. 8.
305 *BAG* NZA 1987, 246.
306 BVerfGE 3, 12/26; 44, 125/145; 52, 63/82.

stützen, die wichtigste Verbindung zwischen dem Volk und den politischen Führungsorganen des Staates her und erhalten sie aufrecht. Als Parteien der Minderheit bilden sie die politische Opposition und machen sie wirksam. Sie beeinflussen die Bildung des Staatswillens, indem sie in das System der staatlichen Institutionen und Ämter hineinwirken, und zwar insbesondere durch Einflußnahme auf die Beschlüsse und Maßnahmen von Parlament und Regierung.«

2. Der Begriff politische Partei

2.1. Die gesetzliche Definition

2771 § 2 PartG beschreibt den Begriff der Partei wie folgt:

(1) Parteien sind Vereinigungen von Bürgern, die dauernd oder für längere Zeit für den Bereich des Bundes oder eines Landes auf die politische Willensbildung Einfluß nehmen und an der Vertretung des Volkes im Deutschen Bundestag oder einem Landtag mitwirken wollen, wenn sie nach dem Gesamtbild der tatsächlichen Verhältnisse, insbesondere nach Umfang und Festigkeit ihrer Organisation, nach Zahl ihrer Mitglieder und nach ihrem Hervortreten in der Öffentlichkeit eine ausreichende Gewähr für die Ernsthaftigkeit dieser Zielsetzung bieten. Mitglieder einer Partei können nur natürliche Personen sein.

Diese Begriffsbestimmung ist verfassungsgemäß[307].

2.2. Die Partei als Verein mit ausschließlich natürlichen Personen als Mitglieder

2772 Eine Personenvereinigung kann nur dann als Partei anerkannt werden, wenn sie Gewähr für die »Festigkeit der Organisation« bietet. Diese Voraussetzung ist nur bei einer körperschaftlich organisierten Personenverbindung, somit bei einem Verein i. S. d. bürgerlichen Rechts gegeben. Auf die Rechtsfähigkeit kommt es nicht an.

Es muß sich demnach um eine Personenverbindung handeln, die vom Mitgliederwechsel unabhängig ist, eine körperschaftliche Verfassung hat und nach außen unter einem Gesamtnamen selbständig in Erscheinung tritt. Keine Parteien können somit mangels einer körperschaftlichen Organisation z. B. »Unterschriftsgemeinschaften« parteiloser Wahlvorschläge[308] oder sonstige Wahlbündnisse, Listenverbindungen, Fraktionsgemeinschaften usw. sein[309]. Es muß sich um einen Zusammenschluß natürlicher Personen handeln (§ 2 Abs. 1 Satz 2 PartG). Diese Anerkennungsvoraussetzung ist nur gegeben, wenn die Partei so gegliedert ist, daß die Mitgliedschaft in der Grundorganisation, in den (etwa vorhandenen) Gebietsverbänden und in der Gesamtpartei besteht[310]. Eine korporative Parteimitgliedschaft ist somit nicht zulässig; dabei ist es unerheblich, ob die Körperschaft eine Untergliederung der Partei ist oder nicht. Die

307 *BVerfG* NJW 1989, 1476.

308 Vgl. § 20 Abs. 2 BWahlG und *Seifert* § 6 BWahlG Rn. 5.

309 Vgl. *Seifert* S. 161; eine Landtagsfraktion kann ein nichtrechtsfähiger Verein sein, vgl. *OLG München* NJW 1989, 910/911.

310 *Seifert* S. 199.

Gebietsorganisationen einer Partei können demgemäß nur deren »Glieder«, nicht jedoch deren Mitglieder sein[311]. Unter dieser Voraussetzung bestehen keine Bedenken, daß die Gesamtpartei aus Landesverbänden und Ortsvereinen aufgebaut wird.

2.3. Die erforderliche Einflußnahme auf die politische Willensbildung

Der körperschaftliche Zusammenschluß muß in seiner Satzung als Hauptzweck **2773**
bzw. Hauptzielsetzung die dauernde oder zumindest auf längere Zeit beabsichtigte Einflußnahme auf die politische Willensbildung im Bereich des Bundes oder eines Bundeslandes verankert haben; die praktische Verbandsarbeit muß diese Zielrichtung auch verfolgen. Wird vorrangig ein anderer »idealer« oder gar ein erwerbswirtschaftlicher Zweck erstrebt, so besteht keine Partei. Ein dahingehender Nebenzweck ist jedoch unschädlich. Für den Parteienbegriff genügt es nicht, daß eine Mitwirkung im politischen Prozeß nur außerparlamentarisch verfolgt wird; es muß vielmehr die parlamentarische Vertretung der Wähler im Bereich des Bundes oder eines Bundeslandes angestrebt werden. Es muß demnach eine Teilnahme an den Wahlen zu den entsprechenden Volksvertretungsorganen stattfinden[312]. Der politische Verein muß demnach eigene Kandidaten für die Durchführung dieser Wahlen aufstellen, wenn auch nicht in allen Wahlkreisen[313]. Auf den Erfolg kommt es nicht an. Beschließt ein Verein mit nichtpolitischer Zielsetzung im Wege der Zweckänderung, nunmehr in den Wahlkampf einzugreifen, werden jedoch keine eigenen Wahlvorschläge unterbreitet, so fehlt die Parteieigenschaft[314].
Da zumindest die Beteiligung an der Wahl eines Landesparlaments erstrebt werden muß, scheiden Vereinigungen mit politischer Zielsetzung aus, die nur auf Bezirks-, Kreis- oder Gemeindeebene eine Wahlbeteiligung entfalten; keine Parteien sind somit die Kommunal-»Parteien« sowie die kommunalen Wählervereinigungen[315].
Die parlamentarische Vertretung muß dauerhaft und ernsthaft erstrebt werden. Der Begriff der Dauerhaftigkeit wird aus der ursprünglichen Absicht der Gründer ermittelt. Die Absicht, sich nur an einer Wahl zu beteiligen, genügt nicht[316]. Die Eigenschaft als Partei kann jedoch gegeben sein, wenn die Gründer die Absicht haben, sich an allen Landtags- und Bundestagswahlen zu beteiligen[317]. Hat einmal eine solche Wahlbeteiligung stattgefunden und dann nicht mehr, so hat die Unterlassung erst nach Ablauf von sechs Jahren (ab letzter Wahlbeteiligung) zur Folge, daß die Parteieigenschaft – jedoch nicht die Eigenschaft als Verein – verlorengeht (§ 2 Abs. 2 PartG).
Die weiter geforderte Ernsthaftigkeit des Strebens nach parlamentarischer Vertretung muß zum einen in der Festigkeit der körperschaftlichen Organisation[318]

311 *Seifert* a. a. O.
312 Vgl. BVerfGE 24, 260/264 und 300/361; *BGH* NJW 1974, 565/566.
313 Vgl. *v. Münch* Art. 21 GG Rn. 8.
314 Vgl. Beschluß des Deutschen Bundestags vom 14. 6. 1973, mitgeteilt bei *Seifert* § 6 BWahlG Rn. 6.
315 Vgl. *Seifert* § 6 BWahlG Rn. 7.
316 Vgl. *Seifert* a. a. O. Rn. 8.
317 Vgl. *Schnorr* § 2 VereinsG Rn. 29.
318 Vgl. auch § 6 Abs. 1 Satz 1 PartG.

hervortreten; sie muß andererseits objektiv und subjektiv auch dadurch in Erscheinung treten, daß Öffentlichkeitsarbeit geleistet wird und daß eine genügend große Anzahl von Mitgliedern vorhanden ist; 500 Mitglieder sind als ausreichend angesehen worden[319], dagegen nicht 55 Mitglieder[320].
Auf die grundgesetzlich erlaubte Zielsetzung der Partei kommt es nicht an[321].
Unwesentlich ist auch, ob der Vereinsname das Wort »Partei« enthält[322].
Aus der Parteigründungsfreiheit (Art. 21 Abs. 1 Satz 2 GG) folgt, daß eine neu gegründete Partei einen »Gründungsbonus« zum Aufbau ihrer Organisation und ihres Hervortretens in der Öffentlichkeit hat[323].

2.4. Keine Anerkennung von Ausländer- und Exterritorialparteien

2774 Keine Parteieigenschaft haben nach § 2 Abs. 3 PartG
- politische Vereinigungen, deren Mitglieder oder Vorstandsmitglieder überwiegend Ausländer sind (sog. Ausländerparteien.) und
- politische Vereinigungen, die ihren Sitz oder ihre Geschäftsleitung außerhalb der Bundesrepublik Deutschland haben (sog. Exterritorialparteien).

Als Ausländerpartei wird eine Personenvereinigung dann angesehen, wenn entweder mehr als die Hälfte der Mitglieder oder mehr als die Hälfte des Vorstands aus Ausländern besteht. Ausländer sind Personen, die nicht die deutsche Staatsangehörigkeit besitzen; dazu gehören auch Staatenlose. Kommt es auf die ausländischen Vorstandsmitglieder an, so sind die Mitglieder der Leitungsorgane gemeint; es ist somit nicht immer entscheidend, in welcher Zahl die Mitglieder des Vertretungsvorstands Ausländer sind. Ob sich die Ausländerpartei im Inland oder Ausland gebildet hat, ist unerheblich. Gleiches gilt hinsichtlich der Zielrichtung politischer Betätigung; sie kann im Inland entfaltet werden, sie kann auch auf die politischen Verhältnisse ausländischer Staaten einen Einfluß nehmen wollen. Exterritorialparteien sind: die in der Bundesrepublik Deutschland bestehenden Auslandsorganisationen nicht-deutscher Parteien; deutsche Teilorganisationnen von Exilparteien, die ihren Sitz oder Verwaltungsmittelpunkt in einem dritten Staate haben; deutsche Parteien, die ihren Sitz oder ihre Geschäftsleitung ins Ausland verlegt haben[324].

2.5. Einzelfälle

2775 Keine Parteien sind:
die Teilorganisationen der Parteien mit gebietlicher oder fachlicher Gliederung (Landes-, Kreis- und Ortsverbände, Fachausschüsse, Arbeitsgemeinschaften, eventuell Selbstschutzgruppen, Parteischulen), Neben- und Hilfsorganisationen sowie Tarnorganisationen politischer Parteien[325]; Personenvereinigungen, die

319 BVerfGE 24, 300/332.
320 Beschluß des Deutschen Bundestags vom 26. 2. 1970, mitgeteilt bei *Seifert* § 6 BWahlG Rn. 9.
321 BVerfGE 47, 198/223.
322 Vgl. *Seifert* § 6 BWahlG Rn. 10.
323 Vgl. *BVerwG* NJW 1993, 3213/3214.
324 Vgl. *Seifert* S. 169.
325 BVerfGE 5, 85/392.

nur Wahlhilfe leisten; die Kommunalparteien und kommunalen Wählervereinigungen. Für die Teilorganisationen politischer Parteien gilt jedoch nicht Art. 9 GG, sondern Art. 21 GG und das hieraus folgende Verbot nur durch das BVerfG; bei den übrigen Vereinigungen mit politischer Zielsetzung, jedoch ohne Parteieigenschaft, greift Art. 9 Abs. 1 und Abs. 2 GG und damit das Verbot nach dem Vereinsgesetz ein.

3. Die Rechtsquellen für die innere Ordnung der Parteien (Übersicht)

Wegen des übernommenen öffentlichen Auftrags bestimmt sich die innere Ordnung einer Partei nicht ausschließlich nach den vereinsrechtlichen Bestimmungen des BGB. Einige parteispezifische Vorschriften des öffentlichen Rechts sind Bestandteile der Grundordnung einer jeden Partei. Sie modifizieren bzw. verdrängen einige Vorschriften des bürgerlichen Vereinsrechts und ergänzen sie. Bestandteile der inneren Verfassungsordnung einer Partei sind: **2776**
- die Regelungen in Art. 21 Abs. 1 GG,
- das in Ausführung des Art. 21 Abs. 3 GG erlassene Parteiengesetz,
- einige Vorschriften des Bundeswahlgesetzes sowie der Landeswahlgesetze,
- die zwingenden, durch das Parteiengesetz nicht verdrängten vereinsrechtlichen Bestimmungen des BGB,
- die Hauptsatzung der Gesamtpartei und diejenige der Gebietsverbände;
- bei schon länger bestehenden Parteien kann auch ein Vereinsherkommen verbindlich sein.

4. Die Freiheit der Gründung einer Partei, deren Bestandsschutz sowie das Demokratiegebot

4.1. Art. 21 GG als vorrangige Quelle des Parteienrechts

Vorrangige Rechtsquelle des Parteienrechts ist Art. 21 GG, der lautet: **2777**

(1) Die Parteien wirken bei der politischen Willensbildung des Volkes mit. Ihre Gründung ist frei. Ihre innere Ordnung muß demokratischen Grundsätzen entsprechen. Sie müssen über die Herkunft ihrer Mittel sowie über ihr Vermögen öffentlich Rechenschaft geben.

(2) Parteien, die nach ihren Zielen oder nach dem Verhalten ihrer Anhänger darauf ausgehen, die freiheitliche demokratische Grundordnung zu beeinträchtigen oder zu beseitigen oder den Bestand der Bundesrepublik Deutschland zu gefährden, sind verfassungswidrig. Über die Frage der Verfassungswidrigkeit entscheidet das Bundesverfassungsgericht.

(3) Das Nähere regeln Bundesgesetze.

Diese Verfassungsbestimmung berücksichtigt, daß die Parteien wegen ihrer Mitwirkung bei der politischen Willensbildung des Volkes zum Staat im Verhältnis der Gleichordnung stehen; dies gilt vor allem bei der Teilnahme an den Wahlen und bei der sonstigen Einwirkung der Parteien auf die Parlamente und

Regierungen[326]. Für die politischen Parteien gilt zwar grundsätzlich auch die Vereinigungsfreiheit gem. Art. 9 Abs. 1 GG; der Grundsatz der Gründungsfreiheit (Art. 21 Abs. 1 Satz 2 GG) hat im Parteibereich jedoch Vorrang vor Art. 9 Abs. 1 GG[327].

Eine der wichtigsten Tätigkeiten politischer Parteien ist die Aufstellung der Kandidaten für die Parlaments- und Kommunalwahlen. Das Parteienrecht wird auch durch die einschlägigen Bestimmungen des Bundeswahlgesetzes bzw. der Landeswahlgesetze bestimmt. So können z. B. nach Bundesrecht Wahlbewerber der Parteien nicht (mehr) von Parteivorständen benannt werden; sie müssen vielmehr gewählt werden (§ 21 BWahlG).

Eine politische Partei kann nicht wie eine sonstige Vereinigung gem. Art. 9 Abs. 2 GG verboten werden, die §§ 3 ff. VereinsG gelten nicht. Eine Partei kann nur dadurch aufgelöst werden, daß das BVerfG deren Verfassungswidrigkeit feststellt (Art. 21 Abs. 2 Satz 2 GG; §§ 43 bis 47 BVerfGG).

4.2. Die Gründungsfreiheit

2778 Um das Mehrparteiensystem zu erhalten, ist in Art. 21 Abs. 1 Satz 2 GG grundgesetzlich gewährleistet, daß Bürger jederzeit eine neue Partei gründen können. Es handelt sich um ein Doppelgrundrecht, auf das sich sowohl die Gründer als auch die gegründete Partei berufen können[328].

Ihrem Inhalt und Umfang nach sichert die Verfassungsbestimmung die Gewährleistungen, die Art. 9 Abs. 1 GG den »gewöhnlichen« Vereinsgründern und dann dem Verein selbst zuteil werden läßt (vgl. dazu Rn. 2914 ff.). Die Regelung in Art. 21 Abs. 1 Satz 2 GG verbürgt jedoch insoweit einen höheren Schutz, als bei der Gründung eine staatliche Mitwirkung auch dann untersagt ist, wenn die Partei sich als Verein eintragen lassen will; hier darf die Verwaltungsbehörde nicht beteiligt werden (§ 37 PartG). Außerdem entfällt die sog. Handelndenhaftung nach § 54 Satz 2 BGB.

4.3. Der Gründungsakt

2779 Die Gründung einer politischen Partei ist diejenige eines Vereins. Es gelten die dort dargestellten Grundsätze. Die in der Gründungsversammlung zu beschließende Satzung muß jedoch den Erfordernissen des § 6 PartG entsprechen; es muß außerdem ein Parteiprogramm erarbeitet werden. Es ist den Gründern freigestellt, ob sie die Rechtsfähigkeit der Partei durch Eintragung in das Vereinsregister erstreben. Dann muß außerdem den Erfordernissen der §§ 57, 58 BGB entsprochen werden. Mindestens sieben Parteimitglieder müssen die Gründungssatzung unterschreiben (§ 59 Abs. 3 BGB).

4.4. Keine Handelndenhaftung; die Organhaftung

2780 Beim nichtrechtsfähigen Verein greift die Handelndenhaftung (§ 54 Satz 2 BGB) ein. Diese Haftung kommt bei politischen Parteien weder im Grün-

326 Vgl. *Seifert* S. 58.
327 BVerfGE 25, 69/78.
328 Vgl. *Tsatsos/Morlok* S. 77.

dungsstadium noch im sonstigen Stadium ihres Fortbestandes in Betracht (§ 37 PartG). Da nach überwiegender Auffassung auch beim nichtrechtsfähigen Verein die Haftungszurechnungsnorm des § 31 BGB eingreift, kommt bei politischen Parteien die Organhaftung auch im Falle der fehlenden allgemeinen Rechtsfähigkeit zum Tragen.

4.5. Keine Beteiligung der Verwaltungsbehörde

Erstreben die Gründer der Partei deren Rechtsfähigkeit durch Eintragung in **2781**
das Vereinsregister, so darf das Registergericht die Verwaltungsbehörde (§§ 61–63 BGB) nicht beteiligen (§ 37 PartG). Die Parteigründung muß frei von staatlicher Einflußnahme möglich sein.

4.6. Die Prüfung des Registergerichts, falls eine Partei durch Eintragung die Rechtsfähigkeit erlangen will

Will eine Partei durch Eintragung in das Vereinsregister rechtsfähig werden, **2782**
so ist die gleiche Berechtigung und Verpflichtung des Registergerichts zur Prüfung der Anmeldung wie bei einem Verein mit nichtpolitischer Zielsetzung gegeben. Zusätzlich ist zu prüfen, ob die Satzung in Übereinstimmung mit den zwingenden Vorschriften des PartG beschlossen worden ist[329]. Die Prüfung hat sich jedoch nicht darauf zu erstrecken und eine Eintragung kann nicht mit der Begründung verweigert werden, daß die Partei verfassungswidrige Ziele verfolgt; insoweit besteht ein Entscheidungsmonopol des BVerfG[330]. Die Verfolgung verfassungswidriger Ziele schließt im übrigen die Parteieigenschaft nicht aus[331].

4.7. Der verfassungsrechtlich garantierte Bestandsschutz

Die Freiheit der Parteigründung umfaßt nicht nur den eigentlichen Grün- **2783**
dungsakt, sondern führt notwendigerweise auch zur garantierten Gewährleistung des Fortbestandes der Partei. Die Betätigungsfreiheit[332] wird begrenzt durch die Regelung in Art. 21 Abs. 2 GG; unter den dort genannten Voraussetzungen kann eine Partei durch das BVerfG verboten werden. Grundgesetzlich geschützt ist u. a. die erlaubte Zielsetzung, die Organisation und die Satzungsgestaltungsfreiheit[333].

4.8. Das Demokratiegebot

Nach Art. 21 Abs. 1 Satz 3 GG muß die innere Ordnung einer Partei demo- **2784**
kratischen Grundsätzen entsprechen.

329 Vgl. *Seifert* S. 174.
330 Vgl. *Seifert* S. 176.
331 BVerfGE 47, 198/223.
332 *BVerfG* NJW 1981, 1359.
333 Vgl. *Tsatsos/Morlok* S. 75.

Diesem Verfassungsgebot ist durch Regelungen im Parteiengesetz Rechnung getragen worden. Der Aufbau der Partei muß von unten nach oben vorgenommen werden. Die Mitglieder dürfen nicht von der internen Willensbildung in der Partei ausgeschlossen werden. Die Einzelmitgliedschaft muß grundsätzlich gleichwertig ausgestaltet werden[334]. Demokratischen Grundsätzen würde es widersprechen, wenn den Parteiführern unbedingter Gehorsam zu leisten wäre[335]. Wird die Auflösung einer Partei in das freie Belieben einer autoritären Spitze aus wenigen Funktionären gestellt, so ist eine dahingehende Satzungsbestimmung oder eine einzelne Ermächtigung wegen Verstoßes gegen die zwingende Vorschrift des Art. 21 Abs. 1 Satz 3 GG nichtig[336].
Zum Parteienrecht ergangene Gerichtsentscheidungen, die das Demokratiegebot beachten müssen, sind für das allgemeine Vereinsrecht nicht immer verbindlich.

4.9. Nach Art. 21 Abs. 1 GG zu beurteilende Sachverhalte bzw. Rechtsverhältnisse

2785 Unter Heranziehung des Art. 21 Abs. 1 GG werden beurteilt:
- die Frage, ob überhaupt eine Partei im Sinne dieser Verfassungsbestimmung anzunehmen ist[337];
- die Chancengleichheit aller Parteien, die sich aus der Freiheit der Parteigründung und aus dem Mehrparteienprinzip ergibt[338], die bei folgenden Sachverhalten zu beachten ist:
- bei der Wahlvorbereitung; die Sendezeiten im Rundfunk (und Fernsehen) sind so zu verteilen, daß alle Parteien die gleichen Wettbewerbschancen haben[339], wobei die den einzelnen Parteien zuzuteilenden Sendezeiten nach deren Bedeutung verschieden bemessen sein können[340]; ein unbeschränktes Zugangsrecht der politischen Parteien zu den Rundfunkanstalten gibt es allerdings nicht[341].
- bei der Wahlzulassung[342], wodurch u. a. eine Begünstigung von Parlamentsparteien bei Kommunalwahlen unzulässig ist[343];
- bei der Wahlauswirkung, wonach u. a. grundsätzlich die für die verschiedenen Parteien abgegebenen Stimmen für deren Wahlerfolg das gleiche Gewicht haben müssen[344];
- der Wettbewerb der Parteien um die Erlangung von Spenden[345];

334 Vgl. BVerfGE 2, 1/40.
335 *BVerfG* a. a. O.
336 *BVerfG* a. a. O. S. 71 f.
337 BVerfGE 3, 383/403; 4, 31/40; 24, 260/264; 47, 198/222.
338 BVerfGE 6, 273/280; 41, 399/413; 52, 63/88; teilweise abweichend, da Art. 3 Abs. 1 GG mit herangezogen wurde: BVerfGE 7, 99/107; 47, 198/225.
339 BVerfGE 14, 121/132; 20, 56/116.
340 BVerfGE 7, 99/107; 48, 271/277.
341 BVerfGE 47, 198/236 f.; *BVerwG* NJW 1991, 938.
342 BVerfGE 3, 19/26; 20, 56/116.
343 BVerfGE 12, 10/28.
344 BVerfGE 6, 84/90; 13, 127/129.
345 BVerfGE 20, 56/116; 41, 399/413.

- die Parteienfinanzierung[346];
- die Erstattung von Wahlkampfkosten[347].

5. Die Gliederung der Partei

5.1. Die erforderliche Satzungsregelung

Die Satzung der Gesamtpartei muß Bestimmungen über die allgemeine Glie- **2786**
derung der Partei enthalten (§ 6 Abs. 2 Nr. 6 PartG).

5.2. Die gebotene gebietliche Gliederung

Nach Art. 21 Abs. 1 Satz 3 GG muß die innere Ordnung einer Partei demo- **2787**
kratischen Grundsätzen entsprechen. Dies muß auch in der Gliederung der Partei zum Ausdruck kommen. Die Mitglieder müssen zur Willensbildung in der Partei beitragen können. Diese darf deshalb nicht als Vereinsverband gegliedert sein, bei dem nur Vereine oder andere Körperschaften bzw. Gesellschaften Mitglieder sind und zur Willensbildung beitragen können. Die Parteien müssen sich grundsätzlich in Gebietsverbände gliedern (§ 7 Abs. 1 Satz 1 PartG). Eine Untergliederung in Fachverbände ist untersagt. Die gebietliche Gliederung muß so weit ausgebaut sein, daß den einzelnen Mitgliedern eine angemessene Mitwirkung an der Willensbildung der Partei möglich ist (§ 7 Abs. 1 Satz 3 PartG). Größe und Umfang der Gebietsverbände müssen in der Parteisatzung festgelegt werden (§ 7 Abs. 1 Satz 2 PartG). Die gebietlichen Gliederungen können rechtsfähige oder nichtrechtsfähige Vereine sein. Unabhängig von ihrer Rechtsform müssen sie eigene, von ihren Mitgliedern zu wählende Organe haben sowie ein gewisses Maß an Selbständigkeit gegenüber der Gesamtpartei. Die Angelegenheiten ihres Bereichs muß die Untergliederung selbst regeln können[348]. Eine willkürliche Auflösung des Gebietsverbandes seitens der Partei oder eine Absetzung ihrer Organe durch Organe der (Gesamt-)Partei ist nicht zulässig[349].
Welche Gebietsverbände eine Partei bilden will, ist ihr überlassen. Sie kann sich in Anlehnung an den Staatsaufbau gliedern in Landes-, Bezirks-, Kreis- und Ortsverbände bzw. -vereine. In Großstädten ist in der Regel eine weitere Gliederung der Ortsorganisation erforderlich. Da der verbandsmäßige Aufbau der Parteiorganisation insgesamt vorgeschrieben ist (§ 7 Abs. 1 PartG), können die Untergliederungen jedenfalls bis zur Kreisstufe[350] nicht als unselbständige Unterorganisationen gebildet werden, wie sie ein Großverein haben kann[351].
Die in Betracht kommenden Untergliederungen müssen somit zumindest in der Rechtsform des nichtrechtsfähigen Vereins bestehen[352].

346 BVerfGE 8, 51/65; 20, 56/105; 24, 300/359; 52, 63/87/92.
347 §§ 18, 20 PartG; vgl. dazu BVerfGE 20, 56; 24, 300/352; 42, 53/59; 52, 63/84.
348 Vgl. *Henke* Art. 21 GG Rn. 59.
349 Vgl. *Henke* a. a. O.
350 Vgl. *Seifert* S. 201.
351 A. A. *Henke* S. 106.
352 Vgl. *Seifert* S. 269.

Die gebietlichen Gliederungen sind Teilorganisationen der Gesamtpartei[353]. Demgemäß gelten auch für die gebietlichen Gliederungen die für Parteien verbindlichen gesetzlichen Bestimmungen, insbesondere Art. 21 GG[354]. Es besteht auch für gebietliche Gliederungen u. a. die Gründungs- und Organisationsfreiheit.

5.3. Der territorial gegliederte Parteiverband (Gebietsverband) als Rechtsgebilde zwischen dem Großverein und dem Vereinsverband

2788 Die der Gesamtpartei nachgeordneten gebietlichen Gliederungen können, wie ausgeführt, ihrerseits als rechtsfähige oder nichtrechtsfähige Vereine bestehen. Insoweit hat der Parteiverband eine Berührung mit dem Vereinsverband. Da jedoch die Mitgliedschaft nur natürlichen Personen gewährt werden kann, kann der Gebietsverband nicht Mitglied der Gesamtpartei, sondern eben nur dessen Gliederung sein. Wer in der untersten Organisationsform die Mitgliedschaft erlangt, erwirbt sie auch in der (Gesamt-)Partei. Insoweit besteht eine Rechtsgleichheit mit dem Großverein. Das Erfordernis der Mitgliedschaft in der Gesamtpartei und die mögliche Mitgliedschaft in der Untergliederung bewirkt, daß ein Parteimitglied eine sog. gestufte Mehrfachmitgliedschaft hat[355].

5.4. Die Privilegierung des Gebietsverbandes der höchsten Stufe

2789 Das PartG stellt den Gebietsverband der jeweils höchsten Stufe, somit regelmäßig den Landesverband (bei der SPD die Bezirke), weitgehend der (Gesamt-)Partei gleich. So haben diese Gebietsverbände, sofern die Satzung der Partei nichts anderes bestimmt, die Aktiv- und Passivlegitimation (§ 3 PartG). Die Auflösung eines Landesverbandes ist dem Bundeswahlleiter mitzuteilen (§ 6 Abs. 3 Nr. 3 PartG). Gebietsverbände der jeweils höchsten Stufe müssen ein Schiedsgericht bilden (§ 14 Abs. 1 PartG).

5.5. Die Beschränkung der Organisation auf Stadtstaaten

2790 Beschränkt sich die Organisation der Partei auf das Gebiet eines Stadtstaates, so braucht sie keine Gebietsverbände zu bilden; sie ist dann Partei i. S. d. PartG (§ 7 Abs. 1 Satz 4 PartG). In diesem Fall gelten die im PartG für Landesverbände getroffenen Regelungen für die der Partei folgenden nächstniedrigen Gebietsverbände (§ 7 Abs. 2 PartG).

5.6. Die Umbildung, die Auflösung und der Austritt von Gebietsverbänden

2791 Die gebietliche Gliederung einer Partei ist nicht »gesetzesfest«. Sofern dies die Satzung des nächsthöheren Parteiverbandes vorsieht, kann dieser auf dem satzungsmäßigen Wege die Umbildung der Gebietsgliederung beschließen. Auch hierbei muß darauf geachtet werden, daß die gebietliche Gliederung stets so

353 Vgl. *Seifert* S. 205.
354 Vgl. *Seifert* a. a. O.
355 Vgl. BGHZ 73, 275/278.

weit ausgebaut sein muß, daß den einzelnen Mitgliedern eine angemessene Mitwirkung an der Willensbildung der Partei möglich ist (§ 7 Abs. 1 Satz 3 PartG). Anlaß zur Umbildung einer Gebietsgliederung kann eine allgemeine Gebietsreform sein.

Der nächsthöhere Gebietsverband kann die Auflösung eines nachgeordneten **2792**
Gebietsverbandes beschließen (§ 16 Abs. 1 Satz 1 PartG). Wird eine solche Maßnahme verfügt, so muß das Vermögen einer vereinsmäßig organisierten Untergliederung liquidiert werden. Mit deren Beendigung hat der Unterverband aufgehört zu existieren.

Zulässig ist eine solche Maßnahme jedoch nur bei Vorliegen schwerwiegender Verstöße gegen die Grundsätze oder die Ordnung der Partei (§ 16 Abs. 1 Satz 1 PartG). Ein solcher Verstoß kann in dem Verhalten des Vorstands des Unterverbandes zu sehen sein; es können aber auch Beschlüsse seiner Mitgliederversammlung (Vertreterversammlung) in Betracht kommen. Solche schwerwiegenden Gründe sind u. a.: erhebliche Satzungverstöße, Nichtbeachtung der Parteisolidarität, schwerwiegender Verstoß gegen das Prinzip der Zusammenarbeit des Unterverbandes mit den oberen Verbänden[356].

Entweder in der Satzung der Gesamtpartei oder in derjenigen des in Betracht kommenden höheren Parteiverbandes ist zu bestimmen, welcher übergeordnete Gebietsverband und welches Organ dieses Verbandes die Maßnahme der Auflösung treffen kann (§ 16 Abs. 1 Satz 2 Nr. 2 PartG). Beschließt nicht die Mitglieder- bzw. Vertreterversammlung eine solche Maßnahme, sondern der Vorstand der Partei oder derjenige eines übergeordneten Gebietsverbandes, so bedarf die Maßnahme der Bestätigung durch ein höheres Organ, somit regelmäßig der Mitglieder- bzw. Vertreterversammlung der Gesamtpartei bzw. des übergeordneten Gebietsverbandes (§ 16 Abs. 2 Satz 1 PartG). Die Maßnahme tritt außer Kraft, wenn die Bestätigung nicht auf dem nächsten Parteitag ausgesprochen wird (§ 16 Abs. 2 Satz 2 PartG).

Die Parteisatzung muß gegen eine solche Maßnahme die Anrufung eines Parteischiedsgerichts zulassen (§ 16 Abs. 3 PartG).

Der in Vereinsform organisierte Parteiverband kann sich auch selbst auflösen (§ 41 BGB). Dieses Recht kann die Satzung nicht beschränken[357]. Die Selbstauflösung ist ein unabdingbares Recht eines jeden vereinsmäßig organisierten Parteiverbandes. § 41 BGB ist nicht abdingbar.

Der Austritt eines Gebietsverbandes aus der Partei ist nur zulässig, wenn dies **2793**
die Satzung gestattet oder wenn die Gesamtpartei damit einverstanden ist[358].

5.7. Das Verhältnis zwischen der Gesamtpartei und den nachgeordneten Parteiverbänden

Das von der Gesamtpartei gesetzte Recht ist unmittelbar auch für nachgeord- **2794**
nete Parteiverbände verbindlich. Einer »Doppelverankerung« in der Satzung der Gesamtpartei und in den Satzungen der nachgeordneten Gebietsverbände bedarf es nicht. Dies folgt daraus, daß jedes Parteimitglied auch Mitglied der Gesamtpartei ist.

356 Vgl. *Seifert* S. 227.
357 Vgl. *OLG München* DÖV 1972, 361; a. A. *Seifert* S. 270 Fußn. 408.
358 Vgl. *Seifert* S. 270.

Der Rechtsetzung der Gesamtpartei bzw. des Oberverbandes sind jedoch Grenzen gesetzt. Das Recht der Autonomie und der Selbstverwaltung der nachgeordneten Gebietsverbände ist zu beachten. Die Gesamtpartei hat die Kompetenz in den Bundesangelegenheiten und in den grundsätzlichen parteipolitischen Angelegenheiten. Die Landesverbände und die nachgeordneten Gebietsverbände sind zuständig z. B. für die ihrer Organisationsstufe entsprechenden öffentlichen Wahlen, für die Fraktionsbeziehungen, die in der jeweiligen Stufe in Betracht kommen, und für alle diejenigen politischen Angelegenheiten, die ganz oder überwiegend den gebietlichen Wirkungskreis des jeweiligen Parteiverbandes berühren[359]. Eigene Angelegenheiten der nachgeordneten Gebietsverbände sind auch die Wahl von Delegierten für den höheren Parteiverband sowie die Stellung von Anträgen für die Parteitage[360]. Der höhere Parteiverband kann Einzelanweisungen für nachgeordnete Parteiverbände nur erteilen, wenn eine ausdrückliche Satzungsermächtigung besteht[361]. Gleiches gilt für das Recht der Ersatzvornahme.
Jeder Gebietsverband hat das Recht der »Personalhoheit«[362]. Die Gebietsverbände müssen somit den Vorstand selbst wählen können; sie müssen bestimmen können, wer als Geschäftsführer eingesetzt wird. Soweit eigenes Vermögen vorhanden ist, müssen die Gebietsverbände hierüber verfügen können.

6. Die Parteisatzung

6.1. Allgemeines

2795 Die innere Ordnung einer Partei wird vornehmlich durch die Satzung (Statut) bestimmt. Sie muß den Mindestanforderungen der §§ 6, 10 Abs. 3 PartG sowie den Vorschriften über Gliederungen, Organe, Parteitag und Mitgliederstellung (§§ 7 ff. PartG) entsprechen. Ist dies nicht der Fall, so ist die betreffende Vereinigung keine Partei, wenn die Satzungsmängel so erheblich sind, daß die Vereinigung keinen demokratischen Charakter der inneren Ordnung aufweist[363].
Will sich eine Partei oder ein nachgeordneter Gebietsverband eintragen lassen, so muß die Parteisatzung außerdem (kumulativ) den Bestimmungen der §§ 57, 58 BGB entsprechen.
Die gesetzlichen Regelungen kann jede Partei durch zusätzliche Satzungsvorschriften erweitern; die verfassungsrechtlich gewährleistete Gründungsfreiheit (Art. 21 Abs. 1 Satz 2 GG) umfaßt auch die Satzungsgestaltungsfreiheit[364].

6.2. Die Schriftlichkeit

2796 Jede Partei muß eine schriftliche Satzung haben (§ 6 Abs. 1 Satz 1 PartG). Sie ist vom Vorstand zusammen mit dem Programm der Partei beim Bundeswahlleiter

359 Vgl. *Seifert* S. 272.
360 Vgl. *Seifert* a. a. O.
361 Vgl. *Seifert* a. a. O.
362 Vgl. *Seifert* S. 274.
363 Vgl. *Henke* Art. 21 GG Rn. 49.
364 Vgl. *v. Münch* Art. 21 GG Rn. 42.

einzureichen (§ 6 Abs. 3 Nr. 1 PartG). Dieser kann die Einreichung durch Festsetzung von Zwangsgeld erzwingen (§ 38 Satz 1 PartG). Die Satzung kann beim Bundeswahlleiter von jedermann eingesehen werden (§ 6 Abs. 3 Satz 2 PartG); sie unterliegt demnach einer Öffentlichkeitskontrolle [365].
Aus der schriftlichen Satzung muß sich ergeben, daß die Partei eine demokratische innere Ordnung hat, wie dies Art. 21 Abs. 1 Satz 3 GG verlangt. Die Parteisatzung muß außerdem vollständig sein[366].
Geheime Absprachen von Parteimitgliedern sind demnach nicht verbindlich. Dies schließt jedoch nicht aus, daß in einer Partei ein Verbandsherkommen bestehen oder eine ständige Übung verbindlich sein kann, z. B. für die Auslegung der Parteisatzung.

6.3. Die Mindestregelungen der Parteisatzung

Die Satzung der Gesamtpartei und die Satzungen der Gebietsverbände müssen **2797**
die folgenden Mindestregelungen enthalten über (§ 6 Abs. 2 PartG):
- Namen sowie Kurzbezeichnung, sofern eine solche verwandt wird,
- Sitz und Tätigkeitsgebiet der Partei,
- Aufnahme und Austritt der Mitglieder,
- Rechte und Pflichten der Mitglieder,
- zulässige Ordnungsmaßnahmen gegen Mitglieder, die Gründe, die zu Ordnungsmaßnahmen berechtigen, die Parteiorgane, die Ordnungsmaßnahmen anordnen können (§ 10 Abs. 3 PartG),
- Ausschluß von Mitgliedern,
- zulässige Ordnungsmaßnahmen gegen Gebietsverbände,
- allgemeine Gliederung der Partei,
- Zusammensetzung und Befugnisse des Vorstands und der übrigen Organe,
- Beschlußfassung der Mitglieder- und Vertreterversammlung in den nach § 9 PartG vorbehaltenen Angelegenheiten,
- Voraussetzung, Form und Frist der Einberufung der Mitglieder- und Vertreterversammlungen sowie Beurkundung der Beschlüsse,
- Gebietsverbände und Organe, die zur Einreichung (Unterzeichnung) von Wahlvorschlägen für Wahlen zu Volksvertretungen befugt sind, soweit hierüber keine gesetzlichen Vorschriften bestehen,
- eine Urabstimmung der Mitglieder und das Verfahren, wenn der Parteitag die Auflösung der Partei oder des Gebietsverbandes oder die Verschmelzung mit anderen Parteien nach § 9 Abs. 3 PartG beschlossen hat.

6.4. Der Name der Gesamtpartei und ihrer Gebietsverbände sowie der Namensschutz

Die Partei muß in ihrer Satzung ihren Namen festlegen sowie ihre Kurzbe- **2798**
zeichnung (z. B. CDU, CSU, FDP., SPD). In der Wahl ihres Namens ist die Partei grundsätzlich frei[367]. Der Parteiname muß sich jedoch von dem Namen

365 Vgl. *Seifert* S. 183.
366 Vgl. *Henke* Art. 21 GG Rn. 49.
367 Vgl. BVerfGE 30, 227/241.

einer bereits bestehenden Partei deutlich unterscheiden; das gleiche gilt für Kurzbezeichnungen (§ 4 Abs. 1 Satz 1 PartG). Diese Regelung verdrängt insoweit § 57 Abs. 2 BGB. Diese Vorschrift ist jedoch maßgebend, wenn eine Partei oder ein Unterverband die Rechtsfähigkeit erstrebt; dann muß sich der Name von den in demselben Ort oder in derselben Gemeinde bestehenden rechtsfähigen Vereinen unterscheiden. Im übrigen besteht keine Pflicht, daß der Parteiname oder die Kurzform sich von denen anderer Vereinigungen unterscheiden müsse[368]. Das Gesetz verpflichtet die Parteien nicht zur Führung ihres in der Satzung festgelegten Namens; nur für die Wahlwerbung und das Wahlverfahren besteht die Verpflichtung, Namen bzw. Kurzbezeichnungen satzungsgemäß zu führen (§ 4 Abs. 1 Satz 2 PartG).

2799 Gebietsverbände führen den Namen der Partei unter Zusatz ihrer Organisationsstellung; der Zusatz ist nur an nachfolgender Stelle zulässig (§ 4 Abs. 2 Satz 1 und 2 PartG). Der Zusatz kann in der allgemeinen Werbung und in der Wahlwerbung weggelassen werden (§ 4 Abs. 2 Satz 3 PartG).

2800 Gebietsverbände, die aus der Partei ausscheiden, verlieren das Recht, den Namen der Partei weiterzuführen (§ 4 Abs. 3 Satz 1 PartG). Wählt der ausgeschiedene Verband einen neuen Namen, so darf dieser nicht in einem bloßen Zusatz zu dem bisherigen Namen bestehen; dieses Verbot der Namensführung gilt für Kurzbezeichnungen entsprechend (§ 4 Abs. 3 Satz 2 und 3 PartG).
Politische Parteien können sich gegenüber der unberechtigten Namensführung einer anderen Personenvereinigung auf § 12 BGB und den dort gewährten Schutz berufen. Der materielle Umfang des Namensschutzes politischer Parteien im Verhältnis zu neu auftretenden Parteien regelt sich nach Auffassung des BGH[369] ausschließlich nach der Vorschrift des § 4 PartG. Nach der Ansicht des BVerfG[370] findet der Namensschutz einer politischen Partei in § 12 BGB eine verfassungsrechtlich unbedenkliche Ausgestaltung. Danach hat ein Rechtsträger einen Unterlassungsanspruch, wenn sein Interesse dadurch verletzt wird, daß ein anderer den gleichen Namen gebraucht. Eine Interessenverletzung kommt auch dann in Betracht, wenn sich die jeweiligen Verbreitungsgebiete gleichnamiger Parteien nicht überschneiden. Auch wenn gleichnamige Parteien nicht in unmittelbare Konkurrenz zu treten beabsichtigen, besteht nach der Auffassung des BVerfG die Gefahr, daß Wähler von der Existenz nur einer Partei dieses Namens ausgehen oder Wahlaussagen einer bestimmten Partei zurechnen. Demgemäß kann nach OLG Köln[371] der Namensschutz bei einer Partei für das (ehemalige) Gebiet der Bundesrepublik Deutschland unabhängig davon in Anspruch genommen werden, ob die Partei auch dort oder nur im Gebiet der ehemaligen DDR aufgetreten ist bzw. eine dahingehende Absicht hegt.

6.5. Der Sitz und das Tätigkeitsgebiet der Partei

2801 Die Satzung muß weiter den Sitz der Partei bestimmen (§ 6 Abs. 1 Nr. 1 PartG). Fehlt es an einer solchen Bestimmung oder ist sie unwirksam, so ist Sitz der

368 Vgl. *Seifert* S. 185.
369 NJW 1981, 914.
370 DtZ 1991, 27; NJW 1994, 927/929.
371 DtZ 1991, 27.

Partei der Ort, an welchem die Verwaltung geführt wird (§ 24 BGB); dies ist dann der Ort der zentralen Parteileitung[372]. Der Sitz muß im Bundesgebiet sein, da andernfalls die Parteieigenschaft entweder nicht zur Entstehung gelangt oder verlorengeht (§ 2 Abs. 3 Nr. 2 PartG).
Die Parteisatzung muß sodann auch ergeben, in welchem räumlichen Gebiet (Tätigkeitsgebiet) sich die Partei betätigen will (§ 6 Abs. 2 Nr. 1 PartG).

6.6. Der Zweck der Partei

Die Partei muß in ihrer Satzung einen politischen Hauptzweck festlegen. In **2802**
untergeordneter Funktion darf die Partei sich auch unpolitisch betätigen, z. B. auf dem weltanschaulichen, kulturellen oder wissenschaftlichen Gebiet[373].
Der Parteizweck kann von Bedeutung sein für den Begriff der Partei (§ 2 PartG), für die Frage des Erwerbs der Rechtsfähigkeit (§§ 21, 57 ff. BGB), für deren Entzug (§ 43 BGB) und für die Frage einer etwaigen Verfassungswidrigkeit (Art. 21 Abs. 2 GG). Für die Zweckänderung kann in der Satzung eine qualifizierte Mehrheit oder die Einstimmigkeit vorgeschrieben sein.

6.7. Das Parteiprogramm

Jede politische (Gesamt-)Partei muß ein schriftliches Parteiprogramm haben **2803**
(§ 6 Abs. 1 Satz 1 PartG). Zusammen mit der Satzung ist das Programm vom Vorstand dem Bundeswahlleiter mitzuteilen (§ 6 Abs. 3 Nr. 1 PartG). Das Parteiprogramm konkretisiert den Parteizweck näher und ist rechtlich nur als »Ausführungsvorschrift« zur Parteisatzung zu werten[374]. Als satzungsnachrangiges Parteienrecht unterliegt die Neuaufstellung oder die Abänderung des Parteiprogramms nicht den Förmlichkeiten (Stimmenmehrheiten) eines satzungsändernden Beschlusses[375].
Gebietsverbände können ein Parteiprogramm beschließen, wenn sie dazu die Gesamtpartei ermächtigt. Ein solches Programm darf jedoch nicht in Widerspruch zu dem der Gesamtpartei stehen.

6.8. Die Aufnahme von Mitgliedern

Mitglied einer deutschen politischen Partei kann jede natürliche Person sein, **2804**
deren Wahlrecht oder Wählbarkeit nicht durch Richterspruch entzogen worden ist (§ 10 Abs. 1 Satz 4 PartG). Das bedeutet indes nicht, daß nur Personen die Parteimitgliedschaft erwerben können, die das aktive oder passive Wahlrecht haben. Es können demnach auch Minderjährige Mitglieder einer Partei sein. In Parteisatzungen ist in der Regel ein Mindestalter von 16 Jahren festgelegt.
Die zuständigen Organe der Partei entscheiden nach näherer Bestimmung der Satzung frei über die Aufnahme von Mitgliedern (§ 10 Abs. 1 Satz 1 PartG). Allgemeine, auch befristete Aufnahmesperren sind jedoch nicht zulässig (§ 10 Abs. 1 Satz 3 PartG). Hier kommt das Grundrecht der Parteienfreiheit (Art. 21

---

372 Vgl. *Seifert* S. 187.
373 Vgl. *Seifert* S. 187.
374 Vgl. *Seifert* S. 188.
375 Vgl. *Seifert* a. a. O.

Abs. 1 Satz 2 GG) zum Tragen, wonach die Partei frei darüber entscheiden kann, wen sie als Mitglied haben will, und wonach es umgekehrt jedem freigestellt ist, ob er einer Partei beitreten will[376]. Die Grenze des freien Aufnahmerechts bildet das Verbot der Diskriminierung[377]. Der Ansicht, die Ablehnung von Aufnahmegesuchen sei nur zulässig, wenn zur Zeit des Aufnahmeverfahrens in der Person des Bewerbers Anhaltspunkte festgestellt werden könnten, die erwarten ließen, daß eine Aufnahme die Partei oder ihre Funktionserfüllung gefährden könnte[378], kann nicht gefolgt werden. Für politische Parteien besteht demnach weder ein aus §§ 249, 826 BGB noch ein aus §§ 27, 35 Abs. 1 GWB herzuleitender Aufnahmezwang[379].

Sieht die Satzung einer politischen Partei vor, daß die Mitgliedschaft erst mit der Aushändigung einer vom Kreisvorsitzenden und einem Beauftragten des Landesvorsitzenden zu unterschreibenden Mitgliedskarte rechtswirksam wird, so erwirbt ein Mitgliedschaftsbewerber ohne Aushändigung dieser Karte auch dann weder die Mitgliedschaft noch einen Aufnahmeanspruch, wenn der nach der Satzung zuständige Kreisvorstand bereits seine Aufnahme beschlossen hat[380]. Die Ablehnung des Gesuchs eines Aufnahmebewerbers braucht nicht begründet zu werden (§ 10 Abs. 1 Satz 2 PartG). Die Satzung kann jedoch eine Begründung vorschreiben. Wegen der Versagung der Aufnahme kann die Satzung einen parteiinternen Rechtsmittelzug vorsehen.

Mit Aufnahme in die Grundorganisation wird die Mitgliedschaft in allen übergeordneten Gebietsverbänden sowie in der Gesamtpartei erworben[381].

6.9. Der Austritt von Mitgliedern

2805 Der Beitrittsfreiheit entspricht die Austrittsfreiheit. Nach § 10 Abs. 2 Satz 3 PartG ist ein Mitglied jederzeit zum sofortigen Austritt aus der Partei berechtigt. Ein Aufschub der Wirkungen der Austrittserklärung, den § 39 Abs. 2 BGB ermöglicht, kommt bei Parteien nicht in Betracht[382]. Die Austrittserklärung bedarf keiner Begründung. Die Satzung kann jedoch die einfache Schriftform verlangen; sonstige Austrittserschwerungen sind unzulässig[383]. In der Satzung einer politischen Partei kann nicht bestimmt werden, daß die Kandidatur eines Mitglieds für eine kommunale Wählervereinigung nach fruchtlosem Ablauf einer Abmahnungsfrist als Austritt aus der Partei gilt[384].

6.10. Die Rechte und Pflichten der Mitglieder

2806 Die Parteisatzung muß Bestimmungen über die Rechte und Pflichten der Mitglieder enthalten (§ 6 Abs. 2 Nr. 3 PartG).

376 Vgl. *Seifert* S. 209.
377 Art. 3 Abs. 3 GG; vgl. *Henke* S. 90 f.
378 So: *Tsatsos/Morlok* S. 60.
379 BGHZ 101, 193/203 = NJW 1987, 2503; *Henke* S. 91; *Seifert* S. 209.
380 *BGH* a. a. O.
381 *Seifert* S. 211.
382 Vgl. *Henke* Art. 21 GG Rn. 55.
383 Vgl. *Seifert* S. 228.
384 BGHZ 73, 275 = NJW 1979, 1402.

Die Rechte der Mitglieder einer politischen Partei sind im wesentlichen diejenigen von gewöhnlichen Vereinsmitgliedern; auf Rn. 516ff. wird verwiesen. In Betracht kommen von den organschaftlichen Mitgliedschaftsrechten das Recht auf Teilnahme an der Parteiversammlung, das Frage- und Auskunftsrecht, sowie das Antrags- und Stimmrecht in den Parteiorganen, das aktive und passive Wahlrecht bei der Besetzung von Parteiämtern und bei der Aufstellung von Bewerbern für öffentliche Wahlen[385].

In der Satzung sind Pflichten, die Parteimitglieder treffen, dann niederzulegen, wenn sie über diejenigen hinausgehen, welche zur gemeinsamen Zweckverfolgung unerläßlich sind. Einer satzungmäßigen Grundlage bedarf z. B. die Pflicht zur Leistung barer Beiträge (vgl. auch § 9 Abs. 3 PartG).

Parteisatzungen können – wie Satzungen »gewöhnlicher« Vereine – Sonderrechte und -pflichten festlegen[386].

Im Verhältnis des Mitglieds zur Partei und umgekehrt haben Grundrechte keine unmittelbare Geltung[387]. In Geltung sind jedoch über Art. 21 Abs. 1 Satz 3 GG die »politischen Grundrechte« wie Meinungs- und Pressefreiheit[388]. Die Meinungsfreiheit ist jedoch nicht unbegrenzt; kein Parteimitglied hat das Recht, Beschlüsse von Parteitagen in der Öffentlichkeit böswillig anzugreifen[389].

Im Verhältnis des Mitglieds zur Partei und umgekehrt ist auch ohne satzungsmäßige Grundlage der Grundsatz der Gleichbehandlung aller Mitglieder verbindlich[390]. Auch die gegenseitige Rücksichts- und Förderpflicht ist ohne satzungsmäßige Festlegung zu beachten[391].

7. Die Mitglieder- bzw. Vertreterversammlungen

7.1. Die Organnotwendigkeit

Jeder Parteiverband muß eine Mitglieder- bzw. Vertreterversammlung haben **2807**
(§ 8 Abs. 1 Satz 1 PartG). Diese Versammlung ist das oberste Organ des jeweiligen Gebietsverbandes (§ 9 Abs. 1 Satz 1 PartG). Dem Organ ist die oberste Entscheidungsbefugnis in allen Parteiangelegenheiten zugewiesen. Seine Beschlüsse sind für sämtliche Mitglieder, für andere Organe oder Einrichtungen des Parteiverbandes verbindlich. Soweit nicht Urabstimmungen oder Entscheidungen der Parteischiedsgerichte in Betracht kommen, hat die Mitglieder- bzw. Vertreterversammlung ein Aufsichtsrecht über alle sonst vorhandenen Parteiorgane und Einrichtungen[392].

385 Vgl. *Seifert* S. 212
386 Vgl. *Seifert* S. 213.
387 BGHZ 101, 193/204; *v. Münch* Art. 21 GG Rn. 46.
388 Vgl. *v. Münch* a. a. O.
389 Vgl. *v. Münch* a. a. O.
390 Vgl. *v. Münch* Art. 21 GG Rn. 46.
391 Vgl. *Seifert* S. 212.
392 Vgl. *Seifert* S. 231.

7.2. Die Bildung von Mitglieder- oder Vertreterversammlungen; der Parteitag und die Hauptversammlung

2808 In jedem Parteiverband muß eine Mitgliederversammlung bestehen, die von den Mitgliedern der jeweiligen gebietlichen Unterorganisation der Partei gebildet wird. Durch die Satzung kann bestimmt werden, daß in den überörtlichen Verbänden an die Stelle der Mitgliederversammlung eine Vertreterversammlung tritt, deren Mitglieder für höchstens zwei Jahre durch die Mitglieder- oder Vertreterversammlungen der nachgeordneten Verbände gewählt werden (§ 8 Abs. 1 Satz 2 PartG). Landesparteien ohne Gebietsverbände können die Mitgliederversammlung durch eine Vertreterversammlung ersetzen, wenn sie mehr als 250 Mitglieder haben (§ 8 Abs. 1 Satz 3 PartG). Vertreterversammlungen können auch für Ortsverbände mit mehr als 250 Mitgliedern oder mit großer räumlicher Ausdehnung gebildet werden[393].

Die Mitglieder- oder Vertreterversammlung führt bei Gebietsverbänden höherer Stufen die Bezeichnung »Parteitag«, bei Gebietsverbänden der untersten Stufe die Bezeichnung »Hauptversammlung« (§ 9 Abs. 1 Satz 2 PartG).

7.3. Die Zusammensetzung der Vertreterversammlungen

2809 Die Zusammensetzung einer Vertreterversammlung oder eines sonstigen Organs, das ganz oder zum Teil aus Vertretern von Gebietsverbänden besteht, ist in der Satzung festzulegen (§ 13 Satz 1 PartG). Die Zahl der Vertreter eines Gebietsverbandes ist in erster Linie nach der Zahl der vertretenen Mitglieder zu bemessen (§ 13 Satz 2 PartG). Die Satzung kann jedoch bestimmen, daß die restliche Zahl der Vertreter, höchstens die Hälfte der Gesamtzahl, nach dem Verhältnis der im Bereich des höheren Verbandes bei vorausgegangenen Wahlen zu den Volksvertretungen erzielten Wählerstimmen aufgeschlüsselt wird (§ 13 Satz 3 PartG).

Einer Vertreterversammlung können neben den gewählten Delegierten als sog. »geborene« Mitglieder kraft Satzung angehören: Vorstandsmitglieder, Mitglieder anderer Organe des betreffenden Gebietsverbandes, Abgeordnete und andere Parteimitglieder, die ihr Amt oder Mandat aufgrund einer Wahl erlangt haben (§ 9 Abs. 2 i. V. m. § 11 Abs. 2 Satz 1 PartG); diesen »geborenen« Mitgliedern darf jedoch ein Stimmrecht nur bis zu einem Fünftel der Gesamtzahl der stimmberechtigten Mitglieder der Vertreterversammlung zustehen (§ 9 Abs. 2 PartG).

Die Delegierten zu einer Vertreterversammlung werden in geheimer Wahl gewählt (§ 15 Abs. 2 PartG). Zuständig für die Wahl ist die nächstniedrigere Mitglieder- oder Vertreterversammlung; dies folgt aus der Regelung in § 8 Abs. 1 Satz 2 PartG, wonach die Wahl »durch Mitglieder- oder Vertreterversammlungen der nachgeordneten Verbände« vorgeschrieben ist[394]. Es handelt sich zwar um eine vereinsrechtliche Wahl; gleichwohl müssen die Vertreter nach demokratischen Prinzipien gewählt werden (vgl. Art. 21 Abs. 1 Satz 3 GG). Die Wahlgrundsätze, die sich aus § 38 Abs. 1 GG ergeben, müssen auch bei Dele-

---

393 § 8 Abs. 1 Satz 4 PartG.

394 Vgl. *Henke* S. 69.

giertenwahlen entsprechend zur Anwendung kommen[395]. Es wird jedoch nicht verlangt, daß die evtl. bestehenden verschiedenen politischen Richtungen bei der Wahl berücksichtigt werden[396].
Die Mitglieder der Vertreterversammlung können für einen einmaligen Parteitag oder als Organmitglieder für einen bestimmten Zeitraum gewählt werden, der jedoch die Dauer von 2 Jahren nicht überschreiten darf (§ 8 Abs. 1 Satz 2 PartG).

7.4. Die Zuständigkeiten

Nach bürgerlichem Vereinsrecht kann die Satzung die Zuständigkeit der Mit- **2810**
gliederversammlung weitgehend beschränken. Bei Parteien kann nach § 9 Abs. 3 bis 5 PartG ausschließlich die Mitglieder- bzw. Vertreterversammlung über folgende Beratungsgegenstände Beschluß fassen:
- die Parteiprogramme,
- die Satzung und ihre Änderung einschließlich der Beitrags- und Schiedsgerichtsordnung,
- die Auflösung sowie
- die Verschmelzung mit anderen Parteien,
- die Bestellung von Organmitgliedern durch Wahl, also des Vorsitzenden des Gebietsverbandes, seiner Stellvertreter und der übrigen Mitglieder des Vorstandes sowie der Mitglieder etwaiger weiterer Organe und der Vertreter in den Organen höherer Gebietsverbände,
- die Wahl der Rechnungsprüfer,
- die Entgegennahme des Tätigkeitsberichts des Vorstands im Abstand von mindestens zwei Jahren sowie die Beschlußfassung über den Bericht.

Die Parteisatzung kann der Mitglieder- bzw. Vertreterversammlung weitere Gegenstände zuweisen.
Kraft Gesetzes besteht keine Zuständigkeit der Mitglieder- bzw. Vertreterversammlung für die Bestimmung der Grundlinien der Parteipolitik[397]. Falls die Satzung keine andere Bestimmung trifft, ist die Kompetenz der Parteileitung gegeben.
Ansonsten kann die Hauptversammlung als oberstes Organ (§ 9 Abs. 1 Satz 1 PartG) in allen Angelegenheiten Weisungen erteilen[398]. Diese Vorrangstellung der Hauptversammlung kann die Satzung – im Gegensatz zum allgemeinen Vereinsrecht – nicht beseitigen[399].

7.5. Die Einberufungsformalitäten

Die Parteisatzung muß die Voraussetzungen, die Form und die Frist der Ein- **2811**
berufung der Mitglieder- und Vertreterversammlung festlegen (§ 6 Abs. 2 Nr. 9 PartG). Weiter besteht die Pflicht, die Parteitage mindestens in jedem 2. Kalenderjahr einmal einzuberufen (§ 9 Abs. 1 Satz 3 PartG). Von diesen Sonder-

395 Vgl. *Henke* Art. 21 GG Rn. 50.
396 Vgl. *Seifert* S. 223.
397 Vgl. *Seifert* S. 234.
398 Vgl. *Seifert* S. 235.
399 Vgl. *Seifert* a. a. O.

regelungen abgesehen, gelten für die Einberufung eines Parteitages bzw. einer Hauptversammlung die Grundsätze, die für gewöhnliche Vereine bestehen. Einberufungsorgan ist im Zweifel der Parteivorstand. Er muß die Versammlung außer in den in der Satzung bestimmten Fällen auch dann einberufen, wenn es das Interesse des Parteiverbandes erfordert (§ 36 BGB). Auch das Minderheitenrecht (§ 37 Abs. 1 BGB) greift ein. Entspricht das Einberufungsorgan dem ordnungsgemäß gestellten Verlangen der Minderheit nach Einberufung einer Versammlung nicht, so kann sich die Minderheit an das Amtsgericht wenden, damit es die Ermächtigung zur Einberufung ausspricht (§ 37 Abs. 2 BGB).

7.6. Der Ablauf der Mitglieder- oder Vertreterversammlung

2812 Der Ablauf einer Hauptversammlung gestaltet sich im wesentlichen wie der einer Mitglieder- bzw. Vertreterversammlung eines Vereins bzw. Vereinsverbandes.

In jedem Parteiorgan, somit auch im Parteitag bzw. in der Hauptversammlung, muß sich die Willensbildung nach demokratischen Grundsätzen vollziehen. Das Antragsrecht ist so zu gestalten, daß eine demokratische Willensbildung gewährleistet bleibt, insbesondere auch Minderheiten ihre Vorschläge ausreichend zur Erörterung bringen können (§ 15 Abs. 3 Satz 1 PartG). Daraus folgt, daß einer Beschlußfassung stets eine Aussprache vorausgehen muß. Die Ausübung des Minderheitenrechts darf weder durch Satzungsbestimmungen noch durch die Praxis in der Versammung einer unzulässigen Beschränkung unterliegen. In den Versammlungen höherer Gebietsverbände ist mindestens den Vertretern der Gebietsverbände der beiden nächstniedrigen Stufen ein Antragsrecht einzuräumen (§ 15 Abs. 3 Satz 2 PartG). Bei Wahlen (Personalentscheidungen) und bei Sachabstimmungen ist eine Bindung an Beschlüsse (Weisungen) anderer Organe nicht zulässig (§ 15 Abs. 3 Satz 3 PartG). Beschlüsse werden mit einfacher Stimmenmehrheit gefaßt, soweit nicht das Gesetz oder die Satzung eine erhöhte Stimmenmehrheit vorschreibt (§ 15 Abs. 1 PartG).

Die Wahlen der Vorstandsmitglieder und der Vertreter zu Vertreterversammlungen und zu Organen höherer Gebietsverbände sind geheim (§ 15 Abs. 2 Satz 1 PartG); gleiches gilt für die Aufstellung von Bewerbern für Wahlen zu Volksvertretungen (§ 17 Satz 1 PartG). Bei den übrigen Wahlen kann offen abgestimmt werden, wenn sich auf Befragen kein Widerspruch erhebt (§ 15 Abs. 2 Satz 2 PartG).

7.7. Die Beurkundung der Beschlüsse

2813 Die Beschlüsse der Mitglieder- und Vertreterversammlung sind zu beurkunden (§ 6 Abs. 2 Nr. 9 PartG). Die Nichtbeurkundung oder die nicht richtige Beurkundung hat jedoch nicht die Nichtigkeit des Beschlusses zur Folge[400], sofern die Parteisatzung nicht ausdrücklich für diese Fälle eine Nichtigkeitsfolge festlegt.

400 A. A. *Seifert* S. 263.

7.8. Die Urabstimmung

Nach § 6 Abs. 2 Nr. 11 PartG muß die Satzung einer Partei Bestimmungen enthalten über eine Urabstimmung der Mitglieder und das dabei zu beachtende Verfahren, wenn der Parteitag nach § 9 Abs. 3 PartG die Auflösung der Partei oder eines Gebietsverbandes oder die Verschmelzung mit anderen Parteien nach § 9 Abs. 3 PartG beschlossen hat. Der Versammlungsbeschluß gilt dann als bestätigt, wenn sich eine einfache Mehrheit der Abstimmenden für ihn ausspricht (§ 6 Abs. 2 Nr. 11 Satz 2 PartG). Wird dagegen die Zustimmung versagt, so gilt der Beschluß als aufgehoben. Die Satzung kann für die Bestätigung andere Mehrheitsverhältnisse festlegen. Sie kann weiter bestimmen, daß auch bei anderen Beschlußgegenständen eine Urabstimmung stattzufinden hat. **2814**
Eine Urabstimmung kommt nicht in Betracht, wenn eine Partei, die bisher als eingetragener Verein bestanden hat, auf die Rechtsfähigkeit verzichtet[401].

8. Der Parteivorstand

8.1. Die Zusammensetzung

Um das Entstehen rein diktatorisch geleiteter Parteien zu verhindern[402], muß der Vorstand der Gesamtpartei und eines jeden Gebietsverbandes aus mindestens drei Personen bestehen (§ 11 Abs. 1 PartG). **2815**

8.2. Der geschäftsführende Vorstand (Präsidium)

Besteht der Vorstand aus einer größeren Zahl von Mitgliedern, so ist es nicht notwendig, daß die Verwaltungsarbeit unter den Organwaltern aufgeteilt wird. Das Gesetz (§ 11 Abs. 4 Satz 1 PartG) läßt deshalb die Bildung eines geschäftsführenden Vorstands (Präsidiums) zu. Diesem Unterorgan ist zugewiesen: die Durchführung der Beschlüsse des (Gesamt-)Vorstands sowie die Erledigung der laufenden sowie der besonders dringlichen Vorstandsgeschäfte. Ist die zuletzt genannte Voraussetzung gegeben, so erfordert das Handeln des Präsidiums keinen Beschluß des Gesamtvorstands. **2816**
Die Mitglieder des Präsidiums müssen immer dem Gesamtvorstand angehören (§ 11 Abs. 4 Satz 1 PartG). Der Gesamtvorstand kann die Mitglieder dieses Unterorgans wählen; die Satzung des jeweiligen Parteiverbandes kann von vornherein festlegen, welche Mitglieder des Gesamtvorstands mit bestimmten Funktionen immer Mitglieder des Präsidiums sind (§ 11 Abs. 4 Satz 2 PartG).

8.3. Die Bestellung und Abberufung der Vorstandsmitglieder

Die Satzung kann bestimmen (§ 11 Abs. 2 Satz 1 PartG), daß dem Vorstand Abgeordnete und andere Persönlichkeiten aus der Partei angehören, die ihr Amt oder ihr Mandat aus einer Wahl erhalten haben (z. B. Minister). Der An- **2817**

---

401 *OLG Hamburg* OLGZ 1993, 19.
402 Amtl. Begründung, BT-Drucks. III/1509 S. 21.

teil dieser »geborenen« Vorstandsmitglieder darf jedoch ein Fünftel der Gesamtzahl der Vorstandsmitglieder nicht übersteigen (§ 11 Abs. 2 Satz 2 PartG). Macht die Satzung von der Befugnis, »geborene« Vorstandsmitglieder zu bestimmen, keinen Gebrauch, so müssen alle Vorstandsmitglieder in unmittelbarer und geheimer Wahl durch die Mitglieder- bzw. Vertreterversammlung gewählt werden (§ 9 Abs. 4, § 15 Abs. 2 PartG). Werden durch die Satzung »geborene« Vorstandsmitglieder bestimmt, so sind in gleicher Weise vier Fünftel der Vorstandsmitglieder zu wählen.

Sofern die Satzung nichts anderes anordnet und auch eine vorzeitige Amtsbeendigung nicht eintritt, ist jedes gewählte Vorstandsmitglied bis zur nächsten Neuwahl im Amt[403].

Der Vorstand ist mindestens in jedem 2. Kalenderjahr neu zu wählen (§ 11 Abs. 1 Satz 1 PartG).

Fehlt das erforderliche Mitglied des Vertretungsvorstandes, so kann gem. § 29 BGB vom Amtsgericht ein Notvorstand bestellt werden (streitig, da auch die Zuständigkeit des Parteischiedsgerichts für gegeben angesehen wird; vgl. Rn. 1257). Beim Parteivorstand kann die jederzeitige Widerruflichkeit der Vorstandsbestellung nicht durch die Satzung ausgeschlossen werden[404].

Das Amt des Parteivorstandes endet im übrigen aus den gleichen Gründen, die beim Vorstand eines »gewöhnlichen« Vereins in Betracht kommen.

8.4. Der (Gesamt-)Vorstand als notwendiges Leitungsorgan

2818 Das Gesetz (§ 11 Abs. 3 Satz 1 PartG) weist dem (Gesamt-)Vorstand an erster Stelle die Leitung des Parteiverbandes zu, als dessen Organ er bestellt worden ist. Der Vorstand hat den Parteiverband in politischer und organisatorischer Hinsicht zu führen[405]. Der Vorstand kann – vorbehaltlich anderslautender Beschlüsse bzw. Weisungen übergeordneter Organe (vgl. unten) – in folgenden Gegenständen eine Entscheidung treffen[406]: Planung und Koordinierung der Parteiarbeit, Überwachung der verschiedenen Parteigliederungen, Aufrechterhaltung der Verbindung zu den zugeordneten Fraktionen in Bund und Land, Steuerung des politischen Kurses, Abgabe politischer Erklärungen für die Partei und Fällung politischer Entscheidungen, z. B. über Wahlabsprachen oder über die Bildung von Koalitionen in den Parlamenten.

Dem Vorstand übergeordnet und damit weisungsbefugt ist die Mitglieder- bzw. Vertreterversammlung. Sie bestellt die Mitglieder des Vorstands und beruft diese ab; außerdem ist der Vorstand diesem Organ gegenüber rechenschaftspflichtig (§ 9 Abs. 5 PartG). Die Satzung kann bestimmen, daß dem Vorstand ein weiteres Organ übergeordnet ist. Auch ohne eine solche Satzungsbestimmung ist davon auszugehen, daß eine Unterordnung des Vorstandes unter den allgemeinen Parteiausschuß (§ 12 PartG) gegeben ist, da dieser zwischen den Tagungen die Mitglieder- oder Vertreterversammlung ersetzt[407].

---

403 Vgl. *Seifert* S. 241.
404 Vgl. *Seifert* S. 242.
405 Vgl. *Seifert* S. 243.
406 Vgl. *Seifert* a. a. O.
407 Vgl. *Seifert* S. 239 f.

8.5. Die gerichtliche und außergerichtliche Vertretung des Parteiverbandes

Alle Mitglieder des Vorstands der Gesamtpartei bzw. eines Gebietsverbandes **2819**
vertreten die Partei oder den Gebietsverband gemäß § 26 Abs. 2 BGB (§ 11 Abs. 3 Satz 2 PartG). Besteht der Vorstand – wie regelmäßig – aus einer größeren Anzahl von Personen, so ist eine Vertretung durch den Gesamtvorstand unzweckmäßig. Deshalb erlaubt das Gesetz (§ 11 Abs. 3 Satz 2 PartG), daß die Satzung eine abweichende Regelung trifft. Sie kann bestimmen, daß der Vorsitzende des Vorstandes der Gesamtpartei oder eines Gebietsverbandes allein oder zusammen mit einem oder mehreren wenigen weiteren Vorstandsmitgliedern die Partei nach innen und außen vertritt.

8.6. Der Vorstand als notwendiges Geschäftsführungsorgan

Der Vorstand führt die Geschäfte des Parteiverbandes, dessen Organ er ist (§ 11 **2820**
Abs. 3 Satz 1 PartG).
Zur Unterstützung des Gesamtvorstands kann ein Präsidium eingesetzt sein, dessen Mitglieder die Geschäfte der laufenden Verwaltung führen (vgl. oben).

8.7. Die Willensbildung

Die Mitglieder des Vorstandes fassen ihre Beschlüsse mit einfacher Stimmen- **2821**
mehrheit; die Satzung kann eine erhöhte Stimmenmehrheit vorschreiben (§ 15 Abs. 1 PartG).

9. Der allgemeine Parteiausschuß

Die Parteisatzung kann vorschreiben, daß bei der Gesamtpartei ein allgemeiner **2822**
Parteiausschuß zu bilden ist, der für die Beratung oder Entscheidung politischer und organisatorischer Fragen der Partei zuständig ist (§ 12 Abs. 1 PartG). Über die Zusammensetzung des allgemeinen Parteiausschusses hat die Satzung der Gesamtpartei eine Bestimmung zu treffen. Das Gesetz läßt es zu, daß diesem Organ gewählte (»gekorene«) und »geborene« Mitglieder angehören. Erstere werden von der Vertreterversammlung der Gesamtpartei gewählt; die Satzung kann jedoch auch bestimmen, daß nur ein Teil dieser Organmitglieder von der Vertreterversammlung der Gesamtpartei und der Rest von den Parteitagen der nachgeordneten Gebietsverbände gewählt werden; schließlich kann die Satzung auch anordnen, daß alle Mitglieder dieses Organs von den Parteitagen der nachgeordneten Gebietsverbände zu wählen sind (§ 12 Abs. 1 PartG). Die »geborenen« Mitglieder muß die Satzung bestimmen. Sie kann vorsehen, daß diese Organmitglieder aus den Mitgliedern des Vorstands und aus bestimmten Abgeordneten oder bestimmten anderen Persönlichkeiten aus der Partei bestehen, die ihr Amt oder ihr Mandat aus einer Wahl erhalten haben (§ 12 Abs. 2 Satz 1 i. V. m. § 11 Abs. 2 Satz 1 PartG). Der Anteil der nicht gewählten Mitglieder darf ein Drittel der Gesamtmitgliederzahl des Organs nicht übersteigen; er kann um weitere Mitglieder mit nur beratender Stimme erhöht werden, muß jedoch auch dann noch unter der Hälfte der Gesamtmitgliederzahl des Organs liegen (§ 12 Abs. 2 Satz 2 PartG).

Das Amt der gewählten Mitglieder dieses Organs kann höchstens zwei Jahre dauern (§ 12 Abs. 3 PartG).
Falls die Satzung nichts anderes bestimmt, fassen die Mitglieder des allgemeinen Parteiausschusses ihre Beschlüsse mit einfacher Stimmenmehrheit (§ 15 Abs. 1 PartG).

10. Das Parteischiedsgericht

10.1. Die notwendige Bildung

2823 Während es Vereinen freigestellt ist, in ihrer Satzung anzuordnen, daß bei korporativen Streitigkeiten ein Vereinsschiedsgericht anzurufen ist, müssen die Gesamtpartei und jeder Gebietsverband der jeweils höchsten Stufe ein Schiedsgericht bilden (§ 14 Abs. 1 PartG). Für mehrere Gebietsverbände der Kreisstufe können gemeinsame Schiedsgerichte gebildet werden (§ 14 Abs. 1 Satz 2 PartG).

10.2. Die Zuständigkeit

2824 Dem Parteischiedsgericht sind zwingend kraft Gesetzes die Schlichtung und Entscheidung der folgenden Streitigkeiten zugewiesen (§ 14 Abs. 1 Satz 1 PartG):
- zwischen der Gesamtpartei bzw. den Gebietsverbänden mit ihren Mitgliedern,
- über die Auslegung und Anwendung der Satzung,
- über Maßnahmen der Gesamtpartei bzw. eines höheren Gebietsverbandes gegenüber einem nachgeordneten Gebietsverband (§ 14 Abs. 1 Satz 1, § 16 Abs. 1 und 3 PartG),
- über den Ausschluß eines Mitglieds (§ 10 Abs. 5 Satz 1 PartG).

Die Parteisatzung kann dem Schiedsgericht weitere Streitgegenstände zuweisen, z. B. aus der Mitgliedschaft herrührende Streitigkeiten zwischen den Parteimitgliedern oder den Organmitgliedern untereinander[408].

10.3. Die Schiedsrichterfähigkeit und die Bestellung der Schiedsrichter

2825 Hinsichtlich der Schiedsrichterfähigkeit ist bestimmt, daß die Schiedsrichter nicht Mitglied eines Vorstandes der Partei oder Gebietsverbandes (ein solcher ist auch ein Ortsverband) sein, nicht in einem Dienstverhältnis zu der Partei oder einem Gebietsverband stehen oder von diesen regelmäßige Einkünfte beziehen dürfen (§ 14 Abs. 2 Satz 2 PartG). Falls dies die Satzung nicht ausschließt, kann auch ein Nichtparteimitglied zum Schiedsrichter bestellt werden. Ein Schiedsrichter kann am Verfahren nicht mitwirken, wenn er von der Handlung, die Verfahrensgegenstand ist, selbst unmittelbar betroffen ist[409]. Ein

---

408 Vgl. *Seifert* S. 251.
409 *Löwisch* S. 28 f.

Besetzungsfehler liegt auch vor, wenn Mitglieder des Parteischiedsgerichts nicht ordnungsgemäß gewählt sind[410].
Parteischiedsgerichte sind in der Regel institutionelle Schiedsgerichte. Der Vorsitzende muß, die Beisitzer können gewählt werden (§ 14 Abs. 2 Satz 1 i. V. m. Abs. 3 PartG). Sofern die Satzung nichts anderes bestimmt, ist für die Wahl die Mitgliederversammlung der Gesamtpartei oder des jeweiligen Gebietsverbandes zuständig, bei dem das Schiedsgericht gebildet ist. Die Satzung kann die Wahl auch einem Parteiausschuß übertragen. Die Wahl durch den Vorstand ist unzulässig, weil dieser die einzelnen Parteimitglieder nicht genügend repräsentiert[411]. Die Schiedsrichter sind höchstens auf 4 Jahre zu bestellen (§ 14 Abs. 2 Satz 1 PartG).

10.4. Das paritätische Schiedsgericht

Die Parteisatzung kann ausdrücklich bestimmen, daß das institutionelle Schiedsgericht oder das Gelegenheitsschiedsgericht mit Beisitzern besetzt wird, die von den Streitteilen paritätisch benannt werden (§ 14 Abs. 3 PartG). Es sind dann die §§ 1028 ff. ZPO unmittelbar oder entsprechend anwendbar. **2826**

10.5. Die Unabhängigkeit der Schiedsrichter

Die Schiedsrichter müssen persönlich und sachlich unabhängig sein; sie sind an Weisungen eines Parteiorgans nicht gebunden (§ 14 Abs. 2 Satz 3 PartG). **2827**

10.6. Die notwendige Schiedsgerichtsordnung

Für die Tätigkeit des Schiedsgerichts ist eine Schiedsgerichtsordnung zu erlassen, die – entspr. § 1034 Abs. 1 ZPO – folgende Verfahrensgarantien eröffnen muß: Den Beteiligten ist rechtliches Gehör zu gewähren, es ist ein gerechtes Verfahren durchzuführen, außerdem muß gewährleistet sein, daß die Ablehnung eines Mitglieds des Schiedsgerichts wegen Befangenheit möglich ist (§ 14 Abs. 4 PartG). **2828**

10.7. Das Parteischiedsgericht als unechtes oder echtes Schiedsgericht im Sinne der ZPO

Parteischiedsgerichte können eine Organfunktion in der Partei haben; in diesem Falle sind sie sog. unechte Schiedsgerichte. Die Parteien können das Parteischiedsgericht jedoch auch als echtes Schiedsgericht i. S. d. ZPO einsetzen[412]. Vgl. zur Abgrenzung des echten Schiedgerichts vom Verbandsordnungsorgan Rn. 2530 ff. **2829**

---

410 *Löwisch* S. 29.
411 Im Ergebnis ebenso: *Seifert* S. 252.
412 Amtl. Begründung zu § 14 PartG, BT-Drucks. III/1509, S. 23; *OLG Frankfurt a. M.* NJW 1970, 2250/2251; *Henke* S. 104; *Seifert* S. 253 f.

11. Die Ordnungsmaßnahmen der Partei und der Gebietsverbände gegen Mitglieder

11.1. Die erforderliche satzungsmäßige Verankerung

2830 Will die Gesamtpartei oder ein nachgeordneter Gebietsverband das Recht in Anspruch nehmen, Ordnungsmaßnahmen zu verhängen, so bedarf es dazu einer satzungsmäßigen Verankerung (§ 10 Abs. 3 PartG). Dann sind Bestimmungen zu treffen über

- die zulässigen Ordnungsmaßnahmen gegen Mitglieder,
- die Gründe, die zu Ordnungsmaßnahmen berechtigen,
- die Parteiorgane, die Ordnungsmaßnahmen anordnen können.

Da jedes Parteimitglied Mitglied der Gesamtpartei ist, kann allein in deren Satzung die Zulässigkeit von Ordnungsmaßnahmen verankert werden. Zur Ausübung der Ordnungsgewalt sind aber auch Gebietsverbände befugt.

11.2. Die zulässigen Ordnungsmaßnahmen; Verfahrensgrundsätze

2831 Als Ordnungsmaßnahmen kommen diejenigen des allgemeinen Vereinsrechts in Betracht, also etwa Verwarnung, Verweis, Rüge, Geldbuße, Aberkennung der Amtsfähigkeit, Ruhen aller oder bestimmter Mitgliedschaftsrechte usw. Unzulässig ist die Ermächtigung, besonders harte oder entwürdigende Ordnungsmaßnahmen festsetzen zu können.

Einige Ordnungsmaßnahmen nennt das Gesetz selbst: Im Falle der Enthebung von Parteiämtern oder der Aberkennung der Fähigkeit zu ihrer Bekleidung ist der Ordnungsbeschluß zu begründen (§ 10 Abs. 3 Satz 2 PartG). Ein Mitglied kann nur dann aus der Partei ausgeschlossen werden, wenn es **vorsätzlich** gegen die Satzung oder **erheblich** gegen Grundsätze oder Ordnung der Partei verstößt und ihr damit schweren Schaden zufügt (§ 10 Abs. 4 PartG).

Sofern eine andere Ordnungsmaßnahme als der Ausschluß in Betracht kommt, muß die Satzung bestimmen, aufgrund welchen Tatbestandes, welchen Grundes eine Ordnungsmaßnahme verwirkt sein kann. Es genügt, wenn die Satzung bestimmt, daß bestimmte Ordnungsmaßnahmen getroffen werden können, wenn der Betroffene gegen die Satzung, die Grundsätze oder die Ordnung der Partei schuldhaft verstößt oder wenn er gegen deren politische Zielrichtung handelt. Werden andere Ordnungsmaßnahmen als der Ausschluß verhängt, so ist ein schuldhaftes, zumindest fahrlässiges Handeln oder Unterlassen zu fordern. Die Satzung muß schließlich die für Ordnungsmaßnahmen zuständigen Parteiorgane benennen. Die Übertragung auf Parteischiedsgerichte begegnet keinen Bedenken[413].

Hinsichtlich des Verfahrens muß die Parteisatzung folgende Mindestregelungen enthalten (vgl. auch § 14 Abs. 4 PartG): Dem Beteiligten muß rechtliches Gehör, ein gerechtes Verfahren und die Möglichkeit der Ablehnung eines Mitglieds des Ordnungsorgans wegen Befangenheit gewährleistet werden. Ein gerechtes Verfahren muß die »Waffengleichheit« der Verfahrensbeteiligten beachten; es muß die Möglichkeit gegeben sein, sich eines Beistands zu bedienen; der Betroffene muß durch Stellung von Anträgen und durch Aus-

413 Vgl. *Seifert* S. 223.

führungen in die Lage versetzt werden, Einfluß auf das Verfahren und die zu erwartende Entscheidung nehmen zu können[414]. Dagegen verlangt der Grundsatz des gerechten Verfahrens nicht, daß die Verhandlung öffentlich sein muß[415].

Sind Ordnungsmaßnahmen nicht einem Parteischiedsgericht übertragen, so sind in der Satzung Rechtsbehelfe festzulegen, die dem von einer Ordnungsmaßnahme Betroffenen die Anrufung einer höheren Instanz ermöglichen. In jedem Fall muß die Anrufung des Parteischiedsgerichts (§ 14 Abs. 1 Satz 1 PartG) gewährleistet sein.

11.3. Der Parteiausschluß und das dabei zu beachtende Verfahren

Die Parteisatzung muß Bestimmungen über den Ausschluß eines Mitglieds **2832** enthalten (§ 6 Abs. 2 Nr. 4 PartG). Die Ausschlußgründe sind abschließend in § 10 Abs. 4 PartG festgelegt: Ein Mitglied kann nur dann aus der Partei ausgeschlossen werden, wenn es vorsätzlich gegen die Satzung oder erheblich gegen Grundsätze oder Ordnung der Partei verstößt und ihr damit schweren Schaden zufügt. Diese Regelung begrenzt die Grundrechtsausübung für die Parteimitglieder[416]. Sie ist nicht besonders geglückt, weil sich die Partei von einem Mitglied nur lösen kann, wenn dieses ein parteibezogenes Verhalten gezeigt hat, das der Partei schweren Schaden zugefügt hat.

Unter Satzung ist die in § 6 PartG vorgeschriebene, dem Bundeswahlleiter mitzuteilende Satzung gemeint. Die Satzung kann bestimmte Ordnungen (Parteigerichtsordnungen, Finanz- und Beitragsordnung usw.) zu Satzungsbestandteilen erklären; dann kann auch die Nichtbeachtung dieser Ordnungen zum Parteiausschluß führen.

Ausschlußgründe können Verstöße gegen die formellen Satzungsbestimmungen bilden, wenn z. B. Regelungen über die Aufstellung von Kandidaten oder für die Wahl in Parteiorgane nicht beachtet worden sind[417]. Weiter kommen die für die Parteimitglieder in der Satzung oder in einer Ordnung besonders normierten Mitgliedspflichten in Betracht, deren vorsätzliche Nichtbeachtung zum Ausschluß führen kann.

Gegen die Grundsätze der Partei wird verstoßen, wenn deren grundlegende Wertvorstellungen und die Kernaussagen ihres Programms nicht beachtet wurden[418]. Die Parteien bekennen sich zum demokratischen Prinzip; das Eintreten für eine totalitäre Staatsverfassung liefe diesem Prinzip zuwider.

Die Parteiordnung umfaßt die Gesamtheit der ungeschriebenen Regeln, deren Beachtung sich als unerläßliche Voraussetzung für das geordnete innere Parteileben darstellt[419]. Hierher gehören die sich aus der Mitgliedschaft ergebenden Loyalitäts- und Solidaritätspflichten gegenüber der Partei[420]. Gegen

414 *Löwisch* S. 28.
415 *Löwisch* a. a. O.
416 Vgl. *Hasenritter* NJW 1980, 444/445.
417 Z. B. Manipulierung von Stimmberechtigungen, vgl. *Löwisch* S. 21.
418 Vgl. *Löwisch* S. 21.
419 Vgl. *Löwisch* S. 22.
420 *Löwisch* a. a. O.

die Parteiordnung verstößt auch das Verächtlichmachen anderer Parteimitglieder[421]. Das Verhalten eines Mitglieds außerhalb des Lebens der Partei kann deren Ordnung nur dann berühren, wenn es so schwerwiegender Art ist, daß es geeignet ist, das Ansehen der Partei in der Öffentlichkeit in nicht unerheblicher Weise herabzusetzen[422].
Der Verstoß gegen Grundsätze oder Ordnung der Partei muß erheblich sein. Hier kommt es auf die Umstände des Einzelfalls an, wobei auch die Sicht des betroffenen Parteimitglieds zu berücksichtigen ist. Mehrere Verstöße, die für sich betrachtet nicht erheblich sind, können durch die Summierung zu erheblichen werden[423]. Ein länger zurückliegender Verstoß kann schon wegen des Zeitablaufs nicht mehr schwerwiegend sein.
Als Verschuldensform ist nur beim Satzungsverstoß Vorsatz erforderlich; in den übrigen Fällen genügt Fahrlässigkeit[424].
In allen drei Fällen ist für einen Ausschluß erforderlich, daß das Verhalten des betroffenen Parteimitglieds einen schweren Schaden für die Partei herbeigeführt hat. Hier kommt vorrangig ein politischer Schaden in Betracht, also eine Benachteiligung für die Stellung der Partei im Meinungskampf der Parteien, für das Ansehen in der Öffentlichkeit und für die Möglichkeit, politische Ziele durchzusetzen[425]. Ein solcher Schaden muß tatsächlich eingetreten, er darf also nicht bloß zu erwarten sein.
Der Ausschluß ist Ermessensentscheidung. Bei der Ausübung des Ermessens ist der Grundsatz der Verhältnismäßigkeit auf der einen Seite, aber auch der Grundsatz der gleichmäßigen Behandlung aller Parteimitglieder auf der anderen Seite zu beachten[426].
Einzelfälle: Für CDU-Mitglieder ist die Gründung einer (christlichen) Wählergemeinschaft und die Kandidatur für diese dann ein parteischädigendes Verhalten, wenn die Einwilligung des hierfür zuständigen Parteiorgans fehlt[427]. Die Unterzeichnung fremder Wahlvorschläge stellt einen Einsatz für den politischen Gegner dar, der gegen die Ordnung der Partei gerichtet und auch durch das aktive Wahlrecht nicht gedeckt ist[428].
Nach § 12 Nr. 3 des Statuts der CDU begeht ein Mitglied dieser Partei einen Satzungsverstoß, wenn es als Mitglied in eine Vertretungskörperschaft gewählt worden ist und wenn es der CDU-Fraktion nicht beitritt oder aus dieser ausscheidet[429].
Die Abgeordneten des Deutschen Bundestags üben ein freies Mandat aus (Art. 38 Abs. 1 Satz 2 GG). Entsprechendes bestimmen die Landesverfassungen und für die Mitglieder der kommunalen Parlamente die Gemeinde- und Landkreisordnungen. Ein von Partei- oder Fraktionsbeschlüssen abweichendes

421 *Löwisch* S. 23.
422 *Löwisch* a. a. O.
423 *Löwisch* S. 23.
424 *Löwisch* S. 23.
425 *Löwisch* S. 23.
426 *Löwisch* S. 24.
427 Entscheidung des Bundesparteigerichts der CDU vom 10. 12. 1982, zitiert nach *Löwisch* S. 24.
428 *BGH* NJW 1980, 443.
429 Entscheidung des Bundesparteigerichts der CDU vom 11. 5. 1978, zitiert nach *Löwisch* S. 25.

Stimmverhalten kann somit im Regelfall keinen Grund für den Ausschluß des Mandatsträgers bilden[430]. Anders ist es jedoch, wenn dieser mit seinem Abstimmungsverhalten offensichtlich gegen Grundsätze seiner Partei verstößt, etwa mit dem politischen Gegner unter Mißachtung der programmatischen Kernaussagen seiner Partei abstimmt[431].
Die Entscheidung über den Parteiausschluß ist wegen der schwerwiegenden Folgen ausschließlich den Parteischiedsgerichten übertragen worden (§ 10 Abs. 5 Satz 1 PartG). Die Parteivorstände, die an sich für andere Ordnungsmaßnahmen zuständig sind (§ 10 Abs. 3 Nr. 3 PartG), haben beim Schiedsgericht lediglich ein Antragsrecht, wenn ihnen die Parteisatzung (Ordnung, die zum Satzungsbestandteil erklärt worden ist) ein solches Recht einräumt[432].
Es muß gewährleistet sein, daß gegen die Entscheidung des Parteischiedsgerichts die Berufung zu einem Schiedsgericht höherer Stufe möglich ist (§ 10 Abs. 5 Satz 2 PartG). Die Entscheidungen sind schriftlich zu begründen (§ 10 Abs. 5 Satz 3 PartG).
Tritt ein Mitglied vor dem rechtskräftigen Abschluß des Parteiausschlußverfahrens aus der Partei aus, so stellt dies ein Verfahrenshindernis dar[433]. Das Verfahren ist einzustellen. Das betroffene Mitglied kann vom Parteischiedsgericht nicht verlangen, es möge die Rechtswidrigkeit seines Ausschlusses feststellen[434].

11.4. Vorläufige Maßnahmen gegen ein auszuschließendes Mitglied

Hat ein Parteimitglied den Ausschlußtatbestand erfüllt und handelt es sich um einen dringenden und schwerwiegenden Fall, der ein sofortiges Eingreifen erfordert, so kann der Vorstand der Partei oder eines Gebietsverbandes ein Mitglied von der Ausübung seiner Rechte bis zur Entscheidung des Schiedsgerichts ausschließen (§ 10 Abs. 5 Satz 4 PartG). **2833**

11.5. Die Streichung aus der Mitgliederliste

Die Parteisatzung kann vorsehen, daß ein Parteimitglied bei Erfüllung bestimmter Tatbestände aus der Mitgliederliste gestrichen wird; etwa bei Verlust der deutschen Staatsangehörigkeit, bei Verurteilung zu mehr als 1 Jahr Freiheitsstrafe, bei Eintritt in eine andere Partei oder bei Rückstand mit der Beitragszahlung auf die Dauer eines Kalenderjahres[435]. In diesen Fällen handelt es sich nicht um einen mit einer gewissen Diskriminierung verbundenen Ausschluß aus der Partei. Hier werden im wesentlichen Konsequenzen gezogen, daß ein Mitglied nicht mehr die Voraussetzungen für eine weitere Mitgliedschaft erfüllt. **2834**

---

430 *Löwisch* S. 26.
431 *Löwisch* S. 26 f.
432 Vgl. *Löwisch* S. 27.
433 *Löwisch* S. 30.
434 *Löwisch* a. a. O.
435 Vgl. *Seifert* S. 227 f.

12. Die Ordnungsmaßnahmen gegen Gebietsverbände

2835 Will die Gesamtpartei oder ein Oberverband gegen einen nachgeordneten Parteiverband Ordnungsmaßnahmen verhängen, die über diejenigen hinausgehen, die § 16 PartG erwähnt, so muß dies in der Satzung verankert sein (§ 6 Abs. 2 Nr. 5 PartG).

Über die eingreifendsten Maßnahmen bestimmt § 16 PartG zwingend: Die Auflösung und der Ausschluß nachgeordneter Gebietsverbände sowie die Amtsenthebung ganzer Organe derselben sind nur wegen schwerwiegender Verstöße gegen die Grundsätze oder die Ordnung der Partei zulässig. In der Satzung ist zu bestimmen,

- aus welchen Gründen die Maßnahmen zulässig sind,
- welcher übergeordnete Gebietsverband und welches Organ dieses Verbandes sie treffen können.

Ist der Vorstand der Partei oder der Vorstand eines übergeordneten Gebietsverbandes für zuständig erklärt worden, so wird seine Maßnahme zwar sofort wirksam; sie bedarf aber der Bestätigung durch ein »höheres Organ«, somit regelmäßig des Parteitages (§ 16 Abs. 2 Satz 1 PartG)[436]. Die Maßnahme tritt außer Kraft, wenn die Bestätigung nicht auf dem nächsten Parteitag ausgesprochen wird (§ 16 Abs. 2 Satz 2 PartG).

Werden die genannten Maßnahmen gegen Gebietsverbände verhängt, so ist in jedem Fall die Anrufung eines Schiedsgerichts zuzulassen (§ 16 Abs. 3 PartG).

13. Die Rechtsstreitigkeiten in Angelegenheiten der inneren Parteiordnung

13.1. Der Rechtsweg

2836 Rechtsstreitigkeiten in Angelegenheiten der inneren Ordnung der Partei sind vereinsrechtlicher Natur und demgemäß als bürgerliche Rechtsstreitigkeiten gemäß § 13 GVG den ordentlichen Gerichten zugewiesen. Dies gilt etwa für Streitigkeiten wegen der Aufnahme in eine politische Partei[437] sowie wegen eines Parteiausschlusses[438].

Die folgenden Angelegenheiten sind nicht solche der inneren Ordnung; sie betreffen vielmehr das Verhältnis der Über- und Unterordnung zu einem Träger der öffentlichen Gewalt:

Anspruch auf Einsatz von Lautsprecherwagen[439], auf Sondernutzungserlaubnis, um einen Wahlwerbestand aufstellen zu können[440], auf Zuteilung von Sen-

436 Vgl. *Seifert* S. 277.
437 BGHZ 101, 193; *VGH Mannheim* NJW 1977, 72.
438 BGHZ 73, 275 = NJW 1979, 1402; *BGH* NJW 1980, 443.
439 *OVG Koblenz* NJW 1969, 1500.
440 *VG Neustadt* NJW 1969, 2251.

dezeiten in Hörfunk und Fernsehen[441], auf Benutzung kommunaler Einrichtungen[442].

13.2. Die aktive und passive Parteifähigkeit

Nach § 3 PartG kann eine Partei unter ihrem Namen klagen und verklagt werden. Damit ist die Gesamtpartei, die ein nichtrechtsfähiger Verein ist, aktiv und passiv parteifähig. Auf § 3 PartG wird nicht zurückgegriffen, wenn die Partei ohnedies rechtsfähig ist, wie dies bei der CSU der Fall ist. Aktiv und passiv parteifähig sind nach § 3 PartG auch die Gebietsverbände einer Partei der jeweils höchsten Stufe, sofern die Satzung der (Gesamt-)Partei nicht etwas anderes bestimmt (§ 3 Satz 2 PartG).[443] Bei einer bundesweit tätigen Partei ist Gebietsverband der höchsten Stufe der jeweilige Landesverband[444]. Eine Parteivereinigung auf Orts-, Kreis- oder Bezirksebene ist nicht aktiv parteifähig[445]. Parteigliederungen unterhalb eines Landesverbandes sind nach § 50 Abs. 2 ZPO passiv parteifähig, sofern sie die Merkmale eines nichtrechtsfähigen Vereins aufweisen können. **2837**

13.3. Zur Befugnis von Parteimitgliedern zur gerichtlichen Anfechtung von Beschlüssen der Parteiorgane

Ein Parteimitglied ohne Organstellung kann einen gesetz- oder satzungswidrigen Beschluß seines Ortsverbandes durch Klage beim Staatsgericht anfechten[446], sofern nicht eine Schiedsklausel eingreift. Wahlen sind Verbandsbeschlüsse. Die Anfechtungsbefugnis entfällt nicht deshalb, weil die Parteimitgliedschaft ruht[447]. **2838**

Besteht eine Delegiertenversammlung, so kann ein Parteimitglied, das nicht Delegierter ist, Beschlüsse dieses Parteiorgans nur dann anfechten, wenn ein Beschluß unmittelbar in seine Mitgliedschaftsrechte eingreift (vgl. dazu Rn. 2713).

13.4. Der Umfang der gerichtlichen Nachprüfung

Nach der Rechtsprechung des BGH prüfen die Gerichte Ordnungsmaßnahmen der Parteien in gleicher Weise zurückhaltend nach, wie solche von »gewöhnlichen Vereinen«[448]. Nach Auffassung dieses Gerichts sind in § 10 Abs. 4 PartG die Mindestanforderungen der Parteisatzung festgelegt, die an den Ausschluß eines Mitglieds zu stellen sind. Nach dieser Ansicht kann die Parteisatzung **2839**

441 *BVerwG* DVBl. 1971, 70; *OVG Hamburg* NJW 1974, 1523; *VGH Mannheim* NJW 1976, 2177.

442 *VGH Kassel* NJW 1979, 997; *VGH Mannheim* NJW 1979, 1844; vgl. auch *OVG Münster* NJW 1980, 901.

443 Vgl. auch BGHZ 73, 275/277.

444 *OLG München* NJW 1989, 910.

445 Vgl. *OLG Frankfurt* MDR 1984, 1030; *OLG Zweibrücken* NJW-RR 1986, 181; a. A. *LG Düsseldorf* NJW-RR 1990, 832.

446 *KG* NJW 1988, 3159.

447 *LG Hamburg* NJW 1992, 440.

448 BGHZ 75, 158 = NJW 1980, 443.

demnach näher konkretisieren, unter welchen Voraussetzungen ein Mitglied ausgeschlossen werden kann. Soweit – wie regelmäßig – dem hierfür zuständigen Organ ein Beurteilungsspielraum eingeräumt ist, muß das berechtigte Schutzbedürfnis des betroffenen Mitglieds mit den berechtigten Belangen der Partei abgewogen werden, wie sie ihre im Staat verfolgten Ziele erreichen will und mit wem[449]. Dem wird entgegengehalten, daß § 10 Abs. 4 PartG die materiellen Voraussetzungen für einen Parteiausschluß abschließend regelt[450].

449 Vgl. *BGH* a. a. O.
450 Vgl. *Hasenritter* NJW 1980, 444/445.

XV. Die Religionsgesellschaften und Weltanschauungsgemeinschaften

1. Der Begriff Religionsgesellschaft und Weltanschauungsgemeinschaft

1.1. Begriffe des Verfassungsrechts

Nach dem staatskirchenrechtlichen System des Grundgesetzes steht der Staat **2840**
den verschiedenen Religionen und Weltanschauungen im Interesse der nach Art. 4 Abs. 1 GG geschützten Glaubens- und Bekenntnisfreiheit neutral gegenüber[1]. Nach Art. 140 GG i. V. m. Art. 137 Abs. 2 WRV wird die Freiheit zur Vereinigung zu Religionsgesellschaften gewährleistet; diesen wird weiter verfassungsrechtlich garantiert, daß sie ihre Angelegenheiten selbständig innerhalb der Schranken des für alle geltenden Gesetzes ordnen und verwalten können (Art. 137 Abs. 3 Satz 1 WRV). Den Religionsgesellschaften werden insoweit die Vereinigungen gleichgestellt, die sich die gemeinschaftliche Pflege einer Weltanschauung zur Aufgabe machen (Art. 137 Abs. 7 WRV).

Religionsgesellschaft und Weltanschauungsgemeinschaft sind somit Begriffe des Verfassungsrechts. Hiernach ist es unerheblich, in welcher Rechtsform diese Gesellschaften oder Gemeinschaften gemessen am staatlichen Vereins- und Gesellschaftsrecht bestehen. Sie können Körperschaften des öffentlichen Rechts (Art. 137 Abs. 5 WRV; vgl. auch § 54 Abs. 1 AO), eingetragene und nichteingetragene Vereine, eingetragene Genossenschaften[2], Aktiengesellschaften oder Gesellschaften mit beschränkter Haftpflicht sein[3]. Sie können auch als rechtsfähige Stiftung bestehen[4]. Auch eine Gesellschaft bürgerlichen Rechts kann eine Religions- oder Weltanschauungsgemeinschaft sein[5].

1.2. Die Kirchen als Religionsgesellschaften

Als Kirche wird die organisierte Gestalt der christlichen Religionsgemein- **2841**
schaften bezeichnet. Die einzelnen Kirchen unterscheiden sich durch ihr jeweiliges Selbstverständnis und durch ihre Gliederung zum Teil erheblich. Den Kirchen ist gemeinsam, daß sie sich jeweils in legitimer Weise auf den Willen Gottes berufen und als Nachfolger der Religionsstiftung Jesu Christi ansehen. Bei allen Kirchen gilt die Bibel als grundlegende Offenbarung: Demgemäß ist zentrale Aufgabe, das Evangelium zu verkünden und die Sakramente zu spenden. Von kleineren Religionsgesellschaften, insbesondere sog. Sekten, grenzen sich Kirchen u. a. durch die Unterscheidung zwischen Amtsträgern und Laien ab und weiter dadurch, daß die ethischen Normen der Kirchen nach kirch-

1 *BVerfG* NJW 1965, 1427/1428.
2 Vgl. *Siepen* S. 332.
3 *Siepen* S. 331 f.
4 *Siepen* S. 343.
5 Vgl. auch § 2 Abs. 1 VereinsG.

lichem Verständnis für alle Menschen gelten und nicht nur für die Kirchenangehörigen[6].
Im Sprachgebrauch, auch höchster Gerichte, wird der Ausdruck kirchlich auch bei Religionsgesellschaften gebraucht, die keine Kirchen in dem oben dargestellten Sinne sind.
Weiter wird z. T. zwischen den sog. großen Kirchen und den sog. kleinen Kirchen unterschieden.
Kirchen können in der Bundesrepublik Deutschland die Rechtsform einer Körperschaft des öffentlichen Rechts haben (Art. 140 GG i. V. m. Art. 137 Abs. 5 WRV). Dieser Status wird den Kirchen zuerkannt, um diese über die Religionsgesellschaften zu erheben, welche in einer der privaten Vereinigungsformen auftreten[7]. Aufgrund des öffentlich-rechtlichen Status sind die Kirchen z. B. berechtigt, bestimmte Kultgegenstände als »res sacrae« zu widmen, wodurch eine dem öffentlichen Recht zuzuordnende Rechtsbeziehung zu diesen Gegenständen hergestellt wird[8].
Die katholische Kirche (mit ihrem staatsrechtlichen Bestand in der Vatikanstadt) als solche ist in der Bundesrepublik Deutschland keine organisatorische Einheit. Sie gliedert sich in Kirchenprovinzen (mit jeweils einem Erzbistum) und in Bistümer (Diözesen). Diese sind Teilbereiche der katholischen Kirche mit öffentlich-rechtlichem Status[9].
Die Evangelische Kirche in Deutschland (EKD) ist ein Bund lutherischer, reformierter und unierter Kirchen, in der seit dem 27. 6. 1991 auch die Gliedkirchen in dem Gebiet der früheren DDR (wieder-)vereinigt sind[10].
Körperschaften des öffentlichen Rechts sind z. B. die Neuapostolischen Kirchen, der Zentralrat der Juden in Deutschland, die Russisch-orthodoxe Diözese des orthodoxen Bischofs von Berlin und Deutschland sowie DIE HEILSARMEE in Deutschland.

1.3. Die Religionsgesellschaften als rechtlich selbständige Teile der Kirchen oder als den Kirchen zugeordnete Vereinigungen

2842 Religionsgesellschaften sind nicht nur die Kirchen, sondern auch Vereinigungen, die sich nicht die allseitige, sondern nur die partielle Pflege des religiösen Lebens ihrer Mitglieder zum Ziel gesetzt haben. Voraussetzung dafür ist, daß der Zweck der Vereinigung gerade auf die Erreichung eines solchen Zieles gerichtet ist. Dies gilt ohne weiteres für die organisatorisch oder institutionell mit den Kirchen verbundenen Vereinigungen. Es gilt dies aber auch für andere selbständige und unselbständige Vereinigungen, wenn sie nach kirchlichem Selbstverständnis ihrem Zweck oder ihrer Aufgabe entsprechend berufen sind, ein Stück des Auftrags der Kirchen wahrzunehmen und zu erfüllen[11].

---

6 Vgl. Duden-Lexikon in 3 Bänden, Bd. 2, 1983, S. 1006 f.
7 *BGH* NJW 1991, 367; *BVerwG* NJW 1984, 989.
8 *BVerwG* a. a. O.
9 Vgl. *BGH* NJW 1994, 245.
10 *Heckel* NJW 1992, 1001.
11 BVerfGE 53, 366/391 f.; 70, 138/162; *BAG* NJW 1985, 1855 und 1989, 2284.

Nach dem Selbstverständnis jedenfalls der großen Kirchen umfaßt die Religionsausübung nicht nur den Bereich des Glaubens und des Gottesdienstes, sondern auch die Freiheit zur Entfaltung und Wirksamkeit in der Welt[12]. Es werden danach auch Vereinigungen als Religionsgesellschaften erfaßt, die im kirchlichen Auftrag z. B. in folgenden Bereichen satzungsmäßig tätig sind[13]: Betrieb von Krankenhäusern, Alten- und Kinderheimen, von Schulen und sonstigen Bildungseinrichtungen, Verwirklichung des sozialen Wohnungsbaus, Missionswerke oder Entwicklungshilfeorganisation[14].

Teile der Kirchen sind z. B. im Bereich der EKD als Institutionen der Deutsche Evangelische Kirchentag, die Arbeitsgemeinschaft Missionarische Dienste und im Bereich der katholischen Kirche der Verband der Diözesen Deutschlands (ist eine Körperschaft des öffentlichen Rechts) und das Zentralkomitee der deutschen Katholiken.

Mit den Kirchen organisatorisch verbunden sind die Orden im Bereich der katholischen und evangelischen Kirche[15]. Weiter gehören hierher die sog. Werke im EKD-Bereich. Der Ausdruck »Werke« verdeutlicht, daß es sich um institutionell verfaßte kirchliche Einrichtungen bzw. Aufgabenbereiche handelt[16]. All diese Institutionen sind nicht in den territorialen Kirchenaufbau eingegliedert. Die Kirchenverbindung wird entweder dadurch hergestellt, daß das kirchliche Recht die Verfassung dieser Institutionen regelt, daß die Kirche Aufsichts- und/oder Genehmigungsbefugnisse hat oder daß sie als Geldgeberin in Betracht kommt[17].

Bei den Vereinen mit kirchlicher Zielsetzung, die ebenfalls Religionsgesellschaften im verfassungsrechtlichen Sinne sind, muß sich die Zuordnung zur verfaßten Kirche aus der Verfassung der jeweiligen Vereinigung ergeben. Diese Vereinigungen müssen – wie ausgeführt – ihrem Zweck und ihrer Aufgabe entsprechend berufen sein, ein Stück des Auftrags der Kirche wahrzunehmen. Es muß – wie sich das BAG[18] ausdrückt – eine Verflechtung mit einer verfaßten Kirche gegeben sein. Eine solche kann sich aus der Verbindlichkeit des kirchlichen Rechts ergeben, welches die Gründung oder Satzungsänderung von einer kirchlichen Mitwirkung abhängig macht. Es kann auch eine kirchliche Aufsicht im Vermögensbereich genügen oder der Umstand, daß Vorstandsämter insgesamt oder z. T. mit von der Kirche entsandten Personen zu besetzen sind. Es kann auch genügen, daß die Vereinigung ganz oder z. T. dem Recht eines internationalen kirchlichen Verbandes unterworfen ist[19].

---

12 Vgl. hinsichtlich der katholischen Kirche: *BAG* NJW 1988, 3283/3285.

13 Vgl. auch § 54 AO, wonach nach dem steuerlichen Gemeinnützigkeitsrecht kirchlich solche Zwecke sind, die darauf gerichtet sind, eine Religionsgemeinschaft, die Körperschaft des öffentlichen Rechts ist, zu fördern.

14 Vgl. *Schockenhoff* NJW 1992, 1013.

15 BVerfGE 70, 138/162; *BAG* NJW 1985, 1855.

16 *Stein* S. 157.

17 Vgl. *Stein* a. a. O.

18 NJW 1988, 3283.

19 Z. B. dem Programm des internationalen Kolpingwerkes, vgl. *BAG* NJW 1988, 3283/3285.

1.4. Die kleineren Religionsgesellschaften

2843 Das Grundgesetz hat nicht irgendeine, wie auch immer geartete Betätigung des Glaubens schützen wollen, sondern nur diejenige, die sich bei den heutigen Kulturvölkern auf dem Boden gewisser übereinstimmender sittlicher Grundanschauungen im Laufe der geschichtlichen Entwicklung herausgebildet hat[20]. Diese Voraussetzungen müssen gegeben sein, damit ein Personenzusammenschluß als religiöse Vereinigung i. S. d. Art. 140 GG i. V. m. Art. 137 Abs. 2 WRV anerkannt werden kann. Die Pflege oder Verkündung eines religiösen Bekenntnisses muß Hauptzweck der Vereinigung sein. Es kann sich um ein christliches oder nicht-christliches Bekenntnis handeln.
Religionsgemeinschaften sind auch solche Personenvereinigungen, die sich aus Kirchen oder größeren Religionsbekenntnissen abgespalten haben und die aus deren Sicht Sekten sind. Sie haben oft keine hierarchische Gliederung oder jedenfalls eine andere, als sie bei großen Religionsgemeinschaften üblich ist. Auch sog. Jugendsekten oder Jugendreligionen können Religionsgesellschaften sein[21].

1.5. Die Weltanschauungsgemeinschaften

2844 Nach dem Grundsatz der Parität werden Weltanschauungsgemeinschaften wie Religionsgesellschaften behandelt (vgl. Art. 4 Abs. 1 GG, Art. 140 GG i. V. m. Art. 137 Abs. 2 und 7 WRV). Es handelt sich hier um Personenvereinigungen, deren Mitglieder gemeinsame Auffassungen über den Sinn und die Bewältigung des menschlichen Lebens haben, die jedoch – in einem gewissen Gegensatz zur Religion – dieses Lebens- bzw. Weltbild von beweisbaren rationalen Erkenntnismethoden her erfassen oder zu erfassen versuchen[22]. Die vertretenen Weltanschauungen können areligiöse oder religionsfeindliche (z. B. Atheismus, Materialismus, Monismus) oder auch religionsfreie (z. B. Skeptizismus, Pantheismus) sein[23].

2. Die Vereinigungsfreiheit

2845 Nach Art. 140 GG i. V. m. Art. 137 Abs. 2 Satz 1 WRV wird die Freiheit der Vereinigung zu Religionsgesellschaften – und nach Art. 137 Abs. 7 WRV zu Weltanschauungsgemeinschaften – gewährleistet. Streitig ist, ob sich dieses Freiheitsrecht schon aus Art. 4 und Art. 9 Abs. 1 GG ergibt[24]. Dies wird – soweit Art. 9 Abs. 1 GG in Betracht kommt – zu verneinen sein, weil die zuletzt angeführte Verfassungsbestimmung ein sog. Deutschenrecht ist, Art. 137 Abs. 2 WRV ist dagegen ein Menschenrecht. Auf die religiöse Vereinigungsfreiheit können sich somit auch Religions- und Weltanschauungsgemeinschaften berufen, deren Mitglieder nur aus Ausländern bestehen. Von dieser Besonderheit

20 BVerfGE 12, 1/4; *BVerwG* NJW 1981, 1460/1462.
21 Vgl. *BVerwG* NJW 1991, 1770.
22 Vgl. *Obermayer* Art. 140 GG Rn. 43; *Schnorr* § 2 VereinsG Rn. 40.
23 Vgl. *Hess. StGH* NJW 1966, 31/33.
24 Vgl. *Schmidt-Bleibtreu/Klein* Art. 140 GG Rn. 10.

abgesehen, ist der Inhalt dieser Vereinigungsfreiheit im wesentlichen derselbe, wie er nach Art. 9 Abs. 1 GG besteht; vgl. Rn. 2914 ff.
Nach Art. 137 Abs. 2 Satz 2 WRV unterliegt der Zusammenschluß von Religionsgesellschaften – und nach Art. 7 ebenda der Weltanschauungsgemeinschaften – innerhalb des Reichsgebietes (jetzt: des Bundesgebietes) keinen Beschränkungen. Damit ist verfassungsrechtlich die Verbandsbildung garantiert[25].

3. Das Selbstordnungs- und Selbstverwaltungsrecht der Religionsgesellschaften und Weltanschauungsgemeinschaften im Rahmen des für alle geltenden Gesetzes

3.1. Die maßgebliche Verfassungsnorm

Nach Art. 140 GG i. V. m. Art. 137 Abs. 3 WRV ordnet und verwaltet jede Re- **2846**
ligionsgesellschaft ihre Angelegenheiten selbständig innerhalb der Schranken des für alle geltenden Gesetzes (Satz 1). Sie verleiht ihre Ämter ohne Mitwirkung des Staates oder der bürgerlichen Gemeinde (Satz 2). Dies gilt auch für Weltanschauungsgemeinschaften (Art. 137 Abs. 7 WRV).

3.2. Das originäre Selbstordnungs- und Selbstverwaltungsrecht in inneren Angelegenheiten

Es muß sich zunächst um eine Religionsgesellschaft im verfassungsrechtlichen **2847**
Sinne handeln. Allein die Behauptung und das Selbstverständnis, eine Gemeinschaft bekenne sich zu einer Religion und sei eine Religionsgemeinschaft, reicht für diese Annahme nicht aus. Es muß sich vielmehr auch tatsächlich, nach dem geistigen Gehalt und äußeren Erscheinungsbild, um eine Religion und Religionsgemeinschaft handeln. Bestehen in dieser Richtung Zweifel, so sind die zuständigen staatlichen Organe – in der Regel die Gerichte – zur dahingehenden Prüfung und Entscheidung allein kompetent[26].
Ist nach verfassungsrechtlichen Grundsätzen eine Religionsgesellschaft gegeben, so ist deren Selbstordnungsbefugnis in ihren inneren Angelegenheiten eine originäre und nicht vom Staat abgeleitet[27]. Wählen Religionsgesellschaften die Rechtsform eines Vereins, so können und müssen sie zwar satzungsmäßige Regelungen i. S. d. § 25 BGB treffen. Sie leiten aber diese Ordnungsbefugnis nicht aus dieser staatlichen Vorschrift her, sondern ordnen kraft eigenständigen Rechts auf der Grundlage ihres religiösen Selbstverständnisses[28]. In diesem Innenbereich gibt es kein für alle geltendes (staatliches) Gesetz[29].
Inhaltlich wird unter Ordnen das Recht der Religionsgesellschaften verstanden, alle eigenen Angelegenheiten gem. den spezifischen religionsgesellschaftlichen Ordnungsgesichtspunkten, d. h. auf der Grundlage des religionsgesellschaftlichen Selbstverständnisses, rechtlich gestalten zu können[30]. Damit ist bei einer

25 Vgl. auch *BVerfG* NJW 1991, 2623/2625.
26 *BVerfG* NJW 1991, 2623.
27 BVerfGE 53, 366/387; *BAG* NJW 1990, 2082/2083.
28 Vgl. BayObLGZ 1987, 161/170; *v. Campenhausen* RPfl 1989, 349/350.
29 BVerfGE 72, 278/289; *Weber* NJW 1989, 2217/2219.
30 BVerfGE 70, 138/165.

Religionsgesellschaft in einer weltlichen Vereinsform die Satzungsgestaltungsfreiheit als originäres Recht verbürgt. Die Satzung kann frei die Organisation der Vereinigung festlegen[31]. Eine Mitgliederversammlung kann, muß jedoch nicht gebildet werden[32]. Die Organisationsfreiheit läßt auch einen Fremdeinfluß weitgehend zu. Ein solcher kann z. B. darin bestehen, daß sich die Religionsgesellschaft einer eigenen Rechtsetzung enthält und die Regeln z. B. des kanonischen Vereinsrechts übernimmt; vgl. dazu Rn. 2865 ff. Bei den mit den Kirchen verbundenen Religionsgesellschaften kann schon die Vereinsgründung der kirchlichen Genehmigung bedürfen. Kirchenrecht kann für die Besetzung von Organstellungen ebenso maßgebend sein wie für Satzungsänderungen oder für die Auflösung der Religionsgesellschaft. Übernimmt eine deutsche Religionsgesellschaft das Recht eines internationalen Religionsverbandes, so sind die für die weltlichen Vereine bestehenden Übernahmevoraussetzungen (vgl. dazu Rn. 2718) nicht verbindlich. Es genügt z. B. eine pauschale Bezugnahme auf das internationale Verbandsrecht; es sind sowohl statische als auch dynamische Verweisungen auf internationales Verbandsrecht zulässig. Zur Organisationsfreiheit gehört es schließlich auch, ob eine Religionsgesellschaft einen Verband mit rechtlich selbständigen oder unselbständigen Untergliederungen bildet.

2848 Zu den inneren Angelegenheiten einer Religionsgesellschaft gehört weiter die Regelung des Mitgliedschaftsverhältnisses[33]. Die freie Regelungskompetenz umfaßt somit die Voraussetzungen für den Erwerb[34], den Inhalt der Mitgliedschaftsrechte und die Voraussetzungen für das Ende, z. B. durch Ausschluß[35]. Der Beitritt muß nicht als korporationsrechtlicher Vertrag ausgestaltet sein. Die Mitgliedschaft kann z. B. durch Abstammung oder durch eine Kulthandlung (Taufe) erworben werden. Soweit nicht Religionsgesellschaften in Betracht kommen, die als Trägervereine z. B. im karitativen Bereich tätig sind, es sich also um einen ausschließlich auf religiösem Gebiet tätigen Verein handelt, ist der Beitritt eines Religionsmündigen nicht von der Zustimmung des gesetzlichen Vertreters abhängig[36]. Eine innerkirchliche Regelung, die hinsichtlich des Erwerbs der Kirchenmitgliedschaft durch aus dem Ausland zugezogene Personen an Taufe, Bekenntnis und Wohnsitz anknüpft, verletzt nicht die Grundrechte auf Religionsfreiheit und negative Vereinigungsfreiheit im religiösen Bereich[37]. Die Satzung kann etwa weiter vorsehen, daß ein Beschluß der Mitgliederversammlung über die Aufnahme eines Mitglieds der Zustimmung einer kirchlichen Instanz bedarf[38]. Die Religionsgesellschaften können auch nach ihrem Selbstverständnis den Inhalt der Mitgliedschaftsrechte und -pflichten gestalten[39]. Sie können frei festlegen, in welcher Form bare Beiträge zu entrichten sind[40]. Bestimmt die Satzung, daß ein Austritt aus einer Reli-

31 BVerfGE 53, 366/401; 70, 138/164.
32 *Jurina* S. 600.
33 Vgl. BVerfGE 30, 415/422; *BVerwG* NJW 1987, 206/207.
34 *BVerfG* NJW 1991, 2623/2625.
35 *BVerfG* a. a. O.; *v. Campenhausen* RPfl 1989, 349/350 f.
36 Vgl. auch *Jurina* S. 601.
37 *BVerwG* NVwZ 1992, 66.
38 *OLG Köln* NJW 1992, 1048/1049.
39 *Weber* NJW 1989, 2217/2220.
40 *VG Berlin* NJW 1989, 2559/2560.

gionsgesellschaft nicht möglich ist, so kollidiert eine solche nach Art. 140 GG i. V. m. Art. 137 Abs. 3 Satz 1 WRV garantierte Selbstordnung mit dem Menschenrecht der Bekenntnisfreiheit nach Art. 4 GG, welches dann vorrangig ist. Jedes religionsmündige Mitglied hat das Recht auf einen bald wirksamen Austritt, wobei eine Austrittsfrist bis zum Ablauf des auf die Austrittserklärung folgenden Monats unbedenklich ist[41]. Unzulässig ist die Verpflichtung zur Zahlung eines Austrittsgeldes[42].

Grundsätzlich frei sind die Religionsgesellschaften auch, soweit sie ihre **2849**
Rechtsverhältnisse zu ihren Bediensteten regeln[43]. Die Religionsgesellschaften können Loyalitätsobliegenheiten festlegen[44]. Keine Bediensteten (Arbeitnehmer) sind im Regelfall Mitglieder geistlicher Orden; sie erbringen keine Arbeitsleistung aufgrund Arbeitsvertrages, sondern erfüllen eine mitgliedschaftliche Pflicht[45], falls kein Gestellungsverhältnis besteht.

Eine innerreligionsgesellschaftliche Angelegenheit ist weiter die Frage der Be- **2850**
setzung von Ämtern in der Vereinigung (Art. 137 Abs. 3 Satz 2 WRV). Insoweit besteht Personalhoheit[46]. Die Religionsgesellschaften bestimmen frei und ohne Bindung an Grundsätze, wie sie für weltliche Vereine bestehen, über den Bestand von Organstellungen und über die Art und Weise der Besetzung[47]. Da eine Mitgliederversammlung nicht bestehen muß, kann die Bestellung einer außerhalb der Religionsgesellschaft bestehenden Person oder Institution übertragen werden. Bei einem Trägerverein kann die Satzung vorsehen, daß der Vorsitzende des Vorstands ein bestimmter kirchlicher Funktionsträger sein muß[48].

Die Satzung einer Religionsgesellschaft kann weiter vorsehen, daß nicht nur **2851**
Beschlüsse über Satzungsänderungen, sondern auch solche über die Auflösung des Vereins der Genehmigung einer außenstehenden kirchlichen Instanz bedürfen[49]. Dabei ist eine Satzungsregelung zulässig, wonach das Vereinsvermögen nach der Liquidation einem bestimmten außenstehenden kirchlichen Rechtsträger anfällt[50], sofern zu diesem während des Bestands der Religionsgesellschaft eine besondere Verbindung hergestellt worden ist.

Die Religionsgesellschaften können schließlich auch durch die Satzung anordnen, daß eine verbandseigene Gerichtsbarkeit die Kontrolle des selbstgesetzten Rechts übernimmt[51].

Verfassungsrechtlich garantiert ist nicht nur die Selbstordnungsbefugnis im in- **2852**
nerreligionsgesellschaftlichen Bereich, sondern auch die Befugnis zur Selbstverwaltung. In der Sprache des Vereinsrechts bedeutet dies die Freiheit in allen Geschäftsführungsangelegenheiten. Ein Teil hiervon ist die Vermögensverwaltung.

41 BVerfGE 42, 312/332; 44, 37.
42 *LG München I* NJW 1987, 847.
43 *BGH* NJW 1991, 367.
44 *BVerfG* NJW 1986, 367; *BAG* NJW 1985, 1855/1856.
45 *Weber* NJW 1989, 2217/2221.
46 *BVerfG* NJW 1987, 427/428.
47 BayObLGZ 1987, 161/171.
48 *OLG Köln* NJW 1992, 1048/1050.
49 *OLG Köln* a. a. O.
50 *BVerfG* NJW 1991, 2623/2626.
51 *BAG* NJW 1989, 2284.

3.3. Die Beachtung des für alle geltenden Gesetzes

2853 Das Selbstordnungs- und Selbstverwaltungsrecht haben die Religionsgesellschaften (Weltanschauungsgemeinschaften) nur im Rahmen des für alle geltenden Gesetzes (Art. 140 GG i. V. m. Art. 137 Abs. 3 Satz 1 WRV). Alle Maßnahmen, also auch eigene Rechtssetzungen, bleiben innerreligionsgesellschaftlich, solange sie keine unmittelbaren Auswirkungen nach außen und damit in den staatlichen Zuständigkeitsbereich entfalten; eine nur mittelbare Auswirkung hat auf die Eigenschaft einer innerkirchlichen Maßnahme keinen Einfluß[52]. Das Läuten einer Kirchenglocke z. B. ist als kultische Maßnahme eine innerkirchliche Angelegenheit; das Läuten berührt aber auch staatliche Belange, weil es mit dem Ruhebedürfnis von Nachbarn kollidieren kann[53]. Religionsgesellschaften, die sich als Vereine organisieren, treten in den Bereich des für alle geltenden Gesetzes ein, soweit für sie Bestimmungen des Vereinsrechts in Betracht kommen, die im Interesse der Sicherheit und Klarheit des Rechtsverkehrs die nach außen wirkenden Angelegenheiten und Rechtsverhältnisse regeln[54]. Danach muß jeder Verein – auch der nichtrechtsfähige – einen Vorstand haben (§ 26 BGB). Nach außen wirken Einschränkungen der Vertretungsmacht des Vorstands. Keine innerreligionsgesellschaftliche Angelegenheit ist die Haftung des Vereins mit seinem Vermögen. Gleiches gilt hinsichtlich der Liquidation des Vereinsvermögens nach der Vereinsauflösung[55]. In den Bereich des für alle geltenden Gesetzes begeben sich Religionsgesellschaften, wenn sie am allgemeinen Wirtschaftsverkehr teilnehmen. Eine Religionsgesellschaft, die ein Gewerbe betreibt, ist nach § 14 Abs. 1 GewO zur Gewerbeanzeige verpflichtet[56].

3.4. Die Erlangung der Rechtsfähigkeit

2854 Nach Art. 140 GG i. V. m. Art. 137 Abs. 4 WRV erwerben Religionsgesellschaften die Rechtsfähigkeit nach den Vorschriften des bürgerlichen Rechts. Gleiches gilt für Weltanschauungsgemeinschaften (Art. 137 Abs. 7 WRV).

Im Rahmen ihres Selbstordnungsrechts können Religionsgesellschaften frei darüber entscheiden, in welcher staatlichen Vereinigungsform sie nach außen in Erscheinung treten wollen. Sie können die Rechtsform des nichtrechtsfähigen Vereins wählen. Sie können aber auch als nichtwirtschaftliche Vereine durch Eintragung die Rechtsfähigkeit erlangen. Ein verfassungsmäßig verbürgtes Recht auf Eintragung, also auf Erlangung der Rechtsfähigkeit, haben Religionsgesellschaften nicht[57]. Sollte aus der angeführten Entscheidung des BVerfG zu entnehmen sein, daß Religionsgesellschaften auch keinen einfachrechtlichen Anspruch auf Eintragung haben, so müßte dem widersprochen werden. Jeder Verein, der die normativen Voraussetzungen für die Erlangung

52 *BVerwG* NJW 1983, 2580/2581; *BAG* NJW 1986, 2591/2592.
53 *BVerwG* NJW 1984, 989; *OVG Lüneburg* NVwZ 1991, 801.
54 *BVerfG* NJW 1991, 2623/2625.
55 Vgl. *BVerfG* a. a. O.
56 *OVG Hamburg* NVwZ 1994, 192.
57 *BVerfG* NJW 1991, 2623/2624; a. A. *v. Campenhausen* RPfl 1989, 349/350.

der Rechtsfähigkeit erfüllt, hat einen Anspruch auf Eintragung in das Vereinsregister[58].

Wird eine Religionsgesellschaft als Verein zur Eintragung in das Vereinsregister **2855**
angemeldet, so begibt sie sich damit in den Bereich des für alle geltenden Gesetzes, also des staatlichen Rechts. Es müssen alle Anmeldeformalitäten beachtet werden. Die Anmeldung hat der Vorstand vorzunehmen, er hat eine von mindestens sieben Mitgliedern unterschriebene Satzung vorzulegen (§ 59 Abs. 1 und 3 BGB). Diese muß die in § 57 Abs. 1 BGB angegebenen Mindesterfordernisse enthalten; die Namensunterscheidbarkeit nach § 57 Abs. 2 BGB muß beachtet werden. Es müssen weiter die Erfordernisse des § 58 Nr. 1 bis 3 BGB gegeben sein. Den Erfordernissen des § 58 Nr. 4 BGB muß dann nicht genügt werden, wenn die Religionsgesellschaft keine Mitgliederversammlung (Vertreterversammlung) hat, da sie von der Bildung einer solchen absehen kann[59]. Soweit dies nicht im Hinblick auf unabweisbare Rücksichten auf die Sicherheit des Rechtsverkehrs und auf die Rechte anderer erforderlich ist, darf die Satzung eines als Religionsgesellschaft bestehenden Vereins auch von zwingenden vereinsrechtlichen Vorschriften des BGB abweichen[60]. Es muß jedoch – wie ausgeführt – ein Vorstand vorhanden sein; ist seine Vertretungsmacht beschränkt, so muß dies angemeldet und in das Vereinsregister eingetragen werden (§ 64 Satz 2 BGB).

Der Umstand, daß sich eine Religionsgesellschaft in eine weitgehende rechtliche, personelle oder tatsächliche Abhängigkeit zu einer kirchlichen oder sonst übergeordneten religionsgesellschaftlichen Instanz außerhalb des Vereins begibt, ist grundsätzlich kein Eintragungshindernis. Für solche Verflechtungen ist eine Grenze erst dann erreicht, wenn über die hierarchische Einordnung hinaus die Selbstbestimmung und Selbstverwaltung der Religionsgesellschaft in der Rechtsform eines Vereins in weitem Umfang ausgeschlossen ist, so daß der Verein nicht mehr vom Willen seiner Mitglieder getragen, sondern zur bloßen Verwaltungsstelle oder einem bloßen Sondervermögen der außenstehenden Instanz herabgestuft wird[61].

Die Verwaltungsbehörde (§ 61 BGB) wird am Eintragungsverfahren nicht beteiligt. Religionsgesellschaften sind keine Vereine i. S. d. öffentlichen Vereinsrechts (§ 2 Abs. 2 Nr. 3 VereinsG), so daß sich eine Beteiligung der Verwaltungsbehörde erübrigt[62].

Wird die Religionsgesellschaft als Verein eingetragen, so müssen Änderungen des Vorstands oder der Satzung angemeldet werden (§§ 67, 71 BGB).

Die Eintragung als Verein hat nur die Erlangung der Rechtsfähigkeit zur Folge. Der Verein wird weder ein weltlicher Verein noch verliert er den verfassungsrechtlichen Schutz[63].

58 BGHZ 45, 395/397 = NJW 1966, 2007.
59 BayObLGZ 1987, 161/171.
60 *BVerfG* NJW 1991, 2623/2625.
61 Vgl. *BVerfG* a. a. O. S. 2626.
62 *v. Campenhausen* RPfl 1989, 349/350.
63 *v. Campenhausen* a. a. O.

4. Rechtsstreitigkeiten vor staatlichen Gerichten unter Beteiligung einer verfassungsrechtlich privilegierten Religionsgesellschaft oder Weltanschauungsgemeinschaft

4.1. Die zulässige Prüfung der verfassungsrechtlichen Privilegierung

2856 Das staatliche Gericht darf aufgrund der insoweit bestehenden Kompetenz-Kompetenz in jedem Fall prüfen, ob es sich bei der am Rechtsstreit beteiligten Vereinigung um eine solche handelt, die nach Art. 140 GG i. V. m. Art. 137 Abs. 3 und 7 WRV als Religionsgesellschaft oder als Weltanschauungsgemeinschaft privilegiert ist[64]. Hierbei muß aber das Selbstverständnis dieser Vereinigung berücksichtigt werden[65].

4.2. Grundsätzlich keine staatsgerichtliche Zuständigkeit in den eigenen Angelegenheiten der Religionsgesellschaften und Weltanschauungsgemeinschaften

2857 Es ist zunächst auch hier hervorzuheben, daß sich die verfassungsrechtliche Privilegierung nach Art. 140 GG i. V. m. Art. 137 Abs. 3 und 7 WRV nicht nur auf die Religionsgesellschaften (Kirchen) und Weltanschauungsgemeinschaften als solche bezieht, sondern auch, wie bereits ausgeführt (Rn. 2842), auf alle mit den Kirchen bekenntnismäßig und organisatorisch verbundenen Vereinigungen. Zu diesen gehören u. a. in Vereinsform betriebene Schulen[66], karitative Einrichtungen, wie etwa ein in Vereinsform betriebenes katholisches Krankenhaus oder Jugendheim[67], ein Kindergarten oder ein Heim, das sich der Erziehung und Betreuung von Kindern oder Jugendlichen widmet[68]. Der nachfolgend gebrauchte Ausdruck »innerkirchlicher Bereich« bezieht sich auch auf diese angeführten Vereine.

2858 Eine bürgerlichrechtliche Streitigkeit i. S. d. § 13 GVG ist nur gegeben, wenn das Gericht »das für alle geltende Gesetz« anwendet. Durch Art. 140 GG i. V. m. Art. 137 Abs. 3 WRV erkennt der Staat die Kirchen als Institutionen mit dem Recht der Selbstbestimmung und Selbstverwaltung an, die ihrem Wesen nach unabhängig vom Staat sind und ihre Gewalt nicht von diesem herleiten[69]. Dies ist der sog. innerkirchliche Bereich. Ob ein bestimmtes Handeln oder Rechtsverhältnis dem innerkirchlichen Bereich zuzuordnen ist, entscheidet sich danach, was inhaltlich, der Natur der Sache oder der Zweckbestimmung nach als eigene Angelegenheit der Kirche anzusehen ist. In diesem Bereich ist die Kirche nicht an das für alle geltende Gesetz gebunden[70]. Innere Angelegenheiten sind insbesondere die Bestimmung der Organisation, die Normsetzung und Verwaltung[71]. Ist der Kern des Streits diesem innerkirchlichen Bereich zuzurechnen, weil die Beziehungen der Parteien von kirchenrechtlichen Grund-

64 *BVerfG* NJW 1991, 2623; *v. Campenhausen* NJW 1990, 2670.
65 *v. Campenhausen* a. a. O.
66 *BAG* NJW 1985, 1855.
67 *BVerfG* NJW 1986, 367/368.
68 Vgl. *BAG* NJW 1988, 3283/3285.
69 Vgl. z. B. *BAG* NJW 1990, 2082/2083.
70 BVerfGE 42, 312/334; *BAG* a. a. O.
71 BVerfGE 70, 138/164; 72, 278/289.

sätzen bestimmt werden, so ist keine bürgerlichrechtliche Streitigkeit i. S. d. § 13 GVG gegeben[72]. Im Bereich der kirchlichen Selbstbestimmung gibt es, wie ausgeführt, kein für alle geltendes Gesetz[73].

Ohne Anspruch auf Vollständigkeit sind Streitigkeiten aus den folgenden Be- **2859**
reichen nicht solche bürgerlichrechtlicher Natur:

Das religionsgesellschaftliche Selbstbestimmungsrecht umfaßt die Frage, wer Mitglied einer Religionsgemeinschaft und ihrer organisatorisch und bekenntnismäßig verbundenen Vereinigungen sein kann. Der Erwerb der Mitgliedschaft kann somit grundsätzlich nicht Gegenstand eines Streites bei einem Staatsgericht sein[74].

Zu den Angelegenheiten, deren selbständige, von staatlicher Einflußnahme freie Regelung verfassungsrechtlich garantiert ist, gehört die Befugnis, sich eine Satzung zu geben; die für weltliche Vereine geltende Vorschrift des § 25 BGB ist nicht anwendbar[75]. Ein staatliches Gericht ist deshalb nicht befugt, eine Satzungsbestimmung dieser religiösen Vereinigungen auf die Vereinbarung mit dem staatlichen Vereinsrecht oder mit den Grundsätzen von Treu und Glauben (Inhaltskontrolle) nachzuprüfen.

Daraus ergibt sich auch, daß die in der Satzung geregelten Beziehungen zwischen der religiösen Vereinigung und ihren Mitgliedern zum innerkirchlichen Bereich gehören[76]. Das gleiche gilt hinsichtlich der Organstellung in den religiösen Vereinen (in Art. 137 Abs. 3 Satz 2 WRV als Amt bezeichnet, das frei von staatlicher Einmischung verliehen wird). Ein staatliches Gericht kann deshalb nicht in einem Streit über Mitgliederrechte oder -pflichten in einem religiösen Verein entscheiden; dasselbe gilt bei einem Streit über die Gültigkeit der Wahl von Organmitgliedern oder über die Pflichten, welche diese Organmitglieder treffen[77].

Innerkirchliche Angelegenheit ist die Ausübung der Disziplinargewalt über die Mitglieder religiöser Vereinigungen[78]. Es sind nicht nur Ausschlußentscheidungen eines Ordens gegenüber einem Ordensmitglied grundsätzlich vom staatlichen Gericht nicht überprüfbar[79], sondern auch etwa die Ausschlußentscheidung eines katholischen Schulvereins. Als Teil der innerkirchlichen Rechtssetzung sind überhaupt alle Formen der Beendigung der Mitgliedschaft in einem religiösen Verein der staatsgerichtlichen Überprüfung entzogen[80].

---

72 *BGH* NJW 1981, 2811/2812; *BAG* NJW 1990, 2082/2083.

73 *Weber* NJW 1989, 2217/2219.

74 Vgl. *v. Campenhausen* RPfl 1989, 349/350.

75 Vgl. BayObLGZ 1987, 161/170 f.; *v. Campenhausen* RPfl 1989, 349/350.

76 *BVerwG* NJW 1987, 206/207; *Weber* NJW 1989, 2217/2220 f.

77 *Weber* a. a. O.; *Listl* DÖV 1989, 409/411; vgl. auch *VGH München* DVBl. 1985, 1073.

78 Vgl. *BVerfG* NVwZ 1985, 105; 1989, 452; vgl. auch *BVerfG* NJW 1980, 1041; 1983, 2569.

79 RGZ 26, 277; 62, 252/254; 113, 125.

80 Vgl. *v. Campenhausen* RPfl 1989, 349/350.

4.3. Staatsgerichtliche Zuständigkeit bei Teilnahme von Religionsgesellschaften am allgemeinen Rechtsverkehr

2860 Innerkirchliche Maßnahmen sind nur dann von der staatlichen Gerichtsbarkeit ausgenommen, wenn diese den staatlichen Rechtskreis nicht berühren[81] bzw. wenn diese keine unmittelbaren Rechtswirkungen im staatlichen Zuständigkeitsbereich entfalten[82]. Die Religionsgesellschaften können sich zur Erfüllung ihrer Aufgaben des staatlichen Rechts, etwa des Arbeitsrechts, bedienen. Wird durch eine Maßnahme der Religionsgesellschaften der staatliche Rechtskreis berührt, so haben diese das für alle geltende Gesetz zu beachten. Dies kann vom Staatsgericht nachgeprüft werden[83]. Es muß aber nochmals hervorgehoben werden, daß die Wahl der bürgerlichrechtlichen Vereinsform allein kein Umstand ist, der den Eintritt in den staatlichen Rechtskreis begründet.

Staatliche Gerichtsbarkeit ist immer gegeben, wenn eine Person eine im staatlichen Recht wurzelnde Rechtsposition geltend macht[84]. Bei Streitigkeiten etwa aus dem Nachbarschaftsverhältnis oder aus Vertragserfüllung sind die Religionsgesellschaften der staatlichen Gerichtsbarkeit unterworfen. Gleiches gilt, wenn sie sich freiwillig des staatlichen Rechts zur Erfüllung ihrer Aufgaben bedienen, wie dies bei Arbeitsrechtsstreitigkeiten kirchlicher Bediensteter, aber auch der Angestellten eines katholischen, in Vereinsform betriebenen Krankenhauses der Fall sein kann.

2861 Es wird die Auffassung vertreten, Religionsgesellschaften nähmen am allgemeinen Rechtsverkehr teil, wenn vereinsrechtliche Ansprüche verfolgt würden; deshalb könnten die Religionsgesellschaften im Zivilrechtsweg Ansprüche auf Leistung der ihnen geschuldeten Mitgliedsbeiträge verfolgen, umgekehrt könnten die Mitglieder beim Staatsgericht auf Rückerstattung überzahlter Beiträge klagen[85]. Dem ist im Ergebnis beizupflichten. Die Begründung, es sei eine Teilnahme am allgemeinen Rechtsverkehr gegeben, ist nur teilweise zutreffend. Das Mitgliedschaftsverhältnis in einem religiösen Verein ist, wie ausgeführt, ein innerkirchlicher Bereich. Die Beitragspflicht folgt aus der Mitgliedschaft. Danach wäre der Anspruch auf Leistung von Mitgliedsbeiträgen nicht justiziabel. Rechtsakte der Religionsgesellschaften sind teilweise ambivalent[86]; sie können sich dann auch auf den staatlichen Rechtskreis auswirken. Das Selbstbestimmungsrecht der Religionsgesellschaften schließt den Rechtsschutz durch staatliche Gerichte nur für Streitigkeiten im religiösen internen Autonomiebereich und auch dort nur aus, wo die innerkirchlichen Angelegenheiten den staatlichen Rechtskreis nicht berühren[87]. Die Klage eines Mitglieds auf Rückerstattung überzahlter Mitgliedsbeiträge ist statthaft, weil ein aus dem staatlichen Recht herzuleitender Anspruch, nämlich ein Bereicherungsanspruch, geltend gemacht wird[88]. Die Religionsgesellschaft, die einen baren

81 *BVerwG* NJW 1990, 2079/2080.
82 *BAG* NJW 1986, 2591/2592.
83 Vgl. z. B. hinsichtlich der Arbeitsverhältnisse kirchlicher Mitarbeiter *BAG* NJW 1990, 2082/2083.
84 *Sachs* DVBl. 1989, 487/497.
85 *Weber* NJW 1989, 2217/2220.
86 *Schlosser* S. 136.
87 *BVerwG* NJW 1990, 2079/2080.
88 Vgl. *LG München I* NJW 1987, 847/848.

Mitgliedsbeitrag einklagt, begibt sich freiwillig in den staatlichen Rechtskreis (was nachfolgend näher dargestellt wird). Der staatliche Rechtskreis wird auch berührt, wenn z. B. ein Mitglied mit einem religiösen Verein Streit über die Beendigung der Mitgliedschaft hat. Hier kann jedenfalls dann auf Feststellung geklagt werden, daß die Mitgliedschaft beendet ist[89], wenn eine religionsgesellschaftliche Gerichtsbarkeit nicht besteht.

4.4. Die freiwillige Inanspruchnahme der staatlichen Gerichtsbarkeit durch die Religionsgesellschaften

In all den Gegenständen, in denen die staatliche Gerichtsbarkeit nicht gegeben **2862**
ist, kann die Religionsgesellschaft freiwillig die staatliche Gerichtsbarkeit in Anspruch nehmen. Dies ist aber nur möglich, wenn keine eigene kirchliche Gerichtsbarkeit vorhanden ist; ist dies der Fall, so wird von der Natur der Sache her die staatliche Gerichtsbarkeit ausgeschlossen[90]. Sodann muß der Staat, d. h. das staatliche Gericht, mit der Inanspruchnahme seiner Gerichtsbarkeit einverstanden sein[91]. Als Inanspruchnahme der staatlichen Gerichtsbarkeit ist es auch anzusehen, wenn eine Religionsgesellschaft damit einverstanden ist, daß sie von einem Mitglied vor dem Staatsgericht in einer innerkirchlichen Angelegenheit verklagt wird.

Danach können z. B. Streitigkeiten über die Gültigkeit einer Wahl bei einem religiösen Verein oder über eine Disziplinarmaßnahme eines solchen vom staatlichen Gericht entschieden werden[92].

4.5. Die Beachtung des innerreligionsgesellschaftlichen Rechts durch das staatliche Gericht

Ist nach den vorstehenden Grundsätzen eine staatsgerichtliche Zuständigkeit **2863**
für Streitigkeiten unter Beteiligung der verfassungsrechtlich privilegierten Religionsgesellschaften gegeben, so können die innerreligionsgesellschaftlichen Vorschriften oder Maßnahmen Haupt- oder Vorfrage sein.

Eine solche Hauptfrage ist z. B. gegeben, wenn die Religionsgesellschaft damit einverstanden ist, daß etwa ein Streit wegen der Ausschließung eines Mitglieds vom Staatsgericht entschieden wird. In solchen Fällen können die Grundsätze entsprechend herangezogen werden, die verfassungsrechtlich dann bestehen, wenn Streitgegenstand die Kündigung eines Arbeitsverhältnisses des Mitarbeiters einer kirchlichen Vereinigung wegen Verletzung von Loyalitätsobliegenheiten ist. Danach obliegt es den staatlichen (Arbeits-)Gerichten, im Kündigungsschutzverfahren den Sachverhalt festzustellen und unter die religionsgesellschaftlich vorgegebenen arbeitsvertraglichen Loyalitätsobliegenheiten zu subsumieren[93]. Die Religionsgesellschaft kann somit nicht bindend im Einzelfall die entscheidungserheblichen Tatsachen feststellen. Dies ist vielmehr Aufgabe der staatlichen Gerichte, die dann in Anwendung des innerreligionsge-

89 Vgl. *OLG Braunschweig* FamRZ 1965, 228; *Kissel*, § 13 GVG Rn. 226.
90 Vgl. *OLG Köln* NJW 1988, 1736 m. w. N.
91 Vgl. BGHZ 46, 96/99.
92 Vgl. auch *BVerwG* NJW 1994, 3367.
93 BVerfGE 70, 138/168.

sellschaftlichen Rechts zu prüfen haben, ob Verhaltenspflichten zuwidergehandelt worden ist[94]. Ob ein solcher Verstoß gegeben ist, muß unter Beachtung des Selbstverständnisses der jeweiligen Religionsgesellschaft, welche dieses in einer Rechtsauffassung darlegt, geprüft werden[95].

Für den Fall der staatsgerichtlichen Nachprüfung der Ausschließung aus einer Religionsgesellschaft bedeutet die entsprechende Anwendung dieser Grundsätze: Das staatliche Gericht stellt den Tatbestand fest, der die Ausschließung begründen soll. Handelt es sich um eine katholische Vereinigung, für die hinsichtlich der Ausschließung can. 308 CIC/1983 einschlägig ist, so ist das Gericht an die kirchliche Rechtsauffassung gebunden, daß »ein gerechter Grund« zur Ausschließung wegen Verletzung bestimmter Bestimmungen der Statuten gegeben ist.

2864 Die Beachtung religionsgesellschaftlicher Maßstäbe bei der Beurteilung eines Pflichtenverstoßes ist für das staatliche Gericht ausnahmsweise dann nicht veranlaßt, wenn sich dieses in Widerspruch zu den Grundprinzipien der allgemeinen Rechtsordnung begeben würde[96]. Die staatlichen Gerichte sollen damit nicht zu Entscheidungen gezwungen werden, die grundlegenden Rechtsanschauungen zuwiderlaufen[97]. Das staatliche Gericht hat somit in jedem Fall das Willkürverbot (Art. 3 Abs. 1 GG), insbesondere das Verbot der Verwertung sachfremder Erwägungen, die Beachtung der guten Sitten und die Einhaltung der Grenzen zu prüfen, die zum sog. ordre public gem. Art. 6 EGBGB entwikkelt worden sind[98]. Im Einzelfall kann auch die Prüfung geboten sein, ob eine Maßnahme oder Satzungsbestimmung einer Religionsgesellschaft mit Art. 4 GG vereinbar ist. Dies ist etwa der Fall, wenn der Austritt aus einer solchen Vereinigung wegen der Pflicht zur Rückzahlung von während der Mitgliedschaft erlangten Geldleistungen erschwert wird[99].

Die grundsätzliche Verbindlichkeit des innerreligionsgesellschaftlichen Rechts oder der innerreligionsgesellschaftlichen Rechtsauffassung gilt auch dann, wenn das staatliche Gericht im Wege der Vorfragenprüfung mit diesem Rechtsgebiet befaßt ist.

5. Grundzüge des kirchlichen Vereinigungsrechts

5.1. Das Vereinigungsrecht der katholischen Kirche

5.1.1. Die kirchliche Vereinigungsfreiheit und die kirchlichen Vereinigungsformen

2865 Die Kirche benötigt zur Bewältigung von Aufgaben der kirchlichen Vereine, wenn eine gestellte Aufgabe die Kraft eines einzelnen übersteigt oder eine Aufgabe unabhängig vom Leben und der Schaffenskraft einer Person gewährleistet sein muß (can. 114 § 1 CIC/1983). Die Gläubigen werden deshalb auf-

94 Vgl. *Dütz* NJW 1990, 2025/2026.
95 *BVerfG* a. a. O.; BVerfGE 72, 278/289; *Dütz* a. a. O.; *Sachs* DVBl. 1989, 487/495.
96 BVerfGE 70, 138/168 f.
97 *Dütz* a. a. O. S. 2027.
98 *BVerfG* a. a. O.; *Dütz* NJW 1990, 2026.
99 *LG München I* NJW 1987, 847/848.

gefordert, sich insbesonders Vereinigungen zur Verfügung zu stellen, die von der zuständigen kirchlichen Autorität errichtet, zumindest belobigt oder empfohlen worden sind (can. 298 § 2).
Can. 215 gewährleistet den Gläubigen die Freiheit zur Gründung von Vereinigungen (= consociationes).
Die Vereinigungsfreiheit ist
- im Vereinigungsrecht (can. 298–239),
- im Recht der Institute des geweihten Lebens (can. 573–730),
- und im Recht der Gesellschaften des apostolischen Lebens (can. 731–746)

näher spezifiziert[100].
Hier wird nur das Vereinigungsrecht behandelt. Nicht eingegangen wird auf die Besonderheiten, die sich für sog. altrechtliche kirchliche Vereinigungen ergeben, d. h. solche, die bereits vor dem Inkrafttreten des CIC/1917 bestanden haben[101].
Der CIC/1983 kennt folgende Vereine:
- die öffentlichen Vereinigungen, welche kirchenrechtlich rechtsfähig sind (can. 301),
- die rechtsfähigen privaten Vereinigungen ohne oder mit kirchlicher Belobigung oder Empfehlung (can. 322),
- die nichtrechtsfähigen privaten Vereinigungen ohne kanonische Statuten oder mit kanonischer Statutenüberprüfung[102].

Mehrere öffentliche Vereinigungen können sich zu einem Vereinsverband zusammenschließen (can. 313). Es handelt sich um einen Dachverband, dessen Untergliederungen unter einem gemeinsamen »Dach« ihre Selbständigkeit bewahren[103]. Erforderlich ist der Zusammenschluß von mindestens drei öffentlichen Vereinigungen (can. 115 § 2)[104]. Privaten Vereinigungen ist ein solcher Zusammenschluß (confoederatio) ebenfalls gestattet[105].
Ein staatliches Gericht, das in einem Streit unter Beteiligung einer katholischen Religionsgesellschaft zu entscheiden hat, kann verpflichtet sein, die nachfolgend dargestellten Grundsätze des kirchlichen Vereinigungsrechts zu beachten[106].

5.1.2. Die für alle Vereine geltenden Vorschriften des CIC/1983

5.1.2.1. Vereinsgründung

Wie bereits ausgeführt, gewährleistet can. 215 für alle Christgläubigen die Ver- **2866**
einsgründungsfreiheit.
Die Vereinsgründer müssen die kanonische Zweckbestimmung beachten; es sind dies nach can. 298 § 1:
- das Streben nach christlicher Vollkommenheit,

---

100 *Schulz* Einl. vor can. 298 Rn. 3.
101 Vgl. *Schulz* a. a. O. Rn. 14.
102 Vgl. *Schulz* a. a. O. Rn. 4.
103 *Schulz* can. 313 Rn. 3.
104 Vgl. *Schulz* a. a. O.
105 *Schnizer* S. 465; *Schulz* a. a. O.
106 Z. B. bei Streitbeteiligung einer Gliederung des Kolpingwerkes – Deutscher Zentralverband, vgl. *BAG* NJW 1988, 3283/3285.

- die Pflege des amtlichen Gottesdienstes,
- die Förderung der christlichen Lehre,
- der Einsatz für Werke des Apostolats,
- die Evangelisierung,
- Werke der Frömmigkeit,
- caritative Aufgaben und
- die Durchdringung der weltlichen Ordnung mit christlichem Geist.

Eine private Vereinigung darf die Zwecke nicht verfolgen, die öffentlichen Vereinigungen vorbehalten sind (can. 299 § 1 i. V. m. can. 301 § 1).

An der Vereinsgründung können sich – wie ausgeführt – alle Christgläubigen beteiligen, seien es Kleriker oder Laien oder Kleriker und Laien zusammen (can. 298 § 1). Erforderlich zur Errichtung eines Vereins sind drei Personen (can. 115 § 2).

Die Gründer errichten den Verein durch miteinander getroffene Privatvereinbarungen (can. 299 § 1). Sie haben Statuten zu vereinbaren, die mindestens folgenden Inhalt haben müssen:

- Name und Sitz des Vereins,
- Vereinszweck,
- Bezeichnung, Zuständigkeitsbeschreibung und Bestellung der Vereinsorgane,
- Willensbildung und Vollzug der gefaßten Beschlüsse nach innen und außen,
- Erwerb und Verlust der Mitgliedschaft und
- Art der Vereinstätigkeit (can. 304 § 1).[107]

Der Vereinsname soll den Vereinszweck erkennen lassen und dem Sprachgebrauch nach Zeit und Ort angemessen sein (can. 304 § 2).

Über die Außenvertretung können die Statuten eine Regelung treffen. Fehlt eine solche, so steht diese dem Leiter der Vereinigung zu (can. 1279; vgl. auch can. 117 beim rechtsfähigen Verein).

5.1.2.2. Die kirchenamtliche Überprüfung der Statuten als Voraussetzung der Anerkennung als nichtrechtsfähige Vereinigung

2867 Eine private Vereinigung von Christgläubigen wird von der Kirche nur anerkannt, wenn ihre Statuten von der zuständigen Autorität geprüft worden sind (can. 299 § 3). Die Überprüfung muß die Nichtbeanstandung des Satzungsinhalts ergeben[108].

5.1.2.3. Die Mitgliedschaft

2868 Die Aufnahme der Mitglieder ist in der Satzung zu regeln (can. 307 § 1). Der nach dem Grundrecht der Vereinigungsfreiheit freigestellte Beitritt ist bei mehreren Vereinigungen möglich (can. 307 § 2).

Die Rechte und Pflichten der Mitglieder können in den Statuten grundsätzlich nach freiem Ermessen geordnet werden, wie dies dem Statutengeber zur Erreichung des Vereinszwecks angemessen erscheint[109]. Es bestehen keine zwingenden Vorschriften oder Grundsätze über das Ausmaß der Mitbestimmung

---

107 Vgl. *Schnizer* S. 466.
108 *Schulz* can. 299 Rn. 6.
109 *Schnizer* S. 466.

der Mitglieder[110]. Es sind jedoch die Schranken der Gerechtigkeit (iustitia) und Gleichbehandlung (aequitas) zu beachten[111].
Kein rechtmäßig Aufgenommener darf aus der Vereinigung ausgeschlossen werden, es sei denn aus gerechtem Grund nach Maßgabe des Rechts und der Statuten (can. 308). Mit der rechtmäßigen Aufnahme hat ein Mitglied eine geschützte Rechtsposition erlangt[112]. Der Ausschluß erfordert eine Güterabwägung. Es muß ein Ausschlußgrund gegeben sein, der so geartet ist, daß das Interesse der Vereinigung an der Trennung das Interesse des Betroffenen am Fortbestand der Mitgliedschaft eindeutig überwiegt[113].

5.1.2.4. Das Selbstbestimmungsrecht

Rechtmäßig gegründete Vereinigungen haben das Recht, nach Maßgabe des **2869**
Rechts und der Statuten besondere, die Vereinigung selbst betreffende Vorschriften zu erlassen, Versammlungen abzuhalten und Leiter, Amtsträger, Beauftragte sowie Vermögensverwalter zu bestimmen (can. 309).

5.1.2.5. Aufsicht

Alle Vereinigungen von Christgläubigen unterliegen der Aufsicht der zustän- **2870**
digen kirchlichen Autorität, die dafür zu sorgen hat, daß in ihnen die Unversehrtheit von Glauben und Sitte bewahrt wird, und die darüber zu wachen hat, daß sich keine Mißbräuche in die kirchliche Disziplin einschleichen, weshalb sie die Pflicht und das Recht hat, diese nach Maßgabe des Rechts und der Statuten zu beaufsichtigen (can. 305 § 1).

5.1.3. Die nichtrechtsfähigen privaten Vereinigungen

5.1.3.1. Entstehung

Die nichtrechtsfähige private Vereinigung erlangt ihre kirchenrechtliche Exi- **2871**
stenz mit der Anerkennung ihrer Statuten, die als bloßes »nihil obstat«, aber auch als »laudatio« oder »commendatio« ergehen kann (can. 299 §§ 2, 3).[114]

5.1.3.2. Rechtsnatur

Auch nach kanonischem Recht wird die nichtrechtsfähige Vereinigung organi- **2872**
sationsrechtlich der rechtsfähigen Vereinigung nahezu gleichgestellt[115]. Ihr mangelt aber die Rechtspersönlichkeit und damit die Vermögensfähigkeit. Träger der Rechte und Pflichten ist nicht eine von den Mitgliedern verselbständigte juristische Person (persona iuridica), es sind dies vielmehr die Mitglieder selbst (can. 310). Sie können »in dieser Vereinigung gemeinsam Verpflichtungen eingehen und als Miteigentümer und Mitbesitzer Rechte und Vermögen erwerben und besitzen; diese Rechte und Verpflichtungen können sie durch einen Beauftragten oder Stellvertreter wahrnehmen« (can. 310).

---

110 *Schnizer* a. a. O.
111 *Schnizer* a. a. O.
112 *Schulz* can. 308 Rn. 2.
113 *Schulz* a. a. O.
114 Vgl. *Schnizer* S. 470.
115 *Schnizer* a. a. O.

5.1.3.3. Satzungsautonomie

2873 Die Christgläubigen führen und leiten private Vereinigungen nach Maßgabe der Bestimmungen der Statuten (can. 321).

5.1.3.4. Aufsicht und Leitungsgewalt

2874 Wenn auch private Vereinigungen gem. can. 321 Autonomie genießen, so unterliegen sie nach can. 323 § 1 gleichwohl der Aufsicht (vigilantia) nach Maßgabe von can. 305 sowie der Leitung der zuständigen kirchlichen Autorität (regimen). Aufsichtsrecht bedeutet die dem Oberhirten allgemein zustehende Befugnis, auf die Wahrung der kirchlichen Disziplin und von Glaube und Sitte zu achten[116]. Die oberhirtliche Leitungsgewalt kommt zunächst im Bereich des Vermögensrechts zum Tragen. Nach can. 325 § 1 verwaltet zwar eine private Vereinigung die Güter, die sie besitzt, nach Maßgabe der Vorschriften der Statuten, jedoch unbeschadet des Rechts der zuständigen kirchlichen Autorität, darüber zu wachen, daß die Güter zu Vereinszwecken verwendet werden. Hinsichtlich der Güter, die der Vereinigung selbst zu frommen Zwecken geschenkt oder hinterlassen worden sind, kann der Ortsordinarius Rechnungslegung verlangen (can. 325 § 2 i. V. m. can. 1301). Die oberhirtliche Leitungsgewalt kann auch ausgeübt werden, damit »eine Zersplitterung der Kräfte vermieden wird und daß die Ausübung« des Apostolats der Vereinigung »auf das Gemeinwohl ausgerichtet ist« (can. 323 § 2).

5.1.3.5. Auflösung und Vermögensverwendung

2875 Nach Maßgabe der Satzung kann das von dieser vorgesehene Organ mit der erforderlichen Mehrheit die Selbstauflösung beschließen (can. 326 § 1 Halbs. 1). Möglich ist auch die Zwangsauflösung durch die zuständige kirchliche Autorität, wenn die Tätigkeit der Vereinigung zu schwerem Schaden für die kirchliche Lehre oder Disziplin wird oder wenn sie den Christgläubigen zum Ärgernis gereicht (can. 326 § 1 Halbs. 2).

Über die Vermögensverwendung können die Statuten eine Bestimmung treffen, wobei u. U. wohlerworbene Rechte der Spender zu wahren bzw. deren Wille zu berücksichtigen ist (can. 326 § 2).

5.1.4. Die rechtsfähigen privaten Vereinigungen

5.1.4.1. Die Erlangung der Rechtsfähigkeit

2876 Rechtsfähige private Vereinigungen sind enger der kirchlichen Hierarchie zugeordnet als nichtrechtsfähige. Dies kommt zunächst dadurch zum Ausdruck, daß die Statuten einer vorgängigen Billigung (probatio) der in can. 312 genannten kirchlichen Autorität bedürfen (can. 322 § 2). Zuständig für die gesamtkirchliche oder internationale Vereinigungen ist der Heilige Stuhl, für nationale Vereinigungen mit Tätigkeitsgebiet in einem Staat (in einer ganzen Nation) die Bischofskonferenz, für diözesane Vereinigungen der Diözesanbischof (vgl. can. 312 § 1).

116 *Schnizer* S. 472.

Ein nichtrechtsfähiger Verein kann durch ein förmliches Dekret (decretum formale) der oben genannten kirchlichen Autorität Rechtsfähigkeit erlangen (can. 322 § 1). Ein solches Dekret soll nur dann erlassen werden, wenn der neue Rechtsträger über hinreichende Mittel verfügen wird, um den beabsichtigten Zweck zu erreichen (can. 114 § 3)[117]. Aus dieser Vorschrift wird gefolgert, daß ein Rechtsanspruch auf Erlangung der Rechtsfähigkeit nicht besteht[118].
Die Rechtsfähigkeit kann durch die Statuten oder durch die Umschreibung des Vereinszwecks beschränkt sein (can. 114 §§ 1, 2, can. 304 § 1)[119].

5.1.4.2. Aufsicht

Die Möglichkeiten des Einflusses der kirchlichen Hierarchie sind bei rechts- **2877**
fähigen Vereinigungen größer als bei nichtrechtsfähigen. Die Aufsichtsbefugnisse reichen von der vorherigen Billigung des Statutenentwurfs und evtl. gewünschter Satzungsänderungen über die Bestätigung des geistlichen Beraters (can. 324 § 2) bis hin zur Ausübung der Leitungsgewalt, die über die allgemeine Vigilanz zur Wahrung der Unversehrtheit von Glaube und Sitte sowie die Verhinderung von Mißbräuchen hinausgeht[120].

5.1.4.3. Grundsätzlich keine Auswirkung der kirchlichen Rechtsfähigkeit im staatlichen Bereich

Die von einer kirchlichen Autorität verliehene Rechtsfähigkeit hat Aus- **2878**
wirkungen nur im kirchlichen Bereich. Der Staat erkennt die kirchliche Rechtsfähigkeit für seinen Bereich nicht an. Anders ist es, wenn die Anerkennung in diesem Bereich durch ein Konkordat gewährleistet ist[121].

5.1.5. Die öffentlichen Vereinigungen

5.1.5.1. Die amtliche Errichtung

Eine öffentliche Vereinigung entsteht nur durch ein entsprechendes Errich- **2879**
tungsdekret der zuständigen kirchlichen Autorität (can. 301 § 3). Kraft der Errichtung besitzt sie Rechtspersönlichkeit (can. 313). Sie verfolgt die satzungsmäßig zugewiesenen Aufgaben im Namen der Kirche (can. 301 § 1)[122].

5.1.5.2. Vereinigungszwecke

Öffentliche Vereinigungen können folgende Zwecke haben: **2880**
- die Vermittlung der christlichen Lehre im Namen der Kirche,
- die Förderung des amtlichen Gottesdienstes und
- andere Ziele, deren Verfolgung ihrer Natur nach der zuständigen kirchlichen Autorität vorbehalten ist (can. 301 § 1).

---

117 Vgl. *Schnizer* S. 471.
118 *Schnizer* a. a. O.
119 Vgl. *Schnizer* S. 465.
120 Vgl. *Schulz* can. 322 Rn. 4.
121 Nach Art. II und XV § 7 des österreichischen Konkordats wird die kirchenrechtliche Rechtsfähigkeit auch im staatlichen Bereich anerkannt, vgl. *Schnizer* S. 472.
122 Vgl. *Schnizer* S. 474.

Die zuständige kirchliche Autorität kann, wenn sie es für förderlich erachtet, öffentliche Vereinigungen auch zur direkten oder indirekten Verfolgung anderer geistlicher Ziele errichten, für deren Erreichung durch private Initiativen nicht genügend gesorgt ist (can. 301 § 2).

5.1.5.3. Kirchengutseigenschaft des Vermögens öffentlicher Vereinigungen

2881 Das Vermögen einer öffentlichen Vereinigung gilt als Kirchengut (can. 1257 § 1)[123]. Das Vermögen eines privaten Vereins hat diese Eigenschaft nicht[124].

5.1.5.4. Die besondere Unterstellung unter die kirchliche Hierarchie

2882 Die öffentliche Vereinigung ist in die kirchliche Hierarchie stärker eingebunden als eine private Vereinigung.

Es werden zunächst höhere Anforderungen an den Erwerb und den Bestand der Mitgliedschaft gestellt. Wer öffentlich den katholischen Glauben abgelegt hat, von der kirchlichen Gemeinschaft abgefallen oder mit einer verhängten oder festgestellten Exkommunikation belegt ist, kann nicht gültig in eine öffentliche Vereinigung aufgenommen werden (can. 316 § 1). Tritt einer dieser Tatbestände nach dem Erwerb der Mitgliedschaft ein, so ist der Betroffene nach Mahnung und unter Beachtung der Statuten zu entlassen, allerdings ist der Rekurs zur zuständigen kirchlichen Autorität zulässig (can. 316 § 2).

Falls die Statuten dem nicht entgegenstehen, ist es Sache der zuständigen kirchlichen Autorität, den von der öffentlichen Vereinigung gewählten Vorsitzenden zu bestätigen oder diesen als von der öffentlichen Vereinigung Vorgeschlagenen in sein Amt einzusetzen oder kraft eigenen Rechts zu ernennen; einen Kaplan oder einen geistlichen Assistenten ernennt aber immer die kirchliche Autorität (can. 317 § 1). In öffentlichen Vereinigungen, die direkt zur Ausübung des Apostolats berufen sind, dürfen Personen nicht Vorsitzende sein, die in politischen Parteien eine leitende Stellung innehaben (can. 317 § 4).

5.2. Hinweise zum Vereinigungsrecht der Evangelischen Kirche

2883 In der Evangelischen Kirche ist das kirchliche Vereinigungsrecht z. T. in Kirchengesetzen geregelt[125].

Die verfaßte Kirche verleiht den Werken (vgl. oben Rn. 2842) selbständige und unselbständige Rechtspersönlichkeit[126]. Durch Kirchengesetz werden die Mitwirkungsrechte der Organe der Evangelischen Kirche sichergestellt.

Selbständige Diakonische Werke sind z. B. das Berliner Missionswerk der Evangelischen Kirche in Berlin-Brandenburg (kirchengesetzlicher Zusammenschluß der Berliner Mission, Deutsche Ostasienmission, Gossner Mission, Je-

---

123 Vgl. *Schnizer* S. 476

124 *Schnizer* a. a. O.

125 *Stein* S. 158.

126 *Stein* a. a. O.

rusalemverein) sowie Kirchliche Hochschulen[127]. Männer-, Frauen- und Jugendwerke sowie Evangelische Akademien sind Beispiele für unselbständige kirchliche Werke.

Vereine mit kirchlicher Zielsetzung, auch Trägervereine – z. B. für ein auf kirchlichem Antrieb gegründetes evangelisches Krankenhaus –, bedürfen nach kirchlichem Recht meist der Beratung und Genehmigung der kirchlichen Verwaltungsbehörde[128]. Durch die Satzung ist bei diesen Vereinen oft sichergestellt, daß die verfaßte Kirche etwa Vorstandsmitglieder entsenden darf oder daß Satzungsänderungen von kirchlichen Stellen zu genehmigen sind[129].

127 *Stein* a. a. O.
128 *Stein* S. 159.
129 *Stein* S. 158 f.

XVI. Die altrechtlichen Vereine

1. Begriff und kurzer historischer Rückblick

2884 Altrechtliche Vereine sind solche, die im Zeitpunkt des Inkrafttretens des Bürgerlichen Gesetzbuchs am 1. 1. 1900 bereits bestanden haben.

Zur Zeit der Gründung dieser Vereine bestand in Deutschland eine erhebliche Rechtszersplitterung. An umfassenden Kodifikationen waren in Bayern der »Codex Maximilianeus Bavaricus« von 1756, in Preußen das »Allgemeine Landrecht für die preußischen Staaten« von 1794, in Baden das »Badische Landrecht« von 1809 (im wesentlichen eine Übersetzung des französischen »Code Civil«) und in Sachsen das »Bürgerliche Gesetzbuch für das Königreich Sachsen« von 1863 verbindlich. Subsidiär hat in Deutschland das sog. »Gemeine Recht« gegolten; es hat sich um ungeschriebene, im wesentlichen auf dem rezipierten römischen Recht fußende (und z. T. umstrittene) Rechtssätze gehandelt.

Körperschaftlich organisierte Personenverbindungen sind früher nicht Vereine genannt worden. Das preußische ALR hatte im II. Teil 6. Titel das Recht »der Gesellschaften überhaupt« und das der »Corporationen und Gemeinen insonderheit« behandelt. Als »Korporationen« hat man die juristischen Personen des Privatrechts verstanden; im Gegensatz hierzu haben die öffentlich-rechtlichen Vereinigungen gestanden, die als »Gemeinen« oder als »staatliche Gemeinden« bezeichnet worden sind[1]. Im Verlaufe des 19. Jahrhunderts wurde die Bezeichnung »Personenvereine« gebräuchlich[2].

Kodifikationen des Korporations- bzw. Vereinsrechts haben in den bereits erwähnten Bestimmungen des ALR sowie im Sächs. BGB (§§ 53 bis 56) bestanden. Hier ist historisch von Interesse: Bei einem sächsischen Personenverein war zur Gültigkeit der Beschlußfassung in einer Mitgliederversammlung erforderlich, daß wenigstens die Hälfte der stimmberechtigten Mitglieder erschienen war (§ 55 Sächs. BGB)[3]. Eine spezialgesetzliche Regelung des Vereinsrechts war in dem Sächs. Gesetz vom 15. 6. 1868 enthalten (vgl. den jetzt gegenstandslosen Art. 166 EGBGB). Von historischem Interesse ist die Bestimmung des § 20 Abs. 2 dieses Gesetzes, wonach Beschränkungen der Vollmacht eines Vorstands Dritten gegenüber keine rechtliche Wirkung gehabt haben[4]. In Bayern hat das »Gesetz, die privatrechtliche Stellung von Vereinen betr.« vom 29. 4. 1869[5] gegolten (vgl. Art. 165 EGBGB). Seine Bestimmungen haben z. T. für die vereinsrechtlichen Normen des BGB als Vorbild gedient. Von den Vorschriften dieses Gesetzes verdienen geschichtliches Interesse: Die Rechte eines »anerkannten Vereins« haben nur erworben werden können, wenn dieser »nicht auf Erwerb, Gewinn oder eigentlichen Geschäftsbetrieb« abgezielt hat (Art. 1). Ein fakultativ bestellter Aufsichtsrat hatte die Befugnis, eine Generalversammlung der Vereinsmitglieder zu berufen, »sobald er es für

1 *Stobbe* S. 401.
2 Vgl. *Stobbe* S. 402; *Roth* S. 285.
3 Vgl. *Habicht* S. 111 f.
4 Vgl. auch *Habicht* S. 111.
5 GBl. 1866–69 S. 1197.

nötig erachtet« hat (Art. 20). Das Einberufungsorgan hatte das Recht, den Vorsitzenden einer Generalversammlung sowie die Schriftführer zu bestimmen; die Versammlung hatte jedoch »sofort anders darüber beschließen können« (Art. 24 Abs. 1). Hatten nach den Statuten »andere Organe des Vereins bei Geschäftsabschlüssen mitzuwirken«, so war es erforderlich, daß »der zustimmende Beschluß derselben schriftlich in der geschäftsordnungsgemäßen Form des betreffenden Organs dem Dokumente beigefügt« worden ist (Art. 15 Abs. 3).

2. Die Rechtsfähigkeit

Die Frage, ob eine Korporation bzw. ein Personenverein vor dem 1. 1. 1900 die Rechtsfähigkeit erlangt hat, beantwortet sich nach dem damals geltenden, z. T. nicht kodifizierten Recht. **2885**

2.1. Die gemeinrechtliche Auffassung

In der gemeinrechtlichen Literatur ist die – allerdings umstrittene – Auffassung vertreten worden, alle erlaubten korporativen Vereinigungen seien auch juristische Personen; eines staatlichen Verleihungsakts (Privilegiums) bedürfe es nicht[6]. Hat sich eine dahingehende Auffassung in einem bestimmten Gebiet als herrschend herausgestellt, so hat dort eine Personenvereinigung ohne staatliche Mitwirkung den Status einer juristischen Person erlangt. Den Beweis, daß eine Personenvereinigung die Rechtsfähigkeit erlangt hat, muß derjenige führen, der hieraus für sich Rechte herleitet[7], somit im Regelfall der klagende Verein, der Beklagte jedoch, wenn gegen den Verein als Kläger ein Versäumnisurteil ergehen soll. Kann ein sonach beweisbelasteter Verein darlegen, daß er bisher immer als rechtsfähig angesehen worden ist, so wird der erforderliche Nachweis geführt sein[8]. **2886**

2.2. Die Rechtsfähigkeit aufgrund staatlichen Privilegiums

Vor 1900 war es weitgehend dem Landesherrn vorbehalten, einem Personenverein die Korporationsrechte zu verleihen. Diese Verleihung stellte ein Privilegium dar, welches nur einer bestimmten Korporation erteilt worden ist[9]. Der Landesherr konnte die Korporationsrechte ausdrücklich verleihen; die Verleihung war auch indirekt durch die staatliche Bestätigung der Statuten möglich[10]. Die Rechtsverhältnisse der Korporation haben sich aus dem Inhalt des Spezialprivilegiums bzw. nach Maßgabe der durch das Privilegium genehmigten Statuten ergeben[11]. Nach § 22 ALR II, 6 haben sich »die Rechte und Verhältnisse einer vom Staate ausdrücklich genehmigten oder privilegirten Gesell- **2887**

6 *Stobbe* S. 413; *Roth* S. 286.
7 Vgl. zur Beweislast bei der Parteifähigkeit *BAG* DB 1974, 1244.
8 Vgl. auch Art. 4 Abs. 2 BayAGBG v. 20. 9. 1982 – GVBl. S. 803.
9 *Roth* S. 291.
10 *Stobbe* S. 410; *Roth* a. a. O.
11 *Roth* S. 292.

schaft: ... hauptsächlich nach dem Inhalte des ihr erteilten Privilegii« bestimmt[12].
In Bayern hat die Königliche Verordnung vom 25. 8. 1868[13], die Allgemeine Schützenordnung für das Königreich Bayern betr. Schützengesellschaften die Möglichkeit eröffnet, die Rechtsstellung eines privilegierten Vereins zu erhalten. Bestehende oder neu gegründete Schützengesellschaften, welche die Allgemeine Schützenordnung anerkannt haben, erlangten allein mit dieser Anerkennung die Rechte einer Korporation[14].

2.3. Die gesetzlich erlangte Rechtsfähigkeit

2888 Vor dem Inkrafttreten des BGB konnten Vereine mit bestimmten Zwecksetzungen die Rechtsfähigkeit auch durch Gesetz[15] oder aufgrund eines Gesetzes erlangen. Durch ein Reichsgesetz vom 7. 4. 1878 sind die Rechtsverhältnisse der eingeschriebenen Hilfskassen geregelt worden, welche die gegenseitige Unterstützung der Mitglieder (nicht nur der Gewerbetreibenden) für den Fall der Krankheit bezweckt haben[16]. Das Statut der durch schriftlichen Vertrag entstandenen Hilfskassen hatte Bestimmungen zu enthalten über Namen, Sitz und Zweck der Kasse, über den Beitritt und Austritt der Mitglieder, die Vertretung, die Beiträge und Unterstützungen, die Stellung der Jahresrechnung, die Abänderung des Statuts und die Auflösung[17]. Das Statut war der höheren Verwaltungsbehörde zur Genehmigung vorzulegen. Mit der Eintragung in ein besonderes Register hat die Hilfskasse die Rechte einer juristischen Person erlangt[18].
Für die »Kranken- und Hülfs- oder Sterbekassen« der selbständigen Gewerbetreibenden hat § 140 der Gewerbeordnung von 1869 bestimmt, daß diese »durch die Genehmigung der höheren Verwaltungsbehörde die Rechte juristischer Personen erhalten«.

2.4. Die anerkannten Vereine nach früherem bayer. Recht

2889 In Bayern hatten Vereine, die nicht öffentliche Korporationen gewesen sind, die nicht zu den Erwerbs- und Wirtschaftsgenossenschaften gehört und die nicht »auf Erwerb, Gewinn oder eigentlichen Geschäftsbetrieb« abgezielt haben, nach Maßgabe des Gesetzes vom 29. 4. 1869, »die privatrechtliche Stellung von Vereinen betr.«[19] die Rechtspersönlichkeit erlangen können. Die Statuten mit dem in Art. 2 näher umschriebenen Mindestinhalt waren bei dem Bezirksgericht, in dessen Bezirk der Verein seinen Sitz hatte, durch den Vorstand in Per-

12 Die nach §§ 11 ff. ALR II, 6 bestehenden erlaubten Privatgesellschaften haben ein Rechtsgebilde zwischen einer juristischen Person und einer – heutigen – Gesellschaft des bürgerlichen Rechts dargestellt, vgl. RGZ 51, 160: Schützengilde.

13 RBl. 1868, 1729.

14 Vgl. BayObLGZ 1959, 152/157 und 287/291.

15 Vgl. *Stobbe* S. 417 sowie Amtl. Begründung zu Art. 1–4 BayAGBGB – LT-Drucks. 9/10458 S. 18.

16 Vgl. *Roth* S. 302.

17 Vgl. *Roth* S. 303.

18 Vgl. *Roth* a. a. O.; *Stobbe* S. 416 f.

19 GBl. 1866–69 S. 1197.

son oder mittels »beglaubigten Aktes« im Original und in Abschrift oder Abdruck einzureichen; nach Prüfung, daß die gesetzlichen Erfordernisse gewahrt waren, sind vom Gericht die Originalstatuten mit dem Vermerk zurückgereicht worden: »Anerkannt nach dem Gesetz vom 29. April 1869«; damit hat der Verein die Rechte einer juristischen Person des Privatrechts erlangt (Art. 4 und 10).

2.5. Die Bereinigung der zweifelhaften Rechtsfähigkeit durch das Hamburger Landesrecht

Die Frage der Rechtsfähigkeit älterer Vereine kann vor allem dann zweifelhaft **2890**
sein, wenn diese Eigenschaft zwar durch den Staat verliehen worden, wenn jedoch der entsprechende staatliche Akt in Urkundenform nicht mehr vorhanden ist.

Diese Zweifelsfragen sind in § 5 des hamburgischen Ausführungsgesetzes zum BGB[20] wie folgt einer Bereinigung zugeführt worden:

Die vor dem Inkrafttreten des Bürgerlichen Gesetzbuches entstandenen Vereine gelten als rechtsfähig, wenn sie

a) bis zum 31. Dezember 1899 vom Senat die Ermächtigung erhalten haben, sich Grundstücke oder Hypotheken in den öffentlichen Büchern zuschreiben zu lassen, oder

b) vor dem 1. Mai 1899 in Hamburg bestanden, bis zum 31. Dezember 1899 die Erteilung eines Zeugnisses über ihre Rechtsfähigkeit beantragt und das Zeugnis vor oder nach diesem Zeitpunkt erhalten haben.

Das erwähnte Zeugnis ist erteilt worden, sofern der – rechtsfähige oder nichtrechtsfähige – Verein seine Satzung den Bestimmungen des BGB angepaßt hatte[21].

3. Die Verfassung altrechtlicher Vereine

Von dem Grundsatz, daß das vor dem 1. 1. 1900 geltende, privatrechtliche **2891**
Vorschriften beinhaltende Landesrecht außer Kraft getreten ist (Art. 55 EGBGB), enthält Art. 82 EGBGB für Vereine eine Ausnahme. Danach bleiben die Vorschriften der Landesgesetze über die Verfassung solcher Vereine, deren Rechtsfähigkeit auf staatlicher Verleihung beruht, in Kraft. Der Landesgesetzgeber kann insoweit auch neue Vorschriften erlassen (Art. 1 Abs. 2 EGBGB).

Von dem Vorbehalt werden wirtschaftliche Vereine (§ 22 BGB) erfaßt, die schon vor dem 1. 1. 1900 eine Konzessionierung erhalten haben[22]. Weiter gehören hierher die privilegierten nichtwirtschaftlichen Vereine[23]. Der Vorbehalt bezieht sich jedoch nicht auf solche Vereine, die aufgrund anderer Rechtstitel

20 I. d. F. vom 1. 7. 1958 – Gesetze und Verordnungen der Freien und Hansestadt Hamburg – 400-1.

21 *Habicht* S. 112 Fußn. 1.

22 Vgl. *Planck* 3. Aufl. Berlin 1905, Art. 82 EGBGB Anm. 3 b.

23 *Planck* a. a. O.; *Gerstlauer* BayZ 1907, 322/323.

(gemeinrechtliches Gewohnheitsrecht, Gesetz) ihre Rechtsfähigkeit erlangt haben.
Der Vorbehalt kann noch Bedeutung für den ehemals preußischen Rechtskreis haben. Nach Art. 89 Nr. 1 c preuß. AGBGB[24] wurde ALR II, 6 aufgehoben, soweit dessen Vorschriften sich auf die Verfassung rechtsfähiger Vereine beziehen, die nach dem Inkrafttreten des BGB Rechtsfähigkeit erlangt haben. Daraus hat das RG gefolgert, diese Bestimmung enthalte keinen Vorbehalt, da nur bestimmt worden sei, was aufgehoben werden sollte[25]; später hat es jedoch diesen Standpunkt nicht mehr ausdrücklich aufrechterhalten, sondern die korporationsrechtlichen Bestimmungen des ALR II, 6 geprüft[26]. Von der Weitergeltung nach dem 1. 1. 1900 ist auszugehen[27]. Inzwischen ist Art. 89 Nr. 1 c in den Ländern des früheren preußischen Rechtskreises aufgehoben worden[28] oder als »überholte Aufhebungsvorschrift« nicht mehr aufgeführt[29]. Die Aufhebung bzw. Außerkraftsetzung einer Vorschrift bezieht sich – soweit nichts anderes bestimmt ist – nicht auf die Tatbestände, die sich im Geltungsbereich einer aufgehobenen gesetzlichen Vorschrift ereignet haben. Es ist somit denkbar, daß heute noch für altrechtliche Vereine mit Sitz ehemals preußischen Rechtskreis die Bestimmungen ALR II, 6 Anwendung finden.
In Bayern hat die Allgemeine Schützenordnung weitgehend die Verfassung der privilegierten Schützengesellschaften geregelt. Es hat ein staatliches Aufsichtsrecht bestanden, das durch Schützenkommissäre ausgeübt worden ist. Diese konnten Beschlüsse der Generalversammlung »inhibiren«; hiergegen war die Beschwerde zu den staatlichen Behörden der inneren Verwaltung zugelassen. Die Allgemeine Schützenordnung ist nicht in die Bereinigte Sammlung des Bayerischen Landesrechts aufgenommen worden und ist deshalb am 31. 12. 1957 außer Kraft getreten[30]. Für Tatbestände, die vor dem 1. 1. 1958 eingetreten sind, verbleibt es bei der Geltung der Allgemeinen Schützenordnung; danach sind die Bestimmungen der §§ 25 bis 53 BGB verbindlich geworden[31].
Soweit heute ein Vorbehalt gem. Art. 82 EGBGB nicht mehr eingreift, kommt die gegenüber dieser Vorschrift subsidiäre Übergangsbestimmung[32] des Art. 163 EGBGB zum Tragen, wonach auf die am 1. 1. 1900 bestehenden juri-

---

24 V. 20. 9. 1899 – GS 1899 S. 177.
25 RGZ 81, 244/249.
26 Vgl. z. B. JW 1925, 49; HRR 1936 Nr. 1100.
27 Vgl. *OVG Berlin* JR 1967, 155/156; *Planck* Anm. 3 b, *Staudinger/Keidel* Rn. 9, je zu Art. 82 EGBGB.
28 § 29 Nr. I 8 des niedersächsischen Ausführungsgesetzes zum BGB vom 4. 3. 1971 – GVBl. S. 73 – i. d. F. des Ges. vom 14. 7. 1972 – GVBl. S. 387; § 27 Abs. 1 Nr. 3 f des rheinland-pfälzischen Landesgesetzes zur Ausführung des Bürgerlichen Gesetzbuchs vom 18. 11. 1976 – Sammlung des bereinigten Landesrechts Rheinland-Pfalz 400-1.
29 Vgl. die Bekanntmachungen des Ausführungsgesetzes zum BGB vom 20. 9. 1899 durch Berlin – Sammlung des in Berlin geltenden preußischen Rechts 1806–1945 400-1; Hessen – Sammlung des bereinigten Hessischen Landesrechts 230-2; Nordrhein-Westfalen – Sammlung des bereinigten Gesetz- und Verordnungsblattes für das Land Nordrhein-Westfalen 40 sowie durch das Saarland – Sammlung des bereinigten saarländischen Landesrechts 400-1.
30 BayObLGZ 1959, 287/291 f.
31 *BayObLG* a. a. O. S. 292.
32 Vgl. *RG* HRR 1936 Nr. 1100.

stischen Personen die Bestimmungen der §§ 25 bis 53 BGB zur Anwendung kommen. Von diesen BGB-Bestimmungen verdrängen nur diejenigen das bisherige Verfassungsrecht altrechtlicher Vereine, die zwingend sind, was sich aus der Aufzählung in § 40 BGB ergibt[33]. Soweit das BGB auf die Vereinsverfassung verweist oder die vereinsrechtlichen Vorschriften des BGB durch den Verein abgeändert werden können, verbleibt es bei dem bisherigen Verfassungsrecht altrechtlicher Vereine[34]. Dieses kann sich aus dem erteilten Privilegium oder aus sonstigen altrechtlichen Bestimmungen, aus der schriftlich niedergelegten Satzung und Beschlüssen der Mitgliederversammlung sowie aus einem Vereinsherkommen ergeben[35].

Hat sich ein altrechtlicher Verein nach dem 1. 1. 1900 eine neue Satzung gegeben, die insgesamt den Vorschriften des BGB angepaßt worden ist – was u. U. staatlicher Genehmigung bedurft hat (vgl. § 30 ALR II, 6) –, so kommt für diesen die Anwendung altrechtlicher, das Vereinsrecht betreffender Vorschriften nicht mehr in Betracht. Der Verein untersteht dem Recht des BGB[36].

4. Die Genehmigung von Satzungsänderungen

Die Änderung der Satzung altrechtlicher Vereine, deren Rechtsfähigkeit auf staatlicher Verleihung beruht, bedarf der Genehmigung nach § 33 Abs. 2 BGB[37]. **2892**

Mangels anderweitiger Regelung sind die Behörden zuständig, welche die Satzungsänderung eines kraft Verleihung rechtsfähigen wirtschaftlichen Vereins zu genehmigen haben.

In Bayern erteilt die Genehmigung »das für den Tätigkeitsbereich des Vereins zuständige Staatsministerium«[38]. Danach ist zuständig bei Satzungsänderungen der Königlich-privilegierten Schützengesellschaften das Staatsministerium des Innern, bei einem altrechtlichen Künstlerunterstützungsverein das Staatsministerium für Unterricht und Kultus und bei einer altrechtlichen Züchtervereinigung das Staatsministerium für Ernährung, Landwirtschaft und Forsten[39].

33 *Staudinger/Keidel* Rn. 10, *Planck* Anm. 2, je zu Art. 163 EGBGB.
34 *Planck* a. a. O.
35 Vgl. *Habicht* S. 117.
36 *RG* Warn. 1919 Nr. 20; *RG* JW 1925, 49.
37 Allgemeine Meinung, vgl. z. B. Amtl. Begründung zu Art. 4 BayAGBGB – LT-Drucks. 9/10458 S. 19.
38 Art. 2 Abs. 2 Satz 2 BayAGBGB v. 20. 9. 1982 – GVBl. S. 803 – i. V. m. d. VO über die Geschäftsverteilung der Bayer. Staatsregierung i. d. F. vom 11. 4. 1972 – GVBl. S. 157.
39 Amtl. Begründung a. a. O. S. 18

5. Der Verlust der Rechtsfähigkeit

5.1. Der Verlust durch Gesetz in Baden-Württemberg und Rheinland-Pfalz

2893 Hat ein Verein aufgrund eines früheren, heute nicht mehr in Kraft befindlichen Gesetzes die Rechtsfähigkeit erlangt, so berührt der Wegfall der gesetzlichen Grundlage diese Eigenschaft nicht.
Ein privatrechtlicher Verein, der vor dem 1. 1. 1900 durch staatliche Verleihung die Rechtsfähigkeit erlangt hat und dessen Zweck nicht auf einen wirtschaftlichen Geschäftsbetrieb gerichtet ist, mußte sich in Baden-Württemberg bis zum 31. 12. 1977 und in Rheinland-Pfalz bis zum 31. 12. 1979 eine Verfassung geben, die den vereinsrechtlichen Vorschriften des BGB entsprochen hat, und seine Eintragung in das Vereinsregister beantragen[40]. Ist dieser Eintragungsantrag nicht rechtzeitig gestellt worden, so hat ein altrechtlicher Verein mit Sitz in diesen Bundesländern nach den angeführten Vorschriften die Rechtsfähigkeit verloren. In Rheinland-Pfalz konnte der altrechtliche Verein sich noch im Liquidationsstadium eine den Vorschriften des BGB entsprechende Satzung geben mit der Folge, daß der Verein mit der antragsgemäßen Eintragung im Vereinsregister seine Rechtsfähigkeit wiedererlangen konnte. Mit diesen Regelungen ist das Recht altrechtlicher Vereine nur teilbereinigt worden. Verlegt nunmehr ein rechtsfähiger altrechtlicher Verein mit Sitz z.B. in Nordrhein-Westfalen seinen Sitz in eines der genannten Bundesländer, so wird er von den Landesgesetzen nicht mehr erfaßt. Die beiden landesrechtlichen Regelungen lassen die Frage des Bestands solcher altrechtlicher Vereine offen, deren Rechtsfähigkeit auf staatlicher Verleihung beruht. In Rheinland-Pfalz können noch Vereine bestehen, die sog. »anerkannte Vereine« aufgrund des bayer. Vereinsgesetzes von 1869 sind. Deren Rechtsfähigkeit beruht nicht auf staatlicher Verleihung, sondern auf einem der heutigen Eintragung vergleichbaren gerichtlichen Akt.

5.2. Die Entziehung der Rechtsfähigkeit nach § 43 BGB

2894 Greift ein Vorbehalt gem. Art. 82 EGBGB nicht mehr ein, so kann einem altrechtlichen Verein die Rechtsfähigkeit nach § 43 Abs. 1 und 2 BGB i.V.m. Art. 163 EGBGB entzogen werden. Bei einem solchen Verein kann auch der Entziehungstatbestand des § 43 Abs. 3 BGB – Verfolgung eines anderen als des in der Satzung bestimmten Zwecks – zum Tragen kommen. Voraussetzung ist jedoch auch hier, daß der Verein aufgrund Verleihung die Rechtsfähigkeit erlangt hat. Einem »anerkannten Verein« nach früherem bayer. Recht kann hiernach die Rechtsfähigkeit nicht entzogen werden.

40 § 39 des baden-württembergischen Ausführungsgesetzes zum BGB vom 26. 11. 1974 – GBl. S. 498 und § 25 des rheinland-pfälzischen Landesgesetzes zur Ausführung des BGB vom 18. 11. 1976 – Sammlung des bereinigten Landesrechts Rheinland-Pfalz 400-1.

6. Die Rechtsbereinigung in Bayern

Durch das bayer. Gesetz zur Ausführung des Bürgerlichen Gesetzbuchs und anderer Gesetze (AGBGB) vom 20. 9. 1982[41] sind die Rechtsverhältnisse altrechtlicher Vereine der folgenden Regelung zugeführt worden: **2895**

6.1. Die anerkannten Vereine

Vereine, die zur Zeit des Inkrafttretens des BGB (1. 1. 1990) nach dem Vereinsgesetz 1869 anerkannt waren, gelten von diesem Zeitpunkt an als eingetragene Vereine (Art. 3). Eine Eintragung nach § 64 BGB entfällt. **2896**

6.2. Sonstige nichtwirtschaftliche privatrechtliche Vereinigungen

Eine sonstige nichtwirtschaftlich tätige privatrechtliche Vereinigung, der vor dem 1. 1. 1900 die Rechtsfähigkeit (anders als durch Anerkennung nach dem Vereinsgesetz 1869) verliehen worden ist, muß[42] auf Antrag in das Vereinsregister eingetragen werden, wenn sie mindestens drei Mitglieder hat und ihre Satzung den zwingenden vereinsrechtlichen Vorschriften des BGB, insbesondere den §§ 57, 58 BGB, entspricht (Art. 4 Abs. 1). Der Vereinigung wird im Hinblick auf alte Traditionen gestattet, ihren bisherigen Namen einschließlich des Hinweises auf eine frühere Privilegierung beizubehalten (Art. 4 Abs. 3 Satz 2). Mit der Eintragung wird die Vereinigung ein eingetragener Verein i. S. d. BGB (Art. 4 Abs. 3 Satz 1). Eine Satzungsänderung bedarf nicht mehr der Genehmigung nach § 33 Abs. 2 BGB[43]. **2897**

Eine Eintragung (nach Art. 4 Abs. 1) ist auch zulässig, wenn nicht mehr aufgeklärt werden kann, ob und wodurch eine Vereinigung vor dem 1. 1. 1900 die Rechtsfähigkeit erlangt hat, sofern sie seither (also ab 1. 1. 1900) im Rechtsverkehr als rechtsfähige Vereinigung aufgetreten ist (Art. 4 Abs. 3). Zweifel an der Verleihung der Rechtsfähigkeit können vor allem auftreten, wenn diese auf einem urkundlich nicht mehr nachweisbaren Spezialprivileg beruht[44]. Die Vereinigung braucht im Eintragungsverfahren nur nachweisen, daß sie seit dem 1. 1. 1900 als rechtsfähig aufgetreten ist.

All diese Vereinigungen verlieren ihre vor dem 1. 1. 1900 erlangte Rechtsfähigkeit nicht, wenn sie keinen Antrag auf Eintragung stellen.

7. Die nichtrechtsfähigen Vereine

Für die vor dem 1. 1. 1900 gegründeten nichtrechtsfähigen Vereine gelten mangels einer Übergangsregelung im Verhältnis nach innen – insbesondere im Verhältnis der Mitglieder untereinander und hinsichtlich des Vereinsvermögens- **2898**

41 GVBl. S. 803.
42 Amtl. Begründung – LT-Drucks. 9/10458 S. 19.
43 Amtl. Begründung a. a. O. S. 19.
44 Amtl. Begründung a. a. O. S. 19.

die Vorschriften des älteren Rechts[45]. Dies trifft auch für Personenverbindungen zu, die Rechtsgebilde zwischen einem rechtsfähigen Verein und einer Gesellschaft darstellen, wie dies bei den erlaubten Privatgesellschaften nach §§ 2, 11 ff. ALR II, 6 der Fall gewesen ist[46].
Im Verhältnis nach außen gilt jedoch auch für diese Vereine die Handelndenhaftung gem. § 54 Satz 2 BGB[47].

45 RGZ 51, 160; 77, 429/430; *Soergel/Hartmann* Rn. 4, *Staudinger/Keidel* Rn. 14, je zur Art. 163 EGBGB.
46 RGZ 51, 160; *Habicht* S. 127.
47 RGZ 51, 160/162; *Soergel/Hartmann* Rn. 4, *Staudinger/Keidel* Rn. 15, je zu Art. 163 EGBGB.

XVII. Das Vereinsrecht in den neuen Bundesländern

1. Die Rechtslage in der früheren DDR bis zum 20. 2. 1990

Im Gebiet der früheren DDR (ab 1945 einige Jahre sowjetische Besatzungszone) galt zunächst das BGB weiter. Dem Grunde nach konnten sich rechtsfähige Vereine nach §§ 21 ff. BGB und nichtrechtsfähige Vereine unter der Geltung des § 54 BGB bilden, zumal Art. 29 der DDR-Verfassung bestimmte: »Die Bürger der Deutschen Demokratischen Republik haben das Recht auf Vereinigung.« **2899**

Aber bereits durch eine Verordnung v. 15. 10. 1952[1] wurde die Führung des Vereinsregisters den Volkspolizeikreisämtern übertragen; sie hatten bei der Anmeldung eines Vereins »zu überprüfen, ob die von ihm verfolgten Ziele und Zwecke der demokratischen Gesetzlichkeit entsprechen und die formellen Erfordernisse für die Eintragung gegeben sind« (§ 40). Durch die Verordnung zur Registrierung von Vereinigungen v. 9. 11. 1967[2] konnte eine antragsgemäße Registrierung von Vereinen nur vorgenommen werden, »wenn ihr Charakter und ihre Zielstellung den Grundsätzen der sozialistischen Gesellschaftsordnung entsprechen, sie zur Befriedigung geistig-kultureller oder anderer Bedürfnisse beitragen und nicht den gesetzlichen Bestimmungen zuwiderlaufen« (§ 2 Abs. 2 d. VO). Zwischen rechtsfähigen und nichtrechtsfähigen Vereinen wurde nicht unterschieden (§ 7 Abs. 1 d. VO). Es folgte dann die Verordnung über die Gründung und Tätigkeit von Vereinigungen v. 6. 11. 1975[3]. Die Vereinsgründer wurden verpflichtet, die beabsichtigte Gründung einer Vereinigung beim Fachorgan des Rates bzw. des zentralen staatlichen Organs schriftlich anzumelden. Vereine konnten danach durch staatliche Anerkennung Rechtsfähigkeit erlangen[4]. Die Anerkennung wurde schriftlich mitgeteilt[5].

Das Zivilgesetzbuch (ZGB) der DDR v. 19. 6. 1975, in Kraft getreten am 1. 1. 1976, enthielt keine Vorschriften für Vereine.

In der DDR sind rechtsfähige Vereinigungen entstanden, die diesen Status nicht auf eine Registrierung zurückzuführen hatten (was die Verordnungen von 1967 – § 7 Abs. 2 – und von 1975 – § 2 Abs. 3, § 15 Abs. 2 – ausdrücklich vorsahen). Staatlicherseits wurde auf diese Weise vor allem die Verbandsbildung angeordnet. So bestimmte z. B. die Verordnung der Regierung über die Bildung einer einheitlichen Anglervereinigung in der DDR v. 13. 5. 1954[6]: In der DDR wird der Deutsche Anglerverband gebildet (§ 1). Er ist juristische Person (§ 2). Das Vermögen, die Rechte und Pflichten der bisherigen Anglerorganisationen und Sektionen gehen auf den Deutschen Anglerverband über (§ 3). Die Verordnung über das Kleingarten- und Siedlungswesen und die Kleintierzucht v. 3. 12. 1959[7]

1 GBl. DDR I 1057.
2 GBl. DDR II 861.
3 GBl. DDR I 723.
4 Vgl. zu alledem: *Christoph* DtZ 1990, 257/258.
5 *Christoph* DtZ 1991, 234/237 FN 22.
6 GBl. DDR I 492.
7 GBl. DDR I 1960, 1.

bestimmte u. a.: »Der Zentralverband, die Bezirks- und Kreisverbände sowie die Orts- und Betriebssparten sind juristische Personen« (§ 2 Abs. 1 d. VO)[8]. Rechtsfähige Vereinigungen entstanden weiter z. B. durch Anordnung oder Verfügung eines Ministers[9]. Schließlich bestanden Vereinigungen, die ohne besonderen staatlichen Gründungsakt in Gesetzgebung und Verwaltung der DDR als juristische Personen behandelt wurden[10].

2. Das Gesetz über Vereinigungen vom 21. 2. 1990

2900 In der früheren DDR trat am 21. 2. 1990 das Gesetz über Vereinigungen – Vereinigungsgesetz – in Kraft[11]. Es setzte die Verordnung v. 6. 11. 1975 über die Gründung und Tätigkeit von Vereinigungen außer Kraft. Das Gesetz enthält Allgemeine Grundsätze (§§ 1–3), Vorschriften für rechtsfähige Vereinigungen (§§ 4–15), für nichtrechtsfähige Vereinigungen (§§ 16–18), über das Verbot einer Vereinigung (§§ 19, 20), über gemeinnützige Vereinigungen (§ 21) sowie Übergangsbestimmungen (§ 22) und Schlußbestimmungen (§§ 23–25).
Die Bildung von erlaubten Vereinigungen (§ 2 Abs. 2) wurde als frei bezeichnet; sie bedurfte keiner Genehmigung (§ 2 Abs. 1). Eine Vereinigung erlangte mit ihrer Registrierung die Rechtsfähigkeit (§ 4 Abs. 1). Hierfür wurden bestimmte normative Voraussetzungen festgelegt (§ 4 Abs. 2, 3). In das vom Kreisgericht geführte Vereinigungsregister (§ 12) waren einzutragen (§ 14 Abs. 1): Name und Sitz der Vereinigung, Datum der Annahme des Statuts, Namen der Mitglieder des Vorstandes sowie Beschränkungen ihrer Vertretungsvollmacht, soweit solche im Statut festgelegt sind. Über die Registrierung war der Vereinigung eine Urkunde auszuhändigen (§ 14 Abs. 2).
Das Registrierungsverfahren entsprach demjenigen, wie es auch in den alten Bundesländern besteht. Nach § 5 Abs. 1 der Ersten Durchführungsverordnung zum Vereinigungsgesetz v. 8. 3. 1990[12] hatte der Richter die gesetzlichen Voraussetzungen für die Registrierung zu prüfen und die Eintragung der Vereinigung in das Register zu verfügen. Nur wenn die Eintragung vorgenommen worden war, konnte der Justizsekretär die Urkunde über die Registrierung der Vereinigung erteilen (§ 3 Abs. 1 Satz 2 der genannten VO). Ist eine Urkunde erteilt worden, obwohl der Richter die Eintragung nicht verfügt hatte, so ist eine rechtsfähige Vereinigung nicht entstanden[13]. Unter Registrierung wird allgemein die Eintragung in ein Register verstanden[14].

---

8 Vgl. *Christoph* DtZ 1991, 234/238 f.
9 *Christoph* a. a. O. S. 236.
10 *Christoph* a. a. O.
11 GBl. DDR I 75, i. d. F. der Änderung v. 22. 6. 1990 – GBl. DDR I 470, ber. 540.
12 GBl. DDR I 159.
13 A. A. *Christoph* DtZ 1991, 234/237.
14 A. A. *Nissel* DtZ 1991, 239.

3. Der Verlust der Rechtsfähigkeit wegen unterlassenen Antrags auf Registrierung

Vereinigungen, die am 21. 2. 1990 aufgrund staatlicher Anerkennung oder des **2901**
Erlasses von Rechtsvorschriften Rechtsfähigkeit erlangt hatten, mußten innerhalb von sechs Monaten (bis 21. 8. 1990) bei dem für den Sitz der Vereinigung zuständigen Kreisgericht den Antrag auf Registrierung stellen, wobei den in § 4 Abs. 2 des Vereinigungsgesetzes aufgestellten Erfordernissen genügt werden mußte (§ 22 Abs. 1 Vereinigungsgesetz). Wurde ein solcher Antrag nicht rechtzeitig gestellt, so verlor die Vereinigung ihre Rechtsfähigkeit (§ 22 Abs. 2). Weiter ordnete das Vereinigungsgesetz in § 25 Abs. 3 an, daß die von den zentralen Organen erlasssenen Rechtsvorschriften, nach denen Vereinigungen die Rechtsfähigkeit erlangt hatten, mit dem Ablauf des 21. 8. 1990 außer Kraft getreten sind.
Die Vorschrift des § 22 Abs. 2 Vereinigungsgesetz über den Verlust der Rechtsfähigkeit im Falle des unterlassenen Antrags auf Registrierung wäre, könnte sie als DDR-Gesetzesbestimmung nach Art. 14 GG geprüft werden, verfassungsrechtlich nicht ganz unbedenklich. Dies kann hier nur angedeutet, aber nicht vertieft werden. Die erlangte Rechtsfähigkeit dürfte eine Rechtsposition i. S. d. Art. 14 GG darstellen; der Verlust durch Gesetz stellte dann eine Enteignung dar, die nur zum Wohle der Allgemeinheit zulässig ist (Art. 14 Abs. 3 Satz 1 GG). Ob bei jeder in der DDR bestehenden rechtsfähigen Vereinigung Gründe des allgemeinen Wohls angeführt werden können, um die Rechtsfähigkeit durch Gesetz zu entziehen, ist nicht ganz ohne Zweifel. Altrechtliche Vereine haben durch das Gesetz in Baden-Württemberg und in Rheinland-Pfalz allerdings ebenfalls die Rechtsfähigkeit verloren, wenn sie nicht rechtzeitig den Eintragungsantrag gestellt haben (vgl. oben Rn. 2893). Der Freistaat Bayern hat aber diesen Rechtsverlust nicht eintreten lassen; der nicht registrierte altrechtliche Verein hat dort seine Rechtsfähigkeit nicht verloren (vgl. Rn. 2897); er muß sie dann im Streitfall beweisen.

4. Der Bestandsschutz bei der Überführung der DDR-Vereine in das Recht der Bundesrepublik Deutschland

Durch den Beitritt der DDR zur Bundesrepublik Deutschland ist am 3. 10. 1990 **2902**
dessen Recht im Gebiet der früheren DDR in Kraft getreten[15]. In den neuen Bundesländern gilt somit seit dem 3. 10. 1990 das Vereinsrecht des BGB.
Den nach dem Recht der DDR wirksam entstandenen Vereinigungen gewährt Art. 231 § 2 EGBGB Bestandsschutz, sofern sie in ihren Grundzügen den Vereinen i. S. d. § 21 BGB entsprechen[16]. Im Zuge der Rechtsangleichung wurden rechtsfähige Vereinigungen i. S. d. Gesetzes der DDR über Vereinigungen v.

15 Art. 1, 8 des Einigungsvertrages v. 31. 8. 1990 – BGBl. II 889.
16 Erläuterungen zu den Anlagen zum Einigungsvertrag v. 23. 9. 1990 – BGBl. II 885 – S. 68.

8. 3. 1990 in die Rechtsform des rechtsfähigen Vereins i. S. d. BGB überführt (Art. 231 § 2 Abs. 1, Abs. 2 Satz 1 EGBGB). Diese Vereinigungen führen ab 3. 10. 1990 die Bezeichnung »eingetragener Verein« (Art. 231 § 2 Abs. 3 EGBGB). Eine Besonderheit ist jedoch für die Führung des Vereinsregisters vorgesehen: Da in Vollzug des DDR-Vereinigungsgesetzes bereits Register angelegt und Zuständigkeiten für deren Führung bestimmt worden sind[17], sollen die hiernach zuständigen Stellen zunächst auch weiterhin die Vereinsregister führen (Art. 231 § 2 Abs. 2 Satz 2 EGBGB)[18].
Bestandsschutz genießen auch die nach dem Recht der DDR entstandenen nichtrechtsfähigen Vereinigungen, sofern sie in ihren Grundzügen den Vereinen i. S. d. § 54 BGB entsprechen[19]. Solche Vereinigungen konnten in der DDR nicht erst seit dem 21. 2. 1990, dem Tag des Inkrafttretens des Vereinigungsgesetzes der DDR, gebildet werden[20], wie sich aus § 7 Abs. 1 der DDR-VO zur Registrierung von Vereinigungen v. 9. 11. 1967 ergibt[21]. Es ist daher zu eng, wenn Art. 231 § 2 Abs. 4 EGBGB bestimmt, daß auf nichtrechtsfähige Vereinigungen i. S. d. Vereinigungsgesetzes (§§ 16 ff.) ab 3. 10. 1990 § 54 BGB Anwendung findet. Es muß dies für alle nichtrechtsfähigen Vereinigungen gelten, die in ihren Grundzügen den nichtrechtsfähigen Vereinen entsprechen, die in der Bundesrepublik Deutschland bestehen. Auch Vereinigungen, die nach § 22 Abs. 2 DDR-Vereinigungsgesetz die Rechtsfähigkeit verloren haben, bestehen als nichtrechtsfähige Vereine zumindest dann fort, wenn die Fortsetzung beschlossen worden ist.

5. Die Überleitung der Organhaftung

2903 § 8 Abs. 2 des DDR-Vereinigungsgesetzes bestimmte hinsichtlich der Organhaftung:
Für Schäden, die Dritten durch das Handeln der Organe oder Vertreter in Ausübung der Tätigkeit der Vereinigung entstehen, ist diese nach den Vorschriften des Zivilrechts verantwortlich. Der Schadensersatzanspruch richtet sich gegen die Vereinigung. Die Regelungen des Statuts haben keinen Einfluß auf die Verpflichtung der Vereinigung, Schadensersatz zu leisten.

Nach Art. 231 § 4 EGBGB ist § 31 BGB nur auf solche Handlungen anzuwenden, die nach dem 2. 10. 1990 begangen worden sind. Bei einem fortgesetzten pflichtwidrigen Handeln vor und nach dem genannten Stichtag (z. B. Verletzung einer Aufsichtspflicht) ist entscheidend, welche Teilhandlung für den Schaden ursächlich war. Läßt sich dies nicht aufklären, so gilt das Haftungsrecht

17 Erste Durchführungsverordnung zum Vereinigungsgesetz v. 8. 3. 1990 – GBl. DDR I 159.

18 Vgl. Erläuterungen zu den Anlagen zum Einigungsvertrag a. a. O.; in Berlin ist jetzt das AG Charlottenburg zuständig, vgl. *Christoph* DtZ 1991, 234/238.

19 Erläuterungen zu den Anlagen zum Einigungsvertrag a. a. O.

20 A. A. *Palandt/Heinrichs* Art. 231 § 2 EGBGB Rn. 5.

21 Vgl. auch *Christoph* DtZ 1990, 257/258.

der DDR weiter[22]. Hat eine fortgesetzte Unterlassung vor und nach dem 2. 10. 1990 einen Schaden herbeigeführt, so kann der Geschädigte zwischen dem Recht der Bundesrepublik und der DDR wählen[23]. Für nichtrechtsfähige Vereinigungen bestimmte § 17 Abs. 5 DRR-Vereinigungsgesetz, daß der für eine solche Vereinigung Handelnde für einen einem Dritten zugefügten Schaden nach §§ 330 ff. DDR-ZGB persönlich verantwortlich ist. Da § 31 BGB für nichtrechtsfähige Vereine entsprechend gilt, ist die Überleitungsvorschrift des Art. 231 § 4 EGBGB auch für die Organhaftung nichtrechtsfähiger Vereinigungen der DDR maßgebend[24].

22 *Palandt/Heinrichs* Art. 231 § 4 Rn. 3.
23 *Palandt/Heinrichs* a. a. O.
24 *Palandt/Heinrichs* Art. 231 § 4 EGBGB Rn. 1.

B. Das öffentliche Vereinsrecht

I. Die allgemeine Vereinigungsfreiheit

1. Der Vereinsbegriff im Sinne des Art. 9 GG und des Vereinsgesetzes

1.1. Die Definitionen des Gesetzgebers und des Bundesgerichtshofs

Nach § 2 Abs. 1 VereinsG ist ein Verein im Sinne dieses Gesetzes ohne Rücksicht auf die Rechtsform jede Vereinigung, zu der sich eine Mehrheit natürlicher oder juristischer Personen für längere Zeit zu einem gemeinsamen Zweck freiwillig zusammengeschlossen und einer organisierten Willensbildung unterworfen hat. Der Begriff »Vereinigung« i. S. d. Organisationsstrafrechts (§§ 85, 129 StGB) wird i. S. d. § 2 Abs. 1 VereinsG verstanden[1]. Danach wird als Vereinigung der auf Dauer angelegte organisatorische Zusammenschluß von mindestens drei Personen angesehen, die bei Unterordnung des Willens des einzelnen unter den Willen der Gesamtheit gemeinsame Zwecke verfolgen oder gemeinsame Tätigkeiten entfalten und unter sich derart in Beziehung stehen, daß sie sich untereinander als einheitlicher Verband fühlen[2]. **2904**

1.2. Der Geltungsbereich des öffentlich-rechtlichen Vereinsbegriffs und sein Verhältnis zu dem des bürgerlichen Rechts

Das Vereinsgesetz ist zur Ausführung des Art. 9 GG ergangen. Verfassungsrechtlichen Schutz genießt die Vereinigung i. S. d. § 2 Abs. 1 VereinsG. Bei der Frage, ob ein Verein Verfassungsbeschwerde wegen Verletzung eines auch für ihn geltenden Grundrechts erheben kann, wird auf den bürgerlich-rechtlichen Vereinsbegriff abgestellt, es sei denn, daß die Verletzung des Art. 9 Abs. 1 oder 3 GG gerügt wird. Der öffentliche Vereinsbegriff gilt für das Vereinsverbotsverfahren, für das verwaltungsgerichtliche Verfahren (§§ 48, 50 Abs. 1, Nr. 2, § 51 VwGO) einschließlich der Anfechtung von Vollzugsmaßnahmen. Wiederum der privatrechtliche Vereinsbegriff ist maßgebend, wenn in sonstigen Gesetzen mit öffentlich- oder bürgerlich-rechtlichem Inhalt vom Verein die Rede ist, es sei denn, ein Gesetz definiert den Vereinsbegriff anders oder es verweist auf § 2 Abs. 1 VereinsG. Der bürgerlich-rechtliche Vereinsbegriff ist vor allem im Steuerrecht maßgebend. Gleiches gilt für den in § 30 Abs. 1 OWiG erwähnten nichtrechtsfähigen Verein. **2905**

Der Vereinsbegriff des § 2 Abs. 1 VereinsG ist wesentlich weiter als der des bürgerlichen Rechts. Daraus folgt, daß ein Verein im Sinne des bürgerlichen Rechts grundsätzlich ein solcher im Sinne des Vereinsgesetzes ist. Ausnahme: Hält nur ein Mitglied am Bestand eines bürgerlich-rechtlichen Vereins fest, so ist die Körperschaft nicht erloschen; beim eingetragenen Verein kann allerdings die Rechtsfähigkeit entzogen werden (§ 73 BGB). Ein oder zwei Personen **2906**

1 BGHSt. 28, 147/148.
2 *BGH* NJW 1992, 1518.

können keinen Verein i. S. d. § 2 Abs. 1 VereinsG bilden; erforderlich sind mindestens drei natürliche Personen[3]. Der öffentlich-rechtliche Vereinsbegriff setzt eine Vereinsgründung als konstitutiven Akt voraus, wobei aber auch ein stillschweigendes Übereinkommen zur Vereinsbildung genügt, wenn aus den Umständen des Einzelfalles der Wille zur Vereinsgründung hervorgeht[4]. Im Regelfall nehmen diese Vereinsgründung natürliche Personen vor. Es können sich aber auch Vereine zu einem Gesamtverein zusammenschließen[5]. Gleiches gilt hinsichtlich des Zusammenschlusses sonstiger Vereinigungen, z. B. von GmbH. Die hinter diesen Vereinigungen stehenden Personen müssen aber die Zahl drei erreichen.

1.3. Die Unmaßgeblichkeit der Rechtsform der Vereinigung

2907 Soweit das Gesetz (§ 2 Abs. 1 VereinsG) die Rechtsform der Vereinigung für nicht maßgeblich erklärt, ist eine Einschränkung zu machen: Es muß sich um eine Vereinigungsform handeln, die ihre Existenz und ihren Fortbestand nicht auf das öffentliche Recht gründet, da Art. 9 Abs. 1 GG solche Verbindungen nicht erfaßt[6]. Aus der Erwähnung der Gesellschaften in Art. 9 Abs. 1 GG folgt, daß nicht nur Kapitalgesellschaften und Genossenschaften, sondern auch Gesellschaften im Sinne des bürgerlichen Rechts (§§ 705 ff. BGB) sowie die Personenhandelsgesellschaften (§§ 105 ff. HGB) erfaßt werden, wenn die nachfolgend dargestellten weiteren Tatbestandsmerkmale gegeben sind. Die Kapitalgesellschaften, die Genossenschaften und die Versicherungsvereine auf Gegenseitigkeit haben in § 17 VereinsG eine besondere Verbotsregelung erfahren. Erfaßt werden aber auch Vereinigungen, die keiner Rechtsformregelung unterstellt sind, wie die Gebilde zwischen einem nichtrechtsfähigen Verein und einer Gesellschaft des bürgerlichen Rechts. Die Personenverbindung braucht überhaupt nicht in ein Rechtsformschema zu passen.

1.4. Die Vereinigung einer Mehrheit natürlicher oder juristischer Personen

2908 Mehrere Personen müssen zur Erreichung eines gemeinsamen Zwecks eine Verbindung eingegangen sein. Damit scheidet die bloße Zusammenarbeit selbständig handelnder Einzelpersonen ebenso aus wie die Gesinnungsgemeinschaft[7]. Keine Personenverbindung sind z. B. Agenten eingegangen, die zwar von einer Organisation geleitet werden, die jedoch untereinander nicht in Fühlung treten[8]. Die Personenverbindung können nur natürliche Personen oder nur Körperschaften bzw. Gesellschaften oder in Mischform Körperschaften (Gesellschaften) und natürliche Personen eingegangen sein. Auch der Zusammenschluß nichtrechtsfähiger Vereine zu einem nichtrechtsfähigen Verband gehört hierher.

---

3 BGHSt. 31, 204/205.
4 *VGH Mannheim* NVwZ-RR 1993, 25.
5 *VGH Mannheim* a. a. O.
6 Vgl. BVerfGE 10, 89/102; 38, 281/297 f.
7 Vgl. Amtl. Begründung BT-Drucks. IV/430 S. 10.
8 Vgl. *Seifert* Vereinsgesetz S. 16.

1.5. Der für längere Zeit beabsichtigte freiwillige Personenzusammenschluß

Die Vereinigung muß nach dem Willen der Gründer für längere Zeit bestehen. **2909**
Auf die tatsächliche Dauer des Personenzusammenschlusses kommt es nicht an. Der Ausdruck »für längere Zeit« ist gewählt worden, um den Verein von der Versammlung abzugrenzen; der Begriff darf gleichwohl nicht eng ausgelegt werden. Es genügt, daß der Bestand von vornherein befristet ist, wie dies bei einem Verein der Fall ist, der für einen vorübergehenden Zweck, etwa zur Hilfeleistung, gegründet worden ist. Wählervereinigungen, die einem bestimmten Kandidaten zur Wahl verhelfen wollen, stellen Grenzfälle dar[9]. Bloße Ad-hoc-Verbindungen scheiden jedoch aus. Es ist Tatfrage, ob »Hausbesetzer« einen Verein i. S. d. § 2 Abs. 1 VereinsG darstellen[10]. Bei rein demonstrativen Vereinigungen wird der Vereinsbegriff in der Regel entfallen.
Der Personenzusammenschluß muß ein freiwilliger sein. Damit scheiden Vereinigungen mit gesetzlicher Pflichtmitgliedschaft (vgl. § 80 HandwO; §§ 54, 63 b GenG) ebenso aus wie Personenverbindungen, die nicht auf einem eigenen Vereinigungswillen beruhen, wie dies bei Betriebsgemeinschaften der Fall ist[11].

1.6. Die Unterwerfung unter eine organisierte Willensbildung zur Erreichung eines gemeinsamen Zwecks

Die Personenverbindung muß – gleichgültig in welcher Weise – so organisiert **2910**
sein, daß jedes einzelne Mitglied dem Willen der Gesamtheit untergeordnet ist[12]. Die Vereinigung muß somit eine vom Willen jedes einzelnen Mitglieds losgelöste Gesamtwillensbildung besitzen und das einzelne Mitglied muß kraft der Verbandsdisziplin dieser Gesamtwillensbildung unterworfen sein[13]. Sind Personen nur dem Willen einer anderen Person unterworfen (Beispiel: drei Personen beschließen die Begehung von Straftaten, wovon eine Person wegen ihrer Intelligenz oder wegen seiner größeren Übersicht die Tatplanung übernimmt und die anderen folgen dieser so handelnden Person lediglich), so repräsentiert diese andere Person immer nur ihren eigenen Willen und nicht den einer hinter ihr stehenden Mehrheit[14]. Bei einem Verein im Sinne des VereinsG muß somit ein Mindestmaß an Organisation vorhanden sein, wobei es aber nicht darauf ankommt, ob eine Satzung vorhanden ist oder ob Vereinsorgane gebildet worden sind. Es kommt auch nicht darauf an, ob sich die Mitglieder regelmäßig oder überhaupt versammeln[15]. Ein von der Personenverbindung gewählter Name ist ebenfalls nicht erforderlich. Die Mitglieder muß ein vereinigungsfähiger Zweck verbinden, wobei Übereinstimmung in der Verfolgung eines Hauptzwecks genügt[16]. Auf die Erlaubtheit des Zwecks kommt es nicht

9 Verneinend: *Fröhlich* DVBl. 1964, 799/800.
10 Vgl. auch *BGH* NJW 1975, 985.
11 Vgl. *Seifert* Vereinsgesetz S. 16.
12 Amtl. Begründung BT-Drucks. IV/430 S. 10.
13 *VGH Mannheim* NVwZ-RR 1993, 25.
14 *BGH* NJW 1992, 1518.
15 Vgl. *v. Münch* Art. 9 GG Rn. 14.
16 Vgl. *v. Münch* a. a. O. Rn. 12.

an. Ist der Zweck unerlaubt, so greift die Schranke der Vereinigungsfreiheit ein, weshalb ein Vereinsverbot die Folge sein kann (Art. 9 Abs. 2 GG).

2. Die vom Vereinsbegriff ausgenommenen politischen Parteien, Fraktionen, Religionsgemeinschaften und Weltanschauungsgemeinschaften

2.1. Die gesetzliche Regelung

2911 Obwohl es sich insoweit um Vereine im Sinne des privaten als auch des öffentlichen Rechts handelt oder handeln kann, sind vom Vereinsbegriff des VereinsG ausgenommen (§ 2 Abs. 2 VereinsG):
- die politischen Parteien i. S. d. Art. 21 GG,
- die Fraktionen des Deutschen Bundestages und der Parlamente der Länder; diese Ausnahme gilt aber nicht für Fraktionen der kommunalen Vertretungskörperschaften, welche Vereine (auch i. S. d. bürgerlichen Rechts) sein können[17] und
- die Religionsgesellschaften i. S. d. Art. 140 GG i. V. m. Art. 137 WRV.

2.2. Zum Verbot von Religions- und Weltanschauungsgemeinschaften

2912 Nach § 2 Abs. 2 Nr. 3 VereinsG sind keine Vereine i. S. d. Vereinsgesetzes die Religionsgesellschaften und die Weltanschauungsgemeinschaften. Unter den Begriff Religionsgesellschaften fallen auch die religiösen Vereine, die mit einer Kirche organisatorisch oder institutionell verbunden sind (vgl. Rn. 2842 ff.). Diese Vereinigungen genießen im Kernbereich ihrer vereinsmäßigen Betätigung den Schutz des Art. 4 GG sowie des Art. 140 GG i. V. m. Art. 137 WRV. Soweit dieser Schutz reicht, ist ein Vereinsverbot unzulässig[18]. Verläßt eine solche Vereinigung den Kernbereich ihrer religiösen oder weltanschaulichen Betätigung und verlegt sie ihren Hauptzweck in andere vereinsmäßige Betätigungsformen, so kann die Personenverbindung verboten werden. Der verfassungsrechtliche Schutz ist dann entfallen. Dies kann insbesondere der Fall sein, wenn die religiöse oder weltanschauliche Vereinigung nunmehr ihr Hauptziel in der Einwirkung auf die Verhältnisse im Staat, in der Gesellschaft oder in der Rechtsordnung im Sinne einer Umgestaltung oder gar eines Umsturzes sieht und dieses Ziel auch praktisch verfolgt[19].

3. Die allgemeine und die besondere Vereinigungsfreiheit

2913 Die Vereinigungsfreiheit ist grundgesetzlich geschützt. Für die Mehrzahl der Vereine kommt als Schutzbestimmung Art. 9 Abs. 1 GG in Betracht, wonach alle Deutschen das Recht haben, Vereine und Gesellschaften zu bilden. Ist eine Personenvereinigung gebildet worden, um Arbeits- und Wirtschafts-

17 Vgl. *VGH München* NJW 1988, 2754/2756.

18 *Seifert* § 2 VereinsG Anm. 3; a. A. BVerwGE 37, 344/363; *Meyer* in *Erbs/Kohlhaas* § 2 VereinsG Anm. 3 c aa.

19 Vgl. *Seifert* a. a. O.

bedingungen zu wahren und zu fördern (Koalitionen), so ist das Grundrecht der Koalitionsfreiheit gem. Art. 9 Abs. 3 GG maßgebend; vgl. dazu näher Rn. 2750 ff. Für Vereine, die politische Parteien sind, ist vorrangiges Grundrecht das der Parteienfreiheit gem. Art. 21 Abs. 1 GG; vgl. dazu Rn. 2783 ff.

4. Der Umfang und die Grenzen der allgemeinen Vereinigungsfreiheit

4.1. Die Grundrechtsbeschränkung auf Deutsche

Die Vereinigungsfreiheit wird (nur) den Deutschen i. S. d. Art. 116 Abs. 1 GG **2914**
gewährleistet. Ausländer können sich somit nicht auf das Grundrecht berufen. Ihnen ist jedoch einfachgesetzlich die Bildung von Vereinen gestattet (vgl. Rn. 3002).

Heimatlose Ausländer sind nach § 13 des Gesetzes über die Rechtsstellung heimatloser Ausländer[20] deutschen Staatsangehörigen hinsichtlich der Vereinigungsfreiheit im wesentlichen nur gleichgestellt, soweit kulturelle und soziale, nicht jedoch, soweit politische Zwecke verfolgt werden. Diese einfachgesetzliche Gleichstellung bewirkt jedoch nicht, daß sich heimatlose Ausländer auf den Schutz des Art. 9 Abs. 1 GG berufen können[21]. Gründen Deutsche und Ausländer einen Verein, so können sich nur die deutschen Staatsangehörigen auf das Grundrecht berufen. Ist ein solcher Verein gegründet worden, so kommt es darauf an, ob Deutsche oder Ausländer den Verein beherrschen (vgl. dazu näher Rn. 3003). Haben in diesem Sinne Ausländer einen beherrschenden Einfluß, so können sich weder der Verein selbst noch seine Mitglieder auf das Grundrecht berufen. Wird ein solcher Verein jedoch von Deutschen beherrscht, so steht der Grundrechtsschutz dem Verein und den deutschen Mitgliedern zu, nicht jedoch den Ausländern[22].

Minderjährige Vereinsmitglieder können sich auf die Vereinigungsfreiheit dann berufen, wenn sie bereits grundrechtsmündig sind. Hier kann als Faustregel angenommen werden, daß Grundrechtsmündigkeit etwa ab einem Alter von 16 Jahren besteht.

Vom Schutz des Grundrechts der allgemeinen Vereinigungsfreiheit werden auch die inländischen juristischen Personen des Privatrechts erfaßt (Art. 19 Abs. 3 GG). Entsprechendes gilt für nichtrechtsfähige Vereinigungen mit Sitz im Inland[23]. Damit steht auch ein Vereinsverband unter dem besonderen verfassungsrechtlichen Schutz.

4.2. Der Kernbereichsschutz

Das Grundrecht des Art. 9 Abs. 1 GG gewährleistet die Freiheit, sich zu Ver- **2915**
einigungen des privaten Rechts zusammenzuschließen. Mit dem Recht, Vereine oder Gesellschaften zu bilden, garantiert Art. 9 Abs. 1 GG das Prinzip freier

20 Vom 25. 4. 1951 – BGBl. I S. 269.
21 Vgl. *Maunz/Dürig/Herzog/Scholz* Art. 9 GG Rn. 50.
22 Vgl. *Maunz/Dürig/Herzog/Scholz* a. a. O.; *v. Münch* Art. 9 GG Rn. 4.
23 BVerfGE 13, 174/175.

sozialer Gruppenbildung. Der Schutz des Grundrechts umfaßt sowohl für die Mitglieder als auch für die Vereinigung die Selbstbestimmung

- über die eigene Organisation,
- das Verfahren ihrer Willensbildung und
- die Führung ihrer Geschäfte sowie – unbeschadet der Frage der Rechtsfähigkeit –
- das Recht auf Entstehen und Bestehen.

Art. 9 Abs. 1 GG schützt aber nur vor einem Eingriff in den Kernbereich des Vereinsbestandes und der Vereinstätigkeit[24]. Die Möglichkeit zu einer wirkungsvollen Mitgliederwerbung ist z. B. Teil des Kernbereichsschutzes[25].

Die Vereinigungsfreiheit bedarf allerdings der gesetzlichen Ausgestaltung. Sie ist auf Regelungen angewiesen, die die freien Zusammenschlüsse und deren Wirken in die allgemeine Rechtsordnung einfügen, die Sicherheit des Rechtsverkehrs gewährleisten, Rechte der Mitglieder sichern und den schutzbedürftigen Belangen Dritter oder auch öffentlichen Belangen Rechnung tragen[26].

Im übrigen ist die Vereinigungsfreiheit nach Art. 9 Abs. 1 GG lediglich mit den sich aus Abs. 2 ergebenden Einschränkungen gewährleistet[27].

4.3. Der individuelle Grundrechtsschutz

2916 Art. 9 Abs. 1 GG beinhaltet ein Organisationsgrundrecht: Was der einzelne allein nicht zu erreichen vermag, soll er durch den Zusammenschluß mehrerer Personen und die dadurch verstärkte Position erreichen können[28]. Jedem deutschen Staatsangehörigen wird primär die Freiheit gewährleistet, sich mit anderen zu jedem verfassungsmäßig erlaubten Zweck (Art. 9 Abs. 2 GG) zusammenzuschließen.

Geschützt ist somit als Teil der positiven Vereinigungsfreiheit die Vereinsgründungsfreiheit. Jeder Grundrechtsträger soll frei darüber entscheiden können, ob er mit anderen eine Vereinigung gründet, zu welchem Zeitpunkt, mit welcher Zielsetzung und in welcher Rechtsform[29]. Anders als bei den Ausländer- und ausländischen Vereinen (§§ 14, 15 Abs. 1 VereinsG) ist jede präventive Kontrolle des Staates bei der Gründung einer Vereinigung ausgeschlossen[30]. Ist ein nichtrechtsfähiger Verein gegründet worden, so hat er keinen aus Art. 9 Abs. 1 GG herzuleitenden Anspruch auf Verleihung der Rechtsfähigkeit, wenn er sich wirtschaftlich betätigt[31]. Dem Grundsatz nach ist die gleiche Rechtslage beim nichtwirtschaftlichen Verein gegeben; hier wird jedoch aus §§ 56ff. BGB gefolgert, daß einfachgesetzlich ein Anspruch auf Eintragung besteht, wenn die Vereinigung die vom Gesetz erforderten formellen und materiellen Voraussetzungen erfüllt (vgl. Rn. 193). Insoweit begegnet

24 Vgl. zu alledem: *BVerfG* NJW 1990, 37/38.
25 *BVerfG* NJW 1992, 549.
26 *BVerfG* a. a. O.
27 *BVerfG* NJW 1990, 37/38.
28 Vgl. *Leßmann* NJW 1978, 1545/1547.
29 Vgl. *v. Münch* Art. 9 GG Rn. 19: Gründung.
30 Vgl. *Maunz/Dürig/Herzog/Scholz* Art. 9 GG Rn. 78.
31 BVerwGE 58, 26/32 = NJW 1979, 2261/2264.

es keinen Bedenken, daß im BGB Ordnungsvorschriften für den Verein enthalten sind, der rechtsfähig werden will[32]. Ist der Verein gegründet worden, so erstreckt sich der individuelle Grundrechtsschutz auch darauf, daß sich das einzelne Vereinsmitglied im Verein betätigen kann[33]. Jedes Mitglied ist somit grundgesetzlich geschützt, seinen Beitrag dazu zu leisten, daß das Vereinsziel erreicht wird[34]. Diese Vereinsbetätigung darf durch Maßnahmen der öffentlichen Gewalt nicht entscheidend erschwert oder gar unmöglich gemacht werden[35].

Als Individualgrundrecht kommt weiter die sog. negative Vereinigungsfreiheit in Betracht. Sie besagt, daß es jedermann freisteht, sich nicht zu Vereinen zusammenzuschließen, bestehenden Vereinen fernzubleiben, solche aufzulösen oder aus ihnen auszutreten[36].

Die Kündigungsfrist bis zu 2 Jahren, die § 39 Abs. 2 BGB ermöglicht, ist bei Gewerkschaften als mit Art. 9 Abs. 3 GG unvereinbar angesehen worden (vgl. Rn. 2759); auch bei »gewöhnlichen« Vereinen begegnet eine solch lange Austrittsfrist erheblichen verfassungsrechtlichen Bedenken[37].

Keinen Beschränkungen darf auch das Recht eines jeden Vereinsmitglieds unterworfen werden, bei der Auflösung der von ihm mitgetragenen Vereinigung mitwirken zu können. Es ist demnach unzulässig, die Auflösungsentscheidung entgegen § 41 BGB einem Vereinsorgan oder gar einem außenstehenden Dritten zuzuweisen, da in beiden Fällen eine Mitwirkung der Vereinsmitglieder bei der Auflösungsentscheidung ausgeschlossen ist. Diese Grundsätze gelten aber nur für weltliche Vereine.

4.4. Der dem Verein gewährte Grundrechtsschutz

Der Verein selbst nimmt ebenfalls am verfassungsrechtlich verbürgten Schutz **2917**
der positiven Vereinsfreiheit teil.

Der Schutz beginnt bereits dann, wenn zum Zwecke der Errichtung eines Vereins eine Gründungsgesellschaft gebildet worden ist[38]. Auf die erlaubte Zielsetzung und Zweckverfolgung des Vereins kommt es zunächst nicht an; die Bestandsgarantie erlischt erst, wenn das Vereinsverbot nach Art. 9 Abs. 2 GG i. V. m. §§ 3 ff. VereinsG wirksam geworden ist. Nicht geschützt ist auch hier allerdings die Rechtsform; es begegnet daher keinen Bedenken, daß ein rechtsfähiger Verein bei Vorliegen bestimmter Tatbestände (z. B. Konkurseröffnung) die Rechtsfähigkeit verliert. Wesentlich ist, daß nach dem Verlust der Rechtsfähigkeit die Vereinigung in anderer Rechtsform bestehen bleiben kann.

---

32 Vgl. *Maunz/Dürig/Herzog/Scholz* a. a. O.
33 Vgl. *v. Münch* Art. 9 GG Rn. 19: Vereinstätigkeit.
34 Vgl. *BVerwG* NJW 1981, 362.
35 *BVerwG* NJW 1978, 554/555.
36 Vgl. *Maunz/Dürig/Herzog/Scholz* Art. 9 GG Rn. 88.
37 Ebenso: *Maunz/Dürig/Herzog/Scholz* Art. 9 GG Rn. 92.
38 Vgl. *Maunz/Dürig/Herzog/Scholz* Art. 9 GG Rn. 65.

Jeder Vereinigung wird zunächst die Erhaltung und Sicherung ihrer Existenz, weiter aber auch ihre Funktionsbeständigkeit garantiert[39]. Gewährleistet ist somit die Erfüllung der selbst gewählten Ziele und Aufgaben[40]. Das Vereinsleben kann der Verein autonom gestalten[41]. Der Verein hat somit das Recht der Selbstbestimmung über die eigene Organisation, er kann das Verfahren bei der Willensbildung seiner Organe frei bestimmen und kann schließlich autonom über die Führung der Geschäfte seiner Organe eine Bestimmung treffen[42]. Grundgesetzlich geschützt ist somit insbesondere die Satzungsgestaltungsfreiheit[43]. Keinen verfassungsrechtlichen Bedenken begegnet es jedoch, wenn das Registergericht eine Rechtskontrolle hinsichtlich der eingereichten Gründungssatzung oder der später geänderten Satzung vornimmt; untersagt ist jedoch eine Kontrolle des Registergerichts in bezug auf eine zweckmäßige Satzungsgestaltung[44]. Dem Verein steht es somit grundsätzlich frei, wie er seine Satzung in erlaubtem Umfang gestaltet; das ist teilweise schon durch das einfache Bundesrecht verbürgt (§ 40 BGB). Zur Satzungsgestaltungsfreiheit gehört es auch, ob ein Verein überhaupt und inwieweit die Satzung und die Ordnungen eines übergeordneten Verbandes übernimmt. Freiheit besteht auch darin, ob für notwendig erachtete Vereinsordnungen eine Satzungsqualität bestimmt wird oder nicht, ob die Ordnungen somit satzungsnachrangiges Recht darstellen oder zu Satzungsbestandteilen erklärt werden. Teil des freien inneren Ordnungsrechts ist es auch, über die Voraussetzungen einer Aufnahme in den Verein Bestimmungen zu treffen[45]. Im Rahmen der verfassungsrechtlich geschützten Vereinsautonomie kann der Verein auch darüber bestimmen, welche Ordnungsmittel er gegen seine Mitglieder bei Disziplinwidrigkeiten verhängen will[46].

Dem Verein ist nicht nur der Mitgliederbestand, sondern auch die Mitgliederwerbung verfassungsrechtlich garantiert[47]. Verfassungsrechtlich ist weiter gewährleistet das Recht auf Führung eines Vereinsnamens[48].

Zum Bestandsschutz gehört schließlich auch das Recht zur Führung der Geschäfte des Vereins, d. h. der Vereinsverwaltung. Soweit diese jedoch eine Außenwirkung hat, kann der Schutz nicht weiter gehen, als er einer natürlichen Person gewährt wird.

Weitere Einzelfälle: Der Bestand des Vereins kann auch durch Bedrohung von innen gefährdet sein; dies ist etwa der Fall, wenn eigene Mitglieder prinzipielle

39 *BAG* NJW 1979, 1844/1845; *BVerwG* NJW 1981, 362.
40 BVerfGE 30, 227/242; *BVerwG* a. a. O.
41 Vgl. *Maunz/Dürig/Herzog/Scholz* Art. 9 GG Rn. 81; *v. Münch* Art. 9 GG Rn. 19: innere Ordnung.
42 BVerfGE 50, 290/354.
43 Vgl. *v. Münch* a. a. O.
44 Vgl. BayObLGZ 1982, 368/373 f. = BB 1983, 83.
45 Vgl. *v. Münch* a. a. O.
46 Vgl. *v. Münch* a. a. O.: Vereinsstrafen.
47 Vgl. *BVerfG* NJW 1992, 549.
48 BVerfGE 30, 227/241.

Zielsetzungen der Vereinigung bekämpfen; solchen Bestrebungen kann der Verein durch die Anwendung seiner Ordnungsgewalt entgegentreten[49]. In den Kernbereich der Vereinigungsfreiheit und in die Eigentumsgarantie (Art. 14 Abs. 1 GG) würde eingegriffen, wenn ein Gesetz bei einem Verein, der sich die Verfolgung öffentlicher Aufgaben zum Ziele gesetzt hat – z. B. die Studentenbetreuung –, gegen dessen Willen (fehlender Auflösungsbeschluß) bestimmte, daß ein Weiterbestand nur noch in der Rechtsform einer Körperschaft des öffentlichen Rechts möglich ist[50]. Ein Verein kann nur eine freie Vereinigung sein; er ist deshalb gegen eine übermäßige Fremdbestimmung geschützt[51]; ist eine solche in der Gründungssatzung enthalten, so steht es dem Verein frei, diese zu beschränken oder aufzuheben; allerdings dürfen Sonderrechte (§ 35 BGB) nicht ohne Zustimmung des Berechtigten beeinträchtigt werden.

49 Vgl. *BGH* NJW 1978, 1370/1371: Gewerkschaft.
50 Vgl. *BAG* BB 1978, 1720.
51 BVerfGE 50, 290/354.

II. Die ein Vereinsverbot rechtfertigenden Tatbestände

1. Die Beschränkung der Vereinigungsfreiheit durch Art. 9 Abs. 2 GG

2918 Art. 9 Abs. 2 GG bestimmt:

Vereinigungen, deren Zweck oder deren Tätigkeit den Strafgesetzen zuwiderlaufen oder die sich gegen die verfassungsmäßige Ordnung oder gegen den Gedanken der Völkerverständigung richten, sind verboten.

Diese Verfassungsbestimmung schränkt die nach Art. 9 Abs. 1 (und Abs. 3) GG gewährleistete Vereinigungs- und Koalitionsfreiheit ein[1]. Der Zweckverfolgung und der Betätigung eines Vereins sind öffentlich-rechtlich die in Art. 9 Abs. 2 GG wiedergegebenen Grenzen gesetzt, aber nur diese. Der Grundrechtsschutz wird für Organisationen ausgeschlossen, deren Tätigkeit elementaren Grundsätzen der Rechtsordnung und der Völkerverständigung zuwiderläuft[2]. Das Verbot eines Vereins tritt aber nicht schon von Verfassungs wegen von selbst ein; es bedarf vielmehr, wie § 3 Abs. 1 Satz 1 VereinsG klarstellt, einer besonderen Feststellungsverfügung der zuständigen Verbotsbehörde[3]. Das Verbot tritt mit dem Erlaß einer vollziehbaren Feststellungsverfügung ein, die den Verbotsgrund nennt und welche die Anordnung der Auflösung enthält, wodurch dem Wirken des Vereins ein Ende gesetzt wird. An die vollziehbare – somit nicht auch unanfechtbare – Verfügung sind nicht nur das Strafgericht (§ 20 VereinsG)[4], sondern auch das Registergericht, die Verleihungsbehörde, überhaupt alle staatlichen Stellen und der Verein selbst einschließlich seiner Mitglieder gebunden.

2. Zum Betätigungsverbot anstelle eines Vereinsverbots

2919 Nach Auffassung des BVerwG kommt ein Vereinsverbot nur dann in Betracht, wenn eine wirksame Abwehr der verfassungswidrigen Tätigkeit (Art. 9 Abs. 2 GG) mit milderen Mitteln nicht möglich ist[5], wenn insbesondere ein bloßes Betätigungsverbot zum Schutz der sich aus den Verbotsnormen ergebenden Rechtsgüter nicht ausreicht[6].
Dieser Auffassung ist dem Grundsatze nach zuzustimmen. Zulässig ist ein solches Betätigungsverbot gegen einen Ausländerverein oder einen ausländischen Verein (§§ 14, 15 Abs. 1 VereinsG) oder gegen einzelne seiner Mitglieder (§ 37 AuslG) unter der Voraussetzung, daß eine weitere politische Betätigung einge-

1 *BVerfG* NJW 1990, 37/38.
2 *BVerfG* a. a. O.
3 BVerwGE 55, 175/177 = NJW 1978, 2164.
4 Vgl. *BVerfG* a. a. O. S. 39.
5 BVerwGE 37, 344/361.
6 BVerwGE 55, 175/181; 61, 218/220 f. = NJW 1981, 1796.

schränkt oder gänzlich untersagt werden soll[7]. Bei den übrigen deutschen Vereinen fehlt eine gesetzliche Regelung, die im Hinblick auf Art. 9 Abs. 2 GG erforderlich ist. Es ist überdies offen, welche Stelle dieses Betätigungsverbot bei den sonstigen Vereinen aussprechen soll und ob die Anfechtung entsprechend den Regelungen des Vereinsgesetzes möglich ist. Durch Richterrecht läßt sich eine derart bedeutsame Regelung nicht ersetzen[8].

3. Das Verbot von Vereinigungen, deren Zwecke oder Tätigkeit den Strafgesetzen zuwiderlaufen

3.1. Die Zurechnung

Ein Verein kann verboten werden, wenn dessen Zweck oder Tätigkeit den **2920**
Strafgesetzen zuwiderläuft (Art. 9 Abs. 2 1. Alt. GG). Hierfür genügt es nicht, daß die Mitglieder des Vereins Straftaten begehen; das Verhalten der Mitglieder muß vielmehr dem Verein – der als Körperschaft keine Straftat begehen kann – zugerechnet werden können. Hier wird nur ein organisationsbezogenes strafbares Verhalten von Mitgliedern oder Organmitgliedern erfaßt, das in einem Zusammenhang mit der Vereinigung als Organisation steht[9]. Eine durch die Mitglieder oder Organmitglieder verwirklichte Strafgesetzwidrigkeit muß den Charakter der Vereinigung prägen[10]. Unter dieser Voraussetzung (»Prägung«) kann auch einem Gesamtverein das strafgesetzwidrige Verhalten von Mitgliedern von Untergliederungen (Ortsgruppen) zugerechnet werden[11].
Die Strafgesetzwidrigkeit kann sich in einer dem Verein zurechenbaren Weise aus folgenden Umständen ergeben:

- Die Satzung nennt selbst einen strafgesetzwidrigen Zweck, den die Mitglieder auch tatsächlich verwirklichen. Möglich ist dies z. B. bei einem nichtrechtsfähigen Verein, der nicht notwendig eine schriftliche Satzung haben muß und die vor allem nicht einer registergerichtlichen Kontrolle unterliegt.
- Die Mitglieder begehen aufgrund einer Anordnung von Vereinsorganen Straftaten[12].
- Mitglieder begehen Straftaten mit Wissen und Billigung von Vereinsorganen, sofern die Straftaten in einem inneren Zusammenhang mit dem Verein stehen[13].
- Mitglieder begehen zwar spontan und aufgrund eigenen Entschlusses Straftaten, treten dabei aber geschlossen als Vereinigung auf, so daß die Straftaten sich nach außen als Vereinsaktivitäten darstellen; hinzukommen muß, daß die maßgeblichen Organe des Vereins diese Aktivitäten von Mitgliedern kennen und billigen oder jedenfalls widerspruchslos hinnehmen[14].

---

7 BVerwGE 55, 175/181.
8 Im Ergebnis ebenso: *Schmidt* DÖV 1981, 872 ff.
9 Vgl. *BGH* NJW 1984, 2956/2957.
10 *BVerwG* NJW 1989, 993/995; *VGH Mannheim* NJW 1990, 61.
11 *VGH Mannheim* NVwZ-RR 1993, 25.
12 Vgl. *VGH München* NJW 1990, 62/63.
13 *VGH München* a. a. O.
14 *BVerwG* NJW 1989, 993/995; *VGH München* a. a. O.

Es ist nicht erforderlich, daß die Strafgesetzwidrigkeit den Hauptzweck oder die Hauptbetätigung der Vereinigung ausmacht. Die Strafgesetzwidrigkeit muß auch nicht auf Dauer bestehen; es genügt vielmehr, daß die Vereinigung erst im Laufe der Zeit strafgesetzwidrig oder die Strafgesetzwidrigkeit zeitlich begrenzt wird[15].

3.2. Der Verstoß gegen Strafgesetze

2921 Für das Vereinsverbot genügt es dem Grundsatz nach, daß Mitglieder oder Organmitglieder in einer dem Verein zurechenbaren Weise gegen irgendwelche für jeden geltende Strafgesetze verstoßen. Da aber beim Vereinsverbot der Grundsatz der Verhältnismäßigkeit eingreift, muß es sich um Straftaten von einer Gewichtung handeln, welche das Vereinsverbot rechtfertigen. Es reicht deshalb nicht aus, daß es in den Mitgliederversammlungen eines Vereins wiederholt zu Beleidigungen von Teilnehmern oder Außenstehenden gekommen ist. Im allgemeinen haben auch Fahrlässigkeitstaten auszuscheiden[16]. Ordnungswidrigkeiten sind keine Straftaten. Die Verbotsbehörde braucht ein Verschulden der in Betracht kommenden Personen allerdings nicht festzustellen[17].

4. Das Verbot von Vereinen, die sich gegen die verfassungsmäßige Ordnung richten

4.1. Die geschützte verfassungsmäßige Ordnung

2922 Zur geschützten verfassungsmäßigen Ordnung gehört das Prinzip der Sozialstaatlichkeit, der Bundesstaatlichkeit sowie die Erhaltung des Bestandes der Bundesrepublik Deutschland; ferner das Rechtsstaatsprinzip[18] und insbesondere das demokratische Prinzip mit der Verantwortlichkeit der Regierung, das Mehrparteiensystem sowie das Recht auf verfassungsmäßige Bildung und Ausübung einer Opposition[19]. Angesprochen ist somit nicht jede Verfassungsnorm oder die gesamte Rechtsordnung schlechthin, sondern nur der elementare Kernbereich der Verfassung[20].

4.2. Die aggressive Bekämpfung der verfassungsmäßigen Ordnung

2923 Aus der Verwendung des Wortes »richtet« in Art. 9 Abs. 2 GG ergibt sich, daß die Vereinigung über eine bloße Ablehnung der verfassungsmäßigen Ordnung hinaus eine Tätigkeit entfalten muß, die sich in kämpferisch-aggressiver Weise gegen die verfassungsmäßige Ordnung wendet, d. h. diese Ordnung fortlaufend untergraben will[21]. Daraus folgt, daß es für ein Organisationsverbot nicht aus-

---

15 *BVerwG* a. a. O.; *VGH Mannheim* NVwZ-RR 1993, 25/26.
16 *Maunz/Dürig/Herzog/Scholz* Rn. 124, *v. Münch* Rn. 23, je zu Art. 9 GG.
17 *Albrecht* WRP 1983, 540/543, der das Vereinsverbot sog. Gebühreneinspielvereine erörtert.
18 Vgl. *Maunz/Dürig/Herzog/Scholz* Art. 9 GG Rn. 127.
19 *BVerwG* NJW 1981, 1796.
20 Vgl. *Schnorr* § 3 VereinsG Rn. 13.
21 BVerwGE 61, 218/220 = NJW 1981, 1796.

reicht, wenn die verfassungsmäßige Ordnung nur verbal abgelehnt wird oder wenn ihr andere Grundsätze entgegengestellt werden[22]. Noch weniger genügt eine, wenn auch massive Kritik an der bestehenden verfassungsmäßigen Ordnung[23]. Zulässig ist das Anstreben einer Verfassungsreform[24].
Maßgebend ist die Zielsetzung der Vereinigung oder deren Betätigung in der Praxis[25].
Handeln nicht die Mitglieder des das Leben des Vereins bestimmenden Organs, sondern Vereinsmitglieder, so kommt es auch hier darauf an, ob der Verein sich dieses Verhalten zurechnen lassen muß (vgl. oben Rn. 2920).
Unter hier beschriebenen Voraussetzungen ist eine Vereinigung gegen die verfassungsmäßige Ordnung gerichtet, wenn sie in Programm, Vorstellungswelt und Gesamtstil eine Wesensverwandtschaft mit dem Nationalsozialismus aufweist[26].

5. Das Verbot von Vereinen, die sich gegen den Gedanken der Völkerverständigung richten

5.1. Der Verbotstatbestand

Nach Art. 26 Abs. 1 GG sind Handlungen, die geeignet sind und in der Absicht **2924**
vorgenommen werden, das friedliche Zusammenleben der Völker zu stören, insbesondere die Führung eines Angriffskrieges vorzubereiten, verfassungswidrig. Durch das Organisationsverbot, das eine Folge des Verstoßes gegen Art. 26 Abs. 1 GG ist, soll die Störung des friedlichen Zusammenlebens zwischen den Staaten verhindert werden. Darüber hinaus soll auch der Frieden unter den Völkern eine Sicherung erfahren[27]. Betroffen werden somit Vereinigungen, die das Judentum bekämpfen[28], die einen Angriffskrieg erstreben oder die überhaupt die Friedenssicherung ablehnen[29]. Hierher gehören jedoch auch Vereinigungen, die Vorbereitungen zum Völkermord treffen[30] oder die Handlungen erstreben oder begehen, die sich gegen ausländische Staaten i. S. d. §§ 102 bis 104 StGB richten; hier ist kumulativ der Verbotstatbestand einer gegen Strafgesetze verstoßenden Tätigkeit gegeben[31].
Verstößt die Vereinigung gegen anerkannte Regeln des Völkerrechts, so reicht dies zu einem Vereinsverbot nur dann aus, wenn zugleich eine ernsthafte Störung des Zusammenlebens der Staaten und Völker erstrebt wird[32]. Hierher gehört z. B. die Förderung des Terrorismus[33]. Verwirklichen die angeführten Tat-

22 *BVerwG* a. a. O.
23 Vgl. *Maunz/Dürig/Herzog/Scholz* Art. 9 GG Rn. 128.
24 Vgl. *v. Münch* Art. 9 GG Rn. 27.
25 Vgl. *BVerwG* NJW 1981, 1796.
26 *BVerwG* NJW 1993, 3213.
27 Vgl. *v. Münch* Art. 9 GG Rn. 28.
28 Vgl. *Hess. VGH* DÖV 1961, 830.
29 Vgl. *v. Münch* a. a. O.
30 Vgl. § 220 a StGB.
31 Vgl. *v. Münch* a. a. O.
32 Vgl. *v. Münch* Art. 9 GG Rn. 30.
33 Vgl. *v. Münch* a. a. O.

bestände nur einzelne Vereinsmitglieder, so gelten hinsichtlich der Zurechnung – prägendes Merkmal des Vereins – die Ausführungen zu Rn. 2920 entsprechend.

5.2. Die Zielverwirklichung

2925 Da sich die Vereinigung gegen den Gedanken der Völkerverständigung »richten« muß, genügt eine bloße Kritik oder eine verbale Ablehnung des friedlichen Zusammenlebens von Staaten und Völkern nicht[34]. Erforderlich ist vielmehr eine aggressiv-kämpferische Zielverfolgung[35].

34 A. A. *Maunz/Dürig/Herzog/Scholz* Art. 9 GG Rn. 131.

35 So wohl auch *v. Münch* Art. 9 GG Rn. 26, 27, 30.

III. Das Verbotsverfahren

1. Die Behördenzuständigkeit

1.1. Die Verbotsbehörden

Die oberste Landesbehörde – in der Regel der Landesinnenminister bzw. der Innensenator – ist Verbotsbehörde, wenn sich die erkennbare Organisation und Tätigkeit eines Vereins oder Teilvereins auf das Gebiet eines Bundeslandes beschränken (§ 3 Abs. 2 Nr. 1 VereinsG). In den übrigen Fällen, wenn also Organisation **oder** Tätigkeit eines Vereins oder Teilvereins sich über das Gebiet eines Landes hinaus erstreckt, ist der Bundesminister des Innern zuständig (§ 3 Abs. 2 Nr. 2 VereinsG). Die Zuständigkeiten sind ausschließliche[1]. 2926
Bei einem weit verzweigten Verein mit Untergliederungen kann eine Zusammenarbeit der Verbotsbehörden erforderlich sein. Will die oberste Landesbehörde das Verbot gegen einen Teilverein aussprechen, wäre jedoch für das Verbot des Gesamtvereins, dessen Mitglied der Teilverein ist, der Bundesminister des Innern zuständig, so kann die oberste Landesbehörde ihre Entscheidung nur im Benehmen mit dem Bundesminister des Innern treffen (§ 3 Abs. 2 Satz 2 VereinsG). Ist dieser zuständig, so muß er sich mit der obersten Landesbehörde in Verbindung setzen, in deren Bereich ein Teilverein des zu verbietenden Gesamtvereins besteht (§ 3 Abs. 2 Satz 3 VereinsG).

1.2. Die Verbotsbehörden als Ermittlungsbehörden und die zur Hilfe verpflichteten Behörden

Ein Ermittlungsverfahren mit dem Ziele eines Vereinsverbotes kann ausschließlich die Verbotsbehörde einleiten (§ 4 Abs. 1 Satz 1 VereinsG); die Polizeibehörden oder die Staatsanwaltschaften sind somit nicht zuständig. Die Verbotsbehörde kann jedoch zur Durchführung ihrer Ermittlungen, ob ein Vereinsverbot gerechtfertigt ist, die Hilfe der »für die Wahrung der öffentlichen Sicherheit oder Ordnung zuständigen Behörden und Dienststellen in Anspruch nehmen« (§ 4 Abs. 1 Satz 1 VereinsG; die Amtshilfepflicht folgt bereits aus Art. 35 GG). Zur Amtshilfe sind die Ordnungsbehörden sowie die Dienststellen der Polizei verpflichtet. Die Zuständigkeit bestimmt sich nach dem Landesrecht. In Bayern sind die (Bezirks-)Regierungen, die Landratsämter, die Gemeinden und die Dienststellen der Polizei die für die Wahrung der öffentlichen Sicherheit und Ordnung zuständigen Behörden[2]. Ist der Bundesminister des Innern zuständige Ermittlungsbehörde, so muß er sein Ermittlungsersuchen an die zuständige Landesverbotsbehörde richten (§ 4 Abs. 1 Satz 2 VereinsG). 2927
Das Amtshilfeersuchen kann sich auf die Vornahme einzelner Ermittlungshandlungen beziehen; den zur Mithilfe verpflichteten Behörden und

1 Vgl. *Schnorr* § 3 VereinsG Rn. 27.
2 Art. 3 AGVereinsG v. 15. 12. 1965 – GVBl. S. 346.

Dienststellen kann jedoch auch das gesamte Verbotsermittlungsverfahren übertragen werden[3].

2. Die Einleitung und die Durchführung des Ermittlungsverfahrens

2.1. Die behördeninternen Ermittlungen

2928 Ergibt sich der Verdacht, daß ein (Teil-)Verein eine nach Art. 9 Abs. 2 GG verbotene Zielsetzung oder eine verbotene praktische Vereinstätigkeit entfaltet, so können zunächst behördenintern Ermittlungen geführt werden. Es kann um Auskunft etwa bei der örtlichen Polizei oder beim Landesamt für Verfassungsschutz ersucht werden, welche Erkenntnisse dort über den betreffenden Verein vorhanden sind. Solche behördenintern geführten Ermittlungen sind jederzeit zulässig; sie erfordern keine Benachrichtigung des betreffenden Vereins über die Einleitung oder die Einstellung solcher Ermittlungen.

2.2. Das förmliche Ermittlungsverfahren

2929 Das förmliche Ermittlungsverfahren ist immer einzuleiten, wenn nicht lediglich ein vager, sondern ein konkreter, auf bestimmte Tatsachen gestützter Verdacht eines Verstoßes gegen die Tatbestände des Vereinsverbotes besteht[4]. Besteht ein solcher Anfangsverdacht, so ist die Einleitung des Ermittlungsverfahrens Amtspflicht.

Davon kann auch nicht abgesehen werden, wenn die Staatsanwaltschaft wegen strafgesetzwidriger Zweckverfolgung bzw. Vereinsbetätigung ermittelt[5]; die Staatsanwaltschaft kann eine Bestrafung von Organ- bzw. Vereinsmitgliedern durch das Strafgericht und u. U. eine Vermögenseinziehung, nicht jedoch ein Organisationsverbot erreichen, die Folgen hat, die eine strafgerichtliche Ahndung nicht verzeichnen kann (z. B. Betätigungsverbot, Bindung des Registergerichts an das Verbot usw.). Die Verbotsbehörde muß zwar nicht in jedem Fall das Organisationsverbot aussprechen (vgl. oben Rn. 2919); diese Befugnis hat jedoch mit der Pflicht zur Einleitung eines Ermittlungsverfahrens nichts zu tun; die Ermittlungen sollen erst die Grundlage für die weitere Entschließung der Verbotsbehörde abgeben.

Ermittlungshandlungen können sich gegen den Verein, seine Organe, seine Mitglieder sowie gegen sog. Hintermänner richten[6]. Hintermänner sind Personen, die, ohne Mitglied des Vereins zu sein, geistig oder wirtschaftlich Wesentliches für den Verein leisten, dabei jedoch im Hintergrund bleiben, sich also in der offiziellen Vereinsarbeit nicht exponieren[7].

---

3 Vgl. *Schnorr* § 4 VereinsG Rn. 5.

4 *VGH Kassel* NJW 1993, 2826/2827.

5 A. A. *Meyer* in *Erbs/Kohlhaas* § 4 VereinsG Anm. 2 bb.

6 *VGH Kassel* a. a. O.

7 *VGH Kassel* a. a. O.

2.3. Die Einschaltung des Verwaltungsgerichts zur Durchführung richterlicher Ermittlungshandlungen – Zeugenvernehmung, Anordnung der Beschlagnahme oder Durchsuchung

Zur Herbeiführung einer wahrheitsgemäßen Aussage eines Zeugen kann dessen richterliche Vernehmung geboten sein. Außerdem kann es sich ergeben, daß Beweismittel zu beschlagnahmen oder Räume zu durchsuchen sind; hier wird in aller Regel in Grundrechte des Vereins (Art. 13 Abs. 1, Art. 14 Abs. 1 GG) eingegriffen, was gem. § 32 VereinsG i. V. m. Art. 19 Abs. 1 GG zulässig ist; hier ist die Einschaltung des Gerichts geboten. **2930**

Zuständig ist das Verwaltungsgericht, in dessen Bezirk die Handlung vorzunehmen ist (§ 4 Abs. 2 Satz 1 VereinsG). Es wird nur auf Antrag tätig (§ 4 Abs. 2 Satz 1 VereinsG). Antragsbefugt ist die Verbotsbehörde oder die von ihr um Durchführung von Ermittlungen ersuchte Behörde oder Dienststelle. Die richterlichen Anordnungen oder Maßnahmen trifft der Vorsitzende der zuständigen Kammer des Verwaltungsgerichts oder ein von ihm bestimmtes Mitglied seiner Kammer (§ 4 Abs. 2 Satz 2 VereinsG spricht zwar von einem vom Vorsitzenden bestimmten Mitglied des Gerichts; dieser kann jedoch nicht die Mitglieder einer anderen Kammer beauftragen).

Bei der Zeugenvernehmung verfährt der Einzelrichter des Verwaltungsgerichts nach den §§ 358 bis 444 ZPO (vgl. die Verweisungen in § 4 Abs. 3 VereinsG und § 98 VwGO). Die Frage der Zeugnisunfähigkeit beurteilt das Verwaltungsgericht nach den Grundsätzen, die gelten würden, wenn die Sache bereits beim Oberverwaltungsgericht bzw. beim Bundesverwaltungsgericht (§§ 48, 50 Abs. 1 Nr. 2 VwGO) anhängig wäre. Beteiligt ist der Verein (§ 61 Nr. 1 oder Nr. 2, § 63 VwGO). Seine gesetzlichen Vertreter (§ 26 Abs. 2 Satz 1 BGB), somit die Mitglieder des Vertretungsvorstands sind zeugnisunfähig. Die übrigen Organmitglieder sowie die Vereinsmitglieder können als Zeugen vernommen werden. Eine andere Frage ist, ob diese Personen einzelne Fragen bzw. Fragenkomplexe wegen eines Grundes zur Zeugnisverweigerung aus sachlichen Gründen (§ 384 Nr. 1 oder 2 ZPO) nicht zu beantworten brauchen. **2931**

Häufig wird eine Durchsuchung erforderlich sein, damit gegen den betroffenen Verein sprechende Beweismittel aufgefunden werden, die der verfahrenssichernden Beschlagnahme unterliegen. Die Durchsuchung kann das Verwaltungsgericht nur auf Antrag anordnen. Materielle Voraussetzung ist, daß hinreichende Anhaltspunkte dafür bestehen, daß eine Durchsuchung zur Auffindung solcher Beweismittel führen werde; ein hinreichender Anhaltspunkt besteht dann, wenn bei vorläufiger Bewertung die Wahrscheinlichkeit des späteren Auffindens von Beweismittteln besteht[8]. Die Durchsuchungsanordnung kann sich auf die Räume des Vereins sowie auf die Räume, Sachen und Person eines Vereinsmitglieds oder eines Hintermannes beziehen (§ 4 Abs. 4 Satz 2 VereinsG). Bei anderen Personen ist die Durchsuchung nur zur Beschlagnahme bestimmter Beweismittel und nur dann zulässig, wenn Tatsachen darauf schließen lassen, daß sich die gesuchte Sache in ihrem Gewahrsam befindet (§ 4 Abs. 4 Satz 3 VereinsG). Die Durchsuchungsanordnung kann mit der Maßgabe erlassen werden, daß sie wegen Gefahr im Verzug auch zur Nachtzeit vollzogen werden kann (§ 4 Abs. 4 Satz 4 VereinsG i. V. m. § 104 StPO). Die Durchsu- **2932**

---

8 Vgl. auch *Kleinknecht/Meyer* § 103 StPO Rn. 2.

chungsanordnung bedarf regelmäßig der schriftlichen Abfassung und der Begründung; sie muß Angaben über den Vorwurf enthalten, der Verein könne möglicherweise nach Art. 9 Abs. 2 GG i. V. m. § 3 VereinsG verboten werden; die Beweismittel, denen die Durchsuchung gilt, müssen regelmäßig entweder ihrer Art nach oder nach ihrem denkbaren Inhalt bezeichnet werden, soweit dies nach dem Stand der Ermittlungen ohne weiteres möglich und dem verfolgten Zweck nicht abträglich ist[9]. Der vollziehende Beamte hat die § 105 Abs. 2 bis 4, §§ 106 bis 110 StPO zu beachten (§ 4 Abs. 4 Satz 4 VereinsG).
Gegenstände, die potentielle Beweisbedeutung haben, können beschlagnahmt werden (§ 4 Abs. 4 Satz 1 VereinsG i. V. m. §§ 94 bis 97, § 98 Abs. 4, §§ 99 bis 101 StPO). Für die Anordnung des Verwaltungsgerichts auf Antrag genügt es, daß ein Anfangsverdacht für ein Vereinsverbot besteht[10]. Postbeschlagnahmen durch das Gericht sind dann unzulässig, wenn das Vereinsverbot bereits erlassen und eine weitere Sachaufklärung nicht erforderlich ist[11].
Ermittlungsmaßnahmen nach § 4 Abs. 2, 4 VereinsG können ohne vorherige Anhörung des Betroffenen durch das Verwaltungsgericht angeordnet werden, wenn nach den Umständen damit zu rechnen ist, daß bei einer vorherigen Anhörung Beweismittel beiseitegeschafft oder vernichtet werden und dadurch der Zweck der angeordneten Ermittlungsmaßnahmen vereitelt würde[12].
Die richterliche Anordnung ergeht in Form eines begründeten Beschlusses, der auch dann zu den Akten zu bringen ist, wenn dieser zunächst mündlich oder fernmündlich zum Zwecke der sofortigen Vollstreckung bekanntgemacht worden ist[13].
Anordnung und Durchführung der Durchsuchung und Beschlagnahme werden vom Grundsatz der Verhältnismäßigkeit beherrscht[14].
Kann ohne Gefährdung des Zwecks der Maßnahme eine richterliche Anordnung nicht eingeholt werden[15], ist also Gefahr im Verzug, so kann die Verbotsbehörde oder eine von ihr ersuchte Hilfsbehörde (§ 4 Abs. 1 Satz 1 VereinsG) eine Beschlagnahme – jedoch ausgenommen eine Postbeschlagnahme (§ 99 StPO) – oder eine Durchsuchung anordnen (§ 4 Abs. 5 Satz 1 VereinsG). Die behördliche Anordnung[16] darf nicht weitergehend sein als eine solche des Verwaltungsgerichts (§ 4 Abs. 5 Satz 2 i. V. m. Abs. 4 VereinsG). Der Beamte, der einen Gegenstand ohne richterliche Anordnung beschlagnahmt hat, soll binnen drei Tagen die richterliche Bestätigung beantragen, wenn bei der Beschlagnahme weder der davon Betroffene noch ein erwachsener Angehöriger anwesend war oder wenn der Betroffene und im Falle seiner Abwesenheit ein erwachsener Angehöriger des Betroffenen gegen die Beschlagnahme ausdrücklich Widerspruch erhoben hat (§ 98 Abs. 2 Satz 1 StPO i. V. m. § 4 Abs. 5 Satz 2 VereinsG). Der Betroffene kann jederzeit die richterliche Entscheidung beantragen (§ 98 Abs. 2 Satz 2 StPO i. V. m. § 4 Abs. 5 Satz 2 VereinsG).

9 BVerfGE 42, 212/220; 44, 353 = NJW 1977, 1489.
10 Vgl. *VGH Kassel* NJW 1993, 2826.
11 *VGH München* NVwZ 1993, 1213.
12 *VGH Kassel* NJW 1993, 2826.
13 So: *Kleinknecht/Meyer* § 98 StPO Rn. 8.
14 Vgl. BVerfGE 44, 353; *Kleinknecht/Meyer* § 94 StPO Rn. 18.
15 Vgl. *Kleinknecht/Meyer* § 98 StPO Rn. 6.
16 Vgl. wegen des Rechtszustandes in Berlin § 4 Abs. 5 Satz 3 VereinsG.

3. Die Einstellung des Ermittlungsverfahrens

Ergeben die Ermittlungen, daß der Verdacht einer nach Art. 9 Abs. 2 GG verbotenen Vereinsbetätigung nicht gegeben ist, so stellt die Verbotsbehörde das Ermittlungsverfahren ein und macht dies dem Verein bekannt. **2933**

4. Die Verbotsverfügung

4.1. Zum Erfordernis einer vorherigen Anhörung

Vor Erlaß eines Vereinsverbotes darf die Verbotsbehörde von der nach § 28 Abs. 1 VwVfG grundsätzlich vorgeschriebenen Anhörung der Vereinigung nach Abs. 2 Nr. 1 absehen, wenn der mit dem Verbot gleichzeitig bezweckte Erfolg einer Sicherstellung des Vereinsvermögens durch die mit der Anhörung verbundene Unterrichtung der Betroffenen über den bevorstehenden Eingriff oder aufgrund des durch die Anhörung bedingten Zeitverlustes selbst bei Gewährung kürzester Anhörungsfristen gefährdet würde[17]. **2933 a**

4.2. Die Verbotsverfügung gegen Vereine ohne Untergliederungen und ohne Neben- oder Hilfsorganisationen

Die Verbotsverfügung der Verbotsbehörde muß zwei Bestandteile enthalten (§ 3 Abs. 1 Satz 1 VereinsG): **2934**
- die besondere Feststellung des Verbotsgrundes (oder der Verbotsgründe) i. S. d. § 9 Abs. 2 GG,
- die Anordnung der Auflösung eines bestimmten[18] Vereins (Vereinsverbot).

Handelt es sich um die deutsche Sektion (Teilorganisation) eines Vereins mit Hauptsitz im Ausland oder um eine Vereinigung mit internationaler Verzweigung mit Hauptsitz im Inland, so kann die Verfügung nur den im Geltungsbereich des Vereinsgesetzes befindlichen (Teil-)Verein erfassen[19].

Die Verbotsverfügung enthält in der Regel auch die Anordnung der Beschlagnahme und der Einziehung des – im Inland befindlichen – Vereinsvermögens; hiervon kann jedoch abgesehen werden, etwa weil der Verein nur ein geringes Vermögen hat.

Die schriftliche Verfügung muß die erlassende Behörde erkennen lassen und die Unterschrift oder die Namenswiedergabe des Behördenleiters, seines Vertreters oder seines Beauftragten enthalten (§ 37 Abs. 3 VwVfG des Bundes sowie die entsprechenden Vorschriften der Verwaltungsverfahrensgesetze der Länder).

Die Verbotsverfügung ist zu begründen (§ 3 Abs. 4 Satz 1 VereinsG). Es sind die wesentlichen tatsächlichen und rechtlichen Gründe anzugeben, welche die Behörde zu ihrer Entscheidung bewogen haben (§ 39 Abs. 1 Satz 2 VwVfG).

---

17 *BVerwG* NJW 1989, 993.
18 BVerwGE 37, 344/347.
19 BVerwGE 55, 175/176.

4.3. Das Verbot von Vereinen mit Teilorganisationen sowie von Vereinen mit Neben- oder Hilfsorganisationen

2935 a) Richtet sich das Vereinsverbot gegen einen Verein, der eine nichtgebietliche Teilorganisation mit eigener Rechtspersönlichkeit hat, so wird diese von der Verbotsverfügung gegen den Verein nur dann erfaßt, wenn die Teilorganisation in der Verfügung ausdrücklich benannt wird (§ 3 Abs. 3 Satz 2 VereinsG).

Die gegen den Verein erlassene Verbotsverfügung richtet sich auch ohne ausdrücklichen Ausspruch gegen alle seine Teilorganisationen, die nicht die oben angeführten Merkmale aufweisen (§ 3 Abs. 3 Satz 1 VereinsG).

Bei all diesen Teilorganisationen setzt die Erstreckung des Vereinsverbots nicht voraus, daß diese ihrerseits einen Verbotstatbestand i. S. d. Art. 9 Abs. 2 GG, § 3 Abs. 1 VereinsG erfüllen[20].

Als Teilorganisationen definiert § 3 Abs. 3 Satz 1 VereinsG alle Organisationen, die dem Verein derart eingegliedert sind, daß sie nach dem Gesamtbild der tatsächlichen Verhältnisse als Gliederung dieses Vereins erscheinen. Eine Teilorganisation muß tatsächlich in die Gesamtorganisation des (Gesamt-)Vereins eingebunden sein und muß im wesentlichen von dieser beherrscht werden[21]. Der Gliedcharakter kann ohne weiteres bejaht werden bei rechtlich unselbständigen Untergliederungen eines Gesamtvereins im privatrechtlichen Sinne (vgl. oben Rn. 2677). Es sind dies die örtlichen Geschäftsstellen bzw. Zweigstellen, die ein Hauptverein unterhält, überhaupt alle Unterorganisationen, die ihre Existenz nicht aus eigener Gründung, sondern durch eine Maßnahme des Hauptvereins erhalten haben. Teilorganisationen sind auch die rechtsfähigen und nichtrechtsfähigen Zweigvereine eines Gesamtvereins (vgl. dazu oben Rn. 2665 ff.). Das Gesetz nennt diese Teilorganisationen Teilvereine (vgl. § 3 Abs. 2 Satz 1, § 5 Abs. 3 VereinsG), ein Ausdruck, der in der Praxis nicht üblich ist und auch dem früheren öffentlichen Vereinsrecht unbekannt war. Ob sonstige Organisationen ein »Glied« des (Haupt-)Vereins sind, ist weniger nach den rechtlichen Gegebenheiten als vielmehr aus einer Gesamtschau zu ermitteln, welche die tatsächlichen Verhältnisse offenlegen. Wesentlich ist, ob die Verbandsmacht des Vereins dergestalt ist, daß die mehr oder weniger selbständige Organisation dieser untergeordnet ist oder umgekehrt ausgedrückt, ob die Organisation die Beschlüsse, Weisungen oder Verlautbarungen der Vereinsorgane in tatsächlicher Hinsicht als verbindlich ansieht und demgemäß auch befolgt[22]. Dieses tatsächliche Beherrschungsverhältnis festzustellen, ist oft nicht leicht; es bedarf dann besonders sorgfältiger Ermittlungen, zumal aus Tarnungsgründen jede Personalunion zwischen den Organen des Vereins und den Scheinträgern der Organisation vermieden worden sein kann. Eine Teilorganisation kann sein ein vom Verein unterhaltener gewerblicher Betrieb, eine Schulungsstätte, ein Institut, ein Heim und dgl.[23]. Es kann dies auch eine Personenhandelsgesellschaft, eine Kapitalgesellschaft (z. B. Vor-

---

20 *BVerwG* NJW 1989, 993.
21 *BVerwG* a. a. O. S. 997.
22 Vgl. *Seifert* Vereinsgesetz S. 21.
23 Vgl. *Seifert* a. a. O.

schalt-GmbH bzw. Gesellschaft, der die Verwaltung des Vereinsvermögens übertragen ist) oder eine Stiftung sein. Da es auf die Beherrschung der Organisation durch den Verein ankommt, ist deren Rechtsform an sich ohne Bedeutung.

Eine Sonderstellung nimmt hier der Zweigverein insofern ein, als er als Teilverein im öffentlich-rechtlichen Sinne selbständig verboten werden kann (arg. § 5 Abs. 3 VereinsG). Die übrigen selbständigen Teilorganisationen und nicht der Verein selbst können verboten werden, wenn sie eine gesellschaftliche Vereinigung darstellen und wenn sie – ohne daß dies dem Verein unmittelbar zugerechnet werden kann, mit dem sie verbunden sind – eine selbständige, gegen Art. 9 Abs. 2 GG verstoßende Tätigkeit entfalten.

b) Eines gesonderten Verbots bedarf es auch, wenn gegen eine Hilfs- oder Ne- **2936**
benorganisation eines Vereins vorgegangen werden soll. Diese Organisationen unterstützen die Zielsetzung des Vereins, werden jedoch andererseits vom Verein in tatsächlicher Hinsicht »beherrscht«[24]. Wesentliches Abgrenzungskriterium von einer Teilorganisation ist die meist vorhandene eigene Rechtspersönlichkeit, die eigenbestimmte Führungsorganisation und die finanzielle Selbständigkeit[25].

c) Kein Teilorganisationsverhältnis besteht zwischen einem Vereinsverband **2937**
und den angeschlossenen Vereinen[26]. Sie haben den Verband aufgebaut, ihre Delegierten geben die für das Verbandsleben maßgebenden Weisungen und fassen die erforderlichen Beschlüsse. Die Mitgliedschaft der Anschlußvereine darf nicht mit einer organisatorischen Eingliederung verwechselt werden; anderenfalls wären die natürlichen Personen, die den Mitgliedsverein bilden, in diesen organisatorisch eingegliedert.

4.4. Die Rechtsbehelfsbelehrung und die Bekanntmachung der Verbotsverfügung

Die Verbotsverfügung muß eine Rechtsbehelfsbelehrung enthalten. Nach § 74 **2938**
Abs. 1 Satz 2 VwGO kann gegen die Verbotsverfügung innerhalb eines Monats nach der Bekanntgabe die Anfechtungsklage erhoben werden. Diese Frist beginnt nicht zu laufen, wenn das zuständige Oberverwaltungsgericht bzw. das Bundesverwaltungsgericht in der Rechtsbehelfsbelehrung nicht aufgeführt wird und wenn die Belehrung über die einzuhaltende Frist fehlt oder unrichtig ist (§ 58 Abs. 1 VwGO). Bei einem Belehrungsmangel beginnt die Klagefrist jedoch ein Jahr ab Zustellung der Verbotsverfügung, es sei denn, daß die Belehrung dahin gelautet hat, es sei keine Anfechtungsmöglichkeit gegeben oder daß die Einhaltung der Jahresfrist durch höhere Gewalt verhindert worden ist (§ 58 Abs. 2 VwGO).

Die Verbotsverfügung muß dem Verein durch Zustellung förmlich bekanntge- **2939**
macht werden. Bezieht sich die Verfügung auch auf eine nichtgebietliche Teilorganisation mit eigener Rechtspersönlichkeit, so muß sie auch ihr zugestellt werden (§ 3 Abs. 3 Satz 2, Abs. 4 Satz 1 VereinsG). Der Bundesminister des

24 Vgl. Amtl. Begründung BT-Drucks. IV/430 S. 16.
25 Vgl. BVerfGE 2, 1/68; *Meyer* in *Erbs/Kohlhaas* § 3 VereinsG Anm. 5 b bb.
26 Amtl. Begründung a. a. O. S. 20; a. A. *Schnorr* § 3 VereinsG Rn. 36.

Innern verfährt nach dem Verwaltungszustellungsgesetz des Bundes[27], die obersten Landesbehörden nach dem in ihrem Bereich geltenden Verwaltungszustellungsgesetz[28]. Zugestellt wird dem Verein zu Händen seines Vorstands; auf etwaige Bestellungsmängel kommt es nicht an; die tatsächliche Ausübung des Vorstandsamtes genügt. Beim mehrgliedrigen Vorstand genügt die Zustellung an einen von ihnen (§ 7 Abs. 3 VwZG).
Der Tenor – der verfügende Teil – der Verbotsverfügung ist im Bundesanzeiger und danach im amtlichen Mitteilungsblatt des Landes bekanntzumachen, in dem der Verein oder, sofern sich das Verbot hierauf beschränkt, der Teilverein seinen Sitz hat; Verbote ausländischer Vereine (§ 15 VereinsG) werden nur im Bundesanzeiger bekanntgemacht (§ 3 Abs. 4 Satz 2 VereinsG).
Wird ein (Gesamt-)Verein verboten, so geben die für den Vollzug zuständigen Landesbehörden (Vollzugsbehörden) das Verbot sämtlichen im Bereich des Landes bestehenden Teilorganisationen bekannt. Bei der Bekanntgabe ist darauf hinzuweisen, daß

- das Verbot dem Verein zugestellt und im Bundesanzeiger sowie im amtlichen Mitteilungsblatt des Landes veröffentlicht worden oder nach § 16 VereinsG wirksam geworden ist,
- eine Zuwiderhandlung gegen das Verbot nach § 20 VereinsG mit Freiheitsstrafe bis zu einem Jahr oder mit Geldstrafe bestraft wird, sofern die Tat nicht nach §§ 85, 86, 86 a, 129, 129 a StGB mit schwererer Strafe bedroht ist (§ 2 DVO-VereinsG).

5. Die Wirksamkeit, Vollziehbarkeit und Unanfechtbarkeit der Verbotsverfügung und die Wirkungen im zivil- und strafrechtlichen Bereich

5.1. Die Wirksamkeit

2940 Das Verbot wird mit der Zustellung an den Verein zu Händen seines Vorstands wirksam (§ 3 Abs. 4 Satz 3 VereinsG). Da der Verein jedoch keinen Vorstand (mehr) haben kann bzw. weil er sich einer Zustellung entziehen kann (unbekannter Aufenthalt), ist bestimmt, daß die Wirksamkeit auch dann eintritt, wenn die Verbotsverfügung im Bundesanzeiger bekanntgemacht worden ist (§ 3 Abs. 4 Satz 3 VereinsG).
Im Verhältnis des verbotenen Vereins zu seinen Mitgliedern tritt zunächst keine durchgreifende Änderung ein; die gegenseitigen Rechte und Pflichten bleiben bestehen[29].

27 VwZG v. 3. 7. 1952 – BGBl. I S. 379 – mit Änderungen.

28 Vgl. das Verwaltungszustellungsgesetz für Baden-Württemberg v. 30. 6. 1958 – SaBl. S. 903, geänd. d. Ges. v. 16. 12. 1975 – BWGVBl. S. 867 – und das Bayer. Verwaltungszustellungs- und Vollstreckungsgesetz v. 11. 11. 1970 – GVBl. 1971 S. 1, mit Änderungen; in den übrigen Bundesländern gelten kraft Verweisung die Vorschriften des VwZG entsprechend, vgl. *Engelhardt* S. 113 f.

29 Vgl. *Schnorr* § 3 VereinsG Rn. 39.

5.2. Die Vollziehbarkeit

Mit der Zustellung des Verbots an den Verein bzw. mit der die Zustellung ersetzenden Bekanntmachung im Bundesanzeiger ist das Verbot nicht ohne weiteres vollziehbar. Die Verweisung auf § 80 VwGO (in § 3 Abs. 4 Satz 3 Halbs. 2 VereinsG) besagt: **2941**

Die aufschiebende Wirkung der Anfechtungsklage (§ 80 Abs. 1 VwGO) kann von der Verbotsbehörde dadurch beseitigt werden, daß sie die sofortige Vollziehung der Verbotsverfügung im öffentlichen Interesse anordnet (§ 80 Abs. 2 Nr. 4 VwGO). Diese grundsätzlich zu begründende Maßnahme (§ 80 Abs. 3 VwGO) ist bereits dann gerechtfertigt, wenn der dringende Verdacht besteht, daß ein Verbotstatbestand nach Art. 9 Abs. 2 GG gegeben ist[30]. Der Verein kann beim Oberverwaltungsgericht bzw. beim Bundesverwaltungsgericht (vgl. Rn. 2945) beantragen, daß die aufschiebende Wirkung einer Anfechtungsklage wiederhergestellt wird (§ 80 Abs. 5 Satz 1 VwGO).

Ist die sofortige Vollziehung nicht angeordnet worden, so tritt die Vollziehbarkeit der Verbotsverfügung nach dem Ablauf der Monatsfrist für die Erhebung der Anfechtungsklage (§ 74 Abs. 1 Satz 2 VwGO) ein. Wird diese erhoben, so wird die Vollziehbarkeit bis zum rechtskräftigen Abschluß des verwaltungsgerichtlichen Verfahrens hinausgeschoben.

Die Vollziehbarkeit hat zur Folge, daß die Existenz des »werbenden« Vereins vernichtet wird. In personenrechtlicher Beziehung ist es bei Strafandrohung verboten, den organisatorischen Zusammenhang des Vereins noch aufrechtzuerhalten, ja überhaupt sich in einem solchen Verein noch als Mitglied zu betätigen (§ 20 Abs. 1 Nr. 1 VereinsG; vgl. auch die Nummern 2 und 3). Insoweit bestehen jedoch erhebliche verfassungsrechtliche Bedenken (nach Art. 19 Abs. 4 GG und Art. 9 GG). Die eingetretene Rechtsfolge wird dadurch gemildert, daß Maßnahmen und Handlungen der Vereinigung, die auf die Einlegung von Rechtsmitteln gegen die Verbotsverfügung gerichtet sind und diese unterstützend begleiten sollen, keine Zuwiderhandlung gegen das Vereinsverbot enthalten und deshalb auch vom Straftatbestand des § 20 Abs. 1 Nr. 1 VereinsG nicht erfaßt werden[31]. Zulässig ist z. B. die Abhaltung einer Mitgliederversammlung zum Zwecke der Neuwahl eines Vorstands zur sachgerechten Vertretung im Prozeß und die Sammlung von Mitgliedsbeiträgen für die Prozeßkosten[32].

Die Vollziehbarkeit hat weiter die vermögensrechtliche Abwicklung der Gegenstände des betroffenen Vereins zur Folge (vgl. Rn. 2972 ff.) Es tritt ferner das Kennzeichenverbot (vgl. Rn. 2949) sowie das Verbot der Bildung von Ersatzorganisationen in Kraft (vgl. Rn. 2950).

5.3. Die Unanfechtbarkeit (Bestandskraft) des Vereinsverbots

Die Verbotsverfügung wird als rechtsgestaltender Verwaltungsakt dann unanfechtbar, wenn entweder die Frist zur Erhebung der Anfechtungsklage versäumt worden oder der verwaltungsgerichtliche Rechtsmittelzug erschöpft ist. **2942**

---

30 *Hess. VGH* VRspr. 14 Nr. 120; *VGH Mannheim* NJW 1990, 61.
31 *BVerfG* NJW 1990, 37.
32 *BVerfG* a. a. O.

Der Einziehungsbegünstigte erwirbt mit der Unanfechtbarkeit des Verbots und der Einziehungsanordnung (vgl. Rn. 2934, 2972) das Vereinsvermögen als besondere Vermögensmasse (§ 11 Abs. 2 Satz 1 VereinsG). Der Verein und die von der Einziehung betroffenen Teilorganisationen erlöschen (§ 11 Abs. 2 Satz 3 VereinsG). Zu diesem Zeitpunkt ist die Vermögensliquidation noch nicht abgeschlossen; bei der vereinsrechtlichen Liquidation hat erst deren Abschluß das Erlöschen des Vereins zur Folge. Mit der Unanfechtbarkeit des Vereinsverbotes – nicht auch der Einziehungsanordnung[33] – sind weiter die aus der Mitgliedschaft fließenden Rechte und Pflichten erloschen[34]. Damit werden auch die Organstellungen sowie grundsätzlich die mit dem Verein begründeten Dienst- und Arbeitsverhältnisse beendet[35].

Mit der Unanfechtbarkeit des Vereinsverbots tritt eine erhöhte Strafbarkeit ein; so wenn die mitgliedschaftliche Betätigung fortgesetzt oder sonst der organisatorische Zusammenhang des Vereins unterstützt wird, sofern Verbotsgrund der Verstoß gegen die verfassungsmäßige Ordnung oder gegen den Gedanken der Völkerverständigung war (§ 85 Abs. 1 Nr. 2, Abs. 2 StGB).

Der verfügende Teil des Verbots ist nochmals unter Hinweis auf die Unanfechtbarkeit im Bundesanzeiger und im amtlichen Mitteilungsblatt des Landes bekanntzumachen, in dem der Verein oder, sofern sich das Verbot hierauf beschränkt, der Teilverein seinen Sitz hat (§ 7 Abs. 1 VereinsG). Nunmehr veranlaßt die Verbotsbehörde auch die erforderlichen Registereintragungen[36]; vgl. dazu Rn. 2960.

6. Die Anfechtungsklage gegen das Vereinsverbot

6.1. Die Klageberechtigten

2943 Die Anfechtungsklage hat zum Ziel, daß ein Verwaltungsakt einer Behörde aufgehoben wird (§ 42 Abs. 1 VwGO). Zur Klage ist jeder berechtigt, der geltend machen kann, daß er durch den Verwaltungsakt in seinen Rechten verletzt ist (§ 42 Abs. 2 VwGO). Eine Rechtsverletzung stellt sich als Verschlechterung der bisher innegehabten Rechtsposition dar. Gegen die Verbotsfeststellung und/oder[37] gegen die Anordnung der Beschlagnahme und Einziehung des Vereinsvermögens kann der Verein, vertreten durch den Vorstand, Klage erheben[38]. Hat der Verein gegen die Verbotsverfügung geklagt, so kann sich dieser Klage auch ein Mitglied anschließen[39]. Die in einer Verbotsverfügung benannte angebliche Teilorganisation eines verbotenen Vereins kann gegen ihre Einbeziehung in das Verbot Anfechtungsklage mit der Begründung erheben, sie sei keine Gliederung des verbotenen Vereins[40].

33 Vgl. *Schnorr* § 11 VereinsG Rn. 9.
34 Vgl. *Schnorr* § 3 VereinsG Rn. 39.
35 Vgl. dazu näher *Schnorr* § 3 VereinsG Rn. 39 f.
36 § 7 Abs. 2 VereinsG.
37 Vgl. *VGH Mannheim* NJW 1970, 2077 = DVBl. 1970, 743.
38 *BVerwG Buchholz* 402, 45, VereinsG Nr. 7.
39 *VGH Mannheim* NJW 1990, 61.
40 *BVerwG* NJW 1989, 996.

6.2. Die Klagefrist

Die Klage ist innerhalb eines Monats nach der Zustellung der Verbotsverfügung zu erheben (§ 74 Abs. 1 Satz 2 VwGO). Innerhalb dieser Frist muß die Klageschrift beim Verwaltungsgericht eingereicht worden sein; auf deren Zustellung kommt es nicht an (§ 81 Abs. 1 VwGO). Wegen der Klagefrist im Falle einer unterbliebenen oder unzutreffenden Rechtsbehelfsbelehrung vgl. Rn. 2938. **2944**

6.3. Die Gerichtszuständigkeit

Ist die Verbotsverfügung vom Bundesminister des Innern erlassen worden, so **2945**
ist ausschließlich das Bundesverwaltungsgericht in Berlin zuständig (§ 50 Abs. 1 Nr. 2 VwGO).
Bei einem Verbot durch die obersten Landesbehörden ist das Oberverwaltungsgericht (der Verwaltungsgerichtshof) zuständig, in dessen Bezirk das Verbot erlassen worden ist (§ 48 Abs. 2, § 52 Nr. 3 VwGO).
Soll in Berlin das von einer nichtberliner Behörde erlassene Vereinsverbot vollzogen werden, so ist Voraussetzung, daß der Senat von Berlin die Ausdehnung des Verbots auf das Land Berlin festgestellt hat (§ 5 Abs. 2 VereinsG). Das OVG Berlin entscheidet dann sowohl gegen die Feststellung der Verbotsausdehnung als auch gegen das Verbot durch die Berliner Verbotsbehörde (§ 48 Abs. 3 VwGO).[41]
Vor dem Bundesverwaltungsgericht besteht Anwaltszwang, nicht jedoch vor den Oberverwaltungsgerichten (§ 67 Abs. 1 und 2 VwGO).

6.4. Die Benachrichtigungen und die Verfahrensaussetzung

Ist ein Gesamtverein verboten worden, so kann er hiergegen beim Bundesver- **2946**
waltungsgericht klagen; wegen des Verbots eines Zweigvereins (das Gesetz spricht von Teilverein) dieses Gesamtvereins kann eine Klage bei einem Oberverwaltungsgericht anhängig werden. Um widersprechende Entscheidungen zu vermeiden, die nicht mehr korrigierbar wären[42], unterrichtet das Bundesverwaltungsgericht alle Oberverwaltungsgerichte bzw. Verwaltungsgerichtshöfe über eine bei ihm eingegangene Klage (§ 51 Abs. 4 VwGO).
Ist gem. § 5 Abs. 3 VereinsG das Verbot des Gesamtvereins an Stelle des Ver- **2947**
bots des Teilvereins zu vollziehen, so ist ein beim Oberverwaltungsgericht anhängiges Klageverfahren gegen das Verbot dieses Teilvereins bis zum Erlaß einer Entscheidung des Bundesverwaltungsgerichts auszusetzen (§ 51 Abs. 1 VwGO). Dessen Entscheidung in der Sache ist für das Oberverwaltungsgericht bindend (§ 51 Abs. 3 VwGO).
Ist das Verbot eines Gesamtvereins unanfechtbar geworden, so ist eine Klage gegen das Verbot des Teilvereins regelmäßig wegen fehlenden Rechtsschutzbedürfnisses abzuweisen, da nur noch die Vollziehung des Verbots des Gesamtvereins in Betracht kommt (§ 5 Abs. 3 VereinsG).[43]

---

41 Vgl. *Eyermann/Fröhler* § 48 VwGO Rn. 3.
42 Vgl. *Eyermann/Fröhler* § 51 VwGO Rn. 3.
43 Vgl. *Redeker/von Oertzen* § 51 VwGO Rn. 2.

Ist beim OVG Berlin eine Klage gegen die Feststellung des Senats anhängig, daß das von einer nichtberliner Behörde ausgesprochene Verbot auch Wirkung in Berlin hat, so hat das Oberverwaltungsgericht das Verfahren bis zum Erlaß einer Entscheidung über eine Klage gegen das Verbot auszusetzen (§ 51 Abs. 2 VwGO). Ist für diese Klage das Bundesverwaltungsgericht zuständig, so ist seine Entscheidung für das OVG Berlin bindend (§ 51 Abs. 3 VwGO).

6.5. Die Aussetzung der Vollziehung des Vereinsverbots; der Erfolg der Klage

2948 Ist die sofortige Vollziehung des Vereinsverbotes angeordnet worden, so kann beim Bundesverwaltungsgericht (Oberverwaltungsgericht) der Antrag auf Wiederherstellung der aufschiebenden Wirkung der Klage und Aufhebung der Vollziehung der Verbotsverfügung nach § 80 Abs. 5 Satz 1 und 3 i. V. m. Abs. 2 Nr. 4 VwGO gestellt werden. Das öffentliche Interesse an der sofortigen Vollziehung entfällt nur dann, wenn die erhobene Anfechtungsklage voraussichtlich Erfolg hat[44]. Hat die Anfechtungsklage Erfolg, so wird die Verbotsverfügung aufgehoben (§ 113 Abs. 1 Satz 1 VwGO). Soweit bereits ein Vollzug stattgefunden hat, kann auf Antrag auch ausgesprochen werden, daß und wie die Behörde die Vollziehung rückgängig zu machen hat (§ 113 Abs. 1 Satz 2 und 3 VwGO).

7. Das Kennzeichenverbot

2949 Kennzeichen des verbotenen Vereins dürfen nach § 9 VereinsG für die Dauer der Vollziehbarkeit des Verbots nicht mehr öffentlich, in einer Versammlung oder in Schriften, Ton- oder Bildträgern, Abbildungen oder Darstellungen, die verbreitet werden oder zur Verbreitung bestimmt sind, verwendet werden. Kennzeichen sind insbesondere Fahnen, Abzeichen, Uniformstücke, Parolen und Grußformen. Das Verbot erstreckt sich nicht auf die Verwendung von Kennzeichen im Rahmen der staatsbürgerlichen Aufklärung, der Abwehr verfassungswidriger Bestrebungen und ähnlicher Zwecke, wie zu solchen künstlerischer Darstellung, zu wissenschaftlichen Zwecken, u. U. auch der Belustigung[45].
Wer diese Kennzeichen während der Dauer der Vollziehbarkeit des Verbots unbefugt verbreitet oder öffentlich bzw. in einer Versammlung verwendet, kann gem. § 20 Abs. 1 Nr. 5 VereinsG bestraft werden. Wird das Vereinsverbot unanfechtbar, so greift die Strafvorschrift des § 86 a i. V. m. § 86 Abs. 1 Nr. 2 StGB ein.

8. Das Verbot der Bildung von Ersatzorganisationen

8.1. Der Begriff Ersatzorganisation

2950 Ist ein Verein verboten worden, so muß damit gerechnet werden, daß die in ihm organisierten verfassungsfeindlichen Kräfte bestrebt sind, sich neu zu gruppie-

44 *BVerwG* NJW 1993, 3213.
45 Vgl. *Meyer* in *Erbs/Kohlhaas* § 9 VereinsG Anm. 4 d; *AG Münsingen* MDR 1978, 72.

ren und ihre Ziele mit Hilfe einer anderen Organisation fortzusetzen[46]. Dem soll durch das Verbot von Ersatzorganisationen entgegengetreten werden. Nach § 8 Abs. 1 VereinsG ist eine Ersatzorganisation eine Organisation, die gebildet wird, um die verfassungswidrigen Bestrebungen (Art. 9 Abs. 2 GG) eines nach § 3 VereinsG verbotenen Vereins **an dessen Stelle** fortzusetzen; mit dem gleichen Ziel kann im Wege der Unterwanderung eine bereits bestehende Organisation als Ersatzorganisation fortgeführt werden.
Das Weiterführen eines Teils der verfassungswidrigen Tätigkeiten in der Ersatzorganisation genügt im allgemeinen[47]. Entscheidend ist die Übernahme der Funktionen der Ersatzorganisation für die verbotenen Zwecke; dies muß aktiv betrieben werden, die Bewahrung des »alten Geistes« allein genügt nicht[48]. Nicht erforderlich ist, daß den Organisationswechsel alle bisherigen Mitglieder vollziehen[49].
Die Ersatzorganisation muß ein Verein i. S. d. § 2 Abs. 1 VereinsG sein, wie sich aus § 8 Abs. 2 Satz 1 VereinsG ergibt.

8.2. Das vereinfachte Ermittlungsverfahren

Ziel des Ermittlungsverfahrens der Verbotsbehörde (§ 3 Abs. 2 VereinsG) ist **2951**
lediglich die Feststellung des Ersatzcharakters der Organisation i. S. d. § 8 Abs. 1 VereinsG[50]. Es braucht die Frage nicht geprüft zu werden, ob die Ersatzorganisation selbst den Verbotstatbestand des Art. 9 Abs. 2 GG erfüllt. In diese Richtung sind jedoch die Ermittlungen zu lenken, wenn der Organisation nicht nachgewiesen werden kann, daß sie eine Ersatzorganisation ist und wenn gleichwohl verfassungsfeindliche Bestrebungen bei ihr feststellbar sind[51].

8.3. Die Feststellungsverfügung

Die zuständige Verwaltungsbehörde stellt fest, daß die betreffende Organisa- **2952**
tion eine Ersatzorganisation des am ... verbotenen Vereins ... ist (§ 8 Abs. 2 Satz 1 VereinsG). Zugleich wird die Auflösung der Organisation angeordnet; regelmäßig ist ihr Vermögen zu beschlagnahmen und die Einziehung anzuordnen[52]. Es handelt sich um einen konstitutiv-feststellenden Verwaltungsakt[53]. Im übrigen gelten für die Feststellungsverfügung die gleichen formellen Grundsätze wie für die Verbotsverfügung gegen den ursprünglichen Verein (§ 8 Abs. 2 Satz 2 VereinsG).

46 Vgl. Amtl. Begründung BT-Drucks. IV/430 S. 18.
47 Vgl. *Seifert* Vereinsgesetz S. 27.
48 Vgl. *Seifert* a. a. O.
49 Vgl. *Seifert* a. a. O.
50 Vgl. *Schnorr* § 8 VereinsG Rn. 7.
51 Vgl. *Schnorr* a. a. O.
52 Vgl. *Seifert* Vereinsgesetz S. 27.
53 Vgl. *Schnorr* Rn. 6, *Meyer* in *Erbs/Kohlhaas* Anm. 4 a, je zu § 8 VereinsG.

8.4. Keine aufschiebende Wirkung einer Anfechtungsklage

2953 Wird gegen die Feststellungsverfügung die Anfechtungsklage erhoben, so hat sie keine aufschiebende Wirkung (§ 8 Abs. 2 Satz 3 VereinsG).

2954 Für das Klageverfahren gelten die Ausführungen zu Klagen gegen das Verbot des ursprünglichen Vereins (vgl. Rn. 2943 sowie §§ 48, 50 Abs. 1 Nr. 2, § 51 Abs. 2 mit 4 VwGO i. V. m. § 5 Abs. 2 VereinsG).

8.5. Vorläufige Maßnahmen gegen Ersatzorganisationen

2955 Nach § 8 Abs. 2 Satz 4 VereinsG sind die zur Wahrung der öffentlichen Sicherheit oder Ordnung zuständigen Behörden und Dienststellen bei Gefahr im Verzug zu vorläufigen Maßnahmen berechtigt, die außer Kraft treten, wenn die Verbotsbehörde nicht innerhalb von zwei Wochen die Feststellungsverfügung nach § 8 Abs. 2 Satz 1 VereinsG trifft. In Betracht kommt die Untersagung bestimmter Tätigkeiten (z. B. Mitgliederversammlungen), sonstiger Veranstaltungen, auch die vorübergehende Einstellung eines Gewerbebetriebs usw.[54].

2956 Diese Maßnahmen können nach erfolglosem Widerspruch beim Verwaltungsgericht angefochten werden (§§ 68, 42 VwGO).

8.6. Die Strafbarkeit

2957 Die vollziehbare Feststellung nach § 8 Abs. 2 Satz 1 VereinsG hat zur Folge, daß nach § 20 Abs. 1 Nr. 1 VereinsG bestraft werden kann, wer den organisatorischen Zusammenhalt der Ersatzorganisation aufrechterhält oder in einem solchen Verein sich als Mitglied betätigt (vgl. zu den verfassungsrechtlichen Bedenken Rn. 2941). Ist die Feststellungsverfügung unanfechtbar geworden, so kann eine Strafbarkeit nach § 85 Abs. 2 i. V. m. Abs. 1 Nr. 2 StGB gegeben sein. Für die Dauer der Vollziehbarkeit gilt nach § 9 Abs. 3 VereinsG auch das Kennzeichenverbot nach Abs. 1, das unter den Voraussetzungen des § 20 Abs. 1 Nr. 5 VereinsG zu strafrechtlichen Sanktionen führen kann. Nach der Unanfechtbarkeit der Feststellungsverfügung ist § 86 a i. V. m. § 86 Abs. 1 Nr. 2 StGB einschlägig.

54 Vgl. *Seifert* Vereinsgesetz S. 28.

IV. Der Vollzug des Vereinsverbots

1. Die Behördenzuständigkeit beim Vollzug

1.1. Die Zuständigkeit der Verbotsbehörde

Der feststellende Teil der Verbotsverfügung äußert seine Rechtswirkungen ohne weiteres. Eines besonderen Vollzugs bedarf jedoch die Auflösung des Vereins (Unterbindung der Vereinstätigkeit sowie des organisatorischen Zusammenhalts), die Durchführung der Vermögensbeschlagnahme sowie der Vermögenseinziehung[1]. All diese Maßnahmen kann die Verbotsbehörde allein nicht treffen. Aus § 5 Abs. 1 VereinsG folgt, daß die im Gesetz enumerativ aufgeführten Vollzugsmaßnahmen der Verbotsbehörde, im übrigen der Vollzugsbehörde obliegen. **2958**

Der Verbotsbehörde sind vorbehalten:

a) die evtl. Ergänzung und Berichtigung der Verbotsverfügung,
b) die in der Verbotsverfügung noch nicht angeordnete Beschlagnahme und Einziehung des Vereinsvermögens (§ 3 Abs. 1 VereinsG),
c) die Bewirkung der nochmaligen Einrückung des verfügenden Teils des Vereinsverbots in die Mitteilungsblätter unter Hinweis auf die Unanfechtbarkeit (§ 7 Abs. 1 VereinsG),
d) die mit der Verbotsverfügung zusammenhängenden Anzeigen für Registereintragungen (§ 7 Abs. 2 VereinsG),
e) das Absehen von der Einziehung des Vereinsvermögens (§ 11 Abs. 4 VereinsG),
f) die Verwaltung des beschlagnahmten Vereinsvermögens, soweit nicht die Zuständigkeit der Vollzugsbehörde gegeben ist; die Bestellung von Verwaltern (§ 10 Abs. 3 VereinsG),
g) das Verlangen, daß Vorstandsmitglieder des Vereins ein Verzeichnis des Vermögensbestandes vorzulegen haben; die Antragstellung beim Amtsgericht auf eidesstattliche Versicherung der Richtigkeit und Vollständigkeit des Bestandsverzeichnisses (§ 10 Abs. 4 VereinsG i. V. m. Art. 2 § 15 d. Ges. v. 27. 6. 1970 – BGBl. I S. 911),
h) die Einziehung und Abwicklung des Vereinsvermögens; hierfür sind auch die von der Verbotsbehörde bestellten Liquidatoren bzw. Einziehungsbehörden zuständig (§ 11 Abs. 3, 4 Satz 2 VereinsG).

1.2. Die Zuständigkeit der Vollzugsbehörde

In den vorstehend nicht genannten Fällen sind die nach Landesrecht bestimmten Vollzugsbehörden für den weiteren Vollzug des Vereinsverbots zuständig. Betrifft die Vollzugsmaßnahme unbewegliches Vermögen, so ist die **2959**

1 Bereitstellung des Einziehungsvermögens, seine Verwaltung und Verwertung, Einziehung von Gegenständen Dritter nach § 12 VereinsG, Abwicklung der Rechtsverhältnisse im übrigen; vgl. Amtl. Begründung BT-Drucks. IV/430 S. 16; *Seifert* Vereinsgesetz S. 24.

Behörde zuständig, in deren Bezirk es sich befindet; im übrigen ist die Behörde zuständig, in deren Bezirk der Verein seinen Sitz hat (vgl. die § 3 Abs. 1 Nr. 1 und Nr. 3 b VwVfG der entsprechenden Ländervorschriften).
Ist eine oberste Landesbehörde Vollzugsbehörde, so sind die in ihrem Bereich befindlichen weiteren Vollzugsbehörden weisungsunterworfen; im übrigen werden die Vollzugsbehörden im Wege der Amtshilfe (Art. 35 GG) tätig.
Alle möglichen, zum Vollzug gehörenden Maßnahmen lassen sich nicht aufzählen. Im wesentlichen hat die Vollzugsbehörde folgende Aufgaben:
Sie hat sofort nach Eintritt der Vollziehbarkeit des Vereinsverbots allen im Landesbereich bestehenden Teilorganisationen die in § 1 DVO-VereinsG vorgeschriebenen Mitteilungen zu machen (vgl. oben Rn. 2939). Sie hat das beschlagnahmte Vermögen zu verwalten (§ 12 Satz 1 DVO-VereinsG); sie hat es in Besitz zu nehmen und alle Handlungen vorzunehmen, die erforderlich sind, um den wirtschaftlichen Wert des Vereinsvermögens zu erhalten (§ 12 Satz 2 DVO-VereinsG). In diesem Rahmen ist sie befugt, über Gegenstände des Vereinsvermögens zu verfügen und Verbindlichkeiten für den Verein einzugehen (§ 9 Abs. 1 Satz 2, § 12 Satz 3 DVO-VereinsG). Sie hat unverzüglich ein Verzeichnis der von der Beschlagnahme betroffenen Gegenstände und, wenn zu dem beschlagnahmten Vermögen ein Geschäftsbetrieb gehört, eine Bilanz aufzustellen und der Verbotsbehörde vorzulegen (§ 9 Abs. 3, § 12 Satz 3 DVO-VereinsG). In gerichtlichen Verfahren nimmt die Vollzugsbehörde als Partei kraft Amtes die Interessen des beschlagnahmten Vermögens wahr. In anhängigen gerichtlichen Verfahren geht die Befugnis zur Prozeßführung mit der Beschlagnahme auf die Vollzugsbehörde über (§ 9 Abs. 4 Satz 2, § 12 Satz 3 DVO-VereinsG). Alle diese Rechte und Pflichten hat die Vollzugsbehörde, bevor ein Verwalter bestellt wird; sie bleiben bestehen, wenn von der Bestellung eines Verwalters abgesehen wird (§ 12 Satz 1 DVO-VereinsG).

2. Die Register- und Grundbucheintragungen

2.1. Die Eintragungen in öffentlichen Registern

2960 Ist das Vereinsverbot vollziehbar geworden, so werden zum Schutz des Rechtsverkehrs die folgenden Tatsachen auf Anzeige der Verbotsbehörde in die über den Verein geführten öffentlichen Register (Vereins-, Handelsregister) eingetragen (§ 7 Abs. 2 VereinsG):

- die Beschlagnahme des Vereinsvermögens und ihre Aufhebung,
- die Bestellung und Abberufung von Verwaltern (§ 10 Abs. 3 VereinsG; vgl. dazu Rn. 2969),
- nachdem das Verbot außerdem unanfechtbar geworden ist, die Auflösung des Vereins,
- das Erlöschen des Vereins.

Diese Eintragungen haben nur rechtsbekundenden Charakter[2]. Einwendungen gegen diese Eintragungen müssen mit der Erinnerung bzw. Beschwerde nach dem Rechtspflegergesetz bzw. nach dem Gesetz über Angelegenheiten der freiwilligen Gerichtsbarkeit geltend gemacht werden.

---

2 Amtl. Begründung BT-Drucks. IV/430 S. 17.

2.2. Die Eintragungen im Grundbuch (Schiffs-, Schiffsbauregister)

Ist die Vollziehbarkeit der Beschlagnahme des Vereinsvermögens eingetreten, so muß verhindert werden, daß Dritte gutgläubig Grundeigentum oder andere dingliche Rechte des aufgelösten Vereins erwerben können (vgl. § 892 BGB). Hierzu ist – teilweise in Abweichung von Vorschriften der Grundbuchordnung – bestimmt (§ 2 DVO-VereinsG): **2961**
Auf Ersuchen der Verbots-, Vollzugs- oder Einziehungsbehörde, auch auf Antrag des Verwalters (§ 10 Abs. 3 VereinsG) ist, ohne daß es einer Bewilligung des von der Eintragung Betroffenen bedarf, in das Grundbuch, das Schiffsregister und in das Schiffsbauregister die Vermögensbeschlagnahme einzutragen,

- bei den Grundstücken, eingetragenen Schiffen und Schiffsbauwerken, als deren Eigentümer der Verein oder eine Teilorganisation eingetragen ist,
- bei den für den Verein oder eine Teilorganisation eingetragenen Rechten an Grundstücken, eingetragenen Schiffen oder Schiffsbauwerken oder an eingetragenen Rechten,
- bei den nach § 10 Abs. 1 Satz 3 VereinsG von der Beschlagnahme erfaßten Grundstücken, eingetragenen Schiffen oder Schiffsbauwerken sowie eingetragenen Rechten Dritter.

Zu einer Eintragung bei einer Hypothek, Grundschuld oder Rentenschuld, über die ein Brief erteilt ist, bedarf es dessen Vorlage nicht. Die Eintragungen werden gebührenfrei vorgenommen.
Für die Löschung einer solchen Eintragung gelten diese Grundsätze entsprechend (§ 2 Abs. 3 DVO-VereinsG).

3. Die Vermögensbeschlagnahme

3.1. Der Umfang der Beschlagnahme

Die Beschlagnahme, die regelmäßig bereits im Vereinsverbot angeordnet wird (§ 3 Abs. 1 Satz 2 VereinsG), erfaßt das Vermögen des verbotenen Vereins, einschließlich der gebietlichen Teilorganisationen und grundsätzlich auch das von Zweigvereinen (im Gesetz Teilvereine genannt). Der Vermögensbegriff ist hier nicht im rechtlichen, sondern im wirtschaftlichen Sinne zu verstehen; erfaßt werden von der Beschlagnahme die Gesamtheit der dem verbotenen Verein wirtschaftlich gehörenden Vermögenswerte[3]. Eine Vermögenstarnung soll nicht zum Zuge kommen. Von der Beschlagnahme werden demnach nicht nur das dem Verein privatrechtlich gehörende Vermögen – etwa das Gesamthandsvermögen der Mitglieder eines nichtrechtsfähigen Vereins –, sondern auch diejenigen Gegenstände erfaßt, die der Verein einem Dritten zu treuen Händen übertragen oder die ein Dritter als Treuhänder für den Verein erworben hat (§ 10 Abs. 1 Satz 3 VereinsG)[4]. Ist von dem Vereinsverbot ein rechtsfähiger Teilverein mitbetroffen, so erfaßt die Vermögensbeschlagnahme, die gegenüber dem Gesamtverein wirksam geworden ist, auch das – rechtlich selbständige – Vermögen des Teilvereins. **2962**

3 Vgl. *Seifert* Vereinsgesetz S. 28 f.
4 Vgl. dazu Amtl. Begründung BT-Drucks. IV/430 S. 19.

3.2. Das durch die Beschlagnahme eingetretene Veräußerungsverbot

2963 Die Beschlagnahme hat die Wirkung eines Veräußerungsverbotes (§ 10 Abs. 1 Satz 1 VereinsG) i. S. d. § 134 BGB[5]. Der Verein darf über sein Vermögen nicht mehr verfügen, also keine Gegenstände veräußern oder belasten; schuldrechtliche Verpflichtungsgeschäfte darf er dagegen eingehen[6]. Ein Rechtsgeschäft, das gegen das Veräußerungsverbot verstößt, ist grundsätzlich nichtig (§ 10 Abs. 1 Satz 2 VereinsG).

3.3. Der Gutglaubensschutz

2964 Ein gegen das Veräußerungsverbot verstoßendes Rechtsgeschäft ist dann nicht nichtig, wenn der Geschäftspartner des Vereins weder wußte noch wissen mußte, daß der Gegenstand, auf den sich das Rechtsgeschäft bezieht, der Beschlagnahme unterliegt (§ 10 Abs. 1 Satz 2 VereinsG). Die Tatsachen, die seinen guten Glauben ergeben sollen, muß der Geschäftspartner beweisen. Dieser Beweis wird schwer zu führen sein. Bei Grundbucheintragungen versagt der gute Glaube, wenn die Beschlagnahme eingetragen worden ist (vgl. Rn. 2961). Das »Kennenmüssen« wird regelmäßig deshalb anzunehmen sein, weil die Möglichkeit der Kenntnisnahme von der Beschlagnahmeanordnung durch das Lesen des Bundesanzeigers bzw. der Mitteilungsblätter der Länder besteht. Überdies haben die Schuldner des Vereins sowie die Schuldner und Gläubiger der nach § 10 Abs. 1 Satz 3 VereinsG von der Beschlagnahme erfaßten Forderungen und anderer Vermögensrechte im Regelfall von der Vollzugsbehörde die Mitteilung von der Beschlagnahme erhalten (§ 6 DVO-VereinsG).

3.4. Die Auskunfts- und Versicherungspflicht des Vorstands

2965 Der Verbots-, Vollzugsbehörde oder einem Verwalter ist häufig der gesamte Umfang sowie der Verbleib des Vereinsvermögens nicht bekannt. Deshalb ist der Vorstand verpflichtet, auf Verlangen dieser Stellen Auskunft über den Bestand und Verbleib des Vereinsvermögens zu geben (§ 10 Abs. 4 Satz 1 VereinsG). Zur Auskunft sind beim mehrgliedrigen Vorstand alle Amtsinhaber verpflichtet; u. U. kommt es auf die tatsächlichen Vorstandsverhältnisse – Beteiligung an der Leitung des Vereins – an[7].

Auf Verlangen (nur) der Verbotsbehörde haben die auskunftspflichtigen Vorstandsmitglieder ein Verzeichnis des Vermögensbestandes vorzulegen und zu gerichtlichem Protokoll zu versichern, daß sie nach bestem Wissen den Bestand so vollständig angegeben haben, als sie dazu imstande gewesen sind (§ 10 Abs. 4 Satz 2 und 3 VereinsG); Voraussetzung für die Eidesversicherung ist ein Ersuchen der Verbotsbehörde an das für den Wohnsitz des Versicherungspflichtigen zuständige Amtsgericht (§ 10 Abs. 4 Satz 3 VereinsG).

---

5 Amtl. Begründung BT-Drucks. IV/430 S. 19.

6 Vgl. *Schnorr* § 10 VereinsG Rn. 6.

7 Vgl. *Seifert* Vereinsgesetz S. 30.

3.5. Die Sicherstellung von im Vereinsgewahrsam befindlichen Sachen sowie von Sachen des Vereinsvermögens im Gewahrsam Dritter; die Aufhebung der Sicherstellung

Die Beschlagnahme erlegt der Vollzugsbehörde die Amtspflicht auf, nunmehr **2966** an Stelle der zuständigen Vereinsorgane für den Schutz der von der Beschlagnahme erfaßten körperlichen Gegenstände zu sorgen.

Dies geschieht durch eine Sicherstellung. Regelmäßig nimmt die Vollzugsbehörde körperliche Sachen bzw. Sachgesamtheiten in amtlichen Gewahrsam (§ 3 Satz 1 DVO-VereinsG). Läßt dies die Eigenart der Sachen nicht zu, so ist die Sicherstellung durch Anbringung von Siegelmarken oder auf andere Weise (Anheften eines Zettels, der die Sicherstellung mit Siegel und Unterschrift des zuständigen Beamten enthält) kenntlich zu machen (§ 3 Satz 2 DVO-VereinsG). Die Sicherstellung soll dem Gewahrsamsinhaber angezeigt werden (§ 3 Satz 3 DVO-VereinsG).

Hervorzuheben ist, daß das Gesetz nicht auf das Eigentum des Vereins, sondern auf dessen Gewahrsam abstellt. Ein solcher ist ein von einem Herrschaftswillen getragenes tatsächliches Herrschaftsverhältnis über körperliche Sachen. Danach hat Gewahrsam an Sachen des Vereins jeder, der über diese im Zeitpunkt der Sicherstellung in tatsächlicher Hinsicht verfügen kann[8].

Sachen des Vereinsvermögens im Gewahrsam dritter Personen können nur aufgrund besonderer Anordnung (sog. Sicherstellungsbescheid) sichergestellt werden (§ 10 Abs. 2 Satz 1 VereinsG; § 4 DVO-VereinsG). Der Bescheid ist schriftlich abzufassen; in der Begründung ist auf das Vereinsverbot und auf die Beschlagnahme des Vereinsvermögens hinzuweisen; außerdem ist darzulegen, daß die sichergestellte Sache zum Vereinsvermögen gehört (§ 4 Satz 2 und 3 DVO-VereinsG). Der Bescheid ist dem Gewahrsamsinhaber zuzustellen (§ 4 Satz 2 DVO-VereinsG).

Anders als bei Ermittlungen gegen einen Verein nach § 4 VereinsG ist aufgrund der Beschlagnahme des Vermögens eines verbotenen Vereins eine Sicherstellung der im Gewahrsam der Deutschen Bundespost befindlichen und damit dem Schutz des Postgeheimnisses nach Art. 10 Abs. 1 GG unterliegenden Postsendungen an den Verein nach § 10 Abs. 2 Satz 1 2. Alt. VereinsG unzulässig. Dies gilt auch für in ein Postfach eingelegte Postsendungen[9].

Die Sicherstellung ist aufzuheben, wenn ihre Voraussetzungen weggefallen sind **2967** (§ 5 Satz 1 DVO-VereinsG). Dies ist z. B. dann der Fall, wenn die Verbotsverfügung aufgehoben worden ist. Die Sicherstellung von Sachen, die im Gewahrsam des Vereins gestanden, ihm aber nicht gehört hatten, ist aufzuheben, wenn sie nicht innerhalb von sechs Monaten seit der Beschlagnahme eingezogen werden (§ 12 Abs. 2 VereinsG; § 5 Satz 2 DVO-VereinsG). Sachen Dritter im Gewahrsam des Vereins können nur dann eingezogen werden, wenn der Dritte durch die Überlassung der Sachen vorsätzlich die verfassungswidrigen Bestrebungen des Vereins gefördert hat (§ 12 Abs. 2 VereinsG). Die hierfür vorgesehene Frist von sechs Monaten muß für die entsprechenden Ermittlungen und Überlegungen der Behörde ausreichen[10]. Hat der Dritte wegen seines Ei-

8 *BVerwG* NJW 1988, 2752/2753.

9 *BVerwG* NJW 1988, 2752.

10 Vgl. Regierungsbegründung zu § 5 DVO-VereinsG.

gentums beim Verwaltungsgericht die sog. Interventionsklage (entspr. § 771 ZPO) erhoben, dann gilt die Sechs-Monatsfrist nicht; die Frist endet in diesem Fall erst einen Monat nach Eintritt der Rechtskraft des entsprechenden Urteils[11].

3.6. Die Beschlagnahme von Forderungen und anderen Vermögensrechten

2968 Die Vollzugsbehörde setzt die Schuldner des Vereins von der Beschlagnahme der Forderungen in Kenntnis. Zugleich verbietet sie den Schuldnern, an den Verein zu leisten (§ 6 Abs. 1 DVO-VereinsG). Da die Beschlagnahme auch die Gegenstände erfaßt, die der Verein einem Dritten zu treuen Händen übertragen oder die ein Dritter als Treuhänder für den Verein erworben hat, muß die Vollzugsbehörde auch die Gläubiger und Schuldner dieser Vermögensgegenstände von der Beschlagnahme in Kenntnis setzen; gleichzeitig hat die Vollzugsbehörde den Schuldnern zu verbieten, an den Verein oder an den Gläubiger zu leisten; ferner wird den Gläubigern verboten, über die Forderung zu verfügen. Gleiches gilt für die Beschlagnahme anderer Vermögensrechte, z. B. des Anspruchs auf Berichtigung des Grundbuchs[12], des Rechts auf ein Patent (§ 9 PatG), des Anspruchs des Vereins als Grundeigentümer auf Übertragung einer von ihm sicherungsweise bestellten Grundschuld nach Tilgung der gesicherten Forderung[13] usw.

3.7. Die Verwaltung des beschlagnahmten Vermögens

2969 Die Verwaltung des beschlagnahmten Vereinsvermögens obliegt der Vollzugsbehörde, falls kein Vermögensverwalter bestellt wird (§ 12 Satz 1 DVO-VereinsG).

Die Verbotsbehörde kann für das beschlagnahmte Vermögen Verwalter bestellen und abberufen. Die Verwalter unterliegen den Weisungen der Verbotsbehörde (§ 10 Abs. 3 VereinsG). Hierzu bestimmt § 8 DVO-VereinsG: Zum Verwalter ist eine geschäftskundige, vom Verein unabhängige Person zu bestellen. Für Teile des Vereinsvermögens, die eigene Vermögensmassen bilden, kann die Verbotsbehörde besondere Verwalter ernennen; jeder Verwalter ist in seiner Geschäftsführung selbständig. Dem Verwalter ist eine Bestallungsurkunde auszuhändigen, die er bei Beendigung seines Amtes der Verbotsbehörde zurückzugeben hat. Wird der Verwalter nur für einen Teil des Vereinsvermögens bestellt, so ist dieser Teil in der Urkunde zu bezeichnen. Das Amt des Verwalters erlischt mit der Beendigung der Beschlagnahme des Vereinsvermögens, mit dem Erwerb des Vereinsvermögens durch den Einziehungsbegünstigten oder mit der Abberufung durch die Verbotsbehörde. Die Abberufung kann jederzeit ohne Angabe von Gründen erfolgen.

Zur Entlastung der Vollzugsbehörde hat der Verwalter weitgehende Rechte und Pflichten (§ 9 DVO-VereinsG): Der Verwalter hat das beschlagnahmte Vermögen in Besitz zu nehmen und unbeschadet der Weisungsbefugnis der

11 Vgl. *Erbs/Kohlhaas* Anm. zu § 5 DVO-VereinsG.
12 Vgl. RGZ 112, 260/265.
13 Vgl. RGZ 143, 113.

Verbotsbehörde alle Handlungen vorzunehmen, die erforderlich sind, um den wirtschaftlichen Wert des Vereinsvermögens zu erhalten. Er ist befugt, über Gegenstände des Vereinsvermögens zu verfügen und Verbindlichkeiten für den Verein einzugehen. Der Verwalter ist der Verbotsbehörde gegenüber verpflichtet, folgende Handlungen nur mit deren Zustimmung vorzunehmen: Weiterführung eines zum beschlagnahmten Vermögen gehörenden Geschäftsbetriebs, Herausgabe und Veräußerung beschlagnahmter Gegenstände, Anerkennung oder Erfüllung von Ansprüchen Dritter gegen den Verein. Die Nichteinholung der Zustimmung gibt jedoch einem Dritten keine Berechtigung, die Unwirksamkeit der Maßnahme geltend zu machen[14]. Der Verwalter hat nach der Übernahme seines Amtes unverzüglich ein Verzeichnis der von der Beschlagnahme betroffenen Gegenstände und, wenn zu dem beschlagnahmten Vermögen ein Geschäftsbetrieb gehört, eine Bilanz aufzustellen und der Verbotsbehörde vorzulegen (§ 9 Abs. 3 DVO-VereinsG). Der Verwalter nimmt als Partei kraft Amtes die Interessen des beschlagnahmten Vermögens in gerichtlichen Verfahren wahr (§ 9 Abs. 4 Satz 1 DVO-VereinsG). In anhängigen gerichtlichen Verfahren geht die Befugnis zur Prozeßführung mit der Beschlagnahme auf den Verwalter über. Eine Unterbrechung des Verfahrens tritt in diesem Falle nicht ein, falls der Verein durch einen Prozeßbevollmächtigten vertreten war (§§ 241, 246 ZPO; § 9 Abs. 4 Satz 3 DVO-VereinsG). Der Verwalter hat einen Anspruch auf Vergütung (§ 10 DVO-VereinsG i. V. m. § 3 der VergütungsVO).

3.8. Das Ende der Beschlagnahme

Mit der Rechtskraft des das Vereinsverbot aufhebenden Urteils endet auch die **2970**
Beschlagnahme des Vereinsvermögens (§ 7 Abs. 1 DVO-VereinsG). Die Verbotsbehörde hat ferner die Beschlagnahme dann aufzuheben, wenn von einer Einziehung des Vereinsvermögens endgültig abgesehen worden ist oder wenn seit der Beschlagnahme sechs Monate vergangen sind, ohne daß die Einziehung des Vereinsvermögens angeordnet wurde (§ 7 Abs. 2 DVO-VereinsG).

Die Beschlagnahme erledigt sich, ohne daß sie förmlich aufgehoben werden müßte, wenn sowohl das Vereinsverbot als auch die Einziehungsanordnung unanfechtbar geworden sind[15].

Die Aufhebung der Beschlagnahme sowie der Aufschub und die Wiederherstellung ihrer Vollziehbarkeit haben keine rückwirkende Kraft (§ 10 Abs. 5 VereinsG). Eine nochmalige Abwicklung der Rechtsgeschäfte, die während der Beschlagnahme durchgeführt worden sind, scheidet damit aus; sie bleiben endgültig wirksam[16].

14 Vgl. Regierungsbegründung zu § 9 DVO-VereinsG.
15 Vgl. *Meyer* in *Erbs/Kohlhaas* § 10 VereinsG Anm. 7.
16 Vgl. *Schnorr* § 10 VereinsG Rn. 20.

4. Die grundsätzlich durchzuführende Einziehung des Vermögens des Vereins

4.1. Das Absehen von der Vermögenseinziehung

2971 Zweck der Einziehung des Vereinsvermögens ist es, zu verhindern, daß etwa mittels einer Vermögensauseinandersetzung nach bürgerlichem Recht der organisatorische Zusammenhalt der Mitglieder aufrechterhalten oder Teile des Vereinsvermögens erneut verfassungswidrigen Bestrebungen dienstbar gemacht werden[17].

Besteht eine derartige Gefahr nicht oder haben die einzuziehenden Gegenstände nur einen unerheblichen Wert, so kann die Verbotsbehörde nach ihrem Ermessen von der Einziehung absehen (§ 11 Abs. 4 Satz 1 VereinsG). Eine bereits getroffene Einziehungsanordnung kann unter diesen Voraussetzungen auch wieder aufgehoben werden[18].

Ein teilweises Absehen von der Einziehung ist jedoch nicht zulässig, weil eine Vermögensabwicklung nicht teils nach bürgerlichem Recht, teils nach § 13 VereinsG vorgenommen werden kann[19].

Ist von der Vermögenseinziehung abgesehen worden, so hat nunmehr der Verein in aller Regel das bürgerlichrechtliche Liquidationsverfahren durchzuführen. Damit nicht Liquidatoren bestellt werden, die dem Verein nahestehen, eröffnet § 11 Abs. 4 Satz 2 VereinsG die Möglichkeit, daß – abweichend von § 48 BGB – die Verbotsbehörde die Liquidatoren bestellt.

Um Vereinsmitgliedern, welche die verfassungswidrigen Betrebungen des Vereins erkannt haben, einen Zugriff auf einen evtl. Liquidationserlös zu verschließen, kann die Verbotsbehörde die Einziehung des Anspruchs auf den Liquidationserlös anordnen (§ 11 Abs. 4 Satz 3 i. V. m. § 12 Abs. 1 Satz 1 VereinsG).

4.2. Der mit der Unanfechtbarkeit der Einziehungsverfügung verbundene gesetzliche Vermögensübergang auf die Einziehungsbegünstigten

2972 Die Vermögenseinziehung soll nicht nur verhindern, daß die Mitglieder des verbotenen Vereins diesen fortsetzen können, sie soll auch einen neuen Rechtsträger schaffen; das eingezogene Vermögen soll als eigene Vermögensmasse der Befriedigung der Vereinsgläubiger zur Verfügung stehen[20].

Mit dem Eintritt der Unanfechtbarkeit des Verbots und der Einziehungsanordnung erwirbt der Einziehungsbegünstigte kraft Gesetzes (§ 11 Abs. 2 Satz 1 VereinsG) das von der Einziehung betroffene Vermögen. Erfaßt werden: das Vermögen des verbotenen Vereins; Gegenstände, die der Verein einem Dritten zu treuen Händen übertragen oder die ein Dritter als Treuhänder für den Verein erworben hat (§ 10 Abs. 1 Satz 3, § 11 Abs. 1 Satz 2 VereinsG), jedoch nicht Gegenstände des Vereins, die er einem Dritten zur Sicherung übertragen hat; ferner Sachen Dritter im Gewahrsam des Vereins, wenn der Berechtigte durch

17 Amtl. Begründung BT-Drucks IV/430 S. 20.
18 Amtl. Begründung a. a. O.
19 Amtl. Begründung a. a. O.
20 Vgl. Amtl. Begründung BT-Drucks. IV/430 S. 20.

die Überlassung die verfassungswidrigen Bestrebungen des Vereins vorsätzlich gefördert hat (§ 12 Abs. 2 VereinsG; vgl. dazu Rn. 2976). Nach Maßgabe des § 12 Abs. 1 VereinsG können Forderungen Dritter gegen den Verein eingezogen werden.

All diese eingezogenen Gegenstände bilden eine besondere Vermögensmasse (§ 11 Abs. 2 Satz 1 VereinsG); Gegenstände, die einer Teilorganisation in der Rechtsform eines Vereins, einer Gesellschaft oder Stiftung gehört haben, bilden eine eigene Vermögensmasse (§ 11 Abs. 2 Satz 2 VereinsG). Zum eingezogenen Vermögen gehören nicht nur die Aktiva, sondern auch die Passiva. Die Absonderung dieser Vermögensmassen ist angeordnet worden, weil sich die Haftung des Einziehungsbegünstigten hinsichtlich der mitübergegangenen Schulden des Vereins nur auf dieses abgesonderte Vermögen beschränkt[21].

Begünstigte der Einziehung sind die Bundesrepublik Deutschland, wenn der Bundesminister des Innern das Verbot und die Einziehung bestandskräftig angeordnet, ansonsten das Bundesland, dessen oberste Behörde diese Verfügung erlassen hat (§ 11 Abs. 1 Satz 1 VereinsG). Umfang und Wirkungen des gesetzlichen Vermögensübergangs bestimmen sich ausschließlich nach den §§ 11 bis 13 VereinsG; sonstige Vorschriften über eine Gesamtrechtsnachfolge (§ 419 BGB; § 25 HGB) finden keine Anwendung.

Der Vermögensübergang hat zur Folge, daß der Verein mitsamt einer mitverbotenen Teilorganisation erlischt (§ 11 Abs. 2 Satz 3 VereinsG). Soweit dies noch nicht geschehen ist, sind die nichtvermögensrechtlichen und die vermögensrechtlichen Angelegenheiten (hier nach Maßgabe des § 13 VereinsG) von der Verbotsbehörde mitabzuwickeln (§ 11 Abs. 2 Satz 4 VereinsG).

4.3. Die Durchführung des Einziehungsverfahrens

Das Einziehungsverfahren führt die Verbotsbehörde selbst durch. **2973**

Nach § 11 Abs. 3 Satz 1 VereinsG kann der Bundesminister des Innern als Verbotsbehörde die Durchführung der Einziehung und die Abwicklung (§ 13 VereinsG) dem Bundesverwaltungsamt als Einziehungsbehörde übertragen; diese Bundesbehörde ist allgemein bestimmt worden, diesen Aufgabenkreis zu übernehmen[22]. Die Einziehungsbehörde ist befugt, Verwalter zu bestellen, die ihren Weisungen unterliegen (§ 11 Abs. 3 Satz 2 i. V. m. § 10 Abs. 3 VereinsG). Diese Beauftragung ist im Bundesanzeiger und im amtlichen Mitteilungsblatt des Landes bekanntzumachen, in dem der Verein oder, sofern sich das Vereinsverbot hierauf beschränkt hat, der Teilverein seinen Sitz hat (§ 11 Abs. 3 Satz 3 VereinsG). Vgl. zur Rechtsstellung eines Verwalters §§ 8 bis 11 DVO-VereinsG. Zur Aufgabendelegierung sind auch die Bundesländer befugt, obwohl eine solche das VereinsG nicht ausdrücklich vorsieht[23].

21 Vgl. § 13 Abs. 1 VereinG sowie Amtl. Begründung BT-Drucks. IV/430 S. 20.
22 Bek. v. 25. 7. 1979 – BAnz. Nr. 150 v. 14. 8. 1979.
23 Vgl. *Schnorr* § 11 VereinsG Rn. 8 sowie *Seifert* Vereinsgesetz S. 31.

4.4 Die Mitteilung des Rechtsübergangs sowie die Grundbucheintragungen

2974 Die Verbotsbehörde oder die Einziehungsbehörde setzt von dem Rechtsübergang, der nach § 11 Abs. 2 Satz 1 VereinsG eingetreten ist, in Kenntnis
- die Schuldner des Vereins,
- die Eigentümer von Sachen, die nach § 11 Abs. 2 VereinsG von der Einziehung erfaßt werden,
- die Gläubiger und Schuldner von Forderungen, die nach § 11 Abs. 2 VereinsG von der Einziehung erfaßt werden,
- die Inhaber sonstiger Rechte, die nach § 11 Abs. 2 VereinsG von der Einziehung erfaßt werden (§ 13 DVO-VereinsG).

2975 Hinsichtlich der Berichtigung des Grundbuchs, des Schiffsregisters und des Schiffsbauregisters ist bestimmt (§ 18 DVO-VereinsG):
Werden durch eine wirksam gewordene Einziehung nach § 11 oder 12 VereinsG Grundstücke oder Rechte erfaßt, die für den Verein, eine vom Verbot erfaßte Teilorganisation desselben oder den in § 12 VereinsG bezeichneten Dritten im Grundbuch eingetragen sind, ersucht die Verbotsbehörde oder die Einziehungsbehörde das Grundbuchamt um Berichtigung des Grundbuchs. Der Eintragung für den Verein, die Teilorganisation oder den Dritten steht es gleich, wenn ein Fall des § 39 Abs. 2 oder des § 40 Abs. 1 GBO vorliegt. Die §§ 41–43 GBO bleiben unberührt.
Bei einer Hypothek, Grundschuld oder Rentenschuld, über die ein Brief erteilt ist, kann die Verbotsbehörde oder die Einziehungsbehörde, solange die Berichtigung des Grundbuchs nach Abs. 1 nicht erfolgt ist, das Grundbuchamt um die Eintragung eines Widerspruchs gegen die Richtigkeit des Grundbuchs ersuchen; der Widerspruch hat die Wirkung eines nach § 899 BGB eingetragenen Widerspruchs. Der Brief braucht nicht vorgelegt zu werden. Für die Löschung des Widerspruchs gelten diese Vorschriften entsprechend.
Abs. 1 gilt für die Berichtigung des Schiffsregisters und des Schiffsbauregisters entsprechend mit der Maßgabe, daß an die Stelle des § 39 Abs. 2 und des § 40 Abs. 1 GBO § 46 Schiffsregisterordnung i. d. F. vom 26. 5. 1951[24] tritt.
Diese Mitteilungen und Eintragungen sollen vor allem den guten Glauben eines Erwerbers ausschließen.

5. Die mögliche Einziehung von Gegenständen Dritter

5.1. Der Zweck der Regelung in § 12 VereinsG

2976 Mit dem Vermögensübergang haftet der Einziehungsbegünstigte für die Vereinsverbindlichkeiten, allerdings begrenzt auf das jeweils als besonders Masse übernommene Vermögen. Von einer Befriedigung sollen Forderungen von Vereinsgläubigern ausgeschaltet werden, die »makelbehaftet« sind, weil sie im Zusammenhang mit einer vorsätzlichen Förderung der verfassungswidrigen Bestrebungen des Vereins stehen (§ 12 Abs. 1 VereinsG)[25]. Haben Dritte dem Verein in bewußter Förderung seiner verfassungswidrigen Bestrebungen Sa-

24 BGBl. I S. 359.
25 Vgl. dazu Amtl. Begründung BT-Drucks. IV/430 S. 21.

chen überlassen, so können diese ebenfalls eingezogen werden (§ 12 Abs. 2 VereinsG). Schließlich wird verhindert, daß das Vereinsvermögen durch die Begründung von Rechten Dritter dem Zugriff der Verbotsbehörde entzogen wird (§ 12 Abs. 5 VereinsG).

5.2. Die Prüfung der Forderungen der Vereinsgläubiger

Damit die Verbots- oder Einziehungsbehörde prüfen kann, ob Forderungen **2977**
»makelbehaftet« sind, aber auch, um einen Überblick über die Forderungen der Vereinsgläubiger zu erlangen, ferner um die Abwicklung durchführen zu können, bestimmt § 15 DVO-VereinsG:

Sind das Verbot und die Einziehung (§ 3 Abs. 1 Satz 2 VereinsG) unanfechtbar geworden, fordert die Verbotsbehörde oder die Einziehungsbehörde die Gläubiger des Vereins durch Veröffentlichung im Bundesanzeiger auf,

1. ihre Forderungen bis zum Ablauf eines bestimmten Tages schriftlich unter Angabe des Betrages und des Grundes bei der auffordernden Behörde anzumelden,
2. ein im Falle des Konkurses beanspruchtes Vorrecht anzugeben, soweit dieses Voraussetzung für eine vorzeitige Befriedigung nach § 16 Abs. 1 VereinsG ist,
3. nach Möglichkeit urkundliche Beweisstücke oder Abschriften hiervon beizufügen.

In der Aufforderung weist die Behörde darauf hin, daß Forderungen, die innerhalb der Ausschlußfrist nach Abs. 1 Nr. 1 nicht angemeldet werden, nach § 13 Abs. 1 Satz 3 VereinsG erlöschen.

Die Ausschlußfrist nach Abs. 1 Nr. 1 muß mindestens drei Wochen betragen. Die Behörde soll die Aufforderung rechtzeitig vor dem Ablauf der Ausschlußfrist in den amtlichen Mitteilungsblättern der Länder nachrichtlich veröffentlichen.

5.3. Die einziehbaren »Kollaborationsforderungen«

Einziehbar sind Forderungen Dritter gegen den Verein, die aus Beziehungen **2978**
entstanden sind, die sich nach Art, Umfang oder Zweck als eine vorsätzliche Förderung der verfassungswidrigen Bestrebungen des Vereins darstellen (§ 12 Abs. 1 Nr. 1 VereinsG). Inhaber einer Vereinsforderung können nicht nur außenstehende Dritte, sondern auch Vereinsmitglieder oder Organmitglieder sein, soweit sie eine über die Mitgliedschaft hinausgehende, auf Individualvereinbarung beruhende Forderung haben, wie dies etwa bei den Organmitgliedern hinsichtlich der Vergütung ihrer Dienste der Fall sein kann. Voraussetzung der Einziehung ist die bewußte und gewollte Förderung der verfassungswidrigen Bestrebungen des Vereins. Sie kann sich aus der Art der Beziehung ergeben; regelmäßig sind die Voraussetzungen zu bejahen bei den Gehaltsansprüchen von Vereinsfunktionären, bei den Auslagenerstattungsansprüchen der Redner und Agitatoren[26]. Die Behaftung mit einem Makel kann sich auch aus dem Umfang der Beziehungen eines Außenstehenden zum Verein ergeben; es kann dies angenommen werden bei Forderungen eines Maschinen-

---

26 Vgl. Amtl. Begründung BT-Drucks. IV/430 S. 21.

verpächters oder Papierlieferanten, der in ausgedehnter, fester Geschäftsbeziehung zu einem Druckereiunternehmen mit verfassungswidriger Betätigung gestanden hat[27]. Schließlich kann der Makel der Forderung auch offenbar sein; so bei Entgeltforderungen für das Drucken verfassungswidriger Schriften[28].

2979 Nicht eingezogen werden können[29]: Steuerforderungen, Beitragsansprüche der Träger der Sozialversicherung, Telefongebühren, Ansprüche aus Wasser-, Gas- und Elektrizitätsversorgung, Ansprüche auf Zahlung von Gerichtsgebühren, Handwerkerforderungen für übliche Reparaturen, Forderungen für Lieferung von Waren des täglichen Bedarfs, Beitragsansprüche aus üblichen Versicherungsverträgen usw. Wegen des Fehlens einer Förderung der Vereinstätigkeit sind ferner nicht einziehbar Forderungen aus unerlaubter Handlung oder aus Gefährdungshaftung. Arbeitsvertragliche oder Forderungen aus tatsächlicher Arbeitsleistung sind dann nicht einziehbar, wenn bei Nichtvereinsmitgliedern über das Arbeits- bzw. Dienstverhältnis hinaus keine innere Verbindung mit den verfassungswidrigen Bestrebungen des Vereins besteht[30].

5.4. Die einziehbaren Umgehungsforderungen

2980 Einziehbar sind weiter Forderungen Dritter gegen den Verein, die begründet worden sind, um Vermögenswerte des Vereins dem behördlichen Zugriff zu entziehen oder den Wert des Vereinsvermögens zu mindern (§ 12 Abs. 1 Nr. 2 VereinsG). Forderungen, die zur Vereitelung der Vermögenseinziehung entstanden sind, sind z. B. Spenden, die nachträglich als »Darlehen« umgewandelt worden sind[31]. Um ein »Minderungsgeschäft« handelt es sich, wenn ein nicht geschuldeter Auslagenersatz gezahlt worden ist[32].

In all diesen Fällen muß zur vorsätzlichen Förderung verbotener Zwecke des Vereins noch hinzukommen, daß gehandelt worden ist, um die Vermögenseinziehung ganz oder teilweise zu umgehen[33]; der Gläubiger muß (auch) die Zwecksetzung gebilligt haben[34]. Die »Umgehung« muß der beabsichtigte Endzweck sowohl der Organe des Vereins als auch des Gläubigers gewesen sein[35].

5.5. Der Gutglaubensschutz

2981 Hat der Gläubiger eine »Kollaborationsforderung« oder eine »Umgehungsforderung« durch Abtretung erworben, so kann sie nur eingezogen werden, wenn der Gläubiger im Augenblick des Erwerbs die Makelhaftigkeit der Forderung positiv gekannt hat (§ 12 Abs. 1 Satz 2 VereinsG). Die Abtretung muß der Gläubiger, die übrigen Voraussetzungen – Makelhaftigkeit und Kenntnis – muß die Verbots- bzw. Einziehungsbehörde im Streitfall nachweisen.

---

27 Amtl. Begründung a. a. O.
28 Amtl. Begründung a. a. O.
29 Amtl. Begründung a. a. O.
30 Vgl. dazu im einzelnen *Schnorr* § 12 VereinsG Rn. 5.
31 Amtl. Begründung BT-Drucks. IV/430 S. 21.
32 Vgl. *Meyer* in *Erbs/Kohlhaas* § 12 VereinsG Anm. 2 b.
33 Vgl. *Schnorr* § 12 VereinsG Rn. 7.
34 Amtl. Begründung a. a. O.
35 Vgl. *Schnorr* a. a. O.

5.6. Die Einziehung von Sachen Dritter

Sachen Dritter im Gewahrsam des Vereins werden eingezogen, wenn der Berechtigte durch die Überlassung die verfassungswidrigen Bestrebungen des Vereins vorsätzlich gefördert hat (§ 12 Abs. 2 VereinsG). Hier kann es sich um Sachen Außenstehender, aber auch um solche von Vereinsmitgliedern handeln[36]; Dritter ist jeder andere als der Verein selbst. Die vorsätzliche verbotene Zweckförderung kann insbesondere in dem Überlassen von Waffen, Funkgeräten, Kraftfahrzeugen, Propagandamaterial, Vervielfältigungsapparaten, Druckereieinrichtungen usw. gesehen werden[37]. Der von der Einziehung betroffene Dritte muß gewußt haben, daß er mit dem Überlassen der Sachen verfassungswidrige Bestrebungen fördert[38]. 2982

Nach § 5 DVO-VereinsG ist die Sicherstellung von Sachen, die im Gewahrsam des Vereins gestanden, ihm aber nicht gehört haben, aufzuheben, wenn die Sachen nicht innerhalb von sechs Monaten seit der Beschlagnahme (nach § 12 Abs. 2 VereinsG) eingezogen wurden (Satz 2). Die Frist endet nicht vor dem Ablauf eines Monats nach Eintritt der Rechtskraft des Urteils in einem Rechtsstreit über das Eigentum (Satz 3). Dieser Rechtsstreit ist vor dem Zivilgericht zu führen.

5.7. Die Behandlung beschränkt-dinglicher Rechte und anderer Rechte Dritter an den eingezogenen Gegenständen

Rechte Dritter an dem nach § 11 Abs. 1 VereinsG eingezogenen Vereinsvermögen oder an den nach § 12 Abs. 1 oder 2 VereinsG eingezogenen Gegenständen Dritter bleiben bestehen (§ 12 Abs. 3 Satz 1 VereinsG). 2983

Diese Rechte können jedoch eingezogen werden, wenn sie begründet oder erworben worden sind, um die verfassungsfeindlichen Bestrebungen des Vereins vorsätzlich zu fördern, um Vermögenswerte des Vereins dem behördlichen Zugriff zu entziehen oder um den Wert des Vereinsvermögens zu mindern (§ 12 Abs. 3 Satz 2 VereinsG).

Als Rechte kommen hier in Betracht:

Nutzungsrechte: Erbbaurechte (§§ 1 ff. ErbbauVO), Dienstbarkeiten (§§ 1018 bis 1093 BGB), Dauerwohnrechte (§ 31 WEG); Verwertungsrechte: Reallasten (§§ 1105 bis 1112 BGB), Grundpfandrechte (Hypotheken, Grundschulden und Rentenschulden, §§ 1113 bis 1203 BGB) und Pfandrechte (§§ 1204 ff. BGB); Erwerbsrechte: dingliche Vorkaufsrechte (§§ 1094 bis 1104 BGB) und Aneignungsrechte (§ 927 Abs. 2, § 928 Abs. 2 BGB). Akzessorische Rechte oder Nebenrechte sind mit der zugrundeliegenden Forderung eingezogen, ohne daß es einer besonderen Einziehungsverfügung bedarf[39].

---

36 Vgl. *Schnorr* § 12 VereinsG Rn. 11.
37 Amtl. Begründung BT-Drucks. IV/430 S. 31.
38 Vgl. *Schnorr* § 12 VereinsG Rn. 12.
39 Vgl. *Schnorr* § 12 VereinsG Rn. 16.

5.8. Die Einziehung wegen relativer Unwirksamkeit von Umgehungsgeschäften des Vereins

2984 Verfügungen des Vereins, die in den letzten sechs Monaten vor Erlaß des Verbots in der dem anderen Teil bekannten Absicht vorgenommen wurden, Gegenstände des Vereinsvermögens beiseite zu schaffen, sind dem Einziehungsbegünstigten gegenüber unwirksam (§ 12 Abs. 5 Satz 1 VereinsG). Während nach § 12 Abs. 1 Satz 1 Nr. 2 VereinsG die Umgehungsabsicht auf seiten der Vertragspartner vorhanden sein muß, wird hier die Umgehungsabsicht nur auf seiten des Vereins, genauer seiner Organe, vorausgesetzt, der Partner des Vereins muß nur Kenntnis von der Umgehungsabsicht haben[40]. Erfaßt werden hier Verfügungen jeder Art des Vereins[41], z. B. die Übertragung von Rechten oder die Tilgung von Schulden[42]. Die Sechsmonatsfrist beginnt ab dem Tag der Zustellung der Verbotsverfügung an den Verein oder mit der Veröffentlichung im Bundesanzeiger, falls eine Zustellung undurchführbar ist[43]. Die Umgehungsabsicht und die Kenntnis dieses Zwecks hat die Verbotsbehörde nachzuweisen.

Bei Verfügungen des Vereins zugunsten bestimmter Personen wird jedoch vermutet, daß sie die Umgehungsabsicht gekannt haben. Es sind dies: Die Vereinsmitglieder selbst (§ 12 Abs. 5 Satz 2 VereinsG), ihre Ehegatten vor oder während (nicht nach) der Ehe, ihre oder ihrer Ehegatten Verwandten in auf- und absteigender Linie, ihre oder ihrer Ehegatten voll- und halbbürtigen Geschwister oder die Ehegatten einer dieser Personen (§ 12 Abs. 5 Satz 2 VereinsG i. V. m. § 31 Nr. 2 KO). Die gegen sie sprechende Vermutung können diese Personen durch den Beweis des Gegenteils widerlegen, nämlich daß sie die Umgehungsabsicht des Vereins nicht gekannt haben.

Die Verfügungsbeschränkung wirkt – im Gegensatz zur Verfügungsbeschränkung nach § 10 Abs. 1 VereinsG – nur **relativ**: Das Verfügungsgeschäft ist zwar der Allgemeinheit gegenüber wirksam, aber einer bestimmten Person, nämlich dem Einziehungsbegünstigten gegenüber, ist es unwirksam. Da keine allgemeine Unwirksamkeit vorliegt, kann der Einziehungsbegünstigte auf die Einziehung der Forderung usw. verzichten[44].

5.9. Die besondere Einziehungsverfügung; der Rechtsübergang auf den Einziehungsbegünstigten

2985 Die Einziehung von Gegenständen Dritter nach § 12 VereinsG bedarf immer einer besonderen Einziehungsverfügung der Verbotsbehörde bzw. der Einziehungsbehörde (§ 14 DVO-VereinsG)[45]. Die schriftlich abgefaßte Verfügung ist dem Inhaber des eingezogenen Gegenstandes zuzustellen; im Tenor sind der Gegenstand der Einziehung und dessen Inhaber zu bezeichnen. In der schriftlichen Begründung ist auf das Vereinsverbot und auf den Grund der Einziehung

40 Vgl. Amtl. Begründung BT-Drucks. IV/430 S. 22; *Schnorr* § 12 VereinsG Rn. 19.
41 Vgl. *Schnorr* a. a. O.
42 Vgl. Amtl. Begründung a. a. O. S. 20 f.
43 Vgl. *Schnorr* a. a. O. Rn. 20.
44 Vgl. *Schnorr* § 12 VereinsG Rn. 21.
45 Vgl. Amtl. Begründung BT-Drucks. IV/430 S. 21.

hinzuweisen (vgl. zu allem: § 14 DVO-VereinsG). Auch im Falle Rn. 2984 hat eine Einziehungsverfügung zu ergehen[46].
Dingliche Rechtswirkung äußert die besondere Einziehungsverfügung erst, wenn das Vereinsverbot und die besondere Einziehungsverfügung unanfechtbar geworden sind (§ 12 Abs. 4 Satz 1 VereinsG)[47]. Auf § 12 Abs. 5 VereinsG gestützte Einziehungsverfügungen werden jedoch unabhängig vom Stand des Verbotsverfahrens mit der Zustellung an den Inhaber des eingezogenen Gegenstandes wirksam (arg. § 12 Abs. 4 VereinsG, der Abs. 5 nicht nennt).

Das eingezogene Eigentum, aber auch eingezogene Forderungen und Rechte, **2986**
gehen – von nachfolgender Ausnahme abgesehen – auf den Einziehungsbegünstigten über (§ 12 Abs. 4 Satz 1 VereinsG). Nicht vererbliche Rechte (Nießbrauch gem. § 1061 BGB, beschränkte persönliche Dienstbarkeiten gem. § 1090 Abs. 2 BGB) erlöschen (§ 12 Abs. 4 Satz 2 VereinsG). Der Vermögenserwerb fällt nicht in die gem. § 11 Abs. 2 Satz 1 VereinsG gebildete besondere Vermögensmasse[48]. Die nach § 12 Abs. 1 VereinsG eingezogenen Forderungen gelten für die Abwicklung als fortbestehend und sind aus der besonderen Vermögensmasse zu befriedigen[49].

6. Die endgültige Abwicklung der Vermögensverhältnisse des nunmehr nicht mehr bestehenden Vereins

6.1. Übersicht

Der letzte Abschnitt des Verbotsverfahrens stellt die Befriedigung der Gläu- **2987**
biger des Vereins dar, soweit deren Forderungen nicht nach § 12 VereinsG eingezogen worden sind. Sie sind aus dem nunmehr als besondere Vermögensmasse bestehenden Vereinsvermögen zu befriedigen. Bleibt nach der Befriedigung der Vereinsgläubiger ein Überschuß, so gehört er dem Einziehungsbegünstigten. Reichen die vorhandenen Mittel zur Befriedigung der Gläubiger nicht aus, so findet ein besonderes Konkursverfahren statt (§ 13 VereinsG).
Die Restabwicklung darf nur beginnen, wenn das Vereinsvermögen nach § 11 Abs. 2 VereinsG auf den Einziehungsbegünstigten übergegangen ist[50].
An Stelle der vereinsgesetzlichen Restabwicklung darf nur dann das Liquidationsverfahren – etwa nach den vereinsrechtlichen Vorschriften des BGB – durchgeführt werden, wenn die Verbotsbehörde unter den Voraussetzungen des § 11 Abs. 4 VereinsG (vgl. dazu Rn. 2971) auf die Einziehung des Vereinsvermögens verzichtet hat.

6.2. Die Anmeldung der Forderungen

Es werden nur diejenigen Forderungen berücksichtigt, die Gläubiger innerhalb **2988**
der von der Verbotsbehörde oder der Einziehungsbehörde nach Maßgabe des

46 Amtl. Begründung a. a. O. S. 22.
47 Amtl. Begründung a. a. O. S. 21.
48 Amtl. Begründung a. a. O. S. 21.
49 Amtl. Begründung a. a. O.
50 Vgl. *Seifert* Vereinsgesetz S. 33.

§ 15 DVO-VereinsG (vgl. dazu oben Rn. 2977) gesetzten Ausschlußfrist angemeldet haben (§ 13 Abs. 1 Satz 1 VereinsG). Die nicht rechtzeitige Anmeldung hat die Wirkung, daß die Gläubiger mit ihren Forderungen von einer Befriedigung ausgeschlossen werden; diese Forderungen erlöschen mit dem Ablauf der Ausschlußfrist (§ 13 Abs. 1 Satz 3 VereinsG).

6.3. Die Feststellung der Aktiva und Passiva

2989 Um feststellen zu können, ob die vorhandene Vermögensmasse zur Befriedigung aller Gläubiger ausreicht, hat die Verbots- bzw. Einziehungsbehörde die Aktiva zu ermitteln und hat sie den Passiva, die fristgerecht angemeldet worden sind, gegenüberzustellen. Nicht zu den Aktiva gehören Sachen, die im Eigentum eines Dritten stehen und die nicht der Einziehung unterliegen; sie sind dem Eigentümer herauszugeben. Vorweg berechnet werden die Schulden, die von einem evtl. bestellten Verwalter oder von der Einziehungsbehörde eingegangen worden sind; hinzu kommen sonstige Kosten für die Verwaltung des beschlagnahmten und eingezogenen Vermögens[51].

6.4. Die vorzeitige Befriedigung von Forderungen

2990 Ergibt nunmehr die Gegenüberstellung, daß eine zur Befriedigung aller Gläubiger ausreichende Masse vorhanden ist, so ist eine vorzeitige Befriedigung von Forderungen unter folgenden Voraussetzungen zulässig (§ 13 Abs. 1 Satz 2 VereinsG; § 16 DVO-VereinsG): Es muß sich um bevorrechtigte Forderungen i. S. d. § 61 Abs. 1 Nr. 1 KO handeln; abzustellen ist fiktiv darauf, daß im Zeitpunkt der Beschlagnahme des Vereinsvermögens der Konkurs über dieses Vermögen eröffnet worden wäre; es muß außerdem gesichert erscheinen, daß alle derartigen Forderungen, die übrigen Forderungen und alle Massekosten und Masseschulden (entspr. §§ 58, 59 KO) in voller Höhe befriedigt werden können. Bei den Forderungen, die gem. § 61 Abs. 1 Nr. 1 KO Vorrang haben, handelt es sich vor allem um Lohn- und Gehaltsforderungen sowie um Forderungen der Träger der Sozialversicherung und der Bundesanstalt für Arbeit auf Beiträge einschl. Säumniszuschläge und auf Umlagen.

Unter der Voraussetzung, daß eine zur Befriedigung aller Gläubiger vorhandene Masse mit Sicherheit ausreicht, können auch am Tage der Beschlagnahme bereits fällige Forderungen, die im Konkursfall zu diesem Zeitpunkt gewöhnliche Konkursforderungen wären, gleichfalls vorweg befriedigt werden (§ 16 Abs. 2 DVO-VereinsG).

6.5. Die Gläubigerbefriedigung sowie die Verwendung des Überschusses

2991 Die Verbots- bzw. Einziehungsbehörde fertigt sodann die Forderungen der übrigen Vereinsgläubiger weg. Da sich die vorzeitige und die endgültige Befriedigung nach den Vorschriften des bürgerlichen Rechts gestaltet, kann die

51 Vgl. *Schnorr* § 13 VereinsG Rn. 3.

Behörde dem Gläubiger diejenigen Einwendungen entgegensetzen, die auch dem Verein zustünden[52].
Sind alle Ansprüche befriedigt, so hat der Einziehungsbegünstigte die Restvermögensmasse sowie die nach § 12 VereinsG eingezogenen Gegenstände für gemeinnützige Zwecke zu verwenden (§ 13 Abs. 4 VereinsG). Der Einziehungsbegünstigte kann dieses Vermögen nicht als Einnahme verbuchen, da er keine gemeinnützige Einrichtung in diesem Sinne darstellt. Er kann jedoch eine Stiftung gründen, an der er beteiligt ist und kann dieser das Restvermögen zuwenden[53].

6.6. Der Konkurs über die besondere Vermögensmasse

Ist das Vermögen aufgelöster Vereine im Zeitpunkt der Vermögenseinziehung **2992**
überschuldet, reicht es demnach nicht zur Befriedigung aller Ansprüche aus, so findet auf Antrag der Verbots- oder Einziehungsbehörde ein Konkursverfahren über die besondere Vermögensmasse statt (§ 13 Abs. 3 Satz 1 VereinsG). Die rechtzeitige Stellung des Konkursantrages ist Amtspflicht der zuständigen Behördenbediensteten. Vereinsgläubiger sind zur Antragstellung nicht befugt[54]. Zuständig ist das Konkursgericht, das für den Bezirk besteht, in dem der Verein seinen Sitz hat (§ 17 ZPO; § 71 KO.)[55]. Der Konkursverwalter wird auf Vorschlag der Verbots- bzw. Einziehungsbehörde bestellt und entlassen (§ 13 Abs. 3 Satz 4 VereinsG). Das Wahlrecht der Gläubigerversammlung (§ 80 KO) ist deshalb ausgeschlossen (§ 13 Abs. 3 Satz 5 VereinsG). Nicht anwendbar sind weiter die §§ 87 bis 92, 101 und 125 KO (§ 13 Abs. 3 Satz 4 VereinsG).

6.7. Der Ausgleich unbilliger Härten

Die Verbotsbehörde hat unter den Voraussetzungen des § 11 Abs. 4 VereinsG **2993**
allgemein die Möglichkeit, ausnahmsweise nach ihrem pflichtgemäßen Ermessen von der Einziehung abzusehen. Nach § 13 Abs. 2 VereinsG kann die Verbotsbehörde oder die Einziehungsbehörde anordnen, daß zur Vermeidung unbilliger Härten von der Einziehung von Treuhandeigentum (§ 11 Abs. 1 Satz 2 VereinsG) – auch bei unanfechtbarer verwaltungsgerichtlicher Entscheidung über die Einziehung – oder von Forderungen, Sachen oder Rechten Dritter (§ 12 VereinsG) abgesehen wird. Eine solche unbillige Härte liegt insbesondere vor, wenn das Interesse des Betroffenen an der Aufrechterhaltung des bestehenden Zustands das öffentliche Interesse an der Einziehung erheblich übersteigt (§ 17 Abs. 1 DVO-VereinsG).
Die Anordnung, daß ein nach § 11 Abs. 1 Satz 2 VereinsG eintretender Rechtsverlust unterbleibt oder daß von der Einziehung nach § 12 VereinsG abgesehen wird, ergeht durch schriftlichen Bescheid an den Betroffenen (§ 17 Abs. 2 Satz 1 DVO-VereinsG). Eine Einziehungsanordnung ist aufzuheben, ein bereits eingetretener Rechtsverlust ist rückgängig zu machen (§ 17 Abs. 2 Satz 2 DVO-VereinsG)[56].

---

52 Vgl. *Schnorr* § 13 VereinsG Rn. 4.
53 Vgl. *Schnorr* § 13 VereinsG Rn. 8.
54 Vgl. *Seifert* Vereinsgesetz S. 34.
55 Vgl. *Meyer* in *Erbs/Kohlhaas* § 13 VereinsG Anm. 5 a
56 Vgl. *Meyer* in *Erbs/Kohlhaas* § 13 VereinsG Anm. 4.

7. Die verwaltungsgerichtliche Anfechtung von Maßnahmen des Verbotsvollzugs

7.1. Die anfechtbaren Vollzugsmaßnahmen

2994 Anfechtbar sind: die allgemeinen Vollzugsmaßnahmen des Vereinsverbots bzw. der Feststellungsverfügung nach § 8 Abs. 2 Satz 1 VereinsG, die Einziehung von Vermögensgegenständen Dritter (§ 12 VereinsG) und die Sicherstellungsanordnungen (§ 10 Abs. 2 VereinsG).

7.2. Das Widerspruchsverfahren

2995 Falls den Vollzugsverwaltungsakt nicht die Verbotsbehörde oder eine sonstige oberste Bundes- oder Landesbehörde erlassen hat (§ 68 Abs. 1 Nr. 1 VwGO), muß die Rechtmäßigkeit und Zweckmäßigkeit des Verwaltungsakts erst in einem dem verwaltungsgerichtlichen Verfahren vorgeschalteten Verwaltungsverfahren überprüft werden (§ 68 Abs. 1 VwGO). Es ist innerhalb eines Monats, nachdem der Verwaltungsakt dem Beschwerten bekanntgemacht worden ist, Widerspruch schriftlich oder zur Niederschrift bei der Behörde zu erheben, die den Verwaltungsakt erlassen hat (§ 70 VwGO).

Der Widerspruch hat keine aufschiebende Wirkung (§ 6 Abs. 2 VereinsG). Bestehen Bedenken gegen die Rechtmäßigkeit des Verbots, so kann die Widerspruchsbehörde das Verfahren bis zur verwaltungsgerichtlichen Entscheidung in entsprechender Anwendung des § 6 Abs. 1 VereinsG aussetzen[57].

7.3. Die Anfechtungsklage

2996 Die Anfechtungsklage ist innerhalb eines Monats nach Zustellung des Widerspruchsbescheides oder, falls ein Widerspruchsverfahren nicht erforderlich war, innerhalb eines Monats nach Bekanntgabe des Vollzugsverwaltungsakts zu erheben (§ 74 Abs. 1 VwGO).

Zuständig ist das Verwaltungsgericht erster Instanz[58].

Die örtliche Zuständigkeit bestimmt sich wie folgt: Betrifft der Streit unbewegliches Vermögen, so ist das Verwaltungsgericht zuständig, in dessen Bezirk sich dieser Vermögensgegenstand befindet (§ 52 Nr. 1 VwGO); hat den Verwaltungsakt eine Bundesbehörde oder eine bundesunmittelbare Körperschaft (z. B. Bundesverwaltungsamt) erlassen, so ist das Verwaltungsgericht zuständig, in dessen Bezirk die Behörde ihren Sitz hat (§ 52 Nr. 2 VwGO); in allen übrigen Fällen ist das Verwaltungsgericht zuständig, in dessen Bezirk der Verwaltungsakt erlassen worden ist (§ 52 Nr. 3 VwGO).

57 *Schnorr* § 6 VereinsG Rn. 6.

58 Nicht ein Oberverwaltungsgericht; vgl. Amtl. Begründung BT-Drucks. IV/430 S. 25.

7.4. Die Aussetzung des Verfahrens durch das Verwaltungsgericht

Wird eine Maßnahme zum Vollzug des Verbots oder einer Feststellungsverfügung nach § 8 Abs. 2 Satz 1 VereinsG angefochten und kommt es bei der Entscheidung darauf an, ob die Verbots- bzw. Feststellungsverfügung rechtmäßig ist, so hat das Verwaltungsgericht, wenn es die Rechtmäßigkeit des Verbots (der Feststellungsverfügung) bezweifelt, das Verfahren auszusetzen, bis über das Verbot (die Feststellungsverfügung) unanfechtbar entschieden worden ist (§ 6 Abs. 1, § 8 Abs. 2 Satz 2 VereinsG). Die Entscheidung des Oberverwaltungsgerichts bzw. des Bundesverwaltungsgerichts ist für das Verwaltungsgericht bindend; ein unanfechtbares Verbot bzw. eine unanfechtbare Feststellungsverfügung kann dann nicht mehr in Frage gestellt werden (§ 6 Abs. 1 VereinsG)[59]. **2997**

59 Vgl. Amtl. Begründung BT-Drucks. IV/430 S. 17.

V. Das Verbot von Koalitionen

1. Das ILO-Übereinkommen Nr. 87

2998 Art. 4 des Übereinkommens Nr. 87 der Internationalen Arbeitsorganisation vom 9. 7. 1948 über die Vereinigungsfreiheit und den Schutz des Vereinigungsrechts[1] bestimmt: »Die Organisationen der Arbeitnehmer und der Arbeitgeber dürfen im Verwaltungswege weder aufgelöst noch zeitweilig eingestellt werden.« Einbezogen in den Schutz ist jede Organisation von Arbeitnehmern und Arbeitgebern, welche die Förderung und den Schutz der Interessen der Arbeitnehmer oder der Arbeitgeber zum Ziele hat (Art. 10 des Abkommens). Das ILO-Übereinkommen läßt das Verbot dieser Organisationen nach dem innerstaatlichen Recht zu; ihnen soll jedoch vor der »Willkür« und der »Eigenmächtigkeit« der Exekutive ein international verbürgter Schutz zuteil werden[2]. Dem ist der deutsche Gesetzgeber durch eine besondere Verfahrensgestaltung nachgekommen.

2. Das Verbotsverfahren

2.1. Die Bestätigung des Verbots oder der Verfügung nach § 8 Abs. 2 Satz 1 VereinsG durch ein Oberverwaltungsgericht bzw. durch das Bundesverwaltungsgericht

2999 Für die Arbeitnehmer- und Arbeitgeberorganisationen gelten die Verbotsgründe des Art. 9 Abs. 2 GG. Das Verbotsverfahren bzw. das Verfahren auf Feststellung, daß eine Ersatzorganisation einer verbotenen Vereinigung gegeben ist (§ 8 Abs. 2 Satz 1 VereinsG), gestaltet sich wie bei sonstigen inländischen deutschen Vereinen.

Abweichend vom Verbotsverfahren gegen sonstige Vereine wird aber die Verbotsverfügung und die Feststellungsverfügung nach § 8 Abs. 2 Satz 1 VereinsG erst wirksam, wenn die nach § 48 Abs. 2 und, § 50 Abs. 1 Nr. 2 VwGO zuständigen Verwaltungsgerichte (Bundesverwaltungsgericht, Oberverwaltungsgerichte, Oberverwaltungsgericht Berlin) die Rechtmäßigkeit dieser Verfügungen bestätigt hat (§ 16 Abs. 1 Satz 1 VereinsG). Diesen Gerichten legt die Verbotsbehörde ihre schriftlich abgefaßte und begründete Entscheidung vor (§ 16 Abs. 2 Satz 1 VereinsG). Das Gericht stellt sie der Vereinigung und ihren darin benannten nichtgebietlichen Teilorganisationen mit eigener Rechtspersönlichkeit (vgl. Rn. 2935) zu (§ 16 Abs. 2 Satz 2 VereinsG). Beteiligt am Verfahren sind die Verbotsbehörde, die Vereinigung und ihre in der Entscheidung benannten nichtgebietlichen Teilorganisationen mit eigener Rechtspersönlichkeit und der Oberbundesanwalt oder der Vertreter des öffentlichen Interesses, falls er von seiner Beteiligungsbefugnis Gebrauch macht (§ 16 Abs. 2 Satz 3 VereinsG i. V. m. § 63 Nr. 4 VwGO). Gebietsmäßig organisierte Teil-

---
1 BGBl. 1956 II S. 2072.
2 Vgl. Amtl. Begründung BT-Drucks. IV/430 S. 24.

organisationen, die von der Verbotsverfügung automatisch erfaßt werden, können als Beigeladene Beteiligte sein (vgl. § 16 Abs. 2 Satz 3 VereinsG i. V. m. § 63 Nr. 3 VwGO).

Das Verwaltungsgericht hat die Verbotsverfügung bzw. die Feststellungsverfügung nach § 8 Abs. 2 Satz 1 VereinsG nur auf ihre Rechtmäßigkeit, nicht auf ihre Zweckmäßigkeit nachzuprüfen (§ 16 Abs. 1 Satz 1 VereinsG).

Bestätigt das Verwaltungsgericht die Verfügung, so wird sie mit der Urteilsverkündung oder der sie ersetzenden Zustellung des Urteils wirksam (§ 116 VwGO). Unanfechtbar und damit vollziehbar wird die Verfügung zu diesem Zeitpunkt, wenn das Bundesverwaltungsgericht entschieden hat; bei Urteilen der Oberverwaltungsgerichte tritt die Unanfechtbarkeit erst mit dem Ablauf der Revisionsfrist von einem Monat ab Urteilszustellung ein (§ 139 Abs. 1 VwGO); einer Zulassung bedarf die Revision nicht (§ 48 VwGO erwähnt § 132 VwGO nicht).

2.2. Die Versagung der Bestätigung

Versagt das Gericht die Bestätigung, so hebt es in dem Urteil zugleich das Ver- **3000**
bot oder die Verfügung (nach § 8 Abs. 2 Satz 1 VereinsG) auf (§ 16 Abs. 3 VereinsG).

2.3. Einstweilige Anordnungen

Auf Antrag der Verbotsbehörde kann das Gericht von seiner abschließenden **3001**
Entscheidung die nötigen einstweiligen Anordnungen treffen, z. B. Betätigungsverbote erlassen oder die Vermögensbeschlagnahme verfügen (§ 16 Abs. 4 Satz 1 VereinsG); die Anordnungen sind im Bundesanzeiger und in den Mitteilungsblättern der Länder bekanntzumachen (§ 16 Abs. 4 Satz 2 VereinsG).

VI. Die besonderen Vorschriften für Ausländervereine und für ausländische Vereine

1. Keine Geltung des Art. 9 Abs. 1 GG

3002 Ausländer ist jeder, der nicht Deutscher i. S. d. Art. 116 Abs. 1 GG ist (§ 1 Abs. 2 AuslG). Ausländer genießen alle Grundrechte, soweit sie nicht nach dem Grundgesetz Deutschen vorbehalten sind. Nur den Deutschen ist u. a. das Grundrecht der Versammlungsfreiheit (Art. 8 GG) und das der Vereinigungsfreiheit (Art. 9 Abs. 1 GG) vorbehalten. Es steht demnach Ausländern und auch Staatenlosen[1] nicht zu; auf die Zugehörigkeit zu einem EG-Staat kommt es nicht an. Das Recht, Vereine zu bilden, bestimmt sich für Ausländer und Staatenlose ausschließlich nach dem Vereinsgesetz. Es gestattet Ausländern, Vereine zu gründen, vermehrt jedoch die Verbotsgründe.
Bilden jedoch Ausländer und Staatenlose eine Arbeitnehmer- oder Arbeitgebervereinigung, so greift Art. 9 Abs. 2 GG ein, der eine nicht nur auf Deutsche beschränkte Geltung hat[2]. Eine solche Vereinigung kann nur aus den Gründen des Art. 9 Abs. 2 GG verboten werden; es findet das besondere Verfahren nach § 16 VereinsG (vgl. Rn. 2999) statt[3].

2. Die Begriffe Ausländerverein und ausländischer Verein

3003 Ausländervereine sind nach der Legaldefinition in § 14 Abs. 1 VereinsG Vereine, deren Mitglieder oder Leiter sämtlich oder überwiegend Ausländer sind; hier wäre besser der Ausdruck »Nichtdeutsche« gewesen, weil als Ausländer auch Staatenlose gelten (vgl. oben). Es entscheidet also entweder die Ausländereigenschaft der Mehrheit der Mitglieder (die sich in einer Mitgliederversammlung durchsetzen können) **oder** die Ausländereigenschaft der Leiter. Mit diesem sonst nicht üblichen Ausdruck will das Gesetz auf die Organpersonen abstellen, die einen bestimmenden Einfluß auf den Verein ausüben[4]. In der Regel werden dies die Mitglieder des Vorstands sein; es kann jedoch auch ein Vereinsausschuß oder ähnlich genanntes Organ weisungsbefugt gegenüber dem Vorstand sein, es kann für seine Anstellung und Amtsentlassung zuständig sein; den Mitgliedern eines solchen Organs kann dann eine bestimmende Funktion im Verein zustehen.
§ 14 Abs. 1 VereinsG bedarf einer verfassungskonformen Auslegung, wenn folgender Fall gegeben ist: Als einziges Vorstandsmitglied wird ein Staatenloser oder ein Ausländer bestellt, etwa weil er besondere Kenntnisse und Fähigkeiten für sein Amt hat. Da es darauf ankommt, wer den Verein beherrscht, kann nicht auf den »Leiter« abgestellt werden, wenn die Mitgliederversammlung, die überwiegend oder ausschließlich aus Deutschen gebildet wird, durch Be-

1 Amtl. Begründung BT-Drucks. IV/430 S. 22.
2 Amtl. Begründung a. a. O. S. 23.
3 Vgl. *Seifert* Vereinsgesetz S. 34.
4 Vgl. *Schnorr* § 14, 15 VereinsG Rn. 4.

schlußfassung und Weisungserteilung an den Vorstand die Geschicke des Vereins bestimmt. – Der Ausländerverein muß einen inländischen Sitz haben. Ausländische Vereine, auch Auslandsvereine genannt, sind solche, die im Inland eine Tätigkeit entfalten oder eine Organisation aufweisen, die jedoch ihren Verwaltungssitz im Ausland haben (§ 15 Abs. 1 VereinsG). »Ausland« wird nach den Grenzen des Deutschen Reiches nach dem Stand vom 31. 12. 1937 bestimmt (Art. 116 Abs. 1 GG)[5]. Für die Begriffsbestimmung ist es unwesentlich, welche Staatsangehörigkeit überwiegend die Mitglieder oder die »Leiter« des Vereins haben.

3. Die Anmelde- und Auskunftspflichten

3.1. Ausländervereine

Für Ausländervereine, die ihren Sitz im Geltungsbereich des Vereinsgesetzes **3004**
haben, bestimmt § 19 DVO-VereinsG:
Der Vorstand oder, wenn der Verein keinen Vorstand hat, die zur Vertretung berechtigten Mitglieder, haben innerhalb von zwei Wochen nach der Vereinsgründung den Verein bei der nach Landesrecht zuständigen Behörde anzumelden. Es bestehen u. a. folgende Zuständigkeiten: Bayern: die Kreisverwaltungsbehörde[6]; Bremen: die Ortspolizeibehörden[7]; Hessen: der Regierungspräsident[8]; Niedersachsen: die Landkreise, kreisfreien Städte und großen selbständigen Städte[9]; Nordrhein-Westfalen: die Kreispolizeibehörde[10]; Saarland: der Landrat als untere staatliche Verwaltungsbehörde[11]. Die Anmeldung hat zu enthalten: die Satzung oder, wenn der Verein keine Satzung hat, Angaben über Name, Sitz und Zweck des Vereins, ferner Namen und Anschriften der Vorstandsmitglieder oder der zur Vertretung berechtigten Personen und schließlich Angaben, in welchen Ländern der Verein Teilorganisationen hat. Hat sich hinsichtlich der angemeldeten Tatsachen oder Rechtsverhältnisse eine Änderung ergeben, so haben dies die zur Anmeldung verpflichteten Personen der zuständigen Behörde innerhalb von zwei Wochen mitzuteilen. Alle Anmeldungen und Mitteilungen sind in deutscher Sprache einzureichen. Die Behörde erteilt hierüber eine Bescheinigung, für die keine Gebühren und Auslagen erhoben werden. – Ausländervereine, deren Zweck auf einen wirtschaftlichen Geschäftsbetrieb gerichtet ist, sind zu einer Anmeldung nur verpflichtet, wenn sie von der nach Landesrecht zuständigen Behörde dazu aufgefordert werden (§ 19 Abs. 2 DVO-VereinsG).
Ausländervereine mit Sitz im Geltungsbereich des Vereinsgesetzes haben außerdem durch ihre anmeldepflichtigen Personen auf Verlangen der für die Anmeldung zuständigen Landesbehörde Auskunft zu geben über ihre Tätigkeit und, sofern sie sich politisch betätigen, über Namen und Anschriften ihrer Mit-

---

5 Vgl. *Seifert* Vereinsgesetz S. 35.
6 Art. 3 Abs. 2 AGVereinsG v. 15. 12. 1965 – GVBl. S. 346.
7 § 2 d. VO v. 14. 11. 1966 – Brem. GBl. S. 174.
8 § 1 d. Anordnung v. 6. 9. 1966 – GVBl. I S. 273.
9 § 3 Nr. 1 d. VO v. 19. 5. 1978 – Nieders. GVBl. S. 413.
10 § 1 d. VO v. 25. 7. 1967 – GV. NW 1967 S. 136.
11 § 1 d. VO v. 18. 1. 1974 – Amtsbl. S. 119.

glieder sowie über die Herkunft und Verwendung ihrer Mittel (§ 20 DVO-VereinsG).

3.2. Ausländische Vereine

3005 § 21 DVO-VereinsG bestimmt:
Die für Ausländervereine geltenden Anmelde- und Auskunftspflichten gelten für ausländische Vereine dann entsprechend, wenn sie im Geltungsbereich des Vereinsgesetzes organisatorische Einrichtungen gründen oder unterhalten. Die Anmelde- und Auskunftspflicht obliegt dem – im Ausland befindlichen – Vorstand oder, wenn der Verein keinen Vorstand hat, den zur Vertretung berechtigten Mitgliedern. Die Pflichten obliegen auch den Personen, die diese organisatorischen Einrichtungen leiten. Zuständig sind die nach Landesrecht bestimmten Behörden (vgl. oben), in deren Bereich sich organisatorische Einrichtungen des Vereins befinden; besteht jedoch in einem Bundesland der organisatorische Schwerpunkt, so ist nur die Behörde dieses Landes zuständig.

3.3. Die Mitteilungen an das Bundesverwaltungsamt sowie die Ahndung von Zuwiderhandlungen

3006 Die zuständigen Landesbehörden haben die Angaben, die sie aufgrund der §§ 19 bis 21 DVO-VereinsG erhalten, dem Bundesverwaltungsamt mitzuteilen (§ 22 DVO-VereinsG).
Ordnungswidrig i. S. d. § 21 VereinsG handelt, wer den Anmelde- oder Auskunftspflichten nach den §§ 19 bis 21 DVO-VereinsG zuwiderhandelt (§ 23 DVO-VereinsG).

4. Das Verbot eines Ausländervereins

4.1. Die Menschenrechtskonvention

3007 Art. 11 der Menschenrechtskonvention, die in der Bundesrepublik Deutschland Gesetzeskraft hat[12] bestimmt:

(1) Alle Menschen haben das Recht, sich friedlich zu versammeln und sich frei mit anderen zusammenzuschließen, einschließlich des Rechts, zum Schutze ihrer Interessen Gewerkschaften zu bilden und diesen beizutreten.
(2) Die Ausübung dieser Rechte darf keinen anderen Einschränkungen unterworfen werden als den vom Gesetz vorgesehenen, die in einer demokratischen Gesellschaft im Interesse der äußeren und inneren Sicherheit, zur Aufrechterhaltung der Ordnung und zur Verbrechensverhütung, zum Schutze der Gesundheit und der Moral oder zum Schutze der Rechte und Freiheiten anderer notwendig sind. . . .

3008 Nach Art. 16 MRK ist es nicht verboten, die politische Tätigkeit von Ausländern Beschränkungen zu unterwerfen. Die in Beachtung des Art. 11 Abs. 1

12 Art. II d. Ges. v. 4. 11. 1950 – BGBl. II S. 685, 953.

MRK auch den Ausländern zuerkannte Vereinigungsfreiheit (§ 1 Abs. 1 VereinsG), kann unter den Voraussetzungen, die auch für deutsche Vereine mit Sitz im Inland bestehen (Art. 9 Abs. 2 VereinsG), durch ein Vereinsverbot beseitigt werden. Zusätzlich untersagt auch die Menschenrechtskonvention nicht, die Vereinigungsfreiheit bei politischer Betätigung von Ausländern einzuschränken und im Einzelfall zu beseitigen. An den Tatbestand der politischen Betätigung von Ausländervereinen knüpfen die weiteren – über Art. 9 Abs. 2 GG hinausgehenden – Tatbestände an, die für Ausländervereine gelten. Ein solcher kann somit immer verboten werden, wenn einer der Tatbestände des Art. 9 Abs. 2 GG gegeben ist (§ 14 Abs. 1 VereinsG).

4.2. Der weitere Verbotsgrund der unerlaubten politischen Betätigung

Ausländer dürfen sich im Rahmen der allgemeinen Rechtsvorschriften politisch **3009**
betätigen (§ 37 Abs. 1 Satz 1 AuslG).

Die politische Betätigung eines Ausländers wird untersagt, soweit sie

- die freiheitliche demokratische Grundordnung der Bundesrepublik Deutschland gefährdet oder den kodifizierten Normen des Völkerrechts widerspricht,
- Gewaltanwendung als Mittel zur Durchsetzung politischer, religiöser oder sonstiger Belange öffentlich unterstützt, befürwortet oder hervorzurufen bezweckt oder geeignet ist oder
- Vereinigungen, politische Bewegungen oder Gruppen innerhalb oder außerhalb des Bundesgebietes unterstützt, die im Bundesgebiet Anschläge gegen Personen oder Sachen oder außerhalb des Bundesgebietes Anschläge gegen Deutsche oder deutsche Einrichtungen veranlaßt, befürwortet oder angedroht haben (§ 37 Abs. 2 AuslG).

Die politische Betätigung eines Ausländers kann beschränkt oder untersagt werden, soweit sie

- die politische Willensbildung in der Bundesrepublik Deutschland oder das friedliche Zusammenleben von Deutschen und Ausländern oder von verschiedenen Ausländergruppen im Bundesgebiet, die öffentliche Sicherheit und Ordnung oder sonstige erhebliche Interessen der Bundesrepublik Deutschland beeinträchtigt oder gefährdet,
- den außenpolitischen Interessen oder den völkerrechtlichen Verpflichtungen der Bundesrepublik Deutschland zuwiderlaufen kann,
- gegen die Rechtsordnung der Bundesrepublik Deutschland, insbesondere unter Anwendung von Gewalt, verstößt oder
- bestimmt ist, Parteien, andere Vereinigungen, Einrichtungen oder Bestrebungen außerhalb des Bundesgebietes zu fördern, deren Ziele oder Mittel mit den Grundwerten einer die Würde des Menschen achtenden staatlichen Ordnung unvereinbar sind (§ 37 Abs. 1 Satz 2 AuslG).

Nach § 14 Abs. 1 VereinsG kann ein Ausländerverein auch verboten werden, wenn er durch politische Betätigung die innere oder äußere Sicherheit, die öffentliche Ordnung oder sonstige Belange der Bundesrepublik Deutschland oder eines ihrer Länder verletzt oder gefährdet. Dieser Verbotstatbestand ist immer gegeben, wenn Mitglieder eines Ausländervereins in einer dem Verein zurechenbaren Weise in der Bundesrepublik eine politische Tätigkeit entfalten, die nach § 37 Abs. 2 AuslG zu untersagen ist. Der Verbotstatbestand ist im Regelfall auch gegeben, wenn die politische Tätigkeit von Mitgliedern eines Ausländervereins beschränkt oder untersagt werden kann (§ 37 Abs. 1 Satz 2 AuslG).

4.3. Das Verbotsverfahren

3010 Das Verbotsverfahren gestaltet sich wie beim Verbot eines deutschen Vereins (§§ 3 bis 13 VereinsG; vgl. oben Rn. 2926 ff.).
Wird das Vereinsverbot nicht auf die in Art. 9 Abs. 2 GG, sondern auf einen erweiterten Verbotstatbestand nach § 14 Abs. 1 VereinsG gestützt, so braucht der verfügende Teil des Verbots diesen besonderen Verbotsgrund nicht zu nennen[13].

4.4. Das Betätigungsverbot

3011 Nach § 14 Abs. 2 VereinsG bleiben Ausländervereinen gegenüber die gesetzlichen Vorschriften zur Wahrung der öffentlichen Sicherheit oder Ordnung unberührt. Diese Vereine können Beschränkungen unterworfen werden, die für deutsche Vereine im Hinblick auf die Vereinigungsfreiheit nach Art. 9 Abs. 1 GG unzulässig wären. Das Vereinigungsrecht von Ausländern ist somit nicht »polizeifest«. Solche Beschränkungen sind z. B. die bereits angeführten Melde- und Mitteilungspflichten. Zulässig ist es auch, daß die landesrechtlich zuständige Behörde statt eines Organisationsverbotes ein Betätigungsverbot ausspricht[14]. Danach kann z. B. die politische Betätigung ganz verboten oder nur mit Auflagen zugelassen werden[15]. Reichen diese Maßnahmen aus, so ist regelmäßig an Stelle eines Vereinsverbotes ein Betätigungsverbot auszusprechen[16].

5. Das Verbot eines ausländischen Vereins

5.1. Das Verbot ausländischer Vereine, deren Mitglieder und Leiter sämtlich oder überwiegend Ausländer sind

3012 Für ausländische Vereine, die nicht von Deutschen beherrscht werden, gelten die Verbotsgründe für Ausländervereine entsprechend mit der Maßgabe, daß für das Verbot immer der Bundesminister des Innern zuständig ist (§ 15 Abs. 1 VereinsG).
Das Verbot ist jedoch nicht schon bei gelegentlicher politischer Betätigung eines ausländischen Vereins im Inland zulässig; es reicht in der Regel nicht aus, wenn dieser nur einzelne Vorträge, Versammlungen oder Ausstellungen veranstaltet oder gelegentlich Druckschriften versendet[17].
Ausländische Vereine werden in der Regel nur organisatorische Einrichtungen im Inland in der Form von Niederlassungen, Vertretungen oder Büros haben[18].

13 BVerwGE 55, 175.
14 BVerwGE 55, 175/181.
15 Vgl. *Seifert* Vereinsgesetz S. 34 f.
16 *BVerwG* a. a. O.
17 Amtl. Begründung BT-Drucks. IV/430 S. 23.
18 Vgl. Amtl. Begründung a. a. O.

Ein Teilverein, der auch bestehen kann, muß jedoch als »nationale Sektion« in den ausländischen Verein so fest eingegliedert sein, daß die Sektion als dessen Bestandteil erscheint; ist dies nicht der Fall, so kann ein Ausländerverein gegeben sein, der als solcher dem Organisationsverbot unterworfen sein kann[19]. Um einen selbständigen Inlandsverein handelt es sich dagegen, wenn sich ein deutscher Verein zwar einem internationalen Verband angeschlossen hat, wenn der nationale Verein jedoch sein Selbstordnungsrecht im wesentlichen wahren kann[20].
Verbote ausländischer Vereine werden nur im Bundesanzeiger bekanntgemacht (§ 3 Abs. 4 Satz 2 VereinsG).

5.2. Das Verbot ausländischer Vereine, deren Mitglieder und Leiter sämtlich oder überwiegend Deutsche sind

Ausländische Vereine und die in einen ausländischen Verein eingegliederten Teilvereine, deren Mitglieder **und** Leiter sämtlich oder überwiegend Deutsche sind, können – im Hinblick darauf, daß für Deutsche das gem. Art. 9 Abs. 1 GG gewährleistete Grundrecht der Vereinigungsfreiheit nur nach Art. 9 Abs. 2 GG eingeschränkt werden kann – nur aus den in dieser Verfassungsbestimmung genannten Gründen verboten oder in ein Verbot einbezogen werden (§ 15 Abs. 2 VereinsG). Es handelt sich um Vereine mit Sitz im Ausland, die jedoch von Auslandsdeutschen gegründet worden sind; es kommen etwa deutsche Schulvereine in Betracht[21]. Hier wird auch der Fall erfaßt, daß ein im Inland überwiegend aus Deutschen bestehender Zweigverein in einen ausländischen Hauptverein eingegliedert ist[22]. **3013**

6. Die Berichtspflichten der Ausländerbehörden

Wird der Ausländerbehörde die politische Betätigung eines Ausländervereins oder eines ausländischen Vereins (i. S. d. §§ 14, 15 VereinsG) bekannt, so hat sie der obersten Landesbehörde oder der von dieser Stelle bestimmten Behörde zu berichten. **3014**

7. Der räumliche Geltungsbereich von Vereinsverboten

Hierzu bestimmt § 18 VereinsG: **3015**

Verbote von Vereinen, die ihren Sitz außerhalb des räumlichen Geltungsbereichs dieses Gesetzes, aber Teilorganisationen innerhalb dieses Bereichs haben, erstrecken sich nur auf die Teilorganisationen innerhalb dieses Bereichs. Hat der

19 Vgl. Amtl. Begründung a. a. O.
20 Vgl. Amtl. Begründung a. a. O.
21 Amtl. Begründung BT-Drucks. IV/430 S. 24.
22 Amtl. Begründung a. a. O.

Verein im räumlichen Geltungsbereich dieses Gesetzes keine Organisation, so richtet sich das Verbot (§ 3 Abs. 1) gegen seine Tätigkeit in diesem Bereich.

Die Aufsichts- und Regelungsbefugnis der Verbotsbehörde ist auf den Bereich der Gebietshoheit der Bundesrepublik Deutschland beschränkt[23]. Das Verbot eines ausländischen Vereins (§ 15 Abs. 1 Satz 1 VereinsG) kann somit nur in diesem Bereich bestehende Teilorganisationen erfassen, wobei diese nicht die Merkmale eines Teilvereins haben müssen[24]. Das Verbot von deutschen Vereinen oder von Ausländervereinen (§ 14 VereinsG) kann sich nicht auf deren Teilorganisationen im Ausland beziehen[25]; es kann jedoch mit dem Vereinsverbot ein Tätigkeitsverbot der ausländischen Organisation im Inland verbunden werden[26].
Nur ein Tätigkeitsverbot (§ 18 Satz 2 VereinsG) kommt in Betracht, wenn ein Verein mit Sitz im Ausland keine Organisation im Inland unterhält. Für dieses Verbot ist der Bundesminister des Innern gem. § 15 Abs. 1 Satz 2 VereinsG zuständig[27]. Wer einem vollziehbaren Verbot zuwiderhandelt, kann ordnungswidrig handeln (§ 20 Abs. 1 Nr. 4 VereinsG)[28].

23 BVerwGE 55, 175/176.

24 Vgl. BGHSt 20, 45/52; *Meyer* in *Erbs/Kohlhaas* § 18 VereinsG Anm. 2.

25 *Willms* JZ 1965, 86/88 Fußn. 21; *Wagner* MDR 1966, 18/19; *Meyer* a. a. O.; a. A. *Seifert* Vereinsgesetz S. 39; der Streit dürfte durch BVerwGE a. a. O. im Sinne des Textes entschieden sein.

26 Vgl. *Willms* und *Meyer* a. a. O.

27 Vgl. *Meyer* a. a. O. Anm. 3.

28 Vgl. auch *Willms* in Leipziger Kommentar § 85 StGB Rn. 10.

VII. Die Verfassungsbeschwerde des Vereins (§ 90 BVerfGG)

1. Die Parteifähigkeit

1.1. Der rechtsfähige Verein

Das Gesetz über das Bundesverfassungsgericht regelt die Frage der Parteifähigkeit nicht allgemein. Es ist jedoch in § 90 BVerfGG bestimmt, daß »jedermann« Verfassungsbeschwerde erheben kann. Damit kann auch eine inländische juristische Person als Antragsteller auftreten (Art. 19 Abs. 3 GG i. V. m. § 90 BVerfGG). Dem Verein als juristischer Person kann jedoch nicht jedes Grundrecht zustehen, das eine natürliche Person in den Schutzbereich einbezieht. Folglich ist der Verein nicht schlechthin parteifähig. Er ist dies vielmehr nur dann, wenn er auch Träger eines der in § 90 BVerfGG genannten Grundrechte ist[1]. Die Parteifähigkeit wird mit der Grundrechtsfähigkeit gleichgestellt[2]. **3016**

1.2. Der nichtrechtsfähige Verein

Aus Art. 19 Abs. 3 GG kann nicht der Schluß gezogen werden, daß nur rechtsfähige Personenvereinigungen Träger von Grundrechten sein können[3]. Nichtrechtsfähige Vereine können somit dem Grundsatz nach Träger von Grundrechten sein; damit kann die Parteifähigkeit bei Verfassungsbeschwerden gegeben sein[4]. Hier erhebt sich jedoch die Frage, ob Träger eines Grundrechts, dessen Verletzung behauptet wird, die nichtrechtsfähige Personenverbindung als solche oder nur ihre Einzelmitglieder sind; das kann nur von Fall zu Fall nach dem persönlichen Geltungsbereich des in Anspruch genommenen Grundrechts entschieden werden[5]. Ist danach die Parteifähigkeit des nichtrechtsfähigen Vereins nicht gegeben, so kann sie nicht dadurch erlangt werden, daß dieser in Wahrnehmung der Interessen seiner Mitglieder Verfassungsbeschwerde einlegt[6]. **3017**

1.3. Die politischen Parteien

Soweit politische Parteien entsprechend ihrem verfassungsrechtlichen Auftrag (Art. 21 Abs. 1 Satz 1 GG) am Prozeß der staatlichen Willensbildung teilnehmen, werden sie auf den Organstreit verwiesen; sie können demnach keine **3018**

---

1 Vgl. *Maunz/Schmidt-Bleibtreu/Klein/Ulsamer* § 90 BVerfGG Rn. 20.
2 Vgl. *Maunz/Schmidt-Bleibtreu/Klein/Ulsamer* a. a. O.
3 Vgl. BVerfGE 3, 383/391.
4 Vgl. z. B. BVerfGE 6, 273/277; 24, 236/243.
5 Vgl. BVerfGG a. a. O.; *Maunz/Schmidt-Bleibtreu/Klein/Ulsamer* § 90 BVerfGG Rn. 25; *Schmidt-Bleibtreu/Klein* Art. 19 GG Rn. 15.
6 Vgl. *Maunz/Schmidt-Bleibtreu/Klein/Ulsamer* a. a. O.

Verfassungsbeschwerde einlegen[7]. Steht jedoch die politische Partei dem Staat wie jedermann als Gewaltunterworfener gegenüber, so kann ihre Parteifähigkeit bei Verfassungsbeschwerden gegeben sein[8].

1.4. Zur Parteifähigkeit nach der Vereinsauflösung

3019 Im vereinsrechtlichen Liquidationsstadium kann die Grundrechtsfähigkeit und damit die Parteifähigkeit bejaht werden, wenn für ein Beschwerderecht noch ein Bedürfnis besteht[9]. Wird die Auflösung nach Art. 9 Abs. 2 GG i. V. m. § 3 VereinsG verfügt, so muß sich der Verein unter Berufung auf Art. 9 Abs. 1 GG mit der Beschwerde gegen die Auflösung wenden können[10].

2. Die gesetzliche Vertretung

3020 Der nicht handlungsfähige und demnach nicht prozeßfähige Verein wird durch seine gesetzlichen Vertreter im Verfahren über die Verfassungsbeschwerde vertreten[11].

3. Die Antragsberechtigung

3021 Die Verfassungsbeschwerde ist nur eröffnet, wenn der Antragsteller die Verletzung seiner Grundrechte durch einen Akt der öffentlichen Gewalt behaupten kann (§ 90 BVerfGG). Der Verein muß deshalb die Verletzung eines ihm selbst zustehenden Grundrechts erfahren haben.

Die Verfassungsbeschwerde kann nicht im Interesse der Mitglieder des Vereins eingelegt werden[12]. Unerheblich ist, daß der Verein in seiner Satzung diese Aufgabe im Interesse seiner Mitglieder übernommen hat[13].

Da Grundrechte höchstpersönliche Rechte sind, ist es auch unzulässig, das Recht zur Erhebung der Verfassungsbeschwerde einem Dritten im Wege der Prozeßstandschaft zu übertragen[14].

---

7 Vgl. BVerfGE 4, 27/30 f.; *Maunz/Schmidt-Bleibtreu/Klein/Ulsamer* § 90 BVerfGG Rn. 27; *Schmidt-Bleibtreu/Klein* Art. 19 GG Rn. 15.

8 Vgl. *Maunz/Schmidt-Bleibtreu/Klein/Ulsamer* a. a. O.

9 Vgl. BVerfGE 13, 175.

10 *BVerfG* a. a. O.

11 Vgl. *Maunz/Schmidt-Bleibtreu/Klein/Ulsamer* § 90 GG Rn. 35.

12 Vgl. BVerfGE 10, 134/136; 13, 1/9; 39, 302/312; *Maunz/Schmidt-Bleibtreu/Klein/Ulsamer* § 90 BVerfGG Rn. 40.

13 Vgl. BVerfGE 16, 147; 25, 256/263; 31, 275/280.

14 Vgl. BVerfGE 25, 256/263; 31, 275/280.

C. Der Verein in internationalen Rechtsbeziehungen

I. Der rechtsfähige Verein im internationalen Privatrecht

1. Einführung

Das Schiedsgericht eines deutschen Sportverbandes wurde in folgender Angelegenheit angerufen: Der internationale Sportfachverband mit Sitz in der Schweiz hat einen bei einem deutschen Verein eingesetzten Spieler gesperrt, weil dieser Verein einem ebenfalls in der Schweiz ansässigen Verein die Transferentschädigung nicht entrichtet hatte. Mit der gegen den deutschen Sportverband gerichteten Schiedsklage sollte erreicht werden, daß dieser die vom internationalen Verband verhängte Sperre nicht vollzieht. **3022**

Ein privatrechtlich organisierter internationaler Verband hat einen in der Bundesrepublik wohnhaften Präsidenten, die Geschäftsstelle befindet sich in Österreich, der mitgliederstärkste Unterverband ist eine Gliederung in Frankreich; seine Mitgliederversammlungen hält der internationale Verband abwechselnd in dem Land ab, in dem Untergliederungen bestehen.

Ein Zuchtverband hat in einer Ordnung die Bestimmung, daß er darüber entscheidet, ob die von einer zuständigen ausländischen Stelle im Sportbereich verhängten Ordnungsmittel gegen einen deutschen Betroffenen anerkannt und durchgesetzt werden oder die Anerkennung oder Durchsetzung versagt wird.

In all diesen Fällen sind Sachverhalte mit einer Verbindung zum Recht eines **3023**
bzw. mehrerer ausländischer Staaten gegeben, wobei sich die Frage erhebt, welche der mehreren Rechtsordnungen anzuwenden ist (vgl. Art. 3 Abs. 1 Satz 3 EGBGB). Dies ist auch in dem zuerst angeführten Beispiel der Fall, da auch hier die Vorfrage zu prüfen ist, ob schweizer Recht Ordnungsmaßnahmen gegen Nichtmitglieder zuläßt. All diese Fragen beantworten sich nach dem deutschen internationalen Privatrecht.

Das deutsche internationale Privatrecht ist teilweise in den Art. 3 ff. EGBGB geregelt. Ausgenommen sind jedoch Fragen betreffend das Gesellschaftsrecht, das Vereinsrecht und das Recht der juristischen Personen (Art. 37 Nr. 2, 3 EGBGB). Der Regelungsverzicht beruht darauf, daß der Vereinheitlichung innerhalb der EG der Vortritt gelassen wird[1]. Es sind deshalb für diese Körperschaften diejenigen Grundsätze maßgebend, welche die Rechtsprechung und Lehre herausgebildet hat und wobei manche Streitfragen zu verzeichnen sind. Da sich für Vereine kaum Grundsätze des internationalen Privatrechts herausgebildet haben, ist auf Grundsätze des internationalen Gesellschaftsrechts zurückzugreifen, soweit es auf Vereine übertragen werden kann. Die nachfolgenden Zitate sind im Regelfall dem internationalen Gesellschaftsrecht entnommen.

---

1 *Ebenroth* JZ 1987, 18.

2. Das Personalstatut des Vereins als sog. Vereinsstatut

3024 Kommt ein Lebenssachverhalt mit zwei oder mehreren Rechtsordnungen in Berührung, so fragt es sich, welche der Rechtsordnungen maßgebend ist. Es muß dann an irgendwelche Tatsachen oder Umstände »angeknüpft« werden, die hierauf eine Antwort geben. Eine Anknüpfung an die Staatsangehörigkeit, wie sie für natürliche Personen maßgebend ist, scheidet bei juristischen Personen aus.

Bei den mehreren in Betracht kommenden Rechtsordnungen kann bei juristischen Personen an das Recht des Staates »angeknüpft« werden, das deren Gründer gewählt haben und in dem die Personenvereinigung als juristische Person anerkannt worden ist, auch wenn die juristische Person ihren Sitz in einem anderen Staat hat und dort Aktivitäten entfaltet. Diese sog. Inkorporationstheorie oder Gründungstheorie ist u. a. im angloamerikanischen Rechtskreis herrschend und (mit Einschränkungen) in der Schweiz gesetzlich verankert.

3025 Nach der in Deutschland herrschenden Auffassung wird an die engste Verbindung »angeknüpft«, die eine juristische Person zu einem Staat hat. Diese engste Verbindung wird in dem tatsächlichen Sitz der Hauptverwaltung gesehen, sog. Sitztheorie[2]. Da es auf den Sitz der effektiven Verwaltung ankommt, hat der in der Satzung genannte, davon abweichende statutarische Sitz hier keine Bedeutung[3]. Für die Anknüpfung reicht aber eine bloß nominelle Festsetzung eines Verwaltungssitzes in der Satzung nicht aus[4].

International-privatrechtlich werden die Rechtsverhältnisse eines Vereins grundsätzlich nach dem Recht des Staates beurteilt, in dem dieser seine Hauptverwaltung hat. Dies wird nachfolgend als Vereinsstatut bezeichnet.

Bei den Gesellschaften ist maßgebend der Tätigkeitsort der Geschäftsführung und der dazu berufenen Vertretungsorgane, also der Ort, wo die grundlegenden Entscheidungen der Unternehmensleitung effektiv in laufende Geschäftsführungsakte umgesetzt werden[5]. Diese Begriffsbestimmung ist allenfalls für Wirtschaftsvereine, nicht aber für Idealvereine verwendbar, die über keinen bedeutenden wirtschaftlichen Geschäftsbetrieb verfügen. Hier ist nicht der Tagungsort der obersten Leitungsebene des Vereins, also der Ort der Mitgliederversammlung maßgebend, zumal dieser wechseln kann. Es ist dies vielmehr grundsätzlich der Ort, an dem die laufenden Vereinsgeschäfte geführt werden. Maßgebend ist also regelmäßig der Ort, an dem sich die Vereinsgeschäftsstelle oder (bei internationalen Sportfachverbänden) der Ort, an dem sich das Sekretariat befindet, das von einem Geschäftsführer oder Generalsekretär geleitet wird[6]. Sind diese Anknüpfungsmerkmale nicht zu verzeichnen, so kommt das Büro jenes Vorstandsmitglieds in Betracht, in dessen Zuständigkeitsbereich

---

2 Vgl. z. B. BGHZ 51, 27 = NJW 1969, 188; BGHZ 78, 318/334 = NJW 1981, 522; BGHZ 97, 268/272 = NJW 1986, 2194/2195; *BayObLG* NJW 1986, 3029/3030; *KG* NJW 1989, 3100/3101; *OLG Saarbrücken* NJW 1990, 647; *OLG Oldenburg* NJW 1990, 1422; *OLG Frankfurt* NJW 1990, 2204.

3 *BGH* WM 1970, 279.

4 *Palandt/Heldrich* Anh. zu Art. 12 EGBGB Rn. 3.

5 Vgl. BGHZ 97, 272; *BayObLG* NJW 1986, 3029/3030 f.

6 *Vieweg* S. 55 Fußn. 32; *Riemer* ST Rn. 379 h.

die laufenden Verwaltungsgeschäfte (Führung der Mitgliederkartei, Zahlungsverkehr, alltägliche Korrespondenz und andere Verwaltungsarbeiten) fallen. Läßt eine Satzung den Wohnsitz des jeweiligen Vereinspräsidenten zu[7] und werden dort die Vereinsgeschäfte geführt, so ist dieser Ort der Sitz der effektiven Vereinsverwaltung mit der Folge, daß mit der Übernahme der Geschäfte durch einen in einem anderen Land wohnhaften Präsidenten auch das für den Verein maßgebende Statut wechselt.

Hat ein (deutscher) Verein Berührungen mit zwei oder mehr Rechtsordnungen, so gilt für ihn nach der Einheitstheorie ein einheitliches Vereinsstatut[8].

Das Vereinsstatut ist grundsätzlich für alle Rechtsbeziehungen des Vereins maßgebend und zwar von der Gründung bis zur Vollbeendigung des Vereins.

Nachfolgend wird unter einem ausländischen Verein ein solcher verstanden, der einem nichtdeutschen Vereinsstatut unterliegt. Im Sinne des Vereinsgesetzes ist ein ausländischer Verein ein Verein mit Sitz im Ausland, dessen Organisation oder Tätigkeit sich aber auch auf den räumlichen Bereich der Bundesrepublik Deutschland erstreckt (§ 15 Satz 1 VereinsG). Diese fremdenrechtliche Begriffsbestimmung ist nachfolgend nicht maßgebend.

3. Die inländische Anerkennung ausländischer rechtsfähiger Vereine; Ordre-public-Vorbehalt

Bis zum 5. 8. 1964 konnten ausländische Vereine nur dann als rechtsfähig be- **3026**
handelt werden, wenn ihre im Ausland erworbene Rechtsfähigkeit durch Beschluß des Bundesinnenministers nach Art. 10 EGBGB a. F. anerkannt worden ist[9]. Ist um eine solche nicht nachgesucht oder ist die Anerkennung verweigert worden, so ist der nach nichtdeutschem Recht rechtsfähige Verein als nichtrechtsfähiger behandelt worden[10]. Nach der Aufhebung dieser Vorschrift durch § 30 Nr. 4 VereinsG[11] gilt das für andere juristische Personen des Privatrechts schon lange bestehende Prinzip der automatischen Anerkennung[12]. Der ausländische rechtsfähige Verein kann wie der inländische am Rechtsverkehr teilnehmen (vgl. jedoch Art. 86, 88 EGBGB) und ist insbesondere auch aktiv parteifähig.

Greift jedoch der Ordre-public-Vorbehalt nach Art. 6 EGBGB ein, so kann das **3027**
zur Nichtanwendung eines einzelnen oder mehrerer Rechtssätze des ausländischen Rechts, aber auch zur Versagung der Anerkennung des ausländischen Vereins als juristische Person führen[13]. Maßgebend ist, ob das Ergebnis der Anwendung ausländischen Rechts zu den Grundgedanken der deutschen Regelungen und der in ihnen enthaltenen Gerechtigkeitsvor-

7 Zulässig z. B. in Österreich und in der Schweiz, vgl. *Fessler/Keller* S. 35; *Riemer* ST Rn. 379 g.
8 Vgl. *BGH* NJW 1981, 522/525.
9 Vgl. *OLG Stuttgart* NJW 1965, 1139.
10 Vgl. *OLG Neustadt* MDR 1962, 826.
11 V. 5. 8. 1964, BGBl. I S. 593.
12 Vgl. z. B. RGZ 83, 367; BGHZ 97, 269 = NJW 1986, 2194.
13 Vgl. *Scholz/Westermann* Einl. Rn. 134.

stellungen in so starkem Widerspruch steht, daß die Anwendung nach inländischen Vorstellungen untragbar erscheint[14].

4. Einzelfragen

4.1. Die Vereinsgründung

3028 Der Gründung eines ausländischen Vereins kann, wie bei der Gründung eines deutschen Vereins, die Errichtung eines Vorvereins vorausgehen. Als Vereinsstatut kommt dann das Recht desjenigen Staates in Betracht, in dem der Sitz der Hauptverwaltung geplant ist[15].

Nach dem Vereinsstatut, somit nach dem Recht, das am Sitz der Hauptverwaltung maßgebend ist, bestimmt sich auch, ob der Verein die Rechtsfähigkeit erlangt[16]. Dieses Recht bestimmt auch, ob der Verein in ein Register eingetragen werden muß[17], ob die Rechtsfähigkeit durch Verwaltungsakt verliehen wird oder ob der Verein mit der Erfüllung normativer Voraussetzungen automatisch die Rechtsfähigkeit erlangt. Nach italienischem Recht erlangt ein Verein die Rechtspersönlichkeit im Wege der Anerkennung durch den Präsidenten der Republik (Art. 12 Cod.civ.). In Österreich muß die beabsichtigte Bildung eines Vereins von den Vereinsgründern (Proponenten) dem Landeshauptmann schriftlich unter Vorlage der bestimmte Mindesterfordernisse enthaltenden Statuten angezeigt werden (§ 4 VereinsG 1951). Wird die Vereinsbildung nicht untersagt, so bescheinigt der Landeshauptmann den Bestand des Vereins, wodurch die rechtliche Existenz des Vereins, also die Rechtsfähigkeit für den öffentlichen und bürgerlichen Verkehr bewiesen wird (§ 9 VereinsG 1951). Nach schweizer Recht erlangen Vereine, die sich einer politischen, religiösen, wissenschaftlichen, künstlerischen, geselligen oder anderen nichtwirtschaftlichen Aufgabe widmen, die (Rechts-) Persönlichkeit, sobald der Wille, als Körperschaft zu bestehen, aus den Statuten ersichtlich ist (§ 60 Abs. 1 ZGB). Die Anknüpfung des Vereinsstatuts an den tatsächlichen Verwaltungssitz bewirkt, daß der Verein nach dem Recht des Sitzstaates gegründet werden muß. Wird ein Verein nach ausländischem Recht gegründet, hat er aber den Sitz seiner Hauptverwaltung im Inland, so ist er nicht ordnungsgemäß gegründet und daher nicht rechtsfähig[18]. Die für ein solches Gebilde im Inland Handelnden haften nach § 54 Satz 2 BGB persönlich[19]. Wird umgekehrt ein Verein nach deutschem Recht gegründet, hat er aber seinen tatsächlichen Verwaltungssitz im Ausland, so muß die Eintragung im Vereinsregister oder die Konzessionierung abgelehnt werden[20]. Ist gleichwohl eingetragen oder einem Wirtschafts-

14 *BGH* NJW 1992, 3099/3101.

15 Vgl. BayObLGZ 1965, 294; *OLG München* IPRspr. 1966/67 Nr. 15; *Staudinger/Großfeld* Rn. 186.

16 Vgl. RGZ 83, 367; BGHZ 52, 181/183 = NJW 1970, 998.

17 Vgl. *Scholz/Westermann* Einl. Rn. 97.

18 Vgl. BGHZ 53, 181 = NJW 1969, 188; *OLG Frankfurt* NJW 1964, 2355.

19 Vgl. *RG* JW 1904, 231; *KG* NJW 1989, 3100/3101.

20 Vgl. *OLG Dresden* OLGE 38, 27; *Staudinger/Großfeld* Rn. 189.

verein die Konzession erteilt worden, so muß die Eintragung nach §§ 159, 142 FGG gelöscht bzw. die Konzession widerrufen werden[21].

4.2. Die allgemeine Rechtsfähigkeit

Das Vereinsstatut ist maßgebend für den Beginn, den Umfang und das Ende der **3029**
Rechtsfähigkeit eines ausländischen Vereins[22]. Die Rechtsfähigkeit eines im Ausland gegründeten Vereins bestimmt sich somit nach deutschem Recht, wenn dieser von vorneherein seinen tatsächlichen Verwaltungssitz in Deutschland hat[23].

Bleibt der Umfang der Rechtsfähigkeit nach dem ausländischen Recht hinter dem eines rechtsfähigen deutschen Vereins zurück – etwa wegen Beschränkung der Rechtsfähigkeit auf den satzungsmäßigen Zweck aufgrund der ultra-vires-Lehre – so ist das grundsätzlich auch im Inland zu beachten[24]. Hier kann sich jedoch in entsprechender Anwendung des Art. 12 EGBGB im Falle der Gutgläubigkeit eine Sonderanknüpfung zugunsten des inländischen Rechts ergeben: Der inländische Geschäftsverkehr ist in seinem Vertrauen in den Bestand eines den inländischen Vorschriften entsprechenden Umfangs der Rechtsfähigkeit geschützt[25]. Es muß dann aber ein inländischer Vornahmeort gegeben sein, der nicht rein zufällig ist; außerdem muß der inländische Geschäftspartner in dem Sinne gutgläubig sein, daß er die nach dem ausländischen Vereinsstatut bestehenden Beschränkungen weder positiv gekannt hat, noch grob fahrlässig nicht gekannt hat[26].

Ein Verkehrsschutz kann sich auch aus Rechtsscheingrundsätzen ergeben. Ist ein Gebilde, das nach dem maßgeblichen ausländischen Vereinsstatut keine Rechtsfähigkeit besitzt, im Inland durch eine entsprechende Bezeichnung als im Ausland rechtsfähig gewordener Verein aufgetreten, so kann er zu seinen Lasten als solcher behandelt werden, wenn die Erfordernisse des redlichen Verkehrs dies verlangen[27].

4.3. Die besondere Rechtsfähigkeit

Hier handelt es sich um die Frage, ob der nach dem ausländischen Recht **3030**
rechtsfähige Verein Träger von besonderen Rechten und Pflichten sein kann. In Betracht kommt z. B. die Tariffähigkeit, die Fähigkeit, sich an einem Wirtschaftsverein beteiligen oder eine Organstellung in einem inländischen Verein erlangen zu können[28]. Hier ist zunächst das ausländische Vereinsstaut in Betracht zu ziehen. Läßt es die erwähnten besonderen Fähigkeiten zu, so sind diese nur dann ausgeschlossen, wenn das inländische Recht eine Untersagung enthält, was aber grundsätzlich nicht der Fall ist.

21 Vgl. *Staudinger/Großfeld* a. a. O.
22 Vgl. BGHZ 78, 318/334 = NJW 1981, 522; BGHZ 97, 269/271 = NJW 1986, 2194.
23 Vgl. *BGH* WM 1970, 279.
24 Vgl. *OLG Düsseldorf* IPRspr. 1964/65 Nr. 21.
25 *OLG Düsseldorf* a. a. O.; *Staudinger/Großfeld* Rn. 192.
26 Vgl. *Hachenburg/Behrens* Einl. Rn. 137; *Scholz/Westermann* Einl. Rn. 105.
27 Vgl. *BGH* NJW 1960, 1204.
28 Vgl. z. B. *Soergel/Lüderitz* Vor Art. 7 EGBGB Rn. 226.

4.4. Partei- und Prozeßfähigkeit

3031 Die Frage der Parteifähigkeit beurteilt sich ebenfalls nach dem Vereinsstatut[29]. Nach deutschem Prozeßrecht ist parteifähig, wer rechtsfähig ist[30]. Dies muß nach dem ausländischen Recht nicht der Fall sein, so daß Parteifähigkeit auch ohne Rechtsfähigkeit gegeben sein kann[31].

Passiv parteifähig ist nach § 50 Abs. 2 ZPO der ausländische nichtrechtsfähige Verein auch dann, wenn er im Sitzstaat als solcher nicht verklagt werden kann[32].

Auch die Prozeßfähigkeit eines Vereins mit Verwaltungssitz im Ausland bestimmt sich nach dem sich hieraus ergebenden Vereinsstatut[33]. Gilt ein Verein in seinem Sitzstaat als prozeßfähig, so gilt dies entsprechend § 55 ZPO auch im Inland[34].

4.5. Das Namensrecht

3032 Der Name eines Vereins bestimmt sich wiederum nach dem Vereinsstatut[35]. Grundsätzlich wird der Schutz des Namens eines ausländischen Vereins im Inland genau so gewährt, wie einem inländischen Verein[36]. Hier ist aber der Grundsatz der Namenswahrheit zu beachten, der sich für inländische Vereine durch entsprechende Anwendung des § 18 Abs. 2 HGB ergibt[37].

4.6. Das innere Verbandsrecht: Verfassung und Organisation

3033 Das Vereinsstatut ist maßgebend in allen Fragen des inneren Verbandsrechts. Dies gilt zunächst für die Vereinsverfassung. Das Vereinsstatut bestimmt somit, welchen Anforderungen die Satzung entsprechen muß und unter welchen Voraussetzungen sie geändert werden kann[38].

Aus der Vereinsverfassung ergibt sich regelmäßig auch die Vereinsorganisation, für die ebenfalls das Vereinsstatut maßgebend ist. Es bestimmt, welche Organe ein Verein haben muß, wie sich diese zusammensetzen und welche Geschäftsführungs- und Vertretungsbefugnisse die Organe haben[39].

Das Vereinsstatut ist weiter maßgebend für die Frage, in welcher Form die Beschlüsse der Vereinsorgane, insbesondere der Mitgliederversammlung, zu fassen sind und wie sie angefochten werden können.

Hält ein deutscher Verein im Ausland seine Mitgliederversammlung ab, so ändert sich das Vereinsstatut nicht; es gilt deutsches Vereinsrecht weiter.

---

29 Vgl. RGZ 117, 215/217; BGHZ 53, 383/385 = NJW 1970, 998; *OLG Frankfurt* NJW 1990, 2204; vgl. auch *BGH* NJW 1992, 627.

30 § 50 Abs. 1 ZPO.

31 Vgl. BGHZ 53, 383/385; *OLG Bremen* IPRspr. 1971 Nr. 9; *Staudinger/Großfeld* Rn. 209.

32 *Soergel/Lüderitz* Vor Art. 7 EGBGB Rn. 224; a. A. *OLG Frankfurt* IPRax 1982, 201.

33 Vgl. *BGH* JZ 1956, 535; *Staudinger/Großfeld* Rn. 213.

34 Vgl. *Soergel/Lüderitz* Vor Art. 7 EGBGB Rn. 230.

35 Vgl. BayObLGZ 1986, 61 = NJW 1986, 3029.

36 Vgl. *BGH* NJW 1971, 1522/1523.

37 Vgl. *BayObLG* a. a. O.

38 *Soergel/Lüderitz* Vor Art. 7 EGBGB Rn. 232.

39 Vgl. *Staudinger/Großfeld* Rn. 204.

4.7. Die Vertretung

Für die Vertretung ist, wie ausgeführt, ebenfalls das Vereinsstatut maßgebend. **3034**
Ist die Vertretungsmacht der Organvertreter beschränkt – wie dies nach deutschem Recht nach § 26 Abs. 2 Satz 2 BGB möglich ist –, so ist dies auch dann zu beachten, wenn eine nach deutschem Recht erforderliche Registereintragung (§§ 68, 70 BGB) fehlt[40]. Auch die Änderung der Vertretung, z. B. infolge Konkurses, richtet sich nach dem Vereinsstatut[41].
Die Vertretungsmacht von Hilfspersonen (z. B. Geschäftsführer ohne Organstellung oder von Geschäftsstellenpersonal) bestimmt sich nicht nach dem Vereinsstatut, sondern nach dem Vollmachtstatut, nämlich nach dem Recht des Staates, in dem die Vollmacht Wirksamkeit entfalten soll[42]. Fehlt ein Außenhandeln über die Grenze hinweg, so ist Vollmachtstatut das Recht des Staates, in dem der Verein seinen Sitz der effektiven Verwaltung hat[43].

4.8. Die Mitgliedschaftsrechte und -pflichten

Das Vereinsstatut, also das Recht des Staates, in dem der Verein seinen effek- **3035**
tiven Verwaltungssitz hat, bestimmt darüber, welche Rechte ein Mitglied dem Verein gegenüber hat[44]. Dies gilt für den Erwerb, den Inhalt, die Änderung, die Übertragung und die Beendigung der Mitgliedschaft[45]. Das Vereinsstatut ist auch für die Frage maßgebend, ob zwischen den Vereinsmitgliedern körperschaftsrechtliche Beziehungen bestehen[46]. Schuldrechtliche Absprachen zwischen Vereinsmitgliedern unterliegen grundsätzlich nicht dem Vereinsstatut, sondern dem selbständig zu ermittelnden Vertragsstatut[47]. Das Vereinsstatut ist aber wiederum verbindlich, wenn Stimmbindungsverträge in Betracht kommen, da sich hier Auswirkungen im korporationsrechtlichen Bereich der Mitgliederstellung und damit auf die Struktur des Vereins ergeben[48].
Das Recht des Sitzes der Hauptverwaltung bestimmt auch, welche Pflichten ein Mitglied gegenüber dem Verein hat[49].

4.9. Die Außen- und Innenhaftung

Das Vereinsstatut ist maßgebend für die Frage, ob nur der ausländischem Recht **3036**
unterstehende Verein nach außen haftet oder daneben auch die Organpersonen, die für den Verein gehandelt haben, oder sogar die Mitglieder[50]. Haften die Mitglieder für die Schulden des Vereins, so ist das Vereinsstatut auch dann be-

---

40 Vgl. *Staudinger/Großfeld* Rn. 205.
41 Vgl. RGZ 153, 200/205; *Staudinger/Großfeld* Rn. 204.
42 Vgl. *BGH* NJW 1975, 1220.
43 Vgl. *BGH* NJW 1992, 618; *Hachenburg/Behrens* Einl. Rn. 136.
44 Vgl. *BGH* NJW 1994, 939/940; *Soergel/Lüderitz* Vor Art. 7 EGBGB Rn. 236.
45 *BGH* und *Soergel/Lüderitz* a. a. O.
46 Vgl. *Hachenburg/Behrens* Einl. Rn. 146.
47 Vgl. *Staudinger/Großfeld* Rn. 249.
48 Vgl. *Staudinger/Großfeld* Rn. 250.
49 Vgl. *Soergel/Lüderitz* Vor Art. 7 EGBGB Rn. 236.
50 Vgl. RGZ 124, 146/148; *BGH* NJW 1959, 1873; *Staudinger/Großfeld* Rn. 252; *Hachenburg/Behrens* Einl. Rn. 148.

stimmend, wenn das Schuldverhältnis selbst einem anderen Statut untersteht[51]. Das Vereinsstatut ist schließlich auch maßgebend dafür, unter welchen Voraussetzungen Organmitglieder dem Verein im Innenverhältnis haften, wenn eine pflichtwidrige Amtsführung gegeben ist. Gleiches gilt für die Mitgliederhaftung dem Verein gegenüber.

4.10. Die Deliktsfähigkeit

3037 Die Deliktsfähigkeit eines Vereins bestimmt sich grundsätzlich nicht nach dem Vereinsstatut, sondern nach dem Deliktsstatut, also dem Ort der Rechtsgutverletzung[52].

4.11. Der Wechsel des Vereinsstatuts durch Sitzverlegung

3038 Hier gilt allgemein: Verlegt der Verein seinen Verwaltungssitz in ein anderes Land, so wird das für den Verein maßgebende Statut gewechselt. Es entscheidet dann altes Sitzrecht, ob die Sitzverlegung wirksam beschlossen worden ist[53]. Das neue Sitzrecht ist für die Frage maßgebend, ob der Verein als solcher weiterbesteht und ob er seine juristische Persönlichkeit weiterbehält[54].

Nach dem deutschen internationalen Privatrecht hat die Verlegung des Verwaltungssitzes ins Ausland zur Folge, daß der Verein aufgelöst wird, auch wenn diese Auflösung nicht dem Willen der Vereinsmitglieder entspricht[55]. Es wird also bereits dem Beschluß des zuständigen Organs, den Verwaltungssitz ins Ausland zu verlegen, die Wirkung eines Auflösungsbeschlusses beigelegt[56]. Die Rechtsfolge der Auflösung kann auch dann eintreten, wenn nur faktisch der Verwaltungssitz ins Ausland verlegt wird. Beispiel: Ein altrechtlicher Verein hat als Mitglieder Deutsche und Österreicher. Nach der Vereinssatzung führen das Vorstandsamt Repräsentanten von Untergliederungen im abwechselnden Turnus. Sind Repräsentanten einer österreichischen Untergliederung die Inhaber des Vorstandsamtes, so wird der (deutsche) Verein aufgelöst, da diesem Vorstand die gesamte Vereinsverwaltung obliegt. Die Rechtsfolge der Auflösung tritt trotz des Umstandes ein, daß der Satzungssitz in Deutschland verbleibt[57].

Verlegt ein Verein mit ausländischem Vereinsstatut seinen Verwaltungssitz in das Gebiet der Bundesrepublik Deutschland, so fragt es sich zunächst, ob das fremde Recht diesen Wegzug überhaupt gestattet. Nach österreichischem Recht hat die Sitzverlegung ins Ausland den Verlust der Rechtsfähigkeit eines österreichischen Vereins zur Folge[58]. Nach schweizer Recht können juristische Personen – und somit auch Vereine – unter bestimmten Voraussetzungen (Art. 161–164 IPRG) ihren Sitz vom Ausland in die Schweiz oder von der Schweiz ins Ausland verlegen, ohne daß eine Liquidation oder eine Neu-

51 Vgl. *BGH* IPRspr. 1957/58 Nr. 3 S. 7.
52 Vgl. *BGH* NJW 1992, 3091 und 1993, 1007.
53 Vgl. *Soergel/Lüderitz* Vor Art. 7 EGBGB Rn. 241.
54 Vgl. *BGH* WM 1958, 557/560.
55 Vgl. RGZ 107, 94/97; BGHZ 25, 134/144 = NJW 1957, 1433; *BayObLG* NJW-RR 1993, 43/44.
56 Vgl. *RG* a. a. O.; *OLG München* Die AG 1957, 17.
57 Vgl. *Staudinger/Großfeld* Rn. 351 ff.; a. A. *RG* JW 1934, 2969.
58 Vgl. *Fessler/Keller* S. 35.

gründung stattfinden muß; ein solcher Verein unterstellt sich dann dem schweizer bzw. dem ausländischen Recht[59]. Nach dem deutschen internationalen Privatrecht hat die Sitzverlegung vom Ausland ins Inland nicht ohne weiteres zur Folge, daß die im Ausland erworbene Rechtsfähigkeit in der Bundesrepublik fortgesetzt werden kann[60]. Nunmehr ist deutsches Recht für die Frage maßgebend, ob der Verein nach seinem Zuzug rechtsfähig bleibt. Das wird grundsätzlich verneint. Es muß eine dem deutschen Recht entsprechende Neugründung vorgenommen werden; dann muß der Verein durch Eintragung im Vereinsregister (§ 21 BGB) oder durch Konzessionierung (§ 22 BGB) die deutsche Rechtsfähigkeit erlangen[61].
Verlegt ein deutscher Verein seinen Verwaltungssitz ins Ausland, so muß das inländische Vereinsvermögen liquidiert werden. Es kann beschlossen werden, daß das nach der Liquidation übrigbleibende Vermögen dem neu im Ausland gegründeten Verein zu übereignen ist.

4.12. Die Auflösung und Liquidation

Das Vereinsstatut ist schließlich auch maßgebend für alle Fragen, die mit der Auflösung, Abwicklung und Beendigung des Vereins zusammenhängen[62]. Danach beurteilt sich insbesondere die rechtliche Stellung des Abwicklungsvereins unter Einschluß der Rechtsfähigkeit, der vertretungsberechtigten Personen, deren Vertretungsbefugnis, die Art und Weise der Schuldentilgung und Verteilung des Liquidationsüberschusses[63]. **3039**
Wird der Verein mit ausländischem Vereinsstatut durch Konkurs aufgelöst, so unterliegen nur die vereinsrechtlichen Auswirkungen der Konkurseröffnung, wie verbleibende Zuständigkeit der Vereinsorgane einschließlich der verbleibenden Vertretungszuständigkeit und u. U. deren Ergänzung durch den Konkursverwalter, dem Vereinsstatut[64].
Der Auslandskonkurs eines Vereins mit ausländischem Verwaltungssitz erfaßt (trotz § 237 KO) auch das in Deutschland gelegene Vereinsvermögen[65]. Umgekehrt erfaßt der Inlandskonkurs auch das im Ausland gelegene Vermögen des Vereins[66].
Ordnet im Falle des Konkurses das maßgebliche ausländische Recht den Untergang des Vereins als juristische Person an, obwohl im Inland noch Vermögen vorhanden ist, so ist der Verein für die Zwecke der Befriedigung oder Sicherstellung von Vereinsgläubigern aus diesem Vermögen als fortbestehend zu behandeln[67].

---

59 Vgl. *Riemer* ST Rn. 553.
60 Vgl. BGHZ 25, 134/144 = NJW 1957, 1433.
61 Vgl. BGHZ 97, 269/271 f. – NJW 1986, 2194; *OLG Nürnberg* IPRspr. 1984 Nr. 120; *OLG München* NJW 1986, 2197.
62 Vgl. BGHZ 51, 27/28 f. = NJW 1969, 188; *OLG Frankfurt* OLGE 16, 100; *OLG Stuttgart* NJW 1974, 1627.
63 Vgl. *Scholz/Westermann* Einl. Rn. 131.
64 Vgl. *Scholz/Westermann* Einl. Rn. 155.
65 Vgl. BGHZ 95, 256 = NJW 1985, 2897.
66 Vgl. *BGH* NJW 1992, 2026.
67 Vgl. BGHZ 33, 195 = NJW 1961, 22; *OLG Frankfurt* OLGE 16, 100/101; *OLG Stuttgart* NJW 1974, 1627.

4.13. Internationale Verschmelzung

3040 Wollen sich zwei Vereine mit Verwaltungssitz in verschiedenen Ländern verschmelzen, so werden hierbei zwei Rechtsordnungen berührt. Deshalb ist eine Verschmelzung nur zulässig, wenn sie nach beiden in Betracht kommenden Rechtsordnungen erlaubt ist[68]. Für deutsche Vereine fehlt es an einem gesetzlichen Verbot. Voraussetzungen und Verfahren einer Verschmelzung richten sich bei einem inländischen Verein nach deutschem Recht und für den Verein in einem anderen Staat nach dessen Recht[69].

Für die Form des Verschmelzungsvertrages und für die Wirkungen der Verschmelzung ist eine Kumulierung der beiden in Betracht kommenden Rechtsordnungen erforderlich, d. h. die Rechtsordnungen müssen sich entweder inhaltlich weitgehend entsprechen[70] oder es sind die strengeren Form- und Wirkungserfordernisse entweder des deutschen oder des ausländischen Rechts zu beachten[71].

Nach den Erfordernissen des jeweiligen Vereinsstatuts richten sich Förmlichkeiten und Inhalt eines Fusionsbeschlusses der Mitgliederversammlungen der in Betracht kommenden Vereine, der Verschmelzungsvertrag sowie die Liquidation und Registeranmeldung[72].

Kommt ein deutscher Verein als übertragender Verein in Betracht, so muß er sich auflösen und muß sein Vermögen liquidieren. Die Gläubiger des deutschen Vereins können nicht darauf verwiesen werden, daß sie – wenn das ausländische Recht eine dem § 419 BGB entsprechende Vorschrift enthält – ihre Rechte im Ausland verfolgen müssen. Es kann nur das nach der Liquidation übrigbleibende Vermögen dem ausländischen Verein übertragen werden. Für den Vertrag zur Verpflichtung, das Vermögen zu übertragen, können die Parteien nach Art. 27 EGBGB das anzuwendende Recht wählen[73]. Forderungen tritt der deutsche Verein entsprechend Art. 33 Abs. 2 EGBGB nach deutschem Recht ab[74]. Da sich im Regelfall bewegliche und unbewegliche Sachen einschließlich dinglicher Rechte in der Bundesrepublik Deutschland befinden, ist für die Übertragung ebenfalls deutsches Recht maßgebend, da der sachenrechtliche Grundsatz der Geltung des Rechts des Belegenheitsortes eingreift[75].

---

68 *Soergel/Lüderitz* Vor Art. 7 EGBGB Rn. 245; *Drobnig/Becker/Remien* S. 63.

69 *Drobnig/Becker/Remien* a. a. O.

70 *Hachenburg/Behrens* Einl. Rn. 174.

71 *Drobnig/Becker/Remien* a. a. O.

72 Vgl. *Hachenburg/Behrens* Einl. Rn. 174.

73 *Drobnig/Becker/Remien* S. 71.

74 *Drobnig/Becker/Remien* S. 71 f.

75 Vgl. *BGH* NJW 1989, 2543 und 1994, 939/940; *OLG Köln* IPRax. 1990, 46.

II. Der nichtrechtsfähige Verein im internationalen Privatrecht

Die vorstehend dargestellten Grundsätze über die Behandlung des rechtsfähigen Vereins im internationalen Privatrecht gelten auch für nichtrechtsfähige Vereine, soweit die fehlende Rechtsfähigkeit nicht entgegensteht. **3041**
Für die Rechtsbeziehungen der nichtrechtsfähigen Vereine gilt somit im Falle der Berührung mit einer ausländischen Rechtsordnung das Recht des effektiven Verwaltungssitzes[1]. Das Recht des Sitzstaates ist sowohl für die Innenbeziehungen der Mitglieder der nichtrechtsfähigen Vereinigung[2] als auch für die Außenbeziehungen maßgebend[3]. Dies gilt etwa für die Wirksamkeit der Satzung oder für die Vertretungsmacht der Vereinsmitglieder bzw. der Vereinsorgane[4]. Hat der Vorstand eines nichtrechtsfähigen ausländischen Vereins im Inland ein Rechtsgeschäft vorgenommen, so haftet er selbst nach § 54 Satz 2 BGB.

1 Vgl. *OLG Frankfurt* IPRax 1982, 201; *Soergel/Lüderitz* Vor Art. 7 EGBGB Rn. 257; *Ebenroth* JZ 1988, 23.
2 Vgl. *RG* JW 1911, 718; *BayObLG* JW 1928, 2030.
3 *Soergel/Lüderitz* a. a. O. Rn. 258.
4 Vgl. *OLG Hamburg* HansRGZ 1932 B 265.

III. Der ausländische Verein nach § 23 BGB

1. Die gesetzliche Ermächtigung und der Normzweck

3042 Nach § 23 BGB kann einem Verein, der seinen Sitz nicht in einem »Bundesstaate« (jetzt: Bundesland) hat, in Ermangelung besonderer »reichs«-gesetzlicher (jetzt: bundesgesetzlicher) Vorschriften Rechtsfähigkeit durch Beschluß des »Bundesrates« (jetzt: des Bundesministers des Innern; Art. 125, 129 GG) verliehen werden.

Diese Vorschrift ist auf den Umstand zurückzuführen, daß das damalige Deutsche Reich im Jahre 1900 noch Schutzgebiete gehabt hat; hatten sich dort Vereine gebildet, so konnten sie in Deutschland Rechtsfähigkeit nur nach § 23 BGB erlangen. Die Vorschrift hat zwar kaum praktische Bedeutung. Sie gilt jedoch weiter und ist verbindlich für Vereine, die nach deutschem Recht Idealvereine (§ 21 BGB) oder Wirtschaftsvereine (§ 22 BGB) sind.

2. Die Abweichung von der Sitztheorie

3043 Die Verleihung der Rechtsfähigkeit kommt nur für einen Verein in Betracht, der nach dem maßgeblichen ausländischen Recht keine Rechtsfähigkeit besitzt. Ist dies der Fall, so wird die im Ausland erlangte Rechtsfähigkeit im Inland grundsätzlich anerkannt (vgl. Rn. 3026). Die Regelung des § 23 BGB stellt insofern eine Abweichung von der Sitztheorie dar, als es auf das Recht des Sitzstaates nicht ankommt, da bei diesem entweder um die Erlangung der Rechtsfähigkeit nicht nachgesucht worden ist oder da dieser Staat die nachgesuchte Rechtsfähigkeit versagt hat.

3. Die Verleihung der Rechtsfähigkeit

3044 Der Verein muß seinen Verwaltungssitz im Ausland haben. Befindet sich der tatsächliche Verwaltungssitz im Inland, so kommt eine Verleihung nicht in Betracht[1].

Die Verleihung der Rechtsfähigkeit steht im Ermessen des Bundesministers den Innern. Es wird vorrangig geprüft, ob es deutschen Interessen entspricht, daß der um die Verleihung nachsuchende nichtrechtsfähige Verein mit ausländischem Verwaltungssitz im Inland die Rechtsfähigkeit erlangt. Solche beachtenswerten Interessen können z.B. bei einem von Deutschen geleiteten Schulverein mit ausländischem Verwaltungssitz oder bei einem Verein von im Ausland tätigen Entwicklungshelfern bestehen.

Wird vom Bundesminister der Innern durch Beschluß die Rechtsfähigkeit verliehen, so hat dies nur Bedeutung für den inländischen Rechtsverkehr. Der Verein mit ausländischem Verwaltungssitz ist wie ein deutscher Verein zu behandeln, der die Rechtsfähigkeit durch Eintragung im Vereinsregister (§ 21

1 *Staudinger/Großfeld* Rn. 110.

BGB) oder durch Konzessionierung (§ 22 BGB) erlangt hat. Der ausländische Verein ist also insbesondere auch aktiv parteifähig (§ 50 Abs. 1 ZPO). Soweit dieser Verein Rechtsgeschäfte im Ausland vornimmt oder soweit sie sonst ausländischem Recht unterliegen, ist zu prüfen, ob nach dem betreffenden ausländischen Recht die im Inland vorgenommene Verleihung der Rechtsfähigkeit anerkannt wird[2].

Auch nach Erlangung der inländischen Rechtsfähigkeit bleibt der Verein ein ausländischer, für den die (zusätzlichen) Verbotstatbestände nach §§ 14, 15 VereinsG und Erwerbsbeschränkungen nach Art. 86, 88 EGBGB gelten.

Verlegt der Verein seinen Verwaltungssitz ins Inland, so besteht die Rechtsfähigkeit kraft Verleihung fort. Ein Idealverein kann sich jedoch eintragen lassen und kann so die Rechtsfähigkeit unter Verzicht auf diejenge durch Verleihung erlangen.

2 *Staudinger/Großfeld* Rn. 111.

IV. Internationale Betätigung von Vereinsverbänden und Zentralverbänden

1. Vereinsverbände mit Mitgliedern aus verschiedenen Ländern

3045 Viele privatrechtliche innerstaatliche Organisationen zur Wahrung ideeller, aber auch wirtschaftlicher Interessen haben mit gleichgesinnten Gruppen in anderen Staaten in der Weise eine Verbindung eingegangen, daß ein international tätiger Dachverband meist in der Rechtsform eines Vereins gegründet worden ist. Diese innerstaatlichen Organisationen haben ihrerseits im Regelfall die Rechtsform eines Vereins. Bei diesen internationalen Vereinsverbänden ist die Bezeichnung nichtstaatliche Internationale Organisationen (Non-Governmental Organizations = NGO) üblich[1].

Ist ein deutscher Verband – in der Regel handelt es sich um bundesweit tätige Verbände – Mitglied eines internationalen Vereinsverbandes, so werden die mitgliedschaftlichen Rechtsbeziehungen in erster Linie nach dem Recht des Staates beurteilt, in dem der internationale Vereinsverband seinen Verwaltungssitz hat. Weiter ist das vom internationalen Vereinsverband selbst gesetzte Recht verbindlich. Hier tauchen zwei Problemfälle auf, die hier nur angedeutet werden, die aber in der Rn. 3051 näher dargestellt werden: Der deutsche Verband ist einer ausländischen (Verbands-) Rechtsordnung unterworfen, die mit elementaren Grundsätzen des deutschen Rechts nicht zu vereinbaren ist. Es greift hier Art. 6 EGBGB ein. Es stellt sich weiter die Frage, ob das vom internationalen Vereinsverband selbst gesetzte Recht ohne weiteres auch den deutschen Mitgliedsverband erfaßt, der seine eigene Autonomie hat. Es sind dies Probleme der Rezeption ausländischer Rechtssetzung.

2. Zentralverbände mit Gliederungen in verschiedenen Ländern

3046 Ein Zentralverband kann Zweiggliederungen in verschiedenen Ländern haben. Hat er seinen Verwaltungssitz in Deutschland, so sind die in einer ausländischen Zweiggliederung zusammengefaßten Mitglieder solche eines deutschen (Zentral-) Verbands; das Mitgliedschaftsverhältnis bestimmt sich nach deutschem Recht. Hat aber die ausländische Gliederung die Rechtsform eines nichtrechtsfähigen oder rechtsfähigen Vereins, so sind die Mitglieder dieser Vereinigung (auch) dem Recht des Staates unterworfen, in dem die vereinsmäßig organisierte Zweiggliederung ihren Verwaltungssitz hat. Der deutsche Zentralverband kann die in Vereinsform bestehende ausländische Gliederung z. B. nur dann auflösen, wenn dies das Recht des Sitzstaates erlaubt.

1 Vgl. *Seidl-Hohenveldern/Loibl* Rn. 0103; *Vieweg* S. 27.

V. Die Geltung internationalen (Sport-)Verbandsrechts im innerdeutschen Bereich

1. Strukturen und Vereinsstatut internationaler Sportverbände

Das von internationalen Sportverbänden gesetzte Recht wirkt sich besonders intensiv auf den deutschen Rechtskreis aus, weil die von diesen Verbänden aufgestellten Sportregeln bis zum Sportverein auf unterster Ebene Geltung haben. **3047**

Internationale Sportverbände sind im Regelfall Vereine, zum Teil mit Rechtsfähigkeit, zum Teil ohne eine solche. Da sie keinen völkerrechtlichen Status haben, müssen sie sich einer Rechtsordnung unterwerfen. Es ist dies die am Verwaltungssitz geltende Rechtsordnung. Effektiver Verwaltungssitz ist regelmäßig der Ort des (General-)Sekretariats, das die laufenden Verwaltungsgeschäfte abwickelt und den internationalen Verband durch Pflege der Außenkontakte praktisch auch vertritt[1].

Wesentliches Strukturmerkmal eines internationalen Sportverbandes ist das sog. »Ein-Platz-Prinzip«, das besagt, daß für jede Sportart national und international nur ein Verband zuständig ist[2]. Im internationalen Sportverband kann grundsätzlich nur ein nationaler Sportverband Mitglied sein. Die internationale Zuständigkeit wird, wie ausgeführt, für die jeweilige Sportart in Anspruch genommen, unabhängig davon, ob der diese Sportart ausübende Sportler Mitglied eines Vereins ist, dessen nationaler Dachverband Mitglied des internationalen Sportbands ist oder ob der Sportler eine solche Mitgliedschaft nicht hat.

Von den internationalen Sportverbänden haben neun ihren Verwaltungssitz in der Schweiz, je vier in Großbritannien, Deutschland und Italien und drei in Frankreich[3].

2. Der Geltungsbereich des vom internationalen Sportverband gesetzten Rechts

Internationale Sportverbände haben Satzungen (Statutes) und zum Teil By-Laws. Diese Regelungswerke können mit deutschen Vereinssatzungen verglichen werden. Die weiteren Regelungswerke haben eine unterschiedliche Bezeichnung. Der Internationale Eishockeyverband (Sitz in der Schweiz) hat weiter z. B. Regulations und das Offizielle Regelbuch (Official Rule Book). **3048**

Unmittelbare Geltung hat das vom internationalen Sportverband gesetzte Recht dann, wenn Mannschaften etwa deutscher Vereine oder auch einzelne Sportler an Wettkämpfen teilnehmen, die von dem betreffenden internationalen Sportverband veranstaltet werden[4].

---

1 Vgl. *Vieweg* S. 55.
2 *Vieweg* S. 61.
3 *Vieweg* S. 55.
4 Vgl. *Reuter* Einbindung des nationalen Sportrechts in internationale Bezüge, Heidelberg, 1987, S. 69.

Im Interesse der Einheitlichkeit der Sportbetätigung will der internationale Sportverband auch die Durchsetzung des von ihm gesetzten Rechts nicht nur bei den ihm angeschlossenen nationalen Sportverbänden, sondern auch bei den korporativen Mitgliedern des nationalen Sportverbandes und bei deren Einzelmitgliedern.

3. Erfordernisse der Transformierung des internationalen Sportverbandsrechts in den nationalen Rechtskreis

3049 Die internationalen Sportverbände sind mangels einer völkerrechtlichen Anerkennung »gewöhnliche« Vereine nach dem Recht des jeweiligen Sitzstaates. Ein solcher Verein kann das von ihm gesetzte Recht und sein »durchgesetztes«, also vollzogenes Recht, nicht ohne weiteres bei einer Organisation oder bei Einzelpersonen in einem anderen Rechtskreis zur Geltung bringen. Die nationalen Sportverbände, die Mitglieder des internationalen Sportverbandes sind, sind kraft Mitgliedschaft dem Regelungswerk und der Rechtsdurchsetzung des internationalen Verbandes unterworfen. Es gilt dies aber schon nicht mehr für die Organmitglieder der nationalen Sportverbände, da diese nicht Mitglieder des internationalen Sportverbandes sind. Wesentlicher ist, daß der nationale Verband die Rechtssetzung des internationalen Verbandes auch bei den nachgeordneten inländischen Organisationen und bei deren Einzelmitgliedern zur Geltung bringen soll. Für diese Nichtmitglieder des internationalen Sportverbandes kommt die vertragliche Unterwerfung in Betracht[5], die hier aber nicht näher dargestellt werden soll.

Hat aus deutscher Sicht eine Regelung des internationalen Sportverbandes die Qualität einer Vereinsverfassung, so muß die internationale Regelung entweder wörtlich in die Satzung des deutschen nationalen Verbandes übernommen werden oder die internationale Regelung muß zum Bestandteil der Satzung des deutschen Verbandes erklärt werden. Ist dieser ein eingetragener Verein, so muß auch das Fremdregelungswerk dem Registergericht vorgelegt werden. Der nationale Verband muß seinerseits in seiner Satzung festlegen, daß die angeschlossenen Vereine und Organisationen ihrerseits verpflichtet sind, das internationale Regelwerk als für sich und die Einzelmitglieder dadurch verbindlich werden zu lassen, daß es zum Satzungsbestandteil erklärt wird (die evtl. Zwischenschaltung eines Landesverbandes wird hier nicht berücksichtigt). Mit einer Einschränkung vorbildlich ist die Regelung in § 2 a DFB-Satzung, die lautet:

1. Der DFB ist Mitglied der FIFA mit Sitz in Zürich. Aufgrund dieser Mitgliedschaft ist der DFB dem Regelungswerk dieses Verbandes unterworfen. Der DFB erklärt insbesondere zum Bestandteil seiner Satzung die folgenden Regelungen der FIFA in ihrer jeweils gültigen Fassung: Statuten, Reglement betreffend Status und Transfers von Fußballspielern, Reglemente für die internationalen Wettbewerbe, Spielregeln und allgemeiner Leitfaden für die Schiedsrichter.
   Die Vorschriften der FIFA sind für den DFB, seine Mitglieder sowie die Vereine seiner Mitgliedsverbände verbindlich.

5 Vgl. auch *BGH* NJW 1995, 583.

2. Der DFB ist Mitglied der UEFA mit dem Sitz Bern. Aufgrund dieser Mitgliedschaft ist der DFB dem Regelungswerk dieses Verbandes unterworfen. Der DFB erklärt insbesondere zum Bestandteil seiner Satzung die folgenden Regelungen der UEFA in ihrer jeweils gültigen Fassung: Statuten, Grundsätze einer Zusammenarbeit zwischen den UEFA-Mitgliedsverbänden und ihren Vereinen, Disziplinarordnung, Reglement für Doping-Kontrollen für UEFA-Wettbewerbsspiele, Reglemente für die europäischen Wettbewerbsspiele.
   Die Vorschriften der UEFA sind für den DFB, seine Mitglieder sowie die Vereine seiner Mitgliedsverbände verbindlich.

Die Einschränkung betrifft die dynamische Verweisung, also »die jeweils geltende Fassung«, da eine solche Verweisung nicht zulässig ist[6]. Wird das zum Satzungsbestandteil erklärte internationale Regelungswerk geändert, so muß auch die Satzung des nationalen Verbandes (und der nachgeordneten Organisationen) geändert werden und die Änderung dem Registergericht angemeldet werden (§ 71 Abs. 1 BGB). Die Satzung des nationalen Verbandes kann grundsätzlich die Regelung enthalten, daß eine solche Satzungsänderung ein ständig tagendes Organ, also etwa der Vorstand, beschließen kann.

Internationales Regelungswerk hat immer Verfassungsqualität, wenn es für den **3050**
nationalen Verband, die nachgeordneten Verbände und deren Einzelmitglieder benachteiligende Regelungen enthält. Dies ist etwa bei Strafen, Sperren, nachteiligen Spielwertungen oder Ausschlußentscheidungen der Fall. Als Strafen in diesem Sinne werden nicht diejenigen angesehen, die der Spiel-Schiedsrichter während eines Spiels verhängt, die aber nicht über das betreffende Spiel hinausreichende Folgen haben. Bestimmt eine Spielregel z. B., daß eine im Spiel verhängte Disziplinarstrafe eine Sperre für das nächste Spiel zur Folge hat, so ist die Sperre eine echte Strafe[7].

4. Die Grenzen der Verbindlichkeit von Regelungen und Entscheidungen internationaler Sportverbände im innerdeutschen Bereich

Ein Fall aus der Praxis: Die internationale Transferkarte eines Mitglieds eines **3051**
deutschen Vereins ist von einem internationalen Sportverband mit der Begründung nicht mehr verlängert worden, der deutsche Verein habe einem ausländischen Verein die Transferentschädigung nicht gezahlt, die anläßlich des Wechsels des nunmehrigen Mitglieds des deutschen Vereins vereinbart worden sei. Damit war dieser Spieler nicht mehr spielberechtigt; gegen ihn ist eine Sperre wegen einer Geldschuld in Wirksamkeit getreten, die nicht vom Spieler, sondern von seinem Verein zu erfüllen war. Es fragt sich, ob diese Maßnahme eines ausländischen Sportverbandes im Inland anerkannt werden konnte. Die Frage der Anerkennung stellt sich nicht nur bei Einzelentscheidungen, sondern auch bei Regelungswerken internationaler Sportverbände.

---

6 *BGH* NJW 1995, 583/585; *OLG Hamm* OLGZ 1987, 397/399.
7 Schiedsgericht der DEL Deutsche Eishockey Liga GmbH, Schiedsspruch vom 7. 3. 1995, Az.: S DEL 21/95.

Eine Regelung oder Maßnahme eines internationalen Verbandes kann schon nach seiner maßgeblicher Rechtsordnung unzulässig und damit unwirksam sein. Nahezu keine ausländische Rechtsordnung erlaubt z. B. Strafen gegen Nichtmitglieder.

Haben Satzungen oder Nebenordnungen bzw. Maßnahmen eines internationalen Sportverbandes Auswirkungen im deutschen Rechtskreis, wie dies bei dem oben erwähnten gesperrten Spieler oder bei Strafmaßnahmen der Fall ist, so kann Art. 6 EGBGB nicht unmittelbar zur Anwendung kommen. Diese Vorschrift untersagt die Anwendung einer Rechtsnorm eines anderen Staates, wenn ihre Anwendung zu einem Ergebnis führt, das mit wesentlichen Grundsätzen des deutschen Rechts offensichtlich unvereinbar ist; eine ausländische Rechtsnorm ist insbesondere nicht anzuwenden, wenn die Anwendung mit den Grundrechten unvereinbar ist[8]. Diese Vorschrift kann hinsichtlich der Rechtssetzung und -anwendung durch einen internationalen Sportverband nicht unmittelbar zur Anwendung kommen, da diese Verbände kein staatliches Recht setzen[9]. Kommt es jedoch wegen der Anwendung des von einem internationalen Sportverband gesetzten Rechts durch Verhängung einer Strafe oder Sperre udgl. zu einem (schieds-)gerichtlichen Verfahren, so wird im Rahmen der Inhalts-, Tatsachen- und Subsumtionskontrolle der konkreten Strafe oder sonstigen Maßnahme inzidenter geprüft, ob die Rezeption der von der maßgeblichen ausländischen Rechtsordnung anerkannten Verbandsnorm, Strafe oder sonstigen Maßnahme (Sperre) gegen den deutschen Ordre public verstößt[10]. In dem oben erwähnten Fall hat das angerufene (deutsche) Schiedsgericht einen Verstoß gegen Art. 2 Abs. 1 GG gesehen (Art. 12 Abs. 1 GG kam wegen der Ausländereigenschaft des Spielers, nicht zur Anwendung), weil der Spieler keine Einsatz- und damit Arbeitsmöglichkeit mehr hatte und hat für die restliche Saison eine Spielberechtigung erteilt. Der internationale Verband hat daraufhin gegen den deutschen Verband eine Verwarnung ausgesprochen.

3052 Hat ein deutscher Sportler bei einer Sportveranstaltung im Ausland von einer dortigen Organisation eine Strafe erhalten, die noch nicht vollzogen worden ist, so kann sich die zuständige deutsche Sportorganisation in ihrer Satzung ein Anerkennungsverfahren vorbehalten. Dies bestimmt z. B. § 148 der Trabrennordnung des Hauptverbandes für Traber-Zucht und -Rennen e. V.: Der Hauptverband beschließt, ob und in welchem Umfang er Ordnungsmittel einer zuständigen ausländischen Stelle anerkennt und durchsetzt oder die Anerkennung oder Durchsetzung ablehnt. Eine solche Regelung ist nur möglich, wenn kein übergeordneter internationaler Sportverband das Ordnungsmittel verhängt hat.

8 Vgl. *BGH* NJW 1993, 848/849.

9 *Vieweg* S. 317; *Will* Rechtsgrundlagen der Bindung nationaler Verbände an internationale Sportverbandsregeln in: *Reuter* Einbindung des nationalen Sportrechts in internationale Bezüge, Heidelberg 1987, S. 36 f.; a. A. *Reuter* a.a.O., S. 62, 70.

10 So: *Vieweg* S. 317.

D. Muster für Anmeldungen, Anträge, Gerichtsbeschlüsse und Gerichtsverfügungen, Mustersatzungen und Musterordnungen

1. Protokoll über die Gründung eines Vereins

Protokoll 3053
über die Gründung des Sportvereins Wartberg

Aufgrund öffentlicher Einladung (oder: gemäß persönlicher Einladung) sind heute abend im Gasthof »Zur Linde« in Wartberg laut Anwesenheitsliste (Anlage 1 zum Protokoll) 35 Damen und Herren erschienen, um über die Gründung eines Sportvereins zu beraten und Beschluß zu fassen.
Herr Friedrich Fürst eröffnete die Versammlung. Er legte kurz den Zweck der Zusammenkunft dar und erläuterte das Verfahren bei der Vereinsgründung. Herr Fürst erklärte sodann, es sei ein Versammlungsleiter und ein Schriftführer zu bestellen. Er sei bereit, die Versammlungsleitung zu übernehmen; zur Protokollführung habe sich Herr Baumgart bereit erklärt. Die Versammelten waren einstimmig damit einverstanden, daß Herr Fürst die Versammlungsleitung und Herr Baumgart die Protokollführung übernimmt.
Der Leiter gab dann folgende Tagesordnung bekannt:

Aussprache über die Gründung eines Sportvereins;
Beratung der Satzung des Sportvereins;
Wahl des Vorstandes;
weitere notwendige Beschlußfassungen.

Diese Tagesordnung fand die stillschweigende Zustimmung aller Anwesenden.
Der Leiter erteilte sodann Herrn Fröhlich das Wort zur näheren Begründung des Vorschlags, einen Verein zu gründen. Herr Fröhlich legte kurz die Aufgaben und Ziele sowie die Verfassung des zu gründenden Vereins dar. Weitere Wortmeldungen erfolgten nicht.
Der Versammlungsleiter verteilte den Entwurf der Satzung, der Punkt für Punkt durchberaten wurde. Der Teilnehmer Rechtsanwalt Meier schlug vor, die Satzung dahin zu ergänzen, daß der Vorstand ermächtigt wird, evtl. vom Registergericht beanstandete Satzungsbestandteile abzuändern. Der Versammlungsleiter schlug vor, hierüber zusammen mit der Satzung abzustimmen. Dagegen erhob sich kein Widerspruch.
Die Versammlungsteilnehmer beschlossen sodann einstimmig durch Handaufheben,

den Sportverein Wartberg zu errichten,
ihm die schriftlich vorliegende Satzung einschließlich der Ergänzung laut Vorschlag des RA Meier zu geben und
dem Verein als Gründungsmitglieder anzugehören.

Im Anschluß daran schlug RA Meier vor, die Herren Fürst, Paulus und Spark als Vorstandsmitglieder zu wählen; diese Teilnehmer erklärten sich mit ihrer evtl. Wahl einverstanden. Der Vorschlag fand die einstimmige Zustimmung der Versammlungsteilnehmer. Herr Fürst legte die Versammlungsleitung nieder; sie übernahm auf Vorschlag der Versammlungsteilnehmer RA Meier. Auf Frage des nunmehrigen Leiters entschieden sich die Versammelten einstimmig

für eine offene Abstimmung durch Handaufheben. Bei Stimmenthaltung des jeweiligen Bewerbers wurden einstimmig in den Vorstand gewählt:
Herr Friedrich Fürst, Bundesbahnamtmann, Hauptstraße 10, Wartberg, als 1. Vorsitzender,
Herr Heinrich Spark, Verwaltungsangestellter, Herbststraße 12, Wartberg, als 2. Vorsitzender,
Herr Andreas Paulus, Buchhalter, Friedenstraße 5, Wartberg, als Kassenverwalter.
Die Gewählten nahmen die Wahl an.
Herr Fürst übernahm wieder die Versammlungsleitung. Auf Vorschlag des Kassenverwalters beschlossen die Teilnehmer einstimmig durch Handaufheben, daß der Beitrag für das Jahr 1994 auf 120 DM festgesetzt und am 2. 1. 1994 zur Zahlung fällig wird.
Zwischenzeitlich wurde die Satzung maschinenschriftlich wie folgt ergänzt:

> § 17 Übergangsvorschrift
> Sofern vom Registergericht Teile der Satzung beanstandet werden, ist der Vorstand ermächtigt, diese zur Behebung der Beanstandung abzuändern.

Die Satzung unterschrieben 15 Vereinsmitglieder.
(Evtl. weitere Beschlußfassung darüber, daß der Vorstand bis zur Eintragung nur diejenigen Rechtsgeschäfte für den Verein vornehmen darf, die zur Erlangung der Rechtsfähigkeit erforderlich sind.)
Weitere Wortmeldungen erfolgten nicht.
Sodann wurde das Protokoll über die Gründungsversammlung verlesen und allseits als richtig genehmigt.
Der Leiter schloß die Versammlung um 23.20 Uhr.

Wartberg, den 20. 11. 1993

Die Tagungsleiter	Der Protokollführer
Friedrich Fürst	Alex Baumgart
RA Meier	

2. Anmeldung eines Vereins zur Eintragung in das Vereinsregister

3054 Sportverein Wartberg

An das
Amtsgericht
– Registergericht –
Wartberg

Eintragung des Sportvereins Wartberg in das Vereinsregister

Die Unterzeichneten sind die Vorstandsmitglieder des am 20. 11. 1993 gegründeten Sportvereins Wartberg. Wir melden zur Eintragung in das Vereinsregister an:
a) den Verein,

b) die Mitglieder des Vorstands
1. Vorsitzender: Friedrich Fürst, geb. am 12. 1. 1937, Bundesbahnamtmann, Hauptstraße 10, Wartberg,
2. Vorsitzender: Heinrich Spark, geb. am 2. 1. 1947, Verwaltungsangestellter, Herbststraße 12, Wartberg,
Kassenverwalter: Andreas Paulus, geb. am 23. 5. 1952, Buchhalter, Friedenstraße 5, Wartberg.

Nach § 8 Abs. 2 der Satzung hat der 1. oder der 2. Vorsitzende des Vorstands zusammen mit dem Kassenverwalter Gesamtvertretungsbefugnis nach § 26 BGB.
Der Anmeldung werden beigefügt:
a) die am 20. 11. 1993 errichtete und von 15 Vereinsgründern unterschriebene Satzung in Urschrift mit zwei unbeglaubigten Abschriften,
b) eine Abschrift über die Niederschrift der Gründungsversammlung, aus der sich unsere Vorstandsbestellung ergibt.

Der Verein hat z. Zt. 35 Mitglieder.
Da der Verein derzeit noch keine Geschäftsstelle hat, ist seine Anschrift mit der des 1. Vorsitzenden identisch.

Wartberg, den 25. 11. 1993
Friedrich Fürst Heinrich Spark Andreas Paulus

Es folgt sodann die Beglaubigung der drei Unterschriften durch einen Notar.

3. Einladung zu einer (ordentlichen) Mitgliederversammlung

Sportverein Wartberg e. V. Wartberg, den 10. 1. 1994 **3055**
– Der Vorstand –

Einladung
zur ordentlichen Mitgliederversammlung am 12. 2. 1994

Am 12. 2. 1994 findet um 20 Uhr in Wartberg, Gasthof »Zur Linde« die ordentliche Mitgliederversammlung statt.
Die Tagesordnung ergibt sich aus § 10 Nr. 1 der Satzung.
(Falls die Satzung die Tagesordnung nicht festgelegt hat oder weitere Punkte zur Beratung und Abstimmung kommen sollen, ist etwa die folgende Tagesordnung bekanntzugeben:
a) Feststellung der ordnungsgemäßen Einberufung der Mitgliederversammlung,
b) Geschäftsbericht des Vorstands und dessen Entlastung,
c) Neuwahl des Vorstands,
d) Änderung des § 1 Abs. 2 der Satzung, da ein Beitritt zum X-Verband beabsichtigt ist,
e) Antrag auf Ausschluß des Mitglieds Y,
f) Verschiedenes.)

Nach § 10 Nr. 3 der Satzung können Anträge auf Ergänzung der Tagesordnung nur Berücksichtigung finden, wenn diese spätestens zwei Wochen vor der Mit-

gliederversammlung mit Begründung und den Unterschriften von 1/10 der Vereinsmitglieder (derzeitiger Mitgliederstand: 120) beim Vorstand eingehen. Ein nach dieser Frist eingegangener Antrag kann in der Mitgliederversammlung nur dann als Dringlichkeitsantrag behandelt werden, wenn er mit 2/3-Mehrheit zugelassen wird (§ 10 Nr. 4 der Satzung).
Um pünktliches und zahlreiches Erscheinen wird gebeten.
(Gäste sind willkommen.)

Im Auftrag des Vorstands:
Friedrich Fürst
1. Vorsitzender

4. Einberufung zu einer zweiten Mitgliederversammlung nach beschlußunfähiger erster Versammlung

3056 Sportverein Wartberg e. V.
– Der Vorstand –

Einladung
zu der am 20. 3. 1994, 20 Uhr in Wartberg, Gasthof »Zur Linde« stattfindenden zweiten Mitgliederversammlung

Die am 12. 2. 1994 einberufene Mitgliederversammlung hatte folgende Tagesordnung:
(Es folgt die damals mitgeteilte Tagesordnung.)
Die erneute Einberufung einer Mitgliederversammlung ist erforderlich geworden, weil die Mitgliederversammlung vom 12. 2. 1994 nach § 9 Abs. 1 der Satzung nicht beschlußfähig war; es sind weniger als 1/3 der Vereinsmitglieder erschienen. Die nunmehr einberufene Mitgliederversammlung ist ohne Rücksicht auf die Zahl der erschienenen Mitglieder beschlußfähig (§ 9 Abs. 2 der Satzung). Um eine Beschlußfassung durch nur wenige Vereinsmitglieder zu vermeiden, wird an alle Mitglieder die Bitte gerichtet, zur Versammlung zu erscheinen.

Im Auftrag des Vorstands:
Friedrich Fürst
1. Vorsitzender

5. Protokoll über eine Mitgliederversammlung mit Vorstandswahl und Satzungsänderung

3057 Protokoll
über die Mitgliederversammlung des Sportvereins Wartberg e. V.

Zeit: 12. Februar 1994
Ort: Wartberg, Gasthof »Zur Linde«
Anwesend: 59 stimmberechtigte Mitglieder; die Anwesenheitsliste ist dem Protokoll als Anlage 1 beigefügt
Versammlungsleiter: Friedrich Fürst, Hans Glück und Rechtsanwalt Meier
Schriftführer: Alex Baumgart

Der Versammlungsleiter eröffnete um 20.15 Uhr die Versammlung und begrüßte die Erschienenen. Er stellte die satzungsgemäße Einberufung und die Beschlußfähigkeit fest.

Er gab dann die mit der Einberufung mitgeteilte Tagesordnung bekannt:

a) Geschäftsbericht des Vorstands sowie dessen Entlastung,
b) Neuwahl des Vorstands,
c) Änderung des § 1 Abs. 2 der Satzung, da ein Beitritt zum X-Verband beabsichtigt ist,
d) Antrag auf Ausschließung des Mitglieds Y,
e) Verschiedenes.

Anträge zur Tagesordnung wurden nicht gestellt.

Zu Punkt 1: Der Vorstandsvorsitzende gab bekannt, daß im abgelaufenen Jahr 2 105 DM Einnahmen erzielt worden seien. Dem stünden Ausgaben von 1 213 DM gegenüber. Das Barvermögen des Vereins belaufe sich somit auf 892 DM. Im vergangenen Jahr seien 11 Mitglieder ausgetreten und 19 neu eingetreten. Der Verein habe derzeit 95 Mitglieder.

Wortmeldungen zu diesem Punkt erfolgten nicht.

Anschließend gab der Kassenprüfer Pittner als Ergebnis seiner Prüfung bekannt: Jahresrechnungen und Jahresabschluß sind ordnungsgemäß und sorgfältig erstellt worden; zu Beanstandungen besteht kein Anlaß. Die Ausgaben sind ordnungsgemäß belegt. Die Einnahmen sind korrekt verbucht. Der Kassenprüfer schlug vor, den Vorstandsmitgliedern Entlastung zu erteilen.

Auf Vorschlag von 30 Versammlungsteilnehmern übernahm nunmehr das Mitglied Rechtsanwalt Meier die Versammlungsleitung. Er brachte den Antrag zur Abstimmung, den drei Vorstandsmitgliedern Entlastung zu erteilen. Für den Antrag stimmten 56 Versammlungsteilnehmer durch Handaufheben; die drei Vorstandsmitglieder enthielten sich der Stimme.

Sodann übernahm wieder der Vorstandsvorsitzende Fürst die Versammlungsleitung.

Punkt 2: Das Wort erhielt der 2. Vorstandsvorsitzende Spark. Er bat, von seiner Wiederwahl aus gesundheitlichen Gründen abzusehen. Er schlug vor, das Mitglied Frau Müller als seine Nachfolgerin zu wählen.

Durch Zuruf wurde sodann ein Wahlausschuß, bestehend aus den Mitgliedern Hans Glück, Martin Bauer und Bruno Lüders, gebildet. Die satzungsgemäß schriftlich vorgenommene Wahl hatte folgendes, von Herrn Glück verkündetes Ergebnis:

> Wiederwahl des 1. Vorsitzenden Fürst mit 50 Ja-Stimmen, 4 Nein-Stimmen, 5 Stimmenthaltungen;
>
> Wiederwahl des Kassenverwalters Paulus mit 57 Ja-Stimmen, 2 Stimmenthaltungen;
>
> Neuwahl der 2. Vorsitzenden Gerda Müller mit 55 Ja-Stimmen und 4 Stimmenthaltungen.

Die Gewählten nahmen die Wahl an.

Herr Fürst übernahm wieder die Leitung.

Zu Punkt 3: Das Wort erhielt der Teilnehmer RA Meier. Er führte aus, die Aufnahme in den Sportverband X könne derzeit nicht befürwortet werden. Nach dessen Satzung, die anzuerkennen sei, müsse jeder Weisungsbeschluß des Verbandsvorstands befolgt werden. Dadurch werde zu sehr in das Selbstbestimmungsrecht des Vereins eingegriffen.

Dagegen sei es angebracht, § 3 Abs. 1 der Satzung abzuändern. Danach könne nur eine volljährige Person Aufnahme in den Verein finden. Da die Bildung einer Jugendabteilung geplant sei, müsse Minderjährigen die Möglichkeit des Vereinsbeitritts eröffnet werden.
Hierzu führte der Versammlungsleiter aus:
Seiner Kenntnis nach habe der Verbandsvorstand von einem Weisungsrecht gegenüber den angeschlossenen Vereinen noch so gut wie nie Gebrauch gemacht. Der Vorstand wolle jedoch nochmals Verhandlungen mit dem Verbandsvorstand aufnehmen und sich die von ihm geübte Praxis schriftlich bestätigen lassen. Die vorgeschlagene Satzungsänderung werde vom Leiter befürwortet. Da dieser Punkt nicht auf die angekündigte Tagesordnung gesetzt worden sei, könne er nur als Dringlichkeitsantrag behandelt werden und bedürfe einer Mehrheit von ⅘ der Stimmen.
Der Leiter brachte folgende Gegenstände zur Abstimmung:

a) Vertagung des Beratungsgegenstandes »Anschluß an den Sportverband X« in die nächste ordentliche Mitgliederversammlung;
b) Abänderung des § 3 Abs. 1 der Satzung: »Mitglied des Vereins kann jede unbescholtene Person werden, die das 14. Lebensjahr vollendet hat. Minderjährige müssen ihrer Beitrittserklärung die schriftliche Zustimmung ihrer gesetzlichen Vertreter beifügen.«

Die Abstimmung durch Handaufheben hatte folgendes Ergebnis:
Antrag 3 a: 49 Ja-Stimmen, 5 Nein-Stimmen, 5 Stimmenthaltungen;
Antrag 3 b: 55 Ja-Stimmen, 4 Stimmenthaltungen.
Zu Punkt 4: Der Leiter gab bekannt, daß das Mitglied Y zwischenzeitlich mit sofortiger Wirkung aus dem Verein ausgetreten sei. Der Disziplinarfall könne daher nicht mehr behandelt werden. Falls kein Widerspruch erfolge, werde dieser Beratungspunkt als von selbst erledigt behandelt und eine förmliche Absetzung dieses Gegenstandes nicht zur Abstimmung gebracht. Es erfolgten hierzu keine Wortmeldungen.
Zu Punkt 5: Zu diesem Punkt fanden Aussprachen über allgemeine Vereinsangelegenheiten statt. Insbesondere wurde erörtert, durch welche Werbemaßnahmen neue Mitglieder gewonnen werden könnten. Zur Abstimmung über diese Beratungsgegenstände kam es nicht.
Der Tagungsleiter schloß um 23.30 Uhr die Versammlung.

Die Versammlungsleiter	Protokollführer
Friedrich Fürst	Alex Baumgart
Hans Glück	
RA Meier	

6. Auszugsweise Protokollabschrift für das Registergericht

3058 Protokoll
über die Mitgliederversammlung des Sportvereins Wartberg e. V.

Zeit: 12. Februar 1994
Ort: Wartberg, Gasthof »Zur Linde«

Anwesend: 59 stimmberechtigte Mitglieder; die Anwesenheitsliste ist dem Protokoll als Anlage 1 beigefügt
Versammlungsleiter: Friedrich Fürst, Hans Glück und Rechtsanwalt Meier
Schriftführer: Alex Baumgart
Der Versammlungsleiter eröffnete um 20.15 Uhr die Versammlung und begrüßte die Erschienenen. Er stellte die satzungsgemäße Einberufung und die Beschlußfähigkeit fest.
Er gab dann die mit der Einberufung mitgeteilte Tagesordnung bekannt:
a) Geschäftsbericht des Vorstands sowie dessen Entlastung,
b) Neuwahl des Vorstands,
c) Änderung des § 1 Abs. 2 der Satzung, da ein Beitritt zum X-Verband beabsichtigt ist,
d) Antrag auf Ausschließung des Mitglieds Y,
e) Verschiedenes.
Punkt 2: Das Wort erhielt der 2. Vorstandsvorsitzende Spark. Er bat, von seiner Wiederwahl aus gesundheitlichen Gründen abzusehen. Er schlug vor, das Mitglied Frau Müller als seine Nachfolgerin zu wählen.
Durch Zuruf wurde sodann ein Wahlausschuß, bestehend aus den Mitgliedern Hans Glück, Martin Bauer und Bruno Lüders, gebildet. Die satzungsgemäß schriftlich vorgenommene Wahl hatte folgendes, von Herrn Glück verkündetes Ergebnis:

Wiederwahl des 1. Vorsitzenden Fürst mit 50 Ja-Stimmen, 4 Nein-Stimmen, 5 Stimmenthaltungen;
Wiederwahl des Kassenverwalters Paulus mit 57 Ja-Stimmen, 2 Stimmenthaltungen;
Neuwahl der 2. Vorsitzenden Gerda Müller mit 55 Ja-Stimmen und 4 Stimmenthaltungen.

Die Gewählten nahmen die Wahl an.
Herr Fürst übernahm wieder die Leitung.
Zu Punkt 3: Das Wort erhielt der Teilnehmer RA Meier. Er führte aus, . . . es sei angebracht, § 3 Abs. 1 der Satzung abzuändern. Danach könne nur eine volljährige Person Aufnahme in den Verein finden. Da die Bildung einer Jugendabteilung geplant sei, müsse Minderjährigen die Möglichkeit des Vereinsbeitritts eröffnet werden.
Hierzu führte der Versammlungsleiter aus:
. . . Die vorgeschlagene Satzungsänderung werde . . . befürwortet. Da dieser Punkt nicht auf die angekündigte Tagesordnung gesetzt worden sei, könne er nur als Dringlichkeitsantrag behandelt werden und bedürfe einer Mehrheit von ⅘ der Stimmen.
Der Leiter brachte folgende Gegenstände zur Abstimmung:
a) . . .
b) Abänderung des § 3 Abs. 1 der Satzung:
»Mitglied des Vereins kann jede unbescholtene Person werden, die das 14. Lebensjahr vollendet hat. Minderjährige müssen ihrer Beitrittserklärung die schriftliche Zustimmung ihrer gesetzlichen Vertreter beifügen.«
Die Abstimmung durch Handaufheben hatte folgendes Ergebnis:
. . .

Antrag 3 b: 55 Ja-Stimmen, 4 Stimmenthaltungen
Der Tagungsleiter schloß um 23.30 Uhr die Versammlung.

Die Versammlungsleiter	Der Protokollführer
Friedrich Fürst	Alex Baumgart
Hans Glück	
RA Meier	

7. Anmeldung einer Vorstandswahl und einer Satzungsänderung

3059 Sportverein Wartberg e. V.

An das
Amtsgericht
– Registergericht –
Wartberg

Sportverein Wartberg e. V., VR . . .

In der Mitgliederversammlung vom 12. 2. 1994 fand eine Vorstandswahl statt. Wiedergewählt wurden der 1. Vorsitzende Friedrich Fürst und der Kassenverwalter Andreas Paulus. An Stelle des bisherigen 2. Vorsitzenden Heinrich Spark wurde das Mitglied Gerda Müller in den Vorstand gewählt. In dieser Mitgliederversammlung wurde außerdem § 3 Abs. 1 der Satzung geändert.
Die unterzeichneten Vorstandsmitglieder melden zur Eintragung in das Vereinsregister an:

1) a) Der 2. Vorstandsvorsitzende Heinrich Spark ist am 12. 2. 1994 aus dem Vorstand ausgeschieden.
   b) Am 12. 2. 1994 wurde als 2. Vorstandsvorsitzende bestellt Frau Gerda Müller, geb. am 5. 1. 1947, Lehrerin, Schulstraße 7, Wartberg.
2) Änderung des § 3 Abs. 1 der Satzung wie folgt:
   (Wortlaut der geänderten Satzungsbestimmung.)

In der Anlage sind beigefügt: Urschrift und zwei auszugsweise Abschriften des Protokolls über die Mitgliederversammlung vom 12. 2. 1994. Wir versichern, daß die Mitgliederversammlung satzungsgemäß einberufen und die angemeldeten Beschlüsse ordnungsgemäß gefaßt worden sind.

Wartberg, den 17. 12. 1994

Friedrich Fürst   Gerda Müller   Andreas Paulus

Es folgt die notarielle Unterschriftsbeglaubigung

8. Vollmachten

a) Registergerichtliche Vollmacht für den 1. Vorsitzenden des Vorstands **3060**
Die unterzeichneten Mitglieder des Vorstands des Sportvereins Wartberg e. V. erteilen Herrn Friedrich Fürst, Bundesbahnamtmann, Hauptstraße 10, Wartberg, Vollmacht, im Namen des Gesamtvorstandes Anmeldungen beim Registergericht vorzunehmen, sonst erforderliche Erklärungen abzugeben, Zustellungen und formlose Bekanntmachungen entgegenzunehmen sowie Rechtsbehelfe und Rechtsmittel einzulegen.

Gerda Müller	Andreas Paulus
2. Vorstandsvorsitzende	Kassenverwalter

Es folgt die – notwendige – Unterschriftsbeglaubigung durch einen Notar.

b) Stimmrechtsvollmacht
Ich bevollmächtige das Vereinsmitglied Karl Perl, mich in der Mitgliederversammlung am 12. 2. 1994 zu vertreten und insbesondere das Stimmrecht für mich auszuüben.
Wartberg, den 10. 2. 1994
Franz Rost
Unterschriftsbeglaubigung nicht erforderlich.

9. Antrag an das Amtsgericht auf Bestellung eines Notvorstands

Peter Becher   Wartberg, den 10. 12. 1993 **3061**
Gastwirt   Südallee 10

An das
Amtsgericht
Wartberg

Bestellung von Vorstandsmitgliedern für den Geselligkeitsverein »Frohsinn« e. V., Wartberg

Der oben genannte Verein, der bisher seine Versammlung in meiner Gastwirtschaft abgehalten hat, schuldet mir für Saalmiete und für sonst entstandene Unkosten 350 DM. Mit Ablauf des 31. 12. 1993 ist ein Teil meiner Forderung verjährt.
Der 1. Vorstandsvorsitzende Albert Karg ist am 9. 9. 1993 verstorben; auf die beim dortigen Nachlaßgericht vorhandene Sterbeurkunde nehme ich Bezug. Der 2. Vorsitzende Franz Murr ist aus dem Verein ausgetreten; er hat mir gegenüber behauptet, damit habe er nach der Satzung das Vorstandsamt verloren. Ich bin nicht im Besitz einer Satzung, so daß ich das nicht nachprüfen kann. Der Kassenverwalter Peter Kern hat meine Rechnung vom 1. 12. 1993 nicht beanstandet; er wies jedoch darauf hin, daß über die Begleichung drei Vorstandsmitglieder Beschluß fassen müßten. Herr Kern kann den Verein nicht allein vertreten. Ich bitte deshalb, dem Verein alsbald einen aus zwei Personen oder aus einer Person bestehenden Vorstand gem. § 29 BGB zu bestellen, damit entweder meine Rechnung, die ich in Abschrift beifüge, bis zum Jahresende

beglichen werden kann oder damit mir die Möglichkeit eröffnet wird, noch bis zum 31. 12. 1993 einen Mahnbescheid zu beantragen.

Peter Becher

10. Gerichtlicher Beschluß über die Bestellung eines Notvorstands

3062 Amtsgericht Wartberg
– Registergericht –

Wartberg, den 20. 12. 1993

I. Beschluß
Herr Peter Kern, Bauingenieur, Nordstraße 12, Wartberg, wird gem. § 29 BGB zum Vorstand des Geselligkeitsvereins »Frohsinn« e. V. in Wartberg bestellt. Die Bestellung wird bis zum 28. 2. 1994 befristet.
Gründe:
Nach § 10 Abs. 1 der Satzung des oben angeführten Vereins wird dieser gerichtlich und außergerichtlich durch den 1. oder durch den 2. Vorstandsvorsitzenden vertreten. Der 1. Vorsitzende Albert Karg ist ausweislich der bei den Nachlaßakten VI 17/93 befindlichen Sterbeurkunde am 9. 9. 1993 verstorben. Der 2. Vorsitzende Franz Murr ist entgegen der Darstellung des Antragstellers bisher nicht aus dem Verein ausgetreten. Er hat zwar am 15. 10. 1993 dem Kassenverwalter Kern seine schriftliche Austrittserklärung überreicht; der Kassenverwalter ist nicht befugt, den Verein zu vertreten. Wesentlich ist jedoch, daß Herr Murr sich endgültig weigert, den Verein zu vertreten, wie er bei seiner Anhörung geltend gemacht hat. Der Verein hat derzeit kein handlungsfähiges Vertretungsorgan.
Der Antragsteller hat glaubhaft dargelegt, daß er gegen den Verein eine Forderung hat, die mit Ablauf des Jahres 1993 teilweise verjährt. Der 2. Vorsitzende des Vorstands muß außerdem die Möglichkeit haben, einem Vertretungsorgan des Vereins gegenüber seinen Austritt erklären zu können, da nach § 15 Abs. 1 der Satzung ein Austritt nur zum 30. 6. und 31. 12. eines Jahres möglich ist. Die gerichtliche Vorstandsbestellung ist nach alledem dringlich.
Da nach § 7 der Satzung die nächste ordentliche Mitgliederversammlung im Februar 1994 abzuhalten ist, in der die fehlenden Vorstandsämter auf dem satzungsmäßigen Wege besetzt werden können, war ein Einmannvorstand zu bestellen. Die gerichtliche Bestellung war bis zum 28. 2. 1994 zu befristen.

II. Verfügung:
1. Bekanntmachung des Beschlusses durch formlose Mitteilung an
   a) Antragsteller,
   b) Notvorstand.
2. Eintragen in das Vereinsregister Nr. . . . in Spalte
   1 (Nr. der Eintragung) 5
   3 (Vorstand) Peter Kern, Bauingenieur in Wartberg
   4 (Rechtsverhältnisse) Peter Kern ist durch Beschluß des Amtsgerichts Wartberg vom 20. 12. 1993 gem. § 29 BGB zum Vorstand bestellt. Die Bestellung ist bis zum 28. 2. 1994 befristet. Von Amts wegen eingetragen.

5 b (Bemerkungen) EintrVfg. Bl. . . .
3. Bekanntmachung der Eintragung an den Vorstand.
4. Statistik.
5. Bewerten (§ 121 KostO).
6. WV m. E. oder 15. 3. 1994 (Prüfung, ob Vorstandswahl stattgefunden hat).

Schorn, Rechtspfleger

11. Schriftliches Verlangen an den Vorstand auf Einberufung einer außerordentlichen Mitgliederversammlung mit einer bestimmten Tagesordnung (§ 37 Abs. 1 BGB)

Herrn **3063**
Anton Kerr
Bauingenieur
Wartberg

Sehr geehrter Herr Kerr,

Die unterzeichneten Vereinsmitglieder stellen an Sie hiermit als Vorstandsvorsitzenden des Geselligkeitsvereins »Frohsinn« e. V. in Wartberg, gemäß § . . . der Satzung das Verlangen, innerhalb von zwei Monaten eine außerordentliche Mitgliederversammlung mit der Tagesordnung »Änderung von § 7 der Satzung« einzuberufen.
Diese Satzungsbestimmung ermächtigt den Gesamtvorstand, die Mitgliederbeiträge festzusetzen. Wir sind der Auffassung, daß diese Bestimmung geändert werden muß, da der Vorstand die Beiträge so hoch festgesetzt hat, daß im Verlaufe eines Vierteljahres 27 Mitglieder aus dem Verein ausgetreten sind. Das Interesse des Vereins erfordert es, daß diese Satzungsbestimmung geändert und der Mitgliederversammlung die Festsetzung der Mitgliedsbeiträge übertragen wird.

Wartberg, den 20. 12. 1993
(Es folgen 28 Unterschriften von Vereinsmitgliedern)

12. Antrag auf Ermächtigung zur Berufung einer Mitgliederversammlung (§ 37 BGB)

Manfred Kurz — Wartberg, den 25. 3. 1994 **3064**
Fernmeldemonteur — Ottostraße 5

An das
Amtsgericht
Wartberg

Antrag auf Ermächtigung zur Berufung einer Mitgliederversammlung des Geselligkeitsvereins »Frohsinn« e. V. in Wartberg

Im eigenen Namen und im Auftrag von 27 Mitgliedern des Geselligkeitsvereins »Frohsinn« e. V. in Wartberg, die mich lt. anliegender Vollmachtsurkunde zur Stellung dieses Antrags und zum Empfang gerichtlicher Zustellungen in dieser Sache ermächtigt haben, beantrage ich,

meine Vollmachtgeber und mich zur Berufung einer Mitgliederversammlung mit dem Tagesordnungspunkt »Änderung von § 7 der Satzung« zu ermächtigen und über die Führung des Vorsitzes in der Versammlung Bestimmung zu treffen.

Ich bitte, mir als dem Kassenverwalter den Vorsitz in der Versammlung zu übertragen.

Wie aus beiliegender Abschrift des Schreibens an den 1. Vorstandsvorsitzenden vom 20. 12. 1993 ersichtlich, haben wir an ihn das Verlangen gestellt, eine außerordentliche Mitgliederversammlung einzuberufen, in der § 7 der Satzung abgeändert werden soll. Der Vorstandsvorsitzende hat in den letzten drei Monaten auf dieses Verlangen hin nicht reagiert.

Nach unserem Wissen besteht der Verein derzeit aus 75 Mitgliedern. Nach § ... der Satzung ist ⅕ der Vereinsmitglieder berechtigt, vom Vorstand die Einberufung einer außerordentlichen Mitgliederversammlung mit einer bestimmten Tagesordnung schriftlich zu verlangen. Da 28 Mitglieder, also mehr als ⅕, das Verlangen gestellt haben, sind die formellen Voraussetzungen zur Ermächtigung durch das Gericht gegeben.

Auf Verlangen des Registergerichts weisen wir unsere Eigenschaft als Mitglieder des genannten Vereins durch Vorlage der Mitgliedsausweise nach.

Manfred Kurz

Anlage: 1 Vollmachtsurkunde

13. Beschluß des Registergerichts auf Ermächtigung zur Einberufung einer außerordentlichen Mitgliederversammlung (§ 37 Abs. 2 BGB)

3065 Amtsgericht Wartberg – Registergericht – VR ... Wartberg, den 1. 4. 1994

I. Beschluß

Die Mitglieder (es folgen die Namen der Antragsteller) des Geselligkeitsvereins »Frohsinn« e. V. in Wartberg werden auf ihren Antrag vom 25. 3. 1994 ermächtigt, eine Mitgliederversammlung des Vereins mit der Tagesordnung »Abänderung des § 7 der Vereinssatzung vom 20. 6. 1983« einzuberufen. Der Vorsitz in dieser Mitgliederversammlung wird Herrn Manfred Kurz, Fernmeldemonteur, Ottostraße 5, Wartberg, übertragen.

Gründe:

Der nach § 37 Abs. 2 BGB statthafte Antrag erweist sich sachlich als begründet. Nach § ... der Satzung des Vereins kann ⅕ der Vereinsmitglieder vom Vorstand schriftlich unter Angabe des Zweckes und der Gründe verlangen, daß er eine außerordentliche Mitgliederversammlung mit einer bestimmten Tagesordnung einberuft. Der Verein hatte in dem Zeitpunkt, in dem die Antragsteller die

Einberufung der Mitgliederversammlung verlangten, 75 Mitglieder. Dies ergibt sich zur Überzeugung des Gerichts aus der Bescheinigung über die Zahl der Vereinsmitglieder, die der Vorstand am 2. 2. 1994 dem Gericht eingereicht hat. Die 28 Antragsteller stellen somit mehr als ⅕ der Vereinsmitglieder dar. Sie haben sich auch formgerecht mit ihrem Verlangen zunächst an den Vorstand gewandt. In ihrem Schreiben vom 20. 12. 1993 haben sie dem Vorstand als Zweck der Mitgliederversammlung die Beschlußfassung über die Abänderung des § 7 der Satzung bekanntgegeben und außerdem die Gründe im einzelnen dargelegt. Der Vorstand hat diesem Verlangen der Antragsteller nicht entsprochen. Es sind keine Gründe ersichtlich, die das Verlangen der Antragsteller als rechtsmißbräuchlich kennzeichnen könnten.
Die Antragsteller waren daher zur Einberufung der Mitgliederversammlung zu ermächtigen. Es wird darauf hingewiesen, daß bei der Einberufung der Mitgliederversammlung auf die vorstehende gerichtliche Entscheidung Bezug genommen werden muß (§ 37 Abs. 2 Satz 3 BGB).
Es erschien dem Gericht ferner geboten, nicht dem 1. Vorstandsvorsitzenden, sondern dem Kassenwart Manfred Kurz die Führung des Vorsitzes in dieser Versammlung zu übertragen. Aufgrund der bisherigen ablehnenden Haltung des Vorstandsvorsitzenden ist es nicht auszuschließen, daß er die Leitung der Mitgliederversammlung nicht mit der erforderlichen Objektivität vornehmen und seine Leitungsbefugnisse zum Nachteil der Antragsteller ausüben wird.
Einer Entscheidung über die Gerichtskosten bedurfte es nicht, da sich die Kostenfolge aus dem Gesetz ergibt; es bestand auch kein Anlaß, aus Billigkeitsgründen eine Anordnung über die Erstattung außergerichtlicher Kosten zu treffen (§ 13 a FGG).

II. Verfügung: 1. Beschlußausfertigung zustellen an a) Vereinsvorstand
b) Manfred Kurz;

2. Bewerten.

Schorn
Rechtspfleger

14. Beschluß der Mitgliederversammlung über die Auflösung des Vereins

Protokoll **3066**
über die Mitgliederversammlung des Geselligkeitsvereins »Frohsinn« e. V.
in Wartberg

Zeit: 1. November 1994
Ort: Wartberg, Gasthof »Zur Post«
Anwesend: 30 stimmberechtigte Mitglieder. Die Anwesenheitsliste ist diesem Protokoll als Anlage beigefügt.
Tagungsleiter: Herr Anton Kerr, 1. Vorstandsvorsitzender
Schriftführer: Herr Albert Bauer
Herr Kerr begrüßte nach Eröffnung der Versammlung um 20.15 Uhr die Erschienenen. Er stellte die satzungsmäßige Einberufung und die Be-

schlußfähigkeit fest. Er gab dann die mit der Berufung angekündigte Tagesordnung bekannt:
1. Auflösung des Vereins,
2. Bestellung von Liquidatoren,
3. Verwendung des Vereinsvermögens.

Eine Aussprache wurde nicht gewünscht. Der Leiter brachte folgende Gegenstände zur Abstimmung durch Handaufheben:
1. Der Verein wird aufgelöst.
2. Zu Liquidatoren werden der Vorstandsvorsitzende Anton Kerr, Buchhändler, Schillerstraße 3, Wartberg, und der Kassenwart Arwed Salzer, Bankangestellter, Schulstraße 4, Wartberg, bestellt; beide sind alleinvertretungsberechtigt.
3. Das nach Befriedigung der Gläubiger verbleibende Vereinsvermögen wird dem Verein zur Unterstützung notleidender Künstler e. V. in Wartberg als Anfallberechtigtem zugewiesen.

Diese Anträge wurden mit 26 Ja-Stimmen bei 4 Stimmenthaltungen angenommen. Weitere Wortmeldungen erfolgten nicht. Der Leiter schloß um 20.45 Uhr die Versammlung.

Anton Kerr — Albert Bauer
1. Vorstandsvorsitzender — Schriftführer

15. Anmeldung der Auflösung eines Vereins und der ersten Liquidatoren

3067 Geselligkeitsverein »Frohsinn« e. V. Wartberg in Liquidation

Wartberg, den 5. 11. 1994

An das
Amtsgericht
– Registergericht –
Wartberg

Geselligkeitsverein »Frohsinn« e. V. in Wartberg; Aktenzeichen VR . . .
hier: Anmeldung der Auflösung des Vereins und der Liquidatoren

Zur Eintragung in das Vereinsregister melden die unterzeichneten Vorstandsmitglieder an:
1. Der Verein ist durch Beschluß der Mitgliederversammlung vom 1. 11. 1994 aufgelöst worden.
2. Zu Liquidatoren wurden bestellt:
   a) Herr Anton Kerr, geb. am 15. 11. 1930, Buchhändler, Schillerstraße 3, Wartberg,
   b) Herr Arwed Salzer, geb. am 16. 4. 1951, Bankangestellter, Schulstraße 4, Wartberg.

Jeder Liquidator ist allein zur Vertretung des Vereins berechtigt.

Wir versichern, daß die Mitgliederversammlung satzungsgemäß einberufen worden und der Auflösungsbeschluß mit der satzungsmäßig erforderlichen Mehrheit von 4/5 zustande gekommen ist.

Abschrift des Protokolls der Mitgliederversammlung vom 1. 11. 1994 ist beigefügt.

Anton Kerr	Peter Huber	Arwed Salzer
1. Vorsitzender	2. Vorsitzender	Kassenwart

(Es folgt die notarielle Unterschriftsbeglaubigung)

16. Öffentliche Bekanntmachung der Auflösung des Vereins und Aufruf der Vereinsgläubiger

Geselligkeitsverein
»Frohsinn« e. V. in
Liquidation

Wartberg, den 15. 11. 1994 **3068**

Öffentliche Bekanntmachung der Auflösung des Vereins

Der Geselligkeitsverein »Frohsinn« e. V., Wartberg ist aufgelöst worden und befindet sich in Liquidation. Die unterzeichneten Liquidatoren fordern alle Gläubiger des Vereins auf – auch solche, die dem Verein bereits bekannt sind –, ihre Ansprüche bis zum 31. 5. 1995 bei einem der beiden Liquidatoren anzumelden.

Anton Kerr	Arwed Salzer
Schillerstraße 3	Schulstraße 4
Wartberg	Wartberg

17. Antrag des Vorstands auf Entziehung der Rechtsfähigkeit eines Vereins (§ 73 BGB)

Geschäftsstelle des Amtsgerichts
– Registergericht –
VR . . .

Wartberg, den 20. 12. 1994 **3069**

Gegenwärtig:
Rechtspfleger Schorn

Niederschrift

In der Vereinsregistersache Geselligkeitsverein »Frohsinn« e. V. in Wartberg erscheint, bekannt,

Herr Sebald Funk, Rentner, Steinstraße 15, Wartberg,

und erklärt:

Als Vorstand beantrage ich, dem Verein gemäß § 73 BGB die Rechtsfähigkeit zu entziehen. Der Verein hat seit drei Jahren nur noch zwei Mitglieder. Die Vereinstätigkeit ruht bereits seit fünf Jahren. Es ist nicht zu erwarten, daß der Verein weitere Mitglieder gewinnt. In Wartberg besteht ein Freizeitclub, der

weitgehend – in moderner Form – die Aufgaben unseres Geselligkeitsvereins übernommen hat.
Vereinsvermögen ist keines vorhanden.

v. g. u. u.

Sebald Funk
Schorn, Justizamtmann

18. Beschluß über die Entziehung der Rechtsfähigkeit (§ 73 BGB)

3070 Amtsgericht Wartberg – Registergericht – VR . . .

Wartberg, den 23. 12. 1994

I. Beschluß:
Auf Antrag des bisherigen Vorstandsvorsitzenden des Geselligkeitsvereins »Frohsinn« e. V. in Wartberg, Herrn Sebald Funk, Rentner, Steinstraße 15, Wartberg, wird dem genannten Verein gemäß § 73 BGB die Rechtsfähigkeit entzogen, da der Verein nach den glaubwürdigen Angaben des Antragstellers nur noch aus zwei Mitgliedern besteht. Es ist nicht zu erwarten, daß der Verein weitere Mitglieder gewinnt und die Vereinstätigkeit wieder aufnimmt.

II. Zustellung des Beschlusses an Sebald Funk

III. WV mit Rechtskraft.

Schorn
Rechtspfleger

19. Merkblatt für eingetragene Vereine
(vgl. *Keidel/Schmatz/Stöber* Rn. 1183)

3071 1. Zur Eintragung in das Vereinsregister muß angemeldet werden
   a) jede Vorstands-Neuwahl unter Vorlage einer Abschrift des Wahlprotokolls,
   b) jede Satzungsänderung unter Vorlage einer Abschrift des Protokolls und der Urschrift, evtl. des Protokollbuchs.
2. Jede Wiederwahl des Vorstandes soll unter Vorlage einer Abschrift des Wahlprotokolls ebenfalls mitgeteilt werden.
3. Form der Anmeldung:
   a) schriftlich mit notarieller Unterschriftsbeglaubigung in den Fällen der Nr. 1,
   b) privatschriftlich oder persönlich beim Registergericht im Fall Nr. 2.
4. Die Protokolle über die Mitgliederversammlungen sollen enthalten
   a) den Ort und Tag der Versammlung,
   b) die Bezeichnung des Versammlungsleiters und des Schriftführers,
   c) die Zahl der erschienenen Mitglieder,
   d) die Feststellung der satzungsmäßigen Berufung der Versammlung,
   e) die Tagesordnung mit der Angabe, ob sie bei der Berufung der Versammlung mitangekündigt war (falls die Satzung nichts Abweichendes bestimmt),

f) die Feststellung der Beschlußfähigkeit der Versammlung (wenn die Satzung eine diesbezügliche Bestimmung enthält),
g) die gestellten Anträge sowie die gefaßten Beschlüsse und die Wahlen; dabei soll jedesmal das Abstimmungsergebnis ziffernmäßig genau wiedergegeben werden. Gewählte Vorstandsmitglieder sind nach Vor- und Familiennamen, Stand und Wohnort zu bezeichnen;
bei einer Neufassung der Satzung soll im Protokoll festgehalten werden, daß die Satzung, wie aus beiliegender Anlage ersichtlich, mit ... Ja-Stimmen gegen ... Nein-Stimmen (bei ... Stimmenthaltungen bzw. bei ... ungültigen Stimmen) neu gefaßt worden ist; im Falle der Änderung einzelner Satzungsbestimmungen ist anzugeben, die §§ ... der Satzung haben mit ... Ja-Stimmen gegen ... Nein-Stimmen (bei ... Stimmenthaltungen und ... ungültigen Stimmen) folgende Fassung erhalten: ...,
h) die Unterschriften derjenigen Personen, die nach der Satzung die Beschlüsse der Mitgliederversammlung zu beurkunden haben.

5. Protokollabschriften müssen wörtlich mit der Urschrift übereinstimmen; sie müssen mindestens den Eingang des Protokolls, die gefaßten Satzungsänderungsbeschlüsse und Wahlen sowie den Schluß mit den Unterschriften enthalten.
6. Die vorgeschriebenen Anmeldungen sind jeweils sofort zu bewirken; sie können durch Zwangsgeld erzwungen werden.
7. Anmeldepflichtig ist der Vorstand; beim mehrgliedrigen Vorstand genügt die Anmeldung in vertretungsberechtigter Zahl.

20. Antrag auf Steuerbegünstigung

Sportverein Wartberg e. V. Wartberg, den 2. 1. 1994 **3072**

An das
Finanzamt Wartberg
Wartberg

Antrag auf Steuerbegünstigung wegen Gemeinnützigkeit

Der Sportverein Wartberg e. V. übersendet in der Anlage eine Abschrift seiner Satzung vom ..... § 2 dieser Satzung bringt zum Ausdruck, daß ausschließlich und unmittelbar gemeinnützige Zwecke im Sinne der §§ 51 bis 68 der Abgabenordnung verfolgt werden. Es wird gebeten, den begünstigten Zweck auch steuerlich anzuerkennen.

(Unterschriften der Vorstandsmitglieder)

Muster

21. Bestätigung über Zuwendungen an eine der in § 5 Abs. 1 Nr. 9 des Körperschaftsteuergesetzes bezeichneten Körperschaften, Personenvereinigungen oder Vermögensmassen

3073 (Anlage 8 – zu Abschnitt 111 Abs. 4 EStR)

Aussteller (Bezeichnung der Körperschaft o. ä.)

Name und Wohnort des Zuwendenden		
Betrag/Wert der Zuwendung in Ziffern	in Buchstaben	Tag d. Zuwend.
Bei Sachzuwendungen: genaue Bezeichnung des Gegenstandes		

Wir sind wegen Förderung der (genaue Angabe der Zwecke)

☐ nach dem letzten uns zugegangenen Steuerbescheid/Freistellungsbescheid des Finanzamts

als

____________________ Zwecken dienend

anerkannt und nach § 5 Abs. 1 Nr. 9 des Körperschaftsteuergesetzes von der Körperschaftsteuer befreit.

☐ durch Bescheinigung des Finanzamts vorläufig

als

____________________ Zwecken dienend

und zu den in § 5 Abs. 1 Nr. 9 des Körperschaftsteuergesetzes bezeichneten Körperschaften, Personenvereinigungen oder Vermögensmassen gehörig anerkannt worden.

Bezeichnung des Finanzamts	Steuernummer	Datum des Bescheids/ der Bescheinigung

Es wird bestätigt, daß die Zuwendung nur zu folgenden – angekreuzten – Zwecken verwendet wird, und zwar zu

☐ mildtätigen Zwecken (§ 53 Abgabenordnung).

☐ kirchlichen oder religiösen Zwecken (§§ 52, 54 Abgabenordnung).

☐ wissenschaftlichen Zwecken (§ 52 Abgabenordnung).

☐ kulturellen Zwecken im Sinne der Nummer 4 (nur bei nach § 48 Abs. 4 EStDV anerkannten Körperschaften

☐ als besonders förderungswürdig anerkannten gemeinnützigen Zwecken im Sinne der Nummer ____

} der Anlage 7 Einkommensteuer-Richtlinien/ Anlage 3 Lohnsteuer-Richtlinien.

☐ Der Verwendungszweck liegt im Ausland.

Der zugewendete Betrag wird entsprechend den Angaben des Zuwendenden an die folgende Körperschaft, Personenvereinigung oder Vermögensmasse im Sinne des § 5 Abs. 1 Nr. 9 des Körperschaftsteuergesetzes weitergeleitet, die vom Finanzamt als begünstigte Empfängerin anerkannt ist.

____

Ort, Datum und Unterschrift

22. Bestätigung über Zuwendungen an politische Parteien im Sinne des Parteiengesetzes

(Anlage 9 – zu Abschnitt 112 Abs. 3 EStR) **3074**

Die ____ bestätigt,
(Bezeichnung der politischen Partei)

von ____
(Name und Wohnort des Zuwendenden)

am ________________ eine Spende in Höhe von ________________ DM

in Worten: ______________________________ Deutsche Mark
(bei Sachspenden zusätzlich genaue Bezeichnung des Gegenstandes: ________
____)

empfangen zu haben, und bescheinigt, daß sie diese ausschließlich für ihre satzungsgemäßen Zwecke verwenden wird.

____
(Ort und Datum der Ausstellung) Unterschrift(en) und Angabe der Funktion der(s) Unterzeichner(s)

23. Kurzfassung der Satzung eines gemeinnützigen rechtsfähigen Vereins

Satzung **3075**

§ 1 Name, Sitz und Geschäftsjahr

Der Verein führt den Namen »Turnverein Wartberg e. V.«. Er ist im Vereinsregister des Amtsgerichts Wartberg eingetragen.
Der Verein hat seinen Sitz in Wartberg.
Geschäftsjahr ist das Kalenderjahr.

§ 2 Zweck

Zweck des Vereins ist die Pflege von Leibesübungen aller Art.
Er verfolgt ausschließlich und unmittelbar gemeinnützige Zwecke im Sinne der §§ 51 ff. AO. Der Satzungszweck wird insbesondere durch Förderung der körperlichen Ertüchtigung der Mitglieder verwirklicht. Der Verein stellt hierfür seine Anlagen zur Verfügung; die Übungen finden unter der Leitung von Sportfachkräften statt.
Der Verein ist selbstlos tätig; er verfolgt nicht in erster Linie eigenwirtschaftliche Zwecke.
Mittel des Vereins dürfen nur für die satzungsmäßigen Zwecke verwendet werden. Die Mitglieder erhalten keine Gewinnanteile und in ihrer Eigenschaft als Mitglieder auch keine sonstigen Zuwendungen aus Mitteln des Vereins.
Es darf keine Person durch Ausgaben, die dem gesetzten Zweck des Vereins fremd sind, oder durch unverhältnismäßig hohe Vergütungen begünstigt werden.

§ 3 Mitgliedschaft

Mitglied des Vereins kann jede Person werden, die das 18. Lebensjahr vollendet hat und im Besitz der bürgerlichen Ehrenrechte ist.
Über das schriftlich einzureichende Beitrittsgesuch entscheidet der Vorstand. Gegen eine ablehnende Entscheidung kann innerhalb eines Monats ab Zugang der schriftlichen Ablehnung Berufung zur nächsten ordentlichen Mitgliederversammlung eingelegt werden.

§ 4 Mitgliedsbeitrag; Streichung aus der Mitgliederliste

Der Mitgliedsbeitrag beträgt jahrlich 120 DM. Er ist am 1. April eines Jahres zur Zahlung fällig.
Ein Mitglied, das länger als sechs Monate mit seinem Jahresbeitrag im Rückstand ist, wird schriftlich an die fällige Zahlung erinnert. Wird auch dann keine Zahlung geleistet, so ist das Mitglied am 1. April des folgenden Jahres aus der Mitgliederliste zu streichen. § 5 Abs. 2 der Satzung findet entsprechende Anwendung.

§ 5 Austritt

Der Austritt aus dem Verein ist nur zum Jahresende möglich. Die Austrittserklärung muß schriftlich abgefaßt sein und muß spätestens bis zum 30. September einem Vorstandsmitglied zugehen.
Ein ausgetretenes Mitglied hat keinen Anspruch auf einen Anteil am Vereinsvermögen.

§ 6 Ausschluß

Ein Mitglied kann aus dem Verein ausgeschlossen werden, wenn es vorsätzlich den Interessen des Vereins zuwiderhandelt. Über den Ausschluß entscheidet die Mitgliederversammlung mit ⅔ Mehrheit.
Der Antrag auf Ausschließung ist dem betroffenen Mitglied zwei Wochen vor der Mitgliederversammlung in Abschrift zu übersenden. Eine schriftliche Stellungnahme des Betroffenen ist in der Versammlung zu verlesen. Der begründete Ausschließungsbeschluß wird dem nicht in der Versammlung anwesenden Mitglied vom Vorstand schriftlich bekanntgemacht. § 5 Abs. 2 der Satzung gilt entsprechend.

§ 7 Organe

Organe der Vereins sind die Mitgliederversammlung und der Vorstand.
Durch Beschluß der Mitgliederversammlung können weitere Organe gebildet werden.

§ 8 Vorstand

Der Vorstand besteht aus dem 1. und 2. Vorsitzenden, dem Kassenwart und dem Schriftführer.
Der Vorstand führt die Geschäfte des Vereins ehrenamtlich.
Für die Beschlußfassung gilt § 28 Abs. 1 i. V. m. § 32 BGB mit der Maßgabe, daß bei Stimmengleichheit die Stimme des 1. Vorsitzenden den Ausschlag gibt.

Der Verein wird gerichtlich und außergerichtlich aktiv vom 1. oder 2. Vorsitzenden vertreten. Der 2. Vorsitzende wird im Innenverhältnis angewiesen, von seiner Einzelvertretungsbefugnis nur im Falle der Verhinderung des 1. Vorsitzenden Gebrauch zu machen.
Die Mitglieder des Vorstandes werden in der Mitgliederversammlung in geheimer Abstimmung auf die Dauer von zwei Jahren gewählt. Der Vertretungsvorstand (1. und 2. Vorsitzender) bleibt jedoch solange im Amt, bis ein neuer Vorstand gewählt ist.

§ 9 Mitgliederversammlung

Die Mitgliederversammlung ist zuständig für
- die Satzungsänderungen,
- die Wahl des Vorstands sowie dessen Entlastung,
- die geänderte Beitragsfestsetzung,
- die Aufnahme eines Mitglieds nach Berufung des Abgelehnten gegen die ablehnende Entscheidung des Vorstands,
- die Ausschließung eines Mitglieds,
- die Auflösung des Vereins.

Jährlich im November muß eine ordentliche Mitgliederversammlung stattfinden.
Eine außerordentliche Mitgliederversammlung muß einberufen werden, wenn es das Interesse des Vereins erfordert, wenn ein Vorstandsmitglied vorzeitig ausgeschieden ist oder wenn der 10. Teil der Mitglieder schriftlich vom Vorstand unter Angabe von Zweck und Grund die Einberufung verlangt hat.
Zuständig für die Festsetzung der Tagesordnung und für die Einberufung ist der Vorstand. Zur ordentlichen Mitgliederversammlung ist mit einer Frist von mindestens vier Wochen, zu einer außerordentlichen Mitgliederversammlung mit einer Frist von mindestens drei Wochen unter Bekanntgabe der Tagesordnung einzuladen. Die Einberufung muß in der Samstagsausgabe der »Wartberger Post« veröffentlicht werden.
Wahlen sind geheim. Jeder stimmberechtigte Teilnehmer vermerkt auf einem Blatt den Kandidaten, den er wählen will und gibt das Blatt in einem verschlossenen Umschlag beim Versammlungsleiter ab. Gewählt ist der Kandidat, der die meisten Stimmen auf sich vereinigt.
Bei sonstigen Abstimmungen entscheidet die einfache Mehrheit. Eine ⅔-Mehrheit ist jedoch erforderlich, wenn Gegenstand der Abstimmung die Ausschließung eines Mitglieds, eine Satzungsänderung oder die Auflösung des Vereins ist; eine Zweckänderung bedarf einer Mehrheit von ⅘. Stimmenthaltungen werden nicht mitgezählt.
Über die Mitgliederversammlung ist ein Ergebnisprotokoll zu fertigen, das vom Versammlungsleiter und vom Schriftführer zu unterschreiben ist.

§ 10 Auflösung

Über die Auflösung des Vereins kann nur in einer mit diesem Tagesordnungspunkt einberufenen außerordentlichen Mitgliederversammlung Beschluß gefaßt werden.

§ 11 Liquidatoren

Ist die Liquidation des Vereinsvermögens erforderlich (Auflösung, Entziehung der Rechtsfähigkeit), so sind die im Amt befindlichen Mitglieder des Vertretungsvorstands die Liquidatoren.

§ 12 Vermögensanfall

Das nach Durchführung der Abwicklung noch vorhandene Vereinsvermögen fällt an die Stadt Wartberg, die es unmittelbar und ausschließlich für gemeinnützige Zwecke zu verwenden hat.

24. Ausführliche Satzung eines eingetragenen gemeinnützigen Vereins

3076

A. Allgemeines

§ 1 Name, Sitz, Vereinsfarben, Geschäftsjahr

Der Verein führt den Namen »Wartberger Verein für Leibesübungen von 1990«. Er soll in das Vereinsregister eingetragen werden. Nach der Eintragung führt er den Namenszusatz »e. V.«.
Er hat seinen Sitz in Wartberg und erstreckt seine Tätigkeit auf die Stadt und den Landkreis Wartberg.
Die Vereinsfarben sind grün-weiß. Er führt folgende Flagge: (es folgt die Abbildung).
Das Geschäftsjahr ist das Kalenderjahr.

§ 2 Vereinszweck

Zweck des Vereins ist die Pflege von Leibesübungen aller Art.
Der Verein verfolgt ausschließlich und unmittelbar gemeinnützige Zwecke im Sinne der §§ 51 ff. AO. Der Satzungszweck wird verwirklicht insbesondere durch folgende Maßnahmen: Der Verein stellt seinen Mitgliedern sein gesamtes Vermögen (Gebäude, Sportanlagen, Sportgeräte) zur Verfügung, um diesen die Pflege von Leibesübungen aller Art unter der Leitung von Sportfachkräften zu ermöglichen. Durch Veranstaltung jedermann zugänglicher Vorträge sowie durch sonst geeignete Werbemaßnahmen soll die Bevölkerung im Tätigkeitsbereich des Vereins auf die Bedeutung regelmäßig durchzuführender Leibesübungen für die Gesundheit und die Lebensfreude hingewiesen werden.
Der Verein ist selbstlos tätig; er verfolgt nicht in erster Linie eigenwirtschaftliche Zwecke.
Die Mittel des Vereins dürfen nur für die satzungsgemäßen Zwecke verwendet werden. Die Mitglieder erhalten keine Gewinnanteile und in ihrer Eigenschaft als Mitglieder auch keine sonstigen Zuwendungen aus Mitteln des Vereins.
Außerdem darf keine Person durch Ausgaben, die dem gesetzten Zweck des Vereins fremd sind, oder durch unverhältnismäßig hohe Vergütungen begünstigt werden. Alle Inhaber von Vereinsämtern sind ehrenamtlich tätig.

§ 3 Verbandsmitgliedschaft

Der Verein ist Mitglied des Sportverbandes X e. V.
Für den Verein sind die folgenden Bestimmungen der Satzung des Sportverbandes X e. V. verbindlich (es folgt die Einzelbenennung der verbindlichen Satzungsbestandteile des Verbandes, insbesondere derjenigen über den Verbandszweck, über die Rechte und Pflichten der Verbandsmitglieder sowie über die Verbandsgerichtsbarkeit einschließlich einer bestehenden Schiedsgerichtsbarkeit). Die Mitglieder des Vereins sind den folgenden Ordnungen des Sportverbandes X e. V. unterworfen (es folgt die Aufzählung von Verbandssportordnungen einschließlich einer etwaigen Verbandsgerichts- und Schiedsgerichtsordnung). Soweit sonach Verbandsrecht verbindlich ist, überträgt der Verein seine Ordnungsgewalt dem Sportverband X e. V.
Oder: Der Verein erstrebt die Mitgliedschaft im Landessportbund ... Der Vorstand wird ermächtigt, alle zum Erwerb der Verbandsmitgliedschaft erforderlichen Willenserklärungen namens des Vereins abzugeben.
Oder: Der Beitritt des Vereins zu einem Vereinsverband ist nur möglich, wenn dies die Mitgliederversammlung mit einfacher Mehrheit der erschienenen und abstimmenden Mitglieder beschließt; die Beschlußfassung ist nur gültig, wenn mehr als 50 % der Mitglieder in der Versammlung anwesend sind.

B. Erwerb und Verlust der Mitgliedschaft

§ 4 Arten der Mitgliedschaft

Die ordentliche Mitgliedschaft kann jede nicht in der Geschäftsfähigkeit beschränkte Person ab vollendetem 18. Lebensjahr erwerben.
Als jugendliche Mitglieder können Minderjährige ab vollendetem 10. Lebensjahr aufgenommen werden.
Durch Beschluß der Mitgliederversammlung kann die Ehrenmitgliedschaft einzelnen Personen verliehen werden, die sich besondere Verdienste bei der Unterstützung des Vereinszwecks erworben haben.

§ 5 Erwerb der ordentlichen Mitgliedschaft und der Mitgliedschaft als Jugendlicher

Der Aufnahmebewerber hat ein schriftliches Aufnahmegesuch an den Vorstand zu richten, das Vor- und Familiennamen, Alter, Beruf und Anschrift des Bewerbers enthält. Bei minderjährigen Aufnahmebewerbern muß das Gesuch den Vermerk enthalten, daß der gesetzliche Vertreter dem Verein für die Zahlung der baren Mitgliedsbeiträge haftet. Bei Minderjährigen bis zum vollendeten 15. Lebensjahr muß der gesetzliche Vertreter die Mitgliedschaftsrechte und -pflichten, die über die Teilnahme an Leibesübungen hinausgehen, selbst ausüben. Bei 16 und 17 Jahre alten Minderjährigen hat der gesetzliche Vertreter in dem Aufnahmegesuch zu erklären, ob er die genannten Rechte und Pflichten selbst ausüben will oder ob er den Minderjährigen zur Ausübung ermächtigt. Der gesetzliche Vertreter hat das Aufnahmegesuch mit zu unterschreiben.
Über die Aufnahme entscheidet der Vorstand. Das Ergebnis der Entscheidung wird dem Bewerber schriftlich mitgeteilt. Die Ablehnung muß nicht begründet werden.

Gegen die Ablehnung kann der Bewerber innerhalb eines Monats ab Zugang der ablehnenden Entscheidung Berufung zur nächsten ordentlichen Mitgliederversammlung einlegen, die dann über die Aufnahme endgültig entscheidet.
Dem aufgenommenen Mitglied ist eine Satzung (evtl. ein Exemplar der weiter verbindlichen Ordnungen) auszuhändigen.
Die Verleihung einer Ehrenmitgliedschaft kann nur dann auf die Tagesordnung einer Mitgliederversammlung gesetzt werden, wenn dies der Vorstand einstimmig beschließt.

§ 6 Beendigung der Mitgliedschaft

Die Mitgliedschaft endet mit dem Tod eines Mitglieds, durch freiwilligen Austritt, durch Streichung von der Mitgliederliste sowie durch Ausschluß aus dem Verein.
Der Austritt muß schriftlich erklärt werden; das Schreiben ist an ein vertretungsberechtigtes Vorstandsmitglied zu richten. Bei jugendlichen Mitgliedern muß die Austrittserklärung vom gesetzlichen Vertreter mit unterschrieben sein. Der auf wichtige Gründe gestützte Austritt ist sofort wirksam. Im übrigen kann der Austritt nur zum Schluß eines Geschäftsjahres unter Einhaltung einer Kündigungsfrist von drei Monaten erklärt werden. Während des Laufs der Kündigungsfrist hat der Austrittswillige die sich aus der bisherigen Mitgliedschaft ergebenden Rechte und Pflichten. Die Austrittserklärung kann mit Zustimmung des Vertretungsvorstands wieder zurückgenommen werden.
Durch Beschluß des Vorstands kann ein Mitglied von der Mitgliederliste gestrichen werden, wenn es trotz zweimaliger schriftlicher Mahnung die Zahlung bereits fällig gewordener Mitgliedsbeiträge (Umlagen oder Ordnungsgelder) unterläßt. Die erste Mahnung ist erst einen Monat nach Fälligkeit zulässig. Die zweite Mahnung ist drei Monate später mittels »Einschreiben mit Rückschein« zu übermitteln; sie muß den Hinweis auf die bevorstehende Streichung enthalten. Diese darf erst beschlossen werden, wenn nach dem Ablauf weiterer zweier Monate ab Zugang der zweiten Mahnung die Schuld nicht restlos getilgt wird. Die Streichung ist dem Betroffenen mitzuteilen.
Ein Mitglied kann aus dem Verein ausgeschlossen werden, wenn es vorsätzlich den Interessen des Vereins zuwiderhandelt. Dies ist insbesondere der Fall, wenn ein schwerwiegender Verstoß gegen die Satzung oder gegen Anordnungen der Vereinsorgane zu verzeichnen ist. Den Antrag auf Ausschluß kann jedes Mitglied stellen. Über den Antrag entscheidet der Gesamtvorstand. Gegen seine Ausschlußentscheidung, die mit Gründen zu versehen und dem Betroffenen mittels »Einschreiben mit Rückschein« bekanntzumachen ist, ist die Berufung zur Mitgliederversammlung innerhalb einer Frist von einem Monat ab Bekanntmachung zulässig. Die Berufung hat aufschiebende Wirkung. Legt der Betroffene keine Berufung ein, so wird der Ausschluß mit dem Ablauf der Berufungsfrist wirksam.

C. Rechte und Pflichten der Mitglieder

§ 7 Mitgliedschaftsrechte

Die ordentlichen und jugendlichen Mitglieder sind berechtigt, die Einrichtungen und Anlagen des Vereins zu benutzen und an allen Veranstaltungen des Vereins teilzunehmen.
An den Leibesübungen nehmen die ordentlichen Mitglieder in den Vereinsabteilungen teil, denen sie vom Sportwart zugeteilt worden sind. Die jugendlichen Mitglieder betätigen sich in den jeweiligen Jugendabteilungen.

§ 7a Sonderrechte

Die zehn Vereinsgründer [es folgen die Namen] haben folgende Sonderrechte gem. § 35 BGB:
a) Sie sind für die Dauer ihrer Mitgliedschaft von der Entrichtung von baren Mitgliedsbeiträgen befreit;
b) ihrem einstimmigen Antrag auf Einberufung einer außerordentlichen Mitgliederversammlung muß entsprochen werden, falls sie einen nicht völlig außerhalb des Vereinszwecks liegenden Tagesordnungspunkt dem Vorstand schriftlich benennen;
c) sie können mit sofortiger Wirkung durch schriftliche Erklärung gegenüber einem Vorstandsmitglied freiwillig aus dem Verein ausscheiden;
d) ein Vereinsausschluß ist nur möglich, wenn ein sonderberechtigtes Mitglied durch rechtskräftiges Urteil eines staatlichen Strafgerichts wegen Verbrechens zu einer Freiheitsstrafe mit einer der in § 45 StGB genannten Nebenfolgen verurteilt worden ist)

§ 8 Finanzielle Beitragspflichten

Bei der Aufnahme in den Verein ist ein Aufnahmebeitrag zu entrichten.
Jedes Mitglied hat einen Jahresbeitrag zu leisten. Dieser ist im voraus am 1. Februar eines Jahres zu entrichten; die Fälligkeit tritt ohne Mahnung ein. Beitragsrückstände sind nach 6 Monaten (ab 1. August) mit 4 % und nach 12 Monaten (1. Februar des folgenden Jahres) mit 8 % zu verzinsen.
Die Höhe des Aufnahme- und des Jahresbeitrags wird von der Mitgliederversammlung festgesetzt. Minderjährige Mitglieder haben nur die Hälfte des für ordentliche Mitglieder festgesetzten Beitrags zu zahlen.
Einem Mitglied, das unverschuldet in eine finanzielle Notlage geraten ist, kann der Beitrag gestundet oder für die Zeit der Notlage ganz oder teilweise erlassen werden. Über ein Stundungs- oder Erlaßgesuch entscheidet der Vorstand.
Bei einem nicht vorhersehbaren Finanzbedarf des Vereins kann die Mitgliederversammlung die Erhebung einer Umlage beschließen. Diese darf das Fünffache eines Jahresbeitrags nicht überschreiten. Minderjährige Mitglieder sind von der Zahlung einer Umlage befreit.
Ehrenmitglieder treffen keine finanziellen Beitragspflichten.

§ 9 Sonstige Mitgliedspflichten

Die Mitglieder sind verpflichtet, den Vereinszweck zu fördern und alles zu unterlassen, was das Ansehen des Vereins gefährden könnte.
Die Mitglieder haben Verstöße gegen die Satzung zu vermeiden; sie haben den Anordnungen der Vereinsorgane Folge zu leisten.
Bei der sportlichen Betätigung haben die Mitglieder die (vom Sportverband X e. V. erlassene) Sportordnung sowie die Hausordnung des Vereins zu beachten.
Die Änderung des Namens oder der Anschrift ist dem Vorstand alsbald schriftlich mitzuteilen.

§ 9 a Sonderpflichten

Dem Vereinsmitglied Martin Rau, Schloßstr. 7, Wartberg, werden die in § 7 a der Satzung festgelegten Sonderrechte eingeräumt.
Herr Rau übernimmt dafür folgende Sonderpflichten:
a) Er überläßt leihweise auf die Dauer von 30 Jahren sein unbebautes Grundstück Schloßstr. 15, Wartberg, dem Verein als Sportplatz;
b) er verpflichtet sich, einem Rechtsnachfolger zur Auflage zu machen, daß dieser ebenfalls innerhalb der in a) genannten Frist das Grundstück leihweise dem Verein zur Verfügung stellt)

D. Die Organe des Vereins

§ 10 Bestehende Organe; Bildung neuer Organe

Derzeit bestehende Organe des Vereins sind:
a) die Mitgliederversammlung,
b) der Vorstand,
c) der Verwaltungsrat.
Die Mitgliederversammlung kann die Bildung weiterer Vereinsorgane beschließen.

§ 11 Ordentliche und außerordentliche Mitgliederversammlung

Im November eines jeden Jahres muß eine ordentliche Mitgliederversammlung stattfinden.
Eine außerordentliche Mitgliederversammlung muß einberufen werden:
a) wenn es der Vorstand beschließt; dazu ist er verpflichtet, wenn es das Wohl des Vereins erfordert, besonders dringliche Gegenstände der Beratung und Beschlußfassung durch das oberste Vereinsorgan zu unterbreiten;
b) wenn ein Mitglied des Vertretungsvorstands vorzeitig aus seinem Amt ausscheidet;
c) wenn die Berufung von einem Zehntel der Mitglieder unter Angabe von Zweck und Grund schriftlich gegenüber dem Vorstand verlangt wird.

§ 12 Zuständigkeit der Mitgliederversammlung

Die Mitgliederversammlung ist ausschließlich in folgenden Angelegenheiten zuständig:

a) Entgegennahme des Jahresberichts des Vorstands; Erteilung oder Verweigerung der Entlastung;
b) Genehmigung des vom Verwaltungsrat aufgestellten Haushaltsvoranschlags für das folgende Geschäftsjahr;
c) Festsetzung der Höhe des Aufnahme- und Jahresbeitrags; Beschlußfassung über die Erhebung einer Umlage;
d) Wahl und Abberufung der Mitglieder des Vorstands und der sonstigen Organmitglieder;
e) Beschlußfassung über die Änderung der Satzung einschließlich des Vereinszwecks sowie über die Auflösung des Vereins;
f) Verleihung und Aberkennung der Ehrenmitgliedschaft; die Aberkennung ist nur bei einem schuldhaft schwerwiegenden Verstoß gegen den Vereinszweck zulässig;
g) als Berufungsinstanz Entscheidung über die Aufnahme oder den Ausschluß eines Bewerbers oder Mitglieds.

Die Mitgliederversammlung kann dem Vorstand Weisungen erteilen.

§ 13 Einberufung der Mitgliederversammlung; Ergänzung der Tagesordung

Einberufungsorgan ist der Vorstand. Er setzt auch die Tagesordnung fest.
Die Ausführung der Einberufung obliegt dem 1. Vorstandsvorsitzenden, bei dessen Verhinderung dem 2. Vorstandsvorsitzenden.
Zur ordentlichen Mitgliederversammlung wird durch Bekanntmachung in der Samstagsausgabe des »Wartberger Tagblatts« geladen. Zwischen der Veröffentlichung und der Mitgliederversammlung muß ein Zeitraum von mindestens vier, höchstens acht Wochen liegen (Ladungsfrist).
Zu einer außerordentlichen Mitgliederversammlung muß durch briefliche Benachrichtigung eines jeden Mitglieds einberufen werden. Das Schreiben ist mindestens zwei Wochen vor der Versammlung an die zuletzt bekannte Anschrift eines Mitglieds zu richten. Es gilt mit dem auf die Absendung folgenden übernächsten Werktag als zugegangen.
Jede Ladung muß die vollständige Tagesordnung enthalten.
Jedes Mitglied kann bis spätestens eine Woche vor einer Mitgliederversammlung schriftlich beim Einberufungsorgan die Ergänzung der Tagesordnung verlangen. Eine solche vorzunehmen, liegt im pflichtgemäßen Ermessen des Einberufungsorgans. Dem Verlangen muß jedoch entsprochen werden, wenn es von einem Zehntel der Vereinsmitglieder unterstützt wird. Über die Ergänzung sollen die Mitglieder noch vor der Mitgliederversammlung in der Form verständigt werden, wie sie geladen worden sind. Ist dies nicht mehr möglich, so hat der Versammlungsleiter die Ergänzung zu Beginn der Mitgliederversammlung bekanntzugeben.
Anträge auf Ergänzung der Tagesordnung können in der Versammlung als Dringlichkeitsanträge gestellt werden. Die Behandlung erfordert jedoch eine Zweidrittelmehrheit.

§ 14 Beratung und Beschlußfassung

Versammlungsleiter ist der 1., bei dessen Verhinderung der 2. Vorstandsvorsitzende. Betrifft die Beratung und Abstimmung eine Angelegenheit dieser Leiter, so muß ein anderer Tagungsleiter gewählt bzw. bei Wahlen ein Wahlausschuß gebildet werden.
Die Mitgliederversammlung ist nicht öffentlich. Über die Zulassung von Gästen entscheidet der Versammlungsleiter; seine Entscheidung kann die Mitgliederversammlung durch Mehrheitsbeschluß ändern.
Die Protokollführung obliegt dem Kassenverwalter. Ist er verhindert, so wählt die Versammlung einen Protokollführer.
Bei Personalentscheidungen (Wahlen) ist schriftlich-geheim abzustimmen. Das Nähere regelt eine Versammlungsordnung. Im übrigen bestimmt der Versammlungsleiter die Art der Abstimmung. Seine Entscheidung kann von einem Drittel der stimmberechtigten Mitglieder geändert werden; es ist dann in der von dieser Minderheit gewünschten Form abzustimmen.
Bei folgenden Gegenständen ist die Versammlung nur dann beschlußfähig, wenn die Hälfte der stimmberechtigten Mitglieder anwesend ist: Änderung des Vereinszwecks sowie Auflösung des Vereins. Im übrigen ist Beschlußfähigkeit ohne Rücksicht auf die Zahl der erschienenen Mitglieder gegeben, sofern wenigstens drei stimmberechtigte Mitglieder anwesend sind.
Jedes Mitglied hat eine Stimme. Dies schließt nicht aus, daß ein gesetzlicher Vertreter eines Vereinsmitglieds, der selbst Mitglied ist, in beiden Eigenschaften abstimmt.
Die Erteilung einer Stimmrechtsvollmacht ist zulässig. Vollmachtnehmer kann jedoch nur ein Vereinsmitglied sein.
Beschlüsse werden grundsätzlich mit der einfachen Mehrheit der abgegebenen gültigen Stimmen gefaßt; Stimmenthaltungen werden nicht mitgezählt. Für Satzungsänderungen ist jedoch eine Mehrheit von zwei Drittel, zur Auflösung des Vereins eine solche von vier Fünftel der abgegebenen gültigen Stimmen erforderlich. Zur Änderung des satzungsmäßig festgelegten Zwecks ist die Zustimmung aller Mitglieder erforderlich; die nicht in der Versammlung erschienenen Mitglieder können ihre Zustimmung innerhalb eines Monats nach der Abstimmung schriftlich gegenüber dem Vorstand erklären.
Bei Wahlen gilt derjenige von mehreren Kandidaten als gewählt, der mehr als die Hälfte der abgegebenen gültigen Stimmen erhalten hat. Ist diese Stimmenzahl nicht erreicht worden, so findet eine Stichwahl zwischen den Kandidaten statt, welche die höchsten Stimmenzahlen erreicht haben. Gewählt ist dann derjenige, der nunmehr die meisten Stimmen erhält; bei gleicher Stimmenzahl entscheidet das vom Leiter der Versammlung zu ziehende Los.
Über den Verlauf der Mitgliederversammlung ist ein Ergebnisprotokoll zu fertigen, das vom (von den) Versammlungsleiter(n) und vom Schriftführer zu unterschreiben ist. Das Protokoll muß enthalten: Ort und Zeit der Versammlung, Namen des Versammlungsleiters und Schriftführers, Zahl der erschienenen Mitglieder, Feststellung der satzungsgemäßen Einberufung und der Beschlußfähigkeit, die Tagesordnung, die gestellten Anträge, das Abstimmungsergebnis (Zahl der Ja-Stimmen, der Nein-Stimmen, Stimmenthaltungen, ungültige Stimmen), die Art der Abstimmung, evtl. Widersprüche gegen gefaßte Beschlüsse. Ein Antrag, der eine Satzungsänderung (Zweckänderung) betrifft, ist wörtlich in das Protokoll aufzunehmen.

§ 15 Zusammensetzung und Bildung des Vorstands

Der Gesamtvorstand besteht aus sieben Personen, die eine Vereinsmitgliedschaft von wenigstens fünf Jahren haben und volljährig sein müssen.
Mitglieder des Gesamtvorstands sind:
der 1. Vorsitzende,
der 2. Vorsitzende,
der Schriftführer,
der Kassenverwalter,
die Leiter der Damen-, Herren- und Jugendabteilung.
Die beiden Vorsitzenden, der Schriftführer und der Kassenverwalter werden von der Mitgliederversammlung auf die Dauer von zwei Jahren gewählt. Jedes Organmitglied ist einzeln zu wählen. Jedes Vorstandsmitglied bleibt bis zu einer Neuwahl im Amt. Scheidet ein Vorstandsmitglied vorzeitig aus, so ist der Gesamtvorstand berechtigt, ein Ersatzmitglied für die restliche Amtsdauer des Ausgeschiedenen zu wählen.
Die Leiter der Damen-, Herren- und Jugendabteilung werden in einer jährlich im November stattfindenden Abteilungsversammlung entsprechend § 14 Abs. 9 der Satzung gewählt. Für diese Vorstandsmitglieder gelten im übrigen die Bestimmungen des vorstehenden Absatzes 3 entsprechend.

§ 16 Vertretungsvorstand

Vorstand im Sinne des § 26 BGB ist der 1. oder der 2. Vorstandsvorsitzende. Der 2. Vorstandsvorsitzende ist in seinem Anstellungsvertrag angewiesen worden, von seiner Vertretungsbefugnis nur im Falle einer nicht nur kurzfristigen Verhinderung des 1. Vorsitzenden Gebrauch zu machen. Diese Regelung hat keine Außenwirkung.
Die Vertretungsbefugnis des Vorstands ist ausschließlich für den folgenden Fall beschränkt: Soll der Verein durch ein Geschäft im Werte von 5 000 DM und mehr verpflichtet werden, so muß der Vorstand dem Geschäftsgegner einen mit einfacher Mehrheit gefaßten schriftlich ausgefertigten Zustimmungsbeschluß des Verwaltungsrates vorlegen, widrigenfalls eine Verpflichtung des Vereins nicht eintritt.

§ 17 Aufgaben des Gesamtvorstands

Dem Gesamtvorstand obliegt die Leitung des Vereins und die Führung seiner Geschäfte. Er hat diejenigen Verwaltungsaufgaben zu erledigen, die durch die Satzung nicht ausdrücklich einem anderen Vereinsorgan zugewiesen sind. In den Wirkungskreis des Vorstands fallen insbesondere:

a) Die Beschlußfassung darüber, ob eine außerordentliche Mitgliederversammlung einzuberufen ist;
b) die Vorbereitung einer Mitgliederversammlung und die Aufstellung der Tagesordnung, evtl. ihre Ergänzung;
c) die Erstellung des Jahresberichts;
d) die Einberufung einer Mitgliederversammlung;
e) die Prüfung des Rechtsbestandes der Beschlüsse der Mitgliederversammlung sowie die Ausführung der nicht nichtigen Beschlüsse;
f) die Übermittlung eines satzungsändernden Beschlusses an das zuständige Finanzamt;

g) die Buchführung; die ordnungsgemäße Verwaltung und Verwendung des Vereinsvermögens;
h) die Aufnahme, die Streichung sowie der Ausschluß von Mitgliedern;
i) die Anstellung und Kündigung von Vereinsangestellten sowie deren Beaufsichtigung.

Jedes Vorstandsmitglied leitet das ihm durch die Vorstandsgeschäftsordnung zugewiesene Ressort eigenverantwortlich. Über wichtige Vorkommnisse in einem Ressortbereich ist unverzüglich dem Gesamtvorstand schriftlich zu berichten. Handelt es sich um für den Vermögensstand des Vereins bedeutsame Vorkommnisse, so hat der Gesamtvorstand unverzüglich dem Verwaltungsrat Bericht zu erstatten.

§ 18 Beschlußfassung des Gesamtvorstands

Der Gesamtvorstand ist beschlußfähig, wenn alle Mitglieder eingeladen und mindestens drei Mitglieder, darunter der 1. oder 2. Vorsitzende, anwesend sind. Die Einladung durch den 1. Vorsitzenden oder bei dessen Verhinderung durch den 2. Vorsitzenden kann schriftlich, fernmündlich oder telegraphisch (muß schriftlich) erfolgen. Die Bekanntgabe einer Tagesordnung bei der Einberufung des Vorstandes ist (nicht) erforderlich. Der Vorstand entscheidet mit einfacher Stimmenmehrheit. Bei Stimmengleichheit gibt die Stimme des 1. Vorsitzenden bzw. des die Sitzung leitenden Vorsitzenden den Ausschlag.

Einer Vorstandssitzung bedarf es nicht, wenn alle Vorstandsmitglieder einem Vorschlag oder Beschluß schriftlich zustimmen.

In den Sitzungen gefaßte Beschlüsse sind in ein Protokoll einzutragen und vom Sitzungsleiter zu unterschreiben. Die Eintragungen müssen enthalten: Ort und Zeit der Sitzung, die Namen der Teilnehmer und des Leiters, evtl. Entschuldigungen, die gefaßten Beschlüsse und die dabei erzielten Mehrheitsverhältnisse (Ja-Stimmen, Nein-Stimmen, Stimmenthaltungen). Schriftliche Zustimmungen zu einem Beschluß sind in der Anlage zum Protokollbuch zu verwahren.

§ 19 Verwaltungsrat

Der Verwaltungsrat ist Kontrollorgan für die Vermögensverwaltung des Vereins. Ihm dürfen deshalb Vorstandsmitglieder nicht angehören.

Dem Verwaltungsrat obliegt:
a) die Aufstellung des Haushaltsplans für das jeweils nächstfolgende Geschäftsjahr;
b) die Beschlußfassung in den Fällen der § 16 Abs. 3 und § 17 Abs. 3 Satz 3 der Satzung;
c) die unvermutete stichprobenhafte Kontrolle der Buchführung;
d) die Beschlußfassung, dem Vorstand die Einberufung einer außerordentlichen Mitgliederversammlung dringend zu empfehlen, wenn die sich verschlechternden Vermögensverhältnisse des Vereins dazu Anlaß geben;
e) in der Mitgliederversammlung zur Frage der Entlastung der Vorstandsmitglieder Stellung zu nehmen.

Der Verwaltungsrat besteht aus fünf Mitgliedern, von denen zwei nicht Mitglieder des Vereins sein müssen. Die Mitgliederversammlung wählt die Mitglieder auf die Dauer von zwei Jahren. Im übrigen gilt § 15 Abs. 3 Satz 2 bis 4 der Satzung sinngemäß.

Die Mitglieder des Verwaltungsrats wählen aus ihrer Mitte einen 1. und 2. Vorsitzenden.
Der Verwaltungsrat hat mindestens vierteljährlich eine Sitzung abzuhalten. Eine solche muß außerdem anberaumt werden, wenn dies zwei Mitglieder des Verwaltungsrats verlangen.
Im übrigen gilt für die Beschlußfassung § 18 der Satzung entsprechend.

E. Sonstige Bestimmungen

§ 20 Haftung des Vereins seinen Mitgliedern gegenüber

Für Schäden gleich welcher Art, die einem Vereinsmitglied aus der Teilnahme an den Leibesübungen oder durch Benutzung der übrigen Vereinseinrichtungen entstanden sind, haftet der Verein nur, wenn einem Organmitglied oder einer sonstigen Person, die für den Verein nach den Vorschriften des bürgerlichen Rechts einzustehen hat, Vorsatz oder grobe Fahrlässigkeit zur Last fällt.

§ 21 Auflösung des Vereins und Vermögensanfall

Die Auflösung des Vereins kann nur mit der in § 14 Abs. 8 Satz 2 festgelegten Stimmenzahl beschlossen werden.
Falls die Mitgliederversammlung nichts anderes beschließt, sind der 1. Vorstandsvorsitzende und der Kassenwart die gemeinsam vertretungsberechtigten Liquidatoren. Diese Regelung gilt auch dann, wenn der Verein aus einem anderen Grund aufgelöst wird oder wenn er seine Rechtsfähigkeit verliert.
Das nach Beendigung der Abwicklung noch vorhandene Vereinsvermögen fällt der Stadt Wartberg an, die es unmittelbar und ausschließlich für gemeinnützige Zwecke zu verwenden hat.

25. Satzung eines Sportverbands

§ 1 Name und Sitz

1. Die Vereine und Landes .... sportverbände in der Bundesrepublik **3077**
   Deutschland, deren Mitglieder aktiven .... sport betreiben, haben sich zu einem Fachsportverband (Verein) zusammengeschlossen.
   Der Verein führt den Namen Deutscher .... sportverband e. V. – abgekürzt DSV.
   Der Verein ist in das Vereinsregister des Amtsgerichts Velden unter VR 103 eingetragen.
2. Sitz des DSV ist Velden.

§ 2 Verbandszweck und Verbandsaufgaben

1. Zweck des Verbands ist die Förderung des .... sports und die Überwachung der Durchführung des .... sports nach einheitlichen Regeln.
Um dieses Ziel zu erreichen, sind die folgenden Verbandsordnungen erlassen worden, die Bestandteil dieser Satzung sind:
   a) Wettkampfordnung

b) Schiedsrichterordnung
c) Trainerordnung und zugehörige Prüfungsordnung
d) Ausbildungs- und Prüfungsordnung für Übungsleiter
e) Verbandsgerichtsordnung
f) Schiedsgerichtsordnung
g) Gebührenordnung.

2. Die Mitgliedsvereine haben diese Verbandsordnungen zu Bestandteilen ihrer Satzung erklärt. Die Aufnahme neuer Mitglieder ist davon abhängig, daß eine Satzung vorgelegt wird, in der die Verbindlichkeit dieser Verbandsordnungen anerkannt und zum Satzungsbestandteil erklärt worden ist.
3. Der DSV ist die allein zuständige Instanz, die in Fragen des .... sports im In- und Ausland verbindliche Erklärungen abgeben kann.

§ 2a Internationale Verbandsmitgliedschaft

1. Der DSV ist Mitglied des internationalen Sportdachverbandes ... mit dem Sitz in ... Aufgrund dieser Mitgliedschaft ist der DSV dem Regelungswerk dieses internationalen Verbandes unterworfen.
2. Der DSV erklärt zum Bestandteil seiner Satzung die folgenden Regelungen des internationalen Verbandes:
   Statuten:
   Art. 13: Suspension von Mitgliedschaftsrechten
   Art. 14: Ausschluß von Mitgliedern
   Art. 20: Entscheidung von Streitigkeiten mit dem internationalen Verband durch ein bei diesem gebildetes Schiedsgericht.
   By-Laws:
   Regeln Nr.
   200–211 Spielerstatus, Transfer und Qualifikation
   300–309 Internationales Reglement
   600–625 Wettspielregeln.
   Der Text dieser Regelungswerke ist dieser Satzung als Anlage beigefügt.
3. Die Abänderung dieser internationalen Regelungen erfordert eine Übernahme des geänderten Regelungswerkes durch eine entsprechende Änderung der Satzung des DSV.
4. Die Mitgliedsvereine sind verpflichtet, die in der Nummer 2 angeführten Regelungen der By-Laws zu Bestandteilen ihrer Satzung zu erklären und im Fälle der Abänderung der By-Laws das geänderte internationale Regelungswerk durch entsprechende Änderung der eigenen Satzung zu übernehmen. Die eingetragene Satzungsänderung ist dem DSV nachzuweisen.

§ 3 Gemeinnützigkeit

1. Der DSV verfolgt ausschließlich und unmittelbar gemeinnützige Zwecke im Sinne des Abschnitts »Steuerbegünstigte Zwecke« der Abgabenordnung. Der Verband ist selbstlos tätig. Dem idealen Zweck der Förderung sportlicher Übungen und Leistungen ist die zur Erreichung des Verbandszwecks erforderliche eigenwirtschaftliche Betätigung untergeordnet.
2. Haushaltsmittel des DSV dürfen nur für die satzungsmäßigen Zwecke verwendet werden. Die Mitglieder erhalten keine Zuwendungen aus Mitteln

des Verbands; dies gilt auch für die Mitglieder der angeschlossenen Vereine. Niemand darf durch (Verwaltungs-)Ausgaben, die dem Zweck des Verbandes fremd sind, oder durch eine unverhältnismäßig hohe Vergütung begünstigt werden.

3. Die Delegierten sowie die Vorstands- und Ausschußmitglieder sind ehrenamtlich tätig. Die Reisekosten sowie die dienstlich erforderlichen Ausgaben der Mitglieder der Verbandsorgane – ausgenommen die Mitglieder des Hauptausschusses – werden vom DSV in der Höhe erstattet, die der Hauptausschuß festgesetzt hat.
   Die Reisekosten der Delegierten zur Mitgliederversammlung sowie die Reisekosten der Mitglieder des Hauptausschusses werden von den entsendenden Mitgliedsvereinen erstattet.
4. Tritt ein Mitgliedsverein aus dem DSV aus oder wird dieser aufgelöst, so erhalten die Mitglieder nicht mehr als ihre geleisteten Bareinlagen und den gemeinen Wert gegebener Sacheinlagen zurück. Eine Rückzahlung von Mitgliedsbeiträgen oder Spenden ist nicht zulässig.
5. Jeder Beschluß, durch den die Satzung geändert worden ist, muß vor dessen Einreichung beim Registergericht in Abschrift dem zuständigen Finanzamt vorgelegt werden.

§ 4 Geschäftsjahr

Geschäftsjahr ist das Kalenderjahr.

§ 5 Erwerb der Mitgliedschaft

1. Mitglieder des DSV können nur (rechtsfähige) Vereine sein, die den............ sport betreiben. Sie müssen als gemeinnützig steuerlich anerkannt sein.
2. Die Aufnahme ist schriftlich zu beantragen. Dem Antrag ist die Satzung des Vereins sowie eine Bescheinigung des zuständigen Finanzamtes über die Gemeinnützigkeit des Vereins beizufügen.
3. Über den Aufnahmeantrag entscheidet der Gesamtvorstand des DSV mit einfacher Mehrheit der Stimmen. Der Vorstand hat seine Entscheidung innerhalb von sechs Wochen ab Eingang des Antrags zu treffen. Eine ablehnende Entscheidung ist kurz zu begründen; sie ist dem antragstellenden Verein mittels »Einschreiben mit Rückschein« förmlich bekanntzumachen.
4. Gegen den ablehnenden Bescheid kann innerhalb von vier Wochen ab förmlicher Bekanntgabe schriftlich Berufung zur Mitgliederversammlung eingelegt werden.

§ 6 Rechte der Mitglieder

1. Die Mitglieder üben ihre Mitgliedschaftsrechte in der Mitgliederversammlung durch Delegierte aus.
2. Das Stimmrecht der Mitglieder ist qualifiziert und wird wie folgt festgelegt: Auszugehen ist von der Zahl der Einzelmitglieder der Mitgliedsvereine. Für jeweils angefangene 100 erhält jedes Mitglied eine Stimme. Maßgebend ist der Mitgliederstand am 1. 1. des Jahres, in dem die Mitgliederversammlung stattfindet; spätere Änderungen bleiben außer Betracht. Die Mitgliedsvereine haben jeweils bis zum 31. 1. eines Jahres eine vom Vorstand unter-

zeichnete Bescheinigung über die Zahl ihrer Mitglieder bei der Geschäftsstelle des Verbandes einzureichen.
Es ist Sache der Mitgliedsvereine, die Delegierten zu bestimmen. Auf keinen Delegierten dürfen jedoch mehr als 10 Stimmen entfallen. Die bestellten Delegierten sind unverzüglich dem Vorstand des DSV mit Namen und Anschrift sowie Zahl der in ihrer Person vereinigten Stimmen zu benennen.
3. Ist in Mitgliederversammlungen über Verfahrensfragen abzustimmen, so ist das einfache Stimmrecht nach Köpfen der anwesenden Delegierten maßgebend.
4. Die Delegierten üben ihr Stimmrecht nach bestem Wissen und Gewissen aus. Sie sind an Weisungen der sie entsendenden Vereine nicht gebunden. Dies gilt auch dann, wenn der Delegierte ein Vorstands- oder sonstiges Amt im Mitgliedsverein innehat.
5. Jeder Mitgliedsverein hat das Recht, Anträge, Anfragen, Vorschläge oder Beschwerden beim Vorstand des DSV einzureichen. Ferner können die Mitgliedsvereine Auskunft über Angelegenheiten des Verbandes verlangen; dieses Recht darf jedoch nicht mißbräuchlich ausgeübt werden; dies wäre der Fall, wenn in einer nahe bevorstehenden Mitgliederversammlung die gewünschte Auskunft erlangt werden kann.

§ 7 Ruhen der Mitgliedschaftsrechte

1. Mitglieder, die ihrer finanziellen Beitragspflicht trotz Mahnung nicht nachgekommen sind, können bis zur Pflichterfüllung keine Mitgliedschaftsrechte ausüben. Das Ruhen der Mitgliedschaftsrechte wird vom Vorstand des DSV festgestellt. Er setzt zunächst drei Monate nach Fälligkeit eine Nachfrist von einem Monat mit dem Hinweis, daß bei ungenutztem Fristablauf das Ruhen der Mitgliedschaft festgestellt wird. Die Nachfristsetzung und die Verfügung über das Ruhen der Mitgliedschaft werden dem Mitglied mittels »Einschreiben mit Rückschein« bekannt gemacht.
2. Das Ruhen der Mitgliedschaft kann ferner festgestellt werden, wenn ein Mitglied den sonstigen satzungsgemäßen Pflichten gegenüber dem DSV nicht nachkommt, nachdem es hierzu zweimal aufgefordert worden ist. Im übrigen wird gemäß vorstehender Nummer 1 verfahren.
3. Das Ende des Ruhens der Mitgliedschaft wird dem Mitglied vom Vorstand des DSV formlos bekanntgemacht.

§ 8 Finanzielle und sonstige Pflichten der Mitglieder

1. Jedes Mitglied hat bis zum 30. 4. eines Jahres an den Verband einen Jahresbeitrag von 30 DM pro zustehender Stimme zu entrichten.
2. Bis zum 15. 5. eines Jahres haben die Mitglieder die der Höhe nach von der Mitgliederversammlung festgelegten Spielabgaben abzurechnen und zu zahlen.
3. Die Mitglieder sind verpflichtet, Änderungen ihrer Satzung nach der Eintragung im Vereinsregister sowie den Beschluß über die Auflösung des Vereins innerhalb einer Frist von vier Wochen dem Vorstand des DSV anzuzeigen. In der gleichen Frist ist auch jede Änderung des Status der Gemeinnützigkeit mitzuteilen.

4. Für die Mitglieder sind die Verbandssatzung und die Verbandsordnungen (§ 2 Nr. 1 der Satzung) verbindlich. Die Mitglieder müssen auch spätere Änderungen und Ergänzungen des vom Verband gesetzten Rechts als Satzungsbestandteil übernehmen. Wird Verbandsrecht geändert, so muß im Rahmen dieser Änderung auch das Satzungsrecht der Mitgliedsvereine geändert werden (§§ 33, 71 BGB). Diese sind deshalb verpflichtet, in ihren Mitgliederversammlungen durch den Leiter darauf hinzuweisen, daß für die Änderung der Satzung gestimmt werden soll, widrigenfalls der Verband von seinem Ausschlußrecht Gebrauch machen kann.
5. Die Mitglieder sind weiter verpflichtet, Einzelweisungen von Verbandsorganen zu befolgen, sofern sie nicht im Widerspruch zu Verbandsrecht stehen.
6. Die Mitgliedsvereine erkennen ein Informationsrecht der Organe des Verbandes an, soweit es den ..... sport betrifft, den die Mitgliedsvereine betreiben. Die Verbandsorgane können in diesem Rahmen Berichte von den Mitgliedsvereinen anfordern; die Organmitglieder des DSV können Veranstaltungen und Einrichtungen der Mitgliedsvereine besichtigen bzw. besuchen.
7. Die Mitgliedsvereine übertragen ihre disziplinäre Ordnungsgewalt den in der Verfahrensordnung vorgesehenen Verbandsorganen.
8. Die Mitglieder verpflichten sich, stets darauf hinzuwirken, daß das vom Verband gesetzte Recht von ihren Vereinsmitgliedern beachtet wird.
9. Die Mitglieder erkennen das Recht des DSV an, eine Ersatzvornahme anzuordnen und vollziehen zu dürfen. Der Vorstand des DSV hat das Recht und die Pflicht, Verstöße gegen das Verbandsrecht oder gegen das für alle geltende staatliche Recht hinsichtlich der Verkehrssicherung zu beanstanden, die Beanstandung zu begründen und auf Abhilfe hinzuwirken mit der Androhung, daß nach Ablauf einer gesetzten angemessenen Frist vom Verband auf Kosten des Mitgliedsvereins eine Ersatzvornahme durchgeführt wird. Die Beanstandung ist dem Mitgliedsverein mittels »Einschreiben mit Rückschein« bekanntzumachen.
   Nach fruchtlosem Ablauf der Frist wird bei Fortbestehen des beanstandeten Zustandes die Vornahme der erforderlichen Maßnahmen auf Kosten des Mitgliedsvereins vom Vorstand des Verbands verfügt. Die Verfügung ist wie die Beanstandung förmlich bekanntzumachen.
   Gegen die Androhensverfügung kann das Mitglied Einspruch beim Verbandsschiedsgericht einlegen, wodurch die Vollziehung der angedrohten Maßnahme ausgesetzt wird. Das Verbandsschiedsgericht kann auf Antrag des Verbandes in dringenden Fällen die aufschiebende Wirkung des Einspruchs wieder außer Kraft setzen, so daß die Ersatzvornahme verfügt werden kann.

§ 9 Beendigung der Mitgliedschaft

1. Die Mitgliedschaft endet mit
   - dem Austritt,
   - dem Ausschluß,
   - dem (völligen) Verlust der Rechtsfähigkeit nach durchgeführter Vermögensliquidation, sei es des Mitgliedsvereins oder des DSV,

– dem bestandskräftigen Widerruf der Anerkennung der Gemeinnützigkeit eines Mitgliedsvereins.

2. Der Austritt muß vom Mitgliedsverein durch seinen Vorstand in vertretungsberechtigter Zahl schriftlich mit einer Kündigungsfrist von sechs Monaten zum Jahresende gegenüber dem Vorstand des DSV erklärt werden. Während des Laufs der Kündigungsfrist ist die Rücknahme der Austrittserklärung zulässig.

§ 10 Ausschluß

1. Ein Mitglied kann aus dem Verband ausgeschlossen werden, wenn es durch zurechenbares schuldhaftes Verhalten eines seiner Organe in besonders schwerwiegender Weise
   a) das Ansehen des DSV und damit des . . .sports geschädigt oder
   b) gegen die Verbandssatzung und damit auch gegen den Verbandszweck verstoßen hat.
2. Ohne daß es auf ein Verschulden der Organe des Mitgliedsvereins ankommt, ist der Ausschluß ferner zulässig,
   a) wenn das Vermögen eines Vereins liquidiert wird,
   b) wenn ein Mitgliedsverein seine Verpflichtungen gegenüber dem DSV trotz zweimaliger schriftlicher Aufforderung mit dreiwöchiger Fristsetzung nicht erfüllt.
3. Das Ausschlußverfahren wird vom Verband von Amts wegen eingeleitet. Im Falle § 10 Nr. 1 kann jedes Mitglied den Ausschluß eines anderen Mitglieds beantragen. Ist ein Ausschlußtatbestand sechs Monate lang einem Mitglied des Vertretungvorstandes des DSV oder eines Mitgliedsvereins bekannt, ohne daß das Ausschlußverfahren von Amts wegen eingeleitet oder ein Ausschlußantrag gestellt worden ist, so ist ein Ausschluß unzulässig.
   Für das Ausschlußverfahren und den Ausschluß selbst ist der Hauptausschuß zuständig. Der Vorsitzende oder ein von ihm beauftragtes Mitglied des Hauptausschusses kann vorbereitende Ermittlungen führen.
   Das betroffene Mitglied ist – ausgenommen im Falle § 10 Nr. 2 a – vorher zu hören; ihm ist die Anschuldigung mitzuteilen. Die Äußerungsfrist ist so reichlich zu bemessen, daß sich das Mitglied ordnungsgemäß verteidigen kann; eine längere als eine zweimonatige Äußerungsfrist braucht jedoch nicht gesetzt zu werden.
   Abschließende Entscheidungen in einem Ausschlußverfahren sind stets zu begründen.
   Ein ablehnender Bescheid ist dem Antragsteller, der Bescheid über den Ausschluß des betroffenen Mitglieds mittels »Einschreiben mit Rückschein« bekanntzugeben.
4. Gegen den ablehnenden Bescheid steht nur dem Antragsteller, gegen den Bescheid über den Ausschluß dem betroffenen Verein die Berufung zur Mitgliederversammlung offen.
   Die Berufung ist mit Begründung innerhalb eines Monats ab förmlicher Bekanntgabe des Bescheids schriftlich bei der Geschäftsstelle des DSV einzulegen. Die Berufung gegen den Ausschlußbescheid hat aufschiebende Wirkung.

§ 11 Organe des DSV

Organe des DSV sind:

a) die Mitgliederversammlung
b) der Vorstand
c) der Hauptausschuß
d) das Verbandsgericht
e) der Kontroll-Ausschuß.

§ 12 Aufgaben der Mitgliederversammlung

1. Die Mitgliederversammlung ist das oberste Organ des DSV. Sie kann – ausgenommen das Verbandsgericht – allen Organen des Verbandes Weisungen erteilen. Die Eigenverantwortung der Mitglieder anderer Verbandsorgane bleibt hiervon jedoch unberührt.
2. Die Mitgliederversammlung ist zuständig für
   a) die Entgegennahme des Jahresberichts,
   b) die Genehmigung des Jahresabschlusses, Entlastung des Vorstands bzw. ihre Verweigerung,
   c) die Genehmigung des vom Hauptausschuß aufzustellenden Haushaltsvoranschlags sowie für die Festsetzung der Beiträge, Gebühren und Spielabgaben,
   d) die Änderung der Verbandssatzung und der zum Satzungsbestandteil erklärten Verbandsordnungen,
   e) die Beschlußfassung über die Auflösung des DSV,
   f) die Berufung im Falle des § 5 Nr. 4 und § 10 Nr. 4 der DSV-Satzung,
   g) die Wahl der Mitglieder des Vorstands,
   h) die Wahl der Rechnungsprüfer und deren Stellvertreter,
   i) die Wahl der Mitglieder des Verbandsgerichts und des Kontrollausschusses,
   k) die Wahl der Mitglieder des Verbandsschiedsgerichts.

§ 13 Tagesordnung und ihre Ergänzung

1. Zur Tagesordnung einer ordentlichen Mitgliederversammlung gehören:
   a) Eröffnung durch den 1. Vorstandsvorsitzenden oder durch seinen Stellvertreter,
   b) Feststellung der ordnungsgemäßen Einberufung der Mitgliederversammlung und der Beschlußfähigkeit,
   c) Feststellung der Stimm- und Vertretungsrechte der anwesenden Delegierten,
   d) Entgegennahme des Jahresberichts des Vorstands,
   e) Entgegennahme des Jahresabschlusses,
   f) Bericht der Rechnungsprüfer,
   g) Entlastung des Vorstands,
   h) Neuwahl des Gesamtvorstands,
   i) Genehmigung des Haushaltsvoranschlags,
   k) Wahlen nach § 12 Nr. 2 h), i), k), soweit nach der Satzung eine Neuwahl erforderlich ist.
2. Der geschäftsführende Vorstand ist verpflichtet, weitere Tagesordnungspunkte bekanntzugeben, sofern das Wohl des DSV deren Beratung erfordert. Ein solcher Fall ist insbesondere gegeben, wenn sich die finanzielle

Lage des Verbands in ungewöhnlicher Weise verschlechtert hat und wenn keine begründete Aussicht auf baldige Sanierung besteht.

3. Jedes Mitglied kann beim geschäftsführenden Vorstand anregen, daß die Tagesordnung ergänzt wird. Der vorgeschlagene Beratungsgegenstand ist zu begründen. Die Anregung wird nur behandelt, wenn sie spätestens sechs Wochen vor der Mitgliederversammlung bei der Geschäftsstelle des DSV eingeht.
4. Der geschäftsführende Vorstand muß auf Antrag die Tagesordnung ergänzen, wenn folgende Voraussetzungen gegeben sind: Zweck und Gründe des weiteren Beratungsgegenstandes müssen spätestens sechs Wochen vor der Mitgliederversammlung bei der Geschäftsstelle des DSV schriftlich eingereicht worden sein; die Eingabe muß die Unterstützung von soviel Delegierten haben, daß diese 1/10 der Stimmen aller Delegierten auf sich vereinigen; dies ist entweder durch die Unterschrift dieser Delegierten mit Angabe der zustehenden Stimmenzahl oder durch eine schriftliche Vollmacht dieser Delegierten nachzuweisen, die einem Antragsteller erteilt wird und aus der die Zahl der Stimmen der Vollmachtgeber ersichtlich ist. Der geschäftsführende Vorstand braucht dem Verlangen auf Ergänzung der Tagesordnung nur dann nicht nachzukommen, wenn ein offensichtlicher Rechtsmißbrauch gegeben ist.
   Zugelassene Anträge sind von der Geschäftsstelle des DSV den Mitgliedern so rechtzeitig zuzusenden, daß sie nach Möglichkeit vier Wochen vor der Mitgliederversammlung in deren Händen sind.
5. Wird im Falle Nr. 4 der Antrag erst nach der Frist von sechs Wochen vor der Mitgliederversammlung eingereicht, so soll er den Mitgliedern unverzüglich übersandt werden. Über die Zulassung eines solchen Antrags entscheidet dann die Mitgliederversammlung. Er ist als Dringlichkeitsantrag zu behandeln, für die Zulassung müssen 2/3 der Delegierten stimmen; es entscheidet das einfache Stimmrecht der Delegierten nach Köpfen.

§ 14 Einberufung der ordentlichen und der außerordentlichen Mitgliederversammlung

1. Die Einberufung einer jeden Mitgliederversammlung obliegt dem geschäftsführenden Vorstand des DSV.
2. Die ordentliche Mitgliederversammlung ist mindestens einmal im Jahr in den ersten drei Monaten einzuberufen.
3. Die Mitglieder werden schriftlich eingeladen, und zwar unter der dem Verband zuletzt bekanntgegebenen Anschrift. In der Einladung sind Ort und Zeit der Mitgliederversammlung sowie die Tagesordnung anzugeben. Die Einladung wird »Für den geschäftsführenden Vorstand« von dessen Vorsitzendem oder seinem Stellvertreter unterschrieben. Die Einladungen sind so rechtzeitig abzusenden, daß sie die Mitglieder spätestens acht Wochen vor der Versammlung erreichen. Die rechtzeitige Weiterleitung der Einladung an die Delegierten des Mitgliedsvereins ist dessen Aufgabe.
4. Außerordentliche Mitgliederversammlungen sind dann einzuberufen, wenn dies der Gesamtvorstand oder der Hauptausschuß beschließt und ferner dann, wenn dies entweder von einem Fünftel der Mitgliedsvereine oder von einem Zehntel der Delegierten unter Angabe des Zwecks und der Gründe

verlangt wird; bei einem Berufungsverlangen von Delegierten gilt § 13 Nr. 4 Satz 2 der Satzung entsprechend. Das Einberufungsorgan hat dem Verlangen innerhalb einer Woche nachzukommen. Vorstehende Nummer 3 gilt sinngemäß; die Einladungsfrist beträgt hier jedoch vier Wochen.

5. Ist eine Mitgliederversammlung zu Beginn oder vor der Erledigung sämtlicher Tagesordnungspunkte beschlußunfähig, so ist eine zweite Mitgliederversammlung nach vier Wochen erneut einzuberufen. In dem Einladungsschreiben ist die Tagesordnung, soweit noch nicht erledigt, erneut bekanntzugeben; es ist darauf hinzuweisen, daß über die noch nicht erledigten Punkte der Tagesordnung unabhängig von der Zahl der erschienenen Delegierten beraten und abgestimmt wird.

§ 15 Ablauf der Mitgliederversammlung

1. Mitgliederversammlungen sind öffentlich. Die Öffentlichkeit ist jedoch auszuschließen, wenn dies von mehr als einem Drittel der anwesenden Delegierten verlangt wird; es entscheidet das Stimmrecht nach Köpfen. Sofern hierüber nicht bereits Beschluß gefaßt worden ist, entscheidet dann der Versammlungsleiter über die Zulassung von Gästen.
2. Die Mitgliederversammlung ist beschlußfähig bei Anwesenheit des Vorsitzenden des DSV-Vorstands oder seines Stellvertreters und der Hälfte der Delegierten.
3. Die Beschlüsse werden mit der einfachen Mehrheit der gültig abgegebenen Stimmen gefaßt. Stimmenthaltungen werden nicht mitgezählt. Bei Stimmengleichheit ist der Antrag abgelehnt (oder: entscheidet die Stimme des Tagungsleiters).
   Die Änderung der Hauptsatzung – nicht der zu Satzungsbestandteilen erklärten Ordnungen – bedarf einer Mehrheit von zwei Drittel der Stimmen der anwesenden Delegierten.
   Die Änderung des in der Satzung festgelegten Zwecks (§ 2) bedarf einer Mehrheit von vier Fünfteln aller Delegierten. Nicht in der Sitzung anwesende Delegierte haben innerhalb von vier Wochen ihre Zustimmung schriftlich dem Vorstandsvorsitzenden gegenüber zu erklären. Die Änderung lediglich des Wortlautes des § 2 der Satzung ist keine Zweck-, sondern Satzungsänderung. Der Beschluß über die Auflösung des DSV bedarf einer Mehrheit von drei Viertel der anwesenden Delegierten.
   Soweit der DSV eigene Rechte oder Pflichten den angeschlossenen Vereinen überläßt oder überträgt, kann eine Änderung nur mit einer Mehrheit von drei Viertel der anwesenden Delegierten beschlossen werden.
4. Das Stimmrecht der Delegierten ist nicht übertragbar. Stimmrechtsbindungsverträge sind nicht zulässig.
5. Über die Mitgliederversammlung ist ein Ergebnisprotokoll zu führen, in das die zur Abstimmung gelangten Anträge und das Abstimmungsergebnis (Zahl der Ja-Stimmen, Nein-Stimmen, Stimmenthaltungen, ungültige Stimmen) aufzunehmen ist. Evtl. Widersprüche gegen gefaßte Beschlüsse sind ebenfalls zu protokollieren.
   Der Protokollführer, der nicht dem Vorstand des DSV angehören darf, wird jeweils von der Mitgliederversammlung gewählt.
   Das Protokoll ist vom Tagungsleiter und vom Protokollführer zu unter-

schreiben. Es ist in Abschrift innerhalb eines Monats den Mitgliedern zu übersenden.
Wird innerhalb von zwei Wochen nach Absendung kein Widerspruch eingelegt, so gilt das Protokoll allseits als genehmigt.

§ 16 Hauptausschuß

1. Der Hauptausschuß ist nach der Mitgliederversammlung das zweithöchste Organ des Verbandes.
2. Der Hauptausschuß besteht aus 15 Mitgliedern. Jeder der 15 angeschlossenen Vereine bestellt ein Ausschußmitglied. Die Bestellung ist nur aus den Reihen der Vorstandsmitglieder des jeweiligen Vereins zulässig; sie ist auf die Dauer von drei Jahren vorzunehmen. Die Mitgliederversammlung des DSV ist befugt, ein Ausschußmitglied aus wichtigem Grund abzuberufen. In diesem Fall sowie dann, wenn das Amt eines Ausschußmitglieds vorzeitig endet, hat der entsendende Verein eine Ersatzbestellung durchzuführen.
3. Der Hauptausschuß hat folgende Aufgaben:
   a) Entscheidung in Fragen von überregionaler und/oder grundsätzlicher Bedeutung, soweit kein Eingriff in die Zuständigkeit der Mitgliederversammlung gegeben ist;
   b) Erlaß und Abänderung einer Geschäftsordnung;
   c) Aufstellung der Tagesordnung für die Mitgliederversammlung;
   d) Vorprüfung des vom Vorstand erstellten Jahresberichts sowie des Jahresabschlusses;
   e) Erstellung des Haushaltsvoranschlags;
   f) Wahl der Mitglieder von Ausschüssen, welche die Mitgliederversammlung eingesetzt hat;
   g) Festsetzung der Aufwandsentschädigung für die Mitglieder des Vorstands;
   h) Anstellung und Kündigung des Geschäftsführers;
   i) Beschlußfassung über den Ausschluß eines Mitglieds;
   k) Vorzeitige Amtsenthebung eines Mitglieds des Vorstands des DSV.
4. Für die Sitzungen des Hauptausschusses ist die Geschäftsordnung maßgebend, die Bestandteil dieser Satzung ist.

§ 17 Vorstand

1. Den Gesamtvorstand bilden: der 1. Vorsitzende, der 2. Vorsitzende, der Schatzmeister, der Sportwart, der Jugendwart und vier Beisitzer. Mit Ausnahme des Sportwarts und des Jugendwarts müssen die Mitglieder des Vorstands Mitglied eines angeschlossenen Vereins sein. Der 1. und der 2. Vorsitzende dürfen in einem angeschlossenen Verein kein Vorstandsamt innehaben.
2. Die Mitglieder des Vorstands werden von der Mitgliederversammlung auf die Dauer von drei Jahren gewählt. Die Vorstandsmitglieder bleiben bis zur Durchführung einer Neuwahl im Amt.
   Scheidet ein Vorstandsmitglied vorzeitig aus, so wählt der verbleibende Vorstand kommissarisch ein Ersatzmitglied bis zur nächsten Mitgliederversammlung, in der dann die Nachwahl stattzufinden hat.

3. Der 1. oder der 2. Vorsitzende ist, jeder für sich allein, der Vorstand im Sinne des § 26 BGB.
   Im Anstellungsvertrag ist mit dem 2. Vorsitzenden vereinbart, daß er von seiner Vertretungsbefugnis nur im Falle einer nicht nur vorübergehenden Verhinderung des 1. Vorsitzenden Gebrauch machen darf. Diese Regelung hat keine Außenwirkung.
4. Die Führung der Verbandsgeschäfte obliegt dem geschäftsführenden Vorstand. Dieser besteht aus dem 1. Vorsitzenden, dem 2. Vorsitzenden, dem Schatzmeister und dem Sportwart.
   Zur Unterstützung des geschäftsführenden Vorstands wird ein Verbandsgeschäftsführer bestellt. Er handelt im Auftrag des Vorstands, ist somit vereinsrechtlich kein besonderer Vertreter im Sinne des § 30 BGB.
   Die in der Verbandsgeschäftsstelle beschäftigten Bediensteten sind ebenfalls im Auftrag des Vorstands tätig.
5. Der Gesamtvorstand (Nr. 1) hat folgende Aufgaben:
   a) Verantwortliche Leitung des gesamten Sportbetriebes und der gesamten Organisation des Verbandes;
   b) Überwachung der gesamten Geschäftsführung einschließlich des Verbandsgeschäftsführers und der in der Verbandsgeschäftsstelle beschäftigten Bediensteten;
   c) Durchführung der Beschlüsse der Mitgliederversammlung und des Hauptausschusses;
   d) Ersatzvornahme nach § 8 Nr. 9, wenn mindestens fünf Vorstandsmitglieder zustimmen.
6. Der Kassenwart verwaltet unter Beachtung der Finanzordnung das Gesamtvermögen des Verbandes und ist für die Leitung des Kassenwesens verantwortlich.
7. Für die Sitzungen und die Beschlußfassung des Gesamtvorstands und des geschäftsführenden Vorstands ist die Geschäftsordnung maßgebend, die Bestandteil dieser Satzung ist.

§ 18 Verbandsgericht

1. Das Verbandsgericht besteht aus drei Mitgliedern und drei Stellvertretern. Der Vorsitzende und sein Stellvertreter müssen die Befähigung zum Richteramt haben.
2. Die ordentlichen und stellvertretenden Mitglieder des Verbandsgerichts werden von der Mitgliederversammlung auf die Dauer von drei Jahren gewählt.
3. Das Verbandsgericht ist zuständig:
   a) bei Streitigkeiten zwischen dem DSV und seinen korporativen Mitgliedern;
   b) bei Verstößen gegen die Wettkampfordnung.
4. Für das Verfahren vor dem Verbandsgericht ist die Verbandsgerichtsordnung maßgebend, die Bestandteil dieser Satzung ist.

§ 19 Kontrollausschuß

1. Der Kontrollausschuß besteht aus drei Mitgliedern und drei Stellvertretern; der Vorsitzende und sein Stellvertreter sollen die Befähigung zum Richteramt haben.
2. Die Mitglieder des Kontrollausschusses werden von der Mitgliederversammlung auf die Dauer von drei Jahren gewählt.
3. Der Kontrollausschuß hat die Aufgabe, die Einhaltung der Bestimmungen der Satzung und der Wettkampfordnung zu überwachen und Verstöße hiergegen aufzuklären; er hat entweder das Verfahren einzustellen oder Antrag auf disziplinäre Ahndung beim Verbandsgericht zu stellen. Das Nähere bestimmt die Verbandsgerichtsordnung.

§ 20 Prüfung der Vermögensverwaltung

1. Die Mitgliederversammlung wählt auf die Dauer von drei Jahren zwei Rechnungsprüfer und zwei Stellvertreter. Sie dürfen weder im DSV noch in einem Mitgliedsverein eine Vorstandsstellung innehaben.
2. Die Rechnungsprüfer haben die Aufgabe
   a) einmal im Jahr oder auf Weisung des geschäftsführenden Vorstands die Kassenführung zu überprüfen; die Ausgaben sind auf ihre sachliche Richtigkeit und auf ihre Übereinstimmung mit dem Haushaltsplan zu prüfen;
   b) dem Hauptausschuß und der Mitgliederversammlung über das Ergebnis ihrer Prüfung zu berichten;
   c) zur Frage der Entlastung des Gesamtvorstands Stellung zu nehmen.
3. Den Kassenprüfern ist jederzeit Einsicht in die zur Prüfung erforderlichen Unterlagen zu gewähren.
4. Der Jahresabschluß ist durch einen vereidigten Buchprüfer oder durch eine Treuhandgesellschaft zu erstellen und dem Vorstand zuzuleiten.

§ 21 Schiedsgericht

1. Als ständige Einrichtung des DSV ist ein institutionelles Schiedsgericht gebildet. Seine Mitglieder sind persönlich und sachlich unabhängig und sind keinerlei Weisungen seitens der Organe des DSV oder seiner Mitgliedsvereine unterworfen.
2. Die Verfassung des Schiedsgerichts und sein Verfahren regelt die Schiedsgerichtsordnung (SchGO), die Bestandteil dieser Satzung ist.

§ 22 Gnadenrecht

1. Eine rechtskräftig gewordene Ordnungsmaßnahme kann bei Vorliegen triftiger Gründe ermäßigt, nicht jedoch aufgehoben werden.
2. Voraussetzung ist ein Antrag des Betroffenen und eine Befürwortung der Gerichtsinstanz, welche die rechtskräftig gewordene Ordnungsmaßnahme verhängt hat.
3. Die Gnadenentscheidung trifft der Gesamtvorstand.

§ 23 Haftungsbeschränkung

Muß sich der DSV das Verhalten eines Organmitglieds oder eines sonstigen Bediensteten gemäß § 31 BGB bzw. § 831 BGB oder aus einem sonstigen Grund zurechnen lassen, so haftet er den dieser Satzung unterworfenen Personen nur bei Vorsatz oder grober Fahrlässigkeit der Person, für die der DSV einzustehen hat.

§ 24 Auflösung und Vermögensanfall

1. Die Auflösung des DSV kann nur dann in die Tagesordnung einer Mitgliederversammlung aufgenommen werden, wenn dies entweder die Hälfte der Mitgliedsvereine oder der Hauptausschuß schriftlich beim Vorstand beantragt hat.
2. Der Auflösungsbeschluß bedarf einer Mehrheit von drei Viertel (§ 15 Nr. 3 Abs. 4 der Satzung). Ist die einberufene Mitgliederversammlung nicht beschlußfähig, so ist nach § 14 Nr. 5 der Satzung zu verfahren.
3. Die Mitgliederversammlung bestimmt die Liquidatoren.
4. Das nach Beendigung der Abwicklung noch vorhandene Verbandsvermögen fällt an die Bundesrepublik Deutschland – Bundesminister des Innern –, die es unmittelbar und ausschließlich für Zwecke des Sports oder sonst gemeinnützige Zwecke zu verwenden hat.

26. Geschäftsordnung für Mitgliederversammlungen, für Tagungen und Sitzungen sonstiger Kollegialorgane

§ 1 Geltungsbereich

Diese Geschäftsordnung (GeschO) gilt für die Mitgliederversammlungen, für **3078**
Tagungen des Hauptausschusses, eines auf Weisung der Mitgliederversammlung gebildeten Unterausschusses sowie für die Sitzungen des Gesamtvorstands und des geschäftsführenden Vorstands. Werden weitere Organe gebildet, so ist die GeschO auch für diese verbindlich.

§ 2 Begriffsbestimmungen

Nachfolgend bedeuten: Versammlung die Mitgliederversammlung, Tagung die Versammlung der Mitglieder des Hauptausschusses, Sitzung die Versammlung der Mitglieder des Gesamtvorstandes bzw. des geschäftsführenden Vorstands oder der Mitglieder eines Unterausschusses.

§ 3 Einberufung

1. Für die Einberufung einer Versammlung ist § 14 der Satzung maßgebend.
2. Zu Tagungen oder Sitzungen beruft der 1. Vorstandsvorsitzende, bei dessen Verhinderung der 2. Vorsitzende ein. Zu Tagungen muß, zu Sitzungen soll unter Bekanntgabe einer Tagesordnung eingeladen werden. Bei Tagungen ist eine Einberufungsfrist von zwei Wochen einzuhalten. Zu Sitzungen kann auch telegrafisch oder telefonisch einberufen werden.
3. Zu Tagungen muß einberufen werden, wenn dies der Gesamtvorstand beschließt oder wenn dies acht Mitglieder des Hauptausschusses schriftlich

vom Vorstand verlangen. Zu solch dringlichen Tagungen kann mit einer Einladungsfrist von einer Woche eingeladen werden.
Zu Sitzungen des geschäftsführenden Vorstands muß eingeladen werden, wenn es ein Mitglied beantragt. Der Gesamtvorstand ist einzuberufen, wenn dies drei Vorstandsmitglieder gegenüber dem 1. Vorsitzenden verlangen.

§ 4 Öffentlichkeit bzw. Nichtöffentlichkeit

1. Versammlungen sind grundsätzlich öffentlich (§ 15 Nr. 1 der Satzung).
2. Tagungen und Sitzungen sind nichtöffentlich. Der Leiter kann in begründeten Fällen Ausnahmen zulassen.

§ 5 Leitung

1. Versammlungen, Tagungen und Sitzungen werden vom 1. Vorstandsvorsitzenden, bei dessen Verhinderung vom 2. Vorsitzenden geleitet.
2. Bei Versammlungen ist keine Beschlußfähigkeit gegeben, wenn der 1. und 2. Vorstandsvorsitzende nicht anwesend sind (§ 15 Nr. 2 der Satzung). Sie dürfen die Beratung und Abstimmung dann nicht leiten, wenn ein Gegenstand sie persönlich betrifft (z. B. Vorstandswahl, Entlastung, Abberufung); in diesem Fall hat die Versammlung einen Leiter zu wählen. Nach der Verkündung des Abstimmungs- bzw. Wahlergebnisses übernimmt der 1. oder der 2. Vorstandsvorsitzende wieder die Leitung.
3. Sind bei Tagungen oder Sitzungen die in Nr. 1 bestimmten Leiter verhindert, so wählen die erschienenen Mitglieder des in Betracht kommenden Organs einen Leiter.

§ 6 Feststellungen bei der Eröffnung

1. Die vom Leiter zu treffenden Feststellungen bei der Eröffnung einer Versammlung ergeben sich aus § 13 Nr. 1 a) bis c) der Satzung.
2. Jedes erschienene Organmitglied hat sich in eine Anwesenheitsliste einzutragen.

(2 a. Jeder stimmberechtigte Delegierte hat sich vor dem Betreten des Tagungsraumes durch eine schriftliche Vollmacht seines Vereins auszuweisen, in der die Zahl der von ihm vertretenen Stimmen angegeben ist.
Der Tagungsleiter bestimmt drei Delegierte, die als Mandatsprüfungskommission die einzelnen Mandate prüfen; der Vorsitzende dieser Kommission gibt das Ergebnis der Prüfung dem Tagungsleiter bekannt. Das Ergebnis der Mandatsprüfung ist in das Protokoll aufzunehmen.)

3. Bei Tagungen und Sitzungen hat der Leiter die satzungsmäßige Einberufung und die Beschlußfähigkeit festzustellen.
Der Hauptausschuß ist bei Anwesenheit der Hälfte seiner Mitglieder, der Vorstand bei Anwesenheit von drei Organmitgliedern beschlußfähig.
4. Der Leiter der Tagung bzw. Sitzung gibt sodann die Tagesordnung bekannt.

§ 7 Änderung der Reihenfolge der Tagesordnung

1. Für Versammlungen ergibt sich die Reihenfolge der Tagesordnung aus § 13 Nr. 1 der Satzung. Für Tagungen und Sitzungen ist die Reihenfolge maßgebend, die bei der Einladung mitgeteilt worden ist.
2. Die Reihenfolge kann durch Beschluß der versammelten Mitglieder des jeweiligen Organs geändert werden. Es ist die einfache Mehrheit nach Köpfen maßgebend.

§ 8 Eröffnung der Aussprache; Verbindung von Beratungsgegenständen

1. Der Leiter eröffnet für jeden Beratungsgegenstand, der auf der Tagesordnung steht, die Aussprache.
2. Die Versammlung (Tagungsteilnehmer, Sitzungsteilnehmer) können die gemeinsame Beratung zweier oder mehrerer Gegenstände beschließen, sofern zwischen ihnen ein Sachzusammenhang besteht.

§ 9 Reihenfolge der Redner

1. Ein Antragsteller oder ein Berichterstatter erhält zu einem Tagesordnungspunkt als erster und als letzter das Wort.
2. Im übrigen erteilt der Leiter den Mitgliedern zu den einzelnen Gegenständen das Wort in der Reihenfolge, in der sie sich melden.
   Bei Versammlungen ist jedem Mitglied des Vorstandes außerhalb der Reihe das Wort zu erteilen, wenn dies verlangt wird.
3. Meldet sich ein Mitglied »zur Geschäftsordnung«, so ist ihm vor den vorgemerkten Rednern das Wort zu erteilen.

§ 10 Begrenzung der Redezeit

1. Die Rededauer beträgt 15 Minuten. Der Leiter kann allgemein eine kürzere Rededauer festlegen.
2. Die Teilnehmer einer Versammlung, Sitzung oder Tagung können jedoch auch selbst die Dauer der Redezeit bestimmen. Über einen Antrag auf Begrenzung der Redezeit ist außer der Reihe sofort abzustimmen.
3. Wird ein Antrag auf Schluß der Debatte gestellt, so wird die Rednerliste verlesen und sodann abgestimmt.
   Ist der Antrag angenommen worden, so dürfen zu Sachanträgen nur noch zwei Redner sprechen, und zwar einer dafür und einer dagegen; die Reihenfolge der Redner ergibt sich aus den Eintragungen in der Rednerliste.
   Teilnehmer, die bereits zur Sache gesprochen haben, können einen Antrag auf Schluß der Debatte nicht stellen.

§ 11 Ordnungsmaßnahmen des Leiters gegen Redner, Versammlungsteilnehmer und Gäste

1. Ein Redner, der von dem Verhandlungsgegenstand abschweift, für den ihm das Wort erteilt worden ist, wird vom Leiter zur Sache verwiesen.
   Stört ein Redner den ordnungsgemäßen Ablauf der Versammlung, Tagung oder Sitzung, so ruft ihn der Leiter zur Ordnung.
   Einem Redner, der während einer Rede dreimal zur Sache oder zur Ord-

nung gerufen worden ist, wird vom Leiter das Wort zum selben Beratungsgegenstand entzogen.
2. Bei besonders groben Verstößen gegen die Versammlungsordnung kann der Leiter den (die) schuldigen Störer von der weiteren Teilnahme an der Versammlung (Tagung, Sitzung) ausschließen.
   Beteiligen sich mehrere an der Ordnungsstörung, so kann der Leiter die Versammlung (Tagung, Sitzung) auf Zeit unterbrechen.
3. Beim Ausschluß von Gästen wegen grober Ordnungsstörung macht der Leiter von dem ihm übertragenen Hausrecht Gebrauch.
4. Die Entscheidungen des Leiters können nur auf Antrag eines stimmberechtigten Teilnehmers durch einstimmigen Beschluß der Teilnehmer abgeändert werden.

§ 12 Abstimmung

1. Über jeden Beratungsgegenstand muß gesondert abgestimmt werden, es sei denn, daß Gegenstände verbunden worden sind.
2. Während des Abstimmungsverfahrens können Gegenanträge nicht mehr berücksichtigt werden.
   Zulässig sind jedoch Anträge auf Verbesserung des Wortlautes des zur Abstimmung gelangenden Antrags.
3. Für die Reihenfolge der zur Abstimmung gelangenden Gegenstände ist diejenige maßgebend, die in der Tagesordnung enthalten ist.
   Wird ein Dringlichkeitsantrag zugelassen, jedoch nicht auch sofort in der Sache abgestimmt, so bestimmen die Teilnehmer, wann dieser Gegenstand zur Abstimmung gelangt.
4. Jeder Antrag ist vor der Abstimmung nochmals bekanntzugeben. Hierauf ist insbesondere bei Satzungsänderungen zu achten.
5. Liegen zu einem Beschlußgegenstand mehrere Anträge vor, so ist über den weitestgehenden zuerst abzustimmen. Bestehen Zweifel, welcher Antrag der weitestgehende ist, so wird hierüber durch vorherige Abstimmung entschieden; eine Aussprache findet hierüber nicht statt.
   Zusatz- und Unteranträge gelangen gesondert zur Abstimmung.
6. Die Versammlung (Tagungs- bzw. Sitzungsteilnehmer) kann (können) die nach vorstehender Nr. 3 Abs. 1 festgelegte Reihenfolge mit ⅔-Mehrheit ändern.

§ 13 Abstimmungsarten

1. Abgestimmt wird durch Handzeichen (oder: durch Aufstehen oder Sitzenbleiben).
   Eine namentliche Abstimmung muß vorgenommen werden, wenn dies ein Drittel der stimmberechtigten Teilnehmer verlangt. Der Namensaufruf erfolgt nach der Anwesenheitsliste. Die Namen der Abstimmenden und ihre Entscheidung sind in der Niederschrift zu vermerken.
2. Ist aufgrund der Satzung oder eines Beschlusses der Versammlung (der Tagungs- bzw. Sitzungsteilnehmer) schriftlich abzustimmen, so müssen gekennzeichnete Stimmzettel verwendet werden. Sie müssen den Gegenstand der Abstimmung erkennen lassen und eine Kennzeichnung des Stimmrechts (Stimmenzahl) enthalten.

§ 14 Beschlußfähigkeit; Wertigkeit der Stimmen

1. Nicht nur im Zeitpunkt der Eröffnung, sondern auch bei der Beschlußfassung über jeden Gegenstand muß die Beschlußfähigkeit gegeben sein.
2. Bei der Abstimmung über Verfahrensfragen ist nicht die Stimmzahl entscheidend, die ein Delegierter auf sich vereinigt, sondern die Kopfzahl.
3. Stimmenthaltungen werden wie ungültige Stimmen weder den Ja- noch den Nein-Stimmen zugerechnet.
   Der Leiter ist nicht befugt, über die Treuwidrigkeit einer Stimmabgabe eine Entscheidung zu treffen.

§ 15 Wahlen

1. Wahlen dürfen nur durchgeführt werden, wenn sie in der Tagesordnung vorgesehen und bei der Einberufung bekanntgemacht worden sind.
2. Liegt nur ein Wahlvorschlag vor, so kann offen abgestimmt werden.
3. In den übrigen Fällen ist ein aus mindestens drei Mitgliedern bestehender Wahlausschuß zu bilden. Er hat die Aufgabe, die Stimmzettel auszugeben und einzusammeln, die Stimmen zu zählen und zu kontrollieren. Der Wahlausschuß hat sodann das Wahlergebnis festzustellen; der Vorsitzende hat es bekanntzugeben. Der Gewählte ist zu befragen, ob er die Wahl annimmt; ist der Gewählte abwesend, so wird seine vorherige Zustimmung verlesen. Der Wahlausschuß bestätigt zu Protokoll die Gültigkeit der Wahl.
4. Stellen sich mehrere Kandidaten zur Wahl, so ist derjenige gewählt, der mehr als die Hälfte der abgegebenen gültigen Stimmen erhalten hat. Ist diese Stimmenzahl nicht erreicht worden, so findet eine Stichwahl zwischen den Kandidaten statt, welche die höchsten Stimmenzahlen auf sich vereinigen konnten. Gewählt ist derjenige, der nunmehr die meisten Stimmen erhält; bei gleicher Stimmenzahl entscheidet das vom Vorsitzenden des Wahlausschusses zu ziehende Los.

§ 16 Protokoll

1. Über das Ergebnis einer jeden Versammlung, Tagung oder Sitzung ist ein Protokoll zu führen.
2. Das Protokoll soll enthalten:
   (vgl. wegen des Inhalts Rn. 3026).
3. Das Protokoll ist vom (von den) Leiter(n) der Versammlung (Tagung oder Sitzung) sowie vom Protokollführer zu unterschreiben. Im übrigen ist gemäß § 15 Nr. 5 Abs. 3 der Satzung zu verfahren.

§ 17 Wiederholung einer Abstimmung (Wahl)

1. Ein Beratungsgegenstand hat durch die Abstimmung grundsätzlich seine Erledigung gefunden.
2. Ist ein Beschluß (eine Wahl) aus formellen oder materiellen Gründen eindeutig ungültig, so kann über diesen Gegenstand erneut abgestimmt werden.

27. Schiedsgerichtsordnung eines Vereinsverbandes

3079 **§ 1 Satzungsbestandteil**

Diese Schiedsgerichtsordnung (= SchGO) ist Bestandteil der Satzung des DSV (§ 22 der Satzung).

Für die der Verbandssatzung unmittelbar unterworfenen Mitglieder besteht es als institutionelles Schiedsgericht. Im Verbandsbereich tätige Personen, die nicht Mitglieder des DSV sind, können die Zuständigkeit des Schiedsgerichts vereinbaren (vertragliches Schiedsgericht).

A. Institutionelles Schiedsgericht

§ 2 Persönlicher und sachlicher Geltungsbereich

Das Schiedsgericht ist eine Einrichtung, jedoch kein Organ des DSV. Im Rahmen seiner Zuständigkeit ist der ordentliche Rechtsweg ausgeschlossen.

In persönlicher Hinsicht unterliegen der Schiedsgerichtsbarkeit:

a) der DSV und seine Organe sowie bei korporativen Streitigkeiten seine Organmitglieder;
b) die korporativen Mitglieder des DSV;
c) die Einzelmitglieder der angeschlossenen Vereine, soweit sie sich im Rahmen der Wettkampfordnung betätigen; insoweit ist in den Satzungen der Anschlußvereine die Bestimmung enthalten, daß für die Einzelmitglieder die Verbandssatzung, die von ihm erlassene Wettkampfordnung und die Schiedsgerichtsordnung verbindlich sind.

Die sachliche Zuständigkeit des Schiedsgerichts setzt korporative Streitigkeiten voraus. Das sind solche, die in ihrem Kern nach der Satzung des DSV, nach der von ihm erlassenen Wettkampfordnung oder nach sonstigen Verbandsordnungen zu beurteilen sind. Unter dieser Voraussetzung ist das Schiedsgericht sachlich zuständig in folgenden Angelegenheiten:

a) Streitigkeiten zwischen dem DSV einschließlich seiner Organe mit den korporativen Mitgliedern sowie Streitigkeiten zwischen den korporativen Mitgliedern untereinander (sog. Verbandsstreitigkeiten);
b) Verlangen auf Aufhebung oder Abänderung einer Maßnahme, auf Erlaß einer abgelehnten oder unterlassenen Maßnahme bzw. Anordnung des Verbandes oder eines Anschlußvereins (sog. Verwaltungsstreitigkeiten);
c) volle sachliche und rechtliche Überprüfung einer disziplinären Ordnungsmaßnahme des DSV oder eines Anschlußvereins, soweit eine solche ihre Rechtsgrundlage in der Wettkampfordnung hat (sog. Ordnungsstreitigkeiten);
d) Streitigkeiten zwischen dem DSV und seinen Organmitgliedern, soweit diese aus dem korporativ-organschaftlichen Verhältnis herrühren (sog. organschaftliche Streitigkeiten).

§ 3 Erschöpfung des verbandsinternen Rechtsweges

Das Schiedsgericht kann erst angerufen werden, wenn die Partei, die das Verfahren betreibt, den eröffneten verbandsinternen Rechtsweg erschöpft hat und wenn eine freiwillige Unterwerfung unter eine Entscheidung der zuständigen Instanzen ausscheidet.

§ 4 Zusammensetzung des Schiedsgerichts

Das Schiedsgericht setzt sich aus dem Vorsitzenden und zwei Beisitzern zusammen. Für jedes Mitglied des Schiedsgerichts ist ein Stellvertreter zu bestellen.
Der Vorsitzende und sein Stellvertreter (sowie die beiden Beisitzer und deren Stellvertreter) müssen die Befähigung zur Ausübung des staatlichen Richteramtes haben.

§ 5 Unabhängigkeit

Die Mitglieder des Schiedsgerichts sind unabhängig. Sie sind keinerlei Weisungen unterworfen.
Die Mitglieder des Schiedsgerichts dürfen nicht Mitglieder irgend eines Organs des DSV oder eines angeschlossenen Vereins sein. Sie dürfen außerdem nicht in einem Dienst- oder Anstellungsverhältnis zum DSV oder zu einem Anschlußverein stehen oder von diesen aus sonstigen Gründen regelmäßige Vergütungen erhalten. Der Vorsitzende und sein Stellvertreter dürfen außerdem nicht Mitglied eines Anschlußvereins sein.

§ 6 Bestellung der Schiedsrichter

Jeder Anschlußverein schlägt dem DSV drei Kandidaten zur Wahl des Vorsitzenden, seines Stellvertreters, der beiden Beisitzer und deren Stellvertreter vor.
(Oder: Der Präsident des Oberlandesgerichts in X ist zu bitten, einen Vorsitzenden und seinen Stellvertreter – falls auch die Beisitzer und deren Stellvertreter die Richteramtsfähigkeit haben müssen, auch diese – zu benennen.)
Die Mitgliederversammlung (oder: Delegiertenversammlung) des DSV wählt einzeln die sämtlichen Mitglieder des Schiedsgerichts auf die Dauer von drei Jahren.

§ 7 Mögliche Bildung des Schiedsgerichts bei Ordnungsstreitigkeiten

In der sich aus den §§ 4, 6 SchGO ergebenden Besetzung entscheidet das Schiedsgericht auch in Ordnungsstreitigkeiten.
Macht jedoch ein am Schiedsverfahren beteiligtes Einzelmitglied eines Anschlußvereins geltend, es habe auf die Zusammensetzung des Schiedsgerichts keinen Einfluß nehmen können, so können die am Streit beteiligten Parteien andere Schiedsrichter ernennen. Sind auf seiten einer Partei mehrere Personen beteiligt, so können sie das Wahlrecht nur gemeinsam ausüben.
Die Bestellung wird wie folgt vorgenommen:
Der DSV führt eine Liste von 20 Persönlichkeiten, die zur Ausübung des Schiedsrichteramtes bereit und befähigt sind. Die Führung und Verwahrung der Liste obliegt dem Verbandsgeschäftsführer.

Jede am Streit beteiligte Partei wählt einen Schiedsrichter aus dieser Liste. Die das Verfahren betreibende Partei hat der gegnerischen mittels eingeschriebenen Briefes den Streitfall darzulegen, den das Schiedsgericht schlichten bzw. entscheiden soll und hat den von ihr gewählten Schiedsrichter nach Vor- und Zunamen, Stand und Wohnort zu benennen mit der Aufforderung an den Gegner, binnen einer einwöchigen Frist seinerseits einen Schiedsrichter auszuwählen. Erfolgt diese Benennung nicht, so hat die anrufende Partei eine nochmalige Nachfrist von weiteren 10 Tagen zu setzen, nach deren Ablauf die betreibende Partei die Ernennung des zweiten Schiedsrichters durch den jeweiligen Direktor des Amtsgerichts X (oder: durch den 1. oder 2. Vorstandsvorsitzenden des Landessportbundes . . .) beantragen kann.
Bei Wegfall oder Verhinderung eines Schiedsrichters muß der Nachfolger aus der Liste der Schiedsrichter wie der Vorgänger gewählt werden.
Die beiden Schiedsrichter haben eine der in der Liste aufgeführten Personen zum Vorsitzenden zu wählen. Kommt zwischen den beiden Schiedsrichtern keine Einigung zustande, so wird der Vorsitzende auf Antrag der Schiedsrichter oder einer Partei vom jeweiligen Direktor des Amtsgerichts X (oder: vom 1. oder 2. Vorstandsvorsitzenden des Landessportbundes . . .) ernannt.
Die Schiedsrichter müssen sich zur Übernahme des Amtes den Parteien gegenüber bereit erklären.

§ 8 Form der Schiedsklage

Die das Schiedsgerichtsverfahren betreibende Partei (Schiedskläger) hat zu Händen des Vorsitzenden des Schiedsgerichts eine Schiedsklage mit zwei Abschriften einzureichen. Damit ist die Klage erhoben.
Es sollen ein Klagantrag gestellt, das zugrundeliegende Streitverhältnis dargestellt und die für erforderlich gehaltenen Beweise angeboten werden.

§ 9 Klagefrist

Ist nach der DSV-Satzung ein mit Gründen versehener Bescheid zu erteilen (z. B. bei Ordnungsmaßnahmen), so muß die Schiedsklage innerhalb eines Monats ab Zugang des Bescheids eingereicht werden.
In den übrigen Fällen soll die Klage innerhalb von drei Monaten eingereicht werden, nachdem der Schiedskläger die tatsächlichen Umstände, die dem Streitverhältnis zugrunde liegen, wenigstens soweit in Erfahrung bringen konnte, daß er zur Erhebung einer Feststellungsklage in der Lage ist.
Unter dieser Voraussetzung ist jede Schiedsklage nach dem Ablauf eines Jahres seit Eintritt des die Klage begründenden Ereignisses unzulässig.
Wird eine zwingende Klagefrist versäumt, so unterrichtet das Schiedsgericht den Kläger über den Mangel, gewährt ihm eine Frist von zwei Wochen zur Stellungnahme und weist dann die Klage als unzulässig ab.
Die Bestimmungen der ZPO über die Wiedereinsetzung in den vorigen Stand finden entsprechende Anwendung.

§ 10 Vorbereitende Maßnahmen des Vorsitzenden

Der Vorsitzende verfügt die Zustellung (Einschreiben mit Rückschein) der Schiedsklage an den Schiedsbeklagten mit der Aufforderung, innerhalb von drei Wochen Stellung zu nehmen.
Der Vorsitzende hat die Sache so weit vorzubereiten, daß nach Möglichkeit in einer mündlichen Verhandlung ein Vergleich geschlossen oder ein Schiedsspruch erlassen werden kann. Zu diesem Zweck kann der Vorsitzende die Beiziehung von Akten des DSV oder der Anschlußvereine anordnen, er kann um staatsgerichtliche Amtshilfe ersuchen (z. B. wenn ein Zeuge weit entfernt wohnt) und kann im Einverständnis beider Parteien Zeugen und Sachverständige vernehmen. Das hierbei zu fertigende Protokoll ist in einer mündlichen Verhandlung zu verlesen.

§ 11 Ort und Zeit einer mündlichen Verhandlung; Entscheidung im schriftlichen Verfahren und nach Aktenlage

Das Schiedsgericht tagt in ... (oder: am Sitz des DSV oder eines Anschlußvereins; oder: Den Ort der mündlichen Verhandlung bestimmt der Vorsitzende des Schiedsgerichts unter Wahrung der Belange der am weitest entfernt wohnenden Partei.).
Die mündliche Verhandlung soll nach Möglichkeit innerhalb von drei Monaten nach Eingang der Schiedsklage stattfinden.
Im Einverständnis beider Parteien kann das Schiedsgericht im schriftlichen Verfahren einen Vergleichsvorschlag unterbreiten oder einen Schiedsspruch erlassen.
Erscheint eine Partei trotz ordnungsgemäßer Ladung unentschuldigt zur mündlichen Verhandlung nicht und ist sie auch nicht vertreten, so entscheidet das Schiedsgericht nach Lage der Akten. Die von der säumigen Partei benannten oder von ihr gestellten Zeugen oder Sachverständigen sind dann nicht zu vernehmen.

§ 12 Ladung zur mündlichen Verhandlung

Zur mündlichen Verhandlung werden die Parteien mittels »Einschreiben mit Rückschein« geladen. Hat ein Bevollmächtigter eine Zustellungsvollmacht nachgewiesen, so wird dieser geladen. Die Ladungsfrist beträgt drei Wochen. Mittels »Einschreiben« werden Zeugen und Sachverständige geladen. Beweispersonen, die einer verbandlichen Erscheinenspflicht nicht unterliegen, werden eingeladen, zur Verhandlung zu erscheinen. Beweispersonen sind darauf hinzuweisen, daß sie vom DSV nach den Sätzen des Gesetzes über die Entschädigung von Zeugen und Sachverständigen i. d. F. vom 1. 10. 1969 (BGBl. I S. 1756) entschädigt werden.

§ 13 Vertretung

Jede Partei kann sich durch eine volljährige unbeschränkt geschäftsfähige Person vertreten lassen. Das Schiedsgericht kann einen ihm ungeeignet erscheinenden Bevollmächtigten zurückweisen und kann der Partei anheimgeben, entweder selbst zur mündlichen Verhandlung zu erscheinen oder einen anderen geeigneten Vertreter zu bestellen.

Als Bevollmächtigter kann insbesondere ein bei einem Gericht in der Bundesrepublik Deutschland zugelassener Rechtsanwalt in jeder Lage des Verfahrens bestellt werden. Das Zurückweisungsrecht gilt dann nicht.
Eine vom Schiedsgericht getroffene Kostenentscheidung erfaßt nicht die Kosten einer solchen Vertretung oder anwaltschaftlichen Beratung. Diese Kosten trägt diejenige Partei, welche den Auftrag an den Bevollmächtigten erteilt hat. Von dieser Regelung wird ein evtl. Ersatzanspruch nach dem staatlichen Recht nicht berührt. Soll das Schiedsgericht über einen solchen materiellrechtlichen Kostenerstattungsanspruch entscheiden, so bedarf es hierzu einer besonderen Schiedsabrede zwischen den Parteien sowie des Einverständnisses des Schiedsgerichts.
Ein Bevollmächtigter, der nicht Mitglied eines Anschlußvereins oder ständiger Verfahrensbevollmächtigter des DSV ist, muß dem Schiedsgericht eine schriftliche Vollmacht vorlegen.

§ 14 Grundsätzliche Nichtöffentlichkeit

Die mündliche Verhandlung vor dem Schiedsgericht ist nichtöffentlich. Das Schiedsgericht kann Zuhörer zulassen.

§ 15 Verfahrensgestaltung

Das Schiedsgericht hat den Sachverhalt ausreichend zu erforschen, die allgemein gültigen Verfahrensgrundsätze zu beachten und den Beteiligten ausreichend das rechtliche Gehör zu gewähren.
Im übrigen gestaltet das Schiedsgericht sein Verfahren nach seinem freien Ermessen. Es kann Vorschriften der Zivilprozeßordnung sinngemäß heranziehen.

§ 16 Ablehnung eines Schiedsrichters

Die Ablehnung des Schiedsgerichts im Ganzen ist unzulässig.
Wird ein Schiedsrichter abgelehnt, so soll er sich zur Ablehnung äußern. Seine Stellungnahme ist beiden Parteien zuzuleiten.
Das Schiedsgericht kann die Ablehnung wegen Besorgnis der Befangenheit für begründet erklären. Bei dieser Entscheidung wirkt der Stellvertreter des abgelehnten Schiedsrichters mit. Dieser tritt dann an die Stelle des abgelehnten Schiedsrichters.
Erachtet das Schiedsgericht die Ablehnung für unbegründet, so kann es dem Verfahren Fortgang geben. Es kann dem Ablehnenden auch eine Frist zur Einleitung des staatsgerichtlichen Ablehnungsverfahrens bestimmen und bis zu dessen rechtskräftiger Erledigung das Verfahren aussetzen.

§ 17 Protokoll

Über die mündliche Verhandlung wird ein Protokoll aufgenommen, dessen Inhalt der Vorsitzende diktiert. Ein Diktat auf Tonträger ist zulässig.
Das Protokoll soll enthalten:
a) die Bezeichnung und Besetzung des Schiedsgerichts;
b) Ort, Datum und Uhrzeit des Beginns der Verhandlung;
c) die Bezeichnung des Streitgegenstandes;

d) die Namen der erschienenen Personen, gesetzlichen Vertreter oder Bevollmächtigten;
e) die Erklärungen der Parteien, daß das Schiedsgericht ordnungsgemäß besetzt und zuständig ist;
f) die Erklärungen der Parteien zur Höhe des Streitwertes sowie dessen Festsetzung durch das Schiedsgericht;
g) den Inhalt eines evtl. abgeschlossenen Vergleichs;
h) die von den Parteien gestellten Anträge und die wesentlichen Erklärungen;
i) den wesentlichen Inhalt von Zeugen- und Sachverständigenaussagen;
j) den wesentlichen Inhalt des Ergebnisses eines Augenscheins;
k) die Bezeichnung von Urkunden, die bei der Beweisaufnahme verlesen oder sonst zum Gegenstand der Verhandlung gemacht worden sind;
l) die Feststellung sonstiger wesentlicher Prozeßhandlungen;
m) die Erklärung der Parteien, daß ihnen rechtliches Gehör gewährt worden ist;
n) die Formel des bekanntgegebenen Schiedsspruchs oder den Beschluß, wann und wie er bekanntgegeben wird;
o) die Uhrzeit des Verhandlungsschlusses.

Das Protokoll ist vom Vorsitzenden und von einem evtl. bestellten Protokollführer zu unterzeichnen.
Ist vom Schiedsgericht ein einzelner Schiedsrichter mit der Vornahme einer Beweisaufnahme beauftragt worden, so hat dieser die entsprechende Niederschrift zu unterschreiben.

§ 18 Vergleich

Im Interesse des Verbandsfriedens soll das Schiedsgericht versuchen, den Streit durch einen möglichen Vergleich zu beenden.
Ein Vergleich ist in die Niederschrift aufzunehmen, zu verlesen und von den Beteiligten zu genehmigen. Hat er einen vollstreckungsfähigen Inhalt, so soll sich der Schuldner gemäß § 1044 a ZPO der sofortigen Zwangsvollstreckung aus dem Vergleich unterwerfen. Der Vergleich ist unter Angabe des Tages des Zustandekommens von sämtlichen Schiedsrichtern und von den Parteien (ihren Bevollmächtigten) zu unterschreiben. Auf die Niederlegung beim staatlichen Gericht kann verzichtet werden. In diesem Fall hat der Vergleich nur die Wirkungen eines außergerichtlichen Vergleichs.

§ 19 Erlaß des Schiedsspruchs

Vor dem Erlaß eines Schiedsspruchs erhalten die Parteien Gelegenheit zur abschließenden Stellungnahme.
Materiell stützt das Schiedsgericht seine Entscheidung auf das einschlägige Verbandsrecht; es berücksichtigt die ungeschriebenen Regeln des . . . sports, soweit sie eine allgemeine Anerkennung und Auslegung gefunden haben. Im übrigen können Grundsätze des einschlägigen materiellen staatlichen Rechts herangezogen werden.
Bei der Beratung und Beschlußfassung dürfen nur die entscheidenden Mitglieder des Schiedsgerichts zugegen sein. Sie haben das Beratungsgeheimnis zu wahren.
Der schriftlich abzufassende Schiedsspruch soll enthalten:

a) die Bezeichnung des Schiedsgerichts und die Namen der Schiedsrichter, die bei der Entscheidung mitgewirkt haben;
b) die Bezeichnung der Verfahrensbeteiligten (Vor- und Zuname, Beruf und Anschrift), ggfs. der gesetzlichen Vertreter und der Verfahrensbevollmächtigten (Vor- und Zuname, Beruf, Anschrift);
c) die Entscheidungsformel mit dem Ausspruch über die Kosten;
d) eine kurze Darstellung des Sachverhalts, evtl. wie er sich aufgrund der Beweisaufnahme ergeben hat;
e) die Entscheidungsgründe.

Der Schiedsspruch ist von den Schiedsrichtern, die bei der Entscheidung mitgewirkt haben, zu unterschreiben. Der Tag der letzten Unterschrift ist zu vermerken.

§ 20 Kosten des Verfahrens

Die erstattungsfähigen Kosten des Verfahrens trägt der Unterlegene. Bei teilweisem Unterliegen und Obsiegen kann das Schiedsgericht beiden Parteien einen Teil der Kosten auferlegen.

Wer die Schiedsklage zurücknimmt, trägt die bis zur Rücknahme entstandenen Kosten.

Der Streitwert wird vom Schiedsgericht festgesetzt. Er soll bei nicht vermögensrechtlichen Streitigkeiten zwischen 4 000 DM und 40 000 DM festgesetzt werden.

Die Schiedsrichter erhalten unabhängig von der Höhe des festgesetzten Streitwertes für jeden verhandelten bzw. im schriftlichen Verfahren entschiedenen Fall: 750 DM der Vorsitzende, je 500 DM die Beisitzer. Für jeden weiteren Verhandlungstag in derselben Sache erhöht sich die Vergütung jeweils um die Hälfte pro Verhandlungstag.

Erstattungsfähige Kosten (oben Abs. 1) sind: die Kosten für Beweispersonen oder Beweismittel sowie ein Gerichtskostenbetrag, dessen Höhe sich aus dem Kostenverzeichnis zum Gerichtskostengesetz für eine vergleichbare Tätigkeit eines Zivilgerichts in erster Instanz ergibt.

§ 21 Niederlegung des Schiedsspruchs (Schiedsvergleichs)

Die Parteien können auf die Niederlegung des Schiedsspruchs verzichten. In diesem Fall ergibt sich hinsichtlich des Schiedsspruchs eine verbandsrechtliche Folgepflicht.

Je eine Ausfertigung des Schiedsspruchs, die von den bei der Entscheidung mitwirkenden Schiedsrichtern unterschrieben worden ist, ist den Parteien durch einen Gerichtsvollzieher zuzustellen. Den Auftrag hierzu erteilt der Vorsitzende im eigenen und im Namen der übrigen Schiedsrichter.

Die Urschrift (der von den Schiedsrichtern unterschriebenen) Entscheidung ist mit den Zustellungsurkunden zu verbinden und vom Vorsitzenden im eigenen und im Namen der übrigen Schiedsrichter auf der Geschäftsstelle des zuständigen staatlichen Gerichts niederzulegen.

Eine Ablichtung der Bestätigung über die Niederlegung übersendet der Vorsitzende an die Parteien bzw. an deren Zustellungsbevollmächtigte.

Ein Schiedsvergleich (§ 18 Abs. 2 SchGO) wird nicht zugestellt; er wird auf der Geschäftsstelle des zuständigen Gerichts niedergelegt.

§ 22 Zuständiges Staatsgericht

Zuständiges staatliches Gericht für die Niederlegung des Schiedsspruchs (Schiedsvergleichs), für die vom Schiedsgericht für erforderlich erachteten richterlichen Handlungen (§ 1036 ZPO), ferner für die gerichtlichen Entscheidungen über die Ablehnung von Schiedsrichtern sowie zum Erlaß der in § 1045 ZPO bezeichneten Beschlüsse ist das Amtsgericht (oder: das Landgericht) X.

Für die richterliche Vernehmung, evtl. Vereidigung von Zeugen oder Sachverständigen oder für die eidliche Parteivernehmung ist abweichend von Abs. 1 das Amtsgericht zuständig, in dessen Bezirk der zu Vernehmende seinen Wohnsitz oder bei Fehlen eines solchen seinen Aufenthalt hat.

B. Vertragliches Schiedsgericht

§ 23 Schiedsvereinbarung

Die Schiedsgerichtsanordnung in der Satzung gilt in anderen als Ordnungsstreitigkeiten wegen fehlender Mitgliedschaft nicht für die Einzelmitglieder der angeschlossenen Vereine; sie hat ferner keine Verbindlichkeit in den nichtkorporativen Streitigkeiten der der Schiedsgerichtsordnung unterworfenen Personen. In diesen Fällen besteht die Möglichkeit, die Zuständigkeit des beim DSV gebildeten Schiedsgerichts zu vereinbaren (§ 1027 ZPO).

Erhebt in solchen Fällen der Kläger eine Schiedsklage, so setzt der Vorsitzende des Schiedsgerichts beiden Parteien eine Frist zur Vorlage des von diesen unterschriebenen Schiedsvertrages, in dem sie sich für diese Streitigkeit der Schiedsgerichtsordnung unter Ausschluß der staatlichen Gerichtsbarkeit unterwerfen.

§ 24 Bildung des Schiedsgerichts

§ 7 SchGO gilt entsprechend.

Stichwortverzeichnis